国家出版基金项目
NATIONAL PUBLICATION FOUNDATION

河南省文物考古研究院田野考古报告甲种第64号

淮阳平粮台

河南省文物考古研究院　编著

上

中原出版传媒集团
中原传媒股份公司

大象出版社
·郑州·

图书在版编目（CIP）数据

淮阳平粮台：上、下／河南省文物考古研究院编著.—
郑州：大象出版社，2023.9
ISBN 978-7-5711-1665-1

Ⅰ.①淮…　Ⅱ.①河…　Ⅲ.①古城遗址（考古）-发掘
报告-周口　Ⅳ.①K878.35

中国版本图书馆CIP数据核字（2022）第235105号

淮阳平粮台（上、下）

HUAIYANG PINGLIANGTAI（SHANG、XIA）

河南省文物考古研究院　编著

出 版 人	汪林中
选题策划	张前进　郭一凡
责任编辑	李建平　郭一凡　石更新
责任校对	万冬辉　任瑾璐　张绍纳　安德华
封面设计	王莉娟
版式设计	李彭燕

出版发行　大象出版社（郑州市郑东新区祥盛街27号　邮政编码450016）
　　　　　发行科　0371-63863551　总编室　0371-65597936
网　　址　www.daxiang.cn
印　　刷　郑州新海岸电脑彩色制印有限公司
经　　销　各地新华书店经销
开　　本　890 mm×1240 mm　1/16
印　　张　71
字　　数　2000千字
版　　次　2023年9月第1版　2023年9月第1次印刷
定　　价　538.00元
若发现印、装质量问题，影响阅读，请与承印厂联系调换。
印厂地址　郑州市鼎尚街15号
邮政编码　450002　　　　电话　0371-67358093

目　录

线图目录

彩版目录

图版目录

第一章 概 况

第一节 地理位置

1. 地理位置

平粮台古城遗址位于河南省周口市淮阳城区东南 4 千米大朱庄西南台地, 地理坐标位置为东经 114° 33',
北纬 33° 40', 海拔高程 46.3 米。(彩版一, 1、2; 图一) 平粮台古城遗址东北为大朱庄, 西南为小白楼, 东

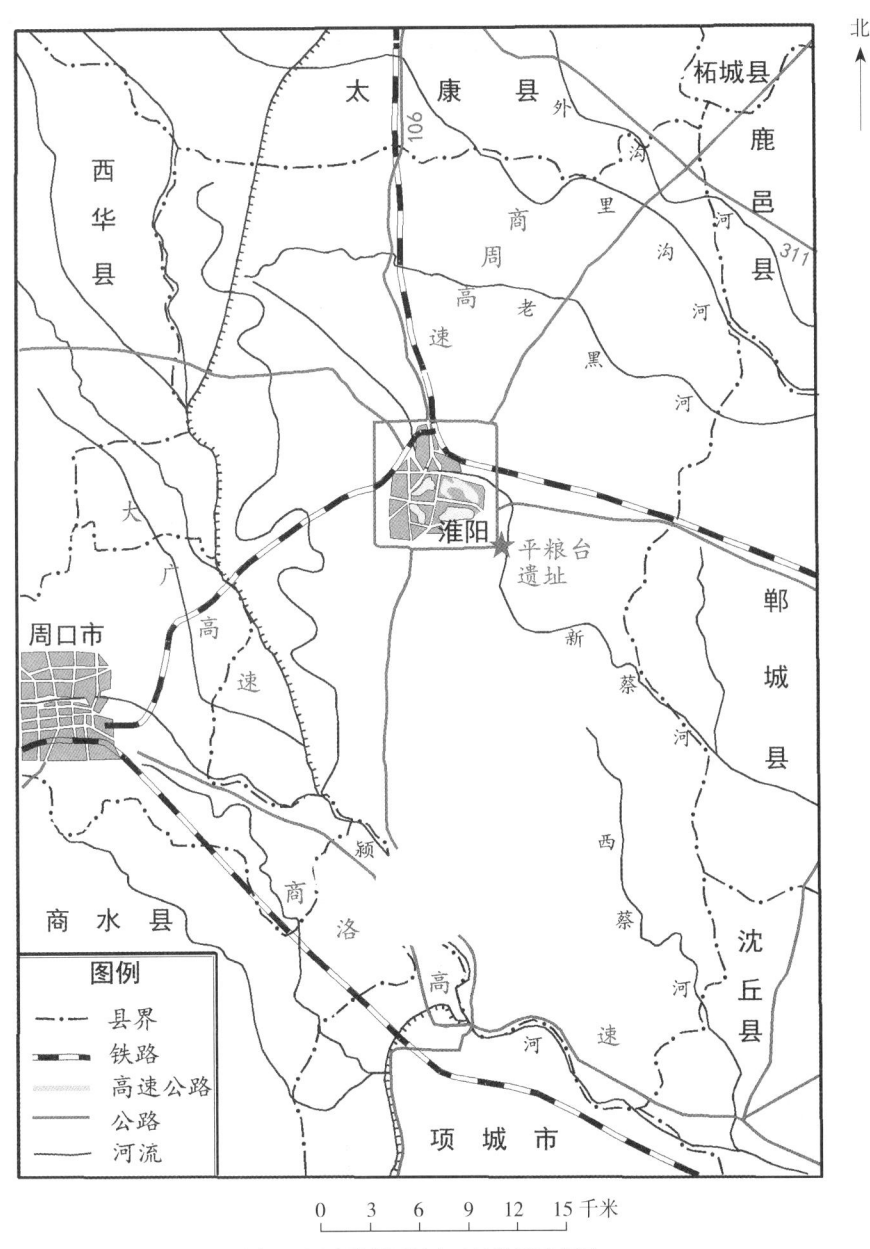

图一 河南淮阳平粮台遗址位置示意图

南为寨门庄，东 400 米为由北向南流向的新蔡河，西 400 米为二环路。平粮台古城遗址为龙山文化时代的遗址。遗址台地为方形，高出附近地面 3~5 米，群众称其为"平粮台"。《淮阳县志》称其为"平粮冢""贮粮台"，"高二丈，大一顷，有四门，林木郁然，未详何代所筑"。

2. 自然环境

周口市淮阳区位于河南省的东南部，属辽阔的豫东大平原。淮河的支流颍河从区南通过，颍河的支流狼牙沟从区东经过，新蔡河从区北经过，向东又向南，从平粮台古城遗址东 400 米由北向南流过，入颍河。系淮河流域颍河水系大平原。

遗址附近土壤主要为黄河淤土，系宋代初年黄河泛滥的遗留，后历代又多次泛滥，其淤土下为黄黏土。这里属北暖温带半湿润性气候，全年平均气温 14.3℃，降水量 762.3 毫米，全年无霜期 219 天，日照平均时数 2354.6 小时。地表覆盖着北暖温带型植被，当地森林覆盖率为 1.9%，主要有白杨、泡桐、刺槐、柳等落叶阔叶树种，此外，还有少量侧柏、针柏等常绿树种。粮食作物有小麦、玉米、大豆，经济作物有油菜、芝麻、烟叶、棉花、花生等，还有药材红花、蒲黄等。

遗址四周为农田，东北部与大朱庄相接，西南角为小白楼，东南 100 米为寨门庄。

3. 历史沿革

太昊伏羲氏、炎帝神农氏旧都，《五帝纪》："帝太昊伏羲氏，成纪人也，以木德继天而王，都宛丘。"注：今陈州太昊之墟。"神农氏以火德王，都于陈。"注：陈，国名，今开封府陈州。夏商时豫州境，《世本》宋忠注云：虞思之后，箕伯、直柄中衰，殷汤封遂于陈以祀舜。周为陈侯封地，《史记·陈杞世家》："至于周武王克殷纣，乃复求舜后，得妫满，封之于陈，以奉帝舜祀，是为胡公。"湣公二十四年楚惠王复国，以兵北伐，杀湣公，遂灭陈而有之。《史记·楚世家》：顷襄王"二十一年，秦将白起遂拔我郢，烧先王墓夷陵。楚襄王兵散，遂不复战，东北保于陈城"。秦置陈县，属颍川郡。《史记·秦始皇本纪》：二十六年"分天下以为三十六郡"。汉初分颍川置淮阳郡，高帝十一年置淮阳国，陈县属焉。《史记·高祖本纪》：十一年立"子友为淮阳王"。《汉书·地理志》：淮阳国，莽曰新平，明帝更名陈国。三国时为魏地陈县。晋为陈县，南朝宋为陈令，南朝齐为陈县，北魏废陈县入项县，隋改为宛丘县，唐复为陈州治，明入陈州，清雍正十二年置淮宁县，民国二年改为淮阳县。新中国成立之初设淮阳专员公署，1953 年撤销。2019 年 12 月正式挂牌撤县设区，隶属周口市。

第二节　发掘经过

平粮台是一处新石器时代遗址。1978 年以前，由于平粮台是一处面积百亩的高台，当时的大朱大队决定在平粮台上建砖瓦窑挖土烧砖瓦，台子被挖平后又可作耕地。因之，大朱大队和大朱庄的 4 个生产队在此建砖瓦窑 7 个，挖土烧砖，许多古墓葬被挖，曾出土了一把越王剑，被淮阳县文管所征集，平粮台遂引起文物考古部门的重视。1978 年 10 月 22 日，淮阳县将平粮台公布为淮阳县第二批重点文物保护单位。1979 年 5 月 1 日，周口地区举办文物考古训练班，河南省博物馆文物工作队曹桂岑、黄克央为辅导老师，实习地点选在平粮台，参加发掘的人员有吕子英、秦永军、张志华、杨湘波、张云松、李世林、骆崇礼、杨奉祥、王好义、艾文生等。那时的平粮台，台子很大，面积百亩，原来是一个方形高台，高出地面 5 米多，东北部有 3 个砖窑，东南角有 1 个砖窑，南部有 1 个砖窑，西北角是大朱大队窑场的 2 个砖窑。平粮台的四周，窑场林立，烧窑的黑烟直冲云天，由于挖土烧砖，平粮台已被挖得坑坑洼洼，东半部、南部、中部、西部中间被挖平，平粮台被挖掉一半，在挖土的断面上有许多古墓暴露出来，我们选择了几座古墓进行发掘。发掘了一批战国晚期的楚墓和汉墓，在一座东西向的带墓道的"甲"字形楚墓（M4）中，出土铜鼎、剑、镜、带钩、箭头和玉璧、陶器等文物，其中青铜剑的格上铭文是"戉王"，"戉王"就是"越王"。吴越出名剑，这次出土的越王剑，是考古发现的一件重要文物。鉴于平粮台群众挖土烧砖不止，许多古墓亟待抢救，河南省文物局决定由河南省博物馆文物工作队派曹桂岑、宋智生等人继续抢救发掘。1979 年 6 月在平粮台又发掘了M17，是"甲"字形墓，出土有铜鼎 5 件、青铜剑 2 把，大批玉器和陶器等 123 件。青铜剑中的"巴蜀剑"银光闪闪，上有虎纹，其产地是巴蜀，当是稀世珍宝。精美的玉器有玉璧、凤鸟佩、龙形佩、双龙同体佩和体似瓜子大的牛、猪、羊、象、兔、鱼等，琳琅满目。陶器有鼎、壶、高柄壶、盘等。

1979 年 9 月 8 日，考古学家安金槐先生带领河南省文物考古训练班的学员到平粮台考古工地实习，参加发掘辅导的有安金槐、曹桂岑、王润杰、王明瑞、李敬昌、宋智生、孙建国、白宜郑，学员有王建中、赵成甫、张新强、王守谦、郭太松、王立农、王振塑、李晋洛、孙保国、孙青元、阴全忠、黄留春、刘土檩、王治品、杨中联、高同根、杨春富、顿维善、吴世民、刘永信、左超、刘开国、张怀银、胡文台、平春照、刘文革、王竹林、余宪宝、张玉山、张志华等。开始是发掘古代墓葬，由于秋雨绵绵，地下水位上升，许多古墓下挖不到半米深即遇见地下水，因此，临时改为遗址发掘，发掘地点选在平粮台的东南部和西南部，因为东南部遗址的上部文化层已被挖去，龙山文化层暴露在外。通过发掘，发现龙山文化时期的三排建于夯土台上的土坯建筑。这三座房子排列有序，建房前先用小版筑堆筑法夯出一个长方形高台，台上用土坯砌墙。三排建于夯土台上的土坯建筑，是考古重要发现，说明居住在平粮台的先民已经拥有了使用土坯和夯土技术。住在夯土台上的人其地位一定不低，可能是贵族或头人，同时还反映出既然居住在平粮台的先民已经拥有了夯土技术，能夯筑高台，就有可能筑城，平粮台遗址可能是个古城址。由此萌发了在平粮台寻找夯土城墙的想法。（图二）

1980 年，在平粮台寻找龙山文化的夯土城墙的发掘工作开始。为搞清夯土城墙的范围、建筑方法、始建和废弃时间，由曹桂岑、冯忠义、宋智生、李胜利、李延斌在平粮台发掘，在西墙、北墙、东墙和南墙共开16 个探沟、探方，发掘面积 800 平方米。通过发掘，发现了平粮台南城门的门卫房和陶排水管道，并找到了北门的豁口，基本上搞清了平粮台是一座龙山文化时期的古城遗址，搞清了古城址的范围、建筑结构。（图三；彩版二，1、2、3）

平粮台龙山文化城址的发现引起国家文物局的重视，1980 年 11 月 25 日，河南省文物局刘肃正局长陪同国家文物局文物处谢辰生处长和朱希元、叶青谷同志到平粮台，地委宣传部部长聂继彪等领导陪同。经现场参观，认可平粮台是座龙山文化城址，对于研究我国古代城的出现、国家的产生、文明的起源有重大学术价值，建议今后加强保护和发掘。最后同淮阳县委书记朱叶祥同志协商，由国家文物局拨款，征地保护。（图版一，1、2）

为了保护好新发现的平粮台古城址，河南省文物局于 1980 年 12 月 6 日提出《关于保护和发掘平粮台古城遗址的请示报告》，并派曹桂岑于 12 月 9 日赴京汇报，12 月 22 日国家文物局将《同意补助平粮台古城遗址发掘及保护经费十万元》的文件下达河南，将土地全部征购。从报告送到至批文下达，只用了 12 天，由此可见，国家文物局的领导对平粮台古城遗址的发掘及保护工作是十分重视的，采取的措施及时而有力，令人感动。经过一年的努力，在淮阳县委、县政府的支持下，终于建成平粮台古城红砖围墙，将平粮台古城保护起来。考古工作站也建成于古城的西北边，原大朱大队窑场处。

1982 年，曹桂岑、张玉石、马全、冯忠义、马新常、张伟对平粮台遗址的东南部进行发掘，以搞清东南

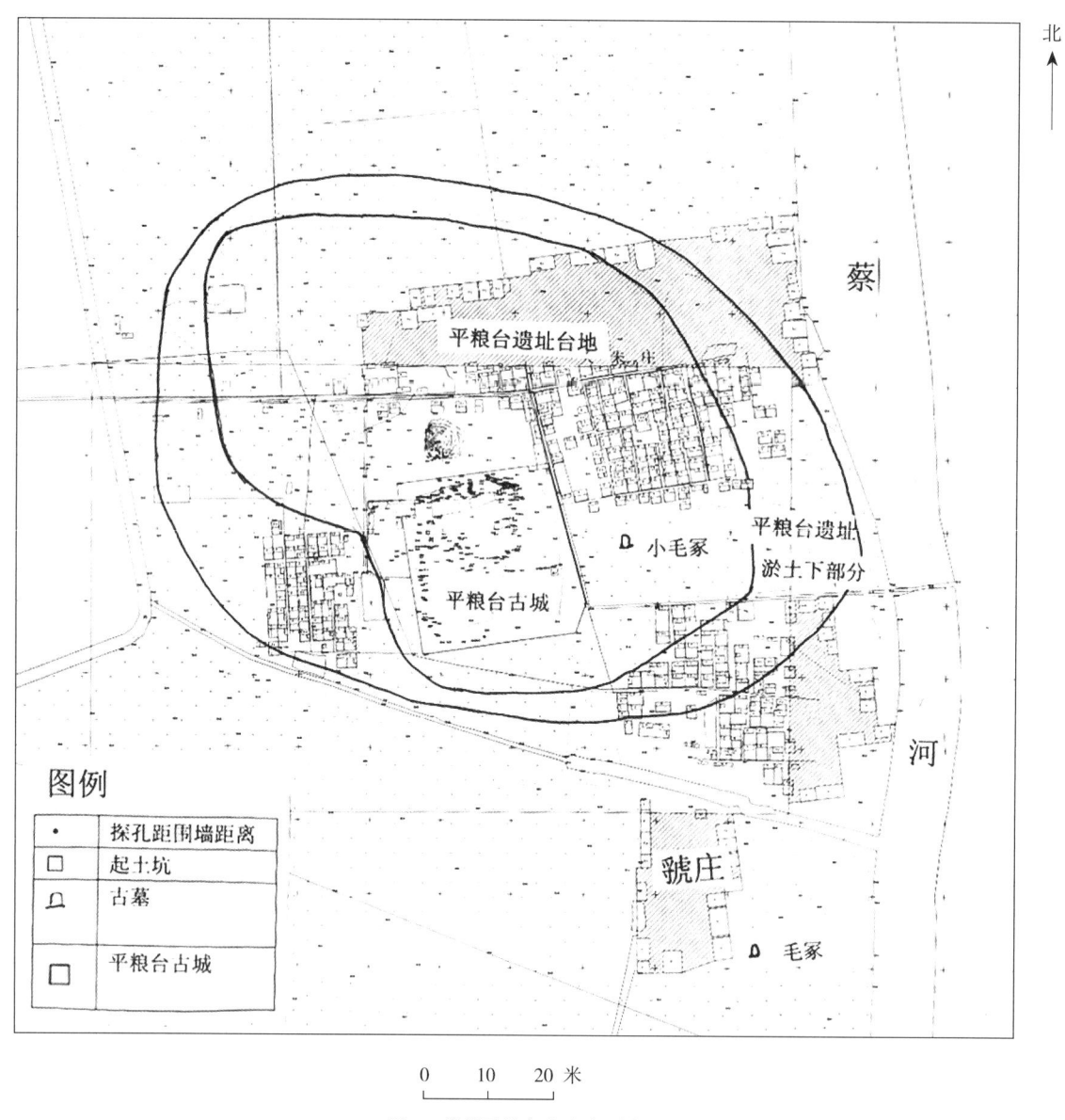

图二　淮阳平粮台遗址平面图

部高台建筑和东城墙的情况。

　　1983年，曹桂岑、张玉石、马全、冯忠义、马新常、张伟和中山大学人类学系毕业生彭全民、傅宪国对平粮台遗址的东南部继续进行发掘，发掘面积400平方米，以进一步搞清东南部高台建筑和东城墙的情况。发现龙山文化至商代灰坑14座、战国至汉代墓葬15座和龙山文化墓葬2座。中国考古学会第四次年会的代表参观了平粮台遗址，并参加了论证。

　　1984年，曹桂岑、张玉石对平粮台遗址的北部进行发掘，以进一步搞清平粮台遗址北门附近的遗迹情况。发掘面积2000平方米，其中600平方米发掘到底，搞清了北门的位置，清理龙山文化至汉代灰坑60座，墓葬61座。

　　1985年，曹桂岑、王龙正在遗址中部和北部发掘面积1100平方米，文化堆积厚5～6米，发掘各期灰坑30座，墓葬22座，龙山文化陶窑1座。在一座西汉墓的墓道中发现一件泥塑镇墓兽，是罕见的人形镇墓兽。

　　1986年11月21日，河南省人民政府公布平粮台遗址为河南省第二批文物保护单位。

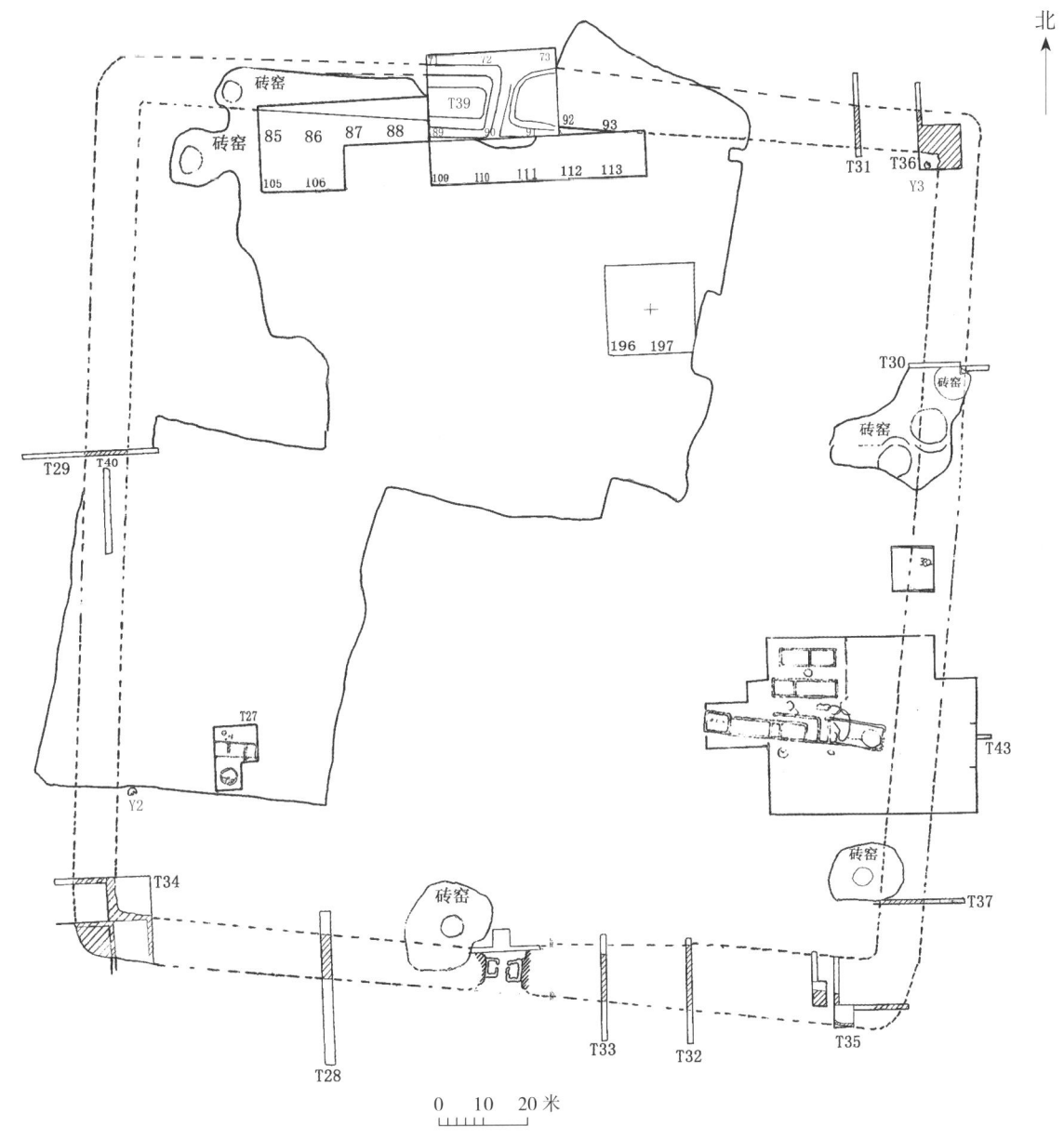

图三 淮阳平粮台遗址探方、探沟位置图

1988 年，国务院（国发〔1988〕5 号）公布平粮台遗址为全国重点文物保护单位。

1989 年 9 至 12 月，继续对 1985 年未发掘到底的探方进行发掘，发掘面积 800 平方米，清理墓葬 10 座、车马坑 1 座、灰坑 30 座、房基 2 座，墓葬中有龙山文化的瓮棺葬、战国楚墓、汉墓，灰坑的年代有龙山文化、二里头文化、西周文化、春秋文化。

平粮台龙山文化城址的发掘工作从 1979 年 5 月开始延续到 1989 年底暂告一段落。

第三节 地层叠压

古城夯土墙的地层情况，以探沟 T29 的南壁等为例介绍如下（图四）。

1. 探沟 T29 位于平粮台古城的西城墙中段，距古城西南角 100 米。该探沟东头高，西头低。东西长 32 米，南北宽 1 米，深 6.30 米。西部地下水位高，未能发掘到底。夯土城墙位于探沟的中部，被灰坑 H46、

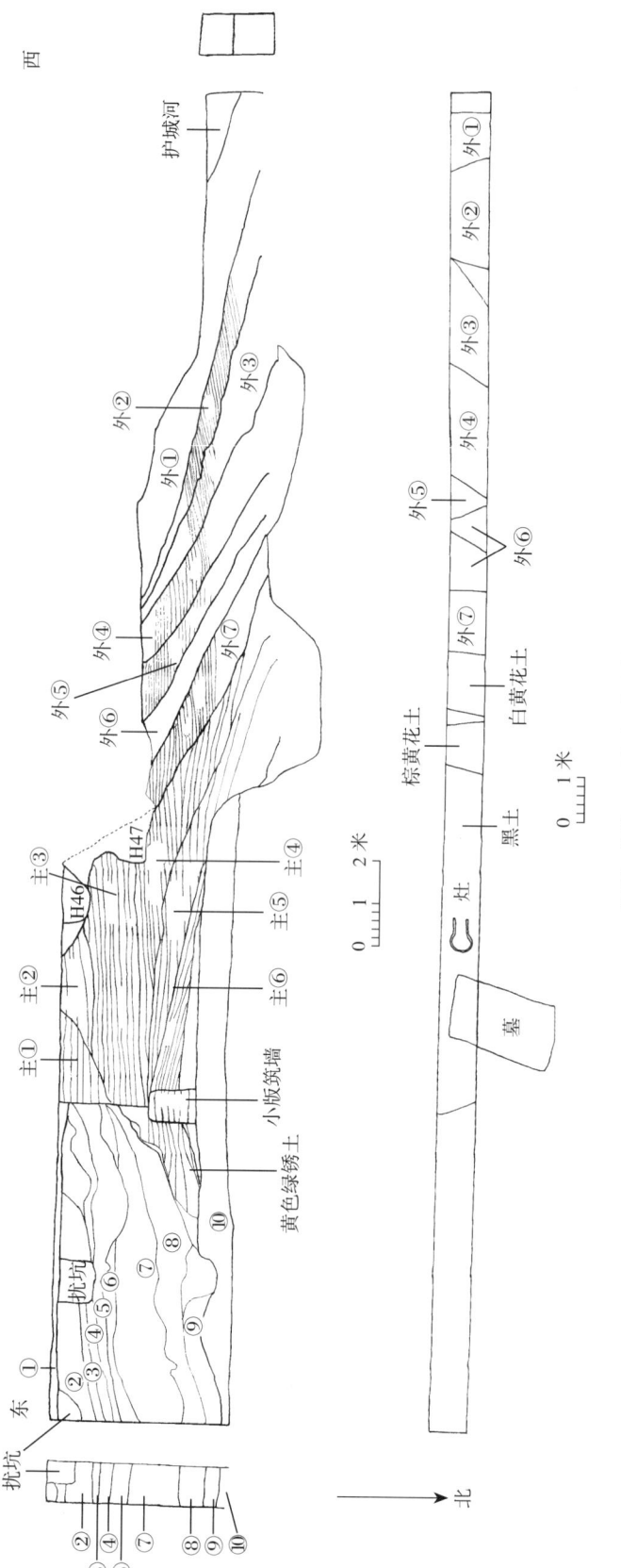

图四 探沟 T29 平面、南壁剖图

①黑灰土 ②浅黄土 ③黄土 ④暗黄土 ⑤灰土 ⑥浅褐土 ⑦黄褐土 ⑧黑灰土 ⑨暗黄土 ⑩带红烧土块的褐土 H46（二里头文化）H47（周代）
主①浅灰花夯土 主②黄花夯土 主③黄褐花夯土 主④黄花夯土 主⑤褐花夯土 主⑥褐花夯土墙
外①褐黄土 外②黄花夯土 外③灰花夯土 外④黄黄夯土 外⑤浅黄黄夯土 外⑥灰花夯土 外⑦浅黄夯土

H47 打破。因夯土城墙两边的文化层堆积不一致，故将探沟 T29 的东部文化层编为①至⑩层，中部夯土墙编为主①至⑥层，西部叠压着夯土城墙的文化层及附加夯土编为外①至⑦层。

东部文化层：

第①层位于农耕土下，黑灰色，质地松软，分布不普遍，厚 0.20~0.30 米。此层位于探沟的北部，南壁剖面图上显示不出来。出土陶片 138 块，其中灰陶 131 块、棕陶 7 块，以灰陶居多，棕陶较少。纹饰中篮纹 55 块，方格纹 34 块，绳纹 16 块，素面 33 块，以篮纹居多，方格纹次之，绳纹较少。绳纹粗而稀疏。器形有罐、甗、高领罐、瓮、碗等。陶器制作比较粗糙。

第②层为浅黄色土，由西向东倾斜堆积，最厚处达 0.75 米，土质松软。出土陶片 1078 块，其中灰陶 1000 块，棕陶 78 块，以灰陶居多，棕陶较少。纹饰中篮纹 362 块，方格纹 280 块，绳纹 29 块，素面 407 块，以篮纹居多，方格纹次之，绳纹较少。器形有鼎、罐、甗、高领罐、瓮、澄滤器、碗等。

第③层为黄色土，厚 0.15~0.70 米。出土陶片 465 块，其中灰陶 458 块，黑陶 3 块，棕陶 4 块，以灰陶居多，黑陶、棕陶较少。纹饰中篮纹 161 块，方格纹 121 块，绳纹 20 块，素面 163 块，纹饰以篮纹居多，方格纹次之，绳纹较少。器形有鼎、罐、甗、高领罐、瓮、盆、澄滤器、圈足盘、碗等。

第④层为暗黄色土，厚

0.20~0.40 米。出土陶片 274 块，其中灰陶 238 块，黑陶 28 块，棕陶 8 块，以灰陶居多，黑陶次之，棕陶较少。纹饰中篮纹 87 块，方格纹 38 块，绳纹 11 块，素面 138 块，以篮纹居多，方格纹次之，绳纹较少。还出土"人"字纹陶片。器形有鼎、罐、甗、鬲、盆、圈足盘、碗等。还有蚌刀。

第⑤层为灰色土，厚 0.15~0.90 米。出土陶片 1037 块，其中灰陶 1026 块，棕陶 11 块，以灰陶居多，棕陶较少。纹饰中篮纹 468 块，方格纹 213 块，绳纹 37 块，素面 319 块，以篮纹居多，方格纹次之，绳纹较少。器形有鼎、罐、甗、高领罐、盆、澄滤器、豆、圈足盘、碗等。

第⑥层为浅褐色土，厚 0.15~0.45 米。出土陶片 542 块，其中灰陶 534 块，棕陶 8 块，以灰陶居多，棕陶较少。纹饰中篮纹 209 块，方格纹 230 块，绳纹 19 块，素面 84 块，以方格纹居多，篮纹次之，绳纹较少。还出土"人"字纹陶片。器形有鼎、罐、甗、高领罐、瓮、豆、盆、圈足盘、碗等。还有骨镞、蚌刀、陶拍子。

第⑦层为黄褐土，下部带绿锈，由西向东堆积，最厚处达 1.25 米。出土陶片 823 块，其中灰陶 795 块，棕陶 28 块，以灰陶居多，棕陶较少。纹饰中篮纹 223 块，方格纹 239 块，绳纹 37 块，以方格纹居多，篮纹次之，绳纹较少。器形有鼎、罐、甗、高领罐、瓮、豆、圈足盘、碗、盆等，此外还有石铲、石镞、骨镞、骨簪、陶环等。

第⑧层为黑灰土，厚 0.10~0.90 米。出土陶片 3908 块，其中灰陶 3784 块，棕陶 124 块，以灰陶居多，棕陶较少。纹饰中篮纹 913 块，方格纹 1451 块，绳纹 246 块，素面 1298 块，以方格纹居多，篮纹次之，绳纹较少。器形有鼎、罐、甗、高领罐、瓮、豆、圈足盘、盆、碗、澄滤器等。同时还出有石镰、石凿、蚌镞、陶环。

第⑨层为暗黄色土，由西向东堆积，厚 0.35~0.80 米。出土陶片 90 块，全为棕陶。纹饰中篮纹 48 块，方格纹 15 块，绳纹 10 块，素面 17 块，纹饰以篮纹居多，方格纹次之，绳纹较少。器形有鼎、罐、瓮、碗等，并出有石锛。

第⑩层被第⑨层和夯土城墙所叠压，为夹杂红烧土块、黏性较大的褐色土，其下为原生土。出土陶片 99 块，其中深灰陶 19 块，黑陶 18 块，棕陶 62 块，以棕陶居多，灰陶、黑陶较少。纹饰中篮纹 11 块，素面 88 块。器形有罐、鼎、壶、圈足碗、圈足碟等。

夯土墙：叠压在第⑨层之下，为棕黄色花夯土和褐色花夯土。土质坚硬，夯层清楚，一般厚 0.05~0.25 米，夯窝为圆形圜底。夯土墙现高 3.50 米。根据土色和由上及下的层次，依次编为主①至⑥层，实际是一次夯筑，并无时间早晚关系。

主①层为浅灰花夯土，夯层近平，层厚 0.15~0.20 米，东部高 1.30 米，西部渐薄。出土陶片 249 块，以灰陶为主，仅见彩陶 1 块，红褐陶 3 块。其中方格纹 104 块，篮纹 53 块，绳纹 8 块，麻点纹 3 块，素面 80 块，彩陶 1 块。主要器形有罐、鼎足、甗足、壶、盘、碗、瓮。

主②层为褐黄花夯土，叠压在主①层之下，夯层近平，层厚 0.15~0.25 米，高 0.70 米。出土陶片 5 块，深灰陶 3 块，灰陶 2 块。其中方格纹 1 块，篮纹 1 块，素面 3 块。主要器形有高领罐、盆。

主③层为黄褐花夯土，叠压在主①②层之下，夯层近平，层厚 0.10~0.15 米，高 1.30 米。出土陶片 5 块，深灰陶 3 块，灰陶 2 块。其中方格纹 1 块，篮纹 1 块，素面 3 块。主要器形有高领罐、盆。

主④层为黄花夯土，叠压在主③层之下，夯层近平，层厚 0.10~0.15 米，高 2.60 米。无陶片。

主⑤层为褐花夯土，叠压在主④层之下，西部是一条沟，沟宽 4.40 米，深 1.40 米，主层依沟由西向东逐层夯实，夯层近平，层厚 0.10~0.15 米，高约 4 米。出土陶片 68 块，其中红褐陶 43 块，深灰陶 24 块，黑陶 1 块，以红褐陶为主。纹饰中方格纹 2 块，篮纹 2 块，余为素面。主要器形有鼎足、罐、圈足碗、豆柄。

主⑥层是小版筑夯土墙，褐色花夯土，宽 0.80~0.85 米，高 1.20 米。夯层厚 0.15~0.20 米。其上为斜堆夯土或平铺夯土层。小版筑墙内出土陶片 41 块，其中红陶片 30 块，灰陶 6 块，深灰陶 5 片。纹饰多素面，少量篮纹饰于鼎的底部。主要器形有鼎、罐、圈足碗、圈足碟等。

西部文化层：最上部为红色淤土层，不见任何陶片，故未编层。

外①层为褐黄土，叠压在红淤土之下，含部分料礓石。由东向西堆积，厚 0.50~1 米。出土陶片 206 块，其中灰陶 191 块，棕陶 15 块，以灰陶居多，棕陶较少。纹饰中篮纹 50 块，方格纹 36 块，绳纹 30 块，素面 90 块，以篮纹居多，方格纹次之，绳纹再次之。器形有鼎、罐、甗、高领罐、鬲、平底盆等，都属于龙山文化陶片，多数为城墙上冲刷下来的。

外②层为黄花夯土，含料礓石多，有夯层，厚 0.13~0.15 米，夯层近平，夯窝为圆形圜底，直径 5 厘米，深 1.5 厘米。出土陶片 64 块，其中棕陶 3 块。纹饰中篮纹 25 块，方格纹 13 块，绳纹 5 块，素面 21 块，以篮纹居多，方格纹次之，绳纹较少。器形有鼎、甗、豆、圈足盘、瓮等。

外③层为灰花夯土，土质坚硬，夯层厚 0.12~0.15 米，夯层近平，夯窝为圆形圜底，直径 5 厘米，深 1 厘米。出土陶片 170 块，棕陶 11 块，以灰陶为主。纹饰中篮纹 21 块，方格纹 61 块，绳纹 4 块，素面 84 块，纹饰以方格纹为主，篮纹次之，绳纹较少。器形有罐、鼎、高领罐、圈足盘、瓮等。

外④层为黄花夯土，夯层厚 0.15 米，夯层近平，夯窝为圆形圜底，直径 4.5 厘米，深 1 厘米。出土陶片 396 块，其中灰陶 384 块，黑陶 5 块，棕陶 7 块，以灰陶为主，棕陶、黑陶较少。纹饰中篮纹 170 块，方格纹 80 块，绳纹 20 块，素面 126 块，纹饰以篮纹为主，方格纹次之，绳纹较少。器形有罐、甗、豆、圈足盘等。

外⑤层为浅黄夯土，夯层近平，夯层厚 0.12~0.16 米。夯窝不明显，个别为小圜底夯窝，直径 4 厘米，深 1.5 厘米。出土陶片 270 块，其中灰陶 262 块，棕陶 7 块，黑陶 1 块，以灰陶为主，棕陶、黑陶很少。纹饰中篮纹 69 块，方格纹 130 块，素面 71 块，纹饰以方格纹为主，篮纹次之，未见绳纹。器形有罐、甗、高领罐、澄滤器。

外⑥层均为浅灰土层，由东向西倾斜堆积，质地松软，宽 1 米。出土陶片 575 块，其中灰陶 546 块，棕陶 29 块，以灰陶居多，棕陶较少。纹饰中宽篮纹 273 块，方格纹 33 块，绳纹 24 块，素面 245 块，纹饰以宽篮纹居多，方格纹次之，绳纹较少，还有"人"字形纹陶片 1 块。器形有鼎、罐、甗、豆、圈足盘等。

外⑦层为浅黄夯土，含料礓石多，直接叠压在夯土墙主②、主③、主④上，夯层近平，夯层厚 0.13 米。夯窝为小圜底夯窝，直径 4.5~5 厘米，窝深 1.5 厘米。出土陶片 206 块，其中灰陶片 42 块。灰陶纹饰中宽篮纹 15 块，方格纹 19 块，细绳纹 1 块，素面 7 块，纹饰以方格纹为主，宽篮纹次之，绳纹更少。器形有罐、高领罐等。从陶片特征看，属平粮台龙山文化二期。

2. 探沟 T28　位于平粮台古城的南城墙西段，距古城西南角 65 米，距南门 40 米。东西宽 2 米，南北长 35 米，深 2.60 米。南部地下水位高，未能发掘到底。夯土城墙位于探沟的中部，被汉墓 M73 和 M80、楚墓 M75、灰坑 H46 打破。因夯土城墙两边的文化层堆积不一，北部文化层是平粮台古城的城内堆积，南部在夯土城墙外，有壕沟和城墙的附加部分，故将探沟 T28 的北部文化层编为①至⑤层，中部夯土墙编为外⑮至⑱层，南部叠压着夯土城墙的文化层及附加夯土编为外①至外⑭层。夯土墙下的文化层为第⑤文化层。（图五）

北部文化层：

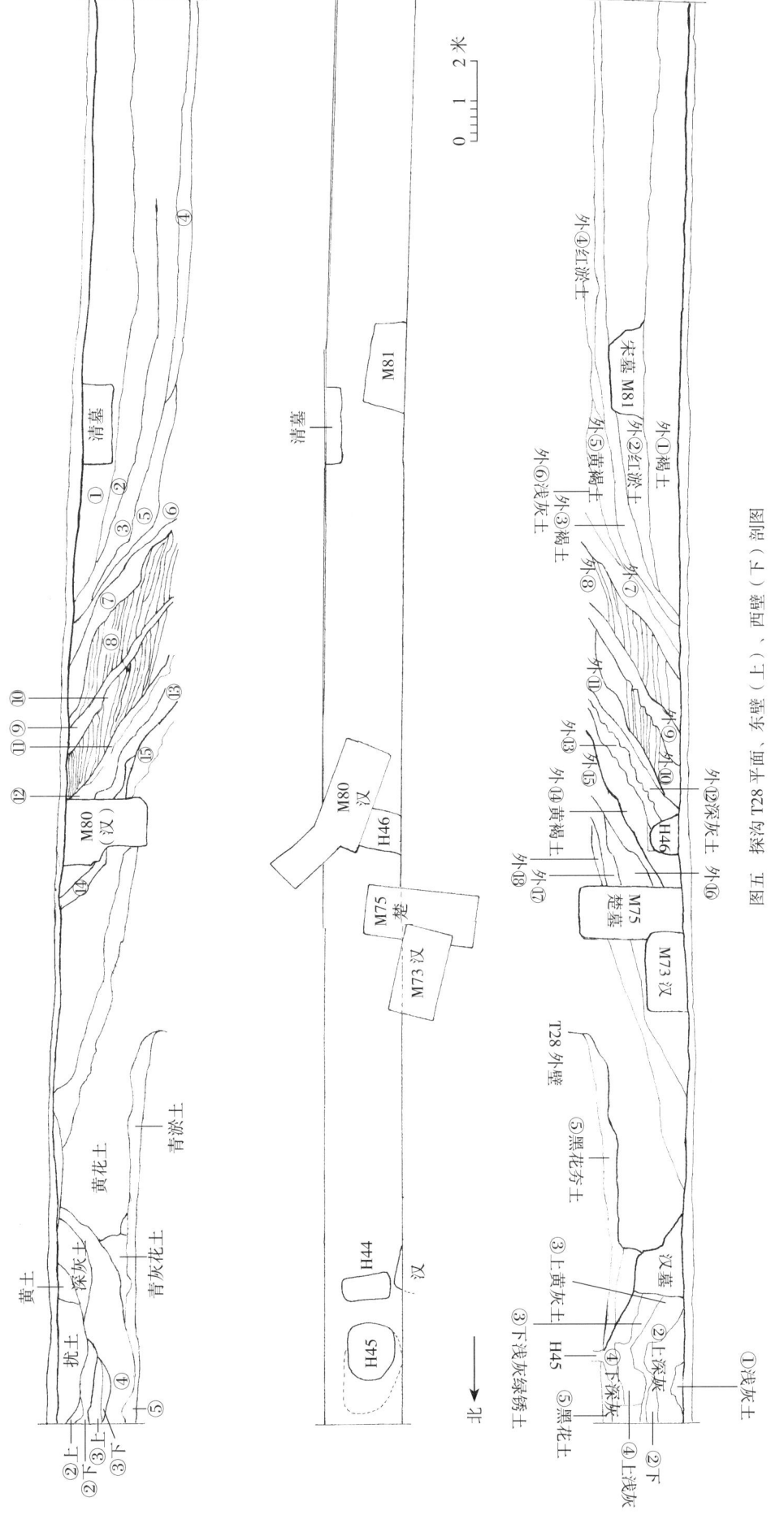

图层（上）剖西面、（下）剖东面西壁TL28北部 五图

第①层位于农耕土下，浅灰色，质地松软，分布普遍，厚 1.30 米。此层位于探沟的南部，剖面图上显示出来。出土陶片 22 块，以灰陶居多，纹饰中篮纹 11 块，方格纹 5 块，绳纹 6 块，以篮纹居多，占 50%，方格纹占 23%，绳纹占 27%。器形有罐、甗、盆、豆等。根据本层出土器物，属平粮台龙山文化五期。

第②层为深灰土，可分为上下二层，由南向北倾斜堆积，最厚处达 1 米，质地松软。出土陶片 39 块，以灰陶居多。纹饰中篮纹 5 块，方格纹 26 块，绳纹 3 块，素面 5 块，以方格纹居多，篮纹次之，绳纹较少。器形有罐、碗等。根据本层出土器物，属平粮台龙山文化五期。

第③上层为浅灰土，厚 0.35 米。出土陶片 496 块，以灰陶居多。纹饰中篮纹 96 块，方格纹 220 块，绳纹 23 块，回纹 13 块，素面 144 块，以方格纹居多，篮纹次之，绳纹较少，回纹最少。器形有罐、甗、豆、圈足盘、鬶、碗等。根据本层出土器物，属平粮台龙山文化四期。

第③下层为浅灰绿锈土，厚 0.20 米。仅在东壁上显示。出土陶片 252 块，以灰陶为主，少数磨光。纹饰中篮纹 96 块，方格纹 60 块，绳纹 19 块，素面 74 块，蛋壳黑 3 块，纹饰以篮纹、方格纹居多，绳纹次之。器形有罐、甗、高领罐、豆、盆、碗等。根据本层出土器物，属平粮台龙山文化三期。

第④层分为上、下两层，④上层为浅灰土，④下层为深灰土，厚 0.70 米，由南向北堆积。出土陶片 99 块，以灰陶居多。纹饰中篮纹 11 块，方格纹 44 块，绳纹 12 块，素面 32 块，以方格纹居多，绳纹次之，篮纹较少。方格纹为菱形。器形有鼎、罐、甗、高领罐、豆等。根据本层出土器物，属平粮台龙山文化二期。

第⑤层为黑花夯土，厚 0.35 米。被夯土城墙叠压。出土陶片 32 块，以深灰陶居多。纹饰清晰，器胎较薄。纹饰中篮纹 19 块，方格纹 3 块，素面 10 块，以篮纹居多，方格纹较少。器形有罐、豆、盆、圈足盘等。根据本层出土器物，属平粮台龙山文化一期。

南部文化层：

最上部为农耕土，厚 0.30 米。

外①层为褐土，叠压在农耕土之下，含部分料礓石。由北向南堆积，厚 0.50 ~ 1 米。为耕土，出河南龙山文化陶片。

外②层为黄河泛滥淤积的红淤土，厚约 1 米，纯净，并埋有宋代墓（M81）等。

外③层为褐土，较纯净。厚 0.40 米。

外④层为红淤土。厚 0.40 米。

外⑤层为黄褐土，较纯净。厚 0.40 米。

外⑥层均为浅灰土层。

外⑦层为浅灰土。厚 0.70 米。

外⑧层为浅黄花夯土，料礓石多，夯层近平，夯层厚 0.13 米。夯窝为小圜底夯窝，夯窝口径 4.5 ~ 5 厘米，窝深 1.5 厘米。出土陶片全为灰陶，纹饰有宽篮纹、方格纹、细绳纹和素面，纹饰以方格纹为主，宽篮纹次之，绳纹更少。器形有罐、高领罐等。

外⑨层为灰土层，出土陶片全为灰陶，纹饰有宽篮纹、方格纹、细绳纹和素面，纹饰以方格纹为主，宽篮纹次之，绳纹更少。器形有罐、高领罐等。

外⑩层为浅黄花夯土，料礓石多，夯层近平，夯层厚 0.13 米。夯窝为小圜底夯窝，夯窝口径 4.5 ~ 5 厘米，窝深 1.5 厘米，外边似阶梯台状，出土陶片全为灰陶，纹饰有宽篮纹、方格纹、细绳纹和素面，纹饰以方格纹为主，宽篮纹次之，绳纹更少。器形有罐、高领罐等。

外⑪层为浅灰土，质地松软，厚 0.20 米，出土陶片全为灰陶，纹饰有宽篮纹、方格纹、细绳纹和素面，纹饰以方格纹为主，宽篮纹次之，绳纹更少。器形有罐、高领罐等。

外⑫层为深灰土，出土陶片全为灰陶，纹饰有宽篮纹、方格纹、细绳纹和素面，纹饰以方格纹为主，宽篮纹次之，绳纹更少。器形有罐、高领罐等。

外⑬层为深灰夯土，料礓石多，夯层近平，层之间呈阶梯状，夯层厚 0.13 米。夯窝为小圜底夯窝，夯窝口径 4.5～5 厘米，窝深 1.5 厘米。出土陶片全为灰陶，纹饰中宽篮纹 71 块，方格纹 226 块，细绳纹 71 块，素面 158 块，纹饰以方格纹为主。器形有罐、高领罐等。

外⑭层为黄褐夯土，夯土斜堆，厚薄不一，夯层厚 0.13 米。夯窝为小圜底夯窝，夯窝口径 4.5～5 厘米，窝深 1.5 厘米。出土陶片全为灰陶，纹饰中宽篮纹 28 块，方格纹 32 块，绳纹 4 块，素面 36 块，纹饰以方格纹为主，宽篮纹次之，绳纹更少。器形有罐、高领罐等。

外⑮层为浅黄花夯土，料礓石多，夯层近平，夯层厚 0.13 米。夯窝为小圜底夯窝，夯窝口径 4.5～5 厘米，窝深 1.5 厘米。出土陶片全为灰陶，纹饰中宽篮纹 14 块，方格纹 12 块，细绳纹 3 块，素面 17 块。器形有罐、高领罐等。

外⑯层为花夯土，夯层混乱。夯窝为小圜底夯窝，夯窝口径 4.5～5 厘米，窝深 1.5 厘米。出土陶片全为灰陶，纹饰有宽篮纹、方格纹、细绳纹和素面，纹饰以方格纹为主，宽篮纹次之，绳纹更少。器形有罐、高领罐、豆盘等。

外⑰层、外⑱层均为五花夯土，夯层混乱，夯层厚 0.13 米。夯窝为小圜底夯窝，夯窝口径 4.5～5 厘米，窝深 1.5 厘米。出土陶片全为灰陶，纹饰中宽篮纹 12 块，方格纹 24 块，细绳纹 6 块，素面 43 块，纹饰以方格纹为主，宽篮纹次之，绳纹更少。器形有罐、高领罐等。

从 T28 地层剖面看，城墙的筑法与南墙、东墙、北墙、西墙的筑法不同，没有小版筑墙。

3. 探沟 T43　位于平粮台古城的东城墙中段，即后来发掘的 T51、T52 的中部。东西长 34.50 米，南北宽 1 米，深 2.75 米。该探沟的西部是平粮台夯土城墙的东城墙的西半部和城内堆积，东部是护城壕、城墙的附加部分和城墙，由于地下水位高，未能发掘到底。夯土城墙表土揭去后即发现夯土城墙，被战国墓 M107 和汉墓 M105、M106、M67、M68、M72 打破，开始仅对这批墓葬进行发掘，后对西部城内堆积、东部夯土城墙外的壕沟和城墙的附加部分进行发掘，再对夯土城墙进行解剖。以 T43 南壁的地层为例，将探方 T43 的西部文化层编为①～③层，东部文化层依照其他探方的编层方法编为外①～外⑪层，根据地层叠压情况，外部文化层由东向西编层。（图六）

西部文化层：

第①层位于农耕土下，浅灰色，质地松软，分布普遍，厚 1.30 米。此层位于探沟的西部，剖面图可显示。出土陶片 447 块，以灰陶居多。纹饰中篮纹 107 块，方格纹 64 块，绳纹 46 块，素面 230 块，以篮纹居多，方格纹次之，绳纹较少，方格纹变小，篮纹较窄。器形有罐、鼎、高领罐、甗、豆、碗、纺轮等。本层出土器物属平粮台龙山文化四期。

第②层为浅灰土和深灰土，叠压在第①文化层之下，由东向西倾斜堆积，最厚处达 0.10 米，土质松软。出土陶片 436 块，以灰陶居多，棕陶较少。纹饰中篮纹 127 块，方格纹 168 块，绳纹 16 块，素面 125 块，以方格纹居多，篮纹次之，绳纹较少。器形有罐、鼎、高领罐、甗、盆、澄滤器、碗等，多平底器，鼎足为素面。本层出土器物属平粮台龙山文化三期。

第③层为褐土、青泥、黄垫土、棕土，堆积在一个宽 1.20 米的小沟内，叠压在第②文化层之下，并叠压着小版筑夯土墙，坐落在生土之上。堆积是由东向西堆积，出土陶片以灰陶居多，纹饰以篮纹居多。器形有

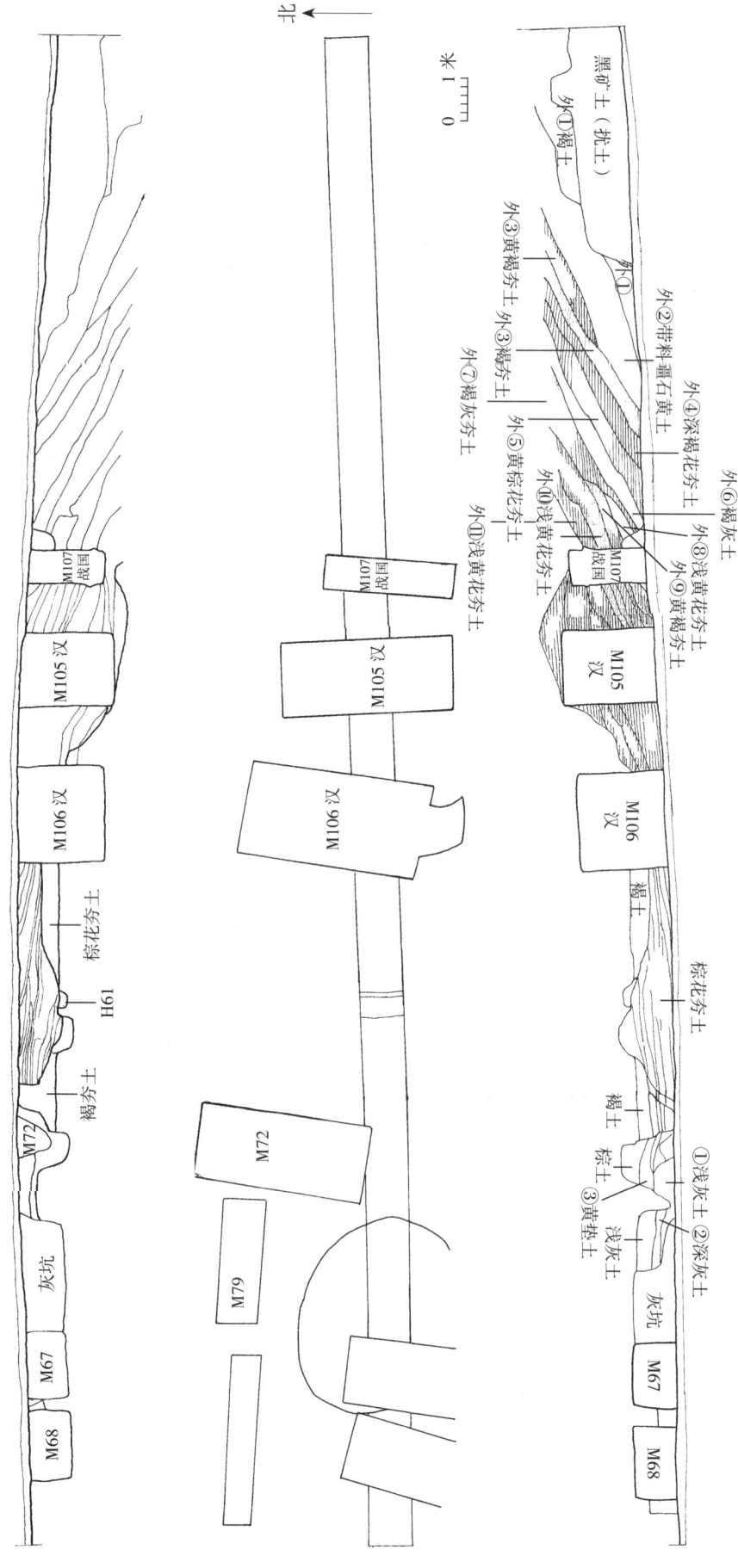

图一七 (上) 城北、(下) 城南、南壁 T43 内探方 兴图

M107 战国

M105 汉

M106 汉

棕花夯土

褐土

棕土

①浅灰土

②深灰土

③黄垫土

灰坑

M67

M68

黑矿土 (扰土)

外①褐土

外②带料礓石黄土

外①褐土

外④深褐花夯土

外⑥褐灰土

外⑧浅黄花夯土

外⑨黄褐土

外③黄褐夯土

外③褐夯土

外⑤黄褐土

外⑩浅黄花夯

外⑦褐灰土

外⑤黄棕花土

外⑪浅黄花夯土

M107 国墓

M105 汉

M106 汉

M72

M79

M107 国墓

M105 汉

M106 汉

棕花夯土

H61

褐夯土

M72

灰坑

M67

M68

米 1 0

北

瓿、镂空器座、瓮等。本层出土器物属平粮台龙山文化二期。

城墙东部为外①～外⑪。

外①层为褐土，叠压在农耕土、扰土坑之下。由西向东堆积，东厚西薄，宽 2.50 米，深 2.10 米以上，因见水，无法下清。出土陶片 53 块，其中绳纹 6 块，篮纹 17 块，方格纹 3 块，素面 27 块，以篮纹居多，绳纹次之，方格纹较少。器形有鼎、罐等。

外②层为带料礓石黄土，叠压在外①层底部。宽 0.80 米，深 2.10 米见水，底部宽 2 米。出土陶片少。

外③层为黄褐夯土、褐夯土，土质坚硬，叠压在外②层下，宽 0.70 米，是依外④层的夯土层，由东部低处向西平夯，逐层加高。夯窝不明显，夯层清晰，层厚 0.15~0.20 米。出土陶片 138 块，以灰陶居多。纹饰中绳纹 7 块，篮纹 41 块，方格纹 40 块，素面 50 块，以篮纹、方格纹居多，绳纹较少。器形有鼎、罐等。

外④层为深褐花夯土，土质坚硬，宽 0.75 米，最深距地表 2.10 米见水，系依外⑤层由东向西逐渐夯实，夯层厚 0.15 米，夯层近平。出土陶片 175 块，其中绳纹 8 块，篮纹 53 块，方格纹 49 块，素面 65 块，以篮纹居多，方格纹次之，绳纹较少。器形有鼎、罐、瓿等。

外⑤层为黄棕花夯土，夯层近平，土质坚硬，厚 0.12～0.16 米，夯窝不明显，层宽 1 米，深 2.10 米见水。本层是依外⑥层由东向西、由下及上逐层夯实。陶片中绳纹 3 块，篮纹 17 块，方格纹 19 块，素面 33 块。

外⑥层均为褐灰土，为由东向西倾斜堆积，土质松软，上部被淤土沟打破，宽 0.90 米，依城墙夯土由西向东堆积而成，出土物丰富。出土陶片 1220 块，以灰陶居多，黑陶次之，棕陶更少。纹饰中绳纹 110 块，篮纹 255 块，方格纹 430 块，素面 425 块，以方格纹居多，篮纹次之，绳纹较少。器形有鼎、罐、瓿、高领罐、盆、鬶、筒状澄滤器、碗等，鼎足上有 1 至 2 个按窝。

外⑦层为褐灰夯土，夯层近平，夯层依外层由东向西夯打。出土陶片 157 块，其中绳纹 13 块，篮纹 35 块，方格纹 37 块，素面 72 块，以方格纹居多，篮纹次之，绳纹较少。器形有罐、瓿、圈足盘、豆等。

外⑧层为浅黄花夯土，料礓石多，夯层近平，夯层厚 0.13 米，夯窝为小圜底夯窝，夯窝口径 4.5～5 厘米，窝深 1.5 厘米。出土陶片 54 块，全为深灰陶。纹饰中篮纹 22 块，方格纹 20 块，绳纹 2 块，素面 10 块，以篮纹为主，方格纹次之，绳纹更少。器形有罐、高领罐等。

外⑨层为黄褐夯土，料礓石多，夯层近平，夯层厚 0.13 米，夯窝为小圜底夯窝，夯窝口径 4.5～5 厘米，窝深 1.5 厘米。没有陶片。

外⑩层为浅黄花夯土，料礓石多，夯层近平，夯层厚 0.13 米，夯窝为小圜底夯窝，夯窝口径 4.5～5 厘米，窝深 1.5 厘米。该层叠压着夯土城墙，西部被汉墓 M105、战国墓 M107 打破，由东向西、由下及上夯打，分三次逐层夯打，宽 1.50 米。未见陶片。

外⑪层为浅黄花夯土，料礓石多，夯层近平，夯层厚 0.13 米，夯窝为小圜底夯窝，夯窝口径 4.5~5 厘米，窝深 1.5 厘米。该层的上部被汉墓 M105、M106 打破，东部下边是一条小沟，此层夯土即依小沟由东向西分层夯打，也应是城墙的附加部分。没有陶片出土。

城墙叠压着一条长沟，编号 H61，与城墙的走向一致。沟内土呈灰色，质地松软。已清理沟长 3.05 米，口大底小，口宽 0.70 米，底宽 0.28 米，深 0.30 米。从沟的走向看与东城墙的走向一致。出土陶片以黑陶居多，灰陶次之。纹饰以绳纹居多，篮纹次之，篮纹较宽，竖饰在陶器表面。陶器种类较少，有罐、豆等。

小版筑夯土墙，建于褐土层之上，底宽 1.20 米，上宽 0.55 米，高 0.85 米，有 5 层夯层，每层厚 0.15~0.20 米，夯窝不明。

城墙：农耕土下即见城墙夯土，东部被汉墓 M106 打破，估计宽约 8 米。叠压着小版筑墙和灰沟 H61，城墙现存高度为 1 米。夯土为棕花夯土，夯层明显。城墙夯土内出土陶片 15 块，多深灰陶，其中篮纹 5 块、绳纹 2 块、素面 8 块，以篮纹居多，绳纹次之，不见方格纹，篮纹较宽。器形有罐、平底器等。

4. 探沟 T49　位于平粮台古城的东城墙中段。东西宽 10 米，南北长 10 米，深 2.15 米。该探方的西部是平粮台夯土城墙东城墙的东半部，东部是护城壕和城墙的附加部分，由于地下水位高，未能发掘到底。耕土揭去后即发现夯土城墙，被西汉墓 M110、M115 和宋墓 M114 打破，仅对这批墓葬进行发掘，对夯土城墙则未动。对东部夯土城墙外的壕沟和城墙的附加部分进行发掘。以 T49 南壁地层为例，将探沟 T49 的东部文化层依照其他探方的编层方法编为外①～外⑧层，根据地层叠压情况，外部文化层由东向西编层。（图七）

护坡沟：位于东城墙外，顺城墙的走向，方向 8°，沟口东西宽 1.70 米，探方内长 11 米，沟深 0.55~0.75 米，坐落在外⑧层之上。沟内填淤土和城墙被侵蚀冲刷土。出土陶片 196 块，以棕陶居多，黑陶、灰陶较少。纹饰中方格纹 44 块，篮纹 33 块，绳纹 17 块，素面 102 块，方格纹居多，篮纹次之，绳纹较少。器形有罐、盆、碗等。

外①层为褐土，叠压在农耕土之下，含料礓石。由西向东堆积，厚 0.10~0.30 米，深 0.60 米。有路土，出土有碎砖块和骨笄 1 件。为近代扰土层。

外②层为黄花土，料礓石多，宽 1.50 米，厚 1.30 米。出土陶片较少，灰陶居多，黑陶较少。纹饰以篮纹居多，方格纹、绳纹各 1 块。器形见罐。

外③层为暗黄色土，土质松软，叠压在外②层下，宽 0.20 米。出土陶片 106 块，灰陶为主，黑陶次之。纹饰中篮纹 35 块，方格纹 35 块，绳纹 3 块，素面 33 块，以方格纹、篮纹为主，绳纹较少。器形有鼎、罐、高领罐、甗、豆等。

外④层为棕褐色花土，土质坚硬，似夯土，宽 0.75 米，最深距地表 2.10 米，系依外⑤层由东向西逐渐夯实，夯层厚 0.15 米，夯层近平，夯窝为圆形圜底，口径 4.5 厘米，深 1 厘米。出土陶片 82 块，以灰陶为主，棕陶、黑陶较少。纹饰中篮纹 26 块，方格纹 20 块，绳纹 7 块，素面 29 块，以篮纹为主，方格纹次之，绳纹较少。器形有鼎、罐、甗、高领罐、盆、圈足盘、豆、碗等。

外⑤层为棕花夯土，夯层近平，土质坚硬，厚 0.12~0.16 米，夯窝不明显，宽 0.55 米，深 2.10 米见水。本层是依外⑥层由东向西、由下及上夯实的。出土陶片 294 块，以灰陶居多，黑陶较少，棕陶更少。纹饰中篮纹 82 块，方格纹 82 块，绳纹 22 块，素面 108 块，以方格纹、篮纹居多，绳纹较少。器形有鼎、罐、甗、高领罐、澄滤器、圈足盘、豆、碗等。

外⑥层为黑灰土层，为由东向西倾斜堆积，土质松软，宽 0.40 米，依外⑦层由西向东堆积而成，出土物

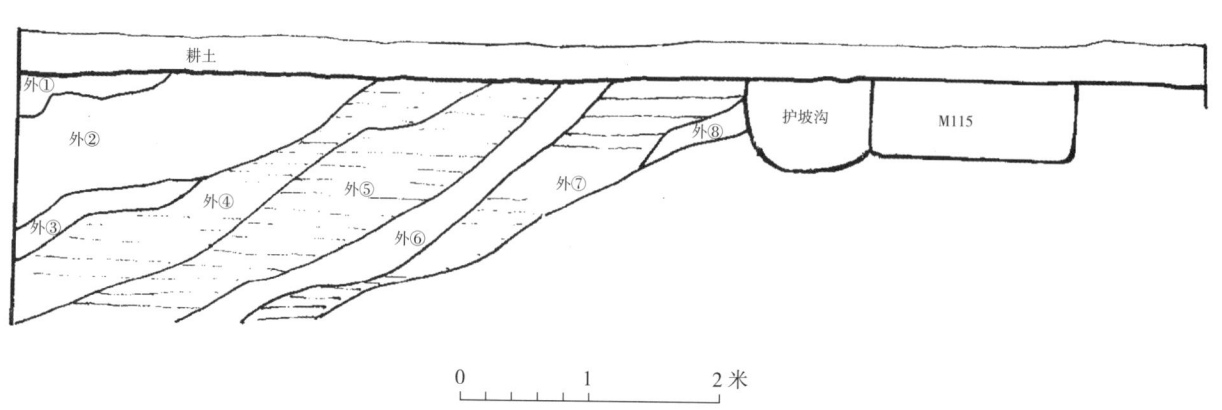

图七　探沟 T49 南壁剖图

丰富。出土陶片 2686 块，以灰陶居多，黑陶较少，棕陶更少。纹饰中篮纹 812 块，方格纹 742 块，绳纹 216 块，素面 916 块，以篮纹居多，方格纹次之，绳纹较少。器形有鼎、罐、甗、高领罐、盆、鬹、澄滤器、觚形器、圈足盘、豆、杯、碗、器盖和环等。

外⑦层为棕花夯土，是由外层由东向西、由低向高夯打而成，夯层近平，宽 1.10 米、深 2.10 米见水。夯层厚 0.13 米，为小圜底夯窝，夯窝口径 4.5~5 厘米，窝深 1.5 厘米。出土陶片 261 块，以灰陶居多，黑陶较少，棕陶更少。纹饰中篮纹 74 块，方格纹 68 块，绳纹 15 块，素面 104 块，以篮纹为主，方格纹次之，绳纹较少。器形有鼎、罐、甗、澄滤器、盆、碗等。

外⑧层为棕褐花夯土，料礓石多，夯层近平，夯层、夯窝明显，为小圜底夯窝，夯窝口径 4.5~5 厘米，窝深 1.5 厘米。出土陶片 508 块，以灰陶居多，黑陶较少，棕陶更少。纹饰中篮纹 250 块，方格纹 132 块，绳纹 16 块，素面 110 块，以篮纹为主，方格纹次之，绳纹更少。器形有鼎、罐、甗、圈足盘、碗等。

5. 探方 T52　位于平粮台古城的东城墙中段。东西宽 10 米，南北长 10 米（实际为 9×9 米），深 2.15 米。该探方的西部是平粮台夯土东城墙的东半部，东部是护城壕和城墙的附加部分。由于地下水位高，未能发掘到底。耕土揭去后即发现夯土城墙，被西汉墓 M110、M115 和宋墓 M114 打破，仅对这批墓葬进行发掘，对夯土城墙则未动。对东部夯土城墙外的壕沟和城墙的附加部分进行发掘。以 T52 北壁地层为例，故将探方 T52 的东部文化层依照其他探方的编层方法编为外①~外⑥层，根据地层叠压情况，外部文化层由东向西编层。（图八）

护坡沟：位于东城墙外，顺城墙的走向，方向 8°，沟口东西宽 1.70 米，探方内长 11 米，沟深 0.55~0.75 米，打破外⑤、外⑥层，坐落在外⑥、外⑤层之上。沟内填淤土和城墙被侵蚀冲刷土。出土陶片 196 块，以棕陶居多，黑陶、灰陶较少。纹饰中方格纹 44 块，篮纹 33 块，绳纹 17 块，素面 102 块，以方格纹居多，篮纹次之，绳纹较少。器形有罐、盆、碗等。

外①层为黄褐花土，叠压在农耕土之下，底部有一层料礓石。由西向东堆积，东厚西薄，厚 1.30 米，深 1.60 米。出土陶片 55 块，灰陶居多，黑陶、棕陶较少。纹饰中篮纹 13 块，方格纹 9 块，素面 33 块，以篮纹为主，方格纹次之，不见绳纹。器形有鼎、罐、澄滤器、盆等。

外②层为棕色黄花土，叠压在外①层底部。厚 1~1.30 米，深 2.10 米见水，底部宽 0.90 米。出土陶片较少，灰陶居多，黑陶次之，棕陶更少。出土陶片 51 块，其中篮纹 24 块，方格纹 8 块，绳纹 2 块，素面 17 块。纹饰以篮纹居多，方格纹较少，绳纹更少。器形有鼎、罐、甗、盆、澄滤器、豆等。

外③层为五花夯土，土质坚硬，叠压在外②层下，宽 0.60 米，是依外④层的夯土层，由东部低处向西平夯，逐层加高。夯窝不明显，夯层清晰，层厚 0.15~0.20 米。出土陶片 260 块，灰陶为主，黑陶次之，棕陶较少。纹饰中篮纹 87 块，方格纹 56 块，绳纹 17 块，素面 100 块，以篮纹为主，方格纹次之，绳纹较少。器形有鼎、罐、甗、盆等。

外④层为灰花夯土，土质坚硬，宽 0.50 米，最深距地表 2.10 米见水，系依外⑤层由东向西逐渐夯实，夯层厚 0.15 米，夯层近平，夯窝为圆形圜底，口径 4.5 厘米，深 1 厘米。出土陶片 909 块，以灰陶为主，棕陶、黑陶较少。纹饰中篮纹 225 块，方格纹 308 块，绳纹 66 块，素面 310 块，以方格纹为主，篮纹次之，绳纹较少。器形有鼎、罐、甗、盆、鬹、豆、杯等。

外⑤层为棕花夯土，夯层近平，土质坚硬，内杂有兽骨、蚌壳。夯层厚 0.12~0.16 米，夯窝不明显，层宽 2 米，深 2.10 米见水。本层是依外⑥层由东向西、由下及上逐层夯实。出土陶片 298 块，以黑陶居多，灰陶较少，棕陶更少。纹饰中篮纹 90 块，方格纹 86 块，绳纹 19 块，素面 103 块，纹饰以篮纹居多，方格纹

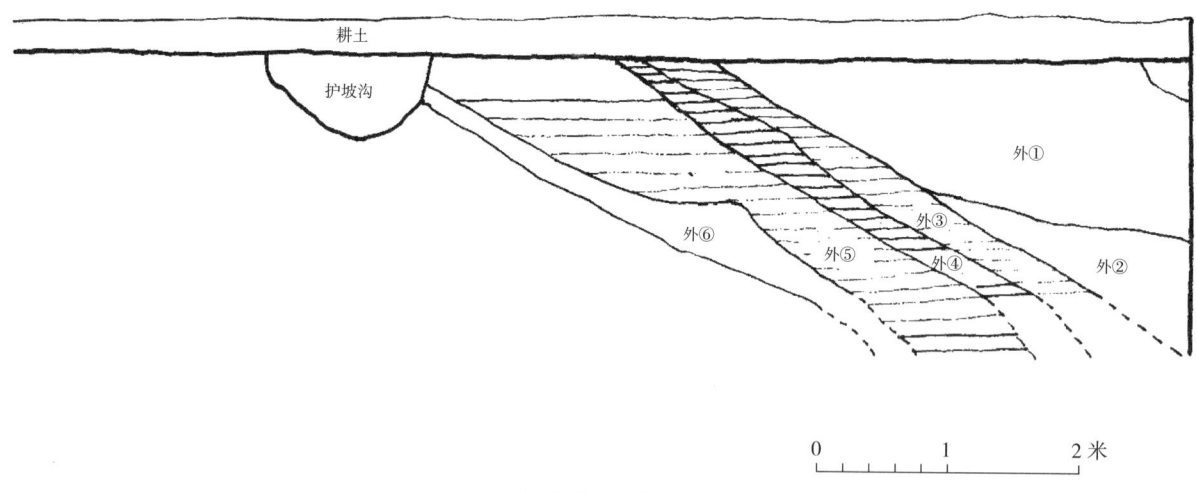

图八　探方 T52 北壁剖图

次之，绳纹较少。器形有鼎、罐、甗、高领罐、盆、圈足盘、豆、碗等。

外⑥层均为深灰土层，为由东向西倾斜堆积，土质松软，宽 0.90 米，依夯土城墙由西向东堆积而成，出土物丰富。出土陶片 1060 块，以灰陶居多，黑陶次之，棕陶更少。纹饰中篮纹 248 块，方格纹 342 块，绳纹 70 块，素面 400 块，以方格纹居多，篮纹次之，绳纹较少。器形有鼎、罐、甗、高领罐、盆、鬶、圈足盘、豆、杯、碗、器盖和环等。

6. 探方 T91　位于平粮台古城的北城墙东段南侧。东西宽 10 米，南北长 10 米（实际为 9×9 米），深 2.15 米。该探方的北部是平粮台夯土城墙的北城墙的南坡，耕土揭去后即发现夯土城墙，T91 的南壁被 M140、M152 和 H144、M139 打破，其地层叠压关系清楚，尤其是 H144 打破北城墙的南坡，故探方 T91 的文化层叠压情况反映了平粮台古城的使用年代。（图九）

根据地层叠压关系及出土器物的特征，我们认识到平粮台遗址是一处有仰韶文化、龙山文化、二里头文

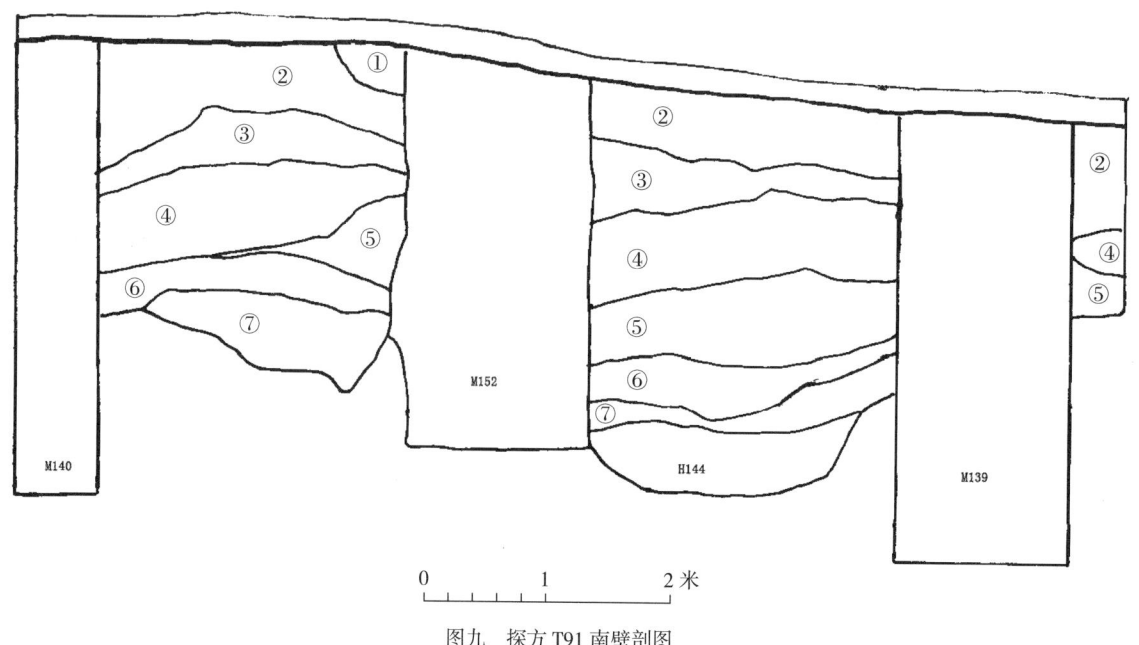

图九　探方 T91 南壁剖图

①黄土　②黑灰土　③黄灰土　④黑灰土　⑤黄灰土　⑥红烧土　⑦黄灰土　H144 黑灰土

化、岳石文化、西周、春秋、战国、汉代、唐、宋遗存的遗址。平粮台遗址以龙山文化古城的时期为重要，我们将其分为五期。战国晚期楚国建都陈期间，平粮台成为楚国的贵族墓地，两汉因之，唐、宋又有堆积。根据出土遗物，兹将各探沟、探方的地层分期列表如下。（表一）

表一　平粮台遗址探沟、探方地层分期表

| 编号 | 大汶口文化 | 龙山文化 | | | | | 二里头文化 | 岳石文化 | 商文化 | 周文化 | 春秋 | 战国 | 汉 | 其他 | 发现遗存 |
		一期	二期	三期	四期	五期									
T1				③	②	①									
T2			③b	③a	②	①									
T3		⑤	④	③②	①b	①a									
T4			④	③	②	①									
T5				③	②	①									
T6			④	③	②	①									
T7				③	②	①									
T8				③	②	①									
T9				③	②	①									
T10			②			①									
T11			③b	③a	②	①									
T12			③	②	①b	①a									
T13				③	②	①									
T14		⑤	④	③	②	①									
T15				③	②	①									
T16				③	②	①									
T17				③	②	①									
T18															
T19			③b	③a	②	①									
T20				③	②	①									
T21			④	③	②	①									
T22				③	②	①									
T23			②			①									
T24			③	②	①b	①a									
T25															

续表

编号	大汶口文化	龙山文化					二里头文化	岳石文化	商文化	周文化	春秋	战国	汉	其他	发现遗存
		一期	二期	三期	四期	五期									
T26															
T27					②	①									
T28内		⑤	④	③下	③上	①②									
T28外		外⑭⑬	外⑫⑪	外⑩⑨	外⑧⑦	外⑥⑤								宋外①②③④	
T29内	⑩			⑨⑧	⑦⑥	⑤④	③②①								
T29外			外⑦⑥	外⑤④	外③	外②①									
T30			⑨	⑧	⑦	⑥	⑤④③				②		①		
T31				外⑧	外⑦	外⑥⑤	外④③	外②		外①					
T32				外⑤④	外③	外②				外①					
T33															墙
T34				⑤④	③	②①									
T35															墙
T36		②		①											
T37															墙
T38			③	②		①									陶水管
T39						②							①		
T40															墙
T41		⑤	④	③	②	①									
T42						①									陶水管

续表

编号	大汶口文化	龙山文化					二里头文化	岳石文化	商文化	周文化	春秋	战国	汉	其他	发现遗存
		一期	二期	三期	四期	五期									
T43			③	②外⑥	①外⑤	外④									
T44				③	②	①									
T45				③		②							①		
T46															
T47				③	②	①									
T48				③	②	①									
T49				外⑧	外⑦	外⑥	外⑤	外④	外③						
T50				③	②	①									
T51															
T52				⑥	⑤	④	③	沟	外②				外①		
T53															
T72						②							①		
T85											②d	②cb	①c		
T86				⑦	⑥⑤	④		③		②c	②b	②a	①		
T87			⑦	⑥	⑤	④	③			②cd	②ab				
T88			⑥	⑤	④b	④a	③			②cd	②ab①ef	①cd	①ab		
T89			⑤	④	③	②c				①					
T90			⑥	⑤	④							③	①②		
T91			⑦	⑥		⑤	④		③		②	①			
T92															
T103			⑦	⑥	⑤	④b		④a③			②b	②a	①		
T104															
T105															
T106															

续表

编号	大汶口文化	龙山文化					二里头文化	岳石文化	商文化	周文化	春秋	战国	汉	其他	发现遗存
		一期	二期	三期	四期	五期									
T107															
T108															
T109				⑥	⑤	④	③	②b		②a	①b		①a		
T110			⑥	⑤	④	③		②b		②a			①a		
T111			⑦	⑥⑤	④③	②c					②b	①b②a	①a		
T112				⑤	④cb	④a③c		③ab			②b	②a①b	①a		
T113				⑥	⑤	④		③		②			①		
T332			⑤	④	③	②									
T424			④	③	②	①									
T425			④	③	②	①									
T426		④	③	②											

第四节　报告整理与编写

《淮阳平粮台》考古发掘报告是"2005 年度国家社科基金项目"立项的，由河南省文物考古研究所曹桂岑承担。该项目由于淮阳平粮台管理权多次变更而进展缓慢，原由河南省文物考古研究所淮阳工作站管理，1997 年移交于周口市平粮台博物馆，2010 年 4 月淮阳县人民政府从周口市平粮台博物馆接管以后，才为考古报告的整理创造了条件。2010 年 7 月开始整理，参加整理的研究员 2 人，聘用技工 7 人。对考古资料进行整理，对出土文物进行修复、绘图、照相。由于出土文物多（4300 多件），遗迹时间跨度大，所以文物的修复、绘图、照相任务很大。

考古报告的编写是一个系统工程，淮阳县人民政府接管平粮台以后，为考古报告的整理与编写创造了良好条件，修缮了工作人员的住房、厨房，安装了空调、热水器，购置了办公的电脑、扫描仪、打印机等，不仅在工作上大力支持，而且生活上给予多方照顾。报告整理自 2010 年 7 月 14 日开始。河南省文物考古研究所研究员曹桂岑、杨肇清主持这次考古报告编写工作，平粮台博物馆朱家兴、杜影、张体栋、刘杰、窦红伟、焦良荣等参加了考古报告的整理，方士军参加了绘图。2011 年杨肇清同志因身体原因不再参加整理工作。平粮台的文物原由河南省文物考古研究所管理，移交管理权后文物仓库并未移交，管理权移交前夕，2010 年 4 月 7 日周口市平粮台博物馆擅自将平粮台文物库房和展室文物装 104 箱，计 414 件文物运往周口市文物管理所文物库房，这次整理时经多次协商才运回平粮台。2011 年 7 月，新接任周口市平粮台博物馆的李剑文提出要参加《淮阳平粮台》报告整理，自此周口市平粮台博物馆的李剑文、窦中言等人参加了整理。至 2014 年底，先后参加整理工作的有曹桂岑、杨肇清、李剑文、窦中言、李昊、方士军、朱家兴、张体栋、杜影、焦良荣、谭丽丽等。

　　本报告由河南省文物考古研究院曹桂岑主持编写。曹桂岑、杨肇清、李剑文参加报告编写。上编曹桂岑承担第一章至第五章、第十章，李剑文负责第六章，窦中言负责第七章，贾亮负责第八章，郑大勇负责第九章；下编曹桂岑负责第一章，杨肇清、曹桂岑负责第二章，李剑文负责第三、四章，曹桂岑通校全书，并写结语，2015 年底完成。摄影曹桂岑、窦中言，绘图方士军、谭丽丽、高凤梅。拓片杜影、张体栋、朱家兴，修复张体栋、杜影、朱家兴、焦良荣。报告编写过程中得到国家文物局、河南省文物局、河南省文物考古研究院、周口市文化广电和旅游局、周口市文物管理所、周口市淮阳区文化广电和旅游局、淮阳平粮台古城遗址博物馆、周口市淮阳区太昊陵文物保护中心的大力支持，谨表感谢。

第二章 大汶口文化

一、文化遗迹

平粮台大汶口文化层分布很不普遍，仅存在于探方 T29 内。在 T29 ⑩层发现大汶口文化的遗物，该层坐落在生土上，为夹红烧土块的褐色土，文化层厚约 1 米，文化层内有很多棕红陶片，亦有少量青灰陶，多为素面，仅见少量篮纹陶片，器形有鼎、罐、高领瓮、圈足盘、圈足碗等，还有红顶钵片、彩陶片。

二、文化遗物

生活用器主要为陶器。出土陶片以棕陶居多，灰陶次之。陶片纹饰以素面居多，篮纹次之。器形有鼎、

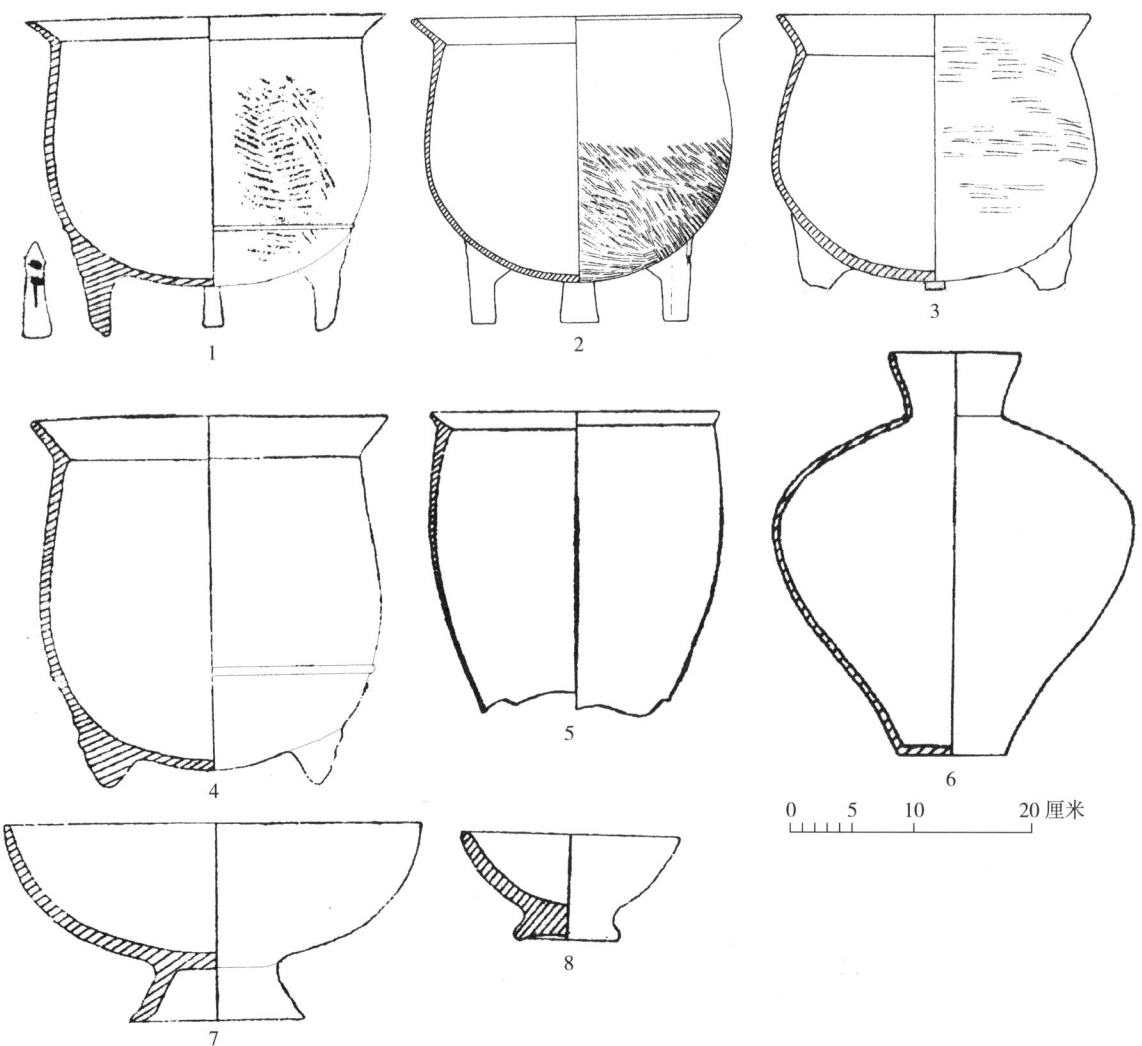

图一〇 大汶口文化陶器

1~4. 鼎（T29 ⑩：18、T29 ⑩：19、T29 ⑩：16、T29 ⑩：22）5. 罐（T29 ⑩：20）6. 小口瓮（T29 ⑩：43）

7、8. 圈足碗（T29 ⑩：28、T29 ⑩：27）

罐、圈足碗、圈足碟、小口瓮、钵等。多为侈口折沿，双唇或圆唇，其文化特征与郑州大河村遗址仰韶文化相似。

鼎 5件。夹砂棕陶。侈口，折沿，敛颈，鼓腹，圜底，鸭嘴形鼎足。下腹部饰一周凸弦纹，足上有手指按的窝痕。标本T29⑩：18，残，夹蚌粉棕陶，折沿，侈口，口微敛，圆唇，腹微鼓，圜底，腹部和底部饰篮纹，篮纹较浅，下附三个鸭嘴形足，残，鼎足上部有两个按窝，足断面为弧边长方形。口径31厘米，残高28.3厘米。（图一〇，1；图版二，2）标本T29⑩：19，残，夹蚌粉棕陶，侈口，舌唇，口微敛，鼓腹，圜底，下附三个鸭嘴形足，残，腹部饰篮纹，纹饰较浅，底部纹饰紊乱。口径18.8厘米，残高17.4厘米。（图一〇，2；图版二，3）标本T29⑩：16，素面，侈口，折沿，敛颈，鼓腹，圜底，腹部有刮削痕，下附鸭嘴形足，已残。口径20厘米，残高22厘米。（图一〇，3；图版二，1）标本T29⑩：22，素面，下腹部有一周凸弦纹，鼎足上部有两个按窝，鸭嘴形足已残。口径20.5厘米，残高20.2厘米。（图一〇，4；图版二，4）标本T29⑩：21，残，夹砂棕陶，侈口，舌唇，束颈，深弧腹，圜底，下附三个鸭嘴形足，腹饰浅篮纹，底部纹饰模糊。口径约20厘米，残高约30厘米。（图版二，5）

罐 1件。标本T29⑩：20，残，深灰色，泥质，侈口，尖唇，折沿，敛颈，腹微鼓，底已残。口径17厘米，底径10厘米，残高16厘米。（图一〇，5；彩版三，1）

小口瓮 1件。标本T29⑩：43，残，泥质红陶，小口微侈，高领，圆唇，鼓腹，平底。口径11.5厘米，腹径30厘米，底径9.5厘米，高32.5厘米。（图一〇，6；彩版三，2）

圈足碗 2件。标本T29⑩：28，侈口，浅腹，圜底，下附喇叭状圈足。口径12.5厘米，圈足径4.6厘米，高5.5厘米。（图一〇，7；彩版三，3）标本T29⑩：27，残，夹蚌粉棕陶，敞口，圆唇，曲腹，下腹部微敛，小平底外侈，有矮圈足。口径6.3厘米，圈足径3.1厘米，高2.9厘米。（图一〇，8；彩版三，4）

彩陶片 5片。标本T29⑩：44，以黑彩居多，仅1片朱彩，纹饰有平行线纹、网纹，器物有红顶钵和钵盆。（彩版三，5）

第三章 龙山文化

根据平粮台遗址地层和出土遗物，将平粮台龙山文化分为五期，现分述于下。

第一节 龙山文化一期

一、文化遗迹

龙山文化一期的遗迹仅发现灰沟 1 条，在探沟 T43 内，压于夯土城墙下，探沟南北宽 1 米，编号 H61，后来大面积发掘时在此开探方 T51、T52，对 H61 向南、向北各外扩 1 米，才知道是一个灰沟，至于灰沟的南北长度，均没有发掘到头，但为了保护夯土城墙没有再扩方寻找。

H61 位于平粮台遗址东南部城墙中段 T43、T51、T52 内，开口于东城墙夯土层下，即东城墙小版筑墙东 1.50 米处，长条形灰沟，已清理 3.05 米，沟的方向与东城墙的走向一致，该沟口大底小，平底。填浅灰土，土质松软。沟的北部底部有许多陶片，深灰陶居多，黑陶次之，纹饰以绳纹居多，宽篮纹次之，纹饰清晰、规整，绳纹竖饰，篮纹竖饰且较宽。器形有罐、盆、豆。沟口宽 0.70 米，沟底宽 0.28 米，深 0.30 米。（图一一）H61 是早于平粮台城墙的文化遗迹。

二、文化遗物

生活用器主要是陶器，以泥质陶居多，夹砂陶次之。从陶色看，黑陶居多，灰陶次之，棕陶较少。纹饰以篮纹居多，绳纹次之，方格纹再次之，个别有弦纹、附加堆纹。部分器物的篮纹宽且横饰。主要器形有罐、豆。

罐 5 件。从口沿和底看，可分五型。

Ⅰ 型：1 件。侈口，折沿，沿部呈凹弧形，上腹部微鼓，下腹部微收，小平底。标本 T43H61：2，泥质

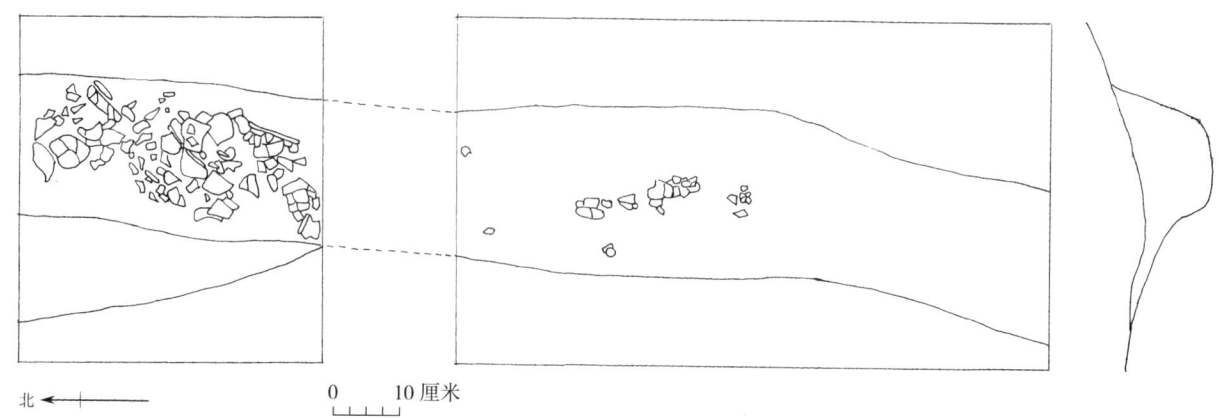

北 ←—

0 ___ 10 厘米

图一一 龙山文化一期灰沟 H61 平、剖图

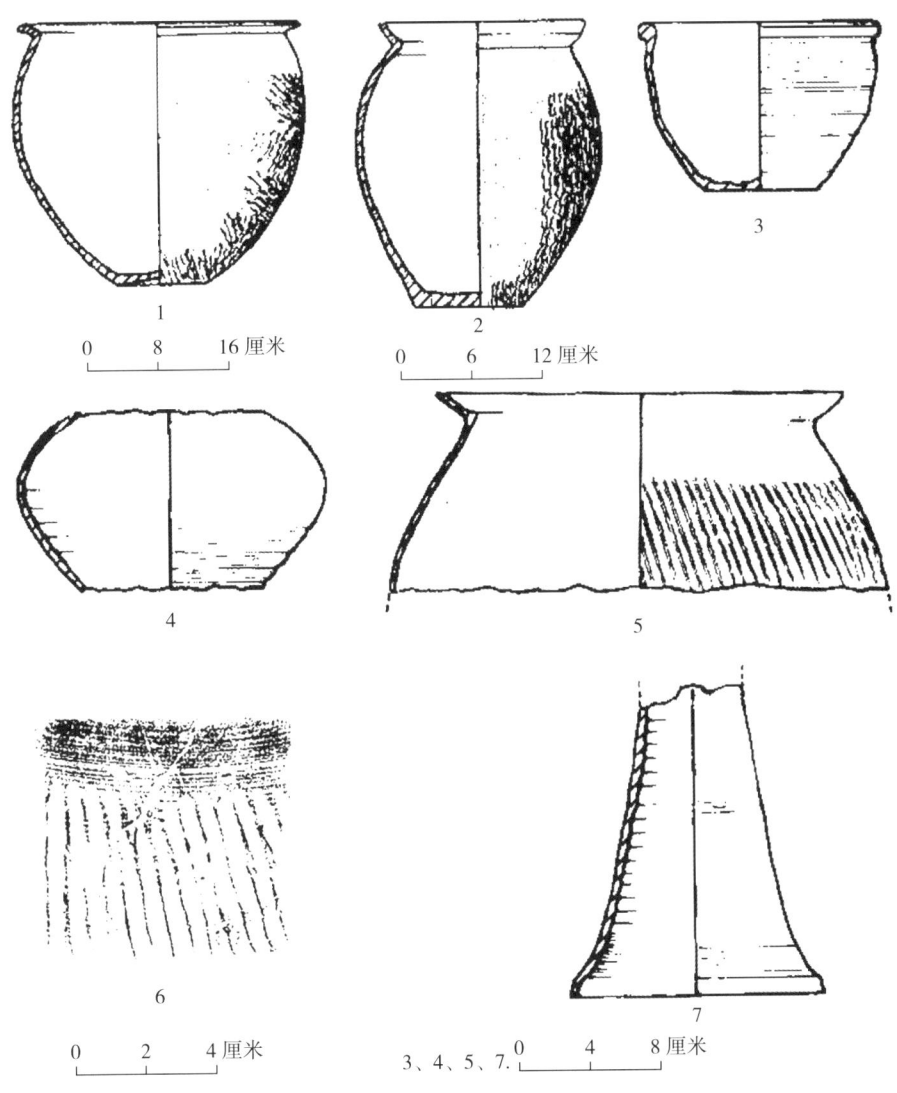

图一二　龙山文化一期 T43H61 出土陶器和纹饰拓片

1. Ⅱ型罐（T43H61∶1）　2. Ⅰ型罐（T43H61∶2）　3. Ⅳ型罐（T43H61∶5）

4. Ⅴ型罐（T43H61∶6）　5、6. Ⅲ型罐（T43H61∶3）　7. 豆（T43H61∶4）

灰陶，通身饰竖绳纹。口径 17 厘米，腹径 34 厘米，底径 16 厘米，高 21 厘米。（图一二，2；图版三，2）

Ⅱ型：1件。卷沿，舌唇，敛口，鼓腹，圜底内凹。标本 T43H61∶1，泥质黑陶，饰细绳纹。口径 27 厘米，腹径 31 厘米，底径 10 厘米，高 24 厘米。（图一二，1；图版三，1）

Ⅲ型：1件。残，侈口，折沿。标本 T43H61∶3，泥质灰陶，饰竖篮纹。底已残。口径 22 厘米，腹径 27 厘米，残高 9 厘米。（图一二，5、6；图版三，3）

Ⅳ型：1件。标本 T43H61∶5，泥质黑陶，残，侈口，折沿，圆唇，近沿口有一周凹弦纹，圆肩，腹微鼓，平底。口径 14 厘米，底径 6.5 厘米，高 9.3 厘米。（图一二，3；图版三，5）

Ⅴ型：1件。标本 T43H61∶6，泥质黑陶，口残，腹微鼓，底残。腹径 17 厘米，残高 10 厘米。（图一二，4；图版三，4）

豆　1件。标本 T43H61∶4，泥质灰陶，柄呈喇叭状。底径 13 厘米，残高 16 厘米。（图一二，7；图版三，6）

第二节　龙山文化二期

一、文化遗迹

（一）城址

已经发掘的43个探方、探沟的发掘资料表明，平粮台是一处文化内涵相当丰富的龙山文化古城址。已发现有城墙、城门、门卫房、陶排水管道、城壕、房址、陶窑、墓葬、灰坑等，现分别介绍于下。（图一三）

1. 城墙　城址的平面呈正方形，方向6°。城内长、宽各185米，城内使用面积3.4万平方米。如果包括13.50米宽的城墙及外侧附加部分，面积达6万多平方米。如果将宽42~45米城壕包括在内，平粮台古城址面积达10万平方米。

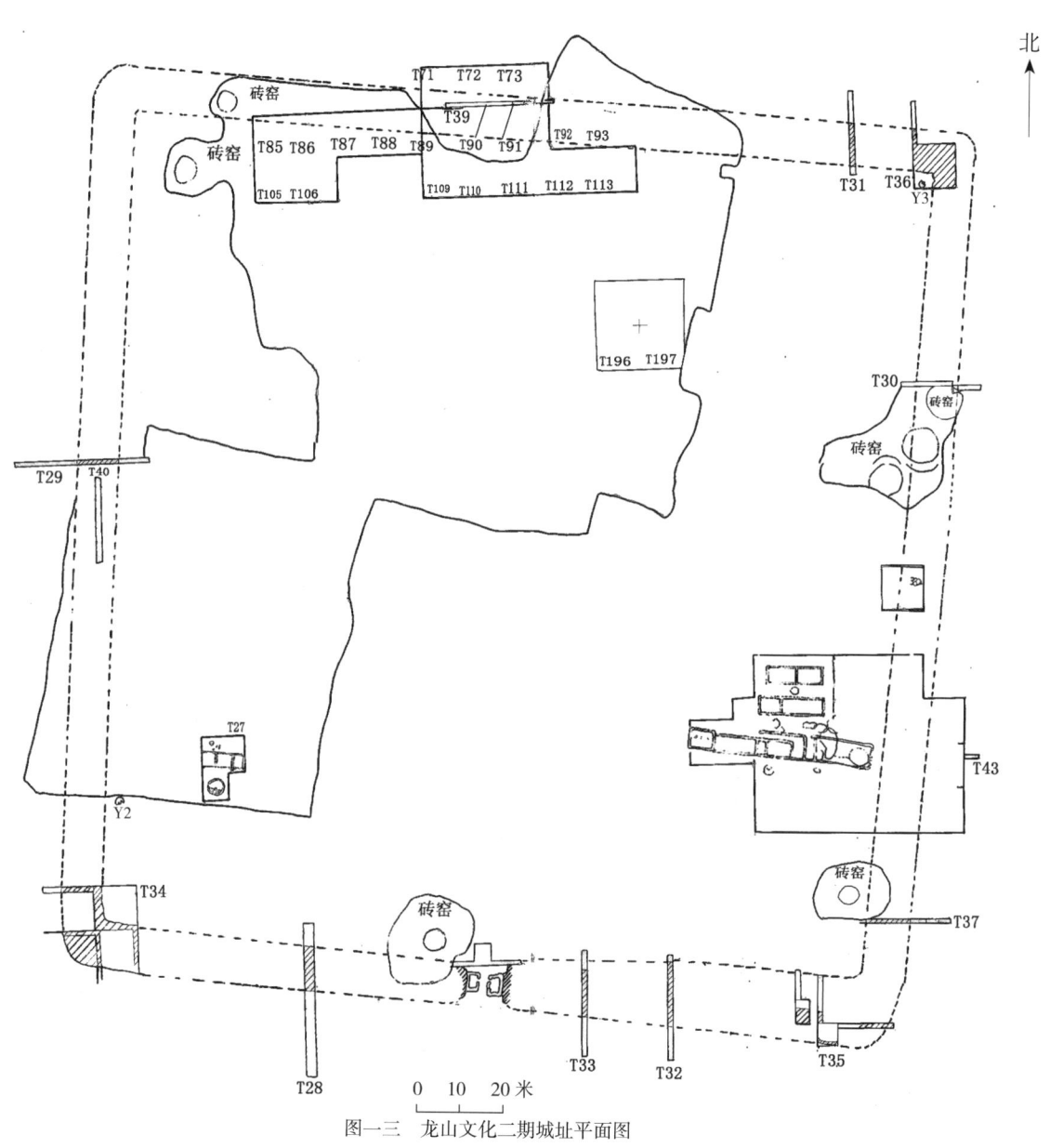

图一三　龙山文化二期城址平面图

现存城墙顶部的宽度 8~10 米，下部最宽部分宽 13.5 米，残高 3.5 米；北城墙底部宽 17.8 米，上部宽 7.5 米。东、南两侧城墙破坏较大，东北城角被夷平，地下部分城墙仍存在，东南城角也被夷平，部分城墙被挖到底，城内拐角尚存，西北城角的城墙被夷为平地，仅剩地下部分。西南城角保存较好。外角略呈弧形，内角较直，城墙上部宽 9.80~10.20 米，残高 2.50 米。关于城墙的建筑结构，在已发掘的 43 个探方、探沟中仅对 T28、T29、T43 三个探沟内的城墙进行解剖，其余均是见夯土城墙即停。根据探沟 T43、T29 对城墙的解剖资料看，修建时采用小版筑堆筑法。即将小版筑墙作为城墙内侧的基线墙，如位于西城墙的探沟 T29 中所见到的现象是：先用掺有红烧土的褐色土夯筑一小版筑土墙，墙宽 0.80~0.85 米，高 1.20 米，夯层厚 0.15~0.20 米，以此作为城墙的内壁，后在其外（西）侧堆土，略成斜坡，夯实，外部逐层加厚，里边垫薄，逐层夯实，逐层加高到超过小版筑墙的高度，再堆筑出城墙的上部。夯层厚度不等。夯窝除圜底圆夯、椭圆形夯外，在探沟 T30 内还发现东墙是采用四根木棍绑成的一组夯具夯筑的，这种夯痕清晰可见。小版筑堆筑法在东城墙 T43、西城墙 T29 已清理到底的探沟内均可见到。这种筑城法比较原始，与郑州西山仰韶文化城址的方块叠筑、新密古城寨龙山文化古城的长方形版块叠筑、郑州商城的大版筑法不同，尚属首次发现。但在平粮台南城墙西段探沟 T28 内则不见小版筑墙，而是用堆筑法筑墙。

2. 城门和门卫房 在南、北城墙的中段均发现缺口和路土，应是平粮台古城的南门和北门。东、西城门尚未发现。

南门：南门遗迹揭露面积较大，开探方和探沟 3 个（T38、T41、T42）。南门上部的堆积已被取土烧砖时挖去，农耕土下即见龙山文化层。在第②层底部发现门道的路土及门卫房。路土宽 1.70 米。它的南部被东汉墓 M32 打破。两边有 2 座房基（F13、F14）。房址依城墙用土坯垒砌，房门相对，应是门卫房。（图一四；彩版四，3、4）

F13 房址，位于南门道东侧，保存较好。平面呈长方形，南北长 4.40 米，东西宽 3.10 米。西墙宽 0.50~0.60 米，残高 0.24 米；南墙宽 0.70 米，残高 0.16 米；东墙宽 0.70 米，残高 0.30 米；北墙宽 0.50~1.10 米，残高

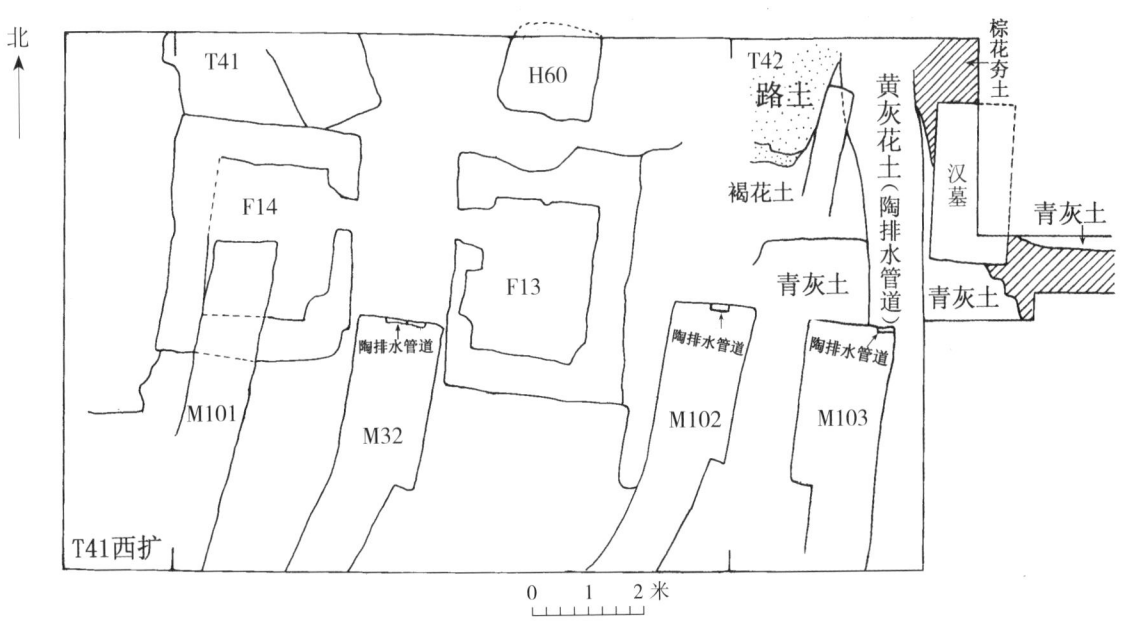

图一四 龙山文化二期城址南门卫房、陶排水管道平面图

0.30 米。东墙、南墙、西墙的土坯痕迹很清晰，北墙不太明显。土坯有长方形、正方形、三角形，大小不一，因未解剖，土坯的厚度不详。在南墙的外部有褐色草拌泥涂壁，泥厚 0.04 米。房门位于西墙的偏北部，宽 0.50 米。房内红烧土居住面低于房外地面，其上遗留草木灰烬。北部有灶面，已烧成蓝灰色，相当坚硬。房内出土陶片全为灰陶，纹饰以菱形方格纹最多，素面次之，亦有篮纹和绳纹。除一件为圜底内凹的罐外，其余器种不能辨识。另见骨针、蚌刀各 1 件。

F14 房址，位于南门道西侧。上部被近代扰土沟和汉墓（M101）打破，但大部保留完整。平面呈长方形，南北长 4.20 米，东西宽 3.30 米。东墙宽 0.40~0.60 米，残高 0.33 米；南墙宽 0.70 米，残高 0.41 米；西墙宽 0.62 米，残高 0.22 米；北墙宽 0.69 米，残高 0.30 米。南墙和西墙土坯垒砌的痕迹清晰，土坯的情况与 F13 房址同。南墙、北墙的外部用褐色草拌泥涂壁，草拌泥厚 0.04~0.06 米。房门位于东墙的北部，与 F13 房址的房门相对，宽 0.58 米，房内红烧土居住面低于房外地面，上堆有灰烬。房内出土陶片以灰陶居多，黑陶较少，亦有部分磨光陶片。纹饰以方格纹居多，篮纹次之，绳纹较少。可辨识的器形有罐、高领罐、碗、磨光灰陶豆柄、黑陶罐底等。从打破此房的汉墓 M101 的东、西两壁可以知道 F14 的情况，门卫房地面下还有二层垫土，厚达 0.50 米。此房建在褐土层上，垫 0.25 米厚棕花夯土，在其上筑南墙，见 3 层夯土，每层厚 0.25 米，房内有 3 层垫土。南墙外涂以厚 0.04 米的草拌泥，其外为厚 1 米的褐花土，其下为厚 0.30 米的棕花垫土，F14 起建时就高于屋外。（图一五）

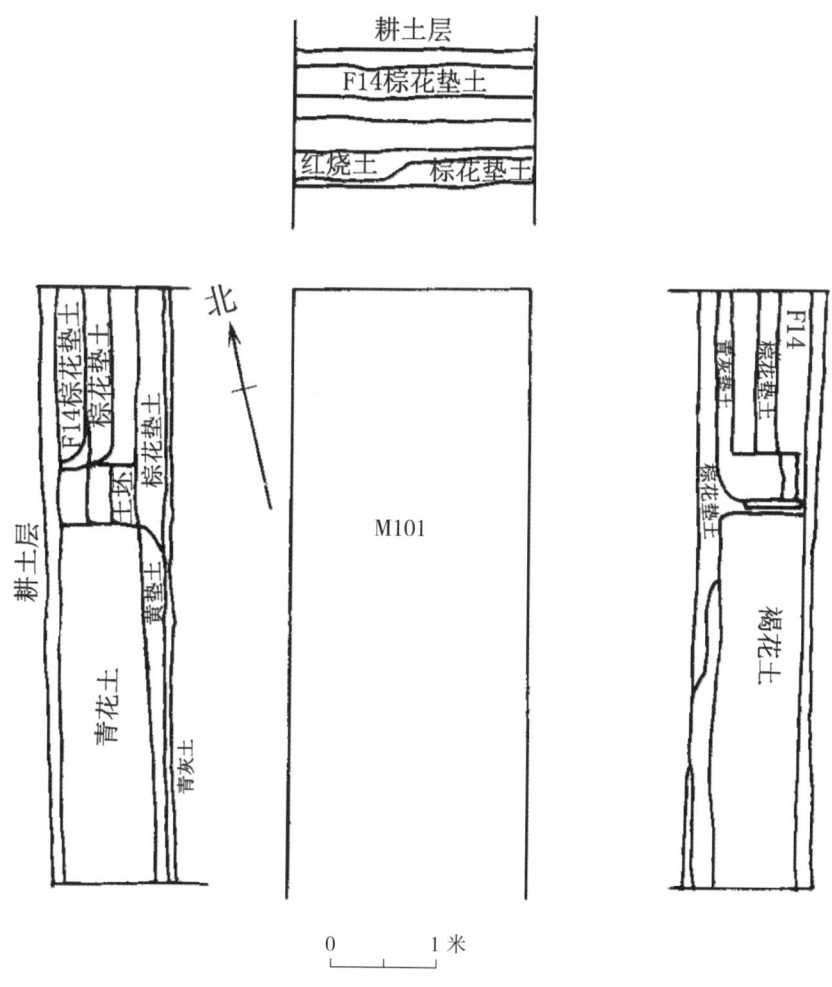

图一五　龙山文化二期城址南门卫房 F14 剖图

从出土器物特征看，这两座门卫房均属平粮台龙山文化三期。从汉墓（M101）打破 F14 房基的南墙断面看，F14 房基下边还叠压二层房屋垫土基址，证明门卫房兴建于下边两层垫土之上，但为了保护陶排水管道此次未作发掘。

北门：北门位于北城墙的中段稍偏西一点，位于探方 T72、T73、T90、T91 内，试掘的 T39 位于 T90 内。北门是北城墙的一个缺口，长 16.60 米，北端口略向西北，缺口东西宽 2.25 米，底部宽 2.20 米，深 0.50 米，中有棕花土、黄灰土、黄褐路土、青灰土，没有发现门卫房。（图一六、图一七）

3. 陶管道　共发现 3 条，即南门正中路土下的倒"品"字形管道，门卫房东 T42M103 北壁上暴露的管道，T41M102 北壁上暴露的叠压在夯土城墙下的预埋管道，从地层看应分属三个不同时期，现分别介绍于下。

陶管道位于南门道路土之下 0.30 米，其南端被汉墓 M32 打破，叠压在龙山文化层（平粮台龙山文化四期）之下。现残长 5 米多，是在门道下挖一条北高南低、上宽下窄的沟渠，上宽及深均约 0.74 米，沟底先铺一条陶管道，其上再并列铺两条陶管道。管道每节长 0.35~0.45 米不等，为直筒形，一端稍细，径为 0.23~0.26 米，一端较粗，径为 0.27~0.32 米。均为轮制。外表拍印篮纹、方格纹、绳纹、弦纹，个别的为素面。管道周围填以料礓石和土，其上再铺土作为路面。

在南门卫房的东侧 T41M102 的北壁上，发现夯土城墙下还预埋有陶管道，应为建城前预埋的排水管道，这个管道为单管套接，距地表 2.10 米，比南城门的管道深 1.50 米，沟宽 0.80 米，深 0.90 米。陶管道制作比较原始、粗糙，泥质灰陶，小口，周身布满凹弦纹，或拍印篮纹。小口径 26 厘米，大口径 28 厘米，长 40 厘米。每节陶管道小口朝南，套入另一节的大口内，如此节节套接。从整个管道看，北端稍高于南端，宜于

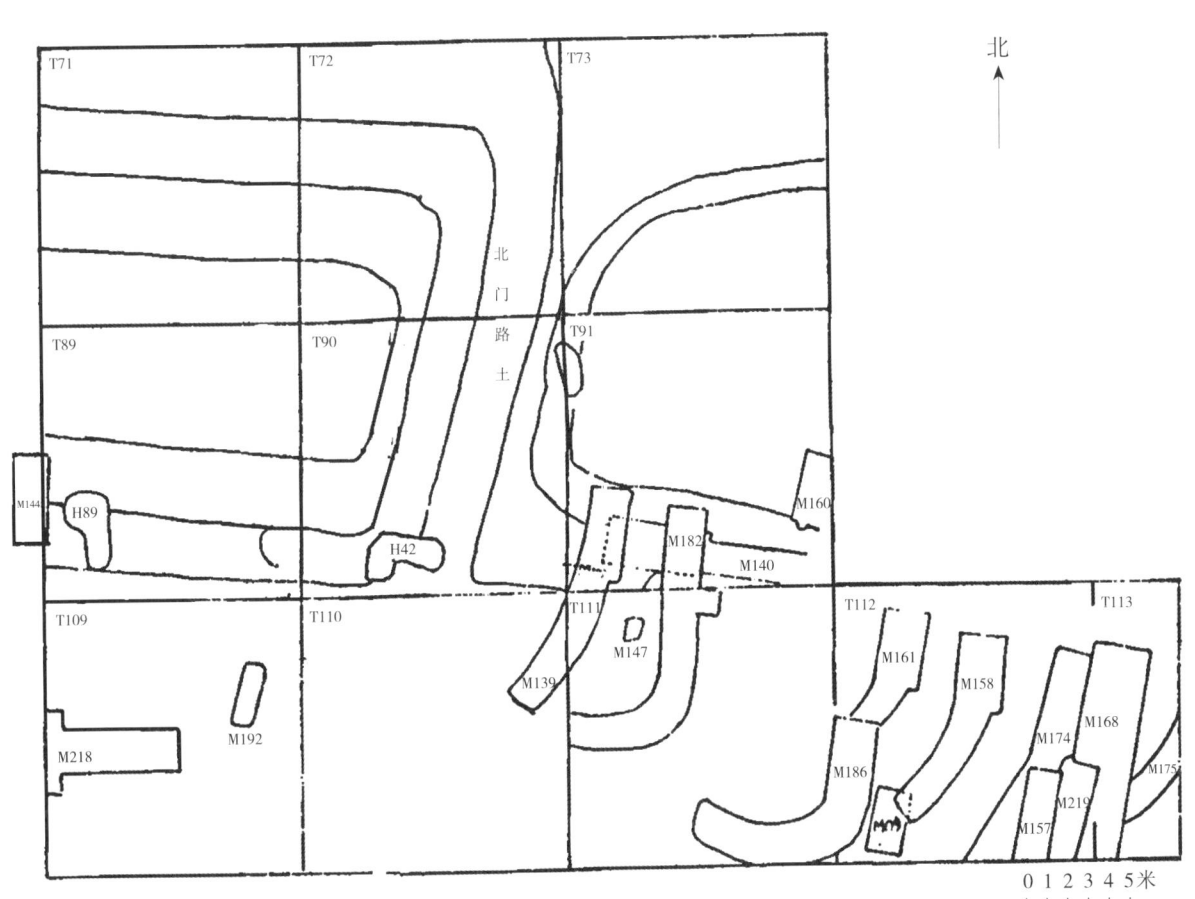

图一六　龙山文化二期城址北门平面图

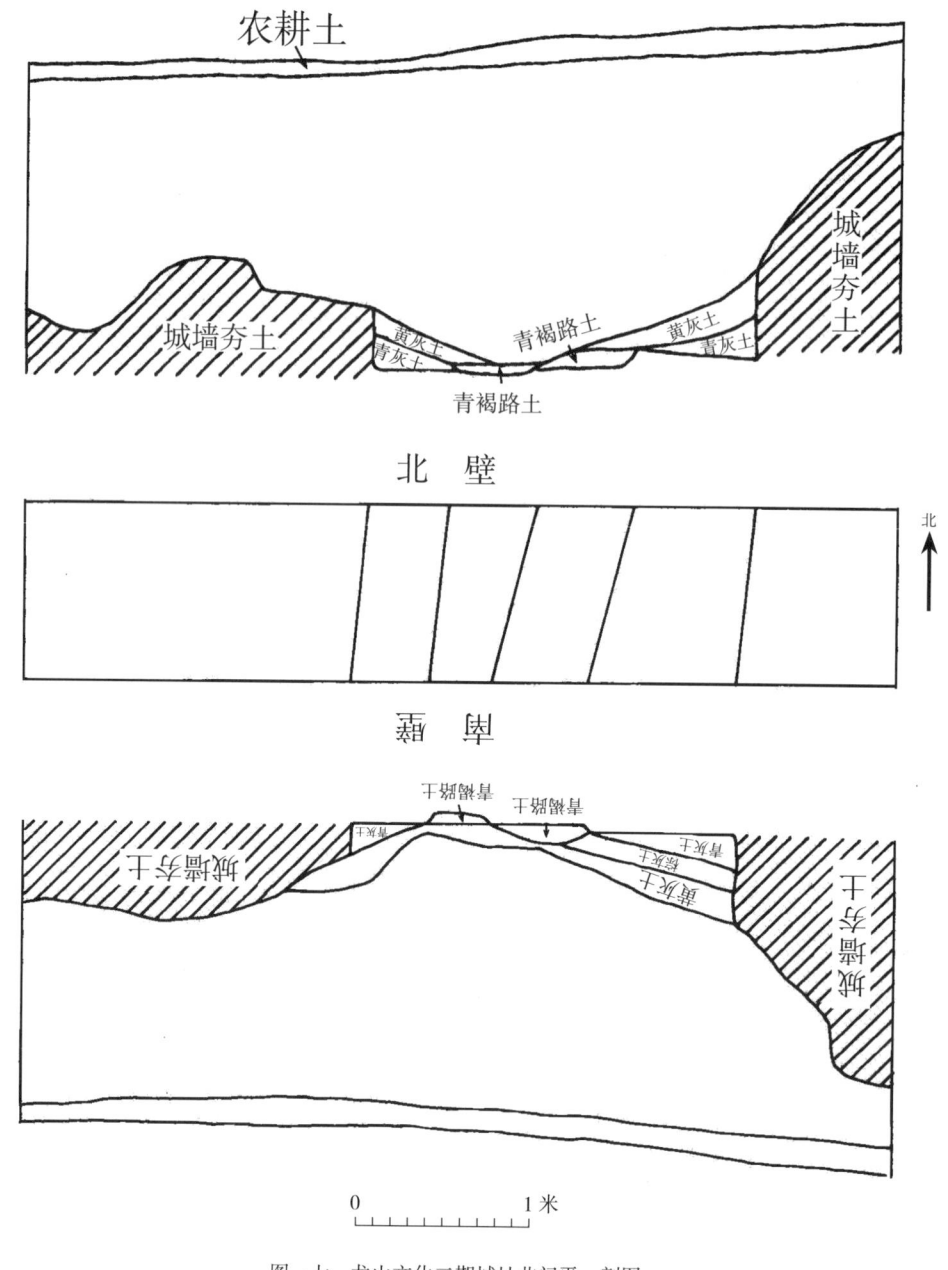

图一七　龙山文化二期城址北门平、剖图

向城外排水。标本 T38 ③：5，泥质深灰陶，两端均为圆唇，小口，筒腹渐粗，至粗端微敛，稍外侈，拍印篮纹。小口径 27.5 厘米，腹径 32 厘米，大口径 29.5 厘米，长 45.5 厘米。（图一八、图一九、图二〇；彩版四，1、2）

从平粮台遗址南城门及其附近发现的陶排水管道看，可分三期。探方 T41M102 北壁发现的陶管道叠压在夯土城墙下，是建城墙预埋的管道，年代应与平粮台龙山文化二期相当。T41 南门卫房路土下的陶管道是早期预埋管道淤塞后才埋设的管道，年代应属平粮台龙山文化三期。T38 发现的陶管道，应是南门卫房路土下倒 "品" 字形管道的城内部分，年代应属平粮台龙山文化三期。南门卫房路土下倒 "品" 字形管道制作比较精致，榫口清晰，便于衔接，拍印绳纹、方格纹、篮纹，应是平粮台龙山文化三期的陶管道。标本 T41 ③：7 出于平粮台古城南门卫房中间，南部陶管道被 M32 打破，夹砂棕灰陶，为轮制，口部已残，上部有弦纹，下

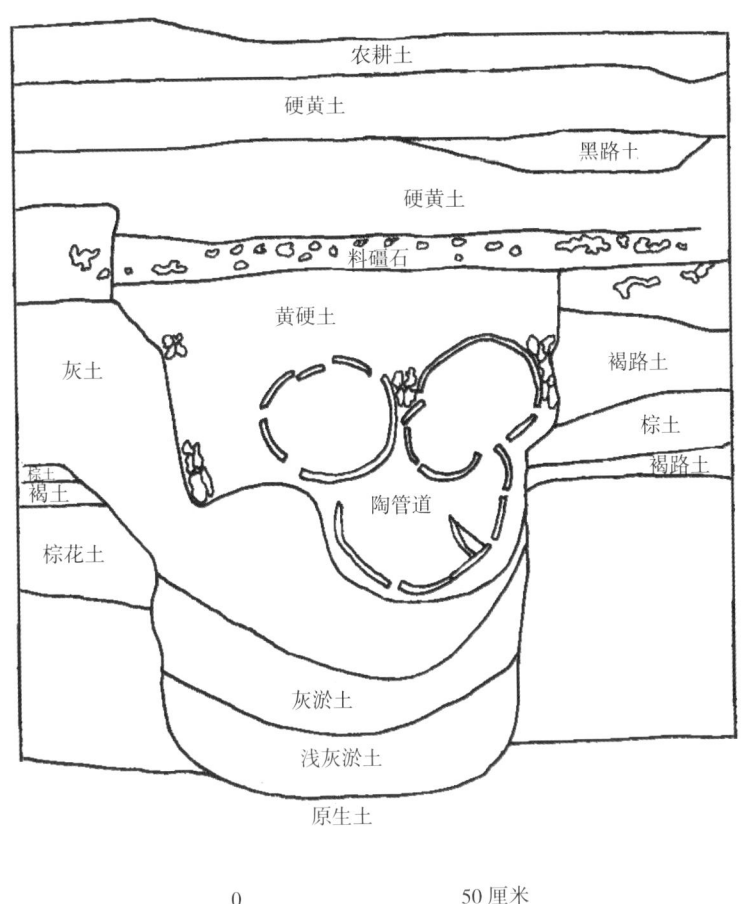

图一八　龙山文化二期城址南门（T41）陶管道剖图

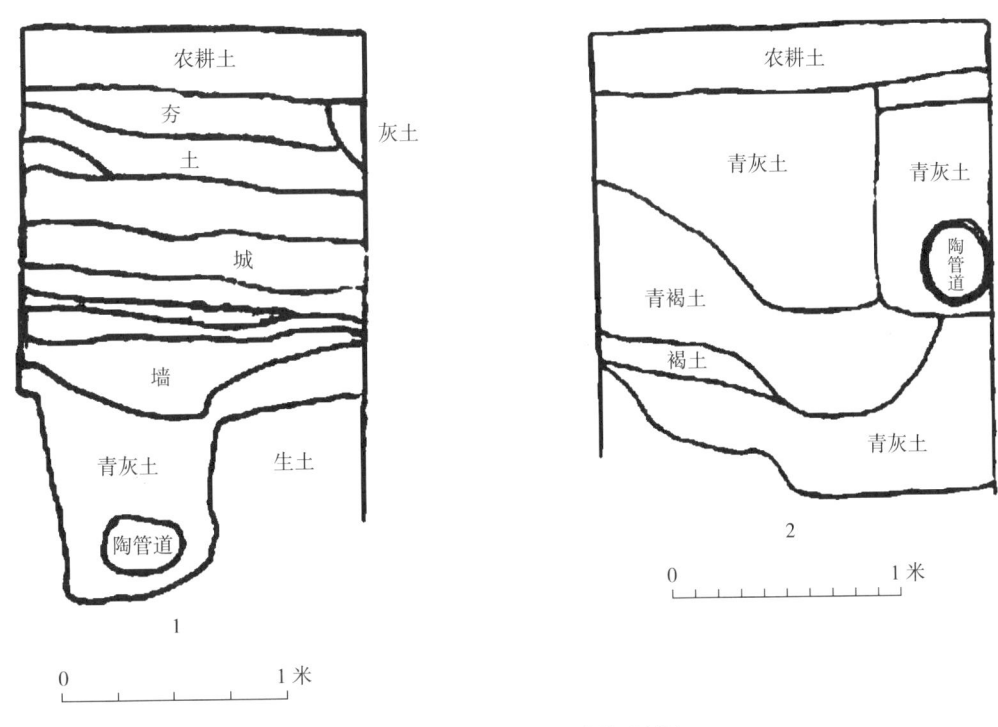

图一九　龙山文化二期城址陶管道剖图

1. 南门（T41M102 北壁）陶管道剖图　　2. 南门（T42M103 北壁）陶管道剖图

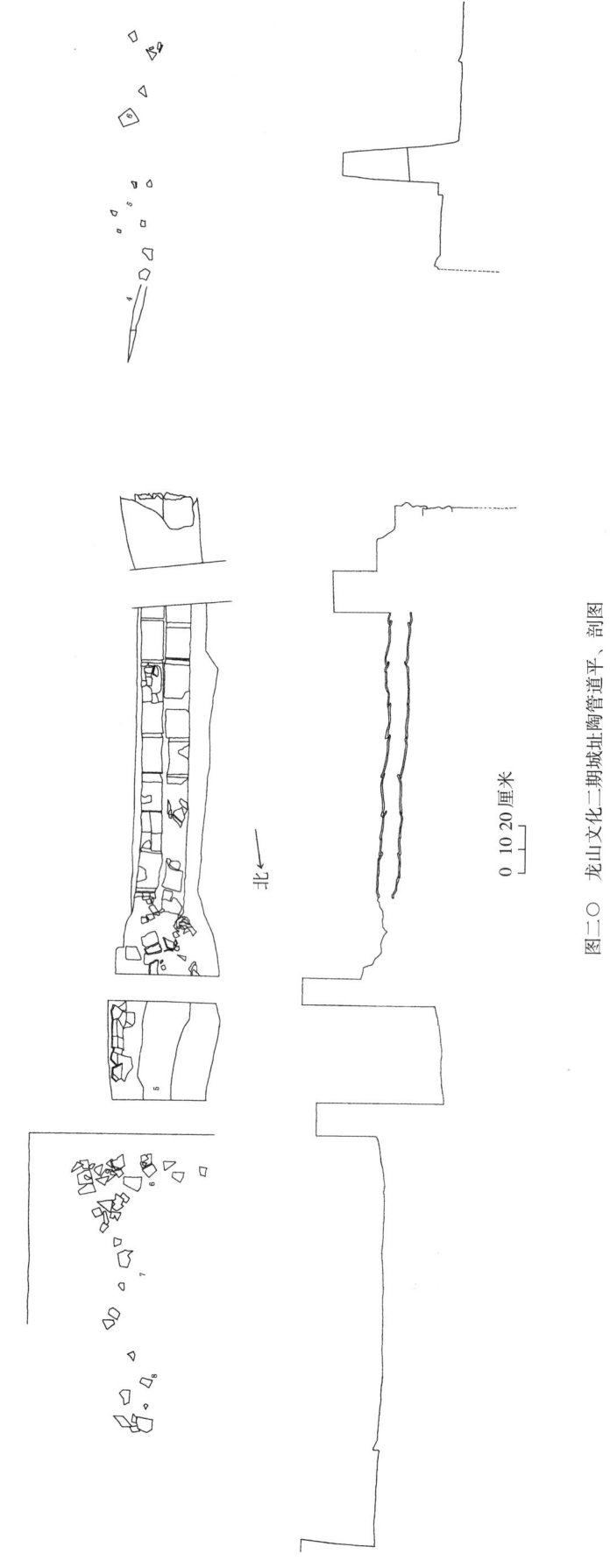

图二〇 龙山文化二期城址陶管道平、剖面图

0 10 20 厘米

北←

部拍印绳纹，间有弦纹。管道节长 38 厘米，直筒形，一端稍细，口径为 31 厘米，一端较粗，口径为 33 厘米。标本 T41 ⑤：3、4，陶管道制作比较原始、粗糙，泥质灰陶，周身布满凹弦纹，或拍印篮纹，应是平粮台城址建城时预埋的早期陶排水管道。小口径 26 厘米，大口径 28 厘米，长 40 厘米。（彩版五，7、8）标本 T41 ⑤：5，出于平粮台古城南门卫房东侧夯土城墙下沟内，即 T41 的东部，系平粮台城址建筑占城时按设计预埋的陶管道，被汉墓 M102 打破，为单管扣合而成，夹砂灰陶，为轮制，有弦纹，间拍印稀疏的绳纹。管道节长 39.2 厘米，直筒形，一端稍细，口径为 24 厘米，一端较粗，口径为 28 厘米。标本 T41 ⑤：6，出于平粮台古城南门卫房东侧夯土城墙下沟内，夹砂灰陶，为轮制，口部有弦纹，体有刮削痕，间拍印稀疏的绳纹。管道节长 38 厘米，直筒形，一端稍细，口径为 22 厘米，一端较粗，口径为 31 厘米。标本 T41 ⑤：8，出于平粮台城址南门卫房东侧夯土城墙下沟内，即 T41 的东部，系平粮台城址建筑时按设计预埋的陶排水管道，被汉墓 M102 打破。为单管扣合而成，夹砂灰陶，为轮制，通体有弦纹，其间拍印稀疏的绳纹。管道节长 38 厘米，直筒形，一端稍细，口径 26 厘米，一端较粗，口径 30 厘米。标本 T41 ⑤：9，出于平粮台城址南门卫房东侧夯土城墙下沟内，即 T41 的东部，系平粮台城址建筑时按设计预埋的陶排水管道，为单管扣合而成，被汉墓 M102 打破。夹砂灰陶，为轮制，口部有弦纹，体有刮削痕，间拍印稀疏的绳纹。管道节长 43 厘米，直筒形，一端稍细，口径 26 厘米，一端较粗，口径 34 厘米。标本 T41 ⑤：7，出于平粮台城址南门卫房中间，南部水管道被 M32 打破。夹砂棕灰陶，为轮制，口部已残，上部有弦纹，下部拍印绳纹，间有弦纹。管道节长 38 厘米，直筒形，一端稍细，口径 31 厘米，一端较粗，口径 33 厘米。标本 T38 ③：5，泥质深灰陶，两端均为圆唇，小口，筒腹渐粗，至粗端微敛，稍外侈，拍印篮纹。小口径 27.5 厘米，腹径 32 厘米，粗端口径 29.5 厘米，长 45.5 厘米。（彩版五，9）

在南门卫房的东侧 T42M103 的北壁东端发现一个陶管道，是一条排水管道的一部分，此条陶排水管道开口于农耕土下，宽 1～1.40 米，深 1 米。该沟打破城墙，其断面在 T42M103 北壁上清晰可见，器形较小。标本 T42 水沟：1，泥质灰陶，制作比较精致，器形较小，泥质灰陶，有榫口，口微敛，筒腹渐粗，周身布满凹弦纹并拍印篮纹。小口径 22 厘米，大口径 24 厘米，长 35.5 厘米。应是平粮台龙山文化四期的陶管道。

4. 城壕　未进行发掘，仅从 T28 向南钻探，城壕宽约 45 米，从 T29 向西钻探，西城壕宽约 42 米，依此推测平粮台古城的护城壕宽 42～45 米，由于地下水位高，壕的深度不详。根据南门钻探结果，城内有路直通城外，护城壕不连通。根据《淮阳县志》有四门的文献记载，可能每个门都有路可直通城外，护城壕在每个门处停止。经钻探，壕外地面距地表 3.50 米，因地下水位高，壕沟的深度不详。南门外有路直通城外，所以南护城壕在南门外不连通。T40 位于西城墙正中，是一个顺城墙的探沟，T40 的发掘未见西门。

5. 房址　在城址内已发掘龙山文化的房址 13 座，多为长方形排房，有的平地起建，亦有高台建筑。普遍使用土坯作为建筑材料，还发现一座圆形房址（F10）。为了保护这些房址，有的就没有继续发掘。这些房址的建造时间有早有晚，相当于平粮台龙山文化二期的 1 座（F3），龙山文化三期的 5 座（F4、F9、F13、F14、F15），龙山文化四期的 2 座（F7、F8），龙山文化五期的 5 座（F1、F2、F10、F11、F12）。

F3 房址，位于平粮台古城内东南部的探方 T16、T7、T8、T17、T9、T10 内。开口于农耕土之下。被汉墓 M40、M43 打破，大部分保存完整。平面呈长方形，东西长 9 米，南北宽 3.68 米。南墙宽 0.30 米、残高 0.26 米，西墙宽 0.28 米、残高 0.26 米、北墙宽 0.28 米、残高 0.32 米、东墙宽 0.30 米、界墙宽 0.30 米、残高 0.14 米。房子用土坯垒砌，平地起建。土坯宽 0.28 米，长度不一，长 0.70 米、0.68 米、0.30 米不等。有一土坯长 0.32 米，宽 0.27～0.29 米，厚 0.08～0.10 米。北墙和南墙外面有草拌泥土散水坡。房分二室，中间有隔墙。两间房各有一向南开的门，均宽 0.70 米，方向南偏西 6°。建筑时先平整地面，垫上黄灰土，然后用

0.10 米厚的细红烧土粒铺成高于房外地面的室内地面。西间屋内东西宽 3.14 米，南北长 3.32 米。北中部有椭圆形烧土台，直径 0.80 米。东间室内东西宽 5 米，南北长 3.34 米。南中部亦有椭圆形烧土台，直径 0.80 米。房址内出土陶片较少，多为灰陶，黑陶次之；纹饰以素面居多，仅发现少量弦纹和方格纹，不见可复原器物。（图二一）

6. 灰坑　古城内共发现平粮台龙山文化灰坑 114 个。其中龙山文化二期灰坑 7 个，龙山文化三期灰坑 40 个，龙山文化四期灰坑 39 个，龙山文化五期灰坑 28 个。

7. 瓮棺葬　20 座。多在城内东南发掘区，属平粮台龙山文化二期 1 座（W63），龙山文化三期 10 座（W51、W52、W53、W54、W55、W56、W59、W60、W61、W66），龙山文化四期 3 座（W50、W57、W58），龙山文化五期 6 座（W64、W65、W205、W206、W207、W220）。

8. 陶窑　4 座。Y1 位于平粮台遗址东南发掘区的探方 T1F1 房址北部，Y2 位于城西南角，Y3 位于城东北角探方 T36 内。Y1 上部被破坏，仅剩底部。Y2、Y3 也仅存火膛和火道的一部分。从残存迹象看，为叉裆式窑。以 Y3 为例，残长 1.24 米，宽 1 米，火膛深 0.46 米。窑壁已烧成蓝灰色。窑内出土鼎口、罐口、甑足、豆、器盖等陶片。Y4 位于平粮台遗址东城垣内侧 T47 的东北角。属平粮台龙山文化二期 1 座（Y3），龙山文化三期 1 座（Y2），龙山文化四期 1 座（Y4）。

从平粮台古城发现的文化遗迹看，城址建于平粮台龙山文化二期之前，使用于平粮台龙山文化二期及其以后。平粮台龙山文化城址兴建后，南门卫房从始建又经过多次抬高屋内地面，排污陶管道至少有三次改建，房屋有四期的变化，瓮棺葬、陶窑有不同时期的，所以平粮台龙山文化城址使用时间较长。

（二）灰坑

灰坑是龙山文化二期的遗迹之一，共发现 7 座，即 H16、H45、H95、H97、H107、H144、H262。这些灰坑有 3 座分布在城内东南部，2 座分布在城内北部，1 座在城内西南部，1 座在城内东北部。（表二）

圆形锅底状灰坑　1 座。H262 位于遗址北部 T111 西北部，坑口位于⑦层底部，仅清理一部分。为圆形

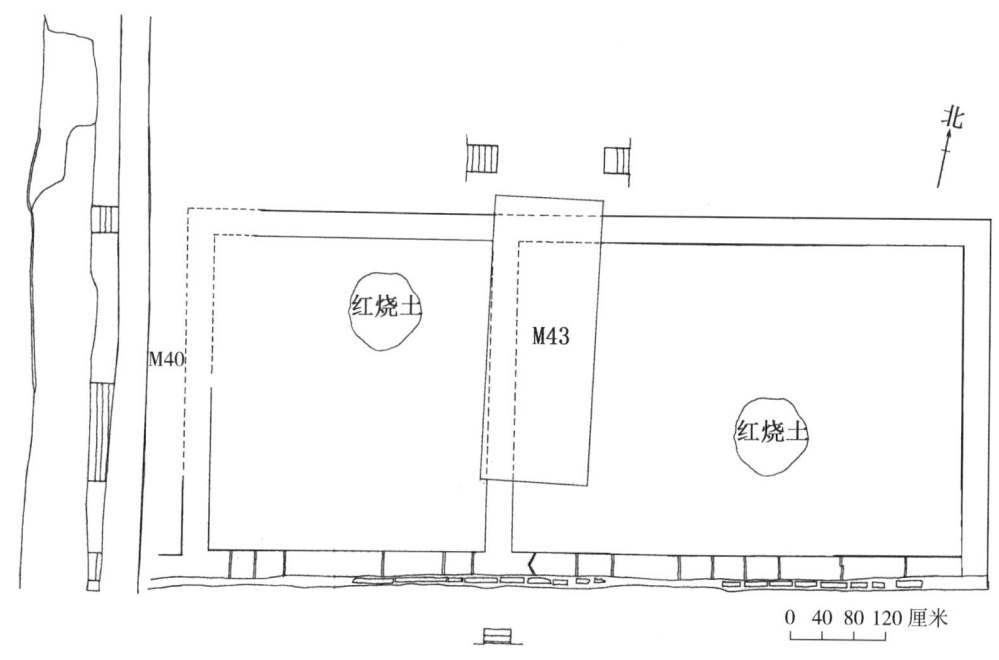

图二一　龙山文化二期房址 F3 平、剖图

表二 龙山文化二期灰坑形制统计表

形状	直筒状	筒状	袋状	浅坑	锅底状	合计
圆形					1	1
椭圆形		2	1	1	1	5
不规则形		1				1
合计		3	1	1	2	7

锅底状坑，已经发掘的部分口大底小，锅底。填土为黑灰土，土质较松软。出土陶片中灰陶为主，磨光黑陶较少，纹饰以篮纹居多，绳纹次之，方格纹较少，器形有鼎、罐、高领罐、豆、盆、碗、瓮器盖、瓠等。口径 1.80 米，深 1.76 米。（图二二，1）

椭圆形灰坑 5 座。H16 位于遗址内的东南部 T20 内，开口于③层下，即叠压在 F8 的北墙基下。椭圆形筒状坑，口大底小，平底。填土为灰花土，土质松软。包含遗物丰富，出土陶片以灰陶居多，纹饰以竖篮纹居多，细绳纹和方格纹次之，器形有陶鼎、罐等。口径 1.08～1.16 米，底径 0.96～1.12 米，深 0.72 米。（图二二，2）

H107 位于遗址东南部 T424 东北角，坑口位于③层底部，大部分压在北、东隔梁下未清理，被 H80、H81、H95 打破。为椭圆形筒状坑，口大底小，斜壁，平底。填土分 2 层，上层为黄灰土，下层黑灰土，土质较松软。上层出的陶片中方格纹 69 块，篮纹 33 块，绳纹 21 块，下层陶片中篮纹 190 块，方格纹 103 块，绳纹 39 块。陶片的质、色、纹饰、器形口沿基本一致，是同时期废弃的。出陶片 727 块，以灰陶为主，棕陶较少，纹饰以篮纹居多，方格纹次之，绳纹较少，其中篮纹 223 块，方格纹 172 块，绳纹 60 块，素面 267 块，指甲纹 1 块，回纹 1 块，镂空 3 块，器形有鼎、罐、高领罐、甗、盆、碗、鬶、环，还有石镞、蚌壳、兽骨、骨镞等。口径残长 1.48 米，底径残长 0.88 米，深 1.70 米。（图二二，3）

H45 位于遗址南城墙西段 T28 内北部，开口②层下。椭圆形袋状坑，口小底大，下部直壁，平底。填土分 2 层，由上及下分别为青灰土、深灰土，土质松软。包含遗物丰富，出土陶片以灰陶居多，黑陶较少，纹饰以方格纹居多，篮纹次之，绳纹较少，器形有鼎、罐、甗、澄滤器、圈足盘、豆、鬶、器盖握手等，还有兽骨、猪牙、鹿牙等。口径 1.25～1.52 米，底径 1.54～2.30 米，深 2.94 米。（图二二，4）

H97 位于遗址东南部 T424 内，被龙山文化四期灰坑 H96 打破。为椭圆形浅坑，口大底小，斜腹，底近平。填土上层为黑灰土，较厚，多含灰烬，下层很薄，为青白色土，土质较软。出土陶片 131 块，以灰陶居多，黑陶次之，棕陶较少，纹饰以绳纹居多，方格纹次之，篮纹较少，其中绳纹 50 块，方格纹 27 块，篮纹 14 块，素面 40 块，器形有罐、高领罐、盆、碗等，还有埙和蚌器等。口径残长 0.83 米，宽 1.03 米，深 0.30 米。（图二三，1）

H144 位于城址北部 T91、T111 内，开口于 T91 ⑦层底部，打破生土。平面呈椭圆形锅底状。填土分 2 层，上层为黄灰土，下层为黑灰土。出土陶片 530 块，以深灰陶居多，棕陶次之，黑陶较少，有蛋壳陶，纹饰以方格纹居多，篮纹次之，绳纹较少，其中方格纹 167 块，篮纹 113 块，绳纹 18 块，弦纹 11 块，回纹 9 块，素面 107 块，磨光陶 90 块，蛋壳陶 15 块，主要器形有鼎、罐、甗、高领罐、盆、镂空圈足盘、圈足盘、瓠形器、鬶、盉、豆、碗、瓮等。东西长 2.10 米，南北宽 1.35 米，深 1.30 米。（图二三，3）

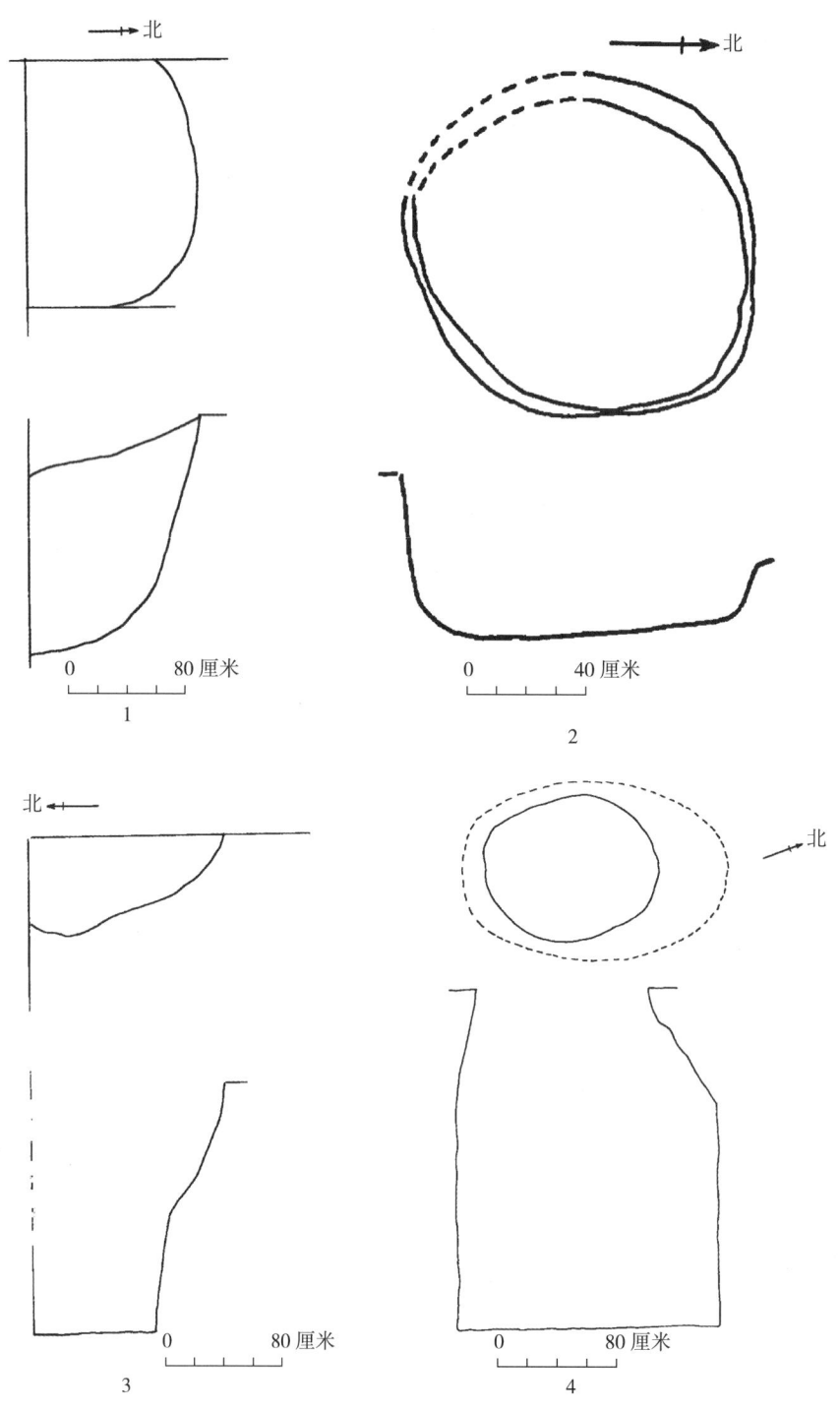

图二二　龙山文化二期灰坑平、剖图

1. T111H262　2. T20H16　3. T424H107　4. T28H45

不规则形灰坑　1座。H95位于遗址T424东北部，部分在北隔梁下，西部被楚墓M126打破，南部被龙山文化灰坑H81打破，它又打破H107。发掘前上部的土已被挖掉一部分，现坑口距地表0.77米。为不规则形筒状坑，口大底小，西部上坑壁斜坡，下部较直，东部上部壁微斜，下部较直，平底。填土分2层，上层黄灰土，厚0.40~0.46米，土质较硬，内出陶片较少；下层较厚为0.60~0.70米，为黑灰土，土质较软。上下层出的陶片其质、色、纹饰和器形基本相同，是同时期的堆积。坑内除了陶片，还有蚌壳、兽骨、田螺和砂礓等。下层出陶片以夹砂陶为主，占 54.42%。陶色中灰陶占 79.85%，深灰陶次之，占 18.59%，偶见棕陶和黑陶。纹饰以素面为主，占 31.80%，方格纹次之，占 29.45%，篮纹再次之，占 26.20%，绳纹占 7.30%，其他纹饰较少。可辨器形有罐、鼎、高领罐、瓮、碗、豆、钵、鬶等，还有陶纺轮、蚌刀、石镰等。口南北长 0.94～1.91 米，东西宽 1.50～1.60 米，深 1.08～1.10 米。（图二三，2）

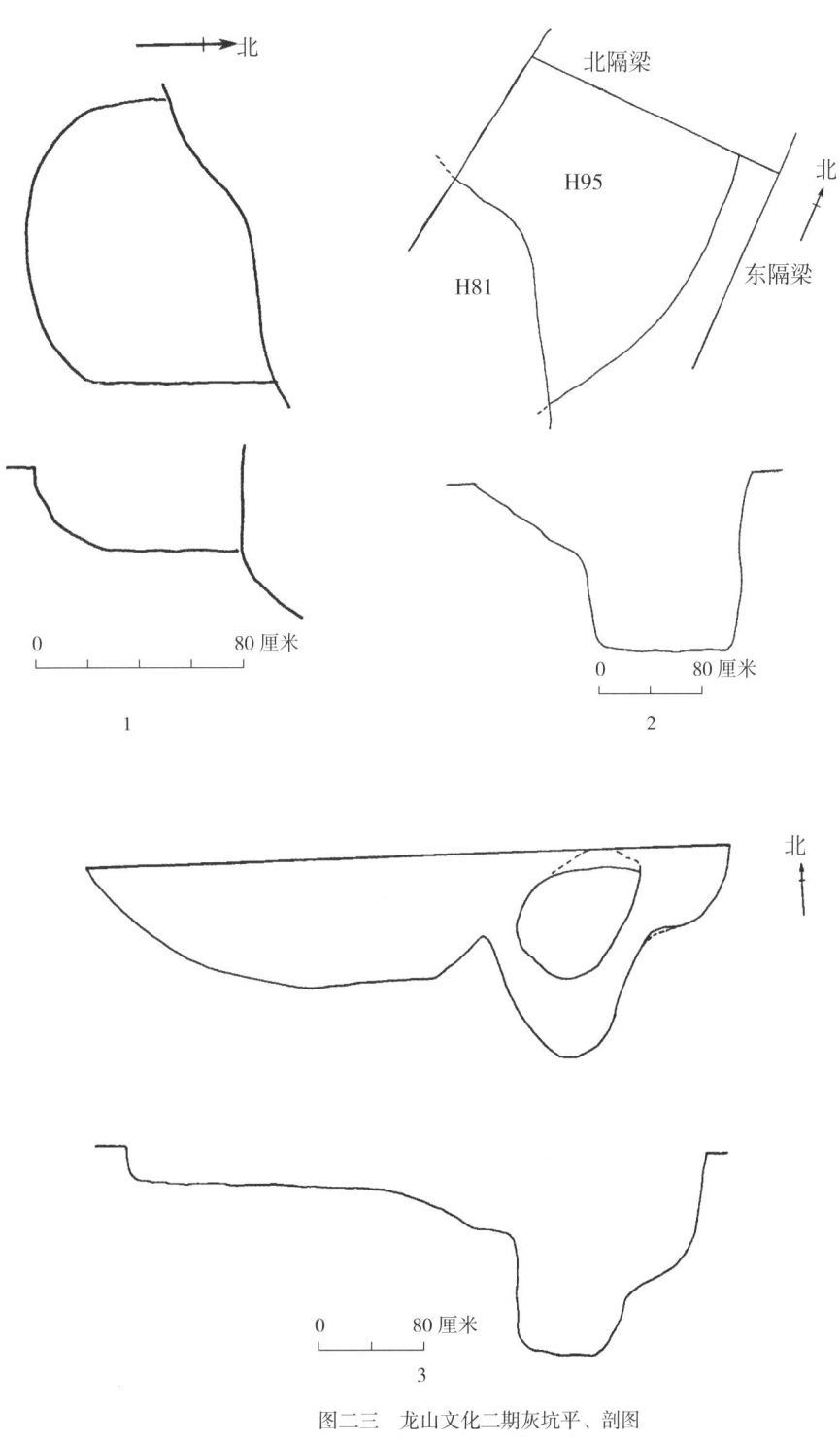

图二三　龙山文化二期灰坑平、剖图
1. T424H97　　2. T424H95　　3. T91H144

（三）墓葬

1座。W63位于城内东南部探方T4内，为一长方形口小底大的灰坑墓，叠压在F1房基之下。坑内填灰土。底部有陶器和小孩骨骼。出土陶片以灰陶居多，棕陶次之，纹饰以宽篮纹居多，绳纹次之，器形有鼎、罐等。同出有一把石锛。墓口长1.07米，宽0.64米，底长1.17米，宽0.84米，深0.70米。（图二四，1、2、3）

（四）陶窑

1座。Y3位于T36的西南角，T36位于平粮台龙山文化古城的东北角，即城墙东北角的内角，在该探方的西南角发现此陶窑，即位于城墙东北拐角内。由于上部被现代烧砖取土破坏，仅剩窑底部分，发现篮纹、绳纹陶片，窑壁为草拌泥抹平，厚2.5厘米，为叉裆式窑。长1.24米，宽1米，深0.46米。（图二五）

二、文化遗物

（一）生产工具

此期生产工具比较少，从质地看，有石质、骨质、蚌质和陶质，其中石质3件，蚌质1件，骨质3件，陶质2件。现分别叙述如下。

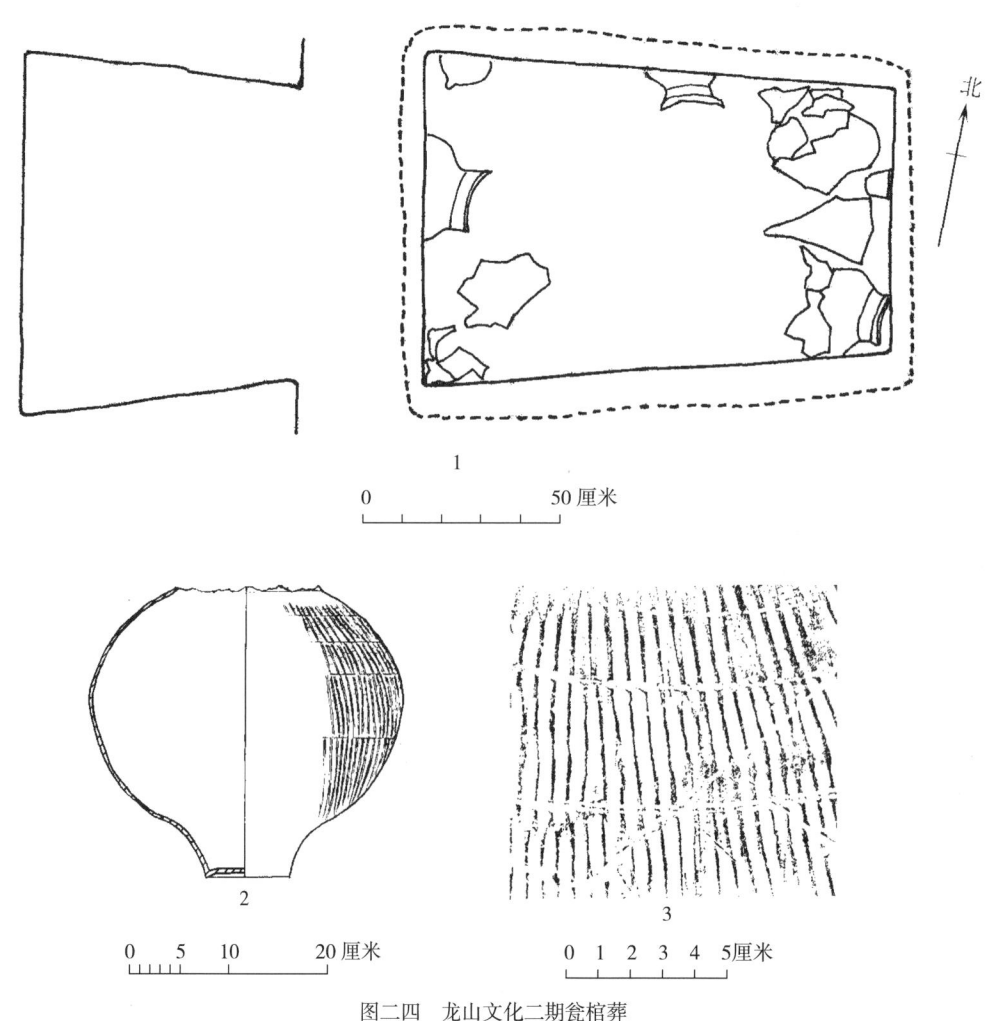

图二四　龙山文化二期瓮棺葬

1. T4W63平、剖图　2、3.陶瓮和纹饰拓片（T4W63：5）

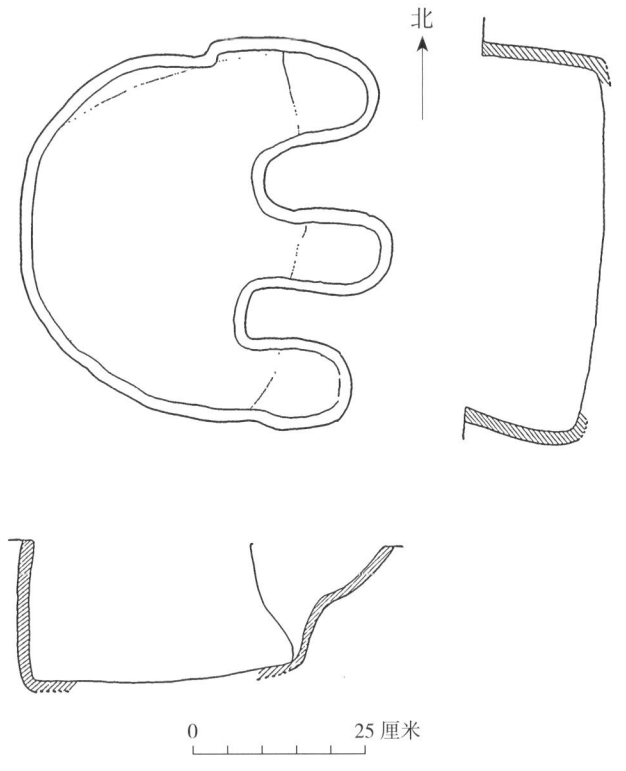

北

0   25 厘米

图二五　龙山文化二期陶窑 T36Y3 平、剖图

1. 石器　以磨制为主，有的磨制精致，形制规整，刃锋锐利，还有的是打制的半成品，器形有铲、锛、石料等。

铲　1件。标本 T88⑥：74，残，由深灰色石灰岩加工制作而成，呈长方形，体扁平，横断面呈长方形，通体磨光，上下部残，刃部的一角残，有使用时留下的崩口。残长 6.3 厘米，宽 6.2 厘米，厚 1 厘米。（图二六，1；彩版五，1）

锛　1件。标本 W63：1，完整，石灰岩，呈灰色，平面为梯形，弧背，单面宽刃，断面为弧边长方形。长 17.5 厘米，宽 3.3 厘米，厚 3.3 厘米。（彩版六，7）

料　1件。标本 T109⑥：63，完整，由黑青色页岩加工制作而成，呈不规则形，体扁平，断面呈长方形。长 8.5 厘米，宽 8.2 厘米，厚 0.8 厘米。（图二六，2；彩版五，2）

2. 骨器　有镞、凿等。

镞　2件。分二型。

Ⅰ型：1件。标本 T28 南⑬：12，柳叶状，体呈椭圆形，尾呈扁圆形。通长 5.5 厘米，宽 1.1 厘米，厚 0.7 厘米。（图二七，1；彩版五，4）

Ⅱ型：1件。标本 T109⑥：62，三棱形镞尖，圆柱状体，尾残，尖残，尖体分明，尖体宽，圆柱状体稍细。残长 5.5 厘米，尖体宽 1.1 厘米，体径 0.9 厘米。（图二七，2；彩版五，5）

凿　1件。标本 T424H107：10，下残，系动物的胫骨劈开磨制，平面为长方形，直刃。长 9 厘米，宽 2.8 厘米，厚 0.7 厘米。（图二七，3；彩版五，3）

3. 蚌器

刀　1件。标本 T28H45：9，完整，用河蚌壳加工而成，平面呈半月形，上部较平，有两个圆形穿孔，蚌壳的口沿为弧形刃。宽 13.8 厘米，高 4.2 厘米，厚 0.4 厘米。（图二七，4；彩版五，6）

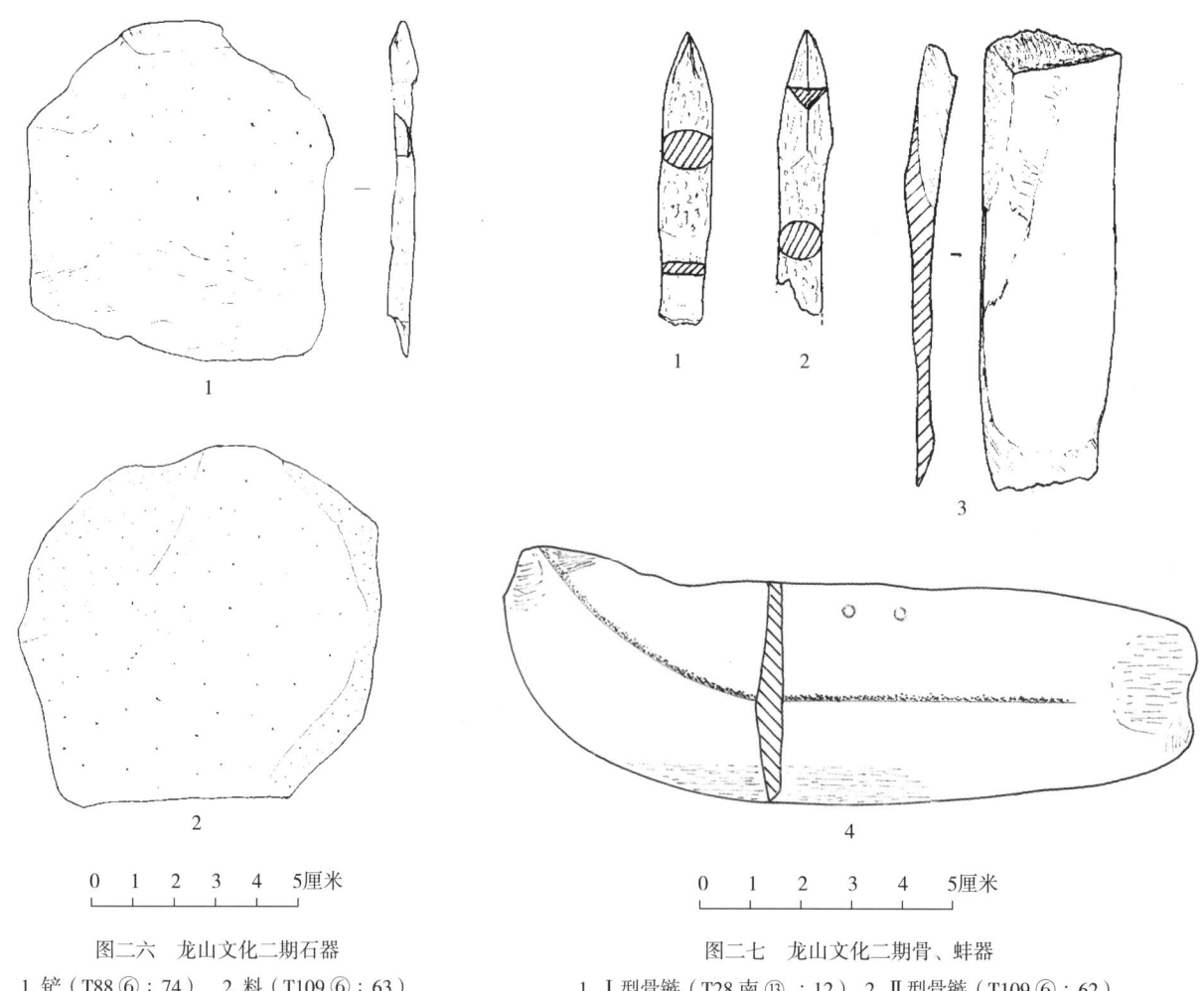

图二六　龙山文化二期石器

1. 铲（T88⑥：74）　2. 料（T109⑥：63）

图二七　龙山文化二期骨、蚌器

1. Ⅰ型骨镞（T28 南 ⑬ ：12）　2. Ⅱ型骨镞（T109⑥：62）

3. 骨凿（T424H107：10）　4. 蚌刀（T28H45：9）

4. 陶器　主要是纺轮。

纺轮　2 件。根据形制可分二型。

Ⅰ型：1 件。直壁纺轮。标本 T88⑥：66，残，泥质棕灰陶，断面呈长方形，中有圆形直筒状穿孔。台面径 4.3 厘米，孔径 0.6 厘米，厚 1.6 厘米。（图二八，1）

Ⅱ型：1 件。弧壁纺轮。标本 T88⑥：65，完整，细泥红陶，中有圆形穿孔，断面呈长方形，弧壁外鼓。台面径 3.9 厘米，腰部径 4.1 厘米，厚 0.8 厘米。（图二八，2；彩版六，4）

（二）生活用器

主要是陶器，以泥质陶居多，夹砂陶次之。从陶色看，灰陶居多，黑陶次之，棕陶较少。根据已经修复的 11 件带纹饰的器物统计，篮纹 6 件，绳纹 3 件，方格纹 2 件，个别有弦纹、附加堆纹。部分器物的篮纹宽且横饰。主要器形有鼎、罐、甗、高领罐、单耳罐、鬶、盆、钵、碗、盘、豆、圈足盘、舦形器、杯、器盖等。

鼎　3 件。夹砂黑陶，折沿，沿面呈凹弧形，敛口，圜底，扁足。根据形制可分三型。

Ⅰ型：1 件。扁足。标本 T111H262：1，夹砂黑陶，破，器口偏歪似烧流，折沿，方唇，沿面呈凹弧形，敛口，唇部有折棱，垂腹，圜底，扁足断面呈椭圆形，足下部残，上腹部素面，下腹部饰宽篮纹。口径 12.8 厘米，腹径 15 厘米，残高 15.5 厘米。（图二九，1、4；图版四，1）

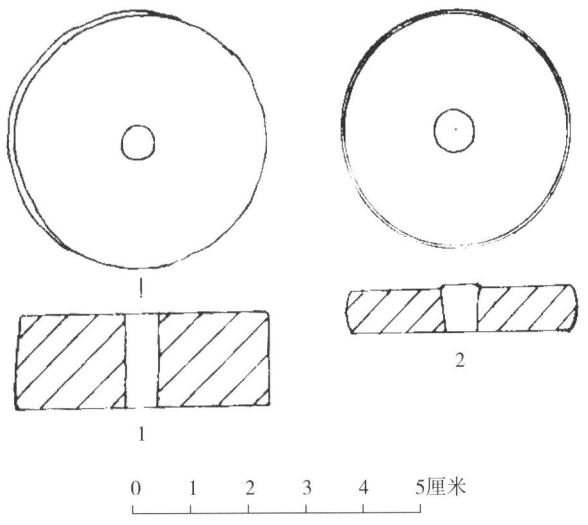

图二八　龙山文化二期陶纺轮
1. Ⅰ型（T88⑥：66）　2. Ⅱ型（T88⑥：65）

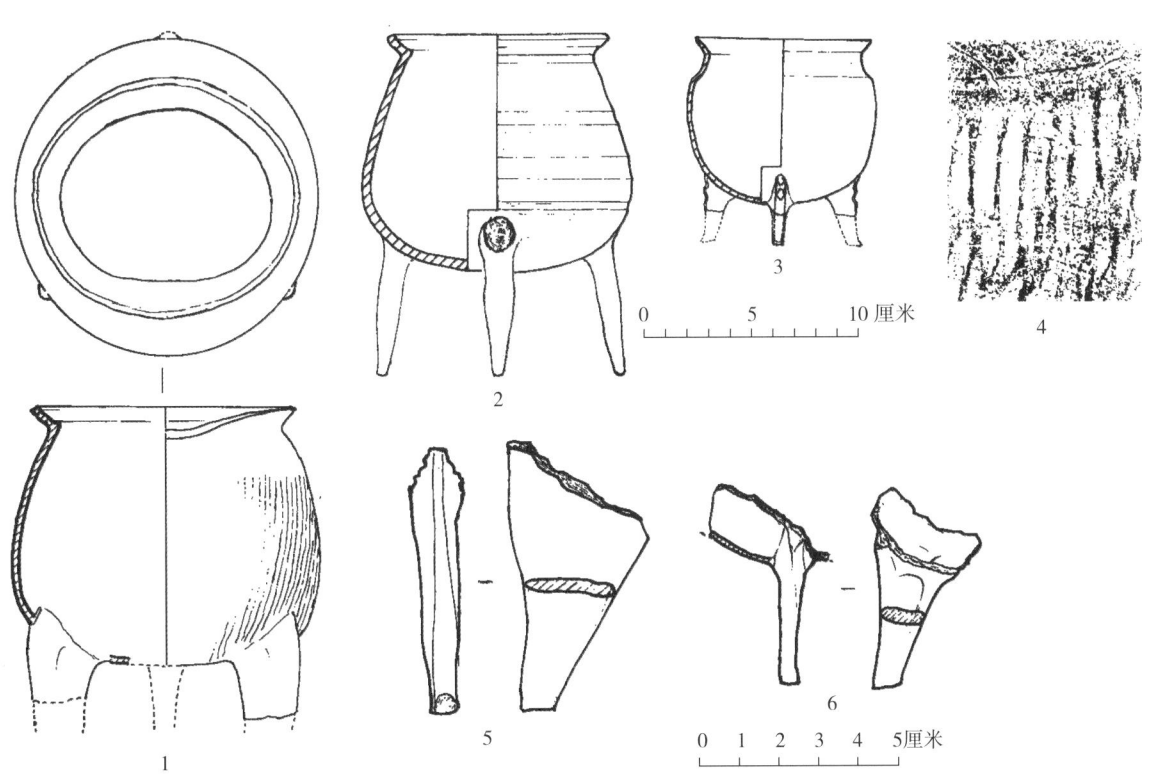

图二九　龙山文化二期陶鼎、足和纹饰拓片
1、4. Ⅰ型鼎（T111H262：1）　2. Ⅱ型鼎（T91H144：1）　3. Ⅲ型（T91H144：2）
5、6. 鼎足（T111H262：45、T111H262：46）

　　Ⅱ型：1件。素面圆锥足。标本T91H144：1，夹砂黑陶，足残，折沿，圆唇，沿面呈凹弧形，敛口，唇部有折棱，垂腹，下腹部有轮制的凹弦纹，圜底，圆锥状足下部残，足上有按窝，素面，腹部有轮制的弦纹。口径11厘米，腹径13.5厘米，残高16.5厘米。（图二九，2；图版四，3）

　　Ⅲ型：1件。束颈弦纹扁足。标本T91H144：2，夹砂黑陶，足残，折沿，圆唇，沿面呈凹弧形，敛口，束颈，筒腹，上腹部有轮制的弦纹，圜底，足下部残，足上部有两个按窝，素面。口径9厘米，腹径9.5厘米，残高8.5厘米。（图二九，3；图版四，2）

另有鼎足2件。标本T111H262：45，为三角形侧装足，断面呈扁椭圆形，上宽下窄，近下部似靴状。残高6.4厘米，上宽4.1厘米，下宽0.8厘米，厚1.3厘米。（图二九，5）标本T111H262：46，鼎足腹饰篮纹，为三角形侧装足，断面呈扁椭圆形，上宽下窄，近下部似靴状。残高4.7厘米，上宽2厘米，下宽0.6厘米，厚0.3厘米。（图二九，6）

鬲　1件。未见上部甗，仅修复下半部分和袋足。标本T28H45：16，夹砂黑陶，束腰，折裆，三个乳状袋足，饰绳纹，纹饰清晰规整。束腰径12.8厘米，足间距22.8厘米，残高28厘米。（图三〇，5、6；图版四，4）

罐　6件。夹砂灰陶，篮纹、绳纹、方格纹各2件，深腹，圜底内凹，底部饰绳纹。根据形制可分三型。

I型：2件。宽沿深腹方格纹。夹砂黑陶，残，宽折沿，沿面呈凹弧形，双唇，唇部有凹槽，敛口，口部有折棱，肩部素面，深鼓腹，腹部正方形方格纹，圜底内凹，并拍印有方格纹。标本T424H107：15，口径17.5厘米，腹径23.5厘米，底径8厘米，高27厘米。（图三〇，1、3；图版五，1）标本T111H262：3，口径17.5厘米，腹径21.5厘米，底径8厘米，高26.7厘米。（图三〇，2、4；图版五，2）

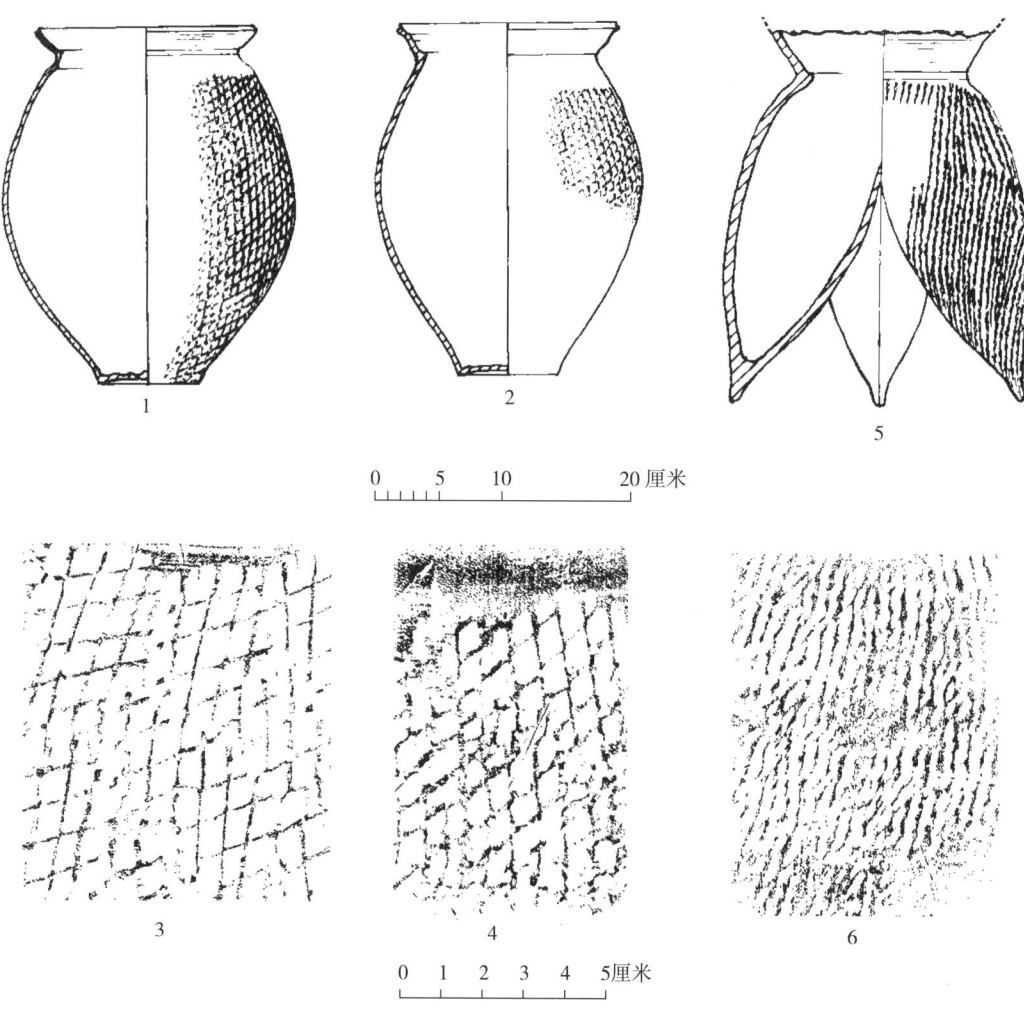

图三〇　龙山文化二期陶罐、鬲和纹饰拓片

1、3. I型罐（T424H107：15）　2、4. I型罐（T111H262：3）　5、6. 鬲（T28H45：16）

Ⅱ型：2件。深腹圜底。夹砂陶，折沿，沿面呈双凹弧形，敛口，口部有折棱，束颈，深鼓腹，上腹部饰宽凹弦纹，中、下腹部拍印绳纹或篮纹，圜底内凹。标本T28H45：18，夹砂灰陶，残，折沿，沿面呈双凹弧形，圆唇，敛口，口部有折棱，束颈，深鼓腹，上腹部饰二周宽凹弦纹，中、下腹部拍印绳纹，纹饰清晰规整，底部拍印绳纹紊乱，圜底内凹。口径14.7厘米，腹径17.7厘米，底径7厘米，高21.5厘米。（图三一，1、3；图版五，3）标本T111H262：6，夹砂黑陶，底残，折沿，沿面呈双凹弧形，舌唇，敛口，口部有折棱，束颈，鼓腹，上腹部饰六周宽凹弦纹，中、下腹部拍印篮纹，纹饰较浅，下腹部还有一周弦纹。口径14.5厘米，腹径18厘米，残高22.5厘米。（图三一，2、4；图版五，4）

Ⅲ型：2件。折沿深腹篮纹。标本T111H262：5，夹砂灰陶，残，折沿，沿面呈凹弧形，圆唇，敛口，口部有折棱，深腹，肩部素面，腹部拍印竖细篮纹，纹饰清晰，圜底内凹，底部有细篮纹，纹饰清晰规整。口径15厘米，腹径19厘米，底径6.5厘米，高22.5厘米。（图三一，5、7；图版五，5）标本T111H262：2，夹砂黑陶，残，口体皆偏，折沿，圆唇，敛口，口部有折棱，鼓腹，上腹部素面，腹部饰绳纹，纹饰清晰规整，圜底内凹。口径15.5厘米，腹径17.5厘米，底径6厘米，高17.3厘米。（图三一，6、8；图版五，6）

扁腹罐　1件。标本T111H262：7，残，泥质黑陶，口呈椭圆形，口微侈，圆唇中有凹槽，高领微敛，腹微鼓，一侧为扁腹，平底，腹部饰篮纹，底部亦为篮纹。口径11~12.2厘米，腹径14~16.3厘米，底径6~6.5厘米，高21厘米。（图三二，1、4；图版四，6）

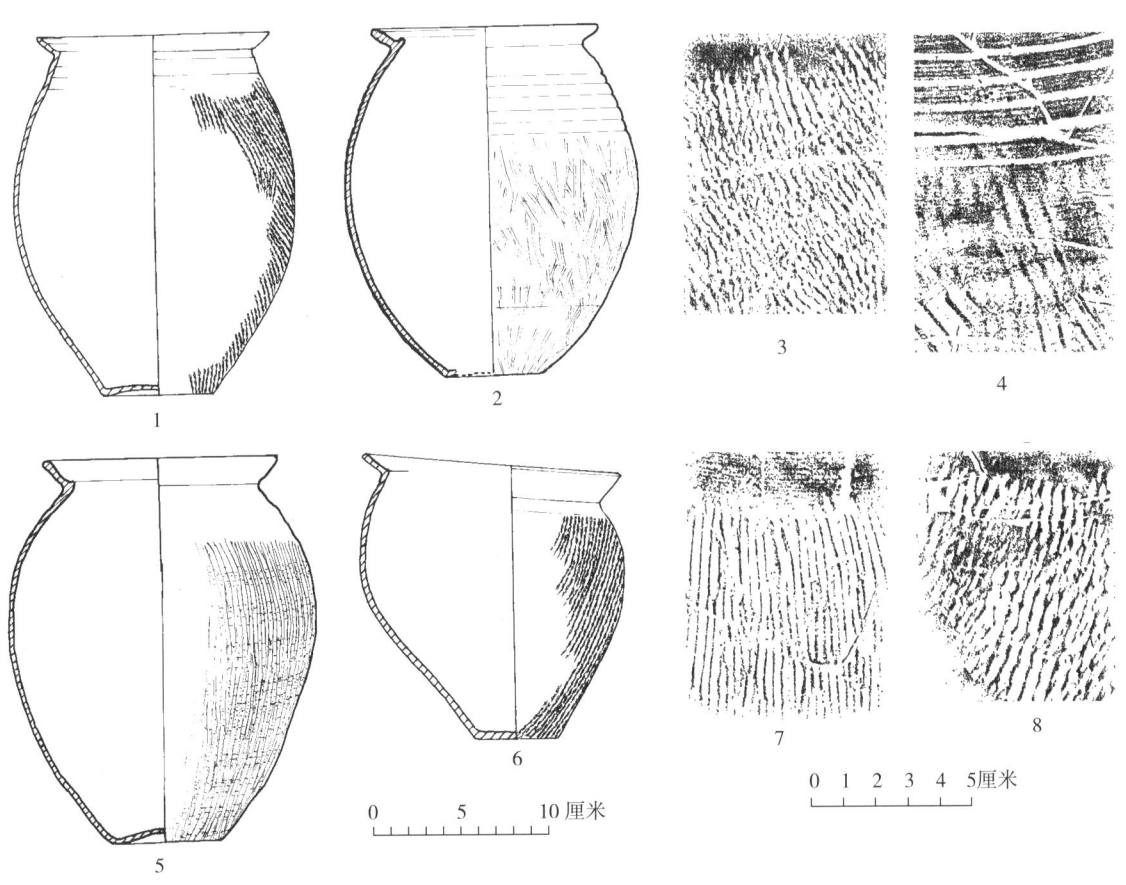

图三一　龙山文化二期陶罐和纹饰拓片
1、3. Ⅱ型（T28H45：18）　2、4. Ⅱ型（T111H262：6）
5、7. Ⅲ型（T111H262：5）　6、8. Ⅲ型（T111H262：2）

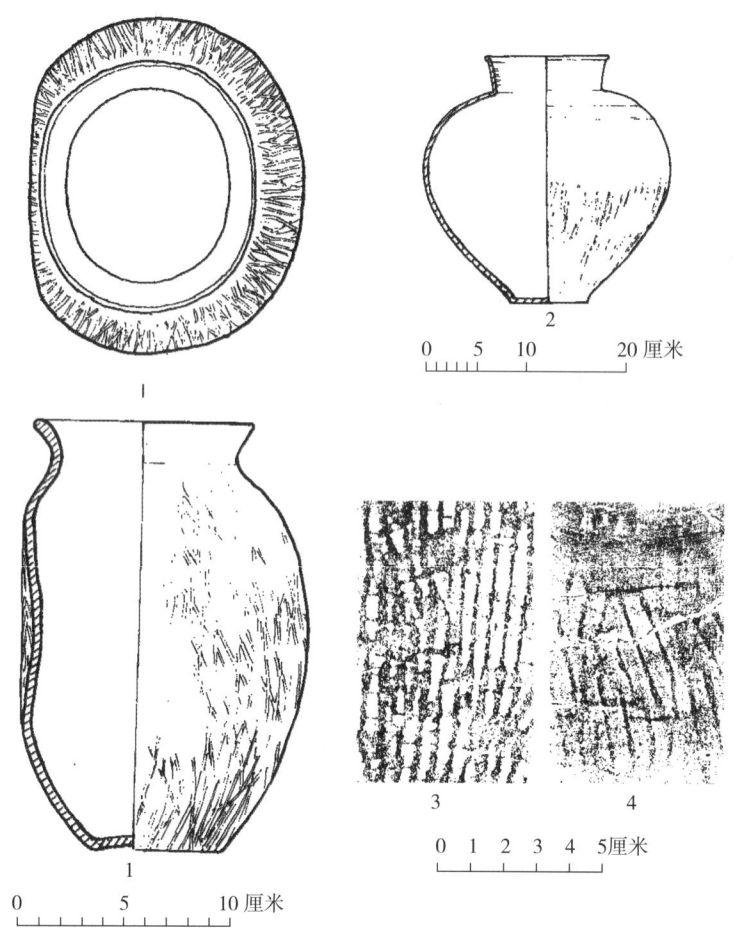

图三二　龙山文化二期陶器和纹饰拓片

1、4.扁腹罐（T111H262：7）　2、3.高领罐（T424H107：14）

　　高领罐　1件。标本 T424H107：14，残，泥质磨光黑陶，口微侈，圆唇，肩部有二周压印弦纹，圆腹，下腹部和底部饰篮纹，圜底内凹。口径 12.5 厘米，腹径 25 厘米，底径 8 厘米，高 24 厘米。（图三二，2、3；图版四，5）

　　单耳罐　1件。标本 T424H107：13，残，泥质磨光灰陶，口微侈，圆唇，短颈，颈腹间有折棱，腹微鼓，下腹部微敛，小平底，素面，宽带状器耳立于腹颈处，耳的两边为凸弦纹，中间为凹弦纹。耳宽 2.4 厘米，耳高 5.6 厘米，口径 8.5 厘米，腹径 12.5 厘米，底径 5.5 厘米，高 13 厘米。（图三三，1；图版六，1）

　　豆　2件。出土残片较多，能看出器形一为豆盘，一为喇叭形豆柄，全为细泥磨光黑陶。标本 T91H144：5，残，泥质黑陶，侈口，折沿，圜底，细柄，圈足残。口径 14.8 厘米，柄径 4 厘米，残高 9 厘米。（图三三，2；图版六，3）标本 T111H262：10，豆盘残，泥质黑陶，细柄，喇叭形豆柄，器的内外有弦纹。柄径 5.5 厘米，喇叭径 14.5 厘米，残高 13.7 厘米。（图三三，3；图版六，4）

　　瓠形器　1件。标本 T91H144：6，口残，泥质黑陶，小口，鼓腹，下腹部内收，底外侈，圜底内凹。残口径 8 厘米，腹径 11.5 厘米，底径 8.5 厘米，残高 14.6 厘米。（图三三，4；图版六，2）

　　鬶　1件。标本 T91H144：10，泥质红陶，仅见口流部，口为圆形，流向外有个小的半圆形。口径 7.8 厘米，残高 8 厘米。（图三四，1；图版六，5）另有鬶残片若干。（图版六，6）

　　盆　4件。泥质灰陶。根据形制可分四型。

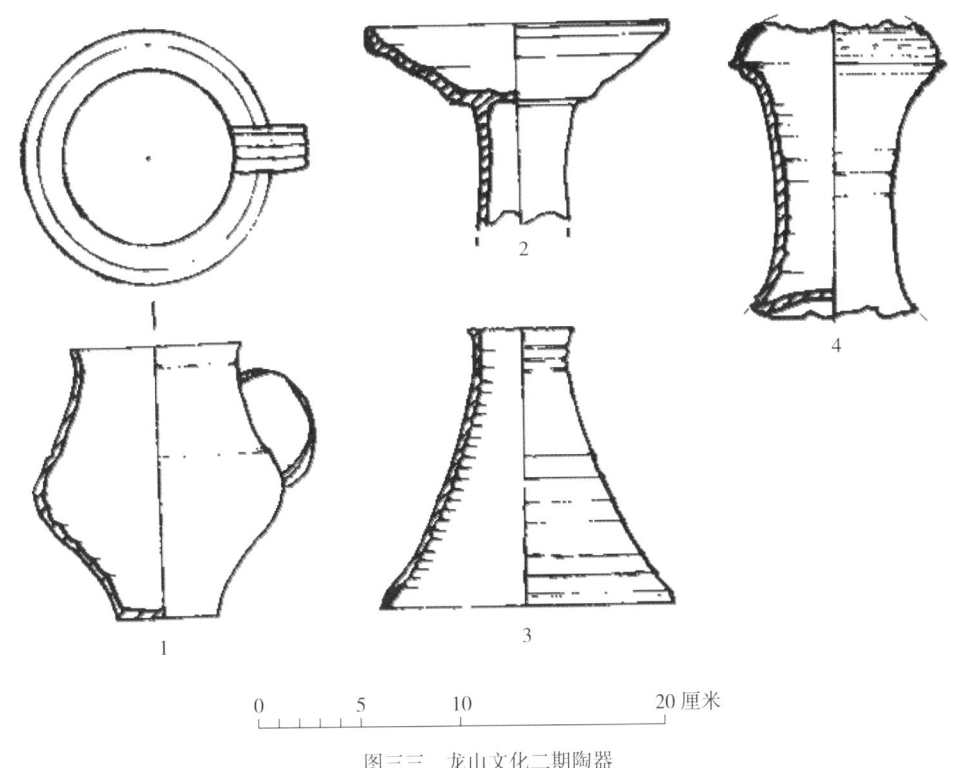

图三三 龙山文化二期陶器

1. 单耳罐（T424H107：13） 2. 豆（T91H144：5） 3. 豆（T111H262：10） 4. 瓠形器（T91H144：6）

Ⅰ型：1件。侈口。标本 T28H45：6，泥质灰陶，残，侈口，圆唇，斜壁，平底，腹部内外有轮制的弦纹数周。口径28厘米，底径16.4厘米，高8.4厘米。（图三五，2；图版七，2）

Ⅱ型：1件。深腹。标本 T424H107：8，残，泥质黑陶，直口，舌唇，斜腹微敛，腹内部有轮制的弦纹数周，平底，素面。口径20厘米，底径12.5厘米，高9厘米。（图三五，3；图版七，3）

Ⅲ型：1件。敛口篮纹。标本 T28 外 ⑭：14，残，敛口，圆唇，弧腹，平底，下腹部饰篮纹。口径27厘米，腹径29厘米，底径10厘米，高4.5厘米。（图三五，4；图版七，4）

Ⅳ型：1件。标本 T89 ⑤：39，残，泥质黑陶，敞口，圆唇，浅盘，平底，素面，壁内外有弦纹。口径16.2厘米，底径10厘米，高3.5厘米。（图三五，5；图版七，1）

圈足盘 6件。泥质磨光黑灰陶，浅盘，矮圈足。根据形制可分二型。

Ⅰ型：5件。圆唇圜底。标本 T28H45：15，残，泥质灰陶，平折沿，方唇，沿的内侧有一周凸棱，敞口，浅盘，平底，下附圈足已残，素面磨光。口径33.5厘米，圈足径23厘米，残高5厘米。（图三五，1；图版八，3）标本 T91H144：8，圈足残，敞口，方唇，浅盘，平底，圈足上有一周凸弦纹。口径33.5厘米，圈足径25厘米，残高8.5厘米。（图三五，6）标本 T111H262：11，圈足残，敞口，圆唇，浅盘，平底。口径25.5厘米，圈足径17厘米，残高6.6厘米。（图三五，7；图版八，5）标本 T91H144：3，圈足残，敞口，圆唇，浅盘，盘外有一周凹弦纹，盘内有三周凹弦纹，圜底，圈足上有圆形镂孔。口径25.5厘米，圈足径14.5厘米，残高4.5厘米。（图三五，8；图版八，4）标本 T91H144：9，盘残，圈足外侈。口径33.5厘米，圈足径20.6厘米，残高5.6厘米。（图三五，9；图版八，6）

Ⅱ型：1件。镂空圆唇圜底。标本 T91H144：4，残，敞口，圆唇，浅盘，圜底，圈足上有镂空，上部有一周扁叶状镂空，其下镂孔分九部分长方形格，其格有压印的单线或双线凹槽，其内有四个斜线凹槽，其间

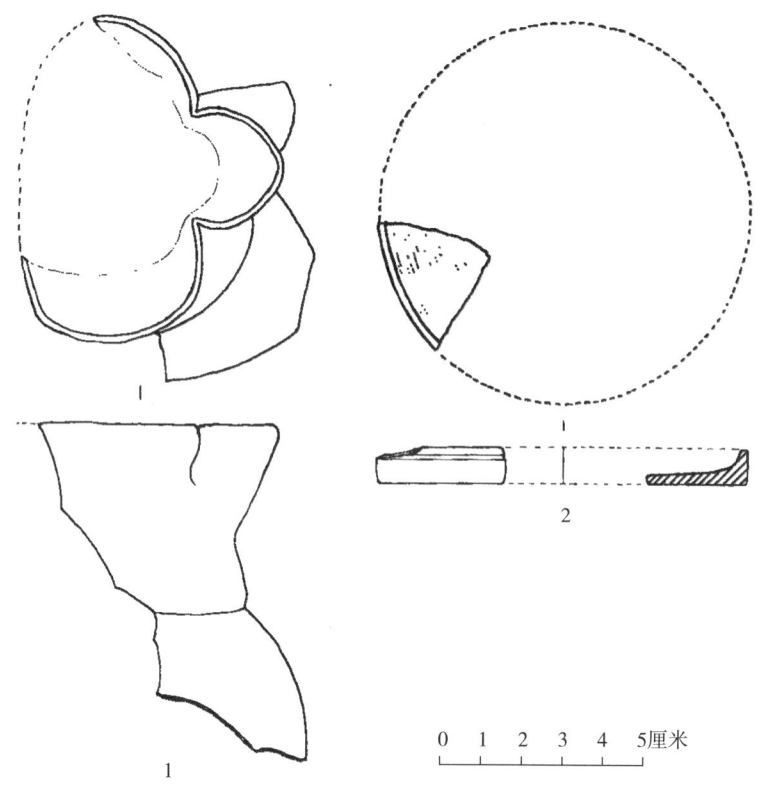

图三四　龙山文化二期陶鬶、轮盘

1. 鬶（T91H144：10）　2. 轮盘（T424④：84）

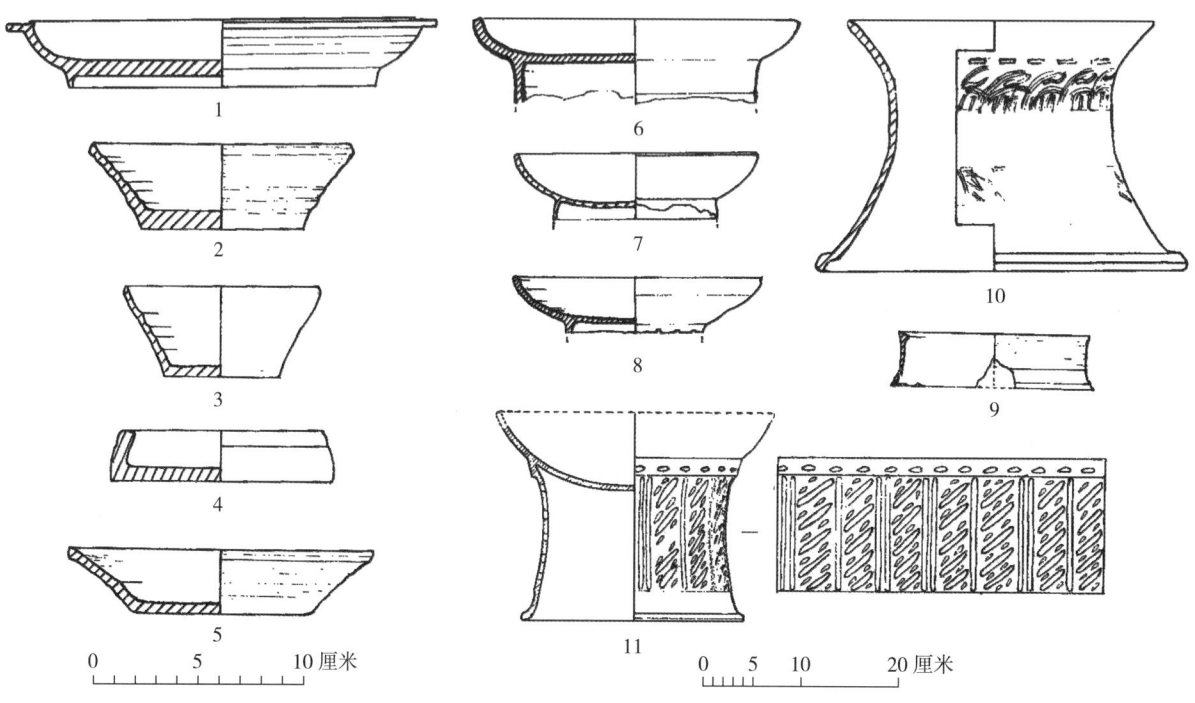

图三五　龙山文化二期陶器

1. Ⅰ型圈足盘（T28H45：15）　2. Ⅰ型盆（T28H45：6）　3. Ⅱ型盆（T424H107：8）　4. Ⅲ型盆（T28 外⑭：14）
5. Ⅳ型盆（T89⑤：39）　6. Ⅰ型圈足盘（T91H144：8）　7. Ⅰ型圈足盘（T111H262：11）　8. Ⅰ型圈足盘（T91H144：3）
9. Ⅰ型圈足盘（T91H144：9）　10. 镂空器座（T43③：3）　11. Ⅱ型圈足盘（T91H144：4）

各有两个长方形镂孔。口径 28 厘米，圈足径 22.6 厘米，高 20.6 厘米。（图三五，11；图版八，1）

镂空器座 1 件。标本 T43③：3，残，泥质黑陶，敞口，圆唇，敛腰，下部微侈，素面磨光，腰部有上下两组宽带状镂空。口径 36 厘米，底径 36 厘米，高 26.5 厘米。（图三五，10；图版八，2）

钵 1 件。标本 T111H262：4，残，泥质褐灰陶，敛口，圆唇，弧腹，上腹部素面，中腹部有一周凹弦纹，下腹部拍印篮纹，小平底。口径 27 厘米，腹径 29 厘米，底径 10 厘米，高 14.5 厘米。（图三六，9、10；图版七，5）

碗 8 件。可分二型。

Ⅰ型：4 件。标本 T109⑥：61，泥质黑陶，残，敞口，双唇，唇部有凹槽，腹微敛，小平底，腹壁内外有轮制时的凹弦纹数周，器底有制坯时线切割痕。口径 16.4 厘米，底径 8 厘米，高 5.4 厘米。（图三六，5；图版九，1）标本 T109⑥：60，泥质黑陶，残，敞口，双唇，唇部有凹槽，腹微敛，小平底，腹壁内外有轮制时的凹弦纹数周，器底有制坯时线切割痕。口径 16 厘米，底径 7.5 厘米，高 6.5 厘米。（图三六，6；图版九，2）标本 T424④：78，泥质黑陶，残，敞口，双唇，唇部内高外低，腹微敛，小平底，腹壁有轮制时的凹弦纹数周。口径 12.5 厘米，底径 5 厘米，高 4.5 厘米。（图三六，7；图版九，3）标本 T424H107：7，泥质黑陶，残，敞口，双唇，唇部外高内低，腹微弧，平底。口径 12.5 厘米，底径 5 厘米，高 4 厘米。（图三六，8；图版九，4）

Ⅱ型：4 件。标本 T24③：8，泥质黑灰陶，残，敛口，双唇，唇部有凹槽，弧腹，小平底外侈，腹壁内外有轮制时的凹弦纹数周。口径 18.5 厘米，底径 8 厘米，高 7 厘米。（图三六，1；图版九，5）标本

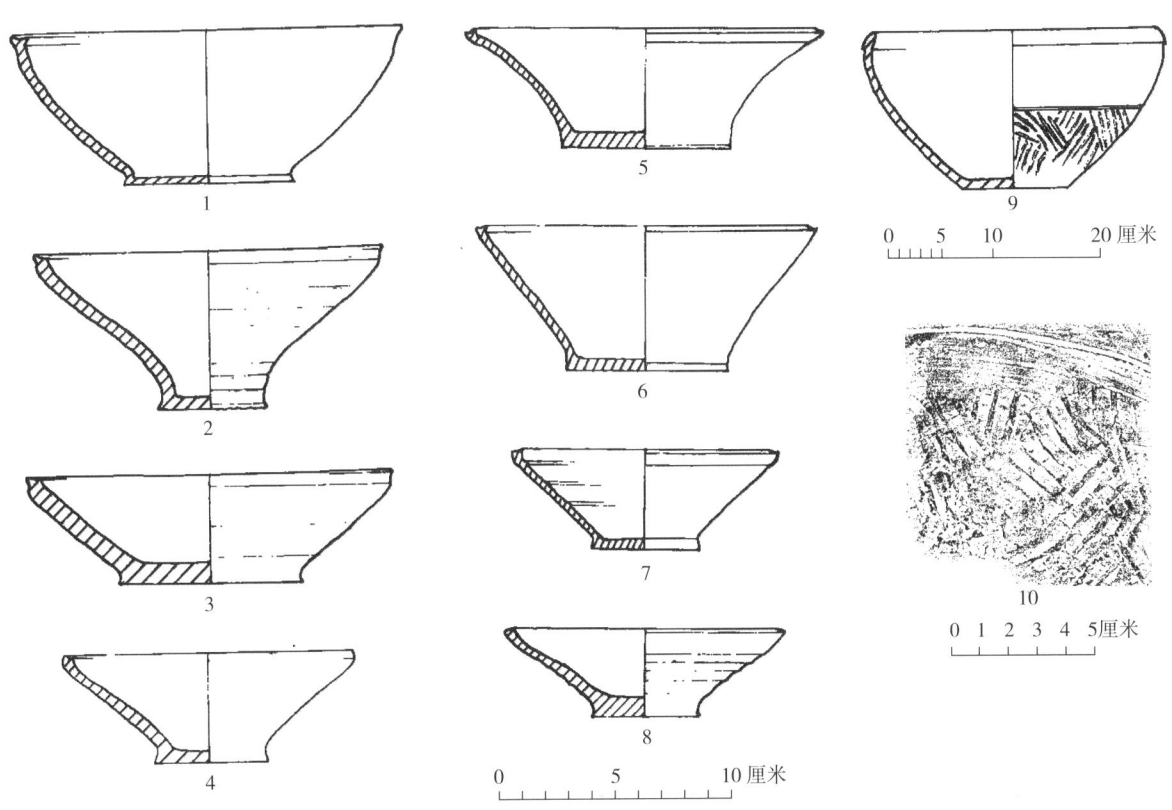

图三六 龙山文化二期陶碗、钵和纹饰拓片

1~4. Ⅱ型碗（T24③：8、T3④：10、T89⑤：38、T88⑥：67）

5~8. Ⅰ型碗（T109⑥：61、T109⑥：60、T424④：78、T424H107：7）9、10. 钵（T111H262：4）

T3④：10，泥质黑灰陶，残，敛口，双唇，唇部有凹槽，弧腹微敛，小平底外侈，腹壁内外有轮制时的凹弦纹数周。口径 16.5 厘米，底径 5 厘米，高 7.2 厘米。（图三六，2；图版九，6）标本 T89⑤：38，泥质灰陶，残，敞口，双唇，唇部外高内低，弧腹，小平底外侈。口径 17.5 厘米，底径 8.5 厘米，高 5 厘米。（图三六，3；图版九，7）标本 T88⑥：67，泥质灰陶，残，敞口，双唇，唇部内高外低，腹微敛，小平底外侈。口径 16.5 厘米，底径 8 厘米，高 5 厘米。（图三六，4；图版九，8）

轮盘　1 件。标本 T424④：84，残，敛口，圆唇，浅盘，平底，素面。口径 21.5 厘米，底径 23.5 厘米，高 5 厘米。（图三四，2）

板瓦　1 块。标本 T89⑤：27，出于平粮台城内东北部 T89⑤层，泥质灰陶，残，仅剩板瓦的一部分，板瓦边切割痕清晰，正面饰规整的菱形方格纹，内部有椭圆形陶拍子的拍印痕。从板瓦的弧度看，小口径约 24 厘米。利器对切。残长 8.5 厘米，残宽 8 厘米，厚 0.9~1.1 厘米。（图三七；图版七，6）

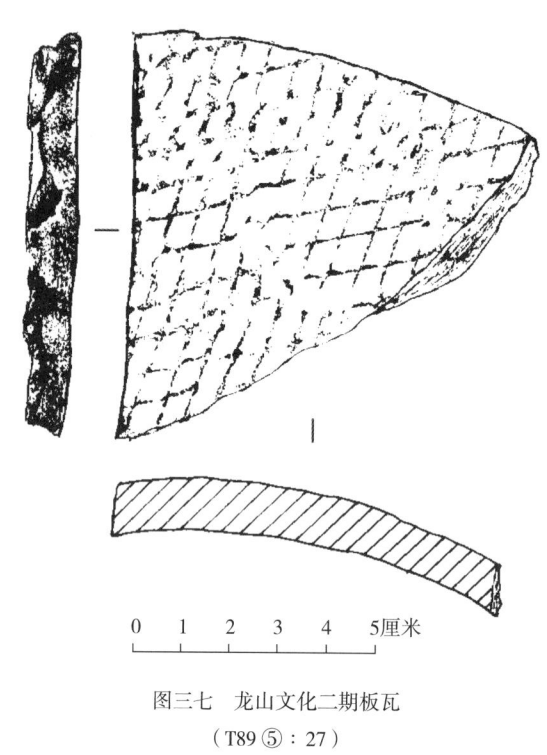

图三七　龙山文化二期板瓦
（T89⑤：27）

（三）装饰品

有玉璜、陶环、陶鸟等。

玉璜　1 件。标本 T426③：11，残，乳白色，断面呈长方形，内角为圆弧形，通体磨光。直径 4 厘米，内径 2 厘米，厚 0.5 厘米。（图三八，3；彩版六，6）

陶环　3 件。残。泥质灰陶，断面呈直边椭圆形。标本 T88⑥：64，外径 7 厘米，内径 6 厘米，厚 0.6 厘米。（图三八，1；彩版六，3）标本 T90⑥：71，外径 6 厘米，内径 5 厘米，厚 0.6 厘米。（图三八，2；彩版六，1）标本 T424H107：1，外径 7 厘米，内径 6 厘米，厚 0.6 厘米。（图三八，4；彩版六，2）

陶鸟　1 件。标本 T111H262：49，残。（图三八，5；彩版六，5）

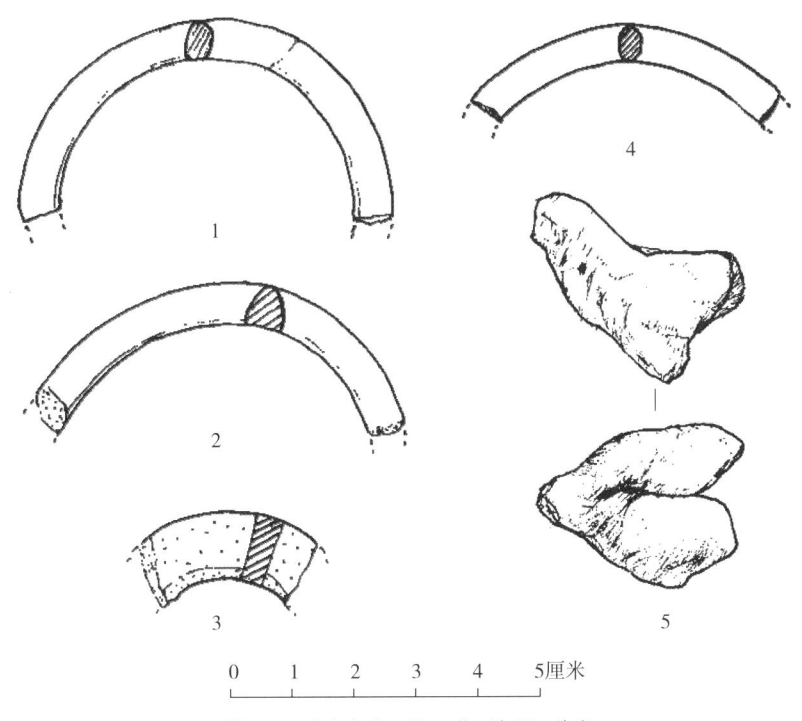

图三八　龙山文化二期玉璜、陶环、陶鸟

1、2、4.陶环（T88 ⑥：64、T90 ⑥：71、T424H107：1）　3.玉璜（T426 ③：11）　5.陶鸟（T111H262：49）

第三节　龙山文化三期

一、文化遗迹

（一）房址

龙山文化三期的房址有 5 座（F4、F9、F13、F14、F15）。

F4 房址，位于探方 T7、T8、T9、T10、T16、T17、T22、T23 内的农耕土下，被汉墓 M35、M40、M41、M43、M44 打破。原是一座高台建筑，台高 0.72 米。房址外部散水被龙山文化三、四、五期层叠压，被龙山文化三期灰坑 H31 打破，西部被汉墓墓道打破，残长 15 米，宽 5.70 米。高台上用土坯砌墙。南墙宽约 0.40 米，残高 0.22 米；东墙宽 0.30 米，残高 0.16 米；北墙宽 0.34 米，残高 0.16 米；西墙不详。门向南，方向南偏西 6°。房内距北墙 0.92 米处有一土坯垒的东西向界墙，界墙南有三道南北向的隔墙将房屋隔成四间。东西向界墙宽 0.30 米，残高 0.24 米，南北向隔墙宽 0.30~0.32 米，残高 0.16~0.18 米。土坯多为平铺，唯南墙的砌法是以土坯先顺铺，其外再竖砌，墙外涂褐色草拌泥。坯的长度不等，最长的为 58 厘米，宽 26~30 厘米，厚 6~8 厘米。仅存二门，门宽分别为 0.72 米和 0.66 米。房内地面平整。修筑土台时先在北部筑一宽 0.70~0.85 米、高 0.72 米的小版筑墙；在南边用横木挡着，从南向北倾斜堆土，逐层夯打；最后水平堆土，夯实。夯层厚 0.10～0.12 米，圆形圜底夯窝。土台上用土坯砌屋墙，屋内隔出单间，最后铺垫屋内地面。（图三九，1；图版一，3）F3 房址并入 F4 房址。F5 房址系 F4 的东部一间房，并入 F4。F6 房址系 F4 的东部一间房，并入 F4 房址。F4 出土蚌刀 1 件，完整。标本 F4：2，弧背，齐刃，背部有两个圆形穿孔。宽 10.9 厘米，高 4 厘米，厚 0.5 厘米。（图三九，2）

F9 房址，位于城址内东南部的探方 T21、T6、T5、T15 内，叠压在 F8 之下，有南北两道平行的版筑夯土墙，北部版筑夯土墙宽 1.05 米，南部版筑夯土墙宽 0.65 米，平面呈长方形，两头均不到边。东西残长 20 米，南北宽 4.90 米，屋内地面南北宽 3.25 米。（图四〇）

F13 房址，位于城址南门道东侧（即南门卫房），保存较好。平面呈长方形，南北长 4.40 米，东西宽 3.10 米。西墙宽 0.50 ~ 0.60 米，残高 0.24 米；南墙宽 0.70 米，残高 0.16 米；东墙宽 0.70 米，残高 0.30 米；北墙宽 0.50 ~ 1.10 米，残高 0.30 米。东墙、南墙、西墙的土坯痕迹很清晰，北墙不太明显。土坯有长方形、正方形、三角形，大小不一，因未解剖，土坯的厚度不详。在南墙的外部有褐色草拌泥涂壁，泥厚 4 厘米。房门位于西墙的偏北部，宽 0.50 米。房内红烧土居住面低于房外地面，其上遗留草木灰烬。北部有灶面，已

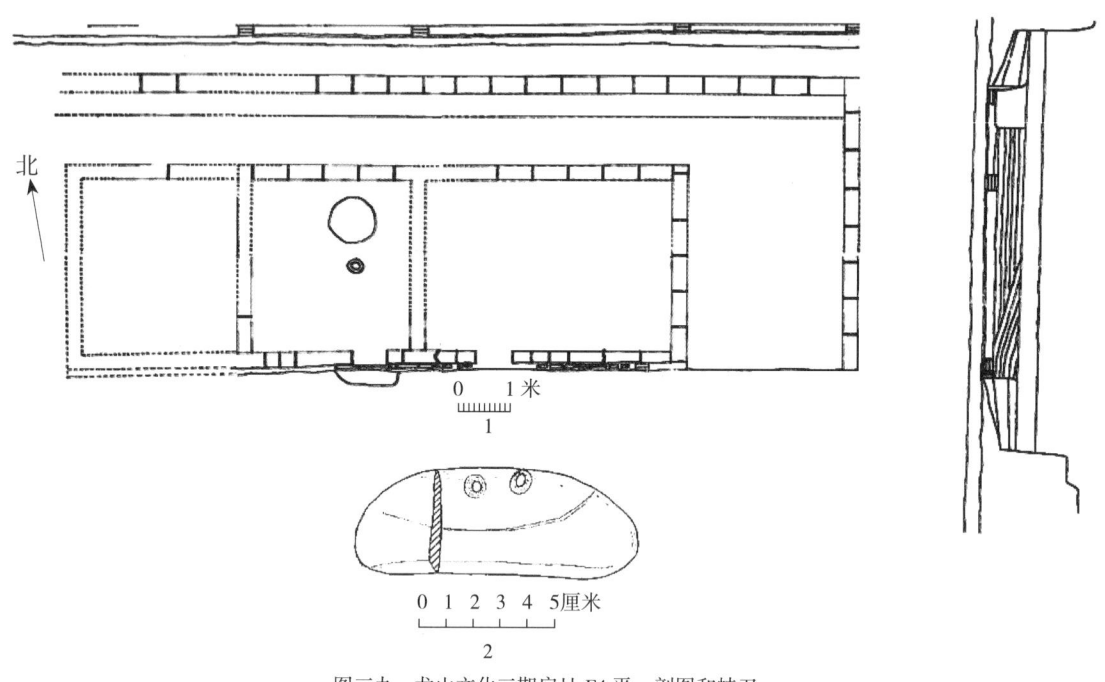

图三九　龙山文化三期房址 F4 平、剖图和蚌刀

1. F4 平、剖图　2. 蚌刀（F4∶2）

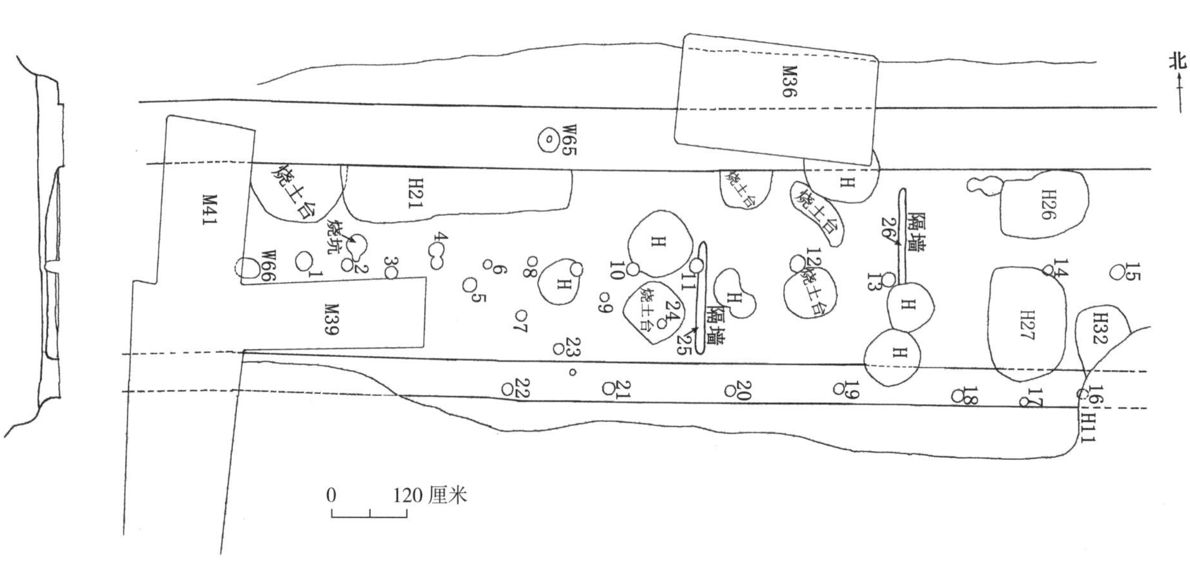

图四〇　龙山文化三期房址 F9 平、剖图

烧成蓝灰色，相当坚硬。房内出土陶片全为灰陶，纹饰以菱形方格纹最多，素面次之，亦有篮纹和绳纹。除一件为圜底内凹的罐外，其余器种不能辨识。另见骨针、蚌刀各 1 件。（图四一）

F14 房址，位于城址南门道西侧（即南门卫房）。上部被近代扰土沟和汉墓（M101）打破，但大部分保留完整。平面呈长方形，南北长 4.20 米，东西宽 3.30 米；东墙宽 0.40 ～ 0.60 米，残高 0.33 米；南墙宽 0.70 米，残高 0.41 米；西墙宽 0.62 米，残高 0.22 米；北墙宽 0.69 米，残高 0.30 米。南墙和西墙土坯垒砌的痕迹清晰，土坯的情况与 F13 房址同。南墙、北墙的外部用褐色草拌泥涂壁，草拌泥厚 4 ～ 6 厘米。房门位于东墙的北部，与 F13 的房门相对，宽 0.58 米，房内红烧土居住面低于房外地面，上堆有灰烬。房内出土陶片以灰陶居多，黑陶较少，亦有部分磨光陶片，纹饰以方格纹居多，篮纹次之，绳纹较少。可辨识的器形有罐、高领罐、碗及磨光灰陶豆柄、黑陶罐底等。（图四一）

F15 房址，位于城址内东南部的探方 T47 内，开口于①层之下。平面呈长方形，分二间。东间被 M11（战国墓）、H65（龙山文化三期）、H67（二里头文化）、H78（龙山文化三期）打破，西间被 H11（西周）、H73（龙山文化三期）、Y4（龙山文化四期）打破。东西残长 6.30 米，南北宽 4.40 米。F15 的南墙宽 0.40 米，残高 0.10 米；东墙宽 0.32 米，残高 0.10 米；北墙宽 0.40 米，残高 0.10 米；西墙宽 0.18 米，残高 0.10 米。界墙宽 0.35 米，残高 0.10 米，界墙是土坯顺铺，土坯长宽不等，长、宽分别为 62 厘米 ×35 厘米、58 厘米 ×20 厘米、34 厘米 ×20 厘米、60 厘米 ×30 厘米。东间屋门向南，方向 186°，门位于南墙西段，

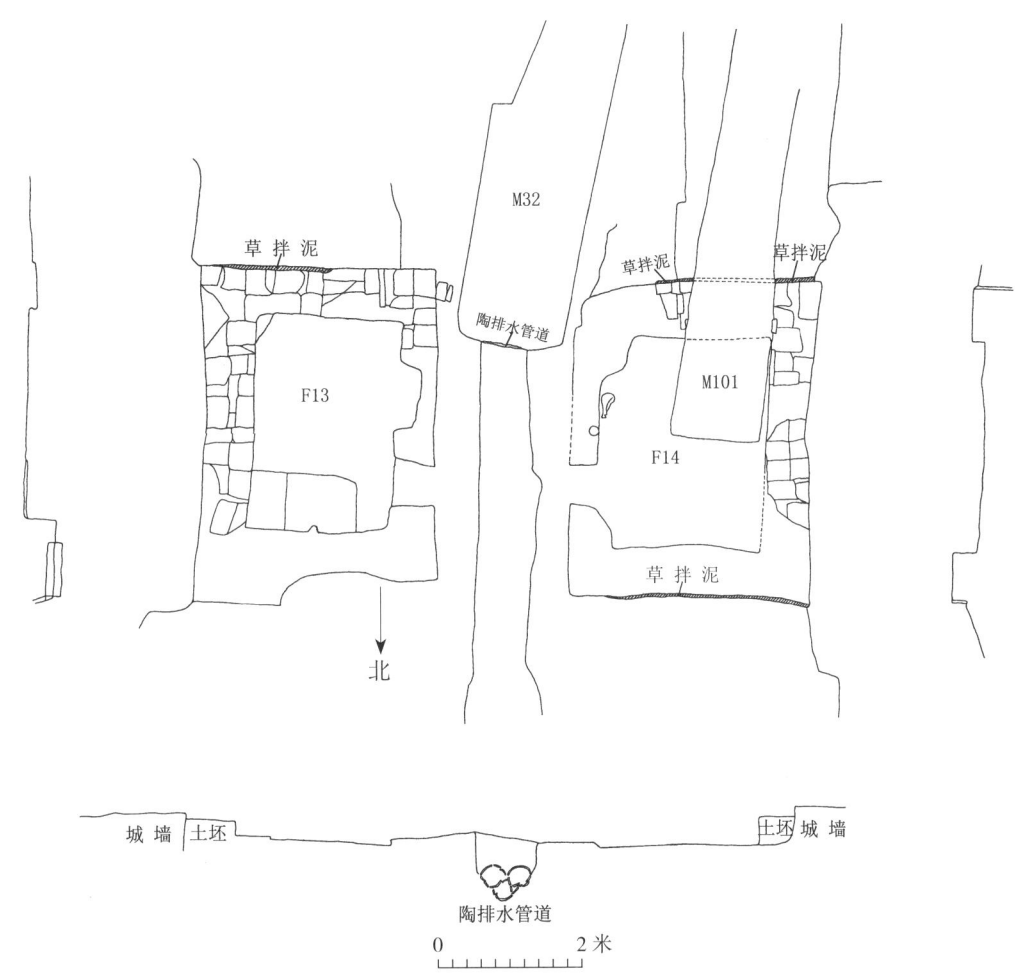

图四一　龙山文化三期房址 F13、F14 平、剖图

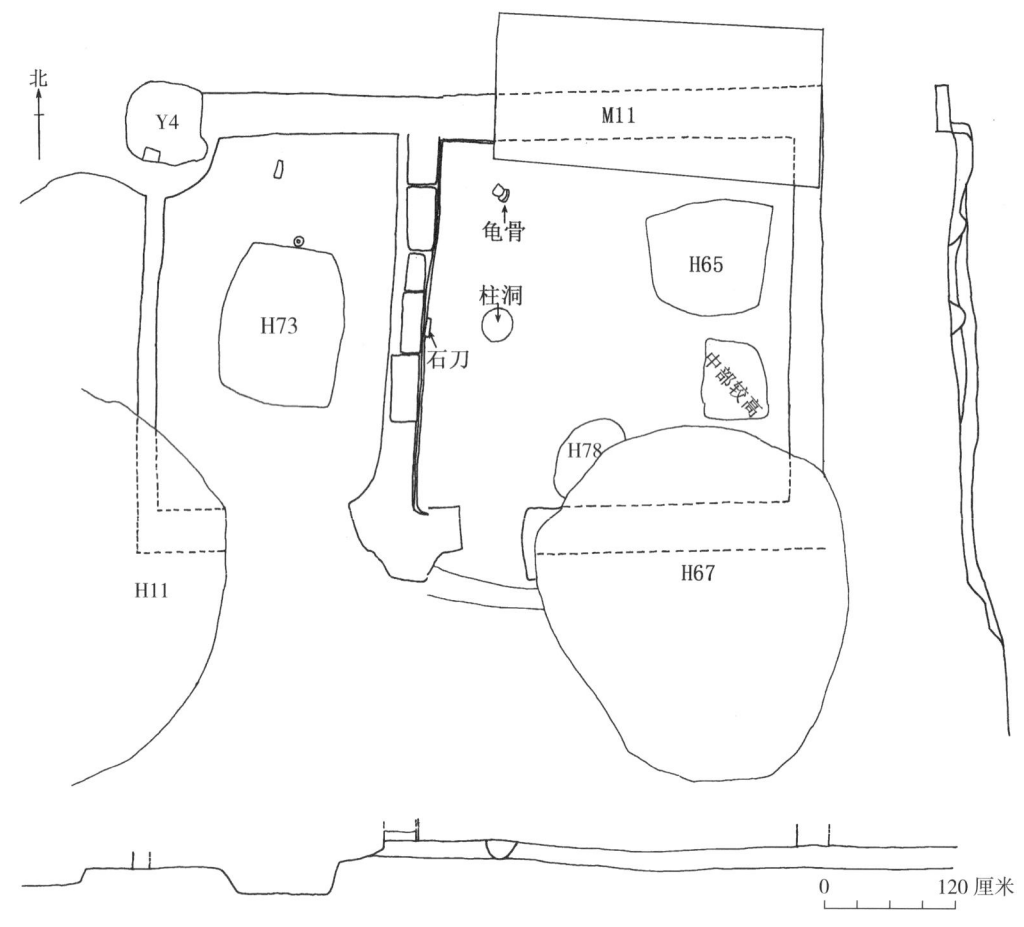

图四二　龙山文化三期房址 T47F15 平、剖图

宽 0.65 米，屋内是红烧土地面，屋内地面东西长 3.45 米，南北宽 3.40 米。西间房屋的西北角被陶窑 Y4 打破，西南角被灰坑 H11 打破。屋内中间被 H73 打破。屋内地面东西长 2.10 米，南北宽 3.40 米。屋内地面是红烧土面。墙系土坯垒砌，宽 0.35~0.55 米，屋内墙面用草拌泥抹平。房址内垫土 2 层，经过对 2 层垫土面的清理，发现红烧土面积大，保存好，地面烧得很厚，说明使用时间很长。（图四二）出土陶片全为泥质灰陶，纹饰以方格纹居多，篮纹次之，绳纹较少。器形有鼎、罐、碗、圈足盘、豆等。还有石斧、石镰。（图四三）靠北墙处出土龟甲数个，当为祭祀用。

（二）灰坑

灰坑是龙山文化三期的重要遗迹，共发现 40 座，即 H6、H12、H13、H14、H21、H23、H25、H26、H27、H31、H32、H35、H36、H37、H38、H42、H43、H44、H49、H58、H60、H65、H70、H72、H73、H75、H76、H77、H78、H81、H96、H101、H103、H104、H106、H116、H120、H142、H253、H261。这些灰坑大部分在平粮台城址内的东南部，也有的在北部、南部、西南部。（表三）

灰坑的坑口形状分圆形、椭圆形、长方形、正方形、长条形、圭形、不规则形七种。圆形灰坑 3 个，占总数的 7.5%；椭圆形灰坑 19 个，占总数的 47.5%；长方形灰坑 4 个，占总数的 10%；不规则形灰坑 5 个，占总数的 12.5%；圭形灰坑 1 个，占总数的 2.5%；正方形灰坑 2 个，占总数的 5%；长条形灰坑 6 个，占总数的 15%。从灰坑的剖面形状看，有直筒状、筒状、袋状、浅坑、锅底状五种。直筒状灰坑一般口底大小相等，筒状灰坑一般口大底小，袋状灰坑一般口小底大，锅底状灰坑一般口大圆底。直筒状 9 个，占总数

表三　龙山文化三期灰坑形制统计表

形状	直筒状	筒状	袋状	浅坑	锅底状	合计
圆形	H104	H103			H75	3
椭圆形	H12　H37 H44　H72 H106	H6　H13 H21　H23 H32　H42 H70　H73 H78	H27 H38	H120	H261 H253	19
长方形	H14 H65	H26			H116	4
不规则形		H25　H60 H142		H43	H101	5
圭形	H31					1
正方形			H35	H36		2
长条形		H81			H49　H58 H76　H77 H96	6
合计	9	15	3	3	10	40

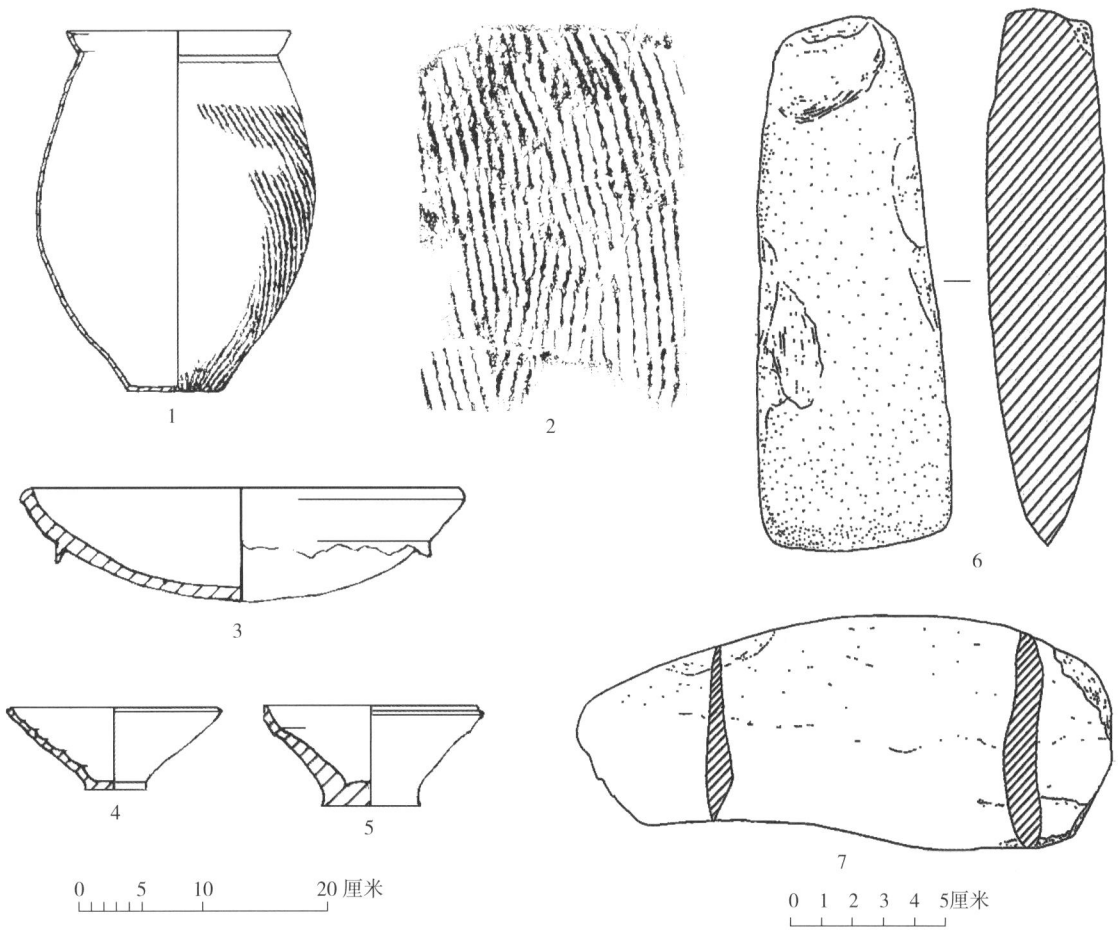

图四三　龙山文化三期房址 T47F15 出土器物和纹饰拓片

1、2.陶罐（T47F15 ①：1）　3.陶圈足盘（T47F15 ①：4）　4、5.陶碗（T47F15：4、T47F15：2）

6.石斧（T47F15：3）　7.石镰（T47F15：1）

的 22.5%；筒状 15 个，占总数的 37.5%；袋状 3 个，占总数的 7.5%；浅坑 3 个，占总数的 7.5%；锅底状 10 个，占总数的 25%。

圆形灰坑 3 个。H104 位于遗址东南部 T424 东南角，坑口位于②层底部，被 H102 打破，部分压在东隔梁下未清理。为圆形直筒状坑，口底径相等，直壁，平底。填土分 2 层，上层为浅灰土，厚 0.65 米，下层黑灰土，厚 0.35 米，土质较松软。上下层出的陶片质、色、纹饰、器形口沿的形状基本相同，是同时期废弃的。出陶片 566 块，以灰陶为主，深灰色较少，偶见棕陶，纹饰以篮纹居多，方格纹次之，绳纹较少，灰陶中篮纹 22 块、方格纹 12 块、绳纹 9 块、素面 26 块，器形有罐、甗、盆、碗等。口径 2.10 米，底径 2.10 米，深 1 米。（图四四，1）

H103 位于遗址东南部 T424 东部，坑北部打破 H106。为圆形筒状坑，口大底小，斜壁，平底。填土分 2 层，上层为黄灰土，厚 0.20~0.32 米，下层黑灰土，厚 0.32~0.40 米，土质较松软。上下层出的陶片质、色、纹饰、器形口沿的形状基本相同，是同时期废弃的。出陶片以灰陶为主，深灰色较少，少见棕陶，纹饰以方格纹居多，篮纹次之，绳纹较少，其中方格纹 476 块、篮纹 206 块、绳纹 25 块、弦纹 23 块，还有素面。器形有鼎、罐、高领罐、甗、盆、盘、碗、鬶等，还有陶纺轮、陶拍子、蚌壳、骨镞等。口径 1.04 米，底径 0.88 米，深 0.65 米。（图四四，2）

H75 位于遗址东南部 T45 内，开口①层下。圆形锅底状。填黑灰土，土质松软。出土陶片丰富，以灰陶居多，纹饰以篮纹居多，绳纹次之，不见方格纹，篮纹多竖饰，可辨器形有鼎、罐、甗、壶、豆等。口径 1.10 米，深 0.60 米。（图四四，3）

椭圆形灰坑 19 个。H12 位于遗址东南部 T12 内，开口②层下，被 H24 打破。椭圆形直筒状，平底。填黑灰土，土质松软。包含遗物丰富，出土陶片以灰陶居多，黑陶较少，纹饰以方格纹居多，篮纹次之，器形有陶鼎、罐、甗、鬶、甑、盆、豆、瓮、碗、鸟、纺轮，还有石镰及骨镞等。口径 1.46~1.90 米，深 1.80 米。（图四四，4）

H37 位于遗址东南部 T5 内，开口⑤层下，被 H6、H34 打破。椭圆形直筒状坑，口底径相当，直壁，平底。填灰土，土质坚硬。包含遗物较少，出土陶片 45 块，以灰陶居多，纹饰以方格纹居多，篮纹次之，其中方格纹 20 块、篮纹 14 块、素面 11 块，器形有陶鼎、罐等。口径 1.04~1.27 米，底径 1.04~1.27 米，深 0.60 米。（图四五，1）

H44 位于遗址南城墙西段 T28 内，开口农耕土层下。椭圆形直筒状，口底径相当，直壁，平底。填土分 2 层，由上及下分别为青灰土、深灰土，土质松软。包含遗物丰富，出土陶片以灰陶居多，黑陶较少，纹饰以方格纹居多，篮纹次之，绳纹较少，器形有陶鼎、罐、甗、鬶、盘、碗等。口径 0.48~1.34 米，深 2.50 米。（图四五，2）

H72 位于遗址东南部 T47 内，开口农耕土层下，被 H63（龙山文化四期）、H71（龙山文化五期）及 H67（岳石文化）打破。椭圆形直筒状坑，口底径相当，弧壁，平底。填黄灰土和青灰土，土质松软。出土遗物丰富，陶片 519 块，以灰陶居多，黑陶较少，纹饰以篮纹居多，方格纹次之，绳纹较少，其中篮纹 223 块、方格纹 189 块、绳纹 107 块，主要器形有鼎、罐、甑、圈足盘、环。还有骨簪等。口径 2.30 米，底径 2.30 米，深 1.10 米。（图四五，3）

H106 位于遗址东南部 T424 东部，坑口位于②层底部，被 H79、H85、H103 打破。为椭圆形直筒状坑，口底径相等，直壁，平底。填土分 2 层，上层为黄灰土，下层黑灰土，土质较松软。上下层出的陶片质、色、纹饰、器形口沿的形状基本相同，是同时期废弃的。出土陶片以灰陶为主，深灰色较少，偶见棕陶，纹

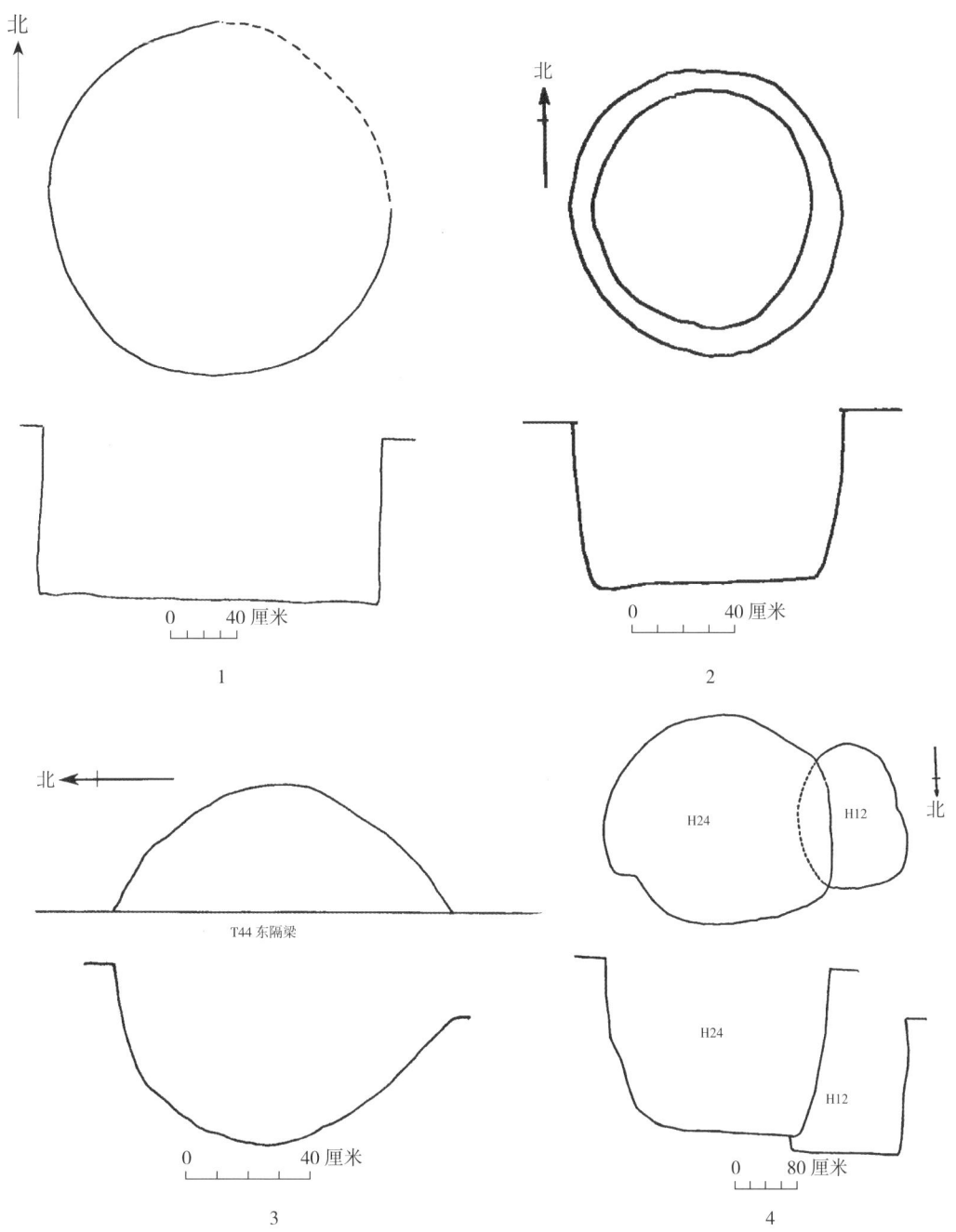

图四四 龙山文化三期灰坑平、剖图
1. T424H104 2. T424H103 3. T45H75 4. T12H12

饰以方格纹居多，篮纹次之，绳纹较少，其中方格纹161块、篮纹62块、绳纹18块、素面158块，器形有鼎、罐、盆、碗、环。还有蚌壳、兽骨、骨镞等。口径1.02~1.48米，深0.63米。（图四五，4）

H6位于遗址东南部T4内，开口②层下，即F1草拌泥散水坡下。椭圆形筒状，口大底小，平底。填深灰土，土质松软。包含遗物丰富，出土陶片以灰陶居多，黑陶较少，纹饰以方格纹居多，绳纹次之，器形有罐、甑、鬶、碗、环。还有蚌壳、牛骨等。口径1.36~2.12米，底径宽1~1.58米，深1.12米。（图四六，1）

H13位于遗址东南部T19内北壁中部，另一半压在北隔梁内未发掘，开口②层下。椭圆形筒状，口大底小，平底，弧壁。填黑灰土，土质松软。包含遗物丰富，出土陶片181块，以灰陶居多，少量棕陶和磨光黑

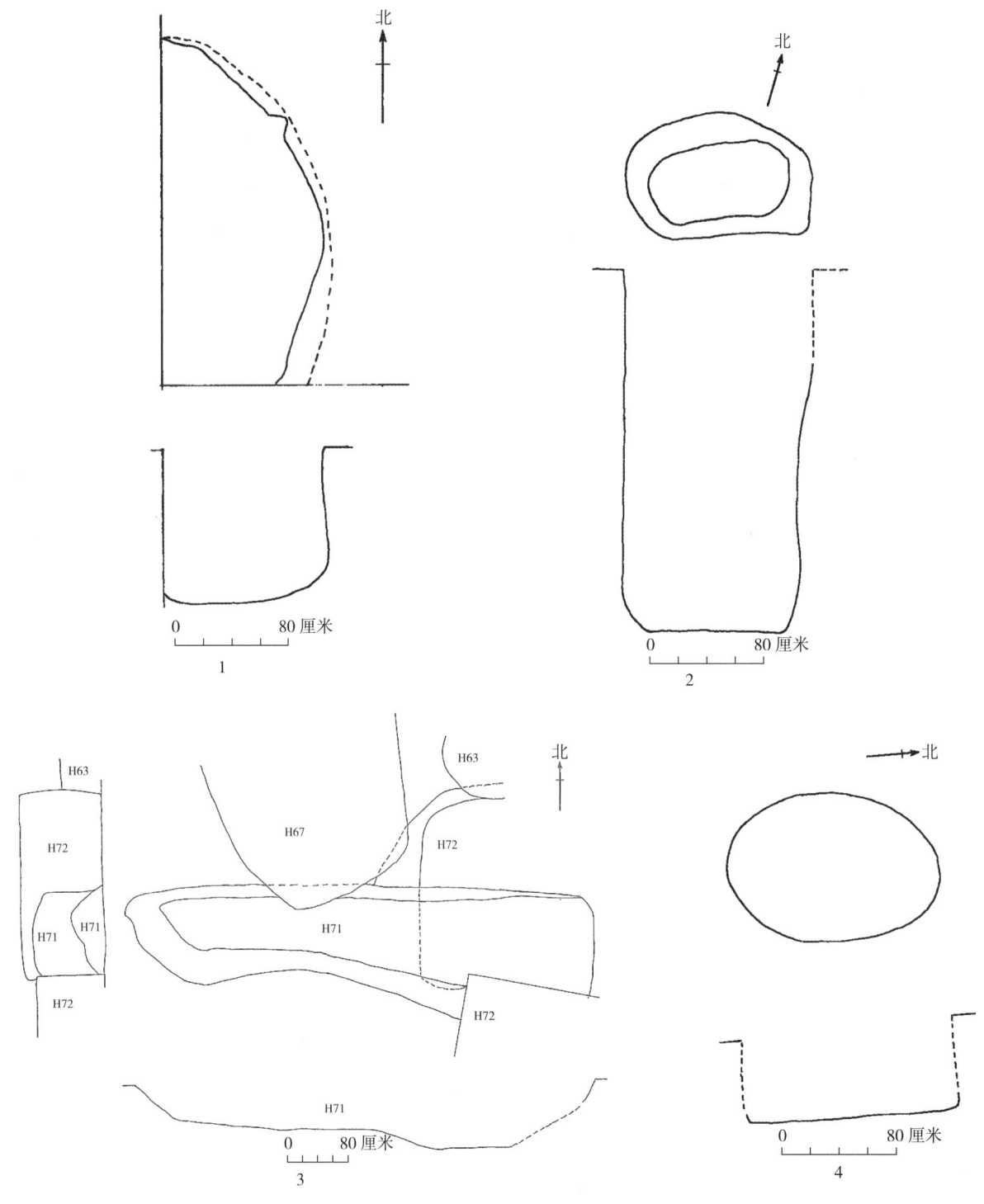

图四五　龙山文化三期灰坑平、剖图
1. T5H37　2. T28H44　3. T47H72　4. T424H106

陶，纹饰以篮纹居多，方格纹次之，绳纹再次之，其中篮纹66块、方格纹60块、绳纹55块，器形有罐、甗、圈足盘、豆等。口径1.25米，底径0.70米，深1.40米。（图四六，2）

H21位于遗址东南部T5内，开口③层下。椭圆形筒状，口大底小，平底，直壁。填带红烧土的灰土，土质松软。包含遗物不丰富，出土陶片以黑陶居多，纹饰以篮纹、绳纹居多，方格纹次之，器物有陶罐、碗、

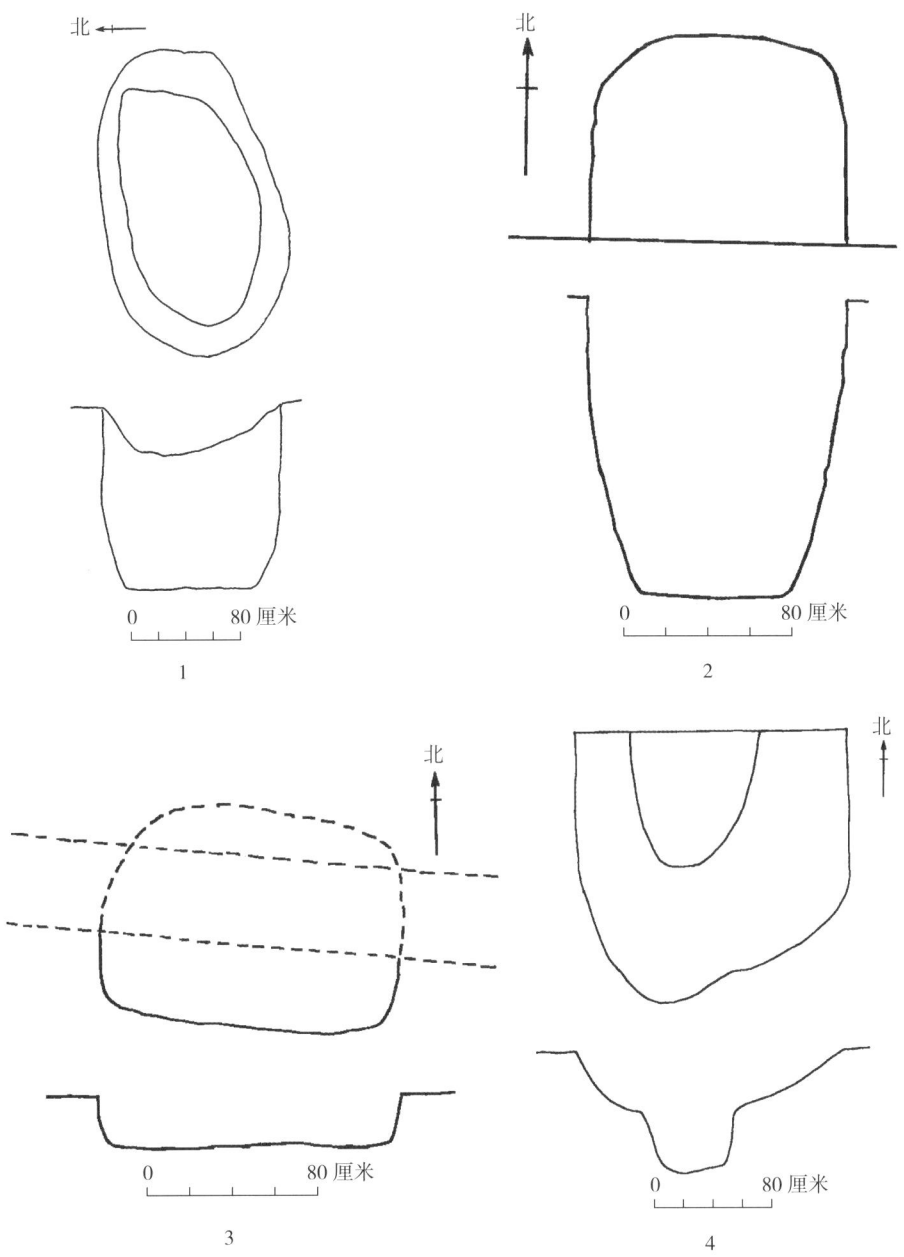

图四六　龙山文化三期灰坑平、剖图

1. T4H6　2. T19H13　3. T5H21　4. T7H23

器盖等。口径 2.50~3.75 米，底径 2.30~3.50 米，深 0.55 米。（图四六，3）

　　H23 位于遗址东南部 T7 内，开口③层下，叠压在 F2 散水坡下和 H5（龙山文化四期）之下。椭圆形筒状，口大底小，平底，直壁。填黑灰土，土质松软。包含遗物丰富，出土陶片以灰陶居多，泥质黑陶次之，纹饰规整清晰，以篮纹居多，绳纹次之，方格纹较少，器形有甗、罐、碗、杯、纺轮、环，还有蚌镰等。口径 1.50~1.90 米，底径 0.70~0.80 米，深 0.80 米。（图四六，4）

　　H32 位于遗址东南部 T21 内，开口③层下，坑口打破 F9 烧土面。椭圆形筒状，口大底小，平底，直壁。填黑灰土，土质松软。包含遗物丰富，出土陶片 225 块，以灰陶居多，泥质黑陶次之，纹饰规整清晰，以斜方格纹居多，篮纹较少，器形有鼎、甗、罐、碗、钵，还有骨簪等。口径 0.90~1.06 米，底径 0.65~0.86 米，

深 0.30 米。（图四七, 1）

H42 位于遗址东南部 T10 内, 被 M67 打破。椭圆形筒状, 口大底小, 弧壁, 平底。填土分 2 层, 上层填黑灰土, 土质松软, 下层填黄灰土。坑口有一猪骨架。包含遗物丰富, 出土陶片以灰陶居多, 黑陶次之, 纹饰以篮纹居多, 方格纹次之, 绳纹较少, 器形有鼎、罐、盆、圈足盘、豆、碗、杯、纺轮。还有石镞、石凿、骨凿、骨镞等。口径 3.70~5.20 米, 底径 3~4.70 米, 深 0.62 米。（图四七, 2）

H70 位于遗址东南部 T47 内, 压在 T47 东隔梁下部分未清理, 开口农耕土层下, 被 H62（龙山文化五期）和 H63（龙山文化四期）打破, 该坑打破 F15 屋外地面。椭圆形筒状, 口大底小, 平底。填土分 3 层, 由上及下分别为浅灰土、黑灰土、带红烧土块的黄灰土, 土质松软。出土遗物丰富, 出土陶片 197 块, 以灰陶居

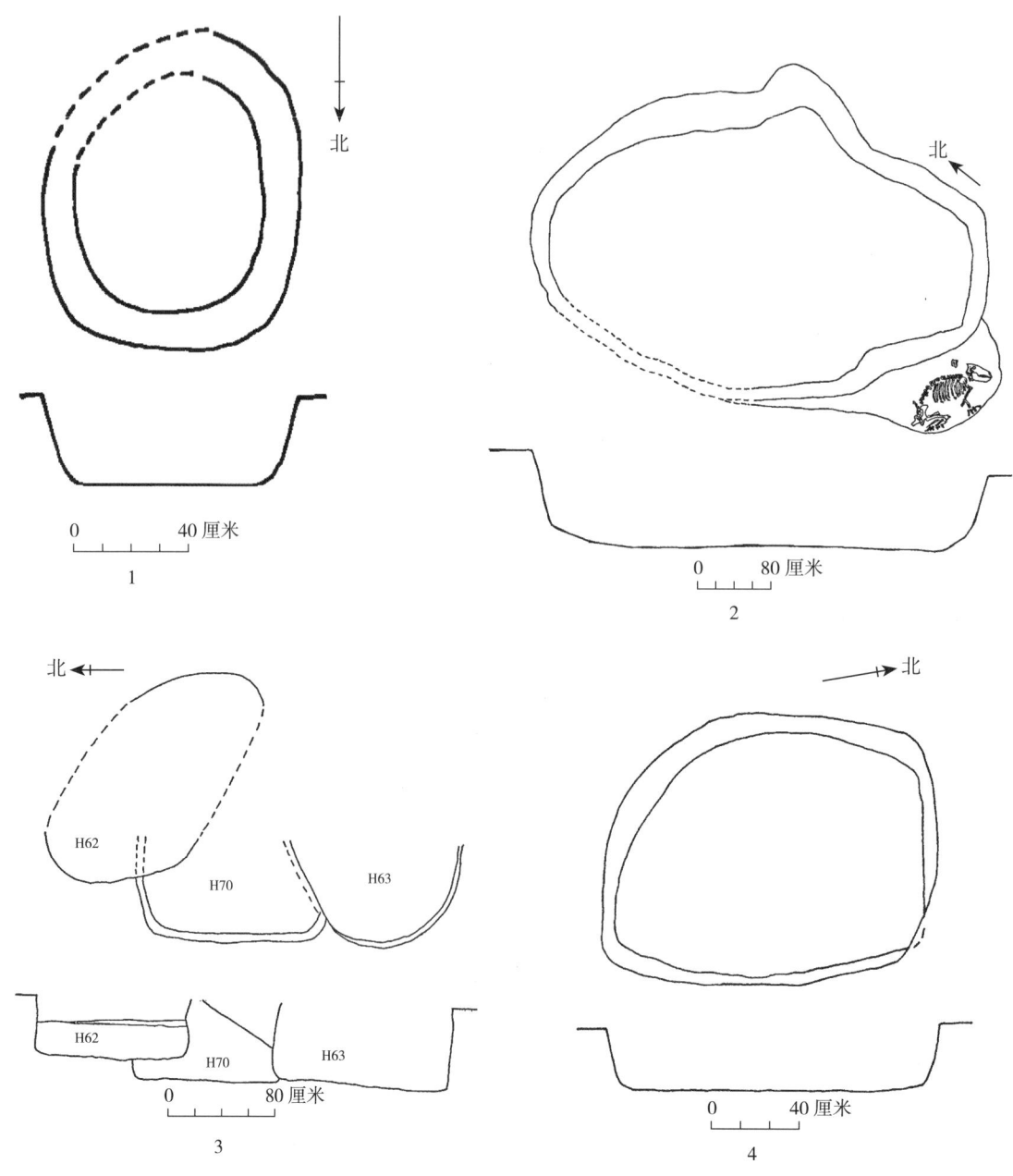

图四七　龙山文化三期灰坑平、剖图

1. T21H32　2. T10H42　3. T47H70　4. T47H73

多，纹饰以篮纹居多，方格纹次之，绳纹较少，其中篮纹 83 块、方格纹 54 块、绳纹 29 块，主要器形有鼎、罐、高领罐、甗、圈足盘、鬶、豆、碗、瓮、环等。口径 1.40 米，底径 1 米，深 0.60 米。（图四七，3）

H73 位于遗址东南部 T47 内，开口③层下。椭圆形筒状坑，口大底小，平底。填黄灰土，土质松软。出土陶片不丰富，以灰陶居多，黑陶较少，纹饰以篮纹居多，方格纹次之，绳纹较少，主要器形有鼎、罐、甗、圈足盘等。口径 1.38~1.46 米，底径 1.08~1.56 米，深 0.30 米。（图四七，4）

H78 位于遗址东南部 T47 内，开口③层下，坑口位于 F15 第一垫土层之下。椭圆形筒状，填带红烧土块的黄灰土，土质松软。出土陶片以灰陶居多，纹饰以篮纹居多，绳纹次之，不见方格纹，篮纹多竖饰，可辨器形有罐、杯、豆。还有龟骨等。口径 0.86~2 米，底径 0.80~1.80 米，深 0.90 米。（图四八，1）

H27 位于遗址东南部 T21 内，开口③层下，打破 F9 烧土面。椭圆形袋状，口小底大，平底，直壁。填褐灰土，土质松软。包含遗物丰富，出土陶片 276 块，全为灰陶，纹饰以斜方格纹居多，篮纹次之，绳纹较少，器形有鼎、甗、罐、鬶、盆等，另外有带篮纹的陶器坯 2 块。口径 1.32~1.95 米，底径 1.57~1.78 米，深 1.08 米。（图四八，2）

H38 位于遗址东南部 T27 内，开口 F11 上层散水层下。椭圆形袋状坑，口小底大，弧壁，底近平。填黑灰土，土质松软。包含遗物丰富，出土陶片 239 块，以灰陶居多，棕陶很少，其中篮纹 110 块、方格纹 43 块、绳纹 4 块、素面 81 块、弦纹 1 块，器形有鼎、甗、罐、高领罐、瓮、豆、碗、钵等。还有骨凿、兽骨和蚌壳。口径 0.48~0.90 米，底径 0.80~1.40 米，深 0.70 米。（图四八，3）

H120 位于遗址东南部 T332 西北部，坑口位于③层下。椭圆形浅坑，口大底小，底不平。填土为黄灰土，土质较松软。出土陶器有甗、鼎、豆、碗等。口径长 3.20 米，宽 3 米，深 0.35 米。（图四八，4）

H261 位于遗址北部 T111 西北部，坑口位于⑥层底部，叠压在 H144 之上。为椭圆形锅底状坑，口大，锅底。填浅灰土和黄灰土，土质较硬。出土陶片以灰陶居多，纹饰以方格纹、绳纹居多，篮纹次之，其中方格纹 209 块、绳纹 200 块、篮纹 121 块、云雷纹 1 块、磨光黑陶 12 块、素面 420 块，器形有鼎、罐、高领罐、甗、澄滤器、豆、盆、碗、船形器、器盖等。口径 0.90~1.50 米，深 0.40 米。（图四九，1）

H253 位于遗址北部 T109 西北角，坑口位于④B 层下，坑口直接叠压在 H222 之下，并被 H255 打破，坑口压在北、西隔梁下部分未清理。由于该坑暴露面积小，其形状不明，断面为锅底状，大口，锅底。填土分 3 层，由上及下分别为黄灰土、黑灰土、黄土，上 2 层土质松软，唯黄土层较硬。出土陶片以灰陶为主，纹饰以篮纹居多，方格纹次之，绳纹较少，器形有鼎、罐、高领罐、碗、器盖等。口长不详，宽 2.80 米，深 1.84 米。（图四九，2）

长方形灰坑 4 个。H14 位于遗址东南部 T21 内，开口③层下。长方形直筒状，口底相当，平底，直壁。填灰褐土，土质松软。包含遗物不丰富，出土陶片 151 块，以灰陶居多，纹饰以方格纹居多，绳纹最少，器形有罐、碗等。还有兽骨、蚌壳。口长 0.80 米，宽 0.56 米，底长 0.76 米，宽 0.45 米，深 0.60 米。（图四九，3）

H65 位于遗址东南部 T47 内，开口农耕土层下。长方形直筒状，口底径相同。填带红烧土块的黑灰土，土质松软。出土陶片丰富，以灰陶居多，纹饰以篮纹居多，绳纹、方格纹次之，主要器形有鼎、罐、甗、盆、豆、碗。还有石镞等。口长 1.13 米，宽 0.95 米，深 1 米。（图四九，4）

H26 位于遗址东南部 T21 内，开口③层下，打破 F9 烧土面。长方形筒状，口大底小，平底，直壁。填褐灰土，土质松软。包含遗物不丰富，出土陶片 46 块，全为灰陶，纹饰以方格纹居多，篮纹次之，绳纹较少，器形有陶罐等，另外还见带篮纹的陶器坯 9 块。口长 1.62 米，宽 0.94 米，底长 1.50 米，宽 0.85 米，深

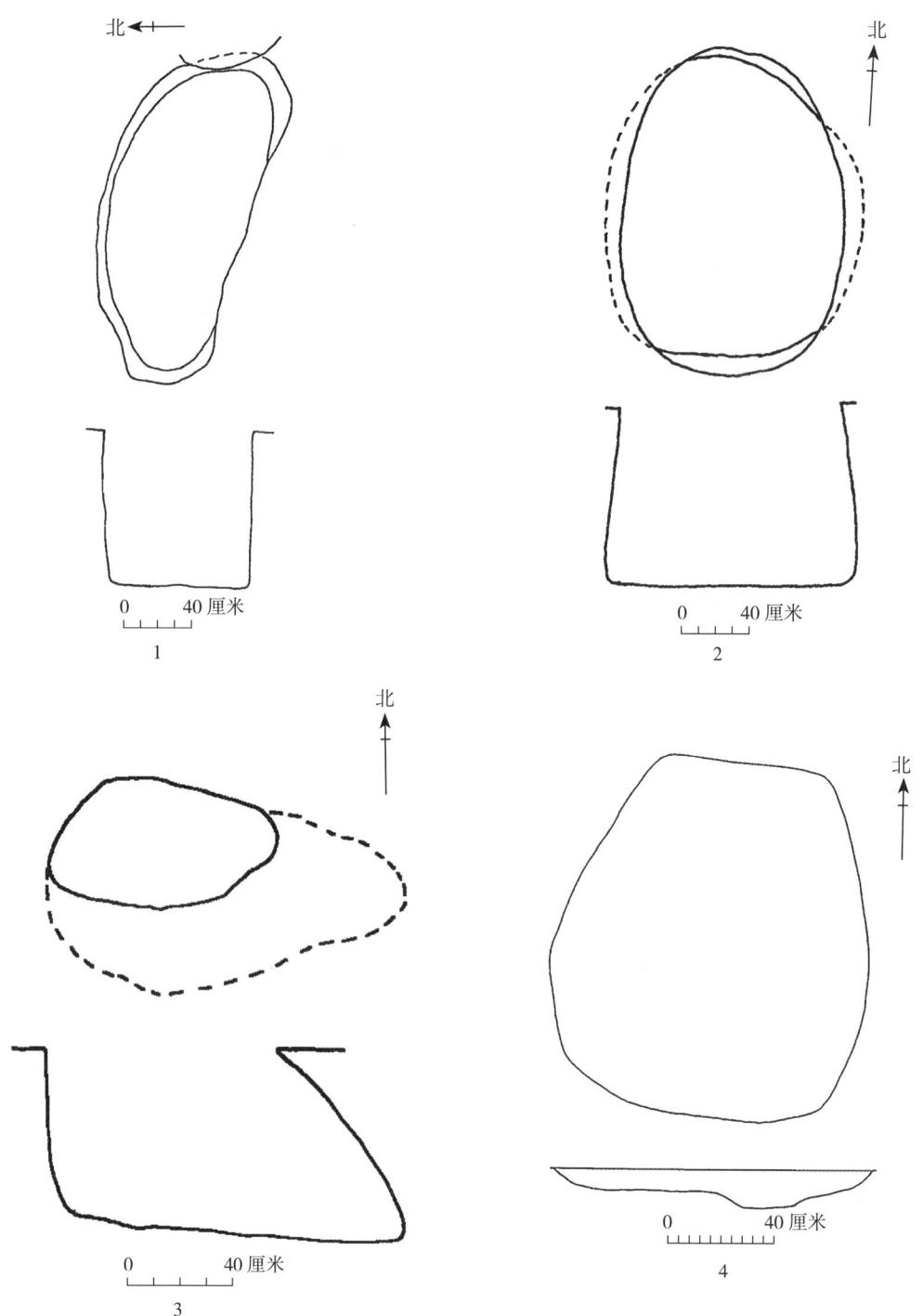

图四八　龙山文化三期灰坑平、剖图
1. T47H78　2. T21H27　3. T27H38　4. T332H120

0.90 米。（图五〇，1）

H116 位于遗址东南部 T425 东部正中，坑口位于③层底部，此坑被 M125、M132、H109、H117、H93 打破。为长方形锅底状坑，口大底小，锅底。填白色淤泥和绿锈土，土质较松软。出土陶片 1862 块，以灰陶为主，磨光陶、棕陶较少，纹饰以方格纹居多，篮纹次之，绳纹较少，其中方格纹 648 块、篮纹 599 块、绳纹 201 块、素面 375 块、弦纹 39 块，器形有鼎、罐、高领罐、甗、豆、碗、鬶等。从炊具看，该坑出鼎、

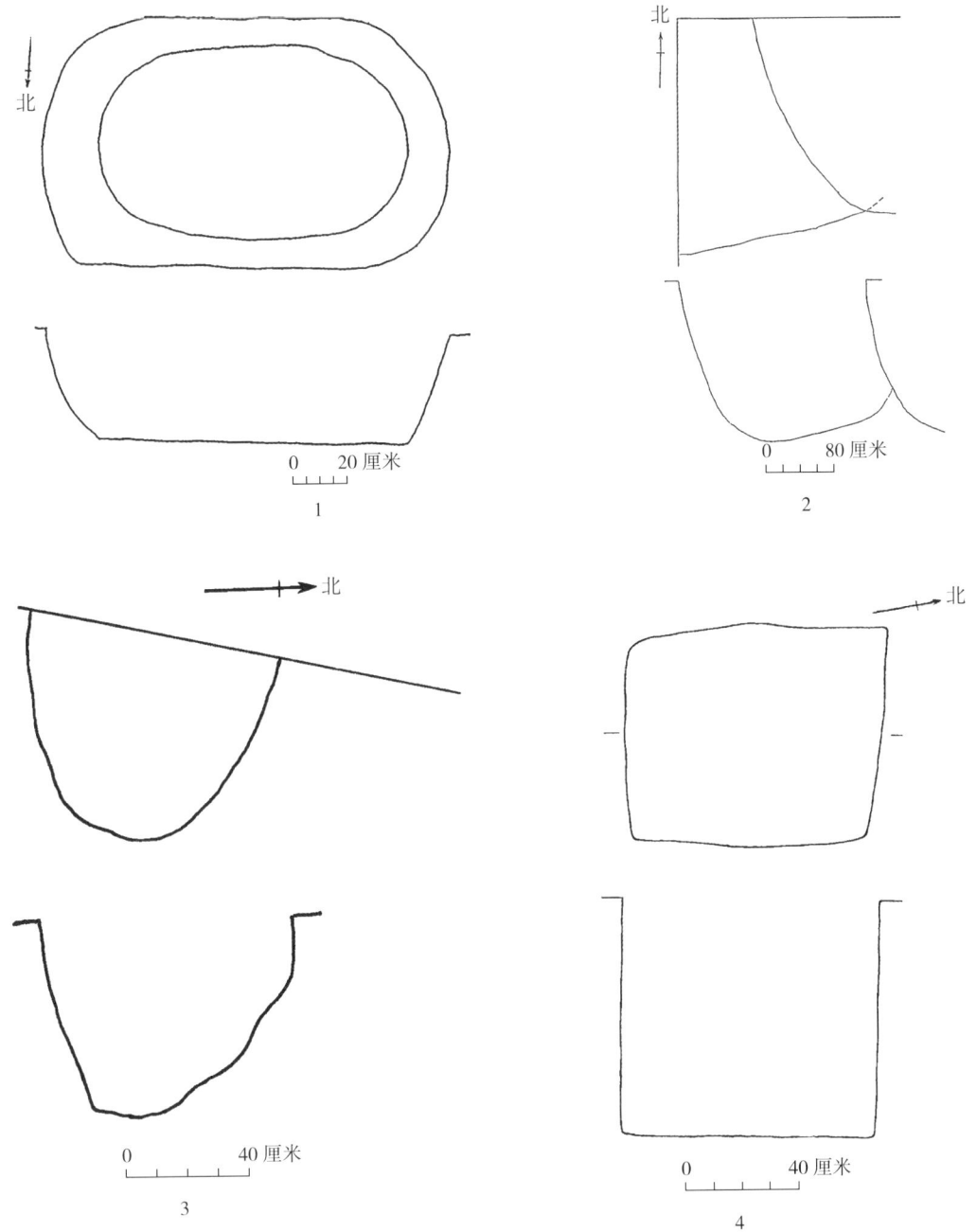

图四九　龙山文化三期灰坑平、剖图

1.T111H261　2.T109H253　3.T21H14　4.T47H65

甗足较多。鼎足9个，其中圆锥状足2个，两个按窝3个，三个按窝3个，无按窝1个，从鼎足数看可能有3个鼎；甗足8个，可能有3个甗。口径长2.84米，宽2.20米，深0.70米。（图五〇，2）

不规则形灰坑5个。H25位于遗址东南部T22内，开口③层下，被H11和H8打破。不规则形筒状，口底径相当，直壁，斜坡状底。上层填黄灰土，土质松软，下层黄灰土较硬。包含遗物丰富，出土陶片以灰陶居多，纹饰以方格纹居多，篮纹次之，绳纹较少，器形有鼎、碗、瓶、杯。还有石埙、石凿、石刀、石镞及蚌刀等。口径2~2.60米，底径2~2.60米，深2.30米。（图五〇，3）

H60位于遗址南城墙中段T41内，开口①层下。不规则形筒状，口大底小，下部直壁，平底。填黄花土，

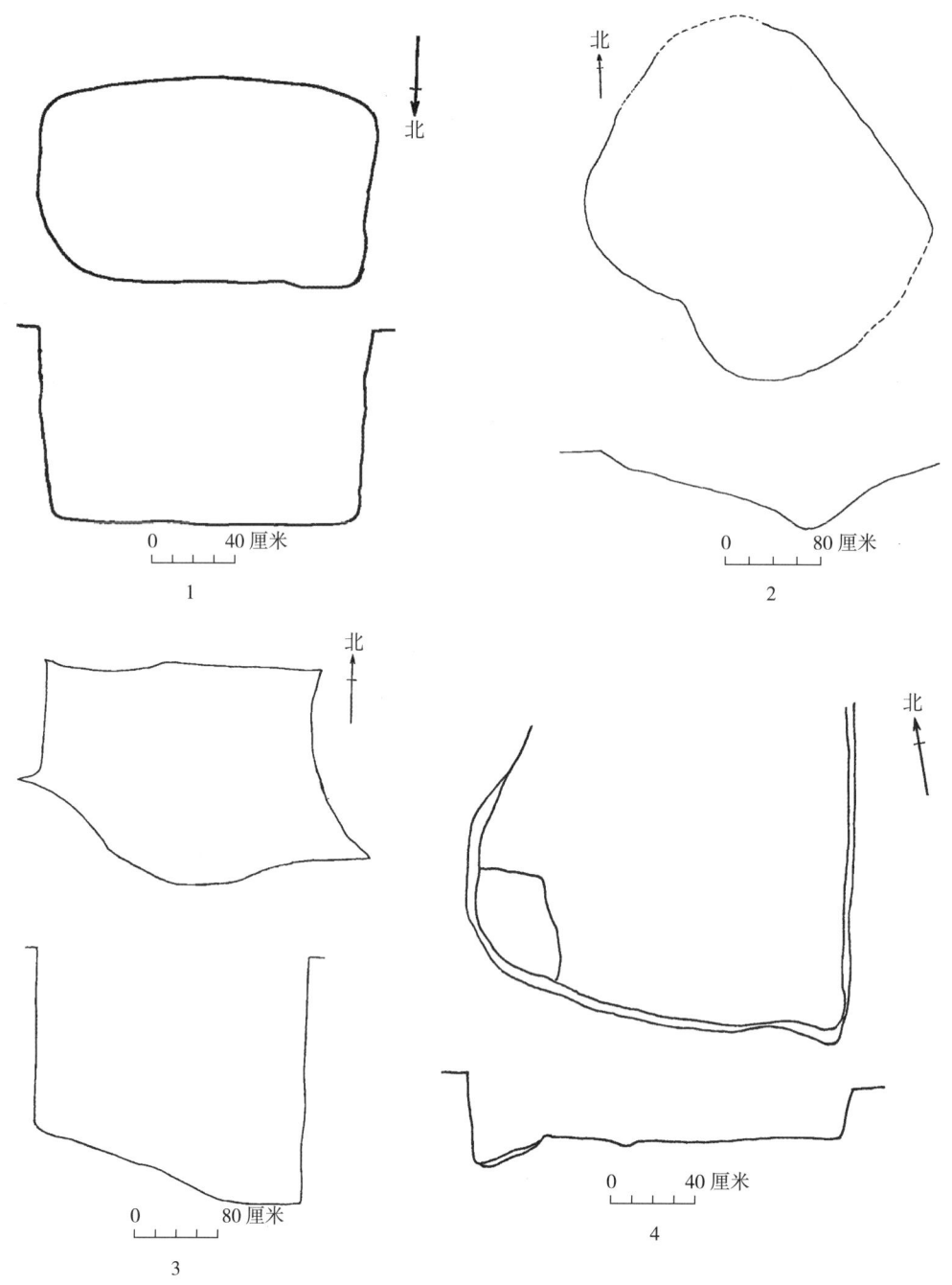

图五〇　龙山文化三期灰坑平、剖图

1. T21H26　2. T425H116　3. T22H25　4. T41H60

土质坚硬。底部西南角有一烧土硬面。出土陶片以灰陶居多，纹饰以篮纹居多，方格纹次之，绳纹较少，器形有罐、管道等。还有兽骨、猪、鹿牙等。口径1.85米，底径1.80米，深0.43米。（图五〇，4）

H142位于遗址北部T90内，坑口位于⑤层下。为不规则形筒状坑，口大底小，平底。填土为灰土，土质较松软。出土陶片1027块，以灰陶为主，黑陶、棕陶较少，纹饰以篮纹居多，方格纹次之，绳纹较少，其中篮纹403块、方格纹236块、绳纹151块、素面237块，器形有鼎、罐、高领罐、盘、盆、豆、碗等，还有陶纺轮、石镞、蚌刀、骨锥等。出土炊具中甗足18个，可能有甗6个；鼎足16个，其中一个按窝8个，两个按窝6个，三个按窝1个，圆锥状足1个，可能有鼎7个。口长3.10米，宽2.50米，深0.60米。（图

五一，1）

H43 位于遗址东南部 T11 内，开口③层下。不规则形浅坑，口大底小，弧壁，锅底。填土分 4 层，由上及下分别为青灰土、黄褐土、灰青土、灰土。包含遗物丰富，出土陶片以灰陶居多，黑陶次之，以方格纹居多，篮纹次之，器形有陶鼎、罐、甗、环等。口径 5.60 米，深 1.50 米。（图五一，2）

H101 位于遗址东南部 T425、T426，坑口位于 T425 ③层下和 T426 ②层下，分别被 M131、M127、M128、M125、M129 打破，同时又被 H87、H88、H93、H108、H113、H115、H112、H117、H116 打破，并直接叠压在 H110 之下。坑口的形状不规则，平面近"丁"字形，应为不规则形坑，口大底小，斜腹，平底。填土分 2 层，上层为浅灰绿锈土，土质较硬，下层为黑灰土，土质较软。出土遗物丰富，陶片 12869 块，以灰陶居多，棕陶次之，黑陶较少，纹饰以篮纹居多，方格纹次之，绳纹较少，其中篮纹 5262 块、绳纹 2459 块、

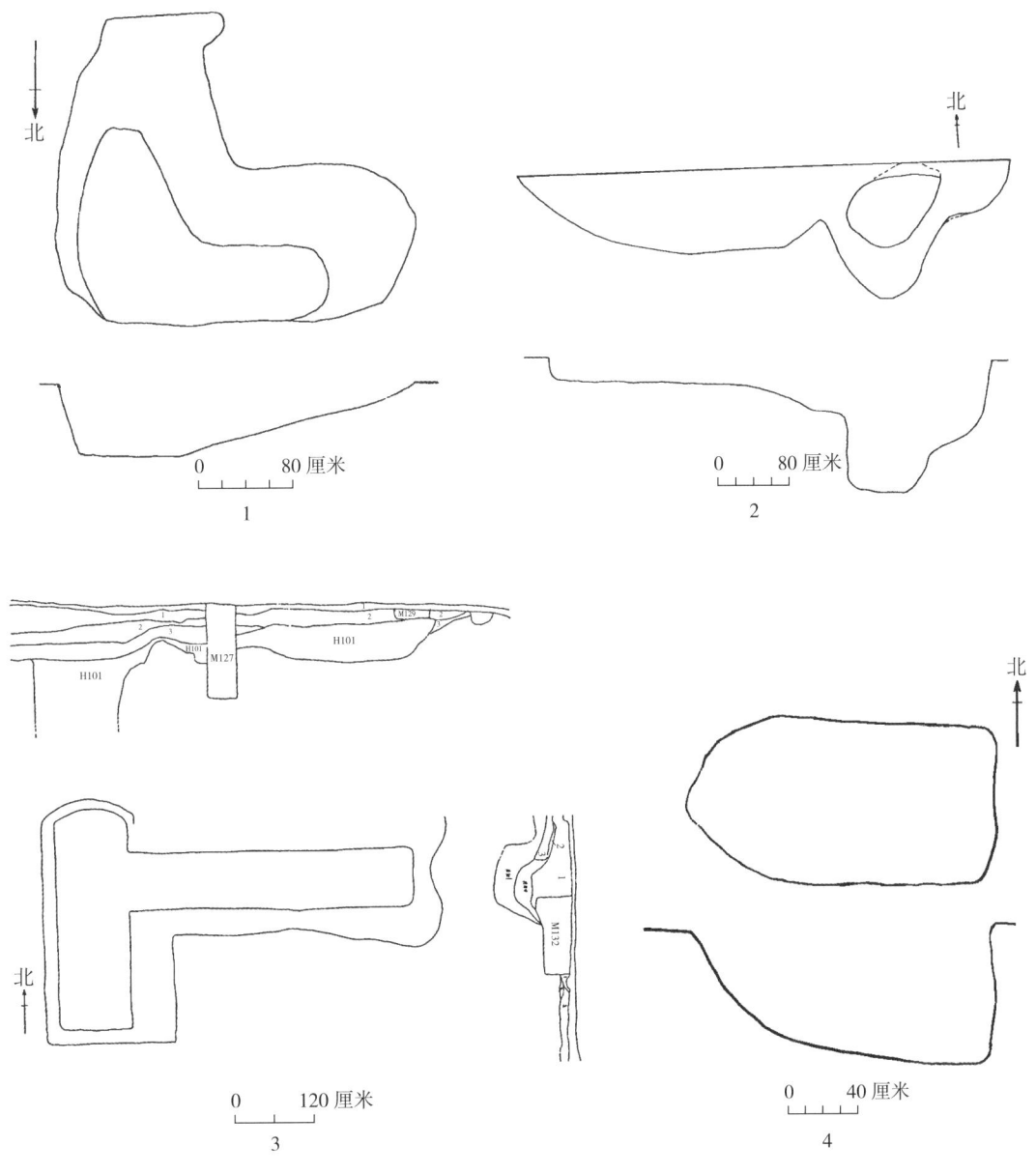

图五一　龙山文化三期灰坑平、剖图

1. T90H142　2. T11H43　3. T425H101　4. T24H31

方格纹 359 块、磨光陶 1374 块、"人"字纹 16 块、素面 3399 块，出土器形有鼎、罐、高领罐、甗、甑、壶、盆、平底盆、圈足盘、碗、豆、鬶、瓮、瓶。还有石凿、骨镞、骨簪、蚌壳、兽骨等。对鼎、甗、瓶、豆进行了统计：鼎足 32 个，其中横扁足 1 个、乳状足 4 个、圆锥状足 2 个、竖鼎足 15 个，一个按窝 5 个、两个按窝 4 个，三个按窝 1 个，约 18 个鼎；甗足 161 个，其中乳状足 21 个，足上饰绳纹者 140 个，约 54 个甗；瓶 12 个；豆 42 个。口东西长 16.10 米、南北宽 9.90 米，底东西长 13.75 米、南北宽 8.10 米，坑深 2 米。（图五一，3）

圭形灰坑 1 个。H31 位于遗址东南部 T24 内，开口②层下。坑呈圭形，口底相当，直壁，斜坡状底。填黑灰土，土质松软。包含遗物丰富，出土陶片以灰陶居多，纹饰以方格纹居多，篮纹次之，绳纹较少，器形有陶鼎、罐、甑、鬶、钵、杵。还有骨镞、蚌镰等。长 1.80 米，宽 0.90 米，深 0.80 米。（图五一，4）

正方形灰坑 2 个。H35 位于遗址东南部 T2 内，开口③层下，方形袋状，口小底大，弧壁，平底。填黑灰土，土质松软。包含遗物不多，出土陶片 86 块，以灰陶居多，黑陶次之，纹饰中以篮纹居多，方格纹次之，绳纹较少，其中篮纹 24 块、方格纹 16 块、绳纹 12 块、素面 34 块，器形有鼎、罐、壶、盆、澄滤器、圈足盘、豆、鬶、碗和划纹陶片。还有石纺轮、骨凿、骨镞及蚌刀等。口长 1.40 米、宽 1.38 米，底长 1.70 米、宽 1.50 米、深 0.98 米。（图五二，1）

H36 位于遗址东南部 T4 内，开口④层下，方形浅坑，口大底小，弧壁，底近平。填黑灰土，土质松软。包含遗物丰富，出土陶片以灰陶居多，黑陶次之，棕陶很少，纹饰以方格纹居多，篮纹、绳纹次之，器形有陶鼎、罐、瓮、碗等。口长 1.66 米、宽 1.10 米，底长 1.14 米、宽 1 米、深 0.50 米。（图五二，2）

长条形灰坑 6 个。H81 位于遗址 T424 东北角，开口于农耕土层下，被楚墓 M126 和龙山文化灰坑 H80 打破，它又打破 H95 和 H107。发掘前上部的土已挖掉部分，现坑口距地表 0.25 米。为长条形筒状坑，西部较窄较浅，东部较宽较深，口大底小，斜腹，平底。填黑灰土，土质较软。坑内出陶片以夹砂陶为主，占 58.40%，泥质陶次之，陶色主要是灰陶和深灰陶，偶见棕陶。从出土的 525 块陶片看，以篮纹为主，150 块，占 28.57%，绳纹次之，110 块，占 20.95%，方格纹 85 块，占 16.19%，素面 180 块。可辨器形有鼎、罐、高领罐、甗、盆、碗、豆、拍子、环。还有石镞、磨石、骨簪、蚌器等。口现长 1.80 米，宽 0.76~1.28 米，深 0.58~0.86 米。（图五二，3）

H49 位于遗址南城墙东段 T32 内北部，开口农耕土层下。长条形锅底状灰沟，口大底小，直壁，锅底。填土分 3 层，由上及下分别为黄灰土、黑灰土、浅灰土，土质松软。包含遗物丰富，出土陶片以灰陶居多，纹饰以绳纹居多，篮纹次之，方格纹较少，器形有鼎、罐、甗、高领罐、瓮、豆、盘、碗等。口残宽 2.10 米，底残宽 1.40 米，深 2.20 米。（图五二，4）

H58 位于遗址南城门内 T38 内，开口①层下。长条形阳沟排水沟，南接倒"品"字形排水管道，口大底小，底不平。填灰土。包含遗物丰富，出土陶片以灰陶居多，黑陶次之，以方格纹居多，篮纹次之，器形有鼎、罐、甗等。口长度不详，宽 3.50 米，底宽 2.34 米，深 1.96 米。（图五三，1）

H76 位于遗址东南部 T50 的西南角，坑口开于②层下，距地表深 1 米。为圆角长条形，底由东向西倾斜，坑的东部置有 2 层台阶，从上到下，第一层台阶长 1.50 米、宽 1.30 米、高 0.10~0.20 米，第二层台阶长 0.85~1 米，宽 0.20 米，距第一层台阶高 0.80 米，距坑底高 0.80 米，台阶壁微斜直。坑内填土分 2 层，上层厚 0.20~0.45 米，填浅灰土，质地较紧密，内含有烧土粒、灰屑、蚌壳、田螺、料礓以及陶片等，陶质以灰陶为主，纹饰以篮纹为主，绳纹较少，方格纹极少，素面约占 26.57%，下层陶系见表四。可辨器形有鼎、罐、甗、甑、盆、豆、圈足盘、瓮等。口长 7.85 米、宽 1.75 米，底长 4.40 米、宽 1.05 米、深 1 米。（图

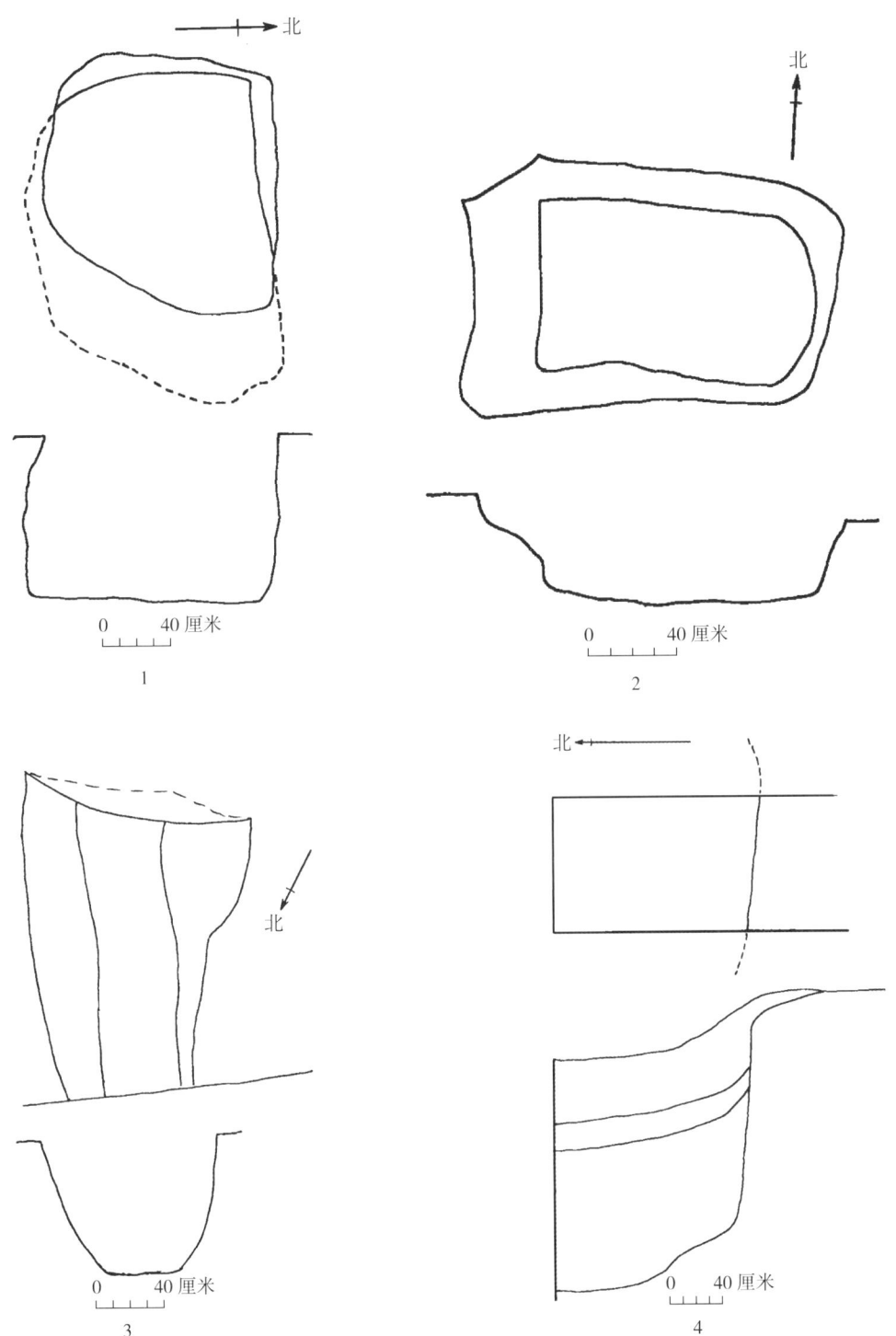

图五二　龙山文化三期灰坑平、剖图

1. T2H35　2. T4H36　3. T424H81　4. T32H49

五三，2)

　　H77 位于遗址东南部 T47 的西南角，坑口开于③层下，西部被 H11 打破。为长条形灰沟。坑内填土，上层为浅灰土，土质坚硬。下层为黑灰土，土质松软。出土遗物丰富，陶片 1460 块，以灰陶为主，磨光黑陶次之，纹饰以方格纹居多，篮纹次之，绳纹较少，其中方格纹 712 块、篮纹 520 块、绳纹 228 块，主要器形

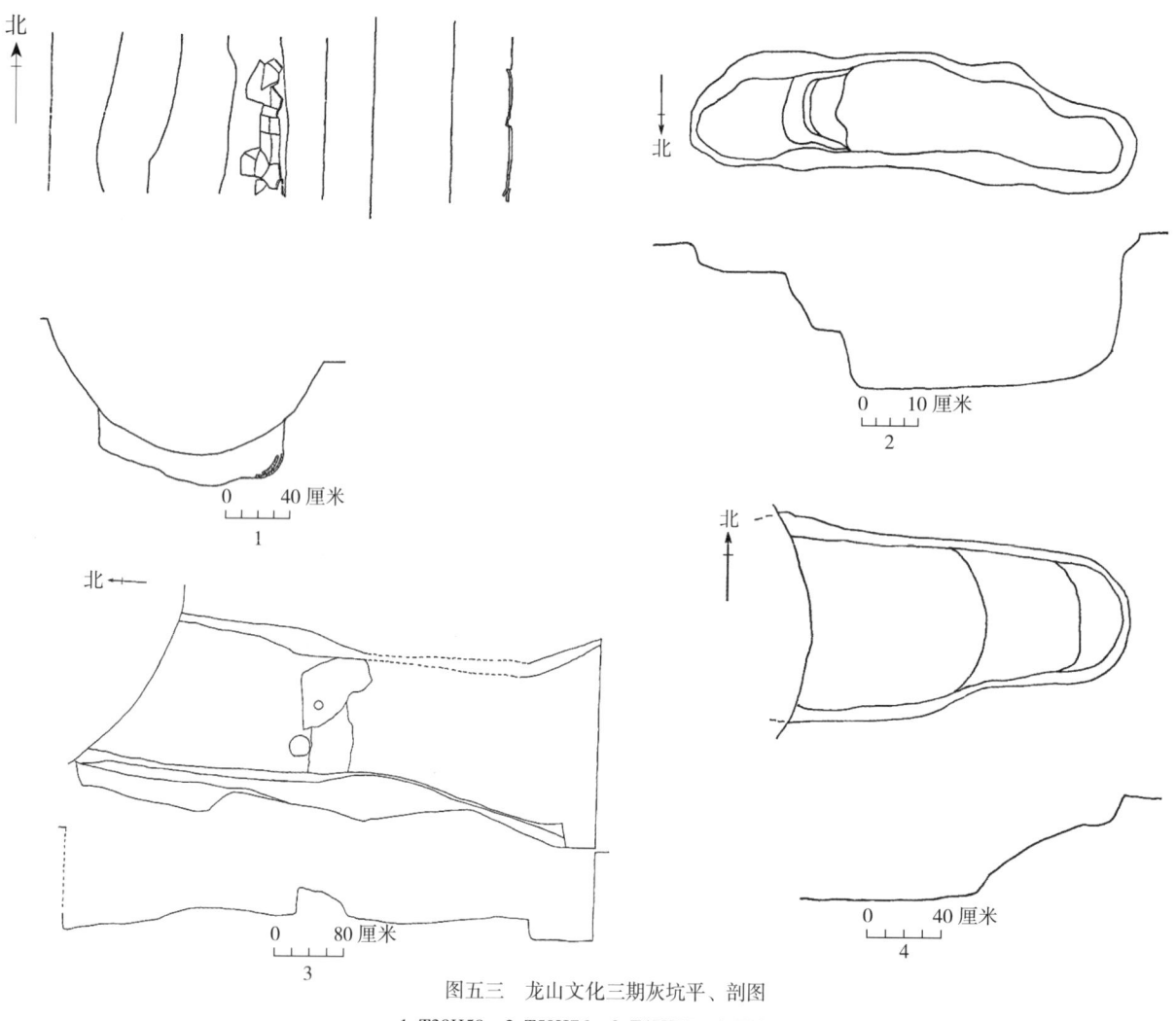

图五三　龙山文化三期灰坑平、剖图
1. T38H58　2. T50H76　3. T47H77　4. T424H96

有鼎、罐、高领罐、甗、澄滤器、平底盆、豆、圈足盘、碗、器盖、埙、鸟、环，还有石镞、凿、卜骨等。口残长 9 米、宽 4.40 米，底宽 1.64~2.94 米，深 1.50 米。（图五三，3）

　　H96 位于遗址 T424 东南部，被 H94（龙山文化四期）打破。为长条形坑，口大底小，斜腹，平底。坑内填土为青灰土，土质较软。出土陶片以灰陶居多，黑陶次之，棕陶较少，纹饰以方格纹居多，篮纹次之，绳纹较少，其中方格纹 165 块、篮纹 158 块、绳纹 50 块、指甲纹 2 块、回纹 1 块，可辨器形有鼎、罐、高领罐、甗、盆、盘、碗、鬶、埙。还有蚌壳、兽骨等。口残长 1.76 米、宽 1.12 米，底残长 1 米、宽 1 米，坑深 0.66 米。（图五三，4）

　　（三）瓮棺葬

　　11 座。W51、W52、W53、W54、W55、W56、W59、W60、W61、W62、W66，全部分布在东南发掘区。

　　W51 位于遗址东南部 T14 东北部，W51 开口于 F1 的垫土下，即②层下。圆形筒状土坑，方向 0°，陶罐立于坑内。口径 0.25 米，底径 0.14 米，深 0.25 米。（图五四，1；图版一〇，2）

　　W52 位于遗址东南部 T13 中部，W52 开口于 F7 的西墙外 0.80 米，即③层下。圆形筒状土坑，方向 0°，陶罐立于坑内。口径 0.25 米，底径 0.14 米，深 0.25 米。（图五四，2）

　　W53 位于遗址东南部 T6 中部 F8 中，W53 开口于 F8 的地面上，即③层下。圆形筒状土坑，方向 0°，

表四　龙山文化三期灰坑 T50H76 下层陶系统计表

质色 纹饰	泥质				夹砂				合计
	灰色	深灰	黑	棕	灰	深灰	黑	棕	
素面	96	2							98
磨光	3								3
篮纹				4	110	8			122
篮纹与弦纹								1	1
绳纹					40	28			68
方格纹					5				5
方格纹与弦纹	10	3							13
捺窝纹	4								4
合计	113	5		4	155	36		1	314

陶罐立于坑内。口径 0.39 米，底径 0.25 米，深 0.90 米。（图五四，3；图版一〇，3）

W54 位于遗址东南部 T6 中部 F8 中，W54 开口于 F8 的地面上，即③层下。圆形筒状土坑，方向 0°，陶罐侧卧于坑内。口径 0.39 米，底径 0.25 米，深 0.90 米。（图五四，4）

W55 位于遗址东南部 T21 中部 F7 屋内西墙下，W55 开口于 F8 的地面上，即③层下。圆形筒状土坑，方向 0°，陶罐立于坑内。口径 0.39 米，底径 0.25 米，深 0.20 米。（图五五，1）

W56 位于遗址东南部 T21 中部 F7 屋内西北墙角下，W56 开口于 F8 的地面上，即③层下。圆形筒状土坑，方向 0°，陶罐侧卧于坑内。口径 0.25 米，底径 0.10 米，深 0.10 米。（图五五，2；图版一〇，1）

W59 位于遗址东南部 T4 北隔梁中段，即战国墓 M42 的底部，W59 开口于 F1 房内的地面垫土层下，即③层下。圆形筒状土坑，方向 0°，方格纹陶罐立于坑内。口径 0.33 米，底径 0.20 米，深 0.30 米。（图五五，3）

W60 位于遗址东南部 T21 的西南部，W60 开口于 F7 北墙外的地面上，即③层下。圆形筒状土坑，方向 0°，方格纹陶罐立于坑内。口径 0.28 米，底径 0.18 米，深 0.175 米。（图五五，4）

W61 位于遗址东南部 T5 的东北角，W61 开口于 F2 房址的北墙外地层下，即③层下。圆形筒状土坑，方向 0°，陶罐立于坑内。口径 0.26 米，底径 0.20 米，深 0.31 米。（图五六，1）

W62 位于遗址东南部 T14 的东南角，W62 开口于 F2 房址的北墙外地层下，即③层下。圆形筒状土坑，方向 0°，陶罐立于坑内。口径 0.60 米，底径 0.48 米，深 0.34 米。

W66 位于遗址东南部 T15，W66 开口于 T15③层下。圆形筒状土坑，方向 0°，方格纹陶罐立于坑内。口径 0.35 米，底径 0.20 米，深 0.37 米。（图五六，2）

（四）陶窑

1 座（Y2）。Y2 位于遗址夯土西墙南部断崖处下的 T2 内，农耕土已被挖掉，开挖即见龙山文化层，Y2 开口在文化层下，打破夯土城墙。该窑为叉裆式窑，仅存底部。陶窑内出土陶片较多，以灰陶居多，黑陶次之，棕陶较少，纹饰中方格纹 90 块，篮纹 63 块，绳纹 13 块。器胎较薄，口折棱较大，器形有鼎、甗、罐、

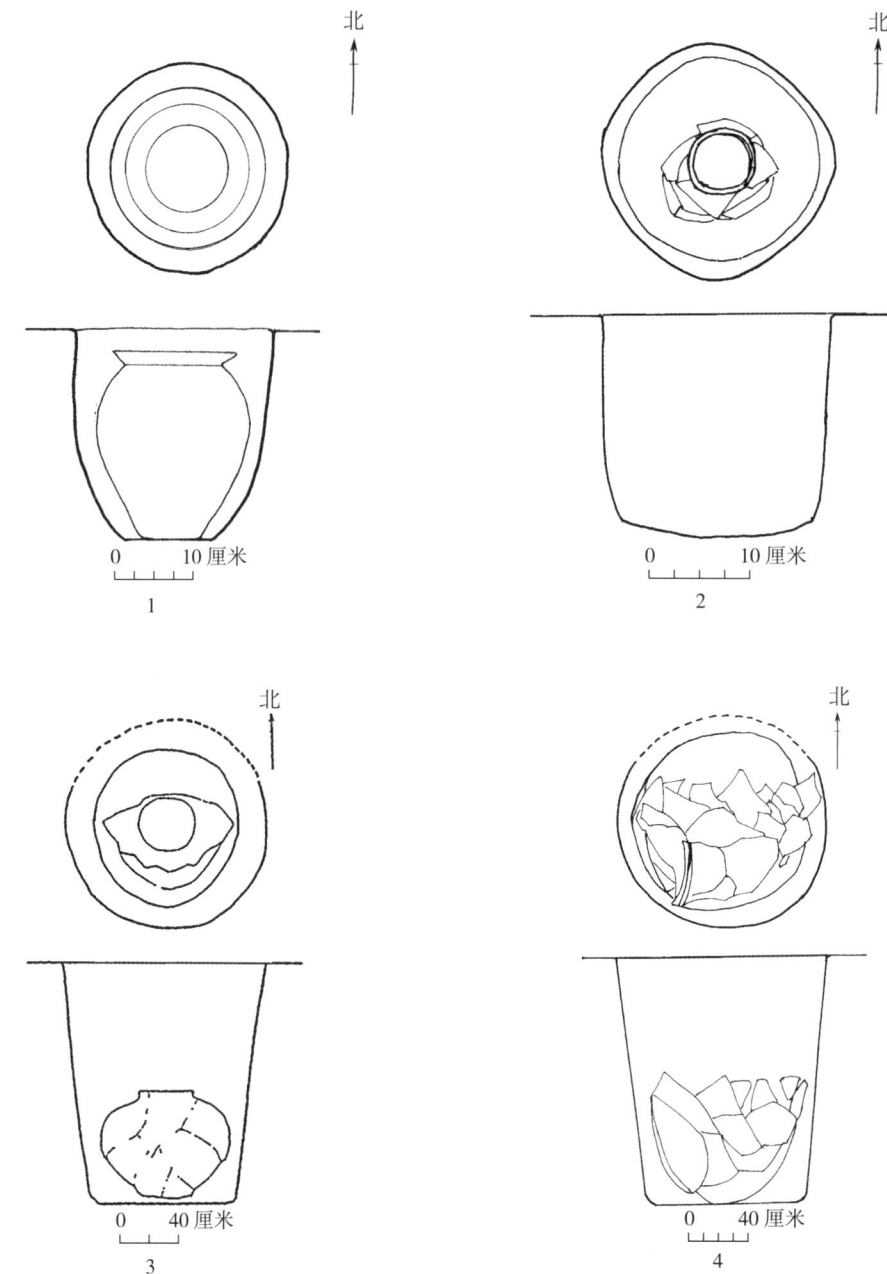

图五四　龙山文化三期瓮棺葬平、剖图
1. T14W51　2. T13W52　3. T6W53　4. T6W54

豆、器盖等。长 1.24 米，宽 1 米，高 0.48 米。（图五七）

二、文化遗物

龙山文化三期遗物较为丰富，除数以万计的陶片和大量的自然遗物外，还包括经粘对复原的器物和观察的特殊标本。现按生产工具、生活用具、装饰品及其他等介绍如下。

（一）生产工具

龙山文化三期生产工具比较齐全，计 107 件，从质地上说，有石质、骨质、蚌质和陶质。其中石质工具 30件（另有坯料 5 件），石器中以磨制为主，有的磨得很精致，形制规整，刃锋锐利，还有少数几件是打制的半成

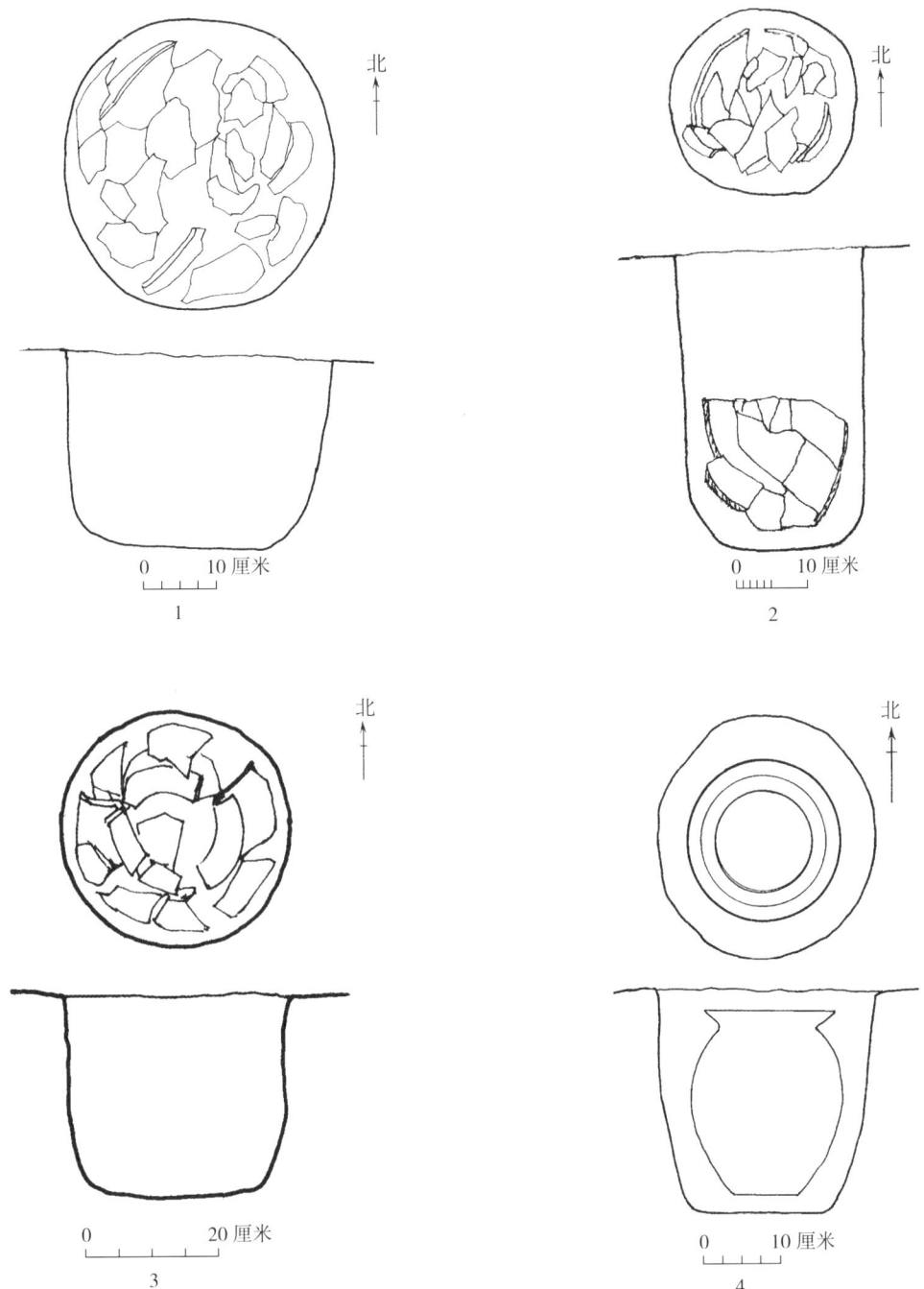

图五五　龙山文化三期瓮棺葬平、剖图

1.T21W55　2.T21W56　3.T4W59　4.T21W60

品，但能看出是什么工具的雏形，器形有铲、锛、凿、刀、镞、钻、纺轮和砺石等。陶质工具 27 件，主要是纺轮、拍、网坠等。骨质工具 39 件，有镞、镖、凿、刀等。蚌质工具 10 件，计有镞、刀等。现分别介绍如下。

1. 石器

铲　2 件。为长方形，体扁平，断面为弧边长条形。标本 T28 ② : 1，残，灰色石灰岩磨制，通体光滑，上部残，弧形刃，刃的一角残缺。残长 6.3 厘米，宽 6.4 厘米，厚 0.5 厘米。（图五八，1；彩版七，1）标本 T13 ③ : 12，完整，黑色石灰岩，磨制精致，平顶，弧刃，断面为弧边长条形。长 5.6 厘米，宽 4.6 厘米，厚

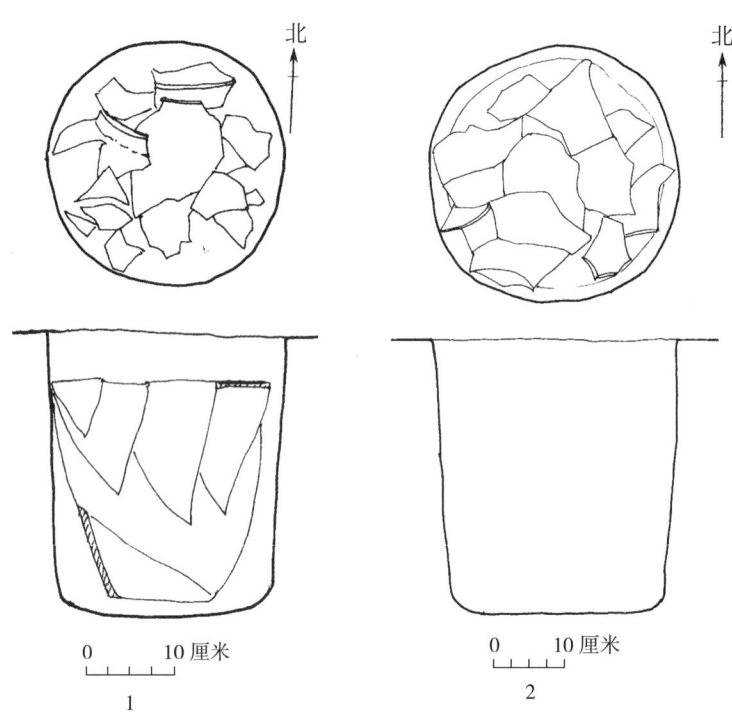

图五六　龙山文化三期瓮棺葬平、剖图
1. T5W61　2. T15W66

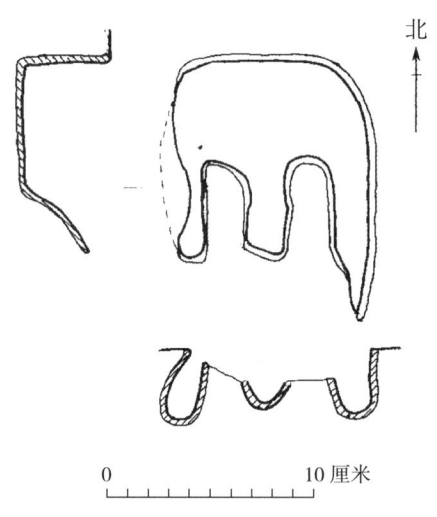

图五七　龙山文化三期陶窑（T2Y2）平、剖图

0.6厘米。（图五八，2；彩版七，2）

锛　2件。完整。根据形体特征可分二型。

Ⅰ型：1件。弧顶单面刃梯形。标本T47H77：5，由石灰岩打磨而成，通体磨光，弧顶，单面直刃，断面为长方形。长6.4厘米，宽3.4厘米，厚1.4厘米。（图五八，3；彩版七，3）

Ⅱ型：1件。长方形。标本T22H25：8，由青灰色沉积岩制作而成，平顶，直刃，横剖面为正方形。长8.6厘米，宽2.6厘米，厚2.8厘米。（图五八，4；彩版七，4）

凿　5件。完整。根据形体特征可分三型。

Ⅰ型：2件。长方形。标本T29⑨：15，石灰岩，呈黑色，平面为长方形，弧背，单面刃，断面为正方形。长17.5厘米，宽3.3厘米，厚3.3厘米。（图五九，1）标本T425③：13，由黑色页岩磨制而成，制作精致。弧顶单面直刃，断面为梯形。长5.4厘米，最宽1.8厘米，厚1.3厘米。（图五九，4；彩版八，1）

Ⅱ型：2件。弧顶梯形。标本T29内⑧：4，沉积岩，大部分呈黑色，一侧为浅灰色，磨工精致，平面为长方形，弧背，单面刃，断面为正方形。长5.8厘米，宽1.7厘米，厚1.5厘米。（图五九，2）标本T426H101①：2，由页岩磨制而成，弧顶单面直刃，断面为长方形。长5.7厘米，宽2.78厘米，厚1.8厘米。（图五九，3；彩版八，2）

Ⅲ型：1件。长方形薄玉凿。标本T426H101①：18，由米黄色玉石磨制而成，断面为长方形，磨制精致，平顶单面直刃。长3.1厘米，宽1.3厘米，厚0.6厘米。（图五九，5；彩版八，3）

刀　5件。所用石料为石灰岩。根据形体特征分三型。

Ⅰ型：1件。半月形带孔。标本T426②：18，残，由浅灰色石灰岩磨制而成，通体磨光，上端中部有管钻孔，弧顶，单面直刃，孔由两面管钻而成，钻孔断面呈束腰喇叭状。长6.3厘米，残宽4.8厘米，厚0.6厘米。（图六〇，4；彩版八，7；图版一一，2）

Ⅱ型：1件。半月形。标本T29内⑧：42，残，由石灰岩磨制而成，弧顶，双面磨出直刃。长5厘米，残宽4.2厘米，厚0.7厘米。（图六〇，5；图版一一，3）

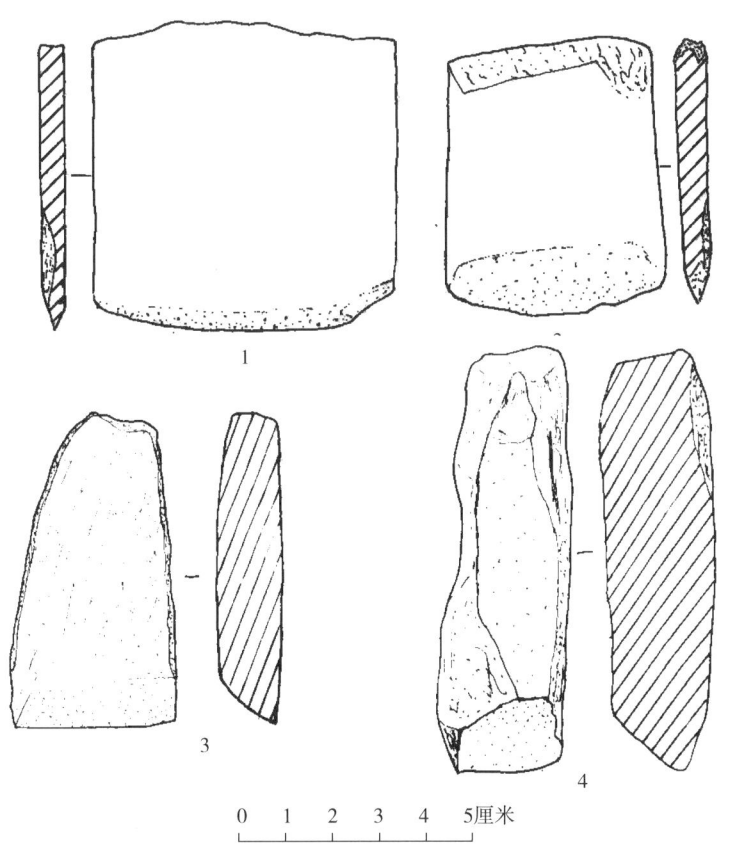

0　1　2　3　4　5厘米

图五八　龙山文化三期石铲、锛

1、2.铲（T28②：1、T13③：12）　3、4.Ⅰ、Ⅱ型锛（T47H77：5、T22H25：8）

Ⅲ型：3件。弧边直背直刃，磨制精致。标本 T426H101 ②：23，残，由石灰岩磨制而成，单面直刃。长13厘米，宽3.7厘米，厚0.6厘米。（图六〇，3；彩版八，4；图版一一，1）标本 T22H25：9，由石灰岩磨制而成，两边均残，直背，双面磨出刀刃，直刃。长8.4厘米，残宽4.8厘米，最厚0.6厘米。（图六〇，1；图版一一，4）标本 T426H101 ①：16，由石灰岩磨制而成，单面直刃。长5.7厘米，残宽5.6厘米，厚

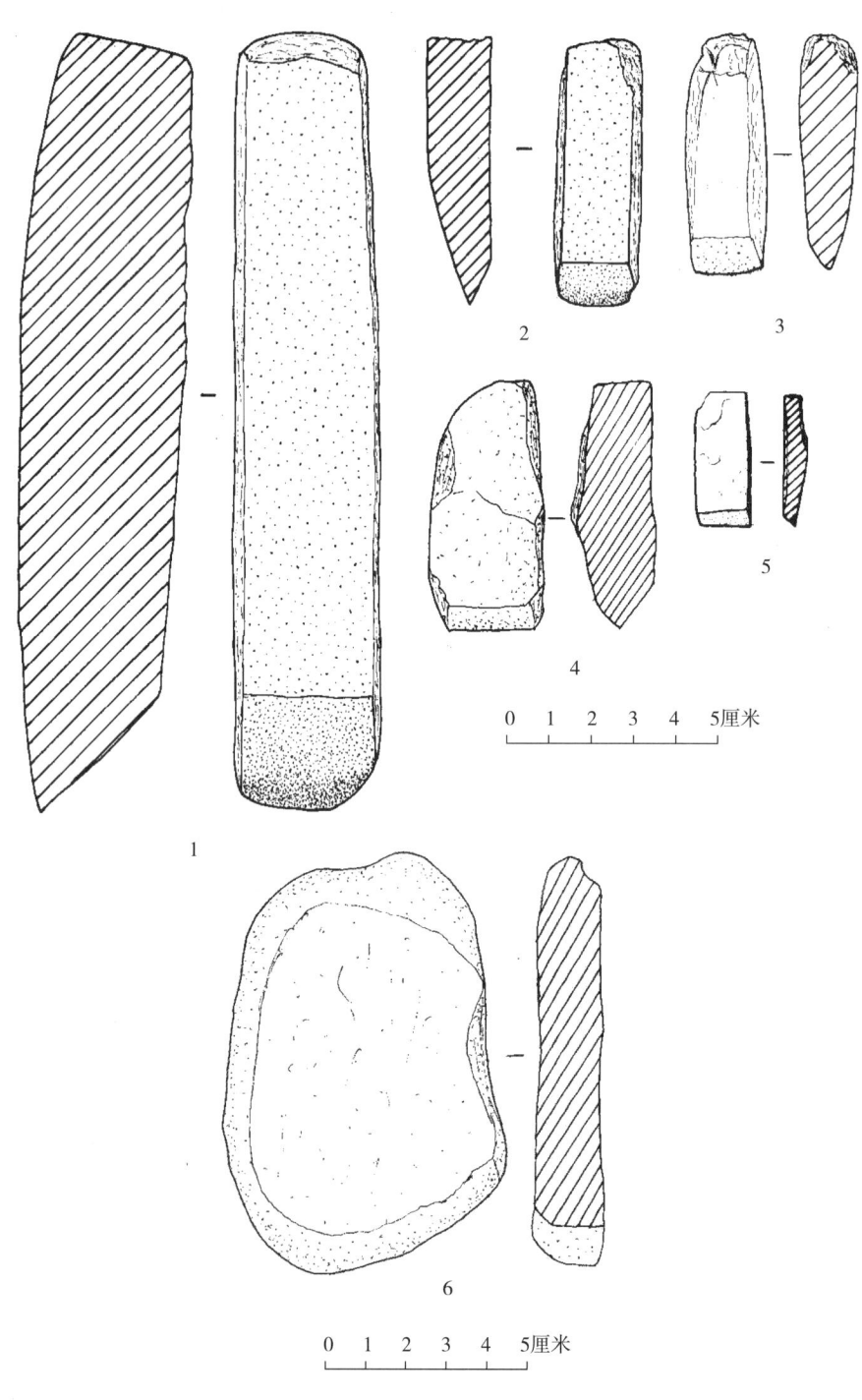

图五九　龙山文化三期石器

1、4. Ⅰ型凿（T29 ⑨：15、T425 ③：13）　　2、3. Ⅱ型凿（T29 内⑧：4、T426H101 ①：2）

5. Ⅲ型玉凿（T426H101 ①：18）　　6. 砺石（T22H25：7）

0.6厘米。（图六〇，2；图版一一，5）

砺石 1件。标本T22H25：7，浅灰色细砂石磨制，完整，平面呈椭圆形，未经长期使用，周体磨痕不清晰。直径7~10.2厘米，厚1.6厘米。（图五九，6；彩版八，6）

镞 13件。按其形体特征可分四型。

Ⅰ型：5件。三棱形。2件完整，3件残。由青灰色石灰岩磨制而成，呈黑色，镞的平面为三角形，断面为等腰三角形，镞尾为尖锥状。标本T426H101②：1，完整，镞锋较长，体细短，镞尾呈圆锥状。通长7.7厘米（锋长5.5厘米，体长0.7厘米，尾长1.5厘米），最宽2厘米，厚1.6厘米，体呈圆柱状，径1厘米。（图六一，1；图版一二，1）标本T21③：3，完整，镞锋较长，无体，镞尾呈圆锥状。通长8厘米（锋长7厘米，尾长1厘米），最宽1.7厘米，厚1.7厘米。（图六一，2；图版一二，2）标本T426②：17，镞尾残，镞锋较长，镞尾呈圆锥状。通长7.2厘米（锋长6.6厘米，尾长0.6厘米），最宽1.8厘米，厚1.8厘米。（图六一，3；图版一二，3）标本T90H141：1，尖、尾残。残长6.3厘米（尾残长0.2厘米），最宽2厘米，厚2厘米，径0.8厘米。（图六一，4；图版一二，4）标本T47H77：10，尖、尾残。残长3.8厘米（尾残长0.2厘米），最宽1.7厘米，厚1.7厘米，径0.9厘米。（图六一，5；图版一二，5）

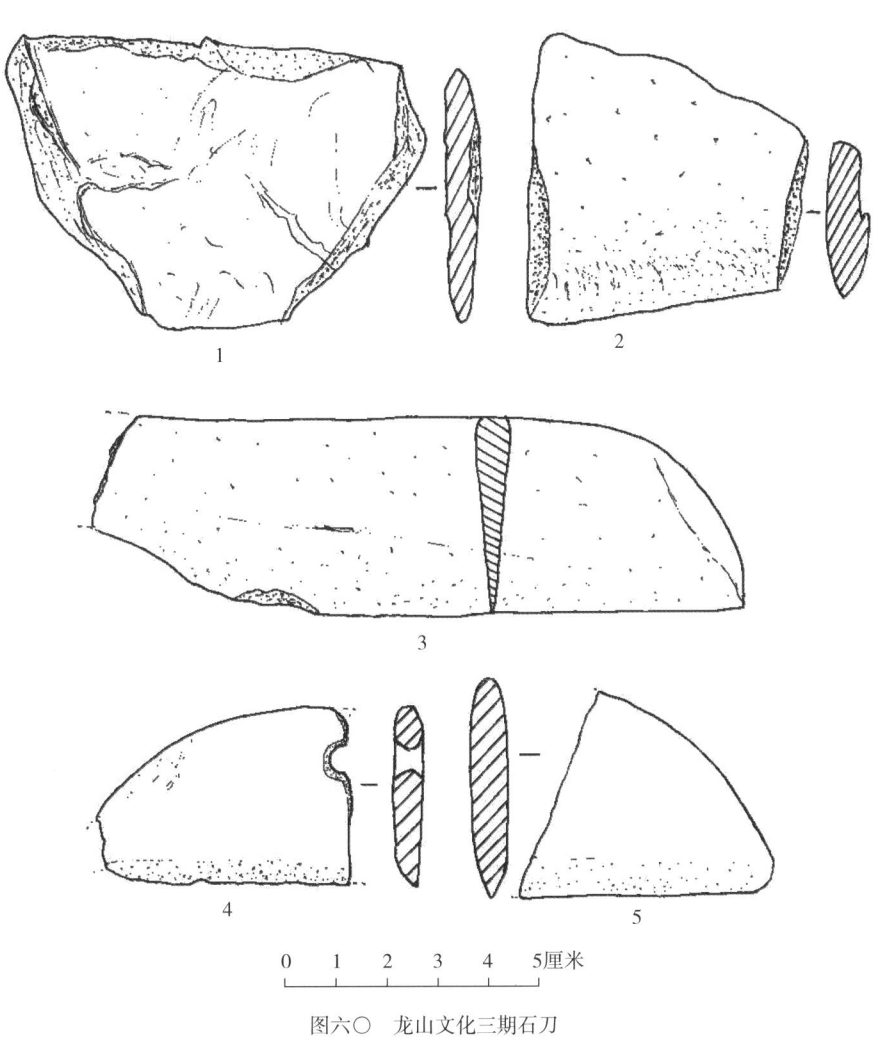

图六〇 龙山文化三期石刀

1~3.Ⅲ型（T22H25：9、T426H101①：16、T426H101②：23）

4.Ⅰ型（T426②：18） 5.Ⅱ型（T29内⑧：42）

Ⅱ型：2件。三棱圆体。前三棱形锋尖，中为圆锥柱状体，后有圆锥状镞尾柄。由青灰色石灰岩磨制而成。均残。标本T111⑤：35，尖、尾残，尖、体长度相近。残长6厘米（三棱尖残长3厘米，体柱长3厘米）。（图六二，7；图版一一，7）标本T28南⑫：20，由青灰色石灰岩磨制而成，体各面有细密的磨痕。残长8.7厘米（锋长4厘米，体柱长3.5厘米，尾长1.2厘米），直径1厘米，体径0.9厘米，尾径0.6厘米。（图六二，6；图版一一，6）

Ⅲ型：5件。三棱形双尖。1件完整，4件残。由青灰石灰岩磨制而成，呈黑色，镞的平面为三角形，断面为等腰三角形，镞锋与尾没有明显界线。标本T426H101②：4，完整，通长7.7厘米（体长5.5厘米，圆锥状尾长2.2厘米），宽2厘米，厚2厘米，尾径0.7厘米。（图六一，10；图版一二，10）标本T90H142：4，尖、尾残。残长6厘米，镞体宽1.3厘米，厚1.5厘米。（图六一，8；图版一二，8）标本T332西④：8，尖、尾残。残长5.5厘米，体宽1.1厘米，厚1.6厘米。（图六一，7；图版一二，7）标本T426H101①：15，尖残。残长4.7厘米，体宽1.6厘米，厚0.6厘米。（图六一，6；图版一二，6）标本T22H25：9，完整。

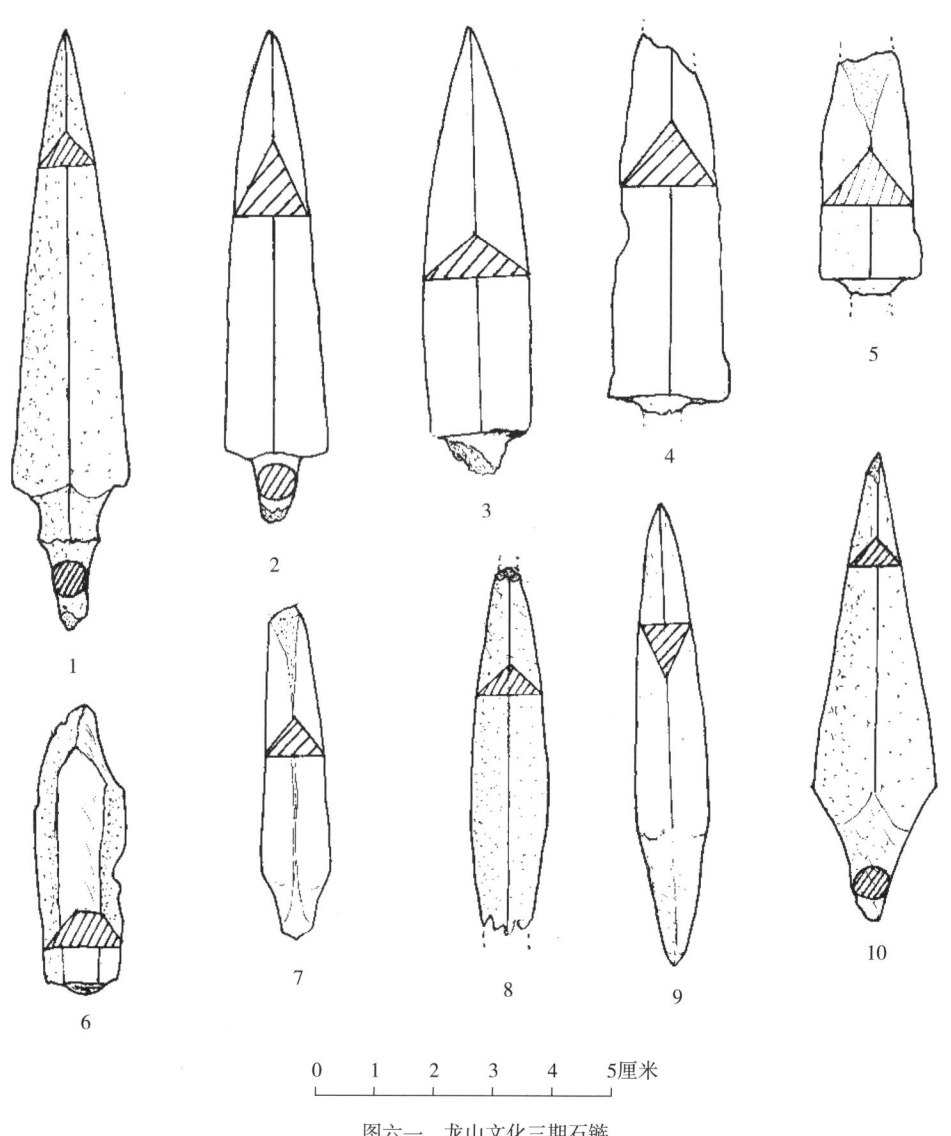

0 1 2 3 4 5厘米

图六一 龙山文化三期石镞

1～5. Ⅰ型（T426H101②：1、T21③：3、T426②：17、T90H141：1、T47H77：10）

6～10. Ⅲ型（T426H101①：15、T332西④：8、T90H142：4、T22H25：9、T426H101②：4）

（图六一，9；图版一二，9）

Ⅳ型：1件。三角形，断面呈菱形，由青灰色石灰岩加工磨制而成。标本T426②：9，三角形镞尖锋和短柄残，镞前端横剖面为菱形，镞尾为椭圆锥形。残长5.5厘米，宽2厘米，厚0.5厘米，尾厚0.4厘米。（图六二，8；图版一二，11）

钻　　1件。标本T426H101②：2，由浅灰色石灰岩加工磨制而成，通体磨光，加工精致，圆柱体，上有弧形钻顶，下有圆锥钝钻头，其周有镟转钻磨弦纹，后端微收为圆锥形柄。通长8.7厘米，体径1厘米。（图六二，9；彩版八，5；图版一三，8）

纺轮　　1件。标本T2H35：2，完整，大理石质，呈肉色，平面为圆形，断面为长方形，中有直筒状穿孔。直径3.4厘米，厚1厘米，中心穿孔径1厘米。（图六二，10；图版一三，6）

坯料　　5件。青灰色石灰岩，是尚未加工成的坯料。标本T44③：28，平面呈长方形，侧面下窄。长11.3厘米，宽2.8厘米，厚0.5~2.8厘米。（图六二，1；图版一三，1）标本T426H101②：44，平面呈梯形，断面呈三角形。长12.3厘米，宽1~2.5厘米，厚2厘米。（图六二，2；图版一三，2）标本T424③：37，平

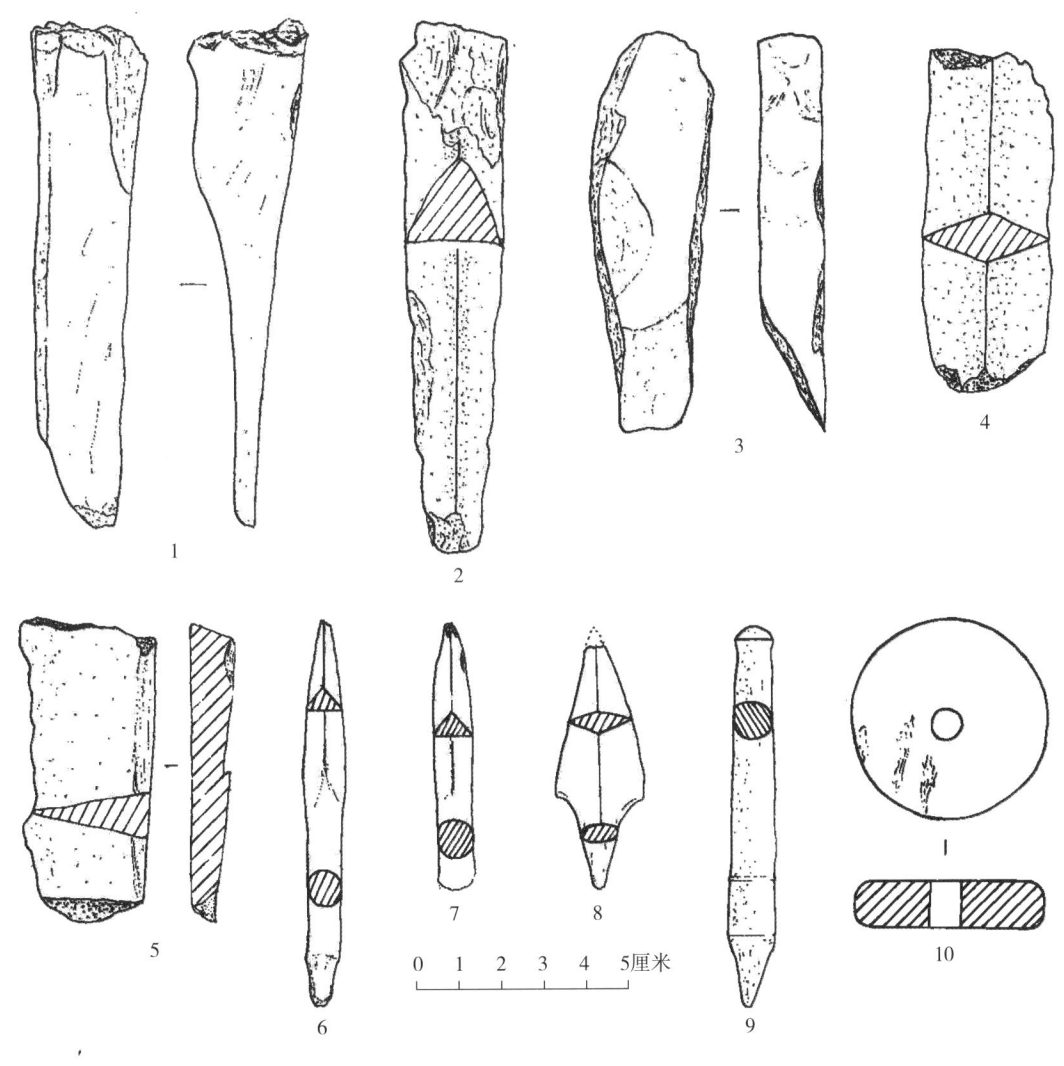

图六二　龙山文化三期石器

1~5. 坯料（T44③：28、T426H101②：44、T424③：37、T426H101①：17、T426H101：14）

6、7. Ⅱ型镞（T28南⑫：20、T111⑤：35）　8. Ⅳ型镞（T426②：9）　9. 钻（T426H101②：2）　10. 纺轮（T2H35：2）

面呈弧顶梯形，断面呈方形。长9厘米，宽1.4~2.6厘米，厚1.5厘米。（图六二，3；图版一三，3）标本 T426H101 ① : 17，平面呈弧边长方形，断面呈菱形。长7.6厘米，宽3厘米，厚1.2厘米。（图六二，4；图版一三，4）标本 T426H101 : 14，平面呈长方形，断面呈三角形。长6.8厘米，宽3厘米，厚0.8厘米。（图六二，5；图版一三，5）

2. 骨器　工具由兽骨肢骨或角经劈开、锯断、打制成器形，再经磨制而成，一般加工精致。器形有凿、镞等。

凿　3件。分三型。

Ⅰ型：1件。长条梯形。标本T50H42 : 16，动物较粗肢骨劈开，骨腔外露，平面呈长条梯形，下部从两面磨出凿刃，刃为双面直刃。长8.8厘米，上宽2.1厘米，下宽0.8厘米，厚0.6厘米。（图六三，2；彩版九，1）

Ⅱ型：1件。窄条形。标本T424H81 : 6，尖顶，动物较粗的肢骨劈开，骨腔外露，断面呈梯形，单面直刃，顶呈尖锥状。长9.5厘米，体最宽1.1厘米，体径宽0.4厘米，刃宽0.4厘米。（图六三，1；彩版九，2）

Ⅲ型：1件。标本T2H35 : 3，完整，用动物的肢骨劈开磨制，重点磨出凿体和刃，平面呈梯形，下部为凿体，单面刃。长6.4厘米，上宽3厘米，下宽0.9厘米，上厚1.4厘米，下厚0.1厘米。（图六三，3）

锥　3件。由兽的胫骨、肢骨和鹿角分别经加工修磨而成。前有尖锋，后有柄。

鹿角锥　1件。标本T426 ② : 16，长11厘米，直径2厘米。（图六三，4；彩版九，3）

骨锥　2件。标本T12H12 : 8，动物较粗的肢骨劈开，骨腔外露，平面呈长条梯形，断面呈梯形。长10.2厘米，体断面宽0.3~1厘米。（图六三，5；彩版九，4）标本T111 ⑥ : 37，将小动物的肢骨劈开，骨腔外露，平面呈长条梯形，断面呈梯形。长4.7厘米，体断面宽0.8厘米。（图六三，6；彩版九，5）

镞　22件。根据形体特征可分为四型。

Ⅰ型：15件。其中3件完整，12件残。三棱形镞尖，有的尖、体较长。标本T110 ⑤ : 6，完整，三棱形镞尖，圆柱状体，圆锥状镞尾，尖、体、尾界线明显，三侧棱成刃，尖体宽，圆柱状体短。长7.5厘米，尖体宽0.9厘米，体径0.7厘米。（图六四，1；彩版一〇，1）标本T90H141 : 3，完整，体较短，圆锥锋较钝。长6.2厘米，直径1.1厘米。（图六四，2；彩版一〇，2）标本T426 ② : 6，残，三棱形镞尖，圆柱状体，圆锥状镞尾，尖、体、尾界线明显，三侧棱成刃，尖体宽，圆柱状体短，镞尾残。残长6厘米，尖体宽1厘米，体径0.8厘米。（图六四，3；彩版一〇，3）标本T426H101 ② : 45，尾残，三棱形镞尖较长，圆柱状体较短，磨制很精致，锋尖锐。长6.3厘米，直径0.9厘米。（图六四，4；彩版一〇，4）标本T111 ⑤ : 33，完整，三棱形镞尖，圆柱状体，圆锥状镞尾，尖、体、尾界线明显，三侧棱成刃。尖体宽，圆柱状体短。长6.8厘米，尖体宽0.9厘米，体径0.9厘米。（图六四，5；彩版一〇，5）标本T29内⑧ : 10，尾残，三棱形镞尖，圆柱状体，圆锥状镞尾，尖、体、尾界线明显，三侧棱成刃，尖体宽，圆柱状体短。残长6.5厘米，尖体宽1.2厘米，体径0.8厘米。（图六四，6；彩版一〇，6）标本T426 ② : 12，尖、尾残，三棱形镞尖，圆柱状体，圆锥状镞尾，尖、体、尾界线明显，三侧棱成刃。尖体宽，圆柱状体短，镞尾残。残长6.6厘米，尖体宽1厘米，体径0.8厘米。（图六四，7；彩版一〇，7）标本T90H142 : 1，尖稍残，尾残，三棱形镞尖，半圆形柱状体，圆锥状镞尾残，尖、体较长，尖、体、尾界线明显，三侧棱成刃，尖体径宽相当，圆柱状体稍短。残长11.5厘米，尖体宽0.8厘米，体径0.8厘米。（图六四，8；彩版一〇，8）标本T50H42 : 11，尾稍残，三棱形镞尖，圆形柱状体，圆锥状镞尾残，尖较体长，尖、体界线明显，三侧棱成刃，尖体于体径，圆柱状体稍短，体与镞尾界线不太明显。残长10.5厘米，尖体宽0.98厘米，体径0.8

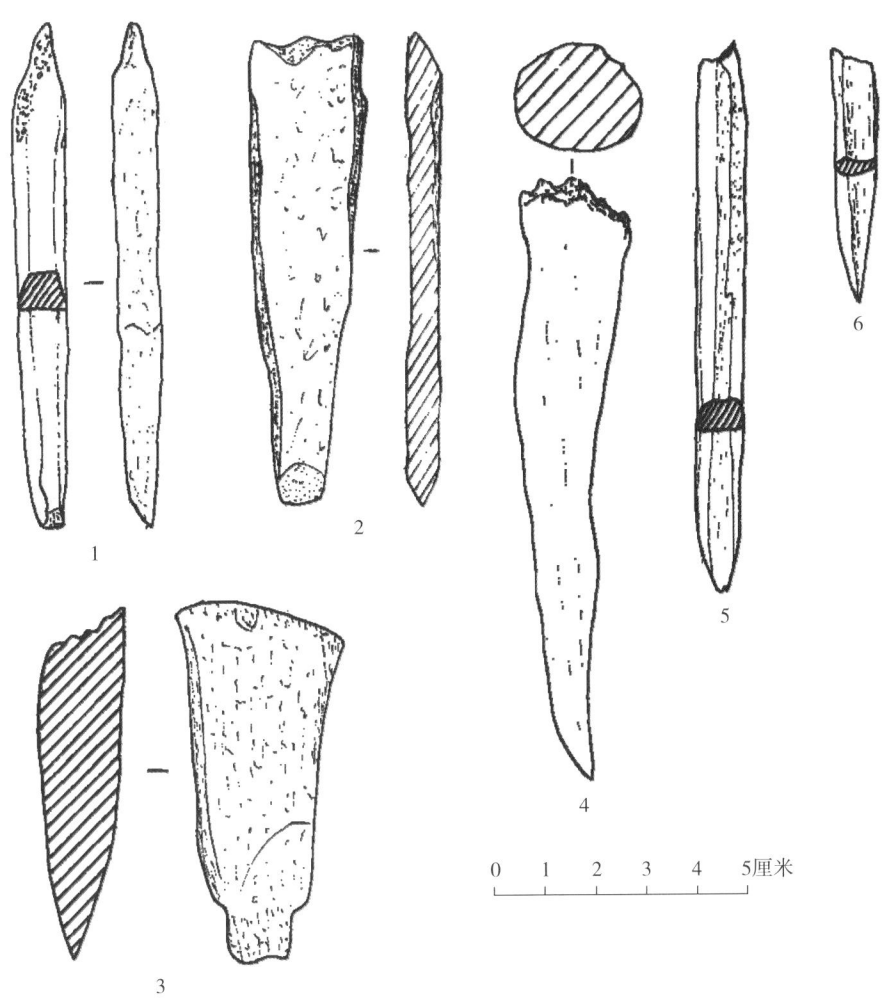

图六三 龙山文化三期骨凿、锥

1. Ⅱ型凿（T424H81：6）　　2. Ⅰ型凿（T50H42：16）　　3. Ⅲ型凿（T2H35：3）

4. 鹿角锥（T426②：16）　　5、6. 锥（T12H12：8、T111⑥：37）

厘米。（图六四，9；彩版一〇，9）标本 T426②：8，尾稍残，三棱形镞尖，半圆形柱状体，圆锥状镞尾残，尖较长，尖、体、尾界线明显，三侧棱成刃，尖体径宽相当，圆柱状体稍短。残长 10.3 厘米，尖体宽 0.8 厘米，体径 0.8 厘米。（图六四，10；彩版一〇，10）标本 T47H65：1，完整，三棱形镞尖，圆柱状体，圆锥状镞尾，尖、体、尾界线明显，三侧棱成刃，尖体宽，圆柱状体短。长 6 厘米，尖体宽 0.9 厘米，体径 0.8 厘米。（图六四，11；彩版一〇，11）标本 T110⑤：7，尖残，三棱形镞尖，圆柱状体，圆锥状镞尾，尖、体、尾界线明显，三侧棱成刃，尖体宽，圆柱状体短。残长 6 厘米，尖宽 0.6 厘米，体径 0.8 厘米。（图六四，12；彩版一〇，12）标本 T44③：10，尾残，三棱形镞尖，圆弧状体，尖、体、尾界线明显，三侧棱成凹刃，尖体宽，圆柱状体短。残长 5.4 厘米，尖宽 0.9 厘米，体径 0.9 厘米。（图六四，13；彩版一〇，13）标本 T50H42：12，尾稍残，三棱形镞尖，圆柱状体，圆锥状镞尾残，尖、体较长，尖、体、尾界线明显，三侧棱成刃，尖较体径宽，圆柱状体稍短。残长 15 厘米，尖体宽 0.9 厘米，体径 0.8 厘米。（图六四，14；彩版一〇，14）标本 T50H42：17，尖稍残，三棱形镞尖，圆柱状体，圆锥状镞尾，尖、体较长，尖、体、尾界线明显，三侧棱成刃，体宽，圆柱状体稍短。残长 16.5 厘米，尖体宽 0.8 厘米，体径 1 厘米。（图六四，15；彩版一〇，15）

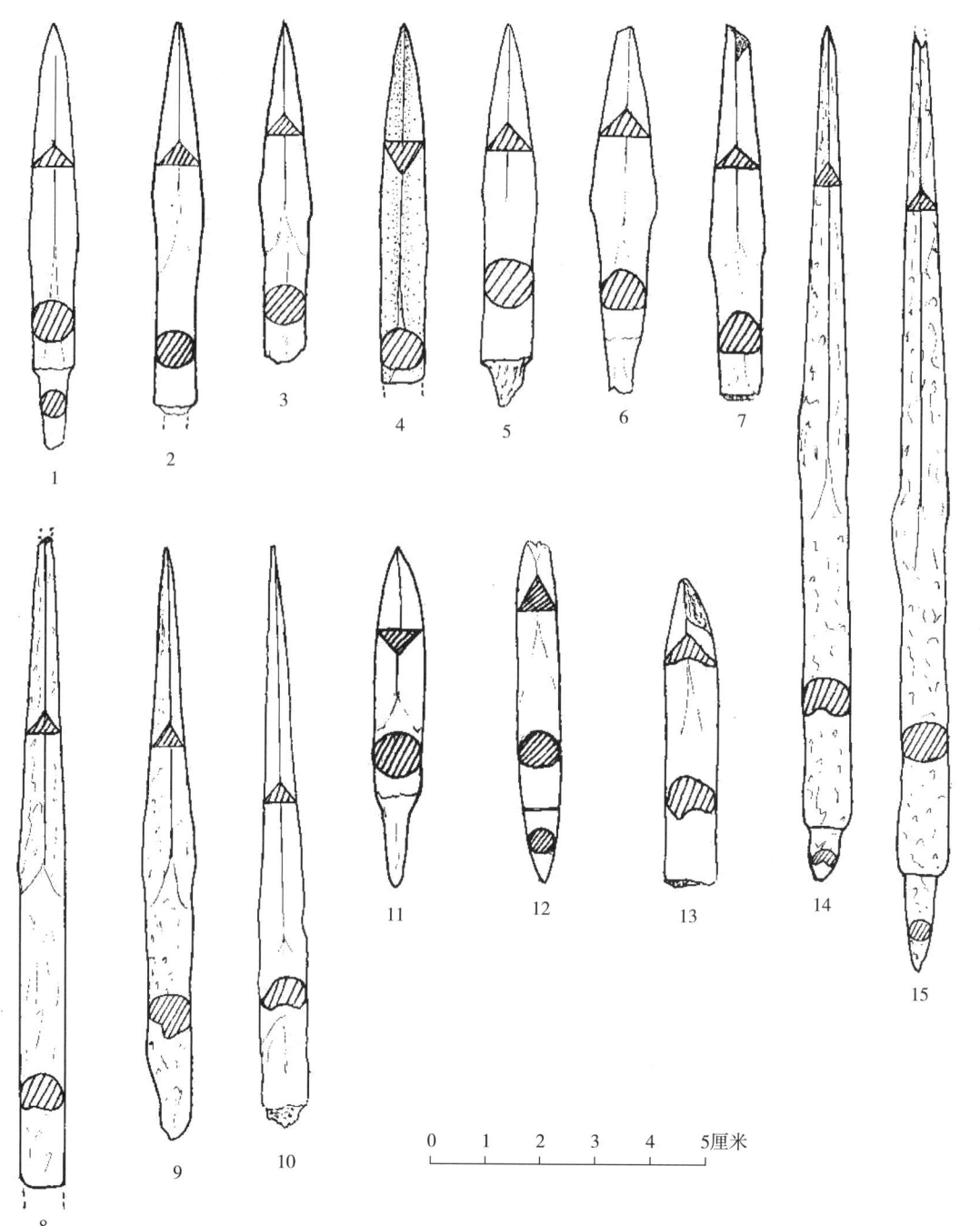

图六四　龙山文化三期骨镞

1~15. Ⅰ型（T110⑤：6、T90H141：3、T426②：6、T426H101②：45、T111⑤：33、T29内⑧：10、T426②：12、T90H142：1、
T50H42：11、T426②：8、T47H65：1、T110⑤：7、T44③：10、T50H42：12、T50H42：17）

　　Ⅱ型：5件。其中3件完整，2件残。圆柱体镞身，前端收成圆锥锋，短圆锥形柄，并与身界线分明。
标本T29⑧：10，完整，镞尖较长，呈圆锥状，镞尖与镞尾界线明显，镞尾亦呈圆锥状，磨制很精致，锋
尖锐。长7.5厘米，直径0.6厘米。（图六五，4）标本T90H141：2，残，三棱形镞尖，圆柱状体，圆锥状
镞尾残，尖、体、尾界线明显，三侧棱成刃，尖体宽，圆柱状体短，镞尾残。残长6.9厘米，尖体宽0.8厘
米，体径0.7厘米。（图六五，5；彩版九，9）标本T426H101：3，完整，圆锥状尖，圆柱状体，体、尾界

线明显，圆锥状镞尾，磨制很精致，锋尖锐。长 6.1 厘米，直径 0.9 厘米。（图六五，6；彩版九，10）标本 T426②：13，镞尾稍残，体较短，圆锥锋较钝。磨制很精致，锋尖锐。残长 3.5 厘米，直径 1 厘米。（图六五，7；彩版九，11）标本 T332 内④：9，镞尖残，体较短，圆锥状镞尾，体径为圆形。残长 3.6 厘米，直径 0.9 厘米。（图六五，8；彩版九，12）

Ⅲ型：1 件。体呈双尖式。标本 T426②：15，完整，镞身前端为尖锥状，体的断面为弧边长方形，镞尾收小，体与镞尾没有明显界线。长 4.3 厘米。（图六五，9）

Ⅳ型：1 件。三棱双尖式。标本 T426②：10，尾稍残，三棱形镞尖，半圆形柱状体，圆锥状镞尾残，尖较长，尖、体、尾界线明显，三侧棱成刃，尖体径宽相当，圆柱状体稍短。残长 10.3 厘米，尖体宽 0.8 厘米，体径 0.8 厘米。（图六五，10）

骨料 3 件。系加工的半成品。标本 T112⑤：6，系动物胫骨劈开，骨腔外露，呈锥状，上宽下窄，断面呈梯形。长 12 厘米，上宽 2.1 厘米，厚 2 厘米。（图六五，1；彩版九，6）标本 T111⑤：32，系动物胫骨劈开，骨腔外露，呈锥状，上宽下窄，断面呈凹弧形。长 6.3 厘米，上宽 1.4 厘米，厚 1.1 厘米。（图六五，2；彩版九，7）标本 T6③：7，系动物胫骨劈开，骨腔外露，呈双尖状，上宽下窄，断面呈凹弧形。长 6.3

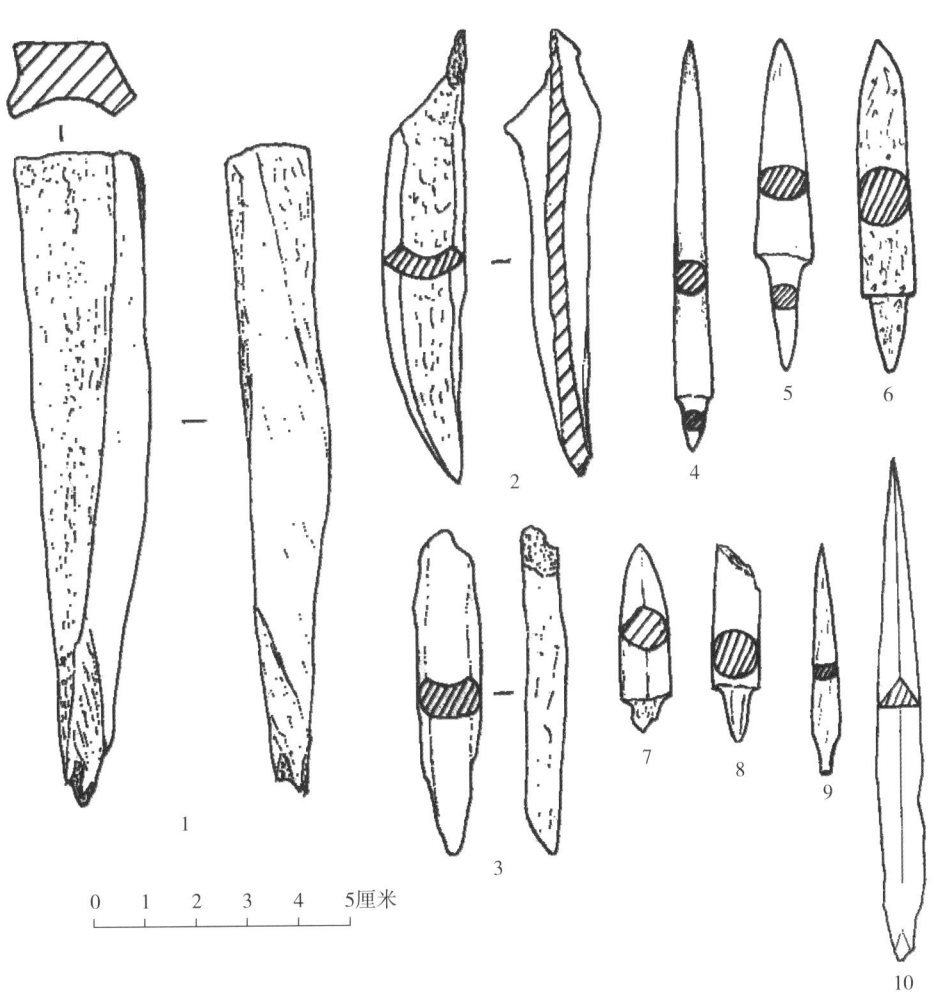

图六五　龙山文化三期骨料、镞

1~3.料（T112⑤：6、T111⑤：32、T6③：7）　4~8.Ⅱ型镞（T29⑧：10、T90H141：2、T426H101：3、T426②：13、T332内④：9）
9.Ⅲ型镞（T426②：15）　10.Ⅳ型镞（T426②：10）

厘米，上宽 1.2 厘米，厚 0.8 厘米。（图六五，3；彩版九，8）

3. 蚌器　17 件。有镞、刀等。

镞　2 件。完整，系用蚌壳加工而成。标本 T426②：7，镞的平面呈三角形，镞尾亦为三角形，尚未加工成。长 8.8 厘米，宽 3.3 厘米，厚 0.5 厘米。（图六六，5；彩版一一，5）标本 T88⑤：73，双尖型镞，镞的平面呈菱形，断面三棱形，加工精致。长 7.5 厘米，宽 1.6 厘米，厚 0.8 厘米。（图六六，6；彩版一一，6）

刀　15 件。其中 3 件完整，12 件残。系用蚌壳制作，有的有穿孔，有的没有穿孔，有弧背弧刃，亦有凹背弧刃。根据形制可分三型。

Ⅰ型：5 件。双孔刀。标本 T90H142：3，残，直刃，上部有两个圆形穿孔，孔径 0.6 厘米，蚌壳口缘处磨出刃。长 8.7 厘米，残宽 3.5 厘米，厚 0.3 厘米。（图六七，1；彩版一二，7）标本 T332 西④：6，残，直刃，上部有一个圆形穿孔，此外还有六个未钻透的孔，孔径 0.6 厘米，蚌壳口缘处磨出刃。长 5.7 厘米，残宽 3.7 厘米，厚 0.5 厘米。（图六七，2；彩版一二，8）标本 T23H7：1，残，直刃，上部有两个圆形穿孔，孔径 0.6 厘米。长 8 厘米，残宽 4.2 厘米，厚 0.2 厘米。（图六七，3；彩版一二，9）标本 T332 西④：7，残，弧刃，上部有两个圆形穿孔，孔径 0.2 厘米。长 7.2 厘米，残宽 4 厘米，厚 0.4 厘米。（图六七，4；彩版一二，10）标本 T90H142：2，完整，直刃，上部有两个圆形穿孔，孔径 0.6 厘米。长 13 厘米，宽 3.4 厘米，厚 0.9 厘米。（图六七，5；彩版一二，11）

Ⅱ型：6 件。单孔刀。其中 1 件完整，5 件残。标本 T22H25：11，完整，直刃，上部有一个圆形穿孔，

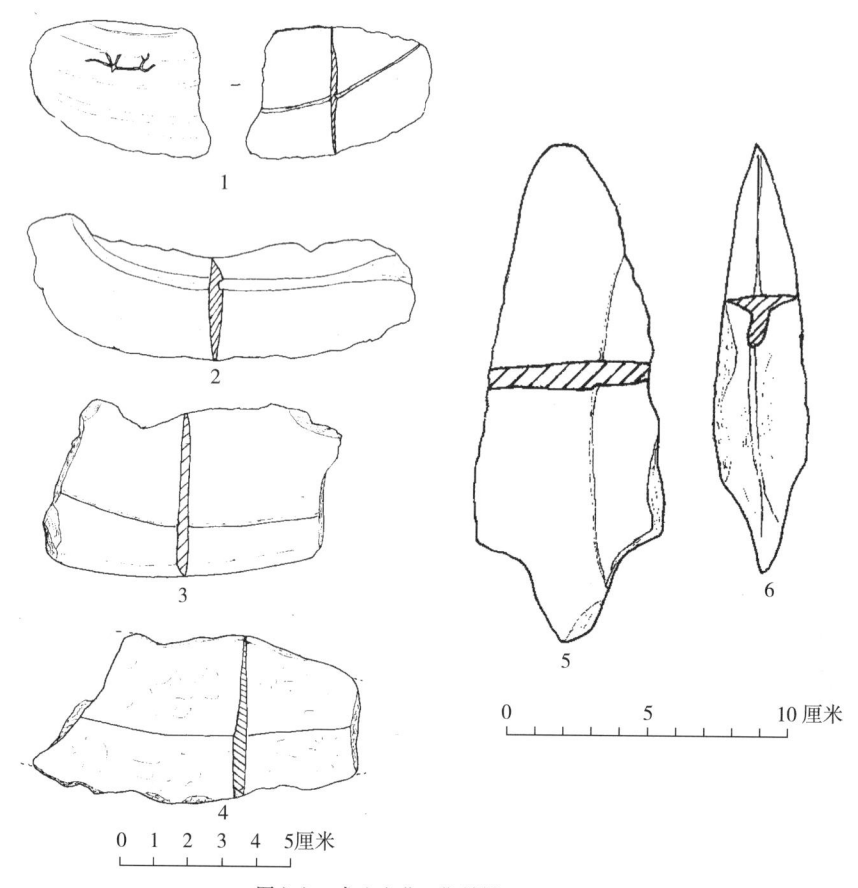

图六六　龙山文化三期蚌镞、刀

1~4. Ⅲ型刀（T50H76：73、T50H76：27、T47H72：3、T50H42：18）

5、6. 镞（T426②：7、T88⑤：73）

孔径 0.5 厘米。长 12.3 厘米，宽 4 厘米，厚 0.4 厘米。（图六七，6；彩版一二，1）标本 T426H91②：11，残，直刃，上部有一个圆形穿孔，孔径 0.5 厘米，蚌壳口缘处磨出刃。长 5.5 厘米，残宽 4.7 厘米，厚 0.3 厘米。（图六七，7；彩版一二，2）标本 T426H101②：50，残，弧刃，上部有一个圆形穿孔，孔径 0.3 厘米。长 9 厘米，残宽 5.7 厘米，厚 0.5 厘米。（图六七，8；彩版一二，3）标本 T426H91②：12，残，直刃，上部有一个圆形穿孔，孔径 0.5 厘米，蚌壳口缘处磨出刃。长 6.3 厘米，残宽 3.7 厘米，厚 0.3 厘米。（图六七，9；彩版一二，4）标本 T426H91②：10，残，直刃，上部有一个圆形穿孔，孔径 0.3 厘米。长 6.3 厘米，残宽 3.2 厘米，厚 0.2 厘米。（图六七，10；彩版一二，5）标本 T5③：11，残，直刃，上部有一个圆形穿孔，孔径 0.6 厘米，蚌壳口缘处磨出刃。长 5.6 厘米，残宽 3.3 厘米，厚 0.4 厘米。（图六七，11；彩版一二，6）

Ⅲ 型：4 件。无孔刀。其中 1 件完整，3 件残。标本 T50H76：73，残，弧刃，上部刻有一个行走的动物。长 5.2 厘米，残宽 3.6 厘米，厚 0.2 厘米。（图六六，1；彩版一一，1）标本 T50H76：27，完整，弧刃。长 11.2 厘米，宽 3 厘米，厚 0.4 厘米。（图六六，2；彩版一一，2）标本 T47H72：3，残，弧刃。长 8 厘米，残宽 4.7 厘米，厚 0.4 厘米。（图六六，3；彩版一一，3）标本 T50H42：18，残，弧刃。长 9.8 厘米，残宽 4.7 厘米，厚 0.4 厘米。（图六六，4；彩版一一，4）

4. 陶器　主要是制陶工具杵、拍和轮盘，纺织工具纺轮。

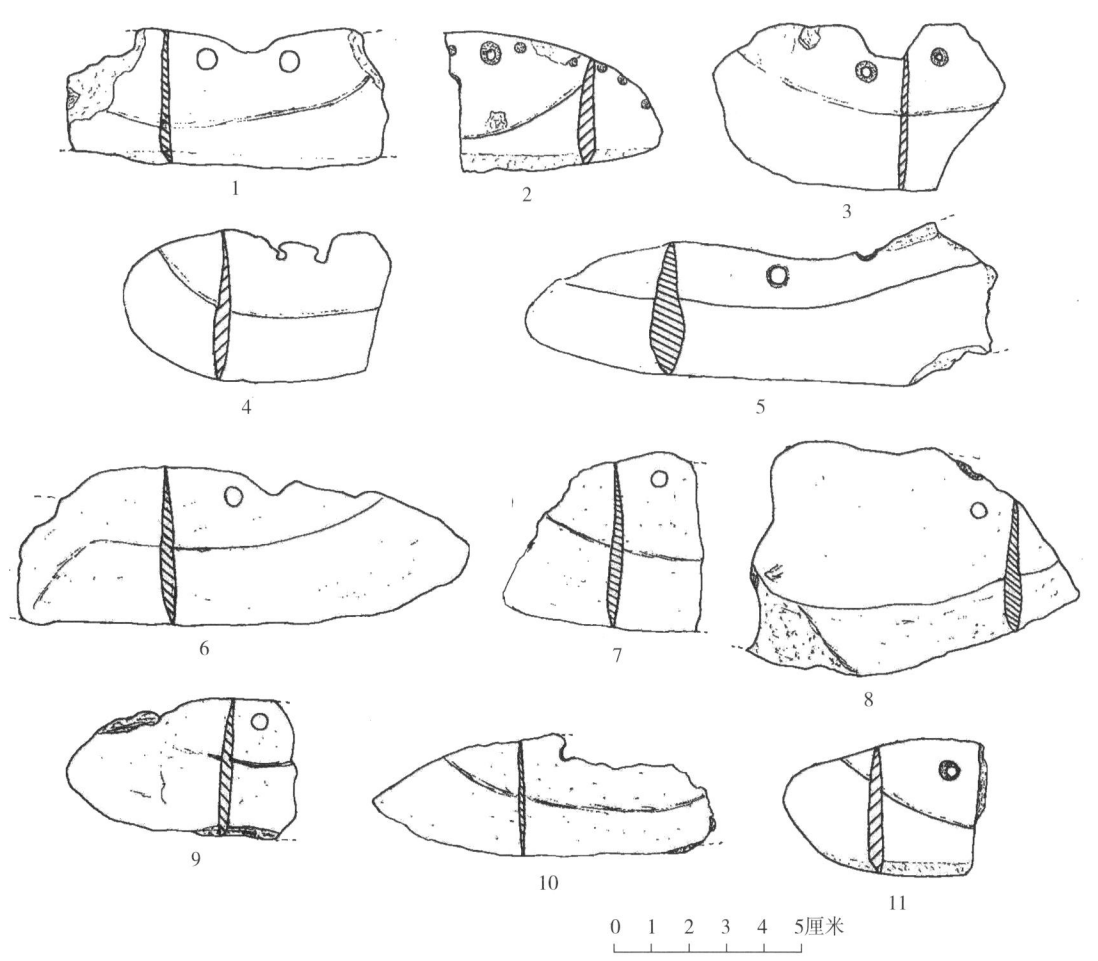

图六七　龙山文化三期蚌刀

1~5. Ⅰ型（T90H142：3、T332 西④：6、T23H7：1、T332 西④：7、T90H142：2）

6~11. Ⅱ型（T22H25：11、T426H91②：11、T426H101②：50、T426H91②：12、T426H91②：10、T5③：11）

杵 2件。泥质灰陶。标本T113⑥B：26，完整，呈蘑菇状，圆形柄颈，圆形杵面。长5厘米，柄径2厘米，杵面径6.6厘米。（图六八，1；图版一四，1）标本T24H31：10，残，呈蘑菇状，圆筒形柄，圆形杵面，柄径有四个圆形穿孔。残长3.4厘米，柄径2.5厘米，杵面径4.5厘米。（图六八，3；图版一四，3）

拍 1件。标本T89④：29，柄端残，泥质灰陶，为长方体，拍面有六条凹弦纹。残长6厘米，宽3.8厘米，厚0.7厘米。（图六八，2；图版一四，2）

轮盘 1件。标本T89④：30，残，泥质灰陶，卷沿，舌唇，口微敛，直壁，平底。高4.8厘米，口径25.6厘米，底径26.4厘米。（图六八，4；图版一四，4）

纺轮 27件。全为泥质陶，从陶色看有灰陶、黑陶、红陶、棕陶。圆饼形，中心有穿孔，体形上有大、中、小之分，厚薄也不同，中号的14件，大号的11件，小号的仅2件。穿孔的断面有直孔，少数为外粗内细喇叭状，断面有长方形、梯形、弧边和单弧面等，纺轮的周边有直、鼓、斜等之分。据其形体特征可分五型。

Ⅰ型：10件。圆形周边垂直，断面为长方形。其中大号的3件，中号的5件，小号的2件。

Ⅰ型大 3件。标本T113⑥B：25，泥质灰陶，残，孔呈喇叭状。直径7.5厘米，厚2厘米，孔径0.8厘米。（图六九，1；图版一五，1）标本T424③：73，泥质灰陶，残，中有直筒状孔。直径6.5厘米，厚1.7厘米，孔径0.5厘米。（图六九，2；图版一五，2）标本T426H101②：5，泥质灰陶，完整，断面呈梯形，上部台面微凹，中间孔的周围突出，孔呈直筒状，素面。上部台面直径6.6厘米，下部台面直径6.8厘米，厚1厘米，孔径0.6厘米。（图六九，3；图版一五，3）

Ⅰ型中 5件。其中4件整，1件残。比较精致。标本T111⑥：36，泥质黑陶，完整，素面，中有直筒状孔。直径4厘米，厚0.6厘米，孔径0.4厘米。（图六九，4；图版一五，4）标本T44③A：7，泥质灰陶，完整，中有直筒状孔，正面、背面均划有直线"十"字纹。直径4.2厘米，厚0.8厘米，孔径0.5厘米。（图六九，5；图版一五，5）标本T12H12：4，泥质灰陶，完整，素面，中有直筒状孔。直径5厘米，厚1厘米，孔径0.6厘米。（图六九，6；图版一五，6）标本T426H101②：21，泥质棕陶，完整，素面，中有

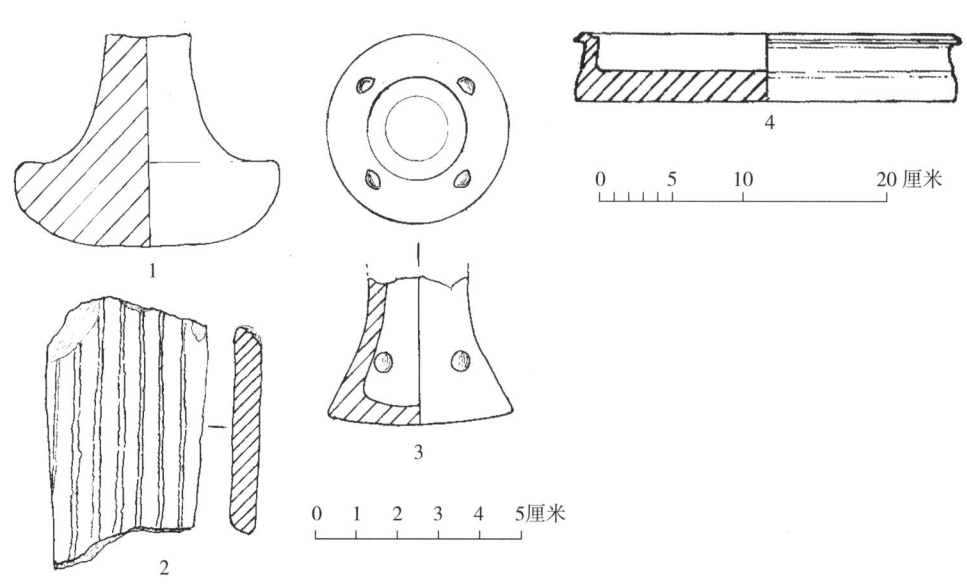

图六八 龙山文化三期陶杵、拍、轮盘

1、3.杵（T113⑥B：26、T24H31：10）2.拍（T89④：29）4.轮盘（T89④：30）

直筒状孔。直径4.7厘米，厚0.7厘米，孔径0.7厘米。（图六九，7）标本T44③A：8，泥质褐灰陶，完整，台面有锥刺"十"字纹，其中"十"字较宽，不太对称，中有直筒状孔。直径4.0厘米，厚0.9厘米，孔径0.4厘米。（图六九，8；图版一五，7）

Ⅰ型小　2件。标本T426②：19，泥质棕陶，稍残，素面，台面凹凸不平，中有喇叭状孔。直径3.5厘米，厚1.7厘米，孔径0.6厘米。（图六九，9；图版一五，8）标本T426H101①：11，泥质棕陶，完整，素面，中有直筒状孔。直径2.8厘米，厚0.7厘米，孔径0.3厘米。（图六九，10；图版一五，9）

Ⅱ型：5件。其中1件整，4件残。周边斜直，断面为梯形。有大、中号两种，大号3件，中号2件。

Ⅱ型大　3件。均残。标本T425H114：8-1，泥质黑陶，残，断面呈梯形，孔呈直筒状。上部台面直径8.2厘米，下部台面直径8.4厘米，厚3.5厘米，孔径0.8厘米。（图七〇，1；图版一五，10）标本

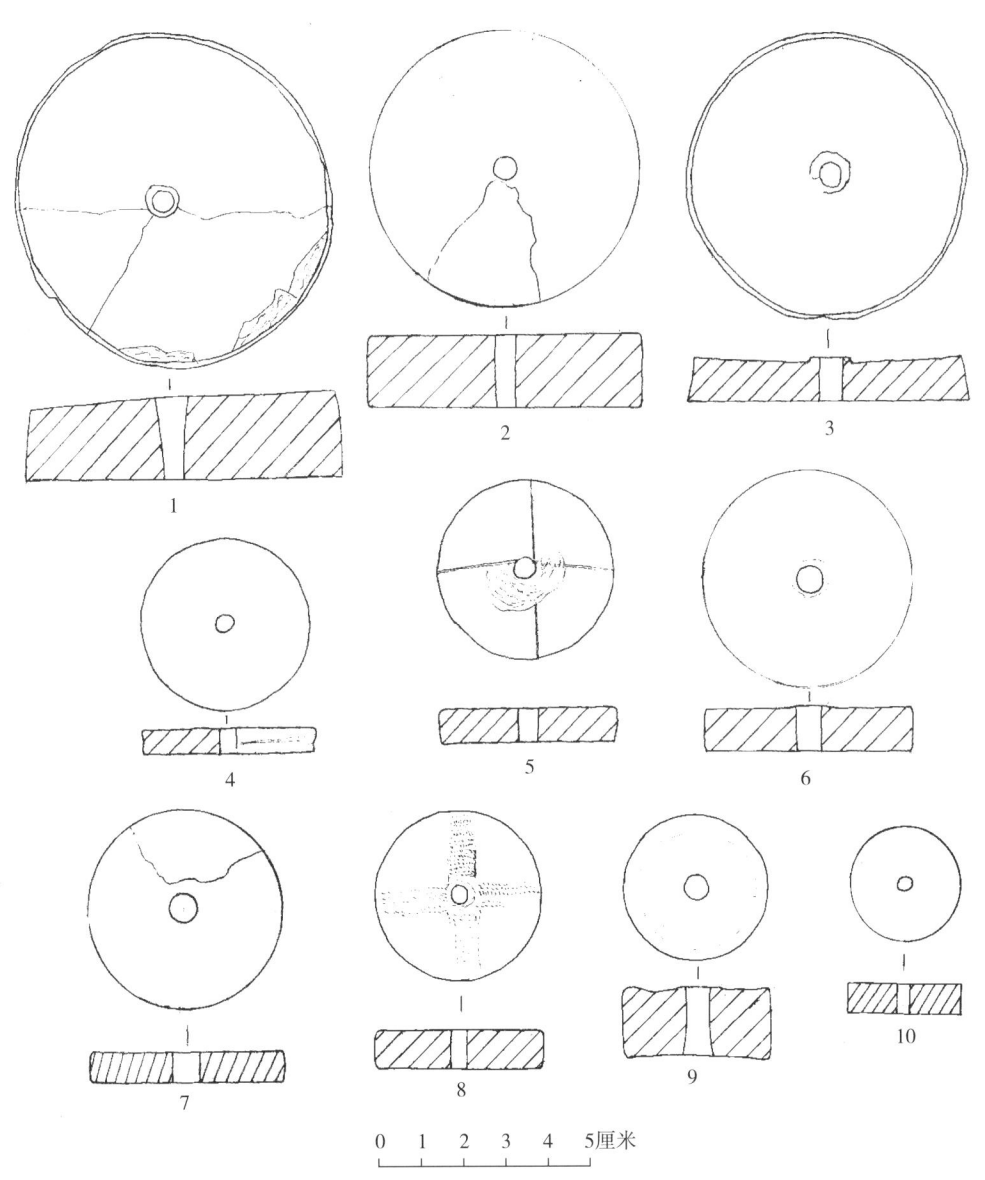

图六九　龙山文化三期陶纺轮

1~10. Ⅰ型（T113⑥B：25、T424③：73、T426H101②：5、T111⑥：36、T44③A：7、T12H12：4、
T426H101②：21、T44③A：8、T426②：19、T426H101①：11）

T426H101：10，泥质棕灰陶，残，断面呈梯形，孔呈喇叭状，素面。上部直径7.8厘米，下部直径8厘米，残厚1.3厘米，孔径1.2厘米。（图七〇，2；图版一五，11）标本T50H76：24，泥质灰陶，残，断面呈梯形，孔呈直筒状，素面。上部台面直径7.6厘米，下部台面直径8厘米，厚0.8厘米，孔径0.7厘米。（图七〇，3；图版一五，12）

Ⅱ型中　2件。标本T425H114：8-2，泥质黑陶，残，断面呈梯形，孔呈喇叭状，台面上有锥刺的"十"字纹。上部直径4厘米，下部直径4.4厘米，残厚0.5厘米，孔径0.4厘米。（图七〇，4；图版一五，13）标本T426H101②：3，泥质褐灰陶，完整，断面呈梯形，孔呈喇叭状，素面。上部台面直径3.5厘米，下部台面直径3.9厘米，厚0.9厘米，孔径0.4厘米。（图七〇，5；图版一五，14）

Ⅲ型：8件。其中5件整，3件残。周边为弧形，断面呈弧边长方形。分大、中号两种，大号1件，中号7件。

Ⅲ型大　1件。标本T426H91：16，泥质褐灰陶，完整，断面为弧边长方形，孔呈喇叭状，上部台面划有一道直线划纹。上部台面直径6.2厘米，腹部直径6.6厘米，厚1.5厘米，孔径0.9厘米。（图七一，7；图版一六，1）

Ⅲ型中　7件。标本T7H23：3，泥质灰陶，完整，素面，侧面弧壁，中有直筒状孔。台面径4厘米，腹径4厘米，厚1厘米，孔径0.5厘米。（图七一，3；图版一六，2）标本T9③：2，为泥质黑灰陶，完整，素面，中有直筒状孔，侧面饰三周锥刺纹。台面径3.8厘米，腹径4厘米，厚0.8厘米，孔径0.3厘米。（图七一，4；图版一六，3）标本T50③：7，泥质灰陶，完整，素面，侧面弧壁，中有喇叭状孔。台面径4厘米，腹径4.2厘米，厚0.8厘米，孔径0.7厘米。（图七一，1；图版一六，4）标本T332④：11，泥质棕灰

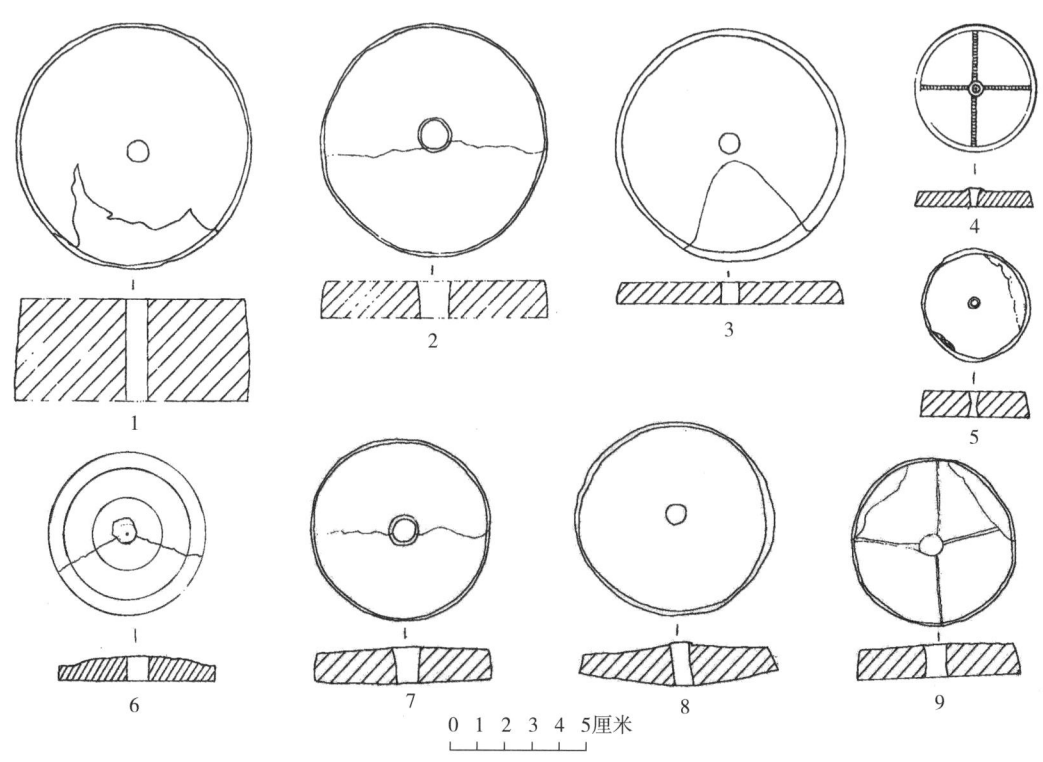

0 1 2 3 4 5厘米

图七〇　龙山文化三期陶纺轮

1~5. Ⅱ型（T425H114：8-1、T426H101：10、T50H76：24、T425H114：8-2、T426H101②：3）

6、7. Ⅳ型（T424H101①：46、T424H101①：12）8、9. Ⅴ型（T90H142：5、T111⑤：34）

陶，完整，素面，侧面弧壁，中有直筒状孔。台面径3.5厘米，腹径3.8厘米，厚1厘米，孔径0.3厘米。（图七一，5；图版一六，5）标本T424③：74，泥质灰陶，残，正面靠边处划有半圆形，其内有锥刺的三条线状纹，侧面弧壁，中有直筒状孔。台面径3.7厘米，腹径4厘米，厚0.7厘米，孔径0.6厘米。（图七一，2；图版一六，6）标本T50H42：3，泥质灰陶，残，正面划有直线"十"字纹，上下壁面内凹，侧面弧壁，中有直筒状孔。台面径4.2厘米，腹径4.7厘米，厚0.7厘米，孔径0.6厘米。（图七一，6；图版一六，7）标本T2H35：16，平面为圆形，断面为长方形，中有直筒状穿孔。直径3.4厘米，厚1厘米，孔径1厘米。（图七一，8；图版一三，7）

Ⅳ型：2件。残，均为大号纺轮，周边为直壁，上面微鼓。标本T424H101①：46，泥质灰陶，残，中有直筒状孔，周边直壁，上部台面微鼓，上部台面划一周凹弦纹。台面径5.6厘米，厚0.8厘米，孔径0.8厘

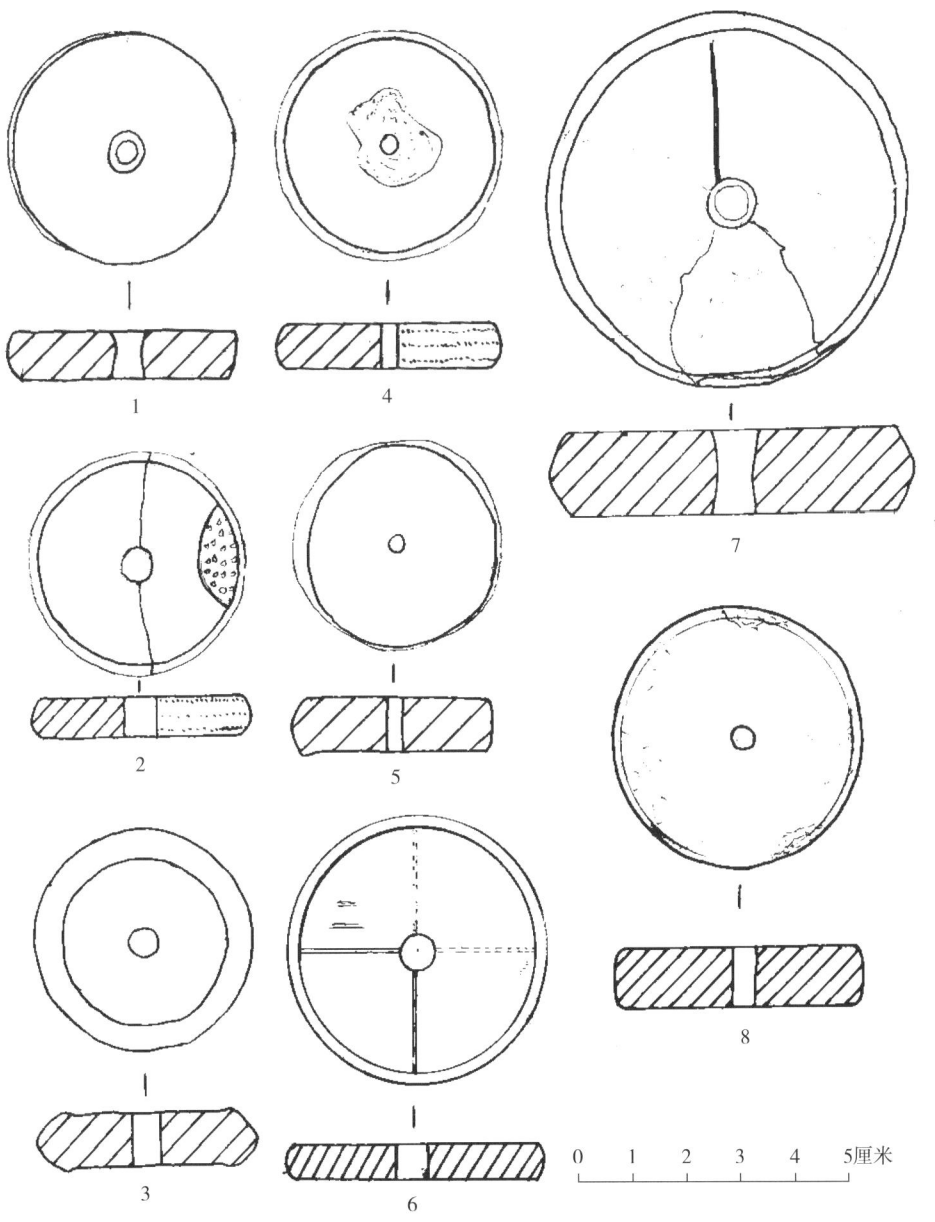

图七一　龙山文化三期陶纺轮

1～8.Ⅲ型（T50③：7、T424③：74、T7H23：3、T9③：2、T332④：11、T50H42：3、T426H91：16、T2H35：16）

米。（图七〇，6；图版一六，8）标本 T424H101 ①：12，泥质灰陶，残，中有喇叭状孔，周边直壁，上下部台面微鼓。直径 6.3 厘米，厚 1.3 厘米，孔径 1 厘米。（图七〇，7；图版一六，9）

Ⅴ型：2 件。其中 1 件整，1 件残。周边为斜壁，断面近梯形，上面微鼓。标本 T90H142：5，泥质，正面黑陶，背面灰陶，完整，中有直筒状孔，周边直壁，上下部台面微鼓。台面径 6.5 厘米，底径 7 厘米，厚 1.4 厘米，孔径 0.7 厘米。（图七〇，8；图版一六，10）标本 T111 ⑤：34，泥质灰陶，残，正面划有"十"字纹，中有喇叭状孔，上部台面微鼓。台面直径 5.4 厘米，下部直径 5.8 厘米，厚 1.2 厘米，孔径 0.8 厘米。（图七〇，9；图版一六，11）

（二）生活用具

龙山文化三期地层、灰坑、墓葬、房址中出土的陶器经过粘对复原若干件，还有数以万计的陶片，可见复原的器物仅占极少的部分。根据已经修复出的陶器看，主要器形有鼎、甗、罐、高领罐、甑、鬶、澄滤器、盆、钵、碗、盘、豆、碟、觚、杯、瓮等。陶器以轮制为主，在器表上留有轮旋纹，而器底留有用线在轮盘上割下时遗留下的偏心圆纹。陶色纯净，其胎厚薄均匀，器的形制规整，造型优美，烧的火候较高，完整的陶器叩之有声，充分显示出当时制陶技术的高超水平。陶器纹饰有篮纹、绳纹、方格纹、弦纹、压印纹。以方格纹居多，绳纹次之，篮纹再次之。这些纹饰多饰于鼎、甗、罐、高领罐、瓮、钵上，其中已经修复的器物 28 件，多为一器一种纹饰，如方格纹 17 件，篮纹 5 件，绳纹 6 件，甗则为两种纹饰，即上部为篮纹，袋足为绳纹，个别的上部为方格纹，只有一件陶罐上拍印篮纹和方格纹，纹饰清晰规整。现将陶器分别介绍如下。

鼎　8 件。均为夹砂陶，敛口，折沿，鼓腹，圜底，高足或矮足，腹饰弦纹、方格纹。根据腹的变化可分为四型。

Ⅰ型：4 件。垂腹。方唇，折沿，圜底，扁足，足上有两个按窝，上腹斜直，下腹鼓而下垂，最大腹径偏下。标本 T426H101 ②：32，夹砂灰陶，折沿，方唇，沿面斜直，敛口，垂腹，腹部饰弦纹，圜底，底部有篮纹，扁锥足残。口径 13.4 厘米，残高 15.5 厘米。（图七二，4；图七三，1；图版一七，5）标本 T424H103：2，夹砂深灰陶，折沿，方唇，沿面呈凹弧形，敛口，垂腹，圜底，下附三角形足，足上有两个按窝，上腹部饰弦纹，下腹部饰菱形方格纹，纹饰清晰。口径 10.4 厘米，残高 15.5 厘米。（图七二，5；图七三，2；图版一七，6）标本 T50H76：35，夹砂深灰陶，折沿，方唇，沿面斜直，敛口，垂腹，圜底，下附三角形足，腹部饰弦纹，底部素面。口径 13.6 厘米，腹径 16.8 厘米，高 18.8 厘米。（图七二，6；图版一七，2）标本 T50H76：17，残，泥质灰陶，侈口，折沿，舌唇，沿面呈凹弧形，敛口，鼓腹，圜底，下附三角形扁足，中腹部有二周凹弦纹，下腹部饰篮纹。口径 20.4 厘米，腹径 23 厘米，高 25 厘米。（图七二，7；彩版一三，1）

Ⅱ型：2 件。圆腹。折沿，方唇，沿面呈凹弧形，敛口，圜底，下附三角形足，鼎足上有按窝，饰方格纹。标本 T50H76 下：36，夹砂灰陶，残，侈口，折沿，方唇，敛颈，敛口处有折棱，饰正方形方格纹，圜底，纹饰清晰规整，下附三个鼎足。口径 13.2 厘米，腹径 18 厘米，残高 19.6 厘米。（图七二，1；图七三，3；图版一七，4）标本 T24H31：8，夹砂灰陶，残，侈口，折沿，圆唇，沿面呈凹弧形，敛口，敛颈，敛口处有折棱，饰菱形方格纹，纹饰清晰规整，圆腹，圜底，下附三个鼎足，鼎足上有三个按窝。口径 13.2 厘米，腹径 16 厘米，残高 16 厘米。（图七二，2；图七三，4；图版一八，1）

Ⅲ型：1 件。盆形。标本 T89H141：7，折沿，圆唇，敛口，腹较直，圜底，下附三角形鼎足，鼎足上有两个按窝，口沿下饰三周凹弦纹，腹部饰篮纹。口径 17.6 厘米，腹径 16.4 厘米，高 16.8 厘米。（图七二，

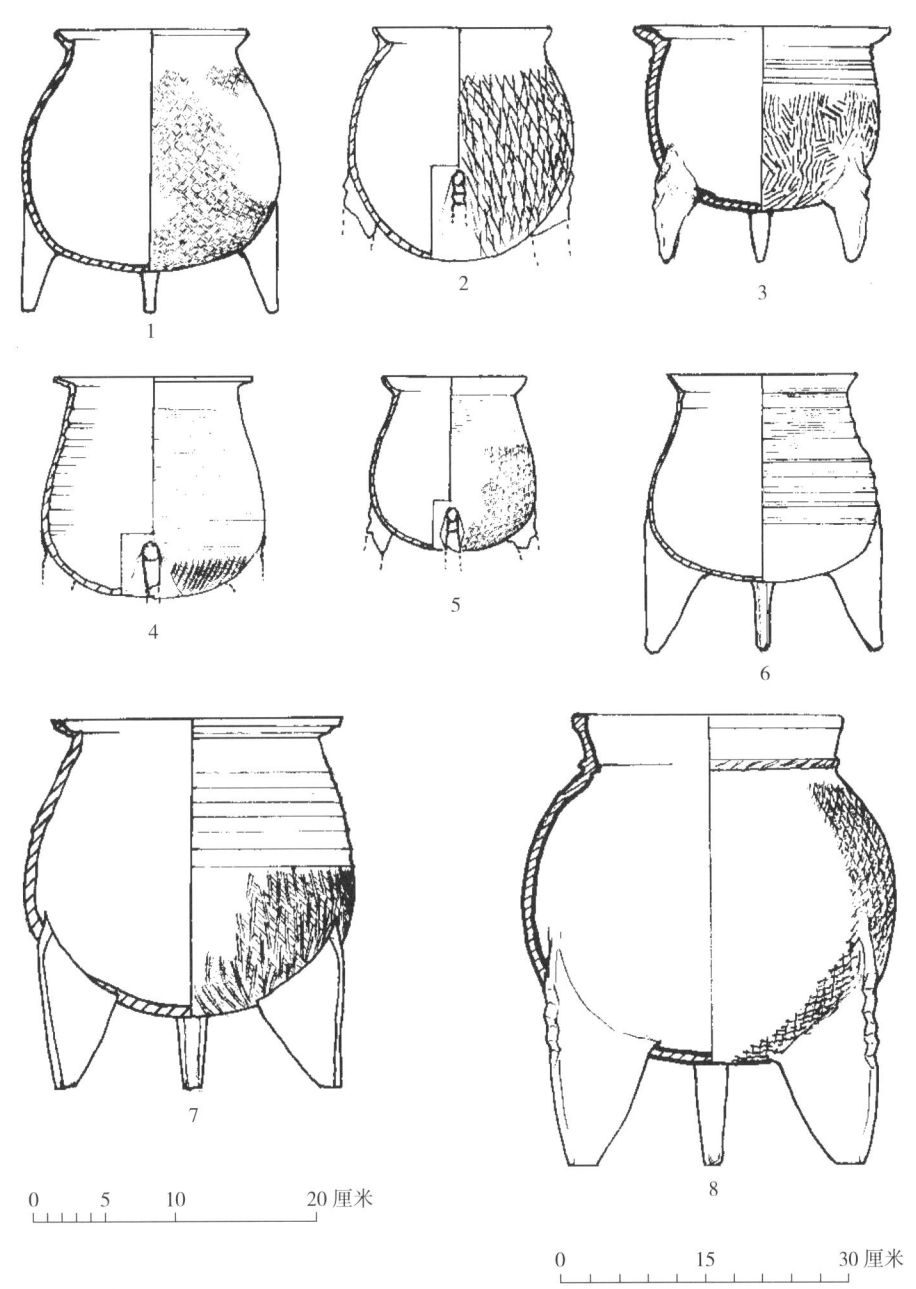

图七二 龙山文化三期陶鼎

1、2. Ⅱ型（T50H76下：36、T24H31：8） 3. Ⅲ型（T89H141：7）

4～7. Ⅰ型（T426H101 ②：32、T424H103：2、T50H76：35、T50H76：17） 8. Ⅳ型（T21H32：2）

3；图七三，5；图版一七，3）

Ⅳ型：1件。高领圆腹。标本 T21H32：2，高领，方唇，敛口，口腹间有一周附加堆纹，圆腹，圈底，下附扁梯形足，鼎足上有三个按窝。口径 28.8 厘米，腹径 39.6 厘米，高 46.8 厘米。（图七二，8；图七三，6；图版一七，1）

另有鼎足 1 件，下端残，高足。标本 T2H35，夹砂棕灰陶，侧装扁三角形，断面为弧边长方形，饰方格纹，鼎足上有两个按窝。残高 10 厘米。

甗 9 件。夹砂灰陶，是龙山文化三期新出现的炊器。根据形制可分五型。

　　Ⅰ型：3件。乳足。标本T50H76：39，侈口，折沿，方唇，沿面呈弧形，腹部饰绳纹，下为袋状乳足，饰绳纹。口径36.6厘米，腹径31.2厘米，高54.2厘米。（图七四，1）标本T50H76：12，夹砂灰陶，侈口，沿面呈凹弧形，舌唇，敛颈，腰部内收，下附三个袋状乳足，饰竖绳纹，腹部间饰弦纹，纹饰清晰。口径32厘米，高51.3厘米。（图七四，2）标本T50H76：13，残，泥质灰陶，侈口，折沿，圆唇，饰竖绳纹，上部间饰三周凹弦纹，下附三个袋状乳足。口径33.6厘米，高50.4厘米。（图七四，3；图七五，4；彩版一三，3）

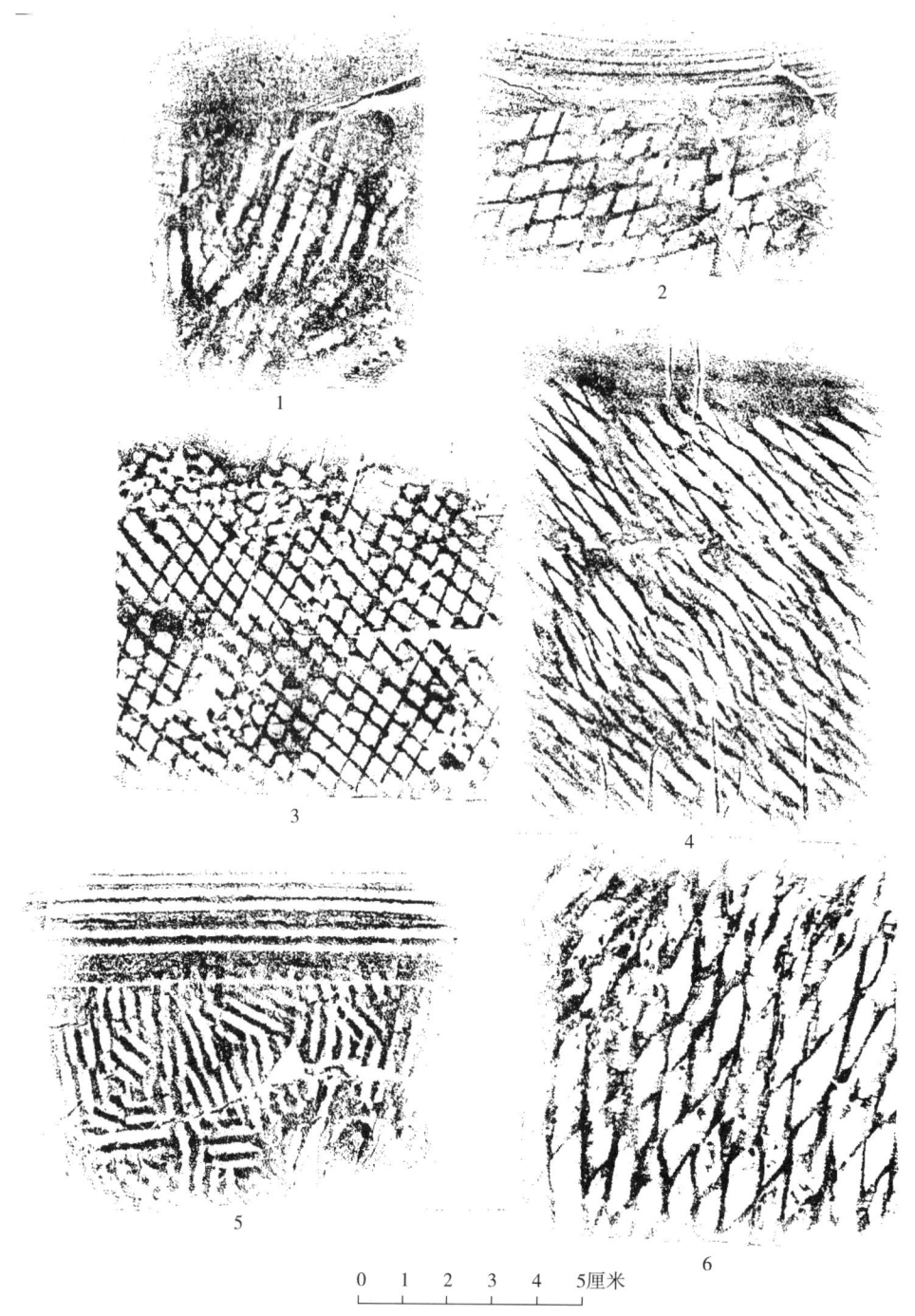

0　1　2　3　4　5厘米

图七三　龙山文化三期陶鼎纹饰拓片

1、2. Ⅰ型（T426H101②：32、T424H103：2）　3、4. Ⅱ型（T50H76下：36、T24H31：8）

5. Ⅲ型（T89H141：7）　6. Ⅳ型（T21H32：2）

Ⅱ型：1件。卷沿。标本 T50H76∶38，侈口，卷沿，圆唇，沿面有凹槽，饰绳纹，间饰二周弦纹，袋状乳足。口径 32 厘米，腹径 29.6 厘米，高 50.8 厘米。（图七四，4；图七五，1、2；图版一九，2）

Ⅲ型：1件。袋足。标本 T424H94∶4，侈口，折沿，方唇，唇部有凹槽，外高内低，腹部饰方格纹，袋状足，饰绳纹。口径 32.8 厘米，腹径 31.6 厘米，高 52.4 厘米。（图七四，5；图七六，1、2；图版一九，1）

Ⅳ型：1件。折沿。标本 T50H76 下∶14，夹砂灰陶，侈口，折沿，沿面呈凹弧形，圆唇，敛颈，上腹部外鼓，下腹部斜收，饰篮纹，腰部内收，鬲腰较直，有三周弦纹，袋状足残。口径 32 厘米，残高 28.8 厘米。（图七五，3；图七七，1；图版一九，6）

Ⅴ型：3件。双唇折沿。标本 T28H44∶1，残，侈口，折沿，圆唇，腹部饰篮纹，间饰四周凹弦纹，袋状足残缺。口径 32 厘米，腹径 31.2 厘米，残高 35.2 厘米。（图七六，3；图七七，3；图版一九，4）标本

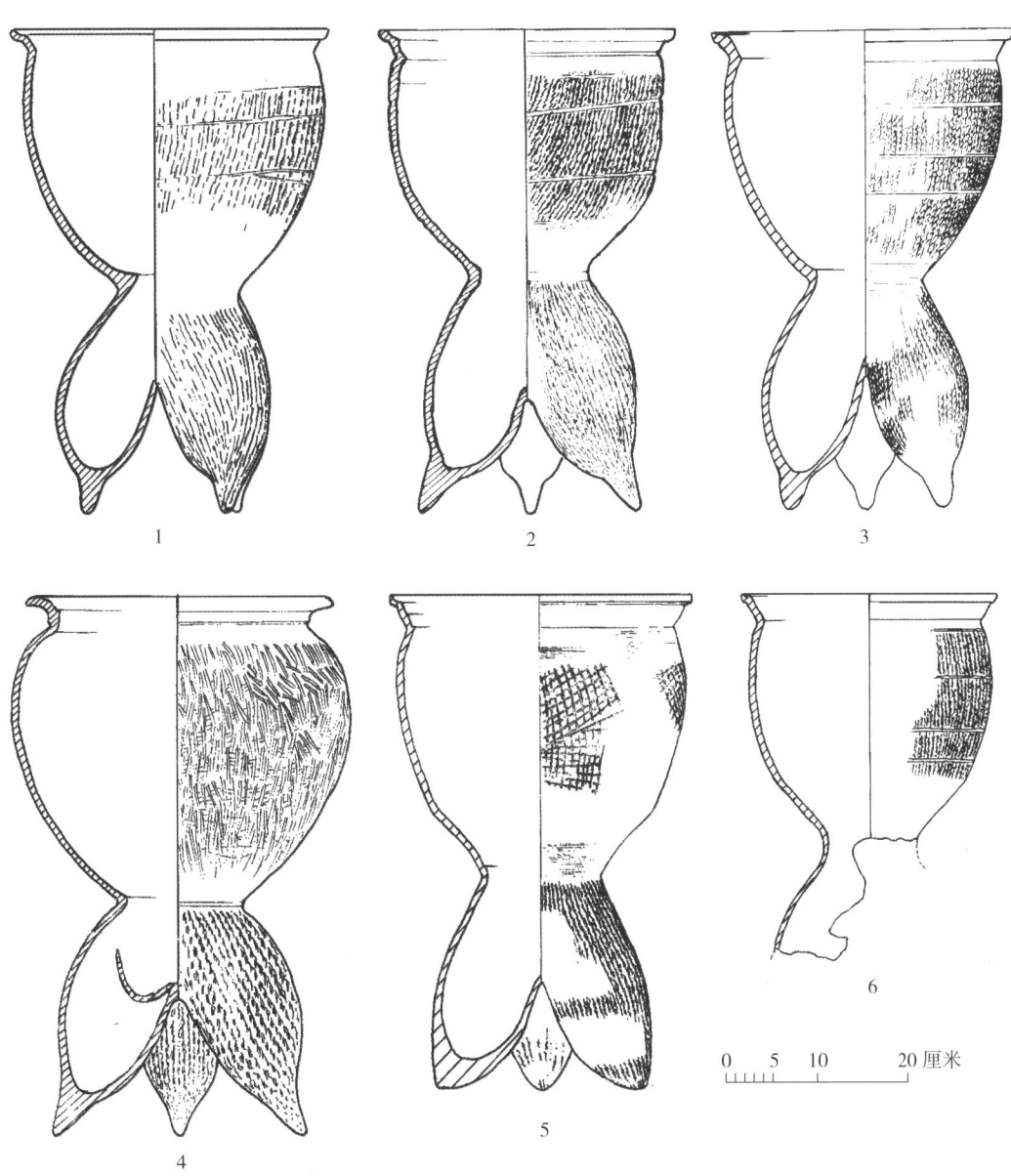

图七四　龙山文化三期陶鬲

1~3. Ⅰ型（T50H76∶39、T50H76∶12、T50H76∶13）　4. Ⅱ型（T50H76∶38）

5. Ⅲ型（T424H94∶4）　6. Ⅴ型（T426H91∶7）

T24H31：7，侈口，折沿，方唇，唇部有凹槽，外低内高，腹部饰方格纹，袋状足残缺。口径28.4厘米，腹径28厘米，残高28厘米。（图七六，5；图七七，2；图版一九，5）标本T426H91：7，侈口，折沿，方唇，唇部有凹槽，外高内低，腹部饰绳纹，间饰四周凹弦纹，袋状足残缺，素面。口径28厘米，腹径26.8厘米，残高38厘米。（图七四，6；图七六，4；图版一九，3）

甑箅　1件。标本T89④：32，残，矮筒形，直口，直腹，圜底。正中有1个圆形孔，周围有9个圆形孔，底周有16个尖角，角间呈凹弧形。口径16.4厘米，底径19.2厘米，高4.4厘米。（图七七，4；图版二二，5、6）

罐　20件。夹砂陶，饰方格纹、绳纹或篮纹，亦有素面。从形制看可分五型。

Ⅰ型：8件。双唇。折沿，唇沿内高外低，敛口，鼓腹，平底或圜底内凹，多饰方格纹，有的饰篮纹。标本T14H20：1，夹砂灰陶，残，侈口，折沿，双唇，沿面呈凹弧形，敛颈，内口处有圆形折棱，圆肩上部为素面，有三周弦纹，腹微鼓，小平底，饰菱形方格纹，纹饰清晰，纹间饰弦纹。口径24.5厘米，腹径29.2厘米，底径9厘米，高32厘米。（图七八，1；图七九，1；图版一八，2）标本T424H103：1，夹砂灰陶，残，侈口，折沿，双唇，唇部凹槽外低内高，沿面呈凹弧形，敛颈，内口处有圆形折棱，圆肩，肩的上部为素面，有二周弦纹，鼓腹，圜底内凹，饰菱形方格纹，纹饰清晰。口径20厘米，腹径22.4厘米，底径8厘米，高27.6厘米。（图七八，2；图七九，2；彩版一三，2）标本T424H94：1，夹砂灰陶，残，侈口，

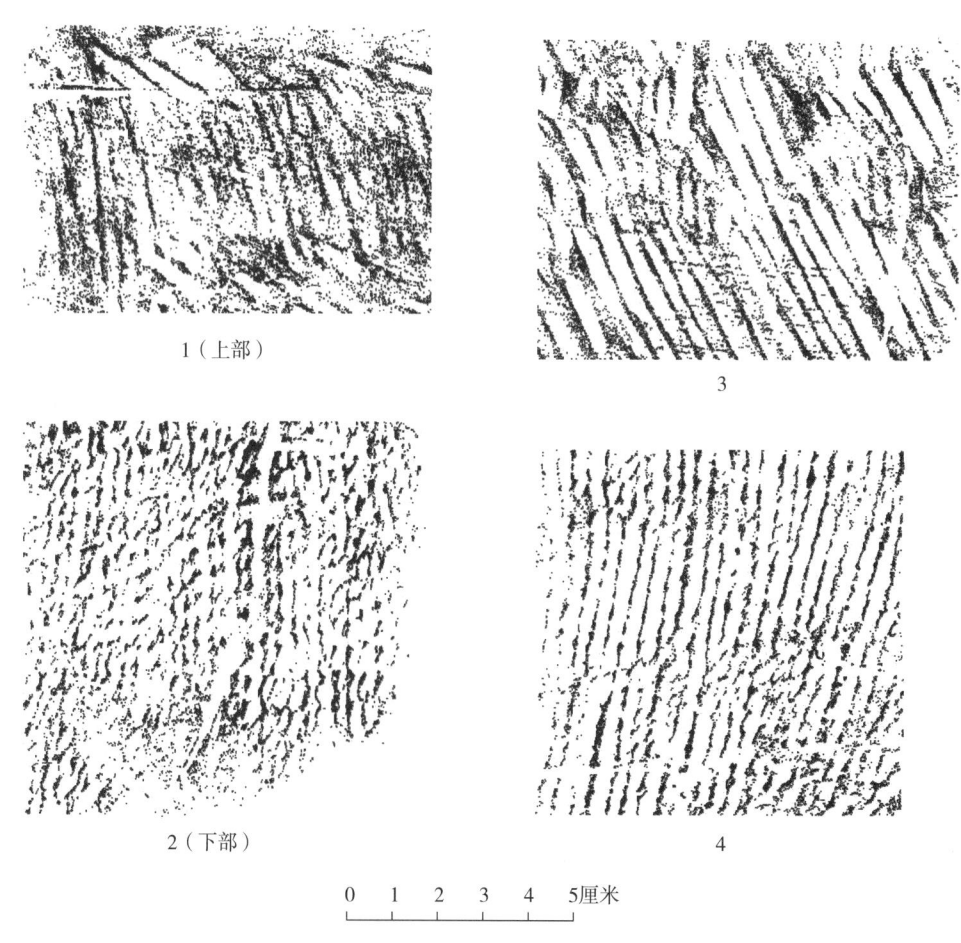

1（上部）

2（下部）

3

4

0　1　2　3　4　5厘米

图七五　龙山文化三期陶甗纹饰拓片

1、2.Ⅱ型（T50H76：38）　3.Ⅳ型（T50H76下：14）　4.Ⅰ型（T50H76：13）

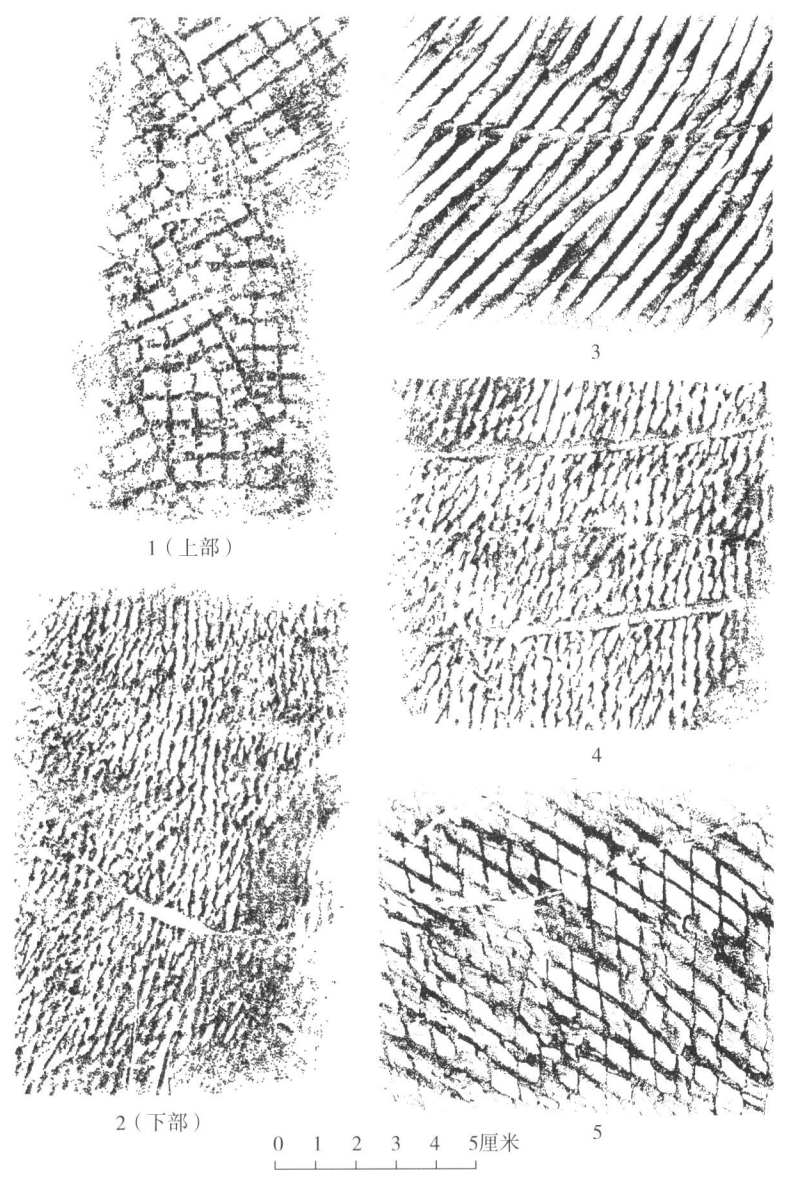

图七六　龙山文化三期陶甗纹饰拓片

1、2. Ⅲ型（T424H94：4）　3. Ⅴ型（T28H44：1）　4. Ⅴ型（T426H91：7）　5. Ⅴ型（T24H31：7）

折沿，双唇，唇部凹槽外低内高，沿面呈凹弧形，敛颈，内口处有圆形折棱，圆肩，肩的上部为素面，鼓腹，圜底内凹，饰菱形方格纹，纹饰不规整。口径 14.4 厘米，腹径 18.4 厘米，底径 6 厘米，高 20.8 厘米。（图七八，3；图七九，3；图版一八，3）标本 T424H95：4，夹砂灰陶，残，侈口，折沿，双唇，唇部凹槽外低内高，沿面较直，敛颈，内口处有圆形折棱，圆肩，肩的上部为素面，鼓腹，平底，饰菱形方格纹，纹饰清晰规整。口径 13.6 厘米，腹径 16.8 厘米，底径 6.4 厘米，高 18.8 厘米。（图七八，4；图七九，4；图版一八，4）标本 T426H101 ①：7，夹砂灰陶，残，侈口，折沿，双唇，沿面呈凹弧形，敛颈，内口处有折棱，肩部素面，腹微鼓，饰方格纹，纹饰清晰，平底。口径 14.4 厘米，腹径 18 厘米，底径 6 厘米，高 21.2 厘米。（图七八，5；图八一，5；图版一八，5）标本 T424H99：4，夹砂灰陶，残，侈口，折沿，双唇，唇部凹槽外低内高，沿面呈凹弧形，敛颈，内口处有圆形折棱，圆肩，肩的上部为素面，鼓腹，圜底内凹，饰竖篮纹，纹饰清晰规整。口径 14 厘米，腹径 16.4 厘米，底径 6 厘米，高 20 厘米。（图七八，6；图七九，

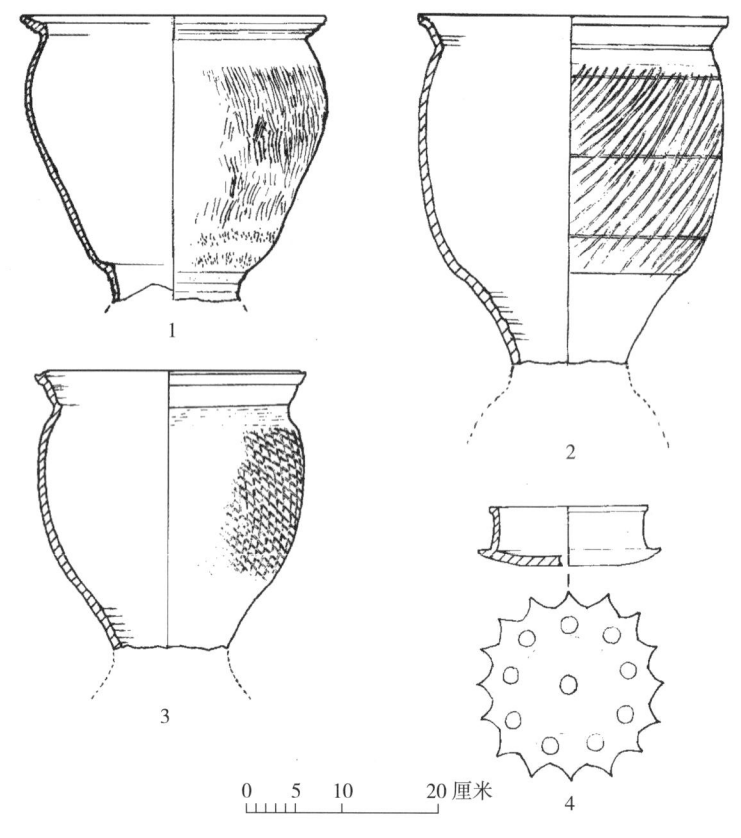

图七七　龙山文化三期陶甗、甑箅
1. Ⅳ型甗（T50H76 下：14）　2、3. Ⅴ型甗（T24H31：7、T28H44：1）　4. 甑箅（T89④：32）

5；图版一八，6）标本 T24H31：12，夹砂灰陶，残，侈口，折沿，双唇，唇部凹槽外低内高，沿面呈凹弧形，敛颈，内口处有圆形折棱，圆肩，肩的上部为素面，鼓腹，圜底内凹，饰竖篮纹，纹饰清晰规整。口径12厘米，腹径17.2厘米，底径8厘米，高22厘米。（图七八，7；图版二〇，1）标本 T426H91：2，夹砂灰陶，残，侈口，折沿，双唇，唇部凹槽外低内高，沿面呈凹弧形，敛颈，内口处有圆形折棱，圆肩，肩的上部为素面，鼓腹，圜底内凹，上部饰竖篮纹，下部饰方格纹，纹饰清晰规整。口径13.2厘米，腹径19.6厘米，底径6厘米，高19.2厘米。（图七八，8；图七九，6）

Ⅱ型：2件。双唇圜底绳纹。标本 T426H101①：6，夹砂黑灰陶，残，侈口，折沿，双唇，凹槽唇部两侧外窄内宽，高度相同，敛颈，颈部为素面，鼓腹，圜底内凹，饰绳纹。口径19.2厘米，腹径23.2厘米，底径8厘米，高26.4厘米。（图八〇，1；图八一，1；图版二〇，2）标本 T50H76：44，夹砂灰陶，残，侈口，折沿，双唇，唇面凹弧两侧外窄内宽，等高，沿面呈凹弧形，敛颈，内口处有折棱，腹微鼓，圜底内凹，饰绳纹，纹饰清晰。口径16.8厘米，腹径22厘米，底径8.8厘米，高25.2厘米。（图八〇，2；图八一，2；图版二〇，3）

Ⅲ型：2件。双唇方格纹。标本 T2H35：15，夹砂黑灰陶，残，侈口，折沿，双唇，沿面呈凹弧形，敛颈，内口处有折棱，肩部素面，鼓腹，饰菱形方格纹，纹饰清晰，圜底内凹，底部纹饰较乱。口径16.8厘米，腹径19.2厘米，底径8厘米，高22厘米。（图八〇，3；图八一，6；图版二〇，4）标本 T424H103：9，夹砂灰陶，残，侈口，折沿，双唇，沿面微弧，敛颈，内口处有折棱，肩部素面，腹微鼓，小平底，饰方格纹，纹饰清晰。口径14厘米，腹径16.8厘米，底径6厘米，高20.4厘米。（图八〇，8；图八一，7、8；

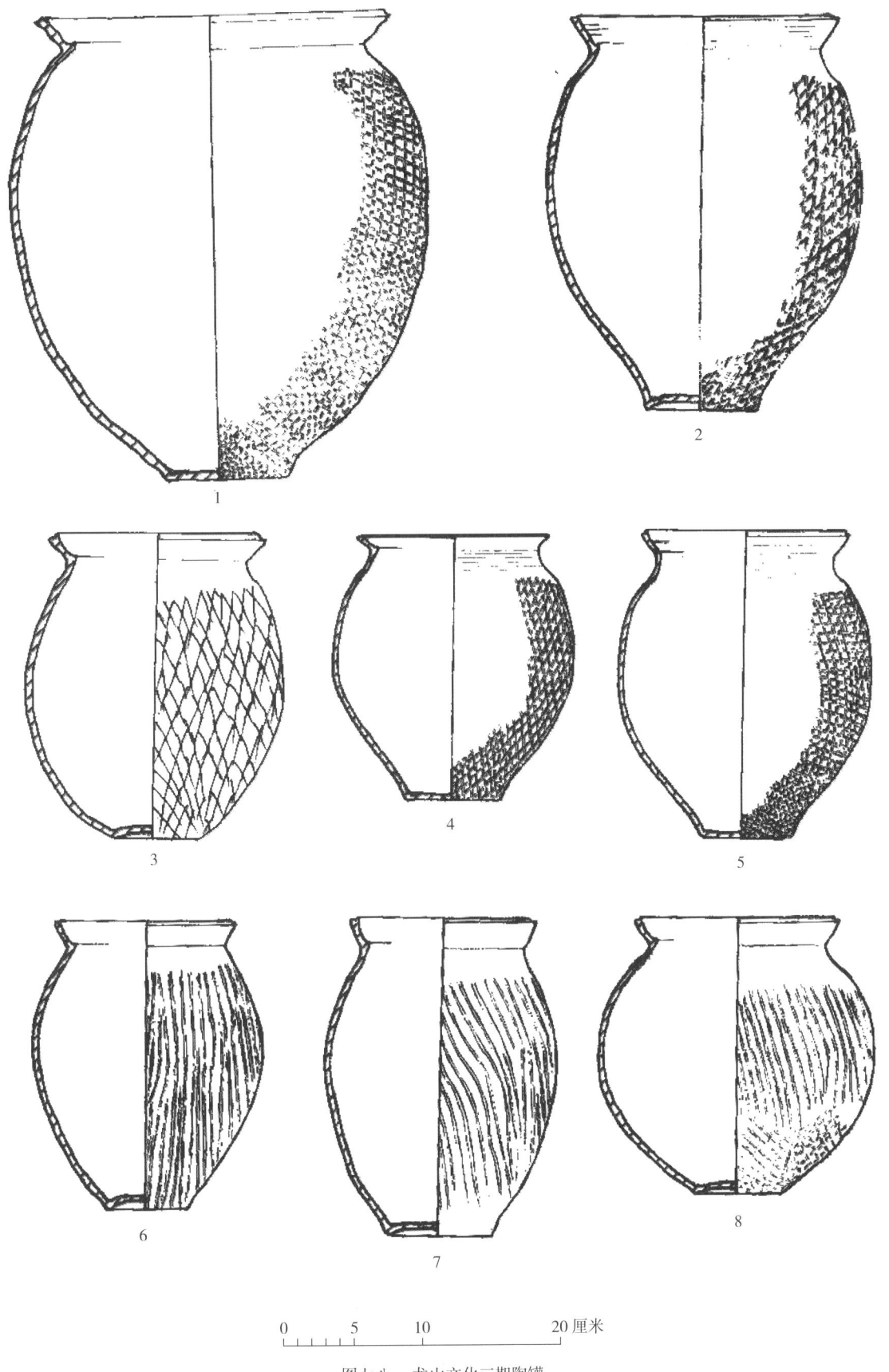

图七八 龙山文化三期陶罐

1~8. Ⅰ型（T14H20：1、T424H103：1、T424H94：1、T424H95：4、T426H101①：7、T424H99：4、T24H31：12、T426H91：2）

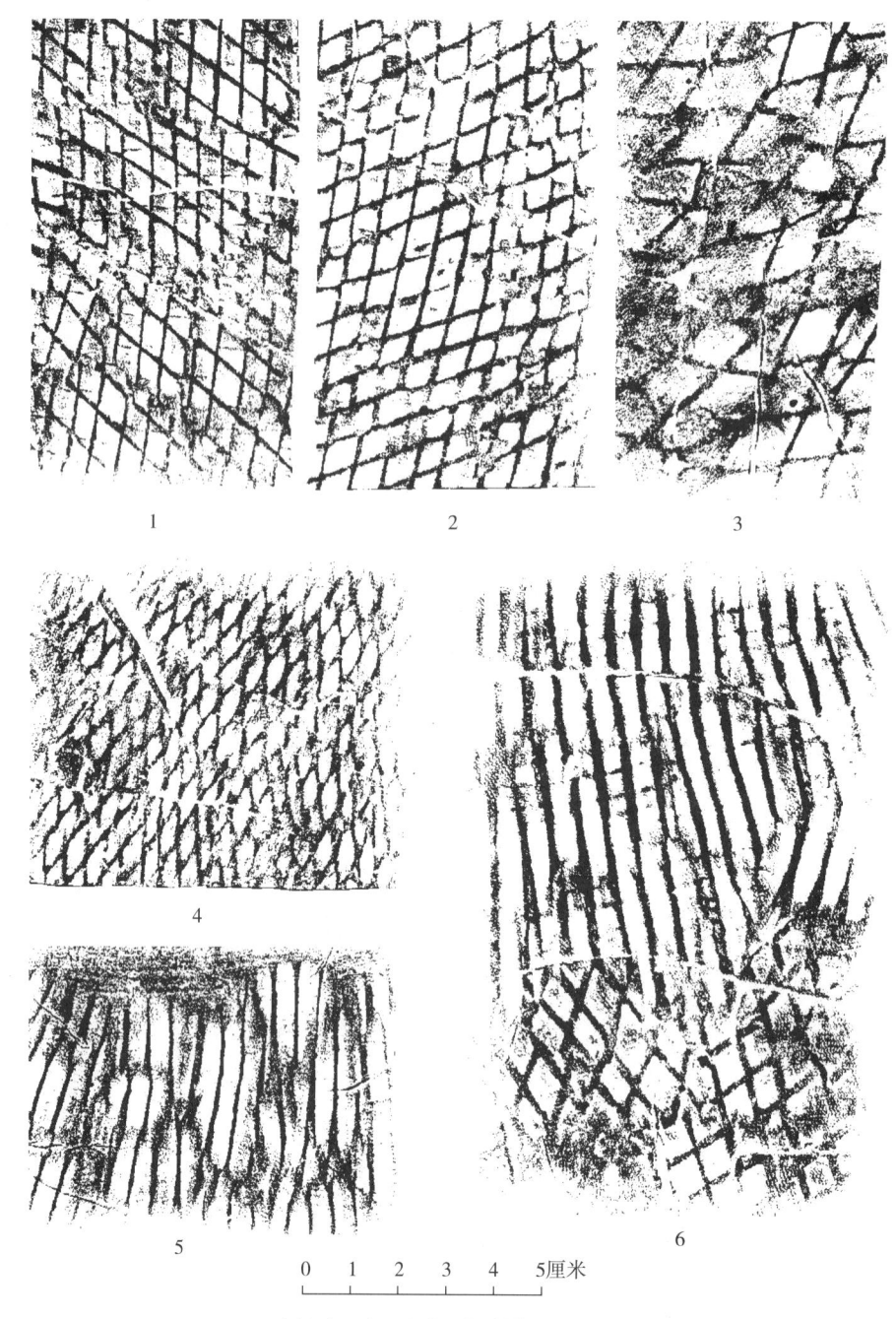

图七九　龙山文化三期陶罐纹饰拓片

1~6. Ⅰ型（T14H20：1、T424H103：1、T424H94：1、T424H95：4、T424H99：4、T426H91：2）

图版二〇，5）

Ⅳ型：4件。双唇方格纹平底。标本 T19H13：17，残，泥质灰陶，侈口，折沿，双唇，唇部有折棱，沿面斜直并有一周凹弧，敛颈，鼓腹，上腹部间以弦纹，中、下腹部拍印绳纹，纹饰较浅，圜底内凹，底部拍印绳纹。口径 16.9 厘米，底径 7.6 厘米，高 22 厘米。（图八〇，5；图版二一，1）标本 T424H95：5，夹砂灰陶，残，侈口，折沿，双唇，唇部外低内高，沿面呈凹弧形，敛颈，内口处有圆形折棱，圆肩，肩的上部为素面，鼓腹，平底，饰菱形方格纹，纹饰清晰规整。口径 12.4 厘米，腹径 16 厘米，底径 5.6 厘米，高 19.2 厘米。（图八〇，9；图八一，9；图版二一，3）标本 T11H43：2，夹砂灰陶，残，侈口，折沿，双唇，唇

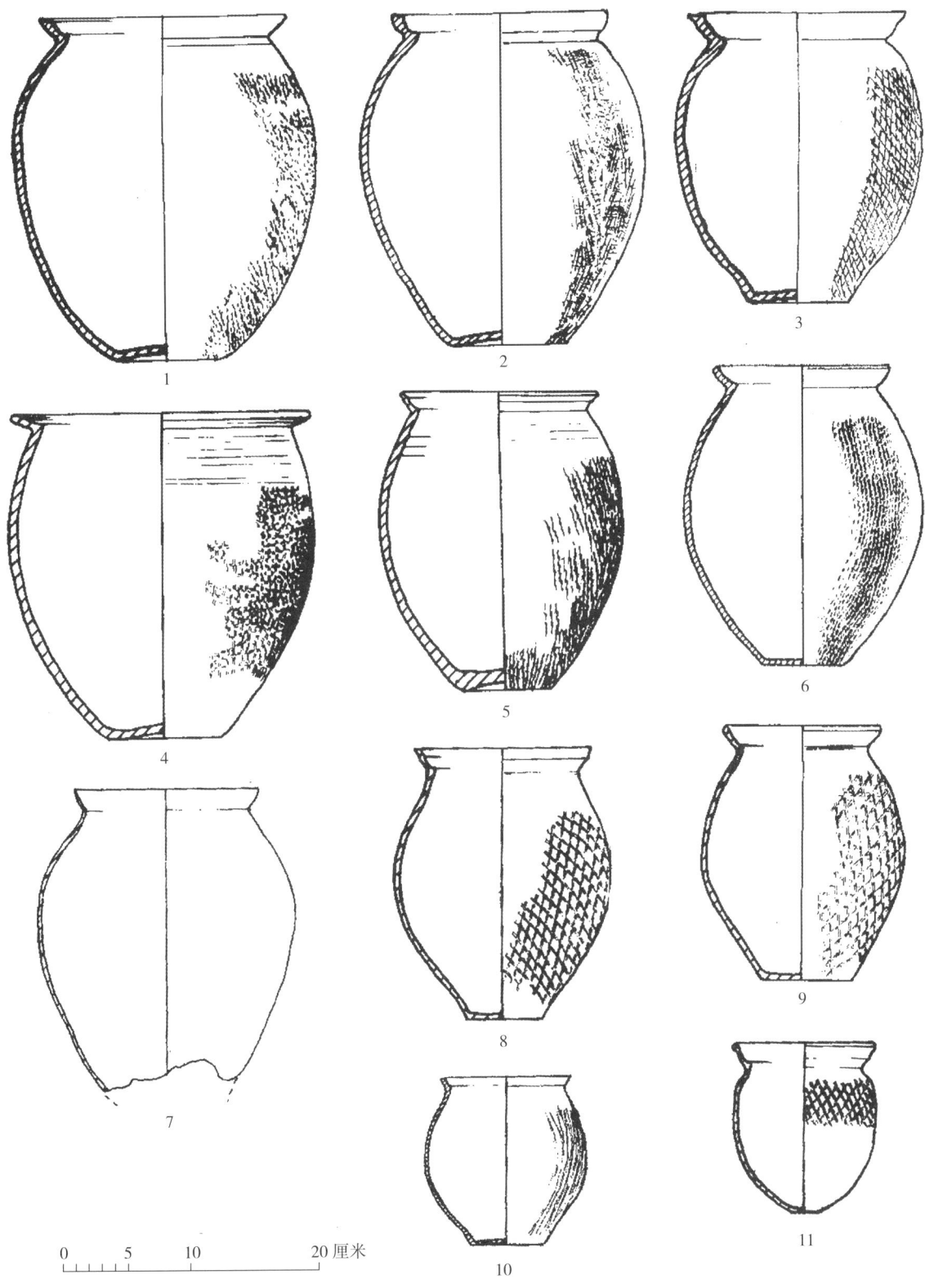

图八〇 龙山文化三期陶罐

1、2. Ⅱ型（T426H101①：6、T50H76：44） 3、8. Ⅲ型（T2H35：15、T424H103：9）

4、7、10. Ⅴ型（T50H76：16、T426H91：6、T426H101②：51）

5、6、9、11. Ⅳ型（T19H13：17、T24H31：6、T424H95：5、T11H43：2）

部外低内高，沿面呈凹弧形，敛颈，内口处有圆形折棱，圆肩，鼓腹，小平底，上部饰菱形方格纹，纹饰清晰规整。口径11.2厘米，腹径10.4厘米，底径6.4厘米，高12.4厘米。（图八〇，11；图八一，10；图版二一，4）标本T24H31：6，夹砂灰陶，残，侈口，折沿，双唇，沿面呈凹弧形，敛颈，内口处有折棱，肩部素面，腹微鼓，饰竖绳纹，纹饰清晰，圜底内凹。口径13.6厘米，腹径18.8厘米，底径6厘米，高22.4厘米。（图八〇，6；图版二一，2）

　　V型：4件。圆唇方格纹圜底。标本T426H91：6，夹砂灰陶，残，侈口，折沿，圆唇，沿面呈凹弧形，敛颈，内口处有圆形折棱，圆肩，肩的上部为素面，鼓腹，底残，饰竖篮纹，纹饰不规整。口径14厘米，腹径20厘米，残高22.4厘米。（图八〇，7；图版二一，6）标本T426H101②：51，夹砂灰陶，残，侈口，折沿，圆唇，沿面斜直，敛颈，内口处有折棱，肩部素面，腹微鼓，饰竖篮纹，纹饰清晰，圜底内凹。口径10厘米，腹径12.4厘米，底径5.4厘米，高12.8厘米。（图八〇，10；图八一，3；图版二二，1）标本T50H76：16，残，泥质黑陶，折沿，圆唇，唇部有折棱，沿面微凹，并有一周凹弧，敛颈，鼓腹，上腹部间以弦纹，磨光，中、下腹部拍印篮纹，纹饰较浅，圜底内凹，底部拍印篮纹。口径23厘米，底径9厘米，高

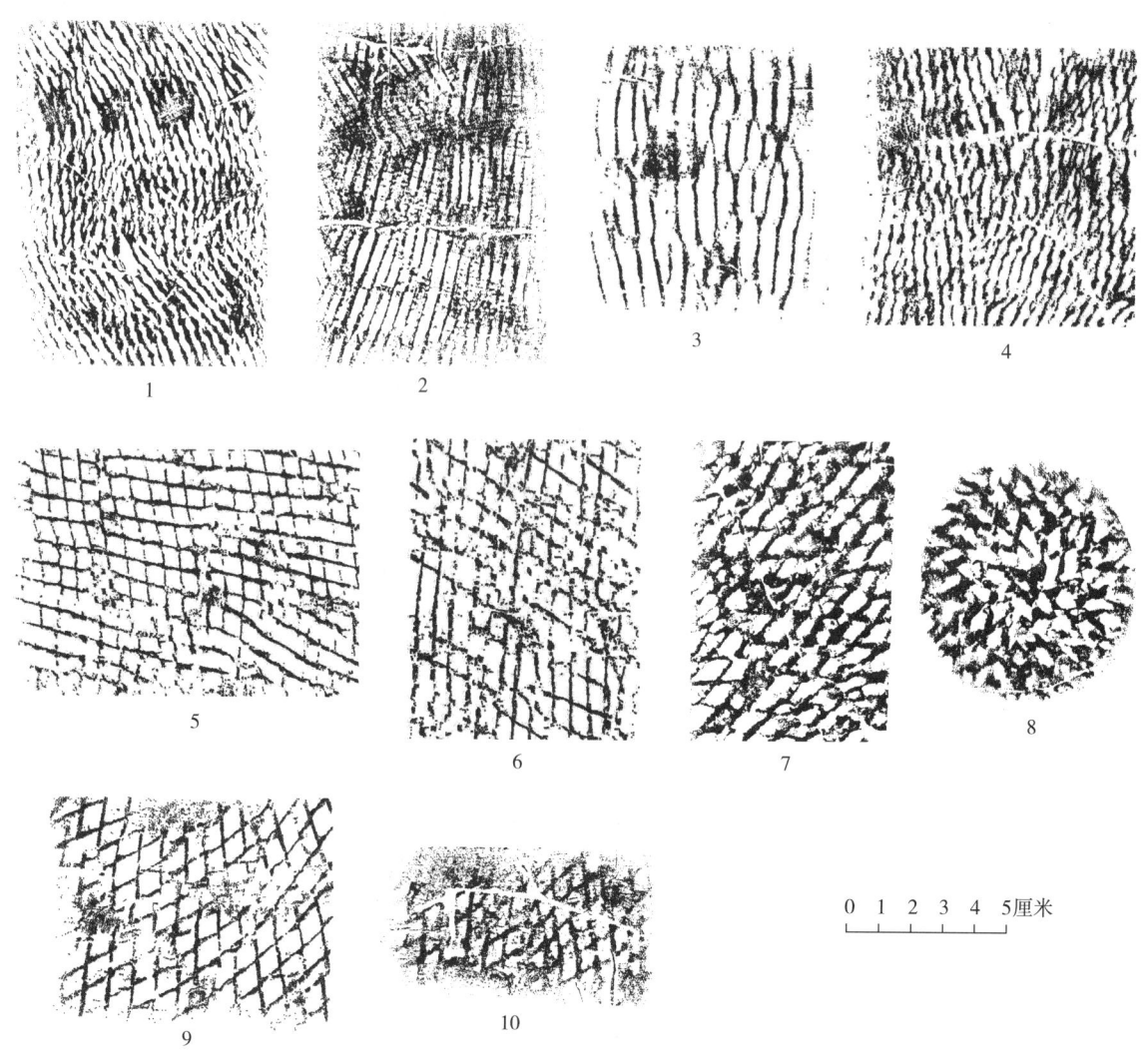

图八一　龙山文化三期陶罐纹饰拓片

1、2. Ⅱ型（T426H101①：6、T50H76：44）　3、4. V型（T426H101②：51、T24H31：6）　5. Ⅰ型（T426H101①：7）

6~8. Ⅲ型（T2H35：15、T424H103：9腹、T424H103：9底）　9、10. Ⅳ型（T424H95：5、T11H43：2）

24厘米。（图八〇，4；图版二一，5）标本T24H31：6，残，泥质灰陶，折沿，圆唇，沿面微凹，敛颈，口部有折棱，鼓腹，上腹部素面，中、下腹部拍印竖绳纹，纹饰清晰，平底，底部拍印绳纹。口径13.3厘米，底径6.4厘米，高22.4厘米。（图八一，4；图八二；图版二二，2）

高领罐　2件。标本T424H99：6，夹砂灰陶，残，口微侈，折沿，圆唇，高领，敛颈，圆肩，腹微鼓，饰篮纹，纹饰清晰，间饰凹弦纹，下腹部微敛，素面，平底内凹。口径17.5厘米，底径11厘米，高35.5厘米。（图八三，2；图版二二，4）标本T90H141：8，泥质黑陶，残，小口，圆唇，高领，圆肩，鼓腹，高领饰弦纹，肩腹部饰二周凹弦纹，下腹部微敛，底残。口径9厘米，腹径17.2厘米，残高10厘米。（图八三，1；图版二二，3）

盆　16件。根据形制可分七型。

Ⅰ型：5件。侈口大平底。标本T425H114：24，口微侈，圆唇，壁较直，大平底。口径32厘米，底径30厘米，高8.8厘米。（图八四，1；图版二三，1）标本T425H114：30，侈口，舌唇，斜壁，大平底。口径30.8厘米，底径26.4厘米，高7.2厘米。（图八四，2；图版二三，2）标本T44③A：12，侈口，圆唇，斜壁，大平底。口径30厘米，底径25厘米，高7.5厘米。（图八四，3；图版二三，3）标本T425H114：18，泥质黑陶，侈口，圆唇，斜壁，大平底。口径30.8厘米，底径26.4厘米，高7.2厘米。（图八四，4；图版二三，4）标本T426H101②：9，口微侈，圆唇，壁微斜，大平底。口径22.4厘米，底径21.6厘米，高9.2厘米。（图八四，5；图版二三，5）

Ⅱ型：1件。直腹。标本T89H141：9，侈口，舌唇，直腹，直壁筒腹，腹部有三周瓦纹，大平底。口径22.4厘米，腹径18.4厘米，底径17.6厘米，高约9厘米。（图八四，6；图版二三，6）

Ⅲ型：3件。敛口。标本T50H76：9，残，泥质黑陶，口稍敛，方唇，中下腹部斜直，平底，盆壁内外有弦纹，底部有三周同心圆。口径29.6厘米，底径14.4厘米，高8.8厘米。（图八五，3；图版二四，2）

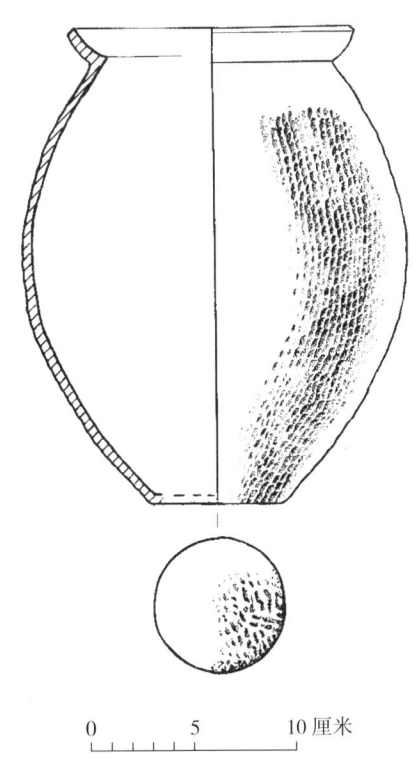

图八二　龙山文化三期Ⅴ型陶罐（T24H31：6）

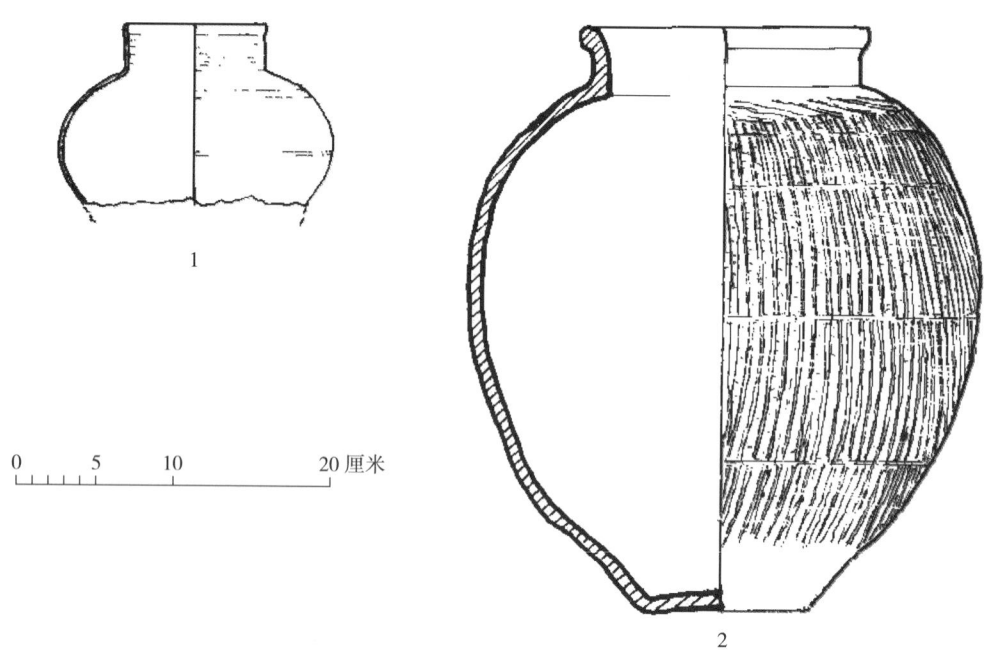

图八三　龙山文化三期陶高领罐

1.T90H141：8　2.T424H99：6

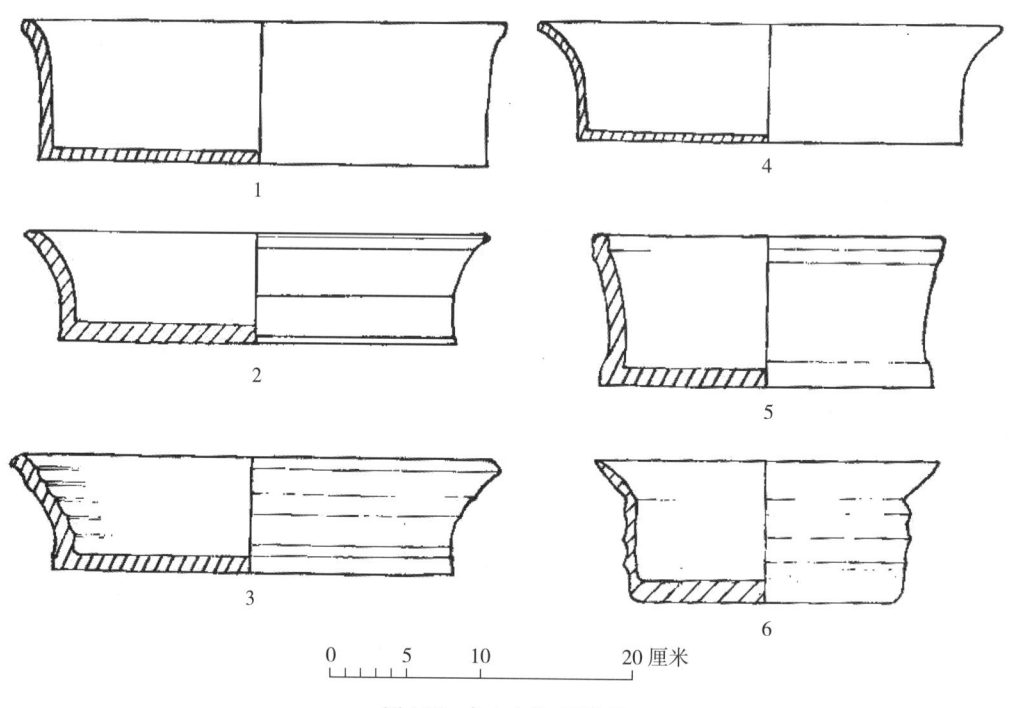

图八四　龙山文化三期陶盆

1~5．Ⅰ型（T425H114：24、T425H114：30、T44③A：12、T425H114：18、T426H101②：9）6．Ⅱ型（T89H141：9）

标本T425H114：29，敛口，圆唇，弧腹，腹内壁有五周凹弦纹，大平底。口径26.4厘米，腹径26.8厘米，高10厘米。（图八五，4；图版二四，4）标本T426H101②：11，敛口，圆唇，斜腹，大平底。口径48厘米，腹径50厘米，底径34厘米，高14.8厘米。（图八五，9；图版二五，3）

　　Ⅳ型：2件。广口。标本T50H76：8，残，泥质灰陶，广口，唇部有凹槽，中下腹部斜直内敛，平底，盆内壁有凹弦纹。口径 33 厘米，底径 8.3 厘米，高 10.2 厘米。（图八五，1；图版二四，1）标本 T24H31∶11，泥质浅灰陶，广口，圆唇，腹为斜壁内收，内壁有四周弦纹，平底。口径 27.5 厘米，底径 11 厘米，高 11.3 厘米。（图八五，2；图版二四，3）

Ⅴ型：3 件。敞口。标本 T50H42∶9，圆唇，敞口，平底，壁内有六周凹弦纹。口径 30 厘米，腹径 19.2 厘米，高 7.6 厘米。（图八五，5；图版二四，5）标本 T424H99∶3，敞口，方唇，腹微弧，腹内外壁有数周凹弦纹，大平底。口径 20 厘米，底径 10.4 厘米，高 7.2 厘米。（图八五，6；图版二四，6）标本 T89④∶33，敞口，方唇，斜腹，腹的内壁有数周凹弦纹，大平底。口径 31.2 厘米，底径 20.8 厘米，高 12 厘米。（图八五，10；图版二五，4）

Ⅵ型：1 件。方唇敞口大平底。标本 T50H76∶7，方唇，折沿，敞口，平底，壁内有六周凹弦纹。口径

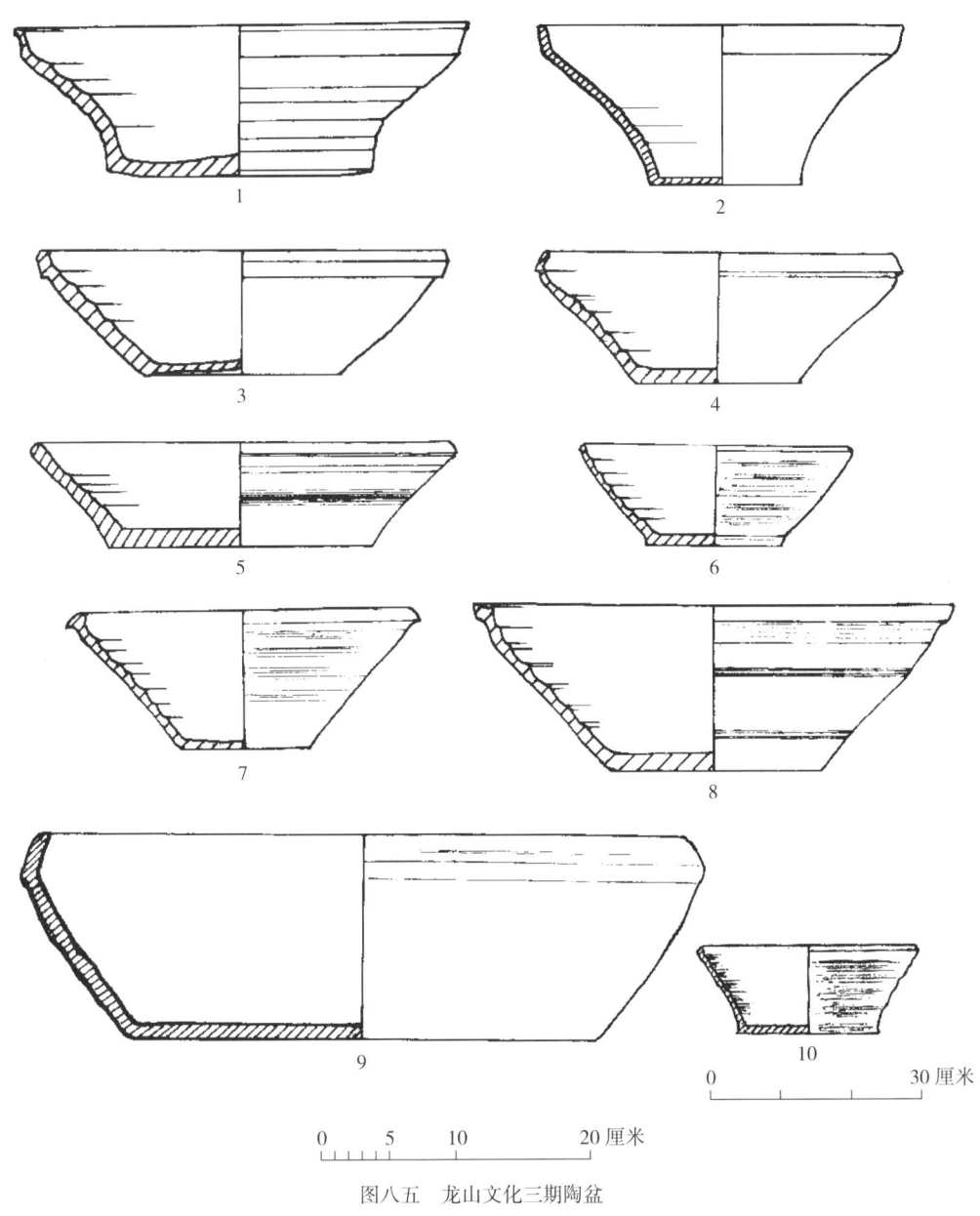

图八五　龙山文化三期陶盆

1、2. Ⅳ型（T50H76∶8、T24H31∶11）　3、4、9. Ⅲ型（T50H76∶9、T425H114∶29、T426H101②∶11）

5、6、10. Ⅴ型（T50H42∶9、T424H99∶3、T89④∶33）　7. Ⅶ型（T50H76∶10）　8. Ⅵ型（T50H76∶7）

36厘米，底径11.6厘米，高12厘米。（图八五，8；图版二五，2）

Ⅶ型：1件。广口平底。标本T50H76：10，尖圆唇，折沿，广口，平底，壁内有六周凹弦纹。口径24厘米，底径9.2厘米，高10厘米。（图八五，7；图版二五，1）

带流盆　5件。标本T90H142：6，泥质浅灰陶，侈口，有流，圆唇，腹为弧壁，腹内有四周凹弦纹，平底。口径21.5厘米，底径8.4厘米，高8.6厘米。（图八六，1；图版二六，1）标本T90H142：7，泥质浅灰陶，侈口，双唇，有流，斜壁，腹内有四周凹弦纹，平底。口径20.8厘米，底径9.6厘米，高8.8厘米。（图八六，2；图版二六，2）标本T47H77上：13，泥质浅灰陶，侈口，圆唇，有流，腹弧壁微敛，腹内有二周凹弦纹，平底。口径20.8厘米，底径10.8厘米，高10.5厘米。（图八六，3；图版二六，3）标本T14H20：1，泥质浅灰陶，侈口，圆唇，有流，流侧贴有圆形泥饼，腹弧壁，腹内有四周凹弦纹，平底。口径22厘米，底径10.8厘米，高10.5厘米。（图八六，4；图版二六，4）标本T426H101①：9，泥质浅灰陶，侈口，圆唇，有流，斜腹，腹内有七周凹弦纹，圜底内凹。口径27.5厘米，底径12.5厘米，高8.7厘米。（图八六，5；图版二六，5）

豆　3件。浅盘，细柄，喇叭状圈足。标本T2H35：14，残，泥质磨光黑陶，侈口，圆唇，浅盘，圜底，细柄，中有一凸弦纹，其下为六周凹弦纹，喇叭状圈足。盘口径19.6厘米，柄径5.2厘米，圈足径16厘米，高20.8厘米。（图八七，1；图版二五，5）标本T426H101②：8，残，泥质灰陶，盘内深灰色，盘外为浅灰色，侈口，圆唇，浅盘，圜底，盘壁内外有弦纹，盘外底部有篮纹，细柄，下为圈足，已残。盘口径22厘米，柄径7.2厘米，残高12厘米。（图八七，2；图版二五，7）标本T426H91：4，残，夹砂灰陶，侈口，圆唇，折腹，圜底，细柄，喇叭状圈足残。盘口径13.2厘米，柄径4厘米，残高13.2厘米。（图八七，3；图版二五，6）

圈足盘　13件。分二型。

Ⅰ型：6件。矮圈足。其中2件修复，4件残。标本T2H35：11，泥质磨光黑陶，残，侈口，圆唇，盘浅腹，平底，下附圈足微侈，圈足上有二周凸弦纹。口径44厘米，圈足径31.5厘米，高13.5厘米。（图八八，1；图版二七，1）标本T426H101②：34，泥质磨光黑陶，残，侈口，圆唇，浅腹，盘平底，下附圈足微侈，盘腹中部有一周凸弦纹，圈足上有一周凸弦纹。口径37厘米，圈足径27厘米，高14.5厘米。（图八八，3；图版二七，3）标本T47H70：1，泥质磨光黑陶，圈足下部残，侈口，圆唇，深腹，盘平底，下附圈足，已残，盘腹外部有一周凸弦纹。口径26.5厘米，圈足径17.8厘米，残高11.7厘米。（图八八，4；图版二七，4）标本T50H76：11，泥质磨光黑陶，圈足下部残，侈口，圆唇，深腹，盘平底，盘腹外部中间有凸弦纹一周，盘平底，圈足呈直筒状，下残。口径26.5厘米，圈足径20.5厘米，残高11.3厘米。（图八八，6；图版二七，5）标本T425H114：28，泥质磨光黑陶，圈足下部残，直口，圆唇，鼓腹，深腹，盘平底，盘内部口下有折棱，圈足微侈且下部残。口径29厘米，圈足径26.5厘米，残高6.5厘米。（图八八，5）标本T2H35：6-A-1，泥质磨光黑陶，残，侈口，圆唇，浅腹，盘平底，下附圈足微侈，圈足上有二周凸弦纹。口径26.8厘米，圈足径18厘米，高8.4厘米。（图八八，2；图版二七，2）

Ⅱ型：7件。高圈足。其中4件修复，3件残。标本T50H76：19，泥质磨光黑陶，已修复，侈口，圆唇，浅腹，圜底，下附高圈足，圈足饰弦纹，圈足呈直筒状且下部外侈。口径25.5厘米，圈足径24.5厘米，高31.3厘米。（图八九，1；图版二八，1）标本T426H101②：30，泥质磨光黑陶，已修复，侈口，圆唇，浅腹，圜底，下附高圈足微侈，盘内口下有一周弦纹，圈足上有二周弦纹。口径23.6厘米，圈足径20.8厘米，高27.6厘米。（图八九，2；图版二八，2）标本T426H101②：29，泥质磨光灰陶，盘已残，仅见下附高圈

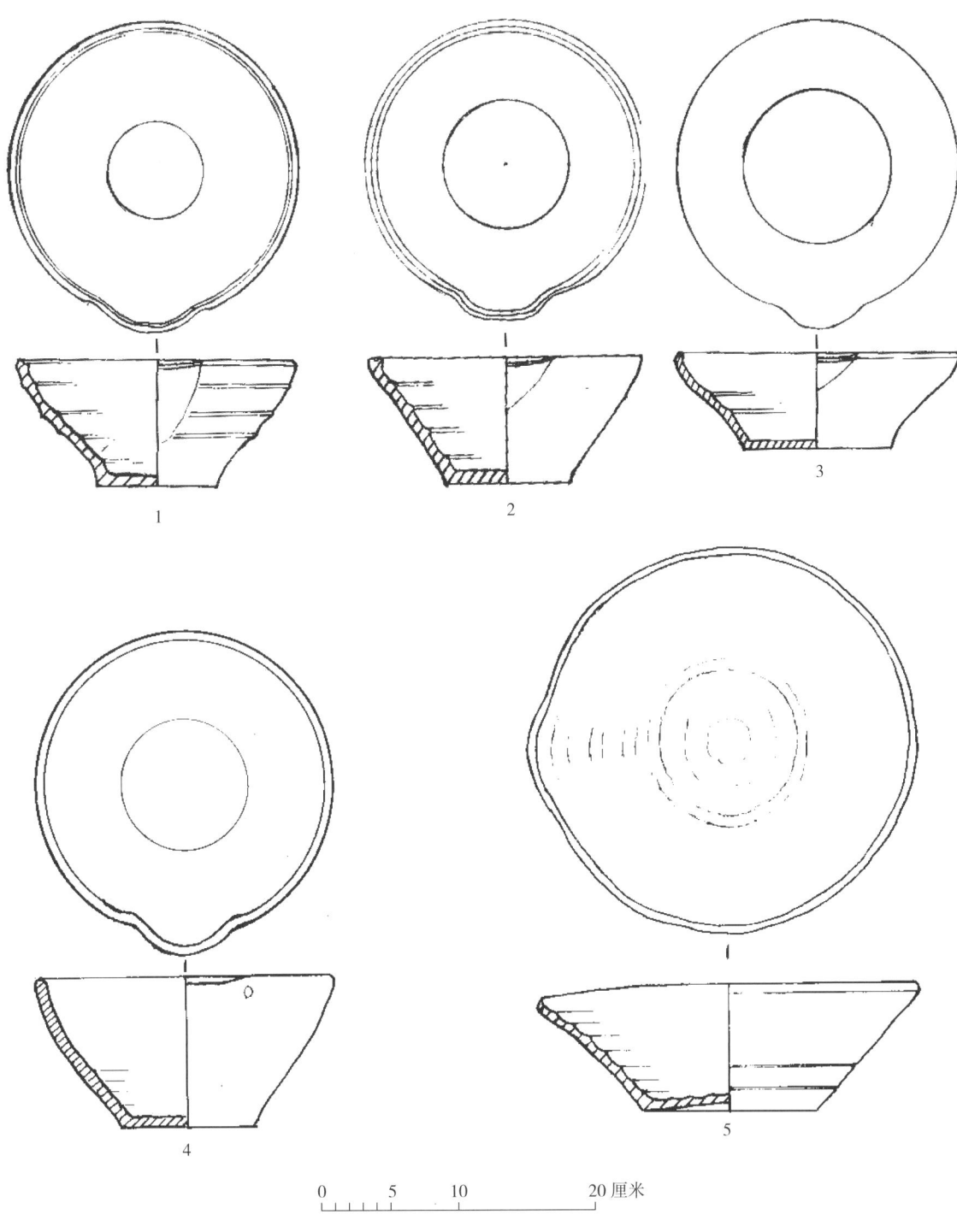

图八六 龙山文化三期陶带流盆

1. T90H142：6　2. T90H142：7　3. T47H77 上：13　4. T14H20：1　5. T426H101 ① ：9

足，圈足微侈，圈足有一周弦纹。圈足径 14 厘米，圈足底径 19.2 厘米，残高 27.2 厘米。（图八九，3；图版二八，3）标本 T50H76：18，泥质磨光黑陶，盘已残，仅见下附高圈足，圈足微侈，圈足有二周弦纹。圈足径 16 厘米，圈足底径 19.7 厘米，残高 24.2 厘米。（图八九，4；图版二八，4）标本 T426H101 ② ：28，泥质磨光黑陶，盘已残，仅见下附高圈足，圈足微侈，圈足有数周凹弦纹。圈足径 13 厘米，圈足底径 17.5 厘米，残高 27 厘米。（图八九，5；图版二八，5）标本 T426H101：1，残，泥质黑陶，浅盘，圜底，粗圈

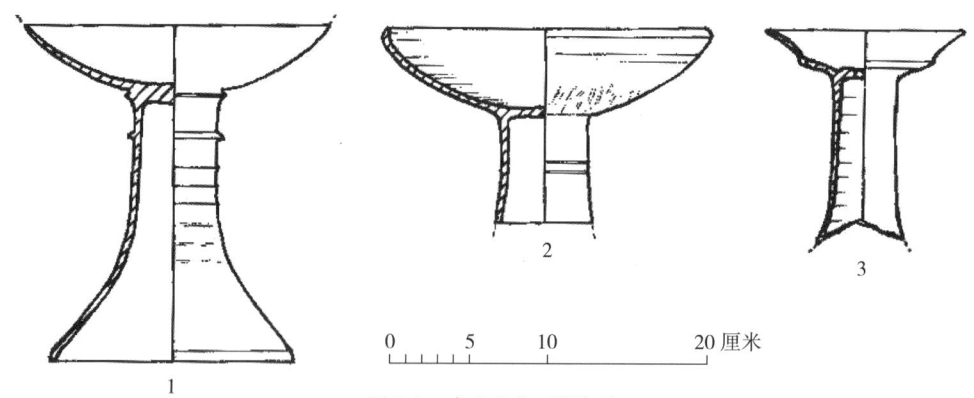

图八七　龙山文化三期陶豆

1. T2H35：14　2. T426H101 ②：8　3. T426H91：4

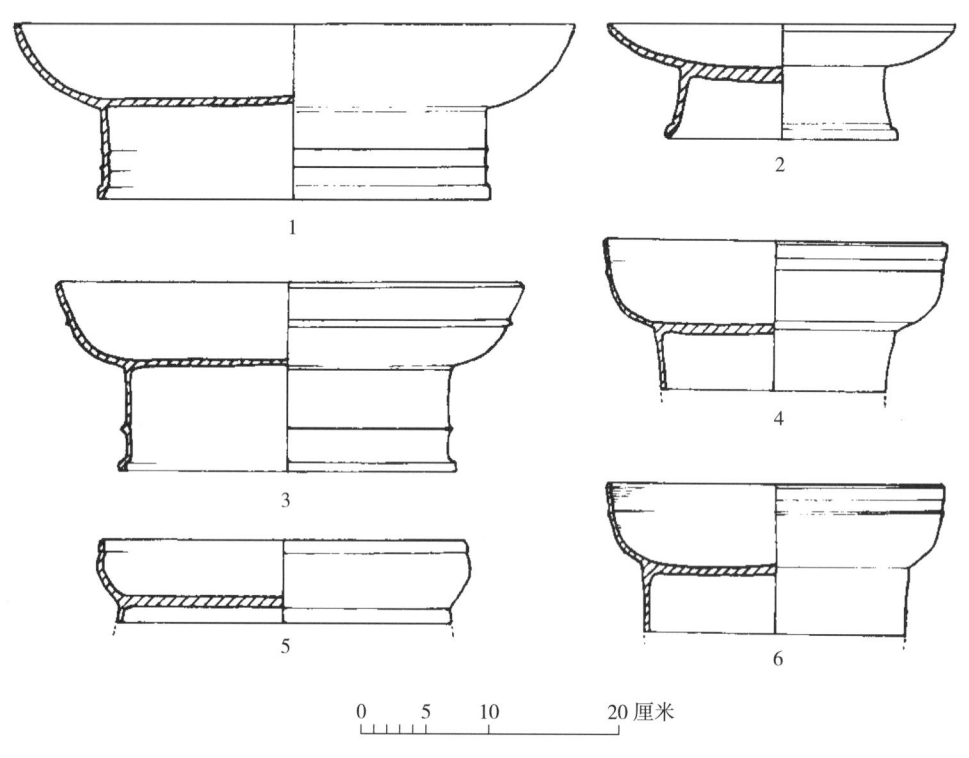

图八八　龙山文化三期陶圈足盘

1~6. Ⅰ型（T2H35：11、T2H35：6-A-1、T426H101 ②：34、T47H70：1、T425H114：28、T50H76：11）

足，圈足的下部微侈。口径 22.3 厘米，底径 19.5 厘米，高 28.6 厘米。标本 T426H101：6，残，泥质黑陶，浅盘，圜底，粗圈足，圈足的下部微侈。口径 25.6 厘米，底径 23.4 厘米，高 30.5 厘米。

　　带流单把盆　1件。标本 T89 ④：27，泥质灰陶，侈口，圆唇，带流，束颈，鼓腹，平底，带状把，流外侧有圆形饼。口径 16.4 厘米，腹径 19.2 厘米，底径 14.4 厘米，高 7.6 厘米。（图九〇，1；彩版一八，1）

　　鬶　残片较多，修复1件。标本 T24H31：4，泥质灰陶，敞口，束腰，口沿一侧手捏成窄槽流，斜直腹，足尖为实心圆锥体，颈与足上部间有带状鋬，做工精细，通体磨光，造型新颖，为素面。口径 10.4 厘米，颈高 8.6 厘米，裆高 8.6 厘米。（图九一，1；彩版一三，4）

　　刻槽盆　2件。口残，泥质黑陶，筒状，平底，内刻竖凹槽。标本 T3H35：10，侈口，腹微敛，轮制，

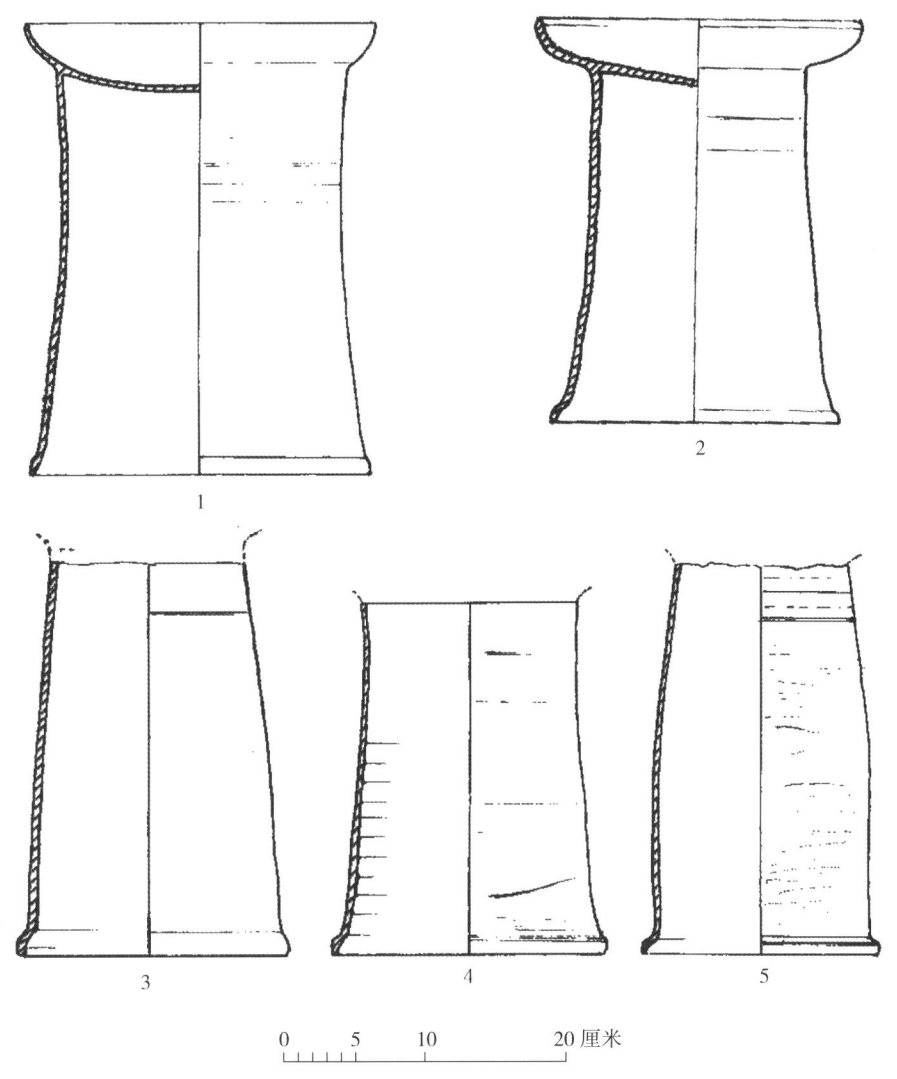

图八九　龙山文化三期陶圈足盘

1~5. Ⅱ型（T50H76：19、T426H101②：30、T426H101②：29、T50H76：18、T426H101②：28）

外部有制坯时的弦纹，腹部有四周凹弦纹。残口径16.4厘米，腹径12.4厘米，底径13.2厘米。（图九〇，2）标本T34④：29，筒腹，素面。腹径12.8厘米，底径12厘米。（图九〇，3）

壶　2件。均为泥质陶。标本T47H68：1，泥质浅灰陶，口侈，圆唇，直颈，鼓腹，下腹部内收，底较大，圜底内凹，素面磨光。口径4.4厘米，腹径6.4厘米，底径5厘米，高10.2厘米。（图九一，2；彩版一四，1）标本T2H35：1，泥质浅灰陶，口颈残，轮制，外部有密集的弦纹，鼓腹，下腹部内收，底较大，圜底内凹，素面磨光。残口径5厘米，腹径8.6厘米，底径6厘米，残高8厘米。（图九一，3；彩版一四，2）

碗　44件。侈口，小平底，陶色有灰胎黑皮、灰褐之分。可分八型。

Ⅰ型：12件。敞口，双唇，唇外高内低，斜壁内收为小平底。标本T426H101②：14，器表有弦纹。口径19.2厘米，底径6.4厘米，高8厘米。（图九二，1；图版二九，1）标本T44③A：15，灰陶，敞口，圆双唇，壁内外有弦纹。口径10.6厘米，底径4厘米，高4.5厘米。（图九二，2；图版二九，2）标本T424H103：4，器表外有弦纹。口径14.4厘米，底径5厘米，高6厘米。（图九二，3；图版二九，3）标本T426H101②：24，器表内外有弦纹。口径13.4厘米，底径5厘米，高5.8厘米。（图九二，4；图版二九，

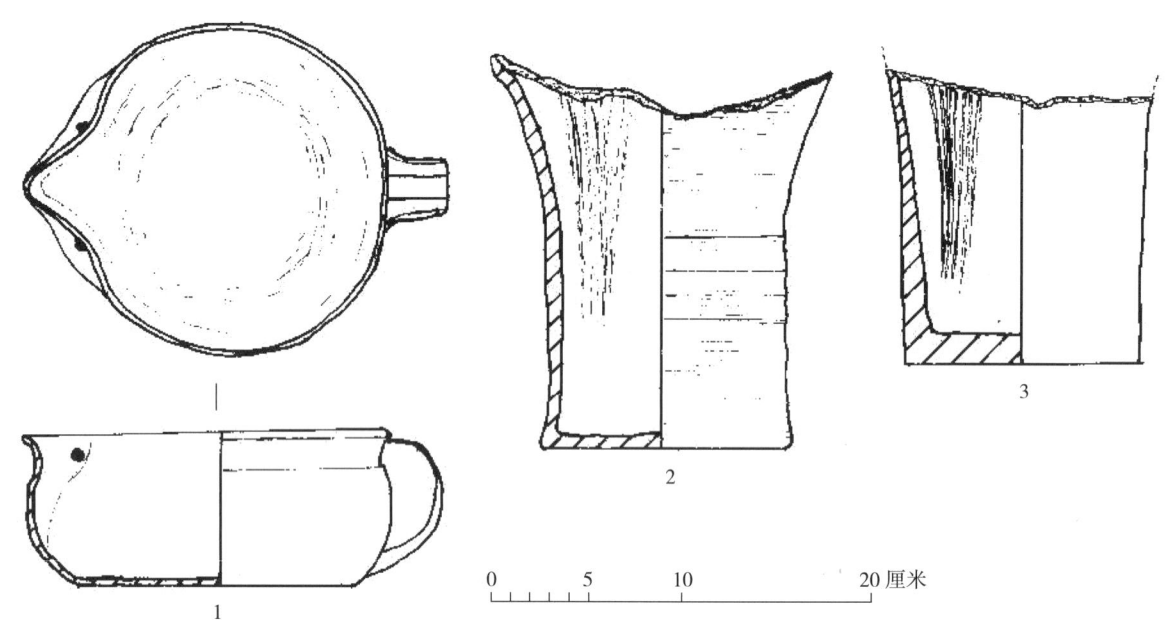

图九〇　龙山文化三期陶带流单把盆、刻槽盆

1.带流单把盆（T89④：27）　　2、3.刻槽盆（T3H35：10、T34④：29）

4）标本T47H77：12，器表素面。口径14厘米，底径5厘米，高5厘米。（图九二，5；图版二九，5）标本T426H91：16，器表内外有弦纹。口径14.4厘米，底径6厘米，高5厘米。（图九二，6；图版二九，6）标本T34⑤：45，器表内外有弦纹。口径16.4厘米，底径6.8厘米，高8厘米。（图九三，1；图版三〇，1）标本T47H77：17，器表素面。口径22厘米，底径4.2厘米，高7.2厘米。（图九三，2；图版三〇，2）标本T43内②：2，器表素面。口径16.8厘米，底径6.4厘米，高6.4厘米。（图九三，3；图版三〇，3）标本T2H35：13，器表素面。口径14.4厘米，底径4.8厘米，高6.8厘米。（图九三，4；图版三〇，4）标本T424H103：7，器表素面。口径14.4厘米，底径6厘米，高6.4厘米。（图九三，5；图版三〇，5）标本T424H103：13，器表素面。口径16.4厘米，底径6厘米，高6.4厘米。（图九三，6；图版三〇，6）

Ⅱ型：5件。双唇平底碗。敞口，双唇平齐，斜壁，小平底。标本T2H35：8，腹壁饰弦纹。口径19.2厘米，底径6.2厘米，高7.8厘米。（图九四，1；图版三一，1）标本T426H101②：12，器表内有弦纹。口径17.8厘米，底径7厘米，高7厘米。（图九四，2；图版三一，2）标本T113⑥：27，双圆唇。口径10.4厘米，底径3.2厘米，高3.6厘米。（图九四，3；图版三一，3）标本T47H77：1，直口，双圆唇平齐，腹微折，小平底，内壁有弦纹，器表素面。口径15厘米，底径6.6厘米，高6.4厘米。（图九四，4；图版三一，4）标本T10H7：3，侈口，双圆唇平齐，下腹微敛，小平底，外壁有凹弦纹，器表素面。口径16厘米，底径7厘米，高6厘米。（图九四，5；图版三一，5）

Ⅲ型：15件。敞口，双唇，唇沿内高外低，斜壁，小平底，底部留有在轮盘上切割时的偏心圆纹。标本T50H76：4，泥质灰陶，素面，内壁有平行浅凹弦纹，底内中心凸起。口径11.5厘米，底径5.5厘米，高5厘米。（图九五，7；图版三一，6）标本T50H42：8，泥质褐灰陶，素面，碗内壁有轮弦纹，底外沿微向外凸。口径10.4厘米，底径5.8厘米，高5厘米。（图九五，8；图版三一，7）标本T44③：13，泥质灰陶，壁的内外有轮制的弦纹。口径10厘米，底径4.4厘米，高4.4厘米。（图九五，9；图版三一，8）标本T50H42：7，泥质褐灰陶，素面磨光，碗的内壁有轮制的弦纹。口径11.6厘米，底径5厘米，高4.6厘米。

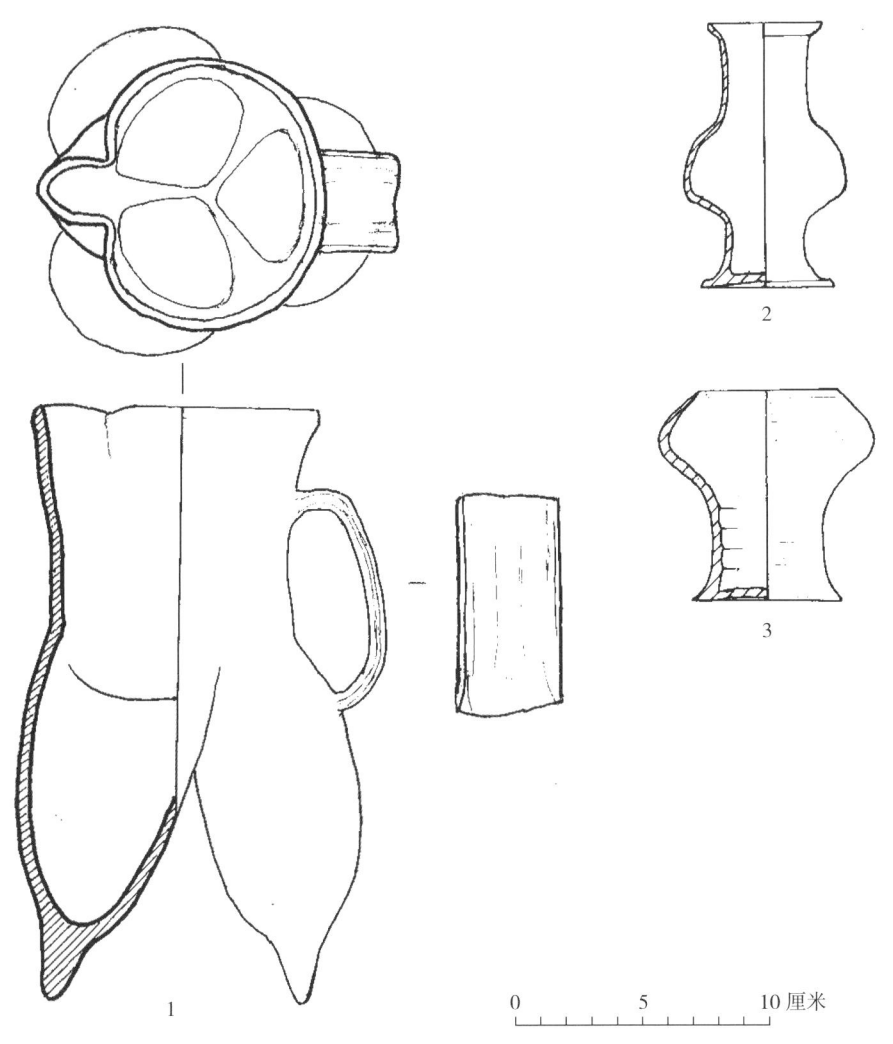

图九一 龙山文化三期陶鬶、壶
1. 鬶（T24H31：4） 2、3. 壶（T47H68：1、T2H35：1）

（图九五，10；图版三二，1）标本 T44③：14，泥质灰陶，唇沿外侧有一周凹弦纹。口径 10.6 厘米，底径 4 厘米，高 5.4 厘米。（图九五，11；图版三二，2）标本 T45③：6，泥质灰陶，碗壁的内外有凹弦纹。口径 8 厘米，底径 5 厘米，高 3 厘米。（图九五，12；图版三二，3）标本 T50H76：3，泥质灰陶，素面，上部鼓腹，下腹内敛，并有三周凸弦纹，平底，底外侈。口径 17 厘米，底径 8.8 厘米，高 6 厘米。（图九五，1；图版三二，4）标本 T22H25：1，泥质灰陶，素面，斜壁，碗内有三周平行浅凹弦纹，平底，底外侈。口径 13.2 厘米，底径 5.8 厘米，高 6 厘米。（图九五，2；图版三二，5）标本 T32H49：1，泥质灰陶，素面，斜壁，内壁有平行浅凹弦纹，平底。口径 15.2 厘米，底径 6.2 厘米，高 7 厘米。（图九五，3；图版三二，6）标本 T45③：7，泥质灰陶，素面，底内中心凸起，底外侈。口径 14.6 厘米，底径 5.8 厘米，高 5.5 厘米。（图九五，4；图版三二，7）标本 T43 外⑥：4，泥质灰陶，素面，底外侈。口径 15.6 厘米，底径 6 厘米，高 5 厘米。（图九五，5；图版三二，8）标本 T89H141：11，泥质灰陶，素面，底内中心凸起。口径 14.4 厘米，底径 5.6 厘米，高 5.4 厘米。（图九五，6；图版三三，1）标本 T426H91：17，泥质灰陶，侈口，斜壁，小平底，壁内外有轮制的弦纹，底内中心凸起。口径 18.4 厘米，底径 8.4 厘米，高 6 厘米。（图九六，1；

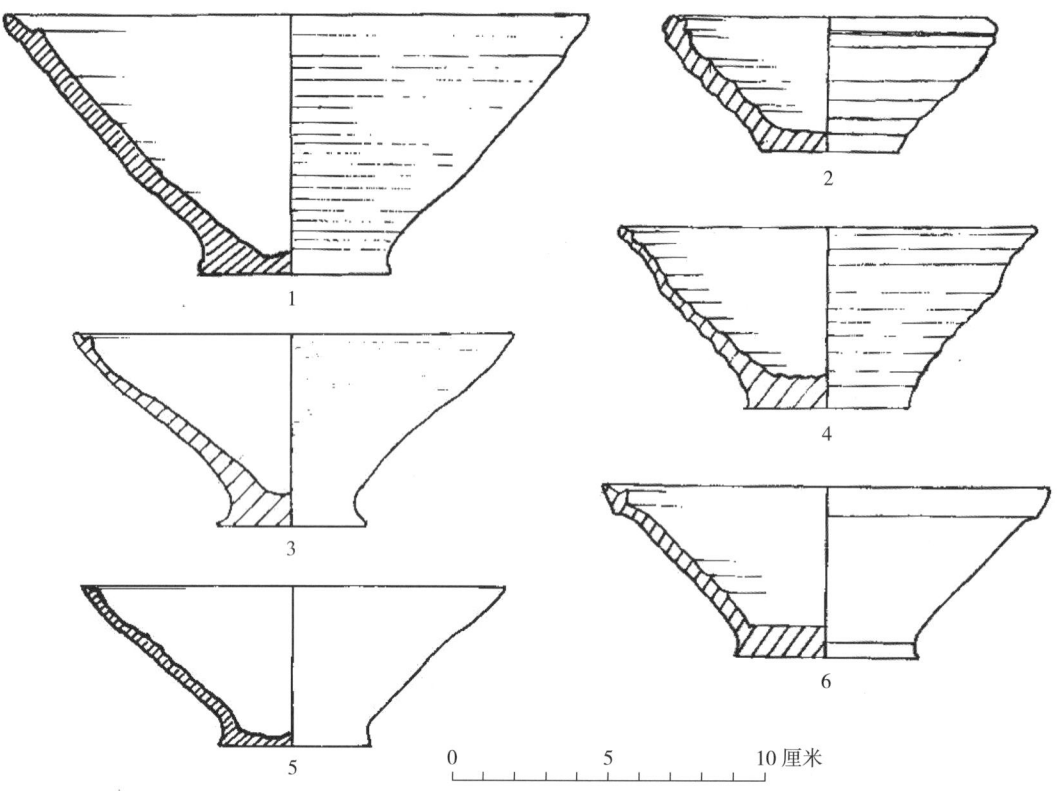

图九二　龙山文化三期陶碗

1~6. Ⅰ型（T426H101②：14、T44③A：15、T424H103：4、T426H101②：24、T47H77：12、T426H91：16）

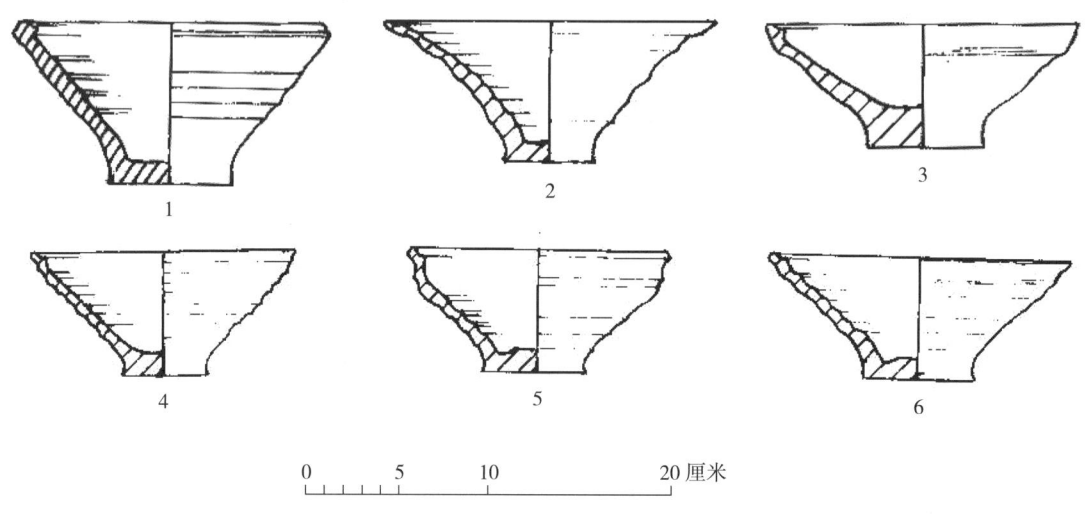

图九三　龙山文化三期陶碗

1~6. Ⅰ型（T34⑤：45、T47H77：17、T43内②：2、T2H35：13、T424H103：7、T424H103：13）

图版三三，2）标本 T12H12：9，泥质灰陶，侈口，斜壁，小平底，壁内外有轮制的弦纹。口径 16.8 厘米，底径 5.2 厘米，高 7.2 厘米。（图九六，2；图版三三，4）标本 T2H35：12，器表素面，侈口，斜壁，小平底，壁内外有轮制的弦纹。口径 16 厘米，底径 6.4 厘米，高 7.2 厘米。（图九六，3；图版三三，3）

　　Ⅳ型：4件。敞口，方唇，平沿，沿中部微凹，唇沿内敛，斜腹，小平底，底沿向外侈。标本 T47H77：16，

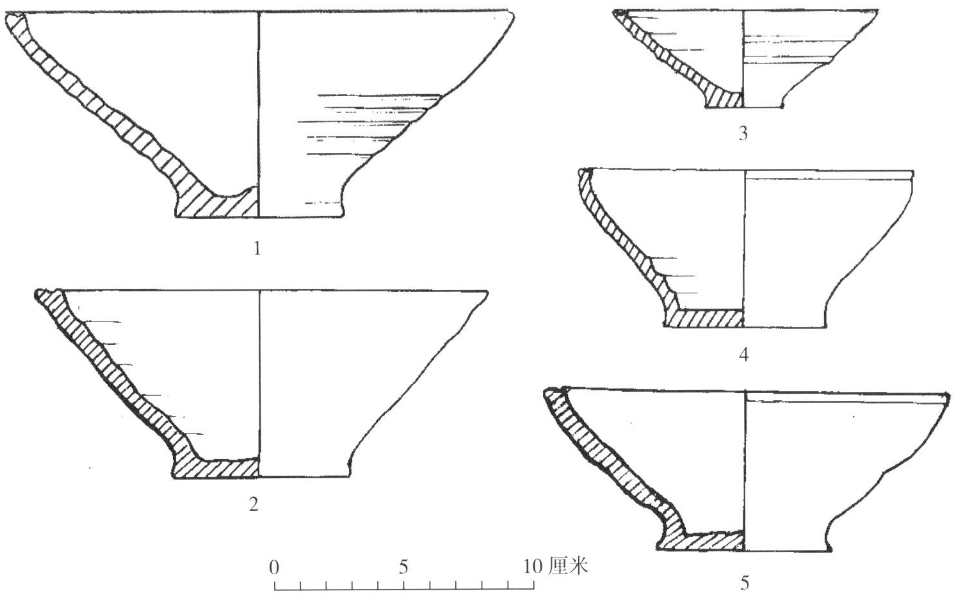

图九四　龙山文化三期陶碗

1～5. Ⅱ型（T2H35：8、T426H101②：12、T113⑥：27、T47H77：1、T10H7：3）

泥质灰陶，敞口，方唇，小平底，底外侈，器表有轮制旋纹三周，器内有轮制旋纹五周。口径 14.6 厘米，底径 6 厘米，高 6.6 厘米。（图九七，4；图版三三，7）标本 T89④：34，泥质浅灰陶，敞口，方唇，小平底，底外侈，器内有轮制旋纹二周。口径 11 厘米，底径 4.6 厘米，高 4 厘米。（图九七，5；图版三四，1）标本 T424H96：2，泥质褐陶，敞口，方唇，小平底，器内有轮制旋纹二周。口径 10.6 厘米，底径 4.4 厘米，高 4.8 厘米。（图九七，6；图版三四，2）标本 T425H114③：19，泥质灰陶，碗壁斜直，小平底，底外侈，器内有轮制旋纹四周。口径 11 厘米，底径 4.6 厘米，高 4.4 厘米。（图九七，7；图版三四，3）

Ⅴ型：3 件。敞口，舌唇，小平底。标本 T89H141④：10，泥质灰陶，敞口，舌唇，敛壁，小平底，壁内外有轮制的弦纹，底内中心凸起。口径 20.4 厘米，底径 6.4 厘米，高 9.4 厘米。（图九七，1；图版三四，4）标本 T426H101②：15，敞口，舌唇，弧壁，小平底。壁外有轮制的弦纹四周。口径 16 厘米，底径 6.8 厘米，高 5.4 厘米。（图九七，2；图版三四，5）标本 T426H101②：13，敞口，舌唇，弧壁，圜底内凹。口径 14 厘米，底径 5 厘米，高 5 厘米。（图九七，3；图版三四，6）

Ⅵ型：2 件。胎厚，大口，尖唇，小平底，底外侈。标本 T47H77 上：15，泥质灰陶，大口，尖唇，小平底，底外侈，底内壁中部有二周凹弦纹。口径 9.8 厘米，底径 5.2 厘米，高 4 厘米。（图九八，1；图版三四，7）标本 T47H73：1，泥质灰陶，大口，尖唇，小平底，底外侈，底内壁中部有三周凹弦纹，腹较浅。口径 7 厘米，底径 3.5 厘米，高 2.2 厘米。（图九八，2；图版三四，8）

Ⅶ型：2 件。深腹碗，敞口，舌唇，斜壁，壁下部内敛，平底外侈。标本 T426H101②：17，口径 19.6 厘米，底径 10 厘米，高 9.2 厘米。（图九六，4；图版三三，5）标本 T426H101②：16，泥质灰陶，敞口，舌唇，弧壁，小平底，底外侈，壁内外有轮制的弦纹。口径 11 厘米，底径 6.4 厘米，高 6 厘米。（图九六，5；图版三三，6）

Ⅷ型：1 件。曲腹碗。标本 T4H36：1，侈口，舌唇，敛颈，鼓腹，下腹部内敛，小平底。口径 12 厘米，底径 4 厘米，高 6.8 厘米。（图九六，6；图版三三，8）

觚　1 件。标本 T332④：12，泥质灰陶，口残，细长颈，弧肩，扁折腹，深筒腹，反弧内收为平底，底

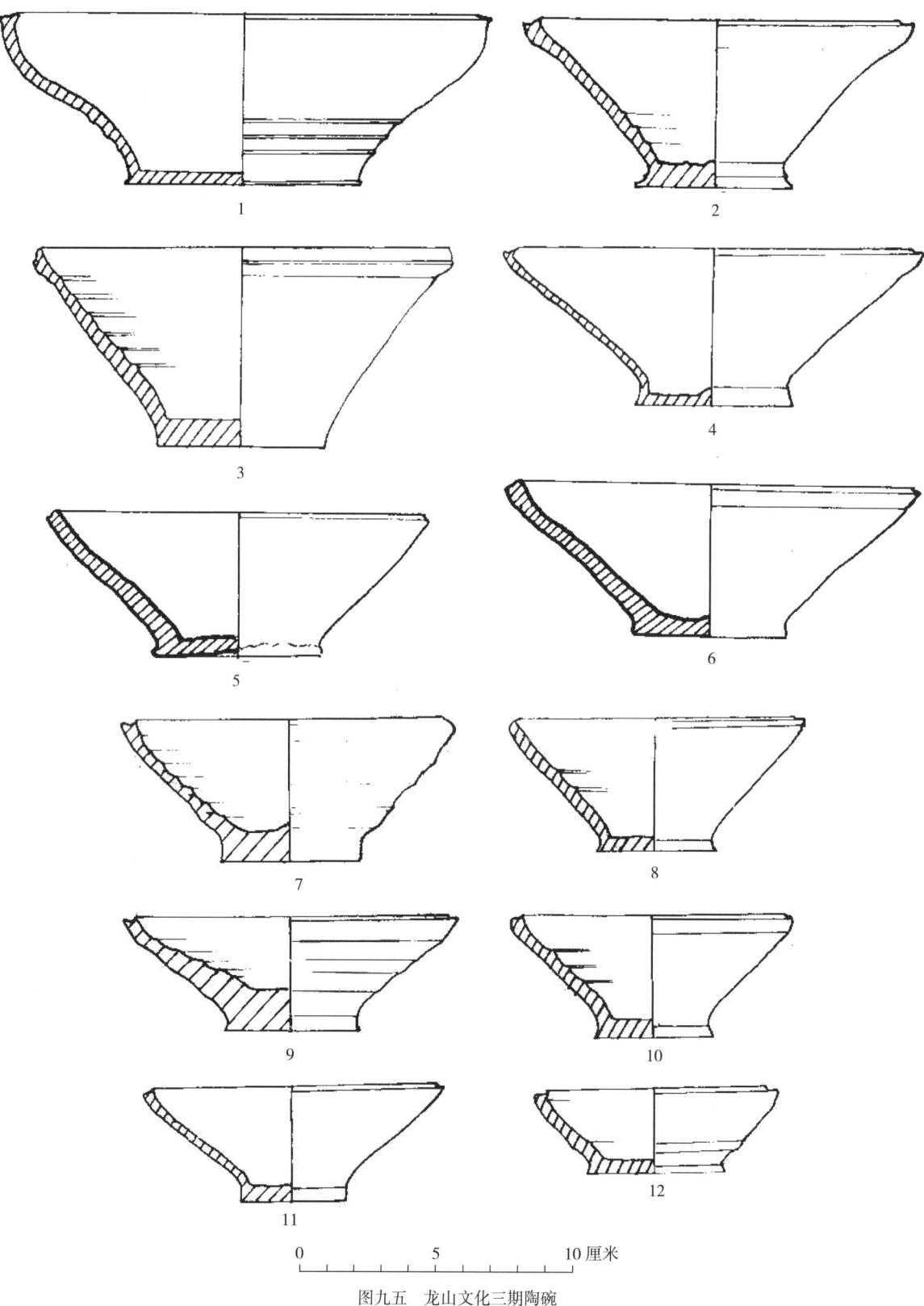

图九五　龙山文化三期陶碗

1~12. Ⅲ型（T50H76：3、T22H25：1、T32H49：1、T45③：7、T43外⑥：4、T89H141：11、T50H76：4、T50H42：8、
T44③：13、T50H42：7、T44③：14、T45③：6）

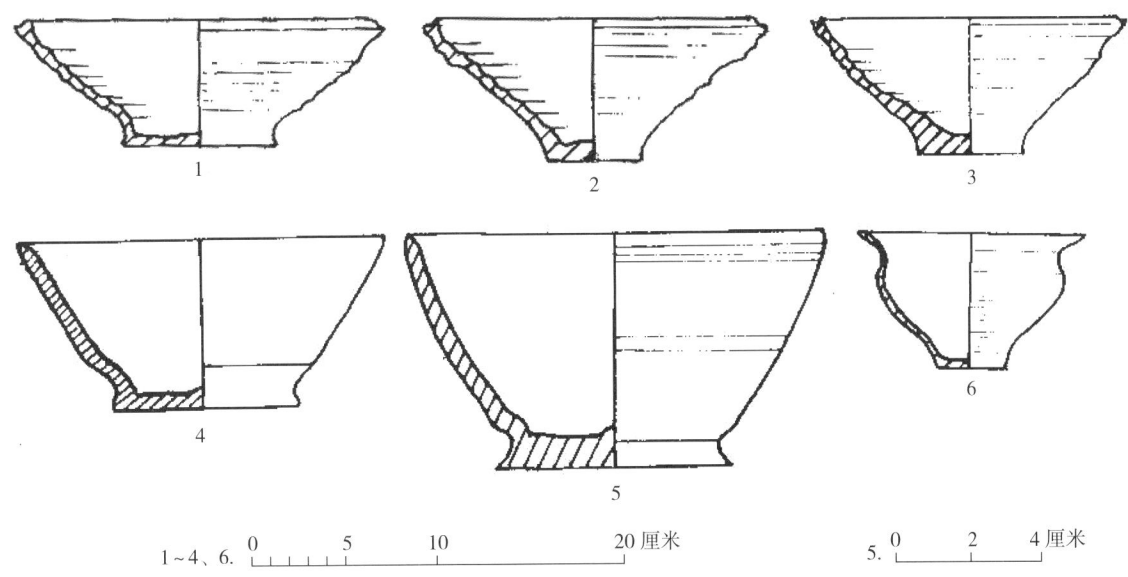

图九六 龙山文化三期陶碗

1~3. Ⅲ型（T426H91：17、T12H12：9、T2H35：12） 4、5. Ⅶ型（T426H101②：17、T426H101②：16） 6. Ⅷ型（T4H36：1）

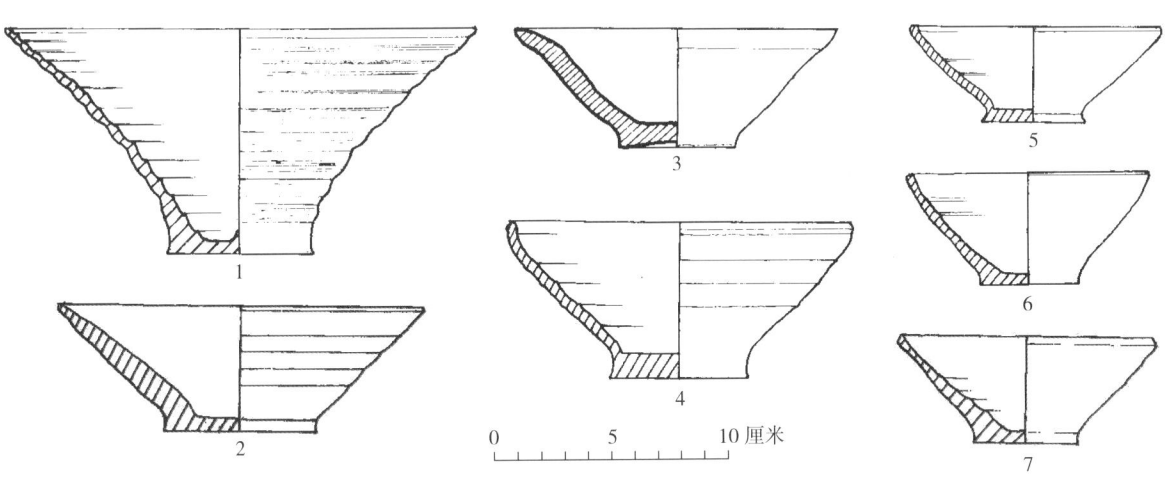

图九七 龙山文化三期陶碗

1~3. Ⅴ型（T89H141④：10、T426H101②：15、T426H101②：13）

4~7. Ⅳ型（T47H77：16、T89④：34、T424H96：2、T425H114③：19）

缘外侈，制作精致，器表轮旋纹清晰，颈上饰有凹弦纹三周，下腹饰有凹弦纹三周。最大腹径8厘米，底径6.4厘米，残高20.4厘米。（图九九，4；图版三五，3）

杯 6件。可分四型。

Ⅰ型：1件。单把。标本T50H76：29，泥质磨光黑陶，残，敞口，尖唇，弧腹，底内凹，带状柄，胎薄如蛋壳，做工十分精致。口径约8.4厘米，底径5.4厘米，高8.6厘米。（图一○○，1；彩版一四，4）

Ⅱ型：3件。侈口筒状。侈口，弧腹，平底。标本T50H42：5，尖唇，内壁有制坯时留下的弦纹。口径10厘米，底径5.6厘米，高9厘米。（图一○○，2；彩版一四，6）标本T425H116：2，侈口，圆唇，腹壁内收，平底，内壁有制坯时留下的弦纹。口径5.2厘米，底径5厘米，高6.8厘米。（图一○○，3；彩版一四，3）标本T111⑤：38，尖唇，腹壁内敛，平底。口径7.2厘米，底径5.6厘米，高5厘米。（图一○○，4；

彩版一四，5）

Ⅲ型：1件。折沿带流。标本T22H25：5，侈口，折沿，舌唇，平底。口径6.9厘米，底径4.4厘米，高5.8厘米。（图九八，4；图版三五，1）

Ⅳ型：1件。敛口，鼓腹，平底。标本T426H101②：41，口径3.8厘米，腹径5.2厘米，底径3.6厘米，高4.5厘米。（图九八，3；图版三五，2）

器盖 5件。按形制可分为四型。

Ⅰ型：1件。双耳。为覆盘式，握手残。标本T10H7：5，泥质深灰陶，敞口，折沿，圆唇，平顶，腹部有两个耳，并饰二周凹弦纹。口径34厘米，底径15.2厘米，高10.2厘米。（图九九，1；图版三五，6）

Ⅱ型：2件。带状纽。侈口，平顶，顶部有带状纽。标本T424H91：1，侈口，折沿，圆唇，平顶，饰弦纹。口径26.8厘米，顶径13.6厘米，高12厘米。（图九九，2；彩版一三，5）标本T426H101②：27，纽残，折沿，圆唇，平顶。口径18.8厘米，顶径6.4厘米，残高11厘米。（图九九，3；图版三五，5）

Ⅲ型：1件。圆纽。标本T89④：31，泥质褐灰陶，小型器盖，敞口，直壁，斜肩，肩饰二周凹弦纹，圆形纽握手。口径25厘米，圆形纽握手径10厘米，高14.4厘米。（图一〇〇，5；图版三五，4）

Ⅳ型：1件。弧顶。标本T426H101②：35，泥质灰陶，折沿，舌唇，直壁，弧顶。口径14.6厘米，高5.6厘米。（图一〇〇，6；图版三五，7）

（三）装饰品及其他

装饰品发现不多，有陶环、石兽、骨簪和方形骨饰片。

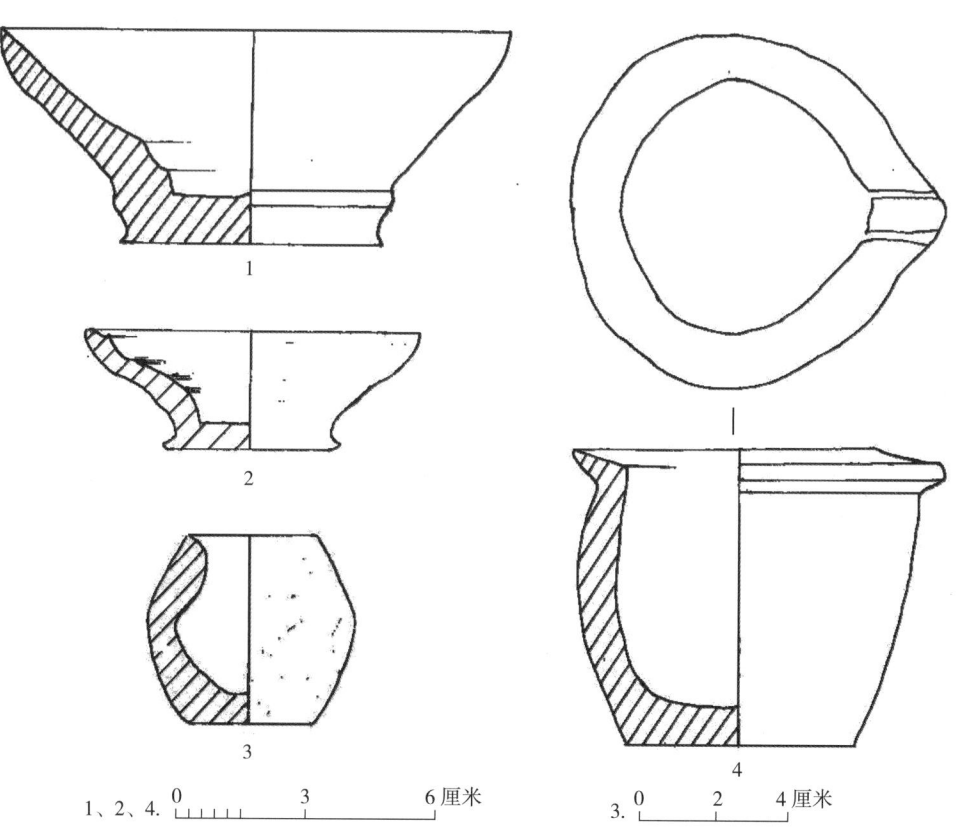

图九八 龙山文化三期陶碗、杯

1、2. Ⅵ型碗（T47H77上：15、T47H73：1） 3. Ⅳ型杯（T426H101②：41） 4. Ⅲ型杯（T22H25：5）

陶环 18件。其中1件完整,17件残。泥质灰陶。根据形制可分五型。

Ⅰ型:4件。其中1件完整,3件残。断面呈凸形,内高外窄,或一侧外突。标本T7H23:1,完整,断面呈凸形。内径4厘米,外径5.6厘米,高0.5厘米。(图一○一,8;图版三六,1)标本T45③:4,残,断面呈凸形。内径4厘米,外径5厘米,高0.7厘米。(图一○一,9;图版三六,2)标本T44③A:11-3,残,断面呈凸形。内径4厘米,外径5.2厘米,高0.6厘米。(图一○一,10;图版三六,3)标本T426H91:13,残,断面呈凸形。内径5厘米,外径6.6厘米,高0.7厘米。(图一○一,11;图版三六,4)

Ⅱ型:7件。皆残,断面呈直边椭圆形。标本T426H91:15,残,断面呈直边椭圆形。内径4厘米,外径5.4厘米,高0.4厘米。(图一○一,1;图版三六,5)标本T29内⑧:12,残,断面呈直边椭圆形。内径5厘米,外径6厘米,高0.5厘米。(图一○一,2;图版三六,6)标本T45③:5,残,断面呈直边椭圆形。内径5厘米,外径6厘米,高0.6厘米。(图一○一,3;图版三六,7)标本T44③A:11-1,残,断面呈直边圆形。内径5厘米,外径6厘米,高0.5厘米。(图一○一,4;图版三六,8)标本T88⑤:70-1,残,断面呈直边圆形。内径6厘米,外径7厘米,高0.5厘米。(图一○一,5;图版三六,9)标本T426H91:14,残,断面呈直边圆形。内径6厘米,外径7厘米,高0.7厘米。(图一○一,6;图版三六,10)标本T47H70:2,残,断面呈直边圆形。内径3厘米,外径4厘米,高0.5厘米。(图一○一,7;图版三六,11)

Ⅲ型:3件。皆残,断面呈直边椭圆形,边缘较窄。标本T89④:16,残,断面呈直边椭圆形。内径5厘米,外径6厘米,高0.5厘米。(图一○二,1;图版三七,1)标本T44③A:11-2,残,断面呈直边椭圆形。内径5厘米,外径6厘米,高0.7厘米。(图一○二,2;图版三七,2)标本T425H114:27,残,断面呈直边椭圆形。内径5厘米,外径6厘米,高0.6厘米。(图一○二,3;图版三七,3)

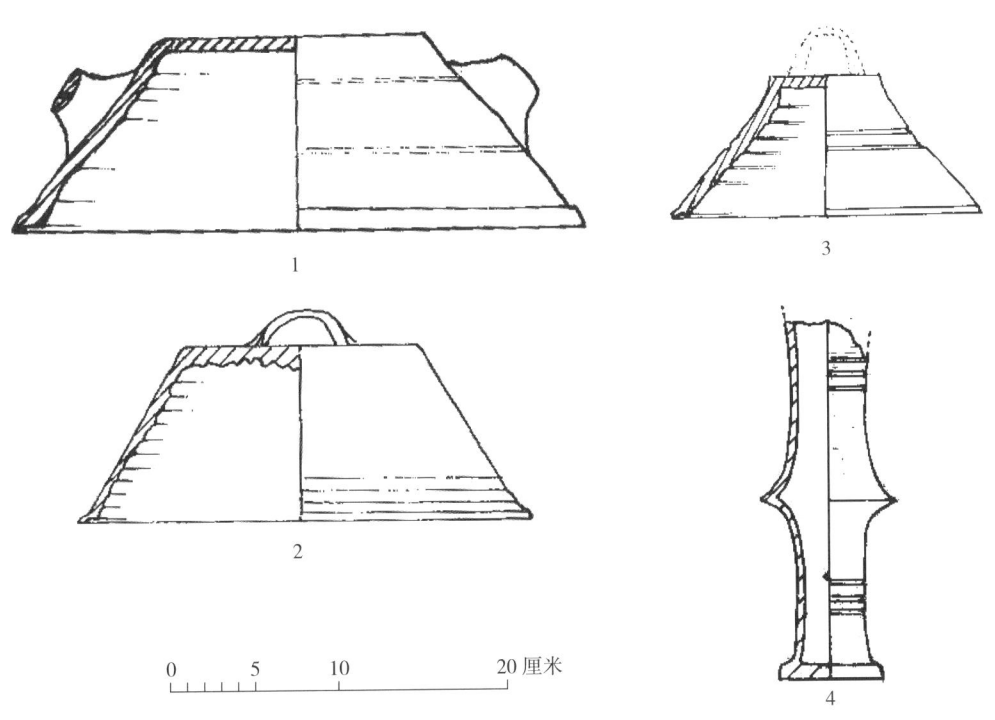

0   5   10   20厘米

图九九　龙山文化三期陶瓿、器盖

1. Ⅰ型器盖(T10H7:5) 2、3. Ⅱ型器盖(T424H91:1、T426H101②:27) 4. 瓿(T332④:12)

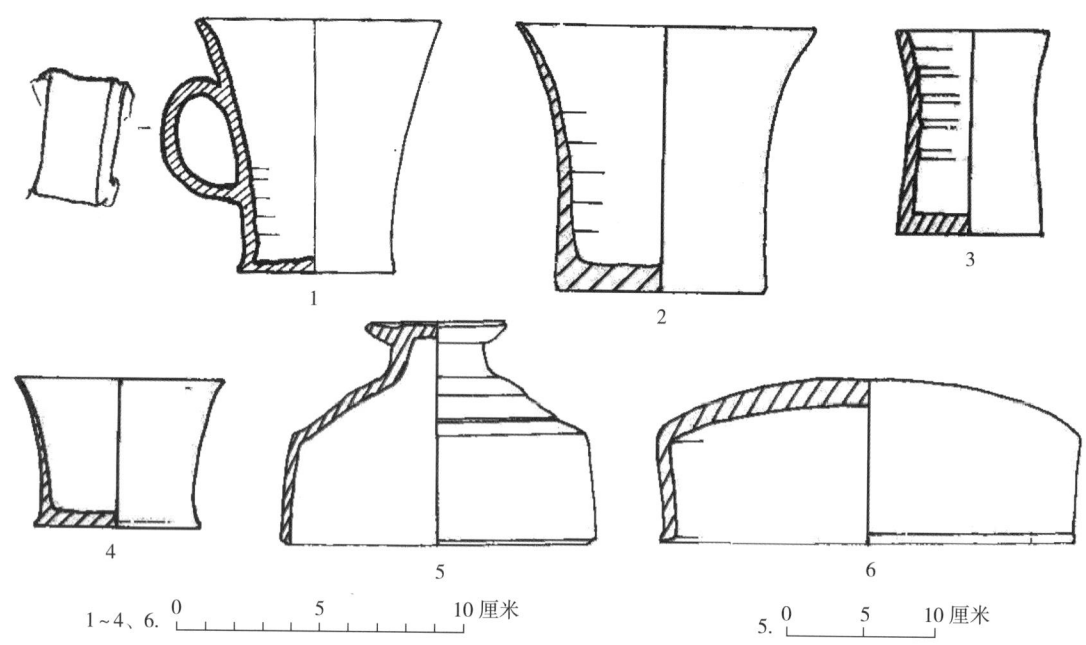

图一〇〇　龙山文化三期陶杯、器盖

1. Ⅰ型杯（T50H76：29）　2~4. Ⅱ型杯（T50H42：5、T425H116：2、T111⑤：38）

5. Ⅲ型器盖（T89④：31）　6. Ⅳ型器盖（T426H101②：35）

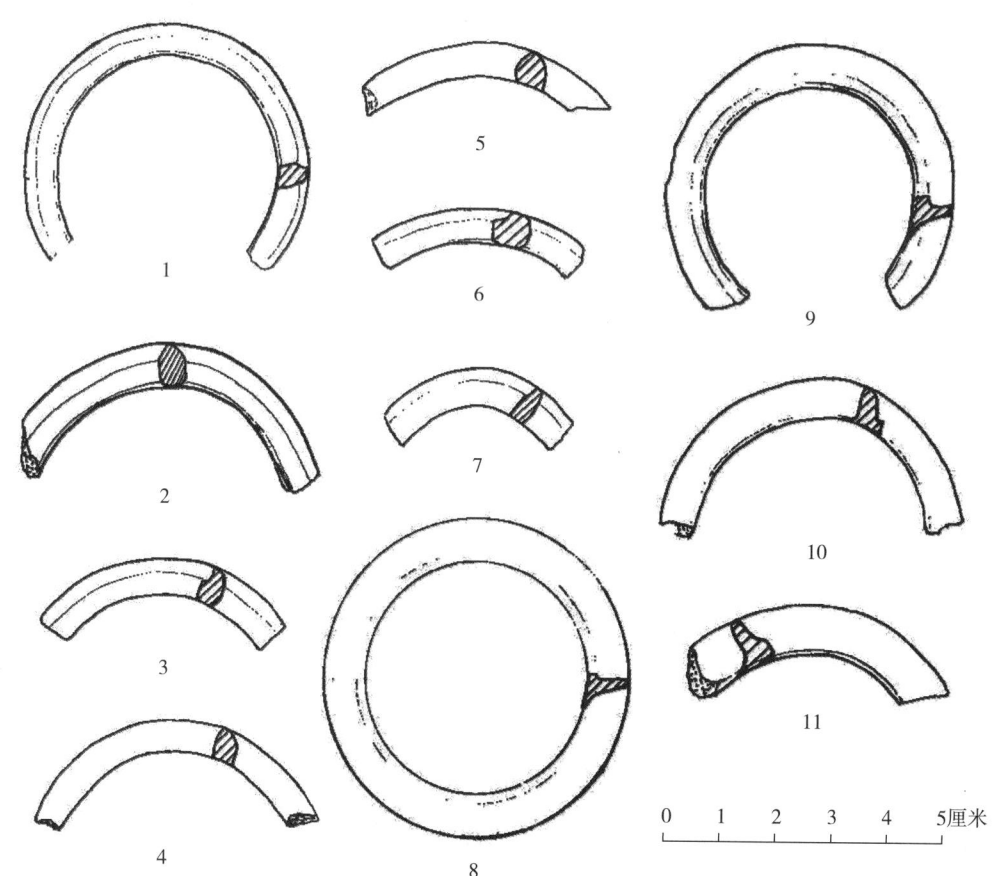

图一〇一　龙山文化三期陶环

1~7. Ⅱ型（T426H91：15、T29内⑧：12、T45③：5、T44③A：11-1、T88⑤：70-1、T426H91：14、T47H70：2）

8~11. Ⅰ型（T7H23：1、T45③：4、T44③A：11-3、T426H91：13）

Ⅳ型：3 件。皆残，断面呈直边椭圆形。标本 T88⑤：70–2，断面呈直边椭圆形。内径 6 厘米，外径 7 厘米，高 0.4 厘米。（图一○二，4；图版三七，4）标本 T90H141：4，断面呈直边椭圆形。内径 5 厘米，外径 6 厘米，高 0.3 厘米。（图一○二，5；图版三七，5）标本 T425H114：26，断面呈直边椭圆形。内径 5.6 厘米，外径 7 厘米，高 0.6 厘米。（图一○二，6；图版三七，6）

Ⅴ型：1 件。标本 T88⑤：62，断面呈长方形。内径 4 厘米，外径 5 厘米，高 0.7 厘米。（图一○二，7；图版三七，7）

骨簪　8 件。由兽的股骨劈开，锯断，加工磨制而成，制作精良。可分三型。

Ⅰ型：2 件。残，簪顶有饰帽，长圆锥体。标本 T426H91：18，簪帽上有三周凹弦纹，顶下束腰，簪帽上有三个钻孔。簪帽断面呈椭圆形，宽 1.4 厘米，厚 0.4 厘米，高 1.9 厘米。簪体断面为椭圆形，残长 10.7 厘米，直径 0.5~0.6 厘米。（图一○三，1；彩版一五，6）标本 T426H101①：1，簪顶有饰帽，簪帽为弧顶，断面呈圆形，直径 0.8 厘米。簪体断面为圆形，残长 7.2 厘米，直径 0.5 厘米。（图一○三，2；彩版一五，7）

Ⅱ型：5 件。圆锥体。标本 T426H101①：13，圆锥体，平顶，上稍粗，下较细收缩成尖锥。残长 4.7 厘米，直径 0.4 厘米。（图一○三，3；彩版一五，8）标本 T426H101①：4，圆锥体，顶残，中部较粗，上稍细，下较细收缩成尖锥。残长 11.1 厘米，直径 0.6 厘米。（图一○三，4；彩版一五，1）标本 T89 内④：21，完整，圆锥体，弧顶，上稍粗，下较细收缩成尖锥。长 10.6 厘米，直径 0.4 厘米。（图一○三，5；彩版一五，2）标本 T426②：14，完整，圆锥体，弧顶，上稍粗，下较细收缩成尖锥。长 8.9 厘米，直径 0.6 厘米。（图一○三，6；彩版一五，3）标本 T89H141：6，圆锥体，平顶，上稍粗，下较细收缩成尖锥。残长 5.2 厘米，直径 0.3 厘米。（图一○三，7；彩版一五，4）

Ⅲ型：1 件。扁圆体。标本 T424H81：7，将动物的肢骨劈开，骨腔外露，横断面近为凹弧形，平顶，一端收为细尖。长 10 厘米，宽 1 厘米，厚 0.3 厘米。（图一○三，8；彩版一五，5）

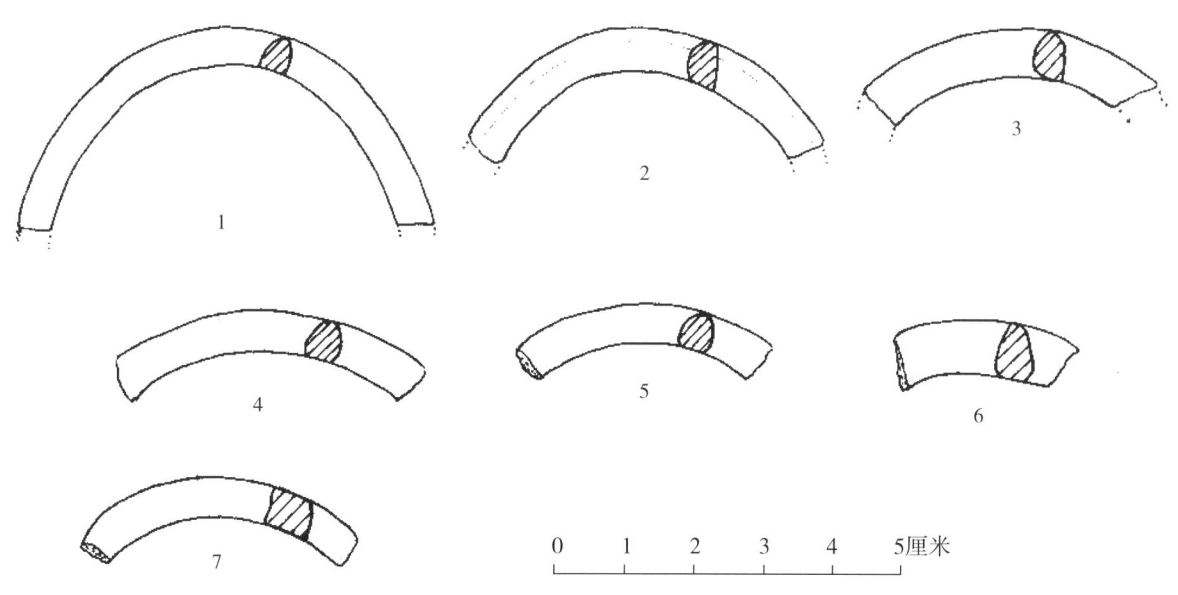

图一○二　龙山文化三期陶环
1~3. Ⅲ型（T89④：16、T44③A：11–2、T425H114：27）
4~6. Ⅳ型（T88⑤：70–2、T90H141：4、T425H114：26）　7. Ⅴ型（T88⑤：62）

牙饰 1件。标本T426②：20，完整，长方弧形，扁薄片，中间有三个钻孔。长5厘米，宽1厘米，厚0.1厘米，孔径有大小，孔径0.1厘米、0.2厘米。（图一○三，9；彩版一五，9）

石兽 1件。标本T426H101②：7，完整。为钟乳石加工磨制，灰色，平面呈椭圆形。直径5.2~6.5厘米，高4.5厘米。（图一○四，5；彩版七，5）

另外，还有陶塑、卜骨、圆陶饼、鹿角等。

陶鸟 3件。标本T15H77上：8，尾残，泥质红陶，手工捏制，昂首，翘尾，站立状。残长6厘米，宽3.4厘米，高3.8厘米。（图一○四，4；彩版一六，2）标本T89H141：5，尾残，泥质红陶，手工捏制，昂头伸颈，眼向前视，双足直立，体向后伸，形象逼真。高3.8厘米，残长4.8厘米。（图一○四，1；彩版一六，1）标本T426H101：6，残，泥质红陶，手工捏制，昂头伸颈，双足直立，体向后伸，形象似腾飞状。残高2.8厘米，宽1.4厘米，残长4.2厘米。（图一○四，3）

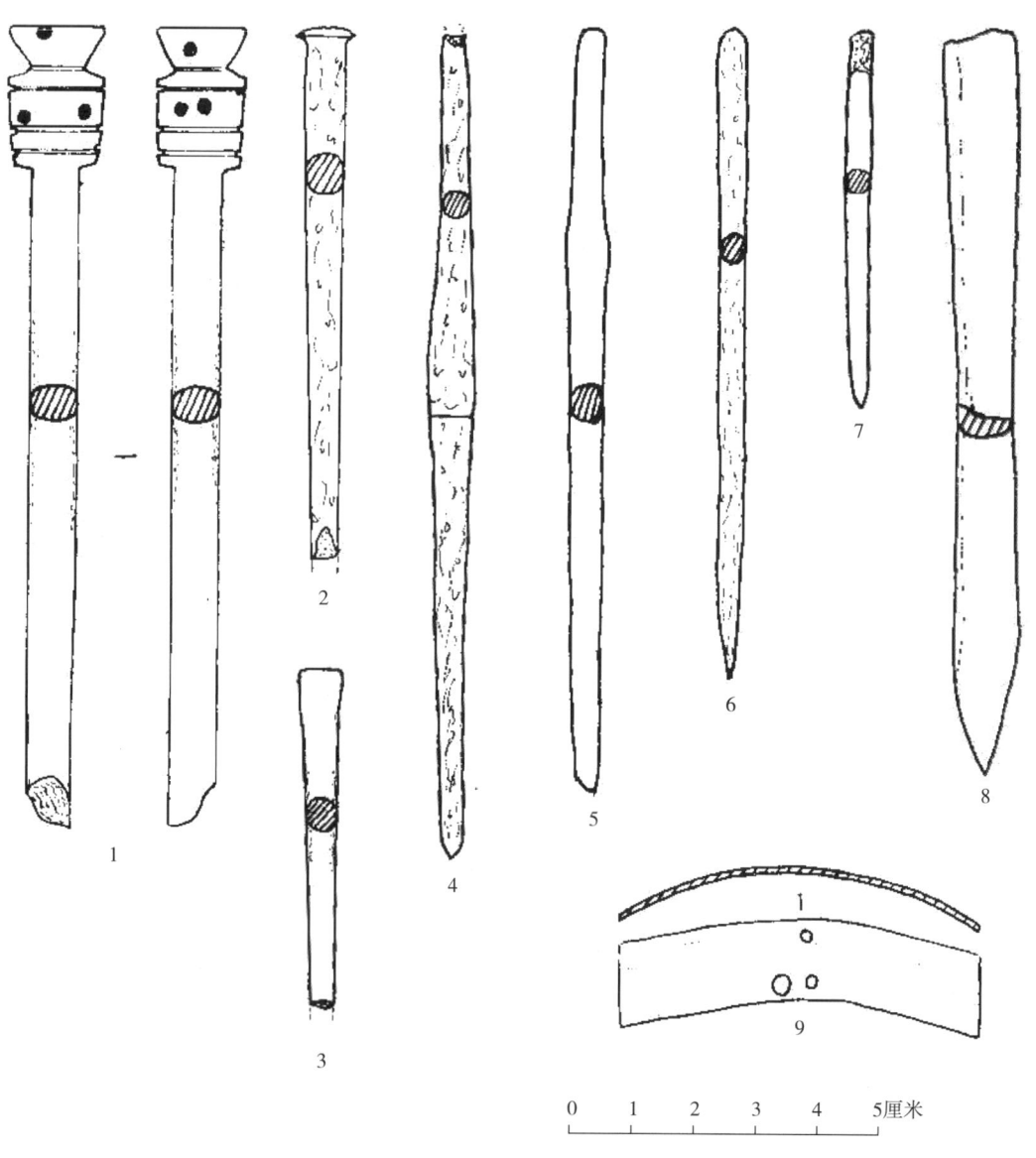

图一○三　龙山文化三期骨、牙器

1、2. Ⅰ型骨簪（T426H91：18、T426H101①：1）3~7. Ⅱ型骨簪（T426H101①：13、T426H101①：4、T89内④：21、T426②：14、T89H141：6）8. Ⅲ型骨簪（T424H81：7）9. 牙饰（T426②：20）

陶兽 1件。标本 T424H95：13，首尾残，泥质灰陶，昂首，挺胸，前后腿站立。残长 6.5 厘米，厚 0.5 厘米，残高 3.5 厘米。（图一〇四，2；彩版一六，3）

陶铃 6件。残。标本 T47H68：2，顶和口的平面为舟形，腹壁较直，壁上有一个圆孔。顶径长 6.8 厘米、宽 3.5 厘米，口径长 7.5 厘米、宽 4.3 厘米，高 3.7 厘米。（图一〇五，6；彩版一七，1）标本 T47H77 上：18，顶和口的平面为舟形，腹壁斜直，口略大于顶，顶部有八个圆孔，圆孔分二排，每排四个。顶径长 8.6 厘米、宽 5.4 厘米，口径长 9 厘米、宽 5.2 厘米，高 5.4 厘米。（图一〇五，4；彩版一七，5）标本 T89④：32，顶和口的平面为舟形，腹壁斜直，口略大于顶，顶部有六个圆孔，圆孔分三排，每排两个。顶径长 6.2 厘米、宽 4.8 厘米，口径长 9.6 厘米、宽 6 厘米，高 4.3 厘米。（图一〇五，5；彩版一七，6）标本 T22H25：4，顶和口的平面为舟形，腹壁斜直，口略大于顶，顶部有两个圆孔，中间刻画图像，铃壁上部的两边各有两个椭圆形穿孔。顶径长 6.4 厘米、宽 4 厘米，口径长 7 厘米、宽 6 厘米，高 3.9 厘米。（图一〇五，1；彩版一七，2）标本 T426H101②：49，顶和口的平面为舟形，腹壁斜直，口略大于顶，顶部有两个圆孔。顶径长 6 厘米、宽 3 厘米，口径长 6.6 厘米、宽 3.3 厘米，高 2 厘米。（图一〇五，2；彩版一七，3）标本 T44③A：29，顶和口的平面为舟形，腹壁斜直，口略大于顶，顶部有两个圆孔，铃壁上部的两边各有一个椭圆形穿孔。顶径长 3.8 厘米、宽 2.9 厘米，口径长 4.6 厘米、宽 2.5 厘米，高 1.8 厘米。（图一〇五，3；彩版一七，4）

陶埙 1件。标本 T47H77：14，泥质灰陶，小口，斜肩，弧壁，平底，中空，壁的中部有一个圆形穿孔。口径 0.6 厘米，壁上孔径 0.35 厘米，腹径 3.35 厘米，底径 2.8 厘米，高 4.9 厘米。（图一〇六，4；彩版一七，7、8）

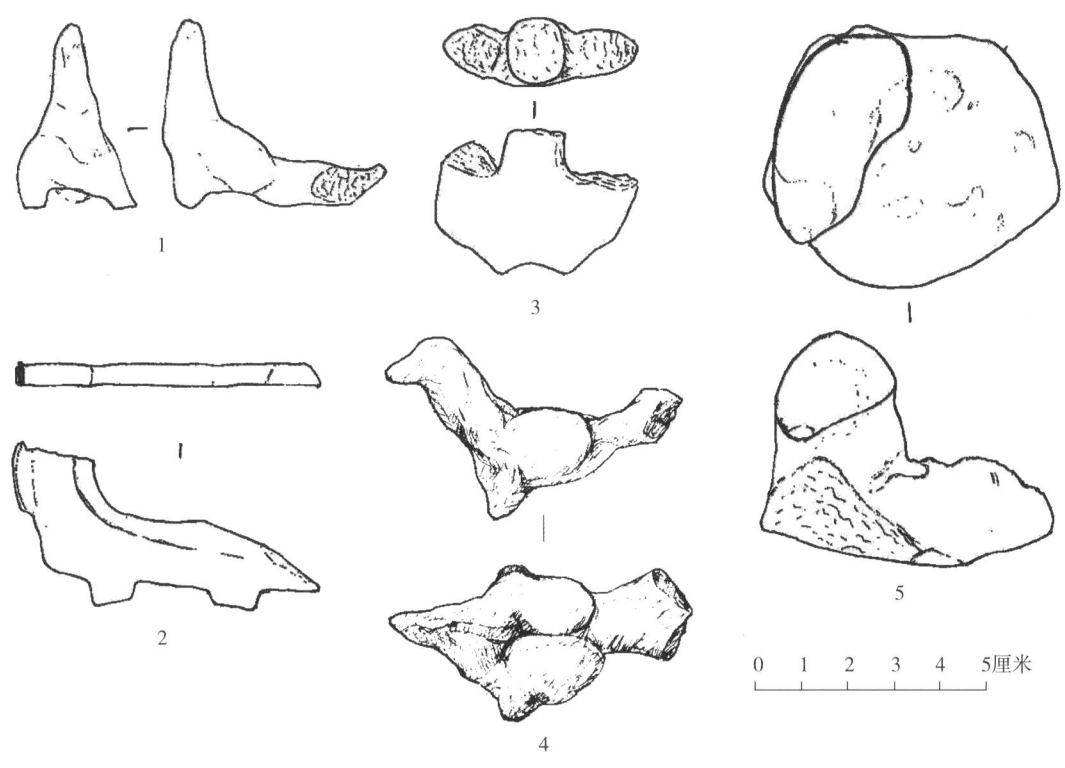

图一〇四 龙山文化三期陶、石器

1、3、4.陶鸟（T89H141：5、T426H101：6、T15H77上：8）2.陶兽（T424H95：13）5.石兽（T426H101②：7）

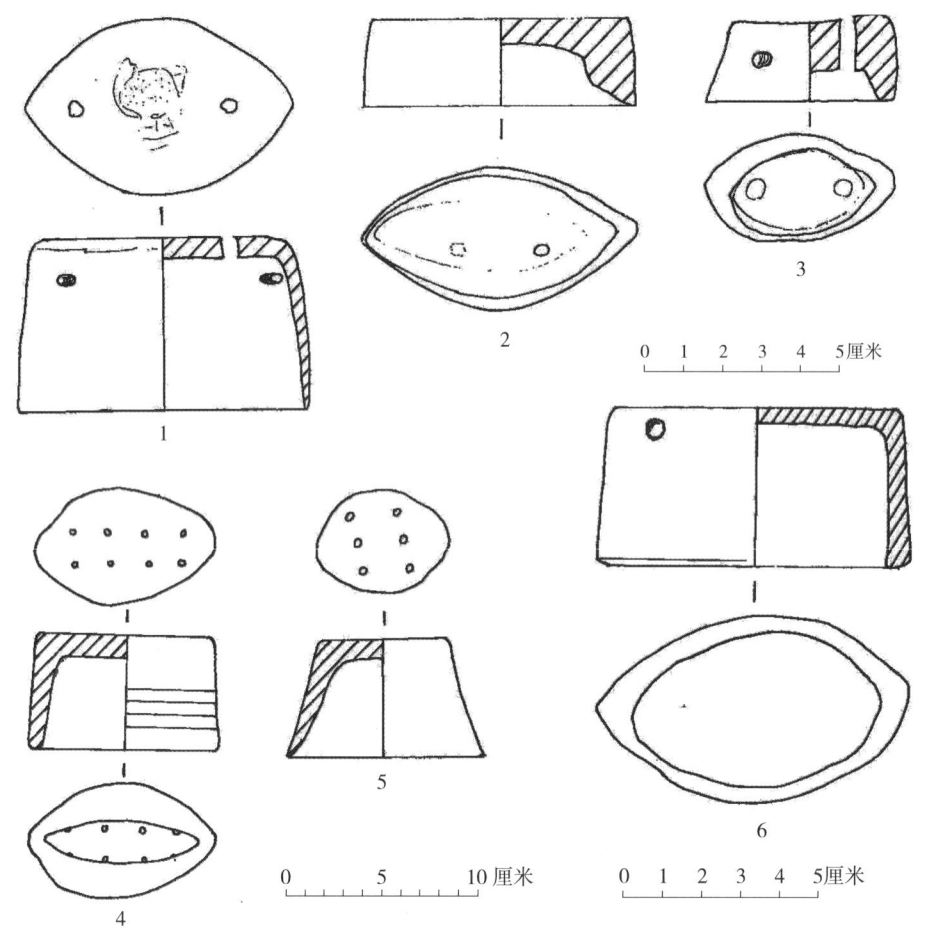

图一〇五　龙山文化三期陶铃

1.T22H25：4　2.T426H101②：49　3.T44③A：29　4.T47H77上：18　5.T89④：32　6.T47H68：2

陶祖　3件。其中1件完整，2件残。泥质灰陶。标本T89④：28，完整，泥质灰陶，如棒状，一端稍细，断面为椭圆形。长9.8厘米，径1.6~1.7厘米。（图一〇六，1；彩版一六，6）标本T110⑤：10，残，泥质灰陶，如棒状，断面为圆形。残长5.9厘米，直径2.3厘米。（图一〇六，2；彩版一六，7）标本T50H76：73，残，泥质灰陶，平面呈椭圆形，如男性生殖器前端。残长2.7厘米，直径2.9厘米。（图一〇六，3；彩版一六，8）

陶饼　2件。标本T50H42：2，一边稍残，为夹砂褐陶，平面近椭圆形，似兽面，断面为梯形。直径4~4.6厘米，厚0.7厘米。（图一〇六，5；彩版一六，5）标本T110⑤：11，为夹砂褐陶，平面呈圆形，上有椭圆形孔，未透，断面为扁圆形。直径3.7厘米，厚1.2厘米。（图一〇六，6；彩版一六，4）

小陶杯　1件。标本T52⑥：2，完整，口微敛，胎较厚，筒状，圜底内凹。口径4厘米，腹径4.9厘米，底径4厘米，高6.6厘米。（图一〇七，1；彩版一八，2）

小陶碗　2件。泥质灰陶，完整。标本T44③A：30，侈口，束腰，平底，底部有平行线纹。口径4厘米，底径3.7厘米，高1.7厘米。（图一〇七，2；彩版一八，3、4）标本T50H42：13，侈口，弧壁，平底。口径3.5厘米，底径2.8厘米，高1.5厘米。（图一〇七，3；彩版一八，5）

陶器纽　1件。标本T6③：8，残，泥质灰陶，平面近椭圆形，束腰，中部有一个圆形穿孔，其下有三个扁圆形坑窝。口径2.3厘米，底径2.4厘米，高2.1厘米。（图一〇七，4；彩版一八，6、7）

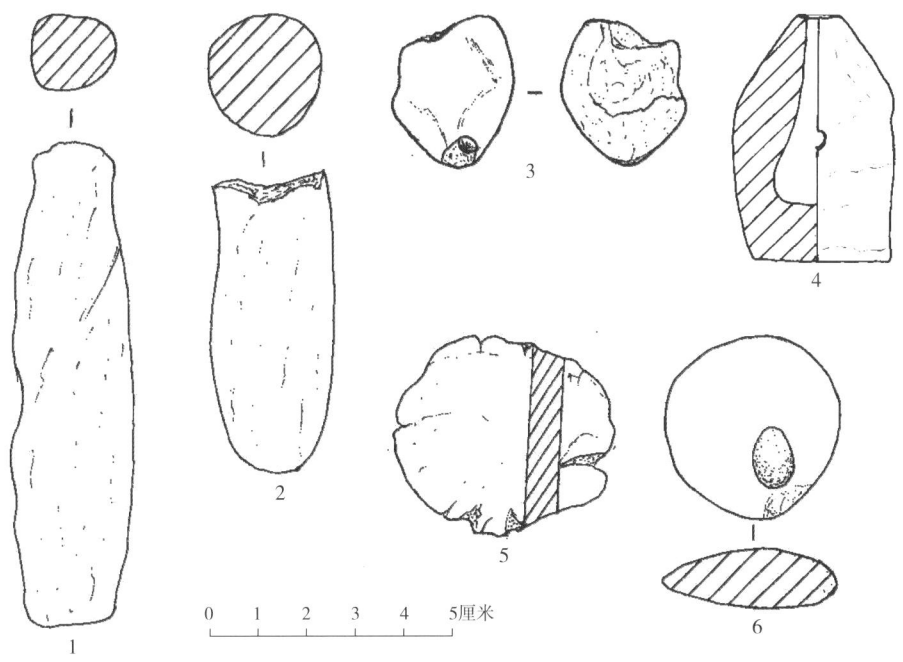

图一〇六　龙山文化三期陶器

1~3. 祖（T89④：28、T110⑤：10、T50H76：73）　4. 埙（T47H77：14）　5、6. 饼（T50H42：2、T110⑤：11）

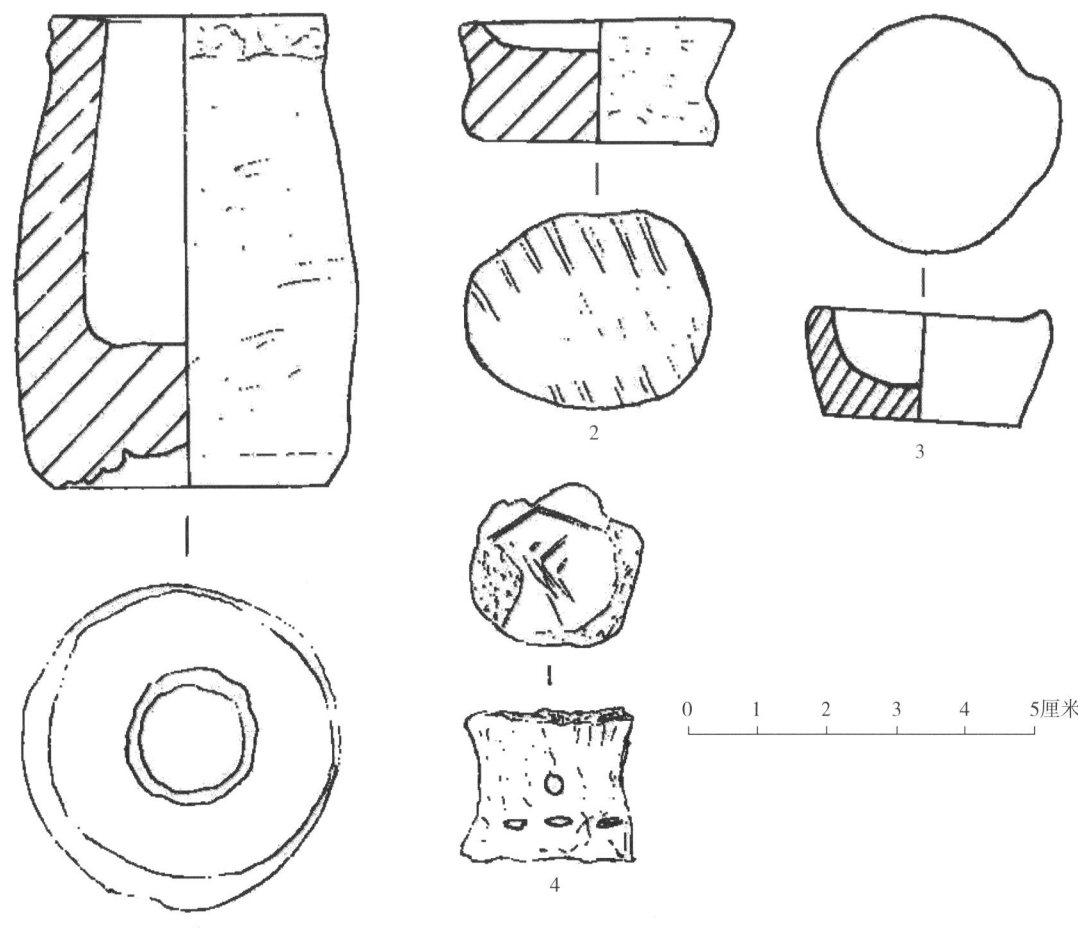

图一〇七　龙山文化三期陶器

1. 小杯（T52⑥：2）　2、3. 小碗（T44③A：30、T50H42：13）　4. 器纽（T6③：8）

卜骨　4件。标本 T426H101 ②：47，猪的肩胛骨，残，上有灼痕，不见凿的痕迹。残长 11.3 厘米，残宽 4.5 厘米。（图一〇八，1；彩版一九，1）标本 T44 ③：31，猪肩胛骨的上部，残，不见凿的痕迹。残长 11.5 厘米，残宽 4.5 厘米。（图一〇八，2；彩版一九，2）标本 T50H76：72，猪的肩胛骨，残，上有灼痕，不见凿的痕迹。残长 9.8 厘米，残宽 4 厘米。（图一〇八，3；彩版一九，3）标本 T425H114 ②：25，猪的肩胛骨，残，上有灼痕，不见凿的痕迹。残长 9.8 厘米，残宽 4.5 厘米。（图一〇八，4；彩版一九，4）

板瓦　5块。均残。标本 T424T425H114，残，泥质灰陶，瓦面呈弧形，有切割痕，瓦的正面拍印绳纹，并有二周凹弦纹，角有圆形穿孔，孔径 1 厘米，残宽 18 厘米，残高 17.2 厘米，厚 1.3 厘米。（图一〇九，1、5；彩版二〇，1、2）标本 F1 外③，出于平粮台城内东南部 T1～T8 ③层（龙山文化三期），泥质棕灰陶，残，板瓦的两个边切割痕明显，板瓦的边角内有一椭圆形穿孔，正面饰弦纹，内部有弦纹印痕。残宽 12.9 厘米，残高 17.5 厘米，厚 1.4 厘米，孔径 0.9 厘米。（图一〇九，2；彩版二〇，3）从板瓦的弧度看，小口直径 30 厘米。细绳切割。标本 T425T426H101，2 块，残，泥质深灰陶，平面呈凹弧形，一侧有割痕，面上拍印篮纹，纹饰清晰。一块残宽 7.5 厘米，残高 11.2 厘米，厚 1～1.6 厘米。（图一〇九，3）另一块，残宽 3.6 厘米，残高 5.1 厘米，厚 1～1.6 厘米。（图一〇九，4）标本 T89 ④：26，残存一角，一侧有割痕，面上拍印方格纹。残长 8 厘米，残宽 5 厘米，厚约 1 厘米。（彩版二〇，4）

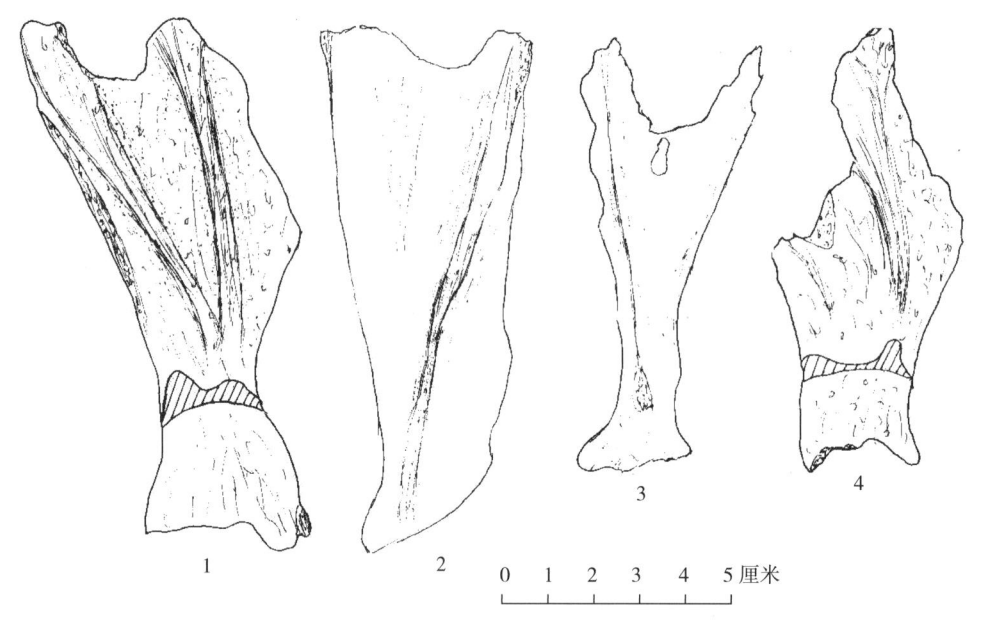

图一〇八　龙山文化三期卜骨

1. T426H101 ②：47　2. T44 ③：31　3. T50H76：72　4. T425H114 ②：25

图一〇九 龙山文化三期板瓦

1、5. T424T425H114 2. F1 外③ 3、4. T425T426H101

第四节 龙山文化四期

一、文化遗迹

（一）房基

2 座，为 F7、F8。

F7 房基，位于古城内东南部的探方 T21 东南部，开口于①文化层之下。东部压在隔梁下，东南部被 H11 打破。平面呈长方形，东西残长 1.80 米，南北宽 3.50 米。屋内地面南北宽 2.90 米，东西残长 1.40 米。墙系夯土版筑，宽 0.30 米，屋内墙面用草拌泥抹平，北墙草拌泥四层，分别厚 1.3 厘米、1.5 厘米、1.5 厘米、1.5 厘米，北墙外抹黑灰土草拌泥，层厚 15~20 厘米，延至散水坡。南墙残高 0.50 米，南墙外垫黄土一层，夯实，其上抹黄拌泥，层厚 4~10 厘米，坡面再敷一层厚 1~2 厘米的料礓石面作为散水。东墙不详，北墙残高 0.60 米，西墙有 2 个柱洞，口径分别为 0.17 米、0.18 米，深 0.10 米，亦系夯土小版筑。房基内出土陶片 114 块，全为泥质灰陶，纹饰以方格纹居多，篮纹次之，绳纹较少，器形有鼎、罐、豆等。石器有锛、杵。屋面下深灰垫土中出土陶片183块，灰陶居多，纹饰以方格纹为主，篮纹次之，绳纹最少，可见器形有罐、甗、平底盆、直领瓮等，还有黑陶纺轮。石器有锛、凿。从出土器物风格看，此房基属于龙山文化四期。根据M37东壁地层剖面，在一层房基下还有2层房基，我们编为F7（一）、F7（二）、F7（三），这三层房的基址错位，基址逐渐北移，由于F7（一）是土坯墙，保存较好，故没有继续向下清理，予以封存保护。（图一一〇；图一一一，1~4）F7墙外西北角有2个瓮棺葬（W55、W56），出土陶罐3件、陶瓮1件和砺石、蚌壳等。

F8房基，位于古城内东南部的探方T21、T6、T5、T15内，叠压在F2之下，被汉墓M41和M44、战国墓M36和M39打破。由于对F2进行现场保护，所以压在F2下的部分没有清理。从发掘情况看，F8的建筑规模比F2大，即房基长度比F2长，西部未到边，房基宽度也比F2宽。F8的平面呈长方形，东西长16.50米，南北宽4.90米。F8系长方形排房，可以分多间，仅东间保存较好。屋内地面南北宽4.20米。F8的南墙在F2南墙外，F8的北墙在F2的北墙外，可以说，F8比F2宽两墙。北墙东段宽0.35米，为黄色夯土，墙基中有柱洞，柱洞直径0.20米；东墙宽0.30米，墙基中有柱洞，直径0.16米；南墙被灰沟打破，保存较短，宽0.30米；东间的西隔墙宽0.30米。F8的建筑结构，根据地层，是先平整地面，夯实，再建南北墙和隔墙，然后用土垫室内，垫土分3层，土色不同，厚薄不等。第1层垫土为黄垫土，北厚南薄，西厚东薄，略向南倾斜，厚0.01~0.40米，其上铺一层0.01~0.02米的硬料礓石，地面平坦，坚硬，其上有20个柱洞，口径0.20米，深0.10~0.40米不等，大多数柱洞底部有料礓石。第2层垫土为灰土，厚0.02~0.05米。第3层垫土为灰褐土，中部稍厚，有经过火烧的痕迹，但不普遍。在柱洞5的西北部和柱洞15的东北部有一个烧土台，东西长2.30米，南北宽1.40米；在柱洞6的东北部有一个烧土台，东西长1.10米，南北残宽0.90米。（图一一二）房基内出土陶片2391块，灰陶居多，红陶极少，纹饰以方格纹居多，篮纹次之，绳纹较少，还有回纹和磨光陶，器形有鼎、罐、甗、平底盆、圈足盘、瓮、豆、鬶、碗等，还有纺轮。骨器有镞、锥，还有石镞。在F8北墙屋内的黄色垫土中发现2个瓮棺葬（W53、W54），瓮棺葬的罐为方格纹，纹饰规整、清晰，陶胎较薄。

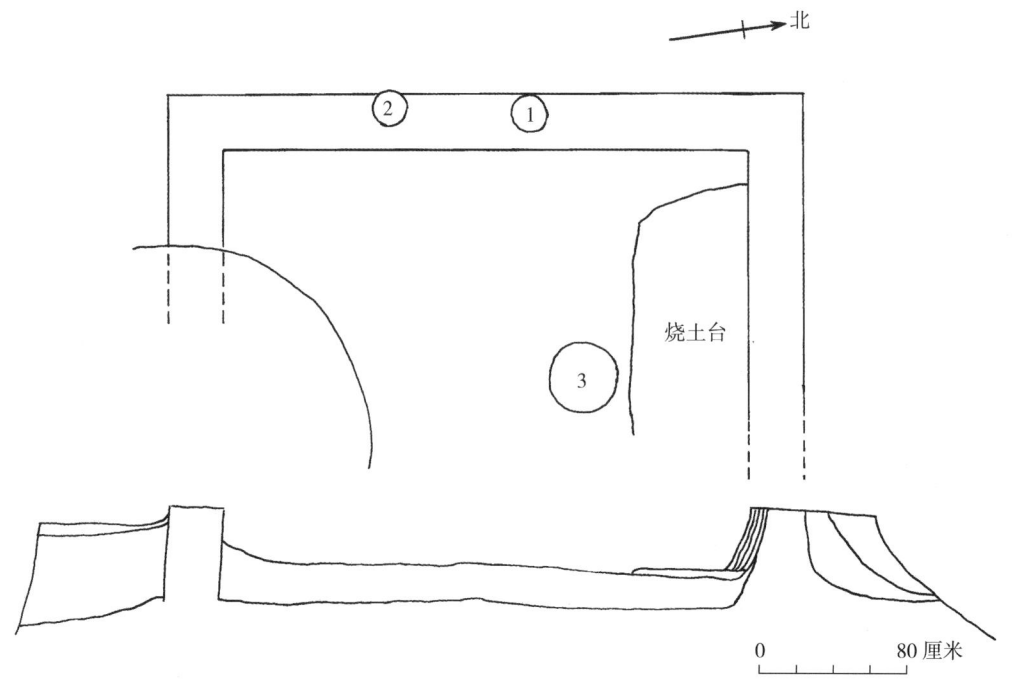

图一一〇　龙山文化四期房址 T21F7 平、剖图

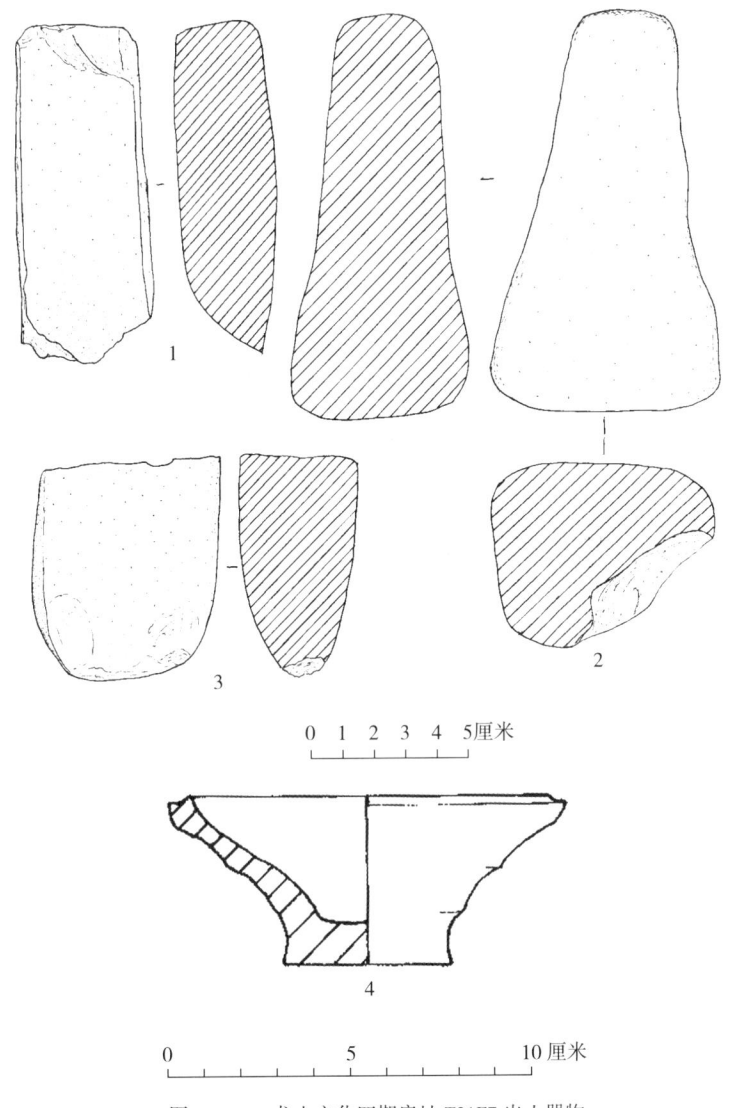

图一一一　龙山文化四期房址 T21F7 出土器物

1. 石锛（T21F7：5）　2. 石斧（T21F7：6）　3. 石杵（T21F7：4）　4. 陶碗（T21F7：3）

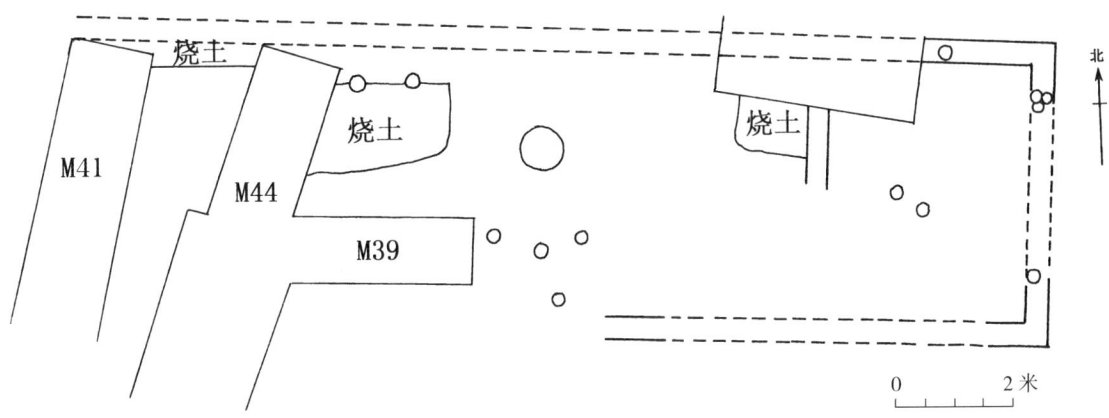

图一一二　龙山文化四期房址 F8 平、剖图

（二）灰坑

灰坑是龙山文化四期的重要遗迹之一，共发现39座，即H5、H8、H9、H10、H15、H24、H29、H34、H63、H71、H80、H85、H94、H98、H99、H102、H105、H108、H109、H110、H112、H113、H115、H117、H118、H119、H139、H141、H224、H227、H250、H251、H252、H254、H255、H257、H258、H259、H260。这些灰坑大部分在古城内的东南部和北部，个别灰坑在西南部。

灰坑的坑口形状分圆形、椭圆形、长方形、亚腰形、长条形五种。圆形灰坑5个，椭圆形灰坑24个，长方形灰坑4个，亚腰形灰坑2个，长条形灰坑4个。从灰坑的剖面形状看，有直筒状、筒状、袋状、浅坑、锅底状五种。直筒状5个，占总数的12.8%；筒状17个，占总数的43.6%；袋状2个，占总数的5.1%；浅坑1个，占总数的2.6%；锅底状14个，占总数的35.9%。直筒状灰坑一般口底径大小相等，筒状灰坑一般口大底小，袋状灰坑一般口小底大，锅底状灰坑一般口大底圜。（表五）

圆形灰坑　5座。H29位于遗址西南部T27F10的散水坡内。圆形筒状，口大底小，平底。填灰土，土质松软。包含遗物丰富，出土陶片以灰陶居多，纹饰中方格纹居多，篮纹次之，绳纹较少，器形有陶鼎、罐、甗、鬶、盆、豆、碗，还有陶环和石镞。口径0.90米，底径0.70米，深0.76米。（图一一三，1）

H99位于遗址T424东南部。为圆形筒状坑，口大底小，斜腹，平底。填土为黑灰土，土质较软。出土陶片486块，以灰陶居多，黑陶次之，棕陶较少，纹饰以篮纹248块居多，方格纹230块次之，绳纹8块较少，器形有罐、高领罐、甗、盆、碗、鬶。还有蚌镰、骨笄、骨器和蚌壳、螺壳等。口径0.94米，底径0.76米，深0.40米。（图一一三，2）

H102位于遗址T424东南角，东部有部分在东隔梁下，南部约一半在南隔梁下，其打破H104，发掘前坑口上部被挖去部分，现距地表0.27米。为圆形筒状坑，口大底小，斜腹，平底。填土分2层，上层为青灰土，土质较硬，厚0.44~0.72米；下层填黑灰土，土质较软，深0.74~0.99米。上下层出的陶片质、色、纹饰、器形口沿的形状基本一致，是同时期废弃的。陶片在数量上稍有差别，上层出陶片以泥质陶为主，占74.30%；夹砂陶较少，占25.69%。陶色以灰陶为主，占65.74%（其中夹砂灰陶占12.12%），深灰色较少，占32.32%，偶见棕陶。纹饰以方格纹为主，占31.88%，绳纹次之，占27.96%，素面占22.92%，篮纹只占10.58%，弦纹占3.02%，其他纹饰较少。下层出陶片以泥质陶为主，夹砂陶次之。陶色以灰陶为主，深灰色较少，偶见棕陶。纹饰以方格纹为主，绳纹次之，其他纹饰较少。可辨器形有罐、鼎、高领罐、甗、瓮、碗、豆、钵等。口长径1.90米，深1.40米。（图一一三，3）

表五　　　　　　　　　　龙山文化四期灰坑形制统计表

形状	直筒状	筒状	袋状	浅坑	锅底状	合计
圆形		H29、H99、H102、H250		H15		5
椭圆形	H63、H108 H109、H110 H257	H10、H24、H80 H94、H113 H224、H227 H254、H260		H105	H8、H9、H85 H112、H117 H251、H255 H258、H259	24
长方形		H5、H115	H98		H139	4
亚腰形		H118			H141	2
长条形		H71			H34、H119 H252	4
合计	5	17	2	1	14	39

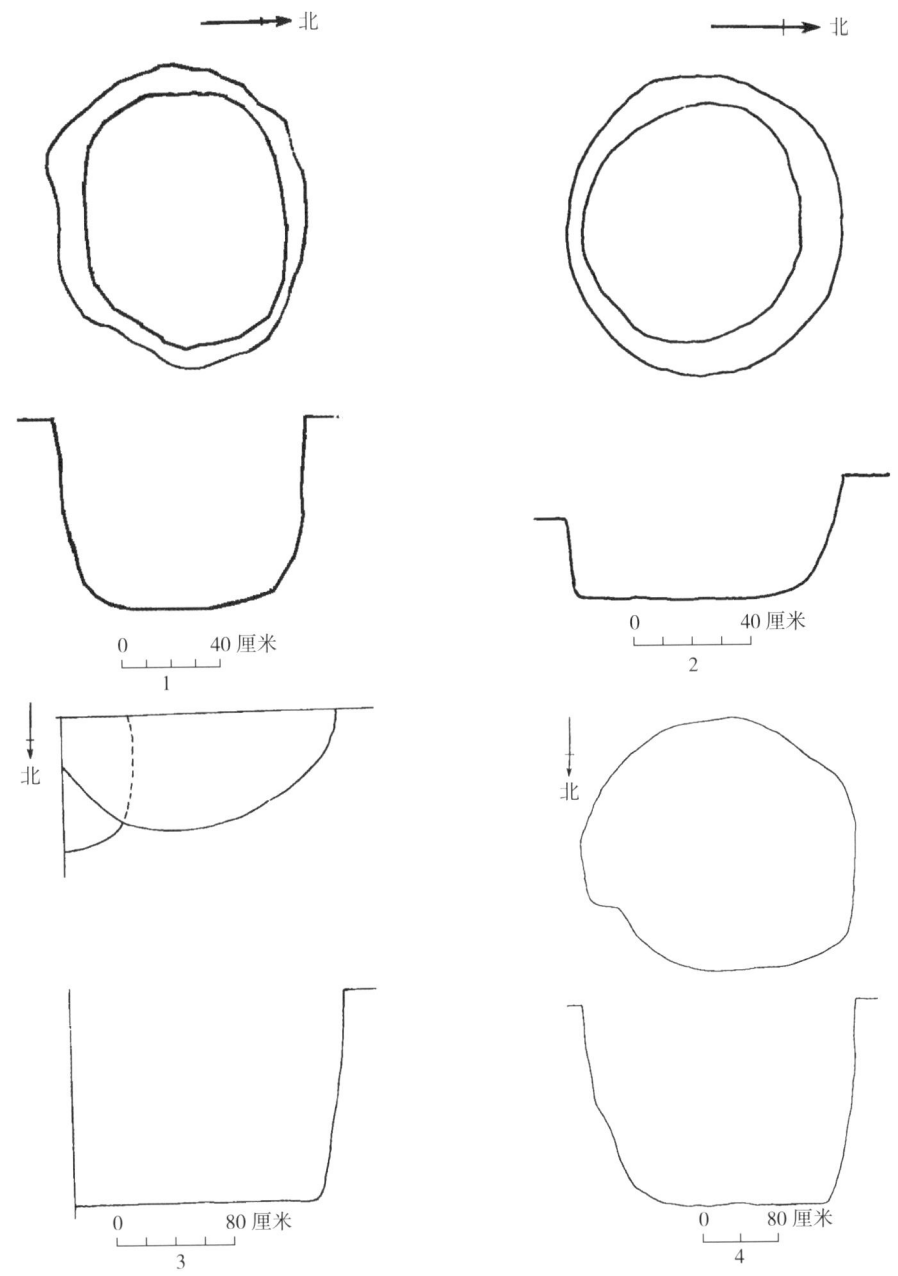

图一一三　龙山文化四期灰坑平、剖图

1. T27H29　2. T424H99　3. T424H102　4. T24H24

H250 位于遗址北部 T111 西南部，坑口位于 F18 垫土层下。为圆形筒状坑，口大底小，平底。填土为褐灰土，土质较松软。出土陶片以灰陶为主，棕陶次之，纹饰以宽篮纹居多，方格纹次之，器形有鼎、罐、甗、盘、碗等。口径 1.08 米，底径 1 米，深 1.14 米。（图一一四，1）

H15 位于遗址东南部 T11 内，开口于③层下。圆形袋状，口大，肚大，底小，平底。填土分 4 层，第 1 层为青黄土，第 2 层为灰褐土，第 3 层为黄褐土，第 4 层为灰土。土质松软。包含遗物丰富，出土陶片以灰陶居多，黑陶较少，纹饰以方格纹居多，篮纹次之，器形有鼎、罐、甗、圈足盘、盆、甑箅、豆、钵、碗、环等，还有骨锥、蚌铲。碳十四测年为距今 3960 年 ±140 年，树轮校正距今 4355 年 ±175 年。口径 2.12 米，腹径 2.26 米，底径 2.10 米，深 1.46 米。（图一一四，2）

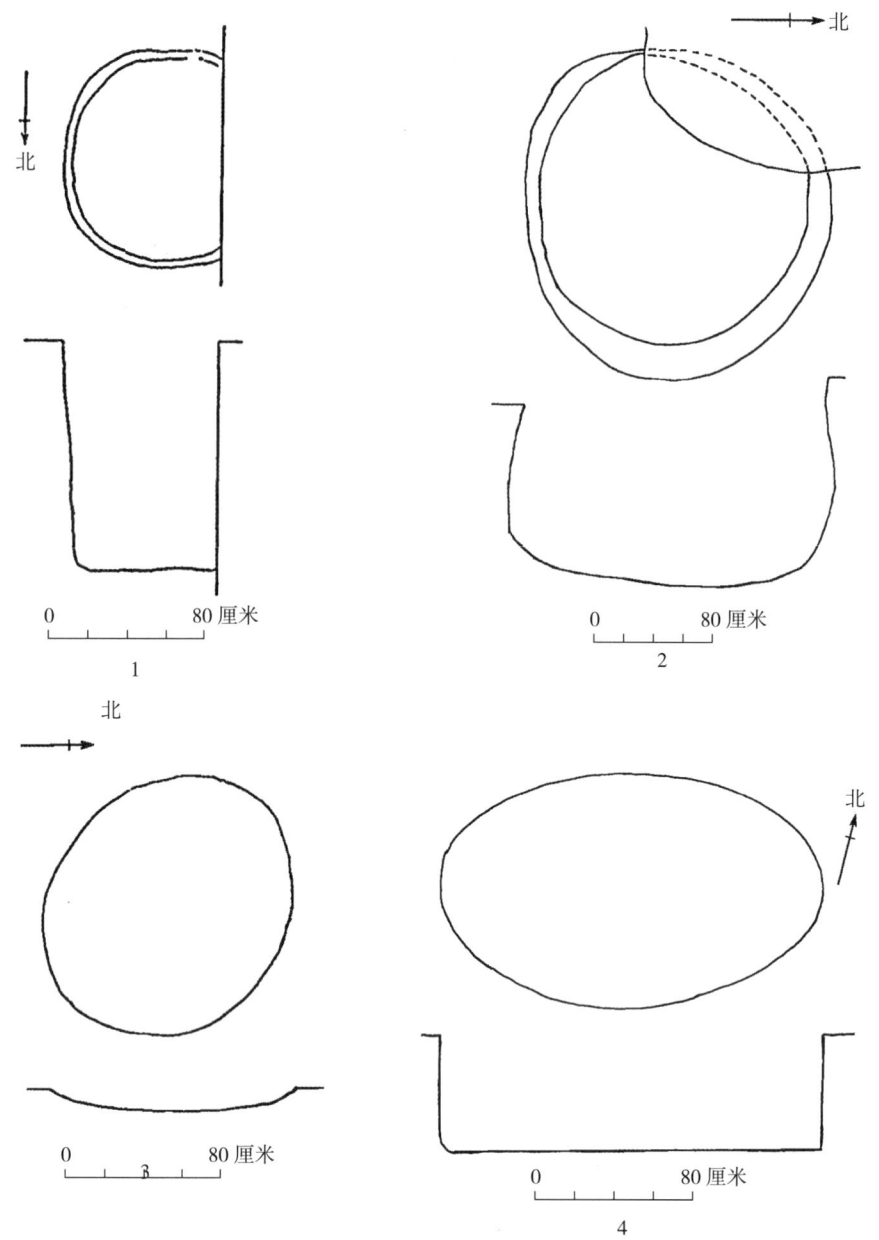

图一一四 龙山文化四期灰坑平、剖图

1. T111H250 2. T11H15 3. T424H105 4. T48H63

　　椭圆形灰坑　24座。H63位于遗址东南部T48、T47内，开口农耕土层下，被H62打破，打破龙山文化层和龙山文化城墙，坐落在城墙夯土中。椭圆形直筒状，口底径大小相同，平底。填浅灰土，土质松软。出土陶片91块，以灰陶居多，纹饰中篮纹44块居多，方格纹41块次之，绳纹6块较少，主要器形有鼎、罐、高领罐、圈足盘、鬶、豆等，多平底器。口径1.20~2米，深0.60米。（图一一四，4）

　　H108位于遗址东南部T425西南角，坑口位于农耕土层下，南部压在南壁下未清理。为椭圆形直筒状坑，口底径相当，底不平。填土为黑灰土，土质较松软。出土陶片4369块，以灰陶为主，棕陶较少，纹饰中篮纹1728块居多，方格纹1230块次之，绳纹108块较少，素面1135块，弦纹168块，器形有鼎、罐、高领罐、甗、盆、盘、碗、鬶、瓶，还有纺轮。另见石镞、石镰、砺石、骨锥、蚌器、鹿角等。对鼎、甗进行了统计，其中圆锥状鼎足 31 个，有一个按窝的 1 个，两个按窝的 20 个，三个按窝的 10 个，约 27 个鼎个体；甗足 27 个，其中素面乳足 2 个，带绳纹甗足 25 个，约 10 个甗个体。口径残长 2.85 米，宽 2.43 米，深 1.70 米。（图一一五，1）

　　H109 位于遗址东南部 T425 东部正中，坑口位于②层下，坑口被 M125、M132 打破，并打破 H116。为椭圆形直筒状坑，口底径相当，底不平。填土为绿锈土，土质较松软。出陶片 92 块，以灰陶为主，黑陶、棕陶较少。纹饰中方格纹 34 块居多，篮纹 11 块次之，绳纹 3 块较少，指甲纹 1 块，素面 43 块，器形有鼎、罐、甗、盆、碗、鬶等。口径长 0.94~1.26 米，深 0.40 米。（图一一五，2）

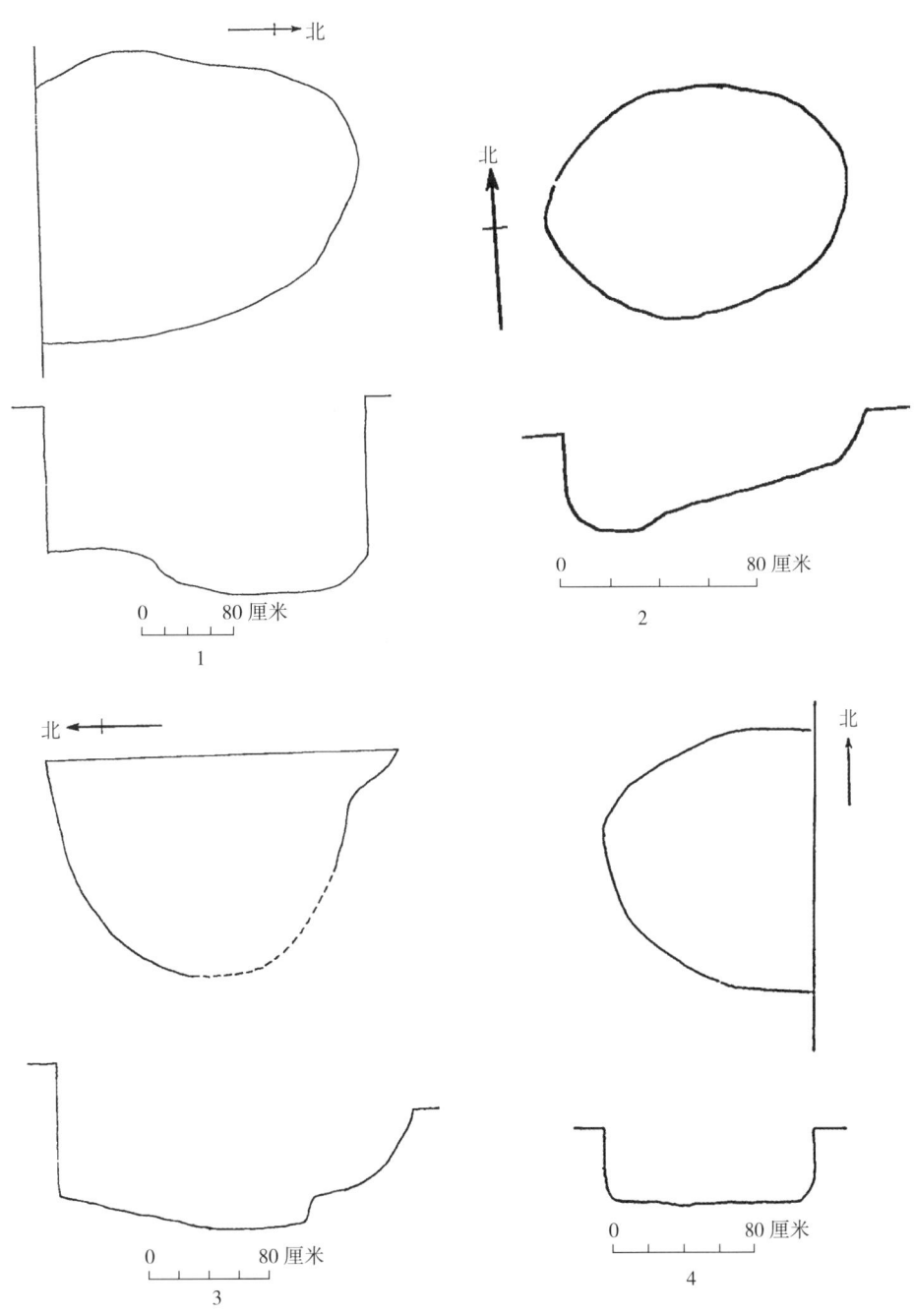

图一一五　龙山文化四期灰坑平、剖图

1. T425H108　2. T425H109　3. T425H110　4. T86H257

H110 位于遗址东南部 T425 东北部，坑口位于②层下，坑被 M125、M132 打破，并打破 H101。为椭圆形直筒状坑，口底径相当，底不平。填土为褐色夹杂白色淤泥土，土质较松软。出土陶片 697 块，以灰陶为主，黑陶、棕陶较少，纹饰中篮纹 288 块居多，方格纹 206 块次之，绳纹 53 块较少，弦纹 10 块，素面 140 块，器形有鼎、罐、甗、豆、纺轮等。口径长 0.94~1.26 米，深 0.40 米。（图一一五，3）

H257 位于遗址北部 T86 东部，坑口位于⑥层下，坑东部压在东隔梁下未清理。为椭圆形直筒状坑，口底大小相同，平底。填土为黑灰土，土质较松软。出土陶片以灰陶居多，黑陶较少，纹饰中绳纹居多，篮纹次之，方格纹较少，器形有鼎、罐、高领罐、碗等。口径 1.20~1.70 米，深 0.40 米。（图一一五，4）

H10 位于遗址内的东南部 T9 内，开口于农耕土下。椭圆形筒状，口大底小，平底。填土为黑灰土，土质松软。包含遗物丰富，出土陶片 500 多块，以灰陶居多，黑陶较少，纹饰以方格纹居多，篮纹、绳纹较少，器形有鼎、罐、甗、澄滤器、平底盆、碗等。口径 2.50 米，深 1.60 米。（图一一六，1）

H24 位于遗址东南部 T24 内，开口①层下。椭圆形筒状，口大底小，平底。填土上部为黄灰土，土质坚硬，下部为深灰土，土质松软。包含遗物丰富，出土陶片以灰陶居多，黑陶较少，纹饰以方格纹居多，绳纹次之，器形有鼎、罐、甗、高领罐、盆、澄滤器、圈足盘、豆、碗。还有石斧、蚌锯、骨斧。口径 2.73~3.05 米，底径 1.80 米，深 2.20 米。（图一一三，4）

H80 位于遗址东南部 T424 东北角，部分在东隔梁下。坑口距地表 0.25 米。为椭圆形筒状坑，口大底小，斜腹，平底。填土分 2 层，上层为黄灰土，厚 0.22~0.70 米，土质较硬；下层填黑灰土，土质较软，厚 0.50~0.70 米。上下层出的陶片的质色、纹饰、器形口沿的形状一致，是同时期废弃的。坑内出陶片以泥质陶为主，夹砂陶较少，陶色以灰色为主，深灰色较少，偶见棕陶，纹饰以篮纹为主，占 44.81%，素面次之，占 25.44%，方格纹占 17.22%，绳纹只占 3.33%，绳纹与弦纹占 4.31%，其他纹饰较少，可辨器形有罐、鼎、高领罐、甗、瓮、碗、豆、钵等。口长径 2.05 米，短径 0.75 米，深 1.20 米。（图一一六，3）

H94 位于遗址 T424 内，被 H83 打破。为椭圆形筒状坑，口大底小，斜腹，底近平。填黑灰土，土质较软，厚 0.40~0.76 米。出土陶片以灰陶居多，黑陶次之，棕陶较少，其中方格纹 415 块居多，篮纹 100 块次之，绳纹 61 块较少，素面 215 块，可辨器形有罐、甗、盆、碗、盘、钵、鬶。还有蚌壳、兽骨、砺石等。口径 2.04~2.40 米，底径 1.05~1.95 米，深 2.60 米。（图一一六，4）

H113 位于遗址东南部 T425 西南部，坑口位于①层下，坑口被 H86、H108 打破。为椭圆形筒状坑，口大底小，底不平。填土为灰褐土，土质较松软。出土陶片 1581 块，以灰陶为主，黑陶、棕陶较少，纹饰中绳纹 763 块居多，方格纹 256 块、篮纹 247 块皆次之，弦纹 61 块较少，几何纹 4 块，素面 250 块，器形有鼎、罐、高领罐、甗、盆、碗、豆、鬶等。口南北径长 3 米，东西径长 1.80 米，深 1.40 米。（图一一七，1）

H224 位于遗址北部 T111 西南部，坑口位于④层下，坑口被 M212 打破。为椭圆形筒状坑，口大底小，平底。填土为深灰土，土质较松软。出土陶片以灰陶为主，磨光陶、棕陶次之，纹饰以绳纹居多，器形有罐、盘、碗等。口径 1.18~2.64 米，底径 2.23 米，深 0.66 米。（图一一七，2）

H227 位于遗址北部 T111 西南部，坑口位于④层下。为椭圆形筒状坑，口大底小，平底。填土为深灰土，土质较松软。出土陶片以灰陶为主，棕陶次之，纹饰以宽篮纹居多，方格纹次之，器形有鼎、罐、甗、盘、碗等。口径 0.76~2.26 米，底径 0.60~2.10 米，深 0.63 米。（图一一七，3）

H254 位于遗址北部 T111 西南部，坑口位于④层下。为椭圆形筒状坑，口大底小，平底。填灰土，土质较松软。出土陶片以灰陶居多，黑陶较少。纹饰以篮纹、方格纹居多，绳纹次之，器形有罐、甗、盆、盘等。口径 1.20~1.75 米，底径 1~1.54 米，深 0.80 米。（图一一七，4）

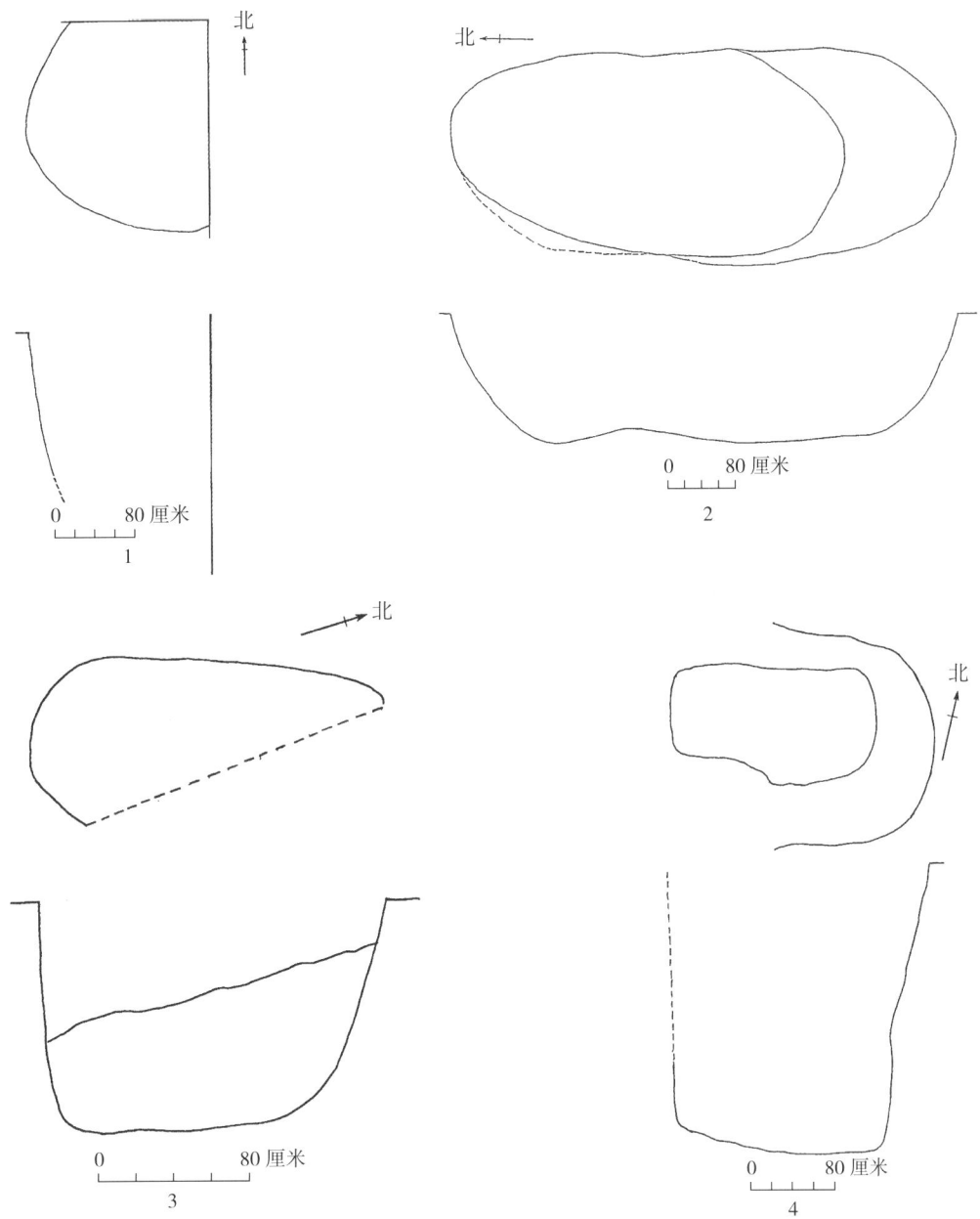

图一一六 龙山文化四期灰坑平、剖图
1. T9H10 2. T111H259 3. T424H80 4. T424H94

　　H260 位于遗址北部 T111 东北部，坑口位于④层下，坑口被 H258 打破。为椭圆形筒状坑，口大底小，平底。填土分 2 层，上层为灰土，土质松软，其下有一层灰淤泥，下层为花土，经过夯打，共 5 层夯土，每层厚 0.30 米左右。出土陶片以灰陶居多，黑陶较少。纹饰以绳纹居多，篮纹次之，器形有罐、澄滤器、盆、轮盘等。口径 1.80~3.50 米，底径 0.70~2.80 米，深 2.44 米。（图一一八，1）

　　H105 位于遗址东南部 T424 西南角，坑口位于②层底部，被现代水沟打破，部分压在东隔梁下未清理。为椭圆形浅坑，大口圜底。填土为浅灰土，土质较松软。出陶片 923 块，以灰陶为主，棕陶较少，纹饰中绳纹 238 块居多，篮纹 216 块次之，方格纹 112 块较少，弦纹 26 块，回纹 1 块，素面 330 块，器形有罐、高领罐、甗、盆、盘、碗。还有陶环和蚌器、砺石、鹿角等。口径 1.20~1.42 米，深 0.12 米。（图一一四，3）

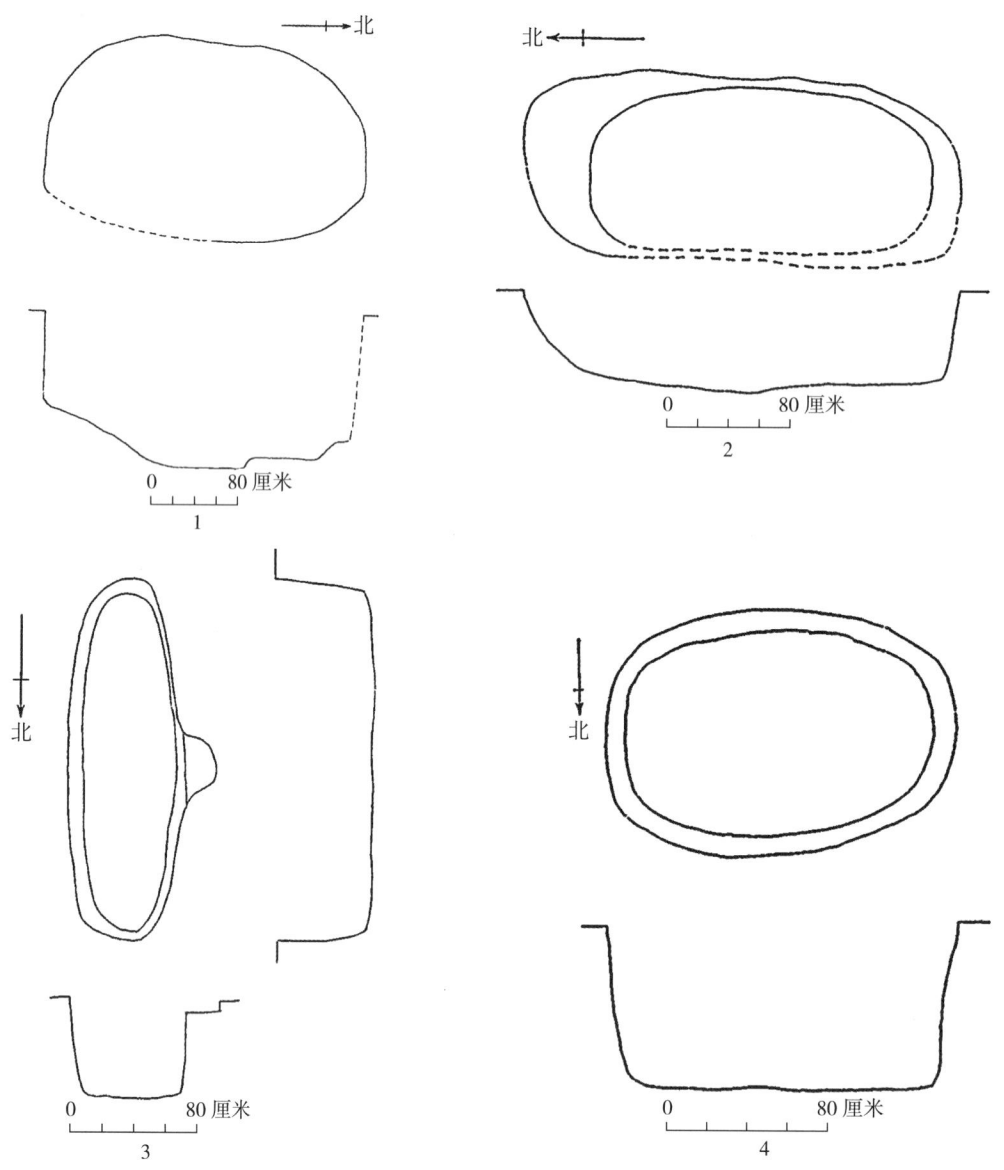

图一一七　龙山文化四期灰坑平、剖图

1. T425H113　2. T111H224　3. T111H227　4. T111H254

H8 位于遗址内的东南部 T14 内，开口于②层下，被 M45 打破。椭圆形锅底状，口大底小，圜底。填灰土，土质较松。出土陶片以灰陶为主，纹饰有方格纹、篮纹，器形有罐、甗、豆。还有兽牙、磨石等。长 0.82 米，宽 0.65 米，深 0.60 米。（图一一八，3）

H9 位于遗址内的东南部 T19、T21 内，开口于②层下，东部叠压在东隔梁下。椭圆形锅底状，口大底小，圜底。填灰土，土质松软。出土陶器 1500 多块，以灰陶为主，有少量黑陶和橙黄陶，纹饰以方格纹居多，篮纹次之，绳纹较少，器形有鼎、罐、甗、豆、瓮、碗等。口径 4.66 米，口残宽 1.74 米，深 1.60 米。（图一一八，4）

H85 位于遗址东南部 T424 东部，被龙山文化灰坑 H80 打破，其又打破 H106。发掘前上部的土已挖掉部分，现坑口距地表 0.40 米。为椭圆形锅底状坑，西部较窄且浅，东部较宽较深，口大底小，斜腹，底凹凸不平。填土分 2 层，上层较薄，土质较硬，厚 0.20～0.76 米，出陶片较少；下层较厚，为黑灰土，土质较

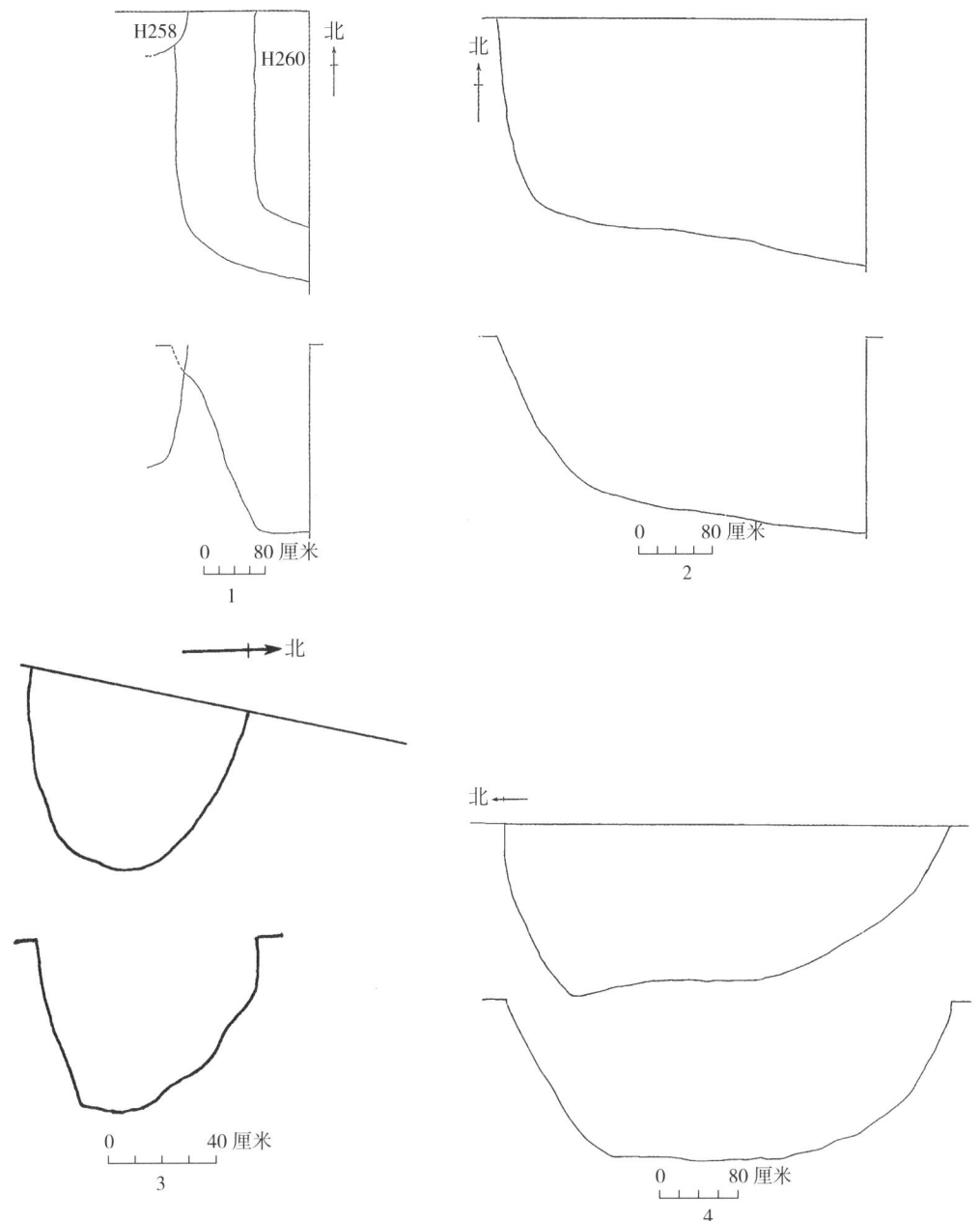

图一一八　龙山文化四期灰坑平、剖图

1. T111H260　2. T109H255　3. T14H8　4. T19H9

软，厚 0.40~0.76 米。上下层出的陶片从其质、色、纹饰和器形看基本相同，是同时期的堆积。坑内除了陶片，还有蚌壳、兽骨、田螺和砂礓等。出土陶片以夹砂陶为主，占 53.48%，泥质陶次之，占 46.52%，陶色主要是灰陶，占 72.37%，深灰陶次之，占 25.53%，偶见棕陶和黑陶，纹饰以方格纹为主，占 37.60%，篮纹次之，占 22.12%，素面再次之，占 18.20%，绳纹占 13.21%，其他纹饰较少，可辨器形有罐、鼎、高领罐、甗、瓮、碗、豆、钵、盆、鬶等。还有陶坠、陶纺轮、蚌刀、骨镞、骨簪、骨钻、石锛、砺石等。口现长 2.60 米，宽 0.80~3 米，深 0.20~1.16 米。（图一一九，1）

H112 位于遗址东南部 T425 东中部，坑口位于①层下，坑口被 M131 打破，其打破 H113。西部在 T424 东隔梁上，未清理。为椭圆形锅底状坑，口大底小，底不平。填土为灰褐土，土质较松软。出土陶片 10956

块，以灰陶为主，黑陶、棕陶较少，纹饰中篮纹 4478 块居多，方格纹 2713 块次之，绳纹 1281 块较少，素面 2264 块，弦纹 220 块，器形有鼎、罐、甗、平底盆、圈足盘、杯、瓶、鬶、器盖、碗、瓮、豆。还有陶纺轮、骨笄、石镰、石钻等。该坑出鼎、甗足较多。鼎足 72 个，其中圆锥状足 4 个，其上分别有一个或两个按窝，竖扁足上一个按窝的 9 个，两个按窝的 28 个，三个按窝的 27 个，四个按窝的 4 个，从鼎足看可能有鼎约 18 个。甗足 150 个，可能有约 50 个甗。口南北径长 6.20 米，深 2.10 米。（图一一九，2）

H117 位于遗址东南部 T425 中部，坑口位于①层下，坑口被 M125 打破，该坑又打破 H101。为椭圆形锅底状坑，口大底小，锅底。填土为黄褐土，土质较松软。出土陶片 224 块，以灰陶为主，黑陶、棕陶较少，纹饰中方格纹 66 块居多，篮纹 61 块次之，绳纹 20 块较少，弦纹 12 块，素面 65 块，器形有鼎、罐、高领罐、甗、盆、碗、鬶等。口径 1.94 米，深 0.50 米。（图一一九，3）

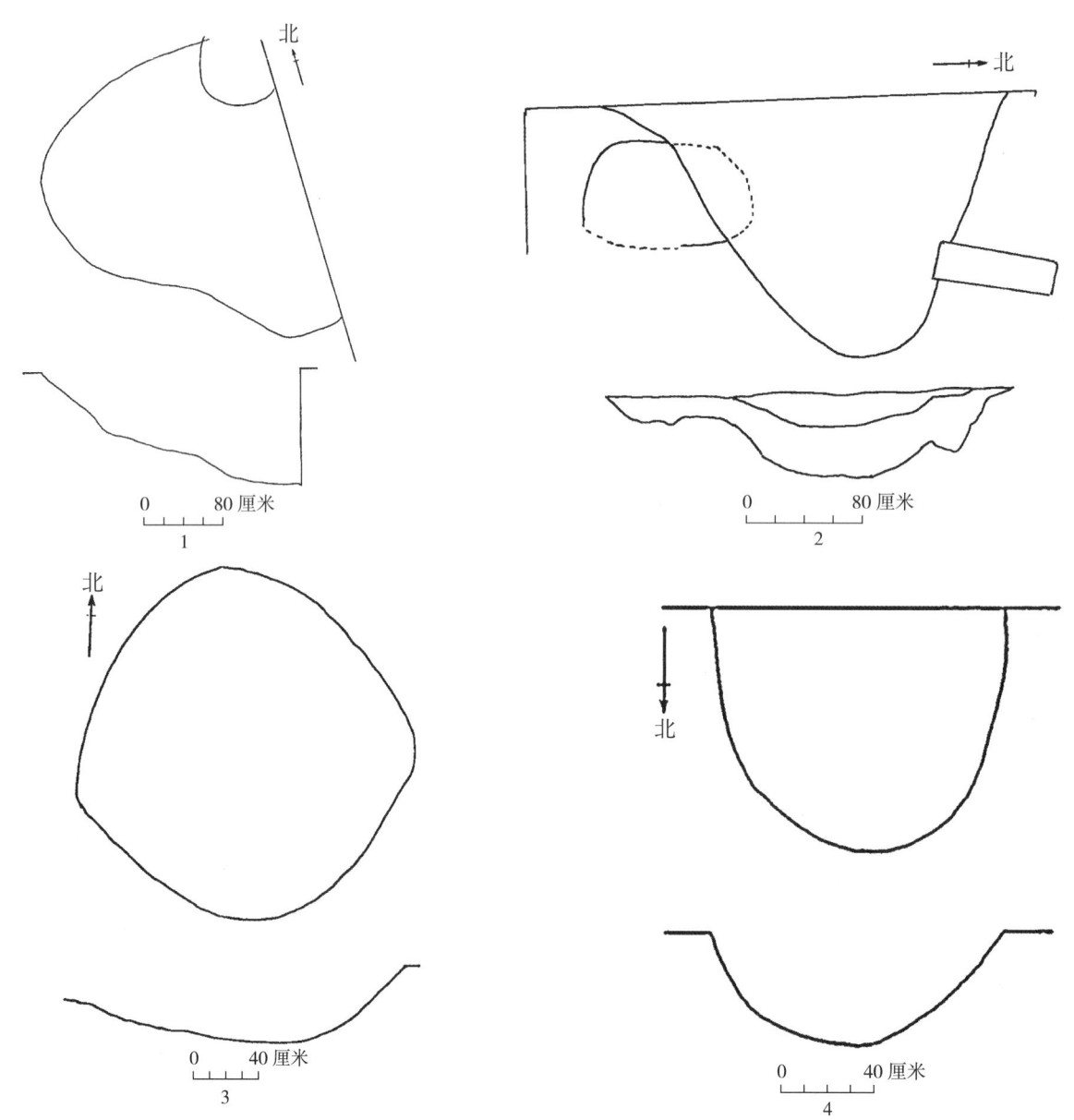

图一一九　龙山文化四期灰坑平、剖图

1. T424H85　2. T425H112　3. T425H117　4. T112H251

H251 位于遗址北部 T112 西南部，坑口位于④C 层下，坑口压在南隔梁下部分没有清理。为椭圆形锅底状坑。填土为黑灰土，土质较松软。出土陶片 56 块，以灰陶居多，黑陶较少，纹饰以篮纹 35 块居多，绳纹 5 块，方格纹 6 块，素面 10 块，器形有罐、甗、钵、碗等。口径 1.30 米，深 0.50 米。（图一一九，4）

H255 位于遗址北部 T109 的北部，坑口位于④B 层下，坑的北部压在北隔梁下未清理。为椭圆形锅底状坑，口大底小，锅底。填土分 6 层，由上及下为黑灰土、黄灰土、黑灰土、浅灰土、黄灰土、黄花土，土质较松软。出土陶片 4645 块，以灰陶和深灰陶居多，棕陶较少，纹饰以篮纹居多，绳纹次之，方格纹较少，其中篮纹 1633 块，篮纹与弦纹 481 块，方格纹 596 块，方格纹与弦纹 13 块，绳纹 824 块，磨光 34 块，素面 1064 块，器形有鼎、罐、高领罐、甗、瓮、澄滤器、盆、豆、圈足盘、瓠、杯、钵、碗、器盖、鬶等。其中甗足 90 个，约 30 个甗个体；鼎足 13 个，约 5 个鼎个体。口径 4.10 米，深 0.80 米。（图一一八，2）

H258 位于遗址北部 T111 西北部，坑口位于③层下。为椭圆形锅底状坑，口大底小，平底。填土分 4 层，由上及下为浅灰土、浅黄土、灰土、褐灰淤泥，土质较松软。出土陶片以灰陶居多，黑陶较少。纹饰以篮纹、方格纹居多，绳纹次之，器形有罐、甗、盆、盘等。口径 1.20~1.75 米，底径 1~1.54 米，深 0.80 米。（图一二〇，1）

H259 位于遗址北部 T111 中南部，坑口位于④层下。为椭圆形锅底状坑，口大底小，圜底。填土为黄花土，土质较松软。出土陶片极少，以灰陶居多，黑陶较少。纹饰以篮纹为主，方格纹很少，器形有罐、澄滤器、盘等。口径 2.40~6.20 米，深 1.50 米。（图一一六，2）

长方形灰坑 4 座。H5 位于遗址内的东南部 T7 内，开口于农耕土下。长方形筒状，口大底小，平底。填土上层为灰色绿锈土，土质较硬，下层为黑灰土，土质松软。包含遗物丰富，出土陶片以灰陶居多，黑陶较少，纹饰以方格纹居多，篮纹、绳纹较少，器形有罐、平底盆、豆、碗。还有石镞、骨镞、骨凿等。口长 2.60 米，宽 0.96 米，底长 2.12 米，宽 0.60~1 米，深 0.94 米。（图一二〇，2）

H115 位于遗址东南部 T425 西南部，坑口位于②层下，坑口被 H108 打破。为长方形筒状坑，口大底小，底不平。填土为灰褐土，土质较松软。出土陶片较少。口南北径 1.70 米，东西径 0.54 米，深 0.48 米。（图一二〇，3）

H98 位于遗址 T424 东北部，被 M126 打破。为长方形袋状坑，口小底大，斜腹，平底。填土上层为黄灰土，下层含带灰烬的黄土，土质较软。上层出土陶片 212 块，方格纹 110 块居多，篮纹 52 块，绳纹 40 块，指甲纹 6 块，回纹 4 块，器形有罐、高领罐、甗、澄滤器、豆、盘。还有兽骨、龟骨。下层出土陶片 526 块，以灰陶居多，黑陶次之，棕陶较少，纹饰以篮纹居多，方格纹次之，绳纹较少，其中篮纹 283 块，方格纹 210 块，绳纹 20 块，回纹 9 块，弦纹 4 块，器形有鼎、罐、高领罐、甗、盆、豆、鬶、碗、盘、钵等。还有骨镞、锥、蚌壳、兽骨、砺石等。口长 1.62 米、宽 1.05 米，底长 1.80 米、宽 1.04 米，深 1.16 米。（图一二〇，4）

H139 位于遗址北部 T89 内，坑口位于③A 层下。为长方形圆角锅底状坑，口大底小，锅底。填土为黑灰土，土质较松软。出土陶片 4620 块，以灰陶为主，黑陶、棕陶较少。纹饰以篮纹居多，方格纹、绳纹次之，其中篮纹 1700 块，方格纹 790 块，绳纹 630 块，素面 1500 块，器形有罐、盆、碗等。还有陶纺轮、骨镞等。甗足 18 个，鼎足 16 个，其中一个按窝的 8 个，两个按窝的 6 个，三个按窝的 1 个，圆锥状足 1 个，可能有甗 6 个，鼎 7 个。口长 3.10 米，宽 1.55 米，深 1.74 米。（图一二一，1）

亚腰形灰坑 2 座。H118 位于遗址东南部 T425 西南角，坑口位于③层下。为亚腰形筒状坑，口大底小，底近平。填土为黄褐土，土质较松软。出土陶片 85 块，以灰陶为主，黑陶、棕陶较少，纹饰以方格纹

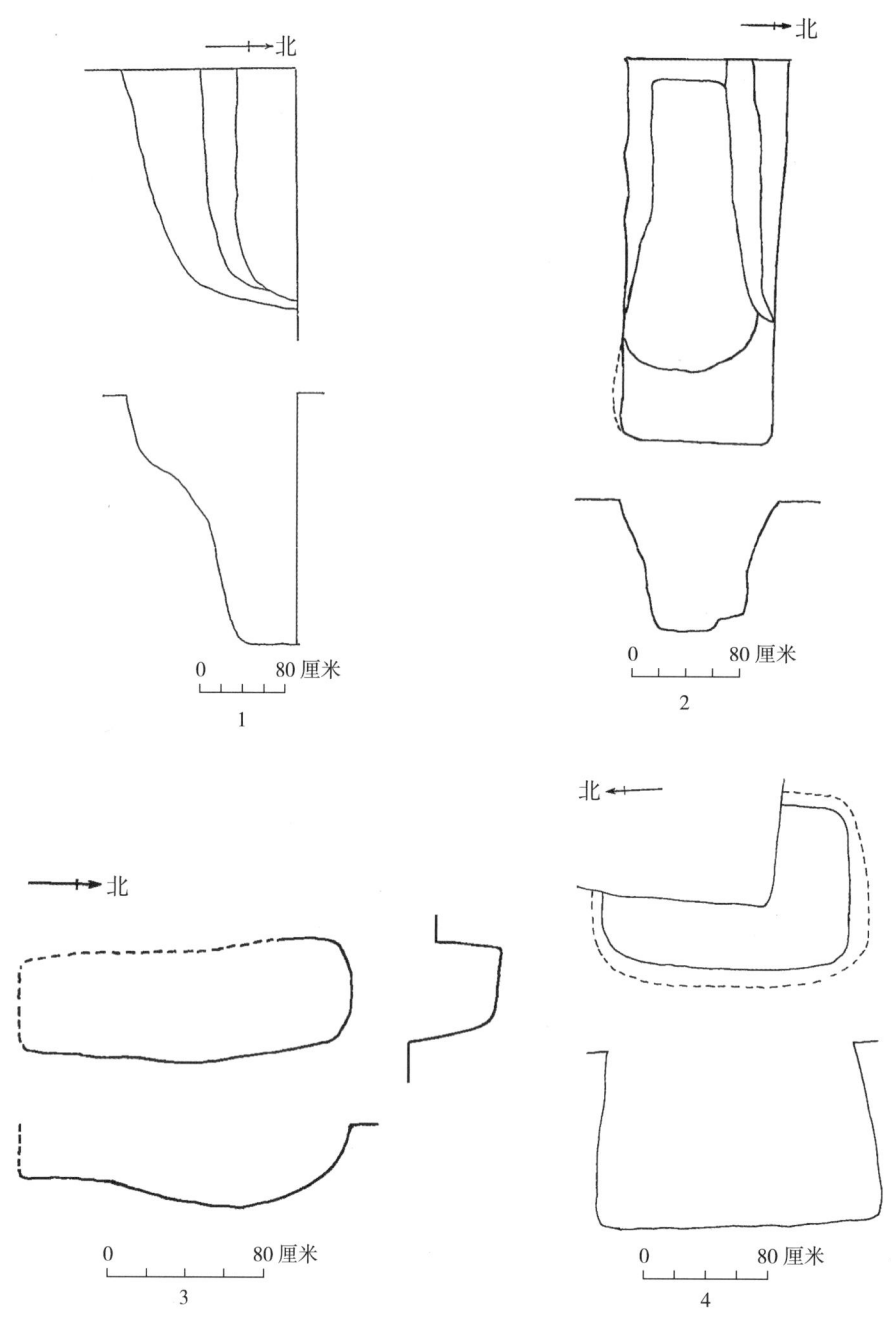

图一二〇　龙山文化四期灰坑平、剖图

1. T111H258　2. T7H5　3. T425H115　4. T424H98

居多，篮纹、绳纹次之，弦纹较少，其中方格纹26块，绳纹20块，篮纹19块，素面16块，弦纹4块，器形有罐、盆、碗等。还有蚌刀。口径长1.44米，宽0.90米，深0.65米。（图一二二，2）

H141位于遗址北部T90西南角和T89东南部，坑口位于T89③A层下和T90④层下。为弯月形锅底状坑，口大底小，锅底。填土为黑灰土，土质较松软。出土陶片以灰陶为主，黑陶次之。纹饰以篮纹居多，绳纹次之，方格纹较少，器形有罐、甗、盆、碗等。还有蚌片、骨锥。口径1.13米，深0.48米。（图一二二，3）

长条形灰沟　4座。H71位于遗址东南部T47内，开口农耕土层下，被岳石文化H67打破。长条形，底近平。填土黑灰土，土质松软。出土陶片以灰陶居多，黑陶较少，纹饰以方格纹居多，篮纹次之，绳纹

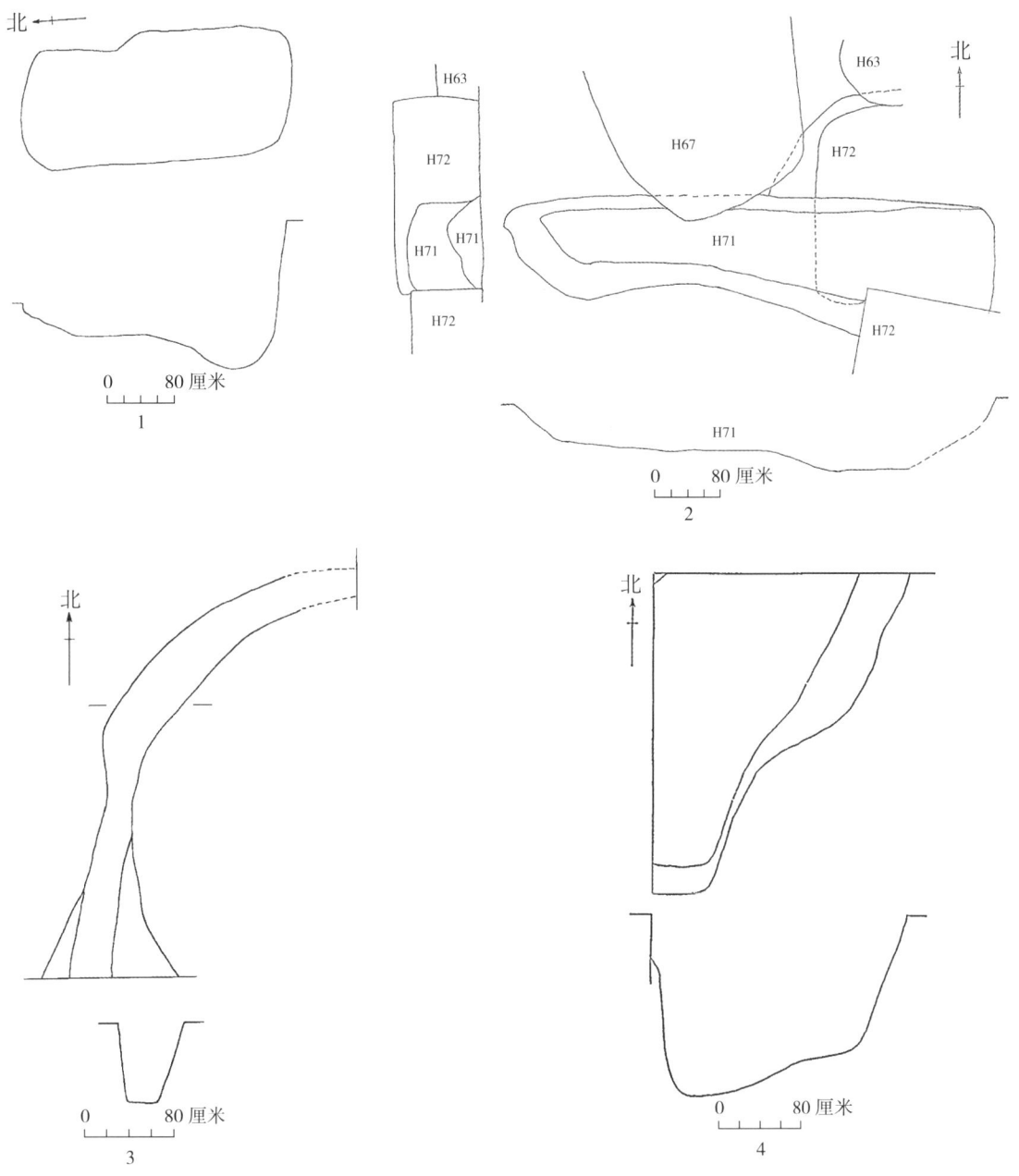

图一二一 龙山文化四期灰坑平、剖图

1. T89H139 2. T47H71 3. T425H119 4. T112H252

较少，其中方格纹 973 块，篮纹 720 块，绳纹 235 块，主要器形有鼎、罐、甗、高领罐、圈足盘、盆、鬶、豆、碗、瓮等。还有陶杵、陶拍、陶环、石镞、骨镞、骨凿等。口残长 6.16 米，口宽 1.16 米，底残长 5.66 米，底宽 1.06 米，深 0.60 米。（图一二一，2）

H34 位于遗址内的西南部 T3、T14 ⑤层，被汉墓 M38 和灰坑 H6、H33 打破。为不规则长条形，口大底小，底部不平。填土分上下 2 层，上层为黄灰垫土，厚 0.70~0.76 米，下层为浅灰绿锈土，厚 0.47 米。包含遗物丰富，出土陶片 293 块，以灰陶居多，纹饰以方格纹居多，篮纹次之，绳纹较少，其中方格纹 96 块，篮纹 84 块，绳纹 44 块，素面 64 块，磨光陶 5 块，器形有鼎、罐、甗、瓮等。口长 14.8 米、宽 0.40~1.24 米，底长 14.80 米、宽 0.30 米，深 0.34~1.25 米。（图一二二，1）

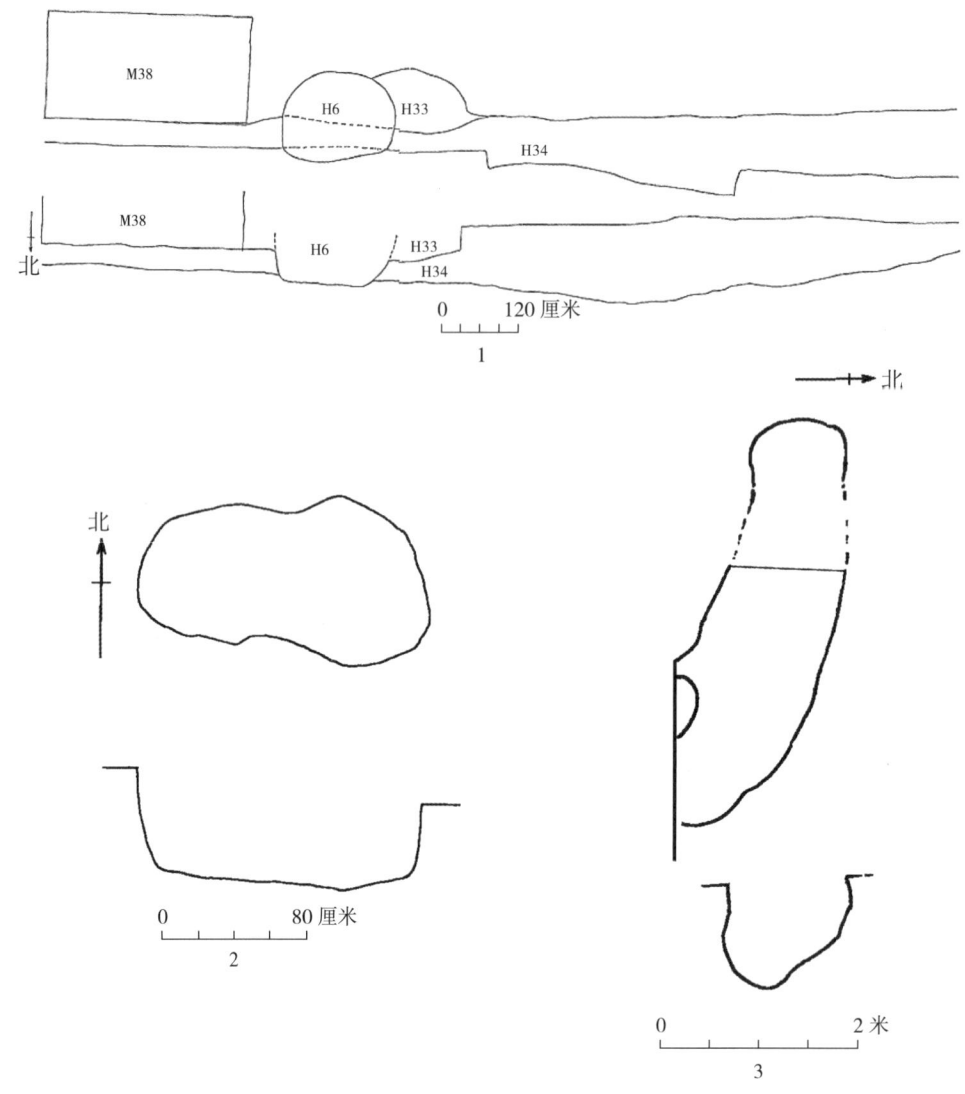

图一二二　龙山文化四期灰坑平、剖图

1. T3H34　2. T425H118　3. T90H141

　　H119 位于遗址东南部 T425 西南角，坑口位于③层下。坑为长条形，断面为筒状，口大底小，底近平。填土为黄褐土，土质较松软。出土陶片 487 块，以灰陶为主，黑陶、棕陶较少，纹饰以方格纹居多，篮纹次之，绳纹、弦纹较少，其中方格纹 214 块，篮纹 98 块，绳纹 27 块，素面 138 块，弦纹 10 块，器形有鼎、罐、高领罐、甗、盆、豆、碗、鬶等。还有陶纺轮、骨器等。口宽 0.60 米，底宽 0.28 米，深 0.70 米。（图一二一，3）

　　H252 位于遗址北部 T112 西北角，坑口位于④C 层下，坑口压在西、北隔梁下部分没有清理。为不规则形，大口，底部东高西低。填土上部为黄灰土，土质较硬，下部为灰土，土质较松软。出土陶片 461 块，以灰陶和深灰陶居多，棕陶较少，纹饰以篮纹居多，方格纹次之，绳纹较少，其中篮纹 154 块，方格纹 121 块，绳纹 78 块，压印纹 1 块，回纹 1 块，素面 106 块，器形有鼎、罐、高领罐、甗、瓮、盘、觚、杯、钵、碗、器盖、纺轮等。坑口长不详，宽 2.50 米，深 1.70 米。（图一二一，4）

（三）墓葬

3座，即土坑墓1座（M57）和瓮棺葬2座（W50、W58）。分布在遗址东南部的T5内。

长方形土坑竖穴墓　1座。M57位于遗址东南部T5中部②层下，平面为长方形土坑竖穴，方向197°。填灰土，仅有儿童骨架，仰身直肢，无随葬品。口长0.76米，宽0.20米，深0.21米。（图一二三，2；图版三八，1）

瓮棺葬　2座。W50位于遗址东南部T5东南部，W50开口于龙山文化五期房基F2的垫土下，即②层下。圆形筒状土坑，方向0°。陶罐立于坑内。口径0.26米，底径0.16米，深0.28米。（图一二三，1）

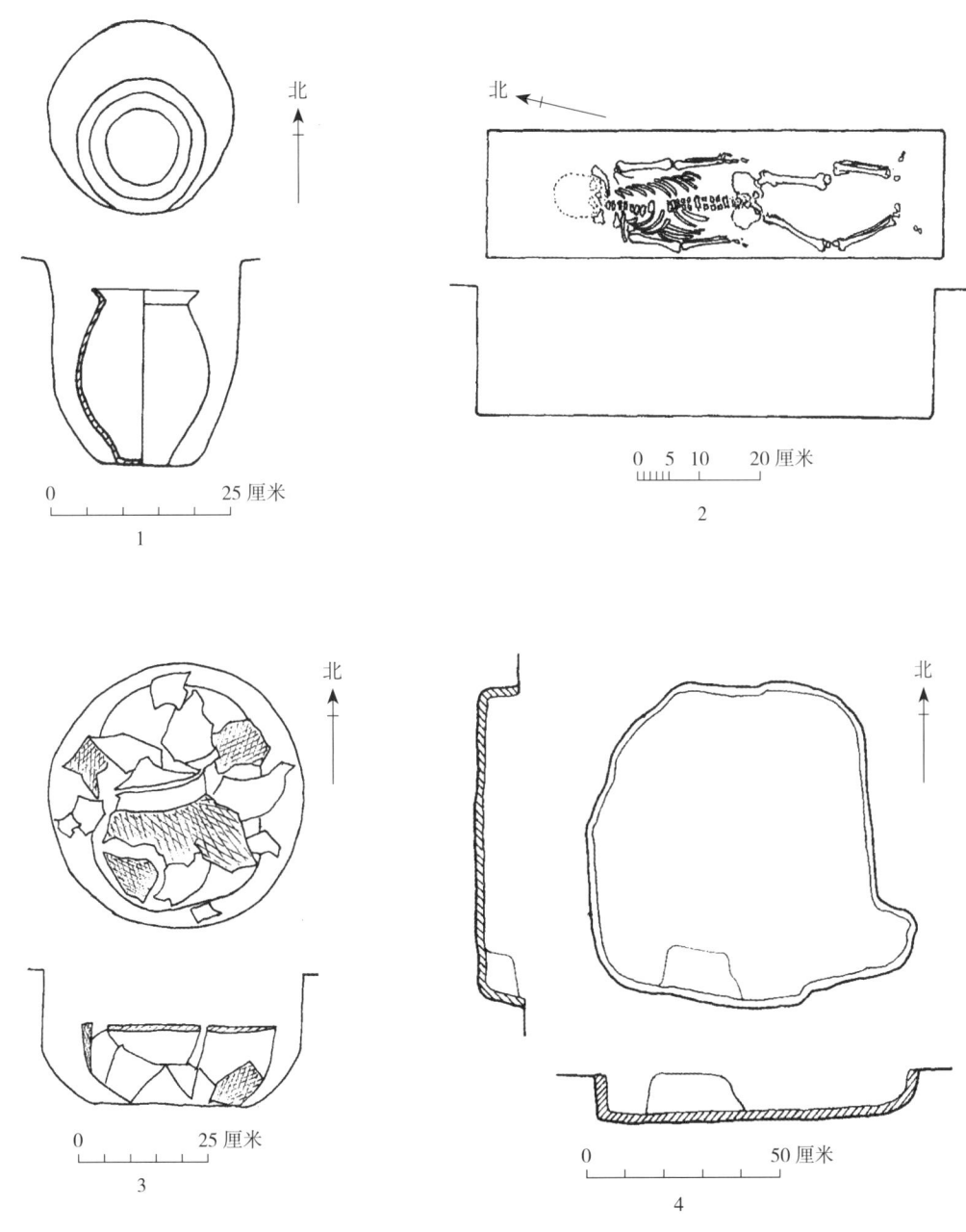

图一二三　龙山文化四期墓葬、陶窑平、剖图

1. W50　2. M57　3. W58　4. Y4

W58 位于遗址东南部 T5 中部 F2 的北墙外，W58 开口于龙山文化五期房基 F2 北墙外的地面上，即②层下。圆形筒状土坑，方向 0°。方格纹陶罐立于坑内。口径 0.50 米，底径 0.30 米，深 0.65 米。（图一二三，3）

（四）陶窑

Y4 位于遗址东城内侧 T47 的东北角，坑内出土带篮纹的陶器坯大部分已经被破坏，仅存火膛和一部分火道，平面近方形，从残迹看，应为叉裆式陶窑。出土灰陶片，其中方格纹陶片 3 块，素面 5 块，其器形有豆、罐。长 0.83 米，宽 0.80 米，深 0.10 米，壁厚 0.03 米。（图一二三，4）

二、文化遗物

龙山文化四期的遗物较多，不仅数量多，而且品种齐全。质地有陶、石、骨、蚌等。现按生产工具、生活用具、装饰品及其他分述于后。

（一）生产工具

龙山文化四期生产工具种类齐全，但数量不多，从其质地来说有石、骨（含角）、蚌、陶。其中石质 22 件，陶质 30 件，骨质 42 件，蚌质 10 件。现按质地介绍如下。

1. 石质工具　22 件，有石灰岩、沉积岩、砂岩。在石质工具中除一件为打制外，均为磨制，形制规整，棱角分明，锋刃锐利，均为实用器，不少器物的刃、锋都遗留有使用的痕迹，或有使用时的磨痕或有崩疤，或体断裂等。石器种类有铲、锛、凿、刀、砺石、网坠、镞等。

铲　4 件。其中 1 件完整，3 件残。长方形，带圆形孔。有的孔是管钻，孔呈喇叭状；有的孔是对钻，孔呈束腰状。石材由灰色石灰岩、火山岩加工而成。体扁薄，通体磨光。标本 T7②：5，刃残，火山岩，其形体为长方形，器中对钻圆形孔，孔径 2 厘米，弧顶，刃较直，弧形双面刃，刃口有多处崩疤。长 9.8 厘米，宽 6.5 厘米，厚 1 厘米。（图一二四，1）标本 T29 内⑦：8，完整，火山岩，呈深灰绿色，平面为梯形，弧背，平刃，断面为弧边长方形，器中有对钻圆形穿孔。长 10 厘米，上宽 5.5 厘米，刃宽 7 厘米，厚 1.8 厘米。（图一二四，2；图版三九，1）标本 T21②：21，刃残，青灰色石灰岩磨制，弧顶，有管钻圆形孔，孔径 1.1 厘米。残长 8 厘米，宽 6.8 厘米，厚 0.7 厘米。（图一二四，3）标本 T424H102：18，刃、顶残，青灰色石灰岩磨制，器中有管钻圆形孔，孔径 1.1 厘米。残长 5.8 厘米，宽不详，厚 2 厘米。（图一二四，4）

锛　4 件。其中 3 件完整，1 件残。石材系火山岩、沉积泥岩。按其形体特征可分四型。

Ⅰ型：1 件。平面呈长方形。标本 T21②：20，完整，为青灰色沉积泥岩加工磨制而成，加工精致，方体，偏刃，横剖面为长方形，单面直刃，平顶。长 9 厘米，宽 3.7 厘米，厚 2.5 厘米。（图一二四，7）

Ⅱ型：1 件。梯形。标本 T112H243：2，完整，为沉积泥岩加工磨制而成，加工精致，平顶，上窄，下微宽，剖面为长方形，偏刃，刃有崩片。长 6 厘米，宽 3.4 厘米，厚约 1.2 厘米。（图一二四，8）

Ⅲ型：1 件。长方形。标本 T424②：25，为青灰色石灰岩加工磨制而成，通体磨光，弧顶，平刃，横剖面为正方形。长 8 厘米，宽 3.2 厘米，下宽 2 厘米，最厚 3.3 厘米。（图一二四，6）

Ⅳ型：1 件。不规则形。标本 T424H98：5，刃残，为青灰色火山岩加工而成，通体磨光，弧顶，横剖面为长方形。长 6.5 厘米，宽 4.6 厘米，厚 2 厘米。（图一二四，5）

凿　2 件。其中 1 件完整，1 件残。按其形体特征可分为二型。

Ⅰ型：1 件。梯形。标本 T424H102：17，顶残，由青灰色石灰岩加工磨制而成，直刃，横剖面为长方形。残长 3.3 厘米，宽 3 厘米，厚 1.5 厘米。（图一二五，2）

Ⅱ型：1 件。长条椭圆形。标本 T424②：24，完整，为青灰色石灰岩磨制而成，弧顶，弧刃，横剖面

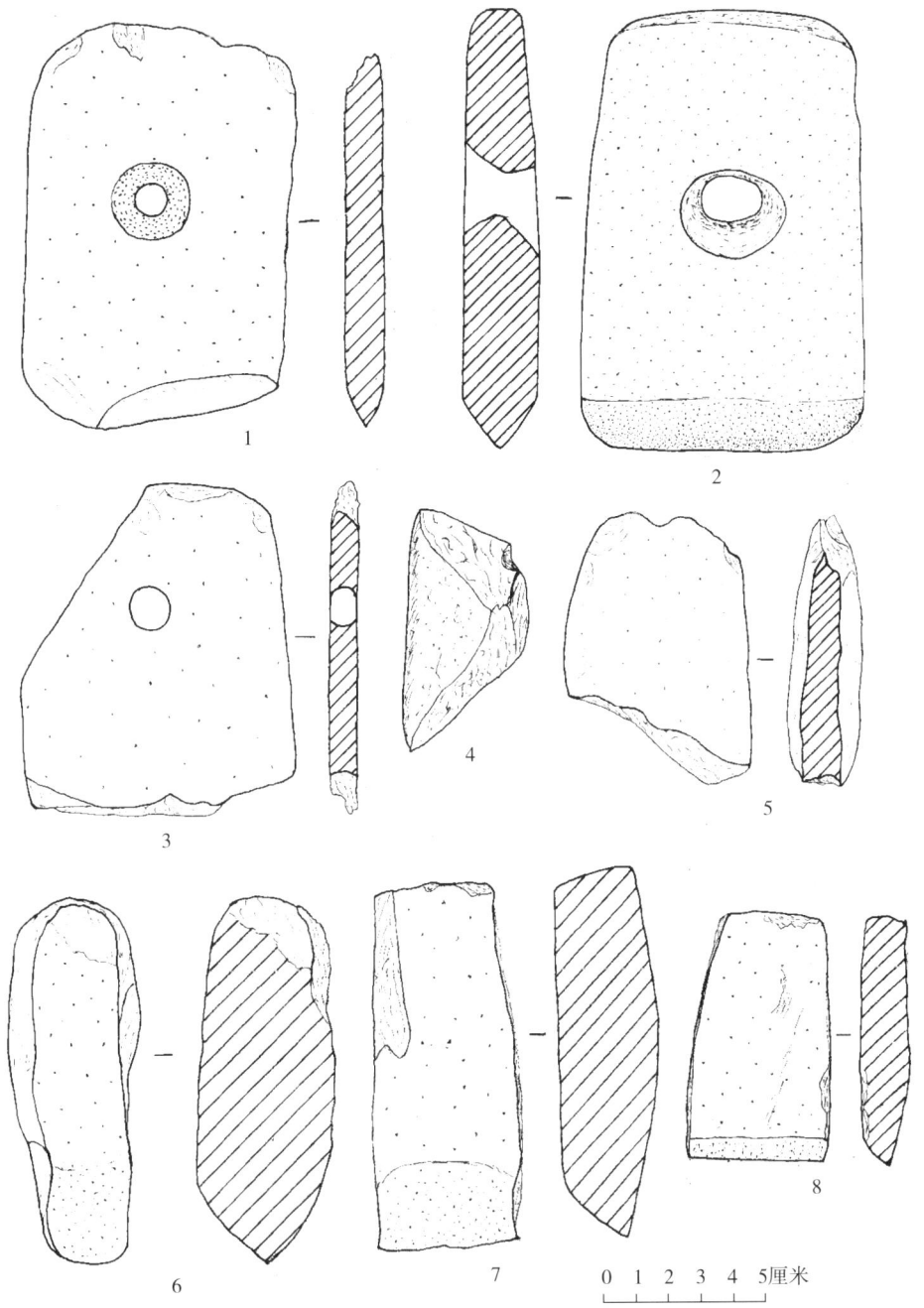

图一二四　龙山文化四期石铲、锛

1~4. 铲（T7②：5、T29内⑦：8、T21②：21、T424H102：18）　5. Ⅳ型锛（T424H98：5）

6. Ⅲ型锛（T424②：25）　7. Ⅰ型锛（T21②：20）　8. Ⅱ型锛（T112H243：2）

为椭圆形。长7.5厘米，宽2厘米，厚1厘米。（图一二五，1）

刀　2件。青灰色石灰岩磨制而成，弧背。可分二型。

Ⅰ型：1件。半月形带孔。标本T425H112：29，残，半月形弧顶，直刃，中部上方有两面钻的圆孔，呈束腰喇叭状，表面孔径1.6厘米，中孔径0.5厘米。长4厘米，残宽7厘米，厚0.6厘米。（图一二五，3）

Ⅱ型：1件。弧背直刃。标本T424②：21，残，尚未磨成。长4.6厘米，残宽8.4厘米，厚1.2厘米。（图一二五，4）

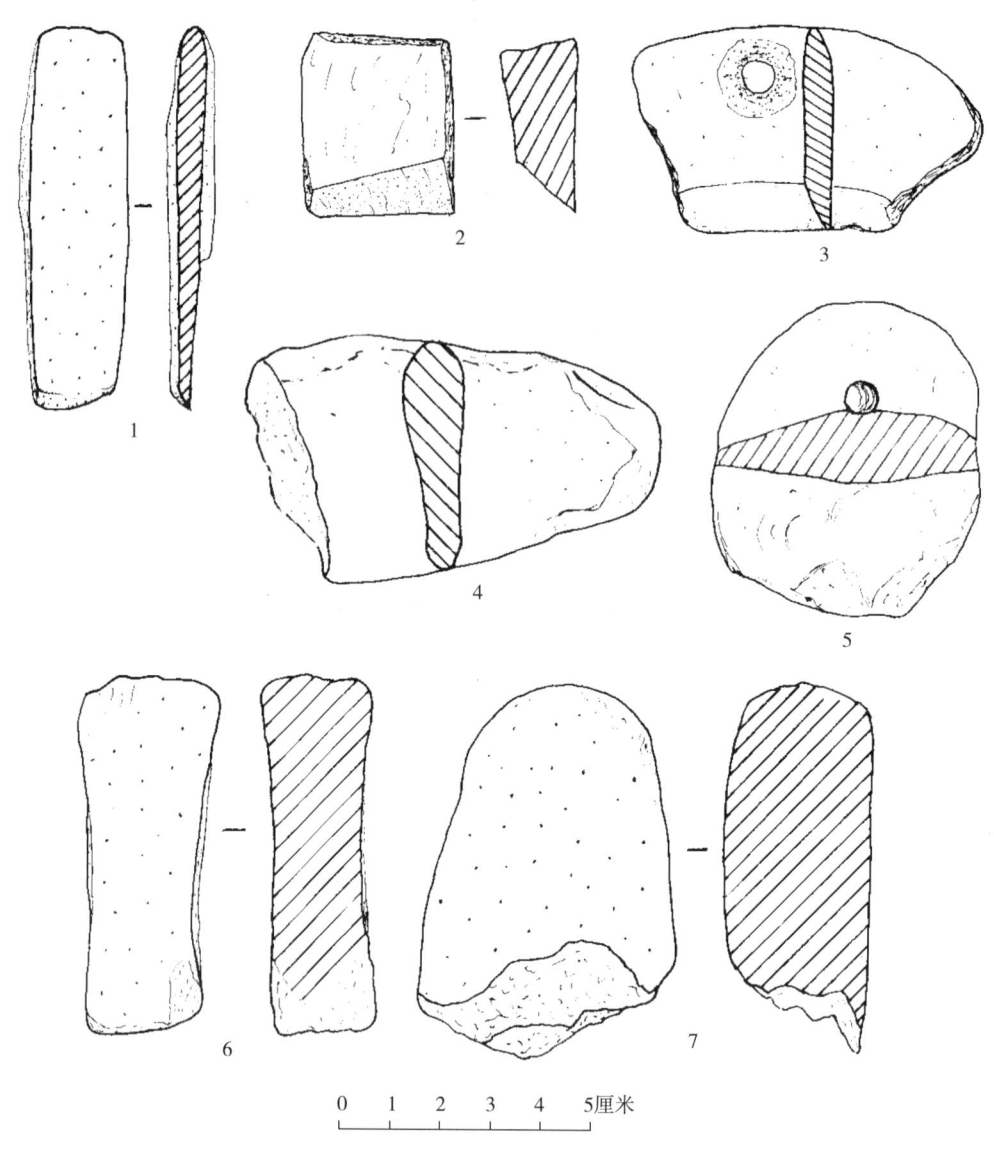

0   1   2   3   4   5厘米

图一二五　龙山文化四期石器

1. Ⅱ型凿（T424②：24）　2. Ⅰ型凿（T424H102：17）　3. Ⅰ型刀（T425H112：29）
4. Ⅱ型刀（T424②：21）　5. 网坠（T425H108：14）　6. Ⅰ型砺石（T50②：9）　7. Ⅱ型砺石（T27②：15）

砺石　2件。分二型。

Ⅰ型：1件。束腰长方形。标本T50②：9，完整，为浅红色砂岩加工而成，上、下面磨平，中部微内凹。长7厘米，宽2.9厘米，厚1.7~2.2厘米。（图一二五，6）

Ⅱ型：1件。椭圆形。标本T27②：15，上残，为火成岩加工而成，上粗下细，小端有敲砸的斑点，似作敲砸用的手锤。残长7.2厘米，宽5.2厘米，厚3厘米。（图一二五，7）

网坠　1件。标本T425H108：14，完整，为椭圆形，为浅灰色石灰岩加工而成，周身磨光，上部有圆形穿孔，钻孔为对钻，呈束腰喇叭状。直径6厘米，厚1.4厘米。（图一二五，5）

镞　7件。青灰色石灰岩磨制而成。根据器形特征可分为五型。

Ⅰ型：1件。三棱三角形。标本T27H29：1，为青灰色石灰岩加工而成，尖、尾残，平面呈三角形，横

剖面为等腰三角形，尖锋微残。残长 2.6 厘米，最宽 1.9 厘米，厚 1 厘米。（图一二六，1；图版三九，2）

Ⅱ型：1 件。三棱形镞尖，圆柱状体。标本 T6②：2，为青灰色石灰岩加工而成，圆锥状镞尾，镞锋和体较长。通长 7.8 厘米（锋长 3 厘米，圆柱体长 3.6 厘米，尾长 1.2 厘米），直径 0.9 厘米。（图一二六，2；图版三九，3）

Ⅲ型：3 件。阔叶形镞，断面为菱形，通体磨光，制作精致，前收为尖锋，后收为镞尾，尾与镞身界线不分明，横剖面为菱形。标本 T34③：11，为青灰色石灰岩加工而成，刃锋锐利，两侧棱长而有刃。通长 6 厘米，厚 0.8 厘米。（图一二六，3；图版三九，6）标本 T4②B：21，由青灰色石灰岩加工而成，镞尖尚未磨成。通长 5.5 厘米，宽 1.9 厘米，厚 0.6 厘米。（图一二六，4；图版三九，5）标本 T424②：18，灰色石灰岩，断面为菱形，尖锋、体和尾没有明显的界线。通长 6.6 厘米，宽 1.4 厘米，厚 0.7 厘米。（图一二六，5；图版三九，4）

Ⅳ型：1 件。矛形。标本 T424②：19，镞尖残，断面为菱形，镞体前宽后窄，镞尾窄长，为青灰色石灰岩加工而成，镞锋长。残长 5.4 厘米，宽 1.4 厘米，厚 0.4 厘米。（图一二六，6；图版三九，7）

Ⅴ型：1 件。三角形，标本 T7H5：11，镞尾残，为青灰色石灰岩加工而成，镞的平面为三角形，断面为菱形，镞尾残。残长 3 厘米，宽 2 厘米，厚 0.5 厘米。（图一二六，7；图版三九，8）

2. 骨质工具　42 件。利用兽的肢骨、肋骨加工而成，加工较精。多通体磨光，器形有镞、镖、锥、匕和角锥等，另有一些加工骨等。

鹿角锛　2 件。完整。标本 T19②：2，用鹿角加工而成，鹿角主干为柄，支权为锛，鹿角根部似作敲砸锤子。长 23 厘米，宽 17 厘米，直径 3 厘米。（图一二七，1）标本 T19④：75，用鹿角加工而成，鹿角主干为柄，支权为锛，鹿角根部似作敲砸锤子，断面为椭圆形。长 20.2 厘米，宽 16.4 厘米，直径 2.3~3 厘米。（图一二七，2）

鹿角锥　2 件。完整。标本 T424②：10-1，用鹿角的尖部加工成锥尖，通体磨光，小尖锥，柄的断面近圆形。长 15.4 厘米，直径 2.3 厘米。（图一二八，4）标本 T424②：10-2，用鹿角的支权作锥，柄的断面

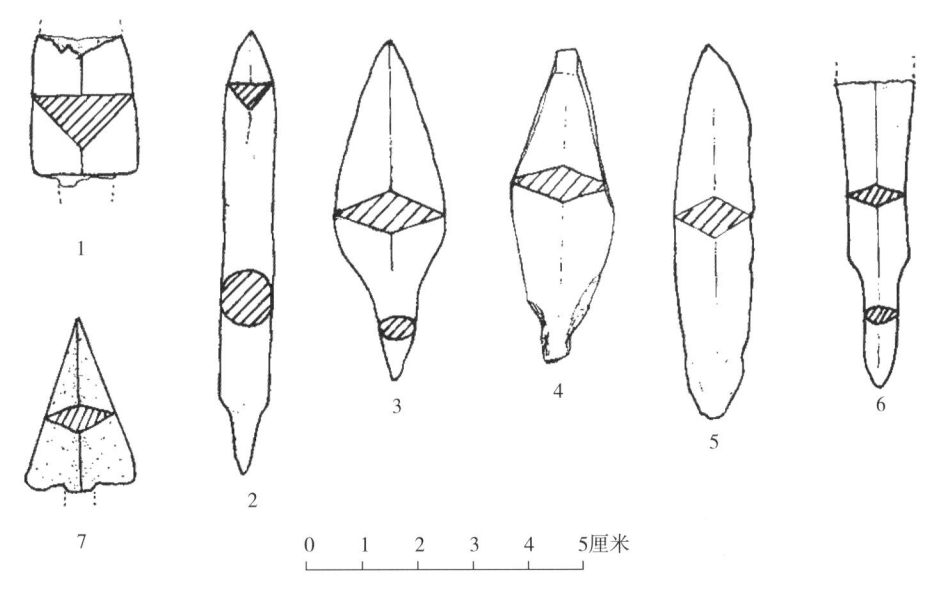

图一二六　龙山文化四期石镞

1. Ⅰ型（T27H29：1）　2. Ⅱ型（T6②：2）　3、4、5. Ⅲ型（T34③：11、T4②B：21、T424②：18）

6. Ⅳ型（T424②：19）　7. Ⅴ型（T7H5：11）

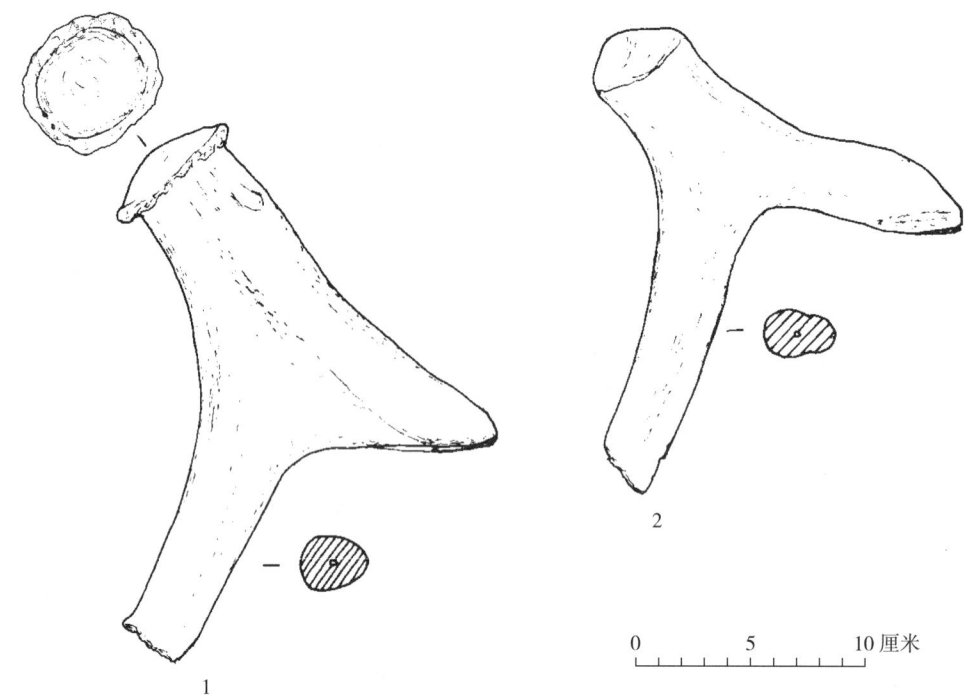

图一二七　龙山文化四期鹿角锛
1. T19②：2　2. T19④：75

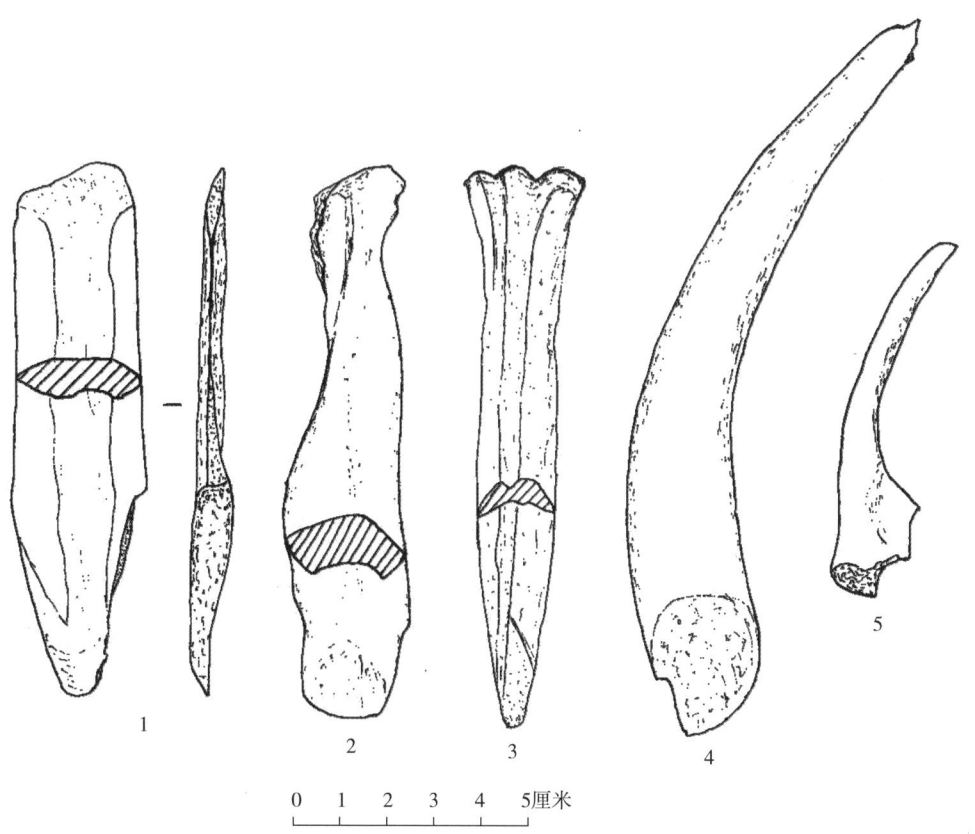

图一二八　龙山文化四期骨、角器

1~3. 骨凿（T27②：34、T47H71：11、T11H15：8）　4、5. 鹿角锥（T424②：10-1、T424②：10-2）

近圆形。长 7.5 厘米，宽 1.8 厘米。（图一二八，5）

锥　9 件。系用动物的肢骨劈开磨尖。完整。根据器形特征分四型。

Ⅰ型：3 件。宽柄锥。劈开肢骨，仅磨出锥尖，体的断面呈弧形、三角形。标本 T90④：65，通体磨光，宽柄，小尖锥，柄的断面为凹弧形，平滑。长 9.2 厘米，宽 1.7 厘米，厚 0.6 厘米。（图一二九，1）标本 T109④A：42，通体磨光，宽柄，小尖锥，柄的断面为三角形，平滑。长 8 厘米，宽 1.5 厘米，厚 0.6 厘米。（图一二九，2）标本 T50②：10，通体磨光，宽柄，小尖锥，柄的断面为凹弧形，平滑。长 7.7 厘米，宽 1.7 厘米，厚 0.6 厘米。（图一二九，3）

Ⅱ型：2 件。尖锥状。将动物的肢骨剪成尖锥状，锥尖稍加工。标本 T90④：66，为肢骨折断劈开，锥端砍削多余部分，加工磨制而成，锥尖扁平而锐利，断面为三角形。长 11.1 厘米，宽 1.3 厘米，厚 0.6 厘米。（图一二九，4）标本 T109H255：10，为肢骨折断劈开，锥端砍削多余部分，加工磨制而成，锥尖扁平而锐利，断面呈弧形。长 10 厘米，宽 1.3 厘米，厚 0.4 厘米。（图一二九，5）

Ⅲ型：3 件。窄柄锥。利用兽的肢骨劈开加工而成，断面呈椭圆形、三角形、梯形。标本 T27H39：6，便于手掌握使用，上部断面为长方形，下部断面为椭圆形。长 9.2 厘米，宽 0.8 厘米，厚 0.5 厘米。（图一二九，6）标本 T90④：68，残，便于手掌握使用，断面为三角形。残长 7.02 厘米，宽 0.4 厘米，厚 0.4 厘米。（图一二九，7）标本 T88④A：75，残，便于手掌握使用，上部断面为梯形，下部断面为圆形。残长 7 厘米，宽 0.6 厘米，厚 0.6 厘米。（图一二九，8）

Ⅳ型：1 件。标本 T90④：69，残，便于手掌握使用，断面为梯形。残长 6.7 厘米，宽 0.9 厘米，厚 0.5 厘米。（图一二九，9）

凿　10 件。完整，由动物的肢骨劈开，稍经加工而成。标本 T27②：34，柄较宽，刃较窄，两端均有凿

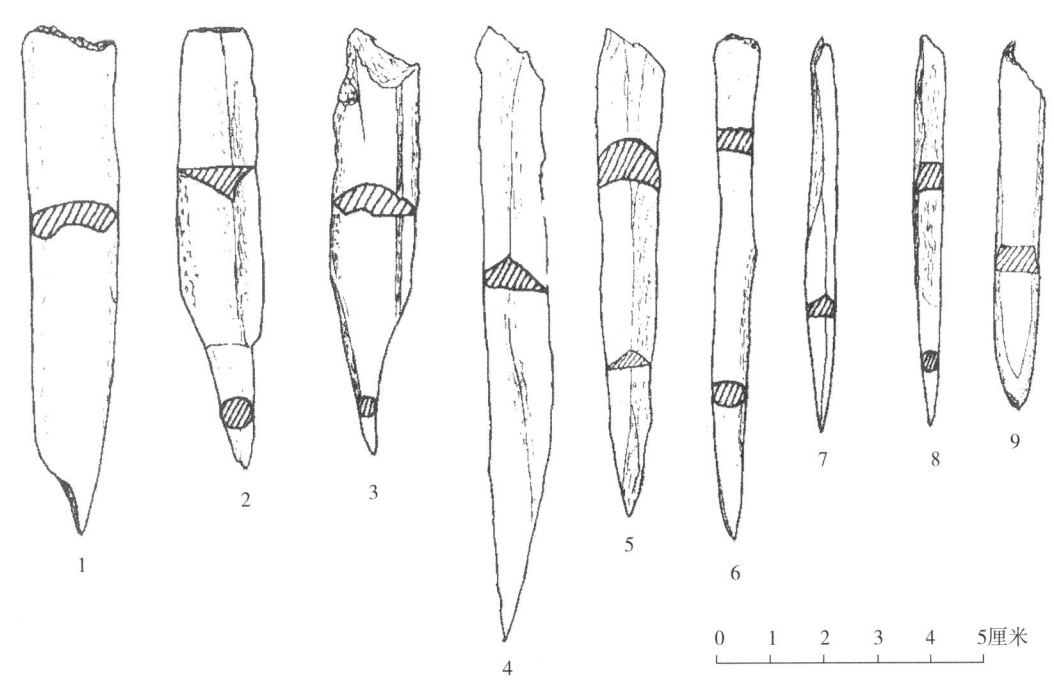

图一二九　龙山文化四期骨锥

1~3. Ⅰ型（T90④：65、T109④A：42、T50②：10）　4、5. Ⅱ型（T90④：66、T109H255：10）

6~8. Ⅲ型（T27H39：6、T90④：68、T88④A：75）　9. Ⅳ型（T90④：69）

刃，上宽下窄，宽刃较齐，窄刃为弧刃。长 11 厘米，宽 2.9 厘米，厚 0.6 厘米。（图一二八，1；彩版二三，6）标本 T47H71：11，系动物的肢骨劈开，尚保留关节，并见骨腔，断面呈凹弧形，柄较宽，刃较窄，凿刃较齐。长 11.5 厘米，宽 2.7 厘米，厚 1.3 厘米。（图一二八，2；彩版二三，5）标本 T11H15：8，系动物的肢骨劈开，尚保留关节，并见骨腔，断面呈凹弧形，柄较宽，刃较窄，凿刃较齐。长 11.6 厘米，宽 2.6 厘米，厚 0.8 厘米。（图一二八，3；彩版二三，4）标本 T426H88：9，系劈开的动物肢骨，断面呈凹弧形，骨腔外露，柄较宽，刃较窄，凿刃较齐。长 11 厘米，宽 1.7 厘米，厚 0.6 厘米。（图一三〇，1；彩版二一，7）标本 T111③：39，系动物的肢骨劈开，尚保留关节，并见骨腔，断面呈凹弧形，柄较宽，刃较窄，凿刃较齐。刃宽 0.5 厘米，长 6.8 厘米，宽 2.2 厘米，厚 1.6 厘米。（图一三〇，2；彩版二一，6）标本 T109H255：7，系劈开的动物肢骨，断面呈凹弧形，骨腔外露，柄较宽，刃较窄，弧刃。长 8.6 厘米，宽 1.9 厘米，厚 1.4 厘米。（图一三〇，3；彩版二一，5）标本 T27②：46，柄较宽，刃较窄，两端均有凿刃，上宽下窄，弧刃。长 7.8 厘米，宽 2.1 厘米，厚 0.8 厘米。（图一三〇，4；彩版二一，4）标本 T27②：13，系动物的肢骨劈开，尚保留关节，并见骨腔，断面呈凹弧形，柄较宽，刃较窄，凿刃较齐。长 8 厘米，宽 2.6 厘米，厚 1.1 厘米。（图一三〇，5；彩版二一，3）标本 T44②：5，系动物的肢骨劈开磨制，平面呈梯形，断面呈梯形，上宽下窄，柄较宽，刃较窄，弧刃。长 7.7 厘米，宽 2.1 厘米，厚 0.7 厘米。（图一三〇，6；彩版二一，2）标本 T4②B：20，系动物的肢骨劈开磨制，尚见骨腔，平面呈梯形，上宽下窄，断面呈梯形，柄较宽，刃较窄，弧刃。长 6.4 厘米，宽 1.3 厘米，厚 0.5 厘米。（图一三〇，7；彩版二一，1）

镞　14 件。加工精致。据其形体特征可分为三型。

Ⅰ型：11 件。三棱镞，尖的断面为三角形，体为圆柱状，镞尾为圆锥状。其中 5 件完整，6 件残。标本 T27②：21，完整，镞尖断面为三角形，椭圆柱状体，镞尾为圆锥形。通长 8.7 厘米（尖长 4.5 厘米，体长 2.6 厘米，尾长 1.6 厘米），镞尖断面宽 1.1 厘米，体径 1 厘米。（图一三一，1；彩版二二，1）标本 T27②：40，完整，镞尖断面为三角形，圆柱状体，镞尾为圆锥形。通长 8.2 厘米（镞尖长 5.5 厘米，体长 1 厘米，尾长 1.7 厘米），镞尖断面宽 1.1 厘米，体径 1 厘米。（图一三一，2；彩版二二，2）标本 T424②：12，镞尾残，镞尖断面为三角形，圆柱状体，断面为圆形。残长 7.7 厘米（镞尖长 6 厘米，体长 1.7 厘米），镞尖断面宽 0.8 厘米，体径 1 厘米。（图一三一，3；彩版二二，3）标本 T34H102：15，镞尖残，镞尖断面为三角形，圆柱状体，镞尾为圆锥形。残长 9 厘米（尖长 4.4 厘米，体长 3.3 厘米，尾长 1.3 厘米），镞尖断面宽 0.8 厘米，体径 0.9 厘米。（图一三一，4；彩版二二，4）标本 T11②：6，镞尖、镞尾残，镞尖断面为三角形，圆柱状体，断面为椭圆形，镞尾为圆锥形。残长 9.6 厘米（尖残长 5 厘米，体长 4.2 厘米，尾残长 0.4 厘米），镞尖断面宽 1.1 厘米，体径 1 厘米。（图一三一，5；彩版二二，5）标本 T89H139：1，镞尾残，镞尖断面为三角形，圆柱状体。残长 6 厘米（尖长 2 厘米，体长 4 厘米），镞尖断面宽 0.8 厘米，体径 0.9 厘米。（图一三一，6；彩版二二，6）标本 T88④A：76，镞尾残，镞尖断面为三角形，圆柱状体。残长 5.3 厘米（尖长 2.7 厘米，体长 2.6 厘米），镞尖断面宽 0.8 厘米，体径 0.8 厘米。（图一三一，7；彩版二二，7）标本 T424②：13，镞尖、镞尾残，镞尖断面为三角形，圆柱状体，镞尾为圆锥形。残长 5.5 厘米（尖长 1.8 厘米，体长 3.7 厘米），镞尖断面宽 0.9 厘米，体径 0.7 厘米。（图一三一，8；彩版二二，8）标本 T112H243：4，完整，镞尖断面为三角形，圆柱状体，镞尾为圆锥形。通长 7.3 厘米（尖长 3 厘米，体长 2.2 厘米，尾长 2.1 厘米），镞尖断面宽 0.6 厘米，体径 1 厘米。（图一三一，9；彩版二二，9）标本 T424H85：37，尖稍残，镞尖断面为三角形，圆柱状体，镞尾为圆锥形。残长 6.7 厘米（尖残长 4 厘米，体长 1.5 厘米，尾长 1.2 厘米），镞尖断面宽 0.7 厘米，体径 0.9 厘米。（图一三一，10；彩版二二，10）标本 T109H255：8，完整，

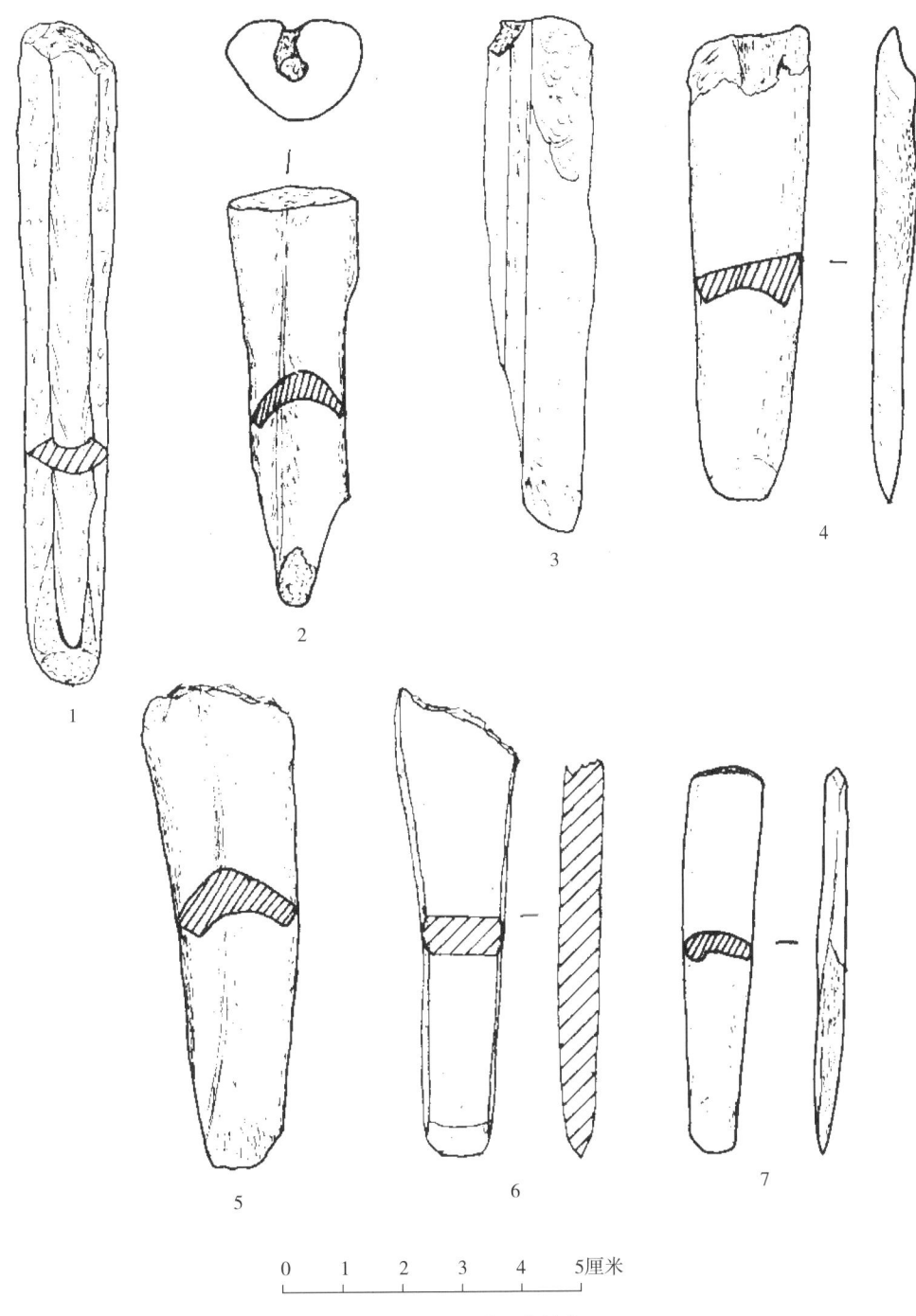

图一三〇 龙山文化四期骨凿

1. T426H88：9　2. T111③：39　3. T109H255：7　4. T27②：46　5. T27②：13　6. T44②：5　7. T4②B：20

镞尖断面为三角形，圆柱状体，镞尾为圆锥形。通长 5.6 厘米（尖长 2.5 厘米，体长 1.5 厘米，尾长 1.6 厘米），镞尖断面宽 0.8 厘米，体径 0.9 厘米。（图一三一，11；彩版二二，11）

Ⅱ型：1 件。体为圆锥状。标本 T20②：1，完整，由动物的肢骨磨制而成，骨腔外露，镞尖为圆锥状，体为圆柱状，断面为半圆形，圆锥状镞尾，体、尾界线明显。通长 6 厘米，直径 0.5 厘米。（图一三一，12；彩版二二，12）

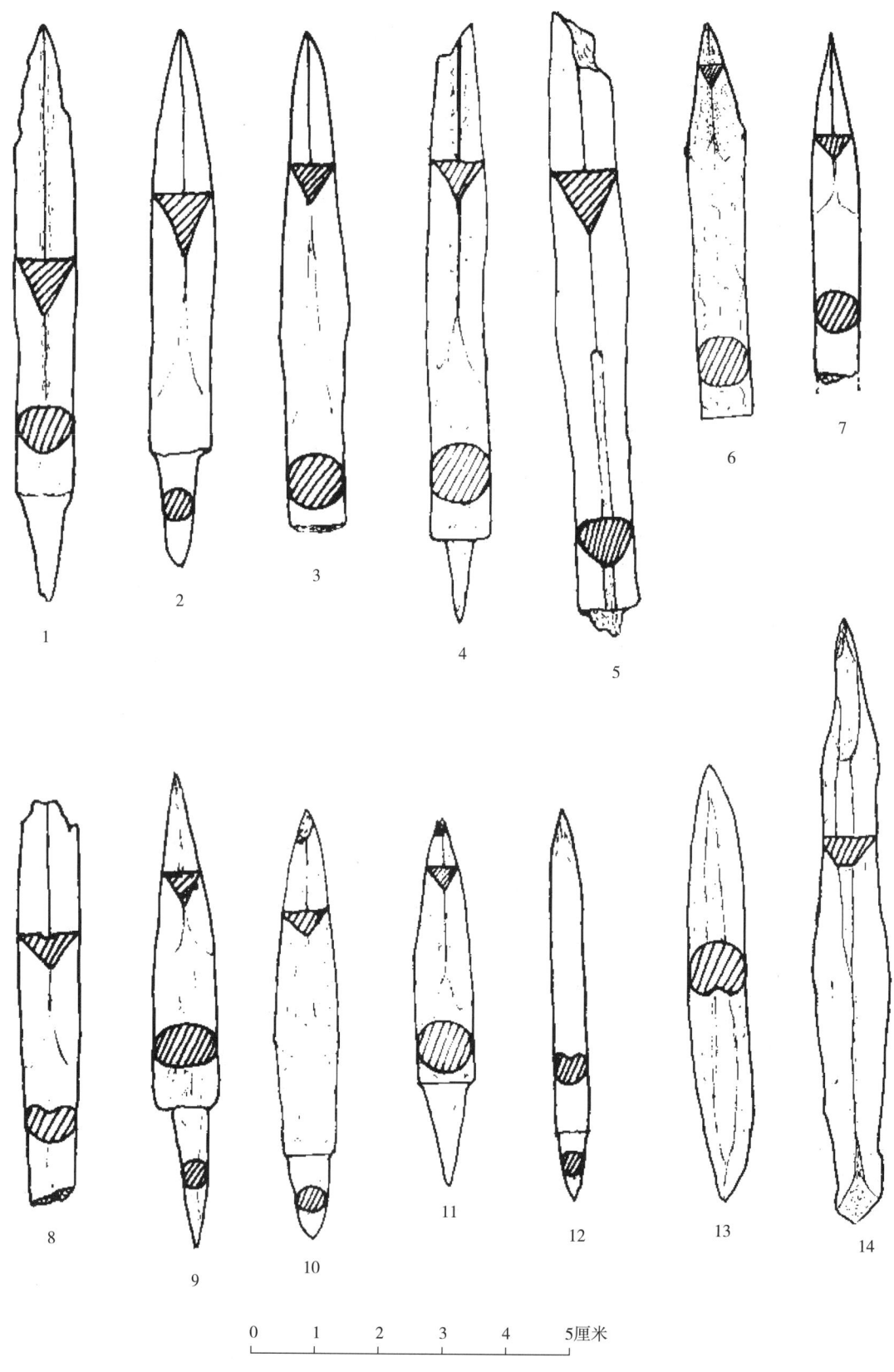

图一三一 龙山文化四期骨镞

1~11. I 型（T27②：21、T27②：40、T424②：12、T34H102：15、T11②：6、T89H139：1、T88④A：76、T424②：13、
T112H243：4、T424H85：37、T109H255：8） 12. Ⅱ型（T20②：1） 13、14. Ⅲ型（T7H5：13、T424H85：20）

Ⅲ型：2件。柳叶形，呈双尖状。标本T7H5：13，完整。呈柳叶状，系用动物的肢骨磨制而成，骨腔外露，断面呈椭圆形。长6.7厘米，直径0.9厘米，厚0.8厘米。（图一三一，13；彩版二二，13）标本T424H85：20，由兽的肢骨加工而成，但尚未磨光，断面呈梯形。通长9.3厘米，体宽1.2厘米，厚1厘米。（图一三一，14；彩版二二，14）

镖　1件。标本T47H71：8，利用鹿角，劈开锯断，削成锥形，又经磨制、抛光，为圆形锥状体，前有尖锋，一侧有倒钩，尾有圆锥状短柄，柄与体界线分明，并有一圆形凹槽。残长8.3厘米，柄残长5.3厘米，尖长3厘米。（图一三二，3；彩版二三，3）

骨匕　2件。长条形。标本T112H243：6，由动物的肢骨劈开、刮削、修整为锥形，上端只经简单磨制，断面为凹弧形，下部磨出弧形刃，刃后有倒刺。长15.8厘米，宽2.4厘米，厚1.5厘米。（图一三二，1；彩版二三，2）标本T109H255④：12，系将鹿角劈开、刮削、修整为锥形，两端均有刃，一端为弧刃，另一端为齐刃，体断面为半圆形，前端稍窄微平，后端微宽弧刃。长15.3厘米，宽3厘米，厚1.1厘米。（图一三二，2；彩版二三，1）

鱼牙　2件。标本T424②：11-1、2，牙呈锯齿状。长3.3厘米，宽0.4厘米。（图一三二，4；彩版二二，15、16）

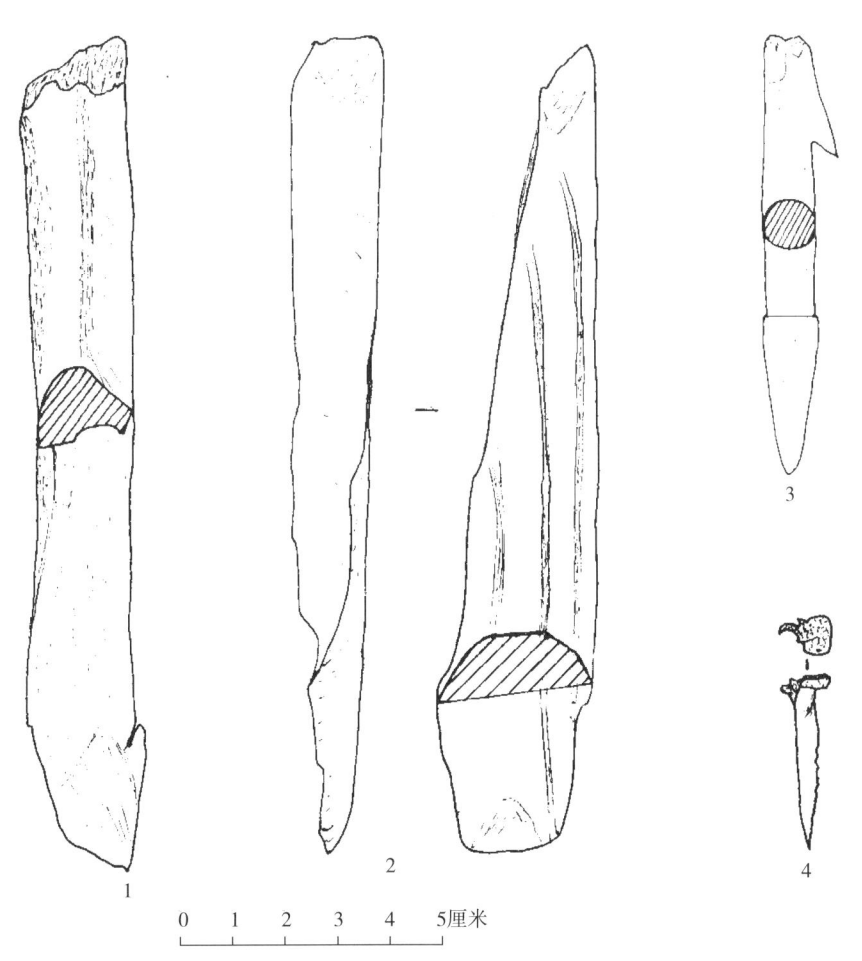

0　1　2　3　4　5厘米

图一三二　龙山文化四期骨器

1、2.匕（T112H243：6、T109H255④：12）3.镖（T47H71：8）4.鱼牙（T424②：11-1）

3.蚌质工具　10件。有镞、刀等。

刀　7件。其中2件完整，5件残。系用蚌壳制作，有的为圆形穿孔，有的没有穿孔，有弧背弧刃，亦有凹背弧刃。标本T424H80：3，残，弧刃，上部有圆形穿孔。孔径0.4厘米，残宽9.7厘米，高4.5厘米，厚0.3厘米。（图一三三，1）标本T29内⑥：31，完整，凹背，弧刃。宽11厘米，高4厘米，厚0.4厘米。（图一三三，2）标本T27②：42，残，弧背，弧刃，刃部磨出斜刃，上部有两个圆形穿孔。孔径0.5厘米，残宽7厘米，高3.8厘米，厚0.3厘米。（图一三三，3）标本T7②：6，完整，弧刃，中部有圆形穿孔。孔径0.7～1.3厘米，宽11.5厘米，高4.2厘米，厚0.3厘米。（图一三三，4）标本T27②：35，残，弧背，弧刃，背部有圆形穿孔，孔径0.4厘米，中部有椭圆形穿孔，孔径0.4～0.8厘米。残宽6.7厘米，高3.8厘米，厚0.4厘米。（图一三三，5）标本T109H255：11，残，直背，弧刃，上部有两个圆形穿孔。孔径0.5厘米，残宽4.5厘米，高3.7厘米，厚0.3厘米。（图一三三，6）标本T29内⑥：32，残，直背，平刃，背部有圆形穿孔，孔径0.4厘米。残宽4厘米，高4厘米，厚0.4厘米。（图一三三，7）

镞　3件。完整。系用蚌壳加工而成。分二型。

Ⅰ型：1件。三角形。标本T424④：40，镞的平面呈三角形，镞尾亦为三角形，磨制精致。长8.2厘米，宽2.6厘米，厚0.2厘米。（图一三四，1；彩版二一，8）

Ⅱ型：2件。三棱双尖。标本T112H243：3，镞的平面呈双尖形，断面三角形，加工精致。长7.2厘米，

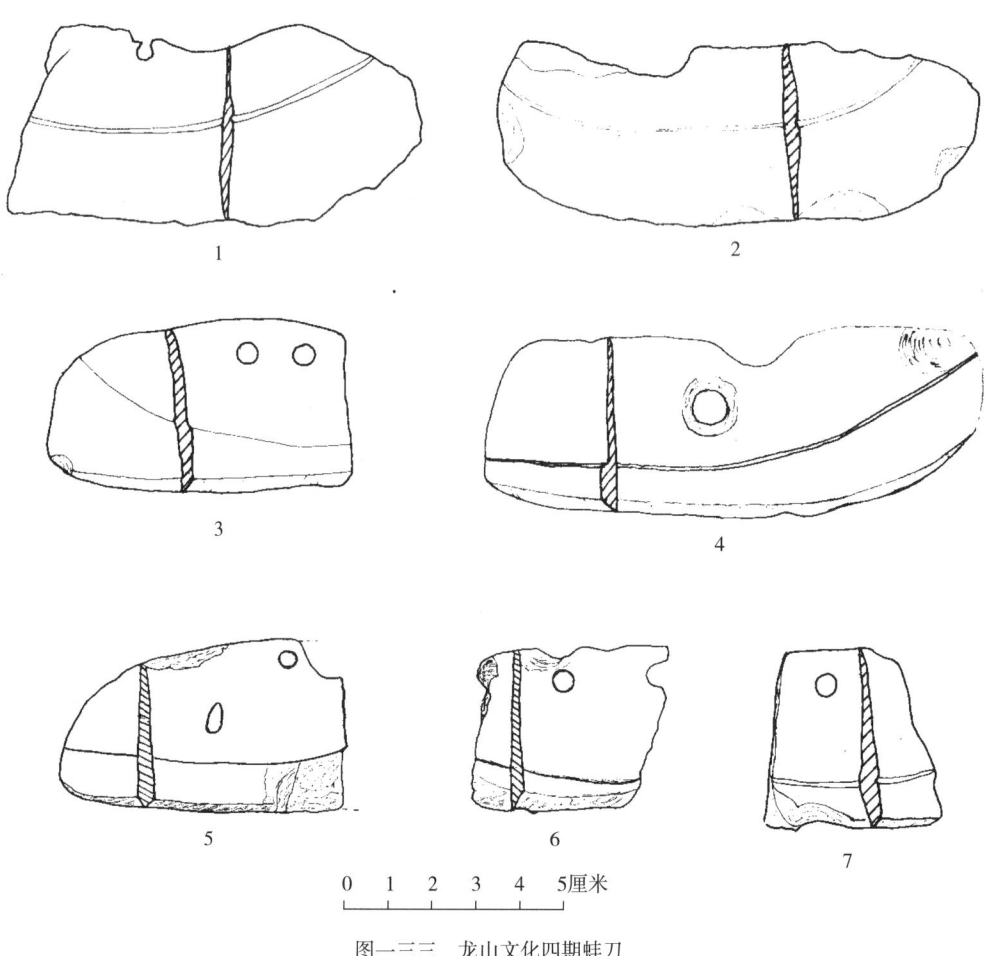

图一三三　龙山文化四期蚌刀

1.T424H80：3　2.T29内⑥：31　3.T27②：42　4.T7②：6　5.T27②：35　6.T109H255：11　7.T29内⑥：32

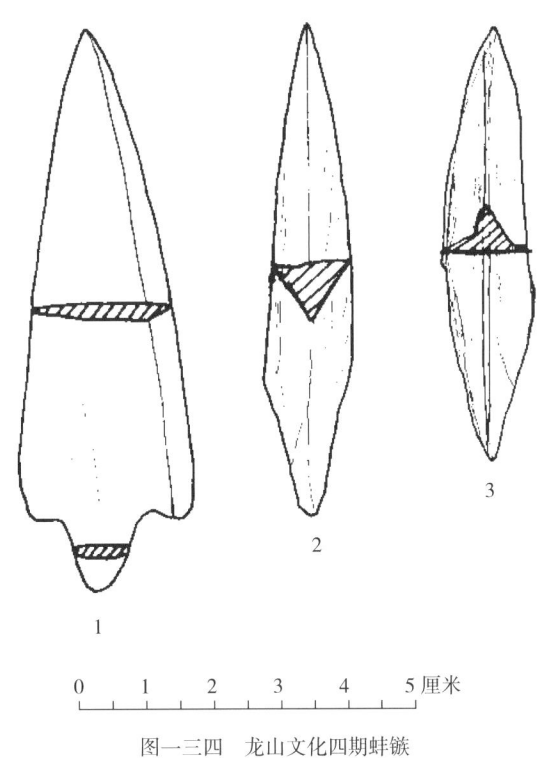

图一三四　龙山文化四期蚌镞

1. Ⅰ型（T424④：40）　2、3. Ⅱ型（T112H243：3、T332③：4）

宽 1.4 厘米，厚 0.9 厘米。（图一三四，2；彩版二一，9）标本 T332③：4，镞的平面呈双尖形，断面三角形，加工精致。长 6.4 厘米，宽 1.3 厘米，厚 0.7 厘米。（图一三四，3；彩版二一，10）

4. 陶质工具　有拍 4 件，杵 3 件，网坠 1 件，弹丸 2 件，纺轮 20 件。

拍　4 件。按形体特征分二型。

Ⅰ型：1 件。带状方格纹。标本 T27②：19，残，泥质灰陶，带状柄，拍面圆形，拍面微凸，拍面竖划 10 条凹槽，横划 8 条凹槽，两者交会为方格纹。高 3.3 厘米，柄径宽 12 厘米，拍面直径 7 厘米，厚 0.5 厘米。（图一三五，2；图版四〇，2、5）

Ⅱ型：3 件。素面。标本 T11H15：11，残，泥质灰陶，带状椭圆柱形柄，近长方形直壁拍，素面，拍面微凸，面光滑，柄径断面为椭圆弧形。长 13.6 厘米，宽 6.8 厘米，厚 1 厘米，残高 1.3 厘米。（图一三五，1；图版四〇，1）标本 T424H102：24，残，泥质灰陶，带状圆柱形柄，椭圆形拍，素面，拍面微凹，面光滑，柄径断面为弧边、弧角方形。长径不详，宽径 8 厘米，厚 1 厘米，残高 3 厘米。（图一三五，3；图版四〇，3）标本 T47H71：15，残，带状纽。长度不明，宽 7.4 厘米，厚 0.6 厘米。（图一三五，4；图版四〇，4）

杵　3 件。泥质灰陶。其中 1 件完整，2 件残，形制相同，大小有别。杵为圆形，柄较细，中空。标本 T27②：44，柄残，杵面较厚，面为凸弧状。残高 2.5 厘米，杵径 4.24 厘米。（图一三六，1；图版四〇，6）标本 T47H71：14，柄残，圆柱形柄，中空，拍面较厚，面为凸弧状。残高 2.3 厘米，柄径 3 厘米，杵径 5.2 厘米。（图一三六，2；图版四〇，7）标本 T424②：82，完整，圆柱形柄，拍面较厚，面为凸弧状。高 2.5 厘米，柄径 1 厘米，杵径 2.7 厘米。（图一三六，3；图版四〇，8）

网坠　1 件。标本 T424H102：23，完整，泥质灰陶，平面为圆柱状，两端各有一周凹槽，柱体正中亦有两条对称的凹槽。长 4.2 厘米，体径 2.6 厘米。（图一三六，4）

弹丸　2 件。泥质灰陶，圆形或椭圆形。标本 T424②：35，完整，椭圆形。直径 1.8~2.2 厘米。（图

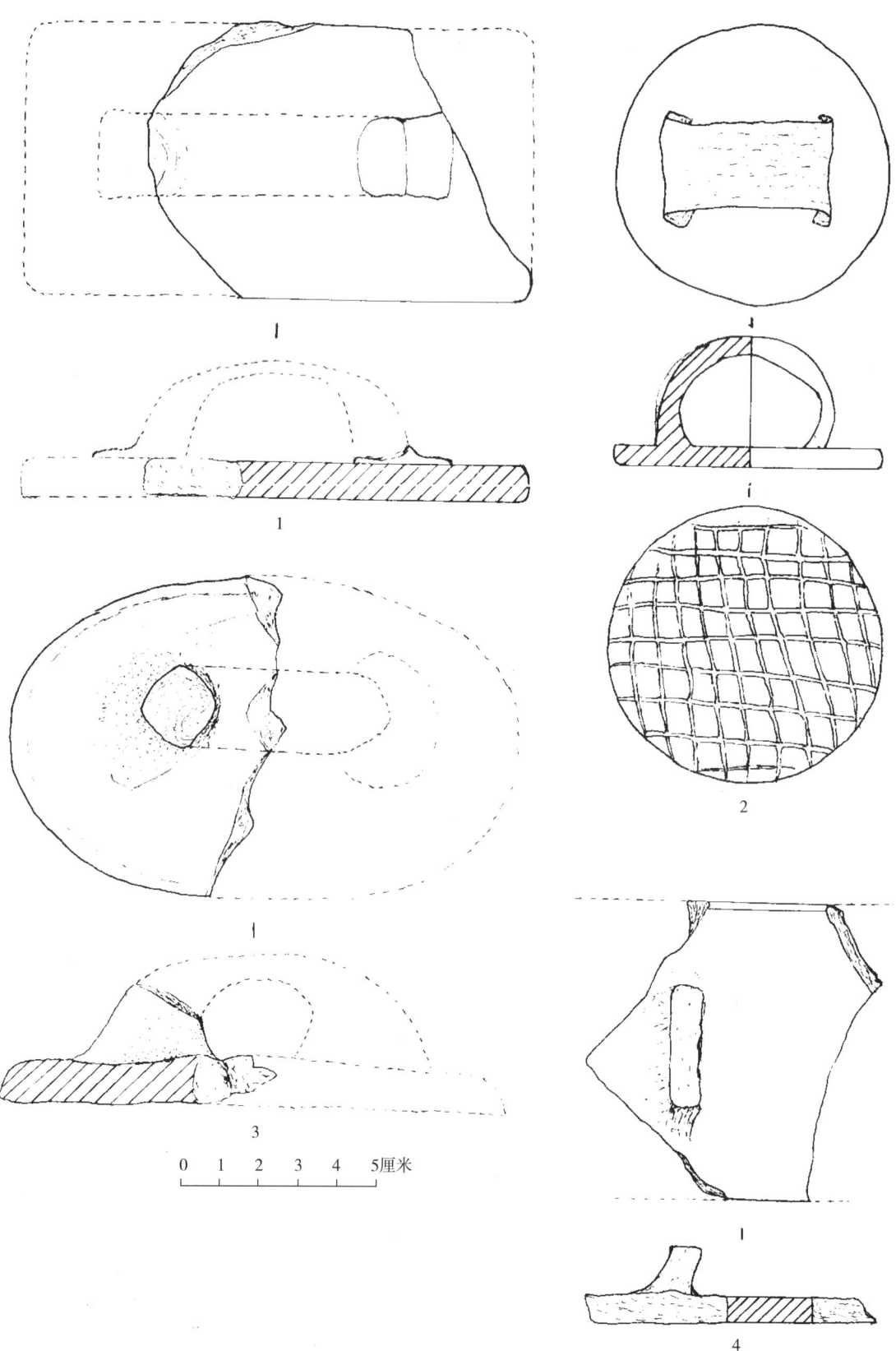

图一三五　龙山文化四期陶拍

1、3、4. Ⅱ型（T11H15：11、T424H102：24、T47H71：15）　2. Ⅰ型（T27②：19）

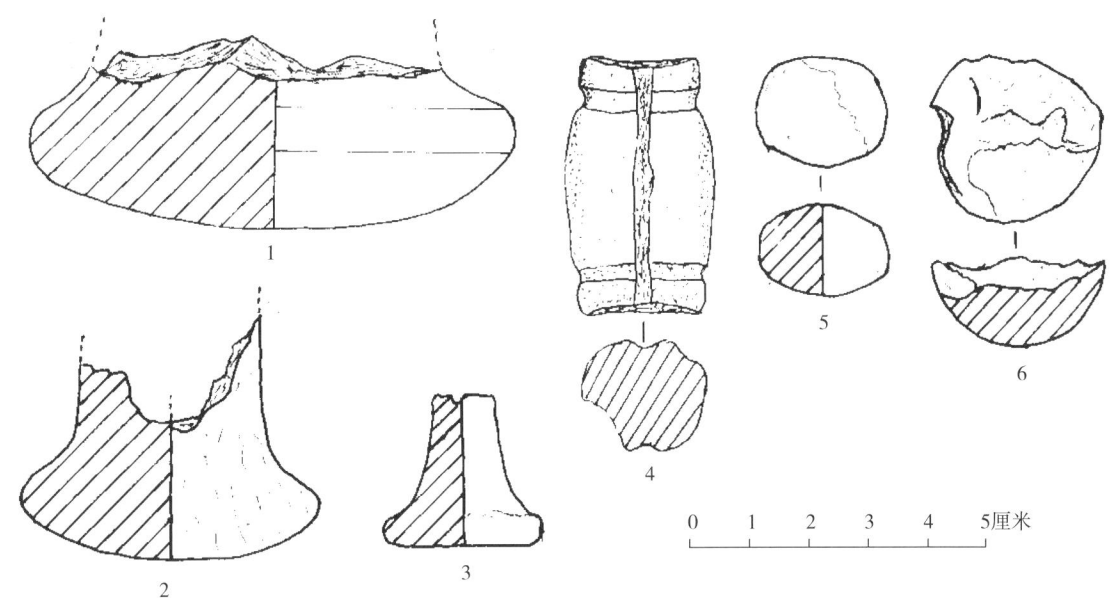

图一三六 龙山文化四期陶器

1~3. 杵（T27②：44、T47H71：14、T424②：82） 4. 网坠（T424H102：23） 5、6. 弹丸（T424②：35、T109④B：41）

一三六，5）标本T109④B：41，残，圆形。直径2.8厘米。（图一三六，6）

纺轮 20件。平面均为圆饼形，中心穿孔。多为泥质灰陶，也有黑皮陶、红陶、棕陶和夹砂陶。圆饼形，有大、中、小及厚薄之别，大的居多，中的次之，小的仅1件。穿孔的断面有直孔，少数为外粗内细喇叭状，断面有长方形、梯形、弧边和单弧面等，圆周边有直、鼓、斜等之分。据其形体特征可分三型。

Ⅰ型：7件。圆形，周边垂直，断面为长方形。其中4件整，3件残。标本T424H85：29，泥质灰陶，完整，喇叭状孔。直径4.5厘米，厚1.2厘米，孔径1厘米。（图一三七，1）标本T27②：12，泥质灰陶，直筒状孔。直径4.3厘米，厚0.8厘米，孔径0.4厘米。（图一三七，2）标本T424H85：28，泥质灰陶，完整，素面，直筒状孔。直径4厘米，厚0.9厘米，孔径0.4厘米。（图一三七，3）标本T27②：16，泥质黑陶，残，直筒状孔。直径3.8厘米，厚0.7厘米，孔径0.4厘米。（图一三七，4）标本T28外⑨：19，泥质灰陶，残，周边直壁，上面微鼓。直径4.6厘米，厚1.9厘米，孔径0.4厘米。（图一三七，5）标本T426H88②：11，残，泥质灰陶，喇叭状孔。直径5厘米，厚0.9厘米，孔径0.8厘米。（图一三七，6）标本T17扩②：21，泥质灰陶，素面，完整，直筒状孔。直径4.6厘米，厚0.7厘米，孔径0.6厘米。（图一三七，7）

Ⅱ型：6件。周边斜直，断面为梯形。其中4件整，2件残。标本T424H85：30，泥质灰陶，完整，素面，直筒状孔。上部直径5.3厘米，下部直径5.6厘米，厚1厘米，孔径0.5厘米。（图一三八，1）标本T426H88②：10，泥质灰陶，残，素面，喇叭状孔。上部直径5厘米，下部直径5.3厘米，厚1厘米，孔径1厘米。（图一三八，2）标本T109H255：6，泥质黑陶，残，素面，喇叭状孔。上部直径4.6厘米，下部直径4.8厘米，厚1厘米，孔径1厘米。（图一三八，3）标本T424②：36，泥质灰陶，完整，断面呈梯形，直筒状孔。上部直径3.8厘米，下部直径4.2厘米，厚1.6厘米，孔径0.5厘米。（图一三八，4）标本T426H88②：2，泥质浅灰陶，完整，喇叭状孔。上部直径4.6厘米，下部直径4.8厘米，厚0.9厘米，孔径0.6厘米。（图一三八，5）标本T112H252：1，泥质黑陶，完整，素面，直筒状孔。上部直径3.8厘米，下部直径4厘米，厚1厘米，孔径0.4厘米。（图一三八，6）

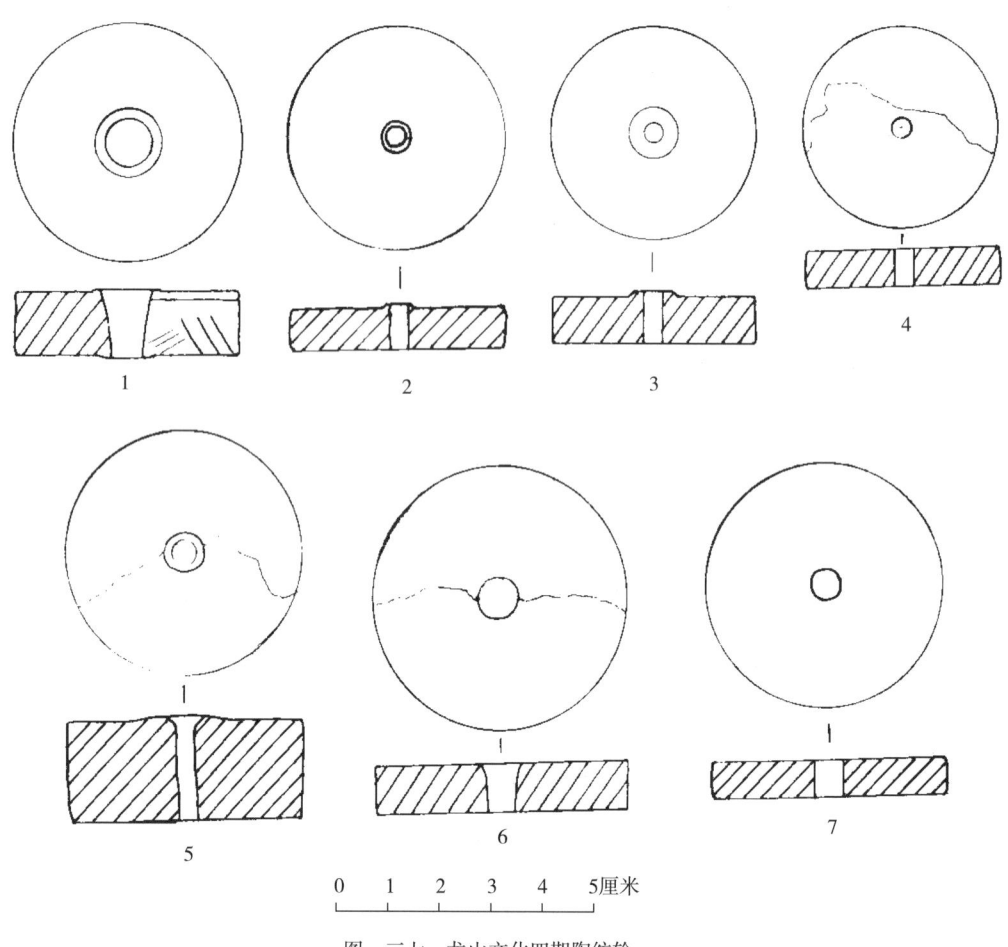

图一三七　龙山文化四期陶纺轮

1～7. Ⅰ型（T424H85：29、T27②：12、T424H85：28、T27②：16、T28外⑨：19、T426 H88②：11、T17扩②：21）

　　Ⅲ型：7件。周边为弧形，断面呈弧边长方形。其中5件整，2件残。标本T89②：23，泥质褐灰陶，完整，素面，侧面弧壁，孔呈喇叭状。台面径3.9厘米，腹径4.1厘米，厚0.68厘米，孔径0.7厘米。（图一三九，1）标本T425H112：27，泥质灰陶，完整，素面，上下壁面内凹，侧面弧壁，孔呈喇叭状。台面径3.8厘米，腹径4厘米，厚0.9厘米，孔径0.5厘米。（图一三九，2）标本T27②：29，泥质灰陶，完整，素面，侧面弧壁，直筒状孔。台面径3.3厘米，腹径3.5厘米，厚0.8厘米，孔径0.4厘米。（图一三九，3）标本T89H139：4，泥质灰陶，完整，素面，直筒状孔。台面径3厘米，腹径3.4厘米，厚0.6厘米，孔径0.3厘米。（图一三九，4）标本T425H112：35，泥质灰陶，残，侧面弧壁，直孔，台面穿孔附近有梅花纹。台面径5.1厘米，厚1.4厘米，孔径0.5厘米。（图一三九，5）标本T425H93：1，泥质灰陶，残，侧面弧壁，直孔。台面径4.3厘米，厚0.6厘米，孔径0.4厘米。（图一三九，6）标本T6②：9，泥质棕陶，完整，素面，喇叭状孔。台面径4.1厘米，腹径4.3厘米，厚0.6厘米，孔径0.6厘米。（图一三九，7）

　　（二）生活用具

　　本期生活用具主要是陶器。地层、灰坑、墓葬、房基中出土的陶器经复原18件，修复的陶器带纹饰的以方格纹居多，篮纹次之，绳纹再次之，其中篮纹5件、绳纹4件、方格纹9件，有2件器物将篮纹、绳纹饰于一器。还有数以万计的残陶片，可见复原的器物仅占极少的部分。主要器形有鼎、甗、罐、高领罐、甑、鬶、澄滤器、盆、钵、碗、盘、豆、碟、觚、杯、瓮、盂形罐、壶、缸等。现分别介绍如下。

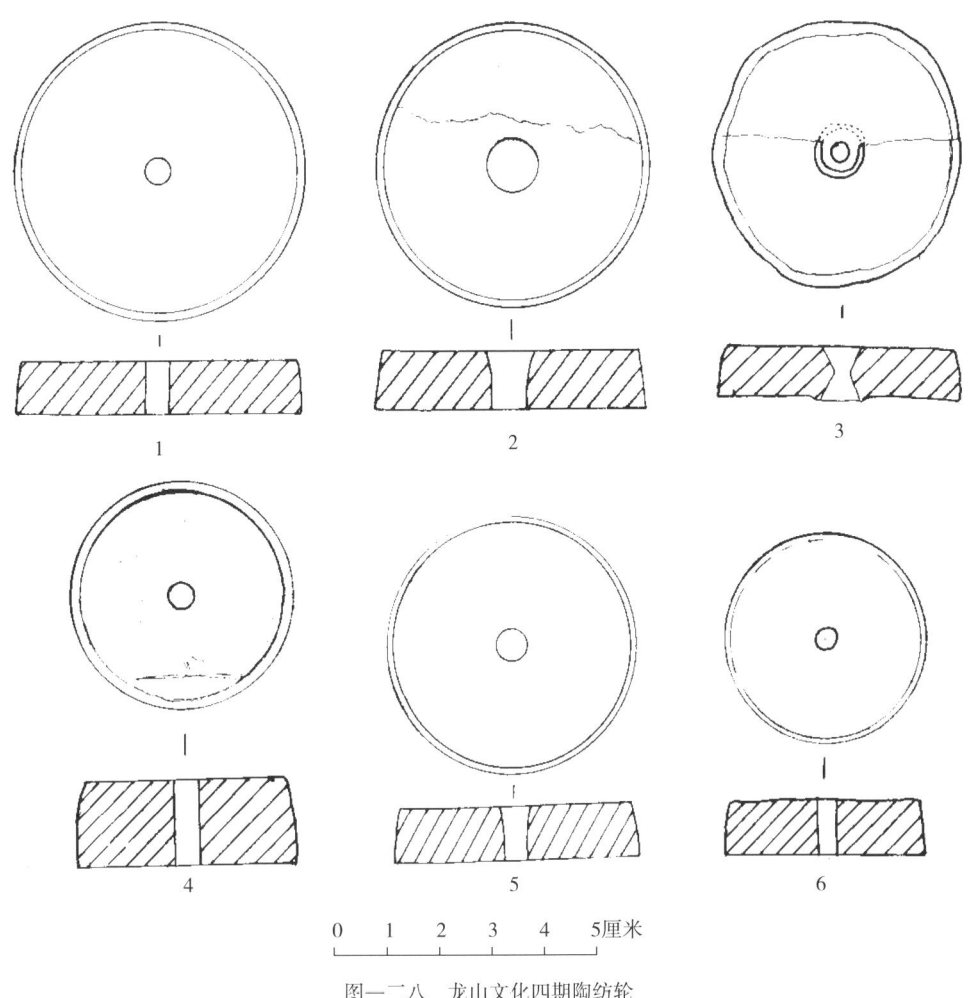

0 1 2 3 4 5厘米

图一二八　龙山文化四期陶纺轮

1~6. Ⅱ型（T424H85：30、T426H88②：10、T109H255：6、T424②：36、T426H88②：2、T112H252：1）

　　鼎　8件。均为夹砂灰陶，敛口，折沿，鼓腹，圜底，高足或矮足，腹饰弦纹、篮纹、绳纹、方格纹。根据腹的变化可分为四型。

　　Ⅰ型：5件。折沿圜底扁足。标本T87⑤：40，夹砂灰陶，足残，侈口，折沿，双唇，唇沿内高外低，沿面呈凹弧形，敛口，内口处有折棱，肩部素面，有二周凹弦纹，圆腹，饰篮纹，圜底，纹饰清晰，拍印规整，下附三足，足断面为椭圆形。口径13.2厘米，腹径14.8厘米，残高13.2厘米。（图一四○，1；图一四一，7）标本T425H110：1，夹砂灰陶，足残，侈口，折沿，圆唇，沿面呈凹弧形，敛口，内口处有折棱，肩部素面，圆腹，下腹部和底部饰方格纹，圜底，纹饰较浅，底部拍印紊乱，不规整，下附三足，足断面为椭圆形，足上部按有两个指窝。口径10厘米，腹径12厘米，残高12厘米。（图一四○，2；图一四一，4；彩版二四，6）标本T111H254：1，夹砂灰陶，折沿，圆唇，沿面较直，敛口，内口有凸棱，斜肩素面，鼓腹，下垂，腹部饰菱形方格纹，圜底，纹饰清晰规整，三角形扁锥足外侈，足上部有二按窝。口径12.5厘米，腹径16.7厘米，高18.5厘米。（图一四○，3；图一四一，2；彩版二四，1）标本T424H85：39，夹砂灰陶，足残，侈口，折沿，双唇，唇沿内高外低，沿面呈凹弧形，敛口，内口处有折棱，肩部素面，圆腹，饰篮纹，圜底，纹饰清晰，拍印规整，下附三足，足断面为椭圆形，足上部按有一指窝。口径15.5厘米，腹径18.5厘米，残高16.5厘米。（图一四○，4；图一四一，6；彩版二四，5）标本T424H102：5，夹砂灰陶，折沿，双唇，唇沿外高内低，沿面呈凹弧形，敛口，内口有凸棱，斜肩素面，鼓腹，腹部饰菱形方格

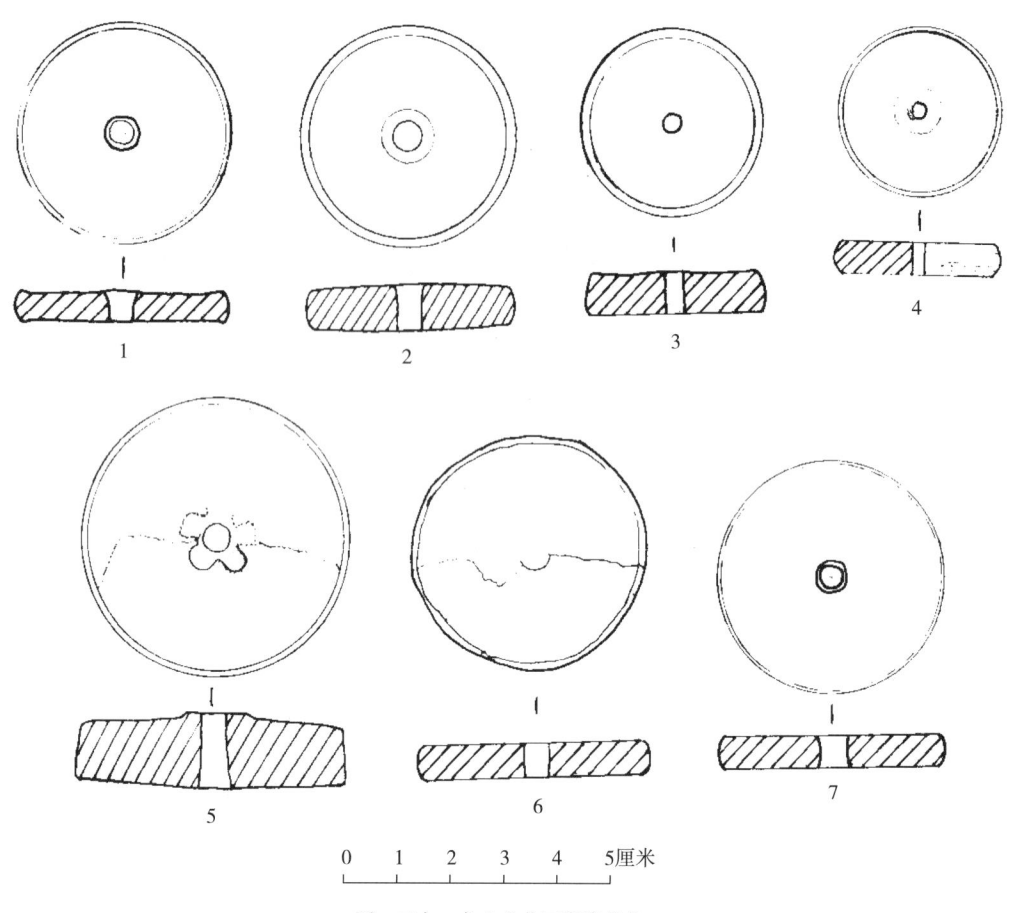

图一三九　龙山文化四期陶纺轮

1～7. Ⅲ型（T89②：23、T425H112：27、T27②：29、T89H139：4、T425H112：35、T425H93：1、T6②：9）

纹，圜底，纹饰清晰规整，扁锥足外侈，残足上有一按窝。口径19厘米，腹径20厘米，残高20.5厘米。（图一四〇，6；图一四一，1；彩版二四，3）

Ⅱ型：1件。圆腹乳足。标本T425H112：11，折沿，方唇，沿面呈凹弧形，敛口，内口处有折棱，肩部素面，圆腹，饰正方形方格纹，圜底，拍印纹饰清晰，下附三个矮足，足断面为椭圆形。口径18厘米，腹径24厘米，高24.5厘米。（图一四〇，5；图一四一，3；彩版二四，2）

Ⅲ型：1件。圆锥状足。标本T424H85：24，夹砂灰陶，足残，侈口，折沿，双唇，唇沿内高外低，沿面呈凹弧形，敛口，内口处有折棱，肩部素面，圆腹，饰正方形方格纹，圜底，拍印纹饰清晰，下附三足，足断面为圆形，足上部按有一指窝。口径16厘米，腹径18.5厘米，残高18.7厘米。（图一四〇，7；图一四一，5；彩版二四，4）

Ⅳ型：1件。盆形。标本T47H71：9，足残，夹砂灰陶，折沿，方唇，沿面微弧，敛口，腹较直，圜底，上腹部素面磨光，中、下腹部和底部饰篮纹，纹饰浅而紊乱，下附三足外侈，足上有两个按窝，断面为弧边长方形。口径25.2厘米，残高14.6厘米。（图一四〇，8；图版四一，6）

甗　出土陶片很多，没有修复成器。标本T112H252：2，残，夹砂黑陶，侈口，折沿，沿面有凹槽，敛口，肩部素面，鼓腹，饰菱形方格纹，甗的下部素面，束腰，下附三个饰绳纹的袋状锥足。口径28.5厘米，腹径32厘米，腰径13.5厘米，足间距26厘米，通高64厘米。（图一四二，1、4、5）

甗足内范　1件。标本T7H5：14，残，泥质褐灰陶，胎较厚，直口，弧腹，尖底已残。足口径12.7厘

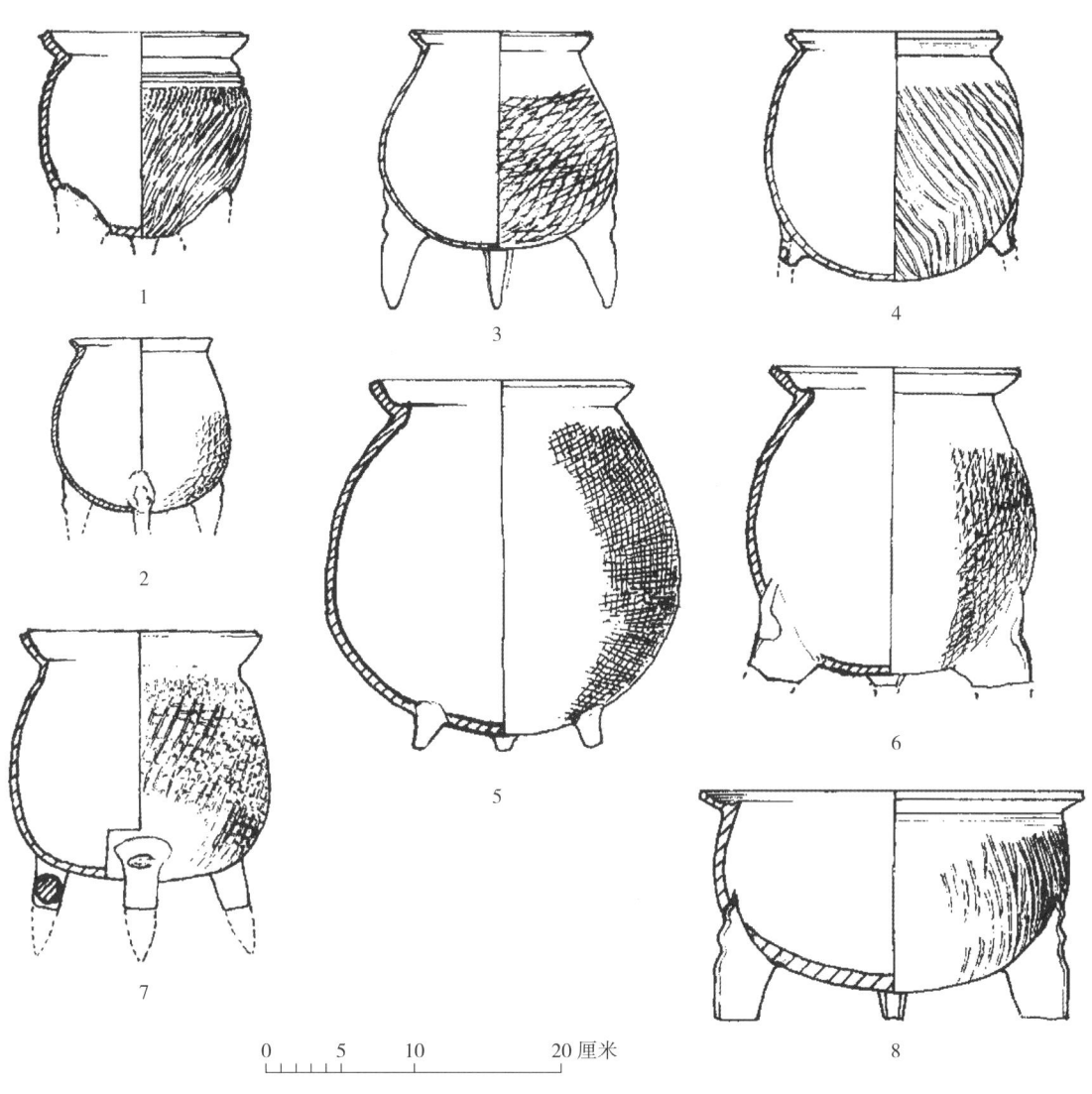

图一四〇　龙山文化四期陶鼎

1、2、3、4、6. Ⅰ型（T87⑤：40、T425H110：1、T111H254：1、T424H85：39、T424H102：5）5. Ⅱ型（T425H112：11）
7. Ⅲ型（T424H85：24）　8. Ⅳ型（T47H71：9）

米，腹径 13 厘米，高 17 厘米。（图一四二，2）

甑箅　1 件。标本 T11H15：5，残，泥质黑陶，箅呈"井"字形。残长 9.5 厘米，残宽 9 厘米，厚 1 厘米。（图一四二，3）

罐　11 件。夹砂灰陶，饰方格纹、绳纹、篮纹或素面。从形制看可分三型。

Ⅰ型：6 件。双唇。夹砂灰陶，侈口，折沿，双唇，唇沿内高外低，敛口，内口部起棱，鼓腹，平底或圜底内凹，多饰方格纹，有的饰篮纹、绳纹。标本 T110④：12，夹砂灰陶，侈口，折沿，双唇，沿面斜直，敛颈，内口处有折棱，圆肩，肩的上部为素面，鼓腹，圜底内凹，饰菱形方格纹，纹饰清晰规整。口径 14.4 厘米，腹径 18.8 厘米，底径 6.8 厘米，高 21.2 厘米。（图一四三，1；图一四四，2；图版四二，1）标本 T7H5：1，夹砂灰陶，侈口，折沿，双唇，唇沿内高外低，敛口，鼓腹，平底，饰正方形方格纹。口径 16.8 厘米，腹径 20 厘米，底径 8.8 厘米，高 20 厘米。（图一四三，2；图一四四，1；图版四二，2）标本 T424H80：4，夹砂灰陶，残，侈口，折沿，双唇，沿面斜直，近沿口有一周凹弦纹，敛颈，内口处有折棱，

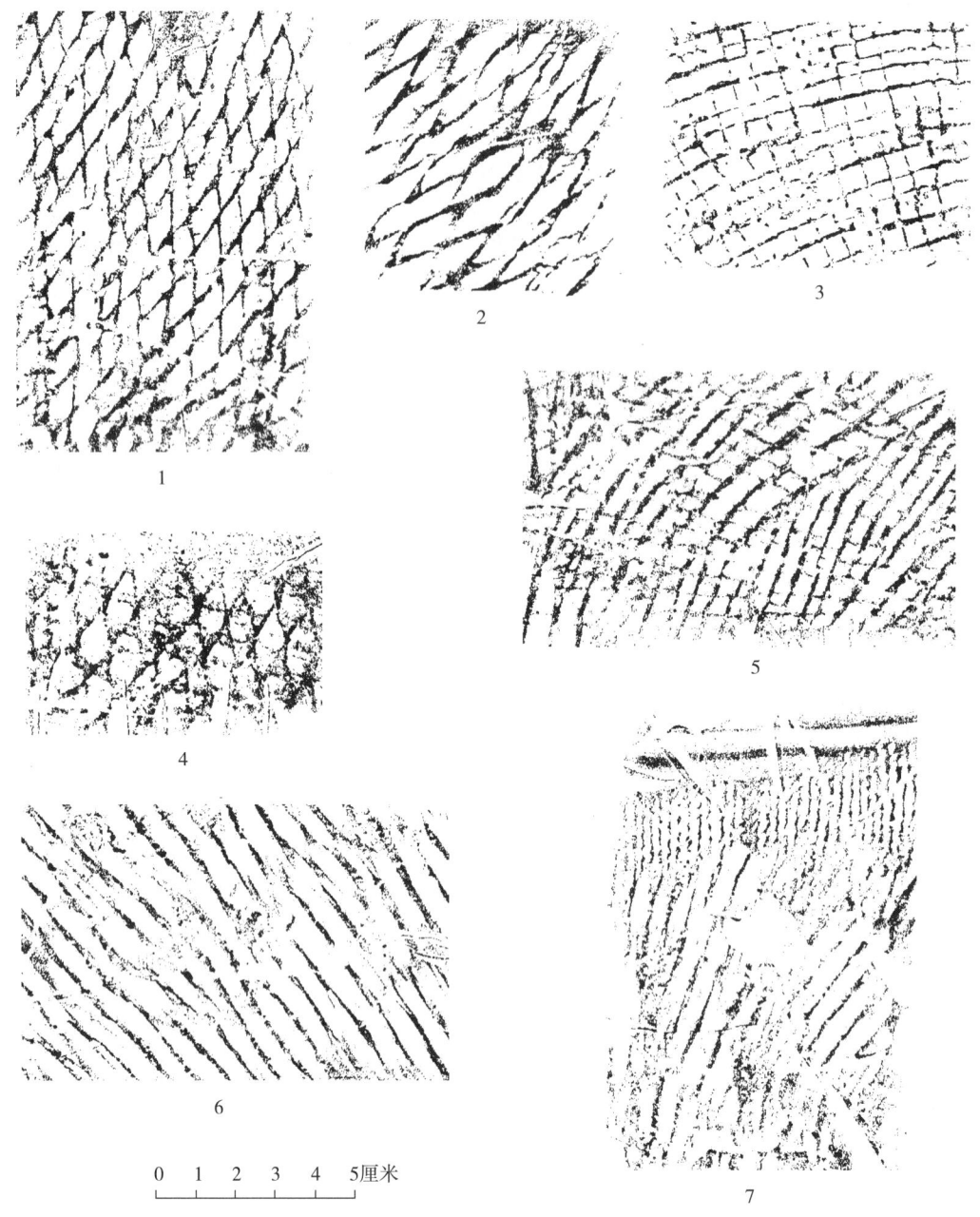

图一四一　龙山文化四期陶鼎纹饰拓片

1、2. Ⅰ型（T424H102∶5、T111H254∶1）　3. Ⅱ型（T425H112∶11）　4. Ⅰ型（T425H110∶1）

5. Ⅲ型（T424H85∶24）　6、7. Ⅰ型（T424H85∶39、T87⑤∶40）

肩部素面，鼓腹，腹部饰宽竖篮纹，纹饰清晰，平底，饰方格纹。口径13.2厘米，腹径18厘米，底径7厘米，高19厘米。（图一四三，3；图一四四，3；图版四二，3）标本T424H102∶19，夹砂黑灰陶，残，侈口，折沿，双唇，沿面呈凹弧形，敛颈，内口处有折棱，肩部素面，腹微鼓，饰竖绳纹，纹饰清晰，圜底内凹，底部饰绳纹。口径14厘米，腹径16.4厘米，底径7.2厘米，高19厘米。（图一四三，4；图一四四，4；图版四二，4）标本T47H71∶10，夹砂灰陶，残，侈口，折沿，双唇，沿面呈凹弧形，敛颈，内口处有折棱，圆肩，肩上部为素面，鼓腹，圜底内凹，饰菱形方格纹，纹饰不规整。口径13.6厘米，腹径16厘米，底径6.4厘米，高17厘米。（图一四三，5；图一四四，5；图版四二，5）标本T4②∶13，夹砂灰陶，残，

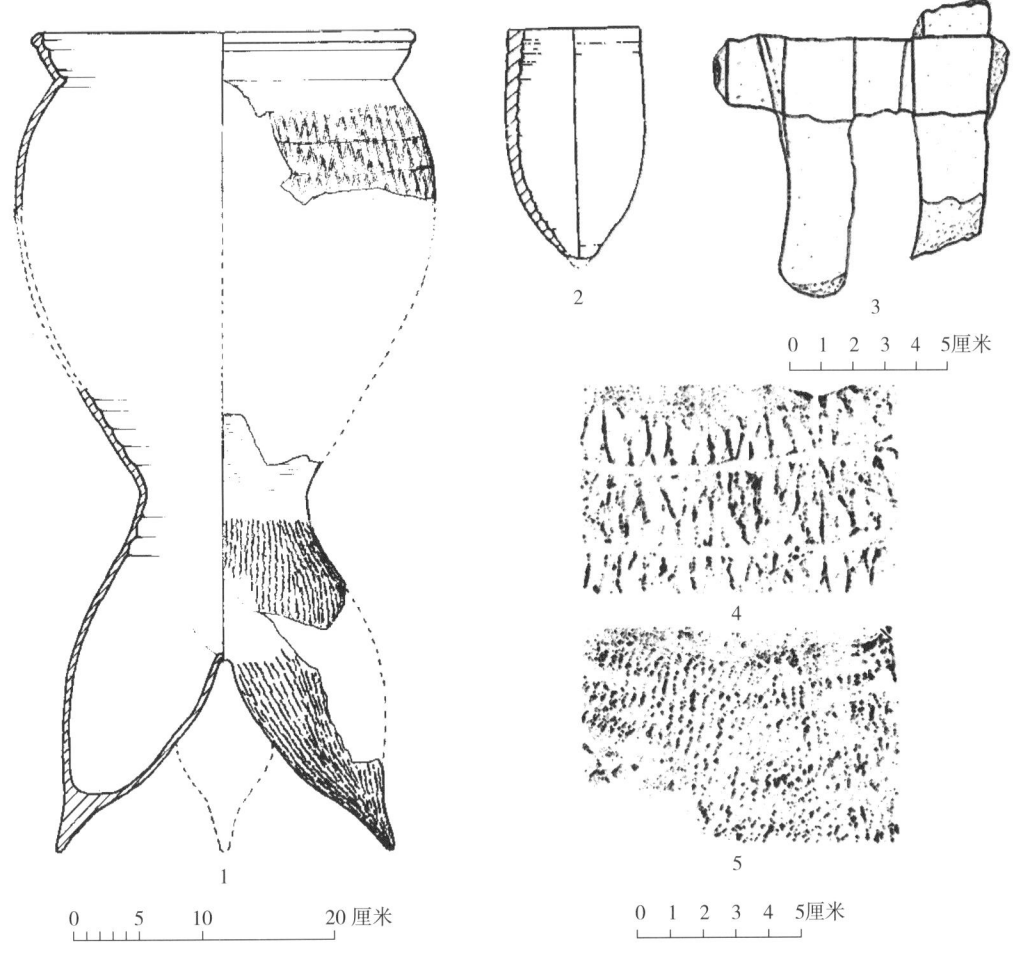

图一四二　龙山文化四期陶甗、甗足内范、甑箅和纹饰拓片

1、4、5. 陶甗（T112H252：2）　2. 甗足内范（T7H5：14）　3. 甑箅（T11H15：5）

侈口，折沿，双唇，沿面斜直，敛颈，内口处有折棱，圆肩，肩上部为素面，鼓腹，圜底内凹，饰绳纹，纹饰清晰。口径 14 厘米，腹径 16.8 厘米，底径 7.2 厘米，高 16 厘米。（图一四三，6；图一四四，6；图版四二，6）

Ⅱ型：2 件。平底绳纹。夹砂灰陶，侈口，折沿，敛颈，鼓腹，平底，绳纹竖饰。标本 T47②：1，夹砂灰陶，侈口，折沿，双唇外高内低，敛颈，鼓腹，平底，竖饰绳纹。口径 16 厘米，腹径 18.8 厘米，底径 8 厘米，高 20 厘米。（图一四三，7；图一四四，8；图版四一，1）标本 T7H5：6，夹砂黑灰陶，残，侈口，折沿，舌唇，沿面斜直，近沿口有一周凹弦纹，敛颈，内口处有折棱，圆肩，腹微鼓，饰竖绳纹，纹饰清晰，小平底。口径 16 厘米，底径 9 厘米，高 22 厘米。（图一四三，8；图一四四，7；图版四一，2）

Ⅲ型：2 件。短颈方格纹。标本 T27H39：8，夹砂黑灰陶，残，侈口，折沿，圆唇，沿面呈弧形，敛颈，内口处有折棱，短颈，肩部素面，鼓腹，饰篮纹，纹饰清晰。口径 10.8 厘米，腹径 12.8 厘米，残高 12 厘米。（图一四三，9；图一四四，10；图版四一，3）标本 T47H71：8，夹砂灰陶，残，侈口，折沿，方唇，短颈，肩部素面，腹微鼓，饰方格纹，纹饰清晰，平底，底部饰方格纹。口径 9.8 厘米，腹径 12.8 厘米，底径 4.8 厘米，高 12 厘米。（图一四三，10；图一四四，9；图版四一，4）

Ⅳ型：1 件。卷沿圜底。标本 T47H71：2，残，泥质灰陶，折沿，圆唇，沿面较平，敛口，鼓腹，上腹部磨光，中、下腹部拍印篮纹，纹饰较浅，间以弦纹，圜底内凹，底部拍印篮纹。口径 19.6 厘米，底径 7.2

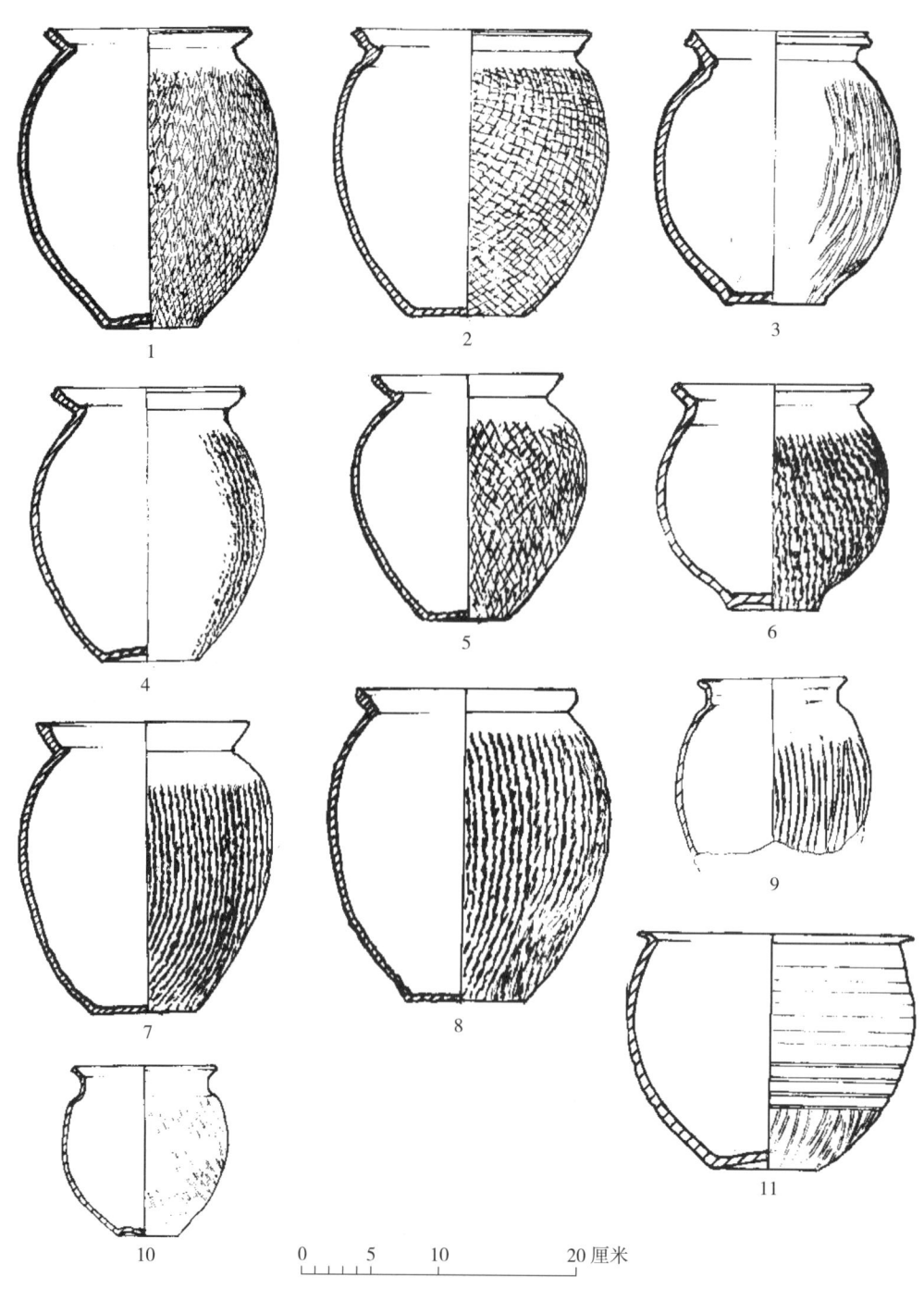

图一四三　龙山文化四期陶罐

1～6. Ⅰ型（T110④：12、T7H5：1、T424H80：4、T424H102：19、T47H71：10、T4②：13）

7、8. Ⅱ型（T47②：1、T7H5：6）　9、10. Ⅲ型（T27H39：8、T47H71：8）　11. Ⅳ型（T47H71：2）

厘米，高 15.4 厘米。（图一四三，11；图版四一，5）

　　盉形罐　1件。标本 T27H39：3，泥质棕陶，口残，口部有流，侈口，束颈，鼓腹，圜底内凹，带状单把连于颈腹。口残径 8.6 厘米，腹径 12.8 厘米，底径 10.2 厘米，残高 16 厘米。（图一四五，4；图版四三，5）

　　高领罐　2件。根据形制可分二型。

　　Ⅰ型：1件。小口斜直领。标本 T424H80：2，泥质黑陶，残，小口，圆唇，斜直领，圆肩，鼓腹，斜

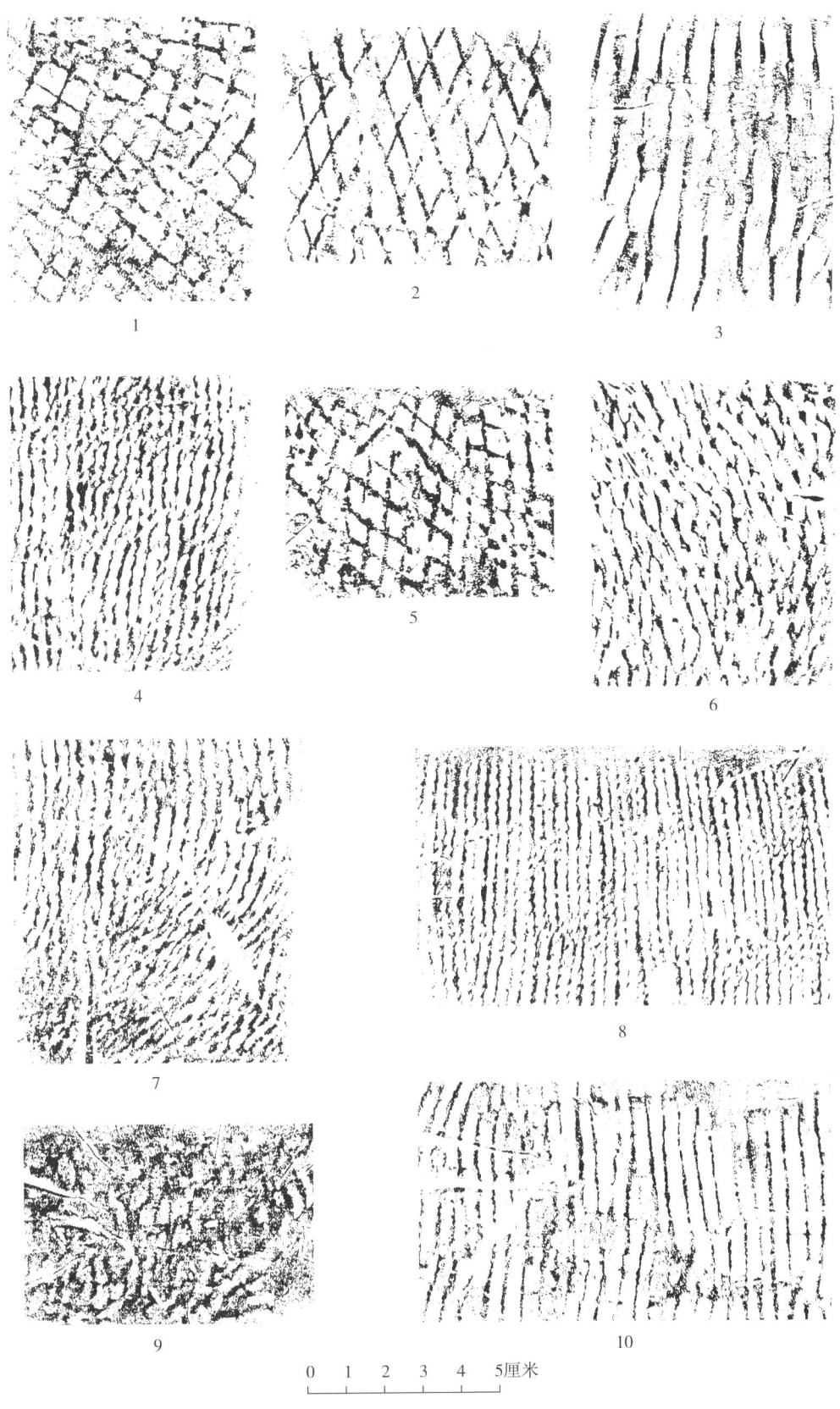

图一四四 龙山文化四期陶罐纹饰拓片

1～6. Ⅰ型（T7H5：1、T110④：12、T424H80：4、T424H102：19、T47H71：10、T4②：13）

7、8. Ⅱ型（T7H5：6、T47②：1） 9、10. Ⅲ型（T47H71：8、T27H39：8）

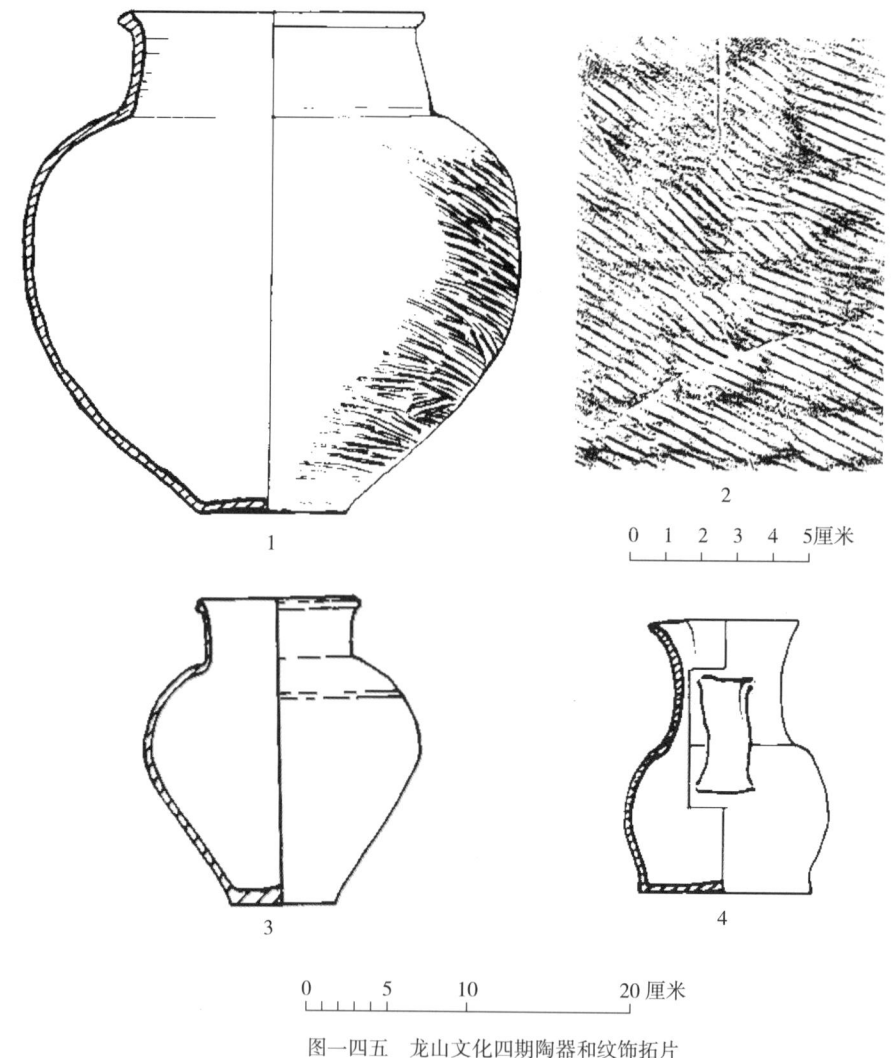

图一四五　龙山文化四期陶器和纹饰拓片

1、2. I型高领罐（T424H80：2）　3. II型高领罐（T3H34：1）　4.盉形罐（T27H39：3）

领饰弦纹，肩腹部饰两周凹弦纹，下腹部微敛，底残。口径9厘米，腹径17.2厘米，残高10厘米。（图一四五，1、2；图版四三，1）

II型：1件。高领平圈底。标本T3H34：1，泥质黑陶，残，小口，圆唇，高领，圆肩，鼓腹，高领饰弦纹，肩腹部饰两周凹弦纹，下腹部微敛，底残。口径9厘米，腹径17.2厘米，残高10厘米。（图一四五，3；图版四三，2）

盆　20件。根据形制可分十型。

I型：3件。侈口平底。标本T111H224：1，残，泥质磨光灰陶，侈口，圆唇，敛壁，大平底，腹部有五周凹弦纹。口径26厘米，底径20.5厘米，高8厘米。（图一四六，1；图版四四，1）标本T7H5：10，残，泥质磨光黑陶，侈口，圆唇，敛壁，大平底内凹，下腹部有四周凹弦纹。口径26厘米，底径19.5厘米，高7.5厘米。（图一四六，2；图版四四，2）标本T27H39：1，残，泥质磨光浅灰陶，侈口，圆唇，敛壁，大平底，腹内部有五周凹弦纹。口径22.5厘米，底径16厘米，高7厘米。（图一四六，3；图版四四，3）

II型：1件。侈口方唇平底。标本T86⑥：1，残，泥质磨光黑陶，侈口，方唇，敛壁，腹部有六周凹弦纹，大平底。口径36厘米，底径31厘米，高9.5厘米。（图一四六，4；图版四四，4）

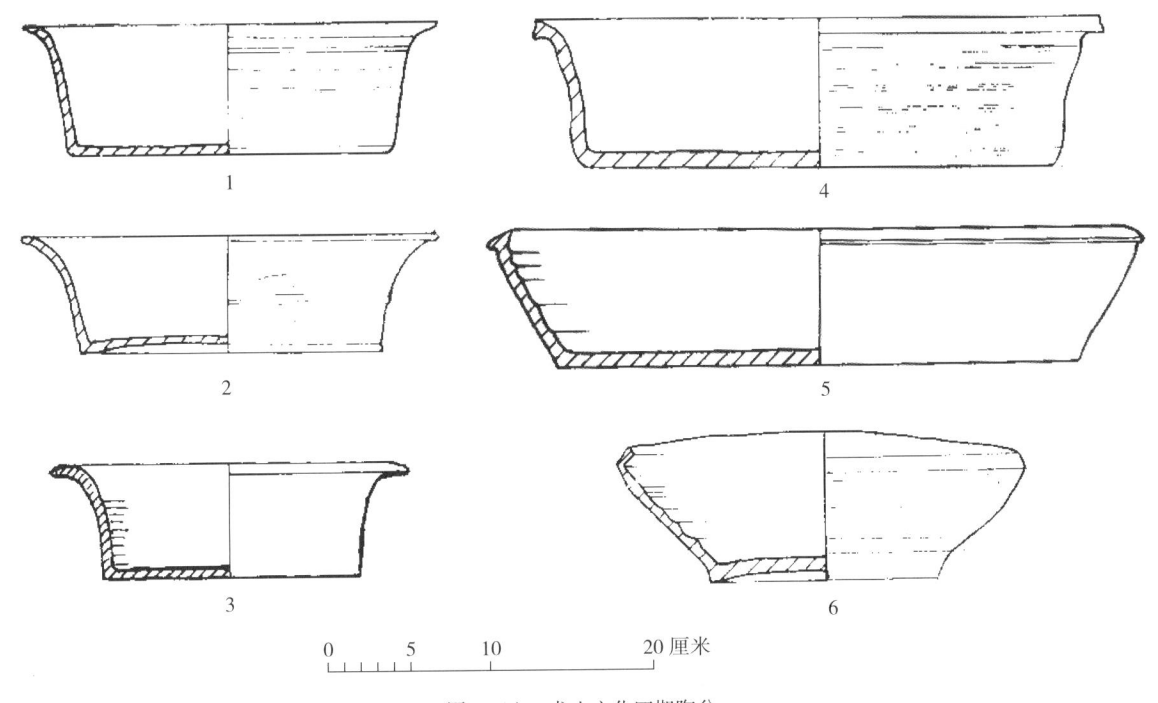

图一四六 龙山文化四期陶盆

1~3. Ⅰ型（T111H224：1、T7H5：10、T27H39：1）4. Ⅱ型（T86⑥：1）5、6. Ⅲ型（T7H5：15、T7H5：4）

Ⅲ型：2件。敛口折沿平底。标本 T7H5：15，残，泥质磨光黑陶，敛口，折沿，舌唇，弧腹，腹内部有五周凹弦纹，大平底。口径 39.5 厘米，底径 33.5 厘米，高 8.6 厘米。（图一四六，5；图版四四，5）标本 T7H5：4，破，泥质灰陶，敛口，舌唇，弧腹，腹外部有三组双线凹弦纹，腹内部有四周凹弦纹，大平底。口径 25 厘米，底径 15.5 厘米，高 9 厘米。（图一四六，6；图版四四，6）

Ⅳ型：1件。侈口敛腹平底。标本 T24H24：8，破，泥质灰陶，侈口，方唇，敛腹，平底，壁外有三周凹弦纹。口径 30.5 厘米，底径 18 厘米，高 10 厘米。（图一四七，1；图版四四，7）

Ⅴ型：2件。敛口斜腹平底。标本 T19②：1，残，泥质浅灰陶，敛口，圆唇，直壁，腹外部有十周凹弦纹，腹内部有八周凹弦纹，平底。口径 24 厘米，底径 10 厘米，高 10.5 厘米。（图一四七，2；图版四四，8）标本 T111H254：2，残，泥质灰陶，敛口，圆唇，直壁，腹为斜壁内收，外有密集的弦纹，内壁有七周凹弦纹，平底。口径 23.5 厘米，底径 10.5 厘米，高 9.5 厘米。（图一四七，3）

Ⅵ型：3件。直口斜腹平底。标本 T27②：47，泥质浅灰陶，直口，圆唇，斜腹，壁外有四周凹弦纹，腹内壁有九周凹弦纹，平底。口径 21.5 厘米，底径 10 厘米，高 10 厘米。（图一四七，4；图版四五，2）标本 T426H88：6，泥质黑陶，直口，圆唇，斜腹，壁外有四周凹弦纹，腹内壁有七周凹弦纹，平底。口径 18.5 厘米，底径 8.5 厘米，高 8.8 厘米。（图一四七，5；图版四五，1）

Ⅶ型：2件。直口折腹平底。标本 T19H10：1，残，泥质磨光黑陶，直口，圆唇，折腹，腹微敛，壁外近口处有一周折棱，大平底。口径 43 厘米，底径 26 厘米，高 13.5 厘米。（图一四七，6；图版四五，3）标本 T19H10：2，残，泥质磨光黑陶，直口，圆唇，折腹，腹微敛，壁外近口处有一周折棱，大平底。口径 45 厘米，底径 25.5 厘米，高 12 厘米。（图一四七，7；图版四五，4）

Ⅷ型：3件。侈口。标本 T425H112：1，残，泥质浅灰陶，侈口，双唇，腹微曲，壁内有数周凹弦纹，平底内凹。口径 34.5 厘米，底径 26 厘米，高 13.5 厘米。（图一四八，1；图版四五，5）标本 T424H85：10，

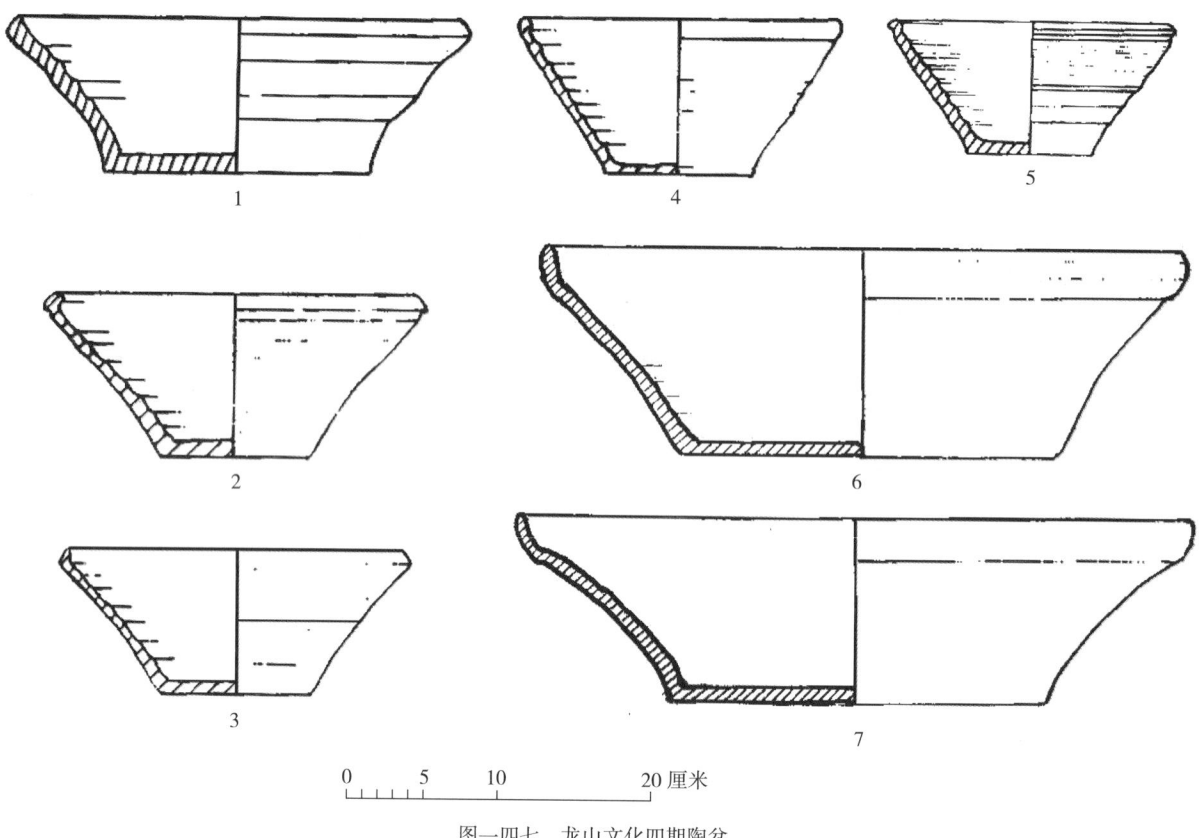

图一四七　龙山文化四期陶盆

1. Ⅳ型（T24H24：8）　2、3. Ⅴ型（T19②：1、T111H254：2）　4、5. Ⅵ型（T27②：47、T426H88：6）

6、7. Ⅶ型（T19H10：1、T19H10：2）

残，泥质浅灰陶，侈口，双唇，腹微曲，壁内外有数周凹弦纹，平底内凹。口径18.8厘米，底径8.8厘米，高8.8厘米。（图一四八，2；图版四五，6）标本T89H139：8，残，泥质浅灰陶，侈口，双唇，斜直腹，壁外有二周弦纹，壁内有六周凹弦纹，平底内凹。口径22厘米，底径9.2厘米，高7.9厘米。（图一四八，3；图版四五，7）

Ⅸ型：1件。折腹平底。标本T424H85：26，残，泥质磨光黑陶，侈口，折沿，方唇，沿面呈凹弧形，折腹，壁外有六组双线凹弦纹，壁内有六周凹弦纹，平底。口径32.5厘米，底径15.5厘米，高10厘米。（图一四八，4；图版四五，8）

Ⅹ型：2件。花边唇。标本T111H224：2，残，泥质灰陶，折沿，花边唇，敛口，直壁，折腹，折腹处有一周齿状附加堆纹，下腹部有密集的弦纹，内壁有三组弦纹，平底。口径35厘米，底径25厘米，高9厘米。（图一四八，5；图版四六，1）标本T426H88②：4，残，泥质灰陶，折沿，花边唇，沿面呈凹弧形，内口也有花边，敛口，直壁，折腹，折腹处有一周齿状附加堆纹，圈底内凹。口径31.5厘米，底径16厘米，高12.5厘米。（图一四八，6；图版四六，2）

带流盆　3件。根据其形制可分二型。

Ⅰ型：1件。双流。标本T7H5：3，残，泥质黑陶，侈口，有双流，圆唇，斜直壁，腹内有六周凹弦纹，小平底，底内中部凸起。口径21厘米，底径9.5厘米，高9.5厘米。（图一四九，1；图版四六，6）

Ⅱ型：2件。单流。标本T19H9：1，泥质黑陶，侈口，双唇内高外低，有流，斜直壁，腹外有五组双线弦纹，腹内有五组双线弦纹，小平底。口径20.8厘米，底径9.6厘米，高8.8厘米。（图一四九，2；图版

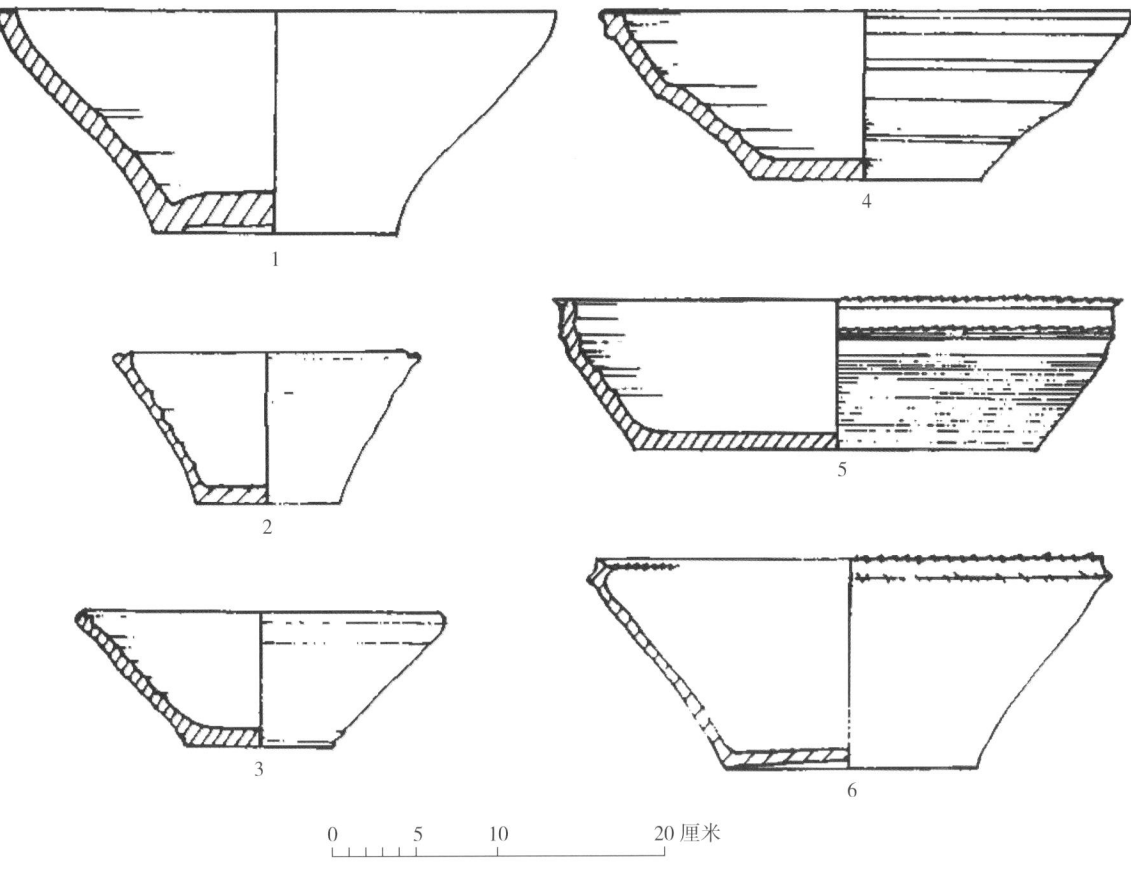

图一四八　龙山文化四期陶盆

1~3. Ⅷ型（T425H112：1、T424H85：10、T89H139：8）　4. Ⅸ型（T424H85：26）　5、6. X型（T111H224：2、T426H88②：4）

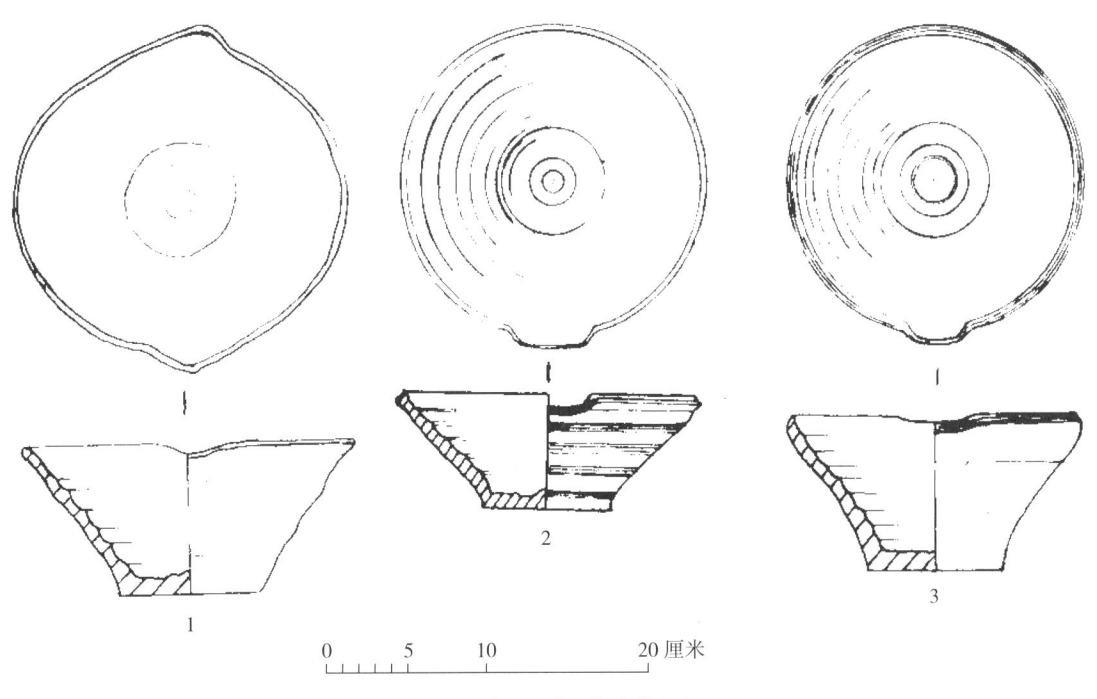

图一四九　龙山文化四期陶带流盆

1. Ⅰ型（T7H5：3）　2、3. Ⅱ型（T19H9：1、T1②：8）

四六，3、4）标本 T1②：8，泥质黑陶，侈口，双唇内高外低，有流，腹壁微敛，腹外有一周弦纹，腹内有八周弦纹，小平底。口径 18 厘米，底径 9 厘米，高 9.5 厘米。（图一四九，3；图版四六，5）

豆　3 件。根据形制可分二型。

Ⅰ型：1 件。矮圈足。标本 T11H15：6，残，泥质磨光浅灰陶，侈口，圆唇，浅圜底盘，矮圈足外侈，器外有弦纹。口径 21 厘米，圈足径 12.5 厘米，高 8 厘米。（图一五〇，1；图版四七，1）

Ⅱ型：2 件。细高柄。标本 T111H254：3，残，泥质浅灰陶，侈口，圆唇，浅圜底盘，喇叭形圈足，圈足残。口径 15 厘米，柄径 4 厘米，残高 12 厘米。（图一五〇，2；图版四七，2）标本 T7H5：2，残，泥质黑陶，侈口，圆唇，浅圜底盘，外部有弦纹，柄圈足残。口径 20.5 厘米，柄径 6.4 厘米，残高 5.7 厘米。（图一五〇，3）

圈足盘　5 件。分三型。

Ⅰ型：3 件。折沿浅盘圈足。标本 T86H257：1，泥质黑陶，残，侈口，圆唇，浅圜底盘，下附圈足已残，圈足上有一周凸弦纹。口径 37 厘米，圈足径 26.6 厘米，残高 4.8 厘米。（图一五〇，7；图版四七，4）标本 T20②：4，泥质磨光黑陶，盘残，圜底，下附喇叭形矮圈足外侈。口残径 17.5 厘米，圈足径 16.5 厘米，残高 5.8 厘米。（图一五〇，4）标本 T20②：3，泥质磨光黑陶，盘残，圜底内凸，下附喇叭形矮圈足外侈，圈足上部有四个圆形穿孔，圈足下部有二周凸弦纹。圈足径 17.5 厘米，残高 8.5 厘米。（图一五〇，5；图版四七，6）

Ⅱ型：1 件。敞口浅盘圈足。标本 T111H227：1，泥质磨光黑陶，残，敞口，折沿，舌唇，平底，下附圈足已残。口径 26 厘米，圈足径 24 厘米，残高 4 厘米。（图一五〇，8；图版四七，5）

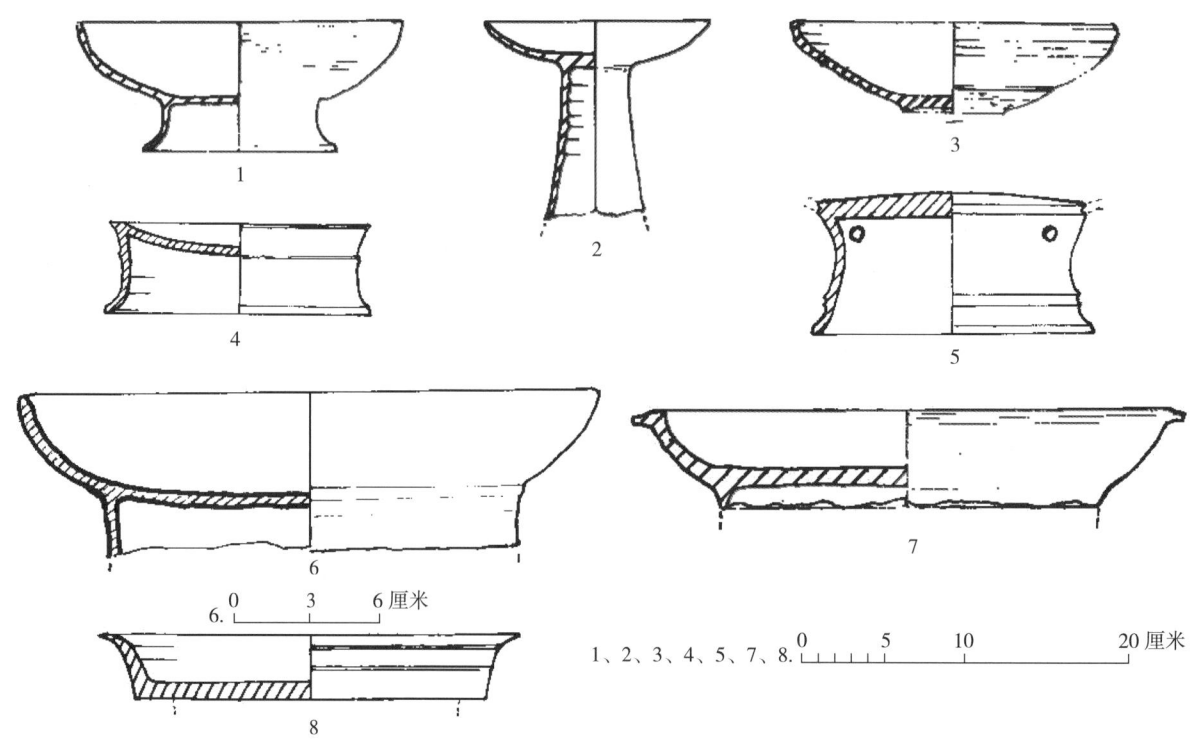

图一五〇　龙山文化四期陶豆、圈足盘

1. Ⅰ型豆（T11H15：6）　2、3. Ⅱ型豆（T111H254：3、T7H5：2）　4、5、7. Ⅰ型圈足盘（T20②：4、T20②：3、T86H257：1）
6. Ⅲ型圈足盘（T425H112：22）　8. Ⅱ型圈足盘（T111H227：1）

Ⅲ型：1件。敞口深盘圈足。标本 T425H112：22，泥质磨光黑陶，残，侈口，圆唇，浅腹，平底，下附圈足已残。口径 24 厘米，圈足径 16 厘米，残高 6 厘米。（图一五〇，6；图版四七，3）

刻槽盆　2件。标本 T426H88：3，残，泥质灰陶，敛口，折沿，方唇，带流，流两侧贴有 2 个圆形饼，腹微鼓，圜底，盆内竖刻槽，刻槽至底的正中，外部沿下素面，下腹部饰斜篮纹，篮纹较宽，清晰规整。口径 36.5 厘米，腹径 38 厘米，底径 20 厘米，高 18.5 厘米。（图一五一，1；图版四八，1、2）标本 T109H255：1，残，泥质黑陶，敛口，圆唇，带流，鼓腹，圜底内凹，流两侧贴有 2 个圆形饼，盆内竖刻槽，将刻槽分为二十多组，底的正中画一圆圈，外部沿下素面，下腹部饰竖篮纹，篮纹较宽，清晰规整。口径 32 厘米，腹径 35.2 厘米，底径 23.5 厘米。（图一五一，2；图版四八，3、4）

碗　57件。陶色有灰胎黑皮、灰褐之分。可分八型。

Ⅰ型：14件。敞口，双唇，唇外高内低，斜壁内收，小平底。标本 T87③：41，敞口，双唇，唇外高内低，斜壁内收，小平底外侈，器内外有密集弦纹。口径 15.5 厘米，底径 5.5 厘米，高 8 厘米。（图一五二，1；图版四九，1）标本 T426H88：7，灰陶，敞口，双唇，唇外高内低，斜弧壁，小平底，壁内外有弦纹。口径 16.7 厘米，底径 7.5 厘米，高 7 厘米。（图一五二，2；图版四九，2）标本 T109H255：2，残，泥质黑陶，敞口，双唇，唇外高内低，腹微折，斜壁，小平底外侈，器内外有二周弦纹。口径 15 厘米，底径 7.5 厘米，高 4 厘米。（图一五二，3；图版四九，3）标本 T89③：35，残，泥质灰陶，敞口，双唇，唇外高

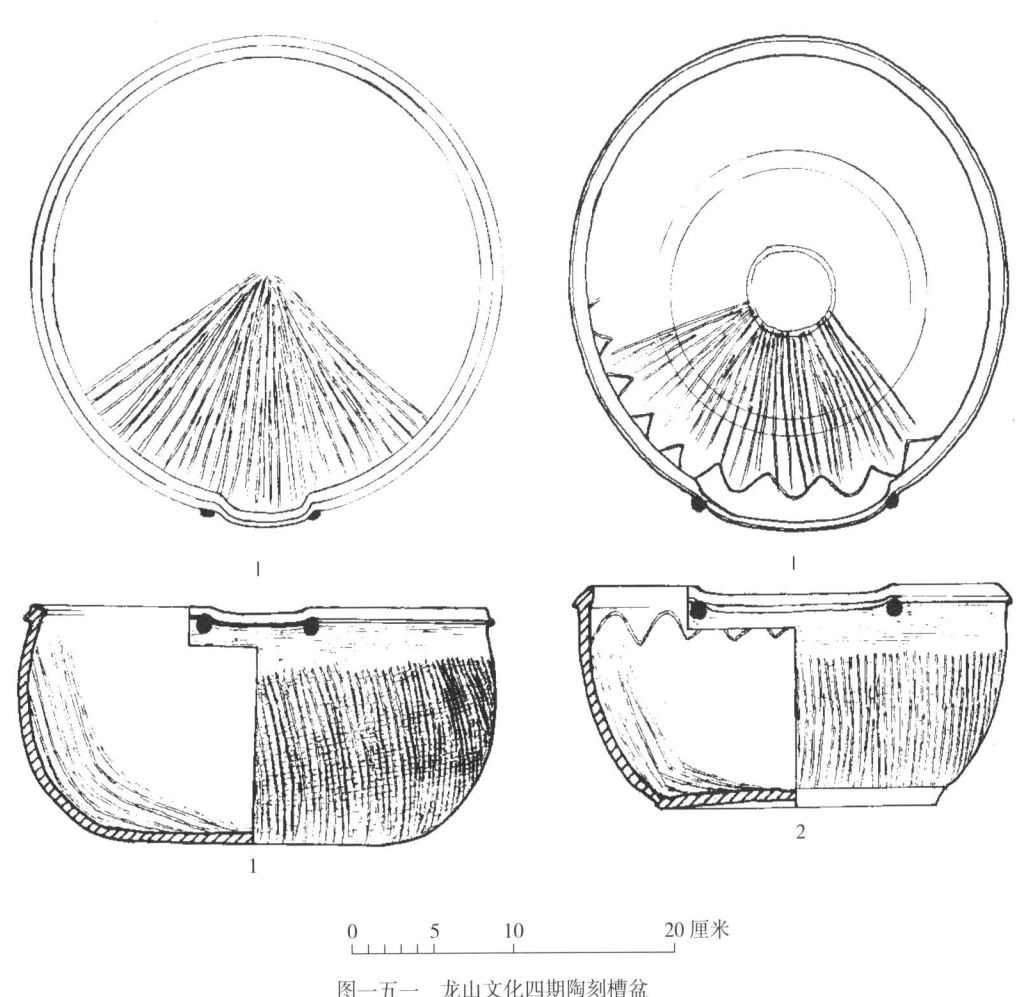

图一五一　龙山文化四期陶刻槽盆

1.T426H88：3 2.T109H255：1

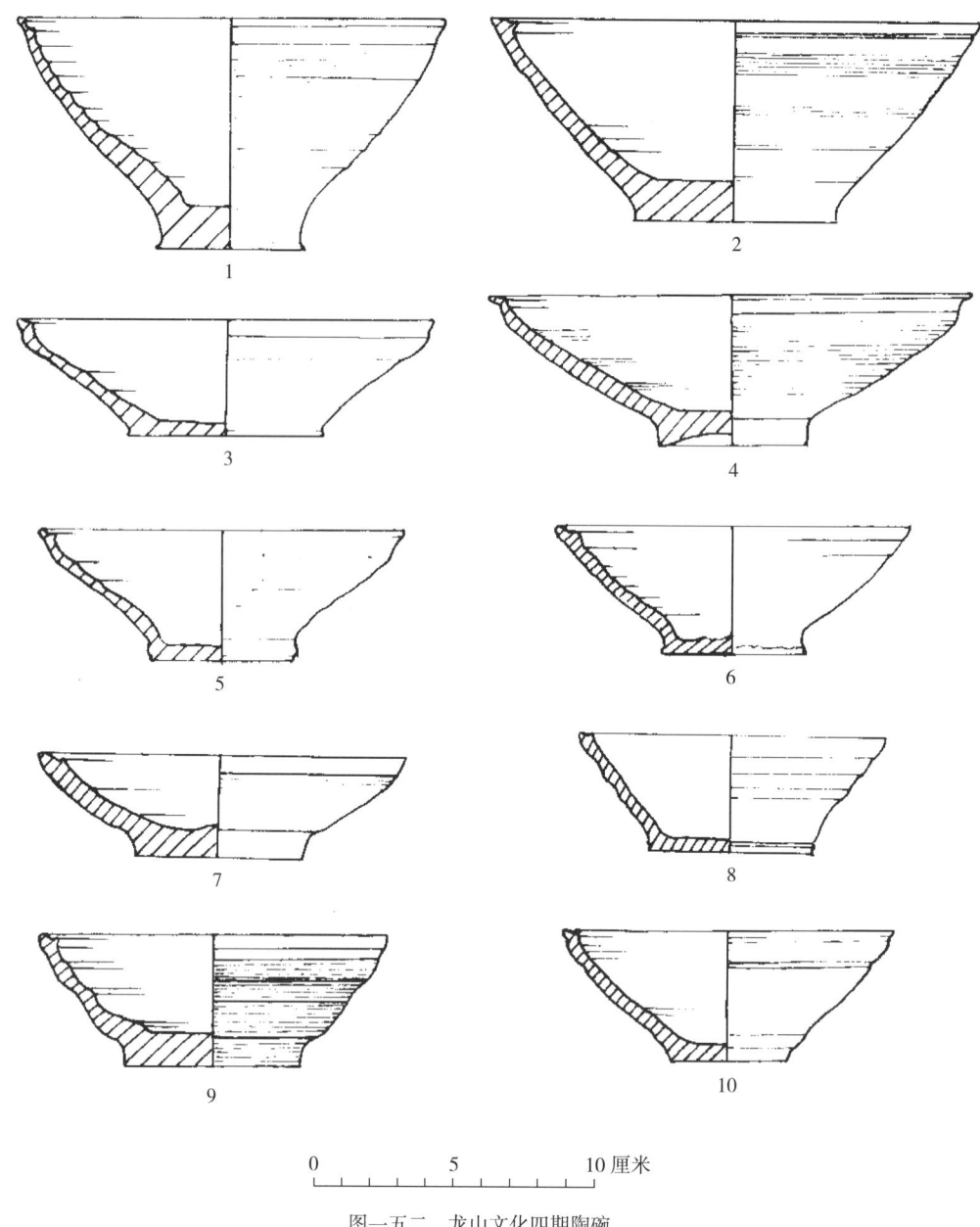

0   5   10 厘米

图一五二　龙山文化四期陶碗

1~10. Ⅰ型（T87③：41、T426H88：7、T109H255：2、T89③：35、T112H243：5、T424H102：22、
T110④：13、T27H38：2、T424②：45、T19H9：4）

内低，斜壁内收，小平底内凹，器表外有密集的弦纹，器内有三组三线组成的弦纹。口径 17.2 厘米，底径 5.5 厘米，高 5.2 厘米。（图一五二，4；图版四九，4）标本 T112H243：5，残，泥质黑陶，敞口，双唇，唇外高内低，斜壁内收，小平底外侈，器表有四周弦纹，器内有二周弦纹。口径 13 厘米，底径 5.5 厘米，高 4.5 厘米。（图一五二，5；图版四九，5）标本 T424H102：22，残，泥质灰陶，敞口，双唇，唇外高内低，斜壁，小平底外侈，器表有一周弦纹，器内有七周弦纹。口径 12.6 厘米，底径 5.2 厘米，高 4.2 厘米。（图一五二，6；图版四九，6）标本 T110④：13，残，泥质黑陶，敞口，双唇，唇外高内低，弧壁，小平底，器表有一组密集的弦纹，器内有二周弦纹。口径 13.3 厘米，底径 6 厘米，高 3.5 厘米。（图一五二，7；图版四九，7）标本 T27H38：2，残，泥质黑陶，敞口，双唇，唇外高内低，斜壁，小平底，器表有四周弦纹。口

径10.8厘米，底径6厘米，高4厘米。（图一五二，8；图版四九，8）标本T424②：45，残，泥质黑陶，敞口，双唇，唇外高内低，斜壁双曲，小平底，器表有密集的弦纹，器内有三组双线组成的弦纹。口径12.5厘米，底径6.5厘米，高4.7厘米。（图一五二，9；图版五〇，1）标本T19H9：4，残，泥质灰陶，敞口，双唇，唇外高内低，弧壁，小平底，器表有二组双线组成的弦纹，器内有二组双线组成的弦纹。口径12厘米，底径4.5厘米，高4.5厘米。（图一五二，10；图版五〇，2）标本T11H15：3，残，泥质灰陶，敞口，双唇，唇外高内低，斜壁，小平底外侈，壁内轮制时留下弦纹，器表素面。口径17.5厘米，底径6厘米，高7.5厘米。（图一五三，1；图版五〇，3）标本T111H227：2，泥质灰陶，敞口，双唇，唇外高内低，斜壁，小平底外侈，壁内轮制时留下弦纹，器表素面。口径17.5厘米，底径7厘米，高7.5厘米。（图一五三，2；图版五一，5）标本T111H224：4，泥质灰陶，敞口，双唇，唇外高内低，弧壁，小平底，壁内轮制时留下弦纹，器表有密集的弦纹。口径17.5厘米，底径8.5厘米，高8厘米。（图一五三，3；图版五〇，6）标本

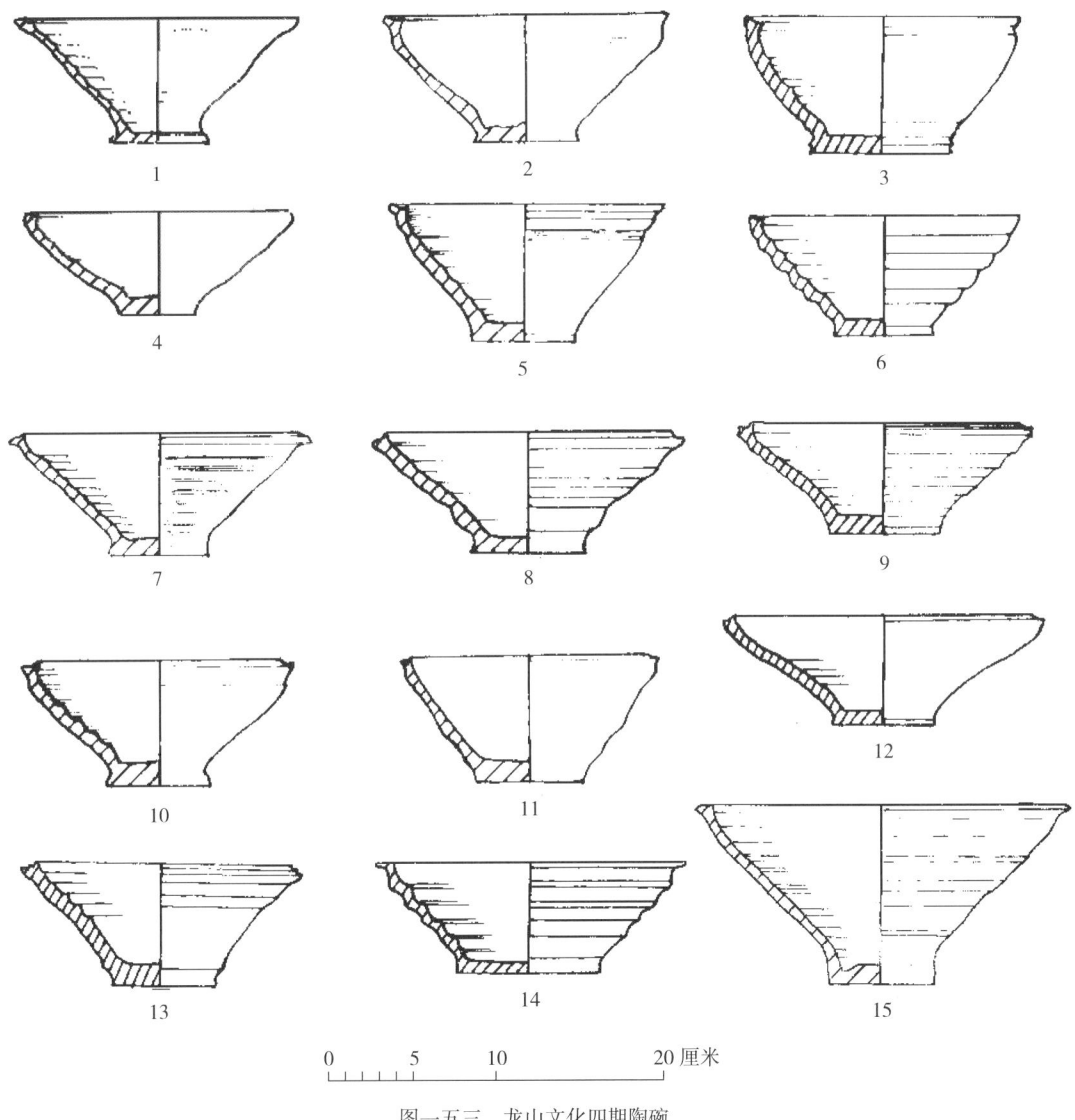

图一五三　龙山文化四期陶碗

1~4. Ⅰ型（T11H15：3、T111H227：2、T111H224：4、T24H24：4）　5、6. Ⅱ型（T7H5：8、T424H102：20）

7~12. Ⅲ型（T424H102：4、T424H85：27、T47H71：6、T424②：43、T424H85：11、T426H87：1）

13. Ⅳ型（T425H108：2）　14. Ⅴ型（T44②：25）　15. Ⅵ型（T111H254：2）

T24H24：4，泥质灰陶，敞口，双唇，唇外高内低，斜壁，小平底，壁内轮制时留下二周弦纹，器表有三周弦纹。口径16厘米，底径5厘米，高6厘米。（图一五三，4；图版五〇，5）

Ⅱ型：8件。敞口，双唇平齐，斜壁，小平底。标本T5②：7，残，泥质黑陶，敞口，双唇平齐，斜壁，小平底外侈，腹壁饰五周弦纹，壁内轮制时留下六周弦纹。口径15厘米，底径5厘米，高6厘米。（图一五四，1；图版五二，1）标本T24H24：5，残，泥质灰陶，敞口，双唇平齐，斜壁，小平底外侈，腹壁饰三周弦纹，壁内轮制时留下五周弦纹。口径15.7厘米，底径6厘米，高6厘米。（图一五四，2；图版五二，5）标本T4②：12，泥质棕陶，敞口，双唇平齐，斜壁，小平底外侈，腹壁饰五周弦纹，壁内轮制时留下六周弦纹。口径14.5厘米，底径5厘米，高6厘米。（图一五四，3；图版五二，2）标本T27②：25，残，泥质黑陶，敞口，双唇平齐，斜直壁，小平底外侈，腹壁饰二组双线组成的弦纹，壁内轮制时留下三周弦纹。口径10.5厘米，底径5.5厘米，高3.7厘米。（图一五四，4；图版五二，3）标本T426H88：5，残，泥质黑陶，敞口，双唇平齐，弧壁，小平底外侈，腹壁饰二组四线组成的弦纹，壁内轮制时留下二周弦纹。口径13.5厘米，底径8厘米，高5.5厘米。（图一五四，5）标本T27H38：3，残，泥质黑陶，敞口，双唇平齐，斜直壁，小平底外侈，腹壁饰五周弦纹，壁内轮制时留下三周弦纹。口径10.5厘米，底径5厘米，高3.5厘米。（图一五四，6；图版五二，4）标本T7H5：8，残，泥质灰陶，敞口，双唇平齐，斜壁，小平底外侈，腹壁饰一周弦纹，壁内轮制时留下六周弦纹。口径16.5厘米，底径6.5厘米，高6厘米。（图一五三，5；图版五〇，4）标本T424H102：20，残，泥质灰陶，敞口，双唇，斜壁，小平底，器表有五周弦纹，器内有六周弦纹。口径16.5厘米，底径6厘米，高7厘米。（图一五三，6；图版五一，4）

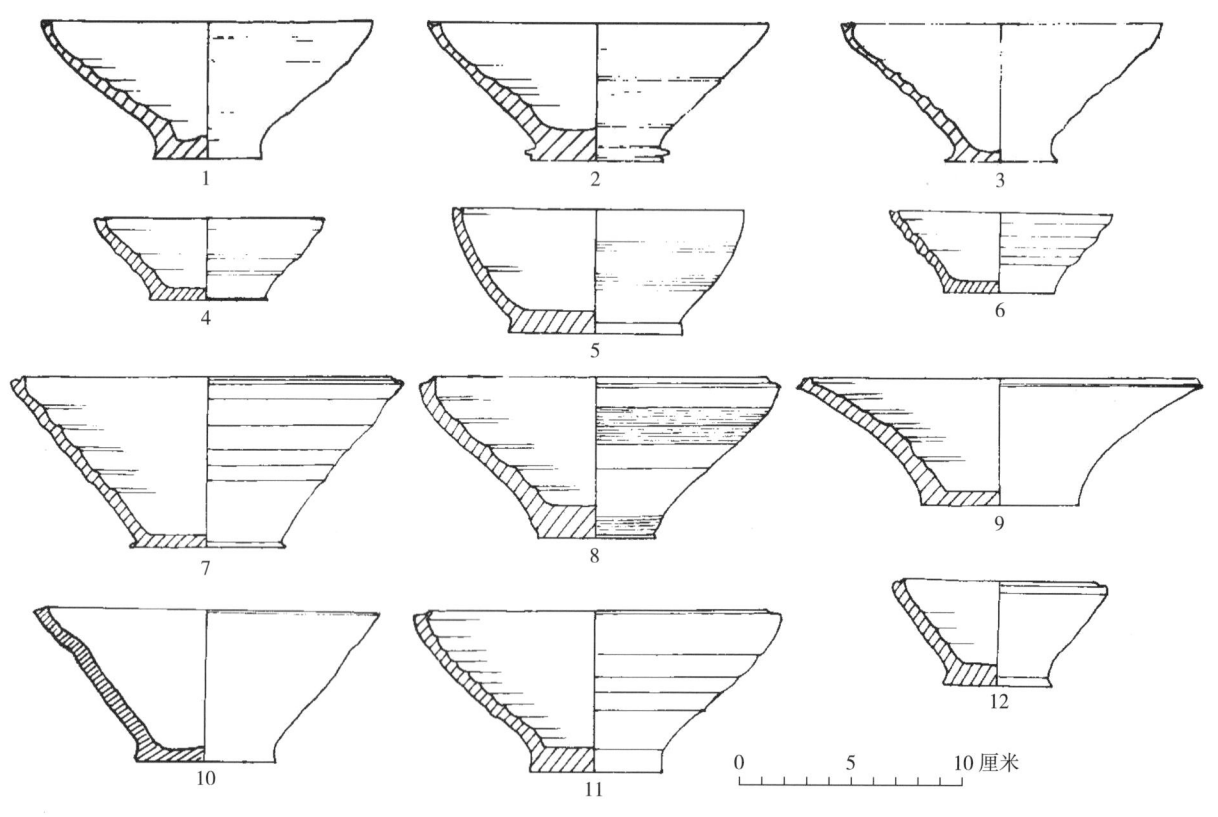

图一五四　龙山文化四期陶碗

1~6. Ⅱ型（T5②：7、T24H24：5、T4②：12、T27②：25、T426H88：5、T27H38：3）

7~12. Ⅲ型（T27②：24、T4②B：6、T19扩②：6、T27②：26、T44②A：24、T109H255⑤：3）

Ⅲ型：28件。敞口，双唇，唇沿内高外低，斜壁，小平底，底部留有在轮盘上割下时的偏心圆纹。标本 T24H24：6，残，泥质黑陶，口近椭圆形，一边较直，敞口，双唇，唇沿内高外低，斜壁，小平底，外壁有四周弦纹，内壁有轮制时的三周弦纹。口径 14 厘米，底径 6 厘米，高 5.7 厘米。（图一五五，1；图版五三，7）标本 T34③：37，残，泥质灰陶，敞口，双唇，唇沿内高外低，斜壁，小平底，素面，器内有轮制时的弦纹，底部有轮制后用绳切割痕。口径 16 厘米，底径 6 厘米，高 7.4 厘米。（图一五五，2；图版五三，3）标本 T3H34：2，残，泥质灰陶，敞口，双唇，唇沿内高外低，斜壁，小平底，素面，底外沿微向外凸，底部留有在轮盘上割下时的偏心圆纹。口径 15.7 厘米，底径 7 厘米，高 5.5 厘米。（图一五五，3；图版五三，4）标本 T89H139：6，残，泥质灰陶，敞口，双唇，唇沿内高外低，斜壁，小平底。口径 12 厘米，底径 5.5 厘米，高 5 厘米。（图一五五，4；图版五四，1）标本 T109H255：5，残，泥质灰陶，敞口，双唇，唇沿内高外低，斜壁，小平底，器内有轮制时的弦纹，底部有轮制后用绳切割痕，素面，器内圜底。口径 13 厘米，底径 5.5 厘米，高 4.5 厘米。（图一五五，5；图版五三，5）标本 T24H24：7，残，泥质灰陶，敞口，双唇，唇沿内高外低，斜壁，小平底外侈，器内有轮制时的弦纹，底部有轮制后用绳切割痕，素面，器内圜底。口

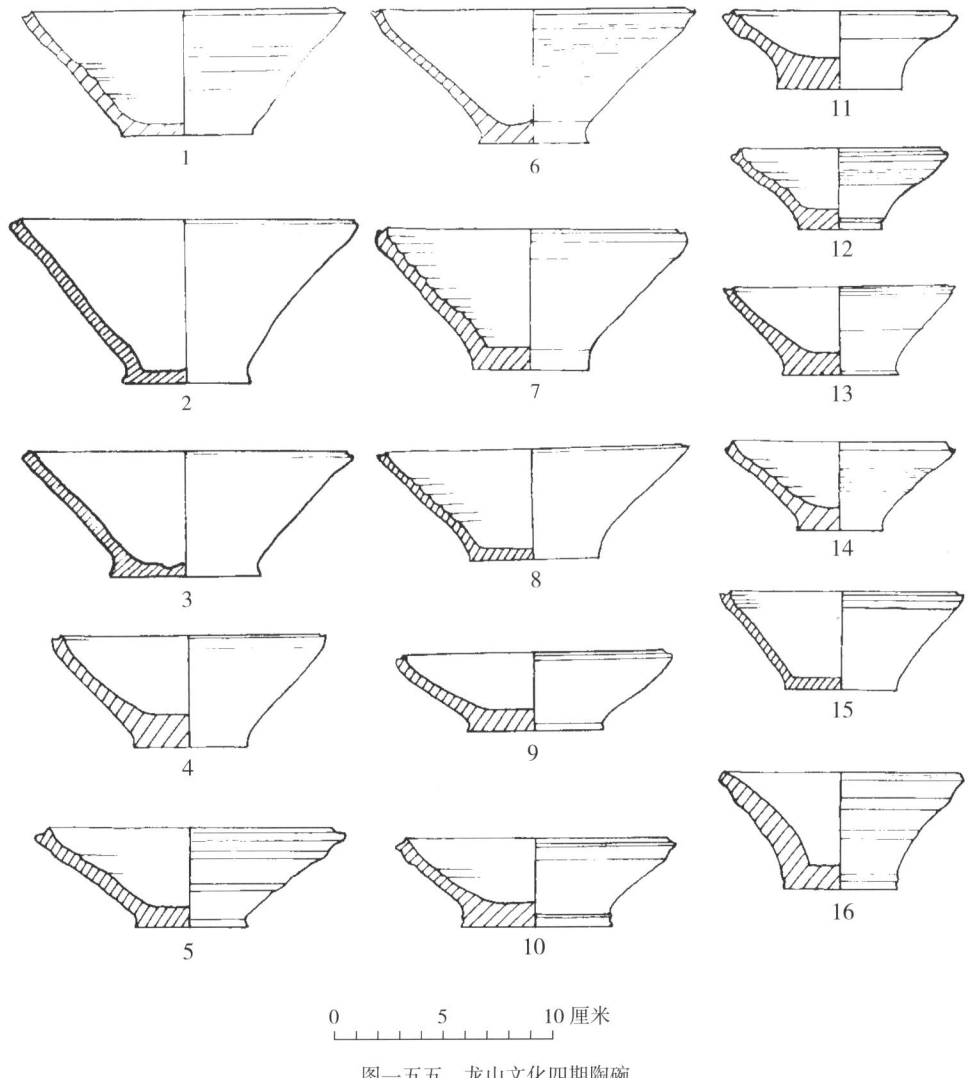

图一五五　龙山文化四期陶碗

1~16. Ⅲ型（T24H24：6、T34③：37、T3H34：2、T89H139：6、T109H255：5、T24H24：7、T11H15：4、T7H5：9、T30⑦：14、T44②：26、T20②：2、T109H255：4、T424H85：17、T29内⑥：28、T19H9：2、T34③：39）

径 14 厘米，底径 5 厘米，高 6 厘米。（图一五五，6；图版五三，8）标本 T11H15：4，残，泥质黑陶，敞口，双唇，唇沿内高外低，斜壁，小平底，素面，腹内有六周轮制时的弦纹，底外侈。口径 14.3 厘米，底径 5.5 厘米，高 6.3 厘米。（图一五五，7；图版五三，6）标本 T7H5：9，残，泥质黑陶，敞口，双唇，唇沿内高外低，斜壁，小平底，素面，器内有轮制时的弦纹，底部有轮制后用绳切割痕。口径 14.5 厘米，底径 6 厘米，高 5 厘米。（图一五五，8；图版五五，1）标本 T30⑦：14，残，夹砂灰陶，敞口，双唇，唇沿内高外低，斜壁，小平底，素面，器内圜底。口径 12 厘米，底径 6.5 厘米，高 3.5 厘米。（图一五五，9；图版五四，2）标本 T44②：26，残，夹砂灰陶，敞口，双唇，唇沿内高外低，斜壁，小平底，底外侈，外壁有一周凹弦纹，内壁有二周凹弦纹。口径 12 厘米，底径 7 厘米，高 4 厘米。（图一五五，10；图版五四，3）标本 T20②：2，残，夹砂灰陶，敞口，双唇，唇沿内高外低，斜壁，小平底，底外侈，素面。口径 10.5 厘米，底径 6 厘米，高 3.5 厘米。（图一五五，11；图版五四，4）标本 T109H255：4，残，泥质黑陶，敞口，双唇，唇沿内高外低，斜壁，小平底，底外侈，素面。口径 9.5 厘米，底径 4 厘米，高 3.7 厘米。（图一五五，12；图版五四，5）标本 T424H85：17，残，泥质棕陶，敞口，双唇，唇沿内高外低，斜壁，小平底，底外侈，素面。口径 10 厘米，底径 5.5 厘米，高 4 厘米。（图一五五，13；图版五四，6）标本 T29 内⑥：28，残，泥质黑陶，敞口，双唇，唇沿内高外低，斜壁，小平底，底外侈，素面。口径 10 厘米，底径 4 厘米，高 4 厘米。（图一五五，14；图版五四，7）标本 T19H9：2，残，泥质黑陶，敞口，双唇，唇沿内高外低，斜壁，小平底，底外侈。口径 11.7 厘米，底径 5.5 厘米，高 4.5 厘米。（图一五五，15）标本 T34③：39，残，夹砂灰陶，敞口，双唇，唇沿内高外低，斜壁，小平底，底外侈，素面，壁内外有轮制的弦纹，底部有轮制后用绳切割痕。口径 11.5 厘米，底径 5.7 厘米，高 5.3 厘米。（图一五五，16；图版五四，8）标本 T27②：24，残，泥质黑陶，敞口，双唇，唇沿内高外低，斜壁，小平底，底外侈，素面，壁内外有轮制时的五周凹弦纹。口径 17 厘米，底径 7 厘米，高 7.5 厘米。（图一五四，7；图版五三，1）标本 T4②B：6，残，灰陶，敞口，双唇，唇沿内高外低，斜壁，小平底，壁内外有轮制的弦纹。口径 15.5 厘米，底径 5.5 厘米，高 7 厘米。（图一五四，8；图版五二，7）标本 T19 扩②：6，残，泥质黑陶，敞口，双唇，唇沿内高外低，弧壁内敛，小平底，素面，壁内外有轮制时的五周凹弦纹。口径 18 厘米，底径 7.5 厘米，高 5.5 厘米。（图一五四，9；图版五二，8）标本 T27②：26，残，灰陶，敞口，双唇，唇沿内高外低，斜壁，小平底，壁内外有轮制的弦纹。口径 16 厘米，底径 6.5 厘米，高 6.5 厘米。（图一五四，10）标本 T44②A：24，残，泥质灰陶，敞口，双唇，唇沿内高外低，斜壁，小平底，底外侈，素面，壁内外有轮制时的五周凹弦纹。口径 15.5 厘米，底径 6 厘米，高 7 厘米。（图一五四，11；图版五二，6）标本 T109H255⑤：3，残，泥质灰陶，敞口，双唇，唇沿内高外低，斜壁，小平底，底外侈，素面，壁内有轮制时的三周凹弦纹。口径 10 厘米，底径 5 厘米，高 5 厘米。（图一五四，12；图版五三，2）标本 T424H102：4，残，泥质黑陶，敞口，双唇，唇沿内高外低，斜壁，小平底，底外侈，素面，壁内外有轮制时的八周凹弦纹。口径 10.6 厘米，底径 4 厘米，高 5.4 厘米。（图一五三，7；图版五五，2）标本 T424H85：27，残，泥质黑陶，敞口，双唇，唇沿内高外低，斜壁，小平底，底外侈，素面，壁内外有轮制时的五周凹弦纹。口径 17.6 厘米，底径 7 厘米，高 7 厘米。（图一五三，8；图版五〇，7）标本 T47H71：6，残，泥质黑陶，敞口，双唇，唇沿内高外低，斜壁，小平底，素面，壁内外有轮制时的八周凹弦纹。口径 17 厘米，底径 7.5 厘米，高 6.6 厘米。（图一五三，9；图版五〇，8）标本 T424②：43，残，泥质灰陶，敞口，双唇，唇沿内高外低，斜壁，小平底，底外侈，素面，壁内有轮制时的三周凹弦纹。口径 15 厘米，底径 6 厘米，高 7.5 厘米。（图一五三，10；图版五一，1）标本 T424H85：11，残，泥质黑陶，敞口，双唇，唇沿内高外低，斜壁，小平底，素面。口径

15 厘米，底径 7.5 厘米，高 7.5 厘米。（图一五三，11；图版五一，3）标本 T426H87：1，残，泥质灰陶，敞口，双唇，唇沿内高外低，斜壁，小平底，底外侈，素面。口径 18.6 厘米，底径 7 厘米，高 6.5 厘米。（图一五三，12；图版五一，2）

Ⅳ型：1 件。敛腹。标本 T425H108：2，残，泥质黑陶，侈口，双唇，敛腹，小平底。口径 17.5 厘米，底径 6.5 厘米，高 7.5 厘米。（图一五三，13；图版五一，8）

Ⅴ型：1 件。标本 T44②：25，残，泥质黑陶，敞口，折沿，舌唇，沿面平，壁内外有轮制时留下的五周弦纹，平底外侈。口径 19.5 厘米，底径 8.5 厘米，高 6.5 厘米。（图一五三，14；图版五一，7）

Ⅵ型：1 件。标本 T111H254：2，残，泥质黑陶，敞口，折沿，舌唇，沿面弧，外壁有轮制时留下的七周弦纹，内壁有轮制时留下的九周弦纹，小平底，内底部正中凸起。口径 22 厘米，底径 7 厘米，高 10.5 厘米。（图一五三，15；图版五一，6）

Ⅶ型：2 件。标本 T424②：44，残，泥质黑陶，素面，敞口，舌唇，弧壁，平底，内壁有轮制时留下的五周凹弦纹。口径 13.7 厘米，底径 6.5 厘米，高 6 厘米。（图一五六，1；图版五五，3）标本 T28 内②：5，残，泥质黑陶，素面，侈口，尖唇，折腹，下腹部微敛，平底。口径 11 厘米，底径 5.8 厘米，高 3.4 厘米。（图一五六，2）

Ⅷ型：2 件。敞口，方唇，平沿，弧腹，平底。标本 T89③：36，残，泥质灰陶，敞口，方唇，小平底，器内有轮制弦纹三周。口径 17.5 厘米，底径 9 厘米，高 6 厘米。（图一五六，3；图版五五，5）标本 T89H139：7，残，泥质灰陶，敞口，方唇，小平底，器内外有轮制弦纹七周。口径 13 厘米，底径 6 厘米，高 4.5 厘米。（图一五六，4；图版五五，4）

瓠形器　1 件。标本 T3①B：3，泥质黑陶，口残。细长颈，弧肩，鼓腹，深筒腹，腹的下部内收，平底外侈，腹部饰弦纹，制作粗糙，器表轮弦纹清晰。最大腹径 7.2 厘米，底径 8 厘米，残高 11.2 厘米。（图一五七，1；图版四三，7）

单把杯　1 件。标本 T425H88：8，残，泥质黑陶，敛口，子母口，尖唇，筒腹，近底处内敛，底外侈，

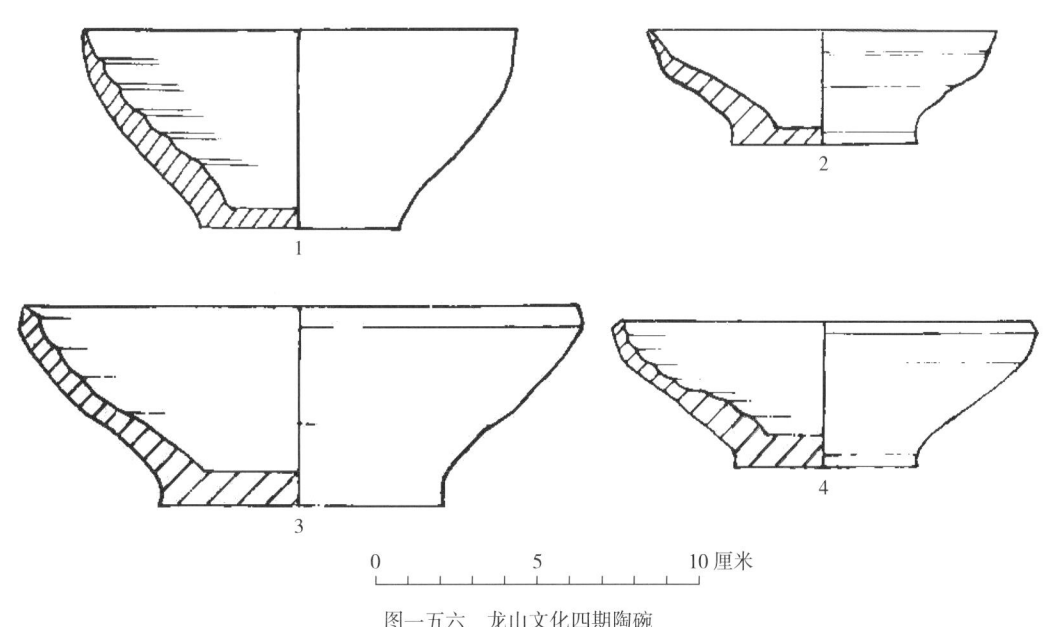

图一五六　龙山文化四期陶碗

1、2. Ⅶ型（T424②：44、T28 内②：5）　3、4. Ⅷ型（T89③：36、T89H139：7）

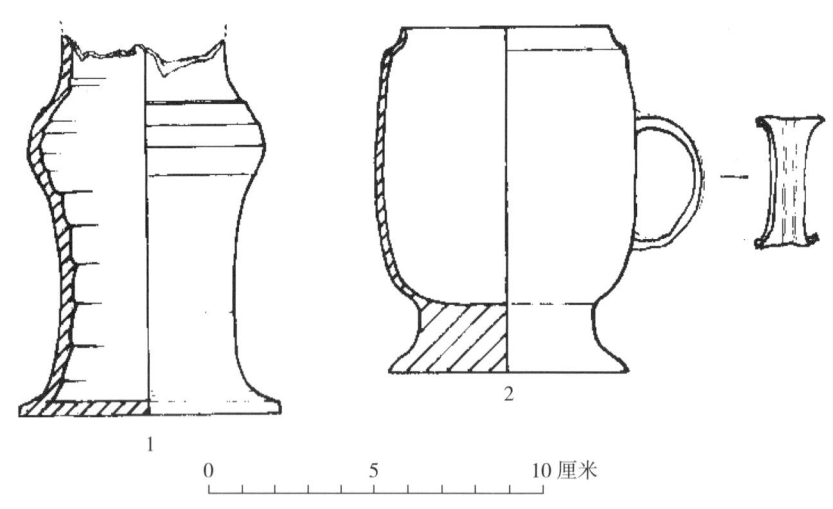

图一五七　龙山文化四期觚形器、单把杯
1. 觚形器（T3①B：3）　2. 单把杯（T425H88：8）

宽带状耳立于腹部，平底，胎薄，做工精致。口径 6.3 厘米，腹径 8 厘米，底径 7.5 厘米，高 10.5 厘米。（图一五七，2；图版四三，6）

瓮　出土残片较多，复原仅 2 件。标本 T4②：15，夹砂灰陶，残，口微侈，折沿，圆唇，矮高领，敛颈，圆肩，腹微鼓，饰篮纹，纹饰清晰，间饰十五道凹弦纹，肩部和下腹部近底处素面，平底。口径 34.2 厘米，腹径 54.2 厘米，底径 21 厘米，高 84 厘米。（图一五八，1、3；图版四三，3）标本 T112H251：1，泥质灰陶，残，敛口，圆唇，短颈，颈肩之间饰一周凸弦纹，圆肩，鼓腹，下腹微敛，肩部和下腹部素面，平底，篮纹斜饰，间饰五道凹弦纹，纹饰清晰。口径 20 厘米，腹径 38 厘米，底径 12 厘米，高 24.8 厘米。（图一五八，2、4；图版四三，4）

（三）装饰品及其他

有石蝉蛹、卜骨、骨簪、陶鸟、陶铃、陶陀螺、陶环、陶小杯等。

石蝉蛹　1 件。标本 T44②：9，平面为椭圆形，体径为圆形，上有刻划纹，为自然石英质卵石，通体光亮。平面直径 1.4~2.3 厘米，体径 1.3 厘米。（图一五九，3）

卜骨　3 件。残。为动物的肩胛骨，有烧灼痕。标本 T109H255：13，中部有烧灼痕。高 18 厘米，宽 10 厘米，厚 2.3 厘米。（图一六〇，1；彩版二五，1）标本 T90④：74，中部有烧灼痕。高 12.2 厘米，宽 5.5 厘米，厚 1.6 厘米。（图一六〇，2；彩版二五，2）标本 T89H139：9，中部有烧灼痕。高 11.8 厘米，宽 5.8 厘米，厚 2.6 厘米。（图一六〇，3；彩版二五，3）

骨簪　10 件。其中 6 件完整，4 件残。按形制可分二型。

Ⅰ型：4 件。圆柱状体。其中 2 件完整，2 件残。标本 T424H85：32，完整，圆柱状体，上有弧顶，其下有二周凸弦纹，体断面为圆形。长 11.5 厘米，径 0.5 厘米。（图一六一，1）标本 T426H88②：1，完整，圆柱状体，上有圆形顶，顶有凹槽，体断面为圆形。长 11.5 厘米，径 0.6 厘米。（图一六一，2）标本 T424H85：33，尖残，圆柱状体，上有圆形顶，顶呈弧形，体断面为圆形。长 3.8 厘米，径 0.4 厘米。（图一六一，9）标本 T90④：70，尖残，圆柱状体，上有圆形顶，顶呈弧形，其下有一周凸弦纹，体断面为圆形。长 3.5 厘米，径 0.4 厘米。（图一六一，10）

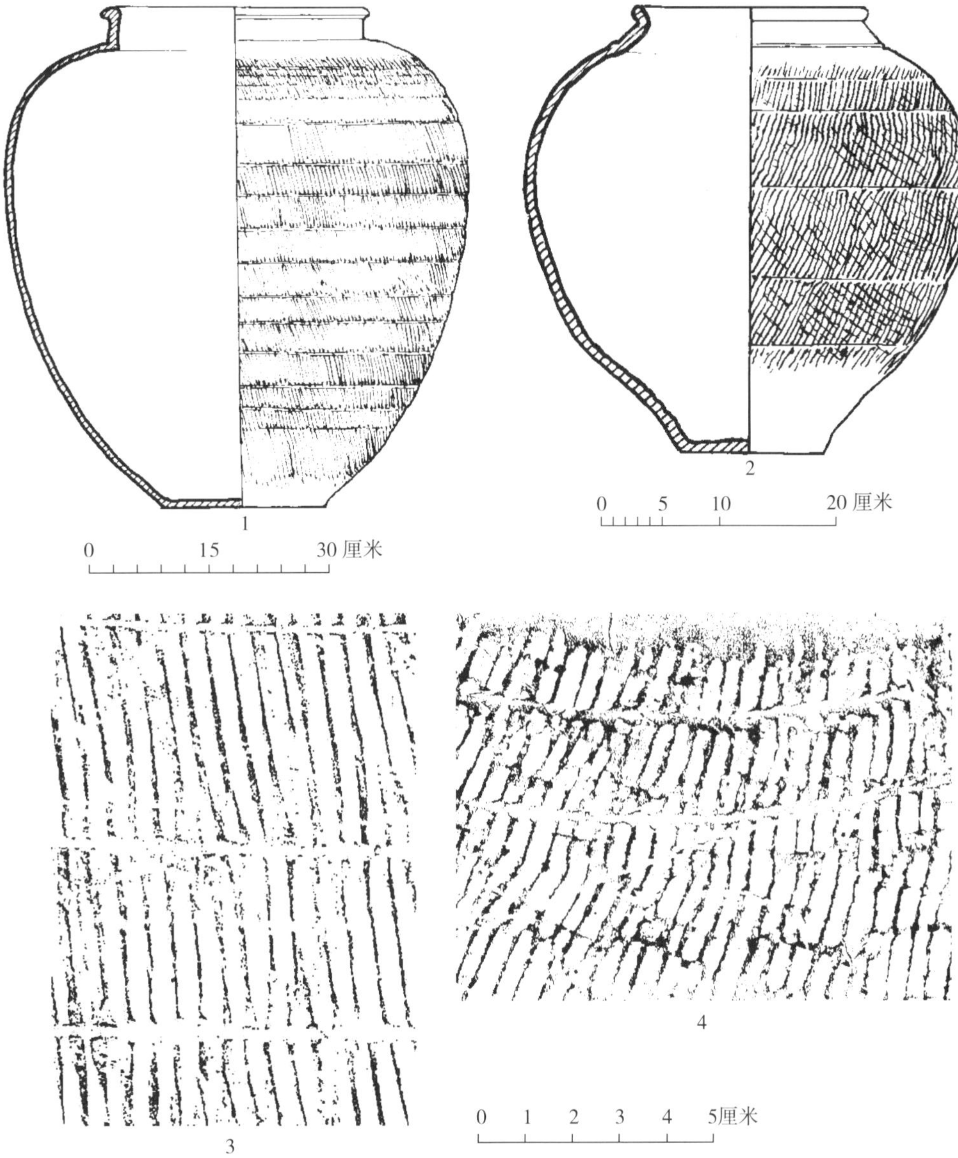

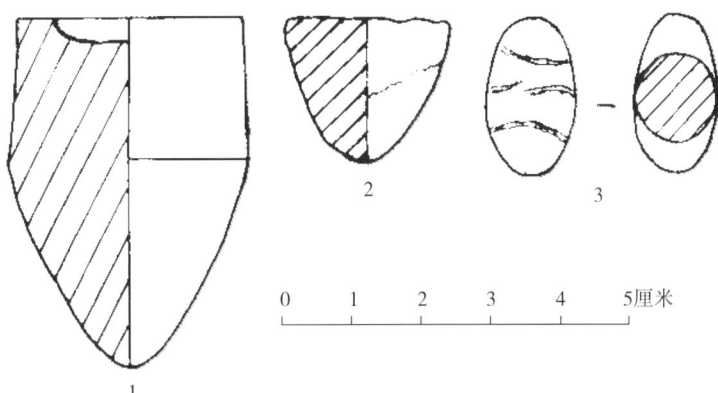

图一五八　龙山文化四期陶瓮和纹饰拓片

1、3. T4②：15　2、4. T112H251：1

图一五九　龙山文化四期陶、石器

1、2. 陶陀螺（T424H85 下：41、T424②：57）　3. 石蝉蛹（T44②：9）

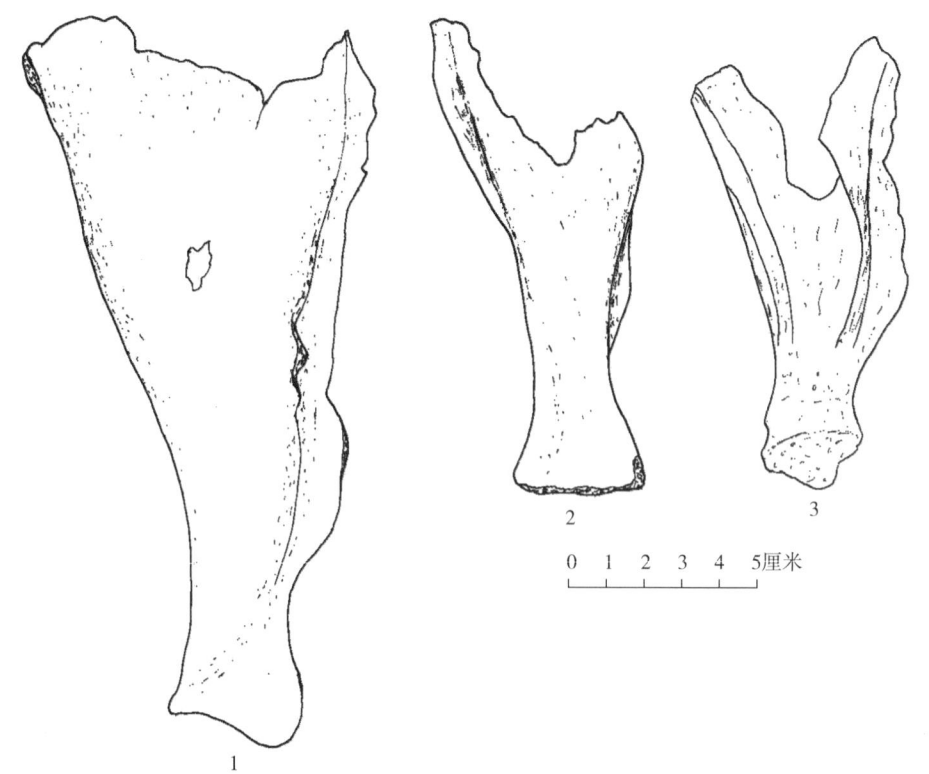

图一六〇 龙山文化四期卜骨
1. T109H255：13　2. T90④：74　3. T89H139：9

Ⅱ型：6件。体呈长条形。其中4件完整，2件残。标本T112H243：1，完整，利用兽的肢骨劈开、锯断、整修、精磨而成。断面为长方形，前有尖锋，后端平直。长9.8厘米，宽0.7厘米。（图一六一，3）标本T44②：6，完整，利用兽的肢骨劈开、锯断、精磨而成，断面为圆形，前有尖锋，后端平直。长9.5厘米，体径0.4厘米。（图一六一，4）标本T424②：9，完整，利用兽的肢骨劈开、锯断、精磨而成，断面为椭圆形，前有尖锋，后端平直。长8厘米，体径0.7厘米。（图一六一，5）标本T424②：15，完整，利用兽的肢骨劈开、锯断、精磨而成，断面为圆形，前有尖锋，后端平直。长7.5厘米，体径0.4厘米。（图一六一，6）标本T90④：67，残，利用兽的肢骨劈开、锯断、精磨而成，断面为圆形，尖、顶残。长5.5厘米，体径0.2厘米。（图一六一，7）标本T109H255②：9，残，利用兽的肢骨劈开、锯断、精磨而成，断面为圆形，尖残。长4.5厘米，体径0.5厘米。（图一六一，8）

陶鸟　2件。标本T52⑤：4，残，泥质红陶，手捏制，卧姿。宽4.8厘米，高2.6厘米。（图一六二，1；彩版二六，1）标本T30⑦：12，完整，泥质灰陶，手捏制，圆柱状，上有圆形穿孔，似鸟昂首伸颈状。高4厘米，宽1.8厘米，颈径0.8厘米。（图一六二，2；彩版二六，2）

陶铃　4件。标本T424②：40，残，泥质黑灰陶，口大底小，口呈舟形，口沿下有三周凹弦纹，其下有云纹，顶部有圆形穿孔。口径长16厘米、宽7厘米，底径长14厘米、宽6.8厘米，高3厘米。（图一六三，1、4；彩版二七，3、4）标本T109④：40，残，泥质灰陶，口大底小，口呈舟形，顶部有两个圆形穿孔，侧面的上部各有两个圆形穿孔，穿孔对称。口径长9.2厘米、宽4.7厘米，底径长7.8厘米、宽4.5厘米，高4.2厘米。（图一六三，2；彩版二七，5、6）标本T27②：48，残，泥质灰陶，口大底小，口呈舟形，顶部有两个圆形穿孔。口径长7.8厘米、宽4.5厘米，底径长6.3厘米、宽4.5厘米，高4.2厘米。（图一六三，

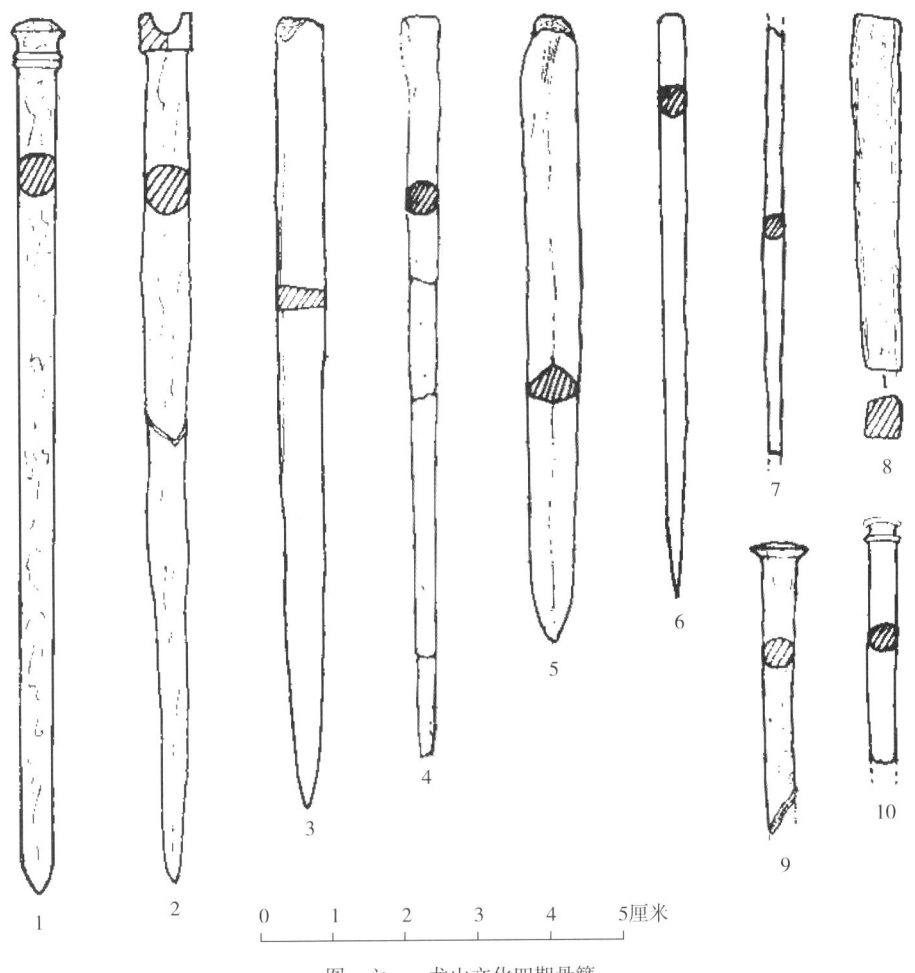

图一六一　龙山文化四期骨簪

1、2、9、10. Ⅰ型（T424H85：32、T426H88②：1、T424H85：33、T90④：70）

3～8. Ⅱ型（T112H243：1、T44②：6、T424②：9、T424②：15、T90④：67、T109H255②：9）

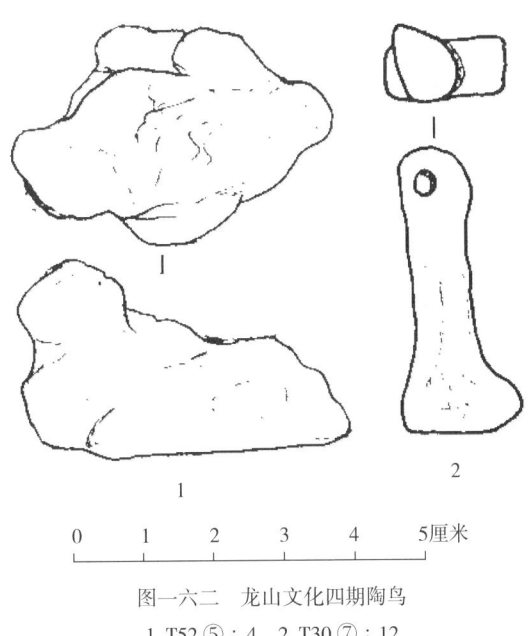

图一六二　龙山文化四期陶鸟

1. T52⑤：4　2. T30⑦：12

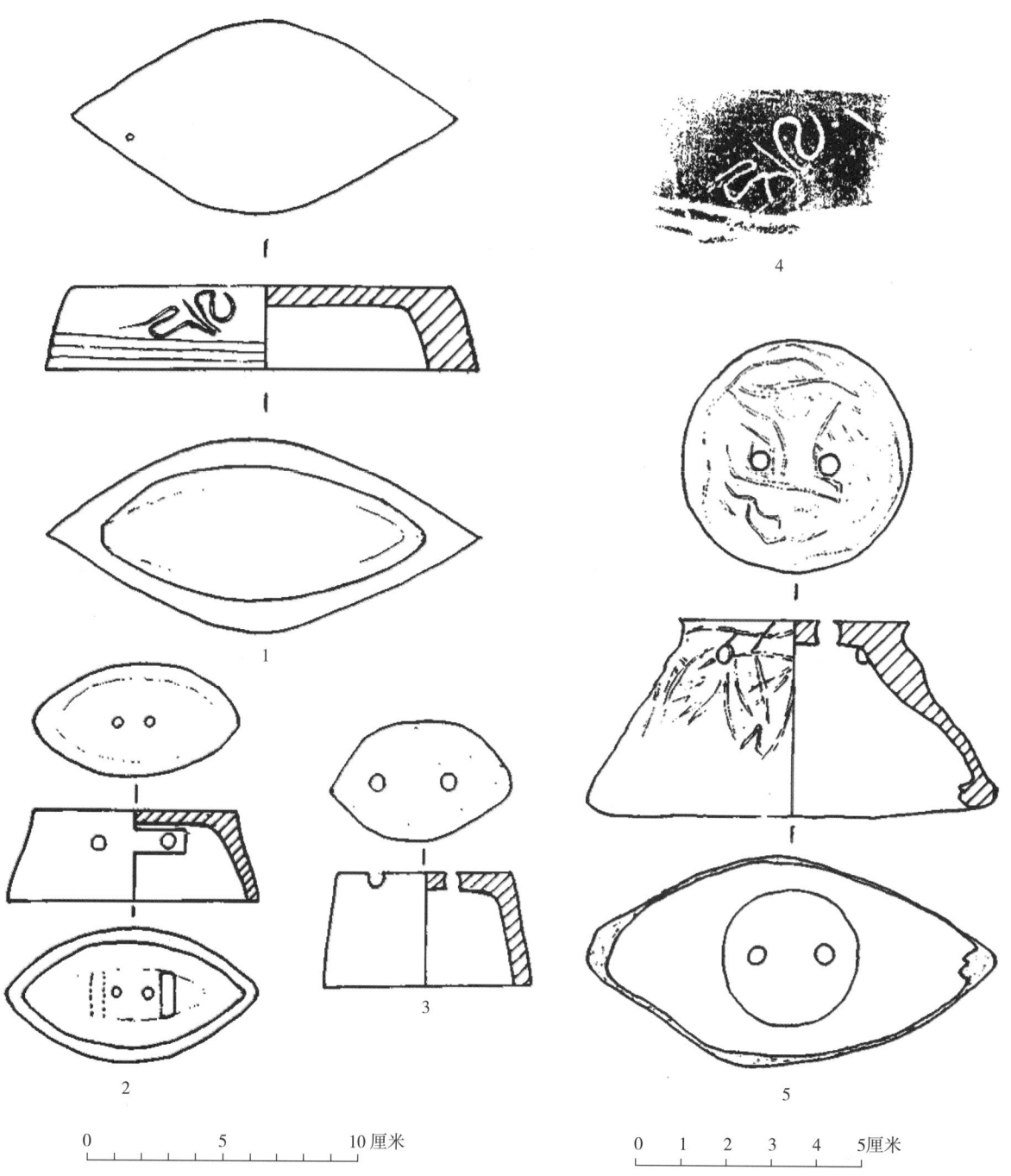

图一六三　龙山文化四期陶铃

1、4. T424 ② : 40　2. T109 ④ : 40　3. T27 ② : 48　5. T425H108 : 15

3；彩版二七，7、8）标本 T425H108：15，残，顶为圆形，腹壁内敛为舟形，顶部有两个圆孔，并有划纹，周壁也有划纹。顶径 5.2 厘米，口径长 9 厘米、宽 4.5 厘米，高 4.3 厘米。（图一六三，5；彩版二七，1、2）

　　陶小杯　4 件。玩具。根据形制可分四型。

　　Ⅰ型：1 件。直壁。标本 T44 ② A：17，残，泥质棕陶，直口，方唇，直壁，平底。口径 6 厘米，高 3.2 厘米。（图一六四，1；图版五五，7）

　　Ⅱ型：1 件。圜底。标本 T44 ② A：16，完整，泥质棕陶，直口，方唇，斜壁，圜底。口径 5 厘米，高

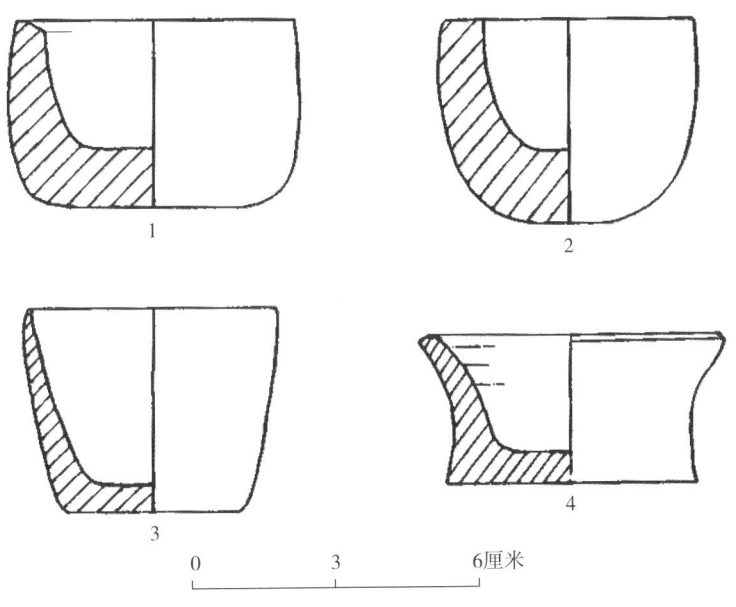

0   3   6厘米

图一六四　龙山文化四期陶小杯

1. Ⅰ型（T44②A：17）　2. Ⅱ型（T44②A：16）　3. Ⅲ型（T424H85：40）　4. Ⅳ型（T111H224：3）

3.5厘米。（图一六四，2；图版五五，8）

Ⅲ型：1件。斜壁平底。标本T424H85：40，残，泥质黑陶，直口，舌唇，斜壁，平底。口径5厘米，高3.5厘米。（图一六四，3；图版五五，9）

Ⅳ型：1件。侈口敛腹。标本T111H224：3，残，泥质黑陶，侈口，圆唇，壁内敛，平底。口径6厘米，高2.5厘米。（图一六四，4；图版五五，6）

陶环　23件。其中2件完整，21件残。泥质灰陶。根据形制可分五型。

Ⅰ型：7件。断面呈凸形，或一侧外突。标本T50②：11，断面呈凸形。内径4厘米，外径5.6厘米，厚1.1厘米。（图一六五，1；彩版二六，5）标本T44②：4，断面呈"⌐"形。内径4厘米，外径5.5厘米，厚0.9厘米。（图一六五，2；彩版二六，6）标本T112H251：2，断面呈凸形。内径5.5厘米，外径7.5厘米，厚0.8厘米。（图一六五，3；彩版二六，7）标本T424②：29，断面呈"⌐"形。内径5.5厘米，外径7厘米，厚0.9厘米。（图一六五，4；彩版二六，8）标本T89③：37，断面呈梯形。内径5.5厘米，外径7厘米，厚0.8厘米。（图一六五，5；彩版二六，9）标本T424②：27，断面呈凸形。内径4厘米，外径5.5厘米，厚0.6厘米。（图一六五，6；彩版二六，10）标本T424②：32，断面呈凸形。内径4厘米，外径5.5厘米，厚0.6厘米。（图一六五，7；彩版二六，11）

Ⅱ型：8件。其中1件完整，7件残。标本T7②：2，完整，断面呈梯形。内径4.8厘米，外径5.9厘米，厚0.7厘米。（图一六五，8；彩版二六，12）标本T424H102：6，残，断面呈梯形。内径5.2厘米，外径6.2厘米，厚0.5厘米。（图一六五，9；彩版二六，13）标本T424H102：3，残，断面呈圆角方形。内径5厘米，外径6厘米，厚0.6厘米。（图一六五，10；彩版二六，14）标本T424②：30，残，断面呈半圆形。内径4厘米，外径5.2厘米，厚0.6厘米。（图一六五，11；彩版二六，15）标本T424H102：9，残，断面呈圆形。内径4.6厘米，外径5.8厘米，厚0.5厘米。（图一六五，12；彩版二六，16）标本T424②：33，残，断面呈圆形。内径4.4厘米，外径5.4厘米，厚0.6厘米。（图一六五，13；彩版二六，17）标本T424②：28，残，断面呈半圆形。内径4.2厘米，外径5.2厘米，厚0.5厘米。（图一六五，14；彩版二六，18）标本T424②：34，

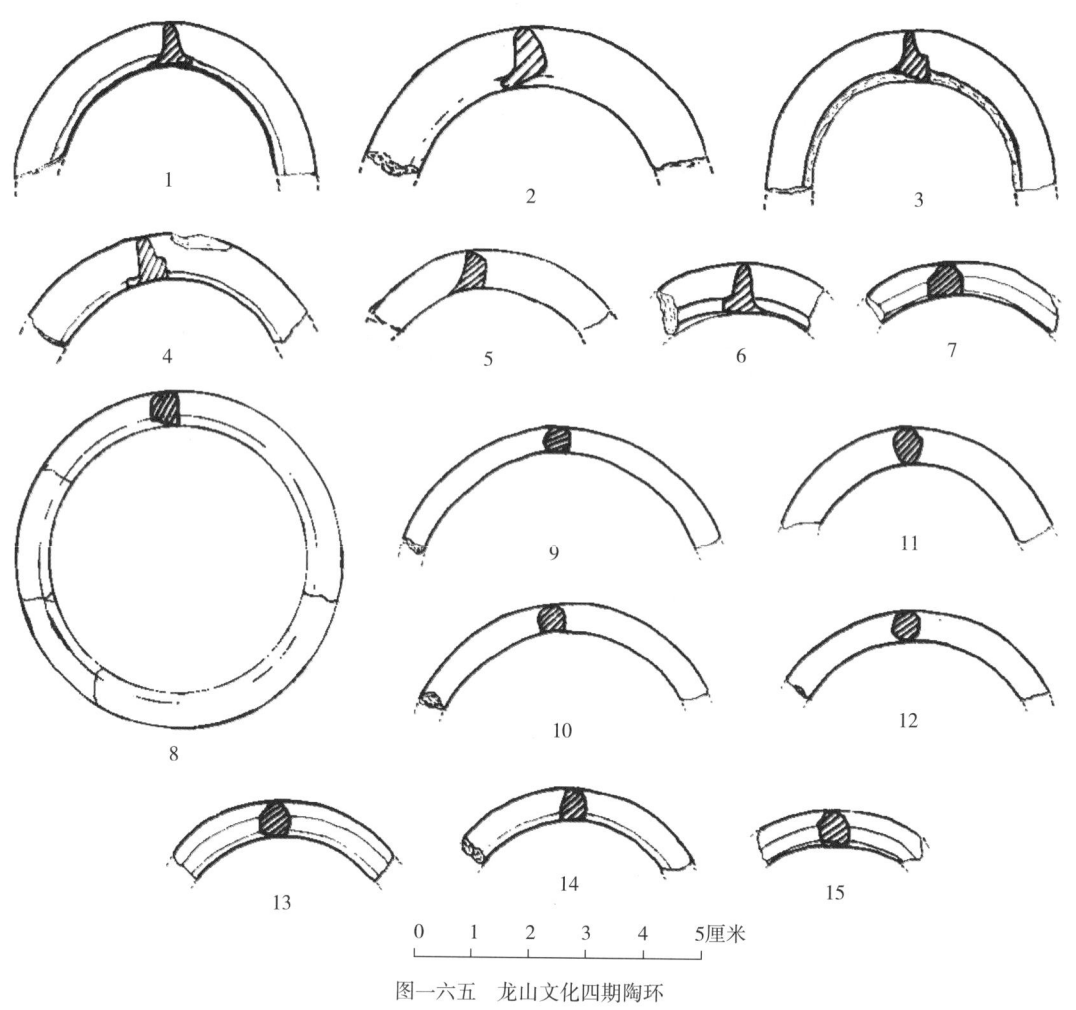

图一六五　龙山文化四期陶环

1～7. Ⅰ型（T50②：11、T44②：4、T112H251：2、T424②：29、T89③：37、T424②：27、T424②：32）

8～15. Ⅱ型（T7②：2、T424H102：6、T424H102：3、T424②：30、T424H102：9、T424②：33、T424②：28、T424②：34）

残，断面呈半圆形。内径6厘米，外径7.2厘米，厚0.6厘米。（图一六五，15；彩版二六，19）

Ⅲ型：4件。其中1件完整，3件残。标本T424H102下：8，完整，断面呈圆形。内径3.4厘米，外径4.4厘米，厚0.5厘米。（图一六六，1）标本T4②：19，残，断面呈圆角三角形。内径4.2厘米，外径5.6厘米，厚0.7厘米。（图一六六，2）标本T424H102：7，残，断面呈椭圆形。内径4.8厘米，外径5.8厘米，厚0.6厘米。（图一六六，3）标本T424②：26，残，断面呈椭圆形。内径4厘米，外径5厘米，厚0.7厘米。（图一六六，5）

Ⅳ型：3件。标本T28②：11，断面呈椭圆形。内径4.2厘米，外径5.6厘米，厚0.7厘米。（图一六六，4）标本T425H108：16，断面呈椭圆形。内径4.2厘米，外径6厘米，厚1厘米。（图一六六，6）标本T424②：31，断面呈椭圆形。内径5厘米，外径6.4厘米，厚0.6厘米。（图一六六，7）

Ⅴ型：1件。标本T424②：56，断面呈凸形。内径9厘米，外径10.6厘米，厚0.9厘米。（图一六六，8）

陶陀螺　2件。完整，泥质棕陶，呈圆锥状。标本T424H85下：41，上部为圆柱状，顶部有凹槽，下收为圆锥。直径3.3厘米，高5厘米。（图一五九，1；彩版二六，3）标本T424②：57，为圆锥状。直径2.4厘米，高2厘米。（图一五九，2；彩版二六，4）

板瓦　1件。标本T425H118：1，残，长条形，胎较厚，一面稍鼓，饰宽篮纹，另面凹，在拐角处有一双面钻孔，孔径 1.3～1.7 厘米。残长 11 厘米，残宽 9 厘米，厚 1.2～1.6 厘米。（图一六七；图版四八，5）

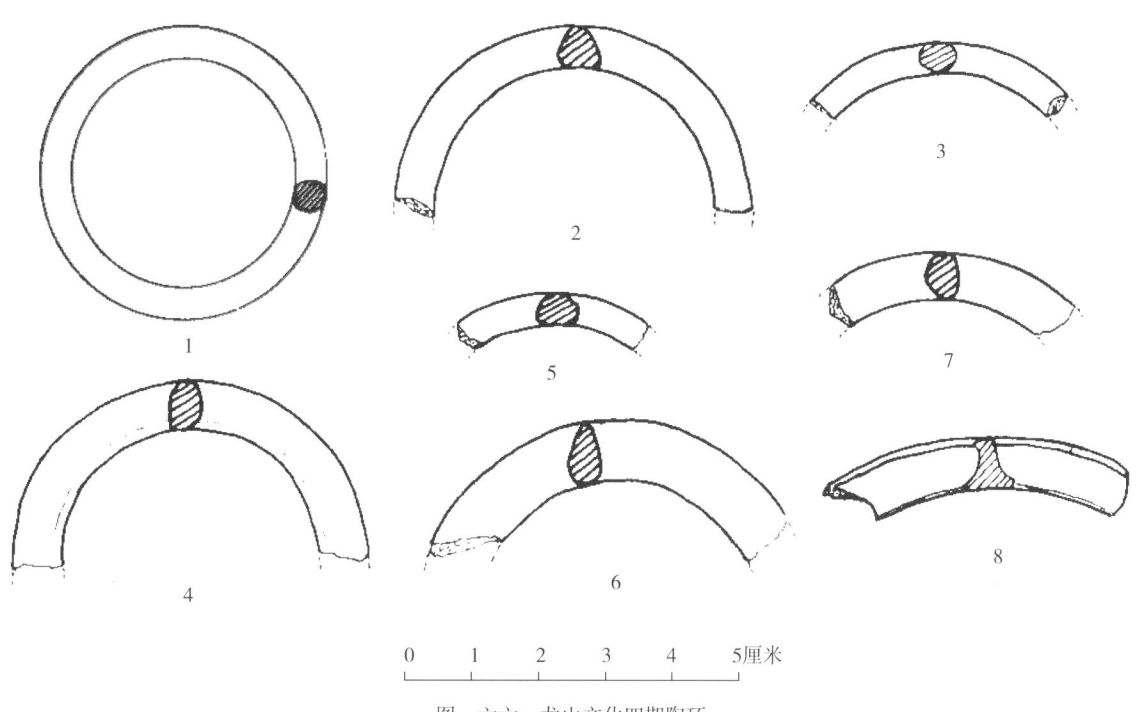

图一六六　龙山文化四期陶环

1~3、5. Ⅲ型（T424H102 下：8、T4②：19、T424H102：7、T424②：26）

4、6、7. Ⅳ型（T28②：11、T425H108：16、T424②：31）　8. Ⅴ型（T424②：56）

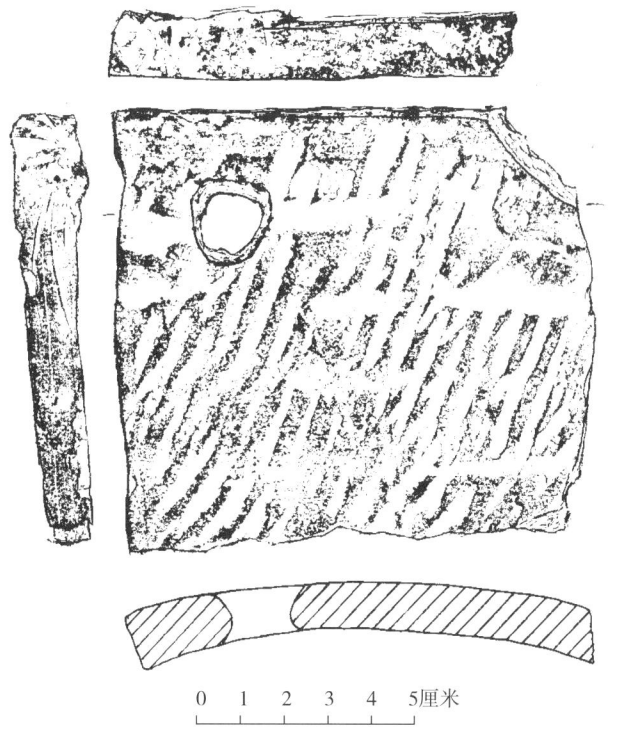

图一六七　龙山文化四期板瓦（T425H118：1）

第五节　龙山文化五期

一、文化遗迹

（一）房址

5座，为F1、F2、F10、F11、F12。这批房屋有3座分布在遗址内东南发掘区，2座在遗址内西南发掘区，从形制看1座为圆形，4座为长方形排房。

F1房址，位于城内东南部的探方T1、T2、T3、T4、T13、T14、T19、T20内。开口于①层之下。被汉墓（M36、M37）和楚墓（M42）打破，但大部分保存完整。平面呈长方形，东西长12.54米，南北宽4.34米。南墙残高0.12米，东墙残高0.16米，北墙残高0.16米，均宽0.34米。房子用土坯垒砌，平地起建。土坯长32厘米，宽27~29厘米，厚8~10厘米。北墙和南墙外面有草拌泥土散水坡。房分三室，中间有两道隔墙。三间房各有一向南开的门，均宽0.70米，方向南偏西6°。建筑时先平整地面，垫上黄灰土，然后用0.10米厚的细红烧土粒铺成高于房外地面的室内地面。紧靠北墙有一南北宽0.30米、高0.08米、与室内地面等长的土台，似用土坯砌成。房内北部有高0.10米的烧土台，西间台长1.16米，宽1.26米；中间台残长0.70米，宽3.10米；东间台长0.56米，宽0.80米。（图一六八）西间内有2个圆坑，内有罐片，但不是瓮棺葬，也不是柱洞，用途不明。房址内出土陶片多为灰陶，黑陶次之；纹饰以方格纹居多，篮纹次之，绳纹较少。器形有鬶、罐、束颈罐、平底盆、碗等。还有磨石、蚌壳。（彩版二八，1~5；彩版二九，1~7）根据M37东壁地层剖面，在F1房址下还有三层房址，编为F1（一）、F1（二）、F1（三），这三层房的基址错位，基址逐渐北移，由于F1（一）是土坯墙，保存较好，故没有继续向下清理，予以封存保护。

F1出土陶石器：

陶鬶　1件。标本F1下②：13，残，夹砂灰陶，侈口，敛颈，乳头状袋足，带状把置于颈、袋足间，素面。口径12厘米，袋足径14厘米，足尖间径12厘米，高20厘米。（图一六九，1）

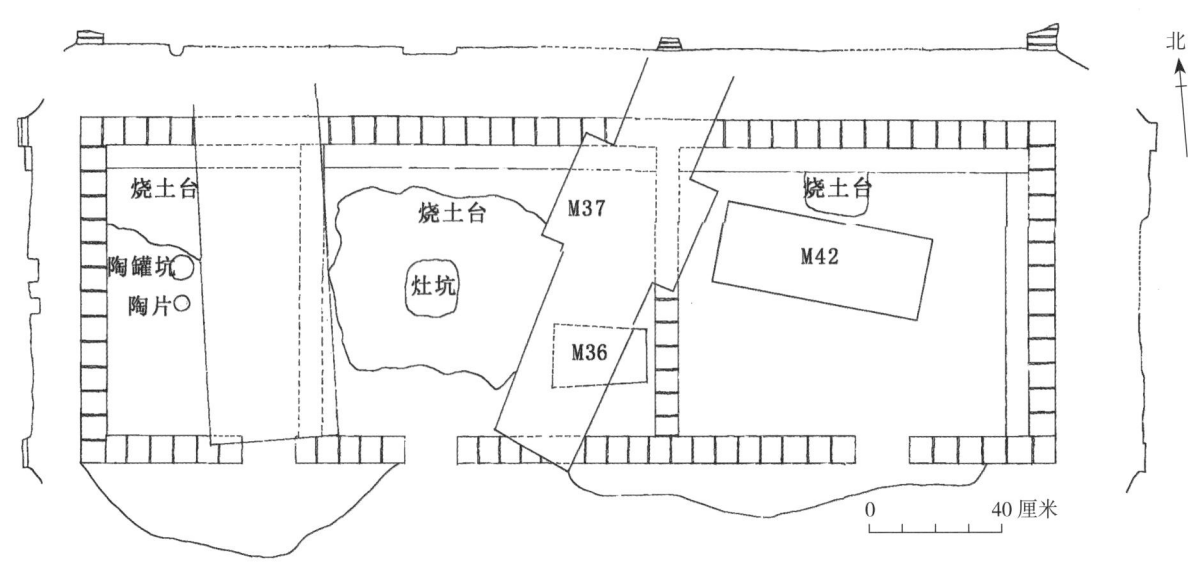

图一六八　龙山文化五期房址F1平、剖图

陶罐　1件。标本F1下②：5，残，夹砂灰陶，侈口，折沿，圆腹，小平底，通体饰菱形方格纹，纹饰清晰规整。口径15.2厘米，腹径18厘米，底径6厘米，高21.6厘米。（图一六九，2、3）

陶盆　1件。标本F1：9，夹砂灰陶，敞口，尖唇，斜壁，平底。口径21.2厘米，底径9.2厘米，高8厘米。（图一六九，4）

陶束颈罐　1件。标本F1：12，泥质灰陶，残，口沿外侈，束颈，鼓腹，平底。口径9.6厘米，腹径13.5厘米，底径10厘米，高16厘米。（图一六九，5）

陶碗　4件。标本F1：14，残，夹砂灰陶，侈口，唇部有凹槽，斜壁，小平底。口径13.6厘米，高5.5厘米。（图一六九，6）标本F1下②：11，夹砂灰陶，侈口，唇部有凹槽，斜壁，假圈足，小平底。口径13.6厘米，底径5厘米，高5.5厘米。（图一六九，7）标本F1②：8，夹砂灰陶，侈口，方唇，弧壁，假圈

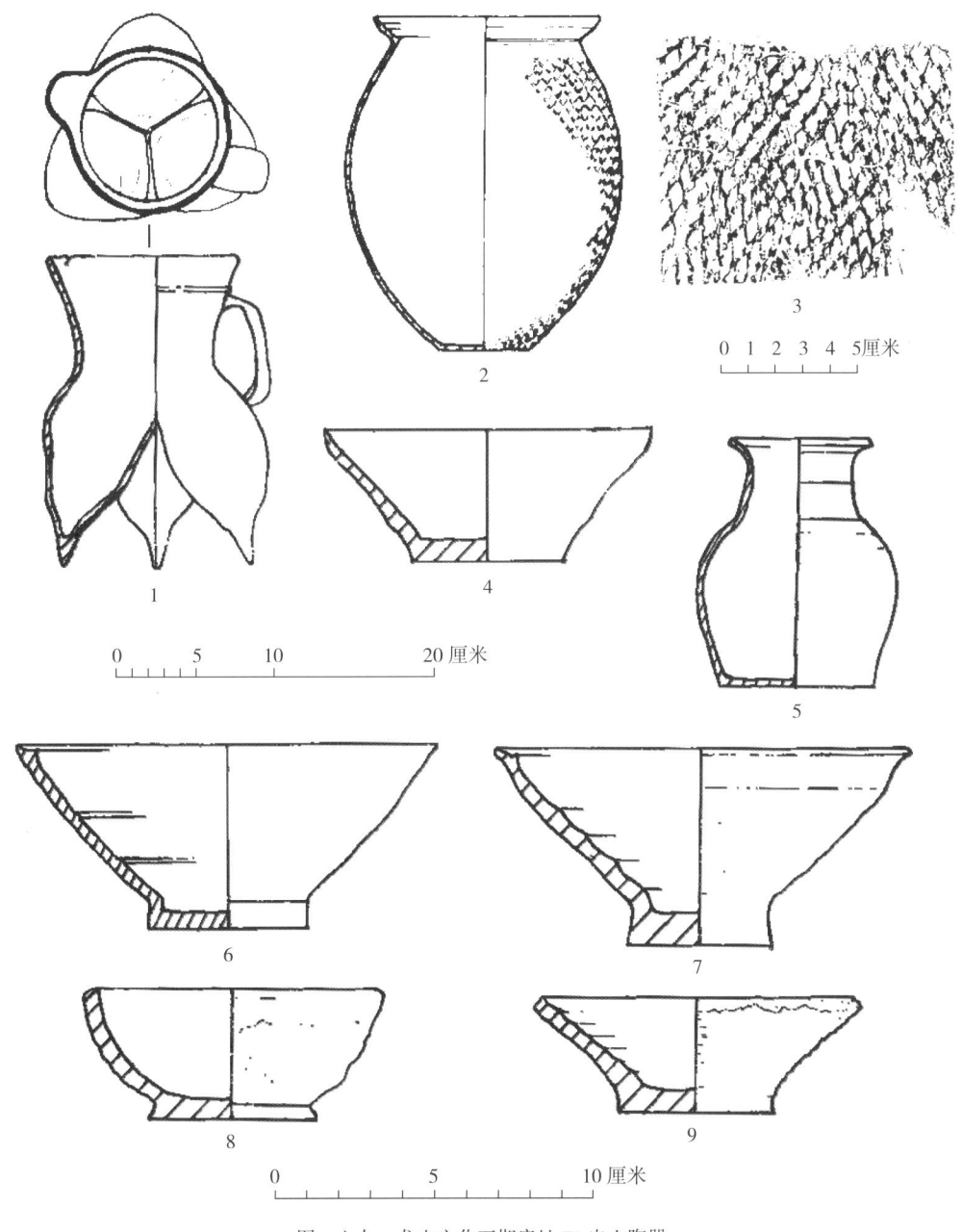

图一六九　龙山文化五期房址F1出土陶器

1.鬶（F1下②：13）2、3.罐（F1下②：5）4.盆（F1：9）5.束颈罐（F1：12）6~9.碗（F1：14、F1下②：11、F1②：8、F1下②：10）

足，小平底。口径 9 厘米，底径 5.8 厘米，高 4.4 厘米。（图一六九，8）标本 F1 下②：10，夹砂灰陶，侈口，方唇，斜壁，假圈足，小平底。口径 9 厘米，底径 5.8 厘米，高 4.4 厘米。（图一六九，9）

陶纺轮　1 件。标本 F1 下②：17，完整，平面呈圆形，中有圆形穿孔。径 5.4 厘米，孔径 0.6 厘米，厚 1.3 厘米。（图一七〇，4）

石锛　2 件。标本 F1 ③：16，完整，火成岩，平面呈长方形。长 11.7 厘米，宽 4.5 厘米，厚 2.6 厘米。（图一七〇，1；彩版二九，5）标本 F1：15，完整，火成岩，平面呈长方形。长 7.6 厘米，宽 3 厘米，厚 1.9 厘米。（图一七〇，2；彩版二九，6）

砺石　1 件。标本 F1 ②：7，完整，砂岩，平面近正方形。残长 5 厘米，宽 4.8 厘米，厚 1.8 厘米。（图一七〇，3；彩版二九，7）

F2 房址，位于遗址东南部探方 T15、T5、T6、T21 内，房址开口位于农耕土下，被汉墓（M41、M44）、楚墓（M39、M38）和春秋灰坑 H17 打破。F2 为长方形房屋，应为三间，东部破坏严重，仅剩东墙的基础，长 15.50 米，宽 4 米，用土坯砌墙。南墙宽约 0.36 米，残高 0.62 米，由 11 块土坯垒砌。东界墙宽 0.36 米，残高 0.18 米。北墙宽 0.36 米，残高 0.32 米。西墙宽 0.38 米，残高 0.70 米。门向南，方向南偏西 6°。西间门位于南壁的中间，门宽约 0.82 米。中间未见门，东间破坏严重，门向不明。房内地面，根据西间保存现状，为红烧土地面，如西间北部有一块红烧土面，厚 0.08 米。F2 房址的墙是用土坯垒砌，中间用泥粘合，土坯墙建成后，用草拌泥抹平，屋内墙壁有 2 层草拌泥，室外墙壁只抹 1 层草拌泥。（图一七一）关于 F2 房址的建筑方法，根据 M41 西壁地层发现，F2 房址位于高台建筑 F4 房址的北部，建于黑灰土、红烧土、黄硬土层之上，铺一层黄花土，厚 0.40~0.56 米，夯实；再铺一层黄硬土，厚 0.30 米；其上再铺一层黄土，厚 0.20 米。开始建南墙、北墙的地基，其上铺砌土坯墙，房屋内垫一层灰黄土，即为屋内地面，房内地面平整，将

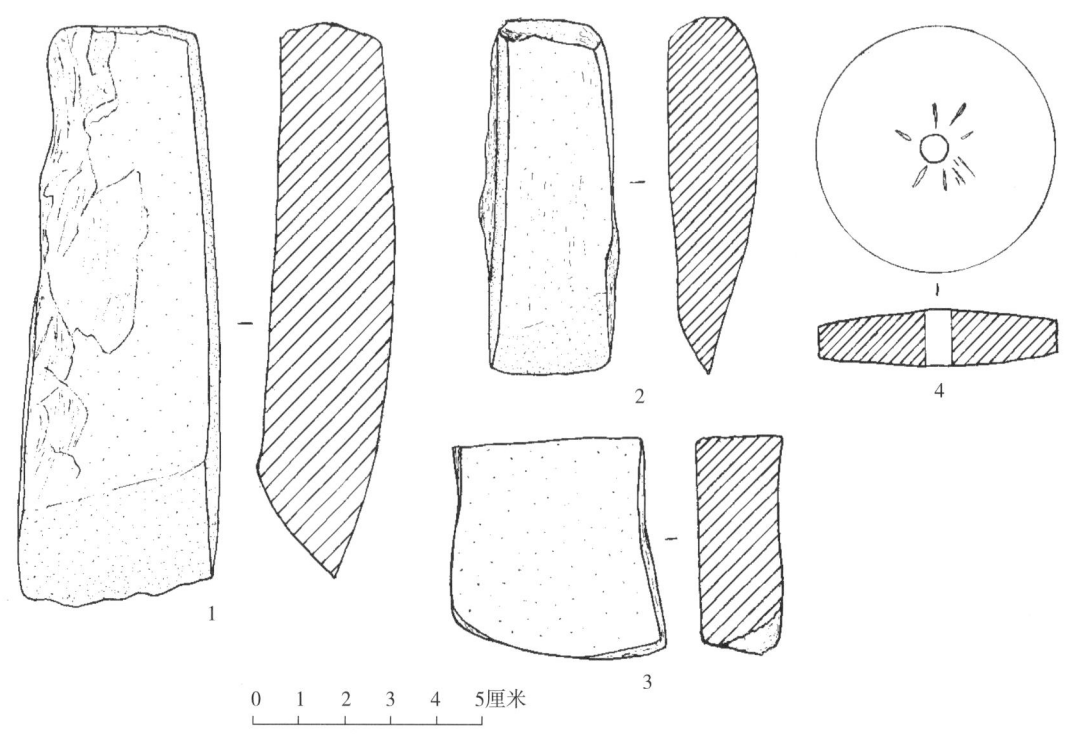

0　1　2　3　4　5厘米

图一七〇　龙山文化五期房址 F1 出土陶、石器

1、2. 石锛（F1 ③：16、F1：15）　3. 砺石（F1 ②：7）　4. 陶纺轮（F1 下②：17）

土坯墙涂抹草拌泥，即可使用。从剖面看，使用一个时期后，又铺一层地面，继续使用。房屋内北部有烧土硬面，应为灶面。房屋内出土鹿角 1 件，双孔蚌刀 1 件，石镞 1 件。出土陶片以黑灰陶居多，纹饰以方格纹居多，篮纹次之，器形有鼎、罐、甗、澄滤器、盆、鬶、碗、豆、器盖、船形器等。（彩版三〇，1、2）

房址 F2 出土器物：

陶碗　1 件。标本 F2：1，完整，泥质灰陶，侈口，方唇，小平底，内外壁有凹弦纹。口径 11 厘米，底径 4.8 厘米，高 4.4 厘米。（图一七二，1）

鹿角锤　1 件。标本 F2：2，完整，系鹿角加工而成，鹿角的根部为锤，鹿角的支杈为锤柄。长 44 厘米，高 20 厘米。（图一七二，2）

F10 房址，位于城址内西南部的 T27 内。房址开口于汉代文化层下。平面为圆形，直径 3.48~3.84 米，南墙保存较好，墙宽 0.26~0.36 米不等，高约 0.50 米，其他墙高 0.05~0.10 米不等，门向西，方向 270°，宽 0.68 米，房址内的地面保存较好，为含料礓石的黄土。F10 的建筑结构为平地起建，其建筑过程分步进行：第一步先平整地基，夯实；第二步建屋墙，建圆形草拌泥墙，宽 0.22 米，为中间墙的骨架；第三步修饰墙

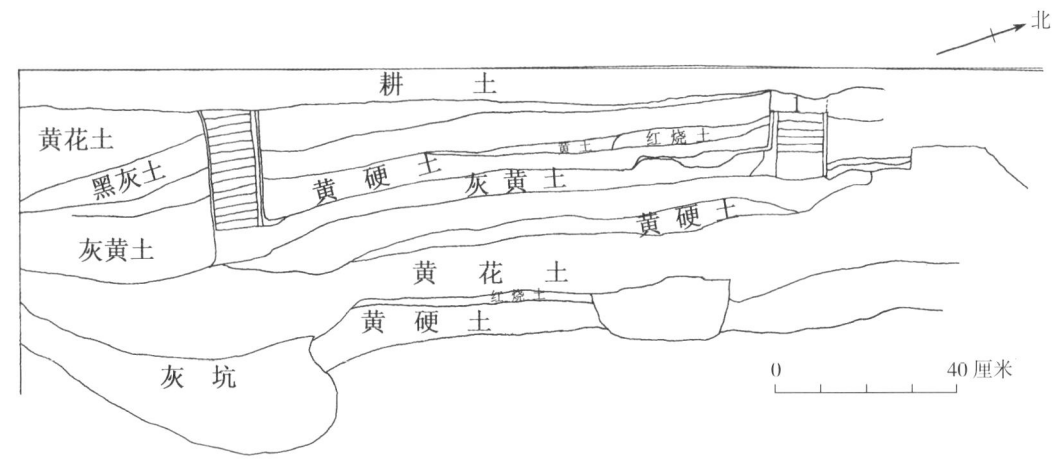

图一七一　龙山文化五期房址 F2 剖图

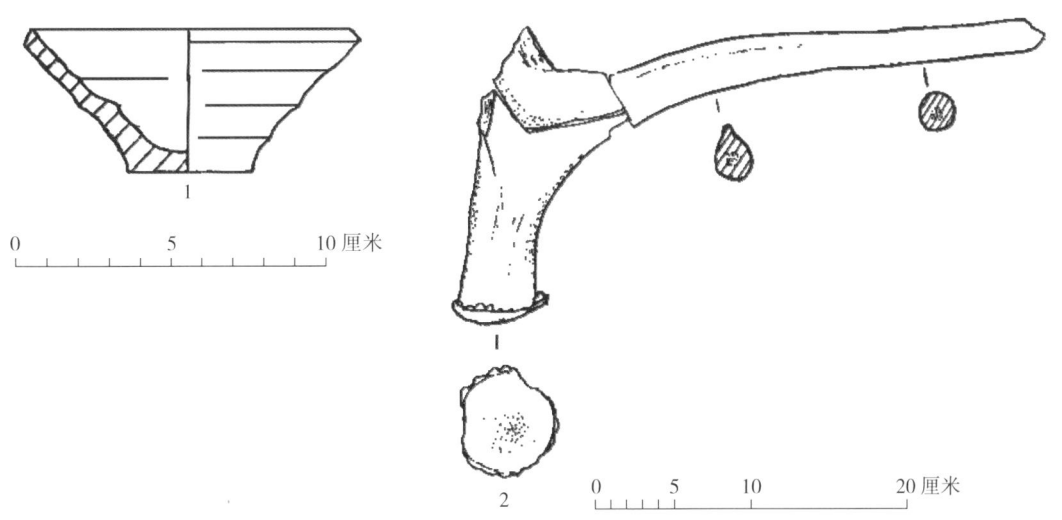

图一七二　龙山文化五期房址 F2 出土陶、骨器
1. 陶碗（F2：1）2. 鹿角锤（F2：2）

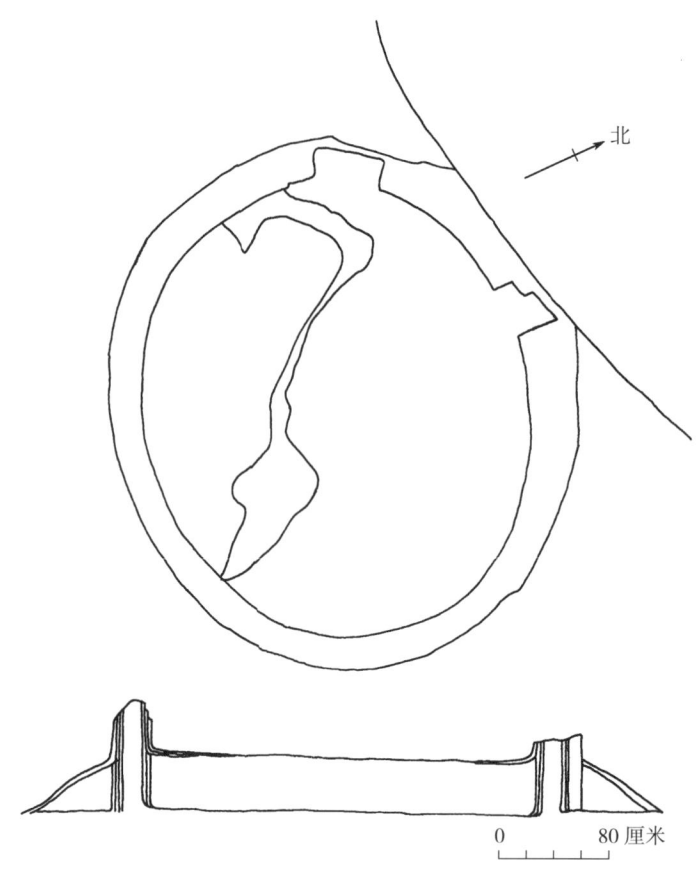

图一七三　龙山文化五期房址 F10 平、剖图

壁，用灰褐色草拌泥抹墙的内壁，再用灰褐色草拌泥抹平墙的内外墙面，此层较厚；第四步垫高屋内地面，铺屋外散水基础。屋内地面厚 0.40 米，经夯实，其上涂抹草拌泥，作为地面，南部有 2 层居住面，厚 0.05 米；墙外垫土，挨墙的地方厚，离墙远的渐薄，夯实，上抹草拌泥，作为散水，散水坡有 2 层，厚 0.10 米左右，每层散水坡表面都有料礓石铺底。出土骨凿。（图一七三；图一七四，7；彩版三〇，4）

F11 房址，位于城址内西南部的 T27 内。房址开口于汉代文化层下，距地表 1.50 米，被汉墓（M69、M70、M71）打破。平面为长方形排房，东西均不到边，东端又有一墙向南拐，仅清理探方内部分，因为房址保存较好，所以采取封填保护。房址东西长约 10.50 米，南北宽 3.76 米。南墙保存较好，墙宽 0.28 米，高约 0.30 米，北墙宽 0.28 米，墙高 0.20~0.42 米不等。门向南，方向 186°，门宽 0.68 米。房址内的地面保存较好，为含料礓石的黄土。根据发掘资料，这座排房可能至少有四间，东部向南拐出一间。（图一七五）

F11 的建筑结构为平地起建，根据房址的断面，有 3 层房址互相叠压，其建筑过程分步进行：第一步平整地基，夯实；第二步建墙，先建屋的南墙和北墙，再建隔墙，墙为草拌泥墙，以灰褐色草泥为骨架，墙的两面用黄褐色草拌泥和细灰土泥抹平，最后再抹一层较厚的黄土加料礓石泥，其建筑方法与 F10 相同，建长条形草拌泥墙，宽 0.20 米，为中间墙的骨架；第三步修饰墙壁，用灰褐色草拌泥抹墙的内壁，再用灰褐色草拌泥抹平墙的内外墙面，此层较厚，使墙的宽度达到 0.28 米；第四步铺屋外散水，墙外用草拌泥抹出散水 2~3 层，靠墙的地方厚，距墙远的渐薄，上抹草拌泥，作为散水，散水坡有 3 层，厚 0.10 米左右，每层散水坡表面都有料礓石铺底。F11 北墙外有瓮棺葬 2 座，即 W64、W65，再北有灰坑 2 座，即 H38、H39。房屋南有房址 F10 和灰坑 2 座，即 H29、H37。

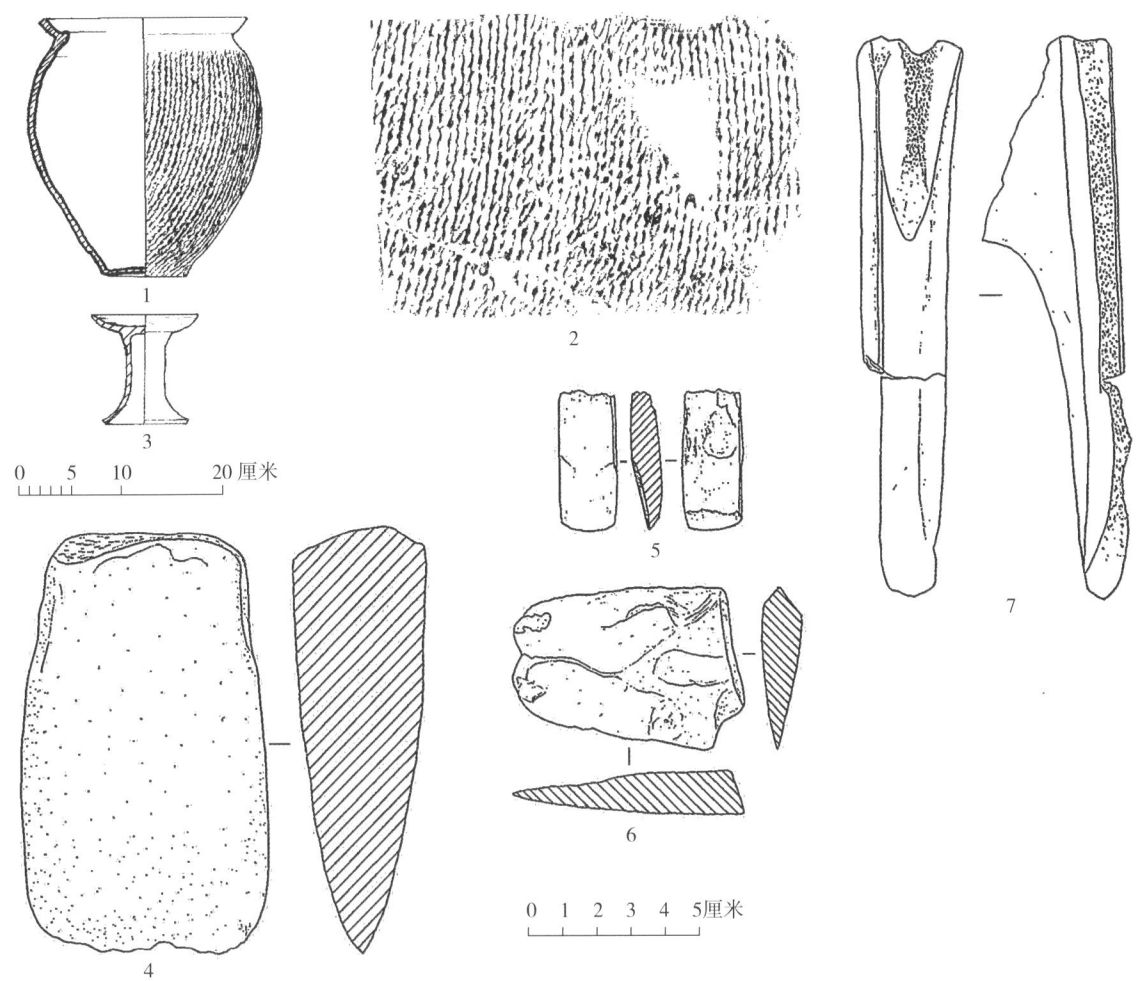

图一七四 龙山文化五期房址 F10、F12 出土陶、石、骨器

1、2.陶罐（F12∶5） 3.陶豆（F12∶2） 4.石斧（F12∶4） 5.石凿（F12∶3） 6.石刀（F12∶8） 7.骨凿（F10∶1）

F12 房址，位于城址内东南部的探方 T10、T23 内，距地表 0.10 米，开口于农耕土下的青灰土层下，为黄土居住面，土质坚硬，有料礓石铺的地面、红烧土地面和南北 2 个灶台，四周有草木灰。发现柱洞 22 个，大小、深浅各异。柱洞口径一般 0.15~0.35 米，深 0.16~0.54 米。（表六）柱洞呈圆锥形，柱洞的填土多为五花土，柱洞底部铺一层料礓石作为柱础，厚 0.02~0.04 米。如柱洞 7，口径 0.33 米，底径 0.54 米，底部铺料礓石厚 0.04 米，四壁坚硬，封填后口部放一件陶罐。（图一七六）从灶台、烧土面和柱洞看，应为房址，但看不清是什么形式的建筑，可能为临时栖身的茅屋。F12 青灰土层中出土大量陶片，以灰陶为主，棕陶次之，黑陶少见。陶胎渐趋厚实，纹饰以方格纹为多，篮纹、绳纹次之。口沿以折沿方唇为多，唇部有凹槽。器形有鼎、罐、豆。还有石斧、凿、刀等。（彩版三〇，3、5~8）

房址 F12、F10 出土陶、石、骨器：

陶罐 1件。标本 F12∶5，残，夹砂灰陶，侈口，舌唇，敛口，鼓腹，圜底内凹，饰清晰的竖绳纹。口径 10.4 厘米，腹径 11.8 厘米，底径 4.2 厘米。（图一七四，1）

陶豆 1件。标本 F12∶2，完整，泥质灰陶，浅盘，侈口，细柄，喇叭形圈足，素面。口径 5.6 厘米，足径 4.8 厘米，高 6 厘米。（图一七四，3）

石斧 1件。标本 F12∶4，完整，石灰岩，平面呈椭圆形，上部微窄，弧刃已残。长 11 厘米，宽 7.5 厘

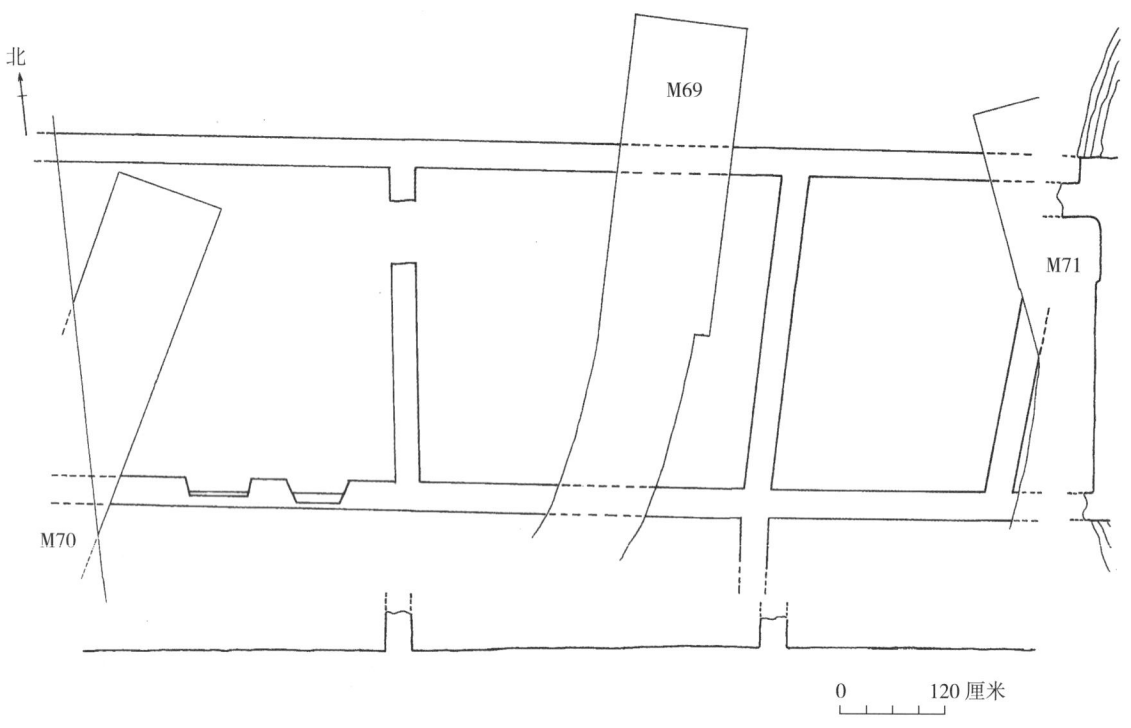

图一七五　龙山文化五期房址 F11 平、剖图

米，厚 4 厘米。（图一七四，4）

石凿　1 件。标本 F12：3，完整，火山岩，平面呈长方形，上部平顶，弧刃。长 4 厘米，宽 1.9 厘米，厚 0.9 厘米。（图一七四，5）

石刀　1 件。标本 F12：8，残，石灰岩，平面近长方形，一侧有凹槽，平刃。残长 6.3 厘米，宽 5 厘米，厚 1.3 厘米。（图一七四，6）

骨凿　1 件。标本 F10：1，完整，系用动物肢骨劈开后加工而成，平面呈长方形，平刃。长 32 厘米，宽 2.5 厘米，厚 0.8 厘米。（图一七四，7）

（二）灰坑

灰坑是龙山文化五期的重要遗迹之一，共发现 28 座，即 H2、H18、H19、H20、H22、H33、H39、H53、H62、H64、H66、H83、H84、H86、H87、H100、H123、H137、H143、H182、H185、H186、H217、H237、H238、H243、H244、H256。这些灰坑大部分在古城内的东南部和北部，仅 H53 在西南部。（表七）

灰坑的坑口形状分圆形、椭圆形、长方形、正方形、梯形、不规则形、长条形七种。其中圆形灰坑 10 座，椭圆形灰坑 8 座，长方形灰坑 2 座，正方形灰坑 1 座，梯形灰坑 1 座，不规则形灰坑 5 座，长条形灰坑 1 座。从灰坑的剖面形状看，有直筒状、筒状、袋状、锅底状四种。其中直筒状 1 座，筒状 14 座，袋状 3 座，锅底状 10 座。直筒状灰坑一般口底大小相等，筒状灰坑一般口大底小，袋状坑一般口小底大，锅底状灰坑一般口大圜底。

圆形灰坑 10 座。H217 位于遗址北部 T111 西南角，坑口位于②C 层下，被 M211 打破，大部分压在 T110 东隔梁和 T131 北隔梁下，未清理。为圆形直筒状坑，口底大小一致，平底。填黑灰土，土质松软。出土陶片 143 块，以灰陶居多，黑陶较少，纹饰中绳纹居多，方格纹次之，篮纹较少，其中绳纹 46 块、方格纹 43 块、篮纹 19 块、素面 35 块，器形有鼎、罐、盘、盆、豆、碗等。口径约 2 米，深 0.80 米。（图一七七，1）

表六　龙山文化五期 F12 柱洞尺寸统计表

柱洞编号	口径（厘米）	深（厘米）	备注
1	22	14	
2	21	22	
3	26	27	
4	20	15	
5	28	10	
6	32	10	
7	33	54	料礓石柱础
8	24	28	
9	21	22	
10	17	29	
11	15	16	
12	18	28	
13	17	20	
14	26	36	
15	20	26	
16	20	24	
17	27	16	
18	24	23	
19	22	23	
20	16	18	
21	12	15	
22	22	15	

表七　龙山文化五期灰坑形制统计表

形状	直筒状	筒状	袋状	锅底状	合计
圆形	H217	H83、H143 H238	H100、H186	H66、H87 H137、H244	10
椭圆形		H22、H62 H182、H185 H237	H39	H20、H64	8
长方形		H18、H19			2
正方形		H256			1
梯形		H123			1
不规则形		H2		H53、H84 H86、H243	5
长条形		H33			1
合计	1	14	3	10	28

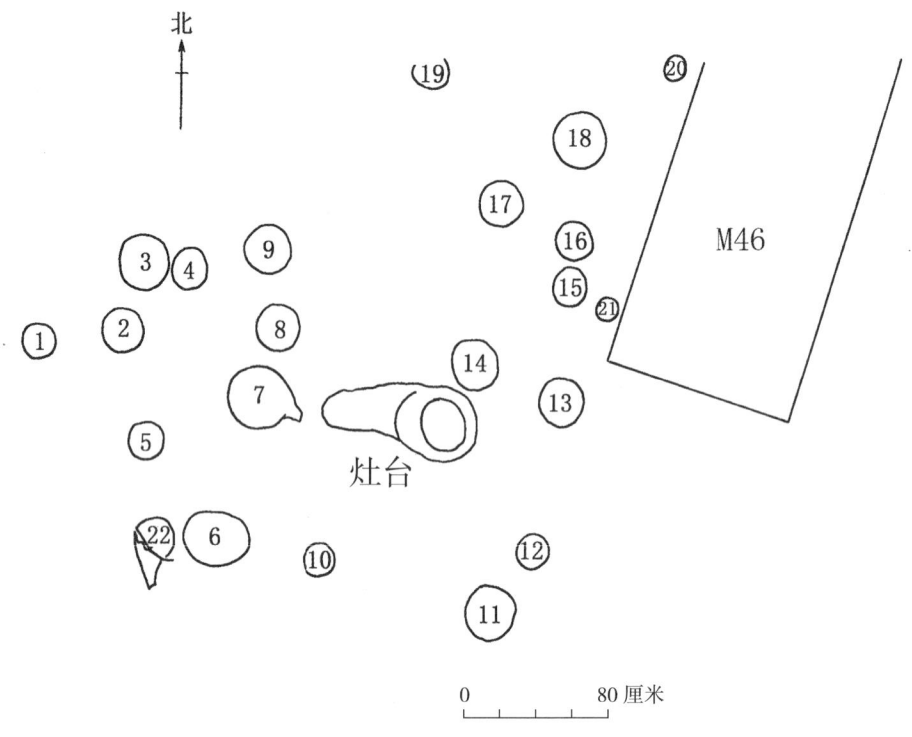

图一七六　龙山文化五期房址 F12 平面图

H83 位于遗址东南部 T424 内，开口在表土层下，坑口距地表深 0.35 米，打破 H94。为圆形筒状坑，口大底小，斜壁，下部为直筒状，底凹凸不平。填土上层为灰白黏土，中层为青灰土，下层为黑灰土，土质松软。各层出土小件丰富，上层 17 件，中层 36 件，下层 27 件。经比较，上、中、下层堆积虽有先后，但都是同时期的。坑内出陶片，上层以篮纹居多，方格纹次之，绳纹较少，其中篮纹 2082 块、方格纹 1815 块、绳纹 377 块；中层以方格纹居多，篮纹次之，绳纹较少，其中方格纹 1523 块、篮纹 1200 块、绳纹 176 块；下层以方格纹居多，篮纹次之，绳纹较少，其中方格纹 3308 块、篮纹 1359 块、绳纹 324 块。可辨器形有鼎、罐、高领罐、甗、鬶、盆、盘、豆、碗、纺轮、环等。还有骨针、骨锥、骨镞、蚌刀、蚌镰。口径 4.88 米，底径 2.20 米，深 3.14 米。（图一七七，2）

H143 位于遗址北部 T89 东部，坑口位于②层下，打破夯土城墙。为圆形筒状坑，口大底小，平底。填土为黄灰土，土质较松软。出土陶片以灰陶为主，黑陶、棕陶较少，纹饰以方格纹居多，篮纹次之，绳纹较少，器形有甗、鼎、罐、盘、盆、豆、碗等。口径 1.56 米，底径 1 米，深 0.85 米。（图一七七，3）

H238 位于遗址北部 T109 北中部，坑口位于③B 层下。为圆形筒状坑，口大底小，平底。填土为黄灰土，质较松软，底部有骨头。出土陶片以灰陶居多，黑陶较少，纹饰中绳纹居多，篮纹次之，方格纹较少，器形有鼎、罐、高领罐、碗等。口径约 1.24 米，底径 1.16 米，深 0.28 米。（图一七七，4）

H100 位于遗址 T424 东北部，部分压在北隔梁下未清理。为圆形袋状坑，口小底大，弧腹，平底。填土分上下 2 层，上层为青黄色灰土，下层为黑灰土，土质较软。出土陶片 1295 块，以灰陶居多，黑陶次之，棕陶较少，纹饰以方格纹居多，篮纹次之，绳纹较少，其中方格纹 801 块、篮纹 406 块、绳纹 87 块、指甲纹 1 块，可辨器形有鼎、罐、高领罐、甗、碗、盆、单耳罐、埙、纺轮、环等。口径 1.58 米，底径 1.74 米，深 1.74 米。（图一七八，1）

H186 位于遗址北部 T88 内东隔梁，位于④层下，被 M144 打破，该坑的东部在东隔梁下未清理。坑口

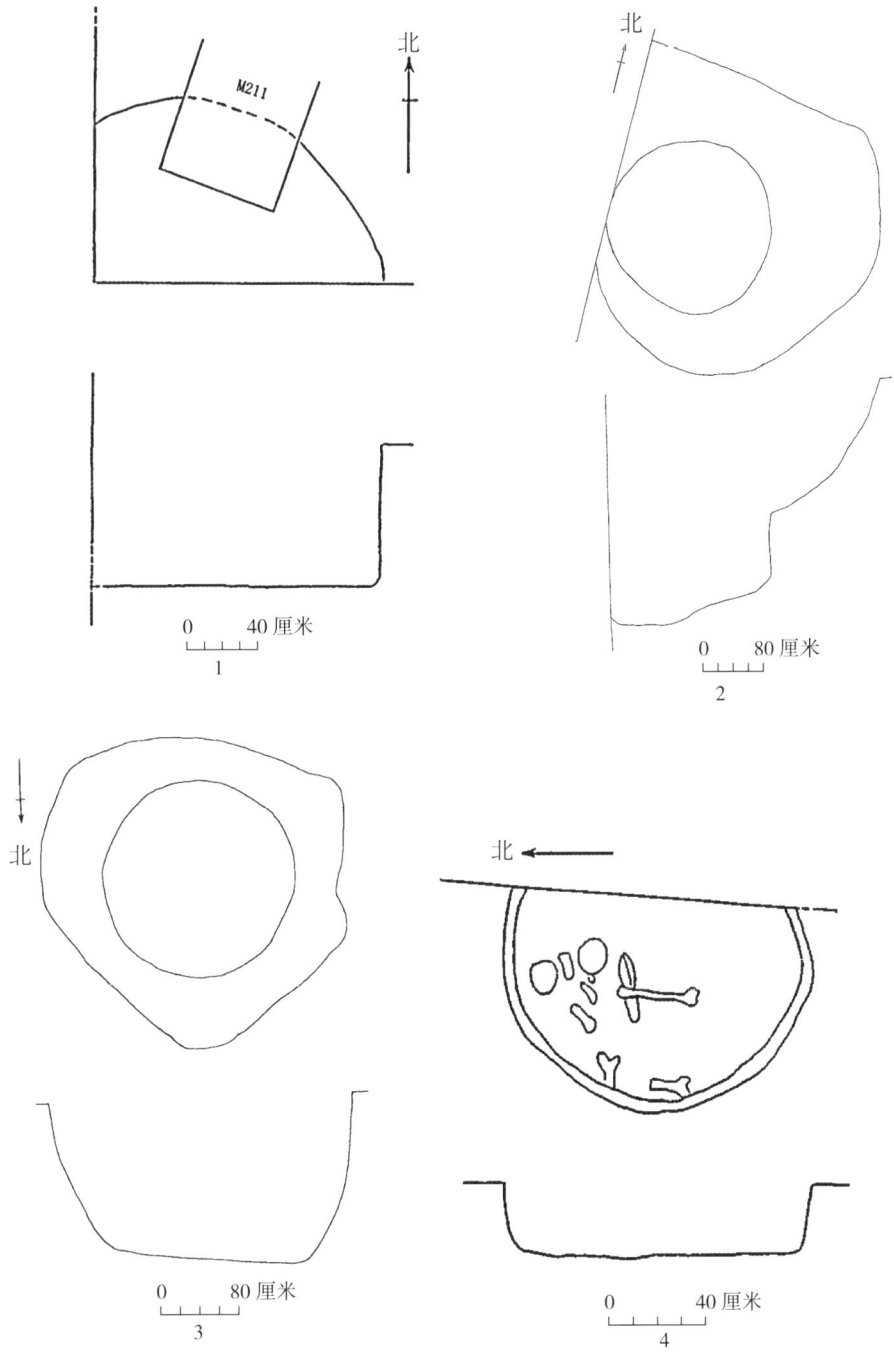

图一七七 龙山文化五期灰坑平、剖图

1.T111H217 2.T424H83 3.T89H143 4.T109H238

为圆形袋状坑，口小底大，平底。填土为黄灰土，土质较松软。出土陶片较少，纹饰以篮纹居多，方格纹次之，绳纹较少，器形有鼎、罐、甗等。口径1.75米，底径2米，深1.05米。（图一七八，2）

H66位于遗址东南部T48内，开口农耕土层下，打破龙山文化城墙，并坐落在城墙夯土中。为圆形锅底状浅坑，大口圜底。填浅灰土，土质松软。出土陶片丰富，以灰陶居多，棕陶极少，纹饰以方格纹、篮纹居多，绳纹较少，主要器形有鼎、罐、盆、豆、碗。还有石镞等。口径1.60米，深0.26米。（图一七八，3）

H87位于遗址东南部T426北部，开口于表土层下。坑口距地表深0.30米。为圆形锅底状坑，口大，斜壁，圜底。填土分2层：上层黑灰土，最厚0.21米，土质较软，含有炭粒、蚌壳、田螺。出土陶片较少，以夹砂陶为主，占56.56%，泥质陶次之，占34.44%，陶色主要是灰陶，占54.92%（其中泥灰陶占22.95%，夹砂灰陶占31.97%），深灰陶次之，占45.08%（其中泥深灰陶占20.49%，夹砂深灰陶占24.59%），纹饰以篮纹为主，占86.07%，素面次之，占9.84%，其他纹饰较少，可辨器形有鼎、罐、圈足盘、豆等。下层为浅灰土，最厚0.36米，土质较硬，杂黄灰土，除含较少陶片外，还有蚌壳、兽骨、田螺和砂礓等。陶片以泥质陶为主，占60.98%，夹砂陶次之，占39.02%，陶色主要是灰陶，占57.05%（其中泥灰陶占36.21%，夹砂灰陶占20.84%），深灰陶次之，占40.62%（其中泥深灰陶占23.17%，夹砂深灰陶占17.45%），棕陶较少，占2.11%，偶见白陶，纹饰以篮纹为主，占47.91%，方格纹次之，占20.65%，绳纹较少，占6.56%，其他纹饰

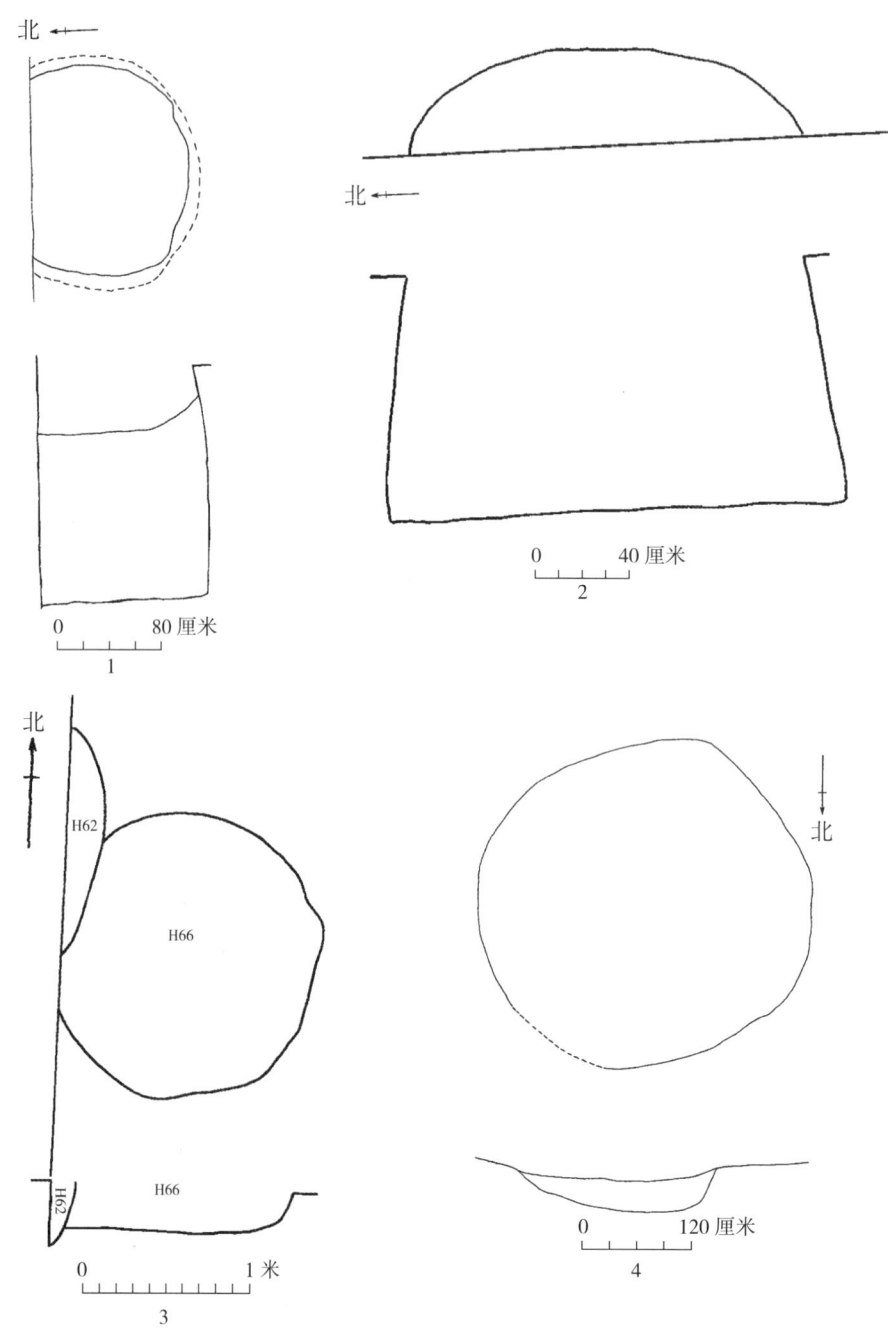

图一七八　龙山文化五期灰坑平、剖图

1.T424H100　2.T88H186　3.T48H66　4.T426H87

较少，素面较多，占 24.66%，可辨器形有鼎、罐、高领罐、甗、缸、瓮、碗、豆、盆、钵、澄滤器、器盖等。上、下层的陶质、色、纹饰、器形基本一致，应是同时期的堆积。口长径 3.70 米、短径 1.32 米，最深 0.56 米。（图一七八，4）

H137 位于遗址北部 T89 内，坑口位于②层下，被 M135、M145 打破。为圆形锅底状，口大底小，圜底。填土为浅灰土，土质较软。出土陶片中灰陶居多，棕陶次之，纹饰以篮纹居多，方格纹次之，绳纹较少，器形有鼎、罐、高领罐、甗、缸、瓮、碗、豆、盆、钵、澄滤器、器盖。口径 1.20 米，深 0.27 米。（图一七九，1）

H244 位于遗址北部 T112 西北角，坑口位于④ A 层下，该坑的东部为探方的东隔梁所压，未清理，该坑被 H233 打破。为圆形锅底状，口大底小。填黑灰土，土质较松软。出土陶片 281 块，以灰陶居多，黑陶较少，纹饰以篮纹居多，绳纹次之，方格纹较少，其中篮纹 90 块、绳纹 68 块、方格纹 54 块、弦纹 2 块、磨光陶 4 块、回纹 1 块、素面 62 块，器形有鼎、罐、高领罐、甗、盘、盆、豆、碗、钵等。口径约 1.30 米，深 0.90 米。（图一七九，2）

椭圆形灰坑 8 座。H22 位于遗址内的东南部 T11 内，开口于②层下。椭圆形筒状，口大底小，平底。填土为青灰土，土质松软。包含遗物丰富，出土陶片以灰陶居多，黑陶较少，纹饰以篮纹、方格纹居多，绳纹较少，器形有罐，另有螺壳一堆等。口径 1.05~1.25 米，底径 0.90~1.04 米，深 0.78 米。（图一七九，3）

H62 位于遗址东南部 T48、T47 内，开口农耕土层下，打破龙山文化城墙，并坐落在城墙夯土中，打破灰坑 H66。椭圆形筒状，口大底小，底近平。填土为浅灰土，土质松软。出土陶片 320 块，以灰陶居多，磨光黑陶次之，棕陶最少，纹饰以方格纹居多，篮纹次之，绳纹较少，其中方格纹 94 块、篮纹 88 块、绳纹 12 块、素面 126 块，主要器形有鼎、罐、高领罐、豆等。口径 1.06~1.97 米，底径 0.80~1.64 米，深 0.38 米。（图一七九，4）

H182 位于遗址北部 T88 内东南，坑口位于④层下。为椭圆形筒状坑，口大底小，平底。填土有 2 层，上层为黄灰土，下层为黑土，土质较松软。出土陶片 256 块，以灰陶居多，棕陶较少，纹饰以篮纹居多，方格纹次之，绳纹较少，其中篮纹 110 块、方格纹 40 块、绳纹 27 块、素面 79 块，器形有鼎、罐、高领罐、甗、澄滤器、豆、碟、碗等。口长 0.86~1.56 米，底径 0.65~1.20 米，深 0.50 米。（图一八〇，1）

H185 位于遗址北部 T88 内东南，坑口位于④层下，被 H182 打破。为椭圆形筒状坑，口大底小，平底。填土有 2 层，上层为灰土，下层为黑灰土，由草木灰、白膏泥、红烧土、灰土混合而成，土质较松软。出土陶片 10474 块，以灰陶、深灰陶居多，棕陶较少，纹饰以篮纹居多，方格纹次之，绳纹较少，其中篮纹 3900 块、方格纹 3560 块、绳纹 910 块、人字纹 3 块、压印坑点纹 1 块、磨光灰和黑陶 70 块、素面 2030 块，器形有鼎、罐、高领罐、甗、澄滤器、豆、瓮、盆、圈足盘、觚、鬶、碗、杯、纺轮、环等。骨器有针、锥、镞、凿，还有玉器。出土鼎足 33 个，约 11 个鼎个体；甗足 44 个，约 14 个甗个体。口径 2.60~3.10 米，底径 2.80~2.90 米，深 1.94 米。（图一八〇，2）

H237 位于遗址北部 T109 东中部，坑口位于③ B 层下。为椭圆形筒状坑，口大底小，平底。填土为黑灰土，土质较松软。出土陶片 252 块，以灰陶居多，黑陶较少，纹饰中绳纹居多，篮纹次之，方格纹较少，其中绳纹 122 块、篮纹 32 块、方格纹 16 块、素面 82 块，器形有鼎、罐、高领罐、碗等。口径 1.88~2.20 米，深 0.36 米。（图一八〇，3）

H39 位于遗址内的东南部 T27 内，开口于汉代层下。椭圆形扁袋状，口大底小，平底。填土为灰土。包含遗物丰富，出土陶片以灰陶居多，棕陶较少，纹饰以方格纹居多，篮纹、绳纹次之，器形有罐、盉形罐、

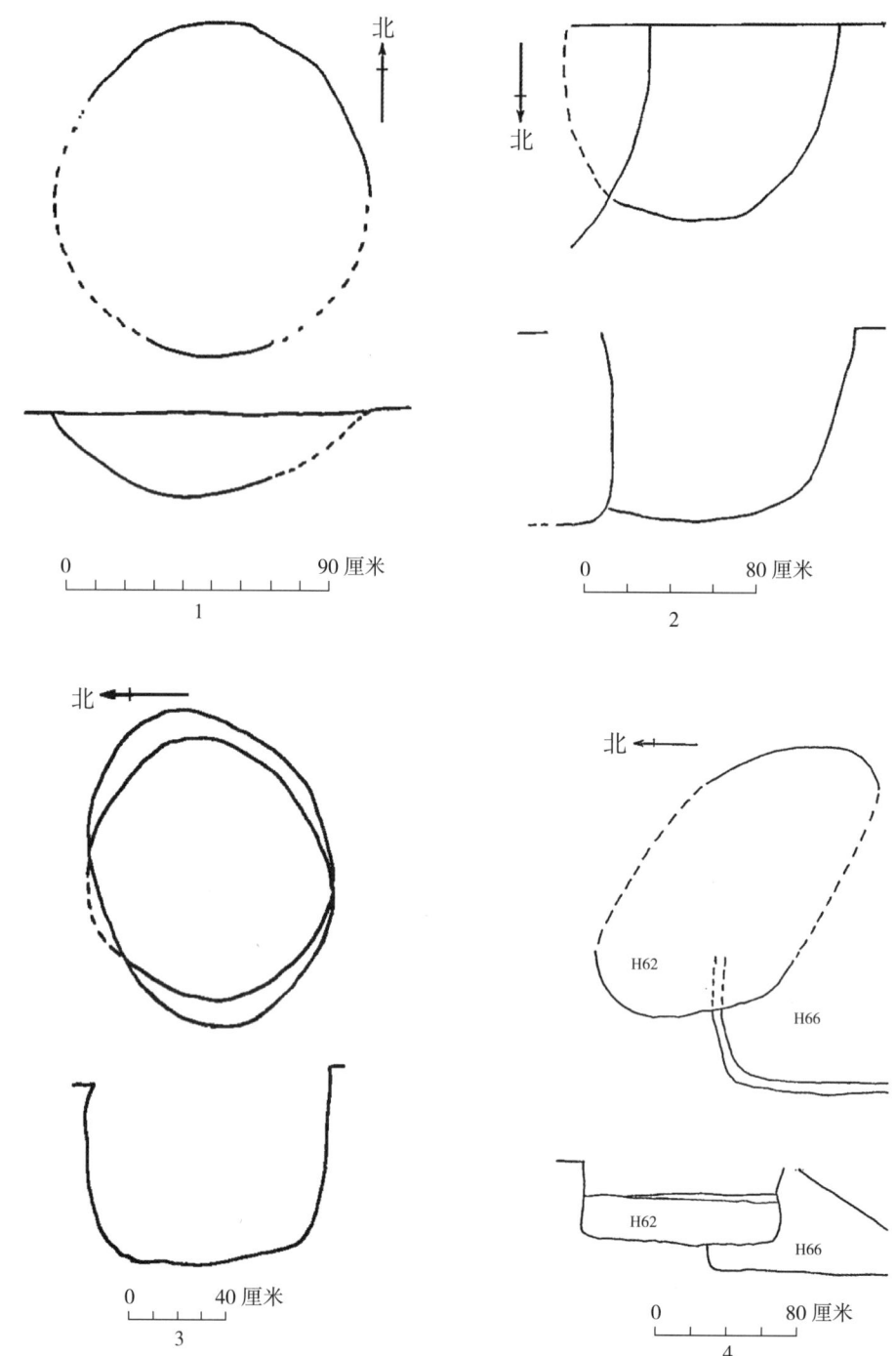

图一七九　龙山文化五期灰坑平、剖图

1.T89H137　2.T112H244　3.T11H22　4.T48H62

平底盆、碗。还有骨锥、簪。口径 0.90~1.55 米，底径 1~1.50 米，深 0.30 米。（图一八〇，4）

　　H20 位于遗址内的东南部 T14 内，开口于③层下。椭圆形锅底状坑，口小肚大，锅底。填土为黑灰土，土质松软。包含遗物丰富，出土陶片以灰陶居多，黑陶较少，纹饰以方格纹居多，篮纹次之，绳纹较少，还有凹弦纹，器形有罐、甗、盆。还有鹿角、蚌壳等。口长 1.75 米，宽 0.60 米，中部长 2.06 米，深 1.70 米。（图一八一，1）

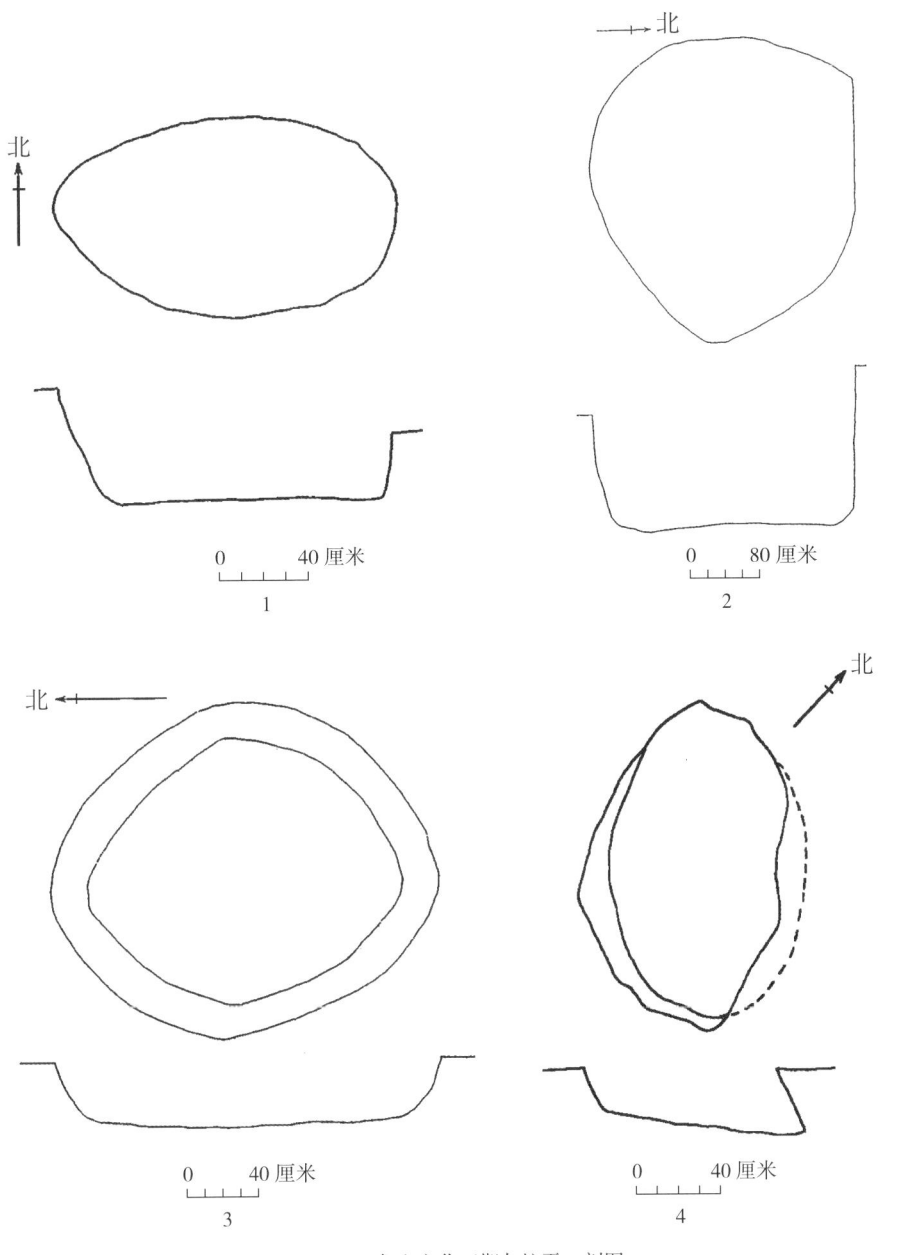

图一八〇 龙山文化五期灰坑平、剖图
1. T88H182 2. T88H185 3. T109H237 4. T27H39

H64 位于遗址东南部 T48 内，开口农耕土层下，打破龙山文化城墙，并坐落在城墙夯土中。椭圆形锅底状，口大底小。填深灰土，土质松软。出土陶片不丰富，以灰陶居多，黑陶次之，纹饰以篮纹、绳纹居多，方格纹次之，主要器形有鼎、罐、高领罐、豆、碗、环等。口径 0.70~1.14 米，深 0.25 米。（图一八一，2）

长方形灰坑 2 座。H18 位于遗址内的东南部 T8 内，开口于农耕土下，被楚墓 M40 打破。长方形筒状，口大底小，底部呈台阶状，平底。填土上部为黄灰土，下部为黑灰土，土质松软。包含遗物丰富，出土陶片以灰陶居多，黑陶较少，纹饰以方格纹居多，绳纹较少，器形有鼎、罐、甗、鬶、碗、纺轮。还有骨凿、骨锥及蚌刀、蚌锯等。口长 2.66 米、宽 1.20 米，底长 2.50 米、宽 1.20 米，深 2.84 米。（图一八一，3）

H19 位于遗址内的东南部 T19 内，开口于农耕土下。长方形筒状，口大底小，平底。填土上部为绿锈土，下部为黑灰土，土质松软。包含遗物丰富，出土陶片以灰陶居多，黑陶较少，有白陶，纹饰以方格纹居多，绳纹较少，器形有鼎、罐、甗、盆、瓵、鬶、豆、杯、碗、器盖、纺轮。还有骨匕、蚌刀、蚌镰等。口

长 1.54 米、宽 1.40 米，底长 1.50 米、宽 1.20 米，深 0.92 米。（图一八一，4）

正方形灰坑 1 座。H256 位于遗址北部 T86 东部，位于④ A 层下，坑的东部压在东隔梁下未清理。坑口为方形筒状坑，口大底小，平底。填土为黄灰土，土质较松软。出土陶片以灰陶居多，黑陶较少，纹饰中绳纹居多，篮纹次之，方格纹较少，器形有鼎、罐、高领罐、碗等。口长约 3 米，底长 2.60 米，深 0.70 米。（图一八二，4）

梯形灰坑 1 座。H123 位于遗址西北部 T72 的西南部，坑口位于②层下。为梯形筒状，口小底大，底不平。填土为黑灰土，土质较软。出土陶片黑陶居多，灰陶次之，纹饰以方格纹居多，绳纹次之，篮纹较少，器形有罐。口长 1.20 米、宽 0.50 和 0.70 米，底长 1.04 米，深 0.14 米。（图一八二，2）

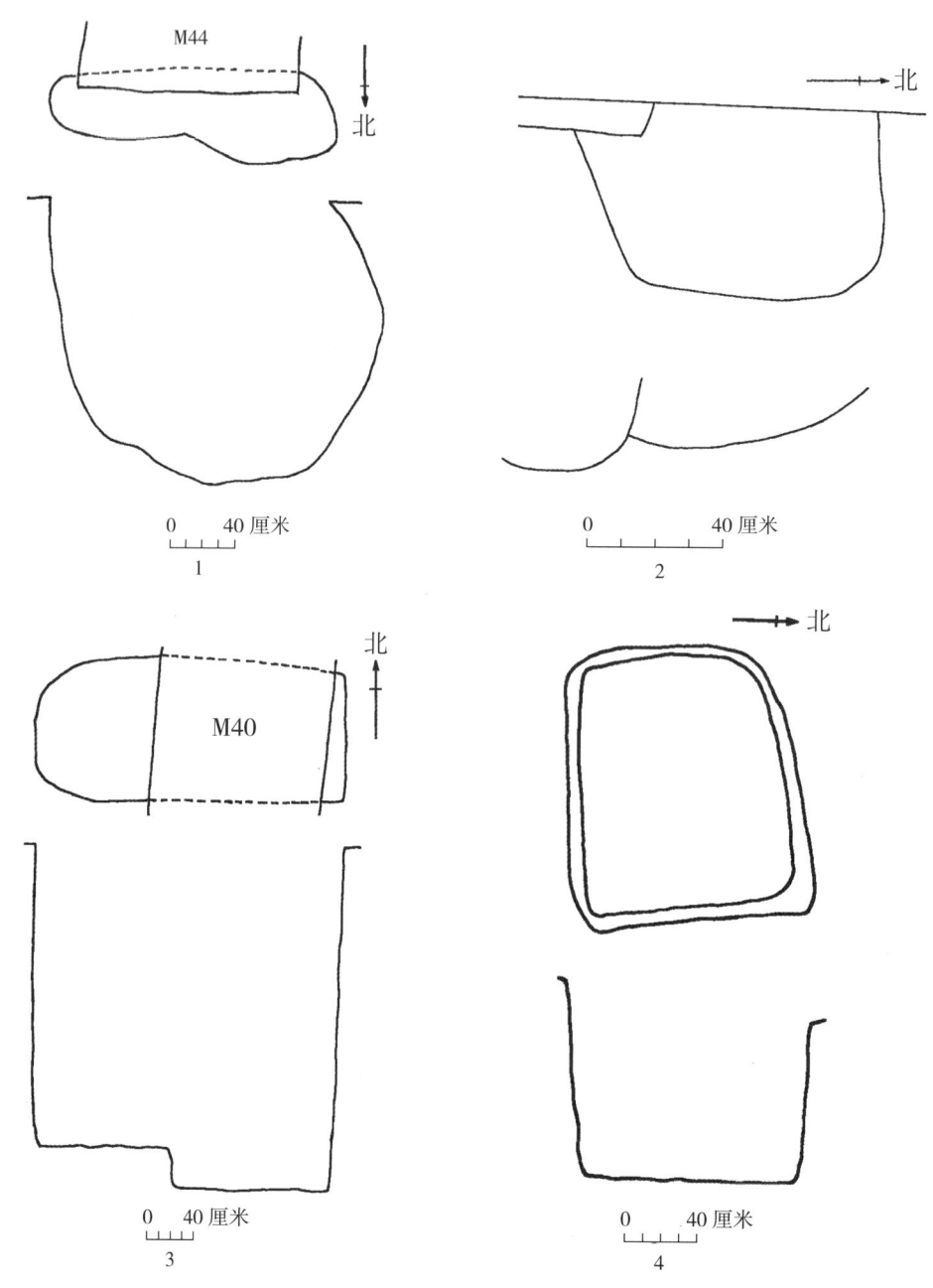

图一八一　龙山文化五期灰坑平、剖图
1.T14H20　2.T48H64　3.T8H18　4.T19H19

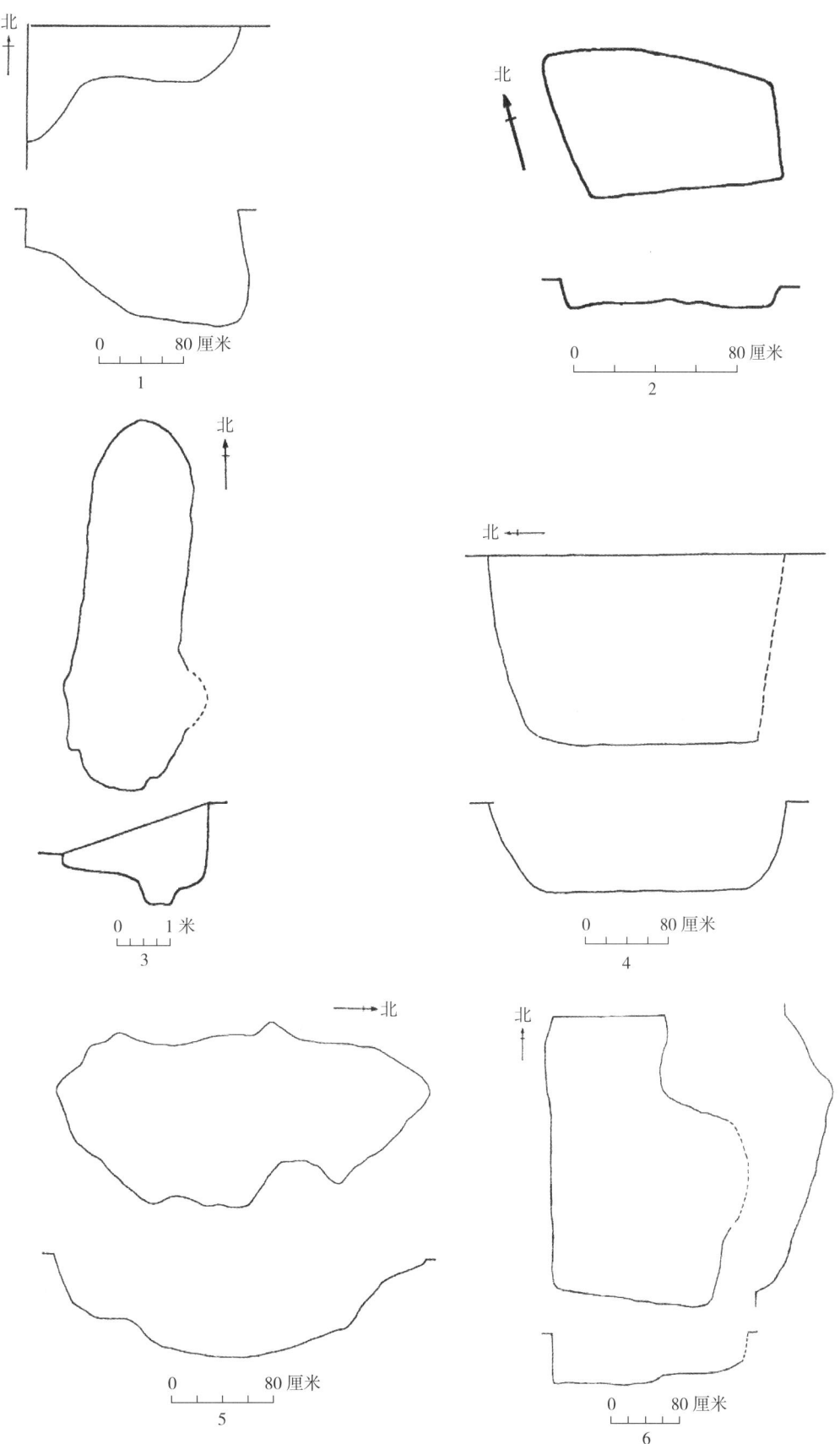

图一八二　龙山文化五期灰坑平、剖图

1. T112H243　2. T72H123　3. T12H2　4. T86H256　5. T426H84　6. T425H86

不规则形灰坑 5 座。H2 位于遗址内的东南部 T12 内，开口于农耕土下，被 H1 打破。不规则形筒状，口大底小，平底。填土分上、中、下 3 层，上层为黄土，中层为青灰土，下层为灰土，土质松软。包含遗物丰富，出土陶片以灰陶居多，黑陶较少，纹饰以方格纹居多，篮纹次之，绳纹再次之，还有回文和刻画符号，器形有鼎、甗、罐、高领罐、澄滤器、花边盆、平底盆、圈足盘、豆、鬶、瓮、碗、纺轮。还有石铲、镞、磨石、蚌刀、骨镞、簪、锥等 40 多件。口径长 8 米，宽 2.56 米，深 2.60 米。（图一八二，3）

H53 位于遗址西南城墙拐角内侧 T34 内，开口①层下，被西周灰坑 H51 打破。不规则形锅底状。填土分 2 层，上层填浅灰土，下层填浅灰绿锈土，土质松软，坑的底部有 2 具完整的牛骨架。出土陶片丰富，以灰陶居多，磨光黑陶次之，纹饰以方格纹居多，篮纹次之，绳纹较少，主要器形有鼎、罐、高领罐、甗、鬶、澄滤器、圈足盘、豆、碗等。长 7.50 米，宽 5.10 米，深 1.75 米。（图一八三，2）

H84 位于遗址东南部 T426 中部偏南，开口在表土层下，坑口距地表深 0.35 米。为不规则形锅底状坑，口大底小，斜壁，底凹凸不平，圜底。填黄灰土，土质较硬。坑内除了陶片，还有蚌壳、兽骨、田螺和砂礓等。陶片以泥质陶为主，占 60.47%，夹砂陶次之，占 39.53%，陶色主要是灰陶，占 60.47%（其中泥灰陶占 38.22%，夹砂灰陶 22.25%），深灰陶次之，占 32.77%（其中泥深灰陶占 17.75%，夹砂深灰陶占 15.02%），棕陶较少，占 3.66%，黑陶偶见，仅占 2.09%，纹饰是以素面饰为主，占 34.81%，篮纹次之，占 24.61%，方格纹和绳纹再次之，均占 14.40%，其他纹饰较少，可辨器形有罐、高领罐、甗、碗、豆、盆、圈足盘，还有轮盘等。口长径 3.04 米，短径 1.32 米，最深 0.78 米。（图一八二，5）

H86 位于遗址东南部 T425 东部，开口于①层下，东部被汉墓 M125 打破，北部被战国晚期楚墓 M131 打破。为不规则形锅底状。填土上层为黄色土，下层为带红烧土粒的黄花土。出土遗物丰富，以灰陶居多。上层陶片以方格纹为主，篮纹次之，绳纹较少，其中方格纹 1019 块、篮纹 695 块、绳纹 163 块、素面 1039 块、弦纹 27 块、指甲纹 3 块，下层陶片以篮纹为主，方格纹次之，绳纹较少，其中篮纹 1396 块、方格纹 1106 块、绳纹 235 块、素面 1994 块、弦纹 68 块、附加堆纹 4 块，主要器形有鼎、罐、高领罐、甗、碗、纺轮、埙等。还有骨笄、针、锥、镞，石镞。上下层出的陶片从其质、色、纹饰和器形看基本相同，是同时期的堆积。口长 8 米，宽 6 米，深 0.60 米。（图一八二，6）

H243 位于遗址北部 T112 西北角，坑口位于③C 层下，该坑的西部、北部为探方的西壁、北壁所压，未清理。为不规则形锅底状，口大底小，锅底。填土上层为黑灰土，下层为浅灰土，夹杂蚌壳，土质较松软。出土陶片 620 块，以灰陶居多，黑陶较少，纹饰以方格纹居多，篮纹次之，绳纹软少，其中方格纹 212 块、篮纹 205 块、绳纹 38 块、弦纹 27 块、磨光陶 6 块、斜"十"字纹 1 块、素面 131 块，器形有鼎、罐、高领罐、甗、盘、盆、豆、碗、钵等，还有石凿、蚌镞、骨镞、骨簪。口径约 2.04 米，深 1.10 米。（图一八二，1）

长条形灰坑 1 座。H33 位于遗址内的东南部 T3、T14 内，开口于农耕土下，东部被汉墓 M37 打破，西部被汉墓 M45 打破，是 F1 的房前堆积。口部为不规则长条形灰沟，口大底小，平底。填土分 4 层：第 1 层浅灰土，厚 0.40 米，土质稍硬；第 2 层含红烧土的黄灰土，厚 0.20~0.40 米；第 3 层深灰土，含白色灰，厚 0.10~0.35 米，土质松软；第 4 层草拌泥，厚 0.05~0.12 米。包含遗物丰富，出土陶片以灰陶居多，黑陶较少，纹饰以方格纹居多，篮纹次之，绳纹较少，还有锥刺纹和弦纹，出土器物有鼎、甗、澄滤器、鬶、豆、碗，还有骨凿、簪及蚌铲。此外还有一具狗骨架及牛骨。口长 7.96 米、宽 0.60~1.40 米，底长 7.60 米，深 1.54 米。（图一八三，1）

（三）墓葬

均为瓮棺葬，有 8 座，编号为 W64、W65、W132、W133、W205、W206、W207、W220。

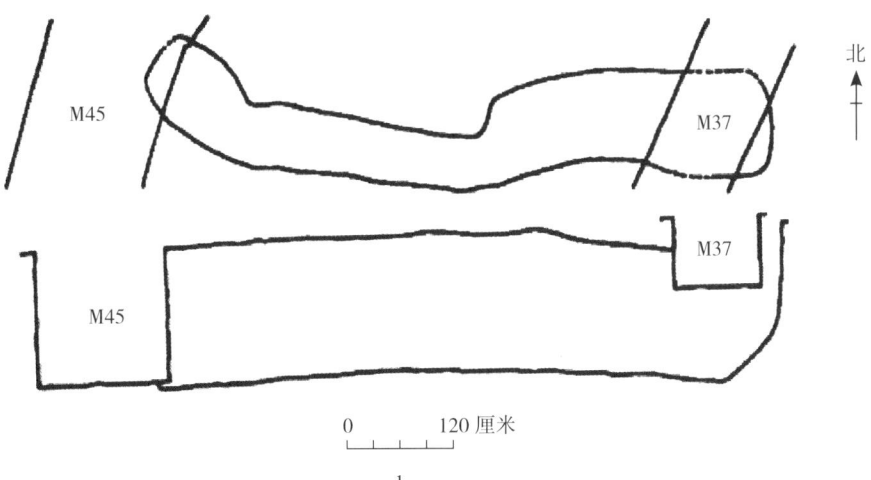

1

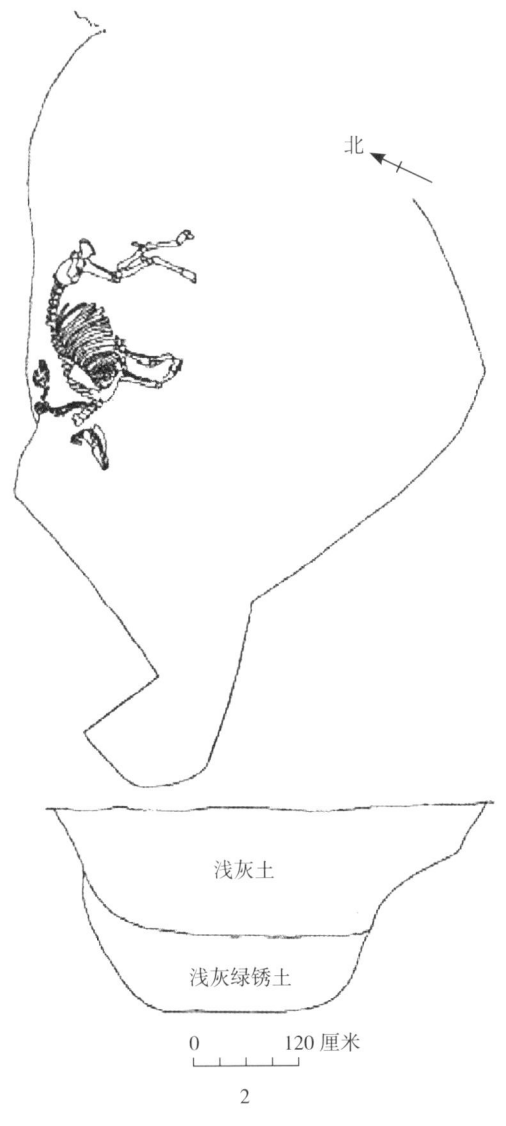

2

图一八三　龙山文化五期灰坑平、剖图

1. T3H33　2. T34H53

W64 位于遗址西南部 T27 的东南角，即 F11 的西北墙角外。W64 开口于 F11 房基（龙山文化五期）的北墙外地层下，即③层下。圆形筒状土坑，陶罐立于坑内，人骨已朽，方向 0°。口径 0.30 米，底径 0.15 米，深 0.26 米。（图一八四，1）

W65 位于遗址西南部 T27 的东南角，即 F11 的西北墙角外。W65 开口于房基 F11（龙山文化五期）的北墙外地层下，即③层下。近圆形筒状土坑，方格纹灰陶罐立于坑内，人骨已朽，方向 0°。口径 0.25 米，底径 0.15 米，深 0.25 米。（图一八四，2）

W132 位于遗址东南部 T424 东隔梁下，长方形竖穴土坑，方格纹陶罐立于坑内，骨架已朽，黄花土，方向 190°。长 2.74 米，宽不详，深 1.12 米。（图一八六，1、3；彩版三一，1）

W133 位于遗址东南部 T424 东隔梁下，长方形竖穴土坑，方格纹陶罐立于坑内，骨架已朽，黄花土，方

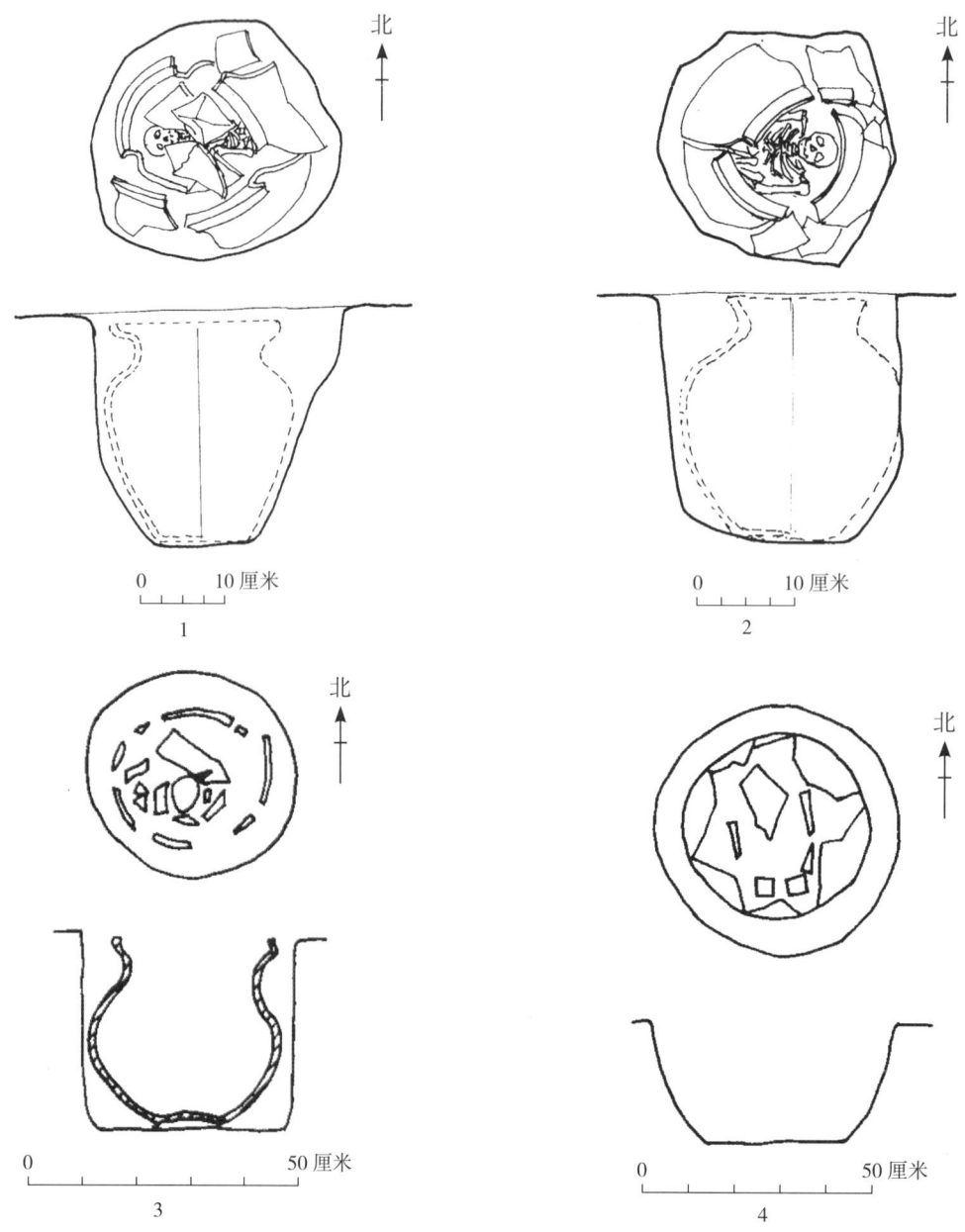

图一八四　龙山文化五期瓮棺葬平、剖图

1. W64　2. W65　3. W205　4. W206

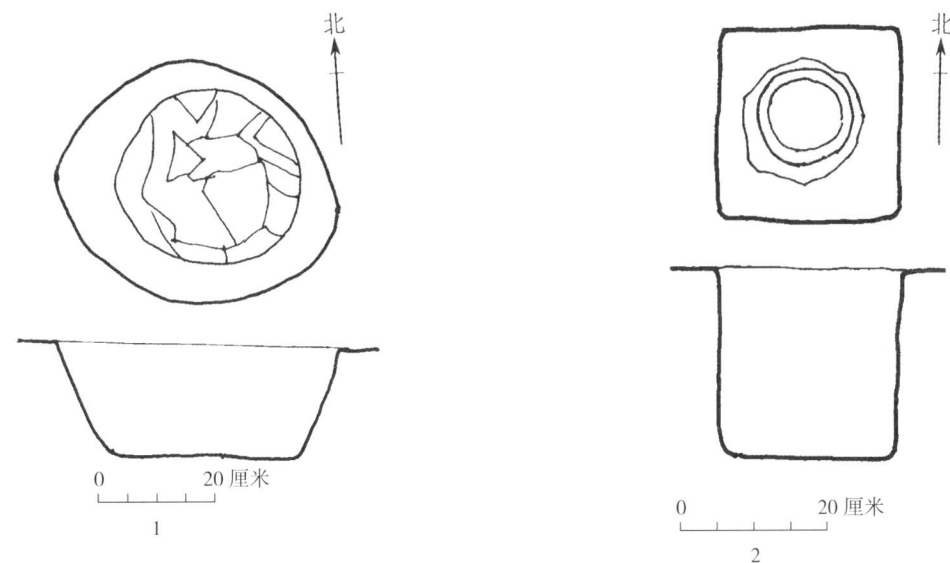

图一八五　龙山文化五期瓮棺葬平、剖图

1.W207　2.W220

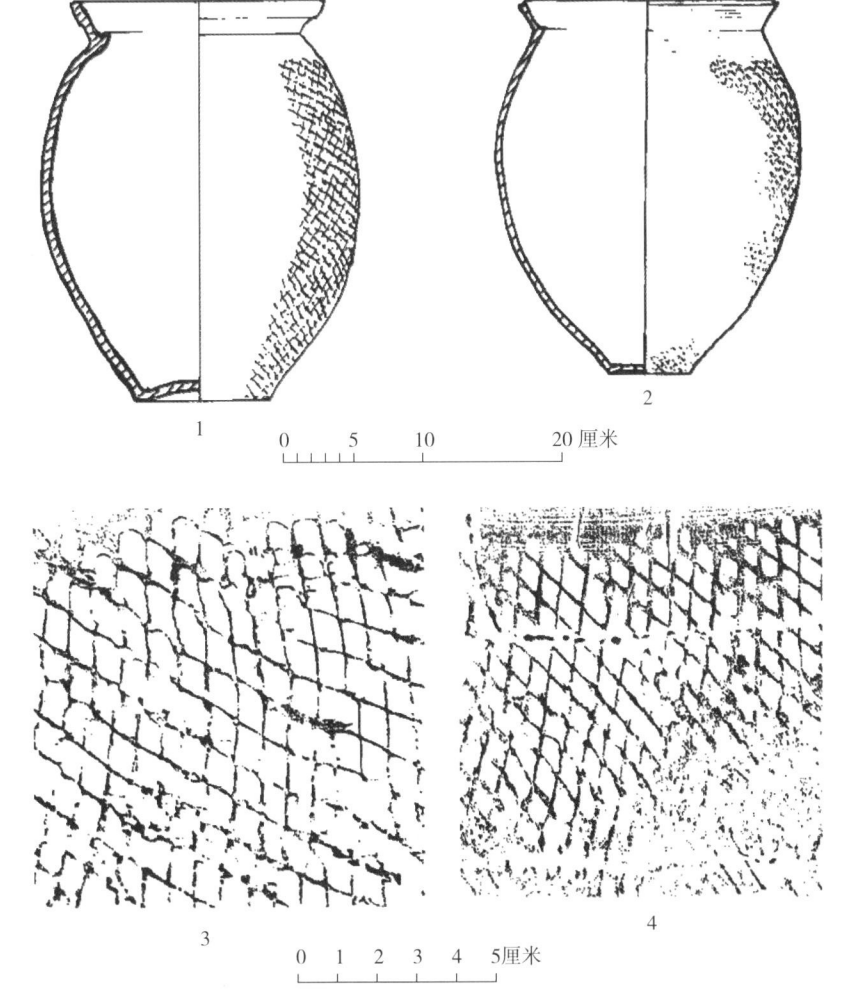

图一八六　龙山文化五期瓮棺葬陶罐和纹饰拓片

1、3.陶罐（W132：1）　　2、4.陶罐（W133：1）

向 190°。长 2.74 米，宽不详，深 1.12 米。（图一八六，2、4；彩版三一，2）

W205 位于遗址北部 T88 的中部，开口于 T88 ③ A 层下。圆形筒状土坑，篮纹陶罐立于坑内，人骨已朽，灰土，土质较松，方向 0°。直径 0.38 米，底径 0.30 米，深 0.33 米。（图一八四，3）

W206 位于遗址北部 T88 的中部，开口于 T88 ③ A 层下。圆形筒状土坑，篮纹陶罐立于坑内，人骨已朽，浅灰土，土质较松，方向 0°。直径 0.51 米，底径 0.30 米，深 0.25 米。（图一八四，4）

W207 位于遗址北部 T88 的中部，开口于 T88 ③ A 层下。圆形筒状土坑，方格纹陶罐立于坑内，人骨已朽，灰土，土质较松，方向 0°。直径 0.50 米，底径 0.30 米，深 0.20 米。（图一八五，1）

W220 位于遗址北部 T110 的中部，开口于 T110A 层下。方形筒状土坑，方格纹陶罐立于坑内，人骨已朽，浅灰土，土质较硬，方向 0°。长 0.25 米，宽 0.25 米，深 0.25 米。（图一八五，2）

二、文化遗物

龙山文化五期遗物较为丰富，除数以万计的陶片和大量的自然遗物外，经粘对复原的器物和标本共计 334 件。现按生产工具 143 件、生活用具 151 件、装饰品及其他 40 件介绍如下。

（一）生产工具

龙山文化五期生产工具计 143 件，种类比较齐全，其中有农业工具，也有狩猎工具，制石、制骨、制陶等手工业工具，纺织、缝纫工具等。从质地看，有石质、蚌质、骨质和陶质。其中石质工具 39 件，骨质工具 52 件，陶质工具 31 件，蚌质工具 21 件。

1. 石质工具 39 件。以磨制为主，有的磨得很精致，形制规整，刃锋锐利，还有少数几件是打制的半成品，但能看出是什么工具的雏形，器形有斧、铲、凿、锛、刀、钻、镞、网坠和砺石等。

斧 6 件。其中 3 件完整，3 件残。石质为火成岩。据形态特征可分四型。

Ⅰ 型：2 件。长方体。横剖面为圆角四边形。标本 T113 ④：29，完整，为火成岩琢磨而成，青灰色，顶为弧面，弧刃，刃有崩疤，两侧琢点清晰，两面磨制较好，但琢点隐约可见。通长 9.4 厘米，宽 7.2 厘米，厚 2.3 厘米。（图一八七，5；彩版三二，3）标本 T20 ①：4，顶残，为火成岩琢磨而成，青灰色，弧刃，刃有崩疤，两侧琢点清晰，两面磨制较好，但琢点隐约可见。残长 5 厘米，宽 5.9 厘米，厚 2.5 厘米。（图一八七，6；彩版三二，5）

Ⅱ 型：1 件。梯形体。标本 T17 ①：7，由火成岩加工磨制而成，体较长，弧顶，弧刃，刃残，断面为弧边梯形，长方形。残长 14.5 厘米，上宽 4 厘米，下宽 6 厘米，厚 4 厘米。（图一八七，1；彩版三二，1）

Ⅲ 型：2 件。平面为梯形。标本 T20 ①：13，完整，为青灰色火成岩加工磨制而成，弧顶，弧形双面刃，平面为圆角梯形。长 9.2 厘米，上宽 5 厘米，下宽 6.2 厘米，厚 2.8 厘米。（图一八七，2；彩版三二，2）标本 T38 ①：6，完整，为青灰色火成岩加工磨制而成，弧顶，直形双面刃，平面为圆角梯形。长 6.5 厘米，上宽 2.8 厘米，下宽 4 厘米，厚 1.5 厘米。（图一八七，4；彩版三二，4）

Ⅳ 型：1 件。椭圆形。标本 T426H90：11，残，由火成岩加工磨制而成，两侧和一面留有琢痕，弧顶，断面为椭圆形。残长 12 厘米，宽 6.2 厘米，厚 3.2 厘米。（图一八七，3；彩版三二，6）

铲 4 件。其中 2 件完整，2 件残。均为带孔石铲，石质为火成岩、石灰岩。分二型。

Ⅰ 型：3 件。扁平长方形带孔，石灰岩，通体磨光，制作精良。标本 T7 ①：3，完整，由石灰岩加工精磨而成，通体磨光，平顶，弧刃，上端中部置有管钻的孔，钻口呈喇叭状，孔径 0.8~1 厘米，铲的断面呈长方形。长 13.3 厘米，宽 5.3 厘米，厚 0.9 厘米。（图一八八，1；彩版三三，1）标本 T4 ①：9，顶、刃残，

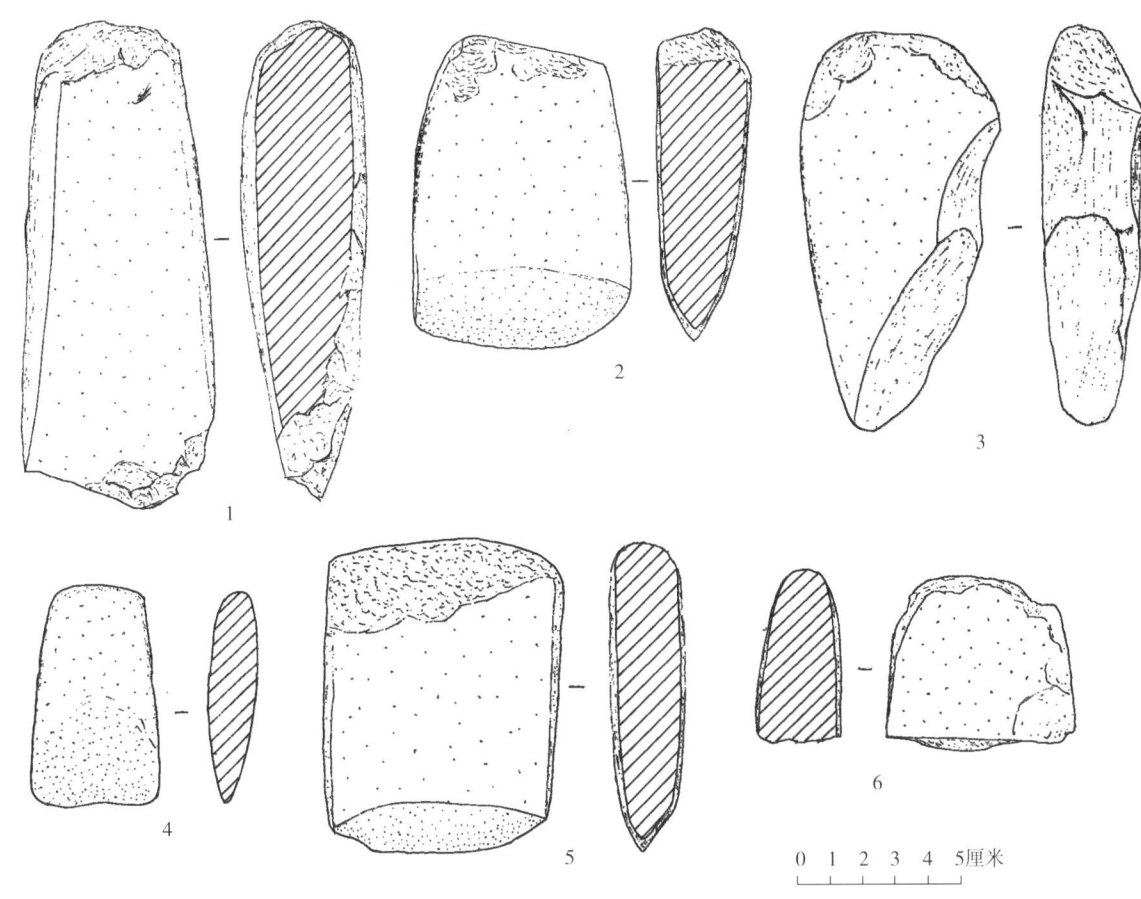

图一八七 龙山文化五期石斧

1. Ⅱ型（T17①：7） 2、4. Ⅲ型（T20①：13、T38①：6） 3. Ⅳ型（T426H90：11） 5、6. Ⅰ型（T113④：29、T20①：4）

由石灰岩精磨而成，上端中部有一管钻孔，钻孔呈喇叭状，孔径0.6~1.2厘米，铲的断面为圆角长方形。长5厘米，宽5.4厘米，厚1.1厘米。（图一八八，3；彩版三三，3）标本T6①：2，顶、刃残，由石灰岩精磨而成，上端中部有一管钻孔，对钻，钻孔呈束腰喇叭状，孔径0.6~1.2厘米，铲的断面为圆角长方形。残长7厘米，宽9厘米，厚1.4厘米。（图一八八，4；彩版三三，4）

Ⅱ型：1件。长方形弧刃带孔。标本T4①：14，完整，由青灰色火成岩敲砸而成，平顶、弧刃，断面圆角长方形，中部双面钻孔，钻孔断面呈束腰喇叭状，孔径1.2~2厘米。高9.5厘米，宽4.8厘米，下宽6厘米，厚1.3厘米。（图一八八，2；彩版三三，2）

锛 6件。其中3件完整，3件残。可分二型。

Ⅰ型：2件。长方体。标本T20①：6，完整，由石灰岩加工磨制而成，单面斜刃，刃部有使用磨蚀后的痕迹和崩疤，断面为梯形。长11.5厘米，宽4厘米，厚2.4厘米。（图一八九，1；彩版三四，1）标本T20①：14，残，由沉积岩加工磨制而成，单面刃，刃部有使用磨蚀后的痕迹和崩疤，断面为方形。残长8.2厘米，宽3厘米，厚3.4厘米。（图一八九，3；彩版三四，3）

Ⅱ型：4件。平面为长方形。其中2件完整，2件残。标本T88H185下：27，完整，由沉积岩加工精磨而成，平顶、直刃，刃的一端有崩片，背面有一条凹槽，断面为梯形。通长6.6厘米，上宽3.3厘米，下宽4.2厘米，厚1.5厘米。（图一八九，2；彩版三四，2）标本T112④：3，完整，由沉积岩加工精磨而成，侧面有半个钻孔，由此可知此锛系带孔石铲改制而成，平顶、直刃，断面为长方形。通长7厘米，上宽2.6厘

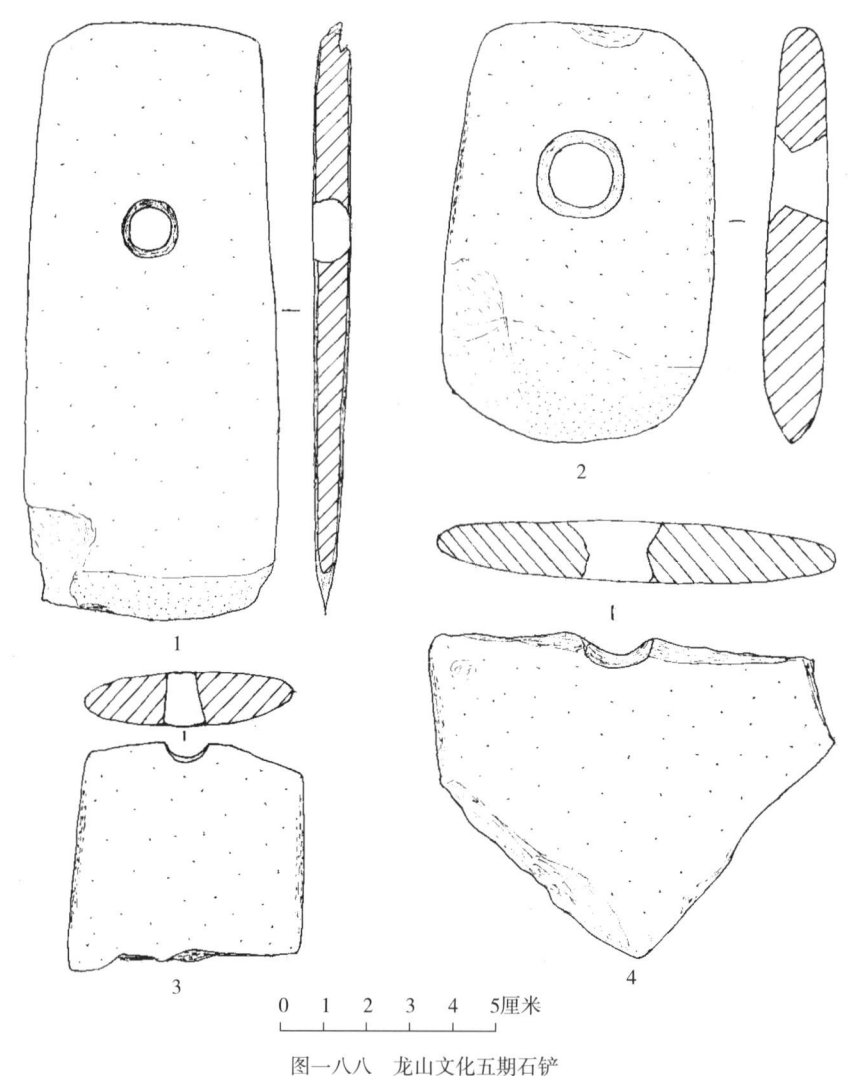

图一八八　龙山文化五期石铲

1、3、4. Ⅰ型（T7①：3、T4①：9、T6①：2）　2. Ⅱ型（T4①：14）

米，下宽 3.2 厘米，厚 1 厘米。（图一八九，5；彩版三四，5）标本 T8H18：10，顶残，由石灰岩加工精磨而成，弧刃，刃的一端有崩片，断面为长方形。残长 6.3 厘米，宽 4.1 厘米，厚 1.4 厘米。（图一八九，4；彩版三四，4）标本 T34①：23，顶残，由石灰岩加工精磨而成，直刃，刃部有崩片，断面为梯形。残长 5.6 厘米，宽 4.8 厘米，厚 1 厘米。（图一八九，6；彩版三四，6）

　　凿　1件。标本 T34①：9，完整，玉石质，呈灰色，磨制精致，长方形，平顶，偏刃平直，刃锋锐利，横剖面为长方形。长 2.7 厘米，宽 2.3 厘米，厚 0.7 厘米。（图一九〇，2；彩版三三，7）

　　刀　2件。均残，为石灰岩。弧背，直刃。标本 T424H83 下：12，由石灰岩经加工磨制而成。残宽 7.3 厘米，高 3 厘米，厚 0.5 厘米。（图一九〇，1；彩版三三，5）标本 T424H83 中：31，由石灰岩经加工磨制而成。残宽 4.8 厘米，高 5.7 厘米，厚 0.8 厘米。（图一九〇，3；彩版三三，6）

　　网坠　1件。标本 T4①：3，完整，花岗岩，椭圆形，中有对钻穿孔，孔的断面呈束腰喇叭状，最大孔径 2.6 厘米，小径 1.3 厘米。直径 6.4 厘米，高 4.4 厘米，最厚 1.2 厘米。（图一九〇，5）

　　砺石　3件。均残，主要原料为砂岩。标本 T11H2：41，平面为五边形，一端残，为砂岩加工制作而成，体上、下及两侧均有加工石器或骨器磨的痕迹，经长期使用中部较薄。残长 11.5 厘米，宽 7.2 厘米，厚 4 厘

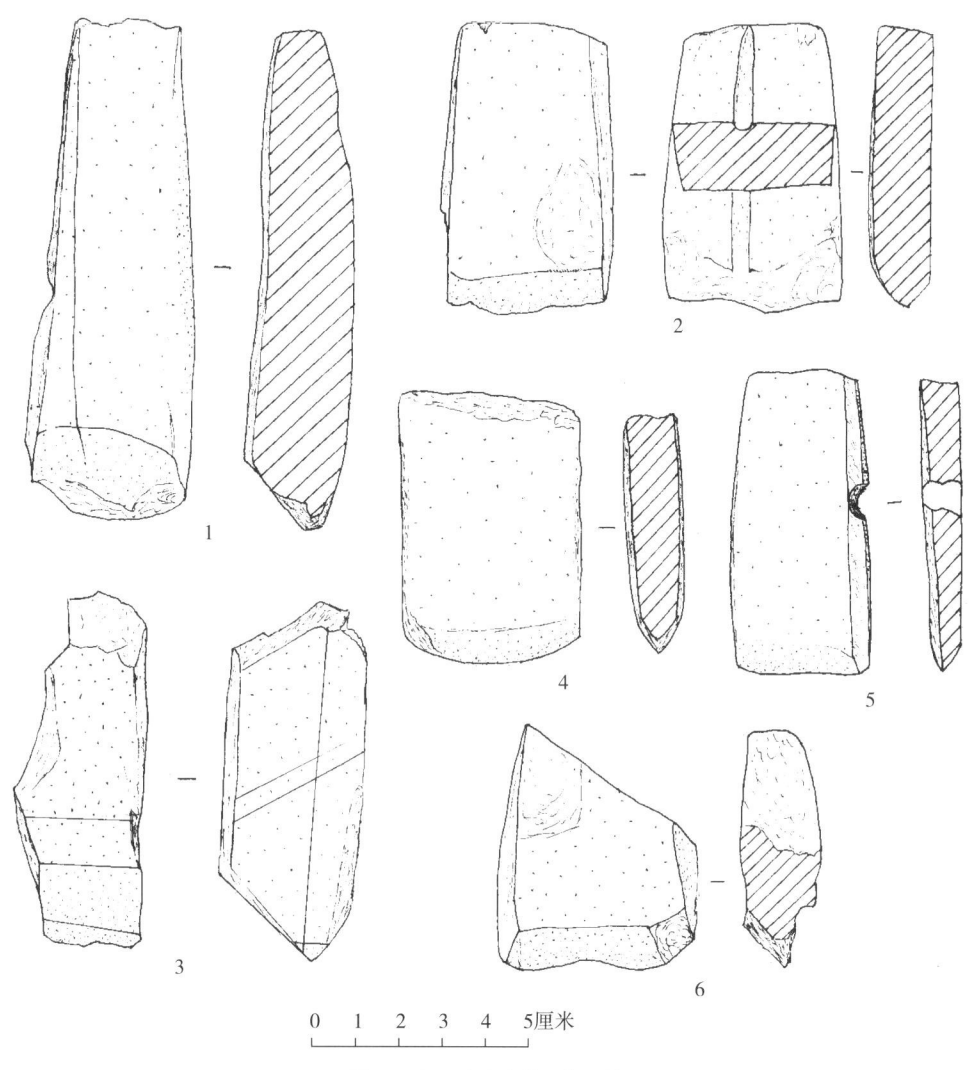

图一八九　龙山文化五期石锛

1、3. Ⅰ型（T20①：6、T20①：14）2、4、5、6. Ⅱ型（T88H185下：27、T8H18：10、T112④：3、T34①：23）

米。（图一九〇，4；彩版三一，3）标本 T4①：22-1，梯形，一端残，为砂岩加工制作而成，体上、下及两侧均有加工石器或骨器磨的痕迹，经长期使用中部较薄。上宽 5 厘米，下宽 8.5 厘米，高 7 厘米，厚 1 厘米。（图一九〇，6；彩版三一，4）标本 T4①：22-2，方形，一端残，为砂岩加工制作而成，体上、下及两侧均有加工石器或骨器磨的痕迹，经长期使用中部较薄，断面为长方形。残宽 3.2 厘米，高 4.6 厘米，厚 1 厘米。（图一九〇，7；彩版三一，5）

镞　5 件。用青灰色石灰岩加工磨制而成，磨制较精，锋刃锐利。据其形态特征可分四型。

Ⅰ型：1 件。三棱体。标本 T88H185：28，完整，平面呈三角形，前锋锐利，锥形镞尾，镞体和镞尾界线明显，断面为三角形。通长 6.7 厘米，最宽 1.8 厘米，最厚 1.8 厘米。（图一九一，1；彩版三五，1）

Ⅱ型：1 件。三棱长圆柱体。标本 T34①：10，石灰岩磨制，尖、尾残，三棱锋和圆柱状体均长。残长 8.12 厘米（锋长 5 厘米，圆柱体长 3 厘米，尾长 0.12 厘米），体径 0.8 厘米。（图一九一，2；彩版三五，2）

Ⅲ型：2 件。三棱圆锥体，三棱锋长，圆锥体短，圆锥状镞尾，镞体和镞尾界线明显。标本 T20①：1，锋尖残，侧刃锐利，后收为圆锥短柄。残长 6.9 厘米，锋宽 1 厘米，体径 0.9 厘米。（图一九一，3；彩版

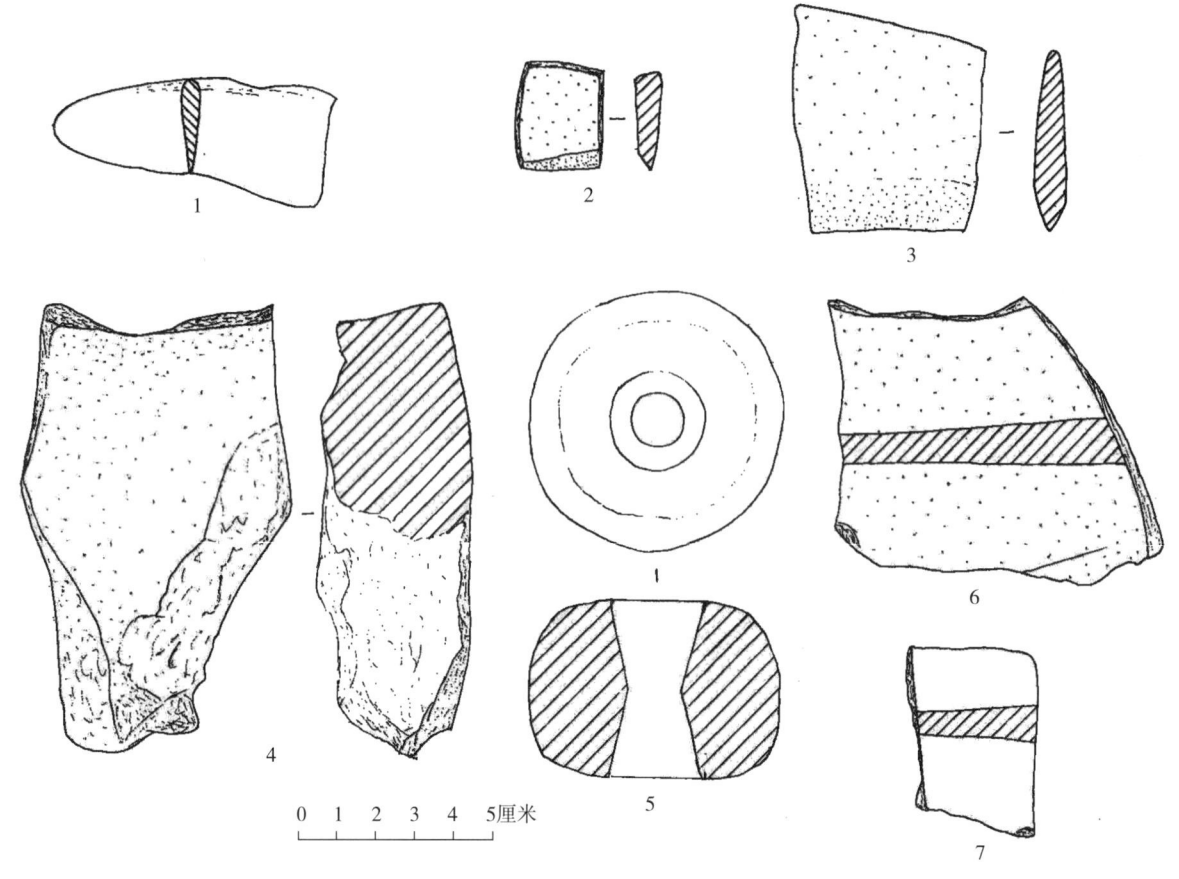

图一九〇　龙山文化五期石器

1、3.刀（T424H83下：12、T424H83中：31）2.凿（T34①：9）

4、6、7.砺石（T11H2：41、T4①：22-1、T4①：22-2）5.网坠（T4①：3）

三五，3）标本T44①：3，尖锋残，三角形锋刃，侧刃锐利。残长6.8厘米，宽0.7厘米，体径1厘米。（图一九一，4；彩版三五，4）

Ⅳ型：1件。三棱双尖。标本T426H90：2，完整，由青灰色石灰岩加工精磨而成，三棱形镞尖，其镞锋后部磨平，镞体与镞尾界线不清，镞尾为锥状。通长5.5厘米，宽1.1厘米，厚0.7厘米。（图一九一，5；彩版三五，5）

钻　3件。圆柱形。标本T50①：8，由灰色角闪岩经加工制作而成，上端平顶，下端收为锥形，体周围有钻孔留下的旋纹。通长9.3厘米，体最大径1.1厘米。（图一九一，6；彩版三五，6）标本T20①：7，由灰色角闪岩经加工制作而成，上端弧顶，下端收为锥形，体周围有钻孔留下的旋纹。通长6.3厘米，体径1.1厘米。（图一九一，7；彩版三五，7）标本T28南⑦：18，残，由石灰岩磨制而成，横剖面为圆形，窄刃平直，刃锋锐利。长6.3厘米，直径1厘米，刃宽0.3厘米。（图一九一，8；彩版三五，8）

坯料　8块。为石器加工的坯料，为长方形、梯形、长条形，经琢磨可加工成器。标本T11H2：43，沉积岩，平面为三角形，两面为白色沉积岩，其内为石灰岩。长11.5厘米，宽3.1厘米，厚4.1厘米。（图一九二，1；彩版三六，1）标本T11①：10，青灰色沉积岩，圆柱状。长10.3厘米，宽2.1厘米，厚2.3厘米。（图一九二，2；彩版三六，2）标本T424H83下：13，青灰色石灰岩，长条形。长10.2厘米，宽1.9厘米，厚0.9厘米。（图一九二，3；彩版三六，3）标本T424H83上：16，青灰色沉积岩，平面为三角形，已打出三角形尖。宽5.7厘米，高4.6厘米，厚2.7厘米。（图一九二，4；彩版三六，4）标本T424H83下：21，青灰

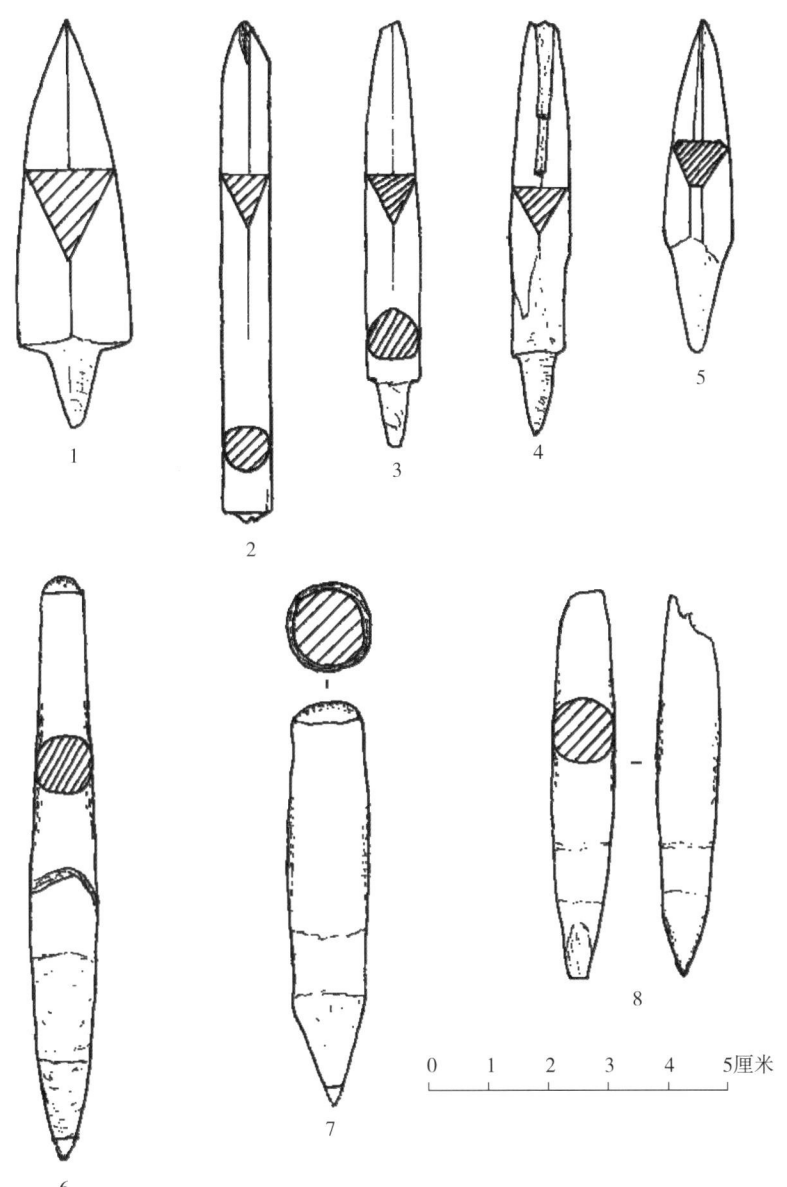

图一九一 龙山文化五期石镞、钻

1. Ⅰ型镞（T88H185：28） 2. Ⅱ型镞（T34①：10） 3、4. Ⅲ型（T20①：1、T44①：3）

5. Ⅳ型（T426H90：2） 6、7、8. 钻（T50①：8、T20①：7、T28南⑦：18）

色沉积岩，平面为长方形，已打出刀形。宽5.5厘米，高4.6厘米，厚6厘米。（图一九二，5；彩版三六，5）标本T425H86：15，青灰色沉积岩，平面为长方形。宽4.7厘米，高5.5厘米，厚1.2厘米。（图一九二，6；彩版三六，6）标本T426H90：10，青灰色沉积岩，平面为长方形，已打出凿形。宽5.5厘米，高4.6厘米，厚1.7厘米。（图一九二，7；彩版三六，7）标本T424H83中：26，青灰色沉积岩，平面为长方形，已打出凿形。宽2厘米，高4.6厘米，厚0.7厘米。（图一九二，8；彩版三六，8）

2. 骨质工具 52件。利用兽的肢骨经过劈开、锯断、加工造型，再经磨制，其中有的精磨而成，器形有凿、锥、镞等。

凿 13件。其中7件完整，6件残。利用兽的肢骨经过劈开、锯断、加工造型，再经磨制成器。分四型。

Ⅰ型：4件。标本T424H83上：5，完整，系用动物的肢骨劈开磨尖，骨腔外露，断面为凹弧形。长11.8

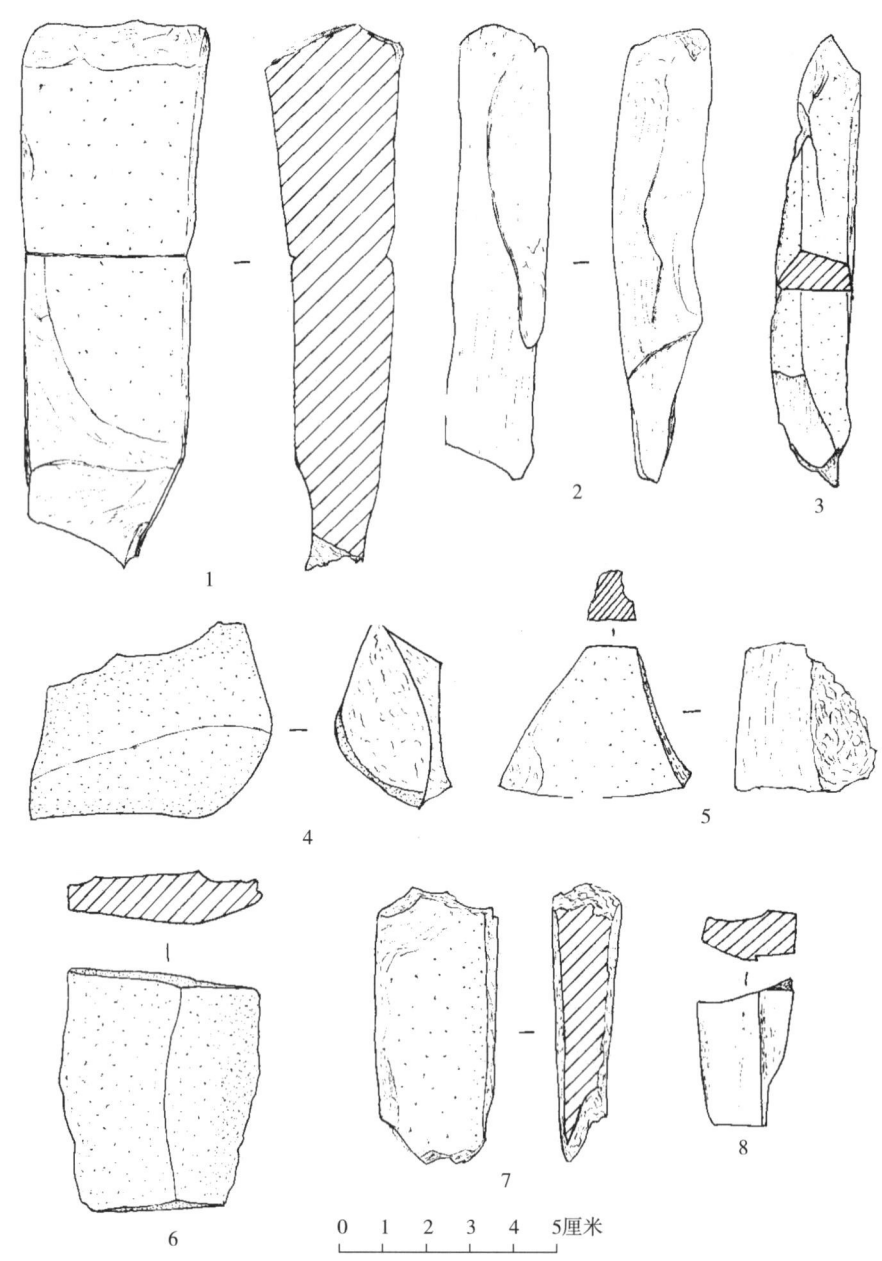

图一九二　龙山文化五期石坯料

1. T11H2：43　2. T11①：10　3.T424H83下：13　4. T424H83上：16
5. T424H83下：21　6. T425H86：15　7. T426H90：10　8. T424H83中：26

厘米，宽2.4厘米，厚0.5厘米。（图一九三，1；彩版三七，1）标本T11H2：21，残，骨腔外露，断面为凹弧形，直刃。残长10.3厘米，宽2厘米，厚0.8厘米。（图一九三，3；彩版三七，3）标本T19①：3，残，骨腔外露，断面为凹弧形，窄刃。残长9.3厘米，宽1.25厘米，厚0.8厘米。（图一九四，3；彩版三七，9）标本T12H2：36，完整，骨腔外露，断面为凹弧形，窄刃。残长10厘米，宽1.3厘米，厚0.7厘米。（图一九四，4；彩版三七，10）

Ⅱ型：4件。其中1件完整，3件残。用动物的肢骨劈开磨尖，骨腔外露，断面为三棱形。标本T425①：5，残，骨腔外露，断面为三棱形，窄刃。残长10.9厘米，宽1.7厘米，厚0.8厘米。（图一九三，2；彩版三七，2）标本T88H185：2，残，直刃，骨腔外露，断面为三棱形。残长4.3厘米，宽1.1厘米，厚0.6厘米。（图

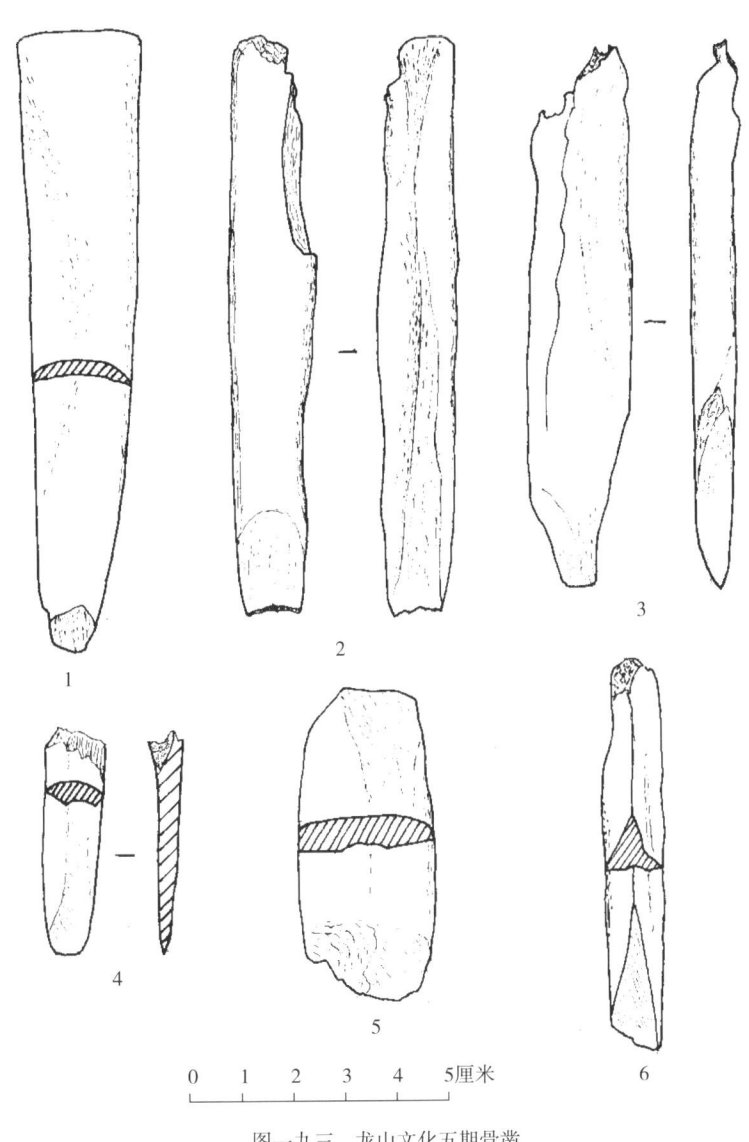

图一九三　龙山文化五期骨凿

1、3. Ⅰ型（T424H83 上：5、T11H2：21）

2、4、6. Ⅱ型（T425 ①：5、T88H185：2、T424H83 中：1） 5. Ⅲ型（T27 ①：39）

一九三，4；彩版三七，4）标本 T424H83 中：1，残，直刃，骨腔外露，断面为三棱形。残长 7.4 厘米，宽 1.1 厘米，厚 1 厘米。（图一九三，6；彩版三七，6）标本 T50 ①：1，完整，骨腔外露，断面为三棱形，直刃。长 9.9 厘米，宽 1.6 厘米，厚 0.5 厘米。（图一九四，1；彩版三七，7）

Ⅲ型：4 件。其中 3 件完整，1 件残。系用动物的肢骨劈开磨尖，骨腔外露，断面为三角形，弧刃。标本 T27 ①：39，完整，骨腔外露，断面为凹弧形，弧刃。长 5.9 厘米，宽 2.7 厘米，厚 0.7 厘米。（图一九三，5；彩版三七，5）标本 T426H90：1，完整，直刃，骨腔外露，断面为三角形。长 10.2 厘米，宽 1.1 厘米，厚 0.8 厘米。（图一九四，2；彩版三七，8）标本 T425 ①：6，完整，骨腔外露，断面为三角形，弧刃。长 8.1 厘米，宽 2.5 厘米，厚 0.5 厘米。（图一九四，6；彩版三七，12）标本 T27 ①：43，残，骨腔外露，断面为三角形，弧刃。残长 7.6 厘米，宽 0.8 厘米，厚 0.35 厘米。（图一九四，7；彩版三七，13）

Ⅳ型：1 件。标本 T24 ①：1，完整，为矩形，为兽的胫骨锯断，上端留有骨节，下保留胫骨的一半，留有部分骨腔，经精磨而成，扁平体，前端磨成单面斜刃。长 8.4 厘米，宽 5.3 厘米，厚 2.1 厘米。（图一九四，

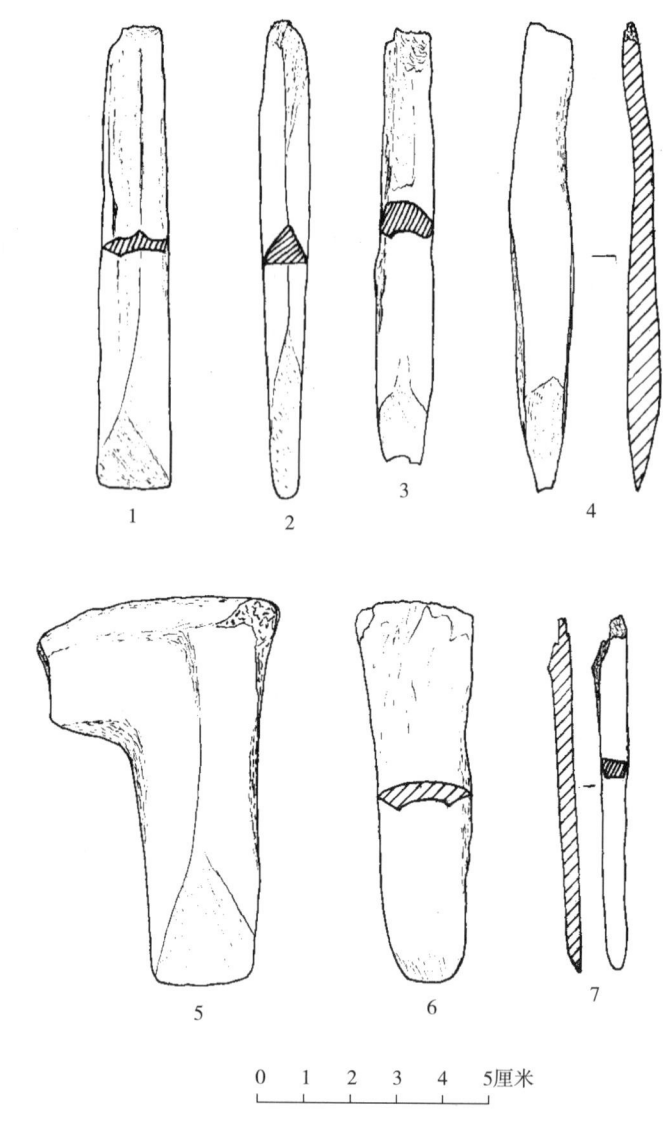

图一九四　龙山文化五期骨凿

1. Ⅱ型（T50①：1）　2、6、7. Ⅲ型（T426H90：1、T425①：6、T27①：43）

3、4. Ⅰ型（T19①：3、T12H2：36）　5. Ⅳ型（T24①：1）

5；彩版三七，11）

锥　6件。由兽的肢骨劈开，锯断，修整成长条形，再经加工磨制，前端修磨成尖锥。根据形制可分三型。

Ⅰ型：2件。小尖锥。将动物的肢骨劈开，骨腔外露，断面呈凹弧形，尖部磨成小尖。标本T11H2：40，完整，体较宽，小锥尖锐。通长13.8厘米，宽1.8厘米，厚0.7厘米。（图一九五，2；彩版三八，2）标本T11H2：18，完整，体较宽，小锥尖锐。通长8.2厘米，宽2.3厘米，厚0.5厘米。（图一九五，3；彩版三八，3）

Ⅱ型：3件。尖锥状。其中2件完整，1件残。上部较宽，下部逐渐变窄成尖锥。标本T88H185：3，完整，体较宽，小锥尖锐，体较弯。通长12厘米，宽1.4厘米，厚0.7厘米。（图一九五，1；彩版三八，1）标本T88H185：1，完整，体较宽，小锥尖锐，体较弯。通长7.5厘米，宽0.7厘米，厚0.7厘米。（图一九五，4；彩版三八，4）标本T424H83上：4，体较宽，小锥尖锐。残长4厘米，宽1厘米，厚0.5厘米。

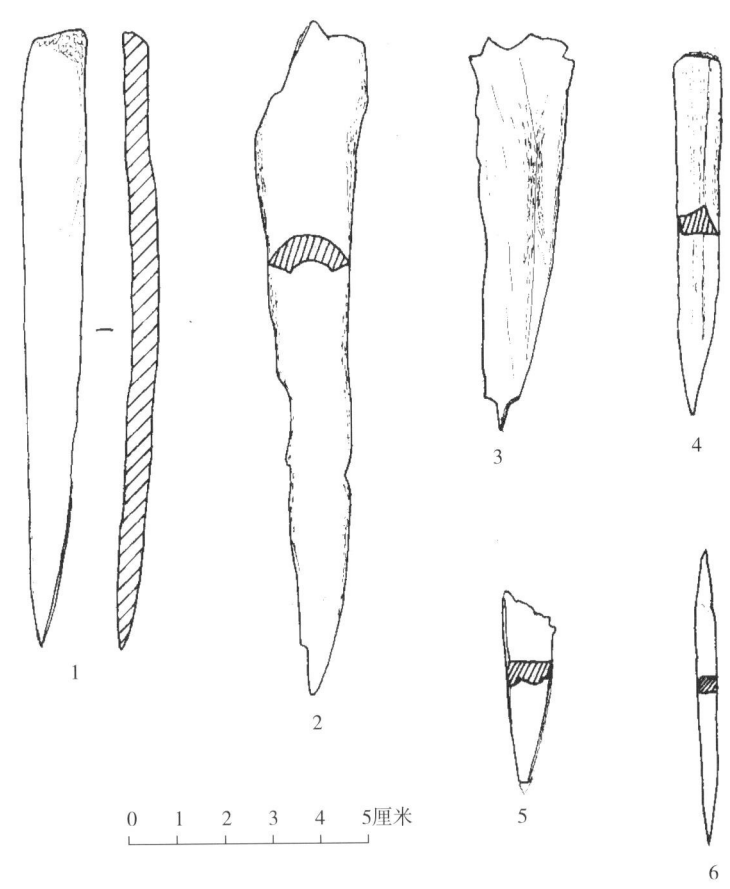

图一九五　龙山文化五期骨锥

1、4、5. Ⅱ型（T88H185：3、T88H185：1、T424H83上：4）

2、3. Ⅰ型（T11H2：40、T11H2：18）6. Ⅲ型（T88H185：12）

（图一九五，5；彩版三八，5）

Ⅲ型：1件。双尖状。标本 T88H185：12，完整，体较小，双尖。通长 6 厘米，宽 0.4 厘米，厚 0.4 厘米。（图一九五，6；彩版三八，6）

镞　20件。分为五型。

Ⅰ型：14件。体前三棱，后为圆柱体，镞尾为圆锥形。标本 T424H83 中：7，镞尾残，锋尖为三棱形，体为椭圆形，三棱形尖和体长度相当。残长 8.8 厘米，尖宽 0.9 厘米，体径 0.8 厘米。（图一九六，1；彩版三九，1）标本 T12H2：34，镞尾残，锋尖为三棱形，体为圆柱形，体较三棱尖长。残长 8.4 厘米（三棱形尖长 2 厘米，圆柱体长 6.4 厘米），尖宽 0.8 厘米，体径 0.8 厘米。（图一九六，2；彩版三九，2）标本 T11H22：1，镞尾残，锋尖为三棱形，断面为三角形，其刃部被磨平，体为半圆柱形，体较三棱尖长。残长 7.2 厘米（三棱形尖长 4.5 厘米，半圆柱体长 2.7 厘米），尖宽 0.6 厘米，体径 0.8 厘米。（图一九六，3；彩版三九，3）标本 T88H185：5，锋尖和镞尾残，锋尖为三棱形，其断面为等腰三角形，体为圆柱形。残长 7.5 厘米（三棱形锋尖残长 5 厘米，体长 2.5 厘米），宽 0.8 厘米，体径 0.7 厘米。（图一九六，4；彩版三九，4）标本 T424H83 中：4，锋尖残，系动物的肢骨磨制而成，骨腔外露，锋尖为三棱形，体为半圆柱形，镞尾为圆锥形。残长 5.8 厘米（半圆柱体长 4.3 厘米，镞尾长 1.5 厘米），尖宽 0.8 厘米，体径 0.8 厘米。（图一九六，5；彩版三九，5）标本 T424H83 中：6，锋尖残，锋尖为三棱形，体为半圆柱形，镞尾为圆锥形，三棱形尖较长。残长11.7厘米（半圆柱体柱径0.6厘米，镞尾长1.3厘米），尖宽0.86厘米。（图一九六，6；彩版三九，6）标本T12H2：31，镞尾残，锋尖为三棱形，较长，体为近圆柱形。通长10厘米（三棱形尖长6厘米），镞尖宽0.7厘米，体柱径0.7厘米。（图一九六，7；彩版三九，7）标本T424H83上：1，完整，锋尖为锐角三棱形，体为圆柱形，锋与体的长度相当，圆锥状镞尾，三棱尖断面为等腰三角形，其中两锋为锐角。通长8.5厘米（锋长3.6厘米，体长3.8厘米，尾长1.1厘米），宽1.0厘米，体径0.8厘米。（图一九六，8；彩版三九，8）标本T424H83中：2，镞尾残，锋尖为钝角三棱形，体为圆柱形，锋尖和圆柱形

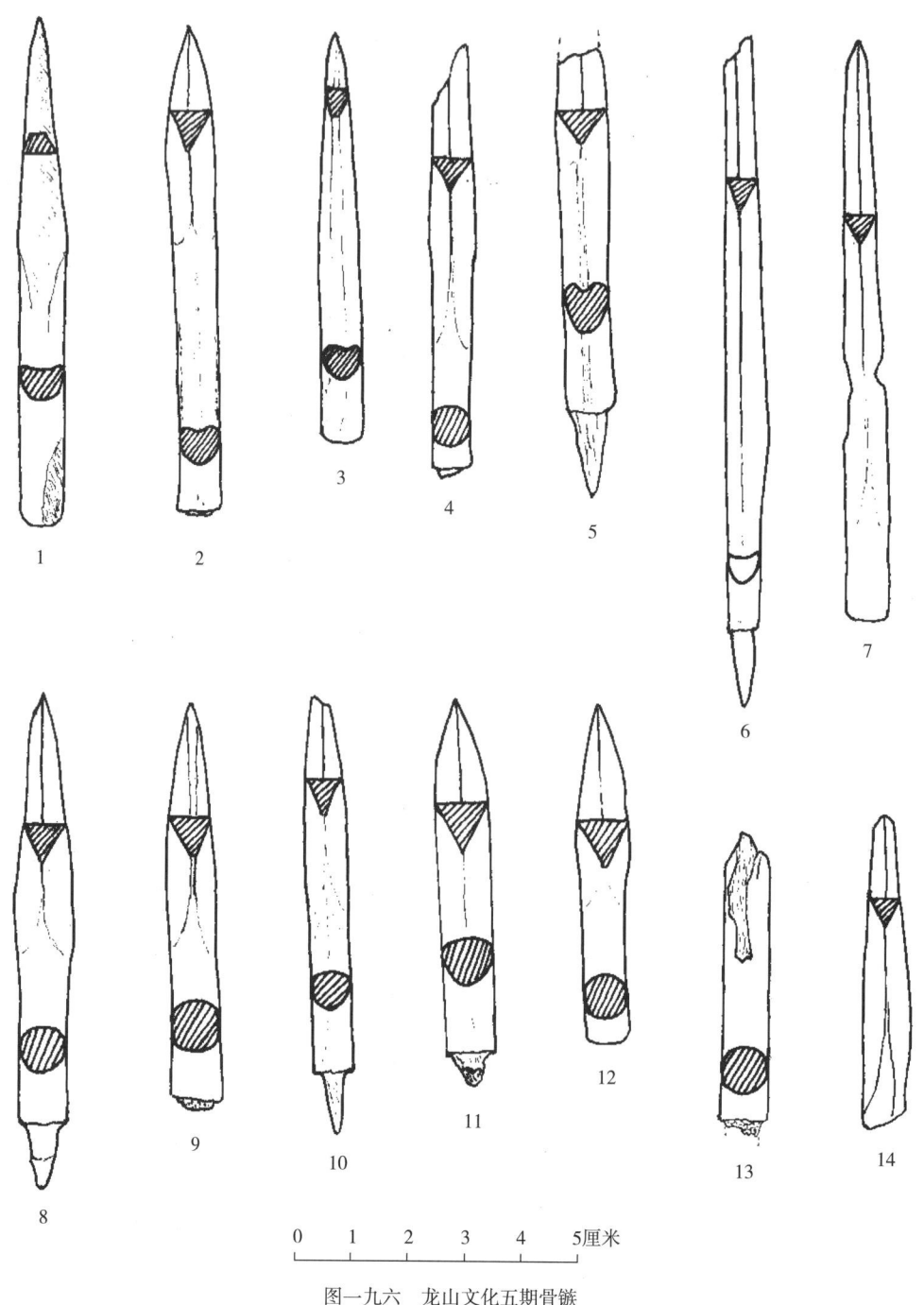

图一九六　龙山文化五期骨镞

1~14. I型（T424H83中：7、T12H2：34、T11H22：1、T88H185：5、T424H83中：4、T424H83中：6、T12H2：31、T424H83上：1、T424H83中：2、T8H18：11、T34H53：3、T20①：5、T426H84：1、T424H83上：2）

体的长度相当，圆锥状镞尾残，三棱尖断面为等腰三角形，其中两锋为钝角。残长 7.1 厘米（锋长 3 厘米，体柱长 4.1 厘米），宽 0.9 厘米。（图一九六，9；彩版三九，9）标本 T8H18：11，锋尖残，锋尖为三棱形，其断面为等腰三角形，体为圆柱形，镞尾为圆锥形，三棱形锋尖残。残长 7.6 厘米（锋长 3 厘米，体长 3.5 厘米，尾长 1.1 厘米），宽 0.7 厘米，体径 0.75 厘米。（图一九六，10；彩版三九，10）标本 T34H53：3，完整，锋尖为三棱形，体为圆柱形，锋尖较圆柱形体的长度稍短，圆锥状镞尾，三棱尖断面为等腰三角形。长 6.6 厘米（锋长 3 厘米，体柱长 3 厘米，尾长 0.6 厘米），宽 1 厘米。（图一九六，11；彩版三九，11）标本 T20①：5，镞尾残，锋尖为三棱形，体为圆柱形，锋尖较圆柱形体的长度稍短，圆锥状镞尾，三棱尖断面为等腰三角形。残长 5.9 厘米（锋长 3 厘米，体柱长 2.9 厘米），宽 0.8 厘米。（图一九六，12；彩版三九，12）标本 T426H84：1，镞尖和镞尾残，锋尖为三棱形，体为椭圆柱形，三棱形尖长度不详。残长 5.2 厘米，体径 0.8 厘米。（图一九六，13；彩版三九，13）标本 T424H83 上：2，镞尖和镞尾残，锋尖为三棱形，体为半圆柱形，锋尖长，圆柱形体稍短，三棱尖断面为等腰三角形。残长 5.5 厘米（锋长 4.6 厘米，体柱残长 0.9 厘米），宽 0.8 厘米。（图一九六，14；彩版三九，14）

Ⅱ型：3 件。圆锥状。其中 1 件完整，2 件残。标本 T88H185：25-1，镞尾残，锋尖为圆锥状，其断面为圆形，体为圆柱形。残长 4 厘米，体径 0.8 厘米。（图一九七，3；彩版四〇，1）标本 T88H185：25-2，镞

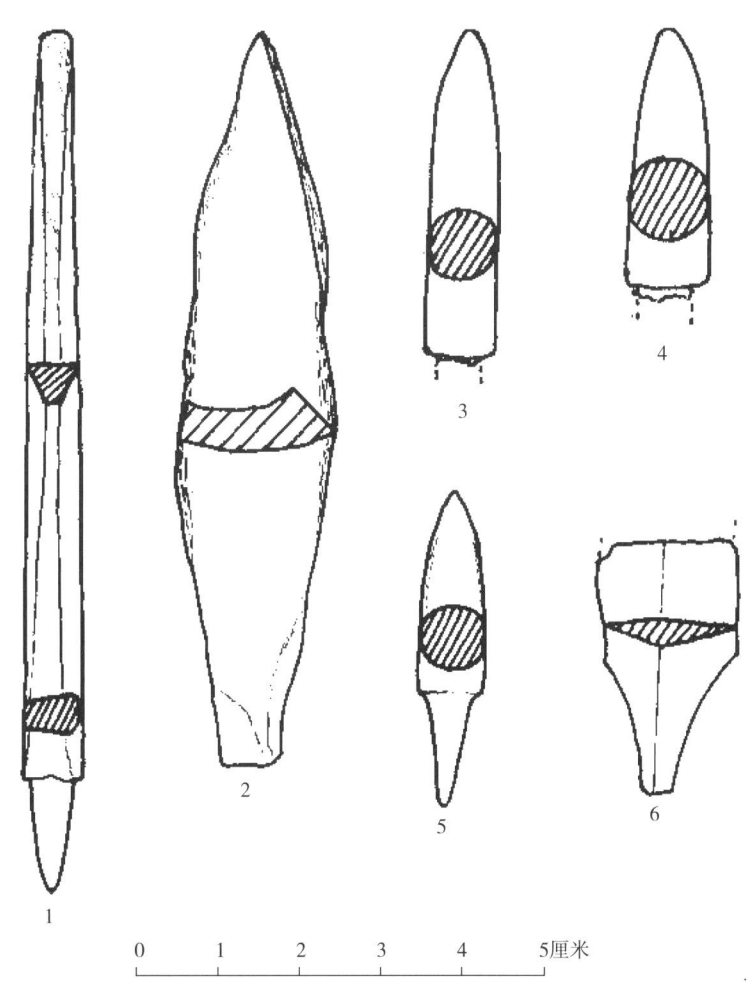

图一九七 龙山文化五期骨镞

1. Ⅲ型（T28①：8） 2. Ⅳ型（T88H185 下：26） 3、4、5. Ⅱ型（T88H185：25-1、T88H185：25-2、
T425H86：10） 6. Ⅴ型（T88H185：18）

尾残，锋尖为圆锥状，其断面为圆形，体为圆柱形。残长 3.3 厘米，径 1 厘米。（图一九七，4；彩版四〇，2）标本 T425H86：10，完整，圆柱体，锥尖、镞尾为圆锥状，体、尾界线明显。通长 3.8 厘米（镞尾长 1.7 厘米），体柱径 0.8 厘米。（图一九七，5；彩版四〇，3）

Ⅲ型：1 件。平头刃。标本 T28①：8，完整，制作精良，锋锐，锋的断面呈梯形，平头刃，圆锥状镞尾。长 10.4 厘米，尖宽 0.4 厘来，体宽 0.7 厘米。（图一九七，1；彩版四〇，4）

Ⅳ型：1 件。宽叶形。标本 T88H185 下：26，完整，形似宽叶，应为镞的坯料。长 8.8 厘米，宽 2 厘米。（图一九七，2；彩版四〇，5）

Ⅴ型：1 件。标本 T88H185：18，镞尖残，呈宽叶状，其断面为菱形。残长 3 厘米，宽 1.8 厘米，厚 0.3 厘米。（图一九七，6；彩版四〇，6）

匕　2 件。将兽的肢骨锯断，下部斜劈开露出骨腔，刮削、磨制成刃，上端为肢骨的关节，为柄，下为直刃。标本 T7H19：12，刃残。长 13.9 厘米，宽 2.8 厘米，厚 2.3 厘米。（图一九八，1；彩版三八，11）标本 T88H185：9，完整，直刃。长 13.6 厘米，宽 2.5 厘米，厚 2 厘米。（图一九八，2；彩版三八，12）

坯料　4 件。其中 1 件完整，3 件残。长条形，断面为圆形、椭圆形、三角形，尚未加工成器。标本 T4①：6，残，断面为椭圆形。残长 9.4 厘米，宽 1.1 厘米，厚 1 厘米。（图一九八，3；彩版三八，7）标本 T48H64：1，完整，斜刃，断面为圆形，从形制看似制陶的抹子。长 10.3 厘米，直径 0.7 厘米。（图一九八，

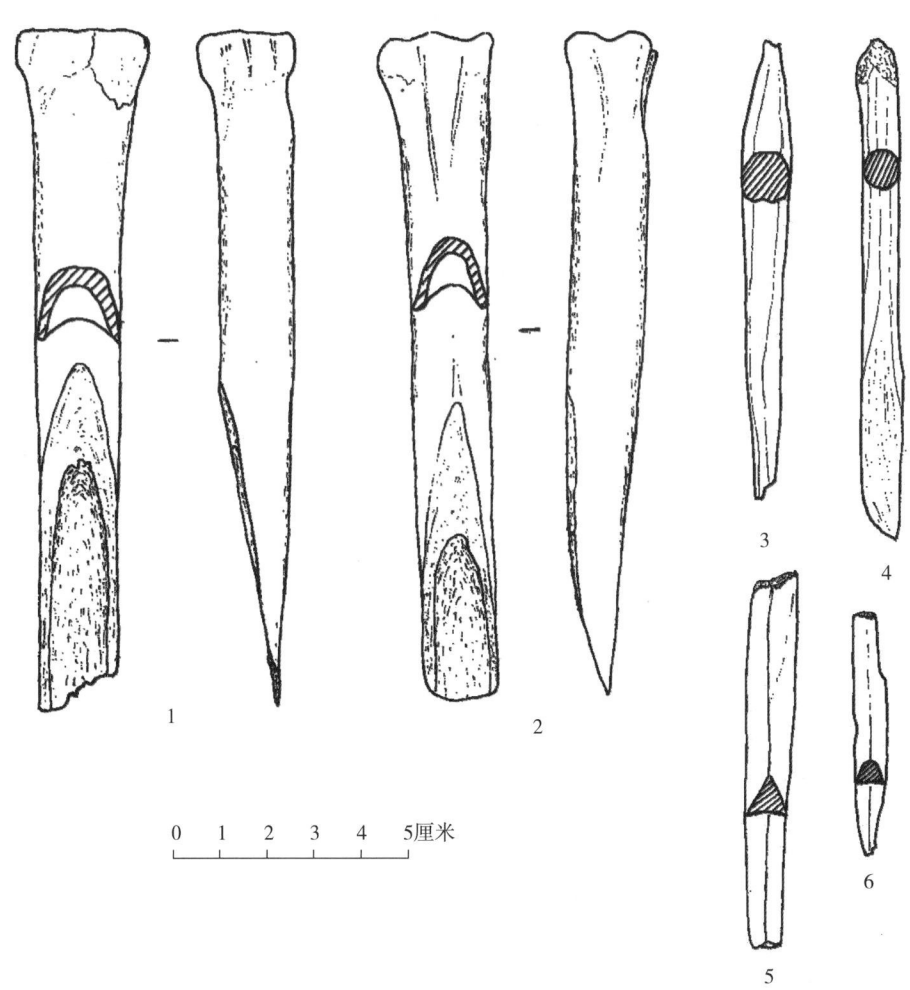

0　1　2　3　4　5厘米

图一九八　龙山文化五期骨器

1、2. 匕（T7H19：12、T88H185：9）3~6. 坯料（T4①：6、T48H64：1、T112④：5、T424H83 上：7）

4；彩版三八，8）标本 T112 ④：5，残，断面为三角形。残长 8.8 厘米，宽 0.8 厘米，高 0.8 厘米。（图一九八，5；彩版三八，9）标本 T424H83 上：7，残，断面为三角形。残长 5 厘米，宽 0.6 厘米，高 0.4 厘米。（图一九八，6；彩版三八，10）

鹿角锥 2 件。标本 T20 ①下：12，两叉鹿角，上部残。长 10.3 厘米，宽 8.7 厘米，直径 3.5~4 厘米。（图一九九，1；彩版四〇，7）标本 T424H83 下：4，长 25 厘米，最宽 5 厘米，厚 3 厘米。（图一九九，4；彩版四〇，8）

鹿角凿 2 件。标本 T425H86：18，系尚未制成的鹿角凿，柄上有刻划印痕，上部断面为圆形，一端各削去一部分。长 10.3 厘米，直径 2.6 厘米。（图一九九，2；彩版四〇，9）标本 T425H86：17，将鹿角的两端削去一半成凿形，中部断面为圆形。长 10.5 厘米，宽 4.1 厘米，厚 3 厘米。（图一九九，5；彩版四〇，10）

鹿角锄 1 件。标本 T56H276：4，利用鹿角制作而成，将一分叉的鹿角其中一支锯断，磨成扁刃，刃经使用磨蚀痕迹清晰而明显，另一支角锯断成柄，柄残断，柄上留有长期握用磨光的痕迹。柄残长 18 厘米，锄身长 7.5 厘米。

肩胛骨 2 件。标本 T424H83 下：29，为肩胛骨下部。长 11 厘米，宽 4.1 厘米，厚 3 厘米。（图一九九，

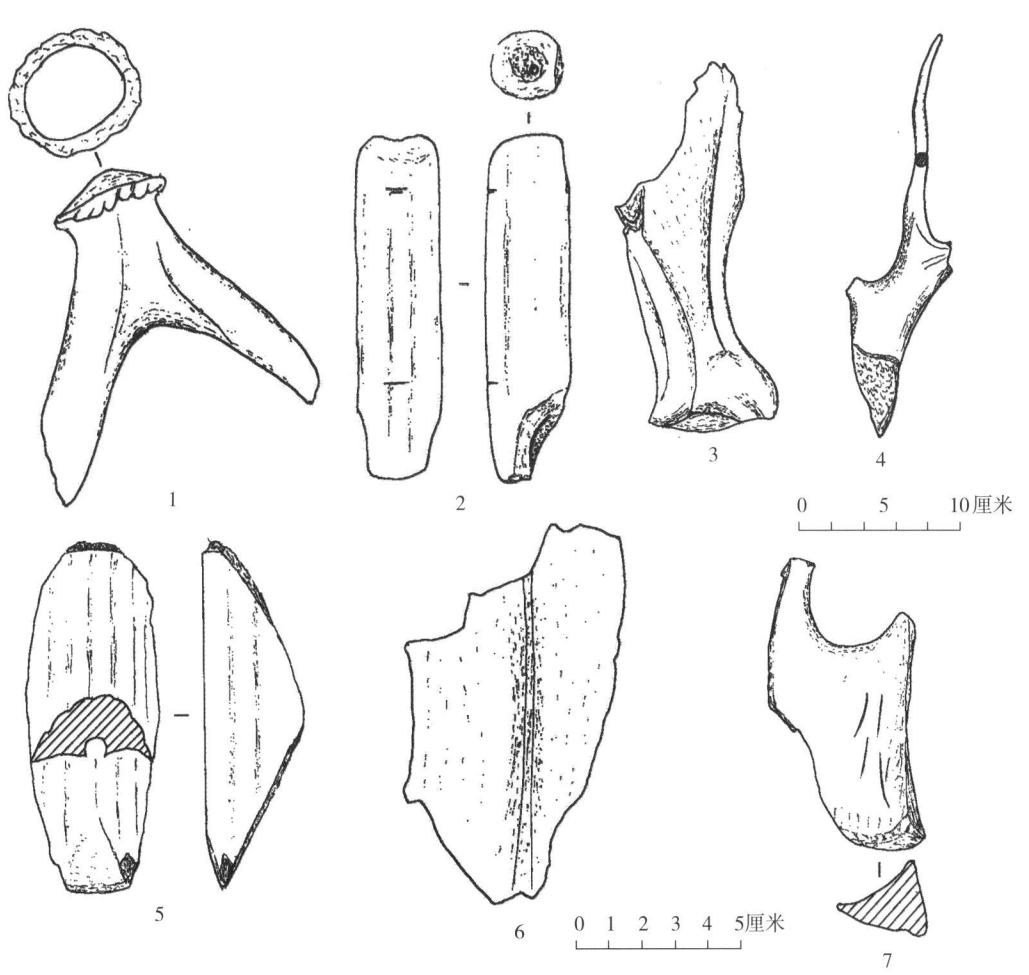

图一九九 龙山文化五期骨器

1、4.鹿角锥（T20 ①下：12、T424H83 下：4） 2、5.鹿角凿（T425H86：18、T425H86：17）

3、6.肩胛骨（T424H83 下：29、T424H83 下：28） 7.刻骨符号（T88H182 下：2）

3）标本 T424H83 下：28，为肩胛骨的上部。残长 11.5 厘米，宽 6.8 厘米，厚 1.5 厘米。（图一九九，6）

　　3. 蚌质工具　21 件，有镞、刀等。

　　刀　19 件。其中 11 件有钻孔，有一个钻孔的 3 件，两个钻孔的 8 件，没有钻孔的 8 件。根据钻孔有无可分四型。

　　Ⅰ型：8 件。双孔。其中 2 件钻孔在蚌的边缘最厚处，6 件钻孔在蚌壳最薄处。标本 T29 内④：3，有 2 个钻孔，钻孔为对钻，钻孔的断面为亚腰形，钻孔在蚌壳边缘最厚处。长 11.4 厘米，宽 5 厘米，厚 0.35 厘米。（图二〇〇，1；彩版四一，1）标本 T4①：5，有 2 个钻孔，钻孔在蚌壳最薄处。长 8.3 厘米，宽 5.2 厘

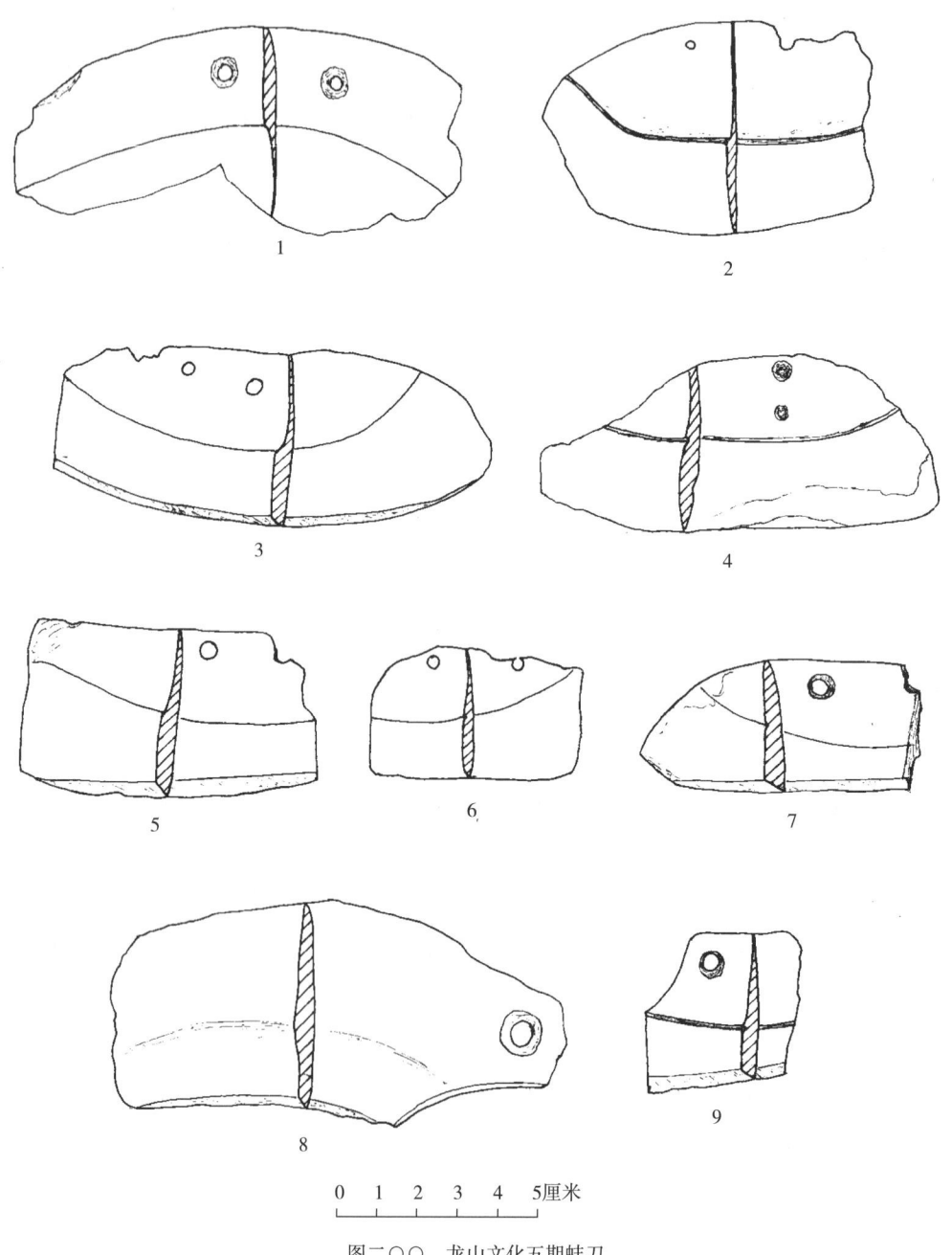

0　1　2　3　4　5厘米

图二〇〇　龙山文化五期蚌刀

1~7. Ⅰ型（T29 内④：3、T4①：5、T17①：11、T12H2：37、T12H2：30、T5①：2、T12①A：4）

8、9. Ⅱ型（T424H83 上：15、T3H33：4）

米，厚 0.3 厘米。（图二〇〇，2；彩版四一，3）标本 T17①：11，有 2 个钻孔，钻孔在蚌壳最薄处，蚌壳边缘磨出斜刃。长 11.1 厘米，宽 4.2 厘米，厚 0.5 厘米。（图二〇〇，3；彩版四一，2）标本 T12H2：37，有 2 个钻孔，钻孔在蚌壳最薄处。长 10.1 厘米，宽 4.3 厘米，厚 0.5 厘米。（图二〇〇，4；彩版四一，7）标本 T12H2：30，有 2 个钻孔，钻孔在蚌壳最薄处，蚌壳边缘磨出斜刃。长 7.6 厘米，宽 4.1 厘米，厚 0.5 厘米。（图二〇〇，5；彩版四一，6）标本 T5①：2，有 2 个钻孔，钻孔在蚌壳最薄处，蚌壳边缘磨出斜刃。长 5.4 厘米，宽 3.1 厘米，厚 0.5 厘米。（图二〇〇，6；彩版四一，4）标本 T12①A：4，有 2 个钻孔，钻孔在蚌壳最薄处，蚌壳边缘磨出斜刃。长 7.1 厘米，宽 3.3 厘米，厚 0.6 厘米。（图二〇〇，7；彩版四一，5）标本 T8H18：22，有 2 个钻孔，钻孔在蚌壳最薄处，钻孔较大，是 2 个钻孔合一，另外一孔在蚌壳边。长 13.1 厘米，宽 9.7 厘米，厚 0.6 厘米。（图二〇一，2；彩版四一，11）

Ⅱ型：3 件。单孔。标本 T424H83 上：15，有 1 个钻孔，钻孔为对钻，钻孔的断面为亚腰形，钻孔在蚌壳边缘最厚处。长 11.4 厘米，宽 5 厘米，厚 0.5 厘米。（图二〇〇，8；彩版四一，9）标本 T3H33：4，有 1 个钻孔，钻孔在蚌壳最薄处，蚌壳边缘磨出斜刃。长 3.8 厘米，宽 3.5 厘米，厚 0.4 厘米。（图二〇〇，9；彩版四一，10）标本 T8H18：24，有 1 个钻孔，钻孔在蚌壳最薄处。长 12 厘米，宽 6.8 厘米，厚 0.5 厘米。（图二〇一，1；彩版四一，8）

Ⅲ型：3 件。锯齿状。标本 T7H19：11，蚌壳边缘磨出锯齿。长 8.5 厘米，宽 3 厘米，厚 0.4 厘米。（图二〇一，4；彩版四二，1）标本 T24①：7，蚌壳边缘磨出锯齿。长 8.5 厘米，宽 5.2 厘米，厚 0.4 厘米。（图二〇一，5；彩版四二，3）标本 T89②：3，蚌壳边缘磨出锯齿。长 12 厘米，宽 5.6 厘米，厚 0.4 厘米。（图二〇一，9；彩版四二，4）

Ⅳ型：5 件。未经过加工。标本 T7H19：9，长 13 厘米，宽 4.7 厘米，厚 0.5 厘米。（图二〇一，6；彩版四二，8）标本 T424①：5，长 6.2 厘米，宽 4 厘米，厚 0.35 厘米。（图二〇一，7；彩版四二，6）标本 T424①：7，蚌壳边缘磨出斜刃，长 6.7 厘米，宽 2.8 厘米，厚 0.35 厘米。（图二〇一，3；彩版四二，2）标本 T424①：6，长 5 厘米，宽 4.5 厘米，厚 0.5 厘米。（图二〇一，8；彩版四二，5）标本 T11H2：25，长 19.3 厘米，宽 5.5 厘米，厚 0.5 厘米。（图二〇一，10；彩版四二，7）

镞　2 件。系用蚌壳加工而成。分二型。

Ⅰ型：1 件。平面呈柳叶形。标本 T7H19：10，镞尾残，断面呈"丁"字形，磨制精致。长 5.7 厘米，宽 1.1 厘米，厚 0.8 厘米。（图二〇二，2；彩版四二，10）

Ⅱ型：1 件。三棱双尖形。标本 T12①A：5，完整，镞的平面呈双尖形，断面为三角形，加工精致。长 4.7 厘米，宽 1.3 厘米，厚 0.8 厘米。（图二〇二，1；彩版四二，9）

4. 陶质工具　发现不多，计有 31 件。其中纺轮 29 件、网坠 2 件。

网坠　2 件。标本 T424H83 中：37，完整，泥质黑陶，平面呈双亚腰形，断面为椭圆形，有捆绑用的凹槽，竖一道，横二道。长 3.5 厘米，宽 2.1 厘米，厚 1.4 厘米。（图二〇三，2；彩版四三，13）标本 T424H83 上：13，残，泥质灰陶，平面呈椭圆形，中有直洞穿孔，孔径 0.4 厘米，断面为圆形，一侧有花纹。长 7.5 厘米，体径 5 厘米。（图二〇三，1；彩版四三，12）

纺轮　29 件。其中 25 件完整，4 件残。圆饼形，中心穿孔。有大小厚薄之别，27 件直径相近，小的仅 2 件。从陶色看灰陶 12 件、红陶 9 件、黑陶 8 件。泥质陶 27 件，夹砂陶 2 件。穿孔的断面有直孔，少数为喇叭状。断面有长方形、梯形、弧边和单弧面等。周边有直、鼓、斜等之分。据其形体特征可分四型。

Ⅰ型：11 件。圆形周边垂直，断面为长方形。皆完整。分大、小型号。

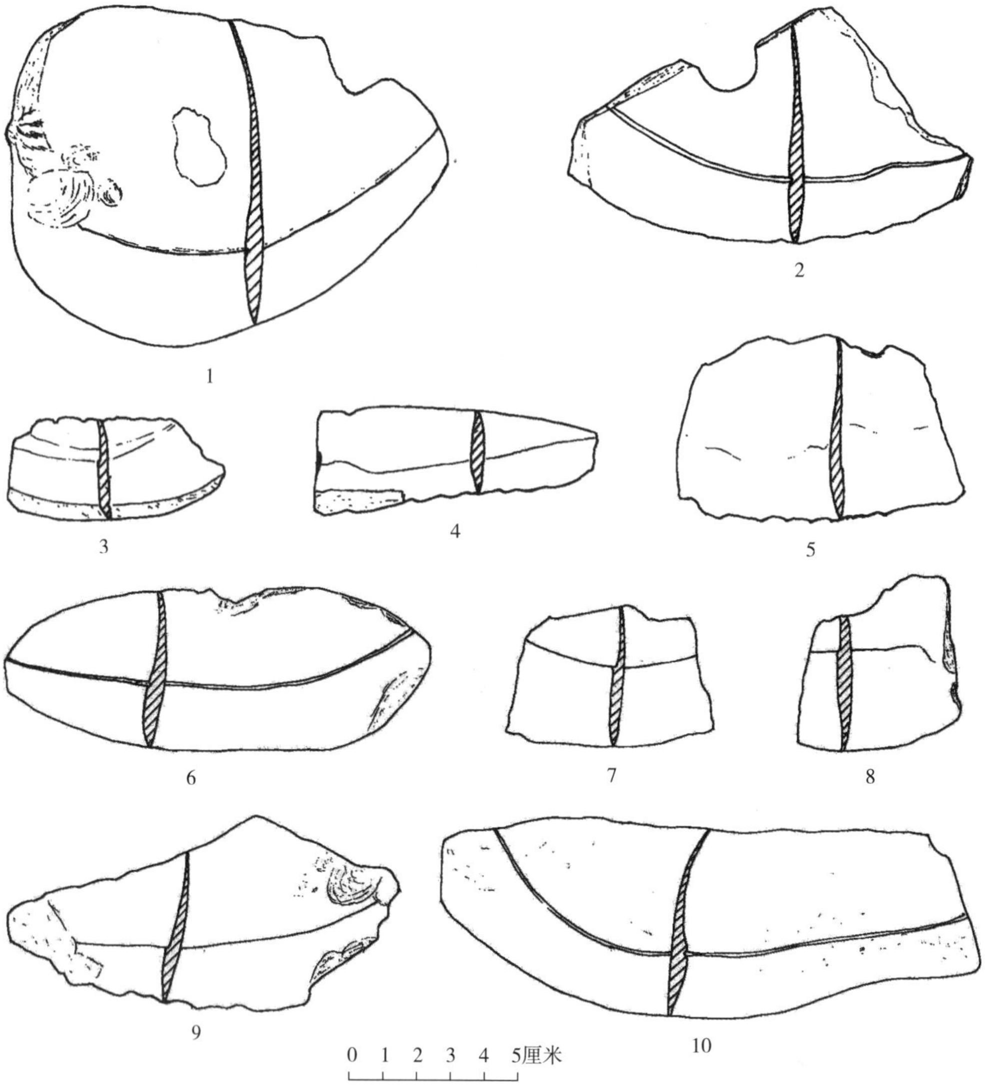

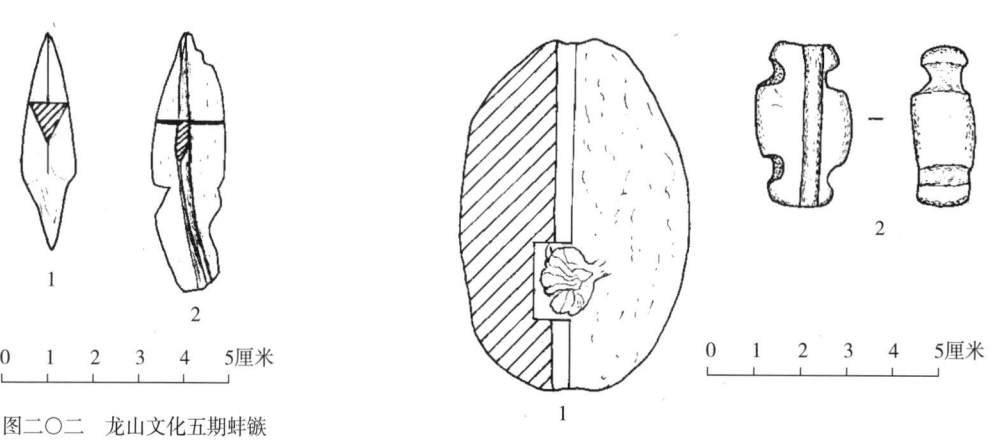

图二〇一　龙山文化五期蚌刀

1. Ⅱ型（T8H18：24）2. Ⅰ型（T8H18：22）4、5、9. Ⅲ型（T7H19：11、T24①：7、T89②：3）

3、6、7、8、10. Ⅳ型（T424①：7、T7H19：9、T424①：5、T424①：6、T11H2：25）

图二〇二　龙山文化五期蚌镞

1. Ⅱ型（T12①A：5）

2. Ⅰ型（T7H19：10）

图二〇三　龙山文化五期陶网坠

1. T424H83 上：13　2. T424H83 中：37

Ⅰ型大 10件。标本T20①：2，泥质棕陶，喇叭状孔，直径4.3厘米，厚0.8厘米，孔径0.3~0.8厘米。（图二〇四，1；彩版四三，1）标本T425H86：14，泥质灰陶，直筒孔。直径4厘米，厚0.7厘米，孔径0.3厘米。（图二〇四，2；彩版四三，2）标本T424H83上：10，泥质黑陶，直筒孔。直径3.8厘米，厚1厘米，孔径0.4厘米。（图二〇四，3；彩版四三，3）标本T34①：36，泥质红陶，直筒孔。直径3.8厘米，厚0.8厘米，孔径0.6厘米。（图二〇四，4；彩版四三，4）标本T88H185：17，泥质灰陶，上下台面划不对称的"十"字，直筒孔。台面径3.4厘米，腹径3.6厘米，厚0.6厘米，孔径0.5厘米。（图二〇四，5；彩版四三，5）标本T4①：4，泥质灰褐陶，直筒孔，正面有锥刺的双直线"十"字纹。直径3.5厘米，厚0.8厘米，孔径0.4厘米。（图二〇四，6；彩版四三，6）标本T11H2：11，泥质棕陶，素面。直径3.4厘米，厚0.9厘米，孔径0.3厘米。（图二〇四，7；彩版四三，7）标本T44①：2，泥质灰陶，上面微鼓，弧壁。台面径4厘米，腹径4.4厘米，厚1厘米。（图二〇四，8；彩版四三，8）标本T13①：7，泥质黑陶，

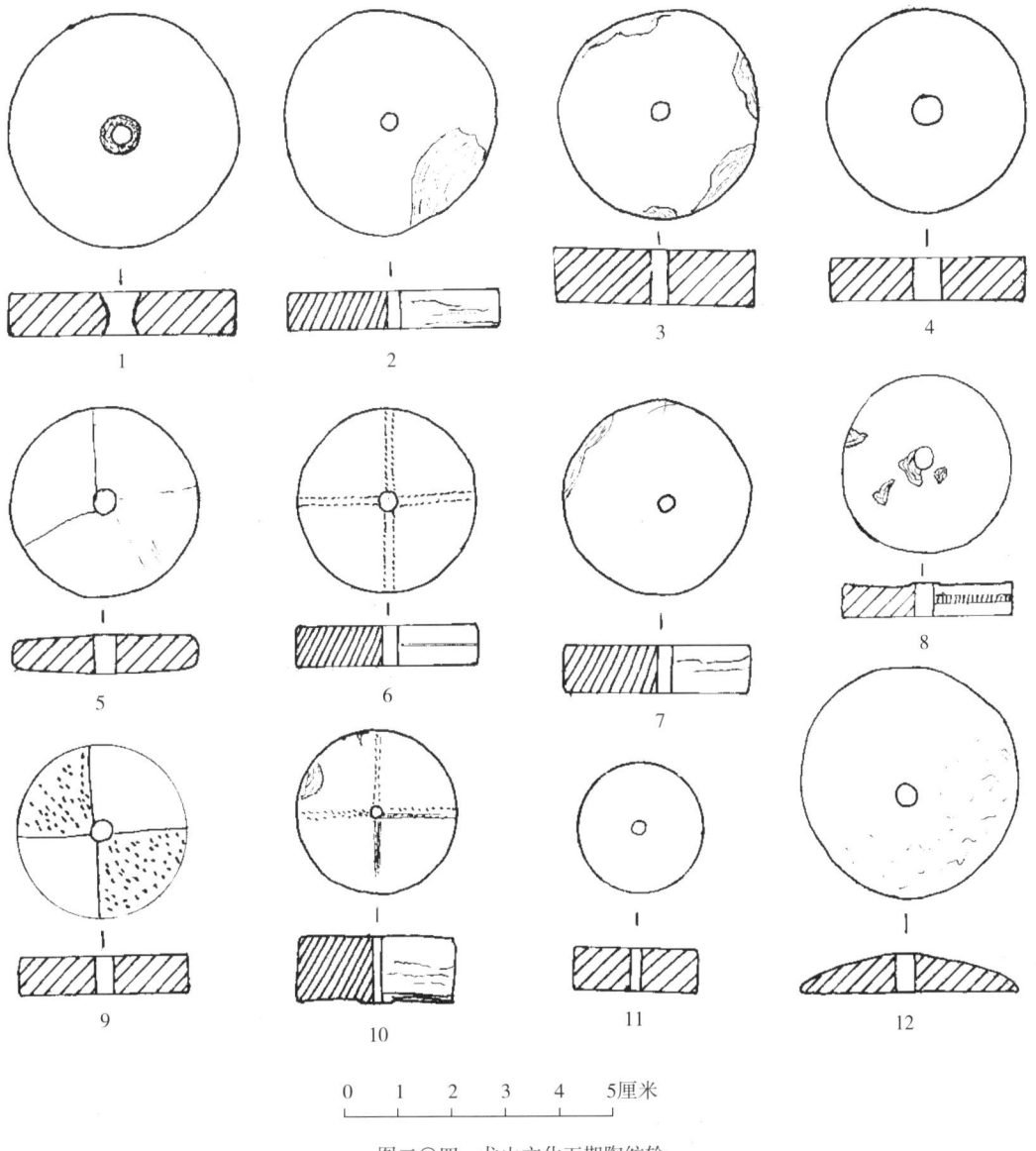

图二〇四　龙山文化五期陶纺轮

1~11. Ⅰ型（T20①：2、T425H86：14、T424H83上：10、T34①：36、T88H185：17、T4①：4、
T11H2：11、T44①：2、T13①：7、T30⑥：10、T11H2：19） 12. Ⅳ型（T11H2：12）

直筒孔，正面有刻划的"十"字纹，"十"字间有锥刺纹。直径3.2厘米，厚0.7厘米，孔径0.7厘米。（图二〇四，9；彩版四三，9）标本T30⑥：10，泥质黑陶，直筒状孔，一面有锥刺的双直线"十"字纹，其侧面划有一周凹弦纹。直径3厘米，厚1.3厘米，孔径0.2厘米。（图二〇四，10；彩版四三，10）

Ⅰ型小　1件。标本T11H2：19，泥质红陶，直筒孔。直径2.4厘米，厚0.8厘米，孔径0.2厘米。（图二〇四，11；彩版四三，11）

Ⅱ型：5件。周边斜直，断面为梯形。其中4件整，1件残。标本T34①：21，泥质红陶，残，喇叭状孔。直径3.8厘米，厚0.8厘米，孔径0.6厘米。（图二〇五，1；彩版四四，17）标本T7H19：8，泥质灰陶，完整。上部直径4.2厘米，下部直径4.4厘米，厚0.9厘米，孔径0.7厘米。（图二〇五，2；彩版四四，16）标本T425H86：3，泥质灰陶，完整，素面，侧面有二周凹弦纹。上部直径4厘米，下部直径4.6厘米，孔径0.7厘米。（图二〇五，3；彩版四四，15）标本T425H86：13，泥质灰陶，素面，完整，喇叭状孔。上部直径3.8厘米，下部直径4厘米，孔径1厘米。（图二〇五，4；彩版四四，14）标本T28①：2，泥质灰陶，完整，素面。上部直径2.4厘米，下部直径2.6厘米，孔径0.3厘米。（图二〇五，5；彩版四四，13）

Ⅲ型：12件。周边为弧形，断面呈弧边长方形。其中9件整，3件残。标本T88H185：6，泥质灰陶，完整，素面，上下壁面内凹，侧面弧壁，孔呈喇叭状。台面径3.4厘米，腹径3.8厘米，厚1.1厘米，孔径0.4厘米。（图二〇六，1；彩版四四，1）标本T13①：13，泥质灰陶，完整，直筒孔，素面。上部台面直径3.2厘米，腰部直径3.6厘米，厚0.7厘米，孔径0.3厘米。（图二〇六，2；彩版四四，2）标本T30⑥：11，泥质灰陶，完整，正面有锥刺直线"十"字纹，侧面弧壁，直孔。台面径3厘米，腹径3.2厘米，厚0.7厘

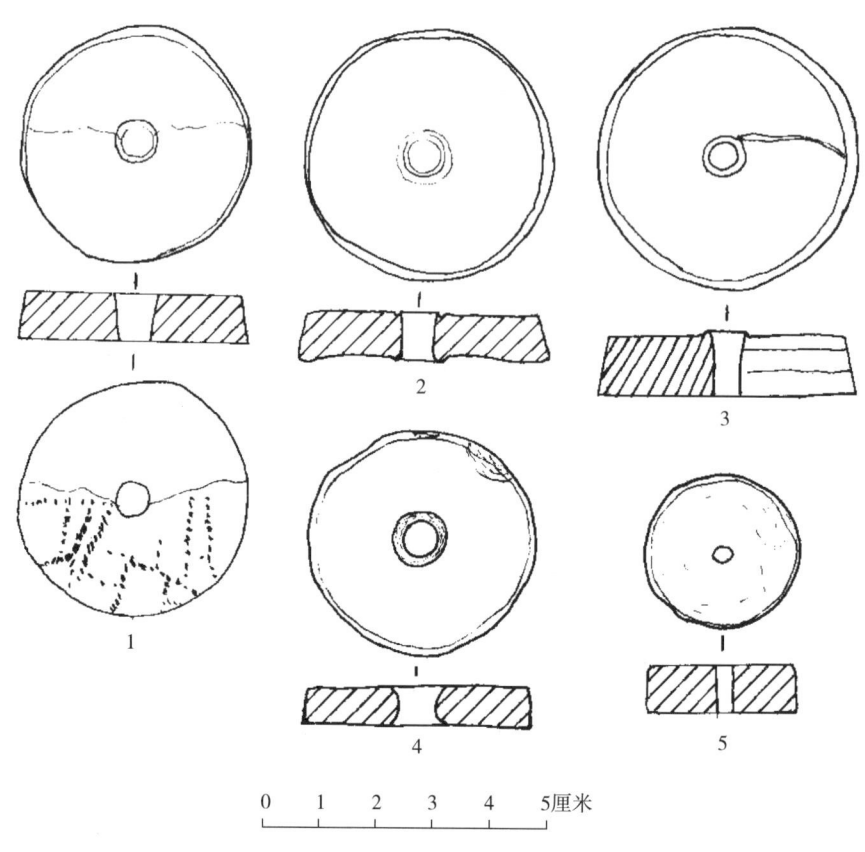

图二〇五　龙山文化五期陶纺轮

1~5. Ⅱ型（T34①：21、T7H19：8、T425H86：3、T425H86：13、T28①：2）

米，孔径0.5厘米。（图二〇六，3；彩版四四，3）标本T20①：11，泥质黑陶，完整，正面、背面均有锥刺的双直线"十"字纹，上下壁面内凹，侧面弧壁，直孔。台面径3.6厘米，腹径3.9厘米，厚0.6厘米，孔径0.5厘米。（图二〇六，4；彩版四三，4）标本T34①：13，泥质棕陶，完整，素面，侧面弧壁，孔呈喇叭状。台面径4厘米，腹径4厘米，厚0.8厘米，孔径0.7厘米。（图二〇六，5；彩版四四，5）标本T88H185：15，泥质黑陶，完整，直孔，素面，侧面饰二周锥刺纹。台面径3.4厘米，腹径4厘米，厚0.8厘米，孔径0.3厘米。（图二〇六，6；彩版四四，6）标本T19①：5，泥质灰陶，残，素面，侧面弧壁，孔呈喇叭状。台面径5厘米，腹径5.3厘米，厚1厘米，孔径0.4~0.8厘米。（图二〇七，1；彩版四四，7）标本T424H83中：21，夹砂棕陶，完整，素面，侧面弧壁，孔呈喇叭状。台面径4厘米，腹径4.6厘米，厚1厘米，孔径0.7厘米。（图二〇七，2；彩版四四，8）标本T4①：10，泥质灰陶，完整，侧面弧壁，孔呈直筒状，台面划"十"字，"十"字不对称，底面微鼓，并划一横道。台面直径4厘米，腹径4.4厘米，厚1厘米，孔径0.5厘米。（图二〇七，3；彩版四四，9）标本T8H18：20，泥质黑灰陶，完整，正面有三个半圆形，半圆形之间有弧线相连，半圆内有锥刺纹，侧面弧壁，直孔。台面径3.8厘米，腹径4.2厘米，厚0.7厘米，孔径0.4厘米。（图二〇七，4；彩版四四，10）标本T43外④：6，泥质灰陶，残，正面有直线"十"字纹，侧面弧壁，直孔。台面径4.2厘米，腹径4.4厘米，厚1.2厘米，孔径0.4厘米。（图二〇七，5；彩版四四，11）标本T49外⑥：3，泥质灰陶，残，素面，侧面弧壁，孔呈喇叭状。台面径4.4厘米，腹径4.6厘米，厚0.7厘米，孔径0.4~0.6厘米。（图二〇七，6；彩版四四，12）

Ⅳ型：1件。标本T11H2：12，完整，泥质棕陶，圆形，断面呈半弧形。直径4.2厘米，厚0.7厘米，圆形直筒状孔，孔径0.4厘米。（图二〇四，12）

5.铜渣　2块。标本T72①：1，断面呈椭圆形。长1.4厘米，宽1.1厘米，直径0.5厘米。标本T72①：2，

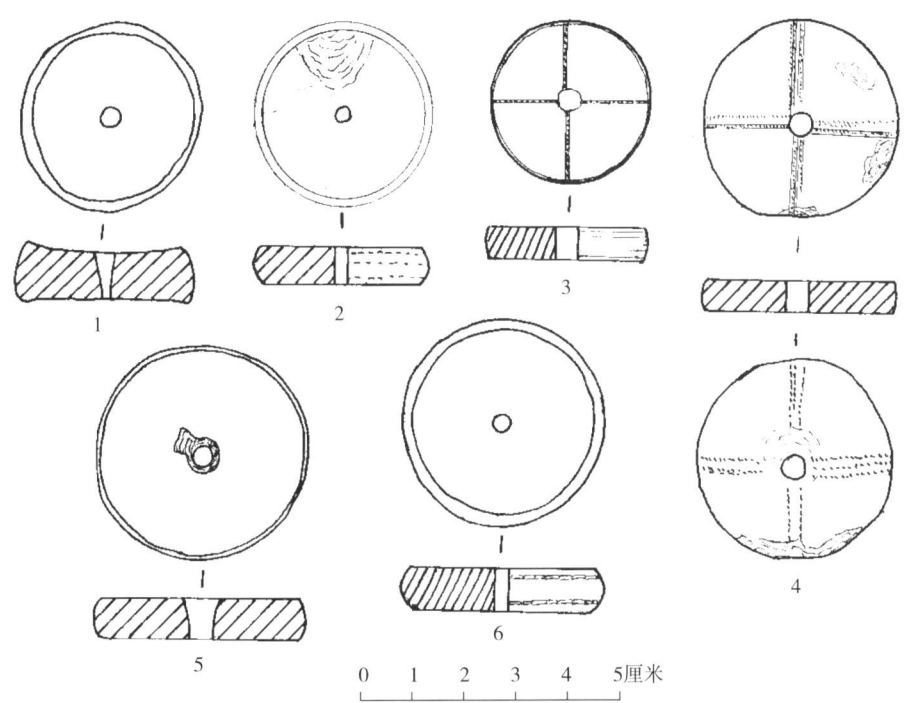

图二〇六　龙山文化五期陶纺轮
1~6.Ⅲ型（T88H185：6、T13①：13、T30⑥：11、T20①：11、T34①：13、T88H185：15）

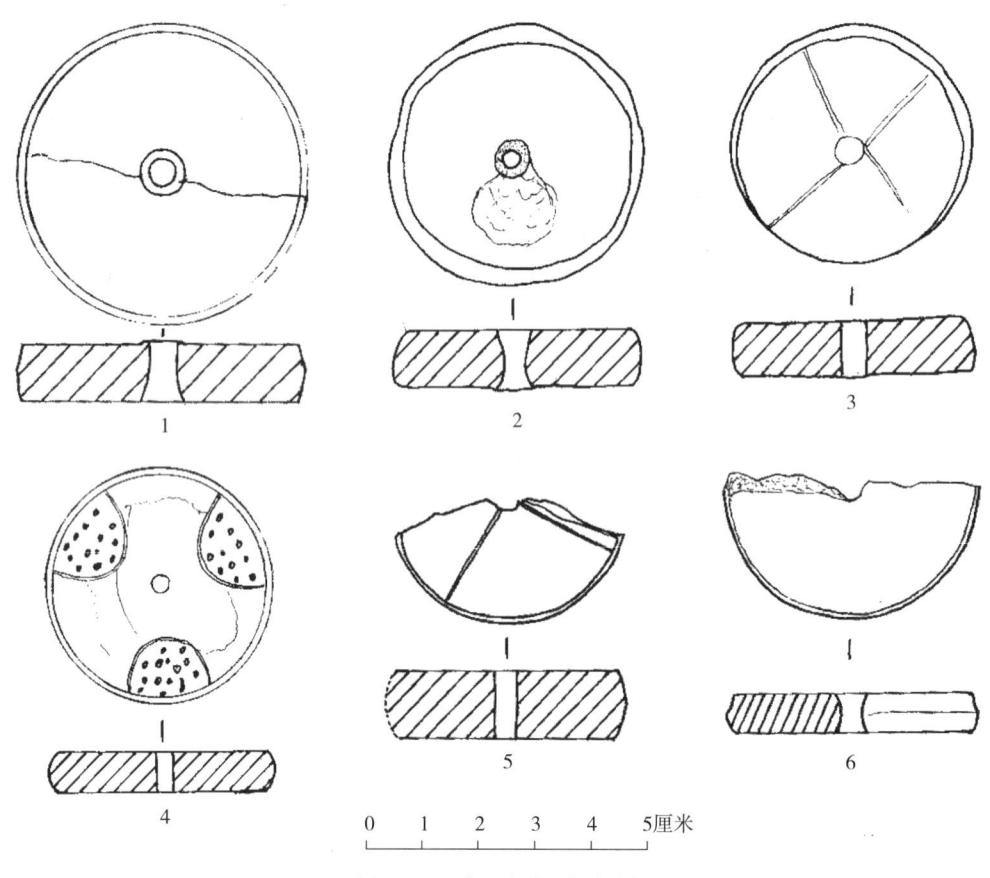

图二〇七　龙山文化五期陶纺轮

1~6. Ⅲ型（T19①：5、T424H83 中：21、T4①：10、T8H18：20、T43 外④：6、T49 外⑥：3）

断面呈椭圆形。长 0.9 厘米，宽 1.1 厘米，直径 0.4 厘米。

（二）生活用具

主要是陶器，本期出土的陶片数以万计，绝大多数不能复原。根据已修复的 30 件带纹饰的器物看，篮纹 9 件，绳纹 2 件，方格纹 18 件，压印纹 1 件，陶器中鼎、甗、罐、高领罐、瓮的表面多饰有纹饰，以方格纹为主，篮纹次之，绳纹较少，此外还有弦纹。陶器制作主要是轮制，器形规整，制作精良，陶胎厚薄均匀。器耳、足是先制好再安接在器物相应的部位，个别小件器也是手制。器形有鼎、罐、甗、甑、澄滤器、单把罐、盆、壶、钵、碗、圈足盘、豆、杯、瓮等。现分别介绍如下。

鼎　残片较多，修复 9 件。据形制特征可分为五型。

Ⅰ型：4 件。罐形。标本 T86④：2，残，夹砂黑皮陶，折沿，双唇，唇上有凹弦纹，沿面内凹，敛口，内口有折棱，肩部素面，圆腹，圜底，腹部和底部饰篮纹，纹饰清晰规整，底置三角形足，足跟有三个压印窝纹，足断面呈椭圆形。口径 14.5 厘米，腹径 16 厘米，高 19 厘米。（图二〇八，1；图二〇九，1；彩版四五，1）标本 T88H185：24，残，夹砂黑皮陶，折沿，双唇，唇上有凹弦纹，沿面内凹，敛口，内口有折棱，肩部素面，圆腹，圜底，腹和底部饰正方格纹，纹饰清晰规整，底置三角形足，足上有一个压印窝纹，足断面呈椭圆形。口径 12.7 厘米，腹径 15.5 厘米，残高 16.6 厘米。（图二〇八，2；图二〇九，2）标本 T424H83：19，残，夹砂黑皮陶，折沿，双唇，唇上有凹弦纹，沿面内凹，敛口，内口有折棱，肩部素面，圆腹，圜底，腹和底部饰正方格纹，纹饰清晰规整，底置三角形足，足断面呈椭圆形。口径 13 厘米，腹径

16 厘米，残高 17 厘米。（图二〇八，3；图二〇九，3；图版五六，1）标本 T424H83：18，残，夹砂黑皮陶，折沿，双唇，唇上有凹弦纹，沿面内凹，敛口，内口有折棱，肩部素面，圆腹，圜底，腹和底部饰正方格纹，纹饰清晰规整，底置三角形足，足上有两个压印窝纹，足断面呈椭圆形。口径 14 厘米，腹径 15.5 厘米，残高 13 厘米。（图二〇八，4；图二〇九，4；图版五六，2）

Ⅱ型：1 件。束颈。标本 T424H100：11，残，夹砂黑皮陶，折沿，双唇，唇上有凹弦纹，凹弦纹与口平直，沿面斜直，敛口，内口有折棱，肩部素面，圆腹，圜底，腹饰菱形方格纹，纹饰清晰规整，底置三角形足，足上有两个压印窝纹，足断面呈椭圆形。口径 11 厘米，腹径 15 厘米，残高 14.5 厘米。（图二〇八，5；图二〇九，5；图版五六，3）

Ⅲ型：1 件。垂腹。标本 T426H90：13，残，夹砂黑皮陶，折沿，双唇，唇上有凹弦纹，凹弦纹外高内低，沿面内凹，敛口，内口有折棱，肩部素面，圆腹，圜底，腹饰菱形方格纹，纹饰清晰规整，底置三角形足，足断面呈椭圆形。口径 14 厘米，腹径 16 厘米，残高 14 厘米。（图二〇八，6；图二〇九，6；图版五六，4）

Ⅳ型：2 件。盆形。标本 T88H185：23，残，夹砂灰陶，折沿，双唇，唇上有凹弦纹，唇部内高外低，沿面内凹，敛口，内口有折棱，腹微鼓，圜底，腹和底部饰篮纹，纹饰清晰规整，底置三角形足，足上有三个压印窝纹，足断面呈椭圆形。口径 28 厘米，腹径 23.6 厘米，残高 23 厘米。（图二一〇，1、4）标本 T88H185：22，残，夹砂黑皮陶，折沿，双唇，唇上有凹弦纹，唇部内高外低，沿面内凹，敛口，内口有折棱，腹微鼓，圜底，肩部素面，腹和底部饰篮纹，纹饰清晰规整，底置三角形足，足上有三个压印窝纹，足

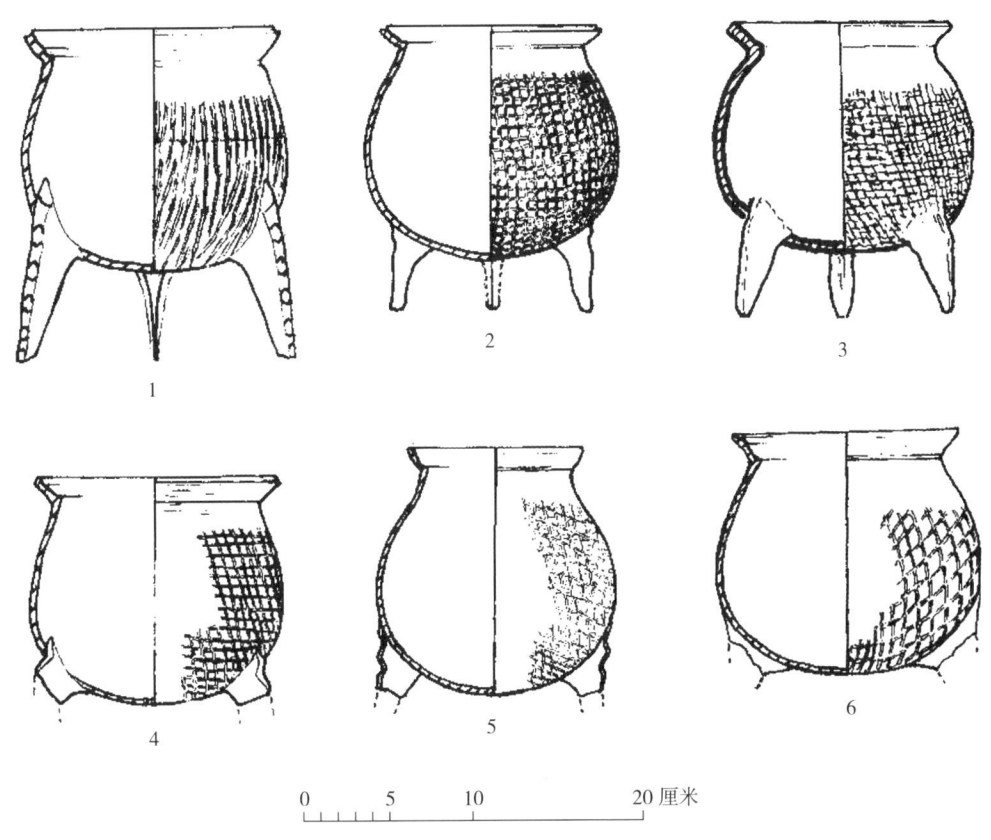

0　5　10　20 厘米

图二〇八　龙山文化五期陶鼎

1~4. Ⅰ型（T86④：2、T88H185：24、T424H83：19、T424H83：18）　5. Ⅱ型（T424H100：11）　6. Ⅲ型（T426H90：13）

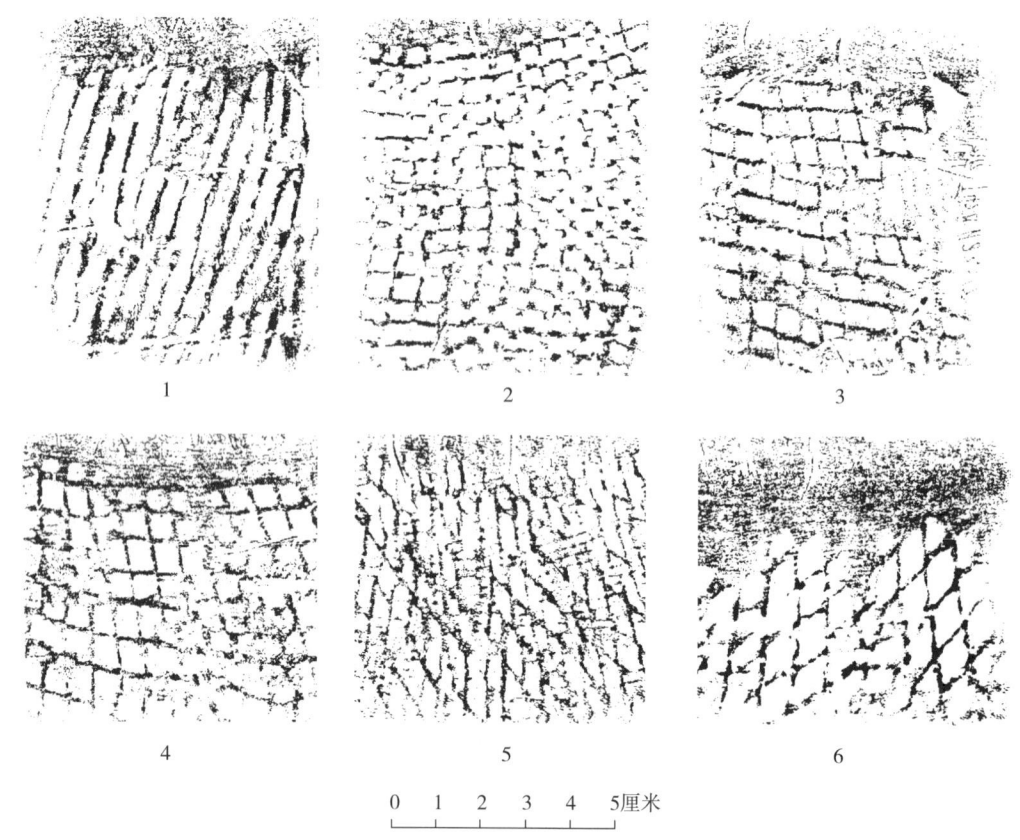

图二〇九　龙山文化五期陶鼎纹饰拓片

1~4. Ⅰ型（T86④：2、T88H185：24、T424H83：19、T424H83：18）

5. Ⅱ型（T424H100：11）　6. Ⅲ型（T426H90：13）

断面呈椭圆形。口径 28.8 厘米，腹径 27.2 厘米，残高 24 厘米。（图二一〇，2、5；图版五六，6）

Ⅴ型：1 件。标本 T11H2：9，残，夹砂黑皮陶，折沿，圆唇，沿面微曲，敛口，内口有折棱，腹微鼓，圜底，肩部素面并饰二周凹弦纹，腹和底部饰篮纹，纹饰清晰规整，底置三角形足，足上有两个压印窝纹，足断面呈椭圆形。口径 22.5 厘米，腹径 20.8 厘米，残高 18.5 厘米。（图二一〇，3、6；图版五六，5）

罐　18 件。夹砂陶，多饰菱形方格纹，少数饰绳纹或篮纹加弦纹。依特征分四型。

Ⅰ型：10 件。鼓腹。侈口，折沿，沿面微曲，敛口处有折棱，鼓腹，下腹部微敛，小平底或圜底内凹，肩部素面或饰弦纹，多饰方格纹，少数饰篮纹或弦纹。标本 T48H66：3，残，夹砂黑陶，侈口，折沿，唇部有凹弦纹，沿面微曲，敛颈，内口处有折棱，肩部素面，鼓腹，下腹部微敛，饰菱形方格纹，纹饰清晰，圜底内凹，底部饰方格纹，纹饰较乱。口径 27 厘米，腹径 30.4 厘米，底径 9.5 厘米，高 34 厘米。（图二一一，1；图二一二，1；图版五七，1）标本 T88H185 下：19，残，上部为夹砂红陶，下部为夹砂灰陶，侈口，折沿，双唇，唇部有凹弦纹，沿面呈凹弧形，敛颈，内口处有折棱，肩部素面，鼓腹，下腹部微敛，腹部饰菱形方格纹，纹饰清晰，圜底内凹，底部饰方格纹，纹饰较乱。口径 21 厘米，腹径 27.5 厘米，底径 10 厘米，高 32 厘米。（图二一一，2；图二一二，2；彩版四五，2）标本 T47①：2，残，夹砂黑陶。侈口，折沿，双唇，唇部有凹弦纹，沿面呈凹弧形，敛颈，内口处有折棱，肩部饰四周弦纹，鼓腹，下腹部微敛，饰菱形方格纹，纹饰清晰，圜底内凹，底部饰方格纹，纹饰较乱。口径 18.5 厘米，腹径 23 厘米，底径 8 厘米，高 29.5 厘米。（图二一一，3；图二一二，3）标本 T424H83 下：27，残，夹砂黑陶，侈口，折沿，双唇，唇部

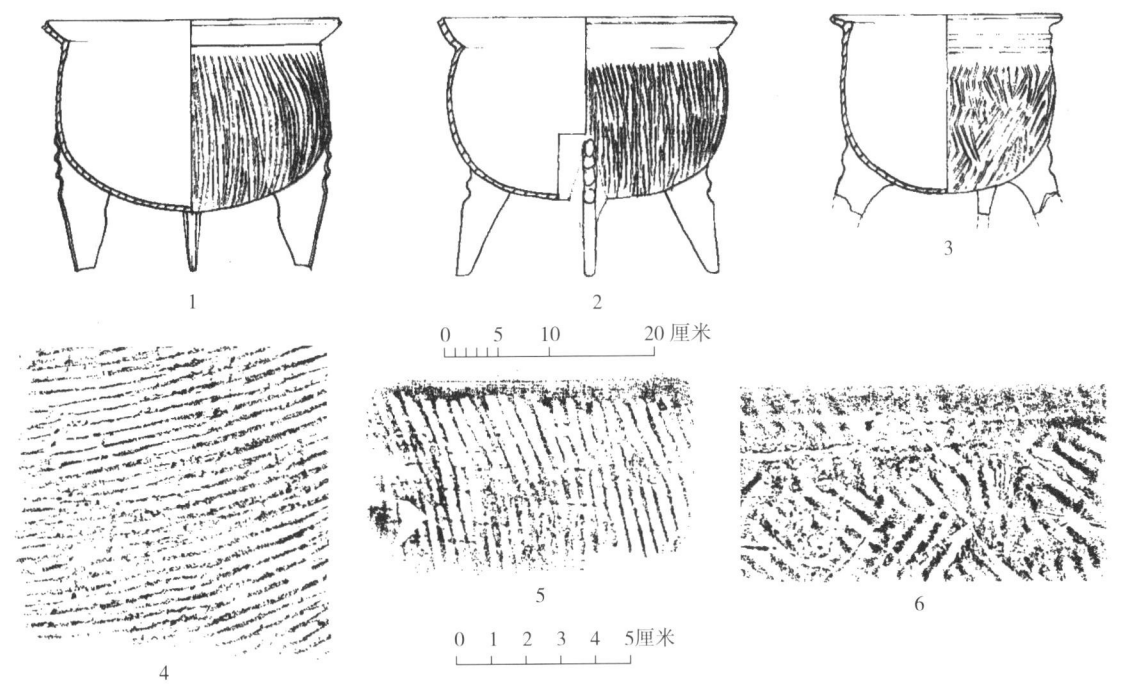

图二一〇　龙山文化五期陶鼎和纹饰拓片

1、4. Ⅳ型（T88H185∶23）　2、5. Ⅳ型（T88H185∶22）　3、6. Ⅴ型（T11H2∶9）

有凹弦纹，沿面呈凹弧形，敛颈，内口处有折棱，肩部饰弦纹，鼓腹，下腹部微敛，饰菱形方格纹，纹饰清晰，平底。口径 18.5 厘米，腹径 22.5 厘米，底径 7.5 厘米，高 23.6 厘米。（图二一一，4；图二一二，4）标本 T11H2∶3，残，夹砂黑陶，侈口，折沿，双唇，唇部有凹弦纹，沿面呈凹弧形，敛颈，内口处有折棱，肩部饰弦纹，鼓腹，下腹部微敛，饰菱形方格纹，纹饰清晰，平底。口径 14.5 厘米，腹径 20 厘米，底径 8 厘米，高 23 厘米。（图二一一，5；图二一二，5；图版五七，3）标本 T11H2∶6，残，夹砂黑陶，侈口，折沿，双唇，沿面呈凹弧形，敛颈，内口处有折棱，肩部素面，腹微鼓，饰菱形方格纹，纹饰清晰，平底。口径 17 厘米，腹径 20.8 厘米，底径 7.5 厘米，高 22 厘米。（图二一一，6；图二一二，6；图版五七，4）标本 T4H6∶1，残，夹砂黑陶，侈口，折沿，双唇，沿面呈凹弧形，敛颈，内口处有折棱，肩部素面，腹微鼓，饰菱形方格纹，纹饰清晰，底部饰方格纹，纹饰较乱，圜底内凹。口径 13 厘米，腹径 16.5 厘米，底径 6.5 厘米，高 17.5 厘米。（图二一一，7；图二一二，7；图版五七，5）标本 T424H100∶9，残，夹砂棕陶，侈口，折沿，双唇，沿面呈凹弧形，敛颈，内口处有折棱，肩部素面，腹微鼓，饰篮纹，纹饰清晰，底部饰篮纹，纹饰较乱，圜底内凹。口径 13.5 厘米，腹径 16 厘米，底径 6.5 厘米，高 17 厘米。（图二一一，8；图二一二，8；图版五七，2，彩版四五，4）标本 T34①∶14，残，夹砂黑陶，侈口，折沿，双唇，沿面呈凹弧形，敛颈，内口处有折棱，肩部素面，腹微鼓，饰绳纹，纹饰清晰，底部饰绳纹，纹饰较乱，平底。口径 13.2 厘米，腹径 14 厘米，底径 6 厘米，高 14 厘米。（图二一一，9；图二一二，9；彩版四五，3）标本 T27 扩方①∶2，残，侈口，折沿，沿面微曲，敛口处有明显折棱，鼓腹，下腹部微敛，小平底，饰弦纹。口径 10.5 厘米，腹径 11.5 厘米，底径 5.5 厘米，高 12.5 厘米。（图二一一，10；图版五七，6）

Ⅱ型：6件。瘦腹。标本 T424H100∶14，残，夹砂黑陶，侈口，折沿，沿面微曲，敛口处有明显折棱，鼓腹，下腹部微敛，小平底，肩部饰弦纹，腹部饰菱形方格纹，纹饰清晰规整。口径 23.5 厘米，腹径 27.9 厘米，底径 9 厘米，高 34.2 厘米。（图二一三，1；图二一四，1；图版五八，1）标本 T424H100∶6，残，夹

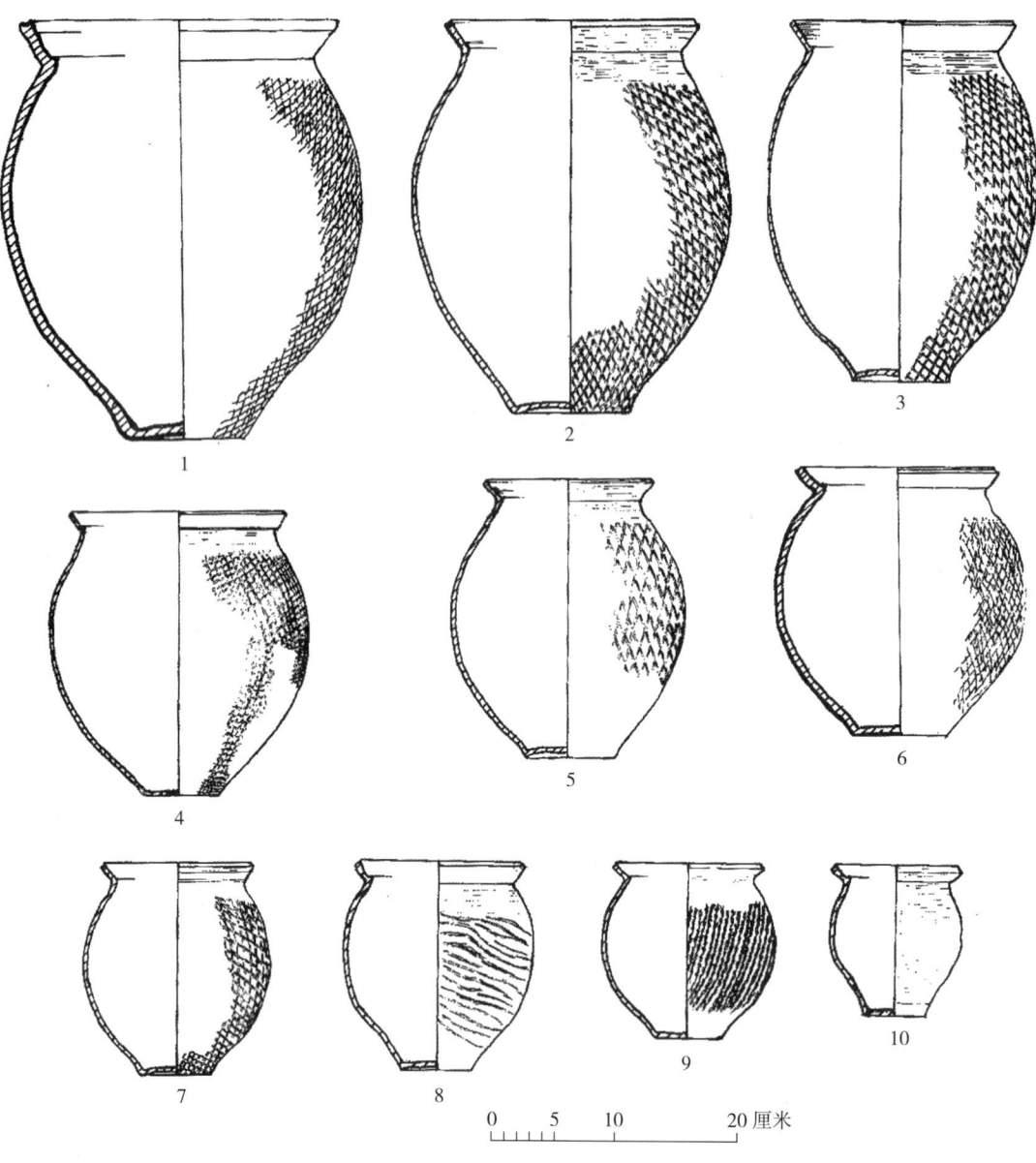

图二一一　龙山文化五期陶罐

1~10. Ⅰ型（T48H66：3、T88H185下：19、T47①：2、T424H83下：27、T11H2：3、T11H2：6、T4H6：1、
T424H100：9、T34①：14、T27扩方①：2）

砂黑陶，侈口，折沿，沿面微曲，敛口处有明显折棱，鼓腹，下腹部微敛，圜底内凹，肩部饰弦纹，腹部饰菱形方格纹，纹饰清晰规整。口径18厘米，腹径24厘米，底径8.5厘米，高28.5厘米。（图二一三，2；图二一四，2；图版五八，2）标本T424H100：7，残，夹砂黑陶，侈口，折沿，沿面微曲，敛口处有明显折棱，鼓腹，下腹部微敛，平底，肩部素面，腹部饰菱形方格纹，纹饰清晰规整。口径18.5厘米，腹径23.5厘米，底径8厘米，高28厘米。（图二一三，3；图二一四，3；图版五八，3）标本T424H100：8，残，夹砂黑陶，侈口，折沿，沿面微曲，敛口处有明显折棱，鼓腹，下腹部微敛，平底，肩部饰三周弦纹，腹部饰菱形方格纹，纹饰清晰规整。口径16厘米，腹径20.8厘米，底径7.5厘米，高25.5厘米。（图二一三，4；图二一四，4；图版五八，4）标本T424H100：10，残，夹砂黑陶，侈口，折沿，沿面微曲，敛口处有明显折棱，鼓腹，下腹部微敛，圜底内凹，肩部饰密集的弦纹，腹部饰菱形方格纹，纹饰清晰规整。口径

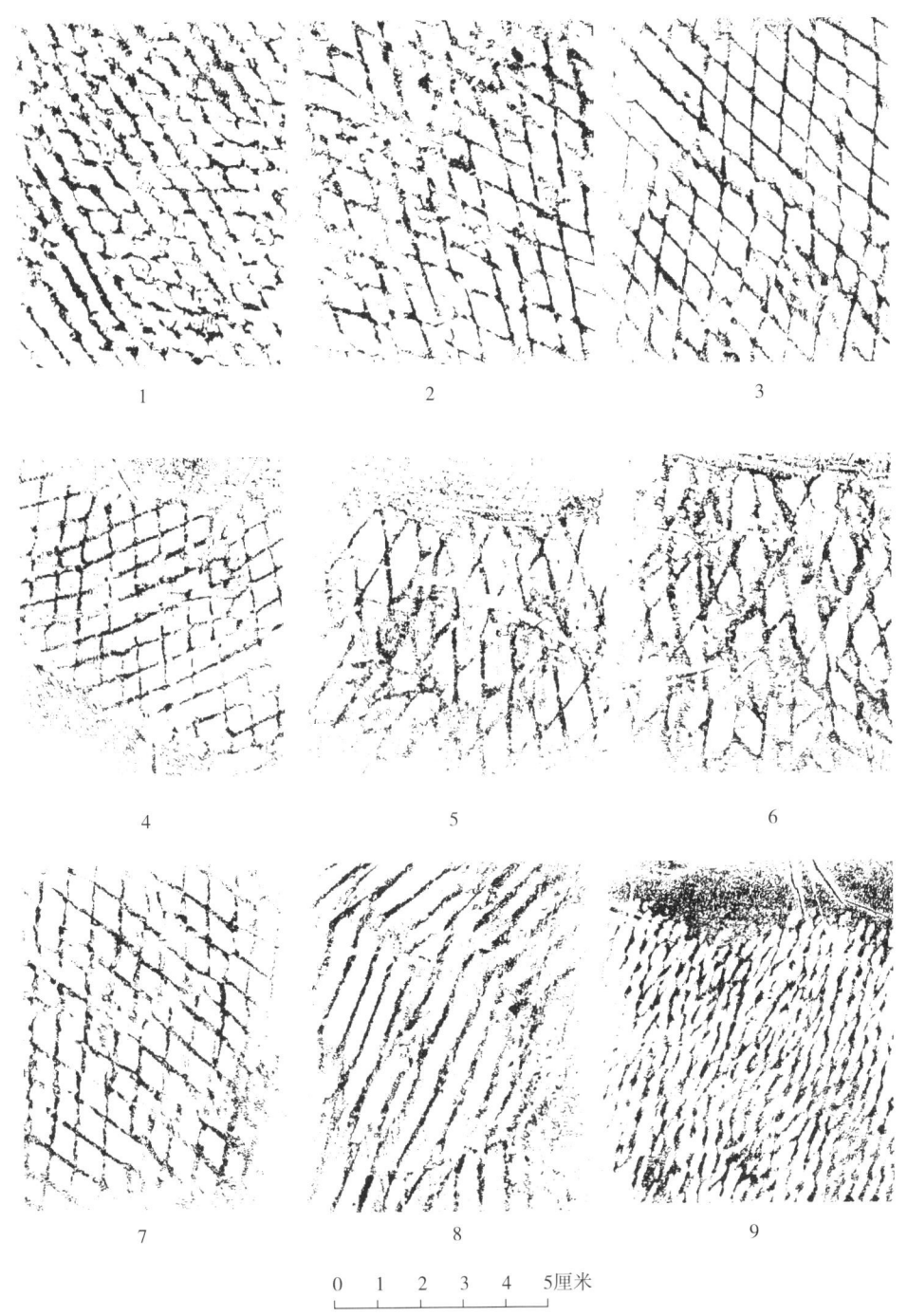

图二一二 龙山文化五期陶罐纹饰拓片

1~9. Ⅰ型（T48H66：3、T88H185下：19、T47①：2、T424H83下：27、T11H2：3、
T11H2：6、T4H6：1、T424H100：9、T34①：14）

13厘米，腹径16厘米，底径5.8厘米，高18.5厘米。（图二一三，5；图二一四，5；图版五八，5）标本T424H100：5，底残，夹砂灰陶，侈口，折沿，圆唇，沿面呈凹弧形，敛颈，内口处有折棱，肩部饰密集的弦纹，腹微鼓，饰菱形方格纹，纹饰清晰，圜底内凹。口径13厘米，腹径16.5厘米，底径不详，残高18.5厘米。（图二一三，6；图二一四，6；图版五八，6）

Ⅲ型：1件。素面圜底。标本T13①：6，残，夹砂黑陶，侈口，折沿，圆唇，沿面呈凹形，敛口，内口

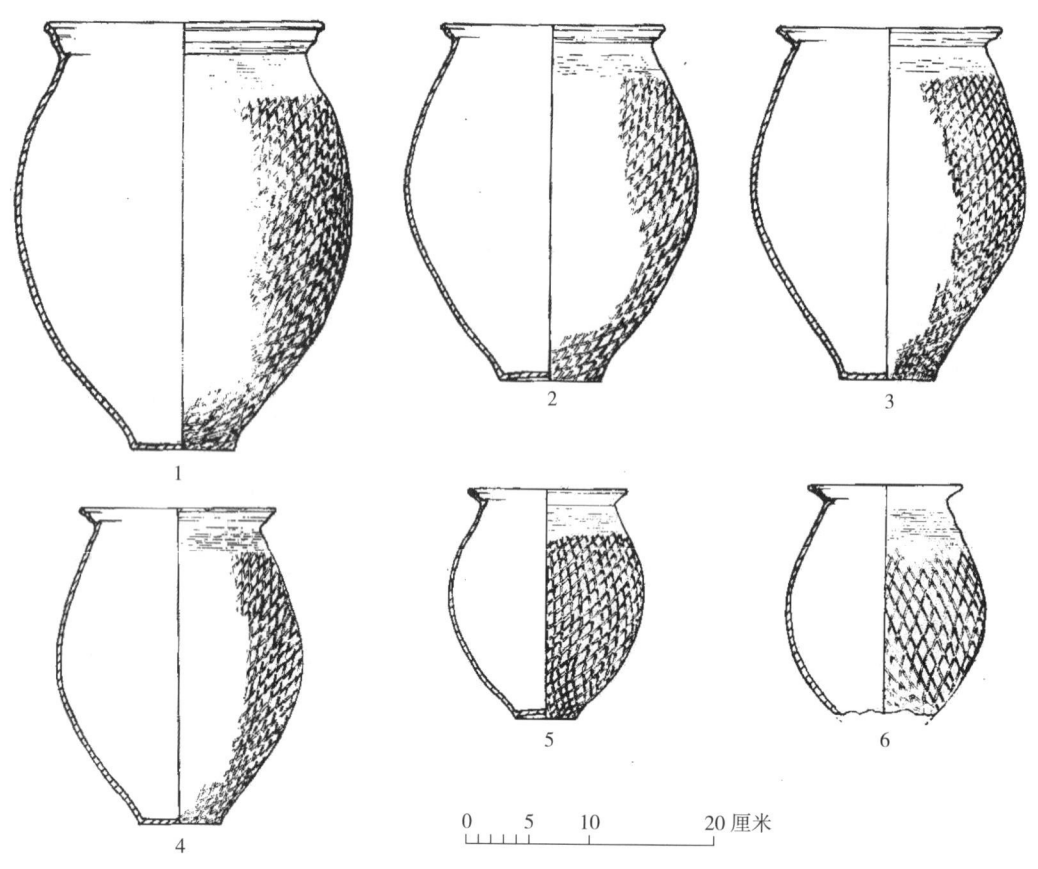

图二一三　龙山文化五期陶罐

1~6. Ⅱ型（T424H100：14、T424H100：6、T424H100：7、T424H100：8、T424H100：10、T424H100：5）

有折棱，腹微鼓，圜底内凹，素面，唯下腹部有一小片方格纹。口径9.5厘米，腹径10.5厘米，底径4.5厘米，高10厘米。（图二一五，1；图版五九，1）

Ⅳ型：1件。单把。标本T24①：3，残，泥质磨光灰陶，折沿，圆唇，敛口，腹微鼓，下腹部微内敛，小平底，底内的中部凸起，带状单耳附于口部和中腹部，单耳残。口径11.5厘米，腹径12厘米，底径5.5厘米，高8.5厘米。（图二一五，2；图版五九，2）

甗　出土陶片数量较多，很难修复成器，仅见其上部甑和下部袋足。标本T424H83下：23，仅存甗的上半部，侈口，折沿，方唇，沿面内鼓，内口部有折棱，腹微鼓，肩部和下腹部饰密集的弦纹，腹部斜饰篮纹，其间又有三周弦纹。口径33厘米，腹径33.6厘米，底径12.4厘米，残高34厘米。（图二一六，1、2；图版五九，4）标本T88H185下：32，甗上部残，仅存甗下部袋足，夹砂褐灰陶，甗腹部饰篮纹，束腰，折裆，三个尖锥状袋足饰绳纹，纹饰清晰规整。腰径12.8厘米，足间距26.4厘米，残高36厘米，足残高7.4厘米。（图二一六，3、4；图版五九，7）

甑　1件。标本T24①：5，夹砂棕灰陶，侈口，折沿，圆唇，唇口有二周凹弦纹，沿平斜直，内口处有折棱，口沿下饰弦纹，斜腹微鼓，下腹内收，腹部饰篮纹，篮纹较浅，底有扁月形残甑孔。口径25.5厘米，腹径24.8厘米，残高23厘米，甑孔径1.2厘米。（图二一七，1、2；图版五九，3）

刻槽盆　1件。标本T86④：4，盆形，夹砂磨光黑陶，敛口，折沿，鼓腹，平底内凹，口部有流，流两侧有圆形泥饼，腹部有密集的弦纹，内壁刻竖凹槽，器底有轮制的八周弧弦纹。口径29.5厘米，腹径30.4厘米，底径24厘米，高12厘米。（图二一七，3；图版五九，5、6）

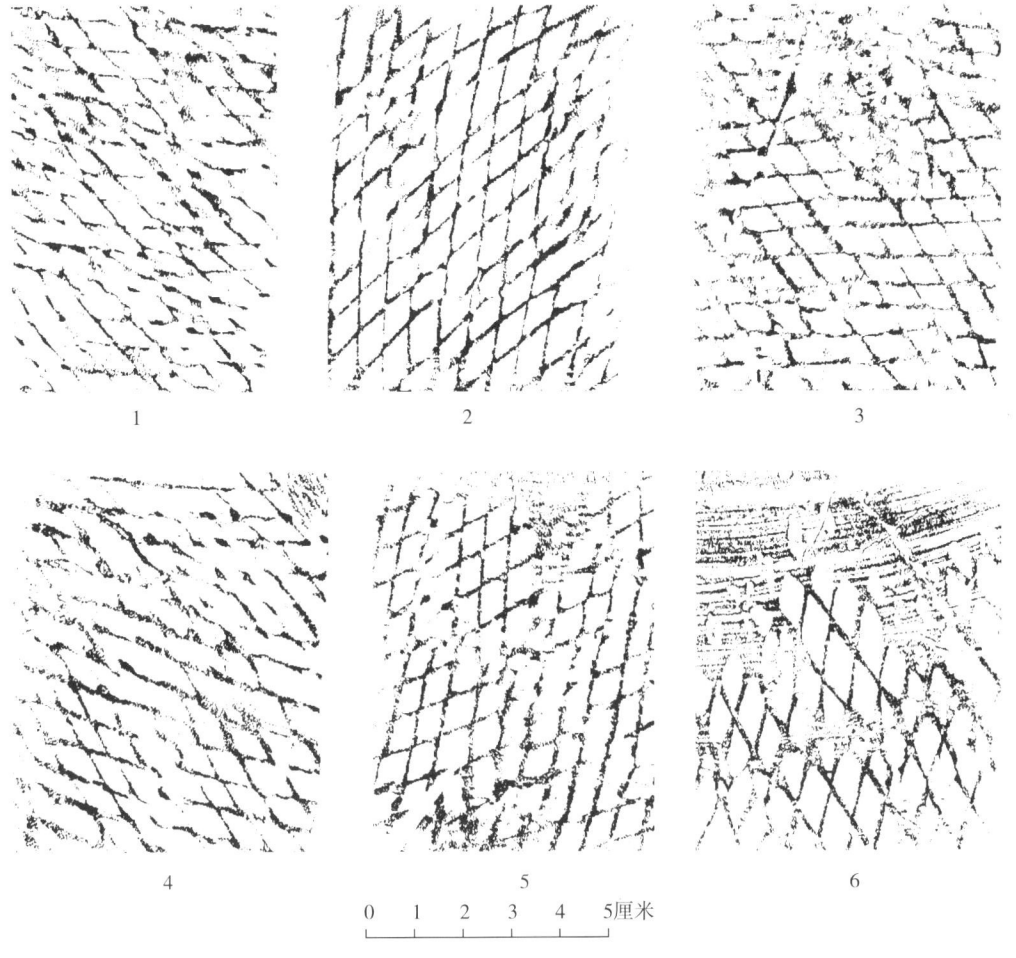

图二一四　龙山文化五期陶罐纹饰拓片

1~6. Ⅱ型（T424H100：14、T424H100：6、T424H100：7、T424H100：8、T424H100：10、T424H100：5）

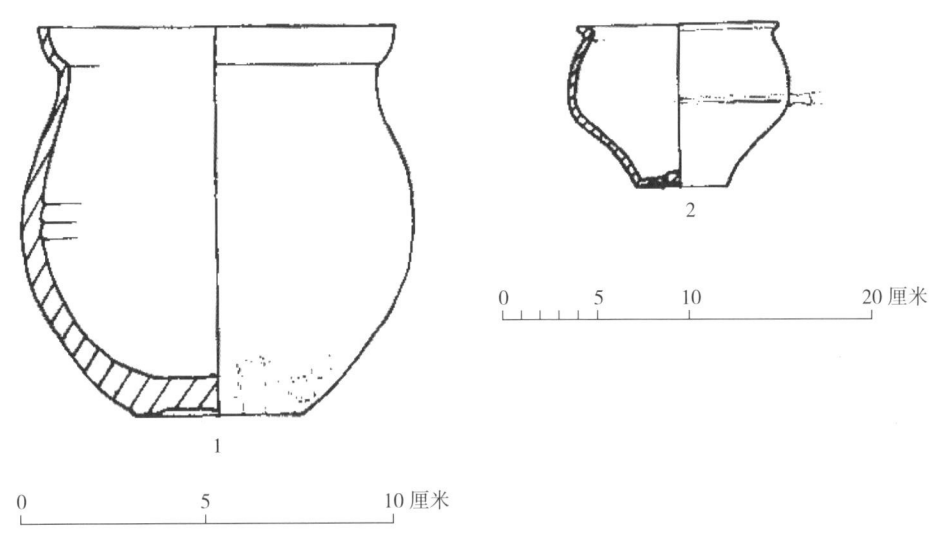

图二一五　龙山文化五期陶罐

1. Ⅲ型（T13①：6）　2. Ⅳ型（T24①：3）

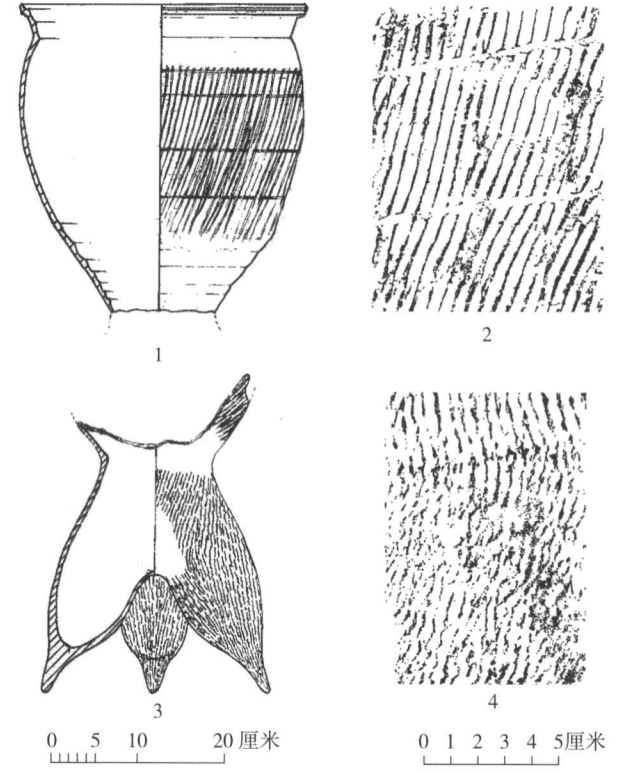

图二一六　龙山文化五期陶甒和纹饰拓片

1、2.甒（T424H83 下：23）　3、4.甒（T88H185 下：32）

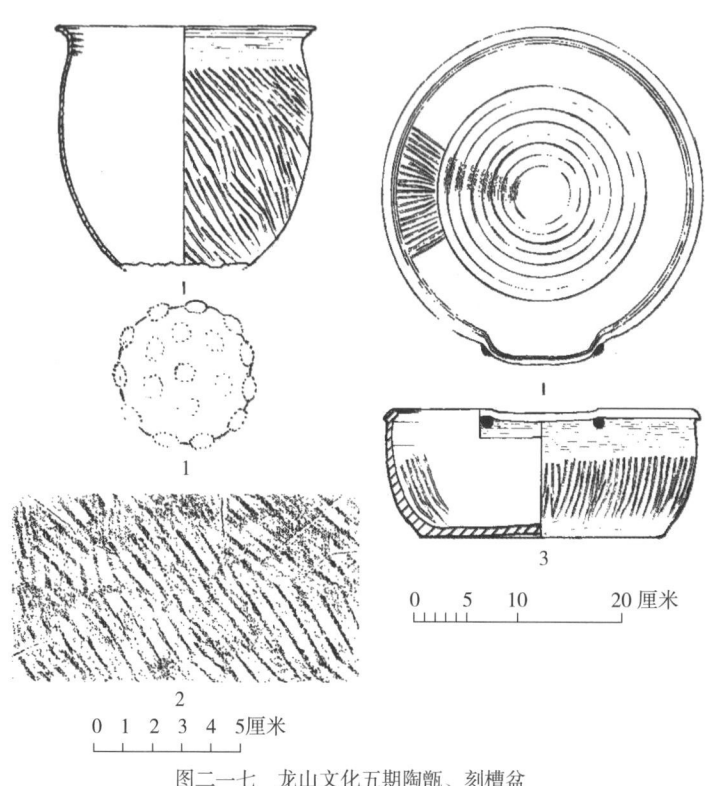

图二一七　龙山文化五期陶甑、刻槽盆

1、2.甑（T24①：5）　3.刻槽盆（T86④：4）

高领罐 3件。标本T34H53∶4，残，泥质磨光黑陶，口微侈，双唇，双唇内高外低，高领，高领内有密集的凹弦纹，弧肩，肩部有一周凹弦纹，鼓腹，腹部饰竖篮纹，间饰二周凹弦纹，小平底。口径10.5厘米，领高4.5厘米，腹径24厘米，底径7厘米，高23厘米。（图二一八，1、2；图版六〇，1）标本T45H75∶2，高领残，泥质磨光灰陶，弧肩，肩部有六周凹弦纹，鼓腹，下腹部微敛，素面，腹壁内有密集的凹弦纹，小平底。口径不详，领径10厘米，腹径20.5厘米，底径7.5厘米，残高16.5厘米。（图二一八，3；图版六〇，2）标本T1①∶6，高领残，泥质磨光黑陶，弧肩，鼓腹，肩腹部有数周凹弦纹和压印纹，下腹部微敛，素面，平底。口径不详，领径8厘米，腹径15.5厘米，底径9.5厘米，残高10厘米。（图二一八，4；图版六〇，4）

盆 25件。可分为大平底盆、小平底盆、匜形盆和深腹盆四类。

大平底盆 13件。根据形制可分六型。

Ⅰ型：6件。侈口，折沿，斜直腹，大平底。标本T424H83中∶22，残，泥质黑陶，侈口，折沿，圆唇，唇下有一周凹弦纹，斜直腹，大平底。口径36厘米，底径31.4厘米，高7.7厘米。（图二一九，1；图版六一，1）标本T11H2∶38，残，泥质黑陶，侈口，折沿，圆唇，直腹，大平底。口径25厘米，底径21厘米，高7.5厘米。（图二一九，2；图版六一，2）标本T109③∶31，残，泥质灰陶，口微侈，圆唇，直壁，壁外有九周凹弦纹，大平底。口径31.5厘米，底径31厘米，高7厘米。（图二一九，3；图版六一，3）标本T11H2∶5，残，泥质黑陶，侈口，折沿，圆唇，斜直腹，内壁有四周凹弦纹，大平底。口径22厘米，底径19厘米，高7厘米。（图二一九，4；图版六一，5）标本T29内④∶24，残，泥质灰陶，侈口，

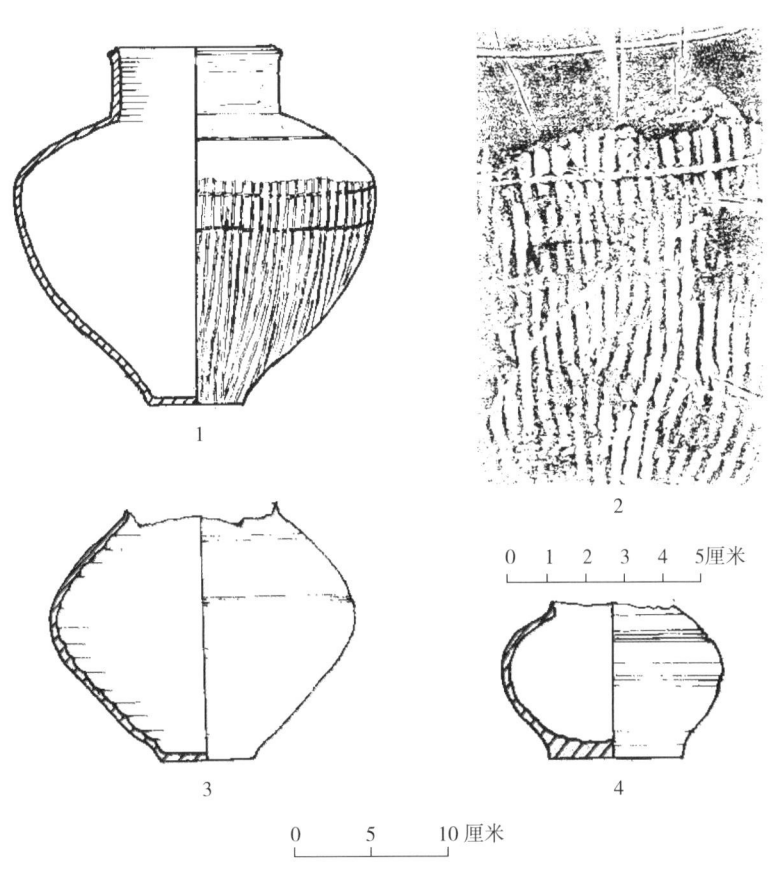

1

2

0　1　2　3　4　5厘米

3

4

0　　　5　　　10厘米

图二一八　龙山文化五期陶高领罐和纹饰拓片

1、2.T34H53∶4　3.T45H75∶2　4.T1①∶6

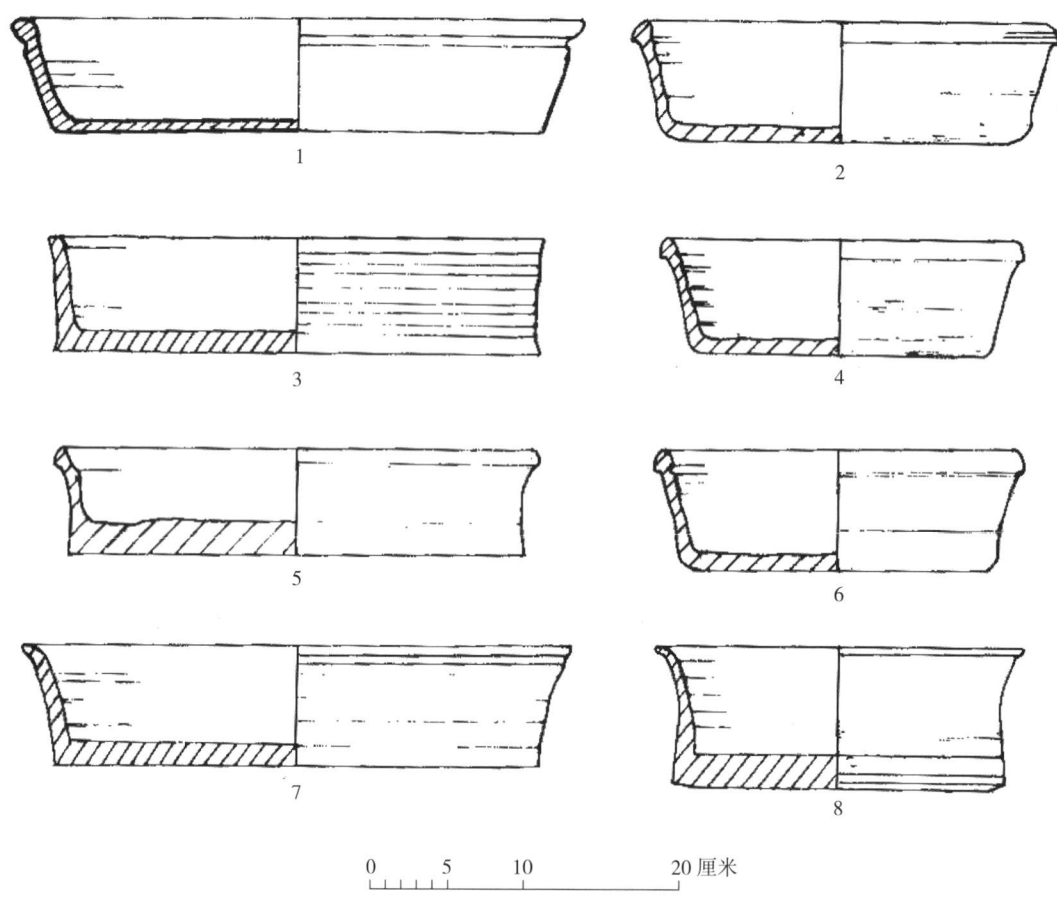

0   5   10   20 厘米

图二一九　龙山文化五期陶大平底盆

1~6. Ⅰ型（T424H83 中：22、T11H2：38、T109③：31、T11H2：5、T29 内④：24、T11H2：2）

7、8. Ⅱ型（T44①：23、T17①：17）

折沿，圆唇，直腹，大平底。口径 30 厘米，底径 29 厘米，高 6.5 厘米。（图二一九，5；图版六一，4）标本 T11H2：2，残，泥质黑陶，侈口，折沿，圆唇，壁内外有弦纹，大平底。口径 22 厘米，底径 19 厘米，高 8.5 厘米。（图二一九，6；图版六一，6）

Ⅱ型：2 件。侈口，舌唇，敛腹，大平底。标本 T44①：23，残，泥质磨光黑陶，侈口，折沿，舌唇，斜直壁，壁内外有三周凹弦纹，大平底。口径 35 厘米，底径 31 厘米，高 7.5 厘米。（图二一九，7；图版六一，7）标本 T17①：17，残，泥质磨光黑陶，侈口，折沿，舌唇，敛腹，下腹部有二周凹弦纹，内壁有五周凹弦纹。口径 23.5 厘米，底径 20.8 厘米，高 8.5 厘米。（图二一九，8；图版六一，8）

Ⅲ型：1 件。敛口。标本 T11H2：1，残，泥质磨光陶，敛口，折沿，圆唇，斜直壁，壁上有一周凸弦纹，底外凸，大平底。口径 31 厘米，底径 32.5 厘米，高 7.2 厘米。（图二二〇，1；图版六二，1）

Ⅳ型：1 件。敛口折沿。标本 T9①：19，泥质黑陶，口微敛，斜折沿，舌唇，斜直腹，大平底。口径 28 厘米，底径 26 厘米，高 9 厘米。（图二二〇，2；图版六二，2）

Ⅴ型：2 件。方唇，侈口，敛腹，平底。标本 T2①：1，残，泥质黑陶，侈口，舌唇，敛腹，壁外有三周凹弦纹，壁内有轮制时留下的弦纹，大平底。口径 33.5 厘米，底径 23.5 厘米，高 8 厘米。（图二二〇，3；图版六二，3）标本 T41①：2，残，泥质红陶，侈口，圆唇，腹部内敛，大平底，下腹部有三周弦纹，磨光。口径 24 厘米，底径 17.6 厘米，高 9.3 厘米。（图二二〇，4；图版六二，5）

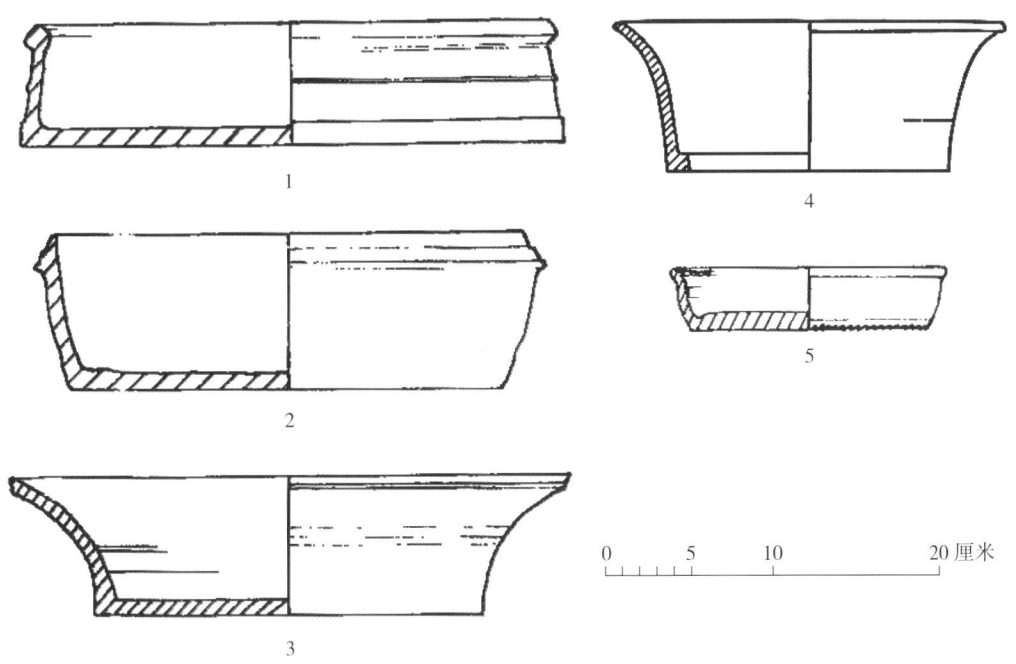

图二二〇　龙山文化五期陶大平底盆

1. Ⅲ型（T11H2：1）　2. Ⅳ型（T9①：19）　3、4. Ⅴ型（T2①：1、T41①：2）　5. Ⅵ型（T4①：16）

Ⅵ型：1件。侈口，卷沿，鼓腹，平底。标本 T4①：16，残，泥质黑陶，侈口，方唇，斜直壁，平底，底部边沿有花边纹。口径 17.2 厘米，底径 14.5 厘米，高 3.8 厘米。（图二二〇，5；图版六二，4）

小平底盆　8件。根据形制可分二型。

Ⅰ型：7件。侈口，小平底。标本 T34①：20，残，泥质浅灰陶，侈口，方唇，斜壁，小平底。口径 19 厘米，底径 10 厘米，高 9.3 厘米。（图二二一，1；图版六三，1）标本 T11H2：4，残，泥质灰陶，侈口，折沿，圆唇，斜壁，壁内外有七周凹弦纹，小平底。口径 24 厘米，底径 11 厘米，高 8.5 厘米。（图二二一，2；图版六三，3）标本 T424H83：8，残，泥质灰陶，侈口，圆唇，斜壁微敛，壁内外有轮制时留下的弦纹，小平底。口径 29 厘米，底径 14.5 厘米，高 10 厘米。（图二二一，3；图版六三，2）标本 T11H2：8，残，泥质褐灰陶，侈口，双唇，唇部有凹槽，斜壁，壁外有五组凹弦纹，壁内有十一周凹弦纹，小平底。口径 21.5 厘米，底径 11.5 厘米，高 10.5 厘米。（图二二一，4；图版六三，4）标本 T425H86：12，残，泥质黑陶，侈口，折沿，唇外有一周凹弦纹，斜壁，壁内有五周凹弦纹，小平底。口径 26 厘米，底径 12 厘米，高 8.6 厘米。（图二二一，5；图版六三，5）标本 T48H66：2，残，泥质灰陶，敛口，圆唇，下腹部内敛，壁内外有弦纹，平底。口径 29 厘米，底径 13.2 厘米，高 10 厘米。（图二二一，7；图版六三，7）标本 T4①：17，残，泥质黑陶，侈口，折沿，方唇，唇外有二周凹弦纹，斜壁，壁内有五周凹弦纹，小平底。口径 31 厘米，底径 15.5 厘米，高 11.5 厘米。（图二二一，8；图版六三，8）

Ⅱ型：1件。侈口，折腹，小平底。标本 T24①：4，残，泥质黑陶，侈口，双唇，唇部有凹槽，口微敛，折腹，斜壁，壁内外有轮制时的密集凹弦纹，小平底。口径 27.5 厘米，底径 10.5 厘米，高 10 厘米。（图二二一，6；图版六三，6）

匜形盆　3件。标本 T424H83 下：15，残，泥质黑陶，侈口，圆唇，匜形口外侈，斜壁，小平底，壁内外和底部有轮制时的密集弧弦纹，小平底，底部有制坯时用绳切割痕。口径 21 厘米，底径 9 厘米，高 7.5

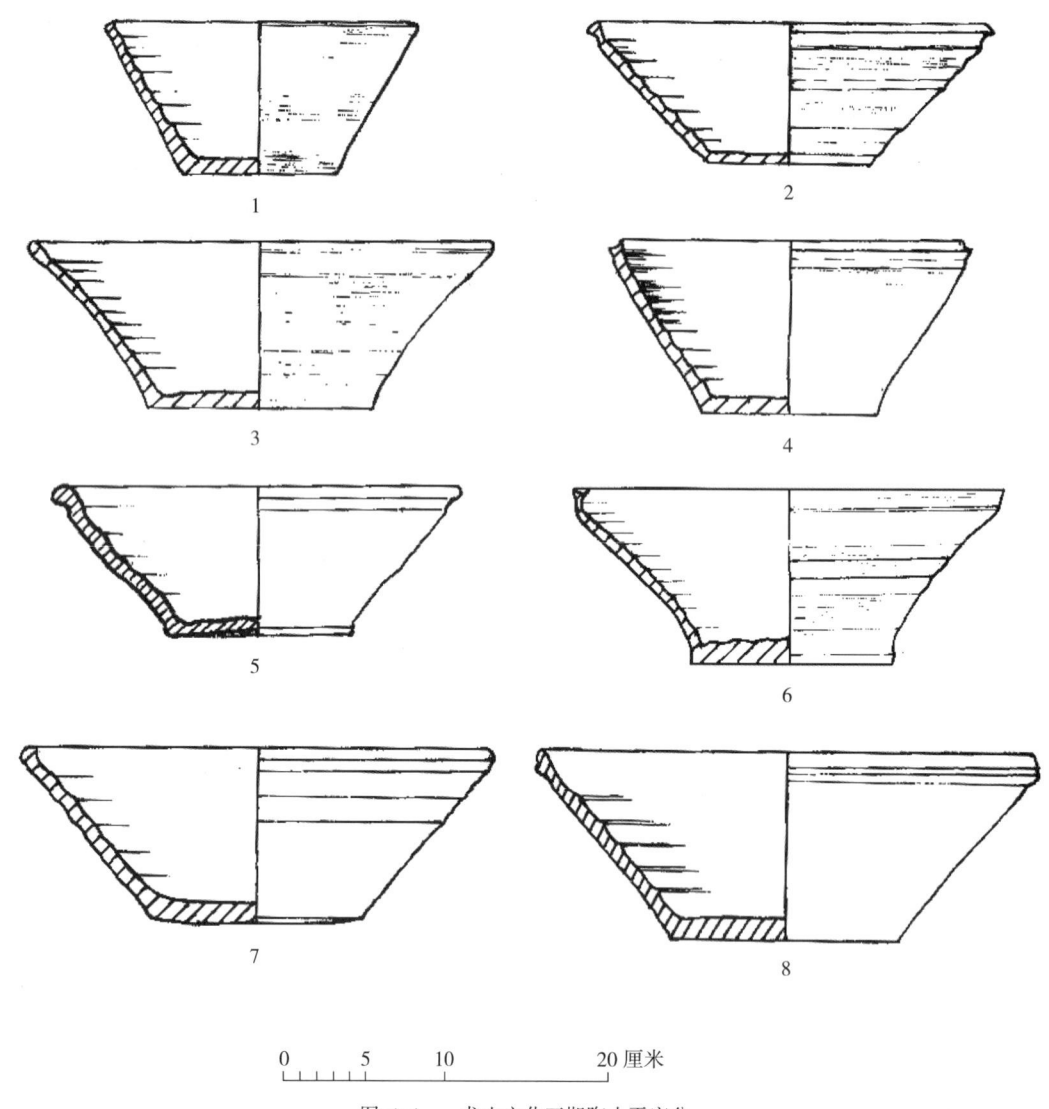

图二二一　龙山文化五期陶小平底盆

1、2、3、4、5、7、8. Ⅰ型（T34①：20、T11H2：4、T424H83：8、T11H2：8、T425H86：12、
T48H66：2、T4①：17）　6. Ⅱ型（T24①：4）

厘米。（图二二二，1；图版六四，1）标本 T24①：11，残，泥质灰陶，侈口，圆唇，匜形口外侈，流宽 6
厘米，外侈 0.5 厘米，斜壁，小平底，壁内有轮制时的密集凹弦纹，小平底，底部有制坯时用绳切割痕。口
径 20.5 厘米，底径 8 厘米，高 7 厘米。（图二二二，2；图版六四，2）标本 T27①：3，残，泥质灰陶，侈
口，圆唇，匜形口外侈，流宽 5 厘米，外侈 1 厘米，斜壁，小平底，壁内有轮制时的密集凹弦纹，小平底，
底部有制坯时用绳切割痕。口径 15 厘米，底径 7.6 厘米，高 7.5 厘米。（图二二二，3；图版六四，3）

深腹盆　1件。标本 T424H82 中：23，泥质黑陶，侈口，口沿下有三个鸟首形纽，双唇，深腹微敛，腹
内有轮制时的弦纹，平底。口径 24 厘米，底径 18.5 厘米，高 16 厘米。（图二二二，4；图版六二，6）

壶　2件。标本 T424H100：13，残，泥质磨光褐灰陶，口微敞，圆唇，束颈，颈部有三周凸弦纹，鼓
腹，下腹部微敛，平底外侈，底部有用细绳切割痕，通体磨光，造型精致。口径 8.5 厘米，腹径 13.2 厘米，
底径 9 厘米，高 13 厘米。（图二二三，1；图版六〇，3）标本 T19①：1，泥质红陶，口微侈，圆唇，高
领，广弧肩，鼓腹，平底外侈，假圈足。口径 7 厘米，领高 2.5 厘米，腹径 10 厘米，假圈足高 3 厘米，底径

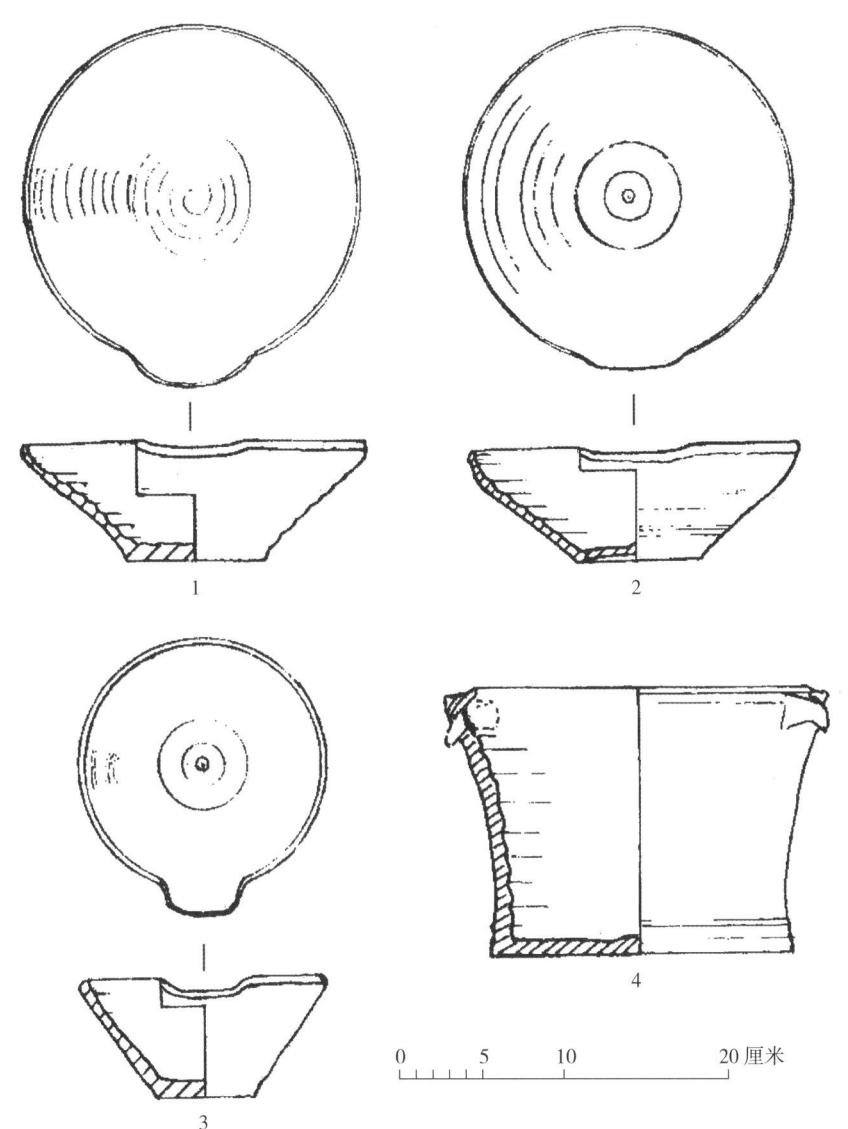

图二二二　龙山文化五期陶盆

1～3.匜形盆（T424H83 下：15、T24 ①：11、T27 ①：3）　4.深腹盆（T424H82 中：23）

6 厘米，高 9.6 厘米。（图二二三，2；彩版四五，6；图版六〇，6）

　　钵　1 件。标本 T4H6：5，泥质灰陶，敛口，双唇，鼓腹，器内有轮制时的弦纹，圜底，底部拍印方格纹。口径 19.5 厘米，高 10.5 厘米。（图二二三，3、4；图版六二，7、8）

　　碗　75 件。据形制特征可分五型。

　　I 型：44 件。敞口，双唇内高外低，斜腹，小平底。标本 T424H100：3，泥质灰陶，敞口，双唇内高外低，斜腹，下腹部有三周弦纹，腹内有轮制时留下的弦纹，碗内圜底凸起，小平底外侈。口径 13 厘米，底径 5.5 厘米，高 5.2 厘米。（图二二四，1；图版六五，1）标本 T8H18：3，残，泥质灰陶，敞口，双唇内高外低，斜腹，口沿下有一周弦纹，腹内有轮制时留下的弦纹，碗内圜底，小平底外侈。口径 12.5 厘米，底径 5.5 厘米，高 5.5 厘米。（图二二四，2；图版六五，2）标本 T4H6：4，残，泥质灰陶，敞口，双唇内高外低，斜腹，腹内外有轮制时留下的弦纹，碗内圜底凸起，小平底外侈。口径 10.5 厘米，底径 5 厘米，高 4.5 厘米。（图二二四，3；图版六五，3）标本 T21 ①：1，残，泥质黑陶，敞口，双唇内高外低，弧腹，腹内外有轮

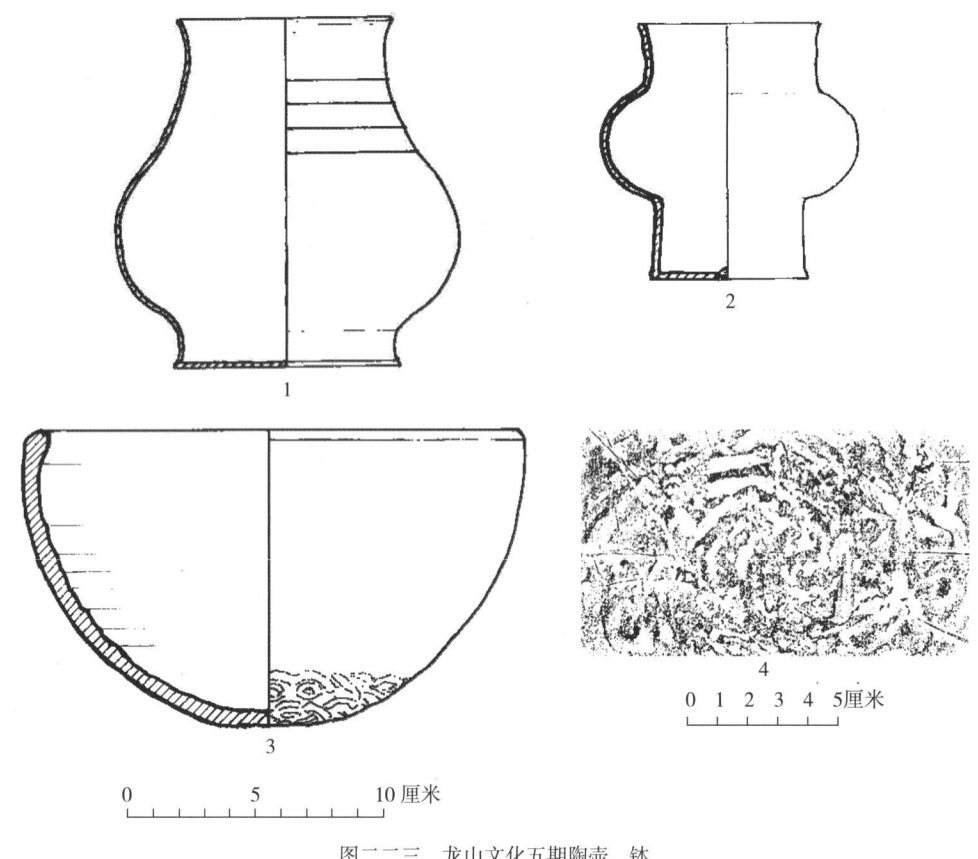

图二二三　龙山文化五期陶壶、钵
1、2.壶（T424H100：13、T19①：1）3、4.钵（T4H6：5）

制时留下的弦纹，碗内圜底凸起，小平底外侈。口径 13 厘米，底径 6 厘米，高 4 厘米。（图二二四，4；图版六五，4）标本 T426H90：4，残，泥质黑陶，敞口，双唇内高外低，斜腹内敛，腹内外有轮制时留下的弦纹，碗内圜底凸起，小平底外侈。口径 12 厘米，底径 5 厘米，高 5 厘米。（图二二四，5；图版六五，5）标本 T11H2：26，残，泥质黑陶，敞口，双唇内高外低，斜腹，腹内外有轮制时留下的弦纹，碗内圜底，小平底外侈。口径 10.5 厘米，底径 5.5 厘米，高 4.5 厘米。（图二二四，6；图版六五，6）标本 T426H90：3，残，泥质灰陶，敞口，双唇内高外低，斜腹，腹内外有轮制时留下的弦纹，碗内圜底，小平底外侈。口径 12.5 厘米，底径 4.5 厘米，高 6.5 厘米。（图二二四，7；图版六五，7）标本 T34①：1，残，泥质灰陶，敞口，双唇内高外低，斜腹，腹内外有轮制时留下的弦纹，小平底外侈。口径 12.5 厘米，底径 5 厘米，高 5.2 厘米。（图二二四，8；图版六五，8）标本 T426H90：6，残，泥质棕陶，敞口，双唇内高外低，斜腹，腹内外有轮制时留下的弦纹，平底外侈。口径 12 厘米，底径 6.7 厘米，高 5 厘米。（图二二四，9；图版六六，1）标本 T34②：5，残，泥质灰陶，敞口，双唇内高外低，斜腹内敛，腹内外有轮制时留下的弦纹，小平底外侈。口径 13.5 厘米，底径 5.5 厘米，高 4.5 厘米。（图二二四，10；图版六六，2）标本 T34①：28，残，泥质黑陶，敞口，双唇内高外低，斜腹，腹外有六周弦纹，腹内有二周弦纹，小平底外侈。口径 14 厘米，底径 5.8 厘米，高 4.7 厘米。（图二二四，11；图版六六，3）标本 T7H19：4，残，泥质灰陶，敞口，双唇内高外低，斜腹，腹内有三周弦纹，小平底外侈。口径 9.5 厘米，底径 5 厘米，高 4 厘米。（图二二四，12；图版六六，4）标本 T11H2：17，残，泥质黑陶，敞口，双唇内高外低，斜腹，腹内有三周弦纹，小平底外侈。口径 19.5 厘米，底径 7 厘米，高 7.5 厘米。（图二二四，13；图版六六，5）标本 T34②：6，残，泥质灰陶，

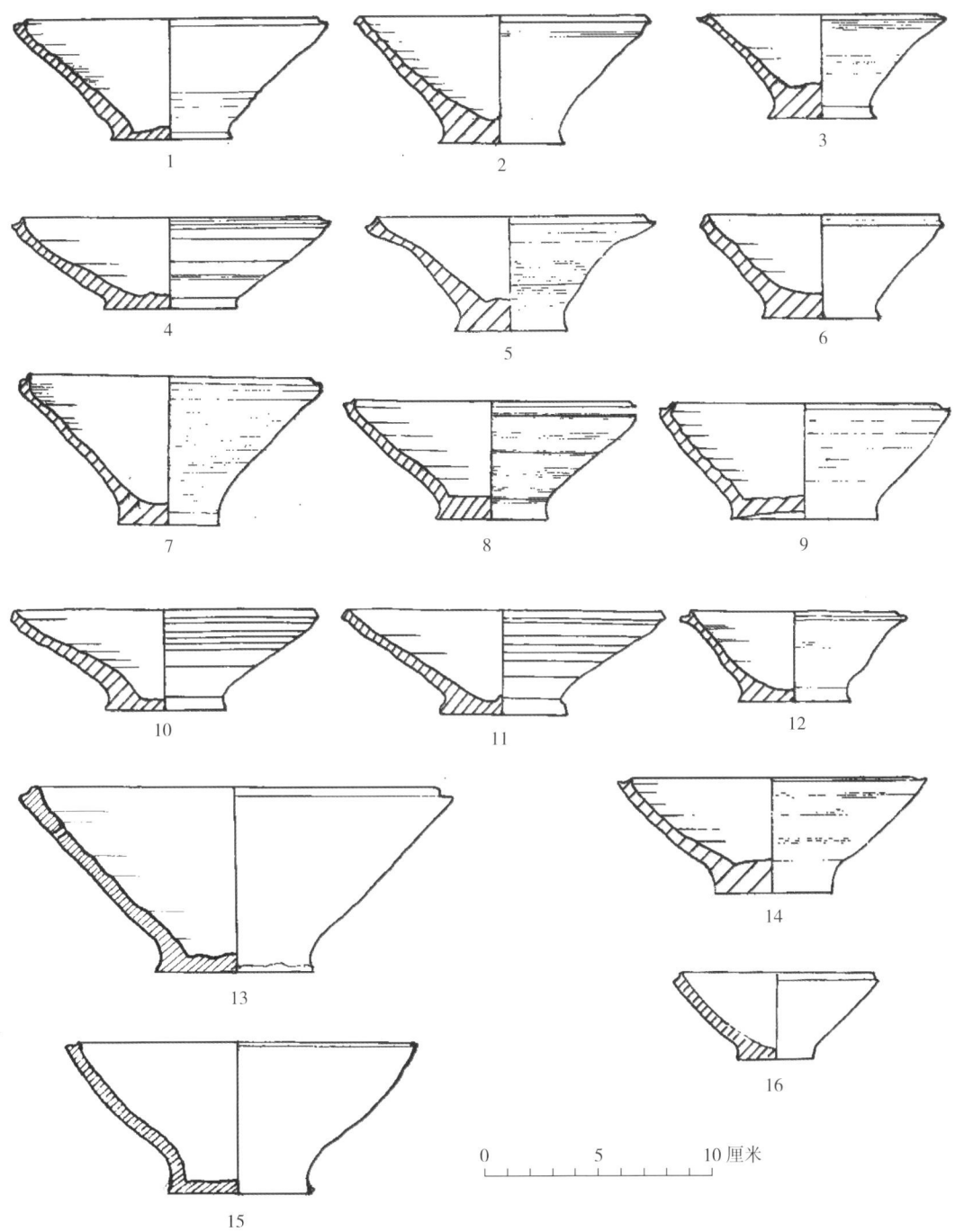

图二二四　龙山文化五期陶碗

1~16. Ⅰ型（T424H100∶3、T8H18∶3、T4H6∶4、T21①∶1、T426H90∶4、T11H2∶26、T426H90∶3、T34①∶1、
T426H90∶6、T34②∶5、T34①∶28、T7H19∶4、T11H2∶17、T426H90∶8、T34②∶6、T34H53∶1）

敞口，双唇内高外低，斜腹，小平底外侈。口径15.8厘米，底径6厘米，高6.6厘米。（图二二四，15；图
版六六，6）标本T426H90∶8，残，泥质黑陶，敞口，斜壁，小平底较高。口径12.5厘米，底径5.5厘米，
高5厘米。（图二二四，14；图版六六，7）标本T34H53∶1，残，泥质灰陶，敞口，唇部有凹槽，外低内
高，曲腹，下腹部微敛，小平底外侈，外壁留有制坯时的弦纹，底部有用绳切割的痕迹。口径9.2厘米，底
径3.6厘米，高3.7厘米。（图二二四，16）标本T8H18∶25，残，泥质黑陶，敞口，双唇内高外低，斜腹，

腹内外有轮制时留下的弦纹，小平底外侈。口径 14 厘米，底径 6 厘米，高 6.5 厘米。（图二二五，1；图版六六，8）标本 T34 ②：33，残，泥质黑陶，敞口，双唇内高外低，斜腹，腹内有三周弦纹，小平底外侈。口径 14.5 厘米，底径 5.8 厘米，高 5.5 厘米。（图二二五，2；图版六七，1）标本 T34 ①：8，残，泥质灰陶，敞口，双唇内高外低，斜腹，腹内外有弦纹，小平底外侈。口径 12.5 厘米，底径 4.8 厘米，高 4.2 厘米。（图二二五，3；图版六七，2）标本 T27 ①：17，残，泥质灰陶，敞口，双唇内高外低，斜腹，腹内外有弦纹，小平底外侈。口径 11.8 厘米，底径 7 厘米，高 4.2 厘米。（图二二五，4；图版六七，3）标本 T88H185 上：31，残，泥质黑陶，敞口，双唇内高外低，斜腹，腹内外有弦纹，小平底外侈。口径 11.5 厘米，底径 5.5 厘米，高 4.5 厘米。（图二二五，5；图版六七，4）标本 T88H185 上：14，残，泥质棕陶，敞口，双唇内高外低，斜腹，腹内外有弦纹，小平底外侈。口径 10.5 厘米，底径 5 厘米，高 4 厘米。（图二二五，6；图版六七，5）标本 T8H18：5，残，泥质黑陶，敞口，双唇内高外低，斜腹微曲，腹内外有弦纹，小平底外侈。口径 9.5 厘米，底径 3 厘米，高 5 厘米。（图二二五，7；图版六七，6）标本 T34 ①：25，残，泥质棕陶，敞口，双唇内高外低，斜腹微曲，腹内外有弦纹，小平底外侈。口径 10 厘米，底径 4 厘米，高 4 厘米。（图二二五，8；图版六七，7）标本 T28 ①：1，残，泥质黑陶，敞口，双唇内高外低，斜腹，腹内外有弦纹，小平底外侈。口径 10 厘米，底径 4.5 厘米，高 4.2 厘米。（图二二五，9；图版六七，8）标本 T7H19：7，残，泥质黑陶，敞口，双唇内高外低，斜腹，腹内外有弦纹，小平底外侈。口径 10 厘米，底径 5.5 厘米，高 3.5 厘米。（图二二五，10；图版六八，1）标本 T88H185 下：21，残，泥质黑陶，敞口，双唇内高外低，斜腹，腹内外有弦纹，小平底外侈。口径 7 厘米，底径 5.3 厘米，高 2.7 厘米。（图二二五，11；图版六八，2）标本 T426H90：7，残，泥质黑陶，敞口，双唇内高外低，斜腹微曲，腹内外有弦纹，小平底外侈。口径 8 厘

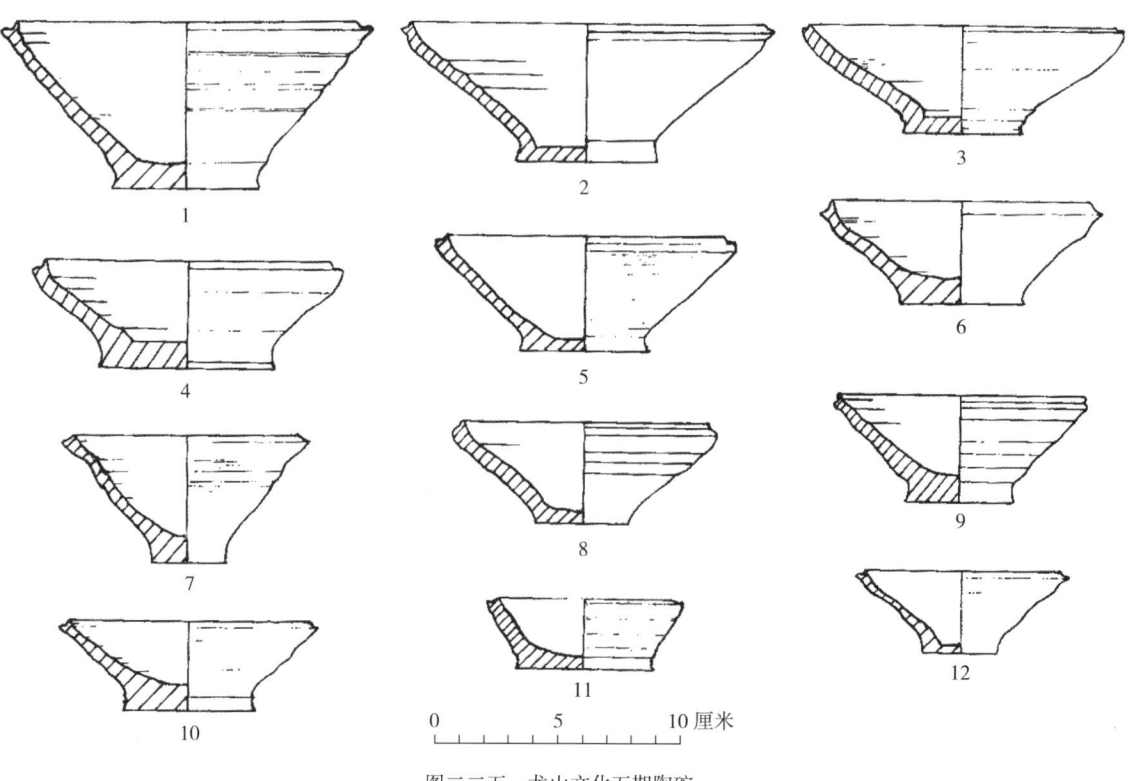

0   5   10 厘米

图二二五　龙山文化五期陶碗

1~12. Ⅰ型（T8H18：25、T34 ②：33、T34 ①：8、T27 ①：17、T88H185 上：31、T88H185 上：14、T8H18：5、T34 ①：25、T28 ①：1、T7H19：7、T88H185 下：21、T426H90：7）

米，底径 3 厘米，高 3.2 厘米。（图二二五，12；图版六八，3）标本 T424①：81，残，泥质黑陶，敞口，双唇内高外低，斜腹，腹内外有弦纹，小平底外侈。口径 17 厘米，底径 7 厘米，高 7 厘米。（图二二六，1；图版六八，4）标本 T34②：7，残，泥质黑陶，敞口，双唇内高外低，斜腹，腹内外有弦纹，小平底外侈。口径 15 厘米，底径 6.5 厘米，高 7.2 厘米。（图二二六，2；图版六八，5）标本 T425H86：2，残，泥质灰陶，敞口，双唇内高外低，斜腹，腹内外有弦纹，小平底外侈。口径 13.5 厘米，底径 5.5 厘米，高 7 厘米。（图二二六，3；图版六八，6）标本 T8H18：6，残，泥质黑陶，敞口，双唇内高外低，斜腹，腹内外有弦纹，小平底外侈。口径 15 厘米，底径 7 厘米，高 6 厘米。（图二二六，4；图版六八，7）标本 T4H6：2，残，泥质黑陶，敞口，双唇内高外低，斜腹，腹内外有弦纹，小平底外侈。口径 16 厘米，底径 6 厘米，高 7.5 厘米。（图二二六，5；图版六八，8）标本 T34①：18，残，泥质黑陶，敞口，双唇内高外低，斜腹，

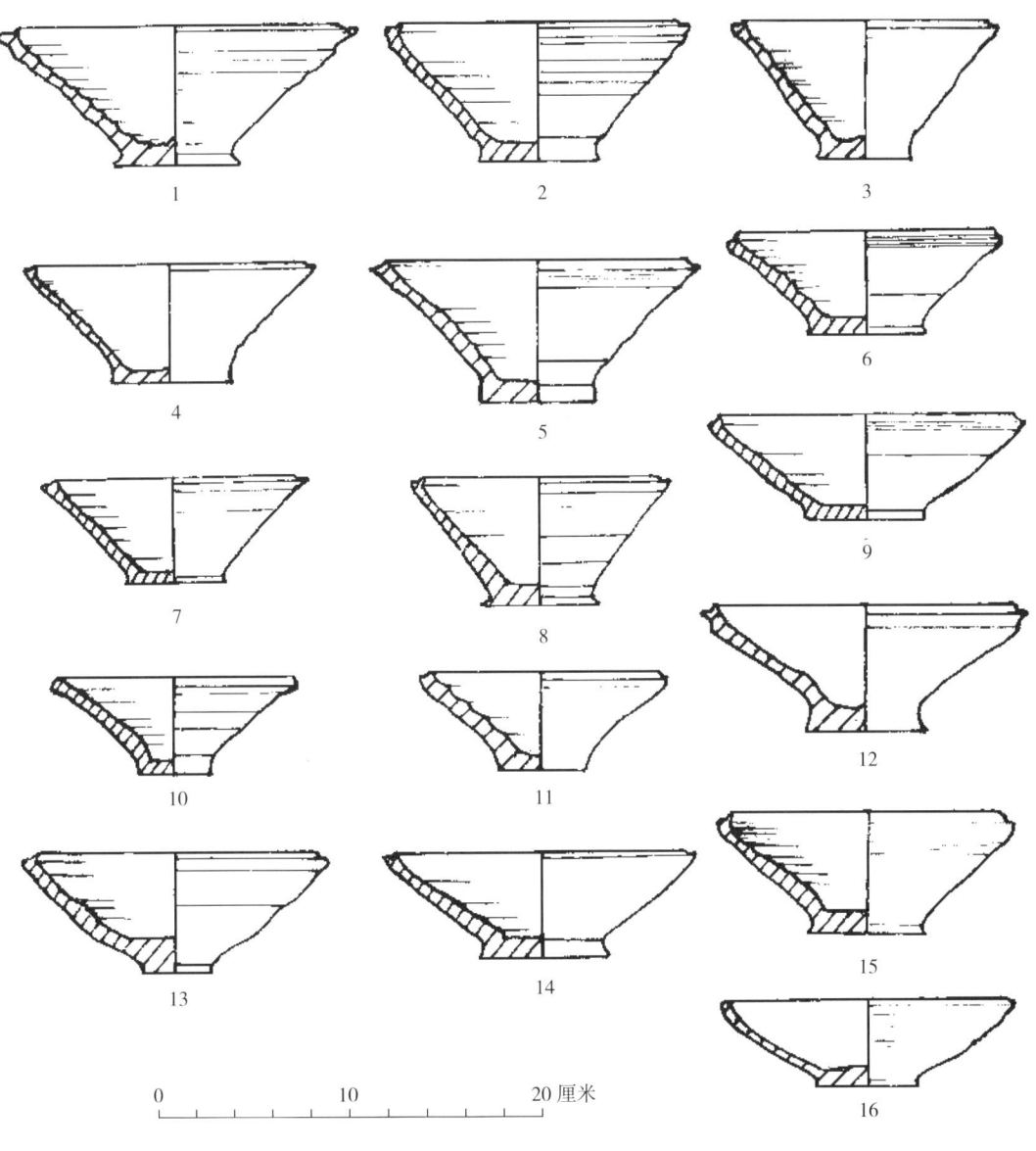

图二二六　龙山文化五期陶碗

1~16. Ⅰ型（T424①：81、T34②：7、T425H86：2、T8H18：6、T4H6：2、T34①：18、T44①：19、T34②：24、T15①：2、
T20①：8、T44①：22、T424H83 中：29、T34①：22、T4①：18、T17 扩①：18、T424H83 中：15）

腹内外有弦纹，小平底外侈。口径 14 厘米，底径 6.2 厘米，高 5.7 厘米。（图二二六，6；图版六九，1）标本 T44 ①：19，残，泥质棕陶，敞口，双唇内高外低，斜腹，腹内外有弦纹，小平底外侈。口径 13 厘米，底径 5.5 厘米，高 5.8 厘米。（图二二六，7；图版六九，2）标本 T34 ②：24，残，泥质黑陶，敞口，双唇内高外低，斜腹，腹内外有弦纹，小平底外侈。口径 12.5 厘米，底径 5.5 厘米，高 6.8 厘米。（图二二六，8；图版六九，3）标本 T15 ①：2，残，泥质棕陶，敞口，双唇内高外低，斜腹，腹内外有弦纹，小平底。口径 12.5 厘米，底径 5 厘米，高 5 厘米。（图二二六，9；图版六九，4）标本 T20 ①：8，残，泥质黑陶，敞口，双唇内高外低，斜腹内敛，腹内外有弦纹，小平底。口径 13.5 厘米，底径 4 厘米，高 5 厘米。（图二二六，10；图版六九，5）标本 T44 ①：22，残，泥质灰陶，敞口，双唇内高外低，斜腹内敛，腹内外有弦纹，小平底。口径 12 厘米，底径 5 厘米，高 5.5 厘米。（图二二六，11；图版六九，6）标本 T424H83 中：29，残，泥质黑陶，敞口，双唇内高外低，斜腹内敛，腹内外有弦纹，小平底外侈。口径 16.5 厘米，底径 6.5 厘米，高 6.5 厘米。（图二二六，12；图版六九，7）标本 T34 ①：22，残，泥质黑陶，敞口，双唇内高外低，斜腹微弧，腹内外有弦纹，小平底。口径 15.5 厘米，底径 4 厘米，高 6 厘米。（图二二六，13；图版六九，8）标本 T4 ①：18，残，泥质黑陶，敞口，双唇内高外低，斜腹，腹内外有弦纹，小平底外侈。口径 15.7 厘米，底径 7.3 厘米，高 5.6 厘米。（图二二六，14；图版七〇，1）标本 T17 扩①：18，残，泥质黑陶，敞口，双唇内高外低，斜腹内敛，腹内外有弦纹，小平底外侈。口径 15.2 厘米，底径 6.7 厘米，高 6.2 厘米。（图二二六，15；图版七〇，2）标本 T424H83 中：15，残，泥质黑陶，敞口，双唇内高外低，斜腹内敛，腹内外有弦纹，小平底外侈。口径 15 厘米，底径 5.5 厘米，高 4.5 厘米。（图二二六，16；图版七〇，3）

Ⅱ型：15 件。敞口，双唇外高内低，斜腹，平底。标本 T24 ①：13，残，泥质黑陶，素面，内壁有三周弦纹，小平底外侈。口径 17.5 厘米，底径 7 厘米，高 7 厘米。（图二二七，1；图版七〇，4）标本 T88H182 下：1，残，泥质黑陶，弧壁，素面，内壁有三周弦纹，小平底。口径 16 厘米，底径 6 厘米，高 7.5 厘米。（图二二七，2；图版七〇，5）标本 T34 ②：3，残，泥质黑陶，斜壁，壁外有四周弦纹，壁内有四周弦纹，小平底外侈。口径 14 厘米，底径 5.5 厘米，高 6.2 厘米。（图二二七，3；图版七〇，6）标本 T109H75：1，残，泥质灰陶，斜壁，壁外有三周弦纹，内壁有五周弦纹，小平底。口径 15.5 厘米，底径 8 厘米，高 4 厘米。（图二二七，4；图版七〇，7）标本 T44 ①：20，残，泥质棕陶，壁内敛，小平底，壁内外有弦纹。口径 8 厘米，底径 3 厘米，高 3 厘米。（图二二七，5；图版七〇，8）标本 T88H185：7，残，泥质黑陶，斜壁，小平底较高，碗壁内外有弦纹。口径 11 厘米，底径 4.5 厘米，高 4.5 厘米。（图二二七，6；图版七一，1）标本 T44 ①：18，残，泥质灰陶，敞口，折腹，壁内外各有四周弦纹，小平底外侈。口径 12.7 厘米，底径 6.2 厘米，高 4.2 厘米。（图二二七，7；图版七一，2）标本 T426H90：5，残，泥质黑陶，敞口，折腹，壁内外有弦纹，小平底外侈。口径 12.5 厘米，底径 6.5 厘米，高 5 厘米。（图二二七，8；图版七一，3）标本 T424H83 下：16，残，泥质灰陶，敞口，敛壁，壁有密集的弦纹，小平底外侈。口径 19.5 厘米，底径 8 厘米，高 8 厘米。（图二二八，1；图版七一，4）标本 T4H6：3，残，泥质黑陶，敞口，敛壁，壁内外有密集的弦纹，小平底外侈。口径 17.7 厘米，底径 6 厘米，高 8 厘米。（图二二八，2；图版七一，5）标本 T24 ①：10，残，泥质灰陶，敞口，折腹，壁内外有弦纹，小平底外侈。口径 19 厘米，底径 7.5 厘米，高 7 厘米。（图二二八，3；图版七一，6）标本 T424H83 中：14，残，泥质黑陶，敞口，弧壁，壁有密集的弦纹，小平底外侈。口径 15.5 厘米，底径 6.5 厘米，高 5.5 厘米。（图二二八，4；图版七一，7）标本 T27 ①：8，残，泥质灰陶，敞口，斜壁，碗壁有密集的弦纹，小平底外侈。口径 16.2 厘米，底径 8 厘米，高 6 厘米。

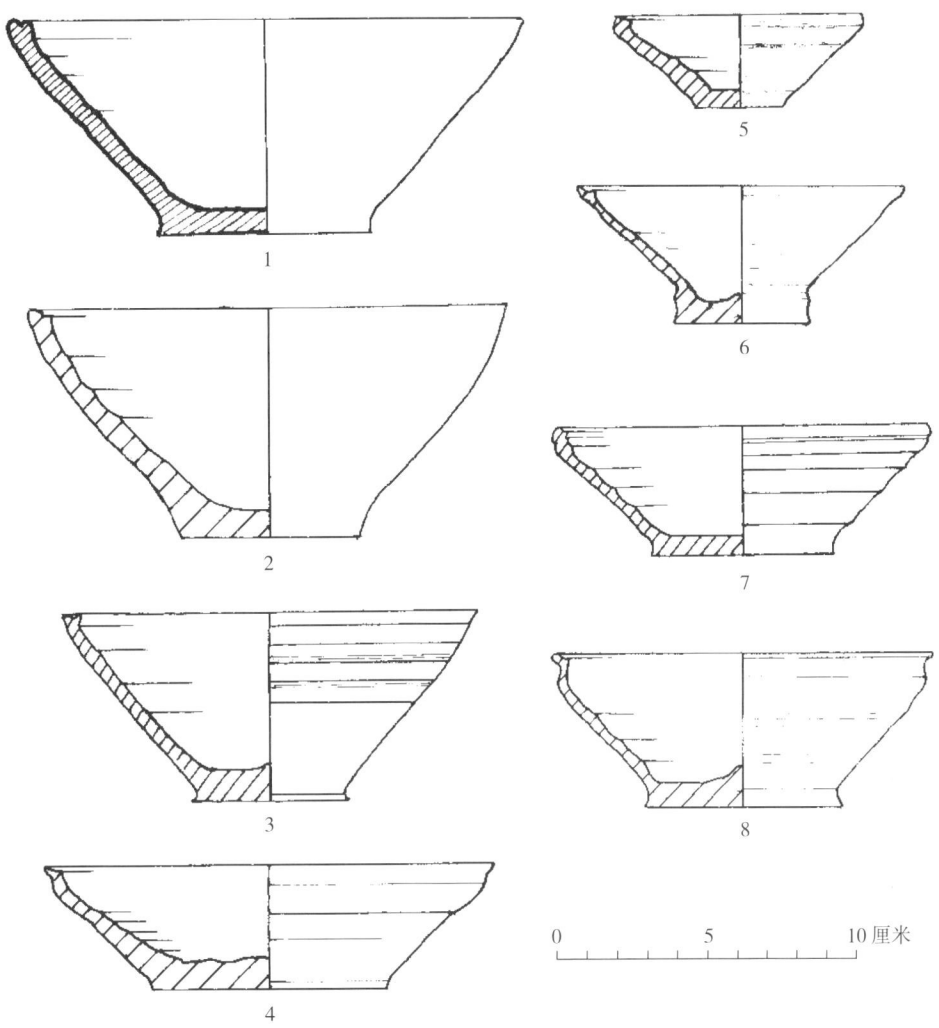

图二二七　龙山文化五期陶碗

1~8. Ⅱ型（T24①：13、T88H182下：1、T34②：3、T109H75：1、T44①：20、T88H185：7、T44①：18、T426H90：5）

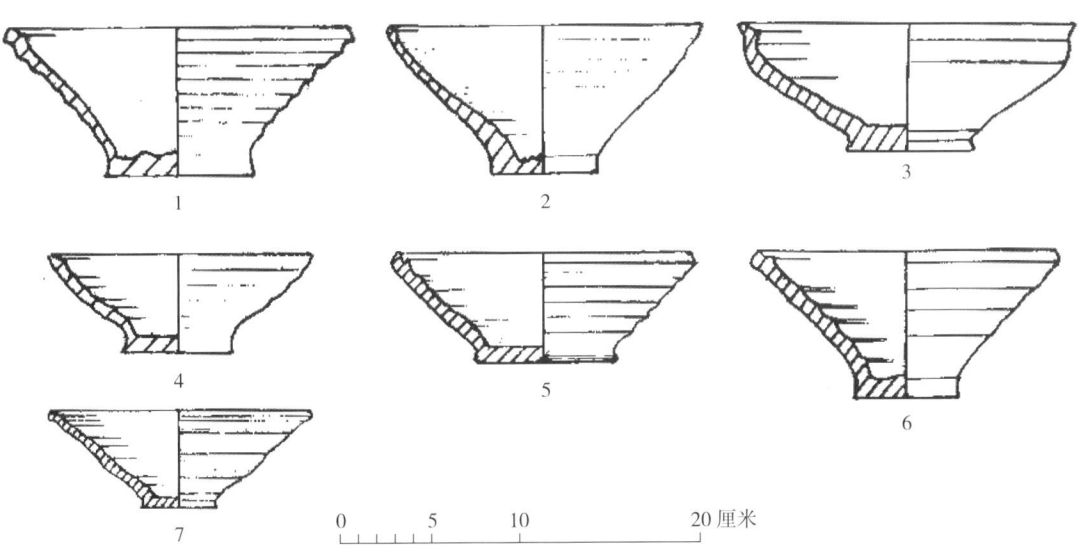

图二二八　龙山文化五期陶碗

1~7. Ⅱ型（T424H83下：16、T4H6：3、T24①：10、T424H83中：14、T27①：8、T3①：9、T1①：2）

（图二二八，5；图版七一，8）标本 T3①：9，残，泥质黑陶，敞口，斜壁，壁上有密集的弦纹，小平底。口径 17 厘米，底径 6 厘米，高 8 厘米。（图二二八，6；图版七二，1）标本 T1①：2，残，泥质黑陶，敞口，斜壁，壁上有密集的弦纹，小平底。口径 15.7 厘米，底径 4.5 厘米，高 5.3 厘米。（图二二八，7；图版七二，2）

Ⅲ型：7 件。敞口，双唇，平沿，唇沿一周凹弦纹。弧腹或敛腹，小平底。标本 T34①：2，残，泥质棕灰陶，敞口，双唇，平沿，唇沿一凹弦纹，弧腹，腹部有密集弦纹，小平底较高，其上有一周凹弦纹，底部有用细绳切坯痕。口径 14 厘米，底径 7 厘米，高 5.8 厘米。（图二二九，1；图版七二，3）标本 T424①：2，残，泥质黑陶，敞口，双唇，平沿，唇沿一凹弦纹，敛腹，腹部内外有弦纹，小平底。口径 14.5 厘米，底径 6 厘米，高 5.5 厘米。（图二二九，6；图版七二，4）标本 T9①：20，残，泥质黑陶，敞口，双唇，平沿，唇沿一凹弦纹，弧腹，小平底，底部有用细绳切坯痕。口径 15.2 厘米，底径 6 厘米，高 6 厘米。（图二二九，3；图版七二，5）标本 T425①：5，残，泥质浅灰陶，敞口，双唇，平沿，唇沿一凹弦纹。弧腹，腹部内外有弦纹，小平底。口径 12.5 厘米，底径 6 厘米，高 5.5 厘米。（图二二九，7；图版七二，6）标本 T48H66：1，残，泥质黑陶，敞口，唇部有凹槽，小平底，壁内外留有制坯时的弦纹，底部有用绳切割的痕迹，底内凹。口径 15.8 厘米，底径 6.4 厘米，高 6.4 厘米。（图二二九，2）标本 T424H83：14，残，泥质灰陶，敞口，双唇，平沿，唇沿一凹弦纹，斜直腹，腹部内外有弦纹，小平底，底部有用细绳切坯痕。口径 17.5 厘米，底径 6.5 厘米，高 7.5 厘米。（图二二九，4；图版七二，7）标本 T34①：16，残，泥质灰陶，

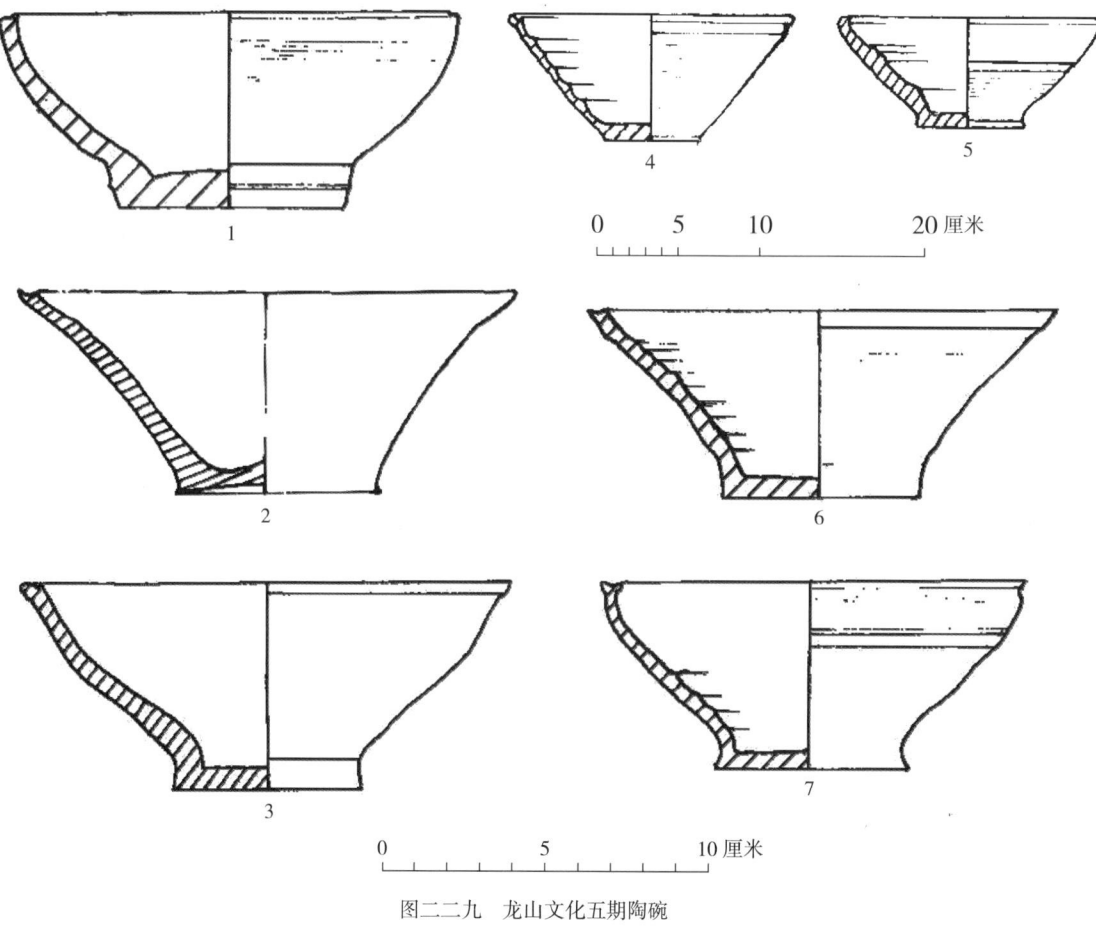

图二二九　龙山文化五期陶碗

1~7. Ⅲ型（T34①：2、T48H66：1、T9①：20、T424H83：14、T34①：16、T424①：2、T425①：5）

敞口，双唇，平沿，唇沿一凹弦纹，斜直腹，腹部内外有弦纹，小平底。口径 15.7 厘米，底径 6.2 厘米，高 6.6 厘米。（图二二九，5；图版七二，8）

Ⅳ型：5 件。敞口，方唇，斜腹，平底，腹有轮旋纹，底上有偏心同心圆纹。标本 T112④：7，残，泥质灰陶，敞口，方唇，斜腹微曲，腹部内外有二周弦纹，小平底，底部有用细绳切坯痕，系旋转时切割，平面近圆形。口径 13 厘米，底径 5.5 厘米，高 5.5 厘米。（图二三〇，1；图版七三，1）标本 T424H83 上：11，残，泥质浅灰陶，敞口，方唇，斜腹微曲，腹部内外有二周弦纹，小平底。口径 12.5 厘米，底径 4 厘米，高 5.3 厘米。（图二三〇，2；图版七三，2）标本 T24①：12，残，泥质棕陶，敞口，舌唇，斜腹微曲，腹部内有二周弦纹，腹外有密集的弦纹，小平底，底部有用细绳切坯痕，为静止时切割，均为弧形。口径 20 厘米，底径 6.5 厘米，高 7.5 厘米。（图二三〇，3）标本 T34②：34，残，泥质灰陶，敞口，方唇，斜腹，腹外有一周弦纹，小平底，底部有用细绳切坯痕，系旋转时切割，近圆形。口径 8.5 厘米，底径 4.5 厘米，高 3.4 厘米。（图二三〇，4；图版七三，3）标本 T86④：5，残，泥质灰陶，敞口，方唇，斜腹，腹部内外有

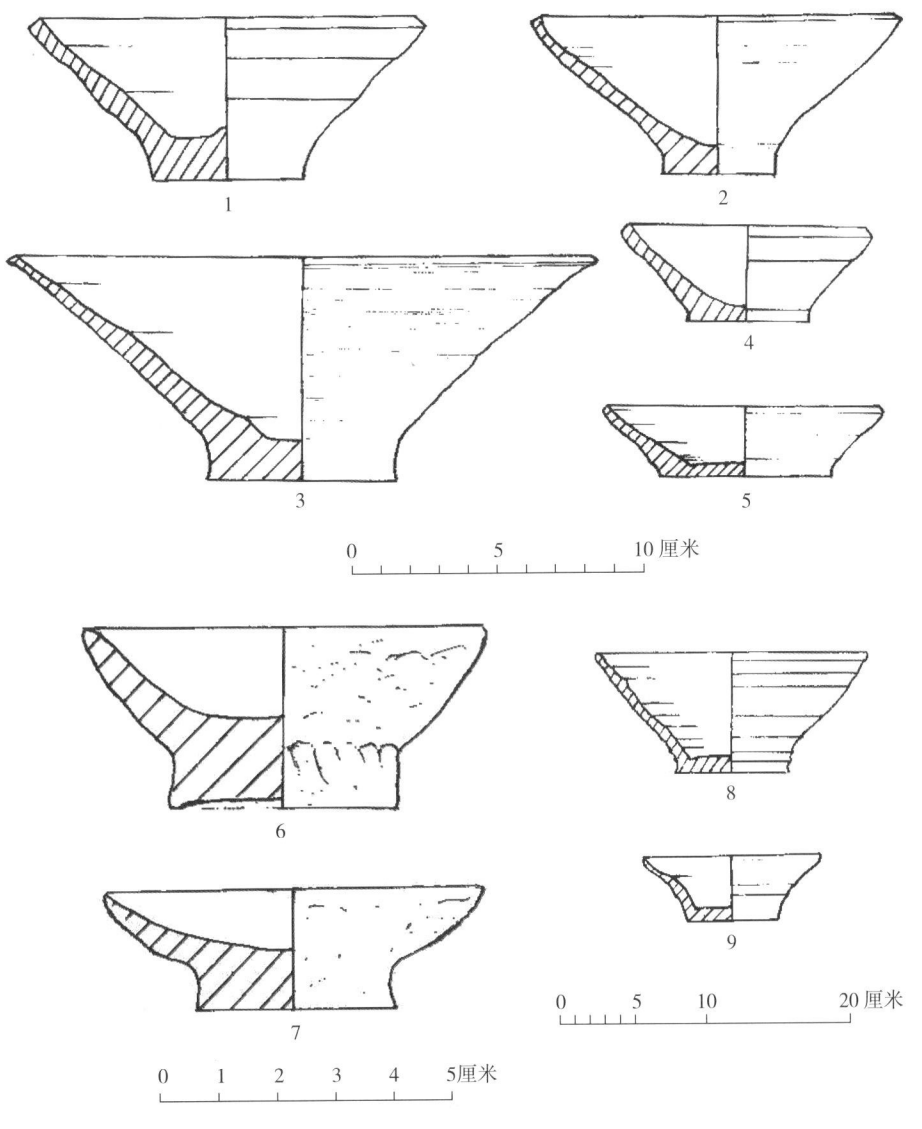

图二三〇　龙山文化五期陶碗

1~5. Ⅳ型（T112④：7、T424H83 上：11、T24①：12、T34②：34、T86④：5）

6~9. Ⅴ型（T19①：4、T424H83 上：12、T1①：1、T424H83 下：19）

二周弦纹，小平底，底部有用细绳切坯痕，系旋转时切割，近圆形。口径 9.5 厘米，底径 6 厘米，高 2.4 厘米。（图二三〇，5；图版七三，4）

Ⅴ型：4 件。敞口，圆唇，斜腹，腹部有弦纹，平底或圜底内凹，有的系手捏制。标本 T19①：4，残，泥质棕陶，敞口，圆唇，圜底内凹并外侈，底较高，并有手捏痕。口径 7 厘米，底径 4 厘米，高 3 厘米。（图二三〇，6；图版七三，5）标本 T424H83 上：12，残，泥质棕陶，敞口，圆唇，弧腹，小平底，有手捏痕。口径 6.5 厘米，底径 3.5 厘米，高 2 厘米。（图二三〇，7；图版七三，6）标本 T1①：1，残，泥质灰陶，敞口，圆唇，斜腹，腹部内外有密集的弦纹，小平底，底部有用细绳切坯痕，系旋转时切割，近圆形。口径 19.5 厘米，底径 8 厘米，高 8 厘米。（图二三〇，8）标本 T424H83 下：19，残，泥质灰陶，敞口，圆唇，曲腹内敛，腹部有二周弦纹，小平底。口径 13 厘米，底径 7 厘米，高 4.5 厘米。（图二三〇，9）

豆　7 件。侈口，浅盘，细柄，喇叭形圈足。依其形制特征可分为三型。

Ⅰ型：4 件。标本 T27①：1，残，泥质磨光黑陶，侈口，圆唇，浅圜底盘，盘壁内外有轮制时的弦纹数周，细柄，喇叭形圈足。口径 21 厘米，圈足径 13 厘米，高 16.5 厘米。（图二三一，1；彩版四六，1）标本 T7H19：13，圈足残，泥质黑陶，浅圜底盘，侈口，圆唇，细高柄圈足残。口径 23.5 厘米，柄径 8 厘米，残高 5.8 厘米。（图二三一，2）标本 T24①：2，豆盘残，泥质磨光黑陶，细柄，喇叭状圈足。细柄径 5.5 厘米，圈足底径 15 厘米，残高 14 厘米。（图二三一，4）标本 T7H19：6，豆盘残，泥质磨光灰陶，细柄，喇叭状圈足。细柄径 5 厘米，圈足底径 13.7 厘米，残高 12.5 厘米。（图二三一，5；图版七四，3）

Ⅱ型：1 件。侈口折腹。标本 T426H90：9，圈足残，泥质棕陶，内外磨光，敞口，圆唇，敛腹，平底盘。口径 20 厘米，豆盘底径 13.5 厘米，细柄径 6 厘米，残高 5.5 厘米。（图二三一，3；图版七四，2）

Ⅲ型：2 件。浅盘细柄。标本 T11H2：28，残，泥质灰陶，侈口，唇部有凹槽，浅圜底盘，喇叭形圈足，圈足上有弦纹。口径 13.6 厘米，圈足径 8.8 厘米，高 11.2 厘米。（图二三一，6；彩版四六，4）标本 T109③B：30，残，泥质灰陶，侈口，双唇，圈底，细柄，柄呈筒状，圈足微侈。口径 8 厘米，盘高 0.8 厘米，细柄径 3.2 厘米，圈足径 5.2 厘米，高 8.5 厘米。（图二三一，7；彩版四六，3）

轮盘　1 件。标本 T44①：21，残，夹砂浅黑陶，敛口，折沿，舌唇，斜壁外鼓，大平底，壁和底部有圆形穿孔，底部有划纹。口径 50 厘米，底径 51 厘米，高 5.2 厘米。（图二三二；图版六四，4、5）

瓠　1 件。标本 T425H86：16，残，泥质灰陶，口残，直筒状，中部外鼓，饰弦纹，平底外侈。残口径 4.8 厘米，腹径 8 厘米，底径 6.4 厘米，残高 22.5 厘米。（图二三一，8；图版七四，1）

杯　1 件。标本 T86④A：3，泥质灰陶，侈口，折沿，圆唇，筒腹，平底，杯内为锥形。口径 6 厘米，底径 4.4 厘米，高 14.8 厘米。（图二三一，9；图版七四，4）

小杯　3 件。标本 T52④：3，残，泥质浅灰陶，侈口，舌唇，敛腹，平底。口径 8 厘米，底径 7 厘米，高 4 厘米。（图二三三，3；图版七四，5）标本 T426H90：14，泥质浅灰陶，侈口，圆唇，筒腹，平底。口径 6 厘米，底径 5.5 厘米，高 4 厘米。（图二三三，4；图版七四，7）标本 T424①：83，泥质浅灰陶，敛口，圆唇，腹微鼓，圜底内凹。口径 4.6 厘米，腹径 4.9 厘米，底径 4 厘米，高 3.2 厘米。（图二三三，5；图版七四，6）

单耳杯　1 件。标本 T24①：9，口残，泥质黑陶，敛口，筒腹，腹部有三周宽带状压印纹，间饰四周凹弦纹，宽带状单把立于腹部，下腹部内敛，底外侈，底内凹，制作精致，造型优美，是难得的精品。口径 13.5 厘米，腹径 13.6 厘米，底径 11.2 厘米，残高 16 厘米。（图二三三，1、2；图版六〇，5）

鬶　3 件。根据形制可分二型。

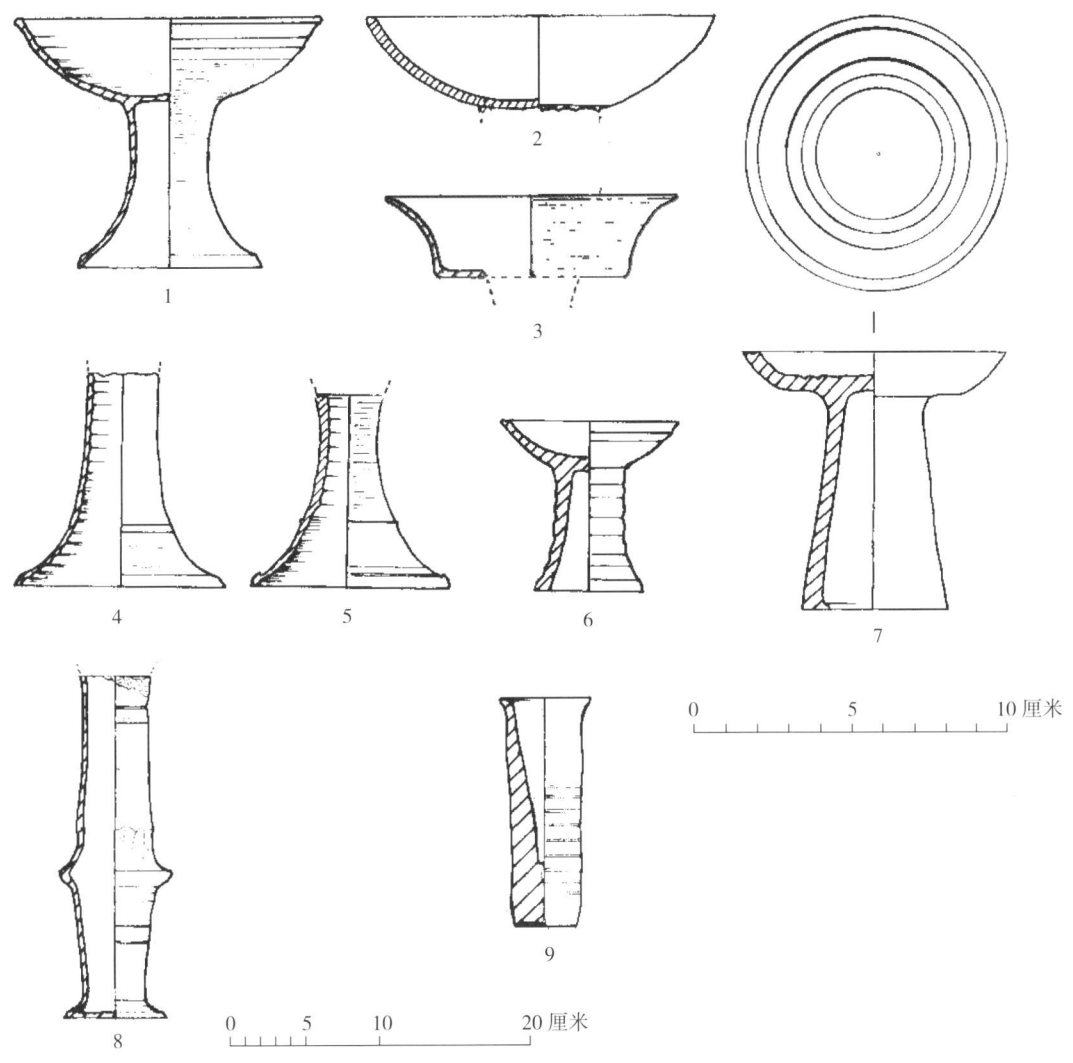

图二三一　龙山文化五期陶豆、鬶、杯

1、2、4、5. Ⅰ型豆（T27①：1、T7H19：13、T24①：2、T7H19：6）3. Ⅱ型豆（T426H90：9）

6、7. Ⅲ型豆（T11H2：28、T109③B：30）8. 鬶（T425H86：16）9. 杯（T86④A：3）

Ⅰ型：2件。标本T4H6：6，泥质灰陶，口为椭圆形，有流，流口低于鬶口，口下和腹部有二周凸弦纹，腹壁饰带状把，下附三个袋足，袋足的上部有袋足粘接的痕迹，素面。口径9.3厘米，腹径7厘米，足间距9厘米，高17.5厘米。（图二三四，1；彩版四五，5）标本T424H83下：22，泥质灰陶，口为椭圆形，有流，流口低于鬶口，口下和腹部有二周凸弦纹，腹壁饰带状把，下附三个袋足，袋足的上部有袋足粘接的痕迹，素面。口径9.5厘米，腹径5.6厘米，足间距9厘米，高17.5厘米。（图二三四，2；彩版四六，2）

Ⅱ型：1件。标本T8H18：2，泥质深灰陶，口为椭圆形，外有流，流口与鬶口平，流口后部相连，腹壁饰带状把，下附三个袋足，足为乳头状，素面。口径10厘米，腹径7厘米，足间距9厘米，高18厘米。（图二三四，3；彩版四六，5）

（三）装饰品及其他

有骨簪、陶祖、陀螺、陶小杯、刻骨符号等。

骨簪　8件。均由骨的肢骨劈开、锯断、磨制而成。根据形制特点可分为二型。

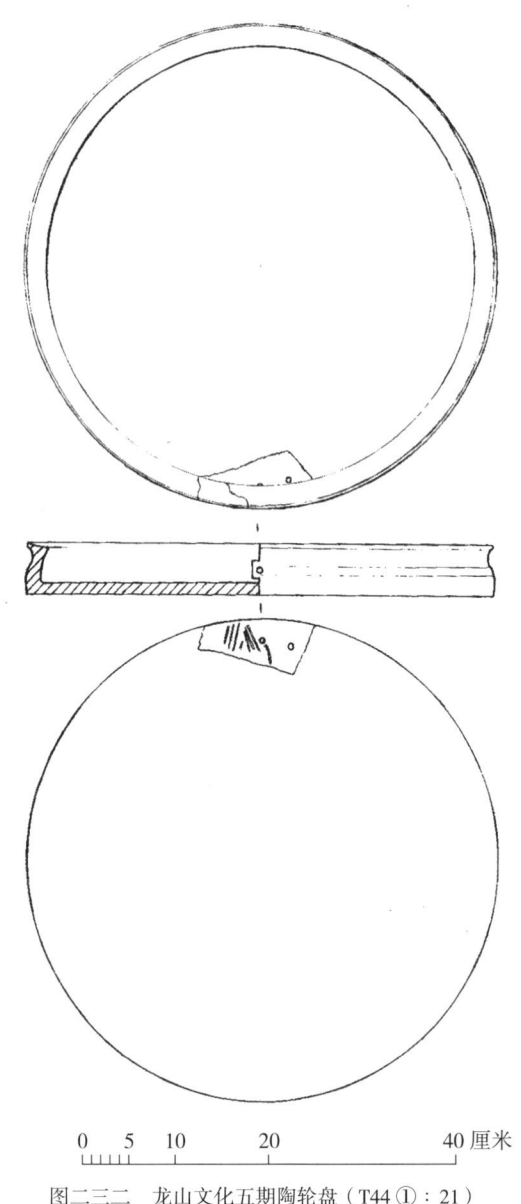

0　5　10　　20　　　　40厘米

图二三二　龙山文化五期陶轮盘（T44①：21）

Ⅰ型：2件。有簪冠，圆柱形锥体，断面为圆形，精工细作，通体抛光。标本 T88H185：16，尖残，平顶较宽，有簪冠，体微弯曲。残长 13.7 厘米，直径 0.6~1 厘米。（图二三五，1；彩版四七，1）标本 T88H185：4，尖残，平顶较宽，有簪冠，体微弯曲。残长 3.8 厘米，直径 0.4~0.5 厘米。（图二三五，6；彩版四七，8）

Ⅱ型：6件。其中 3 件完整，3 件残。扁圆锥体，横剖面为圆形。标本 T89②：55，尖残，顶扁平，上粗下细并收为尖锥，通体磨光，制作精致。残长 11.7 厘米，直径 0.8 厘米。（图二三五，2；彩版四七，2）标本 T424H83上：3，完整，弧顶。长 11.3 厘米，直径 0.7 厘米。（图二三五，3；彩版四七，3）标本 T4①：7，顶残，通体磨光，制作精致。残长 10.7 厘米，直径 0.4 厘米。（图二三五，4；彩版四七，4）标本 T11①：4，完整，通体磨光，制作精致。长 6.8 厘米，直径 0.3 厘米。（图二三五，5；彩版四七，5）标本 T27①：41，顶残，通体磨光，制作精致。残长 5.6 厘米，直径 0.3 厘米。（图二三五，7；彩版四七，6）标本 T44①：1，尖残，通体磨光，制作精致。残长 8 厘米，直径 0.5 厘米。（图二三五，8；彩版四七，7）

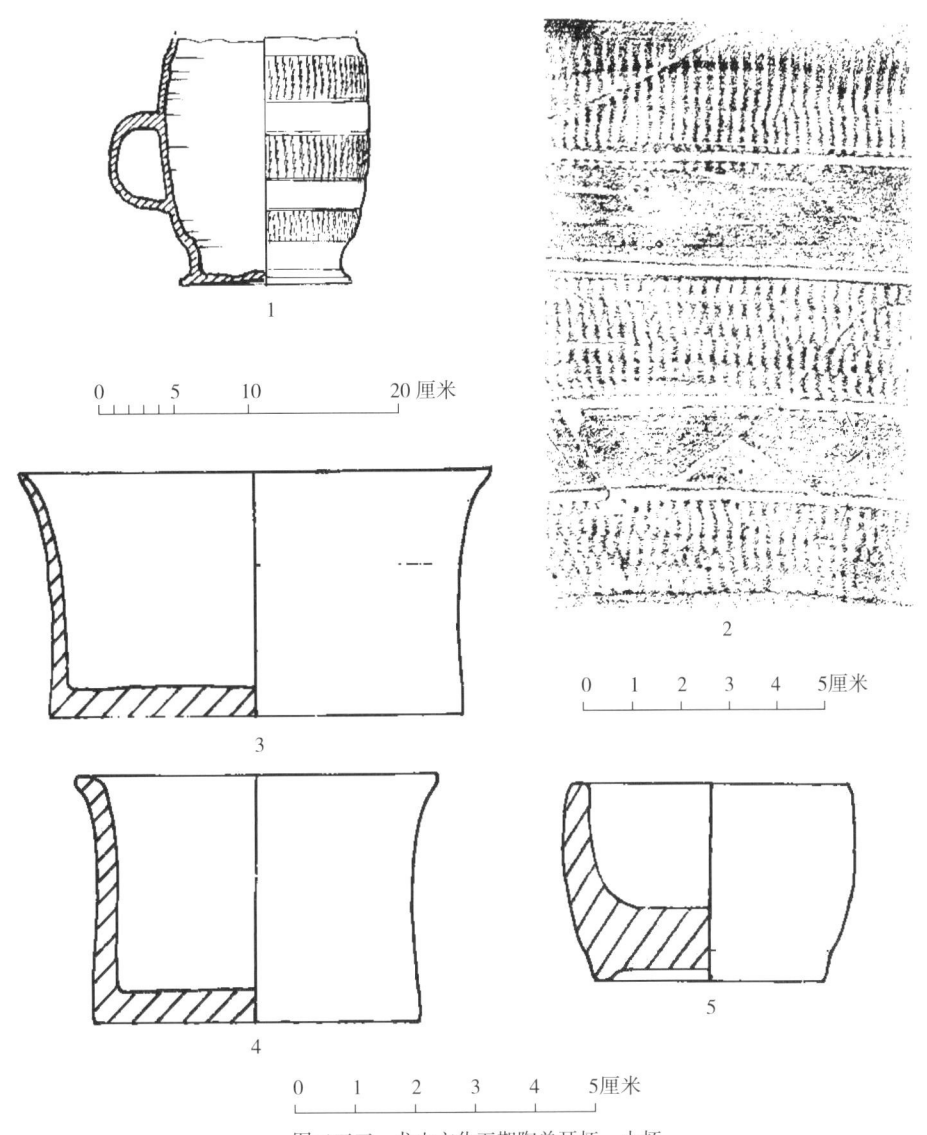

图二三三　龙山文化五期陶单耳杯、小杯

1、2. 单耳杯（T24①：9）　3～5. 小杯（T52④：3、T426H90：14、T424①：83）

刻骨符号　1件。标本 T88H182 下：2，完整，系动物盆骨的一部分，上刻四条划纹，似重叠的"八"字。长 8 厘米，宽 4.6 厘米。（图一九九，7）

石祖　1件。标本 T7H19：14，完整，为料礓石，中细下粗，下端正中有小孔，断面为椭圆形。长 5.4 厘米，径 1.8 厘米。（图二三六，1；彩版四七，9）

陶祖　2件。标本 T12①上：2，完整，圆柱状，中粗两端细，下端正中有小孔，断面为圆形。长 8.2 厘米，径 1.8 厘米。（图二三六，2；彩版四七，10）标本 T424H83：19，完整，为泥质灰陶，圆柱状，下端有一周凹弦纹，圆弧龟头，正中有小孔，断面为圆形。长 4.5 厘米，径 1.4 厘米。（图二三六，3；彩版四七，11）

陶环　16件。泥质灰陶或泥质黑陶。根据形制可分三型。

Ⅰ型：6件。环断面呈矩尺形或凸形，内宽外窄，或一侧外凸。标本 T88H185 下：20，环断面呈矩尺形，内高外低。内径 4 厘米，外径 5.4 厘米，高 0.9 厘米。（图二三七，1；图版七五，1）标本 T89②：13，环断面呈矩尺形。内径 5.4 厘米，外径 7 厘米，高 0.8 厘米。（图二三七，2；图版七五，2）标本 T424H83 上：14-1，环断面呈矩尺形，内高外低。内径 4.4 厘米，外径 6 厘米，高 0.8 厘米。（图二三七，3；图版七五，3）

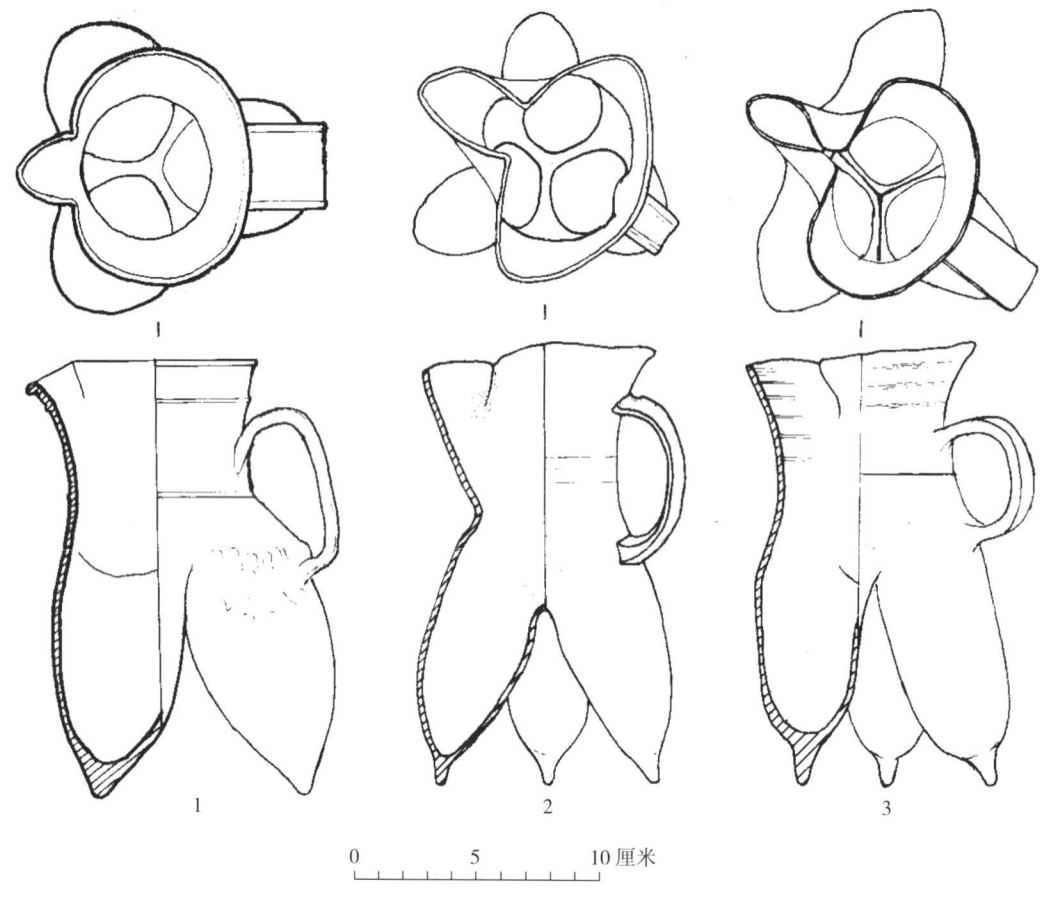

0　　　　5　　　　10厘米

图二三四　龙山文化五期陶鬶

1、2. Ⅰ型（T4H6：6、T424H83下：22）　3. Ⅱ型（T8H18：2）

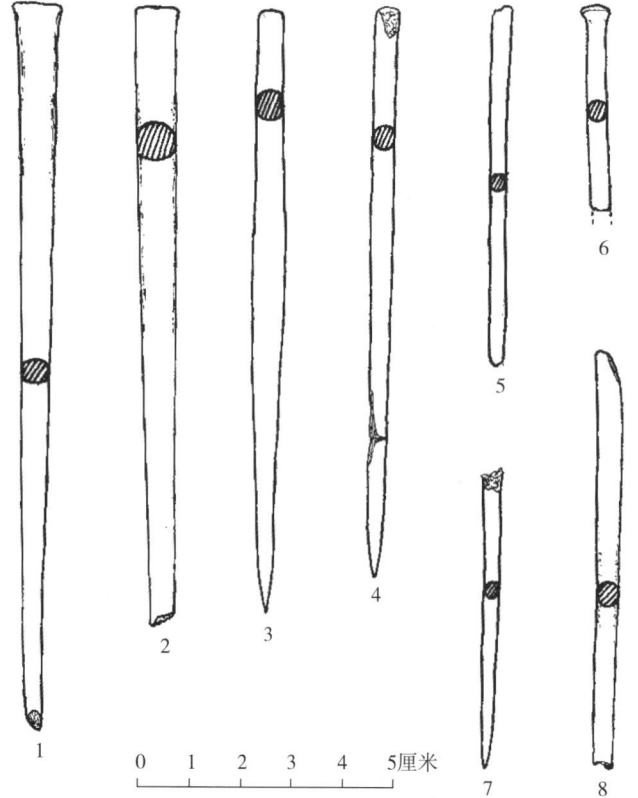

0　1　2　3　4　5厘米

图二三五　龙山文化五期骨簪

1、6. Ⅰ型（T88H185：16、T88H185：4）

2～5、7、8. Ⅱ型（T89②：55、T424H83上：3、

T4①：7、T11①：4、T27①：41、T44①：1）

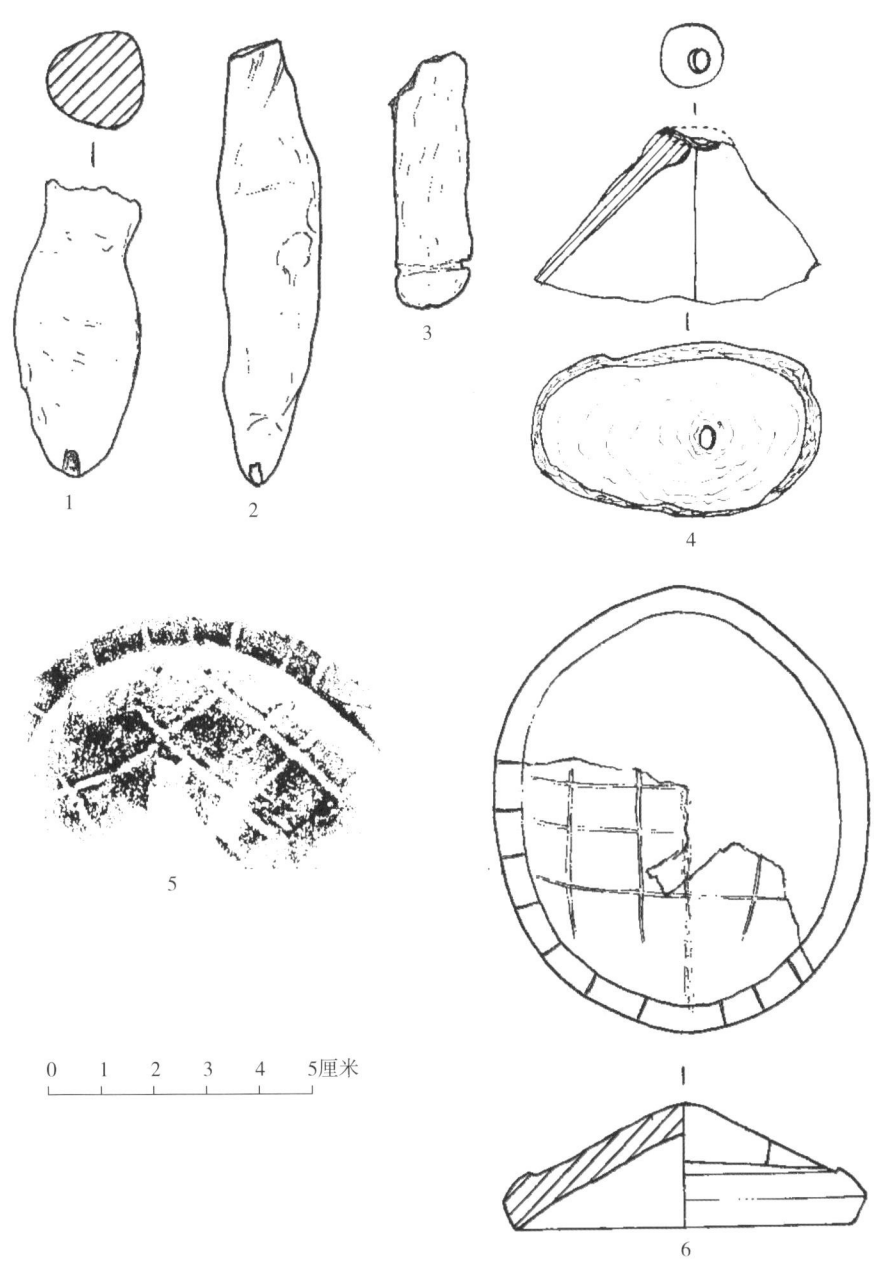

图二三六 龙山文化五期陶、石器和纹饰拓片

1. 石祖（T7H19：14） 2、3. 陶祖（T12①上：2、T424H83：19） 4. 陶铃（T110③：2） 5、6. 陶龟（T424①：3）

标本 T8H18：9，环断面呈矩尺形，内高外低。内径 5 厘米，外径 6 厘米，高 0.8 厘米。（图二三七，4；图版七五，4）标本 T424H83 上：14-2，环断面呈凸形，内高外低。内径 5 厘米，外径 6.4 厘米，高 0.8 厘米。（图二三七，5；图版七五，5）标本 T89②：14，环断面呈矩尺形。内径 4.8 厘米，外径 6 厘米，高 0.8 厘米。（图二三七，6；图版七五，6）

Ⅱ型：5 件。环断面为圆形、椭圆形或长方形。标本 T89②：18，残，断面呈长方形。内径 4.4 厘米，外径 5.4 厘米，高 0.7 厘米。（图二三七，7；图版七五，7）标本 T88H185 下：29，环断面呈圆形。内径 5 厘米，外径 6 厘米，高 0.9 厘米。（图二三七，8；图版七五，8）标本 T89②：17，残，断面呈椭圆形。内径 5 厘米，外径 6.2 厘米，高 0.7 厘米。（图二三七，9；图版七五，9）标本 T90③：51，残，断面呈椭圆

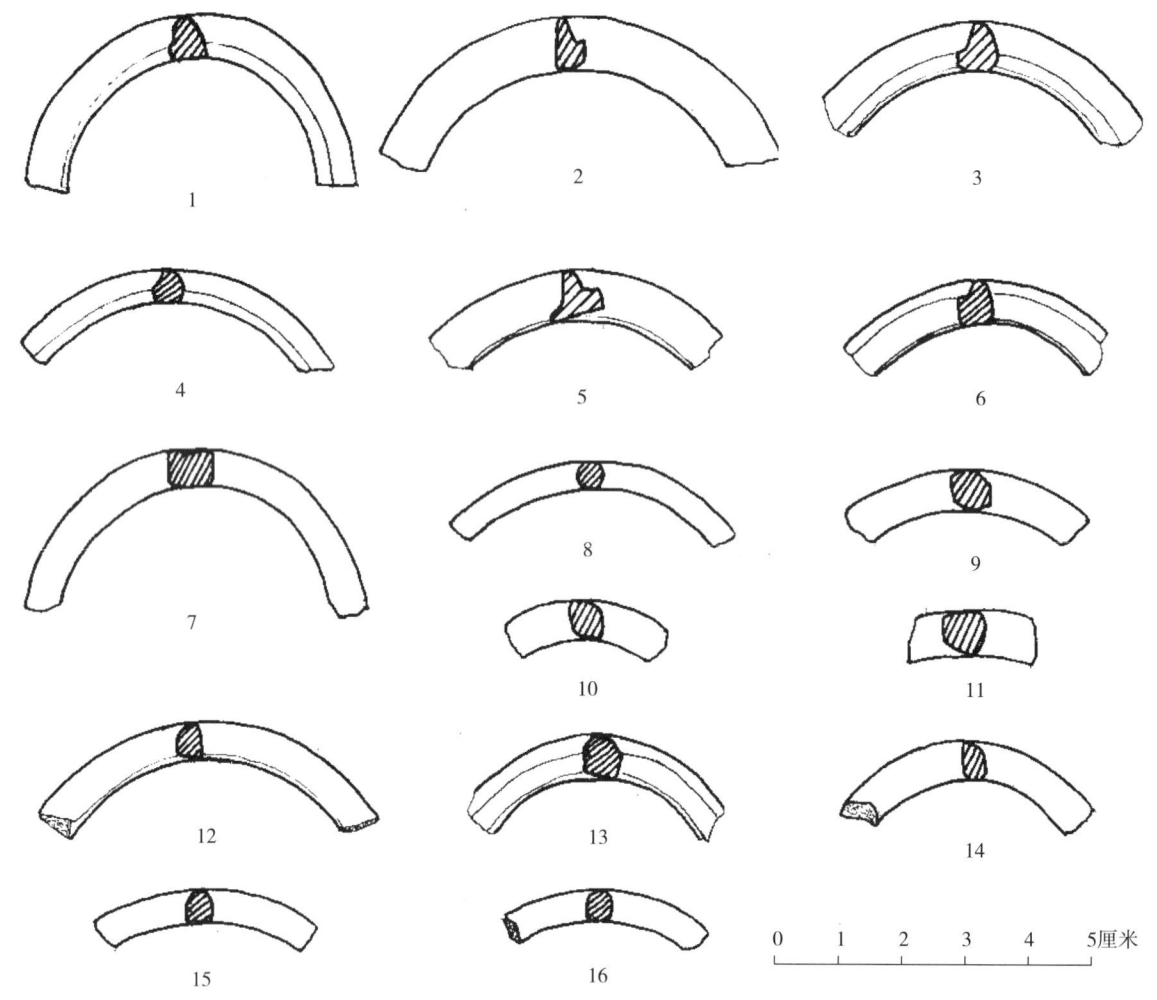

图二三七　龙山文化五期陶环

1~6．Ⅰ型（T88H185 下：20、T89②：13、T424H83 上：14-1、T8H18：9、T424H83 上：14-2、T89②：14）

7~11．Ⅱ型（T89②：18、T88H185 下：29、T89②：17、T90③：51、T90③：39）

12~16．Ⅲ型（T29 内⑧：17、T90③：44、T88H185 下：30、T89②：20、T89②：19）

形。内径 3.6 厘米，外径 4.8 厘米，高 0.5 厘米。（图二三七，10；图版七五，10）标本 T90③：39，残，断面呈椭圆形。内径 5.4 厘米，外径 7 厘米，高 0.5 厘米。（图二三七，11；图版七五，11）

Ⅲ型：5 件。环断面呈弧面三角形。标本 T29 内⑧：17，残，断面呈弧面三角形。内径 5.2 厘米，外径 6.4 厘米，高 0.5 厘米。（图二三七，12；图版七五，12）标本 T90③：44，残，断面呈弧面三角形。内径 4 厘米，外径 5.2 厘米，高 0.7 厘米。（图二三七，13；图版七五，13）标本 T88H185 下：30，环断面呈弧面三角形。内径 4 厘米，外径 5 厘米，高 0.9 厘米。（图二三七，14；图版七五，14）标本 T89②：20，残，断面呈弧面三角形。内径 6 厘米，外径 7 厘米，高 0.7 厘米。（图二三七，15；图版七五，15）标本 T89②：19，残，断面呈弧面三角形。内径 5 厘米，外径 6 厘米，高 0.7 厘米。（图二三七，16；图版七五，16）

陶铃　1 件。标本 T110③：2，完整，泥质灰陶，顶为圆形，中部一个圆孔，口为椭圆形。顶径 1.3 厘米，口径 3.3 ~ 5.6 厘米，高 3.3 厘米。（图二三六，4；彩版四八，1、2、3、4）

陶龟　1 件。标本 T424①：3，残，泥质黑陶，平面为圆形，边沿绘双线，用横线切分，其内划大方格。口径 7~8.2 厘米，高 2.5 厘米。（图二三六，5、6；彩版四八，6）

陶小杯 3件。标本T19H19：5，残，泥质灰陶，口微敛，筒腹，腹内壁刻有符号，平底。口径3.5厘米，腹径4.1厘米，底径3.7厘米，高5.5厘米。（图二三八，1）标本T88H185：19，完整，口微敛，筒腹，平底。口径2厘米，腹径2.5厘米，底径2.3厘米，高3.3厘米。（图二三八，3；彩版四九，2）标本T424H83上：13，完整，口微敛，筒腹，平底。口径2.2厘米，腹径2.5厘米，高2.1厘米。（图二三八，4；彩版四九，3）

陶小口罐 1件。标本T34①：26，完整，小口，折肩，筒壁，平底。口径1.4厘米，腹径4.7厘米，底径5厘米。（图二三八，2；彩版四九，1）

陶陀螺 1件。标本T426H90：12，完整，泥质陶。口径2厘米，高1.7厘米。（图二三八，5；彩版四九，6）

陶饼 1件。标本T424H83中：18，泥质黑陶，不规则圆形，厚胎，一面稍凹，另面稍鼓。直径3.7厘米，最厚1.5厘米。（图二三八，6；彩版四九，4）

陶器座 2件。标本T17①：10，残，泥质灰陶，敛口，方唇，斜筒状，壁中间有圆形穿孔。口径4.1厘米，底径4.9厘米，高7.2厘米。（图二三九，1；彩版四九，7）标本T424H83中：24，残，泥质浅灰陶，敛口，尖唇，鼓腹，壁中间有圆形穿孔。上部口径4.5厘米，腹径6厘米，下部底径5厘米，高4.5厘米。（图二三九，3；彩版四九，5）

陶梯形器 1件。标本T50①：3，残，泥质灰陶，平面近梯形。残长4.5厘米，宽1.8~3厘米，厚3厘米。（图二三九，2；彩版四八，5）

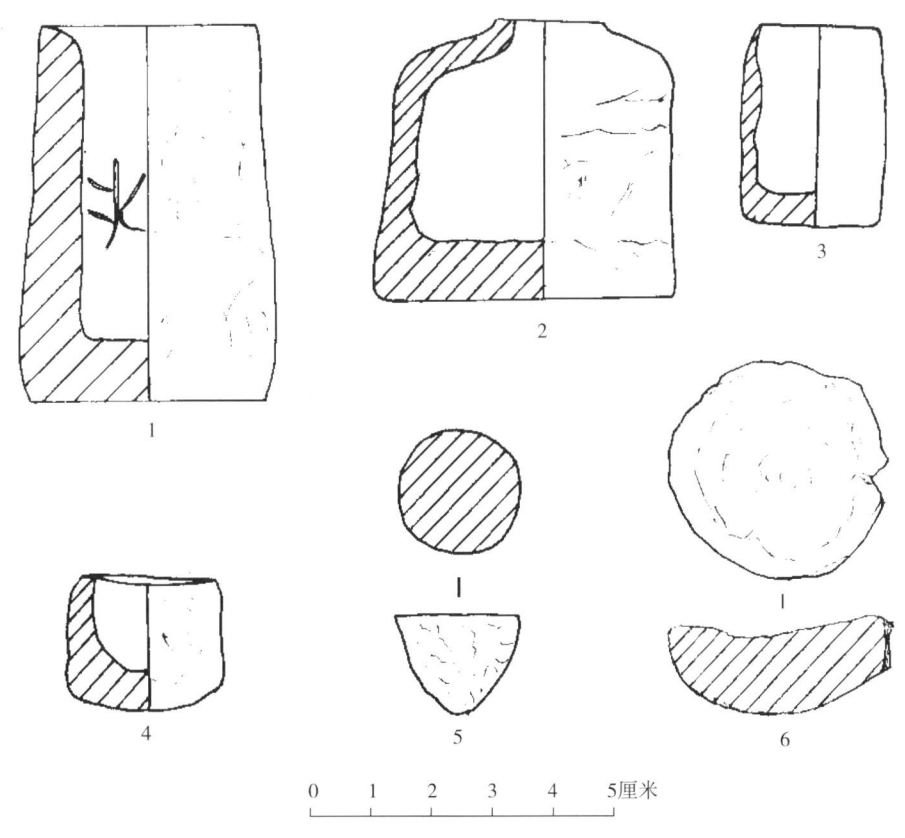

图二三八 龙山文化五期陶器

1、3、4.小杯（T19H19：5、T88H185：19、T424H83上：13） 2.小口罐（T34①：26）

5.陀螺（T426H90：12） 6.饼（T424H83中：18）

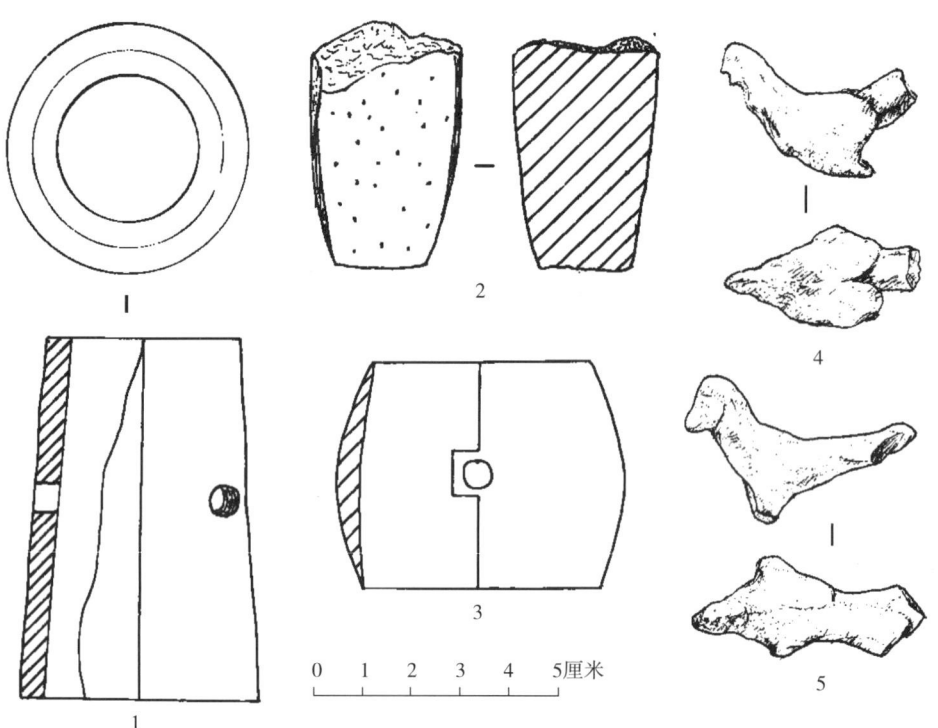

图二三九　龙山文化五期陶器

1、3. 器座（T17①：10、T424H83 中：24）　2. 梯形器（T50①：3）　4、5. 鸟（T424H83 中：13、T52④：1）

陶鸟　2件。标本 T424H83 中：13，尾残，泥质黑陶，手捏制，张嘴，昂首，翘尾，站立欲飞状。残长4.1厘米，宽1.9厘米，高3.1厘米。（图二三九，4）标本 T52④：1，尾残，泥质红陶，手捏制，昂首，翘尾，站立状。残长5.3厘米，宽2.3厘米，高3.4厘米。（图二三九，5）

第四章　二里头文化

一、文化遗迹

遗址内二里头文化遗存分布较少，仅在城址西南部的 T28 内发现灰坑 1 个（H46），在东南发掘区 T49、北部发掘区 T87、T88、T91，西部发掘区 T29、T30、T31 的文化层中有所发现。

H46 位于遗址南城墙西段 T28 中部，开口于农耕土下，从形制看当为灰沟。长条形，锅底状。出土陶片少，多灰陶，多篮纹，仅见器口和鼎足。残长 1.10 米，宽 1 米，深 0.96 米。（图二四〇）

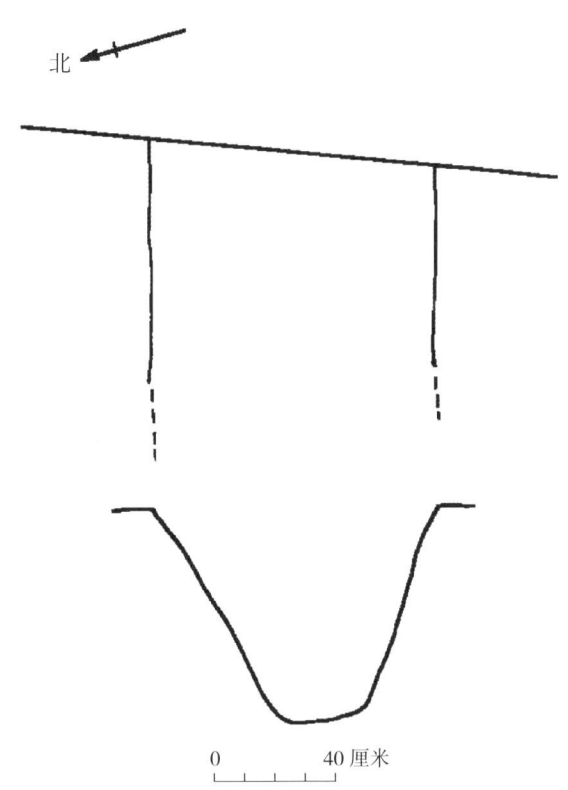

北

0　　　40 厘米

图二四〇　二里头文化灰坑 T28H46 平、剖图

二、文化遗物

（一）生产工具

有石铲、凿、刀，骨锥，陶纺轮、拍。

1. 石器　3 件。有铲、凿、刀。

凿　1 件。标本 T91 ④：9，残，火成岩，弧刃。宽 5.5 厘米，高 12 厘米，厚 2 厘米。（图二四一，1）

铲　1 件。标本 T30 ③：5，完整，火成岩，平面呈长方形，断面呈梯形，弧刃。上宽 16 厘米，厚 0.6

厘米，残高8厘米。（图二四一，2）

刀　1件。标本T88③A：77，石灰岩，刀把与刀身分明。长18厘米，宽4厘米，厚0～2厘米。（图二四一，3）

2. 骨器

锥　1件。标本T88③：59，系用动物肢骨劈开加工而成，上部断面为矩尺形，锥断面为圆形，尖锐利。长8厘米，宽0.8厘米，厚0.2厘米。（图二四一，6）

3. 陶器　2件。有纺轮、拍。

纺轮　1件。标本T91④：20，完整，泥质灰陶，平面为圆形，中有圆形穿孔，断面为六角形。台面径3.4厘米，腰径4.4厘米，厚2.1厘米。（图二四一，5）

拍　1件。标本T30④：8，残，泥质灰陶，平面呈长方形，素面，有宽带状把。残长12厘米，宽6.7厘米，厚1.2厘米。（图二四一，4）

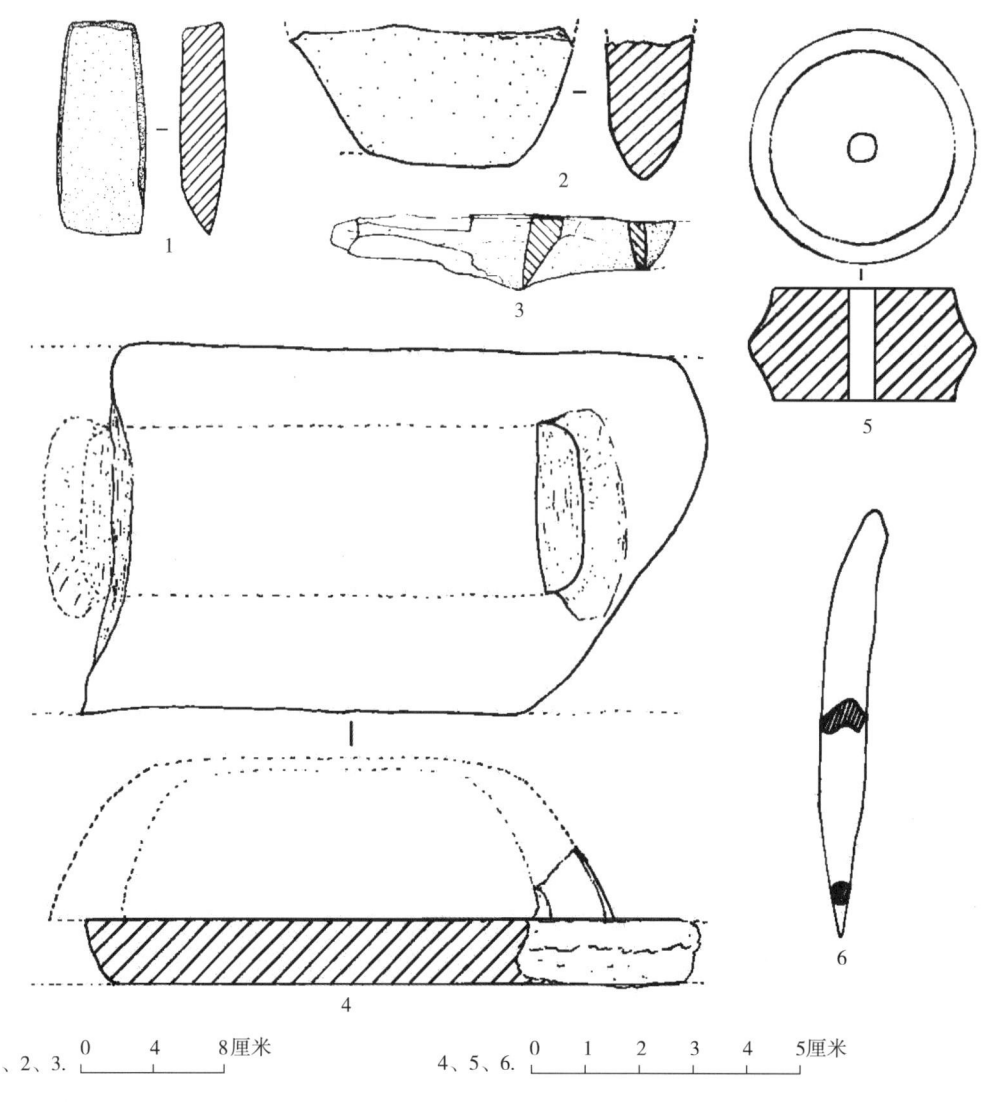

图二四一　二里头文化陶、石、骨器

1. 石凿（T91④：9）　2. 石铲（T30③：5）　3. 石刀（T88③A：77）

4. 陶拍（T30④：8）　5. 陶纺轮（T91④：20）　6. 骨锥（T88③：59）

（二）生活用器

出土陶片多灰陶，少数为棕陶，纹饰仅见篮纹、弦纹，篮纹浅而乱，器形有鼎、盆、甗、豆等。

平底盆 1件。标本 T30④：3，敞口，圆唇，弧壁，平底，壁上有四周凹弦纹。口径 34 厘米，底径 24.8 厘米，高 7.2 厘米。（图二四二，1）

敛口盆 1件。标本 T24①：6，斜壁，平底，口小底大，腹部有弦纹。口径 31 厘米，底径 28.8 厘米，高 5 厘米。（图二四二，2）

三足皿 1件。标本 T27①：31，为泥质灰陶，侈口，凹腹，平底，下附三个瓦状足，腹上有鋬。口径 27 厘米，底径 21.2 厘米，高 10 厘米。（图二四二，3；图版三八，2）

甗 1件。标本 T24①：2，为泥质棕灰陶，侈口，鼓腹，饰浅篮纹，甗孔已残。口径 23 厘米，残高 23 厘米。（图二四二，4）

鼎 仅见足。标本 T24①，断面近长方形，侧装高足，足上有指窝痕。残高约 18 厘米。（图二四二，5）

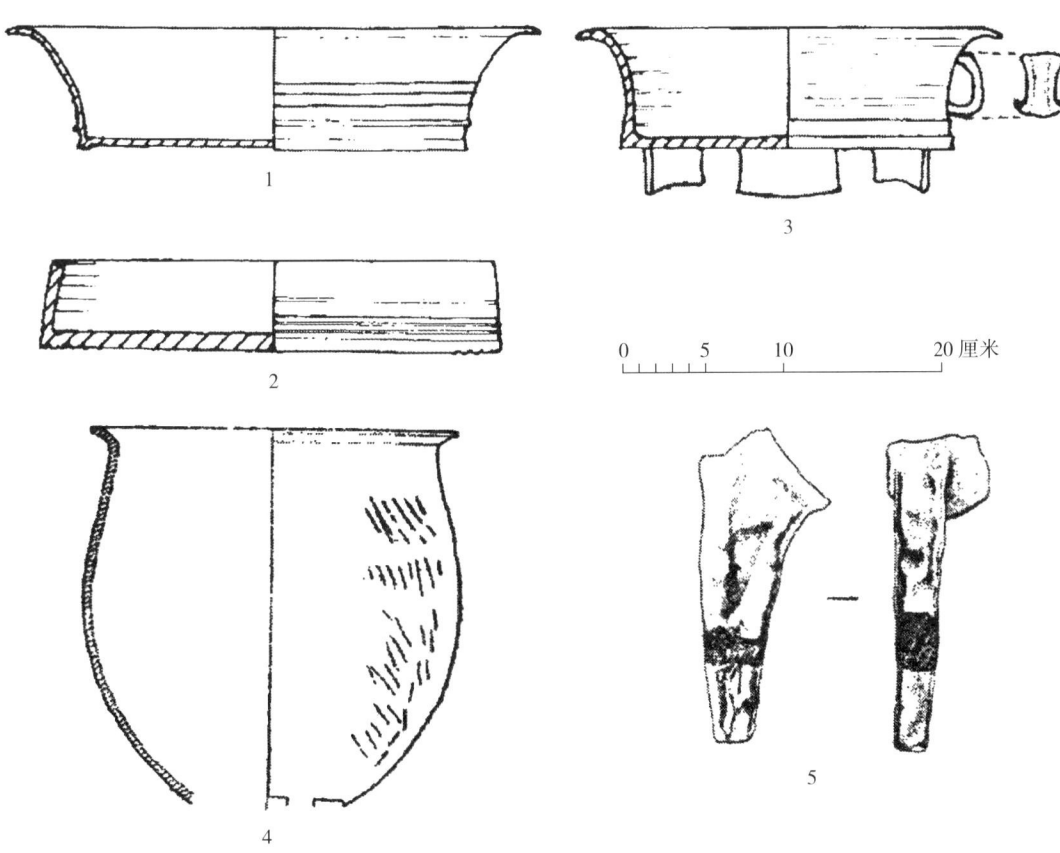

图二四二 二里头文化陶器

1.平底盆（T30④：3） 2.敛口盆（T24①：6） 3.三足皿（T27①：31） 4.甗（T24①：2） 5.鼎足（T24①）

第五章　岳石文化

一、文化遗迹

遗址发现岳石文化遗存较少，分布在遗址东南部，仅发现 2 座灰坑，即 H67、H68。

H67 位于遗址东南部 T47 内，开口农耕土层下，打破南部灰沟和 F15。椭圆形筒状坑，口大底小，平底。填土分 2 层，上层填黑灰土，下层填浅灰土，土质松软。出土陶片以棕陶居多，多素面，胎厚，器形有盆、环，还有石凿等。口径 2.90~3.30 米，底径 1.50~2.30 米，深 1.02 米。（图二四三，1）

H68 位于遗址东南部 T47 内北部，开口农耕土层下。不规则形筒状坑，口大底小，斜壁，平底。填黑灰土，土质松软。出土陶片以棕陶居多，多素面，胎厚，器形有壶等。口径 0.90~0.92 米，底径 0.80 米，深 0.25 米。（图二四三，2）

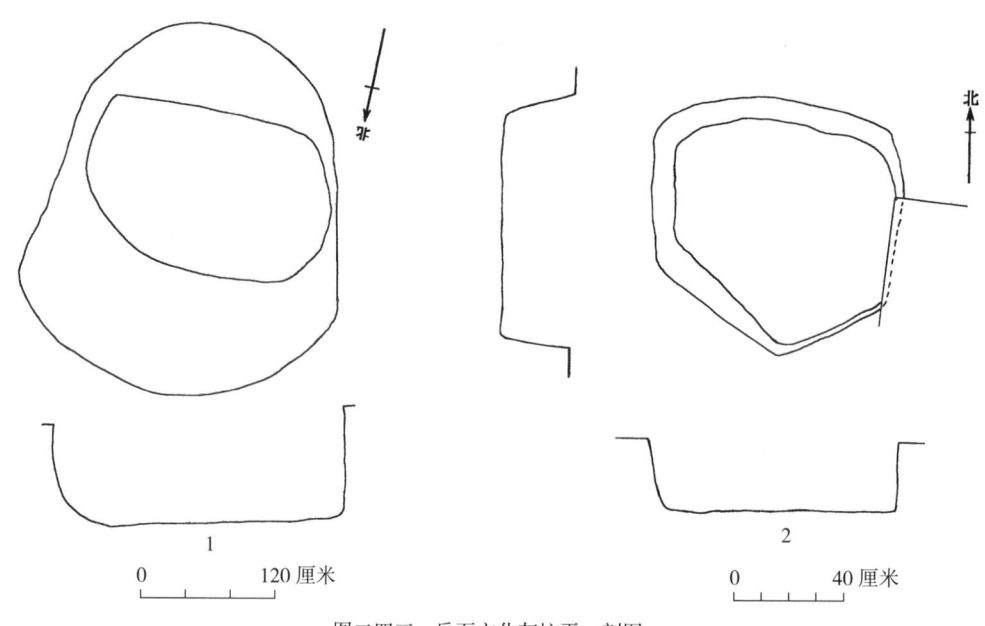

图二四三　岳石文化灰坑平、剖图

1. T47H67　2. T47H68

二、文化遗物

（一）生产工具

1. 石器　4 件。有锛、铲、刀、砺石。

锛　1 件。标本 T47H67：2，完整，火成岩，平面为梯形，断面为梯形，弧刃。长 11.3 厘米，上宽 3.6 厘米，下宽 3.8 厘米，厚 3 厘米。（图二四四，1）

铲　1 件。标本 T112③：8，残，火成岩，应为长方形，直刃。残长 6 厘米，宽 7.6 厘米，厚 0.9 厘米。（图二四四，2）

刀　1件。标本T113③：37，残，弧背，直刃。长5.6厘米，残宽6.8厘米，厚1.2厘米。（图二四四，3）

砺石　1件。标本T113③：38，残，砂岩，平面为圆角长方形，断面为梯形。残长5厘米，宽2.4厘米，厚1.5厘米。（图二四四，4）

2. 骨器

骨器　1件。标本T49④：1，残，平面近不规则形。长2.7厘米，宽1.9厘米，厚0.5厘米。（图二四四，5）

3. 陶器

饼　1件。标本T113③：36，残，泥质黑陶，平面为圆形，断面为半弧形。台面径14厘米，底径14.5厘米，厚3.2厘米。（图二四四，6）

（二）生活用器

出土陶器较少，陶色以灰陶、棕陶居多，器胎较厚，多素面，器形有盆、碗、器盖等，也有瓿片。

盆　1件。标本T47H67：5，泥质浅灰陶，折沿，侈口，方唇，沿面呈弧形，内低外高，腹为斜壁内敛，内壁有五周凹弦纹，平底。口径24厘米，底径11厘米，高9.8厘米。（图二四五，1）

碗　1件。标本T47H67：1，泥质浅灰陶，侈口，沿面呈弧形，内高外低，腹为斜壁，内壁有三周凹弦纹，平底。口径12.5厘米，底径5.8厘米，高6厘米。（图二四五，2）

器盖　1件。标本T113③A：44，残，泥质灰陶，胎较厚，纽已残，上有圆形穿孔，腹为斜壁。底径14.5厘米，残高8厘米。（图二四五，3）

（三）装饰品及其他

玩具有小陶杯，乐器有陶埙，装饰品有陶环等。

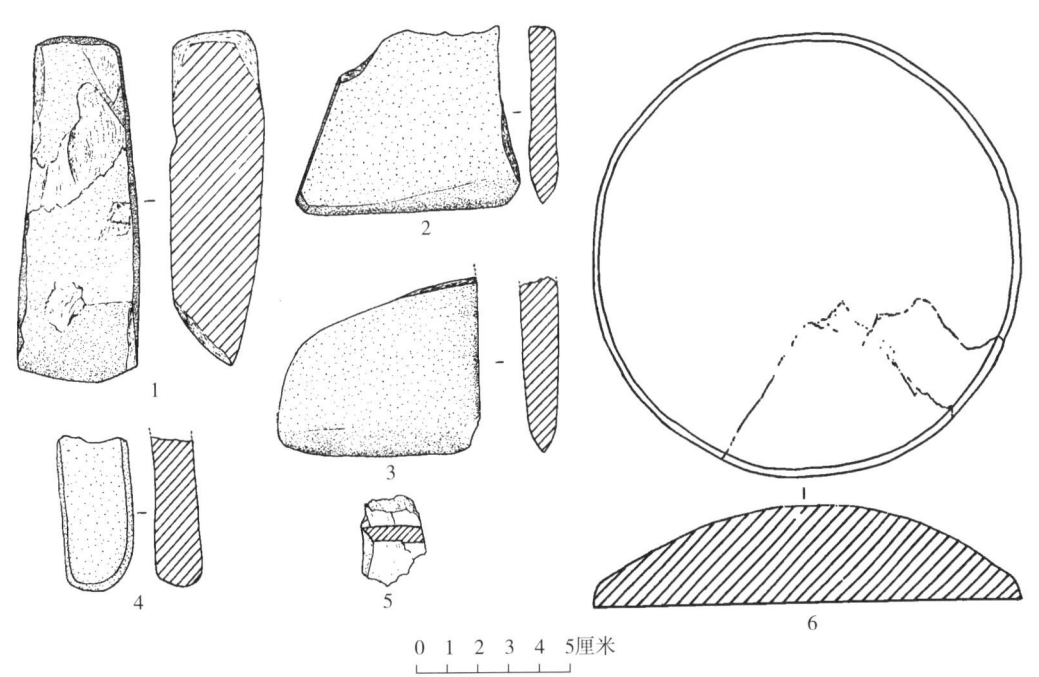

0 1 2 3 4 5厘米

图二四四　岳石文化陶、石、骨器

1. 石锛（T47H67：2）2. 石铲（T112③：8）3. 石刀（T113③：37）
4. 砺石（T113③：38）5. 骨器（T49④：1）6. 陶饼（T113③：36）

小陶杯　2件。标本 T47H67：6，完整，泥质灰陶，直口，圆唇，直壁，平底，外侈，杯内为圜底。口径 4.4 厘米，底径 5 厘米，高 2.5 厘米。（图二四六，3）标本 T112③A：9，直筒状，内部圜底，外部平底。口径 3.6 厘米，底径 3.7 厘米，高 2.6 厘米。（图二四六，2）

陶埙　1件。标本 T113③：39，完整，泥质灰陶，手制，平面为圆形，侧视断面为梯形，上部正中有一圆孔，中部有两个对称的圆孔。孔径 0.7 厘米，上部径 1.4 厘米，底径 2.8 厘米，高 3.6 厘米。（图二四六，1）

陶环　1件。标本 T47H67：3，残，泥质灰陶，断面呈椭圆形，内侧较直。外径 4.2 厘米，内径 3.2 厘米，厚 0.3 厘米。（图二四六，4）

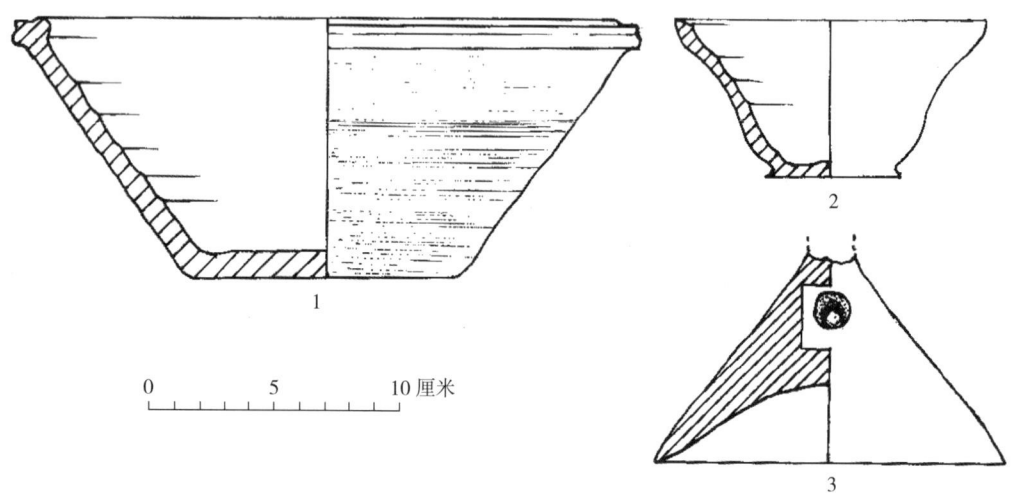

0　　　　5　　　　10 厘米

图二四五　岳石文化陶盆、碗、器盖
1. 盆（T47H67：5）　2. 碗（T47H67：1）　3. 器盖（T113③A：44）

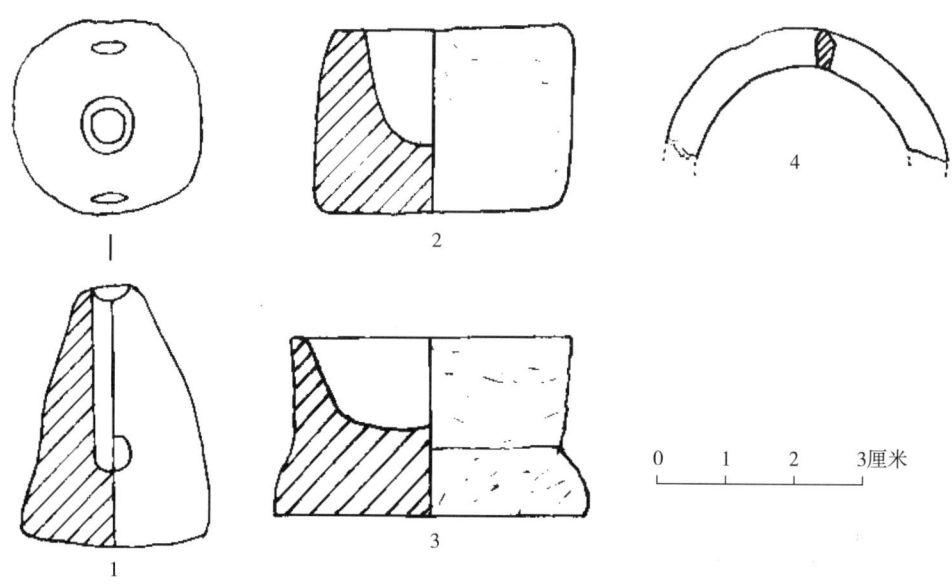

0　　1　　2　　3厘米

图二四六　岳石文化陶埙、小杯、环
1. 埙（T113③：39）　2、3. 小杯（T112③A：9、T47H67：6）　4. 环（T47H67：3）

第六章　西周文化

一、文化遗迹

（一）灰坑

遗址内发现西周灰坑 36 座，即 H4、H11、H50、H51、H54、H79、H82、H124、H130、H132、H134、H135、H158、H174、H176、H177、H179、H181、H183、H191、H193、H194、H195、H210、H215、H216、H221、H225、H226、H231、H232、H233、H234、H235、H239、H242。从灰坑位置看大部分在遗址北部探方内，东南部仅 4 座，南部和西南部探方内也有发现。（表八）

圆形坑 12 座。H11 位于遗址内的东南部 T22 内，开口于农耕土下。圆形直筒状坑，壁陡直，未发掘到底，底部不详。填土为青灰土，土质松软。包含遗物丰富，出土陶片以灰陶居多，红陶次之，纹饰规整，以绳纹居多，篮纹次之，器形有鼎、罐、平底盆、圈足盘、碗、网坠。还有石镰、骨器、铜渣等。口径 4.30 米，残深 2.30 米。（图二四七，1）

H124 位于遗址北部 T89 内，开口①层下。圆形直筒状浅坑，口大底小，平底。填浅灰土，土质松软。出土陶片以灰陶居多，棕陶次之，灰陶中多细绳纹，棕陶均粗绳纹，纹饰以粗绳纹居多，其中粗绳纹 425 块、篮纹 21 块、方格纹 17 块，器形有罐、鬲、豆、鼎等。还有骨器、骨镞等。口径 1.94 米，底径 1.86 米，深 0.70 米。（图二四七，2）

H181 位于遗址北部 T88 内西南部，坑口位于②C 层下，坑口的西半部和南部被压在西、南隔梁下未清理。圆形直筒状坑，口底大小相同，直壁，遇地下水未清理到底。填土为浅灰土，土质较松软。出土陶片 1141 块，以灰陶居多，棕陶次之，黑陶较少，纹饰以绳纹居多，方格纹、篮纹较少，其中绳纹 1040 块、方格纹 5 块、篮纹 7 块、弦纹 4 块、云雷纹 1 块、磨光黑陶 4 块、素面 80 块，器形有鬲、罐、甗、碗、豆、

表八
西周文化灰坑形制统计表

形状	直筒状	筒状	袋状	浅坑	锅底状	合计
圆形	H11、H124、H181	H176、H177、H239	H4、H50、H54、H132、H210、H226			12
椭圆形	H82	H134、H234、H242	H158、H179、H231	H130、H135	H174、H183、H193、H194、H195、H215、H216、H221、H225、H233、H235	20
长方形	H51					1
梯形	H191	H232				2
不规则形				H79		1
合计	6	7	9	3	11	36

篡等。口径 2.42 米，深 2.80 米。（图二四七，3）此坑可能是水井，西周时废弃。

H176 位于遗址北部 T87 内东北部，坑口位于②C层下。为圆形筒状坑，口大底小，底有台阶。填土上层为灰土，下层为黄灰土，土质较松软。出土陶片以灰陶居多，棕陶次之，纹饰以粗绳纹居多，器形有罐、鬲、盆、豆、大口尊。还有小铜块等。口径 1.45 米，底径 1.14 米，深 0.94 米。（图二四七，4）

H177 位于遗址北部 T87 内西南部，坑口位于②C层下。为圆形筒状坑，口大底小，平底。填土上层为黑灰土，土质坚硬，下层为带红烧土粒的灰土，土质较松软。出土陶片 32 块，以灰陶居多，棕陶次之，纹饰以粗绳纹居多，器形有罐、鬲、器盖等。口径 1.40 米，底径 1.14 米，深 0.32 米。（图二四八，1）

H239 位于遗址北部 T87 的南部，坑口开于②D层下，坑口距地表 4.20 米。为圆形筒状坑，口大底小，平底。填黑灰土，土质较硬。出土陶片 47 块，以灰陶居多，棕陶较少，纹饰以绳纹居多，其中绳纹 31 块、弦

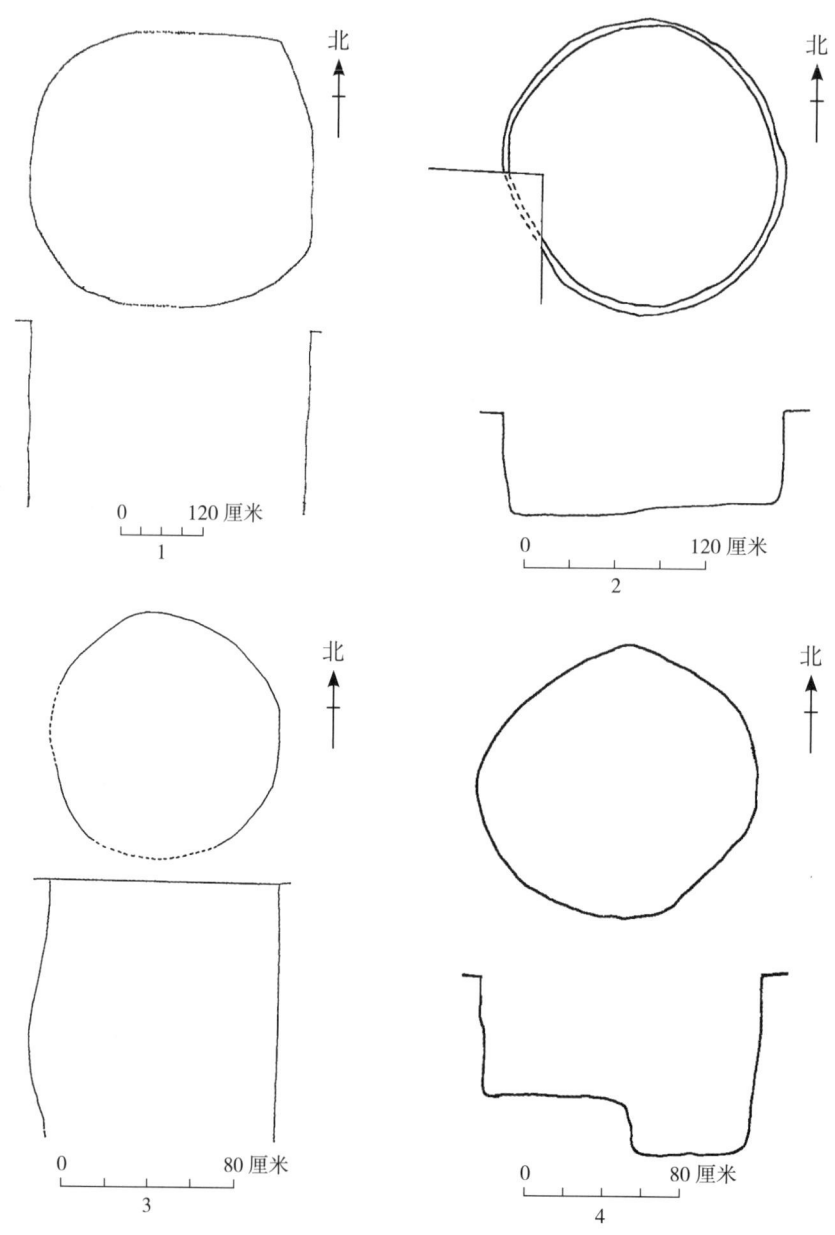

图二四七　西周文化灰坑平、剖图
1. T22H11　2. T89H124　3. T88H181　4. T87H176

纹 2 块、篮纹 2 块、素面 12 块，器形有罐、鬲等。口径 2.30 米，底径 1.16 米，深 0.34 米。（图二四八，2）

H4 位于遗址内的东南部 T10 内，开口于农耕土下，被 M46 打破。圆形袋状，平底，底部铺有坚硬的厚 4 厘米的料礓石，坑壁涂草拌泥。填土为灰土，土质松软。包含遗物丰富，出土陶片以灰陶居多，黑陶较少，纹饰以方格纹居多，篮纹次之，绳纹再次之，还有回文，器形有高领罐、鬲、碗、纺轮。还有猪、鹿骨，坑底有一个人头骨。该灰坑可能为圆形袋状房基。口径 2.47 米，底径 2.56 米，深 0.74 米。（图二四八，3）

H50 位于遗址东城墙北段 T30 内，开口③层下，圆形袋状，仅清理探方内部分，该坑的南部压在南壁下。出土陶片以灰陶居多，纹饰以粗绳纹居多，器形有陶罐、鬲、瓮等。口径 1.45 米，底径 1.40 米，深 1 米。（图二四八，4）

H54 位于遗址西城墙南段 T40 内，开口于农耕土层下，仅清理探沟内部分。圆形袋状坑，口大底小，平底。出土陶片以灰陶居多，棕陶次之（仅 4 块），纹饰以绳纹居多，器形有罐、鬲、瓮等，以鬲居多。还有鹿角。口径 2.34 米，底径 2 米，深 0.40 米。（图二四九，1）

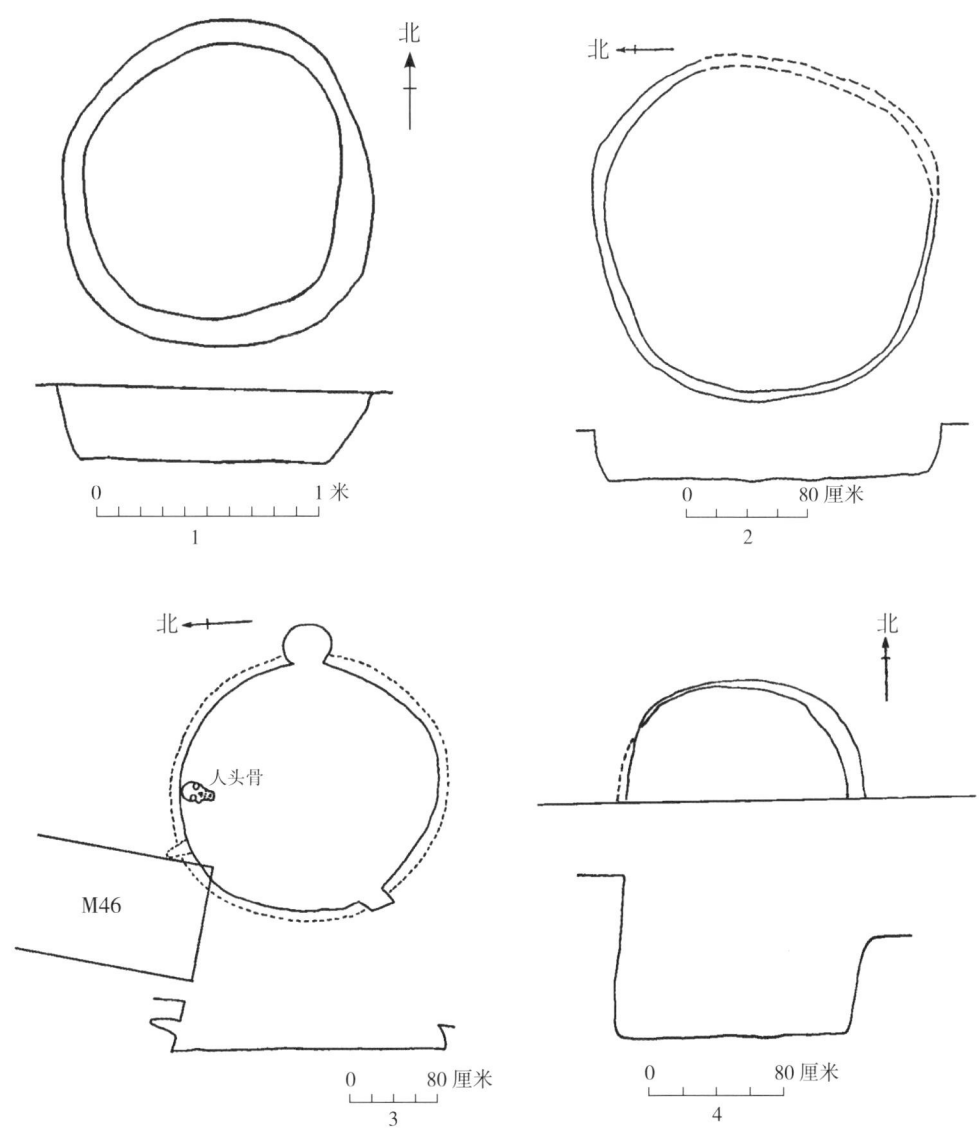

图二四八　西周文化灰坑平、剖图

1. T87H177　2. T87H239　3. T10H4　4. T30H50

H132 位于遗址北部 T89 内，开口农耕土层下。圆形袋状坑，口小底大。填土分 3 层，上层为黄土，中层黄花土，下层灰土，土质松软。出土陶片 400 块，以灰陶居多，棕陶次之，纹饰以绳纹居多，篮纹、方格纹较少，绳纹中以粗绳纹居多，其中绳纹 280 块、篮纹 15 块、方格纹 5 块、素面 98 块、回纹 2 块，器形有罐、鬲等。还有铜镞、石斧、龟甲等。口径 2.05 米，底径 2.24 米，深 1.54 米。（图二四九，2）

H210 位于遗址北部 T109 的西北部，坑口开于 ② A 层下，坑口距地表 0.75 米。为圆形袋状坑，口小底大，平底。填黄灰土，土质较软。出土陶片 89 块，其中绳纹 64 块，素面 25 块，器形有罐、鬲、豆。口径 1.28 米，底径 1.45 米，深 0.30 米。（图二四九，3）

H226 位于遗址北部 T113 西北部，坑口位于 ② 层下。为圆形袋状坑，口小底大，平底。填土为带绿锈的黄灰土，土质较松软。纹饰以粗绳纹居多，器形有罐、鬲。口径 1.46 米，底径 1.62 米，深 0.66 米。（图二四九，4）

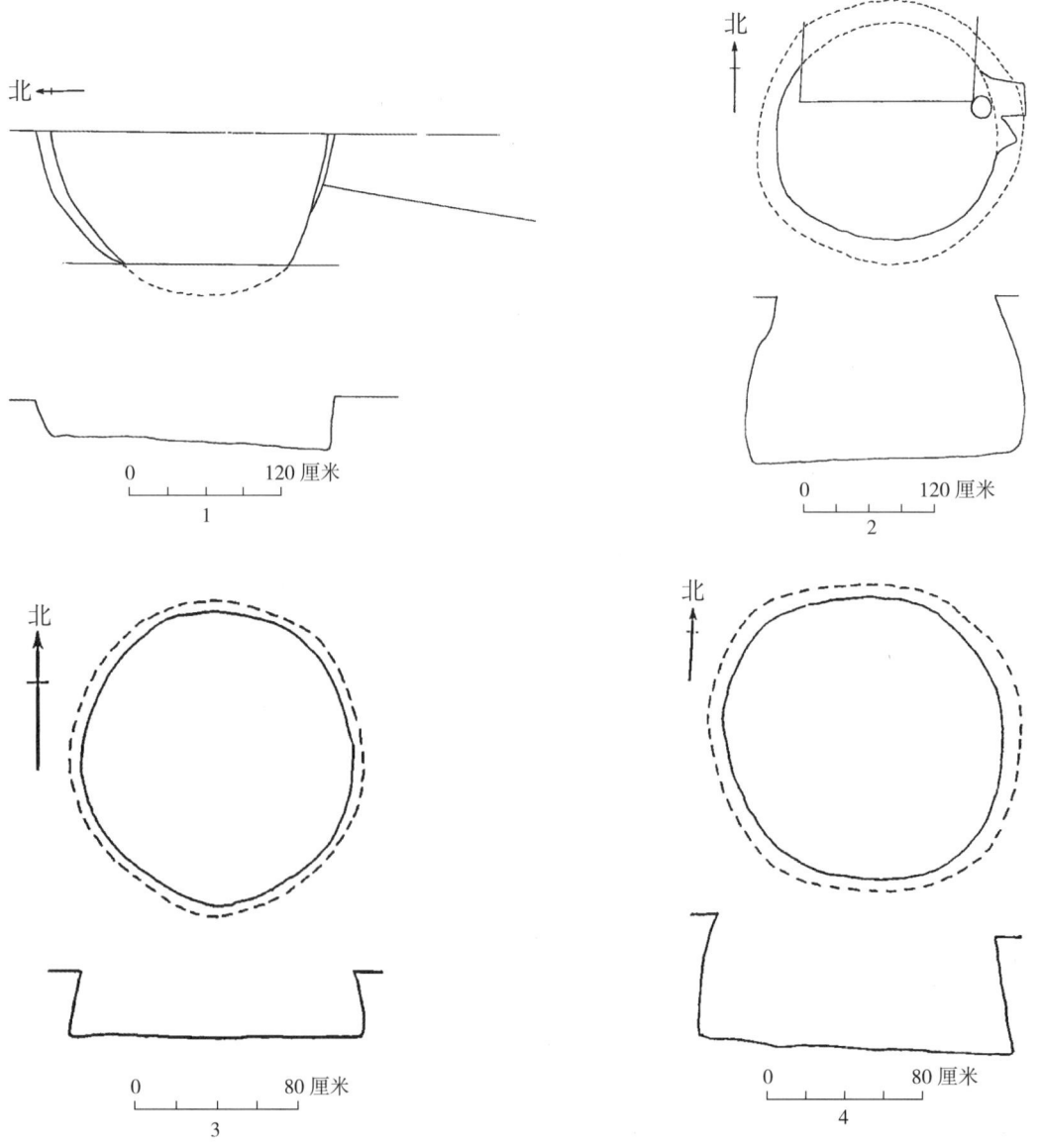

图二四九　西周文化灰坑平、剖图

1. T40H54　2. T89H132　3. T109H210　4. T113H226

椭圆形坑 20 座。H82 位于遗址东南部 T424 西北部，在表土层下。为椭圆形直筒状坑，口底大小一致，壁陡直，光滑，底不详。坑内填淤土，因遇地下水东南部未清理到底，可能是一眼水井。从坑内填土中包含物看，上层为周代遗物，中部为岳石文化遗物，下层为龙山文化遗物。出土陶片 1316 块，陶片以灰陶居多，纹饰以绳纹居多，篮纹和方格纹次之，其中绳纹 610 块、方格纹 370 块、篮纹 336 块，可辨器形有罐、高领罐、甗、盆、盘、碗、鬶、网坠、埙、环、祖。还有石镞、骨簪、蚌刀等。根据陶器的形态特征，其年代应为龙山文化时期，使用至岳石文化，至西周时废弃。口径 1.50~2.50 米，深 3 米以上。（图二五〇，1）

H134 位于遗址北部 T89 内西南部，开口①层下，被 M135、M145、H135 打破。椭圆形筒状坑，口大底小。填土分 3 层，上层为黄灰土夹杂黑灰土，中层浅灰土，下层灰土，土质松软。出土陶片 258 块，以灰陶居多，棕陶次之，纹饰以绳纹居多，篮纹、方格纹较少，其中绳纹 190 块、篮纹 4 块、方格纹 2 块、素面 62 块，器形有鼎、罐、甗、豆、鬲、鬶等。还有铜镞、蚌镞、骨锥、玛瑙珠等。口径 2.60~3.50 米，底径 2.50~3.30 米，深 0.90 米。（图二五〇，2）

H234 位于遗址北部 T112 的东南部，坑口开于②B 层下，坑口距地表 3.10 米。为椭圆形筒状坑，口大底小，平底。坑内填灰土，土质松软。出土陶片 318 块，以灰陶居多，棕陶较少，纹饰以绳纹居多，弦纹较少，其中绳纹 194 块、弦纹 10 块、附加堆纹 3 块、素面 111 块，器形有罐、鬲、豆等。还有铜刀。另出岳石文化陶片 58 块。口径 1.75~2.10 米，底径 1.20~1.65 米，深 0.86 米。（图二五〇，3）

H242 位于遗址北部 T87 的东南角，坑口开于②C 层下，该坑大部分被压在东壁和南壁下未清理。为椭圆形筒状坑，口大底小，锅底。填土分 2 层，上层黄灰土，下层黑灰土，土质松软。出土陶片 344 块，灰陶居多，棕陶较少，纹饰以绳纹居多，弦纹次之，其中绳纹 192 块、弦纹 32 块、素面 120 块，器形有罐、甗、瓮、盆、器盖等。口径 4 米，深 2.20 米。（图二五〇，4）

H158 位于遗址北部 T88 内东南部，坑口位于②C 层下，被 H157 打破。为椭圆形袋状坑，口小底大，平底。填土为灰黑土，土质较松软。出土陶片 164 块，以灰陶居多，棕陶次之，纹饰以绳纹居多，篮纹较少，其中绳纹 123 块、弦纹 1 块、素面 40 块，器形有鬲、罐、盆、豆等。口径 1.20~1.60 米，底径 1.20~1.62 米，深 0.50 米。（图二五一，1）

H179 位于遗址北部 T87 内西南部，坑口位于②C 层下，坑口的西半部被压在西隔梁下未清理。为椭圆形袋状坑，口小底大，弧壁，平底。填土为带炭粒的灰土，土质较松软。出土陶片 303 块，以灰陶居多，棕陶较少，纹饰以绳纹居多，方格纹、篮纹较少，其中绳纹 202 块、方格纹 8 块、篮纹 10 块、磨光灰陶 2 块、素面 81 块，器形有鼎、罐、高领罐、鬲等。口径 1.70~1.95 米，底径 1.70~2.12 米，深 0.80 米。（图二五一，2）

H231 位于遗址北部 T112 的东中部，坑口开于②B 层下，该坑的西部被 M158 打破，东部被 M174 打破，坑口距地表 2.85 米。为椭圆形袋状坑，口小底大，平底。填土分 4 层，由上及下为浅灰土、灰土、灰锈土、灰土，土质松软。出土陶片 1313 块，以灰陶居多，棕陶较少，纹饰以绳纹居多，篮纹、方格纹次之，弦纹较少，其中绳纹 922 块、篮纹 21 块、方格纹 20 块、弦纹 7 块、磨光云雷纹 3 块、素面 340 块，器形有罐、鼎、鬲、簋、澄滤器、豆、瓮、器盖、纺轮等。还有骨簪、骨锥等。最下层出土岳石文化陶片 168 块。口径 3~3.70 米，底径 3.20~3.90 米，深 2.26 米。（图二五一，3）

H130 位于遗址北部 T89 内，开口农耕土层下。椭圆形浅坑，口大底小。填黄土，土质松软。出土陶片 249 块，以灰陶居多，棕陶次之，纹饰以绳纹居多，篮纹、方格纹较少，其中绳纹 143 块、篮纹 15 块、方格纹 12 块、素面 79 块，器形有陶罐、鬲、甗、豆、甑等。还有石器、蚌器。口径 2.04~3.95 米，深 0.58 米。（图二五一，4）

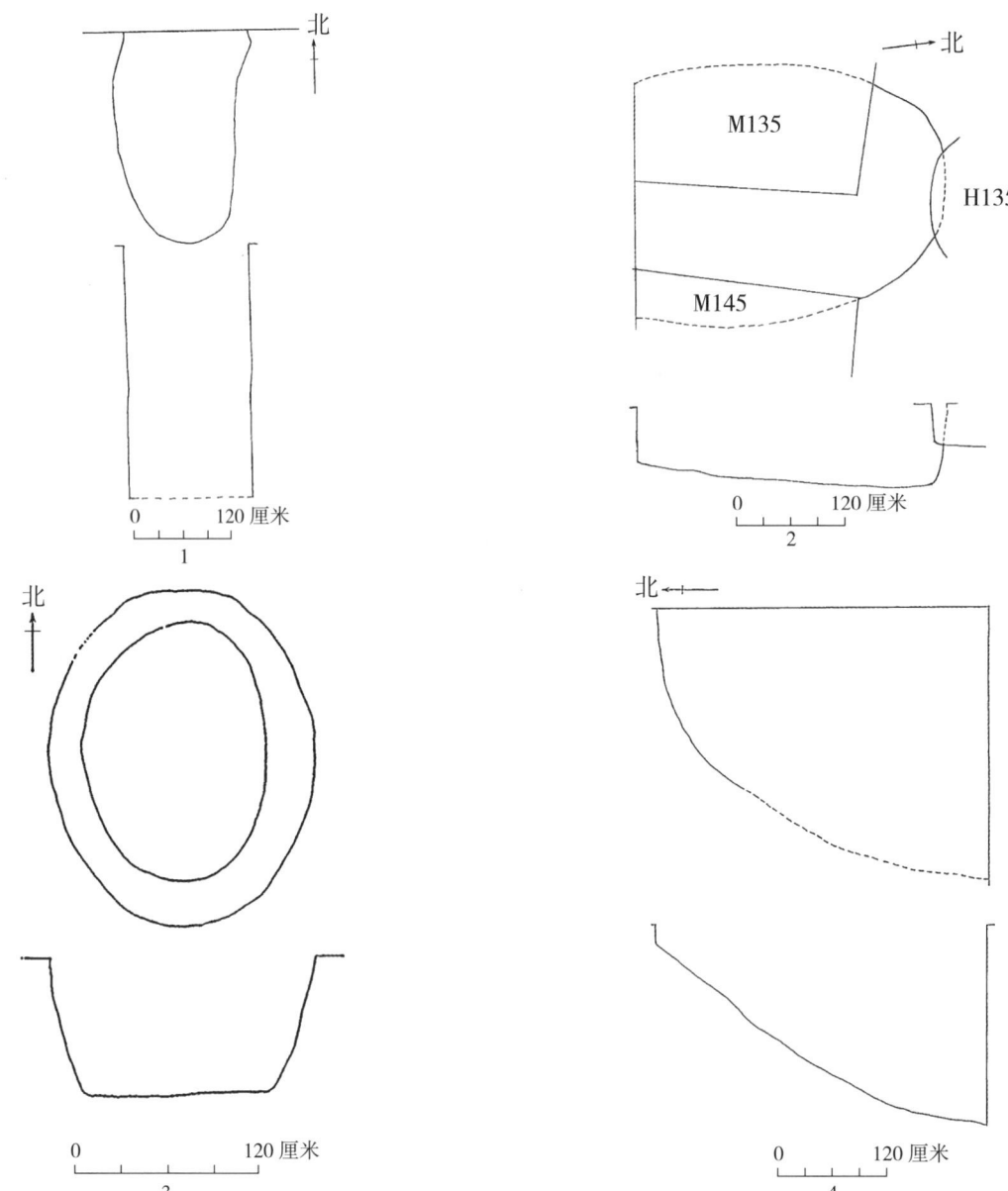

图二五〇　西周文化灰坑平、剖图

1. T424H82　2. T89H134　3. T112H234　4. T87H242

　　H135 位于遗址北部 T89 内东南部，开口①层下。打破 H137。椭圆形浅坑，口大底小。填土为黄花土，土质松软。出土一些绳纹陶片。口径 2.04~2.60 米，深 0.46 米。（图二五二，1）

　　H174 位于遗址北部 T88 内西部，坑口位于②C 层下，坑的南半部被 M170 打破，又被 H173、H155 打破。为椭圆形锅底状坑，口大底小，锅底。填土为黑灰土，土质较松软。出土陶片以灰陶居多，棕陶次之，纹饰以素面居多，器形有罐等。口径 1.20 米，深 0.35 米。（图二五二，2）

　　H183 位于遗址北部 T110 内东南角和 T111 的西南角，坑口位于 T110①A 层下和 T111②B 层下。为椭圆形锅底状坑，口大底小，平底。填土分 2 层，上层黄土，下层浅灰土，土质较松软。出土陶片以灰陶居多，棕陶次之，纹饰以绳纹居多，器形有鬲、罐、鼎、豆、纺轮、网坠等。还有铜镞、铜削、铜鱼钩，石锛，骨锥、骨簪、卜骨、龟骨等。口径 2.96~3.40 米，底径 2~2.84 米，深 1.23 米。（图二五二，3）

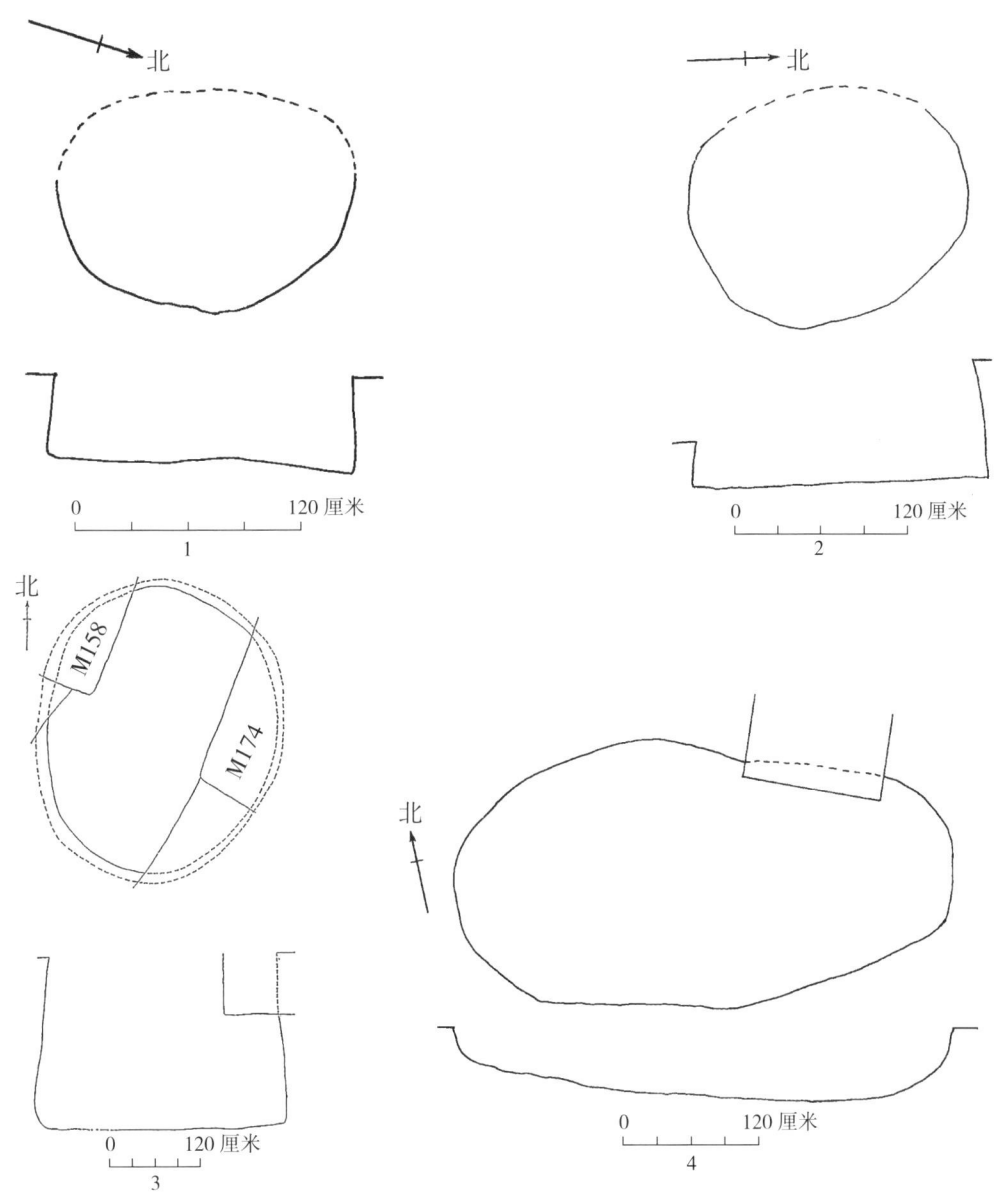

图二五一　西周文化灰坑平、剖图

1. T88H158　2. T87H179　3. T112H231　4. T89H130

H193 位于遗址北部 T88 内东南部，位于②C 层下。为椭圆形锅底状坑，口小底大，锅底。填土为深灰土，土质较松软。出土陶片灰陶居多，纹饰以绳纹、篮纹居多，方格纹较少，器形有甗、碗等。口径 0.60~1.18 米，深 0.30 米。（图二五二，4）

H194 位于遗址北部 T88 内东南部，坑口位于②C 层下。为椭圆形锅底状坑，口大，锅底。填土为黄灰土，土质较松软。出土陶片中灰陶居多，纹饰以绳纹、篮纹居多，方格纹较少，器形有罐、碗等。口径 0.80~1.46 米，深 0.36 米。（图二五三，1）

H195 位于遗址北部 T88 内东南部，坑口位于②C 层下。为椭圆形锅底状坑，口大，锅底。填土为黄灰土，土质较松软。出土陶片 321 块，以灰陶居多，棕陶较少，纹饰以绳纹居多，方格纹、篮纹较少，其中绳纹 202 块、方格纹 23 块、篮纹 17 块、素面 79 块，器形有鼎、罐、鬲、瓦、纺轮、网坠。还有蚌块、骨针

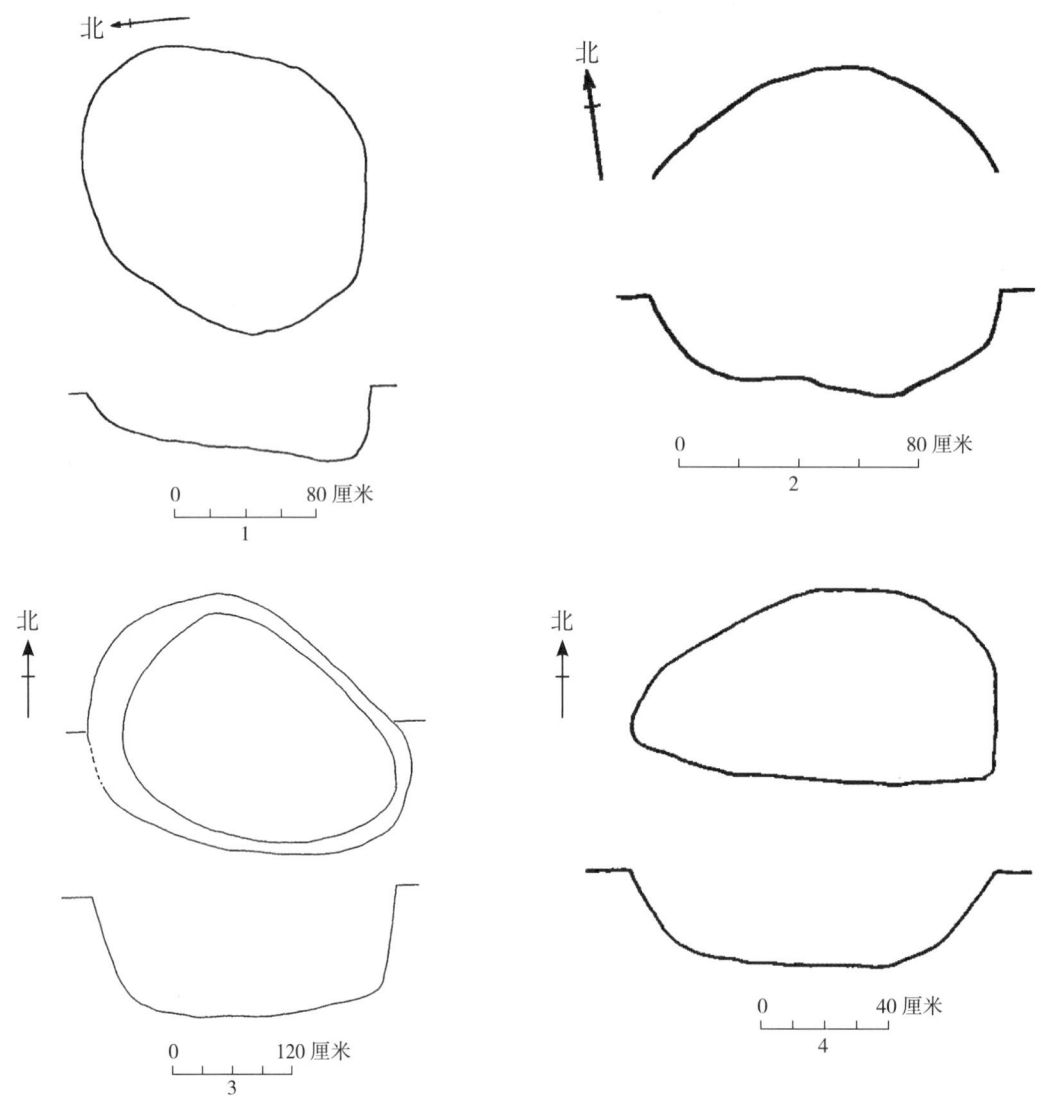

图二五二　西周文化灰坑平、剖图

1. T89H135　2. T88H174　3. T110H183　4. T88H193

等。H194 与 H195 是一个灰坑，故两个单元资料合在一起。口径 1.70 米，深 0.58 米。（图二五三，2）

　　H215 位于遗址北部 T110 的西南部，坑口开于②A 层下，坑口距地表 1.05 米。为椭圆形锅底状坑，口小底大，锅底。填浅灰土和黄灰土，土质较硬。出土陶片棕陶居多，灰陶较少，纹饰以粗绳纹居多，器形有鬲。口径 1~2 米，深 0.50 米。（图二五三，3）

　　H216 位于遗址北部 T110 的东中部，坑口开于②A 层下，南部被 M193 打破，东部被 H183 打破，坑口距地表 1.05 米。为椭圆形锅底状坑，口小底大，锅底。填浅灰土，土质松软。出土陶片以棕陶居多，灰陶较少，纹饰以粗绳纹居多，器形有罐、鬲、盆等。口径约 3.20 米，深 0.50 米。（图二五三，4）

　　H221 位于遗址北部 T110 的中部，坑口开于②A 层下，坑口距地表 1.50 米。为椭圆形锅底状坑，口大底小。填灰土，土质较硬。出土陶片以灰陶居多，棕陶较少，纹饰以粗绳纹居多，器形有鬲。口径 2.40~4 米，深 0.30 米。（图二五四，1）

　　H225 位于遗址北部 T110 的东南角，坑口开于②A 层下，坑口距地表 1.20 米。为椭圆形锅底状坑，口大

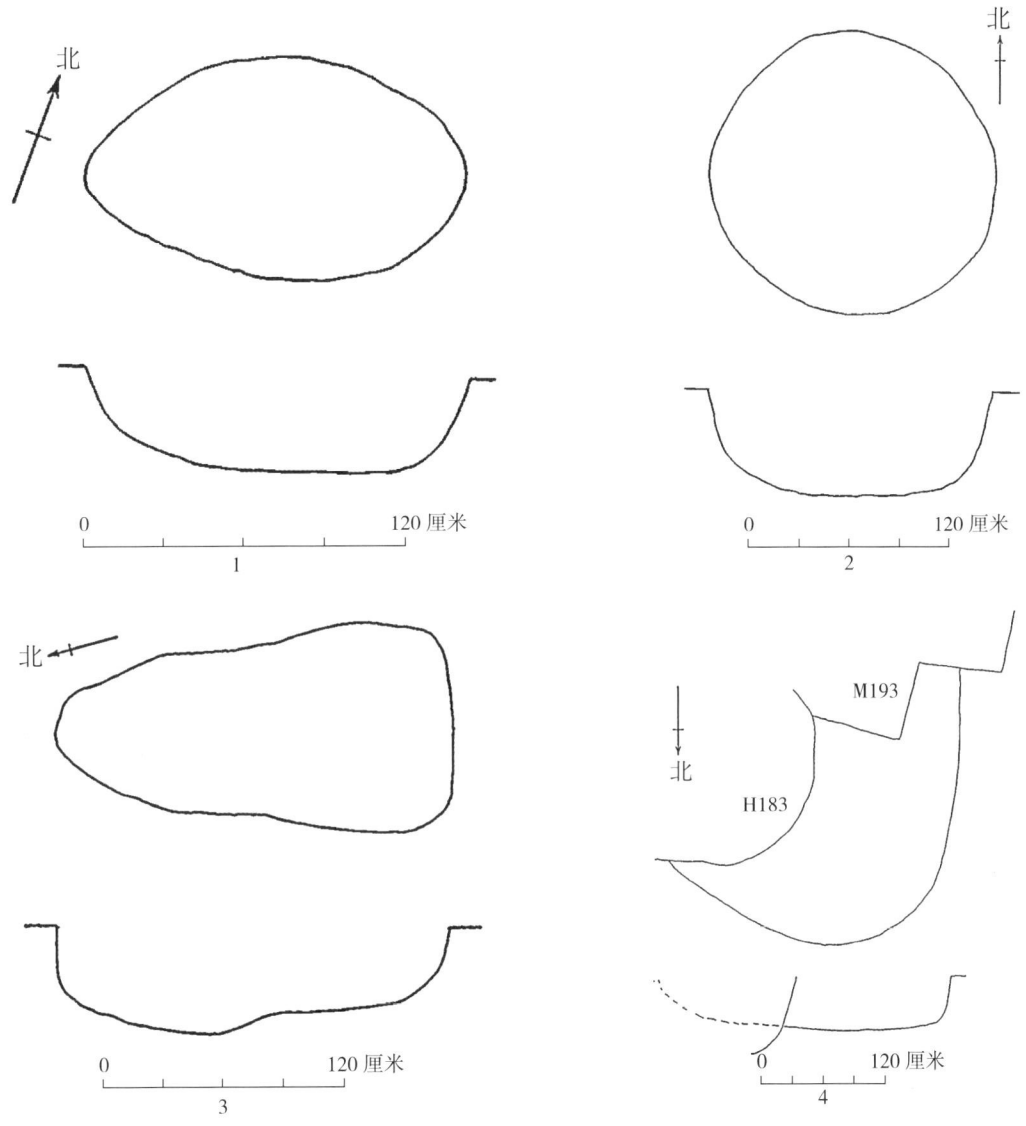

图二五三　西周文化灰坑平、剖图

1. T88H194　2. T88H195　3. T110H215　4. T110H216

底小。坑内填灰土，土质松软。出土陶片315块，灰陶居多，棕陶较少，纹饰以粗绳纹居多，其中绳纹171块、方格纹15块、篮纹12块、素面117块，器形有罐、鬲。口径1.54~2.24米，深1.30米。（图二五四，2）

　　H233位于遗址北部T112的东南角，坑口开于②A层下，该坑的南部压在南隔梁下未清理，中部被M219打破，坑口距地表2.70米。为椭圆形锅底状坑，口大底小，锅底。填土分3层，由上及下为浅灰土、黑灰土、灰土，土质松软。出土陶片2164块，以灰陶居多，棕陶较少，纹饰以绳纹居多，附加堆纹次之，弦纹较少，其中绳纹1575块、篮纹21块、方格纹20块、弦纹10块、附加堆纹101块、压印纹2块、云雷纹3块、乳钉纹1块、素面431块，器形有罐、鼎、甗、鬲、簋、澄滤器、圈足盘、豆、瓮、器盖、碗、网坠等。还有骨器、骨锥等。另出岳石文化陶片120块。口径4.70米，深3.03米。（图二五四，3）

　　H235位于遗址北部T112的西北部，坑口开于②B层下，坑口距地表3.10米。为椭圆形锅底状坑，口大底小，锅底。填浅灰土，土质松软。出土陶片223块，以灰陶居多，棕陶较少，纹饰以绳纹居多，弦纹较少，其中绳纹97块、弦纹15块、云雷纹1块、素面110块，器形有罐、鬲、甑、豆等。还有铜镞。另出岳

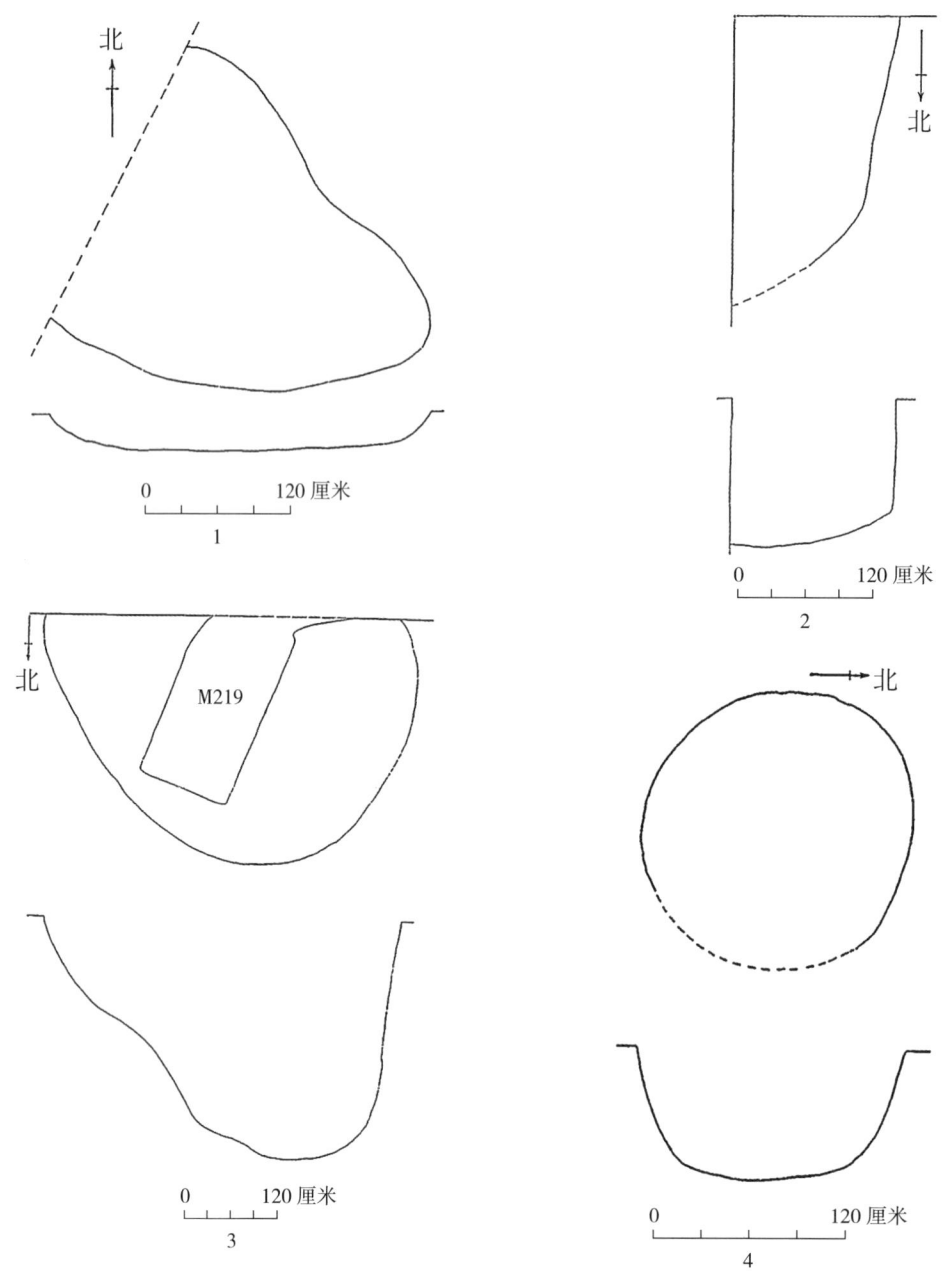

图二五四　西周文化灰坑平、剖图

1. T110H221　2. T110H225　3. T112H233　4. T112H235

石文化陶片 58 块。口径 1.65~1.74 米，深 0.80 米。（图二五四，4）

　　长方形灰坑 1 座。H51 位于遗址西南城墙拐角 T34 内，开口农耕土层下。长方形直筒状，方向 22°，因遇水未清理到底，坑壁陡直，光滑。出土陶片以灰陶居多，棕陶次之，纹饰以粗绳纹居多，器形有罐、鬲、簋、盂、甑等，以鬲最多。口底长宽相同，长 2.50 米，宽 0.90~1.10 米，残深 2.90 米。（图二五五，1）

　　不规则形灰坑 1 座。H79 位于遗址东南部 T424 内，开口农耕土层下。不规则形浅坑，口大底小，底不平，填土分 2 层，上层为灰土，土质松软，下层为黄黏土。出土陶片以灰陶为主，红陶次之，纹饰以绳纹居多，其中绳纹 30 块、素面 30 块，可辨器形有罐、瓿、大口尊、高领罐、纺轮。还有猪牙、牛腿骨、螺壳等。口径 2.56 米，深 0.48 米。（图二五五，2）

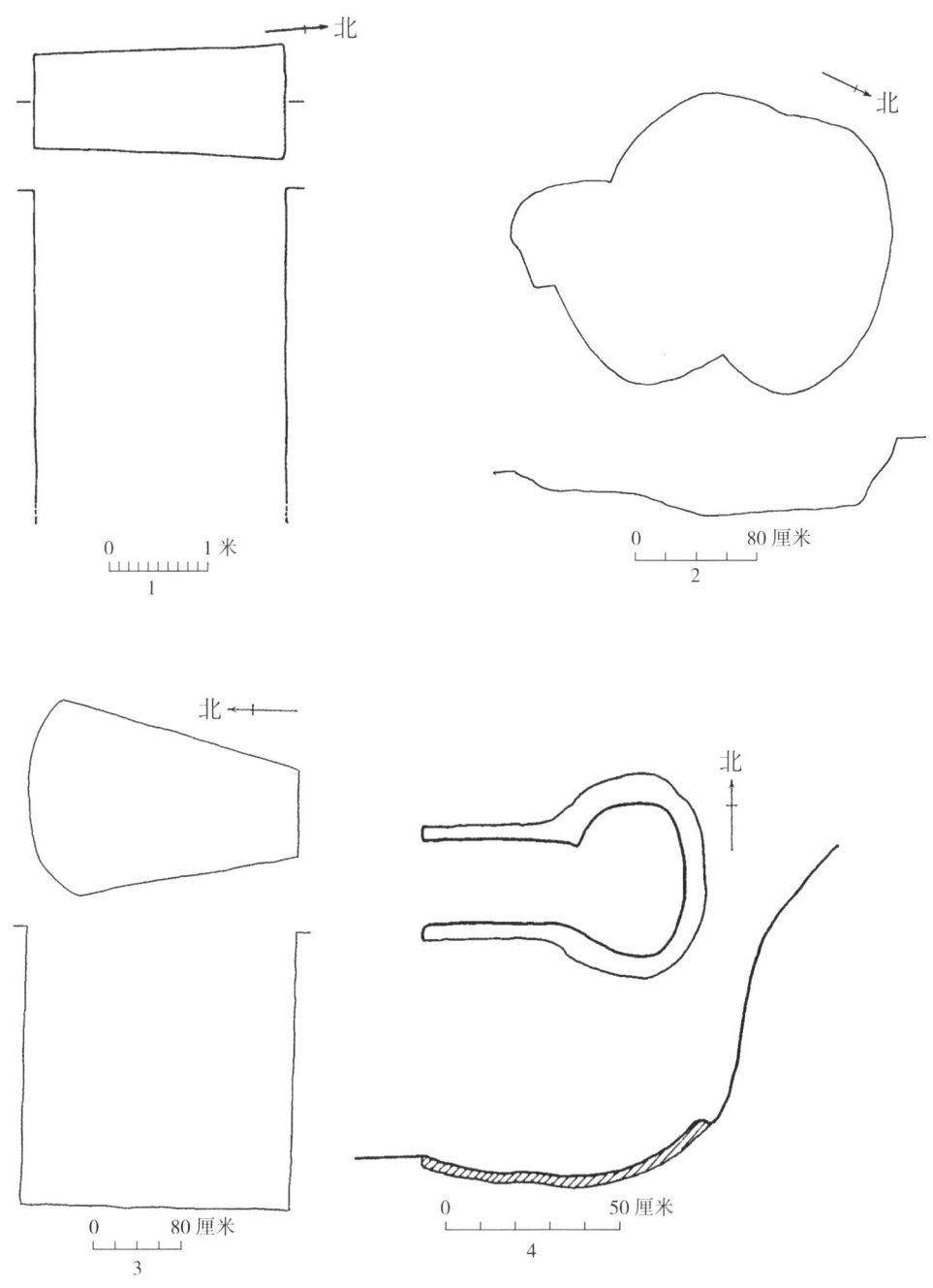

图二五五　西周文化灰坑、灶平、剖图

1. T34H51　2. T424H79　3. T88H191　4. T29Z1

　　梯形灰坑 2 座。H191 位于遗址北部 T88 的西南角，坑口位于②C 层下，打破 H181。为梯形直筒状坑，口底大小相同，平底。填土为浅灰土、草木灰、白膏泥、黄灰土混杂，土质较松软。出土陶片 564 块，以灰陶居多，棕陶较少，纹饰以绳纹居多，篮纹、方格纹次之，其中绳纹 329 块、篮纹 47 块、方格纹 20 块、附加堆纹 1 块、弦纹 8 块、素面 159 块，器形有鬲、罐、高领罐、碗、豆、鬶、甑等。还出土有鹿角。口长 2.50 米，宽 0.80~1.76 米，深 2.50 米。（图二五五，3）

　　H232 位于遗址北部 T112 的东南角，坑口开于②A 层下，H232 打破 H233。该坑的坑壁陡直规整。上层填浅灰土，土质松软，出土少量西周陶片；下层填灰土。出土陶片以灰陶居多，棕陶较少，纹饰以绳纹居多，附加堆纹次之，弦纹较少，器形有罐、鼎、甗、鬲、簋、澄滤器、圈足盘、豆、瓮、器盖、碗等。根据坑口所在层位和出土器物定为西周时期。

（二）灶

1 座。Z1 位于西城墙中部 T29 的中部，坐落在夯土墙上，打破夯土墙。呈瓢形，有火道、火膛，周围高，中间低，有明显的火烧痕迹。长 0.80 米，宽 0.60 米，深 0.12 米，壁厚 0.03~0.05 米。（图二五五，4）

二、文化遗物

西周文化遗物较为丰富，除数以万计的陶片和大量的自然遗物外，经粘对复原的器物和观察的标本共计 118 件。现按生产工具、生活用具、装饰品及其他分别介绍。

（一）生产工具

西周文化生产工具比较齐全，其中有农业生产工具，也有狩猎工具，制石、制骨、制陶的手工业工具，纺织、缝纫工具等，计 73 件。从质地上看有石质、蚌质、骨质、陶质和铜质。其中石质工具 14 件，陶质工具 11 件，骨质工具 24 件，蚌质工具 16 件，铜质工具 8 件，现分别介绍如下。

1. 石质工具　14 件。石器以磨制为主，有的磨得很精致，形制规整，刃锋锐利，还有少数几件是打制的半成品，但能看出是什么工具的雏形。器形有斧、铲、凿、镞、网坠等。

斧　3 件。其中 2 件完整，1 件残。标本 T88②C:52，完整，梯形，剖面为扁圆形，为石灰岩琢磨而成，青灰色，顶为弧面，弧刃。通长 13.8 厘米，宽 5 厘米，厚 1 厘米。（图二五六，1；彩版五〇，1）标本 T88②C:48，弧刃梯形体，钟乳石加工磨制而成，体较长，平顶，弧刃，断面为椭圆形。长 12.5 厘米，宽 3 厘米，厚 2.5 厘米。（图二五六，2；彩版五〇，2）标本 T110②A:14，平面为梯形，完整，为青灰色火成岩加工磨制而成，平顶，弧形双面刃，断面为圆角梯形。长 7.2 厘米，宽 4.5 厘米，厚 2.3 厘米。（图二五六，3；彩版五〇，3）

铲　2 件。为带孔石铲。标本 T88②D:29，由石灰岩加工磨制而成，顶、刃残，上端中部有对钻圆孔，钻孔呈束腰喇叭状，孔径 1.6~2.4 厘米，铲断面呈长方形。残长 5.3 厘米，残宽 5 厘米，厚 1.4 厘米。（图二五六，4）标本 T110②A:17，由白色大理石加工磨制而成，刃残，平顶，上端中部有钻孔，钻孔喇叭状，孔径 0.7~0.8 厘米，铲断面呈长方形。残长 4.1 厘米，宽 3.6 厘米，厚 0.8 厘米。（图二五六，5）

凿　2 件。长方形。标本 T89H132:6，完整，石灰岩质，呈青灰色，磨制精致，长方形，平顶，偏刃平直，刃锋锐利，平面为梯形。长 5 厘米，宽 2.8 厘米，厚 0.7 厘米。（图二五七，1；彩版五〇，4）标本 T109②A:19，顶、刃残，由石灰岩磨制而成，断面为梯形。残长 3.3 厘米，残宽 2.1 厘米，厚 1.8 厘米。（图二五七，2；彩版五〇，5）

网坠　1 件。标本 T88②C:56，完整，花岗岩，椭圆形，器中有对钻穿孔，孔的断面呈束腰喇叭状，孔径 0.9~1.7 厘米。直径 5~6 厘米。（图二五七，3；彩版五〇，6）

镞　6 件。用青灰色石灰岩加工磨制而成，磨制较精，锋刃锐利。据器形特征可分三型。

Ⅰ型：4 件。三棱体，平面呈三角形，锥形镞尾，镞体和镞尾界线明显，断面为三角形。标本 T110②A:15，前锋呈三角形，断面为三角形，镞尾呈圆锥形。通长 7.2 厘米，宽 1.6 厘米，厚 0.8 厘米。（图二五七，4；彩版五〇，7）标本 T87②C:43，尖、尾残，断面为三角形，镞尾呈圆锥形。通长 7.2 厘米，宽 1.6 厘米，厚 1.2 厘米。（图二五七，5；彩版五〇，8）标本 T89①:4，完整，平面呈三角形，断面为三角形，镞尾呈

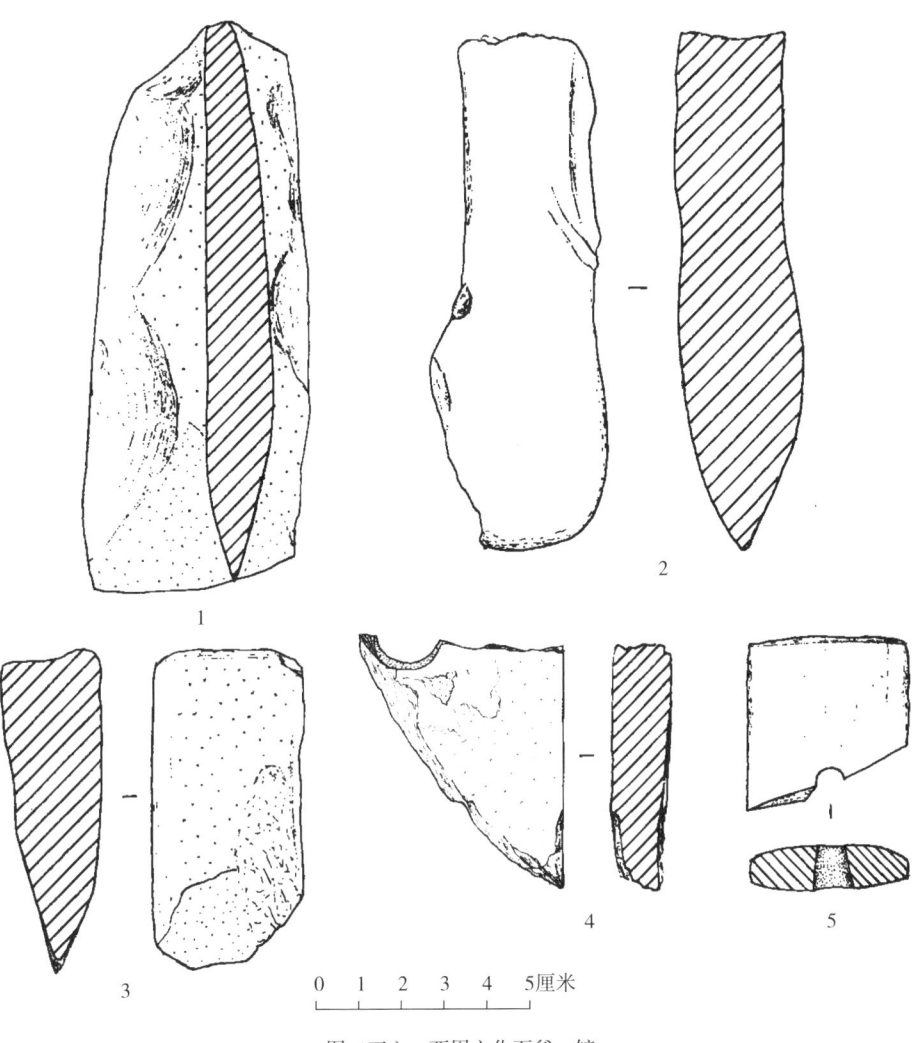

图二五六　西周文化石斧、铲

1~3. 斧（T88②C∶52、T88②C∶48、T110②A∶14）　4、5. 铲（T88②D∶29、T110②A∶17）

圆锥形。通长 4.2 厘米，宽 1.1 厘米，厚 0.8 厘米。（图二五七，6；彩版五〇，9）标本 T87②D∶49，尖残，断面为三角形，镞尾呈圆锥形。残长 4.5 厘米，宽 1.2 厘米，厚 1.2 厘米。（图二五七，7；彩版五〇，10）

Ⅱ型：1 件。三棱圆体。标本 T88②D∶26，尖残，尖的断面为三角形，体为圆形，镞尾呈圆锥形。残长 3.7 厘米，宽 0.7 厘米，厚 0.7 厘米。（图二五七，8；彩版五〇，11）

Ⅲ型：1 件。双尖，镞体断面为菱形，扁圆锥状镞尾，镞体和镞尾界线明显。标本 T89①∶7，锋尖残，侧刃锐利，后收为扁圆锥短镞尾。残长 2.9 厘米，镞锋宽 1.6 厘米，厚 0.4 厘米。（图二五七，9；彩版五〇，12）

2. 骨质工具　24 件。利用兽的肢骨经过劈开、锯断、加工造型，再经磨制、抛光等工序，制作精良，刃锋锐利。器形有钻、锥、镞、管等。

锥　6 件。均由兽的肢骨劈开，锯断，修整成长条形，再经加工磨制，前端修磨成尖锥。根据形制可分三型。

Ⅰ型：3 件。直尖锥。将动物的肢骨劈开，骨腔外露，断面呈凹弧形，磨成尖锥。标本 T87②C∶24，将动物肢骨从关节处劈开,骨腔外露,关节处的筋络孔保留,上体较宽,锥尖尖锐。通长 14.1 厘米,上宽 3.3 厘米,厚 2 厘米。(图二五八,1;彩版五一,1)标本 T88H191:2,将动物肢骨劈开,骨腔外露,断面呈凹弧形,磨成尖锥,体较宽,小锥尖锐。通长 10.8 厘米,上宽 1.4 厘米,厚 0.6 厘米。(图二五八,2;彩版五一,2)标本 T89H132:13,将动物肢骨劈开,骨腔外露,断面呈凹弧形,磨成尖锥,体较宽,小锥尖

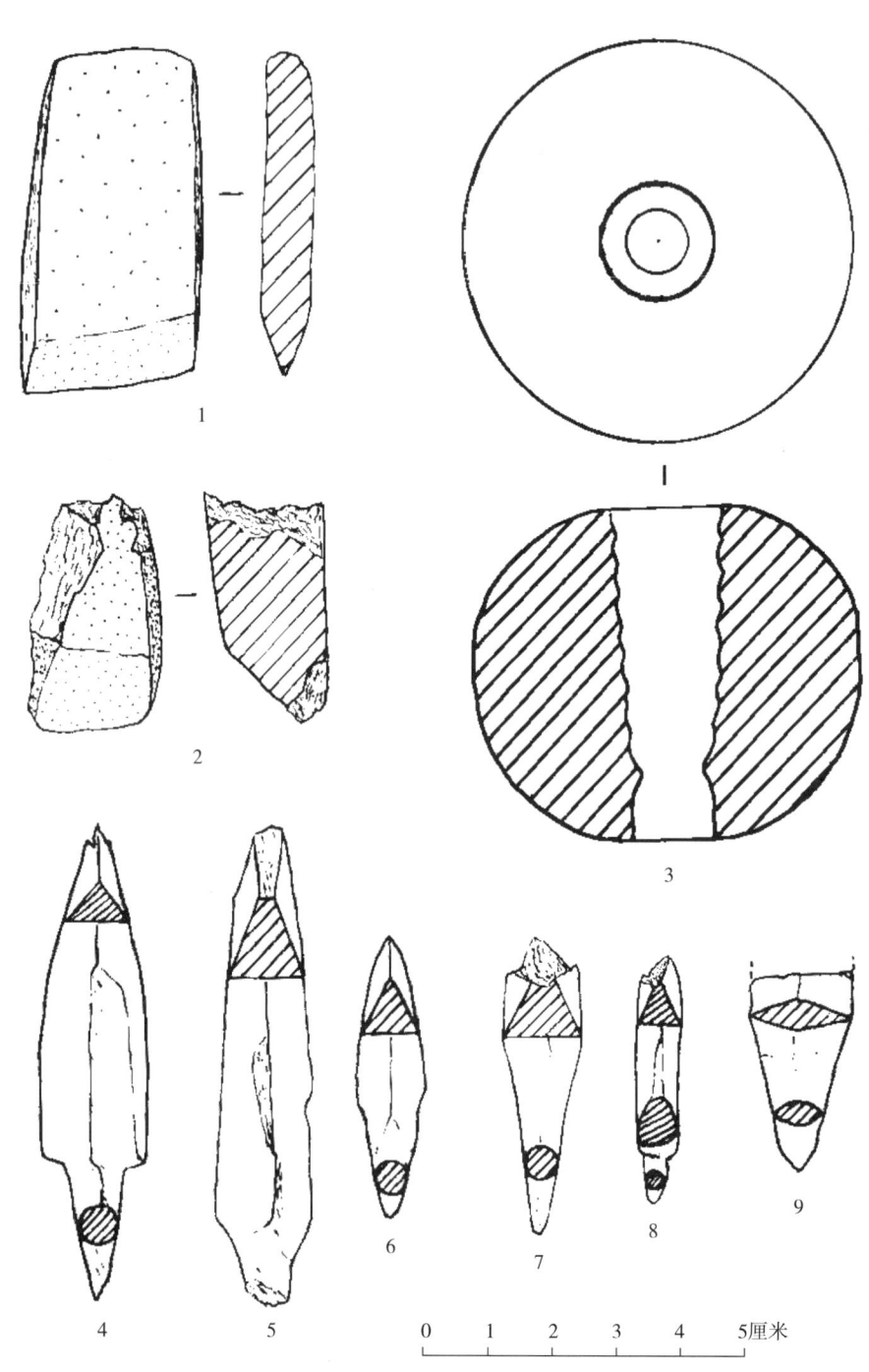

图二五七 西周文化石凿、网坠、镞

1、2.凿(T89H132:6、T109②A:19) 3.网坠(T88②C:56) 4~7. I 型镞(T110②A:15、T87②C:43、
T89①:4、T87②D:49) 8. II 型镞(T88②D:26) 9. III 型镞(T89①:7)

锐。通长 9.3 厘米，上宽 1.2 厘米，厚 0.4 厘米。（图二五八，3；彩版五一，3）

Ⅱ型：1件。弯尖锥状。标本 T88H195：5，完整，体下端弯曲，断面呈圆形，体较宽，小锥尖锐，体较弯。通长 6 厘米，宽 1 厘米，厚 1 厘米。（图二五八，4；彩版五一，4）

Ⅲ型：2件。圆柱体。标本 T87 ② D：50，完整，体较短，尖较钝，断面为近圆形。通长 3.1 厘米，体径 0.6 厘米。（图二五八，5；彩版五一，5）标本 T87H242：2，完整，体较长，尖较钝，断面为近椭圆形。通长 5.5 厘米，体径 1 厘米。（图二五八，6；彩版五一，6）

镞　7件。分为三型。

Ⅰ型：2件。体前三棱，后为圆柱体，镞尾为圆锥形。标本 T88 ② C：28，完整，锋尖为三棱形，圆柱体，三棱形尖长于柱体。长 7.2 厘米，尖宽 1.1 厘米，体柱径 0.8 厘米。（图二五九，1；彩版五一，7）标本

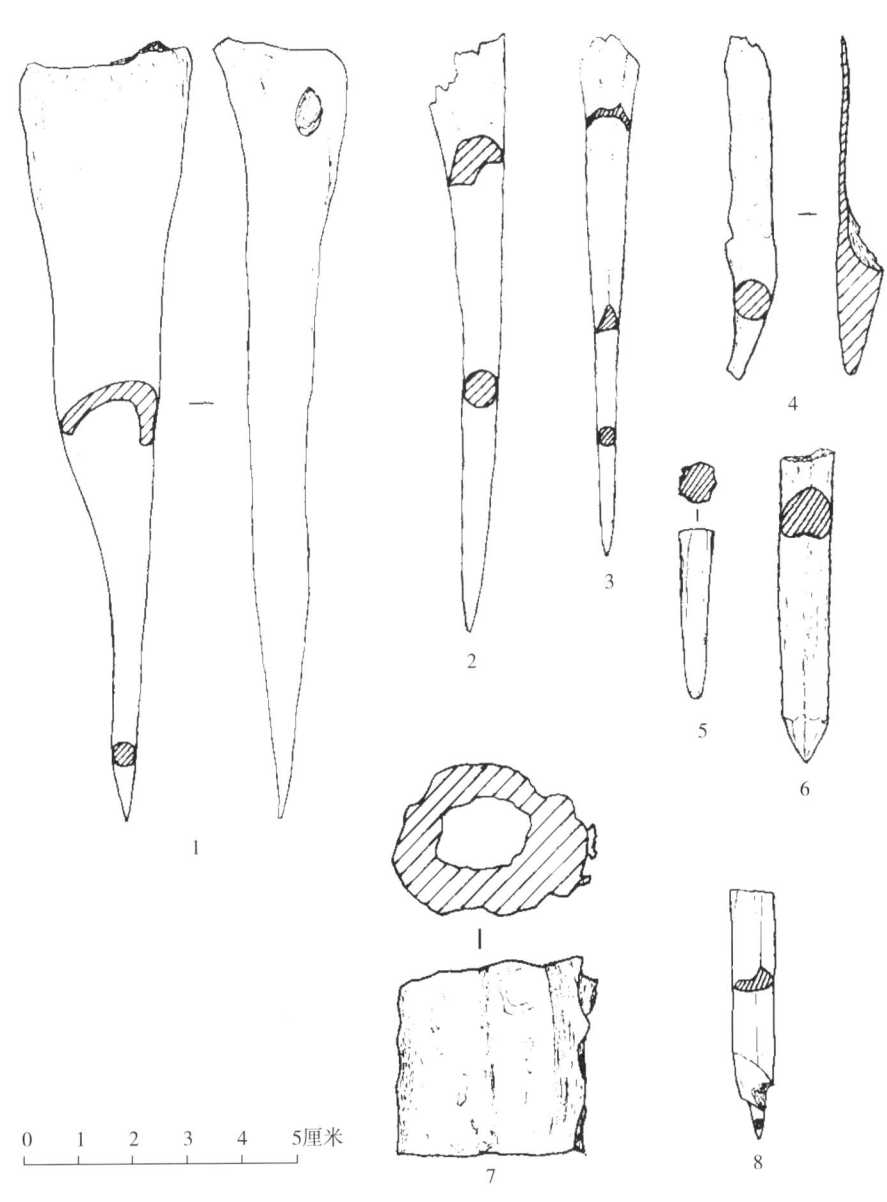

图二五八　西周文化骨锥、管、钻

1～3. Ⅰ型锥（T87 ② C：24、T88H191：2、T89H132：13）　4. Ⅱ型锥（T88H195：5）

5、6. Ⅲ型锥（T87 ② D：50、T87H242：2）　7. 管（T112H233：2）　8. 钻（T89 ① : 10）

T110②：16，完整，锋尖为三棱形，体为圆柱，三棱尖长于柱体。长 7.1 厘米，尖宽 0.9 厘米，体柱径 0.6 厘米。（图二五九，2；彩版五一，8）

Ⅱ型：4件。柳叶状。标本 T87②C：47，尖残，镞的断面为三角形，镞尾呈圆锥状。残长 6.8 厘米，尖宽 0.9 厘米，厚 0.7 厘米。（图二五九，3；彩版五一，9）标本 T89①：15，完整，镞断面为三角形，镞体和镞尾没有明显界线。长 6.1 厘米，宽 1.2 厘米，厚 0.7 厘米。（图二五九，4；彩版五一，10）标本 T89①：8，完整，镞断面为三角形，镞体和镞尾没有明显界线。长 7.3 厘米，宽 1 厘米，厚 0.8 厘米。（图二五九，5；彩版五一，11）标本 T89①：5，完整，将动物的肢骨劈开，骨腔外露，断面呈梯形，镞断面为三角形，镞体和镞尾没有明显界线。长 8.8 厘米，宽 1.2 厘米，厚 0.6 厘米。（图二五九，6；彩版五一，12）

Ⅲ型：1件。圆柱体。标本 T89H124：2，尖残，镞断面为三角形，镞尾呈圆锥状。残长 5.8 厘米，镞尖宽 0.9 厘米，厚 0.7 厘米。（图二五九，7；彩版五一，13）

钻　1件。标本 T89①：10，完整，将兽的肢骨锯断、劈开，露出骨腔，下部刮削、磨制成尖。长 3.6 厘米，宽 0.8 厘米，厚 0.3 厘米。（图二五八，8；彩版五二，6）

管　1件。标本 T112H233：2，完整，系用动物的肢骨锯成。长 3.2 厘米，径 3.5 厘米。（图二五八，7）

坯料　8件。系制作骨器的半成品，多为大型动物的肢骨，已劈开，露出骨腔。标本 T87H242：1，平面近梯形，断面为凹弧形。长 12 厘米，上宽 2.9 厘米，下宽 1.4 厘米，厚 0.7 厘米。（图二六〇，1；彩版五二，1）标本 T113②：33，完整，平面为三角形。长 10 厘米，上宽 3.1 厘米，厚 1.2 厘米。（图二六〇，2；彩版五二，2）标本 T113②：32，完整，平面为三角形。长 11 厘米，上宽 3.1 厘米，厚 0.8 厘米。（图二六〇，3；彩版五二，3）标本 T113②：34，完整，平面为长方形，两角有圆形穿孔，孔径 0.3 厘米。长 5.8 厘米，宽 2.8 厘米，厚 1.2 厘米。（图二六〇，4；彩版五二，4）标本 T112H233：3，残，系用动物的肩胛骨制作，平面呈三角形，断面上部呈弧形，下部断面呈三角形。残长 13.2 厘米，宽 3.5 厘米，厚 1 厘米。

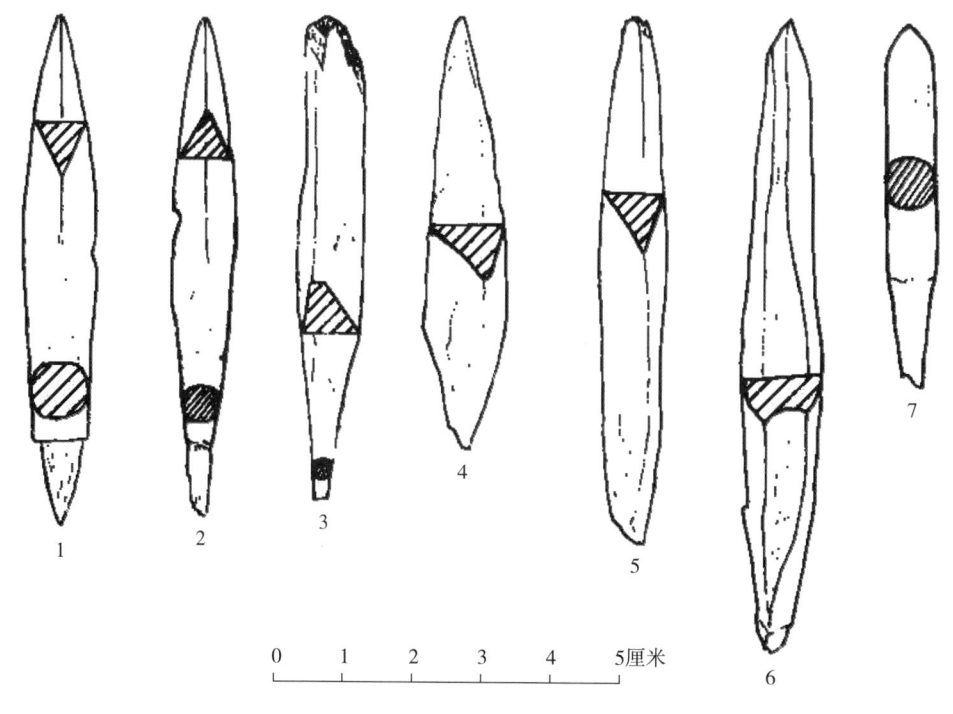

图二五九　西周文化骨镞

1、2. Ⅰ型（T88②C：28、T110②：16）　3~6. Ⅱ型（T87②C：47、T89①：15、T89①：8、T89①：5）　7. Ⅲ型（T89H124：2）

（图二六〇，6）标本 T112H233：8，完整，系用动物的肩胛骨制作，平面呈长方形，断面上部呈弧形，下部断面呈三角形。长 10.9 厘米，宽 2.3 厘米，厚 0.6 厘米。（图二六〇，7）标本 T112H233：10，完整，系用动物的肩胛骨制作，平面呈梯形，断面上部呈弧形，下部断面呈尖锥形，弧刃。长 7.3 厘米，宽 3 厘米，厚 0.6 厘米。（图二六〇，8）标本 T112H233：11，残，系用动物的肢骨制作，平面呈长条形，断面呈梯形。残长 6.3 厘米，宽 1 厘米，厚 0.55 厘米。（图二六〇，9）

鹿角锥　1件。标本 T88H191：1，系用动物角制成，角根部钻有圆孔，便于穿绳悬挂，角的根部断面呈椭圆形。长 14.5 厘米，直径 1.5～2.7 厘米。（图二六〇，5；彩版五二，5）

3. 蚌器　16件。有镞、刀、锯齿镰、纺轮、海贝、圭、饰物等。

刀　6件。对蚌壳未进行深加工便可使用。标本 T87②C：54，蚌缘薄处为刃，长 11.5 厘米，宽 5.2 厘米，厚 0.8 厘米。（图二六一，1；彩版五三，1）标本 T88H179上：5，平面呈钺形。长 8 厘米，宽 6.8 厘

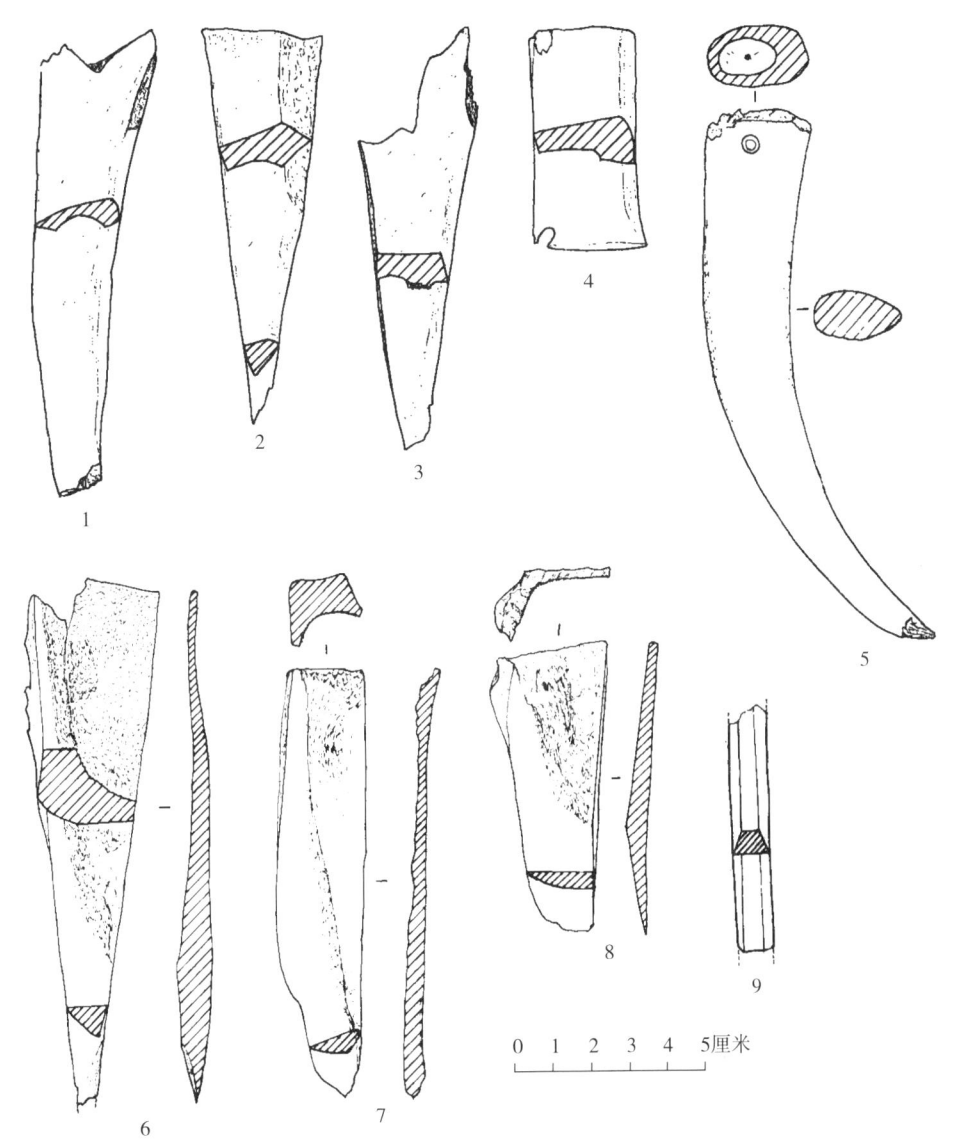

图二六〇　西周文化骨器

1~4. 坯料（T87H242：1、T113②：33、T113②：32、T113②：34）

5. 鹿角锥（T88H191：1）　6~9. 坯料（T112H233：3、T112H233：8、T112H233：10、T112H233：11）

米，厚 0.8 厘米。（图二六一，2；彩版五三，2）标本 T87②C：53，弧背，斜刃。长 10.3 厘米，宽 5.7 厘米，厚 0.5 厘米。（图二六一，3；彩版五三，3）标本 T113②A：35，弧背。长 7.9 厘米，宽 5 厘米，厚 0.6 厘米。（图二六一，4；彩版五三，4）标本 T89①：2，弧背，直刃。长 11.5 厘米，宽 2.4 厘米，厚 0.6 厘米。（图二六一，5；彩版五三，5）标本 T89H132：5，弧背，弧刃。长 11 厘米，宽 5.3 厘米，厚 0.5 厘米。（图二六一，6；彩版五三，6）

镰　4 件。蚌壳边缘为背，较薄处磨出锯齿。标本 T88②D：27，弧背，斜刃，蚌壳较薄处磨出锯齿。长 12.8 厘米，宽 5.5 厘米，厚 0.6 厘米。（图二六一，7；彩版五三，7）标本 T89H132①：1，弧背，斜凹刃，蚌壳边缘磨出锯齿。长 8.3 厘米，宽 7.2 厘米，厚 0.4 厘米。（图二六一，8；彩版五三，8）标本 T87H177下：1，平面呈三角形，蚌壳边缘磨出锯齿。长 5.2 厘米，宽 3.5 厘米，厚 0.3 厘米。（图二六一，9；彩版五三，9）标本 T89H134：7，弧背，斜凹刃，蚌壳边缘磨出锯齿。长 9.6 厘米，宽 4 厘米，厚 0.3 厘米。（图二六一，10；彩版五三，10）

镞　1 件。标本 T89H134：3，完整，系用蚌壳加工而成，镞的平面呈三角形，断面呈"丁"字形，镞尾为圆锥形，磨制精致。长 4.6 厘米，宽 1.7 厘米，厚 1.3 厘米。（图二六二，1；彩版五四，1）

纺轮　1 件。标本 T88H195：4，完整，圆形，断面为弧形，中有圆形穿孔，穿孔为对钻，其断面呈束

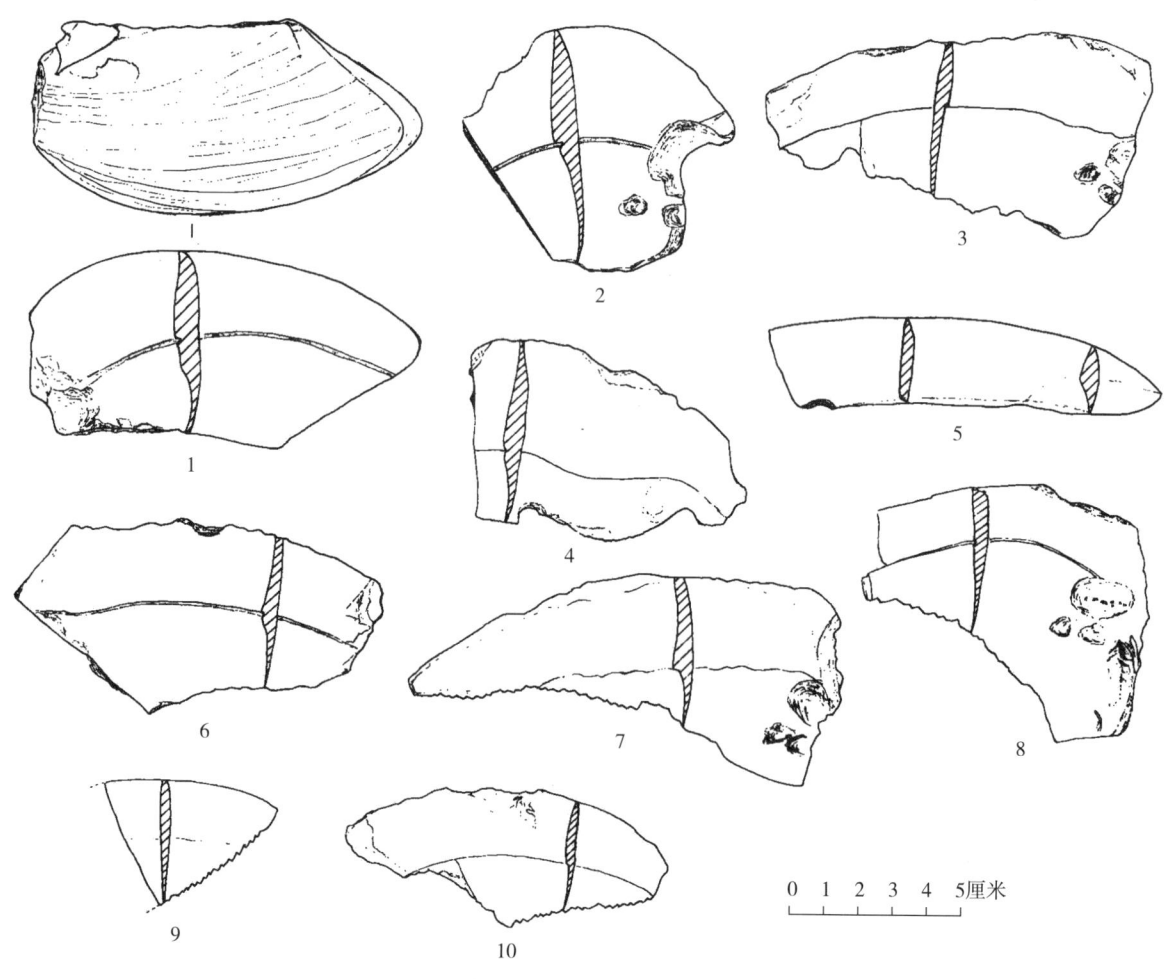

0 1 2 3 4 5厘米

图二六一　西周文化蚌刀、镰

1～6. 刀（T87②C：54、T88H179上：5、T87②C：53、T113②A：35、T89①：2、T89H132：5）

7～10. 镰（T88②D：27、T89H132①：1、T87H177下：1、T89H134：7）

腰喇叭状，穿孔径0.2~0.4厘米。直径3厘米，厚0.5厘米。（图二六二，2；彩版五四，4）

圭　1件。标本T87②C：51，完整，断面微弧。长4.3厘米，宽1.35厘米，厚0.1厘米。（图二六二，3；彩版五四，2）

锥　1件。标本T89H130：1，残，尖呈锥状，体断面呈椭圆形。体径0.2~0.4厘米，残长3.5厘米。（图二六二，4）

海贝　2件。完整，齿贝，大小有别，为西周时期的货币。标本T87②C：26-1，长2厘米，宽1.5厘米，厚0.5厘米。（图二六二，5；彩版五四，5）标本T87②C：26-2，长1.5厘米，宽1.1厘米，厚0.4厘米。（图二六二，6；彩版五四，6）

4. 陶质工具　11件。此类工具发现不多，器形有网坠、纺轮、饼。

网坠　5件。完整。泥质黑陶。标本T87②D：52，平面呈双亚腰形，断面为椭圆形，有捆绑用的凹槽，竖一道，横二道。高3.5厘米，宽1.9厘米，厚1.4厘米。（图二六三，1；彩版五五，1）标本T88H179：3，平面呈双亚腰形，断面为椭圆形，有捆绑用的凹槽，竖一道，横二道。高2.8厘米，宽1.6厘米，厚1.5厘米。（图二六三，2；彩版五五，2）标本T88H195：2，平面呈双亚腰形，断面为椭圆形，有捆绑用的凹槽，竖一道，横二道。高2.6厘米，宽1.4厘米，厚1.3厘米。（图二六三，3；彩版五五，3）标本T88H195：3，平面呈双亚腰形，断面为椭圆形，有捆绑用的凹槽，竖一道，横二道。高2.9厘米，宽1.6厘米，厚1.1厘米。（图二六三，4；彩版五五，4）标本T112H233：1，完整，平面呈双亚腰形，断面为椭圆形，有捆绑用的凹槽，竖一道，横二道。高3.3厘米，宽1.9厘米，厚1.2厘米。（图二六三，5）

饼　2件。残。夹砂陶，黑灰色。标本T88②C：57，平面呈圆形，中有圆形穿孔，孔径0.4厘米，饼的断面微鼓，边为弧形。直径12厘米，厚1.7厘米。（图二六四，5；彩版五五，8）标本T89H132②：2，平面呈圆形，饼断面微鼓。直径11.9厘米，厚1.8厘米。（图二六四，6；彩版五五，9）

纺轮　4件。其中2件完整，2件残。从陶色看灰陶2件，红陶2件，泥质陶。圆饼形，中心有一穿孔，有大小厚薄之别，断面有长方形、弧边等。据其形体特征可分三型。

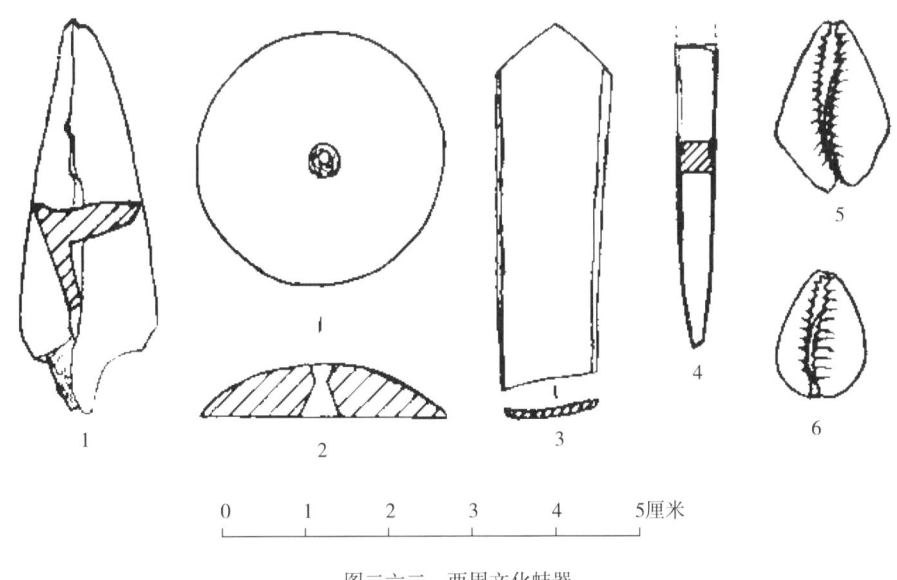

图二六二　西周文化蚌器

1.镟（T89H134：3）　2.纺轮（T88H195：4）　3.圭（T87②C：51）
4.锥（T89H130：1）　5、6.海贝（T87②C：26-1、T87②C：26-2）

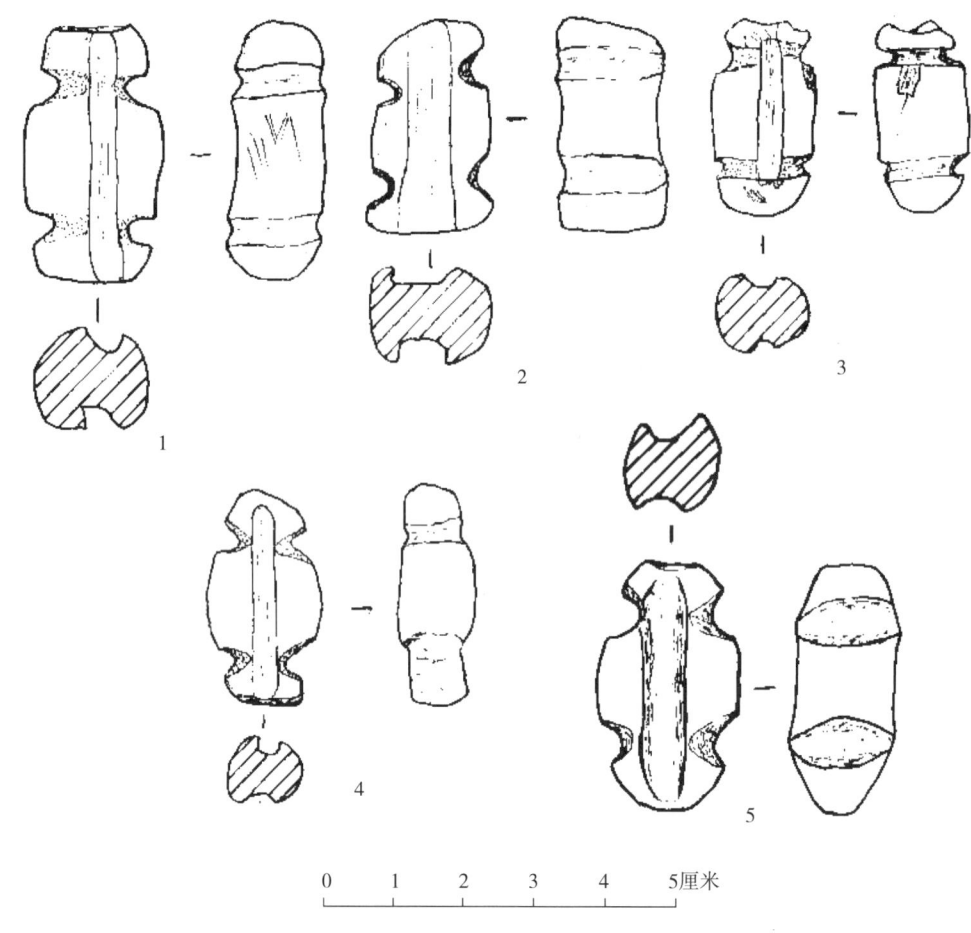

图二六三　西周文化陶网坠

1. T87②D：52　2. T88H179：3　3. T88H195：2　4. T88H195：3　5. T112H233：1

　　Ⅰ型：1件。圆形周边垂直，断面为长方形。标本T113②：31，泥质灰陶，完整，系轮制，底部有用线绳切割痕，厚薄不一，中有喇叭状孔，孔径0.2~0.4厘米。体径4.2厘米，厚0.5~0.7厘米。（图二六四，1；彩版五五，5）

　　Ⅱ型：2件。弧边。泥质红陶。标本T88H195：5，边残。器中一穿孔，孔径0.9厘米。台面径5.5厘米，腰径5.7厘米，厚1厘米。（图二六四，2；彩版五五，6）标本T87②C：44，完整，中有喇叭状穿孔，孔径0.3厘米。上部直径2.8厘米，下部直径3.1厘米，厚0.7厘米。（图二六四，3；彩版五五，7）

　　Ⅲ型：1件。弧边双鼓。标本T110H183：7，残，泥质灰陶，素面，圆形，中部有一穿孔，孔径0.7厘米，断面为弧边双鼓。台面径5.9厘米，腰部径6.1厘米，厚0.8~2.4厘米。（图二六四，4）

　　4. 铜质工具　8件。有镞、鱼钩。

　　镞　7件。根据其形制可分四型。

　　Ⅰ型：3件。燕尾式。皆完整。标本T89H132③：11，镞尖断面呈菱形，中有脊，脊断面为椭圆形，翼很薄，镞尾断面为菱形，镞尾短。通长8.6厘米，宽3.2厘米，厚0.7厘米。（图二六五，1；彩版五四，7）标本T113②：21，镞尖断面呈菱形，中有脊，脊断面为椭圆形，翼很薄，镞尾断面为圆形，镞尾长。通长5.1厘米，宽1.9厘米，厚0.8厘米。（图二六五，2；彩版五四，8）标本T89①：11，镞尖断面呈菱形，中有脊，脊断面为椭圆形，翼很薄，镞尾断面为菱形，镞尾长。通长4.8厘米，宽2.2厘米，厚0.7厘米。（图

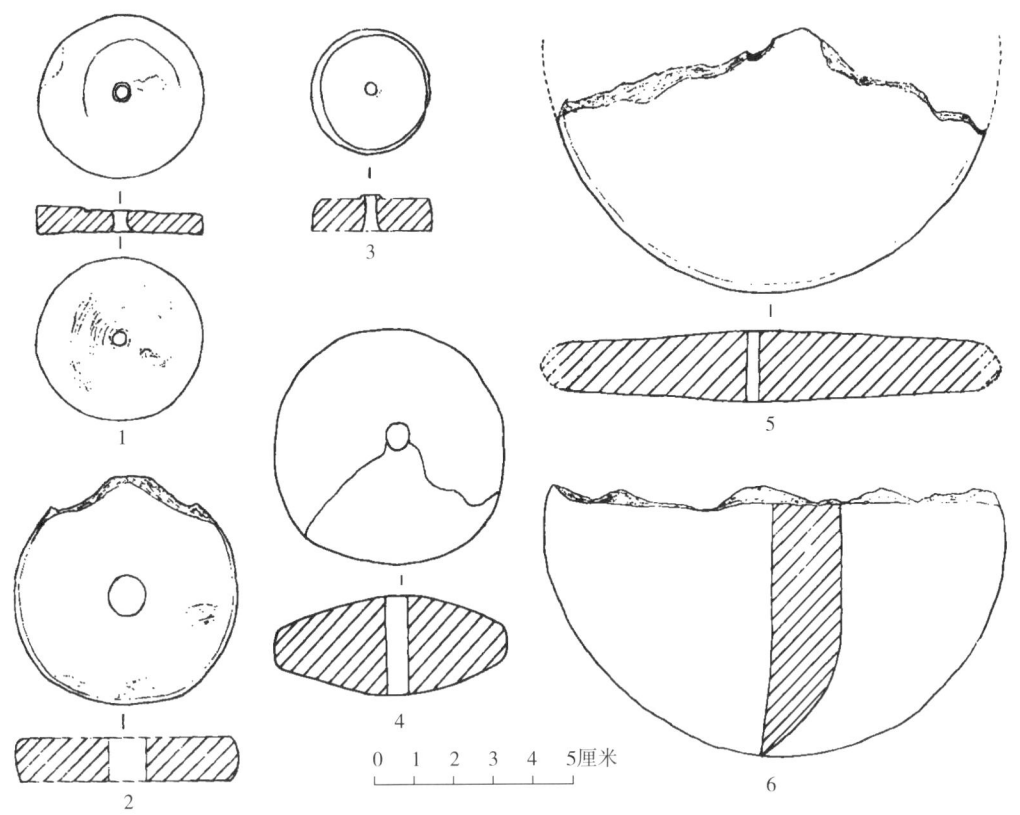

图二六四　西周文化陶纺轮、饼

1. Ⅰ型纺轮（T113②：31）　2、3. Ⅱ型纺轮（T88H195：5、T87②C：44）
4. Ⅲ型纺轮（T110H183：7）　5、6. 饼（T88②C：57、T89H132②：2）

二六五，3；彩版五四，9）

Ⅱ型：1件。燕尾镂空式。标本 T87②C：28，翼上有四镂空，镞尾断面为菱形。残长5.1厘米，宽2.4厘米，厚0.7厘米。（图二六五，4；彩版五四，10）

Ⅲ型：2件。矛形。完整。形似矛，菱形尖，有脊，有镞尾。标本 T89①：9，脊断面为椭圆形，两翼很薄。长3.3厘米，宽1.2厘米，厚0.8厘米。（图二六五，5；彩版五四，11）标本 T89H134③：52，脊断面为四角星圆形，两翼呈三角形。长4.4厘米，宽1.5厘米，厚0.9厘米。（图二六五，6；彩版五四，12）

Ⅳ型：1件。圆柱体。标本 T87②C：37，完整，圆锥状镞尖，体为椭圆形渐粗，镞尾为柱状，断面为圆形。长6.1厘米，体径1厘米，厚0.8厘米。（图二六五，7；彩版五四，13）

鱼钩　1件。标本 T88H181：3，完整，弯曲有钩。长2.4厘米，宽1厘米，径0.2厘米。（图二六五，8；彩版五四，3）

（二）生活用具

主要是陶器，陶质是以夹砂陶为主，泥质陶次之，陶色以夹砂灰陶为主，泥质灰陶次之，陶器表面多饰有纹饰，从已经修复的8件陶鬲看，全部饰绳纹，还有一定数量的弦纹。陶器制作主要是轮制，其次为模制和手制，器形规整，陶胎厚薄均匀，个别小件是手制，再安接在器物相应的部位。器形有鬲、罐、尊、盆、碗、豆等。

鬲　8件。根据形制可分四型。

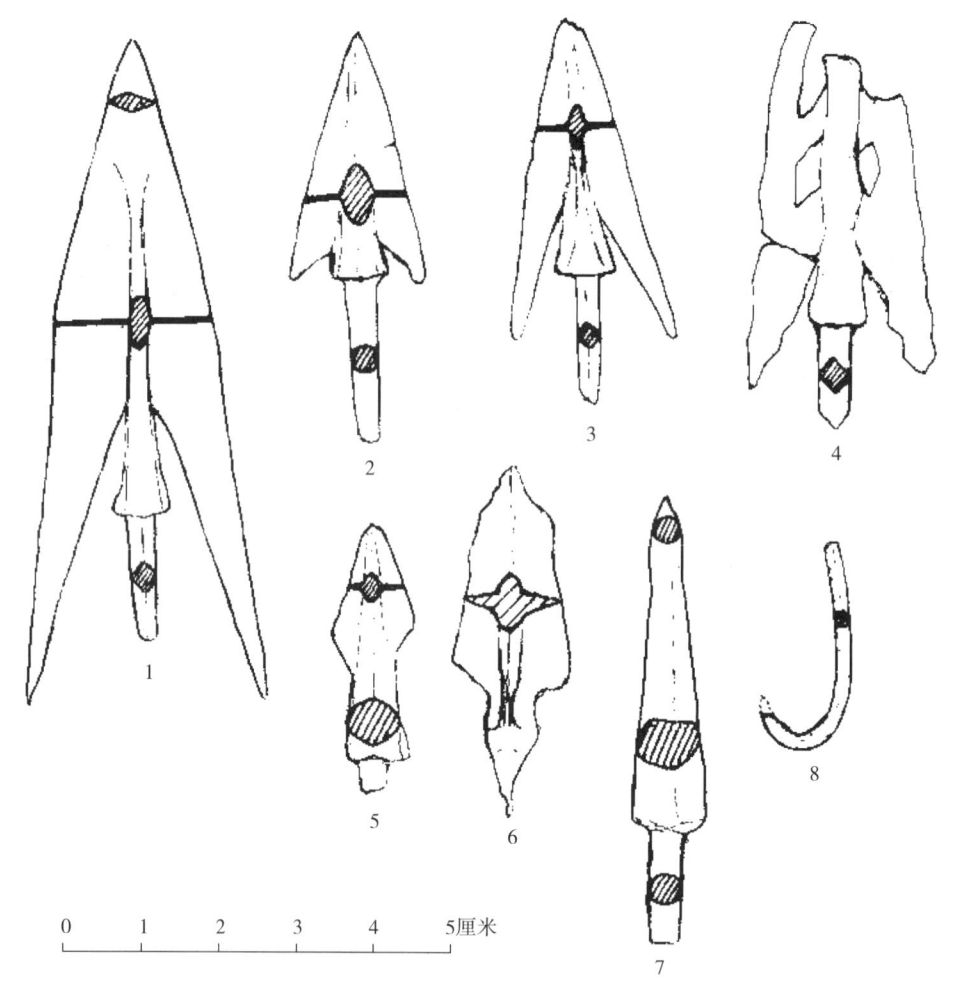

图二六五　西周文化铜镞、鱼钩

1~3. Ⅰ型镞（T89H132 ③：11、T113 ②：21、T89 ①：11）　4. Ⅱ型镞（T87 ② C：28）

5、6. Ⅲ型镞（T89 ①：9、T89H134 ③：52）　7. Ⅳ型镞（T87 ② C：37）　8. 鱼钩（T88H181：3）

Ⅰ型：2件。标本 T109 ② A：21，已残，夹砂棕陶，侈口，折沿，方唇，沿面呈凹弧形，敛口，束颈，弧腹，下附三个袋足，饰中粗绳纹，上腹部有一周凹弦纹，裆近平。口径 22 厘米，腹径 23.2 厘米，高 17.3 厘米。（图二六六，1；图二六八，5；图版七六，1）标本 T109 ② A：20，已残，夹砂棕陶，侈口，折沿，方唇，沿面呈凹弧形，敛口，束颈，弧腹，下附三个袋足，饰中粗绳纹，上腹部有一周凹弦纹，裆近平，小乳足。口径 22.5 厘米，腹径 24 厘米，高 16.5 厘米。（图二六六，2；图二六八，6；图版七六，2）

Ⅱ型：1件。标本 T87H176：3，已残，夹砂灰陶，侈口，折沿，方唇，沿面微鼓呈弧形，束颈，弧腹，下附三个袋足，饰中粗绳纹，上腹部有一周凹弦纹，裆近平，小乳足。口径 19 厘米，腹径 20.8 厘米，高 17.8 厘米。（图二六六，3；图二六八，7；图版七六，3）

Ⅲ型：1件。标本 T87H176：2，已残，泥质灰陶，侈口，圆唇，束颈，下附三个袋足，饰中粗绳纹，上腹部有一周凹弦纹。口径 19 厘米，高 17.8 厘米。（图二六六，4；图二六八，8；图版七六，4）

Ⅳ型：4件。残，夹砂黑陶，卷沿，方唇，沿面微鼓，敛口，敛颈，平裆，袋状乳足，每个袋足上有附加扉棱，饰竖绳纹。标本 T88H181：3，乳状足。口径 13 厘米，腹径 13.6 厘米，高 11.5 厘米。（图二六七，1；图二六八，1；图版七六，5）标本 T88H181：1，乳状足内敛，袋足上有附加扉棱。口径 13.5

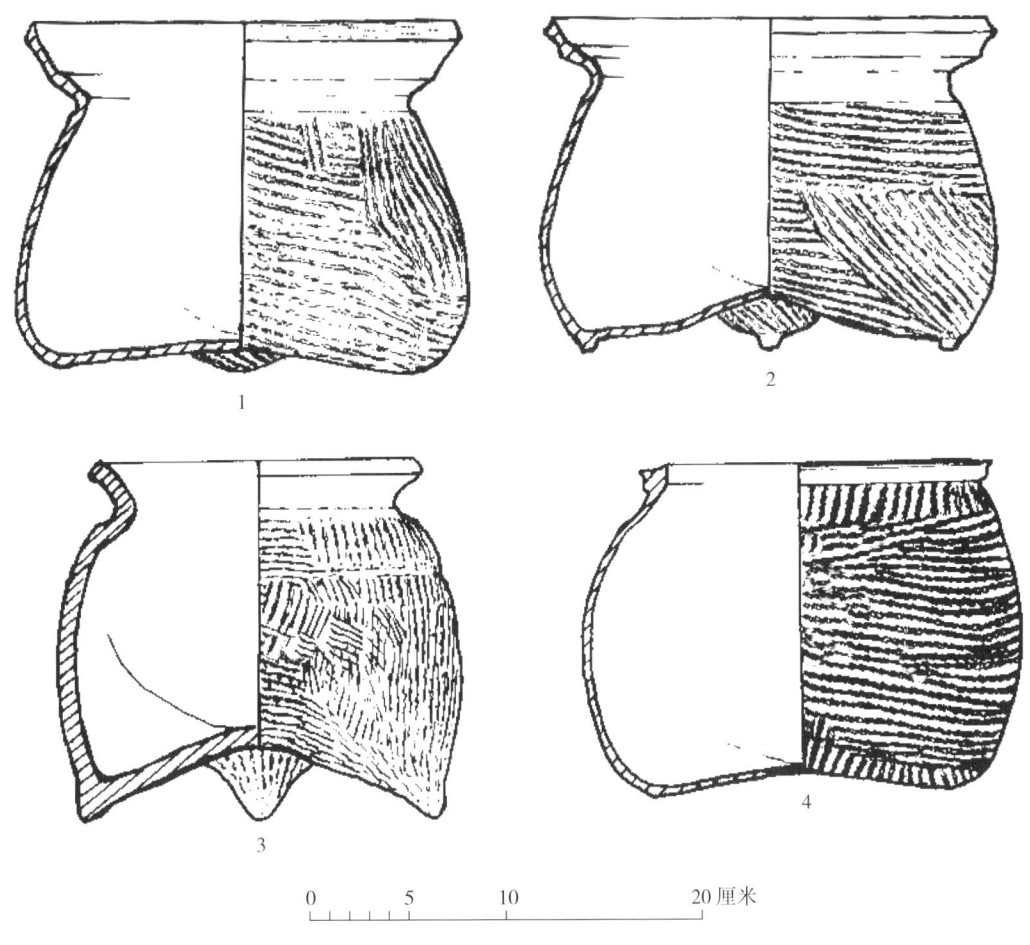

图二六六　西周文化陶鬲

1、2. Ⅰ型（T109②A：21、T109②A：20）　3. Ⅱ型（T87H176：3）　4. Ⅲ型（T87H176：2）

厘米，腹径 14 厘米，高 12 厘米。（图二六七，2；图二六八，2；图版七六，6）标本 T88H194：1，乳状平足，附加扉棱。口径 13 厘米，腹径 14 厘米，高 12 厘米。（图二六七，3；图二六八，3；图版七七，1）标本 T112H233：4，乳状平足，附加隔断扉棱。口径 13 厘米，腹径 12.8 厘米，高 12 厘米。（图二六七，4；图二六八，4）

尊　1件。标本 T110H183：18，残，夹砂黑陶，侈口，圆唇，束颈，鼓腹，小平底。口径 14 厘米，腹径 12 厘米，底径 7.5 厘米，高 12 厘米。（图二六九，5）

罐　1件。标本 T34H51：1，残，夹砂棕灰陶，侈口，折沿，圆唇，敛颈，鼓腹，平底。口径 6.5 厘米，腹径 8.5 厘米，底径 5 厘米，高 8.3 厘米。（图二六九，6；图版七七，5）

簋　1件。标本 T113②：28，残，夹砂黑陶，侈口，卷沿，舌唇，弧腹，腹部有三周凸弦纹，圜底，喇叭状圈足。口径 23 厘米，腹径 16.8 厘米，圈足径 13 厘米，高 18.6 厘米。（图二六九，1；图版七七，2）

碗　1件。标本 T10H4：1，残，夹砂灰陶，侈口，方唇，曲腹微敛，腹内有轮制时留下的弦纹，小平底，底部有制坯时的切割痕。口径 16.5 厘米，底径 7.5 厘米，高 6.5 厘米。（图二六九，3；图版七七，3）

盆　1件。标本 T10H4：6，残，泥质黑陶，侈口，圆唇，腹为斜壁，内壁有二周弦纹，大平底。口径 23 厘米，底径 10.3 厘米，高 11.5 厘米。（图二六九，2；图版七七，4）

豆　1件。标本 T86②C：6，残，夹砂黑陶，侈口，方唇，敛腹，浅圜底盘，圈足残。口径 18.4 厘米，

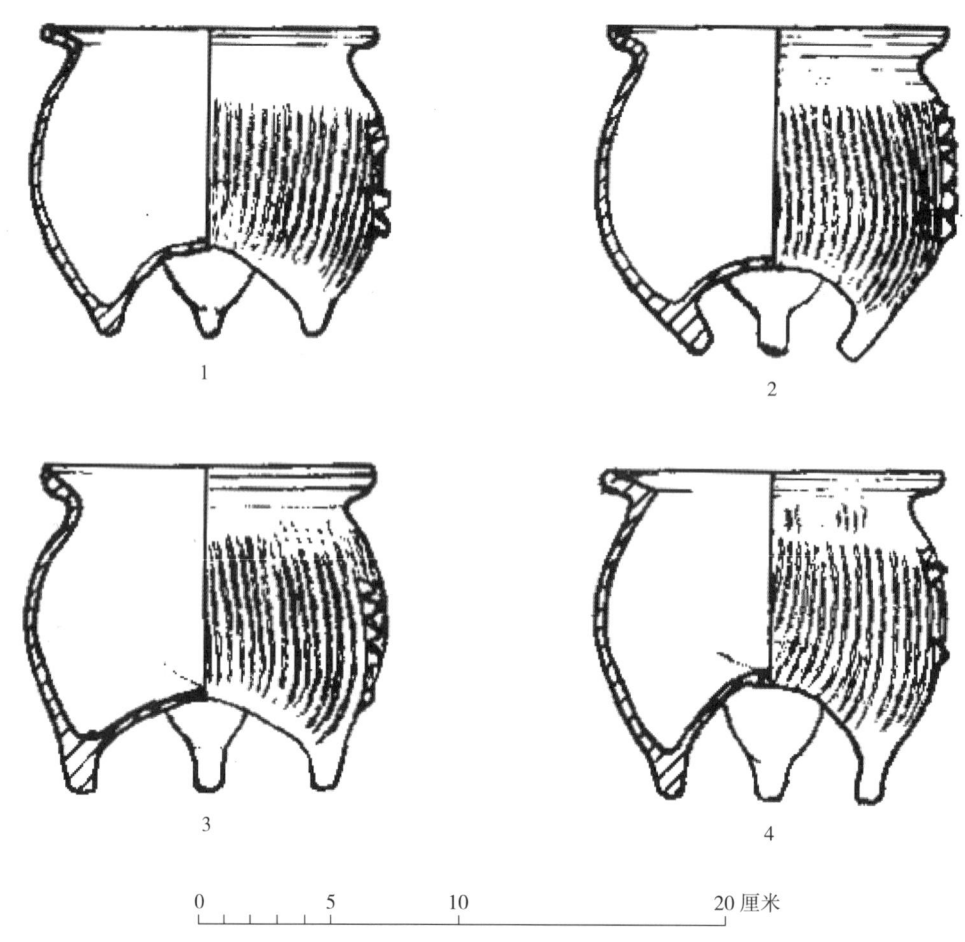

图二六七　西周文化陶鬲
1~4. Ⅳ型（T88H181：3、T88H181：1、T88H194：1、T112H233：4）

腹径 18.4 厘米，圈足径 4.8 厘米，残高 6.9 厘米。（图二六九，4）

（三）装饰品及其他

有骨簪、玉璜、玉玦、石兽、龟甲等。

骨簪　17 件。均由动物的肢骨劈开、锯断，先打制为雏形，后再磨制而成。根据簪体横剖面的特点可分为四型。

Ⅰ型：2 件。透雕鸟形簪冠，椭圆形锥体，断面为椭圆形，精工细作，通体抛光。标本 T87②C：48，尖残，有鸟形簪冠，上雕一只鸟，昂首，翘尾，目圆瞪，下有三周凸弦纹。簪冠高 4.2 厘米，宽 1.7 厘米，厚 0.4 厘米。簪体断面为椭圆形，残长 8.1 厘米，直径 0.5~0.9 厘米。（图二七〇，8；彩版五六，1）标本 T88H179：1，尖、体均残，残存鸟形簪冠，昂头，圆目，翘尾，下有二周凸弦纹。残长 3.3 厘米，宽 1.7 厘米，厚 0.4 厘米。（图二七〇，9；彩版五六，2）

Ⅱ型：7 件。有簪冠。可安装簪帽，簪体为椭圆形，顶部有圆形榫头，供安簪帽用，此外还有 2 件平顶簪帽。其中 5 件完整，2 件残。标本 T89①：13，尖稍残，簪体断面为椭圆形，簪顶有圆形榫头，直径 0.5 厘米。残长 13.8 厘米，直径 0.5~1 厘米。（图二七〇，1；彩版五六，6）标本 T89H134③：5，完整，簪顶有圆形榫头，簪体断面为圆形。长 12.7 厘米，直径 0.8 厘米。（图二七〇，2；彩版五六，7）标本 T89H134：2，完

图二六八　西周文化陶鬲纹饰拓片

1~4. Ⅳ型鬲（T88H181：3、T88H181：1、T88H194：1、T112H233：4）

5、6. Ⅰ型（T109②A：21、T109②A：20）　7. Ⅱ型（T87H176：3）　8. Ⅲ型（T87H176：2）

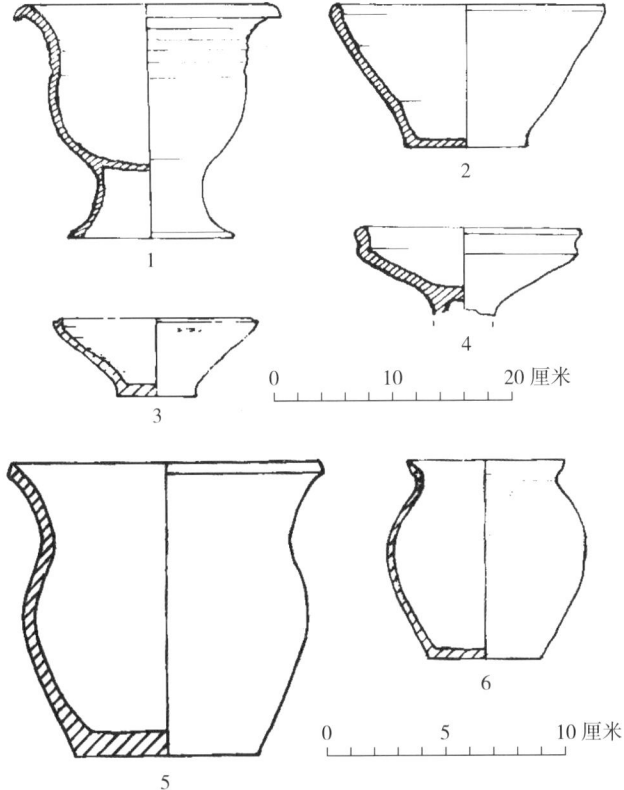

图二六九　西周文化陶器

1.簋（T113②：28）　2.盆（T10H4：6）

3.碗（T10H4：1）　4.豆（T86②C：6）

5.尊（T110H183：18）6.罐（T34H51：1）

整，簪顶有圆形榫头，簪体断面为椭圆形，下部断面为圆形。长9.8厘米，直径0.6~0.8厘米。（图二七〇，3；彩版五六，8）标本T89H132②：3，完整，通体磨光，制作精致，簪顶有圆形榫头，簪体断面为圆形。长6.8厘米，直径0.3厘米。（图二七〇，4；彩版五六，9）标本T87②C：46，簪体残，通体磨光，制作精致，簪顶有圆形榫头，簪体断面为圆形。长5.6厘米，直径0.3厘米。（图二七〇，5；彩版五六，10）标本T87②C：45，完整，为簪帽冠，圆形，有榫口，榫口为圆柱状，直径0.5厘米，帽冠长1厘米，直径2.3厘米。（图二七〇，6；彩版五六，11）标本T87②C：27，完整，为簪帽冠，圆形，断面为梯形，中有不规则凹槽，应是簪帽与簪体相接的地方，通体磨光，制作精致。长0.7厘米，直径2.4厘米。（图二七〇，7；彩版五六，12）

Ⅲ型：3件。粗簪帽，簪帽顶较粗，簪体较细，呈圆柱状，簪体断面为圆形。标本T88②C：51，尖残，通体磨光，制作精致，簪顶较粗，平顶，簪体断面为圆形。残长8.4厘米，帽顶径0.6厘米，体径0.4厘米。

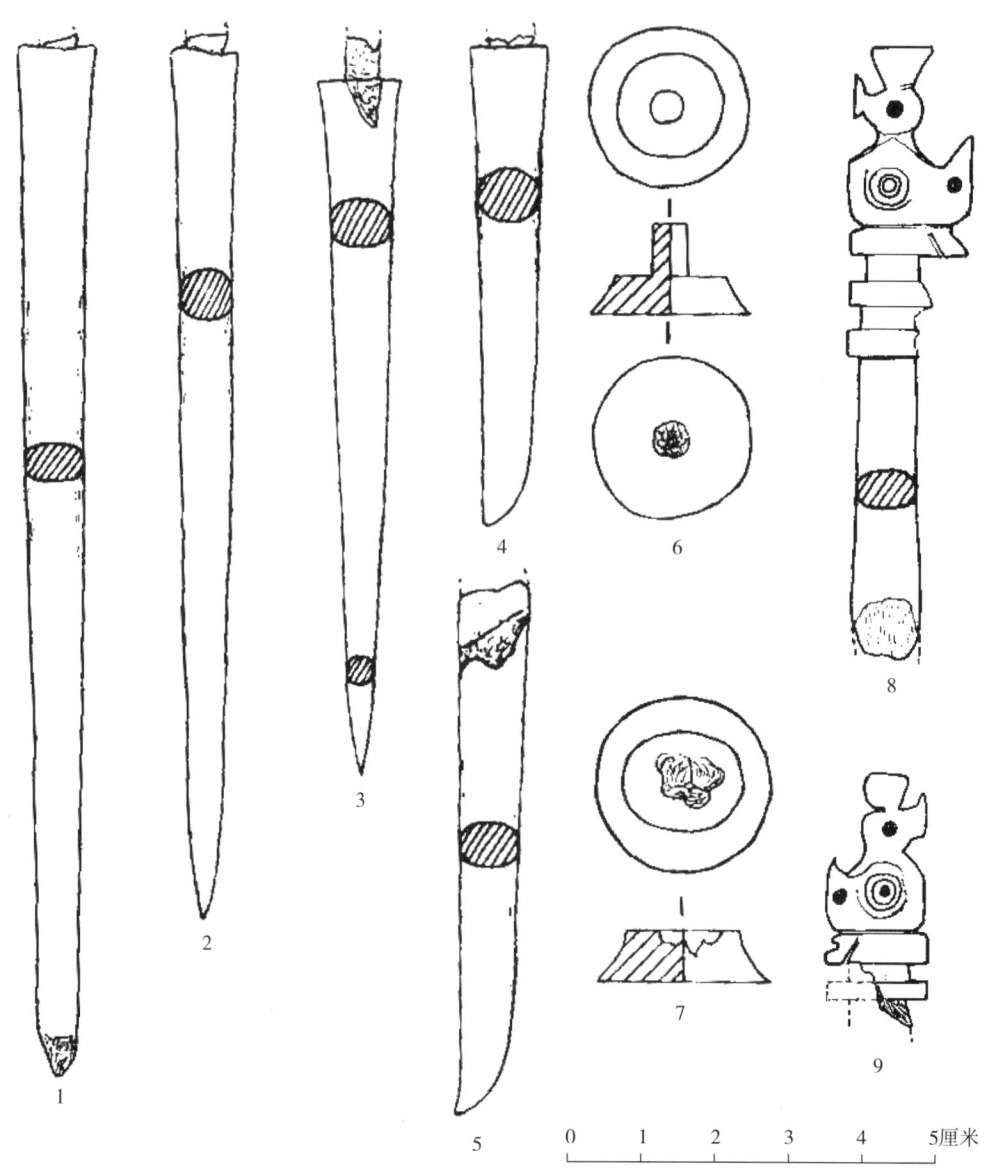

图二七〇　西周文化骨簪

1~7.Ⅱ型（T89①：13、T89H134③：5、T89H134：2、T89H132②：3、T87②C：46、T87②C：45、T87②C：27）

8、9.Ⅰ型（T87②C：48、T88H179：1）

（图二七一，1；彩版五六，3）标本 T89①：12，簪体残，通体磨光，制作精致，簪顶较粗，弧顶，簪体断面为圆形。残长 5.9 厘米，帽顶径 0.8 厘米，体径 0.5 厘米。（图二七一，2；彩版五六，4）标本 T88H195：1，簪体残，通体磨光，制作精致，簪顶较粗，平顶，簪体断面为圆形。残长 4.8 厘米，帽顶径 1.2 厘米，体直径 0.5 厘米。（图二七一，3；彩版五六，5）

IV 型：5 件。普通型，体为圆柱状。标本 T87②C：25，完整，上部断面为椭圆形，下部稍细，断面为圆形。长 14.7 厘米，体径 0.5 厘米。（图二七一，4；彩版五七，1）标本 T88H179：2，尖残，平顶，断面为椭圆形。残长 10 厘米，体径 0.6~0.7 厘米。（图二七一，5；彩版五七，2）标本 T22H11：1，尖残，平顶，断面为圆形。残长 8.5 厘米，体径 0.8 厘米。（图二七一，6；彩版五七，3）标本 T424H82：11，尖残，平顶，断面为圆形。残长 8.2 厘米，体径 0.4 厘米。（图二七一，7；彩版五七，4）标本 T112H233：5，顶

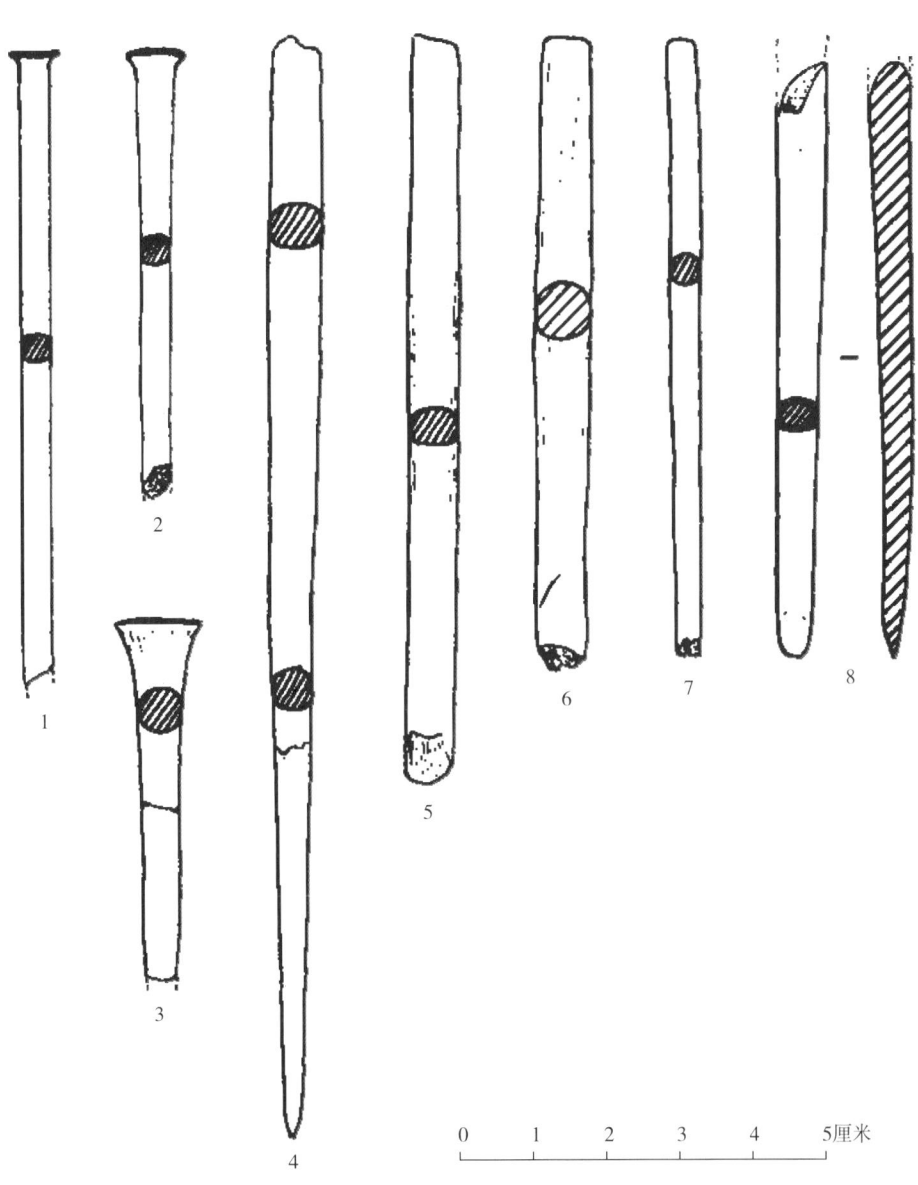

图二七一　西周文化骨簪

1~3. III 型（T88②C：51、T89①：12、T88H195：1）

4~8. IV 型（T87②C：25、T88H179：2、T22H11：1、T424H82：11、T112H233：5）

残，断面为椭圆形，弧形尖。残长 7.8 厘米，体径 0.5 厘米。（图二七一，8）

骨饰　1件。标本 T89H124：1，残，平面呈长条形，断面呈长方形。残长 7.8 厘米，宽 0.8 厘米，厚 0.4 厘米。（图二七二，1；彩版五七，6）

骨剑　1件。标本 T110H225：5，残，平面呈长条形，断面呈菱形。残长 9.2 厘米，宽 0.7 厘米，厚 0.4 厘米。（图二七二，2；彩版五七，5）

骨管　1件。标本 T87H172：25，完整，平面呈长条形，一端有缺口，中有圆形穿孔，断面呈圆形。长 3.1 厘米，径 0.4 厘米。（图二七二，3；彩版五七，8）

石兽　1件。标本 T89H130：2，完整，为料礓石，平面近椭圆形，中有一乳状圆柱突起。直径 4.4～6.2 厘米，高 4.6 厘米。（图二七三，1；彩版五八，5）

绿松石　1件。标本 T88H179：4，残，平面呈椭圆形，断面为长方形。长 1.1 厘米，宽 0.6 厘米，厚 0.2 厘米。（图二七三，3；彩版五八，3）

石弹丸　1件。标本 T88②D：40，完整，石英石，平面呈椭圆形，断面为椭圆形。直径 2～2.5 厘米，厚 1.3 厘米。（图二七三，2；彩版五八，4）

玉璜　1件。标本 T87②C：42，残，平面呈弧形，断面呈椭圆形，一端有斜穿孔。残长 4.1 厘米，宽 0.9 厘米，厚 0.5 厘米。（图二七三，5；彩版五八，1）

玉玦　1件。标本 T89①：6，残，平面呈扇形，断面呈长方形。外径 2.2 厘米，内径 0.6 厘米，厚 0.3 厘米。（图二七三，4；彩版五八，2）

龟甲　1件。标本 T89H132：10，为龟甲骨，大部分残。残长 5 厘米，宽 3.7 厘米，厚 0.7 厘米。（图二七二，4；彩版五七，7）

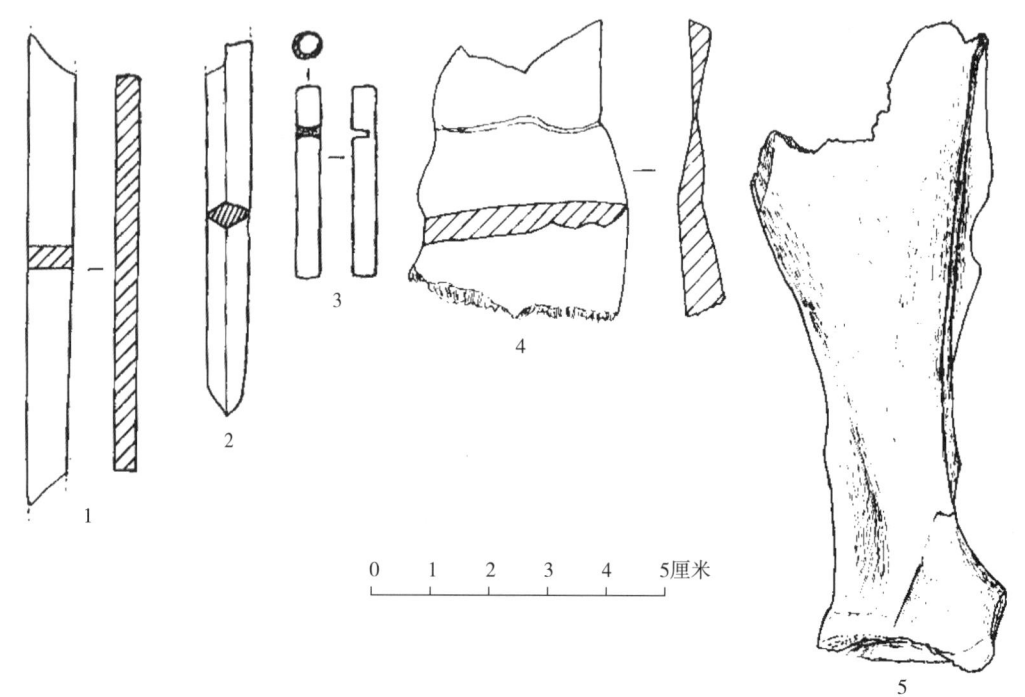

图二七二　西周文化骨器

1. 饰（T89H124：1）　2. 剑（T110H225：5）　3. 管（T87H172：25）　4. 龟甲（T89H132：10）　5. 卜骨（T112H233：9）

卜骨　1件。标本 T112H233：9，残，由动物肩胛骨制成，有烧灼痕。长 10.5 厘米，宽 4 厘米。（图二七二，5）

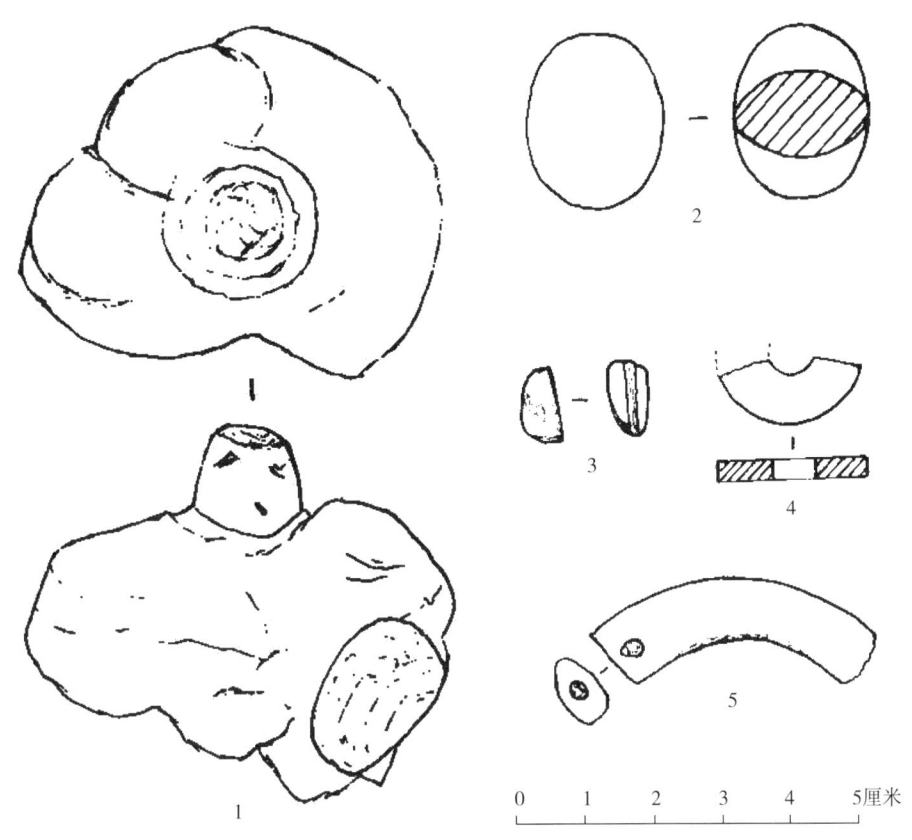

图二七三　西周文化玉、石器

1. 石兽（T89H130：2）　2. 石弹丸（T88②D：40）　3. 绿松石（T88H179：4）　4. 玉玦（T89①：6）　5. 玉璜（T87②C：42）

第七章　春秋文化

一、文化遗迹

春秋时期的文化遗迹有灰坑、瓮棺葬。

（一）灰坑

灰坑是遗址中春秋文化的重要遗迹之一，共发现62座，即H1、H17、H128、H129、H149、H153、H154、H155、H156、H169、H171、H172、H173、H187、H199、H201、H203、H205、H209、H212、H147、H148、H152、H188、H192、H197、H198、H206、H207、H223、H230、H241、H247、H248、H249、H164、H178、H204、H222、H229、H157、H162、H165、H211、H213、H136、H218、H37、H150、H127、H240、H140、H125、H163、H166、H180、H168、H175、H202、H214、H151、H190。（表九）

根据其口部形状可分为圆形、椭圆形、长方形、葫芦形、梯形、不规则形。其中圆形直筒状20座，圆形筒状15座，圆形袋状5座；椭圆形直筒状5座，椭圆形筒状2座，椭圆形袋状2座，椭圆形锅底状2座；长方形直筒状1座，长方形袋状1座；葫芦形直筒状2座；梯形直筒状1座；不规则形直筒状4座，不规则形筒状1座，不规则形浅坑状1座。

圆形坑40座。H1位于遗址内的东南部T12内，开口于农耕土下。圆形直筒状，因遇水未清理到底。出土筒瓦、罐、盆、碗、蚌器等。为春秋时期水井。口径1.25米，深2.80米以上。（图二七四，1）

H17位于遗址东南部T15内，开口于农耕土下，打破F2西墙，被M44打破。圆形直筒状，平底。出土陶片为浅灰色，纹饰有绳纹和篮纹，器形有罐。还有兽骨和蚌壳。口径2米，深0.60米。（图二七四，2）

H128位于遗址北城墙中段T91内东部，开口②层下。圆形直筒状坑，口底大小相同。填带炭粒的灰土，

表九　春秋文化灰坑形制统计表

形状	直筒状	筒状	袋状	浅坑	锅底状	合计
圆形	H1、H17、H128、H129、H149、H153、H154、H155、H156、H169、H171、H172、H173、H187、H199、H201、H203、H205、H209、H212	H147、H148、H152、H188、H192、H197、H198、H206、H207、H223、H230、H241、H247、H248、H249	H164、H178、H204、H222、H229			40
椭圆形	H157、H162、H165、H211、H213	H136、H218	H37、H150		H127、H240	11
长方形	H140		H125			2
葫芦形	H163、H166					2
梯形	H180					1
不规则形	H168、H175、H202、H214	H151		H190		6
合计	33	18	8	1	2	62

土质松软。出土陶片 124 块，以灰陶为主，纹饰以绳纹为主，弦纹次之，其中绳纹 90 块、弦纹 10 块、素面 24 块，器形有鬲、罐、瓮、豆、饼等。还有加工鹿角、羊角、海贝、蚌贝等。口径 1.13 米，深 0.44 米。（图二七四，3）

H129 位于遗址北城墙中段 T91 内东北部，开口②层下，东部压在东隔梁下未清理。椭圆形直筒状坑，口底大小相同。填浅灰土，土质松软。出土罐、鬲、盆等。口径 1.15 米，深 0.80 米。（图二七四，4）

H149 位于遗址北部 T88 内，坑口位于②层下。圆形直筒状坑，口底大小相同，底不平。填土为灰土，土质较松软。出土陶片 65 块，以灰黑陶居多，棕陶次之，纹饰以绳纹居多，篮纹较少，其中篮纹 3 块、绳纹 42 块、素面 20 块，器形有罐、豆等。口径 1.15 米，底径 1.14 米，深 0.56 米。（图二七五，1）

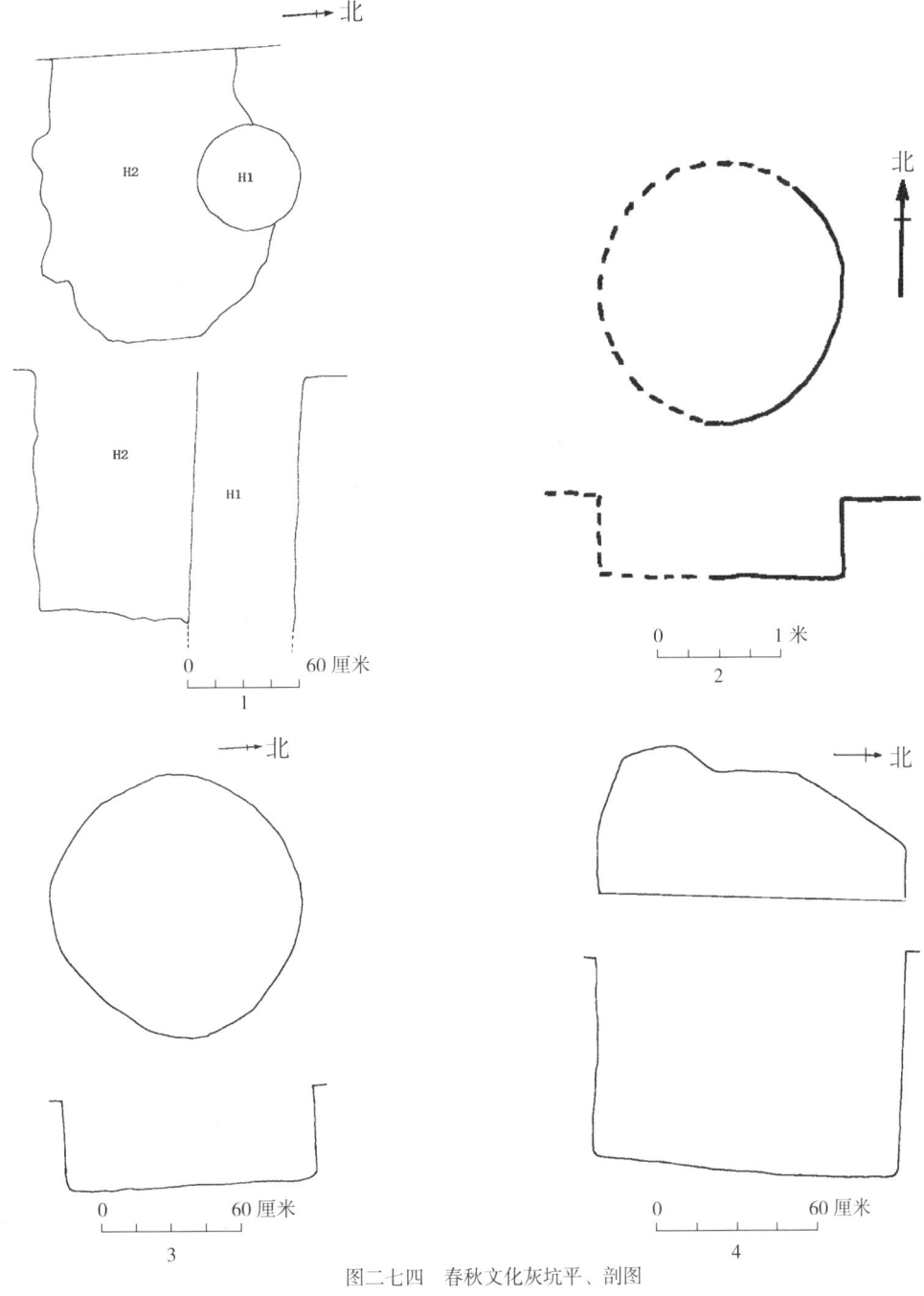

图二七四　春秋文化灰坑平、剖图

1. T12H1　2. T15H17　3. T91H128　4. T91H129

H153 位于遗址北部 T88 内中部，坑口位于②层下。为圆形直筒状坑，口底大小相等，平底。填土为黑灰花土，土质较松软。出土陶片 179 块，以灰黑陶居多，棕陶次之，纹饰以绳纹居多，弦纹较少，其中绳纹 132 块、磨光灰陶 3 块、弦纹 1 块、素面 43 块，器形有鬲、罐、甗等。口径 1.34 米，深 0.60 米。（图二七五，2）

H154 位于遗址北部 T88 内中部，坑口位于②层下。为圆形直筒状坑，口底大小相等，平底。填土为黑灰土，土质较松软。出土陶片 43 块，以灰黑陶居多，棕陶次之，纹饰以绳纹居多，篮纹次之，其中绳纹 34 块、素面 9 块，器形有鬲、罐、甗。还有石锛等。口径 1.30 米，深 0.30 米。（图二七五，3）

H155 位于遗址北部 T88 内中部偏西，坑口位于②层下，被 M170 打破。为圆形直筒状坑，口底大小相等，底近平。填土为黑灰花土，土质较松软。出土陶片以灰黑陶居多，棕陶次之，纹饰以绳纹居多，篮纹次之，器形有鬲、罐等。口径 1.16 米，深 0.24 米。（图二七五，4）

H156 位于遗址北部 T88 内中东部，坑口位于②层下，打破 H168、H169。为圆形直筒状坑，口底大小相

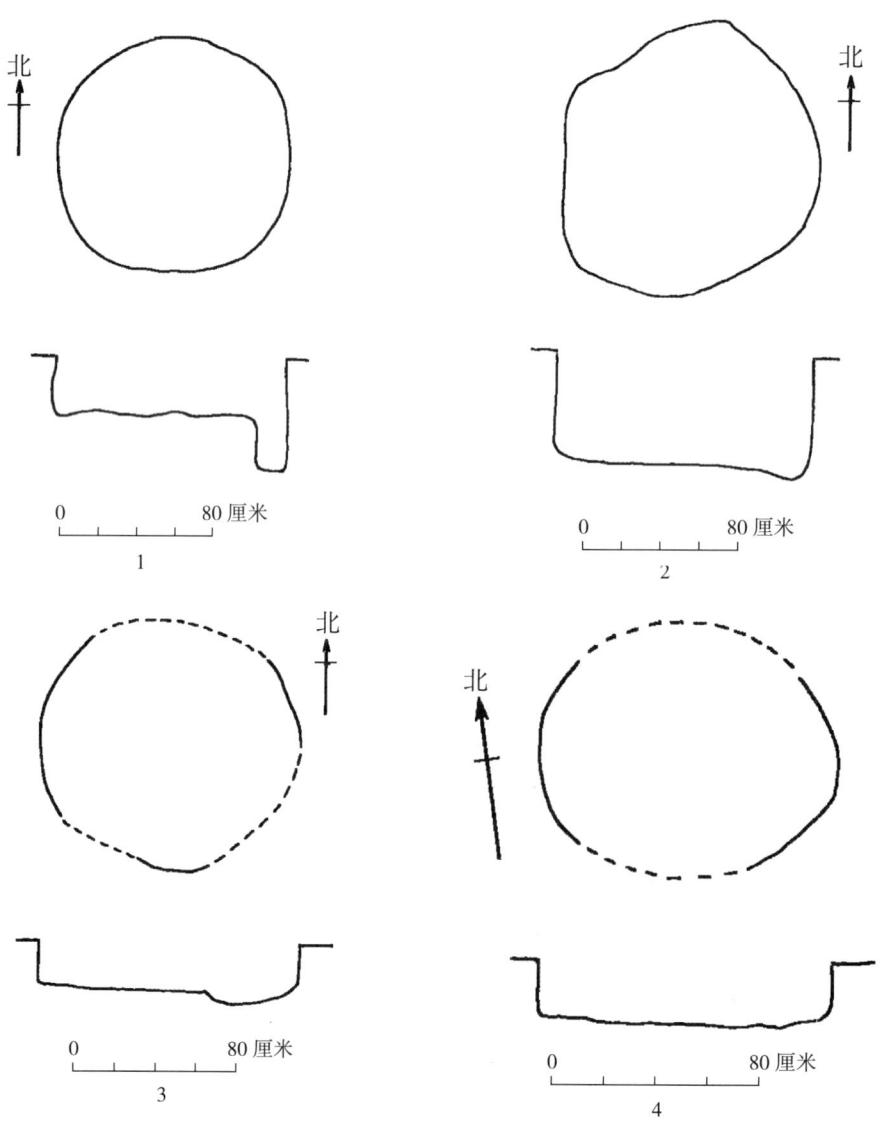

图二七五　春秋文化灰坑平、剖图
1. T88H149　2. T88H153　3. T88H154　4. T88H155

等，平底。填土为浅黄土、灰黑土，土质较松软。出土陶片 72 块，以灰黑陶居多，棕陶次之，纹饰以绳纹居多，篮纹较少，其中绳纹 53 块、方格纹 1 块、篮纹 2 块、素面 16 块，器形有鬲、罐等。口径 1.24 米，深 0.62 米。（图二七六，1）

H169 位于遗址北部 T88 内东北部，坑口位于②B 层下，坑口被 H156、H168 打破。为圆形直筒状坑，口底大小相同，平底。填土为灰土，土质较松软。出土陶片以灰陶居多，棕陶次之，纹饰以绳纹居多，方格纹较少，器形有鬲、罐、鼎、豆等。口径 1.10 米，深 0.23 米。（图二七六，2）

H171 位于遗址北部 T88 内东南部，坑口位于②B 层下，坑口被叠压在 H165 之下，坑的东部压在东隔梁下未清理。为圆形直筒状坑，口小底大，平底。填土为带红烧土块的黄土，土质较松软。出土陶片以棕陶居多，灰陶次之，纹饰以粗绳纹居多，器形有鬲。口径 0.90 米，底径 0.98 米，深 0.34 米。（图二七六，3）

H172 位于遗址北部 T87 内东南部，坑口位于②A 层下。为圆形直筒状坑，口小底大，平底。填土 2 层，上层填黄灰土，土质坚硬，下层是黑灰土，土质较松软。出土陶片 2137 块，以灰陶居多，棕陶次之，纹饰以绳纹居多，附加堆纹较少，其中绳纹 1323 块、附加堆纹 8 块、素面 806 块，器形有鬲、罐、鼎、甗、豆、碗、圈足盘、网坠等。还有铜镞、铜器、蚌纺轮、骨簪等。口径 2.20 米，深 0.88 米。（图二七六，4）

H173 位于遗址北部 T88 内西部，坑口位于②B 层下，坑的南半部被 M170 打破，西部压在西隔梁下未清理，并打破 H174。为圆形直筒状坑，口底大小相同，底不平。填土为灰土，土质较松软。出土陶片 22 块，以灰陶居多，棕陶次之，其中绳纹 5 块、篮纹 4 块、方格纹 4 块、素面 9 块，器形有鬲、罐、鼎、碗等。口径 1.15 米，深 0.22 米。（图二七七，1）

H187 位于遗址北部 T87 内南部，坑口位于②A 层下，坑口的南部压在南隔梁下未清理，为圆形直筒状坑，口小底大，底不平。填土上层为黑土，下层为黑灰土、红烧土，土质较松软。出土陶片以灰陶居多，棕陶较少，纹饰以绳纹居多，器形有鬲、豆、盆等。口径 1.20 米，底径 1.25 米，深 0.50 米。（图二七七，2）

H199 位于遗址北部 T87 内东南部，坑口位于②A 层下。为圆形直筒状坑，口底大小相同，平底。填土为黄灰土，土质松软。出土陶片 142 块，灰陶居多，棕陶较少，纹饰以绳纹居多，篮纹、方格纹较少，其中绳纹 106 块、篮纹 22 块、方格纹 13 块、素面 1 块，器形有鼎、甗、鬲、罐、豆等。口径 1.40 米，深 0.80 米。（图二七七，3）

H201 位于遗址北部 T111 的西北部，坑口开于②A 层下，其打破②C 层 H213，东南部被 M152 打破，西南角又被 M179 打破，坑口距地表 0.75 米。圆形直筒状坑，周壁垂直，平底。坑内一次填满深褐色土，土质地较硬，内含有烧土粒、蚌壳、田螺、料礓、兽骨和一些陶片等。陶片质地较好，火候较高，以泥质和夹砂灰陶为主，还有褐陶等，纹饰主要是绳纹，个别有划纹等，可辨器形有鬲、罐、壶等。口径 1.52 米，深 0.35 米。（图二七七，4）

H203 位于遗址北部 T111 的中西部，坑口开于②B 层下，其打破 H213，又被 M204 打破，坑口距地表 1.25 米。圆形直筒状坑，直壁，平底。坑内一次填满灰褐色土，土质较软，内含有蚌壳、田螺、烧土粒、料礓和一些陶片等。陶片以灰陶为主，还有褐陶等，纹饰主要是绳纹，个别有附加堆纹等，可辨器形有鬲、罐、瓮等。口径 1.24 米，深 0.23 米。（图二七八，1）

H205 位于遗址北部 T111 的西北部，坑口开于②B 层下，它打破②C 层，西部被 M152 的墓道打破一半，坑口距地表 1.25 米。圆形直筒状坑，周壁垂直，平底。坑内土为一次性填满灰褐色土，土质地较软，内含有草木灰屑、蚌壳、田螺、料礓、兽骨和一些陶片等。陶片质地较好，火候较高，以泥质和夹砂灰陶为主，还有褐陶等，纹饰主要为绳纹，还有素面陶等，可辨器形有鬲、罐、瓮等。口径 1.23 米，深 0.20 米。

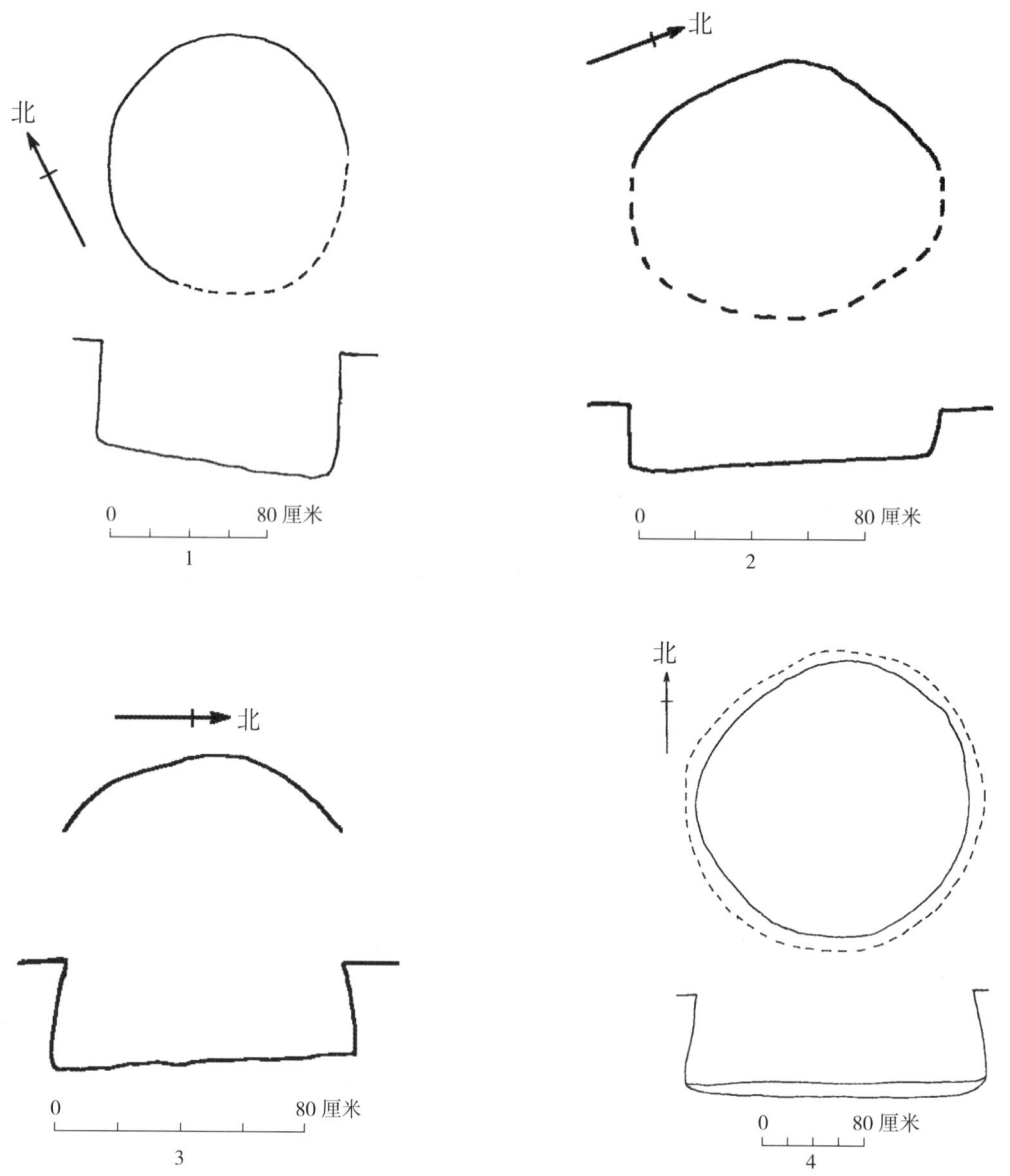

图二七六　春秋文化灰坑平、剖图

1. T88H156　2. T88H169　3. T88H171　4. T87H172

（图二七八，2）

　　H209 位于遗址北部 T111 内，坑口开于②A 层下，被 M204 打破，北部压在北隔梁下，坑口距地表 1.20 米。圆形直筒锅底坑，周壁垂直，锅底。坑内填土为灰褐土，土质地松软。出土陶片 336 块，以灰陶 308 块居多，棕陶 26 块次之，黑陶 2 块较少，纹饰中绳纹 281 块，附加堆纹 8 块，篮纹、回纹各 3 块，素面 41 块，器形有鬲、罐、瓮等。还有陶拍、陶网坠、铜镞。口径约 3 米，深 1 米。（图二七八，3）

　　H212 位于遗址北部 T111 西部，坑口开于②A 层下，东部被 M152 打破，距地表深 1.20 米。圆形直筒状坑，坑壁规整，底部较平。坑内填灰色土，土质疏松。没有出遗物。口长径 1.60 米，深 0.46 米。（图二七八，4）

　　H147 位于遗址北部 T88 内，坑口位于②层下。为圆形筒状坑，口大底小，底不平。填土为灰土，土质

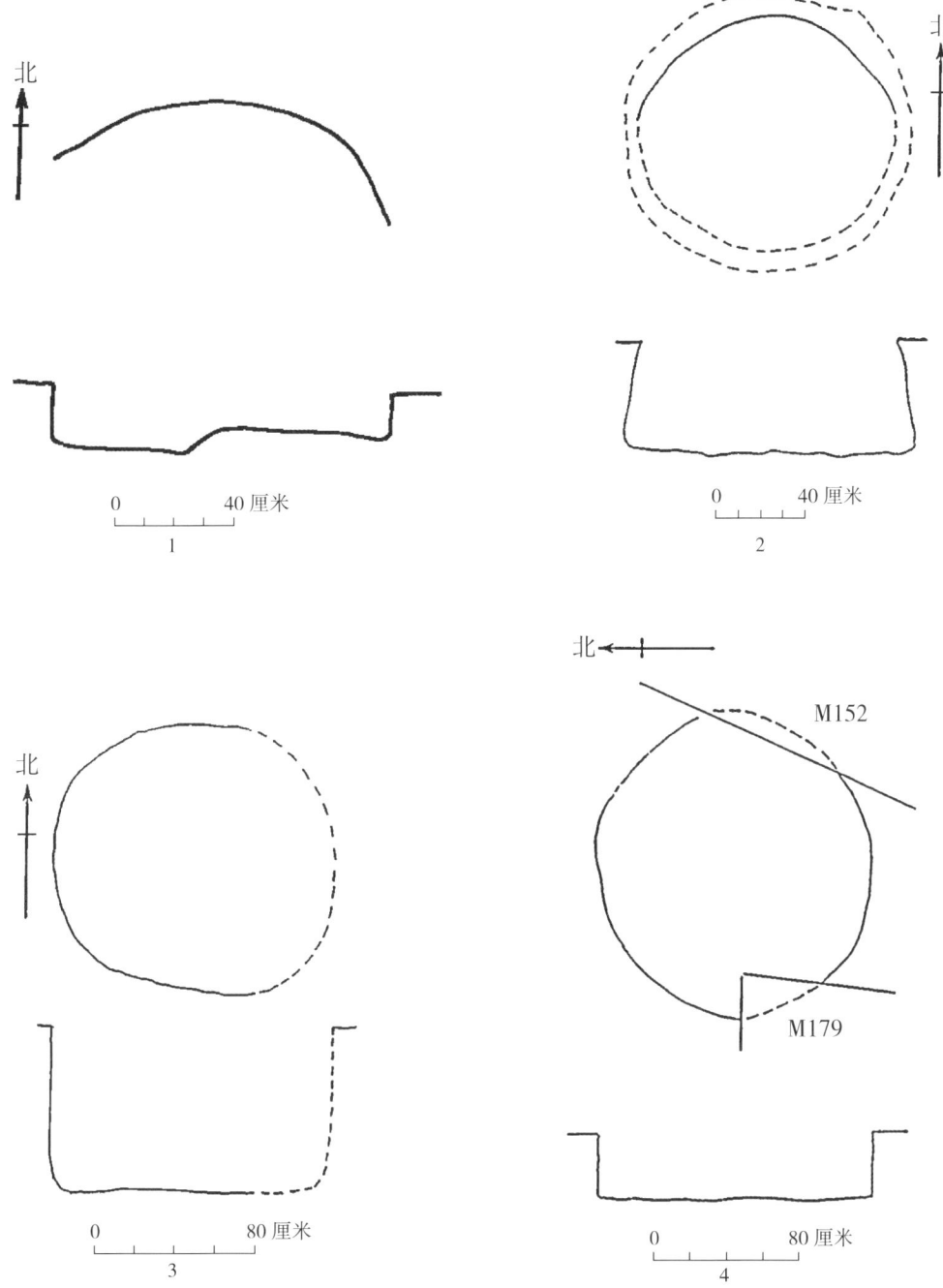

图二七七　春秋文化灰坑平、剖图

1. T88H173　2. T87H187　3. T87H199　4. T111H201

较松软。出土陶片以灰黑陶为主，棕陶较少，纹饰以绳纹居多，方格纹较少，器形有罐等。口径 1.40 米，底径 1.35 米，深 0.64 米。（图二七九，1）

　　H148 位于遗址北部 T88 内，坑口位于②层下。为圆形筒状坑，口大底小，底不平。填土为灰黑土，土质较松软。未出陶片。口径 1 米，底径 0.93 米，深 0.33 米。（图二七九，2）

　　H152 位于遗址北部 T88 内中部，坑口位于②层下。圆形筒状坑，口大底小，平底。填土为黑灰土，土质较松软。出土陶片以灰陶居多，棕陶次之，纹饰以绳纹居多，器形有罐、纺轮，还有骨簪等。口径 1.12 米，

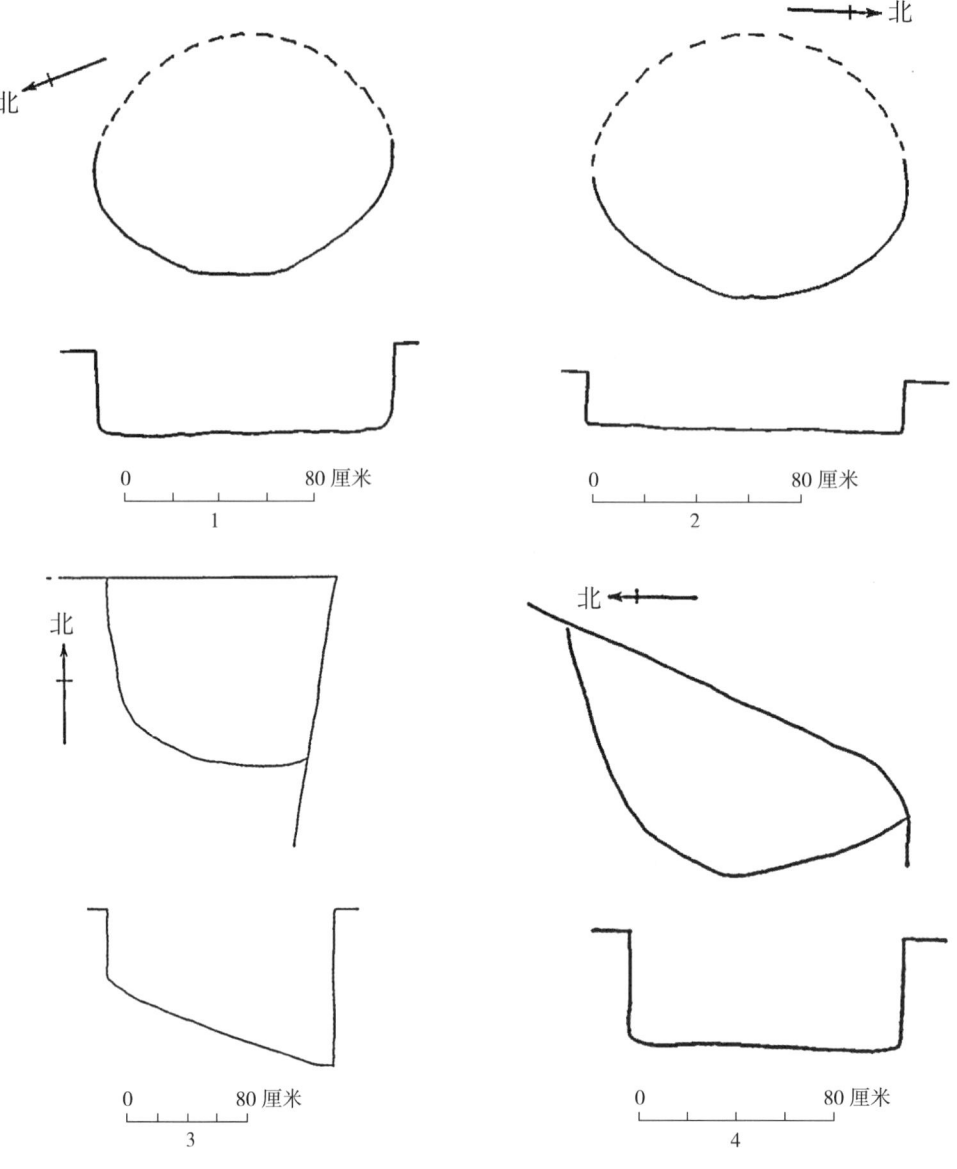

图二七八　春秋文化灰坑平、剖图

1. T111H203　2. T111H205　3. T111H209　4. T111H212

底径 1 米，深 0.48 米。（图二七九，3）

H188 位于遗址北部 T87 内西南部，坑口位于②A 层下，该坑大部分压在西、南壁下未清理。为圆形筒状坑，口大底小，底不平。填土为红灰土，土质较松软。出土陶片 745 块，以灰陶居多，棕陶较少，纹饰以绳纹居多，其中绳纹 145 块、篮纹 85 块、方格纹 75 块、素面 440 块，器形有鬲、豆、罐等。还有铜环 1 件。口径 0.60 米，底径 0.42 米，深 0.50 米。（图二七九，4）

H192 位于遗址北部 T87 内中部，坑口位于②B 层下。为圆形筒状坑，口大底小，底不平。填土为灰土，土质较松软。出土陶片 785 块，以灰陶居多，棕陶次之，纹饰以绳纹居多，其中绳纹 88 块、素面 697 块，器形有鬲、豆、盆、壶、缸等。口径 1.23 米，底径 0.80 米，深 1 米。（图二八〇，1）

H197 位于遗址北部 T87 内西部，坑口位于②B 层下。为圆形筒状坑，口大，底不平。填土为灰土，土质较松软。出土陶片中灰陶居多，棕陶较少，纹饰以绳纹居多，器形有鬲、罐。口径 1.80 米，深 0.70 米。

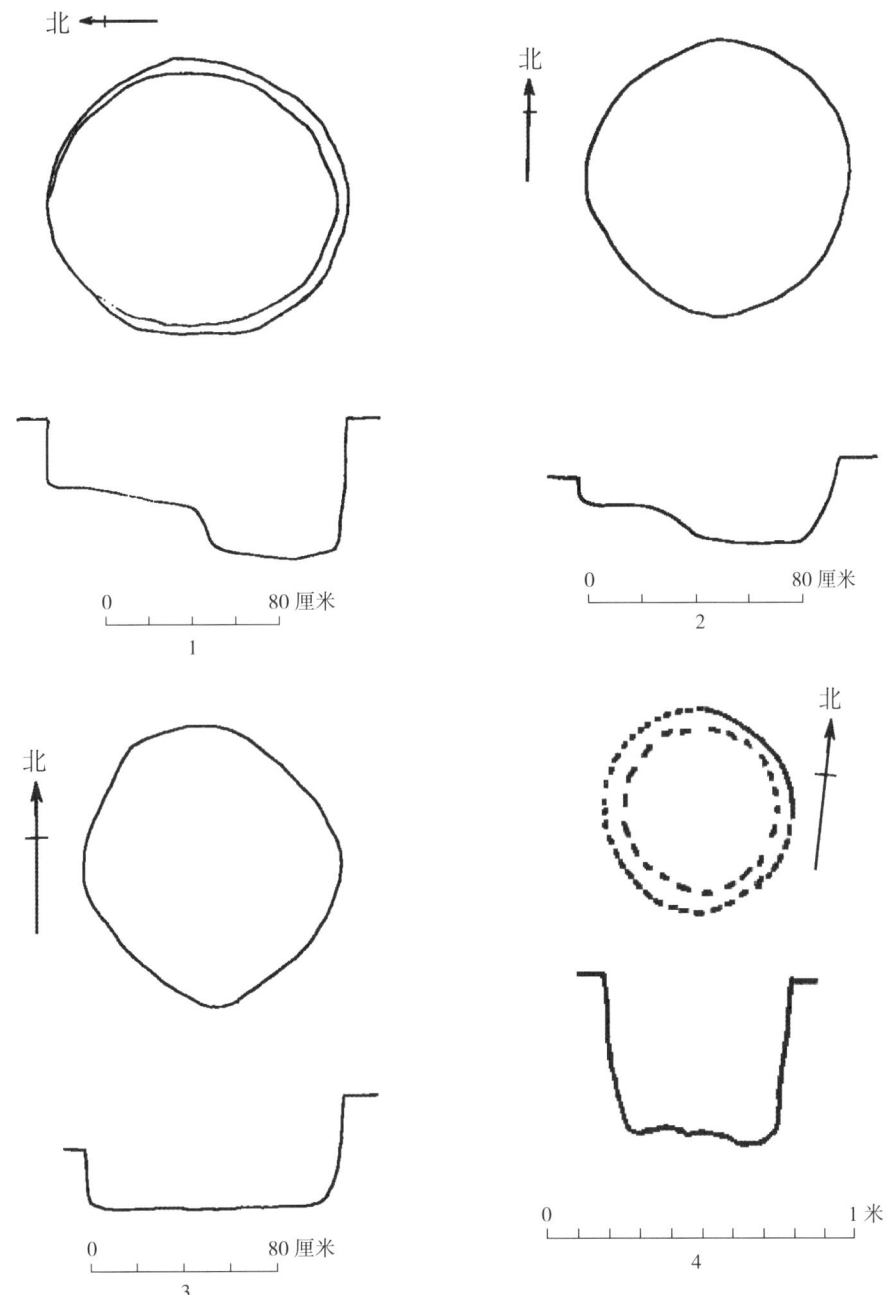

图二七九 春秋文化灰坑平、剖图
1. T88H147   2. T88H148   3. T88H152   4. T87H188

（图二八〇，2）

H198 位于遗址北部 T87 内西部，坑口位于②A 层下。为圆形筒状坑，口大，底不平。填土为灰土，土质较硬。出土陶片 4 块，灰陶居多，棕陶较少，纹饰以绳纹居多，其中绳纹 2 块、"人"字纹 1 块、素面 1 块，器形有鬲、罐等。口径 1 米，底径 0.80 米，深 0.54 米。（图二八〇，3）

H206 位于遗址北部 T109 的南部，坑口开于②A 层下，被 M108、M200 打破，坑口距地表 0.85 米。圆形筒状坑，平底。填黄灰土，土质较硬，内含红烧土和一些陶片等。陶片以灰陶为主，还有褐陶等，纹饰主要为绳纹，器形有鬲。口径约 2 米，底径约 1.80 米，深 0.46 米。（图二八〇，4）

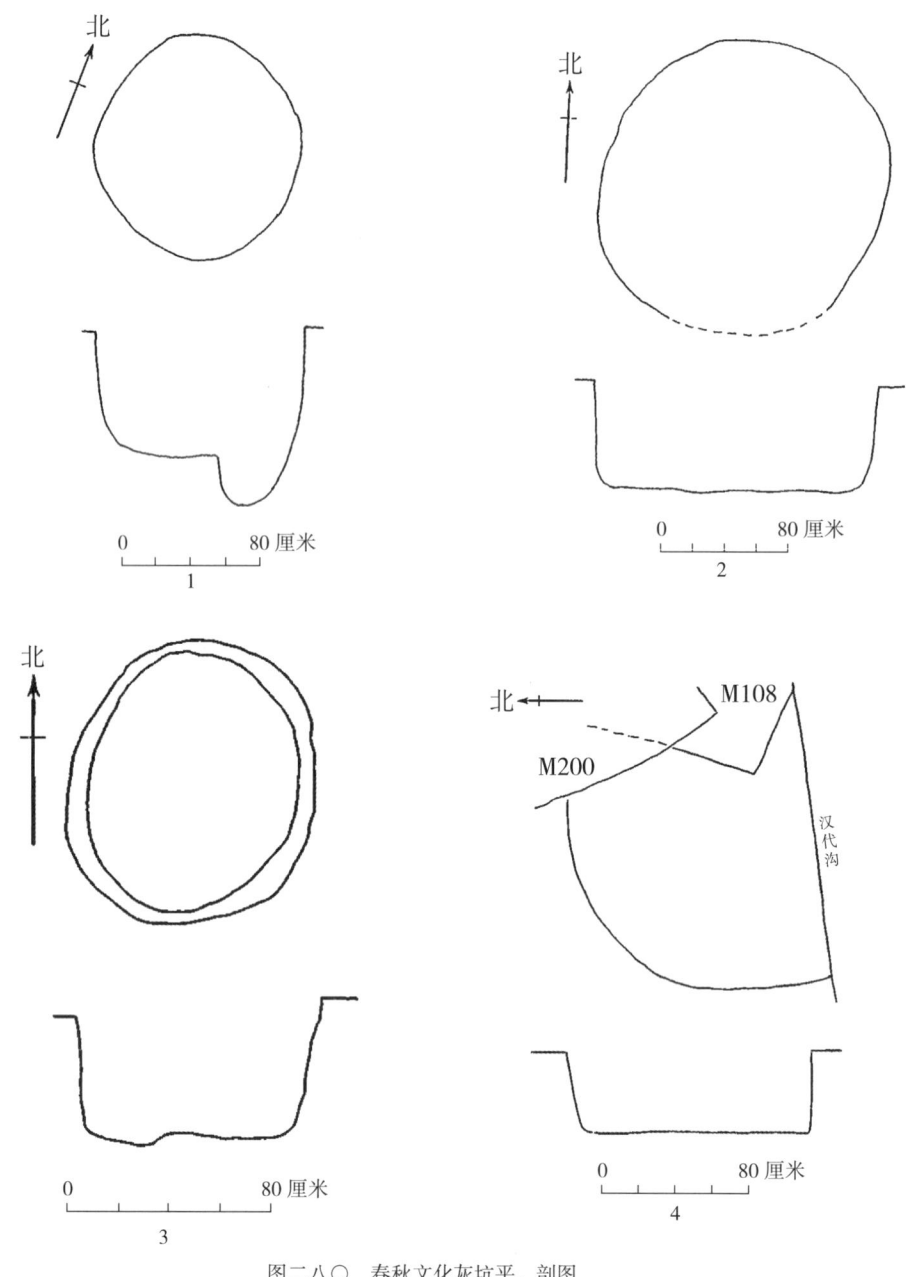

图二八〇　春秋文化灰坑平、剖图

1. T87H192　2. T87H197　3. T87H198　4. T109H206

　　H207 位于遗址北部 T109 的北部，坑口开于① B 层下，被 M200 打破，坑口距地表 0.95 米。圆形筒状坑，平底。填灰土，土质较软。出土陶片 18 块，其中篮纹 1 块、素面 17 块，器形有鬲。口径约 0.70 米，底径 0.60 米，深 0.30 米。（图二八一，1）

　　H223 位于遗址北部 T87 的北部，坑口开于② A 层下，该坑打破夯土城墙，坑口距地表 3.30 米。圆形筒状坑，口大底小，平底。填黑灰土，土质坚硬。出土陶片 49 块，以灰陶居多，棕陶次之，其中绳纹 36 块、素面 13 块，器形有鬲、豆、罐等。口径 1.45 米，底径 1.36 米，深 0.40 米。（图二八一，2）

　　H230 位于遗址北部 T112 的中南部，坑口开于② B 层下。为圆形筒状坑，口大底小，平底。填黄灰土，土质松软。出土陶片 126 块，以灰陶居多，棕陶次之，纹饰以绳纹居多，其中绳纹 67 块、素面 59 块，器形有鬲、豆、罐。还有骨簪等。口径 1.20 ~ 2 米，底径 0.85 ~ 1.60 米，深 0.80 米。（图二八一，3）

　　H241 位于遗址北部 T86 的南部，坑口开于②C 层下。为圆形筒状坑，口大底小，平底。填深灰土，土质松软。出土陶片一袋，灰陶居多，棕陶较少，纹饰以绳纹居多，器形有鬲、豆、罐等。口径 1.22 米，深 0.30 米。（图二八一，4）

　　H247 位于遗址北部 T86 的东部，坑口开于②C 层下，坑的一半压在东隔梁下未清理，打破城墙夯土。为圆形筒状坑，口大底小，平底。填黄灰土，土质松软。出土陶片一袋，灰陶居多，棕陶较少，纹饰以绳纹居多，器形有鬲、豆、罐等。口径 1.20 米，底径 0.80 米，深 0.50 米。（图二八二，1）

　　H248 位于遗址北部 T86 的北部，坑口开于②C 层下，坑的一半压在北隔梁下未清理，打破城墙夯土。为圆形筒状坑，口大底小，平底。填含红烧土块的灰土，土质松软。出土陶片以灰陶居多，棕陶较少，纹饰以绳纹居多，器形有鬲、豆、罐等。口径 1.40 米，底径 1.32 米，深 0.60 米。（图二八二，2）

　　H249 位于遗址北部 T86 的东部，坑口开于②C 层下，坑的一半压在东隔梁下未清理。为圆形筒状坑，

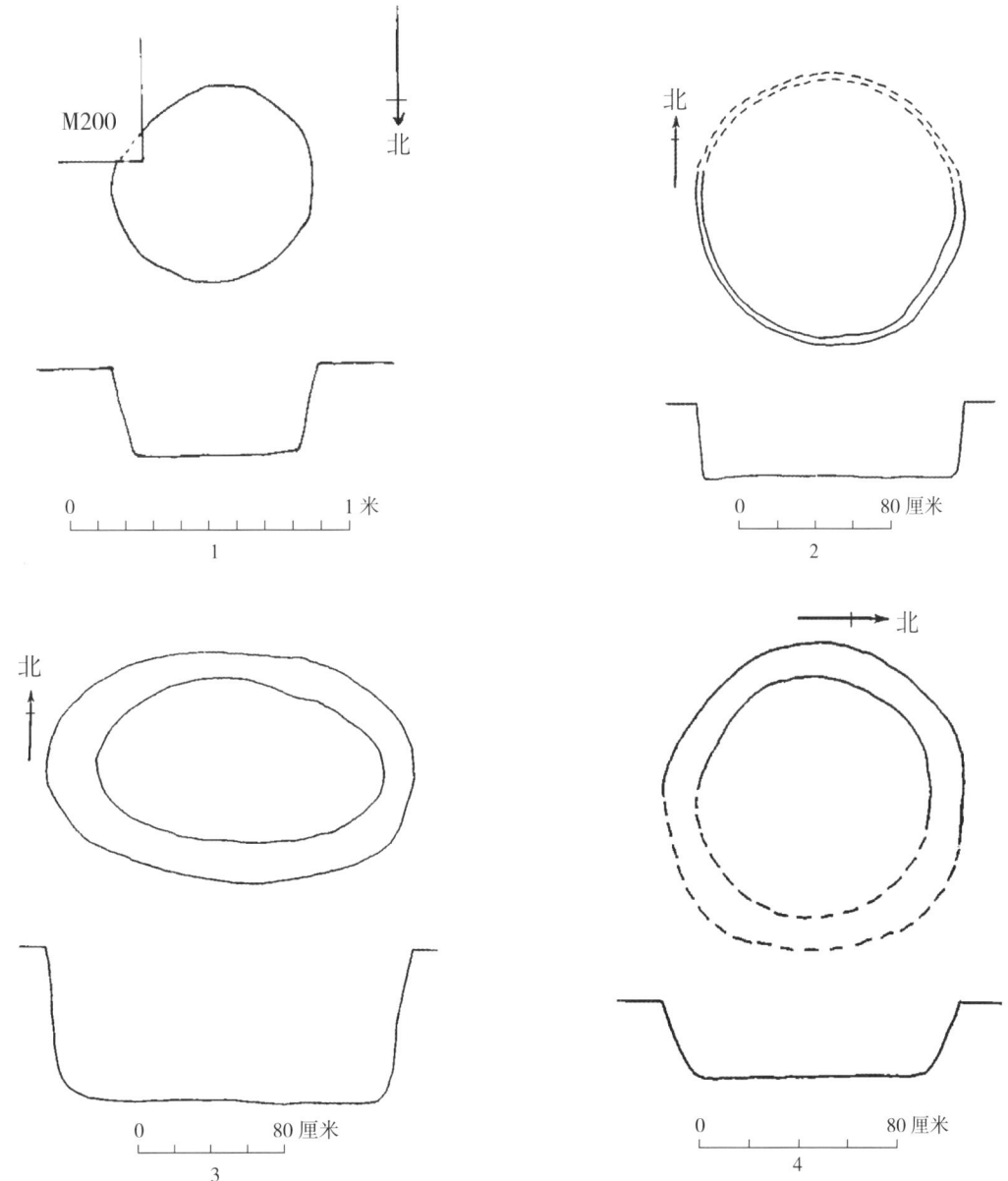

图二八一　春秋文化灰坑平、剖图
1. T109H207　2. T87H223　3. T112H230　4. T86H241

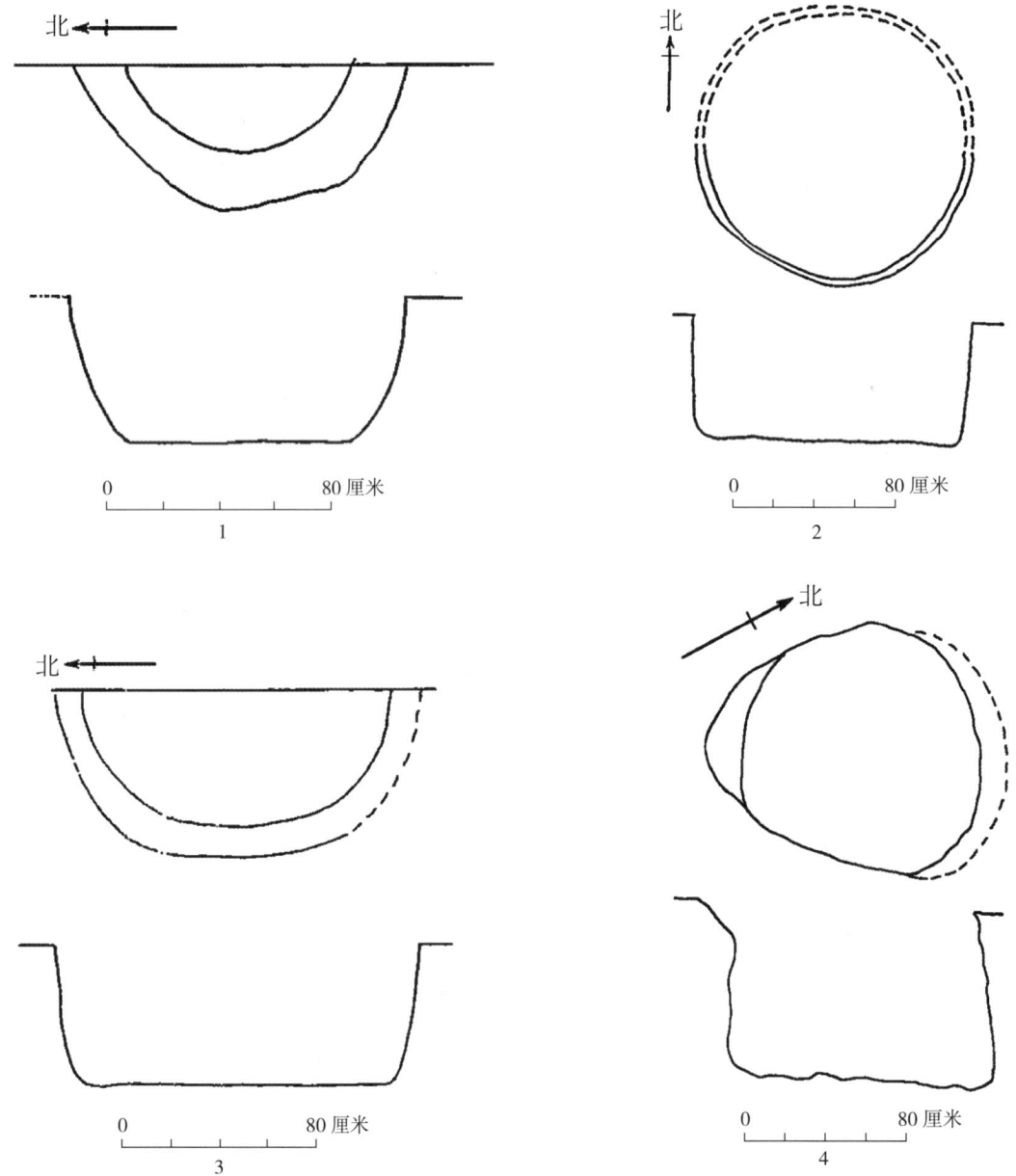

图二八二　春秋文化灰坑平、剖图

1. T86H247　2. T86H248　3. T86H249　4. T87H164

口大底小，平底。填土上层为黄土，下层为灰土，土质松软。出土陶片以灰陶居多，棕陶较少，纹饰以绳纹居多，器形有鬲、豆、罐等。口径 1.40 米，底径 1.26 米，深 0.36 米。（图二八二，3）

　　H164 位于遗址北部 T87 内西北部，坑口位于②B 层下。为圆形袋状坑，口小底大，平底。填土为含红烧土块的灰土，土质较松软。出土陶片 504 块，以灰陶居多，棕陶次之，纹饰以绳纹居多，其中绳纹 355 块、磨光深灰陶 14 块、素面 135 块，器形有鬲、罐、盘等，还有铜镞、骨簪、石器。口径 1.22～1.40 米，底径 1.34 米，深 0.88 米。（图二八二，4）

　　H178 位于遗址北部 T87 内西南部，坑口位于②B 层下，坑的西半部压在西隔梁下未清理。为圆形袋状坑，口小底大，平底。填土为带红烧土块的黄灰土，土质较松软。出土陶片 115 块，以灰陶居多，棕陶次

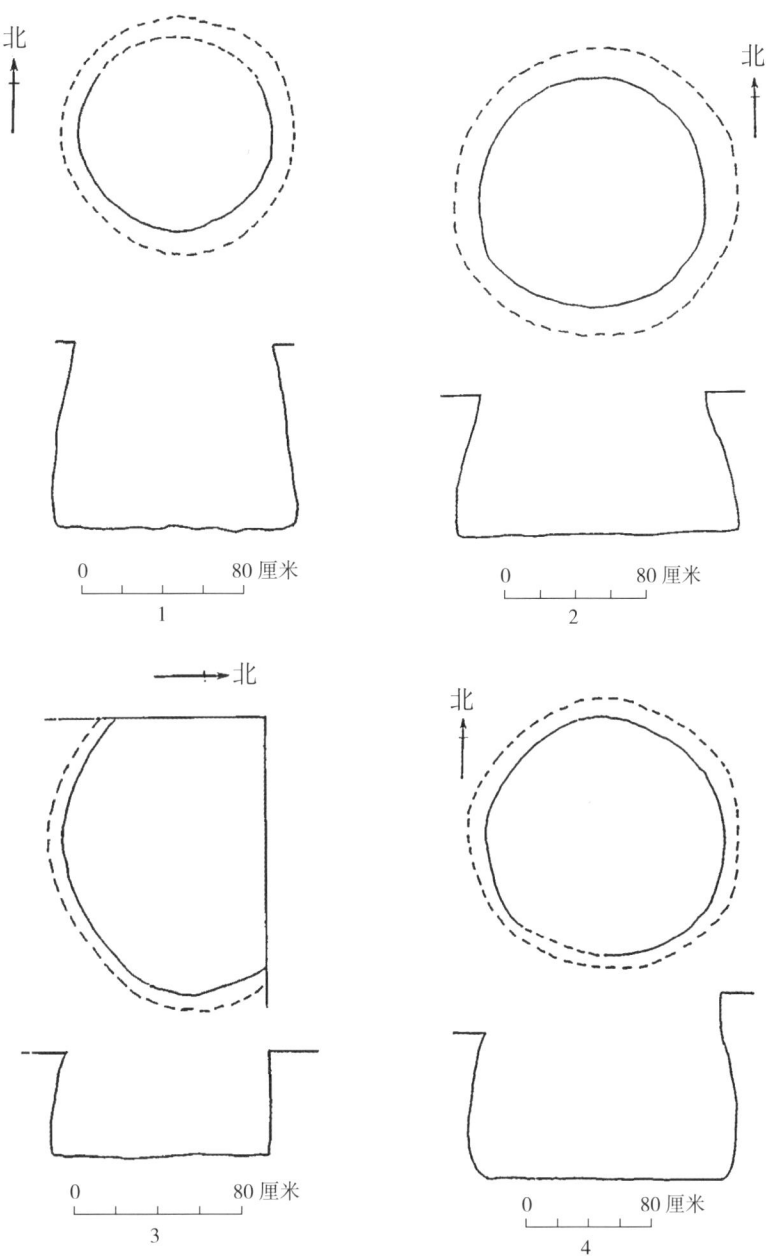

图二八三　春秋文化灰坑平、剖图

1. T87H178　2. T109H204　3. T109H222　4. T113H229

之，纹饰以绳纹居多，其中绳纹 26 块，素面 89 块，器形有鬲、罐、鼎、碗等。口径 1 米，底径 1.20 米，深 0.90 米。（图二八三，1）

H204 位于遗址北部 T109 的西北部，坑口开于①B 层下，坑口距地表 0.90 米。圆形袋状坑，口小底大，平底。坑内填土分 3 层，上层为灰土，中层为黑灰土，下层为灰土，土质松软。出土陶片 136 块，以灰陶居多，黑陶次之，棕陶较少，纹饰以绳纹居多，篮纹次之，方格纹较少，其中绳纹 70 块、篮纹 12 块、方格纹 7 块、素面 47 块，器形有鬲、罐。还有骨锥等。口径 1.26 米，底径 1.58 米，深 0.78 米。（图二八三，2）

H222 位于遗址北部 T109 的西北角，坑口开于①B 层下，该坑的西部压在 T108 的东隔梁下，北部压在 T109 的北隔梁下，未清理，坑口距地表 0.60 米。圆形袋状坑，口小底大，平底。填黄灰土，土质较软。出土陶片 161 块，以灰陶居多，黑陶次之，棕陶较少，纹饰以篮纹居多，绳纹次之，方格纹较少，其中篮纹 68 块、绳纹 23 块、方格纹 12 块、素面 58 块，器形有罐、壶、碗等。口径 1.40 米，底径 1.50 米，深 0.50 米。（图二八三，3）

H229 位于遗址北部 T113 的中部，坑口开于①B 层下。为圆形袋状坑，口小底大，弧壁，平底。填绿锈黄灰土，土质坚硬。出土陶片以灰陶居多，棕陶次之，纹饰以绳纹居多，器形有鬲、豆、罐等。口径 1.50 米，底径 1.70 米，深 1.16 米。（图二八三，4）

椭圆形 11 座。H157 位于遗址北部 T88 内中南部，坑口位于②A 层下，被 H153 打破，又打破 H158，并叠压着 H159。为椭圆形直筒状坑，口底大小相等，底近平。填土为黑灰花土，土质较松软。出土陶片以灰黑陶居多，棕陶次之，纹饰以绳纹居多，篮纹较少，器形有鬲、罐等。口径 4.10 米，深 0.30 米。（图二八四，1）

H162 位于遗址北部 T88 内西南部，坑口位于②B 层下，北部被 M170 打破。为椭圆形直筒状坑，口底大小相同，平底。填土为灰土，土质较松软。出土陶片 158 块，以灰陶居多，棕陶次之，纹饰以绳纹居多，篮纹、方格纹较少，其中绳纹 99 块、篮纹 13 块、方格纹 4 块、划纹 1 块、磨光深灰陶 1 块、素面 40 块，

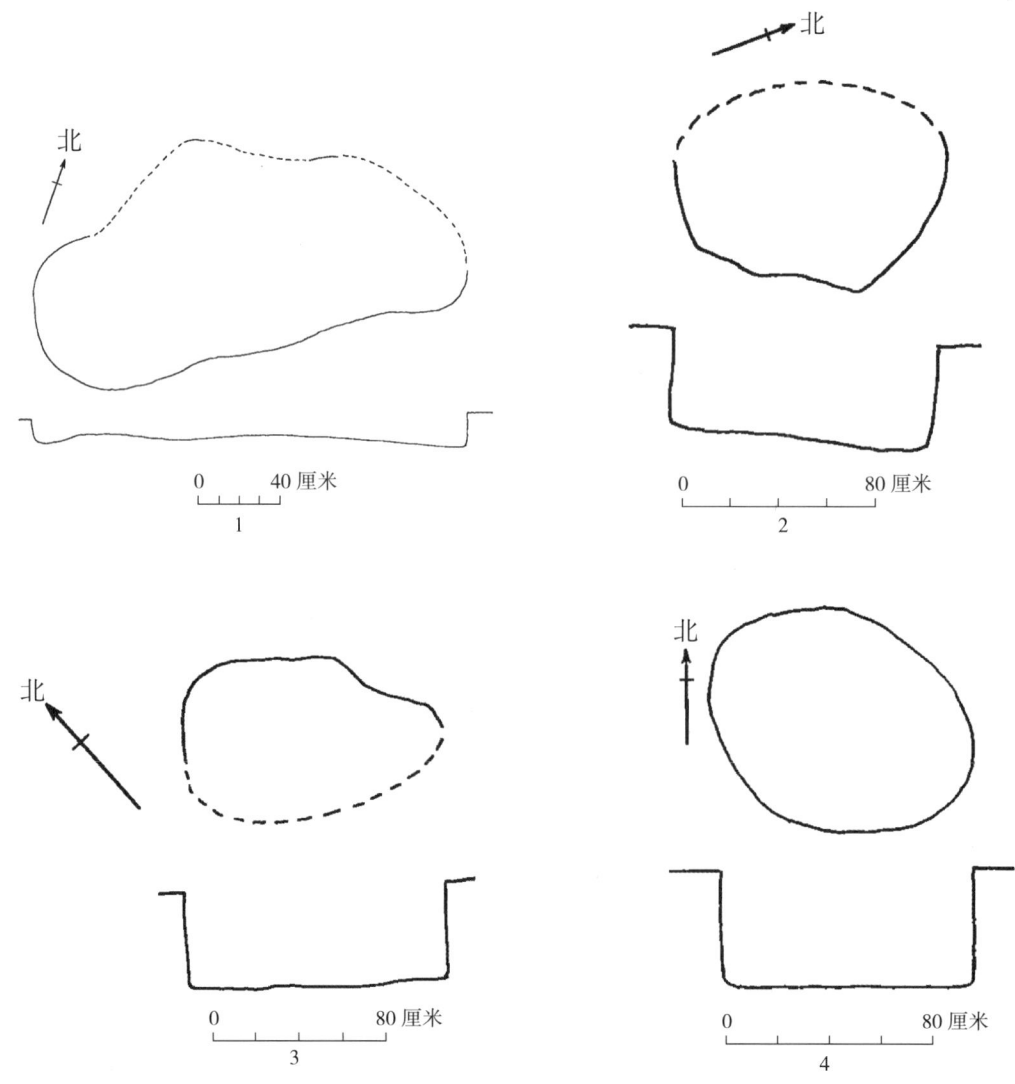

图二八四　春秋文化灰坑平、剖图
1. T88H157　2. T88H162　3. T88H165　4. T111H211

器形有鬲、罐、鼎、豆等。口径 0.86 ~ 1.10 米,深 0.44 米。(图二八四,2)

H165 位于遗址北部 T88 内东部,坑口位于②B 层下,坑的东部压在东隔梁下未清理,打破 H166,并叠压着 H171。为椭圆形直筒状坑,口底大小相同,平底。填土为带红烧土块的灰土,土质较松软。出土陶片 26 块,以灰陶和深灰陶居多,棕陶很少,纹饰以绳纹居多,其中绳纹 8 块、磨光灰陶 4 块、素面 14 块,器形有鬲、罐、鼎、豆等。口径 0.84 ~ 1.20 米,深 0.46 米。(图二八四,3)

H211 位于遗址北部 T111 东南部,坑口开于②B 层下,叠压在 H214 之上,距地表深 0.90 米。为椭圆形直筒状坑,坑壁规整,底部较平。坑内填灰褐色土,土质疏松,包含物有烧土粒、灰屑、礓石块,还有陶片等。陶片以灰陶为主,还有少数的红陶,纹饰主要是绳纹,可辨器形有鬲、瓮、罐、豆等。口长径 1.11 米,短径 0.84 米,深 0.46 米。(图二八四,4)

H213 位于遗址北部 T111 东南部,坑口开于②B 层下,被 M152、M204 和 H203、H205 打破。打破②C 层,东北被 M204 和 H203 打破,西北被 H205 打破,整个西部被 M152 打破。距地表深 1.20 米。为椭圆形直筒状坑,坑壁规整而垂直,平底。坑内填灰褐花土,土质疏松,包含物有烧土粒、灰屑、礓石块、蚌壳和田螺,还有少量的陶片等。出土陶片 33 块,以灰陶居多,棕陶次之,黑陶较少,纹饰以绳纹居多,其中绳纹 23 块、篮纹 1 块、素面 9 块,可辨器形有鬲、罐等。口残长径 2.30 米,短径 1.55 米,深 0.30 米。(图二八五,1)

H136 位于遗址北部 T91 内东部,开口②层下,东部被 M140 打破。椭圆形筒状坑,口大底小。填土为灰褐土,土质松软。出土陶片以灰陶居多,棕陶次之,纹饰以粗绳纹居多,器形有罐、高领罐、壶、瓶、网坠。还有铜片、骨锥等。口径 1.20 ~ 1.40 米,底径 1.10 ~ 1.20 米,深 0.70 米。(图二八五,2)

H218 位于遗址北部 T109 的西南部,坑口开于①B 层下,坑口距地表 0.96 米。为椭圆形筒状坑,口小底大,底不平。填黑灰土,土质较软。出土陶片 97 块,以灰陶居多,棕陶次之,纹饰以绳纹居多,弦纹较少,其中绳纹 59 块,器形有罐、鬲、豆等。口径 2.10 米,底径 1.88 米,深 0.62 米。(图二八五,3)

H37 位于遗址西南部 T27 内的西南角,仅清理探方内部分,开口于汉代层下。椭圆形袋状坑,口大底小,弧壁,平底。填黄灰土,土质松软。包含遗物较少,出土陶片多为棕陶和灰陶,饰粗绳纹,器形有罐等。口径 0.80 ~ 2.25 米,底径 1.10 ~ 2.40 米,深 1.08 米。(图二八五,4)

H150 位于遗址北部 T88 内,坑口位于②层下。为椭圆形袋状坑,口大底小,平底。填土为黑灰花土,土质较松软。出土陶片 215 块,以灰黑陶居多,棕陶次之,纹饰以绳纹居多,篮纹较少,其中绳纹 154 块、篮纹 3 块、弦纹 3 块、回纹 1 块、素面 48 块、磨光陶 6 块,器形有鼎、盘等。口径 1.44 ~ 1.55 米,底径 1.60 ~ 1.75 米,深 0.56 米。(图二八六,1)

H127 位于遗址北城墙中段 T91 内东北部,开口②层下,打破夯土城墙,坐落在城墙夯土中。椭圆形锅底状坑,口大锅底。填浅灰土,土质松软。出土板瓦、陶罐等。口径 0.84 ~ 1.15 米,深 0.27 米。(图二八六,2)

H240 位于遗址北部 T86 的北部,坑口开于②C 层下。为椭圆形锅底状坑,口大底小,锅底。填黑灰土,土质松软。出土陶片以灰陶居多,棕陶较少,纹饰以绳纹居多,器形有鬲、豆、罐等。口径 3.50 米,深 1.10 米。(图二八六,3)

长方形 2 座。H140 位于遗址北部 T91 内,坑口位于②层下,坑口被 M140 打破,东部压在 T91 的东隔梁下未清理。可能为长方形直筒状坑,口底大小相同。填土为黑灰土,土质松软。出土陶片 200 块,以灰陶为主,棕陶较少,纹饰以绳纹居多,方格纹较少,其中绳纹 168 块、方格纹 2 块、云雷纹 1 块、素面 29

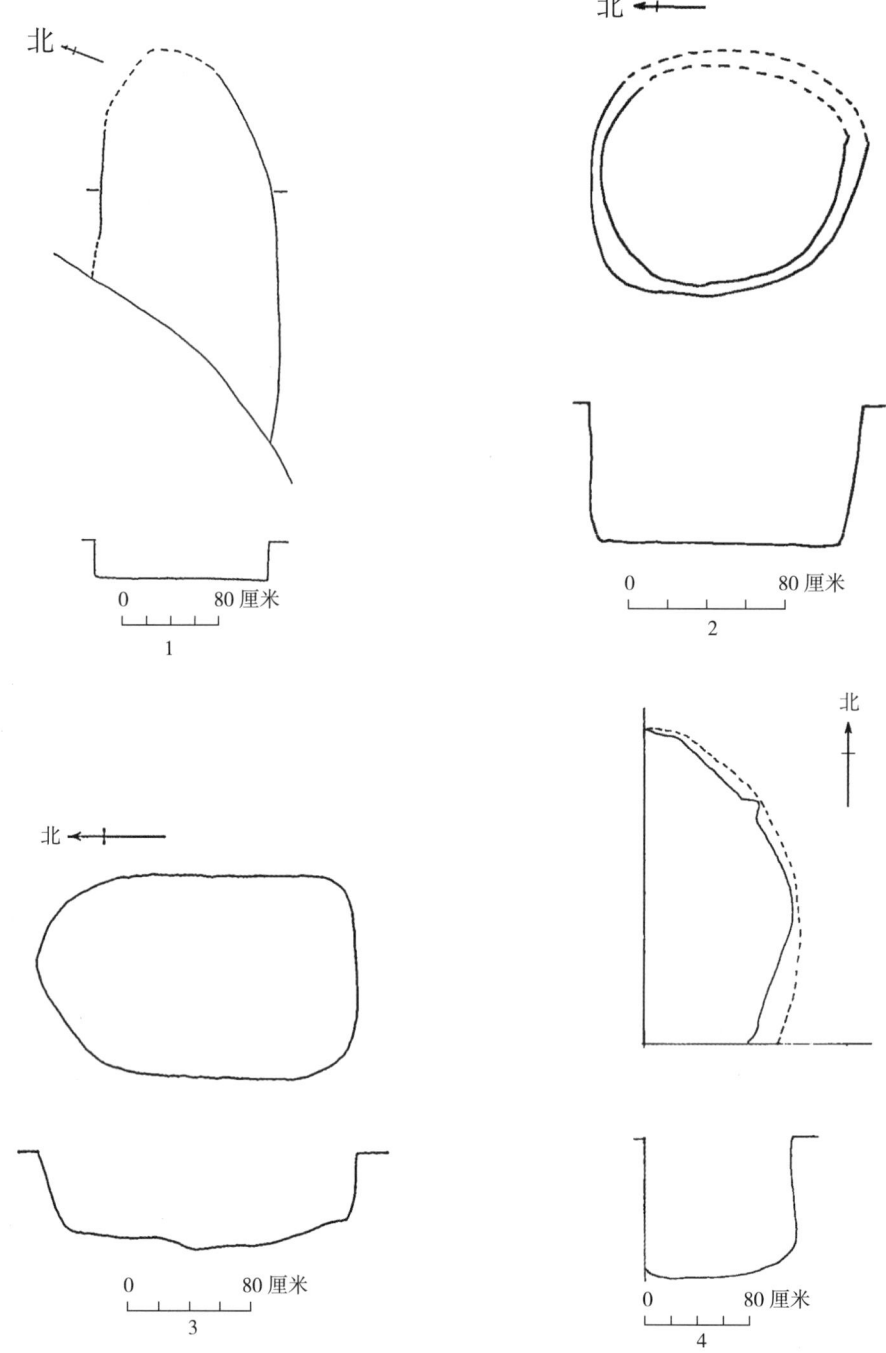

图二八五　春秋文化灰坑平、剖图
1. T111H213　2. T91H136　3. T109H218　4. T27H37

块，器形有鬲、瓮、罐等。口残长 1.10 米，深 1.10 米。（图二八六，4）

H125 位于遗址北城墙中段 T73 内南中部，开口位于农耕土层下，打破夯土城墙，坐落在城墙夯土中。长方形袋状坑，口小底大，坑陡直，壁上有脚窝，遇地下水未清理到底。填带料礓石的黄灰土，土质松软。距坑口 2.80 米处发现小牛骨架 1 具。出土陶罐、豆等。从形制看应为一眼水井。从出土陶器看，该井废弃于春秋时期。口长 1.68 米，宽 0.96 米，残深 2.80 米。（图二八七，1）

葫芦形 2 座。H163 位于遗址北部 T88 内西南部，坑口位于②B层下，北部被 M170 打破。为葫芦形直筒状坑，口底大小相同，平底。填土为黑灰花土，土质较松软。出土陶片 54 块，以棕陶居多，灰陶次之，纹饰以绳纹居多，方格纹较少，其中绳纹 30 块、方格纹 2 块、素面 22 块，器形有鬲、罐、鼎、豆等。口径 0.84 ~ 1.17 米，深 0.28 米。（图二八七，2）

H166 位于遗址北部 T88 内东中部，坑口位于② B 层下，打破 H167，并被 H165 打破。为葫芦形直筒状坑，口底大小相同，平底。填土为带炭粒的灰土，土质较松软。出土陶片 40 块，以灰陶居多，棕陶次之，纹饰以绳纹居多，方格纹次之，篮纹较少，其中绳纹 14 块、方格纹 5 块、篮纹 3 块、素面 18 块，器形有鬲、罐、鼎、豆等。口径 0.84 ~ 1.17 米，深 0.28 米。（图二八七，3）

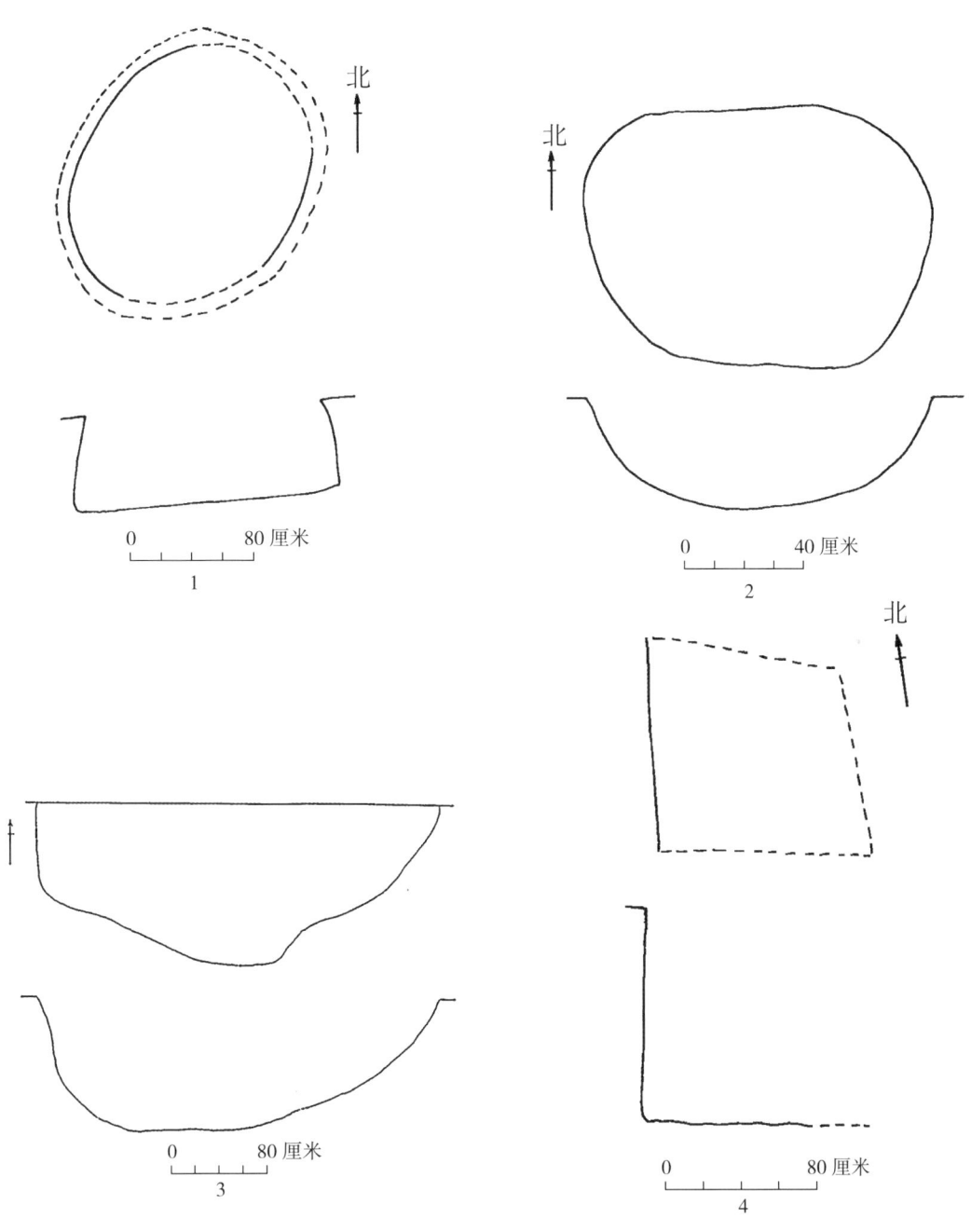

图二八六　春秋文化灰坑平、剖图
1. T88H150　2. T91H127　3. T86H240　4. T91H140

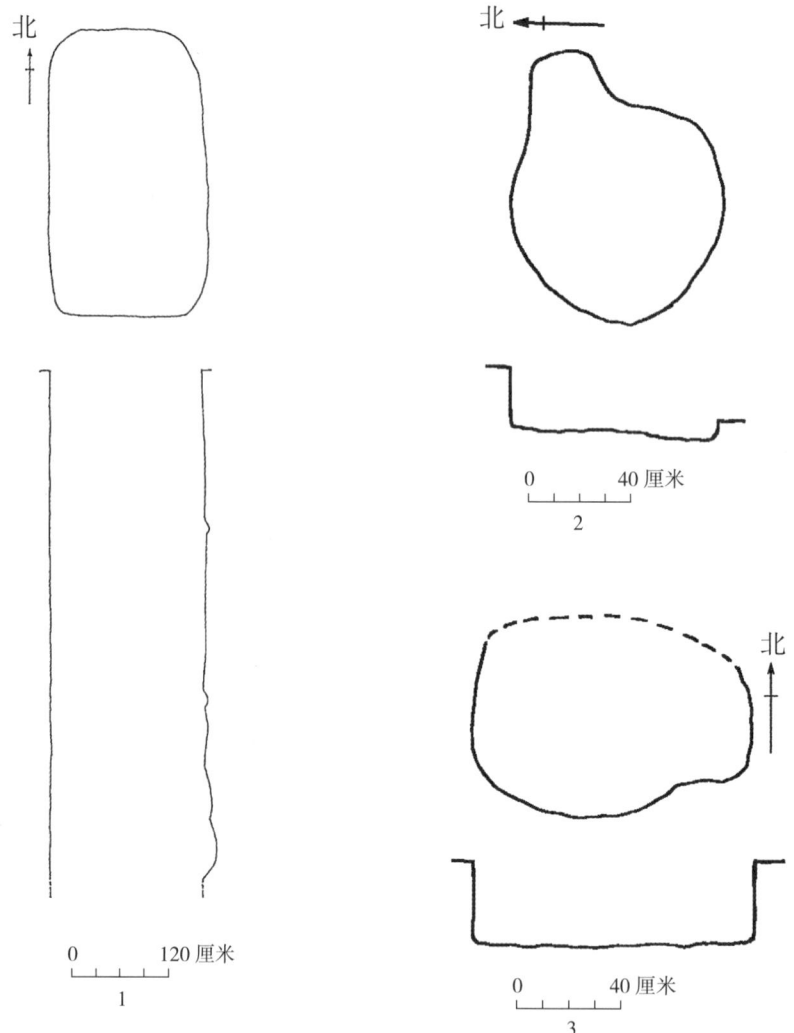

图二八七　春秋文化灰坑平、剖图
1. T73H125　2. T88H163　3. T88H166

不规则形 6 座。H168 位于遗址北部 T88 内东北部，坑口位于②B 层下，坑口被 H156 打破，并打破 H169，坑的东部压在东隔梁下未清理。为不规则形直筒状坑，口底大小相同，平底。填土为灰土，土质较松软。出土陶片 50 块，以灰陶居多，棕陶次之，纹饰以细绳纹居多，其中绳纹 29 块、素面 21 块，器形有鬲、罐、鼎、豆等。口径 1.62 ~ 2.20 米，深 0.23 米。（图二八八，1）

H175 位于遗址北部 T88 内西南部，坑口位于②A 层下，坑的西部压在西隔梁下未清理。坑口为不规则形直筒状坑，口底大小相同，平底。填土为黑灰土，土质较松软。出土陶片以棕陶居多，灰陶次之，纹饰以细绳纹居多，器形有罐等。口径 1 ~ 1.15 米，深 0.22 米。（图二八八，2）

H202 位于遗址北部 T111 西北部，坑口开于②A 层下，打破②B 和 C 层，北部在 T111 北隔梁下，西部叠压在 T110 东隔梁下，西北角被 M139 打破，东南部被 M197 打破。距地表深 0.75 米。为不规则形直筒状坑，坑壁垂直，底不平整。坑内填灰褐色土，土质疏松，包含物有烧土粒、灰屑、礓石块、蚌壳和田螺、兽骨，还有少量的陶片等。陶片以灰陶为主，偶见红陶和黑陶等，纹饰主要为绳纹，偶见菱形刻画纹等，可辨器形有鬲、罐等。口残长 2.50 米，残宽 1.52 米，深 0.75 米。（图二八八，3）

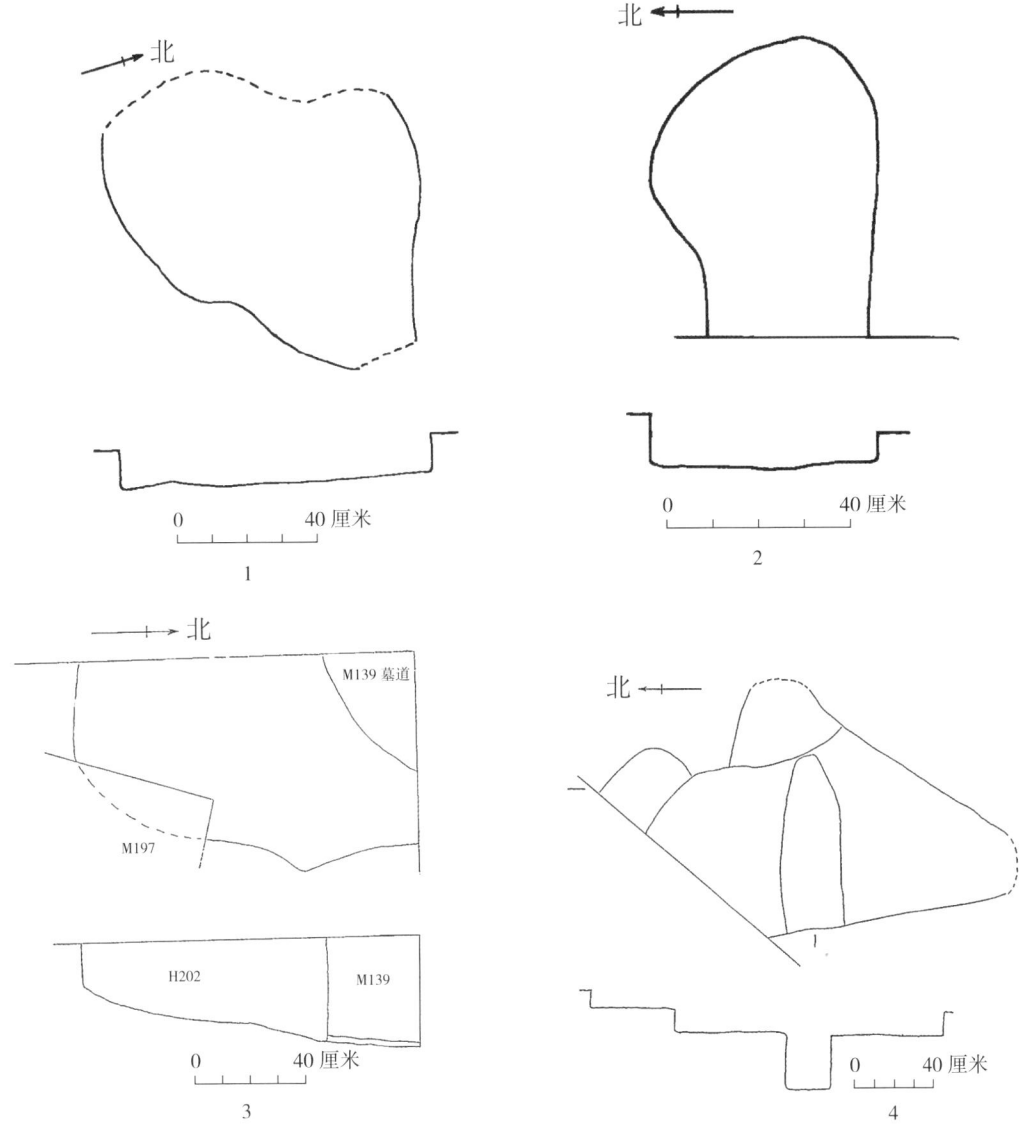

图二八八　春秋文化灰坑平、剖图

1. T88H168　2. T88H175　3. T111H202　4. T111H214

H151 位于遗址北部 T88 内西北部，坑口位于②层下，该坑北部被叠压在北隔梁下未清理。为不规则形筒状坑，口大底小，底不平。填土为黑灰花土，土质较松软。出土陶片 30 片，以灰黑陶居多，棕陶次之，纹饰以绳纹居多，篮纹较少，其中绳纹 19 块、篮纹 4 块、素面 7 块，器形有鬲等。口径 1.10 米，底径 1 米，深 0.60 米。（图二八九，1）

H190 位于遗址北部 T109 内东部，坑口位于① B 层下，坑口被汉代水沟打破。为不规则形浅坑，口大底小，平底。填土为灰土，土质较松软。出土陶片 336 块，以灰陶居多，棕陶次之，纹饰以绳纹居多，其中绳纹 148 块、岳石文化棕陶片 38 块、素面 150 块，器形有罐、鬲、圈足盘等。口径 2.20 米，底径 1.05 米，深 0.70 米。（图二八九，2）

H214 位于遗址北部 T111 东南部，坑口开于② A 层下，被 M186、M204 打破。东部压在东隔梁下未清理，口距地表深 1 米。为不规则形直筒状坑，坑壁规整而垂直，分三个台阶，平底。坑内填深褐土，土质疏松，包含物有烧土粒、灰屑、礓石块、蚌壳和田螺，还有少量的陶片等。出土陶片 126 块，以灰陶 109 块居

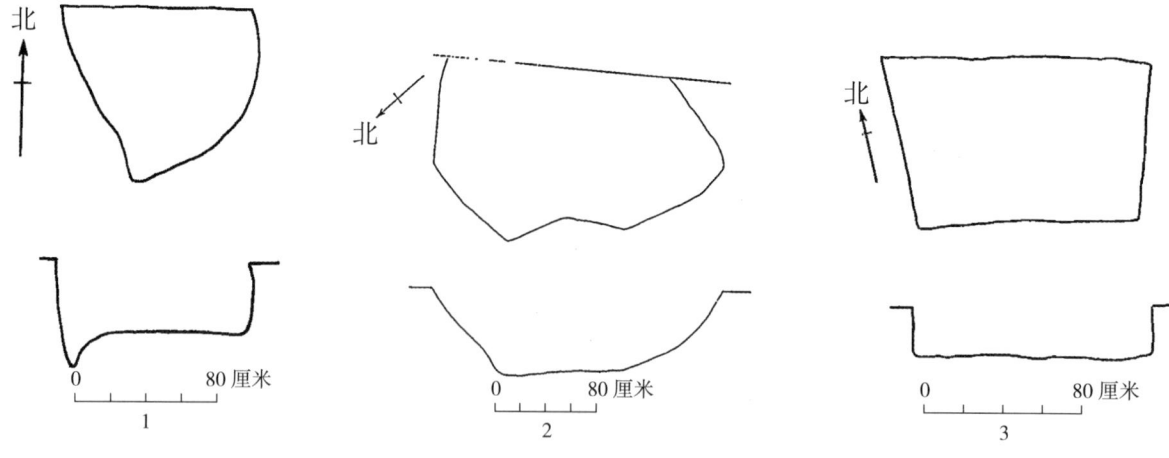

图二八九　春秋文化灰坑平、剖图
1. T88H151　2. T109H190　3. T87H180

多，棕陶 10 块，黑陶 7 块，纹饰以绳纹居多，其中绳纹 91 块、刻画纹 4 块、素面 27 块，弦纹、附加堆纹各 2 块，主要器形有鬲、罐、豆、瓮。还有青铜刀等。口长 4 米，宽 2.40 米，深 0.98 米。（图二八八，4）

梯形 1 座。H180 位于遗址北部 T87 内西南部，坑口位于 ② B 层下，坑口打破 H197。为梯形直筒状坑，口底大小相同，直壁，平底。填土上层为黄土，下层为灰土，土质较松软。出土陶片以灰陶居多，棕陶较少，纹饰以绳纹居多，方格纹、篮纹较少，器形有罐、高领罐、鬲等。口长 1.40 米，宽 0.80 米，深 0.26 米。（图二八九，3）

（二）瓮棺葬

5 座。即 W165、W166、W178、W182、W183，位于古城遗址的北部 T88 内，随葬 1 件陶瓮的 1 座，随葬 2 件陶瓮的 3 座（均为红陶瓮和灰陶瓮各 1 件），随葬 4 件的 1 座（即 2 件陶盆和红陶罐、灰陶罐各 1 件）。

W165 位于遗址北部 T88 的东北角，开口于 T88 ② B 层下。椭圆形土坑，方向 10°。填黑灰花土，土质松软。人骨侧身屈肢，随葬灰陶绳纹罐 1 件。坑长 0.95 米、宽 0.64 米，底长 0.91 米、宽 0.62 米，深 0.70 米。（图二九〇，1）陶瓮（T88W165：1），夹砂灰陶，小口，侈沿，高领，敛颈，圆肩，深腹，圜底内凹，肩部有一周附加堆纹，饰中粗绳纹。口径 17 厘米，腹径 37 厘米，底径 14 厘米，高 37 厘米。（图二九一，2；图二九二，4；彩版五九，4）

W166 位于遗址北部 T88 的东北角，开口于 T88 ② B 层下。亚腰葫芦形坑，方向 300°。填黄灰土，土质松软。随葬陶盆 2 件，1 件红陶罐，1 件灰陶罐，铺于坑内。坑长 0.70 米、宽 0.27 米，底长 0.66 米、宽 0.23 米，深 0.13 米。（图二九〇，2）

W178 位于遗址北部 T88 的北部，开口于 T88 ② B 层下。梯形筒状坑，方向 95°。填灰土。随葬陶罐 2 件，铺于坑内，一为红陶罐，一为灰陶罐。坑长 0.70 米，宽 0.28~0.39 米，深 0.10~0.15 米。（图二九〇，3）陶瓮（T88W178：1），残，夹砂红陶，小口，侈口，卷沿，方唇，敛颈，鼓腹，上腹部有一条附加堆纹，其上拍印绳纹，圜底内凹，饰中绳纹。口径 19 厘米，腹径 36 厘米，底径 16 厘米，高 43.5 厘米。（图二九一，1；图二九二，3；彩版五九，3）陶瓮（T88W178：2），残，夹砂灰陶，小口，折沿，方唇，敛颈，圆腹，圜底内凹，高领，饰绳纹而又抹平，上腹部饰竖绳纹，下腹部中粗绳纹横饰，底部绳纹紊乱。口径 17 厘米，腹径 28.5 厘米，底径 9.5 厘米，高 29 厘米。（图二九一，4；图二九二，1；彩版五九，1）

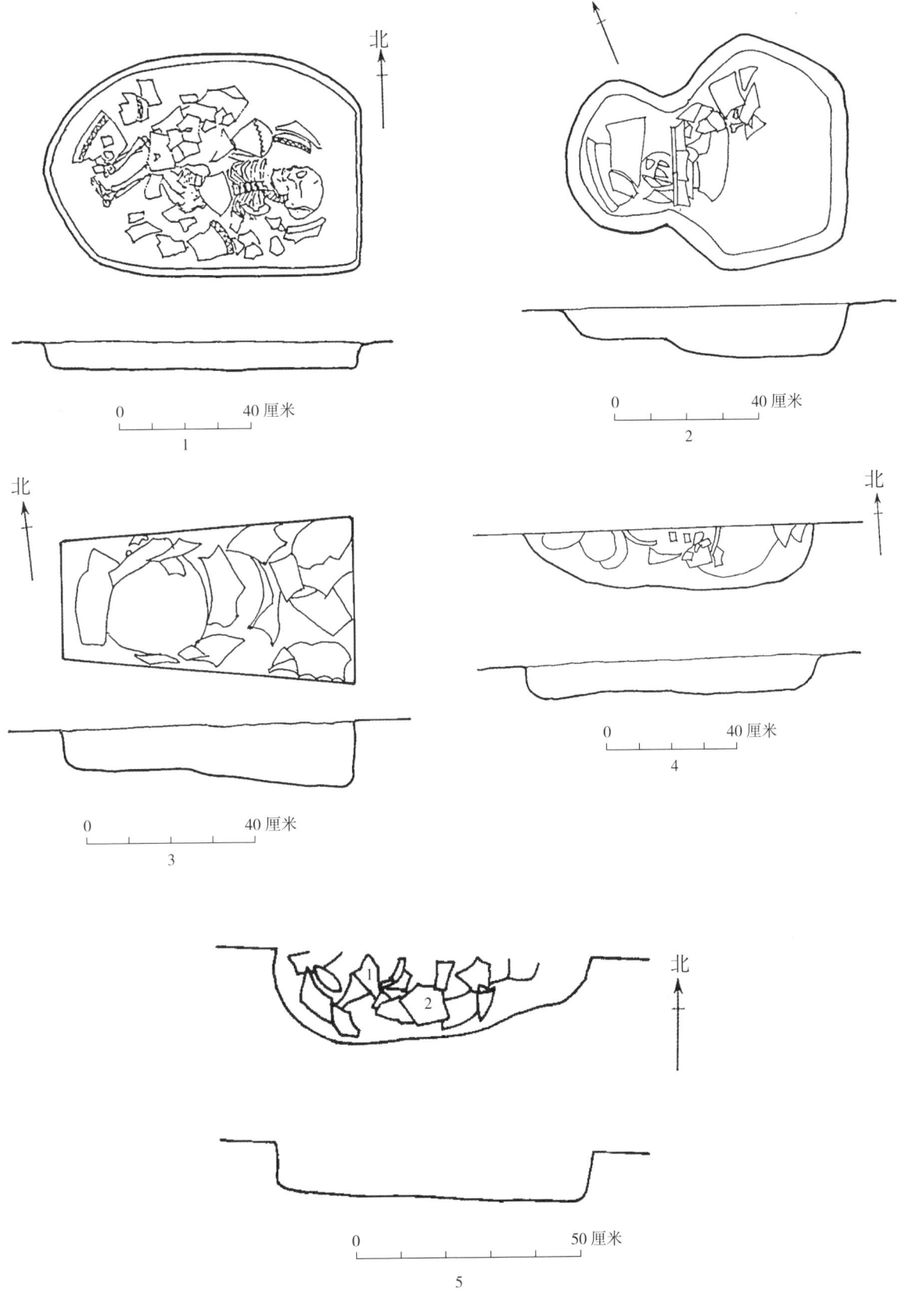

图二九〇　春秋文化瓮棺葬平、剖图

1. T88W165　2. T88W166　3. T88W178　4. T88W182　5. T88W183

　　W182位于遗址北部T88内，开口于T88②B层下。椭圆形筒状坑，方向90°。填浅灰土，土质坚硬。随葬陶瓮2件，铺于坑内，一为棕陶瓮，一为灰陶瓮。坑长0.90米，宽度不详，深0.10米。（图二九〇，4）陶瓮（T88W182：1），残，夹砂灰陶，小口，折沿，方唇，沿面有凹槽，敛颈，鼓腹，上腹部有一条附加堆纹，其上拍印绳纹，圜底内凹，饰中绳纹，间饰五周弦纹。口径20厘米，腹径38.4厘米，底径12厘米，高37.2厘米。（图二九一，3；图二九二，5；彩版五九，2）陶瓮（T88W182：2），残，夹砂灰陶，小口，折沿，方唇，敛颈，圆腹，圜底内凹，颈部高领，上腹部饰竖绳纹，下腹部中绳纹横饰，底部绳纹紊乱。口径17.5厘米，腹径26厘米，底径8厘米，高26.5厘米。（图二九一，5；图二九二，2；彩版五九，5）

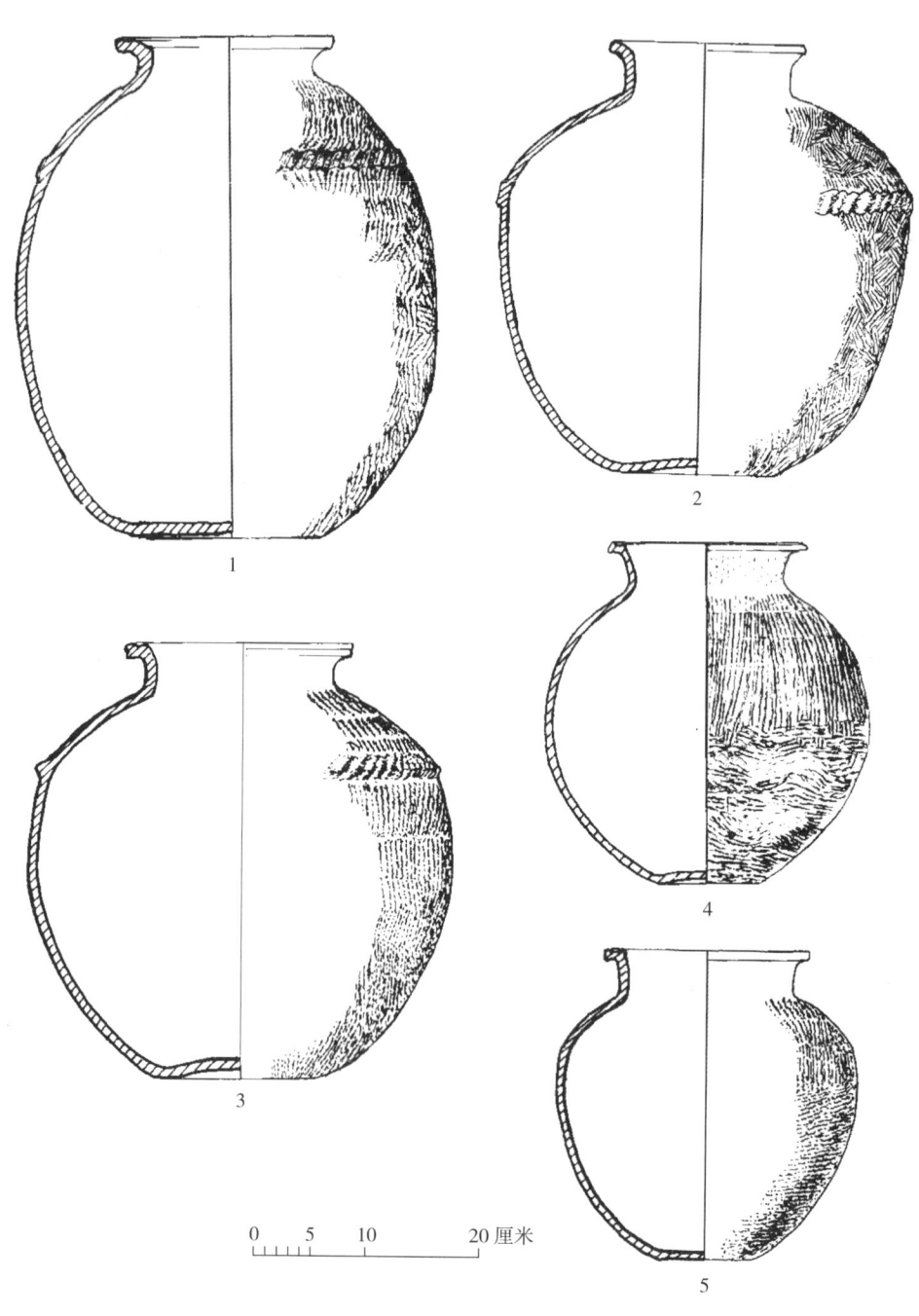

图二九一　春秋文化瓮棺葬陶瓮

1. T88W178：1　2. T88W165：1　3. T88W182：1　4. T88W178：2　5. T88W182：2

图二九二 春秋文化瓮棺葬陶瓷纹饰拓片
1. T88W178：2 2. T88W182：2 3. T88W178：1 4. T88W165：1 5. T88W182：1

W183 位于遗址北部 T88 的北部，开口于 T88 ② B 层下。椭圆形筒状坑，方向 90°。填浅灰土，土质坚硬。随葬陶罐 2 件，铺于坑内，一为红陶罐，一为灰陶罐。坑径 0.70 米，宽度不详，深 0.10 米。（图二九〇，5）

二、文化遗物

遗址中春秋文化遗物较为丰富，除数以万计的陶片和大量的自然遗物外，经粘对复原的器物和观察的标本共计 147 件。现按生产工具、生活用具、装饰品及其他介绍。

（一）生产工具

春秋时期文化生产工具种类比较齐全，其中有农业工具，也有狩猎工具，制石、制骨、制陶等手工业工具，纺织、缝纫工具等。从质地上看有石质、蚌质、骨质、陶质和铜质。其中石质 14 件，陶质 36 件，骨质 12 件，蚌质 19 件，铜质 18 件，现分别介绍如下。

1. 石质工具　14 件。以磨制为主，有的磨得很精致，形制规整，刃锋锐利，还有少数几件是打制的半成品，但能看出是什么工具的雏形。器形有斧、铲、凿、锛、镰、网坠、镞和砺石等。

斧　1 件。标本 T113H229：4，顶残，为火成岩琢磨而成，青灰色，弧刃。残高 7.5 厘米，宽 7.8 厘米，厚 2.7 厘米。（图二九三，1）

铲　2 件。带孔石铲。标本 T87②A：17，残，由石灰岩加工磨制，平面呈梯形，器表有锯痕。长 9 厘米，上宽 5 厘米，下宽 3.7 厘米，厚 0.6 厘米。（图二九三，2）标本 T88②A：21，残，由石灰岩加工磨制，平面呈梯形，上有钻孔未透，钻孔呈喇叭状。残长 4.5 厘米，上宽 3.5 厘米，下宽不详，厚 0.6 厘米。（图二九三，3）

锛　1 件。标本 T88H154：1，残，火成岩磨制，弧刃。长 10.7 厘米，宽 6 厘米，厚 3.8 厘米。（图二九三，6）

凿　1 件。标本 T87②B：31，完整，平面呈长方形，平顶，弧刃，断面为梯形。长 5.7 厘米，宽 3 厘米，厚 1.3 厘米。（图二九三，5）

镰　1 件。标本 T88②B：50，残，石灰岩质，呈青灰色，平面呈长方形，平顶，斜刃，刃锋锐利，断面为扁弧形。长 3.5 厘米，残宽 4.7 厘米，厚 0.7 厘米。（图二九三，4）

镞　2 件。用青灰色石灰岩加工磨制而成，磨制较精，锋刃锐利。据器形特征分为二型。

Ⅰ型：1 件。三棱形，平面呈三角形，锥形镞尾，镞体和镞尾界线明显，断面为三角形。标本 T87②B：61，

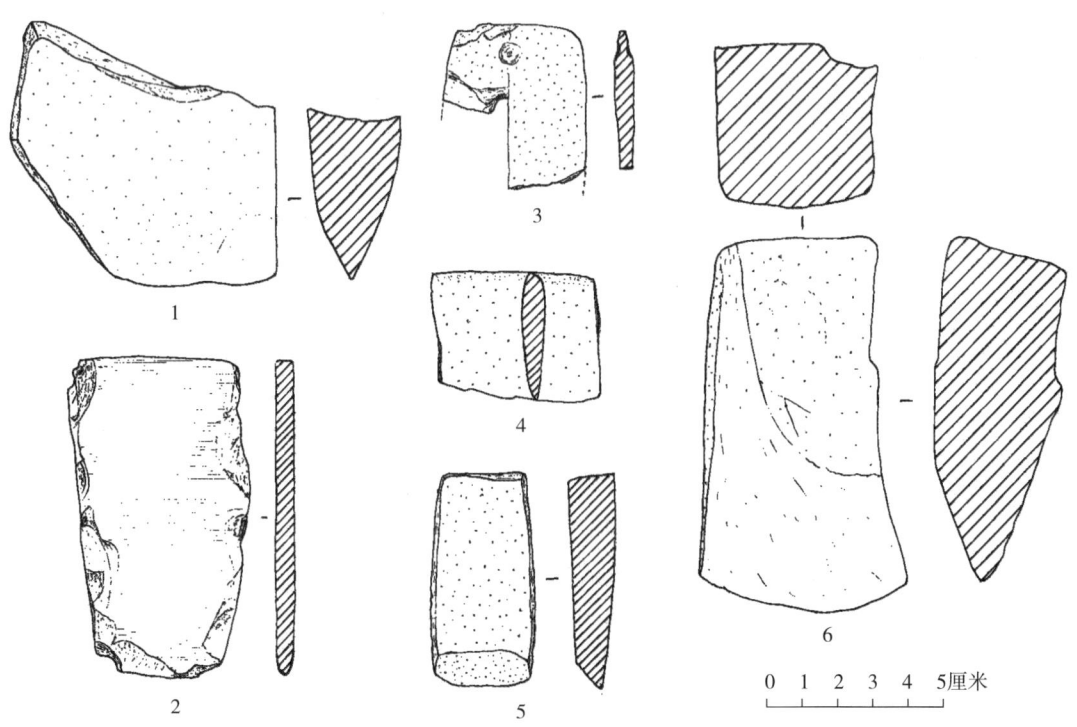

图二九三　春秋文化石器

1. 斧（T113H229：4）　　2、3. 铲（T87②A：17、T88②A：21）

4. 镰（T88②B：50）　5. 凿（T87②B：31）　6. 锛（T88H154：1）

残，前锋平面呈三角形，断面为三角形，镞尾呈圆锥形。残长 4.4 厘米，宽 1.6 厘米，厚 1.1 厘米。（图二九四，4）

Ⅱ型：1 件。柳叶形。标本 T88 ① E：60，尾残，尖的断面为菱形。残长 4.5 厘米，宽 1 厘米，厚 0.7 厘米。（图二九四，5）

网坠 2 件。标本 T87H172：53，平面为长方形，上有圆形穿孔，穿孔断面为喇叭状。长 4.7 厘米，宽 3.5 厘米，厚 0.8 厘米。（图二九四，1）标本 T87 ② A：63，平面为椭圆形，上有圆形穿孔未钻透，穿孔断面为喇叭状。通长 4.1 厘米，宽 1.9 厘米，厚 0.8 厘米。（图二九四，2）

砺石 4 件。砂岩，形状不一，体形均不大。标本 T87 ② B：62，平面近似长方形，断面呈椭圆形。长 6.4 厘米，宽 4.5 厘米，厚 2.7 厘米。（图二九四，6）标本 T113H226：1，平面近似长方形，断面呈圆角梯形。长 6.3 厘米，宽 5.2 厘米，厚 3.2 厘米。（图二九四，7）标本 T87 ② B：20，平面为圆柱形，断面呈椭圆形。长 6.8 厘米，宽 2.7 厘米，厚 1.8 厘米。（图二九四，8）标本 T113H229：3，残，平面为长方形。残长 5 厘米，宽 5.1 厘米，厚 0.5 厘米。（图二九四，3）

2. 骨质工具 12 件。骨质工具经过选材，劈开，锯断，修整成型，又经磨制、磨光等工序，制作精良，

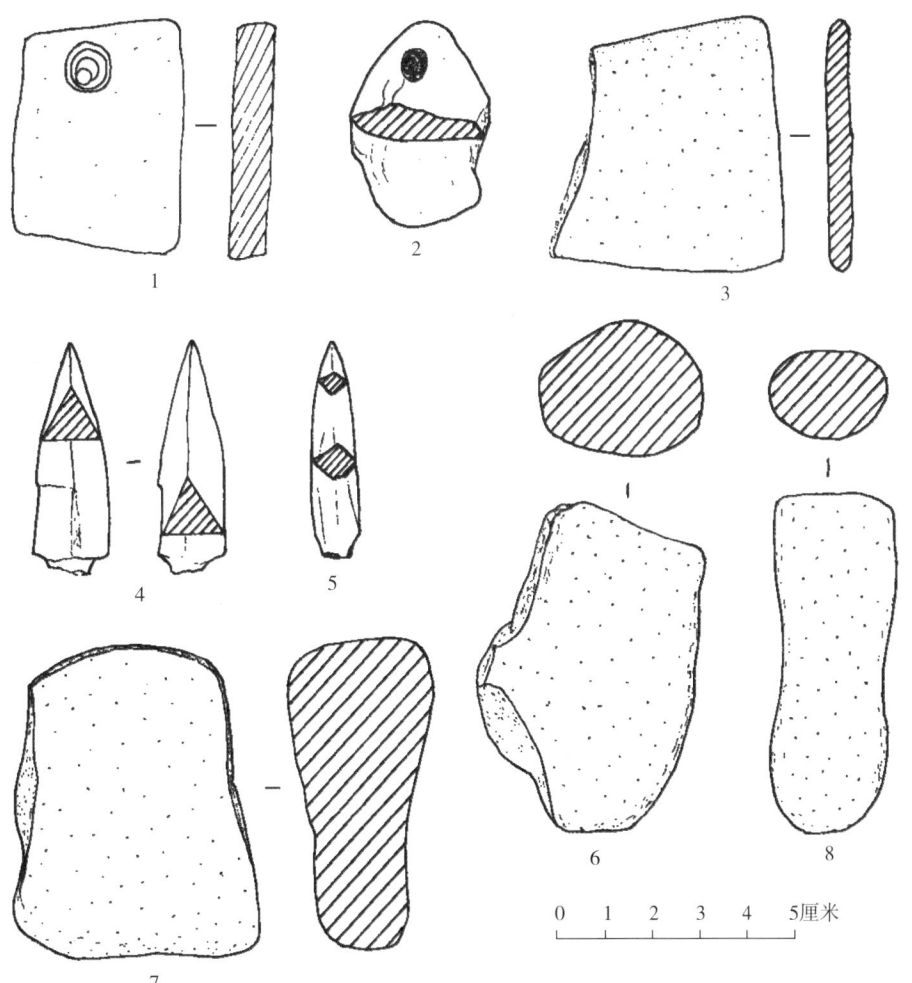

图二九四　春秋文化石网坠、砺石、镞

1、2. 网坠（T87H172：53、T87 ② A：63） 3、6~8. 砺石（T113H229：3、T87 ② B：62、T113H226：1、T87 ② B：20）

4. Ⅰ型镞（T87 ② B：61） 5. Ⅱ型镞（T88 ① E：60）

刃锋锐利，便于使用。器形有镞、锥、匕等。

锥　8件。系用兽的肢骨劈开，锯断，修整成长条形，再经加工磨制，前端修磨成尖锥。也有用鹿角当锥的。根据形制可分三型。

Ⅰ型：1件。鹿角锥。标本 T91H128：1，断面呈圆角三角形，弯曲，锥尖有使用痕迹。残长 13.5 厘米，大径 2 厘米。（图二九五，1）

Ⅱ型：6件。尖锥。将动物肢骨劈开，骨腔外露，断面呈凹弧形，磨成尖锥。其中 4 件完整，2 件残。标本 T112H231：4，完整，带孔骨锥，将动物的肢骨从关节下劈开，骨腔外露，关节保留，有圆形穿孔，穿孔断面呈喇叭状，孔径 0.3~0.6 厘米，断面呈凹弧形，便于携带，上体较宽，锥尖尖锐。通长 10.2 厘米，上宽 1.8 厘米，厚 2 厘米。（图二九五，2）标本 T111H205：1，完整，将动物肢骨下部劈开，骨腔外露，断面呈凹弧形，近锥尖部分断面为圆形，磨成尖锥，体较宽，锥尖锐。通长 11 厘米，上宽 1.2 厘米，厚 0.3 厘米。（图二九五，3）标本 T87H172：6，完整，将动物肢骨劈开，骨腔外露，磨成尖锥，体微弯，体较宽，锥尖

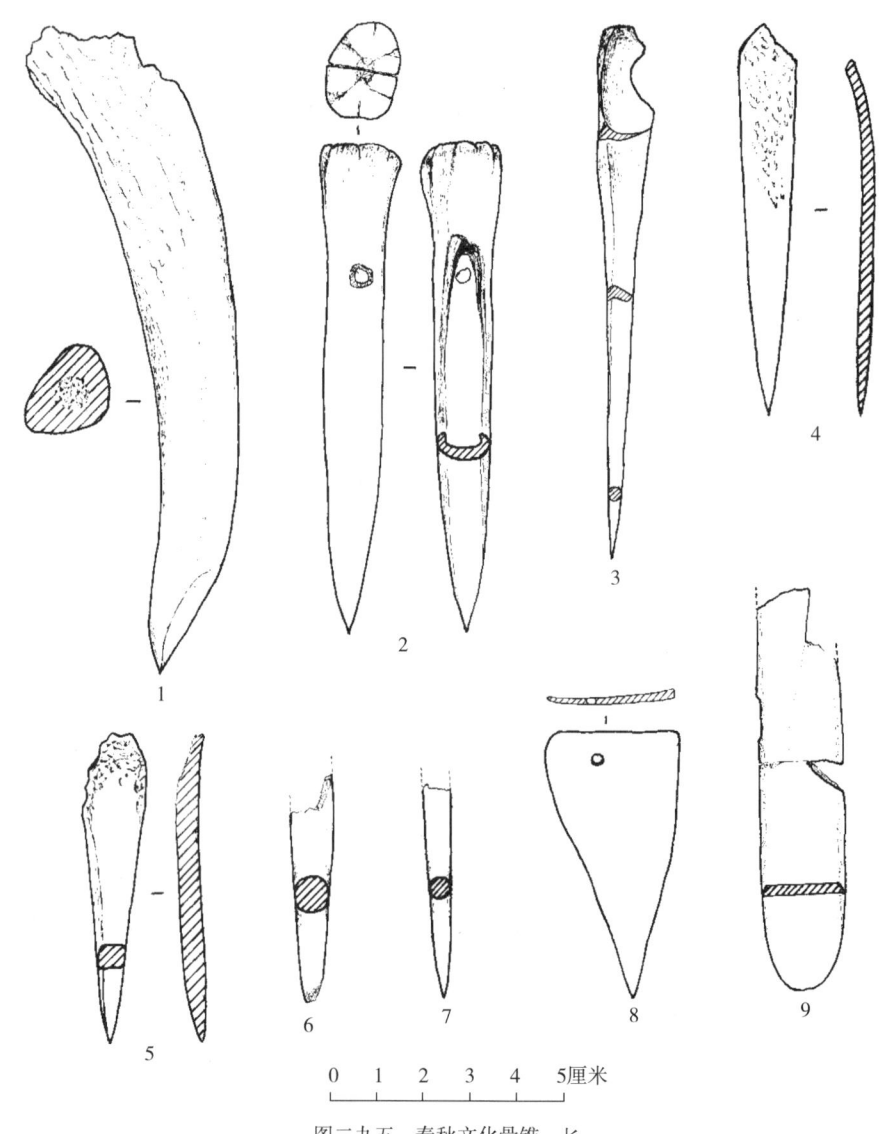

0　1　2　3　4　5厘米

图二九五　春秋文化骨锥、匕

1. Ⅰ型锥（T91H128：1）　2~7. Ⅱ型锥（T112H231：4、T111H205：1、T87H172：6、T88②A：24、T87H172：19、T87H172：40）

8. Ⅲ型锥（T87②A.：15）　9. 匕（T112H231：8）

锐。通长 8.1 厘米，上宽 1.2 厘米，厚 0.3 厘米。（图二九五，4）标本 T88 ② A：24，完整，体较宽，锥尖锐。将动物肢骨劈开，骨腔外露，磨成尖锥，断面呈圆角长方形。通长 6.2 厘米，宽 1.3 厘米，厚 0.5 厘米。（图二九五，5）标本 T87H172：19，残，断面呈圆形，磨成尖锥，体较宽，锥尖钝。残长 4.8 厘米，径 0.7 厘米。（图二九五，6）标本 T87H172：40，断面呈凹弧形，磨成尖锥，体较宽，锥尖锐。残长 4.3 厘米，上宽 1.2 厘米，厚 0.4 厘米。（图二九五，7）

Ⅲ型：1 件。标本 T87 ② A：15，完整，平面为三角形，体较宽，上有圆形穿孔，锥尖锐，体较宽。通长 5.6 厘米，上宽 2.8 厘米，厚 0.2 厘米。（图二九五，8）

匕　1 件。标本 T112H231：8，残，平面呈弧刃长方形，断面呈梯形。残长 8.4 厘米，体径 0.6 厘米。（图二九五，9）

镞　3 件。分为二型。

Ⅰ型：1 件。体前三棱，后为圆柱体，镞尾为圆锥形。标本 T88 ② A：44，尖、铤残，锋尖为三棱形，柱体为椭圆形。残长 7.8 厘米，三棱体径 0.9 厘米，体柱径 0.8 厘米。（图二九六，3）

Ⅱ型：2 件。圆柱状体。标本 T87H172：27，完整，镞的断面为圆形，镞尾呈圆锥状，尖短，体短，尾长，镞尖钝。长 5.3 厘米，径 0.6 厘米。（图二九六，1）标本 T87 ② B：57，尾残，镞的断面为圆形，镞体和镞尾有明显界线。残长 2.8 厘米，径 0.8 厘米。（图二九六，2）

3. 蚌质工具　计 19 件。有镞、刀、镰、海贝、纺轮等。

刀　5 件。弧背，弧刃，有的有钻孔，有的对蚌壳未进行加工便使用。标本 T88 ② A：31，蚌缘薄处为刃。长 14.4 厘米，宽 6.2 厘米，厚 0.8 厘米。（图二九七，8；彩版六〇，5）标本 T12H1：4，蚌缘薄处为刃，弧背，弧刃。长 12.6 厘米，宽 7 厘米，厚 0.5 厘米。（图二九七，9；彩版六〇，6）标本 T73H125：1，带孔，残，上有圆形穿孔，孔径呈喇叭状，孔径 0.4~0.7 厘米，弧背，斜刃。残长 4.4 厘米，宽 3.4 厘米，厚 0.3 厘米。（图二九七，1；彩版六〇，7）标本 T113H229：1，完整蚌壳，未经加工。长 9 厘米，宽 2.2 厘米，厚 0.1 厘米。（图二九七，2；彩版六〇，8）标本 T113H229：2，弧背，弧刃。长 12.5 厘米，宽 7.8 厘米，厚 0.2 厘米。（图二九七，3；彩版六〇，9）

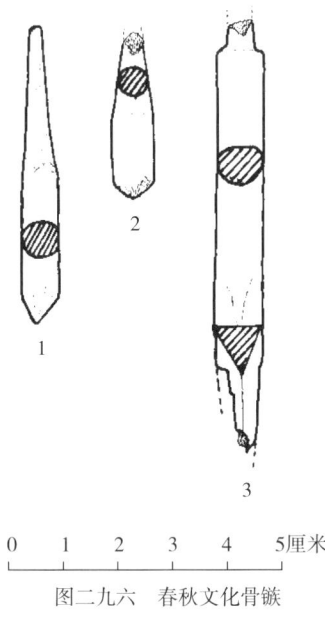

0　1　2　3　4　5厘米

图二九六　春秋文化骨镞

1、2. Ⅱ型（T87H172：27、T87 ② B：57）　3. Ⅰ型（T88 ② A：44）

镰　4件。蚌壳边缘为背，较薄处磨出锯齿。标本T87H172：7，直背，斜刃，蚌壳较薄处磨出锯齿。长11.6厘米，宽7.2厘米，厚0.6厘米。（图二九七，4；彩版六〇，1）标本T87H172：11，弧背，直刃，蚌壳较薄处磨出锯齿。长6.5厘米，宽6厘米，厚0.3厘米。（图二九七，5；彩版六〇，2）标本T88②A：19，弧背，斜凹刃，蚌壳边缘磨出锯齿。长9.1厘米，宽4.8厘米，厚0.3厘米。（图二九七，6；彩版六〇，3）标本T88②B：43，直背，斜凹刃，蚌壳边缘磨出锯齿。长10厘米，宽6.8厘米，厚0.6厘米。（图二九七，7；彩版六〇，4）

纺轮　6件。圆形，断面呈弧形，中有圆形穿孔，穿孔有的单钻，有的对钻。其中5件完整，1件残。标本T112H231：3，平面呈圆形，上部有弦纹，断面呈弧形，中有圆形穿孔，钻孔系单钻，孔断面呈喇叭状，孔径0.1~0.4厘米。直径3厘米，厚0.8厘米。（图二九八，1；彩版六一，1）标本T91H128：5，平面呈圆

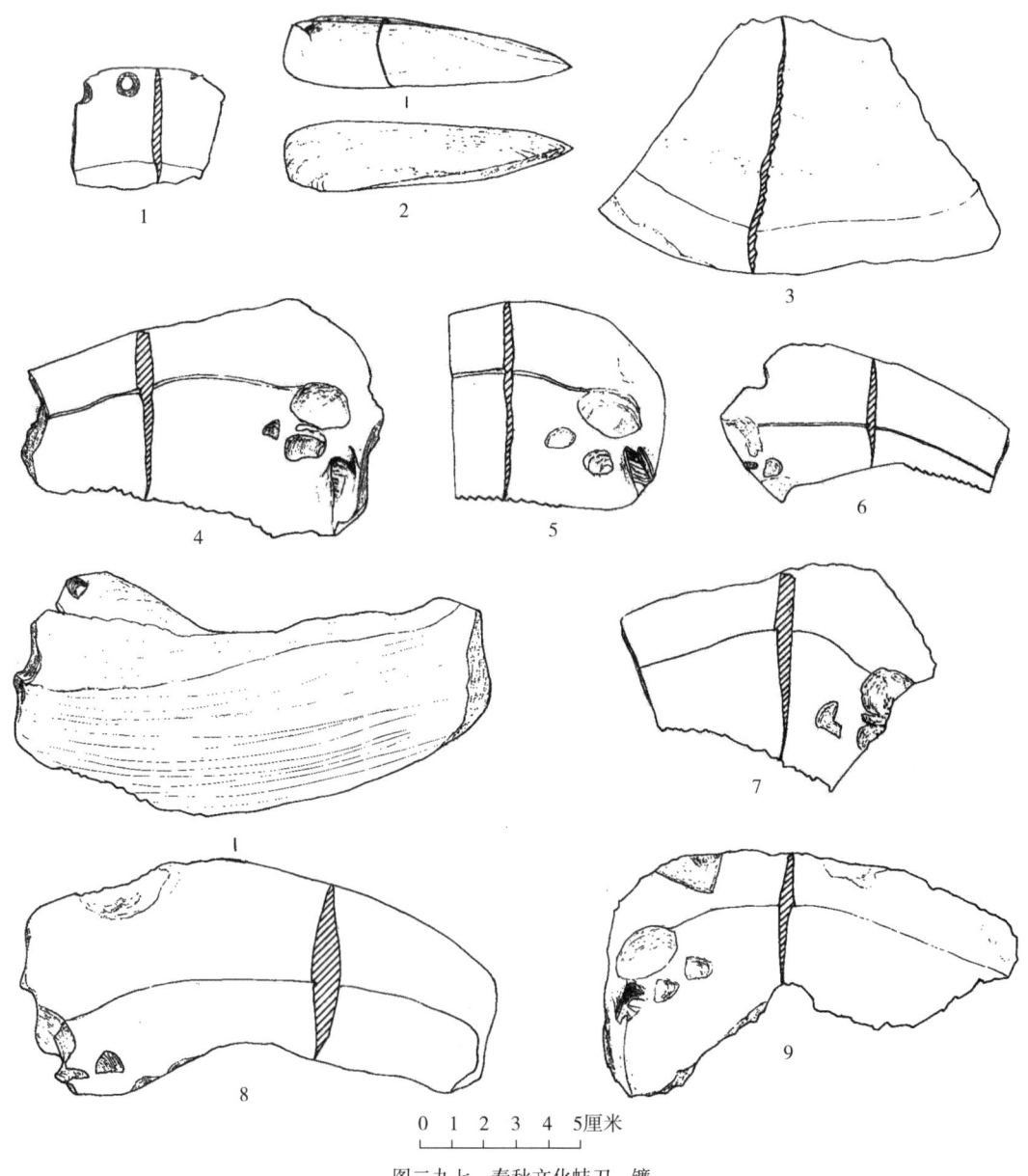

图二九七　春秋文化蚌刀、镰

1~3、8、9.刀（T73H125：1、T113H229：1、T113H229：2、T88②A：31、T12H1：4）

4~7.镰（T87H172：7、T87H172：11、T88②A：19、T88②B：43）

形，上部有弦纹，断面呈弧形，中有圆形穿孔，钻孔系对钻，孔断面呈束腰喇叭状，孔径 0.1~0.4 厘米。直径
2.5 厘米，厚 0.6 厘米。（图二九八，2；彩版六一，2）标本 T87H172：24，平面呈圆形，断面呈弧形，中有
圆形穿孔，钻孔系对钻，孔断面呈束腰喇叭状，孔径 0.1~0.6 厘米。直径 2.5 厘米，厚 0.5 厘米。（图二九八，
3；彩版六一，3）标本 T87H172：34，平面呈圆形，断面呈弧形，中有圆形穿孔，钻孔未钻透，孔断面呈圆
锥状，孔径 0.4 厘米。直径 2.3 厘米，厚 0.45 厘米。（图二九八，4；彩版六一，4）标本 T87H180：2，平面
呈圆形，断面呈弧形，中有圆形穿孔，单面钻孔，孔断面呈梯形，孔径 0.4~0.6 厘米。直径 1.8 厘米，厚 0.65
厘米。（图二九八，5；彩版六一，5）标本 T88 ① E：39，残，平面呈圆形，断面呈弧形，中有圆形穿孔，
钻孔为对钻，孔断面呈束腰喇叭状，孔径 0.4~0.7 厘米。直径 3.1 厘米，厚 0.6 厘米。（图二九八，6；彩版

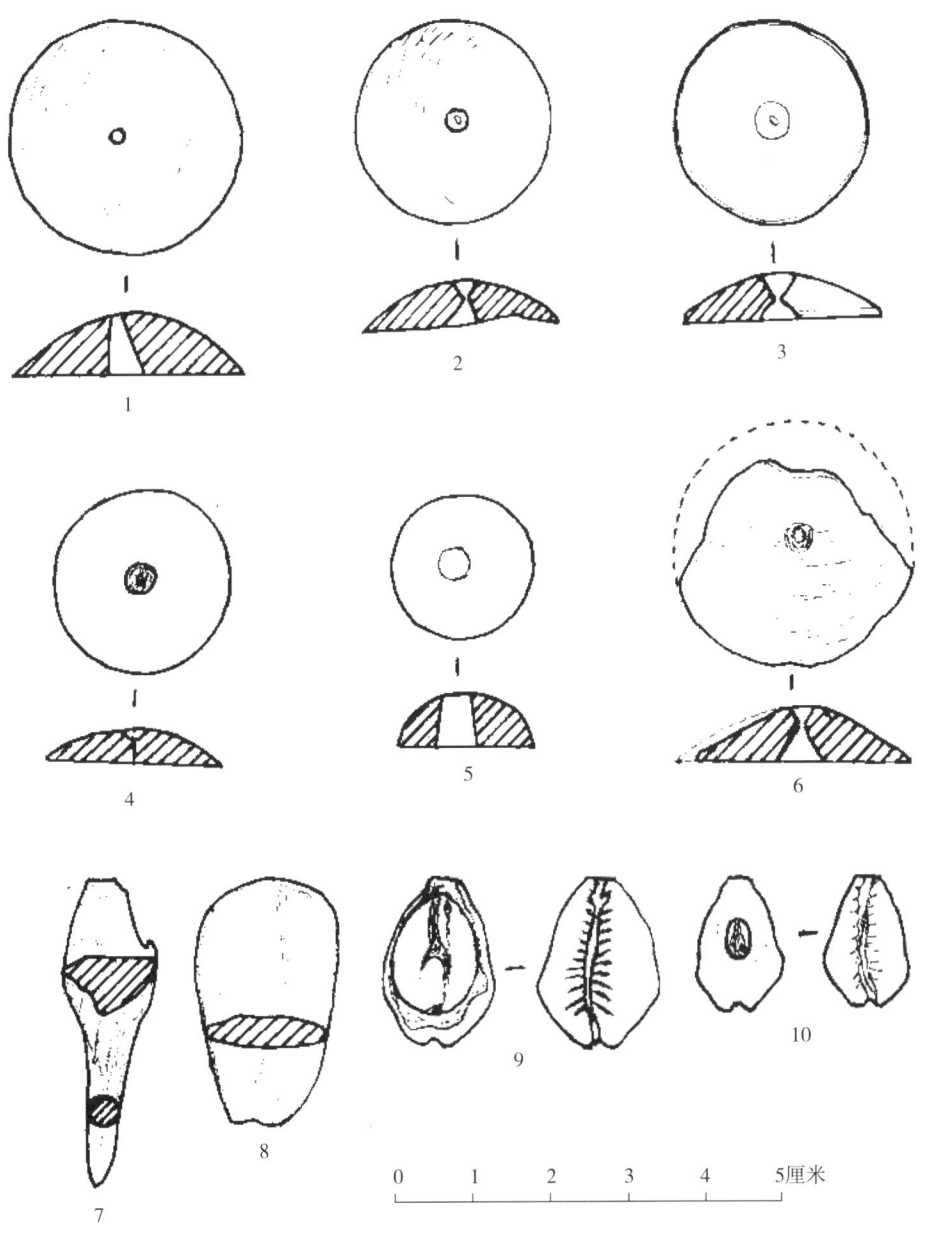

图二九八　春秋文化蚌、贝器

1~6.纺轮（T112H231：3、T91H128：5、T87H172：24、T87H172：34、T87H180：2、T88 ① E：39）
7.镞（T87H178：1）　8.贝（T87H172：1）　9、10.贝币（T91H128：3、T87H172：41）

六一，6）

镞　1件。标本T87H178：1，尖残，系用蚌壳加工而成，镞平面呈柳叶形，断面呈三角形，镞尾为圆锥形，磨制。残长4厘米，宽1.1厘米，厚1.1厘米。（图二九八，7；彩版六一，7）

贝　1件。标本T87H172：1，完整，椭圆形，系用蚌壳磨制，断面为扁弧形。直径1.8~3.1厘米，厚0.4厘米。（图二九八，8；彩版六一，8）

贝币　2枚。完整，系海贝加工而成，背有穿孔，大小有别。标本T91H128：3，背面磨平。长2.1厘米，宽1.5厘米，厚0.5厘米。（图二九八，9；彩版六一，9）标本T87H172：41，背面有穿孔。长1.7厘米，宽1.1厘米，厚0.5厘米。（图二九八，10；彩版六一，10）

4.陶质工具　此类工具发现不多，计有36件。器形有网坠、纺轮、饼等。

网坠　26件。完整，手制，泥质黑陶、灰陶，其中19件出于T87H172中。从形制看可分二型。

Ⅰ型：25件。平面呈双亚腰形，断面为椭圆形，有捆绑用的凹槽，竖一道，横二道。有大、中、小号之分，其中大号1件，中号12件，小号12件。

Ⅰ型大　1件。标本T87②B：46，完整。高4.6厘米，宽2.3厘米，厚1.2厘米。（图二九九，4）

Ⅰ型中　12件。标本T87H172：39，完整。高3.6厘米，宽1.8厘米，厚1.4厘米。（图三〇〇，1；彩版六二，7）标本T87H172：44，完整。高3厘米，宽1.8厘米，厚1.4厘米。（图三〇〇，2；彩版六二，4）标本T87H172：31，完整。高3.3厘米，宽1.5厘米，厚1.4厘米。（图三〇〇，3；彩版六二，1）标本T87H172：28，完整。高3厘米，宽1.8厘米，厚1.1厘米。（图三〇〇，4；彩版六二，8）标本T87H172：21，完整。高3.2厘米，宽1.7厘米，厚1.1厘米。（图三〇〇，5；彩版六二，5）标本T87H172：30，残。高3厘米，宽1.7厘米，厚1.1厘米。（图三〇〇，6；彩版六二，2）标本T87H172：45，完整。高3厘米，宽1.6厘米，厚1.2厘米。（图三〇〇，7；彩版六二，9）标本T87H172：22，完整。高3.1厘米，宽1.6厘米，厚1.1厘米。（图三〇〇，8；彩版六二，6）标本T87H172：35，完整。高3厘米，宽1.4厘米，厚1.1厘米。（图三〇〇，9；彩版六二，3）标本T88②B：38，完整。高3.3厘米，宽1.6厘米，厚1.2厘米。（图二九九，5）标本T88H156：1，完整。高3.3厘米，宽1.6厘米，厚0.9厘米。（图二九九，6）标本T88②A：37，完整。高3厘米，宽1.6厘米，厚1.1厘米。（图二九九，7）

Ⅰ型小　12件。标本T87H172：32，完整。高2.6厘米，宽1.7厘米，厚1.2厘米。（图三〇一，1；彩版六二，10）标本T87H172：46，完整。高2.7厘米，宽1.8厘米，厚1.5厘米。（图三〇一，2；彩版六二，11）标本T87H172：33，完整。高2.5厘米，宽1.5厘米，厚1.3厘米。（图三〇一，3；彩版六二，12）标本T87H172：47，完整。高2.3厘米，宽1.5厘米，厚1.4厘米。（图三〇一，4；彩版六二，13）标本T87H172：9，完整。高2.7厘米，宽1.4厘米，厚1厘米。（图三〇一，5；彩版六二，14）标本T87H172：38，完整。高2.3厘米，宽1.6厘米，厚1.2厘米。（图三〇一，6；彩版六二，15）标本T87H172：37，完整。高2.6厘米，宽1.5厘米，厚1.2厘米。（图三〇一，7；彩版六二，16）标本T87H172：29，完整。高2.1厘米，宽1.5厘米，厚1厘米。（图三〇一，8；彩版六二，17）标本T87H172：17，完整。高2.4厘米，宽1.5厘米，厚1.2厘米。（图三〇一，9；彩版六二，18）标本T88H156：11，完整。高1.6厘米，宽1.8厘米，厚1厘米。（图二九九，1）标本T88H162：12，完整。高2.9厘米，宽1.5厘米，厚1.1厘米。（图二九九，2）标本T88②A：42，完整。高2.5厘米，宽1.5厘米，厚1.1厘米。（图二九九，3）

Ⅱ型：1件。椭圆形。标本T87H172：48，完整，平面呈椭圆形，有一道竖凹槽。体径1.9~2.7厘米，厚1.7厘米。（图三〇一，10；彩版六二，19）

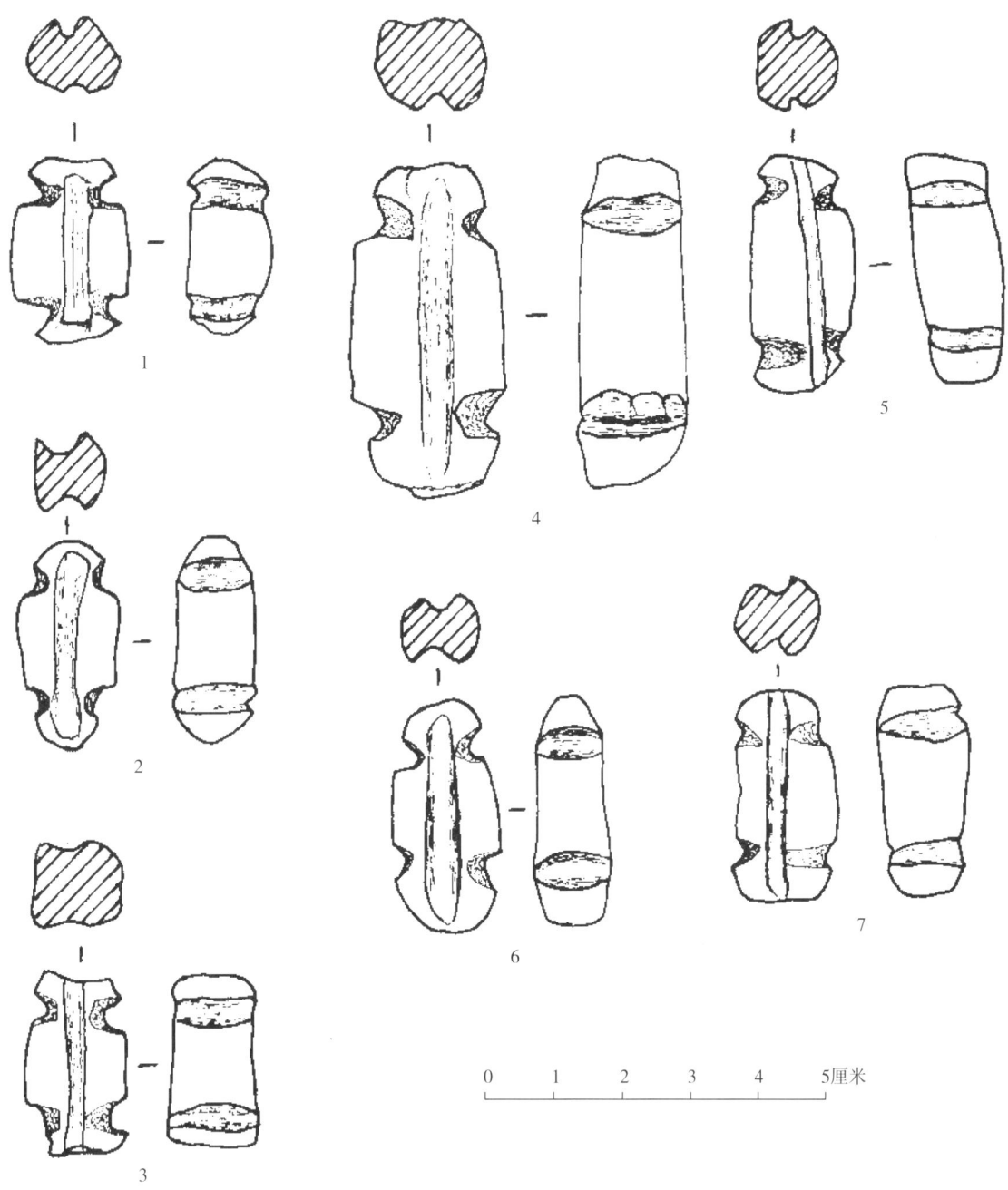

图二九九　春秋文化陶网坠

1~7. Ⅰ型（T88H156：11、T88H162：12、T88②A：42、T87②B：46、
T88②B：38、T88H156：1、T88②A：37）

饼　2件。标本 T87②B：67，残，夹砂棕红陶，平面呈圆形，断面微鼓，边为弧边微鼓。直径9.2厘米，厚1.7厘米。（图三〇二，1）标本 T87H172：55，残，浅灰陶，平面呈圆形，台面中部微鼓，断面微鼓，正背两面各有一周凹弦纹。直径8厘米，厚1.1厘米。（图三〇二，3）

杵　1件。标本 T85②：10，残，泥质灰陶，握手为圆形柄，杵面为蘑菇状圆弧形，经过长期使用杵面平且光滑。高6厘米，杵径7.2厘米，柄孔径3.5厘米。（图三〇二，2）

纺轮　7件。其中4件完整，3件残。泥质陶，从陶色看灰陶1件，红陶1件，黑陶3件，棕陶2件。

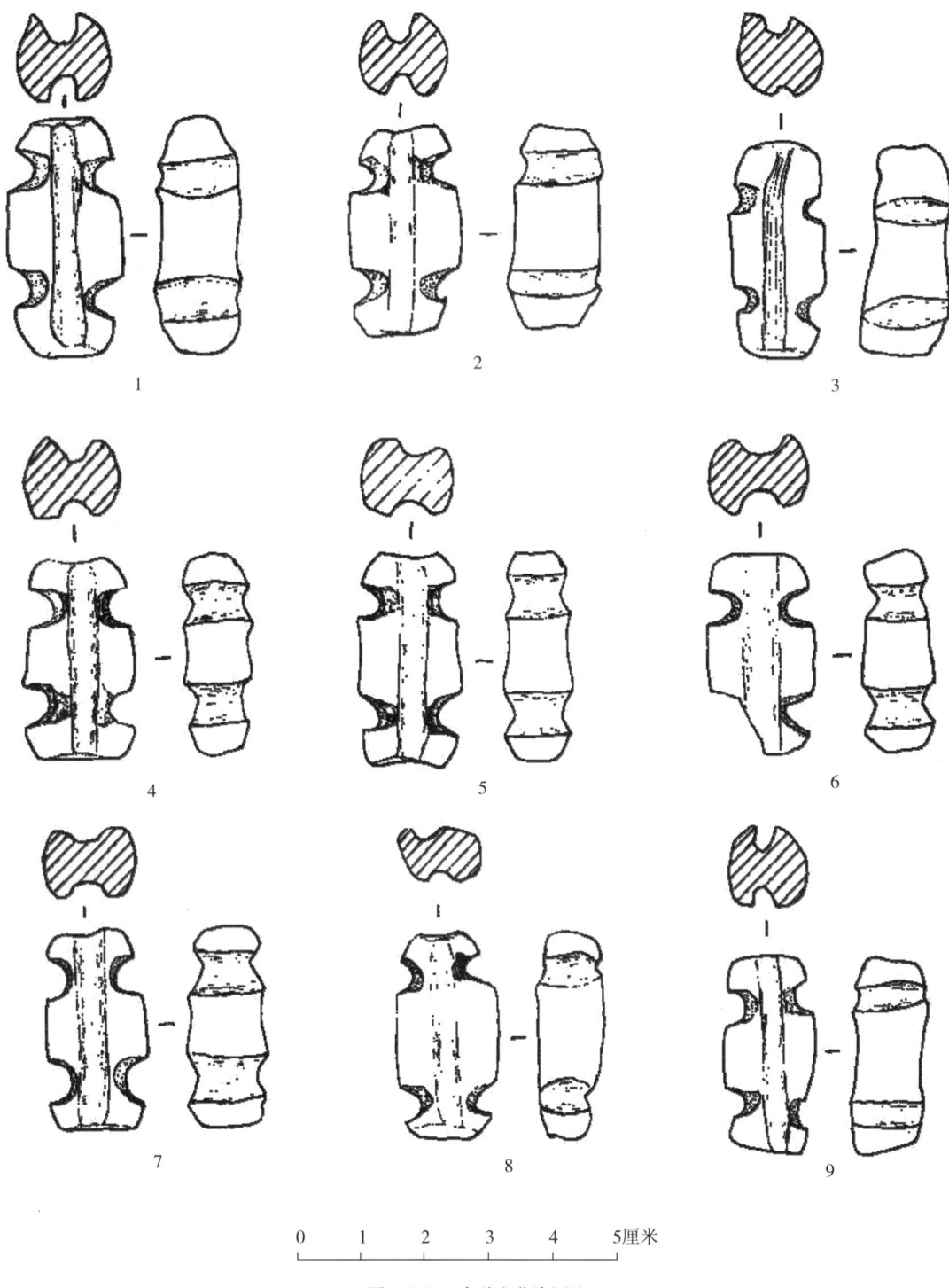

图三〇〇　春秋文化陶网坠

1~9. Ⅰ型（T87H172：39、T87H172：44、T87H172：31、T87H172：28、T87H172：21、T87H172：30、

T87H172：45、T87H172：22、T87H172：35）

圆饼形，中心有穿孔，有大小厚薄之别，断面有长方形、弧边等。据其形体特征可分六型。

Ⅰ型：2件。圆形周边垂直，断面为长方形。标本T87②B：14，泥质黑陶，完整，中有喇叭状圆孔，孔径1.2~1.7厘米。体径7厘米，厚1.2厘米。（图三〇三，1）标本T88②：45，泥质黑陶，中有圆形穿孔，孔径0.5~0.8厘米。台面径3.5厘米，底径3.7厘米，厚1厘米。（图三〇三，2）

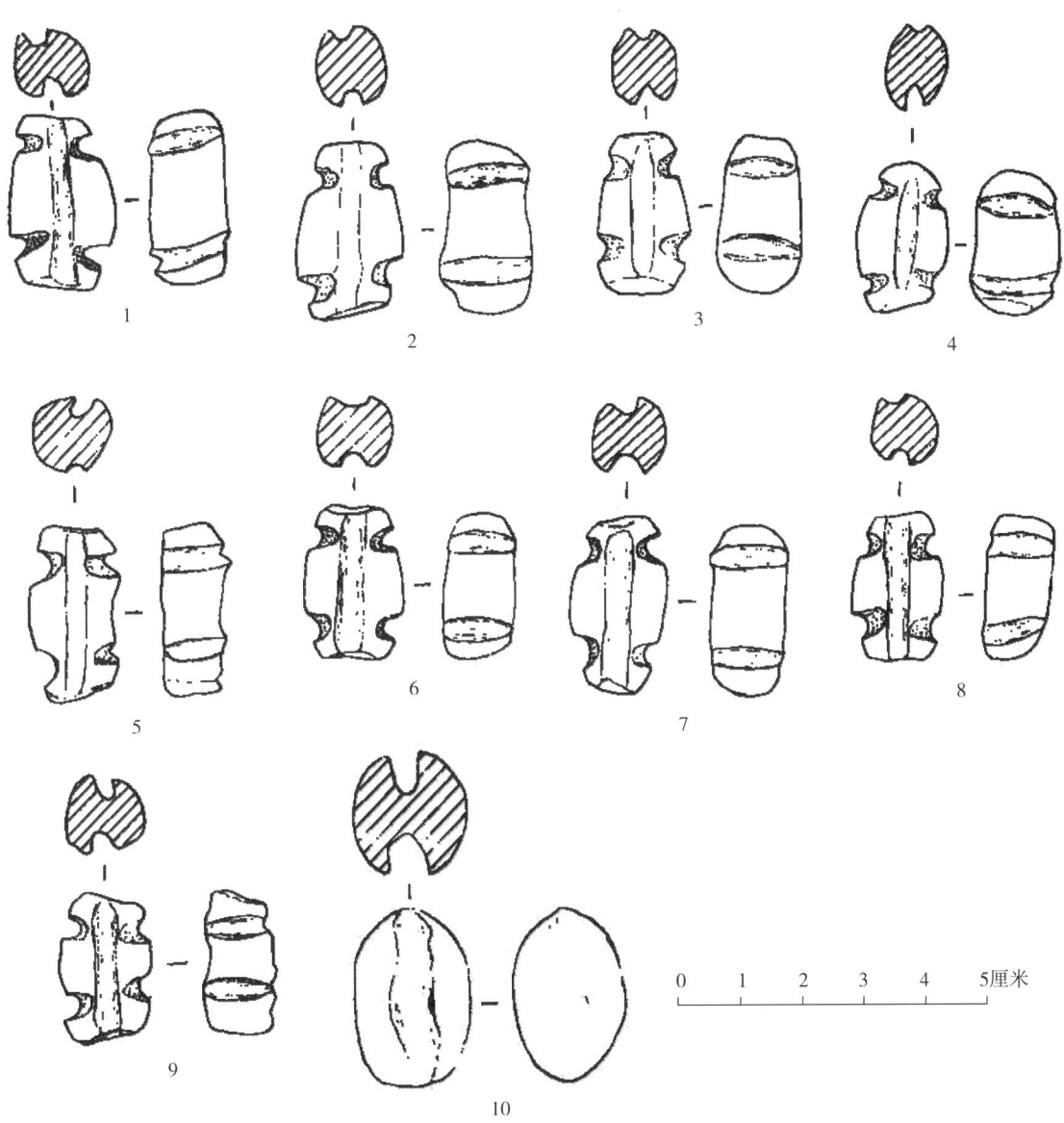

图三〇一　春秋文化陶网坠

1~9. I 型（T87H172：32、T87H172：46、T87H172：33、T87H172：47、T87H172：9、T87H172：38、T87H172：37、
T87H172：29、T87H172：17）　10. II 型（T87H172：48）

II 型：1 件。断面呈梯形。标本 T112H231：2，泥质灰陶，残，厚薄不一，中有喇叭状圆形穿孔，孔径 0.5 厘米。上部体径 4 厘米，下部体径 4.2 厘米，厚 1.1~1.4 厘米。（图三〇三，3）

III 型：1 件。周边为弧形，断面呈弧边长方形。标本 T109H218：1，泥质红陶，完整，素面，上下壁面光滑平直，侧面弧壁，中有直筒状圆形穿孔。台面径 3.6 厘米，腹径 3.9 厘米，厚 0.4 厘米，孔径 0.3 厘米。（图三〇三，4）

IV 型：1 件。腰部有一周折棱。标本 T87 ② B：66，残，泥质黑陶，断面呈六边形，中有直筒状圆形穿孔，孔径 0.9 厘米。台面直径 3.6 厘米，腰径 4.1 厘米，厚 1.4 厘米。（图三〇三，5）

V 型：1 件。腰部有二周带状折棱。标本 T88H152：3，残，泥质棕陶，断面呈八边形，中有直筒状圆形穿孔，孔径 0.8 厘米。台面直径 4.4 厘米，腰径 5.1 厘米，厚 1.7 厘米。（图三〇三，6）

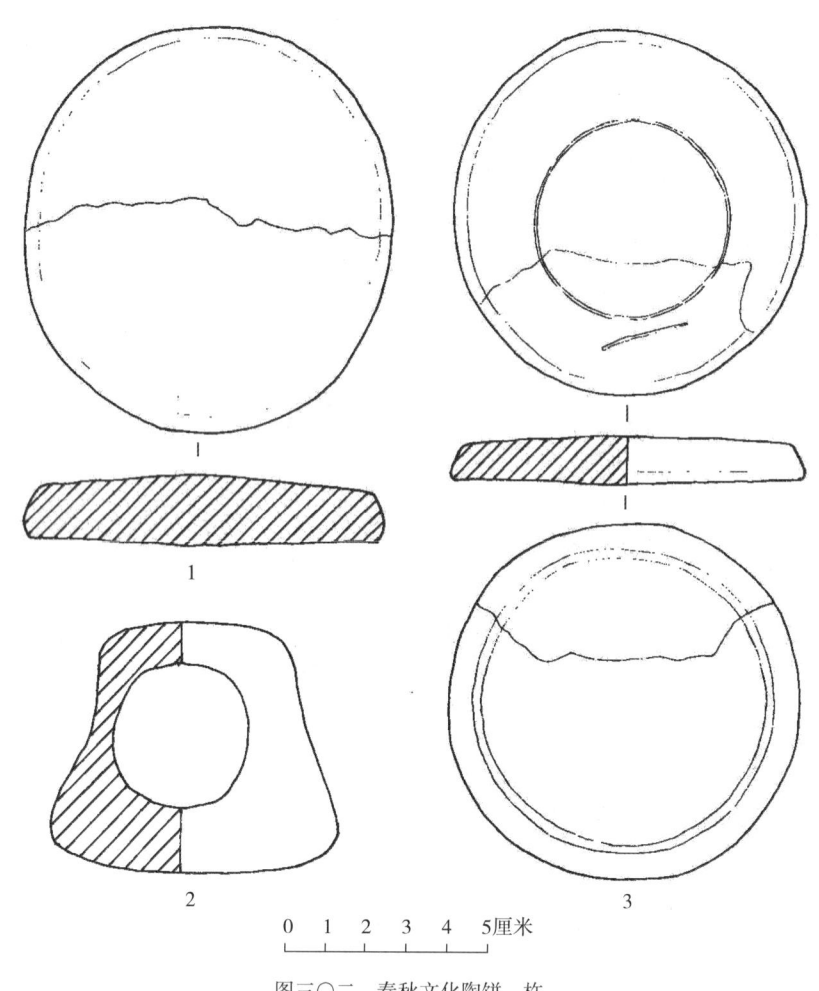

图三〇二　春秋文化陶饼、杵

1、3.饼（T87②B：67、T87H172：55）　2.杵（T85②：10）

VI型：1件。断面呈弧壁长方形。标本T87②B：65，残，泥质棕陶，台面上鼓，弧壁，中有直筒状圆形穿孔，孔径0.7厘米。台面直径4.6厘米，腰径4.8厘米，厚1.6厘米。（图三〇三，7）

5.铜质工具　18件。有刀、镞、鱼钩。

刀　5件。标本T110H183：2，残，长方形柄，弧刃，前端为双面刃，后部为单面刃。长23.5厘米，宽1.8厘米，厚0.3厘米。（图三〇四，1；彩版六三，1）标本T111H214：1，尖残，长方形环首，长方形柄，上有两个凸棱，刀尖微上翘，直背，弧刃。残长15厘米，宽2厘米，厚0.3厘米。（图三〇四，2；彩版六三，2）标本T87②A：56，首、柄残，长方形柄，上有两个凸棱，刀尖微上翘，直背，弧刃。残长15.2厘米，宽2.8厘米，厚0.4厘米。（图三〇四，3；彩版六三，3）标本T86H249：1，首、柄、尖残，直背，弧刃。残长6.5厘米，宽2.2厘米，厚0.4厘米。（图三〇四，4；彩版六三，4）标本T112H234：1，尖残，椭圆形环钮，长条形柄，直背，弧刃。残长13.9厘米，宽1.9厘米，厚0.3厘米。（图三〇四，5；彩版六三，5）

镞　10件。根据形制可分三型。

I型：8件。燕尾式。标本T87②B：23，镞尖的断面呈菱形，中有圆形脊，脊的两侧有翼，翼从脊至刃渐薄，镞尾断面为圆形，镞尾较长。通长6厘米，宽1.8厘米，厚0.7厘米。（图三〇五，1；彩版六四，1）

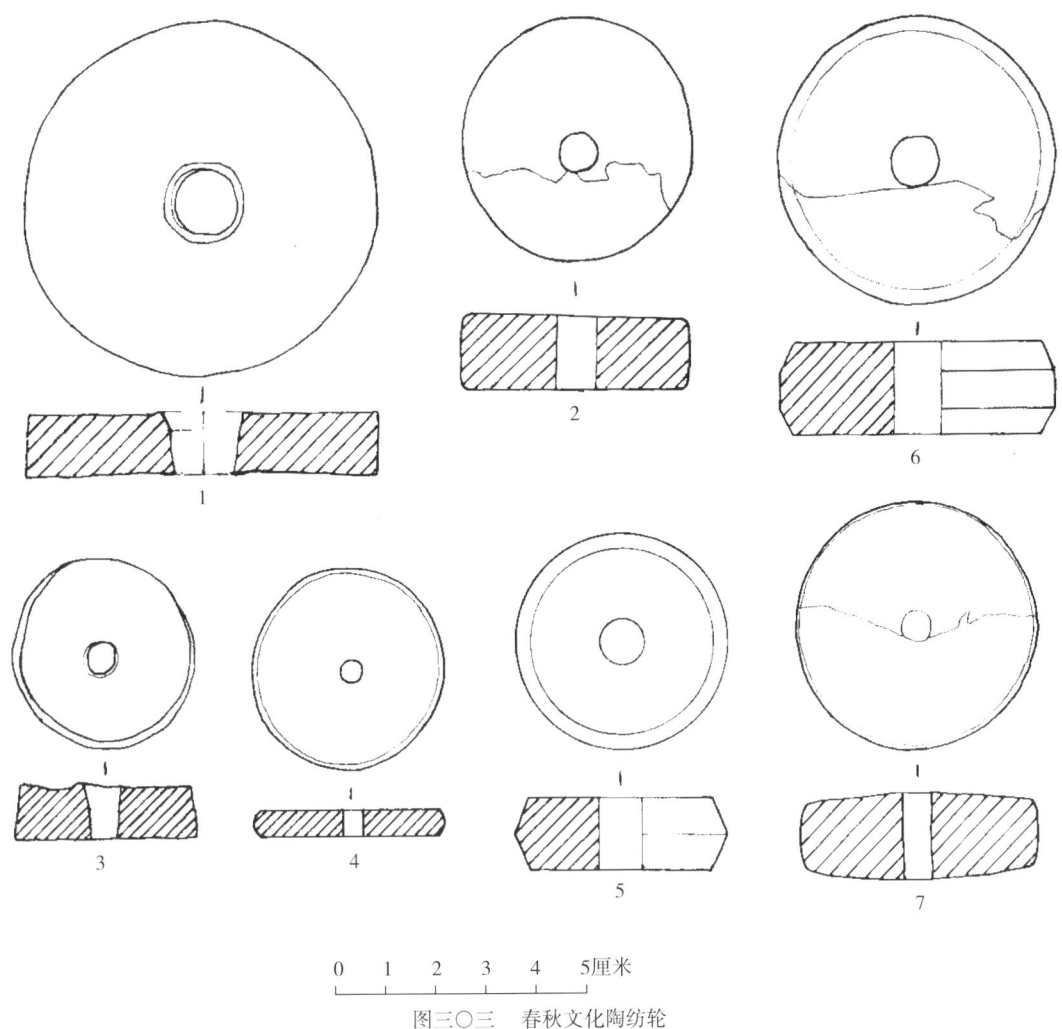

图三〇三　春秋文化陶纺轮

1、2. Ⅰ型（T87②B：14、T88②：45）　3. Ⅱ型（T112H231：2）

4. Ⅲ型（T109H218：1）　5. Ⅳ型（T87②B：66）　6. Ⅴ型（T88H152：3）　7. Ⅵ型（T87②B：65）

标本 T87②B：55，翼尖残，镞尖断面呈菱形，中有脊，脊的两侧有翼，翼从脊至刃渐薄，镞尾的断面为圆形，镞尾较长。通长 6 厘米，宽 1.8 厘米，厚 0.7 厘米。（图三〇五，2；彩版六四，2）标本 T112H235：1，翼尖、尾残，镞尖断面呈菱形，中有脊，脊的两侧有翼，翼从脊至刃渐薄，镞尾断面为圆形，镞尾较长。残长 5.6 厘米，宽 2 厘米，厚 0.7 厘米。（图三〇五，3；彩版六四，3）标本 T87②B：32，翼尖、尾残，镞尖断面呈三角形，中有脊，脊的两侧有翼，翼从脊至刃渐薄，镞体断面为圆形。残长 4.1 厘米，宽 1.8 厘米，厚 0.7 厘米。（图三〇五，4；彩版六四，4）标本 T87H164：1，翼尖、尾残，镞尖断面呈菱形，中有脊，脊的两侧有翼，翼从脊至刃渐薄，镞尾断面为圆形，镞尾较长。残长 3.4 厘米，宽 1.9 厘米，厚 0.7 厘米。（图三〇五，5；彩版六四，5）标本 T87②B：34，翼尖、尾残，镞尖断面呈菱形，中有脊，脊的两侧有翼，翼从脊至刃渐薄，镞尾断面为圆形，镞尾较长。残长 2.9 厘米，宽 1.5 厘米，厚 0.7 厘米。（图三〇五，6；彩版六四，6）标本 T87H172：5，翼尖、尾残，镞尖断面呈菱形，中有脊，脊的两侧有翼，翼从脊至刃渐薄，镞尾断面为圆形，镞尾较长。残长 3.7 厘米，宽 1.7 厘米，厚 0.7 厘米。（图三〇五，7；彩版六四，7）标本 T87②B：33，翼尖、尾残，镞尖断面呈菱形，中有脊，脊的两侧有翼，翼从脊至刃渐薄，镞尾断面为圆形，镞尾较长。残长 3.8 厘米，残宽 1.3 厘米，厚 0.7 厘米。（图三〇五，8；彩版六四，8）

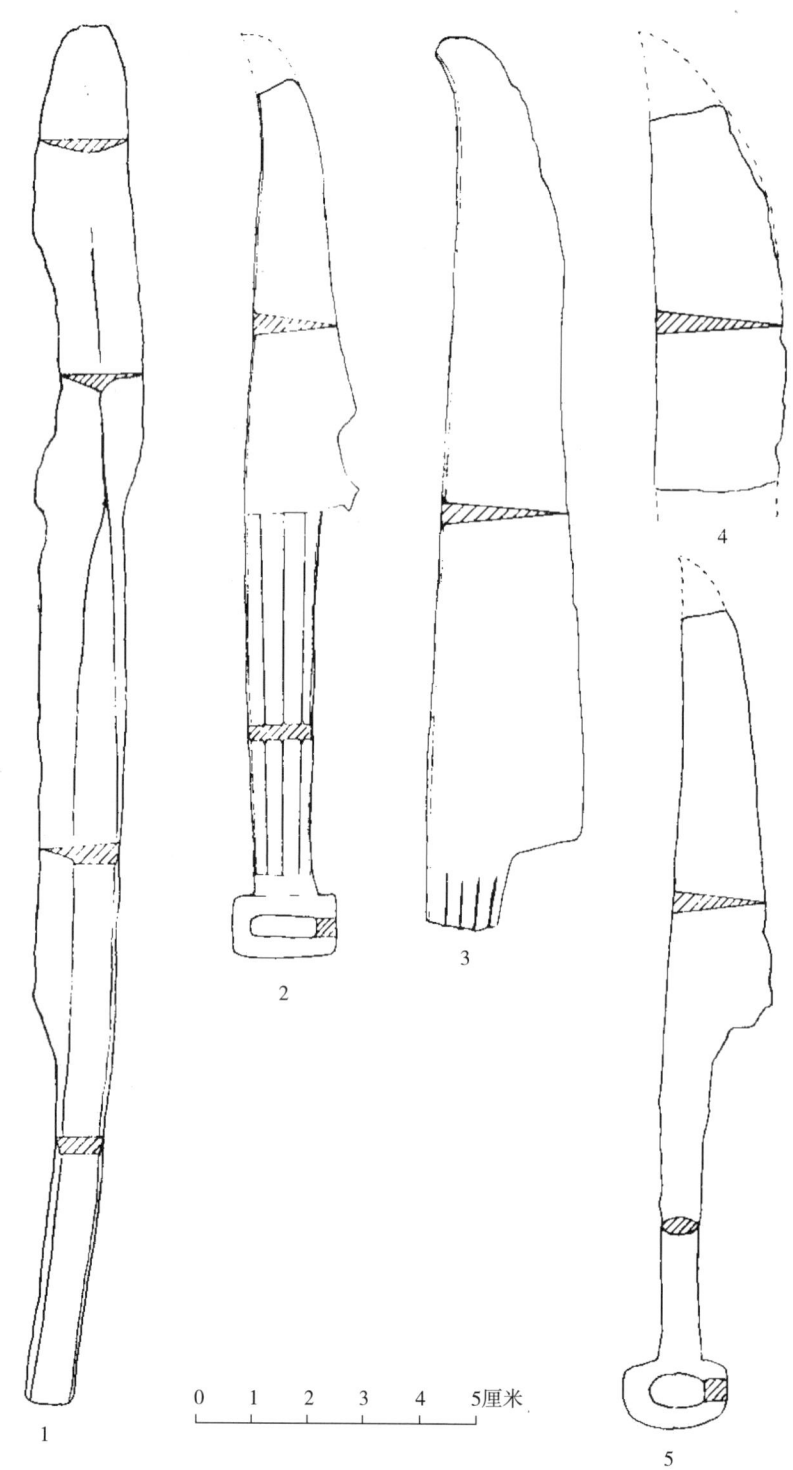

图三〇四　春秋文化铜刀

1. T110H183：2　2. T111H214：1　3. T87②A：56　4. T86H249：1　5. T112H234：1

　　Ⅱ型：1件。矛形。形似矛，菱形尖，有脊，有镞尾。标本 T88②A：32，残，脊断面为菱形，两翼很薄。长3.8厘米，宽0.9厘米，厚0.5厘米。（图三〇五，9；彩版六四，9）

　　Ⅲ型：1件。标本 T87②A：16，翼残，镞尖断面呈菱形，中有脊，脊的两侧有翼，翼从脊至刃渐薄，镞尾断面为圆形，镞尾较长。长3.8厘米，残宽1.7厘米，厚0.7厘米。（图三〇五，10；彩版六四，10）

钻　1件。标本 T87H172：18，残，体断面呈菱形，柄断面为圆形，残长 3 厘米，宽 0.4 厘米，厚 0.2 ~ 0.4 厘米。（图三〇五，12；彩版六四，12）

鱼钩　1件。标本 T110H183：4，残，弯曲有钩，钩体断面为三角形。残长 2.5 厘米，宽 3 厘米，径 0.2 厘米。（图三〇五，11；彩版六四，11）

铜块　1件。标本 T110H183：8，残，不规则形，残长 4 厘米，宽 2 厘米，厚 0.9 厘米。（图三〇五，13；彩版六四，13）

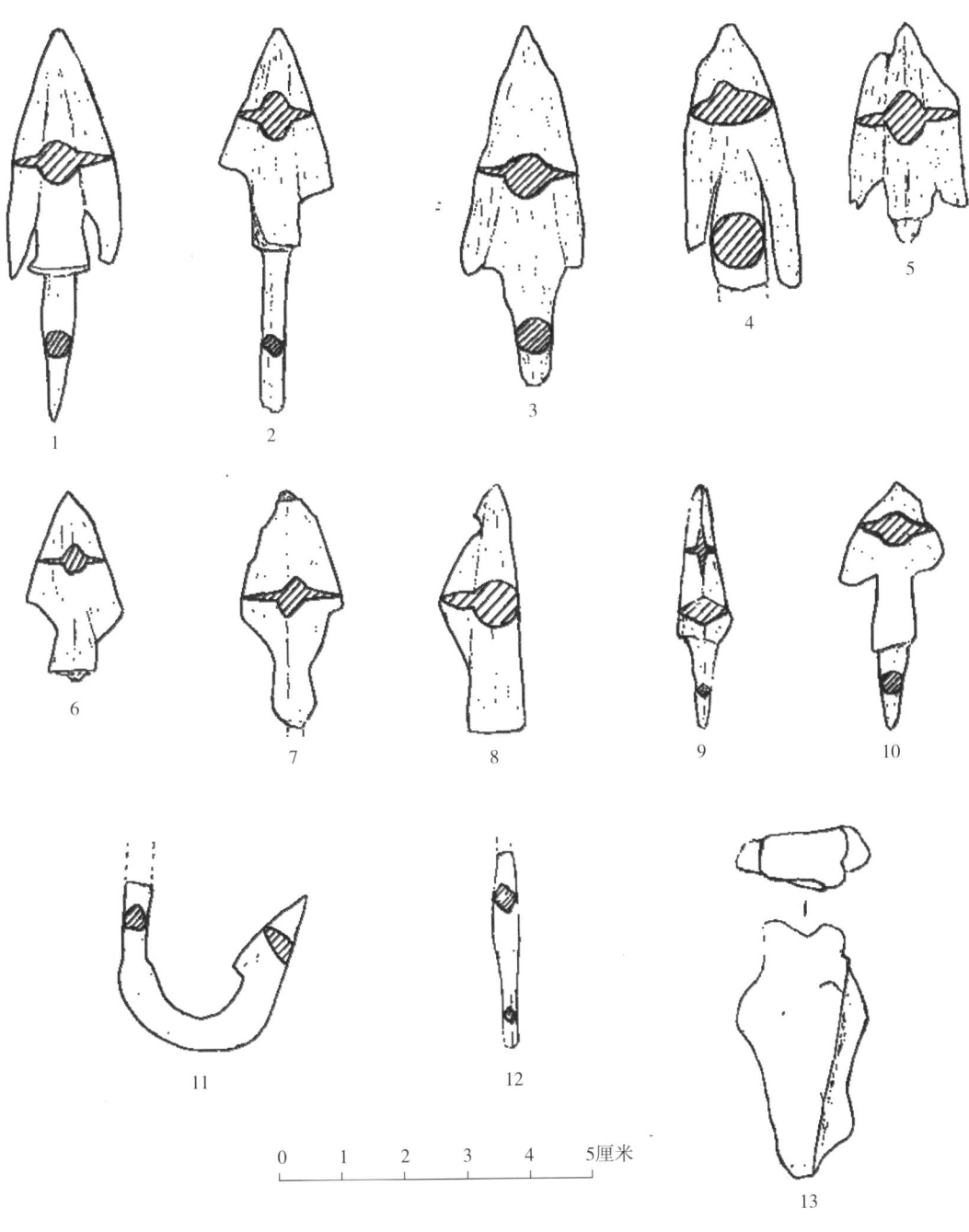

图三〇五　春秋文化铜器

1 ~ 8. I 型镞（T87 ② B：23、T87 ② B：55、T112H235：1、T87 ② B：32、T87H164：1、T87 ② B：34、T87H172：5、T87 ② B：33）
9. II 型镞（T88 ② A：32）　10. III 型镞（T87 ② A：16）　11. 鱼钩（T110H183：4）　12. 钻（T87H172：18）　13. 铜块（T110H183：8）

（二）生活用具

主要是陶器，计 12 件，以泥质灰陶为主，极个别为棕色，器形有鬲、簋、碗、罐、盆、盂等。现分别介绍如下。

鬲　2 件。标本 T87H172：50，泥质灰陶，敞口，折沿，尖唇，口内侧微凹，敛颈，颈下饰竖绳纹，底部三袋足，三足之间饰横绳纹。口径 21.5 厘米，高 21.5 厘米。（图三〇六，1；图三〇七，1；图版七八，1）标本 T111H202：1，泥质灰陶，侈口，折沿，方唇，敛颈，颈下饰较粗竖绳纹，底部有三袋足，三足之间饰粗横绳纹。口径 15.5 厘米，高 15.5 厘米。（图三〇六，2；图三〇七，2；图版七八，2）

簋　1 件。标本 T112H231：5，泥质灰陶，磨光，盘口，圆唇，口外侧下饰一端宽凹弦纹，颈部和肩部之间饰一周宽凹弦纹，腹部饰一周斜绳纹，圈足，圈足上饰两道凹弦纹。口径 22.6 厘米，残高 15.4 厘米。（图三〇六，3；图三〇七，3；图版七八，3）

盆　2 件。标本 T109H190：1，泥质浅灰陶，侈口，折沿，圆唇，敛颈，圜底内凹，颈下饰竖绳纹，下腹部饰绳纹，纹饰比较紊乱。口径 34 厘米，底径 12 厘米，高 23.5 厘米。（图三〇六，4；图三〇七，4；图版七八，4）标本 T87H172：51，残，泥质灰陶，侈口，折沿，沿较窄，方唇，颈下饰竖绳纹，腹部饰斜绳纹。口径 24 厘米，底径 18.5 厘米，残高 15 厘米。（图三〇六，5；图三〇七，5；图版七九，6）

盂　2 件。标本 T87H164：6，泥质棕陶，磨光，平口微敛，折沿，圆唇，口部有三圈压印纹，折腹，上腹部饰五周凹弦纹，平底。口径 19.6 厘米，底径 8.5 厘米，高 11.5 厘米。（图三〇六，6；图三〇七，6；图版七八，5）标本 T87H172：49，泥质黑陶，磨光，平口微敛，折沿，圆唇，折腹，上腹部饰六周凹弦纹，平底。口径 25.2 厘米，底径 10.5 厘米，高 14 厘米。（图三〇六，7；图三〇七，7；图版七八，6）

碗　4 件。标本 T109H184：3，泥质浅灰陶，侈口，浅腹，平底。口径 14 厘米，底径 9 厘米，高 5.5 厘米。（图三〇八，1；图版七九，1）标本 T111H214：2，泥质浅灰陶，侈口，折沿，圆唇，颈部较窄饰凹弦纹，浅腹，圈足。口径 11.5 厘米，底径 6 厘米，高 6.5 厘米。（图三〇八，2；图版七九，2）标本 T12H1：1，泥质黑陶，喇叭口，浅腹，平底带一圈侈棱。口径 12 厘米，底径 5.5 厘米，高 5 厘米。（图三〇八，3；图版七九，3）标本 T88H153：1，泥质浅灰陶，喇叭口，折沿，内腹部饰凸弦纹，底部有一圆窝，平底带一圈侈棱。口径 9.5 厘米，底径 5 厘米，高 4.5 厘米。（图三〇八，4；图版七九，4）

罐　1 件。标本 T87H172：52，泥质浅灰陶，敞口，折沿，尖唇，颈微束，鼓腹，平底中心稍凹。口径 8.5 厘米，腹径 9.6 厘米，底径 6.5 厘米，高 5.6 厘米。（图三〇八，5；图版七九，5）

（三）装饰品及其他

有骨簪、针、玉管、玦、龟甲、卜骨等。

骨簪　25 件。均由肢骨劈开、锯断，打制为锥形，磨制而成。根据簪体特征可分为七型。

Ⅰ型：4 件。鸟冠簪。透雕鸟形簪冠，椭圆形锥体，断面为椭圆形，精工细作，通体磨光。标本 T112H231：1，尖、簪冠残，仅剩两个椭圆形箍，簪冠、簪体的断面为椭圆形。残长 11.5 厘米，径 0.7 厘米。（图三〇九，1）标本 T112H230：2，簪冠残，仅剩一个椭圆形箍，簪冠、簪体的断面为椭圆形。残长 9 厘米，径 0.7 厘米。（图三〇九，2）标本 T87②A：13，尖残，有双鸟形簪冠，上雕两只鸟，昂首，挺胸，翘尾，圆目，尾镶嵌绿松石，下有三周簪冠箍，断面呈梯形，做工精致，造型优美。残高 5.1 厘米，宽 2.3 厘米，厚 1 厘米。（图三〇九，3）标本 T87H172：54，尖、体均残，仅存鸟形簪冠，昂头，圆目。残长 1.5 厘米，宽 1.3 厘米，厚 0.3 厘米。（图三〇九，4）

Ⅱ型：2 件。带安装簪帽形。标本 T87H172：43，尖稍残，簪体为椭圆形，顶部有圆形榫头，其外又安

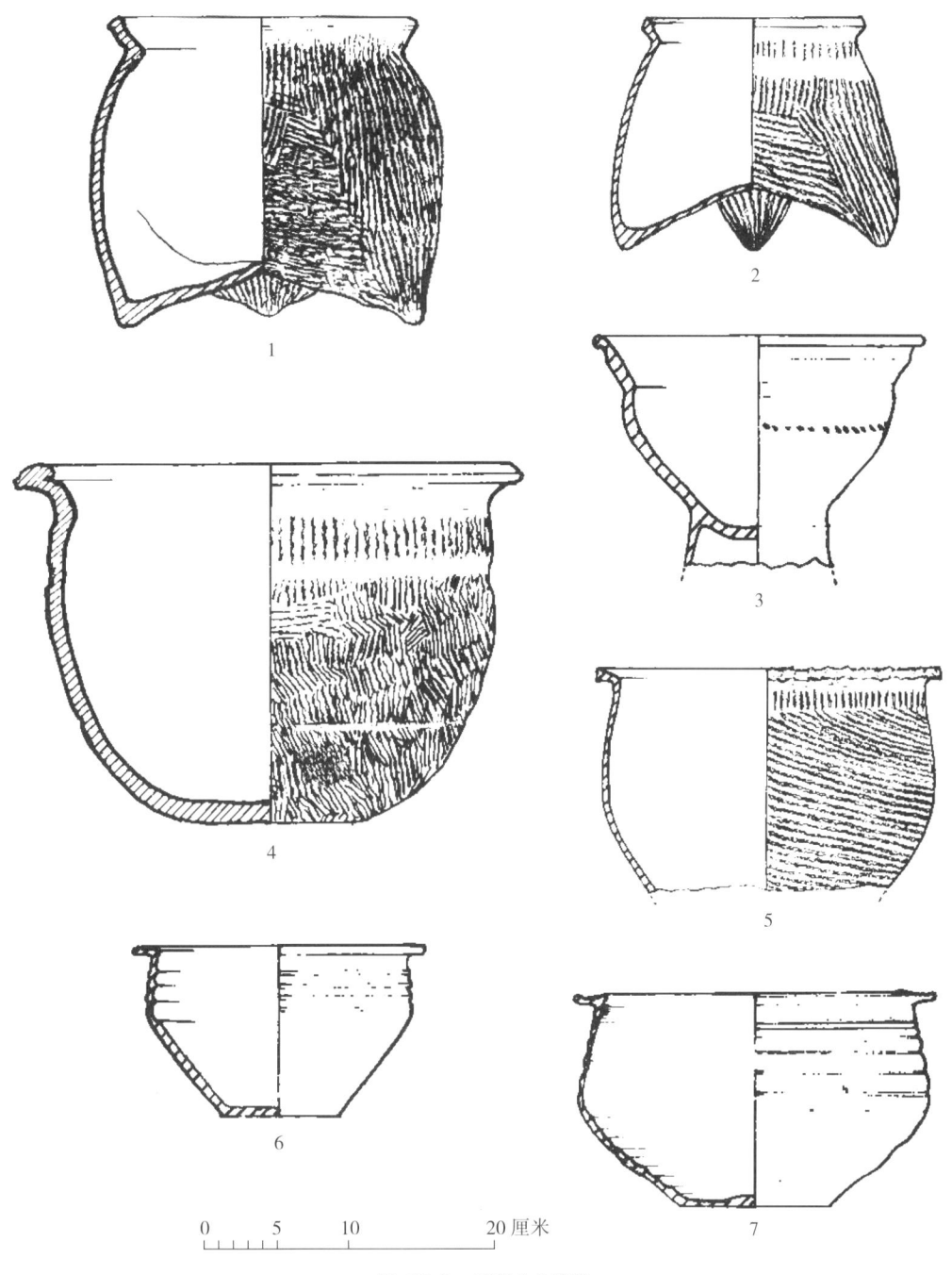

图三〇六　春秋文化陶器

1、2. 鬲（T87H172：50、T111H202：1）　3. 簋（T112H231：5）　4、5. 盆（T109H190：1、T87H172：51）
6、7. 盂（T87H164：6、T87H172：49）

装圆形簪冠，簪体断面为椭圆形。簪冠直径 1.2~1.5 厘米，厚 0.4 厘米。簪体直径 0.7~0.9 厘米，残长 8.1 厘米。（图三〇九，5）标本 T87H172：20，仅见椭圆形簪冠，平面为椭圆形，中有椭圆形穿孔，断面为梯形。直径 1.5 厘米，穿孔径 0.6 厘米。（图三〇九，6）

　　Ⅲ型：3 件。钉形簪。簪顶似一圆形帽，较粗，簪体较细呈圆柱状，簪体断面为圆形。其中 2 件完整，1 件残。标本 T88 ② A：35，完整，通体磨光，制作精致，簪顶似一圆形帽，较粗，平顶，簪体断面为圆形。长 10 厘米，帽顶直径 0.9 厘米，体径 0.5 厘米。（图三〇九，7）标本 T87H152：2，簪尖残，通体磨光，制

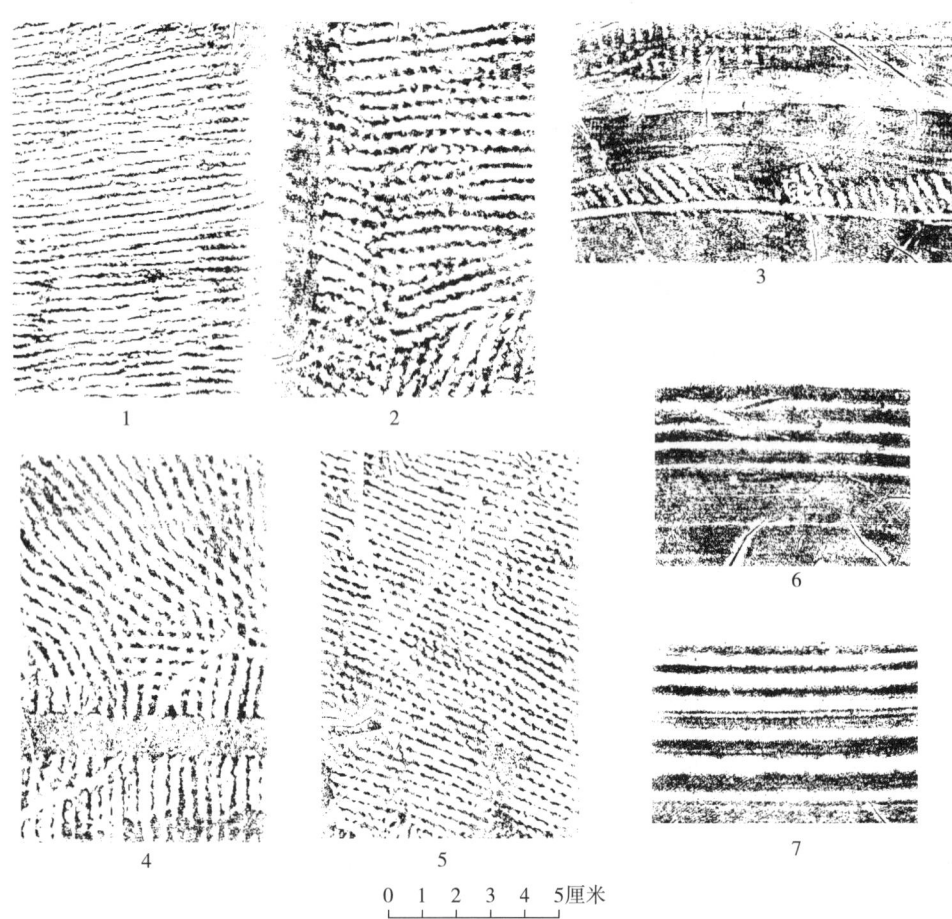

0 1 2 3 4 5厘米

图三〇七　春秋文化陶器纹饰拓片

1、2. 鬲（T87H172：50、T111H202：1）　3. 簋（T112H231：5）

4、5. 盆（T109H190：1、T87H172：51）　6、7. 盂（T87H164：6、T87H172：49）

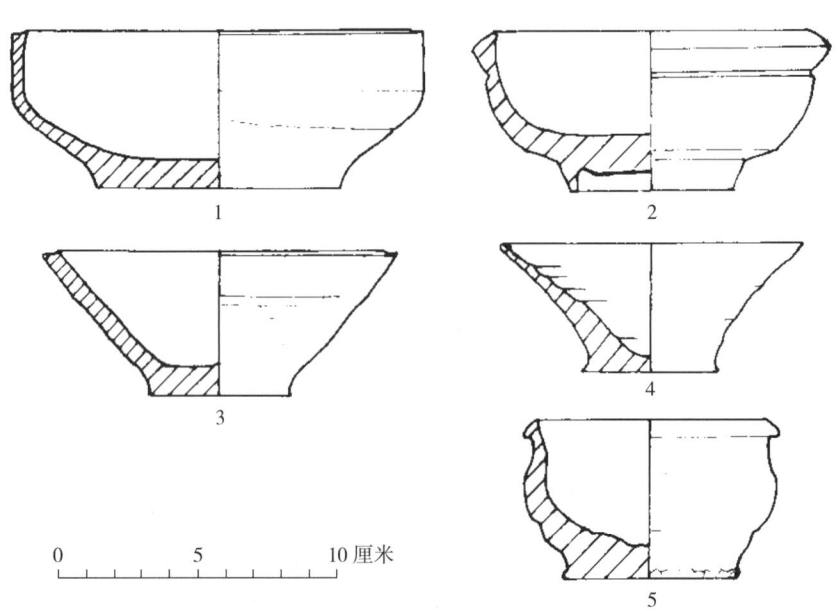

0　　　　　5　　　　　10厘米

图三〇八　春秋文化陶碗、罐

1~4. 碗（T109H184：3、T111H214：2、T12H1：1、T88H153：1）　5. 罐（T87H172：52）

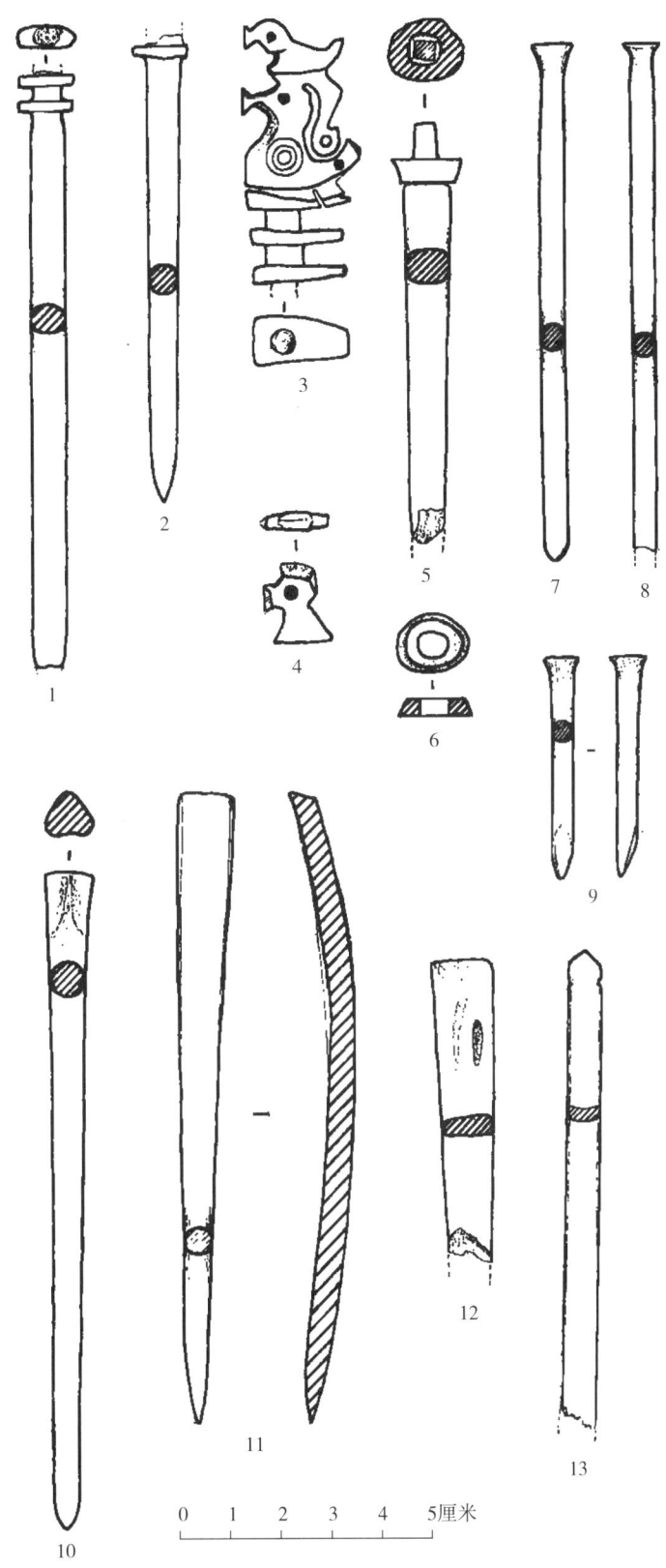

图三〇九 春秋文化骨簪

1~4. Ⅰ型（T112H231：1、T112H230：2、T87②A：13、T87H172：54） 5、6. Ⅱ型（T87H172：43、T87H172：20）

7~9. Ⅲ型（T88②A：35、T87H152：2、T87H172：42） 10~12. Ⅳ型（T87②B：22、T112H230：1、T87H172：13）

13. Ⅴ型（T87H172：3）

作精致，簪顶帽较粗，平顶，簪体断面为圆形，簪帽与簪体连接处较细。残长 9.9 厘米，帽顶径 0.7 厘米，体径 0.5 厘米。（图三〇九，8）标本 T87H172：42，完整，呈青灰色，通体磨光，制作精致，簪顶较粗，平顶，簪体断面为圆形，斜尖。长 4.5 厘米，帽顶径 0.7 厘米，体径 0.5 厘米。（图三〇九，9）

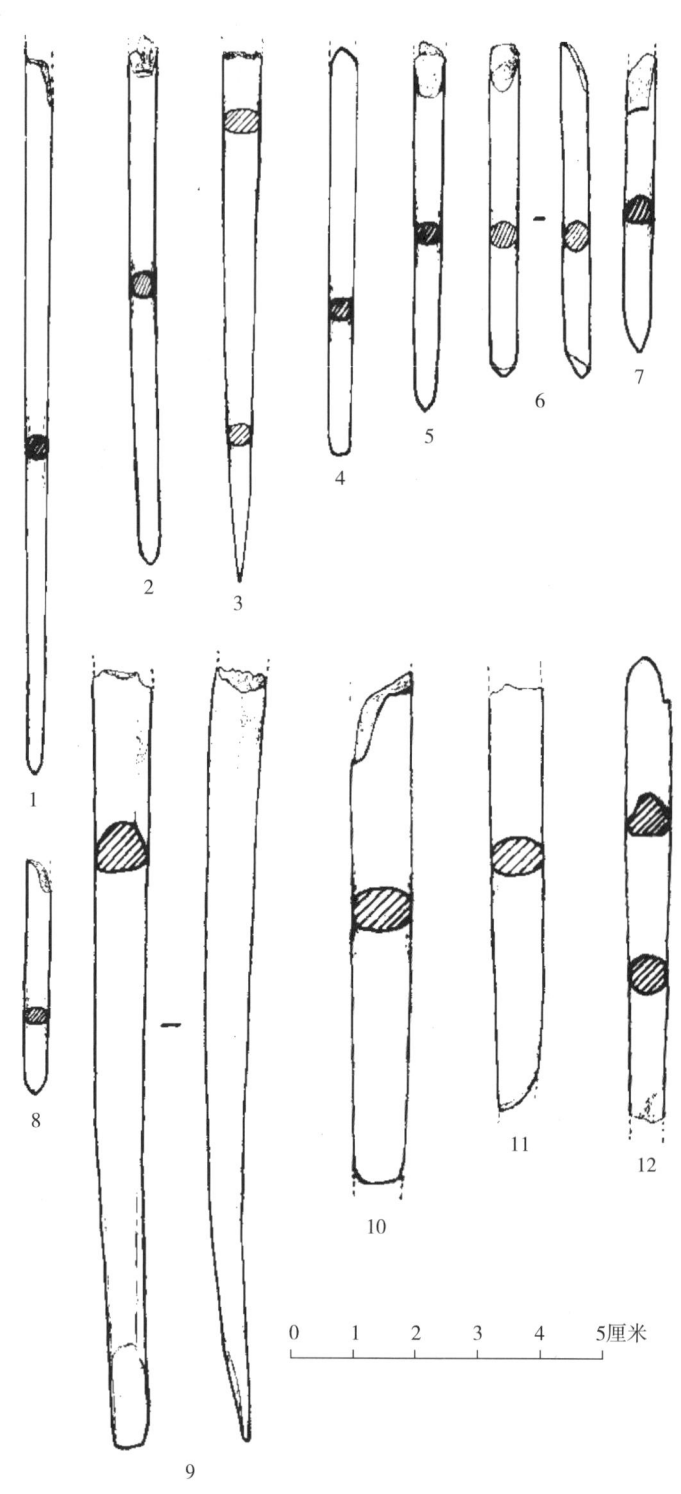

图三一〇　春秋文化骨簪

1~8. Ⅵ型（T87②B：19、T88H152：1、T87H172：15、T87②B：64、T87H172：16、T87②B：21、T87H164：2、T87②B：58）

9~12. Ⅶ型（T112H230：3、T112H231：6、T112H231：7、T87H172：36）

Ⅳ型：3件。粗顶形簪。簪顶较粗，至簪体渐细，锥尖。其中2件完整，1件残。标本 T87②B：22，完整，呈肉色，通体磨光，制作精致，簪顶较粗，平顶，簪顶断面为圆角三角形，簪体断面为圆形，锥尖。长12.7厘米，顶径1厘米，体直径0.8厘米。（图三〇九，10）标本 T112H230：1，完整，呈肉色，通体磨光，制作精致，体弯曲，簪顶较粗，平顶，簪顶断面为圆角长方形，簪体断面为圆形，锥尖。长12.3厘米，顶径1.1厘米，厚0.5厘米，体径0.5厘米。（图三〇九，11）标本 T87H172：13，尖残，簪体呈锥状，顶宽体渐窄，体断面呈圆角长方形。残长5.8厘米，宽1.1厘米，厚0.4厘米。（图三〇九，12）

Ⅴ型：1件。桃形顶簪。标本 T87H172：3，尖残，呈肉色，通体磨光，簪体较薄，顶呈桃形，簪体断面为扁弧形。残长9.3厘米，宽0.7厘米，厚0.3厘米。（图三〇九，13）

Ⅵ型：8件。圆柱形簪。体为圆柱状，尖呈圆锥形，尖稍钝，断面为圆形。标本 T87②B：19，顶残，上部断面为圆形，下部稍细，断面为圆形。残长11.2厘米，体径0.4厘米。（图三一〇，1）标本 T88H152：1，顶残，断面为圆形。残长8.3厘米，体径0.5厘米。（图三一〇，2）标本 T87H172：15，顶残，上粗下细，

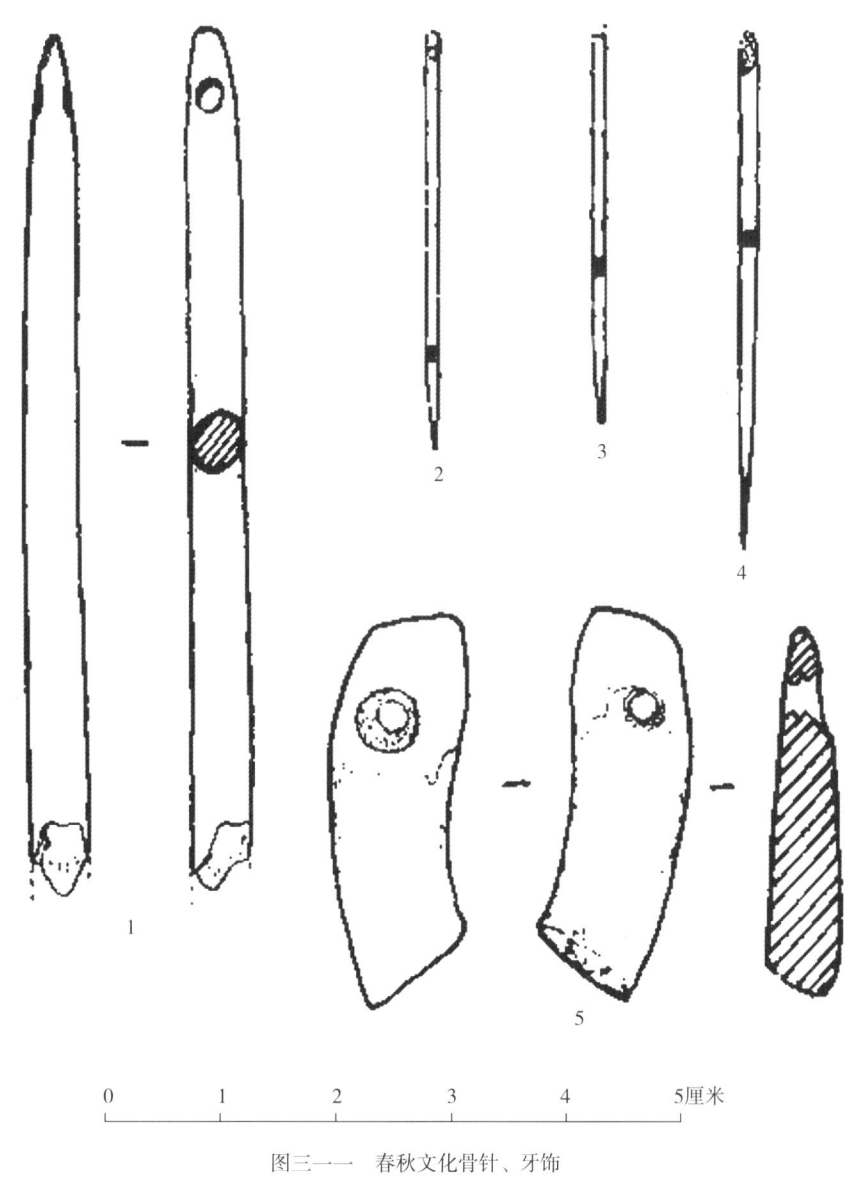

图三一一　春秋文化骨针、牙饰

1~4.骨针（T87②B：60、T87②A：12、T87H172：8、T87②B：38）5.牙饰（T91H128：6）

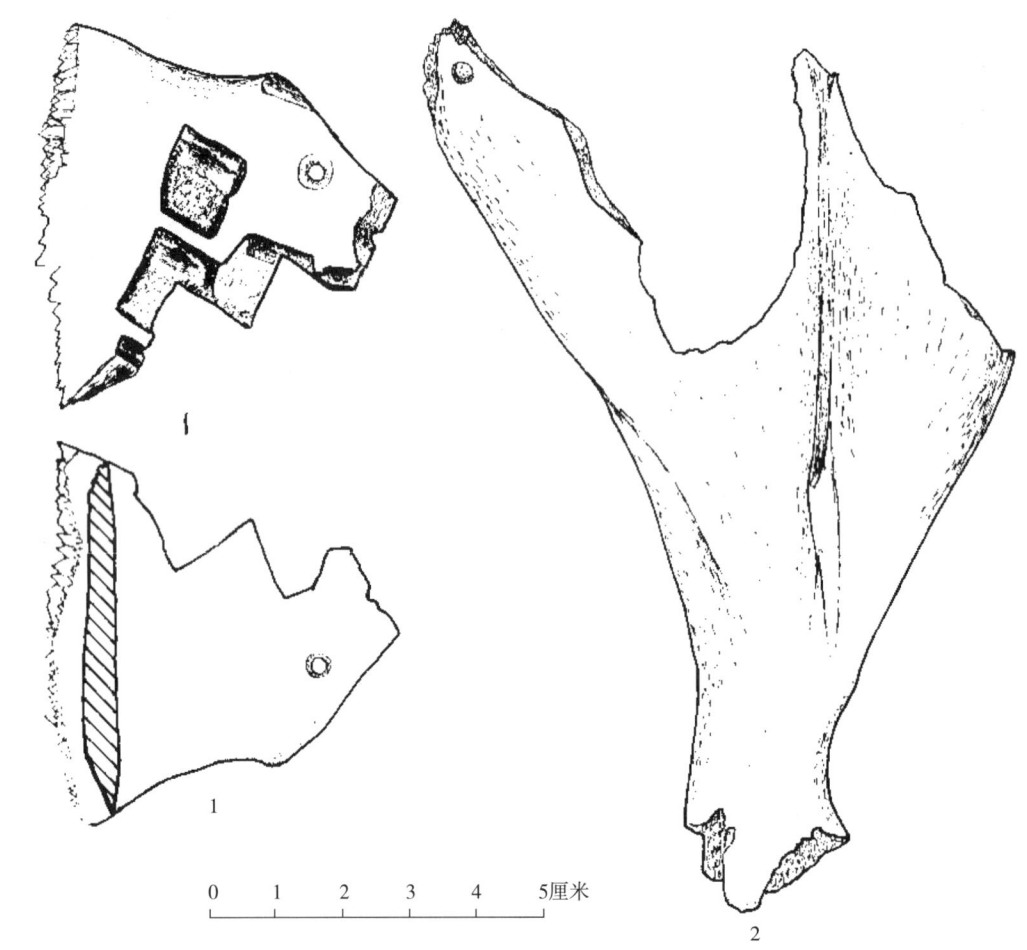

图三一二　春秋文化龟甲、卜骨

1. 龟甲（T87②B：59）　2. 卜骨（T112H231④：9）

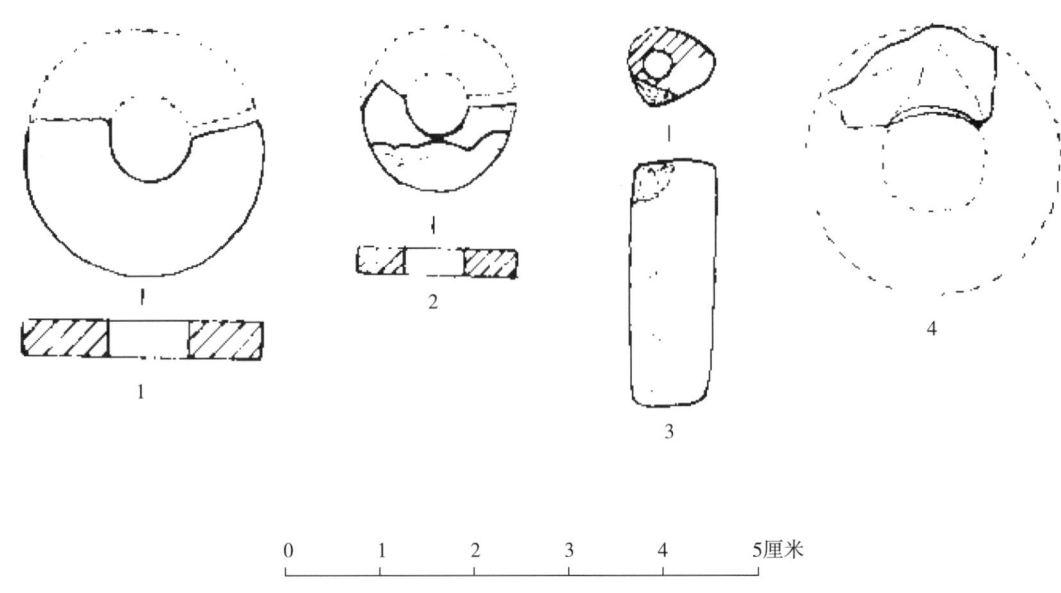

图三一三　春秋文化玉、石器

1、2. 玉玦（T88②A：41、T88②A：46）　3. 绿松石管（T88②B：49）　4. 玛瑙环（T87H164：5）

断面为圆形。残长 8.7 厘米，上部体径 0.7 厘米，下部体径 0.4 厘米。（图三一〇，3）标本 T87②B：64，顶残，体呈圆柱状，断面为圆形。残长 6.5 厘米，体径 0.4 厘米。（图三一〇，4）标本 T87H172：16，顶残，体呈圆柱状，断面为圆形。残长 5.7 厘米，体径 0.4 厘米。（图三一〇，5）标本 T87②B：21，顶、尖残，体呈圆柱状，断面为圆形。残长 5.2 厘米，体径 0.4 厘米。（图三一〇，6）标本 T87H164：2，顶残，体呈圆柱状，断面为圆形。残长 4.6 厘米，体径 0.4 厘米。（图三一〇，7）标本 T87②B：58，顶残，体呈圆柱状，断面为圆形。残长 3.6 厘米，体径 0.4 厘米。（图三一〇，8）

Ⅶ型：4 件。上粗下细宽尖形。标本 T112H230：3，顶残，呈肉色，通体磨光，体微弯曲，簪顶较粗，断面为圆三角形。残长 12 厘米，宽 0.9 厘米，厚 0.7 厘米，刃宽 0.4 厘米。（图三一〇，9）标本 T112H231：6，顶、尖残，断面为椭圆形。残长 8 厘米，体径 0.6~0.9 厘米。（图三一〇，10）标本 T112H231：7，顶、尖残，断面为椭圆形。残长 6.6 厘米，体径 0.6~0.8 厘米。（图三一〇，11）标本 T87H172：36，顶、尖残，簪体微曲，体一端断面呈圆柱状，一端断面呈三角状。残长 7.3 厘米，体径 0.6 厘米。（图三一〇，12）

骨针　4 件。磨制，一端有针的穿孔，很精致。其中 1 件完整，3 件残。标本 T87②B：60，尖残，一端有圆形穿孔，断面呈圆形。残长 7.3 厘米，径 0.4~0.6 厘米。（图三一一，1）标本 T87②A：12，完整，一端有圆形穿孔，断面呈圆形。长 3.6 厘米，径 0.1 厘米。（图三一一，2）标本 T87H172：8，穿孔残，断面呈圆形。残长 3.4 厘米，径 0.1 厘米。（图三一一，3）标本 T87②B：38，穿孔残，断面呈圆形。残长 4.4 厘米，径 0.15 厘米。（图三一一，4；彩版六五，5）

牙饰　1 件。标本 T91H128：6，獐牙尖残，牙根处有圆形穿孔，穿孔断面呈喇叭状。孔径 0.2~0.7 厘米。长 3.3 厘米，宽 1.2 厘米，厚 0.7 厘米。（图三一一，5）

龟甲　1 块。标本 T87②B：59，残，上有一个圆形钻孔，单钻，钻孔断面呈喇叭状。口径 6 厘米，孔径 2 厘米，背面有 4 个方形凿痕，并经烧灼。残长 5.5 厘米，宽 5.3 厘米，厚 6 厘米。（图三一二，1）

卜骨　1 块。标本 T112H231④：9，系肩胛骨，有烧灼痕，左上角有圆形钻孔，未透。长 13.2 厘米，宽 6.5 厘米。（图三一二，2）

玉玦　2 件。标本 T88②A：41，残，为青白玉，平面为圆形，中有一缺口。直径 2.5 厘米，孔径 0.9 厘米，厚 0.3 厘米。（图三一三，1；彩版六五，1）标本 T88②A：46，绿松石质，平面为圆形，中有一缺口，上有云纹。直径 1.6 厘米，孔径 0.6 厘米，厚 0.2 厘米。（图三一三，2；彩版六五，2）

绿松石管　1 件。标本 T88②B：49，残，平面呈管状，圆柱体，中有直筒状圆形穿孔。孔径 0.3 厘米，长 2.5 厘米，宽 0.8 厘米，厚 0.8 厘米。（图三一三，3；彩版六五，3）

玛瑙环　1 件。标本 T87H164：5，残，断面呈弧形三角形。直径 2.7 厘米，内径 1.1 厘米，厚 0.4 厘米。（图三一三，4；彩版六五，4）

第八章 战国文化

一、文化遗迹

遗址中战国文化的遗迹主要有墓葬、灰坑。因墓葬较多，将放在本报告下编予以介绍，现只将灰坑予以介绍。

灰坑是遗址中战国文化的重要遗迹之一，共发现9座，即H200、H228、H126、H121、H184、H189、H56、H57、H196。根据其口部形状可分为圆形、椭圆形、长方形。（表一〇）

H200位于遗址北部T112内的东北部，坑口位于①B层下。为圆形筒状坑，口大底小，平底。填灰土，土质较松软。出土陶片以灰陶居多，棕陶较少，纹饰以绳纹居多，器形有鬲、罐、碗、豆等。口径1.40米，底径1.38米，深0.45米。（图三一四，1）

H228位于遗址北部T113的中部，坑口开于①层下。为圆形筒状坑，口大底小，平底。填黄花土，土质坚硬。出土猪骨架1具，当为祭祀坑。口径0.72米，深0.18米。（图三一四，2）

H126位于遗址北城墙中段T91内东北角，开口①层下和H121下，大部分压在北、东隔梁下未清理，打破夯土城墙，坐落在城墙夯土中。椭圆形直筒状坑，直壁，口底大小相同，平底。上部填带炭粒褐灰土，土质松软。出土陶片194块，以灰陶为主，夹砂棕陶次之，其中灰陶粗绳纹82块、棕陶绳纹49块、素面42块、弦纹21块，器形有盆、罐、豆、鬲、筒瓦、板瓦。还有骨针等。口径残长1.03米，残宽0.65米，深0.70米。（图三一四，3）

H121位于遗址北城墙中段T91内东北角，开口②层下，打破H126，仅清理探沟内部分，打破夯土城墙，坐落在城墙夯土中。椭圆形筒状坑，斜壁，口大底小，底近平。上部填带红烧土块的灰土，下部填灰褐土，土质松软。出土板瓦、罐、盆等。还有铁耙齿。残长1.42米，残宽0.95米，深0.70米。（图三一四，4）

H184位于遗址北部T109内西南部，坑口位于①A层下，被M200打破。为椭圆形筒状坑，口大底小，平底。填土为灰土，土质较松软。出土陶片320块，以灰陶居多，棕陶较少，纹饰以绳纹居多，篮纹次之，方格纹较少，其中绳纹117块、篮纹85块、方格纹75块、素面43块，器形有盂、碗等。口径1.35~2米，底径1.16~1.86米，深0.36米。（图三一五，1）

H189位于遗址北部T109内西南部，坑口位于①A层下，被M200打破。为椭圆形筒状坑，口大底小，

表一〇 　　　　　　　　　　　　**战国文化灰坑形制统计表**

形状	直筒状	筒状	袋状	合计
圆形		H200、H228		2
椭圆形	H126	H121、H184、H189		4
长方形	H56、H57		H196	3
合计	3	5	1	9

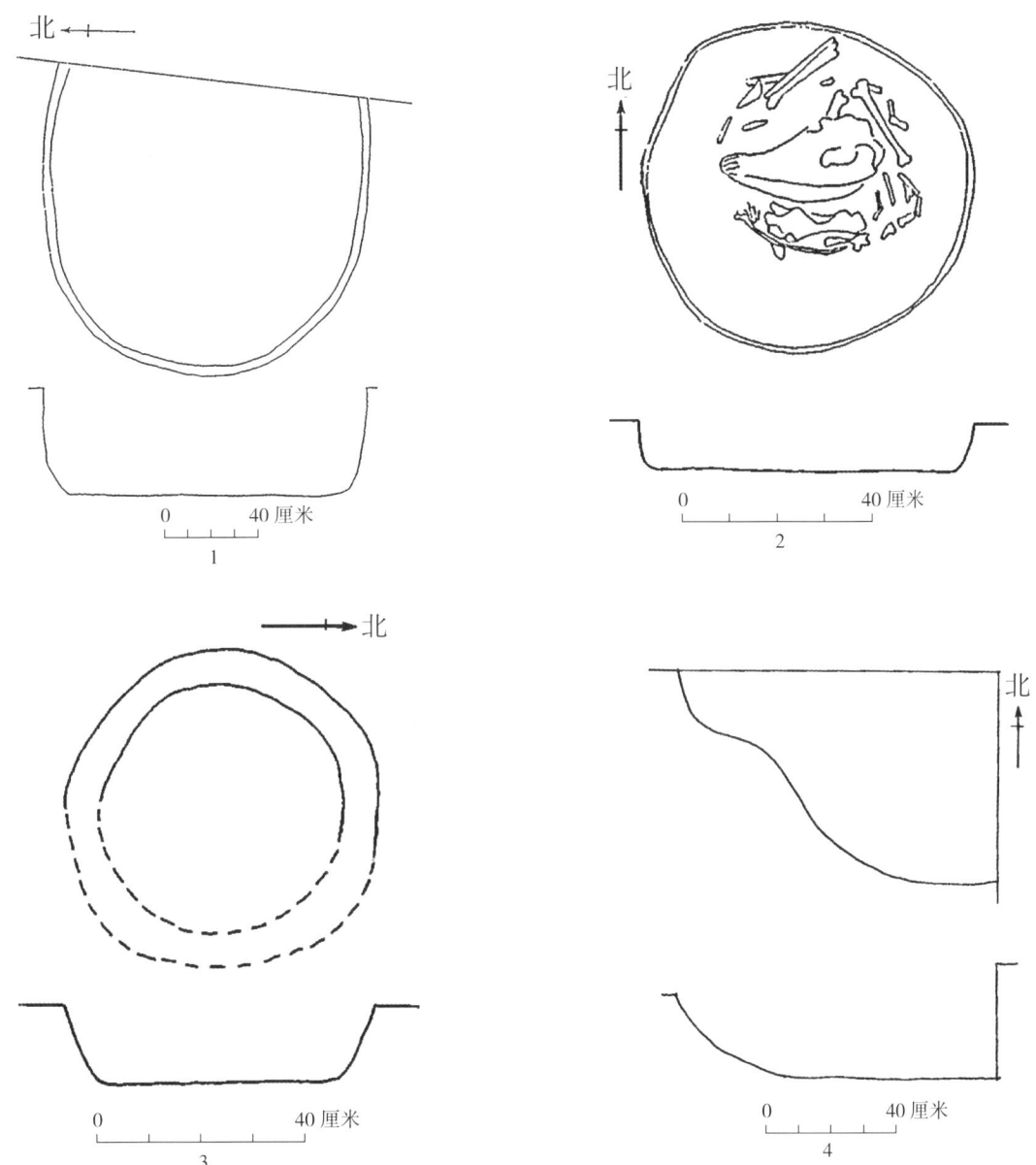

图三一四 战国文化灰坑平、剖图
1. T112H200 2. T113H228 3. T91H126 4. T91H121

平底。填土为灰土，土质较松软。出土陶片以灰陶居多，棕陶较少，纹饰以绳纹居多。口径1.20米，底径0.80米，深0.90米。（图三一五，2）

H56位于遗址北城墙中段T39内，开口汉代层下。仅清理探沟内部分，打破夯土城墙，坐落在城墙夯土中。长方形直筒状坑，直壁，口底径相当，平底。填土为花土，土质松软。出土陶片以灰陶居多，棕陶仅几片，纹饰以绳纹居多，器形有罐、鬲等。长度不详，宽0.90米，深1.90米。（图三一五，3）

H57位于遗址北城墙中段T39内，开口农耕土层下。仅清理探沟内部分，打破夯土城墙，坐落在城墙夯土中。长方形直筒状坑，直壁，口底径相当，平底。填土为花土，土质松软。出土筒瓦。长度不详，宽0.90米，深1.34米。（图三一六，1）

H196位于遗址北部T112内的中部，坑口位于①B层下，打破H181，长方形袋状坑，口小底大，平底。

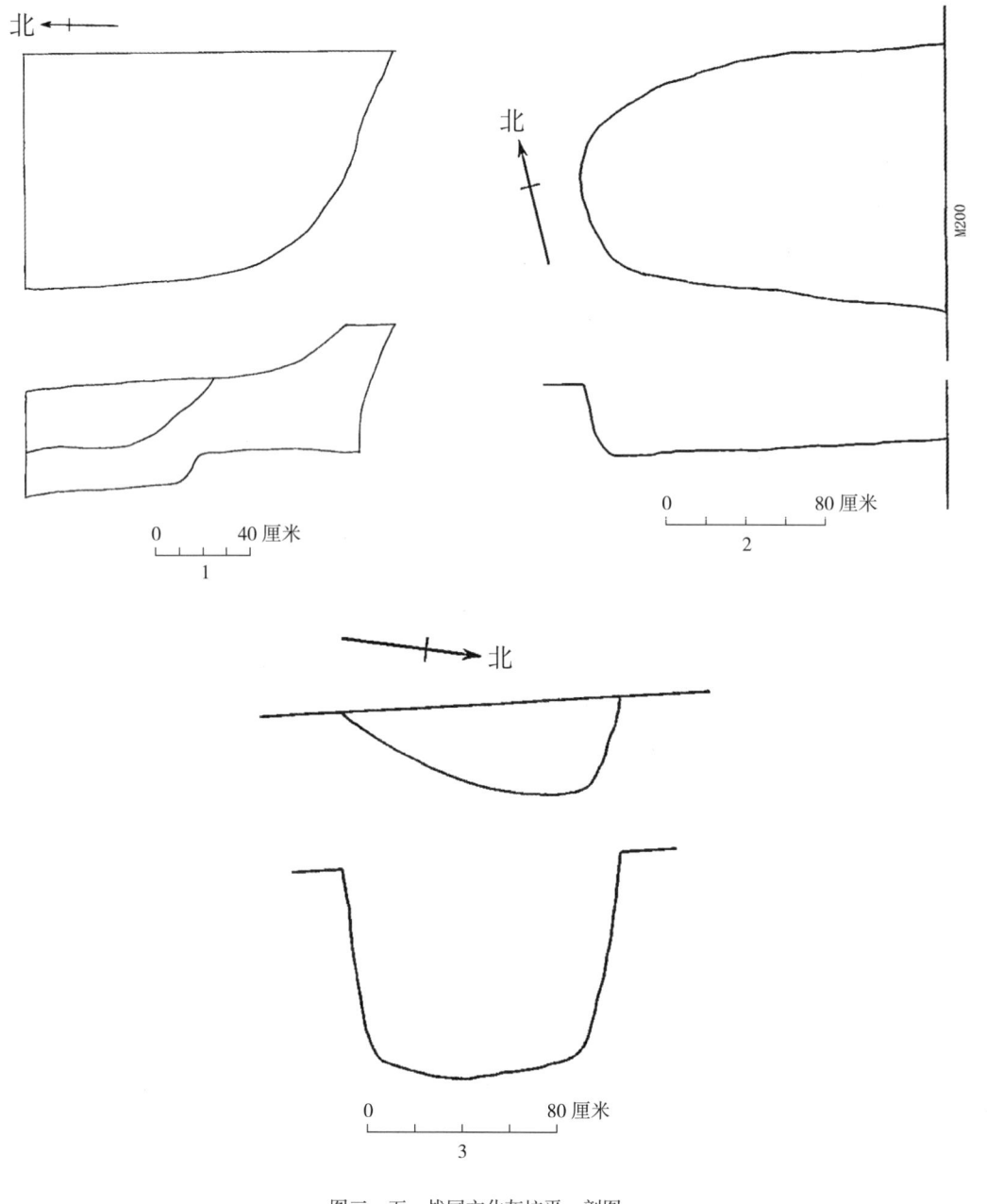

图三一五　战国文化灰坑平、剖图

1. T109H184　2. T109H189　3. T39H56

填土为灰土，土质较松软。出土陶片以灰陶居多，棕陶较少，纹饰以绳纹居多，器形有鬲、罐、碗、豆等。口长 1.80~2.40 米，底径 2.74~2.80 米，深 2 米。（图三一六，2）

二、文化遗物

遗址中战国时期文化遗物较为丰富，除陶片和大量的自然遗物外，经粘对复原的器物和观察的特殊标本共计 56 件。现按生产工具、装饰品及其他介绍。

（一）生产工具

1. 石器　计 5 件，有镰、刀、斧、砺石等。

镰　2 件。标本 T111 ② A：18，基本完整，石灰岩质，呈青灰色。平面呈长方形，弧顶，斜刃，刃锋

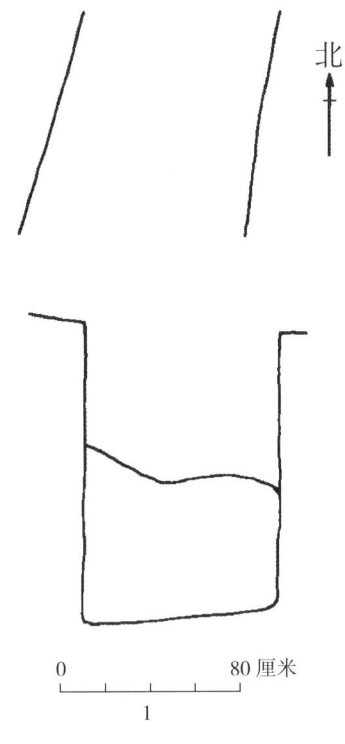 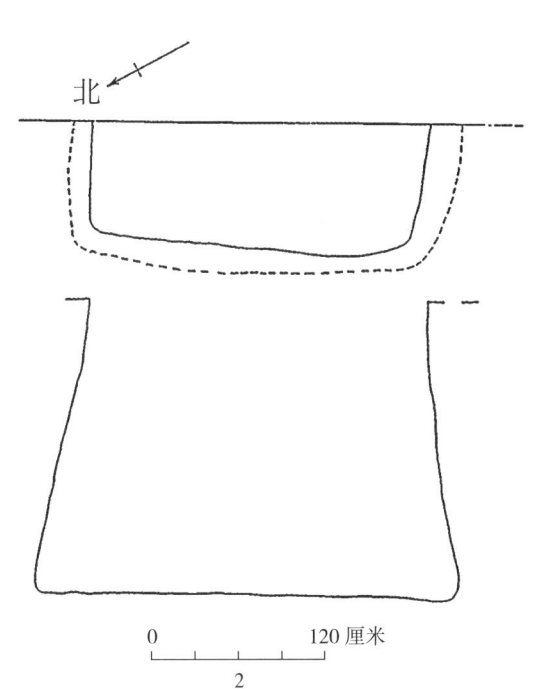

图三一六 战国文化灰坑平、剖图
1. T39H57　2. T112H196

锐。长 13.5 厘米，宽 3.6 厘米，厚 1.1 厘米。（图三一七，1；图版八〇，1）标本 T90③：43，残，石灰岩质，呈青灰色，平顶，斜刃。残长 7 厘米，宽 3.5 厘米，厚 0.8 厘米。（图三一七，2；图版八〇，2）

刀　1 件。标本 T90③：53，残，石灰岩质，呈青灰色，上中部有孔，孔为对钻，表面呈束腰喇叭状，平顶，刃锋利。残长 6.7 厘米，宽 3.4 厘米，厚 0.8 厘米。（图三一七，3；图版八〇，3）

斧　1 件。标本 T90②：49，残，为火成岩琢磨而成，灰色，弧刃。残长 4.3 厘米，宽 4.9 厘米，厚 1.3 厘米。（图三一七，4；图版八〇，4）

砺石　1 件。标本 T111①B：31，残，砂岩，平面为方形，断面近似方形。残长 5.3 厘米，宽 4.5 厘米，厚 2.2 厘米。（图三一七，5；图版八〇，5）

2. 骨器　数量不多，计 4 件。利用兽的肢骨经过劈开、锯断，加工造型，再经磨制，其中有一精磨而成。器形有针、锥、镞。

针　1 件。标本 T91H126：4，动物肢骨磨制而成，骨腔外露并打磨成平面，另一面为弧形，针尖扁平而锋利。残长 4 厘米，径 0.2 厘米。（图三一八，3；彩版六六，11）

锥　2 件。标本 T111①B：25，残，断面呈凹弧形，磨成尖锥，锥尖锐。残长 7.4 厘米，径 0.8 厘米。（图三一八，1；彩版六六，9）标本 T90③：48，残，将动物肢骨下部劈开，骨腔外露，磨成尖锥，尖钝，断面呈扇形。残长 3.5 厘米，径 0.6 厘米。（图三一八，2；彩版六六，10）

镞　1 件。标本 T39③：56，基本完整，锋尖为三棱形，柱体为圆形，镞尖微断。长 4.9 厘米，三棱形尖宽 0.4 厘米，体柱径 0.7 厘米。（图三一八，4；彩版六六，8）

3. 陶器　此类工具发现不多，计有 6 件。器形有网坠、纺轮、拍等。

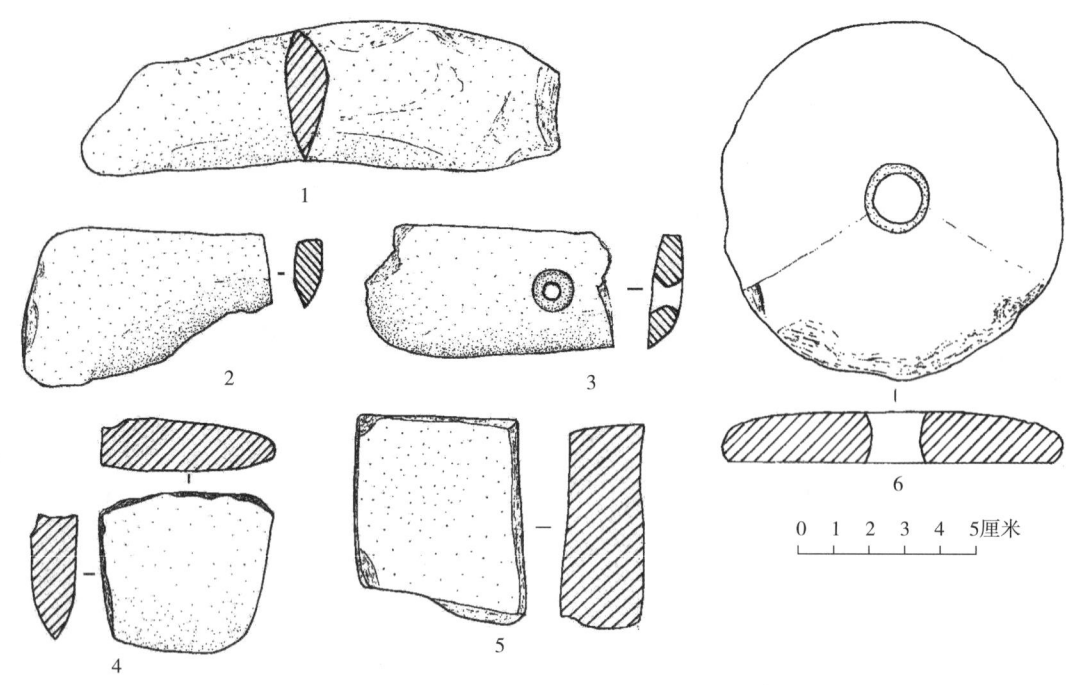

图三一七　战国文化石器

1、2.镰（T111②A：18、T90③：43）　3.刀（T90③：53）　4.斧（T90②：49）　5.砺石（T111①B：31）　6.璧（T90②：19）

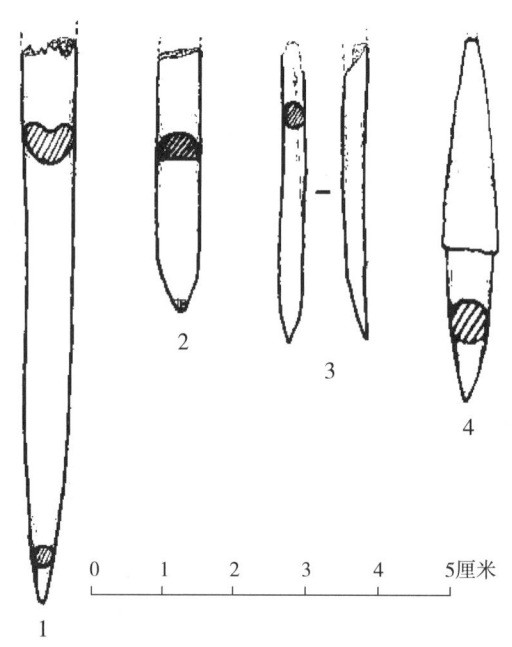

图三一八　战国文化骨器

1、2.锥（T111①B：25、T90③：48）　3.针（T91H126：4）　4.镞（T39③：56）

网坠　4件。手制。标本T111①B：24，手制，泥质黑陶，平面呈双亚腰形，断面不规则，有捆绑用的凹槽，竖一道，横二道。长2.5厘米，宽1.5厘米，厚1.2厘米。（图三一九，1；彩版六六，1）标本T90③：52，手制，泥质灰陶，平面呈双亚腰形，断面不规则，有捆绑用的凹槽，竖一道，横二道。长2.8厘米，宽1.4厘米，厚0.7厘米。（图三一九，2；彩版六六，2）标本T90③：54，泥质灰陶，平面呈双亚腰

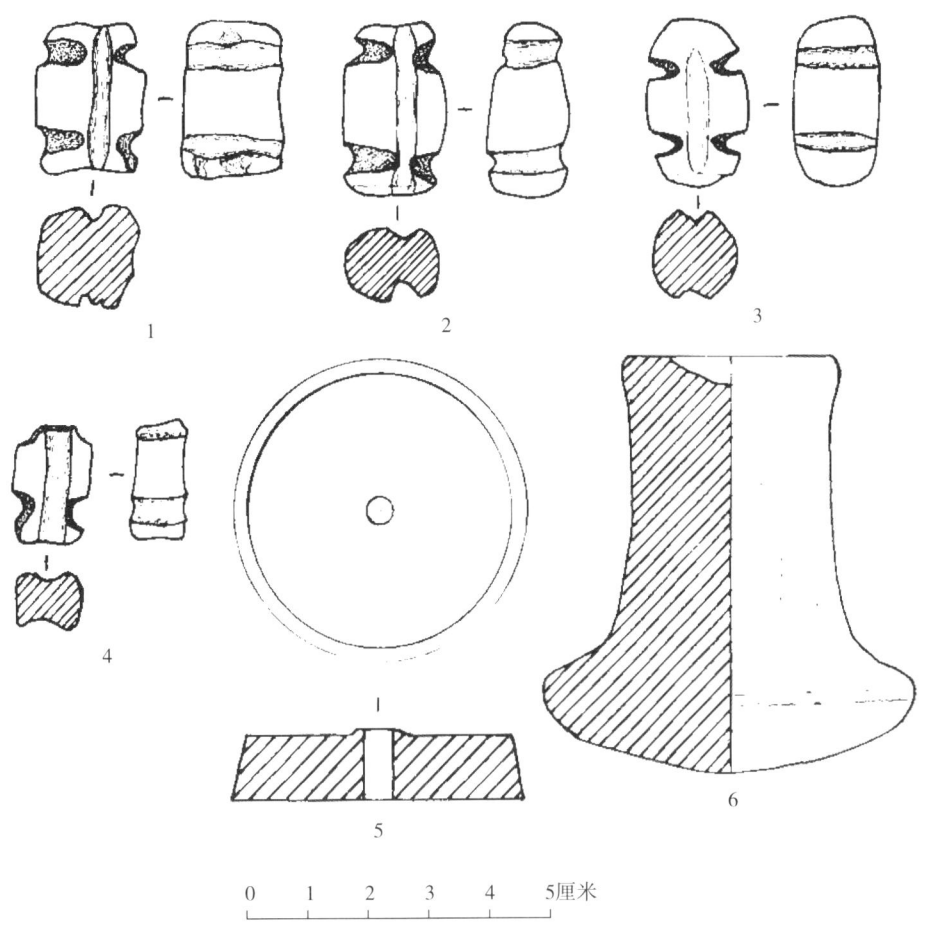

图三一九　战国文化陶网坠、纺轮、拍

1~4.网坠（T111①B：24、T90③：52、T90③：54、T111②A：16）　5.纺轮（T111②A：20）　6.拍（T111①B：27）

形，断面呈椭圆形，有捆绑用的凹槽，竖一道，横二道。长2.7厘米，宽1.4厘米，厚1.2厘米。（图三一九，3；彩版六六，3）标本T111②A：16，残，泥质黑陶，平面呈双亚腰形，断面不规则，有捆绑用的凹槽，竖一道。残长1.9厘米，宽0.8厘米，厚0.7厘米。（图三一九，4；彩版六六，4）

纺轮　1件。标本T111②A：20，完整，泥质灰陶，圆饼形，中心有直筒状穿孔，孔径0.7厘米，体径5厘米，厚1厘米。（图三一九，5；彩版六六，7）

拍　1件。标本T111①B：27，泥质黑陶，蘑菇状，面为圆弧形，柄为圆柱状，径6.6厘米，圆弧形面径6.3厘米，柄径3.2厘米。（图三一九，6；彩版六六，5）

4.铜、铁器　计26件，有刀、锛、鱼钩、镞、蚁鼻钱等。

铜刀　1件。标本T112②A：18，尖残，高方形首，首中部有高方形孔，柄为高方形，上有两个凸棱，直背，弧刃。残长12.3厘米，宽1.5厘米，厚0.5厘米。（图三二〇，1；彩版六七，12）

铜锛　1件。标本T90②A：18，残，一面平，一面有斜度，两侧成三角形。残高4.3厘米，厚1.3厘米。（图三二〇，2；彩版六七，13）

铜鱼钩　1件。标本T112②A：23，残，弯曲有钩，钩体的断面为三角形。残高3.4厘米。（图三二〇，3；彩版六七，14）

铜镞　10件。根据其形制可分为三型。

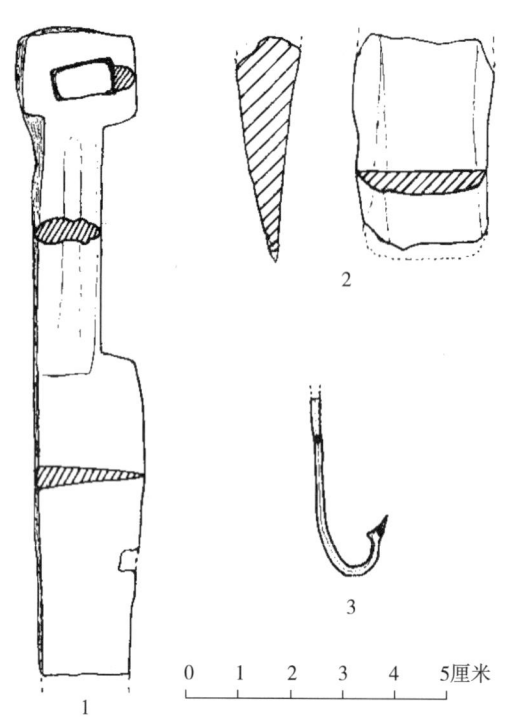

图三二〇　战国文化铜刀、锛、鱼钩

1. 刀（T112②A：18）　2. 锛（T90②A：18）　3. 鱼钩（T112②A：23）

Ⅰ型：8件。燕尾式。其中1件微残，7件残。标本T90③：57，镞尖锋利，中有脊，脊的两侧有翼，翼从脊至刃渐薄，镞尾较高且直，尾部有尖。通长6厘米，宽3.1厘米，厚0.7厘米。（图三二一，1；彩版六七，1）标本T111①B：28，残，镞尖锋利，中有脊，脊的两侧有翼，两侧翼均残，镞尾细且直，尾部有尖。通长5.5厘米，宽1.9厘米，厚0.7厘米。（图三二一，3；彩版六七，5）标本T112①B：11，残，镞尖锋利，中有脊，脊的两侧有翼，两侧翼均残，镞尾细且直，尾部有尖。通长5.9厘米，宽1.8厘米，厚0.7厘米。（图三二一，4；彩版六七，6）标本T111①B：12，残，镞尖锋利，中有脊，脊的两侧有翼，两侧翼均残，镞尾细且直，尾部有尖。通长4.5厘米，宽1.8厘米，厚0.7厘米。（图三二一，5；彩版六七，7）标本T90②：21，中有脊，脊的两侧有翼，两翼镞尾均残。残长3.9厘米，宽1.8厘米，厚0.7厘米。（图三二一，6；彩版六七，8）标本T90②：22，中有脊，脊的两侧有翼，镞尖、两翼均残。残长4.7厘米，宽1.1厘米，厚0.7厘米。（图三二一，7；彩版六七，9）标本T111②A：19，中有脊，脊的两侧有翼，镞尖磨损成弧形，镞尖、两翼均残。残长3.7厘米，宽1.7厘米，厚0.7厘米。（图三二一，8；彩版六七，10）标本T90②：17，镞尖锋利，中有脊，脊的两侧有翼，两翼、镞尾均残。残长4.3厘米，宽1.5厘米，厚0.7厘米。（图三二一，9；彩版六七，11）

Ⅱ型：1件。标本T90②：26，造型精美，镞尖锋利，由于长期使用略弯，中有脊，脊的两侧有翼，一侧翼较另一侧高并微翘，镞尾细高而弯曲。通长4.6厘米，宽1.8厘米，厚0.7厘米。（图三二一，2；彩版六七，2）

Ⅲ型：1件。标本T90③：38，镞尖呈三角形且锋利，体呈圆柱形，镞尾粗于径，尾部残。残长6.5厘米，宽0.8厘米，厚0.5厘米。（图三二一，10；彩版六七，3）

铁镞　1件。标本T90②：20，残，镞尖断，中部宽，尾部细高有尖。残高3.8厘米，宽0.9厘米，厚

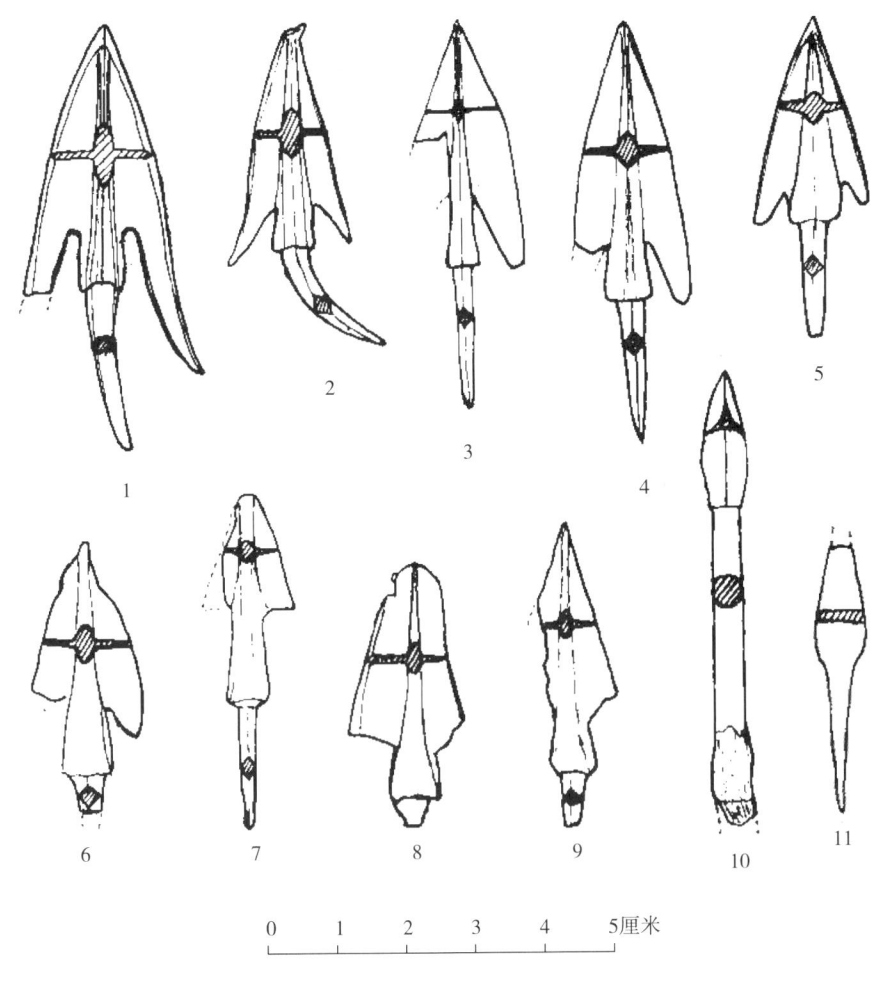

图三二一 战国文化铜、铁镞

1、3~9. I 型铜镞（T90③：57、T111①B：28、T112①B：11、T111①B：12、T90②：21、T90②：22、T111②A：19、T90②：17）
2. II 型铜镞（T90②：26） 10. III 型铜镞（T90③：38） 11. 铁镞（T90②：20）

0.2 厘米。（图三二一，11；彩版六七，4）

蚁鼻钱 12 枚。近似椭圆形。按形态特点可分为五型。

I 型：2 枚。由眼、鼻、嘴三部分组成，鼻部图案似"六"字。标本 T90③：50，高 2.2 厘米，宽 1.8 厘米，厚 0.4 厘米。（图三二二，1；彩版六八，1）标本 T90③：46，高 2 厘米，宽 1.5 厘米，厚 0.3 厘米。（图三二二，2；彩版六八，2）

II 型：4 枚。由眼、鼻、嘴三部分组成，鼻部图案似"八"字。标本 T90③：42-1，高 1.8 厘米，宽 1.2 厘米，厚 0.2 厘米。（图三二二，3；彩版六八，3）标本 T90③：42-2，高 1.8 厘米，宽 1.3 厘米，厚 0.2 厘米。（图三二二，4；彩版六八，4）标本 T90③：61，高 1.7 厘米，宽 1.2 厘米，厚 0.2 厘米。（图三二二，5；彩版六八，5）标本 T112①B：16，高 1.6 厘米，宽 1.2 厘米，厚 0.2 厘米。（图三二二，6；彩版六八，6）

III 型：2 枚。两眼距离较近，凸起，鼻部图案似"八"字。标本 T90②：29，高 1.7 厘米，宽 1.2 厘米，厚 0.2 厘米。（图三二二，7；彩版六八，7）标本 T90③：55，高 1.7 厘米，宽 1.6 厘米，厚 0.2 厘米。（图三二二，8；彩版六八，8）

IV 型：3 枚。两眼凹陷，鼻部图案似"八"字。标本 T90②：31，高 1.6 厘米，宽 1.1 厘米，厚 0.1 厘米。

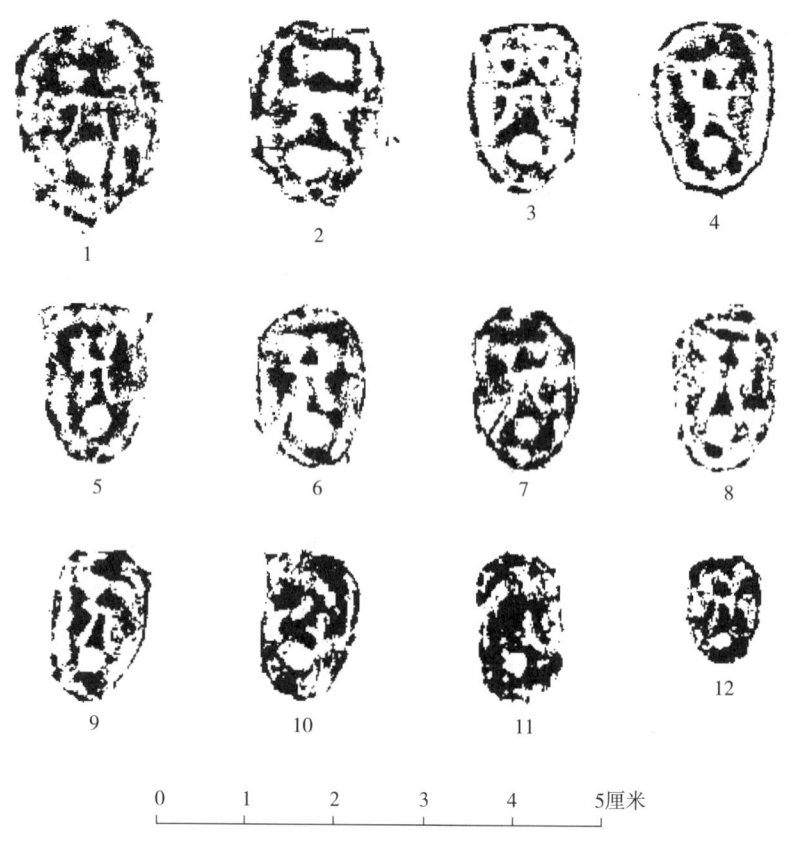

图三二二　战国文化铜蚁鼻钱拓片

1、2. Ⅰ型（T90③：50、T90③：46）　3~6. Ⅱ型（T90③：42-1、T90③：42-2、T90③：61、T112①B：16）
7、8. Ⅲ型（T90②：29、T90③：55）　9~11. Ⅳ型（T90②：31、T90②：14、T111①B：11）　12. Ⅴ型（T90③：47）

（图三二二，9；彩版六八，9）标本T90②：14，高1.6厘米，宽1.5厘米，厚0.2厘米。（图三二二，10；彩版六八，10）标本T111①B：11，高1.6厘米，宽0.9厘米，厚0.2厘米。（图三二二，11；彩版六八，11）

Ⅴ型：1枚。较小。标本T90③：47，高1.2厘米，宽0.8厘米，厚0.1厘米。（图三二二，12；彩版六八，12）

（二）装饰品及其他

有骨簪、陶环、小陶器等。

骨簪　6件。系用兽的肢骨劈开、锯断、修整成长条形，再经加工磨制，前端修磨成尖。标本T112②A：21，造型精美，有冠，簪顶平，往下束腰，腰下饰四道簪箍，其中第二道箍较宽并有两孔，簪径为椭圆形，簪尖钝。长18.2厘米，径0.6厘米。（图三二三，1；彩版六八，13）标本T111①B：7，鸟冠笄，有透雕鸟形簪冠，鸟昂嘴，挺胸，圆目，有三周簪冠箍，簪身椭圆形，尖斜弧形，做工精致。长6.5厘米，径0.6厘米。（图三二三，2；彩版六八，14）。标本T112②A：17，残，由动物肢骨磨制而成，表面光滑，断面呈椭圆形，锥尖尖锐。残长9.3厘米，径0.5厘米。（图三二三，3；彩版六八，15）标本T111①B：13，残，簪身圆形，尖微扁。残长9.7厘米，径0.5厘米。（图三二三，4；彩版六八，16）标本T112②A：14，残，簪身椭圆形，尖钝为三角形。残长5.8厘米，径0.5厘米。（图三二三，5；彩版六八，17）标本T90③：40，残，簪身圆形，尖锋利。残长4.5厘米，径0.4厘米。（图三二三，6；彩版六八，18）

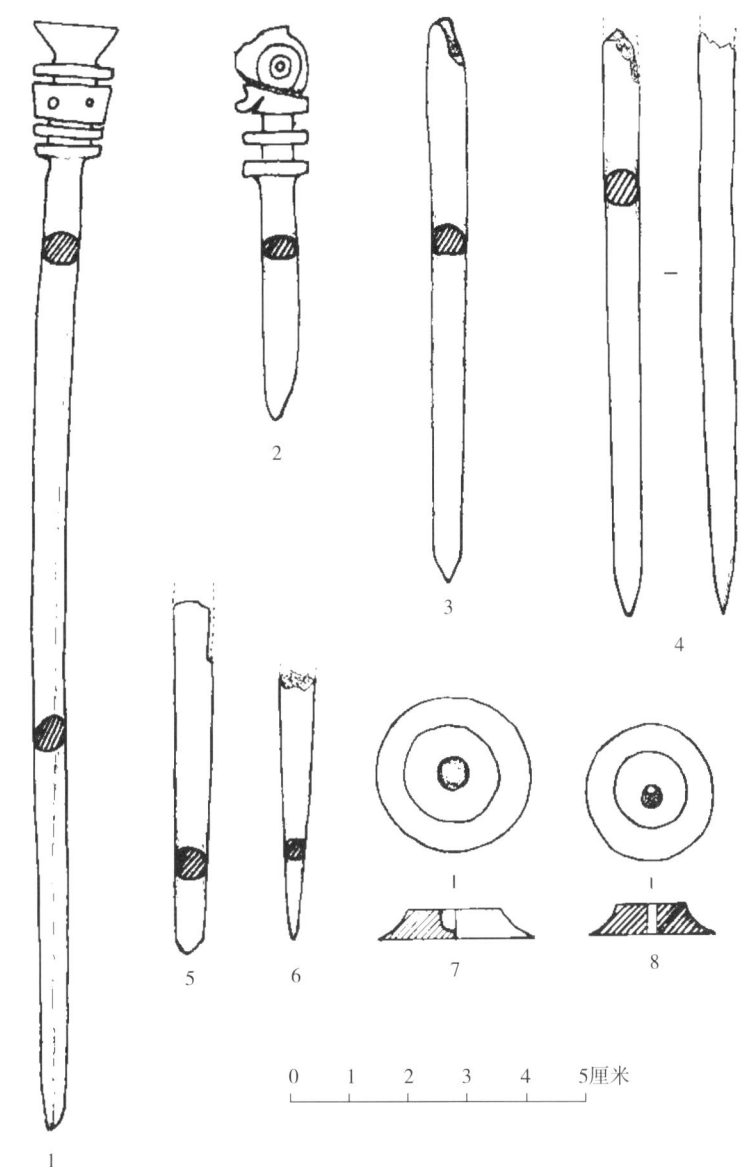

图三二三　战国文化骨簪、簪帽

1~6. 簪（T112 ② A：21、T111 ① B：7、T112 ② A：17、T111 ① B：13、T112 ② A：14、T90 ③：40）

7、8. 簪帽（T111 ① B：30、T112 ② A：26）

　　骨簪帽　2 件。标本 T111 ① B：30，由兽骨磨制而成，平面圆形，断面梯形，一面中心有直筒状口。底径 2.6 厘米，厚 0.5 厘米。（图三二三，7；彩版六八，19）标本 T112 ② A：26，由兽骨磨制而成，平面圆形，断面梯形，表面光滑，做工精美，中有喇叭状孔。底径 2.2 厘米，厚 0.5 厘米。（图三二三，8；彩版六八，20）

　　陶环　6 件。分为三型。

　　Ⅰ型：2 件。泥质灰陶，残，断面凸形。标本 T90 ③：39，残长 4.7 厘米，宽 0.8 厘米，厚 0.6 厘米。（图三二四，1；彩版六六，12）标本 T90 ②：24，残长 3.3 厘米，宽 0.9 厘米，厚 0.6 厘米。（图三二四，2；彩版六六，13）

　　Ⅱ型：3 件。泥质灰陶，残，断面近椭圆形。标本 T90 ②：25，残长 3.2 厘米，宽 0.6 厘米，厚 0.5 厘米。

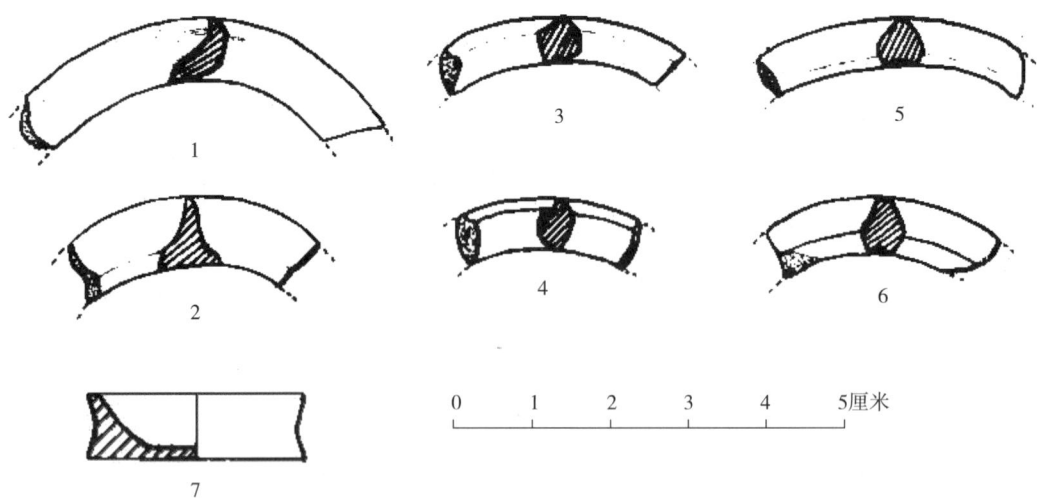

图三二四　战国文化陶环、小陶碟

1、2. Ⅰ型环（T90③：39、T90②：24）　3、4、6. Ⅱ型环（T90②：25、T90②：15、T90②：12）

5. Ⅲ型环（T90③：44）　7. 小陶碟（T112②A：17）

（图三二四，3；彩版六六，14）标本T90②：15，残长2.3厘米，宽0.7厘米，厚0.5厘米。（图三二四，4；彩版六六，15）标本T90②：12，残长3厘米，宽0.7厘米，厚0.7厘米。（图三二四，6；彩版六六，17）

　　Ⅲ型：1件。标本T90③：44，泥质灰陶，残，断面不规则形。残长3.5厘米，宽0.6厘米，厚0.6厘米。（图三二四，5；彩版六六，16）

　　小陶碟　1件。标本T112②A：17，泥质灰陶，基本完整，圆形，平底，圆口，圆唇。口径2.8厘米，高0.8厘米。（图三二四，7；彩版六六，6）

　　石璧　1件。标本T90②：19，残，石灰岩质，呈青灰色，圆形，中心有一孔。直径9.7厘米，厚1.4厘米。（图三一七，6；图版八〇，6）

第九章　汉代文化

一、文化遗迹

遗址中汉代文化主要是墓葬和灰坑。因汉墓较多，在下编中专门介绍，本章只介绍灰坑。

H170 位于遗址北部 T111 内南部，坑口位于①A 层下，坑的南部压在南隔梁下未清理，西部被 M152 打破。坑口为圆形直筒状坑，口底大小相同，平底。填土为青灰花土，土质较松软。出土陶片少且碎，很难辨出器形。口径 2.13 米，深 0.60 米。（图三二五，1）

H236 位于遗址北部 T112 的西部中间，口开于①层下，坑口西部压在隔梁下未清理，坑口距地表 2 米，未清理到底。为圆形直筒状坑，口底径相等。填灰褐土，土质松软。出土板瓦和筒瓦，以灰陶居多，纹饰以绳纹居多。可能为汉代水井。口径 0.86 米，深 1.10 米不到底。（图三二五，2）

二、文化遗物

遗址中汉代文化遗物较为丰富，除陶片和大量的自然遗物外，经粘对复原的器物和观察的标本按生产工具、装饰品及其他介绍于下。

（一）生产工具

1. 石器　有铲、斧、锛、镰、刀、镞等。

铲　1 件。标本 T87①：1，残，为石灰岩琢磨而成，黑色，弧刃，断面为圆角长方形。残长 4.2 厘米，

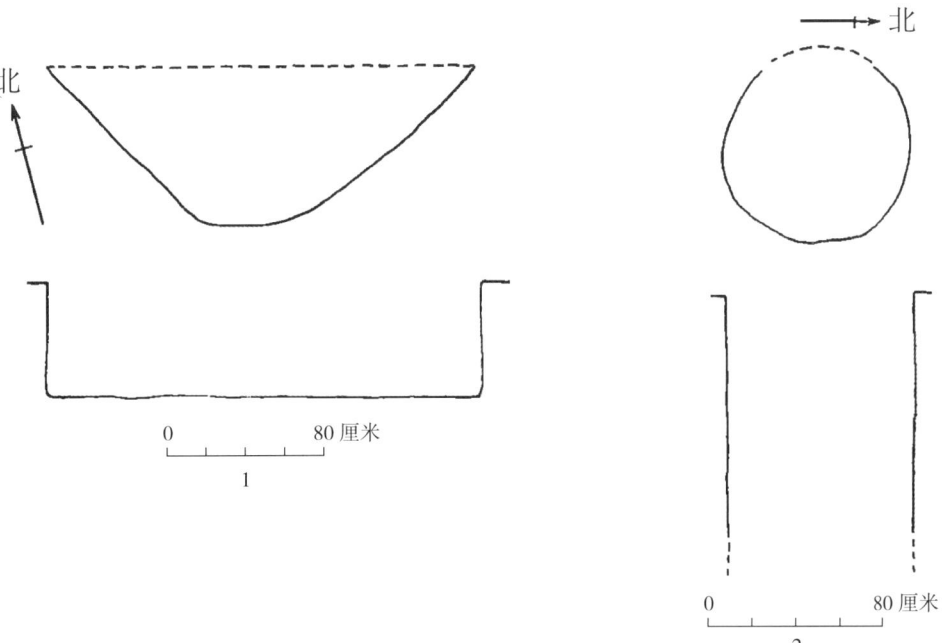

图三二五　汉代文化灰坑平、剖图

1. T111H170　2. T112H236

残宽 6.3 厘米，厚 1 厘米。（图三二六，3）

斧　1 件。标本 T111①：41，刃残，为火成岩琢磨而成，黑色，平面呈梯形，断面为弧角弧边长方形。残长 9 厘米，宽 5.9 厘米，厚 1.9 厘米。（图三二六，1）

锛　1 件。标本 T111①A：1，残，为火成岩琢磨而成，黑色，平面呈梯形，断面呈长梯形，平顶，单面弧刃。残长 8.3 厘米，上宽 3.8 厘米，下宽 4.3 厘米，厚 2.3 厘米。（图三二六，2）

镰　1 件。标本 T87①A：2，残，砂岩质，呈灰色，直背锯齿状弧刃，弧顶，斜刃，刃为锯齿状。长 4 厘米，残宽 7.2 厘米，厚 0.5 厘米。（图三二六，4）

刀　1 件。标本 T87①C：69，完整，石灰岩质，呈青灰色，平面呈长方形，双面磨出刃。长 3.4 厘米，宽 4.1 厘米，厚 0.4 厘米。（图三二六，5）

镞　2 件。标本 T113①A：1，尖、尾残，石灰岩质，呈青灰色，镞尖断面为等腰三角形，边长 1 厘米，

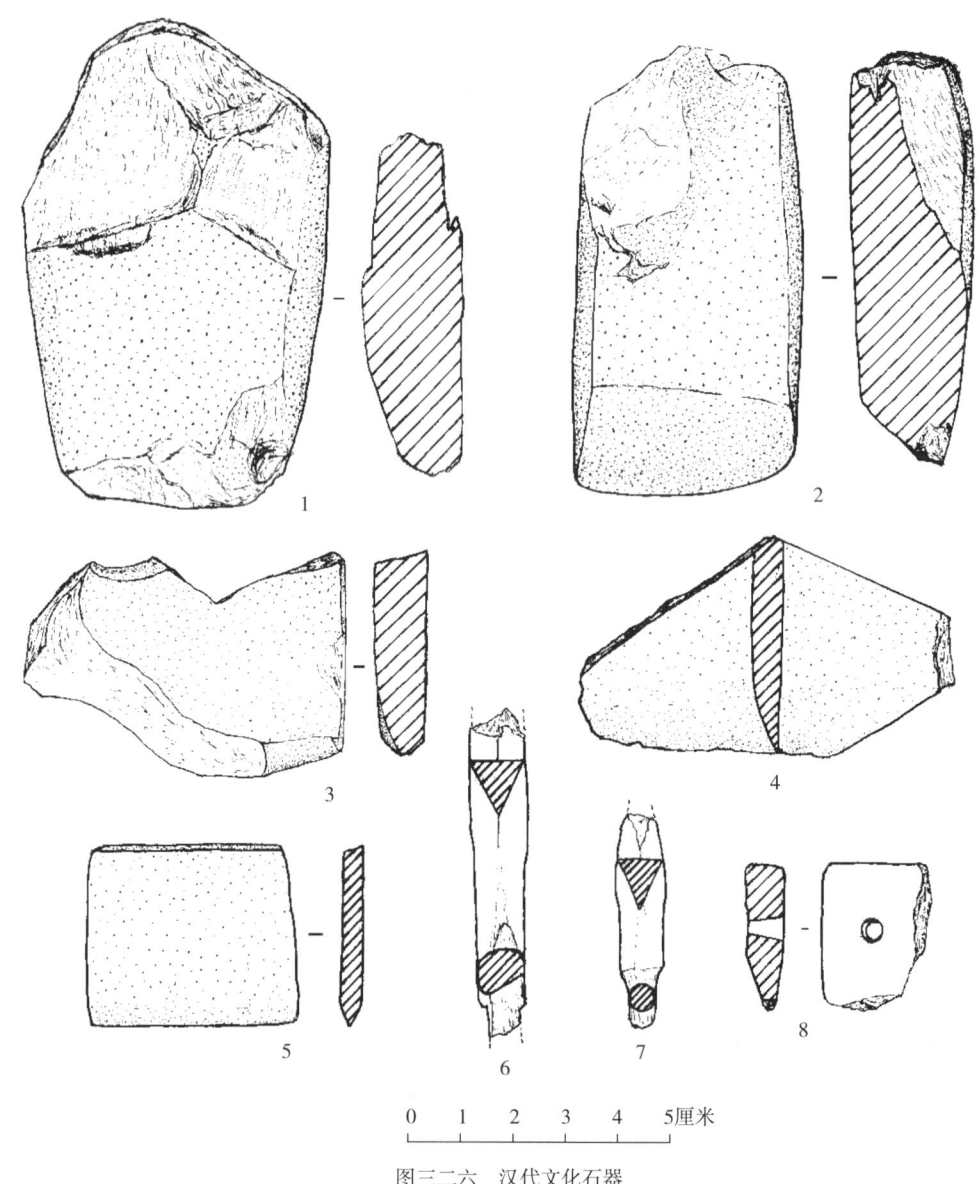

0　1　2　3　4　5厘米

图三二六　汉代文化石器

1. 斧（T111①：41）　2. 锛（T111①A：1）　3. 铲（T87①：1）　4. 镰（T87①A：2）
5. 刀（T87①C：69）　6、7. 镞（T113①A：1、T72①：2）　8. 穿孔器（T111①：2）

镞体断面为圆形，镞尾为圆锥状，残长 5.7 厘米，体径 1 厘米。（图三二六，6）标本 T72①：2，尖残，石灰岩质，呈青灰色，镞尖的断面为等腰三角形，镞体断面为圆形，较短。镞尾为圆锥状。残长 4 厘米，体径 0.8 厘米。（图三二六，7）

穿孔器 1 件。标本 T111①：2，残，石灰岩，平面为长方形，断面近似长方形，上有圆形穿孔。残长 2.7 厘米，宽 2 厘米，厚 0.8 厘米。（图三二六，8）

2. 骨器 10 件。利用兽肢骨经过劈开、锯断、加工造型，再经磨制，器形有镞、凿、锥、针、镖、衔镳等。

镞 2 件。标本 T90①：2，尖、尾残，镞体断面为圆形。残长 3.8 厘米，体径 0.8 厘米。（图三二七，8）标本 T88①：78，尖、尾残，断面为圆角三角形。宽 0.8 厘米，残长 4.8 厘米。（图三二七，9）

衔镳 1 件。标本 T87①：68，残，系用动物角加工磨制而成，平面为弯角形，断面为圆形，粗端有直筒状圆形穿孔，孔径 0.6 厘米。粗端断面呈椭圆形。残长 13 厘米，径 1.8~2.5 厘米。（图三二七，10）

镖 1 件。标本 T90①：6，尖残，系用肢骨劈开制成，有倒刺，断面为长方形，弧边。残长 11.5 厘米，宽 1.2 厘米，厚 0.8 厘米。（图三二七，11）

锥 3 件。标本 T113①A：13，完整，系肢骨劈开磨制，上宽下尖，上部断面为扁圆形。长 12 厘米，宽 1 厘米，厚 0.7 厘米。（图三二七，1）标本 T111①：3，完整，系肢骨劈开磨制，体呈三角形。长 8.5 厘

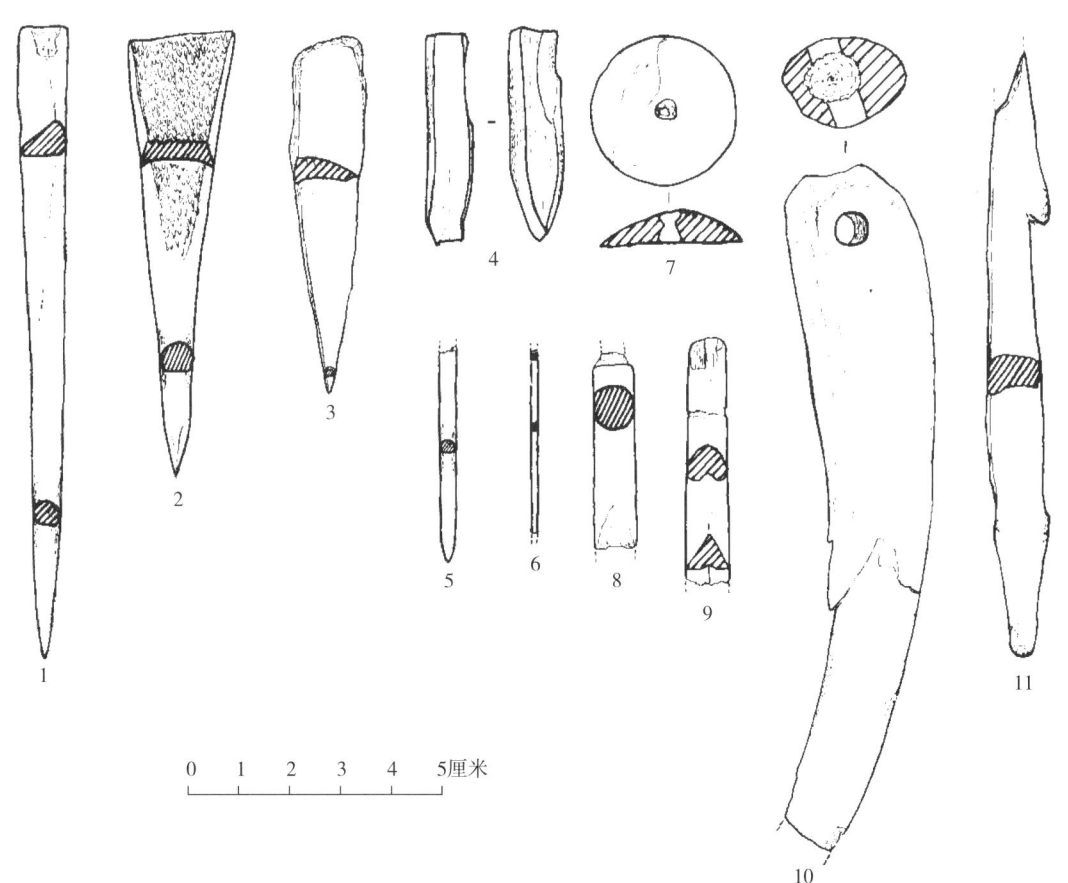

0　1　2　3　4　5厘米

图三二七　汉代文化骨、蚌器

1~3. 骨锥（T113①A：13、T111①：3、T196②：18）　4. 骨凿（T88①：13）　5、6. 骨针（T87①：8、T88①A：22）
7. 蚌纺轮（T111①A：4）　8、9. 骨镞（T90①：2、T88①：78）　10. 衔镳（T87①：68）　11. 镖（T90①：6）

米，宽 2.1 厘米，厚 0.3 厘米。（图三二七，2）标本 T196②：18，完整，系肢骨劈开磨制，体为三角形。长 6.8 厘米，宽 1.2 厘米，厚 0.4 厘米。（图三二七，3）

凿　1 件。标本 T88①：13，系肢骨劈开磨制，双面磨出刃部，平刃，断面为方形。长 4.1 厘米，宽 1 厘米，厚 0.7 厘米。（图三二七，4）

针　2 件。标本 T87①：8，针鼻残，动物肢骨磨制而成，断面呈圆形，锥状尖。残长 4 厘米，径 0.3 厘米。（图三二七，5）标本 T88①A：22，针鼻和尖残，动物肢骨磨制而成，断面呈圆形。残长 3.5 厘米，径 0.1 厘米。（图三二七，6）

3. 蚌器

纺轮　1 件。标本 T111①A：4，用蚌壳磨制而成，平面圆形，断面似梭形，表面光滑，做工精美。中有喇叭状束腰穿孔，孔径 0.3 厘米，底径 2.8 厘米，厚 0.77 厘米。（图三二七，7）

4. 陶器　此类工具发现不多，计有 8 件。器形有纺轮、网坠，另有筒瓦、板瓦、瓦当等。

纺轮　5 件。分三型。

Ⅰ型：2 件。断面呈梯形。标本 T87①D：10，残，轮制，泥质灰陶，平面圆形，断面呈长方形，中有直筒状圆形穿孔。直径 6.9 厘米，厚 1.1 厘米，孔径 0.6 厘米。（图三二八，1）标本 T111①A：15，完整，轮制，泥质灰陶，平面圆形，断面呈长方形，中有束腰喇叭状圆形穿孔。直径 5 厘米，厚 0.8 厘米，孔

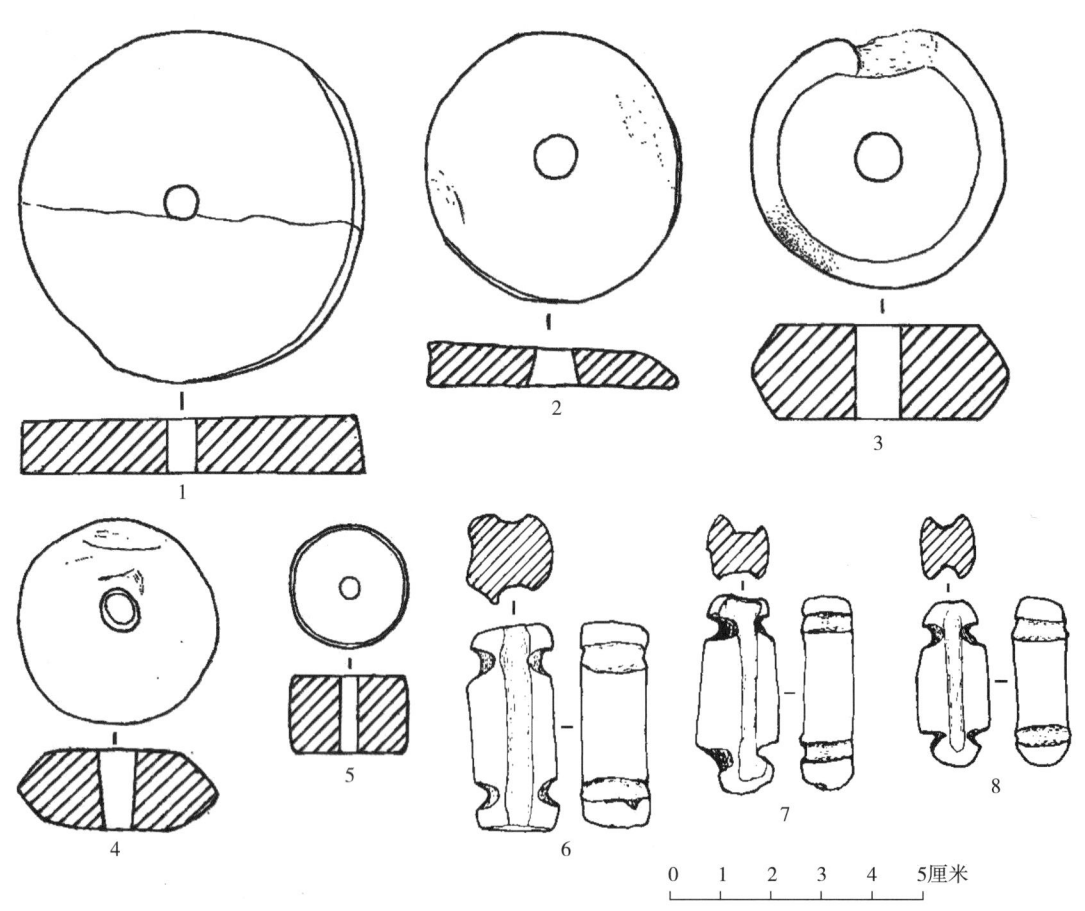

图三二八　汉代文化陶纺轮、网坠

1、2. Ⅰ型纺轮（T87①D：10、T111①A：15）　3、4. Ⅲ型纺轮（T113①：19、T113①A：12）

5. Ⅱ型纺轮（T113①A：14）　6~8. 网坠（T113①A：17、T113①C：4、T111①：40）

径 0.8~1 厘米。（图三二八，2）

Ⅱ型：1 件。断面长方形。标本 T113①A：14，完整，轮制，泥质棕灰陶，平面圆形，断面呈弧边长方形，中有直筒状圆形穿孔。台面径 2.2 厘米，腰部直径 2.4 厘米，厚 1.5 厘米，孔径 0.4 厘米。（图三二八，5）

Ⅲ型：2 件。腹部有折棱。标本 T113①：19，残，轮制，泥质浅灰陶，平面圆形，断面呈折棱状，中有直筒状圆形穿孔。台面径 4 厘米，腰部直径 5 厘米，厚 1.8 厘米，孔径 1 厘米。（图三二八，3）标本 T113①A：12，完整，轮制，泥质浅灰陶，平面圆形，断面呈折棱状，中有直筒状圆形穿孔。台面径 2.6 厘米，腰部直径 4 厘米，厚 1.6 厘米，孔径 0.8 厘米。（图三二八，4）

网坠　3 件。皆完整。标本 T113①A：17，手制，泥质黑陶，平面呈双亚腰形，断面呈椭圆形，有捆绑用的凹槽，竖一道，横二道。长 4 厘米，宽 1.8 厘米，厚 1.4 厘米。（图三二八，6）标本 T113①C：4，泥质灰陶，平面呈双亚腰形，断面呈椭圆形，有捆绑用的凹槽，竖一道，横二道。长 3.8 厘米，宽 2.1 厘米，厚 1 厘米。（图三二八，7）标本 T111①：40，泥质灰陶，平面呈双亚腰形，断面呈椭圆形，有捆绑用的凹槽，竖一道，横二道。长 3.2 厘米，宽 1.8 厘米，厚 1 厘米。（图三二八，8）

筒瓦　2 件。标本 T113①A：43，泥质灰陶，残，呈凹弧形，有榫口，拍印绳纹。长 35.5 厘米，宽 14.5 厘米，高 7.5 厘米，榫口长 4.4 厘米。（图三二九，3）标本 T113①A：42，泥质灰陶，残，呈凹弧形，有榫口，拍印绳纹。长 35.5 厘米，宽 14.5 厘米，高 7.5 厘米，榫口长 4.4 厘米。（图三二九，2）

板瓦　1 件。标本 T113①A：41，泥质灰陶，残，呈凹弧形，有榫口，拍印绳纹，上部有三周凹弦纹，背面上饰布纹，下部为麻点。长 57 厘米，宽 40 厘米，厚 2 厘米。（图三二九，1）

瓦当　1 件。标本 T90①B：72，残，泥质灰陶，阳刻，中间为柿蒂纹，其间有圆点，其外为圆形，再外为四个卷云纹，又外为圆形，最外为边框。残直径 13 厘米，厚 2.3 厘米。（图三三〇，1）

5. 铜器　12 件，有锛、镞、半两、五铢等。

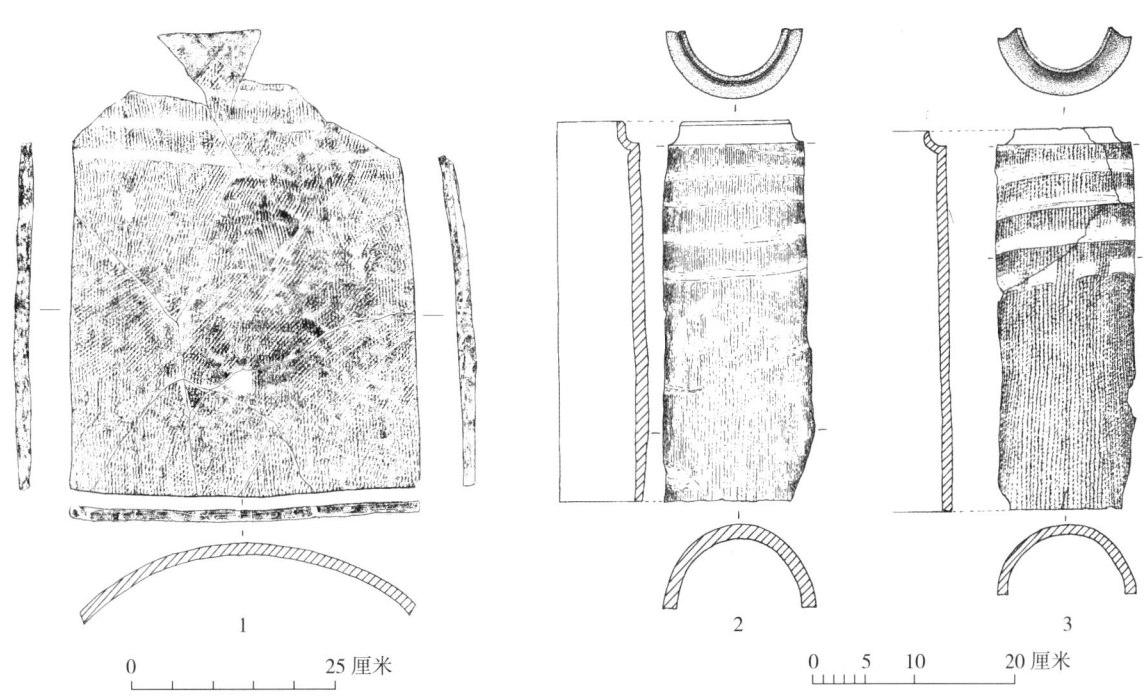

图三二九　汉代文化筒瓦、板瓦

1. 板瓦（T113①A：41）　2、3. 筒瓦（T113①A：42、T113①A：43）

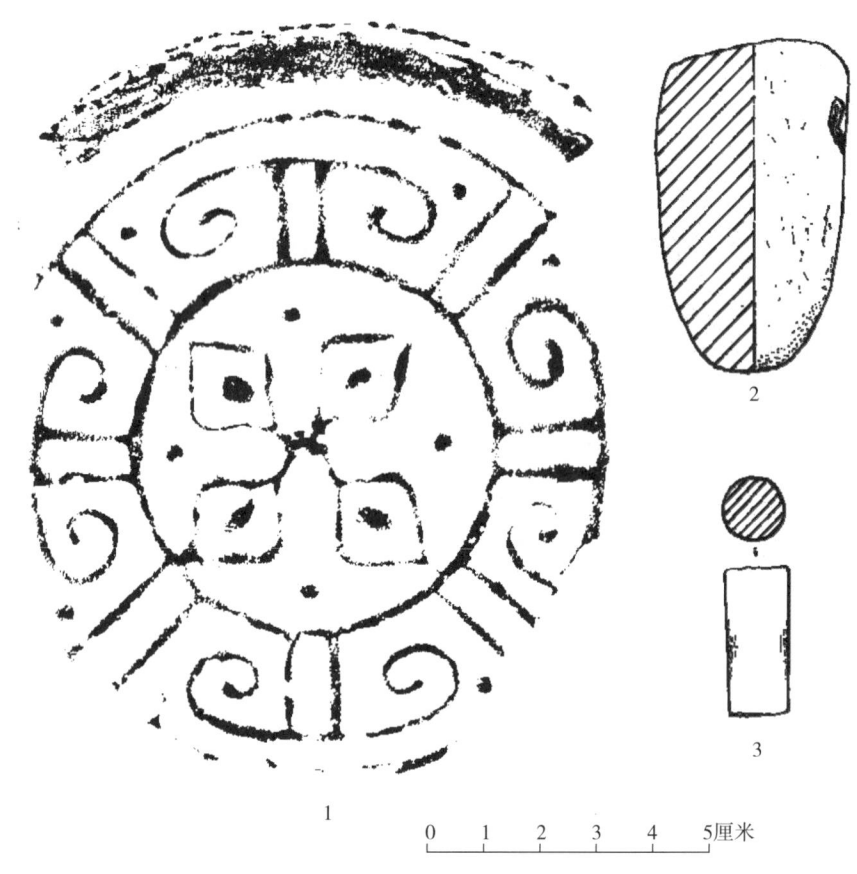

图三三〇　汉代文化陶器、瓦当拓片

1. 瓦当（T90①B：72）　2. 玩具（T71①：1）　3. 柱（T88①E：36）

锛　1件。标本T72①：16，残，一面平，一面有斜度，平面呈长方形，断面呈梯形。残长2.3厘米，宽2.3厘米，厚0.6厘米。（图三三一，7）

镞　6件。均为燕尾式。其中1件完整，5件残。标本T72①：7，形似飞翔的燕子，镞尖锋利，中有圆脊，脊的两侧有翼，翼从脊至刃渐薄，镞尾尾部有尖。通长5.1厘米，宽1.7厘米，厚0.7厘米。（图三三一，6）标本T113①：23，残，尖锋利，中有圆脊，脊的两侧有翼，两侧翼均残，镞尾细且直，尾部有尖。通长5.5厘米，残宽1.3厘米，厚0.7厘米。（图三三一，5）标本T113①B：21，残，尖锋利，中有圆脊，脊的两侧有翼，一侧翼残，镞尾细且直，尾部有尖。通长5厘米，残宽1.6厘米，厚0.7厘米。（图三三一，4）标本T90①：7，尖、翼、尾残，中有圆脊，脊的两侧有翼，两翼镞尾均残。残长3.7厘米，残宽1.5厘米，厚0.7厘米。（图三三一，3）标本T110①A：18，尖、翼、尾残，中有圆脊，脊的两侧有翼，一侧翼残，镞尾细且直，尾部有尖。残长3.4厘米，残宽1.6厘米，厚0.7厘米。（图三三一，2）标本T72①：14，尖、翼、尾残，锈蚀严重。残长3.6厘米，宽1.8厘米，厚0.7厘米。（图三三一，1）

半两　2枚。均圆形，正方形穿，钱边缘和穿均无周郭，穿之正面左右两侧铸有篆书"半两"二字。标本T113①C：5，钱较薄，"半两"二字较清晰。钱径2.2厘米，肉厚0.1厘米，穿宽0.6厘米。（图三三二，1）标本T111①A：27，钱较薄。钱径2.4厘米，肉厚0.1厘米，穿宽0.8厘米。（图三三二，2）

五铢　2枚。标本T90①：62，圆形，正方形穿，钱边缘有周郭，穿上无郭，钱的背面有周郭，穿之背面有周郭，穿之正面左右两侧铸有篆书"五铢"二字，"五"字呈对顶炮弹形。钱径2.6厘米，郭宽0.2厘

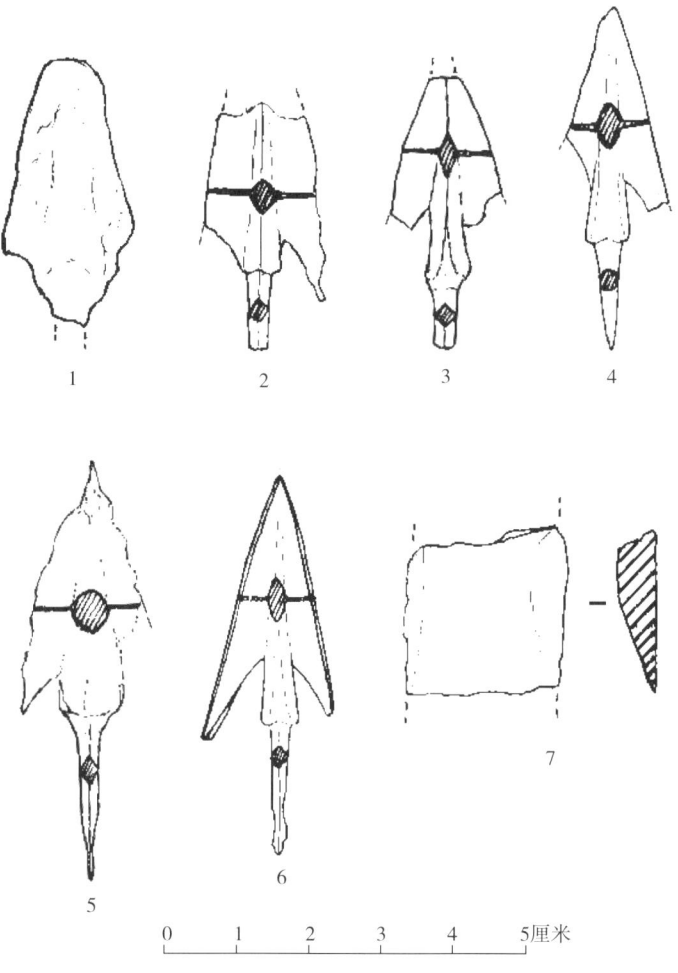

图三三一 汉代文化铜镞、锛

1~6.镞（T72①：14、T110①A：18、T90①：7、T113①B：21、T113①：23、T72①：7）

7.锛（T72①：16）

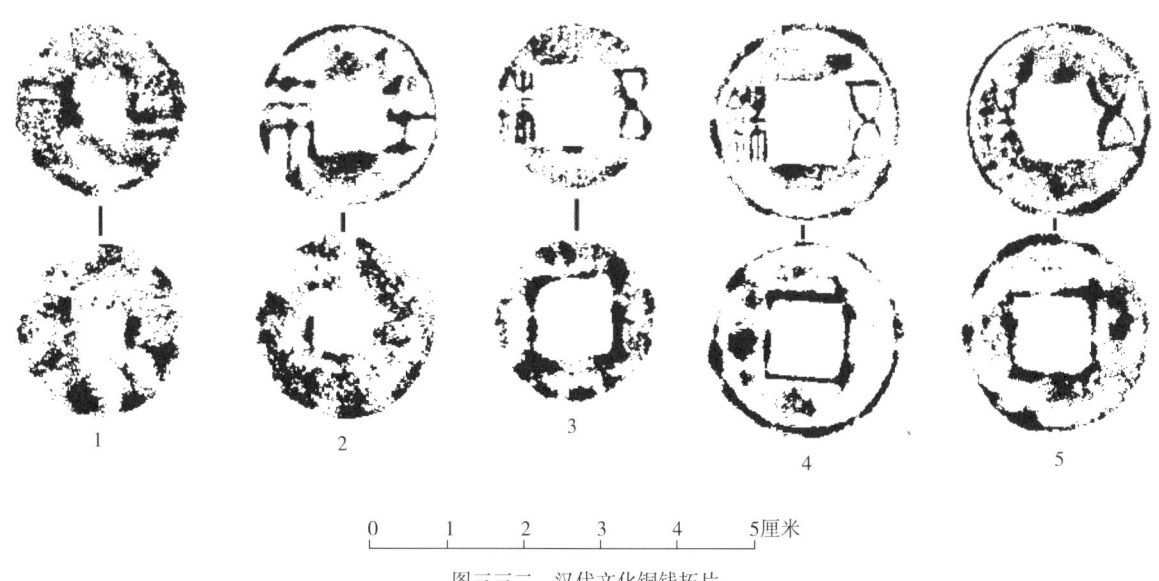

图三三二 汉代文化铜钱拓片

1、2.半两（T113①C：5、T111①A：27） 3.剪轮五铢（T90①：32） 4、5.五铢（T90①：62、T90①：64）

米，郭厚 0.2 厘米，肉厚 0.1 厘米，穿径 1 厘米。（图三三二，4）标本 T90①：64，圆形，正方形穿，钱边缘有周郭，穿上无郭，钱的背面有周郭，穿之背面有周郭，穿之正面左右两侧铸有篆书"五铢"二字，"五"字呈对顶炮弹形。钱径 2.5 厘米，郭宽 0.2 厘米，郭厚 0.2 厘米，肉厚 0.1 厘米，穿径 0.9 厘米。（图三三二，5）

剪轮五铢　1 枚。标本 T90①：32，圆形，正方形穿，钱边缘无周郭，无穿郭，钱的背面无周郭，穿之背面有周郭，穿之正面左右两侧铸有篆书"五铢"二字，"五"字呈对顶炮弹形。钱径 2.1 厘米，肉厚 0.1 厘米，穿径 1 厘米。（图三三二，3）

6. 银器

挖耳勺　1 件。标本 T72①：3，完整，勺为椭圆形，细颈，长条形柄。长 6.8 厘米，宽 0.5 厘米，厚 0.1 厘米。（图三三三，2）

7. 铁器　7 件。有镬、锄、镰、镞、钉等。

镰　2 件。长条形。标本 T110①：7，残长 17 厘米，宽 2.3 厘米，厚 0.3 厘米。（图三三四，1）标本 T113①B：20，残长 11.2 厘米，宽 2 厘米，厚 0.2 厘米。（图三三四，2）

镬　1 件。标本 T105①：1，残，器形呈"凹"字形，上部附有凹状横銎，下部有弧形突刃。长 8 厘米，

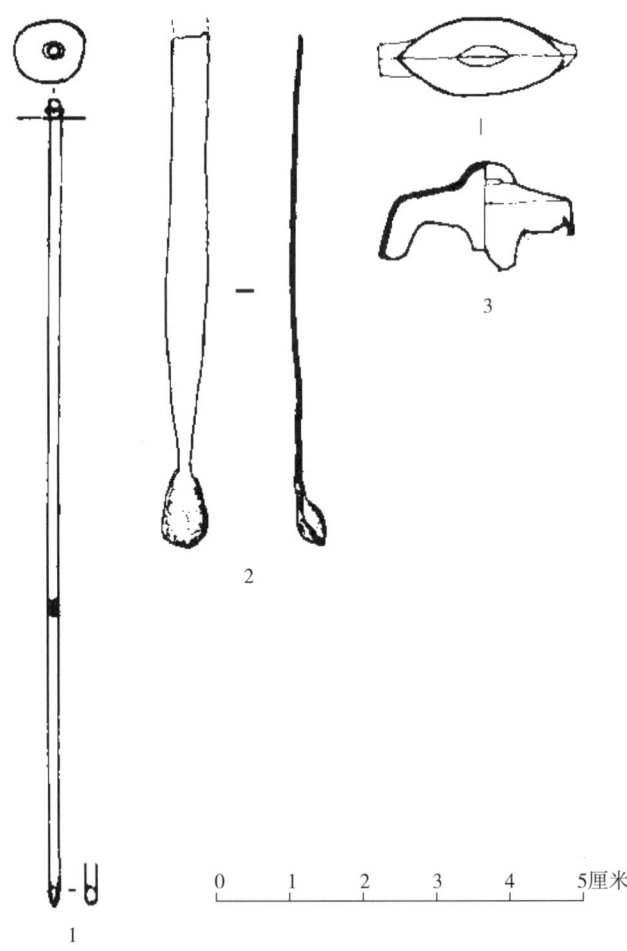

图三三三　汉代文化铜、银器

1. 铜簪（T90①：3）　2. 银挖耳勺（T72①：3）　3. 铜犬铃（T196F16②A：19）

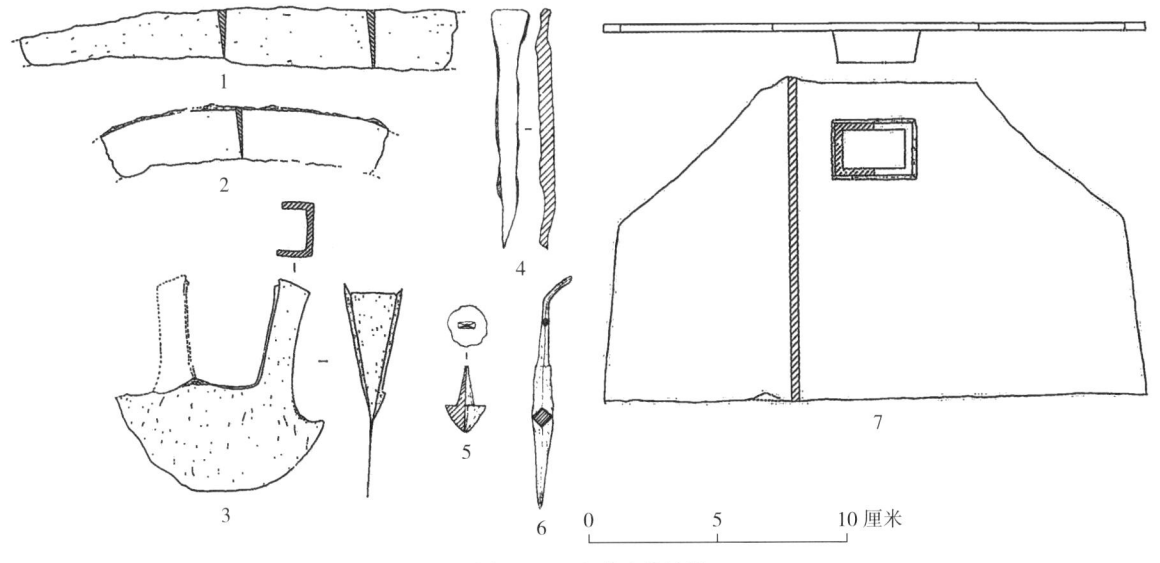

图三三四　汉代文化铁器

1、2.镰（T110①：7、T113①B：20）　3.镬（T105①：1）

4、5.钉（T72①：4、T111①A：21）　6.镞（T90①：8）　7.锄（T111①：5）

宽8厘米，銎宽5.4厘米，銎长5.7厘米，刃宽8.2厘米。（图三三四，3）

锄　1件。标本T111①：5，完整，平面呈五边形，上宽9厘米，下宽21厘米，长12.2厘米，厚0.3厘米。上部有长方形銎，长3.3厘米，宽2.1厘米，銎孔宽1.5厘米，銎孔长2.4厘米，刃宽21厘米。（图三三四，7）

镞　1件。标本T90①：8，完整，镞尖断面呈菱形，圆体，圆锥状镞尾。长8.5厘米，宽0.8厘米，厚0.8厘米。（图三三四，6）

钉　2件。完整。标本T72①：4，上宽下窄，断面呈方形。长9厘米，上宽1.4厘米，厚0.5厘米。（图三三四，4）标本T111①A：21，有圆形钉帽。长1.6厘米，帽宽1.5厘米，厚1.5厘米。钉呈扁锥状，长1.5厘米，宽0.6厘米。（图三三四，5）

（二）装饰品及其他

有骨簪、铜簪、小陶器等。

骨簪　12件。系用兽的肢骨劈开、锯断、修整成长条形，再经加工磨制，前端修磨成尖。根据形制可分三型。

Ⅰ型：1件。标本T113①A：40，残，造型精美，有冠，腰下饰二道簪箍，其中第二道箍较宽，断面呈椭圆形，簪体呈柱状，簪尖钝。长8.8厘米，径0.6厘米。（图三三五，1）

Ⅱ型：1件。标本T112①：5，有冠笄，尖残，簪体有加冠的榫口，簪体呈乳白色，断面呈圆形。残长9.7厘米，径0.7厘米。（图三三五，2）

Ⅲ型：10件。标本T90①：76，顶残，簪身断面呈圆形，锥状尖。残长9.5厘米，径0.6厘米。（图三三五，4）标本T112①A：17，顶残，簪身断面呈椭圆形，锥状尖。残长10厘米，径0.4厘米。（图三三五，5）标本T111①B：30，顶残，簪身断面呈椭圆形，斜尖。残长7厘米，径0.4~0.8厘米。（图三三五，6）标本T113①A：9，顶残，簪身断面呈圆形，锥状尖。残长7厘米，径0.5厘米。（图三三五，7）标本T87①：9，顶残，簪身断面呈圆形，斜尖。残长5.2厘米，径0.5厘米。（图三三五，8）标本T87①D：6，

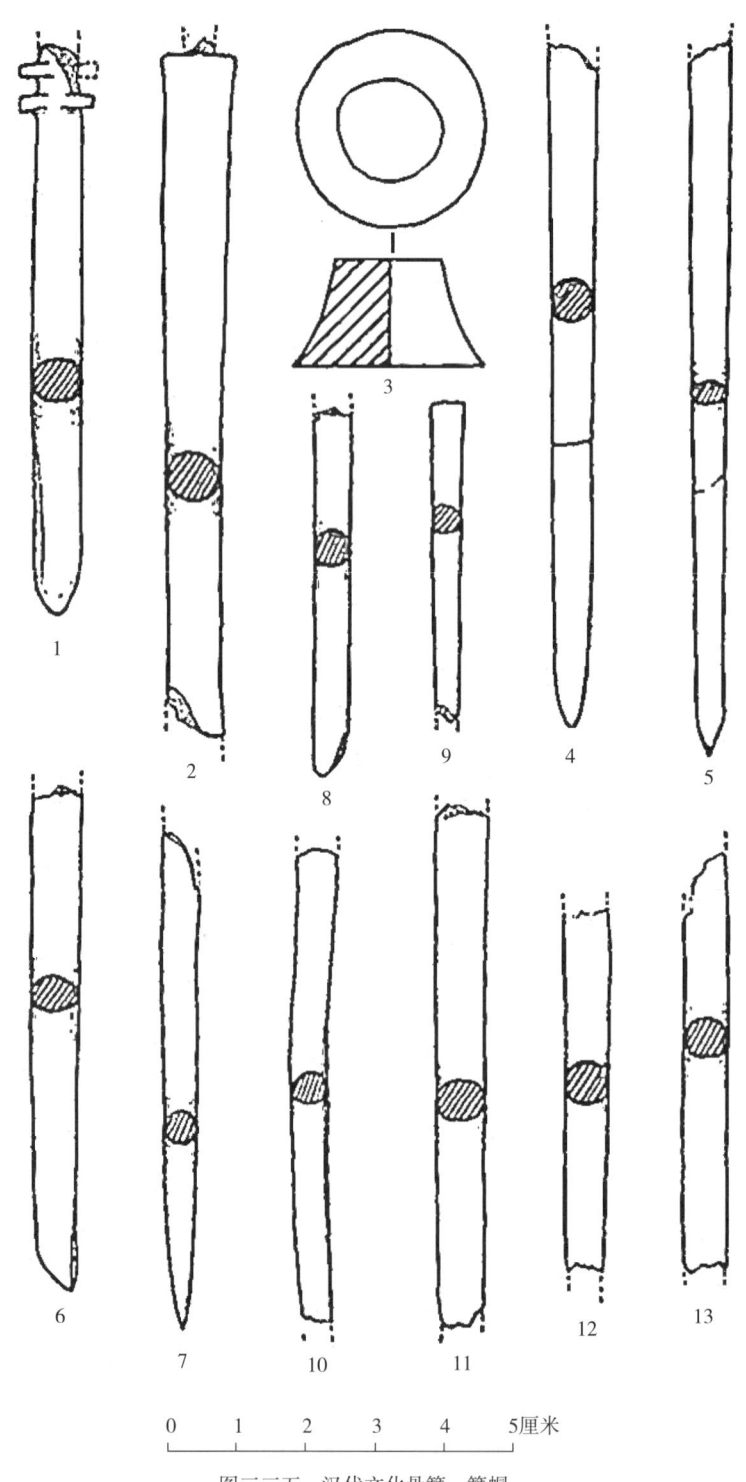

图三三五　汉代文化骨簪、簪帽

1. Ⅰ型簪（T113①A：40）　2. Ⅱ型簪（T112①：5）　3. 簪帽（T87①C：4）　4~13. Ⅲ型簪（T90①：76、T112①A：17、
T111①B：30、T113①A：9、T87①：9、T87①D：6、T112①A：8、T112①：28、T113①：15、T88①：11）

尖残，平顶，簪身断面呈圆形。残长4.4厘米，径0.4厘米。（图三三五，9）标本T112①A：8，顶、尖残，
簪身断面呈圆角三角形。残长6.6厘米，径0.5厘米。（图三三五，10）标本T112①：28，顶、尖残，簪身
断面呈椭圆形。残长7.4厘米，径0.6~0.7厘米。（图三三五，11）标本T113①：15，顶、尖残，簪身断面
呈圆形。残长5.1厘米，径0.6厘米。（图三三五，12）标本T88①：11，顶、尖残，簪身断面呈圆形。残

长 5.9 厘米，径 0.6 厘米。（图三三五，13）

骨簪帽　1件。标本 T87 ① C：4，由兽骨磨制而成，平面呈圆形，断面呈束腰梯形。底径 2.8 厘米，上径 1.6 厘米，长 1.5 厘米。（图三三五，3）

陶玩具　1件。标本 T71 ① ：1，完整，夹砂灰陶，平底，弧顶，断面呈椭圆形。长 5 厘米，径 2.4~3 厘米。（图三三〇，2）

陶柱　1件。标本 T88 ① E：36，完整，泥质灰陶，圆柱状，断面呈圆形。径 1 厘米，长 2.5 厘米。（图三三〇，3）

铜簪　1件。标本 T90 ① ：3，完整，上有铜簪帽，簪帽平面为椭圆形，直径 0.8 厘米，簪体为圆柱状。长 11 厘米，体径 0.1 厘米。（图三三三，1）

铜犬铃　1件。标本 T196F16 ② A：19，残。（图三三三，3）

第十章　宋代文化

遗址内宋代文化层很少，仅发现3座灰坑和9座宋墓，这些遗迹发现在东南部发掘区、北部发掘区和T28护城壕内。

（一）灰坑

3座。发现于遗址的东南部发掘区和北部发掘区。

H69位于遗址东南部T44内西北部，开口农耕土层下。圆形筒状坑，口大底小，弧壁内收，未清到底，填黄灰土，土质松软。出土瓷片、砖块、布纹瓦。口径1.37米，底径0.80米，深1.25米。（图三三六，3）

H133位于遗址北部T72内，开口农耕土层下。椭圆形筒状坑，口大底小。出土瓷碗、瓷片。还有猪牙等。口径1.30~2米，底径0.66~0.80米，深1.70米。（图三三六，2）

H131位于遗址北部T90内，开口农耕土层下。平面呈梯形，直筒状。填黑灰土，坑内有人头骨和3块汉砖，人头骨放在汉砖上。口长1.10米，东宽0.58米，西宽0.40米，深0.27米。（图三三六，1）

（二）墓葬

10座。分布在遗址东南部发掘区1座，南城墙外（T28）护城壕内1座，北部发掘区8座。

M81位于遗址南城墙西段外护城河淤土内（T28），该墓的西部叠压在探沟西壁下，为保留探沟地层叠压关系，没有扩方。长方形土坑竖穴，方向6°。南部、西部有二层台，南部二层台宽0.10米，西部二层台宽0.10~0.24米，高0.40米。棺已朽，从发现的铁棺钉看，棺长1.60米，宽0.44米。骨骼零散，随葬瓷瓶1件，放置在墓室的东北角。该墓挖在黄河泛滥后的红色淤积层中。墓口南北长2.20米、东西残宽0.90米，底长2.16米、残宽0.84米，深0.80米。（图三三七，1）瓷瓶（M81：1），小口，折沿，方唇，腹微鼓，

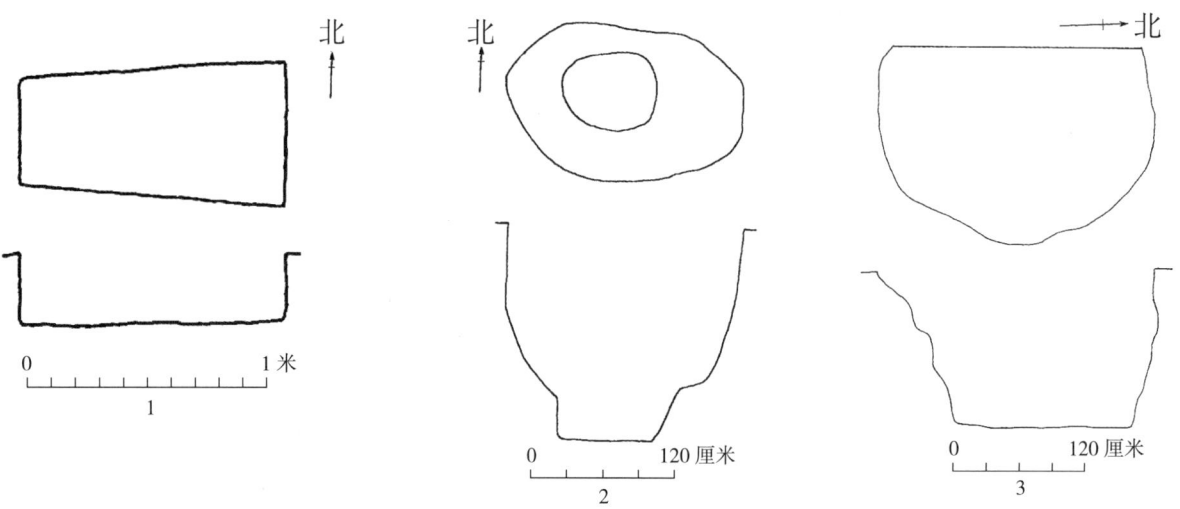

图三三六　宋代文化灰坑平、剖图
1. T90H131　2. T72H133　3. T44H69

腹部有八周凹弦纹，小平底。口径 4.3 厘米，腹径 11 厘米，底径 4.5 厘米，高 18 厘米。

M114 位于遗址东南部 T49 的西北角，该墓位于农耕土下 0.26 米。人骨头部被农耕时损坏。长方形土坑竖穴，方向 19°。头向北，仰身直肢，从长 0.95 米的骨架看，应为六七岁的小孩。无随葬品。墓口南北长 1.18 米，东西宽 0.22 米，深 0.10 米。（图三三七，2）

M134 位于遗址北部 T71 的东南部，位于①文化层下。长方形土坑竖穴，方向 14°。头向东北，仰身直肢，左腿压在右腿上，男性。无随葬品。墓口南北长 2 米，东西宽 0.40 米，深 1.50 米。

M142 位于遗址北部 T71 的东南部，深 0.35 米处发现墓口。长方形土坑竖穴，方向 5°。棺置于墓的中

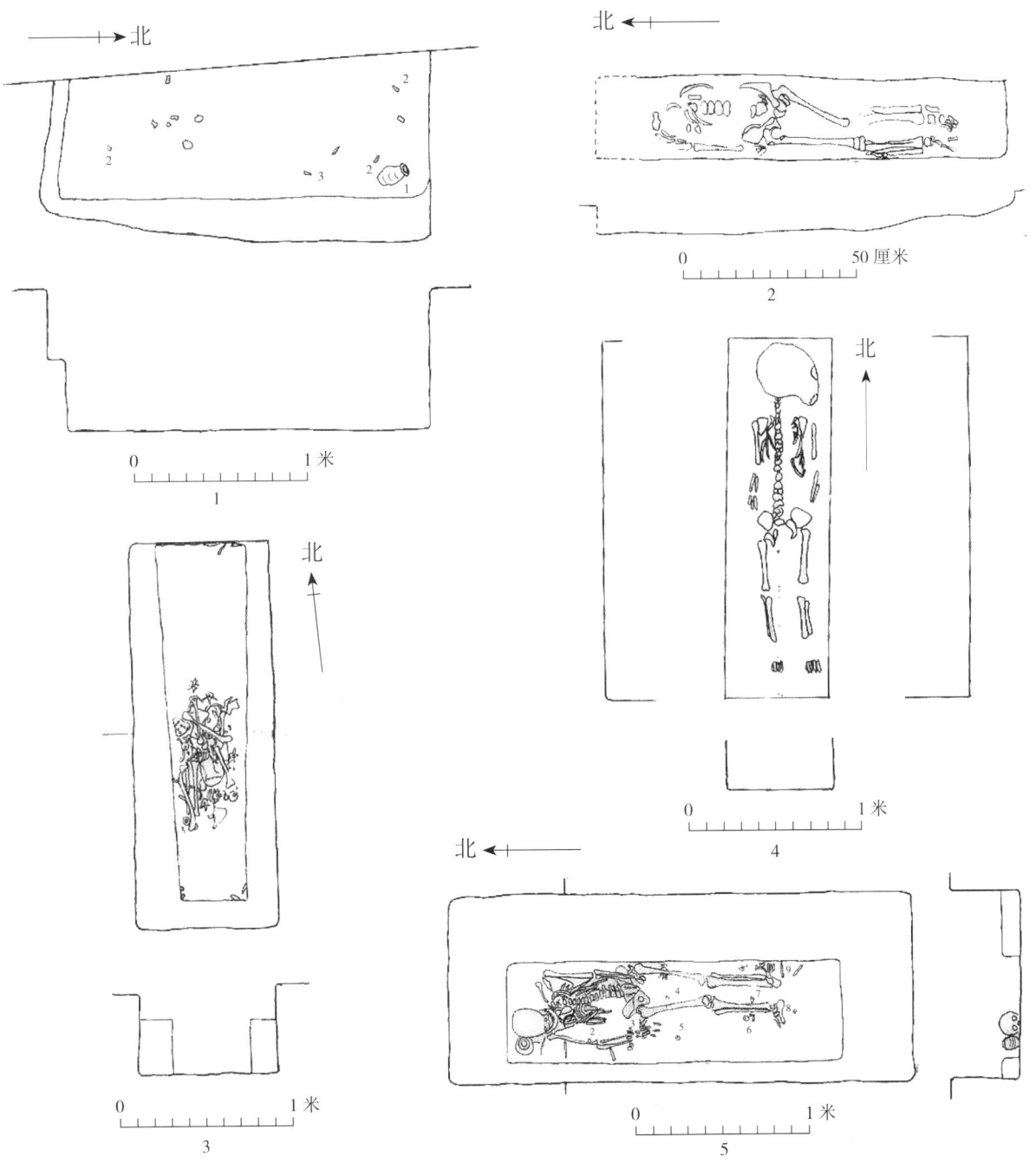

图三三七　宋代文化墓葬平、剖图

1. T28M81　2. T49M114　3. T71M154　4.T91M164　5.T71M142

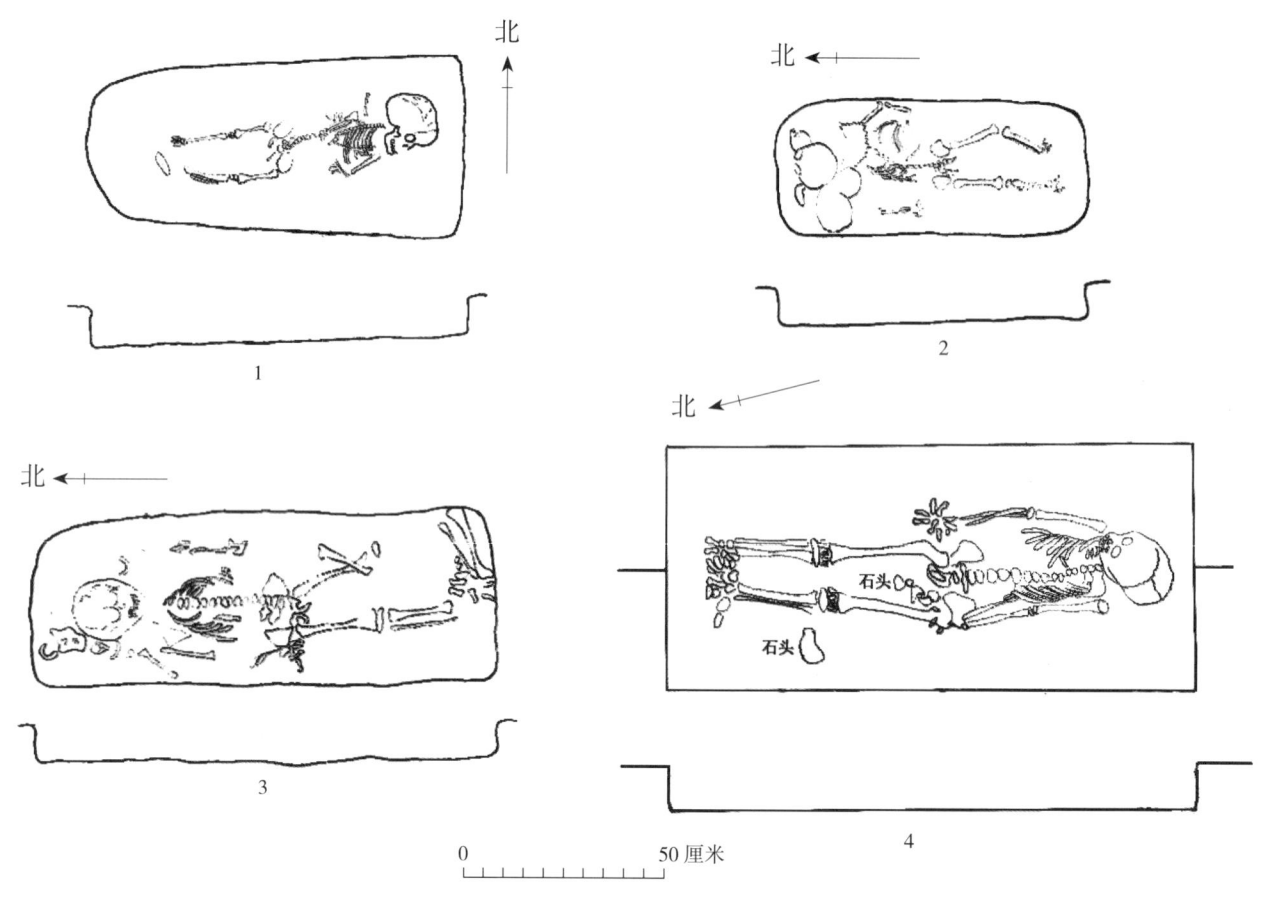

图三三八　宋代文化墓葬平、剖图
1. T111M187　2. T111M188　3. T111M189　4. T90M148

部偏西，棺长1.94米，宽0.56米。头向北，仰身直肢，女性。随葬瓷瓶1件和7枚铜钱，还有47个铁棺钉。墓口南北长2.68米、东西宽1.06米，墓底长1.95米、宽0.56米、深0.98米。（图三三七，5）瓷瓶（M142：1），小口，折沿，方唇，腹微鼓，腹部有八周凹弦纹，小平底。口径4厘米，腹径10.7厘米，底径5厘米，高15厘米。铜钱3枚，为熙宁元宝、熙宁通宝、至道元宝。熙宁元宝1枚（M142：2），完整，圆形，正方形穿，钱边缘有宽周郭，穿的上部有一细周郭，穿之背面无周郭，穿之正面左右两侧铸有真书"熙宁元宝"四字。钱径2.1厘米，郭径2.4厘米，郭宽0.15厘米，郭厚0.15厘米，肉厚0.1厘米，穿径0.8厘米。（图三三九，3）熙宁通宝1枚（M142：3），完整，圆形，正方形穿，钱边缘有宽周郭，穿的上部有一细周郭，穿之背面无周郭，穿之正面左右两侧铸有隶书"熙宁通宝"四字。钱径2.1厘米，郭径2.4厘米，郭宽0.15厘米，郭厚0.15厘米，肉厚0.1厘米，穿径0.8厘米。（图三三九，2）至道元宝1枚（M142：4），完整，圆形，正方形穿，钱边缘有宽周郭，穿的上部有一细周郭，穿之背面有周郭，背面的穿郭较宽，穿之正面左右两侧铸有草书"至道元宝"四字。钱径2.1厘米，郭径2.4厘米，郭宽0.15厘米，郭厚0.15厘米，肉厚0.1厘米，穿径0.8厘米。（图三三九，1）

　　M148位于遗址北部T90东北部，深0.45米处发现墓口。长方形土坑竖穴，方向5°。无棺椁痕，仰身直肢，随葬祥符元宝1枚和3块不规则红石块于两股之间和左膝附近。墓口南北长1.40米，东西宽0.60米，深0.12米。（图三三八，4）祥符元宝1枚（M148：1），完整，行书，正面有"祥符元宝"四字，外郭宽，穿

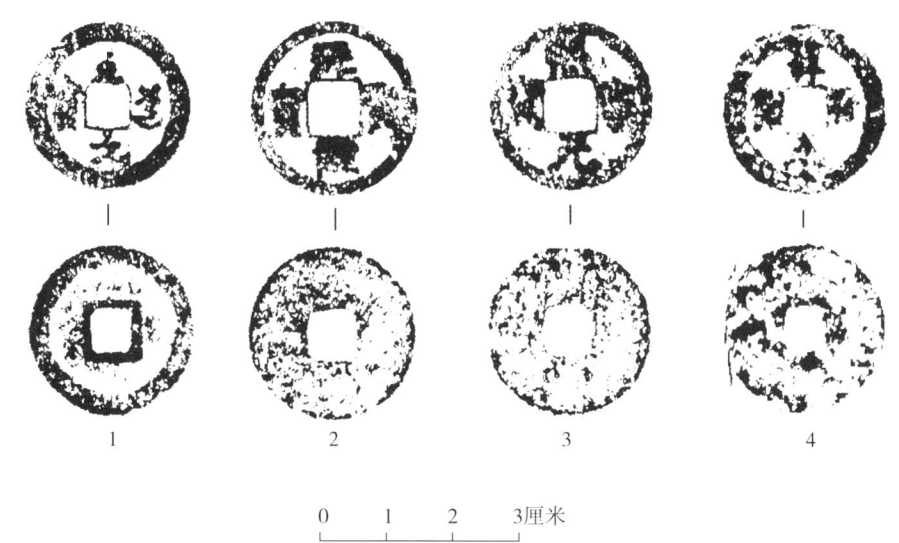

图三三九　宋代文化墓葬出土铜钱拓片
1. 至道元宝（M142：4）　2. 熙宁通宝（M142：3）　3. 熙宁元宝（M142：2）　4. 祥符元宝（M148：1）

上郭窄，背面外郭宽，穿上郭窄，郭被磨平。径 2.45 厘米，穿宽 0.6 厘米，厚 0.05 厘米。（图三三九，4）

　　M154 位于遗址北部 T71 东隔梁中部，深 0.53 米处发现墓口。长方形土坑竖穴，方向 5°。活土二层台高 0.36 米以上。棺置于墓的中部偏北，棺呈梯形，北宽南窄，棺长 2 米，北宽 0.54 米，南宽 0.38 米，棺板厚 0.05 米。骨架紊乱，堆在棺内中间，随葬铜耳坠 1 件和铜钱 7 枚，从随葬鱼钩看，死者应为男性。墓口南北长 2.15 米、东西宽 0.85 米，底长 2.15 米、宽 0.85 米，深 0.44 米。（图三三七，3）铜耳坠 1 件（M154：6）。铜钱 7 枚，有熙宁元宝、祥符通宝、绍圣元宝、元丰通宝。其中熙宁元宝 3 枚。完整。真书，顺读"熙宁元宝"。标本 M154：1，正面有"熙宁元宝"四字，宽外郭，穿上郭窄，背面宽外郭，穿上郭亦较宽。径 2.45 厘米，穿宽 0.65 厘米，厚 0.05 厘米。（图三四〇，1）标本 M154：3，正面有"熙宁元宝"四字，字迹模糊，外郭窄，穿上郭亦窄，背面宽外郭，穿上郭亦较宽。径 2.35 厘米，穿宽 0.7 厘米，厚 0.05 厘米。（图三四〇，2）标本 M154：6，正面有"熙宁元宝"四字，字迹模糊，宽外郭，穿上郭窄，背面宽外郭，穿孔近圆，穿上郭亦较宽。径 2.4 厘米，穿宽 0.5 厘米，厚 0.05 厘米。（图三四〇，3）祥符通宝 1 枚（M154：2），完整，行书，正面有"祥符通宝"四字，外郭宽，穿上郭窄，背面外郭和穿上郭宽，郭被磨平。径 2.4 厘米，穿宽 0.55 厘米，厚 0.05 厘米。（图三四〇，4）绍圣元宝 2 枚。标本 M154：4，完整，篆书，正面有"绍圣元宝"四字，外郭，穿上郭较外郭窄，背面外郭宽，穿上郭较窄，郭被磨。径 2.45 厘米，穿宽 0.6 厘米，厚 0.1 厘米。（图三四〇，6）标本 M154：7，完整，真书，正面有"绍圣元宝"四字，外郭，穿上郭较外郭窄，背面外郭宽，穿上郭较窄，郭被磨。径 2.35 厘米，穿宽 0.7 厘米，厚 0.05 厘米。（图三四〇，7）元丰通宝 1 枚（M154：5），完整，真书，正面有"元丰通宝"四字，外郭宽，穿上郭较窄，背面外郭宽，穿上郭错位，且较窄，郭被磨。径 2.5 厘米，穿宽 0.7 厘米，厚 0.05 厘米。（图三四〇，5）

　　M164 位于遗址北部 T91 的西北部，长方形土坑竖穴，方向 2°。仰身直肢，面向东，头向北，腰部放红石 1 块。墓口南北长 1 米、东西宽 0.52 米，深 0.40 米。（图三三七，4）

　　M187 位于遗址北部 T111 西北部，椭圆形土坑竖穴，方向 105°。仰身直肢，头朝东，面向南，无随葬品。墓口东西长 1 米、南北宽 0.45 米，深 0.10 米。（图三三八，1）

　　M188 位于遗址北部 T111 西北部，椭圆形土坑竖穴，方向 0°。仰身直肢，头朝北，无随葬品。墓口南

北长 0.80 米、东西宽 0.34 米，深 0.10 米。（图三三八，2）

　　M189 位于遗址北部 T111 西北部，近长方形土坑竖穴，方向 10°。仰身直肢，头朝北，随葬铁链 1 件。墓口南北长 1.20 米、东西宽 0.45 米，深 0.10 米。（图三三八，3）

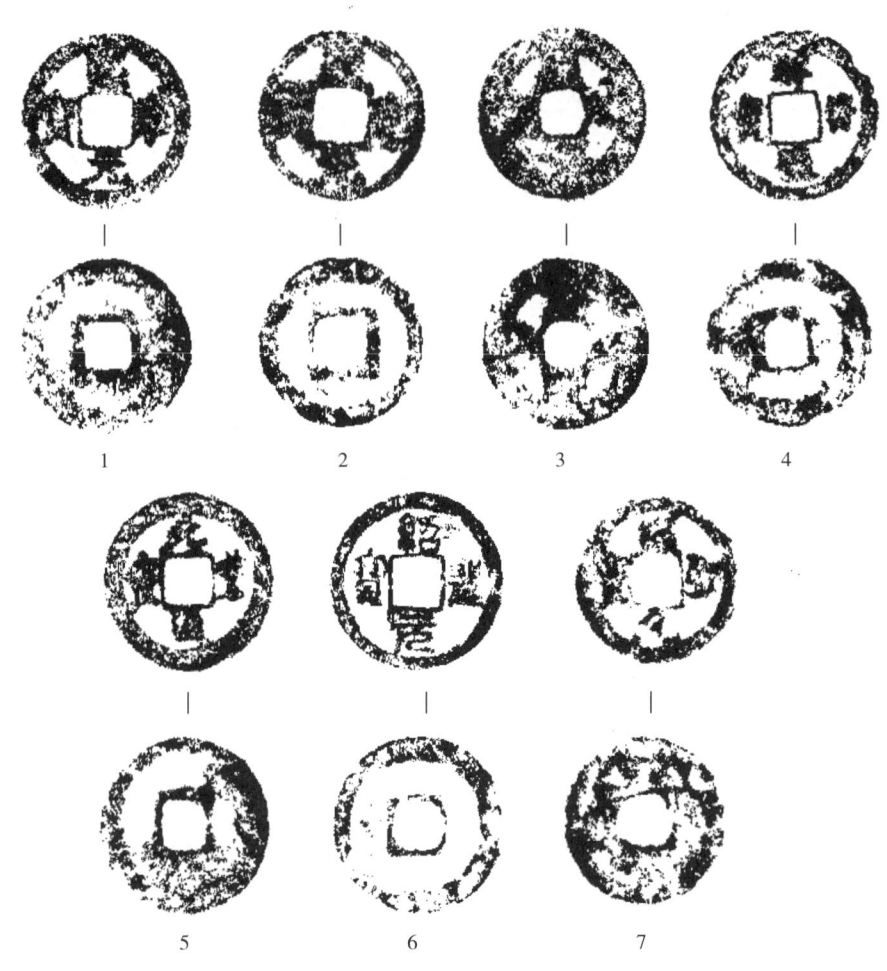

图三四〇　宋代文化墓葬出土铜钱拓片

1~3.熙宁元宝（M154：1、M154：3、M154：6）　4.祥符通宝（M154：2）　5.元丰通宝（M154：5）

6、7.绍圣元宝（M154：4、M154：7）

第十一章　结　语

自 20 世纪 30 年代初在山东省历城县龙山镇城子崖发现龙山文化以来，80 多年来考古工作者在山东、河南、陕西、山西、河北、湖北、安徽等省发现了龙山文化遗址有几千处（重点发掘了几十处），从而使我们对龙山文化的分布范围、文化类型及内涵有了比较深入的了解。自 20 世纪 70 年代以来，伴随着学术界对"夏文化"研究工作的深入开展，关于龙山文化社会性质的研究工作也活跃了起来。随着研究工作的进一步深入，对龙山文化的发掘工作也提出了新的要求，寻找龙山文化的城址，成为考古发掘工作的重要课题。1977 年首先在河南登封告成发现了王城岗龙山文化小城堡的夯土基槽[1]，1980 年又在河南淮阳平粮台发现了龙山文化古城[2]，经过若干年的考古发掘，其收获均已公布，并在 1983 年 5 月召开的中国考古学会第四次年会上进行了讨论。龙山文化古城的发现，为龙山文化社会性质的研究提供了重要资料。

城的出现，是人类社会发展到一定阶段的产物，正如恩格斯所说：在新的设防城市的周围屹立着高峻的墙壁并非无故：它们的壕沟深陷为氏族制度的墓穴，而它们的城楼已经耸入文明时代了[3]。也就是说，城的出现，标志着原始共产社会的结束，奴隶社会则从此开始。所以，龙山文化古城的发现，是考古工作上的一件大事，使我们探讨我国早期国家的形成和发展得到了新的启示。在龙山时代生产工具还比较落后的条件下，兴建平粮台龙山文化古城，无论是从古城的建筑设计，还是从其建筑规模看，都可以说是一项设计科学、规模宏大的工程，在当时是了不起的创举。我们将根据已有的考古材料，对平粮台古城址的年代、建筑价值、城名、族属等问题进行初步的探讨。

一、平粮台城址的年代

平粮台古城址的年代，是判定平粮台古城价值的首要问题。根据平粮台古城址发掘的地层叠压关系和出土遗物，平粮台古城址有五期文化层相互叠压。

平粮台早期文化层叠压在龙山文化古城的夯土城墙之下，早于古城的建筑年代。出土的陶片以棕陶居多，青灰陶次之。纹饰以素面居多，篮纹次之，且多饰于鼎的腹部。主要器形有鼎、罐、圈足碗、圈足碟、壶等。有少数红衣褐彩陶。其出土的器物形态与郸城段寨遗址的早期文化相似[4]，应属大汶口文化的晚期遗存。

平粮台龙山文化一期文化层亦被叠压在古城的夯土城墙之下。出土的陶片以黑陶居多，灰陶次之。纹饰中绳纹居多，篮纹次之，篮纹较宽且竖行排列。出土的器形较少，仅有陶罐和豆把。从其纹饰和陶器形状看，应属河南龙山文化中期的遗存。

平粮台龙山文化二期的文化层直接叠压着夯土城墙，是平粮台古城建成后居民们的文化堆积。出土陶片以灰陶居多，黑陶较少，器胎较厚。纹饰以篮纹居多，绳纹次之，方格纹较少。器形有鼎、甗、罐、鬶、澄滤器、豆、盘、碗、瓿等，从其器物特征及纹饰看，应属河南龙山文化中期偏晚的遗存。

平粮台龙山文化三期文化层直接叠压在龙山文化二期文化层之上。出土陶片以灰陶居多，黑陶较少，器胎较厚。纹饰以方格纹居多，绳纹次之，篮纹再次之。器形有鼎、甗、罐、鬶、澄滤器、豆、盘、碗、瓿等，从其器物特征及纹饰看，应属河南龙山文化晚期的文化遗存。

平粮台龙山文化四期文化层叠压在龙山文化三期文化层之上。出土陶片以灰陶居多，棕陶次之。纹饰以方格纹居多，篮纹次之，绳纹再次之，篮纹浅而乱，绳纹粗而稀。器形有鼎、罐、甗、瓮、甑、碗、鬶、卷沿平底盆、豆等。器口为方唇弧沿，平口，唇为双唇或圆唇，鼎足粗而高，足断面为长方形，其上饰篮纹或手捏的窝痕。乳足鼎出现，从其器形和纹饰的特征看，与郾城郝家台龙山文化四期相近[5]。

平粮台龙山文化五期文化层直接叠压在四期文化层之上。出土陶片以灰陶居多，棕陶次之。纹饰以方格纹居多，篮纹次之，绳纹较少，器形规整，制作精良。器形有鼎、罐、甗、甑、澄滤器、单把罐、盆、壶、圈足盘、豆、杯、瓮等，与郾城郝家台龙山文化五期同类器相似。

总之，从平粮台古城址的地层叠压关系和文化分期看，古城建成前就有人类居住，古城是在河南龙山文化中期时建成的，其建城的时间一定早于平粮台龙山文化二期文化。这一推断与平粮台三期文化的灰坑H15出土的木炭经国家文物局文物保护科学技术研究所碳十四测定的年代距今4355±175年（树轮校正）是一致的。稍晚于城墙的H76的木炭测年，为距今4500±140年（树轮校正），从地层叠压和碳十四的测定数据，我们获知平粮台龙山文化城址是一座距今4500多年前兴建的古城。平粮台古城的建城年代大大超过了夏王朝始建的年代。按照目前学术界对夏王朝年代的研究，多数学者认为夏王朝的始建年代是公元前21世纪，也有学者认为是公元前22世纪，也就是说夏王朝的始建年代是距今4100年或4200年，而平粮台古城的建城年代则是距今4500多年前，其建城年代应早于夏王朝的始建年代三四百年，因此，平粮台古城不是夏王朝时期的城址，而是早于夏王朝的古城。

二、平粮台城址的建筑价值

在我国历史上，相传夏禹的父亲鲧就已经开始了筑城，但也有黄帝筑城的记载。考古发掘中，此前学术界公认的较早城址只有商代的郑州商城和湖北黄陂的盘龙城，而淮阳平粮台龙山文化古城的发现，不仅从时代上早于夏王朝的始建年代，而且将我国古代城市的发展史由商代提到夏王朝以前，向前提早了几百年，使我们对我国古代早期城市的建筑情况也获得了新资料，平粮台古城因其时代早，所以在建筑史上具有重要的地位。

（一）原始的筑城法、简单的力学原理

城的出现，首先是为了军事防御的需要。在古代，怎样用土筑墙，因时代不同、条件不同，所以筑法也就不同。商王朝的都城——"郑州商城"，是采用夯土分段版筑法，中间是版筑的"主城墙"，两侧有"护城坡"，这是在没有掌握后世以绳系悬空的木柱或木条来不断垂直加高矗"主城墙"前的一种夯筑法。而平粮台古城的筑法则更加原始，系采用小版筑堆筑法，即先在城墙的内侧筑一小版筑墙，高约1.2米，后依小版筑墙由里向外斜堆土，逐层夯打，到一定高度时，小版筑墙与外边斜堆的夯土层呈三角形，然后外边再用木版挡着，由外向内垫土，逐层夯打。在由外向内堆土时，一般来说堆土外厚内薄，外部夯土逐渐高于夯土墙，使之呈外高内低的斜坡状。然后内侧的小版筑墙上部再筑小版筑墙，再斜堆土，夯实。如此反复数次，才筑成高大的平粮台古城的城墙。这种筑法明显比大版筑法落后。试想在生产工具还相当落后的4500多年前，在还不具备大版筑的技术条件下，我们的祖先要兴建前人从未兴建过的城池，要筑起高大的城墙，恐怕也是走过许多弯路，经过多次失败，才创造了小版筑堆筑法的。仔细分析起来，小版筑堆筑法从力学的角度看，也是有一定道理的。在不具备大版筑的前提下，只有小版筑堆筑法才是科学的。假如里、外侧均先筑一小版筑墙，然后中间平铺、平夯，中间的夯土在增高过程中力向外挤，会将小版筑墙挤倒的。如果斜堆土，逐层夯实，使小版筑墙渐渐加宽，呈斜坡状，不仅不会挤倒，反而会更加坚固。所以，小版筑堆筑法是符合力学原理的，是我国古代劳动人民在生产工具还比较落后的情况下，在筑城技术中的一种创造，是符合科学原理的一种成功的尝试。

（二）科学的地下排水设施

在城市发展史上，无论是古代的城市，还是现代的城市，城市内的污水排泄问题始终是一个十分重要的问题。因为城市是政治、经济、交通、军事、文化的中心，人口稠密，人们生活中的污水数量也很大，如果平时人们生活中的污水不能及时排出，将直接影响市容并威胁人们的健康。此外，一旦到了雨季，自然降雨将导致积水成灾，浸泡人们的住房，危害人们的生命安全。因此，城市的排水设施相当重要。在古代，城市的主要职能是军事防御，所以对排水设施必须有新的要求，即排水设施决不能影响城市的防御能力。那么，使用传统的水沟排水的方法是行不通的。因为用水沟排水如果在城垣留下豁口，将直接影响城垣的防御功能。如果将水沟放在大门处，则又会影响人们出入，通行不便。因之，只有将排水设施改在地下，用陶质水管道排水，才能妥善地解决防御和交通与排水的矛盾。中华民族自古就富有创造精神，早在 4500 多年前，我们的祖先在建设平粮台古城时，就使用陶水管道排水，科学地解决了城市排水与防御、交通的矛盾。

我们在平粮台古城的南城门的路土下发现了一条陶排水管道，由三根管道组成，断面呈倒"品"字形，其排水量是不小的。这条管道现存 5 米多长，由许多节陶管道组成，每节管道均一头粗，一头细，有榫口可以衔接，管外壁拍印篮纹、方格纹、绳纹或间施弦纹。管道走向有一定坡度，北高南低，易于城内的污水向外排泄。与此同时，我们还在南门的东门卫房的东部夯土城墙下发现有陶排水管道，这里的管道比较原始，没有榫口，仅一头口微敛，另一头口微侈，管壁饰篮纹，间饰弦纹，此管道是建筑城墙前预埋的排水设施，可能是当古城建成后，曾使用过这条管道排水。后来这条预理的管道淤塞了，又不能将高大的城墙挖开疏通，故只好在南门路土下再埋一条排水管道。这样既可以省工，又可路上行人，路下管道排水。平粮台古城的陶排水管道，是目前我国发现的最早的人工铺设的排水设施，是我国古代城市建设史上一项重要发现。

（三）高台建筑的首次出现，土坯的普遍使用

在遥远的古代，人们在居住方面也是逐渐改善的。旧石器时代住山洞，新石器时代住地穴、半地穴、平地起建的房屋。平粮台古城的居民们在建筑技术上有两个进步：一是高台建筑的出现，二是土坯的普遍使用。

平粮台古城内发现的房子，其墙壁大部分是用土坯垒砌的，房址 F1、F2、F4、F13、F14 均是用土坯垒砌，土坯的大小不一，很不规整，这正是土坯的原始形态的反映，平粮台房址使用土坯当建筑材料十分普遍。土坯建筑在考古上过去发现的较少，在龙山文化遗址中，过去只有在安阳八里庄遗址中有一座房子使用土坯，土坯呈楔形[6]，即使到了商代，土坯的使用也不普遍，发现也不多，仅在河北藁城台西村和辽宁宁城小榆树林子遗址有所发现。从目前的考古材料看，土坯的使用，以平粮台为较早，使用得最为普遍。平粮台土坯的制作，是先将土搅成泥，摊在地上，再切成块，晒干后即可使用。建墙时，铺上泥，放上土坯即可。这样不仅可以加快建房的速度，而且建的墙又可承重，比草泥垛墙前进了一步。土坯进一步发展，经火烧即是砖，而砖到战国晚期才出现。因此，我们绝不可低估使用土坯的意义。

平粮台古城的居民们在建房技术上的进步还表现在高台建筑上。F4 房址是一座高台建筑，南北宽 5 米多，东西残长 15 米，台高 0.72 米，土台也是采用小版筑堆筑法建成，土台建成后，其上部用土坯垒墙，草拌泥涂壁。F4 房址是我国发现最早的高台建筑之一。高台建筑比平地起建的房屋有很多优点，由于高出地面，所以具有防潮湿的优点，即使到了雨季，不仅屋内地面能保持干燥，而且也不致被一般的雨水淹没。从外观上看，建成后的高台建筑也比平地起建的房屋显得壮观些。因之，平粮台古城址 F4 房址的发现，是研究我国高台建筑的重要资料，高台建筑是房屋建筑史上的又一个大的进步。

三、平粮台城址的名称

平粮台龙山文化古城，是根据考古学文化命名的习惯给这座古城遗址命名的。那么，在距今4500多年前，这座古城叫什么名字，是需要进一步考证的。

平粮台，据《淮阳县志》载："贮粮台，在城东南五里，俗呼平粮冢，高二丈，大一顷，有四门。"[7]从《淮阳县志》中，我们可以得知"平粮冢""贮粮台"即现在的"平粮台"。平粮台在淮阳东南4千米，是一个高出地面3至5米面积近百亩的台地，其方位、特征与县志所记相合。我们还知道平粮台之名的来历，系"平粮冢"去"冢"字，"贮粮台"删去"贮粮"二字，留下"台"字，两名合并而成"平粮台"。所以，"贮粮台""平粮冢""平粮台"三个名字指的当是同一个地方。然而，这三个名称都不像古代城名。"冢"与"墓"同，顾名思义，"平粮冢"的"冢"字，指的是古人的坟墓埋于此；"贮粮台"指的是台名，而"贮粮台"的注释为"高二丈，大一顷，有四门"，从面积、高度、有四门的特征看，则很似一座废弃的古城。

淮阳是传说中的"太昊之虚"，平粮台又是一座4500多年前的龙山文化古城，淮阳的原名，根据1980年我们对陈城的试掘证实，今淮阳县城即秦之淮阳城，楚之都城"陈城"，陈国的都城"陈城"。淮阳城的建城时代弄清楚了，我们就确定了基线便于研究了。《淮阳县志》又记载："宛丘，在县东南。"王隐《晋书·地道记》："陈城南道东有宛丘，渐欲平。"乐史《太平寰宇记》："宛丘在县南三里，高二丈。""按今县城西移，故宛丘在县东南。"这些记载有的指明宛丘的位置在县城的东南，有的虽讲"陈城南道东"，但又补上县城西移说，也讲的是宛丘在县城东南。既然淮阳县城即古之陈城，又没迁移过，那么淮阳县城东南角的平粮台很有可能是古之宛丘。从方位上讲是说得通的。

《诗经·陈风·东门之枌》："东门之枌，宛丘之栩。""枌""栩"是树名，这两句诗指明从陈国出东门可到宛丘，也表明了宛丘的位置。

宛丘是陈国的一个重要地点，我们从《诗经·陈风·宛丘》中可以了解到宛丘的面貌："子之汤兮，宛丘之上兮。洵有情兮，而无望兮。坎其击鼓，宛丘之下。无冬无夏，值其鹭羽。坎其击缶，宛丘之道。无冬无夏，值其鹭翿。"我们从公元前6世纪的陈国民歌中可以知道：宛丘是陈国的一个重要地方，宛丘离陈城不远。"宛丘之道"，有通往宛丘的道路，怎么走呢？从"东门之枌，宛丘之栩"所提供的线索，出陈城的东门后，然后拐向通宛丘的道路。从"宛丘之上""宛丘之下"看，宛丘是一个台地，所以才有上下之分。宛丘上长满了"栩"树，是个风景优美的地方。陈国人只知道去宛丘上游玩，击鼓作乐，宛丘到底是什么，恐怕他们也无从知晓。那么，宛丘到底是怎么回事呢？只有经过考古发掘，才能证实宛丘是一座古城。

关于"宛丘"的特征，《尔雅注疏》讲得很清楚："宛丘中央隆峻，状如负一丘于背上"，"丘上有丘为宛丘"。《毛诗》曰："四方高，中央下为宛丘。"我们首先谈"丘"字，《博雅》曰："小陵曰丘。"《说文解字》："丘，土之高也，非人所为也。"可知，"丘"指的是自然形成的小"陵"。按此，则"丘上有丘""状如负一丘于背上"两句话就很难解释了。我们认为这两句话当另有所指。换句话说，在自然形成的丘陵上还有一个丘，丘上负的"丘"指的不是自然形成的丘，而是人力所筑的"丘"了。为什么这样解释呢？这使我们想到古代，黄河、淮河之间是一望无际的大平原，土地肥沃，物产丰富，是古代劳动人民生产、生活的好地方。有其利则必有其害，平原地区宜于生产，但雨季时则洪水容易泛滥，给人们带来灾难。人们在与大自然的斗争中，逐渐认识到平原上的小丘陵是最理想的住地。后来，随着经济的发展，阶级的出现，城市应运而生。在选择城址时，在小丘上建城也是很合适的，这样，在雨季不致被水吞没，平时又有利于将城内污水向外排泄，战争时又可居高临下，易于防守。小丘上新筑的夯土城墙，恰似"丘上有丘""状如负一丘于背上"。方形的城垣与城内相比较，城垣的高大，与"四方高，中央下"的特征多么一致。从文献记载的"宛丘"的特征看，"宛丘"也应是一座古城。

我们在甲骨文中多次见到"丘"字，统计起来有十多处，冠以地名的有"楚丘""商丘"等，但不见"城"字。结合文献记载，古代以"丘"作都的颇多，如太昊居宛丘、高阳都帝丘、尧居陶丘、殷都商丘等。即使是现在，在黄淮大平原上还有很多以丘命名的城，如商丘、沈丘、封丘、任丘等。甲骨文中为什么有"丘"字没有"城"字呢？因为甲骨文是商民族的文字，商民族来自东方，是古代东夷集团的后裔，所以"丘"字应是古代东夷集团对城的称呼。换言之，夏族叫城，东夷族叫丘。总之，平粮台龙山文化古城的原来名字是"宛丘"。"宛丘"之名由来久矣，当非自春秋时之陈国始。

四、平粮台城址的族属

从上述材料中，我们知道平粮台古城的建城年代早于夏王朝的始建年代，因之，不能说平粮台古城是夏代的城，那么，平粮台古城到底是谁的城呢？

淮阳原名陈，是传说中的"太昊之虚"。《左传·昭公十七年》记载："陈，太昊之虚也。"《纲鉴易知录》记载："太昊伏羲氏，以木德继天而王，故风姓，有圣德，象日月之明，故曰太昊。作都于陈。……帝崩，葬于陈。"《文献通考》记载："太昊葬宛丘。"上述记载中，太昊都于陈的记载是一致的。根据1980年我们对淮阳县城的发掘资料，淮阳县城即春秋时的陈城[8]、战国晚期的楚都陈城，再早就无法查考了。从淮阳城建城的年代看，根本不是太昊的都城。而离陈城很近的平粮台龙山文化古城，从年代上看则与太昊的时代较近，如果不是太昊的都城，也当是太昊的后代所建。

太昊是古代东夷集团的一支，并不是统一天下的天子，其居住范围并不太大。黄帝与蚩尤的大战中，曾有太昊、少昊帮助蚩尤作战，在涿鹿被黄帝杀死的传说。黄帝战涿鹿，杀两暤、蚩尤而为帝。根据徐旭生先生的考证，两暤就是两昊，指太昊（暤）与少昊（暤）两氏族，可知太昊、少昊与蚩尤同属东夷集团[9]。因之，太昊的统治范围并不会太大，军事实力也不会太强，平粮台古城的兴建规模与太昊的经济、军事实力是相称的。所以，我们认为淮阳平粮台古城应是我国古代传说中的东夷集团中太昊氏族的都城。

［1］河南省文物研究所、中国历史博物馆考古部：《登封王城岗遗址的发掘》，《文物》1983年第3期。
［2］河南省文物研究所、周口地区文化局文物科：《河南淮阳平粮台龙山文化城址试掘简报》，《文物》1983年第3期。
［3］《马克思恩格斯文选》，第四卷，人民出版社，1963年，第167页。
［4］曹桂岑：《郸城段寨遗址试掘》，《中原文物》1981年第3期。
［5］中国科学院考古研究所洛阳发掘队：《1959年河南偃师二里头试掘简报》，《考古》1961年第2期。
［6］安阳地区文管会：《安阳八里庄龙山遗址发掘简报》，《中原文物》1980年第2期。
［7］《淮阳县志》卷一，1933年。
［8］曹桂岑：《楚都陈城考》，《中原文物》1981年特刊。
［9］徐旭生：《中国古史的传说时代》（增订本），文物出版社，1985年，第53页。

1.淮阳平粮台遗址航拍照

2.淮阳平粮台遗址正摄影像

河南淮阳平粮台遗址全景

1.20世纪80年代淮阳平粮台遗址外景

2.20世纪80年代遗址发掘现场

3.20世纪80年代同行参观遗址发掘现场

淮阳平粮台遗址发掘现场

1.罐（T29⑩：20）

2.小口瓮（T29⑩：43）

3.圈足碗（T29⑩：28）

4.圈足碗（T29⑩：27）

5.彩陶片（T29⑩：44）

大汶口文化陶器

1. T41M102北壁陶排水管道剖面

2.陶排水管道套接

3.南门卫房和陶排水管道发掘现场

4.南门卫房和陶排水管道全景

龙山文化二期陶排水管道

1.石铲（T88⑥：74）

2.石料（T109⑥：63）

3.骨凿（T424H107：10）

6.蚌刀（T28H45：9）

4.Ⅰ型骨镞（T28南⑬：12）5.Ⅱ型骨镞（T109⑥：62）

7.陶管道（T41⑤：3）

8.陶管道（T41⑤：4）

9.陶管道（T38③：5）

龙山文化二期陶、石、骨、蚌器

1、2、3.陶环（T90⑥：71、T424H107：1、T88⑥：64）

4.Ⅱ型陶纺轮（T88⑥：65）

5.陶鸟（T111H262：49）

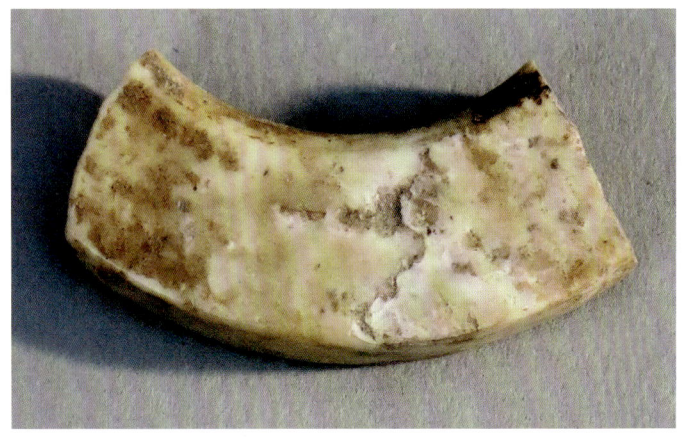

6.玉璜（T426③：11）

7.锛（W63：1）

龙山文化二期陶、石、玉器

1.铲（T28②：1）

2.铲（T13③：12）

3. I 型锛（T47H77：5）

4. II 型锛（T22H25：8）

5. 兽（T426H101②：7）

龙山文化三期石器

1. I型凿（T425③：13）　2. II型凿（T426H101①：2）　3. III型凿（T426H101①：18）

4. III型刀（T426H101②：23）

5. 钻（T426H101②：2）

6. 砺石（T22H25：7）

7. I型刀（T426②：18）

龙山文化三期玉、石器

1. Ⅰ型凿（T50H42：16） 2. Ⅱ型凿（T424H81：6）

3. 鹿角锥（T426②：16）
4、5.锥（T12H12：8、T111⑥：37）

6～8.骨料（T112⑤：6、T115⑤：32、T6③：7）

9～12.Ⅱ型镞（T90H141：2、T426H101：3、T426②：13、T332内④：9）

龙山文化三期骨器

1～7. Ⅰ型镞（T110⑤：6、T90H141：3、T426②：6、T426H101②：45、T111⑤：33、T29内⑧：10、T426②：12）

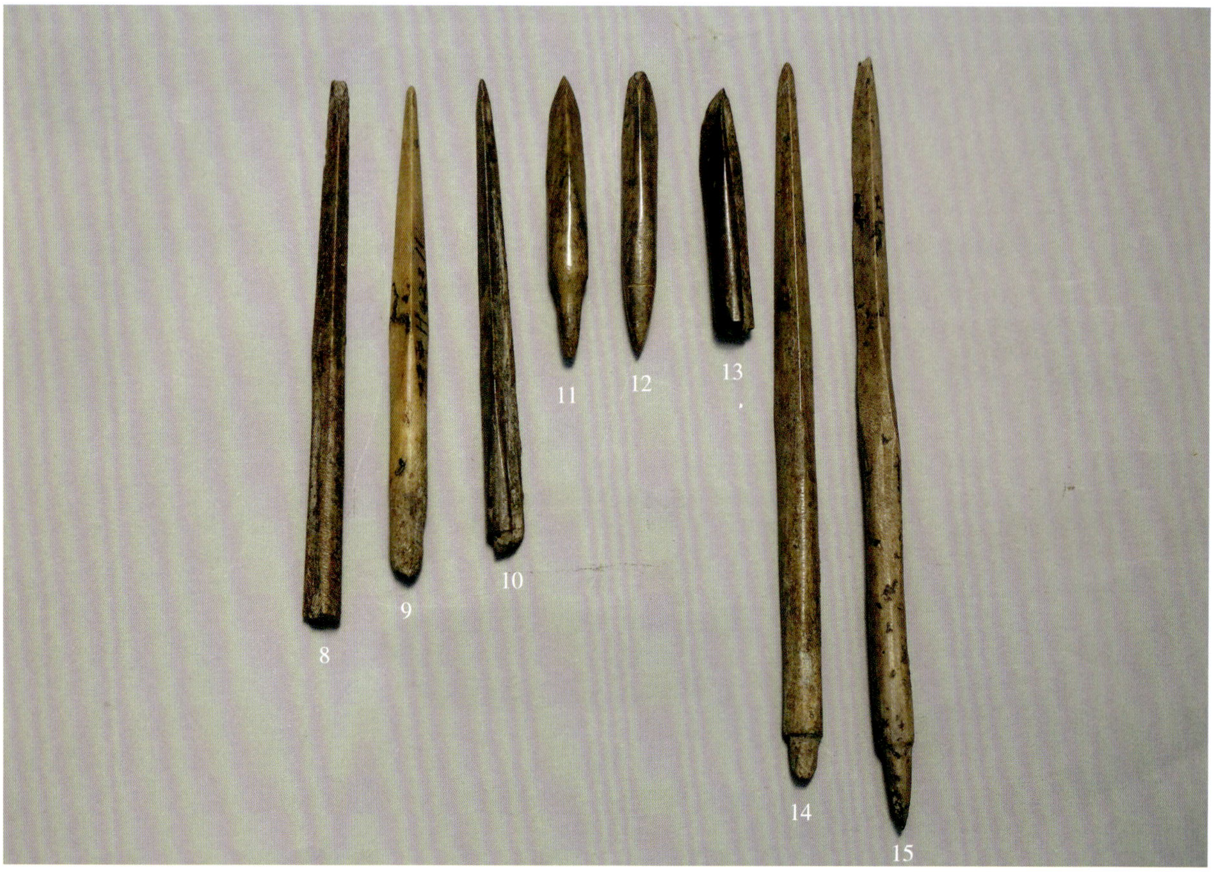

8～15. Ⅰ型镞（T90H142：1、T50H42：11、T426②：8、T47H65：1、T110⑤：7、T44③：10、
T50H42：12、T50H42：17）

龙山文化三期骨镞

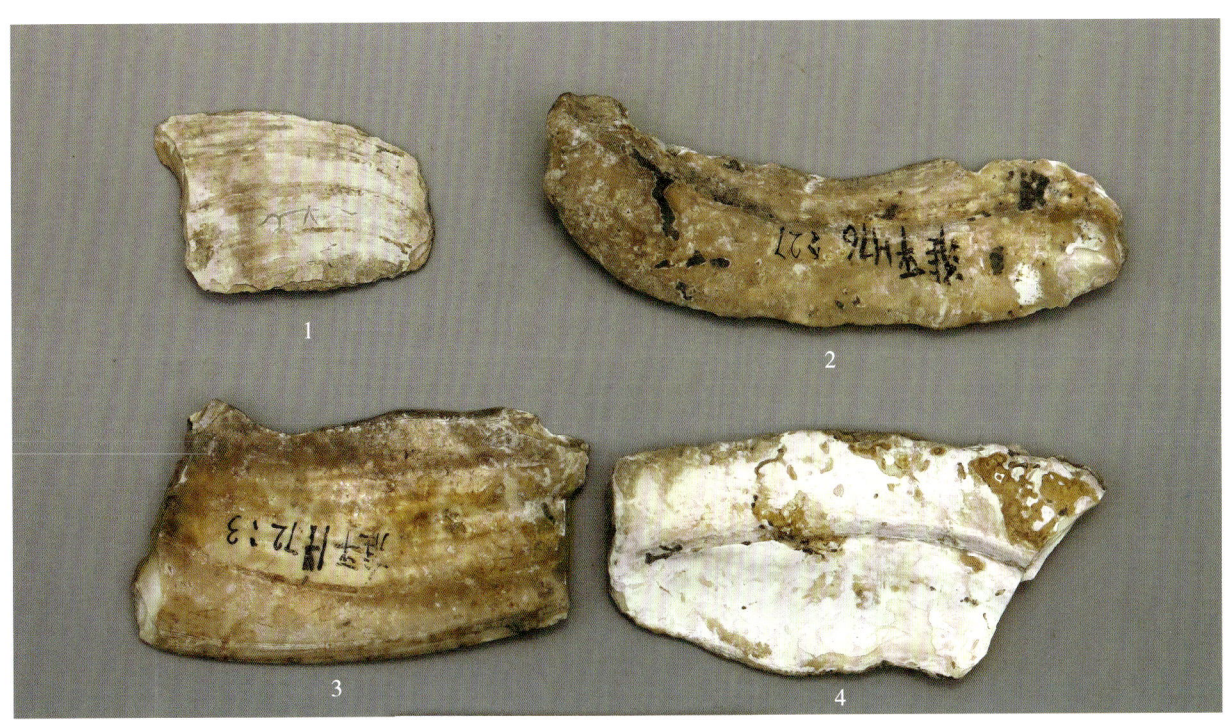

1~4. Ⅲ型刀（T50H76：73、T50H76：27、T47H72：3、T50H42：18）

5、6.镞（T426②：7、T88⑤：73）

龙山文化三期蚌刀、镞

1～6. Ⅱ型刀（T22H25：11、T426H91②：11、T426H101②：50、T426H91②：12、T426H91②：10、T5③：11）

7～11. Ⅰ型刀（T90H142：3、T332西④：6、T23H7：1、T332西④：7、T90H142：2）

龙山文化三期蚌刀

1. Ⅰ型鼎（T50H76：17）

2. Ⅰ型罐（T424H103：1）

3. Ⅰ型甗（T50H76：13）

4. 鬶（T24H31：4）

5. Ⅱ型器盖（T424H91：1）

龙山文化三期陶器

1.壶（T47H68：1）

2.壶（T2H35：1）

3.Ⅱ型杯（T425H116：2）

4.Ⅰ型杯（T50H76：29）

5.Ⅱ型杯（T111⑤：38）

6.Ⅱ型杯（T50H42：5）

龙山文化三期陶器

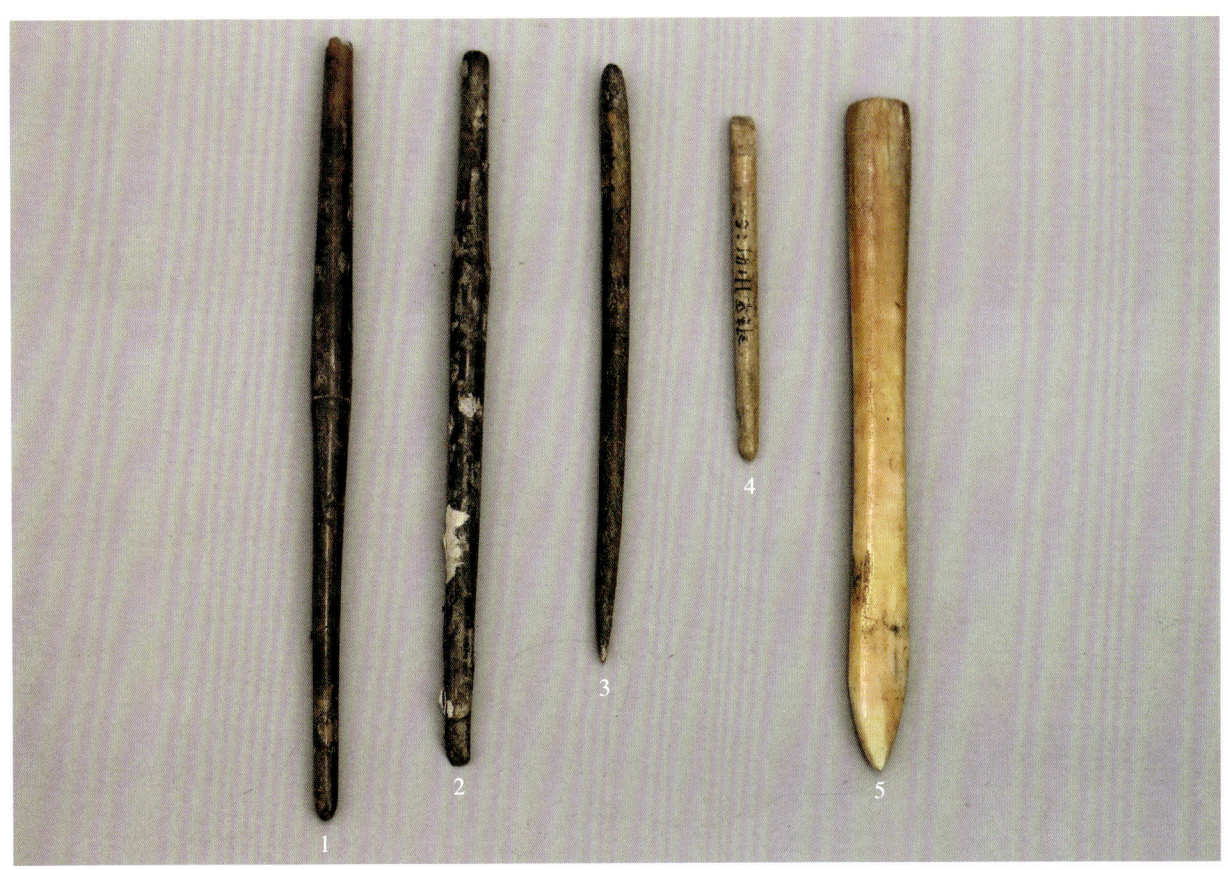

1~4. Ⅱ型骨簪（T426H101①：4、T89内④：21、T426②：14、T89H141：6）　5. Ⅲ型骨簪（T424H81：7）

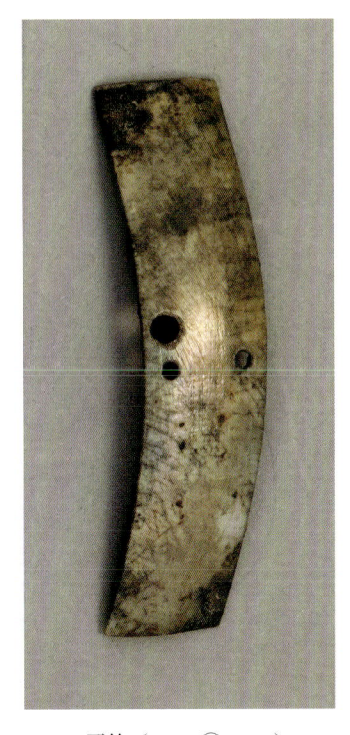

6、7. Ⅰ型骨簪（T426H91：18、T426H101①：1）

8. Ⅱ型骨簪（T426H101①：13）

9. 牙饰（T426②：20）

龙山文化三期骨簪、牙饰

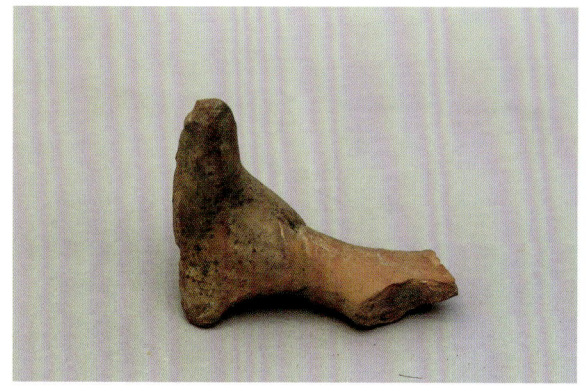

1. 鸟（T89H141：5）

2. 鸟（T15H77上：8）

3. 兽（T424H95：13）

4、5. 饼（T110⑤：11、T50H42：2）

6～8. 祖（T89④：28、T110⑤：10、T50H76：73）

龙山文化三期陶器

1.铃（T47H68：2）

2.铃（T22H25：4）

3.铃（T426H101②：49）

4.铃（T44③A：29）

5.铃（T47H77上：18）

6.铃（T89④：32）

7.埙（T47H77：14，俯视）

8.埙（T47H77：14，侧视）

龙山文化三期陶铃、埙

1.带流单把盆（T89④：27）

2.小杯（T52⑥：2）

3.小碗（T44③A：30）

4.小碗（T44③A：30）

5.小碗（T50H42：13）

6.器纽（T6③：8）

7.器纽（T6③：8）

龙山文化三期陶器

1、2. 卜骨（T426H101②：47、T44③：31）

3、4. 卜骨（T50H76：72、T425H114②：25）

龙山文化三期卜骨

1.板瓦正面（T424T425H114）

2. 板瓦背面（T424T425H114）

3. 板瓦（F1外③）

4. 板瓦（T89④：26）

龙山文化三期板瓦

1～7.骨凿（T4②B：20、T44②：5、T27②：13、T27②：46、T109H255：7、T111③：39、T426H88：9）

8.Ⅰ型蚌镞（T424④：40）　　9、10.Ⅱ型蚌镞（T112H243：3、T332③：4）

龙山文化四期骨凿、蚌镞

1～11. Ⅰ型镞（T27②：21、T27②：40、T424②：12、T34H102：15、T11②：6、
T89H139：1、T88④A：76、T424②：13、T112H243：4、T424H85：37、
T109H255：8）

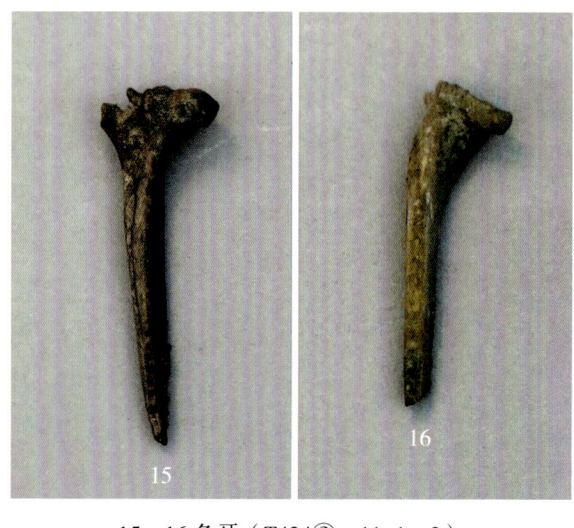

15、16.鱼牙（T424②：11-1、2）

12. Ⅱ型镞（T20②：1）

13、14. Ⅲ型镞（T7H5：13、T424H85：20）

龙山文化四期骨镞、鱼牙

1、2.匕（T109H255④：12、T112H243：6）

3.镖（T47H71：8）

4～6.凿（T11H15：8、T47H71：11、T27②：34）

龙山文化四期骨匕、镖、凿

1. I 型（T111H254：1）

2. II 型（T425H112：11）

3. I 型（T424H102：5）

4. III 型（T424H85：24）

5. I 型（T424H85：39）

6. I 型（T425H110：1）

龙山文化四期陶鼎

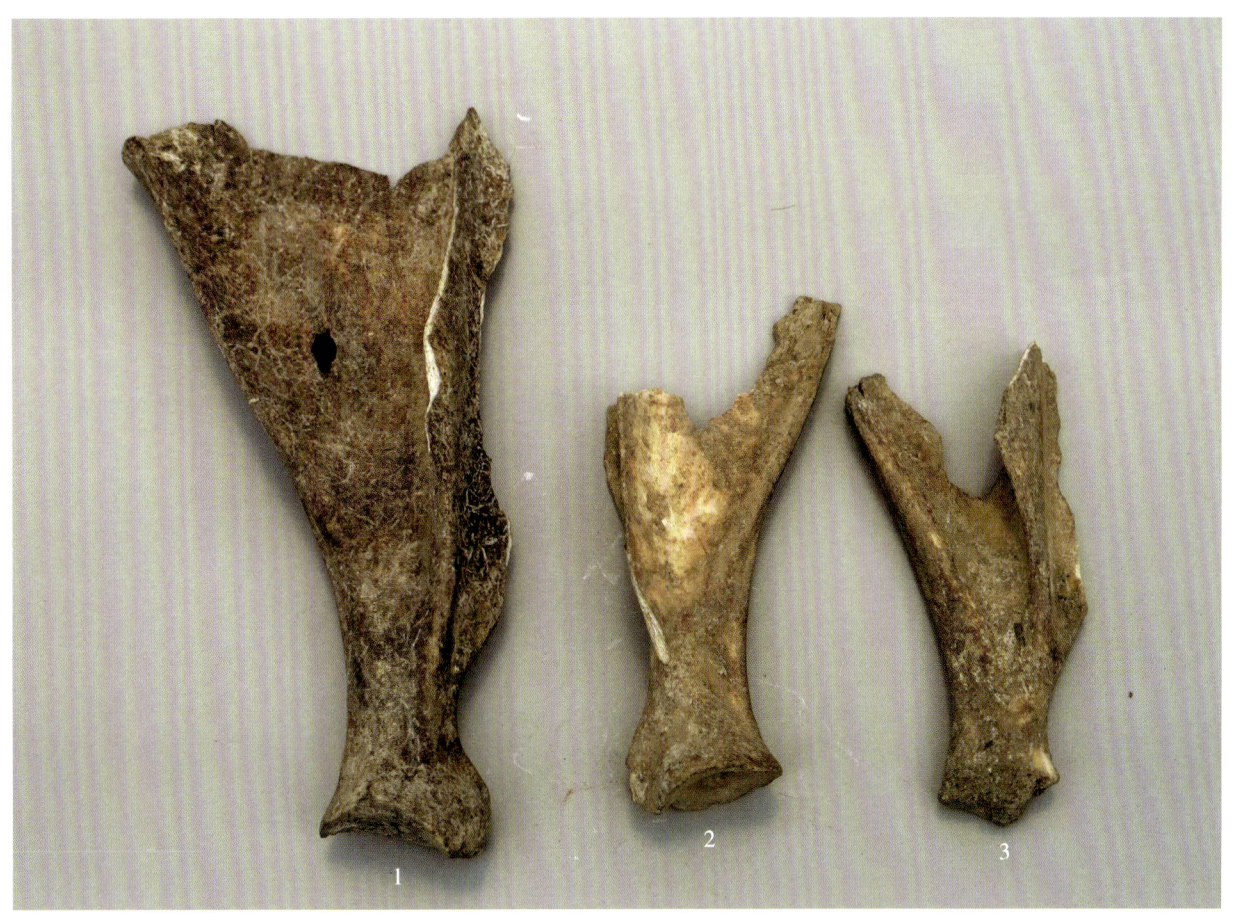

1～3.卜骨（T109H255：13、T90④：74、T89H139：9）

龙山文化四期卜骨

1、2.鸟（T52⑤：4、T30⑦：12）

3、4.陀螺（T424H85下：41、T424②：57）

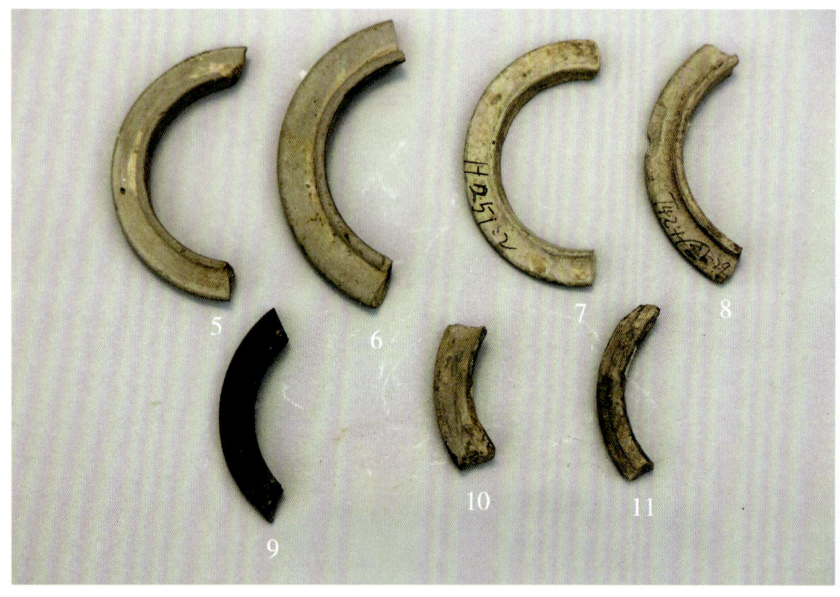

5～11.Ⅰ型环（T50②：11、T44②：4、T112H251：2、T424②：29、T89③：37、T424②：27、T424②：32）

12～19.Ⅱ型环（T7②：2、T424H102：6、T424H102：3、T424②：30、T424H102：9、T424②：33、T424②：28、T424②：34）

龙山文化四期陶器

1. T425H108：15

2. T425H108：15

3. T424②：40

4. T424②：40

5. T109④：40

6. T109④：40

7. T27②：48

8. T27②：48

龙山文化四期陶铃

1.罐（F1下②：5）

2.鬶（F1下②：13）

3.碗（F1②：8）

4.束颈罐（F1：12）

5.碗（F1下②：10）

龙山文化五期房址 F1 出土陶器

1.陶碗（F1：14）

2.陶碗（F1下②：11）

3.陶盆（F1：9）

4.陶纺轮（F1下②：17）

5.石锛（F1③：16）

6.石锛（F1：15）

7.砺石（F1②：7）

龙山文化五期房址 F1 出土陶、石器

1. 陶碗（F2：1）

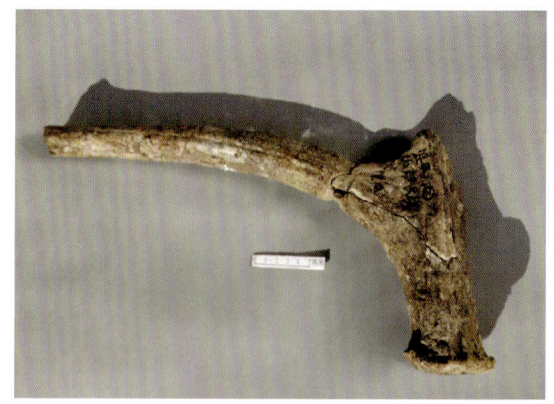

2. 鹿角锤（F2：2）

3. 陶罐（F12：5）

4. 骨凿（F10：1）

5. 石凿（F12：3）

6. 石斧（F12：4）

7. 陶豆（F12：2）

8. 石刀（F12：8）

龙山文化五期房址 F2、F10、F12 出土陶、石、骨器

1.陶罐（T424W132：1）

2.陶罐（T424W133：1）

3~5.砺石（T11H2：41、T4①：22-1、T4①：22-2）

龙山文化五期瓮棺葬陶罐、砺石

1. Ⅱ型（T17①：7）　　2. Ⅲ型（T20①：13）　　3. Ⅰ型（T113④：29）

4. Ⅲ型（T38①：6）　　5. Ⅰ型（T20①：4）　　6. Ⅳ型（T426H90：11）

龙山文化五期石斧

1、3、4.Ⅰ型铲（T7①：3、T4①：9、T6①：2） 2.Ⅱ型铲（T4①：14）

5、6.刀（T424H83下：12、T424H83中：31） 7.凿（T34①：9）

龙山文化五期石铲、刀、凿

1、3. Ⅰ型（T20①：6、T20①：14） 2、4～6. Ⅱ型（T88H185下：27、T8H18：10、T112④：3、T34①：23）

龙山文化五期石锛

1. Ⅰ型镞（T88H185：28）　2. Ⅱ型镞（T34①：10）

3、4. Ⅲ型镞（T20①：1、T44①：3）　5. Ⅳ型镞（T426H90：2）

6～8. 钻（T50①：8、T20①：7、T28南⑦：18）

龙山文化五期石镞、钻

1~8.坯料（T11H2：43、T11①：10、T424H83下：13、
T424H83上：16、T424H83下：21、T425H86：15、T426H90：10、T424H83中：26）

龙山文化五期石坯料

1、3. Ⅰ型（T424H83上：5、T11H2：21）

2、4、6. Ⅱ型（T425①：5、T88H185：2、T424H83中：1）　5. Ⅲ型（T27①：39）

7. Ⅱ型（T50①：1）　8、12、13. Ⅲ型（T426H90：1、T425①：6、T27①：43）

9、10. Ⅰ型（T19①：3、T12H2：36）　11. Ⅳ型（T24①：1）

龙山文化五期骨凿

1、4、5.Ⅱ型锥（T88H185：3、T88H185：1、T424H83上：4）

2、3.Ⅰ型锥（T11H2：40、T11H2：18） 6.Ⅲ型锥（T88H185：12）

7～10.坯料（T4①：6、T48H64：1、T112④：5、
T424H83上：7）

11、12.匕（T7H19：12、T88H185：9）

龙山文化五期骨锥、匕、坯料

1～14. I 型（T424H83中：7、T12H2：34、T11H22：1、T88H185：5、T424H83中：4、T424H83中：6、T12H2：31、
T424H83上：1、T424H83中：2、T8H18：11、T34H53：3、T20①：5、T426H84：1、T424H83上：2）

龙山文化五期骨镞

彩版四〇

1～3. Ⅱ型镞（T88H185：25-1、
T88H185：25-2、T425H86：10）

4. Ⅲ型镞（T28①：8） 5. Ⅳ型镞（T88H185下：26）
6. Ⅴ型镞（T88H185：18）

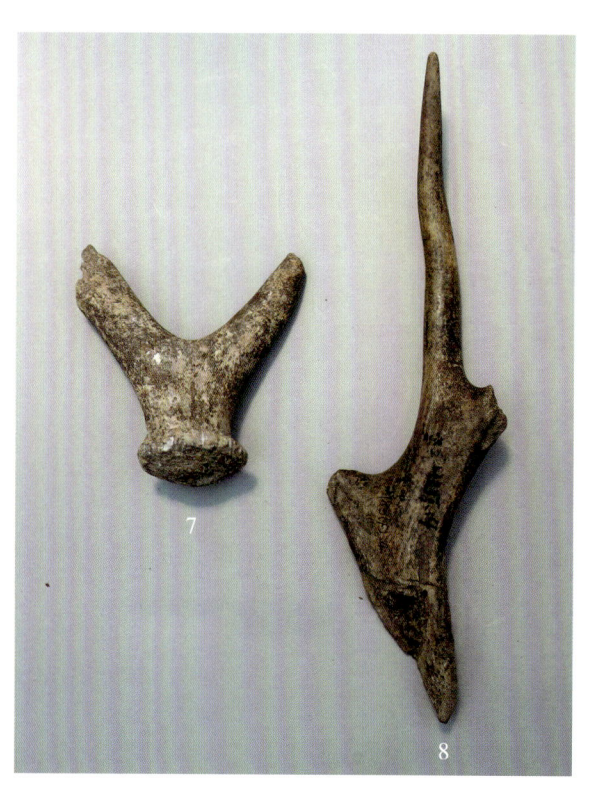

7、8.鹿角锥（T20①下：12、T424H83下：4）

9、10.鹿角凿（T425H86：18、T425H86：17）

龙山文化五期骨、角器

1、2. Ⅰ型（T29内④：3、T17①：11）

3、4. Ⅰ型（T4①：5、T5①：2）

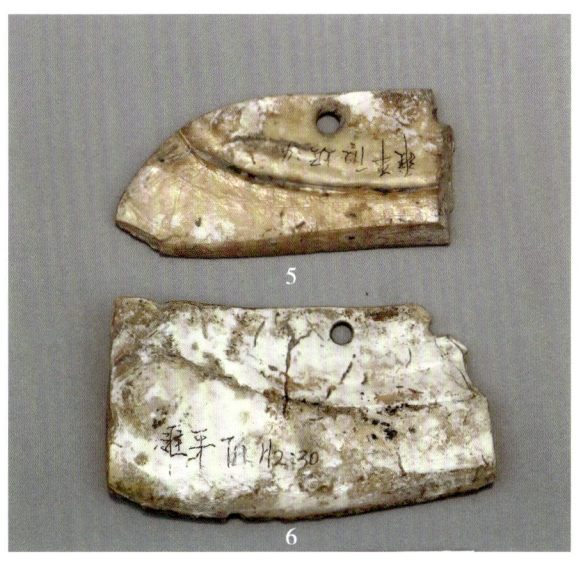

5、6. Ⅰ型（T12①A：4、T12H2：30）

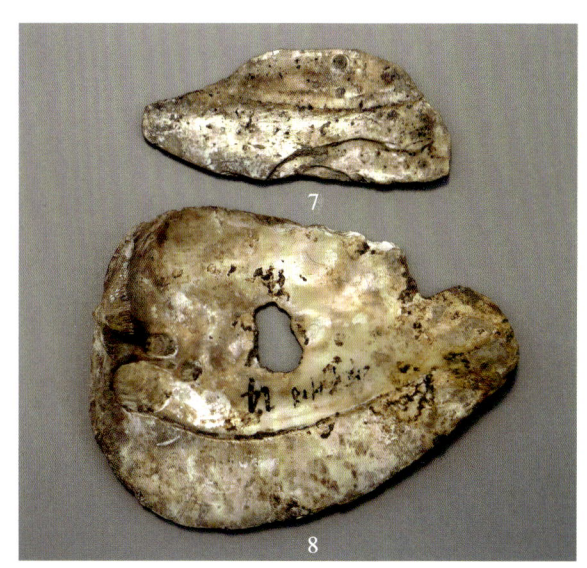

7. Ⅰ型（T12H2：37） 8. Ⅱ型（T8H18：24）

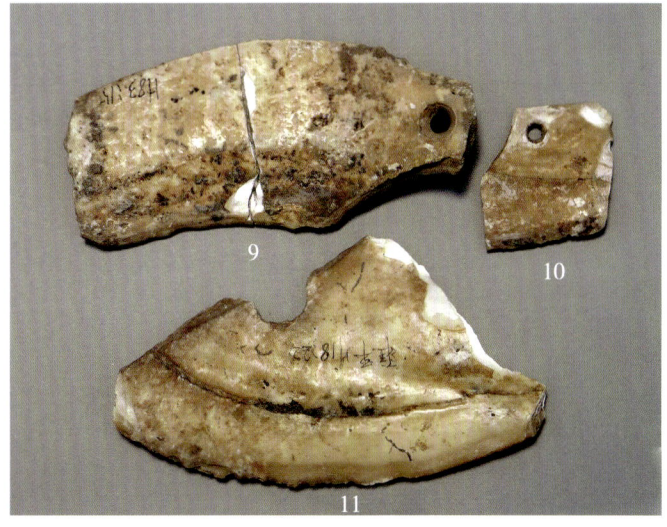

9、10. Ⅱ型（T424H83上：15、T3H33：4） 11. Ⅰ型（T8H18：22）

龙山文化五期蚌刀

1、3. Ⅲ型刀（T7H19：11、T24①：7）
2. Ⅳ型刀（T424①：7）

4. Ⅲ型刀（T89②：3）
5、6. Ⅳ型刀（T424①：6、T424①：5）

7、8. Ⅳ型刀（T11H2：25、T7H19：9）　　9. Ⅱ型镞（T12①A：5）　10. Ⅰ型镞（T7H19：10）

龙山文化五期蚌刀、镞

1～11. Ⅰ型纺轮（T20①：2、T425H86：14、T424H83上：10、T34①：36、T88H185：17、T4①：4、T11H2：11、
T44①：2、T13①：7、T30⑥：10、T11H2：19）

12、13. 网坠（T424H83上：13、T424H83中：37）

龙山文化五期陶纺轮、网坠

1~12. Ⅲ型（T88H185：6、T13①：13、T30⑥：11、T20①：11、T34①：13、T88H185：15、
T19①：5、T424H83中：21、T4①：10、T8H18：20、T43外④：6、T49外⑥：3）

13~17. Ⅱ型（T28①：2、T425H86：13、T425H86：3、T7H19：8、T34①：21）

龙山文化五期陶纺轮

1. I型鼎（T86④：2）

2. I型罐（T88H185下：19）

3. I型罐（T34①：14）

4. I型罐（T424H100：9）

5. I型鬶（T4H6：6）

6.壶（T19①：1）

龙山文化五期陶鼎、罐、鬶、壶

1. Ⅰ型豆（T27①：1）

2. Ⅰ型鬹（T424H83下：22）

3. Ⅲ型豆（T109③B：30）

4. Ⅲ型豆（T11H2：28）

5. Ⅱ型鬹（T8H18：2）

龙山文化五期陶豆、鬹

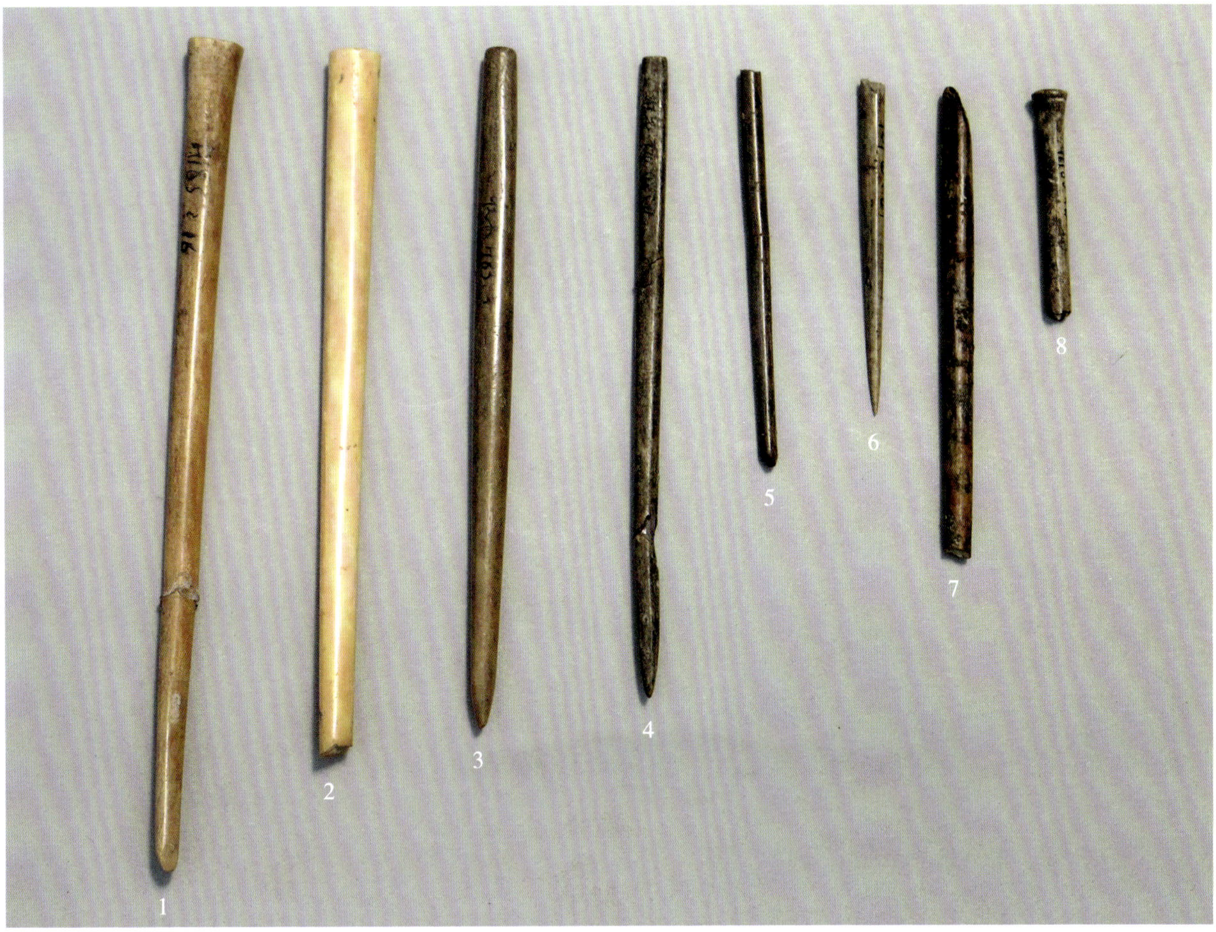

1、8. Ⅰ型骨簪（T88H185：16、T88H185：4）

2～7. Ⅱ型骨簪（T89②：55、T424H83上：3、T4①：7、T11①：4、T27①：41、T44①：1）

9.石祖（T7H19：14）

10、11.陶祖（T12①上：2、T424H83：19）

龙山文化五期骨、石、陶器

1.铃（T110③：2）

2.铃（T110③：2）

3.铃（T110③：2）

4.铃（T110③：2）

5.梯形器（T50①：3）

6.龟（T424①：3）

龙山文化五期陶器

1. 小口罐（T34①：26）　2. 小杯（T88H185：19）

3. 小杯（T424H83上：13）　4. 饼（T424H83中：18）

5. 器座（T424H83中：24）

6. 陀螺（T426H90：12）

7. 器座（T17①：10）

龙山文化五期陶器

1～3. 斧（T88②C：52、T88②C：48、
T110②A：14）

4、5. 凿（T89H132：6、T109②A：19）

6. 网坠（T88②C：56）

7～10. Ⅰ型镞（T110②A：15、T87②C：43、T89①：4、T87②D：49）

11. Ⅱ型镞（T88②D：26） 12. Ⅲ型镞（T89①：7）

西周文化石器

1～3. Ⅰ型锥（T87②C：24、T88H191：2、T89H132：13）

4. Ⅱ型锥（T88H195：5）　　5、6. Ⅲ型锥（T87②D：50、T87H242：2）

7、8. Ⅰ型镞（T88②C：28、T110②：16）　9～12. Ⅱ型镞（T87②C：47、T89①：15、T89①：8、

T89①：5）　13. Ⅲ型镞（T89H124：2）

西周文化骨锥、镞

1～4.坯料（T87H242：1、T113②：33、T113②：32、T113②：34）

5.鹿角锥（T88H191：1）

6.骨钻（T89①：10）

西周文化骨、角器

1～6.刀（T87②C：54、T88H179上：5、T87②C：53、T113②A：35、T89①：2、T89H132：5）

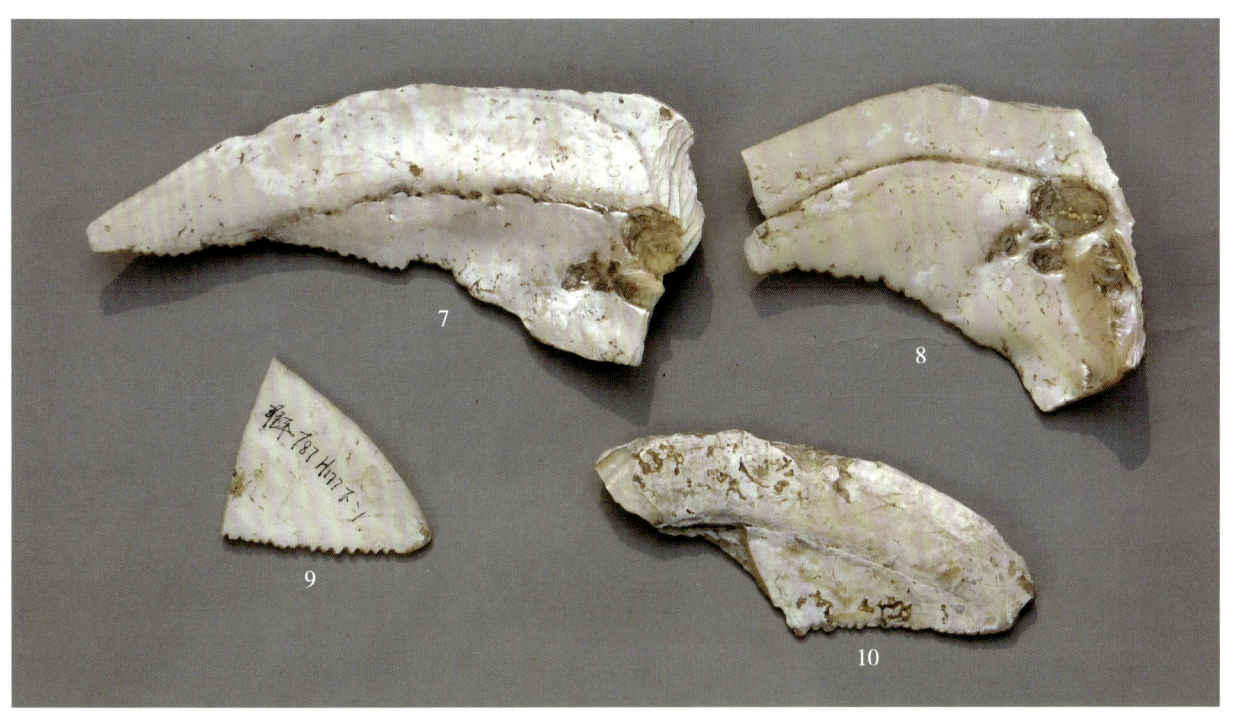

7～10.镰（T88②D：27、T89H132①：1、T87H177下：1、T89H134：7）

西周文化蚌刀、镰

1.蚌镞（T89H134：3）

2.蚌圭（T87②C：51）

3.铜鱼钩（T88H181：3）

4.蚌纺轮（T88H195：4）

5、6.海贝（T87②C：26-1、2）

7～13.铜镞（T89H132③：11、T113②：21、T89①：11、T87②C：28、T89①：9、T89H134③：52、T87②C：37）

西周文化蚌、铜器

1～4.网坠（T87②D：52、T88H179：3、T88H195：2、T88H195：3）

5. I 型纺轮（T113②：31）　　6、7. II 型纺轮（T88H195：5、T87②C：44）

8、9.饼（T88②C：57、T89H132②：2）

西周文化陶网坠、纺轮、饼

1、2. Ⅰ型（T87②C：48、T88H179：1）

3~5. Ⅲ型（T88②C：51、T89①：12、T88H195：1）

6~12. Ⅱ型（T89①：13、T89H134③：5、T89H134：2、T89H132②：3、
T87②C：46、T87②C：45、T87②C：27）

西周文化骨簪

1～4. Ⅳ型骨簪（T87②C：25、T88H179：2、
T22H11：1、T424H82：11）

5. 骨剑（T110H225：5）

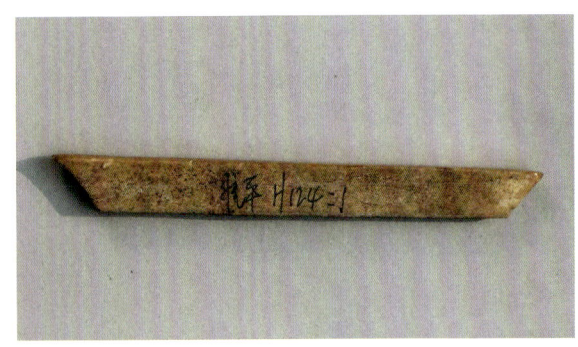

6. 骨饰（T89H124：1）

7. 龟甲（T89H132：10）

8. 骨管（T87H172：25）

西周文化骨器

1. 玉璜（T87②C：42）

2. 玉玦（T89①：6）

3. 绿松石（T88H179：4）

4. 石弹丸（T88②D：40）

5. 石兽（T89H130：2）

西周文化玉、石器

1. 瓮（T88W178：2）

2. 瓮（T88W182：1）

3. 瓮（T88W178：1）

4. 瓮（T88W165：1）

5. 瓮（T88W182：2）

春秋文化瓮棺葬陶瓮

1～4.镰（T87H172：7、T87H172：11、T88②A：19、T88②B：43）

5、6.刀（T88②A：31、T12H1：4）

7～9.刀（T73H125：1、T113H229：1、T113H229：2）

春秋文化蚌镰、刀

1~6.纺轮（T112H231：3、T91H128：5、T87H172：24、T87H172：34、T87H180：2、T88①E：39）

7.镞（T87H178：1） 8.贝（T87H172：1）
9、10.贝币（T91H128：3、T87H172：41）

春秋文化蚌器

1~9. Ⅰ型（T87H172：31、T87H172：30、T87H172：35、T87H172：44、T87H172：21、
T87H172：22、T87H172：39、T87H172：28、T87H172：45）

10~18. Ⅰ型（T87H172：32、T87H172：46、T87H172：33、T87H172：47、T87H172：9、
T87H172：38、T87H172：37、T87H172：29、T87H172：17） 19. Ⅱ型（T87H172：48）

春秋文化陶网坠

1~5. 刀（T110H183：2、T111H214：1、T87②A：56、T86H249：1、T112H234：1）

春秋文化铜刀

1～8. Ⅰ型镞（T87②B：23、T87②B：55、T112H235：1、T87②B：32、T87H164：1、T87②B：34、
T87H172：5、T87②B：33） 9. Ⅱ型镞（T88②A：32） 10. Ⅲ型镞（T87②A：16）

11. 鱼钩（T110H183：4） 12. 钻（T87H172：18） 13. 铜块（T110H183：8）

春秋文化铜器

1、2.玉玦（T88②A：41、T88②A：46）　　3.绿松石管（T88②B：49）　　4.玛瑙环（T87H164：5）

5.骨针（T87②B：38）

春秋文化玉、石、骨器

1～4.陶网坠（T111①B：24、T90③：52、
T90③：54、T111②A：16）

5. 陶拍（T111①B：27）

6. 小陶碟（T112②A：17）　　　7. 陶纺轮（T111②A：20）　　8.骨镞（T39③：56）

9、10.骨锥（T111①B：25、　　　　12、13. Ⅰ型陶环（T90③：39、T90②：24）
T90③：48）　　　　　　14、15、17. Ⅱ型陶环（T90②：25、T90②：15、T90②：12）
11.骨针（T91H126：4）　　　　　　16. Ⅲ型陶环（T90③：44）

战国文化陶、骨器

1. Ⅰ型铜镞（T90③：57）

2. Ⅱ型铜镞（T90②：26）

3. Ⅲ型铜镞（T90③：38）

4. 铁镞（T90②：20）

5～11. Ⅰ型铜镞（T111①B：28、T112①B：11、T111①B：12、
T90②：21、T90②：22、T111②A：19、T90②：17）

12. 铜刀（T112②A：18）　　13.铜锛（T90②A：18）　　14.铜鱼钩（T112②A：23）

战国文化铜、铁器

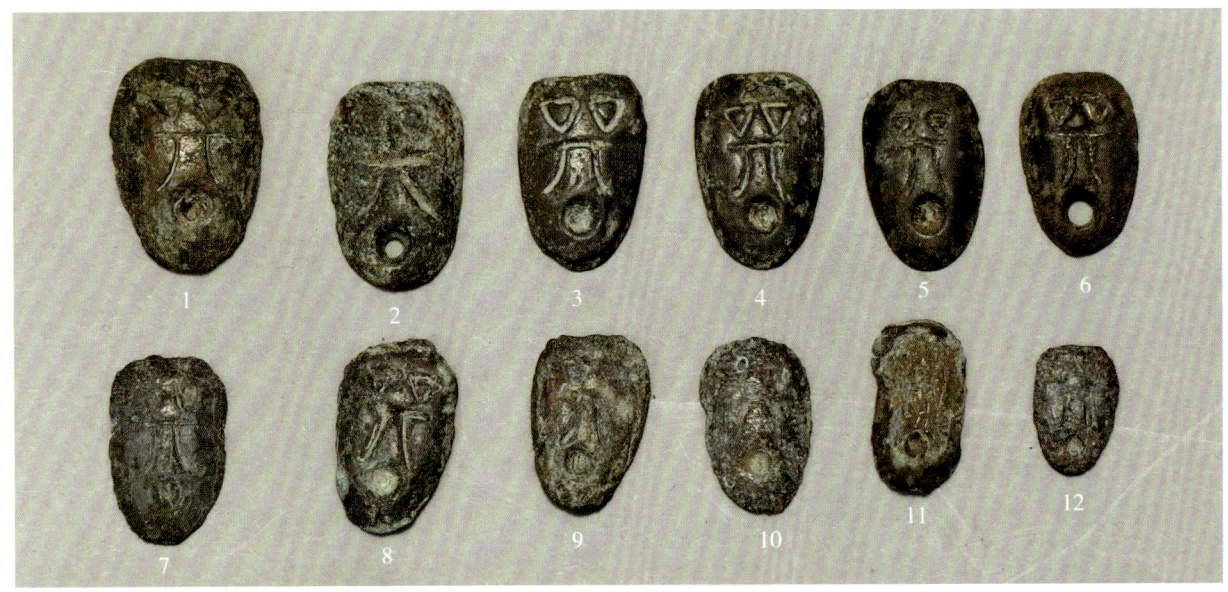

1、2. Ⅰ型蚁鼻钱（T90③：50、T90③：46）　3～6. Ⅱ型蚁鼻钱（T90③：42-1、2，T90③：61，T112①B：16）

7、8. Ⅲ型蚁鼻钱（T90②：29、T90③：55）　9～11. Ⅳ型蚁鼻钱（T90②：31、T90②：14、T111①B：11）

12. Ⅴ型蚁鼻钱（T90③：47）

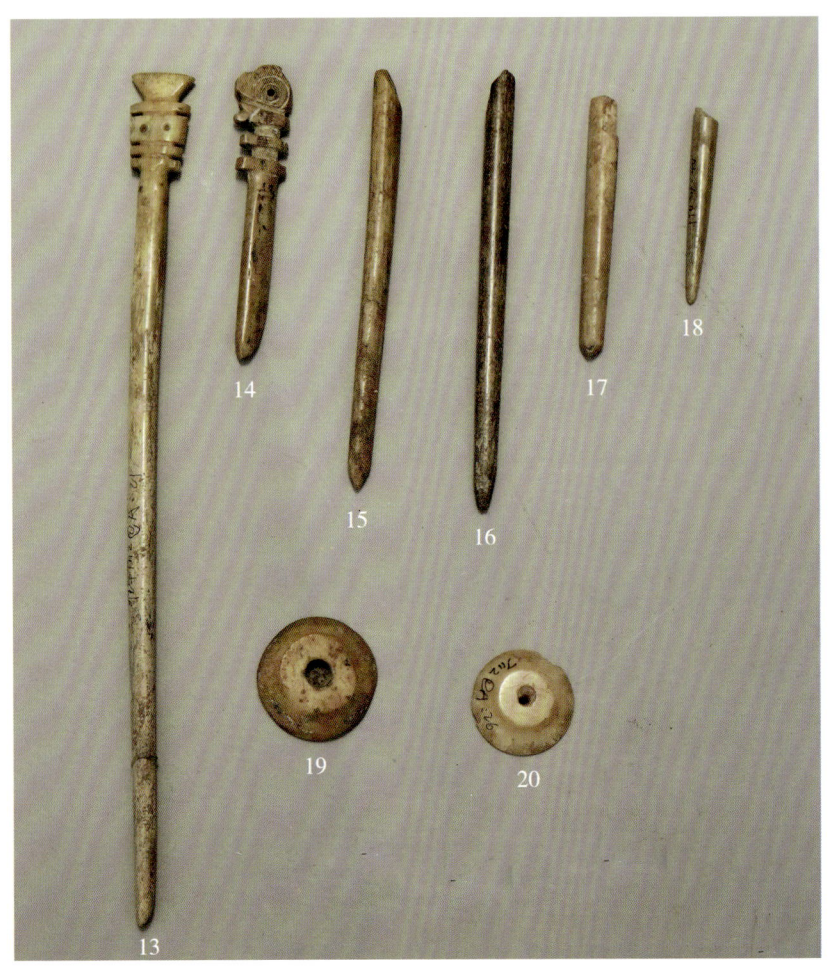

13～18. 骨簪（T112②A：21、T111①B：7、T112②A：17、T111①B：13、T112②A：14、T90③：40）

19、20. 骨簪帽（T111①B：30、T112②A：26）

战国文化器物

1.1980年国家文物局谢辰生、河南省文物局刘肃正等领
导参观遗址发掘现场

2.1980年领导同志参观遗址发掘现场

3.房址F4发掘现场（龙山文化三期）

淮阳平粮台遗址发掘现场

1. T29⑩：16

2. T29⑩：18

3. T29⑩：19

4. T29⑩：22

5. T29⑩：21

大汶口文化陶鼎

1. Ⅱ型罐（T43H61：1）

2. Ⅰ型罐（T43H61：2）

3. Ⅲ型罐（T43H61：3）

4. Ⅴ型罐（T43H61：6）

5. Ⅳ型罐（T43H61：5）

6. 豆（T43H61：4）

龙山文化一期陶罐、豆

1. Ⅰ型鼎（T111H262：1）

2. Ⅲ型鼎（T91H144：2）

3. Ⅱ型鼎（T91H144：1）

4. 甗（T28H45：16）

5. 高领罐（T424H107：14）

6. 扁腹罐（T111H262：7）

龙山文化二期陶鼎、甗、罐

1. Ⅰ型（T424H107：15）

2. Ⅰ型（T111H262：3）

3. Ⅱ型（T28H45：18）

4. Ⅱ型（T111H262：6）

5. Ⅲ型（T111H262：5）

6. Ⅲ型（T111H262：2）

龙山文化二期陶罐

1. 单耳罐（T424H107：13）

2. 觚形器（T91H144：6）

3. 豆（T91H144：5）

4. 豆（T111H262：10）

5. 鬶（T91H144：10）

6. 鬶片

龙山文化二期陶器

1. Ⅳ型盆（T89⑤：39）

2. Ⅰ型盆（T28H45：6）

3. Ⅱ型盆（T424H107：8）

4. Ⅲ型盆（T28外⑭：14）

5. 钵（T111H262：4）

6. 板瓦（T89⑤：27）

龙山文化二期陶盆、钵、板瓦

1.Ⅱ型圈足盘（T91H144：4）

2.镂空器座（T43③：3）

3.Ⅰ型圈足盘（T28H45：15）

4.Ⅰ型圈足盘（T91H144：3）

5.Ⅰ型圈足盘（T111H262：11）

6.Ⅰ型圈足盘（T91H144：9）

龙山文化二期陶圈足盘、器座

1. Ⅰ型（T109⑥：61）

2. Ⅰ型（T109⑥：60）

3. Ⅰ型（T424④：78）

4. Ⅰ型（T424H107：7）

5. Ⅱ型（T24③：8）

6. Ⅱ型（T3④：10）

7. Ⅱ型（T89⑤：38）

8. Ⅱ型（T88⑥：67）

龙山文化二期陶碗

1. 瓮棺葬T21W56

2. 陶罐（T14W51）

3. 陶罐（T6W53）

龙山文化三期瓮棺葬和陶罐

1、4、5. Ⅲ型刀（T426H101②：23、T22H25：9、T426H101①：16）
2. Ⅰ型刀（T426②：18）　3. Ⅱ型刀（T29内⑧：42）

6、7. Ⅱ型镞（T28南⑫：20、T111⑤：35）

龙山文化三期石刀、镞

图版一二

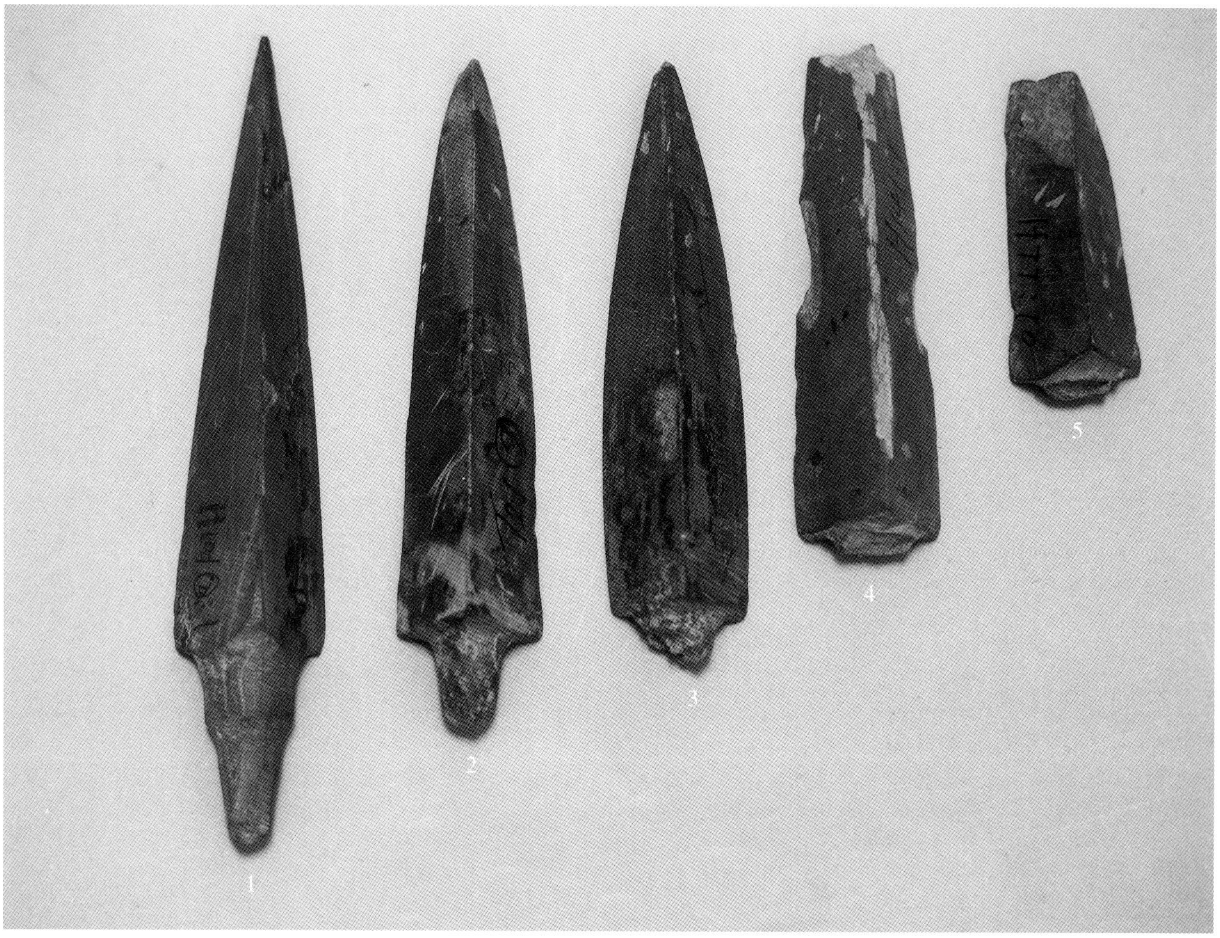

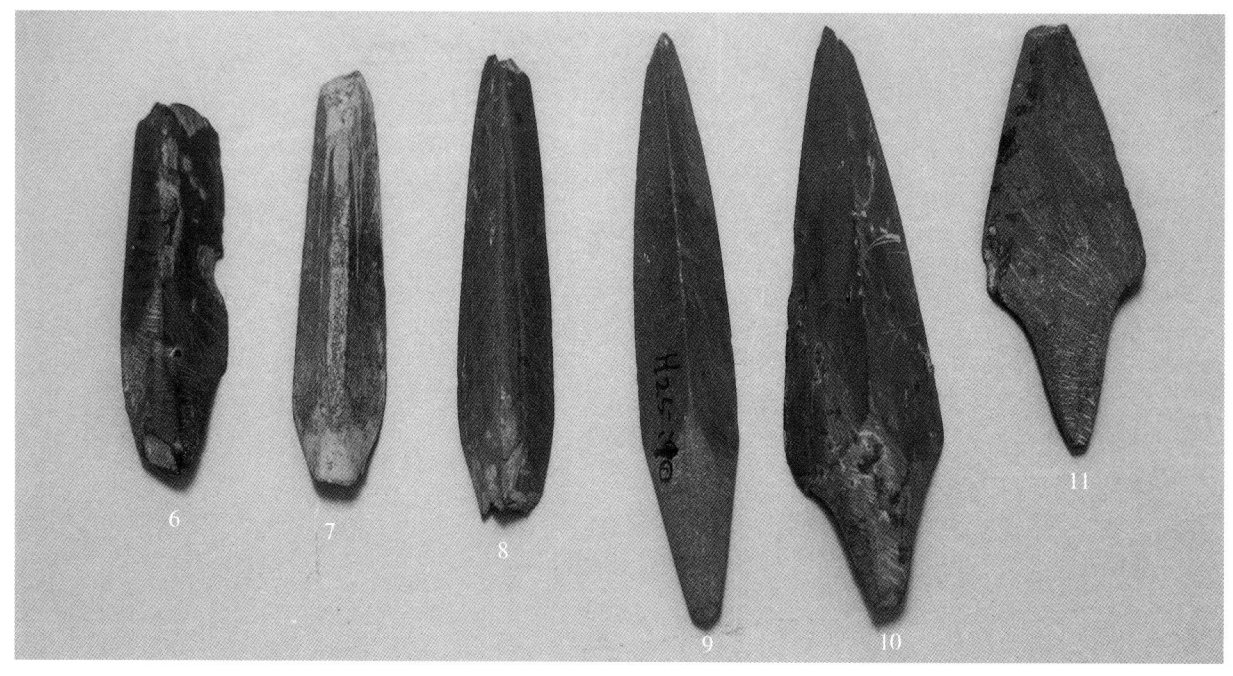

1～5. Ⅰ型（T426H101②：1、T21③：3、T426②：17、T90H141：1、T47H77：10）

6～10. Ⅲ型（T426H101①：15、T332西④：8、T90H142：4、T22H25：9、T426H101②：4）

11. Ⅳ型（T426②：9）

龙山文化三期石镞

1~5.石坯料（T44③：28、T426 H101②：44、T424③：37、T426H101①：17、T426H101：14）

6.石纺轮（T2H35：2）

7.Ⅲ型陶纺轮（T2H35：16）

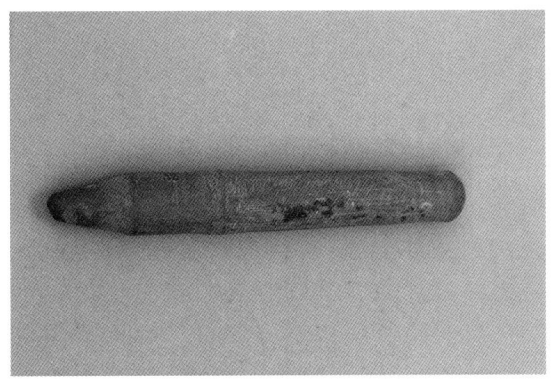

8.石钻（T426H101②：2）

龙山文化三期陶、石器

1. 杵（T113⑥B：26）

2. 拍（T89④：29）

3. 杵（T24H31：10）

4. 轮盘（T89④：30）

龙山文化三期陶杵、拍、轮盘

1～9. Ⅰ型（T113⑥B：25、T424③：73、T426H101②：5、T111⑥：36、T44③A：7、T12H12：4、T44③A：8、
T426②：19、T426H101①：11）

10～14. Ⅱ型（T425H114：8-1、T426H101：10、T50H76：24、T425H114：8-2、T426H101②：3）

龙山文化三期陶纺轮

1～7. Ⅲ型（T426H91：16、T7H23：3、T9③：2、T50③：7、T332④：11、T424③：74、T50H42：3）

8、9. Ⅳ型（T424H101①：46、T424H101①：12）　10、11. Ⅴ型（T90H142：5、T111⑤：34）

龙山文化三期陶纺轮

1. Ⅳ型（T21H32：2）

2. Ⅰ型（T50H76：35）

3. Ⅲ型（T89H141：7）

4. Ⅱ型（T50H76下：36）

5. Ⅰ型（T426H101②：32）

6. Ⅰ型（T424H103：2）

龙山文化三期陶鼎

1. Ⅱ型鼎（T24H31∶8）

2. Ⅰ型罐（T14H20∶1）

3. Ⅰ型罐（T424H94∶1）

4. Ⅰ型罐（T424H95∶4）

5. Ⅰ型罐（T426H101①∶7）

6. Ⅰ型罐（T424H99∶4）

龙山文化三期陶鼎、罐

1. Ⅲ型（T424H94：4）　　　　2. Ⅱ型（T50H76：38）

3. Ⅴ型（T426H91：7）　　　　4. Ⅴ型（T28H44：1）

5. Ⅴ型（T24H31：7）　　　　6. Ⅳ型（T50H76下：14）

龙山文化三期陶甗

1. Ⅰ型（T24H31：12）

2. Ⅱ型（T426H101①：6）

3. Ⅱ型（T50H76：44）

4. Ⅲ型（T2H35：15）

5. Ⅲ型（T424H103：9）

龙山文化三期陶罐

1. Ⅳ型（T19H13：17）

2. Ⅳ型（T24H31：6）

3. Ⅳ型（T424H95：5）

4. Ⅳ型（T11H43：2）

5. Ⅴ型（T50H76：16）

6. Ⅴ型（T426H91：6）

龙山文化三期陶罐

1. V型罐（T426H101②：51）

2. V型罐（T24H31：6）

3. 高领罐（T90H141：8）

4. 高领罐（T424H99：6）

5. 甑箅（T89④：32）

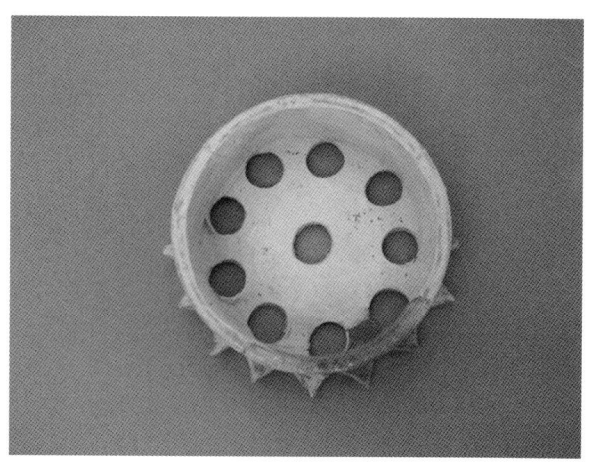

6. 甑箅俯视（T89④：32）

龙山文化三期陶罐、高领罐、甑箅

1. Ⅰ型（T425H114：24）

2. Ⅰ型（T425H114：30）

3. Ⅰ型（T44③A：12）

4. Ⅰ型（T425H114：18）

5. Ⅰ型（T426H101②：9）

6. Ⅱ型（T89 H141：9）

龙山文化三期陶盆

1. Ⅳ型（T50H76：8）

2. Ⅲ型（T50H76：9）

3. Ⅳ型（T24H31：11）

4. Ⅲ型（T425H114：29）

5. Ⅴ型（T50H42：9）

6. Ⅴ型（T424H99：3）

龙山文化三期陶盆

1. Ⅶ型盆（T50H76：10）

2. Ⅵ型盆（T50H76：7）

3. Ⅲ型盆（T426H101②：11）

4. Ⅴ型盆（T89④：33）

5. 豆（T2H35：14）

6. 豆（T426H91：4）

7. 豆（T426H101②：8）

龙山文化三期陶盆、豆

1. 带流盆（T90H142：6）

2. 带流盆（T90H142：7）

3. 带流盆（T47H77上：13）

4. 带流盆（T14H20：1）

5. 带流盆（T426H101①：9）

龙山文化三期陶带流盆

1. Ⅰ型（T2H35：11）

2. Ⅰ型（T2H35：6-A-1）

3. Ⅰ型（T426H101②：34）

4. Ⅰ型（T47H70：1）

5. Ⅰ型（T50H76：11）

龙山文化三期陶圈足盘

1. Ⅱ型（T50H76：19）

2. Ⅱ型（T426H101②：30）

3. Ⅱ型（T426H101②：29）

4. Ⅱ型（T50H76：18）

5. Ⅱ型（T426H101②：28）

龙山文化三期陶圈足盘

1. Ⅰ型（T426H101②：14）

2. Ⅰ型（T44③A：15）

3. Ⅰ型（T424H103：4）

4. Ⅰ型（T426H101②：24）

5. Ⅰ型（T47H77：12）

6. Ⅰ型（T426H91：16）

龙山文化三期陶碗

1. Ⅰ型（T34⑤：45）

2. Ⅰ型（T47H77：17）

3. Ⅰ型（T43内②：2）

4. Ⅰ型（T2H35：13）

5. Ⅰ型（T424H103：7）

6. Ⅰ型（T424H103：13）

龙山文化三期陶碗

1. Ⅱ型（T2H35：8）

2. Ⅱ型（T426H101②：12）

3. Ⅱ型（T113⑥：27）

4. Ⅱ型（T47H77：1）

5. Ⅱ型（T10H7：3）

6. Ⅲ型（T50H76：4）

7. Ⅲ型（T50H42：8）

8. Ⅲ型（T44③：13）

龙山文化三期陶碗

1. Ⅲ型（T50H42：7）

2. Ⅲ型（T44③：14）

3. Ⅲ型（T45③：6）

4. Ⅲ型（T50H76：3）

5. Ⅲ型（T22H25：1）

6. Ⅲ型（T32H49：1）

7. Ⅲ型（T45③：7）

8. Ⅲ型（T43外⑥：4）

龙山文化三期陶碗

1. Ⅲ型（T89H141：11）

2. Ⅲ型（T426H91：17）

3. Ⅲ型（T2H35：12）

4. Ⅲ型（T12H12：9）

5. Ⅶ型（T426H101②：17）

6. Ⅶ型（T426H101②：16）

7. Ⅳ型（T47H77：16）

8. Ⅷ型（T4H36：1）

龙山文化三期陶碗

1. Ⅳ型（T89④：34）

2. Ⅳ型（T424H96：2）

3. Ⅳ型（T425H114③：19）

4. Ⅴ型（T89H141④：10）

5. Ⅴ型（T426H101②：15）

6. Ⅴ型（T426H101②：13）

7. Ⅵ型（T47H77上：15）

8. Ⅵ型（T47H73：1）

龙山文化三期陶碗

1. Ⅲ型杯（T22H25：5）

2. Ⅳ型杯（T426H101②：41）

3. 觚（T332④：12）

4. Ⅲ型器盖（T89④：31）

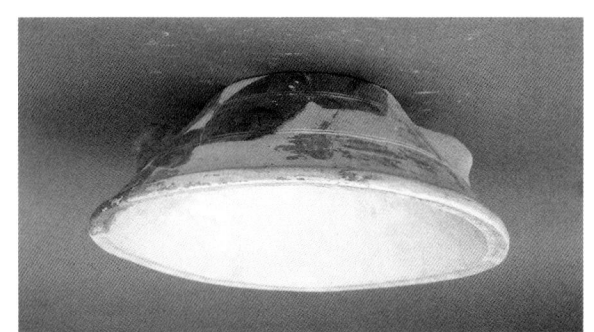

5. Ⅱ型器盖（T426H101②：27）

6. Ⅰ型器盖（T10H7：5）

7. Ⅳ型器盖（T426H101②：35）

龙山文化三期陶器

1～4. I 型（T7H23：1、T45③：4、T44③A：11-3、T426H91：13）

5～11. II 型（T426H91：15、T29内⑧：12、T45③：5、T44③A：11-1、T88⑤：70-1、T426H91：14、T47H70：2）

龙山文化三期陶环

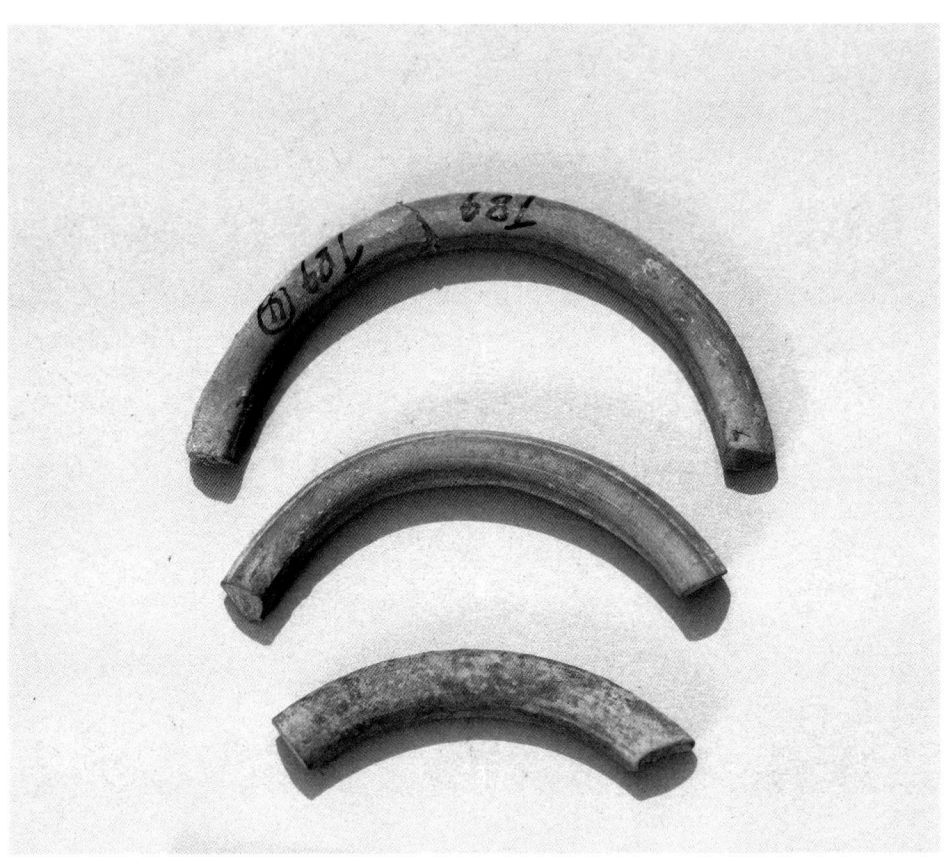

1～3.Ⅲ型（T89④：16、T44③A：11-2、T425H114：27）

4～6.Ⅳ型（T88⑤：70-2、T90H141：4、T425H114：26） 7.Ⅴ型（T88⑤：62）

龙山文化三期陶环

1.龙山文化四期墓葬M57

2.二里头文化陶三足皿（T27①：31）

龙山文化四期墓葬、二里头文化陶器

1.铲（T29内⑦：8）

2.Ⅰ型镞（T27H29：1） 3.Ⅱ型镞（T6②：2） 4～6.Ⅲ型镞（T424②：18、T4②B：21、T34③：11）

7.Ⅳ型镞（T424②：19） 8.Ⅴ型镞（T7H5：11）

龙山文化四期石铲、镞

5. Ⅰ型拍面（T27②：19）

1、3、4.Ⅱ型拍（T11H15：11、T424H102：24、T47H71：15）

2.Ⅰ型拍（T27②：19）

6~8.杵（T27②：44、T47H71：14、T424②：82）

龙山文化四期陶拍、杵

1. Ⅱ型罐（T47②：1）

2. Ⅱ型罐（T7H5：6）

3. Ⅲ型罐（T27H39：8）

4. Ⅲ型罐（T47H71：8）

5. Ⅳ型罐（T47H71：2）

6. Ⅳ型鼎（T47H71：9）

龙山文化四期陶罐、鼎

1. Ⅰ型（T110④：12）

2. Ⅰ型（T7H5：1）

3. Ⅰ型（T424H80：4）

4. Ⅰ型（T424H102：19）

5. Ⅰ型（T47H71：10）

6. Ⅰ型（T4②：13）

龙山文化四期陶罐

1. Ⅰ型高领罐（T424H80：2）

2. Ⅱ型高领罐（T3H34：1）

3. 瓮（T4②：15）

4. 瓮（T112H251：1）

5. 盉形罐（T27H39：3）

6. 单把杯（T425H88：8）

7. 瓠形器（T3①B：3）

龙山文化四期陶器

1. I型（T111H224：1）

2. I型（T7H5：10）

3. I型（T27H39：1）

4. II型（T86⑥：1）

5. III型（T7H5：15）

6. III型（T7H5：4）

7. IV型（T24H24：8）

8. V型（T19②：1）

龙山文化四期陶盆

1. Ⅵ型（T426H88：6）

2. Ⅵ型（T27②：47）

3. Ⅶ型（T19H10：1）

4. Ⅶ型（T19H10：2）

5. Ⅷ型（T425H112：1）

6. Ⅷ型（T424H85：10）

7. Ⅷ型（T89H139：8）

8. Ⅸ型（T424H85：26）

龙山文化四期陶盆

1. X型盆（T111H224：2）

2. X型盆（T426H88②：4）

3. Ⅱ型带流盆（T1②：8）

4. Ⅱ型带流盆俯视（T1②：8）

5. Ⅱ型带流盆（T19H9：1）

6. Ⅰ型带流盆（T7H5：3）

龙山文化四期陶盆、带流盆

1. Ⅰ型豆（T11H15：6）

2. Ⅱ型豆（T111H254：3）

3. Ⅲ型圈足盘（T425H112：22）

4. Ⅰ型圈足盘（T86H257：1）

5. Ⅱ型圈足盘（T111H227：1）

6. Ⅰ型圈足盘（T20②：3）

龙山文化四期陶豆、圈足盘

1.刻槽盆（T426H88：3）

2.刻槽盆俯视（T426H88：3）

3.刻槽盆（T109H255：1）

4.刻槽盆俯视（T109H255：1）

5.板瓦（T425H118：1）

龙山文化四期陶刻槽盆、板瓦

1. I型（T87③：41）

2. I型（T426H88：7）

3. I型（T109H255：2）

4. I型（T89③：35）

5. I型（T112H243：5）

6. I型（T424H102：22）

7. I型（T110④：13）

8. I型（T27H38：2）

龙山文化四期陶碗

1. I 型（T424②：45）

2. I 型（T19H9：4）

3. I 型（T11H15：3）

4. II 型（T7H5：8）

5. I 型（T24H24：4）

6. I 型（T111H224：4）

7. III 型（T424H85：27）

8. III 型（T47H71：6）

龙山文化四期陶碗

1. Ⅲ型（T424②∶43）

2. Ⅲ型（T426H87∶1）

3. Ⅲ型（T424H85∶11）

4. Ⅱ型（T424H102∶20）

5. Ⅰ型（T111H227∶2）

6. Ⅵ型（T111H254∶2）

7. Ⅴ型（T44②∶25）

8. Ⅳ型（T425H108∶2）

龙山文化四期陶碗

1. Ⅱ型（T5②：7）

2. Ⅱ型（T4②：12）

3. Ⅱ型（T27②：25）

4. Ⅱ型（T27H38：3）

5. Ⅱ型（T24H24：5）

6. Ⅲ型（T44②A：24）

7. Ⅲ型（T4②B：6）

8. Ⅲ型（T19扩②：6）

龙山文化四期陶碗

1. Ⅲ型（T27②：24）

2. Ⅲ型（T109H255⑤：3）

3. Ⅲ型（T34③：37）

4. Ⅲ型（T3H34：2）

5. Ⅲ型（T109H255：5）

6. Ⅲ型（T11H15：4）

7. Ⅲ型（T24H24：6）

8. Ⅲ型（T24H24：7）

龙山文化四期陶碗

1. Ⅲ型（T89H139：6）

2. Ⅲ型（T30⑦：14）

3. Ⅲ型（T44②：26）

4. Ⅲ型（T20②：2）

5. Ⅲ型（T109H255：4）

6. Ⅲ型（T424H85：17）

7. Ⅲ型（T29内⑥：28）

8. Ⅲ型（T34③：39）

龙山文化四期陶碗

1. Ⅲ型碗（T7H5：9）

2. Ⅲ型碗（T424H102：4）

3. Ⅶ型碗（T424②：44）

4. Ⅷ型碗（T89H139：7）

5. Ⅷ型碗（T89③：36）

6. Ⅳ型小杯（T111H224：3）

7. Ⅰ型小杯（T44②A：17）

8. Ⅱ型小杯（T44②A：16）

9. Ⅲ型小杯（T424H85：40）

龙山文化四期陶碗、小杯

1. Ⅰ型（T424H83：19）

2. Ⅰ型（T424H83：18）

3. Ⅱ型（T424H100：11）

4. Ⅲ型（T426H90：13）

5. Ⅴ型（T11H2：9）

6. Ⅳ型（T88H185：22）

龙山文化五期陶鼎

1. Ⅰ型（T48H66：3）

2. Ⅰ型（T424H100：9）

3. Ⅰ型（T11H2：3）

4. Ⅰ型（T11H2：6）

5. Ⅰ型（T4H6：1）

6. Ⅰ型（T27扩方①：2）

龙山文化五期陶罐

1. Ⅱ型（T424H100：14）

2. Ⅱ型（T424H100：6）

3. Ⅱ型（T424H100：7）

4. Ⅱ型（T424H100：8）

5. Ⅱ型（T424H100：10）

6. Ⅱ型（T424H100：5）

龙山文化五期陶罐

1. Ⅲ型罐（T13①：6）

2. Ⅳ型罐（T24①：3）

3. 甑（T24①：5）

4. 甗（T424H83下：23）

5. 刻槽盆（T86④：4）

6. 刻槽盆俯视（T86④：4）

7. 鬲（T88H185下：32）

龙山文化五期陶器

1. 高领罐（T34H53：4）

2. 高领罐（T45H75：2）

3. 壶（T424H100：13）

4. 高领罐（T1①：6）

5. 单耳杯（T24①：9）

6. 壶（T19①：1）

龙山文化五期陶高领罐、壶、单耳杯

1. Ⅰ型（T424H83中：22）

2. Ⅰ型（T11H2：38）

3. Ⅰ型（T109③：31）

4. Ⅰ型（T29内④：24）

5. Ⅰ型（T11H2：5）

6. Ⅰ型（T11H2：2）

7. Ⅱ型（T44①：23）

8. Ⅱ型（T17①：17）

龙山文化五期陶大平底盆

1. Ⅲ型大平底盆（T11H2：1）

2. Ⅳ型大平底盆（T9①：19）

3. Ⅴ型大平底盆（T2①：1）

4. Ⅵ型大平底盆（T4①：16）

5. Ⅴ型大平底盆（T41①：2）

6. 深腹盆（T424H82中：23）

7. 钵（T4H6：5）

8. 钵底（T4H6：5）

龙山文化五期陶大平底盆、深腹盆、钵

1. Ⅰ型（T34①：20）

2. Ⅰ型（T424H83：8）

3. Ⅰ型（T11H2：4）

4. Ⅰ型（T11H2：8）

5. Ⅰ型（T425H86：12）

6. Ⅱ型（T24①：4）

7. Ⅰ型（T48H66：2）

8. Ⅰ型（T4①：17）

龙山文化五期陶小平底盆

1. 匜形盆（T424H83下：15）

2. 匜形盆（T24①：11）

3. 匜形盆（T27①：3）

4. 轮盘（T44①：21）

5. 轮盘底面（T44①：21）

龙山文化五期陶匜形盆、轮盘

1. Ⅰ型（T424H100：3）

2. Ⅰ型（T8H18：3）

3. Ⅰ型（T4H6：4）

4. Ⅰ型（T21①：1）

5. Ⅰ型（T426H90：4）

6. Ⅰ型（T11H2：26）

7. Ⅰ型（T426H90：3）

8. Ⅰ型（T34①：1）

龙山文化五期陶碗

1. I 型（T426H90：6）

2. I 型（T34②：5）

3. I 型（T34①：28）

4. I 型（T7H19：4）

5. I 型（T11H2：17）

6. I 型（T34②：6）

7. I 型（T426H90：8）

8. I 型（T8H18：25）

龙山文化五期陶碗

1. I 型（T34②：33）

2. I 型（T34①：8）

3. I 型（T27①：17）

4. I 型（T88H185上：31）

5. I 型（T88H185上：14）

6. I 型（T8H18：5）

7. I 型（T34①：25）

8. I 型（T28①：1）

龙山文化五期陶碗

1. Ⅰ型（T7H19：7）

2. Ⅰ型（T88H185下：21）

3. Ⅰ型（T426H90：7）

4. Ⅰ型（T424①：81）

5. Ⅰ型（T34②：7）

6. Ⅰ型（T425H86：2）

7. Ⅰ型（T8H18：6）

8. Ⅰ型（T4H6：2）

龙山文化五期陶碗

1. Ⅰ型（T34①：18）

2. Ⅰ型（T44①：19）

3. Ⅰ型（T34②：24）

4. Ⅰ型（T15①：2）

5. Ⅰ型（T20①：8）

6. Ⅰ型（T44①：22）

7. Ⅰ型（T424H83中：29）

8. Ⅰ型（T34①：22）

龙山文化五期陶碗

1. Ⅰ型（T4①：18）

2. Ⅰ型（T17扩①：18）

3. Ⅰ型（T424H83中：15）

4. Ⅱ型（T24①：13）

5. Ⅱ型（T88H182下：1）

6. Ⅱ型（T34②：3）

7. Ⅱ型（T109H75：1）

8. Ⅱ型（T44①：20）

龙山文化五期陶碗

1. Ⅱ型（T88H185：7）

2. Ⅱ型（T44①：18）

3. Ⅱ型（T426H90：5）

4. Ⅱ型（T424H83下：16）

5. Ⅱ型（T4H6：3）

6. Ⅱ型（T24①：10）

7. Ⅱ型（T424H83中：14）

8. Ⅱ型（T27①：8）

龙山文化五期陶碗

1. Ⅱ型（T3①：9）

2. Ⅱ型（T1①：2）

3. Ⅲ型（T34①：2）

4. Ⅲ型（T424①：2）

5. Ⅲ型（T9①：20）

6. Ⅲ型（T425①：5）

7. Ⅲ型（T424H83：14）

8. Ⅲ型（T34①：16）

龙山文化五期陶碗

1. Ⅳ型（T112④∶7）

2. Ⅳ型（T424H83上∶11）

3. Ⅳ型（T34②∶34）

4. Ⅳ型（T86④∶5）

5. Ⅴ型（T19①∶4）

6. Ⅴ型（T424H83上∶12）

龙山文化五期陶碗

1. 瓬（T425H86：16）

2. Ⅱ型豆（T426H90：9）

3. Ⅰ型豆（T7H19：6）

4. 杯（T86④A：3）

5. 小杯（T52④：3）

6. 小杯（T424①：83）

7. 小杯（T426H90：14）

龙山文化五期陶瓬、豆、小杯

1～6. Ⅰ型（T88H185下：20、
T89②：13、T424H83上：14-
1、T8H18：9、T424H83
上：14-2、T89②：14）

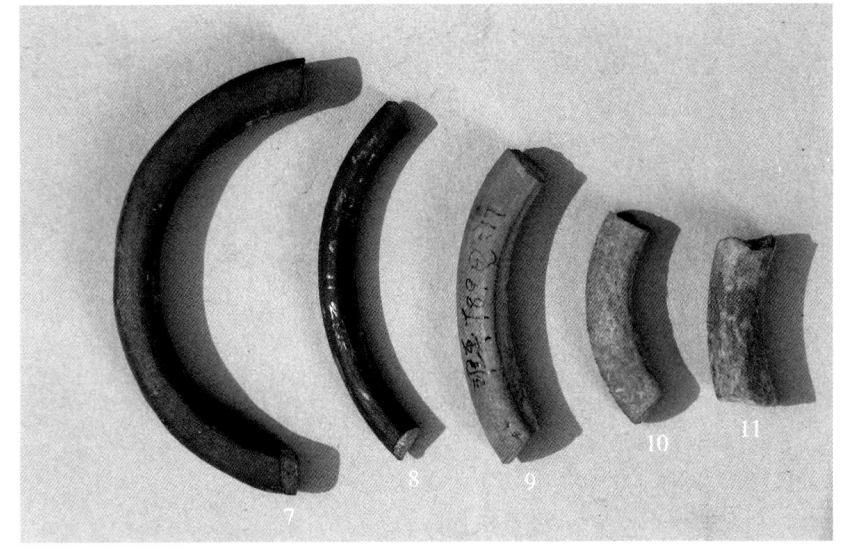

7～11. Ⅱ型（T89②：18、
T88H185下：29、T89②：17、
T90③：51、T90③：39）

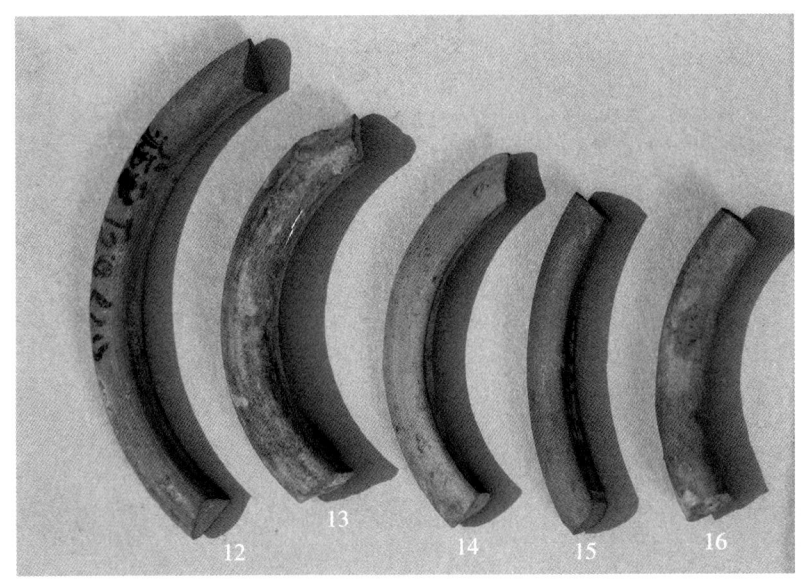

12～16. Ⅲ型（T29内⑧：17、
T90③：44、T88H185下：30、
T89②：20、T89②：19）

龙山文化五期陶环

1. Ⅰ型（T109②A：21）

2. Ⅰ型（T109②A：20）

3. Ⅱ型（T87H176：3）

4. Ⅲ型（T87H176：2）

5. Ⅳ型（T88H181：3）

6. Ⅳ型（T88H181：1）

西周文化陶鬲

1. Ⅳ型鬲（T88H194：1）

2. 簋（T113②：28）

3. 碗（T10H4：1）

4. 盆（T10H4：6）

5. 罐（T34H51：1）

西周文化陶器

1. 鬲（T87H172：50）

2. 鬲（T111H202：1）

3. 簋（T112H231：5）

4. 盆（T109H190：1）

5. 盂（T87H164：6）

6. 盂（T87H172：49）

春秋文化陶鬲、簋、盆、盂

1. 碗（T109H184：3）

2. 碗（T111H214：2）

3. 碗（T12H1：1）

4. 碗（T88H153：1）

5. 罐（T87H172：52）

6. 盆（T87H172：51）

春秋文化陶碗、罐、盆

1、2.镰（T111②A：18、T90③：43）　3.刀（T90③：53）

4.斧（T90②：49）　5.砺石（T111①B：31）

6.璧（T90②：19）

战国文化石器

国家出版基金项目
NATIONAL PUBLICATION FOUNDATION

河南省文物考古研究院田野考古报告甲种第64号

———— ＊ ————

淮阳平粮台

———— ＊ ————

河南省文物考古研究院　编著

中原出版传媒集团
中原传媒股份公司

大象出版社
·郑州·

目 录

线图目录

彩版目录

图版目录

引 言

　　自 1979 年 5 月在淮阳平粮台遗址发现战国楚墓以来，数年间先后在该遗址的考古发掘中共发现 200 余座古代墓葬。其中 38 座楚墓，"甲"字形木椁墓 9 座，长方形竖穴土坑木椁墓 29 座。"甲"字形墓分布于平粮台遗址的北半部，而长方形竖穴土坑木椁墓多分布在平粮台遗址的南部。（图版一，图一）

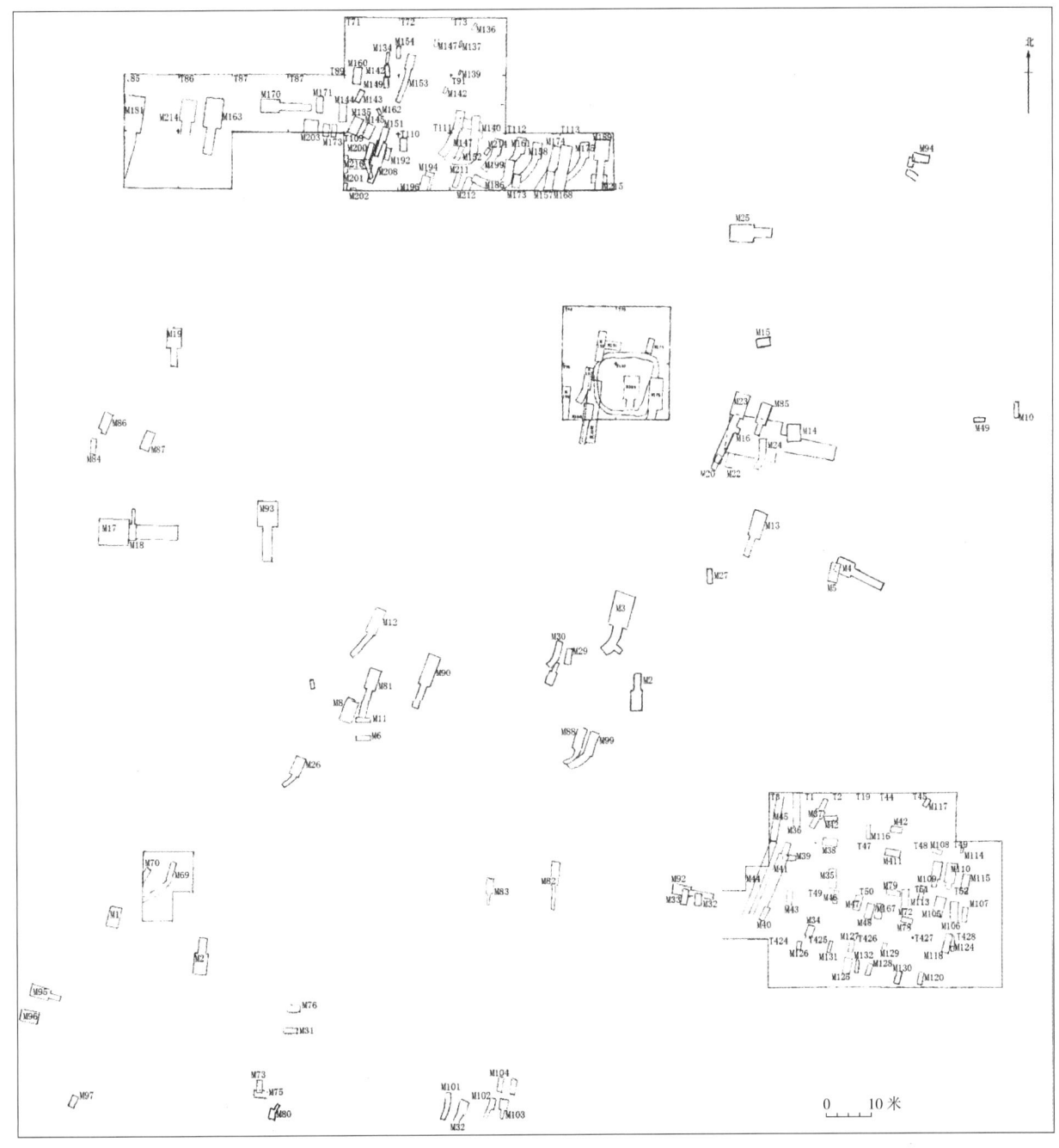

图一　淮阳平粮台墓葬分布图

第一章 战国楚墓

一、"甲"字形墓

共发现 9 座。

M4 位于淮阳平粮台遗址的北部偏东，墓的平面呈"甲"字形，墓向东，方向 116°。1979 年发掘时墓口已遭到破坏。

墓道　位于墓室的东部，为长方形斜坡墓道。墓道口部长 6.94 米，宽 1.56 米。

墓室　呈长方形，西南部被西汉墓 M5 打破，墓室口大底小，墓口长 3.64 米、宽 2.32 米，墓底长 3.56 米、宽 2 米，深 3.74 米。墓内填棕五花土，经过夯打，夯窝为圆形平底，夯窝较稀，直径 4.4 厘米。填土内发现蚁鼻铜钱 1 枚。

葬具　木椁置于墓室的正中，长 2.82 米，宽 1.40 米。四周有熟土二层台，宽 0.36 米，高 0.64 米。随葬品均放置在木椁内，椁室可能分厢，但清理时已难以区分。棺居中，已朽，尺寸不详。骨架已朽，从牙齿位置看墓主头向东。玉璧放置在棺内墓主的胸部，随葬品放置在棺的东部及两侧，铜鼎、越王剑、铜镜、铜弩矢出于棺的北侧，陶鼎、壶、罐、高柄豆、匜等放置在棺外的东部和南部。（图二）

随葬品　38 件。其中陶器 20 件、铜器 16 件、玉器 1 件、骨器 1 件。

1. 陶器　20 件。以泥质黑陶为主，灰陶次之。器物有鼎 4 件、壶 4 件、敦盖 1 件、高足壶 2 件、罐 5 件、鉴 1 件、匜 2 件、陶片 1 件。

鼎　4 件。黑陶、灰陶各 2 件，形制不同。标本 M4：8，盖隆起，状如覆钵，顶部有一周凸弦纹，似圈足，中部又有一周凸弦纹。鼎体为子母口，敛口，直腹，腹部有一周凸弦纹，圜底，上有 2 个长方形附耳外侈，下附 3 个兽面高蹄足。口径 19.2 厘米，腹径 24.8 厘米，耳间宽 28.8 厘米，通高 23.4 厘米。（图三，1）标本 M4：6 形制同标本 M4：8。（图三，3）标本 M4：7，残，泥质灰陶。覆钵形盖，侈口，方唇，弧壁，有一周凸弦纹，顶部有一周凸弦纹。鼎体为子母口，敛口，直腹，有一周凸弦纹，圜底，下附 3 个兽面形蹄足，长方形附耳微外侈。口径 20 厘米，腹径 23.8 厘米，耳间宽 28.5 厘米，通高 23 厘米。（图版二，1；图三，2）

壶　4 件。形制相同。标本 M4：10，盖隆起，小口，高颈，鼓腹。腹部有两组凹弦纹。口径 12 厘米，腹径 19 厘米，通高 26.5 厘米。（图版二，2；图三，4）

敦盖　1 件。残。标本 M4：35，状如半圆形，下部已缺失。口径 15.2 厘米，腹径 18.8 厘米，残高 27 厘米。（图三，7）

高足壶　2 件。形制相同，大小有别。泥质灰陶。标本 M4：20，小口，短颈，鼓腹，细高柄，喇叭形圈足。口径 5.6 厘米，腹径 8 厘米，圈足径 6.6 厘米，通高 10.75 厘米。（图三，10）标本 M4：19，小口，短颈，鼓腹，细高柄，喇叭形圈足。口径 5.2 厘米，腹径 8.4 厘米，圈足径 6.5 厘米，高 10.1 厘米。（图版二，3；图三，9）

罐　5 件。完整。形制相同，大小有别。泥质灰陶。标本 M4：17，直口，折沿，舌唇，高领，鼓腹，平底。口径 10 厘米，腹径 14.4 厘米，底径 9 厘米，高 14.4 厘米。（图版二，4；图三，5）标本 M4：16，直口，折沿，舌唇，高领，鼓腹，平底。口径 10.4 厘米，腹径 16 厘米，底径 8.6 厘米，高 15.5 厘米。（图

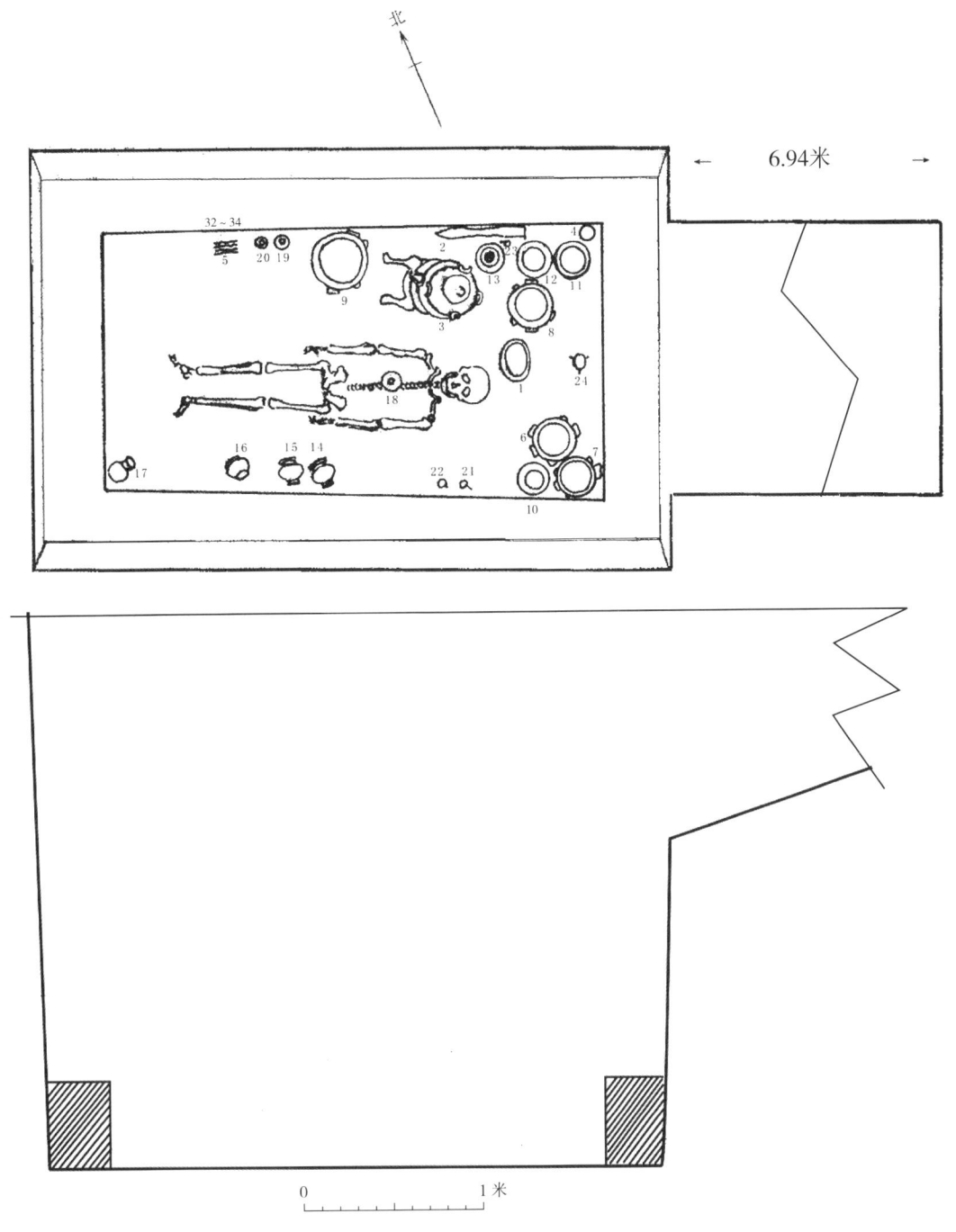

6.94米

图二 M4平、剖图

1.铜洗 2.越王剑 3.铜鼎 4.铜镜 5、32、33、34.铜镞 6~9.陶鼎 10~12、25.陶壶 13~17.陶罐 18.玉璧
19、20.陶高足壶 21、22.铜环饰 23.铜带钩 24.铜卮 26.铜饰 27.陶鉴 28、29.陶匜 30.铜钻 31.铜锯 35.陶敦盖

三，6）

　　鉴　1件。残。标本M4：27，折沿，方唇，口微侈，浅腹，底近平。口径20.3厘米，高3.5厘米。（图三，8）

　　匜　2件。残。形制相同，泥质灰陶。标本M4：29，平面近椭圆形，口微敛，底近平，有流，微翘。口径12.8厘米，长17.2厘米，高4.7厘米。（图三，11）标本M4：28，口径12.8厘米，长17.6厘米，高4.7厘米。（图版二，5）

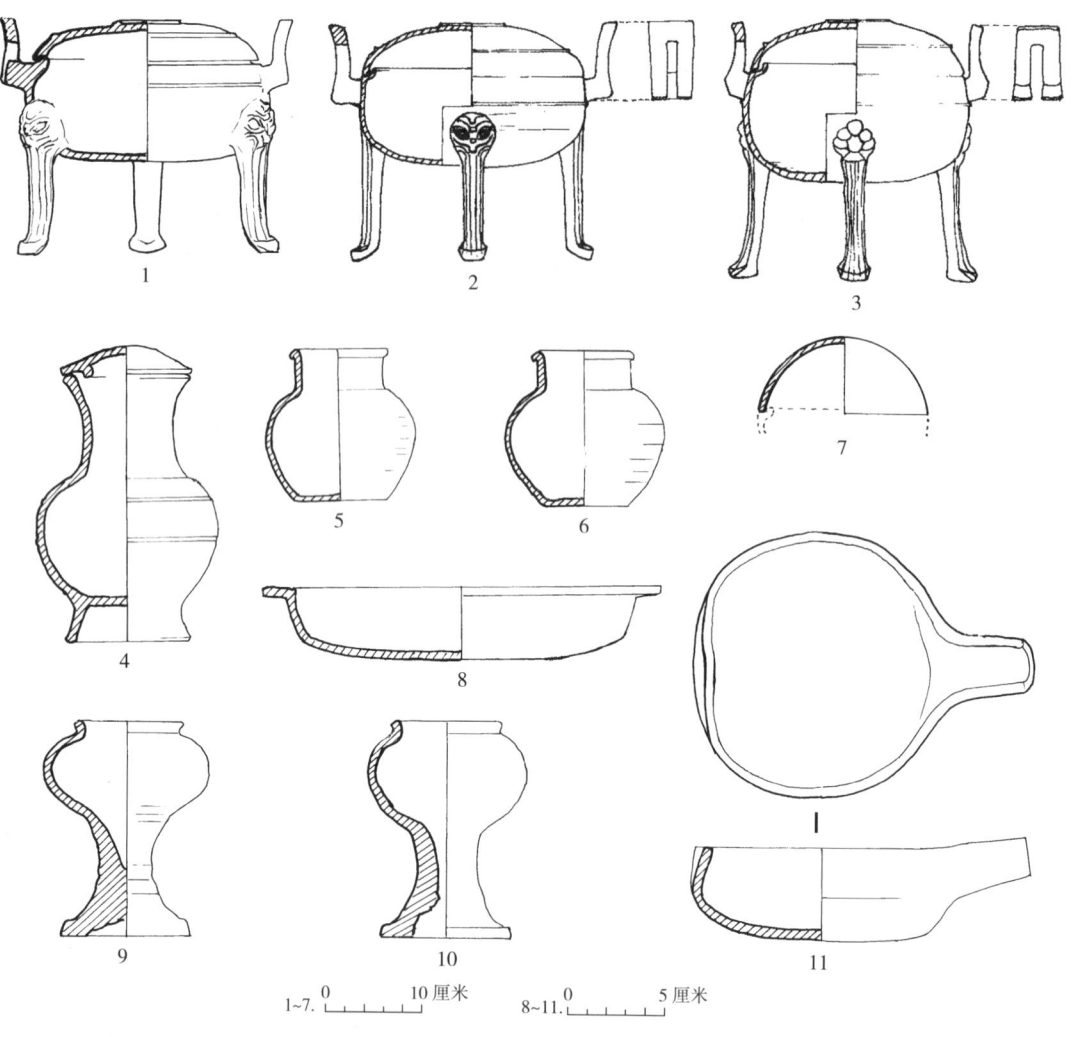

图三　M4 出土陶器

1~3. 鼎（M4：8、M4：7、M4：6）　4. 壶（M4：10）　5、6. 罐（M4：17、M4：16）　7. 敦盖（M4：35）
8. 鉴（M4：27）　9、10. 高足壶（M4：19、M4：20）　11. 匜（M4：29）

2. 铜器　16 件 / 组。有鼎、镜、越王剑、带钩、镞、洗、钻、锯、铜环饰、铜饰、蚁鼻钱以及厄等。

鼎　1 件。标本 M4：3，完整。盖隆起，中心有活动的细环，有一周凸弦纹，上附三个卧牛形钮，水牛造型生动，形象逼真。鼎体为环耳微侈，素面，马蹄形兽面高足。口径 17.6 厘米，腹径 21.6 厘米，耳间宽 24 厘米，通高 23.2 厘米。（彩版一，1；图版二，6；图四，1）

洗　1 件。标本 M4：1，破碎。折沿，平口，圆唇，斜折腹，圜底，胎很薄。口径 35 厘米，腹径 27.2 厘米，高 6.5 厘米。（图四，2）

镜　1 件。标本 M4：4，已碎。圆形，镜体平直，钮已缺失，圆座，为羽地纹。直径约 15 厘米，缘厚 0.2 厘米，肉厚 0.1 厘米。（彩版一，3）

带钩　1 件。标本 M4：23，长 3 厘米，宽 0.8 厘米，高 1.7 厘米。（图五，1）

铜饰　1 件。标本 M4：26，平面呈圆形，上有 "S" 形钩。直径 3.4 厘米，钩长 1.5 厘米，高 1.5 厘米。（图五，2）

镞　4 枚。三棱带翼，断面近菱形。分四型。

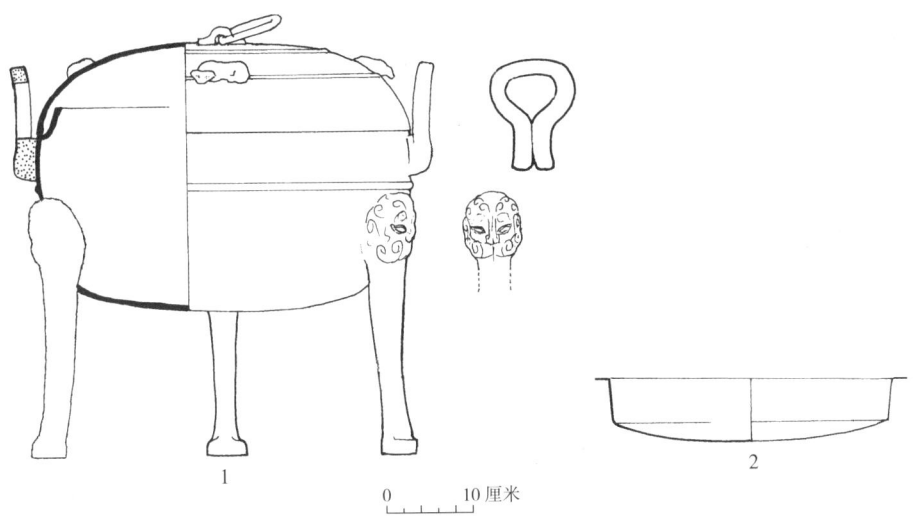

0　　　　10厘米

图四　M4出土铜器

1. 鼎（M4:3）　2. 洗（M4:1）

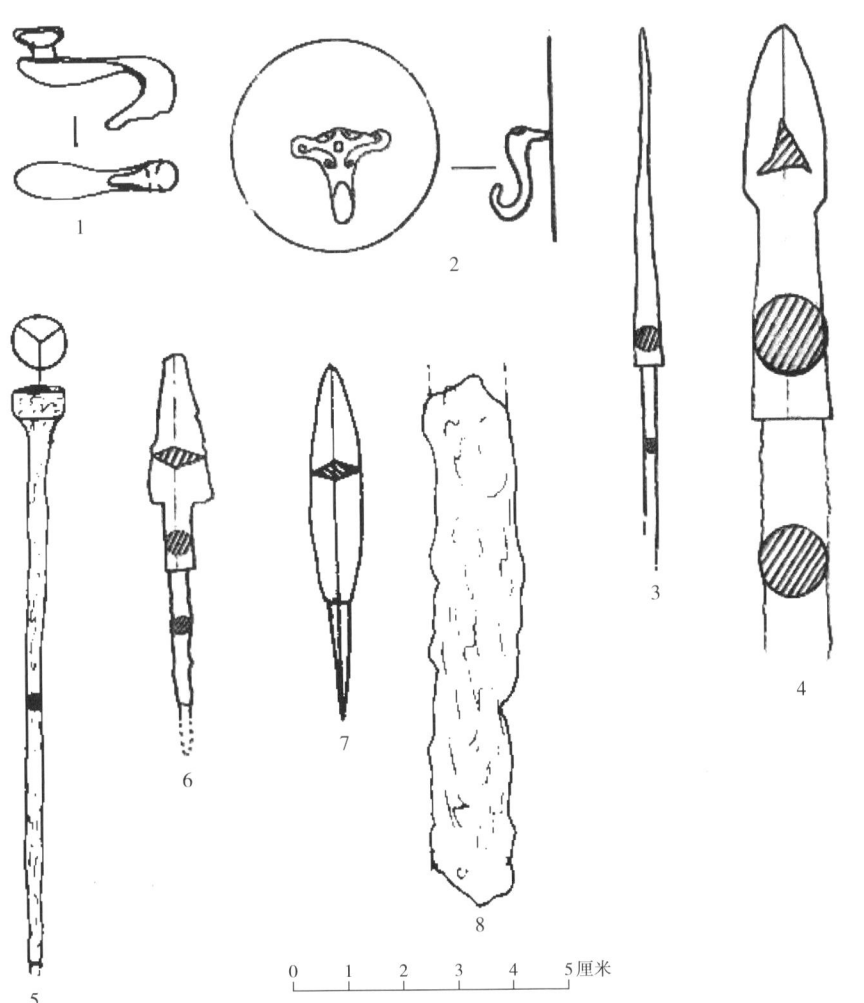

0　1　2　3　4　5厘米

图五　M4出土铜器

1. 带钩（M4:23）　2. 铜饰（M4:26）　3. Ⅰ型镞（M4:32）　4. Ⅲ型镞（M4:34）

5. 钻（M4:30）　6. Ⅱ型镞（M4:33）　7. Ⅳ型镞（M4:5）　8. 锯（M4:31）

Ⅰ型：尖锥形镞。标本 M4：32，镞体呈圆锥形，长 6 厘米，径 0.5 厘米，镞尾残长 3.5 厘米，径 0.2 厘米，通长 9.7 厘米。（图五，3）

Ⅱ型：三角形镞。标本 M4：33，镞平面呈三角形，圆铤，圆锥形镞尾。镞尖平面呈三角形，断面呈菱形，长 2.6 厘米，宽 1.2 厘米，厚 0.4 厘米。铤长 1.2 厘米，径 0.5 厘米。镞尾呈尖锥形，径 0.3 厘米，残长 2.3 厘米，通长 9.4 厘米。（图五，6）

Ⅲ型：矛形镞。标本 M4：34，镞头呈矛形，断面呈三角形，宽 1.5 厘米，厚 0.9 厘米。铤的断面呈圆形，上窄下宽，径 1.4 厘米，长 3.5 厘米。镞尾为圆柱形，径 1.3 厘米，通长 17.5 厘米。（图五，4）

Ⅳ型：柳叶形镞。标本 M4：5，镞平面呈柳叶形，断面呈菱形，长 6.2 厘米，宽 1.2 厘米，厚 0.4 厘米。（图五，7）

锯　1件。标本 M4：31，残，残长 9 厘米，宽 1.7 厘米。（图五，8）

钻　1件。标本 M4：30，完整，尖部有钻头，刃部三分。径 1 厘米，有铤，通长 10 厘米。（图五，5）

越王剑　1件。标本 M4：2，柄已残，剑体断面呈菱形，宽 3.2 厘米，厚 0.4 厘米，长 48 厘米，剑首径 3.2 厘米。扁茎，首作圆形，上有错银鸟篆铭文九字，剑格正面四字，剑格背面三字，据中国社会科学院历史研究所李学勤先生辨识，剑首铭文为"工人工囗工人工人囗"，剑格正面为"王戉（越）戉王"，背面为"佳（惟）匠门"，"门"为制剑的工匠名。（彩版一，4~6；图六）

吴越出名剑。淮阳平粮台遗址出土的三把"越王剑"刻铭甚多，与湖北省境内出土的越王勾践剑铭文繁多不同，淮阳所出越王剑的铭文较简，应属战国时期的越王剑。

3. 玉器　1件。

标本 M4：18，玉璧，完整。青白玉，部分受浸，玻璃光，有内外郭，饰隆起的谷纹。外径 7.6 厘米，内径 3.8 厘米，厚 0.4 厘米。（彩版一，2；图七）

关于墓葬的时代，M4 出土的铜鼎、陶壶、高足壶均与湖北江陵望山一号墓出土的同类器相似，所以 M4

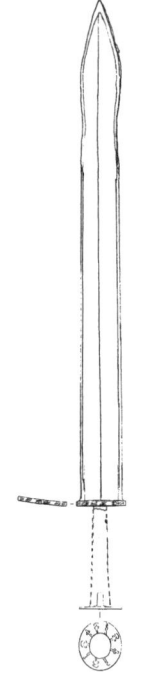

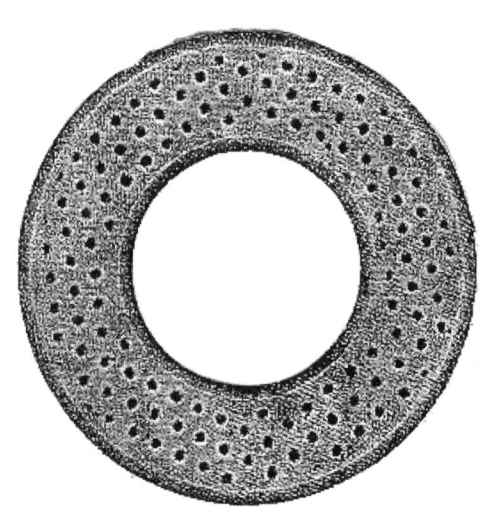

图六　M4 出土越王剑（M4：2）（约 1/7）　　　　图七　M4 出土玉璧（M4：18）（约 5/6）

不同于中原地区的战国墓，而是一座楚墓，其时代也应与望山一号墓的时代相当。

　　M16 位于淮阳平粮台遗址的东北部，1979～1980 年发掘，墓东部的填土已被挖去，墓口和墓道已暴露，该墓由"甲"字形墓和位于其西侧的 1 座车马坑组成。墓的平面呈"甲"字形。（图八）

　　墓道　平面呈梯形，东端窄，西端宽，口大底小，呈斜坡状。墓道口的东端宽 2.60 米，西端宽 4.60 米，墓道残长 11.70 米，宽 2.60～4.60 米，深 3.60 米。墓口为长方形，有 6 级台阶，墓向东，方向 107°。口长 14.20 米，宽 10.32 米，深 7 米。

　　墓室　平面大致为方形。墓圹内填灰色五花夯土，夯窝密集，为圆形平底夯窝，夯窝直径 4.4 厘米，每层厚 0.16～0.25 米不等。

　　葬具　为一棺一椁。木椁长 4.76 米，宽 3.40 米，高度不详。椁内有棺，棺位于椁室正中，已朽，从其残存的朱漆痕迹看，为单棺，平面呈梯形，东端宽 0.80 米，西端宽 0.60 米，长 1.80 米。墓主头向东，骨架稍有错位，骨架已朽，经鉴定为老年男性。

　　根据随葬品放置位置看，该墓的木椁应分东边厢、西边厢、南边厢及北边厢。东边厢放置礼器、乐器、玉器，南边厢放置水器。棺内墓主人从头到脚随葬玉器 20 多件，玉璧置在头部、胸部、腰部、脚部，玉璜放置在亡者头部两侧、左肩及腿的两侧，玉带钩放置在腰部左侧，玉环放置在左肩、腰部及两腿间，口内含玉唅。随葬品中不见青铜兵器，为陶礼器，有陶鼎、豆、壶、钫、敦、盆、簠、匜等；乐器有陶编钟、陶编磬。（图九、图一〇）

　　车马坑　位于 M16 西 20 米。1986～1989 年继续发掘，根据位置、形制、时代判断应为 M16 的车马坑。车马坑平面为长方形，方向 175°，口部南北长 11.20 米，东西宽 3 米，深 2 米，底部南北长 11 米，东西宽 2.90 米。该车马坑的西南部被 M180 打破。清理出车 4 辆、泥塑马 12 匹以及肩舆，泥塑马和车的摆放位置为向东。北部 1、2、3 号车为 4 匹马驾驭的车。（图一一）

　　1 号车保存较好，由车轸、车轮、毂、轴、辕、舆等组成。车舆平面呈长方形，进深 0.74 米，宽 0.64 米，有 2 根横木加固底部。车轮的上部被破坏，车轸的宽、厚均为 0.03 米。辕残长 0.40 米，断面呈椭圆形，

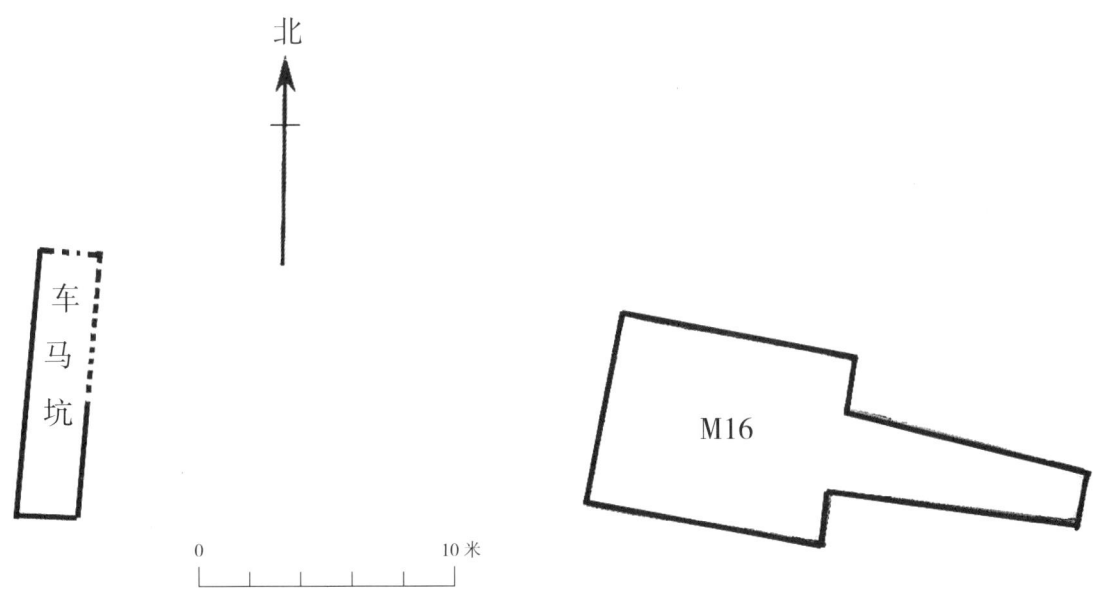

图八　M16 及其车马坑分布图

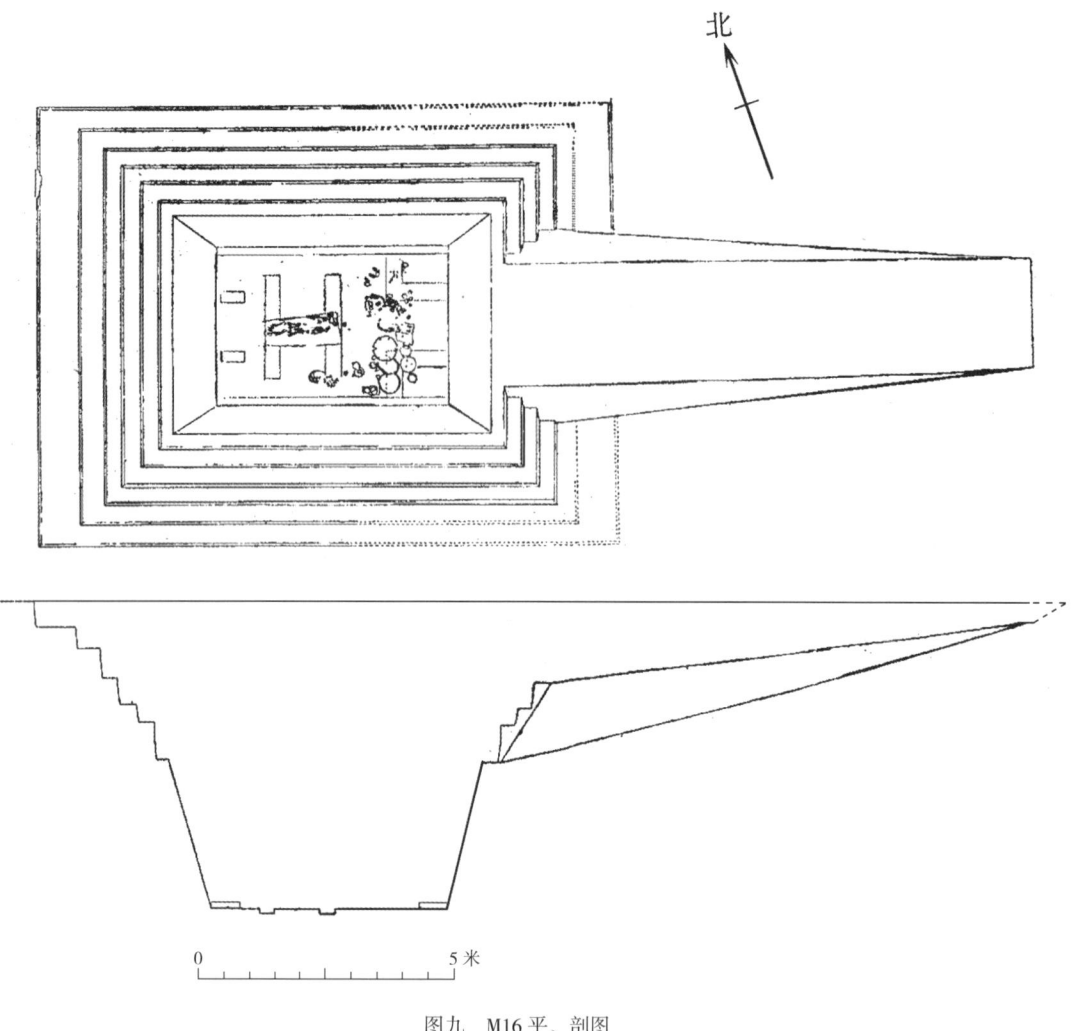

图九 M16 平、剖图

宽 0.06 米, 厚 0.05 米。轸下有伏兔, 长 0.15 米, 宽 0.05 米, 厚 0.06 米。轴全长 1.30 米, 轴的断面为圆形, 两端稍细, 轴径 0.20 米。两轮的间距为 1.10 米, 轮径 0.80 米, 现有轮牙 12 根辐条。泥塑马摆在坑的东部, 头朝东, 泥塑马的外部涂一层红漆, 长 0.89 米, 宽 0.30 米, 高 0.40 米。

　　2 号车位于 1 号车的南部, 车向东北, 保存比较好, 现存车舆下尚存车轴、车轮、毂、舆等组件。车轮的上部被破坏。车舆平面呈长方形, 进深 0.80 米, 宽 0.70 米, 轴残长 1.10 米, 轴的断面为圆形, 两端稍细, 轴径 0.20 米, 两轮的间距为 1.10 米, 轮径 0.80 米, 现有轮牙 12 根辐条。泥塑马摆在坑的东部, 头朝东, 泥塑马的外部涂一层红漆, 长 0.89 米, 宽 0.30 米, 高 0.40 米。

　　3 号车位于 2 号车的南部, 车向东, 现存车舆下有车轴、车轮、毂、舆等组件。车轮的上部已破坏。车舆大部分已破坏, 仅存北侧车轮。东部有 4 匹泥塑马。轴残长 0.40 米, 轴径 0.20 米, 厚 0.15 米, 轴的断面为圆形, 两端稍细, 轮径 0.80 米, 现有轮牙 12 根辐条。泥塑马摆在坑的东部, 头朝东, 泥塑马的外部涂一层红漆, 长 0.89 米, 宽 0.30 米, 高 0.40 米。

　　4 号车位于车马坑的南部, 车向北, 现存盖、车轮、毂、舆等组件。车盖呈束腰椭圆形, 车盖下部未清理。肩舆位于车马坑的南部, 仅剩舆底和支杆, 舆底平面呈长方形, 长 0.94 米, 宽 0.80 米, 舆底为五横八竖的方格, 舆框已残为一横三竖。车轮的上部被破坏, 仅车轮间 1.40 米, 轮径 0.80 米, 现有轮牙 12 根辐条。泥塑马摆在坑的东部, 头朝东, 泥塑马的外部涂一层红漆, 长 0.89 米, 宽 0.30 米, 高 0.40 米。

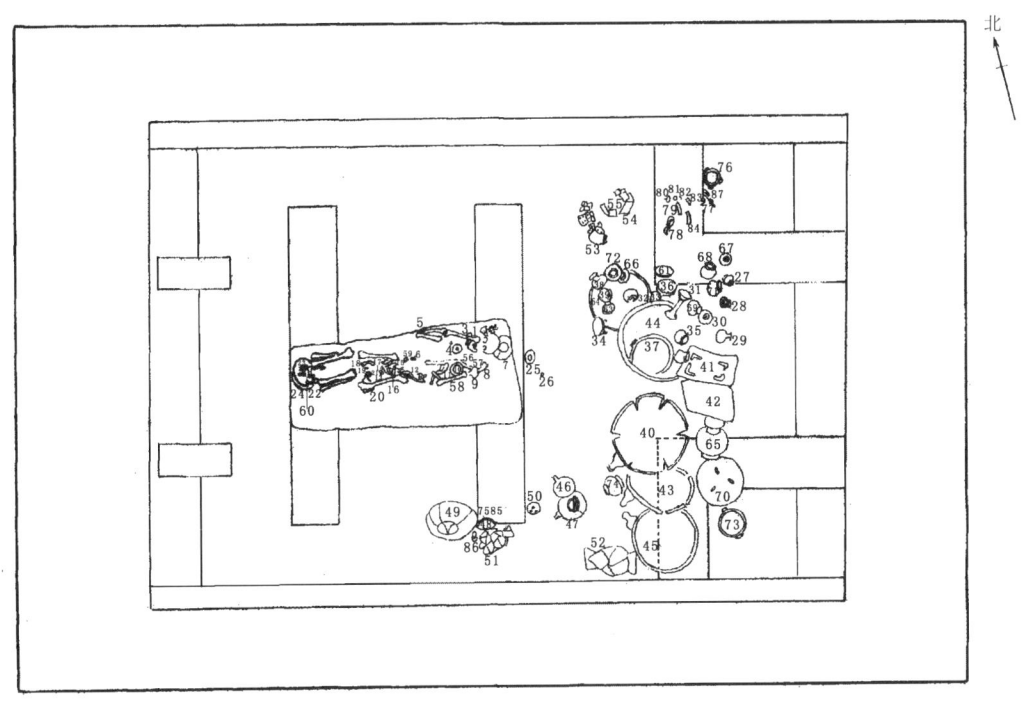

北

0 _____ 1 米

图一〇　M16 随葬品分布图

1、3、11、12、15、16、19~21、78.龙形玉佩　2、8、18、79、84.玉璜　4、7、23、24.玉璧　5.玉带钩　6、13、14.玉管　9.玉饰
10、25、57、58、80.玉环　17、22.条形玉饰　26、81、82.料珠　27、28、32、33、35、36、38、39、63、66~69、71、72、74.陶罐
29.椭圆形石　30、31、61、62.陶豆　34、37、40、43~46、50、73.陶鼎　41、42.陶簠　47.陶鐎壶　48.铜镜　49、64.陶盆
51、52.陶钫壶　53.陶编钟　54、55.陶编磬　56.扇形玉器　59.鼓形玉佩　60.方形玉佩　65、70.陶壶　75、88.玻璃珠
76.铜卮足　77.铜卮钮　83.铜削　85.贴金玉镜支架　86.铜饼　87.骨笄

　　M16 的随葬品大部分放置在椁室的东边厢、南边厢和棺内南、北两侧，大批精美的玉器有规律地放在棺内或佩戴在墓主人的身上。随葬品 88 件 / 组，有陶器 41 件，玉、玻璃器 41 件，铜器 5 件 / 组，骨笄 1 束等。

　　1.陶器　41 件。随葬品中的礼器全为陶明器，器类有鼎、钫、壶、簠、豆、鉴、罐、鐎壶、盆、编钟、编磬等。随葬陶器均为泥质深灰陶，火候较低，出土时很容易破碎。

　　鼎　9 件。可分四型。

　　I 型：盆形升鼎。4 件。破，侈口，方唇，斜腹，平底，口大底小，腹微敛，兽蹄形足，长方形附耳微外侈。这 4 件鼎形制相同，尺寸略异。标本 M16：40，口径 43 厘米，耳间宽 60 厘米，高 37 厘米。（图版三，1；图一二，1）

　　II 型：带盖鼎。2 件。弧形鼎盖，盖上有三个钮及一周凸弦纹。鼎子母口，敛口，直壁，腹部有一周凸弦纹，圜底，兽蹄形高足，足上有刀削痕，长方形附耳微外侈。标本 M16：37，口径 29 厘米，耳间宽 35 厘米，通高 26 厘米。（图版三，2；图一二，2）

　　III 型：小口罐形鼎。2 件。小口，鼓腹，圜底，下附三兽蹄形足，足上有刀削痕，鼎足微弯曲，长方形鼎耳立于肩上。鼎腹部涂褐彩。标本 M16：46，口径 17 厘米，耳间宽 20 厘米，腹径 24 厘米，高 26 厘米。（图一二，4）标本 M16：45，口径 17 厘米，腹径 24 厘米，高 17 厘米。（图版三，3）

　　IV 型：钵形鼎。1 件。标本 M16：34，直口，圜底，下附三个圆柱状。口径 15 厘米，高 11.5 厘米。（图一二，3）

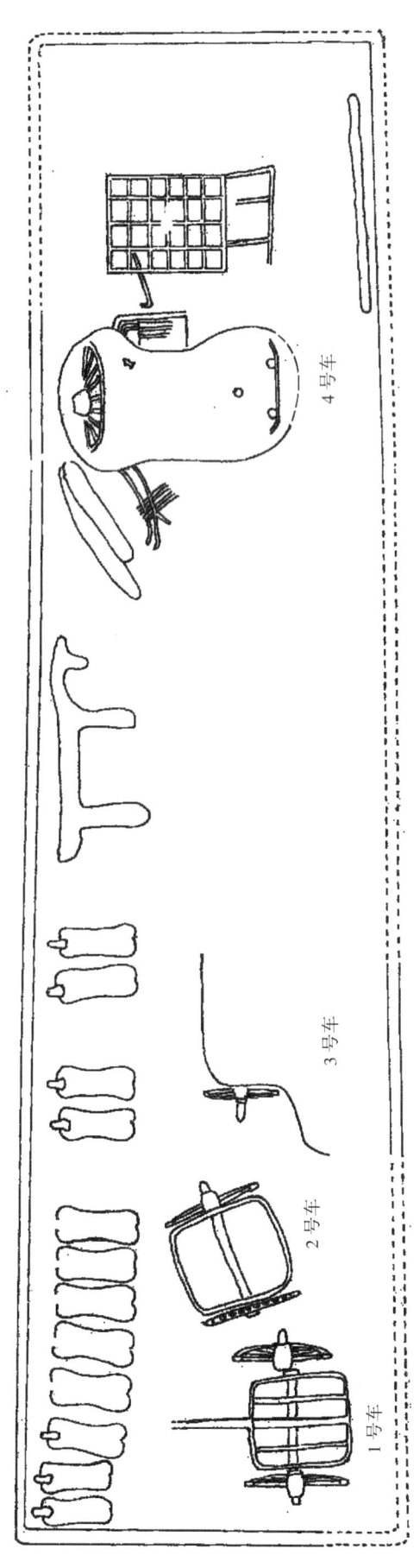

北

图一一 M16车马坑平面图

1米

0

壶　2件。形制相同。标本M16：70，敛颈，鼓腹，圈足。造型比较粗壮。通高36厘米，腹径30厘米，口径15厘米，底径19厘米。（图一三，1）

钫　2件。形制相同。标本M16：52，方口，敛颈，鼓腹，下附方形圈足。颈部绘菱形白彩，腹部绘带状白彩。口径13.2厘米，腹径23厘米，底径14厘米，高37厘米。（图一三，3）

簠　2件。形制相同。标本M16：42，形如扣合的两个长方形盒，器壁微斜，口略大于底，平底，上下均有四个曲尺形足。长36厘米，宽27厘米，通高27厘米。（图版三，4；图一三，4）

豆　4件。可分三式。

I式：细柄豆。1件。浅盘，细柄，喇叭形圈足。标本M16：30，口径18厘米，底径7厘米，高10厘米。（图一四，1）

II式：高柄豆。2件。标本M16：31，豆盘形如敛口钵，细高柄，喇叭形圈足。口径14厘米，底径14厘米，高30厘米。（图版三，5；图一四，2）标本M16：61，侈口，折腹，浅盘，细高柄，喇叭形圈足。口径19厘米，高28厘米。（图版三，6；图一四，7）

III式：矮圈足豆。1件。标本M16：62，浅盘，矮圈足。豆盘口径22厘米，底径9厘米，高10厘米。（图一四，3）

鐎壶　1件。标本M16：47，小口，圆腹，圜底，腹上有流，半圆形提梁，下附三个兽蹄形足。口径12厘米，腹径21厘米，高33厘米。（图一四，5）

盆　2件。形制相同，大小有别。平折沿，折腹，平底。标本M16：49，口径47厘米，底径24厘米，高12厘米。（图一四，4）

罐　16件。完整者可分三式。

I式：圜底罐。2件。折沿，高领，小口，鼓腹，圜底。下腹部及底部饰绳纹。标

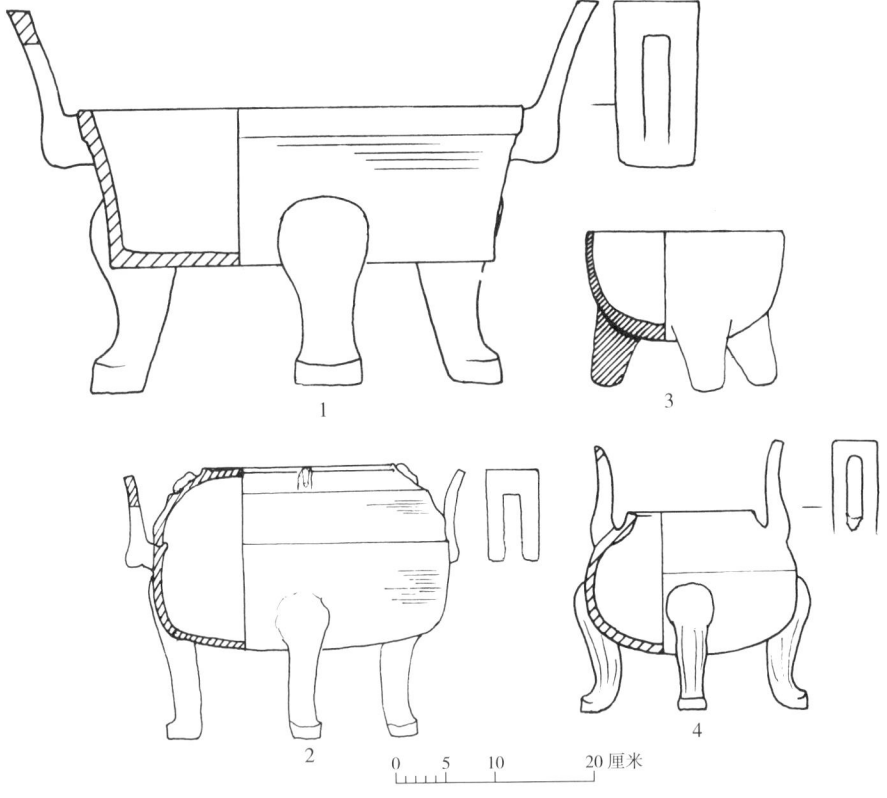

图一二　M16 出土陶鼎

1. 盆形升鼎（M16：40）　2. 带盖鼎（M16：37）　3. 钵形鼎（M16：34）　4. 小口罐形鼎（M16：46）

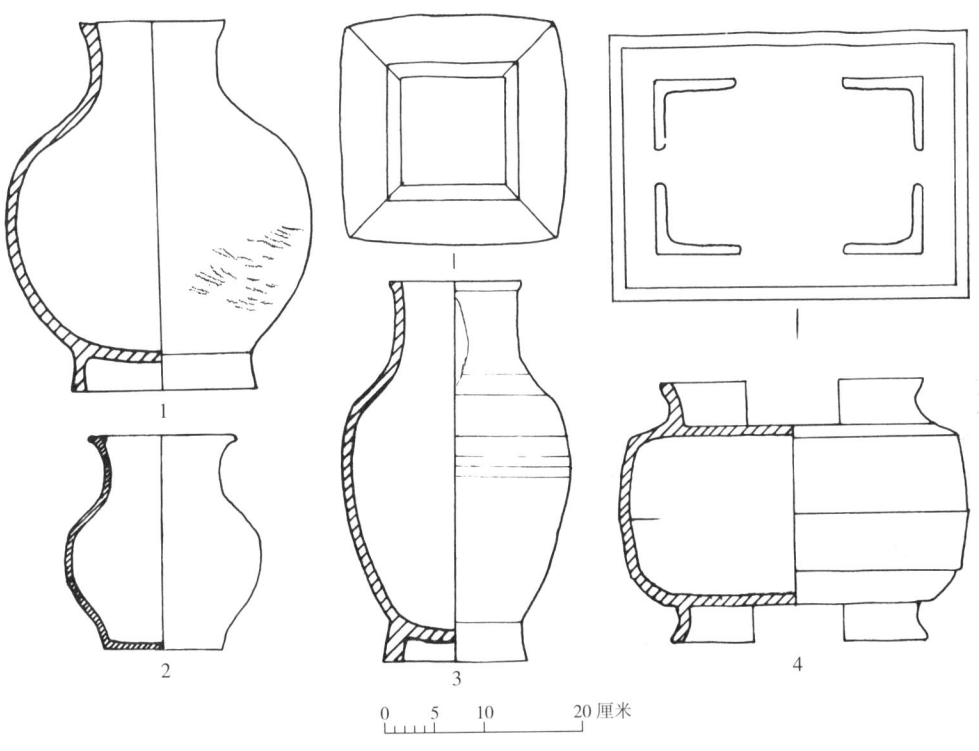

图一三　M16 出土陶器

1. 壶（M16：70）　2. 壶形罐（M16：36）　3. 钫（M16：52）　4. 簠（M16：42）

本 M16∶63，高 16.4 厘米，腹径 19 厘米，口径 13 厘米。（图一四，8）

Ⅱ式：小口罐。4 件。小口，鼓腹，平底。颈部有两个小孔。标本 M16∶33，高 11 厘米，腹径 20 厘米，口径 10.5 厘米。（图一四，6）

Ⅲ式：壶形罐。3 件。双唇，敛颈，鼓腹，下腹部微敛，小平底。标本 M16∶36，高 16 厘米，口径 11.5 厘米。（图一三，2）

编钟　烧造火候低，陶质差。发掘时因开挖排水沟，受到一定程度的损坏，能够修复的只有 5 件。钟舞上有半环形钮，钲部有乳钉状枚，每面 9 枚，分三行排列，两铣下垂，于上凹。5 件钟形制基本相同，仅大小有别。标本 M16∶53，高 20 厘米。（图一五，1）

编磬　烧造火候很低，可以修复的只有 5 件。标本 M16∶54、M16∶55，平面呈曲尺形，其上有孔，可以悬挂。形状基本相似，大小有别。长 18~26 厘米。（图一五，2、3）

2. 铜器　5 件 / 组。

削　1 件。标本 M16∶83，已残。（彩版二，1）

卮足　1 件。标本 M16∶76，铜箍下接三个兽足。从出土时的痕迹看，当为漆器卮的铜附件。（彩版二，2；图一六，1）另有卮钮 3 枚，标本 M16∶77，与标本 M16∶76 同出。（图一六，2、3）

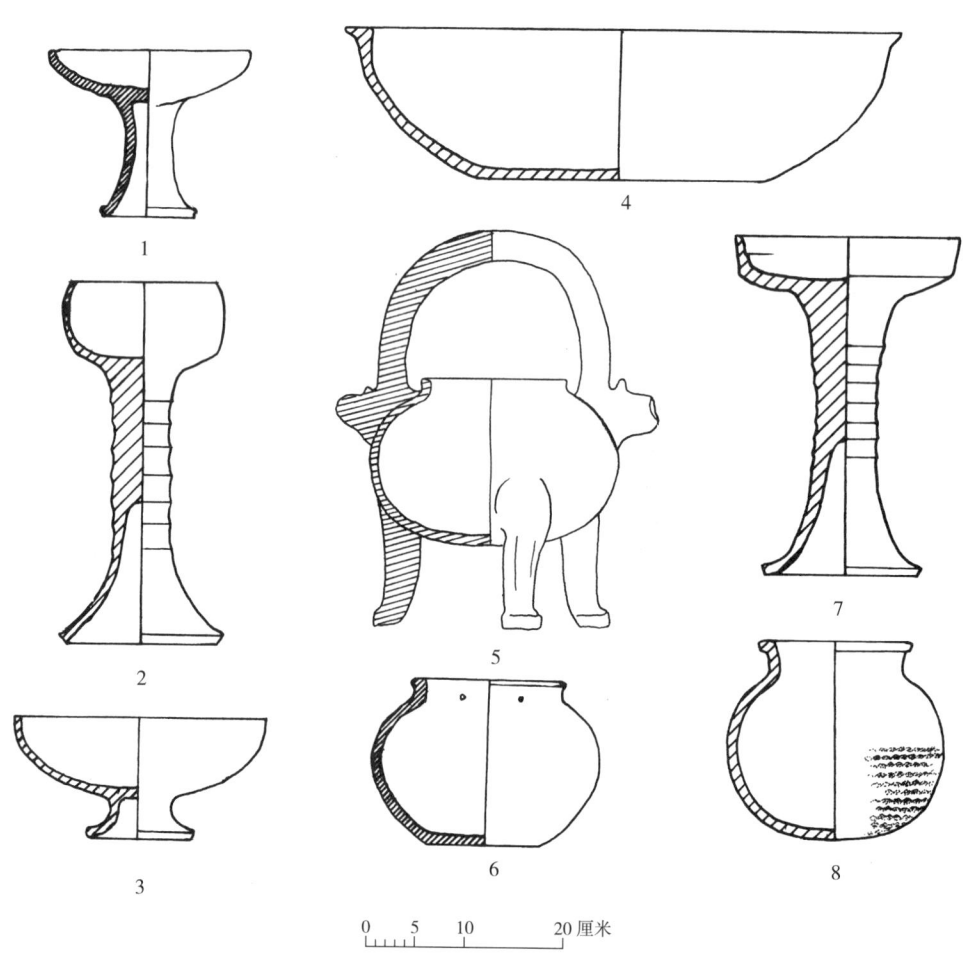

图一四　M16 出土陶器

1. 细柄豆（M16∶30）　2. 高柄豆（M16∶31）　3. 矮圈足豆（M16∶62）　4. 盆（M16∶49）　5. 鐎壶（M16∶47）

6. 小口罐（M16∶33）　7. 高柄豆（M16∶61）　8. 圜底罐（M16∶63）

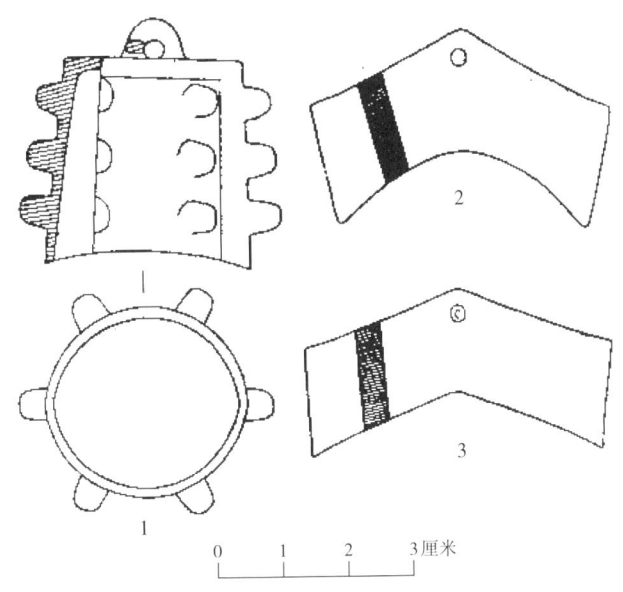

图一五 M16出土陶编钟、陶编磬

1. 编钟（M16：53） 2. 编磬（M16：55） 3. 编磬（M16：54）

镜 1枚。残。标本M16：48，羽状地纹四山镜。直径17厘米。

铜饼（铜镇） 形如圆饼，饼上有的贴金，当为仿造楚国金饼的明器。标本M16：86，4件，完整，大小相同，器表涂金已脱落，圆形，直径6.2厘米，厚1.4厘米。

3. 玉、玻璃器

共出土41件。其中25件玉器出自棺内，排列有序。墓主人头枕玉璧，足蹬玉璧，胸部又放置1件玉璧，龙形玉佩、方形玉佩、玉管、玉扇形器等放置于胸部以下，玉璜放置在墓主人的两肩和股骨之间，棺外东部有玉环1件，其他玉石器均出于棺外东北部。

这批玉器普遍饰谷纹，其次是卷云纹，采用了减地、线刻、圆雕等不同的雕琢手法。其中玉龙、玉璜、玉管、方形玉佩、鼓形玉佩的制作尤其精致。

玉璧 4件。大小不一。为青玉或白玉。有郭，均饰隆起的谷纹。标本M16：4，完整，精致，但体形较小。外径7.6厘米，孔径2.7厘米，厚0.45厘米。（彩版三，1；图一七，1）标本M16：24，完整，精致，体形较大，有内外郭。外径17.6厘米，孔径8厘米，厚0.45厘米。（彩版三，4；图一七，5）标本M16：23，完整，精致，体形较大，有内外郭，饰隆起的谷纹。外径17.6厘米，孔径5.8厘米，厚0.45厘米。（图一七，4）标本M16：7，残。体形较大，有内外郭，饰隆起的谷纹。外径17.2厘米，孔径6.3厘米，厚0.45厘米。（图一七，3）

玉璜 5件。形状近似半圆形，造型精致，可分三式。

Ⅰ式：2件。形制相同，置于棺东北部。茶色墨玉。制作精致，璜形近似扇面，两端为两个兽首，中间有穿孔，脊部两端有双缺，下部两端各有1个缺口，其上饰隆起的卷云纹和"S"形纹。标本M16：79，长8.7厘米，宽2.5厘米，厚0.2厘米。（彩版四，1；图一八，1）标本M16：84，长9.4厘米，宽2.5厘米，厚0.2厘米。（图一八，5）

Ⅱ式：1件。标本M16：18，置于墓主人两股之间。璜的下部两端呈一直线，用线标出郭，脊的两端各有3个缺口，璜的两侧各有1个缺口，其内饰隆起的谷纹，中有孔。长12.8厘米，宽2.3厘米，厚0.3厘米。

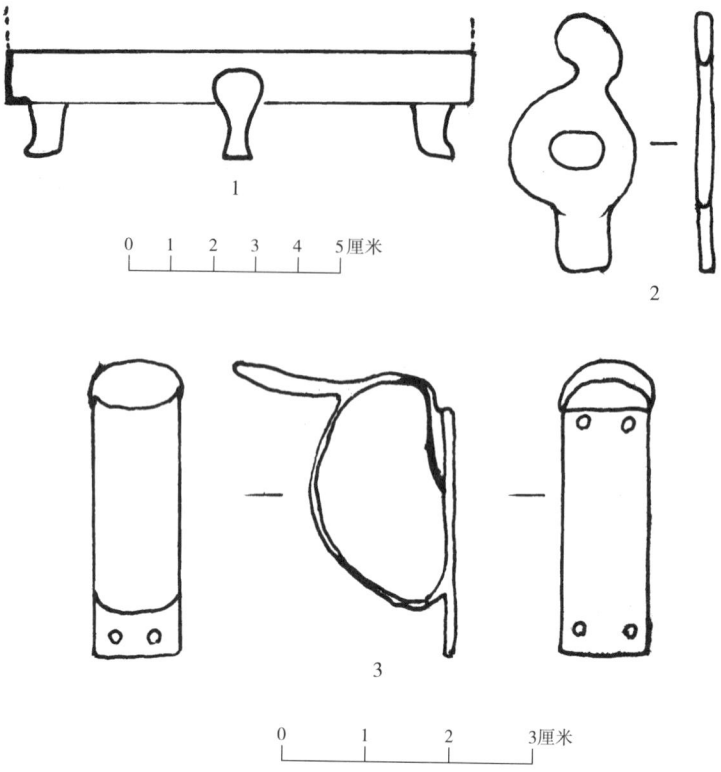

图一六　M16 出土铜器

1. 厄足（M16：76） 2、3. 厄钮（M16：77-1、M16：77-2）

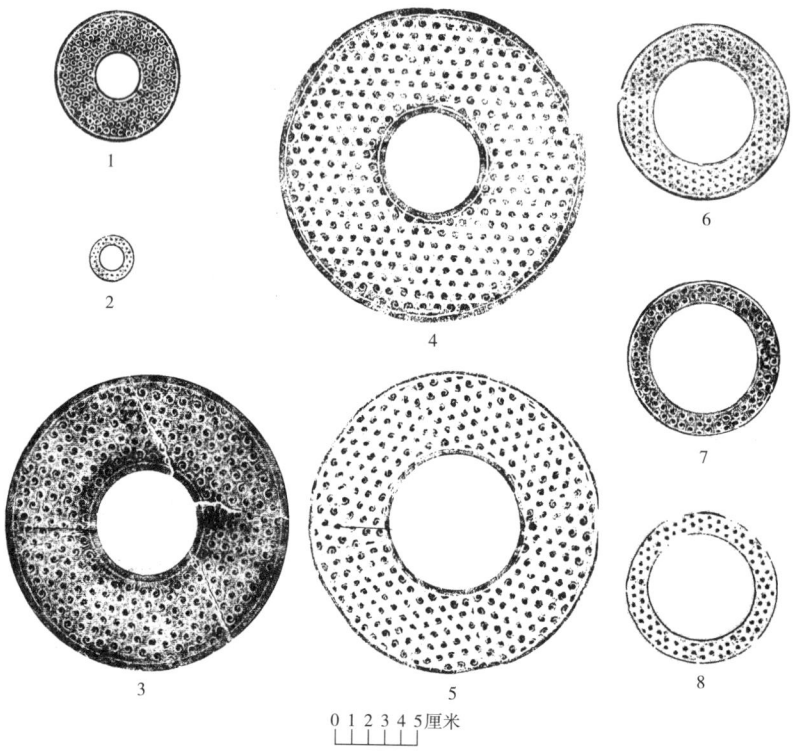

图一七　M16 出土玉璧、玉环拓片

1、3、4、5. 璧（M16：4、M16：7、M16：23、M16：24）

2、6、7、8. 环（M16：57、M16：25、M16：10-2、M16：10-1）

（彩版四，2；图一八，3）

Ⅲ式：2件。残，分别置于墓主人的两肩。青玉。形近半圆形，均一端残缺，有郭，完整的脊部的一端有2个缺口，侧面有1个缺口，中间有圆形穿孔。饰隆起的谷纹。标本M16：8，残长17.2厘米，宽2.9~3.9厘米，厚0.3厘米。（图一八，4）标本M16：2，残长16.5厘米，宽2.9~3.9厘米，厚0.3厘米。（图一八，2）

龙形玉佩　共11件。除标本M16：78出于棺外，其余全部在棺内，大部分为线刻，饰云纹和隆起的谷纹。从玉质看，大部分是青玉，少数是白玉。可分五式。

Ⅰ式：1件。标本M16：1，置于墓主人左手臂下。白玉，呈淡青色。龙回首，躬腰，鸟嘴形尾，腰部有一孔，可以悬挂。饰隆起的谷纹，造型生动，栩栩如生。长11.7厘米，宽1.4厘米，厚0.4厘米。（彩版五，1；图一九，1）

Ⅱ式：1件。标本M16：78，置于棺外东北部。青玉。龙回首，躬身，翘尾，如飞腾状，线刻龙形，透雕龙体，龙身饰谷纹。残长14厘米，宽4厘米，厚0.3厘米。（彩版五，2；图一九，2）

Ⅲ式：2件。形制相同，完整，分别置于墓主人两股骨下端。青玉。龙回首，躬身，翘尾，腰上有穿孔。线刻出龙形，透雕出龙体，龙身上饰隆起的谷纹，有边郭。标本M16：19，长11.7厘米，宽3厘米，厚0.5厘米。（图一九，3）标本M16：20，长11.5厘米，宽3厘米，厚0.5厘米。（彩版四，3；图一九，4）

Ⅳ式：2件。完整，放置在墓主人骨盆的左侧下。青玉。两件造型相同，龙回首，躬身，曳尾，腰上有

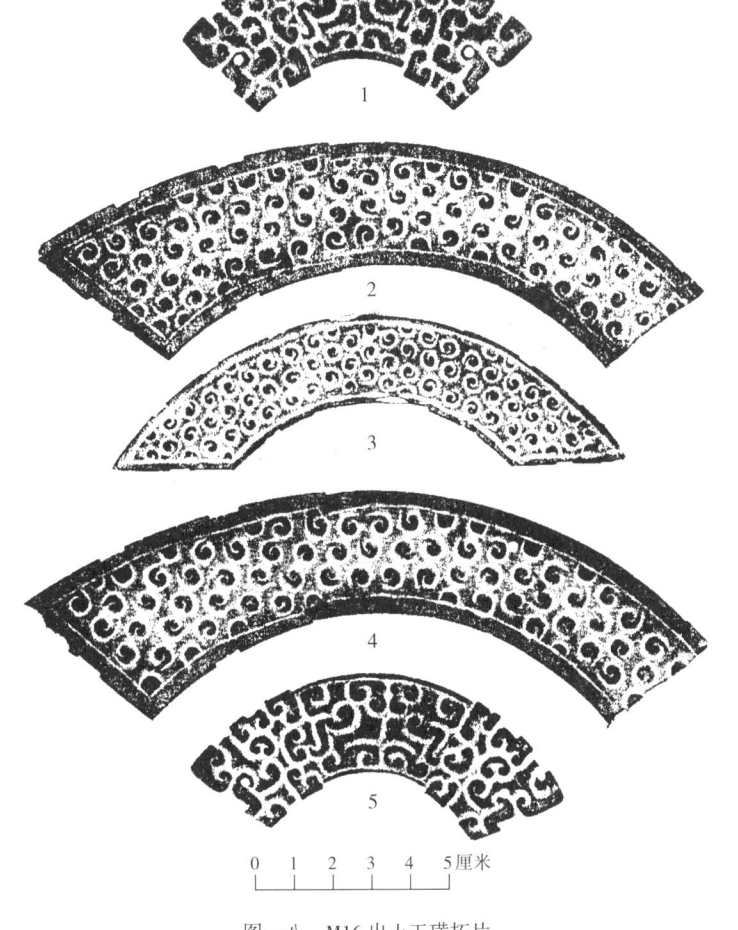

0　1　2　3　4　5厘米

图一八　M16出土玉璜拓片

1. M16：79　2. M16：2　3. M16：18　4. M16：8　5. M16：84

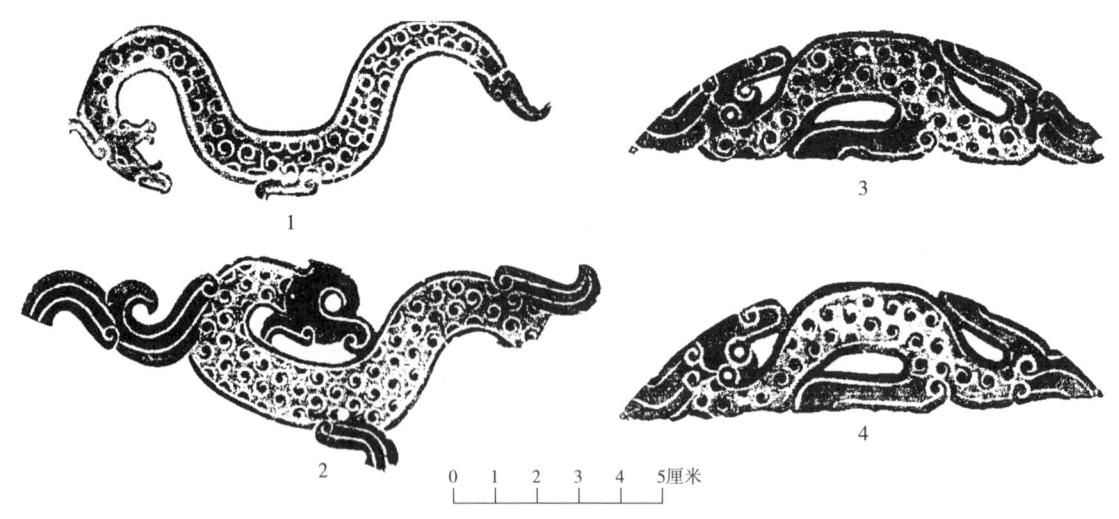

图一九　M16 出土龙形玉佩拓片

1. Ⅰ式（M16：1）　2. Ⅱ式（M16：78）　3. Ⅲ式（M16：19）　4. Ⅲ式（M16：20）

穿孔。线刻出龙形，透雕出龙体，龙身上线刻谷纹。体形较大。标本 M16：11，长 21.2 厘米，宽 4 厘米，厚 0.4 厘米。（图二〇，1）标本 M16：12，长 21.2 厘米，宽 4 厘米，厚 0.4 厘米。（图二〇，2）

　　Ⅴ式：5 件。置于墓主人右股骨上端下侧。青玉。大部分已残。标本 M16：16，完整，龙回首，躬身，翘尾，腰上有一穿孔。线刻龙形，透雕龙体，龙身线刻谷纹，有边郭。在 M16 出土的龙形玉佩中，以此式体形最大。长 22.7 厘米，宽 6.2 厘米。（彩版六，1；图二〇，5）其余 4 件均残，两件为龙的前身，龙头回首，躬身，龙体用线刻出边郭和谷纹；两件为龙的后半段，躬身，卷尾，用线勾勒出龙的后身，龙体用线刻出边郭和谷纹。标本 M16：15，在右股骨下，龙头回首，躬身，残长 15.1 厘米，宽 7.7 厘米，厚 0.4 厘米。（图二〇，6）标本 M16：9，在右臂骨下，龙头回首，躬身，残长 10.2 厘米，宽 8 厘米，厚 0.4 厘米。（图二〇，4）标本 M16：3，出土于墓主人左股骨下，躬身，卷尾，用线勾勒出龙的后身，线刻边郭和谷纹。残长 9.8 厘米，宽 8.3 厘米，厚 0.4 厘米。（图二〇，3）标本 M16：21，出土于墓主人右股骨下，躬身，卷尾，用线勾勒出龙的后身，线刻边郭和谷纹。长 13.3 厘米，宽 6.5 厘米，厚 0.4 厘米。（图二〇，7）

　　鼓形玉佩　1 件。标本 M16：59，放置于墓主人的骨盆下。茶色墨玉。形状好似一面鼓立置于连体兽座上，鼓上饰谷纹，有郭，鼓的两侧偏上部各立一只鸟，制作精致，形象逼真。长 3.4 厘米，宽 3.2 厘米，厚 0.4 厘米。（彩版六，2；图二一，1）

　　方形玉佩　1 件。标本 M16：60，置于墓主人右脚下。白玉，呈乳白色，制作极精。饰同心圆和"S"形纹，上下各有三个对称的缺口，左右两侧各有两个对称的缺口和五个穿孔。长 3.7 厘米，宽 3.2 厘米，厚 0.2 厘米。（图二一，3）

　　玉环　5 件。分圆形和椭圆形两种。

　　圆形玉环　3 件。有郭，饰隆起的谷纹。标本 M16：25，置于棺的东部，黄玉。体径 10.3 厘米，孔径 5.9 厘米，厚 0.5 厘米。（彩版三，3；图一七，6）标本 M16：10，置于墓主人的右胸，为墨玉，呈褐色。体径 9 厘米，孔径 6.4 厘米，厚 0.4 厘米。（图一七，7、8）标本 M16：57，含在墓主人口内。墨玉，呈褐色。刻工甚精。体径 2.8 厘米，孔径 1.5 厘米，厚 0.3 厘米。（彩版三，2；图一七，2）

　　椭圆形玉环　2 件。标本 M16：58，置于墓主人的左臂下。墨玉，呈褐色。有郭，用细线刻出卷云纹，中有 1 孔。体径 2.4 ~ 3.8 厘米，孔径 0.6 ~ 1.8 厘米，厚 0.4 厘米。（图二一，4；图二二，1）标本 M16：80，置于棺外东北部。呈淡青色，雕工极精，有一个金钮镶扣在玉环上，有郭，细线刻网纹和窃曲纹。体径2.7～3.5厘米，孔径1.2~2.1厘米，厚0.4厘米。金钮的平面为长方形，长2.8厘米，宽0.7厘米。（彩版七，2；图二二，4）

马头形玉带钩　1件。标本M16∶5，置于墓主人右手下，白玉。马头昂起，钩钮扁平。长5.7厘米，厚2.2厘米。（彩版七，1；图二一，6）

玉镜支架　1件。标本M16∶85，置于棺外的南侧，叠压在铜镜之下，形如梯形，上窄下宽。饰卷云纹，边贴金，上有凹槽。长6.2厘米，宽3厘米。（彩版七，3；图二一，5）时代这么早的镜架，还是首次发现。

玉管　3件。呈淡青色，均出自棺内，分二式。

Ⅰ式：2件。置于墓主人的股骨间。标本M16∶13，饰隆起的谷纹和卷云纹，直径2.4厘米，孔径1.1厘米，高2厘米。（图二一，9；图二二，2）标本M16∶14，饰蟠龙形纹，直径2.2厘米，孔径1厘米，高2厘米。（图二一，10）

Ⅱ式：1件。标本M16∶6，置于墓主人的骨盆处。一端粗，一端细，饰隆起的谷纹。细端的直径1.1厘米，孔径0.6厘米；粗端的直径1.4厘米，孔径0.7厘米，高3.7厘米。（图二一，2；图二二，3）

图二〇　M16出土龙形玉佩拓片

1. Ⅳ式（M16∶11）　2. Ⅳ式（M16∶12）　3. Ⅴ式（M16∶3）　4. Ⅴ式（M16∶9）
5. Ⅴ式（M16∶16）　6. Ⅴ式（M16∶15）　7. Ⅴ式（M16∶21）

条形饰 2件。分别置于墓主人的肱骨间及左脚下，淡青色。标本 M16：22，断面为长方形，平面为长条形，两端有榫头，上有孔，未穿透。长 9.7 厘米，宽 0.8 厘米，厚 0.4 厘米。（图二一，11）标本 M16：17，残长 8 厘米，宽 1.2 厘米，厚 0.8 厘米。（图二一，8）

扇形玉器 1件。标本 M16：56，淡青色，如扇状，弧面，柄已残。残长 6 厘米，宽 4 厘米。（图二一，7）

玻璃珠 2枚。与铜镜出在一处，一整一碎。标本 M16：75，圆球形，底为天蓝色，用白色绘出涡纹，孔的周边用细线绘出绳纹，图案组合是五个小圆涡纹围绕一个大的椭圆形涡纹。直径 2.8 厘米，孔径 1 厘米。（彩版八，1）标本 M16：88，已残破，平面呈椭圆形，天蓝色底，用米黄色绘出旋涡纹，用白色绘出圆涡纹，图案组合是圆中有七星或同心圆涡，边用圆涡纹组成交叉直线。高 2.8 厘米，腹径 2.3 厘米，孔径 1 厘米。（彩版八，3）标本 M16：88 残块经中国科学院上海硅酸盐研究所偏光显微镜光性测定，没有消光现象，在聚敛偏光下亦不出现干涉图形，均质体。经 X 射线衍射分析没有发现衍射线条，属于非晶态。根据测定结果，断定此珠系由玻璃制成。

4. 骨笄 1束。

标本 M16：87，均已残断。

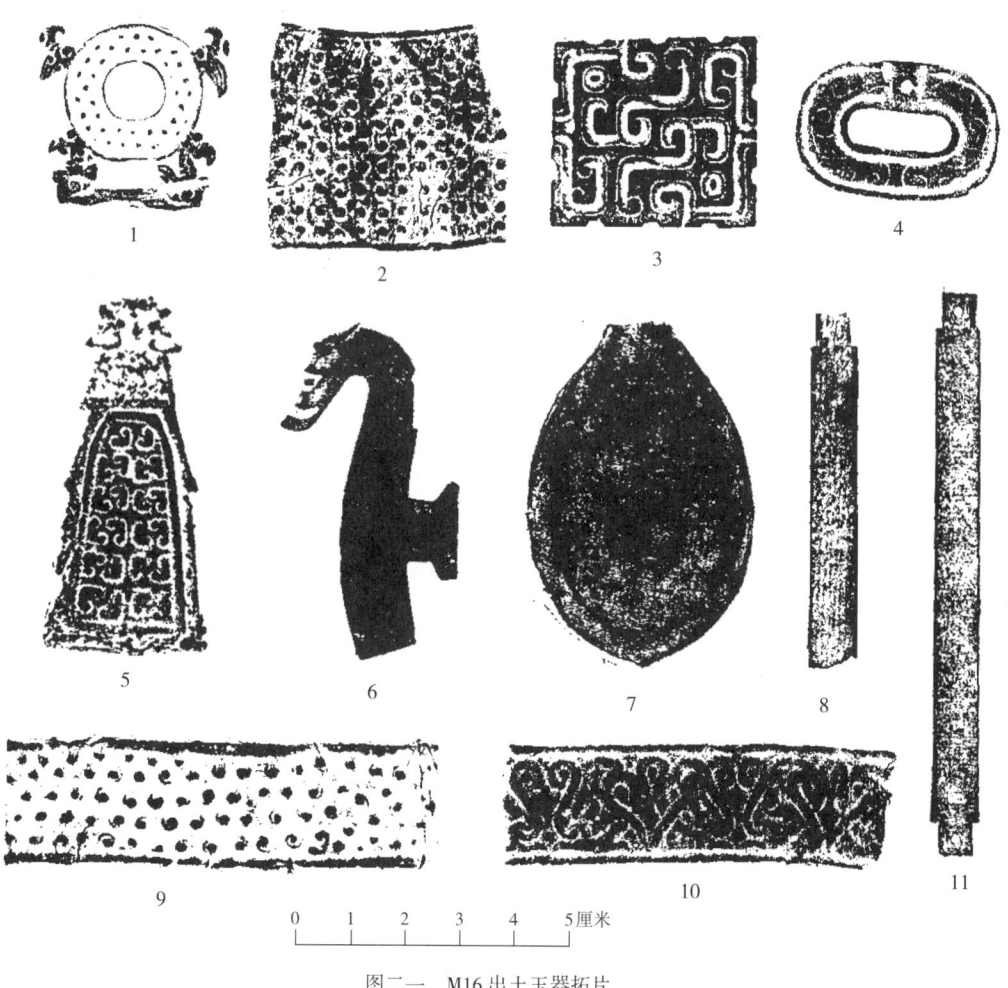

图二一　M16 出土玉器拓片

1. 鼓形玉佩（M16：59）2. 玉管（M16：6）3. 方形玉佩（M16：60）4. 椭圆形玉环（M16：58）5. 玉镜支架（M16：85）6. 玉带钩（M16：5）7. 扇形玉器（M16：56）8. 条形饰（M16：17）9. 玉管（M16：13）10. 玉管（M16：14）11. 条形饰（M16：22）

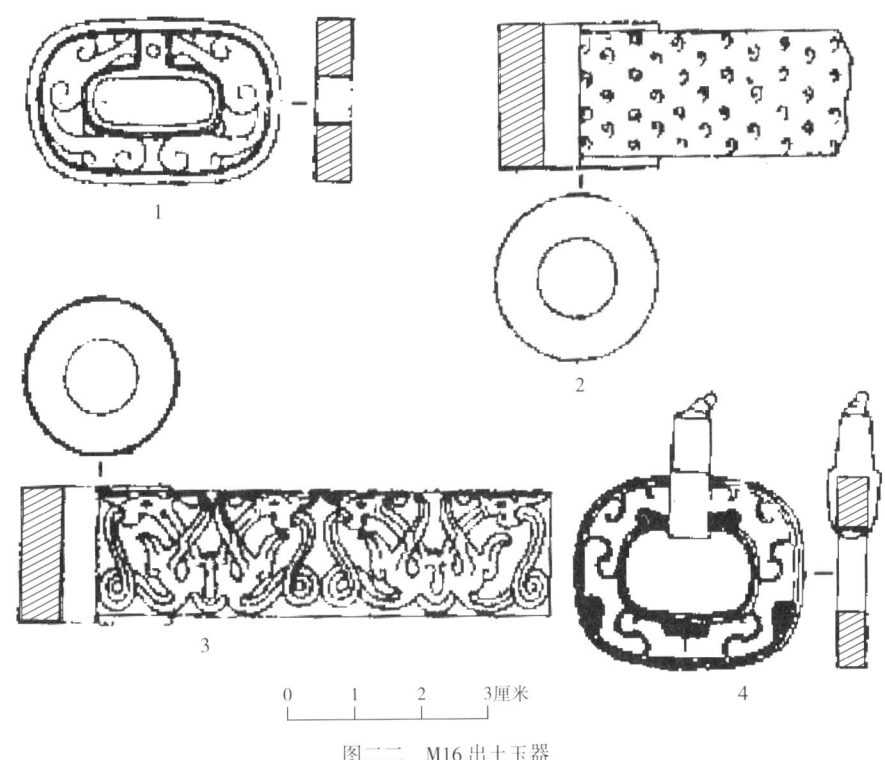

图二二 M16 出土玉器

1. 椭圆形玉环（M16：58） 2. Ⅰ式玉管（M16：13） 3. Ⅱ式玉管（M16：6） 4. 椭圆形玉环（M16：80）

M17 位于淮阳平粮台遗址的西部中间，1979 年发掘时该墓西北部的部分填土已被挖去。墓葬平面呈"甲"字形，墓向东，方向 90°。因系抢救发掘，仅清理了墓室和一小段墓道，大部分墓道未发掘。

墓道 口长 10.40 米，宽 2.70 米。

墓室 口长 6.20 米，宽 5.55 米；墓底长 5.20 米，宽 4.05～4.10 米，深 6.20 米。墓圹内填黑棕色花土，并经过夯打，夯窝为圆形平底。每层厚 10 厘米左右，上部夯层薄，夯窝密集，坚硬，下部夯层较厚，夯窝较稀疏。

葬具 为一椁一棺。木椁四周有熟土二层台，二层台残高 0.50 米。木椁长 4.66 米，宽 3.60 米，椁痕残高 0.50 米。椁内分头厢、脚厢、南边厢、北边厢。头厢位于棺的东部，随葬青铜礼器和兵器，兵器有弩机、戈、剑、弩矢，青铜礼器有鼎、洗、罍、鐎壶、镜、奁、卮等。南边厢随葬陶礼器，有陶鼎、豆、壶、钫、敦、盒、簠、匜等。西边厢随葬陶鼎、铜洗、鹿角（镇墓兽）。北边厢随葬生活用具，有铜锯、削、铁斧、凿、半月形石刀，以及大批玉器。棺位于椁室正中，已朽，从其残存的漆皮看，棺为长方形，长 2.02 米，宽 0.90 米。棺外涂黑漆，内涂朱漆。墓向东，头亦向东，骨架已朽。从牙齿看，死者系 10 岁左右的男孩。墓主从头到脚随葬玉器 20 余件，玉璧放置在头部、胸部、腰部，玉璜放置在头的两侧、左肩及腿的两侧，玉带钩放置在腰部左侧，玉环放置在左肩、腰部及两腿间，口内含有小巧的玉雕牛、羊、猪、狗、兔、鱼、象等 19 件，动物造型生动，形象逼真。（图二三，图二四）

随葬品 124 件（套）。其中陶器 46 件、玉石器 34 件（套）、铜器 36 件、铁器 6 件、角器 1 件，以及管状饰 1 套。

1. 陶器 46 件。泥质灰陶，器物有鼎 22 件、匜形鼎 1 件、壶 4 件、钫 4 件、敦 4 件、盒 2 件、簠 2 件、豆 2 件、罐 4 件以及匜 1 件。

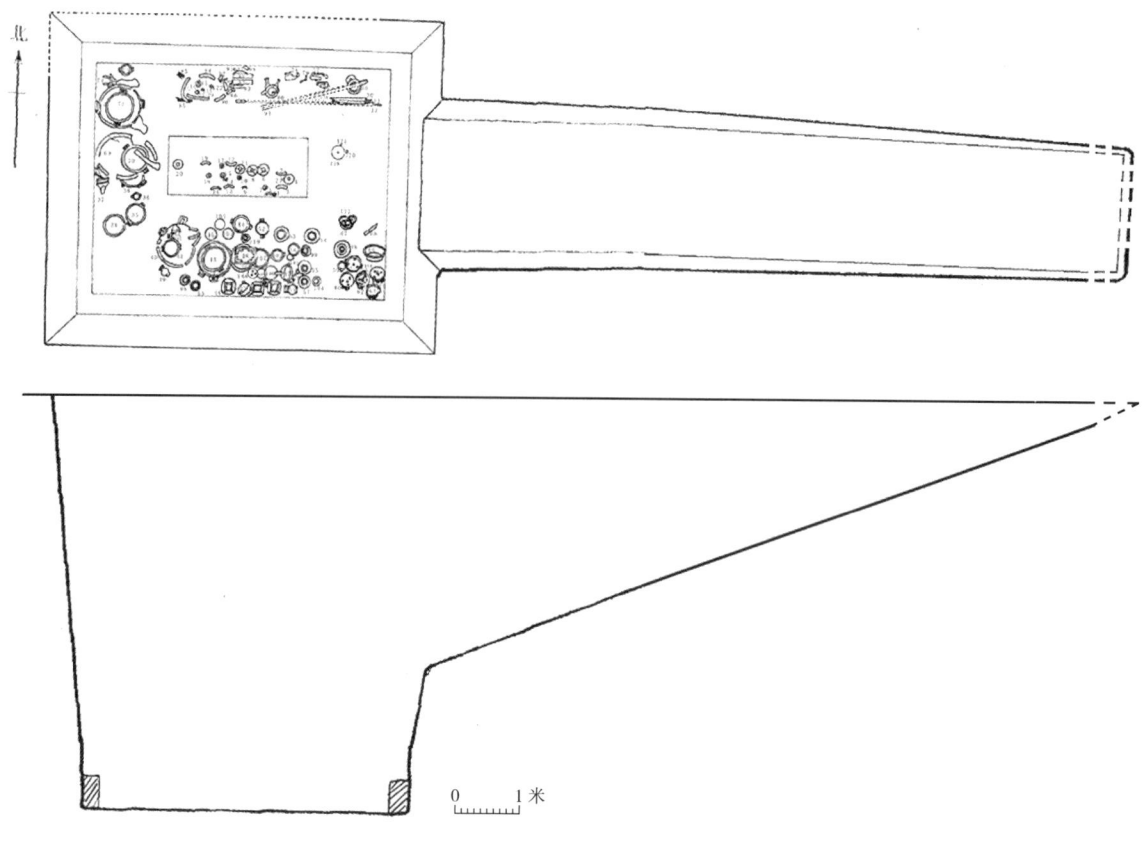

图二三　M17 平、剖图

鼎　22件。可分四型。

Ⅰ型：4件。标本 M17∶40，形制较大，造型相近，夹砂灰陶。折沿，方唇，直壁，上腹部有一周凸弦纹，圜底，兽面蹄足。长方形附耳外侈，中有长方形孔。口径 60 厘米，高 69 厘米。（图版四，1；图二五，1）标本 M17∶42，夹砂灰陶，折沿，方唇，直壁，上腹部有一周凸弦纹，圜底，高蹄足。长方形附耳外侈，中有长方形孔。口径 55 厘米，耳间宽 64 厘米，高 52 厘米。（图版四，2；图二五，4）标本 M17∶69，夹砂灰陶，折沿，方唇，直壁，上腹部有一周凸弦纹，圜底，蹄足。长方形附耳外侈，中有长方形孔。耳间距 72 厘米，口径 49 厘米，高 43 厘米。（图版四，5；图二五，3）标本 M17∶72，夹砂灰陶，折沿，方唇，直壁，上腹部有一周凸弦纹，圜底，蹄足。长方形附耳微外侈，中有长方形孔。耳间距 60 厘米，口径 46.5 厘米，高 39.5 厘米。（图二五，6）

Ⅱ型：1件。盆形鼎。残。标本 M17∶43，直口，折沿，方唇，直腹，平底，附耳已残，下附 3 个蹄足。口径 32 厘米，腹径 37.5 厘米，残高 14 厘米。（图版四，6；图二五，2）

Ⅲ型：1件。已残。标本 M17∶106，有流，折沿，圆唇，直口，直腹，圜底近平，附耳已残，下附 3 个高蹄足。口径 36 厘米，高 24 厘米。（图版五，1；图二五，5）

Ⅳ型：16件。破，形制相同，底和鼎足不同。标本 M17∶44，弧形鼎盖，盖上有两周凸弦纹，鼎为子母口，敛口，直腹，中腹部有一周凸弦纹，平底，长方形附耳外侈，高蹄足，鼎足上部有 7 个圆球状突起。口径 17.5 厘米，腹径 22 厘米，底径 12.5 厘米，耳间宽 27 厘米，通高 24.5 厘米。（图版四，3；图二六，7）标本 M17∶71，无盖，鼎为子母口，敛口，直腹，中腹部有一周凸弦纹，圜底，长方形附耳外侈，兽面高蹄足，鼎足上部有兽面，扁眼，似象鼻。口径 20 厘米，腹径 23.5 厘米，耳间宽 28 厘米，高 20.5 厘米。（图版

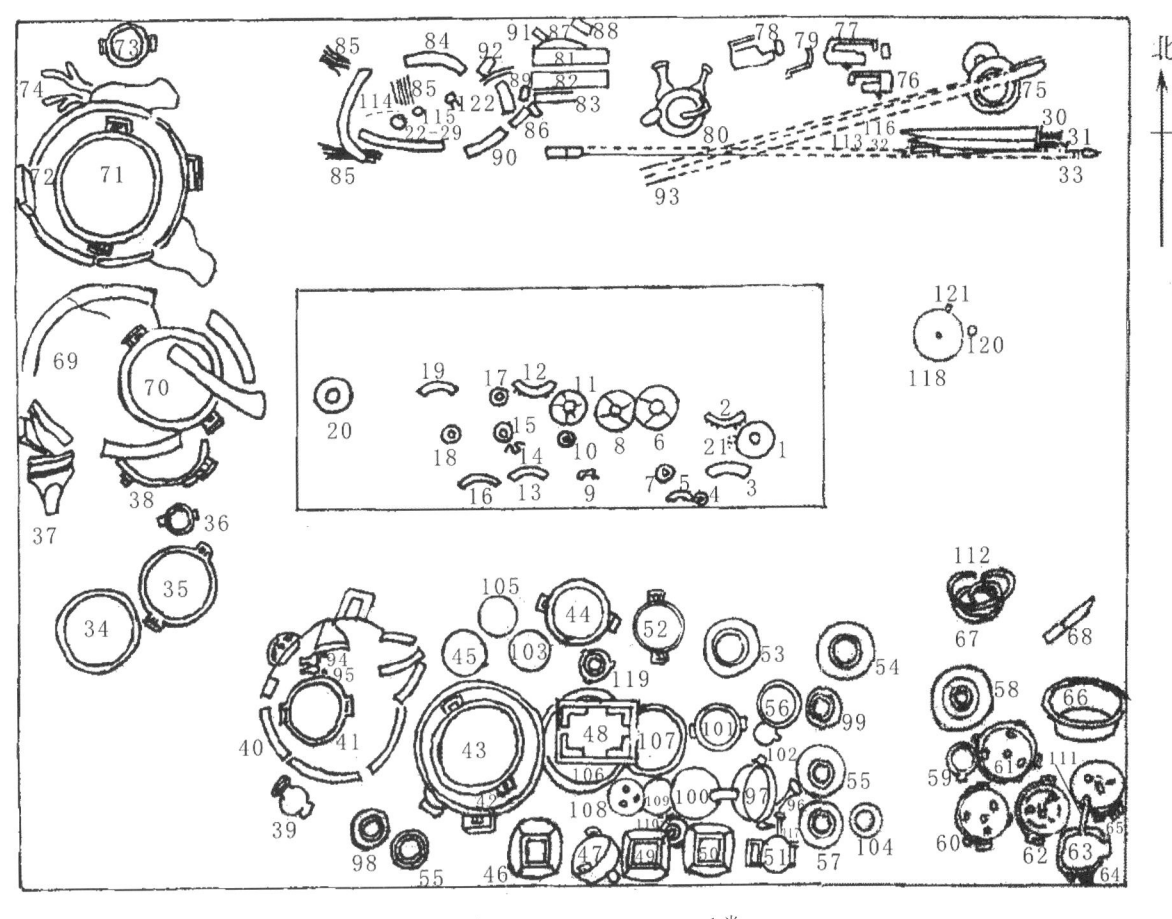

图二四 M17 随葬品分布图

1、6、8、11、20、22.玉璧 2、3、12、13、16、19.玉璜 4、7、10、15、17、18、23.玉环

5、14、24~29.玉佩 9.马头形玉带钩 21.玉唅 30、31、32、68.青铜剑

33.铜矛 34、66、84.铜洗 35~38、40~44、47、52、69~73、97、101、106、107、110、119.陶鼎 39、98、99、104.陶壶

45、100.陶盒 46、49~51.陶钫 48.陶簠 53~57.陶罐 58、75.铜罍 59.铜灯 60、61、62、64、65.铜鼎 63.铜匜

67、112.铜食饰 74.鹿角 76~79.铜弩机 80.铜鐎壶 81、82.铜锯 83、90、91.铁凿 85.铁镢 86、88.铁斧

87.石刀 89、121.石器 92.铜削 93.铜戈 94、95、111.铜勺 96、117.陶豆 102.陶匜

103、105、108、109.陶敦 113.铜镦 114.管状饰 115."平"字玉剑首 116.铜镞 118.铜镜 120.铜泡 122.铜环首刀

四，4；图二六，9）标本 M17：70，弧形鼎盖，盖上有两周凸弦纹，鼎为子母口，敛口，直腹，中腹部有一周凸弦纹，圜底近平，长方形附耳外侈，高蹄足，鼎足上部似象鼻下垂。口径 20.5 厘米，腹径 24.5 厘米，耳间宽 26 厘米，通高 25.5 厘米。（图二六，1）

钫　4件。完整。形制相同，大小有别，可分二式。

Ⅰ式：无盖钫，3件。标本 M17：50，方口，口微侈，方唇，束颈，鼓腹，平底，下附方形圈足外侈。口径 13 厘米，腹径 22 厘米，圈足径 11.5 厘米，高 37.5 厘米。（图二七，1）标本 M17：51，方口微侈，方唇，敛颈，鼓腹，平底，下附方形圈足外侈。口径 12.3 厘米，腹径 24 厘米，圈足径 10.4 厘米，高 33.5 厘米。（图二七，3）标本 M17：49，方口，方唇，敛颈，鼓腹，平底，下附方形圈足外侈。口径 12.8 厘米，腹径 20.5 厘米，圈足径 12 厘米，高 37.5 厘米。（图二七，2）

Ⅱ式：有盖钫，1件。标本 M17：46，平顶方形盖，方口，方唇，敛颈，鼓腹，平底，下附方形圈足。

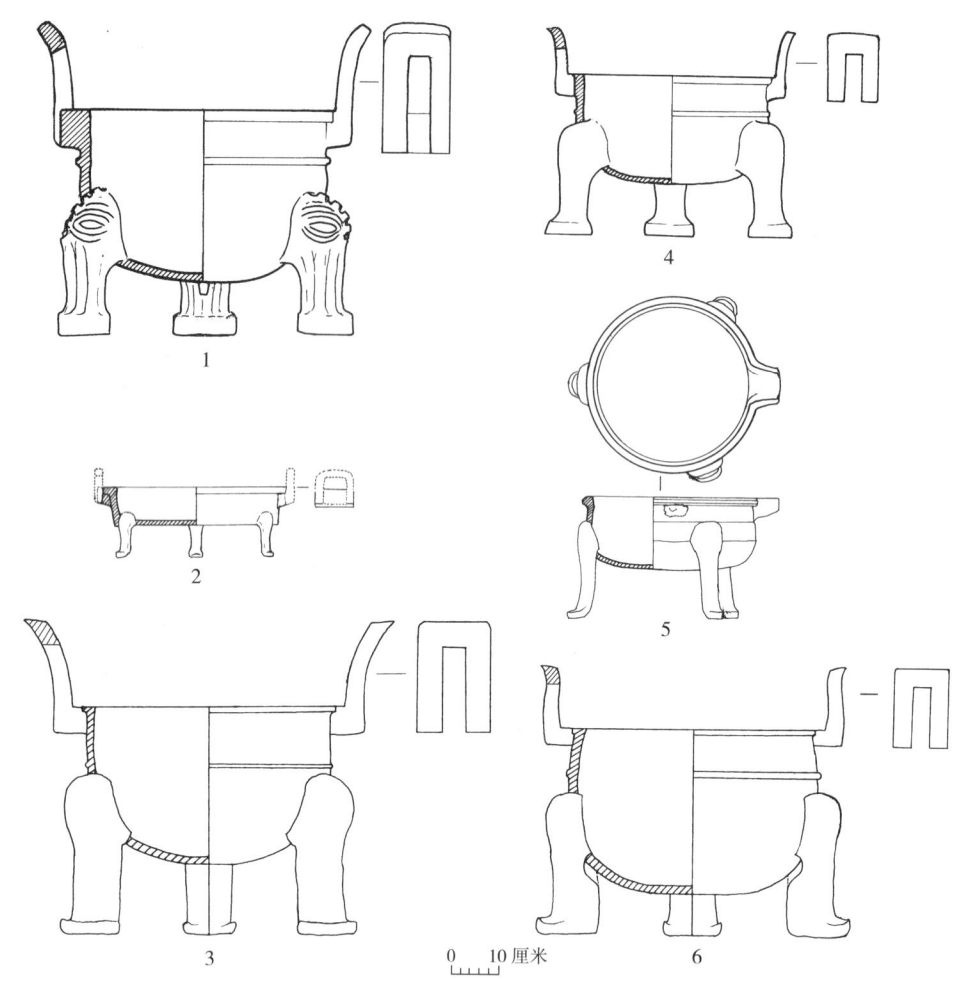

图二五　M17 出土陶鼎

1. Ⅰ型（M17：40）　2. Ⅱ型（M17：43）　3. Ⅰ型（M17：69）　4. Ⅰ型（M17：42）　5. Ⅲ型（M17：106）　6. Ⅰ型（M17：72）

口径 11.4 厘米，腹径 20.6 厘米，圈足径 13.5 厘米，通高 38 厘米。（图版五，3；图二七，4）

敦　4 件。残。形制相同。标本 M17：105，椭圆形，下部为子母口，上下部分各有 3 个敦钮。口径 15.2 厘米，腹径 18.8 厘米，通高 27 厘米。（图版五，2；图二六，3）

盒　2 件。破。形制相同。标本 M17：100，弧形盖，上有弦纹，子母口，敛口，弧腹，平底，饰弦纹。口径 16.8 厘米，腹径 20.8 厘米，底径 11 厘米，通高 12 厘米。（图版五，4；图二六，6）

簠　2 件。破。标本 M17：48，长方体，由上下对称的器身和器盖两部分组成，器身和器盖的形制相同，均为大口，直沿，方唇，斜腹，平底，4 个矩尺形足，足底外折沿。口长 31 厘米，宽 19 厘米，通高 19.2 厘米。（图版五，5；图二六，5）

壶　4 件。标本 M17：39，弧形盖，子母口，敛颈，鼓腹，圈足。器身有弦纹。口径 11 厘米，腹径 16 厘米，高 30.4 厘米。（图二六，4）

罐　4 件。破。标本 M17：53，小口，卷沿，唇部有凹槽，短颈，圆腹，圜底，饰中绳纹。口径 14 厘米，腹径 22.4 厘米，高 21.5 厘米。（图二六，8）

匜　1 件。标本 M17：102，残。器口的平面呈椭圆形，一端内凹，一端有流，小平底，口微敛，腹微鼓。口径 10 厘米，腹径 12 厘米，底径 6.4 厘米，高 4 厘米，流长 2 厘米，宽 4 厘米，深 1.6 厘米。（图版

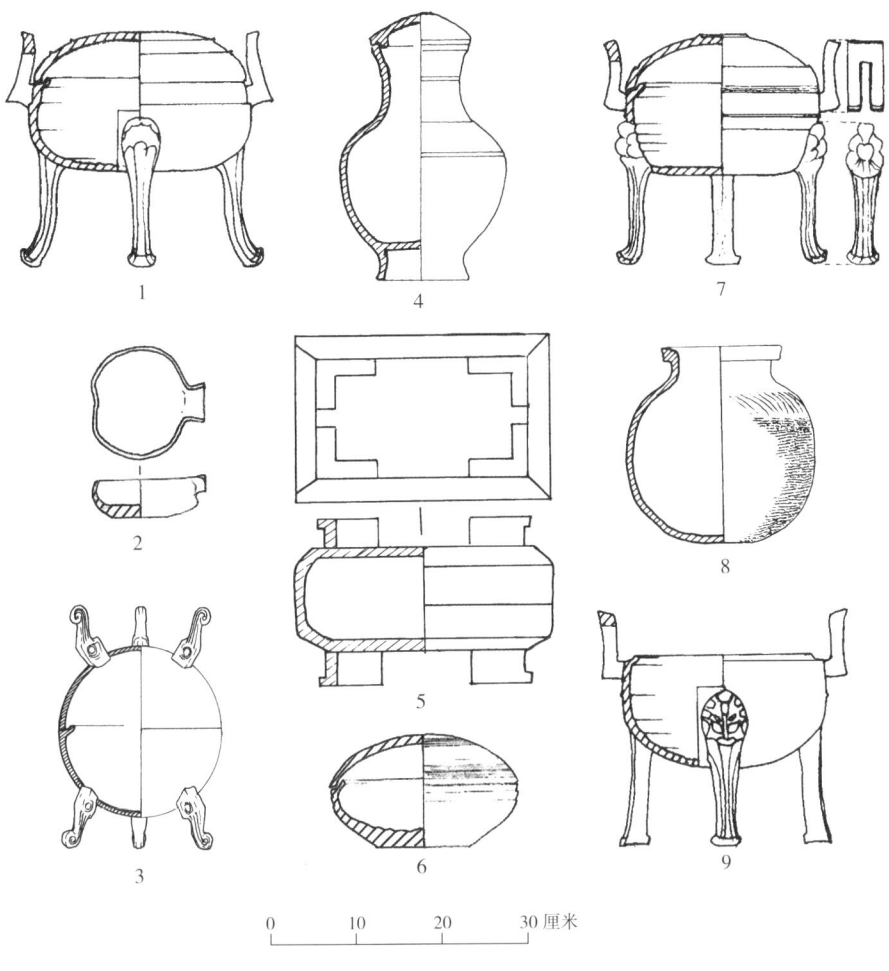

图二六　M17 出土陶器

1、7、9.Ⅳ型鼎（M17：70、M17：44、M17：71）2.匜（M17：102）3.敦（M17：105）

4.壶（M17：39）5.簠（M17：48）6.盒（M17：100）8.罐（M17：53）

五，6；图二六，2）

2.铜器　36件。礼器有鼎5件、洗3件、匜1件、罍2件、鐎壶1件、勺3件，文具有环首刀1件、削1件、锯2件，兵器有铜剑4件、戈1件、矛1件、镦1件、镞1件、弩机4件，生活用器有镜1件、灯1件、铜衣饰2件、铜泡1件。

鼎　5件。有盖，盖的正中衔环，盖壁、盖顶各有一周凸弦纹，子母口，敛口，腹微鼓，腹中部有一周凸弦纹，圜底，高蹄足，足上有3个棱，长方形附耳外侈，盖钮、足面及足的质地不同，可分三式。

Ⅰ式：环钮盖鼎。1件。兽面蹄足已残。标本 M17：62，口径17厘米，腹径21厘米，耳间距23厘米，通高22厘米。（彩版九，1；图二八，1）

Ⅱ式：牺鼎。2件。盖顶有三只卧牛，兽面高蹄足，足面有3个扉棱。标本 M17：60，口径19.5厘米，腹径22.5厘米，耳间宽27厘米，通高29厘米。（彩版九，4；图二八，2）标本 M17：64，口径11.5厘米，腹径21.5厘米，耳间宽24厘米，通高27厘米。（彩版九，2；图二八，3）

Ⅲ式：立鸟钮鼎。2件，象鼻铁足。标本 M17：65，残。口径20.5厘米，腹径23.5厘米，耳间宽27厘米，通高27.5厘米。（彩版九，5；图二八，5）标本 M17：61，口径20厘米，腹径24.5厘米，耳间宽28厘米，通高27.5厘米。（彩版九，3；图二八，4）

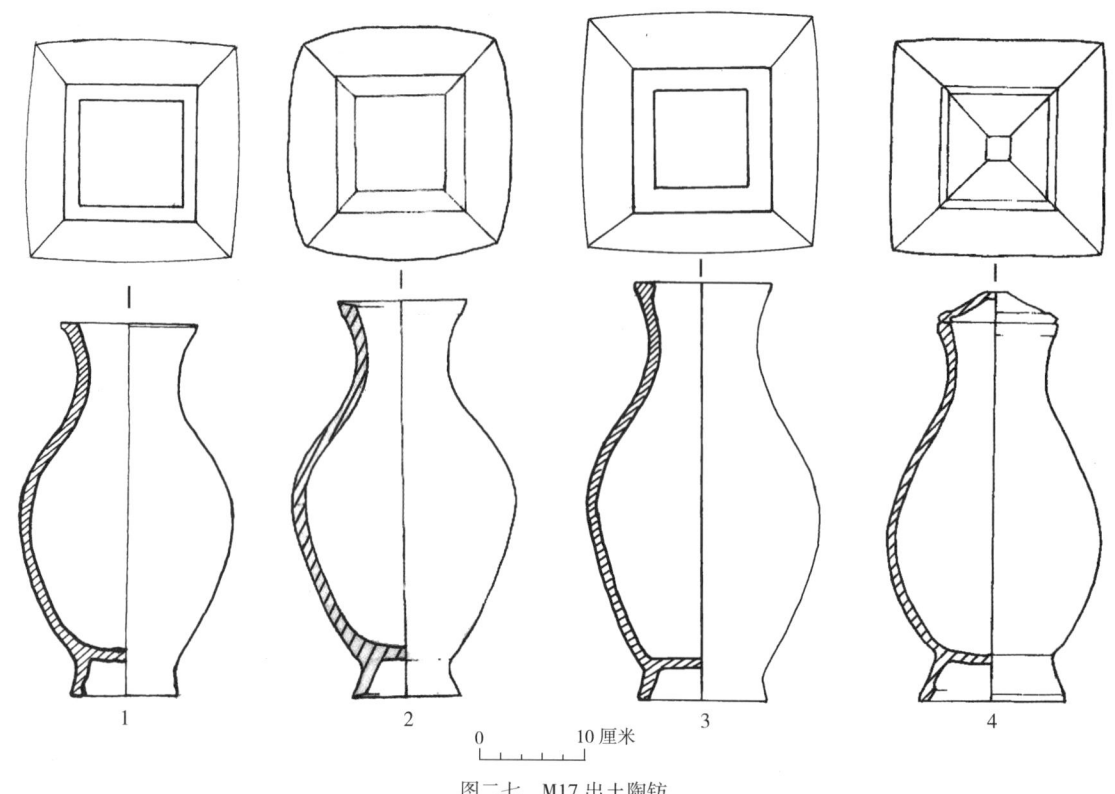

图二七　M17 出土陶钫

1. I 式（M17：50）　2. I 式（M17：49）　3. I 式（M17：51）　4. II 式（M17：46）

洗　3 件。形制相同，大小不一，残。标本 M17：66，折沿、平口、圆唇、斜折腹、圜底，胎很薄。口径 35 厘米，腹径 29.6 厘米，高 6.2 厘米。（图二九，2）标本 M17：34，口径 35 厘米，腹径 28 厘米，高 5.9 厘米。标本 M17：84，斜折沿。口径 55 厘米，腹径 50 厘米，高 12 厘米。（图二九，1）

罍　2 件。完整，形制相同。有盖，盖为侈口、方唇、斜壁、平顶，上有喇叭形圈足，盖口有 4 个鸟形边卡。罍为侈口、卷沿、方唇、束颈、鼓腹，腹部有两周凸弦纹，平底，喇叭形圈足，腹部有铺首衔环。标本 M17：58，口径 35 厘米，腹径 24.5 厘米，圈足径 14.5 厘米，通高 23.5 厘米。（图二九，4）标本 M17：75，口径 15 厘米，腹径 25 厘米，圈足径 14.5 厘米，通高 23 厘米。（图二九，5）

鐎壶　1 件。标本 M17：80，小口、高领、椭圆形腹，腹的中部有一周凸弦纹，平底，兽面高蹄足，中腹部有流，系龙首衔一圆形管，龙首顶有一条铜链连着壶盖，盖顶有 3 个龙形钮，提梁系两条龙口衔六棱铜棍，制作细致，造型美观，是一件青铜器精品。口径 11.5 厘米，腹径 26 厘米，底径 15.5 厘米，高 22.5 厘米，通高 29.5 厘米。（图二九，6）

镜　1 件。标本 M17：118，残。钮已缺失，镜面平直，羽状地纹四山镜。直径 13.7 厘米，郭宽 0.3 厘米，厚 0.4 厘米。（彩版九，6）

灯　1 件。标本 M17：59，直径 13.2 厘米，柄长 3 厘米。（图版六，1）

勺　3 件。标本 M17：111，平面呈圆角方形，直口、方唇、平底，一侧有流，另一侧有柄，柄先上翘，后再伸直，柄的断面呈椭圆形。勺口径 15 厘米，底径 8.5 厘米，高 9.9 厘米，柄长 16 厘米，柄宽 2.1 厘米。（图二九，3）

铜剑　4 件。标本 M17：30，已残。出于墓内二层台的东北角。剑身长且宽，中起脊，宽镡，剑柄椭圆

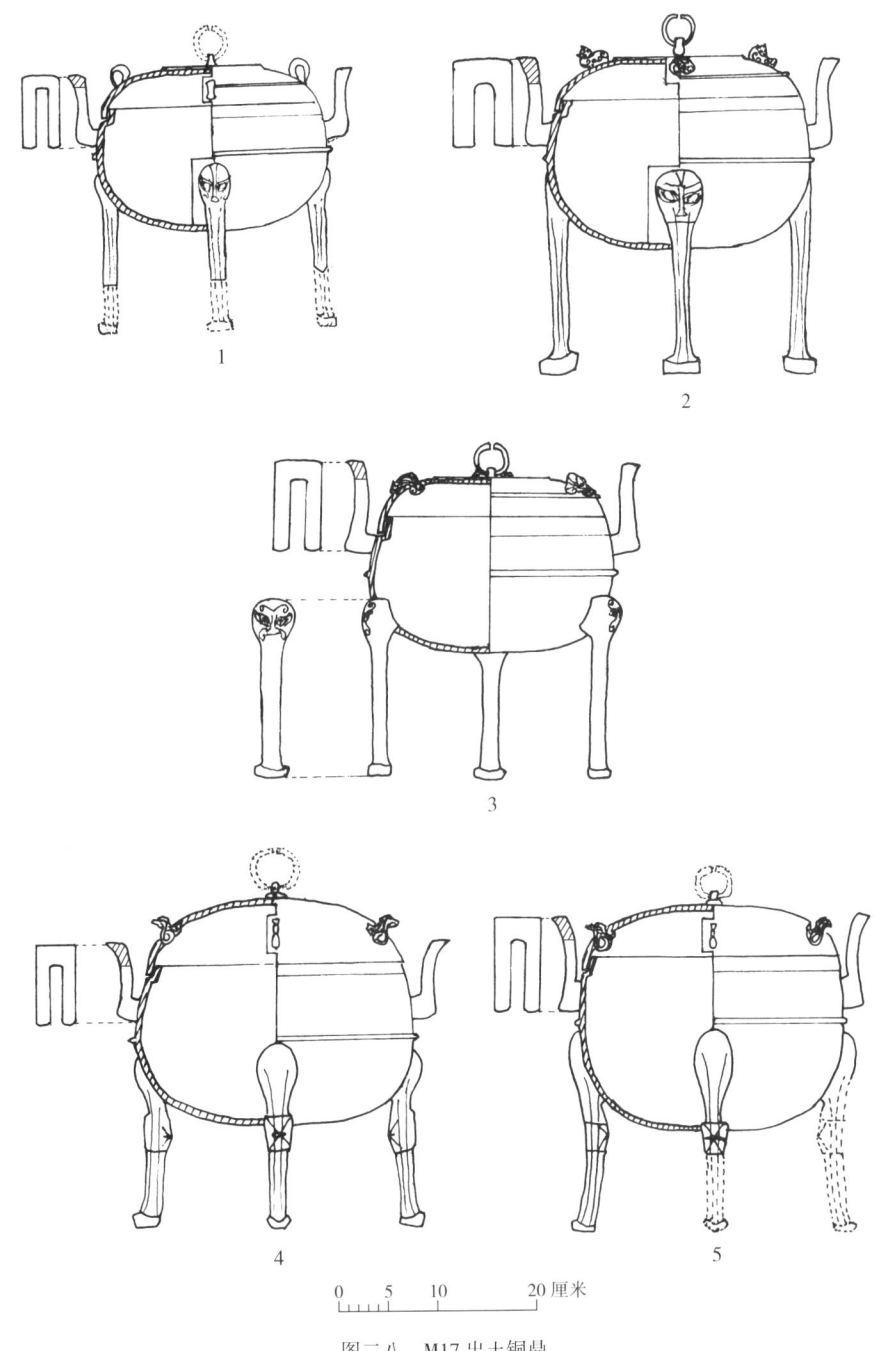

图二八 M17 出土铜鼎

1. I式（M17：62） 2. II式（M17：60） 3. II式（M17：64） 4. III式（M17：61） 5. III式（M17：65）

状实茎，已残。通长 67 厘米，身长 57.2 厘米，身宽 4.7 厘米，镡径 6 厘米，柄长 9.8 厘米。（彩版一〇，1；图三〇，1）标本 M17：32，已残。出于墓内北二层台的东北角。剑身长且宽，中起脊，宽镡，圆柱状实茎，双箍，圆形喇叭形剑首。通长 68 厘米，身长 58.6 厘米，身宽 4.5 厘米，镡宽 5.2 厘米，柄长 9.4 厘米。（彩版一〇，2；图三〇，2）标本 M17：68，已残。出于墓内二层台的东南部。剑身长且宽，中起脊，宽镡，椭圆状实茎。通长 37.5 厘米，身宽 3 厘米，柄长 8 厘米。 （图三〇，3）标本 M17：31，为巴蜀剑。出于墓内二层台的东北角，剑身长且宽，中起脊，剑柄扁圆柱状实茎。柄上下两端各有一穿孔，剑身中部一侧绘有格纹、虎纹、手纹。通长 63.5 厘米，身宽 4.7 厘米，柄长 8.3 厘米。（彩版一一；图三〇，4、5）

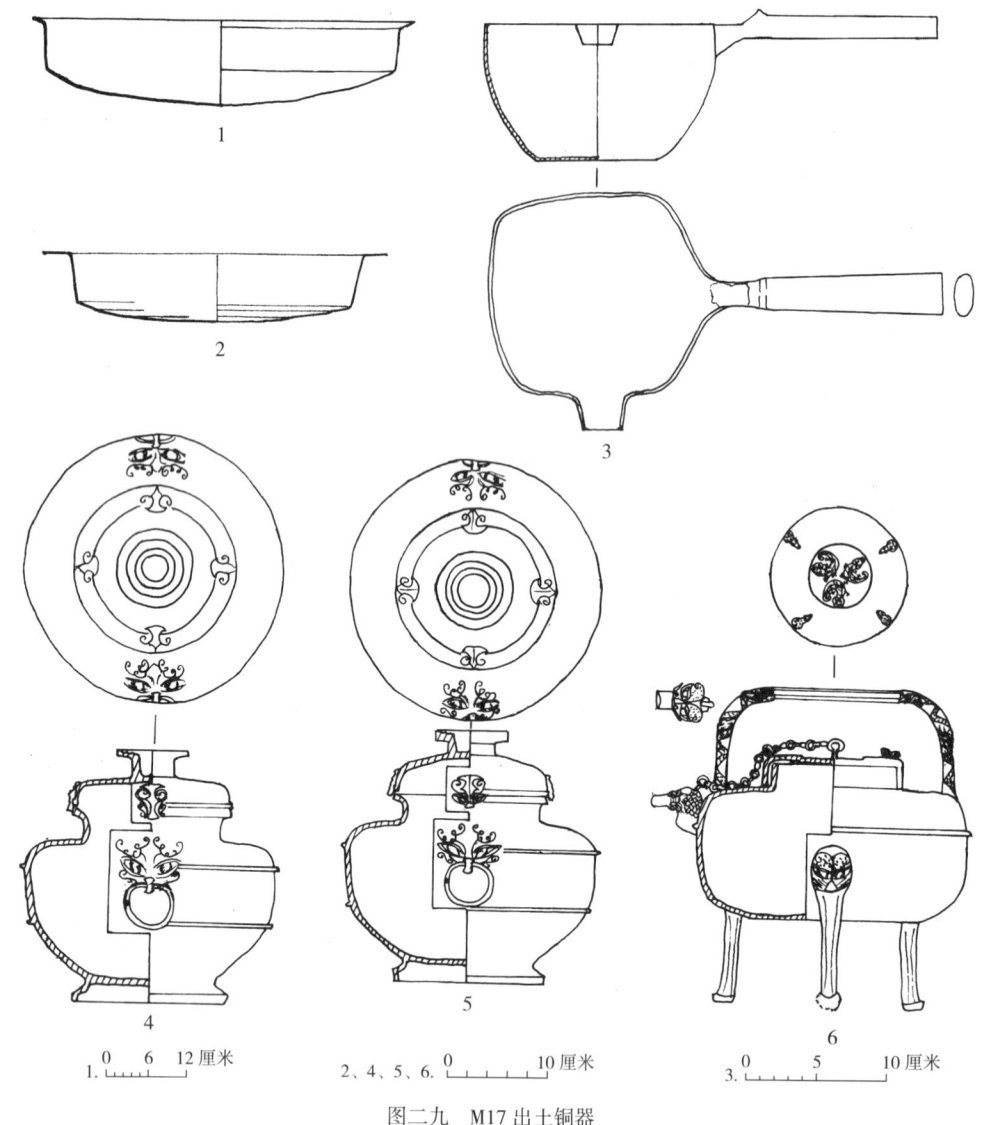

图二九　M17 出土铜器

1、2.洗（M17：84、M17：66）　3.勺（M17：111）　4、5.罍（M17：58、M17：75）　6.鐎壶（M17：80）

3.铁器　6件。有凿 3、镢 1、斧 2。均残甚，无法复原。

4.玉石器　34件（套）。其中 20件出于棺内，排列有序。墓主人头枕玉璧，足蹬玉璧，胸部又放置 3件玉璧。龙形玉佩等放置在墓主人的胸部以下。玉璜放置在墓主人的两肩和股骨之间。棺外东部有玉璧 1件，其他玉器均出于棺外北部。另出有石刀 1件、石器 2件。

这批玉器普遍饰谷纹，其次饰卷云纹，采用了减地、线刻、圆雕等不同制作方法。其中玉龙、玉璜的制作尤其精致。

玉璧　6件。青玉或白玉。形制相近，均刻画谷纹，有郭。标本 M17：1，完整。外径 13.95厘米，孔径 4.15厘米，厚 0.35厘米。（彩版一二，1；图三一，1）标本 M17：20，残。直径 14.1厘米，内径 4.3厘米，厚 0.4厘米。（彩版一二，2；图三一，5）标本 M17：6，残。直径 14厘米，内径 4.4厘米，厚 0.4厘米。（彩版一二，4；图三一，4）标本 M17：11、标本 M17：8形制相似，大小相近。直径 17.5~18.6厘米，孔径 6~8厘米，厚 0.2~0.4厘米。（彩版一二，3、6）标本 M17：22，完整。刻画云纹，有内外郭。直径 7.4厘米，内径 2.5厘米，厚 0.5厘米。（彩版一二，5；图三一，6）

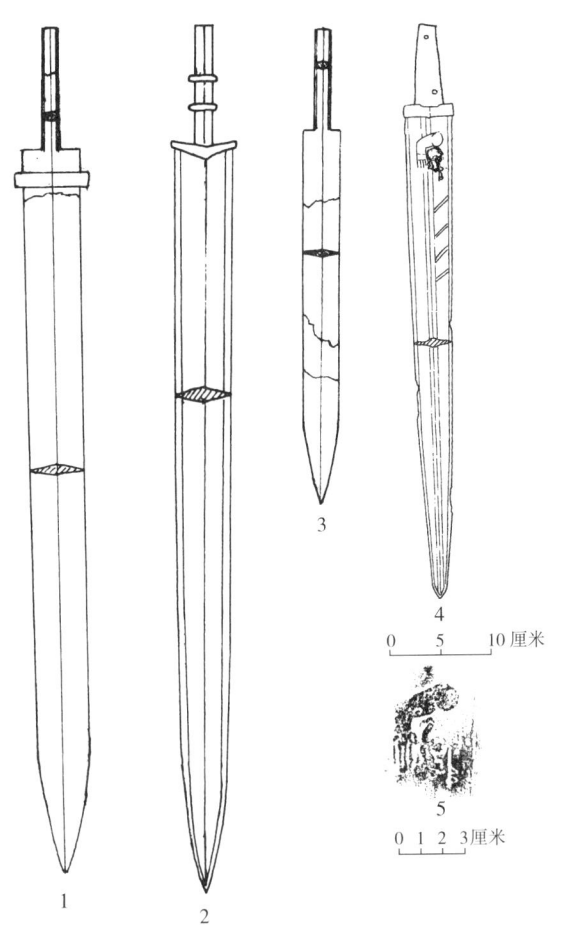

图三〇　M17 出土青铜剑及纹饰拓片

1. 青铜剑（M17：30）　2. 青铜剑（M17：32）　3. 青铜剑（M17：68）　4、5. 巴蜀剑（M17：31）

（1～3 约为 1/6）

玉环　7 件。完整。有的制作工艺精致，亦有未做深加工的，为素面。标本 M17：10，青白玉。有郭，饰隆起的谷纹。直径 5 厘米，孔径 2.6 厘米，厚 0.35 厘米。（彩版一三，1；图三二，1）标本 M17：17，白玉，受浸呈褐色。有郭，饰隆起的谷纹。直径 7.2 厘米，孔径 4 厘米，厚 0.5 厘米。（彩版一三，6；图三二，2）标本 M17：18，白玉，受浸呈褐色。有郭，饰隆起的谷纹。直径 7.3 厘米，孔径 4.2 厘米，厚 0.4 厘米。（彩版一三，5；图三二，4）标本 M17：23，白玉，受浸呈褐色。有郭，饰隆起的谷纹。直径 5.5 厘米，孔径 2.6 厘米，厚 0.5 厘米。（图三二，3）标本 M17：4，完整。刻画云纹。直径 6.3 厘米，内径 2.65 厘米，厚 0.3 厘米。（彩版一三，2、4；图三一，3）标本 M17：7，青白玉。素面。直径 5 厘米，孔径 2.3 厘米，厚 0.5 厘米。（图三二，5）标本 M17：15，直径 7 厘米。（彩版一三，3；图三一，2）

玉璜　6 件。形近扇面，造型精致。有郭，饰隆起的谷纹，有的有缺，可分两式。

Ⅰ式：弧形璜。5 件。3 破 2 整，两端上部各有对称的 2 个齿脊，两端下部各有 1 个齿脊，弧顶有 1 个圆形穿孔，两面均饰隆起的谷纹。标本 M17：2，受浸，局部有深褐色浸斑，部分呈褐色。用线标出郭，其内饰隆起的谷纹，中有孔。长 17 厘米，宽 3 厘米，厚 0.4 厘米。（彩版一四，1；图三三，1）标本 M17：3，残，璜的两端稍宽，受浸，局部有深褐色浸斑，部分呈褐色。长 16.5 厘米，宽 5.5 厘米，厚 0.6 厘米。（图三三，2）标本 M17：16，长 15 厘米，宽 2.2 厘米，厚 0.4 厘米。（图三三，5）标本 M17：19，用线标出郭，其内饰隆起的谷纹，中有孔。长 15 厘米，宽 2.2 厘米，厚 0.4 厘米。（彩版一四，3；图三三，6）标本

M17：13，完整。用线标出郭，其内饰隆起的谷纹，中有孔。长 17 厘米，宽 3.6 厘米，厚 0.5 厘米。（彩版一五，1；图三三，4）

　　Ⅱ式：1 件。标本 M17：12，置于墓主人两股之间。两端成一直线，用线标出郭，其内饰隆起的谷纹，中有孔。长 17.2 厘米，宽 3.2 厘米，厚 0.5 厘米。（彩版一四，2；图三三，3）

　　玉佩　9 件。有双龙同体玉佩、璜形玉佩、龙形玉佩、凤鸟形玉佩、双凤连体玉佩，造型生动，构思新颖，做工精湛，玉质纯正。

　　Ⅰ式：凤鸟形玉佩。1 件。标本 M17：14，青白玉。部分呈淡绿色。透雕成盘龙，凤鸟首，张口，回首，体呈蛇形盘曲状，有 1 爪，腰部有云朵，正中有一个圆形穿孔，有郭，体用细线刻卷云纹。构图新颖，雕工精致细腻，是一件玉饰珍品。长 6.7 厘米，宽 3.4 厘米，厚 0.5 厘米。（彩版一六；图三四，1）

　　Ⅱ式：双龙同体玉佩。1 件。标本 M17：26，白玉，色乳白，透水白，制作极精。饰隆起的谷纹，有郭，一龙昂首，一龙垂首，中部有两个穿孔。长 12.3 厘米，宽 3 厘米，厚 0.4 厘米。（彩版一七，1；图三四，3）

　　Ⅲ式：璜形玉佩。1 件。标本 M17：25，碧玉，形状好似璜，双龙同体，双头下垂，龙张口，细线刻出扁圆形目，有郭。饰隆起的谷纹，雕工精致，线条流畅，光滑晶莹，形象逼真。长 11.6 厘米，宽 2.4 厘米，

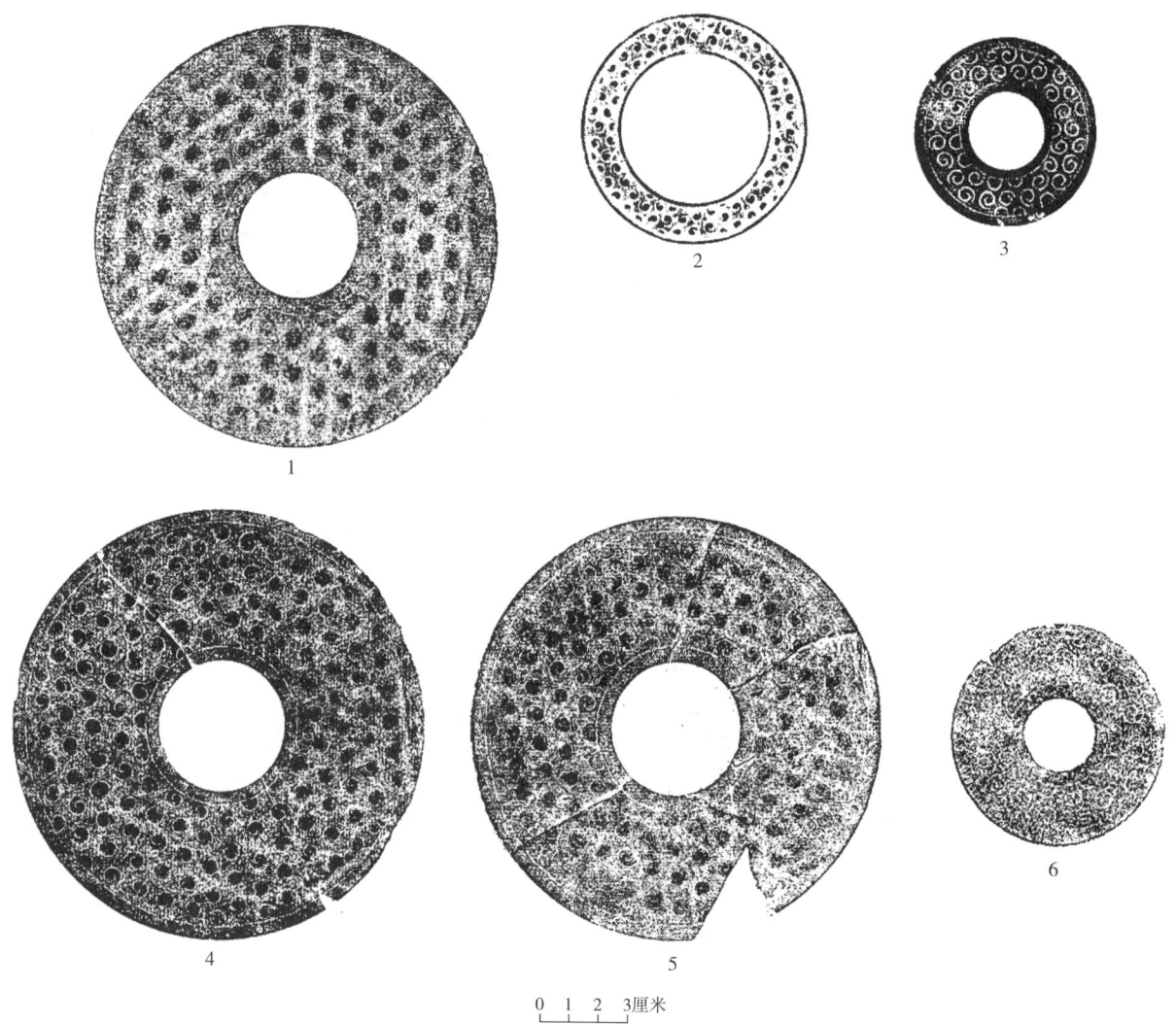

图三一　M17 出土玉器拓片

1.璧（M17：1）　2.环（M17：15）　3.环（M17：4）　4.璧（M17：6）　5.璧（M17：20）　6.璧（M17：22）

厚 0.3 厘米。（彩版一五，2；图三四，6）

Ⅳ式：璜形玉佩。3 件。标本 M17：27，残，青玉。形状好似璜，双龙同体，双头下垂，龙张口，细线刻出扁圆形目，有郭，饰隆起的谷纹，中有穿孔，雕工精致，线条流畅，光滑晶莹，形象逼真。长 10.4 厘米，宽 2 厘米，厚 0.3 厘米。（彩版一七，2；图三四，2）标本 M17：28、标本 M17：5，与标本 M17：27 相似，残。（彩版一五，3；彩版一八，1；图三四，5）

Ⅴ式：龙形玉佩。2 件。标本 M17：24-1，完整。青白玉，色乳白，透水白，制作极精。龙首，张口，低头，扁圆形目，躬腰，齐尾，平面呈"S"形，饰隆起的谷纹，玉佩整体不在一个平面上，一面微鼓，另一面微凹，尾部微上翘。中部有一个穿孔，长 11.4 厘米，宽 1.7 厘米，厚 0.4 厘米。（彩版一八，2；图三四，4）标本 M17：24-2，残。

Ⅵ式：双凤连体玉佩。1 件。标本 M17：29，青白玉，呈淡青色。凤首置于佩的两侧，一为直嘴，一为鹰钩嘴，均圆目，佩体用细线刻出龟状纹，双鸟连体，雕工精湛，小巧玲珑，长 4.4 厘米，高 2.6 厘米，厚 0.2 厘米。（彩版一八，3；图三五，1）

马头形带钩　1 件。标本 M17：9，置于墓主人右手下，白玉。马头昂起，钩钮扁平。长 5.7 厘米，厚 2.2 厘米。（彩版一八，4；图三五，3）

"平"字玉剑首　1 件。标本 M17：115，完整。白玉受浸。平面呈圆形，一面刻有边郭，中间刻有"平"字，另一面中有一圆形穿孔，穿孔未穿透，两侧有 2 个斜钻孔。直径 2 厘米，厚 1 厘米。（图三五，2）

玉晗　1 套。标本 M17：21，含于墓主人口内，有牛、象、猪、羊、狗、兔、鱼。（彩版一九）

石刀　1 件。标本 M17：87，残甚。

石器　2 件。标本 M17：89、标本 M17：121，残甚。

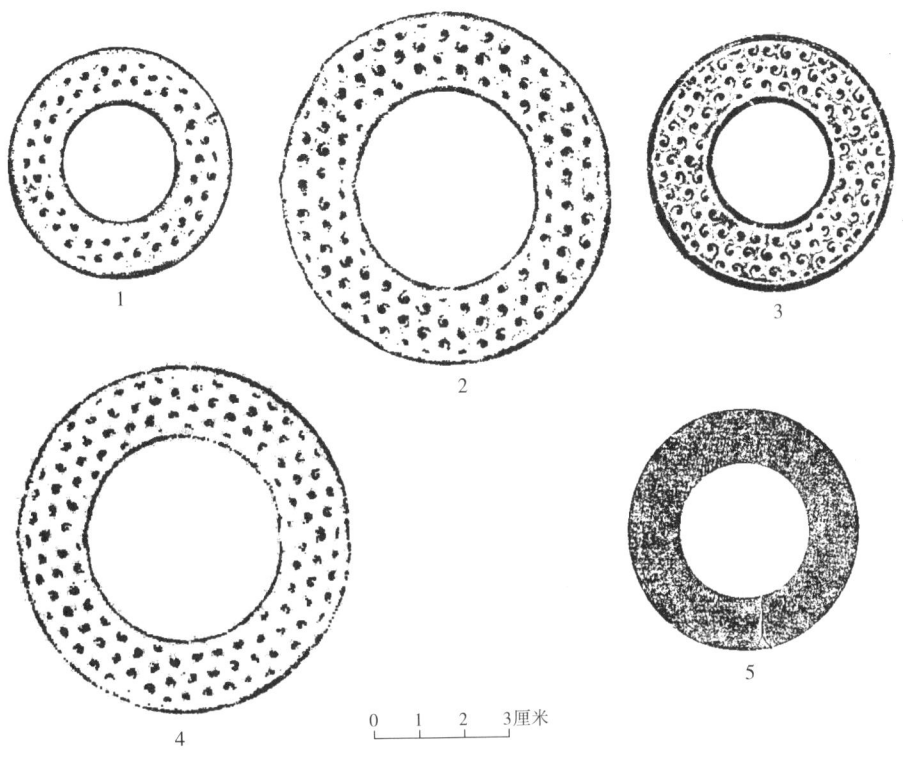

0　1　2　3厘米

图三二　M17 出土玉环拓片

1. M17：10　2. M17：17　3. M17：23　4. M17：18　5. M17：7

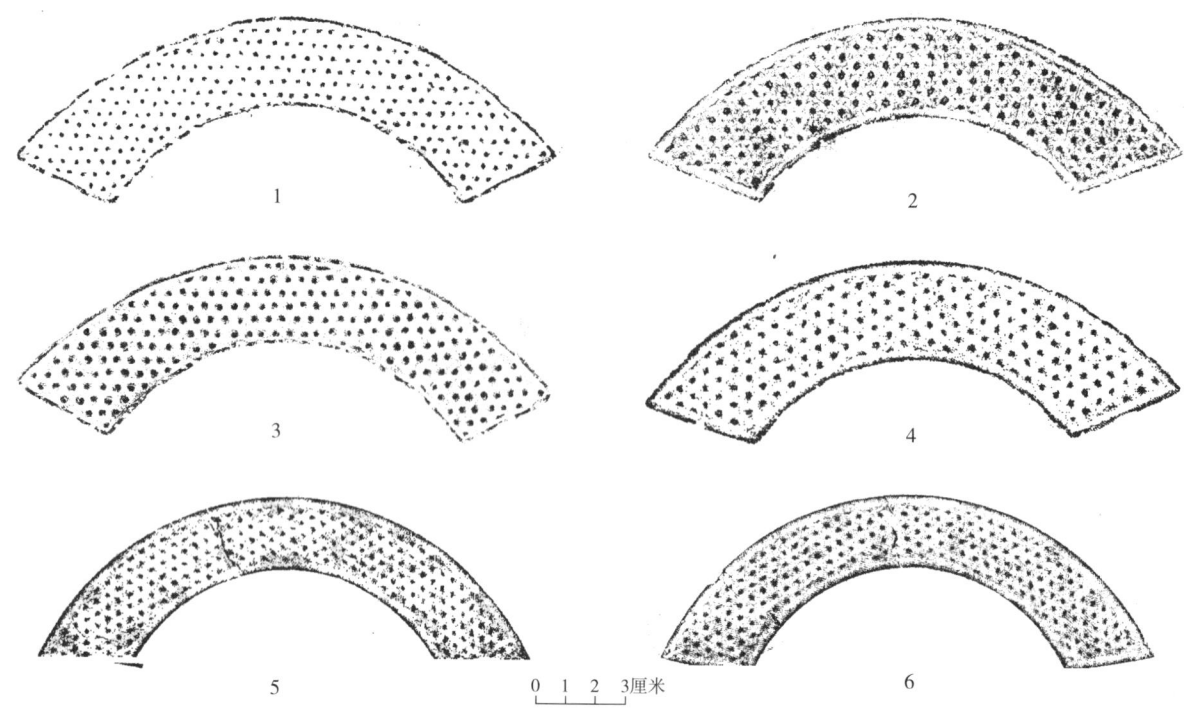

图三三　M17 出土玉璜拓片

1. Ⅰ式（M17：2）　2. Ⅰ式（M17：3）　3. Ⅱ式（M17：12）　4. Ⅰ式（M17：13）　5. Ⅰ式（M17：16）　6. Ⅰ式（M17：19）

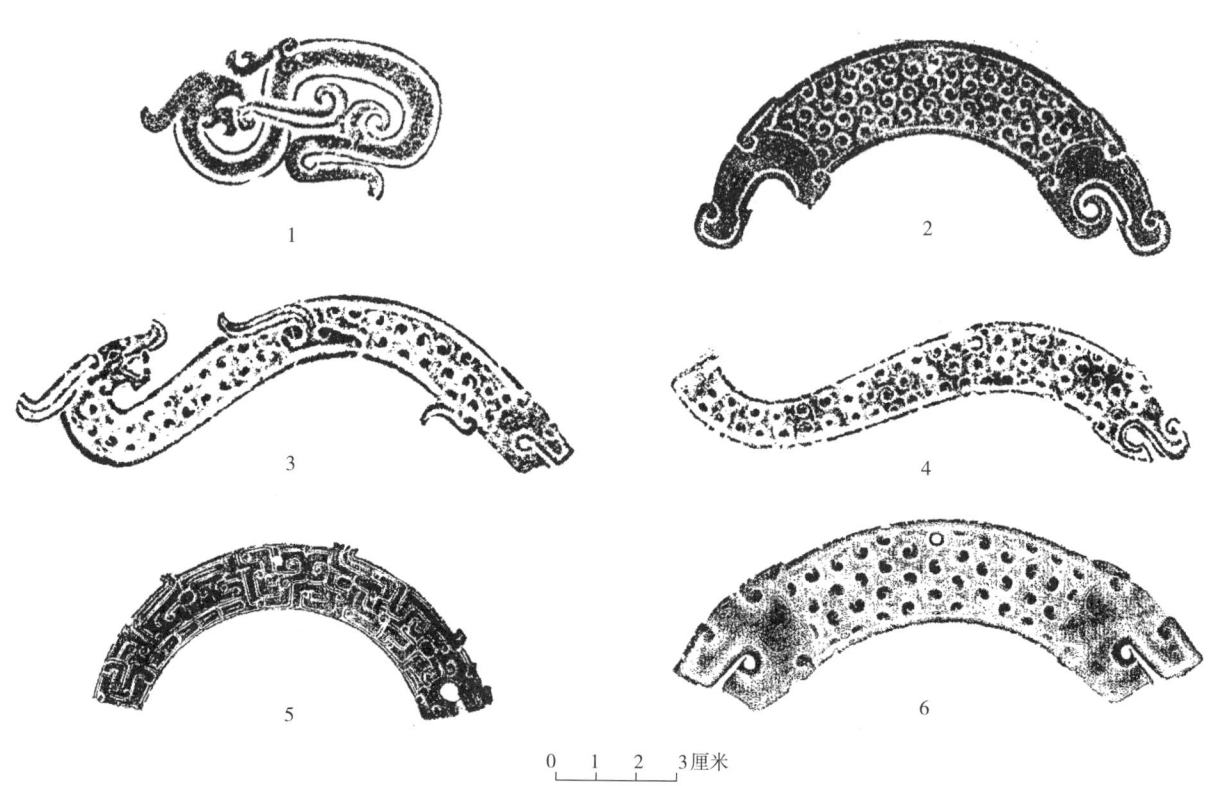

图三四　M17 出土龙形玉佩拓片

1. M17：14　2. M17：27　3. M17：26　4. M17：24-1　5. M17：28　6. M17：25

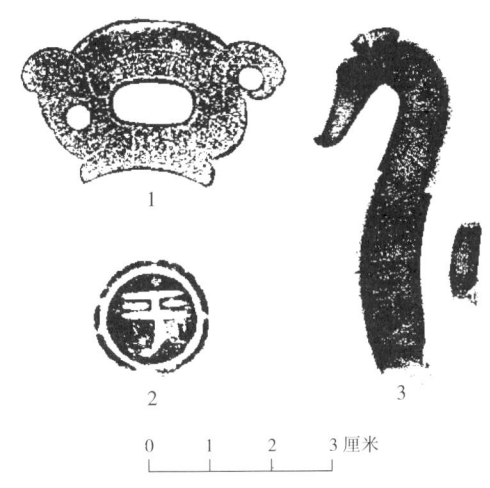

图三五　M17 出土玉器拓片
1. 双凤连体玉佩（M17：29）　2. "平"字玉剑首（M17：115）　3. 马头形带钩（M17：9）

M25 位于淮阳平粮台遗址的东北部、M16 北 37 米。墓的平面呈"甲"字形，方向 95°。1979 年发掘时墓道已遭到破坏。

墓道　位于墓室的东部，为长方形斜坡，墓道口残长 5.40 米，宽 1.68 米。

墓室　呈长方形，墓室口大底小，墓口长 4.20 米、宽 3.20 米，墓底长 3.18 米、宽 2.18 米，深 7.50 米。墓内填棕花土，经过夯打，夯窝较密，夯窝为圆形平底。

葬具　为一椁一棺。木椁置于墓室的正中，长 2.26 米，宽 1.58 米，高 0.82 米。四周有熟土二层台。从随葬品放置看，椁室可能分厢，头厢放置陶礼器，有陶鼎 4 件、壶 4 件、敦 4 件、高足壶 4 件、匜 1 件、盘 1 件，南边厢放置铜匜、灯、器盖、卮、镜等。棺置于椁的正中，已朽，长 2.10 米，宽 0.82 米。棺内死者骨架已朽，但可看出墓主为仰身直肢，头向东。玉器置于胸部、下腹部，有龙形玉佩和玉璜。（图三六）

随葬品　35 件。有陶器、玉器、铜器、骨器。

1. 陶器　18 件。为泥质灰陶，从器表看，涂有彩绘，而今为青灰色。有鼎 4 件、壶 4 件、敦 4 件、高足壶 4 件、盘 1 件、匜 1 件。

鼎　4 件。1 整 3 破，形制相同，大小亦相同。标本 M25：25，弧形鼎盖，盖上有两周凸弦纹，鼎为子母口，敛口，直腹，中腹部有一周凸弦纹，圜底，长方形附耳外侈，高蹄足。盖和腹上涂有彩绘。口径 23 厘米，通高 29 厘米。（图三七，1）标本 M25：17，形制与 M25：25 相似。口径 23 厘米，高 28.8 厘米。（图版七，1）

敦　4 件。完整，形制相同。标本 M25：19，状如球形，下部为子母口，上下部分各有 3 个敦钮孔。口径 18.7 厘米，通高 16.5 厘米。（图版七，2；图三七，2）

壶　4 件。完整，形制相同。标本 M25：16，有弧形盖，子母口，侈口，敛颈，鼓腹，底近平，喇叭形圈足。颈腹间有两周弦纹，腹部上有五周弦纹。口径 13 厘米，腹径 18.5 厘米，圈足径 12.5 厘米，通高 31.5 厘米。（图版六，2；图三七，4）

高足壶　4 件。2 整 2 破，形制相同，泥质灰陶。标本 M25：15，完整，弧形盖，子母口，直口，方唇，短颈，圆腹，喇叭形实圈足。口径 5.3 厘米，腹径 8 厘米，底径 5.5 厘米，通高 12.5 厘米。（图版六，3；图三七，5）

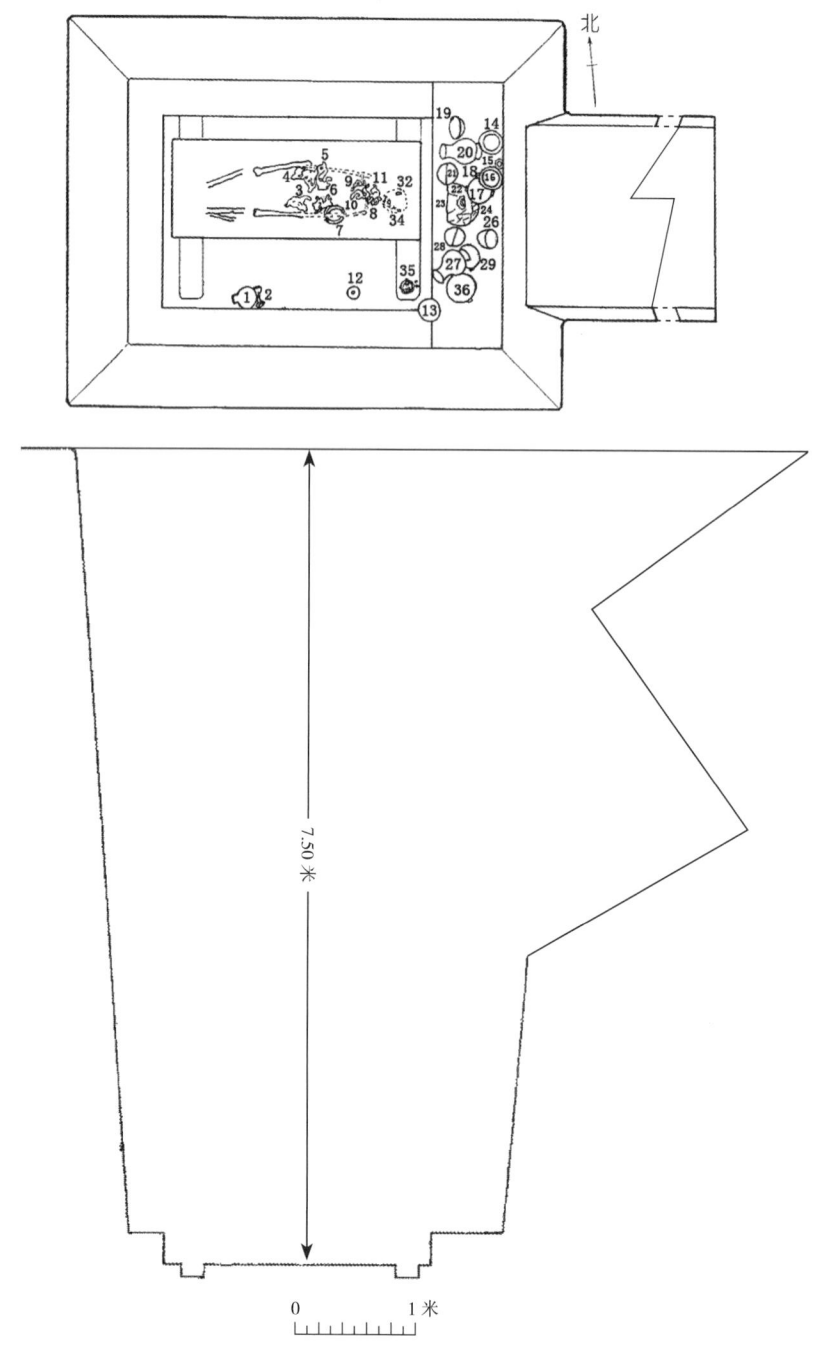

图三六　M25平、剖图

1.铜匜　2.铜灯　3~6、8~11.龙形玉佩　7、33.玉璜　12.铜器盖　13.铜镜　14、16、20、27.陶壶
15、18、23、30.陶高足壶　17、25、29、31.陶鼎　19、21、26、28.陶敦　22.陶匜　24.陶盘　32.骨耳塞　34.玉片　35.铜卮

匜　1件。标本M25：22，泥质灰陶。有流，口微敛，口沿下涂一周带状青灰色涂料，平底。口长13.7厘米，口宽14厘米，底径7.7厘米，高7厘米。（图版六，4；图三七，6）

盘　1件。标本M25：24，泥质黑陶。折沿，舌唇，直腹，圜底。口径29.5厘米，高7.3厘米。（图版六，5；图三七，3）

2.铜器　5件。有铜卮足1件、灯1、镜1、铜器盖1件、匜1件。

卮足　1件。卮钮3个，标本M25：35，木卮已朽，仅剩铜卮足，为圆形。口径11.5厘米，高3.2厘米。

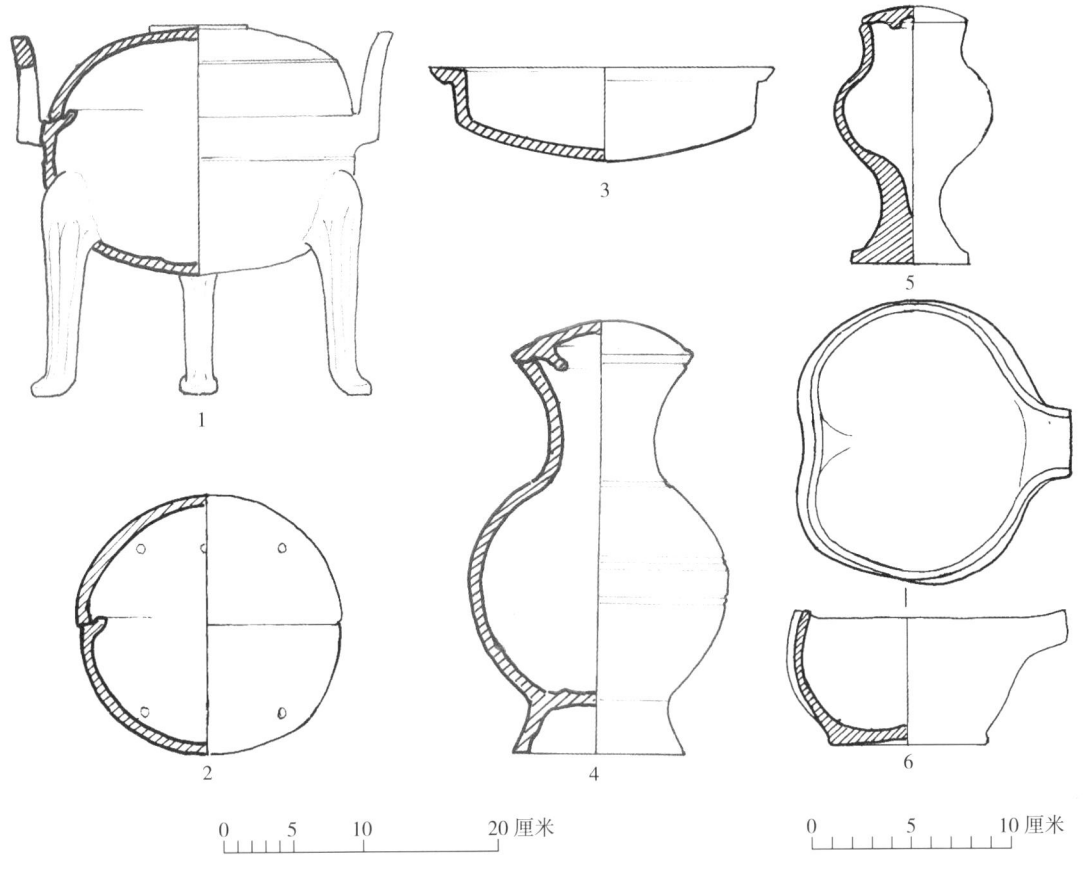

图三七 M25 出土陶器

1. 鼎（M25：25） 2. 敦（M25：19） 3. 盘（M25：24） 4. 壶（M25：16） 5. 高足壶（M25：15） 6. 匜（M25：22）

器盖 1件。标本 M25：12，完整。圆形，子母口，盖顶有衔环，其外有线刻凹弦纹，其上有 3 组线刻相对的卷云纹，再外为线刻龙 6 条，龙张口，躬身，扬尾，两龙头相对，在边缘有 3 个菱形和 1 个卷云纹组成的图案，分为 3 组。口径 10 厘米，高 4.5 厘米。（图版六，6；图三八，1）

镜 1件。标本 M25：13，锈蚀过甚，纹饰不明。

灯 1件。标本 M25：2，残，灯盘为直壁，平底，中有尖柱，柄为实心，柱中间鼓起，下有喇叭形圈足。灯盘径 13.5 厘米，圈足径 13 厘米，通高 21.6 厘米。（图三八，2）

3. 玉器 11件。除玉璜为实用器外，龙形玉佩全为明器，纹饰简单，做工粗糙，无完整造型，有龙形玉佩 8 件、玉璜 2 件、玉片（玉唅）1 件。

龙形玉佩 8件。完整。青玉质，均为线刻，可分三式。

Ⅰ式：龙形佩。2 件。标本 M25：4，完整。正面透雕龙形，龙回首，躬身，卷尾上翘，两侧为云纹，有郭，内线刻谷纹，弧顶有圆形穿孔，背面边部未经修整，所以龙头、躬身和尾不清。长 12.9 厘米，宽 2.3 厘米，厚 0.3~0.4 厘米。（彩版二〇，1；图三九，1）标本 M25：3，所用玉料未经仔细加工，周边刻纹缺失，正面透雕龙形，龙回首，躬身，卷尾上翘，两侧为云纹，有郭，内线刻涡纹，弧顶有圆形穿孔；正、背两面边部未经修整，所以龙头、躬身和尾不清。长 18.8 厘米，宽 10 厘米，厚 0.3~0.45 厘米。（彩版二〇，2；图三九，2）

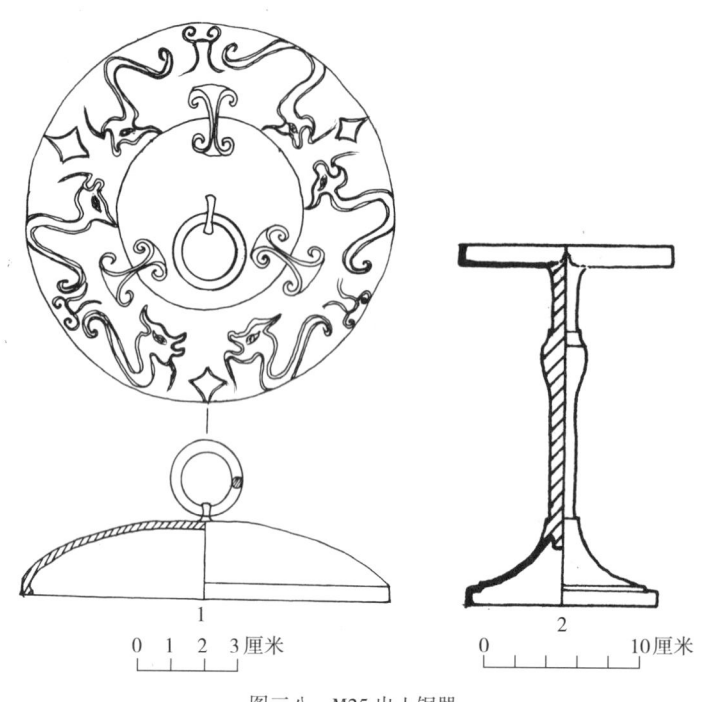

图三八　M25出土铜器

1.器盖（M25：12）　2.灯（M25：2）

Ⅱ式：无尾龙佩。4件。标本M25：5，正面透雕龙形，龙昂头，回首，躬身，两侧为云纹，有郭，内线刻涡纹，龙嘴有圆形穿孔，背面底部边沿未经修整，但龙头、躬身清晰。长12.3厘米，宽9.1厘米，厚0.35厘米。（彩版二一，1；图三九，6）标本M25：6，正面透雕龙形，龙昂头，回首，躬身，两侧为云纹，有郭，内线刻涡纹，龙嘴有圆形穿孔。长15厘米，宽9.4厘米，厚0.35~0.5厘米。（彩版二一，2；图三九，7）标本M25：10，正面透雕龙形，龙昂头，回首，躬身，两侧为云纹，有郭，内线刻涡纹，龙嘴有圆形穿孔。长13.3厘米，宽7.7厘米，厚0.5厘米。（彩版二一，3；图三九，5）标本M25：11与标本M25：10相同。（彩版二二，1；图三九，8）

Ⅲ式：无头龙佩。2件。形制、大小相同，由一块料切割而成。正面透雕龙形，无龙头，躬身，翘尾，下侧为云纹，有郭，内线刻涡纹，弧顶有圆形穿孔，背面底部边沿未经修整，但龙尾、躬身清晰。标本M25：9、标本M25：8，长14.75厘米，宽5.9厘米，厚0.3~0.4厘米。（彩版二二，3、2；图三九，3、4）

玉璜　2件。形制相同，大小有别，完整。青玉质，呈半透明状态，大部分受浸呈深褐色，两端及上下各有对称的齿脊，弧顶有一个圆形穿孔，有郭。两面均饰隆起的谷纹。标本M25：33，长12.9厘米，宽2.3厘米，厚0.3~0.4厘米。（彩版二三，1；图四〇，1）标本M25：7，长13.2厘米，宽2.25厘米，厚0.25~0.5厘米。（彩版二三，2；图四〇，2）

玉晗　1件。标本M25：34，残玉片，青白玉质，线刻。残长2.5厘米，宽1.8厘米，厚0.15厘米。（彩版二三，3）

4.骨器　仅有骨耳塞1件。

骨耳塞　1件。标本M25：32，完整。呈圆柱状，直径1.6厘米，高2.5厘米。（图四〇，3）

图三九　M25 出土龙形玉佩拓片

1、2. Ⅰ式（M25：4、M25：3）　3、4. Ⅲ式（M25：9、M25：8）　5～8. Ⅱ式（M25：10、M25：5、M25：6、M25：11）

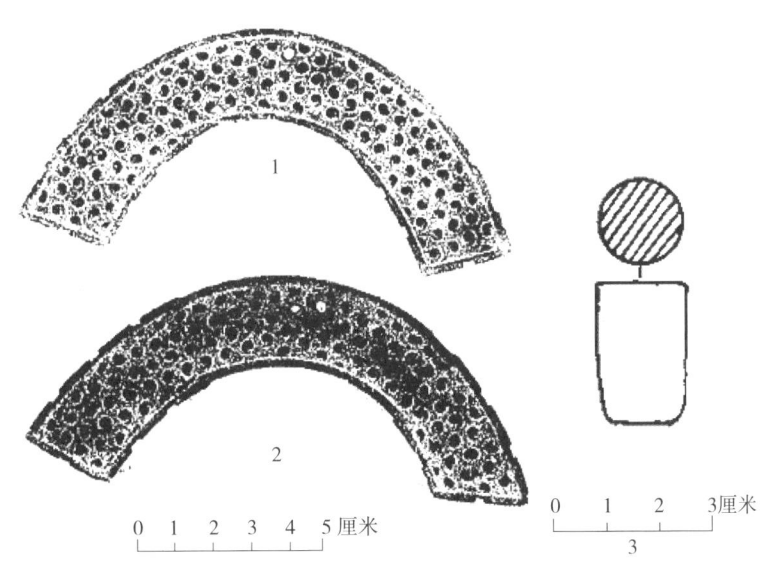

图四〇　M25 出土器物

1. 玉璜（M25：33）　2. 玉璜（M25：7）　3. 骨耳塞（M25：32）

M92 位于淮阳平粮台遗址的东南部。墓的平面呈"甲"字形，方向98°。1979年9月河南省文物考古训练班实习时发掘，因地下水位太高而停工。1980年5月17日至21日，河南省文物研究所继续发掘时该墓的上部已被挖掉4~5米。

墓道　位于墓室的东部，为长方形斜坡，墓道口残长5米，宽1.80米，深2.90米。

墓室　呈长方形，墓室口大底小，墓口长3.44米，宽1.64米，墓底长3.39米，宽1.42~1.54米，深4.40米。墓内填黄花土，经过夯打，夯窝较密，夯窝为圆形平底。

葬具　为一椁一棺。木椁置于墓室的正中，长3.40米，宽1.58米，高0.26米。从随葬品放置看，椁室分厢，随葬品放置在头厢和南边厢。头厢放置陶礼器，有陶鼎1件、尊2件、敦2件，还有铜鉴1件；南边厢放置铜戈、剑和陶罍2件、壶2件。棺置于椁的正中，已朽，长2.14米，宽0.72米，棺内死者骨架已朽，但可看出墓主为仰身直肢，头向东。墓主为男性。（图四一、图四二）

随葬品　15件。陶器有鼎2件、壶2件、敦2件、罍2件、尊2件、匜1件，铜器有铜剑1件、戈1件、戹1件、鉴1件。

1. 陶器　11件。泥质灰陶。器物有鼎、壶、敦、罍、尊和匜。

鼎　2件。残。形制相同，大小亦相同。标本M92:9，弧形鼎盖，盖上有两周凸弦纹，鼎为子母口，敛口，直腹，中腹部有一周凸弦纹，圜底近平，长方形附耳外侈，高蹄足。盖和腹上涂有彩绘。口径20厘米，耳间宽29.5厘米，通高25.5厘米。（图四三，1）

壶　2件。1整1破，形制相同。标本M92:12，弧形盖，子母口，侈口，方唇，敛颈，鼓腹，底近平，喇叭形圈足。颈腹间有四周凹弦纹。盖径14厘米，口径12.5厘米，腹径20厘米，圈足径12厘米，通高27厘米。（图四三，4）

罍　2件。完整，形制相同，大小有别。侈口，折沿，方唇，敛颈，弧肩，鼓腹，喇叭形圈

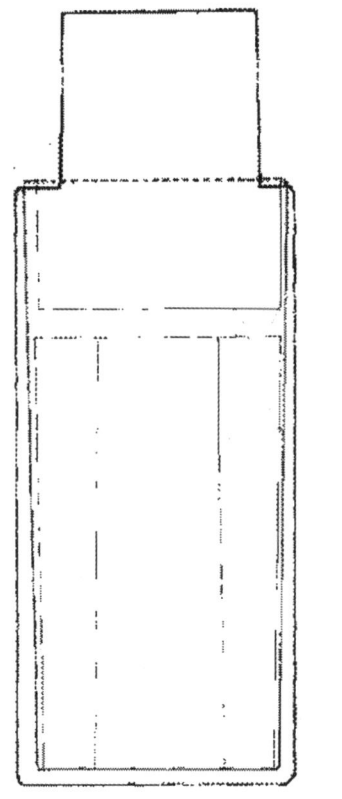

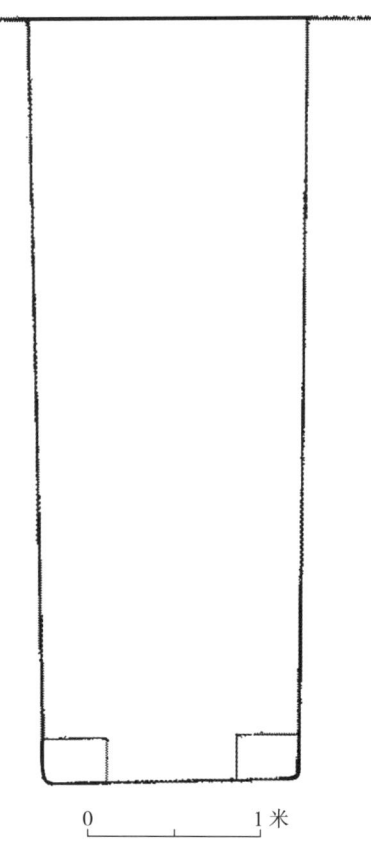

北

0　　　　　1米

图四一　M92平、剖图

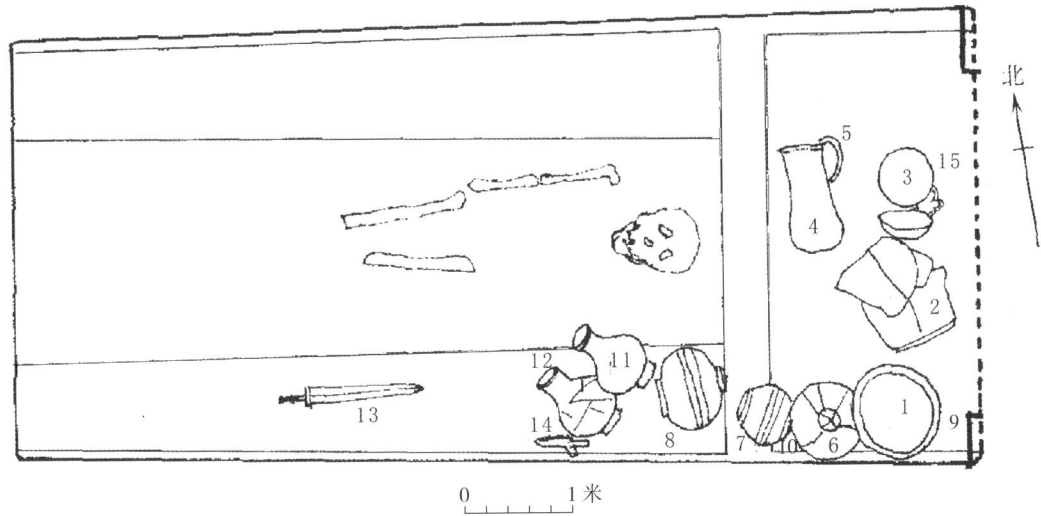

图四二　M92随葬品分布图

1.铜鉴　2、4.陶尊　3、5.陶敦　6、9.陶鼎　7、8.陶罍　10.陶匜　11、12.陶壶　13.青铜剑　14.铜戈　15.铜厄

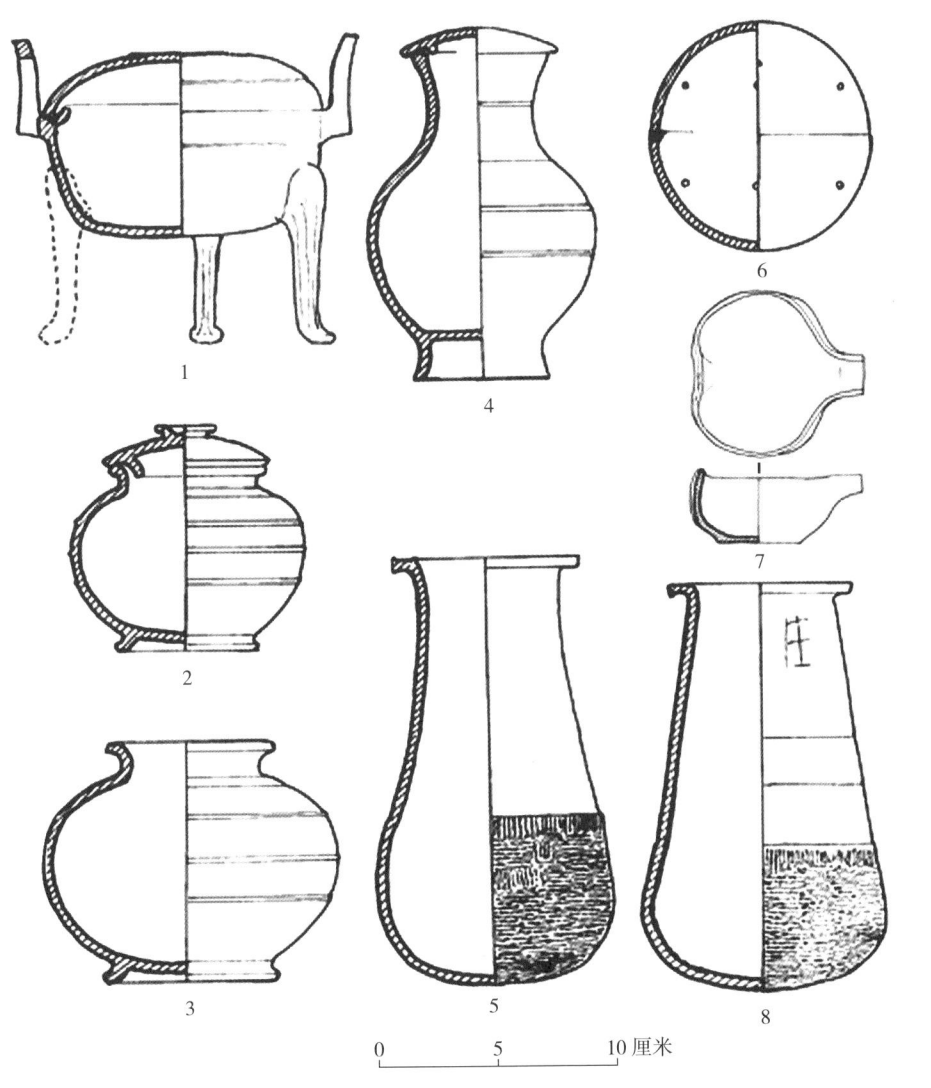

图四三　M92出土陶器

1.鼎（M92：9）2.罍（M92：7）3.罍（M92：8）4.壶（M92：12）5.尊（M92：2）6.敦（M92：3）7.匜（M92：10）8.尊（M92：4）

足。腹部有三周凸弦纹，肩部有一周弦纹。标本 M92 : 8，泥质黑灰陶。口径 14 厘米，腹径 25 厘米，圈足径 14.7 厘米，高 20 厘米。（图版七，3；图四三，3）标本 M92 : 7，泥质灰陶。有盖，盖为弧形，上有喇叭形握手，子母口。上腹部刻铭文"扁钜丘井尚"，器身形状与 M92 : 8 相同。口径 13.5 厘米，腹径 20 厘米，圈足径 12 厘米，高 15 厘米。（图版七，4；图四三，2；图四四）

敦　2 件。1 破 1 整，形制相同。标本 M92 : 3，形状如圆球，下部为子母口，上下部分各有 3 个敦钮孔。口径 19 厘米，通高 19 厘米。（图四三，6）

匜　1 件。标本 M92 : 10，泥质灰陶。直口，方唇，鼓腹，内部圜底，外为平底。口径 13.5 厘米，底径 7.4 厘米，高 5.5 厘米。（图四三，7）

尊　2 件。残，形制相近。泥质灰陶。状如炮弹形。敛口，折沿，方唇，长颈，圜底。下腹部和底部饰绳纹。标本 M92 : 4，颈腹部有四周凹弦纹，颈部刻文"生"。口径 16.4 厘米，高 34.5 厘米。（图版七，6；图四三，8）标本 M92 : 2，口径 16 厘米，高 36 厘米。（图版七，5；图四三，5）

2. 铜器　有青铜剑、戈、卮、鉴。

剑　1 件。标本 M92 : 13，已残。出自墓内南部二层台的中部。剑身长且宽，中起脊，宽镡，圆柱状实茎，双箍，喇叭形剑首。通长 50.4 厘米，身长 40.4 厘米，身宽 4 厘米，镡长 1.5 厘米，镡宽 4.6 厘米，茎长 8.5 厘米。（彩版二四，1；图四五，1）

戈　1 件。标本 M92 : 14，内因粉状锈而残缺一部分。出于墓内南部二层台的东端。为宽援三穿戈，宽援较短，无脊，援胡交角大于 90°，胡下端为圆角，援根部有一个三角形穿，阑侧有两个长方形穿，内上有一个长方形穿，内端呈圆弧形，内下缺角。戈上线刻 3 只奔腾的麂，内上线刻 1 只奔腾的麂。正、背两面图案相同。长 18.5 厘米，援长 12 厘米，援宽 3.3 厘米，胡长 14 厘米，内长 6.5 厘米，内宽 3.4 厘米。（彩版二四，2；图四五，2）

卮　1 件。漆器已朽，仅剩铜把和圈足箍，三个足。根据铜箍的大小予以复原。标本 M92 : 15，形体较大。口径 11.2 厘米，箍高 1.7 厘米。（图四五，4）

鉴　1 件。标本 M92 : 1，残。折沿，直腹，圜底。口径 37 厘米，高 8 厘米。（图四五，3）

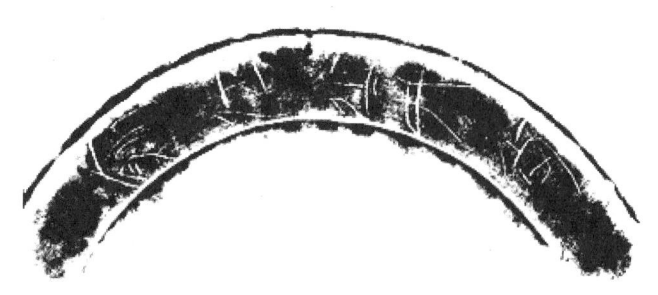

0　1　2　3厘米

图四四　M92 出土陶罍（M92 : 7）陶文

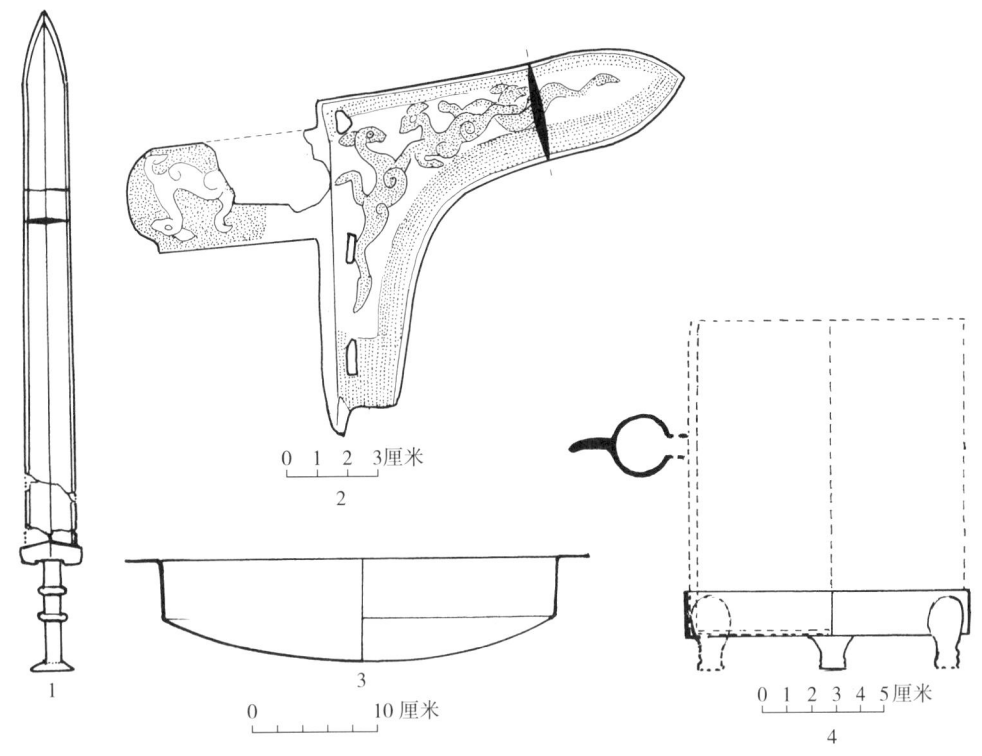

图四五　M92 出土铜器

1. 剑（M92∶13）　2. 戈（M92∶14）　3. 鉴（M92∶1）　4. 匜（M92∶15）

　　M140 位于淮阳平粮台遗址北部的 T1 内。该墓被西汉墓 M139 和新莽墓 M152 打破，墓的平面呈"甲"字形，墓向东，方向 109°。

　　墓道　为长方形斜坡墓道，位于墓室的东部，墓道口长 2.30 米，宽 1.30 米。

　　墓室　墓室呈长方形，墓室口大底小，墓口长 3.20 米，宽 1.72 米，墓底长 3.10 米，宽 1.60 米，深 6.20米。墓内填棕花土，经过夯打，夯窝较密，夯窝为圆形平底。

　　葬具　为一棺。棺置于墓室的正中略偏北，已朽，长 2 米，宽 0.62 米。从已朽的骨殖看，墓主头向东。从随葬品放置看，棺的东部放置陶敦、壶，棺北放置青铜剑、铜饼和陶礼器。棺内墓主左膝南侧放置铜带钩。（图四六）

　　随葬品 24 件。其中陶器 18 件、玉器 1 件、铜器 5 件。

　　1. 陶器　18 件。为泥质灰陶，器物有陶鼎 4 件、陶壶 6 件、陶敦 4 件、陶盆 2 件、陶匜 2 件。

　　鼎　4 件。残，形制相同，大小亦相同。标本 M140∶5，弧形鼎盖，盖上有两周凸弦纹，鼎为子母口，敛口，直腹，中腹部有一周凸弦纹，圜底近平，长方形附耳外侈，高蹄足，蹄足上有制陶时的刮痕。盖和腹上涂有彩绘。口径 20 厘米，腹径 23.8 厘米，耳间距 29.5 厘米，通高 26 厘米。（图四七，1）标本 M140∶2，弧形鼎盖，盖上有两周凸弦纹，鼎为子母口，敛口，直腹，中腹部有一周凸弦纹，圜底近平，长方形附耳外侈，高蹄足。盖和腹上涂有彩绘。口径 23 厘米，腹径 23 厘米，耳间距 31 厘米，通高 27 厘米。（图四七，6）

　　壶　6 件。仅有 2 件完整，4 件形制不同，分两式。

　　I 式：2 件。标本 M140∶9，弧形盖，子母口，侈口，方唇，敛颈，鼓腹，底近平，喇叭形圈足。颈腹间有三周凹弦纹。盖径 14 厘米，口径 12.5 厘米，腹径 18 厘米，圈足径 12 厘米，通高 31 厘米。（图四七，

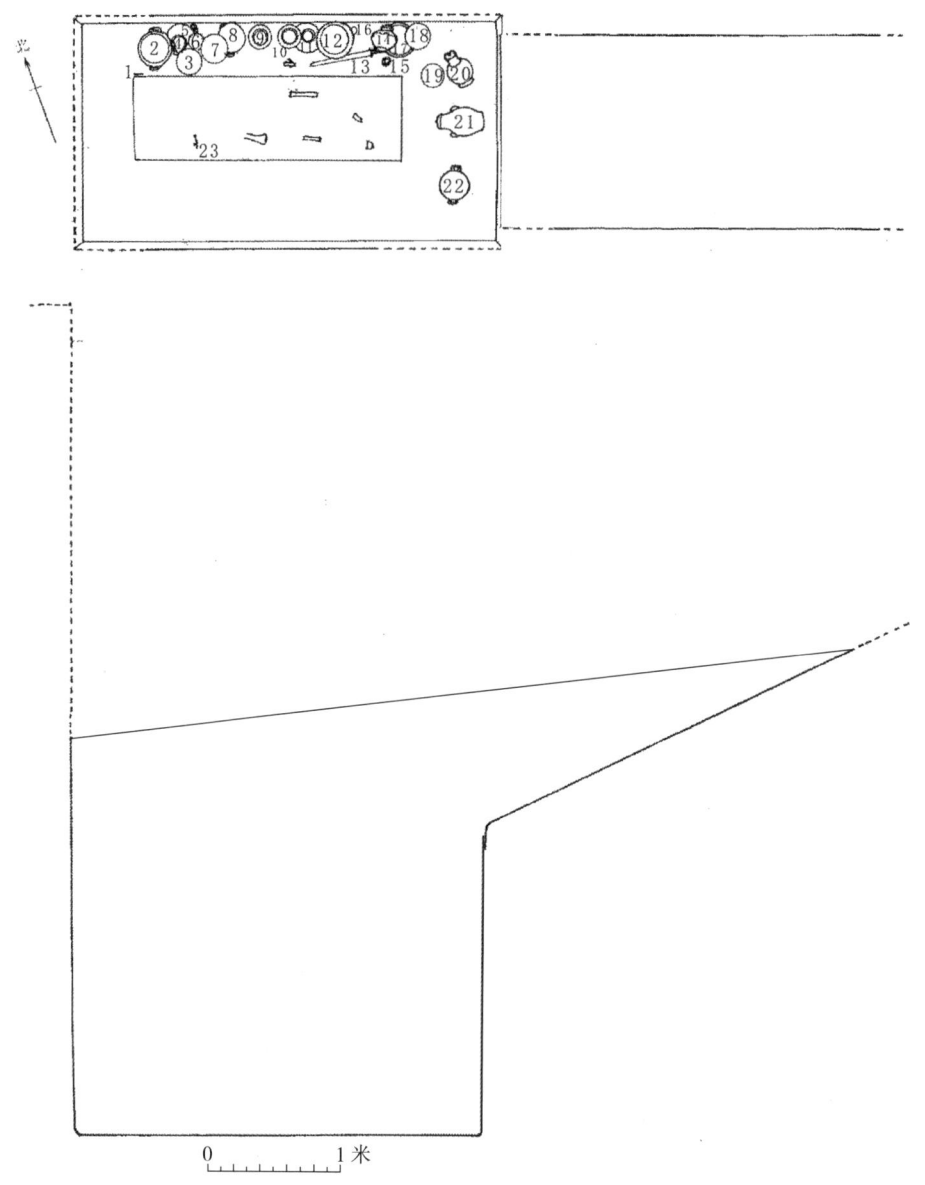

图四六　M140 平、剖图

1.铜镞　2、5、8、22.陶鼎　3、7、18、19.陶敦　4、6.陶匜　9、10、11、14、20、21.陶壶　12、17.陶盆
13.青铜剑　15.玉环　16.铜饼　23.铜带钩　24.弩机

8）标本 M140：10，弧形盖，子母口，侈口，方唇，敛颈，鼓腹，平底，喇叭形圈足。颈腹间有三周凹弦纹。盖径 14 厘米，口径 12.3 厘米，腹径 19.5 厘米，圈足径 11.5 厘米，通高 28.5 厘米。（图四七，5）

Ⅱ式：2件。有双耳。标本 M140：21，弧形盖，顶有带状钮，盖内较深，子母口，侈口，方唇，敛颈，肩部有两个对称的带状耳，鼓腹，底近平，喇叭形圈足。口径 12 厘米，腹径 21.6 厘米，圈足径 14 厘米，通高 31 厘米。（图版八，1；图四七，4）

敦　4件。形制相同。标本 M140：3，形状如圆球，下部为子母口，上下部分各有 3 个敦钮孔。口径 18 厘米，通高 20 厘米。（图四七，10）

盆　2件。完整，形制相同。泥质黑陶。标本 M140：12，折沿，舌唇，直腹，圜底。口径 28 厘米，腹径 24 厘米，高 8 厘米。（图四七，2）标本 M140：17，口径 30 厘米，腹径 24 厘米，高 6 厘米。（图版八，2）

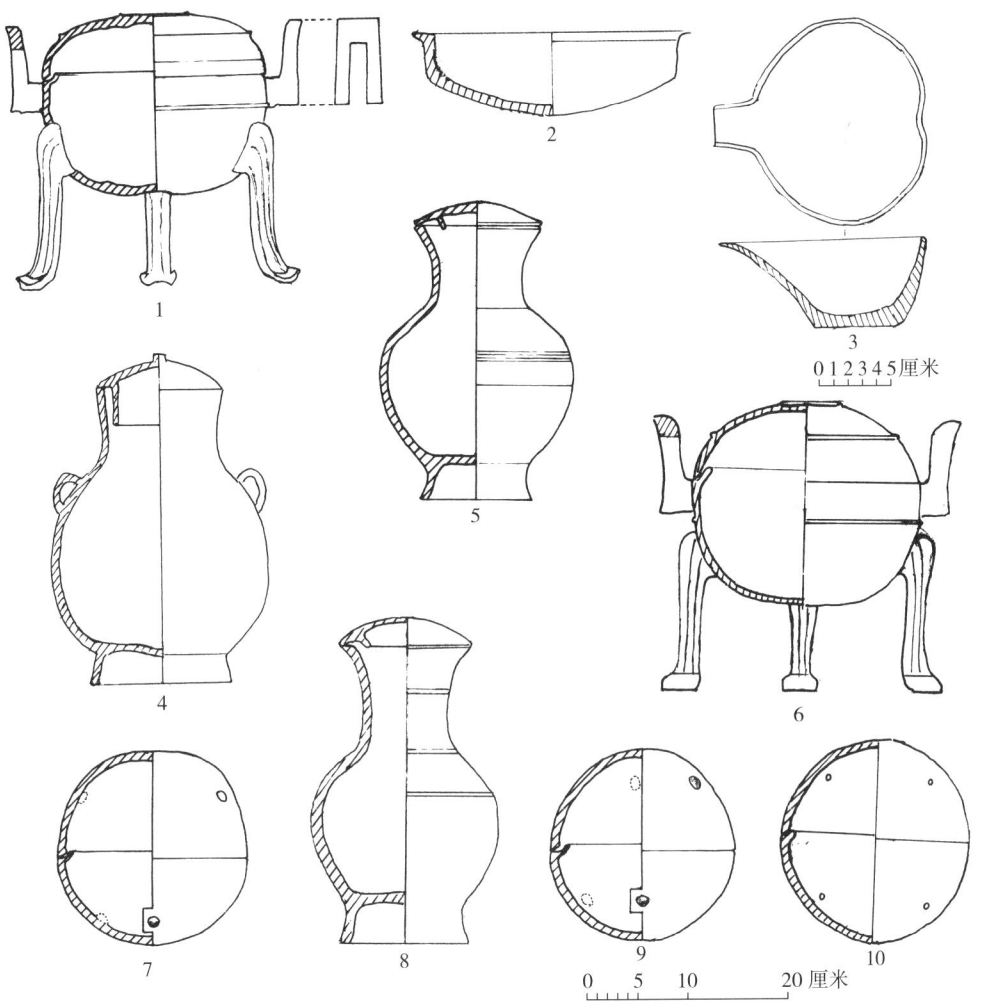

图四七 M140 出土陶器

1. 鼎（M140：5） 2. 盆（M140：12） 3. 匜（M140：4） 4. Ⅱ式壶（M140：21）
5、8. Ⅰ式壶（M140：10、M140：9） 6. 鼎（M140：2） 7、9、10. 敦（M140：18、M140：7、M140：3）

匜 2件。泥质灰陶。标本 M140：4，口的平面近圆形，一端有流，直口，圆唇，斜腹，内部平底，外为平底。流宽 2.8 厘米，口径 14 厘米，底径 5.4 厘米，高 6 厘米。（图四七，3）

2. 铜器 5件。有剑、带钩、弩机、镞、饼。

剑 1件。标本 M140：13，残。有喇叭状剑首，双箍，剑柄横截面呈椭圆形，剑身已断为三节，剑面宽 4 厘米，断面呈菱形，磨出双刃。剑首径 3.5 厘米，柄径 1～1.3 厘米，柄长 9.1 厘米；格宽 4.6 厘米，厚 1.8 厘米，长 1.3 厘米；残体长 40 厘米，通长 50.4 厘米。（彩版二五，1；图四八，1）

带钩 1件。标本 M140：23，完整。蛇首，腹下部呈圆形，圆形钮，腹部饰旋涡纹。长 3.4 厘米，宽 1.4 厘米，高 1.5 厘米。（彩版二五，3；图四八，3）

弩机 1件。标本 M140：24，由木、骨、铜组成，残甚，难以复原。

镞 1件。标本 M140：1，完整。为矛头形镞尖，断面呈菱形，圆铤，木柄已残。镞尖宽 1.4 厘米，长 3 厘米，铤残长 0.5 厘米，径 0.8 厘米，通长 4 厘米。（图四八，2）

3. 玉器 仅发现玉环 1件。

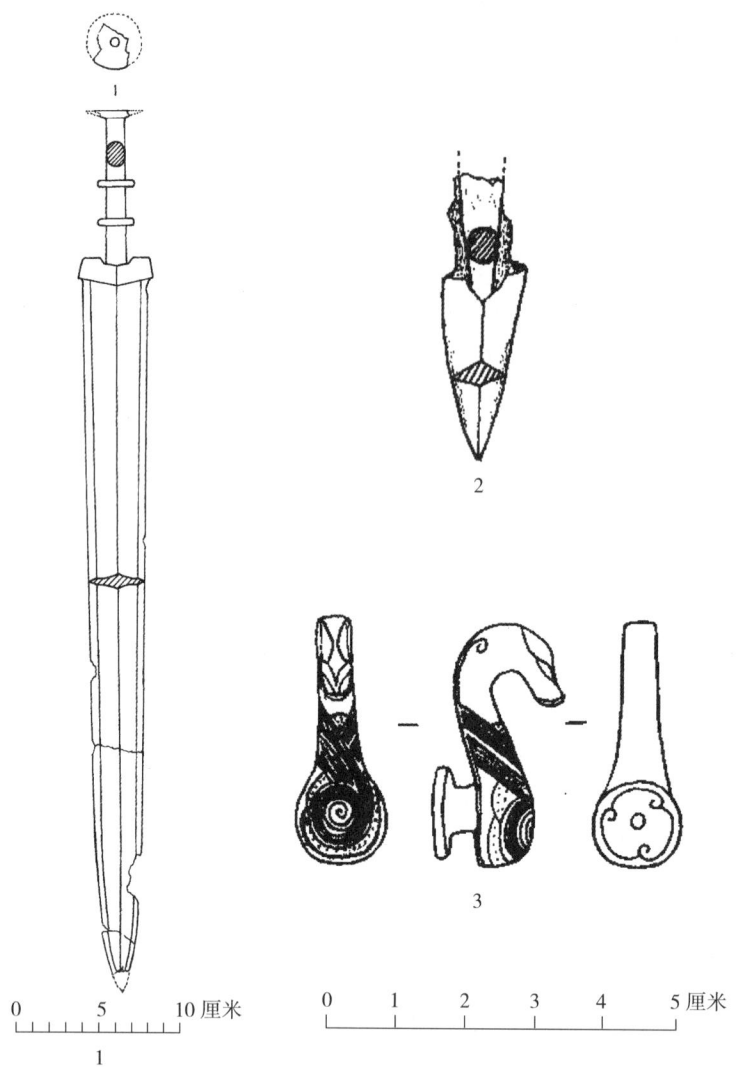

图四八 M140 出土铜器
1.剑（M140：13） 2.镞（M140：1） 3.带钩（M140：23）

　　玉环　1件。标本 M140：15，完整。透水白，玻璃光。外径 9 厘米，内径 8 厘米，厚 0.5 厘米。（彩版二五，2）

　　M170 位于淮阳平粮台遗址西北部的 T87、T88 内，有封土冢，封土冢平面呈长方形，东西长 16 米，南北宽 8 米，高 1 米。封土为灰五花土，经过夯打，夯层不清，夯窝为圆形平底，直径 5 厘米，深 1 厘米。墓的平面呈"甲"字形，方向 100°。（图四九）

　　墓道　为长方形斜坡墓道，位于墓室的东部，墓道口长 5.90 米，宽 1.50 米，墓室口大底小，墓口长 4.10 米，宽 3.72 米，墓底长 3.40 米，宽 2 米，深 5.60 米。墓内填棕五花土，经过夯打，夯层厚 15～35 厘米，夯窝较密，夯窝为圆形平底。

　　葬具　为一椁一棺。木椁置于墓室的正中，木椁长 3 米，宽 1.56 米。四周有熟土二层台。棺置于椁的正中，已朽，长 2.10 米，宽 0.66 米。从随葬品放置看，椁室可能分厢，头厢放置陶礼器、兵器，南边厢放置陶礼器，北边厢放置戈，西边厢放置陶匜。棺内骨架不详。随葬品有铜戈、青铜剑、铜带钩、铜灯、铜鼎、铜洗、铜盆、铜勺、铜卮、印章、陶鼎、陶壶、陶高柄壶、陶盒、陶盘、陶罐、双耳圜底罐、圜底陶罐、陶

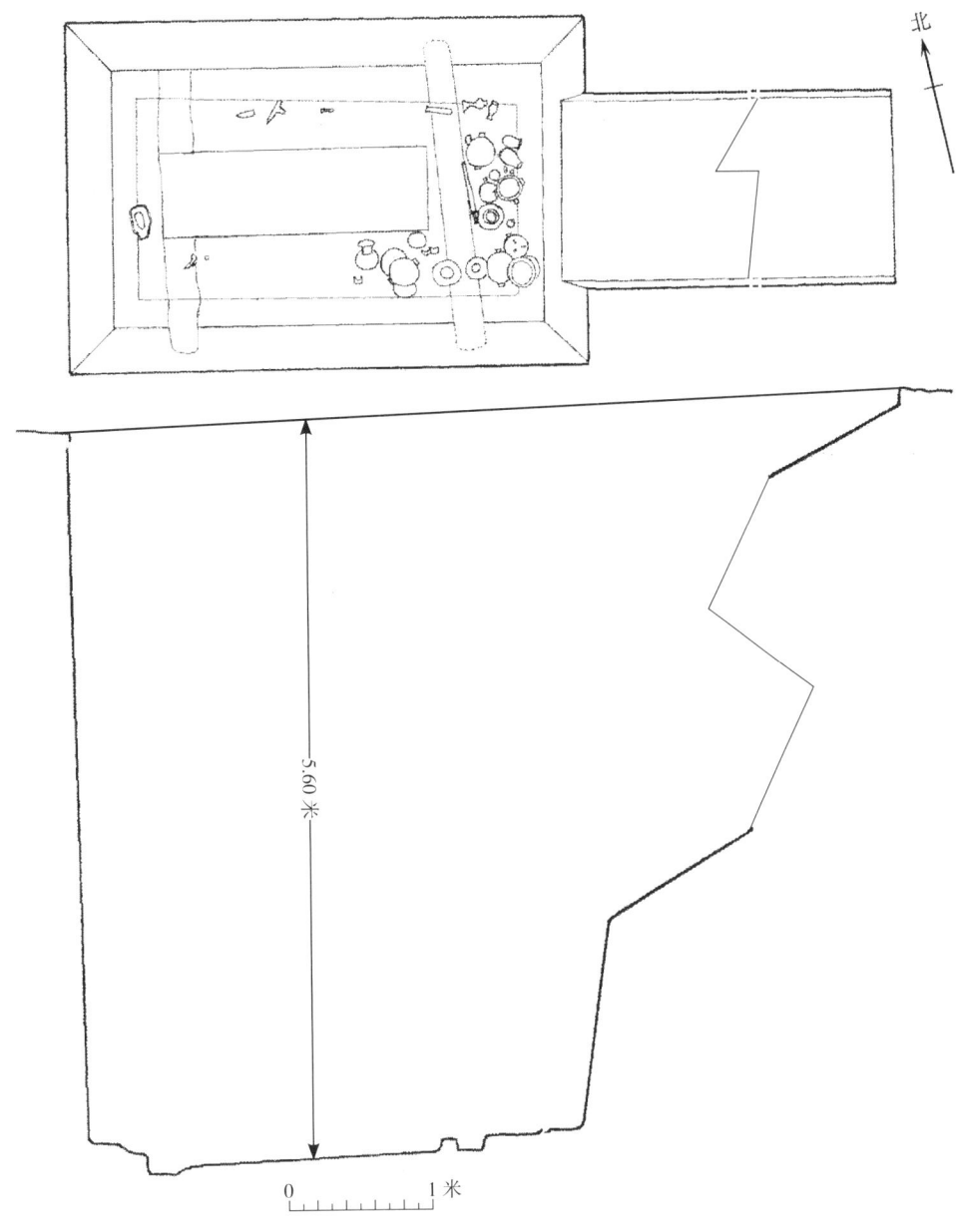

北

5.60 米

0   1 米

图四九 M170 平、剖图

箕、陶匜、陶瓮和铁镢等。（图五〇）

随葬品 37 件，有陶器 20 件、铜器 16 件、铁器 1 件。

1. 陶器　20 件。泥质灰陶，器物有陶鼎 4 件、陶壶 2 件、陶盒 2 件、陶高足壶 2 件、陶罐 3 件、圜底罐 1 件、双耳圜底罐 1 件、陶瓮 1 件、陶盘 1 件、陶匜 2 件、陶箕 1 件。

鼎　4 件。破，形制、大小相同。标本 M170：29，弧形鼎盖，盖上有两周凸弦纹，鼎为子母口，敛口、直腹，腹的中部有一周凸弦纹，圜底，长方形附耳外侈，兽面高蹄足。盖和腹上涂有彩绘。口径 23 厘米，耳间宽 28.5 厘米，通高 27 厘米。（图五一，1）

壶　2 件。破，形制相同。标本 M170：24，无盖，侈口，方唇，束颈，鼓腹，平底，喇叭形圈足。颈部有两周凹弦纹，颈腹间有一周凹弦纹，腹部有一周凹弦纹。口径 12 厘米，腹径 20 厘米，圈足径 13.5 厘米，高 31 厘米。（图五一，2）

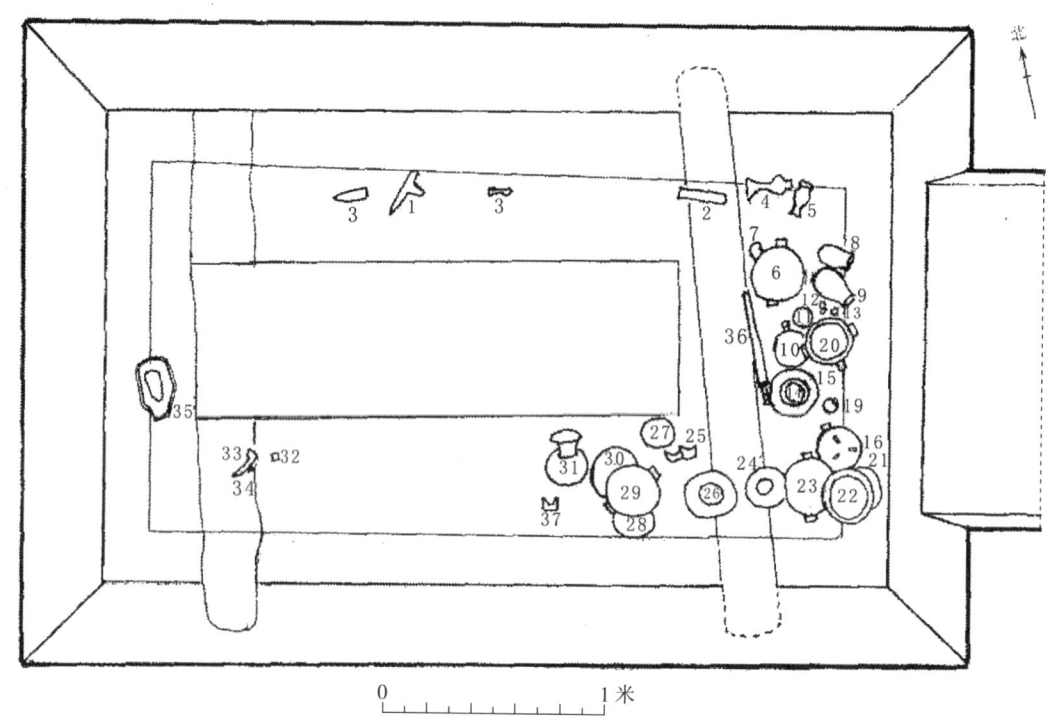

图五〇 M170 随葬品分布图

1.铜戈 2.铜镞 3、15.铜器 4、5.陶高足壶 6、10、23、29.陶鼎 7、35.陶匜 8、9、17.陶罐 11～13.铜卮把、钮 14.陶瓮 16、20.铜鼎 18.铜勺 19.铜灯 21.铜洗 22.铜盆 24、26.陶壶 25.陶箕 27、28.陶盒 30.双耳圜底罐 31.圜底陶罐 32.印章 33.铜带钩 34.陶盘 36.青铜剑 37.铁镢

　　盒　2件。完整，形制、大小相同，弧形盖，子母口，敛口，弧腹部内收，假圈足底。标本M170∶27，泥质灰陶。口径19厘米，底径19厘米，通高13厘米。（图五一，4）

　　高足壶　2件。完整，形制相同，大小有别，泥质灰陶。标本M170∶4，小口，直口，方唇，短颈，扁圆腹，喇叭形圈足，壶的内部为尖底，底部为实圈足。口径5.5厘米，腹径9厘米，圈足径6.5厘米，通高14厘米。（图五二，1）标本M170∶5，小口，直口，方唇，短颈，扁圆腹，喇叭形圈足，壶的内部为尖底，底部为实圈足。口径4厘米，腹径8厘米，圈足径6厘米，通高13厘米。（图五二，2）

　　匜　2件。泥质灰陶。形制、大小有别。标本M170∶35，完整。口的平面近圆形，一端有流，一端内收，直口，圆唇，斜腹，平底。流宽3.2厘米，口径14厘米，底径10厘米，高4厘米。（图五二，4）标本M170∶7，破，口的平面近似圆形，口部的一端微外鼓成为流，口的另一端略直，敛口，圆唇，鼓腹，平底。口径6厘米，底径3厘米，高2.5厘米。（图五二，5）

　　盘　1件。泥质黑陶。标本M170∶34，侈口，折沿，舌唇，斜腹，折腹，平底。口径21厘米，底径11厘米，高3.5厘米。（图五二，3）

　　箕　1件。破。标本M170∶25，平面呈圆球形，口径19厘米，通高19厘米。

　　罐　3件。完整，泥质灰陶。形制相同。标本M170∶8，小口，折沿，舌唇，直领，斜肩，鼓腹，平底。口径10厘米，腹径13.5厘米，底径8厘米，高14厘米。（图五一，5）

　　圜底罐　1件。完整，泥质灰陶。标本M170∶31，小口，折沿，圆唇，束颈，斜肩，折腹，鼓腹，圜底。下腹部及底饰中绳纹，纹饰清晰规整。口径12厘米，腹径18厘米，高8厘米。（图五一，7）

　　双耳圜底罐　1件。完整，泥质灰陶。标本M170∶30，侈口，圆唇，肩部有双耳，鼓腹，圜底内凹，下

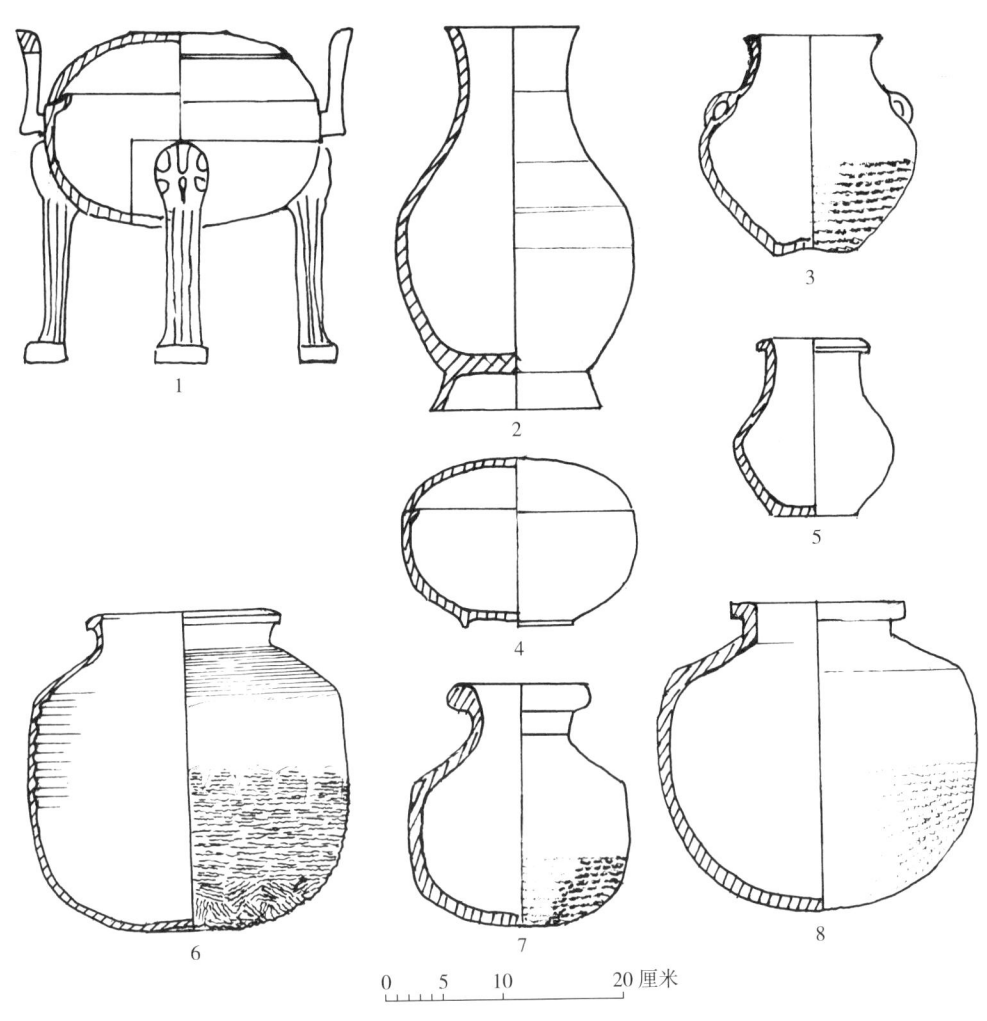

图五一　M170 出土陶器

1. 鼎（M170：29）　2. 壶（M170：24）　3. 双耳圜底罐（M170：30）　4. 盒（M170：27）

5. 罐（M170：8）　6. 罐（M170：17）　7. 圜底罐（M170：31）　8. 瓮（M170：14）

腹部及底饰中绳纹，纹饰清晰规整。口径 12 厘米，腹径 18 厘米，底径 7 厘米，高 17 厘米。（图版八，4；图五一，3）

瓮　1件。完整，泥质灰陶。标本 M170：14，小口，折沿，方唇，斜肩，折肩，鼓腹，圜底内凹，下腹部及底饰中绳纹，纹饰清晰规整。口径 14 厘米，腹径 27 厘米，高 25 厘米。（图版八，3；图五一，8）

2. 铜器　16件。有鼎、盆、洗、卮钮等。

鼎　2件。形制相同。标本 M170：16，完整。弧形盖，盖顶正中有桥形钮，衔环，盖周边有 3 个圆环钮。鼎为子母口，敛口，圆唇，鼎壁向外斜直，至中腹部内收，平底，有 3 个兽面形高鼎足，足的上部有双眼，鼎足近似象鼻，鼎足中部有两道竖凸弦纹，长方形附耳外侈。口径 12 厘米，腹径 15.6 厘米，底径 9.6 厘米，耳间宽 18.6 厘米，通高 21.2 厘米。（彩版二六，1；图五三，1）

盆　1件。标本 M170：22，破。折沿，平口，斜腹，平底。口径 35.2 厘米，底径 17.6 厘米，高 8.4 厘米。（图五三，3）

洗　1件。标本 M170：21，破。敛口，方唇，弧腹，圜底，有两个对称的圆形耳。口径 20 厘米，腹径 20.8 厘米，耳间宽 24 厘米，高 6.8 厘米。（图五三，4）

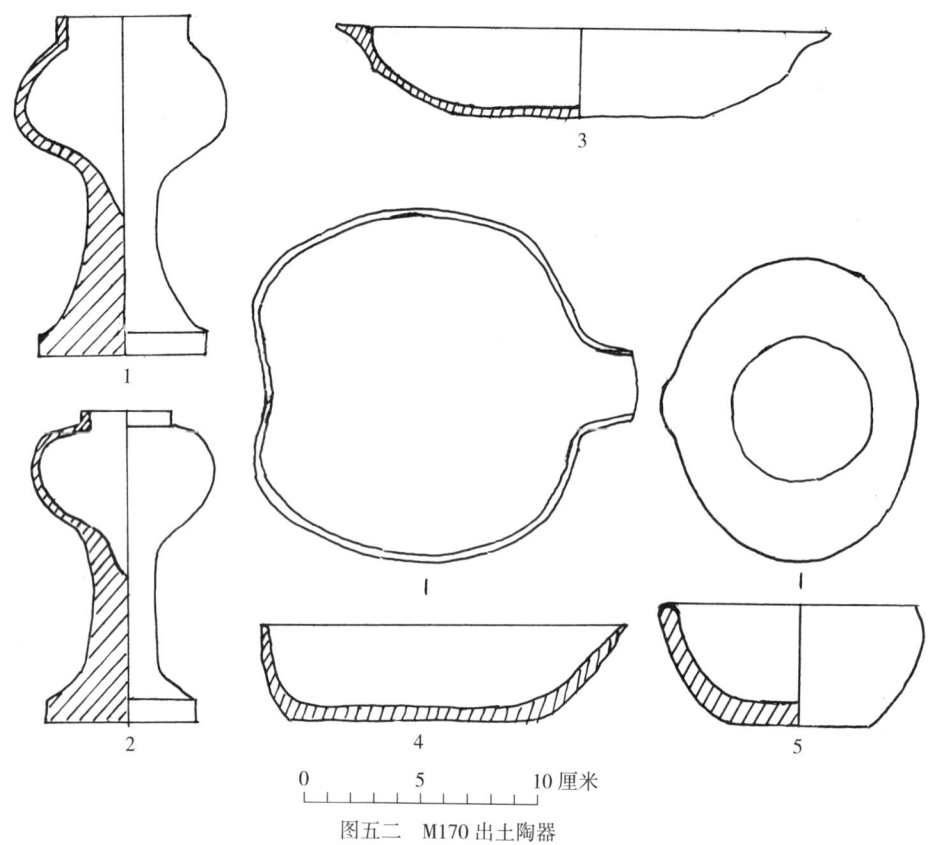

图五二　M170 出土陶器

1、2.高足壶（M170：4、M170：5）　3.盘（M170：34）　4、5.匜（M170：35、M170：7）

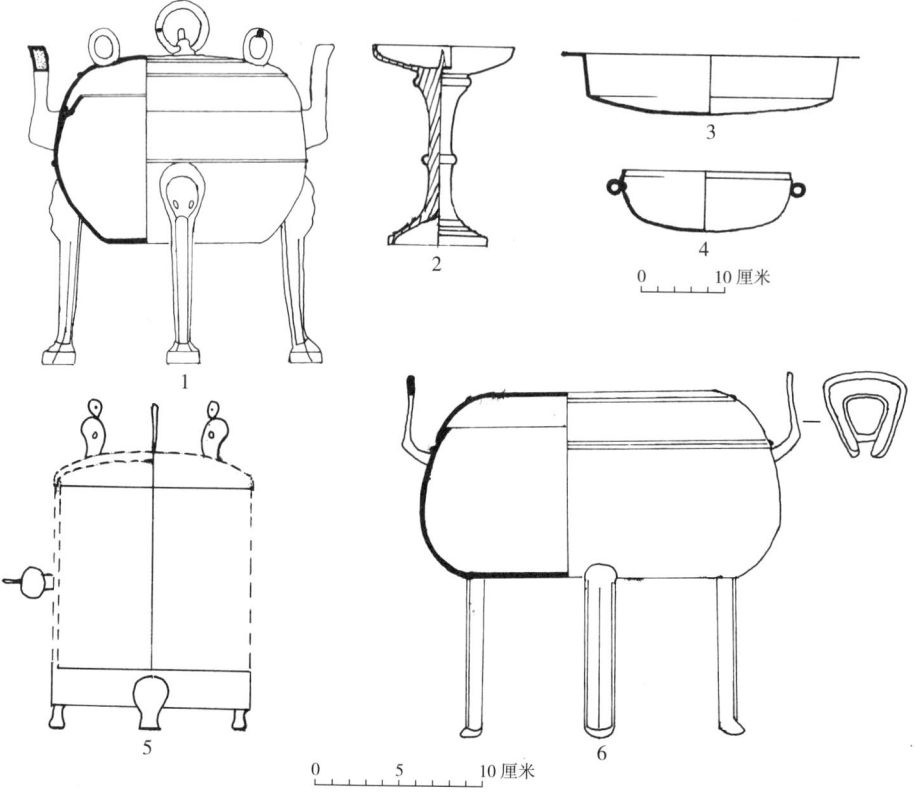

图五三　M170 出土铜器

1、6.鼎（M170：16、M170：20）　2.灯（M170：19）　3.盆（M170：22）　4.洗（M170：21）　5.卮（M170：11～13）

勺　1件。标本 M170：18，完整。勺为箕形，上有圆柱状把。勺宽 10.4 厘米，长 8 厘米，厚 1.2 厘米；把长 16.3 厘米，径 1.8 厘米。（彩版二六，6；图五四，1）

卮　1件。标本 M170：11、12、13 系木漆器的铜质饰件，木漆器的卮身已朽不存，仅余 3 个盖钮、卮把和底座足。（图五三，5）

灯　1件。标本 M170：19，破。直口，方唇，浅盘，盘的正中有 1 个圆锥柱，圜底，细高柄，柄的上部有一周凸棱，中部有一周凸棱，喇叭状圈足。盘径 8.4 厘米，柄径 1.2 厘米，底径 6 厘米，高 11.4 厘米。（彩版二六，2；图五三，2）

青铜剑　1件。标本 M170：36，已破。出于墓内南部二层台的西部，剑身长且宽，中起脊，宽镡，菱形实茎。剑首径 3.5 厘米，剑残长 48 厘米，柄长 8.5 厘米，身长 39.5 厘米，身宽 4.5 厘米，格宽 4.8 厘米。（彩版二六，3；图五四，6）

戈　1件。标本 M170：1，应与标本 M170：2、3 组成一套。出于墓内北部二层台的东端，戈、镦距离 1.20 米，通长 1.70 米。为宽援三穿戈，宽援较短，有脊，援胡交角大于 90°，胡下端为圆角，援根部有一椭圆形穿，阑侧有两个长方形穿，内上有一个圆角长方形穿，内端呈圆弧形。长 18.5 厘米，援长 12 厘米，援宽 3.3 厘米，胡长 14 厘米，内长 6.5 厘米，内宽 3.4 厘米。（图五四，4）

带钩　1件。标本 M170：33，完整。蛇首，镂空，兽面，两蛇并列，长 7.7 厘米，宽 3.2 厘米，高 2 厘

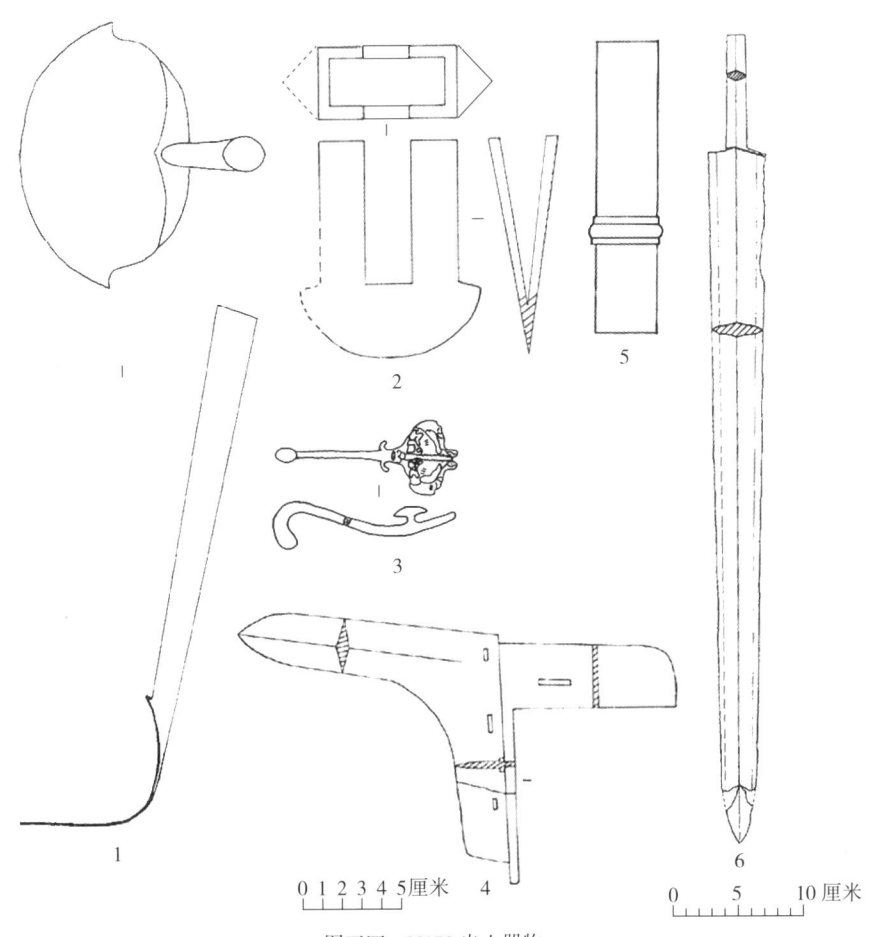

图五四　M170 出土器物

1. 铜勺（M170：18）　2. 铁镘（M170：37）　3. 铜带钩（M170：33）

4. 铜戈（M170：1）　5. 铜镦（M170：2）　6. 青铜剑（M170：36）

图五五　M170 出土铜印章拓片

（M170：32）

米。（彩版二六，7；图五四，3）

印章　1枚。标本 M170：32，带状钮印，印面呈正方形。长、宽均为 1.5 厘米，印厚 0.7 厘米，通高 0.9 厘米。印文"敬君子"。（彩版二六，4、5；图五五）

3. 铁器　1件。

标本 M170：37，铁镢，破。器呈"凹"字形，首端为凹状銎，平直肩，弧状凸刃，锈蚀严重。銎孔宽 5 厘米，厚 2 厘米，深 8 厘米；刃部宽 8 厘米，首端宽 6 厘米，厚 3 厘米，高 9 厘米。（图五四，2）

M216 位于淮阳平粮台遗址北部的 T108、T109 内，墓的平面呈"甲"字形，方向 96°。

墓道　为长方形斜坡，位于墓室的东部，墓道口长 3.40 米，宽 3.60 米，深 3.43 米。

墓室　呈长方形，墓室口大底小，墓口长 3.40 米，宽 2.60 米，墓底长 3.06 米，宽 1.67 米，深 5 米。墓内填黄色五花夯土，经过夯打，夯窝较密，为圆形平底。

葬具　为一椁一棺。木椁置于墓室的正中，长 2.88 米，宽 1.40 米。四周有熟土二层台。棺置于椁的正中偏南，已朽，长 2.30 米，宽 1.11 米。从随葬品位置看，棺的东部、北部、西部分别放置陶礼器、兵器、陶生活用器。棺内骨架已朽，随葬品有青铜剑、铜带钩、铜镞、玉璧等。（图五六、图五七）

随葬品　共 44 件，其中陶器 21 件、玉器 1 件、铜器 19 件、铁器 3 件。

1. 陶器　21 件。泥质灰陶。有陶鼎 3 件、陶壶 4 件、陶盒 4 件、陶高足壶 4 件、陶箕 1 件、响盒 1 件、碗 1 件、罐 3 件。

鼎　3 件。破，形制、大小相同。标本 M216：8，弧形鼎盖，盖上有两周凸弦纹，鼎为子母口，敛口，直腹，中腹部有一周凸弦纹，平底，长方形附耳外侈，兽面高蹄足。盖和腹上涂有彩绘。口径 22.4 厘米，耳间宽 29.6 厘米，通高 25.4 厘米。（图五八，1）

壶　4 件。2 整 2 破，形制相同。标本 M216：29，弧形盖，子母口，侈口，方唇，敛颈，鼓腹，平底，

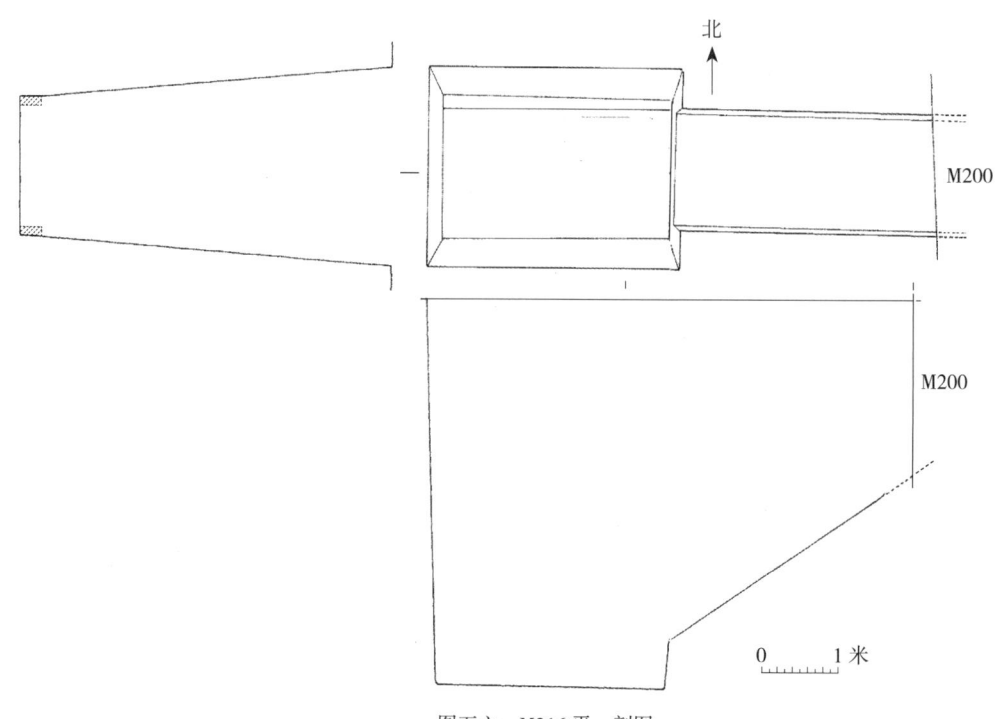

图五六　M216 平、剖图

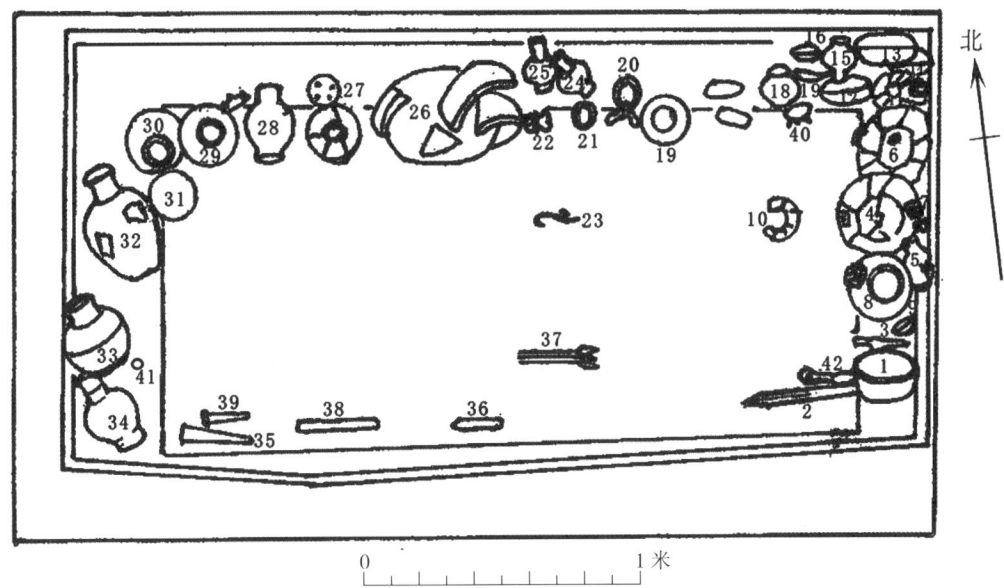

图五七　M216随葬品分布图

1、12、13、14.陶盒　2.铜剑　3.铜戈　4.铜鼎　5、15、24、25.陶高足壶　6、8、11.陶鼎　7.陶箕　9.陶碗　10.玉璧

16.陶响盒　17.铜勺　18、19、34.陶罐　20、22.铺首衔环　21、41.铜环　23.铜带钩　26.铜洗　27、28.铜壶

29、30、32、33.陶壶　31.铜镜　35.铁凿　36.铜矛　37.铜镞、弩矢（1束）　38.铜镦　39.铁镢　40.铜厄钮　42.铁环首刀

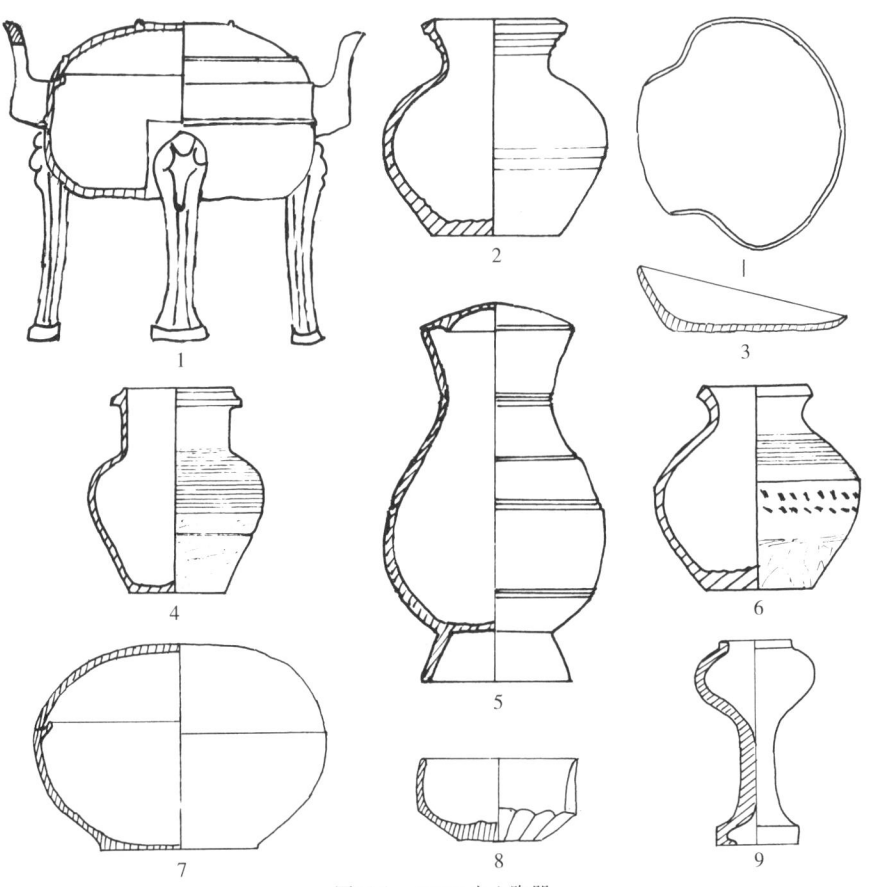

图五八　M216出土陶器

1.鼎（M216：8）　2、4、6.罐（M216：34、M216：18、M216：19）　3.箕（M216：7）

5.壶（M216：29）　7.盒（M216：1）　8.碗（M216：9）　9.高足壶（M216：25）

喇叭形圈足。颈部有三周凹弦纹，颈腹间有一周凹弦纹，腹部有两周凹弦纹，下腹部有两周凹弦纹。盖径12.8厘米，口径13厘米，腹径19厘米，圈足径13厘米，通高30.8厘米。（图五八，5）

盒　4件。完整。泥质灰陶。形制、大小相同。弧形盖，子母口，敛口，下腹部内收，平底。标本M216：1，口径19.2厘米，底径10厘米，通高13.4厘米。（图五八，7）

高足壶　4件。完整。泥质灰陶。形制相同。标本M216：25，直口，方唇，短颈，扁圆腹，喇叭形圈足，柄的上部和下部没有用陶泥封平，呈锥状。口径4.8厘米，腹径8厘米，圈足径5.2厘米，通高12.4厘米。（图五八，9）

罐　3件。完整。泥质黑陶。标本M216：34，侈口，方唇，束颈，圆腹，颈、腹部有数周弦纹，平底。口径10厘米，腹径18.5厘米，底径11.5厘米，高17.5厘米。（图五八，2）

箕　1件。标本M216：7，残破。平面前部为半圆形，后部为小半圆形，有沿，平底。口径7厘米，底径5.5厘米，高2.1厘米。（图版八，5；图五八，3）

碗　1件。标本M216：9，完整。轮制，泥质棕陶。直口，圆唇，口微敛，壁微鼓，上壁部分有刀削痕，下腹部用刀削为八棱。平底，底部有用绳子切割痕，口径5厘米，腹径5.3厘米，底径2.6厘米，高2.5厘米。（图版八，6；图五八，8）

响盒　1件。标本M216：16，完整。泥质红陶，系模制扣合。平面呈圆形，断面呈椭圆形。正面模印2个同心圆，同心圆内有5个花瓣，花瓣、花蕊内布满麻点，花瓣之间又各伸出"丫"形纹，周边饰三角纹。背面模印3个同心圆，第一个圆圈内模印16个箭头，长短各8个，其内布麻点，其中7个长箭头的菱形内有

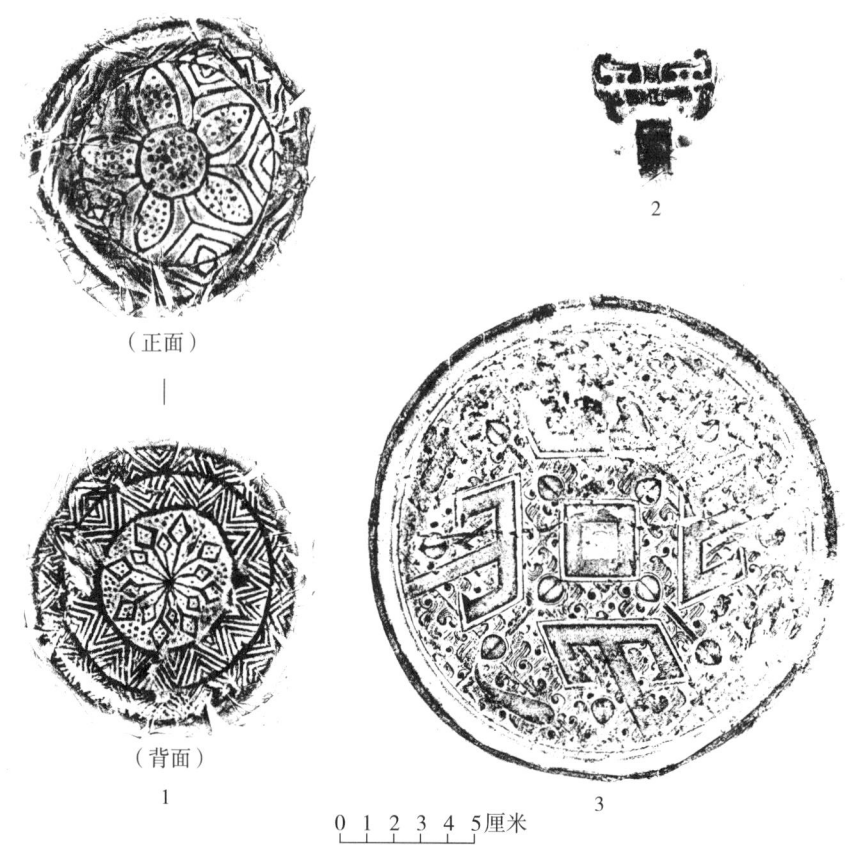

（正面）

（背面）

1

2

3

0　1　2　3　4　5厘米

图五九　M216出土陶器、铜器纹饰拓片

1. 陶响盒（M216：16）　2. 铜铺首衔环（M216：20）　3. 铜四山镜（M216：31）

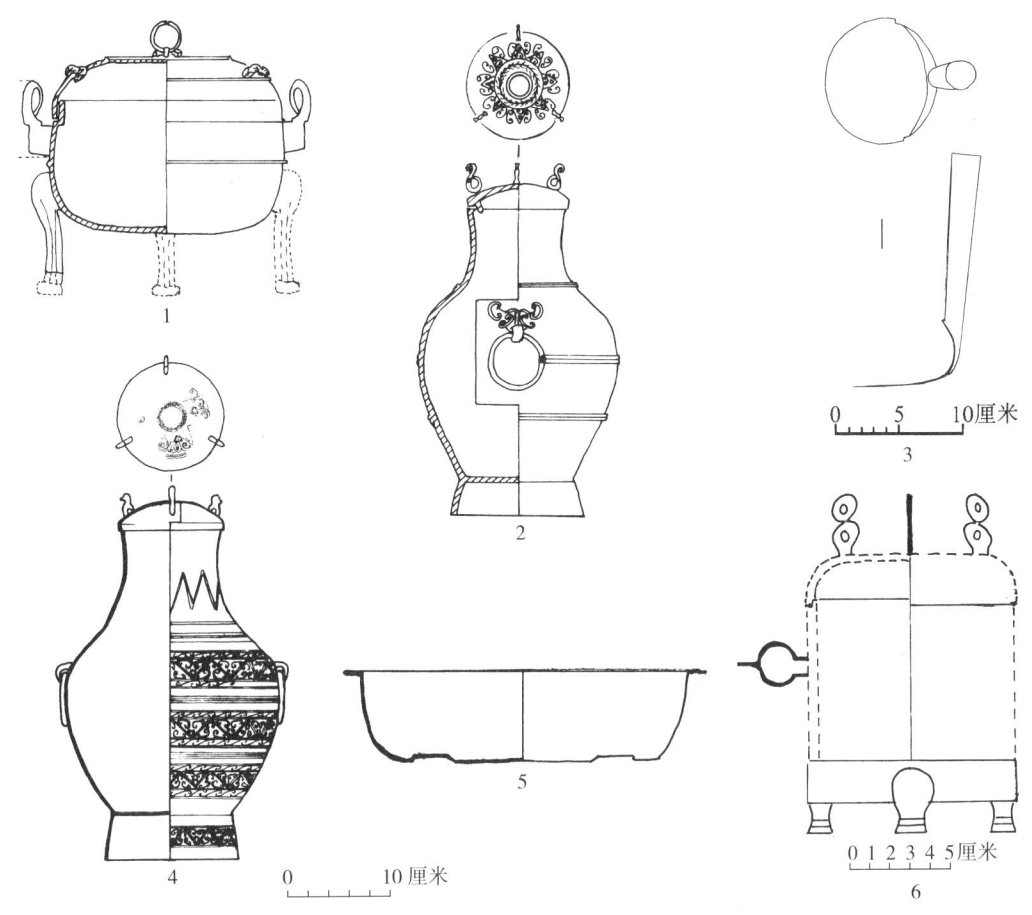

图六〇　M216 出土铜器

1.鼎（M216：4）　2、4.壶（M216：28、M216：27）　3.勺（M216：17）　5.洗（M216：26）　6.厄（M216：40）

3 个圆点，1 个有 4 个圆点，短箭头的菱形内有 1 个圆点；外部 2 个圆圈内布满带状三角纹。（彩版二七，1、2；图五九，1）

2. 铜器　19 件，有鼎 1 件、壶 2 件、洗 1 件，以及铺首衔环、厄钮、镜、剑、戈、矛、镞等。

鼎　1 件。完整。标本 M216：4，平顶鼎盖，有两周凸弦纹，其内有 3 个带状钮，正中有 1 个带状钮，其内有 1 个铜环；鼎为子母口，方唇，腹微鼓，中腹部有一周凸弦纹，底近平，下腹部有 3 个蹄形足，两个环状立耳附于上腹部。口径 20.5 厘米，腹径 23.5 厘米，底径 8 厘米，耳间宽 28 厘米，通高 23 厘米。（图六〇，1）

壶　2 件。形制相同。标本 M216：27，完整。盖为子母口，弧形盖，上有 3 个立鸟形钮，盖顶饰云纹；壶为直口，方唇，鼓腹，平底，圈足外侈，腹部有三组带状凹弦纹，中腹部有铺首衔环。口径 9.5 厘米，腹径 19.5 厘米，圈足径 13 厘米，通高 32.5 厘米。（图六〇，4；图六一，1、2）标本 M216：28，破。盖为子母口，弧形盖，上有 3 个立鸟形钮，盖顶饰 6 条龙，龙张口，躬身，翘尾，中间下边有"十"字纹；壶为直口，方唇，鼓腹，平底，圈足外侈，腹部有三组带状凹弦纹，中腹部有铺首衔环。口径 9.5 厘米，腹径 19.5 厘米，圈足径 13 厘米，通高 31.8 厘米。（彩版二七，4、6；图六〇，2；图六一，4～6）

洗　1 件。标本 M216：26，残破。折沿，平口，斜腹，平底。口径 35.2 厘米，底径 17.6 厘米，高 8.4 厘米。（图六〇，5）

厄　1 件。该件器物破坏严重，碎为数件，标本 M216：20、21、22、40，铺首衔环、铜环、铜铺首、铜

厄钮系木漆器厄的铜饰件。（图五九，2；图六〇，6；图六二，3）

镜　1件。标本M216：31，四山镜。破。圆形，镜面平直，桥形钮残，方形钮座，四角有树叶纹向外辐射出又一个树叶纹，每边正中的外边有一"山"字纹，"山"字的右上角又有一树叶纹，全镜饰羽地纹。面径17.2厘米，背径17.2厘米，钮高不详，钮宽1厘米，缘宽0.2厘米，缘厚0.65厘米，肉厚0.1厘米。（彩版二七，3；图五九，3）

勺　1件。标本M216：17，完整。勺为箕形，上有圆柱状把。勺宽8.3厘米，长7.5厘米，厚1.2厘米；把长11厘米，径2厘米。（图六〇，3）

青铜剑　1件。标本M216：2，已破。出于墓内南部二层台的西部，剑身长且宽，中起脊，宽镡，圆柱状实茎，双箍，喇叭形剑首。剑首径3.5厘米，剑通长48厘米，柄长8.5厘米，身长39.5厘米，身宽4.5厘米，格宽4.8厘米。（图六二，1）

戈　1件。标本M216：3，残。短援较宽，有脊，援胡交角大于90°，胡下端近直角，阑侧有2个长方形穿，长内，内有一个圭形穿，饰卷云纹，援根部有1个半圆形和2个长方形穿。援长22厘米，援宽2厘米，胡长7厘米，内长7.5厘米，内宽3.2厘米。（图六二，2）

矛　1件。标本M216：36，完整，矛叶较薄，两叶向后直线收刹，中脊为六棱脊矛，圆銎中空，銎前有一个穿孔，后部有一个钮。长13.4厘米，宽3厘米，銎径2.4厘米。（彩版二七，5右）

镦　1件。标本M216：38，完整。直筒状，中有凸棱。长23厘米，直径2.4厘米。（彩版二七，5左）

镞　5件。木铤残。标本M216：37-1~5，从形制看分两类：一为矛头形镞尖，2件，平面近三角形，断

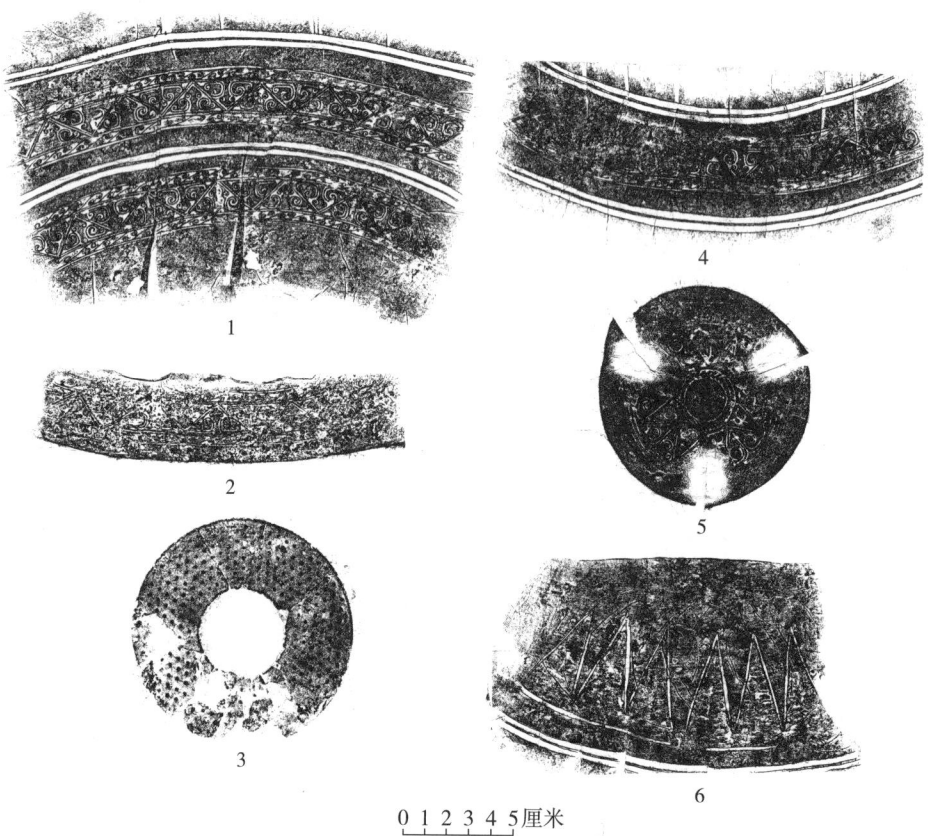

0 1 2 3 4 5厘米

图六一　M216出土铜器、玉器纹饰拓片

1、2.铜壶腹部纹饰（M216：27）　3.玉璧（M216：10）　4~6.铜壶盖腹部纹饰（M216：28）

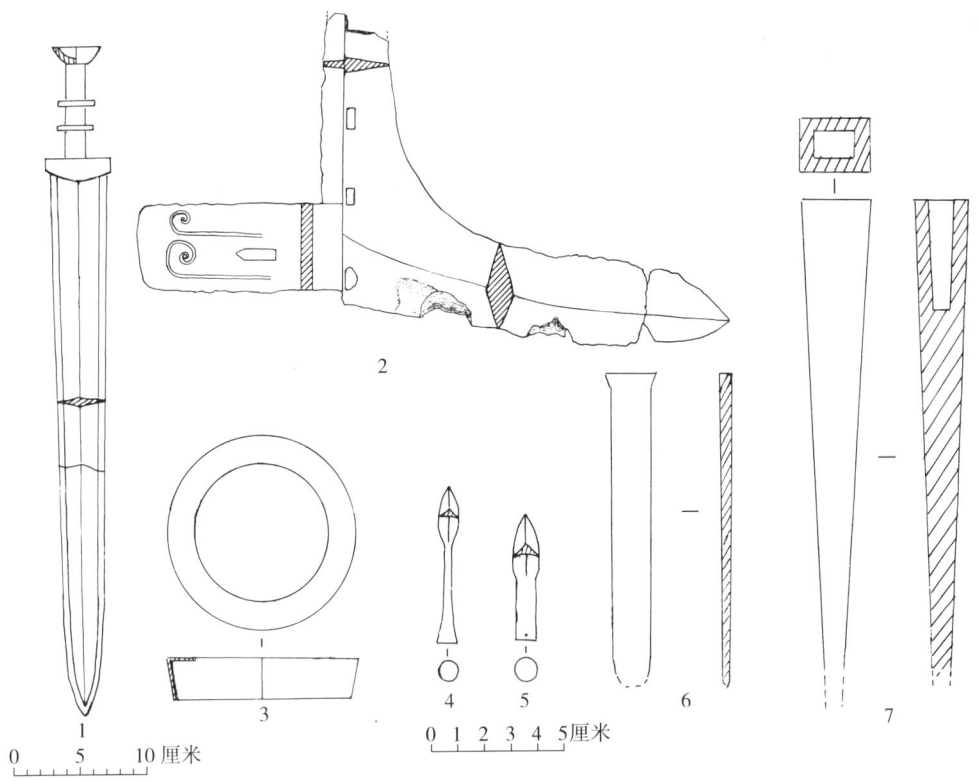

图六二　M216 出土铜器、铁器

1. 青铜剑（M216：2）　2. 铜戈（M216：3）　3. 铜厄（M216：21）　4、5. 铜镞（M216：37）　6. 铁凿（M216：35）　7. 铁镢（M216：39）

面呈菱形，圆铤，可安木柄。镞尖宽 0.9 厘米，长 3.6 厘米，铤长 2 厘米。（彩版二五，5 左 1~5；图六二，5）另一类为三棱形镞尖，3 件，平面近三角形，断面呈三角形，圆铤，可安木柄。镞尖宽 0.8 厘米，长 6 厘米，铤长 4.5 厘米。（图六二，4）

铜弩矢　3 件。完整。形制相同。标本 M216：37-6~8，为三棱形镞尖，平面近三角形，断面呈三角形，三角形铜铤，铜铤的下部为圆形，可以安木柄。镞尖宽 1.8 厘米，长 2.1 厘米，铤长 16.5 厘米，通长 18.5 厘米。（彩版二五，5 右 1~3）

3. 玉璧　1 件。

标本 M216：10，残。青白玉。风化后呈乳白色，饰谷纹。直径 11.5 厘米，孔径 4.5 厘米，厚 0.3 厘米。（图六一，3）

4. 铁器　3 件。有凿 1 件、镢 1 件、环首刀 1 件。

凿　1 件。标本 M216：35，残。有梯形帽，体呈长方条形，弧刃。帽宽 2 厘米，体宽 1.4 厘米，长 11.2 厘米，厚 0.3~0.5 厘米。（彩版二五，4；图六二，6）

镢　1 件。标本 M216：39，刃残，上部断面呈长方形。长 2.6 厘米，宽 2 厘米，残高 17 厘米；中有长方形銎，銎长 1.6 厘米，宽 1 厘米，銎深 4 厘米。（图六二，7）

环首刀　1 件。标本 M216：42，残。锈蚀过甚。

二、长方形竖穴土坑墓

M6 位于淮阳平粮台遗址的中南部，长方形竖穴土坑墓，口底大小相当，长 3 米，宽 1 米，深 5 米。填灰五花夯土，墓向 90°，头向东。因水位高，棺椁不清，随葬品多放在死者头部以东。出土有陶鼎、壶、

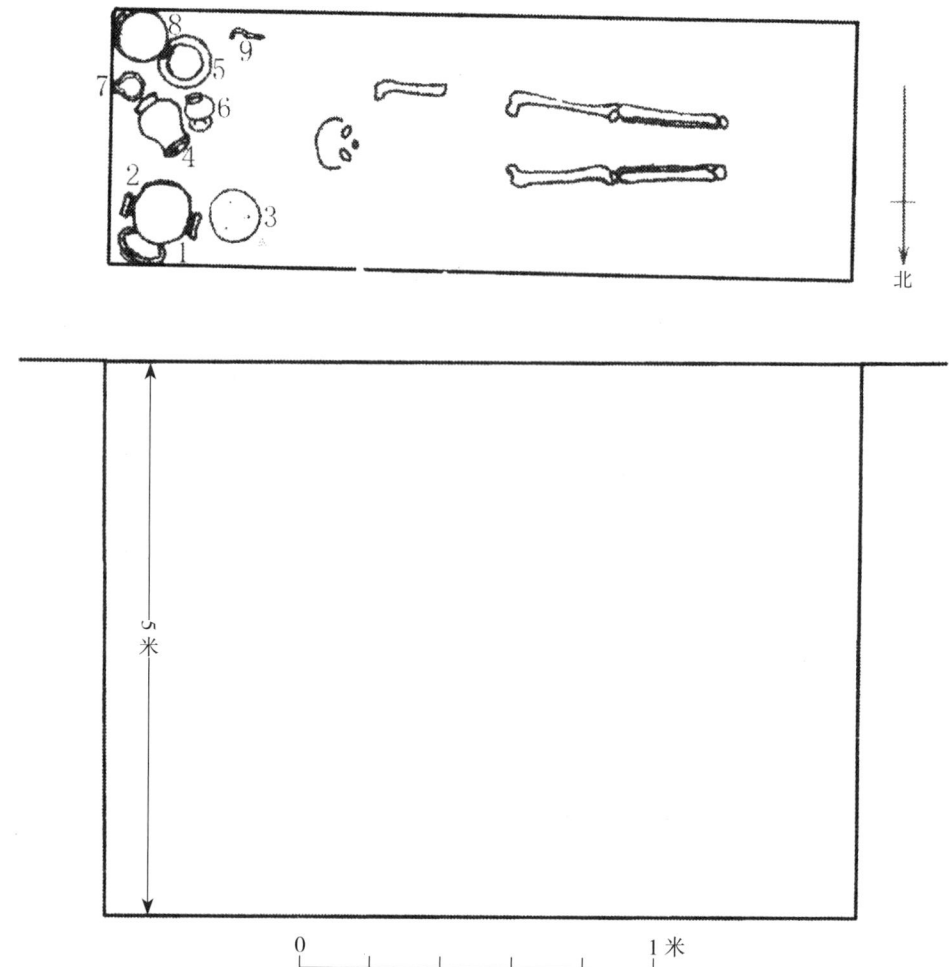

图六三　M6 平、剖图

1.陶鉴　2、8.陶鼎　3.陶敦　4、5.陶壶　6.陶高足壶　7.陶匜　9.环首刀

敦、匜、高足壶、鉴和铁环首刀。死者是一老年女性。（图六三）

1. 陶器　8 件。泥质黑灰陶。其上涂彩，器物有陶鼎 2 件、陶敦 1 件、陶壶 2 件、陶高足壶 1 件、陶鉴 1 件、陶匜 1 件。

鼎　2 件。残。形制、大小相同。标本 M6：2，弧形鼎盖，盖上有两周凸弦纹，鼎为子母口，敛口，直腹，中腹部有一周凸弦纹，圜底，长方形附耳外侈，高蹄削足。盖和腹上涂有红色彩绘的卷云纹。口径 20 厘米，耳间宽 30 厘米，通高 28 厘米。（图六四，1）

壶　2 件。破。形制相同。标本 M6：4，弧形盖，子母口，侈口，方唇，敛颈，鼓腹，喇叭形圈足。颈腹间有五周凹弦纹。盖径 12.6 厘米，口径 12 厘米，腹径 20 厘米，圈足径 13.5 厘米，通高 31.5 厘米。（图六四，5）

敦　1 件。标本 M6：3，破。泥质黑灰陶。圆球状，子母口，上下各有 3 个圆孔，为安足钮用。口径 19.2 厘米，通高 19 厘米。（图六四，2）

高足壶　1 件。完整。泥质黑灰陶。涂朱。标本 M6：6，小口，口微敛，圆唇，短颈，鼓腹，细高柄，假圈足。口径 4.8 厘米，腹径 8 厘米，圈足径 6.5 厘米，高 11.2 厘米。（图六四，3）

鉴　1 件。标本 M6：1，残。泥质黑陶。宽折沿，方唇，直腹，圜底。口径 28 厘米，高 7.5 厘米。（图

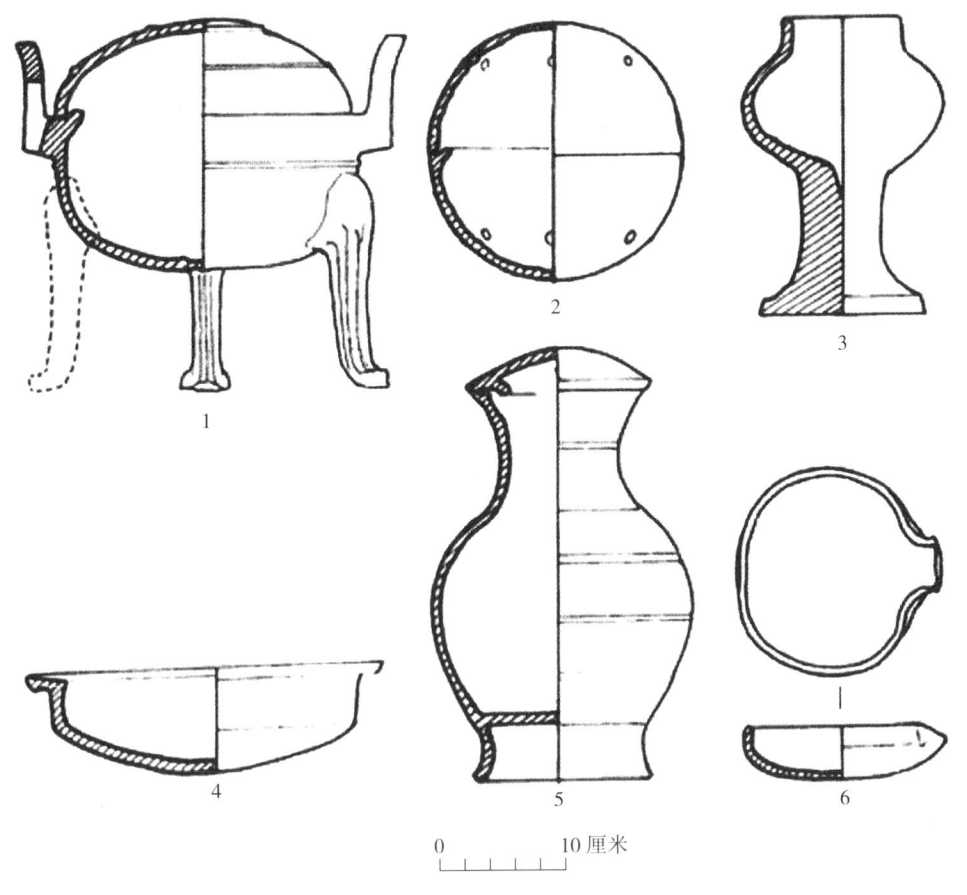

图六四 M6 出土陶器

1. 鼎（M6：2） 2. 敦（M6：3） 3. 高足壶（M6：6） 4. 鉴（M6：1） 5. 壶（M6：4） 6. 匜（M6：7）

六四，4）

匜 1件。标本 M6：7，残。泥质黑灰陶。口近圆形，圜底，有流，流嘴低于口沿。口径 15.5～16.5 厘米，高 4 厘米。（图六四，6）

2. 铁器

环首刀 1件。标本 M6：9，锈蚀过甚。

M10 位于淮阳平粮台遗址的东北部，长方形竖穴土坑墓，口底大小相当，长 2.80 米，宽 1 米，深 2.20 米。填褐五花夯土，墓向 180°，头向南。随葬品多放在死者的头部以南。出土有铜镜、铜犬铃、陶鼎、陶壶、陶敦、陶鉴和琉璃珠等。死者性别、年龄不详。（图六五）

1. 陶器 6件。泥质黑灰陶，其上涂彩。有陶鼎 2 件、陶敦 1 件、陶壶 2 件、陶鉴 1 件。

鼎 2件。破。形制、大小相同。标本 M10：6，弧形鼎盖，盖上有两周凸弦纹。鼎为子母口，敛口，直腹，中腹部有一周凸弦纹，圜底，长方形附耳外侈，高蹄削足。盖和腹上涂有红色彩绘的卷云纹。口径 20 厘米，耳间宽 30 厘米，通高 28 厘米。（图六六，1）

壶 2件。破。形制相同。标本 M10：1，弧形盖，子母口，侈口，方唇，敛颈，鼓腹，平底，喇叭形圈足。颈腹间有五周凹弦纹。盖径 12.6 厘米，口径 12 厘米，腹径 20 厘米，圈足径 13.5 厘米，通高 31.5 厘米。标本 M10：3，弧形盖，子母口，侈口，方唇，敛颈，鼓腹，平底，下附喇叭形圈足。颈部有两周凹弦

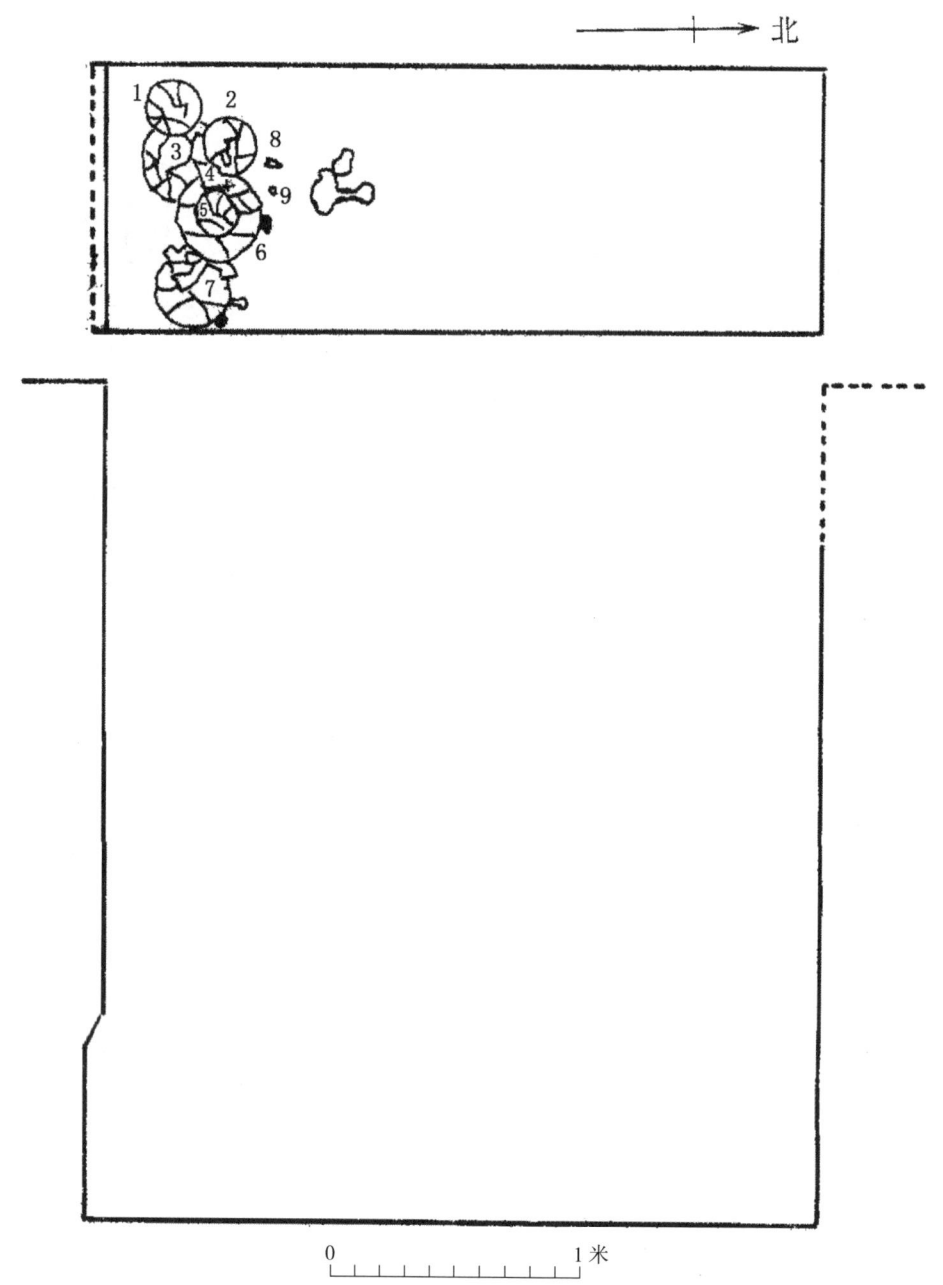

图六五　M10平、剖图

1、3.陶壶　2.陶敦　4.陶鉴　5.铜镜　6、7.陶鼎　8.铜犬铃　9.琉璃珠

纹。盖径 12.5 厘米，口径 12 厘米，腹径 20 厘米，圈足径 11.5 厘米，通高 28 厘米。（图六六，2）

敦　1件。标本 M10：2，破。泥质黑灰陶。圆球状，子母口，上下各有 3 个圆孔，为安足钮用。口径 19.2 厘米，通高 19 厘米。（图六六，4）

鉴　1件。标本 M10：4，残。泥质黑陶。宽折沿，方唇，直腹，圜底。口径 28 厘米，高 7.5 厘米。（图六六，5）

2. 其他

铜镜　1件。标本 M10：5，破。锈蚀过甚，难以复原。从总体来看，铜镜为圆形，镜面平直，桥形钮已残，正方形钮座，钮座外方形的四角外各有 1 个宽叶，宽叶向外又延伸 1 个宽叶，间以 4 个立"山"纹，

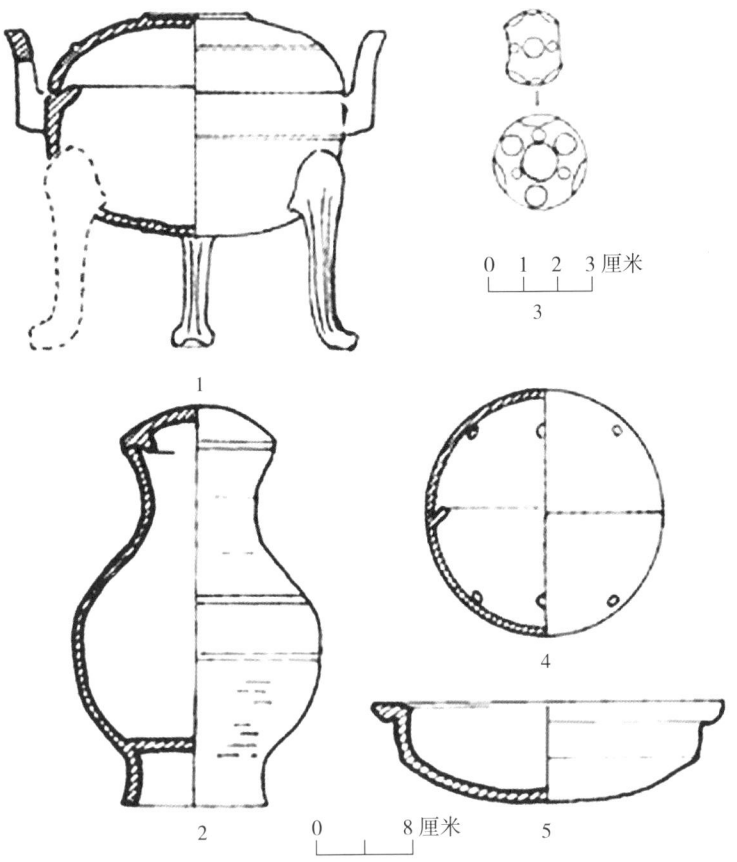

图六六　M10 出土陶器、琉璃器

1. 陶鼎（M10：6）　2. 陶壶（M10：3）　3. 琉璃珠（M10：9）　4. 陶敦（M10：2）　5. 陶鉴（M10：4）

羽地纹内外有两周凸弦纹。面径 18.5 厘米，背径 18.3 厘米，钮高不详，钮宽 0.6 厘米，缘宽 0.2 厘米，缘厚 0.6 厘米，肉厚 0.1 厘米。

铜犬铃　1 件。标本 M10：8，残甚。

琉璃珠　1 件。标本 M10：9，陶胎，灰陶。圆形，中有圆形孔，上有圆形紫釉点。直径 2.8 厘米，高 2 厘米，孔径 1.1 厘米。（图六六，3）

M11 位于淮阳平粮台遗址的南部正中，被汉墓 M9 打破，长方形竖穴土坑墓，口底大小相当，长 2.60 米，宽 0.94 米，深 3.35 米。填灰五花土，墓向 100°，头向东。随葬品多放在死者头部的头龛内。出土铜镜和陶鼎、壶、敦、匜、高足壶、鉴、勺各 1 件。死者是一老年女性。（图六七）

随葬品　8 件，其中陶器 7 件、铜器 1 件。

1. 陶器　7 件，泥质黑灰陶，其上涂彩，器物有陶鼎 1 件、陶壶 1 件、陶敦 1 件、陶高足壶 1 件、陶鉴 1 件、陶匜 1 件、陶勺 1 件。

鼎　1 件。标本 M11：4，破。弧形鼎盖，盖上有两周凸弦纹；鼎为子母口，敛口，直腹，中腹部有一周凸弦纹，圜底，长方形附耳外侈，兽面高蹄削足。盖和腹上涂有红色彩绘的卷云纹。口径 19.2 厘米，腹径 22.8 厘米，耳间宽 27.5 厘米，通高 24 厘米。（图六八，1）

高足壶　1 件。标本 M11：2，完整。小口，方唇，短颈，鼓腹，平底，喇叭形圈足。口径 5.5 厘米，腹径 8.5 厘米，圈足径 5 厘米，高 11 厘米。（图六八，7）

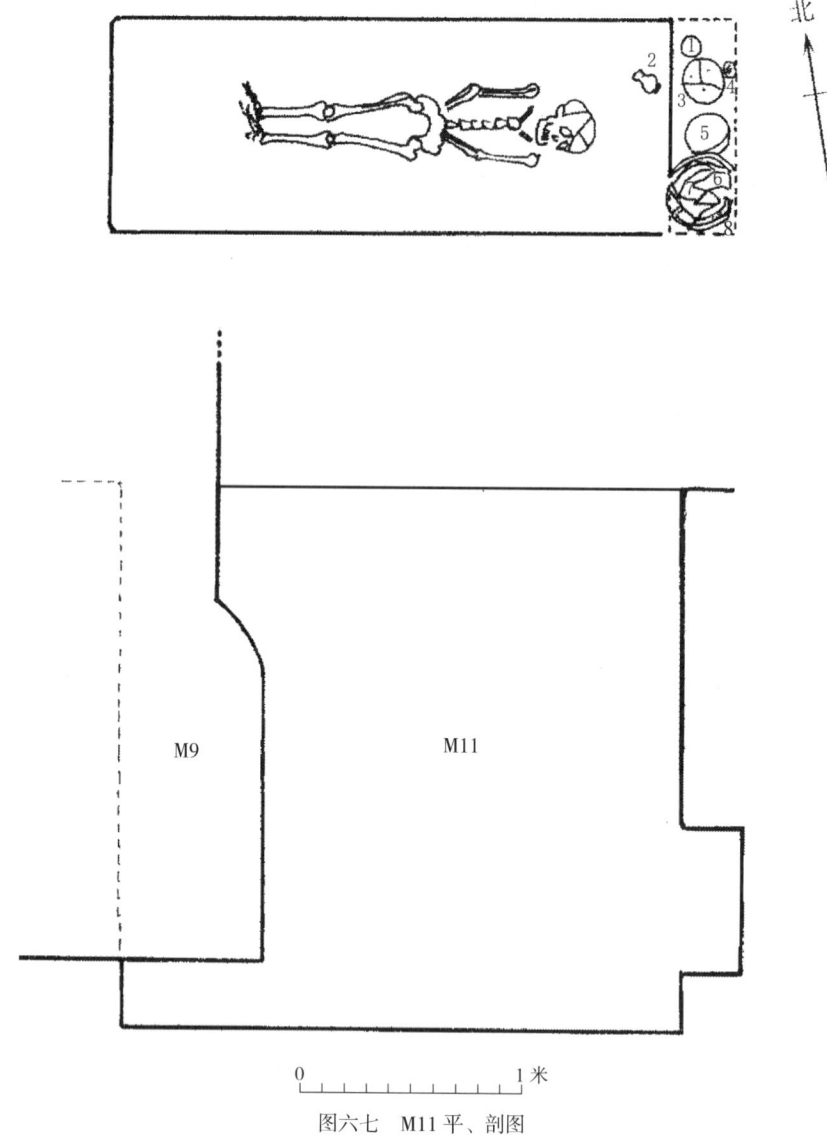

图六七　M11 平、剖图

1. 铜镜　2. 陶高足壶　3. 陶敦　4. 陶鼎　5. 陶壶　6. 陶匜　7. 陶鉴　8. 陶勺

　　壶　1件。标本 M11:5，弧形盖，子母口，侈口，方唇，敛颈，鼓腹，平底，喇叭形圈足。颈部有两周凹弦纹。盖径 12.5 厘米，口径 12 厘米，腹径 20 厘米，圈足径 11.5 厘米，通高 28 厘米。（图六八，5）

　　敦　1件。标本 M11:3，破。泥质黑灰陶。圆球状，子母口，上下各有 3 个圆孔，为安足钮用。口径 16.5 厘米，通高 15 厘米。（图六八，2）

　　鉴　1件。标本 M11:7，残。泥质黑陶。宽折沿，方唇，直腹，圜底。口径 26 厘米，高 6 厘米。（图版九，1；图六八，3）

　　匜　1件。标本 M11:6，泥质灰陶。平面呈椭圆形，平底，口微敛。口径 17～18 厘米，底径 8 厘米，流长 3 厘米，高 8 厘米。（图六八，4）

　　勺　1件。标本 M11:8，泥质灰陶。破。口呈圆形，直口，方唇，圜底。把为昂首的鸭头，勺的另一边为弧形鸭尾。口径 8～8.8 厘米，高 7.5 厘米。（图版九，2；图六八，6）

　　2. 铜器

　　铜镜　1件。标本 M11:1，已碎。

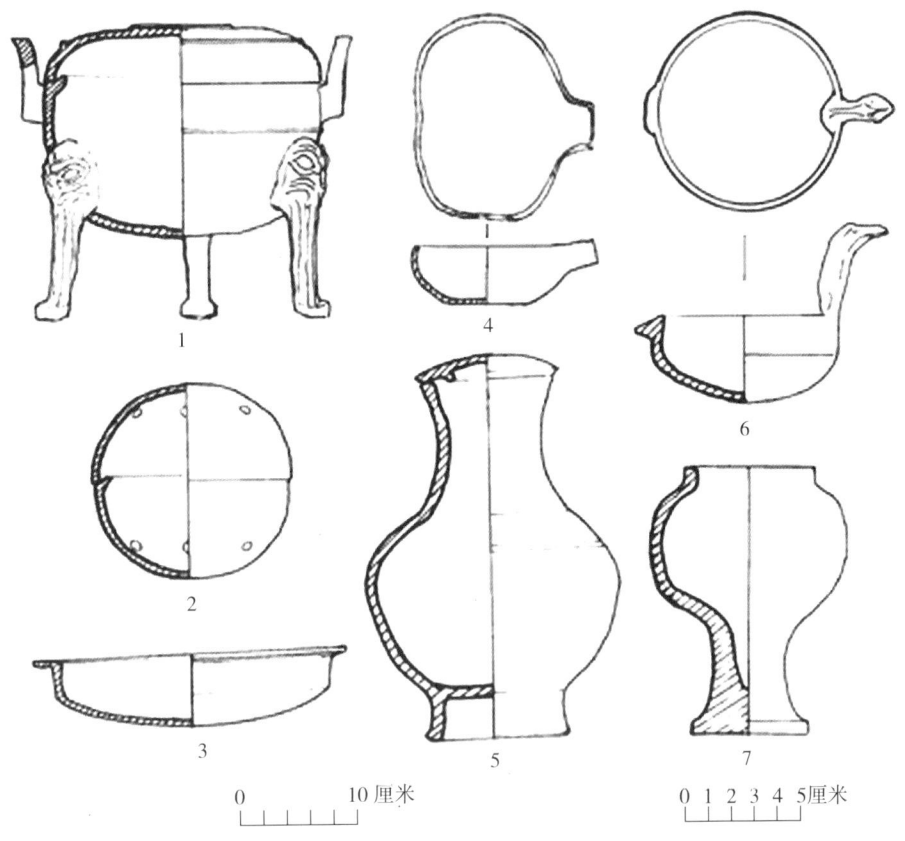

图六八　M11 出土陶器

1.鼎（M11：4）　2.敦（M11：3）　3.鉴（M11：7）　4.匜（M11：6）
5.壶（M11：5）　6.勺（M11：8）　7.高足壶（M11：2）

M15 位于淮阳平粮台遗址的东北部、M16 的北边 15 米处，墓口的西南角被汉墓打破，长方形竖穴土坑墓，口底相当，长 3.20 米，宽 1.40～1.60 米，深 4.40 米。填棕色五花土，墓向东，方向 100°，头向西。有椁痕，椁长 2.66 米，宽 1.20～1.28 米，高度不详。棺痕不详。骨架已朽，从朽痕看为仰身直肢，双手交于腹部。随葬品多放在死者的头部，随葬品有陶鼎、盒、壶、鉴、高足壶、匜、勺，玉璧、玉器和青铜剑、戈、带钩、镞等。死者是一男性。（图六九）

随葬品　21 件，其中陶器 14 件、铜器 5 件、玉器 2 件。

1.陶器　14 件，泥质黑陶和泥质灰陶，其上涂彩，器物有陶鼎 4 件、陶盒 1 件、陶壶 4 件、陶高足壶 2 件、陶鉴 1 件、陶匜 1 件、陶勺 1 件。

鼎　4 件。破，形制、大小相同。标本 M15：7，弧形鼎盖，盖上有两周凸弦纹，鼎为子母口，敛口，直腹，中腹部有一周凸弦纹，圜底，长方形附耳外侈，兽面高蹄削足。盖和腹上涂有红色彩绘的卷云纹。口径 18 厘米，腹径 23.2 厘米，耳间宽 28 厘米，通高 24 厘米。（图七〇，1）

高足壶　2 件。完整。形制、大小相同。标本 M15：4，弧形盖，子母口，小口，方唇，短颈，鼓腹，平底，喇叭形圈足。口径 5.6 厘米，腹径 8 厘米，圈足径 6.5 厘米，高 11.5 厘米。（图七〇，5）

盒　1 件。破，泥质黑灰陶，上涂白衣。标本 M15：1，盖呈弧形，中部有两周凹弦纹，子母口，圆腹，有一周凹弦纹，圜底，喇叭形圈足。口径 16 厘米，腹径 20 厘米，圈足径 11.7 厘米，通高 13.6 厘米。（图版九，3；图七〇，2）

　　壶　4件。破。形制不同。标本 M15：11，侈口，方唇，敛颈，鼓腹，假圈足，平底，颈、腹部饰四周凹弦纹。口径 12.5 厘米，腹径 20.8 厘米，底径 13.5 厘米，高 31 厘米。（图七〇，4）标本 M15：9，侈口，折沿，舌唇，敛颈，鼓腹，平底，圈足外侈，颈、腹部各饰两周凹弦纹。口径 11.2 厘米，腹径 21.6 厘米，圈足径 13.5 厘米，高 29.5 厘米。（图七〇，3）

　　鉴　1件。残。泥质黑陶。标本 M15：3，宽折沿，方唇，直腹，圜底。口径 18.8 厘米，高 3.5 厘米。（图七〇，6）

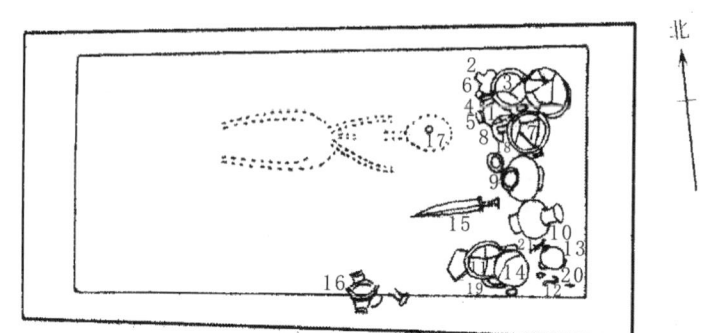

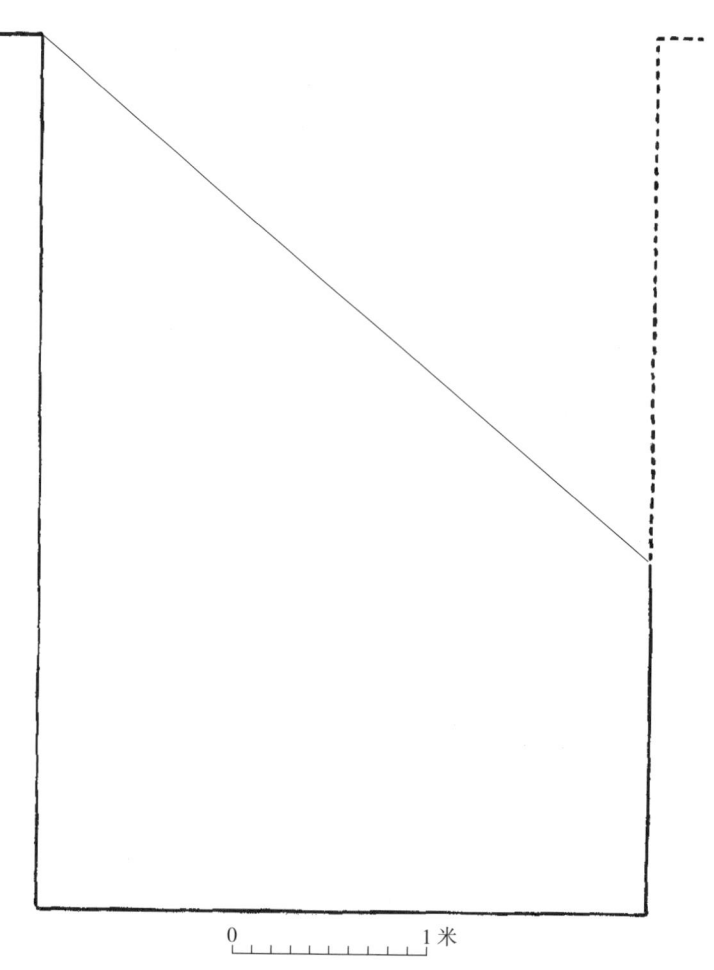

图六九　M15 平、剖图

1. 陶盒　2. 陶匜　3. 陶鉴　4、5. 陶高足壶　6. 陶勺　7、8、14、16. 陶鼎　9、10、11、19. 陶壶　12. 铜带钩

13. 铜衮足　15. 铜剑　17. 玉器　18. 玉璧　20、21. 铜镞

匜　1件。标本 M15：2，泥质灰陶。平面呈椭圆形，平底，有流。口径 15~16 厘米，高 4 厘米。（图七〇，7）

勺　1件。标本 M15：6，平面呈椭圆形，敛口，弧壁，平底。口径 6~6.5 厘米，底径 2.5 厘米，高 3 厘米。（图七〇，8）

2. 铜器　5件。有铜剑、铜带钩、铜奁足、铜镞等。

铜奁足　1件。标本 M15：13，木奁已朽，仅剩铜奁饰。为奁的底座，圆形。高 1.6 厘米，口径 11.5 厘米，下附 3 个蹄足，高 3.2 厘米。（图七一，1）

青铜剑　1件。标本 M15：15，完整。双箍，喇叭形剑首，"凹"形剑格。长 46 厘米，宽 4 厘米，剑格宽 4.6 厘米，长 2 厘米。（图七一，3）

铜带钩　1件。标本 M15：12，完整。铜质有锈蚀，钩体呈琵琶状，钩首为兽首状，钩背有圆形状钮，钩腹部较长，钩背素面。钩长 12 厘米，宽 1.5 厘米，高 2 厘米。（图七一，2）

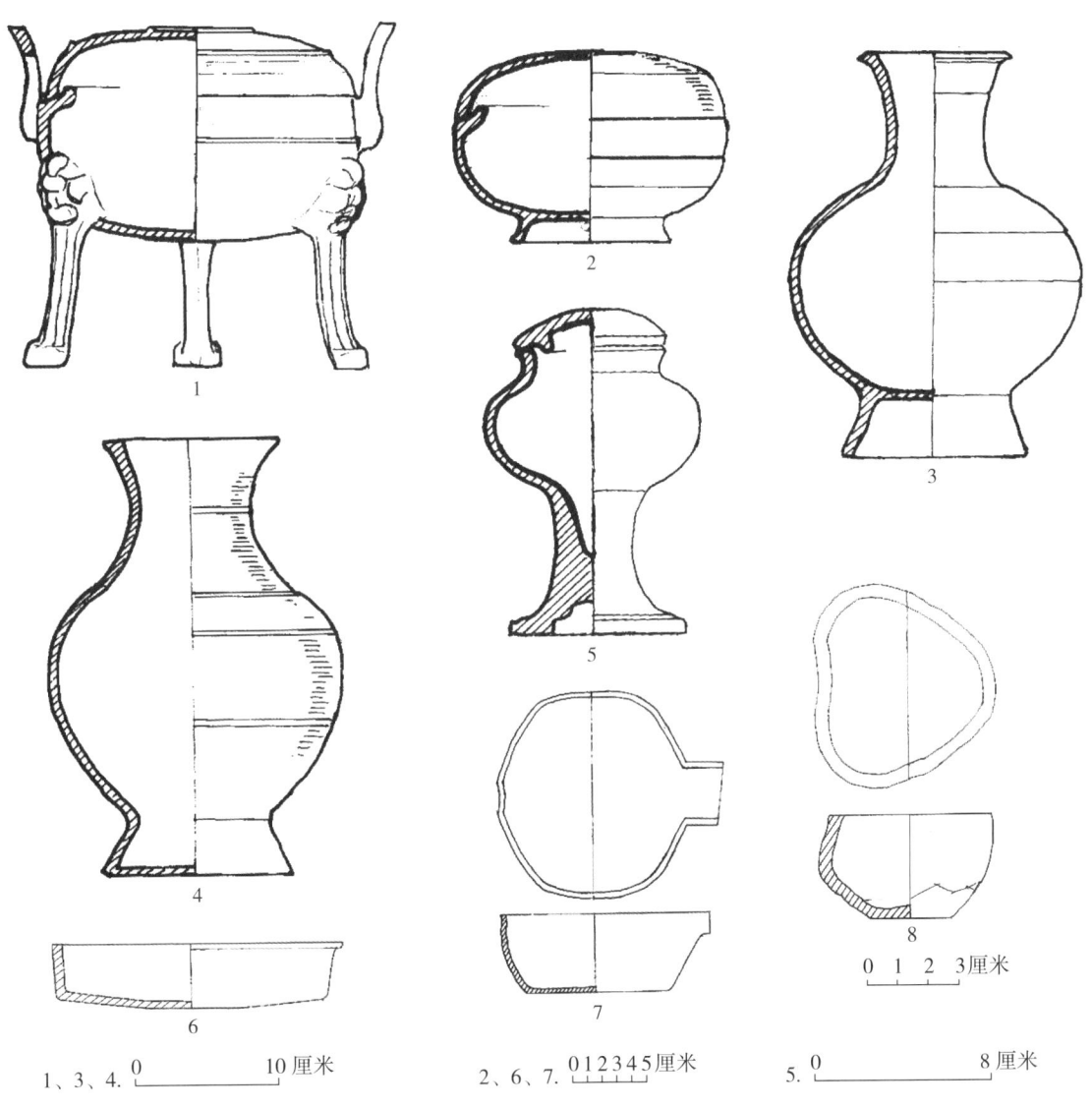

图七〇　M15 出土陶器

1. 鼎（M15：7）2. 盒（M15：1）3. 壶（M15：9）4. 壶（M15：11）5. 高足壶（M15：4）

6. 鉴（M15：3）7. 匜（M15：2）8. 勺（M15：6）

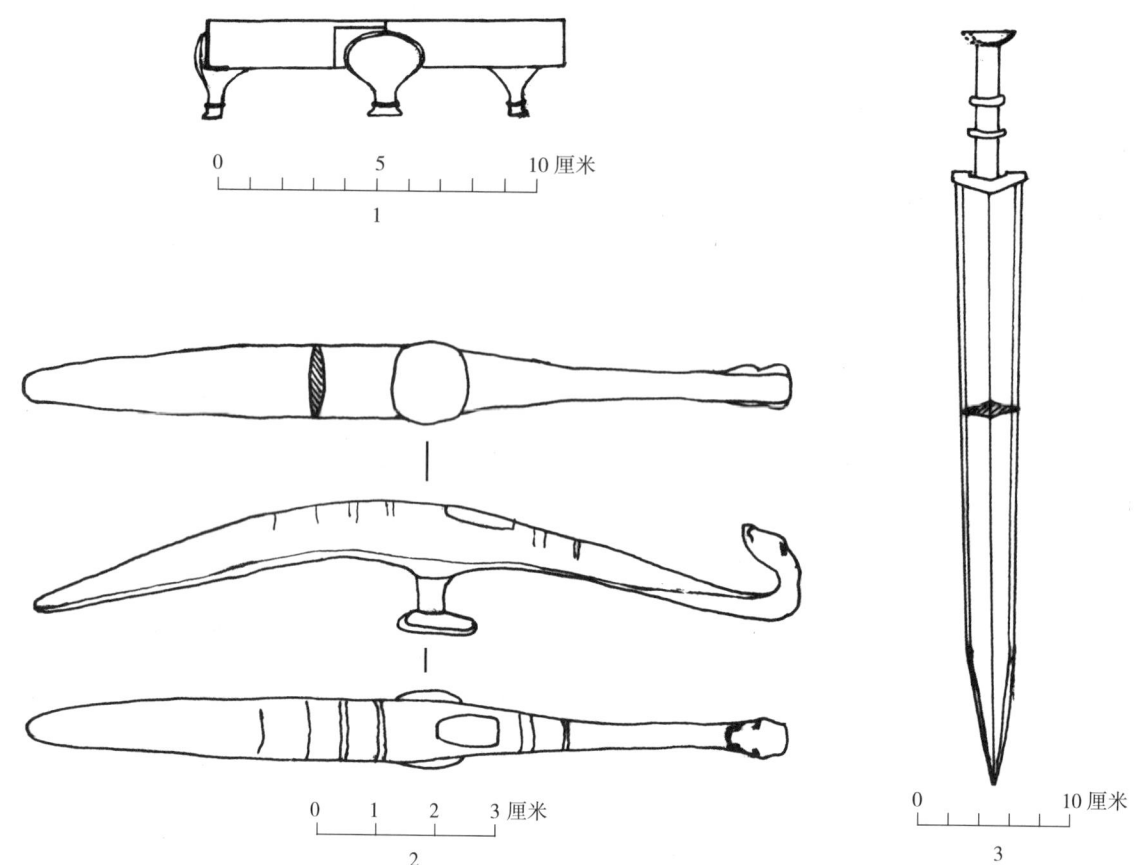

图七一　M15 出土铜器

1. 铜衣足（M15：13）　2. 铜带钩（M15：12）　3. 青铜剑（M15：15）

铜镞　2件。标本 M15：20、21。均残甚。

3. 玉器　2件。有玉璧、玉器。均残甚。

M27 位于淮阳平粮台遗址的东部，1979 年 7 月 5 日发掘。发掘前已被人盗掘，发掘时随葬品散布在墓内填土中。为长方形竖穴土坑墓，墓的平面形状为长方形。方向 10°。墓口长 3.20 米，宽 1.52～1.60 米，深 2.10 米。填灰花夯土，四壁垂直而光洁，底的长宽与墓口相同。木棺腐朽，其灰痕被扰，从墓葬填土中采集到陶壶、陶鼎、陶罐等遗物。（图七二）

陶器　3件，有陶鼎、陶壶、陶罐。均为泥质灰陶，残。

鼎　1件。标本 M27：2，弧形鼎盖，盖上有两周凸弦纹；鼎为子母口，敛口，直腹，中腹部有一周凸弦纹，圜底，长方形附耳外侈，兽面形高蹄足。口径 19.5 厘米，腹径 23.7 厘米，耳间宽 28.5 厘米，通高 25.5 厘米。（图七三，1）

壶　1件。标本 M27：1，弧形盖，子母口，侈口，方唇，敛颈，鼓腹，平底，下附喇叭形圈足。颈腹间有三周凹弦纹。盖径 12 厘米，口径 10 厘米，腹径 20.5 厘米，圈足径 12 厘米，通高 30.5 厘米。（图七三，2）

罐　1件。标本 M27：3，小口已残，残破部分经过磨错。高领，鼓腹，圜底内凹。腹部饰横绳纹。口径 14 厘米，腹径 27 厘米，高 25 厘米。（图七三，3）

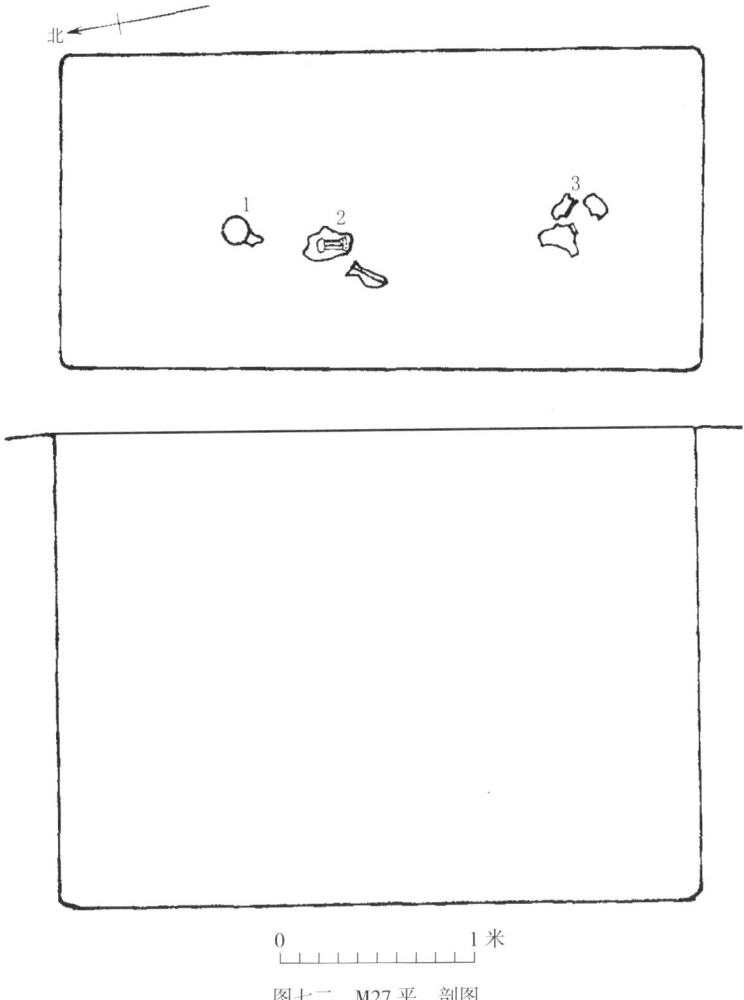

图七二 M27 平、剖图

1.陶壶 2.陶鼎 3.陶罐

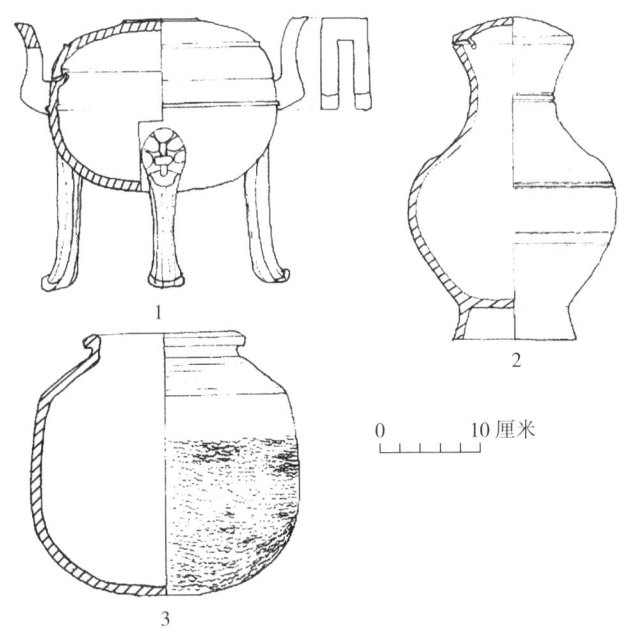

图七三 M27 出土陶器

1.鼎（M27：2） 2.壶（M27：1） 3.罐（M27：3）

M31 位于淮阳平粮台遗址西南部 T28 探沟的东北角 1.50 米处，北距 M76 约 3.50 米。1979 年 8 月 29 日发掘，发掘前已被人盗掘，发掘时随葬品散布在墓内填土中，为长方形竖穴土坑墓，墓的平面形状为长方形。方向 95°。墓口长 2.76 米，宽 1.06 米，深 0.80 米。四壁垂直而光洁，底的长宽与墓口相同。木棺腐朽，其灰痕被扰，大多随葬品系从墓土中采集到。（图七四）

随葬品　19 件，其中陶器 17 件、铜器 2 件。

1. 陶器　17 件，多为泥质黑陶，少数为灰陶。其器表涂彩，仅剩淡青色底色，有些器物上尚留有红色、黑色图案。主要器物有鼎 2 件、壶 2 件、盒 2 件、高足壶 2 件、鉴 1 件、盘 2 件、箕 2 件、熏炉 1 件、匜 1 件、小陶器 2 件。

鼎　2 件。残。形制相同。泥质黑陶。标本 M31∶1，弧形鼎盖，盖上有两周凸弦纹；鼎为子母口，敛口，直腹，中腹部有一周凸弦纹，平底，长方形附耳外侈，兽面形高蹄足。盖和腹上涂有红色彩绘的卷云纹。口径 19.2 厘米，耳间宽 29 厘米，通高 25 厘米。（图七五，1）标本 M31∶2，残，有彩绘。（图七五，2）

壶　2 件。残。形制相同。泥质黑陶。标本 M31∶3，有彩绘。弧形盖，子母口，侈口，方唇，敛颈，鼓腹，底近平，喇叭形圈足。颈腹间有三周凹弦纹。盖径 12 厘米，口径 10 厘米，腹径 20 厘米，圈足径 13.5 厘米，通高 31.5 厘米。（图七五，3）

盒　2 件。残。泥质黑陶。标本 M31∶9，弧形盖，子母口，圜底，矮圈足。口径 15.2 厘米，圈足径 8 厘米，通高 13.2 厘米。（图版九，5；图七五，4）

高足壶　2 件。1 残 1 整。泥质黑陶，涂朱。标本 M31∶6，完整，小口，口微侈，折沿，舌唇，短颈，

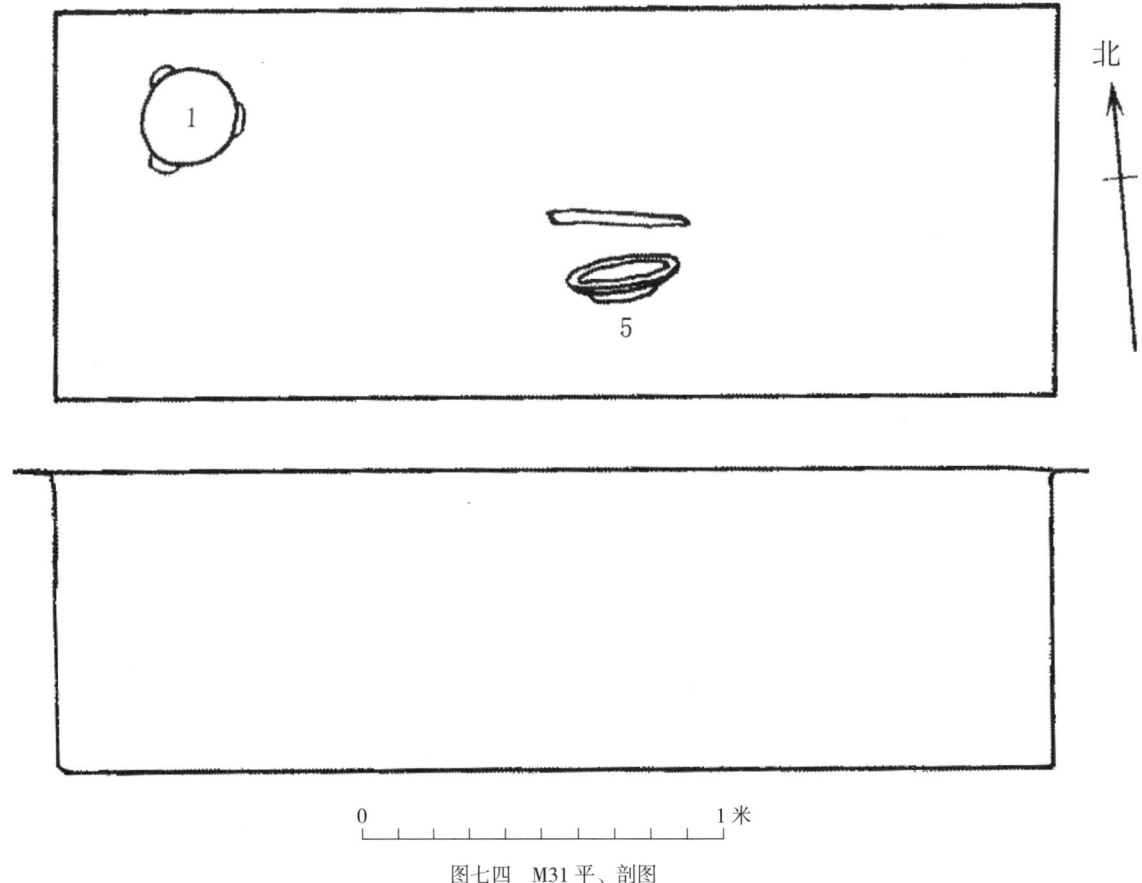

北

0　　　　　　　1 米

图七四　M31 平、剖图
1. 陶鼎　5. 陶鉴

鼓腹，细高柄，喇叭状圈足。口径 5.5 厘米，腹径 8.6 厘米，圈足径 6.5 厘米，高 13.7 厘米。（图七六，2）

鉴　1 件。标本 M31：5，残。泥质黑陶。宽折沿，方唇，直腹，圜底，底部饰绳纹，沿部、底部有压印同心圆纹、波浪纹、卷云纹，底部正中同心圆纹内用压印纹分为 8 等份。口径 40 厘米，高 10 厘米。（彩版二八，1、2；图七五，5）

盘　2 件。标本 M31：14、15，残。

箕　2 件。完整。形制相同。标本 M31：11，为簸箕形，弧形缘，后部立起。口长 8 厘米，宽 3.5 厘米，高 2.3 厘米。（图版九，4；图七六，4）

熏炉　1 件。标本 M31：13，完整。弧形盖，盖顶有圈足，盖上有镂空，镂空有圆形、三角形；炉为子母口，敛口，鼓腹，圜底，束腰细柄，喇叭状圈足。口径 8.8 厘米，腹径 11.2 厘米，圈足径 6 厘米，通高 13.5 厘米。（彩版二八，3；图七六，1）

匜　1 件。标本 M31：10，残。泥质黑陶。口近圆形，圜底，有流。匜内底用黑、红二色绘三组涡纹。口径 10.5～12 厘米，高 4 厘米。（图七六，3）

小陶器　2 件。标本 M31：16、17，残甚。

2. 铜器　2 件，分别为铜镜和蚁鼻钱，均残甚。

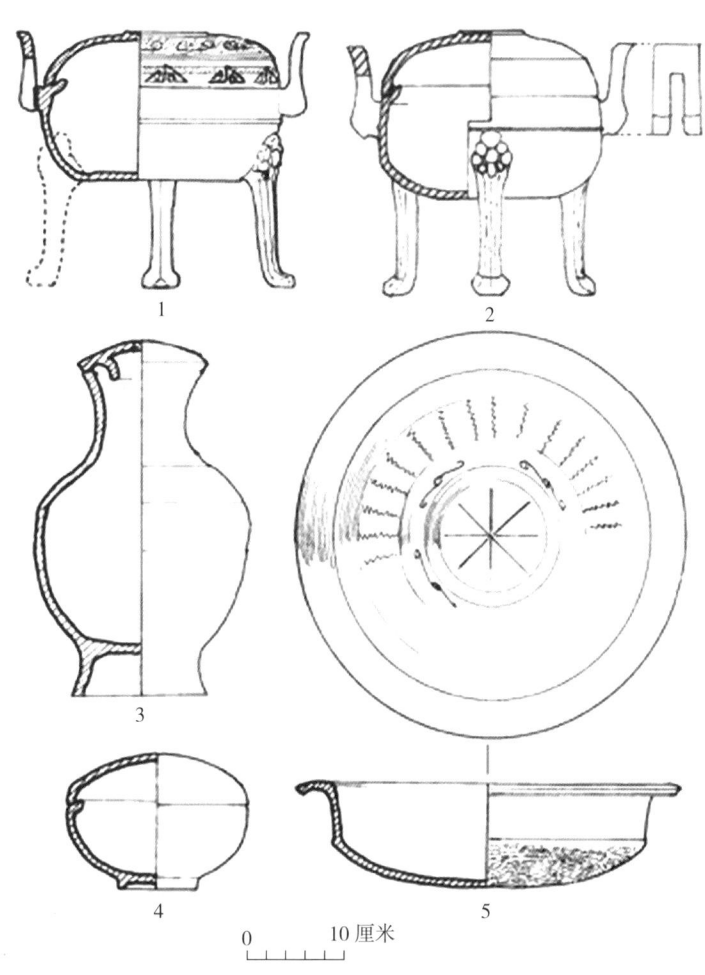

图七五　M31 出土陶器

1. 鼎（M31：1）2. 鼎（M31：2）3. 壶（M31：3）4. 盒（M31：9）5. 鉴（M31：5）

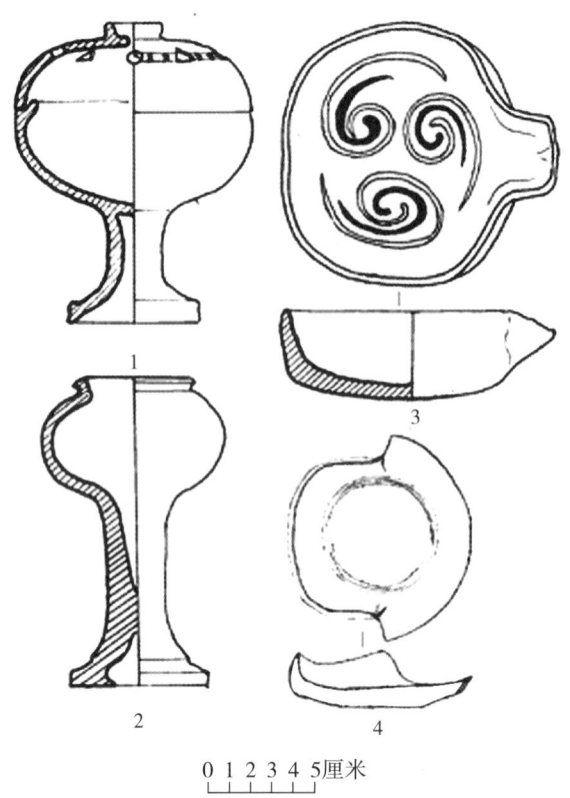

图七六　M31 出土陶器

1. 熏炉（M31∶13）　2. 高足壶（M31∶6）　3. 匜（M31∶10）　4. 箕（M31∶11）

M38 位于淮阳平粮台遗址东南部的 T4、T6 内，距地表 0.35 米，1979 年 5 月发掘。为长方形竖穴土坑墓，墓的平面形状为长方形。墓向东，方向 100°。墓内填灰色五花土，经夯筑比较硬。

墓室　平面形状为长方形，墓口长 3.20 米，宽 1.50 米，深 3.60 米。四壁垂直而光洁，底的长宽与墓口相同。

葬具　木棺放置在墓室的中部偏北，已腐朽，其灰痕尚存，根据测量得知棺长 2 米，宽 0.70 米，高度不详。随葬品放置在棺的东部和南部，东部放置陶鼎、壶、敦、盘和玉璧、铜戹足，南部西段放置陶鉴、匜、高足壶和青铜剑、弩矢、带钩、镜。戈横置于棺上，即墓主的胸前。墓主系成年男性。

随葬器物有陶鼎 2 件、陶壶 2 件、高足壶 2 件、陶敦 2 件、陶盘 1 件、陶匜 1 件、陶鉴 1 件、错银铜镦 1 件、铜戹 1 件、铜镜 1 件、铜带钩 1 件、铜戈 1 件、错金银狸形戈首 1 件、铜剑 1 件、铜弩矢 1 束、玉璧 1 件、云形骨饰 1 件，其中戈、狸戈首、镦为一组。（图七七）

随葬品　共 21 件，其中陶器 11 件、铜器 8 件、玉器 1 件、骨器 1 件。

1. 陶器　11 件。以黑陶和灰陶为主，多为泥质，有的器物器表涂一层青灰色。器物有陶鼎 2 件、敦 2 件、壶 2 件、高足壶 2 件、匜 1 件、鉴 1 件、盘 1 件。

鼎　2 件。形制相同，大小有别。标本 M38∶6，弧形鼎盖，盖上有两周凸弦纹；鼎为子母口，敛口，直腹，中腹部有一周凸弦纹，圜底，长方形附耳外侈，高蹄足。盖与鼎上有彩绘，今彩退，仅剩青黄色。口径 28 厘米，通高 25 厘米。（图七八，1）标本 M38∶7，口径 29 厘米，通高 27.5 厘米。（图七八，2）

敦　2 件。形制相同。标本 M38∶3，整体呈圆形，下部为子母口，上下部分各有 3 个敦钮。口径 20.5 厘米，通高 28.8 厘米。（图版一○，1；图七八，5）标本 M38∶4，子母口，上下各有 3 个圆形穿孔，不见

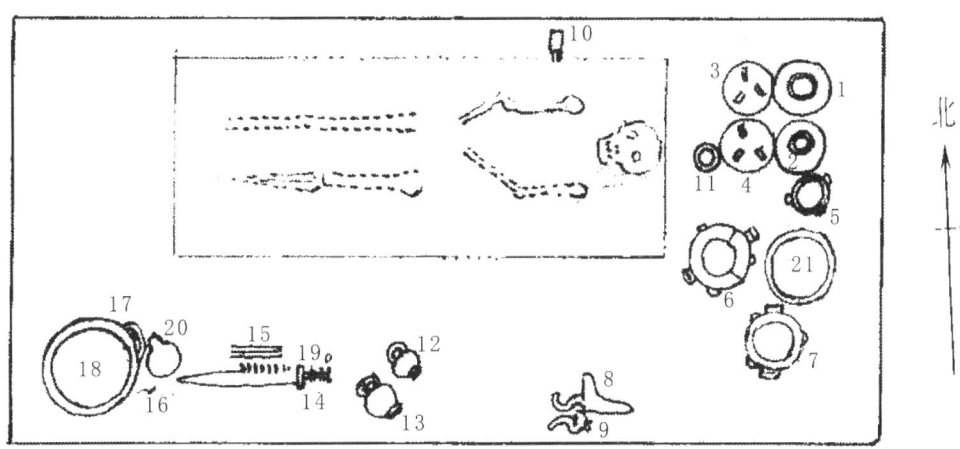

图七七　M38 平、剖图

1、2.陶壶　3、4.陶敦　5.铜卮足　6、7.陶鼎　8.铜戈　9.错金银狸形戈首　10.错银铜镦　11.玉璧

12、13.陶高足壶　14.铜剑　15.铜弩矢（1束）　16.铜带钩　17.铜镜　18.陶鉴　19.云形骨饰　20.陶匜　21.陶盘

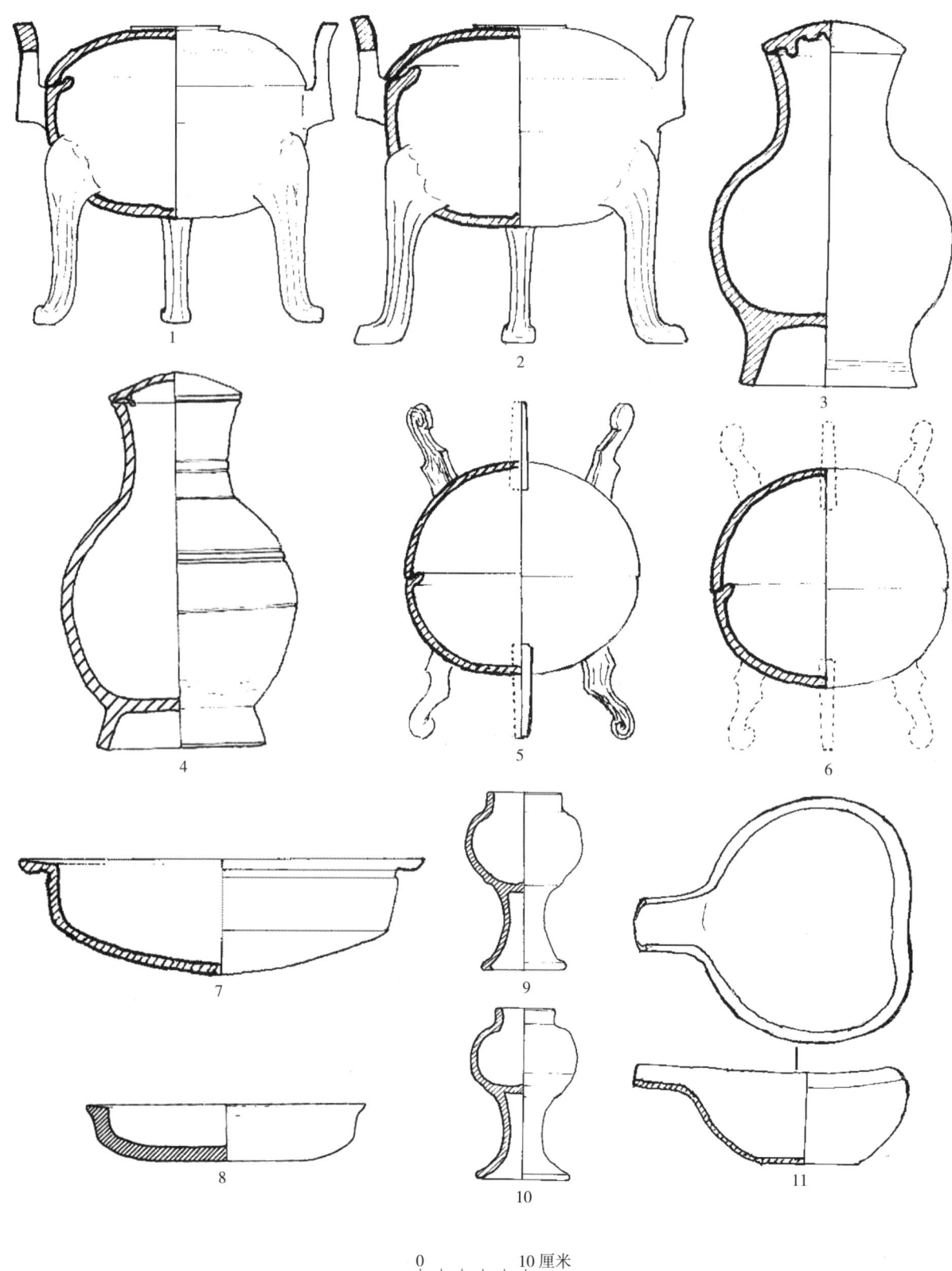

图七八　M38 出土陶器

1. 鼎（M38：6）　2. 鼎（M38：7）　3. 壶（M38：1）　4. 壶（M38：2）　5. 敦（M38：3）　6. 敦（M38：4）
7. 鉴（M38：18）　8. 盘（M38：21）　9. 高足壶（M38：13）　10. 高足壶（M38：12）　11. 匜（M38：20）

陶敦钮，可能是木质敦钮。口径 18.8 厘米，高度不详。（图版一〇，2；图七八，6）

壶 2件。标本 M38：1，弧形盖，子母口，侈口，敛颈，鼓腹，底近平，喇叭形圈足。颈腹间有两周弦纹，圈足上有三周弦纹。口径 11.5 厘米，腹径 21.6 厘米，圈足径 15.6 厘米，通高 35 厘米。（图七八，3）标本 M38：2，形制大抵同标本 M38：1，口径 13 厘米，足径 17 厘米，高 33 厘米。（图七八，4）

高足壶 2件。形制相同，大小有别，完整。泥质灰陶。标本 M38：13，直口，方唇，短颈，圆腹，喇叭形圈足。口径 6 厘米，腹径 9.5 厘米，底径 7 厘米，通高 14 厘米。（图七八，9）标本 M38：12，口径 4.8 厘米，腹径 8.6 厘米，底径 7.6 厘米，通高 13.6 厘米。（图七八，10）

匜 1件。标本 M38：20，泥质灰陶。有流，口微敛，口沿下涂一周带状青灰色涂料，平底。口径 24 厘米，底径 8 厘米，高 8.54 厘米。（图七八，11）

鉴 1件。标本 M38：18，泥质灰陶。折沿，舌唇，直腹，圜底。口径 36 厘米，高 10 厘米。（图七八，7）

盘 1件。标本 M38：21，泥质黑陶。折沿，舌唇，直腹，圜底近平。口径 25.3 厘米，底径 13 厘米，高 4.8 厘米。（图七八，8）

2. 铜器 8件。有剑 1件、戈 1件、错金银狸形戈首 1件、错银铜镦 1件、镜 1件、带钩 1件、弩矢 1束、卮足 1件。

剑 1件。标本 M38：14，完整。喇叭形剑首，有两道箍，剑格长 2 厘米，宽 5.6 厘米。剑体长 40 厘米，宽 4 厘米。断面呈菱形，中有脊，通长 49.3 厘米。（彩版二八，5；图七九，1）

错金银戈 1套。完整。由狸首、戈、镦组成。出于墓主人胸部的两侧，应是横置在棺上，狸首、戈出自南侧二层台上，镦出自北侧二层台上。标本 M38：9，错金银狸形戈首。出于棺的南侧，圆雕。狸昂首回勾于肩，躬身，长尾，错金银云纹，造型生动，形象逼真。长 7.1 厘米，宽 2.1 厘米，高 2.4 厘米。（彩版二九，1；图七九，2）标本 M38：8，戈。出于棺的南侧，宽援较短，有脊，锋尖收利，援胡交角大于 90°，三穿，援根部有一个半圆形穿，阑侧有两个长方形穿，长内带弧形钩。通长 19.2 厘米，援长 11 厘米，援宽 3 厘米，胡长 10.5 厘米，内长 8 厘米，内宽 3.5 厘米。（图七九，4）标本 M38：10，错银铜镦。断面近椭圆形，错银，上部为卷云纹，中间凸棱错银卷云纹，下部错银凤鸟首盘龙纹。断面直径 3 厘米，长 12 厘米。（彩版二九，2；图七九，5）

镜 1件。标本 M38：17，残破。羽地纹，四山镜。直径 6 厘米。

带钩 1件。标本 M38：16，完整。一端饰虎首图案，另一端似钩，形似鸭头。长 8.2 厘米，宽 2.3 厘米，高 1.1 厘米。（彩版二八，4；图七九，6）

弩矢 1束。标本 M38：15，残破，仅见铤。

卮足 1件。标本 M38：5，漆器已朽，仅剩铜质器物把和圈足箍三个足。根据铜箍的大小予以复原。口径 8.6 厘米，箍高 1.3 厘米，足高 2.3 厘米。

3. 玉器 1件。

玉璧 1件。标本 M38：11，完整。黄玉。有内外郭，其上有隆起的谷纹。直径 8.6 厘米，孔径 4.3 厘米，厚 0.6 厘米。（彩版二九，3；图七九，3）

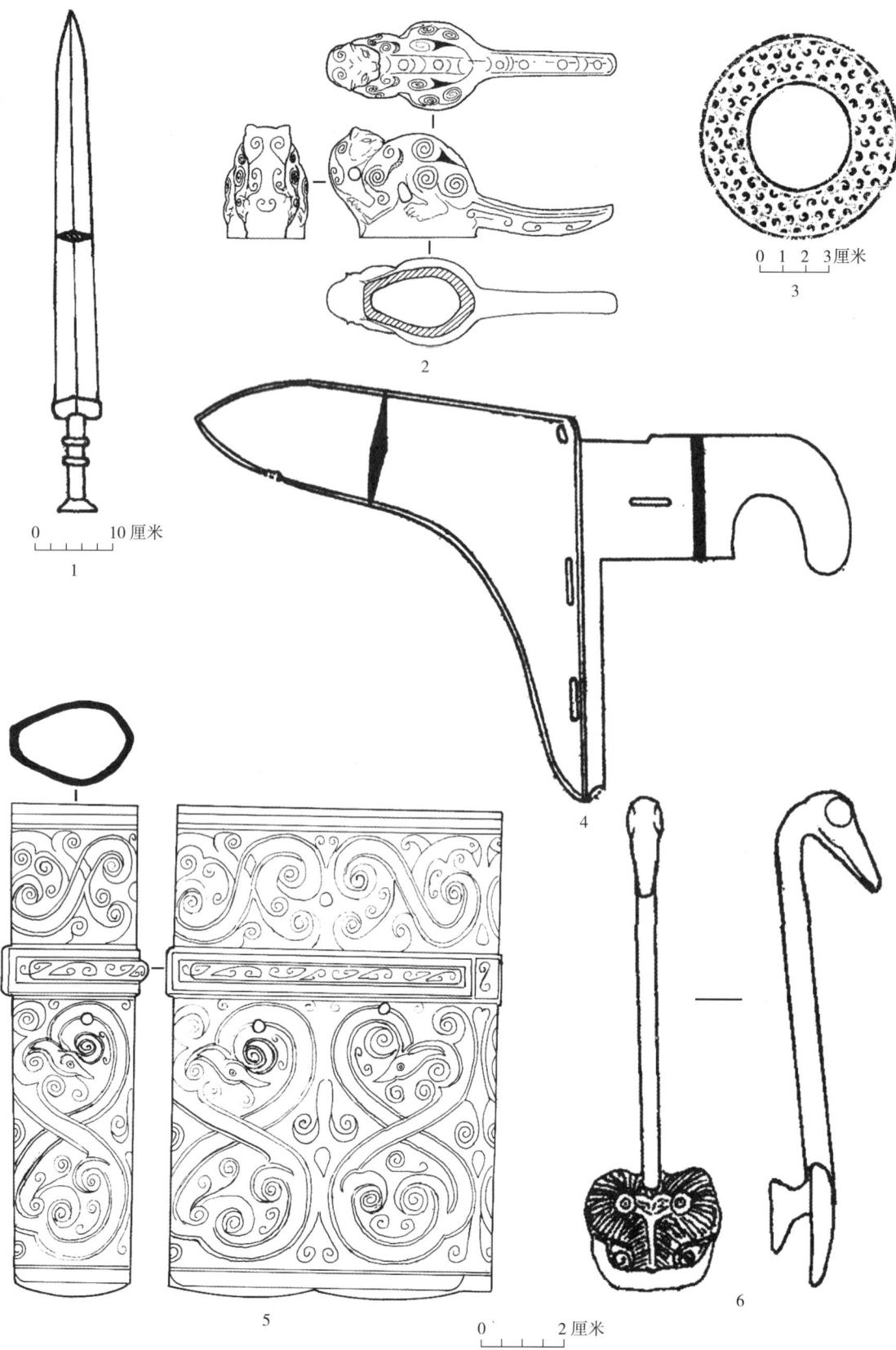

图七九 M38 出土器物

1.剑（M38：14） 2.错金银狸形戈首（M38：9） 3.玉璧（M38：11） 4.铜戈（M38：8）

5.错银铜镦（M38：10） 6.铜带钩（M38：16）

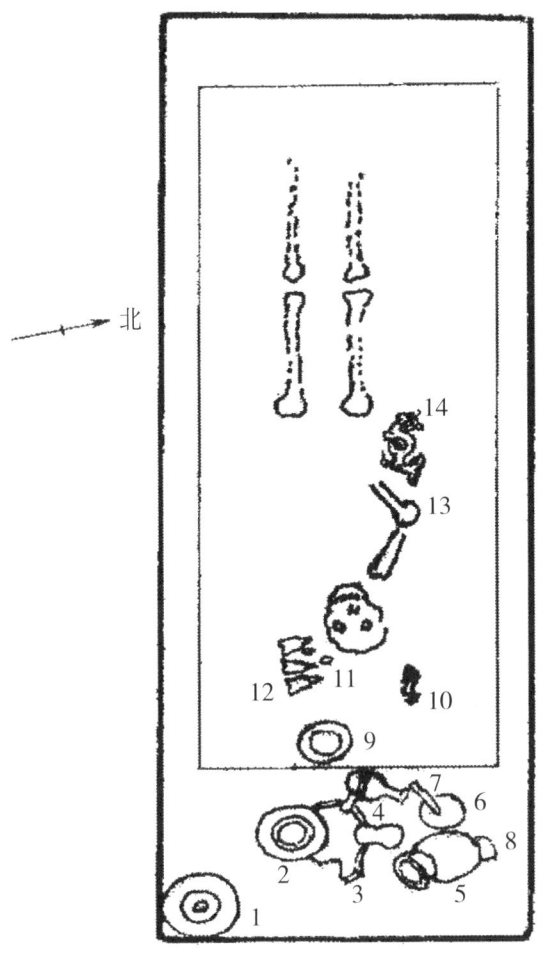

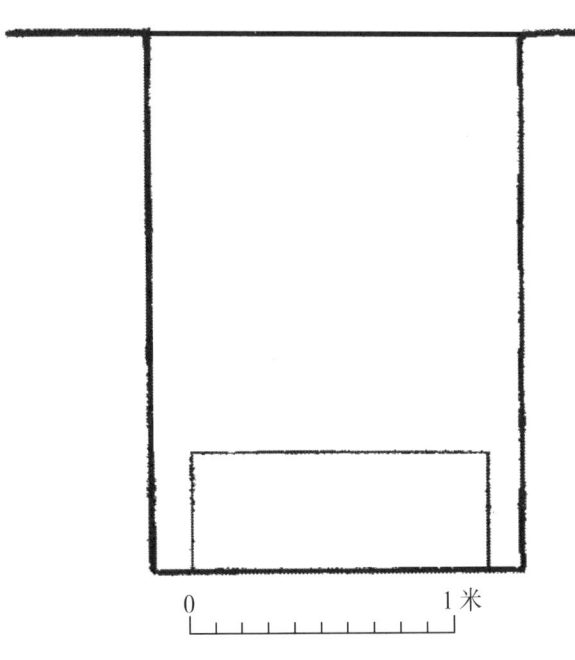

图八〇 M42 平、剖图

1、5.陶壶 2.陶罐 3.陶鼎 4.陶熏炉 6.铜镜 7.铁削 8.铜奁
9.玉璧 10.玉带钩 11.料珠 12.犬铃 13.龙形玉佩 14.玉觽

M42位于淮阳平粮台遗址东南部的T4内，墓的平面呈长方形，竖穴土坑墓，口底相当，长3米，宽1米，深1.75米。墓内填灰色五花夯土，墓向东，方向100°，头向东。有棺痕，棺长2.22米，宽0.80米，高0.38米。骨架已朽，从朽痕看为仰身直肢。（图八〇）

随葬品多放在死者的头部，随葬品有陶鼎、壶、罐、熏炉，玉璧、佩、玉带钩和铜镜、铜奁、犬铃等。死者是一女性。

随葬品 共14件，其中陶器5件、铜器3件、玉器4件、料珠1枚、铁削1件。

1.陶器 5件，有陶鼎1件、壶2件、罐1件、熏炉1件。

鼎 1件。标本M42：3，破。弧形鼎盖，盖上有两周凸弦纹；鼎为子母口，敛口，直腹，中腹部有一周凸弦纹，圜底，长方形附耳外侈，高蹄足。盖与鼎上有彩绘，今彩退，仅剩青黄色。口径21.6厘米，耳间宽30.4厘米，通高26.8厘米。（图版一〇，3；图八一，1）

壶 2件。1整1破。形制相同。泥质黑陶。标本M42：1，弧形盖，子母口，侈口，敛颈，鼓腹，底近平，喇叭形圈足。颈腹间有4组凹弦纹。口径12厘米，腹径20厘米，圈足径13厘米，通高32厘米。（图八一，2）

圜底罐 1件。标本M42：2，破。泥质灰陶。折沿，圆唇，高领，斜肩，筒腹，圜底。下腹部和底饰绳纹，纹饰清晰规整。口径12厘米，腹径22厘米，通高28厘米。（图八一，3）

2.铜器 3件，有铜镜、奁、犬铃各1件。

铜镜 1件。标本M42：6，完整。羽地纹镜。圆形，镜面平直，有郭，桥形钮外有一周凹弦纹，重圈钮座，清晰规整。直径11.3厘米，钮高0.3厘米，钮宽0.3厘米，缘宽0.2厘米，缘厚0.3厘米，肉厚0.1厘米。（图版一〇，5；图八二，1）

犬铃 1组4件。标本M42：12，完整。铃的口部呈凹弧形，上部近梯形，中部有长方形

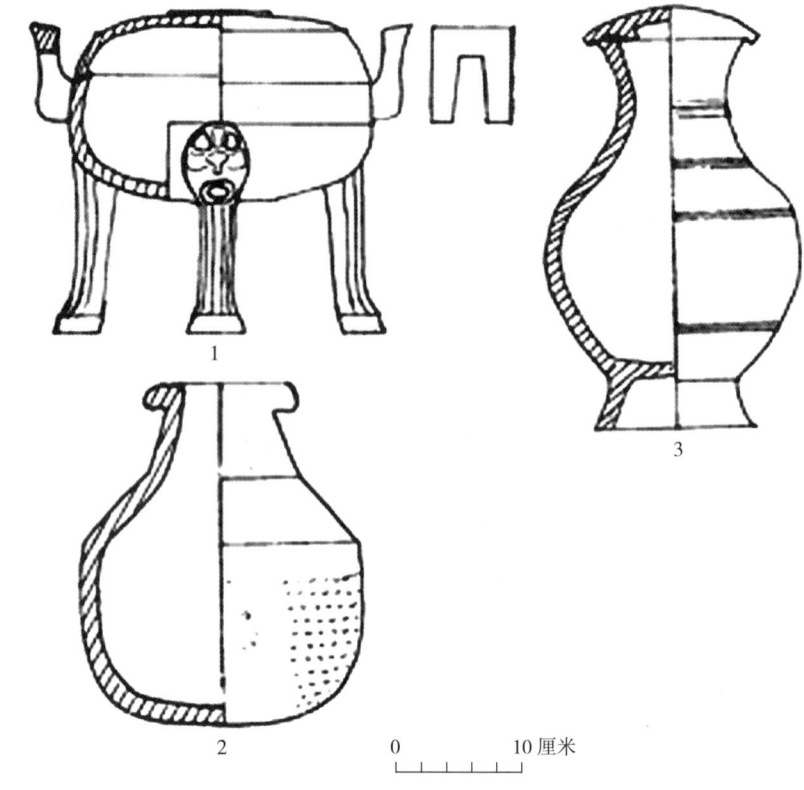

图八一　M42 出土陶器

1. 鼎（M42∶3）　2. 壶（M42∶1）　3. 圜底罐（M42∶2）

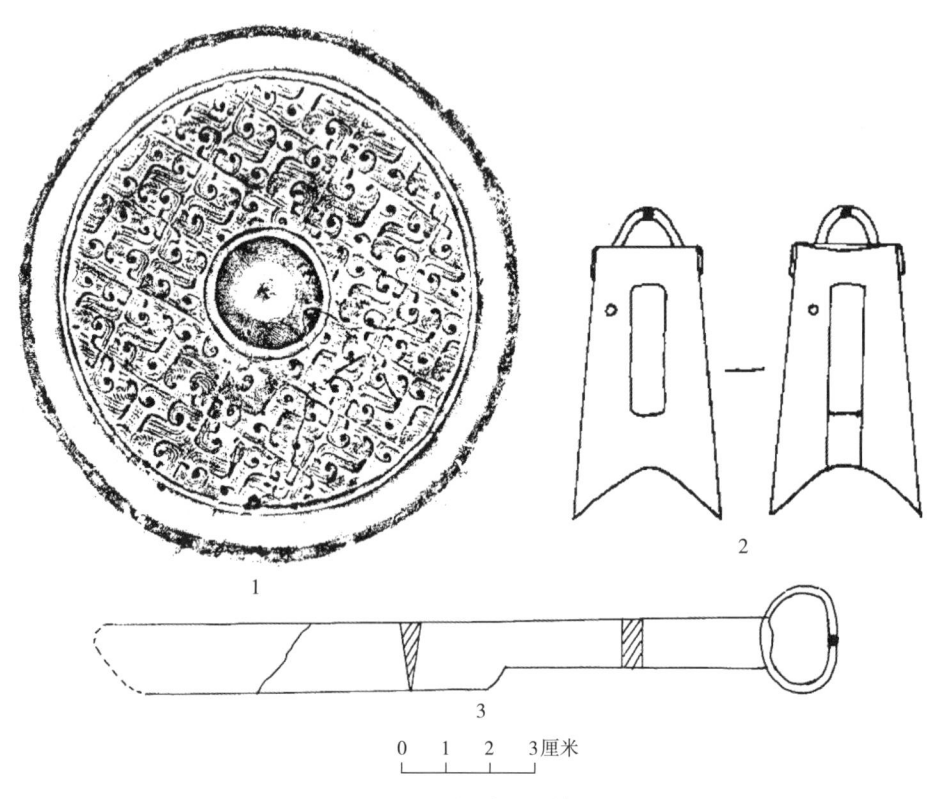

图八二　M42 出土铜器、铁器

1. 铜镜（M42∶6）　2. 铜犬铃（M42∶12）　3. 铁削（M42∶7）

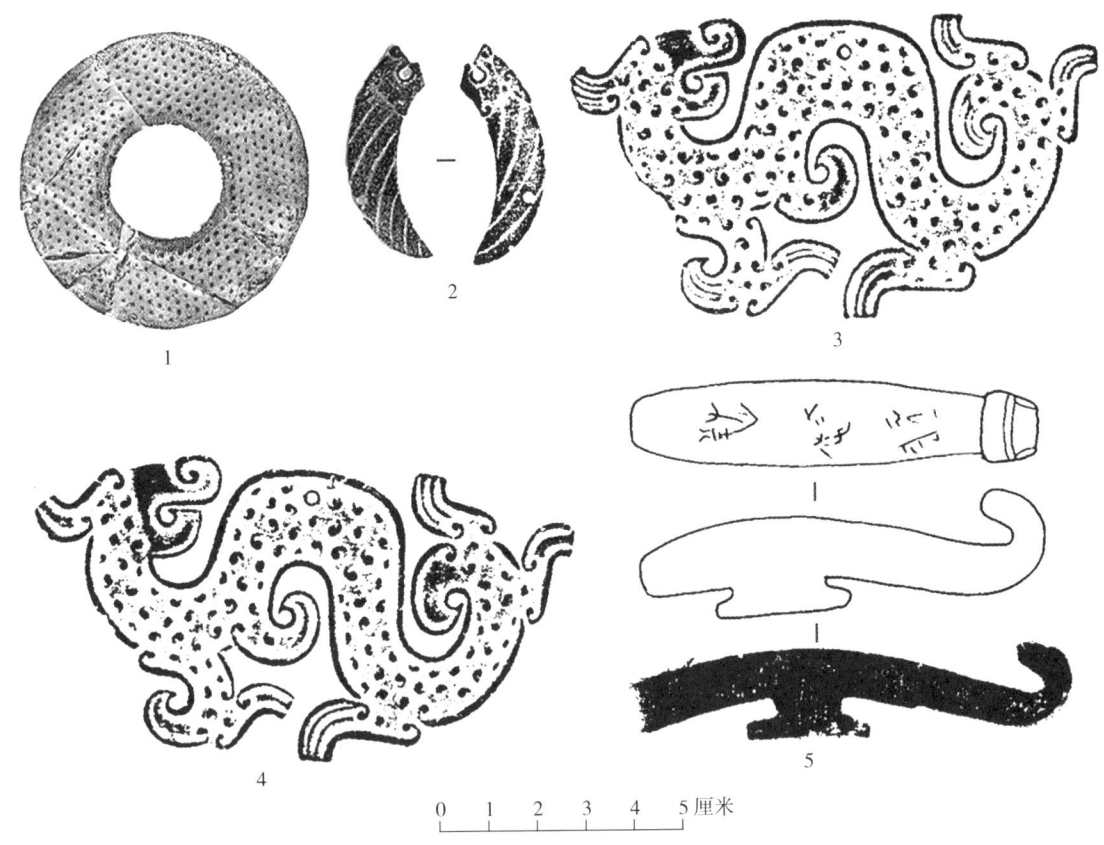

图八三　M42 出土玉器

1. 璧（M42：9）　2. 觿（M42：14）　3. 龙形佩（M42：13-1）　4. 龙形佩（M42：13-2）　5. 带钩（M42：10）

镂空，带状钮。下宽 3 厘米，上宽 2.2 厘米，高 6 厘米。（图版一〇，6；图八二，2）

铜杖　1 件。标本 M42：8，完整。

3. 玉器　4 件，有玉璧 1 件、玉带钩 1 件、龙形玉佩 1 对、玉觿 1 件。

璧　1 件。标本 M42：9，破，有内外郭，璧身饰隆起的谷纹。外径 9.8 厘米，内径 5.9 厘米，厚 0.4 厘米。（图八三，1）

龙形佩　1 对。完整。标本 M42：13-1、M42：13-2，形制相同。青白玉。透雕龙形，龙回首，躬身，卷尾，有郭，饰隆起的谷纹。腰的中上部有圆形穿孔。长 11.4 厘米，宽 5.8 厘米，厚 0.4 厘米。（彩版三〇；图八三，3、4）

带钩　1 件。标本 M42：10，青白玉，龙首，方唇，昂颈，方腹，齐尾，上有椭圆形扣，腹部有 3 个篆字，字有待识别。长 8.4 厘米，宽 1.5 厘米，高 2 厘米。（彩版三一，1、2；图八三，5）

觿　1 件。标本 M42：14，完整。青白玉。呈弯尖形，断面呈长方形，线刻夔龙纹，有首有尾，上有圆形穿孔。长 4.5 厘米，宽 1 厘米，厚 0.3 厘米。（彩版三一，5；图八三，2）

4. 铁削　1 件。

标本 M42：7，已残。椭圆形圜首，柄的断面为长方形，削的断面为三角形。残长 16.3 厘米。（图八二，3）

5. 料珠　1 件。

标本 M42：11，深蓝色，上有圆形图案，图案有黄、蓝、白等色。直径 2 厘米，穿孔径 0.6 厘米。（彩版三一，3、4）

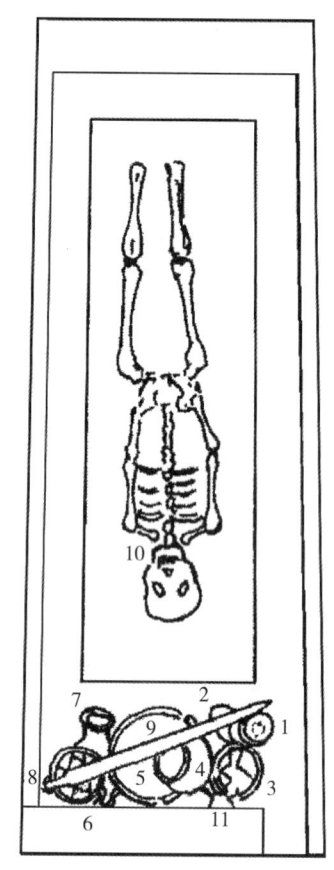

图八四 M43 平、剖图

1.陶敦 2.陶奁 3、7.陶壶 4.陶罐 5.陶鉴 6.陶
匜 8.陶鼎 9.铁剑 10.玉晗 11.陶高足壶

M43 位于淮阳平粮台遗址东部的 T17 内，距地表 0.30 米，1979 年 10 月发掘。为长方形竖穴土坑墓。墓的平面形状为长方形。墓向东，方向 175°。墓内填黄色五花土，经夯筑比较硬。

墓室 平面形状为长方形，墓口长 3.10 米，宽 1.18 米。四壁垂直而光洁，底的长宽与墓口相同。墓室四壁有熟土二层台，东西台宽 0.06 米，南北台宽 0.20 米。台距墓口 2.04 米，距墓底 0.26 米。

葬具 木椁和棺各一具，均已腐朽，其灰痕尚存，测量得知：椁长 2.70 米，宽 1.06 米；棺长 2.06 米，宽 0.76 米。高度不详。随葬器物有陶鼎、陶壶、陶罐、陶高足壶、陶敦、陶鉴、陶奁、陶匜、铁剑、玉晗。除玉晗在棺内外，其他器物都在棺外南部。（图八四）

随葬品 共 11 件，其中陶器 9 件、铁器 1 件、玉器 1 件。铁器和玉器均残甚。

陶器 9 件，为泥质灰陶和黑陶，有彩绘，今彩已退，器形有鼎、罐、壶、敦、鉴、匜、奁、高足壶。

鼎 1 件。标本 M43：8，弧形鼎盖，盖上有两周凸弦纹；鼎为子母口，敛口，直腹，中腹部有一周凸弦纹，圜底，长方形附耳外侈，高蹄足。盖与鼎上有彩绘，今彩退，仅剩青黄色。口径 19.2 厘米，腹径 24.8 厘米，耳间宽 30.4 厘米，通高 27 厘米。（图版一〇，4；图八五，1）

敦 1 件。标本 M43：1，圆球形，下部为子母口，上下部分各有 3 个敦钮孔，可能是木质敦钮。口径 18.5 厘米，通高 18.5 厘米。（图八五，4）

壶 2 件。标本 M43：3，泥质灰陶。无盖，侈口，方唇，敛颈，鼓腹，平底，喇叭形圈足。颈腹间有两周凹弦纹。口径 8 厘米，腹径 20 厘米，圈足径 13.6 厘米，高 29.6 厘米。（图八五，5）标本 M43：7，完整。泥质灰陶。有盖，侈口，方唇，敛颈，鼓腹，平底，圈足外侈。口径 8 厘米，腹径 20 厘米，圈足径 13 厘米，通高 31 厘米。（图八五，8）

高足壶 1 件。标本 M43：11，完整。泥质灰陶。敛口，方唇，圆腹，平底，下附喇叭形圈足。口径 5.2 厘米，腹径 9.2 厘米，底径 6.5 厘米，高 11.2 厘米。（图八五，3）

鉴 1 件。标本 M43：5，泥质黑陶。折沿，圆唇，斜腹，圜底。口径 31.2 厘米，高 8.4 厘米。（图八五，2）

匜 1 件。标本 M43：6，泥质灰陶，口呈椭圆形，有

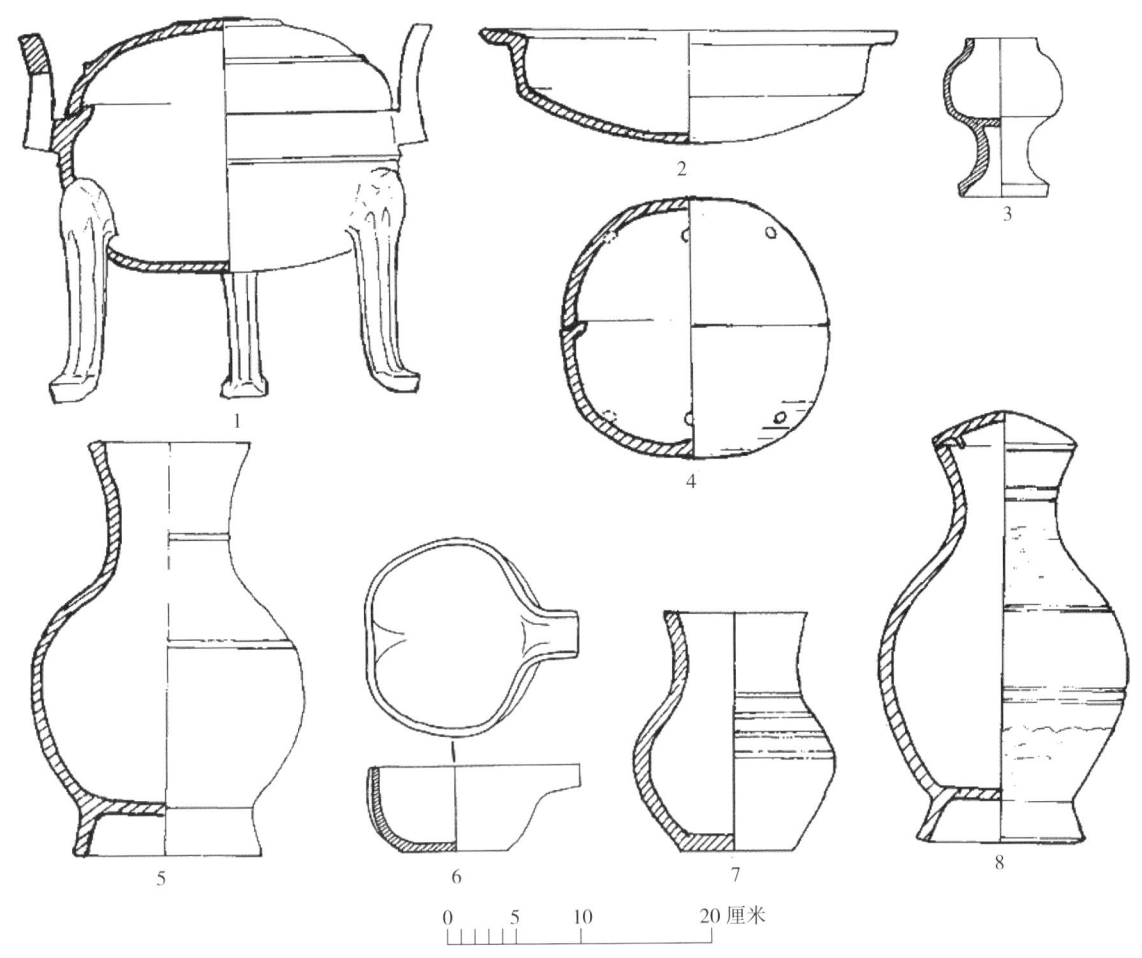

图八五　M43 出土陶器

1. 鼎（M43：8） 2. 鉴（M43：5） 3. 高足壶（M43：11） 4. 敦（M43：1） 5. 壶（M43：3）
6. 匜（M43：6） 7. 罐（M43：4） 8. 壶（M43：7）

流，平口，平底。口径 28 厘米，底径 8 厘米，高 5.8 厘米。（图八五，6）

罐　1件。标本 M43：4，破。泥质灰陶。口微侈，方唇，长颈，鼓腹，平底，腹部有四组凹弦纹。口径 10 厘米，腹径 14 厘米，底径 8 厘米，高 16 厘米。（图八五，7）

夋　1件。标本 M43：2，残甚。

M46 位于淮阳平粮台遗址东部 T10 的东边，东距 M47 约 3 米，距地表 0.30 米。1979 年 10 月发掘。为长方形竖穴土坑墓，墓的平面形状为长方形。方向 192°。墓内填黄色五花土，经夯筑比较硬。

墓室　平面形状为长方形，墓口长 2.86 米，宽 1.16 米。四壁垂直而光洁，平底。墓底的长宽与墓口相同。墓底距墓口 2 米。

葬具　为木棺一具，已腐朽，其灰痕尚存，棺长 2.02 米，宽 0.76 米，高度不详。

随葬器物有陶壶、铜镜、铜权、铜带钩、铜夋饰、铁环首刀、铁簪、玉璧、玉唅、玉觽、石珠、蚌壳。（图八六）

1. 陶器　3件，均为壶，泥质灰陶，形制相同。侈口，方唇，敛颈，鼓腹，平底，矮圈足微侈，腹部有弦纹。标本 M46：1，腹部有一条凸弦纹。口径 10 厘米，腹径 14.5 厘米，圈足径 10 厘米，高 17 厘米。（图

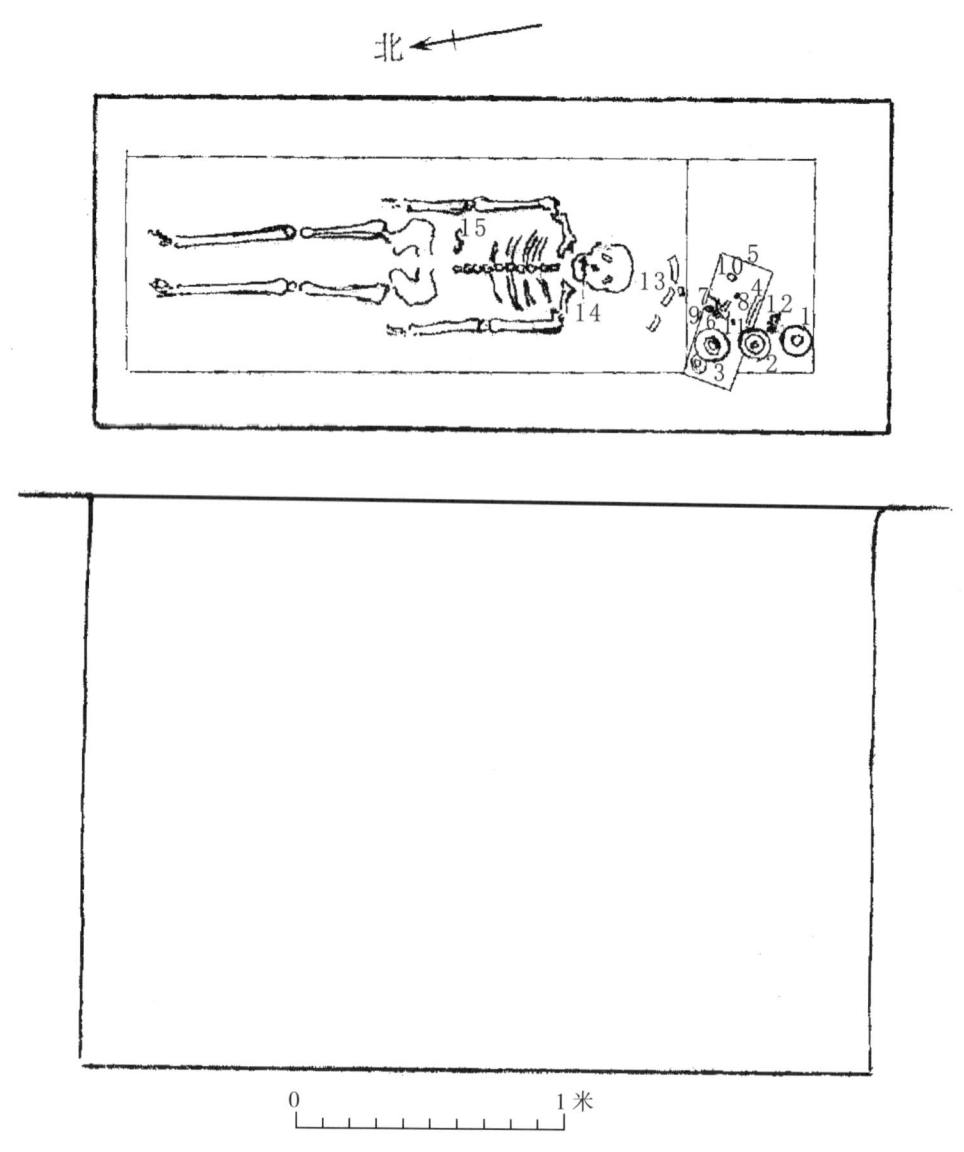

图八六　M46平、剖图

1~3.陶壶　4.铜镜　5.铜奁饰　6.铁环首刀　7.蚌壳　8.玉觿　9.铁簪　10.石珠
11.铜权　12、15.铜带钩　13.玉璧　14.玉唅

八七，1）标本 M46：2，腹部有一条凹弦纹、四条磨光弦纹，下腹部有刮削痕。口径 10 厘米，腹径 14.5 厘米，圈足径 10 厘米，高 16.5 厘米。（图版一一，1；图八七，2）标本 M46：3，腹部有一条凹弦纹，下腹部有刮削痕。口径 9.5 厘米，腹径 14 厘米，圈足径 10 厘米，高 15.5 厘米。（图八七，3）

2. 铜器　5件，除带钩为2件外，铜镜、铜奁饰、铜权各1件（枚）。

镜　1件。标本 M46：4，为羽地纹镜，破，圆形，镜面平直，钮已残，正方形钮座。面径 11.4 厘米，背径 11.4 厘米，钮宽 0.3 厘米，缘宽 0.2 厘米，缘厚 0.6 厘米，肉厚 0.2 厘米。（彩版三二，1；图八八，1）

带钩　2件。标本 M46：12 和 标本 M46：15，均残甚。

奁饰　1件。标本 M46：5，为木器卮的铜盖钮和底座，盖钮 3 个，底座平面为圆形，下附 3 个蹄足。

权　1枚。标本 M46：11，为权形压花印，印面为圆形。直径 1.2 厘米，高 1.2 厘米。（彩版三二，3；图八八，2）

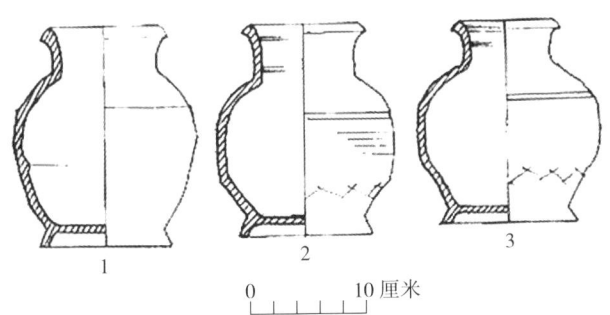

图八七　M46 出土陶壶
1. M46：1　2. M46：2　3. M46：3

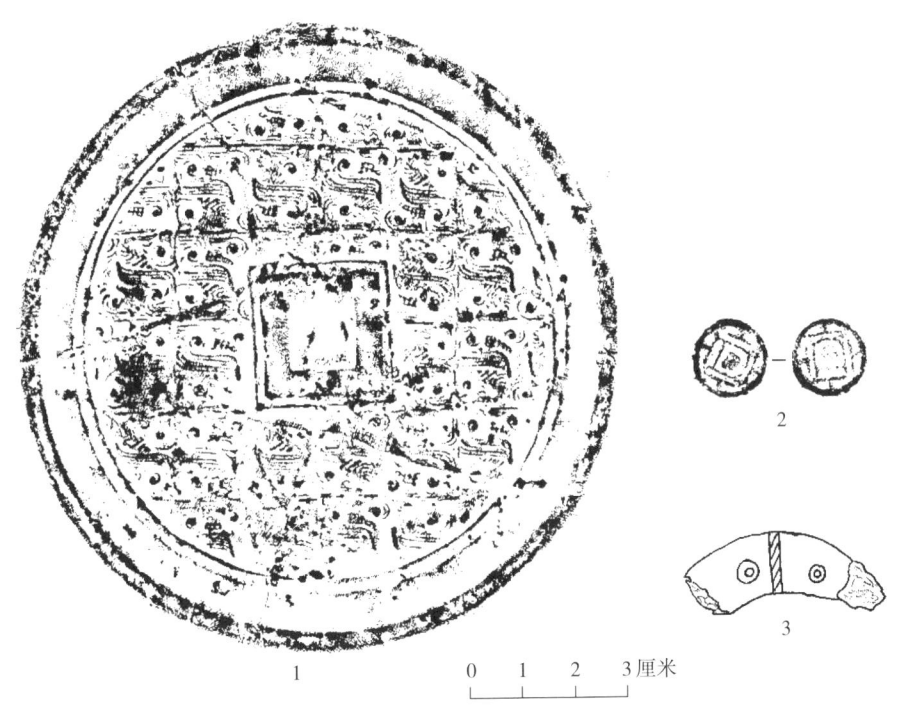

图八八　M46 出土铜器、玉器
1. 铜镜（M46：4）　2. 铜权（M46：11）　3. 玉晗（M46：14）

3. 铁器　2件，铁簪、铁环首刀均残甚。

4. 玉器　3件，有玉璧、玉晗、玉觽各1件。

璧　1件。破。标本 M46：13，有内外郭，饰隆起的谷纹，谷纹尚未成型，仅见方块。外径9.2厘米，内径3.7厘米，厚0.3厘米。（彩版三二，2）

晗　1件。标本 M46：14，残，弧形，其上有两个圆形图案。残长3.7厘米，宽1.5厘米，厚0.5厘米。（图八八，3）

觽　1件。标本 M46：8，如牛角形，粗端有圆形穿孔。长2.3厘米，宽0.5厘米，厚0.3厘米。（彩版三二，4）

M47位于淮阳平粮台遗址东南部的T23内，墓葬平面呈长方形，土坑竖穴，口底相当，长3米，宽1.32~1.42米，深3.80米。填灰色五花夯土，墓向南，方向15°，头向北。棺痕不详，骨架已朽，葬式不明。随葬品多放在死者的头部，有陶鼎、陶壶、陶敦、陶鉴、陶匜、陶高足壶、料珠、铜镜、龙形玉佩、玉璜、铜犬铃、铜璜、玉片、铁削。（图八九）

随葬品 30件，其中陶器20件、铜器3件、玉石器6件、铁器1件。

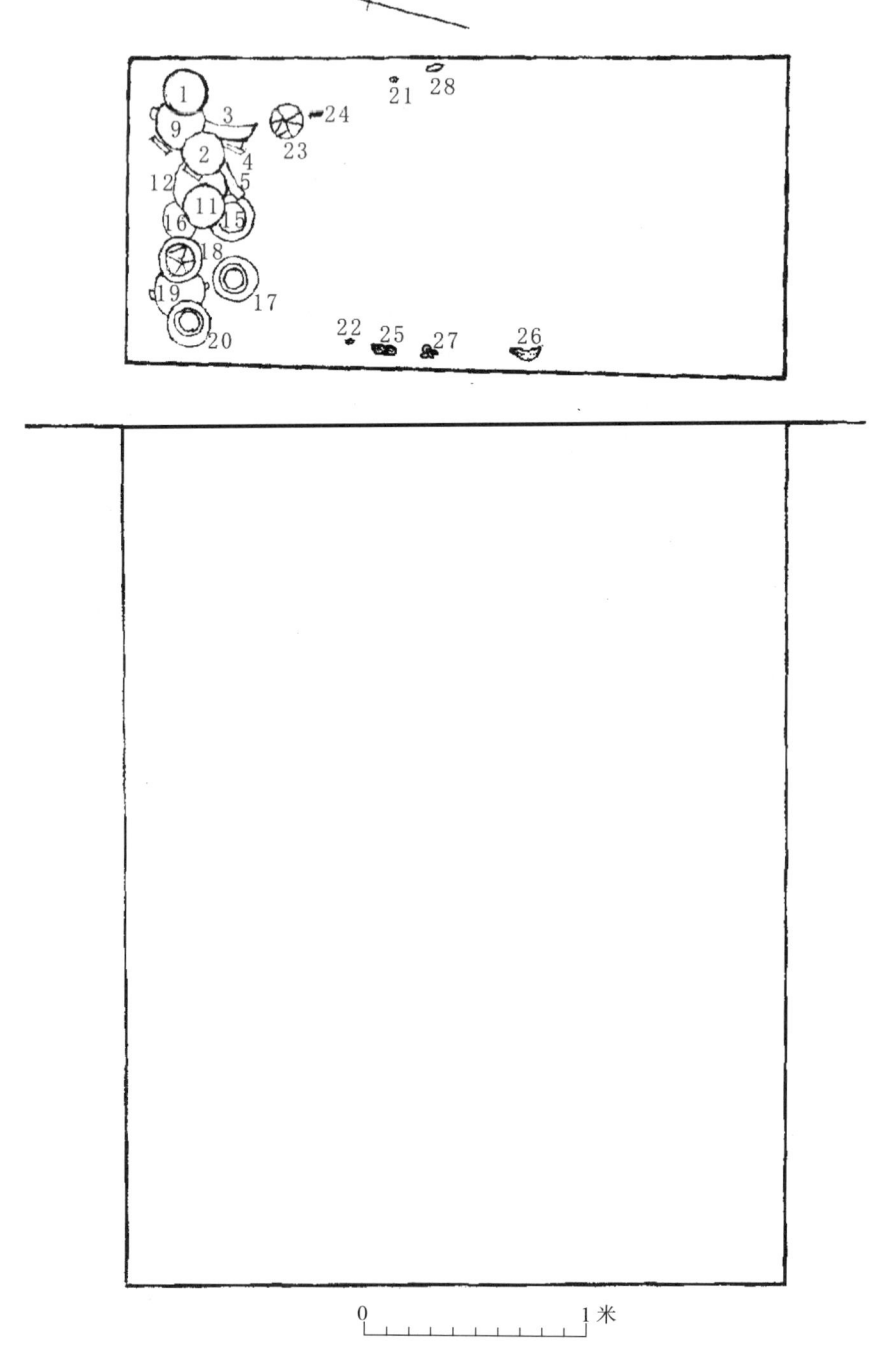

图八九 M47平、剖图

1、2、11、16.陶敦 3、4、5.陶鉴 6、7.陶匜 8、14.陶高足壶 9、10、12、13、19.陶鼎 15、17、18、20.陶壶 21、22.料珠 23.铜镜 24、25.龙形玉佩 26.玉璜 27.铜犬铃 28.铜璜 29.玉片 30.铁削

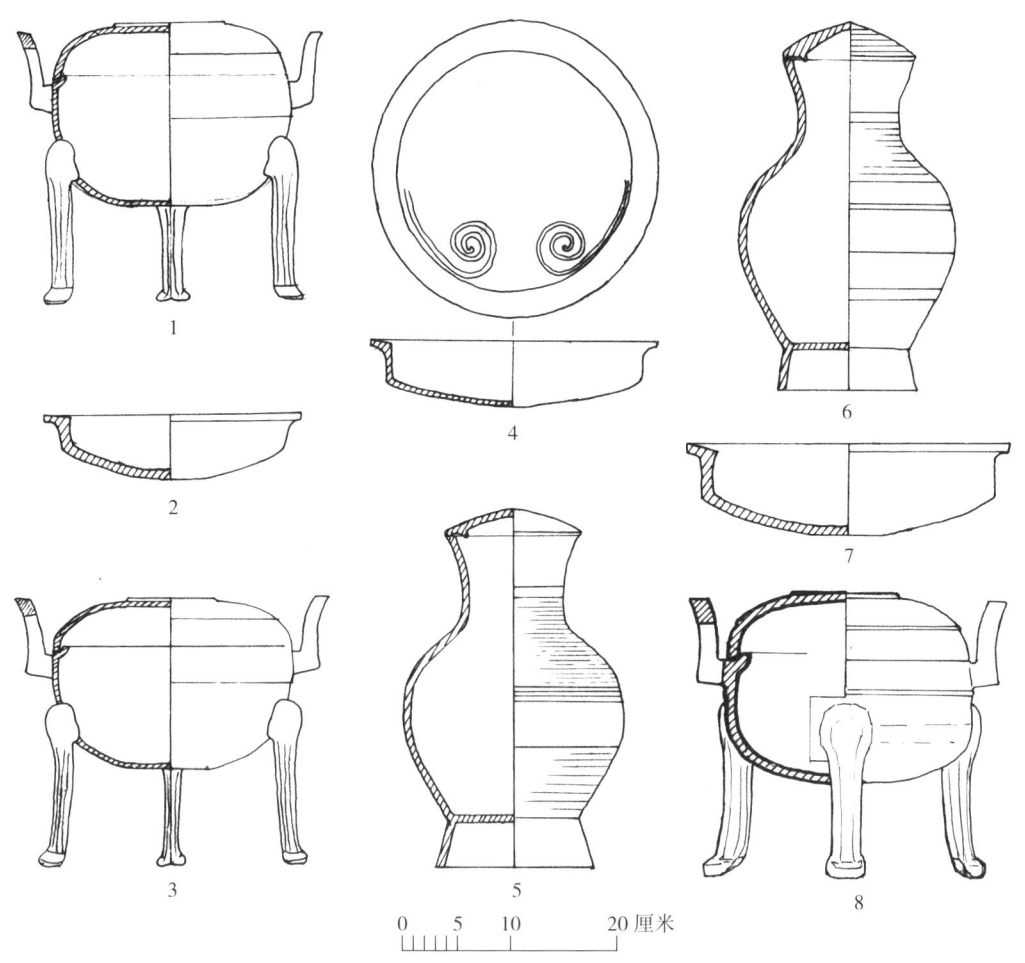

图九〇　M47 出土陶器

1. 鼎（M47：9）　2. 鉴（M47：5）　3. 鼎（M47：12）　4. 鉴（M47：4）　5. 壶（M47：20）
6. 壶（M47：18）　7. 鉴（M47：3）　8. 鼎（M47：10）

1. 陶器　20 件，有鼎 5 件、壶 4 件、敦 4 件、高足壶 2 件、鉴 3 件、匜 2 件。

鼎　5 件。形制相同，泥质灰陶。标本 M47：9，完整。弧形平顶盖，盖上饰两周凸弦纹；子母口，敛口、舌唇，直腹，圜底近平，下附 3 个兽蹄形高足，足上有刀削痕，长方形耳外侈。口径 18 厘米，腹径 25.5 厘米，耳间宽 28 厘米，通高 25.5 厘米。（图九〇，1）标本 M47：12，完整。弧形平顶盖，盖上饰一周凸弦纹；子母口，敛口，舌唇，直腹，圜底近平，下附 3 个兽蹄形高足，足上有刀削痕，长方形耳外侈。口径 20.5 厘米，腹径 23.5 厘米，耳间宽 26 厘米，通高 24.5 厘米。（图九〇，3）标本 M47：10，弧形鼎盖，盖上有一周凸弦纹；子母口，敛口，直腹，圜底，下附 3 个蹄形足，足上有刀削痕，长方形耳外侈。口径 25 厘米，耳间宽 28 厘米，高 26 厘米。（图九〇，8）

壶　4 件。形制相同，弧形盖，子母口，侈口，方唇，敛颈，鼓腹，平底，喇叭形圈足。颈腹间有密集的弦纹。标本 M47：18，口径 12.5 厘米，腹径 21 厘米，圈足径 13.5 厘米，通高 35.5 厘米。（图九〇，6）标本 M47：20，口径 12.5 厘米，腹径 21 厘米，圈足径 14.5 厘米，通高 32.5 厘米。（图九〇，5）标本 M47：17，口径 12 厘米，腹径 21 厘米，高 33 厘米。（图版一一，2）

敦　4 件。形制相同，平面呈圆形，侧视呈椭圆形或圆形，上下均有 3 个安装钮的圆孔，可分两式。

Ⅰ式：3 件。标本 M47：1，半圆形盖，子母口，敛口，方唇，半圆形底，上下腹部饰弦纹。口径 18 厘

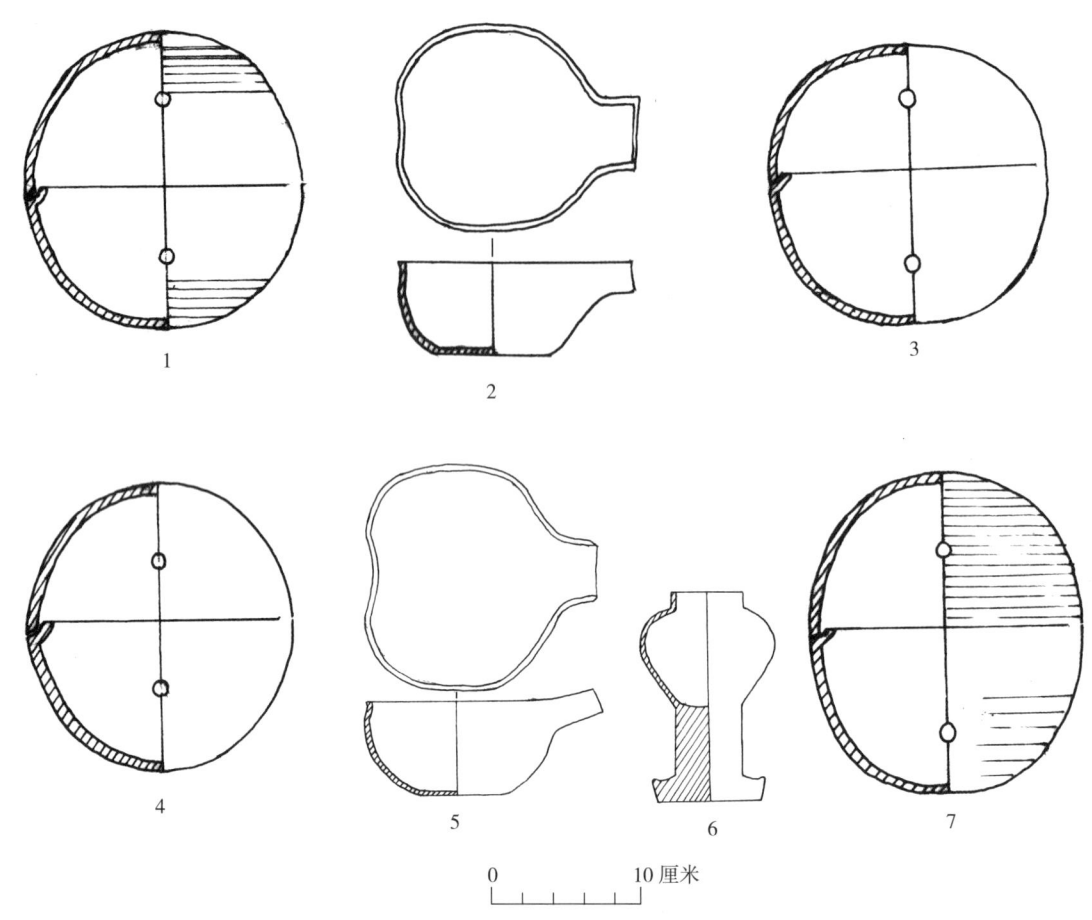

图九一　M47 出土陶器

1. Ⅰ式敦（M47∶1）　2.匜（M47∶6）　3. Ⅰ式敦（M47∶11）　4. Ⅰ式敦（M47∶2）
5.匜（M47∶7）　6.高足壶（M47∶8）　7.Ⅱ式敦（M47∶16）

米，腹径 19 厘米，通高 19 厘米。（图九一，1）标本 M47∶11，半圆形盖，子母口，敛口，方唇，半圆形底。口径 16.5 厘米，腹径 17.5 厘米，通高 18 厘米。（图九一，3）标本 M47∶2，半圆形盖，子母口，敛口，方唇，半圆形底。口径 18 厘米，腹径 18.5 厘米，通高 19 厘米。（图九一，4）

Ⅱ式：1 件。标本 M47∶16，侧视为椭圆形，上下饰均匀的弦纹。口径 16 厘米，腹径 19 厘米，通高 20.5 厘米。（图九一，7）

高足壶　2 件。形制相同。小口，方唇，短颈，鼓腹，圜底，细高柄，实心假圈足外侈。标本 M47∶8，口径 4.4 厘米，腹径 8 厘米，底径 6.5 厘米，高 12 厘米。（图九一，6）

鉴　3 件。泥质灰陶。标本 M47∶5，完整。折沿，圆唇，平口，直腹，圜底。口径 26 厘米，高 6 厘米。（图九〇，2）标本 M47∶3，残。泥质灰陶。侈口，斜折沿，方唇，直腹，圜底。口径 30 厘米，腹径 28 厘米，高 8.5 厘米。（图九〇，7）标本 M47∶4，盆内底部彩绘云纹。口径 27 厘米，腹径 24 厘米，高 6 厘米。（图九〇，4）

匜　2 件。完整。泥质黑陶。形制相同，大小有别。口呈椭圆形，有流，一侧内凹。标本 M47∶7，平面呈椭圆形，流微外鼓，流高于口沿，口微敛，平底。口径 13 厘米，底径 8.5 厘米，高 5.6 厘米。（图九一，5）标本 M47∶6，平面呈椭圆形，流与口沿平，口微敛，平底。口径 15.5 厘米，底径 8.5 厘米，高 6 厘米。（图九一，2）

2. 铜器　3件，铜镜、铜璜、犬铃各1件。

镜　1件。标本M47:23，残。为羽地纹五山镜，镜面平直，钮已残，钮座外为两周凸弦纹，其外为羽地纹五山，再外为双凸弦纹，有缘郭。直径19.5厘米，缘宽0.4厘米，厚0.4厘米。（图九二，1）

璜　1件。标本M47:28，残甚。

犬铃　1件。标本M47:27，平面呈三角形，中部有长方形镂空，带状钮。下宽3厘米，上宽2.2厘米，高6厘米。（图九二，2）

3. 玉器和料珠　6件，有玉璜1件、龙形玉佩2件、玉片1件和料珠2件。

玉璜　1件。残。标本M47:26，青玉，呈弧形，两侧呈一条线，有边郭，饰隆起的谷纹，中有圆形穿孔。长13厘米，宽2.7厘米，厚0.4厘米。（彩版三三，1；图九三，1）

玉片　1件。标本M47:29，灰白色。呈弧形，两侧呈一条线，中有穿孔。长5.3厘米，宽1.6厘米，厚0.2厘米。（图九三，4）

龙形玉佩　2件。完整。青玉。透雕龙体，线刻龙鳞，有边郭，形态不同。标本M47:24，龙回首，躬身，长尾，背的中上部、下颚有圆形穿孔。长13.3厘米，宽3.7厘米，厚0.4厘米。（彩版三三，2；图九三，2）标本M47:25，双龙同体。双龙回首俯于腰部，体外有云纹。长10.7厘米，宽4.6厘米，厚0.4厘米。（彩版三三，3；图九三，3）

料珠　2件。标本M47:21、22，残甚。

4. 铁器　1件。

铁削　1件。标本M47:30，锈蚀严重，难测其原形。

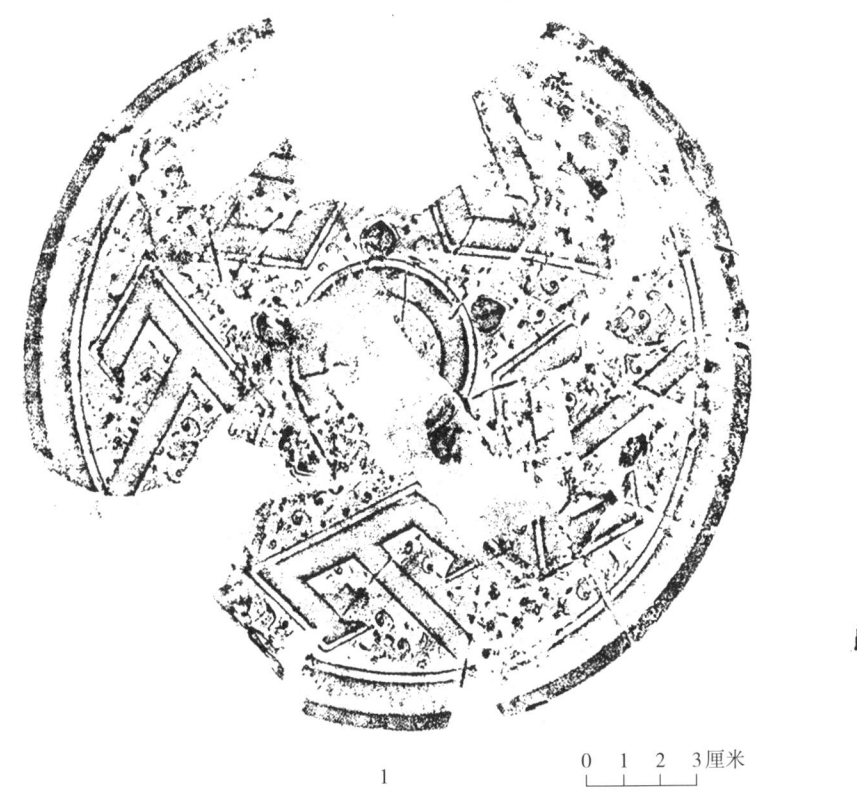
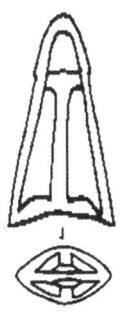
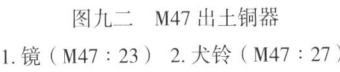

1　　　　　　　　　　　　　　2

图九二　M47出土铜器

1. 镜（M47:23）　2. 犬铃（M47:27）

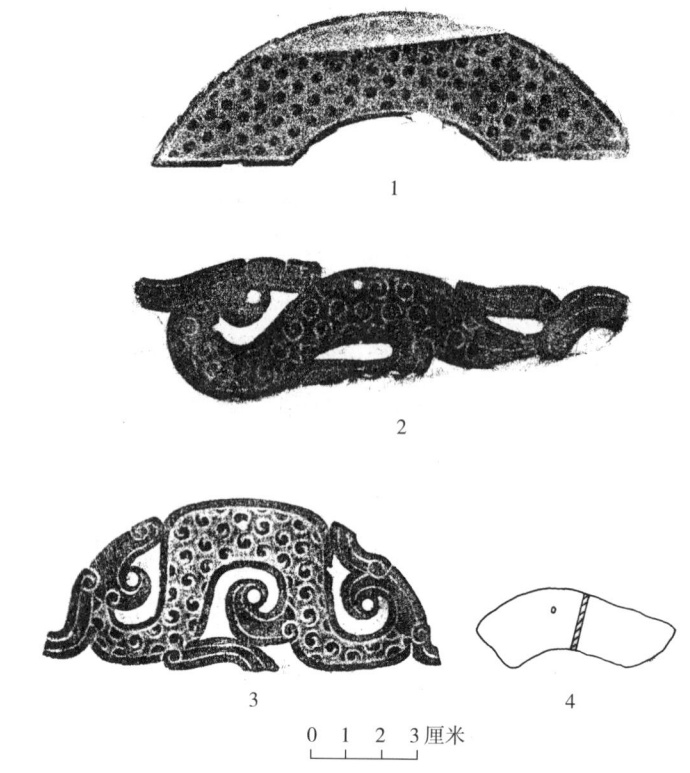

图九三　M47 出土玉器

1. 玉璜（M47：26）　2. 龙形玉佩（M47：24）　3. 龙形玉佩（M47：25）　4. 玉片（M47：29）

　　M49 位于淮阳平粮台遗址的东北部，墓的平面呈长方形，竖穴土坑墓，口底相当。长 2.78 米，宽 1.50 米，深 1.36 米。墓内填灰色五花夯土，墓向东，方向 97°，头向东。从棺痕看似为重棺。骨架已朽，葬式不明。内棺内墓主人的腰部随葬玉器、料珠，内棺外的东部随葬玉璜。外棺的南部随葬有陶鼎、陶壶、陶盒、陶匜、陶箕、铜带钩、铜鉴、铜璜、犬铃、铜环首铁削、铜镞、龙形玉佩、玉璜、三角玉片、玛瑙环、蚌璜等。（图九四）

　　随葬品　58 件（套），其中陶器 10 件、铜器 8 件（组）、玉石器 35 件（包）、蚌器 4 件。

　　1. 陶器　10 件，均为泥质深灰陶。有鼎 2 件、盒 2 件、壶 2 件、匜 2 件、鉴 1 件、箕 1 件。

　　鼎　2 件。形制相同，泥质灰陶。标本 M49：20，残。弧形平顶盖，盖上饰两周凸弦纹，状如覆钵；子母口，长方形耳外侈，敛口，圆唇，直腹，腹部有一周凸弦纹，圜底，下附 3 个兽面蹄形高足，足上有模制痕迹。口径 18.4 厘米，腹径 24 厘米，通高 24 厘米。（图九五，1）

　　壶　2 件。形制相同。标本 M49：16，弧形盖，子母口，侈口，方唇，敛颈，鼓腹，平底，下附喇叭形圈足。颈腹间有三周弦纹。口径 12 厘米，腹径 21.6 厘米，圈足径 14.5 厘米，通高 31.5 厘米。（图九五，5）

　　盒　2 件。破。泥质灰陶。标本 M49：15，覆钵形盖，上有两周凹弦纹，子母口，敛口，腹部有凸弦纹，下有喇叭形圈足。口径 20 厘米，圈足径 12 厘米，高 10 厘米。（图九五，4）标本 M49：22，泥质黑陶。仅剩盖。覆钵形盖，上有密集磨光的凹弦纹。口径 19.5 厘米，高 3.5 厘米。

　　鉴　1 件。残。泥质灰陶。标本 M49：19，折沿，方唇，折腹，圜底。口径 20 厘米，高 3.6 厘米。（图九五，2）

　　匜　2 件。完整。形制相同，泥质黑陶。标本 M49：23，平面呈椭圆形，流微外鼓，微低于口沿，尾上

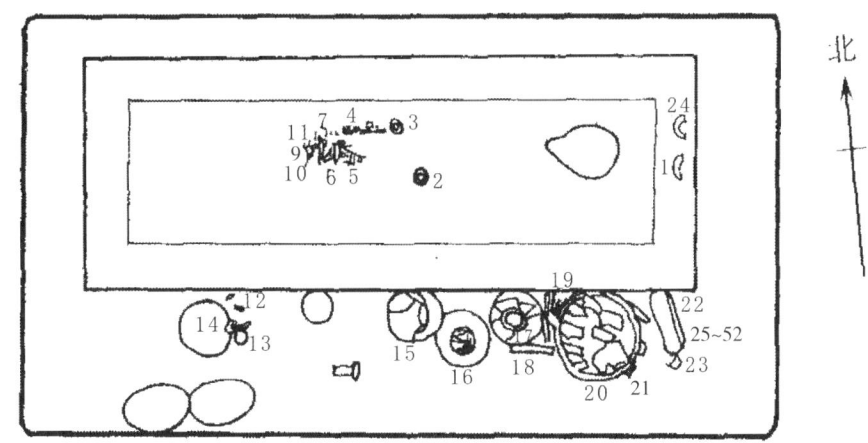

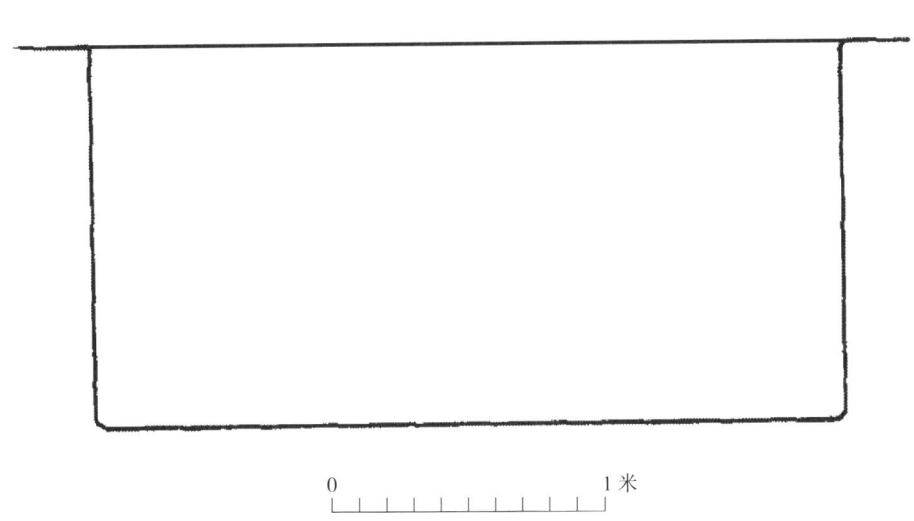

图九四 M49平、剖图

1. 玉璧 2、3. 玛瑙环 4、26、27、44、45、46、50. 料珠 5~8、24、32、34~43. 玉璜 9、10. 龙形玉佩 11. 玉管饰
12. 铜卮饰 13、23. 陶匜 14. 铜鉴 15、22. 陶盒 16、17. 陶壶 18. 铜镜 19. 陶鉴 20、21. 陶鼎 25. 铜带钩 28. 菱形玉饰
29、30、31、33. 蚌璜 47. 铜璜 48. 犬铃 49. 铜管饰 51. 玉料 52. 铜环首铁削 53. 陶箕 54. 铜镞 55、56、57. 玉圭（25~52号
均被压于22号之下，53号压于16号之下，54~57号出于填土中）

翘，口微侈，内为圜底，外为平底。口径13.5～13.6厘米，底径12.5厘米，高4.6厘米。（图九五，6）

箕 1件。破。泥质灰陶。标本M49：53，平面呈椭圆形，箕沿外鼓，与底平，箕的后半部微高，内为
圜底，外为小平底，底部有制陶时用绳切割的痕迹。口径8.5～9.2厘米，高2.6厘米。（图九五，3）

2. 铜器 8件（组），有铜卮饰、铜璜、犬铃、铜镜、铜带钩、铜环首铁削、铜镞、铜管饰。

卮饰 1组。标本M49：12，破。为木漆器的铜饰件，有盖顶的衔环、钮饰、把、底座蹄足。口径11.7
厘米，底座径12.5厘米，通高16.5厘米。（彩版三四，1；图九六，1）

镜 1枚。标本M49：18，完整。为五山镜。圆形，镜面平直，桥形钮，圆形钮座。面径12.8厘米，背
径12.8厘米，钮高0.7厘米，钮宽0.7厘米，缘宽0.5厘米，缘厚0.55厘米，肉厚0.2厘米。（彩版三四，
2；图九七，1）

璜 1组8件。标本M49：47，素面，呈弧形，上部有圆形穿孔。长8.7厘米，宽1.5厘米，厚0.2厘

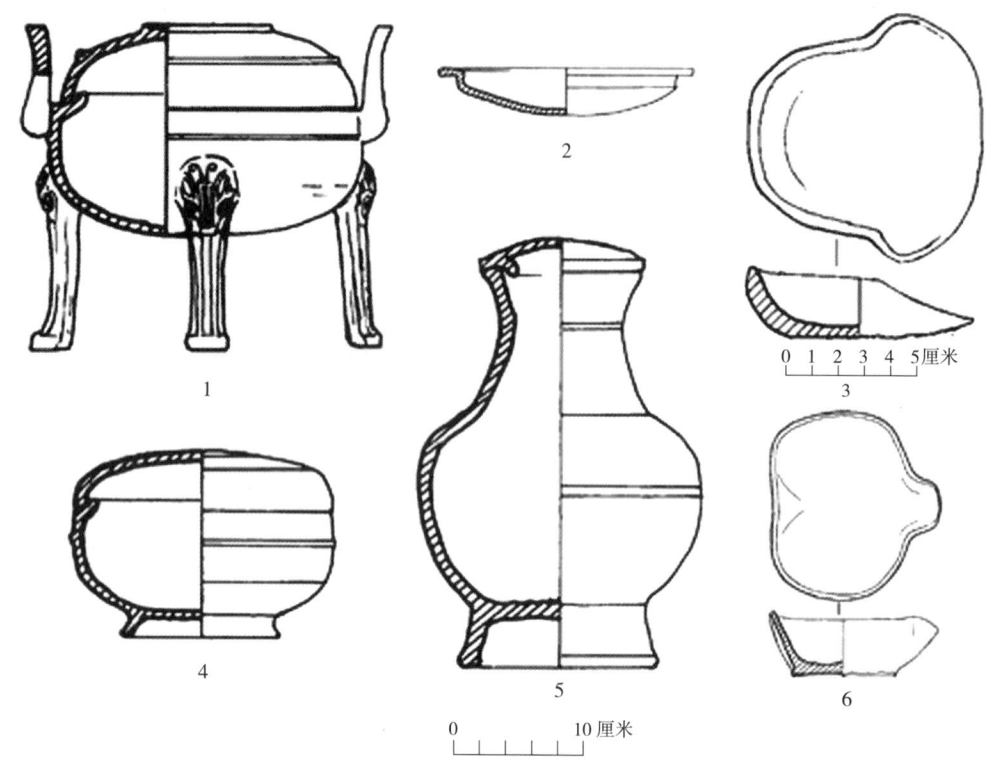

图九五　M49出土陶器

1. 鼎（M49：20）　2. 鉴（M49：19）　3. 箕（M49：53）　4. 盒（M49：15）　5. 壶（M49：16）　6. 匜（M49：23）

米。（图九六，3）

犬铃　1组10件。标本M49：48，破。带状钮，体呈布币形，铃体两侧中空。上宽1.2厘米，下宽2.8厘米，高3.5厘米。（彩版三四，3；图九六，2）

铜环首铁削　1件。标本M49：52，破。椭圆形首，削微弧。环径2~3厘米，宽1.2厘米，厚0.3厘米。（图九七，3）

管饰　1串。标本M49：49，呈圆柱状，中有圆形穿孔。直径0.6厘米，穿孔0.3厘米，长2厘米。（图九六，4）

镞　1件。标本M49：54，破。镞的平面呈三角形，断面呈椭圆形双尖状，镞尾较长，断面呈菱形。宽2厘米，厚0.3厘米，通长6厘米。（图九七，2）

3. 玉石器　36件（包），有玉璧1件、玉璜16件、玉佩2件、玉圭3件、菱形玉饰1件、玉料2件、玉管饰2包、玛瑙环2件、料珠7件。

璧　破。标本M49：1，青白玉。有郭，饰隆起的谷纹。外径9.5厘米，内径3.8厘米，厚0.4厘米。（彩版三五，1）

璜　16件。形制不相同，玉质也不同。标本M49：6，两侧呈一条直线，有边郭，饰隆起的谷纹，上部有圆形穿孔。长6.6厘米，宽1.9厘米，高3.8厘米，厚0.5厘米。（彩版三六，1；图九八，1）标本M49：5，呈半圆形，两侧呈一条直线，有边郭，饰隆起的谷纹，上部有圆形穿孔。长7.3厘米，宽1.6厘米，高3.5厘米，厚0.3~0.6厘米。（彩版三六，2）标本M49：7，两侧为斜直线，弧度较大，有边郭，饰隆起的谷纹，上部有圆形穿孔。长10.6厘米，宽1.6~2厘米，高3.1厘米，厚0.4~0.5厘米。（彩版三七，1；图九八，3）标本M49：8，两侧为斜直线，弧度较大，有边郭，饰隆起的谷纹，上部有圆形穿孔。长10.5厘米，宽

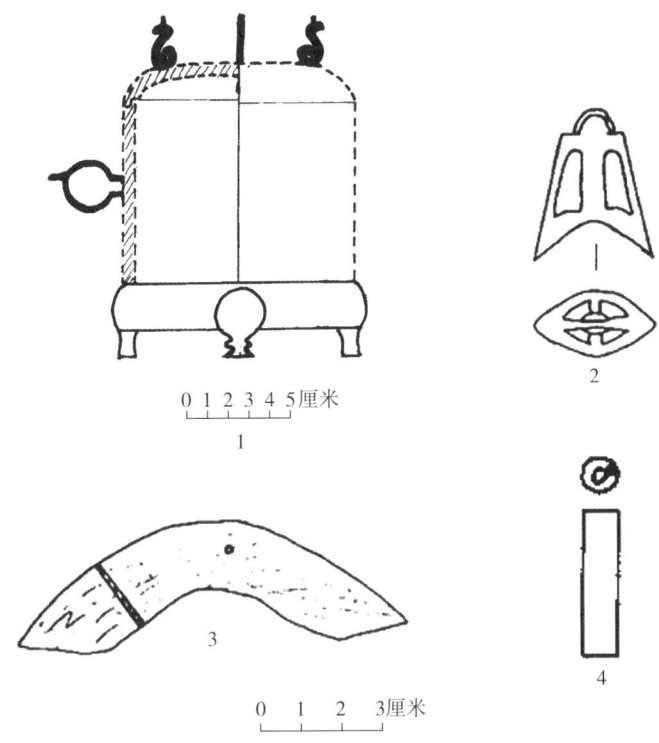

图九六 M49 出土铜器

1. 厄饰（M49：12） 2. 犬铃（M49：48） 3. 璜（M49：47） 4. 管饰（M49：49）

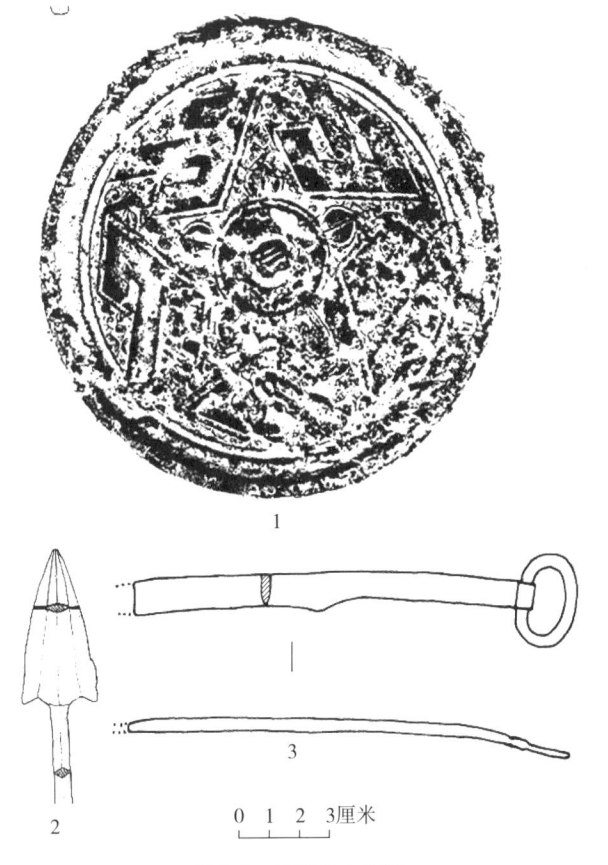

图九七 M49 出土器物

1. 铜镜（M49：18） 2. 铜镞（M49：54） 3. 铜环首铁削（M49：52）

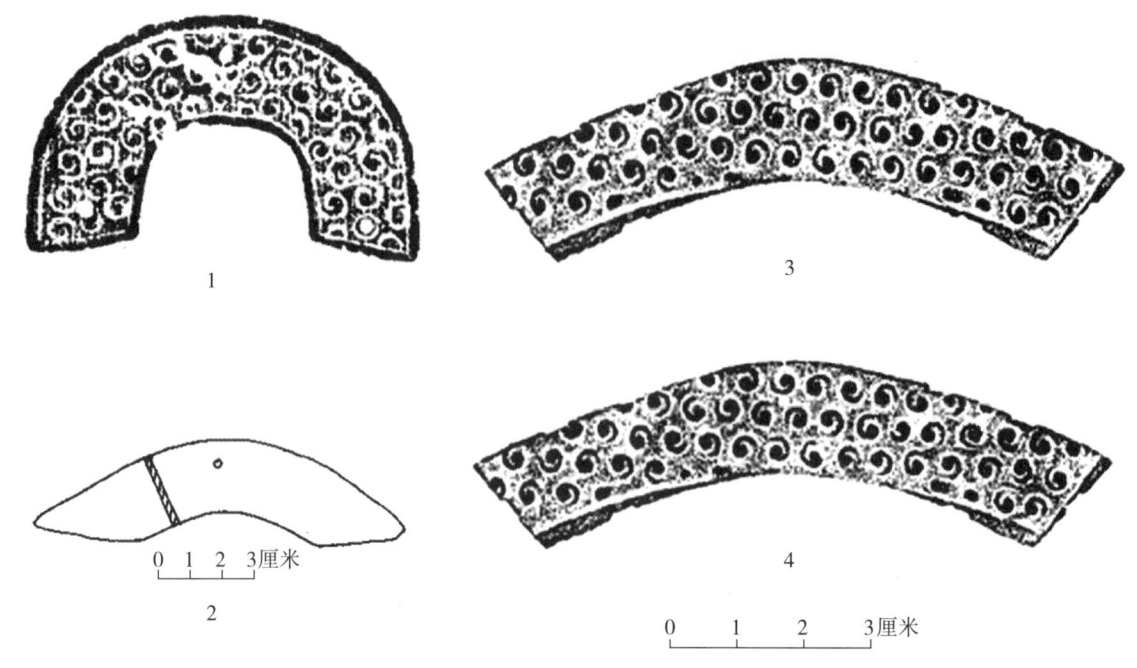

图九八 M49 出土玉器

1. 玉璜（M49：6） 2. 玉璜（M49：34） 3. 玉璜（M49：7） 4. 玉璜（M49：8）

1.6~1.8 厘米，高 3 厘米，厚 0.4~0.5 厘米。（彩版三七，2；图九八，4）标本 M49：34，乳白色，青白玉，两侧斜直，素面，中间有圆形穿孔。长 8.8 厘米，宽 1.6 厘米，高 2.1 厘米，厚 0.3 厘米。（彩版三七，4；图九八，2）余者多与其相似，如标本 M49：32、35~43。（彩版三六，3~8；彩版三七，3、5~8）

龙形玉佩 2 件。标本 M49：9、10，形制相同，完整。青玉，透雕龙形，线刻龙鳞，龙回首，挺胸，躬身，长尾，似奔腾状。（彩版三八）标本 M49：9，长 8.6 厘米，宽 5 厘米，厚 0.45 厘米。（图九九，1）

玉圭 3 件。青玉。多为破的玉璧改制而成。上留有原器上的线刻纹饰，圭形。标本 M49：55，高 7.7 厘米，宽 3.3 厘米，厚 0.4 厘米。（彩版三五，2；图九九，4）标本 M49：56，高 6 厘米，宽 3.2 厘米，厚 0.4 厘米。（彩版三五，6；图九九，5）标本 M49：57，高 4.7 厘米，宽 3.6 厘米，厚 0.4 厘米。（彩版三五，3；图九九，6）

菱形玉饰 1 件。标本 M49：28，破。呈枣核形，中有两个圆形穿孔，其上黑绘 4 个菱形。宽 1.3 厘米，长 3.6 厘米，厚 0.3 厘米。（图九九，3）

玉管饰 出土 2 包。标本 M49：11，呈圆柱状，中有圆形穿孔。直径 0.6 厘米，中间穿孔径 0.3 厘米，长 1.3 厘米。（彩版三五，4；图九九，7）

玛瑙环 2 件。标本 M49：2、3，完整。（彩版三九，1、2）标本 M49：2，圆环形，断面呈三角形。外径 4 厘米，内径 2.4 厘米，厚 0.6 厘米。（图九九，8）

料珠 7 件。完整。标本 M49：4、26、27、44、45、46、50，形制相同，胎为蓝色玻璃，圆形，中有穿孔，外涂圆形七星。直径 1.7 厘米，高 1.2 厘米。（彩版三九，7~9；图九九，2）

玉料 2 件。标本 M49：51，残。（彩版三五，5）

4. 蚌璜 4 件。2 整 2 残，形制不同。

标本 M49：29、30、31、33，呈扇面形，有圆形穿孔。长 9 厘米，宽 2 厘米，厚 0.3 厘米。（彩版三九，3~6）

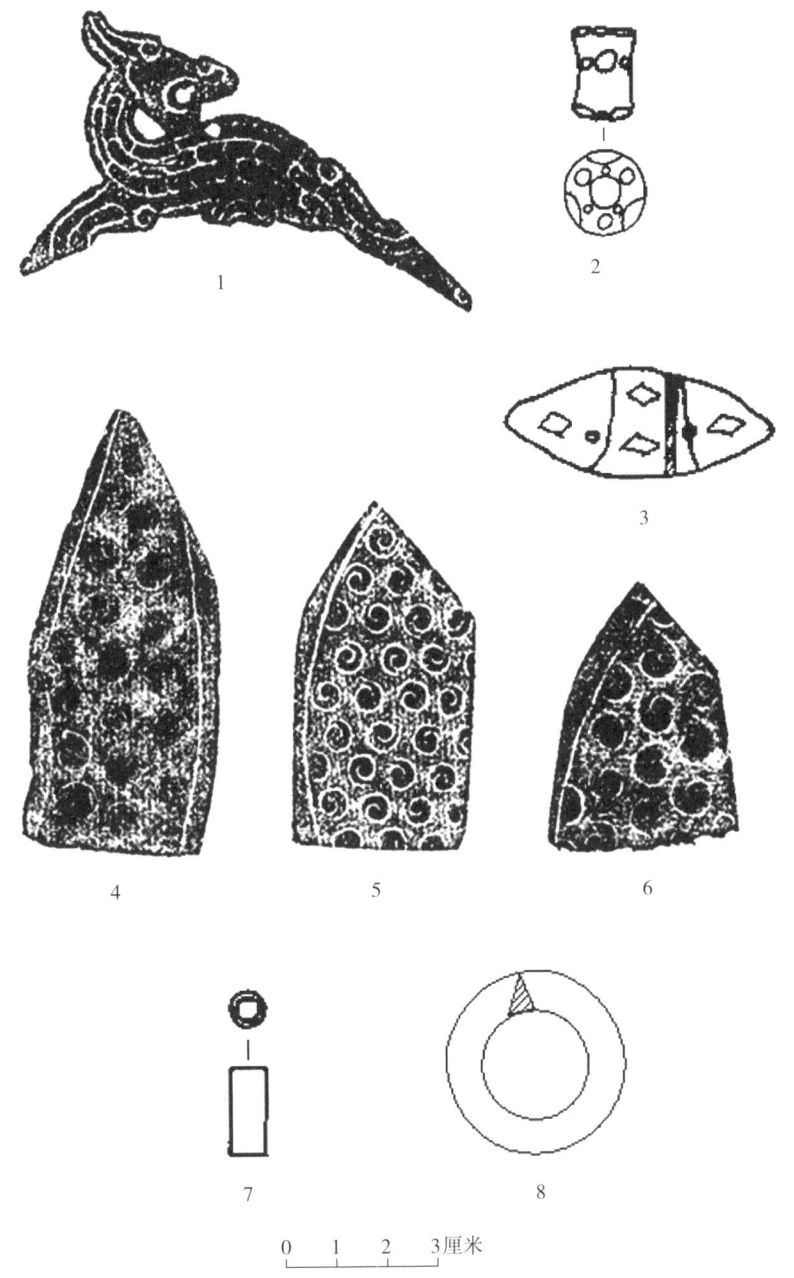

图九九　M49 出土器物

1. 龙形玉佩（M49：9）　2. 料珠（M49：45）　3. 菱形玉饰（M49：28）　4. 玉圭（M49：55）　5. 玉圭（M49：56）
6. 玉圭（M49：57）　7. 玉管饰（M49：11）　8. 玛瑙环（M49：2）

M75 位于淮阳平粮台遗址的南部正中，被汉墓 M73、M74 打破，长方形竖穴土坑墓，口底相当，长 2.74 米，宽 1.16 米，深 2.56 米。墓内填棕五花土，墓向东，方向 100°。随葬品多放在死者的头部，出土铜剑 1 把，陶鼎、陶盒、陶壶、陶敦、陶鉴各 1 件。死者是一男性。（图一〇〇）

1. 陶器　5 件，均为泥质深灰陶。

鼎　1 件。标本 M75：3，弧形鼎盖，盖顶上有一周凸弦纹，盖体上有一周凸弦纹。子母口，敛口，直腹，中腹部有一周凸弦纹，圜底，长方形附耳外侈，高蹄足。口径 24 厘米，耳间宽 28 厘米，通高 27.2 厘米。（图一〇一，1）

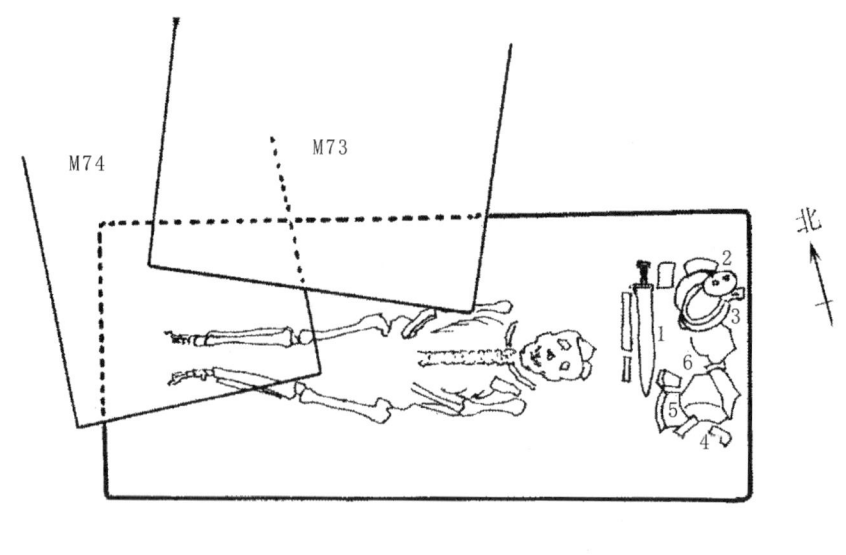

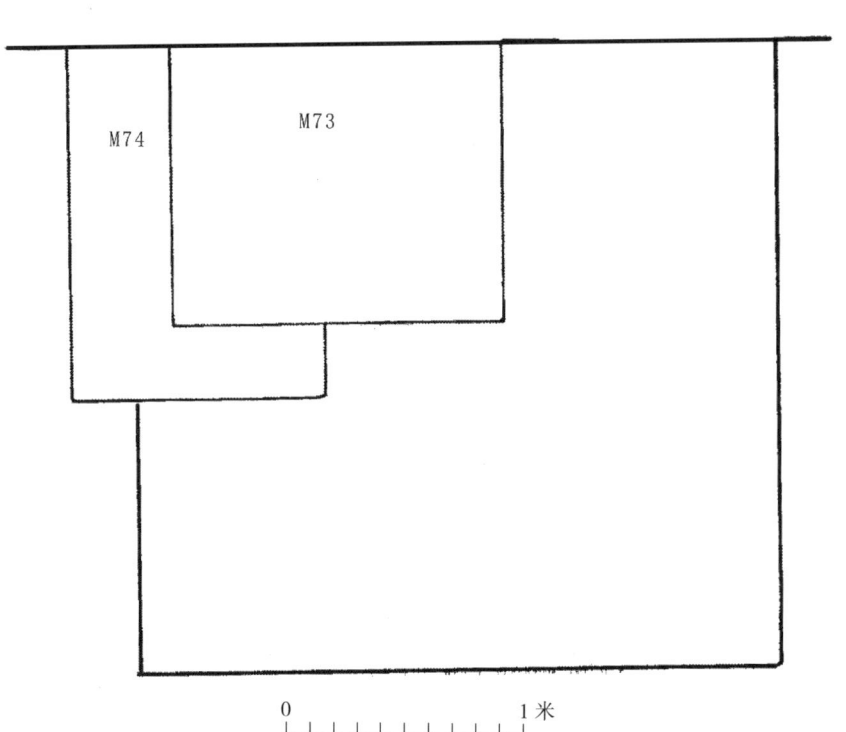

图一〇〇　M75 平、剖图

1. 铜剑　2. 陶敦　3. 陶鼎　4. 陶盒　5. 陶壶　6. 陶鉴

　　盒　1件。标本 M75：4，破。覆钵形盖，上有两周凸弦纹，子母口，敛口，腹部有两周凸弦纹，平底。口径 19.5 厘米，底径 10 厘米，高 12.6 厘米。（图一〇一，4）

　　敦　1件。标本 M75：2，状如椭圆形，下部为子母口，上下部分各有 3 个敦钮孔。口径 18 厘米，通高 18 厘米。（图一〇一，3）

　　壶　1件。标本 M75：5，破。弧形盖，子母口，侈口，圆唇，敛颈，鼓腹，平底，喇叭形圈足，微侈。颈腹间有三周弦纹。口径 13.4 厘米，腹径 21.6 厘米，圈足径 15 厘米，通高 31 厘米。（图一〇一，2）

　　鉴　1件。标本 M75：6，破。折沿，方唇，弧腹，圜底。口径 32 厘米，高 8.7 厘米。（图一〇一，5）

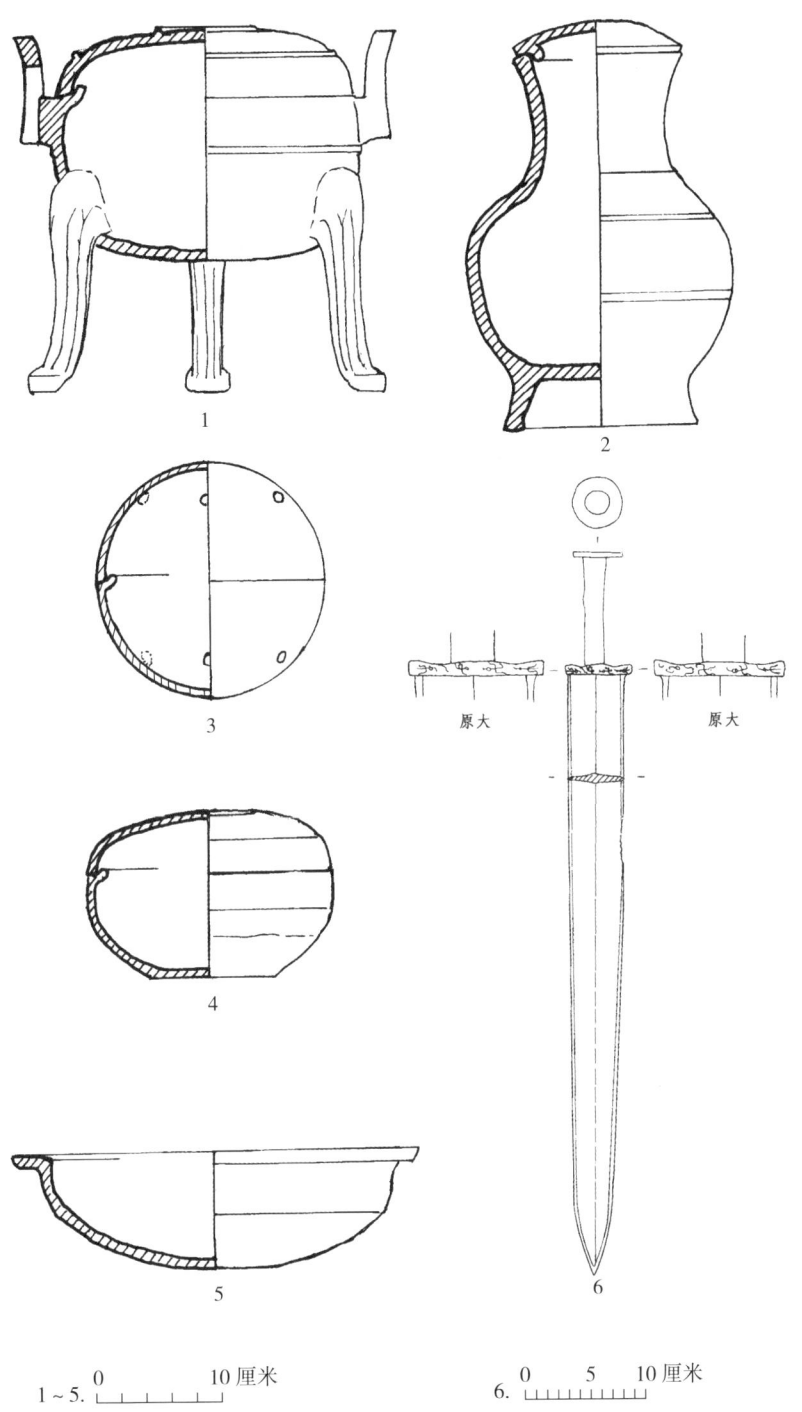

图一〇一　M75 出土器物

1.陶鼎（M75：3） 2.陶壶（M75：5） 3.陶敦（M75：2） 4.陶盒（M75：4） 5.陶鉴（M75：6） 6.铜剑（M75：1）

2.铜剑　1件。

标本 M75：1，完整。平首，格上有"戉"（越王），有脊，断面呈菱形。通长65厘米。（彩版四〇；

图一〇一，6）

M76 位于淮阳平粮台遗址的西南部，西部被汉墓打破，长方形竖穴土坑墓。口底相当，长 2.98 米，宽 1.50~1.60 米，深 1.60 米。墓内填灰五花土，墓向东，方向 100°，头向西。木棺已朽，位于墓底中部略偏西南，长 2.06 米，宽 0.70 米。随葬品多放在棺的西部和北部，铜镜放在棺外东北角。死者是一老年女性。（图一〇二）

随葬品　21 件，有陶鼎、壶、盒、罐、高足壶、匜、熏炉、盘、箕、勺，玉璧、玉璜、玉晗、料珠，铜镜、铜厄、泥金饼等。

1. 陶器　14 件，均为泥质深灰陶。器形有陶鼎 2 件，壶 2 件，盒 2 件，高足壶 2 件，罐、匜、熏炉、盘、箕、勺各 1 件。

鼎　2 件。破。泥质灰陶。形制相同，大小有别。器上涂朱砂，今已退。标本 M76∶8，弧形鼎盖，盖顶上有一周凸弦纹，盖体上有一周凸弦纹。子母口，敛口，直腹，中腹部有一周凸弦纹，圜底，长方形附耳外侈，附 3 个兽面高蹄足。口径 20 厘米，腹径 24 厘米，耳间宽 28.8 厘米，通高 23.2 厘米。（图一〇三，1）标本 M76∶6，弧形鼎盖，盖顶上有一周凸弦纹，盖体上有一周凸弦纹。子母口，敛口，直腹，中腹部有一周凸弦纹，圜底，长方形附耳外侈，附 3 个兽面高蹄足。口径 17.6 厘米，腹径 23.2 厘米，耳间宽 28.5 厘

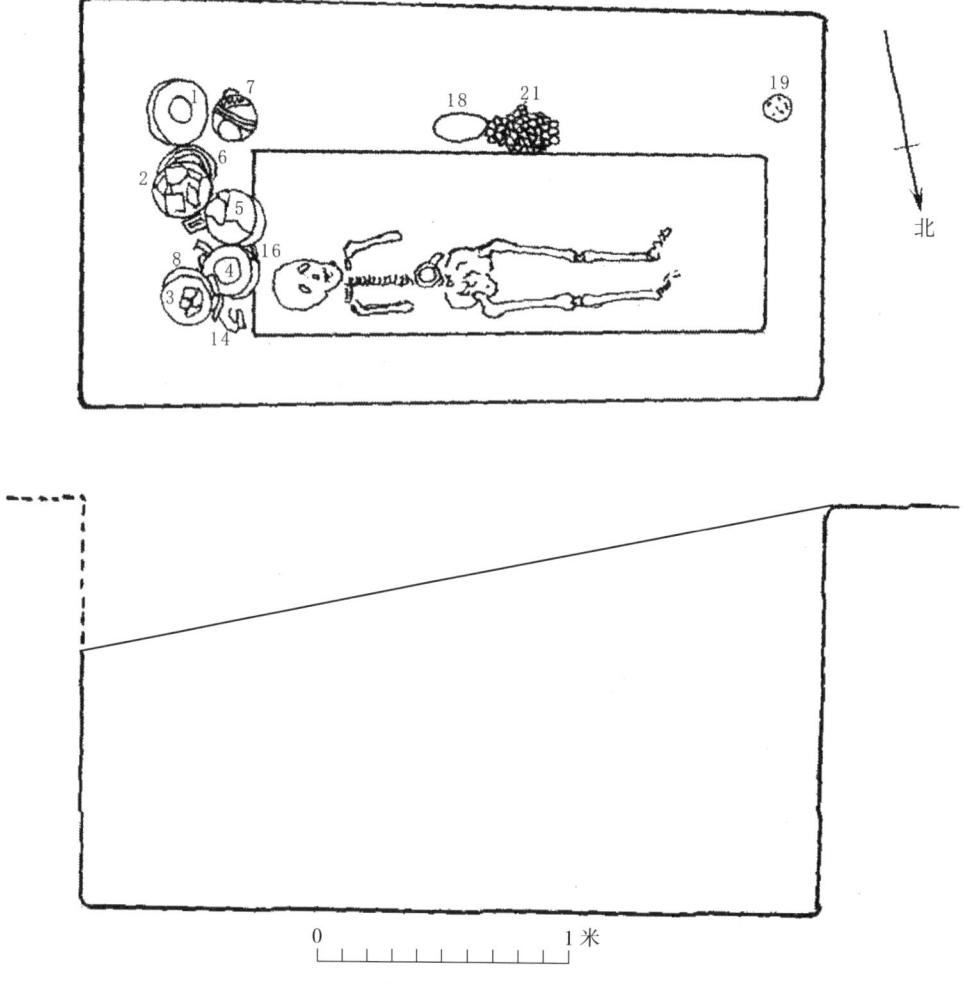

图一〇二　M76 平、剖图

1.陶罐　2、3.陶壶　4、5.陶盒　6、8.陶鼎　7.铜厄　9、10.陶高足壶　11.陶勺　12.陶匜　13.陶箕
14.陶盘　15.玉璜　16.料珠　17.玉璧　18.铜镜　19.陶熏炉　20.玉晗　21.泥金饼

米，通高 25.2 厘米。（图一○三，2）

壶　2件。破。形制、大小相近。泥质黑陶。标本 M76：3，弧形盖，子母口，侈口，方唇，束颈，鼓腹，平底，下附喇叭形圈足，微侈。颈腹间饰一周卷云纹，并有压印的凹弦纹。口径 16 厘米，腹径 21.6 厘米，圈足径 14 厘米，通高 34.5 厘米。（图一○三，4）标本 M76：2，弧形盖，子母口，侈口，方唇，敛颈，鼓腹，平底，下附喇叭形圈足，微侈。颈腹间压印卷云纹，并有压印的凹弦纹，涂朱。口径 14.4 厘米，腹径 21.6 厘米，圈足径 14 厘米，通高 34.2 厘米。（图一○三，3）

熏炉　1件。标本 M76：19，破。泥质磨光灰陶。弧形盖，正中有圆形镂孔，其外饰两周凹弦纹，凹弦纹间有 4 个圆形镂孔和 4 个楔形镂孔，圆镂孔上压印卷云纹。子母口，浅盘，圜底，束腰，喇叭形圈足外侈。口径 10 厘米，底径 5.6 厘米，通高 9 厘米。（图版一一，4；图一○四，1）

盒　2件。破。泥质灰陶。标本 M76：5，覆钵形盖，子母口，敛口，腹部有两周凸弦纹，平底。口径 16 厘米，底径 10 厘米，高 12.6 厘米。（图一○三，5）

高足壶　2件。完整。形制、大小相同。泥质灰陶。标本 M76：9，直口，方唇，短颈，圆腹，下附喇叭形假圈足。口径 5.4 厘米，腹径 8.84 厘米，底径 7.6 厘米，通高 13.2 厘米。（图版一一，3；图一○四，4）

盘　1件。标本 M76：14，泥质灰陶。破。折沿，方唇，斜腹，平底，底部划有许多凹弦纹。口径 19 厘米，底径 9.3 厘米，高 3.7 厘米。（图一○四，2）

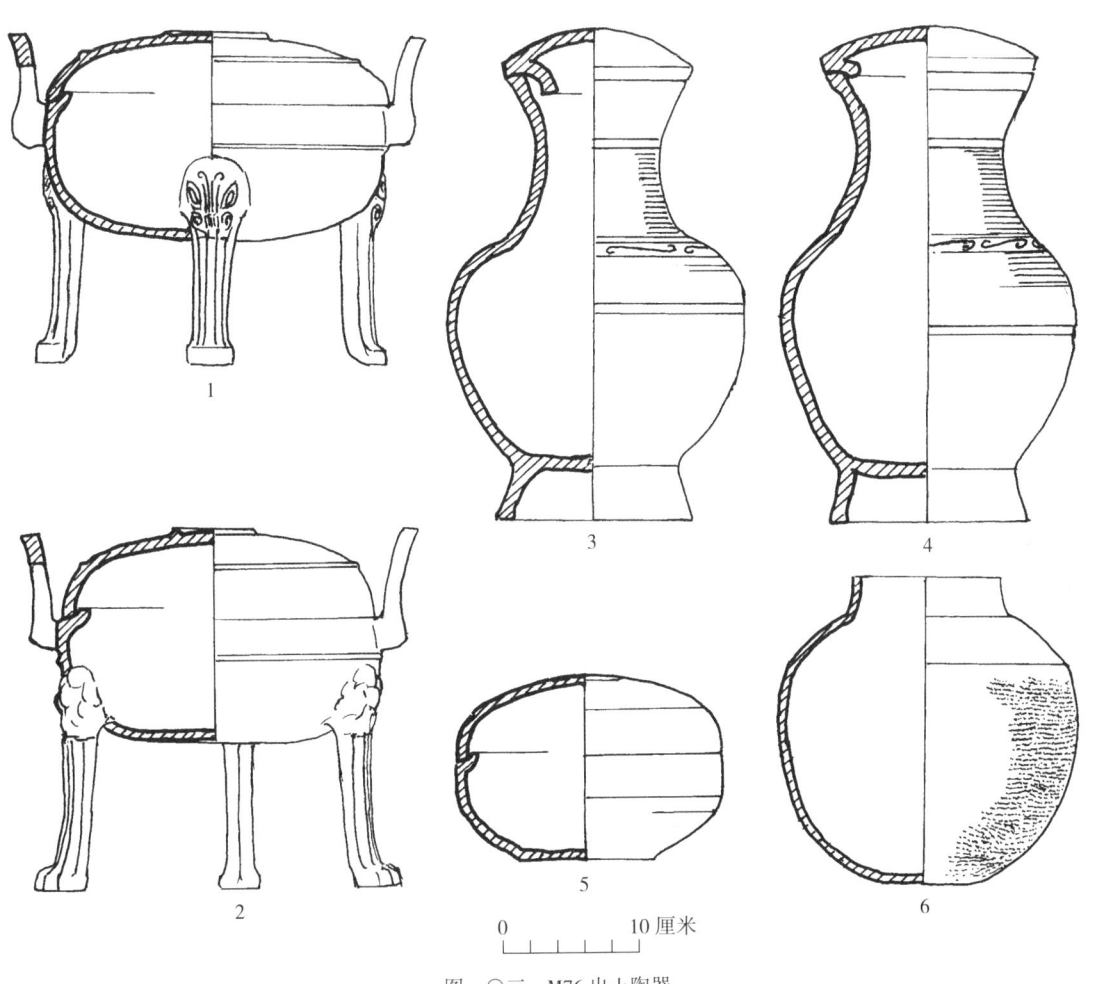

0　　10厘米

图一○三　M76 出土陶器

1、2.鼎（M76：8、M76：6）3、4.壶（M76：2、M76：3）5.盒（M76：5）6.罐（M76：1）

匜　1件。标本 M76∶12，完整。泥质黑陶。平面呈椭圆形，流微外鼓，微低于口沿，口微敛，鼓腹，内为圜底，外为小平底。底内有两个朱绘圆圈，其外又绘有 4 个椭圆形。口径 13 ～ 14 厘米，底径 6.8 厘米，高 5.4 厘米。（图一〇四，6）

箕　1件。标本 M76∶13，破。泥质灰陶，平面呈椭圆形，箕沿外鼓，与底平，箕的后半部微高，小平底，底部有制陶时留下的刮切痕。口径 8 ～ 9 厘米，高 2.4 厘米。（图一〇四，3）

勺　1件。标本 M76∶11，完整。泥质灰陶。平面呈椭圆形，敛口，鼓腹，圜底。口径 5.4 厘米，腹径 6.8 厘米，高 2.6 厘米。（图一〇四，5）

罐　1件。标本 M76∶1，残。泥质灰陶。小口已残，出土时残破部分经过磨错，高领，鼓腹，平底，腹部饰绳纹，且横饰。口径 11 厘米，腹径 20.8 厘米，残高 21.5 厘米。（图一〇三，6）

2. 铜器　2件。

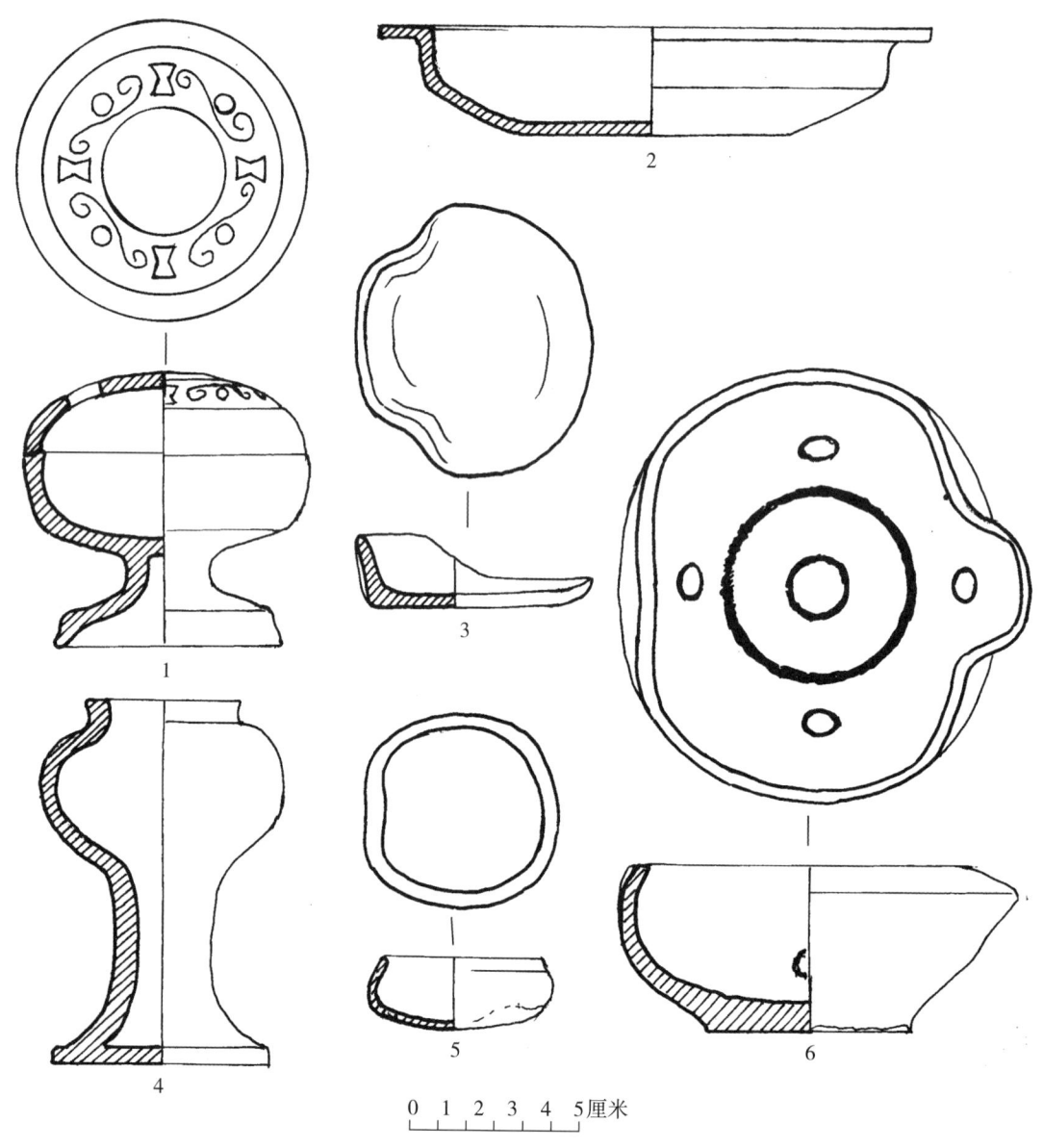

0 1 2 3 4 5厘米

图一〇四　M76 出土陶器

1. 熏炉（M76∶19）2. 盘（M76∶14）3. 箕（M76∶13）4. 高足壶（M76∶9）5. 勺（M76∶11）6. 匜（M76∶12）

铜镜 1件。为五山镜。标本 M76：18，破。圆形，镜面平直，桥形钮，重圈钮座，钮座外有 4 片宽叶，外面有 5 个侧 "山" 字纹、5 个树叶纹，其外有两周凸弦纹。面径 21.3 厘米，背径 21.3 厘米，钮高 0.5 厘米，钮宽 0.8 厘米，缘宽 0.3 厘米，缘厚 0.6 厘米，肉厚 0.1 厘米。（图一〇五，1）

铜卮 1件。标本 M76：7，系漆卮上的铜饰件，有铜卮盖钮 3 个、卮口 2 个、把 1 个、底座 1 个。均残甚。

3. 玉器、料珠 4 件，有玉璧、玉璜、玉唅、料珠各 1 件。

玉璧 1件。标本 M76：17，完整。有郭，饰隆起的谷纹。外径 9.1 厘米，内径 5.5 厘米，厚 0.5 厘米。（图一〇五，2）

玉璜 1件。标本 M76：15，残甚。

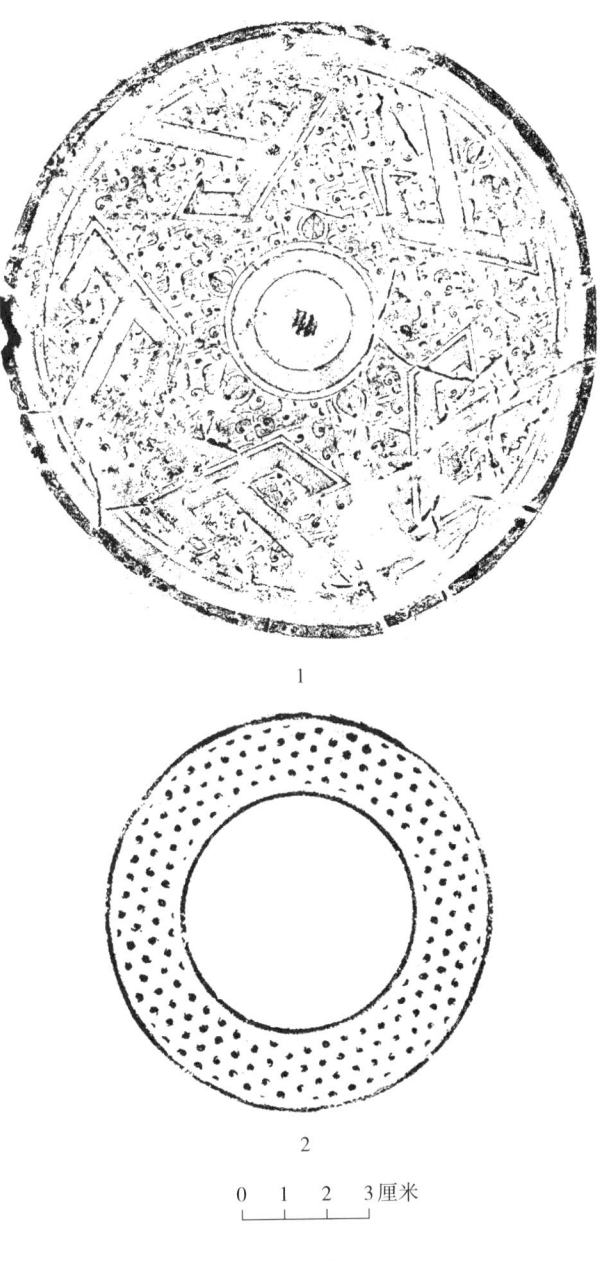

1

2

0   1   2   3厘米

图一〇五 M76 出土铜器、玉器拓片

1. 五山铜镜（M76：18） 2. 玉璧（M76：17）

玉晗 1件。标本 M76：20，残。系龙形佩的残片。有郭，饰划纹，残长1厘米，宽1厘米，厚0.4厘米。

料珠 1件。标本 M76：16，完整。体为圆形，中有圆形穿，侧面为椭圆形，深蓝色陶胎，外饰黄、深褐色釉，其上有圆点组成的菱形图案，菱形为双点线，点为白色釉，其外角和交角处有酱色釉圆点，菱形内充填有大的圆形绿色釉图，菱形交角处有大的圆形酱色釉图案或圆形绿色釉图案。体径2厘米，孔径0.6厘米，高2.5厘米。（彩版八，2）

M78 位于淮阳平粮台遗址东南部的 T50 内。长方形竖穴土坑墓，口底相当，口底长2.80米，宽1米，深2.80米。墓向东，方向105°。被盗，随葬品零乱，仅见陶鼎碎片，得以复原。（图一〇六）

陶鼎 1件。标本 M78：1，泥质灰陶。破。弧形盖，盖顶有一周凸弦纹，中部有一周凸弦纹。鼎身子母口，敛口，直腹，腹中部有一周凸弦纹，底近平，高蹄足，长方形耳外侈。口径21厘米，腹径24厘米，耳间距27厘米，通高22厘米。（图一〇七）

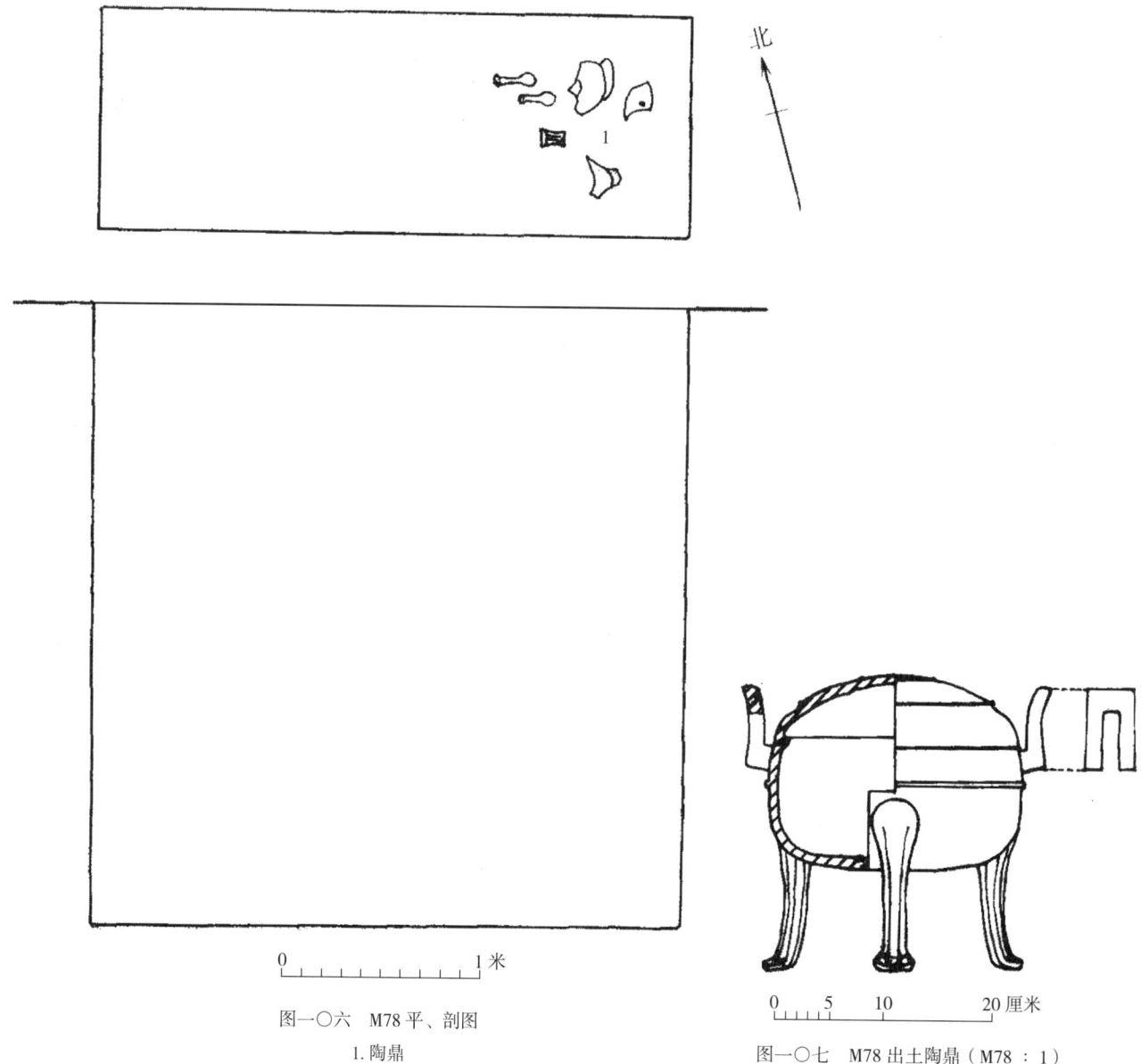

图一〇六　M78 平、剖图

1. 陶鼎

图一〇七　M78 出土陶鼎（M78：1）

M79位于淮阳平粮台遗址东南部的T50内。长方形竖穴土坑墓，口底相当，口底长2.86米，宽0.92~0.96米，深2.64米。墓底南北两侧有生土二层台，宽0.18米，高0.20米。填五花夯土，墓向东，方向80°。棺已朽，长、宽不详，从骨架看是仰身直肢，头向东。青铜剑、卮、蚁鼻钱、石英石在棺内。其余随葬品放在棺外的东部，有陶罍、鼎、高柄壶，铜铺首衔环、戈、印章、带钩、勺和铁弩矢等。（图一○八）

随葬品　20余件（组）。计有陶器4件、铜器12件、铁弩矢1束、石英石1件、骨器2组4件。

1. 陶器　4件。泥质灰陶，有陶鼎、陶罍、陶高足壶等。

鼎　1件。标本M79：3，完整。弧形鼎盖，盖顶上有一周凸弦纹，盖腹上有两周凸弦纹。子母口，敛口，直腹，中腹部有一周凸弦纹，圜底，长方形附耳外侈，附3个有刮削痕的高蹄足。口径20厘米，腹径23厘米，耳间距27.5厘米，通高26厘米。（图一○九，1）

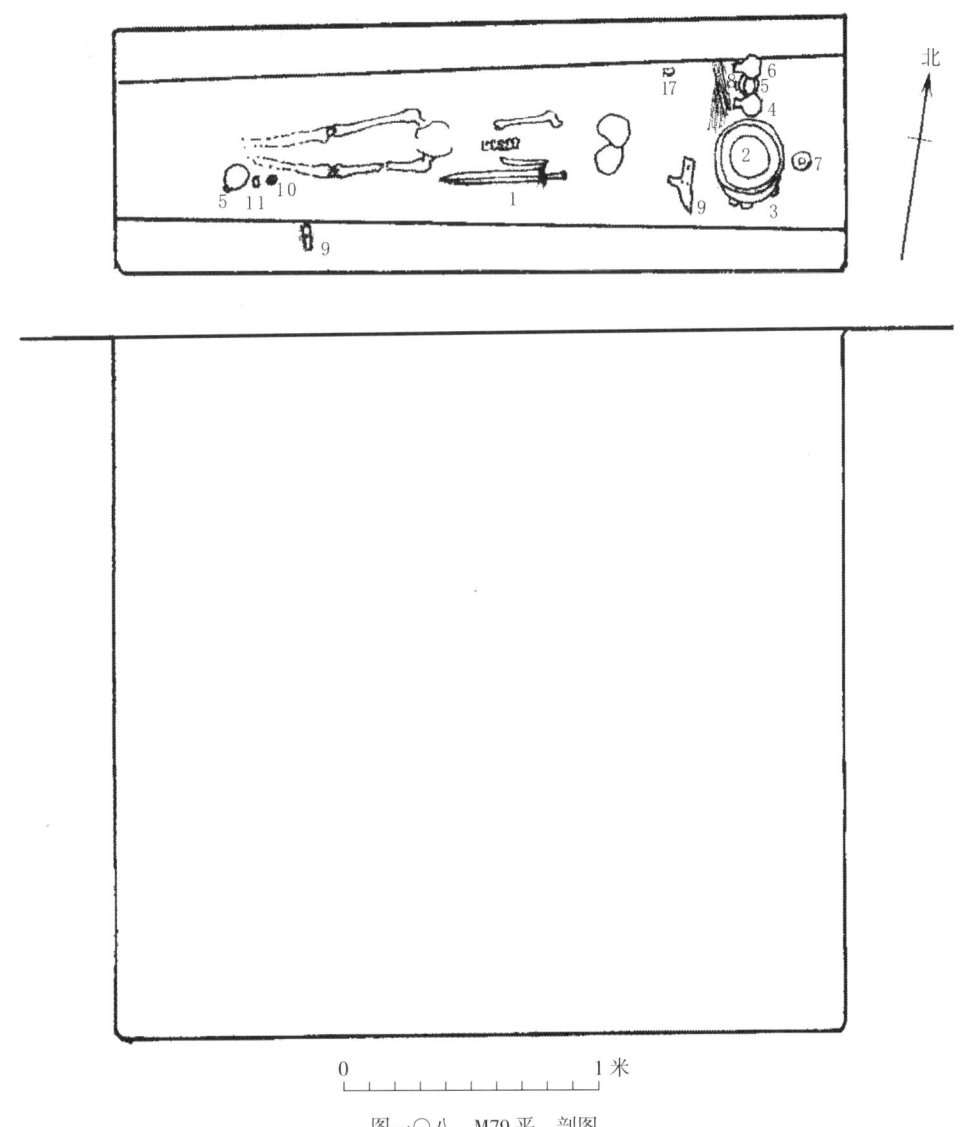

图一○八　M79平、剖图

1.青铜剑　2.陶罍　3.陶鼎　4、6.陶高足壶　5、17.铜卮饰　7、13.铜铺首衔环（被压于3号之下）　8.铜环
9.戈镦　10.蚁鼻钱　11.石英石　12.铁弩矢　14.印章　15.铜带钩（被压于3号之下）
16.璧形铜片（被压于3号之下）　18、19.骨管（被压于3号之下）　20.铜勺（被压于3号之下）

　　罍　1件。标本M79：2，完整。泥质灰黑陶。侈口，卷沿，方唇，束颈，圆腹，圜底，附矮圈足，肩部压印一周"〰"形纹，其下又有一周"〰"形纹，其间压印竖波浪纹。腹部有三周凸弦纹。口径13.5厘米，腹径22.3厘米，圈足径12厘米，高17厘米。（图一○九，2）

　　高足壶　2件。完整。形制相同。泥质灰陶。弧形盖，子母口，直口，方唇，短颈，圆腹，下附细高柄喇叭形假圈足。标本M79：6，口径6厘米，腹径9.5厘米，底径6.5厘米，通高14厘米。（图一○九，4）标本M79：4，口径6厘米，腹径9.5厘米，底径7厘米，通高14.5厘米。（图一○九，3）

　　2. 铜器、铜钱　12件（包），有铜剑1件、戈1件、带钩2件、铺首衔环2件、厄饰1件、勺1件、璧形铜片1件、印章1件、铜环1件、蚁鼻钱1包。

　　铜剑　1件。标本M79：1，完整。喇叭形剑首。剑格长2厘米，宽5.6厘米。剑体断面呈菱形，中有脊。长45.2厘米，宽4.8厘米。通长56厘米。（图一一○，1）

　　戈　1件。标本M79：9，完整。由戈、镦组成，柄的朽痕长1.56米，宽援较短，有脊，锋尖收刹，援胡交角呈钝角，三穿，援根部有一个半圆形穿，阑侧有三个长方形穿，长内带弧形钩。通长19.5厘米，援长

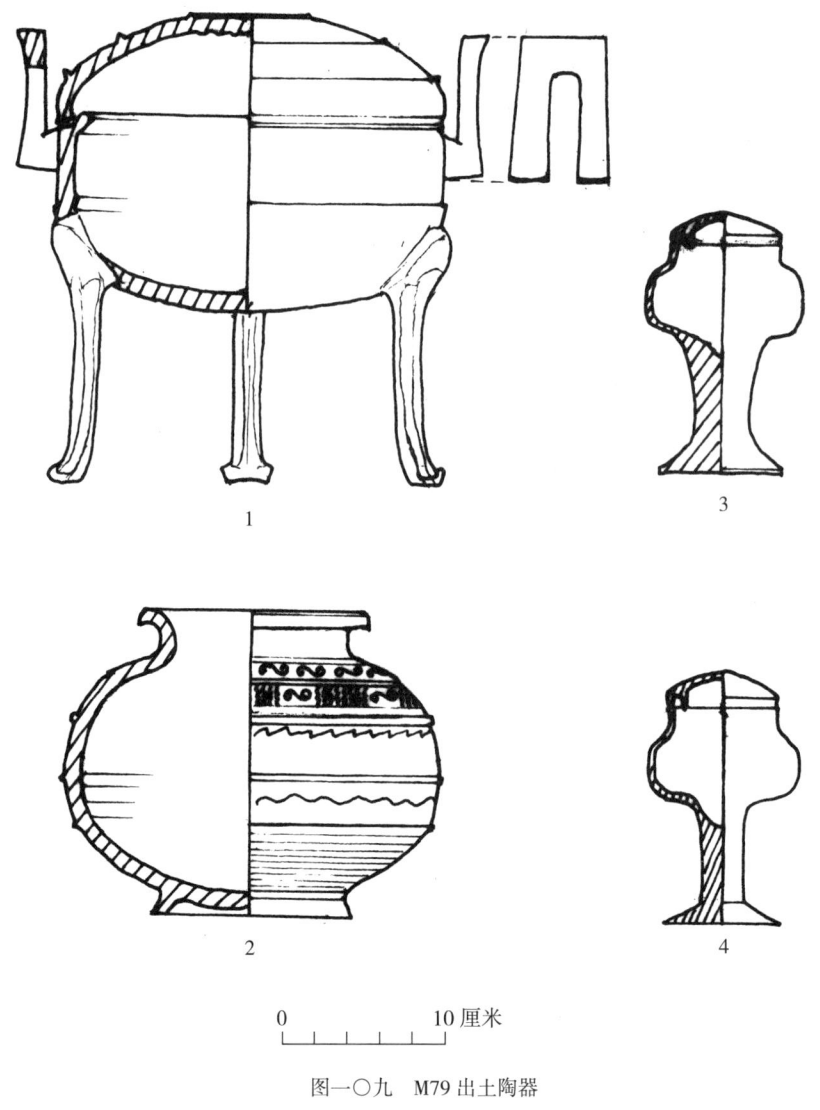

0　　　　　　10厘米

图一○九　M79出土陶器

1. 鼎（M79：3）　2. 罍（M79：2）　3. 高足壶（M79：4）　4. 高足壶（M79：6）

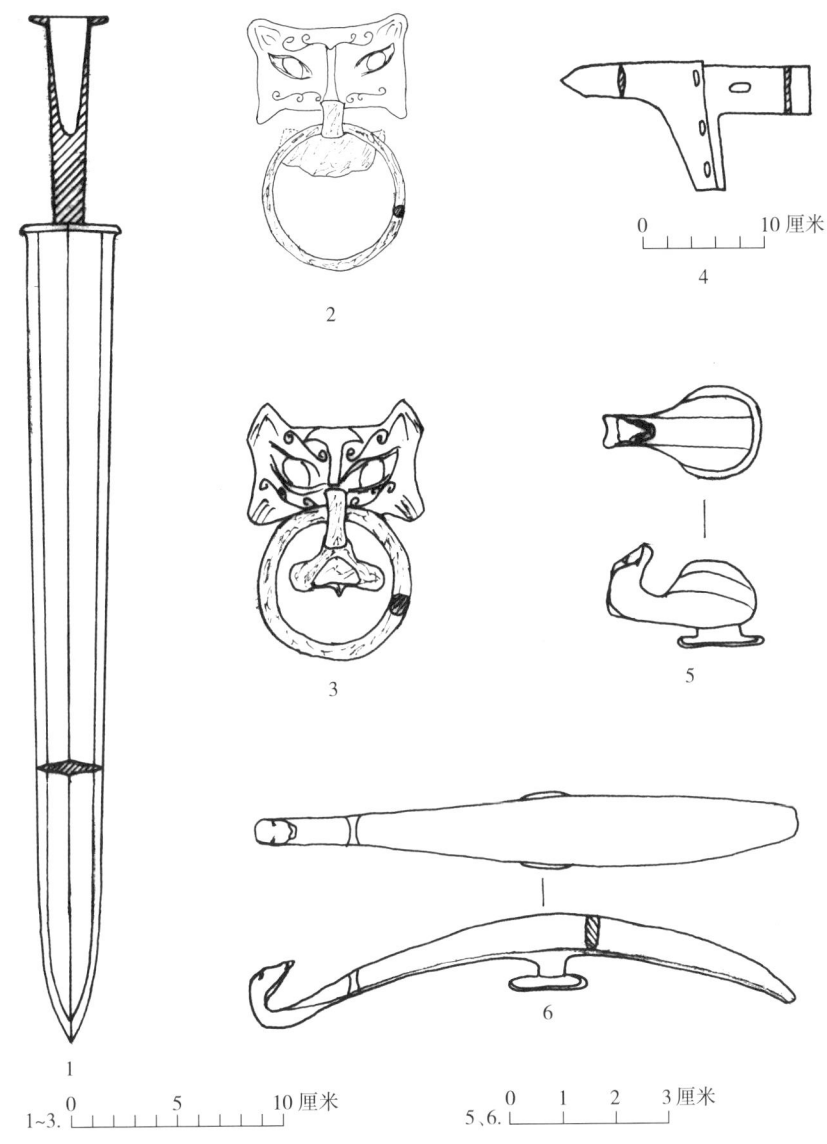

图一一〇　M79 出土铜器

1. 剑（M79：1）　2. 铺首衔环（M79：7）　3. 铺首衔环（M79：13）　4. 戈（M79：9）

5. 带钩（M79：17）　6. 带钩（M79：15）

11 厘米，援宽 3 厘米，胡残长 10.5 厘米，内长 8 厘米，内宽 3.5 厘米。（图一一〇，4）

铜镦，完整，出于棺南侧二层台上，断面呈五边形，素面。断面长 2.7 厘米，宽 2 厘米，高 10 厘米。（图一一一，1）

带钩　2 件。完整。标本 M79：15，一端饰虎螭首，另一端似尾，圆形钮。长 10.3 厘米，宽 1.5 厘米，高 2.1 厘米。（图一一〇，6）标本 M79：17，一端饰虎螭首，另一端为圆尾，圆形钮。长 3 厘米，宽 1.5 厘米，高 1.9 厘米。（图一一〇，5）

铺首衔环　2 件。完整。形制相近，唯兽面的眉、口不同。标本 M79：7，兽面呈长方形，有兽耳，扁圆形眼，卷云纹眉，带状钮形鼻梁，下为长方形兽嘴，带状钮下衔环，断面呈圆形，径 0.4 厘米，环径 5.6 厘米。铺首衔环高 9.5 厘米，宽 6.4 厘米。（图一一〇，2）标本 M79：13，额上有钺形纹，眼下的卷云纹上

翘，口为三角形。高 9.5 厘米，宽 6.5 厘米。（图一一〇，3）

铜环　1 件。标本 M79：8，完整。平面呈椭圆形。外径长 2.8 厘米，外径宽 2.3 厘米，内径长 2 厘米，内径宽 1.5 厘米，厚 0.4 厘米。（图一一一，4）

铜厄饰　由标本 M79：5、标本 M79：17 组成。铜盖为折沿，方唇，平顶。口径 8 厘米，高 3 厘米。底部饰件中空，口径 8 厘米，高 2 厘米，中空径 5.2 厘米。（图一一一，8）

铜勺　1 件。破。标本 M79：20，平面呈圆形，弧底。口径 4.2 厘米，高 1.3 厘米。（图一一一，3）

璧形铜片　1 件。完整。标本 M79：16，圆形，中有圆形穿孔。直径 3.4 厘米，穿孔径 1 厘米，厚 0.1 厘米。（图一一一，7）

印章　1 件。完整。标本 M79：14，为正方形印，带状钮。印文为"彭信之印"。长、宽均为 1.8 厘米，高 2 厘米。（彩版三二，5）

蚁鼻钱　1 包。50 枚。完整。形制相同。标本 M79：10，平面呈扁圆形，上有"鬼脸"。尺寸大致为长 2 厘米，宽 1.3 厘米。（图一一一，6）

3. 石英石　1 件。

标本 M79：11，残破。

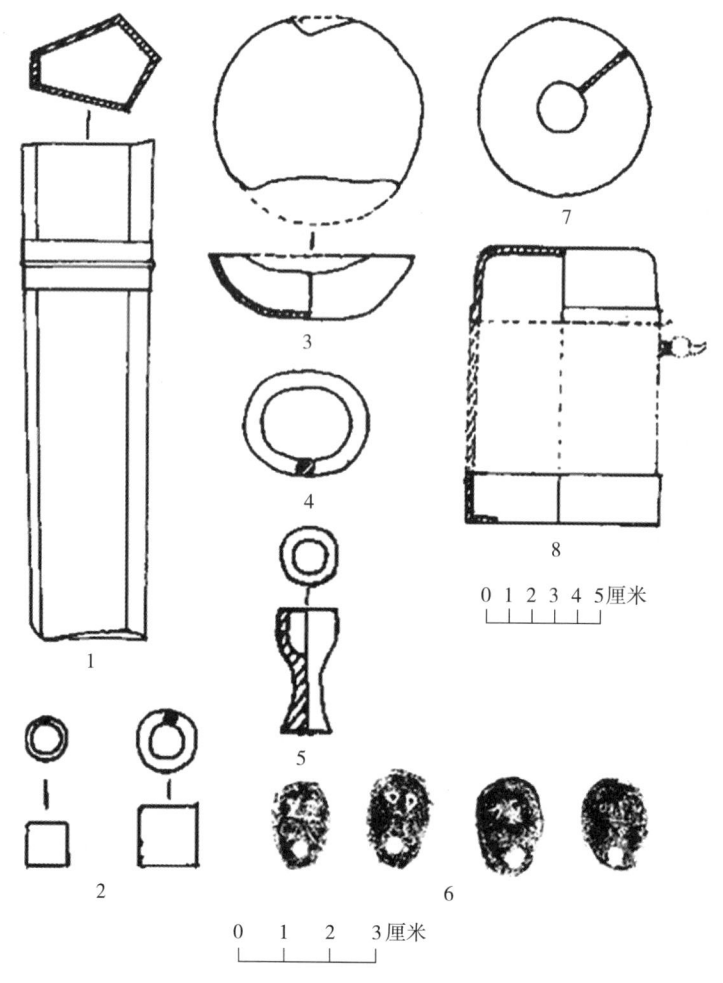

图一一一　M79 出土器物

1. 铜镦（M79：9）　2. 骨管（M79：18-2、M79：18-1）　3. 铜勺（M79：20）　4. 铜环（M79：8）　5. 骨鼻塞（M79：19-1）

6. 铜蚁鼻钱（M79：10）　7. 璧形铜片（M79：16）　8. 铜厄饰（M79：5、M79：17）

4. 铁弩矢　1束。

标本 M79：12，残破，仅见铤。

5. 骨器　2组共4件。

骨管　2件。完整。形制相同，大小有别。圆形，中空。标本 M79：18-1，径 1 厘米，高 1 厘米。（图一一一，2右）标本 M79：18-2，径 0.6 厘米，高 0.7 厘米。（图一一一，2左）

骨鼻塞　2件。标本 M79：19-1，完整。平面呈束腰杯形，粗端呈圆形。口径 1 厘米，底径 0.8 厘米，高 2 厘米。（图一一一，5）

M84 位于淮阳平粮台遗址东南部的 T50 内，长方形竖穴土坑墓，口底尺寸相当。口底长 2.80 米，宽 1 米，深 1 米。墓底南北两侧有生土二层台，宽 0.18 米，高 0.20 米。墓内填五花夯土，墓向190°。随葬品放在棺外南部，有铜权、玉璧、陶盒、陶鼎、陶高足壶、铜镜、陶熏炉、陶匜、陶盘、陶勺、陶箕等。（图一一二）

随葬品　12件，其中陶器9件、铜器2件、玉璧1件。

1. 陶器　9件，泥质灰陶，有鼎1件、壶1件、高足壶1件、盒1件、匜1件、盘1件、熏炉1件、勺1件、箕1件。

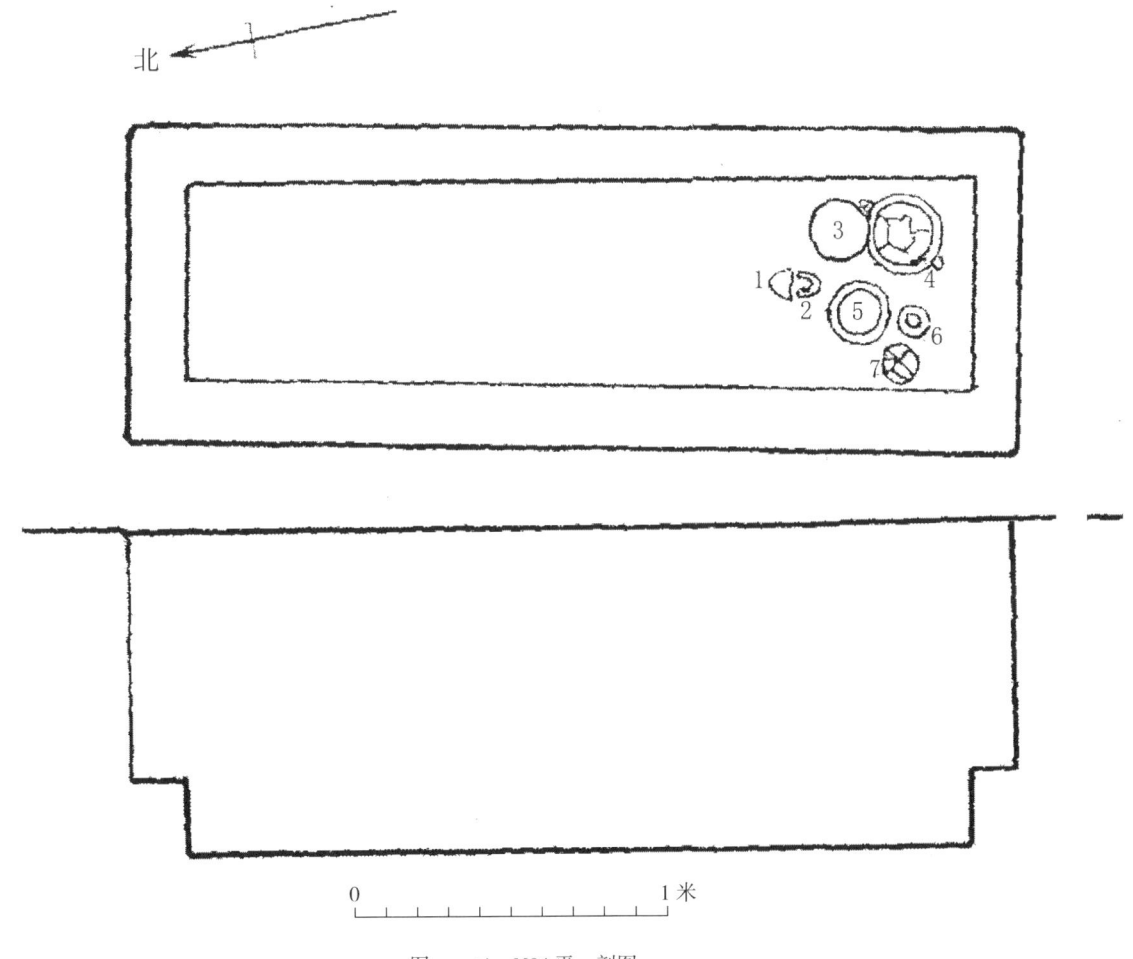

图一一二　M84平、剖图

1. 铜权　2. 玉璧　3. 陶盒　4. 陶鼎　5. 陶壶　6. 陶高足壶　7. 铜镜　8. 陶熏炉　9. 陶匜　10. 陶盘　11. 陶勺　12. 陶箕

（8、11、12 号在 5 号下，9 号在 3 号下，10 号在 4 号下）

鼎　1件。标本 M84：4，完整。弧形鼎盖，盖顶上有一周凸弦纹，盖体上有一周凸弦纹。子母口，敛口，直腹，中腹部有一周凸弦纹，平底，长方形附耳外侈，附 3 个有刮削痕的高蹄足。口径 17.5 厘米，腹径 22 厘米，耳间距 27 厘米，通高 24.5 厘米。（图一一三，1）

盒　1件。标本 M84：3，完整。泥质灰陶。覆钵形盖，子母口，敛口，腹部有两周凸弦纹，平底。口径 15.5 厘米，底径 8.5 厘米，高 11.5 厘米。（图一一三，4）

壶　1件。标本 M84：5，破。泥质黑陶。弧形盖，子母口，侈口，方唇，敛颈，鼓腹，平底，下附喇叭形圈足，微侈。颈腹间有三周凹弦纹。口径 9.5 厘米，腹径 20.6 厘米，圈足径 11.5 厘米，通高 29 厘米。（图一一三，2）

高足壶　1件。标本 M84：6，破。泥质灰陶。直口，方唇，短颈，圆腹，下附喇叭形假圈足。口径 5.4

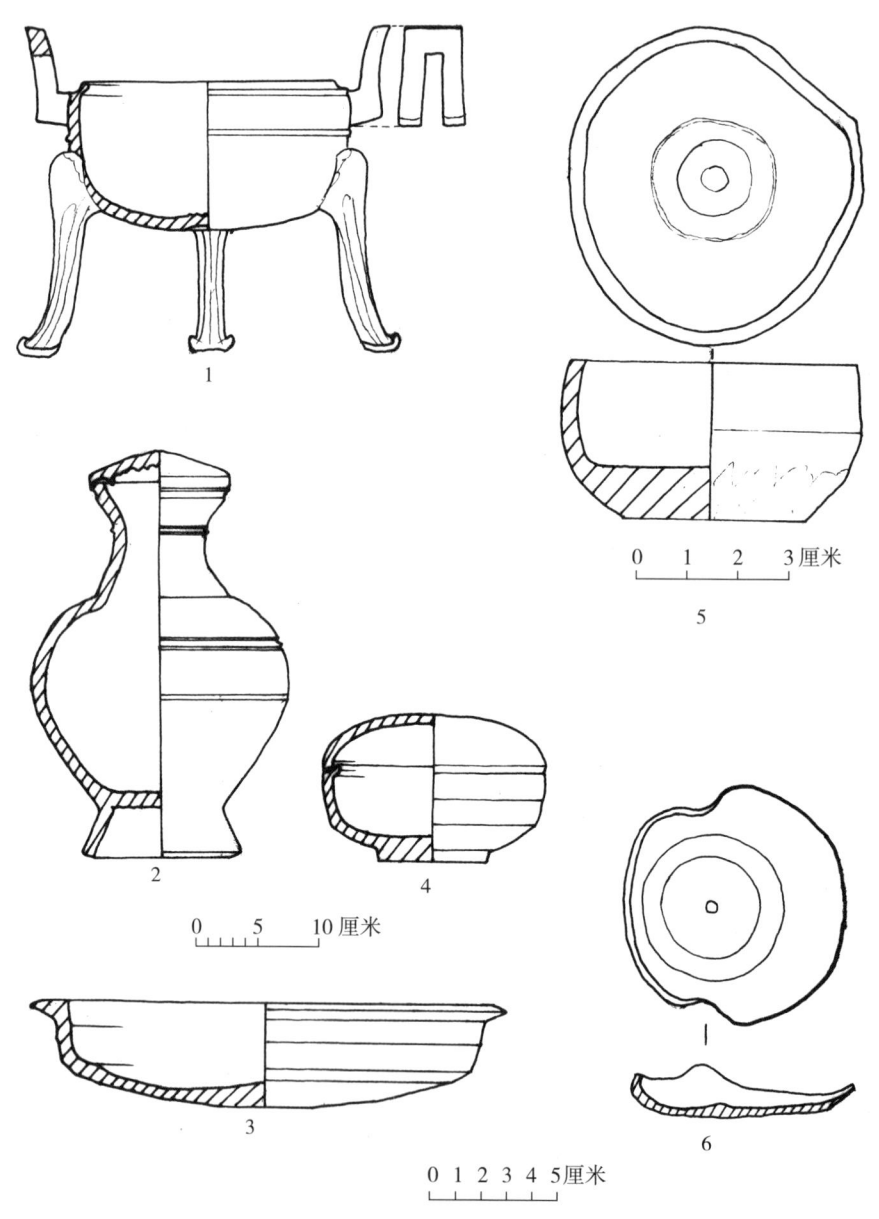

图一一三　M84 出土陶器

1.鼎（M84：4）　2.壶（M84：5）　3.盘（M84：10）　4.盒（M84：3）　5.勺（M84：11）　6.箕（M84：12）

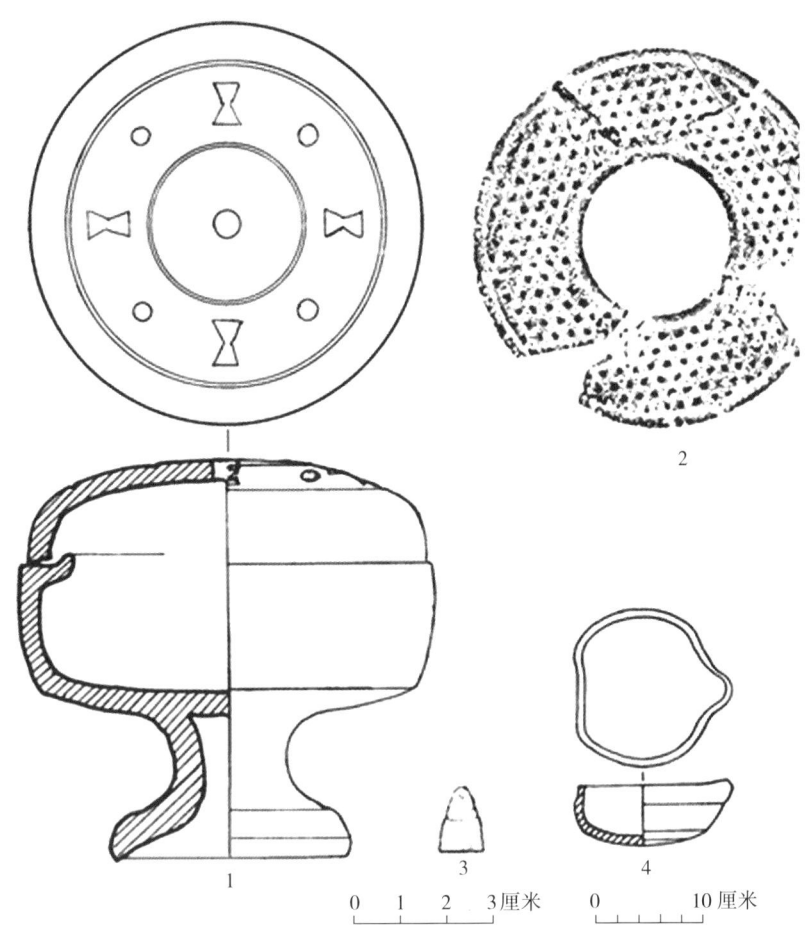

图一一四　M84 出土陶器、铜器与玉器

1. 陶熏炉（M84：8）　2. 玉璧（M84：2）　3. 铜权（M84：1）　4. 陶匜（M84：9）

厘米，腹径 8.84 厘米，底径 7.6 厘米，通高 13.2 厘米。

盘　1 件。标本 M84：10，完整。泥质灰陶。折沿，方唇，斜腹，圜底。口径 19 厘米，高 4 厘米。（图一一三，3）

箕　1 件。标本 M84：12，破。泥质灰陶。平面呈椭圆形，束腰，箕口沿微敛，箕的后半部微高，为小平底。口径 8.4 ~ 8.6 厘米，高 1.8 厘米。（图一一三，6）

勺　1 件。标本 M84：11，完整。泥质灰陶。平面呈桃形，敛口，方唇，鼓腹，平底。口径 5.7 厘米，底径 3.5 厘米，高 3 厘米。（图一一三，5）

熏炉　1 件。标本 M84：8，完整。泥质棕灰陶。熏炉盖上正中有 1 个圆形镂孔，其外有一周凹弦纹，其外有 4 个圆形镂孔和 4 个亚腰形镂孔交叉排列，其外又有一周凹弦纹，子母口，弧壁，平底，下附喇叭状圈足。通体磨光，相当精致。口径 8.4 厘米，底径 5 厘米，通高 8 厘米。（图版一一，6；图一一四，1）

匜　1 件。标本 M84：9，完整。泥质灰陶。平面呈桃形，流微外鼓，微高于口沿，口微敛，方唇，腹微鼓，内为圜底，外为圜底。口径 11 厘米，高 5 厘米。（图一一四，4）

2. 铜器　2 件。分别为铜镜、铜权。

铜镜　1 件。标本 M84：7，破。镜体呈银白色，圆形，镜面平直，桥形钮，圆形钮座，其外有一周带状突起的凹面弦纹，素面，镜的边缘也是一周突起的凹弧形弦纹。面径 11.2 厘米，背径 11 厘米，钮高 0.5 厘米，钮宽 1 厘米，缘宽 0.7 厘米，缘面呈凹弧形，缘厚 0.3 厘米，肉厚 0.1 厘米。

铜权　1 件。标本 M84：1，完整。平面呈圆形，侧视上为圆弧形，下为梯形，饰花卉纹。直径 1 厘米，高 1.4 厘米。（图一一四，3）

3. 玉璧　1 件。

标本 M84：2，残。有外郭、内郭，饰谷纹。直径 8 厘米，内孔径 3 厘米，厚 0.5 厘米。（图一一四，2）

M94 位于淮阳平粮台遗址东北部的 T31 内，墓的西南部被汉墓打破，长方形竖穴土坑墓，口底相当，口底长 3.14 米，宽 1.60～1.70 米，深 1.60 米。墓底北侧有熟土二层台，宽 0.22 米，高 0.40 米。墓内填棕色五花夯土，墓向东，方向 104°。棺椁已朽，椁长 3.14 米，宽 0.72 米，椁下有两条南北向垫木，宽分别为 0.16 米和 0.14 米。骨架已朽，葬式不明。青铜剑放置在椁的西南部，随葬品大都放在椁的东部。有陶鼎、敦、壶、高足壶、匜、盘、勺和铜鉴、环、卮、鐎壶、带钩等。（图一一五）

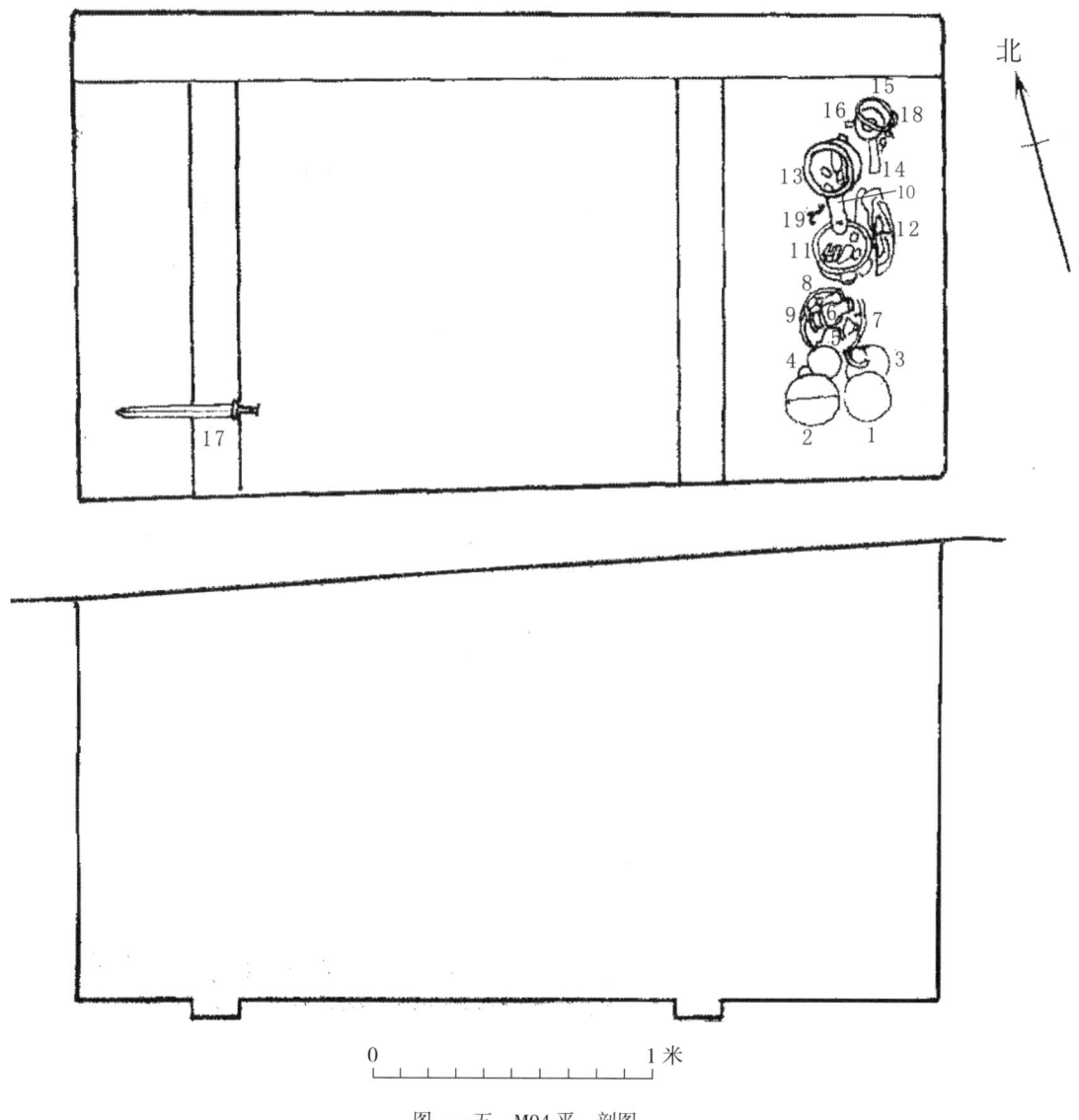

图一一五　M94 平、剖图

1、2.陶敦　3、4.陶壶　5、6.陶高足壶　7.陶箕　8.陶匜　9.陶盘　10.铜镜　11、13.陶鼎　12.陶鉴　14.铜环
15.铜卮饰　16.铜鐎壶　17.青铜剑　18.陶勺　19.铜带钩

随葬品　19 件，其中陶器 13 件、铜器 6 件。

1. 陶器　13 件，以泥质黑陶为主，泥质灰陶次之，有的器物器表涂一层青灰色，器物有陶鼎 2 件、敦 2 件、壶 2 件、高足壶 2 件、匜 1 件、鉴 1 件、箕 1 件、勺 1 件、盘 1 件。

鼎　2 件。形制相同。标本 M94：13，弧形鼎盖，盖顶上有一周凸弦纹，盖体上有一周凸弦纹。子母口，敛口，直腹，中腹部有一周凸弦纹，圜底，长方形附耳外侈，兽面高蹄足。盖与鼎上有彩绘，今彩退，仅剩黑色。口径 26.5 厘米，耳间宽 28 厘米，通高 24 厘米。（图一一六，1）标本 M94：11，弧形鼎盖，盖顶上有一周凸弦纹，盖体上有一周凸弦纹。子母口，敛口，直腹，中腹部有一周凸弦纹，圜底，长方形附耳外侈，兽面高蹄足。盖与鼎上有彩绘，今彩退，仅剩黑色。口径 19.5 厘米，耳间宽 28 厘米，腹径 22.5 厘米，通高 25.6 厘米。（图一一六，2）

敦　2 件。形制相同。标本 M94：2，状如椭圆形，下部为子母口，上下部分各有 3 个敦钮孔。口径 17 厘米，通高 16 厘米。（图一一六，6）标本 M94：1，状如椭圆形，下部为子母口，上下部分各有 3 个敦钮孔。口径 15 厘米，通高 17 厘米。（图一一六，5）

壶　2 件。形制相同，完整。标本 M94：4，弧形盖，子母口，侈口，方唇，敛颈，鼓腹，平底，下附喇

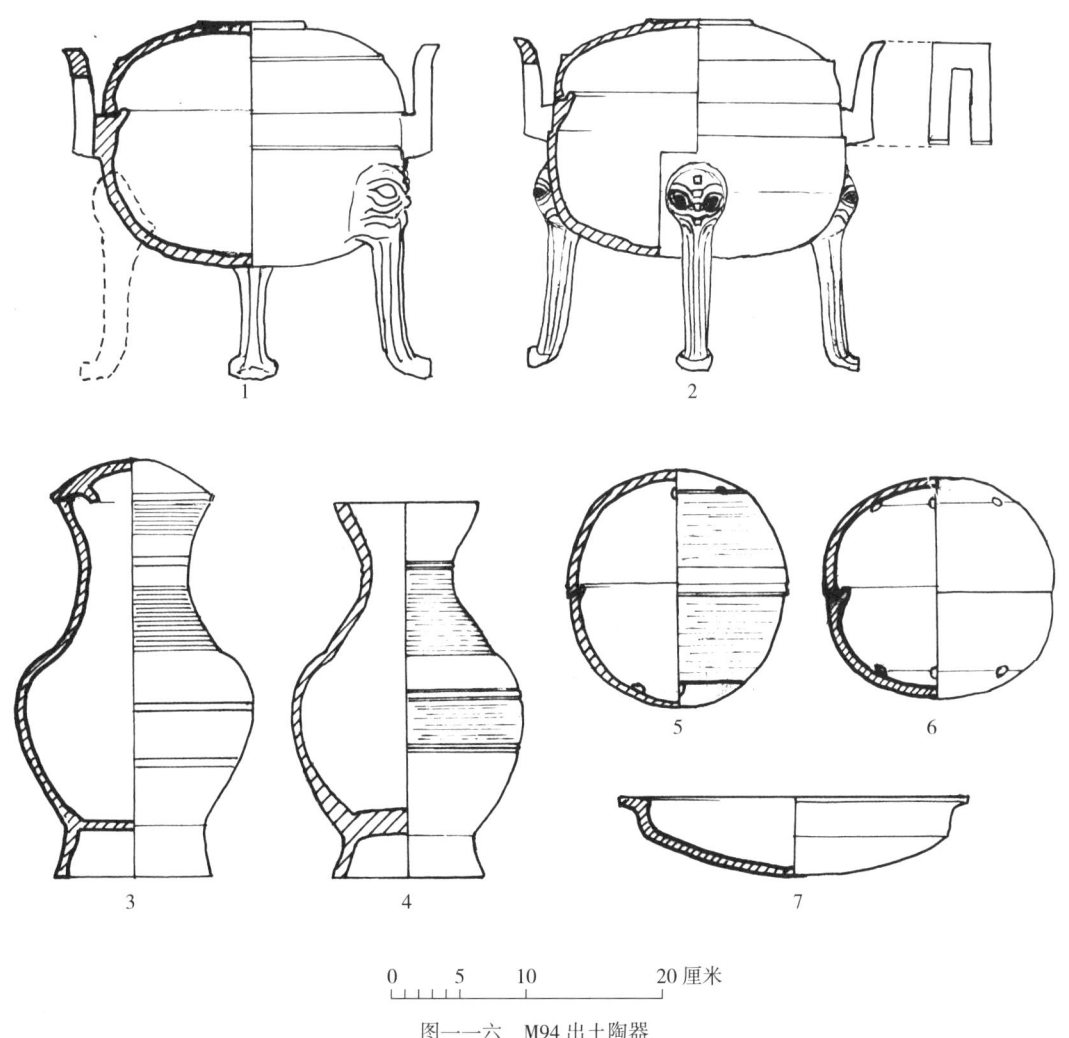

图一一六　M94 出土陶器

1. 鼎（M94：13）2. 鼎（M94：11）3. 壶（M94：4）4. 壶（M94：3）5. 敦（M94：1）
6. 敦（M94：2）7. 鉴（M94：12）

叭形圈足。颈部有两周凹弦纹和密集的磨光弦纹，腹部有两组双凹弦纹。口径 12 厘米，腹径 18 厘米，圈足径 11.5 厘米，通高 29 厘米。（图一一六，3）标本 M94：3，无盖，侈口，方唇，敛颈，鼓腹，平底，下附喇叭形圈足外侈，颈部和上腹部有密集磨光的弦纹，腹部有两组双凹弦纹，其间有密集磨光的弦纹。口径 11 厘米，腹径 17.5 厘米，圈足径 11.7 厘米，高 27.3 厘米。（图一一六，4）

鉴　1 件。标本 M94：12，泥质黑陶。破。折沿，方唇，直腹，圜底。口径 25 厘米，高 5 厘米。（图一一六，7）

高足壶　2 件。形制相同，完整。泥质灰陶。标本 M94：6，直口，方唇，短颈，扁圆腹，下附喇叭形圈足。口径 5.8 厘米，腹径 9 厘米，底径 6.4 厘米，通高 12.2 厘米。（图一一七，1）标本 M94：5，盖为弧形，较 M94：6 稍小。口径 6 厘米，腹径 10 厘米，底径 6.2 厘米，通高 11.8 厘米。（图一一七，2）

匜　1 件。泥质灰陶。标本 M94：8，流微上翘，口微侈，内为圜底，外为平底。口径 16 厘米，底径 8

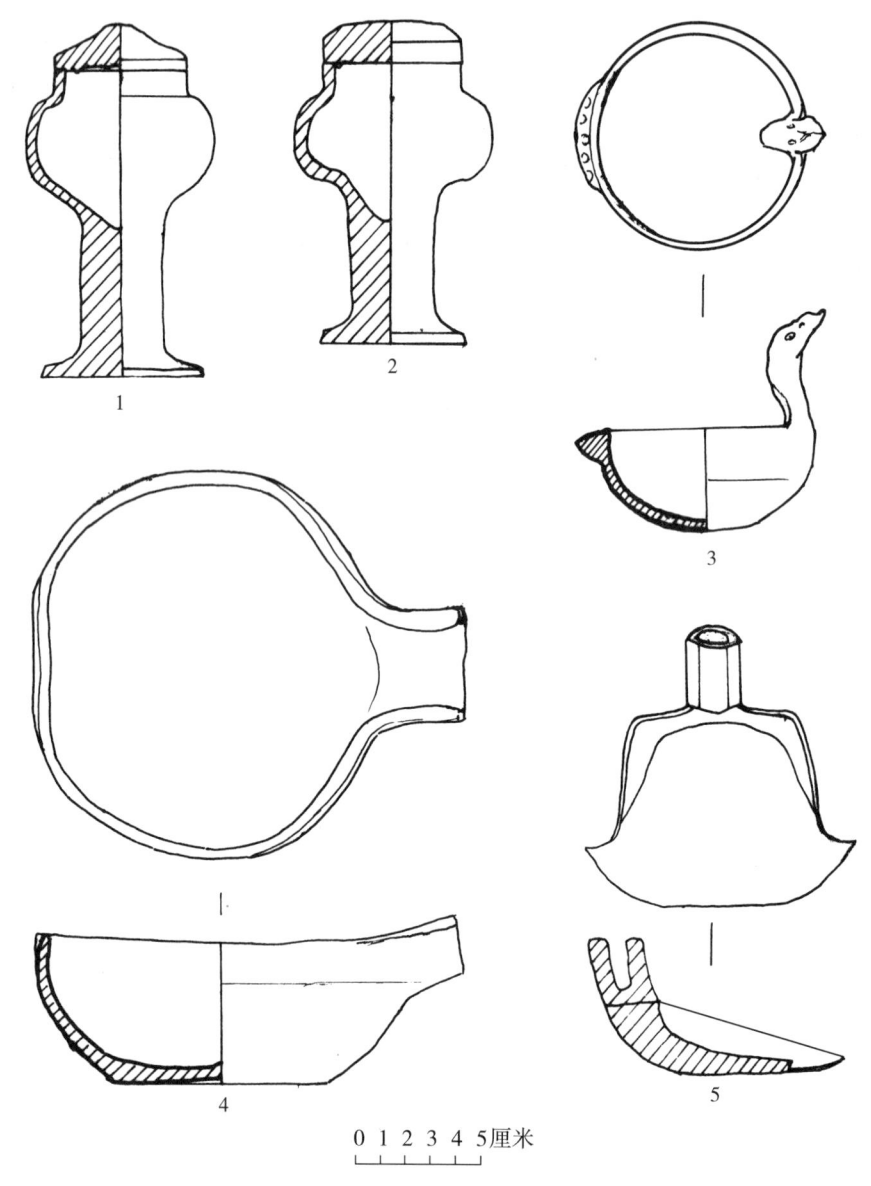

0 1 2 3 4 5厘米

图一一七　M94 出土陶器

1.高足壶（M94：6）　2.高足壶（M94：5）　3.勺（M94：18）　4.匜（M94：8）　5.箕（M94：7）

厘米，高 5.4 厘米。（图一一七，4）

勺　1件。标本 M94：18，完整。泥质灰陶。勺为圆形，圜底，柄为鸭脖形直立于沿，柄端为鸭首形，两目圆睁，鼻孔清晰，勺的另一端为弧形鸭尾，其上按有 5 个圆坑。口径 7.5 厘米，高 7.8 厘米。（图一一七，3）

箕　1件。泥质灰陶，完整。标本 M94：7，箕端呈弧形，内收呈簸箕状，有柄，柄上有圆形穿孔。宽8.4 厘米，高 4 厘米。（图一一七，5）

2. 铜器　6件，有铜镜 1 件、剑 1 件、带钩 1 件、鐎壶 1 件、铜厄饰 1 件、铜环 1 件。

镜　1件。标本 M94：10，残。四山镜。圆形，镜面平直，桥形钮，正方形钮座，其外有双凸弦纹组成的正方形，其四角各有树叶纹一个，树叶纹向外伸出一个树叶，叶间饰以斜"山"字纹，共有 4 个"山"字，"山"字间以羽地纹，再外为双凸弦纹，再外为缘郭。面径 16.6 厘米，背径 16.6 厘米，钮高 0.6 厘米，

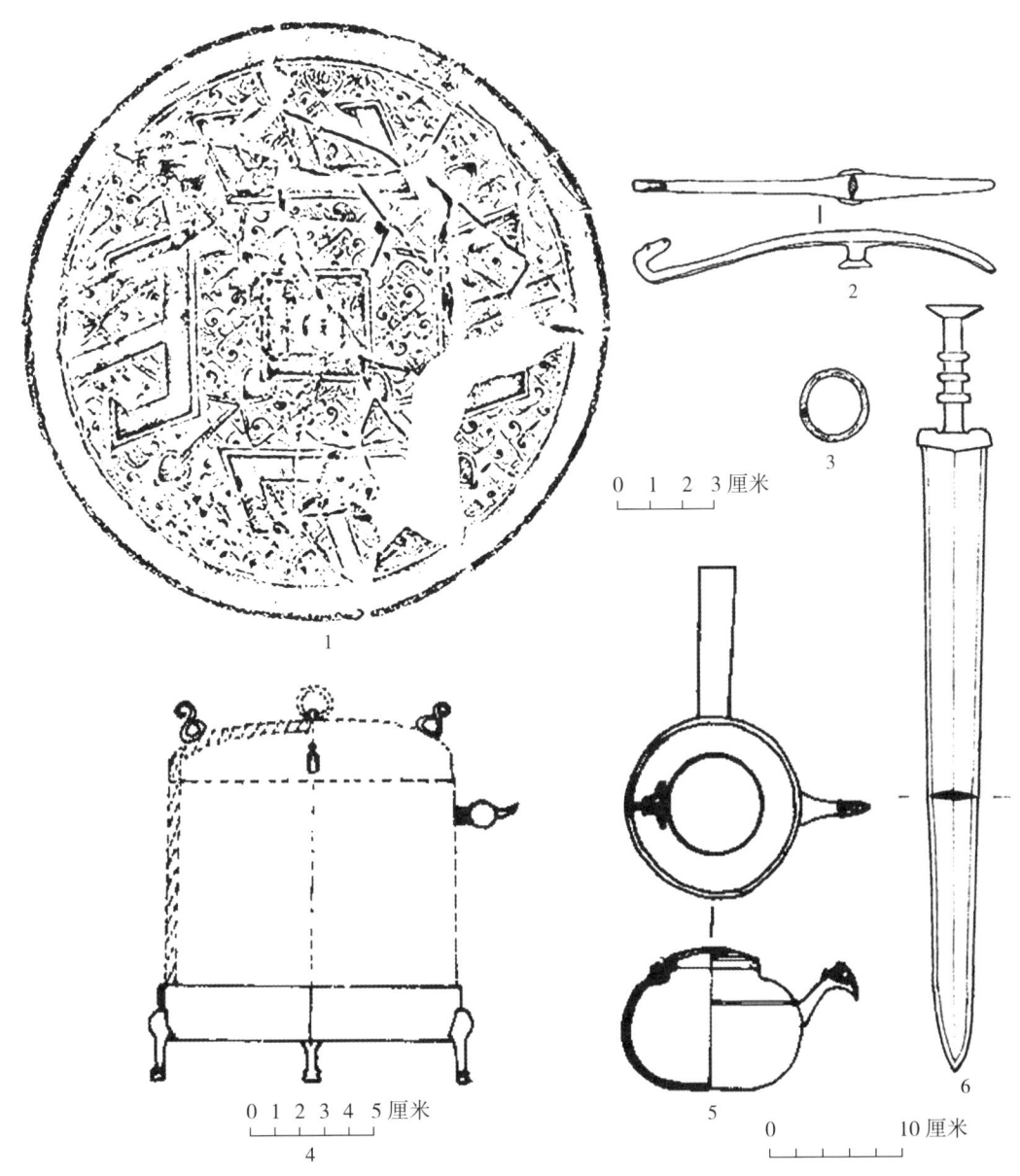

图一一八　M94 出土铜器

1. 铜镜（M94：10）　2. 带钩（M94：19）　3. 铜环（M94：14）　4. 铜厄饰（M94：15）　5. 鐎壶（M94：16）　6. 剑（M94：17）

钮宽 0.7 厘米，缘宽 0.1 厘米，缘厚 0.4 厘米，肉厚 0.2 厘米。（图一一八，1）

剑　1 件。标本 M94：17，完整。喇叭形剑首，有三道箍，剑格长 2 厘米，宽 5.6 厘米，剑体断面呈菱形，中有脊。长 45.2 厘米，宽 4.8 厘米，通长 56 厘米。（图一一八，6）

带钩　1 件。标本 M94：19，完整。体较长，龙首回勾，长颈，弧形尾，中间稍粗，上有圆形带扣。长 11.5 厘米，宽 0.9 厘米，高 1.6 厘米。（图一一八，2）

鐎壶　1 件。标本 M94：16，完整。圆形壶盖，小口，圆腹，平底，鸭嘴形壶嘴，圆柱状把。把长 10.8 厘米，把径 2.4 厘米，壶嘴高 4.4 厘米，口径 7 厘米，腹径 13.5 厘米，底径 6 厘米。（图一一八，5）

铜卮饰　1 件。标本 M94：15，系漆卮上的铜饰件，残余铜卮盖钮 3 个、盖顶铜衔环 1 个、把 1 个，底座下附 3 个蹄足。复原后口径约 11.5 厘米，通高约 13.5 厘米。（图一一八，4）

铜环　1 件。标本 M94：14，完整。呈圆形。外径 2.3 厘米，内径 1.8 厘米，厚 0.3 厘米。（图一一八，3）

M98 位于淮阳平粮台遗址的东南角，长方形竖穴土坑墓，口底尺寸相当，口底长 3.10 米，宽 1.26～1.30 米，深 2.10 米。墓内填五花夯土，墓向东，方向 95°，东部和南部有二层台，头向东。棺已朽，棺痕不清，

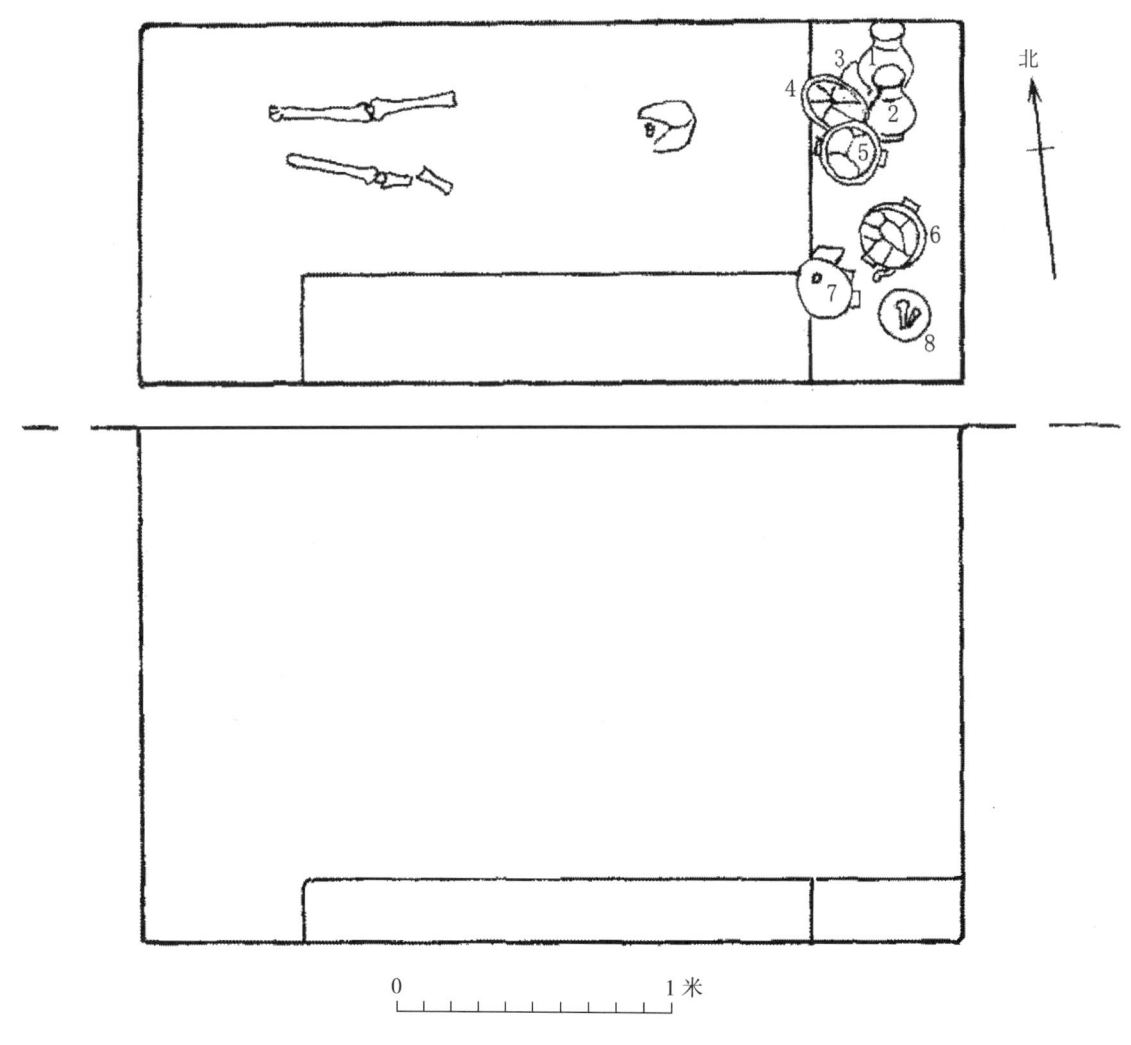

图一一九　M98 平、剖图

1、2.陶壶　3.铜卮　4、7.陶敦　5、6.陶鼎　8.铁器　9.铜镜　10.陶鉴　11.陶匜（9 号在 8 号下，10 号在 7 号、9 号下，11 号在 6 号下）

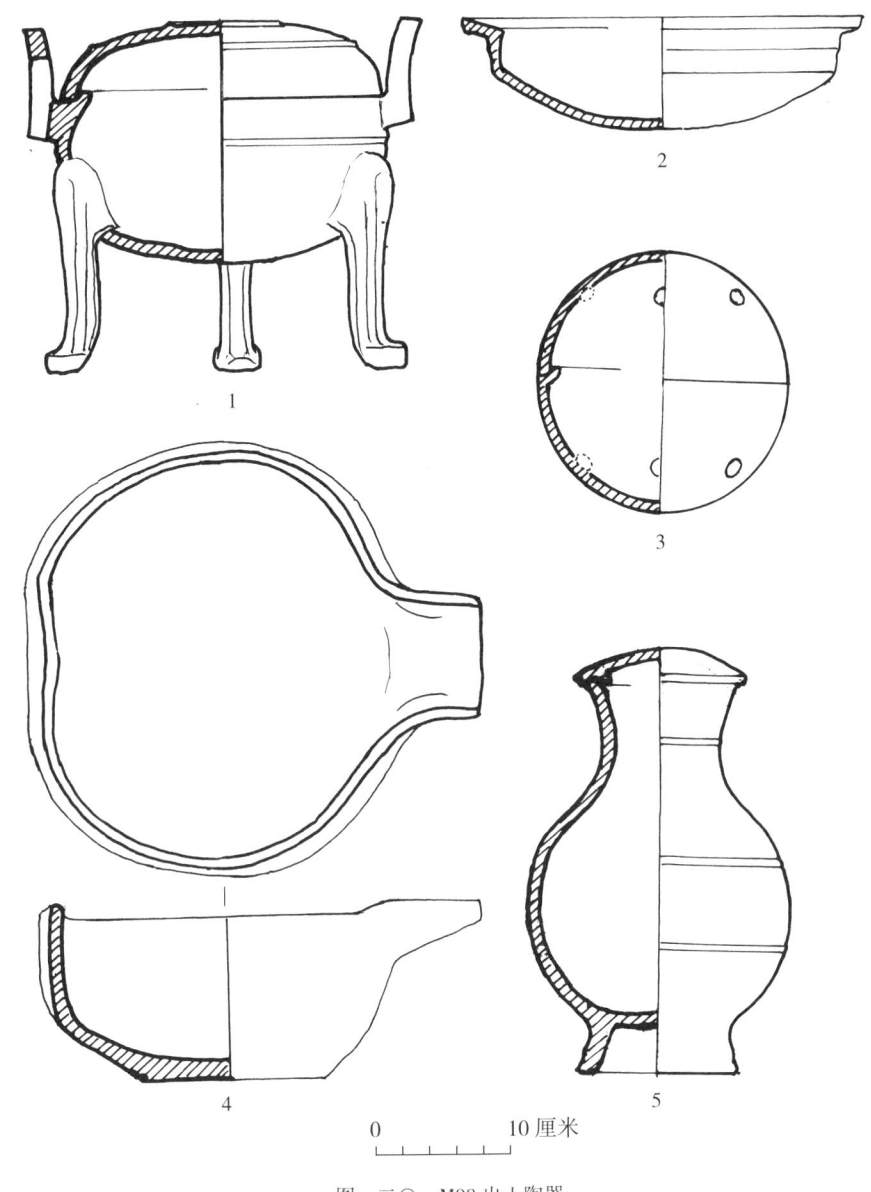

图一二〇　M98 出土陶器

1.鼎（M98：5）2.鉴（M98：10）3.敦（M98：7）
4.匜（M98：11）5.壶（M98：1）

应位于墓圹内偏北位置，长、宽不详，随葬品多放在棺外的东部二层台上，有陶鼎、壶、敦、鉴、匜和铜
镜、铜匜、铁器等器物。（图一一九）

随葬品　11 件，其中陶器 8 件、铜器 2 件、铁器 1 件。铜器、铁器残甚。

陶器　8 件，有陶鼎 2 件、壶 2 件、敦 2 件、鉴 1 件、匜 1 件。

鼎　2 件。形制相同。标本 M98：5，弧形鼎盖，盖顶上有一周凸弦纹，盖体上有一周凸弦纹。子母口，
敛口，直腹，中腹部有一周凸弦纹，圜底，长方形附耳外侈，高蹄足。盖与鼎上有彩绘，今彩退，仅剩青灰
色。口径 19.2 厘米，腹径 24.8 厘米，耳间距 29.6 厘米，通高 24.5 厘米。（图一二〇，1）

敦　2 件。形制相同。标本 M98：7，状如圆球形，下部为子母口，上下部分各有 3 个敦钮孔。口径 15.2
厘米，腹径 18.3 厘米，通高 18 厘米。（图一二〇，3）

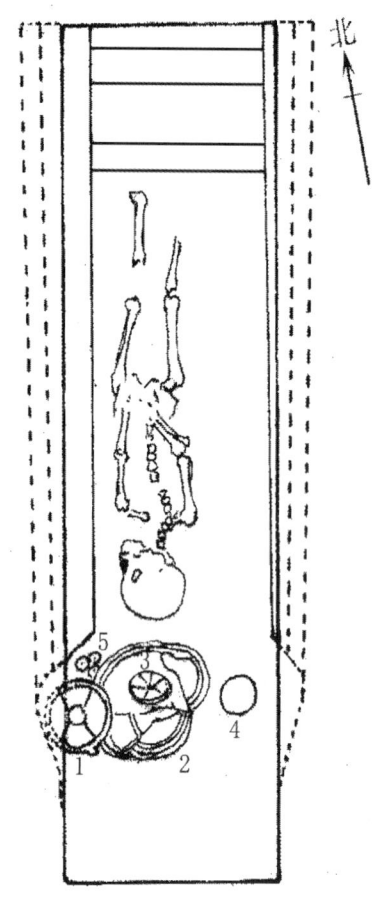

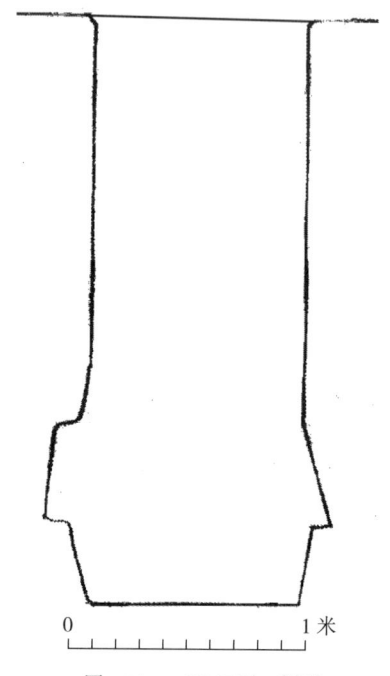

图一二一　M107 平、剖图

1、8.陶鼎　2.陶鉴　3.陶壶　4.铜镜　5.陶高足壶　6.陶匜　7.陶敦（6、7、8号分别被压于3、2、1号之下）

壶　2件。形制相同，完整。标本M98：1，弧形盖，子母口，侈口，方唇，敛颈，鼓腹，平底，下附喇叭形圈足。颈部有两周凹弦纹，腹部有两组凹弦纹。口径11.2厘米，腹径20厘米，圈足径12.5厘米，通高31.5厘米。（图一二〇，5）标本M98：2，口径11.5厘米，腹径19.5厘米，通高31厘米。（图版一一，5）

鉴　1件。标本M98：10，破。泥质灰陶。折沿，方唇，直口，直壁，圜底。口径30厘米，腹径25.6厘米，高8.4厘米。（图一二〇，2）

匜　1件。标本M98：11，破。泥质灰陶。口微敛，圆唇，直腹，下腹部内收，平底，有流，流相对应部分的口部内敛。口宽15.6厘米，口长16.6厘米，高6.3厘米。（图一二〇，4）

M107位于淮阳平粮台遗址东南部的T43内，长方形竖穴土坑墓，口底尺寸相当，中间外凸，口底长3.10米，宽0.88米，深1.95米。墓内填五花夯土，墓向190°，头向南。棺椁已朽，从椁痕看，长2.10米，宽0.88米，残高0.24米。棺痕不清，应位于椁内偏北，长、宽不详。随葬品多放在棺外的南部，有陶鼎、鉴、敦、壶、高足壶和匜等。（图一二一）

随葬品　8件，分别为陶器7件和铜镜1件。

1.陶器　7件，以泥质灰陶为主，主要器物有陶鼎2件，陶壶、陶敦、陶高足壶、陶鉴、陶匜各1件。

鼎　2件。破。形制、大小相同。标本M107：1，完整。弧形鼎盖，盖上有一周凸弦纹，盖体有一周凸弦纹，子母口，敛口，弧腹，中腹部有一周凸弦纹，圜底，长方形附耳外侈，高蹄足，足上有烧制前的刀削痕。盖与鼎上有彩绘，今彩退，仅剩青黄色。口径22.6厘米，耳间距29.5厘米，通高27厘米。（图一二二，1）

壶　1件。标本M107：3，破。弧形盖，子母口，侈口，方唇，敛颈，鼓腹，平底，下附喇叭形圈足。颈腹间有3组凹弦纹。口径13厘米，腹径21厘米，圈足径14厘米，通高31厘米。（图一二二，3）

敦　1件。标本M107：7，破。状如椭圆形，子母口，上下部分各有3个敦钮。口径19厘米，通高27厘米。（图一二二，4）

高足壶　1件。标本M107：5，完整。泥质灰陶。直口，方唇，短颈，扁圆腹，下附喇叭形圈足。口径5厘米，腹径9厘米，底径6厘米，通高11厘米。（图一二二，6）

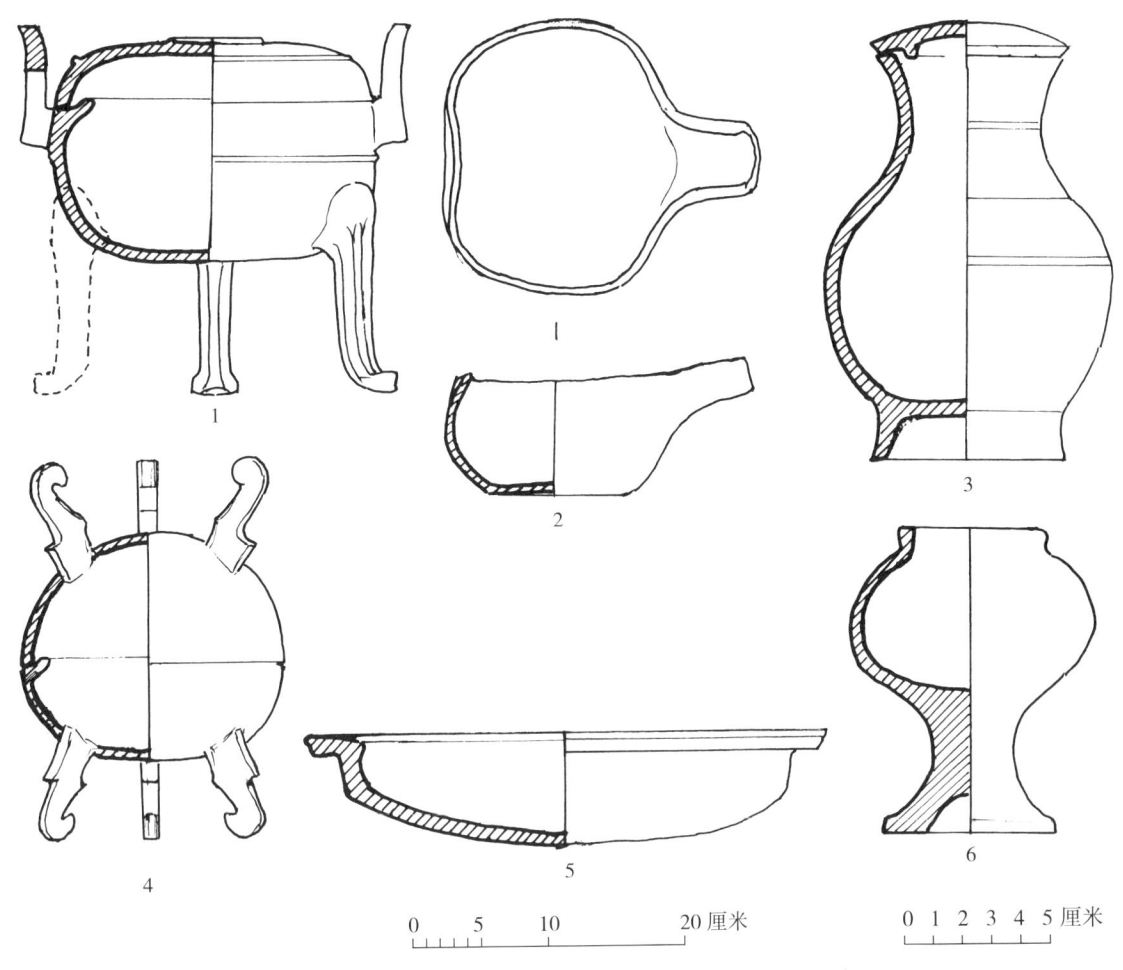

图一二二　M107 出土陶器

1. 鼎（M107：1）　2. 匜（M107：6）　3. 壶（M107：3）
4. 敦（M107：7）　5. 鉴（M107：2）　6. 高足壶（M107：5）

匜　1件。标本 M107：6，完整。泥质灰陶。流微上翘，口微敛，口沿下涂一周带状青灰色涂料，平底。口径 14 厘米，底径 7 厘米，高 6.8 厘米。（图一二二，2）

鉴　1件。标本 M107：2，破。泥质灰陶。折沿，舌唇，直腹，圜底。口径 37.5 厘米，高 8 厘米。（图一二二，5）

2. 铜镜　1件。

标本 M107：4，残甚。

M108 位于淮阳平粮台遗址东南部的 T48 内，长方形竖穴土坑墓，口大底小，口长 3.18 米，宽 1.20 米，深 2.74 米。墓内填黄花夯土，墓向东，方向 105°，头向东。棺已朽，从棺痕看，长 2.10 米，宽 0.70 米，残高 0.30 米。随葬品多放在棺外的东部，有陶鼎、陶敦、陶壶、陶鉴、陶匜、玉璧、铜戈、铜镞以及铜镞。（图一二三）

随葬品　11件，其中陶器 7件、铜器 3件、玉璧 1件，铜器、玉璧残甚。

1. 陶器　7件，其中陶鼎 1件、陶敦 2件、陶壶 2件、陶匜 1件、陶鉴 1件。

鼎　1件。标本 M108：5，残。泥质灰陶。敛口，圆腹，圜底，蹄足，长方形耳外侈。口径 21 厘米，腹

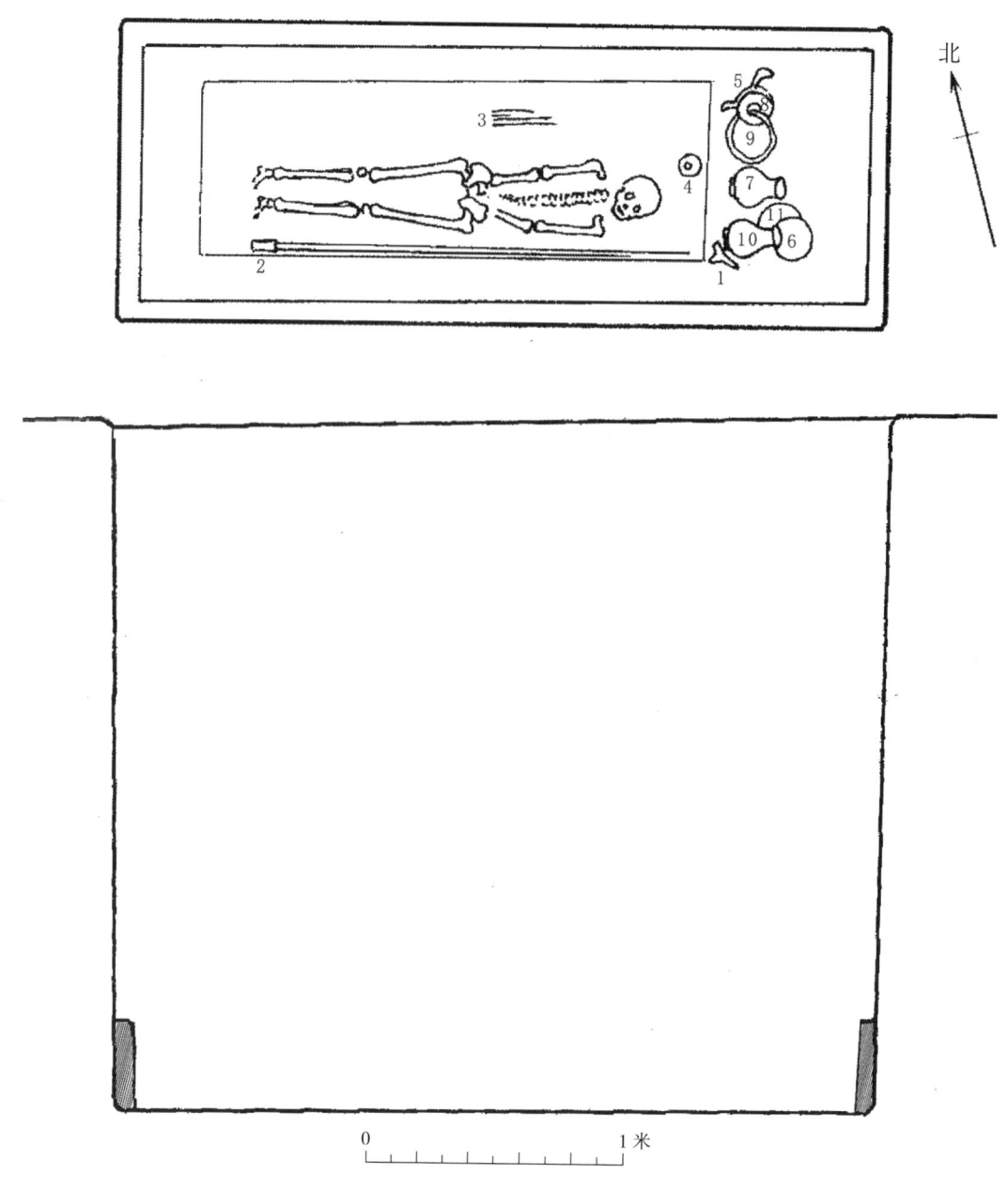

图一二三　M108 平、剖图

1.铜戈　2.铜镦　3.铜镞　4.玉璧　5.陶鼎　6、11.陶敦　7、10.陶壶　8.陶匜　9.陶鉴

径 24.5 厘米，高 22 厘米，耳间距 28.4 厘米。（图一二四，1）

　　敦　2 件。泥质灰陶。平面呈圆形，侧面呈椭圆形，上下各有 3 个插敦钮孔，子母口。标本 M108：11，敦的下部为子母口，敛口，腹部饰六周凹弦纹。口径 17 厘米，腹径 19.5 厘米，通高 19 厘米。（图一二四，5）标本 M108：6，敦的下部为子母口，敛口，盖部饰六周凹弦纹。口径 15.5 厘米，腹径 19 厘米，通高 18 厘米。（图一二四，6）

　　壶　2 件。形制相同。标本 M108：7，侈口，方唇，束颈，鼓腹，圜底，圈足外侈，上腹部有铺首，铺首上下各饰两周凹弦纹。口径 10.5 厘米，腹径 20 厘米，圈足径 12.5 厘米。（图一二四，2）

　　匜　1 件。标本 M108：8，泥质灰陶。口呈椭圆形，流微上翘，口微敛，口部一边内凹，平底。口径 11 厘米，底径 6 厘米，高 6 厘米。（图一二四，7）

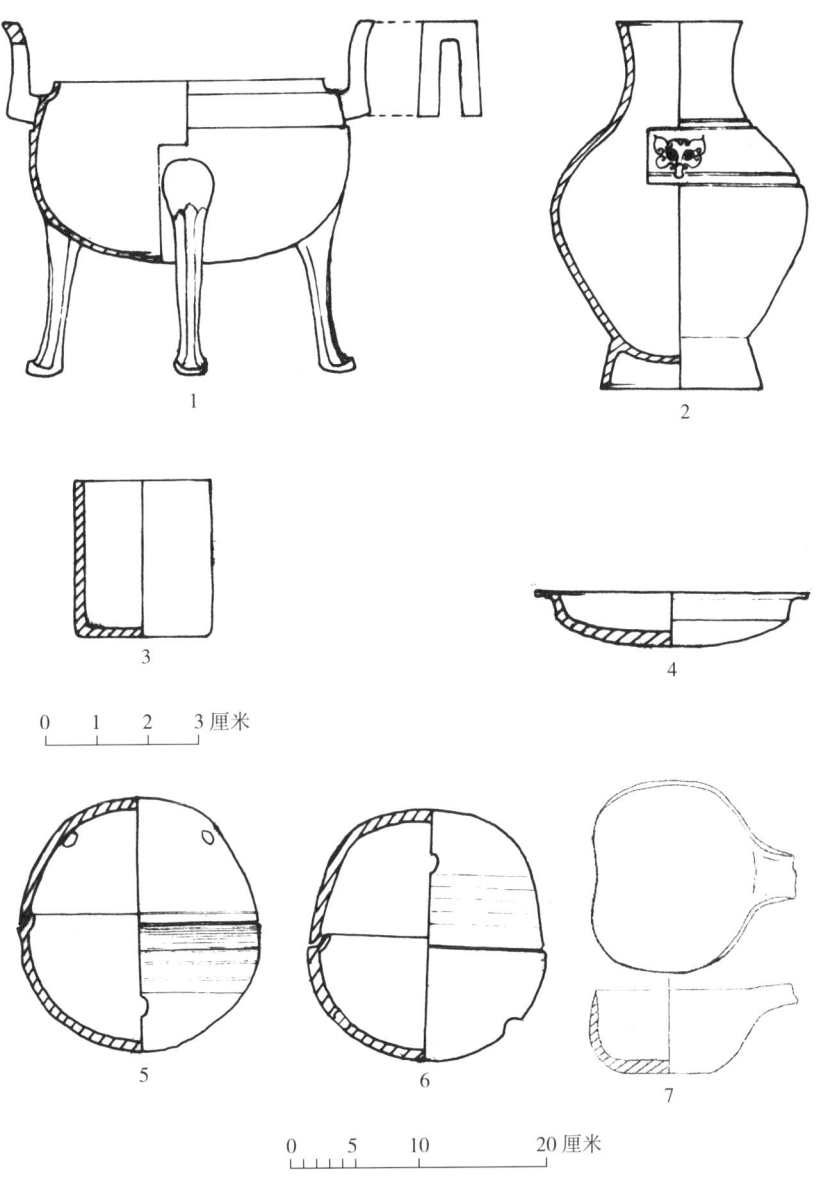

图一二四　M108 出土器物

1. 陶鼎（M108：5）2. 陶壶（M108：7）3. 铜镦（M108：2）4. 陶鉴（M108：9）5. 陶敦（M108：11）6. 陶敦（M108：6）7. 陶匜（M108：8）

鉴　1件。标本 M108：9，侈口，卷沿，方唇，折腹，圜底。口径 21.5 厘米，腹径 18 厘米，高 4 厘米。（图一二四，4）

2. 铜器　3件。

镦　1件。标本 M108：2，呈圆筒状。口径 2.7 厘米，底径 2.5 厘米，高 3 厘米。（图一二四，3）

M111　位于淮阳平粮台遗址东南部的 T47 内，长方形竖穴土坑墓，口底大小相当，长 3.16 米，宽 1.56 米，深 3.54 米。墓内填五花夯土，墓向 95°，头向东。棺椁已朽，似有椁，长 2.96 米，宽 1.10 米，残高 0.68 米。棺位于椁内的中部偏西北，长 2 米，宽 0.74 米。随葬品多放在棺的东部和南部，陶礼器鼎、敦以及壶置于东部，匜、盘、鐎壶及青铜剑、铁凿置于棺南。仰身直肢葬，死者是一男性。（图一二五）

随葬品　20件，分别为陶鼎4件、壶4件、敦4件、匜2件、鉴2件，以及陶鐎壶、骨管、铜剑、铁凿

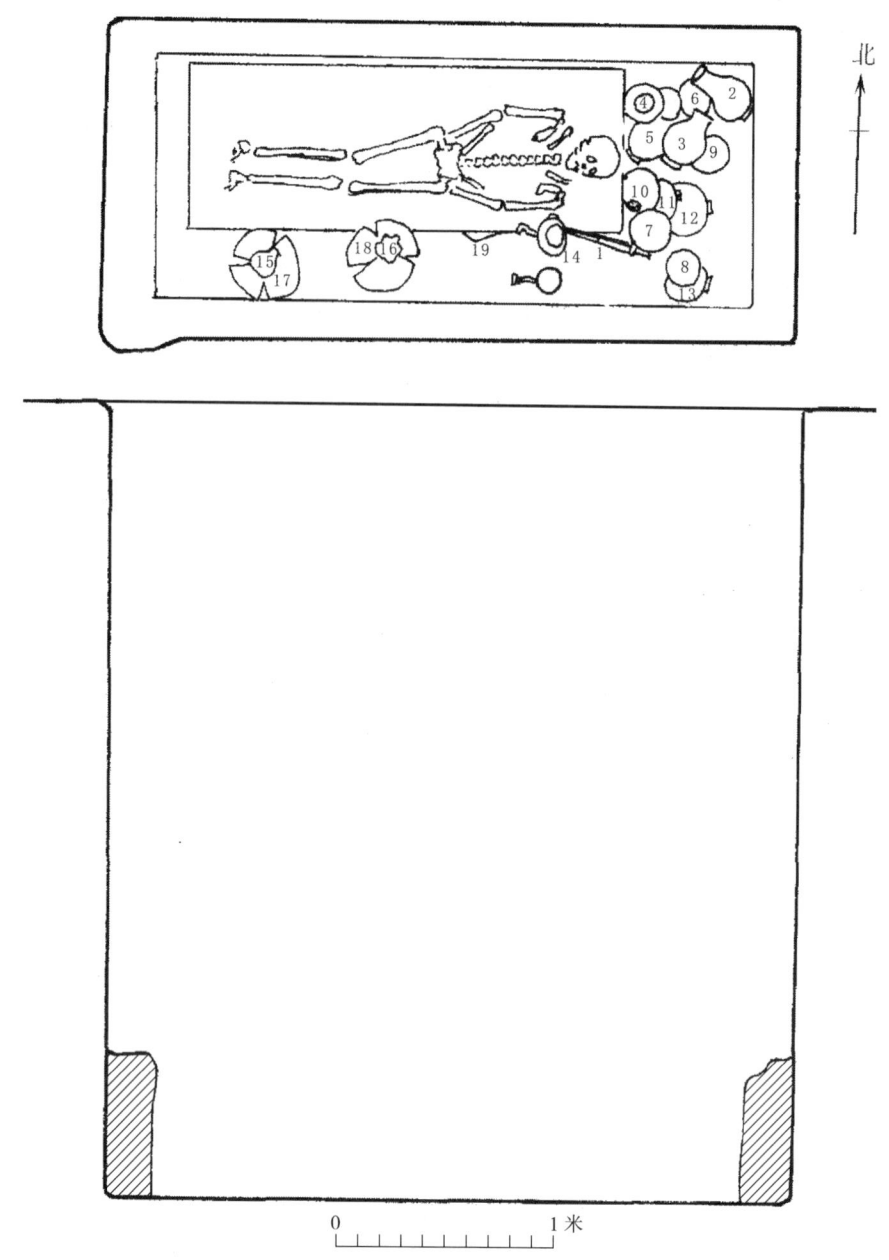

图一二五 M111 平、剖图

1. 铜剑　2、3、4、5. 陶壶　6、7、8、9. 陶敦　10、11、12、13. 陶鼎　14. 陶鐎壶
15、16. 陶匜　17、18. 陶鉴　19. 铁凿　20. 骨管（出自填土）

等。除陶器外，其余残甚。

1. 陶器　17 件，泥质黑灰陶，器形有鼎 4 件、壶 4 件、敦 4 件、匜 2 件、鉴 2 件、鐎壶 1 件。

鼎　4 件。1 整 3 破。形制、大小相同。标本 M111：10，完整。弧形鼎盖，盖上有一周凸弦纹，盖体有一周凸弦纹。子母口，敛口，弧腹，中腹部有一周凸弦纹，圜底，长方形附耳外侈，高蹄足，足上有烧制前的刀削痕。盖与鼎上有彩绘，今彩退，仅剩青黄色。口径 22.6 厘米，附耳间距 29.5 厘米，通高 27 厘米。（图版一二，1；图一二六，1）标本 M111：11，形制同 M111：10，较残。（图版一二，2；图一二六，4）标本 M111：12、13 亦同标本 M111：10。（图一二六，7、8）

壶　4 件。形制相同，2 整 2 破。标本 M111：2，弧形盖，子母口，侈口，方唇，敛颈，鼓腹，平底，

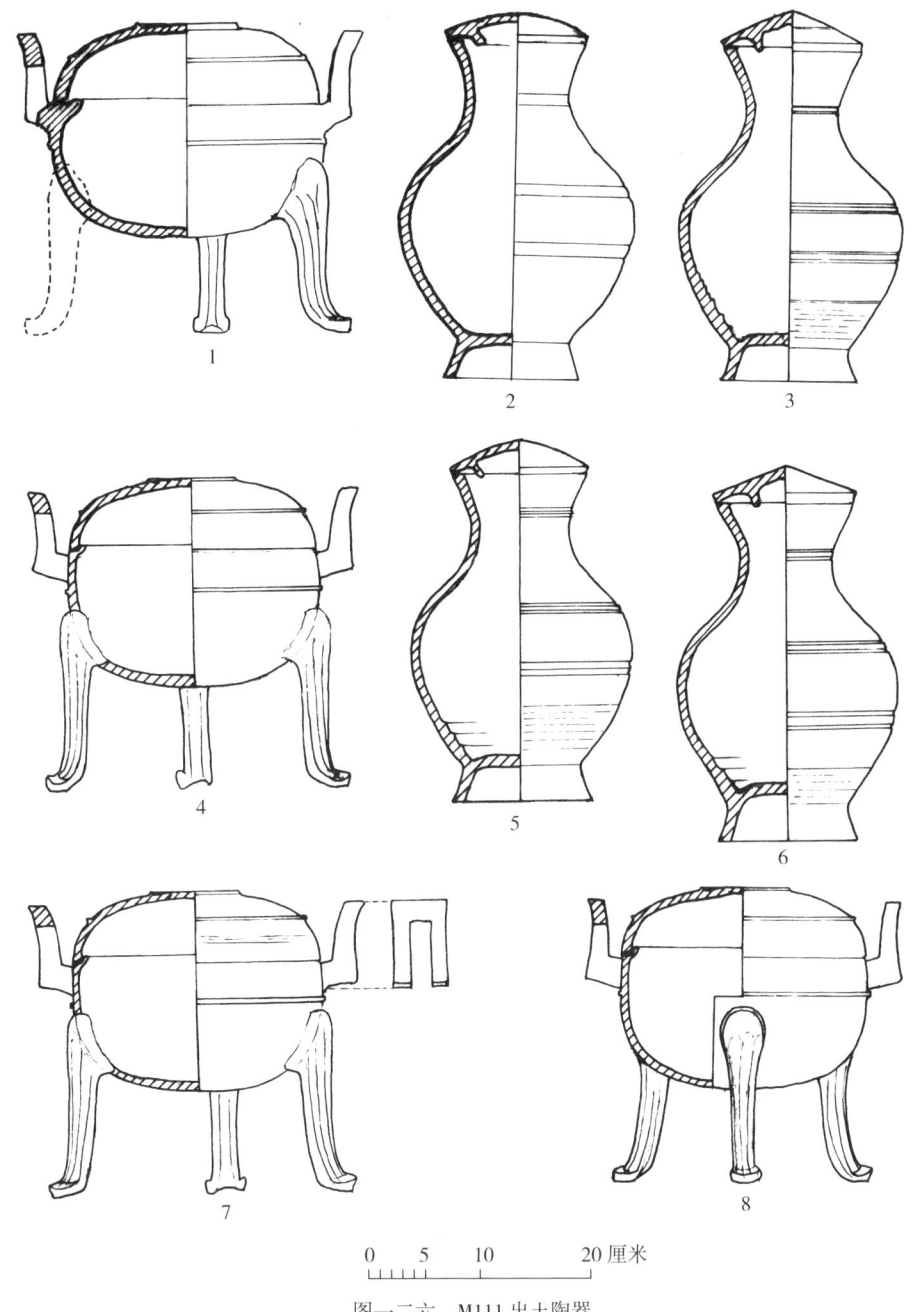

图一二六　M111 出土陶器

1. 鼎（M111：10）　2. 壶（M111：2）　3. 壶（M111：3）　4. 鼎（M111：11）
5. 壶（M111：5）　6. 壶（M111：4）　7. 鼎（M111：12）　8. 鼎（M111：13）

下附喇叭形圈足。颈腹间有三组双凹弦纹。口径 12.5 厘米，腹径 22 厘米，圈足径 12 厘米，通高 32 厘米。（图版一二，4；图一二六，2）

　　敦　4 件。形制相同，3 整 1 破。标本 M111：6，状如椭圆形，子母口，上下部分各有 3 个敦钮孔，不见陶敦钮，可能是木质敦钮，腹部有密集的弦纹。口径 16.5 厘米，腹径 19 厘米，通高 18 厘米。（图版一二，3；图一二七，1）标本 M111：7，状如椭圆形，子母口，上下部分各有 3 个敦钮孔，不见陶敦钮，可能是木质敦钮，上腹部有密集的弦纹。口径 18.7 厘米，腹径 16 厘米，通高 18.7 厘米。（图一二七，2）标本 M111：8，状如椭圆形，子母口，上下部分各有 3 个敦钮孔，不见陶敦钮，可能是木质敦钮，腹部有密集的弦纹。口径 14.5 厘米，腹径 18.3 厘米，通高 18 厘米。（图一二七，3）标本 M111：9，造型浑圆，子母

口，上下部分各有 3 个敦钮孔。口径 19 厘米，通高 19.1 厘米。（图一二七，4）

匜　2 件。形制相同，完整。泥质灰陶。标本 M111∶16，椭圆形口，方唇，平流，口微敛，平底。口沿下涂一周带状青灰色涂料。口宽 13.5 厘米，口流长 15.5 厘米，流宽 3.6 厘米，底径 6.8 厘米，高 6.7 厘米。（图一二七，9）标本 M111∶15，口宽 13.7 厘米，口流长 14.8 厘米，底径 6.8 厘米，高 6.2 厘米。（图一二七，8）

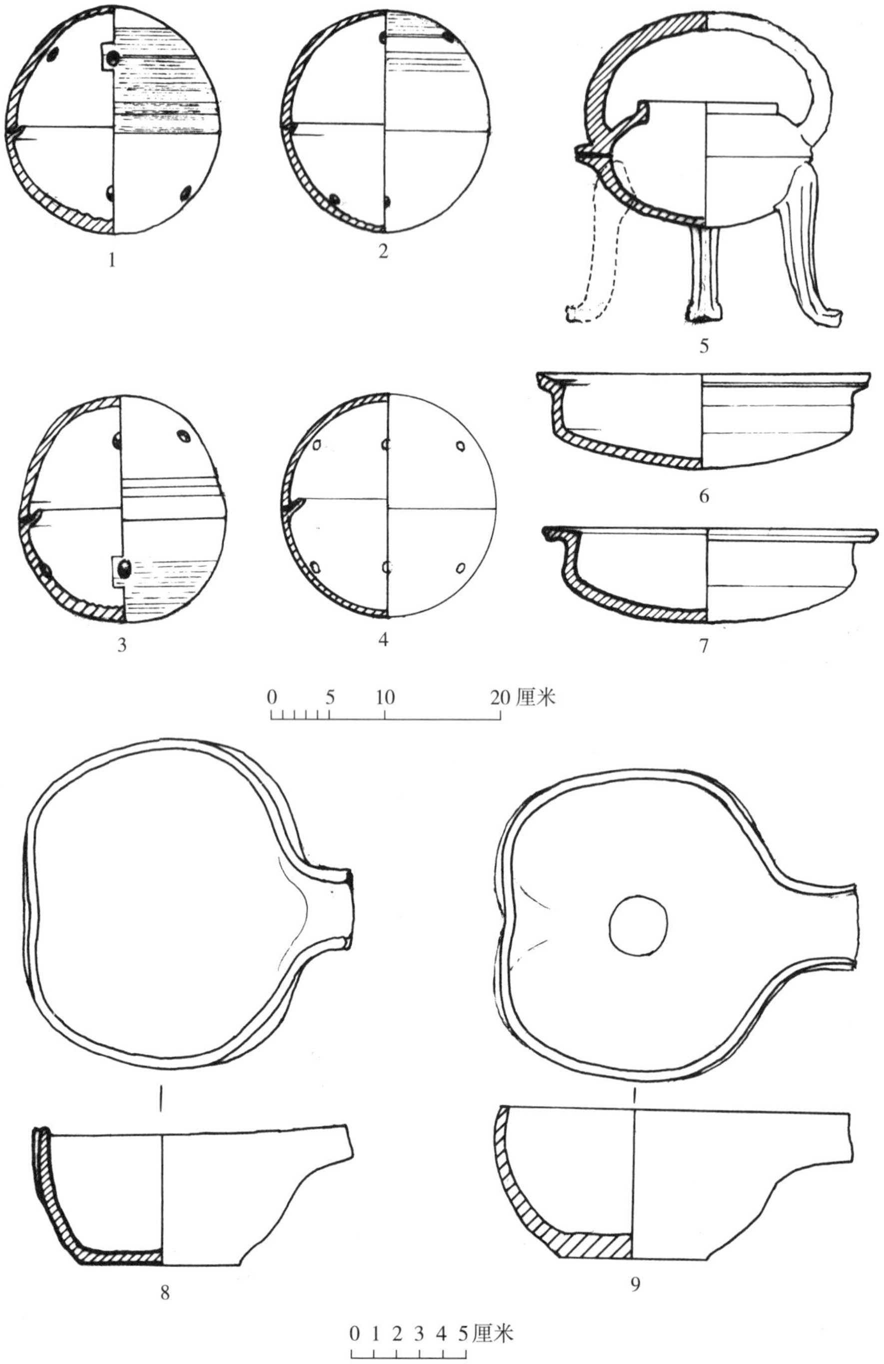

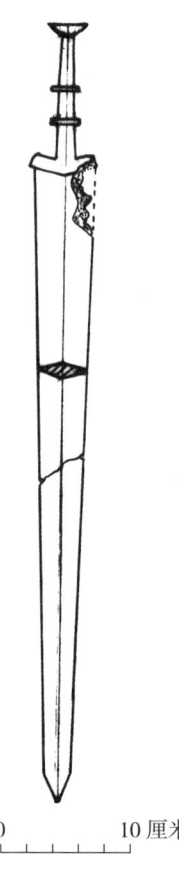

1
2
5
3
4
6
7
0 5 10 20厘米
8
9
0 1 2 3 4 5厘米

图一二七　M111 出土陶器

1. 敦（M111∶6）2. 敦（M111∶7）3. 敦（M111∶8）4. 敦（M111∶9）5. 鐎壶（M111∶14）6. 鉴（M111∶17）7. 鉴（M111∶18）8. 匜（M111∶15）9. 匜（M111∶16）

0 10 厘米

图一二八　M111 出土铜剑（M111∶1）

鉴 2件。形制相同，破。泥质灰陶。标本 M111：18，侈口，折沿，方唇，直腹，圜底。口径 29 厘米，高 8 厘米。（图版一二，6；图一二七，7）标本 M111：17，侈口，斜折沿，方唇，直腹，圜底。口径 28.2 厘米，高 8 厘米。（图一二七，6）

镳壶 1件。标本 M111：14，破。小口，方唇，短颈，鼓腹，圜底，半圆形提梁，提梁与镳壶腹部连接的下边有流，腹下有 3 个蹄足。口径 11.5 厘米，腹径 18 厘米，高 25.5 厘米。（图版一二，5；图一二七，5）

2. 铜剑 1件。

标本 M111：1，破。双箍，喇叭形剑首，"凹"形剑格，剑的断面为菱形，中有脊，两边磨出刃，异常锋利。通长 46 厘米，宽 4 厘米，剑格宽 4.6 厘米，厚 2 厘米。（图一二八）

M127 位于淮阳平粮台遗址东南部的 T425 内，竖穴土坑墓，墓葬平面呈长方形，口大底小，有头龛。口长 2.52 米，宽 1.18 米，底长 2.52 米，宽 0.98 米，深 3.36 米。头龛位于墓口深 1.80 米处，宽 0.98 米，进深 0.34 米，高 0.42 米。墓内填五花夯土，墓向 190°，头向南。棺已朽，从棺的朽痕看，近长方形，长 1.98 米，宽 0.50 ~ 0.56 米。骨架已朽，仰身直肢，双手交于下腹部。棺置于两根横木之上。墓壁北部两侧各有 4 个脚窝。随葬品多放在棺的南部壁龛内，随葬有陶鼎及壶、敦等器物。铜剑、镜和蚌壳置于墓的东南角，

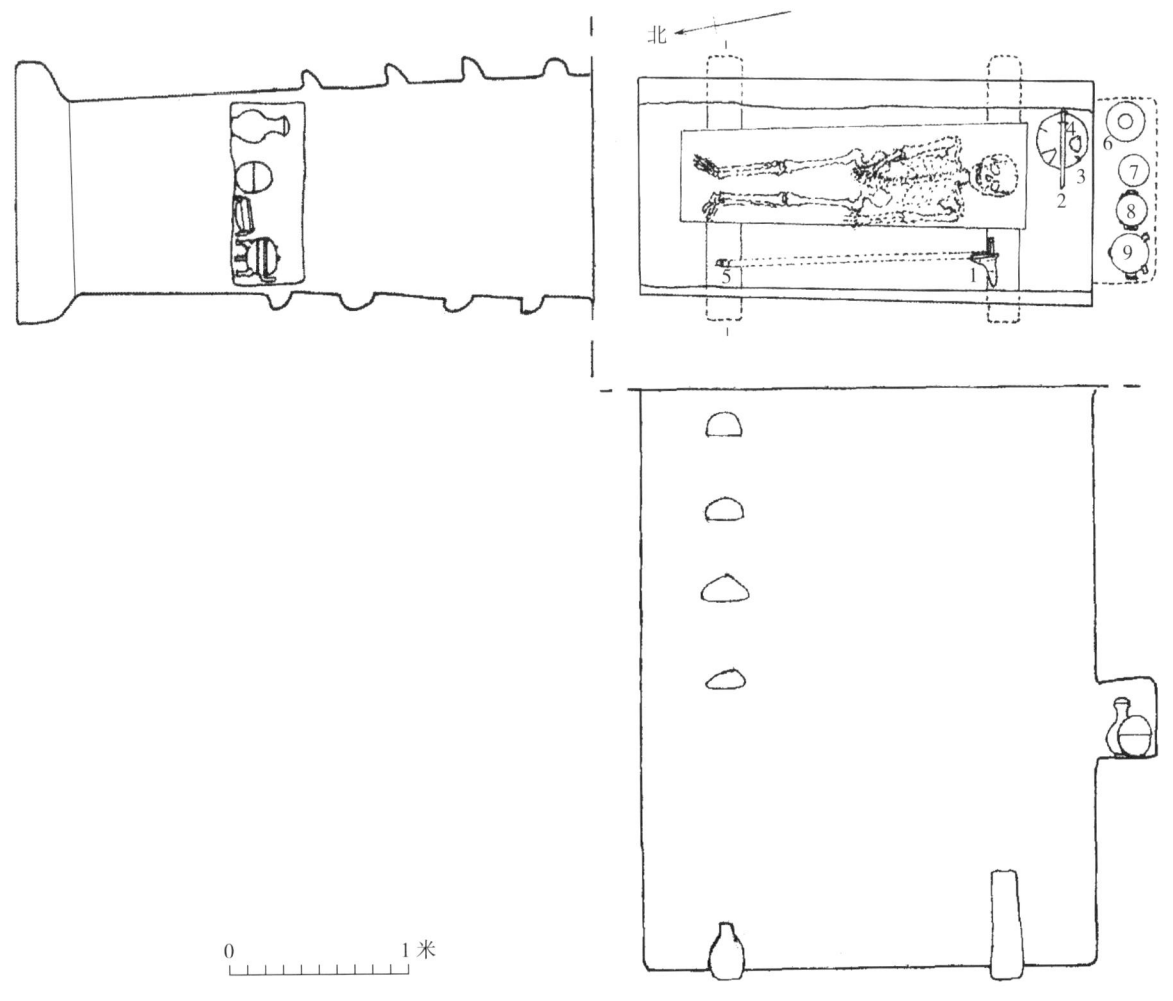

图一二九 M127 平、剖图

1. 铜戈 2. 铜剑 3. 铜镜 4. 蚌壳 5. 铜镦 6. 陶壶 7. 陶敦 8、9. 陶鼎

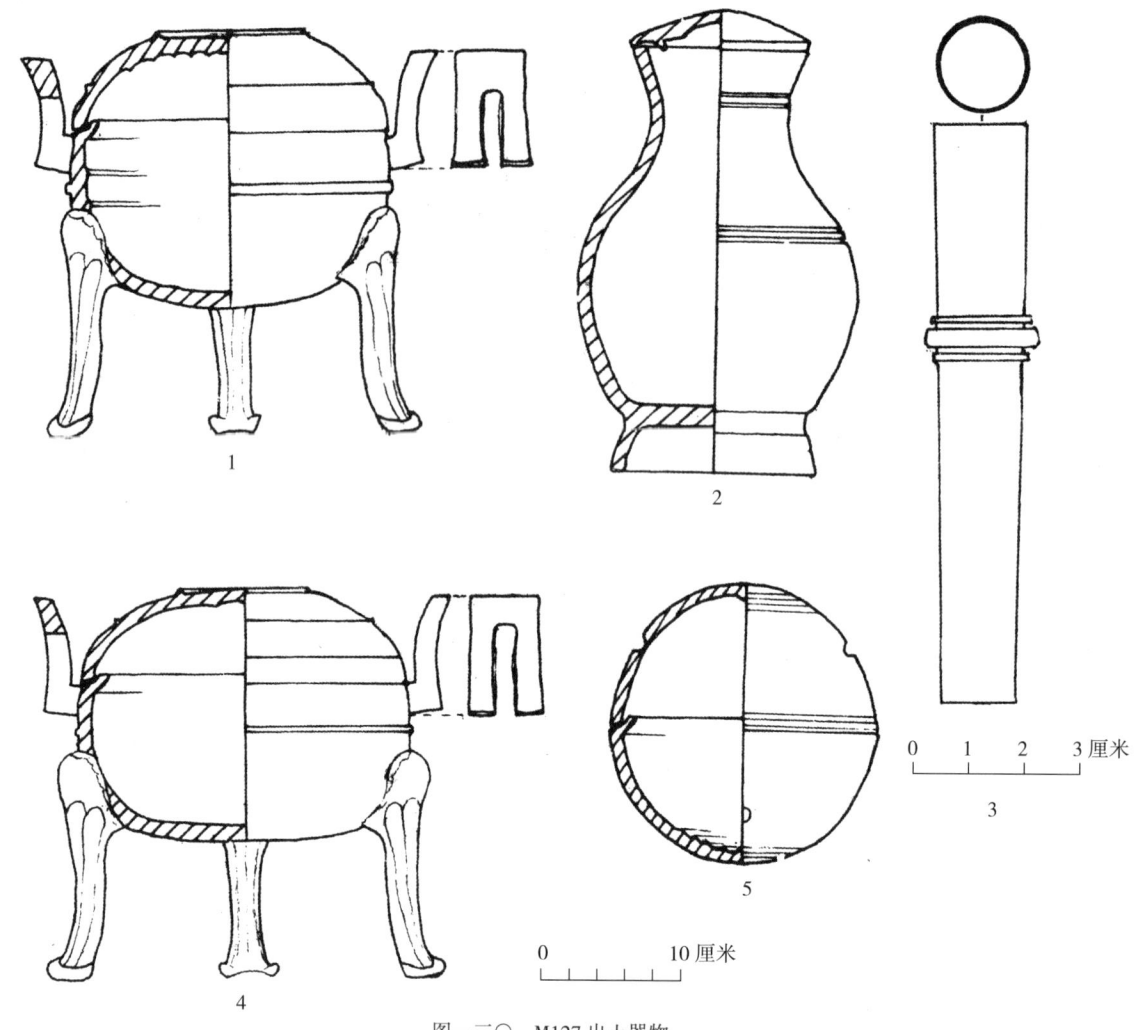

图一三〇 M127 出土器物

1. 陶鼎（M127：8） 2. 陶壶（M127：6） 3. 铜镦（M127：5） 4. 陶鼎（M127：9） 5. 陶敦（M127：7）

铜戈、镦置于棺的西侧。（图一二九）

随葬品 9件。为陶鼎、壶、敦，铜戈、剑和蚌壳等。

1. 陶器 4件。泥质黑灰陶。器形有鼎、壶、敦等。

鼎 2件。残，形制相同。标本 M127：8，弧形鼎盖，盖上有一周凸弦纹，盖体有一周凸弦纹。子母口，敛口，弧腹，中腹部有一周凸弦纹，圜底，长方形附耳外侈，高蹄足，足上有烧制前的刀削痕。盖与鼎上有彩绘，今彩退，仅剩青黄色。口径 22.6 厘米，附耳间距 29.5 厘米，通高 27 厘米。（图一三〇，1）

壶 1件。标本 M127：6，较为完整。弧形盖，子母口，侈口，方唇，束颈，鼓腹，平底，下附喇叭形圈足。颈腹间有三组双凹弦纹。口径 12.5 厘米，腹径 22 厘米，圈足径 12 厘米，通高 32 厘米。（图一三〇，2）

敦 1件。标本 M127：7，残。状如椭圆形，子母口，上下部分各有 3 个敦钮孔，不见陶敦钮，可能是木质敦钮。口径 16 厘米，通高 18.5 厘米。（图一三〇，5）

2. 铜器 1件。

铜镦 1件。标本 M127：5，较完整。筒状，中空，两端粗细不一。中部偏上有一周凸棱。长 8.3 厘米，直径分别为 1.8 厘米和 1.2 厘米。（图一三〇，3）

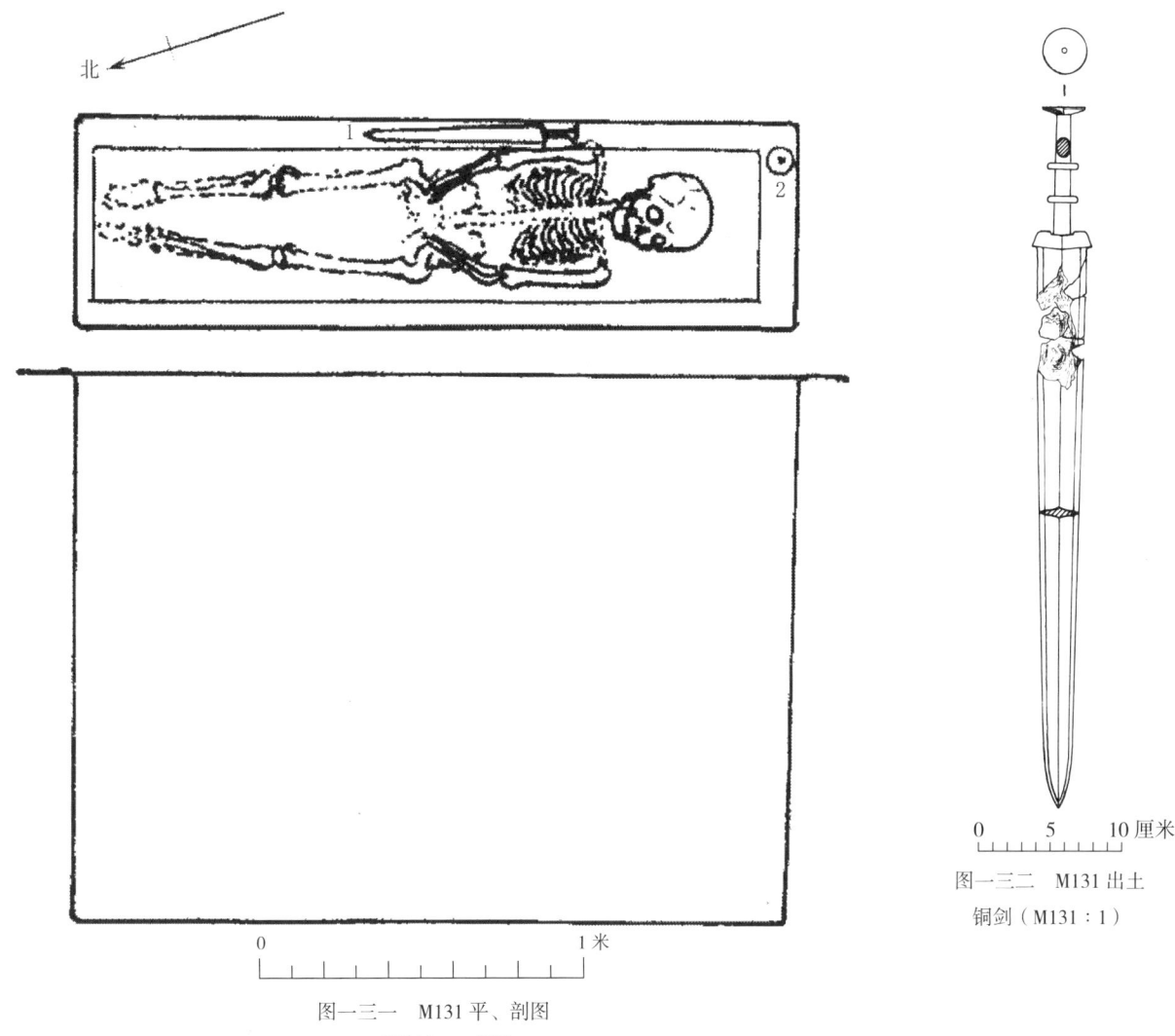

图一三一　M131 平、剖图
1. 青铜剑　2. 铜镜

图一三二　M131 出土
铜剑（M131：1）

　　M131 位于淮阳平粮台遗址东南部 T425 内的西北部，1983 年 4 月发掘，为长方形竖穴土坑墓。墓葬平面呈长方形，墓向南，方向 195°。墓口距地表深 1 米，内填灰褐黄花夯土，质地坚硬，墓壁陡直。墓口长 2.10 米，宽 0.62 米，墓底深 1.56 米，墓底长 2.10 米，宽 0.62 米。棺已朽，从棺痕看，棺为长方形，长 1.80 米，宽 0.40 米。头向南，仰身直肢，双手交叉于骨盆上。随葬有青铜剑、铜镜，铜剑放置在棺外东侧，铜镜放置在东南角。（图一三一）

　　随葬品　2 件。有青铜剑和铜镜各 1 件。

　　青铜剑　1 件。标本 M131：1，破。双箍，喇叭形剑首，"凹"形剑格，中有脊，两边磨出刃，剑的断面为菱形，异常锋利。通长 47.3 厘米，宽 3.4 厘米，剑格宽 4 厘米，厚 2 厘米。（图一三二）

　　铜镜　1 件。标本 M131：2，已锈蚀粉碎。

　　M141 位于淮阳平粮台遗址北部的 T88 内，为竖穴土坑墓，平面呈梯形，口长 2.60 米，宽 1.40 ~ 1.60 米，深 2.80 米。墓内填五花夯土，墓向南，方向 345°，头向北。棺位于墓底部的梯形坑内，已朽，有生土二层台。从棺痕看，平面为梯形，长 2.38 米，宽 0.78 ~ 0.96 米，残高 0.60 米。随葬品放在棺的南部壁龛内，随葬陶罐 1 件。（图一三三）

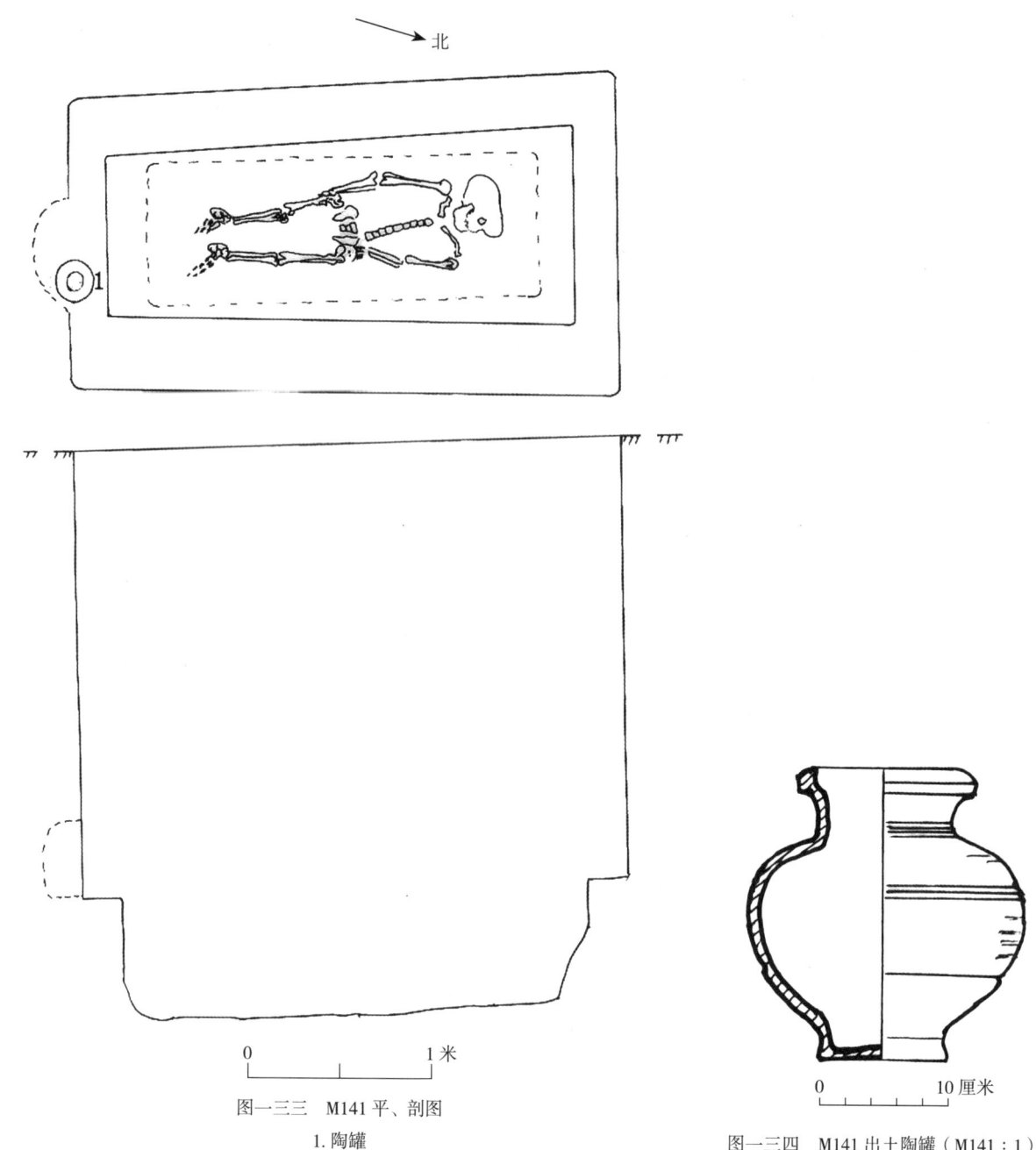

图一三三　M141 平、剖图

1. 陶罐

图一三四　M141 出土陶罐（M141：1）

陶罐　1件。标本 M141：1，盘口，方唇，束颈，鼓腹，平底。颈腹部饰弦纹。口径 11.5 厘米，腹径 20 厘米，底径 10.5 厘米，高 20.5 厘米。（图一三四）

M149 位于淮阳平粮台遗址北部的 T89 内，北壁被 M142 打破，为长方形竖穴土坑墓，口略大于底。口长 2.80 米，宽 1 米，深 1.40 米，底长 2.60 米，宽 0.80 米。墓内填五花夯土，墓向南，方向 3°，头向北。棺椁已朽，从椁痕看，长 2.60 米，宽 0.80 米，残高 0.34 米，棺位于椁内的南部，长、宽不详。随葬品多放在棺的南部，有陶鼎、盒、壶、高足壶、匜、盘、杯、箕和铜器、铁器各 1 件。（图一三五）

随葬品　10 件，有陶鼎、壶、盒、高足壶、盘、匜、杯、箕，铜带钩，铁器。

1. 陶器　8 件。有陶鼎、壶、盒、高足壶、盘、匜、杯、箕等。

鼎　1件。标本 M149：2，破。弧形鼎盖，盖顶近平，盖上绘有彩绘。子母口，敛口，弧腹，中腹部有

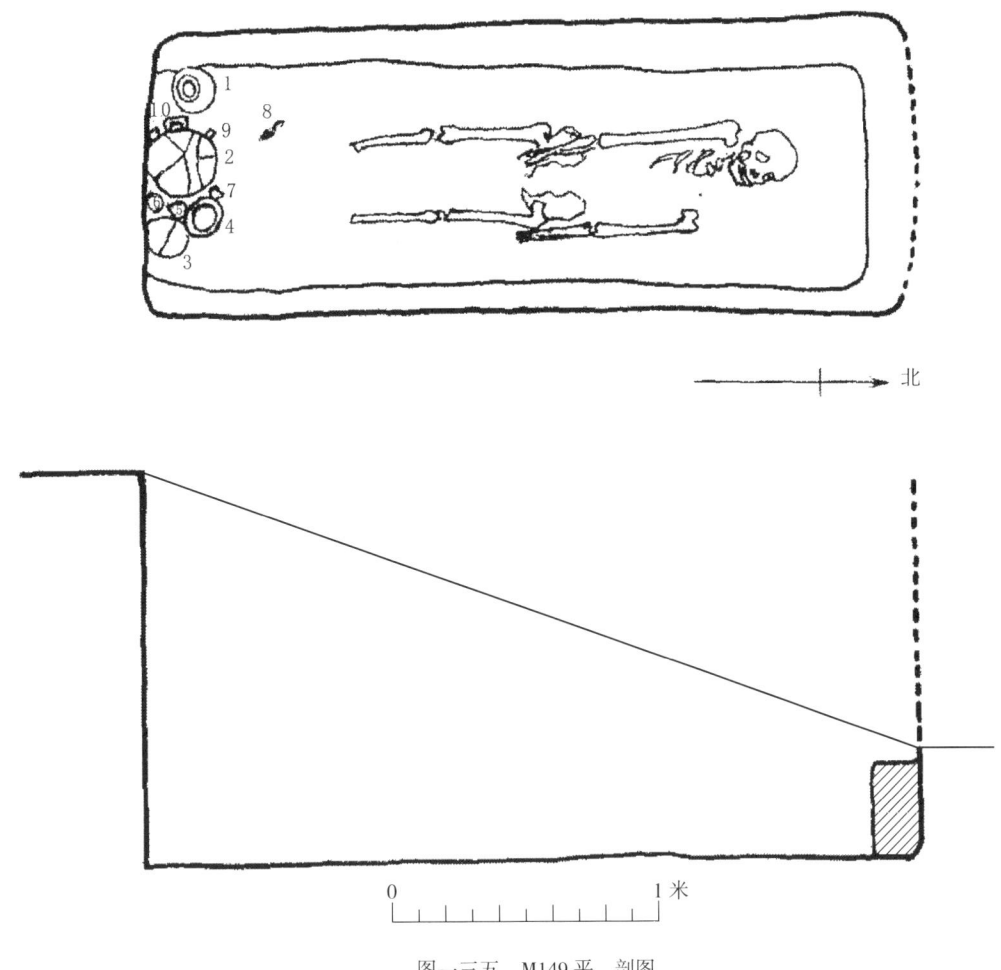

图一三五　M149平、剖图

1. 陶壶　2. 陶鼎　3. 陶盒　4. 陶盘　5. 陶匜　6. 陶杯　7. 陶箕　8. 铜带钩　9. 铁器　10. 陶高足壶

一周凹弦纹，小平底，长方形附耳外侈，高蹄足，足的上部有铺首，足上有烧制前的刀削痕。盖与鼎上有彩绘，今彩退，仅剩青黄色。口径18厘米，腹径21.2厘米，耳间距28.4厘米，通高22.5厘米。（图版一三，1；图一三六，1）

壶　1件。标本M149：1，破。无盖，侈口，方唇，束颈，鼓腹，平底，下附喇叭形圈足。颈部有一周凹弦纹，颈肩交接处有一周凹弦纹，腹部有两周凹弦纹，喇叭形圈足。有彩绘。口径11厘米，腹径19厘米，圈足径12厘米，通高27厘米。（图版一三，6；图一三六，3）

盒　1件。标本M149：3，破。弧形盖，子母口，直腹，下腹部折腹，小平底。涂有白色彩绘。口径18厘米，底径7.6厘米，通高14.6厘米。（图版一三，2；图一三六，7）

高足壶　1件。标本M149：10，完整。泥质灰陶。直口，方唇，短颈，扁圆腹，下附喇叭形实圈足。口径5厘米，腹径6厘米，底径4.4厘米，高5厘米。（图版一三，3；图一三六，6）

匜　1件。标本M149：5，破。泥质灰陶。流微低下，口微敛，匜的内部下涂有花纹，其中有"S"形纹。涂料呈青灰色，平底。口径8.2厘米，流长8.8厘米，底径5.5厘米，高6.8厘米。（图版一三，5；图一三六，2）

盘　1件。标本M149：4，完整。泥质灰陶。折沿，圆唇，直腹，小平底。口径13.5厘米，底径7.2厘米，高3.3厘米。（图版一三，7；图一三六，8）

杯　1件。标本 M149：6，完整。泥质灰陶。口微敛，圆唇，鼓腹，平底。口径4.1厘米，腹径4.7厘米，底径4厘米，高2厘米。（图一三六，4）

箕　1件。标本 M149：7，破。泥质灰陶。平面呈椭圆形，箕沿外鼓，与底平，箕的后半部有一条制作时用手指捏出的棱，小平底。口径6.5厘米，底径4厘米，高1.2厘米。（图版一三，4；图一三六，9）

2. 铜器　仅出铜带钩1件。

铜带钩　1件。标本 M149：8，完整。铜质有锈蚀，钩体呈四瓣状，上有"ㅏ"形纹，下端两叶瓣上有两点，钩首为兽首状，细长颈，钩背有圆形钮，钩腹部较短，腹面素面。钩长5.8厘米，宽1.8厘米，高1.4厘米。（图一三六，10）

3. 铁器　1件。

铁器　1件。标本 M149：9，呈"L"形。高2.4厘米。（图一三六，5）

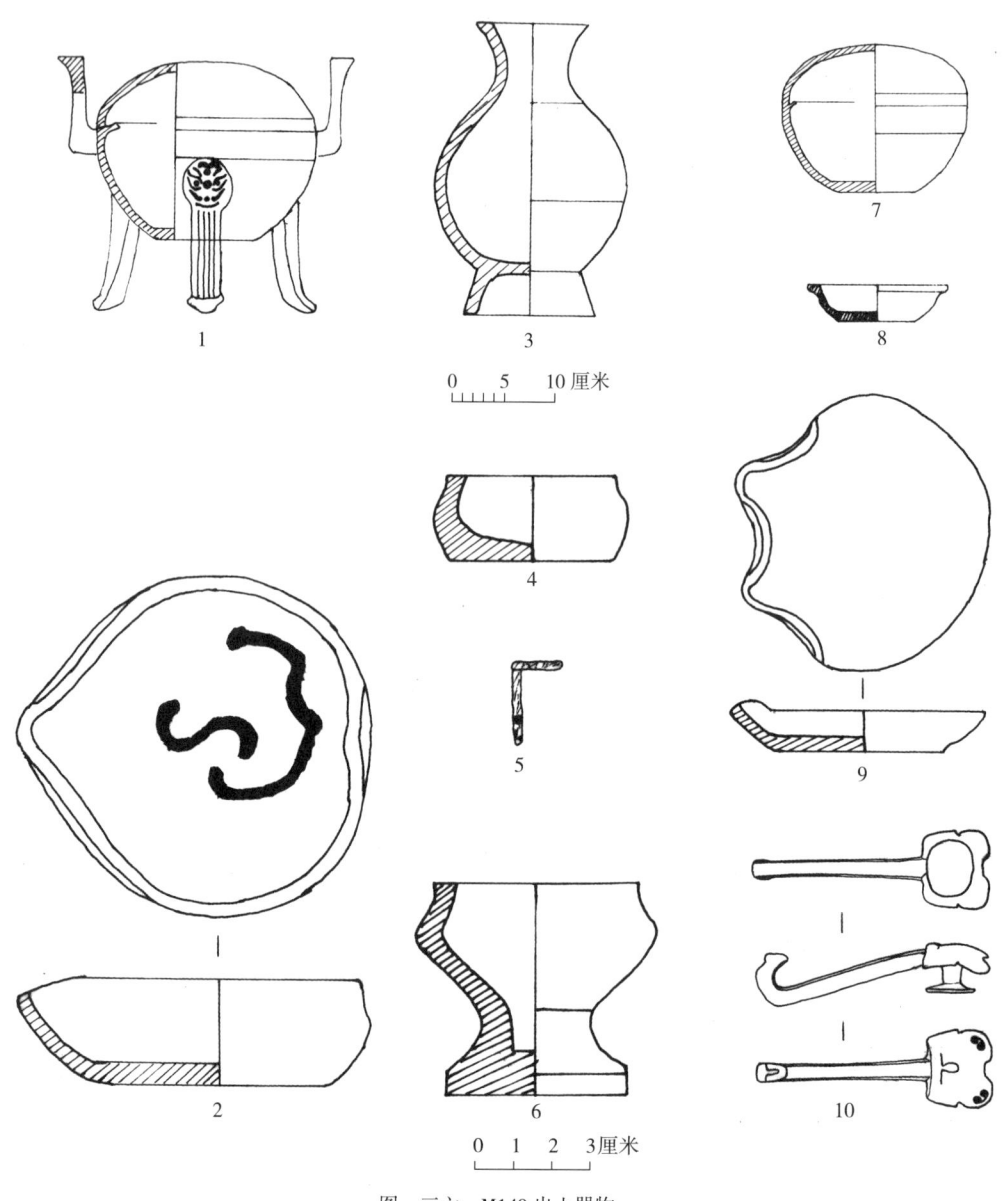

图一三六　M149 出土器物

1.陶鼎（M149：2）　2.陶匜（M149：5）　3.陶壶（M149：1）　4.陶杯（M149：6）　5.铁器（M149：9）

6.陶高足壶（M149：10）　7.陶盒（M149：3）　8.陶盘（M149：4）　9.陶箕（M149：7）　10.铜带钩（M149：8）

　　M150 位于淮阳平粮台遗址北部的 T71 内，为长方形竖穴土坑墓，口底大小相当，口长 3.04 米，宽 1.55 米，深 2.36 米。墓内填五花夯土，方向 7°，东西有熟土二层台。二层台长 3.04 米，宽 0.22 米，高 0.62 米。骨架已朽，呈仰身直肢，头向北。棺椁已朽，从椁痕看，椁长 3.04 米，宽 1.10 米，残高 0.62 米。棺位于椁内的正中，长 2 米，宽 0.64 米，残高 0.62 米。棺下有两个横置的方枕木作为支垫。枕木长 1.52 米，宽 0.25 米。随葬玉璧放置在棺内墓主的头部，其余随葬品多放在棺的南部。（图一三七）

　　随葬品　17 件，陶器有陶鼎、壶、盒、高足壶、罐、箕、匜、盘和玉璧、骨器、铜车镦、小铜饰、蚁鼻钱、蚌纺轮各 1 件，铜镞 2 枚。

　　1. 陶器　9 件，有陶鼎、壶、盒、高足壶、罐、箕、匜、盘。泥质灰陶。

　　鼎　1 件。标本 M150：2，破。弧形鼎盖，盖顶近平，盖上绘有白色彩绘。子母口，敛口，弧腹，中腹部有一周凹弦纹，圜底，长方形附耳外侈，高蹄足，足上有烧制前的刀削痕。盖与鼎上有彩绘，今彩退，仅剩青黄色。口径 22 厘米，腹径 24 厘米，耳间距 28 厘米，通高 24 厘米。（图版一四，1；图一三八，1）

　　壶　1 件。标本 M150：3，完整。盖顶呈斗笠状，子母口，侈口，方唇，敛颈，鼓腹，平底，下附喇叭形圈足。颈部有两周凹弦纹，颈肩交接处有两周凹弦纹，腹部有两周凹弦纹。有彩绘。口径 12 厘米，腹径 20 厘米，圈足径 13.6 厘米，通高 31 厘米。（图版一四，6；图一三八，3）

　　盒　1 件。标本 M150：10，完整。弧形盖，子母口，弧腹，下腹部微敛，平底。盖顶和口沿下涂白色带

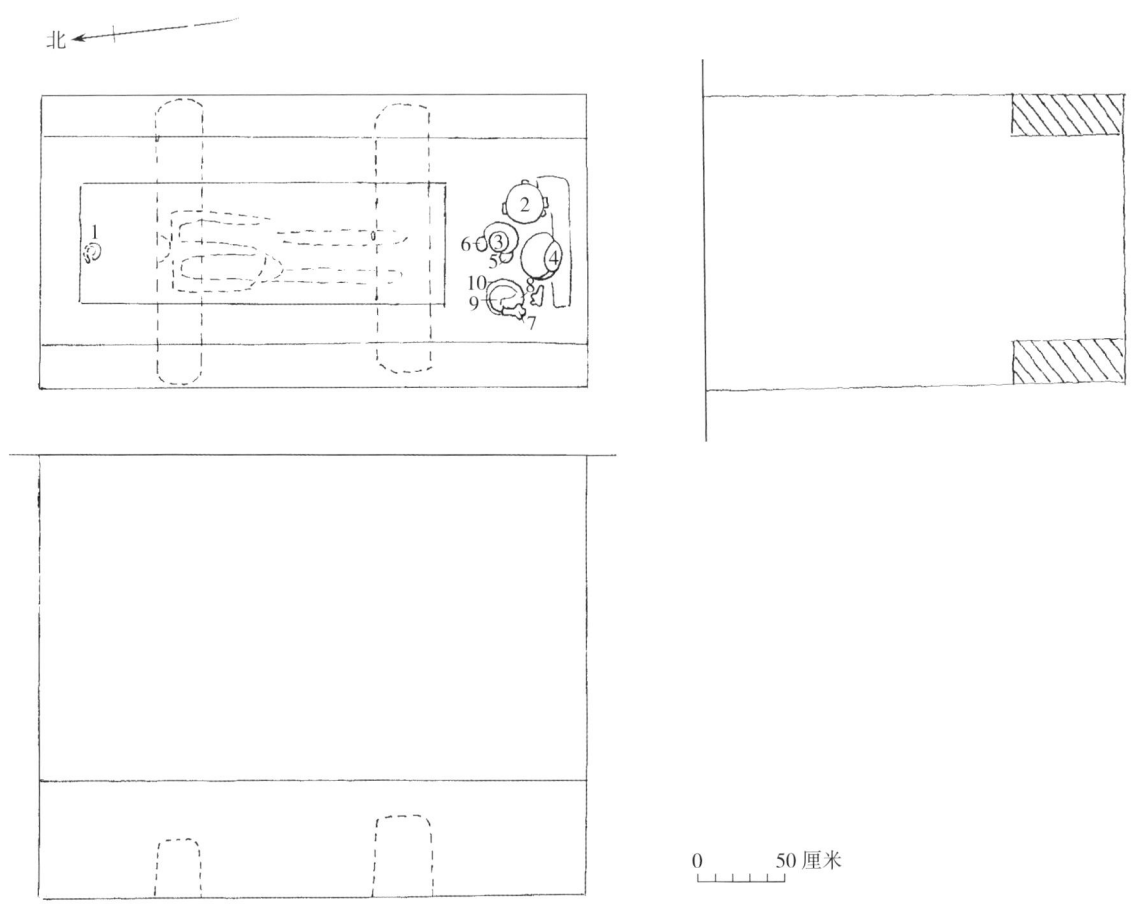

图一三七　M150 平、剖图

1. 玉璧　2. 陶鼎　3. 陶壶　4. 陶罐　5. 陶箕　6、8. 陶匜　7. 陶高足壶　9. 陶盘　10. 陶盒（其余 11. 蚌纺轮　12. 骨器　13. 铜镦　14. 蚁鼻钱　15. 小铜饰　16、17. 铜镞出自填土中）

状纹。口径 19 厘米，腹径 19.5 厘米，底径 9.5 厘米，通高 14 厘米。（图版一四，2；图一三八，7）

高足壶　1 件。标本 M150：7，完整。直口，方唇，短颈，圆腹，下附喇叭形实圈足。口径 4.5 厘米，腹径 8 厘米，底径 6 厘米，高 12 厘米。（图版一四，3；图一三八，8）

罐　1 件。标本 M150：4，敛口，方唇，束颈，鼓腹，圜底内凹，下腹部和底部饰绳纹。口径 11 厘米，腹径 24 厘米，底径 10 厘米，高 27 厘米。（图版一四，5；图一三八，6）

箕　1 件。标本 M150：5，平面呈菌形，箕沿外鼓与底平，箕的后半部有制作时用手指捏出的棱，小平底。口径 8 ~ 9 厘米，底径 4 厘米，高 2.7 厘米。（图一三八，4）

匜　2 件。形制不同，可分二式。

Ⅰ式：标本 M150：6，有流，直口，舌唇，腹微鼓，平底。口径 7 厘米，底径 3.5 厘米，高 3 厘米。（图一三八，5）

Ⅱ式：标本 M150：8，流微低下，直口平底。口径 14 厘米，流长 2 厘米，底径 7 厘米，高 5 厘米。（图一三八，2）

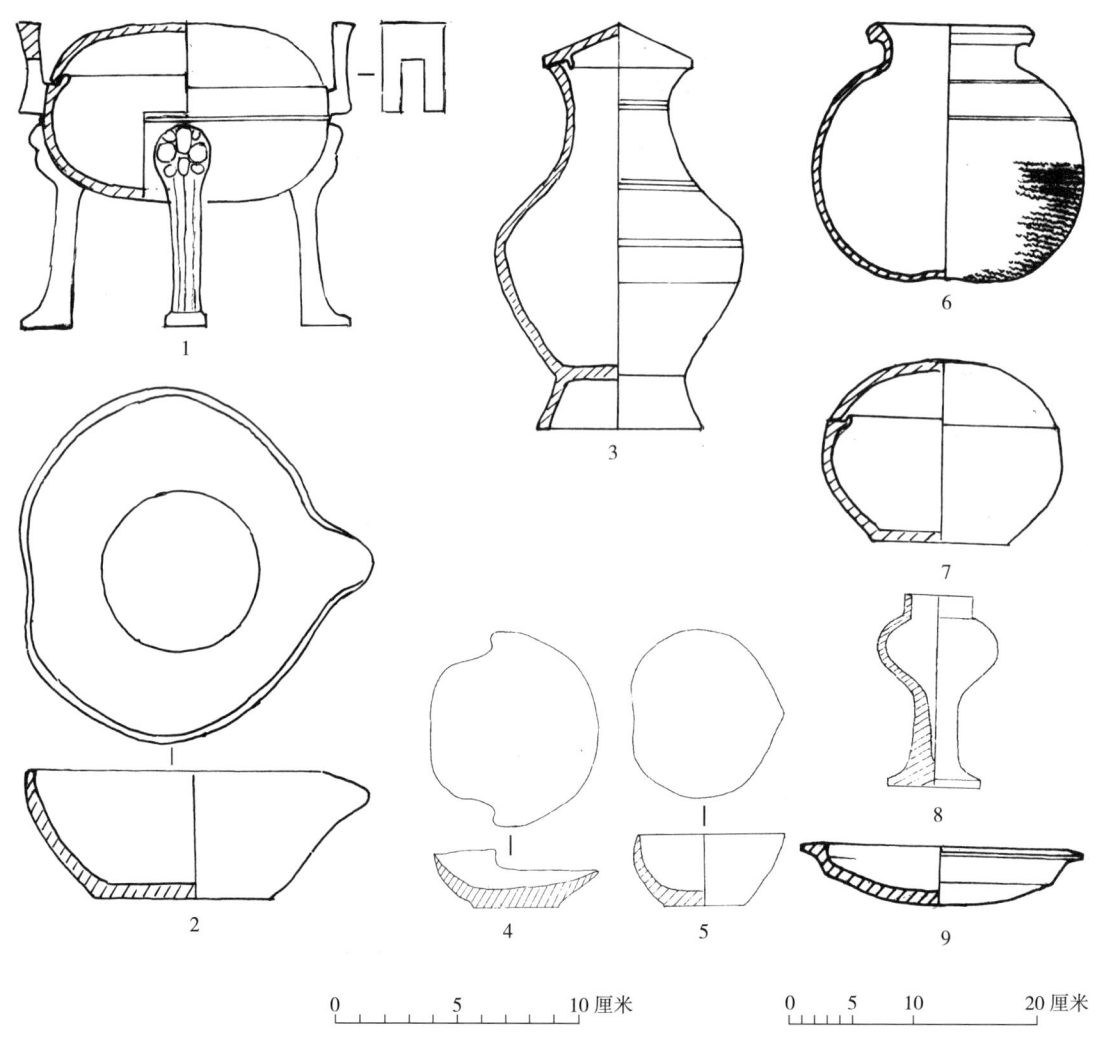

图一三八　M150 出土陶器

1. 鼎（M150：2）　2. Ⅱ式匜（M150：8）　3. 壶（M150：3）　4. 箕（M150：5）　5. Ⅰ式匜（M150：6）
6. 罐（M150：4）　7. 盒（M150：10）　8. 高足壶（M150：7）　9. 盘（M150：9）

盘 1件。标本 M150：9，侈口，折沿，方唇，腹微鼓，平底。口径 21.5 厘米，腹径 15.2 厘米，底径 5 厘米，高 4.5 厘米。（图一三八，9）

2. 铜器、铜钱 5件，均出自填土。有镦 1件、小铜饰 1件、镞 2枚、蚁鼻钱 1枚。

镦 标本 M150：13，完整。呈圆筒状，上粗下细，平底，中部有三道凸棱。口径 4 厘米，高 10 厘米。（图版一四，7）

3. 骨、蚌器 2件，分别为蚌纺轮和骨器笄，二者出自填土。

蚌纺轮 标本 M150：11，完整，圆形。中有穿孔，孔为束腰梯形。直径 5 厘米，高 1.3 厘米。（图版一四，4）

M215 位于淮阳平粮台遗址北部探方 T113 内，为长方形竖穴土坑墓。墓葬平面呈长方形，长 2.60 米，宽 1.20 米，深 2.40 米。墓向 290°。有二层台。葬具已朽，无法辨识。随葬品多置于墓主头部和脚端。葬式为仰身直肢葬。随葬品有陶器、铜器等。（图一三九）

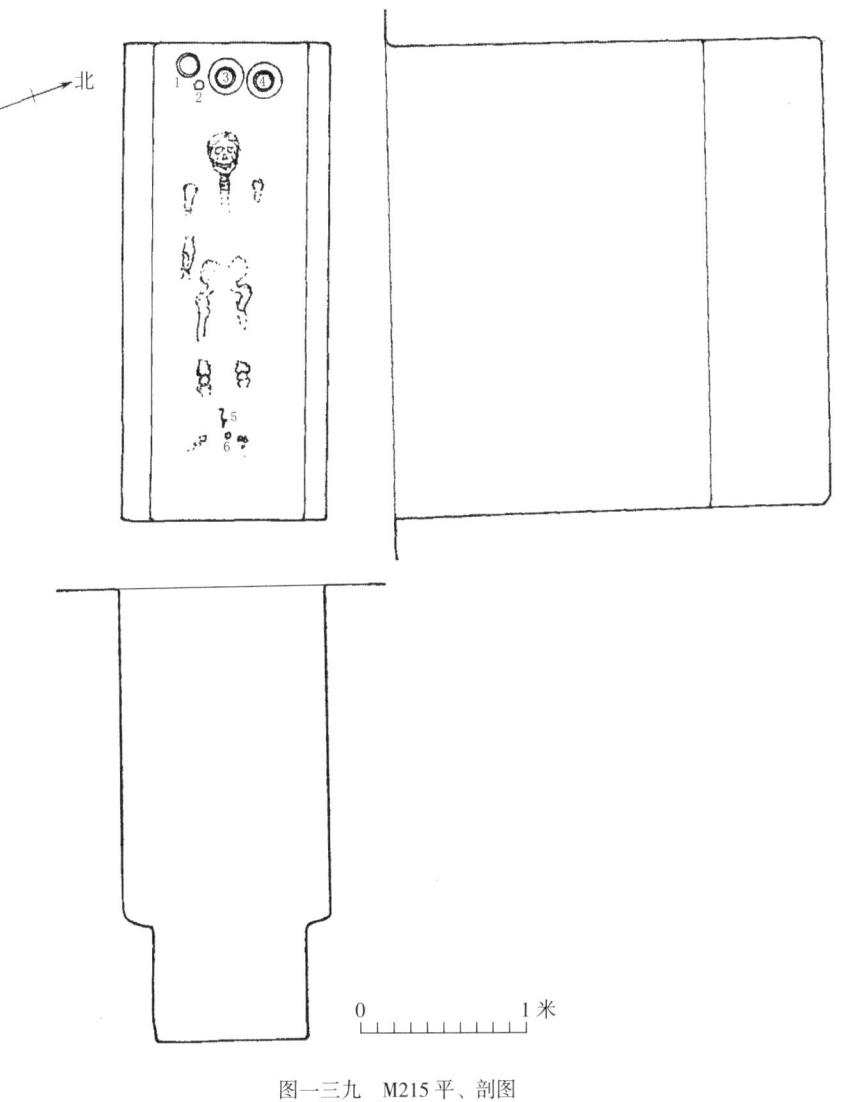

图一三九 M215 平、剖图
1、2.铜厄饰 3、4.陶罐 5.铜带钩 6.铜印章

陶罐　2件。标本 M215∶3，侈口，方唇，短颈，鼓腹，平底，上腹部饰一周弦纹。口径 11.5 厘米，腹径 20 厘米，高 20.5 厘米。（图一四〇，1）标本 M215∶4，侈口，方唇，短颈，圆腹，圜底内凹。上下腹部和底部饰绳纹，腹部饰弦纹数周。口径 11.5 厘米，腹径 20 厘米，高 20.5 厘米。（图一四〇，2）

铜带钩　1件。标本 M215∶5，如夒首昂胸挺腹，上有圆钮，饰错对称的"S"形卷云纹。残长 6.6 厘米，宽 1.4 厘米，高 1.1 厘米。（图一四一，1）

铜印章　1件。标本 M215∶6，带状钮已残，正方形印，边长 1.2 厘米，高 1.4 厘米，篆文"彭新"。

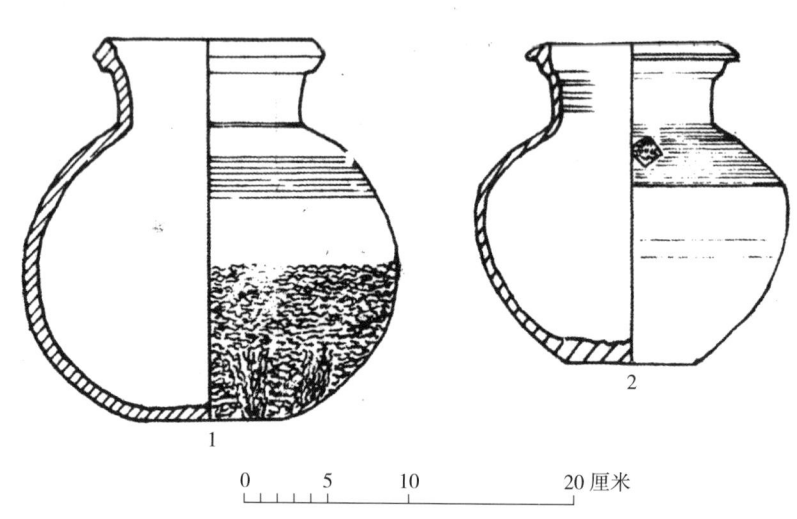

图一四〇　M215 出土陶罐
1. M215∶3　2. M215∶4

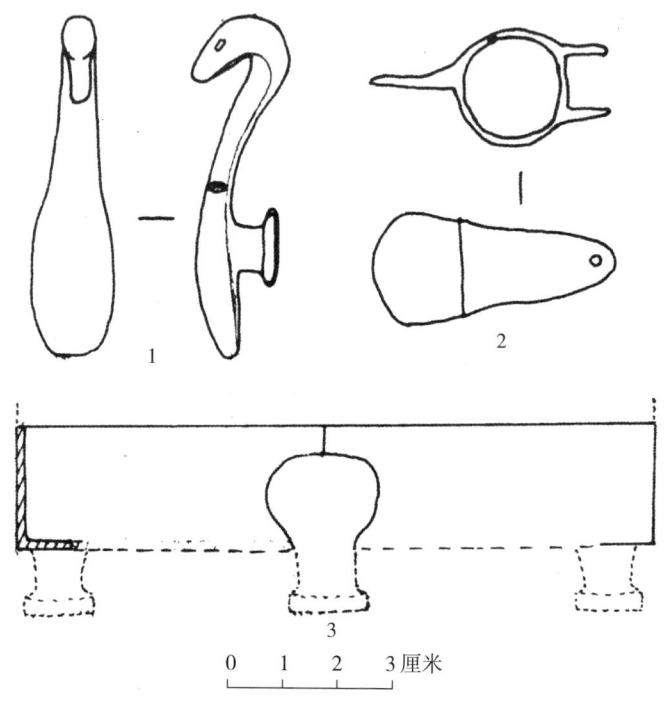

图一四一　M215 出土铜器
1. 铜带钩（M215∶5）2、3. 铜厄饰（M215∶2、M215∶1）

铜卮饰　2件。标本 M215：1，系木漆卮的铜箍和足，有 3 个蹄足，箍为圆形。直径 13 厘米，高 4 厘米。标本 M215：2 为卮把。（图一四一，2、3）

M218 位于淮阳平粮台遗址北部探方 T113 内，为竖穴土坑墓，其南北两端分别被两座墓打破。从骨架依稀看出为俯身葬，下肢残缺不全。墓葬残长 1 米，宽 1.40 米，仅存 1 件随葬品。墓向 176°。陶罐被置于墓主头部。（图一四二）

罐　1件。标本 M218：1，泥质灰陶。侈口，方唇，束颈，鼓腹，圜底。颈腹部饰弦纹，底部满饰绳纹。口径 11.5 厘米，腹径 20 厘米，高 20.5 厘米。（图一四三）

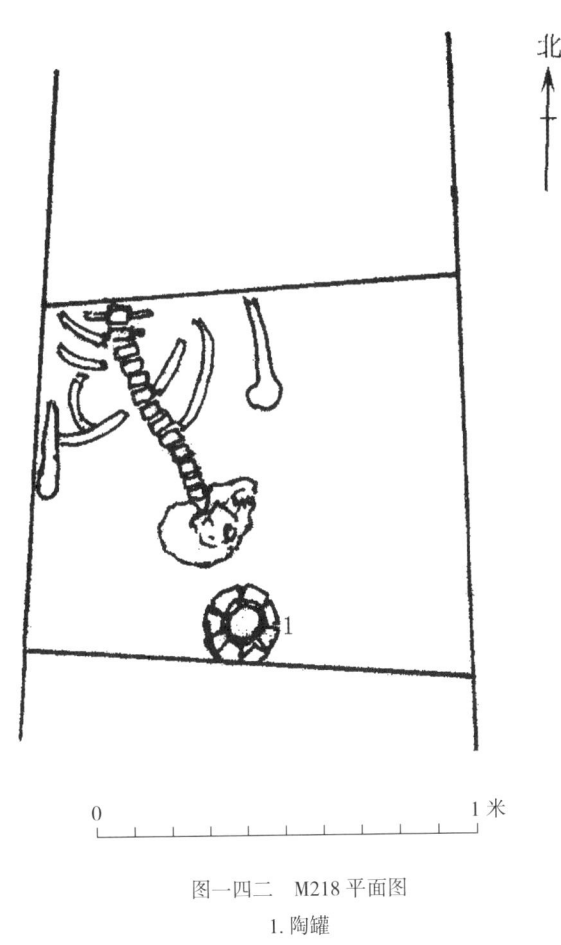

北

0　　　　　　　　　　　1 米

图一四二　M218 平面图
1. 陶罐

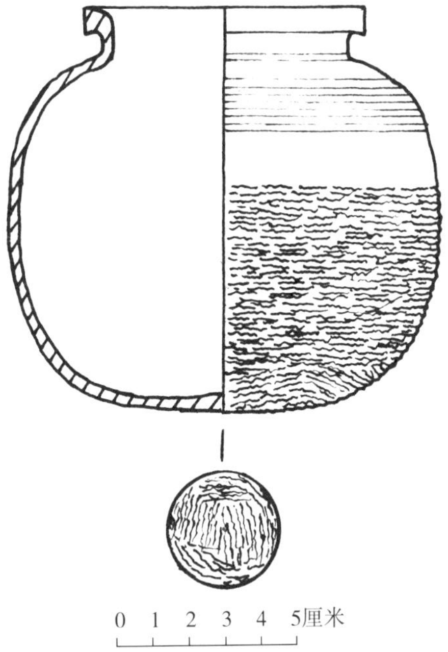

0　1　2　3　4　5厘米

图一四三　M218 出土陶罐（M218：1）

第二章　西汉墓

一、竖穴土坑墓

竖穴土坑墓分为两类，一类为斜坡墓道竖穴土坑墓，一类为无墓道竖穴土坑墓。

M2 位于淮阳平粮台遗址西南部，西距 M1 约 17.50 米，1979 年 5 月发掘。为斜坡墓道长方形竖穴土坑墓。发掘前墓上的土已被取走 1.10 米，墓道已挖掉约 2 米，铲平即见墓内的灰色夯土。墓向 0°，墓道方向正北。

墓室　墓室居南，墓口长 4.40 米，宽 2.80 米。墓道内填灰色五花土，逐层填土，逐层夯实，每层厚 30 厘米，夯窝为圆形，圜底，直径 3 厘米。夯土共分 7 层，再向下夯土不分层次。墓室东、西壁下部留有生土二层台，台距墓口深 2.20 米，宽 0.20 米，高 0.90 米。二层台以上的墓壁斜直，二层台下的墓壁垂直。墓底长 4.20 米，宽 2.20 米，距墓口深 3.10 米。

葬具　在墓室南部的东边置木棺一具，已腐朽殆尽，呈梯形，据其灰痕分析棺长 2.80 米，宽 0.72（南）~0.92 米（北），高度不详。

葬式　棺内人骨已朽，据骨灰痕分析为仰身直肢葬，头向北，面向不清。（图一四四，图一四五）

随葬品　11 件。有陶鼎、壶、钫、罐、釜、盘、耳杯等陶器及铜镜、玉晗、兽骨。陶器修复了 8 件。

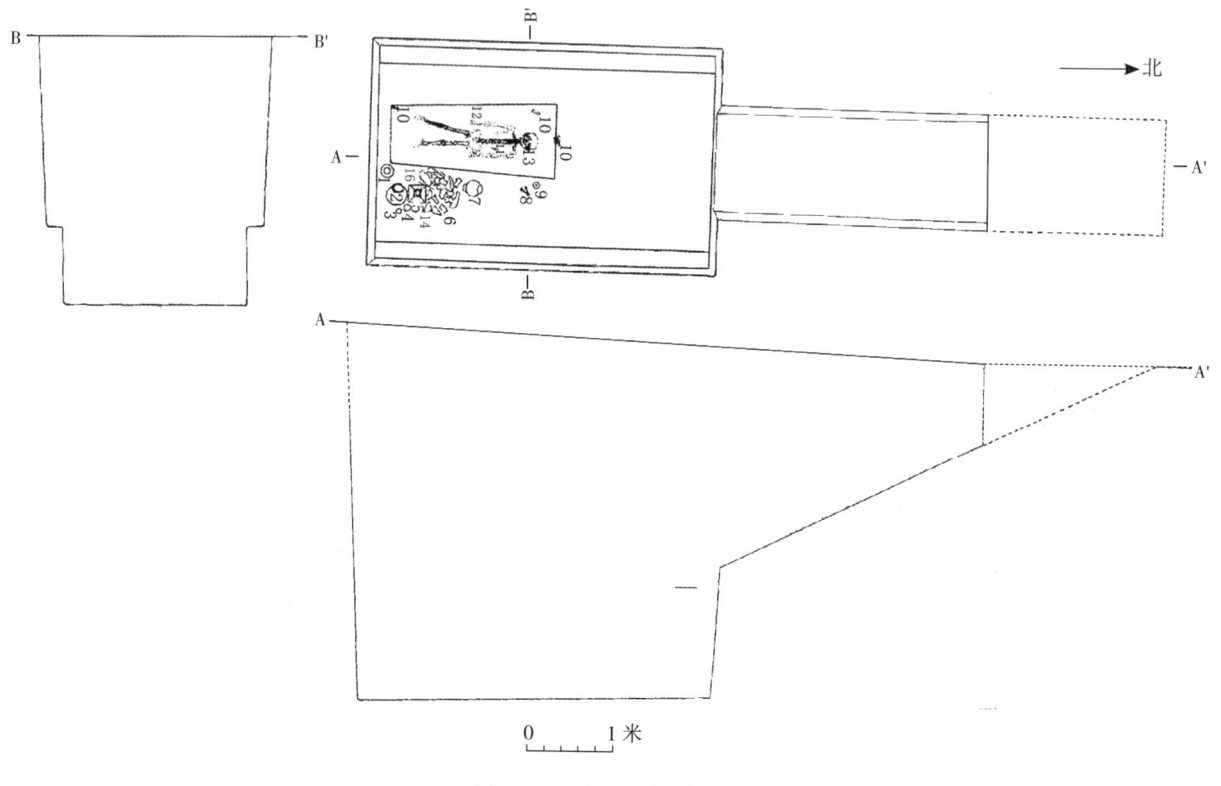

图一四四　M2 平、剖图

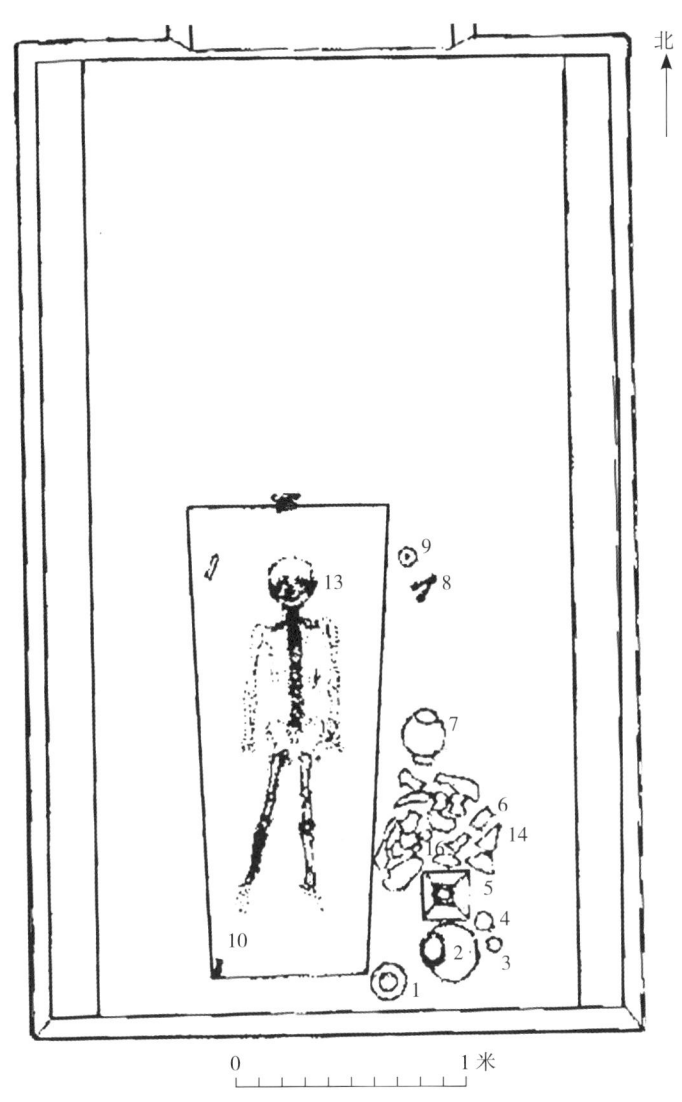

图一四五 M2 随葬品分布图

1.陶釜 2、7.陶壶 3.陶杯 4.陶盘 5.陶钫 6.陶片 7.兽骨 9.铜镜 10.棺钉 13.玉唅 14.陶鼎 15.陶罐 16.陶耳杯

　　陶器 9件。有鼎、壶、杯、钫、罐、釜、盘、耳杯。

　　鼎 1件。标本M2：14，泥质灰陶。轮模合制。子母口内敛，肩部置对称双耳，耳正面中空，弧腹，圜底，下腹装三蹄形足，较细。通高21.5厘米，高14.5厘米，口径17.5厘米，腹径22厘米，耳间距21厘米。（图版一五，1；图一四六，1）

　　釜 1件。标本M2：1，泥质灰陶。轮制。敛口，方唇，鼓腹，腹内有凸弦纹，肩部饰对称模印铺首，中腹部有一周扉棱，平底内凹。口径9厘米，底径6厘米，高12厘米。（图版一五，5；图一四七，1）

　　壶 2件。标本M2：2，泥质灰陶。轮制。盖呈钵状，圆顶微凹，盖中部稍束。壶为敞口，折沿，方唇，细长束颈，圆肩，鼓腹，肩部和中腹部饰带状纹，上腹饰对称模印铺首，下腹斜弧内折，喇叭状圈足。高37.5厘米，口径14厘米，腹径30厘米，底径20厘米。（图版一五，3；图一四六，2）标本M2：7，泥质灰陶。轮制。弧形盖，顶部有同心圆；壶为敞口，方唇，束颈，鼓腹，上腹、中腹、下腹分别饰两周凹弦纹，上腹饰对称模印铺首，下腹斜直内折，喇叭状假圈足。高29.5厘米，口径11.5厘米，腹径18厘米，底径12厘米。（图版一五，2；图一四六，3）

杯 1件。标本 M2:3，为高脚杯，泥质灰陶。侈口，圆唇，腹部斜直，假圈足，平底。底部有绳切痕迹。高 13 厘米，口径 8.5 厘米，底径 4.5 厘米。（图一四七，2）

钫 1件。标本 M2:5，泥质灰陶。手制。盖呈覆斗状，斜直壁；钫为方口，方唇，微束颈，上腹饰对称模印铺首，中腹鼓，下腹斜弧内折，侈口圈足。素面。高 39.9 厘米，口宽 12 厘米，腹径 22 厘米，底宽

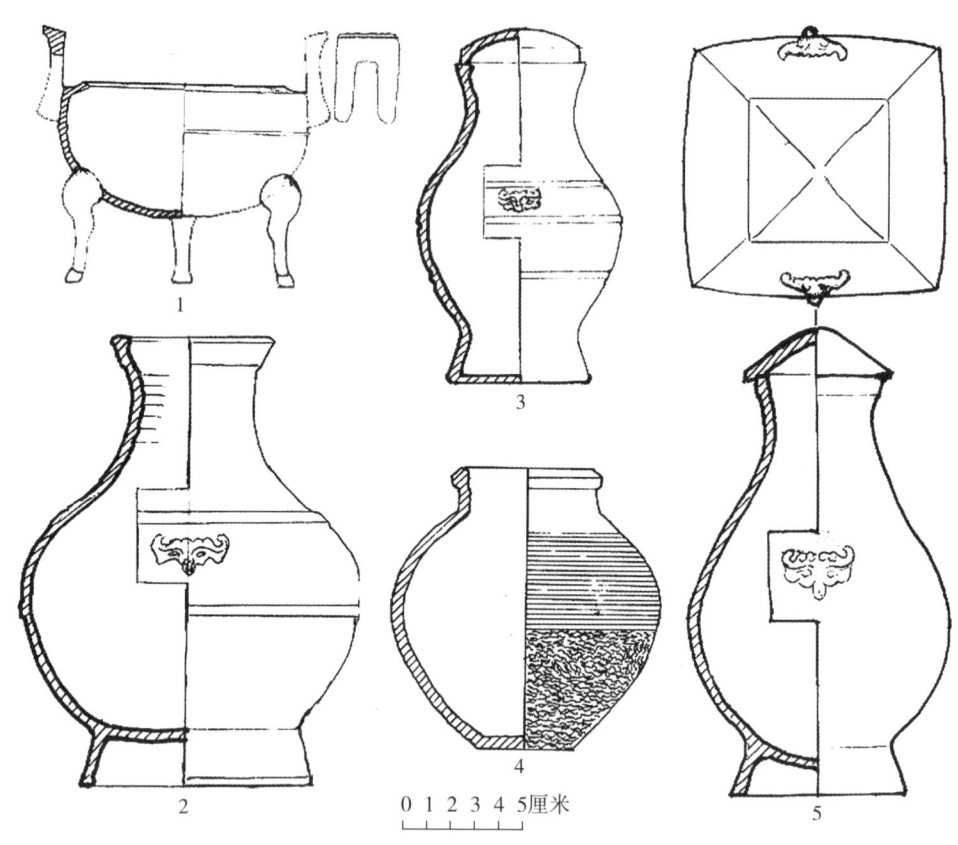

图一四六　M2 出土陶器

1.鼎（M2:14）　2.壶（M2:2）　3.壶（M2:7）　4.罐（M2:15）　5.钫（M2:5）

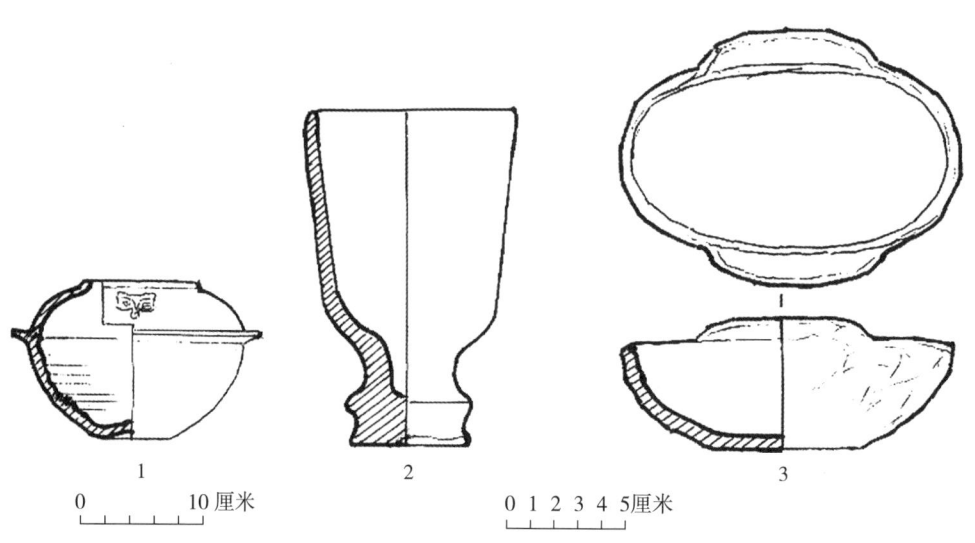

图一四七　M2 出土陶器

1.釜（M2:1）　2.杯（M2:3）　3.耳杯（M2:16）

14.5 厘米。（图版一五，4；图一四六，5）

罐 1件。标本 M2：15，泥质灰陶。轮制。敞口，折沿，圆唇，广圆肩，小平底。颈部饰一周带状纹，肩与上腹之间饰弦纹，并有刻画痕迹，下腹饰绳纹。高 23.5 厘米，口径 13 厘米，腹径 22.5 厘米，底径 9 厘米。（图版一五，6；图一四六，4）

耳杯 1件。标本 M2：16，泥质灰陶。模制。器身为椭圆形，两端稍翘起，口微侈，圆唇有刮状痕迹，两侧装有半月形状小耳，素面，平底。口径 13.5 厘米，底径 4.8 ~ 6.5 厘米，高 5 厘米。（图一四七，3）

M3 位于淮阳平粮台遗址中部稍偏东，西南距 M29 约 10 米。1979 年 5~7 月，揭开上部的表土后停工。1980 年 7 月继续发掘，发掘到椁板时因暴雨塌方而停工。1984 年 4 月，经第二次发掘才结束此墓的发掘任务。

该墓为斜坡墓道长方形竖穴土坑木椁墓。发掘前墓上的土已被取走 1.50 米。铲平即见墓内的灰色夯土。墓向 198°。发现时南部墓道已被挖走部分。墓的平面呈"甲"字形，墓道向西南弧。

墓道 长 6.20 米，宽 1.84 米，深 1.60~3.90 米。墓口距墓道 3.40 米处又向东开一墓道，长 1 米，宽 0.90 米，可能为放物而设。

墓室 墓口长 7 米，宽 4.20 米。墓内填灰色五花土，逐层填土，逐层夯实，椁板以上填土皆经夯实。每层厚 0.15~0.20 米，平夯，夯窝长宽约 0.20 米。墓室分前后室，前室比后室低 0.12 米，木板铺地，宽 4 米，进深 2.60 米，南北竖铺，共 15 块木板，板南北长 2.46 米，东西宽 0.20~0.30 米，前室南、东、西三面有熟土二层台。台宽 0.10~0.14 米，高 0.84 米。二层台下墓壁垂直。后室为椁室，南北长 3.88 米，东西宽 2.95 米。

葬具 重木椁，高 0.72 米，二层椁紧密相邻，共厚 0.11 米。椁室北边距椁壁约 0.72 米，置一东西横木，宽 0.04 米，隔为头厢，头厢东西长 2.74 米，宽 0.72 米。距南边椁壁约 0.70 米处，置一东西横木隔一脚厢，其木宽 0.04 米。脚厢东西长 2.72 米，宽 0.70 米。东西两横木之间又置南北二横木，隔为东、西两厢，东厢南北长 2.36 米，东西宽 0.82 米，西厢南北长 2.30 米，东西宽 1.14 米，当中为棺室，南北长 2.28 米，东西宽 0.82~0.84 米。椁室的北、东、西三面留有生土二层台，北台宽 0.44 米，东台宽 0.50 米，西台宽 0.74 米，台均高 0.66 米。原二层台上置有盖板，因腐朽不知其数量。椁室内置有棺一具，为长方形，棺长 2.20 米，宽 0.70 米，现高 0.30 米。棺置于棺床上，棺床已腐朽，只余一层木灰痕在棺底之下，其形状及高度不知。棺盖已塌陷，棺的内外部髹漆，外为褐色，内为米黄色，棺的外部镶有鎏金铜柿蒂纹。棺底长 2.10 米，宽 0.64 米。

葬式 棺底有人骨一具，保存较好，头北，面向上，为仰身直肢葬，下肢两脚跟相靠，趾向外。（图一四八）

随葬品 62件。墓主头部北方出有玉璧、铜刷、五铢钱、铜镜、石砚，头边及胸前出有骨珠，面部出铜镜、玉耳塞、玉鼻塞、玉蝉、铁环首刀，胸及胸部以下出有陶瓮、铁剑、铁削等；头厢内出有铜甑、陶瓮、铜鉴、铁环首刀、铜镇、铜环、漆盘和耳杯、铁镢、铜球形饰、铜卮等；东厢出有铜鼎、铜熏炉、铜洗、铜鉴、陶瓮等；西厢内出有陶瓮、铜卮柄等；前室内出有铁镢。陶器有陶罐、瓮，玉石骨器有玉璧、玉蝉、玉鼻塞、玉耳塞、石砚、骨珠等，铜器有鼎、壶、蒜头壶、鉴、洗、盆、熏炉、卮、甑、镜、带钩、刷、镢、镇等，铁器有鼎、剑、环首刀、豆、镢等，另有一些木漆器。（图一四九）

1. 陶器 7件。有陶罐 1件、瓮 6件。均为泥质灰陶，轮制。

罐 1件。标本 M3：2，侈口，圆唇，短颈，鼓腹，平底。口径 10.4 厘米，腹径 16 厘米，底径 10.4 厘

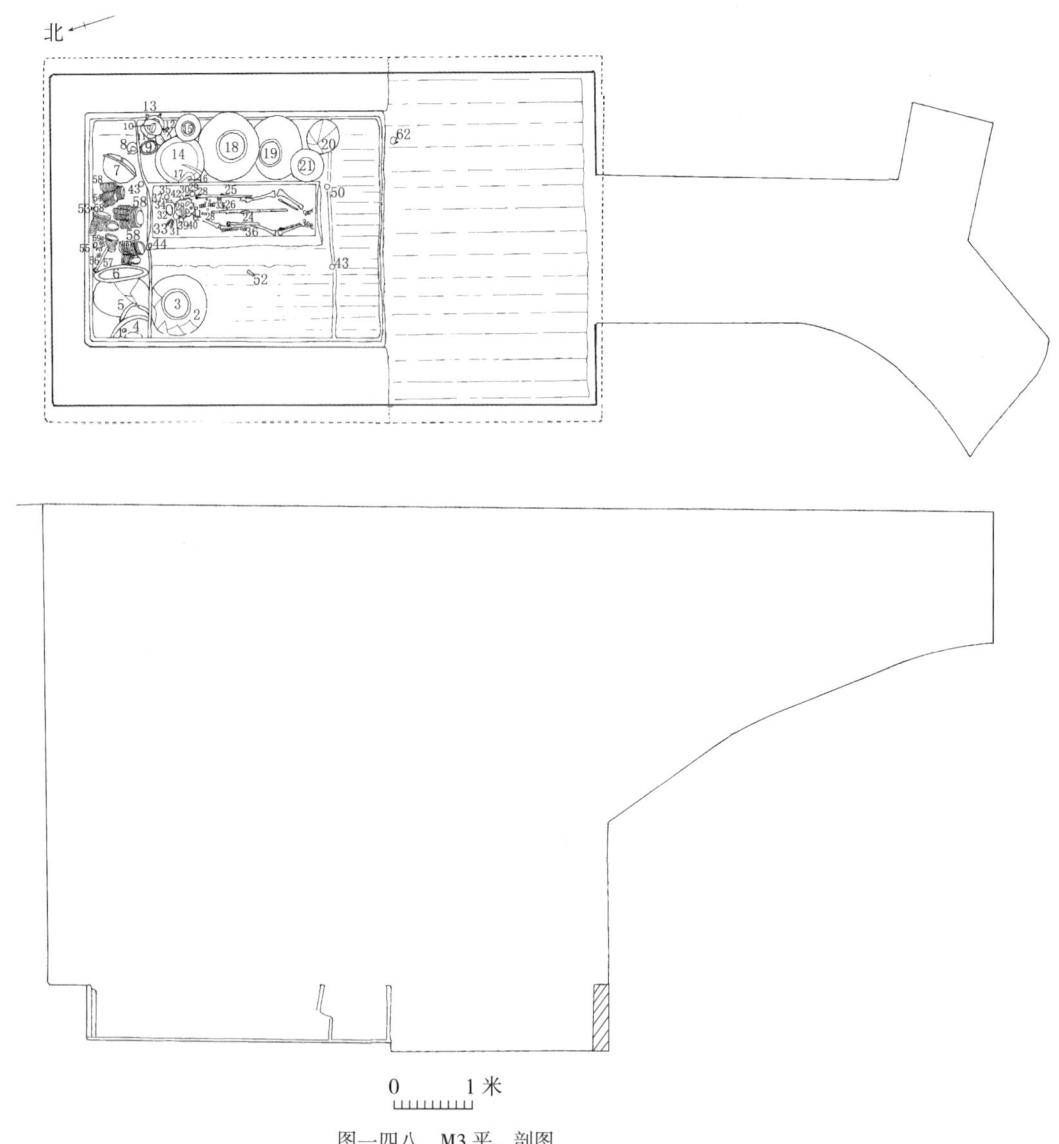

图一四八　M3 平、剖图

米，高 16 厘米。（图一五〇，1）

瓮　6 件。破。形制相近，大小不同。标本 M3：3，泥质灰陶。轮制。小口，方唇，矮颈，圆肩，鼓腹，平底。肩部拍印带状粗竖篮纹。口径 33 厘米，腹径 66 厘米，底径 24 厘米，高 54 厘米。（图一五〇，2）

2. 铜器、铜钱　38 件（套）。有鼎 3 件、壶 2 件、蒜头壶 1 件、鉴 2 件、洗 1 件、盆 1 件、熏炉 1 件、卮 1 件、环 1 件、球形饰 1 件、鐎壶 1 件、匜 1 件、甑 1 件、镜 13 件、带钩 1 件、刷 1 件、镞 1 件、镇 1 组，以及柿蒂纹饰 2 件、五铢 2 枚等。

鼎　3 件。形制相同。标本 M3：13，完整。弧形盖，盖上有 3 个钮，子母口，腹微鼓，中腹部有一周凸弦纹，圜底，下附 3 个蹄足，长方形附耳微侈。口径 16 厘米，腹径 18.4 厘米，耳间宽 22 厘米，通高 16 厘米。（图一五一，1）

壶　2 件。形制相同。标本 M3：22，完整。口微侈，方唇，束颈，鼓腹，平底，圈足微鼓，腹部有三周带状凸弦纹，有对称的铺首衔环。口径 10.2 厘米，腹径 21 厘米，底径 12 厘米，圈足径 12 厘米。（彩版四一，1；图一五一，3）

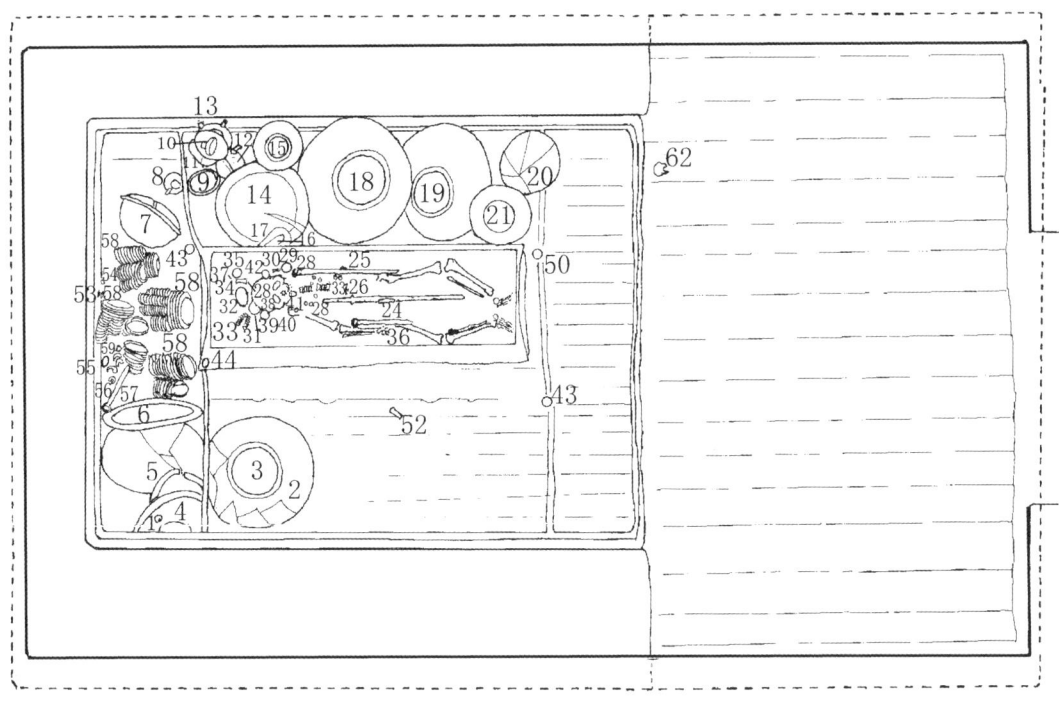

北

0 ——————— 1 米

图一四九　M3 随葬品分布图

1、51. 铜柿蒂纹饰　2. 陶罐　3、5、18、19、20、23. 陶瓮　4. 铜瓿　6、14. 铜鉴　7. 铜盆　8. 铜卮　9. 铁灯　10. 铜熏炉
11. 铜洗　12、13、21. 铜鼎　15、22. 铜壶　16. 铜鐎壶　17. 铜蒜头壶　24. 铁剑　25、36、57. 环首刀　26. 铜带钩　27、33. 五铢
28. 骨珠　29～32、39、42～44、48～50、60、61. 铜镜　34、35. 石砚、石研　37. 铜刷　38. 玉鼻塞　40. 玉耳塞
41. 玉蝉　45. 玉璧　46. 铜镞　47. 铁豆　52. 铜钜柄　53. 铁锸　54. 铜球　55. 铜环　56. 铜镇　58. 漆盘与漆耳杯
59. 骨器　62. 铁镢（其中 22 号在 21 号之下，46 号、50 号在棺床下西南角，47 号在 7 号之下，48 号、61 号在棺床下北部正中，49 号
在棺床下东南角，41 号含在墓主口内，60 号在棺床南部）

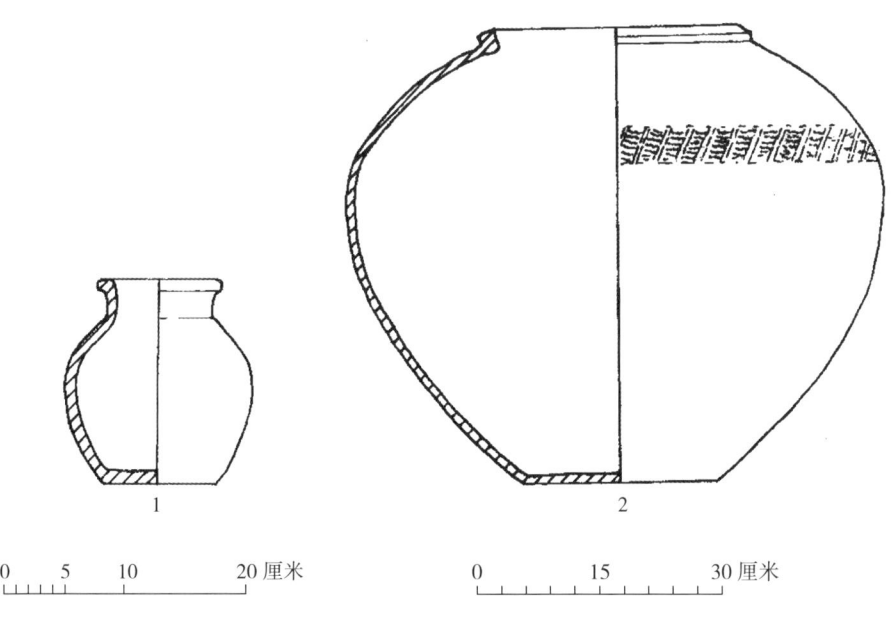

1　　　　　　　　　　　　　2

0　5　10　　20 厘米　　　　　　0　　15　　30 厘米

图一五〇　M3 出土陶瓮、陶罐

1. 陶罐（M3∶2）　2. 陶瓮（M3∶3）

蒜头壶 1件。标本M3：17，完整。小口，束颈，颈的中部有三周凸弦纹，鼓腹，平底，圈足外侈。口径3.2厘米，腹径23.2厘米，圈足径12厘米。（彩版四一，4；图一五一，2）

鉴 2件。形制、大小不同，分二式：

Ⅰ式：深腹鉴。标本M3：14，完整。敞口，折沿，腹微鼓，平底。口径20.4厘米，腹径20.4厘米，底径12.8厘米，高12.4厘米。（彩版四二，1；图一五一，6）

Ⅱ式：圜底浅腹鉴。标本M3：6，完整。侈口，折沿，斜壁，折腹，圜底。素面。口径72厘米，腹径61厘米，高15厘米。（彩版四二，3；图一五一，7）

洗 1件。标本M3：11，完整。方唇，腹微鼓，平底，腹部有铺首衔环及三周凸弦纹。口径72厘米，沿宽3.6厘米，底径60厘米，高15厘米。（彩版四二，6；图一五一，5）

甑 1件。标本M3：4，完整。侈口，平底，上腹部有铺首衔环，底部有甑孔，正中为1个圆形甑孔，其外有2圈长方形甑孔，每圈有10个，交错排列。口径50厘米，腹径47厘米，底径20厘米，高24厘米。

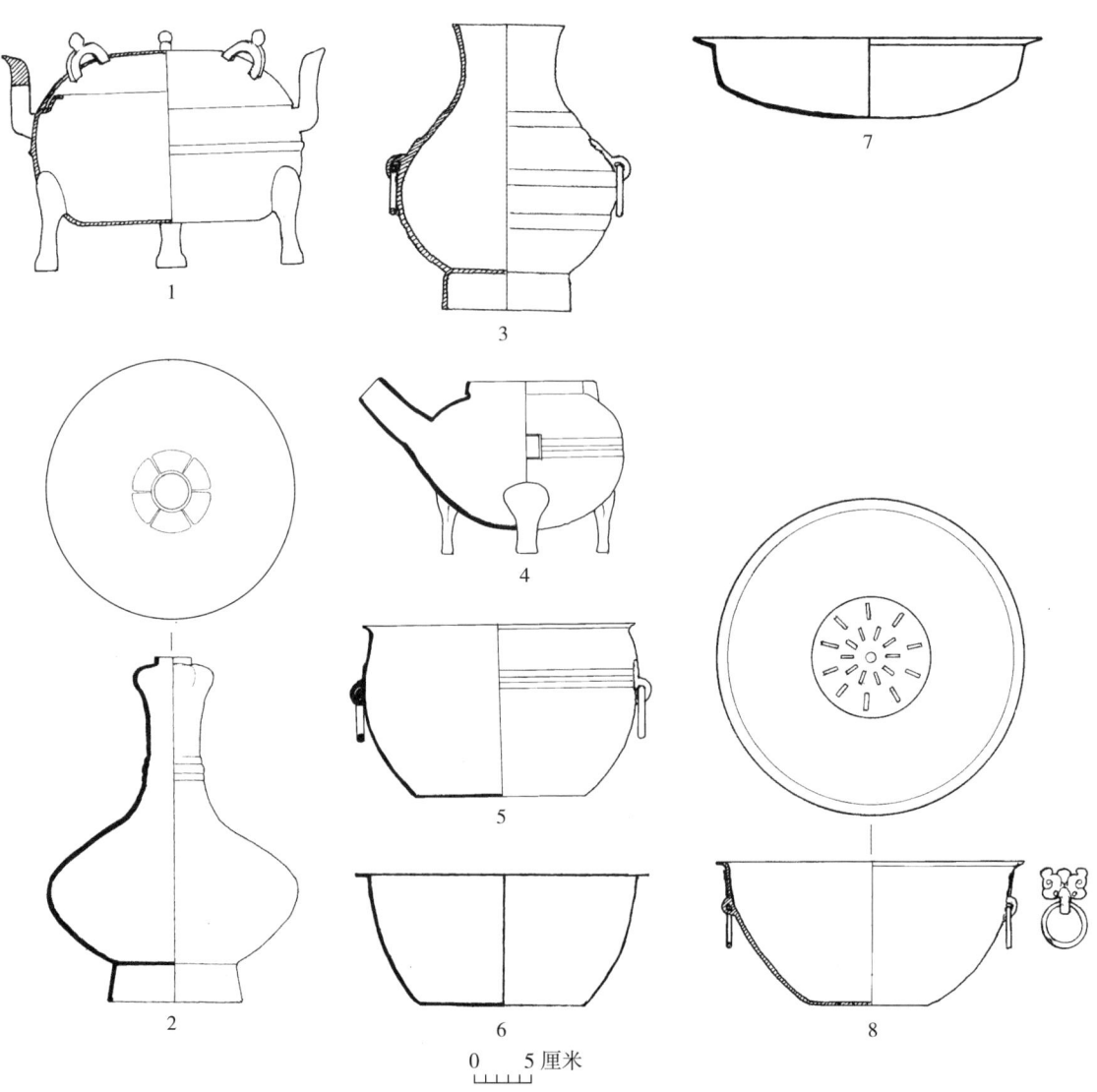

0 5厘米

图一五一 M3出土铜器

1.鼎（M3：13）2.蒜头壶（M3：17）3.壶（M3：22）4.鐎壶（M3：16）5.洗（M3：11）6.Ⅰ式鉴（M3：14）
7.Ⅱ式鉴（M3：6）8.甑（M3：4）

（彩版四一，5；图一五一，8）

盆　1件。标本 M3：7，破。侈口，折沿，弧腹，平底。沿宽 3.6 厘米，底径 60 厘米，高 15 厘米。

熏炉　1件。标本 M3：10，完整。盖顶有一只展翅立鸟，顶部有一周带状平行线纹，其外为云纹，局部镂空。子母口，深腹，腹的中部有一周凸弦纹，圜底，细柄下为喇叭状圈足，立于盘正中，盘为折沿，斜腹，平底。盘的口径 20 厘米，底径 16 厘米，高 4 厘米；熏炉口径 7.8 厘米，腹径 12.8 厘米，通高 21.4 厘米。（彩版四一，3；图一五二）

鐎壶　1件。标本 M3：16，完整。有盖，小口，短颈，鼓腹，圜底，有流和把，下附 3 个蹄足，流上翘，把为长柄。柄长 4 厘米，口径 9 厘米，腹径 15 厘米，通高 13 厘米。（彩版四一，6；图一五一，4）

匜　1件。标本 M3：52，薄胎，已碎。

镜　13件。

重圈铭带镜　标本 M3：32，完整。圆形，镜面微弧，圆钮，重圈钮座，钮座周围有 12 连珠，其外有一周凸弦纹，其间有铭文"见日之光长毋相忘"，字间以"の"形符号相隔，再外又有一周凸弦纹，再外为两周带状绚索纹，其间有铭文"内清质以昭明光象夫日月心忽天明忠然雍塞而不泄"，宽平素缘。面径 11 厘米，背径 11.2 厘米，钮高 0.8 厘米，钮径 1.5 厘米，缘宽 0.8 厘米，缘厚 0.6 厘米，肉厚 0.3 厘米。（图一五三，1）

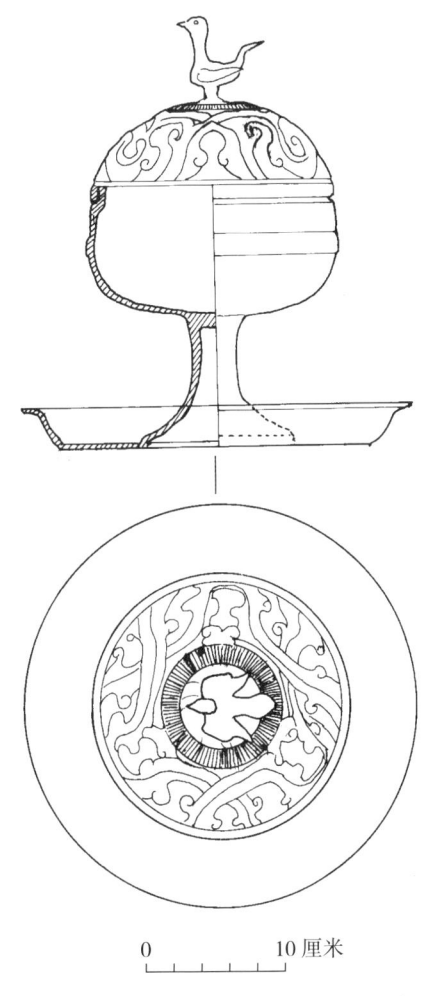

0　　　　　　10厘米

图一五二　M3 出土铜熏炉（M3：10）

图一五三　M3 出土铜器、铜钱拓片

1 ~ 4. 铜镜（M3：32、M3：42、M3：29、M3：31）5、6. 五铢（M3：33-1、M3：33-2）

外连弧四乳镜　标本 M3：42，完整。圆形，镜面平直，重圈钮座，钮座外为绚索纹，其外为四乳，四乳间有三星，绕以螭，其外为一周凸弦纹，再外为十六连弧。面径 8 厘米，背径 8.2 厘米，钮高 0.6 厘米，钮宽 0.8 厘米，外连弧宽 0.6 厘米，缘厚 0.4 厘米，肉厚 0.2 厘米。（图一五三，2）标本 M3：29，完整。圆形，镜面平直，圆钮，钮座外为一周凸弦纹，其外为四乳，间以二星，其外为一周凸弦纹，再外为十六连弧。面径 6 厘米，背径 6.4 厘米，钮高 0.6 厘米，钮宽 0.8 厘米，外连弧宽 0.6 厘米，缘厚 0.4 厘米，肉厚 0.2 厘米。（图一五三，3）标本 M3：31，完整。圆形，镜面平直，圆钮，钮座外为一周绚索纹，其外为三乳，三乳间有三星，绕以螭，其外为一周凸弦纹，再外为十六连弧。面径 6.2 厘米，背径 6.4 厘米，钮高 0.6 厘米，钮宽 0.8 厘米，外连弧宽 0.6 厘米，缘厚 0.4 厘米，肉厚 0.2 厘米。（图一五三，4）

带钩　1 件。标本 M3：26，已碎。

刷　1 件。标本 M3：37，鎏金。器呈烟斗状，柄部扁平，柄端有孔，柄后如龙头，并刻有简单纹饰，制作较精致。长 9 厘米，宽 0.8 厘米。

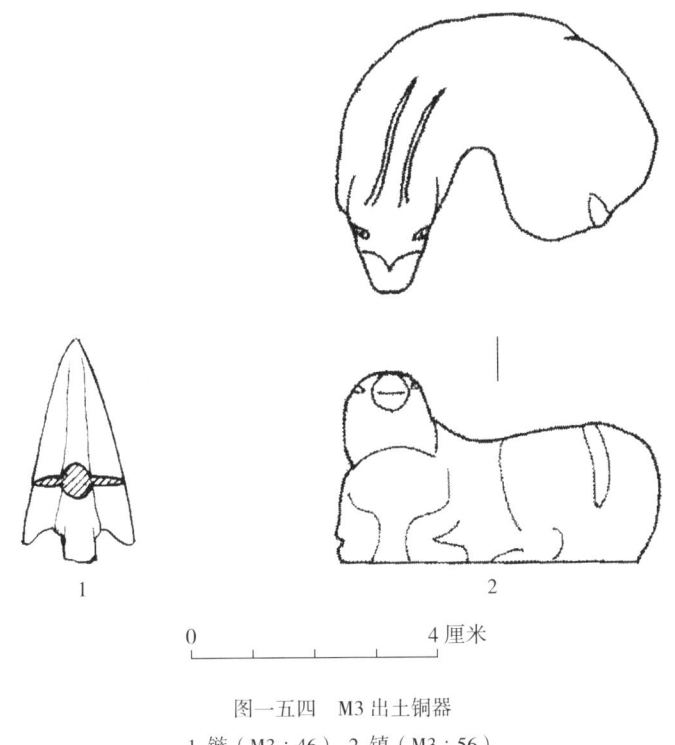

图一五四　M3 出土铜器

1. 镞（M3：46）　2. 镇（M3：56）

镞　1件。标本 M3：46，铤已残。平面呈三角形，有双翼。残长 4.3 厘米，宽 2.2 厘米。（图一五四，1）

镇　4件。形制相同，完整。标本 M3：56，圆雕，昂首，圆嘴，叶状眼，有双角，前腿站立，后腿伸直，长尾卷于后身上。长 5.4 厘米，宽 4.4 厘米，高 3.2 厘米。（彩版四一，2；图一五四，2）

五铢　2枚。完整。标本 M3：33，大小、形制相同，圆形，正面有窄缘郭，正方形穿，有篆书"五铢"二字。标本 M3：33-1，穿之下部有一横郭，左右和上部无穿郭，正面缘郭较窄，背面有穿郭和缘郭，正面"五"字较窄，上下不对称。钱径 2.5 厘米，郭径 2.5 厘米，郭宽 0.1 厘米，郭厚 0.1 厘米，肉厚 0.1 厘米，穿径 1 厘米。（图一五三，5）标本 M3：33-2，"五"字较宽，笔画较粗，"五"字上下呈对顶炮弹形。钱径 2.5 厘米，郭径 2.5 厘米，郭宽 0.15 厘米，郭厚 0.2 厘米，肉厚 0.1 厘米，穿径 1 厘米。（图一五三，6）

3. 玉石骨器　8件（套）。有玉璧 1 件、玉蝉 1 件、玉耳塞 1 对、玉鼻塞 1 对、石砚 1 件、石研 1 件、骨珠 1 件、骨器 1 件。

玉蝉　1件。标本 M3：41，完整。白玉。蝉形，眼睛突出，背部呈三棱形，椭圆形双翼，腹部呈弧形。长 4.5 厘米，宽 2.1 厘米，厚 0.8 厘米。（图一五五）

石砚、石研　1套。完整。标本 M3：34，为石砚。平面呈长方形。长 14.1 厘米，宽 6.1 厘米，厚 0.3 厘米。标本 M3：35，为石研。平面呈圆形。直径 0.35 厘米，厚 0.4 厘米。

4. 铁器　8件。有剑 1 件、环首刀 3 件、豆 1 件、镢 1 件、灯 1 件、镞 1 件。镞、灯、豆、镢锈蚀严重，残甚。

剑　1件。标本 M3：24，残。锈蚀严重。剑身较长，双面刃，剑身有脊，茎已残，茎与剑身交接处有剑镡。残长 100 厘米，柄长 20 厘米。（图一五六）

环首刀　3件。标本 M3：36，残，环状首，刀背较直，刃部也较直，末端弧刃，梢部已朽。长 40 厘米。标本 M3：25，残，环状首，刀背较直，刃部也较直，末端弧刃，梢部已朽，长 40 厘米。标本 M3：57，残，

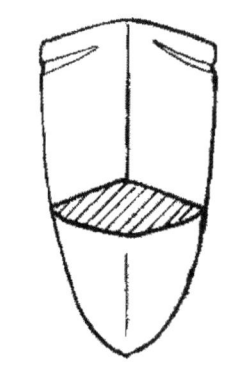

图一五五　M3 出土玉蝉（M3：41）

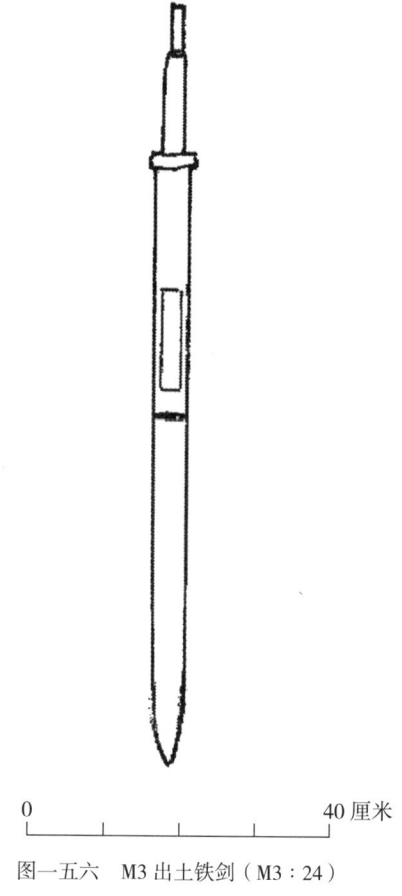

0　　　　　　　　　　　　　　40 厘米

图一五六　M3 出土铁剑（M3：24）

环状首，刀背较直，刃部也较直，末端弧刃，梢部已朽，长 38 厘米。

5. 木漆器　1 套。

标本 M3：58，已碎。（彩版四二，2、4）

M12 位于淮阳平粮台遗址西南部，西南距 M7 约 5 米，南距 M91 约 5 米，距 M8 约 12.50 米。1979 年 7 月发掘。为斜坡墓道长方形竖穴土坑墓。发掘前墓上的土已被取走 2 米，铲平即见墓内的灰色夯土。墓向 192°。

墓道　位于墓室的南部，并向西斜，墓道长 5.60 米，宽 1.36 米，墓道壁斜直，墓道最深 4.20 米。距墓底深 1.60 米。

墓室　墓口长 5.60 米，宽 2.52 米。墓内填黄色五花夯土，逐层填土，逐层夯实，每层厚约 30 厘米，平夯。从墓口直到墓棺之上，均为夯土。墓室分前后两部分，前半部无二层台，后半部东西壁下部留有生土二层台，墓壁微斜，平底。前部进深 2 米，宽与墓宽同；后部进深 3.60 米，东西生土二层台，宽 0.40 米，高 0.40 米，台距墓口深 5.40 米。二层台之间墓室宽 1.60 米。

葬具　棺已腐朽殆尽，无痕，不知长宽。（图一五七）

随葬品　51 件（套），陶器有鼎 1 件、陶壶 6 件、卮 2 件、瓿 1 件、釜 1 件、盘 2 件、盒 3 件、罐 3 件、瓮 2 件等，玉石器有玉昭文带、石砚，铜器有盆 2 件、罐 1 件、钫 1 件、勺 2 件、弩机 1 件、镜 4 枚以及棺角等，铁器有铁剑 1 件、铁削 1 件、马衔 1 套、铁镇 1 套、车形炭炉 1 件、棺钉 3 件，另有铅车马饰、漆器等。（图一五八）

1. 陶器　22 件。

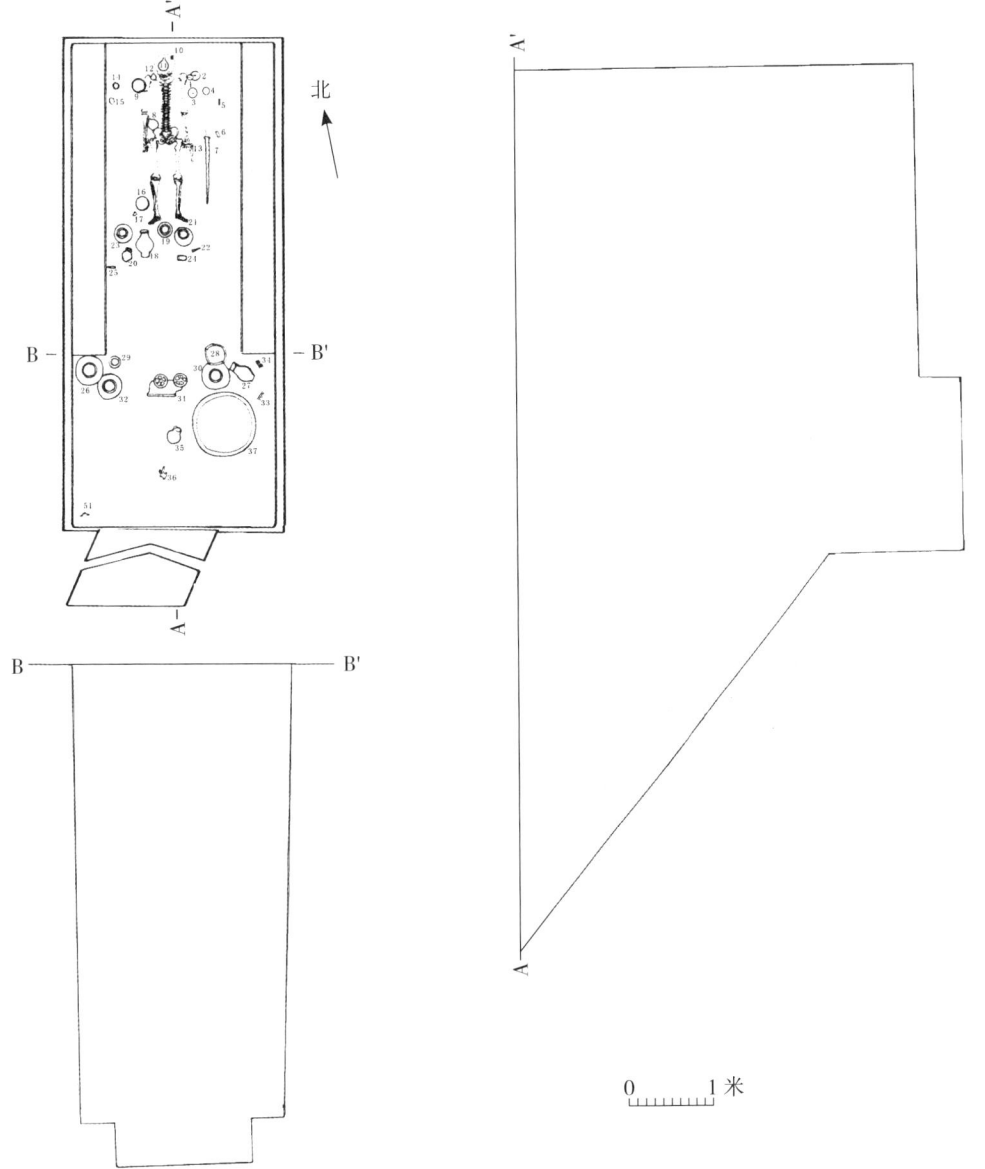

图一五七　M12平、剖图

鼎　1件。标本M12：39，残。无盖，子母口，敛口，圆唇，腹微鼓，中腹部有凸弦纹一周，下腹部内收，平底，蹄足已残，长方形附耳外卷。口径16.6厘米，腹径20.8厘米，底径16厘米，耳间宽26.5厘米，残高18厘米。（图版一六，1；图一五九，1）

壶　6件。残。形制分圈足和假圈足两种。

盘口圈足壶　2件，形制相同。盖顶为弧形，子母口，盘口微侈，束颈，圆腹，圜底，圈足，圈足上有一周凸弦纹，肩部饰铺首衔环，并有两周凹弦纹。标本M12：20，通高49.3厘米。（图版一六，6；图一五九，7）标本M12：32，通高49.3厘米。（图一五九，6）

盘口假圈足壶　4件。2整2残。标本M12：18，残。盖顶有圆形凹窝，盘口微侈，束颈，鼓腹，假圈足。通高34厘米。（图版一六，5；图一五九，5）标本M12：19，完整。有盖，盘口，小口微侈，方唇，束颈，鼓腹。颈腹部有四周凹弦纹。口径6.1厘米，腹径14.4厘米，底径11.2厘米。（图一五九，2）标本M12：29，完整。无盖，盘口，小口微侈，方唇，束颈，鼓腹。口径5.7厘米，腹径14.5厘米，底径11厘米，高20.5厘米。（图一五九，4）标本M12：23，残。高31.3厘米。（图一五九，3）

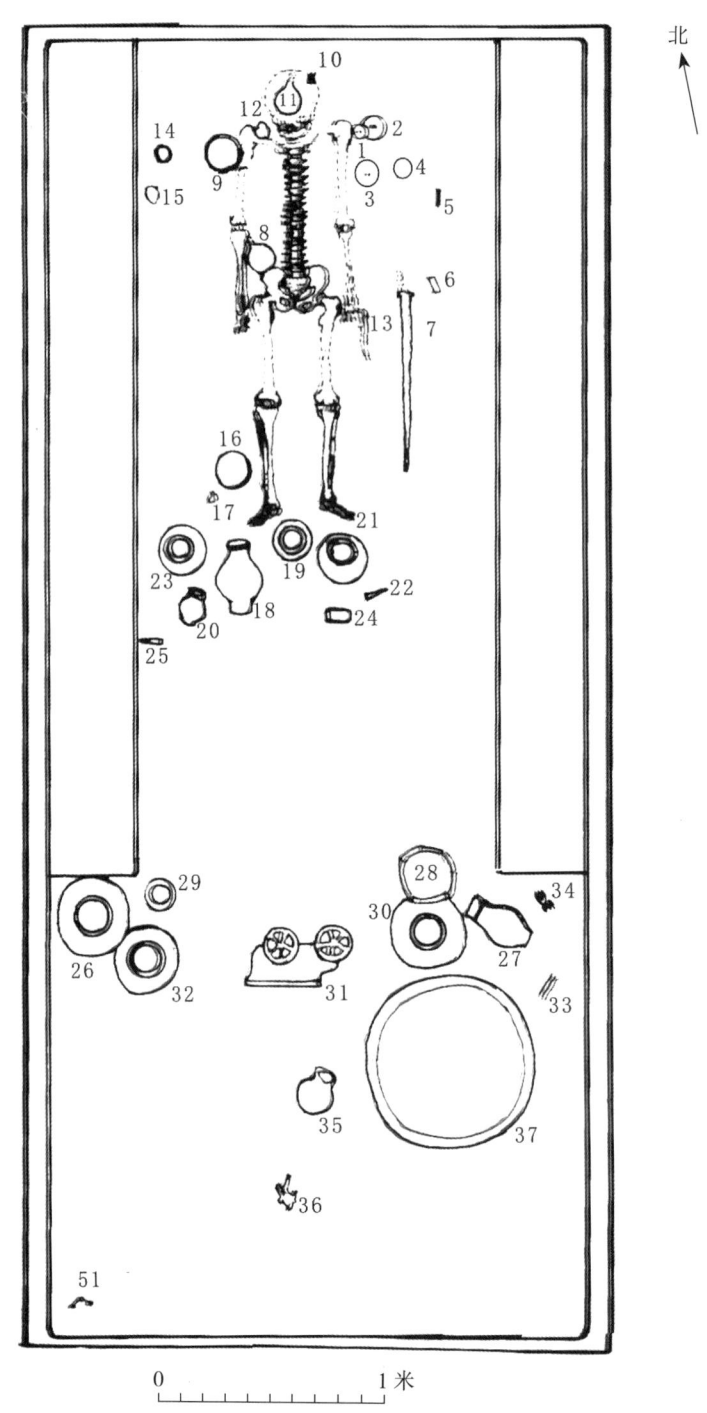

图一五八　M12 随葬品分布图

1、2、3、4.铜镜　5、22、25.棺钉　6.玉昭文带　7.铁剑　8、11.铜勺　9、37.铜盆　10.铜棺角　12、14、15.漆耳杯　13.铁削
16.铜罐　17、28.铜器　18、19、20、23、29、32.陶壶　21、35、49.陶罐　24.石砚　26、30.陶瓮　27.铜钫
31.铁炭炉　33.铅车马饰　34.铁镞　36.铜弩机　38、46.陶卮　39.陶鼎　40、41、42.陶盒　43.陶碗　44、45.陶盘　47.陶甑
48.陶釜　50.铁镇　51.铁马衔

　　盒　3件。标本 M12∶42，泥质灰陶。弧形盖，有一周凸弦纹。子母口，敛口，圆唇，腹微鼓，平底，圈足。口径 18 厘米，底径 11.2 厘米，腹径 20.5 厘米，通高 18 厘米。（图一六〇，1）标本 M12∶40，仅余盒盖。弧壁，矮圈足近似平底。口径 21 厘米，高 7.6 厘米。（图一六〇，2）

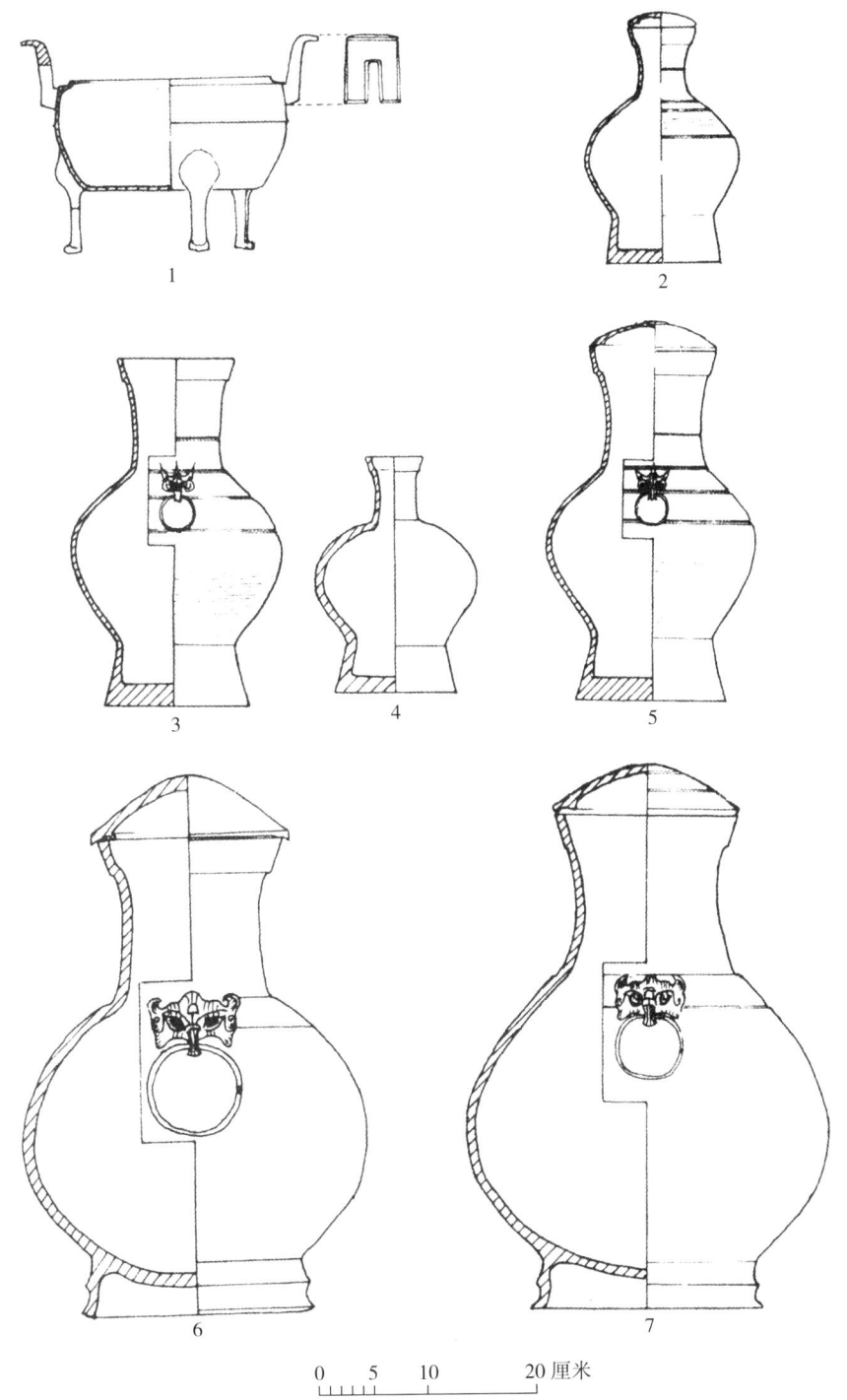

图一五九　M12 出土陶器

1. 鼎（M12：39）　2. 盘口假圈足壶（M12：19）　3. 盘口假圈足壶（M12：23）　4. 盘口假圈足壶（M12：29）

5. 盘口假圈足壶（M12：18）　　6. 盘口圈足壶（M12：32）　7. 盘口圈足壶（M12：20）

甑　1件。标本 M12：47，破。泥质黑陶。折沿，方唇，斜腹，平底，矮圈足，没有甑孔。口径 24.5 厘米，底径 10.5 厘米，高 11.5 厘米。（图版一六，3 上；图一六〇，3）

釜　1件。标本 M12：48，下部残。圆唇，腹部有一周凹弦纹，肩部模印两个铺首衔环，鼓腹，腹部正中有一周凸棱，平底。口径 7.5 厘米，腹径 24.3 厘米，残高 14 厘米。（图版一六，3 下；图一六〇，4）

厄　2件。破。形制相同。标本 M12：38，口微敛，方唇，直壁微鼓，壁上有錾，平底，下附三个蹄足，已残。口径 10.3 厘米，底径 10.2 厘米，高 9.5 厘米。（图版一六，2；图一六〇，7）

盘　2件。折沿折腹盘。折沿，敞口，方唇，折腹，平底。标本 M12：44，口径 16 厘米，底径 6.8 厘米，高 4 厘米。（图一六〇，5）标本 M12：45，口径 19.6 厘米，底径 6.6 厘米，高 4.6 厘米。（图一六〇，6）

罐　3件。破。标本 M12：21，泥质灰陶。敛口，折沿，方唇，束颈，弧肩，鼓腹，平底。口径 9 厘米，腹径 15.5 厘米，底径 11 厘米，高 14.5 厘米。（图一六〇，8）标本 M12：35，泥质灰陶，侈口，卷沿，舌唇，束颈，鼓腹，平底。口径 9.5 厘米，腹径 14 厘米，底径 7.8 厘米，高 13 厘米。（图一六〇，10）标本 M12：49，泥质灰陶。侈口，折沿，方唇，束颈，鼓腹，平底。中腹部有一周凹弦纹，下腹部有刀刮痕，呈莲瓣状。口径 8.5 厘米，腹径 15 厘米，底径 8 厘米，高 14.5 厘米。（图一六〇，9）

瓮　2件。破。标本 M12：30，泥质灰陶。小口，方唇，短颈，圆腹，圜底。下腹部有两周弦纹，其间拍印稀疏的横绳纹。口径 19.5 厘米，腹径 35.8 厘米，底径 27 厘米，高 31 厘米。（图版一六，4；图一六〇，11）标本 M12：26，泥质灰陶。小口，方唇，短颈，圆腹，平底，通身拍印稀疏的绳纹，上腹部有一周带状

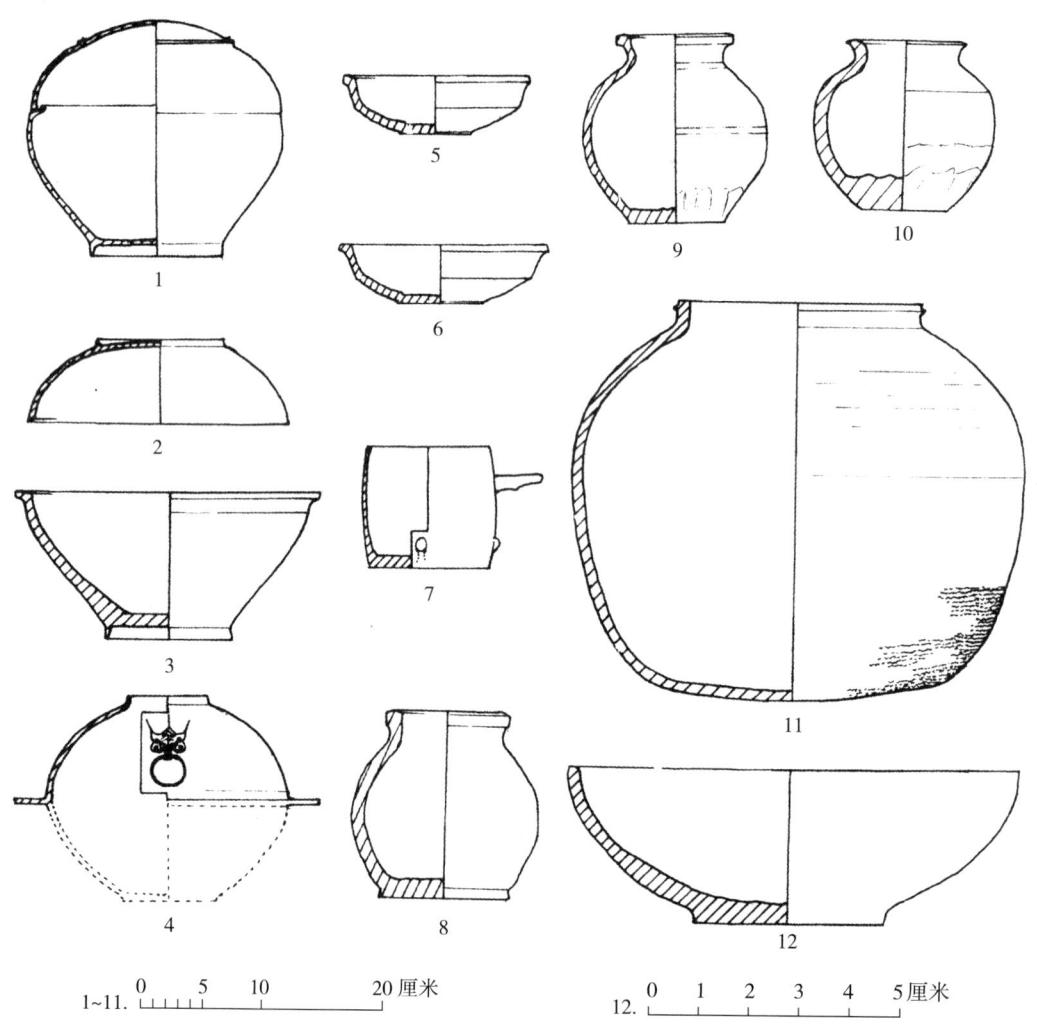

图一六〇　M12 出土陶器

1、2.陶盒（M12：42、M12：40）3.甑（M12：47）4.釜（M12：48）5.折沿折腹盘（M12：44）6.折沿折腹盘（M12：45）

7.厄（M12：38）8～10.罐（M12：21、M12：49、M12：35）11.瓮（M12：30）12.碗（M12：43）

竖绳纹。口径 24 厘米，腹径 62.8 厘米，底径 22.8 厘米，高 42.6 厘米。

碗　1 件。标本 M12：43，口微敛，方唇，平底。口径 9 厘米，底径 3.8 厘米，高 3 厘米。（图一六〇，12）

2. 铜器　14 件。盆 2 件、罐 1 件、钫 1 件、勺 2 件、弩机 1 件、镜 4 枚及铜器 2 件、棺角 1 件等，其中盆、勺胎薄，残甚；罐、五铢钱、棺角亦残甚，无法复原。

钫　1 件。标本 M12：27，完整。正方形口，方唇，束颈，鼓腹，下附方形圈足，肩部有两个对称的铺首衔环。口径 11.2 厘米，底径 13 厘米，高 36.8 厘米。（彩版四三，1；图一六一）

弩机　1 件。标本 M12：36，明器，很小。

铜镜　4 枚。标本 M12：1，完整。星云纹四乳镜。圆形，镜面平直，连峰钮，其外有凸弦纹两周，其外有四乳，间以四星，星间绕以蟠螭纹，再外为两周凸弦纹，十六连弧素缘。面径 5.8 厘米，背径 5.6 厘米，钮高 0.6 厘米，钮宽 1.1 厘米，缘宽 0.5 厘米，缘厚 0.2 厘米，肉厚 0.1 厘米。（彩版四三，6；图一六二，1）标本 M12：2，残。星云纹四乳镜。圆形，镜面平直，连峰钮，其外有凸弦纹两周，其外有四乳，间以四星，星间绕以蟠螭纹，再外为两周凸弦纹，十六连弧素缘。面径 5.9 厘米，背径 5.7 厘米，钮高 0.6 厘米，钮宽 1.1 厘米，缘宽 0.5 厘米，缘厚 0.2 厘米，肉厚 0.1 厘米。（彩版四三，2；图一六二，2）标本 M12：3，残。星云纹四乳镜。圆形，镜面平直，连峰钮，正中一峰，周边八峰，重圈钮座，钮座外有六乳，其外有凸弦纹三周，其外有四乳，圜钮座，其间填有九星，星间绕以蟠螭纹，再外为两周凸弦纹，十六连弧素缘。面径 9.7 厘米，背径 9.5 厘米，钮高 0.8 厘米，钮宽 1.6 厘米，缘宽 0.8 厘米，缘厚 0.2 厘米，肉厚 0.1 厘米。

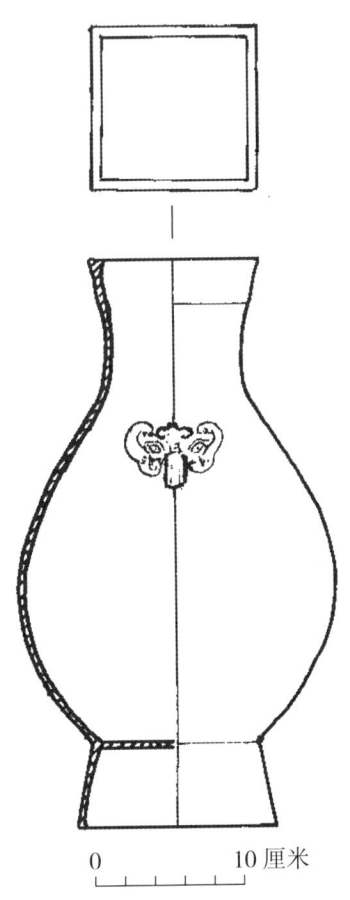

0　　　　10 厘米

图一六一　M12 出土铜钫（M12：27）

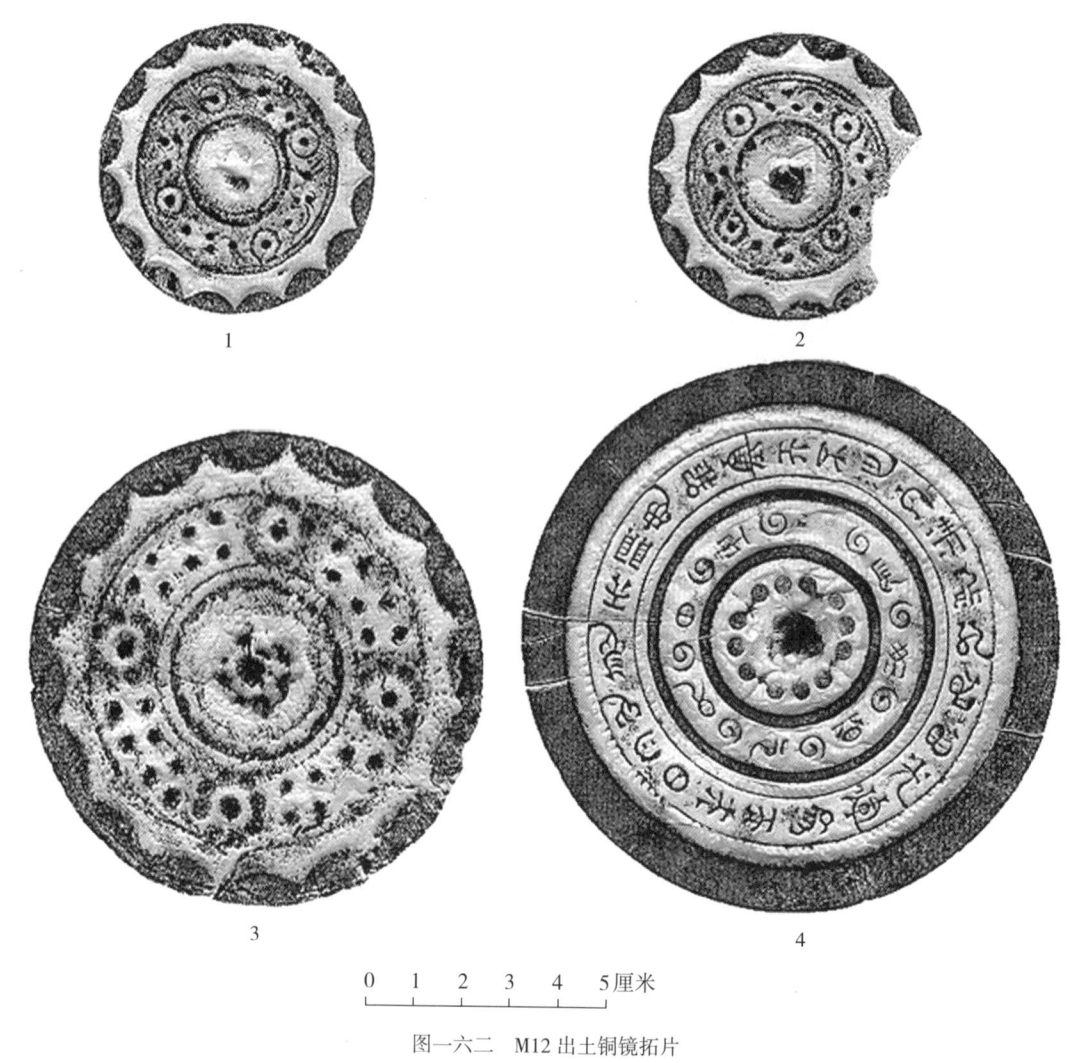

图一六二　M12 出土铜镜拓片

1. M12：1　2. M12：2　3. M12：3　4. M12：4

（彩版四三，3；图一六二，3）标本 M12：4，完整。重圈铭带镜。圆形，镜面平直，半圆钮，重圈钮座，钮座周围有十二连珠，其外有带状凸弦纹，其间有铭文"见日之光长毋相忘"，内圈铭文每字间以符号"の"相隔，再外又有两周凸弦纹，其间有铭文"内清质以昭明光辉象天夫日月心忽天明忠雍塞而不泄"，宽平素缘。面径 11.2 厘米，背径 11 厘米，钮高 0.6 厘米，钮径 1.3 厘米，缘宽 0.9 厘米，缘厚 0.5 厘米，肉厚 0.3 厘米。（彩版四三，4；图一六二，4）

3. 玉石器　2件（套）。有玉昭文带、石研、石砚。

玉昭文带　1件。标本 M12：6，完整。青白玉。受浸，局部有褐色斑点。器呈长方形，顶两面出檐，檐部向内翻卷，长方形穿孔，底面平直，表面雕有 6 排卷云纹，每排 15 个卷云纹，有边郭，底面光素。长 13 厘米，宽 2.4 厘米，高 1.3 厘米，孔长径 4.6 厘米，短径 0.5 厘米。（彩版四四，1；图一六三，1）

石研、石砚　1套。标本 M12：24，置于墓主人的脚下。灰色砂岩。由石砚和石研组成，石砚的一角残，石砚呈长方形。长 15 厘米，宽 6 厘米，厚 0.3 厘米。石研呈圆形。直径 3 厘米，厚 0.3 厘米。（彩版四四，2；图一六三，2、3）

4. 铁器　9件（套）。有铁剑、铁削、车形炭炉、铁镞、镇、棺钉等。

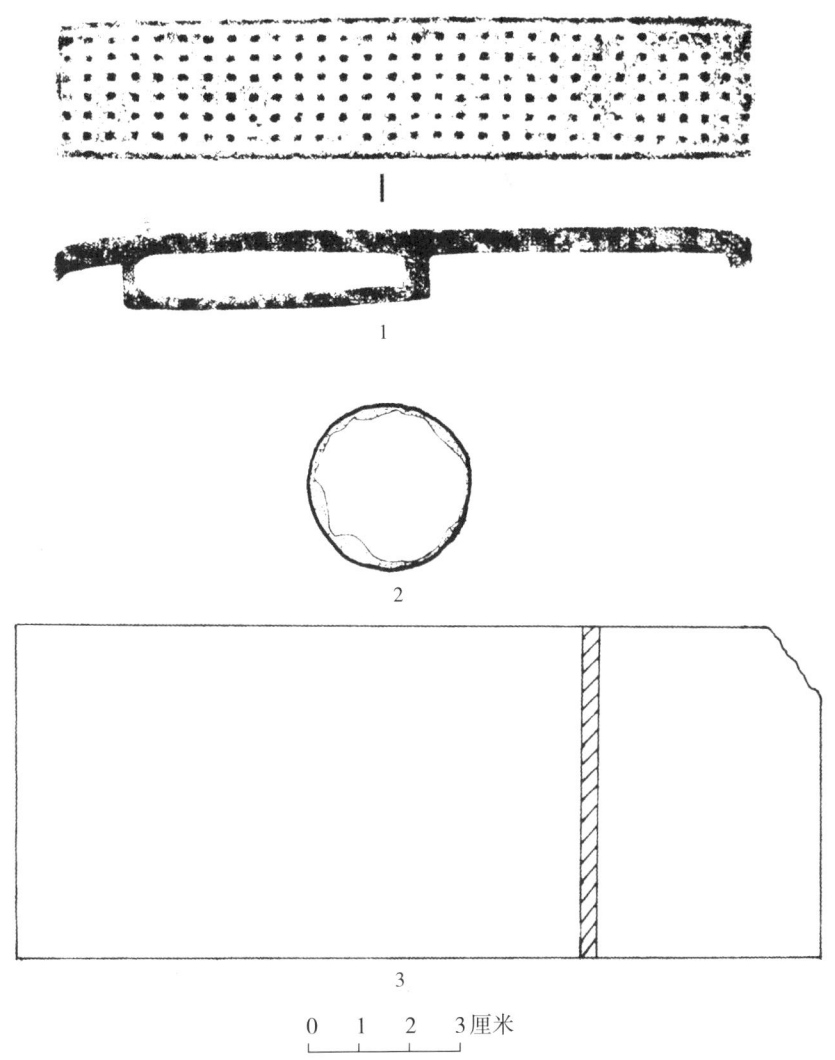

图一六三 M12 出土玉器、石器
1. 玉昭文带（M12：6） 2、3. 石研、石砚（M12：24）

削 1件。标本 M12：13，锈蚀严重。残长 16.5 厘米，宽 1.3 厘米，厚 0.3 厘米。（彩版四四，3；图一六四，1）

剑 1件。标本 M12：7，残。剑身较长，双面刃，剑身有脊，茎已残，茎与剑身交接处有剑镡，锈蚀严重。残长 88 厘米，宽 4 厘米，厚 0.4 厘米。（彩版四四，5）

镇 1套4件。标本 M12：50，完整。蜷体兽，伏卧。平面呈椭圆形，直径 8 厘米，高 5 厘米。（彩版四三，5）

炭炉 1件。标本 M12：31，已碎。状如四轮铁车。有四轮，炉为圆形。侈口，折沿，圆唇，平底，炉底为车轮形，中有圆形孔，其外为八辐，为透轨。口径 23 厘米，底径 13 厘米，高 5 厘米。炉体平面呈梯形，折沿，圆唇，口大底小。底部有两个长条形漏炭灰孔，炉厢置于四个半轮之上。口长 46 厘米，宽 19 厘米，底长 38 厘米，宽 13 厘米，高 9.4 厘米，车高 15 厘米。车轮为 16 辐，两轮之间有轴相连，轨宽 20 厘米。炭炉通高 22.4 厘米。（彩版四四，4；图一六五）

铁镞 1件。标本 M12：34，锈蚀严重，镞头呈叶状，断面呈菱形，圆铤。残长 5.7 厘米，宽 1.3 厘米，

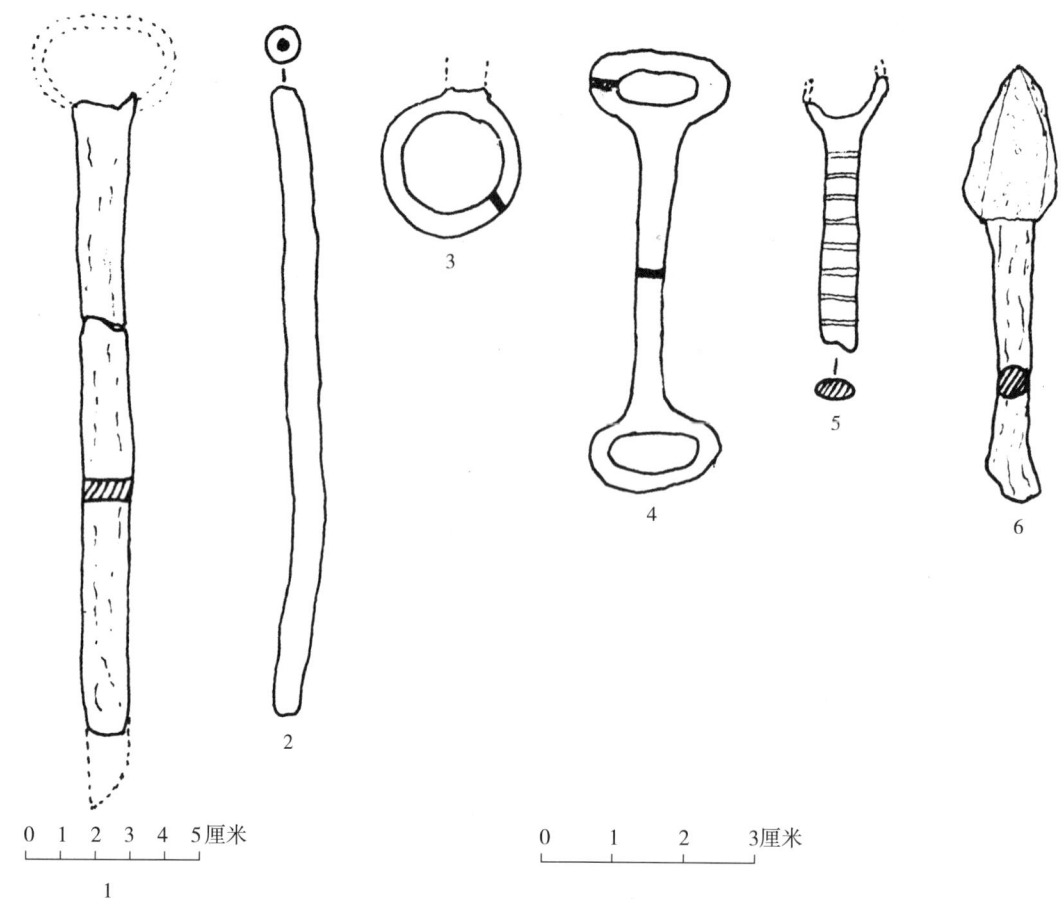

图一六四　M12 出土铁器、铅器

1. 铁削（M12:13）　2. 铅车马饰（M12:33）　3~5. 铁马衔（M12:51）　6. 铁镞（M12:34）

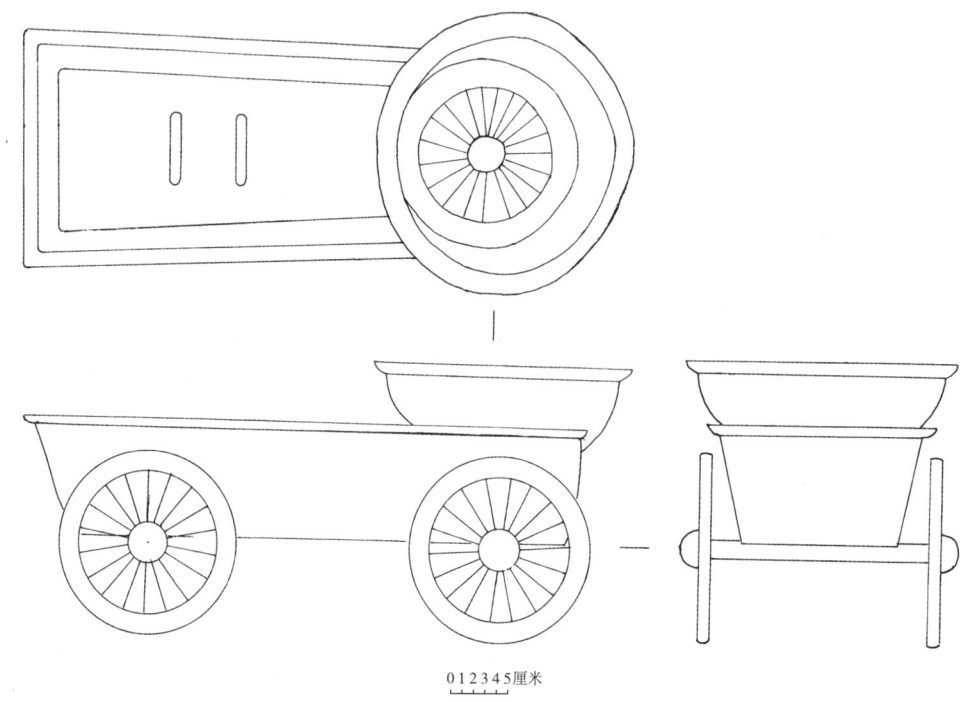

图一六五　M12 出土铁炭炉（M12:31）

厚 0.3 厘米。（图一六四，6）

马衔　1 套。标本 M12：51，残。两端各有一个椭圆形环，中间由长条相连。长 5.6 厘米，宽 1.9 厘米，厚 0.3 厘米。（图一六四，3~5）

5. 铅车马饰　1 件。应为镳。标本 M12：33，残，中空。残长 8 厘米，径 0.4 厘米。（图一六四，2）

M13 位于淮阳平粮台遗址中部，北距 M16 约 10 米，西南距 M27 约 10 米。1979 年 6 月发掘。为斜坡墓道长方形竖穴土坑墓。发掘前墓上的土已被取走 2 米多。铲平即见墓内的灰色五花夯土。墓向 195°。

墓道　位于墓室的南部，墓道现长 4.90 米，宽 1.60 米，深 0~2 米。墓道壁微斜直，墓道最深处距墓底 1.80 米。

墓室　墓口长 5.18 米，宽 2.94 米。底长 5.18 米，宽 3.10 米。墓内填灰色五花土，逐层填土，逐层夯实，每层厚 0.15~0.20 米，平夯，夯窝长宽约 0.20 米。墓室分前后两部分，前部比后部低 0.12 米，宽与墓口相同，进深 2.52 米。木板铺地，东西顺铺 12 块木板，板长 2.94 米，宽 0.14~0.24 米，厚 0.04 米。后部进深 2.80 米，宽 3.10 米，东西两边有熟土二层台。东台宽 0.30 米，西台宽 0.50 米，均高 0.40 米。二层台下墓壁垂直。二层台上铺木板，南北竖铺，据观察，为东台 2 块，西台 3 块。

葬具　墓室后部东侧置棺一具，已腐朽，据木灰痕看棺为长方形，棺长 2.10 米，宽 0.70 米，高度及厚度均不知。

葬式　棺内有人骨一具，保存较差，只有部分骨和骨的朽痕，头北，面向不清，为仰身直肢葬。

随葬品　棺内有玉璧、铜镜、铜钱、铁剑、铜带钩、铁环首刀、玉璜，棺的四周出有铜镜，棺外的西北角有漆奁，棺外的西半部有小陶壶、陶盒、陶罐、蒜头壶、陶瓮、陶壶、铜环、铜镜、铜洗等，墓室前半部的东北角有陶瓮、陶罐等，其东南部出有车马饰等。（图一六六，图一六七）随葬品共有 70 余件，陶器有壶、钫、盒、罐、勺，玉器有玉璧、璜、珠，铜器有铜洗、镳壶、环、刷、镜、镇、车马饰，铁器有铁剑、

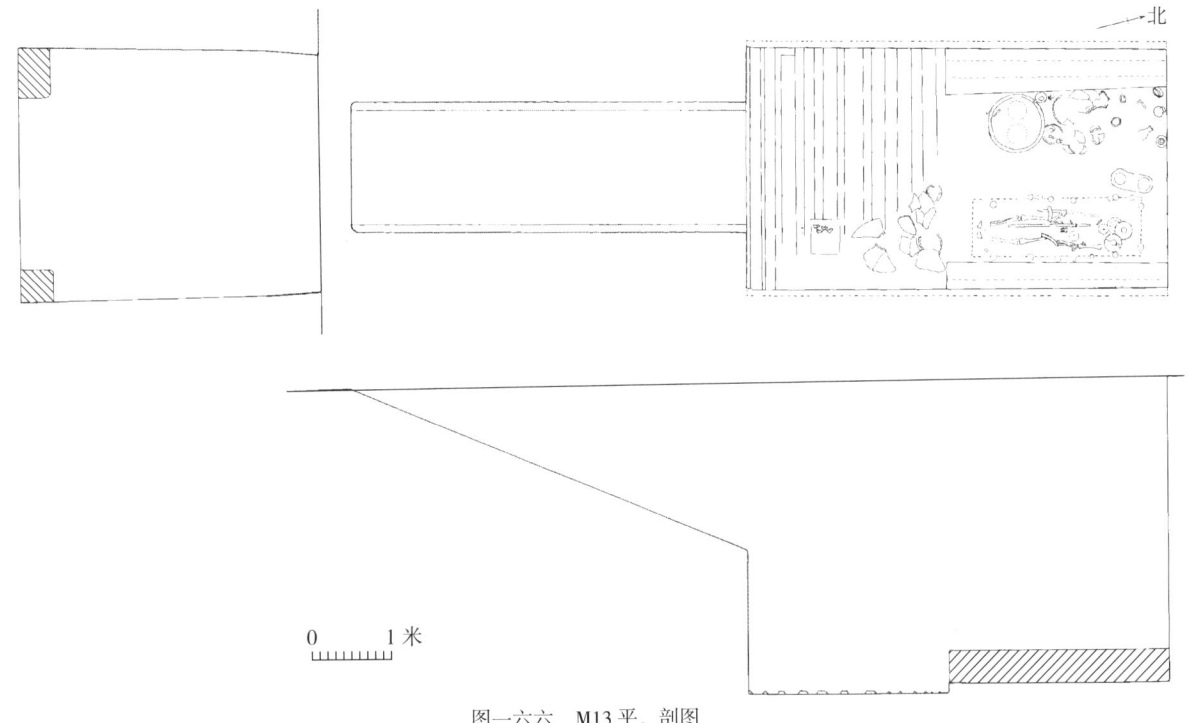

图一六六　M13 平、剖图

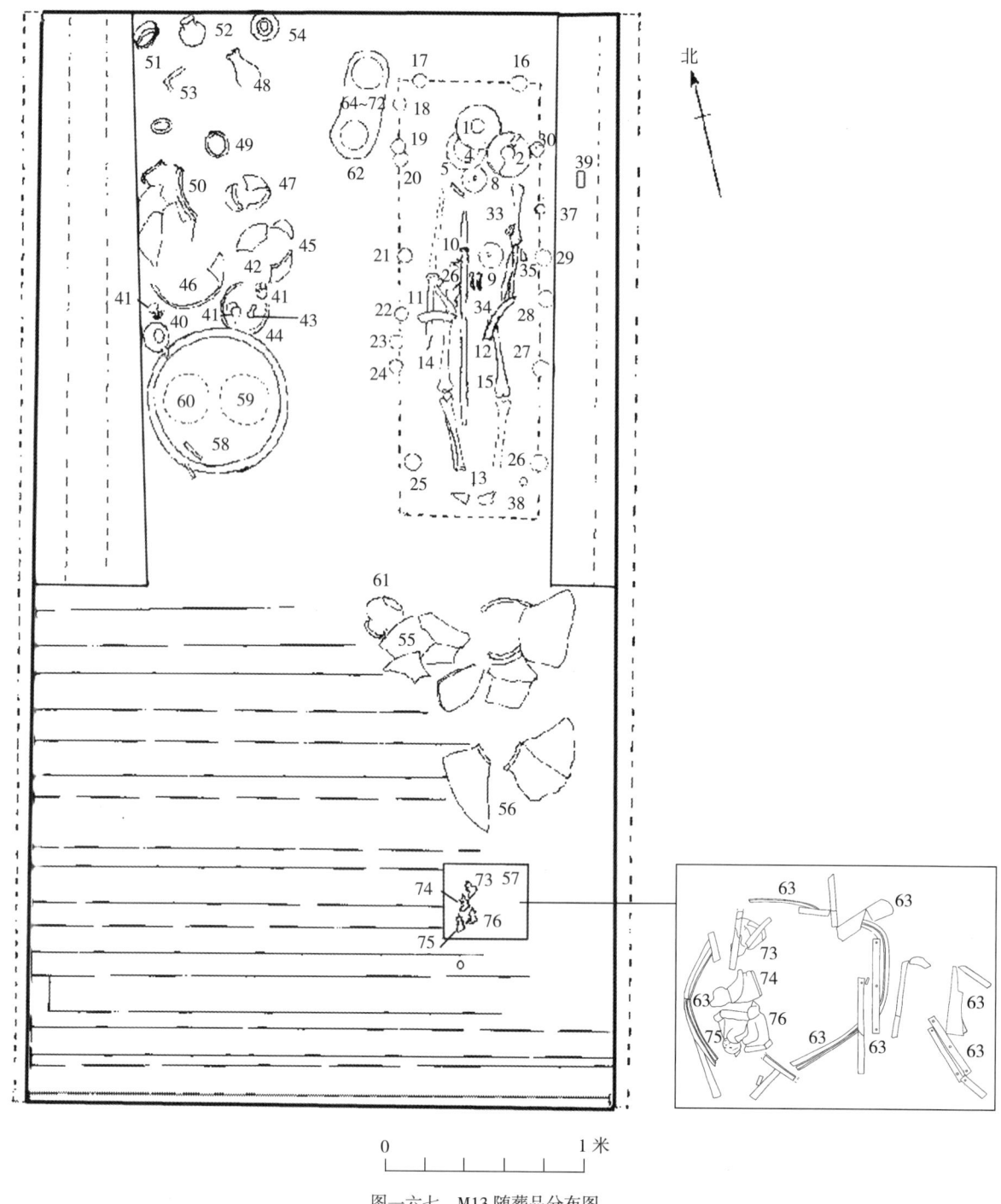

图一六七　M13 随葬品分布图

1、2、5、13.（残）玉璧　3.石珠　4、6~9、16~30、36、37.铜镜　10.铜带钩　11、12.玉璜　14、34.铁环首刀　15.铁剑　31.铜鼎　32.铜刷　33、38.铜钱　35.玉坠　39.骨管饰　40.铜鐎壶　41.铜铺首衔环　42.铜环　43.陶勺　44.陶釜　45、47.陶壶　46、50、54、55、56、61.陶罐　48.蒜头壶　49、51.陶盒　52.小陶壶　53.陶钫　57.铜车马饰　58.铜盆　59、60.铜洗　62、64~72.漆奁　63.骨片　73~76.铜镇（其中 6 号、7 号分别压于 1 号、2 号之下，32 号被压于 9 号之下）

环首刀等，另有铜钱及漆木器若干。

　　1.陶器　15 件。有壶、钫、盒、罐、勺等。

　　壶　3 件。破，形制分圈足和假圈足两种，从大小看，假圈足壶又分两种，因此，3 件壶可分为三式，每式各1件。

　　Ⅰ式：盘口圈足壶。标本M13∶45，盖顶为弧形，子母口，盘口微侈，束颈，圆腹，平底，圈足外侈。圈足上有两周凸弦纹，上腹部饰铺首衔环，其上下并有两周凹弦纹，器内有拉坯时留下的瓦纹。口径16.5厘米，腹径30厘米，圈足底径20厘米，通高47厘米。（图版一七，1；图一六八，1）

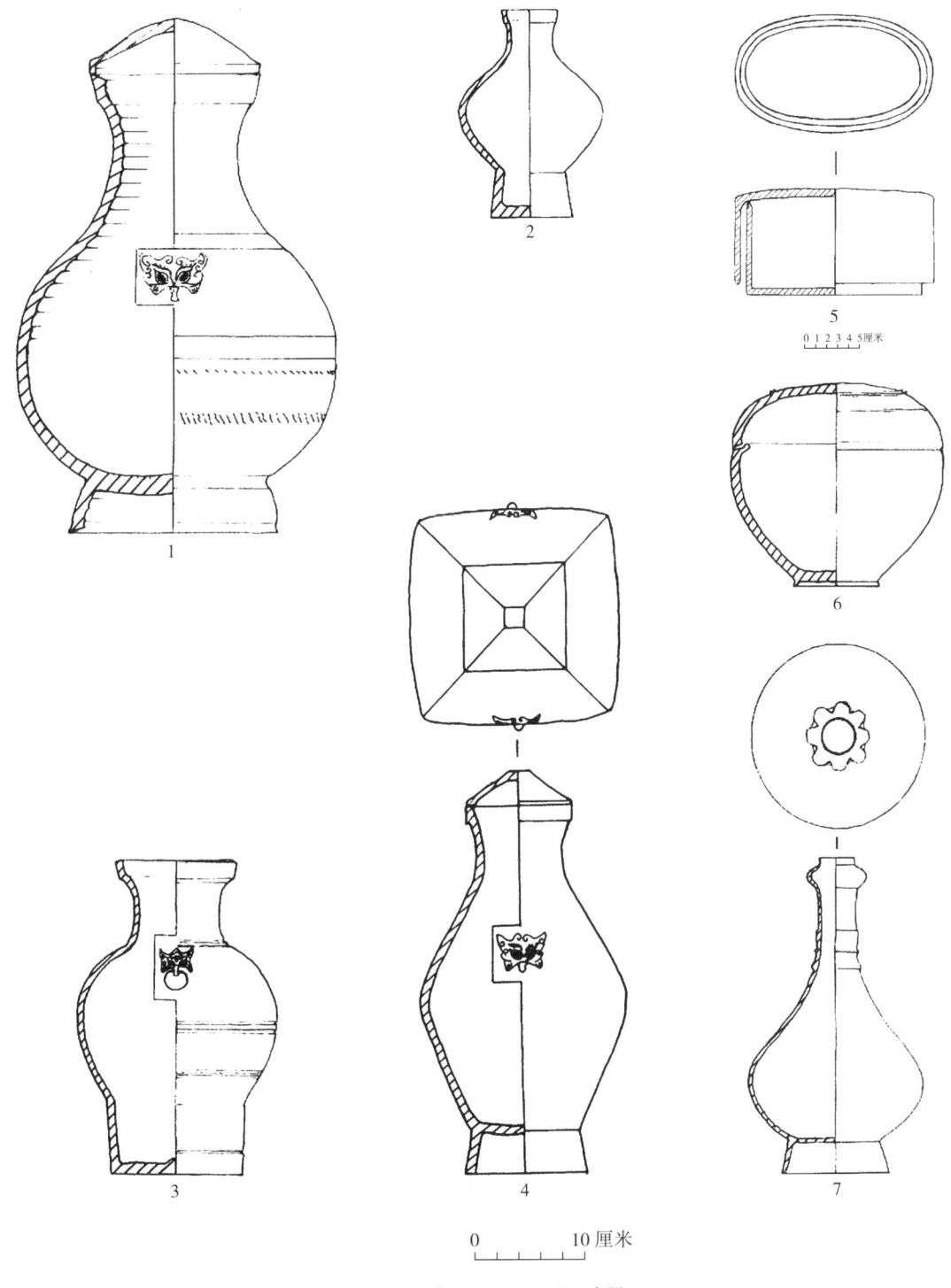

图一六八　M13出土陶器

1. Ⅰ式壶（M13∶45）　2. Ⅱ式壶（M13∶52）　3. Ⅲ式壶（M13∶47）　4. 钫（M13∶53）

5. Ⅱ式盒（M13∶49）　6. Ⅰ式盒（M13∶51）　7. 蒜头壶（M13∶48）

Ⅱ式：盘口假圈足壶。标本 M13：52，完整。无盖，盘口，小口微侈，方唇，束颈，鼓腹，颈腹部素面，假圈足外侈。口径 5.9 厘米，腹径 14 厘米，底径 8 厘米，高 19 厘米。（图版一七，4；图一六八，2）

Ⅲ式：盘口假圈足壶。标本 M13：47，完整。盘口微侈，束颈，鼓腹，假圈足，平底，肩部有模印的铺首衔环。腹部有 4 组凹弦纹。口径 10 厘米，腹径 19 厘米，底径 12.5 厘米，高 29 厘米。（图版一七，3；图一六八，3）

钫　1 件。标本 M13：53，完整。泥质黑陶。盖为覆斗形，壶为盘口，鼓腹，平底，圈足外侈，肩部有模印的铺首。口径 10 厘米，腹径 20 厘米，圈足径 13 厘米，通高 37.5 厘米。（图版一七，6；图一六八，4）

盒　2 件。形制不同，分圆形盒和椭圆形盒两式。

Ⅰ式：圆形盒。1 件。标本 M13：51，泥质灰陶。覆钵形盖，有一周凸弦纹，子母口，敛口，圆唇，腹微鼓，平底，圈足。口径 18.5 厘米，腹径 21.5 厘米，底部圈足径 8.5 厘米，通高 19 厘米。（图一六八，6）

Ⅱ式：椭圆形盒。1 件。标本 M13：49，破。泥质灰陶。平面呈椭圆形，盖较大，套在底部外，盖为平顶，直筒状壁，圆唇。口径 9.6~17 厘米，底径 8.8~16 厘米，通高 8.6 厘米。（图一六八，5）

釜　1 件。标本 M13：44，完整。小口，圆唇，上腹部有一周凹弦纹，肩部模印两个铺首衔环，鼓腹，

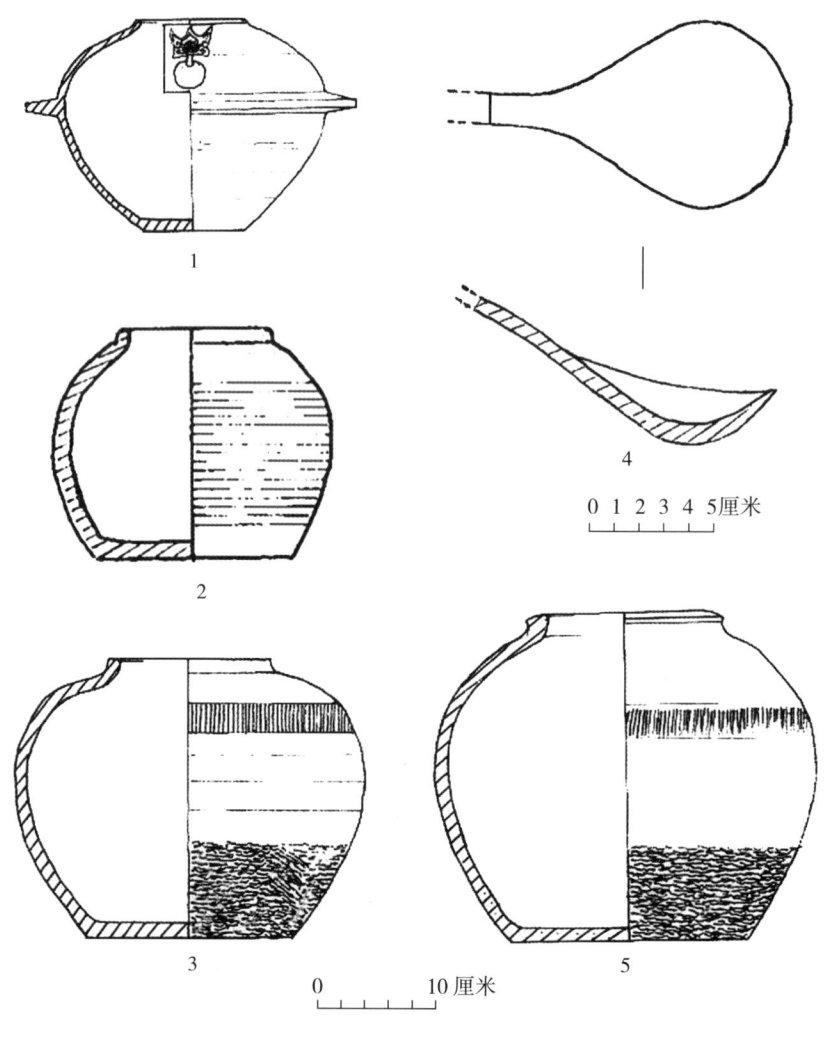

图一六九　M13 出土陶器

1. 釜（M13：44）　2、3、5. 罐（M13：54、M13：46、M13：50）　4. 勺（M13：43）

腹部正中有一周凸棱，下腹部饰弦纹，平底。口径 8.5 厘米，腹径 20.8 厘米，扉棱径 25.8 厘米，底径 8 厘米，高 15.8 厘米。（图版一七，5；图一六九，1）

罐　6 件。形制相近，纹饰、大小有别。标本 M13：46，泥质灰陶。敛口，圆唇，鼓腹，大平底。上腹部饰带状竖绳纹，中腹部饰弦纹，下腹部饰绳纹。口径 13 厘米，腹径 27.5 厘米，底径 15 厘米，高 20.5 厘米。（图版一七，2；图一六九，3）标本 M13：50，泥质灰陶。敛口，圆唇，鼓腹，大平底。上腹部饰带状竖绳纹，中腹素面，下腹部饰绳纹。腹径 29 厘米，底径 18 厘米，高 24 厘米。（图一六九，5）标本 M13：54，泥质灰陶。小口，圆唇，鼓腹，大平底。高 19.4 厘米。（图一六九，2）

蒜头壶　1 件。标本 M13：48，完整。泥质灰陶。小口，束颈，颈的中部有三周凸弦纹，鼓腹，平底，圈足外侈。口径 3.8 厘米，腹径 17.3 厘米，圈足径 10.8 厘米，高 29 厘米。（图一六八，7）

勺　1 件。标本 M13：43，残。泥质灰陶。勺呈椭圆形，有柄。宽 7.2 厘米，残长 12 厘米，残高 5 厘米。（图一六九，4）

2. 铜器　40 件。有鼎、洗、鐎壶、环、刷、镜、带钩、镇及车马饰等。

鼎　1 件。标本 M13：31，破。盖为弧顶，有两周凸弦纹，子母口，敛口，直腹，中腹部有凸弦纹一周，下腹部内收，平底，蹄足，长方形附耳外侈。口径 14 厘米，耳宽 26.5 厘米，通高 18.5 厘米。（图一七〇，1）

洗　2 件。标本 M13：60，敛口，折沿，方唇，腹微鼓，平底，腹部有铺首衔环，中腹部有一周凸弦纹。口径 22.4 厘米，腹径 22.4 厘米，底径 12 厘米，高 12 厘米。标本 M13：59，残。折沿，口微敛，腹微鼓，

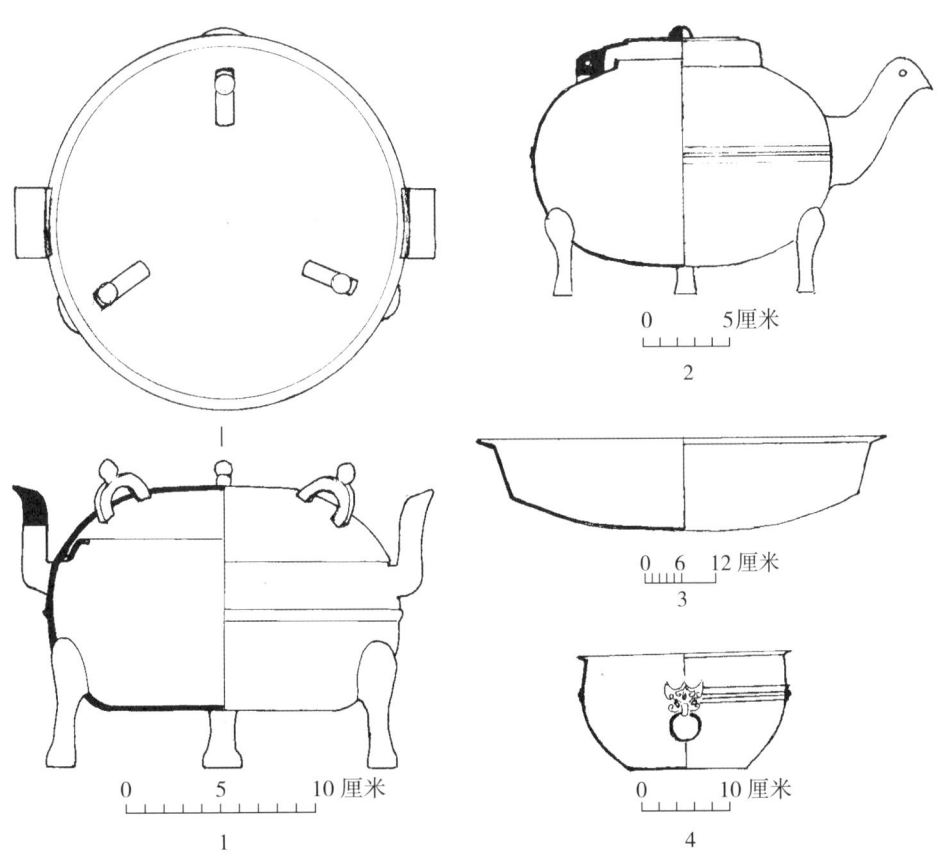

图一七〇　M13 出土铜器

1. 鼎（M13：31）　2. 鐎壶（M13：40）　3. 盆（M13：58）　4. 洗（M13：59）

腹的中部饰铺首衔环和三周凸弦纹，平底。腹径 22.4 厘米，底径 12 厘米，高 12 厘米。（图一七〇，4）

鐎壶　1 件。标本 M13：40，残。有盖，敛口，短颈，鼓腹，圜底，下附三个蹄足，壶嘴似一鸡头，两眼圆睁，长柄已残。口径 7.2 厘米，腹径 16 厘米，通高 13.6 厘米。（彩版四五，1；图一七〇，2）

盆　1 件。标本 M13：58，残。折沿，敞口，斜直腹，折腹，圜底。口径 72 厘米，腹径 60 厘米，底径 12 厘米，高 14.4 厘米。（图一七〇，3）

刷　1 件。标本 M13：32，鎏金，器呈烟斗状，制作较精致。宽 0.8 厘米。（图一七一，1）

铺首衔环　1 件。标本 M13：41，破。上有兽首，两目圆睁，两角直竖，鼻衔铜环。铺首宽 4.1 厘米，高 6 厘米，厚 0.5 厘米，环径 3.5 厘米，内径 2.6 厘米，厚 0.5 厘米。（图一七一，3）

环　2 件，形状、大小相同。标本 M13：42，断面呈椭圆形，完整。直径 2 厘米，内径 1.6 厘米，厚 0.4 厘米。（图一七一，2）

带钩　1 件。标本 M13：10，完整。锈蚀。钩体呈琵琶状，钩背有圆帽状钮，钩腹部较短，腹部素面。钩长 4.4 厘米，宽 1 厘米，高 1.2 厘米。（图一七一，4）

铜镜　25 枚。均为连弧四乳山字钮镜，大小有别。标本 M13：28，残，圆形，镜面平直，山字形钮，圆钮座，钮座外有绚索纹一周，再外有两周凸弦纹，其间有四乳钉，乳钉为圆钮座，其间有三星或四星，外缘为十六连弧。面径 6.6 厘米，背径 6.4 厘米，钮高 0.5 厘米，钮宽 1 厘米，缘弧宽 0.7 厘米，缘厚 0.2 厘米，肉厚 0.1 厘米。（图一七二，1）标本 M13：4，破。圆形，镜面平直，山字形钮，钮上有四乳，圆钮座，座外有半月形梳纹，其外为两周凸弦纹，再外为十六连弧，其外有一周凸弦纹，其间有四乳，圆座，座外围绕八个圆形，乳间有七星，间绕蟠螭纹，边缘为十六连弧。面径 10.3 厘米，背径 10.3 厘米，钮高 1.3 厘米，钮宽 1 厘米，缘弧宽 0.6 厘米，缘厚 0.3 厘米，肉厚 0.15 厘米。（图一七二，5）标本 M13：6，破。圆形，镜面平直，山字形钮，钮上有七乳，圆钮座，座外有半月形梳纹，其外为两周凸弦纹，再外为十六连弧，其外

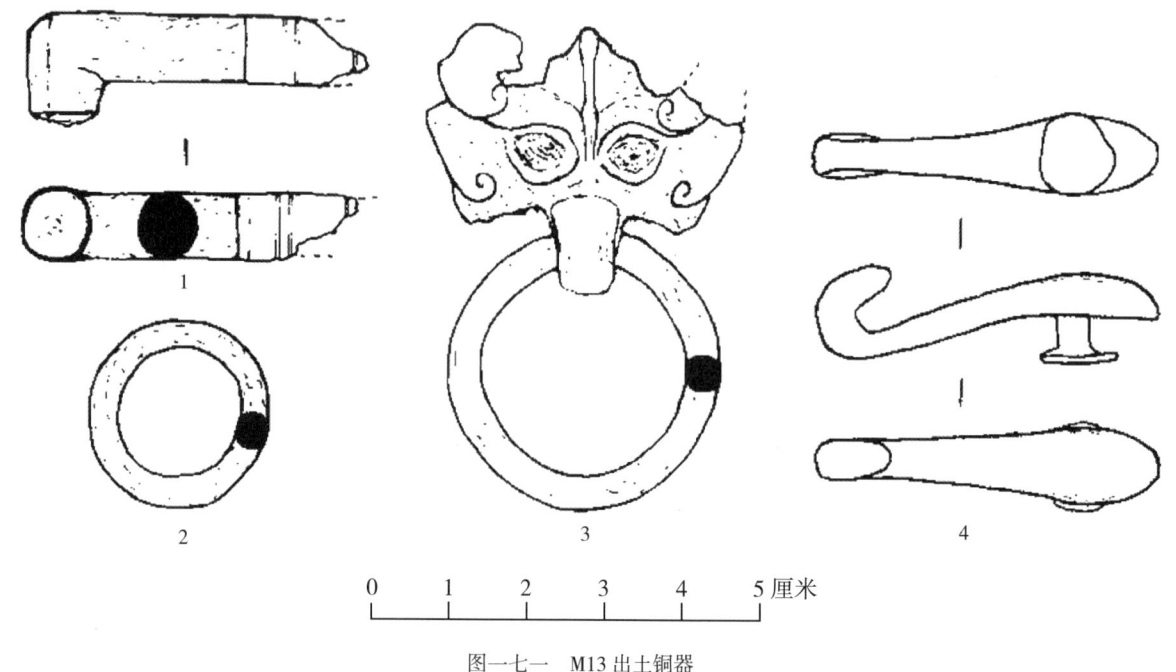

图一七一　M13 出土铜器

1. 刷（M13：32）　2. 环（M13：42）　3. 铺首衔环（M13：41）　4. 带钩（M13：10）

有一周凸弦纹，其间有四乳，圆座，座外围绕八个圆形，乳间有七星，边缘为十六连弧。面径12.4厘米，背径12.2厘米，钮高1.3厘米，钮宽1厘米，缘弧宽1.1厘米，缘厚0.3厘米，肉厚0.15厘米。（彩版四五，4；图一七二，4）标本M13：7，破，圆形，镜面平直，山字形钮，圆钮座，座外有半月形梳纹，其外为两周凸弦纹，再外为十六连弧。其外有一周凸弦纹，其间有四乳，圆座，座外围绕八个圆形，乳间有七星，边缘为十六连弧，面径12.4厘米，背径12.3厘米，钮高1.3厘米，钮径1.6厘米，缘弧宽0.8厘米，缘厚0.3厘米，肉厚0.15厘米。（彩版四五，2；图一七二，6）标本M13：8，破。圆形，镜面平直，山字形钮，中间一乳，周围八乳，圆钮座，座外有四乳钉，间以半月形梳纹和蟠螭纹，其外为两周凸弦纹，再外为十六连弧，其外有两周绚索纹，其间有四乳，圆座，座外围绕八个小乳钉，乳间有九星，间绕蟠螭纹，边缘为十六连弧。面径15厘米，背径14.8厘米，钮高1.3厘米，钮径1.6厘米，缘弧宽1.1厘米，缘厚4.3厘米，肉厚0.25厘米。（彩版四五，5；图一七二，2）标本M13：9，破。圆形，镜面平直，山字形钮，钮上正中有一乳，周围环八乳，圆钮座，座外有半月形梳纹，其外为一周凸弦纹，再外为十六连弧，其外有一周凸弦纹，其间有四乳，圆座，座外围绕一周凸弦纹，乳间有五星，间绕蟠螭纹，边缘为十六连弧。面径11厘米，背径10.8厘米，钮高1.2厘米，钮径1.5厘米，缘弧宽1.1厘米，缘厚0.3厘米，肉厚0.2厘米。（彩版四五，3；图一七二，3）

镇　4件。完整。标本M13：73、M13：74、M13：75、M13：76，大小、形制相同。圆雕，人物头戴高冠，面部丰满，身穿左衽袍衣，宽袖下垂，左手放在左膝上，右手手心向上，跽坐，坐在方形座上，从后背看，束腰，宽带。方座长4.3厘米，宽3.9厘米，厚0.7厘米，通高7.5厘米。（彩版四六）

0 1 2 3 4 5厘米

图一七二　M13出土铜镜拓片

1. M13：28　2. M13：8　3. M13：9　4. M13：6　5. M13：4　6. M13：7

3. 玉石器　共8件。有玉璧、玉璜、石珠、玉坠。

玉璧　4件。标本M13：1，完整。青玉。圆形，有内外郭，内饰隆起的谷纹。直径23.5厘米，内径7.2厘米，厚0.8厘米。（彩版四七，1；图一七三，1）标本M13：5，完整。青玉。圆形，有内外郭，内饰隆起的谷纹。直径14.6厘米，内径4.9厘米，厚0.3厘米。（彩版四七，6；图一七三，4）标本M13：2，残。青玉。圆形，有内外郭，内饰隆起的谷纹。直径21.3厘米，内径8.5厘米，厚0.4厘米。（彩版四七，2；图一七三，2）标本M13：13，残。饰谷纹，有边郭。直径15.8厘米，内径4厘米，厚0.4厘米。（图一七三，3）

玉璜　2件。完整。标本M13：11，青玉。呈扇面形，有内外郭，内饰隆起的谷纹，一侧有"百六十八月"文字。长19.4厘米，宽4厘米，厚0.4厘米。（彩版四七，3、4；图一七四）标本M13：12，青玉。呈扇面形，有内外郭，内饰隆起的谷纹，弧背两侧各有两个缺。长21厘米，宽3厘米，厚0.4厘米。（彩版四七，5；图一七五）

4. 铁器　3件。有剑、环首刀等。

剑　1件。标本M13：15，残。剑身较长，双面刃，剑身有脊，茎已残，茎与剑身交接处有剑镡，锈蚀严重。通长106厘米，柄长20厘米。

环首刀　2件。标本M13：34，残。环状首，刀背较直，刃部也较直，刃末呈弧形，梢部已朽，长10厘米。

5. 骨器　有骨管、骨片等。其中多数骨片疑似被置于平面呈椭圆形的容器中，内盛铜镇4件，惜容器已无法复原。

骨片数量较多，以长方形居多，两端有圆形穿孔，宽窄不等，长短不一。标本M13：63-3，完整，两端和中间各有一个圆形穿孔。长13.6厘米，宽1.2厘米，厚0.1厘米。（图一七六，1）标本M13：63-1，

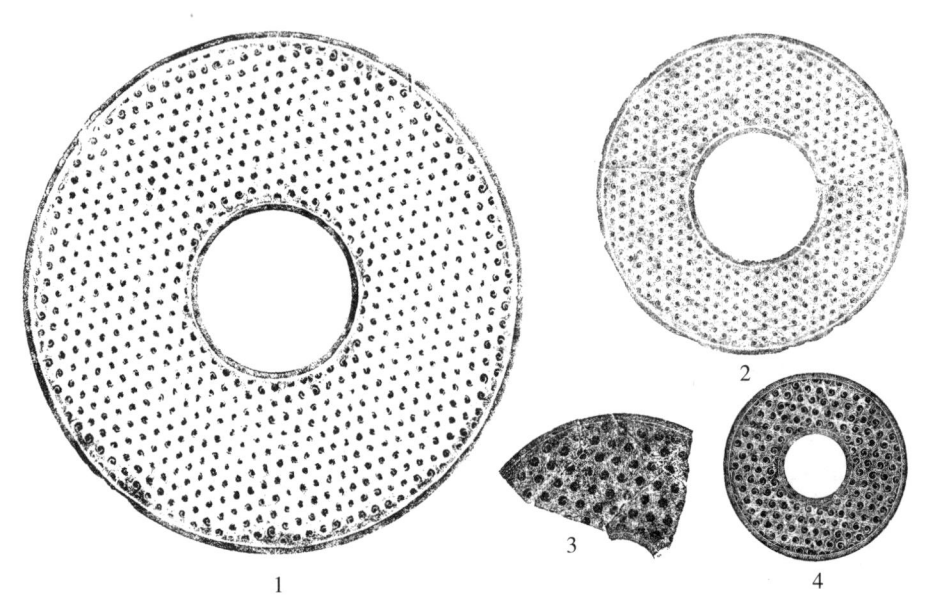

0 1 2 3 4 5厘米

图一七三　M13出土玉璧拓片

1.M13：1　2.M13：2　3.M13：13　4.M13：5

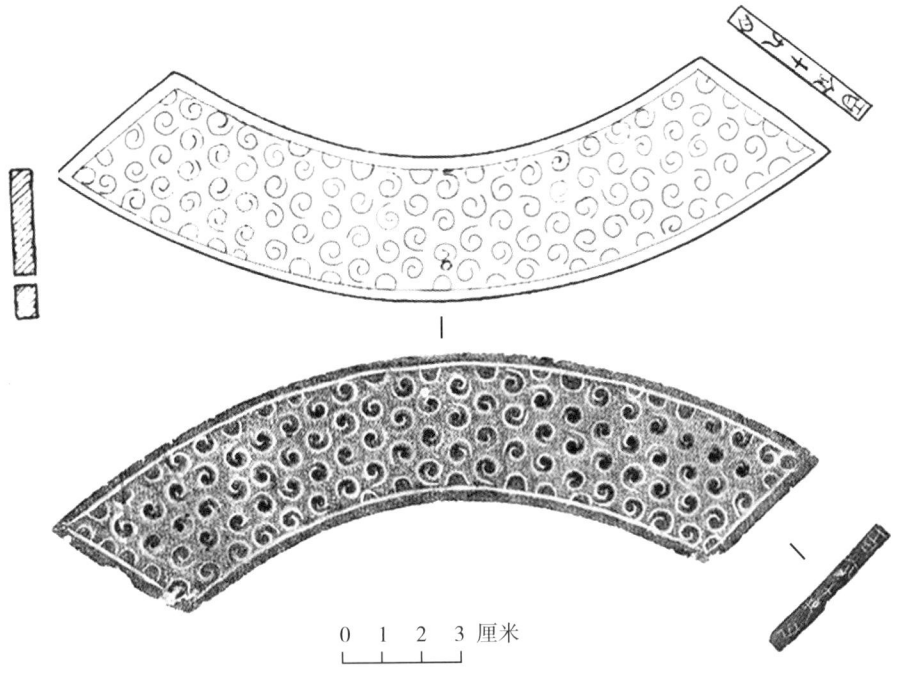

0　1　2　3 厘米

图一七四　M13 出土玉璜拓片（M13：11）

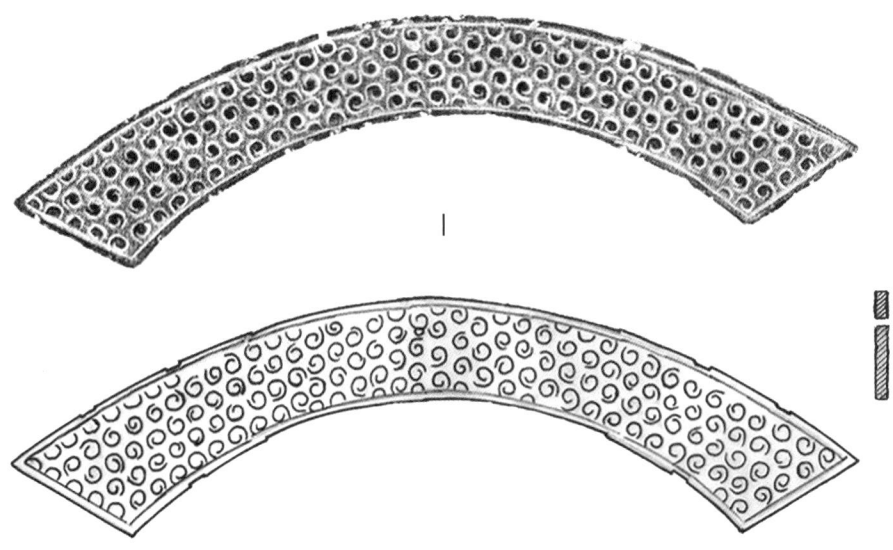

图一七五　M13 出土玉璜拓片（M13：12）

破，断为两节，一端有圆形穿孔。长 12.5 厘米，宽 1 厘米，厚 0.1 厘米。（图一七六，2）标本 M13：63-4，完整，两端各有一个圆形穿孔。长 9.8 厘米，宽 1.1 厘米，厚 0.1 厘米。（图一七六，3）标本 M13：63-5，残。两端各有一个圆形穿孔。长 8.8 厘米，宽 1 厘米，厚 0.1 厘米。（图一七六，4）标本 M13：63-2，残。较宽，呈不规则矩形。长 9.5 厘米，上宽 2.8 厘米，下宽 0.9 厘米，厚 0.1 厘米。（图一七六，5）

　　骨管饰　1 件。标本 M13：39，完整。圆柱状，断面呈圆形。直径 1 厘米，残长 2.1 厘米。（图一七六，6）

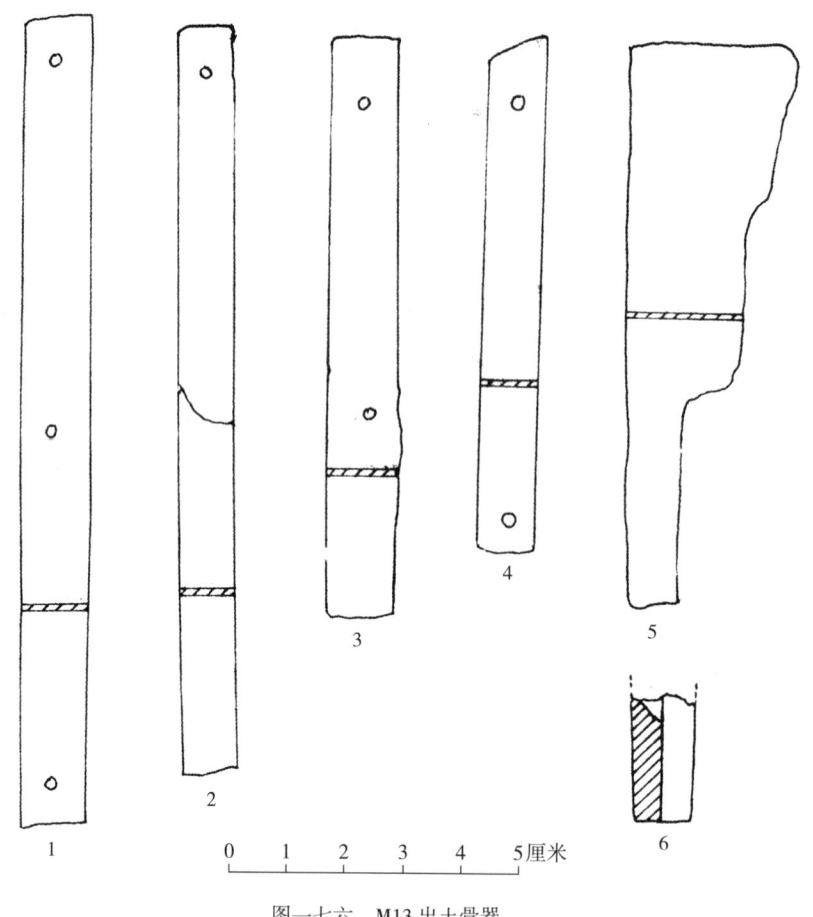

图一七六　M13 出土骨器

1. 骨片（M13：63-3）　2. 骨片（M13：63-1）　3. 骨片（M13：63-4）　4. 骨片（M13：63-5）

5. 骨片（M13：63-2）　6. 骨管饰（M13：39）

M23 位于淮阳平粮台遗址中部偏东，东距 M22 和 M85 分别约 1 米和 3 米。1980 年 5 月发掘。为斜坡墓道长方形竖穴土坑墓。发掘前墓上的土已被取走部分。墓向 190°。

墓道　位于墓室的南部，并向西斜，墓道长 8 米，宽 1.50 米，墓道壁垂直，墓道口距墓底深 1.96 米。墓道的东边距墓室约 2.50 米处，向东拐一个小室，宽、进深约 1 米，高约 0.50 米。

墓室　为长方形，长 8 米，宽 3.20~3.28 米。墓内填黄色五花夯土，逐层填土，逐层夯实，每层厚约 30 厘米，平夯。东西壁下有生土二层台，西边一个台，东边台分两台。东壁第一级台阶（最下一台阶）宽 0.50~0.74 米，高 0.20 米。第二级台阶宽 0.38~0.58 米，高 0.86 米；西壁二层台宽 0.32~0.40 米，高 1.05 米。墓室分前后两部分，前部低于后部 0.04 米，进深 2.03 米。深 7~7.06 米。

葬具　西部置一棺，已腐朽，根据棺灰痕可推知棺长 2 米，宽 0.68~0.70 米。

葬式　人骨腐朽殆尽，葬式不清。

随葬品　共 34 件（套）。棺内随葬品有石璧、铜钱、铁剑、铁削等，棺的北部有铁器、铁镢、铁剑，棺的东部有陶鼎、陶卮、陶甑釜、陶奁、陶勺、陶壶、镳壶、陶盒、陶耳杯、陶罐、壶等，前部的西边有陶壶。（图一七七、图一七八）

1. 陶器　23 件（套）。有鼎 1 件、壶 6 件、盒 2 件、奁 2 件、甑釜 1 套、镳壶 1 件、勺 2 件、耳杯 4 件、卮 1 件、匜 1 件、罐 1 件、盘 1 件。

鼎　1 件。标本 M23：9，盖为弧形，有两周凸弦纹。鼎为子母口，敛口，直腹，中腹部有凸弦纹一周，

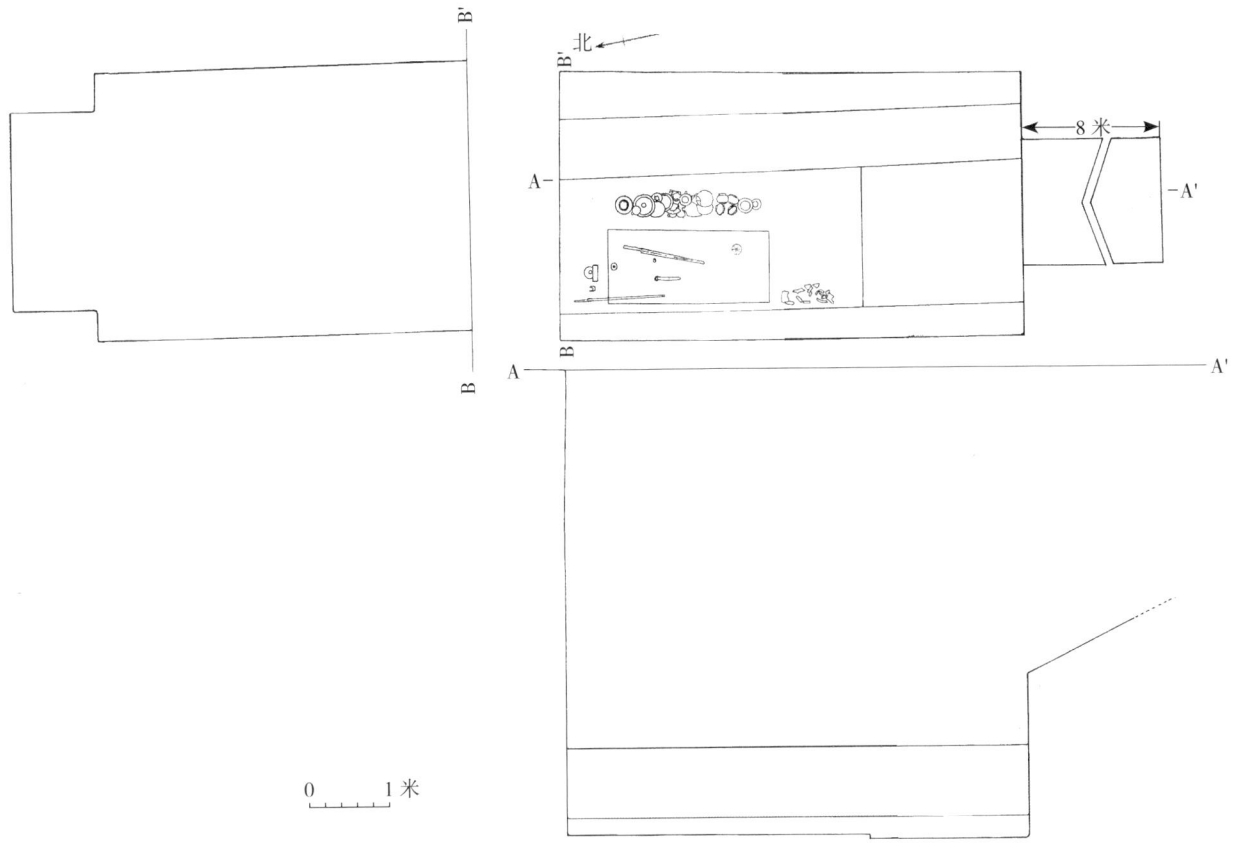

图一七七　M23 平、剖图

下腹部内收，平底，蹄足，长方形附耳外侈。口径 16.8 厘米，腹径 22.4 厘米，耳宽 26.5 厘米，底径 16 厘米，通高 18.5 厘米。（图一七九，1）

壶　6 件。形制分圈足和假圈足两种，大小有别。

圈足壶　4 件，破。标本 M23：10，盘口微侈，方唇，束颈，圆腹，圜底微凹，圈足微外侈，且有一凸弦纹，上腹部有模印的铺首衔环。口径 18 厘米，腹径 29 厘米，圈足底径 19 厘米，高 37 厘米。（图一七九，6）标本 M23：17，弧形盖。壶为子母口，盘口微侈，方唇，束颈，圆腹，圜底微凹，圈足微外侈。口径 12 厘米，圈足底径 12 厘米，高 29 厘米。（图一七九，7）标本 M23：18，盘口，方唇，束颈，圆腹，平底，圈足外侈。上腹部有五组凹弦纹。口径 10.7 厘米，腹径 19.5 厘米，圈足底径 11.5 厘米，高 26.7 厘米。（图一七九，4）

假圈足壶　2 件。标本 M23：31，盖顶有圆形凹窝，盘口微侈，束颈，鼓腹，假圈足，平底。口径 4.8 厘米，腹径 12 厘米，圈足径 6.5 厘米，通高 17.5 厘米。（图一七九，2）

另有标本 M23：11，残。残存部分同标本 M23：10，残高 34.5 厘米。（图一七九，8）

盒　2 件。破。形制相同。标本 M23：24，子母口，敛口，弧腹，圜底内凹，矮圈足。口径 18 厘米，腹径 21.2 厘米，圈足径 10.3 厘米，残高 11 厘米。（图一七九，5）标本 M23：19，带盖。口径 19 厘米。（图一七九，3）

奁　2 件。破。形制不同。标本 M23：14，盖饰弦纹，子母口，直腹，平底，腹部饰铺首衔环，下附三个矮蹄足。口径 16.4 厘米，腹径 19.3 厘米，通高 16.4 厘米。（图一八○，1）标本 M23：16，盖上有四组凹弦纹，直腹，至底微内收。其内有一个直筒状奁，应为平底，无足。盖的口径 18.5 厘米，腹径 20 厘米，通

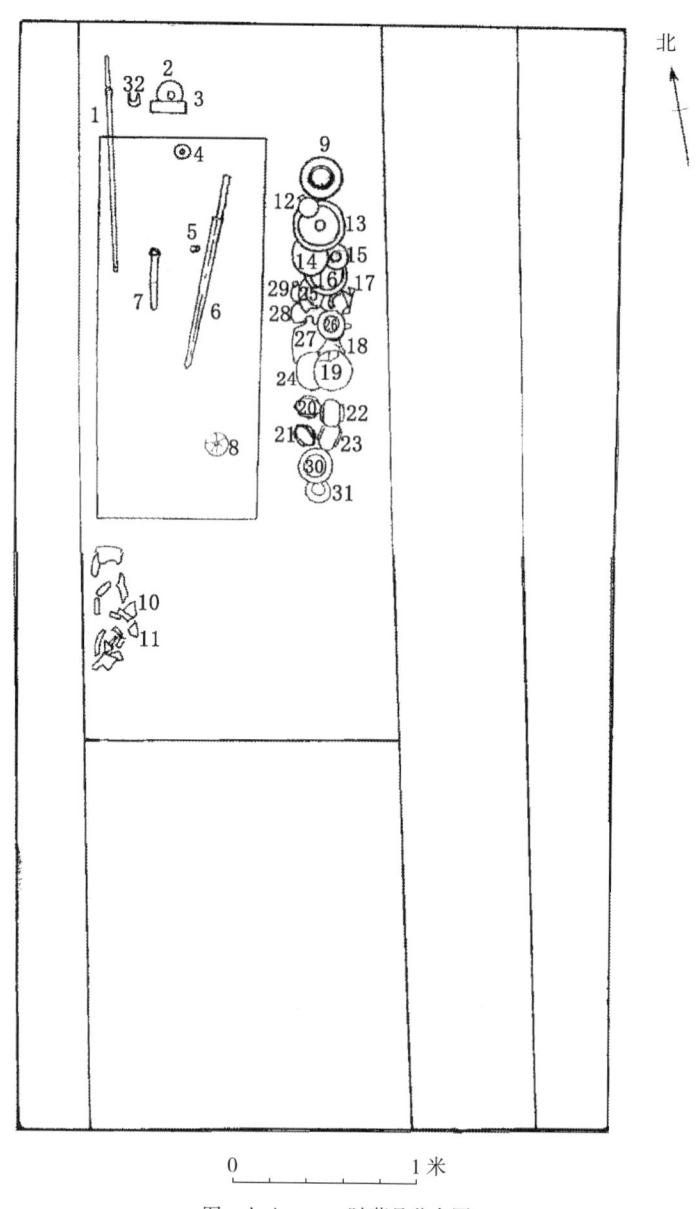

图一七八　M23 随葬品分布图

1、6. 铁剑　2. 石璧　3. 铁器　4. 玉唅　5. 五铢　7. 铁削　8. 铜镜　9. 陶鼎　10、11、15、17、18、31. 陶壶　12. 陶卮
13. 陶甑釜　14、16. 陶奁　19、24. 陶盒　20～23. 陶耳杯　25. 陶盘　26. 陶鐎壶　27. 陶匜　28、29. 陶勺　30. 陶罐　32～34. 铁镢

高 15.3 厘米。（图一八〇，3）

甑釜　1 套。甑、釜两件合一，破。标本 M23：13，泥质黑陶。甑为敞口，折沿，方唇，弧腹，平底，有长条形甑孔。釜为敛口，短颈，鼓腹，平底，腹的中部有一周凸棱。甑的口径 25 厘米，底径 10 厘米。釜的口径 10 厘米，腹径 25 厘米，底径 8.5 厘米，通高 26 厘米。（图一八〇，5）

鐎壶　1 件。标本 M23：26，破。泥质灰陶。敛口，短颈，鼓腹，小平底，壶嘴似一狗头，两眼圆睁，长柄，柄的断面呈方形，柄端呈"凸"字形。口径 6.5 厘米，腹径 18 厘米，底径 8 厘米，柄长 12 厘米，通高 10.5 厘米。（图一八〇，6）

勺　2 件。破。形制相同。标本 M23：28，泥质灰陶。勺柄断面近方形，勺呈圆形，平底。勺径 8 厘米，底径 4 厘米，高 8 厘米。（图一八〇，4）

耳杯 4件。破。形制相同，大小有别。泥质灰陶。杯口呈椭圆形，有双耳，耳微侈，平底。标本 M23：20 与标本 M23：21 尺寸相同，口径 12 厘米，底径 8 厘米，高 3.6 厘米。（图一八一，1、2）标本 M23：22 与标本 M23：23 尺寸相同，口径 15 厘米，底径 11 厘米，高 5 厘米。（图一八一，4、5）

卮 1件。标本 M23：12，破。口微敛，圆唇，直壁，壁上有錾，平底。口径 8.7 厘米，底径 9.8 厘米，高 8.8 厘米。（图一八一，3）

匜 1件。标本 M23：27，破。泥质灰陶。口为圆角方形，侈口，浅腹，底呈椭圆形，平底，前端有流。外部饰绳纹。口径 18 厘米，底径 8 厘米，高 7 厘米，通长 25.5 厘米。（图一八○，2）

罐 1件。标本 M23：30，破。泥质黑陶。侈口，折沿，方唇，束颈，弧肩，鼓腹，平底。口径 10.3 厘米，腹径 16 厘米，底径 11.5 厘米，高 16 厘米。（图一八○，7）

2. 铜器、铜钱 2件。有铜镜及五铢。

铜镜 1枚。标本 M23：8，草叶纹镜。残。圆形，四叶纹钮已残，镜面微凸，内向十六连弧边缘，钮座外有一个双线大方格，方格内四角各有伸出的四个叶尖纹，方格四角向外伸出，方框外四角的中心各有一突出向外伸出的半圆弧线纹，对应四乳钉及双瓣一苞花枝纹，围绕方格内布置铭文"见日之光天下大明阳辰清宜当"。面径 14.2 厘米，背径 14 厘米，钮高不详，钮宽 0.9 厘米，缘弧宽 1 厘米，缘厚 0.4 厘米，肉厚 0.2

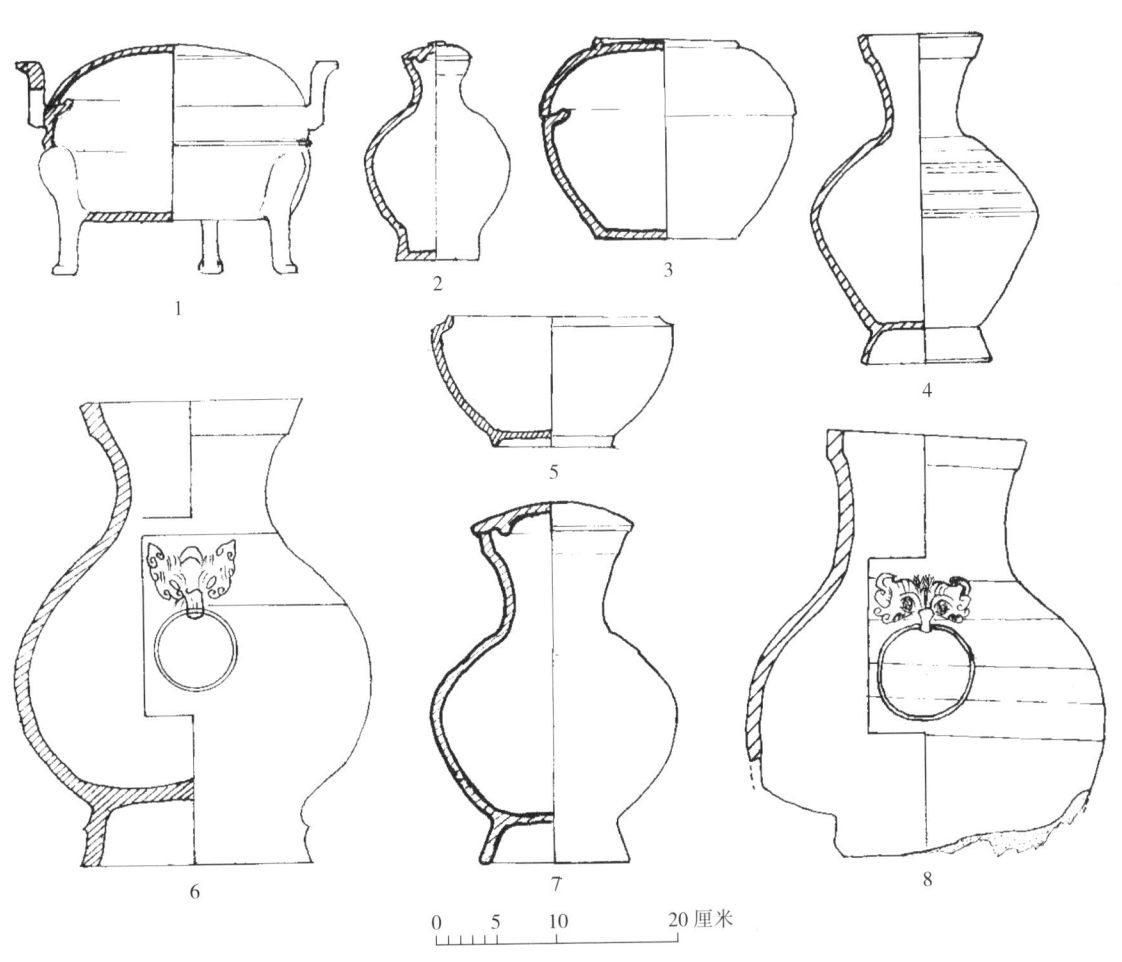

图一七九 M23 出土陶器

1. 鼎（M23：9） 2. 假圈足壶（M23：31） 3. 盒（M23：19） 4. 圈足壶（M23：18） 5. 盒（M23：24） 6. 圈足壶（M23：10）
7. 圈足壶（M23：17） 8. 壶（M23：11）

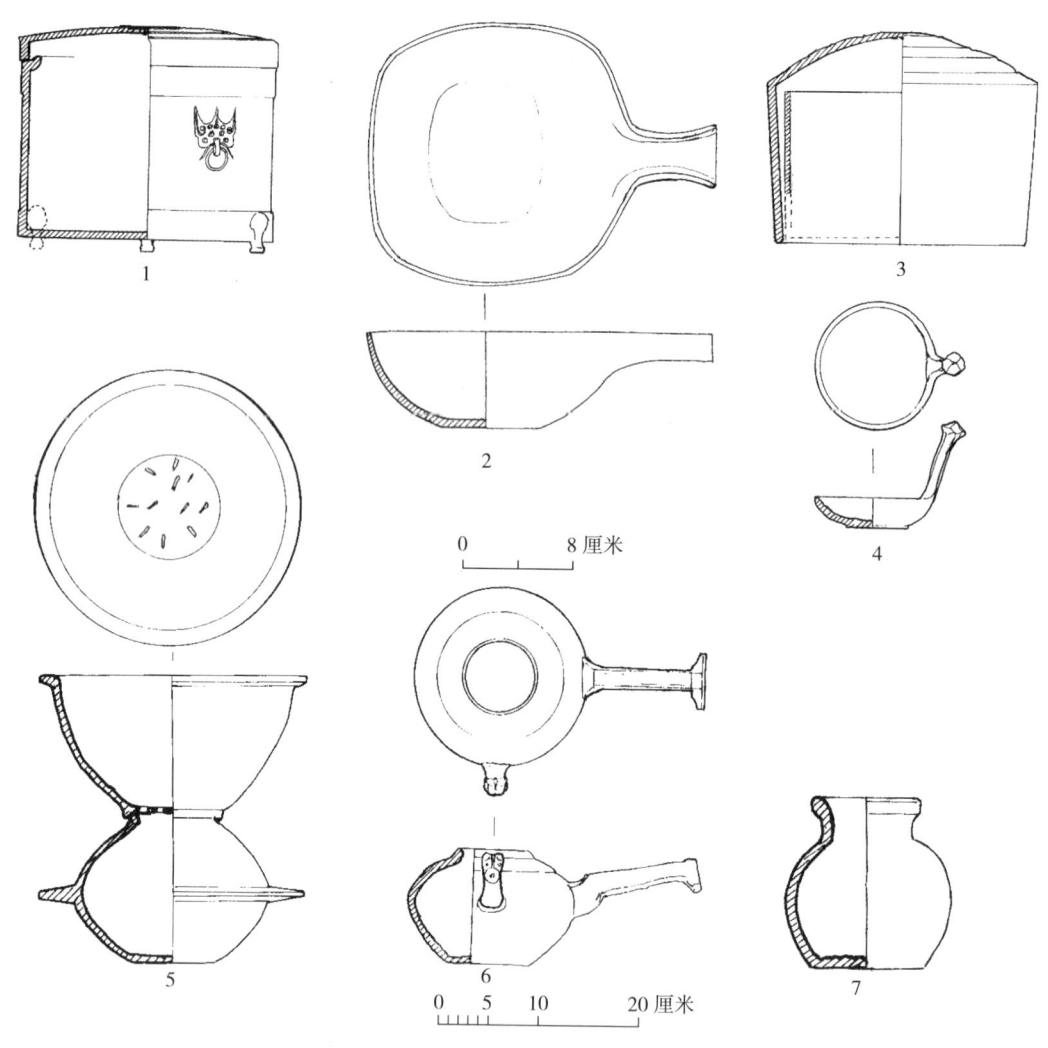

图一八〇 M23 出土陶器

1. 奁（M23：14） 2. 匜（M23：27） 3. 奁（M23：16） 4. 勺（M23：28） 5. 甑釜（M23：13）

6. 鐎壶（M23：26） 7. 罐（M23：30）

厘米。（图一八二，1）

五铢 1套6枚。标本M23：5，圆形，正方形穿，钱边缘有周郭，穿之背面有周郭，穿之正面左右两侧铸有篆书"五铢"二字，"五"字的斜线较直。钱小，字、郭模糊。钱径2.2厘米，郭径2.4厘米，郭宽0.1厘米，郭厚0.1厘米，肉厚0.1厘米，穿径0.9厘米。（图一八二，3）

3. 玉石器 共2件。有石璧、玉哈。

石璧 1件。标本M23：2，残。置于墓主人的头上，白色大理石质，一面饰正方格纹。直径16.2厘米，孔径4.4厘米，厚0.5厘米。（图一八二，2）

玉哈 1件。标本M23：4，边残。白玉。含于墓主人口内，璧形，一侧有内外郭，刻方形纹饰三周，一侧素面，有三孔。直径2.8厘米，孔径0.8厘米，厚0.12厘米。（图一八二，4）

4. 铁器 共7件。有剑2件、镢3件，另有削及铁器各1件。均残甚。

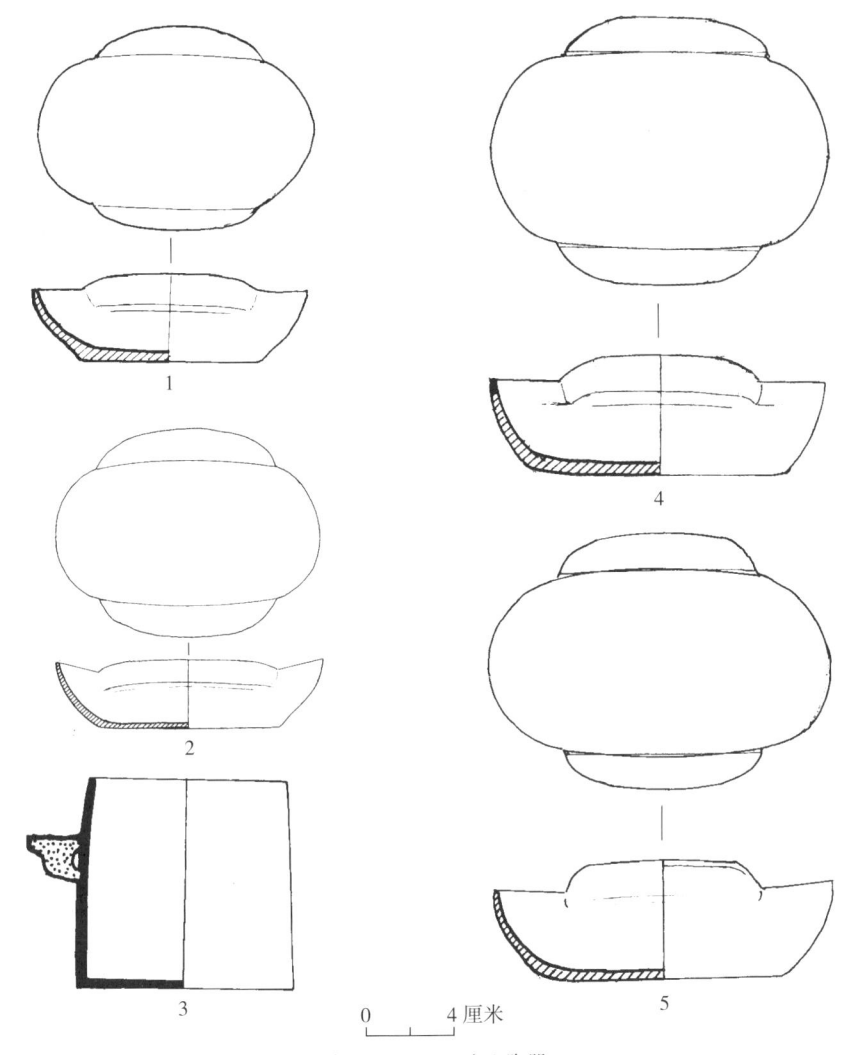

0　　4厘米

图一八一　M23 出土陶器

1. 耳杯（M23：20）　2. 耳杯（M23：21）　3. 厄（M23：12）　4. 耳杯（M23：22）　5. 耳杯（M23：23）

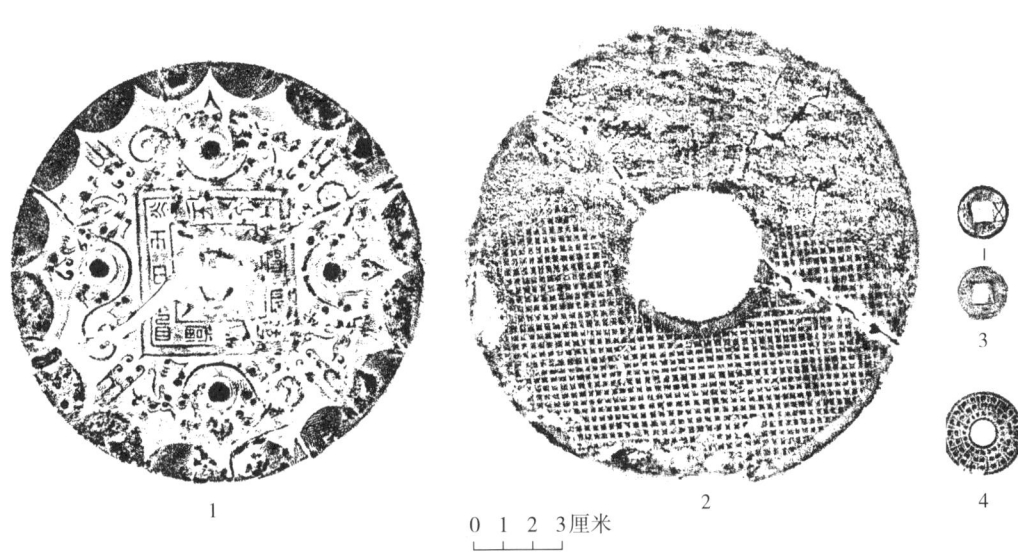

0　1　2　3厘米

图一八二　M23 出土器物拓片

1. 铜镜（M23：8）　2. 石璧（M23：2）　3. 五铢（M23：5）　4. 玉唅（M23：4）

M80 位于淮阳平粮台南部 T28 的中部。西北距 M73 约 2 米。1980 年 3 月发掘。为斜坡墓道长方形竖穴土坑墓。发掘前墓上的土已被取走部分。墓向 45°。

墓道　位于墓室的东北角，并向东斜，墓道未发掘完，现长 1.60 米，宽 0.88 米，墓道壁垂直，墓道距口深 0.60 米，距墓底深 1 米。

墓室　长方形，长 2.30 米，宽 1.30 米。墓内填黄色五花夯土，逐层填土，逐层夯实，夯土每层厚约 30 厘米，圆夯，直径约 0.10 米。

葬具　墓室内中东部置棺一具，已腐朽，根据棺灰痕可推知棺长 1.94 米，宽 0.60~0.66 米。

葬式　棺内人骨腐朽，据其痕迹可看出是仰身直肢葬。（图一八三）

随葬品　15 件。棺内随葬品有铜刷、铜镜、铁剑及铜钱数枚，分别放于人骨的东侧，在棺的东北角有石砚，铁腰刀放置于墓主右手旁。在棺外的西侧从北向南依次放置有陶罐 8 件。排列整齐，罐口向上。棺外的东侧有铁削 1 件等。（图一八四）

1. 陶器　8 件。泥质灰陶。均为罐。

小口圆肩罐　7 件。形制相同，大小相近。其中有 3 件带盖、4 件不带盖。小口，圆肩，平底。肩部有一周凹弦纹，下腹部饰中绳纹。标本 M80：8，盖顶为圜底内凹。口径 11.8 厘米，腹径 25.6 厘米，底径 12 厘米，通高 24 厘米。（图版一八，1；图一八五，1）标本 M80：1，盖顶为平顶。口径 12 厘米，腹径 26 厘米，底径 13 厘米，通高 24 厘米。（图一八五，4）标本 M80：5，盖顶近平，大平底。口径 13.6 厘米，腹径 27.6 厘米，底径 20 厘米，通高 22 厘米。（图一八五，2）标本 M80：6，无盖，小口，方唇，平底。口

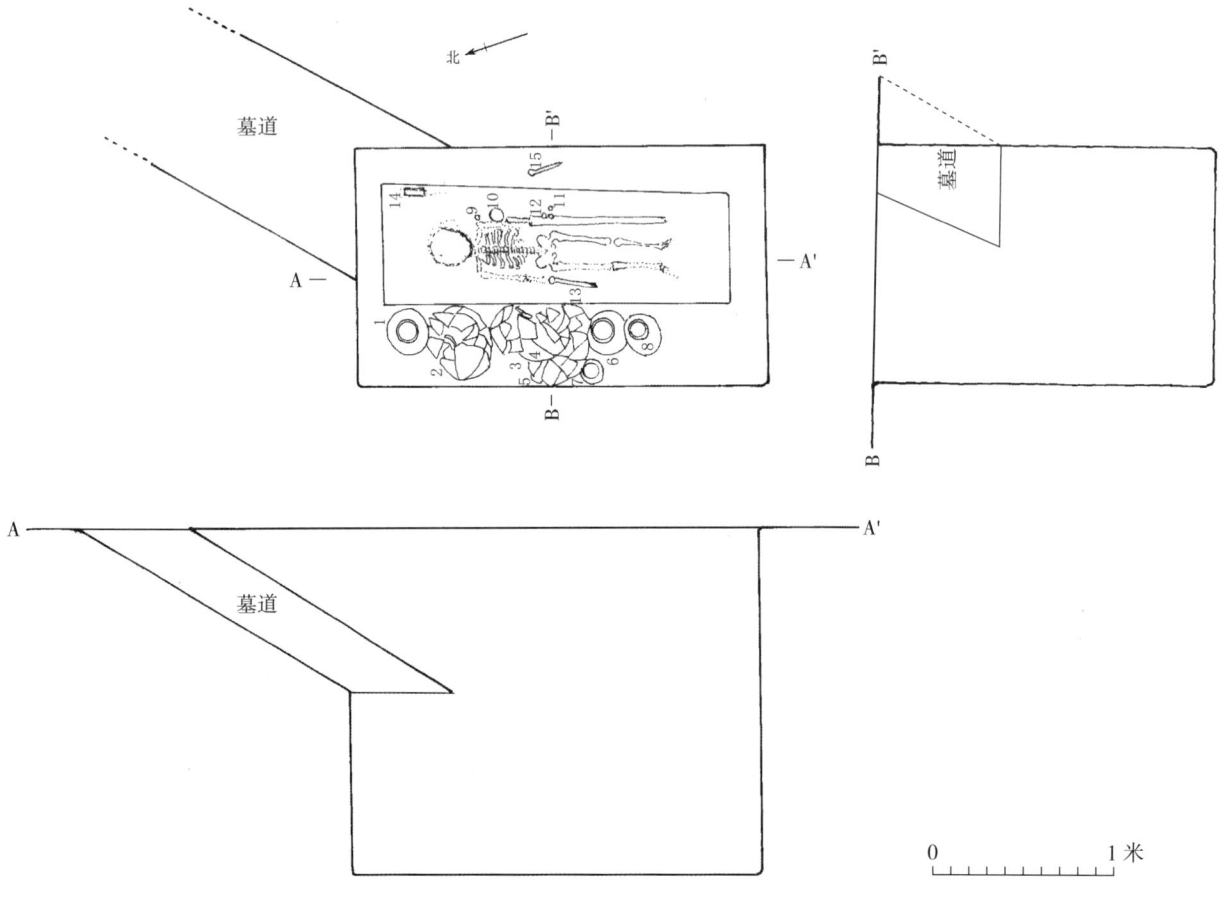

图一八三　M80 平、剖图

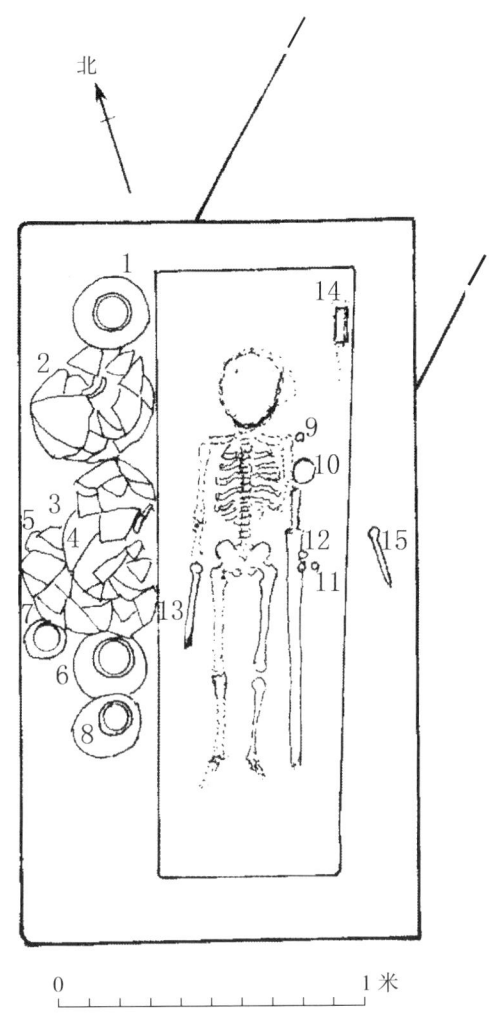

图一八四 M80 随葬品分布图

1~8. 陶罐 9. 铜刷 10. 铜镜 11. 五铢 12. 铁剑 13. 铁环首刀 14. 石砚 15. 铁削

径 11.8 厘米，腹径 25.8 厘米，底径 12.8 厘米，高 21 厘米。（图一八五，7）标本 M80：3，无盖，小口，方唇，平底。口径 11.2 厘米，腹径 25.2 厘米，底径 12 厘米，高 22.5 厘米。（图一八五，5）标本 M80：4，无盖，小口，方唇，平底。肩腹部拍印中绳纹，腹的中部有一周凹弦纹，下腹部饰中绳纹。口径 13 厘米，腹径 29 厘米，底径 16 厘米，高 22 厘米。（图一八五，3）

束颈罐　1 件。标本 M80：7，完整。侈口，方唇，束颈，鼓腹，平底。下腹部用刀削整，状似仰莲。口径 10 厘米，腹径 14 厘米，底径 10 厘米，高 13.6 厘米。（图版一八，3；图一八五，6）

2. 铜器、铜钱　3 件。有镜、刷、五铢等。

镜　1 枚。标本 M80：10，内连弧日光镜。完整。圆形，镜面平直，圆钮，重圈钮座。面径 7.5 厘米，背径 7.4 厘米，钮高 0.5 厘米，钮宽 1 厘米，缘宽 0.6 厘米，缘厚 0.2 厘米，肉厚 0.1 厘米。（图版一八，5；图一八六，1）

刷　1 件。标本 M80：9，鎏金。器呈烟斗状，柄部扁平，柄端有孔，柄后如龙头，并刻有简单纹饰，制作较精致。长 9 厘米，宽 0.8 厘米。

五铢　3 枚。2 整 1 残。标本 M80：11，五铢 2 枚。大小、形制相同，"五"字不同，圆形，正方形穿，正面穿上有一横郭，左右和下部无穿郭，钱边缘有较窄的周郭，穿之背面有周郭，右下角有铸时的熔痕，穿

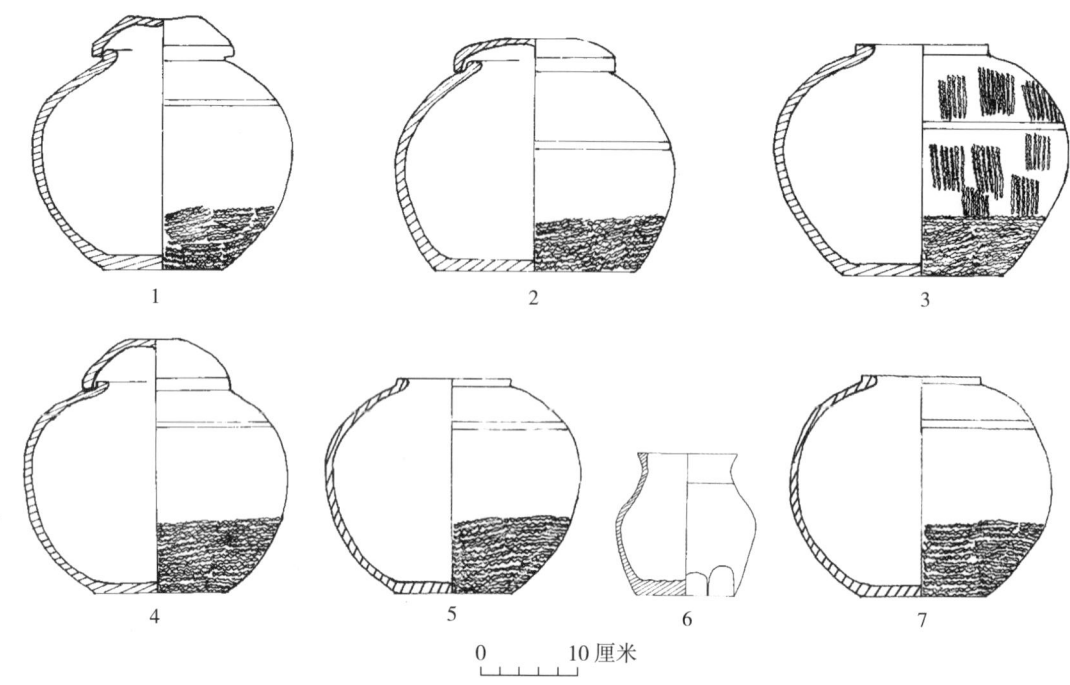

图一八五　M80 出土陶罐

1. 小口圆肩罐（M80∶8）　2. 小口圆肩罐（M80∶5）　3. 小口圆肩罐（M80∶4）　4. 小口圆肩罐（M80∶1）

5. 小口圆肩罐（M80∶3）　6. 束颈罐（M80∶7）　7. 小口圆肩罐（M80∶6）

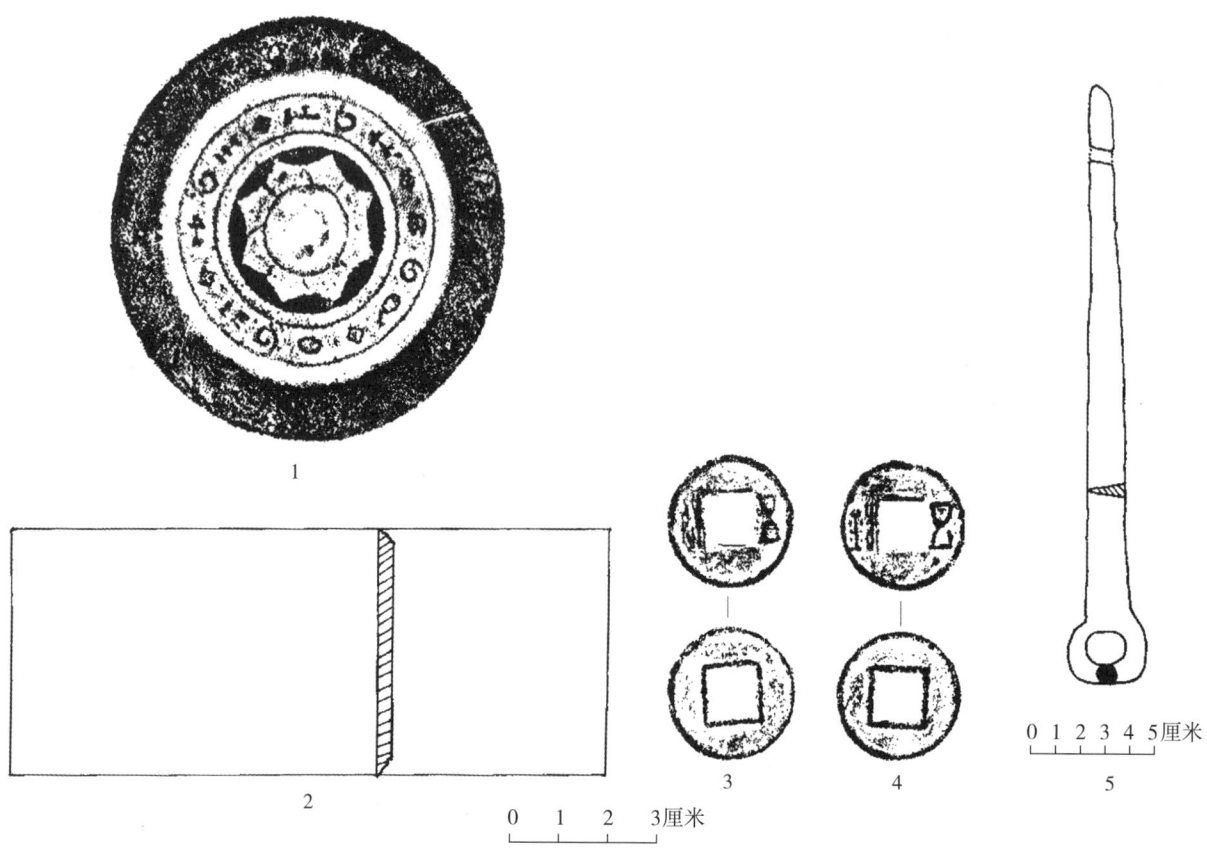

图一八六　M80 出土器物

1. 铜镜（M80∶10）　2. 石砚（M80∶14）　3、4. 五铢（M80∶11-1、M80∶11-2）　5. 铁环首刀（M80∶13）

之正面左右两侧铸有篆书"五铢"二字。标本 M80：11-1，"五"字较窄，上下不对称，钱径 2.5 厘米，郭径 2.5 厘米，郭宽 0.1 厘米，郭厚 0.2 厘米，肉厚 0.1 厘米，穿径 1 厘米；标本 M80：11-2，"五"字呈对顶炮弹形，钱径 2.5 厘米，郭径 2.5 厘米，郭宽 0.1 厘米，郭厚 0.15 厘米，肉厚 0.1 厘米，穿径 1 厘米。（图一八六，3、4）

3. 石器　1 件。

标本 M80：14，石砚，为长方形砂岩，正面研墨，背面有打制痕。长 11.3 厘米，宽 4.4 厘米，厚 0.35 厘米。（图一八六，2）

4. 铁器　3 件。有剑、削、环首刀。已风化。

剑　1 件。标本 M80：12，残。剑身较长，双面刃，剑身有脊，茎已残，茎与剑身交接处有剑镡。锈蚀严重。残长 90 厘米，柄长 12 厘米。

环首刀　1 件。标本 M80：13，残。环状首，刀背较直，刃部也较直，刃末呈弧形，梢部已朽。长 24 厘米。（图一八六，5）

削（书刀）　1 件。标本 M80：15，破。圜首，刀背较直，在刀尖部分上翘成弧形，靠刀刃部分的一侧较宽，刀刃略直，至刀尖部上翘，其刀身有朽木残存痕。长 22 厘米，刃宽 1.6 厘米。

M82 位于淮阳平粮台遗址南部，西距 M83 约 9 米。1980 年 3 月发掘。为斜坡墓道长方形竖穴土坑墓。发掘前墓上的土已被取走部分。墓向 165°。

墓道　位于墓室的南部。墓道长 2.96 米，宽 1.10 米，墓道壁垂直，墓道深 0.25～1.24 米。墓道北端距墓底二层台深 0.96 米。

墓室　墓口为长方形，长 5.25 米，宽 2.20 米。内填黄色五花夯土，逐层填土，逐层夯实，夯土每层厚约 30 厘米，平夯。墓壁垂直，东西壁下有生土二层台，二层台宽 0.44 米，高 0.80 米，距墓口深 2 米。

葬具　墓室后部偏西部置一棺，已腐朽，根据棺灰痕可推知棺长 2.27 米，宽 0.60～0.70 米。

葬式　棺内人骨腐朽殆尽，葬式不清。（图一八七）

随葬品　共 45 件。棺内随葬品有铜刷、铜器、铜镜、玉鼻塞、玉蝉、玉璜、玉昭文带等，棺外的东侧放置有陶壶、陶盘、铜铃、陶奁、陶鼎、陶斗、陶鐎壶、陶卮、陶甑、陶釜、陶勺、陶罐、陶盒、陶双耳罐、铜钱若干，在墓室的南部有铅饰、铜镜、石珠子等。（图一八八）

1. 陶器　29 件。分为泥质黑陶和灰陶，有鼎 2 件、壶 6 件、双耳罐 2 件、盒 2 件、盘 4 件、甑 1 件、釜 1 件、鐎壶 1 件、勺 2 件、卮 2 件、匜 2 件、尊 1 件、罐 1 件及奁 2 件。

鼎　2 件。破。形制相同。标本 M82：16，盖为弧形，顶部有一周凸弦纹。鼎子母口，敛口，弧腹，中腹部有凸弦纹一周，下腹部内收，圜底，蹄足，长方形附耳外侈。口径 22 厘米，腹径 23.2 厘米，耳间距 28 厘米，通高 24 厘米。（图一八九，1）标本 M82：14，盖为弧形，平顶，顶部有一周凸弦纹。鼎子母口，敛口，弧腹，中腹部有凸弦纹一周，下腹部内收，圜底，高蹄足，长方形附耳外侈。口径 18 厘米，腹径 21.7 厘米，耳间距 27 厘米，通高 22.5 厘米。（图版一八，2；图一八九，2）

壶　6 件。破。形制分圈足和假圈足两种，大小有别。

圈足壶　2 件。标本 M82：24，盖顶为弧形，壶子母口，小口微侈，方唇，束颈，圆腹，圜底，圈足外侈。肩部有两个对称的铺首衔环，饰凹弦纹。口径 17 厘米，腹径 33.6 厘米，圈足底径 17 厘米。（图一八九，6）标本 M82：29，无盖，盘口，圆腹，上腹部有铺首衔环，圈足外侈。口径 17.6 厘米，腹径 33.4 厘米，圈

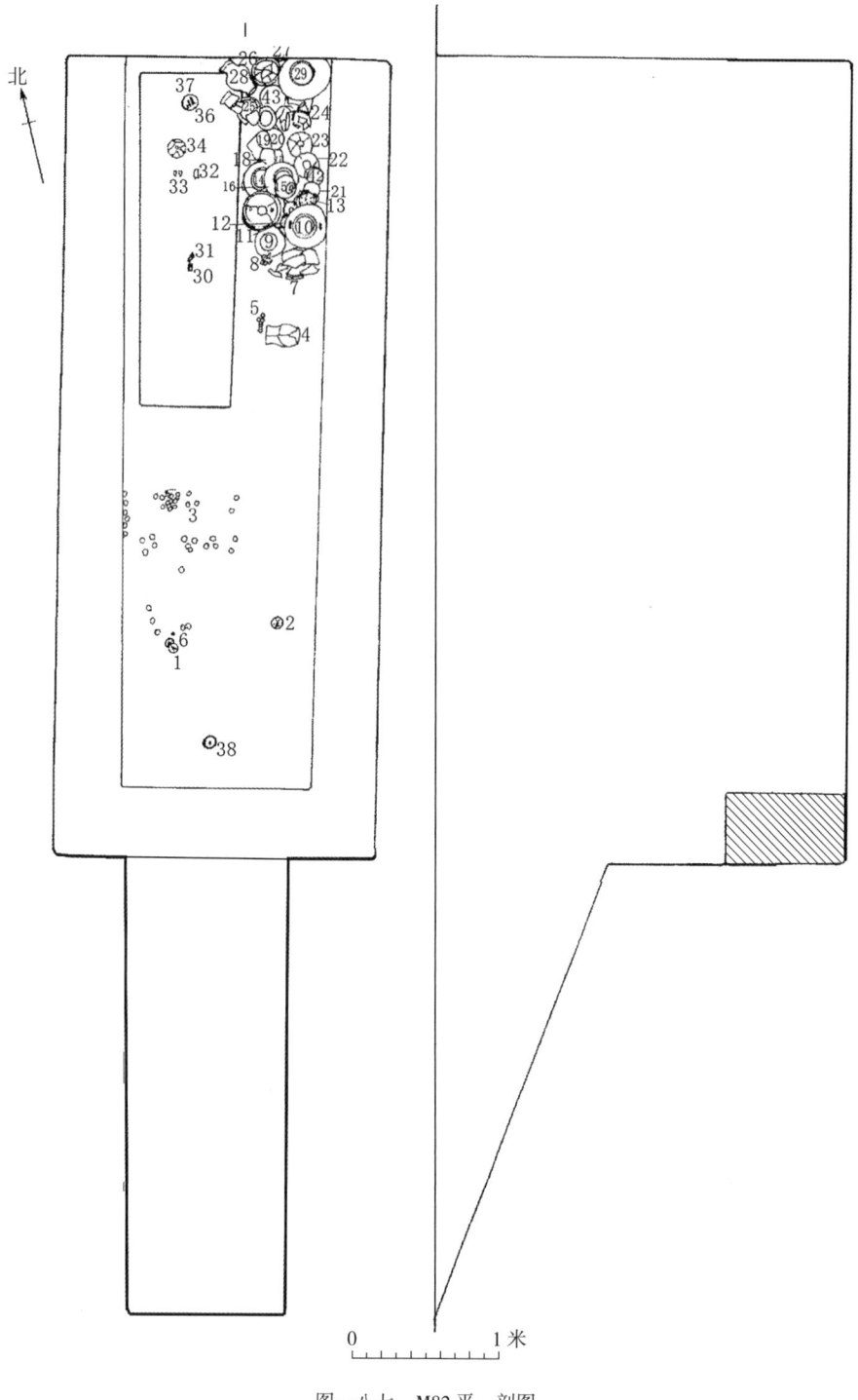

图一八七　M82 平、剖图

足径 18 厘米。（图一八九，8）

假圈足壶　4件。3件有盖，1件无盖。标本 M82 : 25，无盖，直壁，束颈，鼓腹，小平底。上腹部有两周凹弦纹和两个铺首衔环。口径 10.5 厘米，腹径 21.6 厘米，底径 13 厘米。（图一八九，7）标本 M82 : 28，有盖，余与标本 M82 : 25 同。口径 11 厘米，腹径 22 厘米，底径 13.2 厘米，通高 34.4 厘米。（图一八九，3）标本 M82 : 23，弧形盖，盖为方唇，盖顶有一周凸弦纹。小口，方唇，束颈，鼓腹，小平底。腹部有四组凹弦纹。口径 5.5 厘米，腹径 15 厘米，底径 8.5 厘米，通高 22 厘米。（图一八九，5）标本 M82 : 22，口

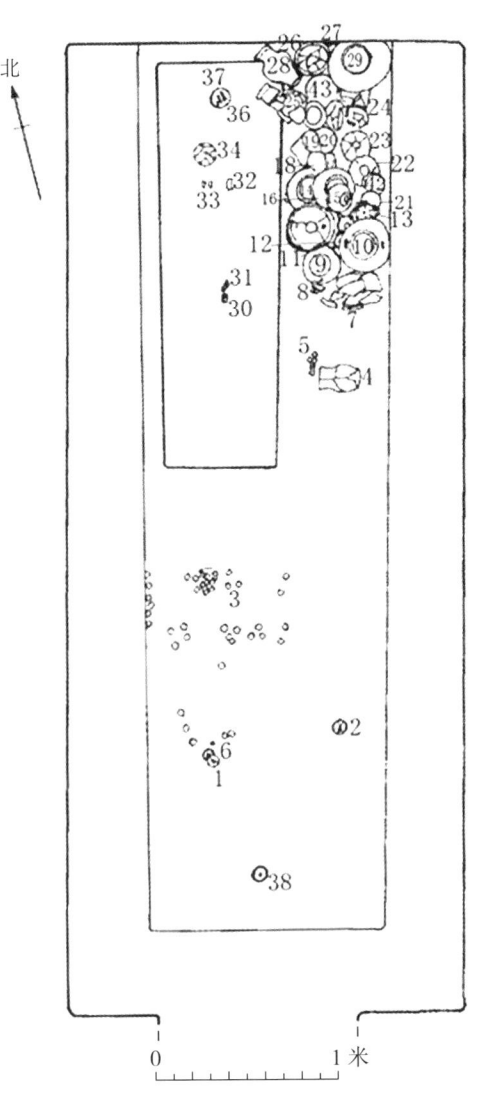

图一八八　M82 随葬品分布图

1、2、34、35、38. 铜镜　3. 铅饰　4. 陶尊　5. 五铢　6. 石珠子　7、10. 陶双耳罐　8. 陶罐　9、43. 陶盒　11、12. 陶勺　13. 陶甑
14、16. 陶鼎　15. 铜鐎壶　17、18. 陶匜　19、20. 陶奁　21、42. 陶卮　22~25、28、29. 陶壶　26、27、39、41. 陶盘
30. 玉昭文带　31. 玉璧　32. 石蝉　33. 玉鼻塞　36、37. 铜刷　40. 铜犬铃　44. 陶鐎壶　45. 陶釜

径 5.5 厘米，腹径 15 厘米，底径 8 厘米，通高 20 厘米。（图一八九，4）

盒　2 件。标本 M82：43，残。泥质灰陶。弧形盖，顶部有一周凸弦纹，子母口，敛口，弧腹，平底。口径 22 厘米，腹径 21.5 厘米，底径 10.3 厘米，通高 18 厘米。（图一九〇，1）标本 M82：9，通高 18 厘米。（图一九〇，2）

卮　2 件。标本 M82：21，破。泥质灰陶。弧形盖，直壁，方唇，子母口，直腹，平底，下附 3 个矮蹄足，上腹部饰 1 个把手。口径 10 厘米，腹径 10 厘米，通高 14 厘米。（图一九〇，5）

釜　1 件。标本 M82：45，破。泥质黑陶。小口，方唇，短颈，鼓腹，平底。腹的中部有一周凸棱，肩部饰两个铺首衔环。口径 7 厘米，腹径 24 厘米，底径 9 厘米，高 15 厘米。（图一九〇，8）

鐎壶　1 件。标本 M82：44，破。泥质灰陶。敛口，短颈，鼓腹，小平底，下附三足，壶嘴似一狗首，两眼圆睁，长方形柄，柄的断面呈长方形。口径 6.4 厘米，腹径 15.6 厘米，底径 9.6 厘米，柄长 8.8 厘米，

高 10.6 厘米。（图一九〇，4）

　　勺　2件。破。形制相同，把不同。泥质灰陶。标本 M82：11，勺的平面呈圆形，平底，勺柄似鸭的头和颈，另一端有弧形把，似鸭尾。口径 10 厘米，底径 4.5 厘米，高 7.2 厘米。（图一九一，1）标本 M82：12，勺的平面呈圆形，侈口，尖唇，平底，勺柄为柱形。口径 9 厘米，底径 5.5 厘米，高 9.6 厘米。（图一九一，2）

　　匜　2件。破。泥质灰陶。形制相同。标本 M82：18，口为圆角梯形，侈口，浅腹，平底，前端有流，流上翘。口径 17~18 厘米，底径 8 厘米，流长 8 厘米，高 10.4 厘米。（图一九一，6）

　　双耳罐　2件。破。形制相同。标本 M82：7，泥质灰陶。侈口，折沿，方唇，束颈，弧肩，鼓腹，平底，肩部有双耳。上腹饰凹弦纹，下腹部饰绳纹。口径 16 厘米，腹径 30 厘米，底径 10 厘米，高 31.5 厘米。（图版一八，6；图一九一，3）

　　尊　1件。标本 M82：4，破。泥质灰陶。侈口，方唇，束颈，小平底。腹部有两周宽凹弦纹，下腹部饰篮纹。口径 13 厘米，腹径 14 厘米，底径 6.5 厘米，高 17.5 厘米。（图版一八，4；图一九一，5）

　　罐　1件。标本 M82：8，破，泥质灰陶。小口，圆唇，鼓腹，平底。口径 8.5 厘米，腹径 14 厘米，底

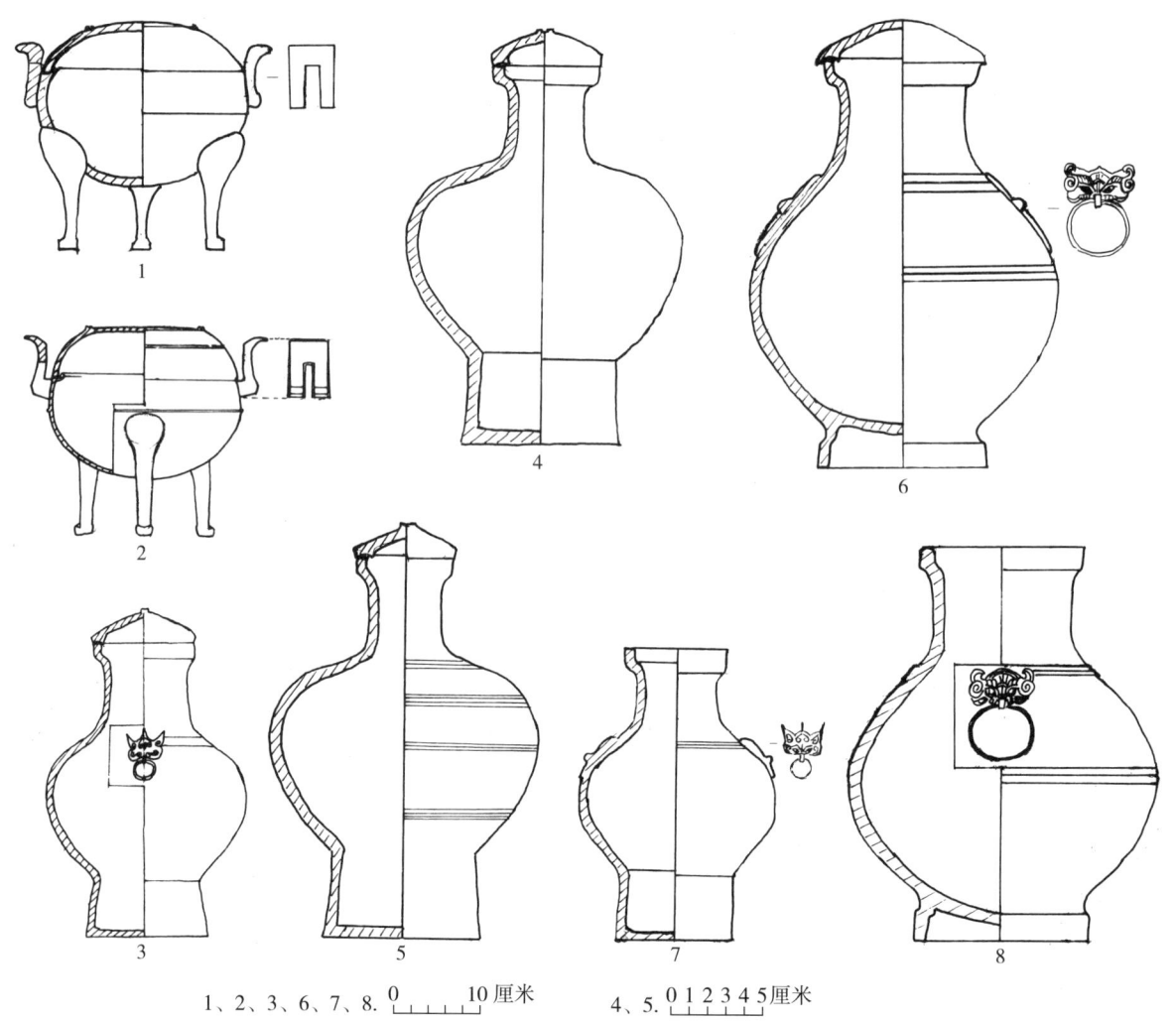

1、2、3、6、7、8. 0 ┗━━┛ 10厘米　　4、5. 0 1 2 3 4 5厘米

图一八九　M82 出土陶器

1、2. 鼎（M82：16、M82：14）　3. 假圈足壶（M82：28）　4. 假圈足壶（M82：22）　5. 假圈足壶（M82：23）

6. 圈足壶（M82：24）　7. 假圈足壶（M82：25）　8. 圈足壶（M82：29）

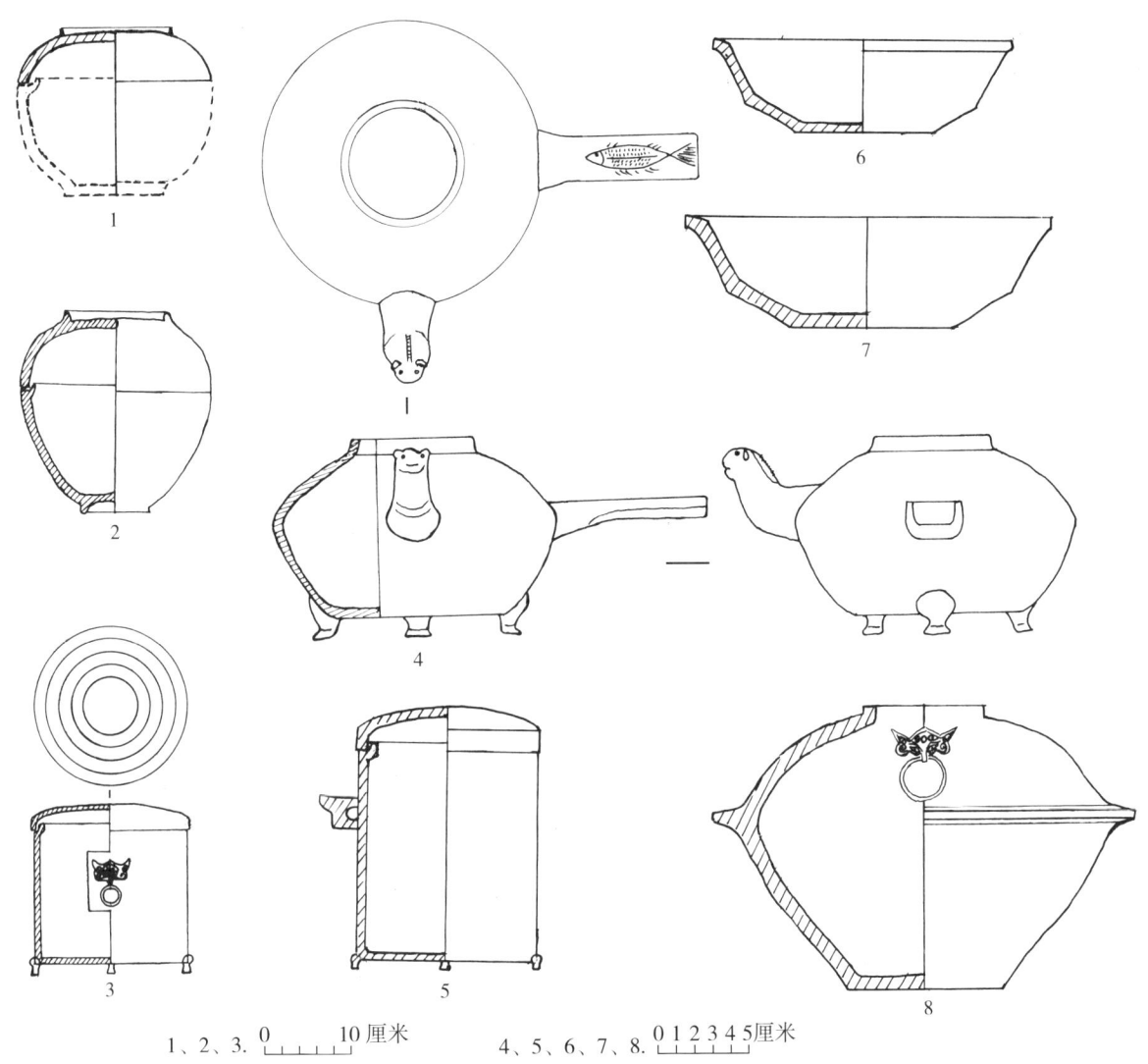

图一九〇　M82 出土陶器

1、2.盒（M82：43、M82：9）　3.奁（M82：20）　4.鐎壶（M82：44）　5.卮（M82：21）

6、7.盘（M82：39、M82：26）　8.釜（M82：45）

径 10 厘米，高 13 厘米。（图一九一，4）

盘　4 件，破。泥质灰陶。形制相同，大小有别。大陶盘 2 件，标本 M82：26，侈口，方唇，折腹，小平底。口径 20 厘米，底径 9 厘米，高 6 厘米。（图一九〇，7）小陶盘 2 件，标本 M82：39，侈口，方唇，折腹，小平底。口径 16.8 厘米，底径 8 厘米，高 5 厘米。（图一九〇，6）

2. 铜器、铜钱　共 10 件，有镜 5 枚、鐎壶 1 件、刷 2 件、犬铃 1 件及五铢等。鐎壶残甚。

镜　5 枚，形制相同。标本 M82：35，连弧纹四乳镜。破。圆形，镜面平直，连峰钮，正中一星，周边八星。钮座外有绹索纹一周，其外有四乳，正中一星，环以七星钮座，乳间绕两排星纹，内排三星，外排四星。再外为一周凸弦纹，再外十六连弧素缘。面径 12.8 厘米，背径 12.6 厘米，钮高 0.8 厘米，钮宽 1.5 厘米，缘宽 1 厘米，缘厚 0.6 厘米，肉厚 0.3 厘米。（图一九二，1）

刷　2 件。1 残 1 整。标本 M82：36，完整，器如烟斗状，柄较长，柄后端横穿一孔，柄部呈锥状，后端略翘。宽 1 厘米。（图一九二，2）标本 M82：37，残长 6 厘米。（图一九二，3）

犬铃 1件。标本 M82：40，残。铃呈圆筒状，上部有铜铃。高2厘米，宽1厘米。（图一九二，4）

五铢 11枚。8整3残。标本 M82：5，圆形，正方形穿，从形制看，可分三式：

Ⅰ式：2枚。钱边缘有周郭，穿之正面上部有周郭，左、右、下部无郭，"五铢"的"五"字呈对顶炮弹头形，背面无郭。标本 M82：5-1，钱径2.5厘米，郭径2.8厘米，郭宽0.15厘米，郭厚0.2厘米，肉厚0.2厘米，穿径0.9厘米。正面穿无郭，背面穿有郭，铸币时上部有1个圆形穿孔。（图一九二，5）

Ⅱ式：5枚。完整。"铢"字棱角分明，金字旁的上部为三角形，"五"字左撇近直，窄郭，有3枚背面无郭。标本 M82：5-2，钱径2.4厘米，郭径2.6厘米，郭宽0.1厘米，郭厚0.2厘米，肉厚0.1厘米，穿径

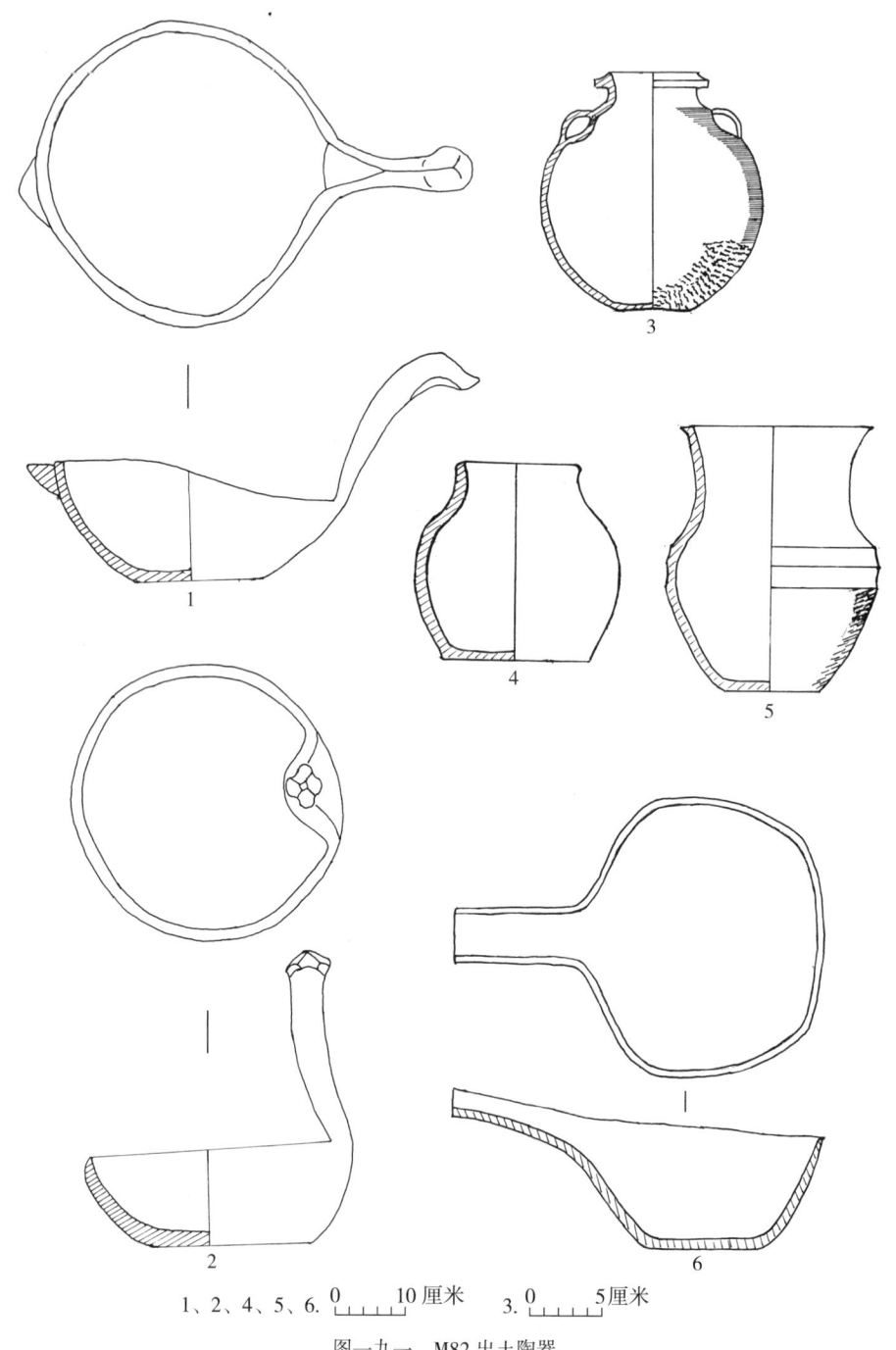

1、2、4、5、6. 0 ⊢⊢⊢⊢⊢⊢10厘米 3. 0 ⊢⊢⊢⊢5厘米

图一九一 M82 出土陶器

1、2. 勺（M82：11、M82：12）3. 双耳罐（M82：7）4. 罐（M82：8）5. 尊（M82：4）6. 匜（M82：18）

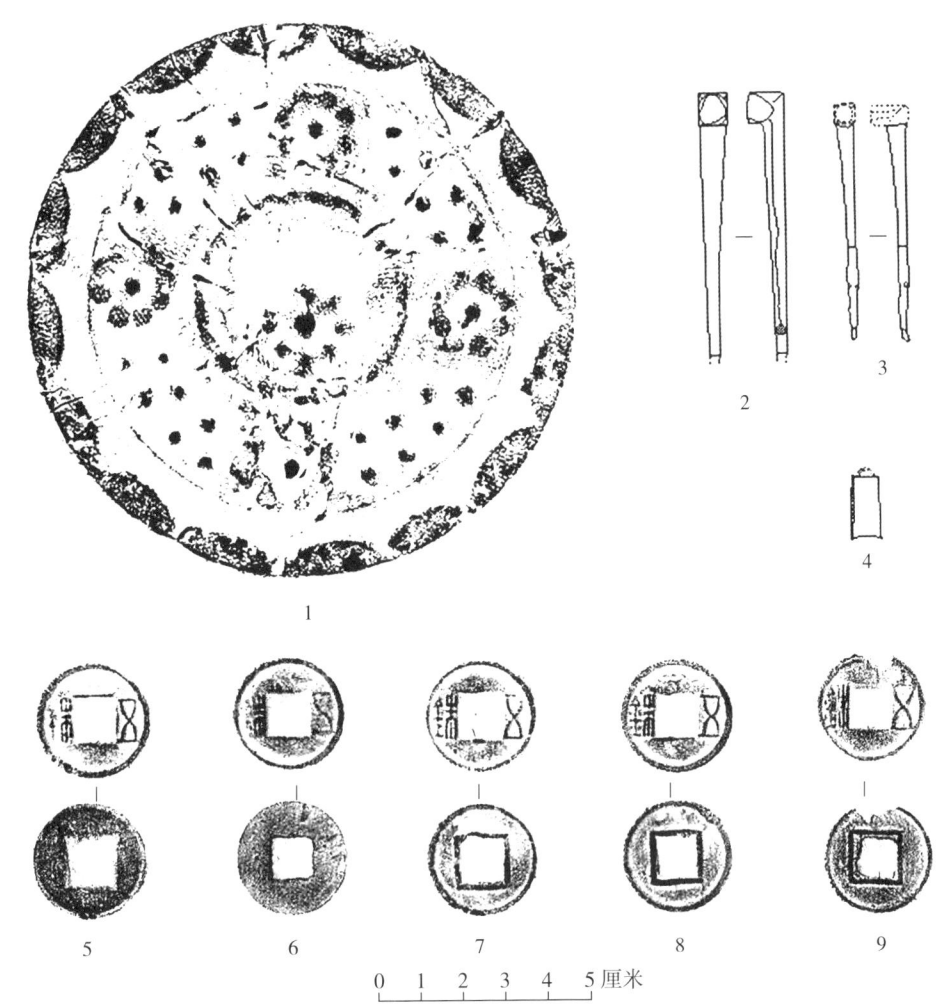

图一九二 M82 出土铜器、铜钱

1. 镜（M82：35） 2、3. 刷（M82：36、M82：37） 4. 犬铃（M82：40） 5. Ⅰ式五铢（M82：5-1）

6. Ⅱ式五铢（M82：5-2） 7~9. Ⅲ式五铢（M82：5-3、M82：5-4、M82：5-5）

0.9 厘米。（图一九二，6）

Ⅲ式：4 枚。部分残，郭极窄，字迹不明，正背面有郭。标本 M82：5-3，钱径 2.4 厘米，郭径 2.6 厘米，郭宽 0.05 厘米，郭厚 0.1 厘米，肉厚 0.1 厘米，穿径 0.9 厘米。（图一九二，7）标本 M82：5-4，郭径 2.6 厘米，穿径 0.9 厘米。（图一九二，8）标本 M82：5-5，钱径 2.45 厘米，郭径 2.65 厘米，郭宽 0.1 厘米，郭厚 0.15 厘米，肉厚 0.1 厘米，穿径 0.9 厘米。（图一九二，9）

3. 玉石器 5 件。有玉昭文带、玉璧、石蝉、玉鼻塞及石珠子。

玉昭文带 1 件。标本 M82：30，残。青白玉。平面呈长方形，顶两面出檐，一端有长方形穿孔，底面平直，有边缘。表面雕有卷云纹。残长 9.3 厘米，宽 2.3 厘米，高 1.3 厘米。（图一九三，1）

玉璧 1 件。标本 M82：31，残。青白玉。素面。径 9 厘米。

石蝉 1 件。标本 M82：32，完整。大理石。白色，风化严重。轮廓清楚，有眼、翼。长 5.4 厘米，宽 3.3 厘米，厚 0.7 厘米。（图一九三，3）

玉鼻塞 1 件。标本 M82：33，残。长 1.1 厘米，直径 0.6~0.7 厘米。（图一九三，2）

石珠子 1 件。标本 M82：6，完整。圆柱状。石质呈肉色。直径 8.3 厘米，穿孔径 4 厘米。

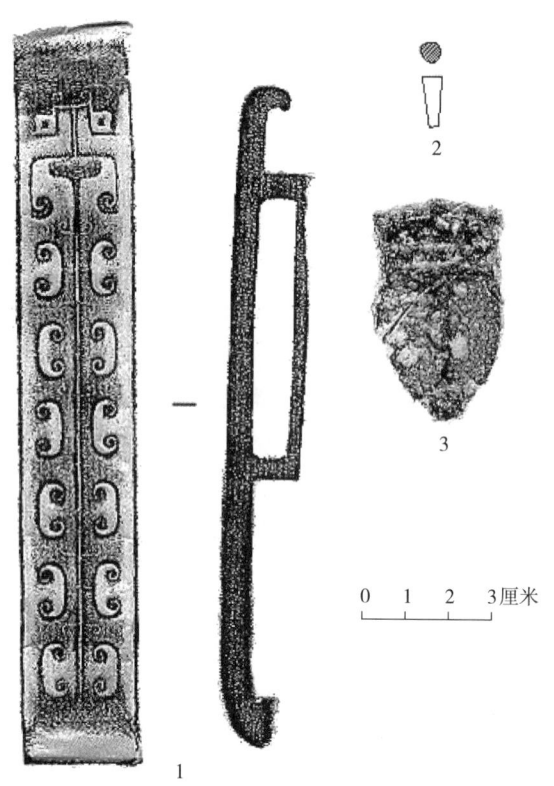

图一九三　M82 出土玉器、石器
1. 玉昭文带（M82∶30）　2. 玉鼻塞（M82∶33）　3. 石蝉（M82∶32）

M83 位于淮阳平粮台遗址南部，东距 M82 约 9 米。1980 年 4 月发掘。为斜坡墓道长方形竖穴土坑墓。发掘前墓上的土已被取走部分。墓向 170°。

墓道　位于墓室的南部。墓道北宽南窄，长 3.96 米，宽 0.76~1 米。墓道壁垂直，墓道深 0~1.22 米。墓道底距墓室二层台 0.78 米。二层台已遭破坏，长度不知，宽 1.80 米。

墓室　墓口为长方形，墓壁垂直，平底。长 3.44 米，宽 1.70 米。墓内填黄色五花土，逐层填土，逐层夯实，平夯，每层厚约 30 厘米。墓的北部有熟土二层台，宽 0.20 米，高 0.80 米。墓室分前后两部分，后部高于前部 0.80 米。后部底长与墓口长同，距墓底 1.10 米，距墓口 1.22 米。南台宽 0.32 米。

葬具　墓室后部偏西部置一棺，已腐朽，根据棺灰痕可推知棺长 1.90 米，宽 0.44 米。

葬式　棺内人骨腐朽殆尽，葬式不清。（图一九四）

随葬品　共 10 件。有陶罐和铜镜、铜刷、铜盖弓帽、五铢。

1. 陶器　6 件。均为罐。分双耳罐和平底罐两种。

双耳罐　3 件。破。形制相同。泥质灰陶。侈口，折沿，方唇，束颈，弧肩，鼓腹，圜底，肩部有双耳。标本 M83∶8，上腹部饰密集的弦纹，下腹部及底部饰绳纹。口径 12 厘米，腹径 28.5 厘米，高 31 厘米。（图一九五，1）标本 M83∶10，上腹部饰弦纹，中腹部饰划纹，下腹部和底部饰绳纹。口径 11.5 厘米，腹径 27.5 厘米，高 29 厘米。（图版一八，7；图一九五，3）

平底罐　3 件。小口。圆唇短颈，圆肩，腹微鼓，平底。标本 M83∶9，口径 9 厘米，腹径 16 厘米，底径 10 厘米，通高 13.5 厘米。（图一九五，2）

2. 铜器、铜钱　4 件（套）。有镜、刷、五铢、盖弓帽等。

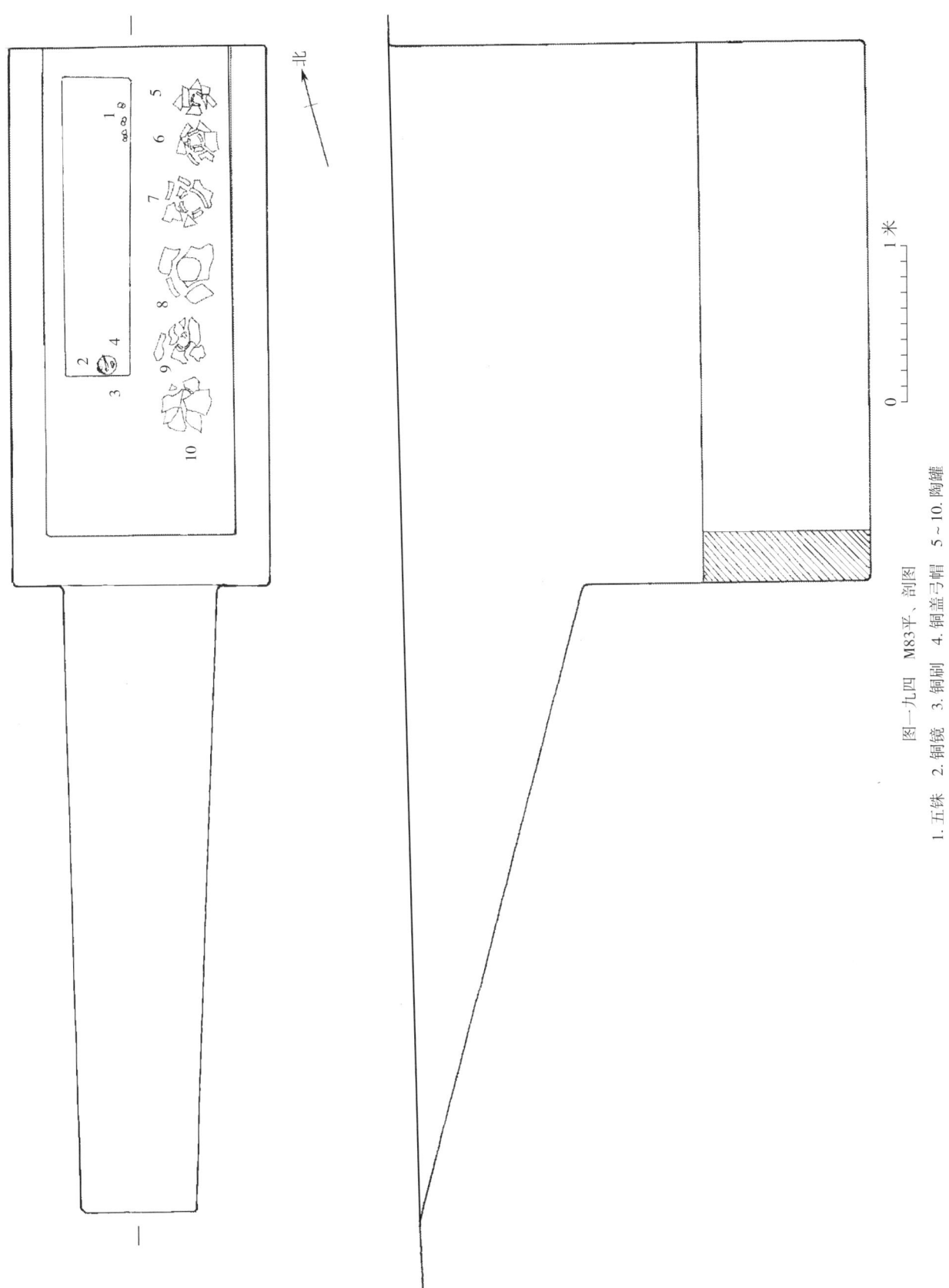

图一九四　M83平、剖图

1. 五铢　2. 铜镜　3. 铜削　4. 铜盖弓帽　5～10. 陶罐

重圈铭带镜　1枚。标本M83：2，完整，圆形，镜面微弧，圆钮，重圈钮座，钮座周围有十二连珠，其外有两周凸弦纹，其间有铭文"见日之光长毋相忘"，内圈铭文每字间有"の"形符号相隔，再外又有两周凸弦纹，其间有铭文"内清质昭明光辉象天夫日月心忽天明忠雍塞而不泄"，宽平素缘。面径12.8厘米，背径12.6厘米，钮高0.8厘米，钮径1.5厘米，缘宽1厘米，缘厚0.6厘米，肉厚0.3厘米。（图一九六，1）

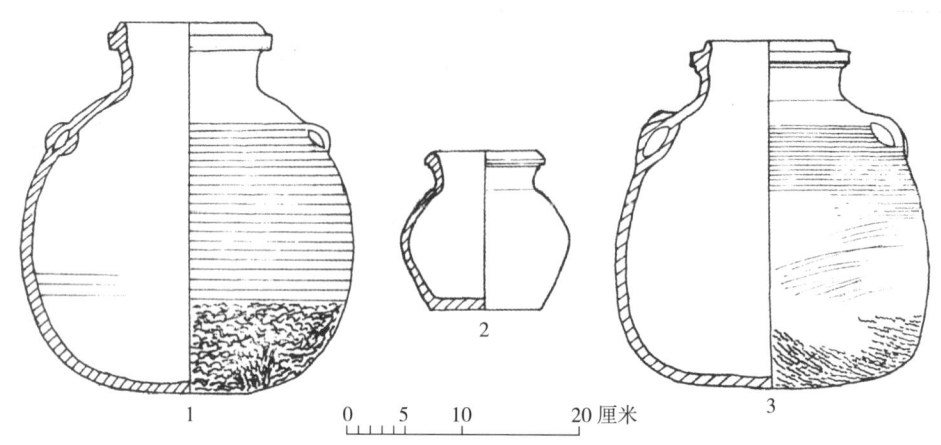

图一九五　M83出土陶罐

1. 双耳罐（M83：8）　2. 平底罐（M83：9）　3. 双耳罐（M83：10）

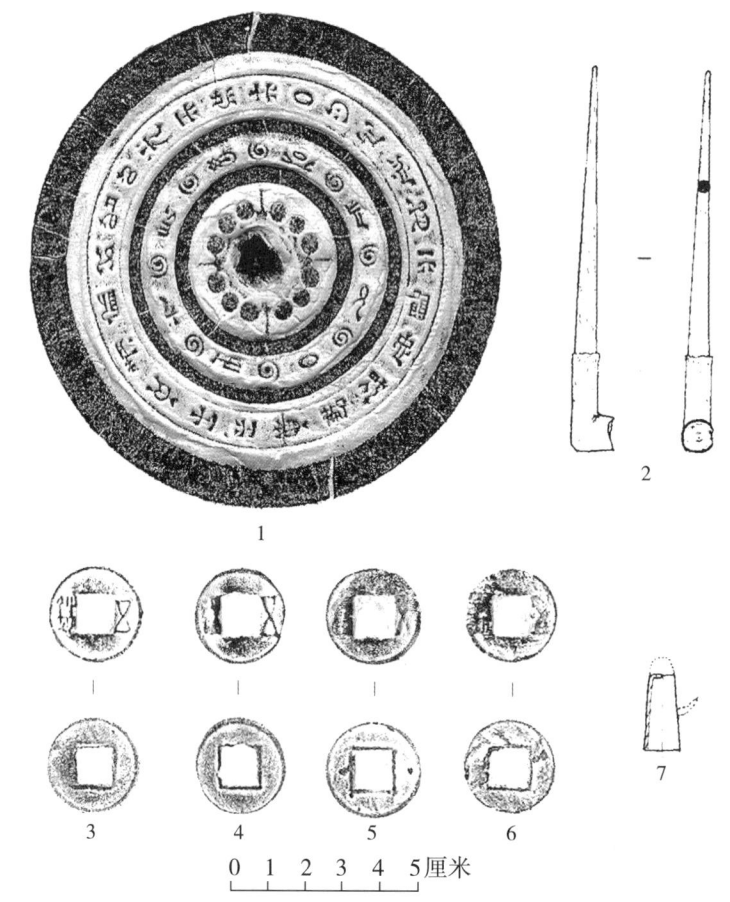

图一九六　M83出土铜器、铜钱

1. 镜（M83：2）　2. 刷（M83：3）　3. Ⅰ型五铢（M83：1-1）　4. Ⅰ型五铢（M83：1-2）　5. Ⅱ型五铢（M83：1-3）

6. Ⅲ型五铢（M83：1-4）　7. 盖弓帽（M83：4）

五铢　10枚。完整，从形制看，分三型。

Ⅰ型：7枚。圆形，正方形穿，钱边缘有窄周郭，穿之背面有浅周郭，穿之正面左右两侧铸有篆书"五铢"二字，"五"字左撇近直，"铢"字金字旁的上部呈三角形。穿下有郭。标本M83：1-1、M83：1-2，钱径2.4厘米，郭径2.6厘米，郭宽0.1厘米，郭厚0.15厘米，肉厚0.1厘米，穿径1厘米。（图一九六，3、4）

Ⅱ型：2枚。字模糊，"五"字左撇近直，郭较窄，穿无郭，背面近平，仅显线细的郭和穿郭。标本M83：1-3，钱径2.4厘米，郭径2.5厘米，郭宽0.05厘米，郭厚0.1厘米，肉厚0.1厘米，穿径1厘米。（图一九六，5）

Ⅲ型：1枚。字迹不明，正背面的郭、穿边框明显，郭边窄，穿边明显。标本M83：1-4，钱径2.5厘米，郭厚0.1厘米，肉厚0.1厘米，穿径1厘米。（图一九六，6）

刷　1件。标本M83：3，破。鎏金。状如烟斗，斗呈圆形，柄的断面为圆形，中空。斗径0.9厘米，高1.1厘米，柄径0.3厘米，长9.9厘米。（图一九六，2）

盖弓帽　1件。标本M83：4，残。圆顶，体呈筒状，口细下稍粗，体上有钩。口径1厘米，长2.4厘米，钩长0.6厘米。（图一九六，7）

M87位于淮阳平粮台遗址的西南部，西北距M86约8米。1980年5月发掘。为斜坡墓道长方形竖穴土坑墓。发掘前墓上的土已被取走部分。墓向200°。

墓道　位于墓室的南部偏西。已破坏。墓道底最深距墓口1米，距墓底1.30米。

墓室　墓口为长方形，长4米，宽1.83米。墓内填黄色五花土，逐层填土，逐层夯实，每层厚约30厘米，平夯。墓壁垂直，平底。

葬具　墓室后西部置棺一具，已腐朽殆尽，根据棺灰痕可推知棺长2.58米，宽0.90米。

葬式　棺内人骨腐朽殆尽，葬式不清。据随葬品放置的位置，推知头向北，面向不知。（图一九七）

随葬品　共23件。陶器有鼎、壶、鐎壶、罐、瓿、奁、卮、鐎斗等，铜器、铜钱有镜、刷、五铢，玉器有玛瑙狮子、管、珠。

1.陶器　16件。有鼎、壶、鐎壶、罐、瓿、灶、井、奁、卮、鐎斗、勺、耳杯、盘。

鼎　1件。标本M87：13，破。泥质灰陶。无盖，子母口，敛口，方唇，折腹，中腹部有凸弦纹一周，下腹部内收，平底，蹄足，长方形附耳外侈。口径19厘米，腹径21.5厘米，底径12厘米，耳间宽24厘米，高20厘米。（图一九八，1）

壶　2件。完整。泥质灰陶。形制相同，无盖，盘口，方唇，束颈，鼓腹，假圈足外侈，平底。标本M87：9，口径9厘米，腹径21.5厘米，底径10.5厘米，高29厘米。（图一九八，7）标本M87：18，上腹部有三组弦纹，并有模印的铺首，中腹部有两周凹弦纹。口径8.5厘米，腹径19厘米，底径12厘米，高30厘米。（图一九八，10）

罐　3件。破。泥质灰陶。形制相近，大小不同。小口，方唇，矮颈，圆腹。标本M87：10，平底。口径7.2厘米，腹径13.5厘米，底径8.5厘米，高10厘米。（图一九八，8）标本M87：8，圆肩，鼓腹，平底内凹，上腹部饰弦纹。口径12厘米，腹径24厘米，底径15.5厘米，高19厘米。（图一九八，6）标本M87：11，平底。上腹部饰两周凹弦纹，下腹部饰绳纹。口径13.5厘米，腹径27.5厘米，底径12厘米，高24厘米。（图一九八，4）

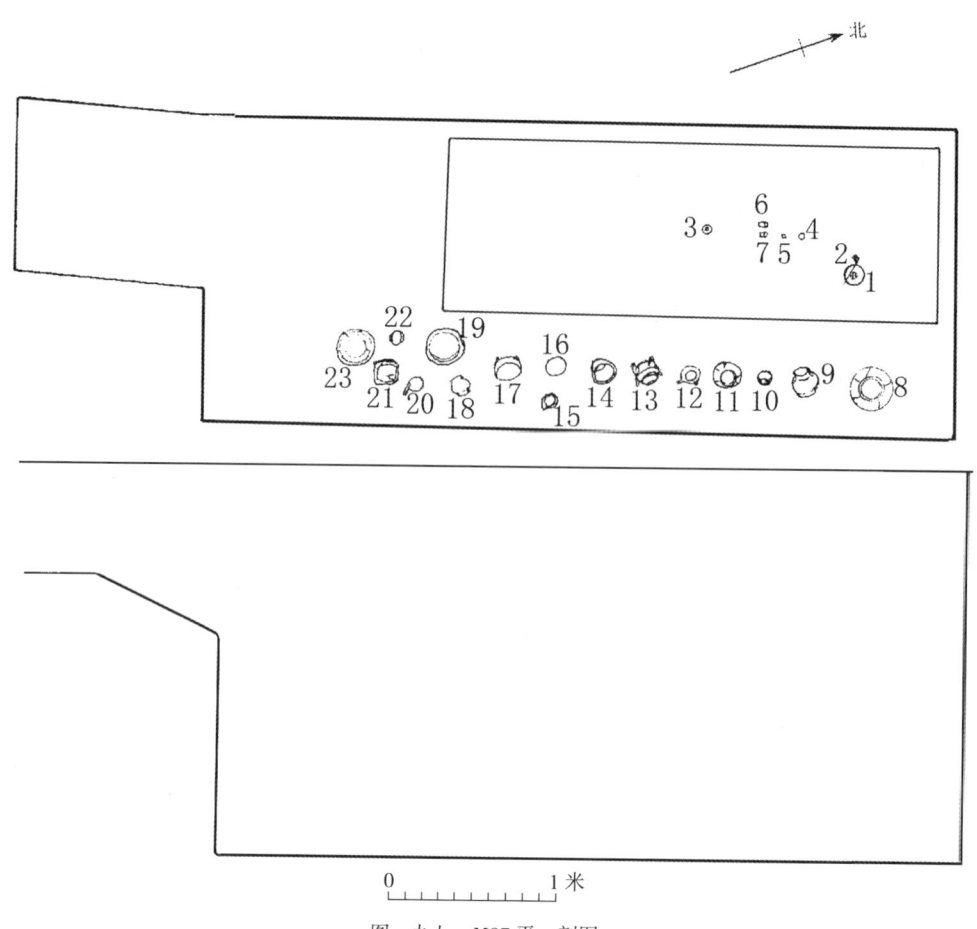

图一九七　M87平、剖图

1. 铜镜　2. 铜刷　3. 五铢　4. 玛瑙狮子　5. 玛瑙珠　6、7. 玛瑙管　8、10、11. 陶罐　9、18. 陶壶　12. 陶鐎壶　13. 陶鼎

14. 陶甑　15. 陶卮　16. 陶鐎斗　17. 陶奁　19. 陶勺　20. 陶井　21. 陶灶　22. 陶耳杯　23. 陶盘

　　甑　1件。标本M87：14，破。泥质灰陶。敞口，折沿，方唇，斜腹，小平底，底部有9个圆形甑孔，正中1个，周边8个。口径17厘米，底径7厘米，高6.5厘米。（图一九八，9）

　　灶　1件。标本M87：21，完整。泥质灰陶。平面呈圆形，有孔，灶前有一个半圆形烧柴孔。孔径13.6厘米，灶体径19厘米，高5厘米。（彩版四八，1；图一九八，3）

　　井　1件。标本M87：20，泥质灰陶。平面呈圆形，中有可以放置水桶的圆孔。口径5.5厘米，腹径7.5厘米，底径6.5厘米，高6厘米。（图一九八，5）

　　盘　1件。标本M87：23，破。泥质灰陶。侈口，折沿，方唇，斜直壁，折腹，平底。口径22.5厘米，腹径20厘米，底径10厘米，高5.5厘米。（图一九八，2）

　　鐎壶　1件。标本M87：12，破。泥质灰陶。敛口，圆唇，短颈，鼓腹，圜底，壶嘴似一狗头，两眼圆睁，长柄，柄的断面呈方形，柄端呈"凸"字形。口径6.5厘米，腹径14.5厘米，底径8厘米，柄长8.4厘米，高11厘米。（彩版四八，2；图一九九，1）

　　奁　1件。标本M87：17，完整。盖似笠状，盖顶上有桥形钮，并有两组凹弦纹。直口微敛，直筒状腹，饰弦纹，平底，腹部饰2个铺首，下附3个矮蹄足。底径15.5厘米。（彩版四八，4；图一九九，6）

　　卮　1件。标本M87：15，完整。泥质灰陶。有盖，平顶，直壁，方唇。卮为子母口，筒腹，腹部有三角形鋬，平底。口径9厘米，底径10.5厘米，通高14厘米。（彩版四八，5；图一九九，3）

图一九八 M87 出土陶器

1. 鼎（M87：13） 2. 盘（M87：23） 3. 灶（M87：21） 4、6、8. 罐（M87：11、M87：8、M87：10） 5. 井（M87：20）

7、10. 壶（M87：9、M87：18） 9. 甑（M87：14）

　　鐎斗　1件。标本 M87：16，完整。泥质灰陶。斗为圆形，侈口，圆唇，弧壁，平底，一侧有昂首的兽首。口径16厘米，高8厘米，兽首形柄长8厘米。（彩版四八，3；图一九九，4）

　　勺　1件。标本 M87：19，残。泥质灰陶。平面呈椭圆形，平底，底部模印叶纹，勺柄上翘，断面为圆形。口径8厘米，底径2.5厘米，高3厘米。（图一九九，5）

　　耳杯　1件。标本 M87：22，破。泥质灰陶。杯口呈椭圆形，有双耳，耳微侈，椭圆形底。口径11~15厘米，底径5~10.5厘米，高3.3厘米。（图一九九，2）

　　2. 铜器、铜钱　有镜、刷以及五铢。

　　镜　1枚。标本 M87：1，内连弧昭明镜。破。圆形，镜面微弧，圆钮，重圈钮座，其外为八内连弧，再外为两周斜平行线纹，其间小篆铭文"内清质以昭明夫日月□心忽而不泄□"，部分铭文不清，再外为缘郭。面径12.1厘米，背径11.9厘米，钮高0.8厘米，钮宽1.6厘米，缘宽0.3厘米，缘厚0.6厘米，肉厚0.2厘米。（图二〇〇，1）

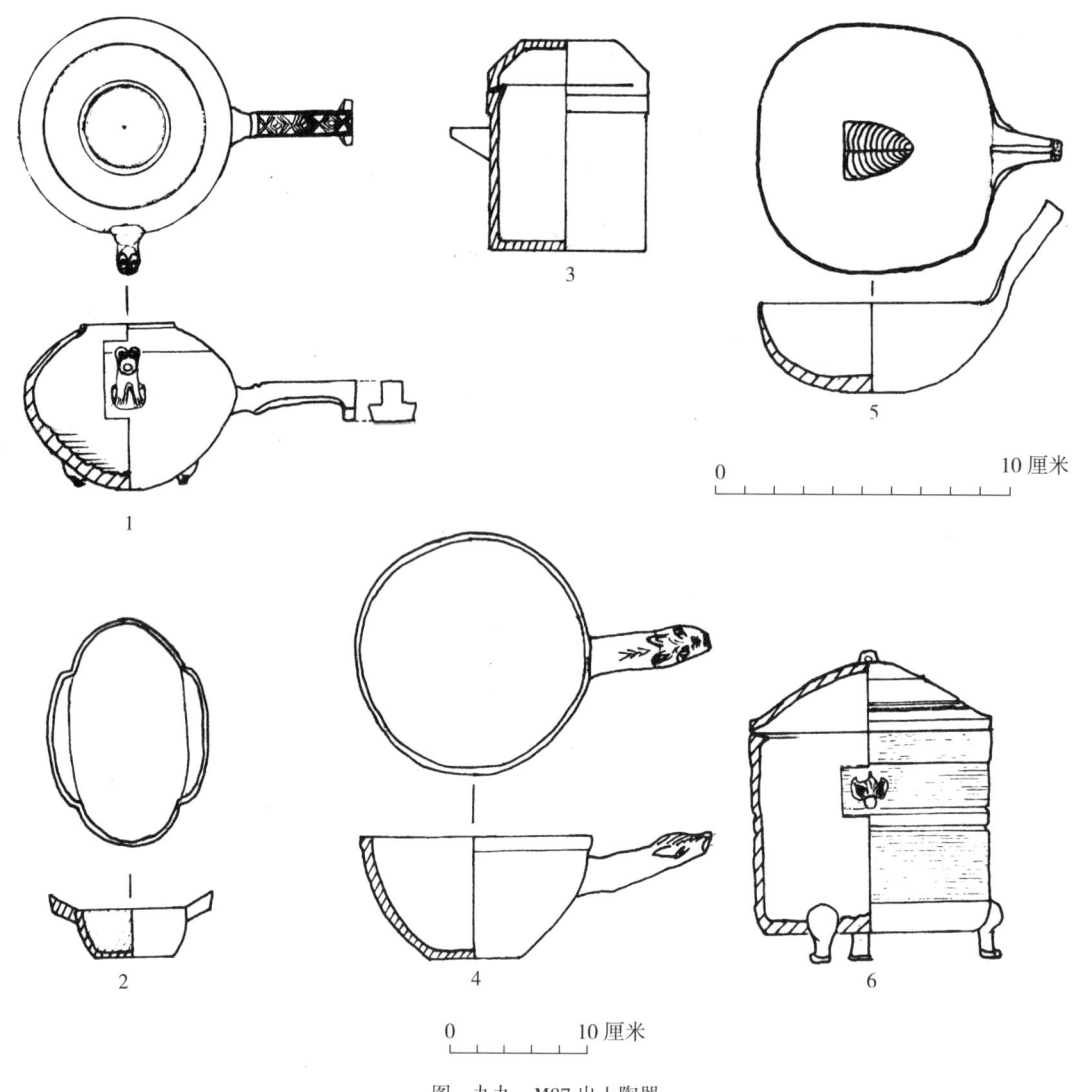

图一九九　M87 出土陶器

1.鐎壶（M87：12）　2.耳杯（M87：22）　3.厄（M87：15）　4.鐎斗（M87：16）　5.勺（M87：19）　6.奁（M87：17）

刷　1件。标本 M87：2，残。状如烟斗，斗为方形，斗孔圆形，柄呈锥状，柄的断面为圆形，中空。斗径 1 厘米，高 1.1 厘米，柄径 0.3 厘米，残长 9.3 厘米。（图二〇〇，2）

五铢　9枚。完整。从形制看，分三型。

Ⅰ型：5枚。"铢"字棱角分明，金字旁的上部为三角形，正面穿无郭，背面边郭线细。标本 M87：3-1，钱径 2.4 厘米，郭径 2.6 厘米，郭宽 0.1 厘米，郭厚 0.2 厘米，肉厚 0.1 厘米，穿径 0.9 厘米。（图二〇〇，3）

Ⅱ型：2枚。圆形，正方形穿，钱边缘有斜边周郭，穿下有半月形边框，穿之背面有周郭，穿之正面左右两侧铸有篆书"五铢"二字，"五"字呈对顶炮弹形，"铢"字金字旁的上部呈三角形。标本 M87：3-2，钱径 2.4 厘米，郭径 2.6 厘米，郭宽 0.1 厘米，郭厚 0.2 厘米，肉厚 0.1 厘米，穿径 1 厘米。（图二〇〇，4）

Ⅲ型：2枚。郭浅，字迹不明，正面有郭，穿无边框，背面外郭错位，穿郭清晰，无郭背。标本 M87：3-3，钱径 2.6 厘米，郭厚 0.1 厘米，肉厚 0.1 厘米，穿径 0.9 厘米。（图二〇〇，5）

3. 玉石器　4件。均为玛瑙器，有狮子、管、珠。

　　狮子　1件。标本M87：4，完整。紫红色，圆雕，昂首，张口，卧状，尾向前卷。长3厘米，宽1.5厘米，高1.5厘米。（彩版四九，1；图二〇一，1）

　　管　2件。完整。平面为圆形，两端窄中间宽，中有圆形穿孔。标本M87：6，紫红色玛瑙。孔径0.2厘米，两端径0.4厘米，腰径0.8厘米，长2厘米。（彩版四九，3；图二〇一，3）标本M87：7，紫红褐色玛瑙。中间有一条白线。孔径0.2厘米，两端径0.4厘米，腰径0.6厘米，长2.7厘米。（彩版四九，2；图二〇一，2）

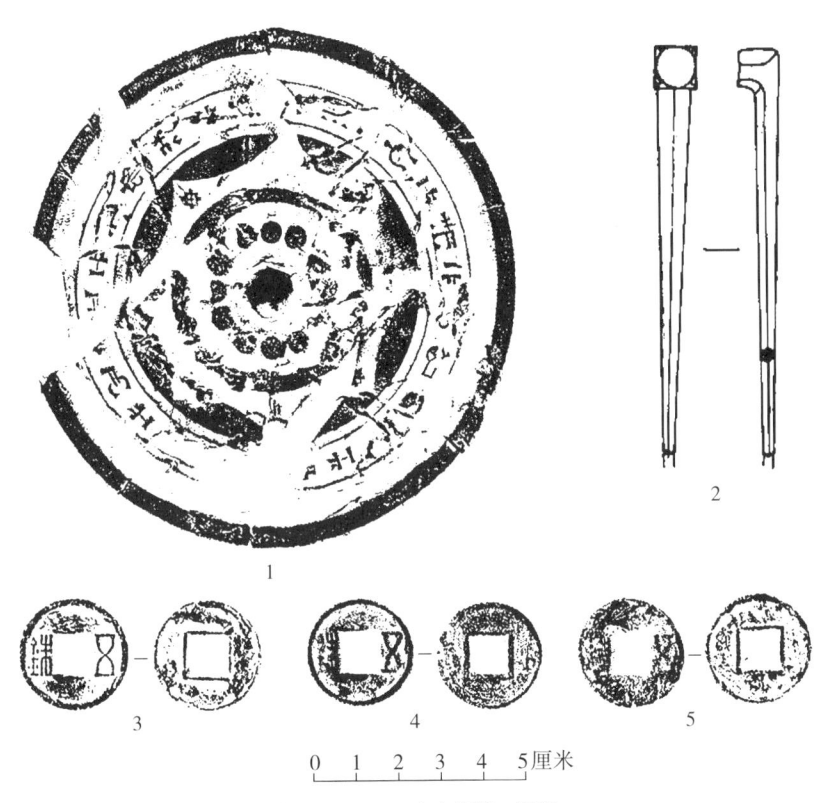

图二〇〇　M87出土铜器、铜钱

1.镜（M87：1）2.刷（M87：2）3.Ⅰ型五铢（M87：3-1）4.Ⅱ型五铢（M87：3-2）5.Ⅲ型五铢（M87：3-3）

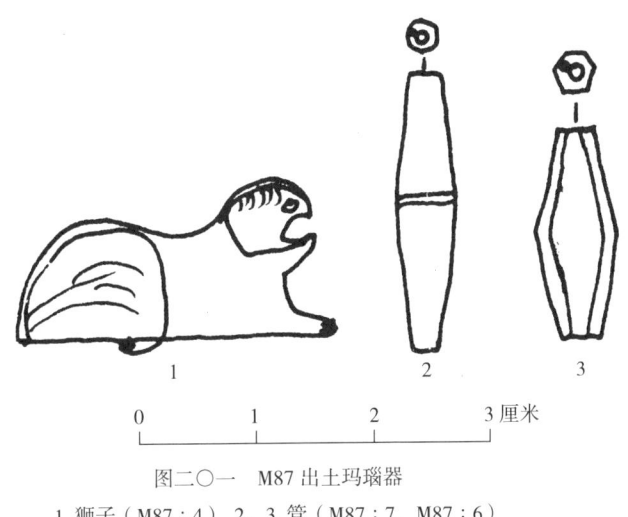

图二〇一　M87出土玛瑙器

1.狮子（M87：4）2、3.管（M87：7、M87：6）

M93 位于淮阳平粮台遗址的西部正中，西南距 M87 约 25 米。1979 年 7 月发掘。为斜坡墓道长方形竖穴土坑墓。发掘前墓上的土已被取走部分。墓向 170°。

墓道　位于墓室的南部，已被破坏，原长不知，宽 1.80 米。

墓室　墓口为长方形，长 5.25 米，宽 2.78～2.93 米。墓内填黄色五花夯土，逐层填土，逐层夯实，每层厚约 30 厘米，平夯。墓壁垂直，平底。墓室分前后两部分，后半部高于前半部 0.80 米，北端有熟土二层台，宽 0.20 米，长同墓宽，高 0.80 米。后部墓底宽与墓口相同。

葬具　棺置于墓室后半部中部偏东，根据棺灰痕可推知棺长 2.44 米，宽 0.86 米。

葬式　棺内人骨腐朽殆尽，据其痕迹推测为仰身直肢葬，头向北，面向不知。（图二〇二）

随葬品　共 70 件。陶器有鼎、盒、壶、瓿、釜、奁、瓮、镶壶、耳杯、勺、盆、卮、匜等，铜器有镜、

北 ←

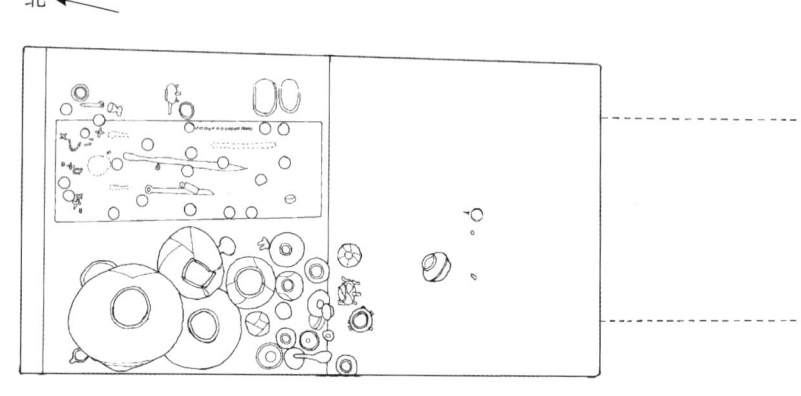

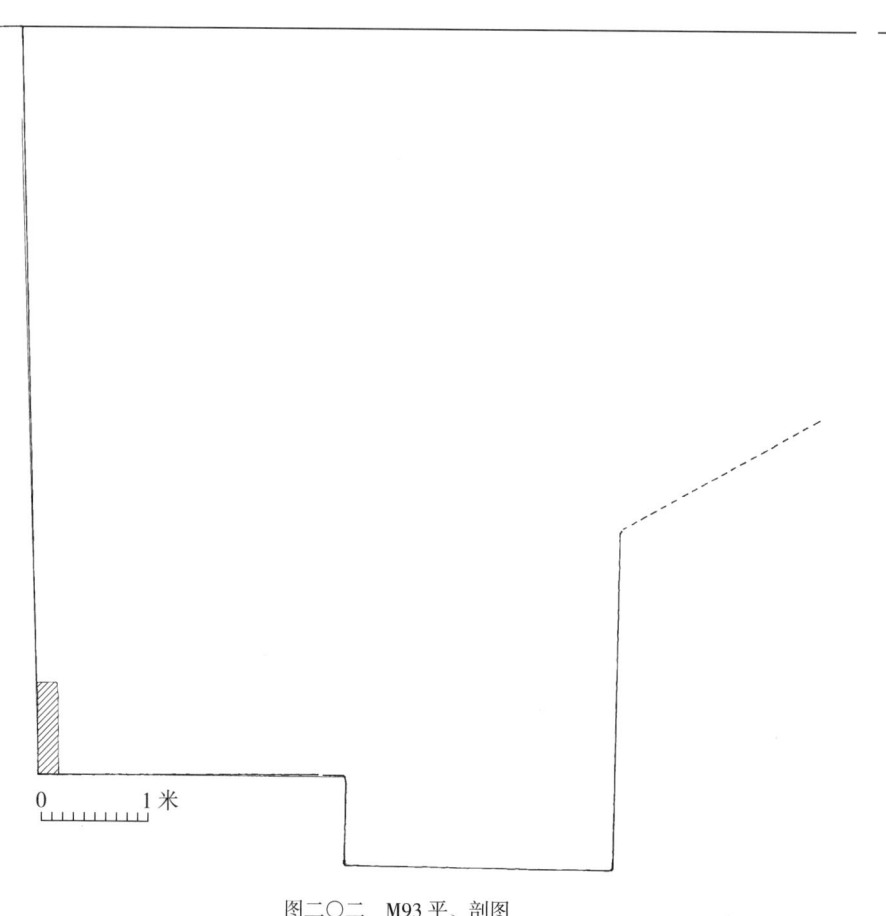

图二〇二　M93 平、剖图

豆、灯、印章、带钩、盒、洗、鐎壶、甑釜、环、鉴、柿蒂纹饰等，铁器有剑、环首刀、镢等，铅器有车马饰，石器有砚、研、珠，另有木漆器。（图二〇三）

1. 陶器　24件。有鼎2件、盒2件、壶5件、甑1件、釜1件、奁2件、罐1件、瓮4件、鐎壶1件、耳杯1件、勺1件、盆1件、卮1件、匜1件等。

鼎　2件。破。形制相同，大小相近。标本M93：45，泥质灰陶。盖为弧形，顶部有一周凸弦纹，似圈足，子母口，敛口，直腹，中腹部有凸弦纹一周，下腹部内收，平底，蹄足，长方形附耳外侈。口径16厘米，腹径21.6厘米，底径12厘米，通高20.5厘米。（图二〇四，1）标本M93：44，泥质灰陶，盖为弧形，顶部有一周凸弦纹，似圈足，子母口，敛口，直腹，中腹部有凸弦纹一周，下腹部内收，平底，蹄足，长方形附耳外侈。口径17.2厘米，腹径21.6厘米，底径12厘米，通高21.5厘米。（图二〇四，4）

壶　5件。均残破。依器形可分两类：

圈足壶　标本M93：64，弧形盖，子母口，壶为盘口，方唇，束颈，圆腹，圈足外侈，圈足中部有一周凸弦纹，腹部有五组弦纹，并有模印的铺首衔环。口径17厘米，腹径30.5厘米，圈足径17.5厘米，通高46厘米。（图二〇四，10）标本M93：70，无盖。高圈足外侈。口径11.3厘米，腹径20.3厘米，足径12厘米，高27厘米。（图二〇四，6）

假圈足壶　标本M93：47，弧形盖，子母口，侈口，折沿，方唇，束颈，圆腹，假圈足外侈，平底。口径5.5厘米，腹径13厘米，底径7.5厘米，通高19.5厘米。（图二〇四，9）

盒　2件。破。形制相同。标本M93：68，弧形盖，盖的中部有一周凸弦纹，子母口，敛口，弧腹，平

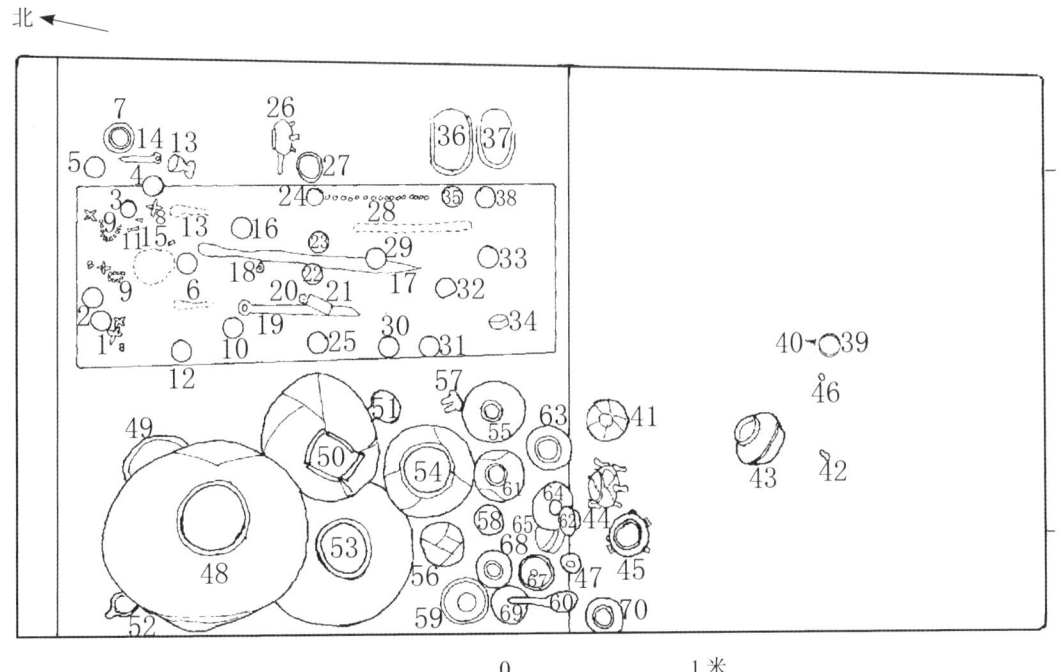

图二〇三　M93随葬品分布图

1~6、10、12、16、22~25、29~33、35、38、39.铜镜　7.陶罐　8.铜柿蒂纹饰　9、28.石珠子　11.铅车马饰　13.铜豆
14、19.铁环首刀　15.铜印章　17.铁剑　18.铜带钩　20.石研　21.石砚　26.铜鐎壶　27.铜洗　34.铜盒　36.木漆器　37.漆耳杯
40、42.铁饰　41、68.陶盒　43.铜釜甑　44、45.陶鼎　46.铜环　47、61、63、64、70.陶壶　48、50、53、54.陶瓮　49.铜鉴
51.陶匜　52.陶卮　55.陶釜　56、69.陶奁　57.铁镢　58.铜灯　59.陶甑　60.铜勺　62.陶耳杯　65.陶鐎壶　66.陶勺　67.陶盆

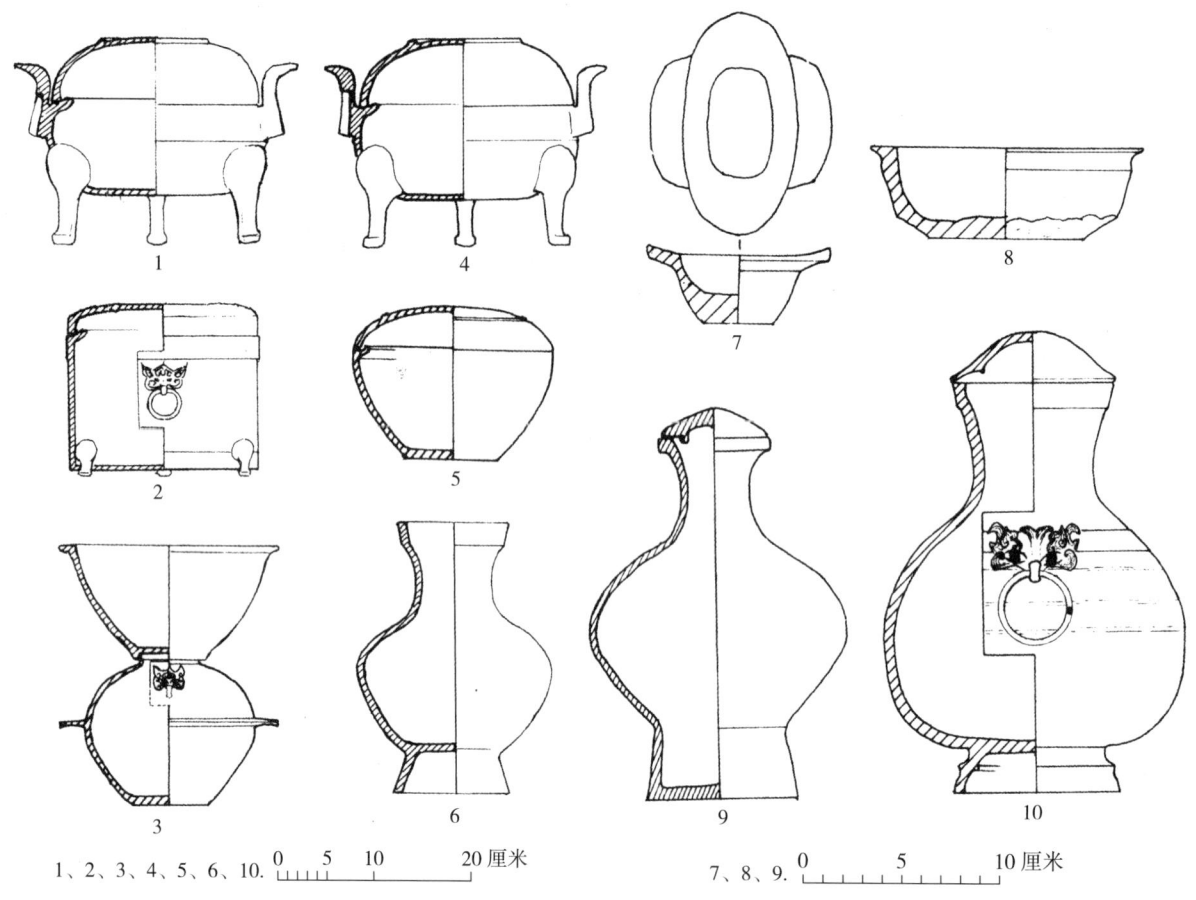

图二〇四　M93 出土陶器

1、4. 鼎（M93：45、M93：44）　2. 奁（M93：56）　3. 甑、釜（M93：59、M93：55）　5. 盒（M93：68）
6、10. 圈足壶（M93：70、M93：64）　7. 耳杯（M93：62）　8. 盆（M93：67）　9. 假圈足壶（M93：47）

底。口径 19 厘米，腹径 21.5 厘米，底径 10 厘米，通高 15.5 厘米。（图二〇四，5）

　　奁　2 件。破。泥质黑陶。形制相同。标本 M93：56，有盖，平顶，盖上有四周凹弦纹，子母口，筒腹，平底，腹部饰两个铺首衔环，下附 3 个矮蹄足。口径 16 厘米，腹径 20 厘米，通高 17 厘米。（图二〇四，2）

　　甑、釜　1 套。标本 M93：59，甑。破。泥质灰陶。折沿，圆唇，弧腹，平底，有长条形甑孔。口径 22.5 厘米，底径 8 厘米，高 11 厘米。标本 M93：55，釜。泥质黑陶，小口，方唇，短颈，鼓腹，平底。腹的中部有一周凸棱，上腹部饰两个铺首。口径 6.5 厘米，腹径 22.5 厘米，底径 8 厘米，高 15 厘米。（图二〇四，3）

　　盆　1 件。标本 M93：67，平底。高 4.5 厘米。（图二〇四，8）

　　瓮　4 件。形制相近，大小不同，破。分三型。

　　Ⅰ型：弧腹。2 件。标本 M93：53，夹砂黑陶。小口，方唇，矮颈，圆肩，圜底。肩部拍印粗竖篮纹，腹部拍印绳纹。口径 25.5 厘米。（图二〇五，1）

　　Ⅱ型：垂腹。1 件。标本 M93：54，夹砂灰陶。小口，舌唇外卷，圆肩，最大径在下腹部，圜底。下腹部和底部拍印横粗绳纹。口径 22 厘米，腹径 38 厘米，高 30 厘米。（图二〇五，4）

　　Ⅲ型：鼓腹。1 件。破。标本 M93：48，夹砂灰陶。小口，方唇，最大径在腹中部，平底。腹部拍印斜向粗绳纹，并有四组带状竖绳纹。口径 33.5 厘米，腹径 70.5 厘米，高 60.5 厘米。（图二〇五，2）

　　鐎壶　1 件。标本 M93：65，破。泥质灰陶。敛口，短颈，鼓腹，小平底，壶嘴似一狗头，两眼圆睁，长柄，柄的断面呈方形，柄端呈凸形。口径 6 厘米，腹径 17.2 厘米，底径 7.2 厘米，柄长 10 厘米，通高 11.5 厘米。（图二〇五，6）

勺 1 件。破。标本 M93：66，泥质灰陶。勺柄断面近方形，勺呈圆形，平底。勺径 8 厘米，口径 13.5 厘米，底径 4 厘米，高 8 厘米。（图二〇五，5）

耳杯 1 件。标本 M93：62，破。泥质灰陶。杯口呈椭圆形，有双耳，耳微侈，内为圜底，外为椭圆形底。口径 6~11 厘米，底径 3.6~5.2 厘米，耳间宽 9.2 厘米，高 3.8 厘米。（图二〇四，7）

匜 1 件。标本 M93：51，破。泥质灰陶。外部饰绳纹，口为圆角方形，敛口，浅腹，底呈椭圆形，平底，前端有流。底径 8 厘米，高 7 厘米。（图二〇五，3）

2. 铜器 33 件（套）。有镜 21 枚、豆 1 件、灯 1 件、印章 1 件、带钩 1 件、盒 1 件、洗 1 件、鐎壶 1 件、甑釜 1 套、环 1 件、鉴 1 件、柿蒂纹饰 5 件及勺 1 件等。

镜 21 枚。可修复的 9 枚。

标本 M93：1，素面镜。破。带状钮，径 9 厘米，厚 0.2 厘米。标本 M93：2，破。内外连弧四乳镜。有裂缝，圆形，镜面平直，山字钮残，重圈钮座，钮座外为十六连弧，其外为四乳，四乳间有五星，绕以螭，其外为两周凸弦纹，再外为十六连弧。面径 10.6 厘米，背径 10.4 厘米，钮残高 0.6 厘米，钮宽 1.6 厘米，外连弧宽 0.6 厘米，缘厚 0.4 厘米，肉厚 0.2 厘米。（图二〇六，1）标本 M93：3，破。重圈铭带镜。圆形，镜面微弧，圆钮，重圈钮座，钮座周围有八连珠，呈花瓣状，其外有一周带状凸弦纹，其外又有带状斜平行线纹两周，其间小篆铭文"内清以昭明光辉象夫日月心忽扬而愿忠然雍塞而不泄"，宽平素缘。面径 10.7 厘米，背径 10.5 厘米，钮高 0.8 厘米，钮径 1.6 厘米，缘宽 1.6 厘米，缘厚 0.6 厘米，肉厚 0.3 厘米。（图二〇六，

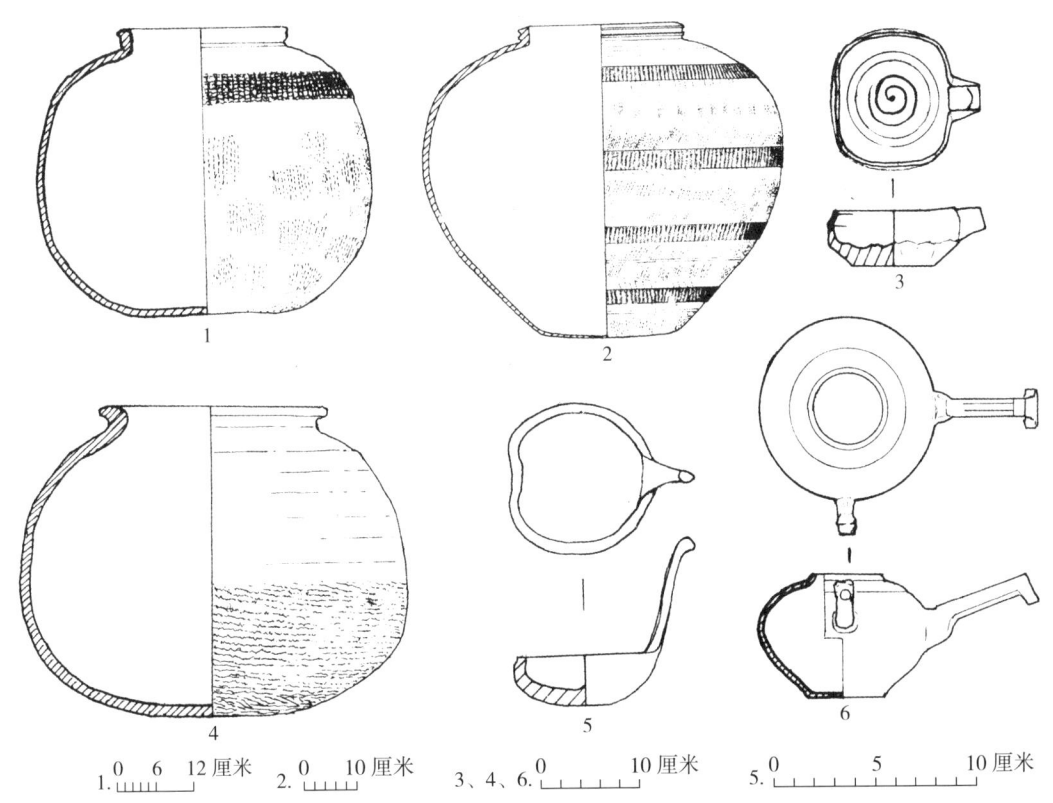

0 6 12 厘米   0   10 厘米   0   10 厘米   0   5   10 厘米
1.‖‖‖‖‖   2.‖‖‖‖   3、4、6.‖‖‖‖   5.‖‖‖‖

图二〇五　M93 出土陶器

1. Ⅰ型瓮（M93：53） 2. Ⅲ型瓮（M93：48） 3. 匜（M93：51） 4. Ⅱ型瓮（M93：54） 5. 勺（M93：66） 6. 鐎壶（M93：65）

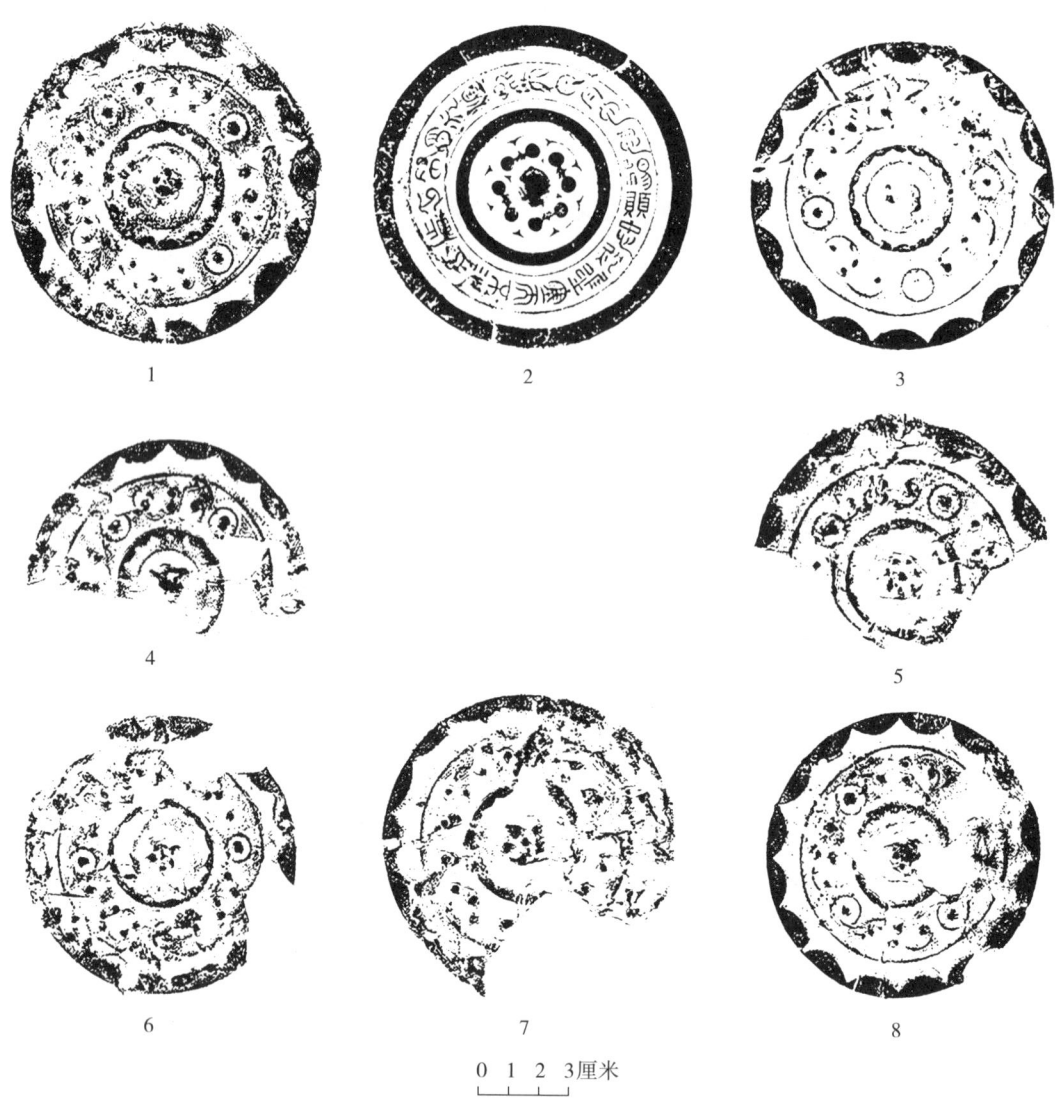

图二〇六　M93 出土铜镜拓片

1. M93：2　2. M93：3　3. M93：39　4. M93：30　5. M93：22　6. M93：29　7. M93：32　8. M93：4

2）标本 M93：4，内外连弧四乳镜。残。有裂缝，圆形，镜面平直，山字钮残，重圈钮座，其外为四乳，四乳间有四星，绕以螭，其外为一周凸弦纹，再外为十六连弧。面径 9.3 厘米，背径 9.1 厘米，钮残高 0.6 厘米，钮宽 1.6 厘米，外连弧宽 0.6 厘米，缘厚 0.4 厘米，肉厚 0.2 厘米。（图二〇六，8）标本 M93：22，残。内外连弧四乳镜。圆形，镜面平直，山字钮，重圈钮座，其外为四乳，四乳间有七星，绕以螭，其外为一周凸弦纹，再外为十六连弧。面径 10.7 厘米，背径 10.5 厘米，钮残高 0.6 厘米，钮宽 1.6 厘米，外连弧宽 0.6 厘米，缘厚 0.4 厘米，肉厚 0.2 厘米。（图二〇六，5）标本 M93：29，残。内外连弧四乳镜。残。圆形，镜面平直，山字钮，重圈钮座，钮座外为十六连弧，其外为四乳，四乳间有六星，绕以螭，其外为一周凸弦纹，再外为十六连弧。面径 9.2 厘米，背径 9 厘米，钮残高 0.6 厘米，钮宽 1.6 厘米，外连弧宽 0.6 厘米，缘厚 0.4 厘米，肉厚 0.2 厘米。（图二〇六，6）标本 M93：30，内外连弧四乳镜。残。圆形，镜面平直，山字钮，重圈钮座，钮座外为十六连弧，其外为四乳，四乳间有四星，绕以螭，其外为一周凸弦纹，再外为十六连弧。面径 9.7 厘米，背径 9.5 厘米，钮残高 0.6 厘米，钮宽 1.6 厘米，外连弧宽 0.6 厘米，缘厚 0.4 厘米，肉厚 0.2 厘米。（图二〇六，4）标本 M93：32，内外连弧四乳镜。残。圆形，镜面平直，山字钮，重圈钮座，钮座外为十六连弧，其外为四乳，四乳间有六星，绕以螭，其外为一周凸弦纹，再外为十六连弧。面径 9.7 厘米，背径 9.5 厘米，钮残高 0.6 厘米，钮宽 1.6 厘米，外连弧宽 0.6 厘米，缘厚 0.4 厘米，肉厚 0.2 厘米。（图二〇六，7）标本 M93：39，内外连弧四乳镜。破。圆形，镜面平直，山字钮，重圈钮座，钮座外为十六连弧，其外为四乳，四乳间有四星，绕以螭，其外为一周凸弦纹，再外为十六连弧。面径 10.3 厘米，背径 10.1 厘米，钮残高 0.8 厘米，钮宽 1.6 厘米，外连弧宽 0.6 厘米，缘厚 0.4 厘米，肉厚 0.2 厘米。（图二〇六，3）

豆　1件。标本 M93：13，子母口，敛口，圆唇，弧腹，中腹部有一周凸弦纹，平底，细柄，柄的中部有凸棱，喇叭状圈足。口径 10.5 厘米，腹径 13 厘米，圈足径 10 厘米，高 14.5 厘米。（图二〇七，1）

灯　1件。标本 M93：58，浅盘，中有一尖锥，细柄，柄的中部微鼓，喇叭状圈足。盘径 13.5 厘米，高 1.2 厘米，圈足径 12 厘米，高 21.5 厘米。（图二〇七，2）

印章　1件。标本 M93：15，龟钮铜印，印面呈正方形，篆书"彭广汉印"。长宽均为 1.5 厘米，印厚 0.7 厘米，通高 1.6 厘米。（图二〇七，4）

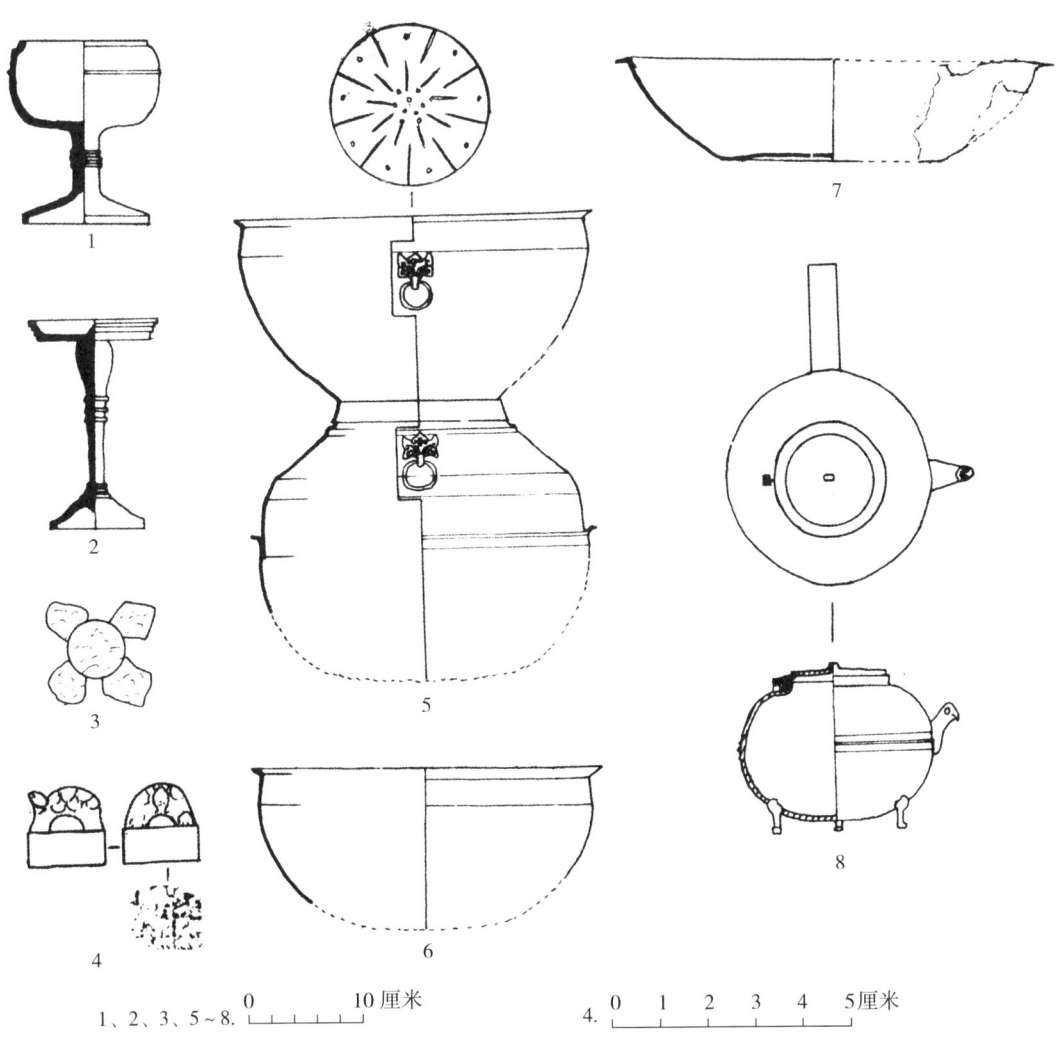

图二〇七　M93 出土铜器

1.豆（M93：13）　2.灯（M93：58）　3.柿蒂纹饰件（M93：8）　4.龟钮印章（M93：15）

5.甑釜（M93：43）　6.洗（M93：27）　7.鉴（M93：49）　8.鐎壶（M93：26）

带钩　1件。标本 M93：18，锈蚀过甚，残。兽首，螳螂腹，椭圆形钮。长 7 厘米，宽 1.6 厘米，高 1.7 厘米。

洗　1件。标本 M93：27，侈口，折沿，舌唇，弧腹。中腹部有一凸棱，底已残。口径 29 厘米，腹径 28 厘米，残高 13 厘米。（图二〇七，6）

鐎壶　1件。标本 M93：26，完整。有盖，顶端有钮，直壁，小口，短颈，圆腹，圜底，下附 3 个矮蹄足，中腹部有三周凸弦纹和一个兽首壶嘴，侧面有长条形把。把长 8.8 厘米，宽 2.4 厘米，厚 2 厘米。鐎壶口径 8 厘米，腹径 17 厘米，通高 13 厘米。（图二〇七，8）

甑釜　1套。标本 M93：43，甑侈口，折沿，舌唇，弧腹，平底，矮圈足外侈，中腹部有一凸棱。口径 29.5 厘米，圈足径 14 厘米，高 16.5 厘米。釜敛口，矮颈，鼓腹，圜底，上腹部有铺首衔环，中部有犀棱。口径 13.5 厘米，腹径 28 厘米，高 22.5 厘米。甑釜通高 37.2 厘米。（图二〇七，5）

环　1件。标本 M93：46，圆形，断面呈长方形。径 6.7 厘米，宽 1.5 厘米，厚 0.7 厘米。

鉴　1件。标本 M93：49，敞口，折沿，弧腹，平底内凹。口径 36 厘米，底径 18.5 厘米，高 8 厘米。（图二〇七，7）

柿蒂纹饰件　5件。形制相同。标本 M93：8，呈柿蒂形，中有圆形，周围有 4 个五角形。长 2.2 厘米，宽 2.2 厘米，厚 0.6 厘米。（图二〇七，3）

勺　1件。标本 M93：60，完整。勺呈椭圆形，把为长条形，似兽首，上翘。长 10 厘米，宽 1.9 厘米，高 5.6 厘米。

3. 石器　共 4 件。有砚、研、珠。

研　1件。标本 M93：20，完整。砂岩。平面呈圆形，上部四边被磨去。直径 3.2 厘米，厚 0.3 厘米。（图二〇八，1）

砚　1件。标本 M93：21，完整。砂岩。平面呈长方形。长 14 厘米，宽 5 厘米，厚 0.3 厘米。（图二〇八，2）

珠　2件。完整。形制相同。标本 M93：28，中有圆形穿孔。直径 0.7 厘米，孔径 0.4 厘米。（图二〇八，4）标本 M93：9，直径 0.8 厘米，孔径 0.4 厘米。（图二〇八，3）

4. 铁器　6件。有剑 1 件、环首刀 2 件、镢 1 件、铁饰 2 件。

剑　1件。标本 M93：17，残。剑身较长，双面刃，剑身有脊，茎已残，茎与剑身交接处有剑镡，锈蚀

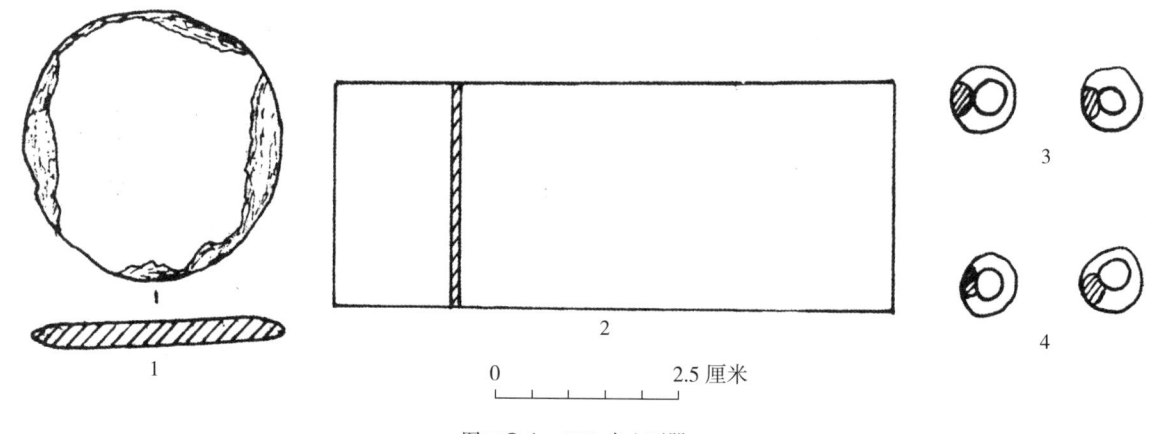

图二〇八　M93 出土石器

1.研（M93：20）　2.砚（M93：21）　3、4.珠（M93：9、M93：28）

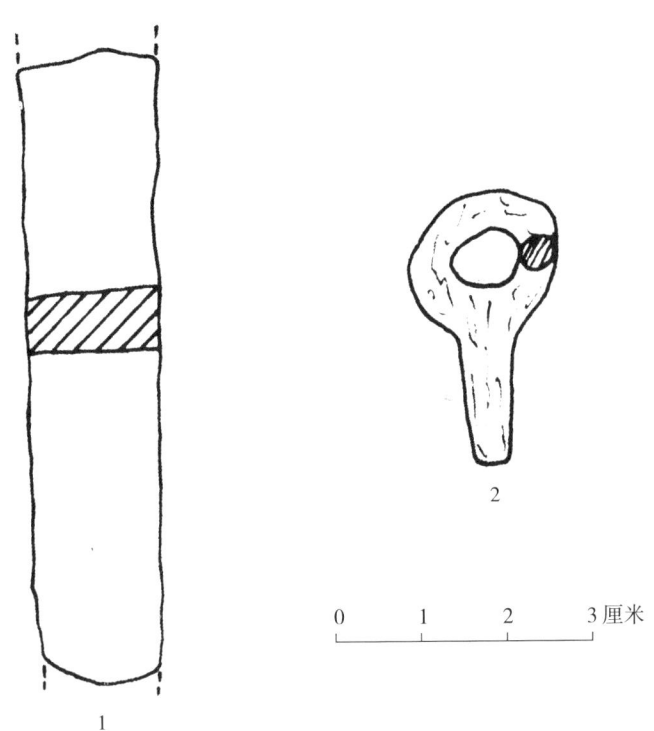

图二〇九　M93 出土铁器

1. 环首刀（M93∶14）　2. 铁饰（M93∶40）

严重。通长 115 厘米。

环首刀　2 件。标本 M93∶19，残。环状首，刀背较直，刀部也较直，刀末呈弧形，梢部已朽。长 62 厘米。标本 M93∶14，残。环状首，刀背较直，刀部也较直，刀末呈弧形，梢部已朽。（图二〇九，1）

铁饰　2 件。标本 M93∶40，残。环状首，圆柱状体。长 2.8 厘米，径 1.7 厘米。（图二〇九，2）

M106 位于淮阳平粮台遗址东南部 T43 的东部。1980 年 11 月发掘。斜坡墓道竖穴土坑墓。发掘前墓上的土已被取走部分，现墓口距地表 0.20 米。墓向 195°。

墓道　斜坡墓道位于墓室的南边偏东。墓道已被部分破坏，现残长 1.10 米，宽 1.14 米。墓道的北边底部距墓口 0.90 米。

墓室　墓室长 4.30 米，宽 2.10 米。墓室分前后两部分。后部比前部高 0.10 米。东西壁下有生土二层台。台的宽相同，长度不同。东台长 2.30 米，宽 0.50 米；西台长 2.10 米。东西台距墓口 1.50 米，距墓底 0.70 米。台面平。墓壁垂直，底平。前部与后部相接处为斜坡状。后部底长同台长，宽 1.14 米。

葬具　墓室后部东侧置木棺一具，现已腐朽，其灰痕长 1.90 米，宽 0.48 米。

葬式　棺内人骨已腐朽，据其骨灰痕迹推测为仰身直肢葬，头向北，面向上。（图二一〇）

随葬品　共 26 件，有陶器 23 件、铜器 2 件、铁器 1 件。（图二一一）

1. 陶器　23 件。有鼎 3 件、盒 2 件、壶 5 件、罐 1 件、甑 1 件、釜 1 件、奁 2 件、勺 2 件、盘 4 件、卮 1 件、匜 1 件等。

鼎　3 件。破。形制相同，大小相近。标本 M106∶13，泥质灰陶。盖为弧顶，顶部有一周凸弦纹，似圈足。鼎子母口，敛口，直腹，中腹部有凸弦纹一周，下腹部内收，平底，蹄足，长方形附耳外撇。口径 16

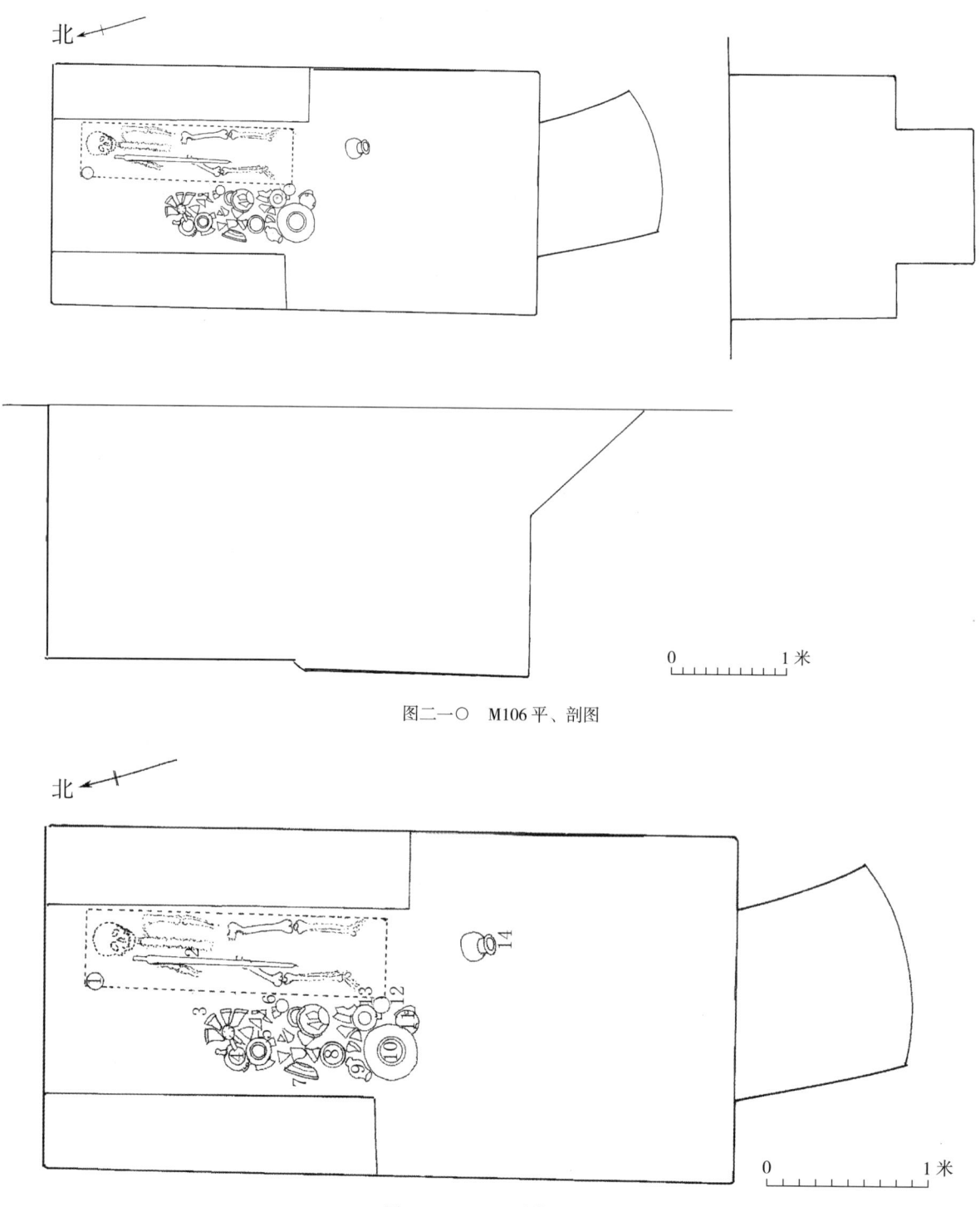

图二一〇　M106 平、剖图

图二一一　M106 随葬品分布图

1. 铜镜　2. 铁剑　3. 陶甗　4、13、20. 陶鼎　5. 陶釜　6、8~10、18. 陶壶　7、17. 陶盘（4件）　11. 陶奁（2件）

12. 陶卮　14. 陶罐　15. 陶匜　16. 陶勺（2件）　19. 陶盒　21. 五铢（2枚）

厘米，腹径 22 厘米，底径 12 厘米，通高 20.5 厘米。（图版一九，1；图二一二，1）标本 M106：20，口径 18.5 厘米。（图二一二，2）

　　壶　5 件。破。形制、大小不同，分两型。

　　Ⅰ型：圈足壶。3 件。标本 M106：10，弧形盖，子母口，壶直口，束颈，圆腹，平底，圈足外侈。口径

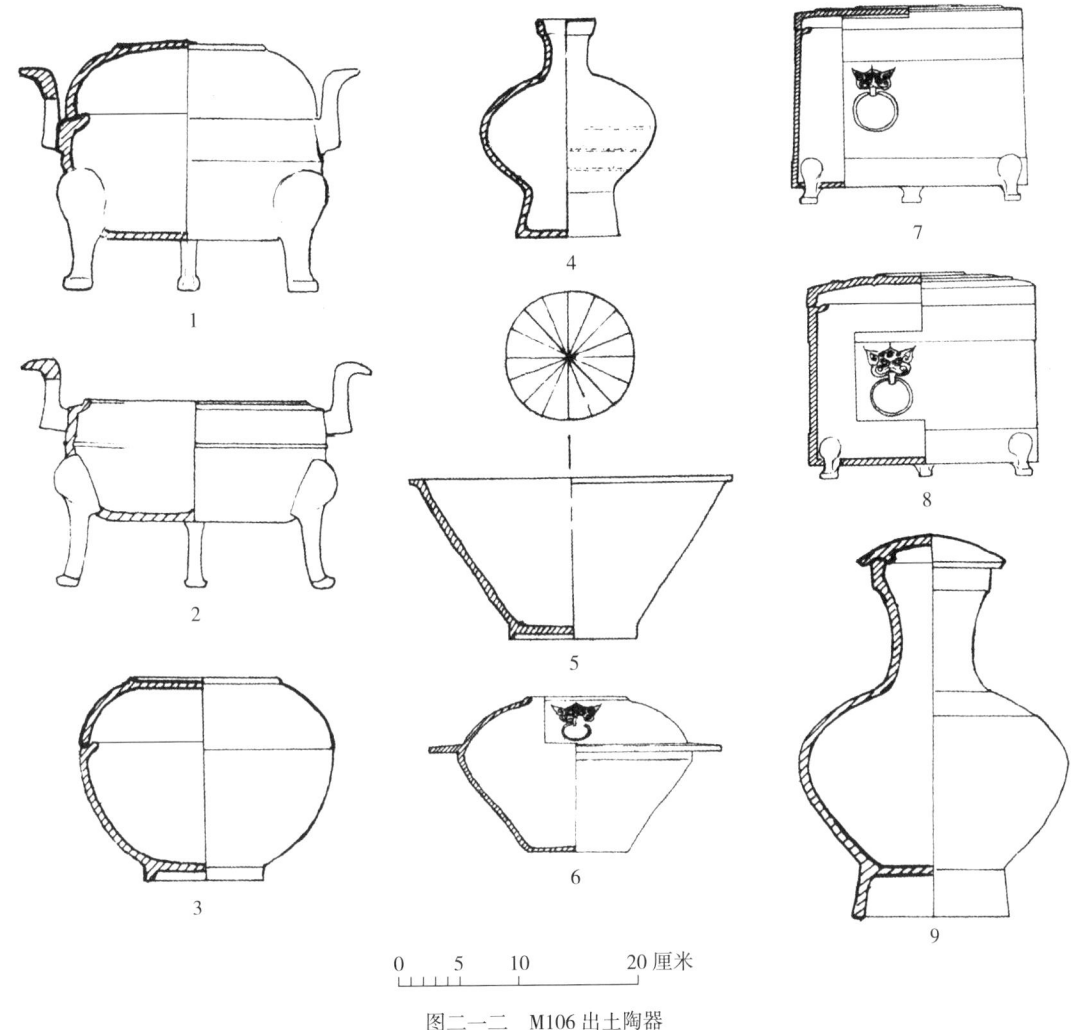

图二一二　M106 出土陶器

1、2. 鼎（M106：13、M106：20）　3. 盒（M106：19）　4. Ⅱ型壶（M106：9）　5. 甑（M106：3）

6. 釜（M106：5）　7、8. 奁（M106：11-1、M106：11-2）　9. Ⅰ型壶（M106：10）

10.4 厘米，腹径 22.4 厘米，通高 31.5 厘米。（图版一九，6；图二一二，9）

　　Ⅱ型：假圈足壶。2 件。标本 M106：9，完整。直口，圆唇，束颈，圆腹，假圈足，平底。口径 4.7 厘米，腹径 14.4 厘米，圈足底径 8.5 厘米，高 17.5 厘米。（图版一九，2；图二一二，4）

　　盒　2 件。破。形制相同。标本 M106：19，盖为平顶，盖顶有一周凸弦纹。盒子母口，敛口，弧腹，圜底，矮圈足。口径 17.6 厘米，腹径 20.8 厘米，底径 9 厘米，通高 16 厘米。（图版一九，4；图二一二，3）

　　奁　2 件。破。形制相同，大小有别。泥质黑陶。平顶盖上有四周凹弦纹。奁子母口，直腹，平底，腹部饰两个铺首衔环，下附 3 个矮蹄足。标本 M106：11-2，口径 14.4 厘米，腹径 17 厘米，通高 14.6 厘米。（图版一九，5；图二一二，8）标本 M106：11-1，口径 13.6 厘米，腹径 17 厘米，通高 15.5 厘米。（图二一二，7）

　　釜　1 件。标本 M106：5，破。泥质灰陶。小口，圆唇，肩部饰两个铺首衔环，釜的中部有一周凸棱，下腹部内收，平底。口径 8 厘米，底径 8.5 厘米，高 12 厘米。（图版一九，7；图二一二，6）

　　甑　1 件。标本 M106：3，破。泥质灰陶。折沿，圆唇，斜腹，平底，有长条形甑孔，下附圈足。口径 22.5 厘米，底径 8 厘米，高 11 厘米。（图版二〇，1；图二一二，5）

勺 2件。破。形制相同，大小不同。泥质灰陶。勺柄断面为椭圆形，柄端有4个圆形按窝，勺呈圆形，侈口，圆唇，内为圜底，外为小平底。标本M106：16-1，勺径10.8厘米，底径4.2厘米，高9.4厘米。（图版二〇，5；图二一三，1）标本M106：16-2，勺径9.5厘米，底径4.4厘米，高8.4厘米。（图二一三，2）

盘 4件。形制相同，大小不同。泥质灰陶。敞口，折沿，方唇，折腹，小平底。标本M106：7-1，口径21.5厘米，底径9厘米，高4.3厘米。（图二一三，6）标本M106：7-2，口径21.5厘米，底径8.2厘米，高4.5厘米。（图版二〇，4；图二一三，5）标本M106：17，平口，圆唇。口径16.6厘米，底径7.3厘米，高3.2厘米。（图二一三，4）

厄 1件。标本M106：12，破。直口，圆唇，直壁，壁上有錾，平底。口径10.4厘米，高9.3厘米。（图版二〇，2；图二一三，3）

匜 1件。标本M106：15，破。泥质灰陶。口为圆角方形，侈口，浅腹，底呈椭圆形，平底，前端有流。外部饰绳纹。口径18厘米，底径8厘米，高7厘米。（图版二〇，6；图二一三，7）

罐 1件。标本M106：14，完整。泥质灰陶。侈口，方唇，束颈，弧肩，鼓腹，平底。口径10厘米，腹径15.2厘米，底径11厘米，高12.5厘米。（图版一九，3；图二一三，8）

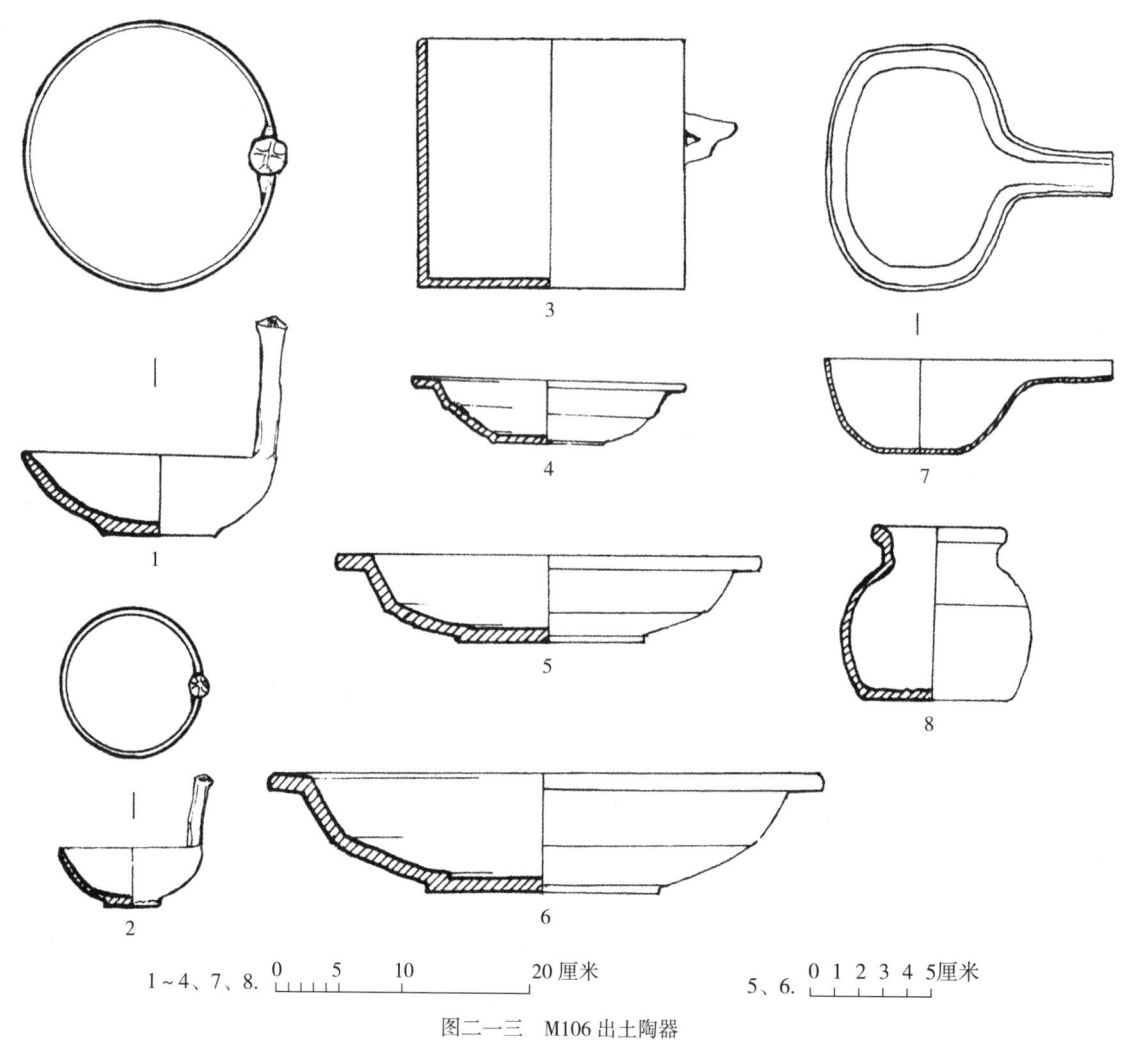

图二一三 M106出土陶器

1、2.勺（M106：16-1、M106：16-2）3.厄（M106：12）4~6.盘（M106：17、M106：7-2、M106：7-1）

7.匜（M106：15） 8.罐（M106：14）

2. 铜器、铜钱　有镜、五铢。

镜　1枚。标本 M106：1，裂。连弧四乳镜。镜面平直，山字形钮，重圈钮座，外饰绹索纹，再外有凸弦纹一周，间饰四乳钉，圆座，其间有三星、四星，间以蟠螭纹，其外为十六连弧。面径 9.4 厘米，背径 9.4 厘米，钮高 0.7 厘米，钮宽 1.2 厘米，外连弧宽 0.8 厘米，缘厚 0.3 厘米，肉厚 0.15 厘米。（图版二〇，3；图二一四，1）

五铢　2枚。完整。形制相同。标本 M106：21-1、M106：21-2，正面有宽郭，"五铢"字迹清晰，"五"字不对称，背面有较窄的缘郭。直径 2.3 厘米，穿径 1 厘米，缘郭宽 0.2 厘米，厚 0.2 厘米。（图二一四，2、3）

3. 铁器　1件。

标本 M106：2，剑。残。长 1.06 米。

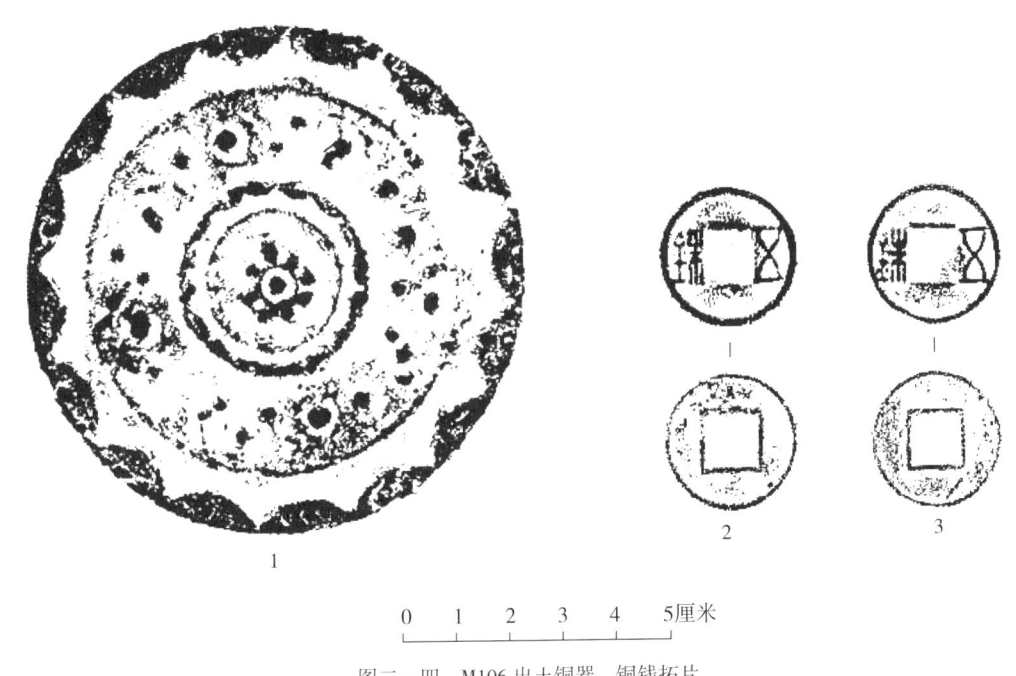

0　1　2　3　4　5厘米

图二一四　M106 出土铜器、铜钱拓片
1. 镜（M106：1）　2、3. 五铢（M106：21-1、M106：21-2）

M109 位于淮阳平粮台遗址东南部。1983 年 5 月发掘。为斜坡墓道长方形竖穴土坑墓。发掘前墓上的土已被取走部分，铲平即见墓口。墓向 195°。

墓道　位于墓室的南边。大部分已被破坏，宽 1.24（南）~1.40（北）米，距墓底最深处达 1.56 米，距口深 0.50 米。

墓室　墓口长 3.80 米，宽 2.10 米。墓内填五花土，逐层填土，逐层夯实，质地比较硬。墓壁斜直，底平。东西壁距墓口 1.60 米处有生土二层台。台长、宽各不相同。东台最长 2.70 米，宽 0.48~0.52 米，距墓底 0.80 米；西台最长 3.70 米，宽 0.26~0.54 米，此台南北较窄，中部较宽，中南部与东台相对应处为斜边，与东台南边相对应。墓分前后两部分。墓的前部沟底为长条形，东西长 1.82 米，南北宽 1 米。底平。

葬具　墓室后部东边置木棺一具，已腐朽殆尽，据其灰迹可知棺长 2.12 米，宽 0.58 米。

葬式　棺内有人骨一具，保存尚好，为仰身直肢葬，头北面东。（图二一五）

随葬品　21件。有陶器 19 件、铜钱及玉器 1 件。棺外的西边放置有陶钫、钵、灶、鼎、盒、壶、罐、

北

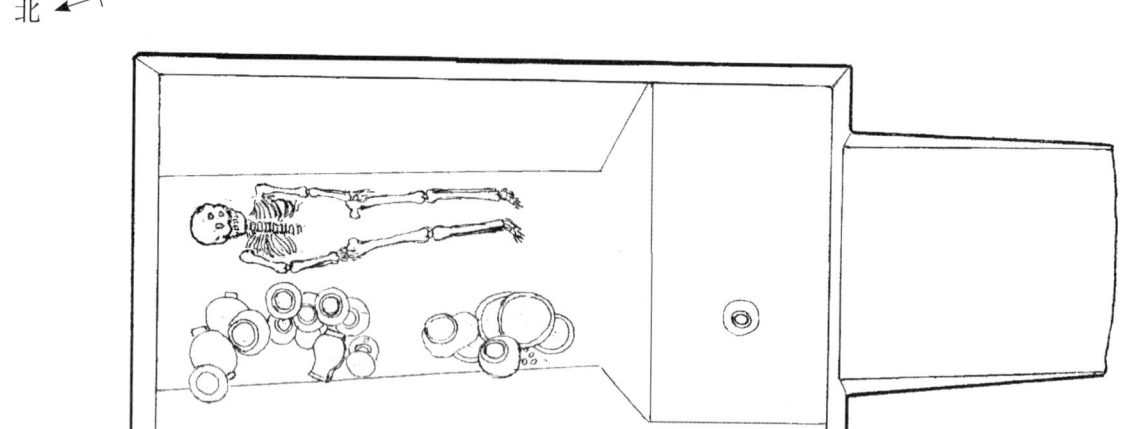

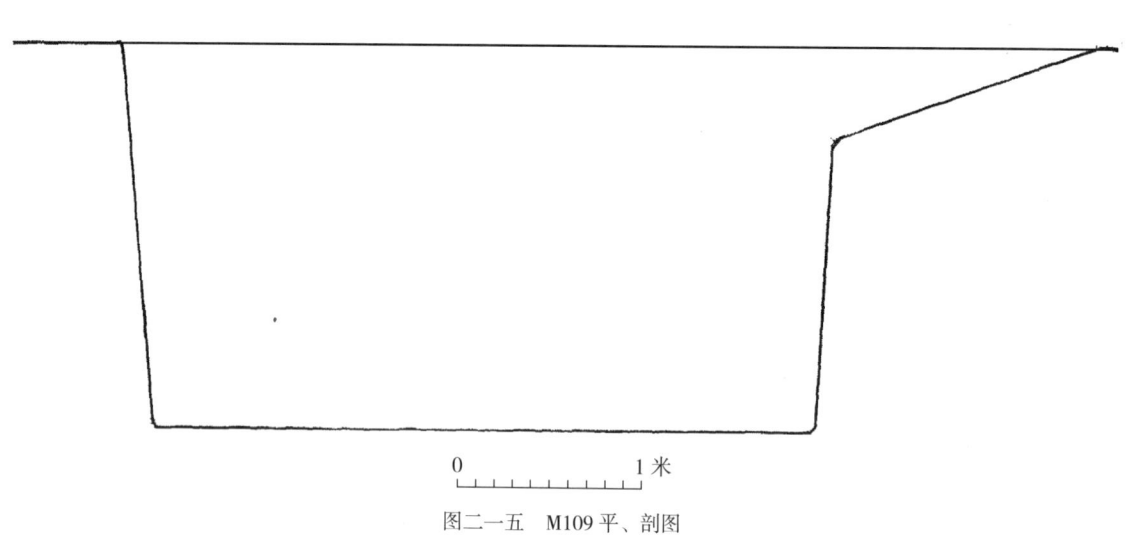

0   1 米

图二一五 M109 平、剖图

盆。这些器物从南向北排列，口部向上，个别则侧放。（图二一六）

1. 陶器 19 件。有鼎 2 件、壶 3 件、盒 2 件、罐 4 件、盆 5 件、釜灶 1 套、钫 1 件、钵 1 件。

鼎 2 件。破。形制相同，大小相近。泥质灰陶。盖为覆钵形，鼎为子母口，敛口，弧腹，腹部内收，圜底，蹄足外侈，长方形附耳外侈。标本 M109：3，口径 19 厘米，腹径 21.7 厘米，耳间宽 27 厘米，通高 18 厘米。（图版二一，1；图二一七，1）标本 M109：11，口径 18.5 厘米，腹径 21.5 厘米，耳间距 26.5 厘米，通高 19 厘米。（图二一七，2）

壶 3 件。形制相同。标本 M109：4，破。弧形盖，盖顶有一周凸弦纹。子母口，盘口微侈，束颈，圆腹，平底，圈足外侈。上腹部有两周凹弦纹。口径 10 厘米，腹径 20 厘米，圈足径 11 厘米，通高 30 厘米。（图版二一，6；图二一七，6）标本 M109：12，完整。弧形盖，盖顶有一周凸弦纹。子母口，盘口微侈，束颈，圆腹，平底，圈足外侈。上腹部有七周凹弦纹。口径 9.5 厘米，腹径 21 厘米，圈足径 11.5 厘米，通高 29 厘米。（图版二一，5；图二一七，5）

盒 2 件。破。形制相同。盖为弧顶，盖顶有一周凸弦纹，似圈足，子母口，敛口，弧腹，平底，矮圈足。标本 M109：6，口径 19 厘米，腹径 21 厘米，圈足径 8.5 厘米，通高 18.5 厘米。（图版二一，2；图

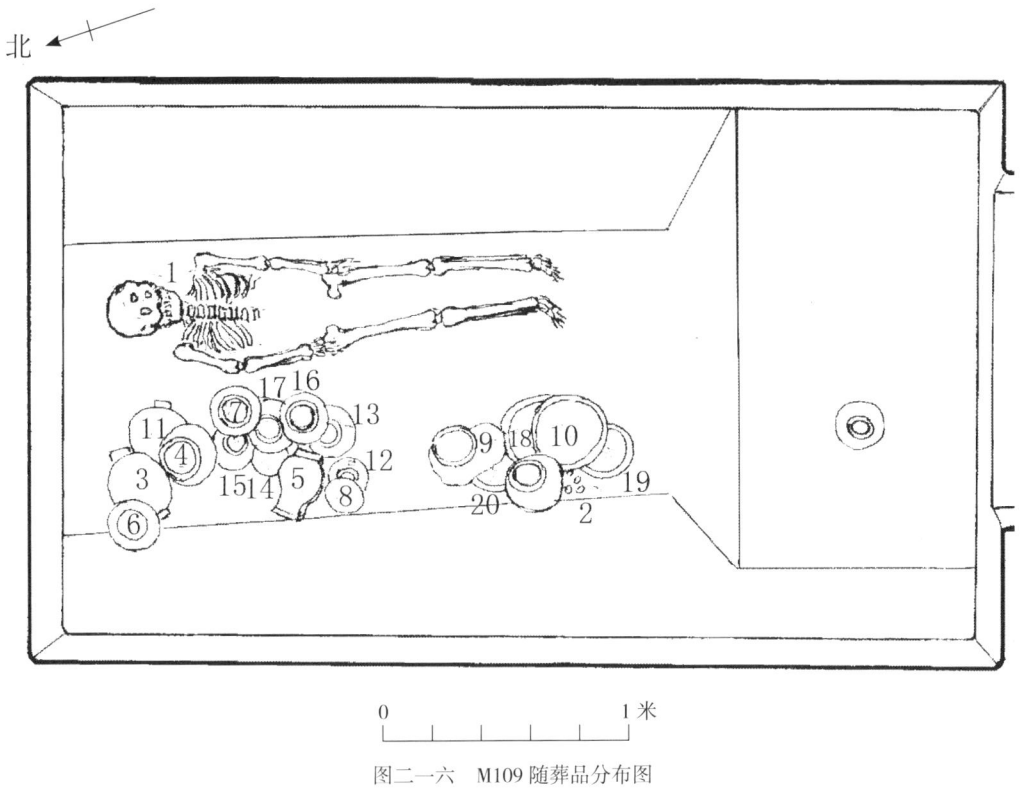

图二一六　M109 随葬品分布图

1. 玉晗　2. 铜钱　3、11. 陶鼎　4、12、13. 陶壶　5. 陶钫　6、14. 陶盒　7、15~17. 陶罐　8. 陶钵　9. 陶釜灶　10、18~21. 陶盆

二一七，4）标本 M109：14，口径 18 厘米，腹径 21 厘米，圈足径 10.5 厘米，通高 16.4 厘米。（图版二一，4；图二一七，3）

罐　4 件。完整。形制相近，纹饰有别。标本 M109：7，泥质灰陶。小口，圆唇，短颈，弧肩，鼓腹，平底。上腹饰带状竖绳纹，中腹部有两周点状绳纹，下腹部饰横绳纹。腹径 26.5 厘米，底径 13 厘米，高 23 厘米。（图版二二，1；图二一七，8）标本 M109：15，泥质灰陶。小口，圆唇，短颈，弧肩，鼓腹，平底。上腹饰带状竖绳纹，中腹部有两周点状绳纹，下腹部饰横绳纹，底部饰绳纹。口径 10 厘米，腹径 26 厘米，底径 13 厘米，高 23.5 厘米。（图版二二，5；图二一七，7）标本 M109：16，泥质灰陶。小口，圆唇，短颈，弧肩，鼓腹，平底，并有 3 个圆孔。上腹饰带状竖绳纹，下腹部饰横绳纹，底部饰绳纹。口径 11.5 厘米，腹径 24 厘米，底径 17.5 厘米，高 18 厘米。（图版二二，2、4；图二一七，9）

盆　5 件。形制相近，大小不同。泥质灰陶。标本 M109：10，侈口，折沿，圆唇，折腹，小平底。底部有刀削痕，呈莲瓣状。口径 21 厘米，底径 10 厘米，高 6 厘米。（图版二二，3；图二一八，1）标本 M109：20，平折沿，圆唇，折腹，平底。口径 18.3 厘米，底径 9 厘米，高 4 厘米。（图版二二，7；图二一八，2）标本 M109：18，折沿，圆唇，斜折腹。口径 25.5 厘米，底径 11.5 厘米，高 5 厘米。（图版二二，6；图二一八，3）

釜灶　1 套。标本 M109：9，完整。泥质灰陶。平面呈长方形，釜灶连在一起。釜为小口，鼓腹，平底，口径 7 厘米，腹径 11.5 厘米，底径 5.5 厘米，高 6.5 厘米；灶的口径 11.5 厘米，宽 18 厘米，高 9 厘米，通高 23 厘米。（图版二一，3；图二一八，4）

2. 铜钱　共 8 枚。分五铢和半两钱两种。

五铢　6 枚。分二式。

Ⅰ式：4 枚。标本 M109：2-5，圆形，正方形穿，钱边缘有周郭，穿之背面有周郭，穿之正面左右两侧

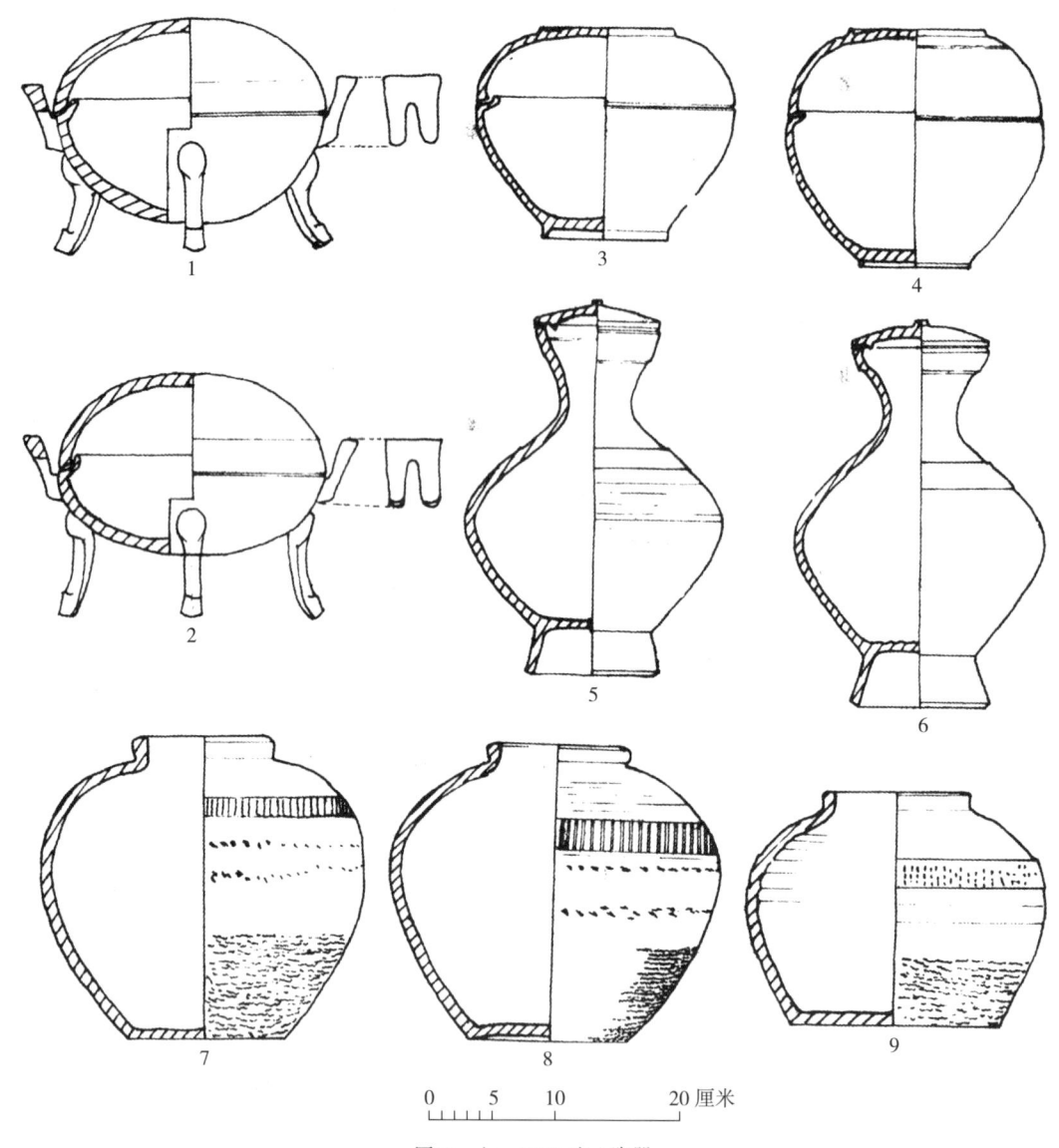

图二一七　M109 出土陶器

1、2. 鼎（M109∶3、M109∶11）　3、4. 盒（M109∶14、M109∶6）　5、6. 壶（M109∶12、M109∶4）

7~9. 罐（M109∶15、M109∶7、M109∶16）

铸有篆书"五铢"二字，"五"字呈对顶炮弹形。钱径 2.4 厘米，郭径 2.6 厘米，郭宽 0.15 厘米，郭厚 0.2 厘米，肉厚 0.1 厘米，穿径 1 厘米。（图二一九，1）

Ⅱ式：2 枚。标本 M109∶2-1、M109∶2-2，圆形，正方形穿，钱边缘有周郭，穿之背面有周郭，穿之正面左右两侧铸有篆书"五铢"二字，"五"字的一斜线较直。钱径 2.3 厘米，郭径 2.5 厘米，郭宽 0.1 厘米，郭厚 0.2 厘米，肉厚 0.1 厘米，穿径 0.9 厘米。（图二一九，2、3）

半两　2 枚。标本 M109∶2-7、M109∶2-8，圆形，正方形穿，钱边缘和穿均无周郭，穿之正面左右两侧铸有篆书"半两"二字。钱径 2.3 厘米，郭径 2.3 厘米，肉厚 0.1 厘米，穿径 0.7 厘米。（图二一九，4、5）

3. 玉器　1 件。

标本 M109∶1，玉唅。完整。圆形。直径 3 厘米，厚 0.5 厘米。

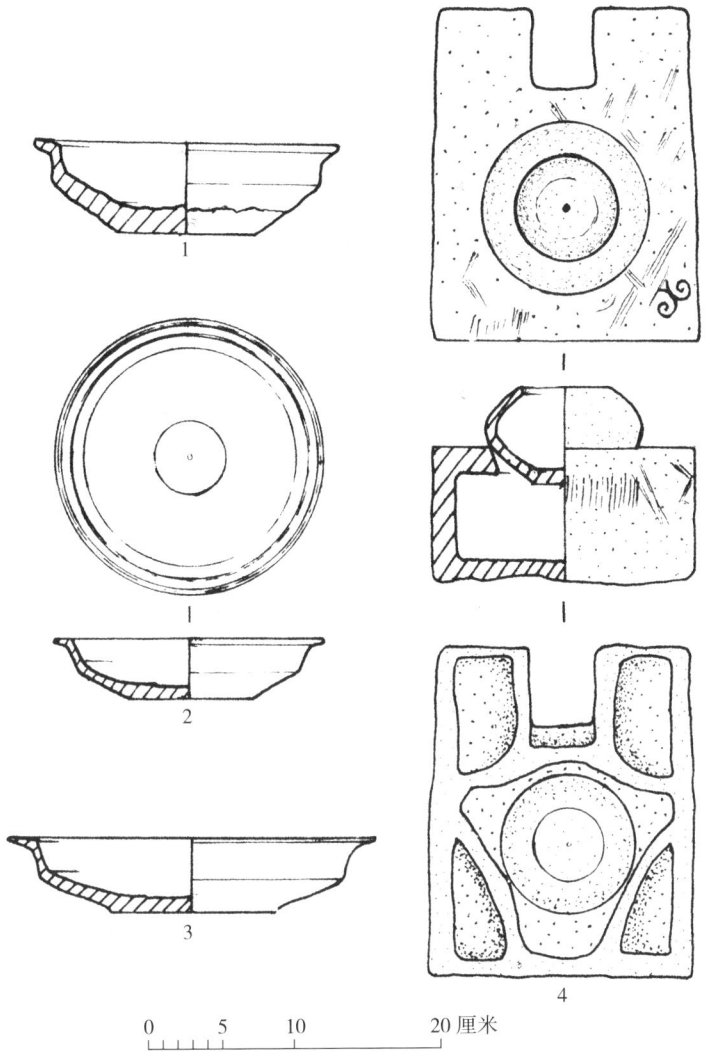

图二一八　M109 出土陶器

1~3.盆（M109：10、M109：20、M109：18）　4.釜灶（M109：9）

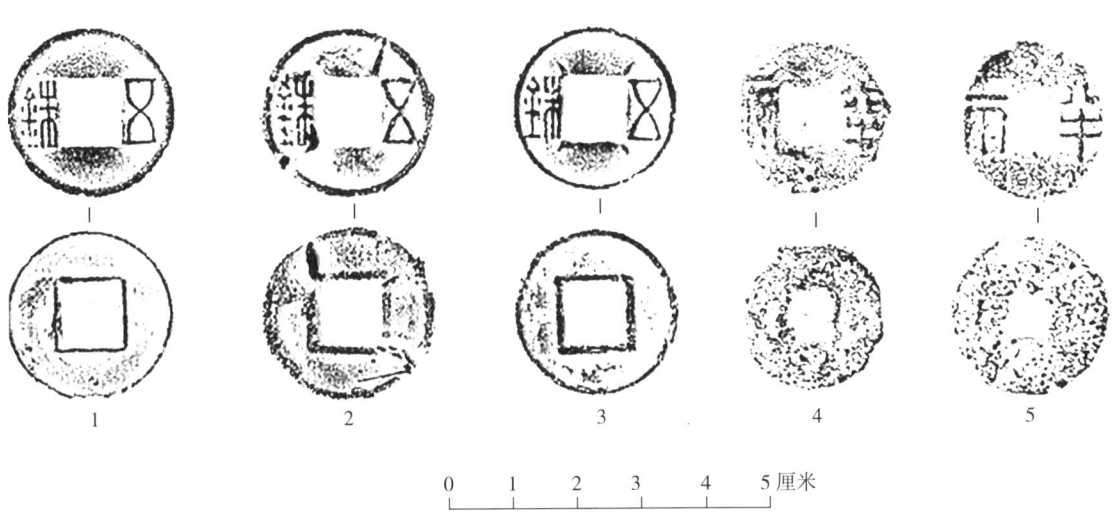

图二一九　M109 出土铜钱拓片

1. I 式五铢（M109：2-5）　2、3. II 式五铢（M109：2-1、M109：2-2）　4、5.半两（M109：2-7、M109：2-8）

M110 位于淮阳平粮台遗址东南部 T48 内。1983 年 5 月发掘。为斜坡墓道长方形竖穴土坑墓。发掘前墓上的土已被取走部分，铲平即见墓口。墓向 195°。全墓由墓道和墓室组成。（图二二〇）

墓道　位于墓室的南边。大部分已被破坏，现长 1.36 米，宽 1.16（南）~1.20（北）米，墓道底长与口长相同，宽 1.08~1.14 米。

墓室　平面形状为长方形，口长 4.15 米，宽 2.20 米。墓内填五花土，逐层填土，逐层夯实，比较硬。墓壁除东壁微斜外，其余均垂直。墓室分前后两部分，后部东西壁有生土二层台。台长相同，宽不一样。东台第一层台宽 0.20 米，距第二层台高 0.42 米，第二层台宽 0.24 米，距墓底 0.40 米。西台较窄，宽 0.12~0.15米，距墓底深 0.82 米。台下壁较斜直，底平。

葬具　不见任何葬具痕迹，情况不详。

葬式　情况不详。

随葬品　共 29 件，其中陶器 25 件、铜器 3 件、玉器 1 件，计有陶壶 7 件，陶鼎、釜、甑、罐、盒、卮均 2 件，陶匜、杯、钫、盘、鐎壶、双耳罐各 1 件，玉唅 1 件，以及铜镜、铜带钩和铜钱。（图二二一）

1. 陶器　25 件。有鼎 2 件、壶 7 件、钫 1 件、盒 2 件、罐 3 件、盘 1 件、卮 2 件、匜 1 件、杯 1 件、釜2 件、甑 2 件、鐎壶 1 件。

鼎　2 件。破。形制相近。标本 M110：9，弧形盖，顶部有一周凸弦纹。鼎子母口，敛口，弧腹，中腹部有凸弦纹一周，下腹部内收，平底，蹄足，长方形附耳外侈。口径 18 厘米，腹径 22 厘米，耳宽 26.5 厘米。（图版二三，1；图二二二，1）标本 M110：10，盖平顶，顶部有一周凸弦纹。鼎子母口，敛口，弧腹，中腹部有凸弦纹一周，下腹部内收，圜底，高蹄足，长方形附耳外侈。口径 18 厘米，腹径 21.7 厘米，耳宽27 厘米，通高 22.5 厘米。

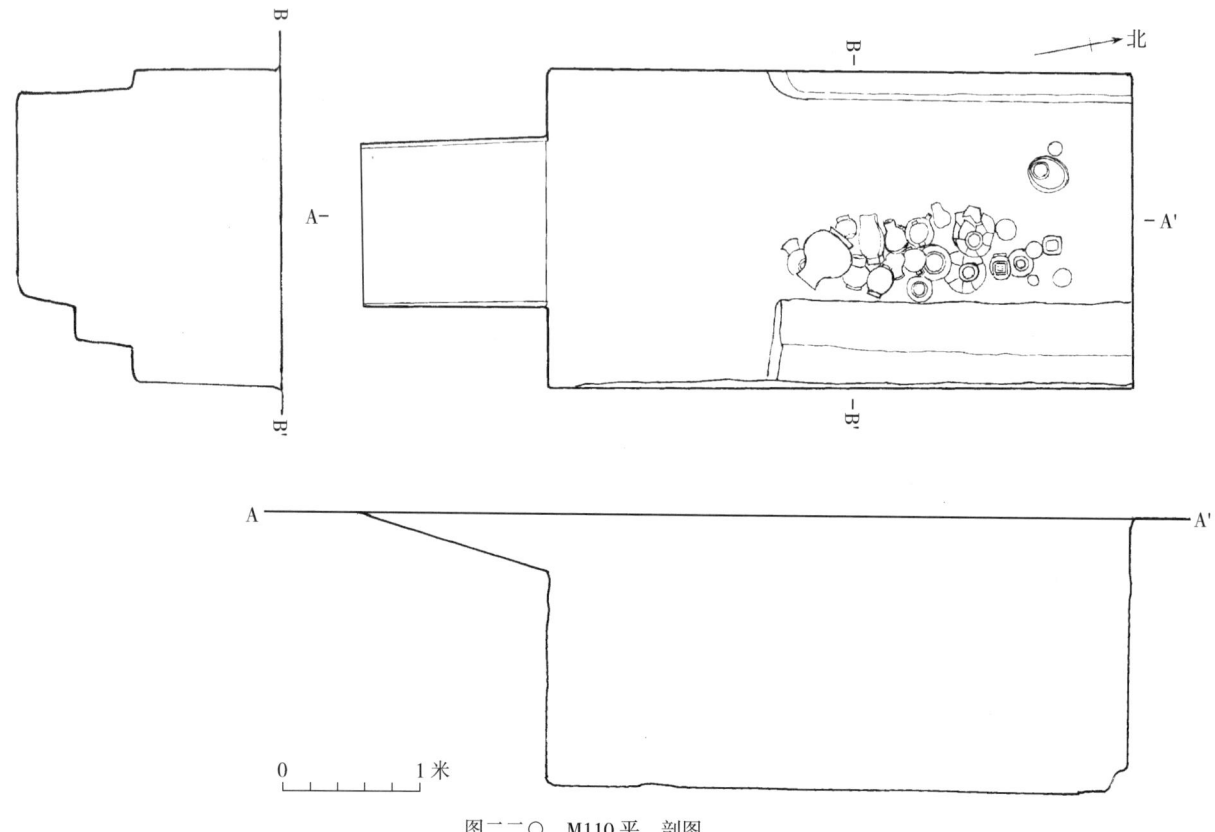

图二二〇　M110 平、剖图

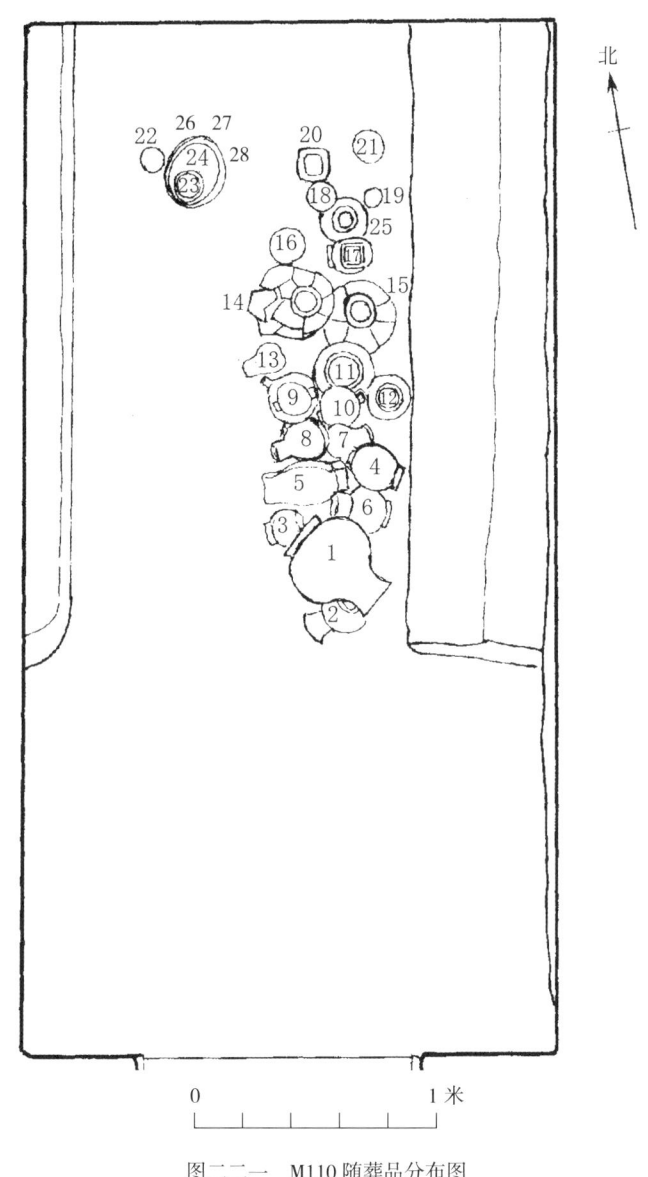

图二二一　M110 随葬品分布图

1~6、8. 陶壶　7. 陶镳壶　9、10. 陶鼎　11、12. 陶釜　13. 陶匜　14、15、25. 陶罐　16. 陶杯　17. 陶钫　18、19. 陶卮　20、21. 陶盒　22、23. 陶甗　24. 陶盘　26. 玉唅　27. 铜镜　28. 铜钱　29. 铜带钩（26~29 号出自填土）

壶　7 件。有整有破。其中完整者，按形制分圈足和假圈足两种，大小有别。

圈足壶　4 件。标本 M110：1，盖为弧顶，子母口，小口微侈，方唇，束颈，圆腹，平底，圈足外侈，上腹部有两个对称的铺首衔环，有六组凹弦纹。口径 14 厘米，腹径 30 厘米，圈足底径 20.5 厘米，通高 42 厘米。（图版二三，6；图二二二，6）标本 M110：3，弧形盖，子母口，壶为小口，直壁，杯口，束颈，鼓腹，平底，圈足外侈。腹部有两周凹弦纹。口径 11 厘米，腹径 20 厘米，圈足径 14 厘米，通高 31 厘米。（图版二三，5；图二二二，5）标本 M110：6，无盖，口残，壶为小口，束颈，鼓腹，平底，圈足外侈。颈部和腹部有三周凹弦纹。腹径 20 厘米，圈足径 13.5 厘米，残高 27 厘米。（图二二二，2）

假圈足壶　2 件。完整。形制、大小相同，纹饰有别。弧形盖，子母口。标本 M110：2，小口微侈，方唇，束颈，鼓腹，假圈足微侈，平底。口径 8 厘米，腹径 13 厘米，底径 10 厘米，通高 17.5 厘米。（图版二三，2；图二二二，4）

钫　1件。标本 M110：17，正方形，盘口，方唇，束颈，鼓腹，小平底，假圈足，肩部有两个对称的铺首衔环。口径 9.5 厘米，腹径 19.5 厘米，底径 12.5 厘米，高 28.5 厘米。（图版二三，3；图二二二，3）

盒　2件。形制相同。标本 M110：20，泥质灰陶。弧形盖，顶部有一周凸弦纹。子母口，敛口，弧腹，平底。口径 18.5 厘米，腹径 21.5 厘米，底径 11 厘米，通高 14.5 厘米。（图二二三，1）

厄　2件。标本 M110：18，破。泥质灰陶。弧形盖，盖顶有三周凹弦纹，直壁，方唇，子母口，斜直腹，平底，下附 3 个矮蹄足，上腹部有 1 个把手。口径 9.5 厘米，通高 14 厘米。（图二二三，2）

釜　2件。破。标本 M110：12，泥质黑陶。小口，方唇，短颈，鼓腹，平底，腹的中部有一周凸棱，棱上有两周带状三角纹，上腹部饰两个铺首衔环。口径 8.5 厘米，腹径 17.6 厘米，底径 9.6 厘米，高 13 厘米。（图版二四，1；图二二三，8）标本 M110：11，泥质黑陶，小口，方唇，短颈，鼓腹，平底，腹的中部有一周凸棱。凸棱为素面。口径 6.5 厘米，腹径 20.5 厘米，底径 6.5 厘米，高 13 厘米。（图版二四，3；图二二三，5）

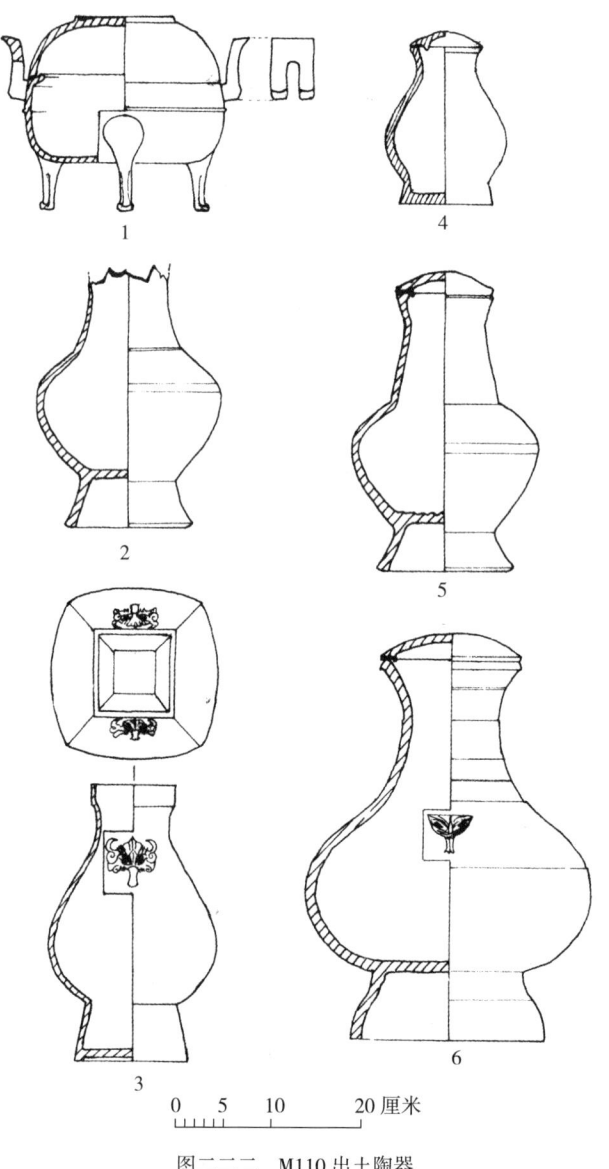

图二二二　M110 出土陶器

1. 鼎（M110：9）2. 圈足壶（M110：6）3. 钫（M110：17）4. 假圈足壶（M110：2）5. 圈足壶（M110：3）6. 圈足壶（M110：1）

　　鐎壶　1件。标本 M110：7，破。泥质灰陶。敛口，短颈，鼓腹，平底内凹，壶嘴似一昂首的狗头，两眼圆睁，曲柄，柄的断面呈长方形。口径5.5厘米，腹径13.5厘米，底径8.5厘米，柄长6.5厘米，高9厘米。（图版二四，4；图二二三，3）

　　杯　1件。标本 M110：16，破。泥质灰陶。口呈圆形，尖唇，直壁，近底部微敛，平底。口径7厘米，底径5厘米，高12厘米。（图版二四，2；图二二三，4）

　　双耳罐　1件。标本 M110：25，破。泥质灰陶。侈口，折沿，方唇，束颈，弧肩，鼓腹，圜底，肩部有双耳。上腹部饰凹弦纹，下腹部饰绳纹。口径12厘米，腹径27.5厘米，高28.5厘米。（图版二三，4；图二二三，10）

　　罐　3件。标本 M110：15，破。泥质灰陶。小口，圆唇，鼓腹，平底。上腹部有两周凹弦纹，器内有轮制时形成的瓦纹。腹径23.5厘米，底径14厘米，高17.5厘米。（图版二四，6；图二二三，7）标本 M110：14，泥质灰陶。小口，折沿，方唇，短颈，鼓腹，平底。素面。口径9.5厘米，腹径15厘米，底径9.5厘米，高15厘米。（图版二四，5；图二二三，9）

　　盘　1件。标本 M110：24，破。泥质灰陶。敞口，折沿，方唇，折腹，小平底。口径25厘米，底径10.5

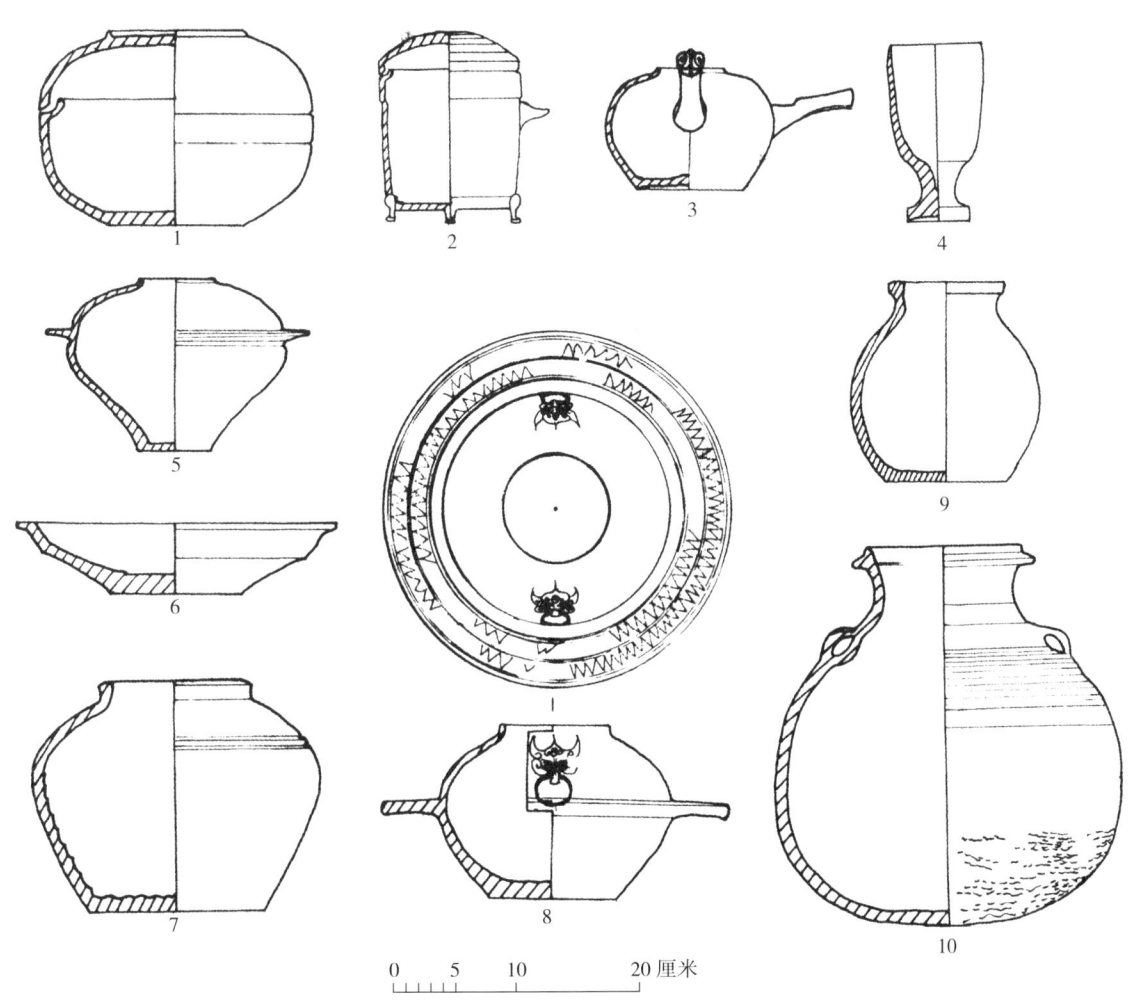

0　5　10　　20厘米

图二二三　M110 出土陶器

1.盒（M110：20）2.卮（M110：18）3.鐎壶（M110：7）4.杯（M110：16）5、8.釜（M110：11、M110：12）
6.盘（M110：24）7、9.罐（M110：15、M110：14）10.双耳罐（M110：25）

厘米，高 4 厘米。（图二二三，6）

2. 铜器、铜钱 3 件（套）。有铜镜 1 枚、铜带钩 1 件、铜钱 4 枚。

铜镜 1 枚。标本 M110：27，破。连弧多乳山字钮镜，圆形，镜面平直，山字形钮，钮上正中有一乳，周围环八乳，圆钮座，座外一周绚纹，再外有一周凸弦纹，其间有四乳，圆形乳座，间饰七星、五星，并绕以蟠螭纹，边缘为十六连弧。面径 8.8 厘米，背径 8.6 厘米，钮高 0.7 厘米，钮径 1.4 厘米，缘弧宽 0.6 厘米，缘厚 0.35 厘米，肉厚 0.15 厘米。（图二二四，1）

铜带钩 1 件。标本 M110：29，铜质锈蚀。钩呈琵琶状，钩首呈兽首状，钩背有圆钮。素面。长 5.7 厘米，宽 1.7 厘米，高 1.5 厘米。（图二二四，3）

五铢 4 枚。标本 M110：28，圆形，正方形穿，钱边缘有周郭，穿之背面有周郭，穿之正面左右两侧铸有篆书"五铢"二字，"五"字呈对顶炮弹形。钱径 2.7 厘米，郭径 2.7 厘米，郭宽 0.1 厘米，郭厚 0.2 厘米，肉厚 0.1 厘米，穿径 1 厘米。（图二二四，4）

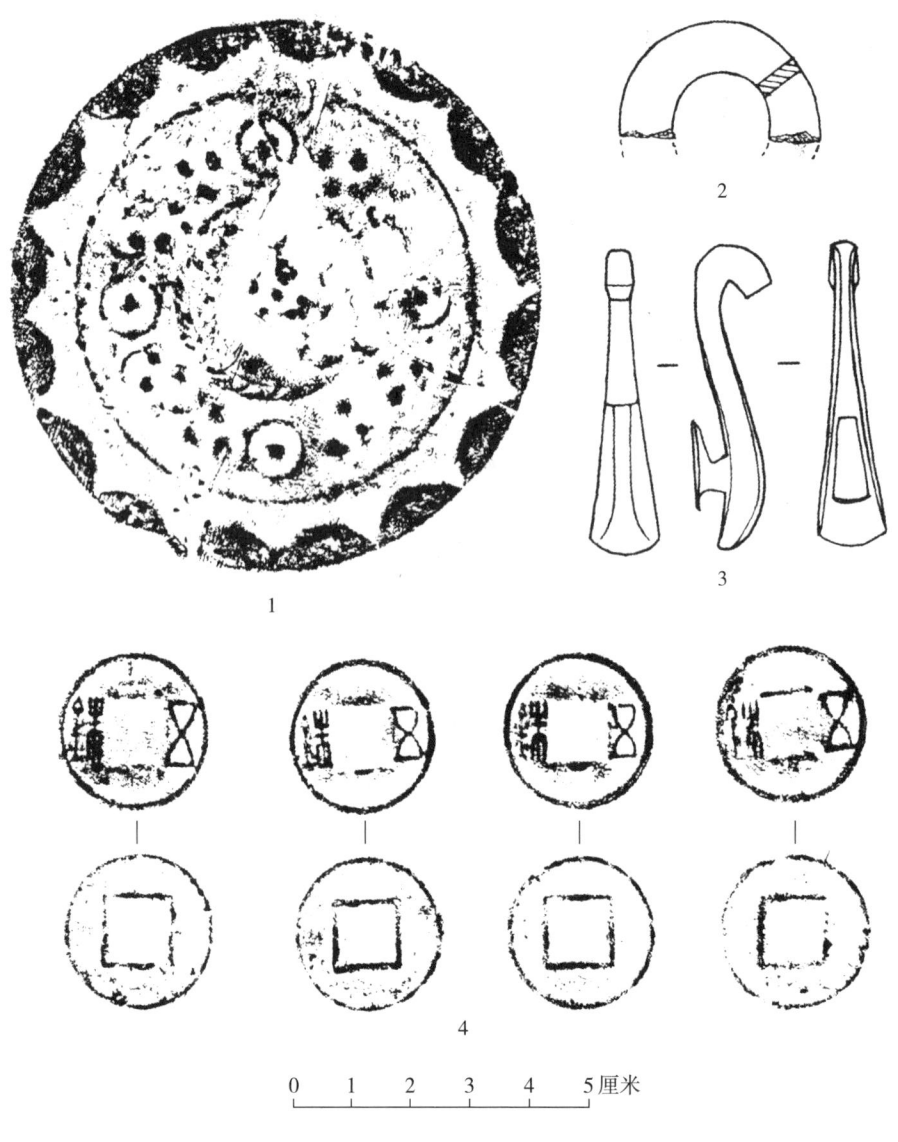

0 1 2 3 4 5厘米

图二二四 M110 出土铜器、铜钱及玉器

1. 铜镜（M110：27） 2. 玉晗（M110：26） 3. 铜带钩（M110：29） 4. 五铢（M110：28）

3. 玉器　1件。

标本 M110∶26，玉唅。残。风化后呈白色，为半块玉环。外径 3.4 厘米，内径 1.8 厘米，断面呈长方形。残长 3.7 厘米，残高 2 厘米，厚 0.3 厘米。（图二二四，2）

M139 位于淮阳平粮台遗址北部。1984 年 6 月发掘。为斜坡墓道长方形竖穴土坑墓。发掘前墓上的土已被取走部分，铲平即见墓口。墓向 205°。

墓道　位于墓室的南边偏西。大部分已被破坏，现长 1 米，宽 1.10 米，最深处距墓底 0.16 米。

墓室　墓口长 3.80 米，宽 1.60 米。墓壁垂直，底平。内填五花土，逐层填土，逐层夯实，比较硬。

葬具　墓室的中东部置木棺一具，已腐朽殆尽，据其灰迹可知棺长 2.12 米，宽 0.60 米。

葬式　棺内有人骨一具，保存较差，为仰身直肢葬，头向北，面向不知。（图二二五）

随葬品　共 46 件。其中陶瓷器 18 件、玉石器 2 件、铜器 21 件、铁器 4 件、骨器 1 件。

1. 陶瓷器　共 18 件。有陶罐 9 件、陶壶 1 件，釉陶瓿 1 件、釉陶釜 1 件、釉陶灶 1 件、釉陶井 1 件，釉陶壶、瓷壶各 2 件。

罐　9 件。其中完整可分型者共 6 件，分两型。

Ⅰ 型：圆腹罐。4 件。泥质灰陶。形制相同，大小不等。标本 M139∶1，口微敞，小口圆唇，短颈，圆鼓腹，大平底。上腹部饰凸弦纹，下腹部饰绳纹。口径 12 厘米，腹径 25 厘米，底径 13.6 厘米，高 22.5 厘米。（图二二六，1）标本 M139∶3，小口微侈，圆唇，矮颈，圆腹，大平底。中腹部有三周凹弦纹，下腹部饰绳纹。口径 12 厘米，腹径 27 厘米，底径 13 厘米，高 23 厘米。（图二二六，2）标本 M139∶4，小口，圆唇，短颈，圆腹，大平底。中腹部有三周凹弦纹，下腹部饰绳纹。腹径 25.5 厘米，高 24.5 厘米。（图二二六，5）标本 M139∶8，小口，圆唇，短颈，圆腹，大平底。上、中腹部有五周凹弦纹，下腹部饰绳纹。腹径 25.7 厘米，底径 12.5 厘米，高 23.5 厘米。（图二二六，4）

Ⅱ 型：束颈折腹罐。2 件。标本 M139∶37，敞口，尖唇，束颈，折腹，平底。口径 9 厘米，腹径 14.5 厘米，底径 8.5 厘米，高 16 厘米。（图二二六，3）标本 M139∶40，盘口，圆唇，束颈，折腹，平底。上腹部饰凸弦纹。口径 9 厘米，腹径 25 厘米，底径 14 厘米，高 29.5 厘米。（图二二六，6）

釉陶壶　2 件。破。红陶胎，釉色红中带青。形制相同。口微侈，方唇，颈微束，圆腹，圜底，矮圈足。颈腹交接处饰凸弦纹，上腹部模印对称铺首。标本 M139∶10，腹部有两条锥刺纹，下腹部有绳纹。口径 14 厘米，腹径 29 厘米，圈足径 14 厘米，高 38.6 厘米。（彩版五〇，1；图二二七，1）标本 M139∶9，弧形盖。腹部有六条凹弦纹。圈足径 13.5 厘米。（彩版五〇，2；图二二七，2）

釉陶灶　1 套。由甑、釜、灶组成。标本 M139∶42、M139∶38、M139∶39，甑的红釉施于口部和甑内，釜、灶均施红釉。甑为敞口，折沿，方唇，小平底，底部有一排 3 个长方形甑孔；釜为敛口，圆唇，鼓腹，小平底；灶为椭圆形，上部有灶孔可以放釜，灶壁前部有 1 个圆孔可以放薪柴，后部有 1 个高翘的狗头烟囱。灶的底径 14 厘米，通高 14 厘米。（彩版五〇，3；图二二七，6）

釉陶井　1 件。标本 M139∶41，完整。施红釉。敛口，圆唇，腹微鼓，底微敛，中空。口径 6.5 厘米，腹径 8.5 厘米，底径 7 厘米，高 6 厘米。（彩版五〇，4；图二二七，3）

瓷壶　2 件。形制相同，大小有别。完整。侈口，舌唇，束颈，圆鼓腹，平底，矮圈足，圈足内收。颈部饰数周波浪纹，上腹部饰两组凹弦纹，带状双耳上饰叶脉纹，耳的上部与壶面接触处画卷云纹，下腹部饰凹弦纹。标本 M139∶7，口径 14 厘米，腹径 25 厘米，底径 14 厘米，高 33 厘米。（彩版五〇，5；图二二七，

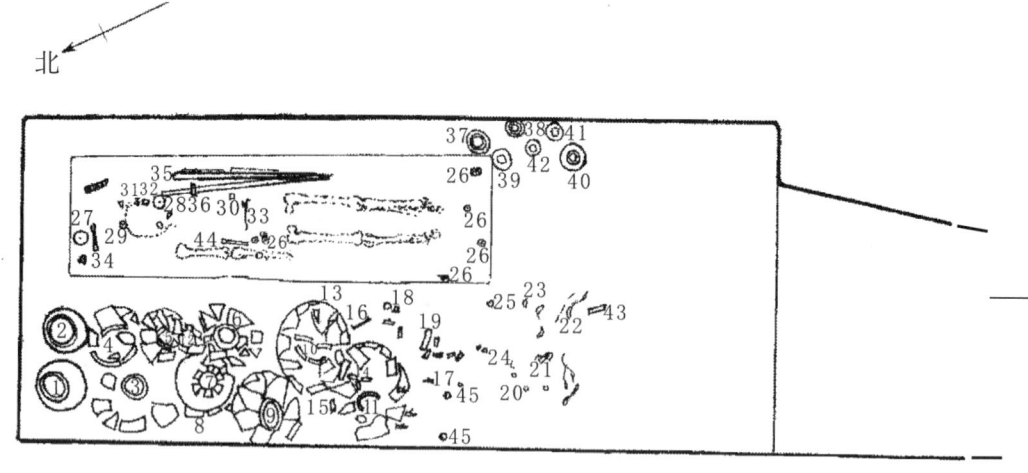

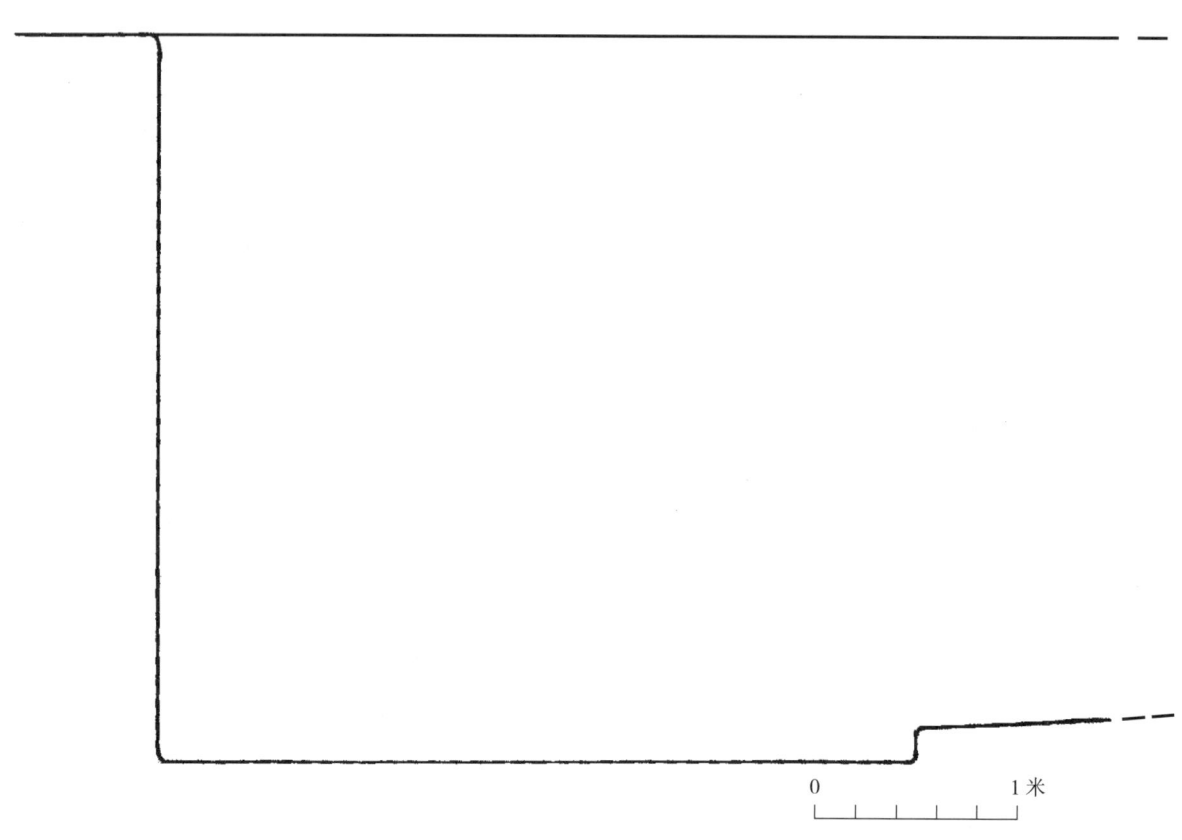

图二二五　M139平、剖图

1~6、8、37、40.陶罐　7、11.瓷壶　9、10.釉陶壶　12.陶壶　13.骨锥　14.铜卮足　15.铜铺首衔环　16.铜车镶边　17.铜盖弓帽
18.铜车軎　19.铜伞柄　20.小铜泡钉　21.铜当卢　22.铜马衔镳　23、25.铜车饰　24.铜饰　26.铜钱　27、28.铜镜
29.大铜泡钉　30.铜印章　31.石鼻塞　32.玉蝉　33.铜带钩　34.铜刷　35、36.铁剑　38.釉陶釜　39.釉陶灶　41.釉陶井
42.釉陶甑　43.铁钉　44.铁环首刀　45.铜兽　46.铜槽

4）标本M139：11，口径14厘米，腹径23厘米，底径14厘米，高31厘米。（彩版五〇，6；图二二七，5）

2.铜器、铜钱　21件/组。有镜、带钩、刷、卮足、铺首衔环、铜车镶边、盖弓帽、车軎、伞柄、小铜泡钉、大铜泡钉、当卢、马衔镳、车饰、铜饰、兽面、槽、印章及铜钱。

铜镜　2枚。标本M139：27，四乳蟠螭纹镜。完整。圆形，镜面微弧，圆形钮，重圈钮座，其外有两周

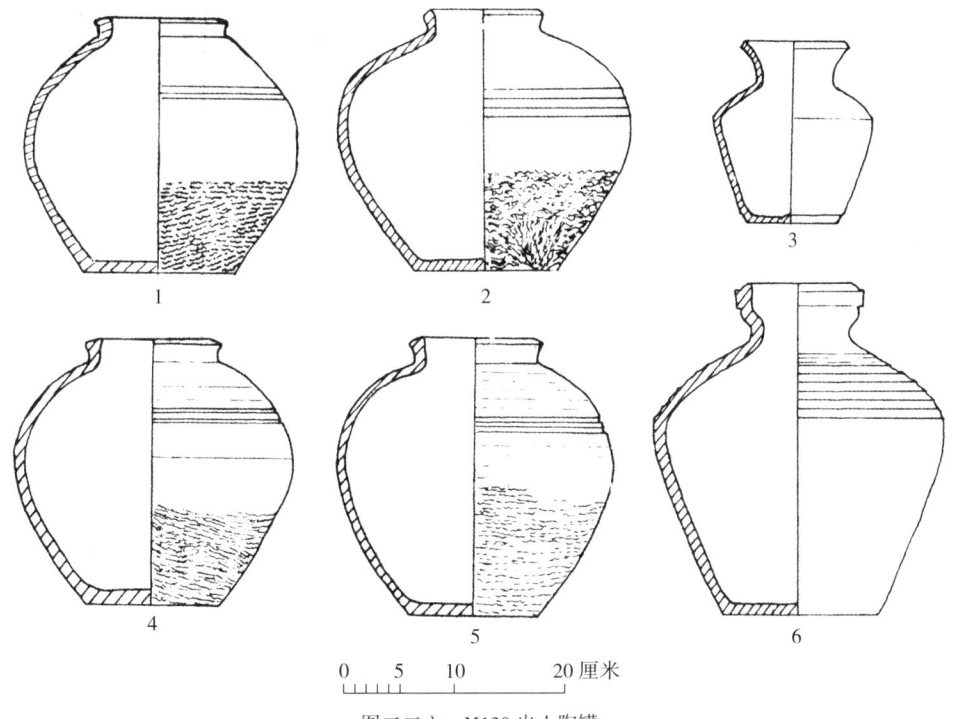

图二二六　M139 出土陶罐

1、2、4、5. 圆腹罐（M139：1、M139：3、M139：8、M139：4）　3、6. 束颈折腹罐（M139：37、M139：40）

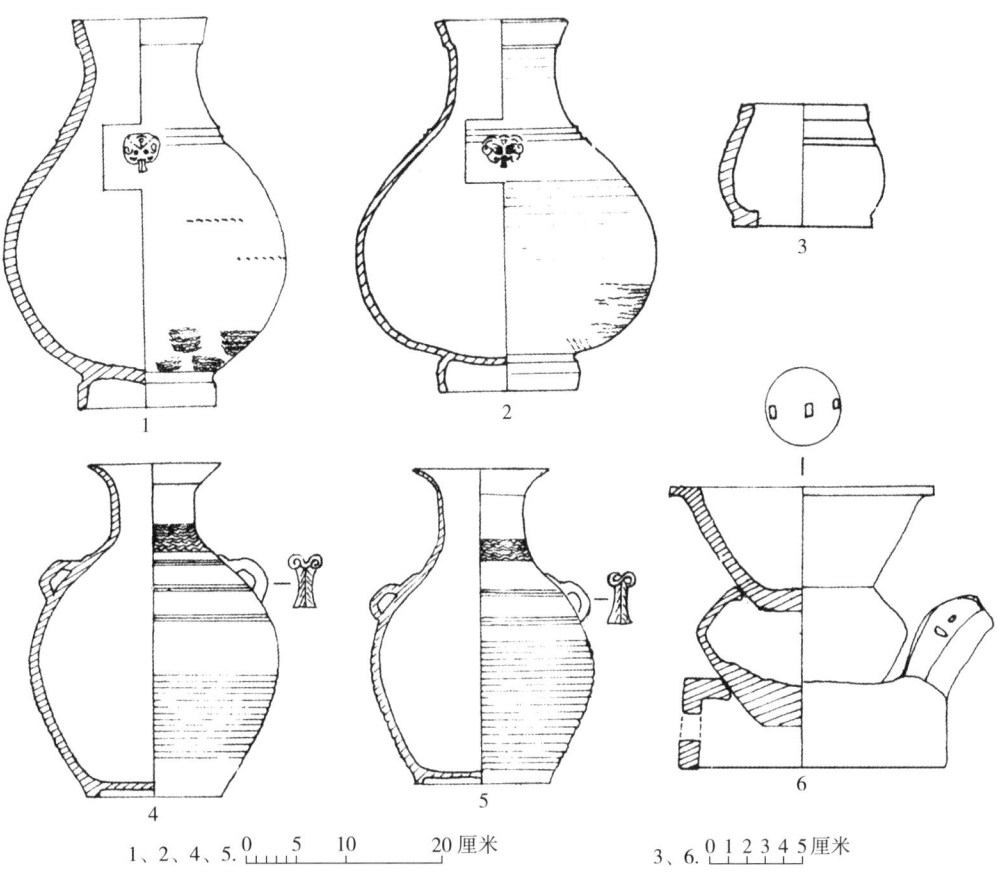

图二二七　M139 出土釉陶器、瓷器

1、2. 釉陶壶（M139：10、M139：9）　3. 釉陶井（M139：41）　4、5. 瓷壶（M139：7、M139：11）

6. 釉陶甑、釜、灶（M139：42、M139：38、M139：39）

凸弦纹，其外有四乳，间以蟠螭纹，再外为一周凸弦纹，再外为缘郭。面径 7.9 厘米，背径 7.7 厘米，钮高 0.5 厘米，钮宽 0.8 厘米，缘宽 1.2 厘米，缘厚 0.4 厘米，肉厚 0.1 厘米。（彩版五一，1；图二二八，1）标本 M139：28，内连弧日光镜。完整。圆形，镜面微弧，圆形钮，圆钮座，外为连弧纹，其外铭文曰"见日之光天下大明"。面径 7.9 厘米，背径 7.5 厘米，钮高 0.5 厘米，钮宽 0.8 厘米，缘宽 0.9 厘米，缘厚 0.5 厘米，肉厚 0.2 厘米。（彩版五一，2；图二二八，2）

印章　1件。标本 M139：30，平面呈正方形，带状钮。篆文"彭强之印"。边长 2 厘米。（图二二八，3）

带钩　2件。标本 M139：33-1，器物似蛇状，钩背有一圆形钮，腹部略宽，尾部微翘。长 5.6 厘米，宽 2 厘米。（图二二九，1）标本 M139：33-2，器头似蛇头状，器身较长，钩背有一圆形钮，尾部已残。残长

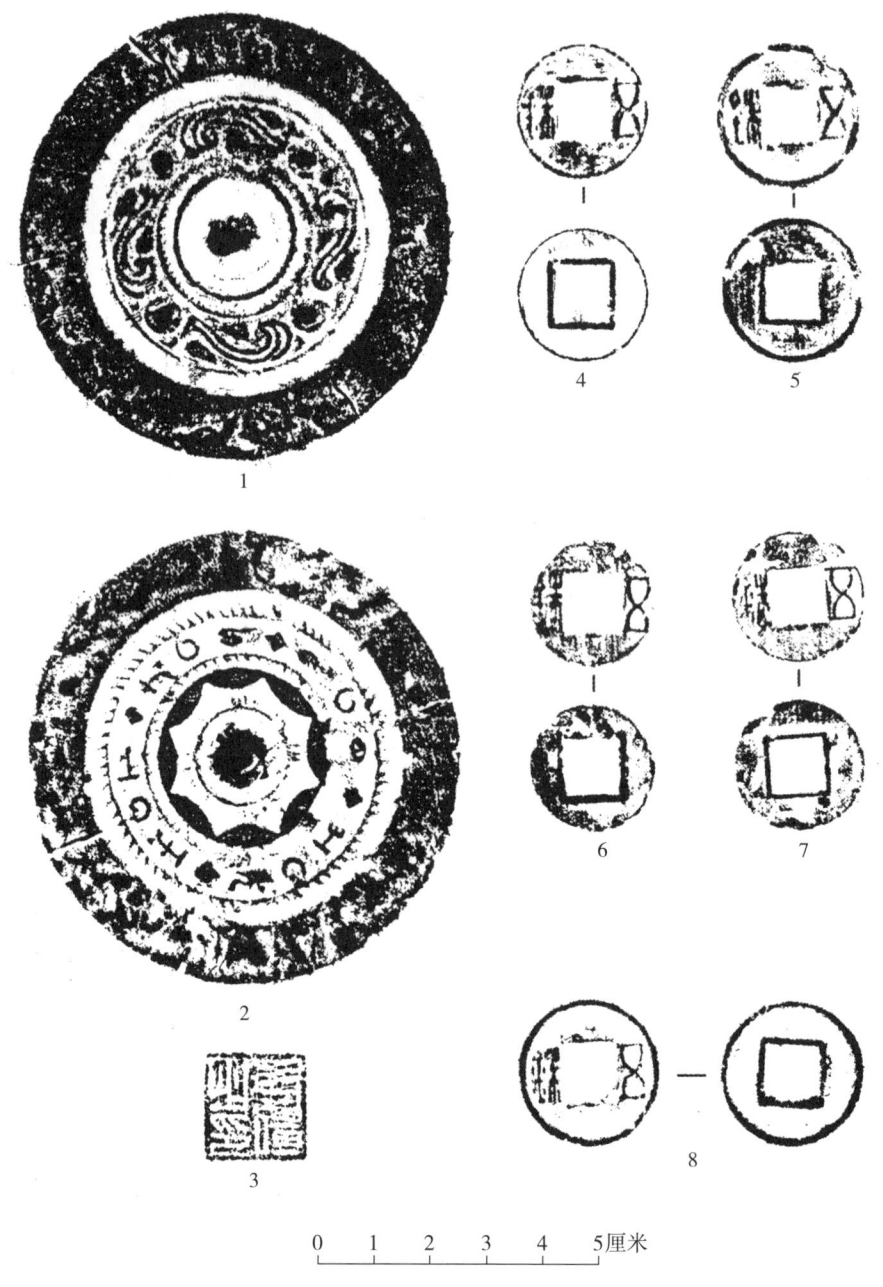

图二二八　M139 出土铜器、铜钱拓片

1、2.镜（M139：27、M139：28）3.印章（M139：30）4~8.五铢（M139：26-2、M139：26-1、M139：26-4、M139：26-5、M139：26-3）

17.2 厘米，宽 0.4 厘米。（图二二九，2）

　　刷　1 件。标本 M139：34，器如烟斗状，柄较长，柄后端有一孔，便于悬挂，柄后端呈锥状略翘。长 11.5 厘米，宽 1.2 厘米。（彩版五一，7；图二三〇，1）

　　扅足　1 件。标本 M139：14，器物头呈圆形，中间收分，尾部呈燕翅状。长 4 厘米，宽 3 厘米。（图二二九，10）

　　车镶边　1 件。标本 M139：16，器呈"一"形，有四棱。长 8.5 厘米，宽 2 厘米。（图二三〇，2）

　　盖弓帽　1 件。标本 M139：17，形如圆帽伞状，小圆顶，尖圆唇，侧面置一锥状钉。素面。高 2.6 厘米，直径 0.5 厘米。（彩版五一，3；图二二九，11）

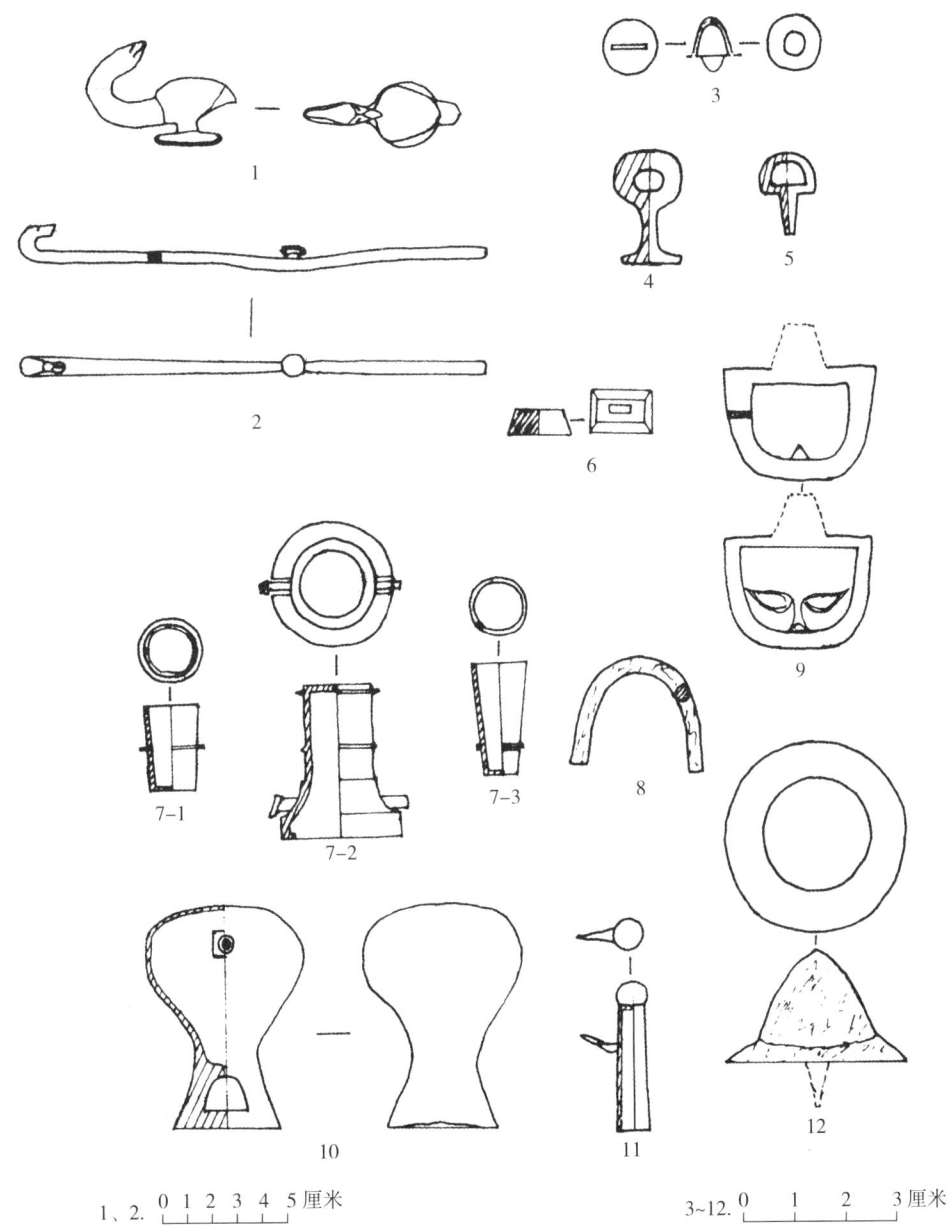

图二二九　M139 出土铜器

1、2. 带钩（M139：33-1、M139：33-2）3. 小泡钉（M139：20）4. 车饰（M139：23）5. 车饰（M139：25）6. 槽（M139：46）

7. 车軎（M139：18）8. 铜饰（M139：24）9. 兽面（M139：45）10. 扅足（M139：14）11. 盖弓帽（M139：17）12. 大泡钉（M139：29）

车䡇　1件。标本 M139：18，器呈喇叭状，饰两道凸棱，粗端横穿一长方形条。高 2.7 厘米，直径 2.2 厘米。（彩版五一，5；图二二九，7）

伞柄　1件。标本 M139：19，圆柱形。长 9 厘米。（图二三〇，3）

泡钉　2件。似帽状。标本 M139：20，高 0.9 厘米，直径 1 厘米。（图二二九，3）标本 M139：29，高 3 厘米，直径 3.4 厘米。（彩版五一，4；图二二九，12）

当卢　1件。标本 M139：21，整体形状呈上宽下窄的竖长条形，顶部为"山"字形，中腰两侧各有两

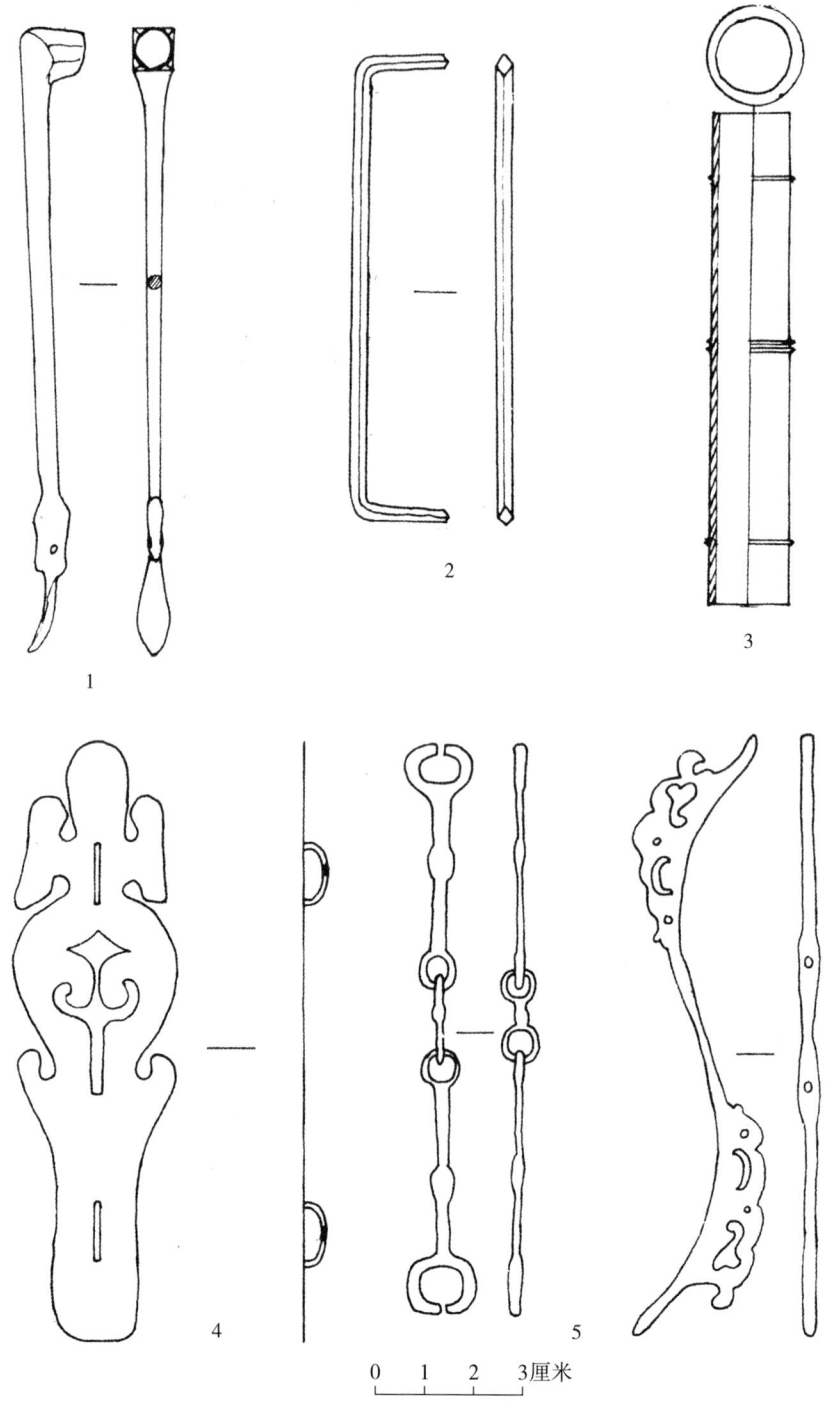

图二三〇　M139 出土铜器

1. 刷（M139：34）　2. 车镶边（M139：16）　3. 伞柄（M139：19）　4. 当卢（M139：21）　5. 马衔镳（M139：22）

个云形钩状饰，中部镂空，下端呈长舌状，背后上下部饰对称半圆形鼻。长 11 厘米，宽 3.2 厘米。（彩版五一，8；图二三〇，4）

马衔镳　1 件。标本 M139：22，勒马嘴器物，分衔与镳。衔为两节式，钮索状，两端为椭圆形环。镳为"S"形，两边饰透雕云纹。衔长 10.5 厘米，宽 1.3 厘米；镳长 11 厘米，宽 1.3 厘米。（彩版五一，6；图二三〇，5）

车饰　2 件。标本 M139：23，似灯状。长 2 厘米，宽 1.3 厘米。（图二二九，4）标本 M139：25，似帽钉状。长 1.5 厘米，宽 1.1 厘米。（图二二九，5）

铜饰　1 件。标本 M139：24，器物为拱形。高 2.1 厘米，宽 2.4 厘米。（图二二九，8）

兽面　1 对。标本 M139：45，器物形状如同兽面，有沿，沿内兽眼、鼻清晰可见。长 2.8 厘米。（图二二九，9）

槽　1 件。标本 M139：46，器物形状近似梯形。长 1.2 厘米，宽 0.7 厘米，高 0.4 厘米。（图二二九，6）

五铢　56 枚。其中一部分残甚，仅对 29 枚保存状况较好的进行分型。分四型。

Ⅰ型：5 枚。圆形，正方形穿，钱边缘有周郭，穿之背面有周郭，穿之正面左右两侧铸有篆书"五铢"二字，"五"字的左撇近直。标本 M139：26-1，钱径 2.4 厘米，郭径 2.6 厘米，郭宽 0.15 厘米，郭厚 0.2 厘米，肉厚 0.1 厘米，穿径 0.9 厘米。（图二二八，5）

Ⅱ型：6 枚。完整。圆形，正方形穿，钱边缘有窄周郭，穿之背面有周郭，穿之正面左右两侧铸有篆书"五铢"二字，"五"字呈对顶炮弹头形。标本 M139：26-2，钱径 2.45 厘米，郭径 2.4 厘米，郭宽 0.125 厘米，郭厚 0.2 厘米，肉厚 0.1 厘米，穿径 0.9 厘米。（图二二八，4）标本 M139：26-3，钱径 2.45 厘米，郭径 2.4 厘米，郭宽 0.125 厘米，郭厚 0.2 厘米，肉厚 0.1 厘米，穿径 0.9 厘米。（图二二八，8）

Ⅲ型：5 枚。完整。剪轮五铢，郭边不全，正面很窄，背面无郭，穿有郭或无郭，"五铢"的"铢"字清晰。标本 M139：26-4，钱径 2.3 厘米，郭厚 0.1 厘米，肉厚 0.1 厘米，穿径 0.9 厘米。（图二二八，6）

Ⅳ型：13 枚。完整。剪轮五铢，但有下窄郭，正背面郭均很窄，背面无郭，"五铢"的"铢"字清晰。标本 M139：26-5，钱径 2.15 厘米，郭径 2.3 厘米，郭厚 0.05 厘米，肉厚 0.1 厘米，穿径 0.95 厘米。（图二二八，7）

3. 玉石器　2 件。有玉蝉、石鼻塞。

玉蝉　1 件。标本 M139：32，完整。白玉。蝉形，腹部扁平，未进一步加工。长 4.6 厘米，宽 2.9 厘米，厚 0.3 厘米。（图二三一，1）

石鼻塞　1 对。标本 M139：31，骨质棒状，一端微粗，一端细。长 2 厘米，直径 1 厘米。（图二三一，2）

4. 铁器　4 件。有剑 2 件，环首刀、钉各 1 件。

剑　2 件。形制不同。标本 M139：35，剑身较长，双面刃，剑身有脊，茎已残，茎与剑身交接处有剑镡，锈蚀严重。通长 70 厘米，其中柄长 16 厘米。标本 M139：36，剑身较长，双面刃，剑身有脊，锈蚀严重。通长 75 厘米。

环首刀　1 件。标本 M139：44，锈蚀过甚。环呈椭圆形，刀为直背，尖端刃部呈弧形。长 18.5 厘米，宽 1.6 厘米。（图二三二，1）

钉　1 件。标本 M139：43，断面呈三角形。长 6 厘米，边长 1.3 厘米，高 1 厘米。

5. 骨器　1 件。

标本 M139：13，锥。器物有三棱，平面呈三角形，整体呈锥形。长 5.7 厘米。（图二三二，2）

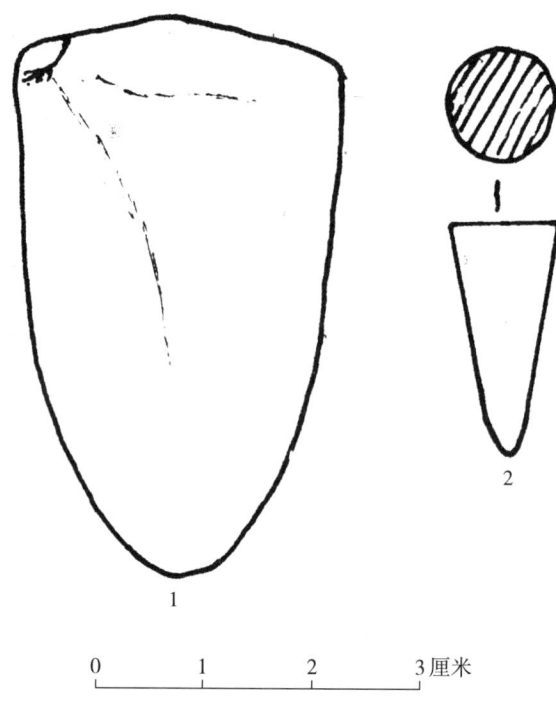

0   1   2   3厘米

图二三一　M139 出土玉器、石器

1. 玉蝉（M139∶32）　2. 石鼻塞（M139∶31）

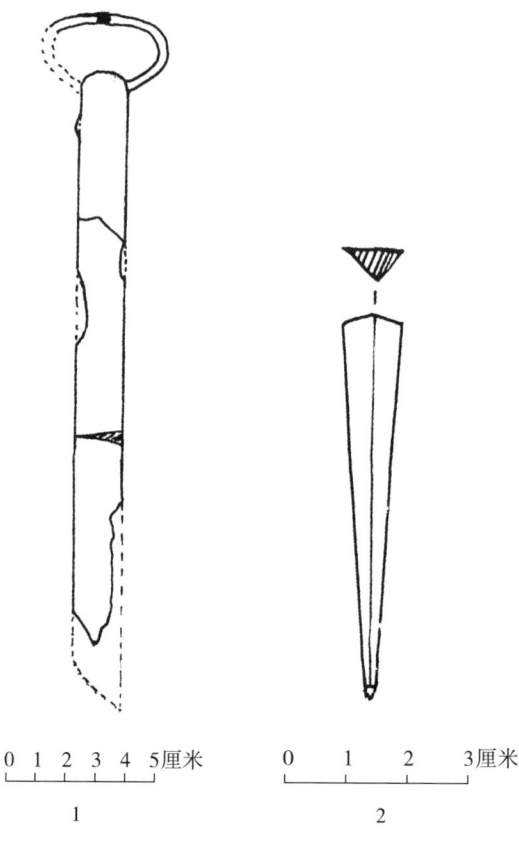

0 1 2 3 4 5厘米　　　0　　1　　2　　3厘米

　　　1　　　　　　　　　2

图二三二　M139 出土铁器、骨器

1. 铁环首刀（M139∶44）　2. 骨锥（M139∶13）

M161 位于淮阳平粮台遗址北部的 T112 内。1984 年 9 月发掘。为斜坡墓道竖穴土坑墓。墓口距地表深 1 米。墓向 200°。（图二三三）

墓道 位于墓室南部偏向东南角，墓道南部已被部分破坏，残长 2.70 米，宽 1.15~1.30 米。墓道壁垂直、规整。墓道末端距墓底深 0.82 米。

墓室 位于墓道北端。口长 2.90 米，宽 1.62 米。墓内填五花土，逐层填土，逐层夯实，夯土比较硬。壁垂直、规整，平底。

葬具 墓室东部置木棺一具，腐朽殆尽，根据灰痕推知棺长 2.10 米，宽 0.62 米。

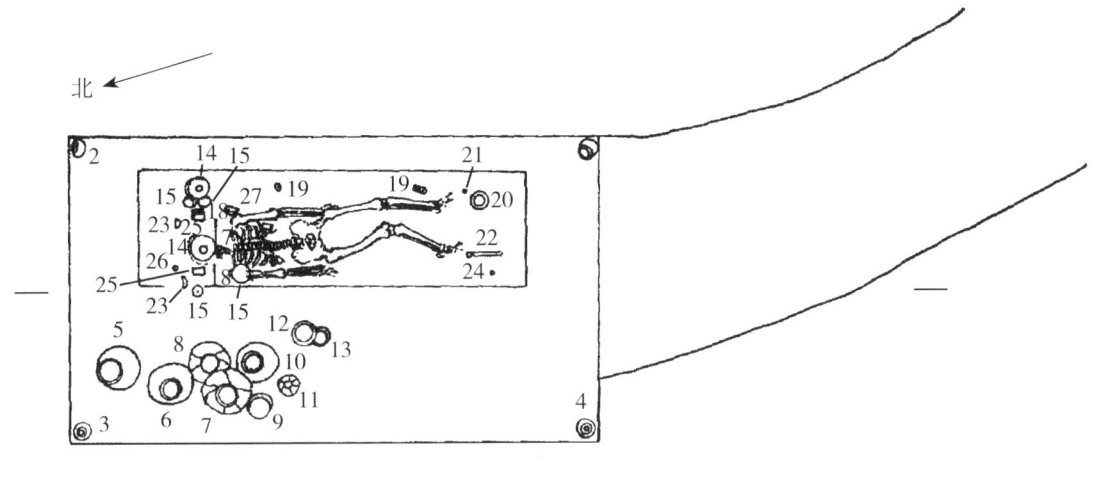

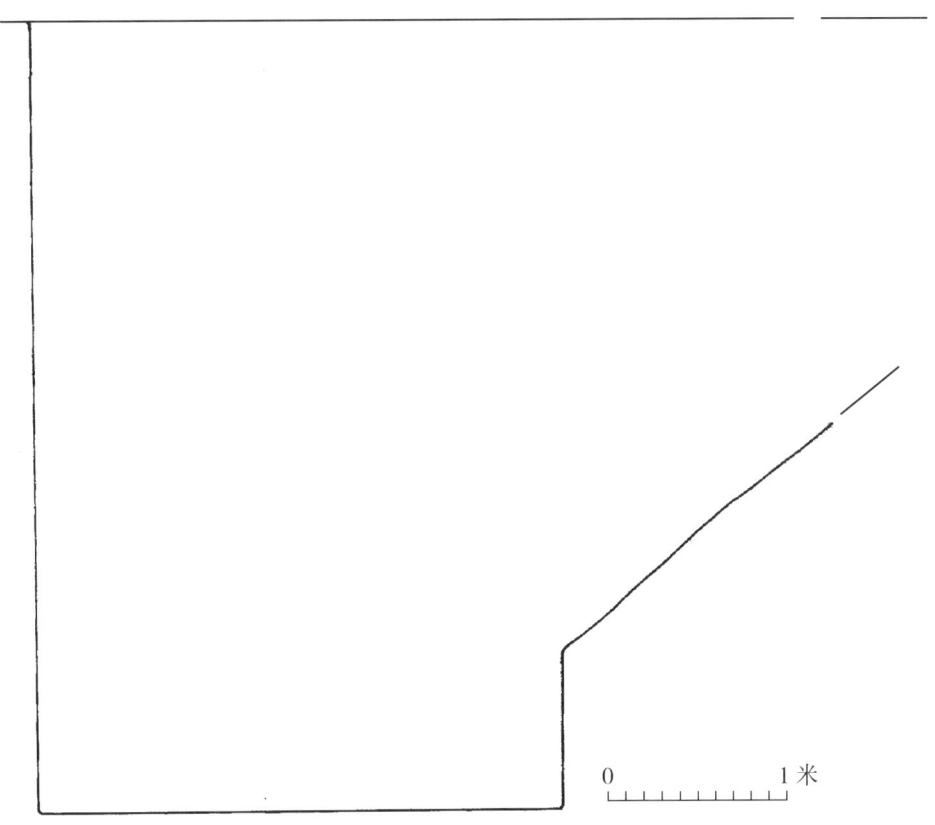

图二三三 M161 平、剖图

1~4、6. 陶罐　5、7. 釉陶壶　8、10、11. 釉陶罐　9. 铜洗　12. 釉陶灶　13. 釉陶井　14. 玉璧　15. 铜镜　16. 玉蝉　17. 玉鼻塞
18. 玉耳塞　19. 铜钱　20. 铜熏炉　21. 铜饰　22. 铁环首刀　23. 半圆形玉饰　24. 铜顶针　25. 长方形玉饰　26. 玉环　27. 蝉形玉饰

葬式　棺内有人骨一具，保存不佳，据遗痕观察，为仰身直肢葬，头向北，面向不知。

随葬品　共 20 余件（套），其中有陶罐、釉陶、玉石器、铜器、铁器。

1. 陶器、釉陶器　有陶罐 5 件、釉陶壶 2 件、釉陶罐 3 件、釉陶井 1 件、釉陶灶釜甑 1 套。

陶罐　5 件。泥质灰陶。根据形制可分两型。

Ⅰ 型：平底罐。4 件。完整。泥质灰陶。形制相同。小口，折沿，圆唇，束颈，鼓腹，平底。标本 M161：2，口径 10 厘米，腹径 13 厘米，底径 9 厘米，高 12 厘米。（图二三四，1）标本 M161：4，口径 10 厘米，腹径 12 厘米，底径 8 厘米，高 11.5 厘米。（图二三四，2）

Ⅱ 型：折沿双耳圜底罐。1 件。标本 M161：6，破。小口，平折沿，圆唇，短颈，鼓腹，圜底内凹，上腹部饰凹弦纹，下腹部饰绳纹，上腹部有两个对称的耳。口径 16 厘米，腹径 28 厘米，底径 16 厘米，高 32 厘米。（图二三四，3）

釉陶器　7 件。胎为红陶，施釉，部分口为红釉，体为绿釉。器物有壶 2 件、罐 3 件、甑釜灶 1 套、井 1 件。

壶　2 件。1 整 1 破。形制相同，釉色有别。标本 M161：5，完整。口部釉为深绿色，腹部为红釉。直口，方唇，束颈，圆腹，平底，下附圈足微侈。上腹部有两周宽凹弦纹，肩部拍印两个对称的兽面铺首。口径 15.6 厘米，腹径 29 厘米，圈足径 14 厘米，高 34.5 厘米。（彩版五二，1；图二三五，1）标本 M161：7，破。口部至腹部施深绿色釉，下腹部为红釉。直口，方唇，束颈，圆腹，平底，下附圈足微侈。上腹部有宽凹弦纹，肩部拍印两个对称的兽面铺首。口径 14.5 厘米，腹径 30 厘米，圈足径 14 厘米，高 35.5 厘米。（彩版五二，3；图二三五，2）

罐　3 件。破。均施红釉。标本 M161：11，盖为笠状，顶部饰圆圈，小口，圆唇，短颈，圆肩，鼓腹，小平底，上腹部饰带状方格纹，有两个对称的假耳，耳突出，上饰叶脉纹，下腹部饰绳纹。口径 13 厘米，腹径 28 厘米，底径 13 厘米，通高 29.6 厘米。（彩版五二，6；图二三五，5）标本 M161：10，盖为平顶，顶部饰圆圈，子母口，小口，圆唇，短颈，圆肩，鼓腹，小平底，上腹部饰两周凹弦纹，有两个对称的假耳，耳突出，上饰叶脉纹，下腹部饰凹弦纹。口径 15 厘米，腹径 27 厘米，底径 14 厘米，通高 28.4 厘米。（彩版五二，5；图二三五，6）标本 M161：8，无盖，小口，方唇，短颈，圆肩，鼓腹，小平底，上腹部饰凹弦纹，有两个对称的假耳，耳突出，上饰叶脉纹。口径 12.5 厘米，腹径 26 厘米，底径 14 厘米，高 21 厘米。（彩版五二，4；图二三五，7）

甑、釜、灶　1 套。标本 M161：12，灶破，甑、釜完整，均施釉，但釉色有别：甑施绿釉，间有红釉，施于口部和甑内；釜、灶均施红釉。甑为敞口，圆唇，小平底，底部有一排 3 个圆形甑孔。釜为小口，圆唇，短颈，鼓腹，小平底。灶为圆形，中间有 1 个圆孔，可以放甑，直壁，有 1 个圆形烧火孔。灶口径 13 厘米，底径 14 厘米，通高 16 厘米。（彩版五二，2；图二三五，3）

井　1 件。标本 M161：13，完整。施红釉，部分变为深绿釉。敛口，方唇，腹微鼓，底微敛，中空。口径 7 厘米，腹径 8 厘米，底径 7 厘米，高 6 厘米。（图二三五，4）

2. 铜器　有洗、熏炉、镜、顶针等。

熏炉　1 件。标本 M161：20，完整。盖为博山炉顶，重山，有炉孔，口微敛，弧壁，圜底，细高柄，柄的中间微鼓，喇叭状圈足，立于浅盘上。熏炉口径 5 厘米，喇叭形圈足径 3.2 厘米，底盘口径 10 厘米，通高 9.4 厘米。（彩版五三，1；图二三六，1）

洗　1 件。标本 M161：9，残。折沿，方唇，弧壁，圜底近平。口径 21 厘米，腹径 20 厘米，高 8 厘米。

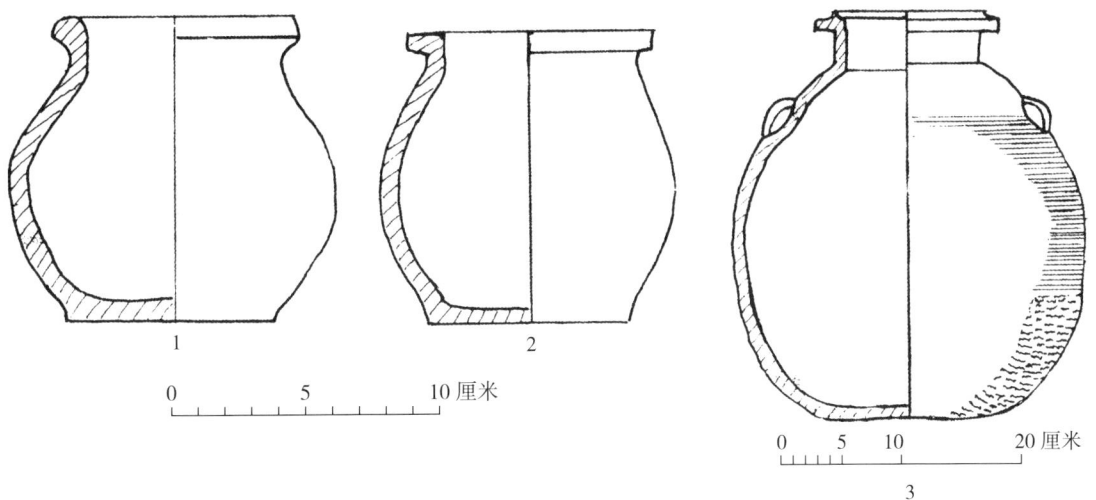

图二三四　M161 出土陶罐

1、2. Ⅰ型（M161：2、M161：4）　3. Ⅱ型（M161：6）

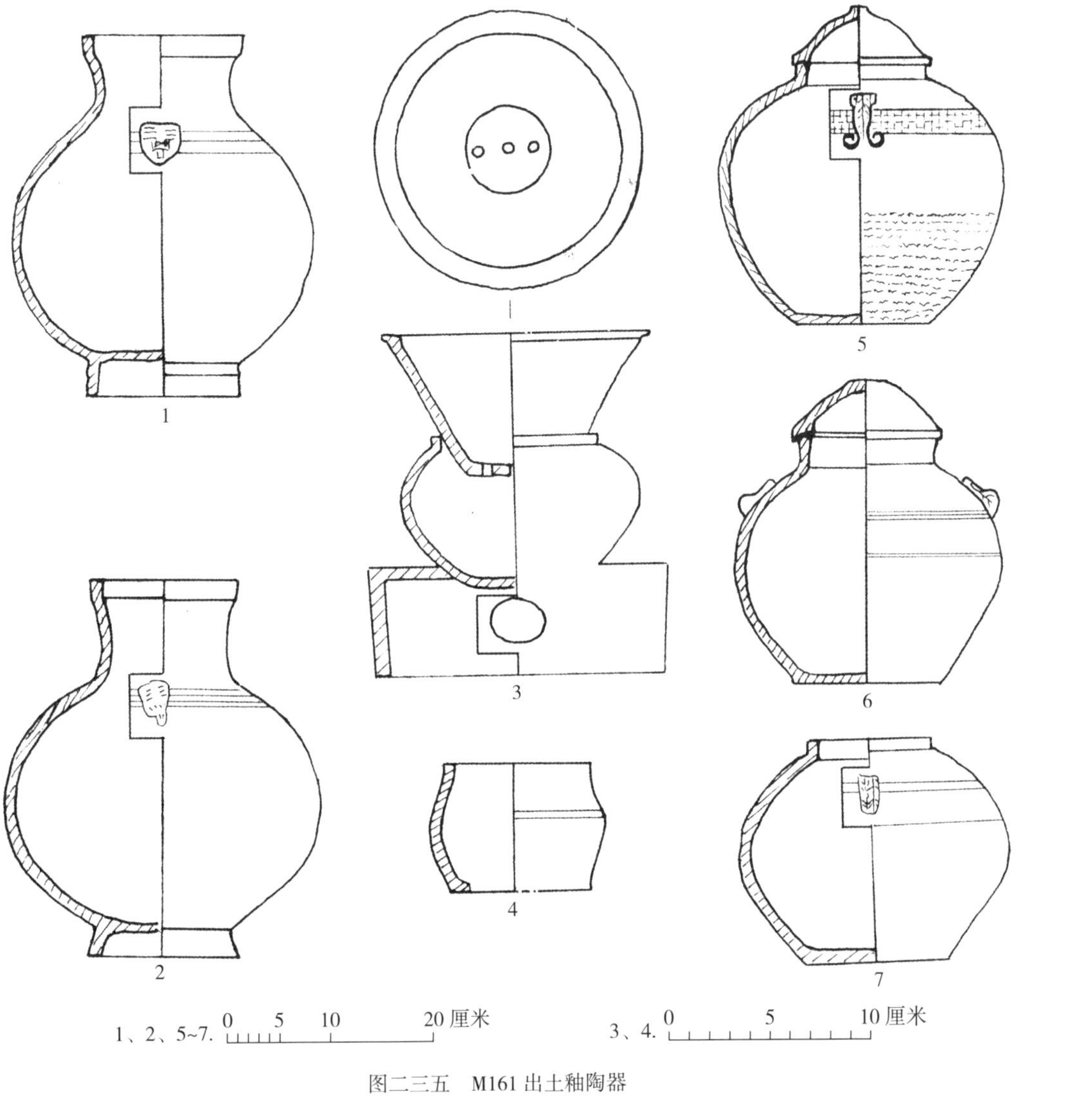

图二三五　M161 出土釉陶器

1、2. 壶（M161：5、M161：7）　3. 甑、釜、灶（M161：12）　4. 井（M161：13）　5~7. 罐（M161：11、M161：10、M161：8）

（图二三六，4）

镜　4枚。标本M161∶15-1，昭明镜。完整。圆形，镜面平直，圆钮，圆钮座，其外为八内连弧，再外为两周凸弦纹，其间小篆铭文"内清质白光昭夫日月"，再外为缘郭。面径6.6厘米，背径6.6厘米，钮高0.6厘米，钮宽0.8厘米，缘宽0.4厘米，缘厚0.3厘米，肉厚0.2厘米。（彩版五三，6；图二三七，1）标本M161∶15-2，日光镜。破。圆形，镜面平直，圆钮，圆钮座，其外为八内连弧，再外为两周凸弦纹，其间小篆铭文"见日之光天下大明"，字迹模糊，再外为缘郭。面径7.1厘米，背径7.1厘米，钮高0.5厘米，钮宽0.8厘米，缘宽0.1厘米，缘厚0.3厘米，肉厚0.2厘米。（彩版五三，4；图二三七，2）标本M161∶15-3，昭明镜。完整。圆形，镜面微弧，圆钮，重环圆钮座，其外为十二内连弧，再外为两周凸弦纹，其间小篆铭文"内清质白光夫日月"，字间以"の"相间隔。再外为缘郭。面径9.5厘米，背径9.3厘米，钮高0.9厘米，钮宽1.8厘米，缘宽1.3厘米，缘厚0.6厘米，肉厚0.2厘米。（彩版五三，3；图二三七，4）标本M161∶15-4，昭明镜。完整。圆形，镜面微弧，圆钮，重环圆钮座，其外四个正方形位居四方，间以仰月纹，其外为一周宽带状纹，再外为两周凸弦纹，其间小篆铭文"内清之质白光夫象日月"，再外为缘郭。面径8.1厘米，背径7.9厘米，钮高0.5厘米，钮宽1厘米，缘宽0.4厘米，缘厚0.25厘米，肉厚0.1厘米。（彩版五三，5；图二三七，3）

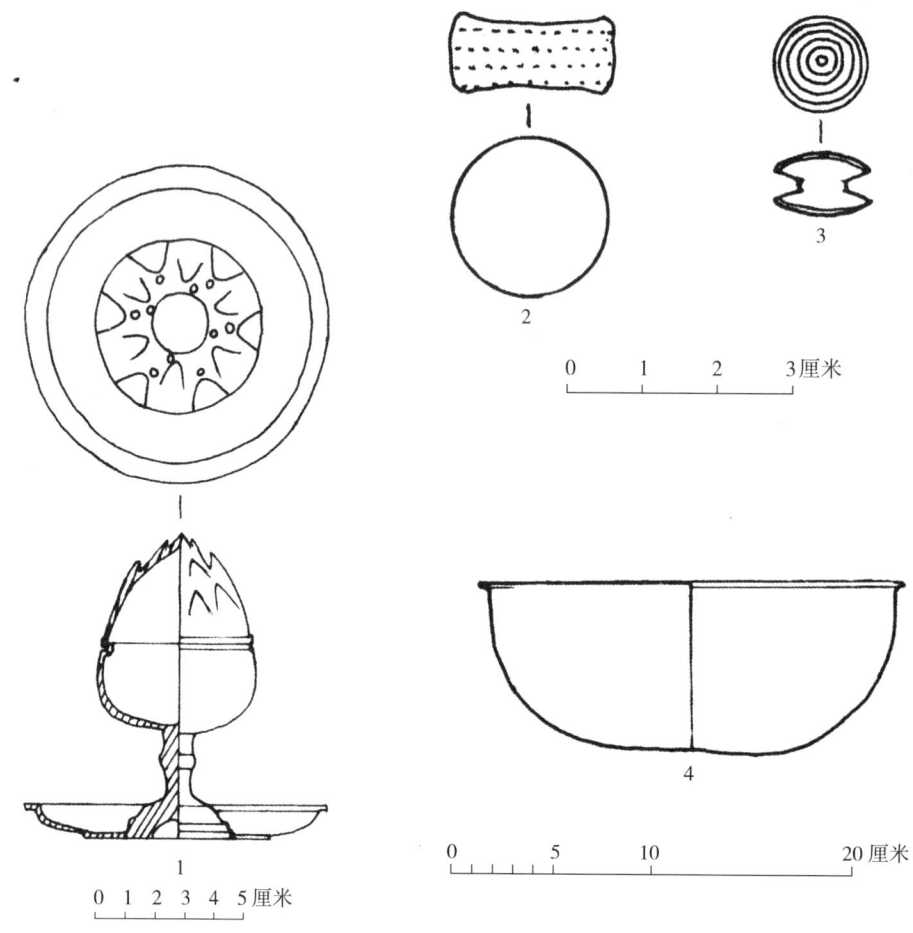

图二三六　M161出土铜器

1.熏炉（M161∶20）　2.顶针（M161∶24）　3.铜饰（M161∶21）　4.洗（M161∶9）

顶针　1件。标本M161∶24，完整。平面呈圆形，侧面为上下微敛的直壁。顶针壁有4排锥刺纹。直径2厘米，高1.1厘米，厚0.1厘米。（图二三六，2）

铜饰　1件。标本M161∶21，完整。平面呈圆形，侧面为椭圆形，中间有一周凹槽。直径1厘米。（图二三六，3）

3. 玉石器　有璧、蝉、鼻塞、耳塞、半圆形玉饰、长方形玉饰、蝉形玉饰等。呈乳白色，白色大理石。

璧　3件。残。有内外郭，饰谷纹。标本M161∶14-1，直径11.5厘米，内径3厘米，厚0.3厘米。（图二三八，1）标本M161∶14-2，内孔残。直径11.5厘米，内径3厘米，厚0.3厘米。（图二三八，2）标本M161∶14-3，直径11.5厘米，内径3厘米，厚0.3厘米。

蝉　1件。标本M161∶16，完整。大理石。蝉形，眼睛突出，背部呈弧形，削出双翼，翼上用细线刻出翼之细部，腹部扁平，刻出蝉腿、腹肚、翼。长5厘米，宽2.8厘米，厚0.8厘米。（彩版五三，2；图二三八，7）

鼻塞　2件。完整。形制相同。大理石质，乳白色。圆柱状，上粗下细。标本M161∶17，两端直径0.6~1厘米，长2.3厘米。（图二三八，5）

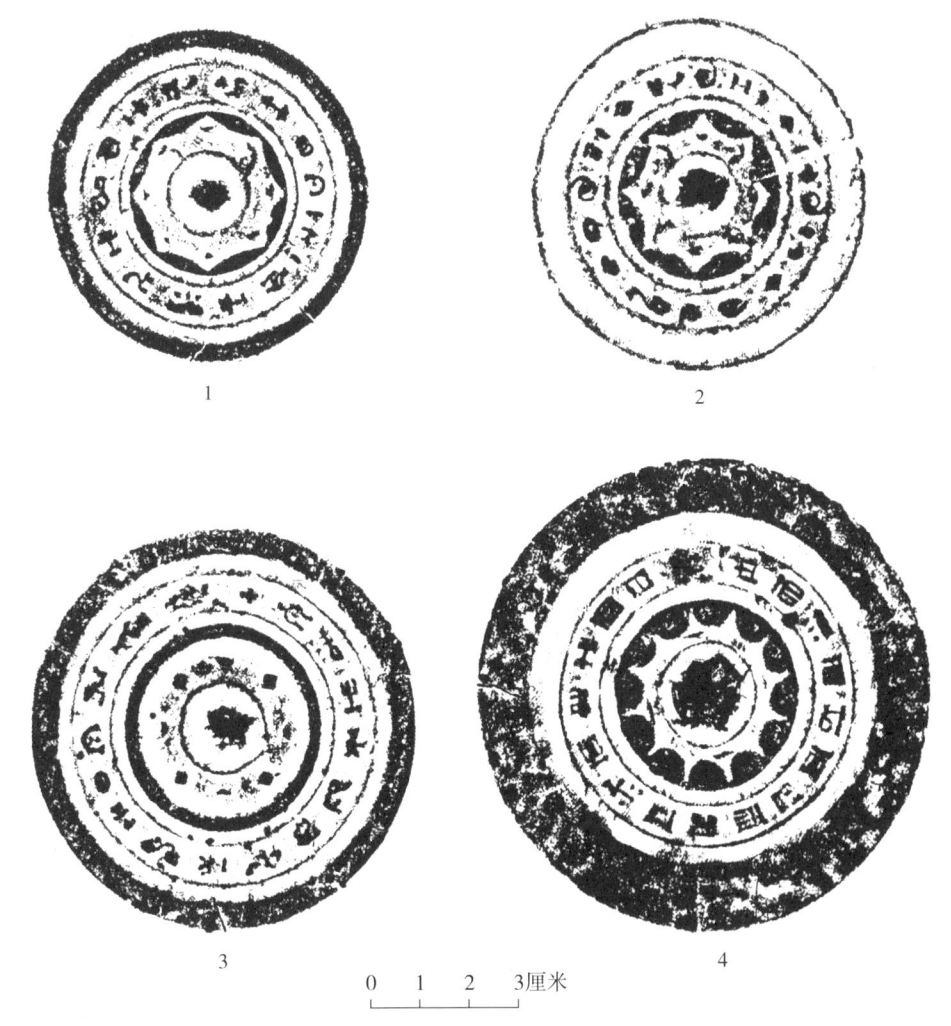

0　1　2　3厘米

图二三七　M161出土铜镜拓片

1. 昭明镜（M161∶15-1）　2. 日光镜（M161∶15-2）　3. 昭明镜（M161∶15-4）　4. 昭明镜（M161∶15-3）

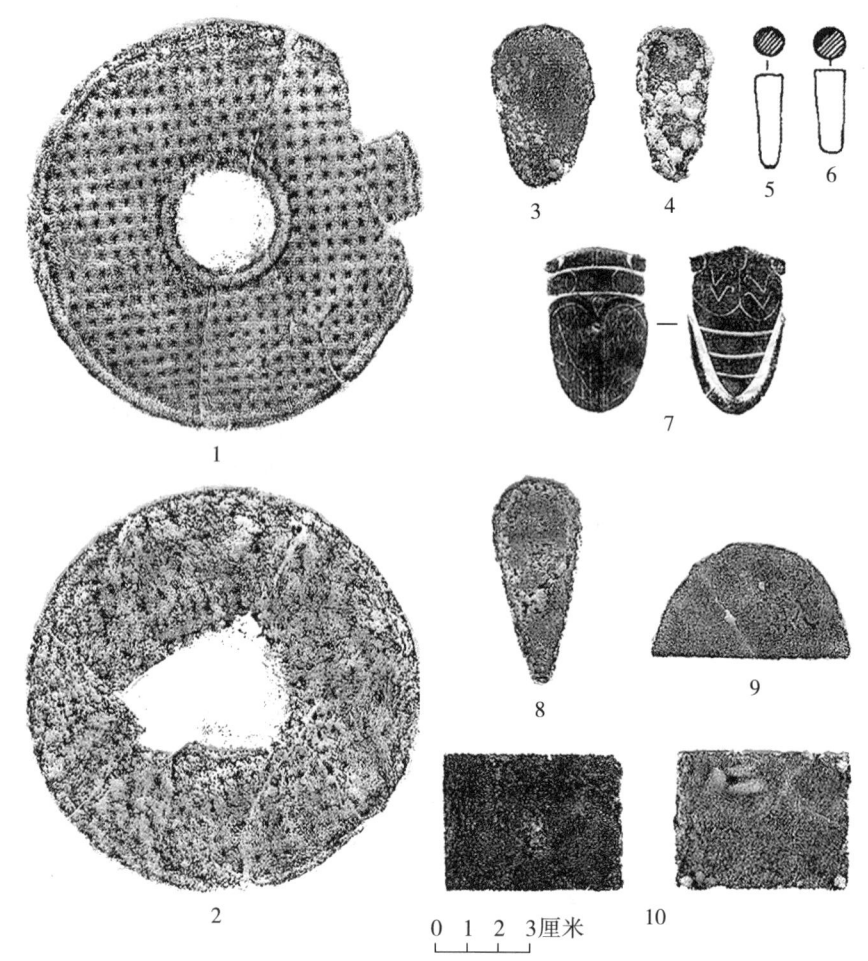

图二三八　M161 出土玉石器

1、2. 璧（M161：14-1、M161：14-2） 3、4、8. 蝉形玉饰（M161：27-1～3） 5. 鼻塞（M161：17） 6. 耳塞（M161：18）

7. 蝉（M161：16） 9. 半圆形玉饰（M161：23） 10. 长方形玉饰（M161：25-1、M161：25-2）

耳塞　2件。完整。形制相同。大理石质，乳白色。圆柱状，上粗下细。标本 M161：18，两端直径 0.6~0.8 厘米，长 2 厘米。（图二三八，6）

玉饰　13件。半圆形玉饰 2 件。完整。形制相同。标本 M161：23，平面呈半圆形。宽 5.8 厘米，高 3.4 厘米，厚 0.3 厘米。（图二三八，9）长方形玉饰 8 件。4 整 3 残 1 破，大小相近，有 2 件四角有穿孔。标本 M161：25-1，长 5.6 厘米，宽 4.1 厘米，厚 0.3 厘米。标本 M161：25-2，四角有圆形穿孔，长 5.6 厘米，宽 4.1 厘米，厚 0.3 厘米。（图二三八，10）蝉形玉饰 3 件。完整。形制相同，大小相近。呈蝉形，上宽下窄。标本 M161：27-1，径 3.1~4.6 厘米，厚 0.3 厘米。标本 M161：27-3，径 2.1~4.3 厘米，厚 0.3 厘米。标本 M161：27-2，径 2.6~5.9 厘米，厚 0.3 厘米。（图二三八，3、4、8）

玉环　1件。标本 M161：26，素面，外径 9.3 厘米，内径 4.4 厘米，厚 0.5 厘米。

4. 铁器　1件。

标本 M161：22，铁环首刀。残。环状首，刀背较直，刃部也较直，刃末呈弧形，梢部已朽。残长 20 厘米。

M163 位于淮阳平粮台遗址西北部 T86 的东南部，西距 M181 有 13 米。1984~1985 年冬春之际发掘。为斜坡墓道竖穴土坑木椁墓。墓口距地表深 0.30 米。墓口上有一层很薄的封土，厚 0.10 米。墓向南，方向190°。平面呈"甲"字形。（图二三九）

　　墓道　位于墓室南部，呈梯形，南宽北窄。口长 10.70 米，南宽 2.50 米，北宽 2 米。斜长 11.40 米，宽 2 米，距墓口深 4.50 米。墓道底铺一层草编织物，已朽。距墓道口 1.80 米处，发现一辆铅质明器车，单辕，长方形车厢，保存不好。往北 3 米许在墓道中部有泥塑偶人镇墓兽一尊，面对墓道口，踞坐，双手平举，人面鹿角，赤身，仅着一短裤。浑身朱赤，纹面和短裤用黑色涂出。造型系木骨敷草拌泥结构。高1.16 米。

　　墓室　位于墓道北端。墓口距地表 1.20 米。墓口长 5.30 米，宽 3.40 米，深 5.30 米。平面呈长方形，墓壁微内收，规整，平底。其内填褐黄色五花土，逐层填土，逐层夯实，夯土比较坚硬。夯窝为圆形平底，直径 0.055 米，夯层厚 0.10~0.20 米。

　　葬具　墓内置一椁一棺。椁长 4.20 米，宽 2.52 米，厚 0.20~0.22 米，高 0.80 米。东西椁板两端向内约0.05 米有凹榫槽，宽约 0.06 米，进深 0.04 米。墓室南北两端向内约 0.35 米有凹槽，其内置有横方木，横木长 3.40 米，宽 0.34 米，厚不知，东西伸入墓壁中。在木椁的东部置木棺一具，棺长 2.30 米，宽 1 米。棺板厚 0.10 米，高 0.50 米。

　　葬式　棺内人骨腐朽殆尽，葬式、头向、面向不知。（图二三九）

　　随葬品　共 20 余件（套）。其中有陶器、玉器、铜器、铅器、骨器、泥塑镇墓兽及半两钱。在棺内中部有铜镜、玉璜，东北部有玉佩。棺外的北部有陶盆，西南侧有陶罐，南部及东南部分别有陶质小壶 1 件、大壶 1

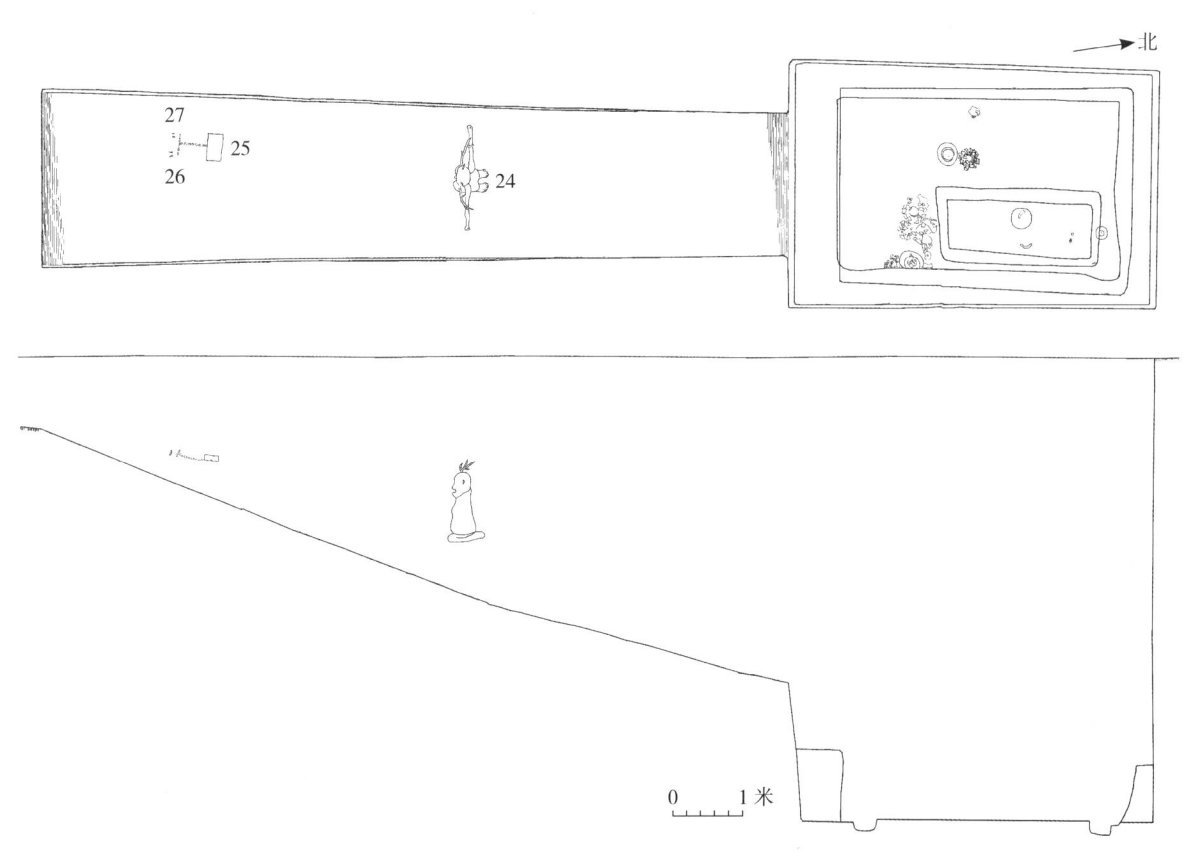

图二三九　M163 平、剖图

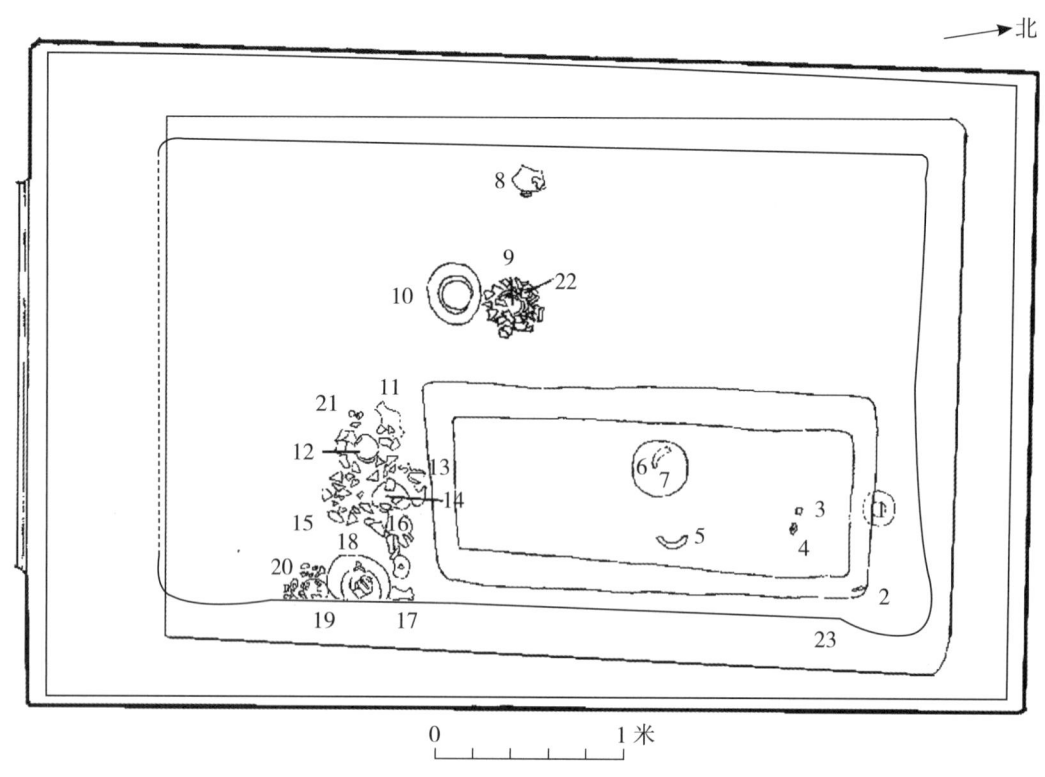

图二四〇　M163 随葬品分布图

1. 玉璧　2. 铜车马饰　3、4. 玉佩　5、6. 玉璜　7. 铜镜　8. 陶罐　9、22. 陶盆　10. 陶瓮　11、17. 小陶壶　12、18. 大陶壶　13、14. 中陶壶　15、16. 陶盒　19. 陶鼎　21. 铜环　23. 铜钮扣饰　24. 镇墓兽　25. 铅车马器　26. 骨镳（其中 24~27 号出自墓道）

件、盒 1 件、中壶 2 件，陶大壶 1 件、小壶 1 件、鼎 2 件。前部有铅车马器、骨镳。棺外的器物均正放，北部的器物完整，其他均破碎，可能是填土塌陷挤压所致。（图二四〇）

1. 陶器　14 件。有泥质灰陶、黑陶。多为素面，有的器物饰凹弦纹和压印纹，仅陶瓮饰绳纹。器形有鼎 2 件、壶 6 件、盒 2 件、罐 1 件、盆 2 件、瓮 1 件。

鼎　2 件。破。形制相同。弧形盖，盖上有 3 个卧牛形钮。子母口，壁微弧，腹的中部有一周凸弦纹，圜底，矮蹄足，长方形附耳外侈。标本 M163：19，口径 17 厘米，通高 20 厘米。（彩版五四，1；图二四一，1）

壶　6 件。标本 M163：18，大陶壶。弧形盖，子母口，壶口微侈，束颈，鼓腹，上腹部饰铺首衔环，下附圈足。口径 20 厘米，底径 19 厘米，通高 47.5 厘米。（图二四一，4）标本 M163：17，小陶壶。盖上有圈足，子母口，壶口微侈，束颈，鼓腹，下腹部有压印凸弦纹，假圈足。口径 6.6 厘米，底径 7.5 厘米，通高 15 厘米。（图二四一，6）标本 M163：14，中陶壶。弧形盖，盖上有圈足，子母口，壶口微侈，束颈，鼓腹，上腹部有磨光压印纹，假圈足。口径 11.25 厘米，底径 13 厘米，通高 30.2 厘米。（图二四一，5）

盒　2 件。破。形制相同，大小有别。盒盖为圈足碗，腹部有两周凹弦纹。盒为子母口，直腹，有两周凹弦纹，平底。标本 M163：15，腹径 20 厘米，底径 11.5 厘米，通高 17.5 厘米。（图二四一，2）标本 M163：16，腹径 20 厘米，底径 11.5 厘米，通高 16.2 厘米。

罐　1 件。标本 M163：8，敛口，圆唇，束颈，鼓腹，平底。肩部压印波浪纹。口径 12 厘米，底径 10 厘米，通高 17 厘米。（图二四一，3）

盆　2 件。按其形状可分二式：

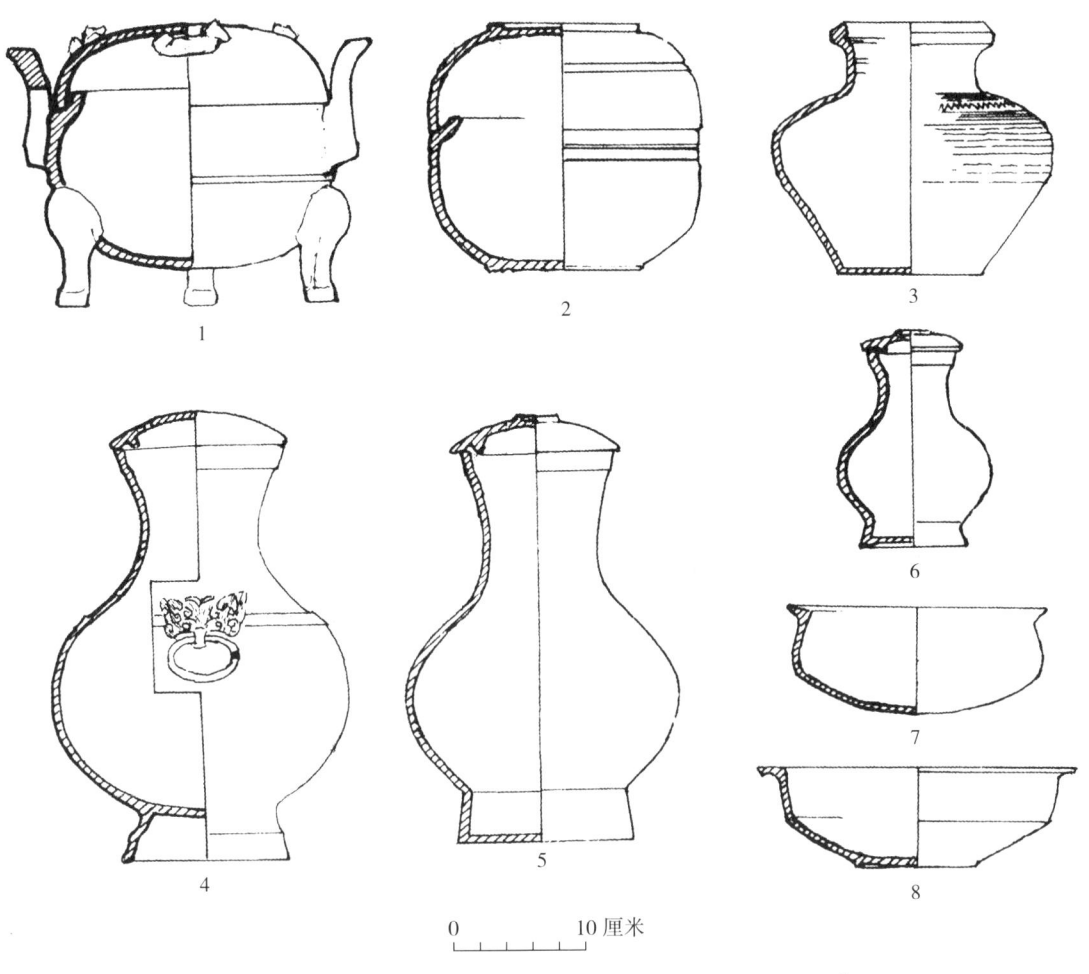

0   10 厘米

图二四一　M163 出土陶器

1. 鼎（M163:19）　2. 盒（M163:15）　3. 罐（M163:8）　4~6. 壶（M163:18、M163:14、M163:17）
7. Ⅱ式盆（M163:22）　8. Ⅰ式盆（M163:9）

Ⅰ式：折腹盆，平底。标本 M163:9，侈口，折沿，舌唇，直壁，折腹，底部边沿凸起，似圈足。口径 23 厘米，底径 9 厘米，高 7 厘米。（图二四一，8）

Ⅱ式：深腹盆，圜底。标本 M163:22，侈口，折沿，舌唇，腹微鼓。口径 19.8 厘米，高 7.6 厘米。（图二四一，7）

瓮　1件。标本 M163:10，小口，折沿，方唇，肩部饰弦纹，腹微鼓，圜底。下腹部及底部饰绳纹。口径 18 厘米，高 26.7 厘米。

2. 铜器、铜钱　有镜 1 枚、钮扣饰 1 件、车马饰 1 件、环 5 件和半两钱。

镜　1枚。标本 M163:7，破。桥形钮，饰蟠螭纹。直径 26.5 厘米，厚 0.3 厘米。（图二四二，1）

钮扣饰　1件。标本 M163:23，上有一环插入圆帽状铜管内。直径 1.8 厘米，高 0.4 厘米。（图二四二，3）

铜环　5件。标本 M163:21，置于棺的南部，大小不等。直径 1.8 ~ 2.36 厘米。

半两　1枚。标本 M163 封土:1，出于封土内。直径 2.2 厘米。（图二四二，2）

3. 玉器　5件。有璧 1 件、璜 2 件、佩 2 件。

璧　1件。标本 M163:1，完整。青玉。饰隆起的谷纹，有郭。直径 14.5 厘米，孔径 5.7 厘米，厚 0.4 厘

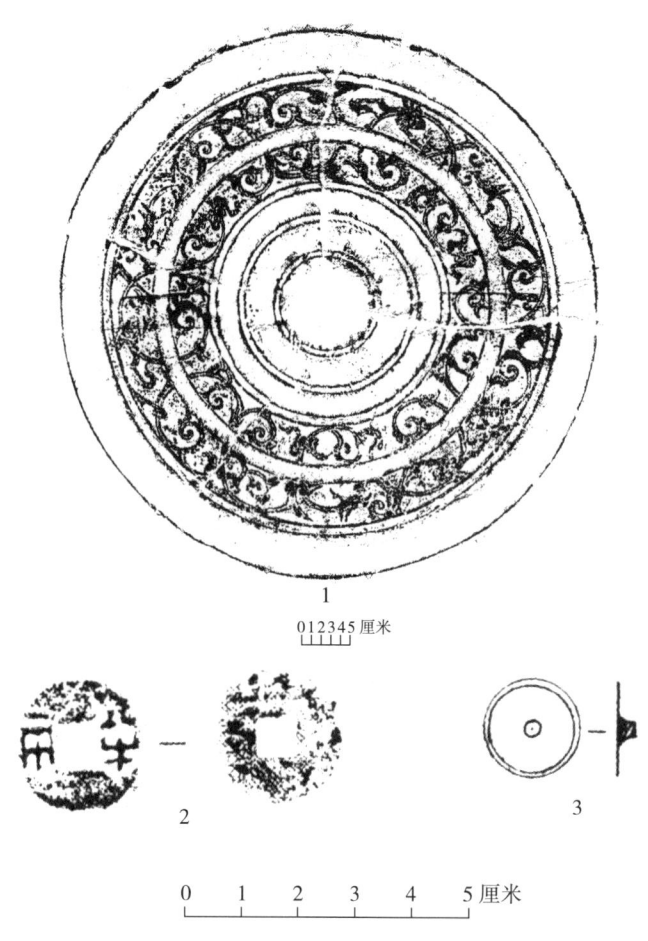

0 1 2 3 4 5 厘米

图二四二　M163 出土铜器、铜钱

1. 镜（M163：7）　2. 半两（M163 封土：1）　3. 钮扣饰（M163：23）

米。（彩版五四，2；图二四三，1）

　　璜　2件。完整。形制、大小相同。青玉。形近半圆形，有郭，饰隆起的圆点纹。标本 M163：5，长 14.7 厘米，宽 3.7 厘米，厚 0.4 厘米。（图二四三，2）标本 M163：6，长 14.7 厘米。（图二四三，3）

　　佩　2件。完整。标本 M163：4，白玉。中为圆璧，两边饰云纹，云纹上有穿孔。长 4.5 厘米，宽 2.6 厘米。（图二四三，4）标本 M163：3，白玉。方形。饰云纹。长 2.6 厘米，宽 2.6 厘米，厚 0.4 厘米。（图二四三，5）

　　4. 骨器　1件。

　　骨镳。标本 M163：26，长 9 厘米，宽 1 厘米。

　　5. 泥塑镇墓兽　1件。

　　标本 M163：24，位于墓道内。面向墓道口，鹿耳、人面，头上有 4 个鹿角，中间 2 个向后倾斜，两侧的 2 个则向外伸出。双手伸直平举，踞坐，拦着墓道，深目、高鼻、张口、赤身，仅下腹部用黑色画一个三角底裤，通身涂朱红色，嘴唇涂白色，是一件珍贵的泥塑艺术品。（彩版五四，3）

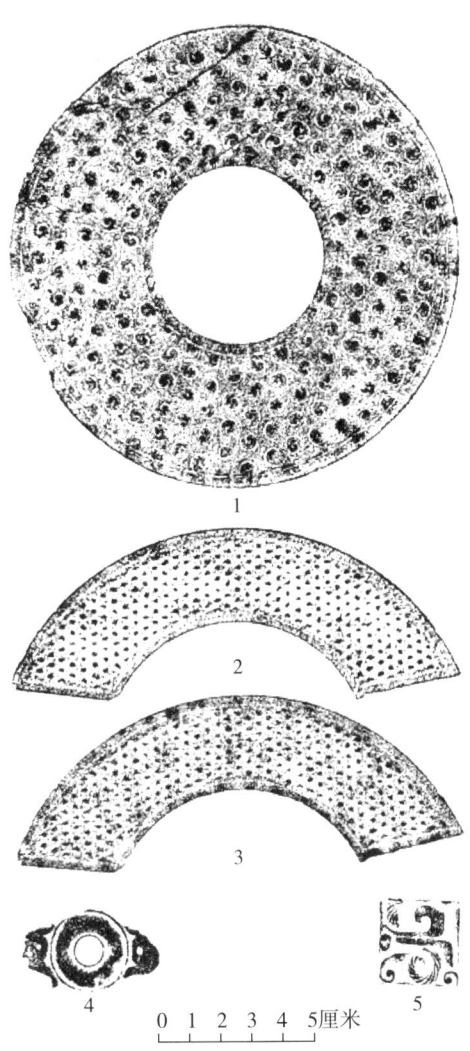

图二四三　M163 出土玉器拓片

1.璧（M163：1）　2、3.璜（M163：5、M163：6）　4、5.佩（M163：4、M163：3）

M174 位于淮阳平粮台遗址北部 T112 的东部，西距 M161 有 13 米，东距 M175 约 4 米。1984~1985 年冬春之际发掘。为斜坡墓道竖穴土坑墓。墓口距地表深 1.50 米。墓向 195°。（图二四四）

墓道　位于墓室南部，并向西偏。口长 5.60 米，宽 1~1.10 米，其南头与墓口平齐，北端距墓口深 3.40 米，距墓底 1.60 米。墓道底长、宽与口相同。

墓室　位于墓道北端。平面呈长方形。壁垂直、规整，留有铁镢的痕迹，平底。墓口长 4.46 米，宽 1.52 米。其内填五花土，逐层填土，逐层夯实，夯土比较硬。夯窝为圆形平底，直径 0.055 米，夯层厚 0.10~0.20 米。

葬具　墓内置一椁一棺，椁长 2.40 米，宽 1.28 米，厚 0.08 米，高度不详。在木椁的东部置木棺一具，棺长 2 米，宽 0.52 米。棺板厚度与高度不详。

葬式　棺内人骨腐朽殆尽，葬式、面向不知，据其随葬品位置分析头向北。

随葬品　14 件。其中陶器 7 件、玉器 1 件、铜器 3 件、铁器 1 件、骨器 1 件、铅器 1 件。棺内中部的随葬品有铜镜、骨鼻塞、玉蝉，中东部有铜钱。棺外东与椁之间从北向南有陶罐、陶壶。这些陶器除北部为横放外，其余均口向上，排列有序，较整齐。多数器物残甚。（图二四五）

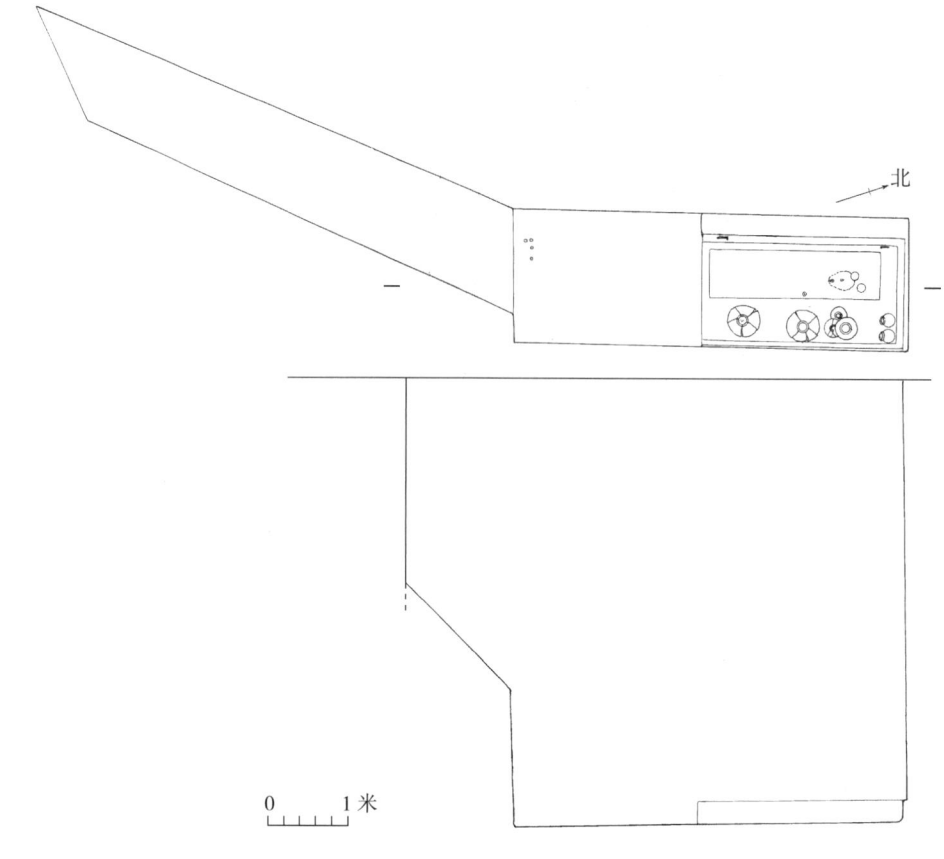

图二四四　M174 平、剖图

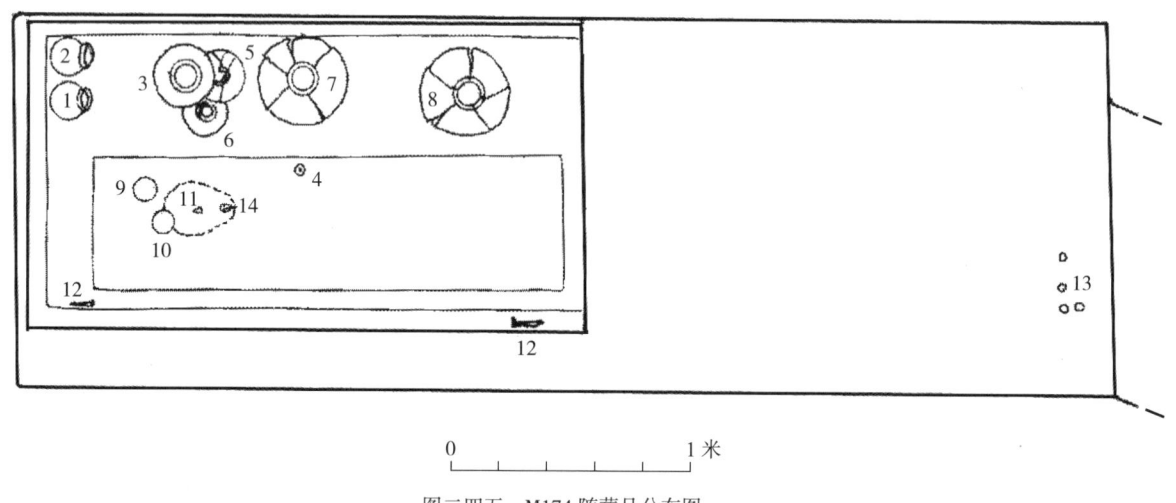

图二四五　M174 随葬品分布图

1、2、3、5、6. 陶罐　4. 铜钱　7、8. 陶壶　9、10. 铜镜　11. 骨耳塞　12. 铁棺钉　13. 铅泡　14. 玉蝉

1. 陶器　7 件。有陶罐 5 件、壶 2 件。

罐　5 件。可分四式。

Ⅰ式：1 件。标本 M174：1，泥质灰陶。盖如覆钵状，罐为小口，圆唇，圆肩，鼓腹，平底，上腹部饰对称铺首衔环。口径 14 厘米，腹径 33 厘米，底径 14 厘米，通高 31 厘米。（图二四六，1）

Ⅱ式：1 件。标本 M174：2，泥质灰陶。方唇，束颈，圆腹，平底。口径 12 厘米，腹径 18 厘米，底径

10 厘米，高 17 厘米。（图二四六，4）

Ⅲ式：2 件。形制相同。泥质灰陶，小直口，圆唇，鼓腹，平底。标本 M174：3，口径 12 厘米，腹径 31 厘米，底径 14 厘米，高 28 厘米。（图二四六，3）

Ⅳ式：1 件。标本 M174：5，泥质灰陶。盖如覆钵状，罐为小口，圆唇，鼓腹，平底。上腹、中腹分别饰几周凹弦纹。口径 12 厘米，腹径 30 厘米，底径 12 厘米，通高 31 厘米。（图二四六，2）

陶壶　2 件。标本 M174：7，弧形盖，壶侈口，舌唇，束颈，圆腹，圈足外侈。腹部饰铺首、弦纹及绳纹。口径 18.5 厘米，通高 46 厘米。（图二四六，5）

2. 铜器、铜钱　3 件。有镜 2 枚、五铢 1 枚。

镜　2 枚。标本 M174：9，内连弧日光镜。完整。圆形，镜面平直，圆钮，圆钮座，其外为八内连弧，再外为两周凸弦纹，其间小篆铭文“内清以质明夫日月心忽□”，字迹模糊，再外为缘郭。面径 8.3 厘米，

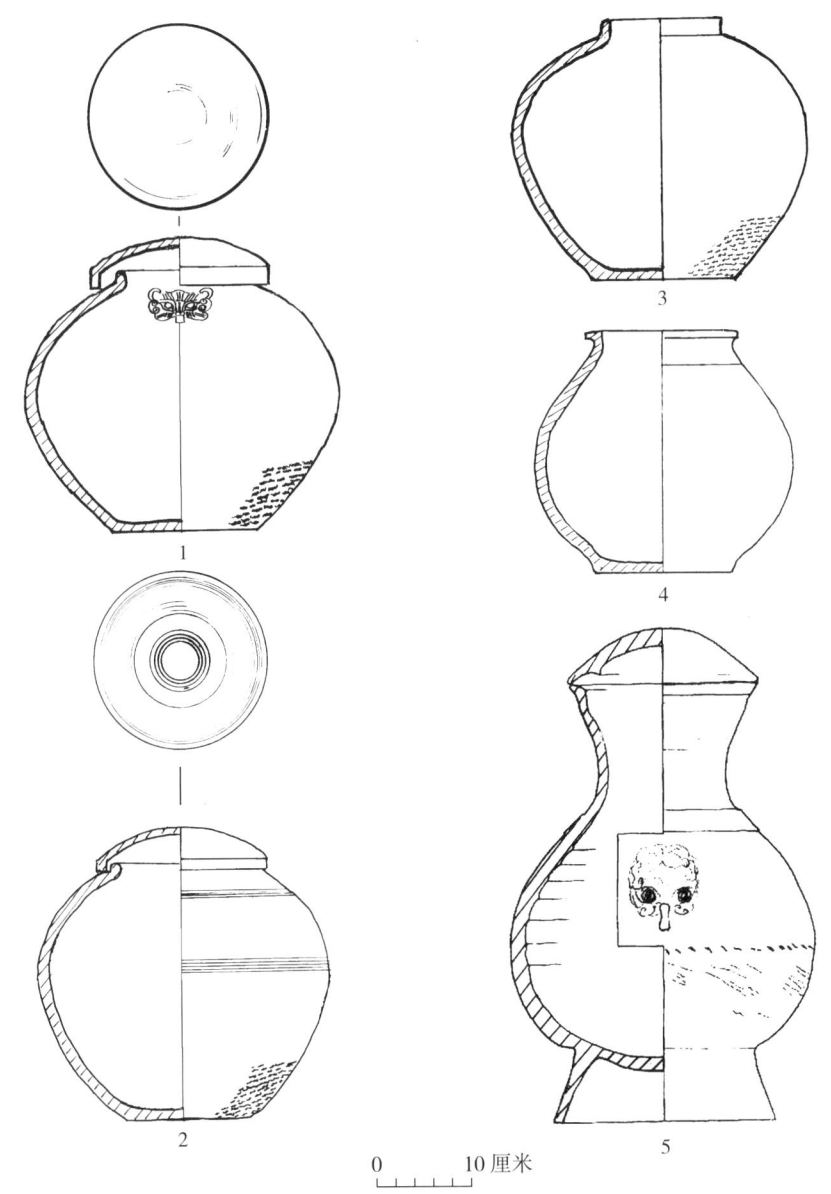

0   10 厘米

图二四六　M174 出土陶器

1. Ⅰ式罐（M174：1）　2. Ⅳ式罐（M174：5）　3. Ⅲ式罐（M174：3）　4. Ⅱ式罐（M174：2）　5. 壶（M174：7）

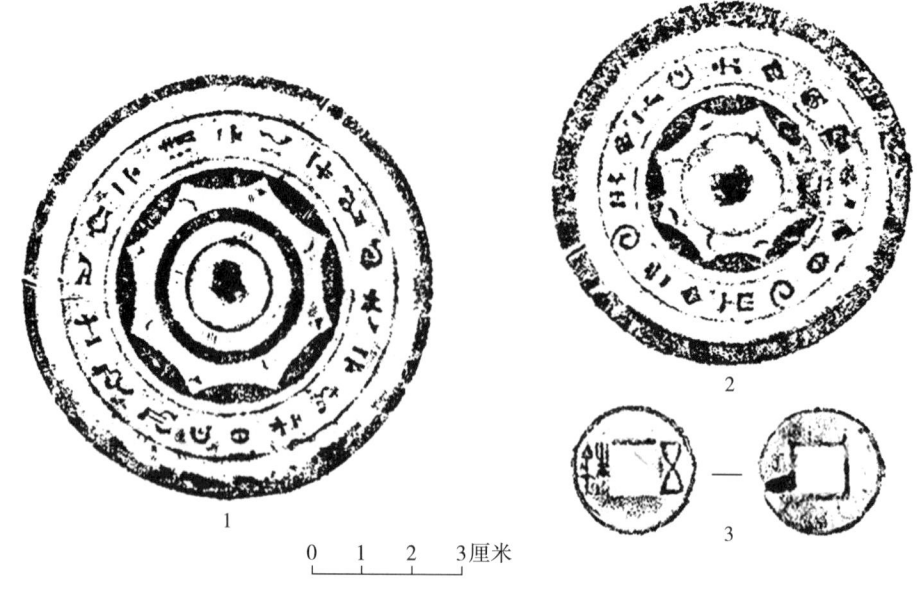

0   1   2   3厘米

图二四七　M174 出土铜器、铜钱拓片

1.镜（M174：9）　2.镜（M174：10）　3.五铢（M174：4）

0   1   2   3厘米

图二四八　M174 出土玉蝉拓片（M174：14）

钮高 0.5 厘米，钮宽 0.8 厘米，缘宽 0.1 厘米，缘厚 0.3 厘米，肉厚 0.2 厘米。（彩版五五，1；图二四七，1）

标本 M174：10，内连弧日光镜。完整。圆形，镜面微弧，圆形钮，圆钮座，其外为八内连弧，铭文曰"见日之光天下大明"。面径 7 厘米，钮高 0.5 厘米，钮宽 0.8 厘米，缘宽 0.9 厘米，缘厚 0.5 厘米，肉厚 0.2 厘米。（彩版五五，2；图二四七，2）

五铢　1 枚。标本 M174：4，圆形，正方形穿，钱边缘正面有周郭，穿上有一郭，背面有郭，穿的四边有周郭，穿之正面左右两侧铸有篆书"五铢"二字，"五"字呈对顶弹头形，字迹模糊。钱径 2.25 厘米，郭径 2.45 厘米，郭宽 0.1 厘米，郭厚 0.15 厘米，肉厚 0.1 厘米，穿径 0.9 厘米。（图二四七，3）

3. 玉器　1 件。

标本 M174：14，玉蝉，长 3.7 厘米，宽 2.7 厘米。（图二四八）

M175 位于淮阳平粮台遗址北部 T113 的中部，西距 M174 约 4 米。1984~1985 年 10 月发掘。为斜坡墓道竖穴土坑墓。墓口距地表深 1.30 米。墓向 105°。

墓道　位于墓室南部，并斜向西，墓道被 M168 打破。口长 5.20 米，宽 1 米，距墓底 1.10 米。墓道壁垂直，底面平坦。

墓室　墓口长 2.88 米，宽 1.52 米。墓壁垂直、规整，留有铁镢的痕迹，平底。其内填五花土，逐层填土，逐层夯实，夯土比较硬。墓底长、宽与口相同。

葬具　木棺位于墓室东部，长 2.08 米。棺板厚与高不知。

葬式　棺内人骨腐朽殆尽，葬式、面向不知，据随葬品位置分析头向北。（图二四九）

随葬品　24 件。其中有陶器 15 件、玉器 2 件、铜器 5 件、铁器 1 件及五铢数枚。棺内北部有铜镜、铜刷、铜环，耳部有玉耳塞，口部有玉唅，还有铜环以及铜钱若干。棺外的西部从北向南有釉陶壶、陶罐、陶瓿、铁鼎，这些陶器分为两排，口向上，排列有序，较整齐。（图二五〇）

1. 陶瓷器　15 件。有陶罐 9 件、陶瓿 1 件，釉陶壶 4 件、瓷壶 1 件。

陶罐　9 件。分两型。

小口罐　7 件。形制相同。均为泥质灰陶。小口，方唇，矮颈，鼓腹，平底。上腹部饰两周凹弦纹，下腹部饰绳纹。标本 M175：13，口径 14.6 厘米，腹径 28 厘米，底径 13 厘米，通高 22.6 厘米。（图二五一，1）标本 M175：21，残。高 22 厘米。（图二五一，2）

束颈罐　2 件。标本 M175：19，泥质灰陶。方唇，折沿，短颈，圆肩，鼓腹，下腹部削成仰莲形。通

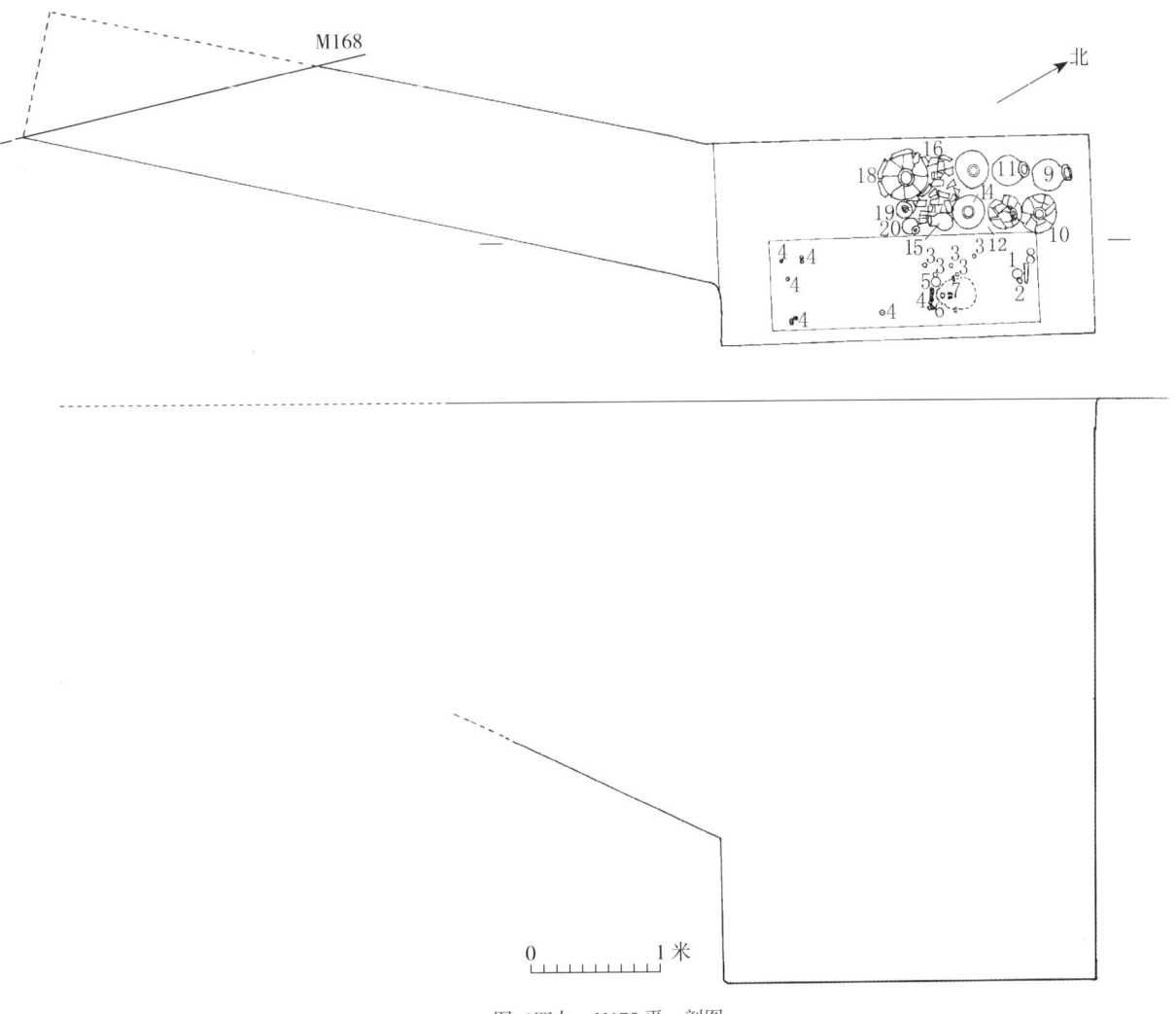

图二四九　M175 平、剖图

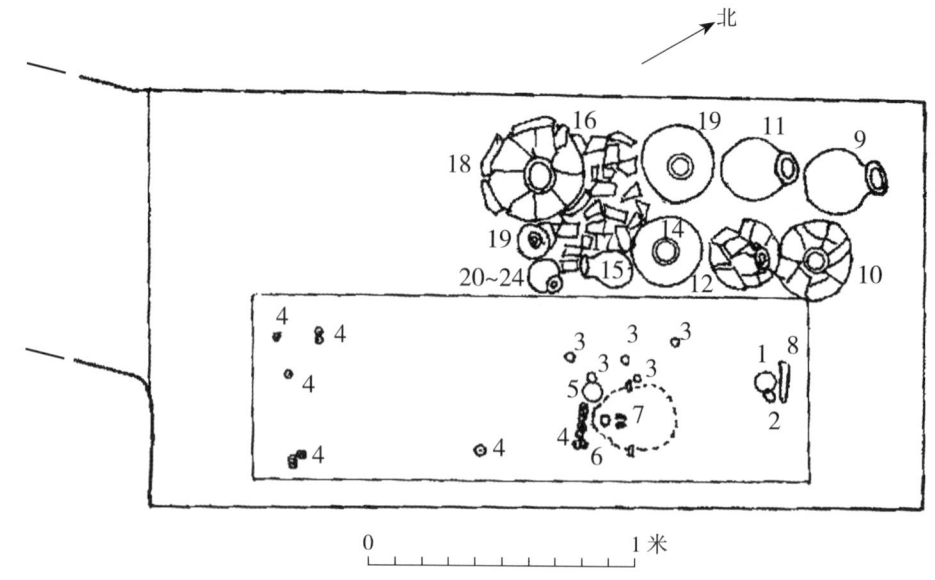

图二五〇　M175 随葬品分布图

1、5.铜镜　2.铜环　3.铜泡钉帽　4.五铢　5.玉蝉　7.玉耳鼻塞（4件）　8.铜刷　9~12.釉陶壶

13、14、16、19~24.陶罐　15.瓷壶　17.陶甑　18.铁鼎

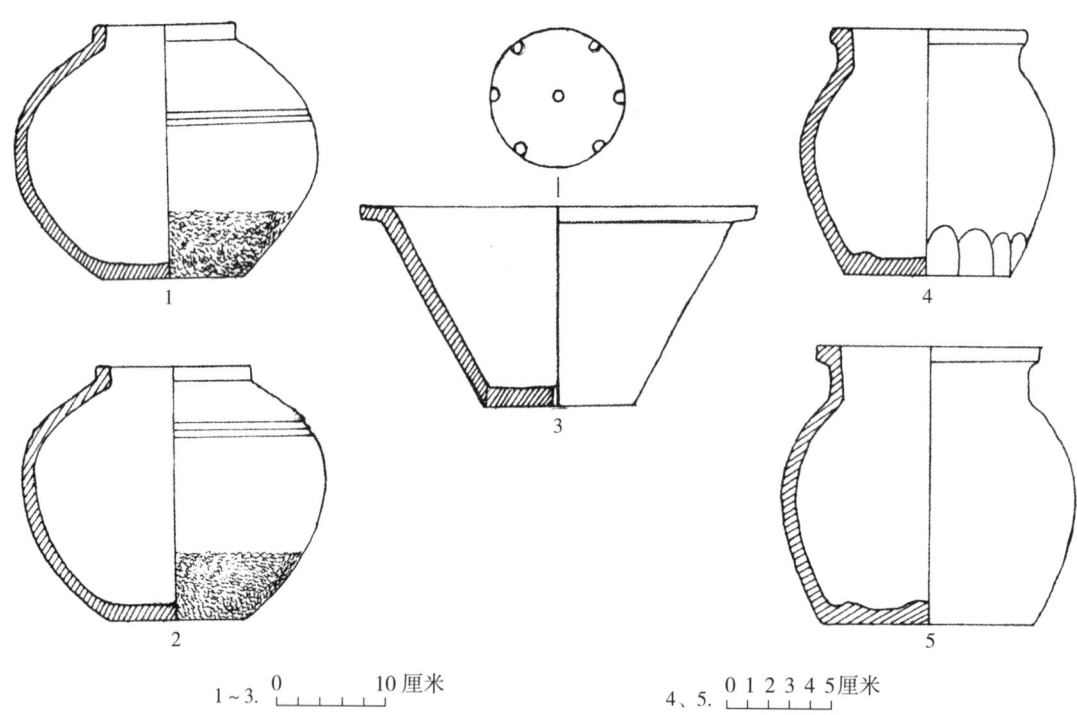

图二五一　M175 出土陶器

1.小口罐（M175：13）　2.小口罐（M175：21）　3.甑（M175：17）　4.束颈罐（M175：19）　5.束颈罐（M175：20）

身饰弦纹。口径 8.8 厘米，腹径 11.6 厘米，底径 7.8 厘米，高 10.6 厘米。（图二五一，4）标本 M175：20，方唇，折沿，短颈，圆肩，鼓腹，平底。通身饰弦纹。口径 10 厘米，腹径 13 厘米，底径 9.5 厘米，高 12 厘米。（图二五一，5）

　　甑　1 件。标本 M175：17，敞口，平折沿，方唇，斜直腹，平底，底部有 7 个相同的圆形箅孔。高 17

厘米，口径 36 厘米，底径 14 厘米。（图二五一，3）

釉陶壶　4 件。形制相同。轮制。泥质灰陶胎质。施深绿色釉。盘口，方唇，束颈，溜肩，中腹圆鼓，圈足。颈下饰三道凸弦纹，中腹部饰绚索纹，中腹以下饰绳纹。标本 M175：10，口径 13 厘米，腹径 27 厘米，底径 13.5 厘米，高 30 厘米。（彩版五五，3；图二五二，1）

瓷壶　1 件。标本 M175：15，口部残失。泥质灰胎。上腹部饰豆青釉，下腹部饰红褐釉。圆鼓腹，颈部和上腹部分别饰两周凹弦纹，微喇叭圈足。腹径 19 厘米，底径 12 厘米，高 15 厘米。（图二五二，2）

2. 铜器、铜钱　6 件。有镜、环、刷、泡钉帽及五铢。

镜　2 枚。标本 M175：1，日光镜。完整。圆形，镜面微弧，圆钮，重圈钮座，八连弧，外饰凸弦纹两周，其间有铭文“见日之光天下大明”。面径 7.9 厘米，背径 7.7 厘米，钮高 0.6 厘米，钮宽 1.3 厘米，缘宽 0.7 厘米，缘厚 0.5 厘米，肉厚 0.2 厘米。（彩版五五，4；图二五三，1）标本 M175：5，日光镜。完整。圆形，镜面微弧，圆钮，重圈钮座，八连弧，弧间饰弧形线八条，外饰凸弦纹两周，其间有铭文“见日之光天下大明”，铭文简单不全，可能是明器。面径 6.9 厘米，背径 6.7 厘米，钮高 0.5 厘米，钮宽 1 厘米，缘宽 0.5 厘米，缘厚 0.2 厘米，肉厚 0.1 厘米。（图二五三，2）

环　1 件。标本 M175：2，扁圆状，两面近平，中间微鼓。锈蚀严重。外径 2 厘米，内径 1.5 厘米，厚 0.3 厘米。（图二五四，1）

泡钉帽　1 组（5 个）。标本 M175：3，形如帽状，有沿。沿直径 2.2～3.5 厘米，高 1～2 厘米。（图二五四，2、3）

刷　1 件。标本 M175：8，器如烟斗状，柄较长，柄后端横穿一孔，柄部呈锥状，后端略翘。长 12 厘米，宽 1 厘米。（图二五四，4）

五铢　26 枚。破 8 枚。均圆形，正方形穿，钱边缘有周郭，穿之上部有郭或无郭，穿之背面有周郭，穿之正面左右两侧铸有篆书“五铢”二字。选标本 5 枚，根据钱周郭的宽窄、穿正面周边有郭或无郭可分三种。标本 M175：4-1，2 枚。大小相同。穿上下有郭。“五”字两笔较细，呈对顶炮弹形，“朱”字上一横为方折，下一横为圆折。钱径 2.5 厘米，郭宽 0.12 厘米，郭厚 0.15 厘米，肉厚 0.1 厘米，穿宽 1 厘米。（图

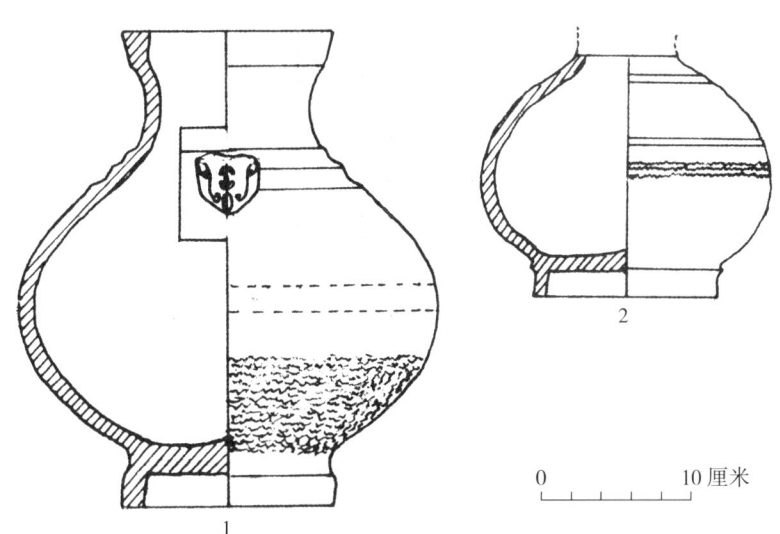

0　　　　　　10 厘米

图二五二　M175 出土釉陶器、瓷器

1. 釉陶壶（M175：10）　2. 瓷壶（M175：15）

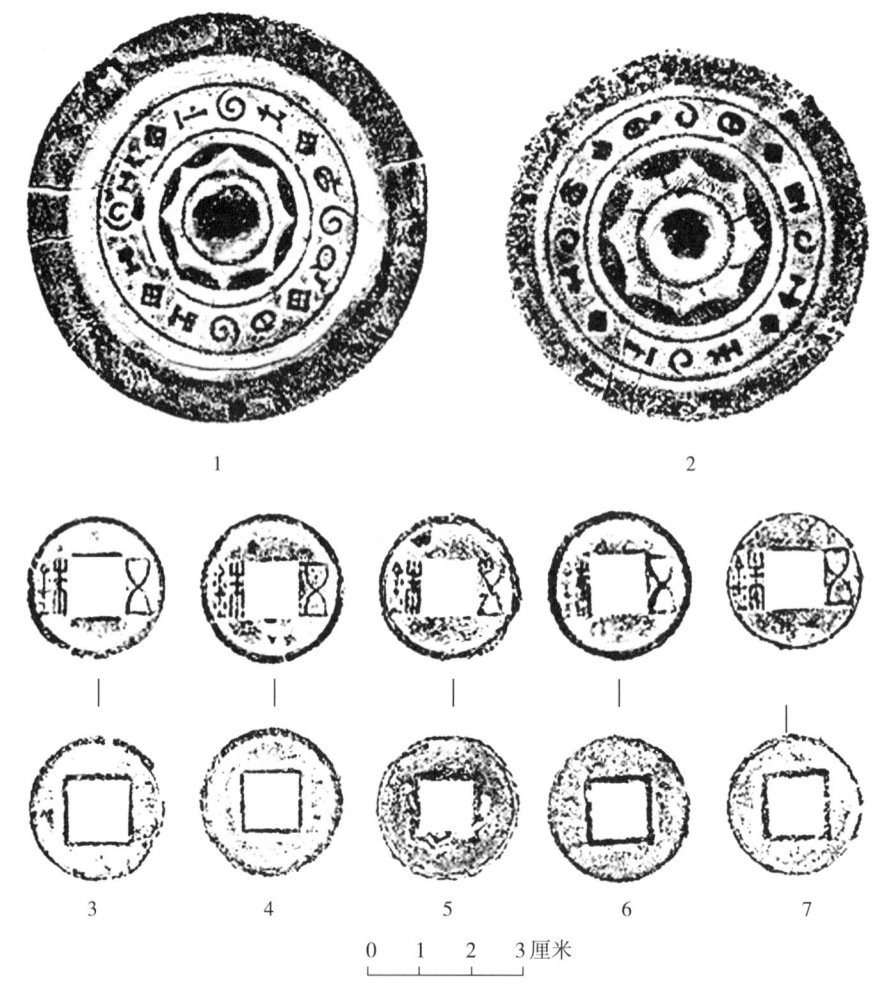

图二五三 M175 出土铜镜、铜钱拓片

1、2. 日光镜（M175：1、M175：5） 3、4. 五铢（M175：4-1） 5、6. 五铢（M175：4-2） 7. 五铢（M175：4-3）

二五三，3、4）标本 M175：4-2，2 枚。大小相同。穿正面无郭。"五"字两笔稍粗，呈对顶三角形，"朱"字上一横为方折，下一横为圆折。钱径 2.5 厘米，郭宽 0.12 厘米，郭厚 0.15 厘米，肉厚 0.1 厘米，穿宽 1.0 厘米。（图二五三，5、6）标本 M175：4-3，1 枚。周边郭较窄，穿下面无郭，背面有郭。"五"字两笔较细，呈对顶炮弹形，"朱"字上一横为方折，下一横为圆折。钱径 2.4 厘米，郭宽 0.08 厘米，郭厚 0.12 厘米，肉厚 0.1 厘米，穿宽 1.2 厘米。（图二五三，7）

3. 玉器 2 件。有蝉、耳鼻塞。

蝉 1 件。标本 M175：6，完整。大理石。蝉形，背部呈三棱形，腹部扁平，未进一步加工。长 5.3 厘米，宽 2.6 厘米，厚 1 厘米。（彩版五五，5；图二五五，1）

耳鼻塞 1 组（4 个）。标本 M175：7，近似圆锥形。鼻塞长 2 厘米，宽 0.6 厘米；耳塞长 2 厘米，宽 0.4 厘米。（图二五五，2）

4. 铁器 1 件。

标本 M175：18，鼎。弧形盖，顶部有衔环和四个柿蒂纹。敛口，圆唇，弧腹较深，中腹部饰两道弦纹，圜底，三蹄足略高且直，肩部置对称长方形立耳，稍外倾，耳面中空。高 36 厘米，口径 20 厘米，腹径 28 厘米。（图二五六）

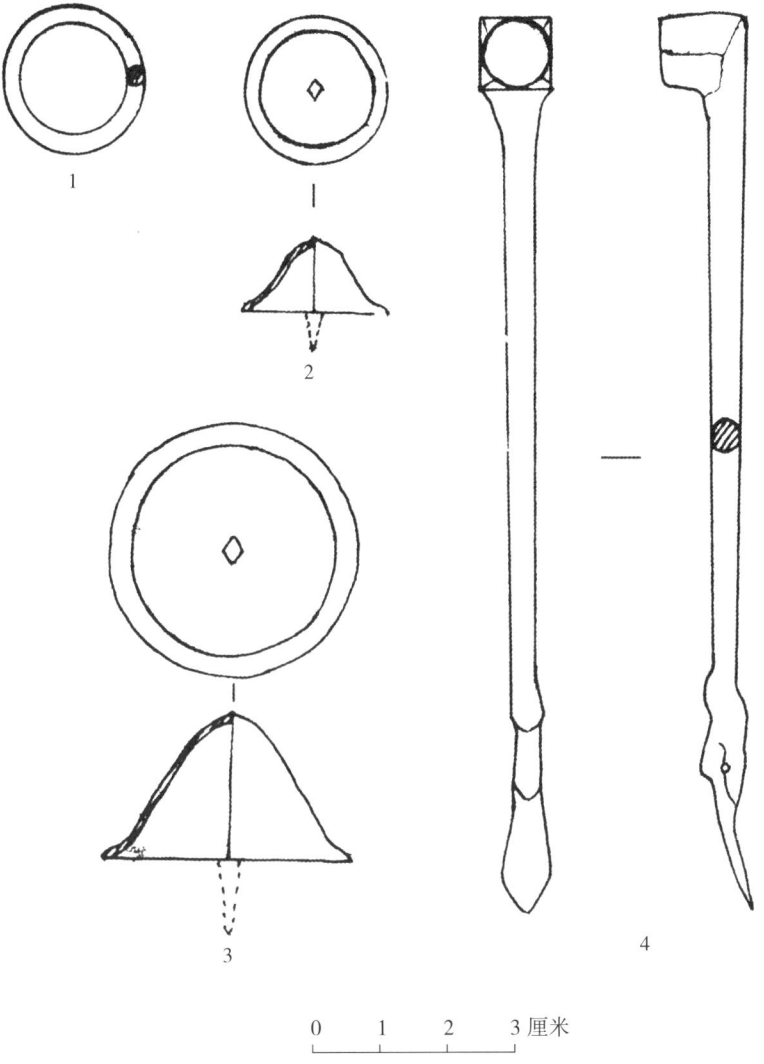

图二五四　M175 出土铜器

1. 环（M175：2）　2、3. 泡钉帽（M175：3）　4. 刷（M175：8）

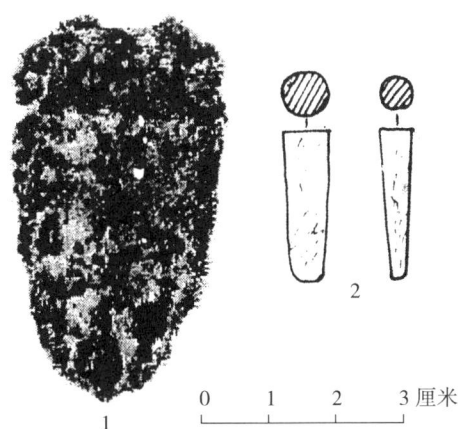

图二五五　M175 出土玉器

1. 蝉（M175：6）　2. 耳鼻塞（M175：7）

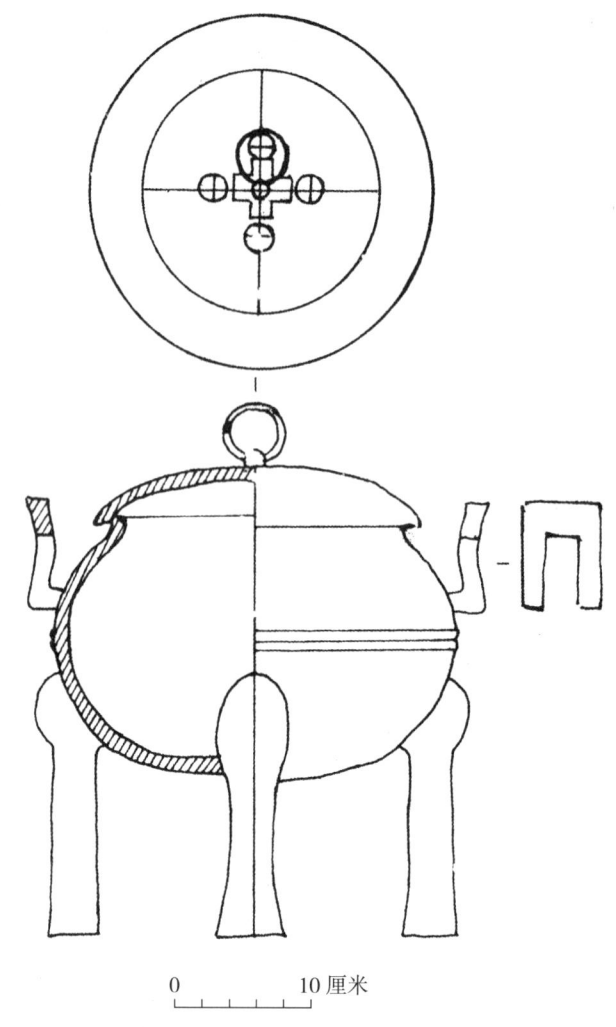

图二五六　M175 出土铁鼎（M175：18）

M181 位于淮阳平粮台遗址西北角 T85 和 T105 的西部，东距 M163 约 13 米。1984 年冬至 1985 年春发掘。发掘前墓上的土部分已被取走，墓口距地表 0.40 米。墓葬的平面呈"甲"字形，南部为长方形斜坡墓道，北部为竖穴土坑墓，墓室宽于墓道。方向 190°。全墓由车马坑、墓道和墓室组成。此墓是平粮台遗址西汉墓中规模最大的，与东部的 M163 并列，两墓的关系密切，墓主可能是夫妻关系。

墓道　位于墓室的南部，平面形状为长条形，壁垂直。口长 9.49 米，宽 2.40（台阶上）~3.60 米（台阶下）。墓道东部口下有生土二层台，台宽 0.14 米，距墓口 0.16 米。底长与口长同，宽 2.24~3.34 米。近北部有台阶，台阶宽 0.30 米，高 0.30 米。台阶下墓道向东西扩宽与墓室宽同，东西长 2.50 米，宽 1.26 米。底斜坡状。距墓底 1.28 米。墓道内填褐花土，逐层填土，逐层夯实，夯土较坚实。用圆平夯具，直径 0.06 米，夯窝深 0.01 米左右，夯层厚 0.20~0.32 米。下部夯层较薄，质量也好，上部夯层稍厚，质量较差。

墓室　口部平面呈长方形，填褐灰夯土，筑法与墓道同，质量比墓道好。口长 4.50 米，宽 3.68 米。口部东边有生土二层台，台宽 0.16 米，长与口长同，距口 0.16 米。墓壁下四周有熟土二层台，东、南、西、北四面台宽分别为 0.38 米、0.44 米、0.56 米、0.34 米。东西台长相同为 4.50 米，南北台长相同为 4.44 米。东、南、西、北四面台分别高 0.56 米、0.52 米、0.52 米和 0.60 米。底长 3.72 米，宽 2.40 米。

在墓道的东边有一座车马坑，可能与 M163 共用。车马坑距墓道 0.68~0.78 米，距地表 1.20 米，与 M181

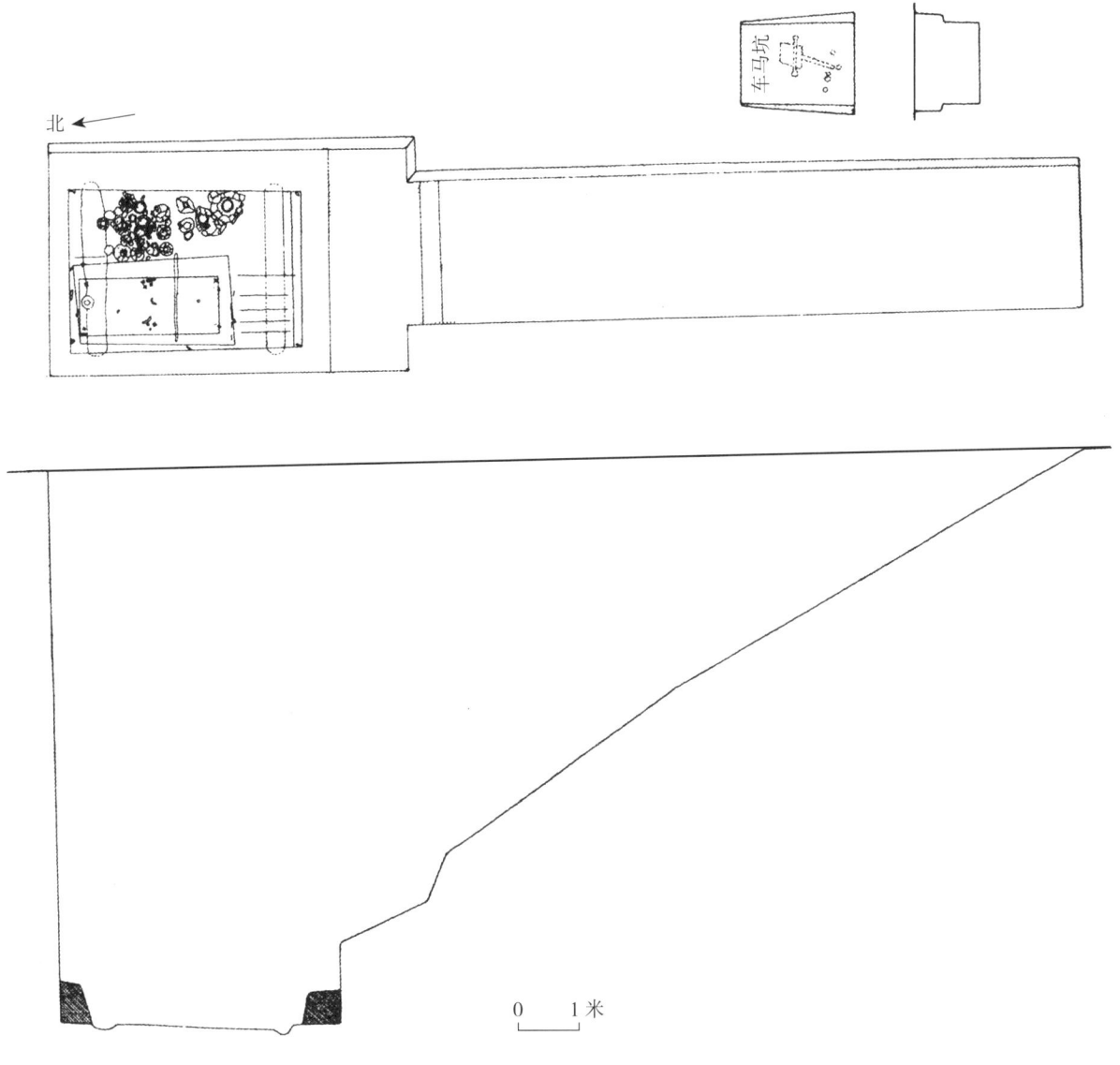

图二五七　M181 及车马坑平、剖图

同一层位。坑的平面为梯形，长 1.44 米，北宽 1.40 米，南宽 1.26 米。坑口至底深 0.44 米，当东西壁深至 0.36 米时，均留有一台，台宽不一样，宽 0.04~0.14 米。台上铺有红漆木板，木板已朽，漆皮尚存。坑底内埋铅制车马，已腐朽，车厢的高度不明，从其朽迹看，车厢长 0.25 米，宽 0.23 米，车辕长 0.44 米，车轴长 0.40 米。车軎、衡、轭的大小不明。

葬具　一椁一棺，已腐朽，但仍可看出椁、棺的痕迹。椁长 3.72 米，宽 2.50 米；木棺长 2.25 米，宽 0.90 米。椁和棺的高度不详。椁下南北各有一凹槽，可能是放横木的。北横木长 2.70 米，宽 0.30 米。南横木长 2.66 米，宽 0.30 米。均伸入东西二层台 0.04~0.12 米。（图二五七）

随葬品　34 件（组）。其中陶器 21 件、瓷器 4 件、玉器 3 件（组）、铜器 5 件及铁器 1 件。（图二五八）

1. 陶器　21 件。有鼎 2 件、盒 2 件、壶 6 件、罐 1 件、盆 2 件、釜 1 件、鐎壶 1 件、耳杯 2 件、匜 1 件、厄 1 件、甑 1 件、钫 1 件。

鼎　2 件。形制相同。破。弧形盖，盖上有矮圈足。鼎为子母口，壁微弧，腹的中部有一周凸弦纹，平底，兽蹄形足，长方形附耳外侈。标本 M181：27，口径 12 厘米，腹径 24 厘米，耳间宽 27.2 厘米，通高 19.5

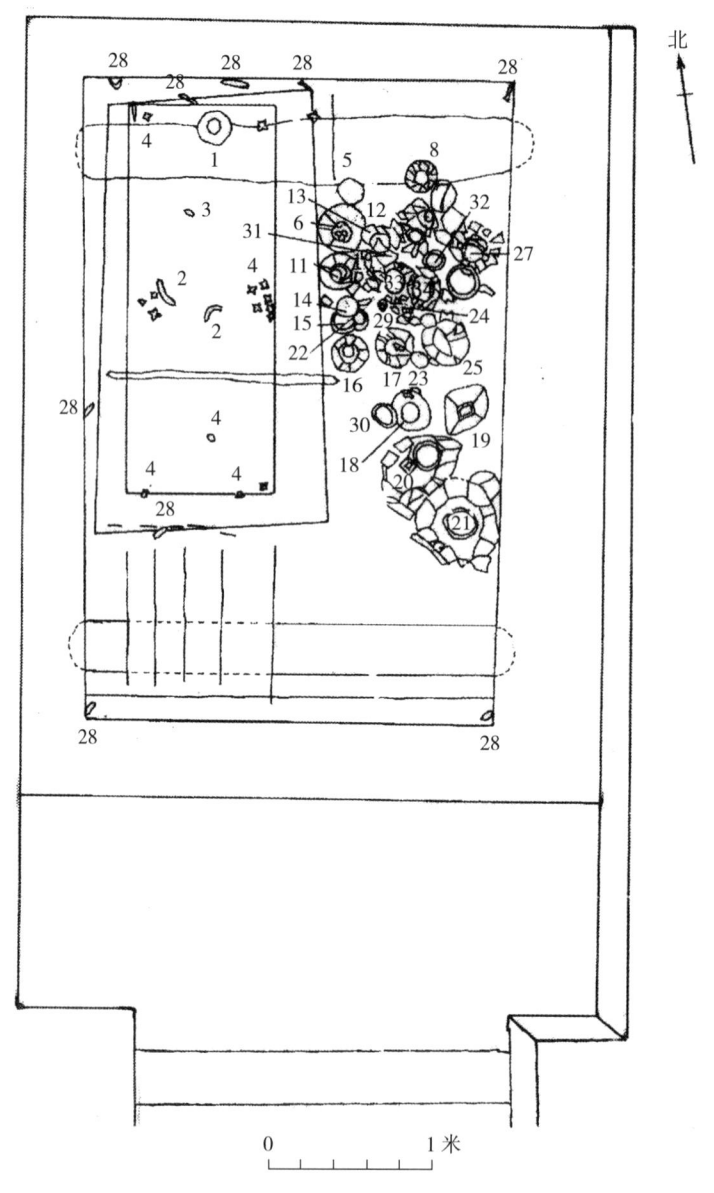

图二五八　M181 随葬品分布图

1. 玉瑗　2. 玉璜　3. 玉蝉　4. 铜柿蒂纹饰　5、23. 铜镜　6. 半两　7. 铜器　8. 陶卮　9. 瓷盒　10. 瓷壶

11. 陶甑　12、13. 陶盒　14. 陶鐎壶　15、16、20、21、29、32. 陶壶　17. 陶釜　18、30. 陶盆　19. 陶钫

22、31. 陶耳杯　24. 瓷罐　25. 瓷鼎　26、27. 陶鼎　28. 铁棺钉　33. 陶匜　34. 陶罐

厘米。（图二五九，1）标本 M181：26，口径 12 厘米，腹径 24 厘米，耳间宽 26.4 厘米，通高 26.5 厘米。
（图二五九，2）

壶　6 件。按其形状可分三式：

Ⅰ式：圈足陶壶。2 件。无盖，盘口，壶口微敛，束颈，圆腹，上腹部饰铺首，下附圈足。标本 M181：21，
口径 16 厘米，腹径 31 厘米，圈足径 18.5 厘米，高 41.5 厘米。（图二六〇，1）标本 M181：20，口残。腹
径 31 厘米，圈足径 18.5 厘米，残高 36.5 厘米。（图二六〇，2）

Ⅱ式：中型假圈足壶。2 件。无盖，壶口微侈，束颈，鼓腹，假圈足。标本 M181：16，上腹部饰铺首
衔环。口径 10 厘米，腹径 16.5 厘米，底径 11 厘米，高 24 厘米。（图二六〇，6）标本 M181：32，口径 9.5
厘米，腹径 15 厘米，底径 10 厘米，高 22 厘米。（图二六〇，7）

Ⅲ式：小型假圈足陶壶。2件。1整1残。无盖，盘口，束颈，鼓腹，假圈足，平底。标本 M181：29，完整。腹部饰弦纹。口径 4.5 厘米，腹径 12.5 厘米，底径 6.5 厘米，通高 16 厘米。（图二六〇，8）标本 M181：15，口残。腹部饰弦纹。腹径 12.7 厘米，底径 6.5 厘米，残高 12 厘米。（图二六〇，9）

钫 1件。标本 M181：19，破。盖为覆斗形，口为盘口，束颈，腹部为四方形，微鼓，圈足微侈，腹部饰铺首。口径 10.5 厘米，腹径 20 厘米，圈足径 12.5 厘米，通高 38 厘米。（彩版五六，1；图二六〇，5）

盒 2件。形制相同，大小有别。破。盖为带圈足的碗。盒子母口，弧腹，有两周凹弦纹，下腹部内收，小平底。标本 M181：13，口径 14 厘米，腹径 18 厘米，底径 8.5 厘米，通高 14 厘米。（图二五九，4）标本 M181：12，口径 15 厘米，腹径 18 厘米，底径 9 厘米，通高 15 厘米。（图二五九，3）

罐 1件。标本 M181：34，小口微侈，折沿，方唇，束颈，鼓腹，肩部饰弦纹数周，下腹部饰绳纹，平底。口径 10 厘米，腹径 25.5 厘米，底径 14 厘米，高 25 厘米。（图二五九，5）

盆 2件。标本 M181：30，折腹盆。侈口，折沿，圆唇，直壁，折腹，平底。口径 19 厘米，底径 7.7 厘米，高 5.5 厘米。（图二六〇，4）标本 M181：18，直腹圜底盆。折沿，敛口，直腹，圜底。口径 29 厘米，腹径 23 厘米，高 8 厘米。（图二六〇，3）

甑、釜 1套。标本 M181：11，甑，破。敞口，折沿，方唇，腹微敛，平底，矮圈足，底部为长条形甑孔。口径 19 厘米，圈足径 10.5 厘米，通高 9 厘米。标本 M181：17，釜，完整。敛口，短颈，圆唇，有兽面铺首，鼓腹，腹部有一周扁棱，平底内凹。口径 9 厘米，腹径 16 厘米，扁棱径 19.5 厘米，底径 6 厘米，高 13.5 厘米。（彩版五六，5；图二六一，1）

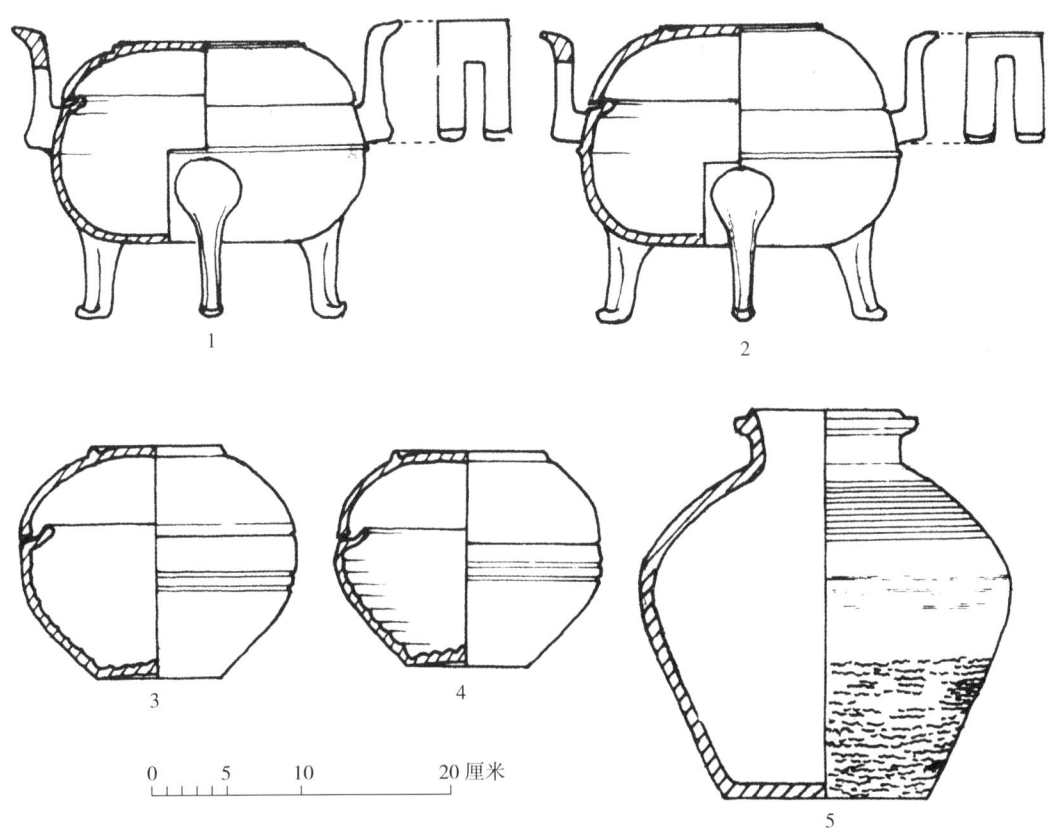

图二五九 M181 出土陶器

1.鼎（M181：27） 2.鼎（M181：26） 3.盒（M181：12） 4.盒（M181：13） 5.罐（M181：34）

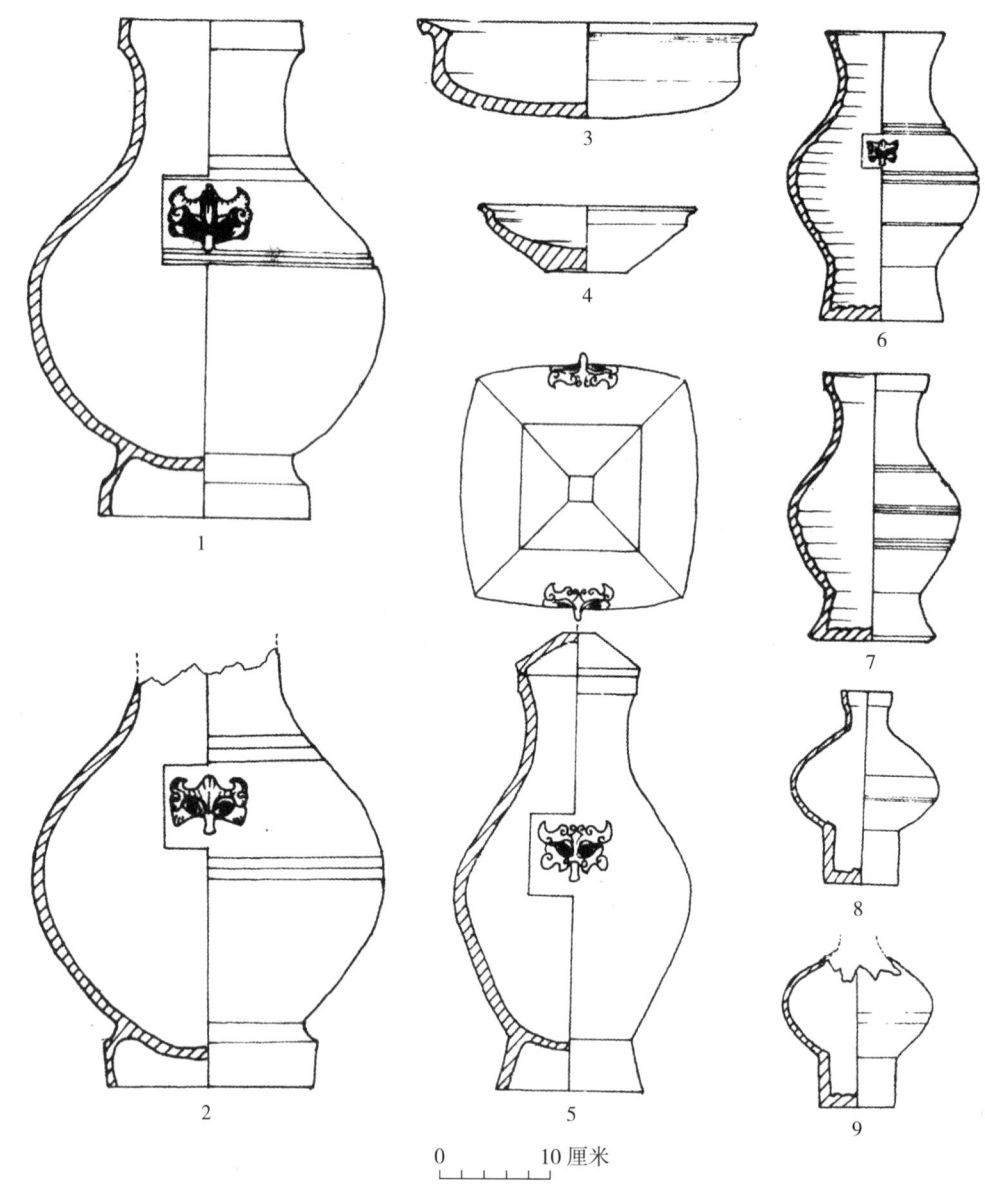

0   10 厘米

图二六〇　M181 出土陶器

1. Ⅰ式壶（M181∶21）　2. Ⅰ式壶（M181∶20）　3. 盆（M181∶18）　4. 盆（M181∶30）　5. 钫（M181∶19）
6. Ⅱ式壶（M181∶16）　7. Ⅱ式壶（M181∶32）　8. Ⅲ式壶（M181∶29）　9. Ⅲ式壶（M181∶15）

耳杯　2件。标本 M181∶22，破。平面呈椭圆形，有弧形耳，侈口，舌唇，平底。口径 6.4 厘米，底径 3.5 厘米，通高 4.5 厘米。（图二六一，5）

鐎壶　1件。标本 M181∶14，破。泥质灰陶。小口，短颈，鼓腹，圜底，下附三个蹄足，壶嘴似一狗头，两眼圆睁，长柄，柄的断面呈方形，柄端呈凸形。口径 7 厘米，腹径 13.5 厘米，柄残长 2 厘米，高 7.5 厘米。（图二六一，2）

匜　1件。标本 M181∶33，平面呈圆角方形，有流，平底。口径 16～19.2 厘米，流长 7.2 厘米，宽 4.8 厘米，高 7.5 厘米。（图二六一，3）

卮　1件。标本 M181∶8，破。子母口，圆唇，筒腹，上腹部有錾，平底。口径 9.5 厘米，腹径 11 厘米，高 10.3 厘米。（图二六一，4）

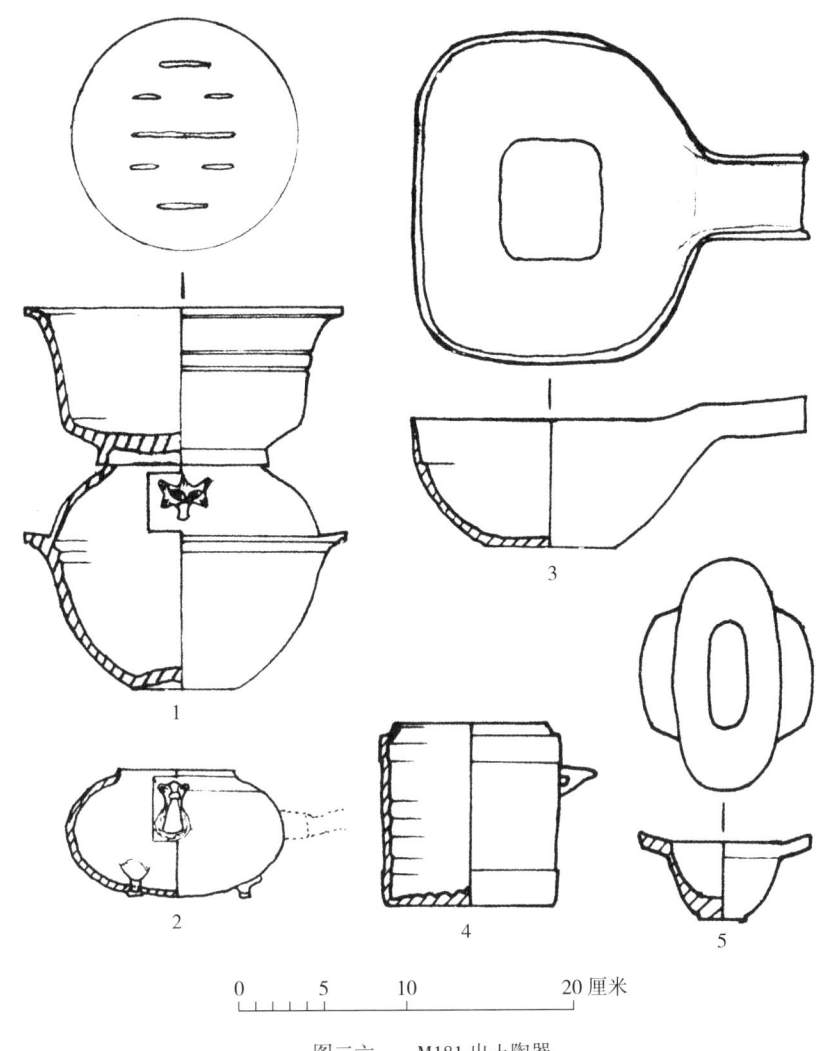

图二六一　M181 出土陶器

1.甑、釜（M181：11、M181：17）　2.鐎壶（M181：14）　3.匜（M181：33）　4.卮（M181：8）　5.耳杯（M181：22）

　　2. 瓷器　4 件，有鼎、盒、壶、罐各 1 件。上施豆青色釉，下为铁红色，内施酱色釉，酱色瓷胎。轮模合制。

　　鼎　1 件。标本 M181：25，破。盖为覆钵形，中有两周凹弦纹，有 3 个立钮，钮下有一周凹弦纹，中部两周凹弦纹与立钮下凹弦纹之间饰三周竖划纹。鼎子母口，长方形附耳外侈，附耳中间有长方形穿孔，直腹，下腹内收，腹部有五周凹弦纹，平底，附三个蹄足。口径 17.6 厘米，腹径 21.6 厘米，底径 11.2 厘米，通高 22 厘米。（彩版五六，6；图二六二，1）

　　盒　1 件。标本 M181：9，破。盖为覆钵形，顶部有凸弦纹一周，似圈足。直口，方唇，深腹，腹壁有凹弦纹，平底，矮圈足。底的内部有弦纹。腹径 21.5 厘米，底径 12 厘米，通高 20 厘米。（彩版五六，3；图二六二，4）

　　壶　1 件。标本 M181：10，破。盖为覆钵形。鼓腹，平底，矮圈足。腹壁有凹弦纹，底的内部有弦纹。口径 11 厘米，底径 12.2 厘米，通高 35.5 厘米。（彩版五六，4；图二六二，3）

　　罐　1 件。标本 M181：24，破。盖为覆钵形，顶部有钮，其上饰两组双弦纹。其间有两组“八”字形锥刺纹。小口，方唇，短颈，圆肩，肩部有三组双凹弦纹，有两个兽面立耳，鼓腹，腹部有凹弦纹，平底。口

径 11.2 厘米，腹径 33.2 厘米，底径 20 厘米，通高 29.6 厘米。（彩版五六，2；图二六二，2）

3. 铜器、铜钱　有镜 2 枚、柿蒂纹饰 1 件、铜器 1 件及半两 42 枚。

镜　2 枚。标本 M181：5，蟠螭规矩镜。破。圆形，镜面平直，桥形钮，其外为正方形，饰规矩纹，其间饰蟠螭纹，其外为缘郭。面径 12.6 厘米，背径 12.6 厘米，钮高 0.6 厘米，钮宽 1.1 厘米，缘宽 0.1 厘米，缘厚 0.2 厘米，肉厚 0.1 厘米。（彩版五七，1；图二六三，1）

半两　42 枚。均圆形，正方形穿，钱边缘和穿无周郭，穿之正面左右两侧铸有篆书"半两"二字，选出标本 6 枚，根据"半两"二字明显、较显、微显可分三种。标本 M181：6-1，2 枚，大小相同，造型一样，"半两"二字凸显。钱径 2.3 厘米，肉厚 0.1 厘米，穿径 0.7 厘米。标本 M181：6-2，2 枚，大小相同，"半两"二字较显。钱边缘有一线周郭。钱径 2.4 厘米，郭宽 0.05 厘米，肉厚 0.1 厘米，穿径 0.7~0.8 厘米。标本 M181：6-3，2 枚，大小相同，"半两"二字微显。钱径 2.3 厘米，肉厚 0.1 厘米，穿径 0.7 厘米。（图二六三，2~7）

4. 玉器　有瑗、璜、蝉。

瑗　1 件。标本 M181：1，完整。青玉。素面。直径 11.5 厘米，内径 6.7 厘米，厚 0.4 厘米。（彩版五七，2；图二六四，1）

璜　2 件。完整。分为二式。

Ⅰ式：1 件。标本 M181：2-1，双龙同体。龙张口，中间上部有圆形穿孔。长 11.8 厘米，宽 1.8 厘米，

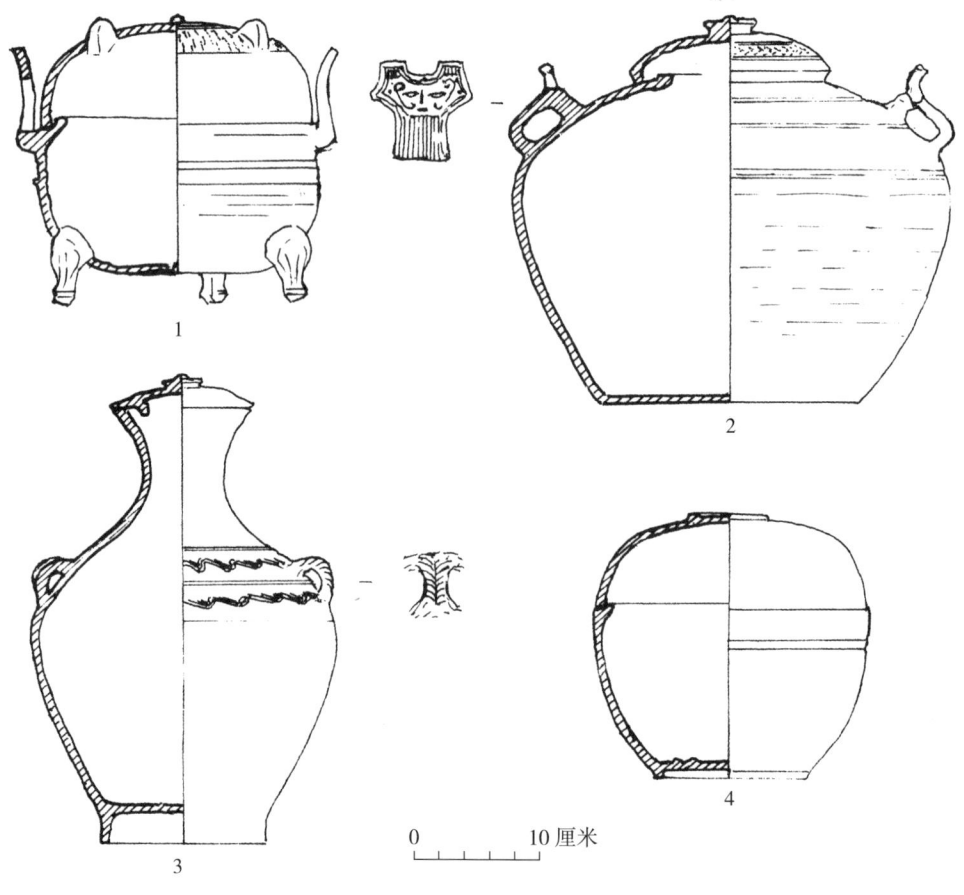

图二六二　M181 出土瓷器

1. 鼎（M181：25）　2. 罐（M181：24）　3. 壶（M181：10）　4. 盒（M181：9）

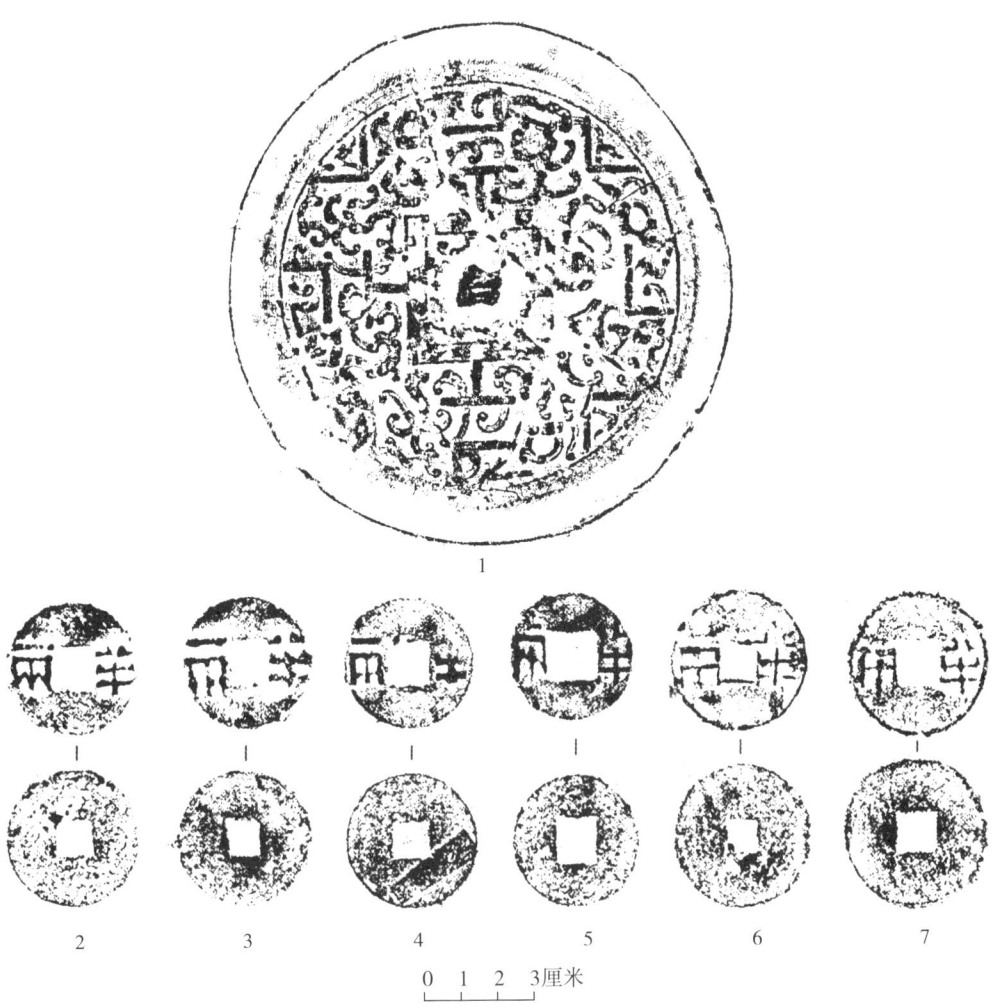

图二六三 M181 出土铜镜、铜钱拓片

1. 镜（M181：5） 2~7. 半两（M181：6）

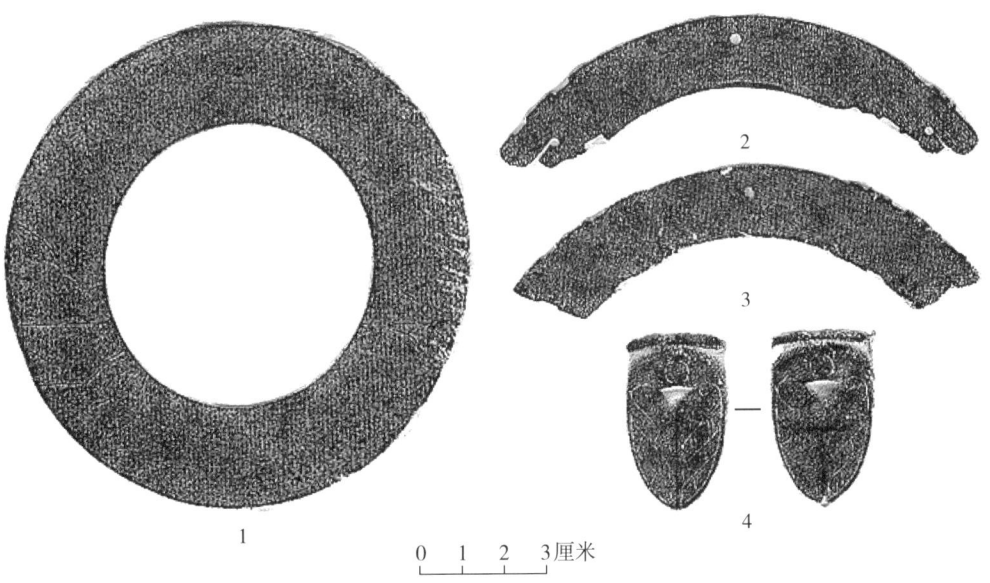

图二六四 M181 出土玉器拓片

1. 瑗（M181：1） 2. Ⅰ式璜（M181：2-1） 3. Ⅱ式璜（M181：2-2） 4. 蝉（M181：3）

厚 0.3 厘米。（彩版五七，3 上；图二六四，2）

Ⅱ式：1 件。标本 M181：2-2，璜的上部两端各有两个缺，两侧和下部的两端各有 1 个缺。长 11.5 厘米，宽 1.6 厘米，厚 0.4 厘米。（彩版五七，3 下；图二六四，3）

蝉　1 件。标本 M181：3，完整。青白玉。蝉形，背部有脊，呈三棱形，腹部微鼓，刻出翼上网纹。长 4.2 厘米，宽 2.3 厘米，厚 1.3 厘米。（彩版五七，4；图二六四，4）

M196 位于淮阳平粮台遗址北部 T110 的东南角。1985 年 4 月发掘。墓口距地表 0.45 米。墓葬形制为斜坡墓道竖穴土坑墓，全墓由墓道和墓室组成。平面形状呈刀把形，墓道东拐。方向 200°。

墓道　位于墓室的南部，平面形状为长条形，向东拐，壁向外斜直，底斜坡状，但规整。伸向方外部分未发掘。口残长 0.80 米，宽 1.34 米。底长同口长，宽 1.46 米。墓道内填五花土，逐层填土，逐层夯实，夯土质量较差。夯层厚 0.16 米，夯窝直径 0.06~0.07 米。

墓室　口部平面呈长方形，墓内填五花土，夯层厚，夯窝直径与墓道所见者相同，夯层坚硬。口长 2.36

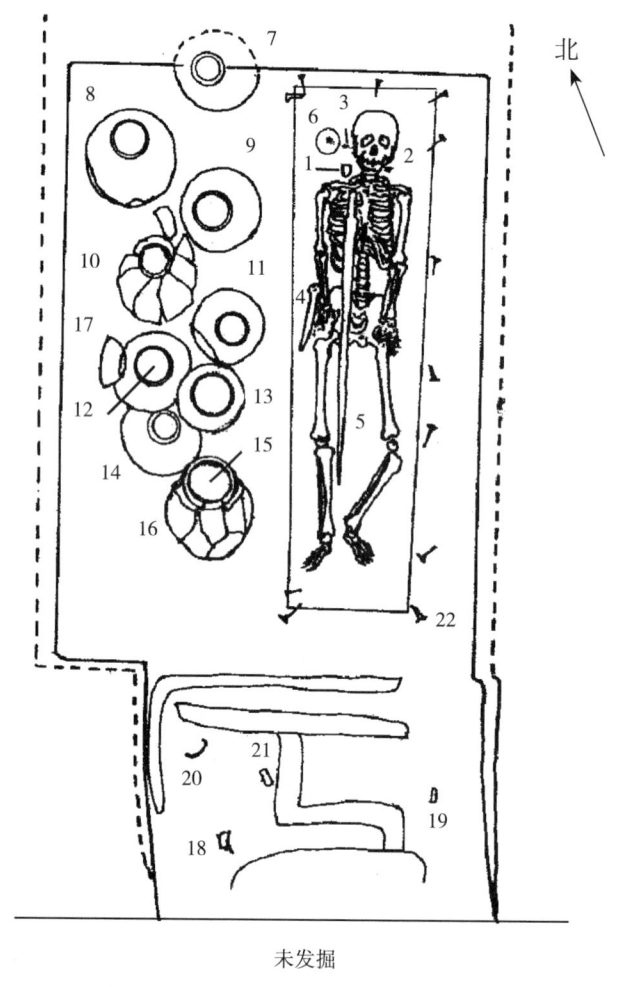

图二六五　M196 平面图

1. 玉蝉　2. 玉鼻塞　3. 玉耳塞　4. 铁环首刀　5. 铁剑　6. 铜镜　7~14、16. 陶罐　15. 铜洗　17. 陶钵
18. 铜弩机　19、21. 铜盖弓帽　20. 铅扒钩　22. 棺钉

米，宽 1.68 米。墓壁向外斜直，底长 2.60 米，宽 1.84 米，距墓口 3.38 米。

墓门 位于墓室南端，已严重被毁。墓门宽 1.34 米。

葬具 一椁一棺，置于室内，已腐朽。据椁、棺的痕迹，椁长 2.36 米，宽 1.66 米，棺长 2.04 米，宽 0.48~0.56 米，高度不知。（图二六五）

葬式 棺内人骨一具，仰身直肢，头向北，面向上。

随葬品 共 22 件（组）。有陶器 10 件、玉器 3 件、铜器 5 件、铁器 3 件，另有铅扒钩 1 件。陶器、铜器和玉器多出自棺内外，盖弓帽、铜弩机和铅扒钩则出自墓道。

1. 陶器 10 件。有罐 9 件、钵 1 件。

罐 9 件。泥质灰陶。形制相近，纹饰有别。小口，圆唇，矮颈，鼓腹，平底。标本 M196：8，敛口，折沿，束颈，折腹，大平底。上腹部饰六周凹弦纹，凹弦纹上拍印绳纹。口径 8.5 厘米，腹径 27.5 厘米，底径 18 厘米，高 28.5 厘米。（图二六六，1）标本 M196：9，上腹部饰五周凹弦纹，凹弦纹上拍印绳纹。口

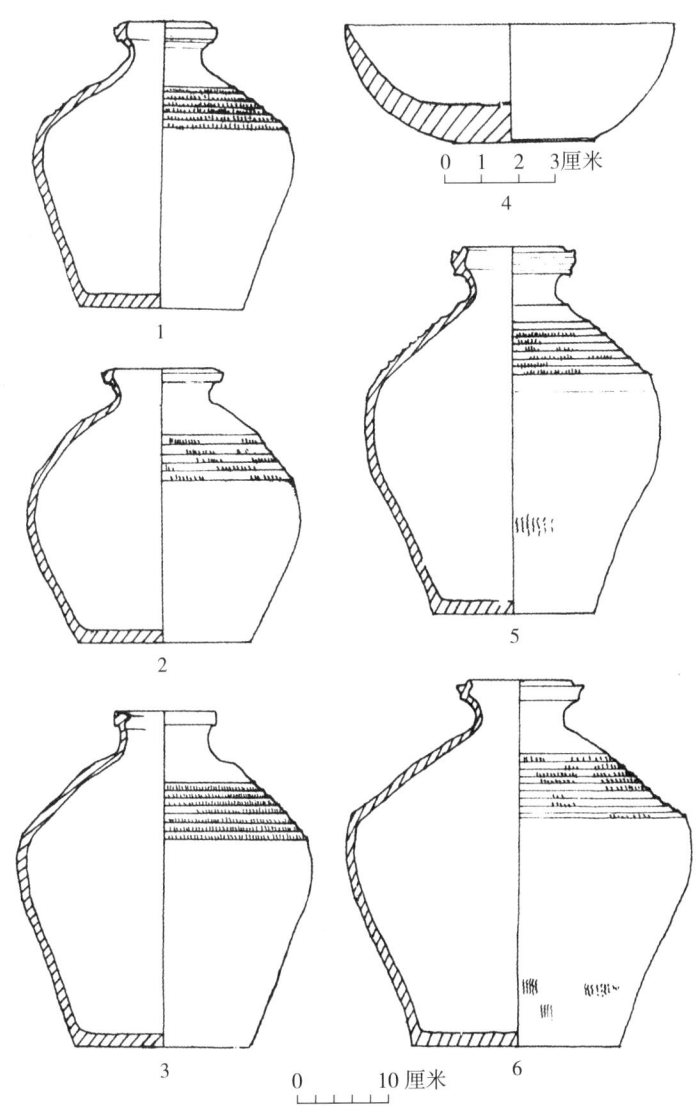

图二六六 M196 出土陶器

1~3、5、6. 罐（M196：8、M196：9、M196：14、M196：11、M196：16） 4. 钵（M196：17）

径 13 厘米, 腹径 28 厘米, 底径 18.5 厘米, 高 27.5 厘米。(图二六六, 2) 标本 M196:11, 上腹部饰九周凹弦纹, 凹弦纹上拍印绳纹, 下腹部有一周稀疏的带状绳纹。口径 10 厘米, 腹径 31 厘米, 底径 17.5 厘米, 高 36.5 厘米。(图二六六, 5) 标本 M196:14, 上腹部饰七周凹弦纹, 凹弦纹上拍印绳纹。口径 11 厘米, 腹径 31 厘米, 底径 19 厘米, 高 33.5 厘米。(图二六六, 3) 标本 M196:16, 上腹部饰十周凹弦纹, 凹弦纹上拍印绳纹, 下腹部有两周稀疏的带状绳纹。口径 10.5 厘米, 腹径 36 厘米, 底径 23.6 厘米, 高 36.5 厘米。(图二六六, 6)

钵　1件。标本 M196:17, 敞口, 舌唇, 弧壁, 平底。口径 8.5 厘米, 底径 3.5 厘米, 高 3 厘米。(图二六六, 4)

2. 铜器、铜钱　5件。有镜、洗、弩机、盖弓帽。洗残甚。

镜　1枚。标本 M196:6, 内连弧昭明镜。完整。圆形, 镜面平直, 圆形钮, 圆钮座, 八内连弧, 其外铭文为"内清质以昭明光辉象夫日月心忽扬而愿忠然壅塞而不泄"。面径 9.4 厘米, 背径 9.2 厘米, 钮高 1 厘米, 钮宽 1.2 厘米, 缘宽 1 厘米, 缘厚 0.5 厘米, 肉厚 0.2 厘米。(彩版五七, 5; 图二六七)

弩机　1件。标本 M196:18, 完整。形制较小, 弩机的郭、牙、悬刃、键、望山、钩心等部件齐全, 郭之前端较窄, 面上刻有箭槽, 器身有二键穿通, 一端有帽, 两键相同。器身长 4.6 厘米, 郭长 0.47 厘米, 郭前端宽 0.16 厘米, 郭高 0.16 厘米, 键长 0.5 厘米, 直径 0.45 厘米, 通长 0.54 厘米, 通高 0.54 厘米, 悬刃 0.2 厘米。(彩版五七, 6; 图二六八, 1)

盖弓帽　2件。形制相同。标本 M196:19, 完整。顶为圆形, 体中部有钩。径 1 厘米, 高 2.5 厘米。(图二六八, 3)

3. 玉器　3件(组)。有蝉 1 件、鼻塞 1 组、耳塞 1 组。

蝉　1件。标本 M196:1, 完整。汉白玉。蝉形, 背部有脊, 呈圆尾三棱形, 腹部微鼓, 刻出翼上网纹。长 5.4 厘米, 宽 3.2 厘米, 厚 1.3 厘米。(彩版五七, 7; 图二六九, 1)

鼻塞　1组。标本 M196:2, 完整。圆柱状体, 上粗下细。高 2.3 厘米, 直径 0.6~0.8 厘米。(图二六九, 2)

耳塞　1组。标本 M196:3, 完整。圆柱状体, 上粗下细。高 2.1 厘米, 直径 0.6~0.8 厘米。(图二六九, 3)

4. 铁器　3件。有剑、环首刀及棺钉若干。

0　1　2　3厘米

图二六七　M196 出土铜镜拓片(M196:6)

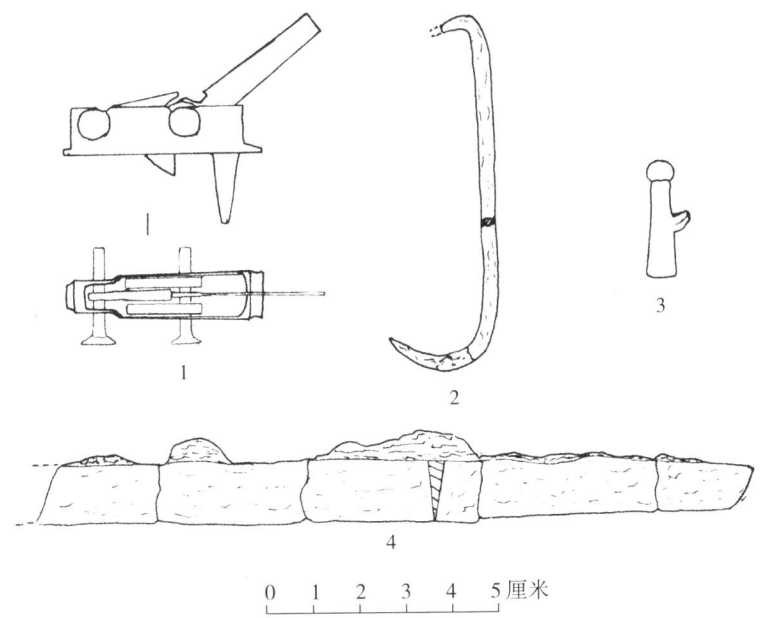

图二六八　M196 出土铜器、铁器及铅器

1. 铜弩机（M196：18）　2. 铅扒钩（M196：20）　3. 铜盖弓帽（M196：19）　4. 铁环首刀（M196：4）

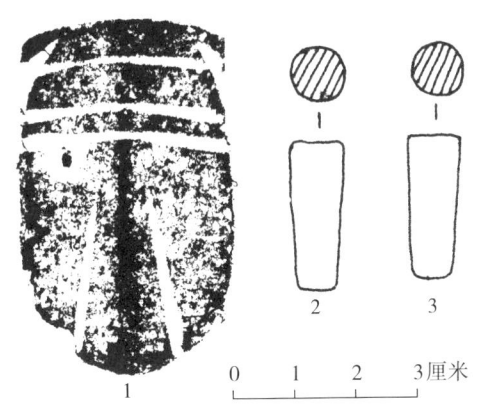

图二六九　M196 出土玉器

1. 蝉（M196：1）　2. 鼻塞（M196：2）　3. 耳塞（M196：3）

剑　1件。标本 M196：5，残。剑身较长，双面刃，剑身有脊，茎已残，茎与剑交接处有剑镡。锈蚀严重。通长 115 厘米。

环首刀　1件。标本 M196：4，残。环状首，刀背较直，刃部也较直，刃末呈弧形，梢部已朽。残长 25 厘米。（图二六八，4）

5. 铅器　1件。

标本 M196：20，扒钩。长 8.4 厘米。（图二六八，2）

M204 位于淮阳平粮台遗址北部的 T111 内。1985 年 5 月发掘。墓口距地表 0.45 米。为斜坡墓道竖穴土坑墓，全墓由墓道和墓室组成。平面呈刀把形，墓道稍窄于墓室。方向 195°。

墓道　位于墓室的南部，平面为长条形，并向西斜伸，其壁垂直，底斜坡状，平整。长 3.60 米，宽 1.04 米。墓道内填五花土，逐层填土，逐层夯实，夯筑质量较差。墓道口距墓口 0.60 米，墓道的底端距墓口 2.08

米，距墓底 0.80 米。

墓室　口部平面呈长方形，填五花土。填土夯筑方法及夯层厚度与墓道填土相同，但夯筑质量更高，夯土坚硬。口长 2.64 米，宽 1.60 米。墓壁垂直，底平。墓四周壁下有生土二层台，东西台长相同，均为 2.64 米，宽各不相同，东台宽 0.12 米，西台宽 0.11 米；南台长 1.28 米，宽 0.10 米，北台长 1.40 米，宽 0.14 米。台面平，壁垂直。底长 2.44 米，宽 1.28~1.40 米。底距墓口 2.76 米。（图二七〇）

葬具　木棺一具，置于墓室东部，已腐朽，据棺的朽灰痕迹，推测棺长 2.02 米，宽 0.54 米，高度不详。

随葬品　共 19 件。其中有玉器 1 件、铜器 6 件、铁器 2 件、陶器 10 件。器形有陶罐、壶、井、灶，铜镜、带钩、五铢、印章、洗，铁剑、环首刀，玉蝉。另填土内出土铜器 2 件。

1. 陶器　10 件。均为泥质灰陶。有罐 7 件、壶 1 件、井 1 件、灶 1 件。

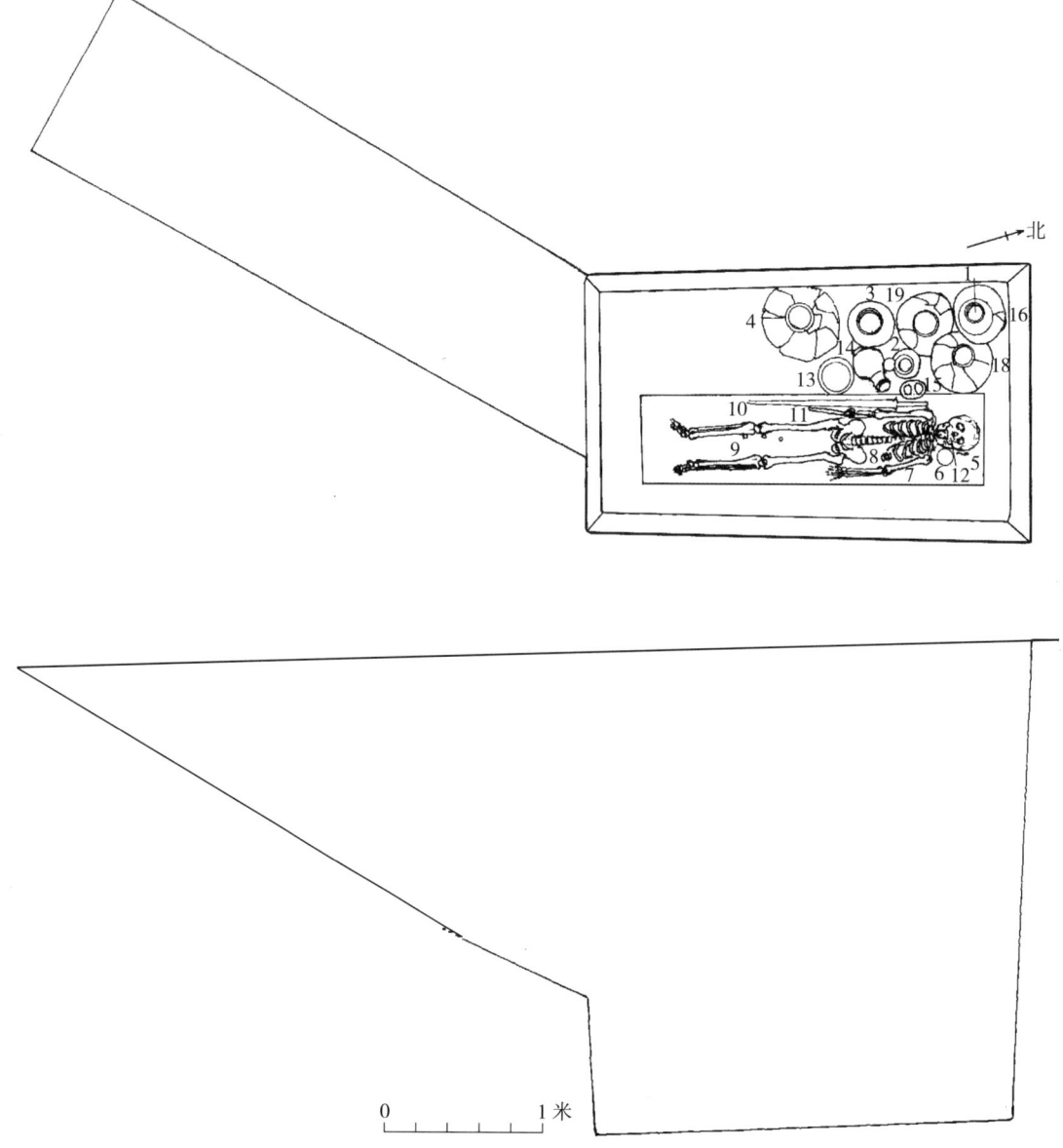

图二七〇　M204 平、剖图

1~3、4、16、18、19.陶罐　5.铜刷　6.铜镜　7.铜带钩　8.五铢　9.铜印章　10.铁剑　11.铁环首刀
12.玉蝉　13.铜洗　14.陶壶　15.陶井　17.陶灶

罐　7件。形制不同，分二式。

Ⅰ式：鼓腹罐。5件。小口，圆唇，圆肩，鼓腹，平底。肩部饰带状纹，下腹部饰中绳纹，纹饰清晰规整。标本M204：2，完整。口径13.6厘米，腹径30.6厘米，底径16厘米，高24厘米。（图二七一，1）标本M204：18，完整。口径12厘米，腹径30.6厘米，底径16厘米，高24.8厘米。（彩版五八，1；图二七一，2）

Ⅱ式：斜腹罐。2件。标本M204：19，小口，方唇，短颈，下腹较斜直，大平底。上腹部饰六周弦纹，弦纹间拍印绳纹，下腹饰弦纹。口径15厘米，腹径32厘米，底径21厘米，高27.5厘米。（彩版五八，2；图二七一，3）

壶　1件。标本M204：14，破。侈口，方唇，束颈，圆腹，圈足微侈。圈足中部有一周凸弦纹。口径15.5厘米，腹径31.5厘米，圈足径21厘米，高40厘米。（图二七一，6）

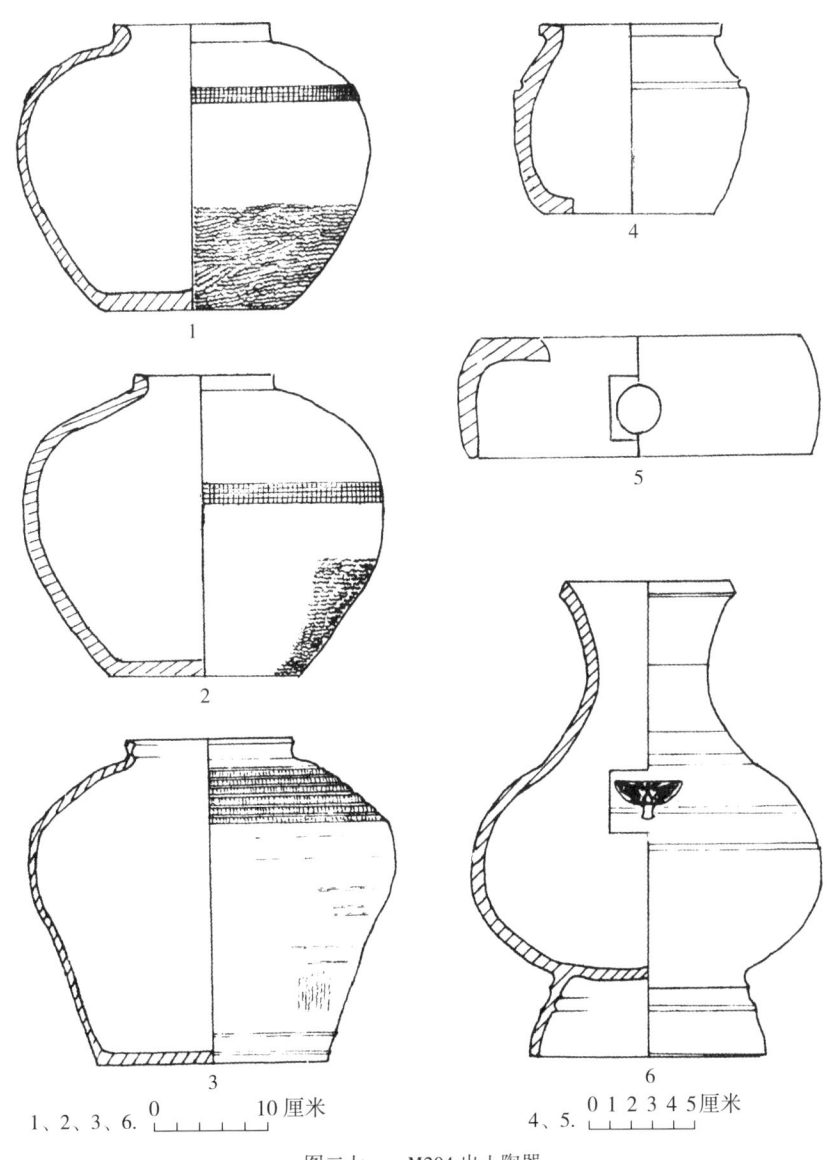

图二七一　M204出土陶器

1. Ⅰ式罐（M204：2）　2. Ⅰ式罐（M204：18）　3. Ⅱ式罐（M204：19）

4. 井（M204：15）　5. 灶（M204：17）　6. 壶（M204：14）

井　1件。标本M204：15，完整。敛口，折沿，方唇，鼓腹，平底。上腹部有一周凹弦纹。口径8厘米，腹径10厘米，底径8厘米，底部孔径5.2厘米。（图二七一，4）

灶　1件。标本M204：17，完整。敛口，腹壁微鼓，下部微敛，上部有放置釜的圆孔，壁部有一个圆形灶孔。上部口径14厘米，腹壁径16厘米，底径15厘米，高5厘米。（图二七一，5）

2. 铜器、铜钱　6件。有洗、刷、镜、带钩、印章、五铢等。

镜　1枚。标本M204：6，日光镜。完整。圆形，半圆钮，圆钮座，宽平素缘，镜面平直，钮座外伸出4条短弧线纹，间环列月牙纹，其外一周内向八连弧，再外为两周凸弦纹，间以平行线纹，中间排有铭文带，其铭文曰"见日之光天下大明"，铭文为隶篆变异体，每字之间有符号间隔。该镜体较小，铭文模糊不清。面径7.7厘米，背径7.4厘米，钮高0.7厘米，钮宽0.9厘米，缘厚0.3厘米，缘宽0.75厘米，肉厚0.1厘米。（彩版五八，5；图二七二，1）

带钩　1件。标本M204：7，残。器形较小，背部有圆帽状钮，短腹呈椭圆形。残长4.1厘米，钮径1厘米。（彩版五八，6；图二七三，1）

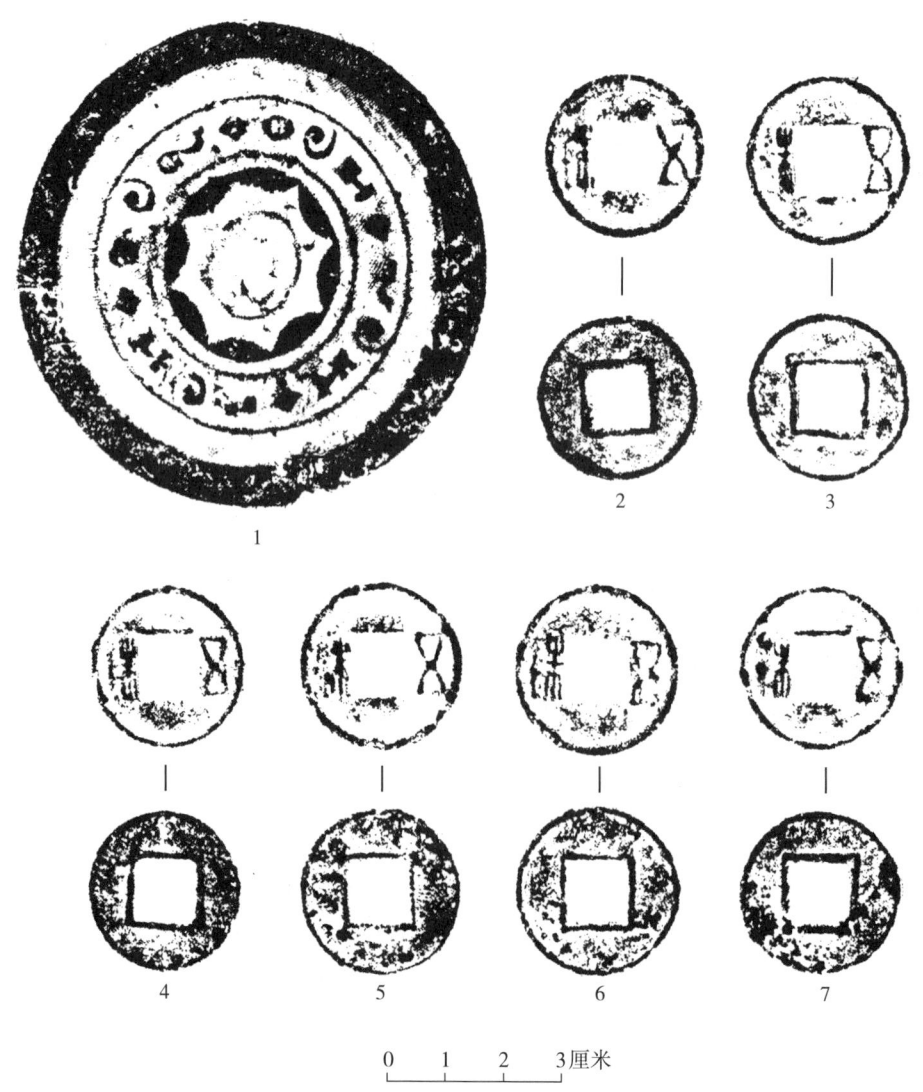

图二七二　M204出土铜镜、铜钱拓片

1. 镜（M204：6）　2~6. Ⅰ式五铢（M204：8-1~5）　7. Ⅱ式五铢（M204：8-6）

印章　1枚。标本 M204：9，完整。方印。龟钮，龟伸头，腹下为钮，篆文"彭莫私印"。通高1.5厘米，长1.7厘米，宽1.67厘米，厚0.8厘米。（彩版五八，4；图二七三，5）

铜器　1件。标本 M204：21，残。出于墓葬填土，形似铜镞，平面似长方形，有铤已残。残长2.4厘米，宽0.7厘米。（图二七三，4）

刷　1件。标本 M204：5，残。斗为圆形，柄残。残长3.9厘米，直径1厘米，高1.4厘米。（图二七三，3）

镞　1件。标本 M204：20，残。出于墓葬填土。平面呈弧边三角形，中有尖锥状铤，镞体断面中间为菱形，两端锋利。长6.1厘米，宽2.5厘米，厚0.4厘米。（图二七三，2）

五铢　13枚。10整1破2残。圆形，正面有穿，正面和背面的缘郭均为窄郭，正面穿不同，穿之正面左右两侧铸有篆书"五铢"二字，"五"字宽窄有别。能辨识清晰者，可分两式。

Ⅰ式：5枚。"五"字较窄。标本 M204：8-1，钱边缘有较窄的周郭，穿上无郭，"五"字上下不对称。穿之背面有周郭，背面缘郭较窄。钱径2.5厘米，郭径2.5厘米，郭宽0.1厘米，郭厚0.15厘米，肉厚0.1厘米，穿径1厘米。标本 M204：8-2，穿下为半月形郭。钱径2.5厘米，郭径2.5厘米，郭宽0.15厘米，郭厚0.15厘米，肉厚0.1厘米，穿径1厘米。标本 M204：8-3，穿上部有郭。钱径2.5厘米，郭径2.5厘米，郭宽0.1厘米，郭厚0.15厘米，肉厚0.1厘米，穿径1厘米。标本 M204：8-4，穿上部有郭。钱径2.5厘米，郭径2.5厘米，郭宽0.1厘米，郭厚0.2厘米，肉厚0.1厘米，穿径1厘米。标本 M204：8-5，正面穿部有上横郭。钱径2.5厘米，郭径2.5厘米，郭宽0.1厘米，郭厚0.2厘米，肉厚0.1厘米，穿径1厘米。（图二七二，2~6）

Ⅱ式：2枚。标本 M204：8-6，"五"字较宽，"五"字的上下横画出头，呈对顶炮弹形，正面无穿。钱径2.6厘米，郭径2.6厘米，郭宽0.1厘米，郭厚0.2厘米，肉厚0.1厘米，穿径1厘米。（图二七二，7）

3. 玉器　1件。

标本 M204：12，玉蝉。其眼部用墨画一方形，用墨画出双翼，其上画5个正方形黑块。残长5.3厘米，宽3厘米。（彩版五八，3；图二七四）

4. 铁器　2件。有剑、环首刀。

剑　1件。标本 M204：10，残。剑身较长，双面刃，剑身有脊，茎已残，茎与剑身交接处有剑镡。锈蚀严重。残长110厘米，其中柄长20厘米。

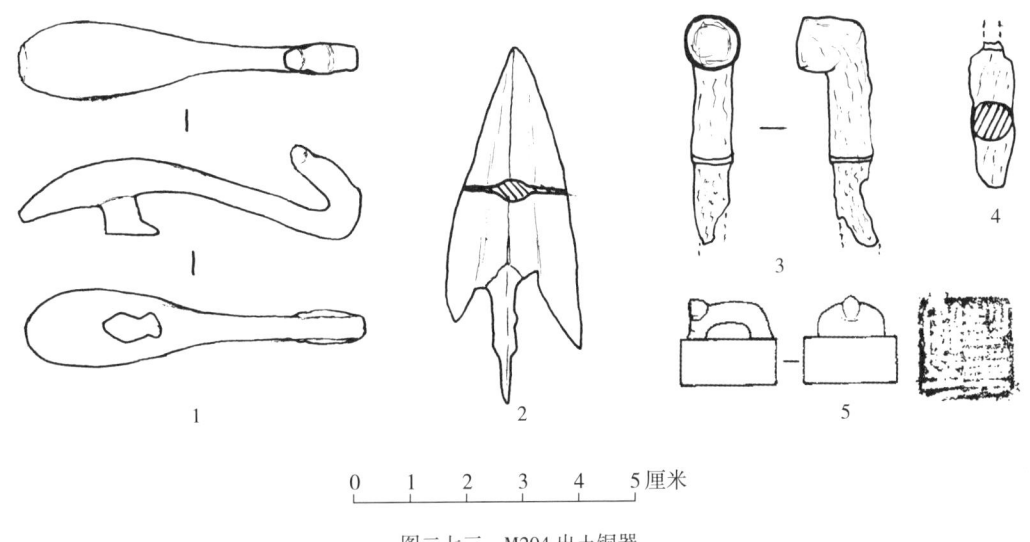

图二七三　M204 出土铜器

1. 带钩（M204：7）　2. 镞（M204：20）　3. 刷（M204：5）　4. 铜器（M204：21）　5. 印章（M204：9）

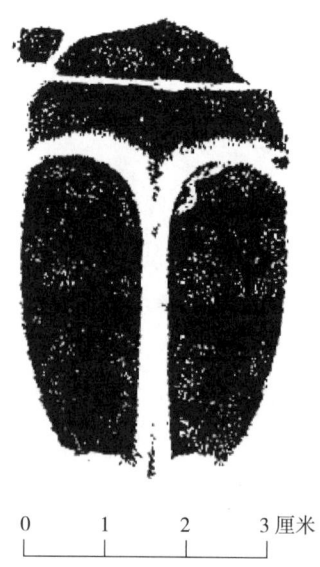

图二七四　M204 出土玉蝉拓片（M204∶12）

环首刀　1 件。标本 M204∶11，残。环状首，刀背较直，刀部也较直，刃末端呈弧形，梢部已朽。长 28 厘米。

M209 位于淮阳平粮台遗址中部。1986 年 5 月发掘。在 T196、T197、T174、T175 四个探方内，叠压于汉代文化层之下。由墓上建筑、墓道和墓室三部分组成。墓口的上部有夯土台基，为墓上建筑。墓口位于夯土台基下，距地表 2.10 米。墓葬平面呈"甲"字形，为斜坡墓道竖穴土坑墓，墓室宽于墓道。方向 190°。（图二七五）

夯土台上部近梯形，南北长 9.50 米，东西残宽 7.60 米。底部平面呈方形，南北长 12.50 米，东西宽 11.50 米，高 1.34 米。由四层夯土夯筑而成，每层厚 0.40 米。夯土台的南部有一条东西向的排水沟，残长 3 米，宽 0.50 米，其底部顺铺两排板瓦。该夯土台被汉墓打破，东部有 M176，东北部有 M179，北部有 M191，西部有 M167，西南部有 M180。这些汉墓打破台基的四边，台基下压着 M209 和车马坑。从该台基的形状和位置看，应为 M209 的陵上建筑，经清理得知车马坑为其东部战国墓 M16 的陪葬坑。M209 周围的汉墓当是一个家族墓，M209 当是这块墓地的主墓。（图二七六）

墓道　位于墓室的南部正中，平面形状为长条形，南部伸于探方南壁内，未发掘，其壁斜直，底斜坡状，平整。墓道内填五花土，逐层填土，逐层夯实，夯土较硬。墓道现长 1.60 米，宽 2 米。底长 1.62 米，宽 1.80 米。墓道的底端距墓口 2 米，距墓底 4.60 米。

墓室　口部平面呈长方形，填五花土，夯筑的方法、夯层厚度与墓道填土相同，夯筑质量好，夯土坚硬。口长 5.38 米，宽 3.40 米。墓壁斜直，底平。墓室分前后两部分，墓后部东西壁下有生土二层台，东西台长、宽相同，均长 2.72 米，宽 0.80 米，台距底 0.80 米，距口 5.40 米；墓室后部为椁、棺室。前部底长 3 米，宽 2.3 米。

葬具　木椁一具，木棺二具，已腐朽。据朽灰痕迹，椁长 2.66 米，宽 1.38 米，其高不详。二棺置于椁室的东部。外木棺长 2.10 米，宽 0.79 米；内棺长 1.66 米，宽 0.72 米，高度不知。

随葬品　共 45 件（套）。其中玉器 5 件、铜器 9 件、铁器 4 件、陶器 24 件，另有海贝、漆器、牛骨

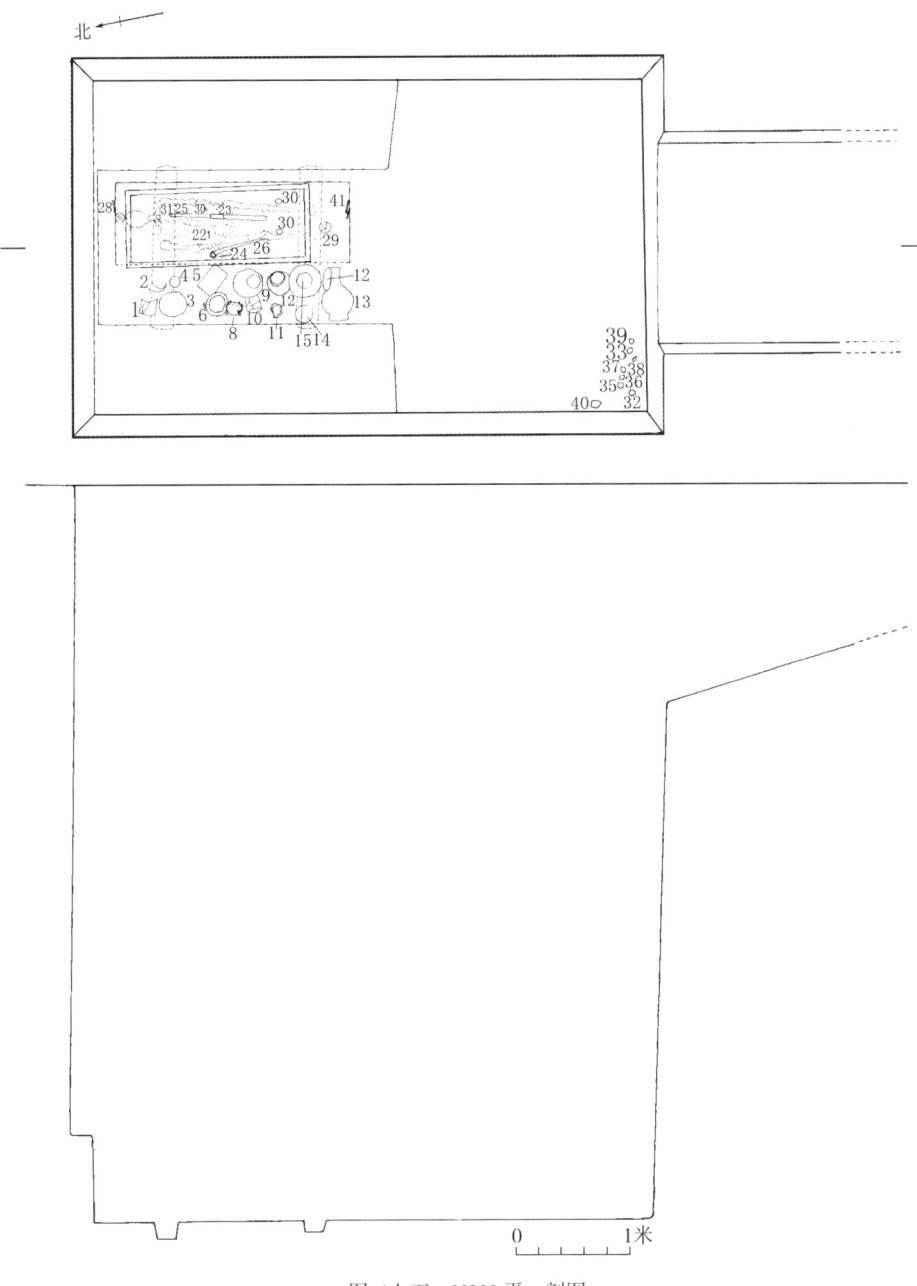

图二七五　M209平、剖图

等。随葬品有铜带钩、铜镜、铜环、铜镇、铜钱若干，玉带钩、玉昭文带、玉剑珌、玉璜，铁剑、铁条、铁刀，陶鼎、陶罐、陶釜、陶甑、陶耳杯、陶勺、陶壶、陶奁、陶盒、陶匜，另外还有海贝、牛骨等。（图二七七）

1. 陶器　24件。均为泥质灰陶。多为素面，有的器物饰凹弦纹。有鼎2件、壶7件、盒2件、罐1件、甑1件、釜1件、耳杯1件、匜1件、勺2件、奁6件。

鼎　2件。破。形制相同。标本M209∶6，子母口，壁微弧，腹的中部有一周凸弦纹，平底，高蹄足，长方形附耳外侈。腹径33厘米，底径22厘米，高27厘米。（图二七八，1）标本M209∶8，无盖，子母口，腹壁较直，腹的中部有一周凸弦纹，圜底，高蹄足。耳间宽23厘米，腹径22厘米，高25厘米。（图二七八，2）

壶　7件。其中完整者，按其形状可分二型。

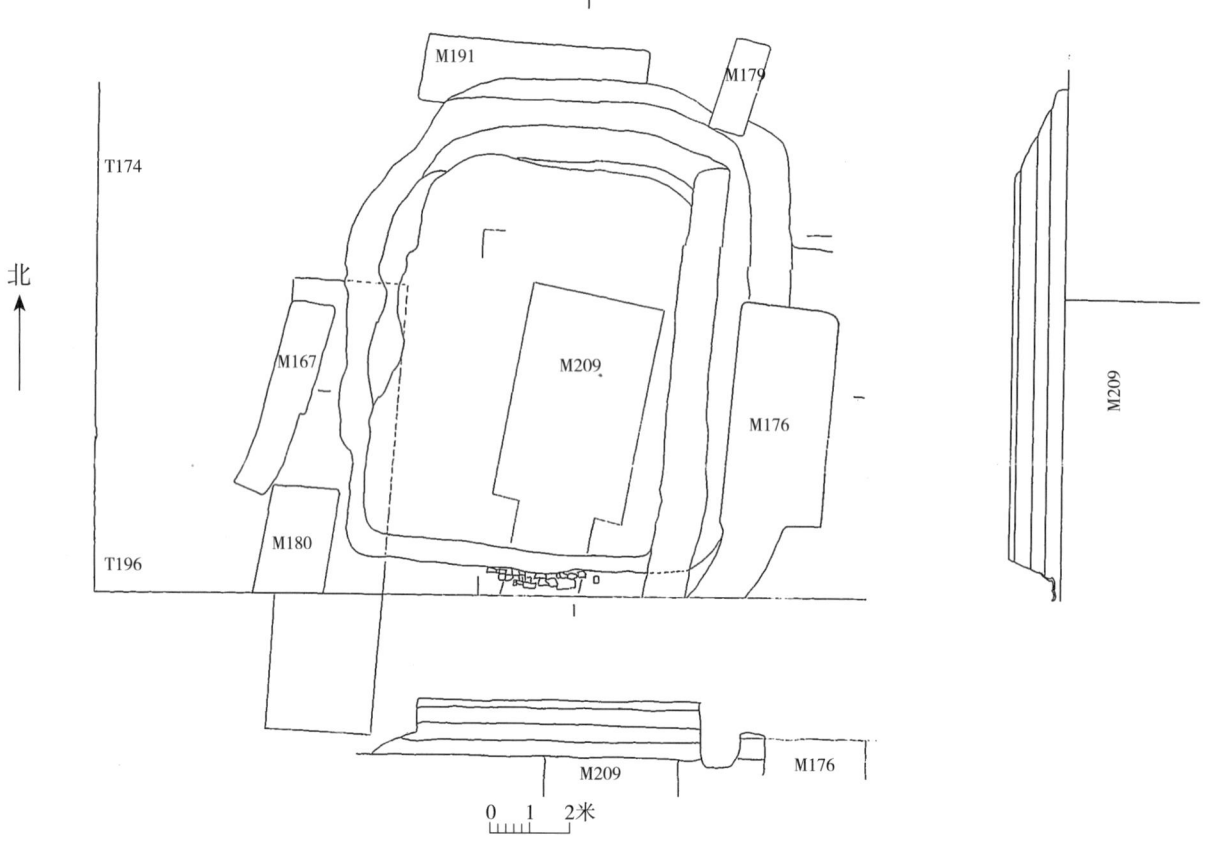

图二七六 M209 墓上建筑平、剖图

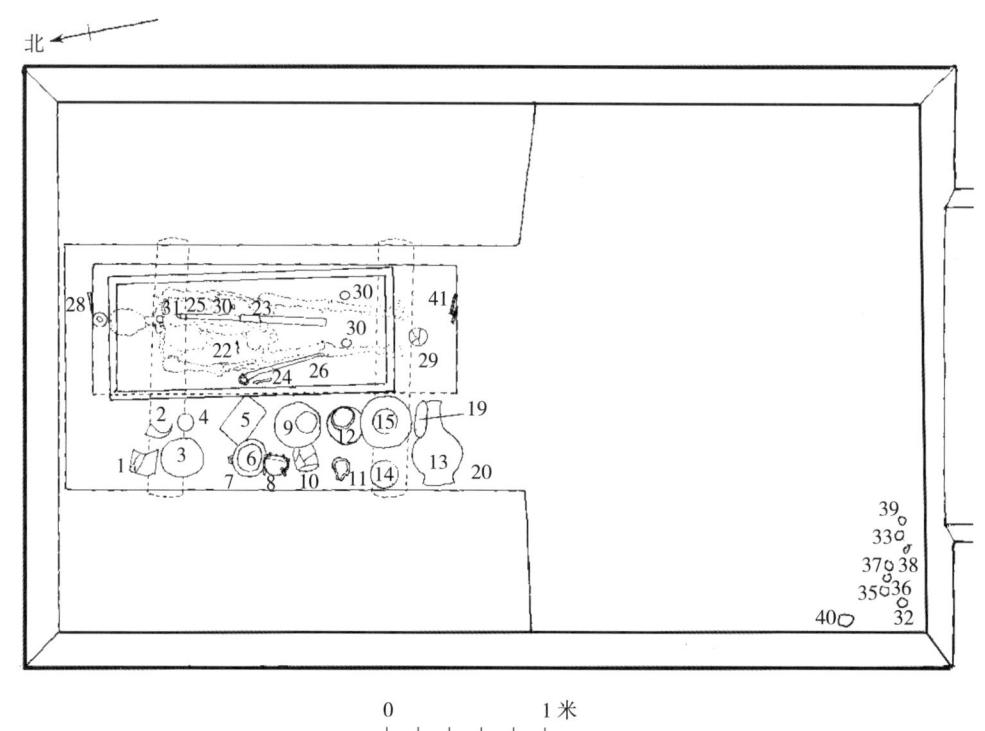

图二七七 M209 随葬品分布图

1、2、4、5、21、45.陶奁 3.陶甑 6、8.陶鼎 7、14.陶盒 9、13、15、16、17、18、20.陶壶 10.陶釜 11.陶匜 12.陶罐
19.漆耳杯 22.铜带钩 23.玉昭文带 24.陶耳杯 25.铁剑 26.铁环首刀 27、28.玉璜 29.铜镜 30.五铢 31.玉剑珌
32、35、36、37.铜镇 33、39.铜环 34.铁条 38.海贝 40.牛骨 41.棺钉 42.玉带钩 43、44.陶勺（其中 7 号在 6 号下，20 号在 13 号下）

Ⅰ型：圈足壶。3件。破。盘口，方唇，壶口微侈，束颈，鼓腹，上腹部饰铺首衔环，圜底，圈足外侈。圈足中部有一周凸弦纹。标本 M209：9，口径 19 厘米，腹径 35.6 厘米，圈足径 21.3 厘米，高 43.8 厘米。（图二七八，4）标本 M209：13，口径 19 厘米，腹径 30 厘米，圈足径 21.3 厘米，高 43.8 厘米。（图二七八，6）标本 M209：15，口径 17.6 厘米，腹径 31.2 厘米，圈足径 20.4 厘米，高 42.7 厘米。（图二七八，5）

Ⅱ型：假圈足壶。3件。破。盖顶有一周凸弦纹，似圈足，子母口，壶口微侈，束颈，鼓腹，假圈足。标本 M209：16，口径 6.4 厘米，腹径 11.4 厘米，底径 7.6 厘米，通高 17 厘米。（图二七八，3）

盒　2件。形制不同。破。素面。分两式：

Ⅰ式：标本 M209：7，盖为带圈足的碗，方唇，顶部有一周凸弦纹，平底。盒为子母口，弧腹，平底，下附矮圈足。口径 18 厘米，腹径 21 厘米，底径 11.2 厘米，通高 19 厘米。（图二七九，1）

Ⅱ式：标本 M209：14，无盖。子母口，腹部有一周凸弦纹，圜底，高圈足外侈。口径 17.2 厘米，腹径 20 厘米，圈足径 12 厘米，高 10 厘米。（图二七九，6）

罐　1件。标本 M209：12，小口微侈，方唇，束颈，鼓腹，大平底。腹部有两周凹弦纹，下腹部及底饰绳纹。口径 10 厘米，腹径 23 厘米，底径 14.5 厘米，高 20 厘米。（图二七九，2）

甑　1件。标本 M209：3，破。敞口，折沿，方唇，平底，矮圈足，底部有圆形小甑孔。口径 24.1 厘米，圈足径 10.5 厘米，通高 12.2 厘米。（图二七九，11）

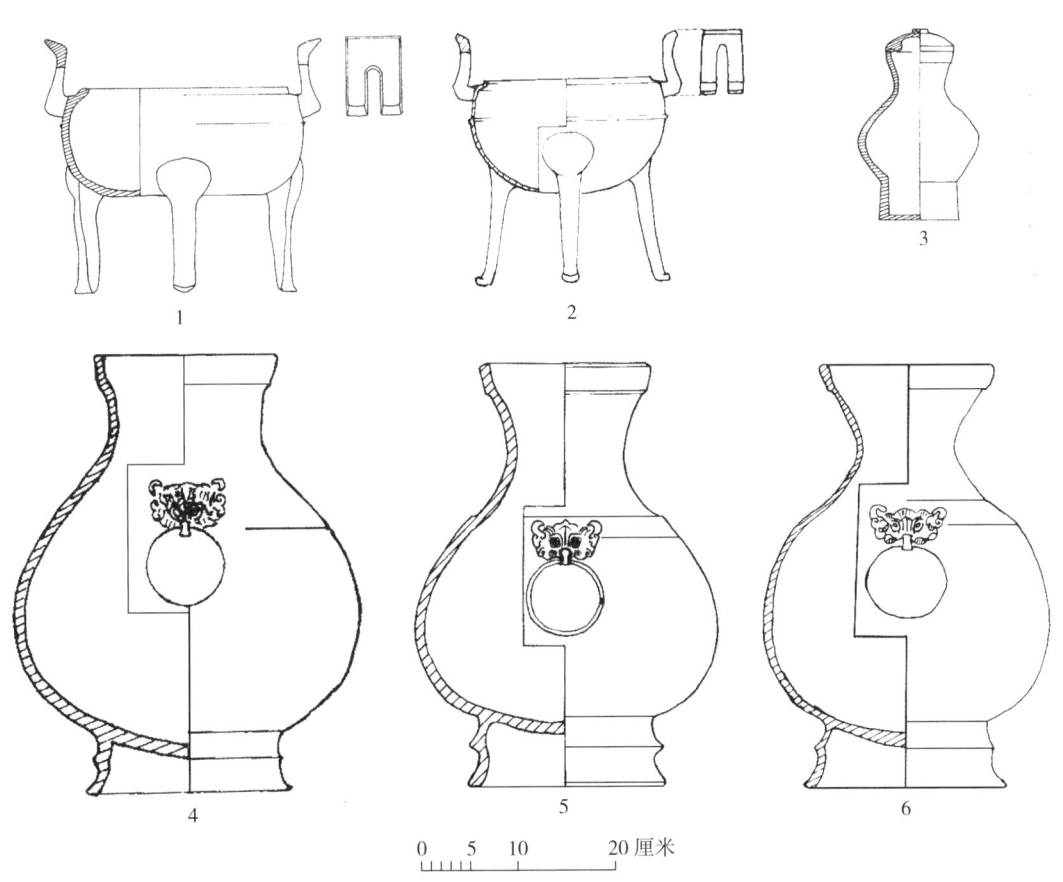

0　5　10　20 厘米

图二七八　M209 出土陶器

1. 鼎（M209：6）　2. 鼎（M209：8）　3. Ⅱ型壶（M209：16）　4. Ⅰ型壶（M209：9）
5. Ⅰ型壶（M209：15）　6. Ⅰ型壶（M209：13）

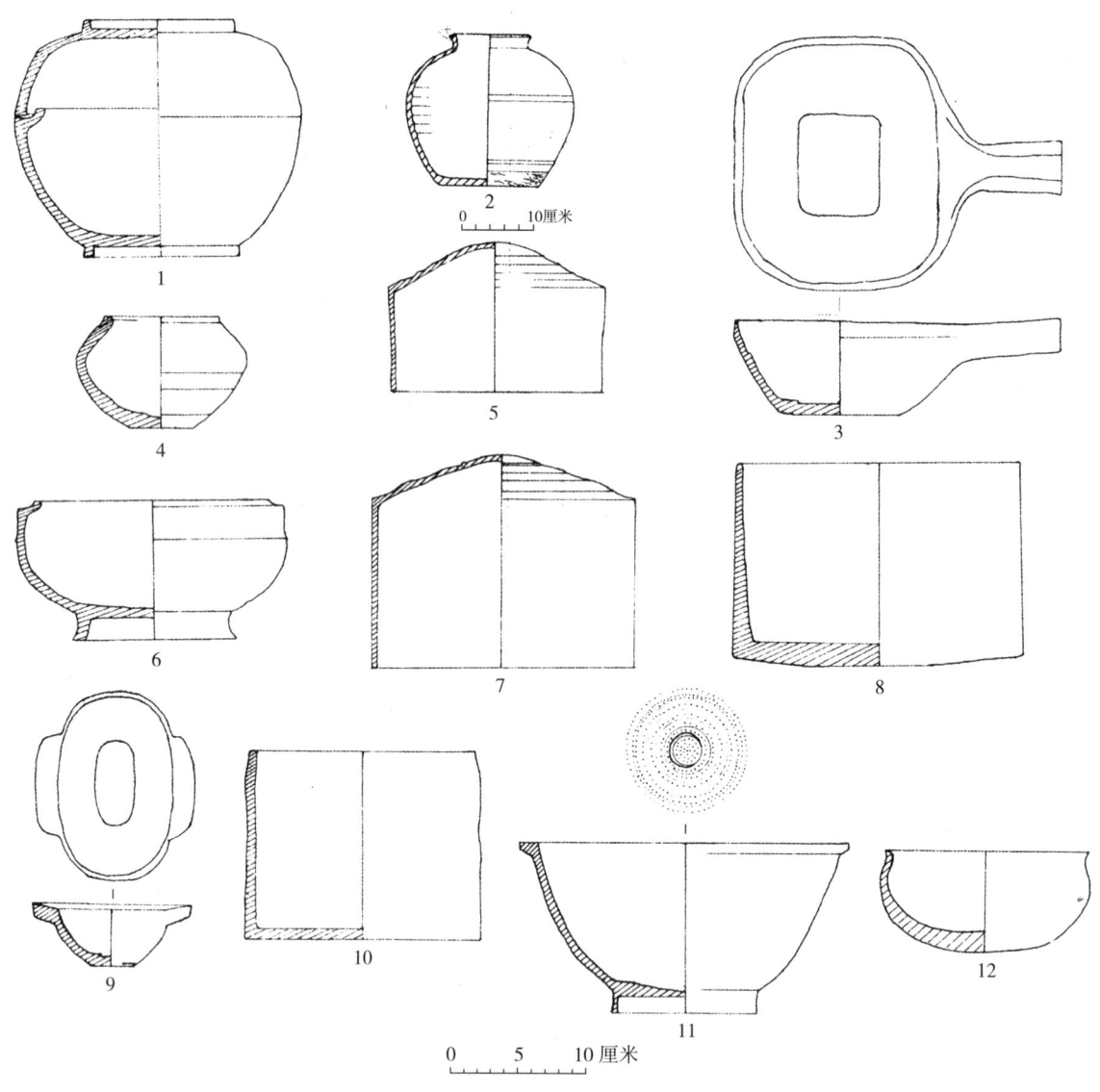

图二七九　M209 出土陶器

1. I 式盒（M209：7）　2. 罐（M209：12）　3. 匜（M209：11）　4. 釜（M209：10）　5. 奁盖（M209：4）　6. II 式盒（M209：14）
7. 奁盖（M209：2）　8. 奁（M209：45）　9. 耳杯（M209：24）　10. 奁（M209：1）　11. 瓿（M209：3）　12. 勺（M209：43）

　　釜　1 件。标本 M209：10，完整。敛口，圆唇，鼓腹，腹部有三周凹弦纹，平底。口径 8.4 厘米，底径 5 厘米，高 8 厘米。（图二七九，4）

　　耳杯　1 件。标本 M209：24，破。平面呈椭圆形，有双耳，侈口，方唇，平底。口径 12 厘米，底径 10 厘米。（图二七九，9）

　　匜　1 件。标本 M209：11，破。平面呈正方形，有流，侈口，尖唇，平底。口径长 18.8 厘米，宽 16 厘米，底径长 7.2 厘米，宽 6 厘米，流长 7 厘米，宽 3.6 厘米，高 7 厘米。（图二七九，3）

　　勺　2 件。破。形制相同。标本 M209：43，侈口，卷沿，束颈，鼓腹，圜底。口径 15.2 厘米，腹径 15.6 厘米，高 6.7 厘米。（图二七九，12）

　　奁　6 件。破。形制相近，大小有别。盖为弧形顶，上饰数周凹弦纹，奁为筒状，直腹。标本 M209：45，无盖，直口，圆唇，筒腹，圜底。口径 20.8 厘米，底径 21.4 厘米，高 14.6 厘米。（图二七九，8）标本

M209：2，奁盖。方唇，筒壁，弧形顶盖。饰四周凹弦纹。口径 19.4 厘米，高 15.3 厘米。（图二七九，7）标本 M209：1，方唇，筒壁，平底。口径 17 厘米，底径 17.8 厘米，高 13.6 厘米。（图二七九，10）标本 M209：4，奁盖。方唇，筒壁，弧形顶盖。饰四周凹弦纹。口径 16 厘米，高 10.7 厘米。（图二七九，5）

2. 铜器、铜钱　9 件（组）。有镜、镇、带钩、环和五铢。

镜　1 枚。标本 M209：29，星云纹四乳镜。残。圆形，镜面平直，连峰钮，正中一峰，周边八峰，钮座外有六乳，其外有绹索纹一周，绹索纹外有四乳，圆钮座，其间填九星，星间绕以蟠虺纹，再外为两周凸弦纹，弦纹外为十六连弧，素缘。面径 11.3 厘米，背径 11.1 厘米，钮高 0.8 厘米，钮宽 1.6 厘米，缘宽 0.7 厘米，缘厚 0.3 厘米，肉厚 0.15 厘米。（彩版五九，1；图二八〇，1）

镇　4 件。完整。形制、大小相同。圆雕。错银，束发，髻呈扁环状，面部肥胖而苍老，袒露右肩，穿右衽袍服，宽袖，腰部束带，盘足而坐，双手放在膝盖上，脚心向外。标本 M209：32、M209：35、M209：36、M209：37，长 9.6 厘米。（彩版五九，3）

环　2 件。形制相同，大小不等。标本 M209：39，环的断面呈圆形。环径 3.8 厘米，玉环断面直径 0.5 厘米。（图二八〇，3）标本 M209：33，环的断面呈圆形。环径 3.6 厘米，环剖面直径 0.5 厘米。（图二八〇，4）

带钩　1 件。标本 M209：22，完整。中为圆璧，两边饰云纹，云纹上有穿孔。长 4.5 厘米，宽 2.6 厘米。

五铢　5 枚。标本 M209：30，圆形，正方形穿，钱边缘有周郭，穿的上部有一周郭，穿之背面有周郭，穿之正面左右两侧铸有篆书"五铢"二字，"五"字呈对顶炮弹形。钱径 2.6 厘米，郭径 2.6 厘米，郭宽 0.1

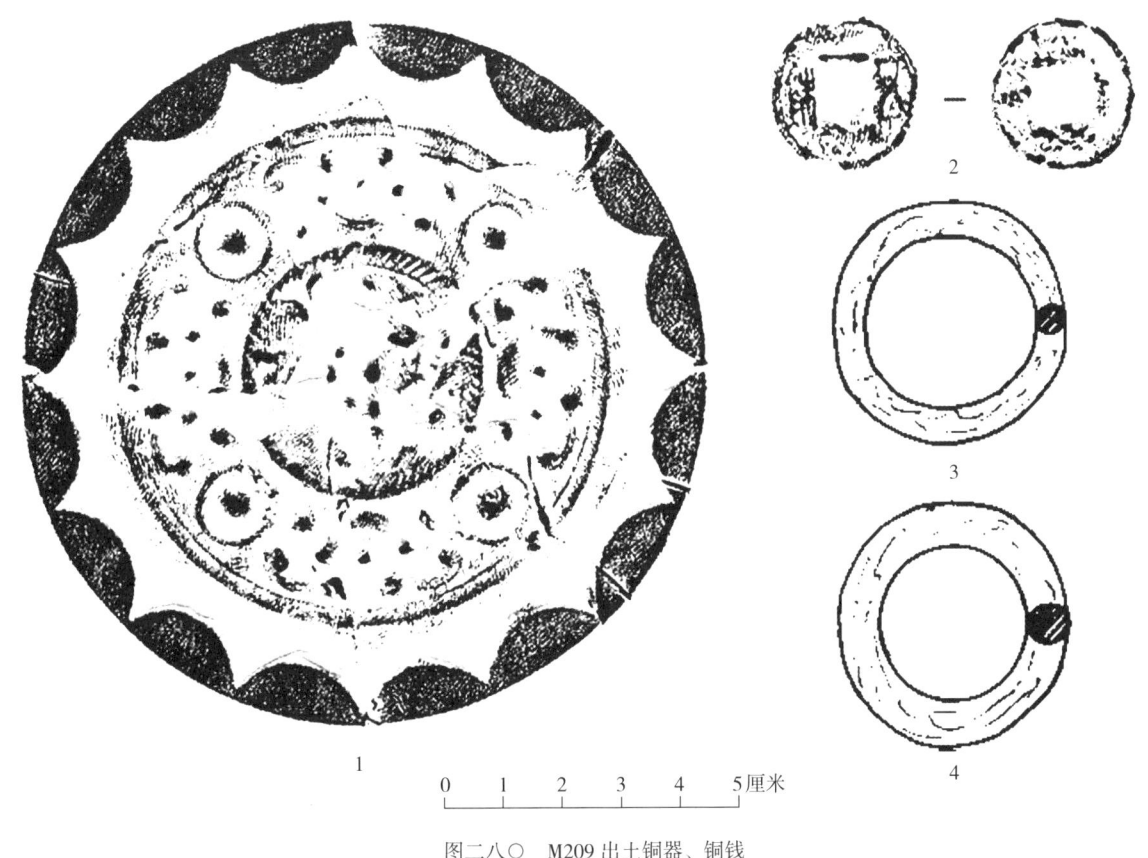

图二八〇　M209 出土铜器、铜钱

1. 镜（M209：29）　2. 五铢（M209：30）　3、4. 环（M209：39、M209：33）

厘米，郭厚 0.2 厘米，肉厚 0.1 厘米，穿径 0.9 厘米。（图二八〇，2）

3. 玉器 5 件。有昭文带、璜、带钩及剑珌。

昭文带 1 件。标本 M209：23，完整。青白玉，受浸，部分呈褐色斑点，器呈长方形，顶两面出檐，檐部向内翻卷，长方形穿孔，底面平直，表面雕有六排卷云纹，每排 11 个，有边郭，底面光素。长 11 厘米，宽 2.1 厘米，高 1.5 厘米，孔长径 4.6 厘米，短径 0.8 厘米。（图二八一）

璜 2 件。形制相同。青玉。标本 M209：27、M209：28，完整。形近半圆形，饰隆起的圆点纹，有郭，长 14.7 厘米，宽 3.7 厘米，厚 0.4 厘米。

带钩 1 件。标本 M209：42，完整。白玉，中为圆璧，两边饰云纹，云纹上有穿孔。长 4.5 厘米，宽 2.6 厘米。

剑珌 1 件。标本 M209：31，完整。白玉，方形，上饰云纹。长 2.6 厘米，宽 2.6 厘米，厚 0.4 厘米。

4. 铁器 4 件。有剑、刀、条、棺钉。

剑 1 件。标本 M209：25，残。剑身较长，双面刃，剑身有脊，茎已残，茎与剑身交接处有剑镡。锈蚀严重。残长 90 厘米。

环首刀 1 件。标本 M209：26，残。环状首，刀背较直，刃部也较直，刃末有一段斜刹成弧形，梢部已朽。长 45 厘米。

棺钉 1 件。标本 M209：41，残长 12.6 厘米。（图二八二，1）

铁条 1 件。标本 M209：34，残。长 9.7 厘米，宽 1.3 厘米，厚 0.6 厘米。（图二八二，2）

5. 海贝 1 件。

标本 M209：38，平面呈椭圆形。长 2.5 厘米，宽 1 厘米。（彩版五九，2）

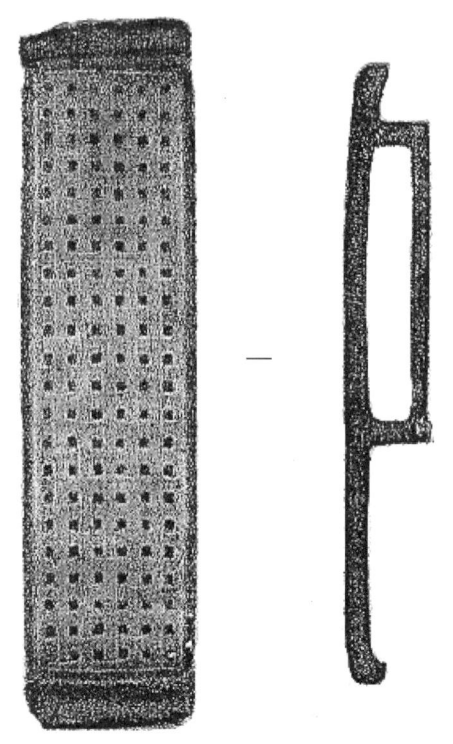

图二八一 M209 出土玉昭文带拓片（M209：23）

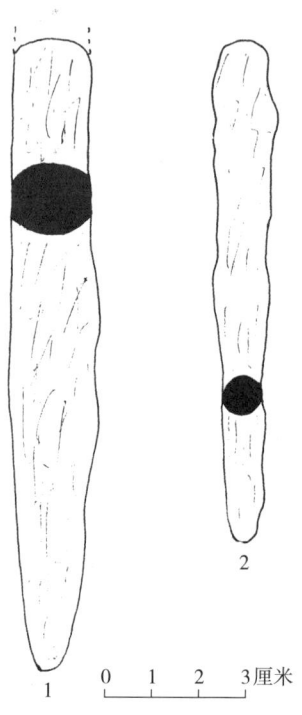

图二八二 M209 出土铁器
1. 棺钉（M209：41） 2. 铁条（M209：34）

M198 位于淮阳平粮台遗址 T196 西南部。1984 年 10 月至 1985 年 5 月发掘。平面为刀形，长方形竖穴土坑墓。墓口距地表 1.60 米，墓向 195°。

墓室　口长 4.80 米，宽 2.48 米，深 7 米，墓底长 4.70 米，宽 2.48 米。前室长 2.20 米，底部铺有 6 块木板，木板长度约为 2.20 米，宽度约为 0.22 米，厚度不详。板上发现有已朽的席纹痕迹。后室长 2.60 米，宽 1.70 米，两边有活土二层台。

葬具　木棺置于后室的东部，已朽。木棺为长方形，长 2.10 米，宽 0.72 米。

葬式　棺内骨架已朽，为仰身直肢葬，头向北，面向上。（图二八三）

随葬品　共 41 件（套），其中陶器 27 件、铜器 6 件、玉石器 5 件（套）、铁器 3 件。铁剑、铁削置于死者腰部两侧，铜镜、石砚置于棺内东北角，陶器置于后室的西部。（图二八四）

1. 陶器　27 件。泥质灰陶。多为素面。器形有鼎 2 件，壶 6 件，盒 2 件，双耳罐 2 件，鼓腹罐 3 件，瓮 2 件，盘 2 件，奁 2 件，卮、镶壶、甑、釜、匜、勺各 1 件。

鼎　2 件。形制相同。破。子母口，敛口，腹壁微鼓，腹的中部有一周凸弦纹，平底，蹄足，长方形附耳外侈。标本 M198：13，口径 18.8 厘米，耳间距 27 厘米，腹径 23.2 厘米，底径 13 厘米，高 15.8 厘米。（图版二五，1；图二八五，1）标本 M198：14，口径 18 厘米，耳间距 25 厘米，腹径 22.3 厘米，底径 13 厘

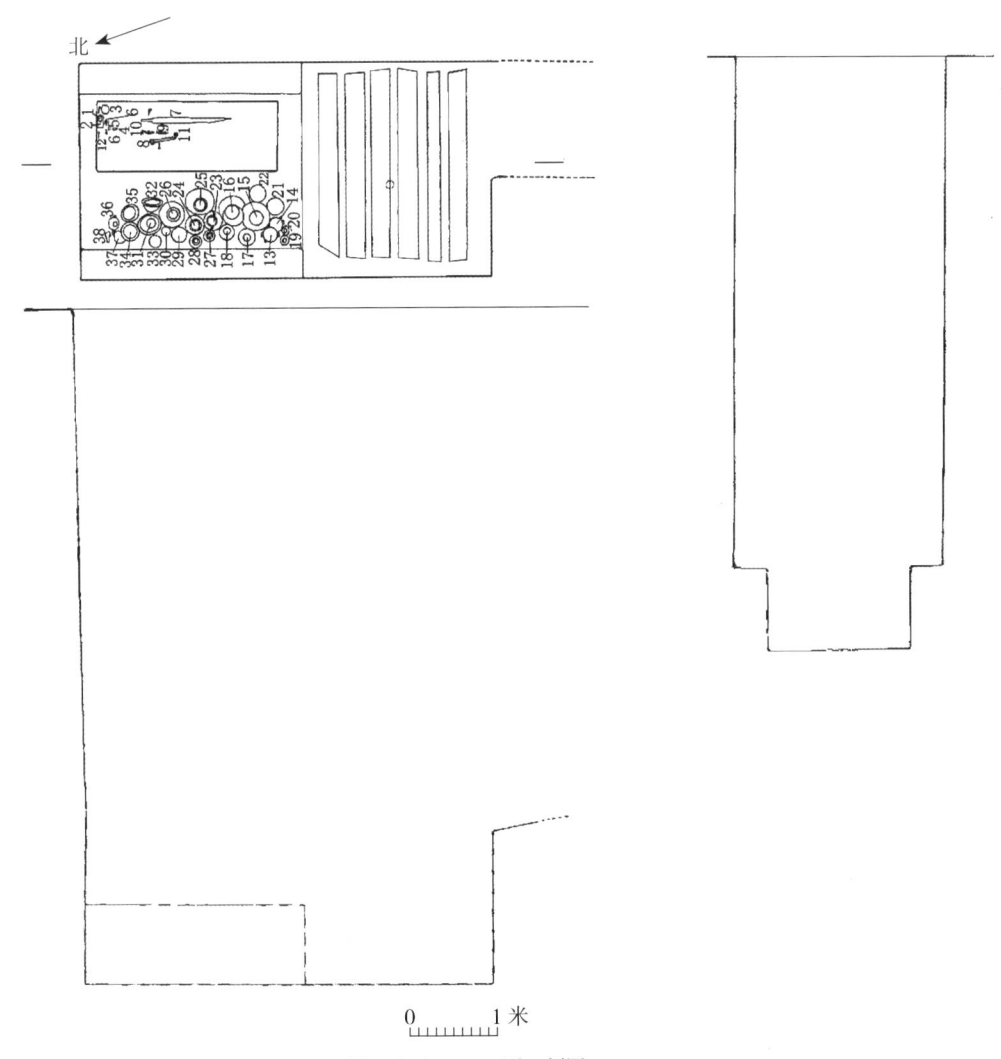

图二八三　M198 平、剖图

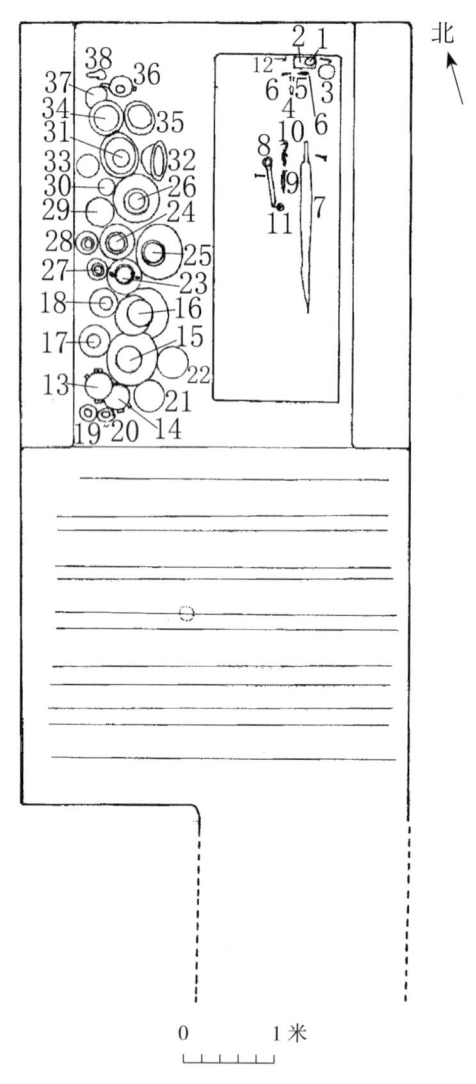

图二八四　M198 随葬品分布图

1. 石研　2. 石砚　3. 铜镜　4. 玉蝉　5. 玉鼻塞　6. 玉耳塞　7. 铁剑　8. 铁环首刀　9. 铁削　10. 铜带钩　11. 五铢　12. 铜刷
13、14. 陶鼎　15～20. 壶　21、22. 盒　23、24. 双耳罐　25、26. 瓮　27、28. 鼓腹罐　29、33. 奁　30. 卮　31. 釜　32. 甑
34、35. 盘　36. 鐎壶　37. 匜　38. 勺　39. 印章（39 号在 8 号之下）

米，高 14 厘米。（图版二五，2；图二八五，2）

壶　6 件。均为泥质灰陶。按其形状可分两型：

Ⅰ型：圈足壶。2 件。标本 M198：15，破。盘口，方唇，束颈，颈部有数道凸弦纹，鼓腹，肩部饰铺首衔环，中腹饰两道凹弦纹，圜底，圈足外侈。口径 14.5 厘米，腹径 32 厘米，圈足径 16 厘米，高 41.5 厘米。（图版二五，4；图二八五，7）标本 M198：16，破。盘口，口微侈，方唇，束颈，鼓腹，肩部饰铺首衔环，圜底，圈足外侈。口径 15 厘米，腹径 31.5 厘米，圈足径 17 厘米，高 42 厘米。（图二八五，8）

Ⅱ型：假圈足壶。4 件。标本 M198：17，破。盘口，壶口微侈，圆唇，束颈，肩部饰两道凹弦纹及对称铺首衔环，圆鼓腹，中腹、下腹、足部分别饰三道凹弦纹，平底，假圈足。口径 10.3 厘米，腹径 18.5 厘米，底径 12.2 厘米，通高 28.5 厘米。（图版二五，5；图二八五，3）标本 M198：19，伞状盖，器口微侈，方唇，束颈近直，肩部饰三道凸弦纹，中腹鼓，假圈足。口径 5.8 厘米，腹径 16 厘米，底径 7.5 厘米，通高 23.5 厘米。（图版二五，3；图二八五，4）

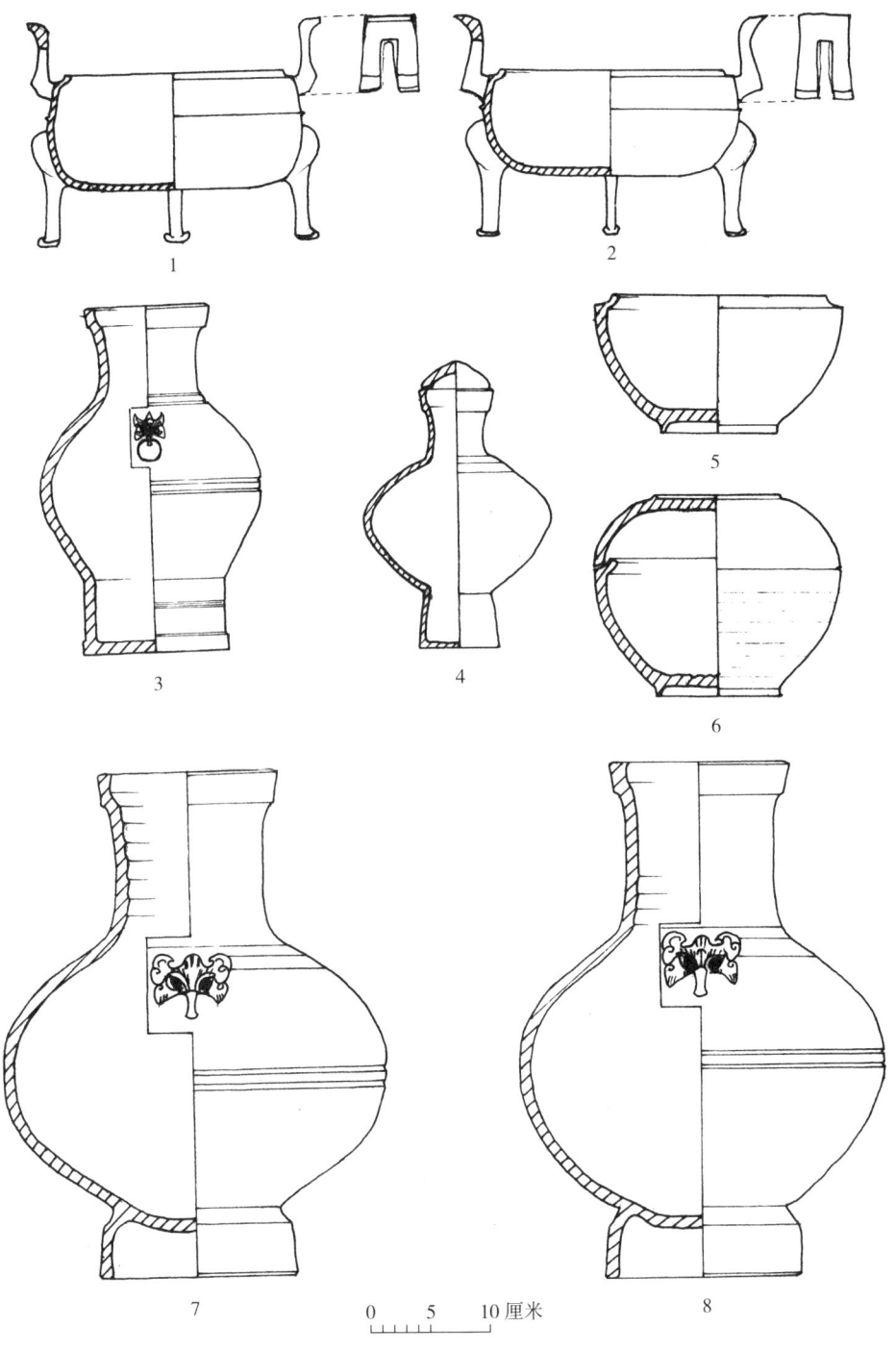

图二八五　M198 出土陶器

1、2. 鼎（M198：13、M198：14）　3. Ⅱ型壶（M198：17）　4. Ⅱ型壶（M198：19）　5、6. 盒（M198：21、M198：22）
7. Ⅰ型壶（M198：15）　8. Ⅰ型壶（M198：16）

盒　2件。形制相同。泥质灰陶。标本 M198：22，破。盖呈碗状，顶部为一矮圈足，器为子母口，上腹斜弧，下腹渐收，矮圈足。口径 18.3 厘米，腹径 21 厘米，圈足径 10.5 厘米，通高 16.5 厘米。（图二八五，6）标本 M198：21，盖已破损。器为子母口，上腹斜弧，下腹渐收，矮圈足。口径 18 厘米，腹径 21 厘米，圈足径 9.8 厘米，高 11.5 厘米。（图版二六，1；图二八五，5）

双耳罐　2件。形制相同。泥质灰陶。敞口，圆唇，折沿，肩部饰对称双耳，肩部至中腹部饰数十道凸弦纹，下腹至底部饰绳纹，圜底。标本 M198：23，口径 11 厘米，腹径 26.5 厘米，底径 4 厘米，高 28.5 厘米。（图版二六，2；图二八六，1）标本 M198：24，口径 11.5 厘米，腹径 26.5 厘米，底径 4 厘米，高 28 厘米。（图二八六，2）

　　鼓腹罐　3 件。泥质灰陶。轮制。形制相近。侈口，方唇，上腹斜弧，下腹斜直，中腹饰两周凹弦纹，平底。标本 M198：28-2，口径 9 厘米，腹径 20 厘米，底径 11.5 厘米，高 14 厘米。（图版二六，3；图二八六，5）标本 M198：27，口径 9.5 厘米，腹径 19.5 厘米，底径 11 厘米，高 14.5 厘米。（图版二六，4；图二八六，3）标本 M198：28-1，口径 9 厘米，高 14 厘米。（图二八六，4）

　　瓮　2 件。泥质灰陶。轮制。形制相同。侈口，平沿略外折，溜肩，圆鼓腹，上腹部饰数道凸弦纹，下腹至底部饰绳纹，圜底。标本 M198：25，口径 17.8 厘米，腹径 33 厘米，底径 8 厘米，高 28 厘米。（图版二六，5；图二八六，7）标本 M198：26，口径 15 厘米，腹径 32 厘米，底径 4 厘米，高 26.5 厘米。（图版

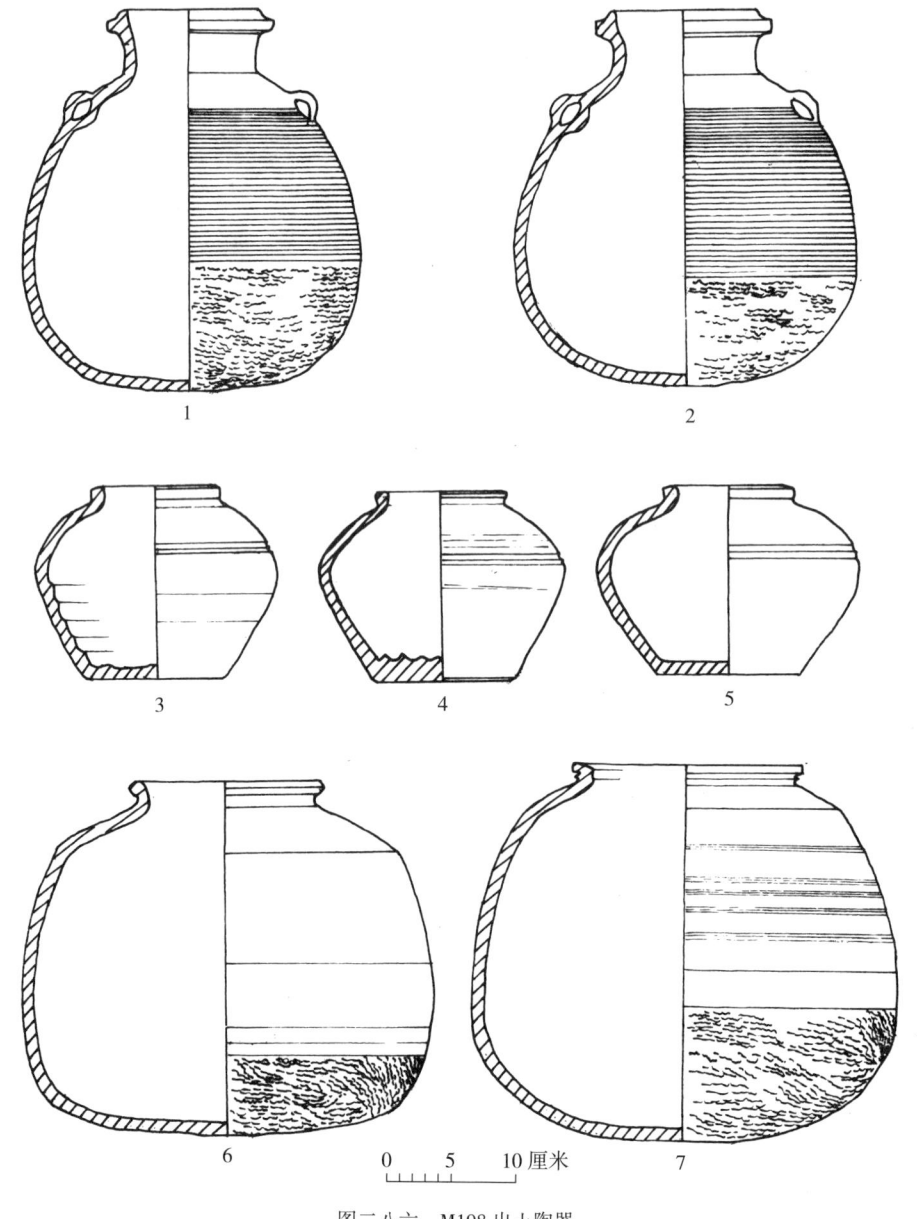

图二八六　M198 出土陶器

1、2. 双耳罐（M198：23、M198：24）　3～5. 鼓腹罐（M198：27、M198：28-1、M198：28-2）　6、7. 瓮（M198：26、M198：25）

二六，6；图二八六，6）

盘　2件。泥质灰陶。标本 M198：34，敞口，折沿，腹部斜弧，肩部与腹部接合处饰一略粗凸弦纹，底近平。口径 23 厘米，底径 9 厘米，高 6.5 厘米。（图版二七，1；图二八七，1）标本 M198：35，侈口，折沿，舌唇，平底。口径 15 厘米，底径 5 厘米，高 4 厘米。（图版二七，2；图二八七，2）

奁　2件。泥质灰陶。标本 M198：29，子母口，直腹，中腹部饰对称铺首衔环，下腹部饰三蹄足，平底。口径 17 厘米，腹径 19.3 厘米，底径 18.7 厘米，高 13.5 厘米。（图版二七，4；图二八七，9）标本 M198：33，直口，方唇，筒腹，平底，下附三个蹄形足。中腹部饰对称铺首衔环。口径 15 厘米，底径 14 厘米，高 16.5 厘米。（图二八七，4）

卮　1件。标本 M198：30，破。泥质灰陶。子母口，肩部和下腹分别饰一周凸弦纹，直筒状，平底，下附三个蹄足，上腹部有把手。口径 9.5 厘米，腹径 11.2 厘米，底径 10.8 厘米，高 11 厘米。（图二八七，8）

鐎壶　1件。标本 M198：36，残。泥质灰陶。敛口，圆唇，腹圆弧，中腹饰一周凸弦纹，下腹有三个蹄

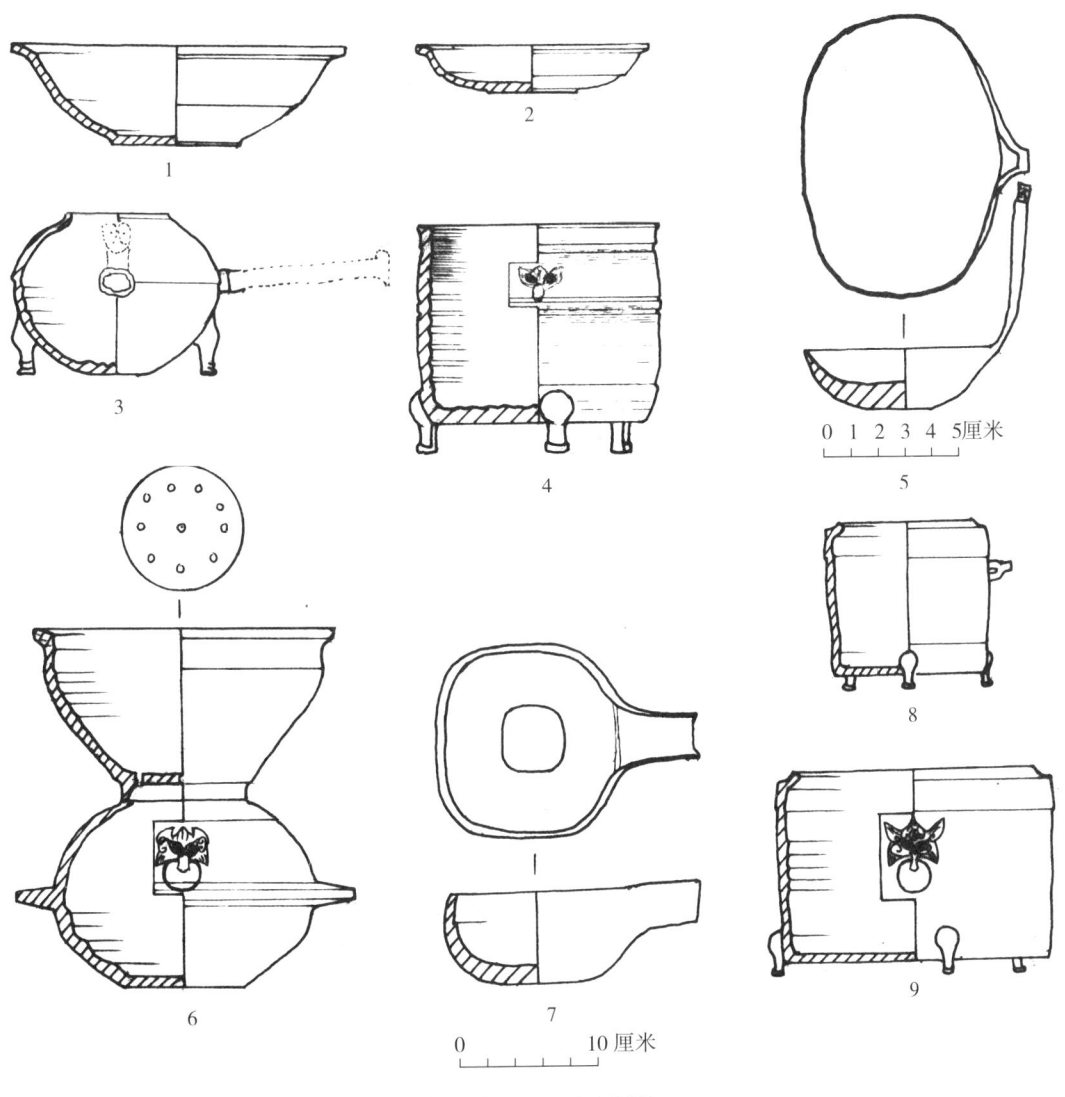

图二八七　M198 出土陶器

1、2.盘（M198：34、M198：35）　3.鐎壶（M198：36）　4、9.奁（M198：33、M198：29）　5.勺（M198：38）

6.甑、釜（M198：32、M198：31）　7.匜（M198：37）　8.卮（M198：30）

足，小平底。口径7.3厘米，腹径14.7厘米，底径4厘米，高10.5厘米。（图版二七，5；图二八七，3）

甑　1件。标本M198：32，破。泥质灰陶。口微敛，折沿，方唇，上腹斜弧，下腹斜直，圈足，底部有10个小孔。口径21.8厘米，底径9.2厘米，高11.7厘米。（图版二七，3上；图二八七，6上）

釜　1件。标本M198：31，敛口，圆唇，上腹部饰一周凸弦纹，模印对称铺首衔环，鼓腹，腹部正中饰一周凸棱，平底。口径7厘米，腹径23.5厘米，底径9厘米，高13厘米。（图版二七，3下；图二八七，6下）

匜　1件。标本M198：37，破。泥质灰陶。有长方形流，敛口，平底。口径长12厘米，流长5厘米，底径5.5厘米，高6厘米。（图二八七，7）

勺　1件。标本M198：38，破。泥质灰陶。勺面为椭圆形，勺中心略凹，勺柄直立。口径9.3厘米，柄长6.3厘米。（图二八七，5）

2. 铜器、铜钱　6件（套）。有铜镜、刷、带钩、五铢、印章。

镜　1枚。标本M198：3，完整。昭明镜。圆形，镜面平直，半圆钮，重圈钮座，宽平素缘，钮座外有两周凸弦纹，再外有一周凸弦纹，二者中间有铭文"内清质以昭明光辉象夫日月心忽穆而愿忠然不泄"。面径11.1厘米，背径10.9厘米，钮高0.8厘米，缘宽0.9厘米，缘厚0.5厘米，肉厚0.3厘米。（图二八八，1）

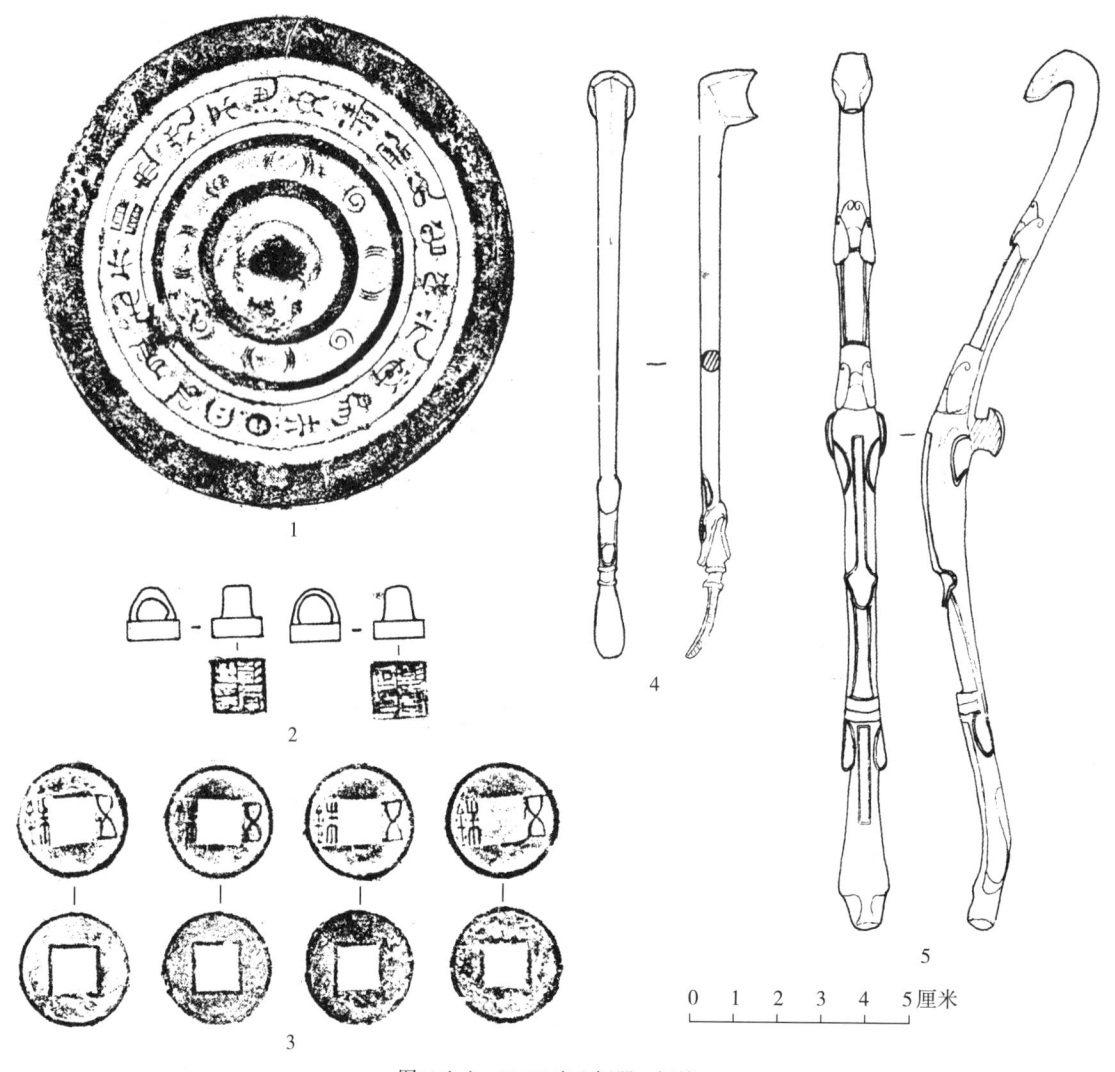

图二八八　M198 出土铜器、铜钱

1. 镜（M198：3）　2. 印章（M198：39）　3. 五铢（M198：11-1~4）　4. 刷（M198：12）　5. 带钩（M198：10）

印章　2枚。标本M198：39，完整。桥状钮，方印，篆书，印文"彭寿之印"。长1.25厘米，宽1.25厘米，厚0.4厘米，高1.2厘米。另一枚篆书铭文"彭苗私印"，长1.1厘米，宽1.1厘米，厚0.5厘米，高1.1厘米。（图二八八，2）

刷　1件。标本M198：12，完整。刷斗平面呈正方形，柄呈圆柱状，柄端为兽首，圆目，伸舌。斗径1.1厘米，刷长13厘米，宽1厘米，高1.9厘米。（图二八八，4）

带钩　1件。标本M198：10，完整。双龙同体，一龙回首，挺胸，另一龙昂首，挺胸，中间有圆形钮。做工精致，造型生动。长19.5厘米，高4.2厘米，宽1.4厘米。（图版二七，6；图二八八，5）

五铢　11枚。形制相近，唯穿上的郭不同。圆形，正方形穿，钱边缘有周郭，穿之正面左右两侧铸有篆书"五铢"二字，"五"字的上下不对称。标本M198：11–1，穿的上部有一周郭，穿之背面有的有周郭。钱径2.4厘米，郭径2.6厘米，郭宽0.1厘米，郭厚0.15厘米，肉厚0.1厘米，穿径1厘米。标本M198：11–2，穿的下部正中有一小点周郭，穿之背面有的有周郭，钱径2.4厘米，郭径2.6厘米，郭宽0.1厘米，郭厚0.2厘米，肉厚0.1厘米，穿径1厘米。标本M198：11–3，正面穿无郭，穿之背面有的有周郭，钱径2.3厘米，郭径2.6厘米，郭宽0.15厘米，郭厚0.2厘米，肉厚0.1厘米，穿径1厘米。标本M198：11–4，正面穿无郭，穿之背面有的有周郭，穿的上部有一周郭，钱径2.6厘米，郭径2.6厘米，郭宽0.1厘米，郭厚0.2厘米，肉厚0.1厘米，穿径1厘米。（图二八八，3）

3. 玉石器　5件/套。有玉蝉、鼻塞、耳塞，石砚、石研。部分器物残甚。

玉耳塞　1套2件。完整。标本M198：6，圆柱状体，上粗下细。直径0.6~0.9厘米，高2厘米。（图二八九，1）

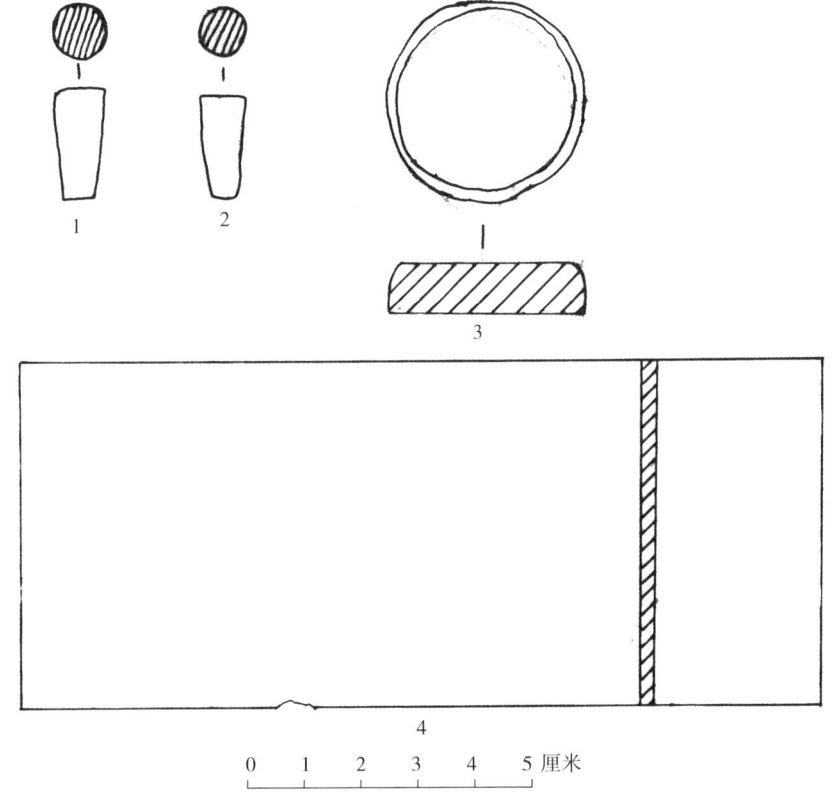

图二八九　M198出土玉器、石器

1. 玉耳塞（M198：6）　2. 玉鼻塞（M198：5）　3. 石研（M198：1）　4. 石砚（M198：2）

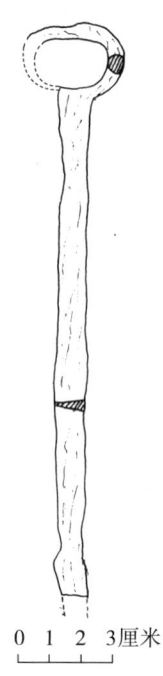

0 1 2 3厘米

图二九〇　M198 出土铁环首刀（M198：8）

玉鼻塞　1 套 2 件。完整。标本 M198：5，圆柱状体，上粗下细。直径 0.4~0.8 厘米，高 1.8 厘米。（图二八九，2）

石研　1 件。标本 M198：1，砂质板岩。圆形，上细下粗。上部直径 3.1 厘米，下部直径 3.5 厘米，厚 0.9 厘米。（图二八九，3）

石砚　1 件。标本 M198：2，平面呈长方形。长 14.3 厘米，宽 6 厘米，厚 0.3 厘米。（图二八九，4）

4. 铁器　3 件。有剑、环首刀、削。

剑　1 件。标本 M198：7，锈蚀严重。剑身较长，双面刃，剑身有脊。茎长 12 厘米，宽 2 厘米，厚 0.5 厘米；剑体长 94 厘米，宽 6 厘米，厚 1.5 厘米。通长 108 厘米。

环首刀　1 件。标本 M198：8，残。环状首，刀背较直，刃部也较直，刃末呈弧形，梢部已朽。宽 2 厘米，残长 30 厘米。（图版二七，7；图二九〇）

削　1 件。标本 M198：9，破。圜首，刀背较直，刀尖部分上翘成弧形，靠刀刃部分的一侧较宽，刀刃略直，至刀尖部上翘，其刀身有朽木残存痕。长 14 厘米，刃宽 1.6 厘米。

M199 位于淮阳平粮台遗址北部 T111 东部正中。1985 年 5 月发掘。为长方形竖穴土坑墓。墓口距地表 0.70 米。墓向 35°。全墓只有一墓室。

墓室　平面形状为长方形。墓内填黄褐色五花土，逐层填五花土，经行夯填土较硬。墓口长 1 米，宽 0.48 米。墓壁垂直，平底。底长宽尺寸与口部相同。

葬具　无任何痕迹，看不出有葬具。（图二九一）

葬式　内有人骨架一具，保存尚好，为仰身直肢葬，头向北，面向西。

随葬品　无。

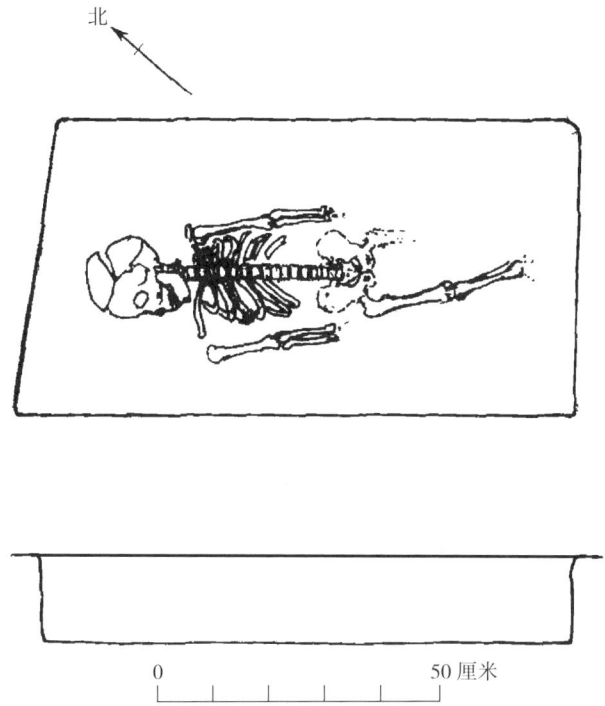

图二九一　M199 平、剖图

M1 位于淮阳平粮台遗址东南部的西南，东距 M2 约 17.50 米。1979 年 5 月发掘。为长方形竖穴土坑墓。发掘前墓上的土已被挖走，东、南、西三边墓口上的土也被破坏，北部铲平地面即见墓口。墓向 13°。

墓室　平面形状为长方形，口长 3.90 米，宽 2.70 米。墓内填灰黄色五花土，逐层填土，逐层夯实，共分七层夯土，每层厚 30 厘米，夯窝为圆形，夯窝直径 7 厘米，圜底。墓的下部留有生土二层台，台距墓口 4.04 米，宽 0.40 米，高 0.74 米。二层台以上的墓壁斜直，二层台下墓壁垂直。墓底长 2.60 米，宽 1.48 米，距墓口深 4.45 米。

葬具　在墓室的东部置有木棺一具，已腐朽殆尽，据其灰痕分析，棺长 2 米，宽 0.60 米。

葬式　棺内有人的骨架，已腐朽殆尽，据朽痕分析为仰身直肢葬，头向北，面向上。

随葬品　共 24 件。有陶器 19 件、石器 2 件，另有 "S" 形铁钩 3 件。（图二九二）

1. 陶器　19 件。分别为陶鼎 2 件、壶 6 件、盒 1 件、盆 2 件、罐 1 件、匜 2 件、卮 2 件、壶盖 3 件。

鼎　2 件。破。形制相同。弧形盖，鼎为子母口，壁微弧，腹的中部有一周凸弦纹，圜底，兽蹄形足，长方形附耳外侈。标本 M1：7，口径 17 厘米，腹径 22 厘米，耳间宽 27 厘米，通高 20 厘米。（图二九三，1）

壶　6 件。按其形状可分三式：

Ⅰ式：圈足壶。2 件。无盖，盘口，壶口微侈，束颈，圆腹，肩部饰铺首衔环，圈足外侈，圈足中间有一周凸棱。标本 M1：1，口径 14.5 厘米，腹径 32 厘米，圈足径 17 厘米，高 40 厘米。（图二九三，2）

Ⅱ式：中型圈足壶。2 件。弧形盖，盖顶有一周凸弦纹，子母口，壶为盘口，壶口外侈，束颈，鼓腹，平底，圈足外侈。标本 M1：6，口径 11 厘米，腹径 19.5 厘米，圈足径 12.7 厘米，通高 29 厘米。（图二九三，3）

Ⅲ式：小型假圈足陶壶。2 件。整。无盖，盘口，束颈，鼓腹，假圈足，平底。上腹部饰数周弦纹，腹部和假圈足上饰弦纹。标本 M1：2，口径 5 厘米，腹径 12.5 厘米，底径 7.5 厘米，高 17.3 厘米。（图二九三，4）标本 M1：5，颈部饰数周弦纹，腹部和假圈足上饰四组双凹弦纹。口径 5 厘米，腹径 12.5 厘米，底径 7

图二九二　M1平、剖图

1、2、3、5、6、19.陶壶　4.陶盒　7、8.陶鼎　9、20.陶盆　10、21.陶匜
11、22.陶卮　12、23、24.陶壶盖　13.陶罐　14、16、18."S"形铁钩　15、17.石璧

厘米，高17.5厘米。（图二九三，5）

盒　1件。标本M1：4，破。上部为带圈足的浅腹碗，盖上饰一周凹弦纹。盒为子母口，弧腹，平底内凹。口径18厘米，腹径21.2厘米，底径12厘米，通高17厘米。（图二九三，7）

卮　2件。破。泥质灰陶。标本M1：11，直口，舌唇，直壁，壁上有錾，平底，下附三个蹄足。口径10厘米，底径10厘米，高11.7厘米。（图二九四，1）标本M1：22，直口，直壁，壁上有錾，平底，下附

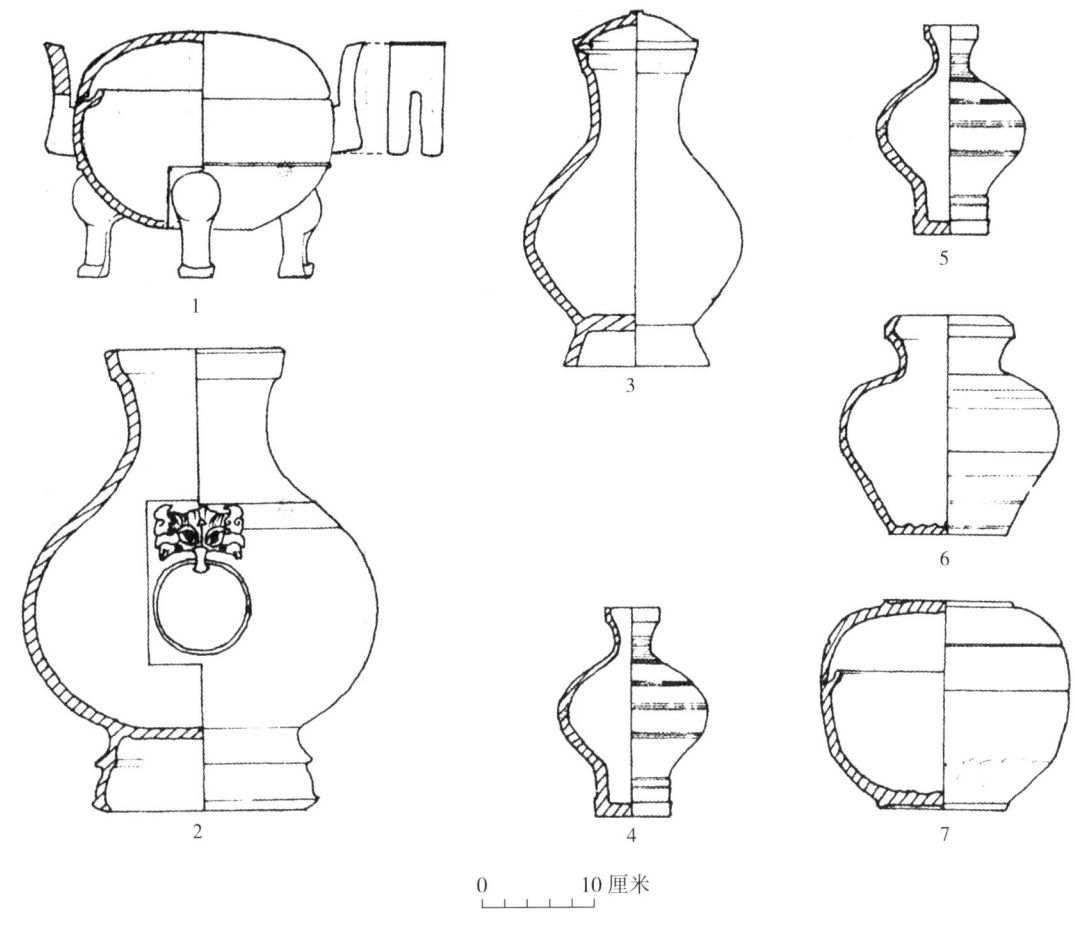

图二九三　M1 出土陶器

1. 鼎（M1 : 7）　2. Ⅰ式壶（M1 : 1）　3. Ⅱ式壶（M1 : 6）　4. Ⅲ式壶（M1 : 2）
5. Ⅲ式壶（M1 : 5）　6. 罐（M1 : 13）　7. 盒（M1 : 4）

三个蹄足。口径 11.3 厘米，底径 11.5 厘米，高 11.3 厘米。（图二九四，2）

　　罐　1件。标本 M1 : 13，小口微敛，盘口，折沿，舌唇，束颈，肩部和腹部饰七周弦纹，鼓腹，平底。口径 9 厘米，腹径 18.5 厘米，底径 10.5 厘米，高 18 厘米。（图二九三，6）

　　盆　2件。形制相同。折腹盆。侈口，折沿，圆唇，斜壁，折腹，平底。标本 M1 : 9，口径 21 厘米，底径 8.5 厘米，高 6 厘米。（图二九四，4）标本 M1 : 20，口径 20.5 厘米，腹径 16 厘米，底径 9.5 厘米，高 5.7 厘米。（图二九四，3）

　　2. 铁器　有 "S" 形铁钩 3 件，已锈蚀变形。

　　3. 石器　2件，璧。残。形制相同。大理石质。素面。

　　标本 M1 : 15，直径 12 厘米，孔径 6.2 厘米，厚 0.5 厘米。（图二九五）

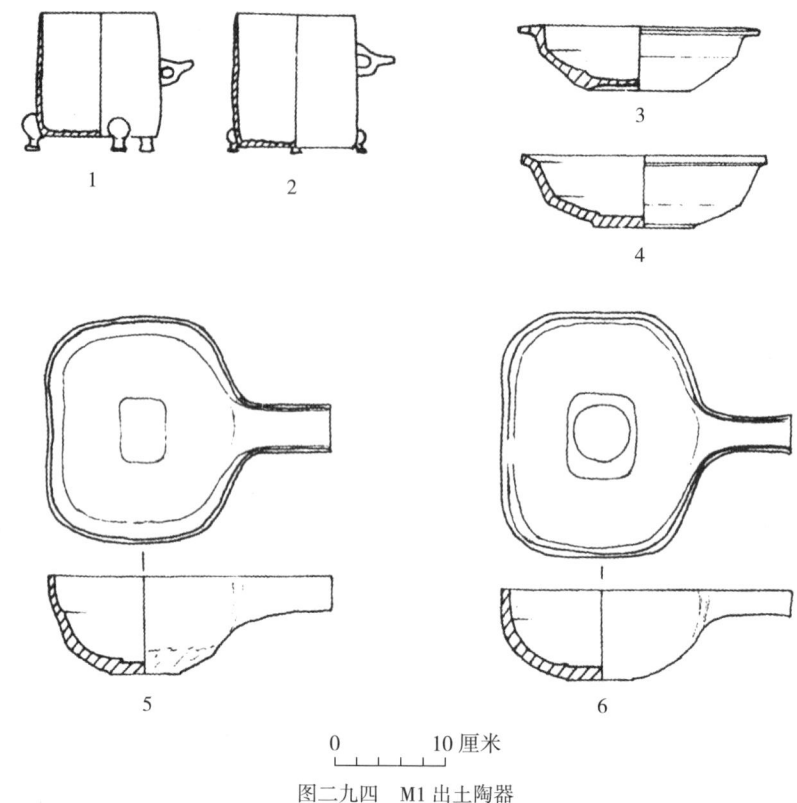

图二九四　M1 出土陶器

1、2.厄（M1：11、M1：22）　3、4.盆（M1：20、M1：9）　5、6.匜（M1：10、M1：21）

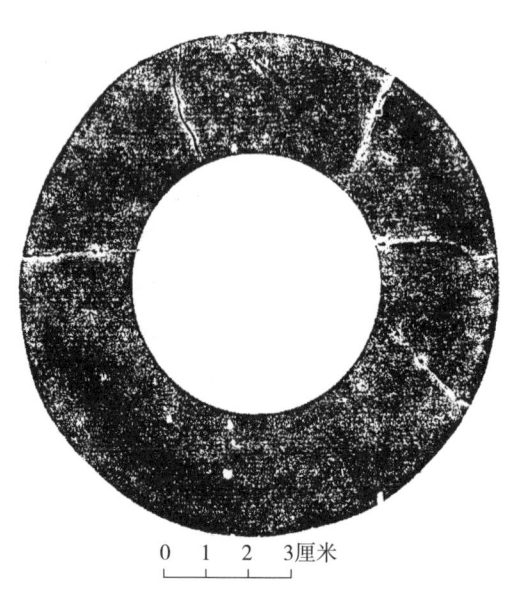

图二九五　M1 出土石璧拓片（M1：15）

　　M5 位于淮阳平粮台遗址东南部，打破 M4，西北距 M13 约 16.50 米，东南距 T2 西北角约 4 米。发掘前墓上的土已被取走，刮平地面即见墓口。为长方形竖穴土坑墓。墓向 13°。（图二九六）

　　墓室　平面形状为长方形。口长 4.08 米，宽 2.28 米。墓内填灰黄色五花土，逐层填土，逐层夯实，夯土较硬。墓的东西两侧留有生土二层台，台距墓口 1.10 米，宽 0.46 米，高 0.50 米。墓壁垂直。墓底长 4.08

米，宽 1.36 米，距墓口深 1.60 米。

葬具　在墓室的东部置有木棺一具，已腐朽殆尽，据其灰痕分析，棺长 2 米，宽 0.60 米。

葬式　人骨已腐朽殆尽，葬式不清。

随葬品　共 29 件，其中陶器 24 件、铜器 3 件、铁器 2 件。

1. 陶器　24 件。有鼎 2 件、器盖 2 件、壶 4 件、小壶 1 件、罐 2 件、奁 3 件、卮 1 件、匜 2 件、鐎壶 1 件、甑 1 件、釜 1 件、盘 2 件、耳杯 1 件、勺 1 件。

鼎　2 件。破。泥质灰陶。形制相同。弧形盖，盖顶正中有圆钮，盖上还有 3 个钮。子母口，敛口，方唇，壁微弧，腹的中部有一周凸弦纹，圜底，兽蹄形高足，足的上部有 7 个圆钮，长方形附耳外侈。标本 M5：17，口径 17.6 厘米，腹径 20.8 厘米，耳间距 25.6 厘米，通高 19.6 厘米。（图二九七，1）

壶　4 件。形制相同。无盖，盘口，壶口微侈，束颈，圆腹，腹部饰铺首衔环和弦纹，下附圈足，圈足中间有一周凸棱。标本 M5：8，口径 15.2 厘米，腹径 29 厘米，圈足径 16.6 厘米，高 41.3 厘米。（图二九七，2）

小壶　1 件。标本 M5：12，侈口，圆唇，束颈，鼓腹，平底。上腹部饰数周弦纹。口径 4.5 厘米，腹径

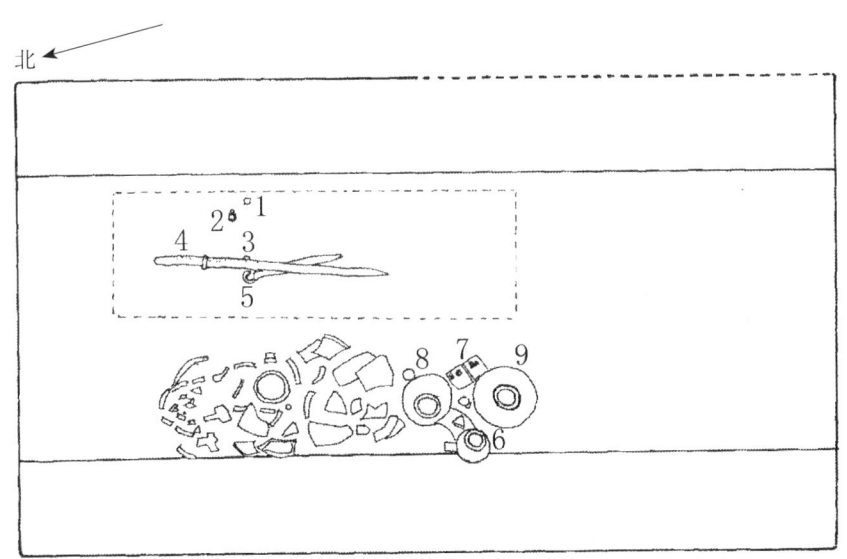

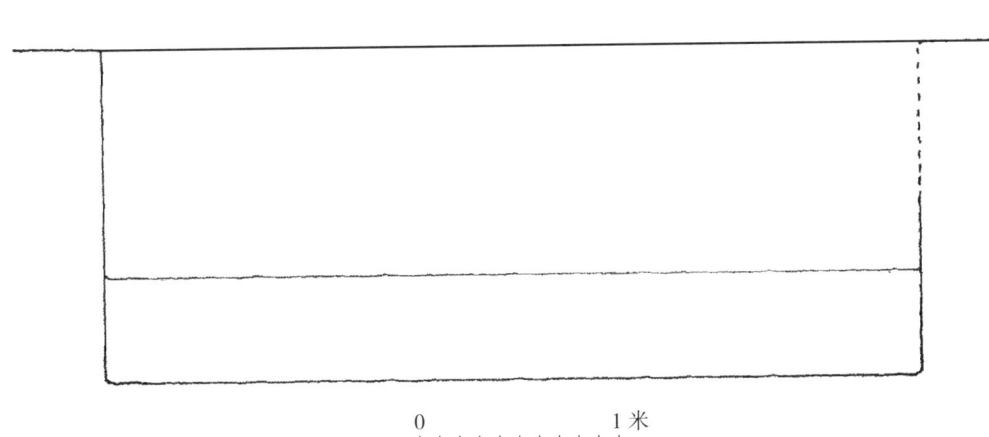

图二九六　M5 平、剖图

1. 铜印　2. 五铢　3. 铜带钩　4. 铁剑　5. 铁环首刀　6. 陶罐　7. 陶卮　8、9. 陶壶　10. 陶勺　11、16. 器盖　12. 小陶壶　13. 陶
匜　14. 陶耳杯　15. 陶鐎壶　17、18. 陶鼎　19、20、21. 陶奁　22. 陶釜　23. 陶匜　24. 陶圜底罐　27. 甑　28、29. 陶盘

（12～26 号均为碎片，后经修复而成）

13厘米，底径8厘米，高17厘米。（图二九七，3）

罐　2件。分两型。

Ⅰ型：平底罐。1件。标本M5：6，小口，折沿，方唇，束颈，鼓腹，平底。下腹部饰凹弦纹。口径9厘米，腹径16.3厘米，底径11厘米，高15.5厘米。（图二九七，5）

Ⅱ型：双耳罐。1件。标本M5：24，小口微侈，方唇，束颈，上腹部饰十三周凹弦纹和桥状耳，鼓腹，下腹部和底部饰绳纹，圜底内凹。口径13厘米，腹径26厘米，底径13厘米，高27厘米。（图二九七，4）

奁　3件。形制相同。破。盖为折沿，方唇，盖上有两组带状弦纹。子母口，敛口，方唇，筒腹，平底，下附三个蹄足，腹部有铺首。标本M5：19，口径13.3厘米，腹径15.5厘米，底径14.5厘米，通高13厘米。（图二九八，1）

卮　1件。标本M5：7，破。泥质灰陶。直口，方唇，筒腹，直壁，壁上有錾，平底，下附三个蹄足。口径11厘米，底径10.5厘米，高8厘米。（图二九八，2）

鐎壶　1件。标本M5：15，破。泥质灰陶。小口，短颈，鼓腹，平底，壶嘴已残，长柄，柄的断面呈方形。口径6.5厘米，腹径15厘米，底径5厘米，高8.5厘米，柄长7.5厘米。（图二九八，4）

甑　1件。标本M5：27，破。敛口，折沿，方唇，平底内凹，底部有3个圆形小甑孔。口径20厘米，腹径18.5厘米，底径6厘米，高10厘米。（图二九八，5上）

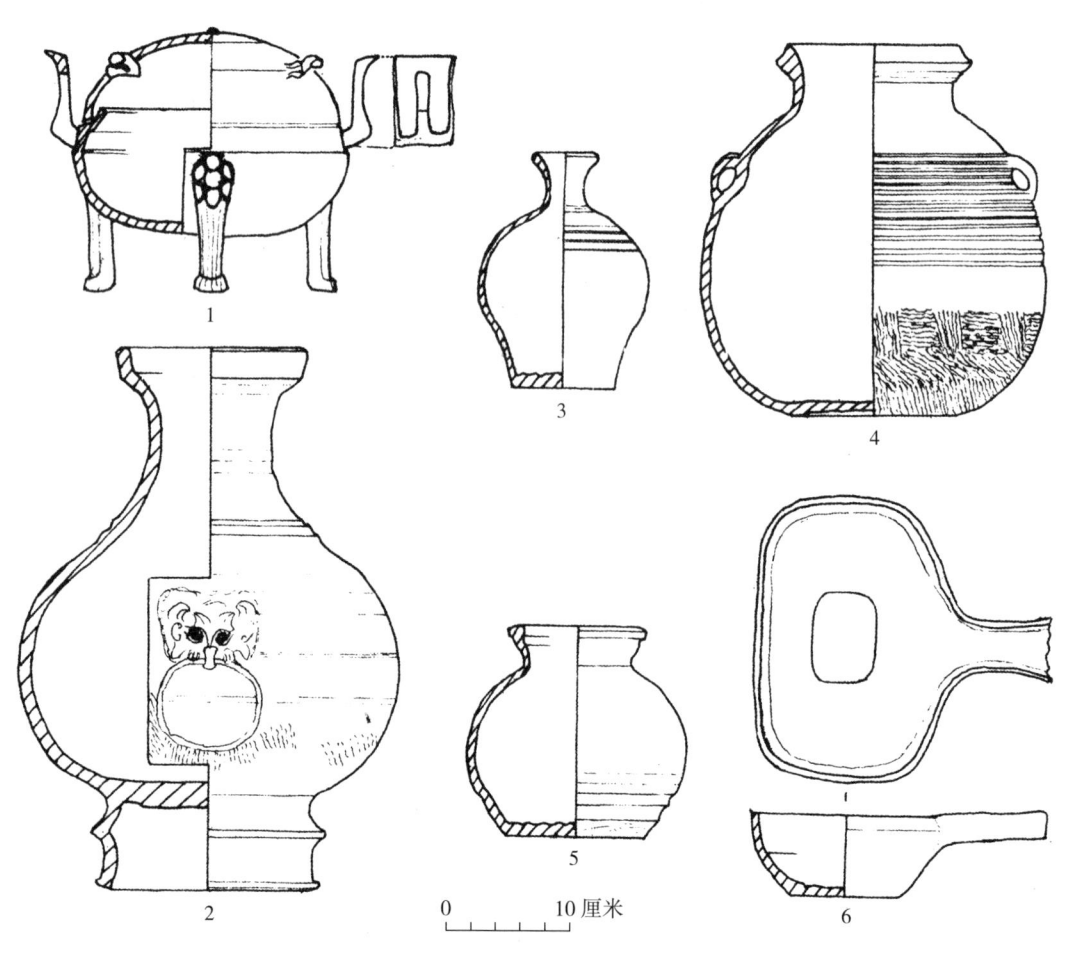

图二九七　M5出土陶器

1. 鼎（M5：17）　2. 壶（M5：8）　3. 小壶（M5：12）　4. Ⅱ型罐（M5：24）　5. Ⅰ型罐（M5：6）　6. 匜（M5：13）

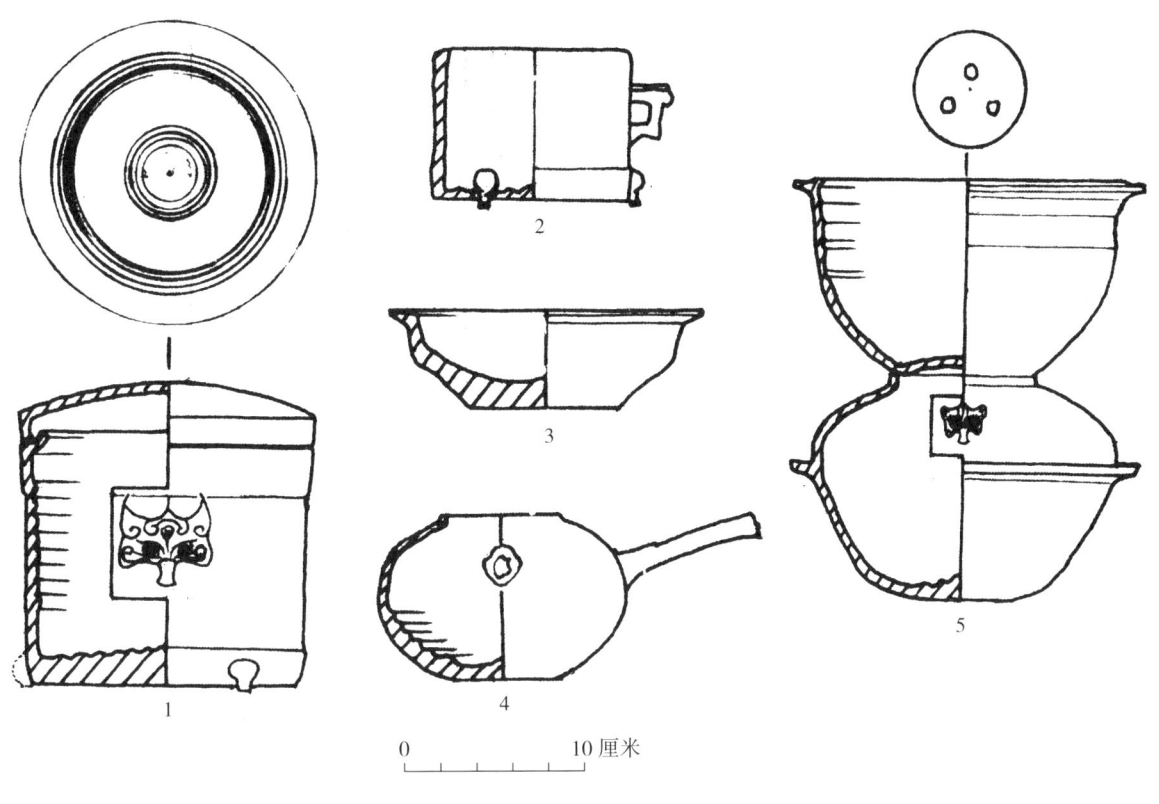

图二九八　M5 出土陶器

1. 奁（M5：19）　2. 卮（M5：7）　3. 盘（M5：28）　4. 鐎壶（M5：15）　5. 甑、釜（M5：27、M5：22）

釜　1件。标本 M5：22，完整。敛口，圆唇，鼓腹，腹部有铺首，腹的中部有扉棱，平底。口径 8 厘米，腹径 16 厘米，扉棱径 18.5 厘米，底径 6 厘米，高 11.5 厘米。（图二九八，5 下）

盘　2件。形制相同。折腹。标本 M5：28，侈口，折沿，平底。口径 16.5 厘米，底径 8 厘米，高 5 厘米。（图二九八，3）

匜　2件。标本 M5：13，平面呈圆角方形，有流，平底。口径 16~20 厘米，底径 8~12 厘米，流长 7.2 厘米，宽 4.8 厘米，高 6 厘米。（图二九七，6）

耳杯　1件。标本 M5：14，泥质灰陶。模制。器身为椭圆形，两端稍翘起，口微侈，舌唇，两侧装有半月形小耳，平底。素面。口径 6.4~12 厘米，耳间宽 8.4 厘米，底径 2.4~7.2 厘米，高 4 厘米。（图二九九，1）

勺　1件。标本 M5：10，敛口，方唇，平底，圆柱状把上翘。口径 6 厘米，底径 2 厘米，高 2.3 厘米，把长 4.5 厘米，高 6.2 厘米。（图二九九，2）

2. 铜器、铜钱　3件。有铜印、五铢、带钩。

五铢　1枚。标本 M5：2，圆形，钱边缘周郭较窄，穿之背面有穿郭和较窄的周郭，穿之正面左右两侧铸有篆书"五铢"二字，"五"字上下不对称。钱径 2.4 厘米，郭径 2.4 厘米，郭宽 0.1 厘米，郭厚 0.2 厘米，肉厚 0.1 厘米，穿径 1.1 厘米。（图三〇〇）

3. 铁器　2件。为剑、环首刀。

剑　1件。标本 M5：4，残。剑身较长，双面刃，剑身有脊，茎已残，茎与剑身交接处有剑镡。锈蚀严重。通长 116 厘米，柄长 20 厘米。

环首刀　1件。标本 M5：5，残。环状首，刀背较直，刃部也较直，刃末呈弧形，梢部已朽。长 50 厘米。

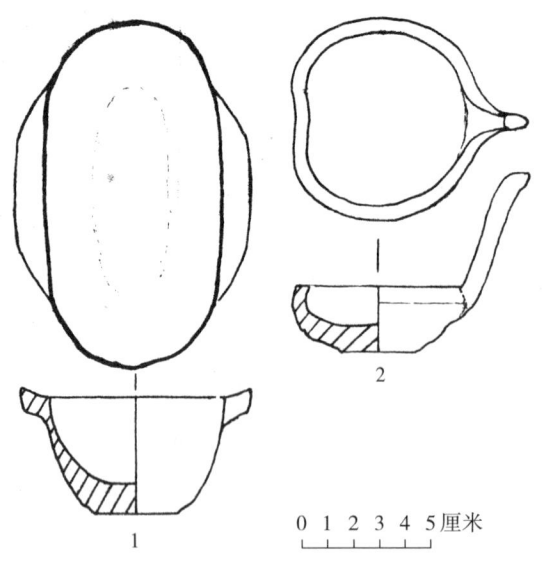

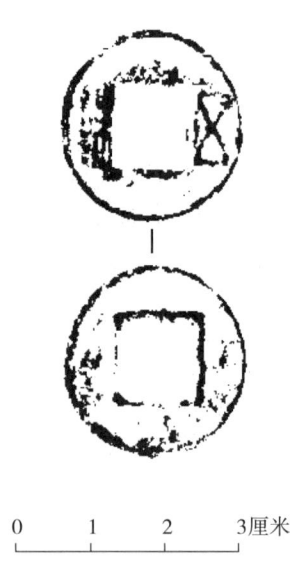

0 1 2 3 4 5厘米

图二九九　M5 出土陶器

1. 耳杯（M5∶14）　2. 勺（M5∶10）

0　　1　　2　　3厘米

图三○○　M5 出土五铢拓片（M5∶2）

M7 位于淮阳平粮台遗址东南部的西部，1979 年 5 月发掘。为长方形竖穴土坑墓。发掘前墓上的土被挖走，刮平地面土即见墓内五花土和淤土。墓向 15°。（图三○一）

墓室　平面形状为长方形。口长 1.20 米，宽 0.46 米，底距口深 0.15 米。直壁，平底。墓内填五花土，质地较松。

葬具　在坑的北部置有瓦棺，瓦棺长 0.67 米，最宽 0.34 米。瓦棺上的瓦已塌落在淤土中。

葬式　人骨已腐朽殆尽，在瓦棺的北部发现几颗牙齿。据牙齿的位置推测头向北，其他不清。

随葬品　无。

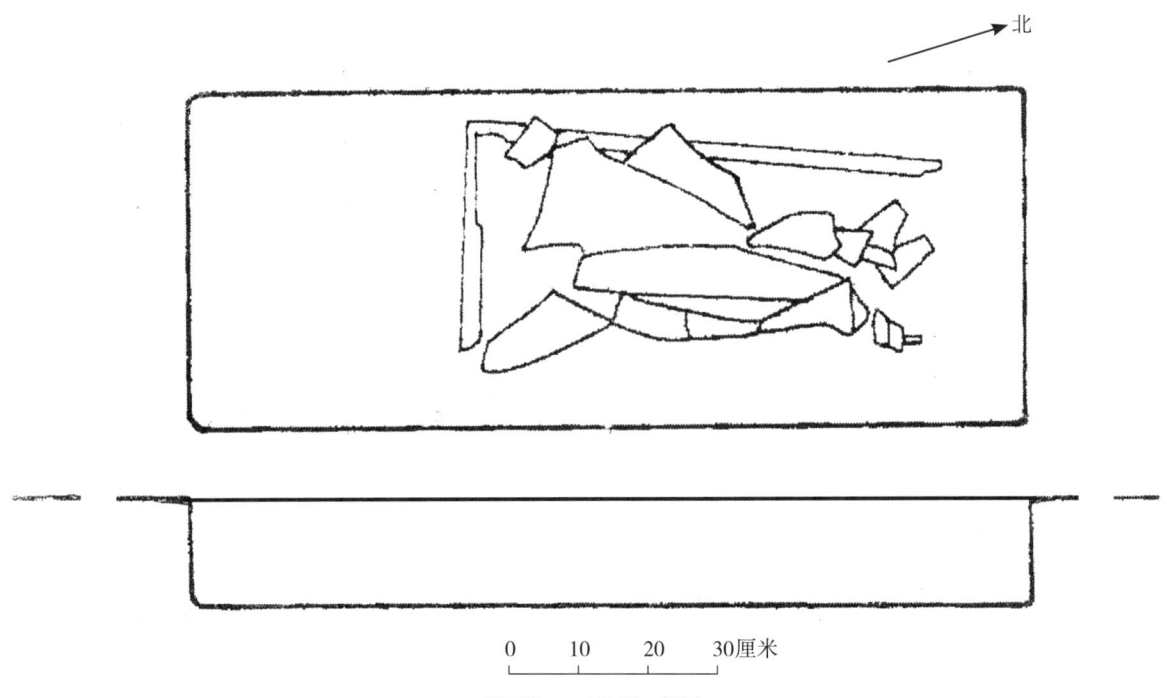

0　　10　　20　　30厘米

图三○一　M7 平、剖图

M14 位于淮阳平粮台遗址东部正中，打破 M16。1979 年 6 月发掘。为长方形竖穴土坑墓。发掘前墓上的土被挖走，东南西侧墓口上的土也被破坏，北部铲平地面即见墓口。墓向正北。

墓室　口长 3.40 米，宽 2.70~3 米。墓内填灰黄色五花土，逐层填土，逐层夯实，夯土比较硬，每层厚约 0.20 米，夯窝为圆形，直径约 7 厘米，圜底。墓壁垂直。墓底长、宽与口同，距墓口深 1.30 米。

葬具　墓室的东部置有木棺一具，已腐朽殆尽，据其灰痕分析，棺长 2.20 米，宽 0.70 米。

葬式　棺内人骨已腐朽殆尽，据朽痕分析为仰身直肢葬，头向北，面向上。

随葬品　22 件，其中有陶器 9 件、玉石器 3 件、铜器 5 件、铁器 4 件、封泥 1 件。棺内从北向南依次为铜带钩、铁剑、铜镜、铜印、铁环首刀、石砚、玉唅、铁镢，棺的东边从北向南有铜盆、铜镜、陶盒、陶壶、陶鼎、陶奁等。（图三〇二）

1. 陶器　9 件。有鼎、壶、盒、罐、奁、鐎壶。

鼎　1 件。标本 M14：20，破。弧形盖，盖上有矮圈足。子母口，壁微弧，腹的中部有一周凸弦纹，平底，兽蹄形高足，长方形附耳外侈。口径 19 厘米，腹径 22.5 厘米，耳间宽 26 厘米，底径 17.5 厘米，通高 26.2 厘米。（图三〇三，1）

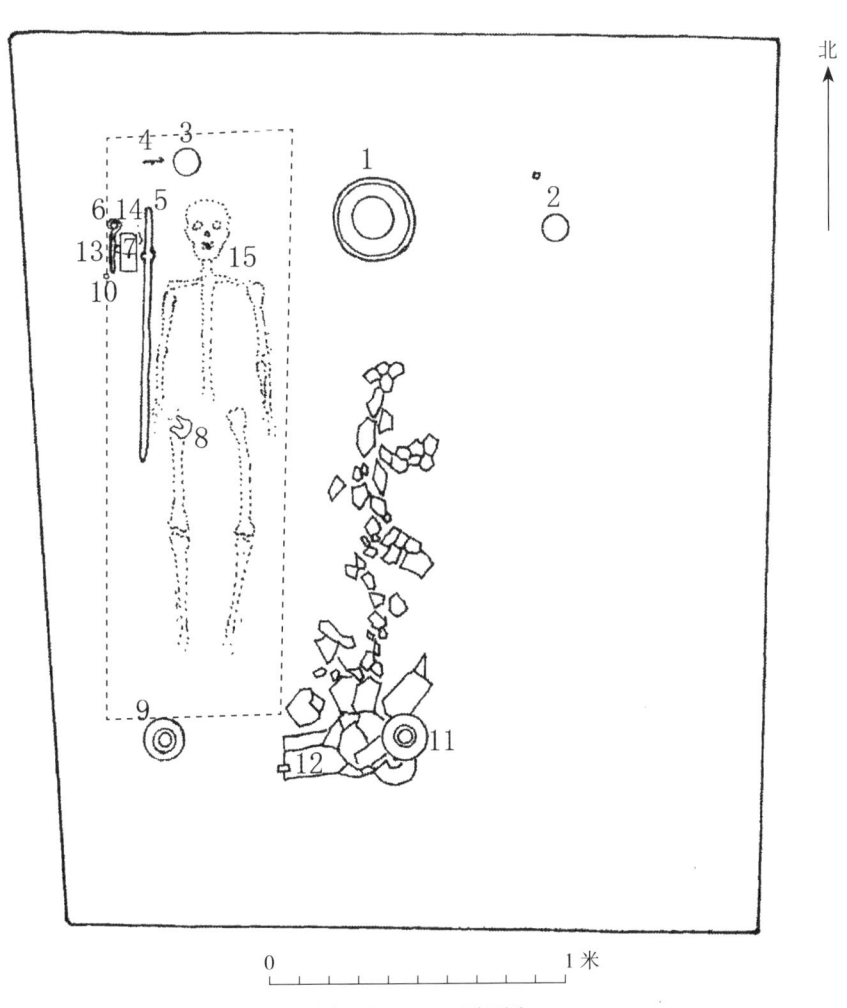

图三〇二　M14 平面图

1. 铜盆　2、3. 铜镜　4. 铜带钩　5. 铁剑　6、13. 铁环首刀　7. 石砚　8. 铁镢　9. 陶罐　10. 铜印　11. 陶鐎壶　12. 陶奁　14. 石圆片　15. 玉唅　16. 陶盒　17、18、19、22. 陶壶　20. 陶鼎　21. 封泥（其中 16~21 号器物为后期整理修复所得）

壶 4件。按其形状可分两型。

Ⅰ型：圈足陶壶。2件。弧形盖，盘口，壶口微侈，束颈，圆腹，肩部饰铺首衔环，下附圈足，圈足中部有一周凸棱。标本 M14：19，口径 16.5 厘米，腹径 31.2 厘米，圈足径 17 厘米，高 41 厘米。（图三〇三，4）标本 M14：18，无盖，盘口，壶口较直，束颈，鼓腹，平底，圈足外侈。口径 10 厘米，腹径 21 厘米，圈足径 11.5 厘米，高 32.5 厘米。（图三〇三，6）

Ⅱ型：小型假圈足陶壶。2件。形制、大小相同。无盖，盘口，束颈，鼓腹，假圈足较直，平底。标本 M14：17，完整。口径 5.5 厘米，腹径 12.5 厘米，底径 7.5 厘米，通高 20 厘米。（图三〇三，3）

盒 1件。标本 M14：16，破。上部为带圈足的碗。口的上部有两周凹弦纹，盒为子母口，弧腹，有两周凹弦纹，下腹部内收，平底。口径 17 厘米，腹径 20 厘米，底径 10 厘米，通高 14 厘米。（图三〇三，7）

奁 1件。标本 M14：12，破。有盖，盖为折腹弧顶，上饰两周弦纹。子母口，圆唇，筒腹，平底，附三个蹄足。口径 15.5 厘米，腹径 17 厘米，通高 18.5 厘米。（图三〇三，8）

鐎壶 1件。标本 M14：11，破。泥质灰陶。小口，短颈，鼓腹，圜底，壶嘴似一狗头，两眼圆睁，长

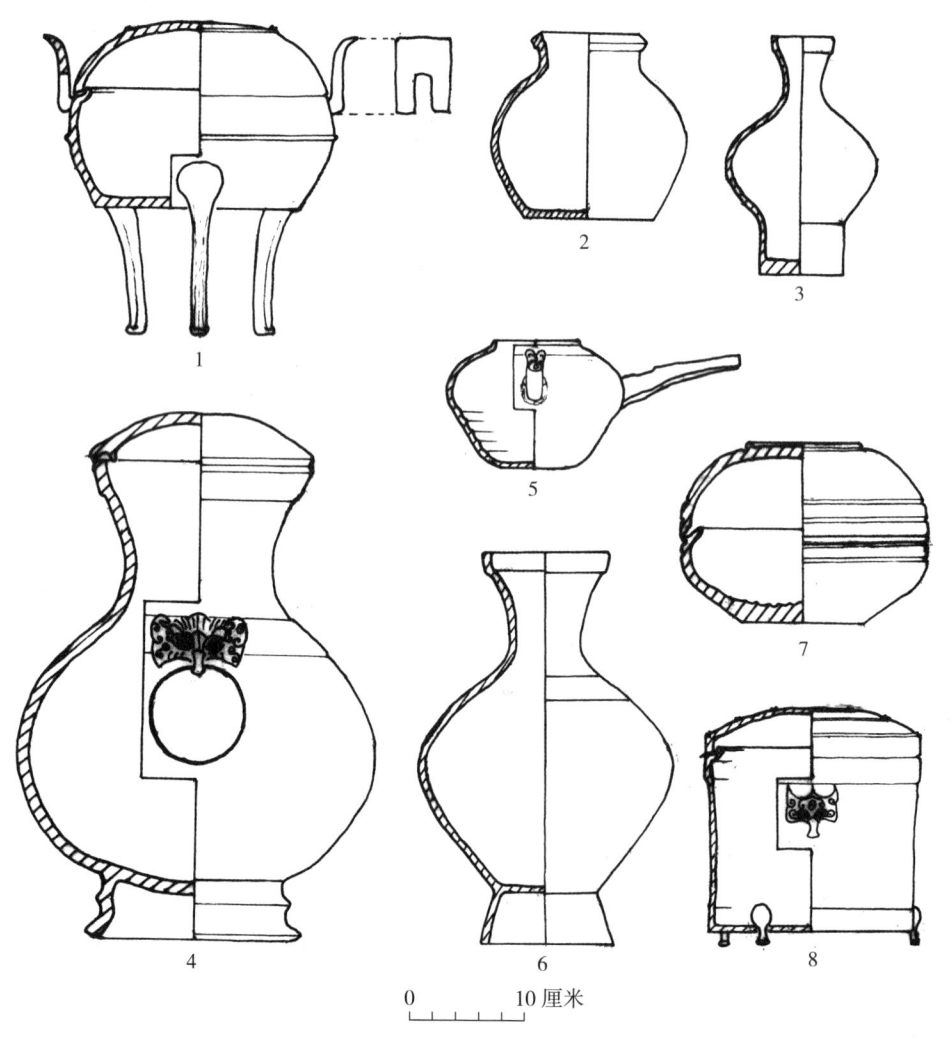

0   10 厘米

图三〇三 M14 出土陶器

1.鼎（M14：20）2.罐（M14：9）3.Ⅱ型壶（M14：17）4.Ⅰ型壶（M14：19）5.鐎壶（M14：11）
6.Ⅰ型壶（M14：18）7.盒（M14：16）8.奁（M14：12）

柄，柄的断面呈方形，柄端呈凸形。口径 7.5 厘米，腹径 14.5 厘米，底径 6 厘米，高 10 厘米，柄长 9.5 厘米。（图三〇三，5）

罐　1 件。标本 M14：9，小口微侈，折沿，方唇，短颈，鼓腹，平底。口径 9.5 厘米，腹径 16 厘米，底径 10.5 厘米，高 14.5 厘米。（图三〇三，2）

2. 铜器　5 件。有盆 1 件、镜 2 枚、带钩 1 件、印章 1 枚。

盆　1 件。标本 M14：1，完整。折沿，口微侈，平底内凹。口径 31 厘米，高 10 厘米。（图三〇四，1）

镜　2 枚。标本 M14：3，破。日光连弧镜。圆形，镜面平直，圆钮，重圈钮座，八连弧，铭文为"见日之光天下大明"。面径 5.8 厘米，背径 5.8 厘米，钮高 0.5 厘米，钮宽 1.2 厘米，缘宽 0.1 厘米，缘厚 0.2 厘米，肉厚 0.1 厘米。（图三〇四，4）标本 M14：2，完整。日光镜。镜面平直，圆钮，圆座，其外为八连弧，再外为一周凸弦纹，其内有行书"见日之光天下大明"，有缘郭。面径 5.8 厘米，背径 5.8 厘米，钮高 0.5 厘米，钮宽 1.2 厘米，缘宽 0.1 厘米，缘厚 0.2 厘米，肉厚 0.1 厘米。（图三〇四，5）

带钩　1 件。标本 M14：4，圆钮，饰对称的卷云纹。残长 6.6 厘米，宽 1.4 厘米，高 1.1 厘米。（图

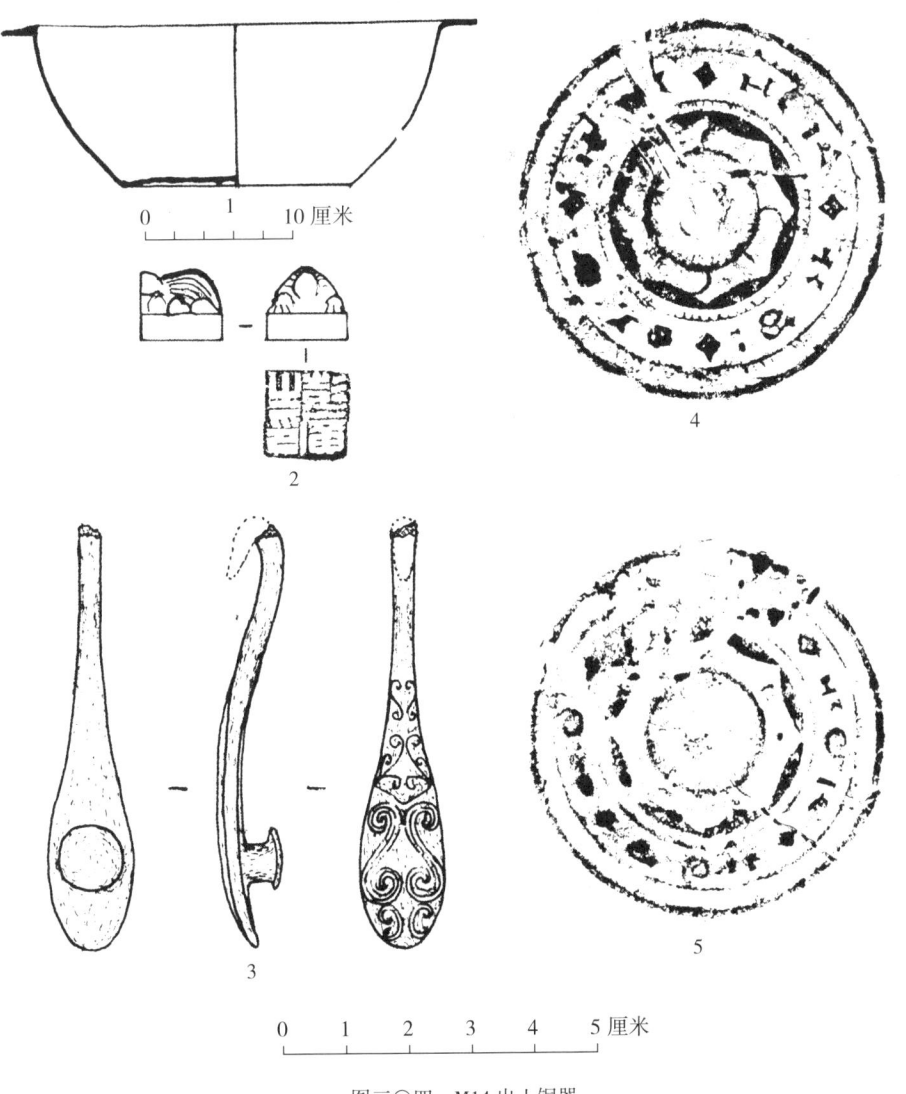

图三〇四　M14 出土铜器

1. 盆（M14：1）2. 印章（M14：10）3. 带钩（M14：4）4、5. 镜（M14：3、M14：2）

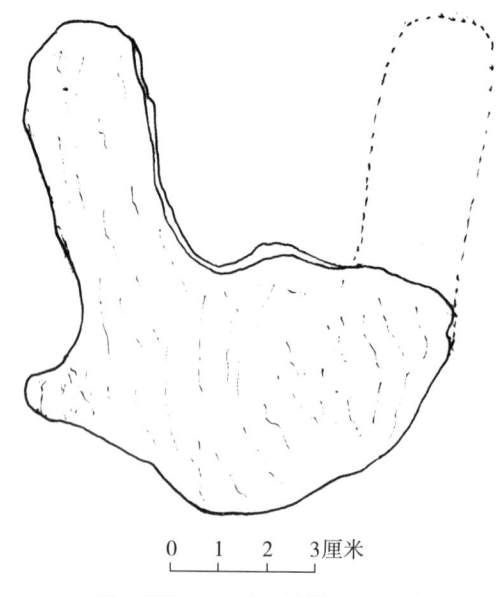

图三〇五　M14 出土铁镢（M14：8）

三〇四，3）

印章　1枚。标本 M14：10，龟状钮印，印面呈方形。印文为"彭广之印"。直径 1.2 厘米，厚 0.8 厘米，高 1.6 厘米。（图三〇四，2）

3. 铁器　4件。有剑 1件、镢 1件、环首刀 2件。

剑　1件。标本 M14：5，残。剑身较长，双面刃，剑身有脊，茎已残，茎与剑身交接处有剑镡。锈蚀严重。通长 100 厘米，柄长 20 厘米。

镢　1件。标本 M14：8，残。器呈"∩"形，弧形刃，上有对称的凹槽，以装木柄，断面呈等腰三角形。长 9.3 厘米，残宽 8.5 厘米，厚 3 厘米。（图三〇五）

M22 位于淮阳平粮台遗址东部正中。1979 年 7 月发掘。为长方形竖穴土坑墓。发掘前墓上的土已被挖走，东部墓口上的土也被破坏，铲平地面即见墓口。墓向 15°。

墓室　口长 2.64 米，宽 1.45 米。墓内填棕花土，逐层填土，逐层夯实，夯土比较硬，墓壁垂直。墓底长、宽的尺寸与口同。南北有生土二层台，南台宽 0.50 米，北台宽 0.59 米，距墓口深 5.54 米，高 0.24 米。

葬具　东部有棺，腐朽殆尽，不知长宽。

葬式　棺内有人骨，保存尚好，为仰身直肢葬，头向北，面向上。双脚放在南侧的二层台上。（图三〇六）

随葬品　9件。其中陶器 5件、铜器 1件、石器 1件、铁器 2件。

1. 陶器　5件。均为罐。

罐　5件。分两式。

Ⅰ式：小口短颈罐。1件。标本 M22：9，小口微侈，折沿，方唇，短颈，鼓腹，平底。口径 9.5 厘米，腹径 13.5 厘米，底径 10 厘米，高 12 厘米。

Ⅱ式：小口束颈罐。4件。标本 M22：8，小口微侈，折沿，唇部有凹槽，束颈，斜肩，鼓腹，大平底，上腹部有六周凹弦纹，凹弦纹间拍印绳纹。口径 11 厘米，腹径 35 厘米，底径 20.5 厘米，高 35.5 厘米。（图

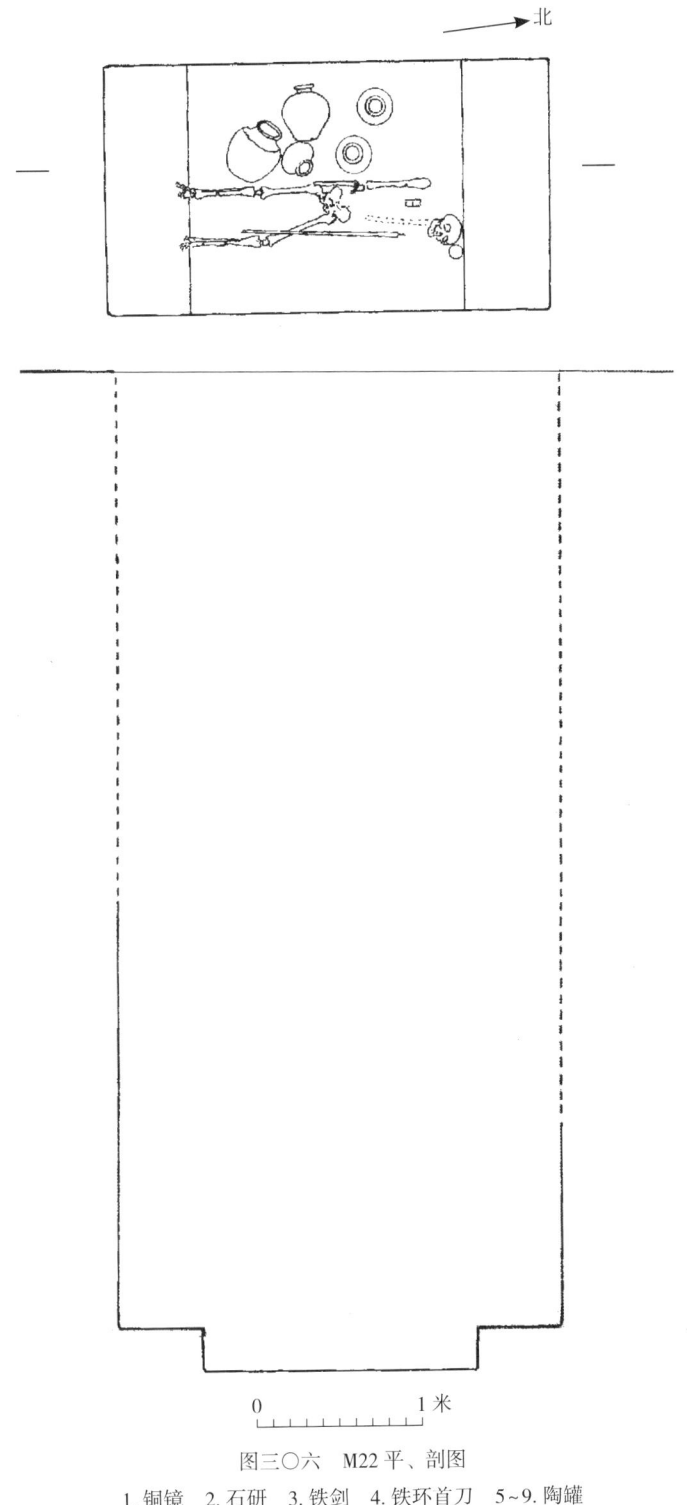

图三〇六　M22 平、剖图

1.铜镜　2.石研　3.铁剑　4.铁环首刀　5~9.陶罐

三〇七，1）标本 M22：6，小口微侈，折沿，方唇，束颈，斜肩，鼓腹，大平底。上腹部有五周凹弦纹，凹弦纹间拍印绳纹。口径 9.5 厘米，腹径 28.5 厘米，底径 15 厘米，高 29 厘米。（图三〇七，2）标本 M22：5，小口，折沿，方唇，束颈，斜肩，鼓腹，大平底。上腹部有六周凹弦纹，凹弦纹间拍印绳纹。口径 12 厘米，腹径 28 厘米，底径 14.5 厘米，高 28 厘米。（图三〇七，3）标本 M22：7，小口，折沿，沿部有凹槽，方唇，束颈，鼓腹，大平底，颈部拍印绳纹。上腹部有六周凹弦纹，凹弦纹间拍印绳纹。口径 13 厘米，腹径

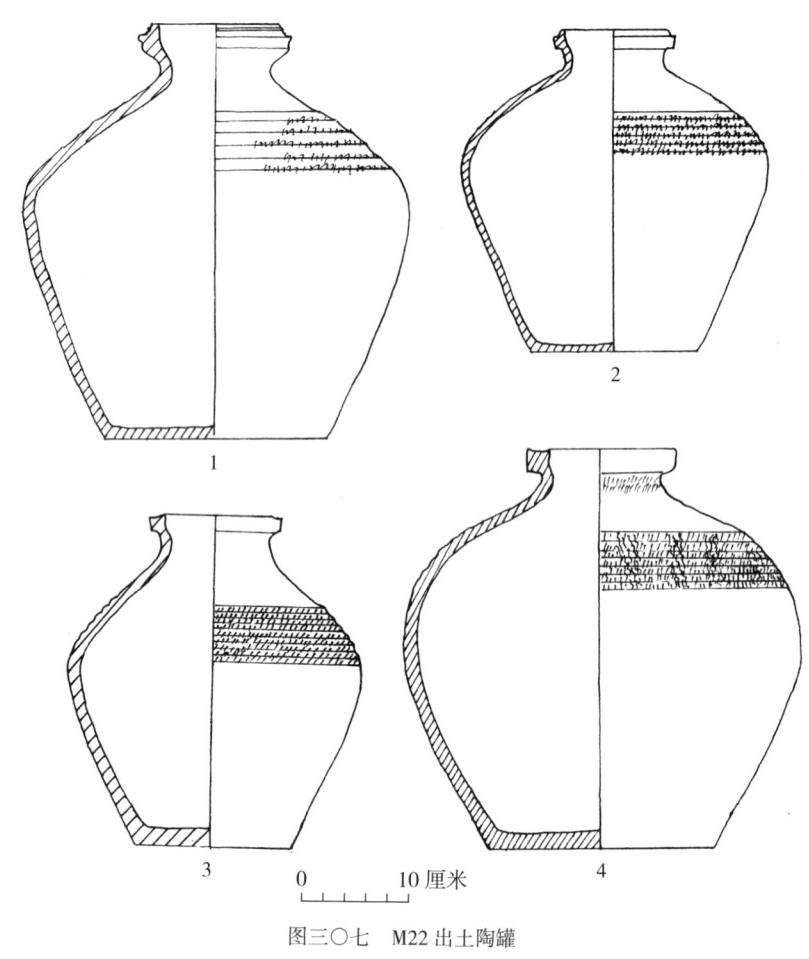

图三〇七　M22 出土陶罐

1. M22：8　2. M22：6　3. M22：5　4. M22：7

36.7厘米，底径20厘米，高36厘米。（图三〇七，4）

2. 铁器　2件。有剑、环首刀。

剑　1件。标本M22：3，残。剑身较长，双面刃，剑身有脊，茎已残，茎与剑身交接处有剑镡。锈蚀严重。通长100厘米。

环首刀　1件。标本M22：4，残。环状首，刀背较直，刃部也较直，刃末呈弧形，梢部已朽。长21厘米。

M33位于淮阳平粮台遗址东南部。东距M32约1米。1979年9月发掘。为长方形竖穴土坑墓，墓口距地表深0.26米。墓向10°。

墓室　口长3.92米，宽1.60米。墓内填棕花土，逐层填土，逐层夯实，夯土比较硬，墓壁垂直。深1.61米。

葬具　墓室内有木棺一具，腐朽殆尽，根据灰痕推知棺长2米，宽0.58米，高度不知。

葬式　棺内有人骨一具，保存不佳，据朽迹观察应为仰身直肢葬，头向北，面向不清。

随葬品　33件。其中陶器12件、铜器10件、铁器8件、铅器1件、骨器1件、贝币1件。（图三〇八）

1. 陶器　12件。泥质灰陶。多为轮制。有鼎1件、壶2件、盒1件、罐2件、瓮2件、奁1件、鐎壶1件、卮1件、耳杯1件。

鼎　1件。标本 M33：23，破。弧形盖，盖的壁上有一周凸弦纹。子母口，敛口，圆唇，斜腹，腹的中部有两周凹弦纹，腹内有轮制时留下的凹弦纹，平底，下附三个兽蹄形足，两个长方形附耳外侈。口径 17.6 厘米，腹径 20 厘米，底径 13.6 厘米，耳间宽 26 厘米，通高 20 厘米。（图三○九，1）

壶　2件。形制不同，大小有别。可分两型。

Ⅰ型：圈足壶。1件。标本 M33：22，完整。盘口，方唇，束颈，圆腹，平底，圈足微侈。腹部饰弦纹。口径 8 厘米，腹径 18 厘米，圈足径 10 厘米，高 22.5 厘米。（图三○九，3）

Ⅱ型：平底壶。1件。标本 M33：19，完整。敛口，圆唇，束颈，鼓腹，大平底。口径 5.3 厘米，腹径 12 厘米，底径 8 厘米，高 13.5 厘米。（图三○九，4）

盒　1件。标本 M33：28，盖为盘状，顶中心为一同心圆，斜弧壁。器为敛口，方唇，素面，平底。高 15.5 厘米，腹径 18.5 厘米，底径 11.5 厘米。（图三○九，2）

罐　2件。标本 M33：27，完整。敛口，圆唇，束颈，鼓腹，平底。口径 10 厘米，腹径 15.5 厘米，底径 10.5 厘米，高 18.5 厘米。（图三○九，8）标本 M33：26，盘口，束颈，鼓腹，平底。腹部有一周凹弦纹。

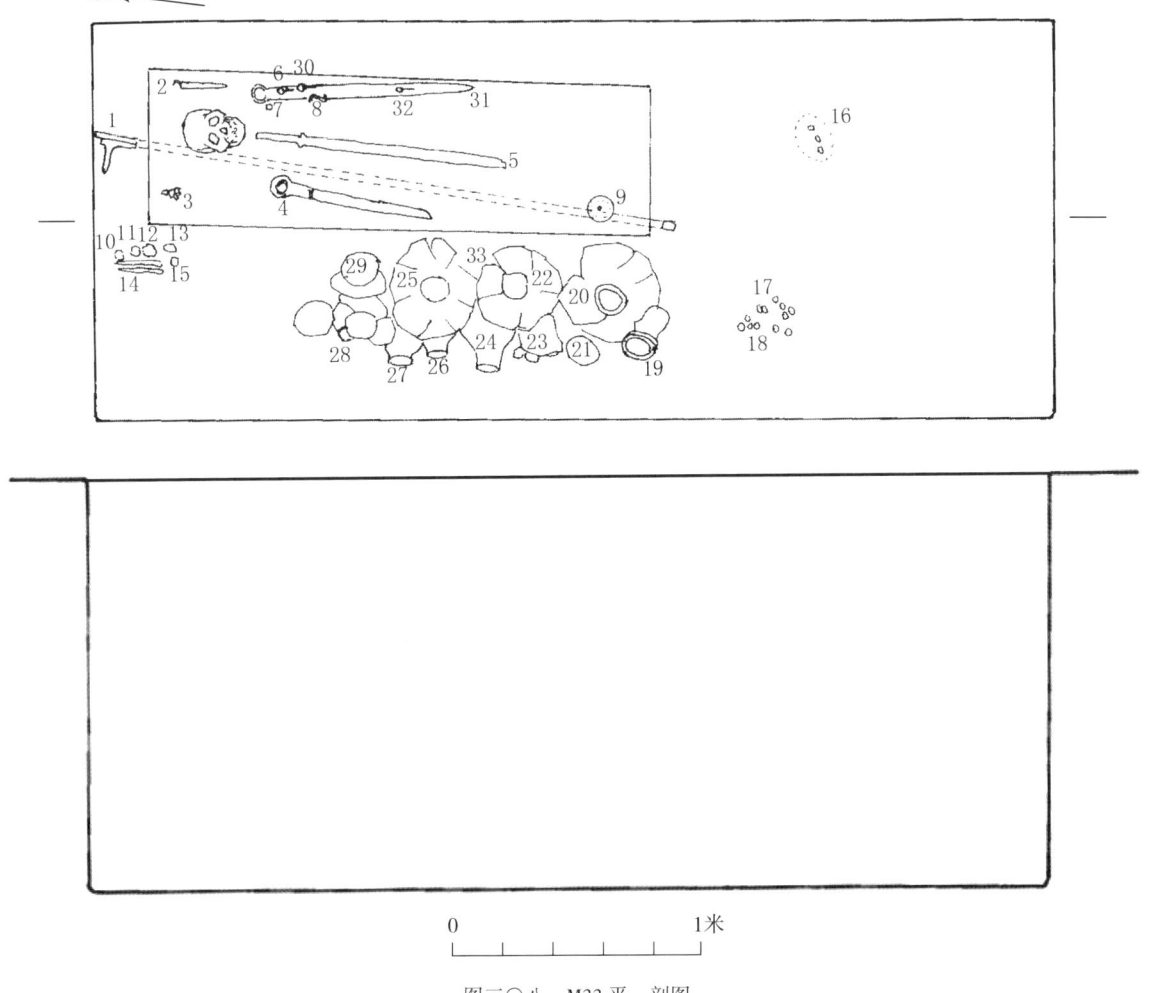

图三○八　M33 平、剖图

1.铁戟　2.铁削　3.铜饰　4、30.环首刀　5、31、32.铁剑　6.铁鞭　7.铜印章　8.铜带钩　9.铜镜　10～13.鎏金铜镇
14.铅车饰　15.骨管　16.铜卮把饰　17.铜环　18.贝币　19、22.陶壶　20、25.陶瓮　21.陶卮　23.陶鼎　24.陶鐎壶
26、27.陶罐　28.陶盒　29.陶瓮　33.陶耳杯

口径9厘米，腹径14厘米，底径9厘米，高12厘米。（图三〇九，5）

瓮　2件。破。小口，折沿，方唇，矮颈，鼓腹，大平底。标本M33：20，上、中腹部饰弦纹，间饰绳纹，下腹部饰绳纹。口径11.3厘米，腹径38.3厘米，底径26厘米，高30.5厘米。（图三一〇，1）标本M33：25，上腹部有五组凹弦纹，间饰绳纹，下腹部有一组凹弦纹，肩部有刻画文字"王衮"。口径12.6厘米，腹径34.8厘米，高32厘米。（图三一〇，2；图三一一，1）

奁　1件。标本M33：29，弧形盖，上有三组凹弦纹，筒腹，平底，中腹部有两个模印的铺首。口径18厘米，底径18厘米，通高16.5厘米。（图三〇九，6）

卮　1件。标本M33：21，破。口微敛，壁微弧，上腹部有錾。口径9.3厘米，腹径9.8厘米，底径9厘米，高8.7厘米。（图三〇九，7）

耳杯　1件。标本M33：33，模制。器身为椭圆形，两端稍翘起，口微侈，圆唇有刮抹痕迹，两侧装有

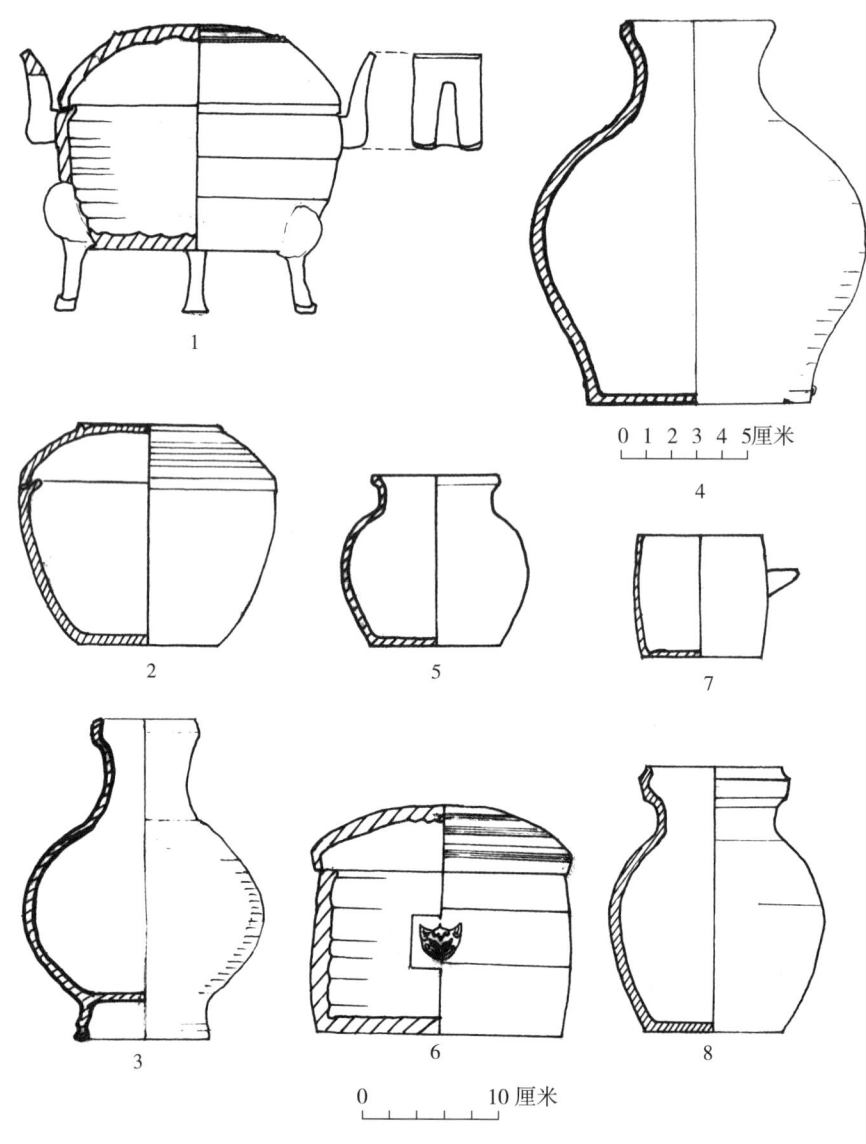

图三〇九　M33出土陶器

1.鼎（M33：23）2.盒（M33：28）3.Ⅰ型壶（M33：22）4.Ⅱ型壶（M33：19）

5、8.罐（M33：26、M33：27）6.奁（M33：29）7.卮（M33：21）

半月形小耳，平底。素面。口径 13 厘米，耳径 11 厘米，底径 8.4 厘米，高 4.4 厘米。（图三一〇，4）

　　镳壶　1 件。标本 M33：24，敛口，折沿，圆唇，鼓腹，平底，下腹部削成仰莲形，腹中部有一长方形把，把的面部有条状凸起，腹中部饰一兽头，已残。口径 7 厘米，腹径 14 厘米，底径 7.5 厘米，把长 10 厘米，高 11 厘米。（图三一〇，3）

　　2. 铜器　10 件。有镜 1 枚、带钩 1 件、印章 1 件、环 1 件、镇 4 件、卮把饰 1 件及铜饰 1 件。

　　镜　1 枚。标本 M33：9，残。圆形，镜面平直，半圆钮，重圈钮座，窄素平缘，钮座外有 4 个乳钉，外饰内向十六连弧。面径 8 厘米，背径 8 厘米，钮高 0.5 厘米，钮宽 0.9 厘米，缘宽 0.5 厘米，缘厚 0.2 厘米，肉厚 0.1 厘米。

　　带钩　1 件。标本 M33：8，兽首回勾，挺胸，螳螂腹肚，圆钮。长 4.7 厘米，宽 1.2 厘米，高 1.2 厘米。（图三一二，1）

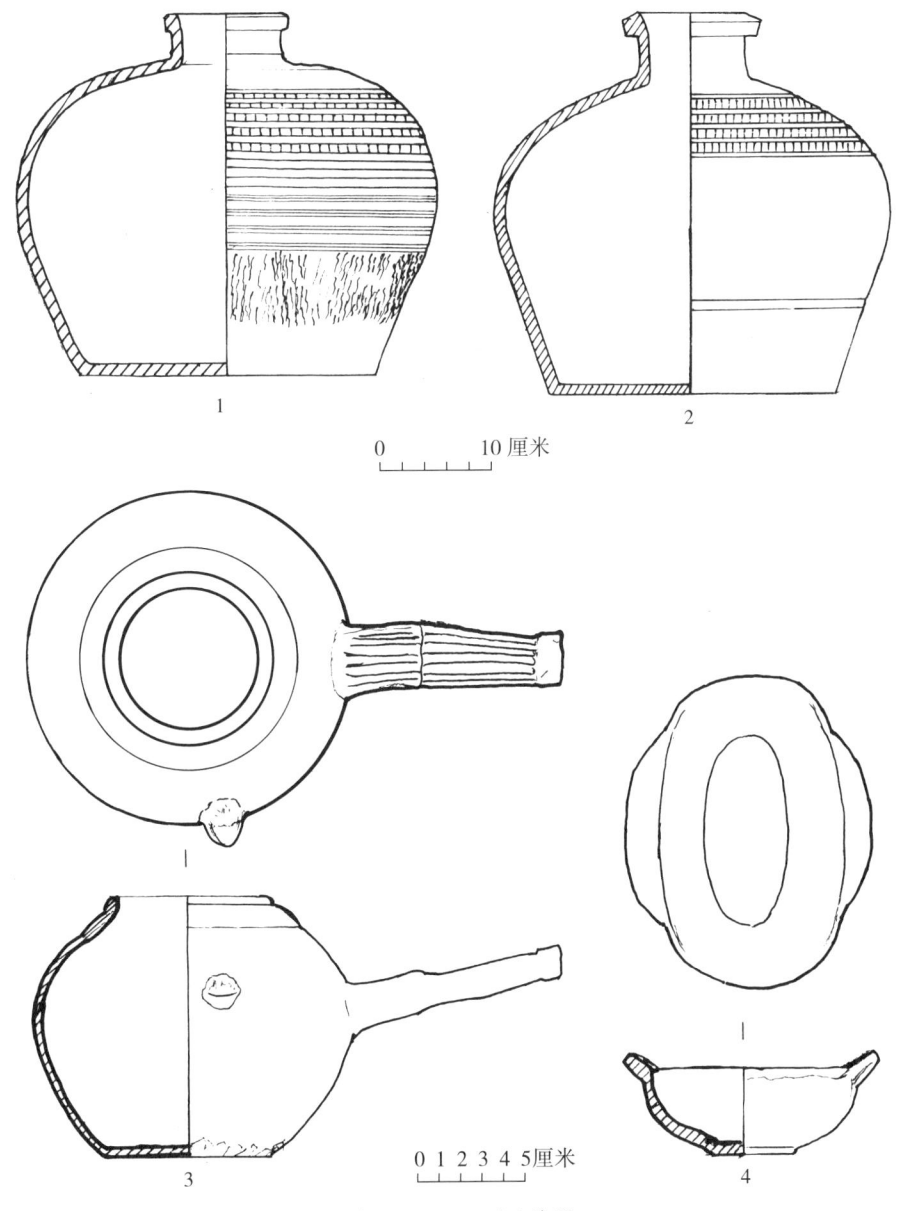

图三一〇　M33 出土陶器

1、2.瓮（M33：20、M33：25）3.镳壶（M33：24）4.耳杯（M33：33）

印章　1件。标本 M33：7，龟钮，龟伸头，方印，篆书印文"彭枣之印"。通高 1.5 厘米，长 1.6 厘米，宽 1.6 厘米，厚 0.6 厘米。（图三一二，3）

环　1件。标本 M33：17，素面。内径 2.5 厘米，外径 4.2 厘米，厚 0.5 厘米。（图三一二，2）

卮把饰　1件。标本 M33：16，为嵌在卮腹部的把，中间环状，一端是半圆形的柄，另一端为嵌在卮内的对称两耳。环径 1.7 厘米。

鎏金铜镇　4件。形状相同。标本 M33：10~13，完整。鎏金。均为坐像。（彩版六〇，1）

3. 铁器　8件。有戟 1件、剑 3件、鞭 1件、环首刀 2件、削 1件。

戟　1件。标本 M33：1，锈蚀严重。戟尖的断面为菱形。长 23 厘米，宽 2.1 厘米，厚 0.3 厘米。中有穿戟柄的铜管。管径 1.8 厘米，长 7.3 厘米。左侧有横的戟尖。长 10 厘米，宽 1.8 厘米，厚 0.2 厘米。（图三一三）

剑　3件。残。标本 M33：5，剑身较长，双面刃，剑身有脊，茎已残，茎与剑身交接处有剑镡。锈蚀严重。通长 105 厘米，柄长 20 厘米。（彩版六一，1）标本 M33：31，剑身较长，双面刃，剑身有脊，茎已残，茎与剑身交接处有剑镡。锈蚀严重。通长 95 厘米，柄长 20 厘米。（彩版六一，2）标本 M33：32，剑身较长，双面刃，剑身有脊，茎已残，茎与剑身交接处有剑镡。锈蚀严重。通长 95 厘米，柄长 20 厘米。（彩版六一，3）

环首刀　2件。标本 M33：30，残。环状首，刀背较直，刃部也较直，刃末呈弧形，梢部已朽。长 90 厘米。标本 M33：4，残。环状首，刀背较直，刃部也较直，刃末呈弧形，梢部已朽。长 68 厘米。（彩版六一，4）

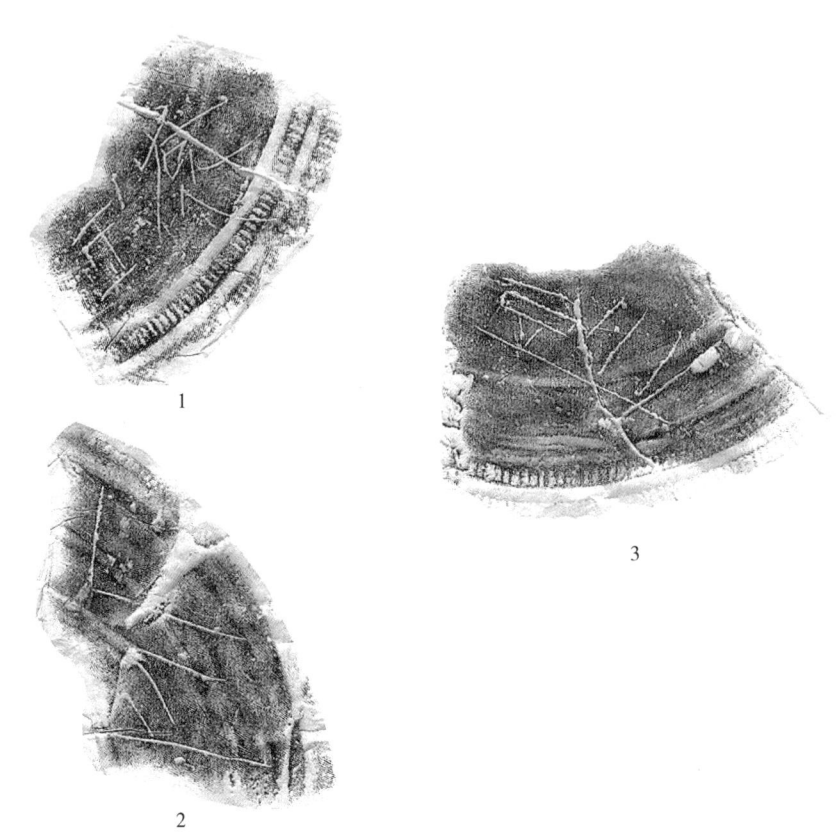

图三一一　M33、M34 出土陶器陶文拓片

1. M33：25　2、3. M34：12

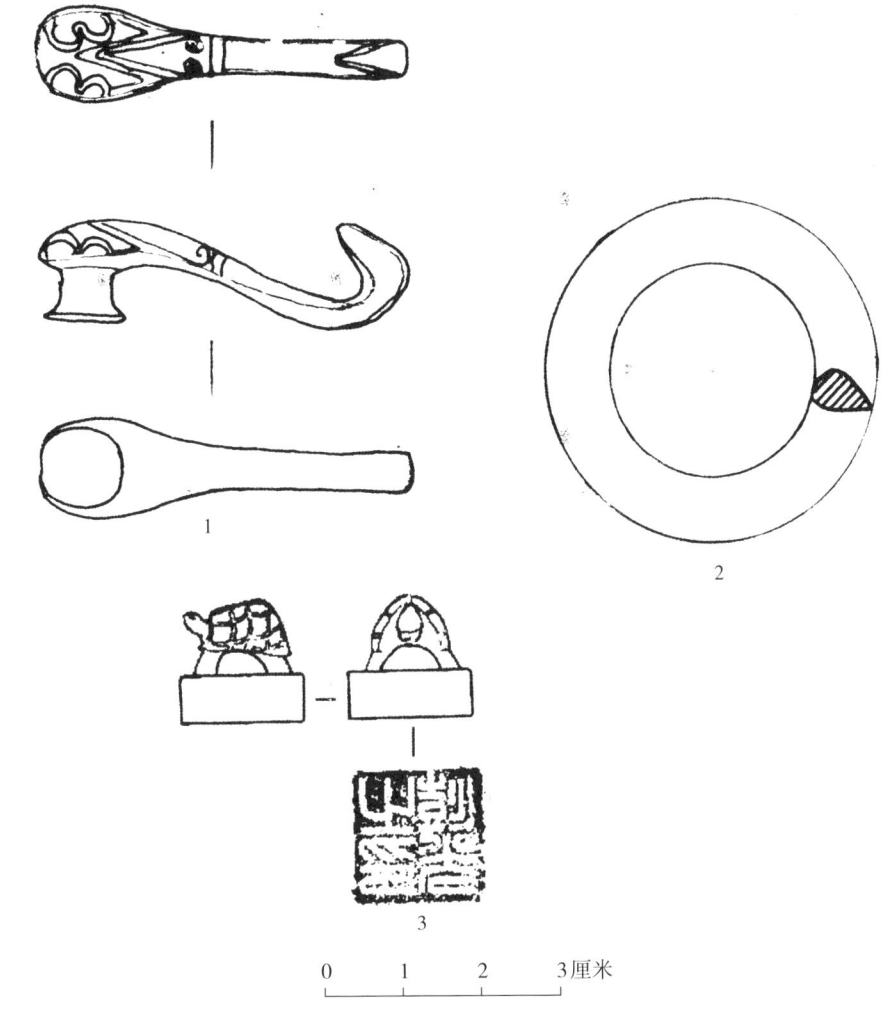

0　　1　　2　　3厘米

图三一二　M33 出土铜器

1.带钩（M33：8）　2.环（M33：17）　3.印章（M33：7）

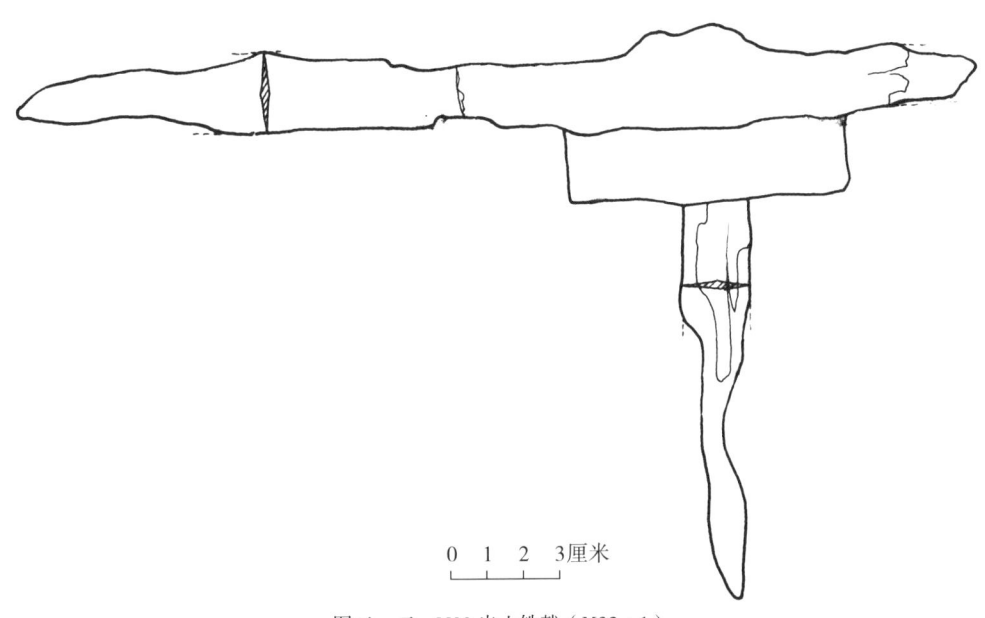

0　1　2　3厘米

图三一三　M33 出土铁戟（M33：1）

削（书刀） 1件。标本 M33：2，破。环状首，刀背较直，靠刀刃部分的一侧较宽，刀刃略直，至刀尖部上翘呈弧形，刀身有朽木残存痕。长 68 厘米，刃宽 2 厘米。（彩版六一，5）

4. 铅器 1件。

标本 M33：14，车饰。残。断面呈长方形，长短不等。（彩版六〇，2）

M34 位于淮阳平粮台遗址 T11 东部偏南。1979 年 9 月发掘。为长方形竖穴土坑墓。墓口距地表深 0.26 米。墓向 15°。

墓室 口长 3.64 米，最宽 1.42 米。墓内填棕花土，逐层填土，逐层夯实，夯土比较硬。墓壁垂直。墓室分南、北二室。北室长 2.60 米，宽 1.42 米，东壁下置熟土二层台，台长与北室长同，宽 0.14 米，高 0.26 米。底长 2.60 米，宽 1.26 米，底距口深 1 米。南室口长 1.04 米，宽 1.16 米，墓底长、宽尺寸与口部相同。

葬具 墓室的西边有木棺一具，腐朽殆尽，根据灰痕推知棺长 1.94 米，宽 0.50 米。

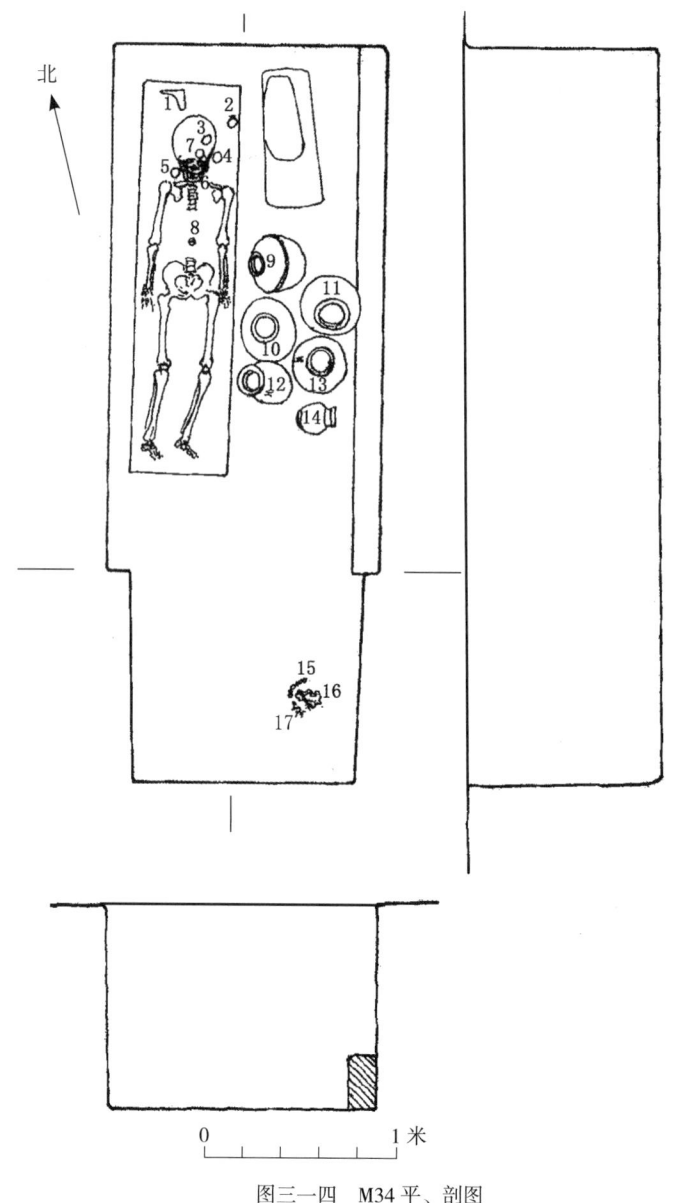

图三一四 M34 平、剖图

1. 铁棺钉 2~5. 铜镜 6. 玉唅 7. 玉鼻塞 8. 铜钱 9. 陶瓮 10~13. 陶罐 14. 小陶罐 15. 铜马衔 16. 铜当卢 17. 铜镳

葬式　棺内有人骨一具，保存尚好，为仰身直肢葬，头向北，面向上。（图三一四）

随葬品　17件。多置于棺的西侧。有陶器6件、玉器2件、铜器8件、铁器1件。

1.陶器　6件。有罐5件、瓮1件。

罐　5件。分三型：

Ⅰ型：鼓腹罐。1件。标本M34：14，泥质灰陶。折沿，圆唇，短颈稍束，圆肩，鼓腹，平底。腹部饰凸出弦纹，下腹部削成仰莲形。口径9.5厘米，腹径14.5厘米，底径8.5厘米，高15厘米。（图三一五，1）

Ⅱ型：双耳罐。3件。泥质灰陶。侈口，折沿，方唇，短颈稍束，圜底，肩部饰对称半圆形耳，垂腹，肩与下腹部之间饰二十一道凹弦纹，下腹与底部绳纹。标本M34：13，口径12.2厘米，腹径28.5厘米，底径10厘米，高28厘米。（彩版六二，1；图三一五，4）

Ⅲ型：双耳罐。1件。泥质灰陶。标本M34：12，侈口，折沿，方唇，短颈，斜肩，肩部饰对称半圆形耳，圆腹，平底。上腹部与下腹部之间饰多道凸出弦纹，下腹部至底部饰绳纹，肩部和腹部有刻画文字。高27.5厘米，口径11.6厘米，腹径24.6厘米，底径8厘米。（彩版六二，3；图三一一，2、3；图三一五，3）

瓮　1件。标本M34：9，泥质灰陶。敞口，折沿，方唇，束颈，上腹部饰六道带状绳纹，腹的中部较直，平底。口径11.3厘米，腹径28厘米，底径15厘米，高29厘米。（彩版六二，2；图三一五，2）

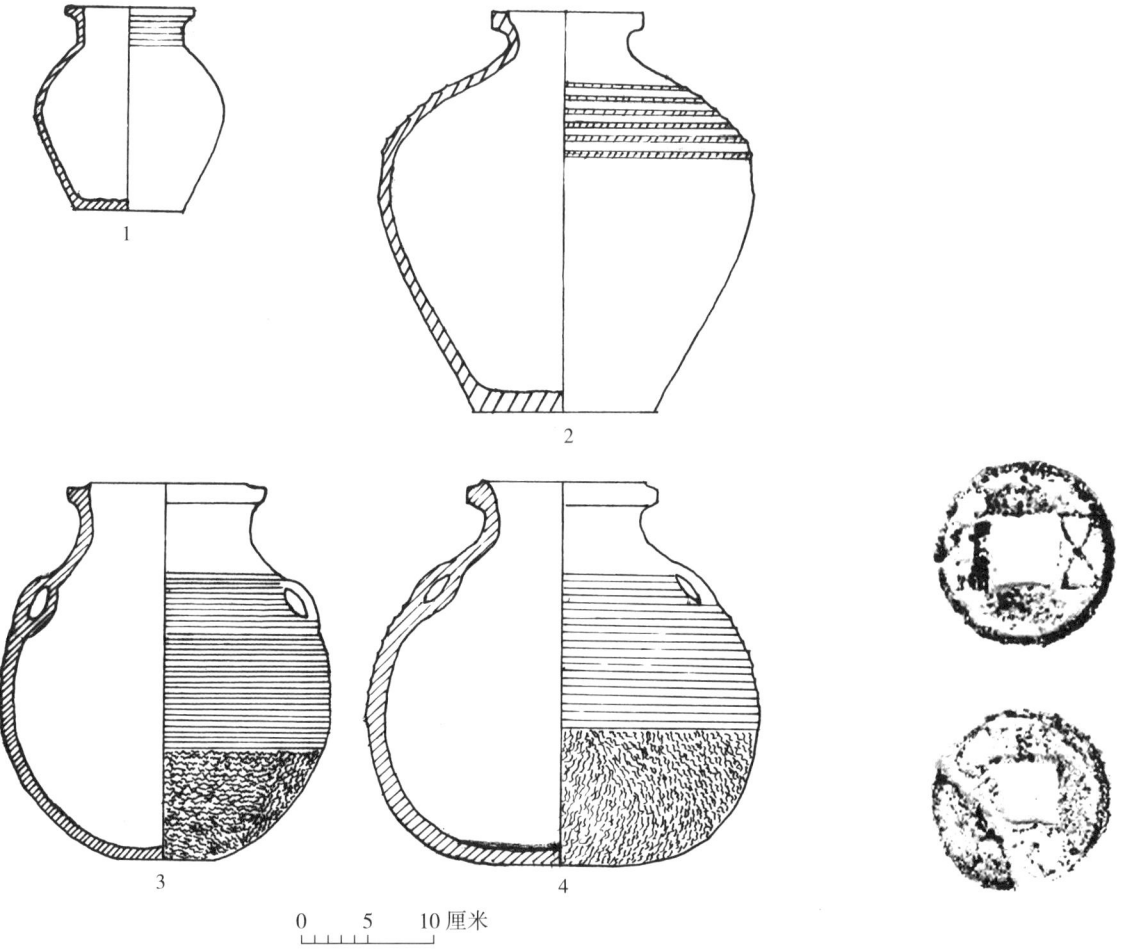

0　　5　　10厘米

图三一五　M34出土陶器
1.Ⅰ型罐（M34：14）　2.瓮（M34：9）　3.Ⅲ型罐（M34：12）　4.Ⅱ型罐（M34：13）

图三一六　M34出土五铢拓片（M34：8）
（原大）

2. 铜器、铜钱　8件。有镜4枚、五铢2枚、马衔1件、当卢1件及镳1件。

五铢　2枚。标本M34：8，圆形，正方形穿，钱边缘有周郭，穿之背面无周郭，穿之正面左右两侧铸有篆书"五铢"二字，"五"字呈对顶弹头形。钱径2.4厘米，郭径2.6厘米，郭宽0.1厘米，郭厚0.15厘米，肉厚0.1厘米，穿径0.9厘米。（图三一六）

M67位于淮阳平粮台遗址东南部的T50的中南部，西距M68约1米。1979年11月发掘。为长方形竖穴土坑墓。发掘前墓上的土已经被取走，墓口距地表仅0.26米。墓向12°。

墓室　口长4.80米，宽1.40～1.80米。墓内填五花土，逐层填土，逐层夯实，夯土比较硬。墓壁垂直，墓底平。墓底长、宽尺寸与墓口相同，距墓口1.11米。

葬具　墓室后部的西侧置木棺一具，腐朽殆尽，根据灰痕推知棺长2.24米，宽0.66米。

葬式　棺内有人头骨一具，保存尚好，不见身及四肢骨，故分析为身首分离葬，头向北，面向上。

随葬品　15件。其中有陶器6件、铜器4件、铁器2件、铅器2件及玉珠1件。棺内随葬品有铜镜一面，位于头的西侧下方约0.30米处。在棺外东部从南向北，放有陶罐、陶壶。室的前部西南放有车軎、车饰、玉珠、铜镜。（图三一七）

1. 陶器　6件。有壶1件、罐5件。

壶　1件。标本M67：7，泥质黑陶。盘口，方唇，束颈，圆腹，圜底，圈足外侈，腹部有模印的铺首衔环。口径13厘米，腹径29厘米，圈足径14.5厘米，高39厘米。（图三一八，1）

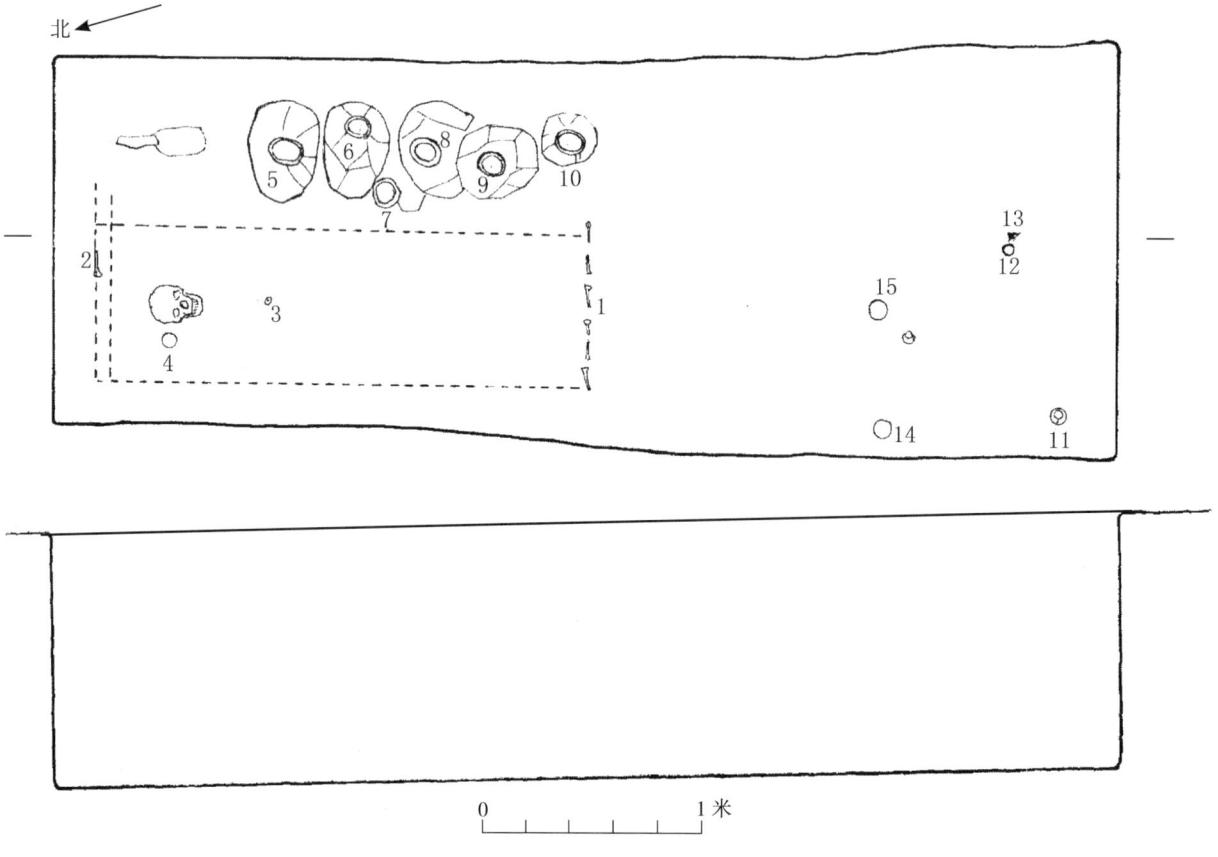

图三一七　M67平、剖图

1、2.铁棺钉　3.五铢　4、14、15.铜镜　5、6、8、9、10.陶罐　7.陶壶　11.铅车軎　12.玉珠　13.铅车饰

罐 5件。泥质灰陶。标本 M67：10，完整。侈口，折沿，圆唇，短颈，鼓腹，平底。颈部有密集的弦纹。口径 10 厘米，腹径 14.5 厘米，底径 9.5 厘米，高 13.5 厘米。（图三一八，2）标本 M67：5，破。小口微敛，束颈，鼓腹，大平底。上腹部饰凹弦纹，间饰绳纹，下腹部饰五周凹弦纹。口径 10 厘米，腹径 32 厘米，底径 21.5 厘米，高 33 厘米。（图三一八，3）其余 3 件陶罐形制大抵如此。标本 M67：6，上腹部饰七周凹弦纹，间饰绳纹。口径 10.5 厘米，腹径 31.5 厘米，底径 20 厘米，高 33 厘米。（图三一八，5）标本 M67：9，上腹部饰十一周凹弦纹，间饰绳纹，下腹部饰两周凹弦纹。口径 11 厘米，腹径 31.5 厘米，底径 20 厘米，高 32 厘米。（图三一八，4）标本 M67：8，平底内凹。上腹部饰十一周凹弦纹，间饰绳纹。口径 10.5 厘米，腹径 33 厘米，底径 21 厘米，高 33.5 厘米。（图三一八，6）

2. 铜器、铜钱 有镜 3 枚及五铢 4 枚。

镜 3 枚。标本 M67：4，内外连弧四乳镜，有裂缝。钮残。镜面平直，内外均为十六连弧，四乳，四乳间有五乳或六乳，重圈钮座。面径 10.3 厘米，背径 10.2 厘米，钮残高 0.5 厘米，钮宽 2 厘米，外连弧宽 0.7 厘米，缘厚 0.4 厘米，肉厚 0.2 厘米。（彩版六三，1；图三一九，1）标本 M67：14，内连弧日光镜。完整。圆形，镜面微弧，圆钮，重圈钮座，其外有一周带状凸弦纹，其外为八连弧，又叠压着八连弧，其外有两周带状斜平行线纹，其间有铭文"内青质白光忠夫日月心忽天明"。面径 11.8 厘米，背径 11.6 厘米，钮高 0.7 厘米，钮宽 1.5 厘米，缘宽 1.6 厘米，缘厚 0.4 厘米，肉厚 0.2 厘米。（彩版六三，6；图三一九，2）

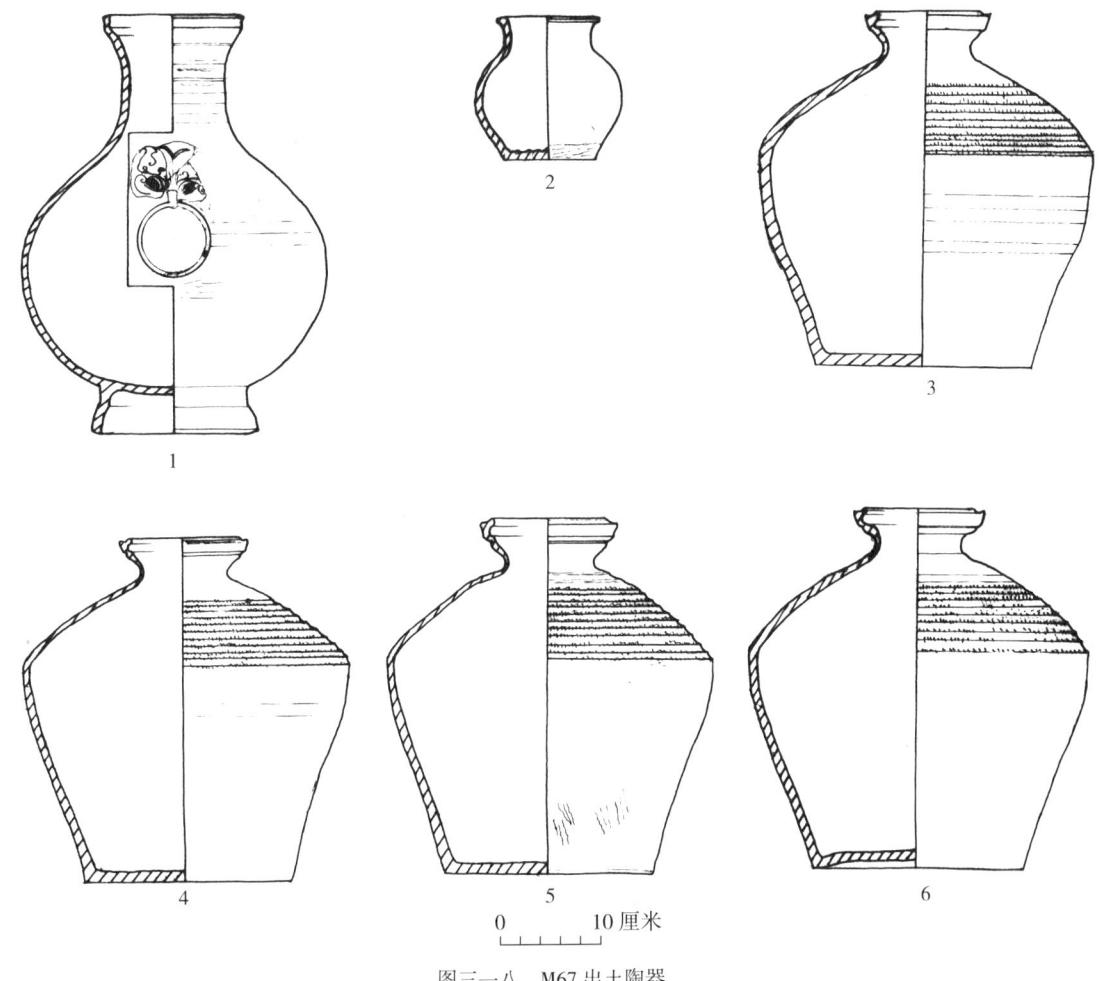

0   10 厘米

图三一八　M67 出土陶器

1. 壶（M67：7）2～6. 罐（M67：10、M67：5、M67：9、M67：6、M67：8）

标本 M67：15，日光连弧镜。完整。圆形，镜面平直，圆钮，重圈钮座，八连弧，铭文为"见日之光天下大明"。面径 5.8 厘米，背径 5.8 厘米，钮高 0.5 厘米，钮宽 1.2 厘米，缘宽 0.1 厘米，缘厚 0.2 厘米，肉厚 0.1 厘米。（彩版六三，4；图三一九，6）

五铢　4 枚。完整。标本 M67：3，大小相同，穿郭有别，正方形穿，穿上部有一横郭，左右和下部无穿郭。标本 M67：3-1，正面缘郭较宽，背面有穿郭和缘郭，"五"字较宽，呈对顶炮弹形，上下对称。钱径 2.6 厘米，郭径 2.6 厘米，郭宽 0.15 厘米，郭厚 0.1 厘米，肉厚 0.1 厘米，穿径 1.1 厘米。（图三一九，3）标本 M67：3-2，穿之正面左右两侧铸有篆书"五铢"二字，"五"字较窄，上下横道出头，上下对称。钱径 2.6 厘米，郭径 2.6 厘米，郭宽 0.1 厘米，郭厚 0.15 厘米，肉厚 0.1 厘米，穿径 1.1 厘米。（图三一九，4）

3. 铅器　2 件（套）。有车軎、车饰。

车軎　标本 M67：11，呈侈口杯状。上径 1.3 厘米，口径 2.6 厘米，高 2.6 厘米。（图三一九，5）

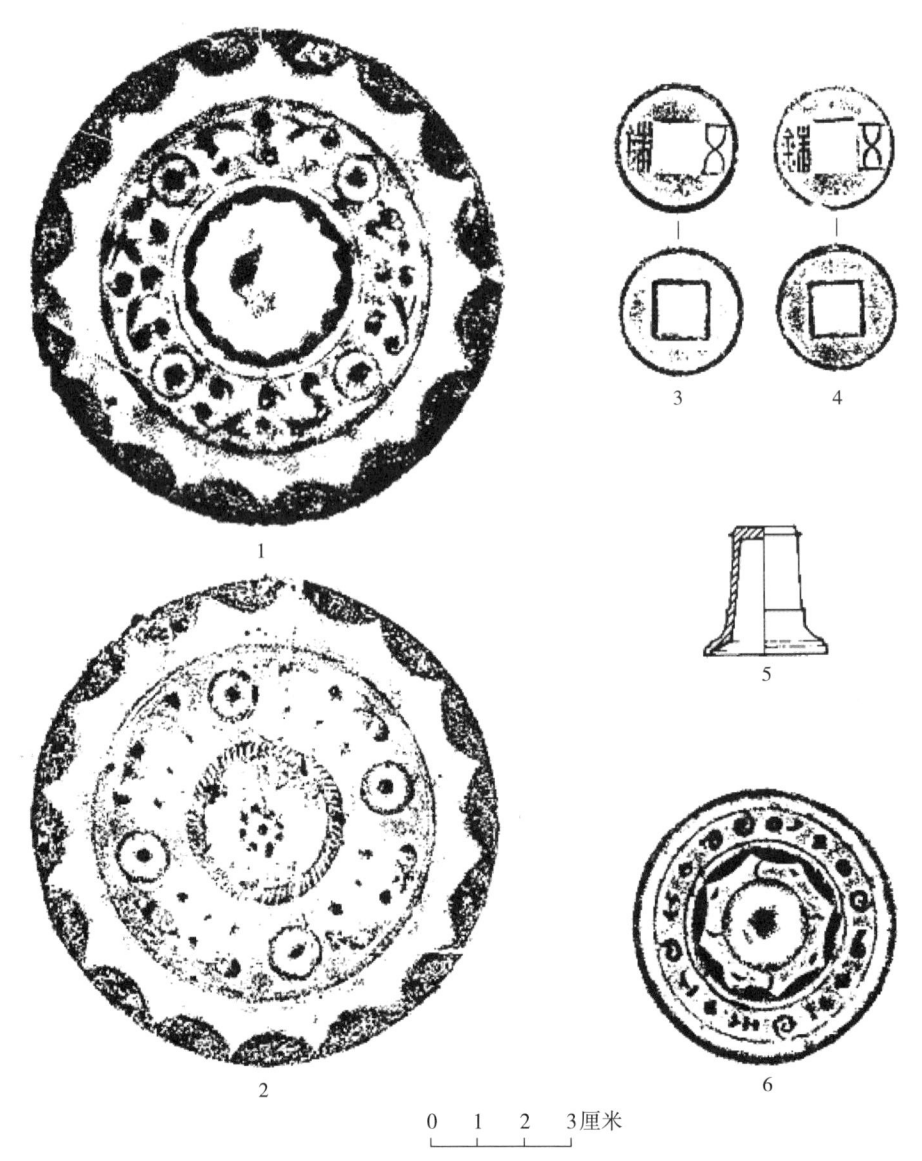

图三一九　M67 出土铜器、铜钱及铅器

1、2、6. 铜镜（M67：4、M67：14、M67：15）　3、4. 五铢（M67：3-1、M67：3-2）　5. 铅车軎（M67：11）

M68位于淮阳平粮台遗址东南部T50的中南部偏西，东距M67约1米。1979年11月发掘。为长方形竖穴土坑墓。发掘前墓上的土已经被取走，铲平即见墓口。墓向15°。

墓室　口长4.20米，宽1.74~1.84米。墓内填五花土，逐层填土，逐层夯实，夯层比较硬。墓壁斜直，底平。墓深1.10米。

葬具　墓室后部的东侧置木棺一具，腐朽殆尽，根据灰痕推知棺长2.18米，宽0.66（南）~0.72（北）米。

葬式　棺内有人骨一具，保存尚好，为仰身直肢葬，头向北，面向上。

随葬品　27件。其中有陶器9件、玉器3件、铜器4件、铁器2件、铅器9件。在棺内的随葬品有铜镜1枚，位于头的西侧，鼻部有玉鼻塞，耳部有玉耳塞，口部有玉唅，左手旁放铁环首刀，腹上有铜钱2枚；棺外西侧从北向南放置陶盆、陶鼎、陶罐及陶壶，墓室前部置车马饰，其中有当卢、马衔镳、铅车马饰等。（图三二〇）

1. 陶器　9件。有鼎2件、壶1件、盒1件、罐5件。

鼎　2件。破。泥质灰陶。标本M68:7，弧形盖，盖顶内凹，方唇。子母口，敛口，方唇，中腹部饰一周凸弦纹，圜底，三个蹄形足微侈，长方形附耳微侈。口径18厘米，腹径22厘米，耳间宽28厘米，通高

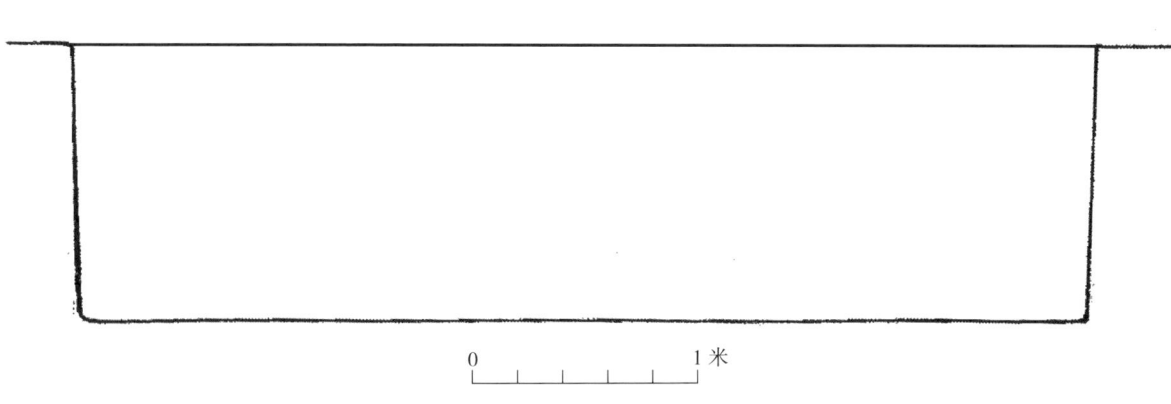

图三二〇　M68平、剖图

1. 棺钉　2. 铜镜　3. 铁环首刀　4. 五铢　5. 铜带钩　6. 陶盒　7、9. 陶鼎　8、10~13. 陶罐　14. 陶壶　15. 玉鼻塞　16. 玉耳塞　17. 玉唅　18~21. 当卢　22、24、25. 马衔镳　23. 铜环　26. 铅兽面饰　27. 铅扣饰

20.5 厘米。（图版二八，1；图三二一，1）标本 M68：9，无盖，子母口，敛口，方唇，弧腹，中腹部有一周凸弦纹，平底，三个蹄形足较直，长方形附耳外侈。口径 18 厘米，腹径 22.5 厘米，耳间宽 26.7 厘米，高 14 厘米。（图版二八，3；图三二一，2）

壶　1 件。标本 M68：14，盘口，方唇，束颈，圆腹，圜底，圈足较直。腹部有模印的铺首。口径 15 厘米，腹径 33 厘米，圈足径 17.5 厘米，高 40.5 厘米。（图版二八，4；图三二一，4）

盒　1 件。标本 M68：6，残。子母口，圆唇，弧壁，平底，矮圈足。口径 18 厘米，腹径 20.5 厘米，圈足径 8 厘米，残高 12 厘米。（图三二一，3）

罐　5 件。分五式：

Ⅰ式：短颈罐。1 件。标本 M68：10，完整。小口微侈，折沿，方唇，敛颈，鼓腹，平底。颈部有弦纹，器内有轮制的弦纹。口径 7.5 厘米，腹径 13 厘米，底径 10 厘米，高 14.5 厘米。（图版二八，2；图三二一，9）

Ⅱ式：小口短颈罐。1 件。泥质灰陶，破。标本 M68：12，小口，折沿，方唇，短颈，鼓腹，平底。

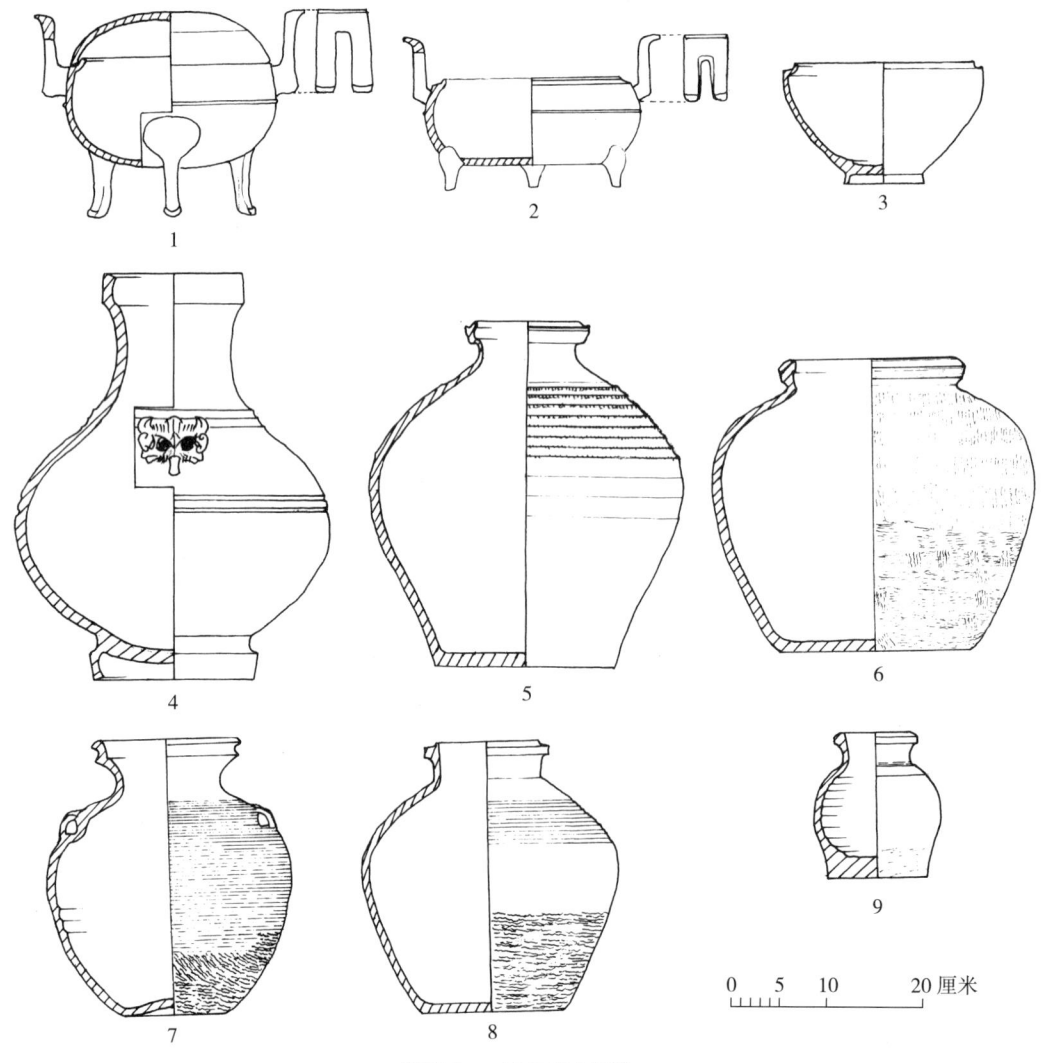

图三二一　M68 出土陶器

1. 鼎（M68：7）　2. 鼎（M68：9）　3. 盒（M68：6）　4. 壶（M68：14）　5. Ⅳ式罐（M68：8）　6. Ⅲ式罐（M68：11）
7. Ⅴ式罐（M68：13）　8. Ⅱ式罐（M68：12）　9. Ⅰ式罐（M68：10）

上腹部饰五周凹弦纹，下腹部饰横绳纹。口径 10 厘米，腹径 26.5 厘米，底径 15 厘米，高 27 厘米。（图版二八，6；图三二一，8）

Ⅲ式：敛口短束颈罐。1 件。标本 M68：11，破。泥质灰陶。敛口，折沿，圆唇，束颈，鼓腹，平底。上腹部饰四组带状竖绳纹，下腹部饰横绳纹。口径 17 厘米，腹径 33.5 厘米，底径 20 厘米，高 29 厘米。（图版二八，7；图三二一，6）

Ⅳ式：小口束颈罐。1 件。标本 M68：8，破。泥质灰陶。小口，折沿，方唇，束颈，鼓腹，平底。上腹部饰数周凹弦纹，间饰绳纹。口径 10 厘米，腹径 32.5 厘米，底径 19.5 厘米，高 34.5 厘米。（图版二八，5；图三二一，5）

Ⅴ式：盘口双耳圜底罐。1 件。标本 M68：13，盘口微侈，圆唇，束颈，双耳微凹，鼓腹，圜底。腹部饰弦纹，下腹部和底饰绳纹。口径 14.5 厘米，腹径 26 厘米，底径 11 厘米，高 27.5 厘米。（图版二八，8；图三二一，7）

2. 铜器、铜钱　有镜、带钩、环及五铢。

镜　1 枚。标本 M68：2，破。圆形钮，镜面平直，无纹饰。直径 8 厘米，钮高 1 厘米。（彩版六三，3）

带钩　1 件。标本 M68：5，完整。蛇首回勾，圆腹，上有圆形钮。长 3.9 厘米，腹径 1.8 厘米，高 1.2 厘米。（图三二二，1）

环　1 件。标本 M68：23，环呈圆形。环径 2.4 厘米。

五铢　2 枚。标本 M68：4，钱文"五铢"。郭径 2.5 厘米，穿径 1 厘米。（图三二二，2）

3. 玉器　3 件。有玉晗、玉耳塞及鼻塞。

耳塞　2 件。标本 M68：16，完整。圆柱状，上粗下细。直径 0.7~0.8 厘米，高 2.2 厘米。（图三二二，3）

4. 铁器　2 件。有环首刀、棺钉。

环首刀　1 件。标本 M68：3，残宽 2.3 厘米，厚 0.7 厘米。（图三二三，1）

5. 铅器　9 件。有铅兽面饰 1 件、当卢 4 件、马衔镳 3 件、扣饰 1 件。

当卢　4 件。形制相同。有整有残。标本 M68：20，上有镂孔，面上刻卷云纹。长 8.5 厘米，宽 4 厘米，厚 0.1 厘米。（图三二三，3）另一件残。上刻云纹。长 5.2 厘米，宽 2.5 厘米，厚 0.1 厘米。

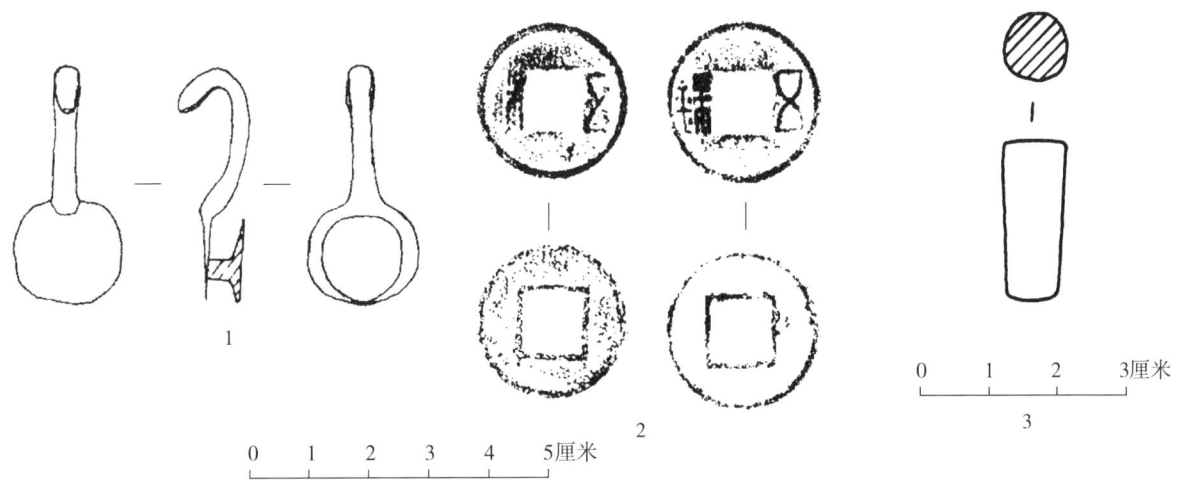

图三二二　M68 出土铜器、铜钱及玉器

1. 铜带钩（M68：5）　2. 五铢（M68：4）　3. 玉耳塞（M68：16）

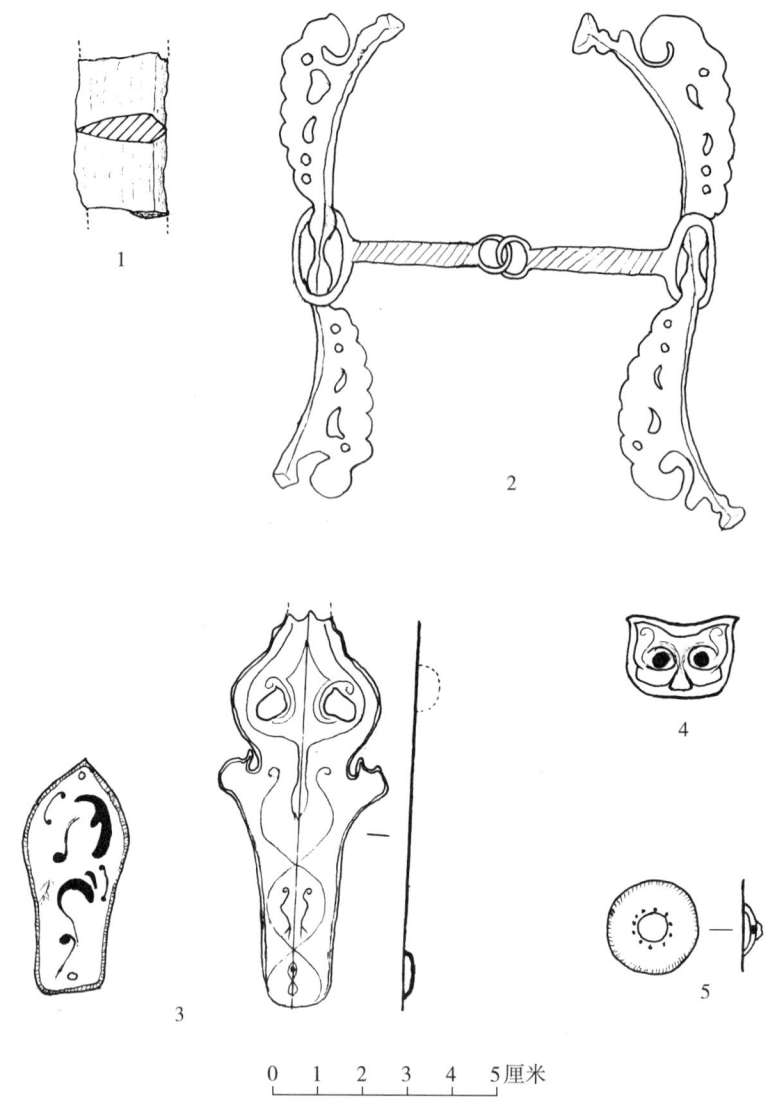

图三二三　M68出土铁器、铅器

1. 铁环首刀（M68：3）　2. 铅马衔镳（M68：24）　3. 铅当卢（M68：20）　4. 铅兽面饰（M68：26）　5. 铅扣饰（M68：27）

马衔镳　3件。形制相同。有整有残。标本M68：24，衔镳连在一起，衔为扣在一起，一端为椭圆形环，中为绹纹柱，另一端为圆形环，两端有镳，镳为镂孔云纹，穿于衔环内。长9.4厘米，宽11厘米。（图三二三，2）

扣饰　1件。标本M68：27，平面呈圆形，中部隆起。直径2厘米，高0.5厘米。（图三二三，5）

兽面饰　1件。标本M68：26，平面为兽面，两耳上竖，圆目，垂鼻，中部隆起。宽2.3厘米，高1.7厘米。（图三二三，4）

M72位于淮阳平粮台遗址东南部的西边，西南距M74约1米。1979年11月发掘。为长方形竖穴土坑墓。发掘前墓上的土已经被取走，铲平即见墓口。墓向10°。

墓室　口长4米，宽1.60~1.68米，深1.30米。墓内填五花土，逐层填土，逐层夯实，夯土较硬。墓壁垂直，底平。墓室分前后两部分，后部有熟土二层台，东部台长2.40米，宽0.22米，高0.14米，西边台长和高与东台相同，宽 0.12 米，北台宽 0.10 米。墓室后半部分长 2.30 米，宽 1.26 米。

葬具　墓室后部的东侧置木棺一具，腐朽殆尽，根据灰痕推知棺长 2.14 米，宽 0.58（南）～0.68（北）米。

葬式　棺内有人骨一具，保存不好，根据残存的骨灰痕迹观察为仰身直肢葬，头向北，面向上。在棺内随葬品有铜钱数枚，身右侧有铁剑、铁带钩，两足之间有铜镜 1 枚。（图三二四）

随葬品　16 件。其中有陶器 10 件、铜器 4 件及铁器 2 件。

1. 陶器　10 件。有鼎 1 件、壶 2 件、罐 2 件、鐎壶 1 件、盆 1 件、盘 1 件、卮 1 件、耳杯 1 件。

鼎　1 件。标本 M72：15，破。泥质灰陶。弧形鼎盖，盖顶内凹，有一周凸弦纹，方唇。子母口，敛口，方唇，弧腹，中腹部有一周凸弦纹，平底，三个蹄形足微侈，长方形附耳微侈。口径 19.5 厘米，腹径 21.5 厘米，底径 14 厘米，耳间宽 24 厘米，通高 20 厘米。（图三二五，1）

壶　2 件。形制相同。泥质灰陶。标本 M72：13，完整。盘口，方唇，束颈，圆腹，平底，圈足内收。腹部有三周凹弦纹。口径 10.5 厘米，腹径 19.5 厘米，圈足径 10 厘米，高 23 厘米。（图三二五，9）

罐　2 件。破。泥质灰陶。分两型。

Ⅰ型：大口罐。1 件。标本 M72：12，完整。盘口微侈，方唇，束颈，鼓腹，平底，下腹部近底处有刀削痕。口径 9.5 厘米，腹径 12 厘米，底径 8 厘米，高 13 厘米。（图三二五，5）

Ⅱ型：双耳圜底罐。1 件。标本 M72：14，破。盘口微侈，方唇，束颈，双耳微凹，鼓腹，圜底近平。

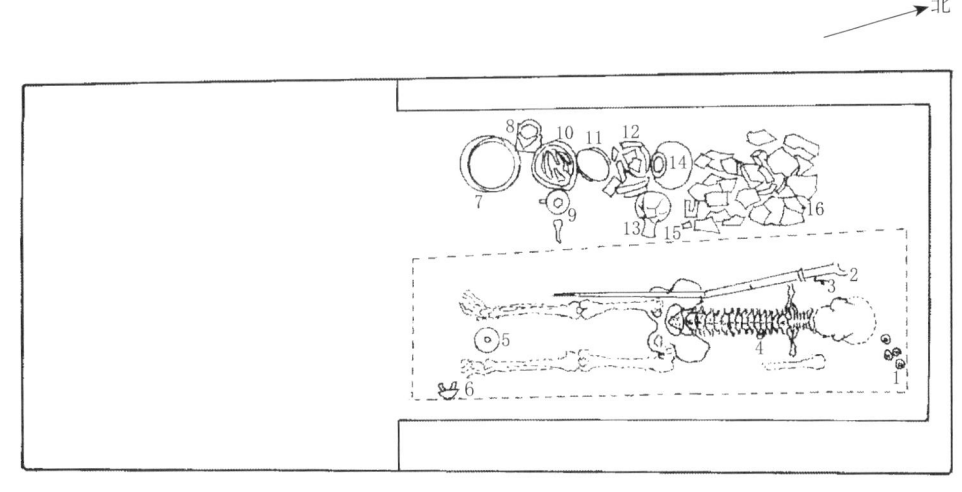

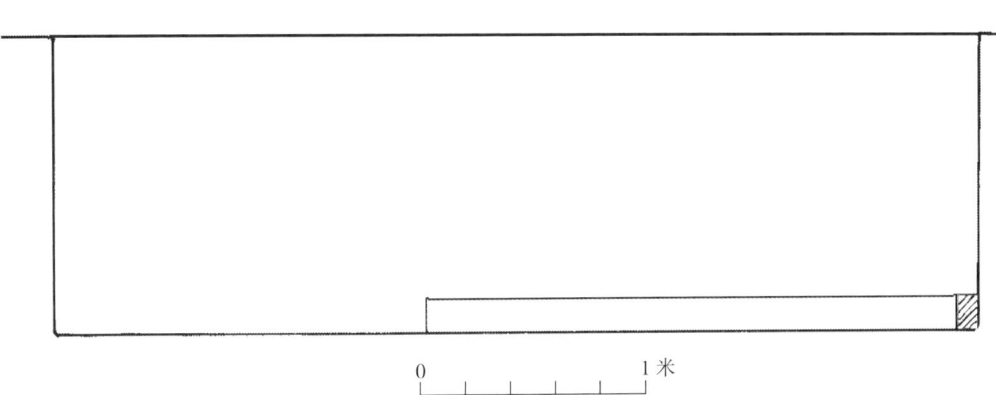

图三二四　M72 平、剖图

1、4. 五铢　2. 铁剑　3. 铜带钩　5. 铜镜　6. 铁镢　7. 陶盆　8. 陶卮　9. 陶鐎壶　10. 陶盘　11. 陶耳杯

12、14. 陶罐　13、16. 陶壶　15. 陶鼎

腹部饰弦纹，下腹部和底饰绳纹。口径 11 厘米，腹径 25 厘米，底径 6 厘米，高 27.5 厘米。（图三二五，6）

盘　1 件。标本 M72：10，破。泥质灰陶。侈口，折沿，圆唇，折腹，平底，壁较薄。口径 22.7 厘米，腹径 17.6 厘米，底径 9.7 厘米，高 5.6 厘米。（图三二五，2）

盆　1 件。标本 M72：7，盆壁较厚，下腹部有弦纹。口径 17 厘米，腹径 14 厘米，底径 8 厘米，高 5 厘米。（图三二五，8）

鐎壶　1 件。标本 M72：9，完整。泥质灰陶。敛口，圆唇，鼓腹，平底，腹部有一昂首的兽头和一个长方形把，把的前端上折，断面为方形，把上有两条凸弦纹。口径 6.5 厘米，腹径 13.5 厘米，底径 7.5 厘米，把长 11.6 厘米，高 9.5 厘米。（图三二五，3）

厄　1 件。标本 M72：8，完整。泥质灰陶。敛口，圆唇，筒腹微鼓，平底，腹的中部有錾，錾长 4 厘米，厄的口径 9.5 厘米，底径 10 厘米，高 8 厘米。（图三二五，4）

耳杯　1 件。标本 M72：11，泥质灰陶。模制。器身为椭圆状，口微侈，圆唇，两侧装有半月形小耳，两端稍翘起，平底。素面。口径 5~12 厘米，耳长 6.2 厘米，底径 2~8 厘米，高 4.4 厘米。（图三二五，7）

2. 铜器、铜钱　4 件。有镜 1 枚、带钩 1 件、五铢 2 枚。

镜　1 枚。标本 M72：5，蟠虺纹镜。完整。圆形，镜面平直，桥形钮，重圈钮座。面径 10.4 厘米，背

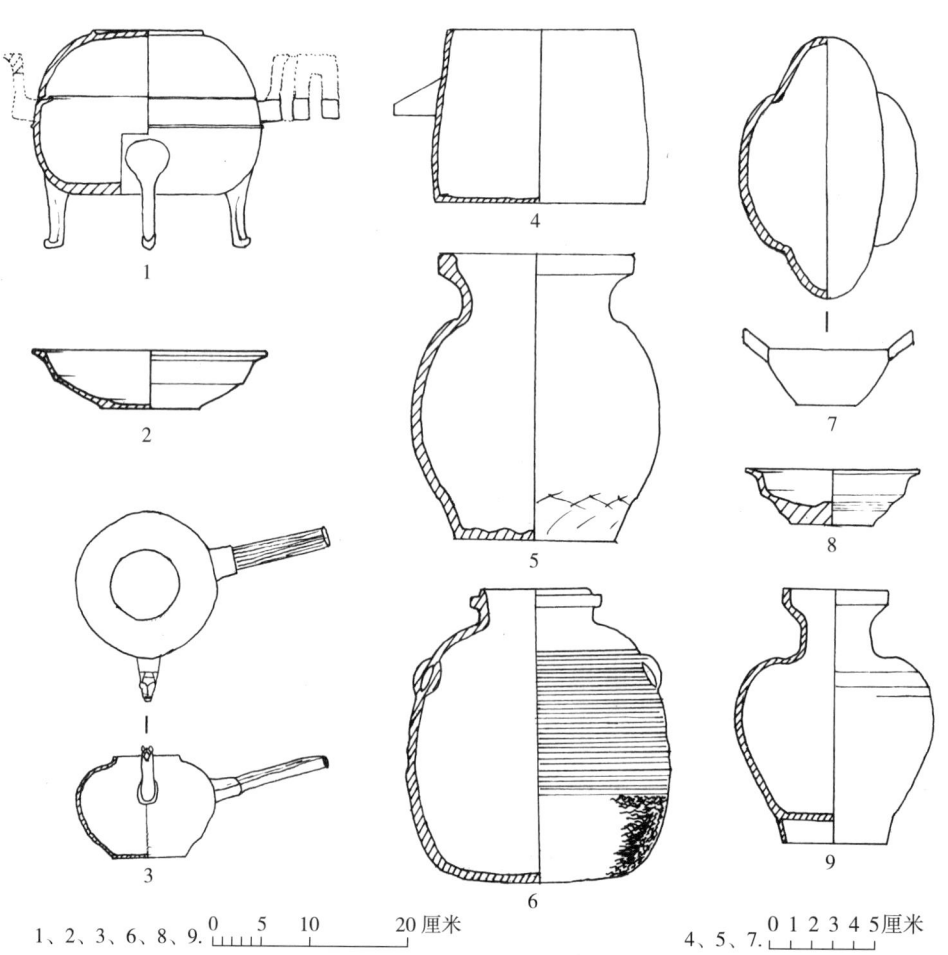

图三二五　M72 出土陶器

1. 鼎（M72：15） 2. 盘（M72：10） 3. 鐎壶（M72：9） 4. 厄（M72：8） 5. Ⅰ型罐（M72：12）
6. Ⅱ型罐（M72：14） 7. 耳杯（M72：11） 8. 盆（M72：7） 9. 壶（M72：13）

径 10.2 厘米，钮高 0.4 厘米，钮宽 0.8 厘米，缘宽 0.1 厘米，缘厚 0.4 厘米，肉厚 0.1 厘米。（彩版六三，5；图三二六，1）

带钩　1件。标本 M72：3，锈蚀严重，形状不明。

五铢　2枚。圆形，正方形穿，钱边缘有周郭，穿之正面下部有周郭或点，穿之背面有周郭，穿之正面左右两侧铸有篆书"五铢"二字，"五"字呈对顶炮弹形。标本 M72：1，穿之正面下部有周郭，钱径 2.45 厘米，郭径 2.65 厘米，郭宽 0.1 厘米，郭厚 0.15 厘米，肉厚 0.1 厘米，穿径 0.9 厘米。（图三二六，2）标本 M72：4，穿之正面下部周郭仅剩一点，钱径 2.45 厘米，郭径 2.65 厘米，郭宽 0.1 厘米，郭厚 0.15 厘米，肉厚 0.1 厘米，穿径 0.9 厘米。（图三二六，3）

3. 铁器　2件。有剑、镢各 1件。

剑镡 1件。标本 M72：2，残。剑身较长，双面刃，剑身有脊，茎已残，茎与剑身交接处有剑镡。锈蚀严重。通长 130 厘米，柄长 20 厘米。（图三二七，1）

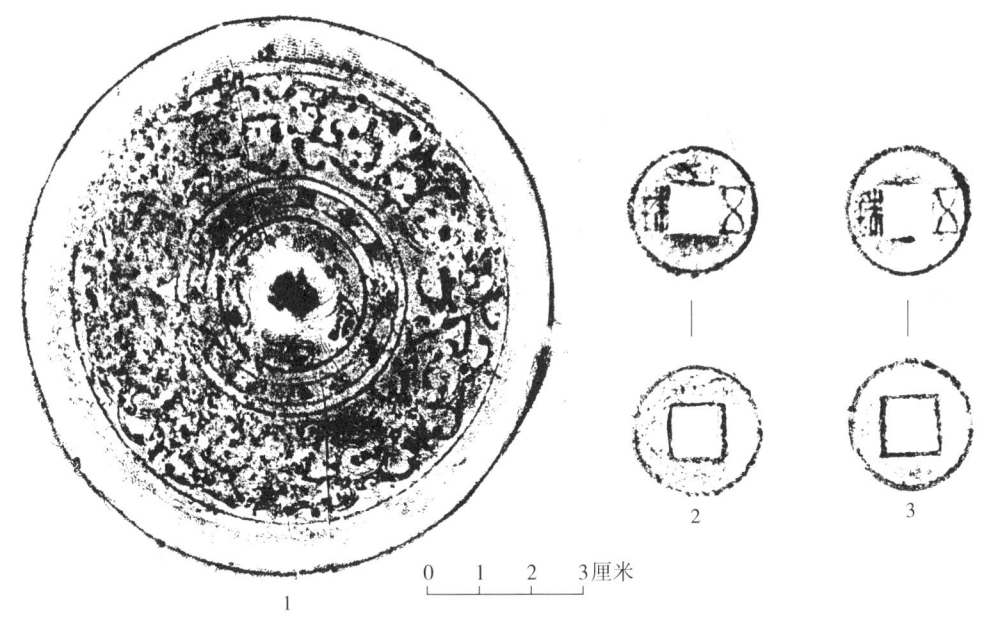

0　1　2　3厘米

1

图三二六　M72 出土铜器、铜钱拓片

1. 镜（M72：5）2、3. 五铢（M72：1、M72：4）

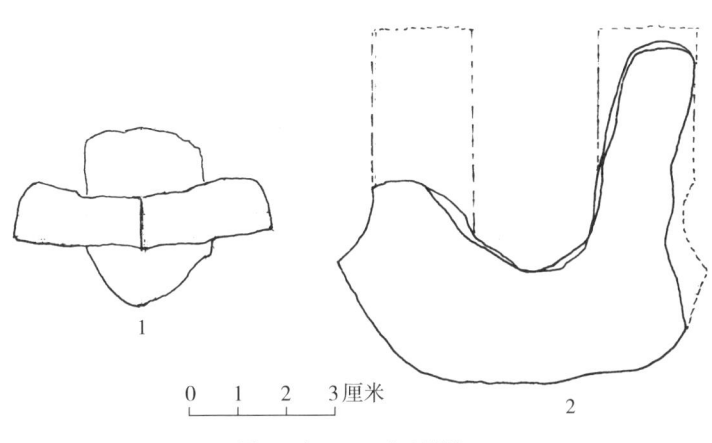

0　1　2　3厘米

图三二七　M72 出土铁器

1. 剑镡（M72：2）2. 镢（M72：6）

镬　1件。标本 M72 : 6，残。器呈"∩"形，弧形刃，上有对称的凹槽，用于安木柄，断面呈等边三角形。长 6.5 厘米，残宽 7 厘米，厚 2 厘米。（图三二七，2）

M73 位于淮阳平粮台遗址东南部的西边，东北距 M72 约 2 米，并打破 M74 的东南角。1979 年 11 月发掘。为长方形竖穴土坑墓。发掘前墓上的土已经被取走，铲平即见墓口。墓向 18°。

墓室　口长 2.40 米，宽 1.40 米。墓内填五花土，逐层填土，逐层夯实，夯土较硬。墓壁整齐垂直，上有工具痕迹，墓底平。墓底长宽与口部尺寸相同。

葬具　墓室中西部置木棺一具，腐朽殆尽。根据灰痕推知木棺长 1.84 米，宽 0.68 米。

葬式　棺内有人骨一具，保存尚好，为仰身直肢葬，头向北，面向上。

随葬品　12 件。其中有陶器 5 件、铜器 3 件、玉器 2 件、铁器 1 件及五铢。均置于棺的东侧。（图三二八）

1. 陶器　5 件。均为陶罐，泥质灰陶。

罐　5 件。标本 M73 : 10，短颈罐。完整。敛口，圆唇，鼓腹，大平底。上腹部有两周凹弦纹。口径 10 厘米，高 12.7 厘米。（图三二九，1）标本 M73 : 8，破。小口，圆唇，圆腹，大平底。上腹部饰带状竖绳纹一周，其上下饰凹弦纹数周，下腹部饰横绳纹。口径 14 厘米，腹径 29 厘米，底径 16 厘米，高 15 厘米。标本 M73 : 9，口径 13.5 厘米，腹径 29 厘米，底径 16 厘米，高 25 厘米。（图三二九，3）标本 M73 : 11，

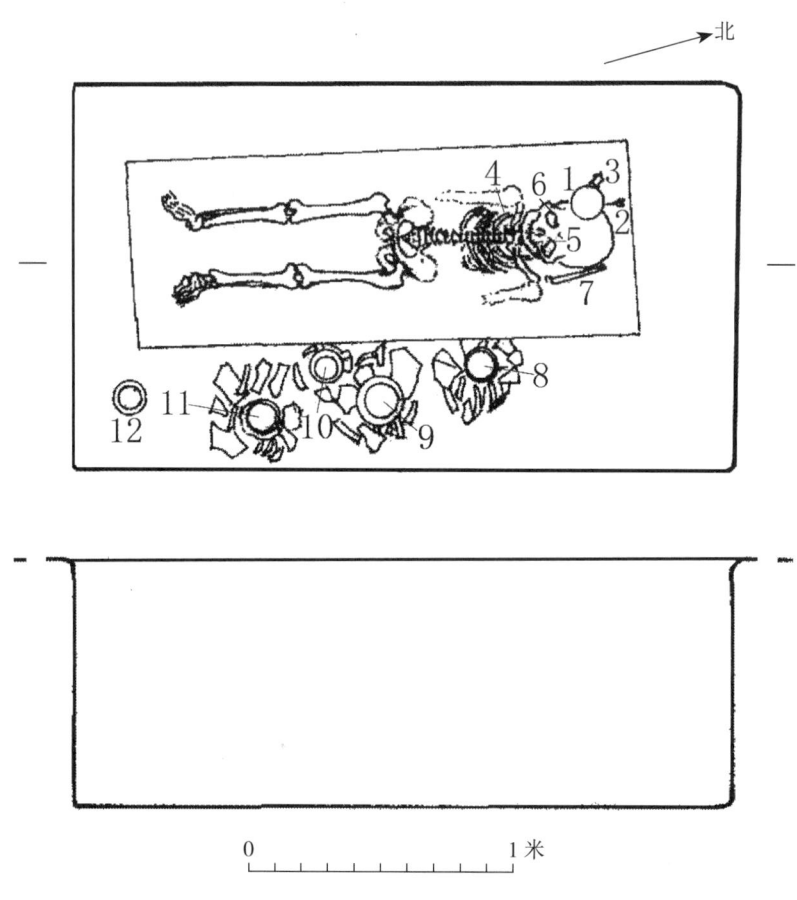

图三二八　M73 平、剖图

1. 铜镜　2. 铜刷　3. 铜铃　4. 五铢　5. 玉蝉　6. 玉耳塞　7. 铁环首刀　8~12. 陶罐

中腹部饰带状横绳纹，其上下饰密集的凹弦纹。口径14.5厘米，腹径29.5厘米，底径14.5厘米，高23.5厘米。（图三二九，4）标本M73：12，完整。小高领，直口，折沿，直颈，鼓腹，平底。上腹部有两周凹弦纹。口径7厘米，腹径13厘米，底径9厘米，高13厘米。（图三二九，2）

2. 铜器、铜钱　4件。有镜、刷、五铢、铃。

镜　1枚。标本M73：1，锈蚀严重，形状不明。

五铢　6枚。4整2破。大小相同，圆形，正方形穿，背面有穿郭和缘郭，唯"五"字有别，正面穿相同，仅有穿下部郭，上部和左右无穿郭。标本M73：4-1，穿之正面左右两侧铸有篆书"五铢"二字，"五"字呈对顶炮弹形。钱径2.6厘米，郭径2.6厘米，郭宽0.1厘米，郭厚0.2厘米，肉厚0.1厘米，穿径1厘米。（图三三〇，1）标本M73：4-2，"五"字上下不对称。钱径2.5厘米，郭径2.5厘米，郭宽0.15厘米，郭厚0.15厘米，肉厚0.1厘米，穿径1厘米。（图三三〇，2）标本M73：4-3，郭残。钱径2.5厘米，郭径2.5厘米，郭宽0.15厘米，郭厚0.2厘米，肉厚0.2厘米，穿径1厘米。（图三三〇，3）

刷　1件。标本M73：2，完整。鎏金。状如烟斗，斗呈圆形，柄的断面为圆形，尾为吐舌之龙。斗径1厘米，高1.1厘米，柄径0.3厘米。（彩版六三，2；图三三〇，4）

3. 玉器　2件。有蝉、耳塞。

蝉　1件。标本M73：5，完整。白玉。蝉形，眼睛突出，背部呈三棱形，磨出椭圆形双翼，腹部呈凹弧形。宽3.1厘米，厚0.7厘米。（图三三一）

耳塞　1件。标本M73：6，大理石，已粉碎。

4. 铁器　1件。

标本M73：7，环首刀。残。环状首，刀背较直，刃部也较直，刃末呈弧形，梢部已朽。残长18厘米。

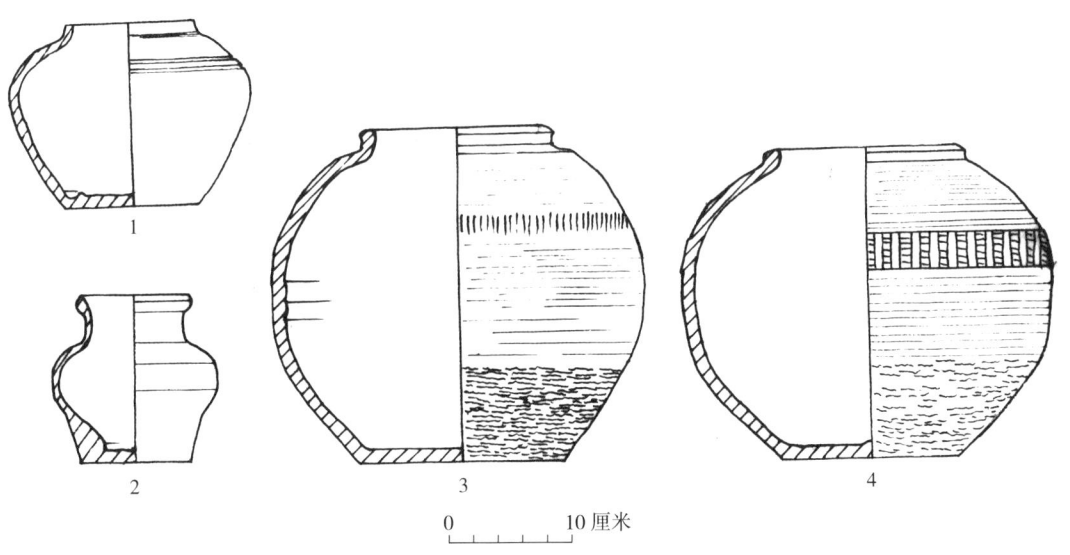

图三二九　M73出土陶罐

1.M73：10　2.M73：12　3.M73：9　4.M73：11

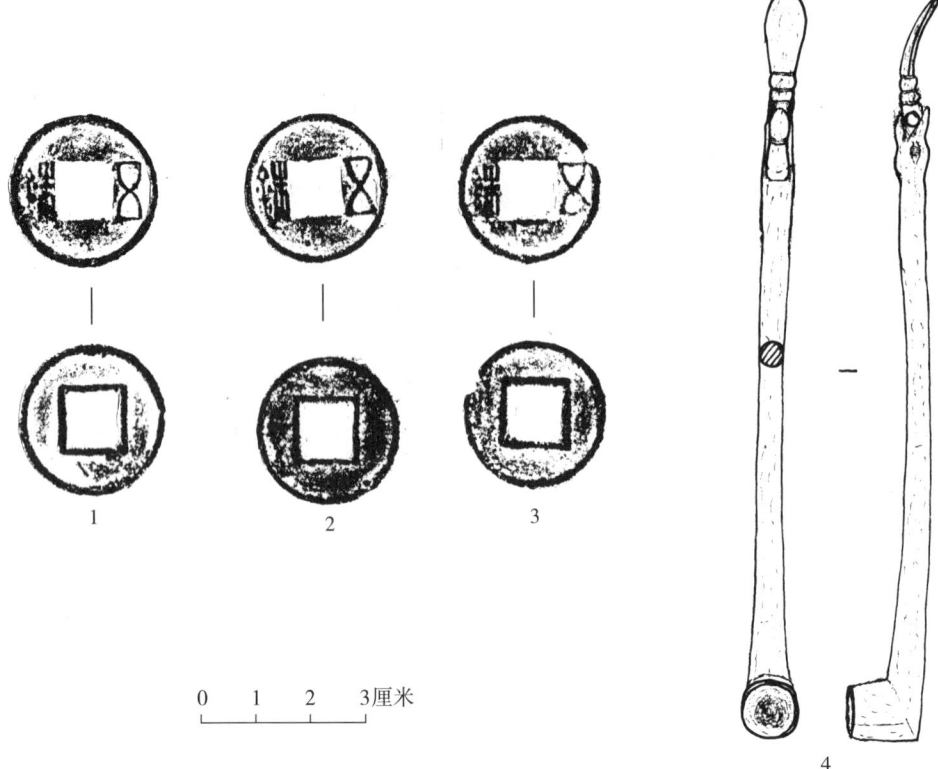

图三三〇　M73 出土铜钱、铜器

1 ~ 3.五铢（M73：4-1、M73：4-2、M73：4-3）　4.刷（M73：2）

图三三一　M73 出土玉蝉拓片（M73：5）

　　M74 位于淮阳平粮台遗址东南部的西边，东距 M72 约 1 米，东南角被 M73 打破。1979 年 12 月发掘。为长方形竖穴土坑墓。发掘前墓上的土已经被取走，铲平即见墓口。墓向 0°。

　　墓室　口长 2.35 米，宽 1.06 米。墓内填五花土，逐层填土，逐层夯实，夯土比较硬。墓壁垂直，上有工具痕迹，底平。底长、宽尺寸与口部相同。

　　葬具　墓室中西部置木棺一具，腐朽殆尽，根据灰痕推知棺长 2 米，宽 0.60 米，高度不知。

　　葬式　棺内有人骨一具，保存尚好，为仰身直肢葬，头向北，面向上。

　　随葬品　6 件。其中有陶器 2 件、铜器 1 件、铁器 2 件及玉器 1 件。（图三三二）

1. 陶器　2件。

罐　2件。形制不同，分二式。

Ⅰ式：短颈罐。1件。标本 M74：5，完整。小口微侈，方唇，短颈，鼓腹，小平底。下腹部有刀削痕，上腹部有两周凹弦纹。口径 9.5 厘米，腹径 13 厘米，底径 9 厘米，高 11.5 厘米。（图三三三，1）

Ⅱ式：盘口罐。1件。标本 M74：6，破。盘口微敛，圆唇，束颈，鼓腹。下腹部和底饰绳纹。口径 13 厘米，腹径 24 厘米，底径 9.6 厘米，高 28 厘米。（图三三三，2）

2. 铜器　1件。

铜带钩　1件。标本 M74：4，完整。锈蚀。钩体呈琵琶状，钩首为兽首状，钩背有圆帽状钮，钩腹部较短。腹面素面。钩长 6.3 厘米，宽 1.2 厘米，高 1.8 厘米。（图三三四）

3. 玉器　1件。

玛瑙珠　1件。标本 M74：1，完整。白色，呈椭圆形八棱，中有圆形穿孔。口径 2.5 厘米，孔径 2 厘米，高 2.5 厘米。（彩版六四，1）

4. 铁器　2件。

剑　1件。标本 M74：2，残。剑身较长，双面刃，剑身有脊，茎已残，茎与剑身交接处有剑镡。锈蚀严

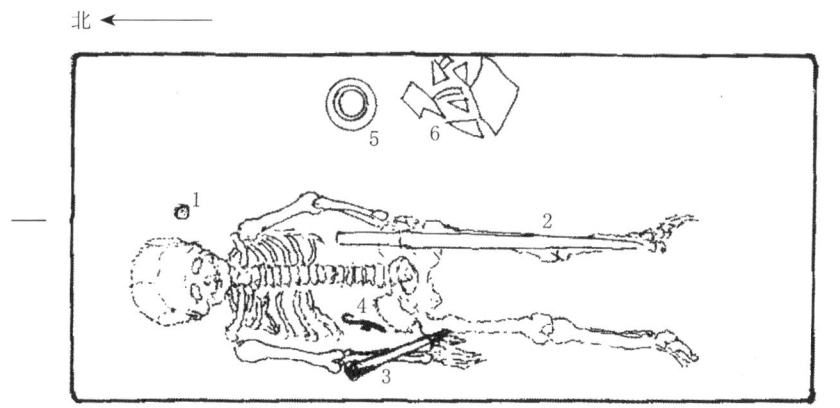

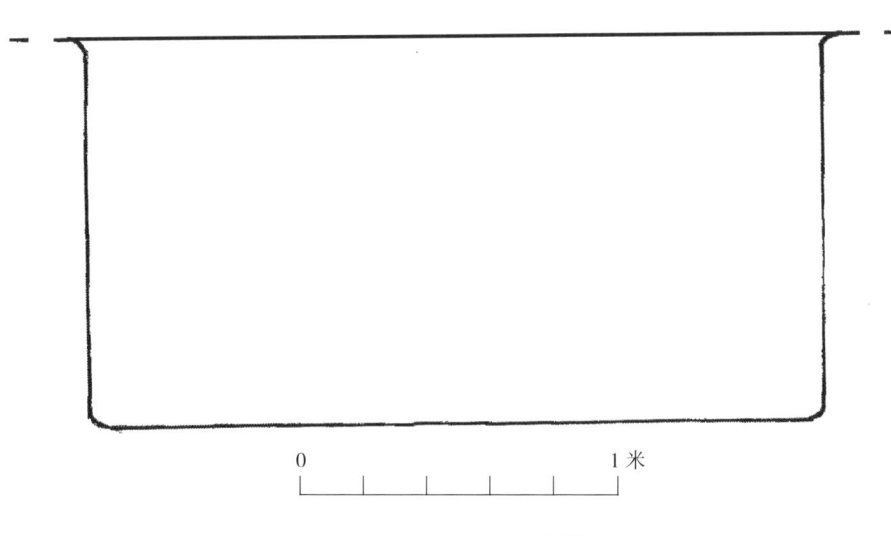

图三三二　M74 平、剖图

1.玛瑙珠　2.铁剑　3.铁环首刀　4.铜带钩　5、6.陶罐

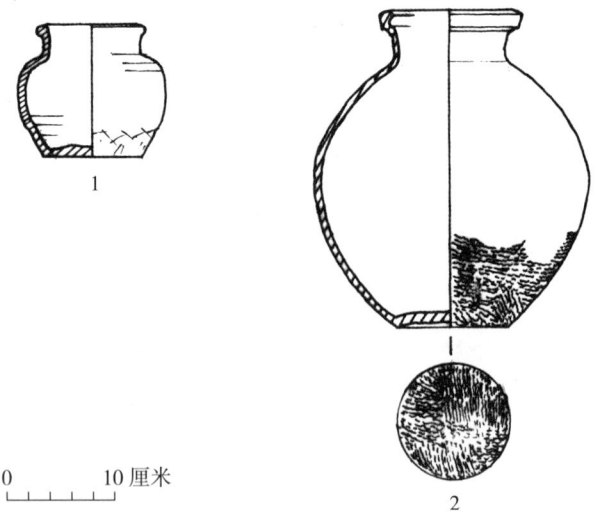

图三三三　M74 出土陶罐
1. I 式（M74∶5）　2. II 式（M74∶6）

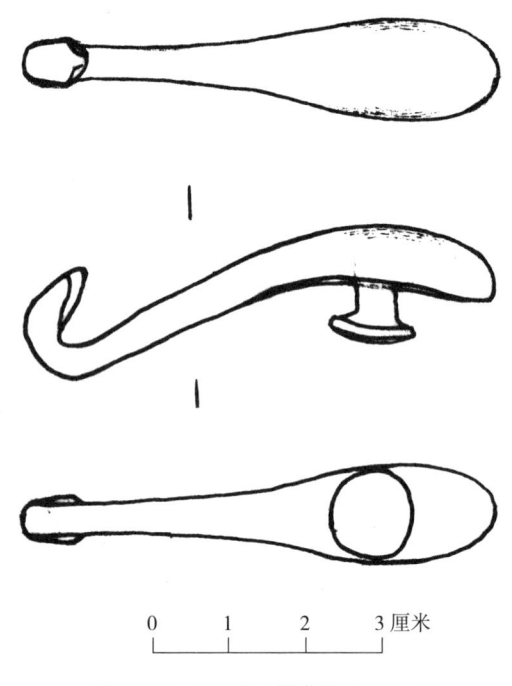

图三三四　M74 出土铜带钩（M74∶4）

重。通长 100 厘米，柄长 20 厘米。

环首刀　1 件。标本 M74∶3，残。环状首，刀背较直，刃部也较直，刃末呈弧形，梢部已朽。残长 35 厘米。

M104 位于淮阳平粮台遗址南门卫房东侧 T42 的北部。墓向 14°。为长方形土坑墓，长 2.40 米，宽 0.55 米，深 0.06 米。墓内填五花土。头向北，仰身直肢。随葬陶罐 1 件，放在死者的头部。死者是一男性。（图三三五）

陶罐　1 件。标本 M104∶1，完整。泥质灰陶。口微侈，方唇，束颈，圆肩，鼓腹，圈底内凹。肩部饰压印纹，下腹部及底饰中绳纹，绳纹横饰，清晰规整。口径 9 厘米，腹径 22 厘米。高 24 厘米。（图三三六）

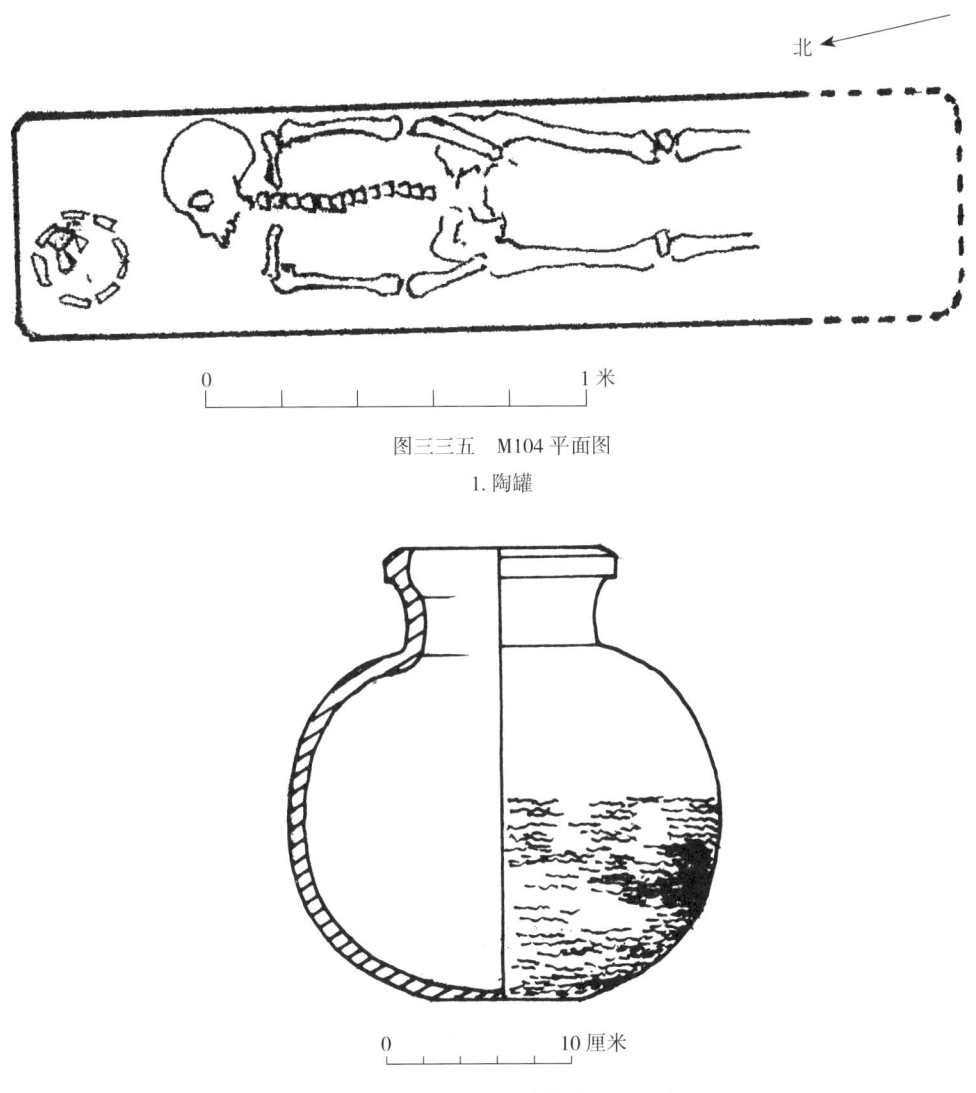

图三三五　M104 平面图
1.陶罐

图三三六　M104 出土陶罐（M104：1）

　　M115 位于淮阳平粮台遗址的东南部。1982 年 11 月发掘。为长方形竖穴土坑墓。发掘前墓上的土已经被取走，铲平即见墓的下部。墓向 9°。

　　墓室　墓口长 3.70 米，宽 1.46～1.50 米。墓底长、宽与口部尺寸相同。

　　葬具　墓室中西部置木棺一具，腐朽殆尽。根据灰痕推知棺长 2.20 米，宽 0.90 米，高度不知。

　　葬式　棺内有人骨一具，保存尚好，为仰身直肢葬，头向北，面向上。（图三三七）

　　随葬品　10 件。其中陶器 6 件、铜器 2 件、铁器 1 件及五铢数枚。此外，在棺的西北角有鸡骨一堆。

　　1.陶器　6 件。均为泥质灰陶。

　　罐　6 件。分两型。

　　Ⅰ型：鼓腹罐。1 件。标本 M115：1，完整。小口微侈，方唇，斜直颈，鼓腹，平底。下腹部近底处有刀削痕。口径 10.5 厘米，腹径 15 厘米，底径 9 厘米，高 15.8 厘米。（图三三八，1）

　　Ⅱ型：双耳圜底罐。5 件。破。口微侈，方唇，束颈，双耳，鼓腹，圜底近平。上腹部饰弦纹，下腹部和底饰绳纹。标本 M115：8，口径 12.5 厘米，腹径 28 厘米，底径 7 厘米，高 30 厘米。（图三三八，4）标

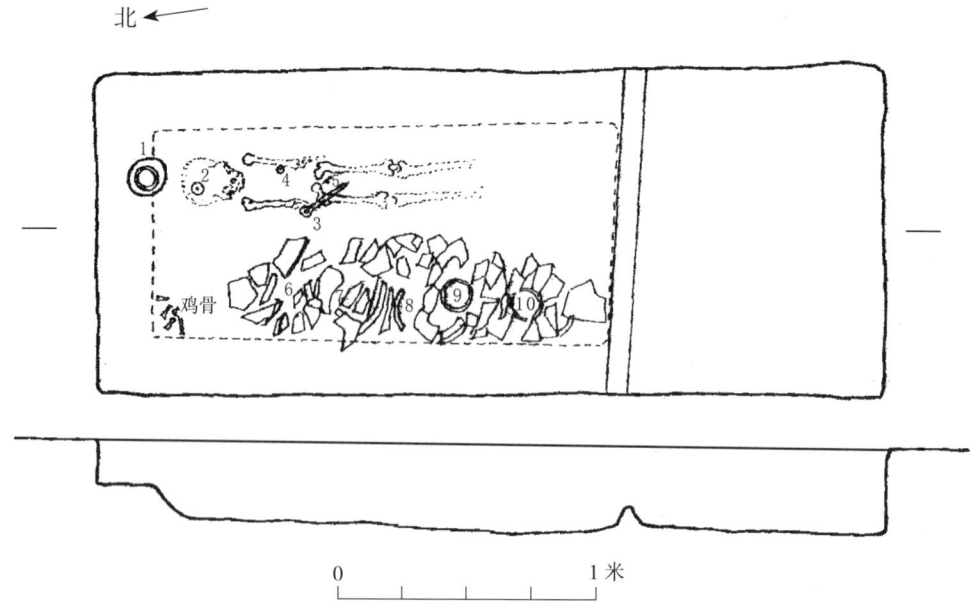

图三三七　M115平、剖图

1、6~10.陶罐　2.铜镜　3.铁削　4.五铢　5.铜带钩

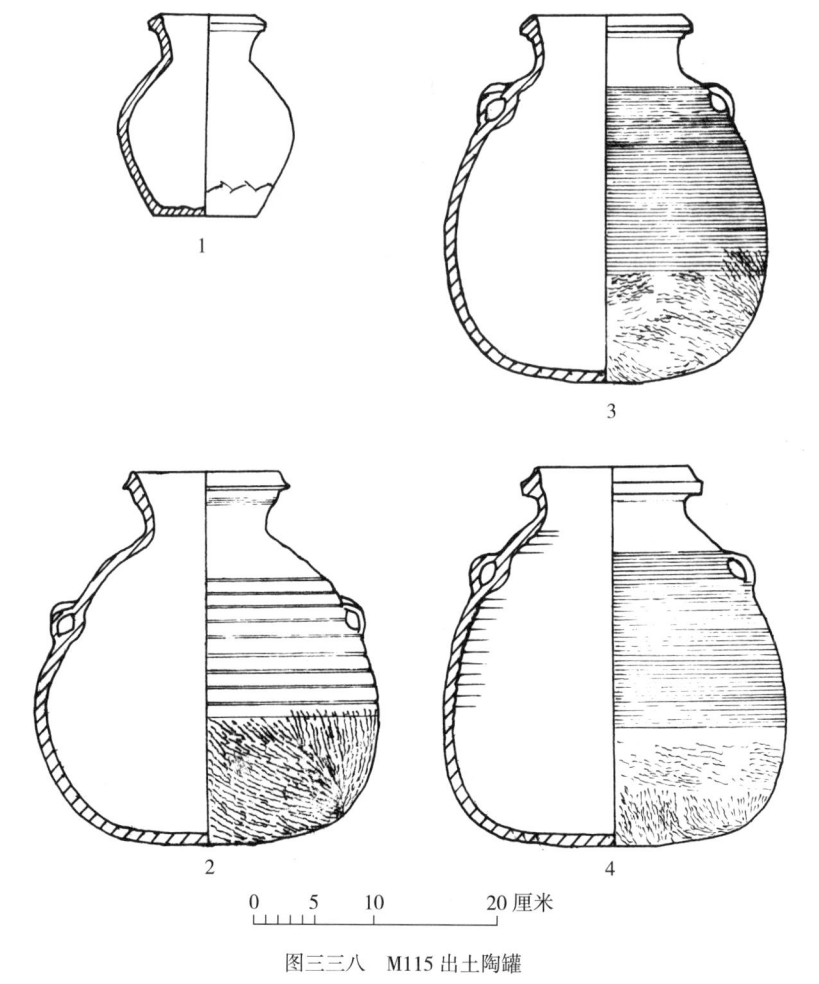

图三三八　M115出土陶罐

1. Ⅰ型（M115：1）　2~4. Ⅱ型（M115：7、M115：6、M115：8）

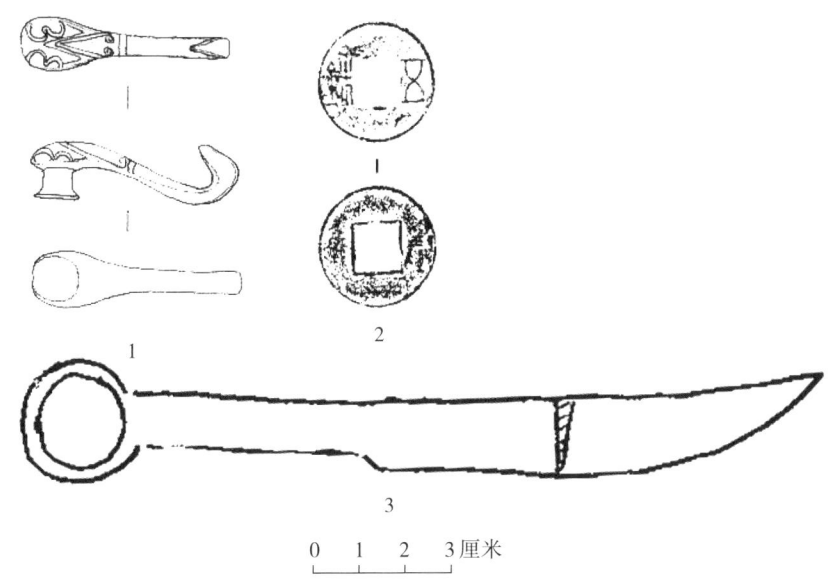

图三三九　M115 出土铜器、铜钱及铁器
1. 铜带钩（M115：5）　2. 五铢（M115：4）　3. 铁削（M115：3）

本 M115：7，侈口，束颈，带状双耳凸起。口径 12.5 厘米，腹径 29 厘米，底径 8 厘米，高 29.5 厘米。（图三三八，2）标本 M115：6，口径 12.5 厘米，腹径 26.5 厘米，底径 6 厘米，高 29 厘米。（图三三八，3）

2. 铜器、铜钱　有镜、带钩各 1 件，五铢 4 枚。

镜　1 枚。标本 M115：2，已锈，粉碎。

带钩　1 件。标本 M115：5，完整。钩呈兽首状，钩背有一圆形钮，钩腹部上鼓成圆弧形。腹部刻三角纹、云纹，颈部有凸棱。长 5 厘米，宽 1.4 厘米，高 1.4 厘米。（图三三九，1）

五铢　4 枚。大小、形制相同。标本 M115：4，圆形，正方形穿，正面穿下有半月形纹，钱边缘有较窄的周郭，穿之背面有周郭，右下角有铸时的熔痕，穿之正面左右两侧铸有篆书"五铢"二字，"五"字呈对顶炮弹形。钱径 2.5 厘米，郭径 2.5 厘米，郭宽 0.15 厘米，郭厚 0.2 厘米，肉厚 0.1 厘米，穿径 1 厘米。（图三三九，2）

3. 铁器　1 件。

削　1 件。标本 M115：3，破。圜首，刀背较直，刀尖处上翘呈弧形，靠刀刃部分的一侧较宽，刀刃略直，至刀尖部上翘，其刀身有朽木残存痕。长 17.25 厘米。（图三三九，3）

M116 位于淮阳平粮台遗址东南部 T44 南偏西。1982 年 11 月发掘。为长方形竖穴土坑墓。发掘前墓上的土已经被取走，并破坏了墓口的上部，表层农耕土下即为墓口，墓被盗，墓边和墓底部分被破坏，故墓内东西不规整。墓向 3°。

墓室　现存口长 2.86 米，宽 1.50~1.70 米。墓壁斜直，底近平。墓内填土为松软的浅灰土。

葬具　墓内见一椁一棺，均腐朽，根据灰痕可知椁长 2.60 米，宽 1.64~1.76 米，南部椁高 0.60 米，在椁的西部见椁盖板腐朽后的白灰痕，长 2 米，宽 0.20~0.40 米。椁的东部置棺一具，已腐朽，从其灰痕可知，棺长 2 米，宽 0.70~0.78 米，高不知。

葬式　棺内人骨已腐朽殆尽，葬式不清，根据随葬品分析，头向北，面向不知。（图三四〇）

随葬品　19 件。其中陶器 15 件、玉器 1 件、铜器 1 件、骨车马器 1 件及铅车饰 1 件。

1. 陶器　15件。泥质灰陶。多为素面。有鼎2件、壶4件、盒2件、罐1件、甑1件、釜1件、厄1件、匜1件、盆1件、灶1件。

鼎　2件。形制相同，破。弧形盖，盖顶有一周凸弦纹。子母口，敛口，直壁，腹微鼓，腹的中部有一周凸弦纹，弧底，蹄足，长方形附耳外侈。标本M116：11，口径16厘米，耳间距36厘米，腹径23.2厘米，通高20.5厘米。（图版二九，1；图三四一，1）

壶　4件。均为泥质灰陶，按其形状可分二型。

Ⅰ型：圈足壶。2件。标本M116：4，破。弧形盖，壶盘口，口微侈，方唇，束颈，鼓腹，上腹部饰铺首衔环，圜底，圈足外侈，圈足中部有一周凸弦纹。口径20厘米，腹径31厘米，圈足径20厘米，高42厘米。（图三四一，10）标本M116：6，破。弧形盖，上腹部有带状附加堆纹。口径11厘米，腹径19厘米，圈足径12厘米，通高30.5厘米。（图版二九，7；图三四一，8）

Ⅱ型：假圈足壶。2件。破。弧形盖，盖顶有一周凸弦纹，似圈足，子母口，口微侈，方唇，束颈，鼓腹，假圈足。标本M116：14，口径6厘米，腹径12厘米，底径8.8厘米，通高18厘米。（图三四一，7）

盒　2件。破。泥质灰陶。素面。形制不同。标本M116：9，盖为带圈足的碗，方唇，顶部有一周凸弦纹，平底。子母口，弧腹，平底，下附矮圈足。盖顶径12厘米，底径12厘米，通高16厘米。（图版二九，

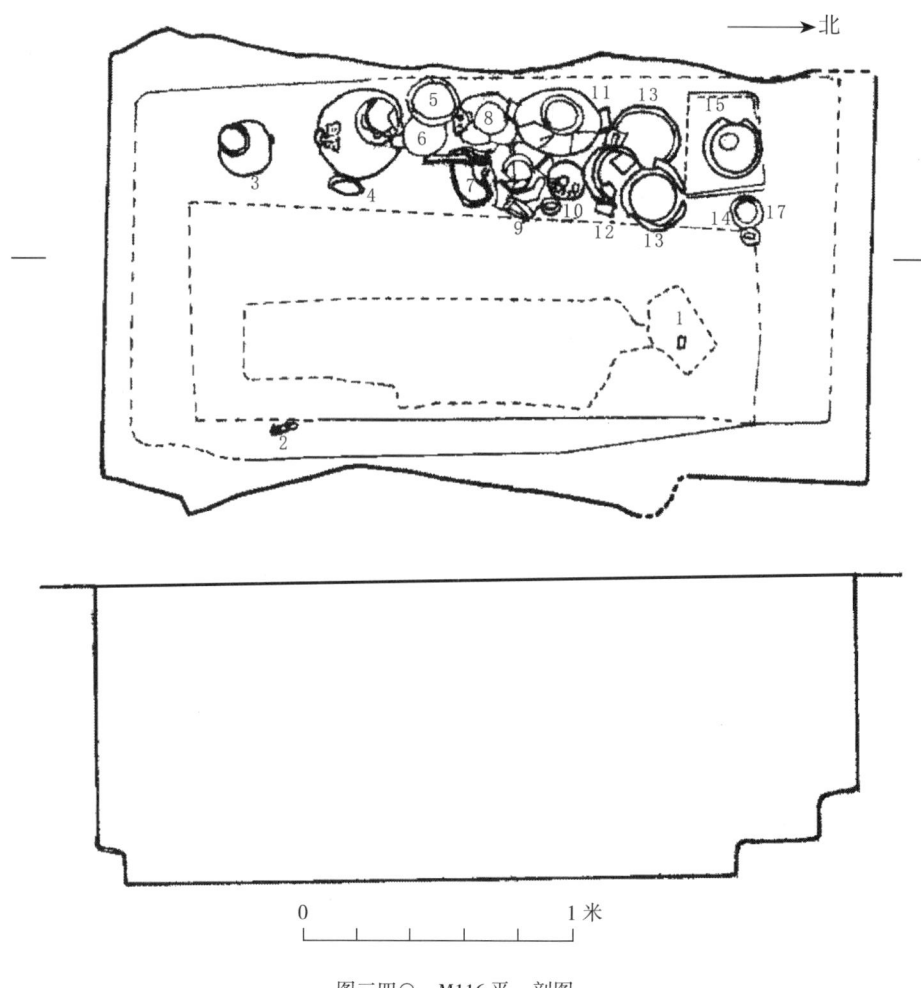

图三四〇　M116平、剖图

1. 玉饰　2. 铜带钩　3. 陶罐　4、6、10、14. 陶壶　5. 陶盆　7. 陶匜　8、9. 陶盒　11、12. 陶鼎　13. 陶甑
15. 陶釜　16. 陶厄　17. 陶灶　18. 骨车马器　19. 铅车饰

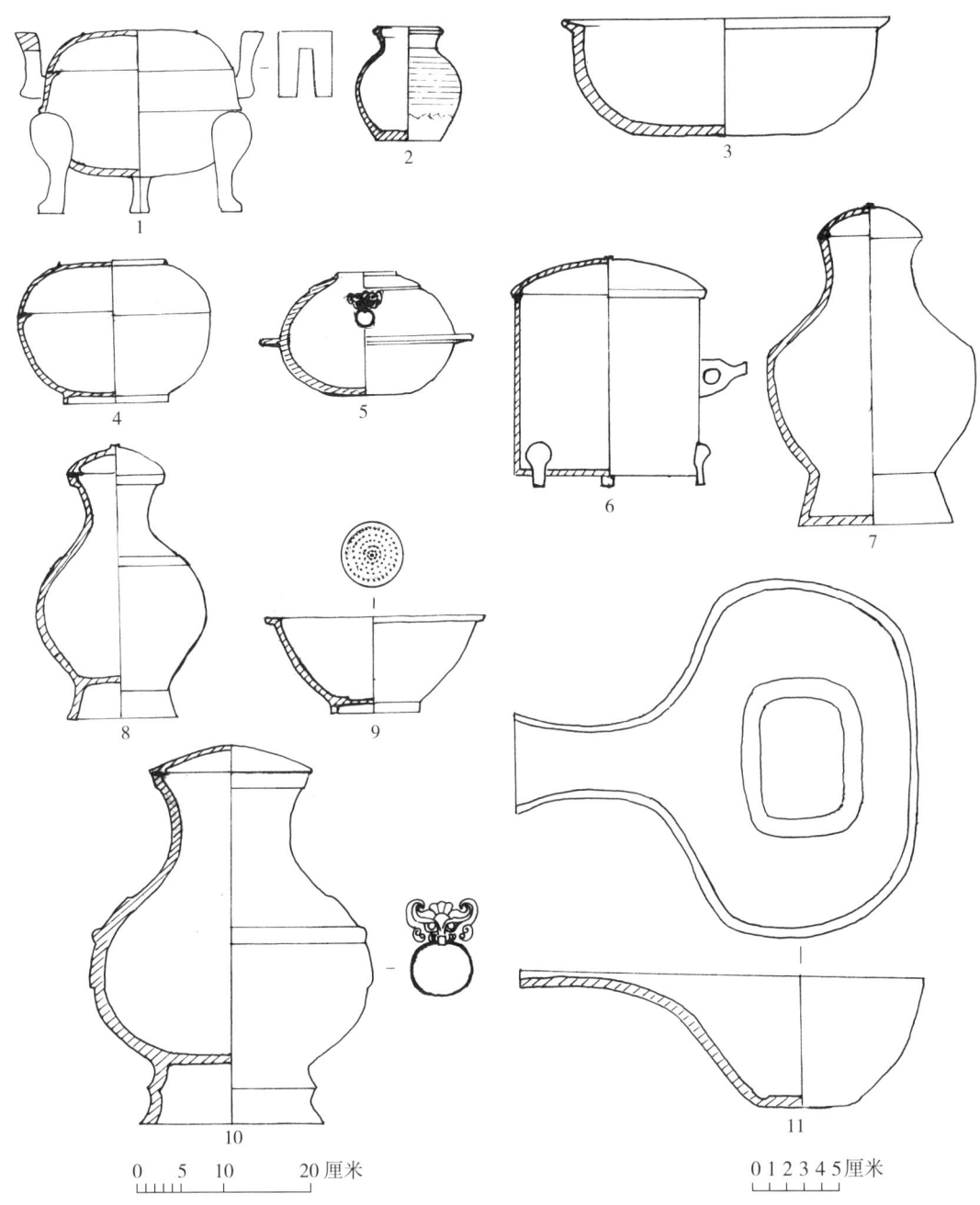

图三四一 M116 出土陶器

1. 鼎（M116：11） 2. 罐（M116：3） 3. 盆（M116：5） 4. 盒（M116：9） 5. 釜（M116：15） 6. 厄（M116：16）
7. Ⅱ型壶（M116：14） 8. Ⅰ型壶（M116：6） 9. 甑（M116：13） 10. Ⅰ型壶（M116：4） 11. 匜（M116：7）

6；图三四一，4）

盆 1件。标本M116：5，完整。侈口，折沿，舌唇，腹微鼓，圜底。口径19.5厘米，腹径10厘米，高6.5厘米。（图版二九，4；图三四一，3）

罐 1件。标本M116：3，折沿，方唇，口微侈，束颈，鼓腹，平底。腹部饰弦纹。口径7.5厘米，腹径12.2厘米，底径8厘米，高12.8厘米。（图版二九，2；图三四一，2）

甑 1件。标本M116：13，破。敞口，折沿，方唇，平底，矮圈足，底部为圆圈形小甑孔。口径25厘

米，圈足径 10 厘米，高 11 厘米。（图版二九，8 上；图三四一，9）

釜　1 件。标本 M116：15，完整。敛口，圆唇，上腹部有一周凹弦纹，并模印两个铺首衔环，鼓腹，腹部正中有一周凸棱，平底。口径 7 厘米，腹径 24 厘米，底径 8 厘米，高 14 厘米。（图版二九，8 下；图三四一，5）

匜　1 件。标本 M116：7，破。平面呈椭圆形，有长方形流，侈口，尖唇，平底。口径长 18.8 厘米，宽 16 厘米，底径长 7.2 厘米，宽 6 厘米，流长 7 厘米，宽 3.6 厘米，高 7 厘米。（图版二九，3；图三四一，11）

卮　1 件。标本 M116：16，破。泥质灰陶。盖为弧形顶，上饰一周凸弦纹，直筒状，平底，下附三蹄足，上腹部有把手。口径 10.4 厘米，底径 10.4 厘米，通高 13 厘米。（图版二九，5；图三四一，6）

2. 铜器　1 件。

标本 M116：2，带钩。完整。锈蚀。钩体呈琵琶状，钩首为兽首状，钩背有圆形钮，钩腹部较短，腹面线刻龙凤纹，钮上饰云纹。钩长 7.2 厘米，宽 1.6 厘米，高 1.3 厘米。（彩版六四，4；图三四二，1）

3. 玉器　1 件。

标本 M116：1，玉牌。完整。青白玉。平面为长方形，上下两端有缺口，缺口的两端各有穿孔，穿孔与背面的穿孔相通，两侧各有四个缺口，正面微鼓，线刻蟠螭纹，背面为素面。长 3.5 厘米，宽 3 厘米，厚 0.4

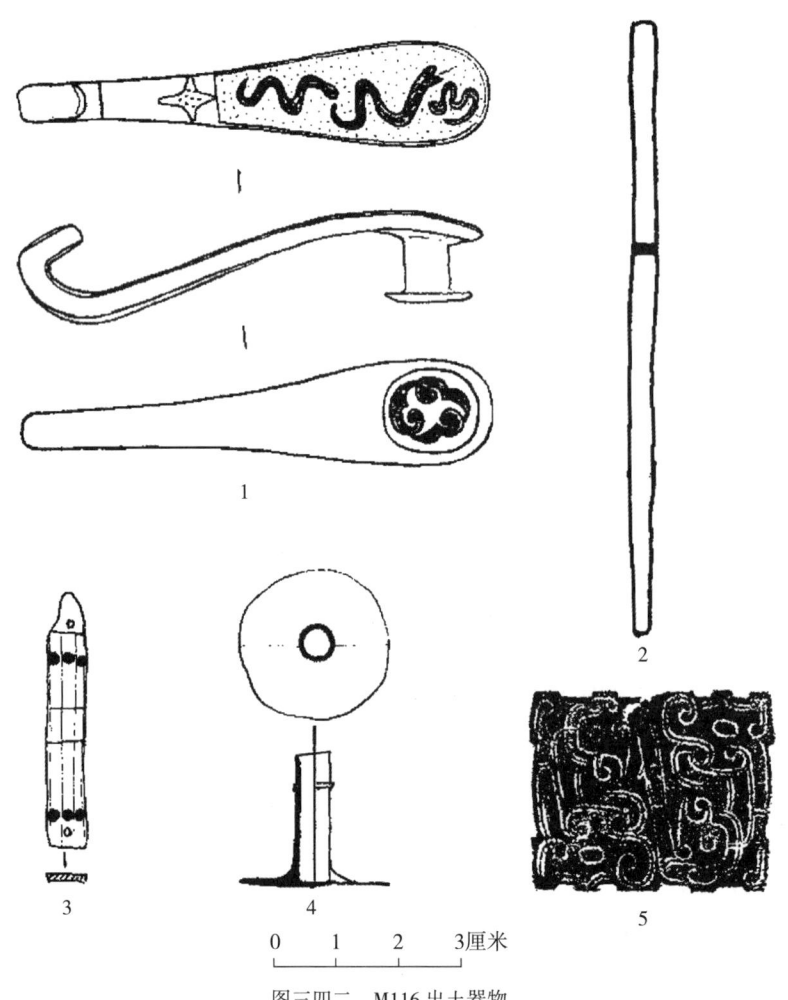

图三四二　M116 出土器物

1. 铜带钩（M116：2）　2、3. 铅车马饰（M116：19-1、M116：19-2）　4. 骨车马器（M116：18）　5. 玉牌（M116：1）

厘米。（彩版六四，2；图三四二，5）

4. 铅器　1件。

车马饰　1件。标本 M116∶19-1，长 9 厘米。（图三四二，2）标本 M116∶19-2，长 3.8 厘米。（图三四二，3）

5. 骨器　1件。

标本 M116∶18，车马器。高 2 厘米。（图三四二，4）

M118 位于淮阳平粮台遗址东南部 T427 的东北角，墓穴上部被烧砖取土挖去，仅存墓底。呈长方形。墓向 10°。长 4.24 米，宽 1.90 米，深 0.10 米。（图三四三）

随葬品　3件。随葬品大部分被盗，仅存铜印章、铜刷、铅饰。

铜印章　1件。标本 M118∶1，带状印钮，印面呈正方形，篆书印文"陈广汉印"。长、宽均为 1.2 厘米，印厚 0.5 厘米，通高 1.6 厘米。（图三四四，1）

铜刷　1件。标本 M118∶2，残。刷头为圆形。长 9.3 厘米，宽 2 厘米。（图三四四，2）

北

0　40 厘米

图三四三　M118 平面图

1. 铜印章　2. 铜刷　3. 铅饰

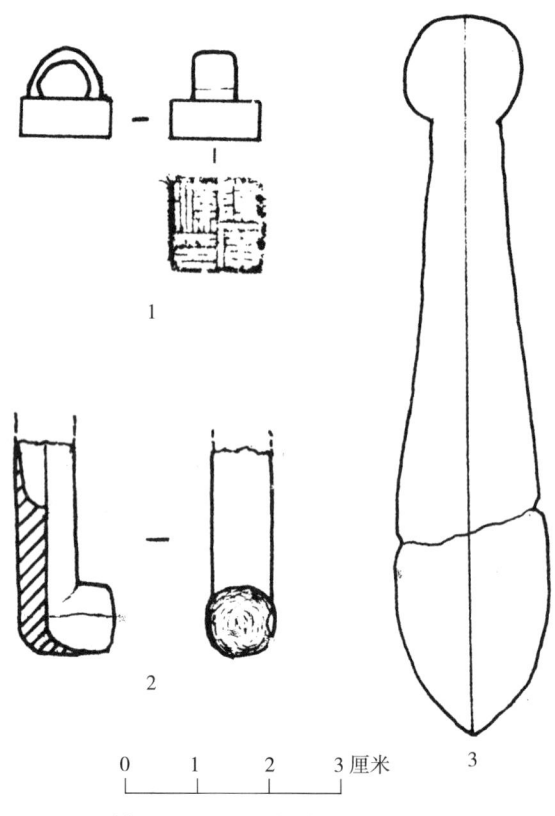

图三四四　M118 出土铜器、铅器

1. 铜印章（M118：1）　2. 铜刷（M118：2）　3. 铅饰（M118：3）

铅饰　1 件。标本 M118：3，破。长 9.4 厘米，宽 2 厘米。（图三四四，3）

M123 位于淮阳平粮台遗址东南部 T427 内。1982 年 12 月发掘。为长方形竖穴土坑墓。发掘前墓上的土已经被取走，墓口的上部已被破坏，清理农耕土后即见墓口，距地表 0.20 米。墓向 5°。

墓室　口长 2.40 米，宽 1.40 米。墓内填五花土，逐层填土，逐层夯实，夯土坚硬。墓壁垂直，底近平。有生土二层台，北台宽 0.10 米，距口 1.26 米，距墓底 0.24 米；南台宽 0.20 米，距墓口 1.22 米，距墓底 0.12 米。南台台面微斜。（图三四五）

葬具　墓内见一椁一棺，均腐朽，根据灰痕可知椁长 2.10 米，宽 1.10 米，高不知。椁的西部置棺一具，也已腐朽，从其灰痕可知棺长 1.90 米，宽 0.67 米，高不清。

葬式　棺内人骨已腐朽殆尽，葬式不清，根据随葬品分析，头向北，面向不知。

随葬品　7 件。其中陶器 4 件、铜器 2 件、铁器 1 件。

1. 陶器　4 件。

陶罐　4 件。形制不同，可分三型。

Ⅰ型：双耳罐。1 件。标本 M123：4，破。泥质灰陶。小口微侈，折沿，方唇，束颈，弧肩，鼓腹，圜底近平，肩部有带状双耳。上腹部饰凹弦纹，下腹部饰绳纹。口径 10.5 厘米，腹径 29 厘米，高 28.7 厘米。（图三四六，1）

Ⅱ型：小口鼓腹罐。2 件。破。形制相近。标本 M123：5，泥质灰陶。敛口，圆唇，短颈，圆腹，平底。上腹部有两周凹弦纹，下腹部饰绳纹。口径 12.5 厘米，腹径 30 厘米，底径 17 厘米，高 23.5 厘米。（图

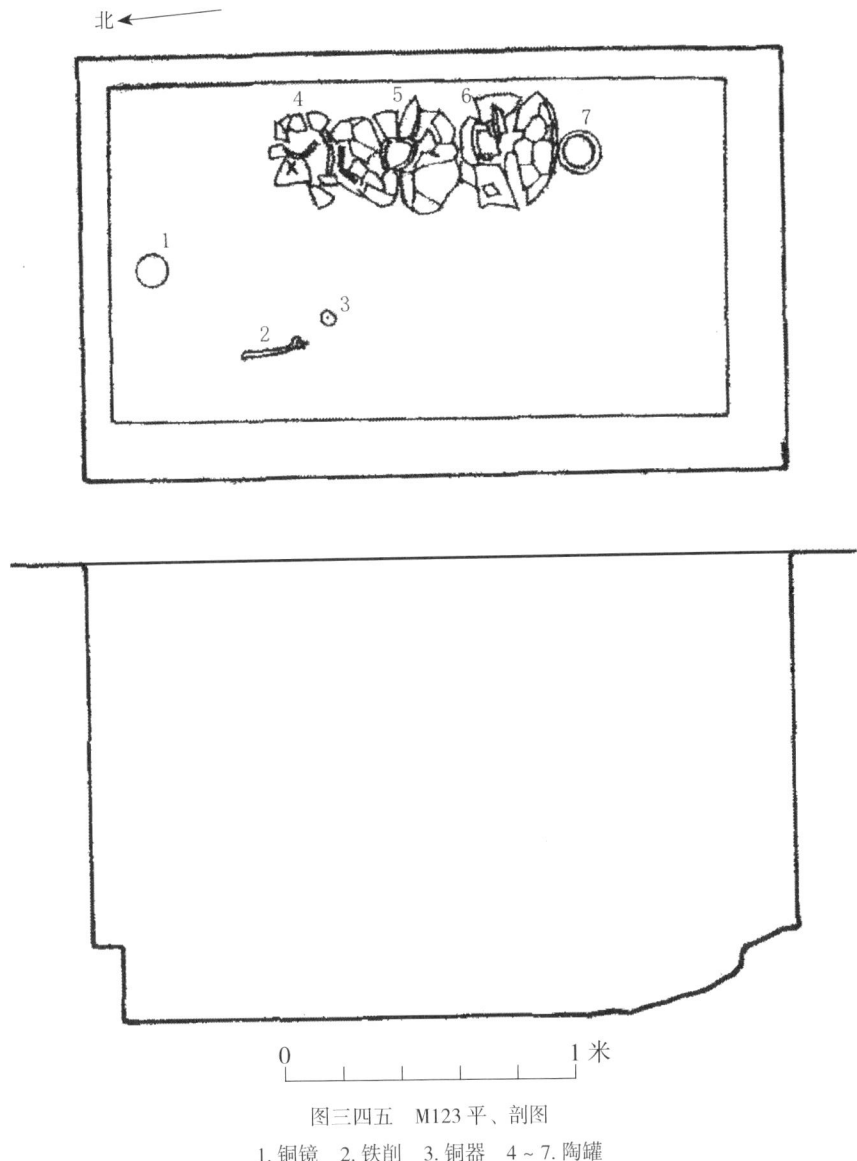

图三四五　M123 平、剖图

1. 铜镜　2. 铁削　3. 铜器　4～7. 陶罐

三四六，3）标本 M123：6，泥质灰陶。敛口，圆唇，短颈，圆腹，平底。上腹部有两周凹弦纹。口径 12 厘米，腹径 30 厘米，底径 17 厘米，高 24.5 厘米。（图三四六，4）

Ⅲ型：盘口束颈罐。1 件。标本 M123：7，破。泥质灰陶。盘口，尖唇，束颈，鼓腹，平底。饰弦纹，器内有轮制时形成的瓦纹。口径 10 厘米，腹径 15.5 厘米，底径 10 厘米，高 18.5 厘米。（图三四六，2）

2. 铜器　2 件。

铜镜　1 枚。标本 M123：1，连弧四乳山字钮镜。残。镜面平直，山字形钮，重圈钮座，外饰两周凸弦纹，其外有十六连弧，再外有一周凸弦纹，间饰四乳钉，圆座，其间有三星、四星，间以蟠螭纹，其外为十六连弧。面径 11 厘米，背径 10.8 厘米，钮高 0.7 厘米，钮宽 1.6 厘米，外连弧宽 0.7 厘米，缘厚 0.3 厘米，肉厚 0.2 厘米。（图三四七）

3. 铁器　1 件。

铁削　1 件。标本 M123：2，破。圜首，刀背较直，在刀尖部分上翘成弧形，靠刀刃部分的一侧较宽，刀刃略直，至刀尖部上翘，其刀身有朽木残存痕。长 20 厘米，刃宽 1.6 厘米。

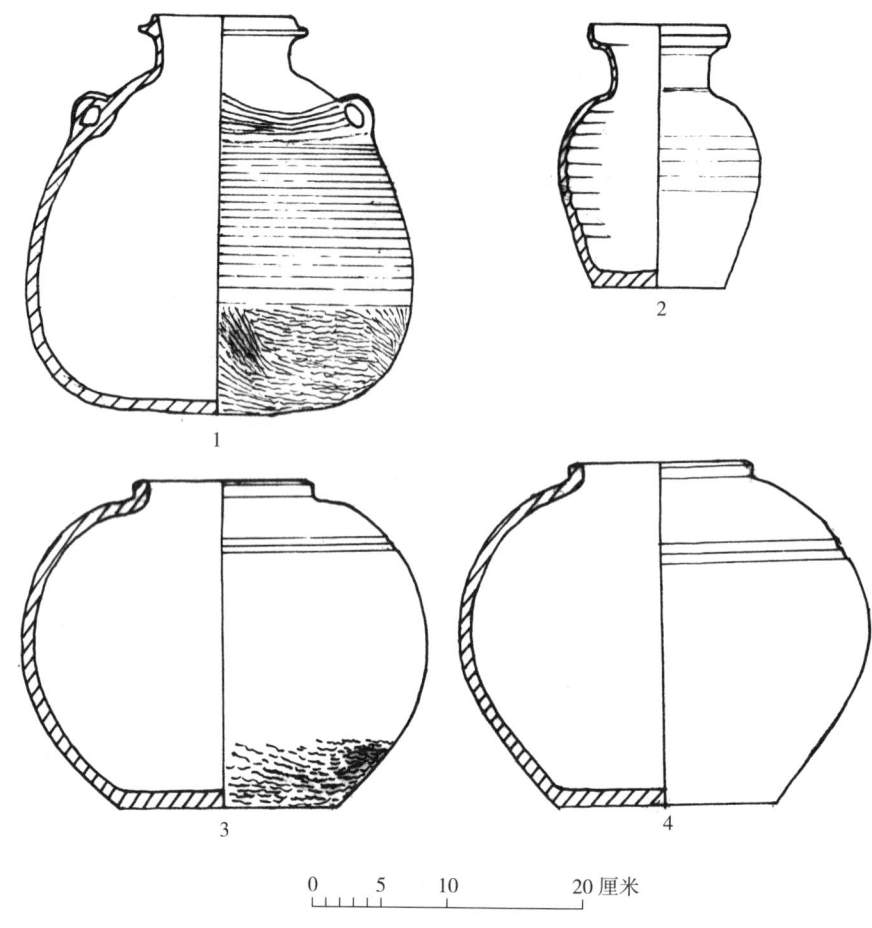

图三四六　M123 出土陶罐

1. Ⅰ型（M123：4）　2. Ⅲ型（M123：7）　3. Ⅱ型（M123：5）　4. Ⅱ型（M123：6）

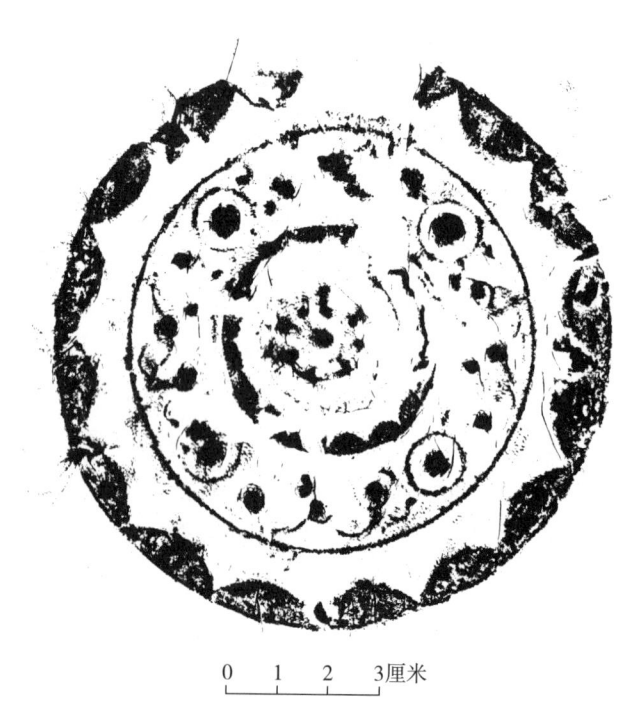

图三四七　M123 出土铜镜拓片（M123：1）

　　M125 位于淮阳平粮台遗址东南部 T425 内。1983 年 4 月发掘。为长方形竖穴土坑墓。发掘前墓上的土已经被取走，墓口的上部已被破坏，清理农耕土后即见墓口，距地表 0.21 米。墓向 10°。

　　墓室　墓内填五花土，逐层填土，逐层夯实，夯土较硬。口长 3.20 米，宽 2.18 米。墓壁垂直，平底。其东西壁下有生土二层台，长、宽相同，台长同口长，宽均 0.34 米，距墓口 0.84 米，距墓底 0.24 米。台面上有南北向凹槽，长度同墓口长。西台凹槽宽 0.20 米，深 0.08 米；东台凹槽在台的中部，槽宽 0.14 米，深 0.08 米。推测此凹槽是放木柱所用。

　　葬具　室内西部置木棺一具，已腐朽，根据灰痕可知棺长 2.40 米，宽 0.66 米，高不清。

　　葬式　棺内有人骨一具，已腐朽，从整体看为仰身直肢葬，头向北，面向上。（图三四八）

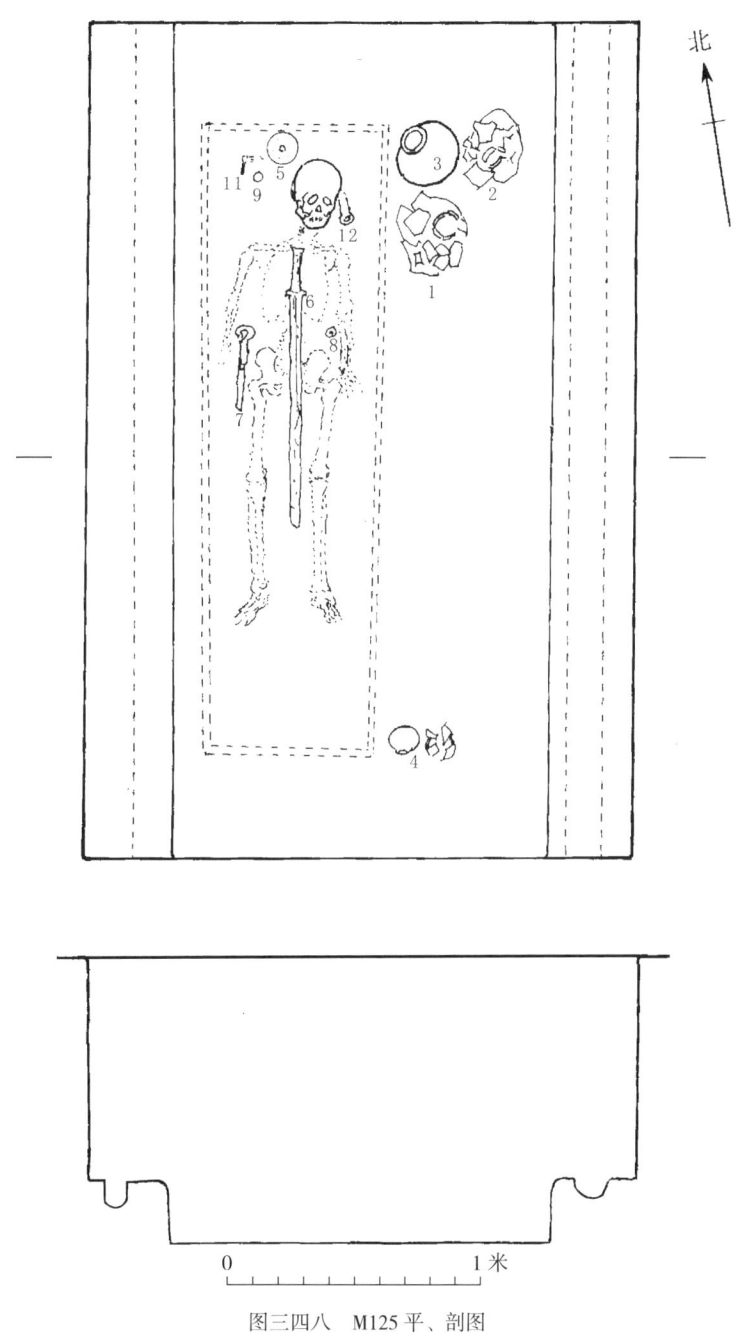

图三四八　M125 平、剖图

1~4.陶罐　5.铜镜　6.铁剑　7.铁环首刀　8.五铢　9.铜环　10.石环　11.铜刷　12.铁削

随葬品　12件。其中陶器4件、铜器3件、铁器3件、石器1件及五铢数枚。

1. 陶器　仅见罐类一种。

罐　4件。均系陶双耳罐。破。形制相同，大小、纹饰有别。标本M125：1，泥质灰陶。小口微侈，折沿，方唇，短颈，弧肩，鼓腹，圜底，肩部有带状双耳。上腹部饰凹弦纹，下腹部饰绳纹。口径13厘米，腹径26厘米，高28.6厘米。（图三四九，1）标本M125：2，泥质灰陶。小口微侈，折沿，方唇，短颈，弧肩，鼓腹，圜底，肩部有带状双耳。上腹部饰凹弦纹，下腹部饰绳纹。口径11厘米，腹径24厘米，高26.2厘米。（图三四九，2）标本M125：3，泥质灰陶。小口微侈，折沿，方唇，短颈，弧肩，鼓腹，圜底，肩部有带状双耳。上腹部饰凹弦纹，下腹部饰绳纹。口径14.5厘米，腹径29.5厘米，高28厘米。（图三四九，3）

2. 铜器、铜钱　4件。有镜、环、五铢、刷。

镜　1枚。标本M125：5，连弧四乳山字钮镜。完整。镜面平直，山字形钮，重圈钮座，外饰一周凸弦纹，其内有四个梳形纹，再外有十六连弧，连弧外有一周凸弦纹，间饰九星纹组成的四乳钉，圆座，其间有七星伴月，其外为十六连弧。面径10厘米，背径10厘米，钮高0.6厘米，钮宽1.6厘米，外连弧宽0.7厘米，缘厚0.3厘米，肉厚0.2厘米。（图三五〇，1）

五铢　6枚。标本M125：8-1~4，圆形，正方形穿，钱边缘有周郭，穿的上部有一周郭，穿之背面有周郭，穿之正面左右两侧铸有篆书"五铢"二字，"五"字的一斜线较直。少数穿之正面下部有一横郭记号。钱径2.5厘米，郭径2.5厘米，郭宽0.1厘米，郭厚0.2厘米，肉厚0.1厘米，穿径0.9厘米。（图三五〇，3~6）

3. 石器　1件。

标本M125：10，石环。残。风化后呈白色，断面呈椭圆形。残长3.8厘米，宽0.9厘米，厚0.4厘米。（图三五〇，2）

4. 铁器　3件。有剑、削、环首刀。

剑　1件。标本M125：6，已朽。长1.05米，柄长0.15米。

环首刀　1件。标本M125：7，残。环状首，刀背较直，刃部也较直，刃末呈弧形，梢部已朽。长32厘米。

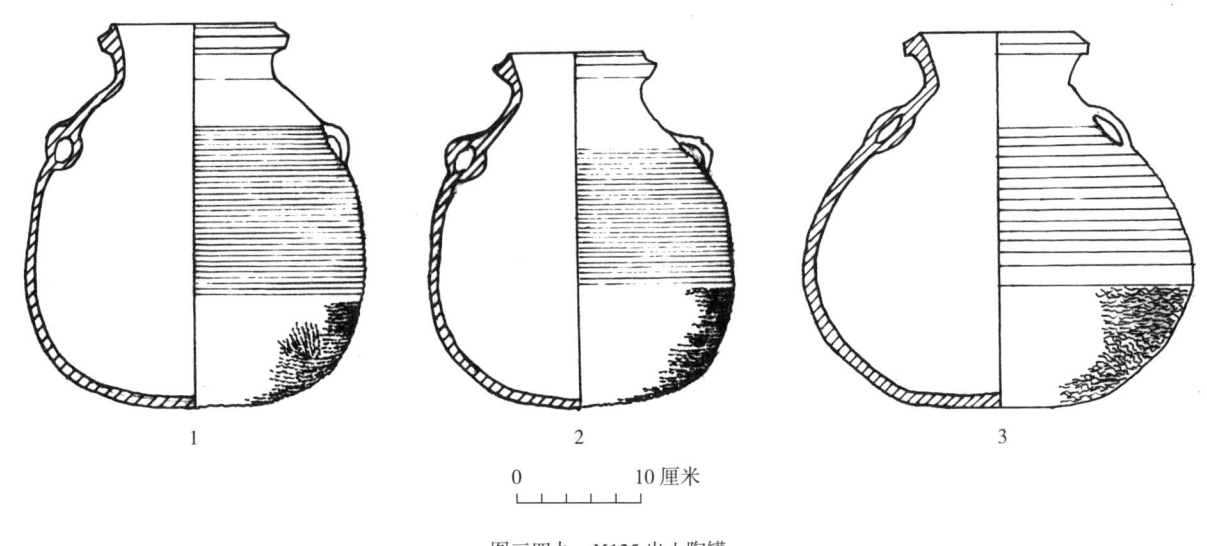

1　　　　　　　　2　　　　　　　　3

0　　　　　10厘米

图三四九　M125出土陶罐

1. M125：1　2. M125：2　3. M125：3

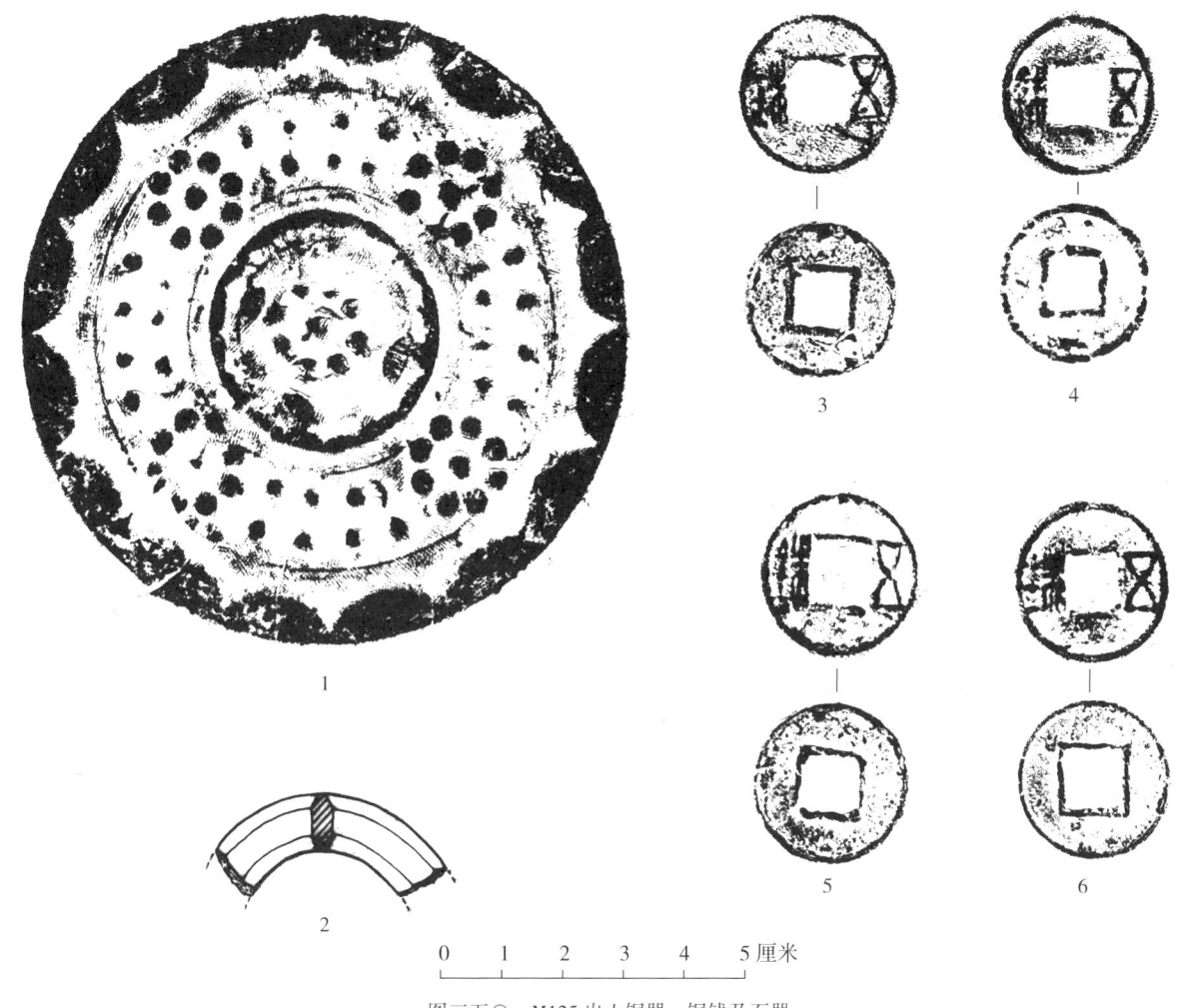

图三五〇　M125 出土铜器、铜钱及石器

1. 铜镜（M125：5）　2. 石环（M125：10）　3～6. 五铢（M125：8-1、M125：8-2、M125：8-3、M125：8-4）

削　1件。标本 M125：12，已朽。长 0.15 米。

M135 位于淮阳平粮台遗址北部 T89 内。1984 年 6 月发掘。为长方形竖穴土坑墓。墓口距地表 0.40 米。墓向 10°。

墓室　墓内填五花土，逐层填土，逐层夯实，夯土较硬。口长 3.10 米，宽 1.90 米。墓壁垂直，平底。其东西壁下有生土二层台，长、宽尺寸相同，台长同墓口长，宽 0.40 米，距墓口 1.98 米，距墓底 0.20 米。其台面平。墓底长同墓口，宽 1.11 米。

葬具　墓室内部置木棺一具，已腐朽，根据灰痕可知棺长 2.06 米，宽 0.68～0.76 米，高不清。

葬式　棺内有人骨一具，保存不佳，可看出为仰身直肢葬，头向北，面向上。（图三五一）

随葬品　共 2 件。有陶罐及玉璧，玉璧残甚。

陶罐　1件。标本 M135：2，破。泥质灰陶。盘口，圆唇，束颈，鼓腹，平底。上部饰弦纹，中腹部素面，下腹部饰绳纹。上腹部模印"士五越□里"。口径 12 厘米，腹径 21 厘米，底径 10 厘米，高 21 厘米。（图版三〇，1、2；图三五二）

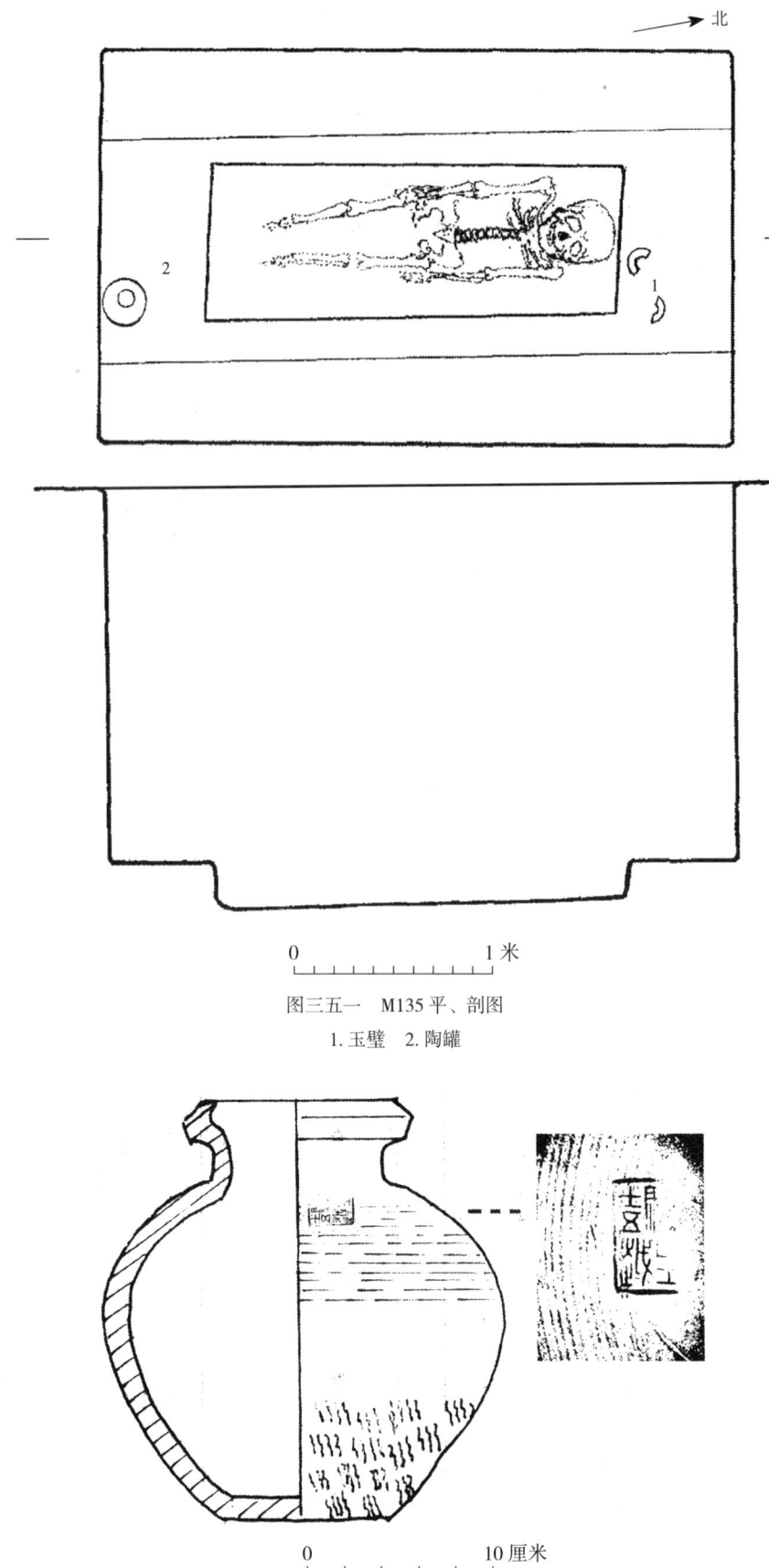

图三五一　M135 平、剖图
1. 玉璧　2. 陶罐

图三五二　M135 出土陶罐及陶文拓片（M135:2）

M143 位于淮阳平粮台遗址北部 T89 内。1984 年 6 月发掘。为长方形竖穴土坑墓。发掘前墓上的土已被取走部分。墓口距地表 0.30 米。墓向 5°。

墓内填五花土，逐层填土，逐层夯实，夯土较硬。口长 2.88 米，宽 1 米。墓壁垂直，平底。其东西壁下有生土二层台，长、宽相同，台长同墓口长，宽 0.16 米。台高 0.40 米。其台面平。

葬具　墓室内置木棺一具，已腐朽，根据灰痕可知棺长 1.94 米，宽 0.60 米，高不清。

葬式　棺内有人骨一具，保存不佳，可看出为仰身直肢葬，头向北，面向不知。

随葬品　棺内未见随葬品。棺外的西北角置陶罐 1 件。（图三五三）

陶罐　1 件。标本 M143：1，完整。泥质灰陶。侈口，方唇，束颈，圆肩，鼓腹，圜底内凹。肩部饰压印纹，并刻有""形图案，下腹部及底饰横向中绳纹，清晰规整。口径 14 厘米，腹径 22 厘米，底径 8 厘米，高 19 厘米。（图版三〇，3；图三五四）

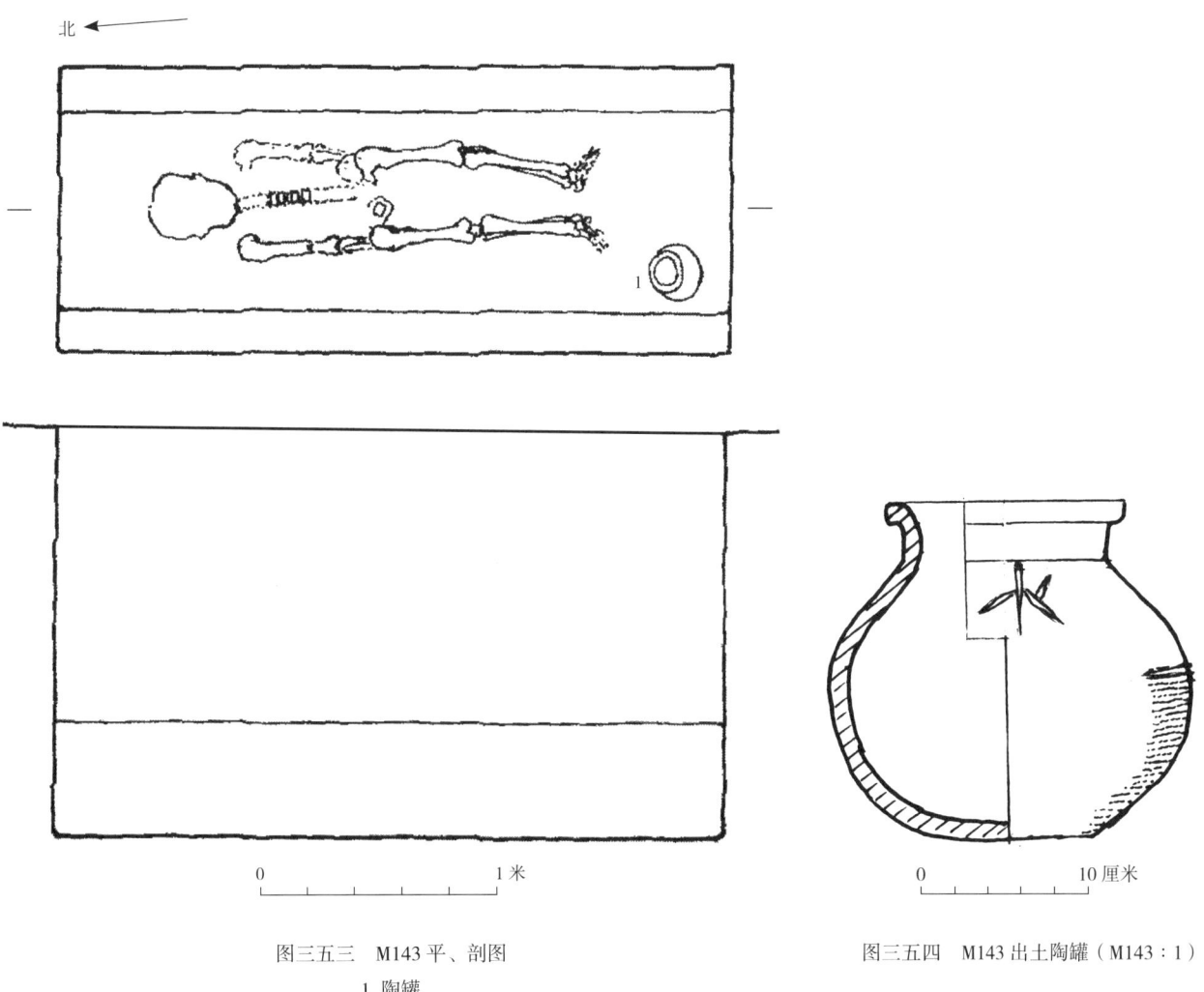

图三五三　M143 平、剖图
1. 陶罐

图三五四　M143 出土陶罐（M143：1）

M145 位于淮阳平粮台遗址北部 T89 的南部正中，一部分墓室在方外。1984 年 6 月发掘。墓口距地表深 0.45 米。为长方形竖穴土坑墓。墓向 20°。

墓室　墓内填五花土，经夯打，夯层厚 0.10~0.17 米，夯土较硬。有活土二层台，台高 0.35 米，宽 0.88 米。

葬具　棺已朽，棺痕长 1.80 米，宽 0.66 米。

葬式　骨架已朽。葬式不知。

随葬品　其南部台上随葬陶罐 1 件。填土中出土铁镢、骨车饰、铜镞、骨簪、陶环等物。（图三五五）

陶罐　1 件。标本 M145：1，完整。泥质黑陶。盘口，方唇，短颈，鼓腹，平底内凹。上腹部饰弦纹，并有"陈龙里侑"钤文，中下腹部拍印绳纹。口径 13 厘米，腹径 23 厘米，底径 11.5 厘米，高 23.5 厘米。（图三五六）

陶环　1 件。标本 M145：7，直径 0.4 厘米。（图三五七，1）

铁镢　1 件。标本 M145：4，高 9.1 厘米。（图三五七，8）

铜镞　1 件。标本 M145：5，双翼镞。长 9 厘米。（图三五七，4）

骨车饰　1 件。标本 M145：9，长 5.2 厘米。（图三五七，2）

骨簪　4 件。标本 M145：2，残长 4 厘米。（图三五七，5）标本 M145：6，残长 8.3 厘米。（图三五七，6）标本 M145：3，残长 7.8 厘米。（图三五七，7）标本 M145：8，残长 3.1 厘米。（图三五七，3）

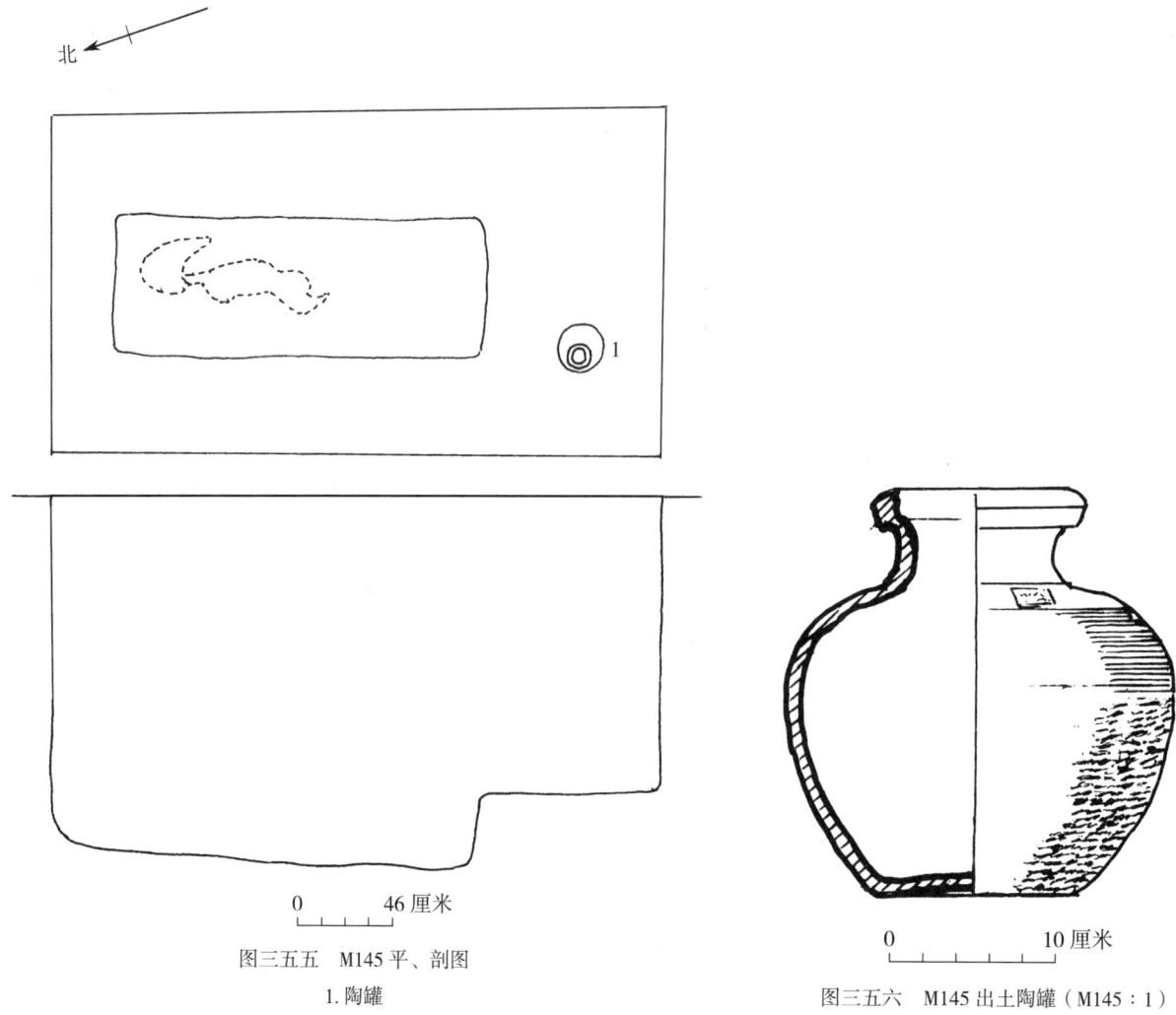

图三五五　M145 平、剖图

1.陶罐

图三五六　M145 出土陶罐（M145：1）

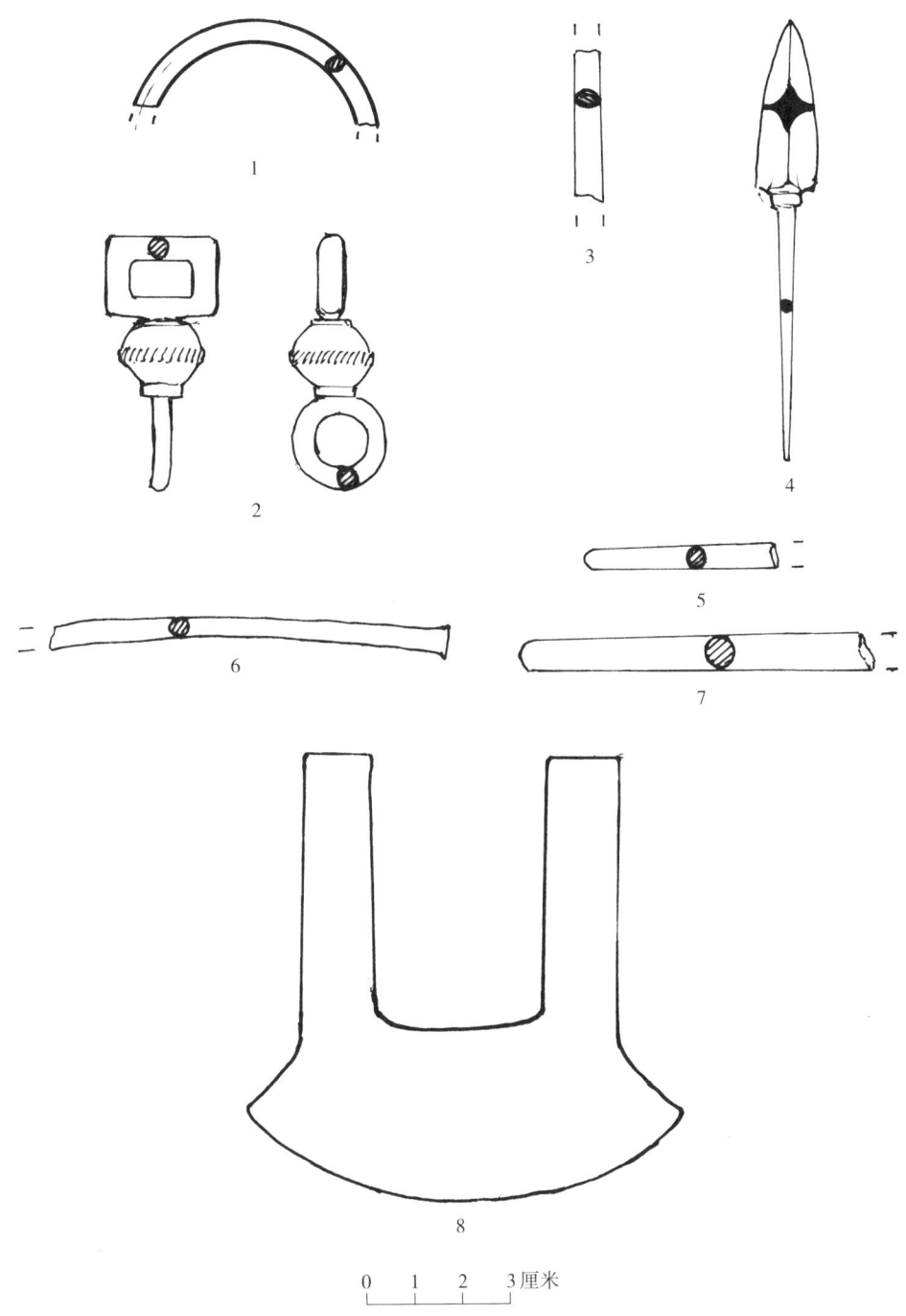

图三五七　M145 出土器物

1. 陶环（M145∶7）　2. 骨车饰（M145∶9）　3. 骨簪（M145∶8）　4. 铜镞（M145∶5）

5. 骨簪（M145∶2）　6. 骨簪（M145∶6）　7. 骨簪（M145∶3）　8. 铁镢（M145∶4）

M169 位于淮阳平粮台遗址北部 T90 内，并打破城墙。1984 年 11 月发掘。为长方形竖穴土坑墓。发掘前墓上的土已被取走部分。墓口距地表 1.25 米。墓向 10°。

墓室　墓内填五花土，逐层填土，逐层夯实，夯土较硬。口长 2.40 米，宽 0.66 米。底长、宽同墓口长、宽。

葬具　墓内置木棺一具，已腐朽，根据灰痕可知棺长 1.82 米，宽 0.58 米，高不清。

葬式　棺内有人骨一具，保存较好，为仰身屈肢葬，下肢较直，左手举向面侧，右手伸向胸前。头向北，面向上。

随葬品　无。（图三五八）

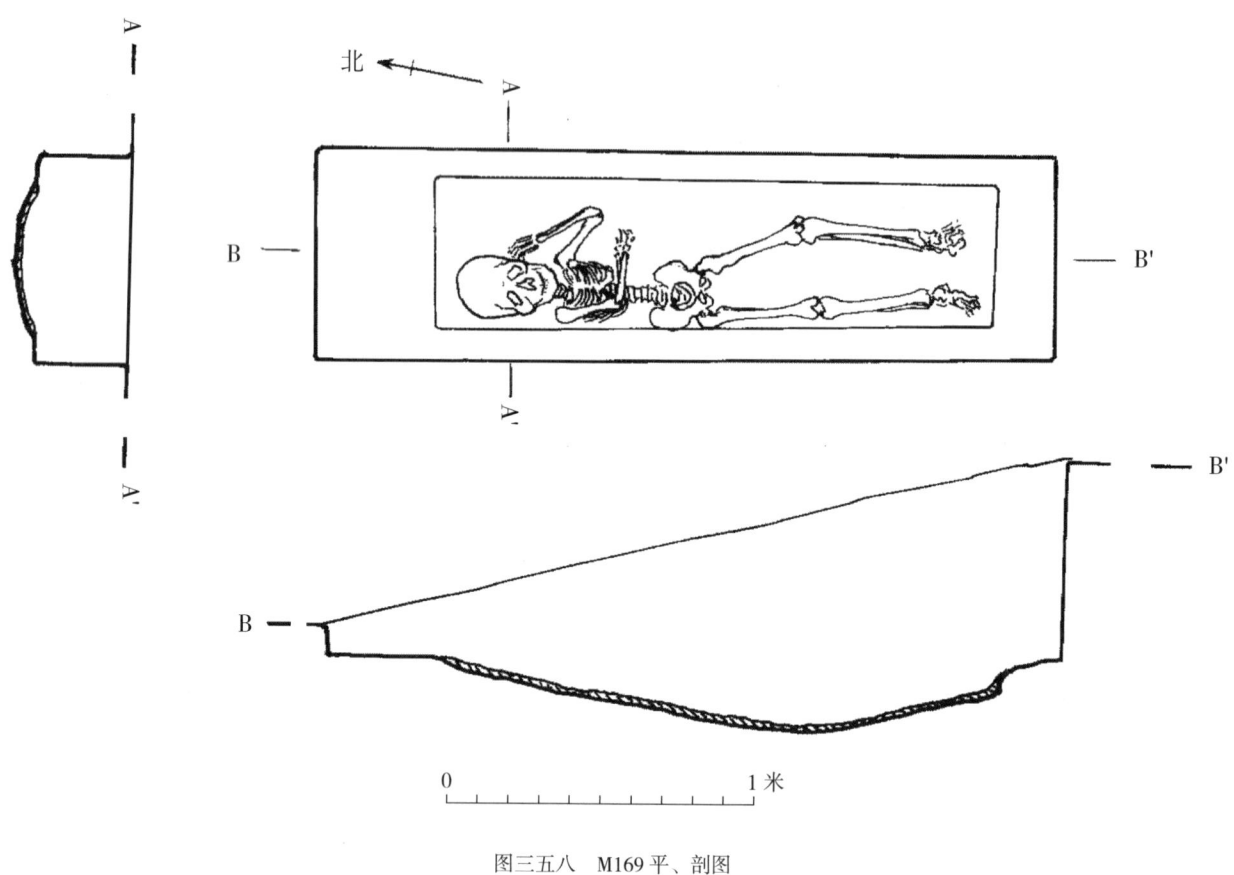

图三五八　M169 平、剖图

M173 位于淮阳平粮台遗址北部 T112 的西北部，被 M158 打破。为长方形竖穴土坑墓。墓向 15°。

墓室　墓口南北长 2.70 米，东西宽 1 米，深 1.82 米，有生土二层台。

葬具　棺已朽。

葬式　仰身直肢葬。

随葬品　放置在南部二层台上，有陶鬲、釜、罐、铜镜和陶俑。（图三五九）共 5 件，其中陶器 4 件、铜器 1 件。

1. 陶器　4 件。

陶釜　1 件。标本 M173：2，破。夹砂灰陶。侈口，方唇，束颈，鼓腹，圜底，上腹部有两个带状耳。底部饰绳纹。口径 16 厘米，腹径 22 厘米，高 18 厘米。（图三六〇，1）

陶罐　1 件。标本 M173：3，破。泥质黑陶。敛口，束颈，鼓腹，下腹部微敛，平底。口径 11.5 厘米，腹径 20 厘米，底径 8 厘米，高 20 厘米。（图版三〇，4、5；图三六〇，2）

陶俑　1 件。标本 M173：5，已碎。泥质灰陶。站立状，头残，穿垂地长袍，双手在胸前。高 9.8 厘米，宽 4 厘米。（彩版六四，5、6；图三六〇，3）

2. 铜器 1件。

铜镜 1枚。标本 M173:4，蟠螭纹镜。破。圆形，镜面平直，桥形钮，重环形钮座，其外有两周斜平行线纹，其间饰蟠螭纹，再外为缘郭。面径 14 厘米，背径 14 厘米，钮高 0.9 厘米，钮宽 1 厘米，缘宽 0.1 厘米，缘厚 0.4 厘米，肉厚 0.2 厘米。（彩版六四，3；图三六一）

图三五九 M173 平、剖图
1. 陶鬲 2. 陶釜 3. 陶罐 4. 铜镜 5. 陶俑

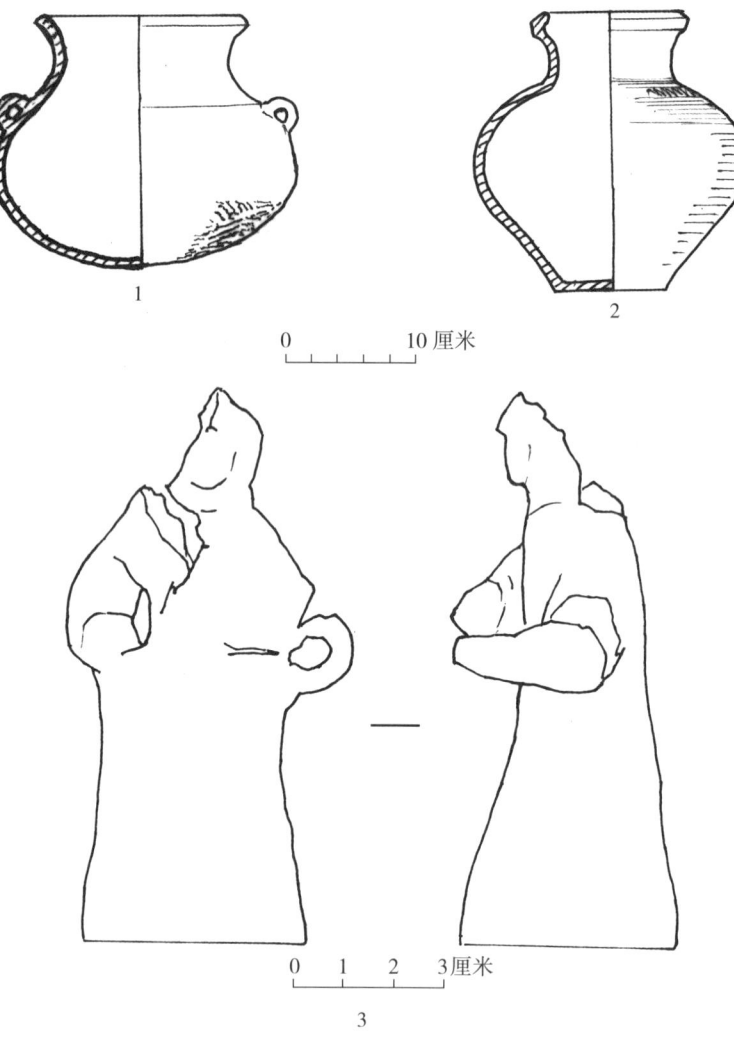

0　　　　10 厘米

图三六○　M173 出土陶器

1. 釜（M173：2）　2. 罐（M173：3）　3. 俑（M173：5）

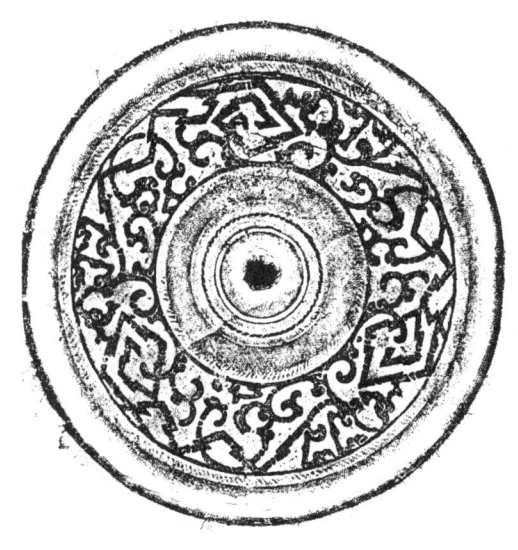

0　1　2　3厘米

图三六一　M173 出土铜镜拓片（M173：4）

M179 位于淮阳平粮台遗址中部 T175 内。1984 年 11 月发掘。为长方形竖穴土坑墓。墓口距地表深 1.05 米。墓向 10°。

墓室　墓内填五花土，逐层填土，逐层夯实，夯土较硬。口长 2.30 米，宽 0.80 米。墓壁垂直，平底。墓底尺寸同墓口。（图三六二）

葬具　墓室西部置木棺一具，已腐朽，根据灰痕可知棺长 2.02 米，宽 0.74 米，高度不清。

葬式　棺内有人骨一具，保存尚好，为仰身直肢葬，下肢和右手伸直，左手放于腹部。头向北，面向东。

随葬品　共 9 件，其中陶器 5 件、铜器 2 件、铁器 1 件、木漆器 1 件。

1. 陶器　5 件。罐、甑、釜、灶、井各 1 件。

双耳罐　1 件。标本 M179：1，完整。泥质灰陶。小口微敛，折沿，圆唇，束颈，弧肩，鼓腹，圜底内凹，肩部有带状双耳。上腹部饰凹弦纹，下腹部饰绳纹。口径 14 厘米，腹径 23.5 厘米，底径 8 厘米，高 25 厘米。（图三六三，1）

甑、釜、灶　1 套。由甑、釜、灶组成。标本 M179：4、M179：2、M179：3，完整。泥质灰陶。甑为折沿，方唇，斜壁，平底，底部有 5 个甑孔。口径 13.6 厘米，底径 5 厘米，高 5.6 厘米。釜为敛口，圆唇，鼓腹，平底。口径 6 厘米，腹径 10 厘米，底径 3.2 厘米，高 5.6 厘米。灶为圆形，平顶，中有圆形灶孔，弧腹。口径 13.6 厘米，腹径 15.2 厘米，底径 14 厘米。通高 13 厘米。（图三六三，3）

井　1 件。标本 M179：5，完整。泥质灰陶。小口，方唇，鼓腹，平底，中有圆孔。口径 6.5 厘米，腹径 8.5 厘米，底径 7 厘米，高 7 厘米。（图三六三，2）

2. 铜器、铜钱　2 件（套）。有铺首衔环、五铢。

铺首衔环　1 件。标本 M179：6，完整。兽面两目圆睁，鼻内穿圆环。宽 4 厘米，长 5.5 厘米。（图三六四，1）

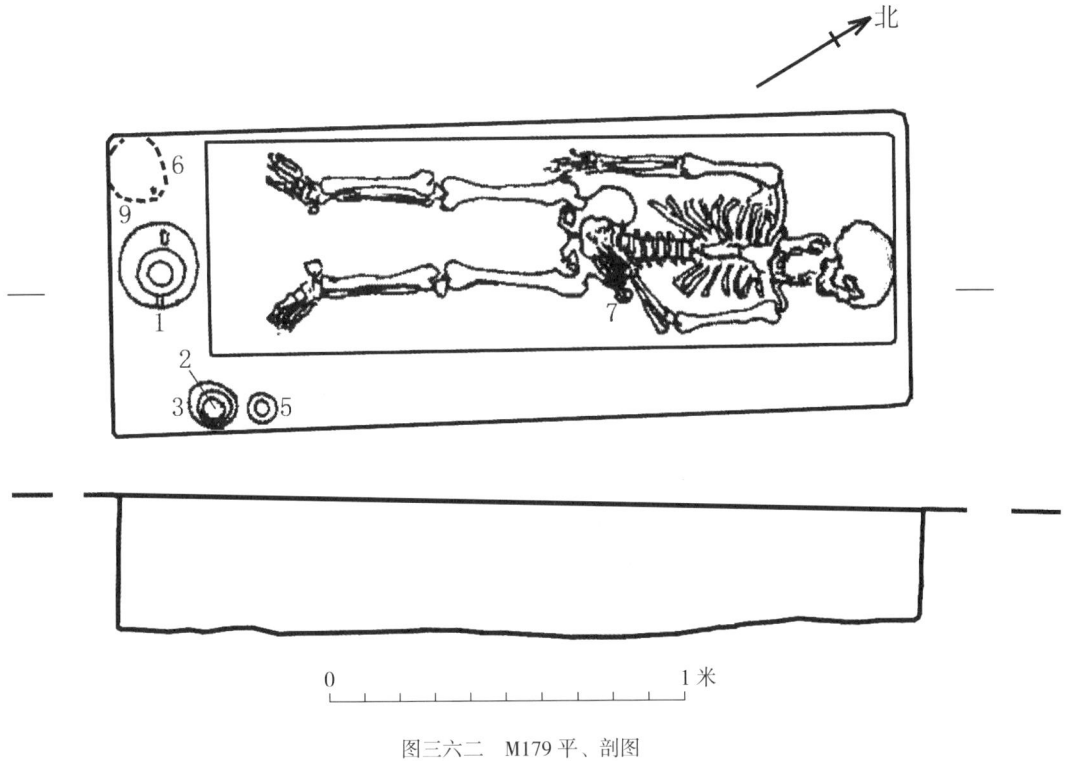

图三六二　M179 平、剖图

1. 陶罐　2. 陶釜　3. 陶灶　4. 陶甑　5. 陶井　6. 铜铺首衔环　7. 铁削　8. 五铢　9. 木漆器

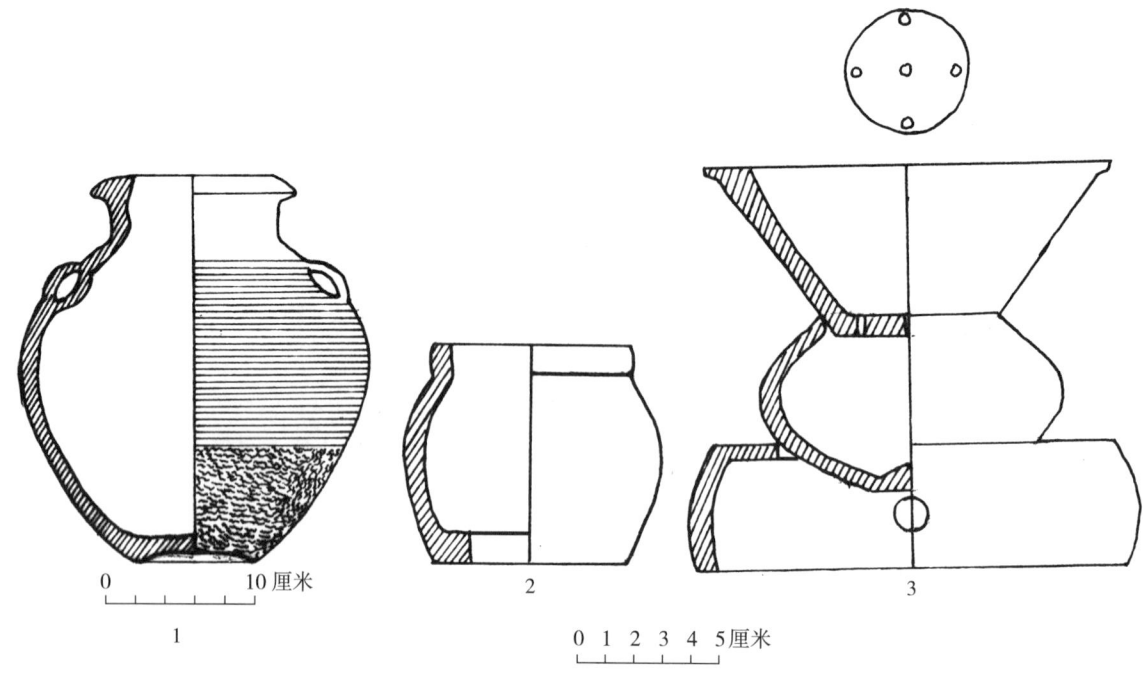

图三六三　M179 出土陶器

1.罐（M179：1）　2.井（M179：5）　3.甑、釜、灶（M179：4、M179：2、M179：3）

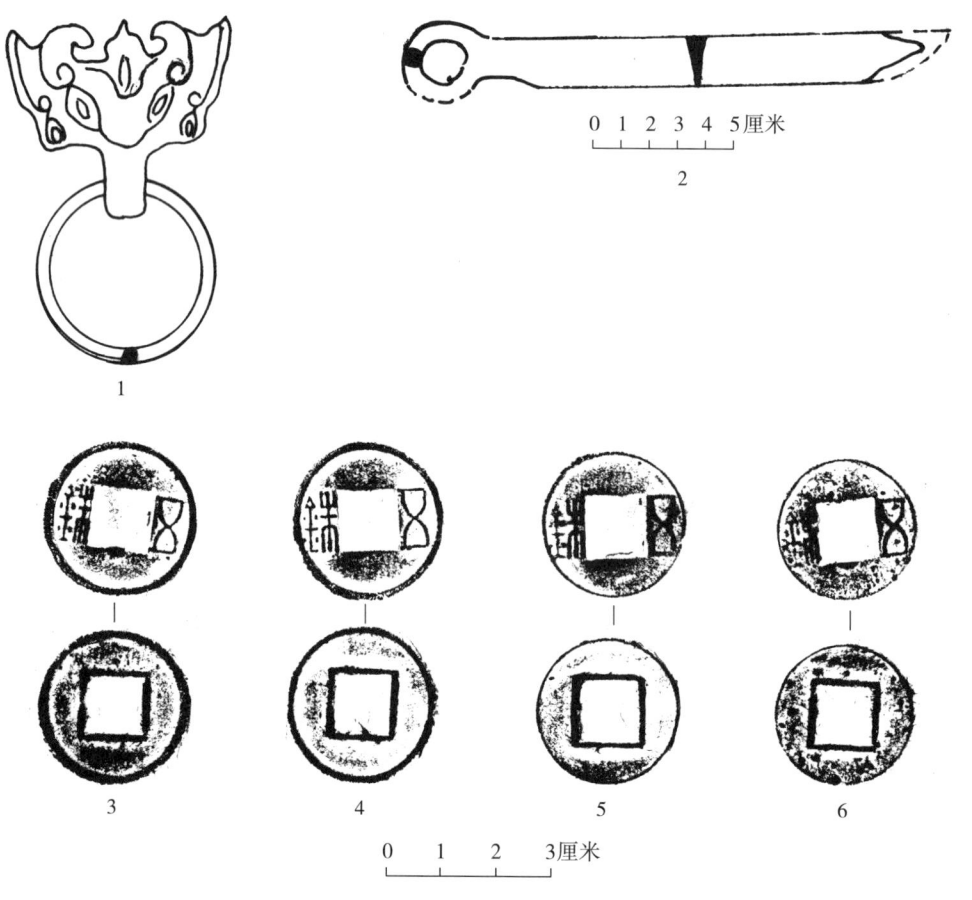

图三六四　M179 出土器物

1.铜铺首衔环（M179：6）　2.铁削（M179：7）　3、4. I 式五铢（M179：8-1、M179：8-2）

5、6. II 式五铢（M179：8-3、M179：8-4）

五铢　4枚。均为圆形，正方形穿，钱边缘的周郭有宽窄之别，穿之正面无郭，穿之背面有周郭，穿之正面左右两侧铸有篆书"五铢"二字。"五"字两笔较细，呈对顶炮弹形，"铢"字之金字旁上部为三角形。根据钱周郭的宽窄，可分二式：

Ⅰ式：宽郭五铢。2枚，大小相同。标本 M179：8-1，穿下有半月纹。钱径2.7厘米，郭宽0.12厘米，郭厚0.15厘米，肉厚0.1厘米，穿宽1.1厘米。标本 M179：8-2，穿正面无郭，钱径2.7厘米，郭宽0.15厘米，郭厚0.15厘米，肉厚0.1厘米，穿宽1.1厘米。（图三六四，3、4）

Ⅱ式：窄郭五铢。2枚，大小相同。标本 M179：8-3，周边郭较窄，穿下面无郭，背面有郭。钱径2.4厘米，郭宽0.08厘米，郭厚0.12厘米，肉厚0.1厘米，穿宽1.1厘米。标本 M179：8-4，穿下面有半月纹，钱径2.4厘米，郭宽0.08厘米，郭厚0.12厘米，肉厚0.1厘米，穿宽1.1厘米。（图三六四，5、6）

3. 铁器　1件。

标本 M179：7，铁削。破。环首，刀背较直，刀尖部分上翘成弧形，靠刀刃部分的一侧较宽，刀刃略直，其刀身有朽木残存痕。长19.7厘米，刀宽1.6厘米。（图三六四，2）

M192 位于淮阳平粮台遗址北部探方 T109 的东北部，墓向16°。为竖穴土坑墓，平面呈梯形。长2米，宽0.60～0.70米，残深0.25米。发现人骨一具，仰身直肢葬，头向北。M192被毁严重，不见随葬品。（图三六五）

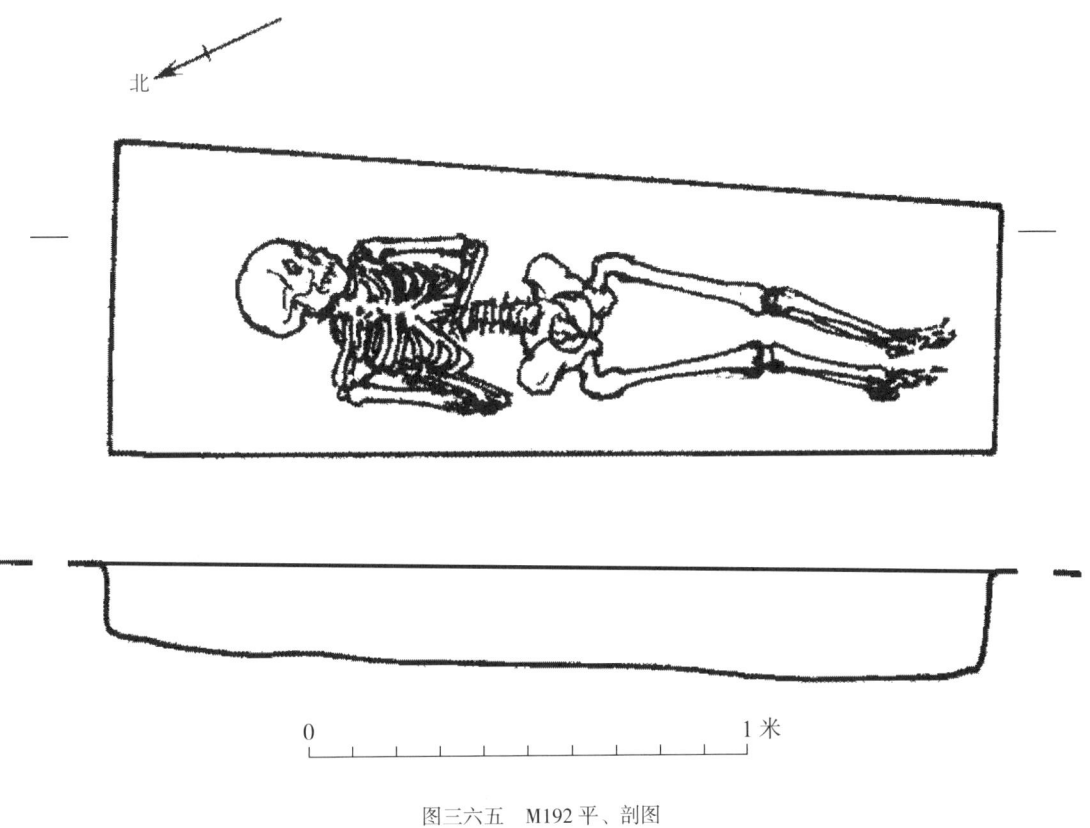

图三六五　M192 平、剖图

M195 位于淮阳平粮台遗址北部探方 T109 的西北部。墓向270°。该墓被毁严重，平面呈梯形，残长0.72米，宽0.60～0.66米，深0.30米。人骨残存上半身，头向西。葬具、随葬品均无存。（图三六六）

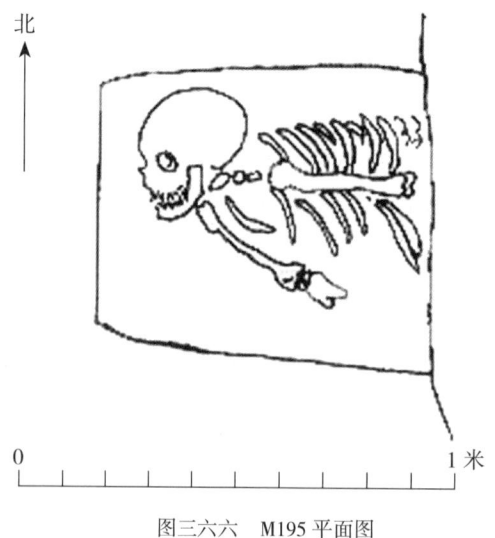

图三六六　M195 平面图

　　M197 位于淮阳平粮台遗址北部的 T111 的西部偏北。1985 年 4 月发掘。为长方形竖穴土坑墓。墓向 15°。墓口距地表 0.66 米。其南部被 M152 的墓道打破。

　　墓室　平面呈长方形。墓壁垂直，平底。口残长 2.20 米，宽 0.90 米。底长、宽尺寸同墓口。墓内填灰色五花土，逐层填土，逐层夯实，平夯，夯土较硬。（图三六七）

　　葬具　有木棺一具，已腐朽，据其朽后的白灰推定棺长 2 米，宽 0.64 米，高度不知。

　　葬式　棺有人骨一具，保存尚好，为仰身直肢葬，但下肢向内靠，头向北，面向上。

　　随葬品　只有 1 件铜带钩，位于墓主的腰部。残甚。

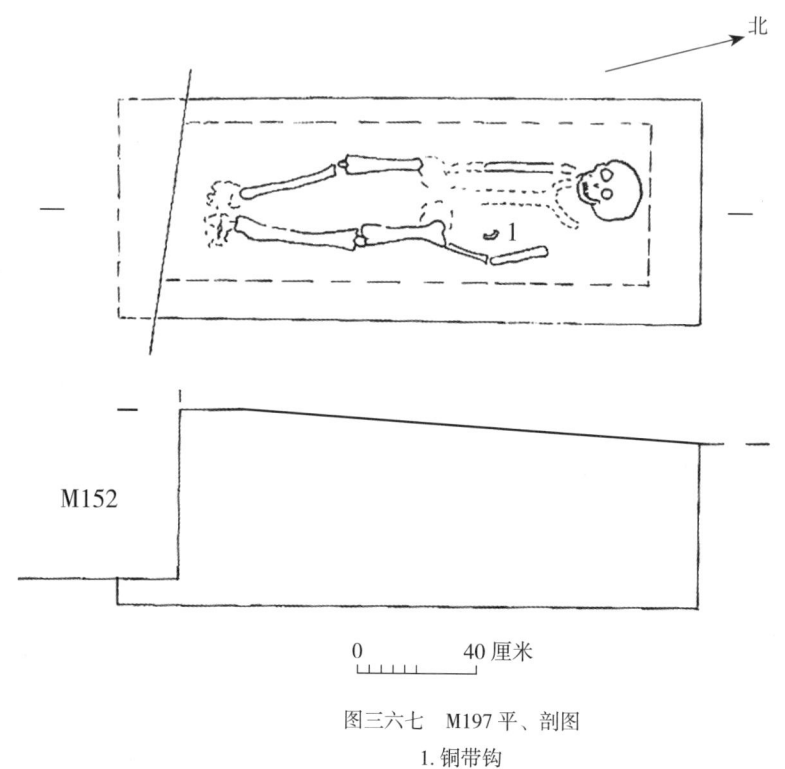

图三六七　M197 平、剖图

1. 铜带钩

M211 位于淮阳平粮台遗址北部 T111 内。1985 年 11 月发掘。为长方形竖穴土坑墓。墓口距地表 1 米。墓向 20°。

墓室　平面形状为长方形，北窄南宽。墓内填黄褐色五花土，逐层填土，逐层夯实，夯土较硬。口长 2.30 米，宽 0.70~0.80 米。东西墓壁斜直，南北壁垂直，平底。墓深 1.20 米。

葬具　木棺一具，已腐朽，根据灰痕可知棺长 2.22 米，宽 0.76 米，高度不清。（图三六八）

葬式　棺内人骨一具，保存较差，从其灰痕看为仰身直肢葬，头向北。

随葬品　仅陶罐 1 件。

陶罐　1 件。标本 M211：1，完整。泥质灰陶。盘口微侈，折沿，方唇，束颈，圆腹，平底。通体饰凹弦纹。口径 10.5 厘米，腹径 18 厘米，底径 10.5 厘米，高 18 厘米。（图三六九）

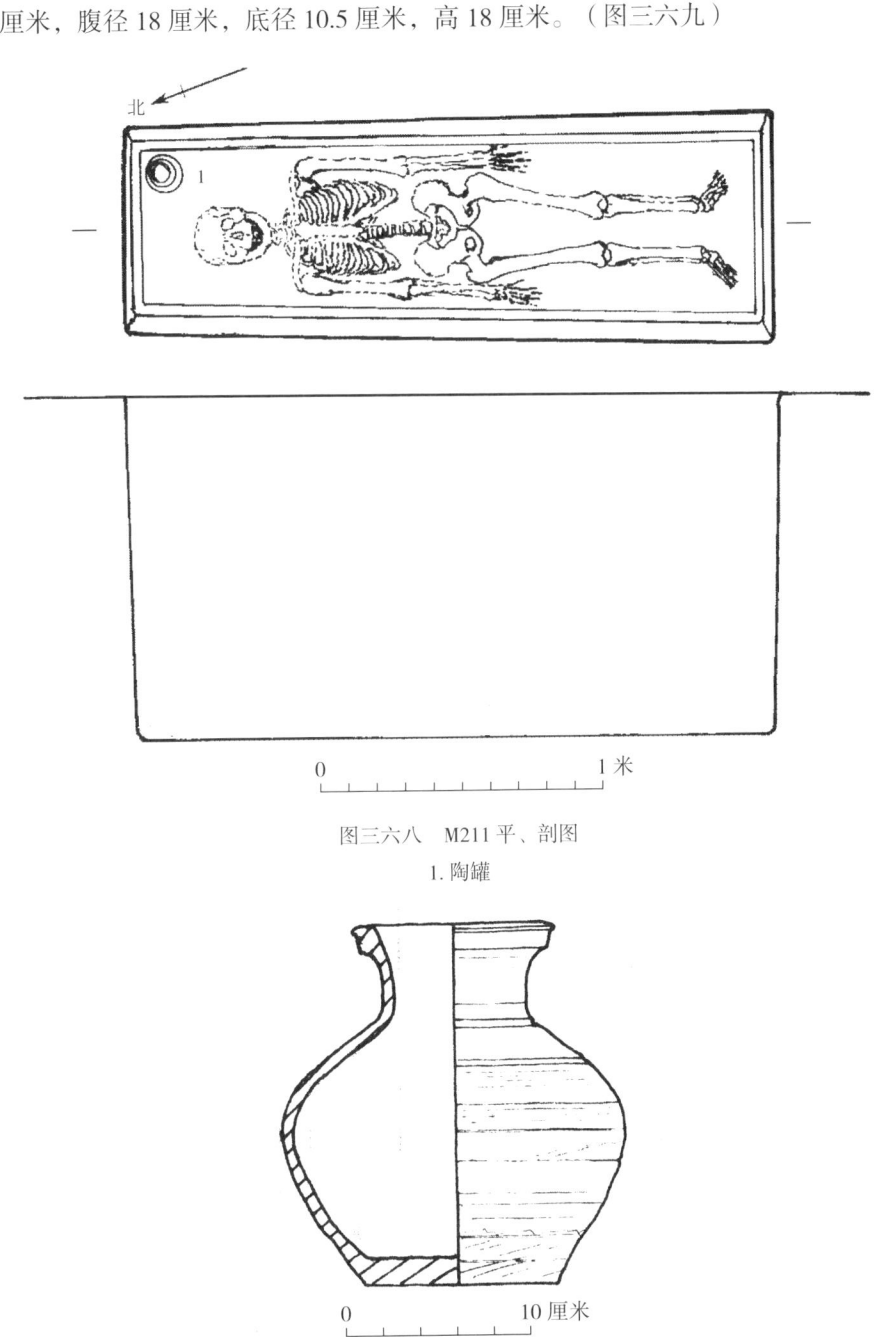

图三六八　M211 平、剖图
1. 陶罐

图三六九　M211 出土陶罐（M211：1）

M212 位于淮阳平粮台遗址北部 T111 的西南部。1985 年 11 月发掘。为长方形竖穴土坑墓。墓口距地表深 1.15 米。墓向 20°。墓室南部被压在南隔梁下。（图三七〇）

墓室　平面形状为长方形。墓内填黄褐色五花土，逐层填土，逐层夯实，夯土质地较硬。夯土共分 4 层，每层的厚度分别为 0.50 米、0.30 米、0.44 米和 0.56 米。墓口残长 2.40 米，宽 1.10（南）~1.20 米（北），墓壁垂直，平底。东、西、北三面壁下有熟土二层台，宽各不相同，东西台宽 0.05~0.20 米，长度同墓口，北台长 0.10 米，宽 0.20 米，台均高 0.08 米。墓底长 2.20 米，宽 0.80~1 米，墓深 1.90 米。

葬具　有木棺一具，已腐朽。根据灰痕可知棺长 1.94 米，宽 0.42（南）~0.54（北）米，高度不清。

葬式　棺内有人骨一具，保存较差，从其灰痕看似为仰身直肢葬，头向北，面向不知。

随葬品　仅铁镢 1 件，残甚，形制不明。

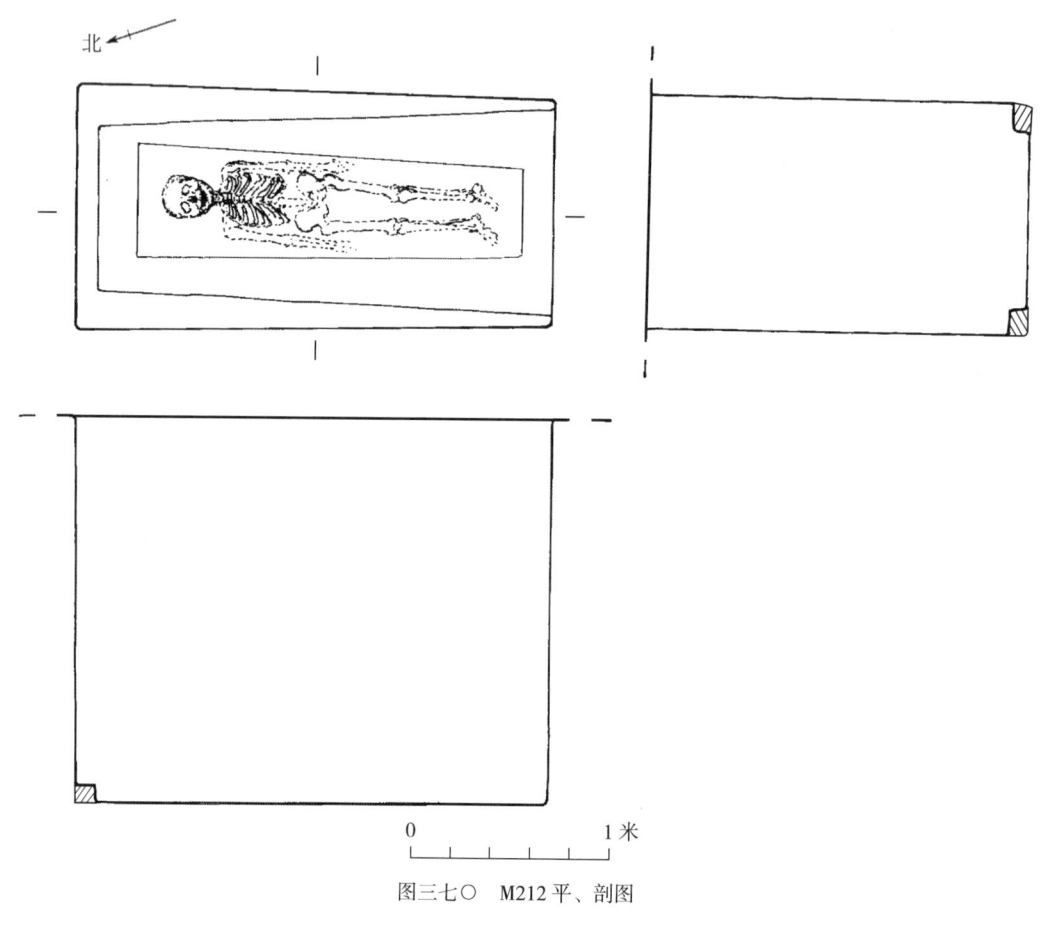

图三七〇　M212 平、剖图

二、砖室墓

所发现的砖室墓又可分为带墓道的和不带墓道的两类，下面分别介绍。

M96 位于淮阳平粮台遗址西南角 T34 西部正中。1980 年 10 月发掘。为长方形竖穴砖室墓。墓口距地表 0.30 米。墓向 285°。

墓室　墓口长 3.30 米，宽 2.48（南）~2.52（北）米。墓内填灰色五花土，逐层填土，逐层夯实，夯层厚 20 厘米，夯窝为圆形，直径 5 厘米，深圜底。夯土共分 4 层，再向下夯层不分。墓壁垂直，平底。墓的南、北、东三面有生土二层台，南北台宽 0.30 米，长与墓口南北宽相同，台距墓口 0.20 米，距墓底 0.56 米；

东台宽 0.18 米，长 2.68 米。墓室东边底部低于西部 0.16 米，其长 2.70 米，宽 1.34 米。墓室的西侧高于棺室 0.16 米，南、东、西用砖砌墙，共砌 13 层，砌法顺平铺，上下层间错缝相压。西室底长 2 米，宽 0.84 米。下铺地砖，横铺三行。

葬具　棺已腐朽，据其灰痕可知棺长 2.40 米，宽 0.70（南）～0.90（北）米。棺下有南北向凹槽，应是放东西横木所用，凹槽长 1.36 米，直径 0.20 米。

葬式　棺内人骨腐朽，葬式不知。（图三七一）

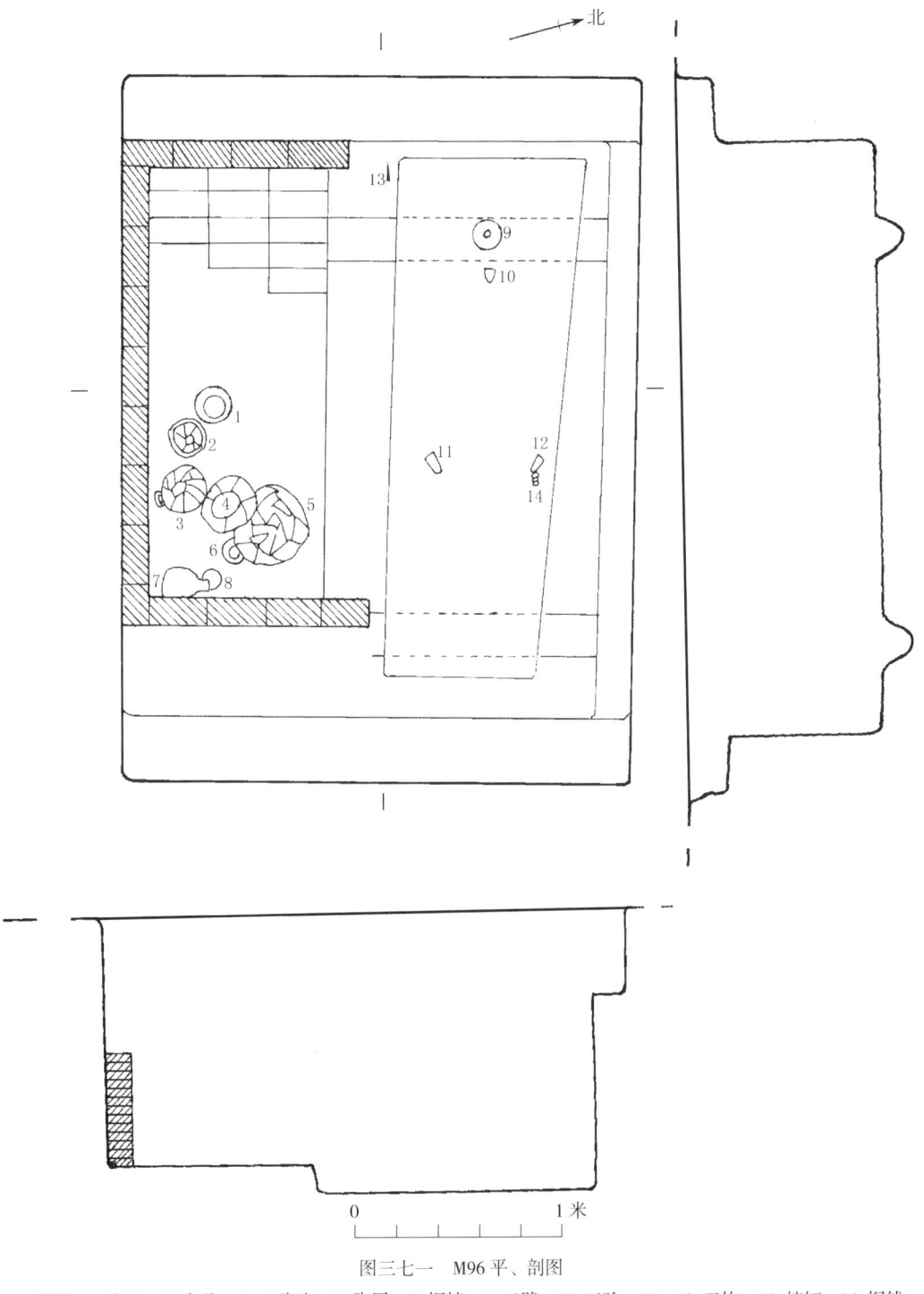

图三七一　M96 平、剖图

1. 陶罐　2. 陶盒　3. 陶鼎　4~6. 陶壶　7. 陶匜　8. 铜镜　9. 玉璧　10. 玉琀　11、12. 玉饰　13. 棺钉　14. 铜钱

随葬品　14件。其中陶器7件、玉器4件、铜镜1件、铁器1件及铜钱数枚。

1.陶器　7件。以泥质黑陶为主。器物有鼎1件、壶3件、盒1件、罐1件、匜1件。

鼎　1件。标本M96：3，破。泥质黑陶。盖为覆钵形，顶有两周凹弦纹，其上有3个卧兽，兽回首。子母口，敛口，腹微鼓，耳下腹部有一周凸弦纹。圜底，下附三个鼎足，长方形附耳外卷。口径16厘米，耳宽29厘米，腹径20厘米，通高20.8厘米。（图版三一，1；图三七二，1）

壶　3件。破。形制不同，有大小之分。泥质黑陶。标本M96：5，弧形盖，子母口，壶为直口，方唇，束颈，鼓腹，圜底，圈足外侈，腹部有铺首衔环。肩腹部有两周凹弦纹。口径19.5厘米，腹径32厘米，高44.5厘米。（图版三一，6；图三七二，2）标本M96：4，弧形盖，壶为侈口，方唇，束颈，鼓腹，平底，圈足。口径12厘米，腹径20厘米，圈足径12.5厘米，高28.5厘米。（图三七二，5）标本M96：6，弧形盖，顶部有一周凸弦纹，子母口，壶为侈口，方唇，束颈，鼓腹，平底，圈足外侈。口径8厘米，腹径13厘米，高18.2厘米。（图版三一，5；图三七二，6）

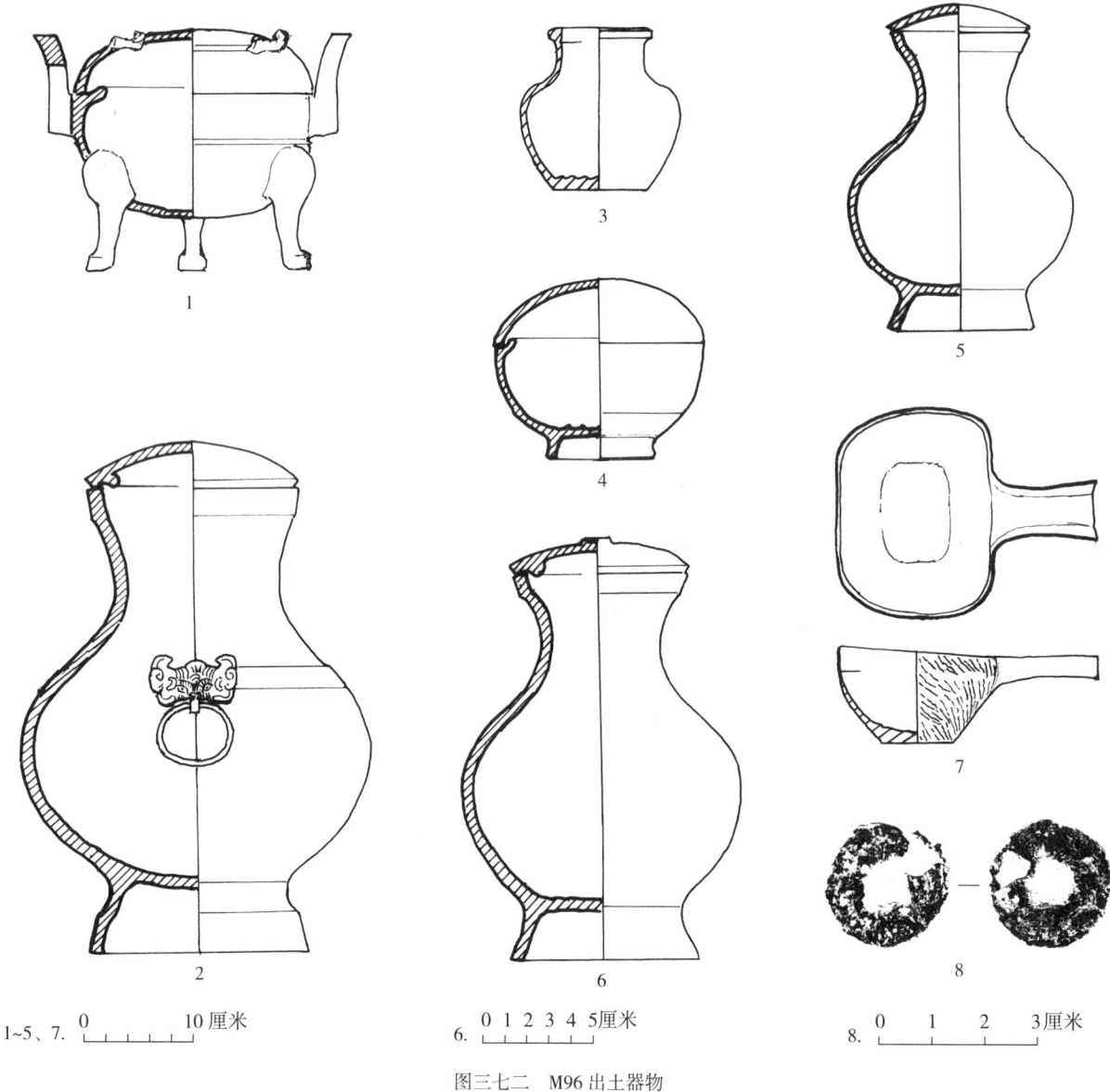

图三七二　M96出土器物

1.鼎（M96：3）　2、5、6.壶（M96：5、M96：4、M96：6）　3.罐（M96：1）　4.盒（M96：2）　7.匜（M96：7）　8.铜钱（M96：14）

盒　1件。标本 M96：2，破。泥质灰陶。弧形盖，顶部有一周凸弦纹。盒子母口，敛口，方唇，鼓腹，平底，圈足微侈。口径 14.4 厘米，腹径 19.2 厘米，高 15.5 厘米。（图版三一，2；图三七二，4）

罐　1件。标本 M96：1，破。泥质灰陶。折沿，方唇，高领，鼓腹，平底。口径 8 厘米，腹径 14.4 厘米，底径 9 厘米，高 14 厘米。（图版三一，4；图三七二，3）

匜　1件。标本 M96：7，破。泥质灰陶。口呈椭圆形，平底，喇叭状流，口微侈，舌唇，椭圆形底，平底。口径 14～18 厘米，底径 6.4～8.8 厘米，高 8.5 厘米，流长 9.2 厘米，宽 4.8 厘米，底宽 2.4 厘米，高 2 厘米。（图版三一，3；图三七二，7）

2. 铜器、铜钱　2件。有镜、五铢。

铜钱　3枚。标本 M96：14，整。已锈蚀在一起，分不开。疑为五铢。形制相同，仅知背面较平，圆形，正方形穿，钱边缘无周郭。钱径 2.4 厘米，郭厚 0.1 厘米，肉厚 0.1 厘米，穿径 0.6 厘米。（图三七二，8）

M85 位于淮阳平粮台遗址东北部，打破 M16，东距 M1 约 4.50 米，西距 M23 约 2.50 米。1980 年 4 月发掘。为斜坡墓道长方形竖穴砖室墓。发掘前墓上的土已被取走部分。墓向 170°。（图三七三）

墓道　位于墓室的南部。已被破坏，长不知，宽 0.86～1 米。墓道底距墓底 1.80 米。

墓室　墓口为长方形，长 4.68 米，宽 2.19 米。墓内填黄色五花夯土，逐层填土，逐层夯实，夯层厚约 30 厘米，平夯。墓壁垂直，平底。墓室分前后两部分，后半部东西壁下有生土二层台，第一层台均宽 0.22 米，长 2.36 米，距墓口 1.30 米，距第二层台 1.32 米；第二层台均宽 0.12 米，长同第一层台，距墓底 0.24 米。墓室前部无二层台，东西壁用砖砌，顺平铺，上下层间错缝相压，共 15 层。高 0.44 米。前部长 2.02 米，宽 1.54 米。底铺地砖，横铺，砖缝相对，共 6 行，西侧还平铺一行。正好铺满。

葬具　墓室后部偏西部置一棺，已腐朽，根据棺灰痕可推知棺长 2.20 米，宽 0.70 米。

葬式　棺内人骨腐朽殆尽，葬式不清。

随葬品　共 31 件。其中陶器 28 件、铜器 3 件。（图三七四）

1. 陶器　28 件。陶质分为泥质黑陶和灰陶。有鼎 2 件、壶 7 件、钫 1 件、罐 5 件、奁盖 1 件、厄 2 件、瓿 1 件、釜 1 件、镶壶 1 件、杯 1 件、碗 1 件、器盖 1 件、匜 1 件、盘 2 件、盒 1 件。

鼎　2件。形制相同。破。标本 M85：19，泥质黑陶。盖为覆钵形，顶有一周凸弦纹，似圈足。鼎为子母口，敛口，直腹微鼓，耳下腹部有一周凸弦纹，圜底内凹，下附三个鼎足，长方形附耳外卷。口径 16 厘米，耳宽 27.5 厘米，腹径 20 厘米，通高 20.5 厘米。（图三七五，1）

壶　7件。破。形制不同，有大小之分。分二型。

Ⅰ型：圈足壶。4件。标本 M85：8，弧形盖，盖上有三组带状弦纹，子母口，壶为直口，方唇，束颈，鼓腹，圜底，圈足外侈。腹部有铺首衔环，肩腹部有两组双凹弦纹。口径 18.4 厘米，腹径 34 厘米，高 51.5 厘米。（图三七五，8）

Ⅱ型：假圈足壶。3件。标本 M85：6，直口，方唇，束颈，鼓腹，假圈足，平底。肩腹部有两周凹弦纹。口径 11.5 厘米，腹径 24 厘米，高 33 厘米。（图三七五，7）标本 M85：22，泥质灰陶。弧形盖，腹部有铺首衔环。口径 10 厘米，腹径 24 厘米，假圈足底径 14 厘米，通高 34 厘米。（图三七五，4）标本 M85：21，泥质黑陶。弧形盖，盖顶有一周凸弦纹，直口，方唇，束颈，鼓腹，假圈足，平底。肩腹部有五周凹弦纹，其间有斜平行线纹。口径 5.5 厘米，腹径 15 厘米，底径 8.5 厘米，高 20 厘米。（图三七五，3）

钫　1件。标本 M85：11，完整。泥质灰陶。侈口，方唇，束颈，鼓腹，平底，圈足外侈，腹部有兽面

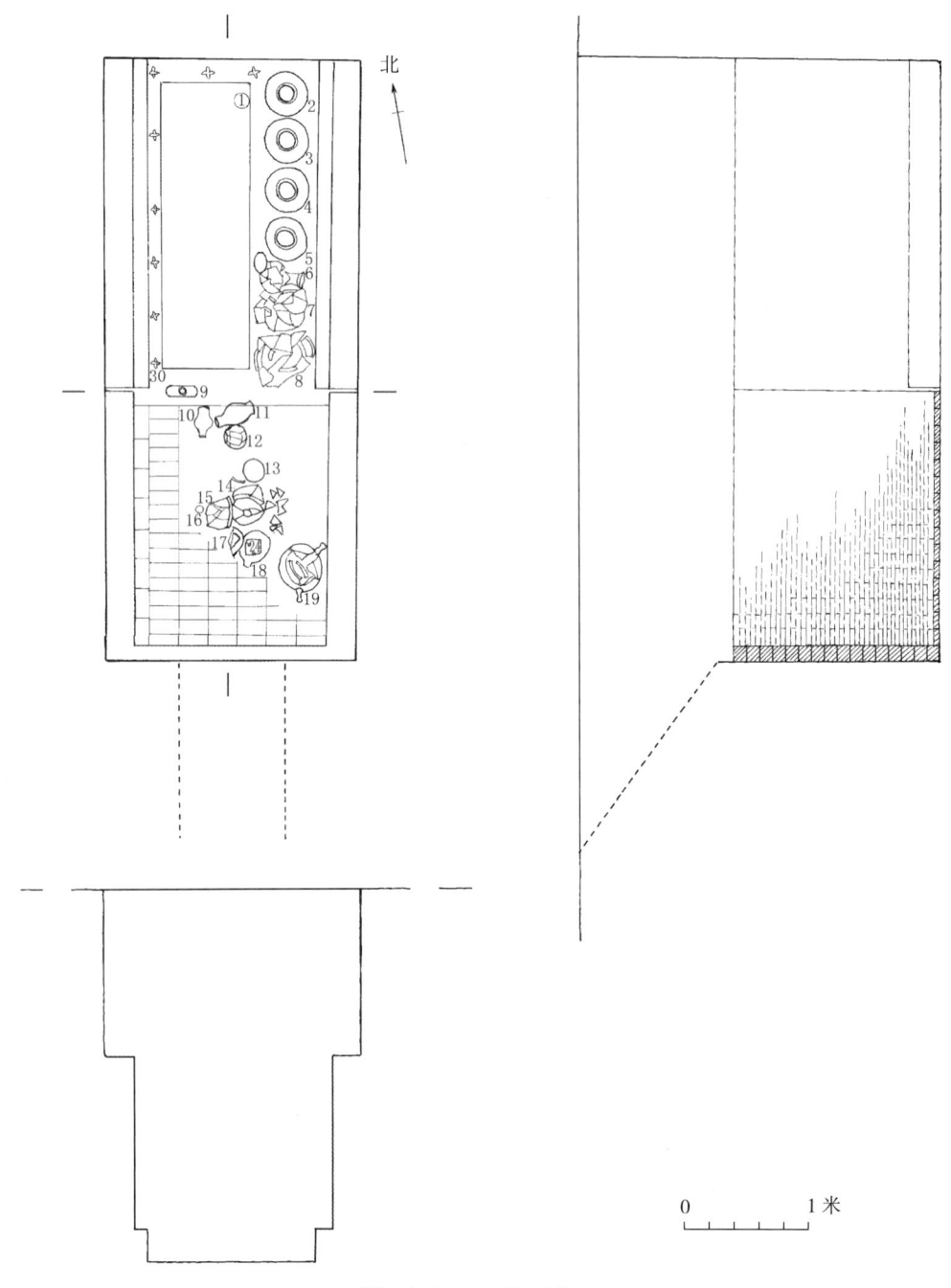

图三七三　M85 平、剖图

铺首。口径 12 厘米，腹径 19 厘米，圈足径 12 厘米，高 34 厘米。（图三七五，5）

　　盒　1 件。标本 M85：17，破。泥质灰陶。盖为覆钵形，顶部有一周凸弦纹，似矮圈足，腹部有一周凹弦纹，子母口，平底，矮圈足。口径 18.5 厘米，腹径 21 厘米，圈足径 9.2 厘米，通高 19.5 厘米。（图三七六，1）

　　罐　5 件。破。形制不同，分两式。

　　Ⅰ式：束颈平底罐。1 件。标本 M85：12，方唇，束颈，鼓腹，平底。腹部有两组凹弦纹。口径 8.5 厘米，腹径 15 厘米，底径 10.5 厘米，高 15.5 厘米。（图三七五，2）

　　Ⅱ式：小口圆腹平底罐。4 件。标本 M85：5，小口，圆唇，圆腹，大平底。下腹部饰绳纹。口径 20 厘

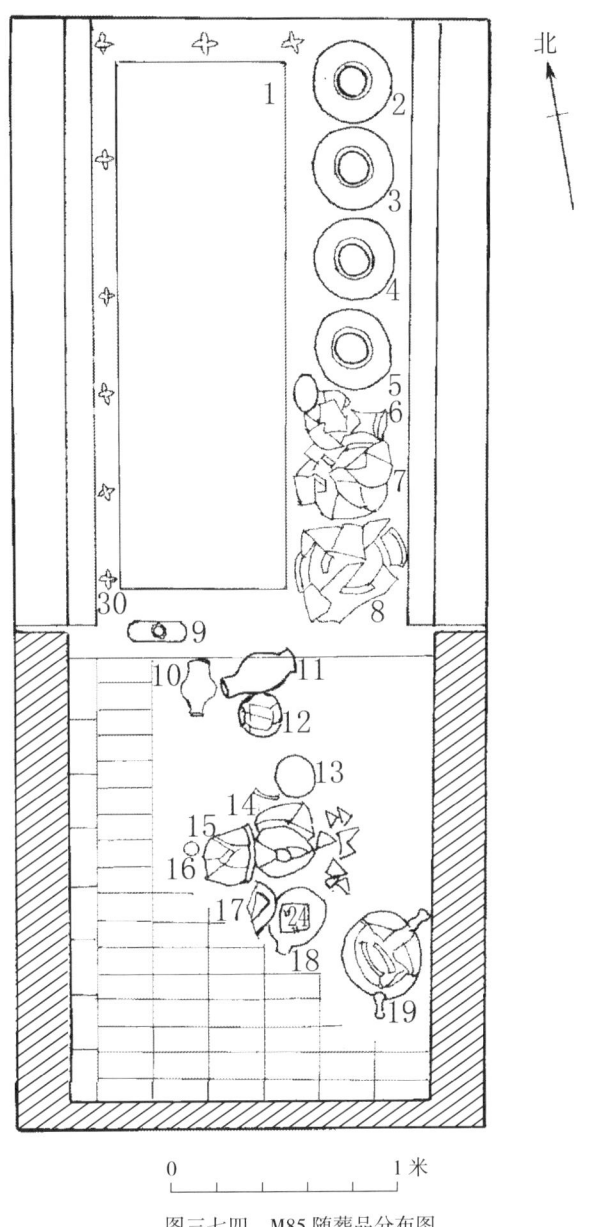

北

0　　　　　　　1 米

图三七四　M85 随葬品分布图

1、16. 铜镜　2~5、12. 陶罐　6~10、21、22. 陶壶　11. 陶钫　13、24. 陶卮　14、19. 陶鼎　15. 陶奁盖　17. 陶盒　18. 陶匜　20. 陶甑
23. 陶鐎壶　25. 陶杯　26、27. 陶盘　28. 陶釜　29. 陶碗　30. 铜柿蒂纹饰　31. 陶器盖

米，腹径 36 厘米，底径 15 厘米，高 28 厘米。（图三七五，6）标本 M85∶4，小口，圆唇，圆腹，大平底，下腹部饰绳纹。口径 20 厘米，腹径 36 厘米，底径 15 厘米，高 28 厘米。标本 M85∶2，小口，圆唇，圆腹，大平底。下腹部饰绳纹。口径 20 厘米，腹径 36 厘米，底径 15 厘米，高 28 厘米。

　　奁盖　1 件。标本 M85∶15，破。泥质灰陶。筒腹，弧形顶，口微敛。饰四组双线凹弦纹。口径 23 厘米，腹径 23.5 厘米，高 14.5 厘米。（图三七六，4）

　　卮　2 件。破。泥质灰陶。形制相同。标本 M85∶13，直口，圆唇，直壁，壁上有鋬，平底，下附三足。腹部有两组双凹弦纹。口径 11.2 厘米，底径 11.2 厘米，高 11.5 厘米。（图三七六，9）

　　甑　1 件。标本 M85∶20，破。泥质灰陶。敞口，折沿，方唇，弧壁，平底，矮圈足，甑底有"米"字形甑孔。口的沿面压印三角纹。口径 24.5 厘米，圈足径 9 厘米，高 14 厘米。（图三七六，2）

图三七五　M85 出土陶器

1. 鼎（M85：19）　2. Ⅰ式罐（M85：12）　3. Ⅱ型壶（M85：21）　4. Ⅱ型壶（M85：22）　5. 钫（M85：11）
6. Ⅱ式罐（M85：5）　7. Ⅱ型壶（M85：6）　8. Ⅰ型壶（M85：8）

　　釜　1件。标本 M85：28，破。泥质灰陶。敛口，短颈，鼓腹，平底，腹的中部有一周凸棱，上腹部有铺首衔环。口径 7 厘米，底径 6.6 厘米，高 16 厘米。（图三七六，5）

　　盘　2件。破。泥质灰陶。形制相同，大小有别。折沿，方唇，折腹，平底。口沿上压印三角纹。标本 M85：27，口径 18 厘米，底径 6 厘米，高 4.4 厘米。（图三七六，10）标本 M85：26，口径 17.5 厘米，底径 6.5 厘米，高 5 厘米。（图三七六，11）

　　鐎壶　1件。标本 M85：23，小口，圆唇，鼓腹，平底，下附三个蹄足，腹的中部有一个昂首的兽头壶嘴，另一侧有一个方形把柄，柄上折，柄的断面呈方形。柄长 9.5 厘米，嘴长 6 厘米。壶的口径 6 厘米，腹径 15.5 厘米，底径 9 厘米，高 12 厘米。（图三七六，3）

　　杯　1件。标本 M85：25，泥质灰陶。口微侈，圆唇，斜壁，圜底，束腰，圆座，平底。口径 8.8 厘米，

底径 6.4 厘米，高 10.2 厘米。（图三七六，6）

碗　1 件。标本 M85：29，完整。泥质灰陶。侈口，舌唇，平底，碗内为圜底。口径 8.5 厘米，底径 3 厘米，高 3.3 厘米。（图三七六，8）

器盖　1 件。标本 M85：31，泥质灰陶。口微侈，圆唇，斜壁。口径 8.8 厘米。（图三七六，7）

2. 铜器　3 件。有镜 2 枚、柿蒂纹饰 1 件。

镜　2 枚。标本 M85：1，内连弧日光镜。破。圆形，镜面微弧，"山"字形钮，圆钮座，八内连弧，其

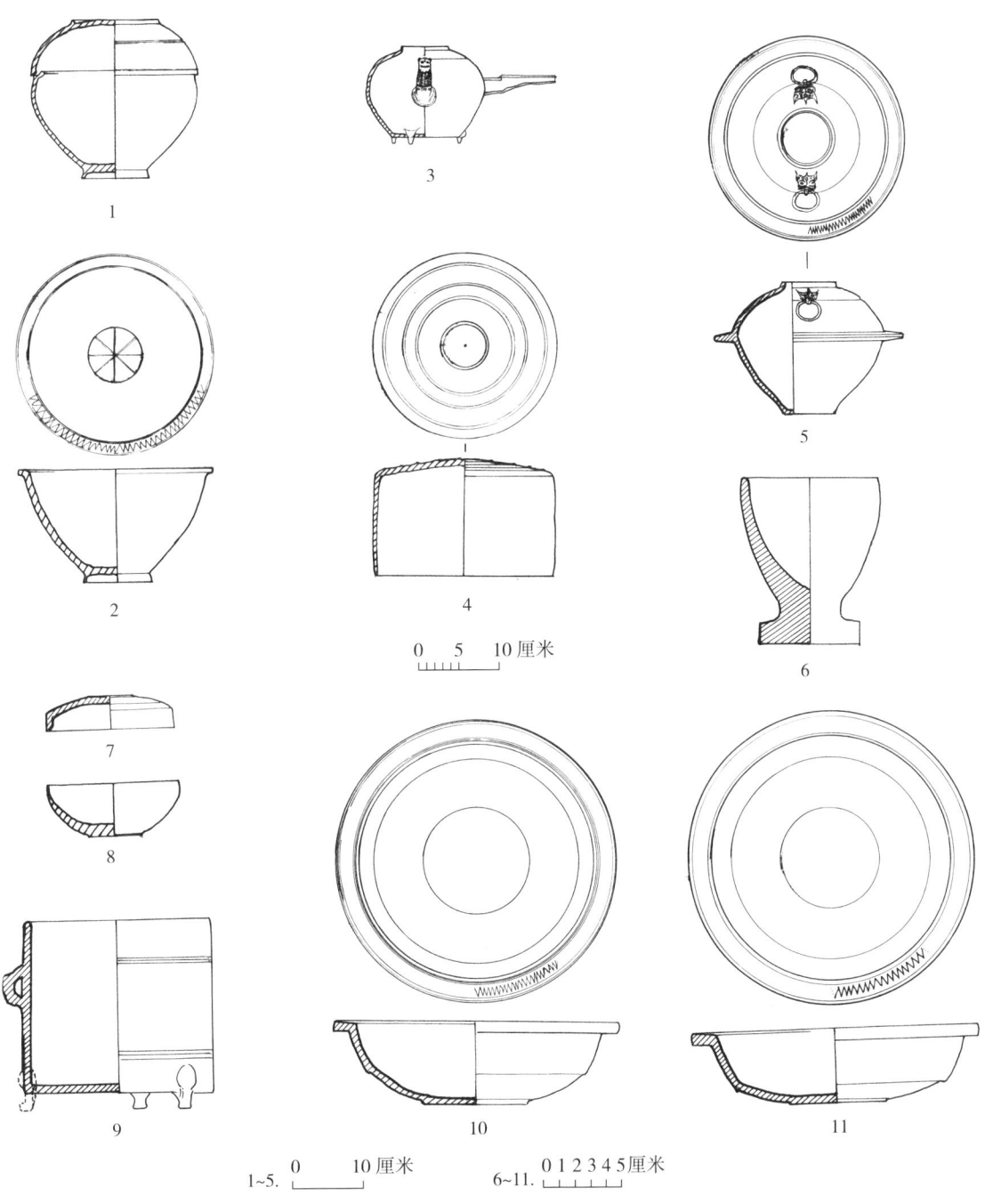

图三七六　M85 出土陶器

1. 盒（M85：17）　2. 甑（M85：20）　3. 鐎壶（M85：23）　4. 奁盖（M85：15）　5. 釜（M85：28）　6. 杯（M85：25）

7. 器盖（M85：31）　8. 碗（M85：29）　9. 厄（M85：13）　10、11. 盘（M85：27、M85：26）

外铭文曰"见日之光天下大明"。面径 10.9 厘米，背径 10.5 厘米，钮高 1.4 厘米，钮宽 1.4 厘米，缘宽 0.8 厘米，缘厚 0.5 厘米，肉厚 0.2 厘米。（图三七七，1）标本 M85：16，完整。圆形，镜面平直，圆形钮，圆钮座，钮座外有一周凸弦纹带，再外为一周绚索纹，其外有铭文带，铭文曰"夫日"，铭文的字间有符号相间隔。面径 6 厘米，背径 5.8 厘米，钮高 0.7 厘米，钮宽 0.4 厘米，缘宽 0.4 厘米，缘厚 0.3 厘米，肉厚 0.1 厘米。（图三七七，2）

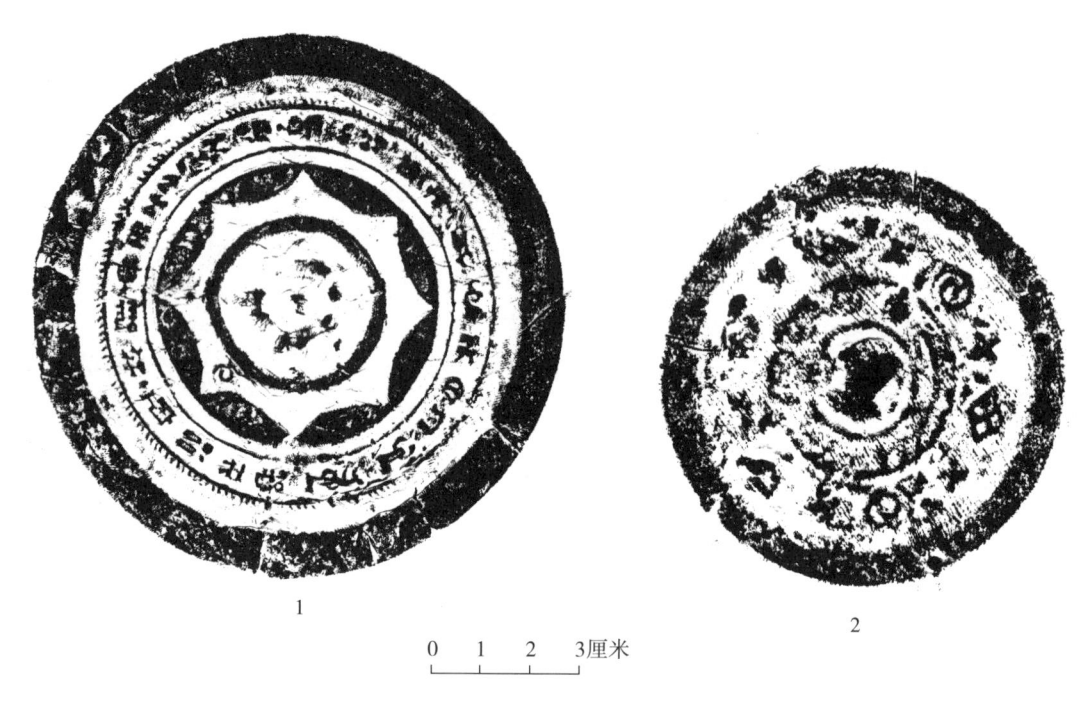

1　　　　　　　　　　　　　　2

0　1　2　3厘米

图三七七　M85 出土铜镜拓片
1. 内连弧日光镜（M85：1）　2. 铭文镜（M85：16）

M86 位于淮阳平粮台遗址东南部的西北，东距 M87 约 8 米。1980 年 5 月发掘。为斜坡墓道竖穴土坑砖室墓。发掘前墓上的土已经被取走，铲平即见墓口。墓向 155°。（图三七八）

墓道　位于墓室的南部，部分被破坏，现长 0.77 米，宽 0.90 米。距墓底深 1.44 米。

墓室　平面呈长方形。墓壁垂直，上有工具痕迹，底平。口长 4.26 米，宽 1.64 米。墓内填五花土，逐层填土，逐层夯实，夯土比较硬。墓室分前后两部分，后部东西两壁下置二层台，台平，壁直。台均长 2.34 米，宽 0.20 米，距墓底 1 米。后部底长与口部相同，宽 1.40 米。墓室前部东西壁用砖砌，顺平铺，上下层间错缝相压，高 1 米。其地坪铺砖，从西向东，满铺 6 行，有 5 行侧横相间，东边一行横铺，最后顺铺砖一行。

葬具　后室东部置有木棺一具，腐朽殆尽，根据灰痕推知棺长 2.36 米，宽 0.72（南）~0.80（北）米，高度不知。

葬式　棺内有人骨一具，腐朽殆尽，葬式不清。据随葬品推测，头向北，面向不知。

随葬品　21 件。均置于墓室北部。其中陶器 14 件、铜器 2 件、铁器 3 件、玉器 1 件及五铢数枚。（图三七九）

1. 陶器　14 件。有鼎 1 件、壶 2 件、罐 5 件、卮 1 件、瓿 1 件、釜 1 件、灶 1 件、井 1 件、鐎壶 1 件。

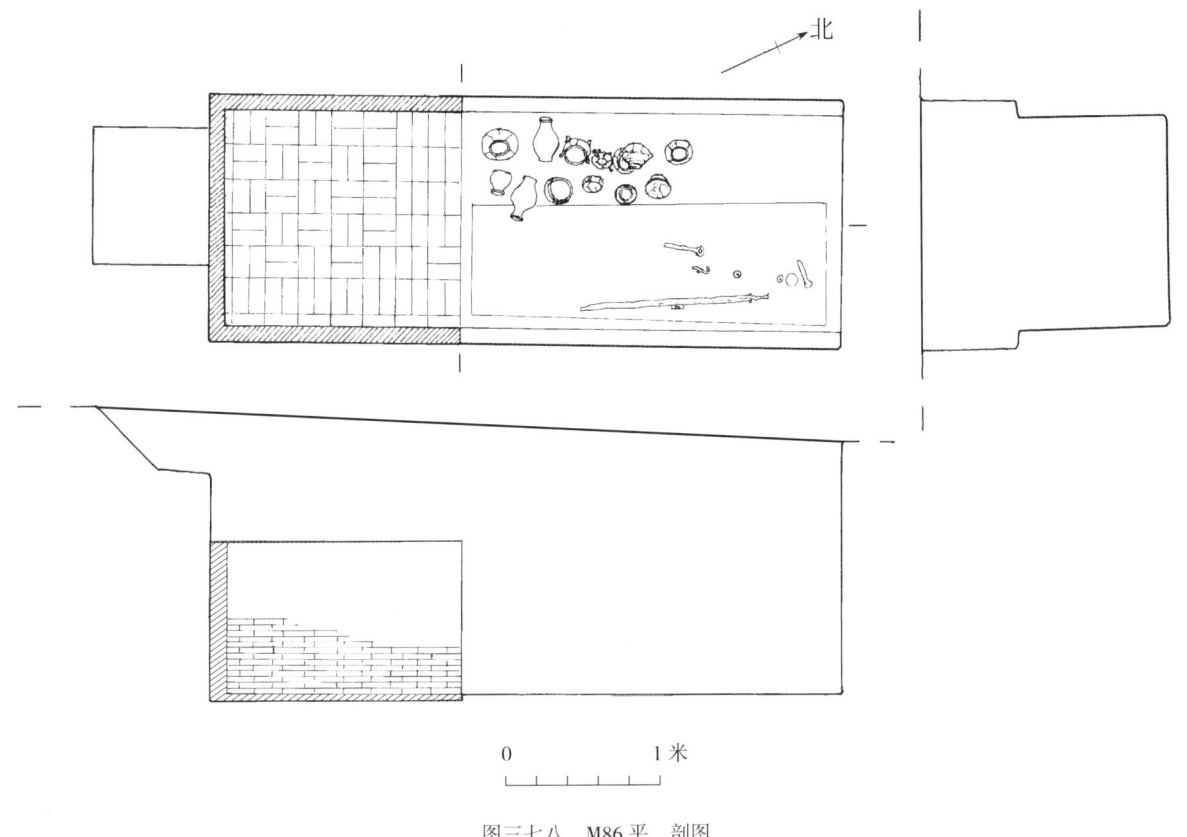

图三七八　M86 平、剖图

鼎　1 件。标本 M86：16，破。盖为覆钵形，顶部有一周凸弦纹，似圈足，正中和盖上各有两周凹弦纹。鼎为子母口，腹微鼓，耳下有一周凸弦纹，平底，下附三个鼎足，长方形附耳外卷。口径 18 厘米，耳宽 28.5 厘米，腹径 24 厘米，通高 25 厘米。（图版三二，1；图三八〇，1）

壶　2 件。完整。形制、大小相同。标本 M86：8，无盖，直口，方唇，束颈，鼓腹，假圈足，平底。肩腹部有三周凹弦纹。口径 10 厘米，腹径 21.2 厘米，高 30 厘米。（图三八〇，4）标本 M86：11，弧形盖。口径 10 厘米，腹径 21.2 厘米，高 30 厘米。（图版三二，7；图三八〇，8）

罐　5 件。泥质灰陶。根据形制可分两式。

Ⅰ式：盘口罐。1 件。标本 M86：9，破。盘口，方唇，束颈，鼓腹，平底。口径 9.5 厘米，底径 12.5 厘米，高 15.4 厘米。（图版三二，5；图三八〇，2）

Ⅱ式：小口束颈平底罐。4 件。破。小口，折沿，方唇，束颈，斜肩，肩部饰八道凹弦纹，鼓腹，平底。标本 M86：12，口径 13 厘米，腹径 34 厘米，底径 22 厘米，高 34 厘米。（图版三二，6；图三八〇，7）标本 M86：20，肩部弦纹上留有绳纹。口径 13 厘米，腹径 34 厘米，底径 22 厘米，高 34 厘米。

鐎壶　1 件。标本 M86：17，破。盖为方唇，平顶，鐎壶为小口，圆唇，鼓腹，平底，把的断面呈长方形，流为昂首狗头。盖顶径 4.2 厘米，口径 6 厘米，鐎壶腹径 14.5 厘米，底径 6.5 厘米，高 13 厘米。（图版三二，2；图三八〇，9）

卮　1 件。标本 M86：14，破。口微敛，圆唇，直壁微鼓，壁上有鋬，平底。口径 11.2 厘米，底径 11.2 厘米，高 12 厘米。（图版三二，4；图三八〇，3）

甑、釜、灶　1 套。标本 M86：18、M86：19、M86：15，破。釜为泥质黑陶，甑、灶为泥质灰陶。甑为折沿，方唇，弧腹，平底，有长条形甑孔。釜为敛口，短颈，鼓腹，平底，腹的中部有一周凸棱。灶为圆

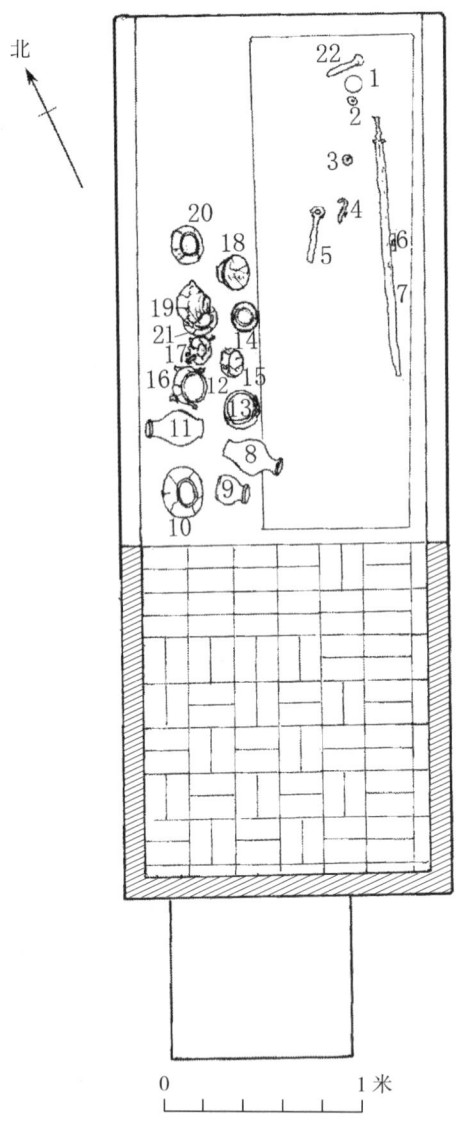

图三七九　M86 随葬品分布图

1. 铜镜　2、3. 五铢　4. 铜带钩　5、22. 铁环首刀　6. 玉昭文带　7. 铁剑　8、11. 陶壶　9、10、12、13、20. 陶罐
14. 陶厄　15. 陶灶　16. 陶鼎　17. 陶鐎壶　18. 陶甑　19. 陶釜　21. 陶井

形，鼓腹，中有放置釜的孔，一侧有半圆形灶门，一侧有出烟孔。甑的口径 23 厘米，底径 8 厘米。釜的口径 7.2 厘米，腹径 21.6 厘米，底径 6.4 厘米。灶的上部径 17.6 厘米，腹径 19.2 厘米，底径 16 厘米。甑、釜、灶通高 30 厘米。（图版三二，8；图三八〇，5）

　　井　1 件。标本 M86：21，破。泥质灰陶。敛口，方唇，腹微鼓，腹部有 4 个圆形孔。口径 10.5 厘米，底径 12.5 厘米，高 9 厘米。（图版三二，3；图三八〇，6）

　　2. 铜器、铜钱　3 件。有镜、带钩、五铢等。

　　镜　1 枚。标本 M86：1，内连弧昭明镜。破。圆形，镜面较直，圆钮，重圈钮座，其外为十二内连弧，再外为两周斜平行线纹，其间有小篆铭文"内清□夫日月心忽而不泄□"，部分铭文不清，铭文间有"而"字，再外为缘郭。面径 9.2 厘米，背径 9 厘米，钮高 0.8 厘米，钮宽 2 厘米，缘宽 0.8 厘米，缘厚 0.6 厘米，肉厚 0.2 厘米。（图三八一，1）

　　带钩　1 件。标本 M86：4，兽首，长颈，鼓腹，短颈，圆形钮。长 10 厘米，宽 2 厘米。

五铢　5枚。4整1破。大小相同。圆形，正方形穿，正面穿无穿郭，背面有穿郭和缘郭，唯"五"字有别。标本M86：2，穿之正面左右两侧铸有篆书"五铢"二字，"五"字较窄，上下不对称。钱径2.6厘米，郭径2.6厘米，郭宽0.15厘米，郭厚0.1厘米，肉厚0.1厘米，穿径1.1厘米。（图三八一，3~6）标本M86：3，"五"字呈对顶炮弹形，上下对称。钱径2.6厘米，郭径2.6厘米，郭宽0.1厘米，郭厚0.15厘米，肉厚0.1厘米，穿径1.1厘米。（图三八一，7、8）

3. 玉器　1件。

标本M86：6，昭文带。完整。青白玉质，淡青色，部分受浸呈褐色。器呈长方形，顶两面出檐，一端有一长方形穿孔，底面平直，表面雕有谷纹、云纹、网纹，有边郭，玻璃光，底面光素。长9.3厘米，宽2.2厘米，高1.3厘米。（图三八一，2）

4. 铁器　3件。有剑1件、环首刀2件。

剑　1件。标本M86：7，已朽。放置在棺内东侧，剑鞘的中部有玉昭文带（M86：6）。长128厘米。

环首刀　2件。标本M86：5，残。环状首，刀背较直，刃部也较直，刃末呈弧形，梢部已朽。长27厘

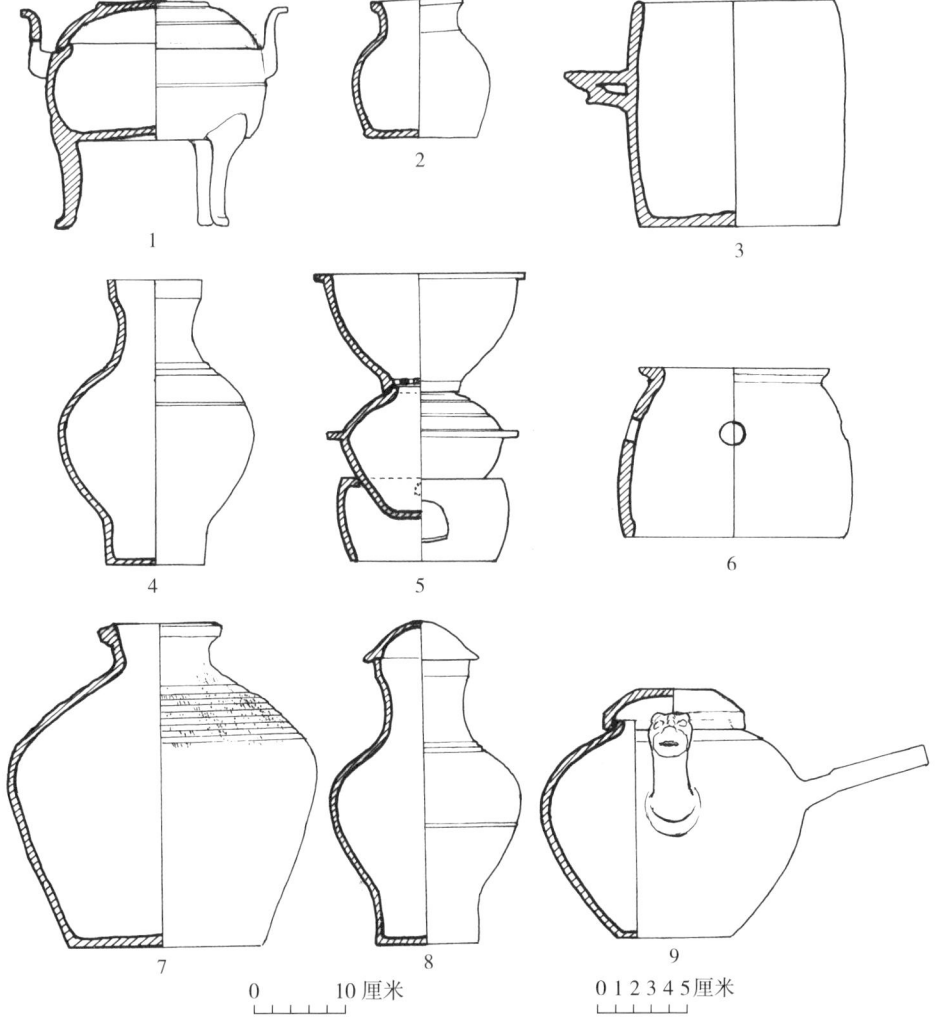

图三八〇　M86出土陶器

1. 鼎（M86：16）　2. Ⅰ式罐（M86：9）　3. 卮（M86：14）　4、8. 壶（M86：8、M86：11）
5. 甑、釜、灶（M86：18、M86：19、M86：15）　6. 井（M86：21）　7. Ⅱ式罐（M86：12）　9. 鐎壶（M86：17）

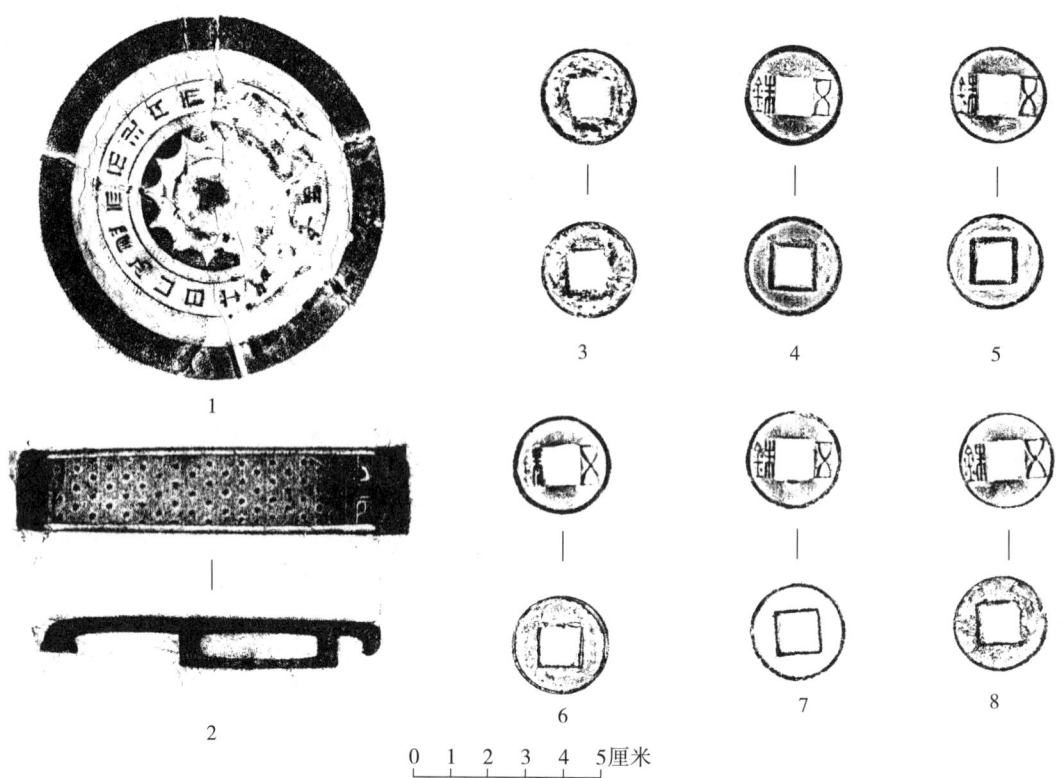

图三八一　M86 出土器物拓片

1. 铜镜（M86：1）　2. 玉昭文带（M86：6）　3～6. 五铢（M86：2-4、M86：2-1、M86：2-3、M86：2-2）

7、8. 五铢（M86：3-1、M86：3-2）

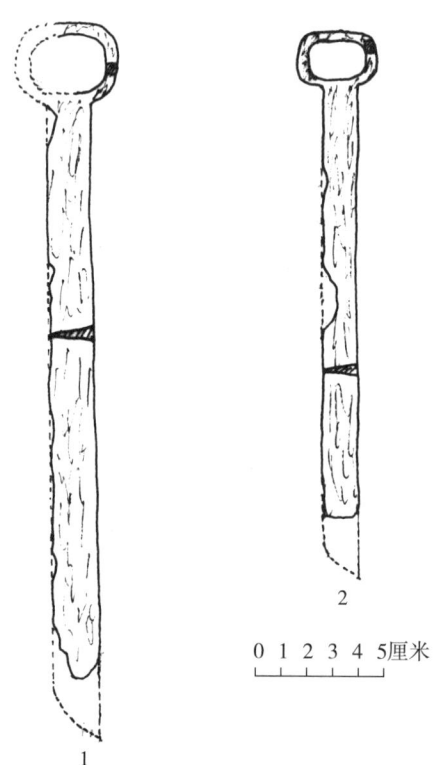

图三八二　M86 出土铁环首刀

1.M86：5　2.M86：22

米。（图三八二，1）标本 M86：22，环状首。残。刀背较直，刃部也较直，刃末呈弧形，梢部已朽。长 18 厘米。（图三八二，2）

M105 位于淮阳平粮台遗址西南部 T43 内。1980 年 11 月发掘。为斜坡墓道竖穴土坑砖室墓。发掘前墓上的土已被取走，墓道也被部分破坏。发掘时墓口距地表仅深 0.20 米。墓向 183°。（图三八三）

墓道　位于墓室的东南角，现长 0.90 米，宽 0.94 米。墓道最深处距墓底 1.88 米，距墓口 0.26 米。

墓室　口长 4.10 米，宽 1.70 米。墓内填五花土，逐层填土，逐层夯实，夯土比较硬。墓室分前后两部分，后部高于前部 0.06 米，后室长 2.52 米。墓东西壁下有生土二层台，台长均 2.52 米，宽均 0.20 米，台面距墓口 1.36 米，距墓底 0.84 米。二层台上部垂直，下部弧内收。墓室前部南北长 1.50 米，东西宽 1.70 米。前部东、西、南壁用砖砌，顺平铺，上下层错缝相压，共砌 23 层，砖壁高 0.96 米。底内长 1.40 米，内宽 1.52 米。墓底铺地砖一层，砌法是北部东西顺平铺五行，相邻砖缝相错，之后横铺一行，又顺平铺两行，再横铺一行，铺满为止。

葬具　后室西部置木棺一具，腐朽殆尽，根据灰痕推知棺长 2 米，宽 0.80 米。

葬室　棺内有人骨一具，腐朽殆尽。

随葬品　24 件。其中陶器 20 件（组）、铜器 3 件及五铢数枚。（图三八四）

1. 陶器　20 件（组）。以泥质灰陶为主，少数为泥质黑陶。有鼎 2 件、壶 3 件、盒 3 件、罐 3 件、盘 3 件、奁 1 件、釜灶 1 套、井 1 件、镰壶 1 件、扁壶 1 件、勺 1 件。

鼎　2 件。破。标本 M105：17，子母口，腹微鼓，耳下有一周凸弦纹，圜底，下附三个蹄足，长方形

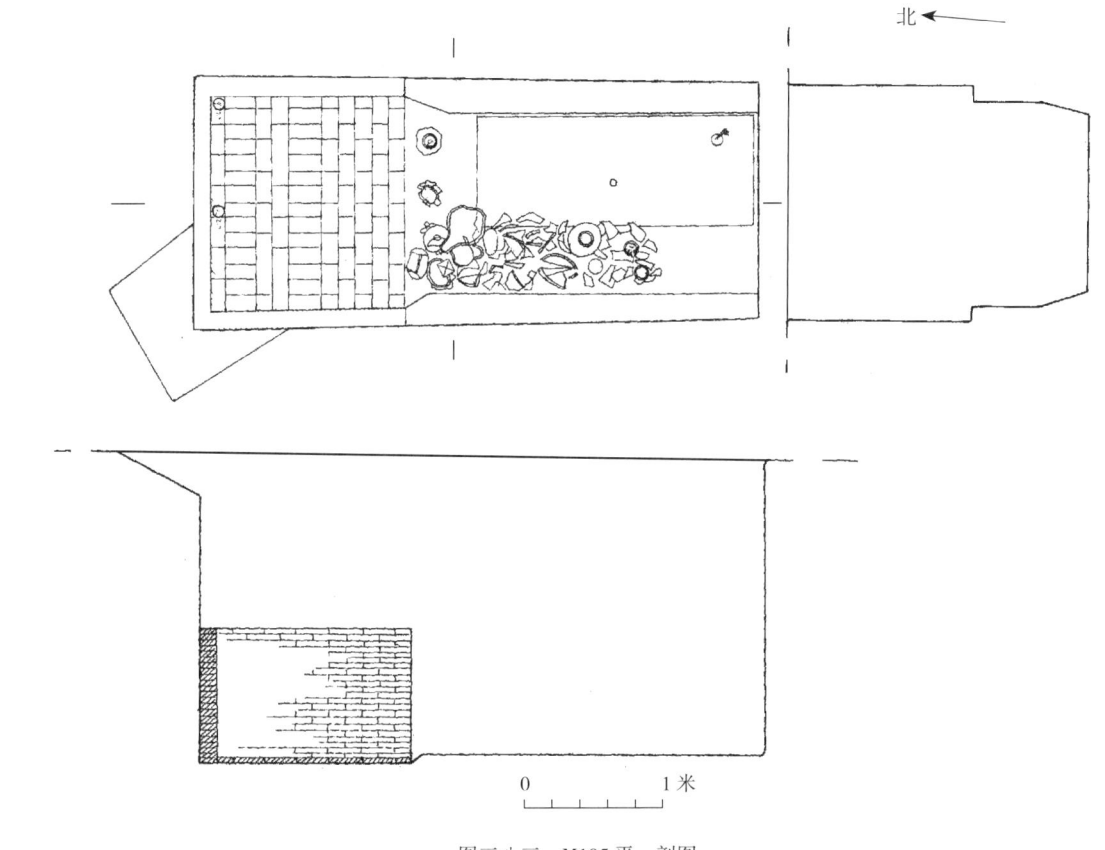

图三八三　M105 平、剖图

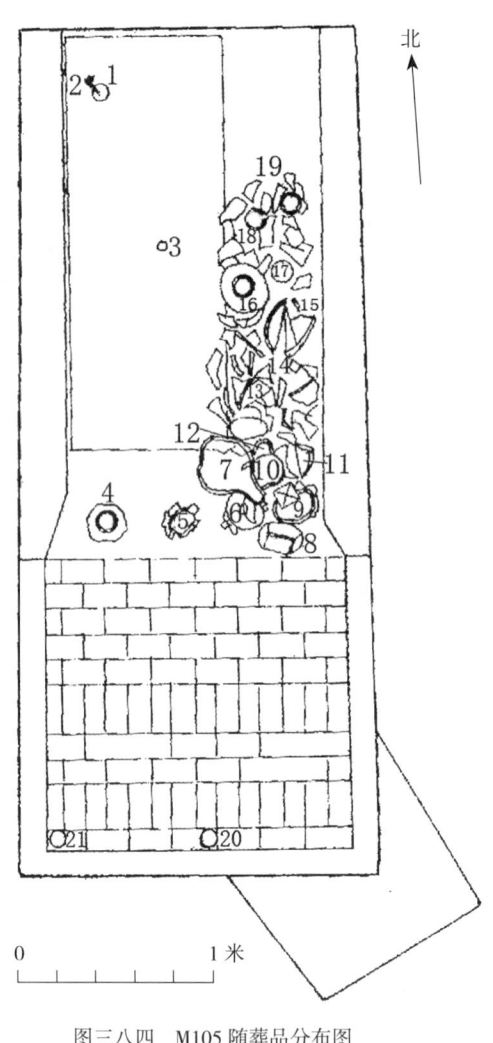

图三八四 M105 随葬品分布图

1. 铜镜 2. 铜刷 3. 五铢 4、10、18. 陶罐 5、17. 陶鼎 6. 陶鐎壶 7. 陶井 8、19、20. 陶盘 9. 陶奁

11、21、22. 陶盒 12、13、16. 陶壶 14. 陶釜灶 15. 铜盆 23. 陶扁壶 24. 陶勺（20～24 号残，出自北部陶片之中）

附耳外卷。耳间宽 25.5 厘米，腹径 20.7 厘米，高 17 厘米。（图三八五，1）标本 M105：5，子母口，腹微鼓，圜底，耳下有一周凸弦纹，下附三个鼎足，长方形附耳外卷。口径 16.7 厘米，耳间宽 22.4 厘米，腹径 17.8 厘米，高 15.5 厘米。（图三八五，2）

壶 3 件。破。泥质灰陶。标本 M105：12，弧形盖，子母口，壶为直口，方唇，束颈，鼓腹，圜底，圈足。肩腹部分别有两周凹弦纹，腹部有兽面铺首。口径 16.8 厘米，腹径 34 厘米，圈足径 19 厘米，通高 46 厘米。（图三八五，7）标本 M105：16，破。弧形盖，子母口，盖顶有一周凸弦纹，似圈足。壶为直口，方唇，束颈，鼓腹，假圈足，平底。肩腹部分别有两周凹弦纹，腹部有兽面铺首。口径 10 厘米，腹径 20 厘米，假圈足底径 13 厘米，通高 31 厘米。（图三八五，6）

盒 3 件。破。泥质黑陶。形制相近。标本 M105：22，弧形盖，弧顶，有一周凸弦纹，盖口较直，子母口。盒为敛口，圜底内凸，矮圈足。口径 16.8 厘米，腹径 20 厘米，圈足径 8.6 厘米，通高 16.8 厘米。（图三八五，3）标本 M105：21，弧形盖，弧顶，有一周凸弦纹，子母口。盒为敛口，平底，矮圈足。口径 18 厘米，腹径 21.6 厘米，圈足径 9.5 厘米，通高 18 厘米。（图三八五，5）

罐 3 件。标本 M105：4，破。泥质灰陶。小口，束颈，鼓腹，平底。肩部有刮削痕。口径 10 厘米，腹

径 16 厘米，底径 11 厘米，高 14 厘米。（图三八六，1）标本 M105：18，残。小口，侈口，折沿，方唇，束颈，斜肩，圜底。肩腹部饰凹弦纹，下鼓腹饰绳纹。口径 15.5 厘米，腹径 27.5 厘米，高 28.5 厘米。（图三八六，4）

扁壶　1件。标本 M105：23，泥质灰陶。小口，子母口，短颈，扁腹，长方形假圈足。口径 4 厘米，腹径 8.8 厘米，底长 12.5 厘米，宽 8 厘米，高 20 厘米。（图三八五，4）

奁　1件。标本 M105：9，破。无盖，子母口，敛口，圆唇，直壁，壁上有铺首，平底，三足。口径 13.6 厘米，底径 17 厘米，高 15.5 厘米。（图三八六，7）

鐎壶　1件。标本 M105：6，破。无盖，小口，圆唇，短颈，鼓腹，圜底，下附三蹄足，把的断面呈长方形，流为昂首兽头。口径 6.4 厘米，腹径 12.9 厘米，底径 7 厘米，柄长 5.5 厘米，高 7.5 厘米。（图

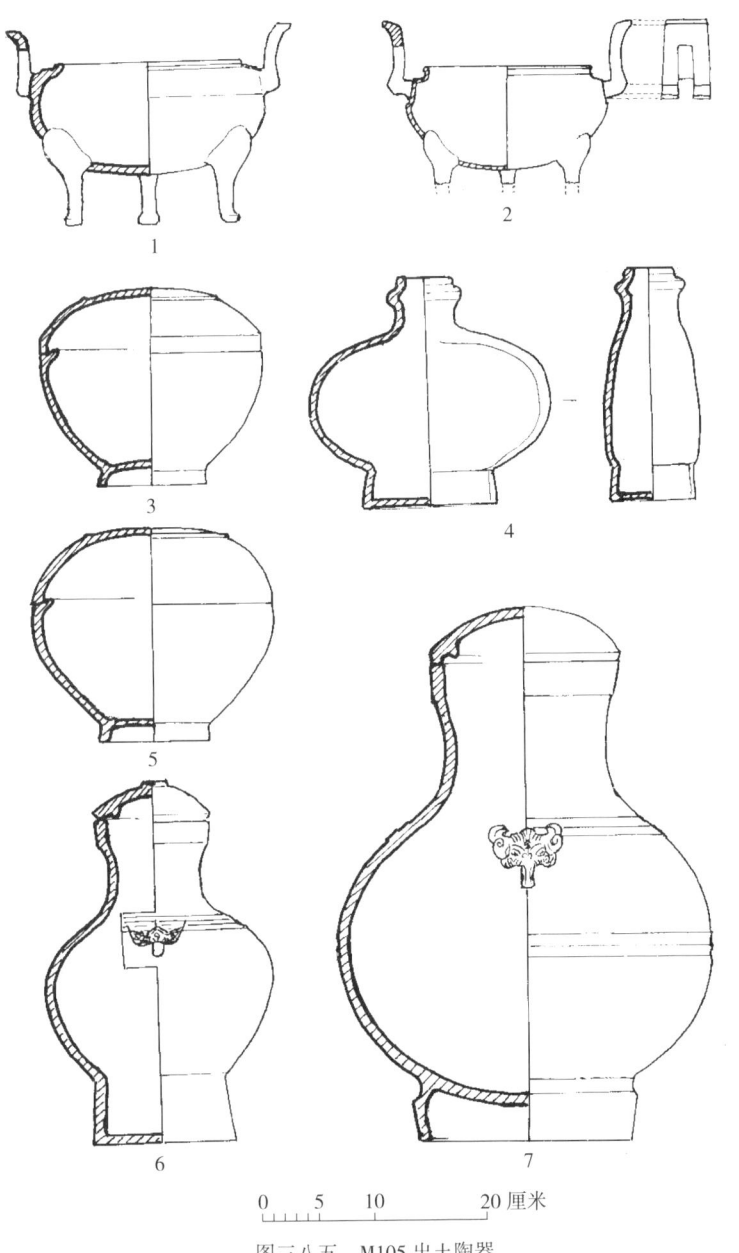

图三八五　M105 出土陶器

1.鼎（M105：17）　2.鼎（M105：5）　3.盒（M105：22）　4.扁壶（M105：23）　5.盒（M105：21）　6.壶（M105：16）　7.壶（M105：12）

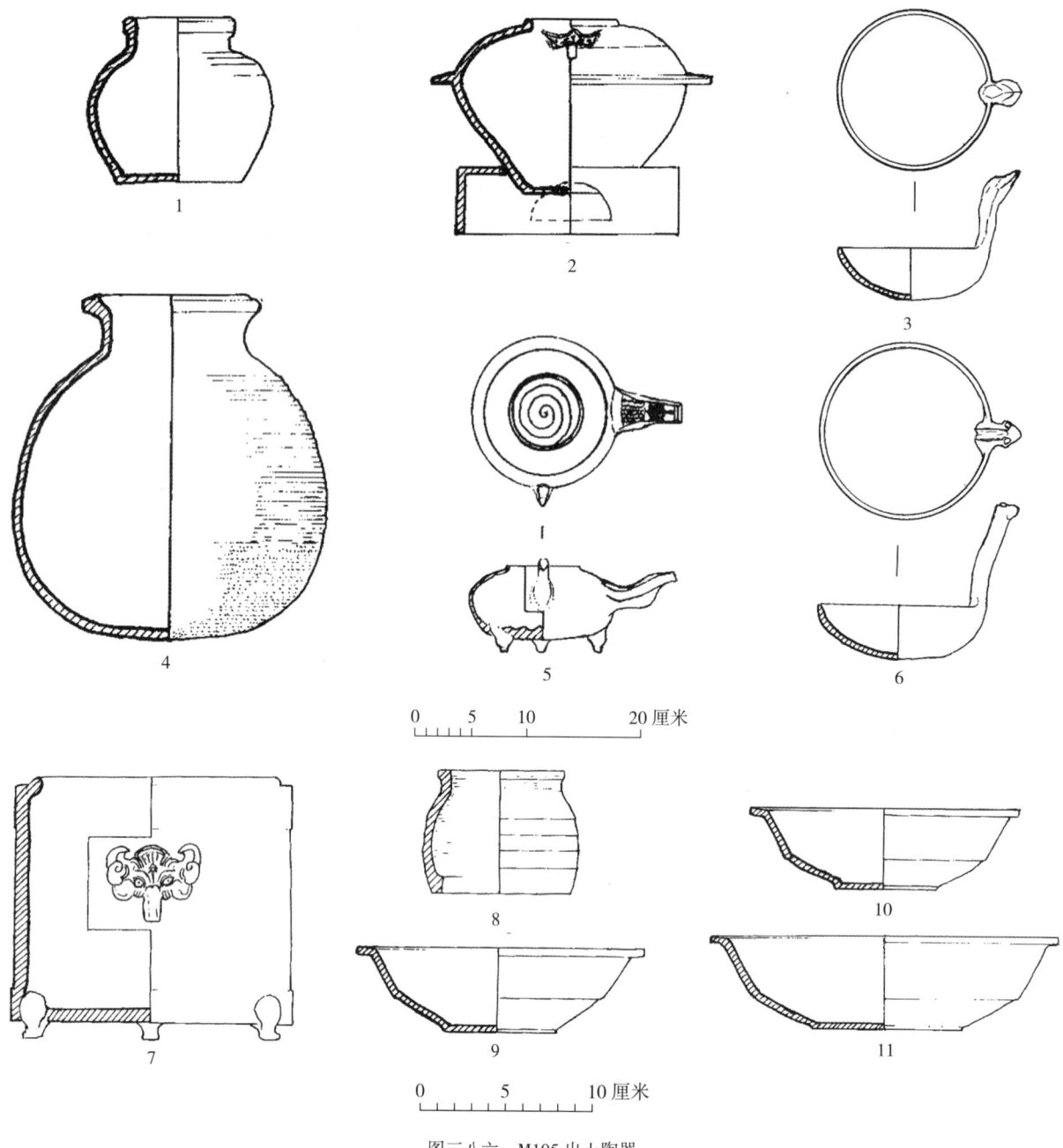

图三八六　M105 出土陶器

1.罐（M105：4）　2.釜、灶（M105：14）　3.勺（M105：24-2）　4.罐（M105：18）　5.鐎壶（M105：6）　6.勺（M105：24-1）
7.奁（M105：9）　8.井（M105：7）　9.盘（M105：8）　10.盘（M105：19）　11.盘（M105：20）

三八六，5）

　　釜、灶　1套。标本 M105：14，破。泥质黑陶。釜为敛口，短颈，鼓腹，平底，腹的中部有一周凸棱。灶为圆形，直腹，中有放置釜的孔，一侧有半圆形灶门，一侧有出烟孔。釜的口径 7.5 厘米，腹径 19 厘米，底径 8 厘米。灶的直径 19 厘米。釜、灶通高 18 厘米。（图三八六，2）

　　井　1件。标本 M105：7，完整。泥质灰陶。小口，折沿，方唇，腹微鼓，底中空。腹部饰弦纹。口径 7.8 厘米，腹径 9.5 厘米，底径 8.5 厘米，高 7.2 厘米。（图三八六，8）

　　盘　3件。破。泥质灰陶。形制相同，大小有别。折沿，方唇，折腹，小平底。标本 M105：20，口径

21 厘米，底径 8.4 厘米，高 5.4 厘米。（图三八六，11）标本 M105：8，口径 17.6 厘米，底径 6.7 厘米，高 5 厘米。（图三八六，9）标本 M105：19，口径 16 厘米，底径 6.3 厘米，高 4.8 厘米。（图三八六，10）

勺　1 件。标本 M105：24-1，柄为兽头。口径 14.3 厘米，底径 6.3 厘米，高 8.6 厘米。（图三八六，6）标本 M105：24-2，柄为鸟首。口径 13.6 厘米，高 7.2 厘米。（图三八六，3）

2. 铜器、铜钱　4 件。有镜、刷、盆及五铢。

镜　1 枚。标本 M105：1，连弧四乳镜。裂。镜面平直，"山"字形钮，重圈钮座，其外纹饰因锈蚀而不明，再外饰凸弦纹一周，其外为十六连弧。面径 5 厘米，背径 5.2 厘米，钮高 0.4 厘米，外连弧宽 0.2 厘米，缘厚 0.2 厘米，肉厚 0.15 厘米。

盆　1 件。标本 M105：15，残。侈口，卷沿，鼓腹。口径 16 厘米，残高 4 厘米。（图三八七，1）

五铢　4 枚。大小相同，正面穿不同。标本 M105：3-1，圆形，正方形穿，正面穿上有横郭，穿之左右和下部无穿郭，钱边缘有较宽的周郭，穿之背面有周郭，背面缘郭较窄，右下角有铸造时的熔痕，穿之正面左右两侧铸有篆书"五铢"二字，"五"字呈对顶炮弹形，上下不平。钱径 2.6 厘米，郭径 2.6 厘米，郭宽 0.15 厘米，郭厚 0.2 厘米，肉厚 0.1 厘米，穿径 1 厘米。（图三八七，2）标本 M105：3-2，正面缘郭较窄，正面穿无郭。钱径 2.5 厘米，郭径 2.5 厘米，郭宽 0.15 厘米，郭厚 0.2 厘米，肉厚 0.1 厘米，穿径 1 厘米。（图三八七，3）标本 M105：3-3，正面穿下部有郭。钱径 2.5 厘米，郭径 2.5 厘米，郭宽 0.15 厘米，郭厚 0.2 厘米，肉厚 0.1 厘米，穿径 1.1 厘米。（图三八七，4）

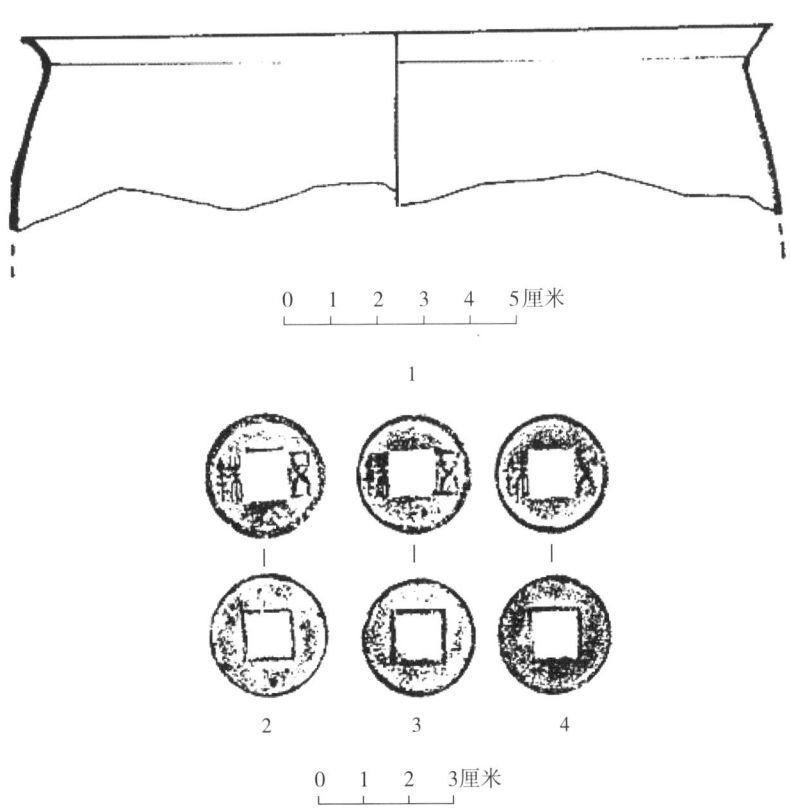

图三八七　M105 出土铜器、铜钱拓片

1. 盆（M105：15）　2~4. 五铢（M105：3-1、M105：3-2、M105：3-3）

M167 位于淮阳平粮台遗址中部 T196 内。1984 年 10 月发掘。为斜坡墓道竖穴土坑砖室墓。墓口距地表深 1.20 米。墓向 200°。（图三八八）

墓道　位于墓室的南部，长 2.90 米，宽 1.20 米。墓道距墓口 0.20~1.24 米，距墓底 0.94 米。

墓室　口长 2.90 米，宽 1.20 米。墓内填五花土，逐层填土，逐层夯实，夯土比较硬。墓底内宽 0.96 米。墓四壁砌砖，砌法为顺平铺，上下层错缝相压，共砌 18 层，砖墙高 0.74 米。墓底铺地砖横竖相间。

葬具　墓室内置木棺一具，腐朽殆尽，根据灰痕推知棺长 2 米，宽 0.66 米。

葬式　棺内有人骨一具，已腐朽，但可看出为仰身直肢葬，头向北，面向上。（图三八九）

随葬品　28 件。其中陶器 12 件、玉石器 3 件（套）、铜器 8 件、铁器 5 件。

1. 陶器　共 12 件。均为泥质灰陶。有罐 7 件、甑 1 件、釜 1 件、灶 1 件、井 1 件，填土中出土 1 件陶器。

罐　7 件。泥质灰陶，形制不同，分二型。

Ⅰ型：鼓腹罐。6 件。标本 M167：15，小口，方唇，鼓腹，平底。中腹部有一周凹弦纹。口径 10 厘米，腹径 20 厘米，底径 12 厘米，高 15.3 厘米。（图三九〇，1）标本 M167：14，小口，方唇，鼓腹，平底。中腹部有两周凹弦纹、一周锥刺纹。口径 9.5 厘米，腹径 19 厘米，底径 11.5 厘米，高 13.5 厘米。（图三九〇，4）标本 M167：11，小口，圆唇，鼓腹，平底。上腹部有凹弦纹。口径 9 厘米，腹径 19 厘米，底径 12 厘米，高 12.5 厘米。（图三九〇，2）标本 M167：12，小口，方唇，鼓腹，平底。口径 9.5 厘米，腹径 19.5 厘米，底径 11.5 厘米，高 12 厘米。（图三九〇，3）

Ⅱ型：双耳圜底罐。1 件。标本 M167：25，残。侈口，折沿，方唇，束颈，鼓腹，平底，肩部有双耳，耳部的罐壁内凹。上腹部饰数周凹弦纹，下腹部和底部饰细绳纹。口径 14 厘米，腹径 24 厘米，底径 12 厘米，高 27.3 厘米。（图三九〇，5）

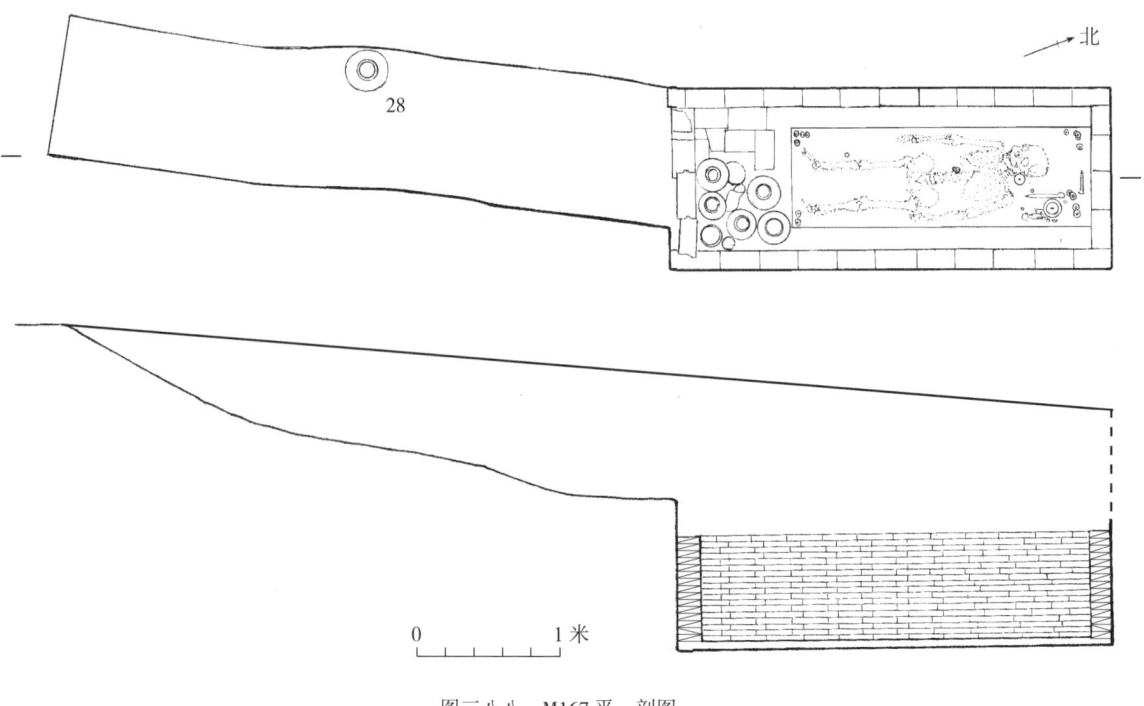

图三八八　M167 平、剖图

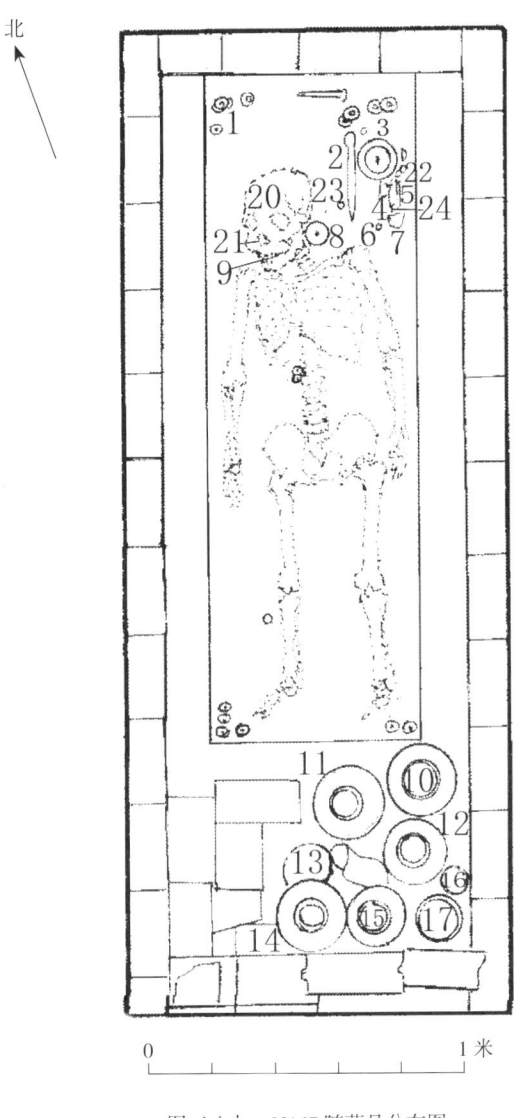

北

图三八九 M167随葬品分布图

1. 五铢　2、26. 铁削　3、8. 铜镜　4. 铁器　5. 铁剪刀　6. 铜帽钉　7. 铜兽面铺首　9. 玉蝉　10~15、25. 陶罐　16. 陶井　17. 陶甑
18. 陶釜　19. 陶灶　20. 玉耳塞　21. 玉鼻塞　22. 铜环　23. 铜顶针　24. 铜刷　27. 铁残片（填土中）　28. 陶器（填土中）

甑、釜、灶　1套。由甑、釜、灶组成。标本 M167:17、M167:18、M167:19，完整。泥质灰陶。甑为折沿，小平底，底部有两个圆形甑孔，口径 13.2 厘米，底径 4 厘米，高 6 厘米。釜为敛口，圆唇，鼓腹，平底，口径 6.8 厘米，腹径 11.6 厘米，底径 7.2 厘米，高 7.6 厘米。灶为圆形，直筒状腹，中有放置釜的孔，一侧有圆形灶门。甑、釜、灶通高 15 厘米。（图三九〇，7）

井　1件。标本 M167:16，完整。泥质灰陶。方唇，腹微鼓，底内收。口径 7 厘米，底径 8.6 厘米，高 7.4 厘米。（图三九〇，6）

2. 铜器、铜钱　8件。有镜 2 枚，顶针、刷、帽钉、五铢、环、兽面铺首各 1 件。

镜　2枚。标本 M167:8，日光镜。完整。圆形，镜面微弧，圆钮，重圈钮座，八内连弧，弧间饰仰月纹，外饰平行线带状纹两周，其间有铭文"见日月之光天下明"，铭文简单，可能是明器。面径 6.8 厘米，背径 6.8 厘米，钮高 0.9 厘米，钮宽 1 厘米，缘宽 0.2 厘米，缘厚 0.3 厘米，肉厚 0.2 厘米。（图三九一，1）

标本 M167:3，日光镜。完整。圆形，镜面微弧，圆钮，重圈钮座，八内连弧，外饰斜平行线带状纹两周，

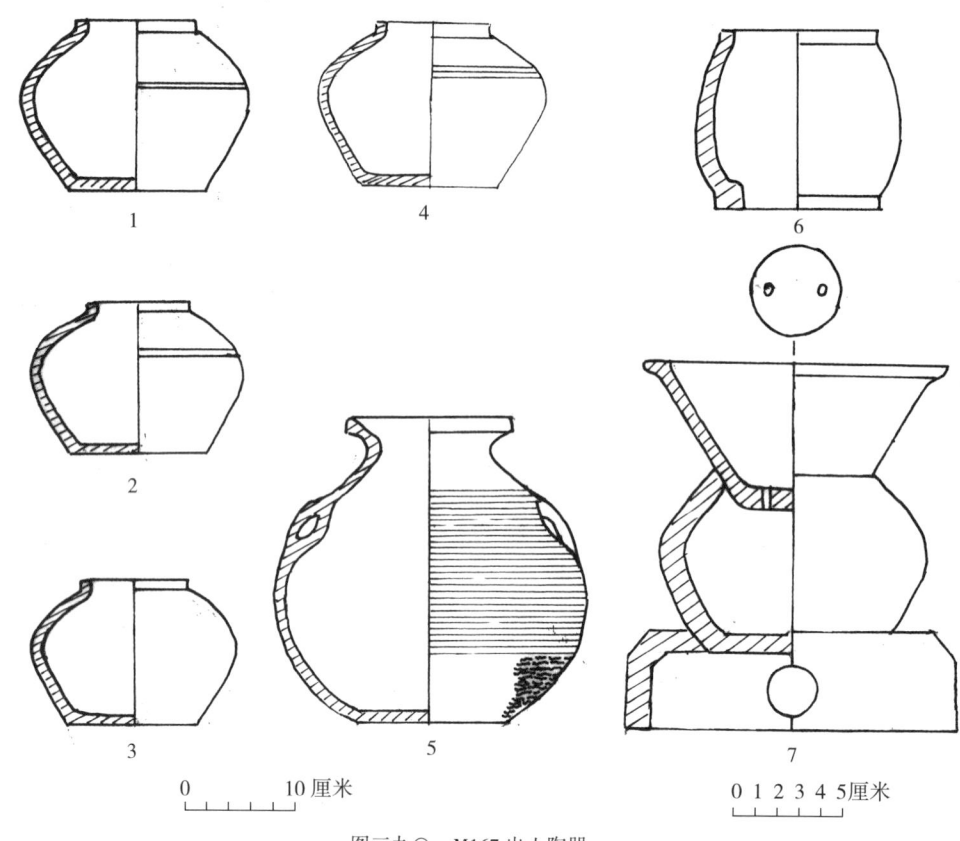

图三九〇　M167 出土陶器

1. Ⅰ型罐（M167：15）　2. Ⅰ型罐（M167：11）　3. Ⅰ型罐（M167：12）　4. Ⅰ型罐（M167：14）　5. Ⅱ型罐（M167：25）
6. 井（M167：16）　7. 甑、釜、灶（M167：17、M167：18、M167：19）

其间有铭文"内青质白光忠夫日月于心忽不泄"，有的字间加"而"。面径11.9厘米，背径11.7厘米，钮高0.8厘米，钮宽1.8厘米，缘宽1.7厘米，缘厚0.6厘米，肉厚0.2厘米。（图三九一，2）

刷　1件。标本 M167：24，残。长10.4厘米，斗径0.8厘米。（图三九二，1）

顶针　1件。标本 M167：23，残。平面呈圆形，其外有4排凿出的小圆坑。直径1.7厘米，宽0.7厘米。（图三九二，3）

帽钉　1件。标本 M167：6，直径1.5厘米，高1.5厘米。（图三九二，6）

环　1件。标本 M167：22，直径1.9厘米，厚0.4厘米。（图三九二，4）

兽面铺首　1件。标本 M167：7，完整。兽面下有钩，可能已脱落。宽3.4厘米，高2.7厘米，厚0.5厘米。（图三九二，5）

五铢　52枚。均圆形，正方形穿，钱边缘有周郭，穿无郭，穿之背面有周郭，穿之正面左右两侧铸有篆书"五铢"二字。选标本5枚，根据钱周郭的宽窄、大小可分两种。标本 M167：1-1~3，3枚，大小相同。"五"字两笔较细，呈对顶炮弹形，"朱"字上一横为方折，下一横为圆折，金字旁呈等腰三角形，点较小。钱径2.6厘米，郭宽0.12厘米，郭厚0.16厘米，肉厚0.12厘米，穿宽1厘米。（图三九一，3~5）标本 M167：1-4、M167：1-5，2枚，大小相同，钱较薄而小。"五"字两笔稍粗，呈对顶炮弹形，"朱"字上一横为方折，下一横为圆折。钱径2.5厘米，郭宽0.12厘米，郭厚0.12厘米，肉厚0.1厘米，穿宽1厘米。（图三九一，6、7）

3. 玉石器　有蝉1件、鼻塞1对、耳塞1对。

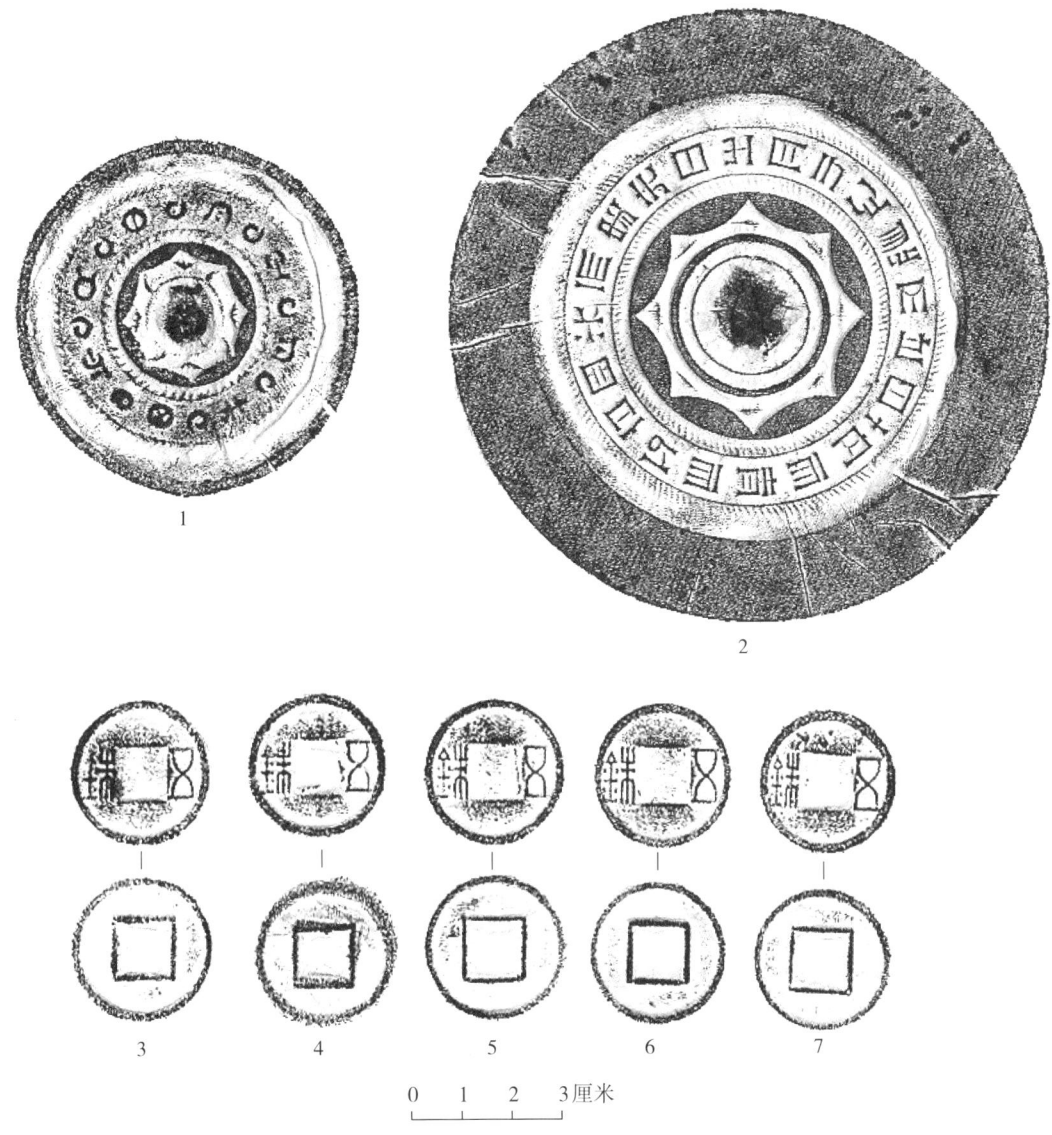

图三九一　M167出土铜镜、铜钱拓片

1.镜（M167：8）　2.镜（M167：3）　3.五铢（M167：1-1）　4.五铢（M167：1-2）　5.五铢（M167：1-3）
6.五铢（M167：1-4）　7.五铢（M167：1-5）

　　蝉　1件。标本M167：9，完整。灰色。仅刻出蝉形，头呈三角形，尾呈椭圆形，断面呈扁圆形。长4厘米，宽2.4厘米，厚0.8厘米。（图三九三，1）

　　鼻塞　1对。标本M167：21，完整。呈柱状，上粗下细。直径0.2~0.4厘米，长1.4厘米。（图三九三，3）

　　耳塞　1对。标本M167：20，完整。呈柱状，上粗下细。直径0.2~0.5厘米，长1.2厘米。（图三九三，2）

　　4.铁器　共5件。有削2件、剪刀1件、铁器1件、残片1件。

　　削　2件。标本M167：26，直径14厘米，厚0.5厘米。

　　残片　1件。标本M167：27，残长2.4厘米。（图三九二，2）

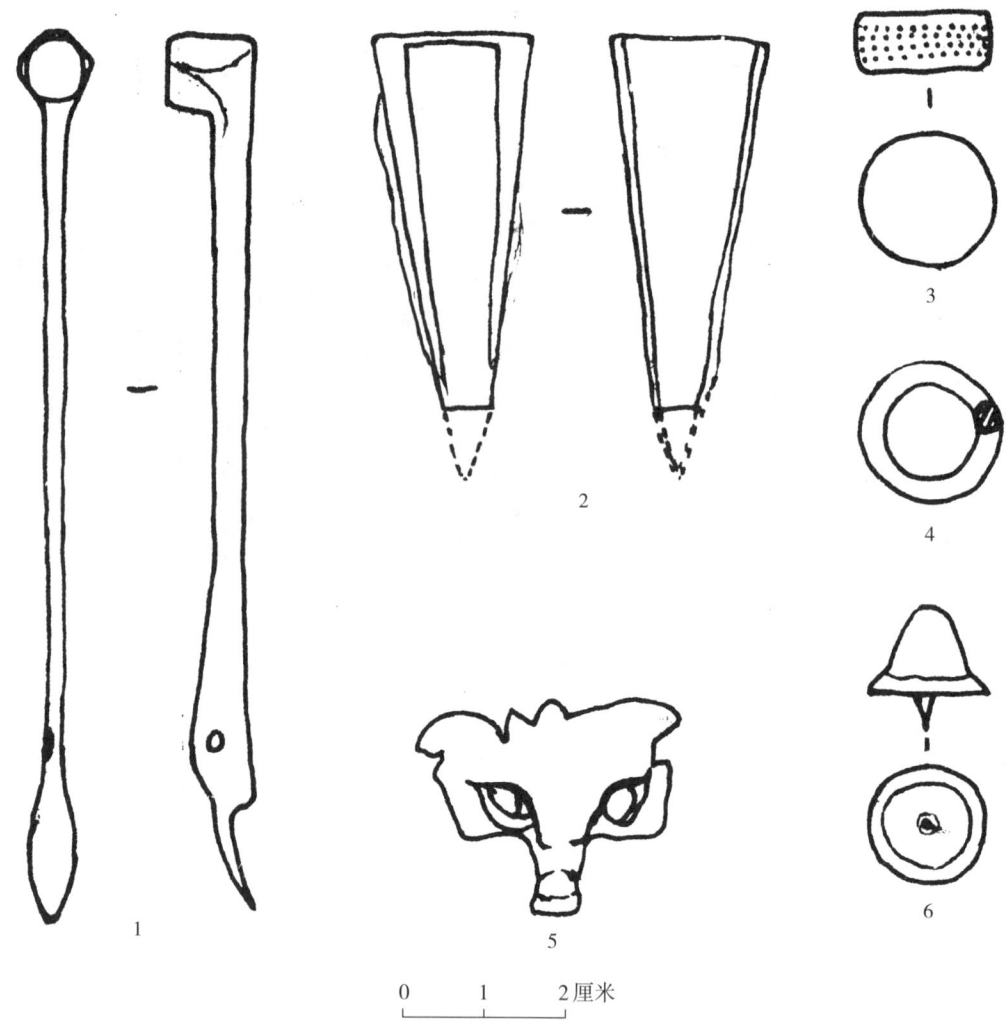

0　　　1　　　2厘米

图三九二　M167 出土铜器、铁器

1.铜刷（M167：24）　2.铁残片（M167：27）　3.铜顶针（M167：23）　4.铜环（M167：22）　5.铜兽面铺首（M167：7）

6.铜帽钉（M167：6）

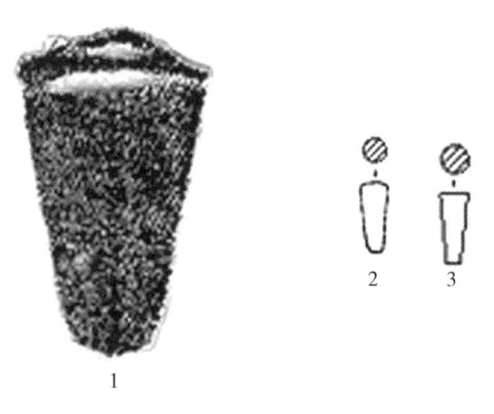

0　　1　　2厘米

图三九三　M167 出土玉石器

1.蝉（M167：9）　2.耳塞（M167：20）　3.鼻塞（M167：21）

M180 位于淮阳平粮台遗址中部 T196 的东南。1984 年 11 月发掘。为斜坡墓道竖穴土坑砖室墓，由墓道和墓室组成。墓口距地表 1.20 米。墓口平面形状为"甲"字形，墓道窄于墓室，墓向 190°。（图三九四）

墓道 位于墓室的南部，平面呈长方形。墓道伸至探方的南隔梁下，长度不知，宽 1.26 米。墓道距墓口深度不知，距墓底 1.14 米。壁直，底斜坡而平。墓道内填五花土，逐层填土，逐层夯实，质地较硬。

墓室 位于墓道北端，平面呈长方形。口长 3.70 米，宽 1.94 米。墓四壁砌砖，墓砖顺平铺，上下层错

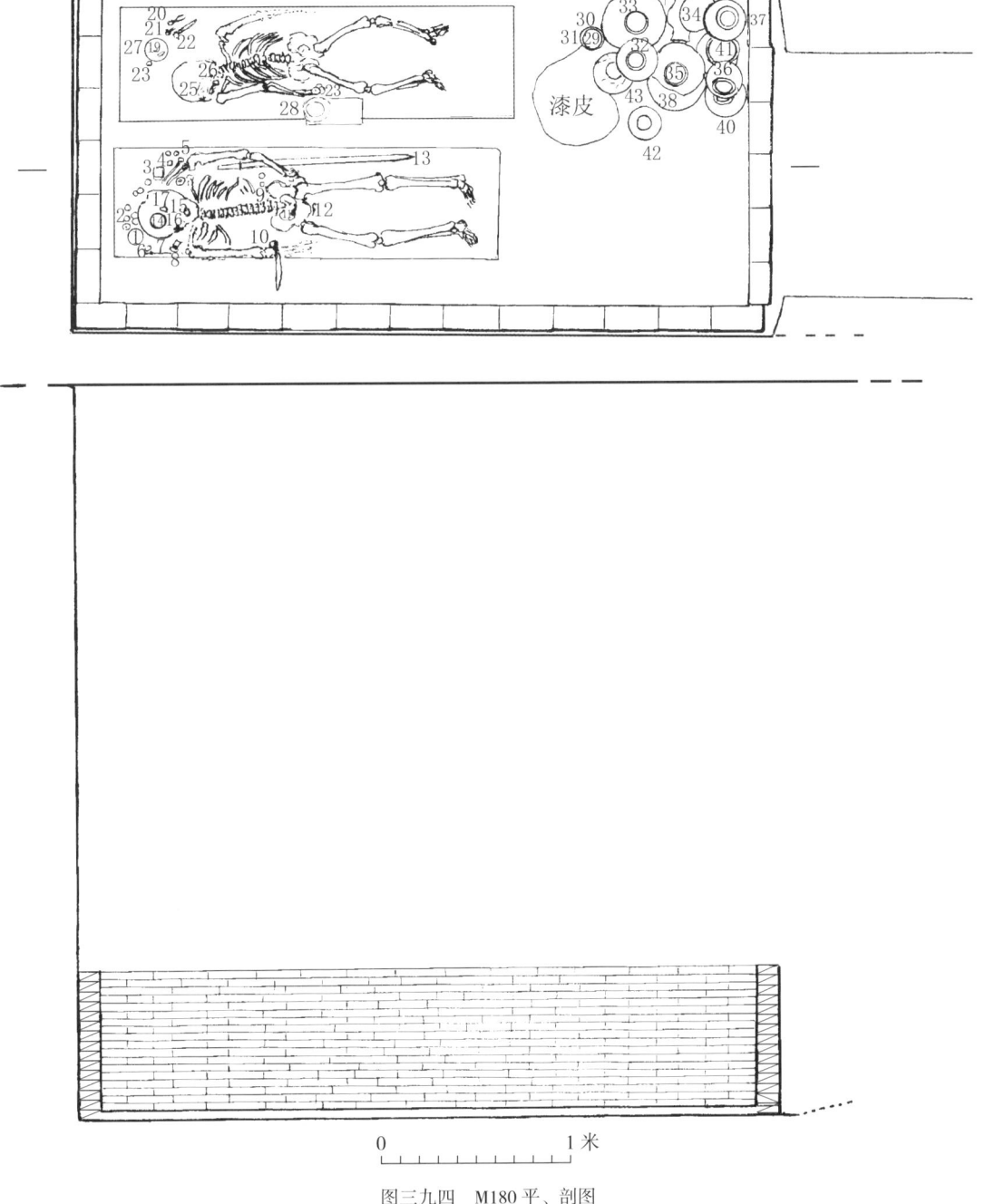

图三九四 M180 平、剖图

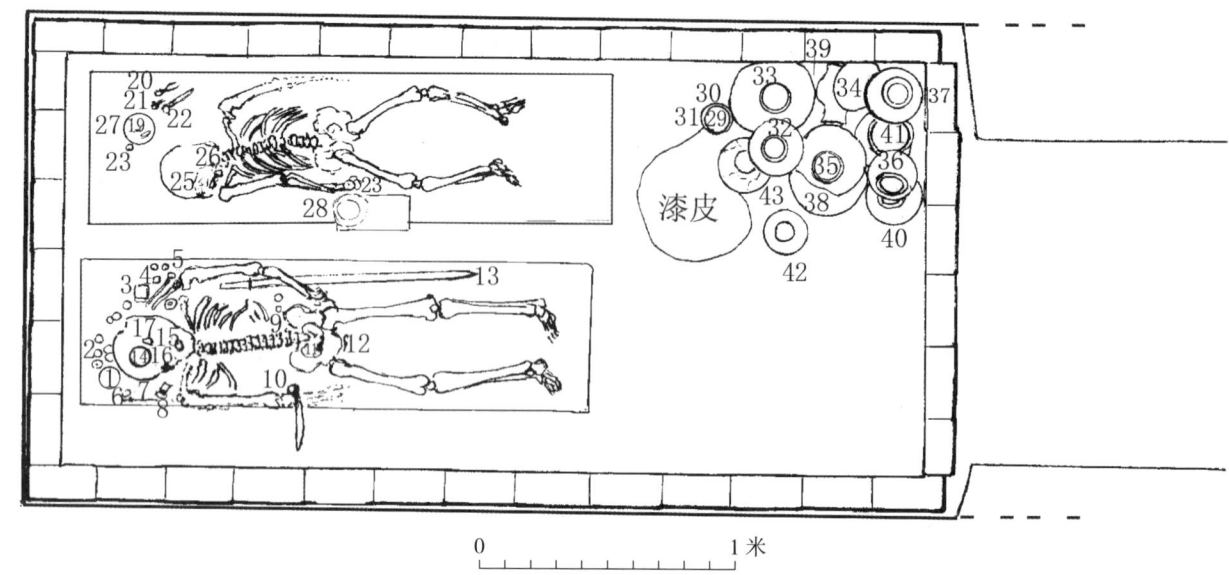

北

0　　　　　　　1 米

图三九五　M180 随葬品分布图

1、14、27.铜镜　2、23.五铢　3.石砚　4.石研　5、6、10、22.铁削　7、21.铜刷　8、19.铁簪　9.铜印章　11、12.铜带钩
13.铁剑　15、26.玉蝉　16、25.玉鼻塞　17.玉耳塞　18.铜盖弓帽　20.铁剪刀　24.铜顶针　28.釉陶灶
29.釉陶甑　30.釉陶釜　31.陶井　32、34～37、43、44.陶罐　33、38～41.釉陶壶　42.瓷壶　45.骨镞

缝相压，共砌 18 层，砖墙高 0.70 米。内填五花土，逐层填土，逐层夯实，夯土比较硬。墓底内长 2.36 米，宽 1.52 米。

葬具　有木棺两具，东西并列，均已腐朽殆尽，根据灰痕推知东棺长 2.04 米，宽 0.57 米，高度不知；西棺长 2 米，宽 0.58 米，高度不知。

随葬品　共 44 件。其中陶瓷器 17 件、玉石器 7 件、铜器 11 件、铁器 8 件，另有骨镞 1 件。（图三九五）

1.陶瓷器　17 件。以泥质灰陶为主，少数为泥质黑陶，此外，还有釉陶，红陶胎、红釉。有釉陶壶 5 件、甑 1 件、釜 1 件、灶 1 件、井 1 件，以及陶罐 7 件、瓷壶 1 件。

釉陶壶　5 件。破。泥质红陶胎，红釉。轮模合制。形制相同。标本 M180：40，盘形口，方唇，束颈，鼓腹，圜底，矮圈足。肩腹部分别有两组带状波浪纹，上腹部有模印的兽面铺首，腹的中部有两周凸弦纹。口径 15 厘米，腹径 31 厘米，圈足径 13 厘米，通高 36 厘米。（彩版六五，1；图三九六，1）标本 M180：38，破。盘口，方唇，束颈，鼓腹，圜底，矮圈足。上腹部有三周凹弦纹和模印的兽面铺首。口径 14 厘米，腹径 25.2 厘米，圈足径 13.6 厘米，高 30.8 厘米。（彩版六五，2；图三九六，5）标本 M180：41，完整。盘口，方唇，束颈，鼓腹，圜底，矮圈足外侈。上腹部有两周凹弦纹和模印的兽面铺首。口径 14.5 厘米，腹径 27 厘米，圈足径 13.5 厘米，高 34 厘米。（图三九六，4）标本 M180：39，完整。盘口，方唇，颈微束，鼓腹，腹部有两个模印铺首，下附圈足，圈足微侈。口径 15 厘米，圈足径 14.2 厘米，高 36.5 厘米。（图三九六，3）

陶罐　7 件。6 整 1 破。泥质灰陶。形制不同，分三型。

Ⅰ型：刮腹罐。5 件。侈口，折沿，圆唇，束颈，鼓腹，平底。下腹部有刮削痕。标本 M180：34，口径 10 厘米，腹径 13.5 厘米，底径 7.5 厘米，高 13.5 厘米。（图三九七，1）标本 M180：32，口径 10 厘米，腹

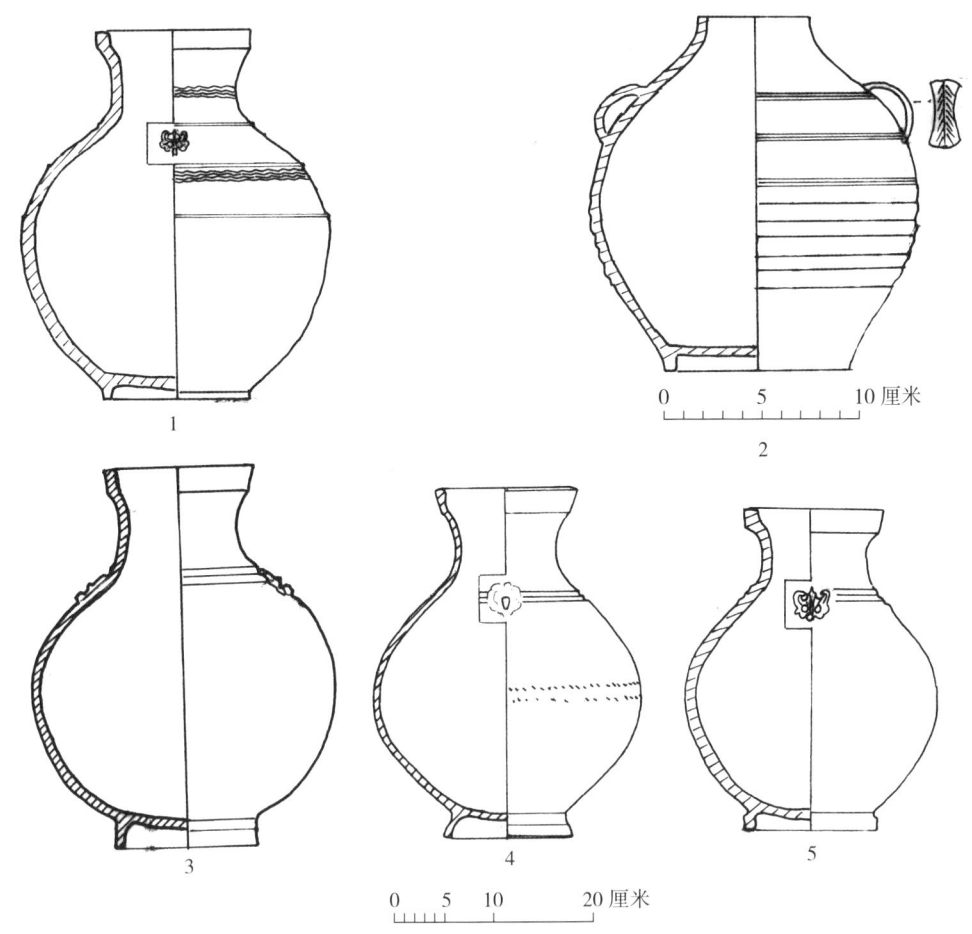

图三九六 M180 出土釉陶器、瓷器

1. 釉陶壶（M180：40） 2. 瓷壶（M180：42） 3. 釉陶壶（M180：39） 4. 釉陶壶（M180：41） 5. 釉陶壶（M180：38）

径 12 厘米，底径 8 厘米，高 11 厘米。（图三九七，4）标本 M180：43，口径 10 厘米，腹径 12 厘米，底径 7.5 厘米，高 12 厘米。（图三九七，3）

Ⅱ型：小口鼓腹罐。1 件。标本 M180：36，小口，圆唇，短颈，鼓腹，平底。口径 11 厘米，腹径 23 厘米，底径 17 厘米，高 18 厘米。（图三九七，6）

Ⅲ型：双耳圜底罐。1 件。标本 M180：37，小口，折沿，方唇，短颈，圜底，肩部有双耳，耳部的罐壁内凹。上腹部饰凹弦纹，下腹部和底部饰绳纹。口径 9.6 厘米，腹径 22.8 厘米，高 26 厘米。（图三九七，7）

釉陶甑、釜、灶 1 套。标本 M180：29、M180：30、M180：28，完整。泥质灰陶。甑为折沿，侈口，方唇，小平底，腹部有两周凹弦纹，下部有竖刮削痕，似仰莲，底部有一排三个圆形甑孔。口径 13 厘米，底径 4 厘米，高 6 厘米。釜为敛口，圆唇，鼓腹，平底。口径 7 厘米，腹径 10 厘米，底径 5 厘米，高 6 厘米。灶为圆形，直筒状腹，中有放置釜的孔，一侧有圆形灶门。甑、釜、灶通高 13.4 厘米。（图三九七，5）

釉陶井 1 件。标本 M180：31，完整。敛口，圆唇，筒腹，底内折。口径 7 厘米，底径 9 厘米，高 4 厘米。（图三九七，2）

瓷壶 1 件。标本 M180：42，口残后又磨平。小口，束颈，鼓腹，平底，短圈足，两个带状耳置于上腹部。饰弦纹。瓷胎，青釉施于上腹部和颈部。口径 5.5 厘米，腹径 17 厘米，圈足径 9.5 厘米，残高 17 厘米。（彩版六五，6；图三九六，2）

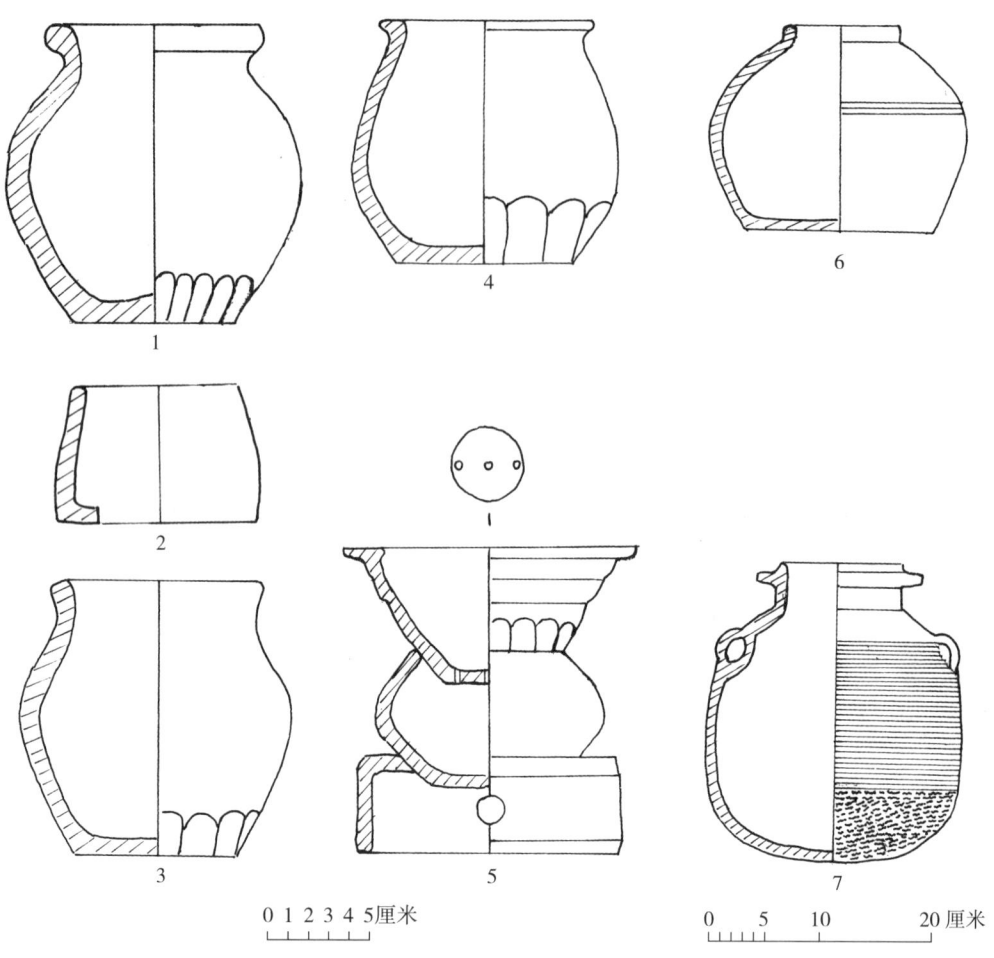

图三九七　M180 出土陶器

1. Ⅰ型罐（M180∶34）　2. 釉陶井（M180∶31）　3. Ⅰ型罐（M180∶43）　4. Ⅰ型罐（M180∶32）

5. 釉陶甑、釜、灶（M180∶29、M180∶30、M180∶28）　6. Ⅱ型罐（M180∶36）　7. Ⅲ型罐（M180∶37）

2. 铜器、铜钱　11件。有镜 3 枚、顶针 1 件、刷 2 件、盖弓帽 1 件、印章 1 枚、带钩 2 件、五铢 51 枚。

镜　3 枚。标本 M180∶14，日光镜。完整。圆形，镜面微弧，圆钮，重圈钮座，其外饰斜平行线纹两周，其间有铭文，铭文不全，可能是明器。面径 5.6 厘米，背径 5.4 厘米，钮高 0.6 厘米，钮宽 1.2 厘米，缘宽 0.2 厘米，缘厚 0.15 厘米，肉厚 0.1 厘米。（彩版六五，4；图三九八，1）标本 M180∶1，为四乳蟠螭纹镜。完整。圆形，镜面微弧，圆形钮，重圈钮座，其外有两周凸弦纹，其间有四乳，间以"〰"形蟠螭纹，再外为缘郭。面径 9 厘米，背径 8.8 厘米，钮高 0.6 厘米，钮宽 0.8 厘米，缘宽 1.2 厘米，缘厚 0.4 厘米，肉厚 0.2 厘米。（彩版六五，3；图三九八，3）标本 M180∶27，为四乳蟠螭纹镜。完整。圆形，镜面微弧，圆形钮，重圈钮座，其外有两周斜平行线纹，其间有四乳，间以"〰"形蟠螭纹，再外为缘郭。面径 8 厘米，背径 7.8 厘米，钮高 0.6 厘米，钮宽 1 厘米，缘宽 1.1 厘米，缘厚 0.4 厘米，肉厚 0.2 厘米。（图三九八，2）

带钩　2 件。完整。兽首勾头挺胸，圆形钮。标本 M180∶11，长 4.4 厘米，宽 1 厘米。（图三九九，1）标本 M180∶12，宽 1.1 厘米，高 1.4 厘米。（图三九九，2）

顶针　1 件。标本 M180∶24，完整。平面呈圆形，其外有四排针孔。直径 2 厘米，宽 1 厘米，厚 0.2 厘米。（图三九九，7）

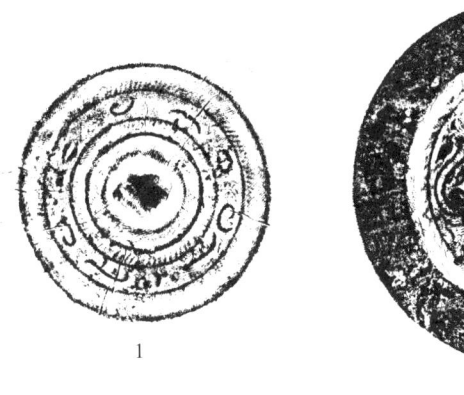

图三九八　M180 出土铜镜拓片

1. 日光镜（M180∶14）　2. 四乳蟠螭纹镜（M180∶27）　3. 四乳蟠螭纹镜（M180∶1）

刷　2 件。完整。形制相同，大小有别。刷为方形圆孔，柄为圆柱状，上粗下细，柄端为兽首伸舌，圆目。标本 M180∶7，孔体的长宽均为 0.8 厘米，孔径 0.6 厘米，柄径 0.2~0.6 厘米，通长 11.5 厘米，高 1 厘米。（图三九九，5）标本 M180∶21，孔体的长宽均为 1 厘米，孔径 0.9 厘米，柄径 0.3~0.6 厘米，通长 11.8 厘米，高 1.2 厘米。（图三九九，4）

盖弓帽　1 对。完整。形制相同。平面呈柱状，上细下粗，正面的中部有一圆形穿孔，侧面的中部有一向上的钩，另一侧面的下部有一带状钮，断面呈椭圆形。标本 M180∶18-1，中空，平顶，体的平面呈长方形，侧面则上细下粗。长 3.5 厘米，上部体径 0.6~0.9 厘米，下部体径 1~1.2 厘米。标本 M180∶18-2，中空，平顶，体的平面呈长方形，侧面则上细下粗。长 3.5 厘米，上部体径 0.6~0.9 厘米，下部体径 1~1.2 厘米。（图三九九，3）

印章　1 枚。标本 M180∶9，完整。带状钮，印面呈正方形，印文为篆书“彭立”。长宽均为 1.5 厘米，印厚 0.7 厘米，通高 1.5 厘米，（彩版六五，5；图三九九，6）

五铢　共 51 枚。东、西两棺均有，其中西棺 11 枚。均为圆形，正方形穿，钱边缘有周郭或无郭，穿之背面有周郭，穿之正面左右两侧铸有篆书“五铢”二字，“五”字呈对顶炮弹形。标本 M180∶2-1，穿上部有郭，钱较厚。钱径 2.5 厘米，郭宽 0.1 厘米，郭厚 0.15 厘米，肉厚 0.12 厘米，穿宽 1 厘米。标本 M180∶2-2，钱较厚而稍大。钱径 2.6 厘米，郭宽 0.12 厘米，郭厚 0.15 厘米，肉厚 0.12 厘米，穿宽 1.1 厘米。标本 M180∶2-3，钱薄，郭较窄，金字旁上部呈等腰三角形，点较长，“朱”字上笔方折。钱径 2.2 厘米，郭宽 0.02 厘米，郭厚 0.10 厘米，肉厚 0.08 厘米，穿宽 1.1 厘米。标本 M180∶2-4，钱较小，无郭。钱径 1.9 厘米，钱厚 0.08 厘米，穿宽 1.0 厘米。（图三九九，11、12）东棺出土 40 枚。正方形穿，钱边缘有周郭或无郭，穿之背面有周郭，穿之正面左右两侧铸有篆书“五铢”二字，“五”字呈对顶炮弹形。“朱”字上一横向上直折，下一横向下弧折，金字旁上部呈等腰三角形，点较小。M180∶23-1，穿正面无郭，背面有郭，钱较厚。钱径 2.5 厘米，郭宽 0.10 厘米，郭厚 0.15 厘米，肉厚 0.12 厘米，穿宽 1 厘米。标本 M180∶23-2，钱较厚而稍大，郭较宽，正面上方有郭。钱径 2.6 厘米，郭宽 0.14 厘米，郭厚 0.18 厘米，肉厚 0.14 厘米，穿宽 1 厘米。标本 M180∶23-3，钱薄而小，郭窄。钱径 2.4 厘米，郭宽 0.05 厘米，郭厚 0.14 厘米，钱厚 0.11 厘米，穿宽 1 厘米。（图三九九，8~10）

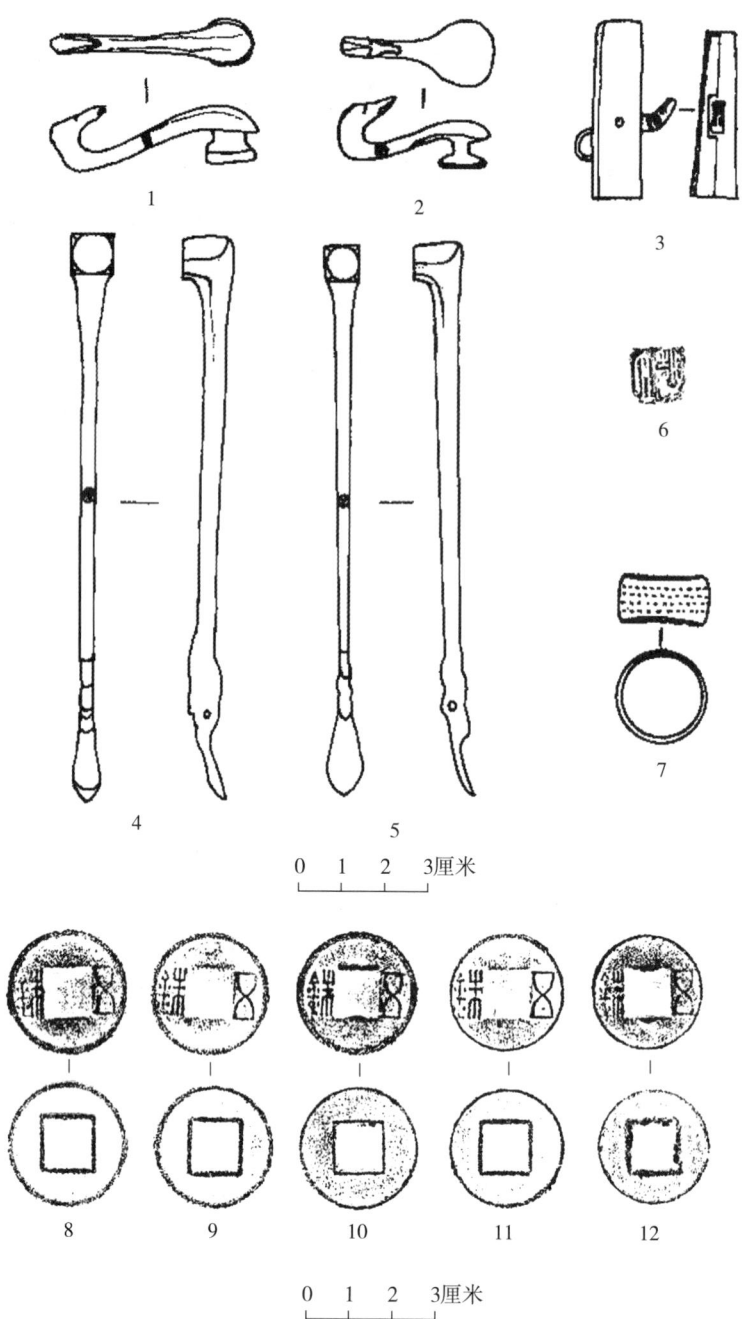

图三九九　M180 出土铜器、铜钱

1. 带钩（M180：11）　2. 带钩（M180：12）　3. 盖弓帽（M180：18）　4. 刷（M180：21）　5. 刷（M180：7）　6. 印章拓片（M180：9）
7. 顶针（M180：24）　8~10. 五铢（M180：23-1、M180：23-2、M180：23-3）　11、12. 五铢（M180：2）

　　3. 玉石器　7件。其中玉器5件、石器2件，有玉蝉2件、玉鼻塞2对、玉耳塞1件、石研1件、石砚1件。

　　玉蝉　2件。完整。标本 M180：15，大理石。蝉形，背部有脊，呈三棱形，腹部扁平，未进一步加工。长4.8厘米，宽3厘米，厚0.5厘米。（图四〇〇，1）

　　玉鼻塞　2对。每棺各2件。完整。大理石质。标本 M180：25，圆柱状，上粗下细，平面呈等腰梯形，断面呈圆形。直径0.2~0.6厘米。（图四〇〇，4）M180：16，圆柱状，上粗下细，平面呈等腰梯形，断面

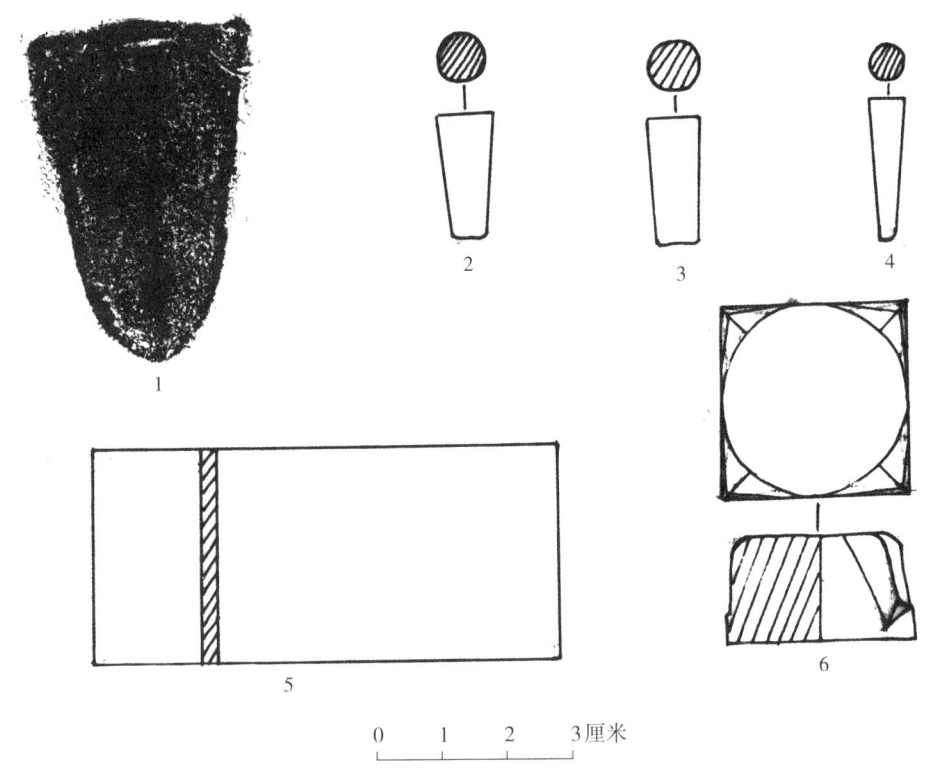

图四〇〇 M180 出土玉器、石器

1. 玉蝉（M180：15） 2. 玉耳塞（M180：17） 3. 玉鼻塞（M180：16） 4. 玉鼻塞（M180：25）
5. 石砚（M180：3） 6. 石研（M180：4）

呈圆形。直径 0.6~0.8 厘米，长 1.7 厘米。（图四〇〇，3）

玉耳塞 1件。标本 M180：17，完整。大理石质。圆柱状，上粗下细，平面呈等腰梯形，断面呈圆形。直径 0.4~0.8 厘米，长 1.7 厘米。（图四〇〇，2）

石研 1件。标本 M180：4，完整。砂岩。上圆下方。长 2.7 厘米，宽 2.7 厘米，厚 1.5 厘米。（图四〇〇，6）

石砚 1件。标本 M180：3，平面呈长方形。长 13.3 厘米，宽 5.3 厘米，厚 0.5 厘米。（图四〇〇，5）

4. 铁器 8件。有剑 1件、削 4件、簪 2件、剪刀 1件。

剑 1件。标本 M180：13，残。剑身较长，双面刃，剑身有脊，茎已残，茎与剑身交接处有剑镡。锈蚀严重。通长 105 厘米，柄长 15 厘米。

削（书刀） 4件。标本 M180：5，破。圜首，刀背较直，刀尖部分上翘成弧形，靠刀刃部分的一侧较宽，刀刃略直，至刀尖部上翘，其刀身有朽木残存痕。长 18 厘米，刃宽 1.6 厘米。标本 M180：10，破。圜首，刀背较直，刀尖部分上翘成弧形，靠刀刃部分的一侧较宽，刀刃略直，至刀尖部上翘，其刀身有朽木残存痕。长 20 厘米，刃宽 1.6 厘米。标本 M180：22，破。圜首，刀背较直，刀尖部分上翘成弧形，靠刀刃部分的一侧较宽，刀刃略直，至刀尖部上翘，其刀身有朽木残存痕。长 15 厘米，刃宽 1.6 厘米。标本 M180：6，破。圜首，刀背较直，刀尖部分上翘成弧形，靠刀刃部分的一侧较宽，刀刃略直，至刀尖部上翘，其刀身有朽木残存痕。长 15 厘米，刃宽 1.6 厘米。

簪 2件。标本 M180：8，残。长 19 厘米，直径 14 厘米，厚 0.5 厘米。

剪刀 1件。标本 M180：20，完整。呈"∝"形。剪刀为单面刃。长 6.5 厘米，宽 4 厘米，厚 0.2 厘米。

（图四〇一，1）

5. 骨器　仅骨镞1件。

标本 M180∶45，双尖，镞尖、体、尾的断面均为八棱体。体径0.8厘米，长5.8厘米。（图四〇一，2）

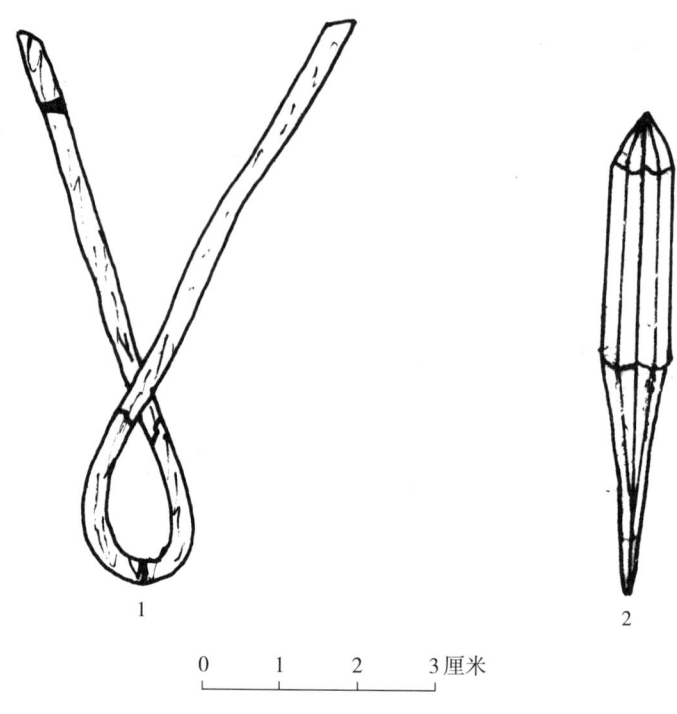

0　　　1　　　2　　　3厘米

图四〇一　M180出土铁器、骨器

1. 剪刀（M180∶20）　2. 骨镞（M180∶45）

第三章　新莽墓

　　新莽时期墓葬有 13 座，主要分布在平粮台遗址的北中部、东南部，可分为长方形竖穴土坑墓和砖室墓两类。其中长方形竖穴土坑墓 1 座，余者为砖室墓，其中有斜坡墓道的砖室墓 3 座，当中有 2 座是由墓道、墓室组成，1 座由墓道、前室、前耳室和后室组成。随葬品有的无，有的只有陶器，有的陶、瓷、铁、铜、玉、骨、石质均有。现分述于后。

一、竖穴土坑墓

　　M213 位于淮阳平粮台遗址北部 T110 的西北部。1985 年 11 月发掘。为长方形竖穴土坑墓。墓口距地表 2.15 米。墓向 8°。（图四〇二）

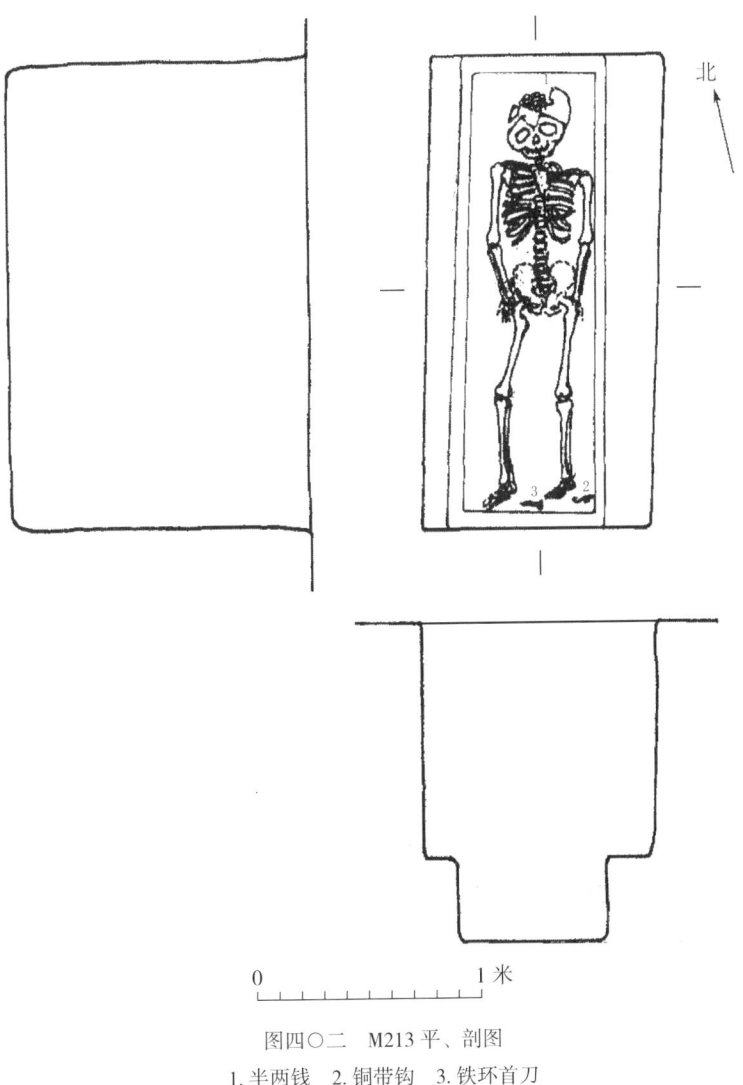

图四〇二　M213 平、剖图

1.半两钱　2.铜带钩　3.铁环首刀

墓室　平面形状为长方形。墓内填黄褐色五花土，逐层填土，逐层夯实，其质地较硬。夯层厚 0.30 米。墓口长 2 米，宽 1.05 米。墓壁垂直，平底。东、西壁下有熟土二层台，尺寸各不相同，东台宽 0.20~0.26 米，长同墓口，西台宽 0.10~0.14 米，台均高 0.36 米；底长 1.96 米，宽 0.62~0.68 米，墓深 1.32 米。

葬具　木棺一具，已腐朽，根据灰痕可知棺长 1.84 米，宽 0.54（北）~0.60（南）米。高度不详。

葬式　棺内人骨一具，保存尚好，为仰身直肢葬，头向北，面向上。

随葬品　3 件，为铜带钩、半两 1 串和铁环首刀。

铜带钩　1 件。标本 M213：2，完整。蛇首，蝶身，上有圆形扣钮。长 5.5 厘米，宽 4 厘米，高 1.8 厘米。（图四〇三，1）

半两　39 枚。均圆形，正方形穿，钱边缘和穿多无周郭，穿之正面左右两侧铸有篆书"半两"二字。选出标本 4 枚，根据大小可分四种。标本 M213：1-1，钱较大，"半两"二字清晰。钱径 2.7 厘米，肉厚 0.1 厘米，穿径 0.8 厘米。（图四〇三，3）标本 M213：1-2，钱较薄而小。钱径 2.4 厘米，钱厚 0.05 厘米，穿宽

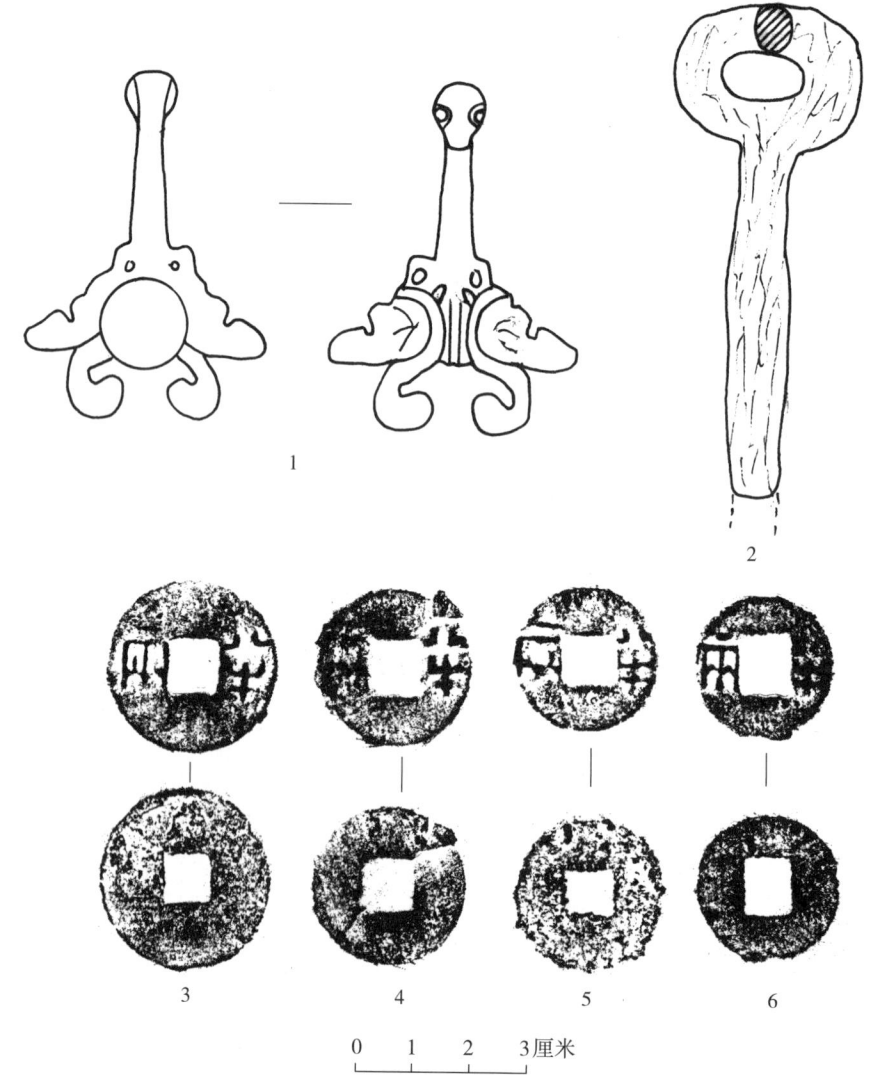

图四〇三　M213 出土铜器、铁器及铜钱

1. 铜带钩（M213：2）　2. 铁环首刀（M213：3）　3~6. 半两（M213：1-1、M213：1-4、M213：1-2、M213：1-3）

0.9 厘米。（图四○三，5）标本 M213：1-3，钱较小，穿稍大。钱径 2.3 厘米，肉厚 0.06 厘米，穿径 0.8 厘米。（图四○三，6）标本 M213：1-4，钱较小，穿稍大。钱径 2.2 厘米，肉厚 0.06 厘米，穿径 0.9 厘米。（图四○三，4）

铁环首刀　1 件。标本 M213：3，残。环状首，刀背较直，刃部也较直，在刃末有一段斜杀成弧形，梢部已朽。环为椭圆形，环的断面为圆形，直径 1 厘米。宽 1 厘米，长 7.8 厘米。（图四○三，2）

二、砖室墓

砖室墓共 12 座。

M28 位于淮阳平粮台遗址西中部。1979 年 7 月发掘。为长方形小砖墓。方向 12°。墓口距地表深 0.20 米，墓内填五花土，经夯打比较结实。（图四○四）

墓室　口长 2.28 米，宽 1 米，墓底距地表深 2.64 米，底长 2.28 米，宽 1 米。墓壁垂直，平底。墓壁下部四周用母子砖砌，东西壁各层砌 9 块砖，南北壁每层砌 3 块砖。砖为顺平铺，上下层之间错缝相压，共砌 16 层，成为椁室。

葬具　墓室中放棺一具，已腐朽，从其白灰得知棺长 2.16 米，宽 0.58 米，高度不知。

葬式　单人仰身直肢葬，面向东。骨多朽，只有头骨和大部分四肢骨尚好。棺内放有铜镜，石砚磨器、石砚置于头的右侧，铁削置于右上肢侧，带钩、铜印、铜钱置于腹部，瓷罐、陶罐置于棺外南部。（图四○五）

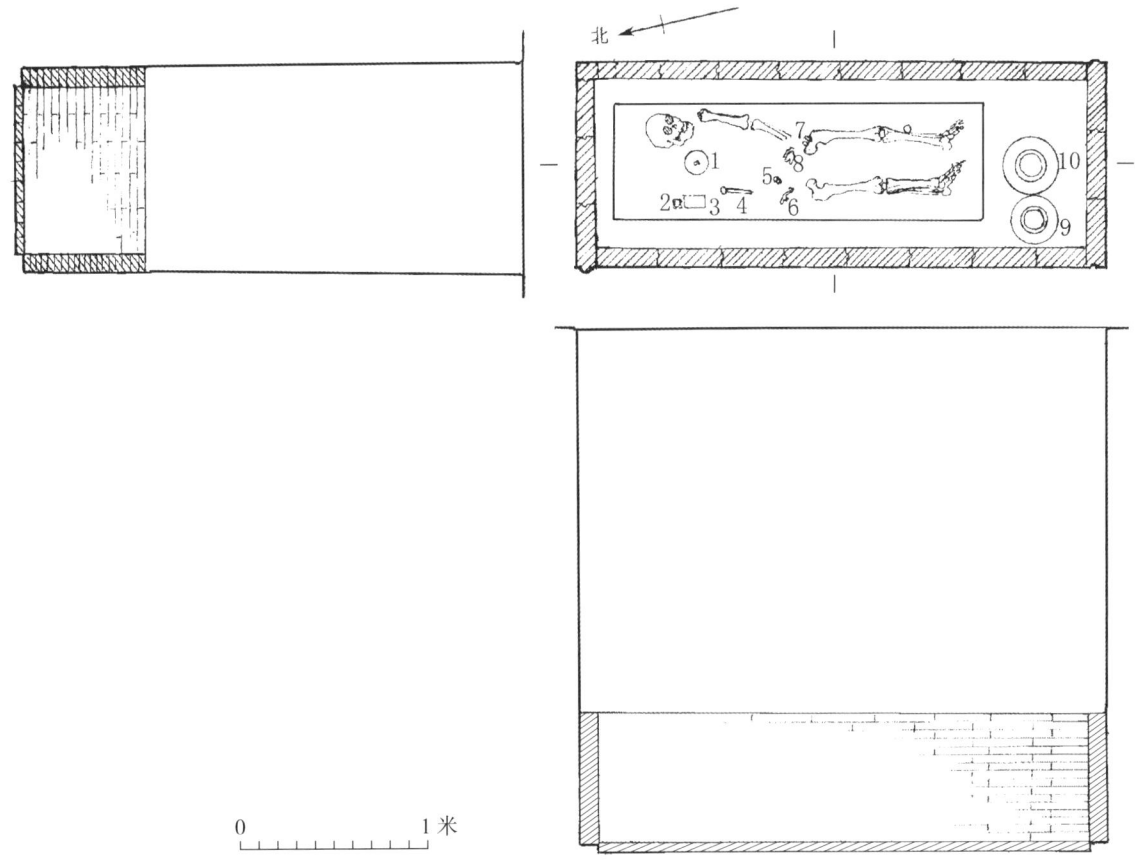

图四○四　M28 平、剖图

随葬品 10件，其中陶瓷器2件、铜器5件、铁器1件、石器2件。

1. 陶瓷器 共2件。分别为陶罐、瓷罐各1件。

陶罐 1件。标本M28：10，完整。泥质灰陶。轮制。小口，短颈，鼓腹，大平底。上腹部有凹弦纹。口径12厘米，腹径24.5厘米，底径16厘米，高18厘米。（图版三三，1；图四〇六，1）

瓷罐 1件。标本M28：9，残。酱釉。灰胎。侈口，方唇，矮颈，颈的内部有六周凹弦纹，圆肩，鼓腹，下腹部微收，平底。拍印规律的方格纹，施釉至上腹部。口径13.5厘米，腹径23.5厘米，底径13.5厘米，高28.5厘米。（图版三三，2；图四〇六，2）

2. 铜器、铜钱 5件。有铜镜、带钩、印章以及大泉五十2枚。除大泉五十外，余者残甚。

大泉五十 2枚。标本M28：7，完整。圆形，方孔，篆书"大泉五十"。（图四〇七，1）标本M28：8，

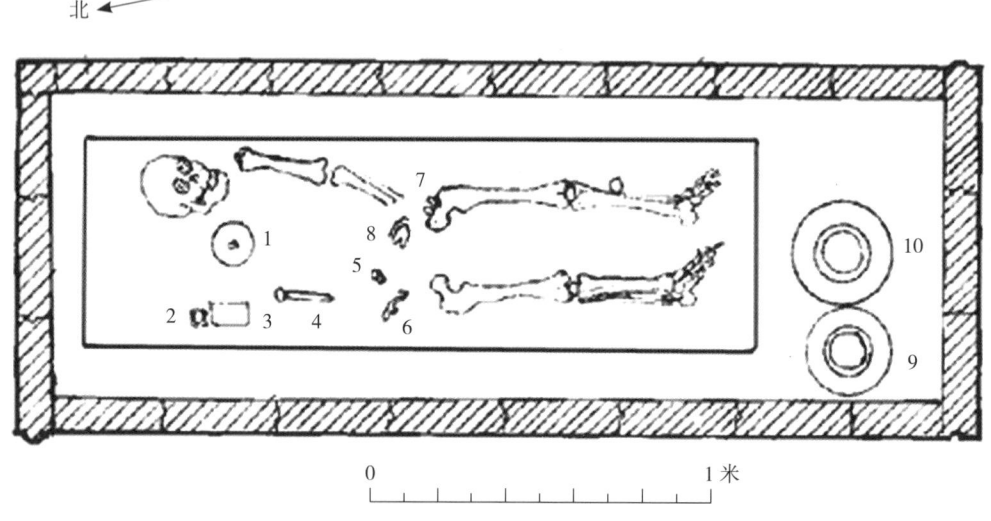

图四〇五 M28随葬品分布图

1. 铜镜 2. 石研 3. 石砚 4. 铁削 5. 铜印 6. 铜带钩 7、8. 大泉五十 9. 瓷罐 10. 陶罐

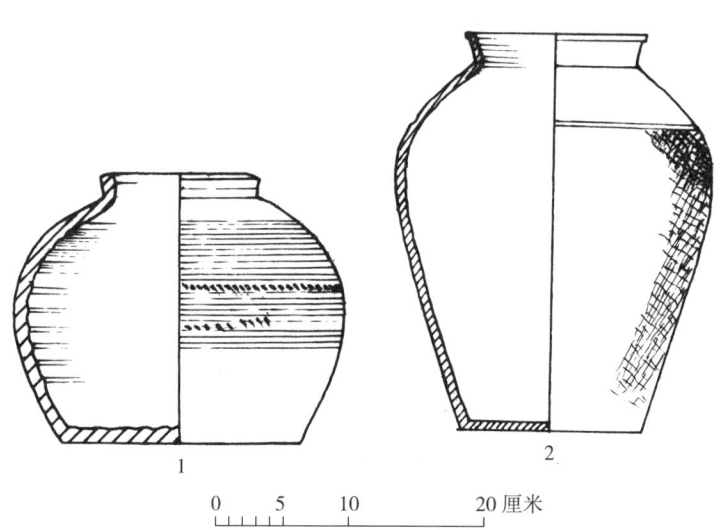

图四〇六 M28出土器物

1. 陶罐（M28：10） 2. 瓷罐（M28：9）

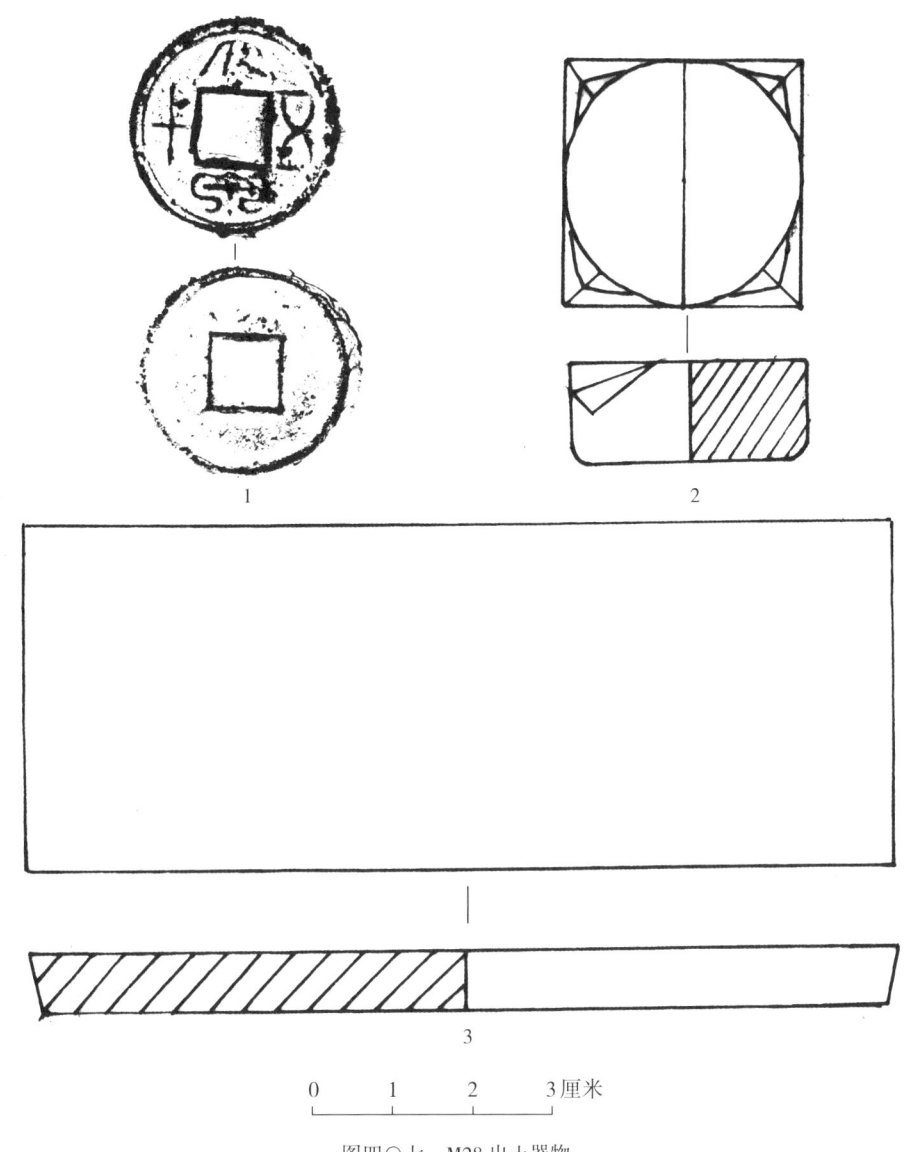

图四〇七　M28 出土器物

1. 大泉五十（M28：7）　2. 石研（M28：2）　3. 石砚（M28：3）

圆形，方穿，正反两面有周郭，穿之正面上下铸有篆书"大泉"二字，左右铸有篆书"五十"二字，重轮，"大"字右侧有漏洞。钱径 2.3 厘米，郭径 2.6 厘米，郭厚 0.15 厘米，宽 0.1 厘米，穿径 0.9 厘米。

3. 石器　2 件，石研、石砚各 1 件为 1 套。

石研　1 件。标本 M28：2，完整。上有朱砂，研的下部为正方形，上部为圆形。长 2.9 厘米，宽 2.9 厘米，圆径 2.9 厘米，高 1.25 厘米。（图四〇七，2）

石砚　1 件。标本 M28：3，完整。器为长方形，由沉积砂岩制成。长 11 厘米，宽 4.2 厘米，厚 0.7 厘米。（图四〇七，3）

4. 铁器　仅发现 1 件铁削。

标本 M28：4，已腐朽，环首。长 18 厘米，厚 0.2 厘米。

M157 位于淮阳平粮台遗址北部 T112 的东南部，1984 年 9 月发掘。为长方形竖穴砖室墓。墓向 195°。南部有斜坡出土道路，后作墓道，已被破坏，长度不知，宽 0.98 米。墓室券顶上填五花土，逐层填土，逐层夯筑，比较坚硬。（图四〇八）

墓室　其砌法为先挖一个长方形竖穴土坑，然后在土坑三面砌砖，成为墓壁，砌法为顺平铺，上下层间错缝相压，砌 16 层后向内起券，成半圆形券顶。室内长 3.06 米，宽 0.90 米。壁高 0.78 米，券高 0.42 米，室高 1.20 米。墓底距地表深 2.60 米。墓壁垂直，平底，无铺地砖。

葬具　墓室后部置棺一具，已腐朽，从其白灰得知棺长 1.94 米，宽 0.60 米，高度不知。

葬式　棺内人骨一具，已腐朽，据其痕迹观察为单人仰身直肢葬，头向南，面向不知。棺内放有铜镜，铁削置于右上肢侧，带钩、印章、铜钱置于腹部，瓷罐、陶罐置于棺外南部。

随葬品　30 件，其中陶瓷器 12 件、玉器 3 件、铜器 10 件、银饰 1 件、铁器 3 件及铜钱数枚。

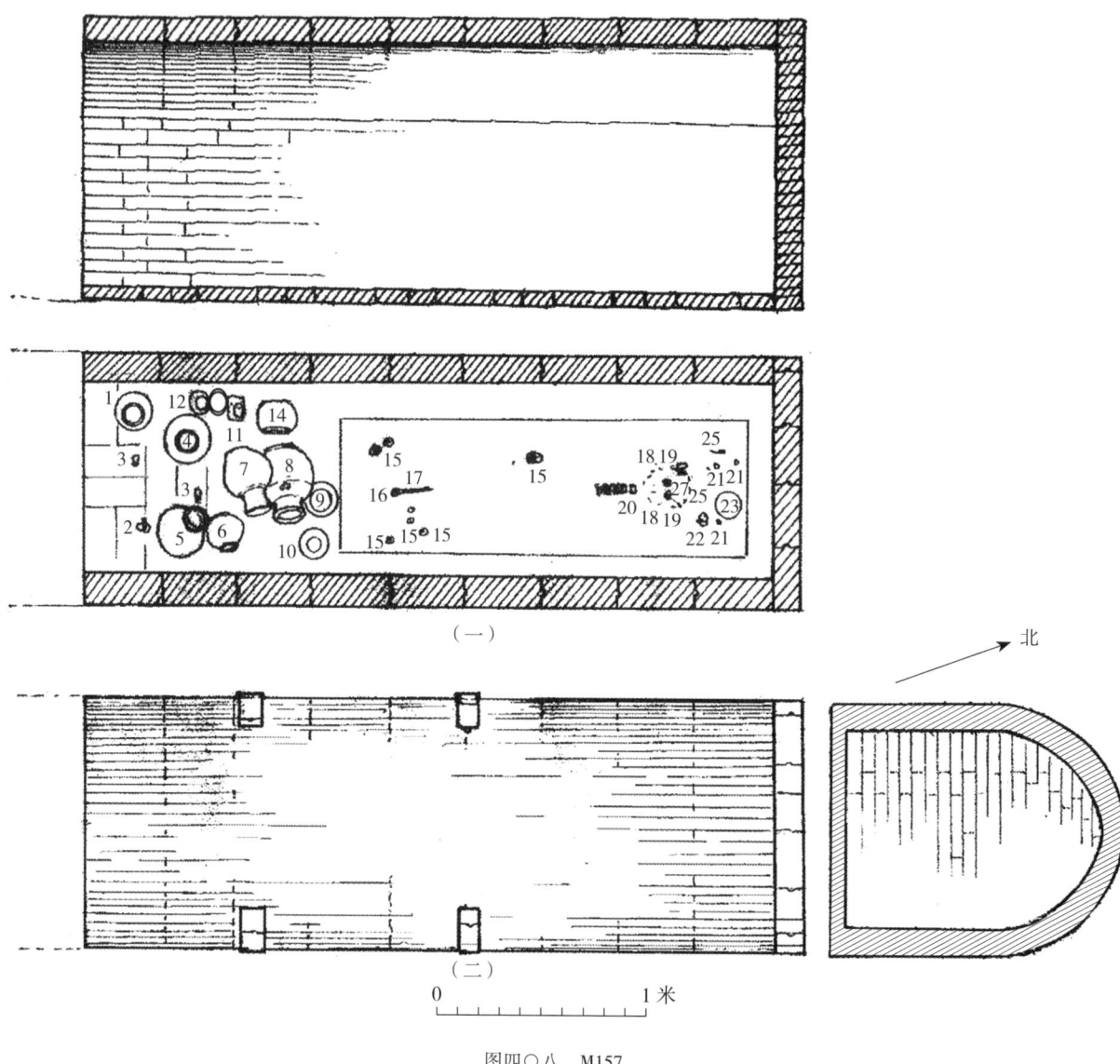

图四〇八　M157

（一）平、剖图（1、4、6、9、12、14.陶罐　2.铜铺首衔环　3.铜奁足　5、7、8.釉陶壶　10.瓷壶　11.陶甑　13.陶井　15.大泉五十　16、24.铜顶针　17、26.铁削　18.鼻塞　19.耳塞　20.玉蝉　21.铜帽钉　22.铜铺首　23.铜镜　25.铜刷　27.铁锥　28.银戒指　29、30.铜器）（二）俯视图及墓门正视图

1. 陶瓷器　12件。其中釉陶壶3件，陶罐6件，瓷壶、陶井、陶甑各1件。

瓷壶　1件。标本M157：10，口残。束颈，鼓腹，圜底，矮圈足，上腹部有带状双耳，衔环，颈部上下饰两组带状波浪纹，上腹部饰三组凸弦纹。瓷胎，口至上腹部饰青釉，下腹部有轮制时的弦纹。口径不详，腹径14.5厘米，圈足径8厘米，残高14厘米。（图版三三，3；图四〇九，1）

釉陶壶　3件。完整。红陶胎，施红釉。形制不同，可分两型。

Ⅰ型：1件。标本M157：7，侈口，圆唇，束颈，圆腹，平底，矮圈足。上腹部有两周凹弦纹和两个模印的铺首衔环。口径13.2厘米，腹径24.8厘米，圈足径12厘米，高29.2厘米。（图版三三，4；图四〇九，6）

Ⅱ型：2件。标本M157：8，侈口，折沿，方唇，束颈，溜肩，腹微鼓，平底。上腹部有两周凹弦纹和两个模印的铺首衔环。口径14.2厘米，腹径22.4厘米，底径14厘米，高31.2厘米。（图版三三，5；图四〇九，5）

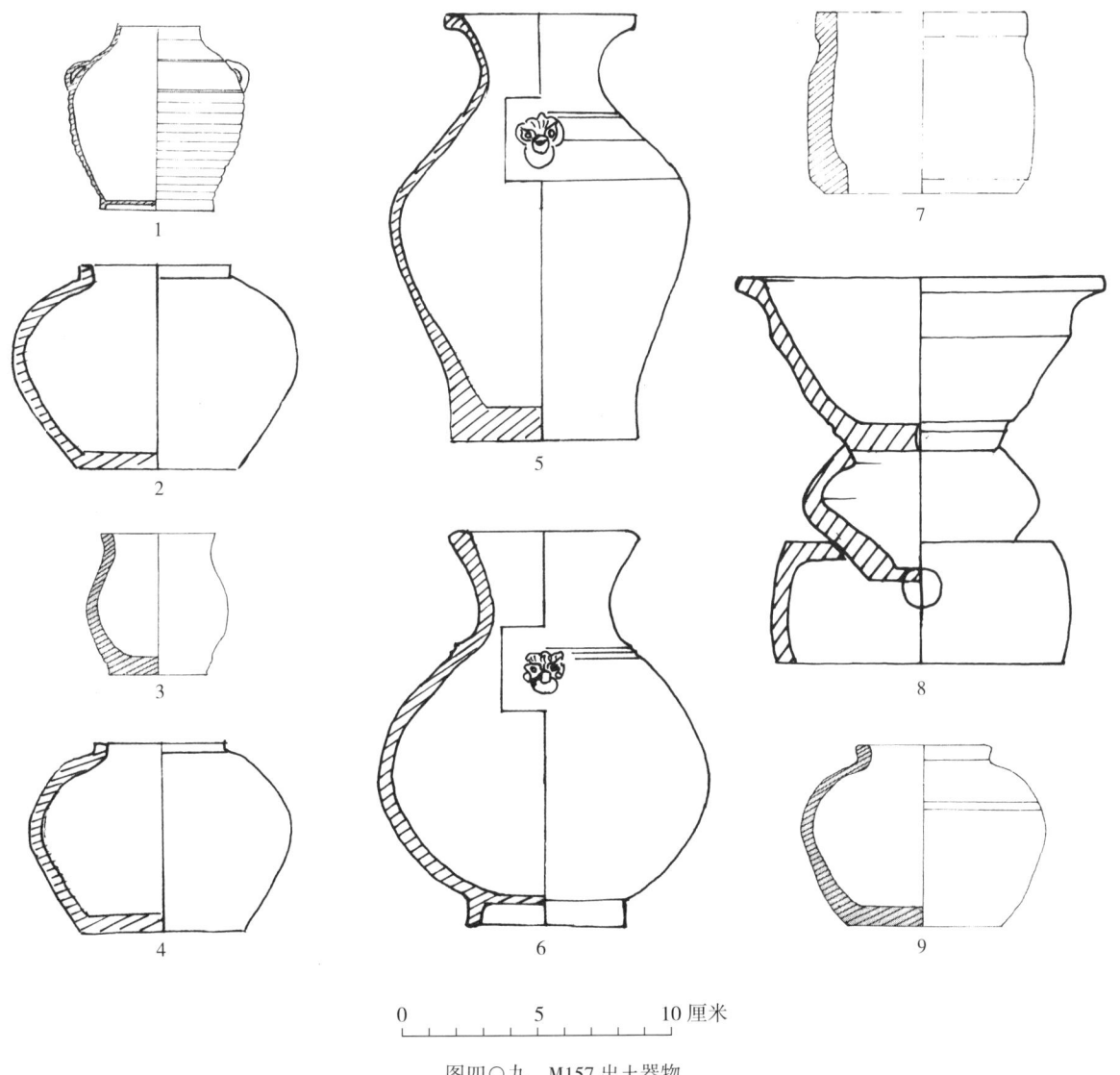

图四〇九　M157出土器物

1. 瓷壶（M157：10）　2. Ⅰ式陶罐（M157：1）　3. Ⅱ式陶罐（M157：12）　4. Ⅰ式陶罐（M157：9）　5. Ⅱ型釉陶壶（M157：8）
6. Ⅰ型釉陶壶（M157：7）　7. 陶井（M157：13）　8. 陶甑（M157：11）　9. Ⅰ式陶罐（M157：14）

陶罐　6件。泥质灰陶。轮制。形制相同，大小有别。分二式：

Ⅰ式：5件。小口，短颈，圆腹，大平底。中腹部有一周凹弦纹。标本 M157：14，圆唇。口径 12.4 厘米，腹径 18.8 厘米，底径 12 厘米，高 13.4 厘米。（图四○九，9）标本 M157：1，圆唇。口径 11 厘米，腹径 21 厘米，底径 12 厘米，高 15 厘米。（图四○九，2）标本 M157：9，方唇。口径 11 厘米，腹径 19.5 厘米，底径 12 厘米，高 14 厘米。（图四○九，4）

Ⅱ式：1件。标本 M157：12，侈口，方唇，束颈，腹微鼓，平底。口径 8.6 厘米，腹径 10.6 厘米，底径 7.4 厘米，高 10.5 厘米。（图四○九，3）

陶甑　1件。标本 M157：11，破。侈口，折沿，圆唇，小平底，底部有 3 个圆形甑孔。口径 13.8 厘米，底径 6.4 厘米，高 6.4 厘米。（图四○九，8）

陶井　1件。标本 M157：13，直口，方唇，筒腹，底微敛，有椭圆形孔。口径 7.2 厘米，腹径 7.7 厘米，底径 6.6 厘米，孔径 5 厘米，高 6 厘米。（图四○九，7）

2. 铜器、铜钱　11件。有铜镜、奁足、刷、铺首衔环、帽钉、顶针等，另有大泉五十数枚。除铜镜、铜钱外，其余保存极差。

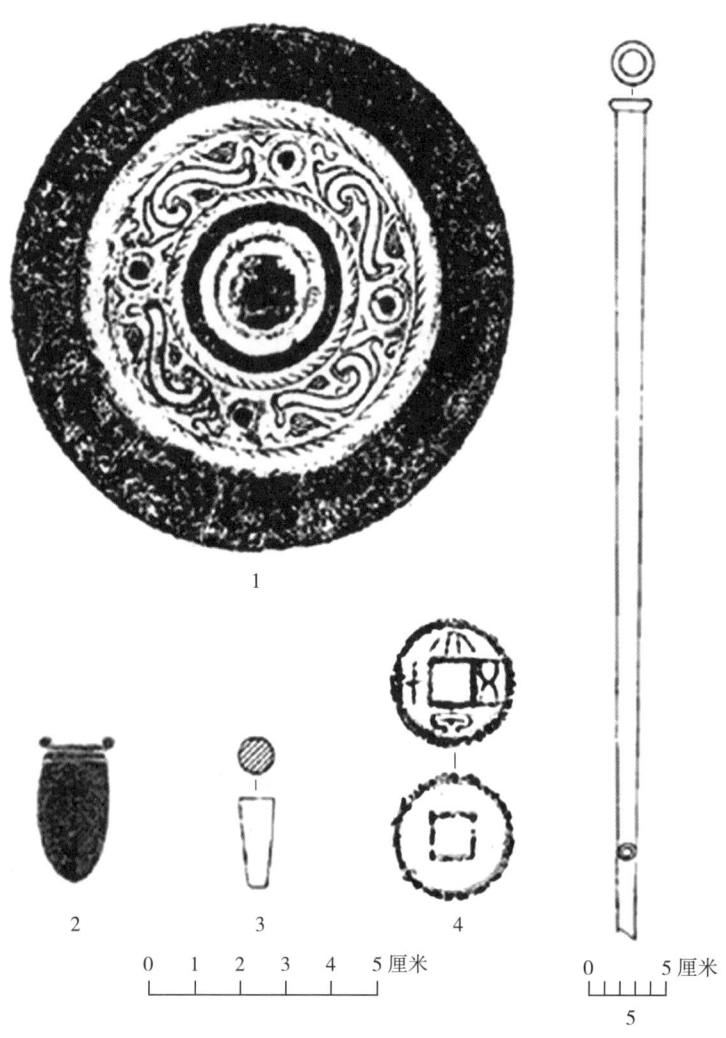

图四一○　M157 出土器物

1. 铜镜（M157：23）　2. 玉蝉（M157：20）　3. 玉鼻塞（M157：18）　4. 大泉五十（M157：15）　5. 铁锥（M157：27）

铜镜　1 枚。标本 M157：23，四乳蟠螭纹镜。完整。圆形，镜面微弧，圆形钮，重圈钮座，其外有两周凸弦纹，弦纹外有圆座四乳，间以 "⌒" 形蟠螭纹，再外为一周凸弦纹，再外为缘郭。面径 7.9 厘米，背径 7.7 厘米，钮高 0.5 厘米，钮宽 0.8 厘米，缘宽 1.2 厘米，缘厚 0.4 厘米，肉厚 0.1 厘米。（图版三三，6；图四一〇，1）

大泉五十　1 枚。标本 M157：15。圆形，方穿，正反两面有周郭，穿之正面上下铸有篆书 "大泉" 二字，左右铸有篆书 "五十" 二字。钱径 2.8 厘米，郭径 2.8 厘米，郭厚 0.2 厘米，宽 0.2 厘米，穿径 0.8 厘米。（图四一〇，4）

3. 玉器　3 件。有玉蝉 1 件、耳塞 1 对、鼻塞 1 对。

玉蝉　1 件。标本 M157：20，青白玉质，形状如蝉，头部及背部纹理清晰。长 4 厘米，宽 2 厘米。（图四一〇，2）

耳塞　1 对。标本 M157：19。残甚。

鼻塞　1 对。标本 M157：18。（图四一〇，3）

4. 铁器　3 件。有削 2 件、铁锥 1 件。

铁削（书刀）　2 件。已风化，标本 M157：17，破，圜首，刀背较直，在刀尖部分上翘成弧形，靠刀刃部分的一侧较宽，刀刃略直，至刀尖部上翘，其刀身有朽木残存痕，长 16.4 厘米，刃宽 1.6 厘米。

铁锥　1 件。标本 M157：27，整体呈锥形，尖部残，表面风化，圜首。直径 2.2 厘米，锥长 48.6 厘米。（图四一〇，5）

M200 位于淮阳平粮台遗址 T109 的中部，1985 年 4 月发掘。长方形砖室墓。墓上部的土已被取走，现墓口距地表深 0.25 米，墓向 190°。此墓由墓道、墓门、墓室部分组成。墓室券外用土填平夯实。（图四一一）

斜坡墓道位于南边，并略向东呈弧形拐弯。墓上填灰五花土，墓道填黄五花土，经行夯比较紧密。墓道宽 1.04 米，现长 4 米。

墓门位于墓道的北端，与墓室相接。门框用砖砌，门外宽 1.04 米，内宽 0.84 米，上为拱形券顶，券顶两层，层与层之间错缝相压，用平铺砖封门，上下层之间错缝相压，直顶到券顶封严。门券之上顺平砌五层砖，花边向外，上下层砖间错缝相压。

墓室　总长 3 米，宽 1.06 米，室内长 2.64 米，宽 0.82 米，高 1.04 米。四壁用砖砌，均顺平铺，上下层之间错缝相压，东西壁先砌一层侧边无花纹砖，后砌一层花纹边砖，再平铺无花纹砖三层，后砌一层花纹砖，又砌三层无花纹砖，到第四层花砖后一律砌无花纹砖，到十九层砖向内收成为拱形券顶。北壁一律顺平铺砖，层与层之间错缝相压，一直顶到顶。

葬具　墓室中间置木棺一具，已腐朽殆尽，据其朽后白灰得知棺长 1.96 米，宽 0.56 米。

葬式　人骨保存尚好，为仰身直肢葬。

随葬品　较少，棺内有铜钱 7 枚，散布于头右侧和身侧，口部有 1 件玉蝉，耳部两侧有耳塞各 1 件。棺钉多枚散布于棺周边。

北 ←

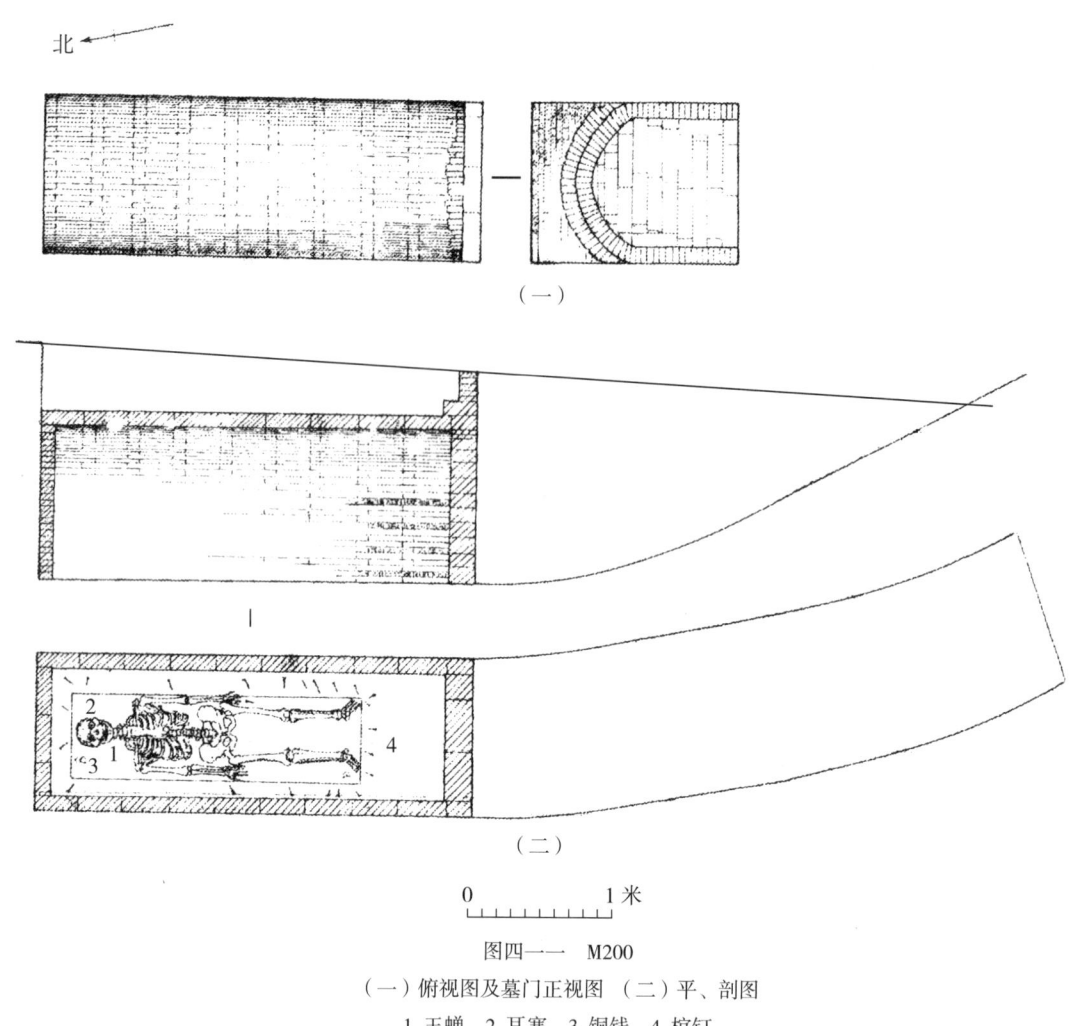

0   1 米

图四一一 M200

（一）俯视图及墓门正视图 （二）平、剖图

1. 玉蝉 2. 耳塞 3. 铜钱 4. 棺钉

M193 位于淮阳平粮台遗址东中部偏北部 T174 的东南部。1984 年 12 月发掘。墓口距地表 0.40 米。斜坡墓道竖穴砖室墓，平面形状为"甲"字形，墓室稍窄于墓道。方向 195°。全墓由墓道、墓门和墓室组成。（图四一二）

墓道 位于墓室的南部，平面形状为长条形，其壁垂直，底斜坡但较规整。口长 3.66 米，宽 1.10 米。底部长宽与口部长宽相同，底与墓底平。底距口 1.90 米。道内填五花土，逐层填土，逐层夯实，其质较硬。

墓门 是以墓壁墙代替，门高 1.54 米，宽 0.82 米，券顶。用母子砖封门，顺平铺，上下层间错缝相压，花纹向外，一直抵到券顶。

墓室 口部平面呈长方形，填褐灰土夯土，筑法与墓道同，质量要比墓道好。口长 2.58 米，宽 1.04 米。室东、西、北三面用母子砖砌，顺平铺，上下层之间错缝相压，砌 21 层后起券，壁高 1.20 米，券一层，砖缝相对，券高 0.34 米。墓底内长 2.16 米，宽 0.66 米，高 1.54 米。砖的花纹向墓内。

葬具 为一具棺。置于室内，已腐朽，据棺的痕迹，长 1.98 米，宽 0.50 米，高度不知。

随葬品 共 20 件。其中陶器 10 件、玉器 3 件、铜器 1 件、铁器 2 件、蚌饰 3 件及铜钱数枚。（图四一三）

1. 陶器 10 件。有陶罐 6 件，瓿、釜、灶、井各 1 件。

罐 6 件。泥质灰陶。轮制。完整。形制相同，大小相近。小口，方唇，短颈，鼓腹，大平底。中腹部饰

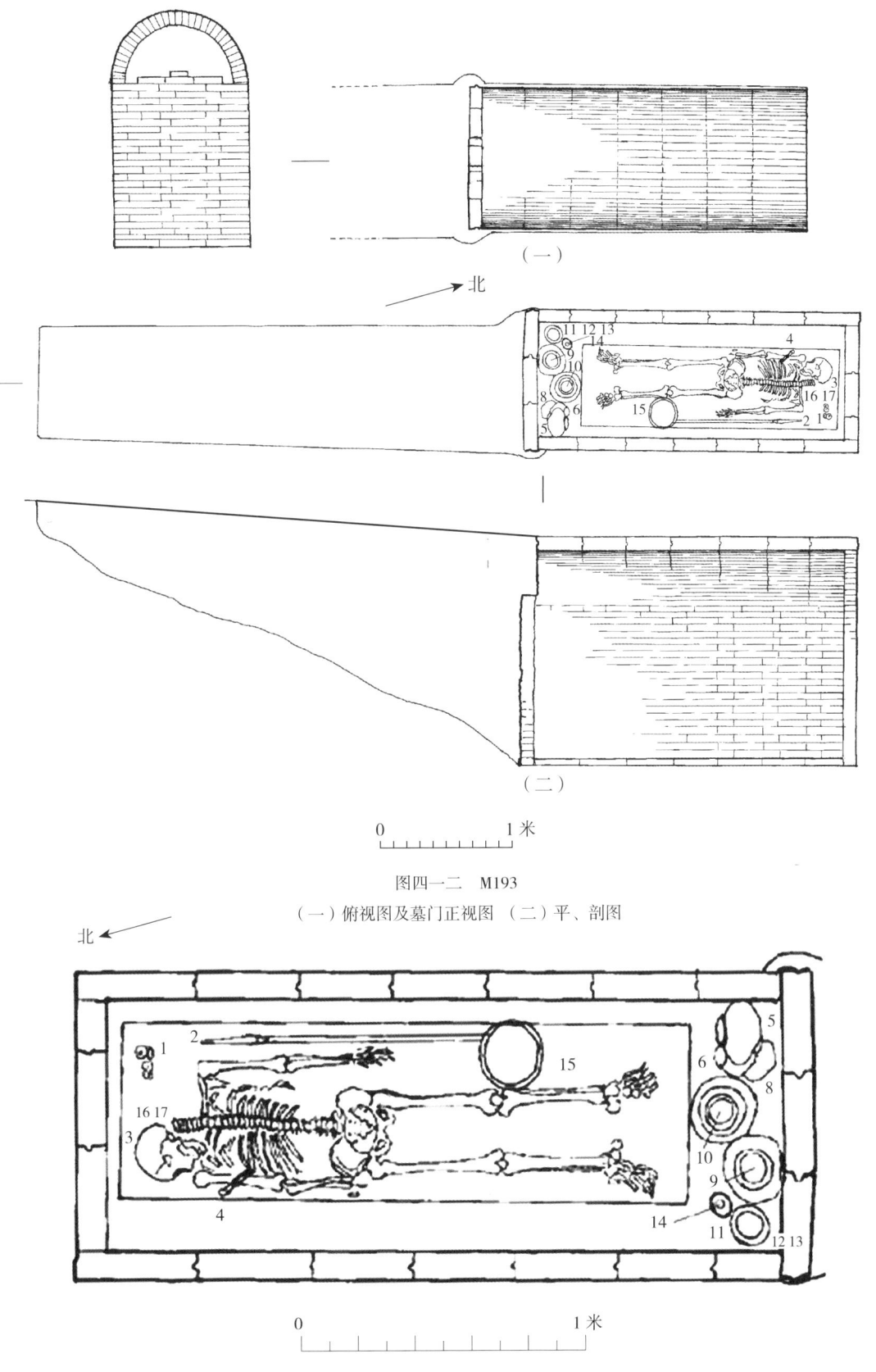

北

（一）

北

（二）

0   1米

图四一二　M193

（一）俯视图及墓门正视图　（二）平、剖图

北

0   1米

图四一三　M193随葬品分布图

1. 大泉五十　2. 铁矛　3. 蚌饰　4. 铁削　5~10. 陶罐　11. 陶甑　12. 陶釜

13. 陶灶　14. 陶井　15. 铜洗　16. 玉鼻塞　17. 玉耳塞（7号位于5号下）

两周凹弦纹。标本 M193：7，口径 10 厘米，腹径 19.5 厘米，底径 13 厘米，高 13.5 厘米。（图四一四，1）标本 M193：8，口径 9.5 厘米，腹径 19.5 厘米，底径 13 厘米，高 13 厘米。（图四一四，2）标本 M193：9，口径 9.5 厘米，腹径 18 厘米，底径 12 厘米，高 13 厘米。（图四一四，3）

甑　1 件。标本 M193：11，侈口，方唇，折沿，小平底。腹部有凹弦纹，底部有 5 个圆形甑孔。口径 14.4 厘米，底径 3.6 厘米，高 6.4 厘米。（图四一四，5 上）

釜　1 件。标本 M193：12，敛口，圆唇，鼓腹，小平底。口径 6 厘米，腹径 11 厘米，底径 2 厘米，高 3 厘米。（图四一四，5 中）

灶　1 件。标本 M193：13，圆形，直壁，灶壁有圆形灶孔。灶台孔径 8 厘米，灶台径 12 厘米，底径 12.6 厘米，高 4.4 厘米。（图四一四，5 下）

井　1 件。标本 M193：14，小口，敛颈，腹微鼓，底内收。口径 6 厘米，腹径 7.2 厘米，底径 6 厘米，高 6 厘米。（图四一四，4）

2. 铜器、铜钱　为铜洗和大泉五十。

铜洗　1 件。标本 M193：15，残甚。

大泉五十　4 枚。标本 M193：1-1、M193：1-2，圆形，正方形穿，钱边缘和穿均无周郭，穿之正面上下铸有“大泉”二字，左右两侧铸有篆书“五十”二字。钱径 2.5 厘米，肉厚 0.1 厘米，穿径 0.8 厘米。（图四一五，

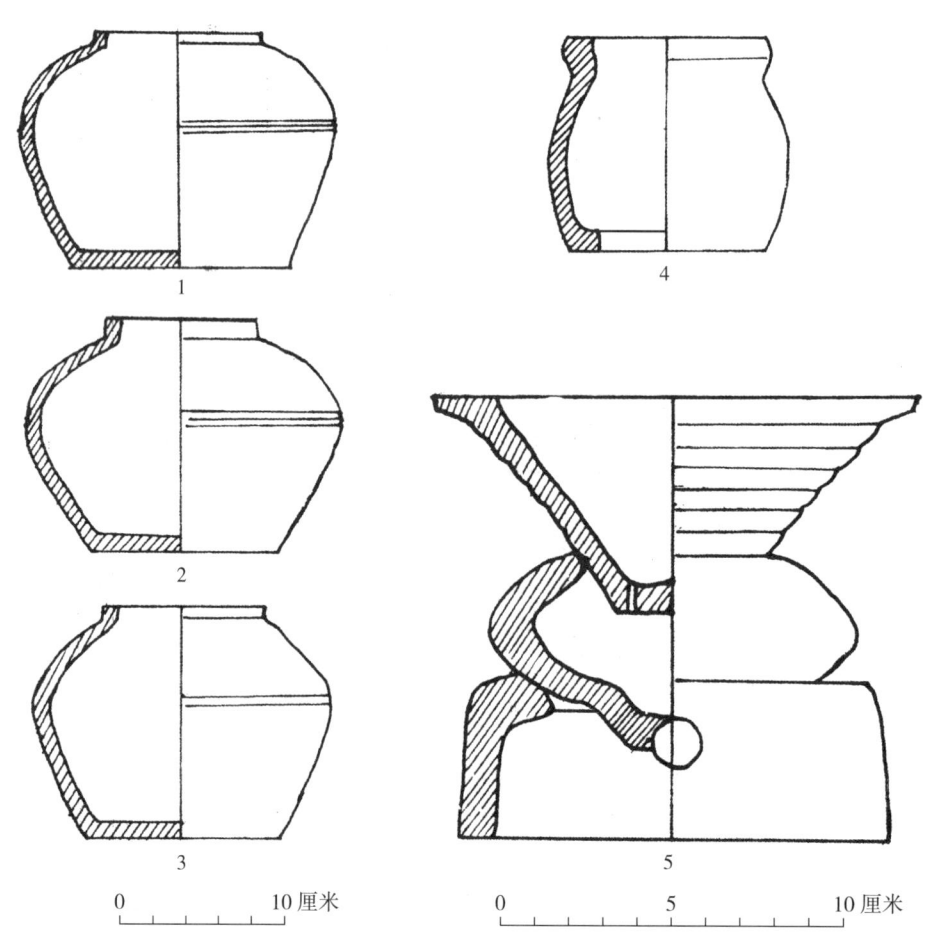

图四一四　M193 出土陶器

1. 罐（M193：7）　2. 罐（M193：8）　3. 罐（M193：9）　4. 井（M193：14）　5. 甑、釜、灶（M193：11、M193：12、M193：13）

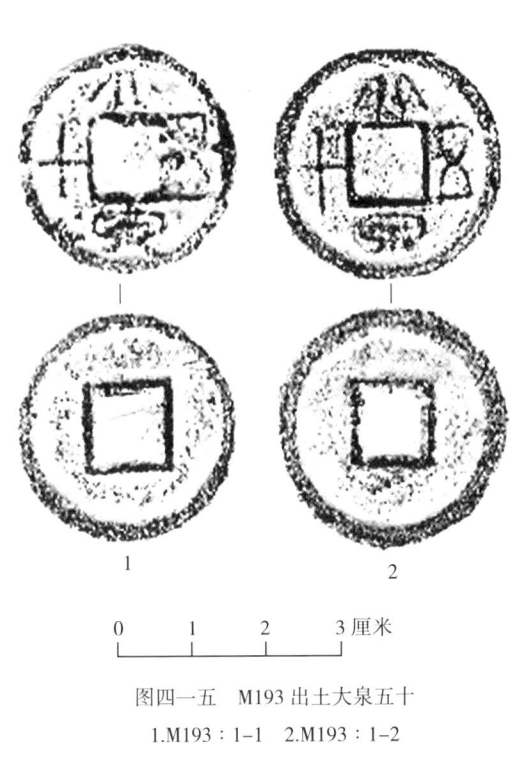

图四一五 M193 出土大泉五十

1.M193：1-1 2.M193：1-2

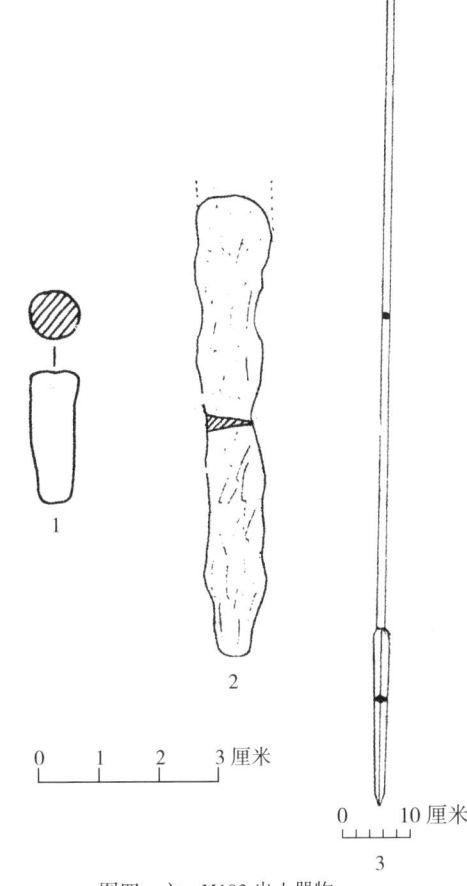

图四一六 M193 出土器物

1.玉鼻塞（M193：16） 2.铁削（M193：4） 3.铁矛（M193：2）

1、2）

3. 玉、蚌器 共6件，有玉鼻塞1对、玉耳塞1件、蚌饰3件。

玉鼻塞 1对。标本M193：16，一端粗，一端细，粗端直径0.8厘米，长2.2厘米。（图四一六，1）

玉耳塞 1件。标本M193：17，近似扁圆形，一端粗，一端细。长1厘米，宽2厘米。

蚌饰 3件。标本M193：3，2件呈椭圆形，1件面如扇子状，长3厘米，宽2.1厘米。

4. 铁器 2件。有矛和削各1件。

矛 1件。标本M193：2，完整。柄体为圆形，实柄，断面呈菱形，长86厘米，矛头宽2厘米，长24厘米，通长110厘米。（图四一六，3）

削（书刀） 1件。标本M193：4，破。环首，刀背较直，在刀尖部分上翘成弧形，靠刀刃部分的一侧较宽，刀刃略直，至刀尖部上翘，其刀身有朽木残存痕。长14厘米，刃宽1.6厘米。（图四一六，2）

M70位于淮阳平粮台遗址东南部T27的西部。1979年11月发掘。为斜坡墓道长方形竖穴砖券墓。墓向201°。墓口距地表深1.84米。券顶上和墓道内填五花土，逐层填土，逐层夯筑，比较坚实，夯层0.20～0.30米不等，夯窝圆形，直径0.10米左右。在墓室之南有弧形拐弯墓道。墓道已挖去，不知长度，宽1.04米。墓门门框用砖砌，门高1.20米，宽0.86米。门用砖封堵，多用半截砖砌，大小不一，砌法为顺平铺。（图四一七）

墓室　平面呈长方形。墓室外长 3 米，宽 1.06 米，室内长 2.90 米，宽 0.87 米。墓壁垂直，平底。墓壁用母子砖顺平砌，上下层之间错缝相压，砌至十八层后向上起券，成弧形单券顶。壁高 0.80 米，券高 0.38 米。室通高 1.18 米。底有一层铺地砖，为侧立铺，相邻缝相错。母砖侧面有花纹，为几何纹、三角纹、绳纹等。砖长 37 厘米，宽 9 厘米，厚 4 厘米。砖的火候高，质量好。

葬具　室内置木棺一具，位于室内稍偏东。木棺已腐朽殆尽。根据灰痕推知，棺长 2 米，宽 0.60 米，高不知。

葬式　棺内有人骨一具，保存尚好，为仰身直肢葬，头向北，面向上，耳部有玉耳塞，鼻中有玉鼻塞，口中有玉唅，头西置铜镜，肛部置玉肛塞，左手下有铜钱数枚。棺的东侧有陶灶、井各 1 件，南部有陶罐和双耳瓷罐。

随葬品　共 19 件，其中陶瓷器 9 件、玉器 8 件、铜器 2 件。（图四一八）

1. 陶瓷器　9 件。有陶罐 6 件，釉陶灶、井和瓷壶各 1 件。

陶罐　6 件。泥质灰陶。轮制。从形制看，可分二式。

Ⅰ式：2 件。1 整 1 破。无耳。小口，方唇，短颈，鼓腹，大平底。中腹部饰两周凹弦纹。标本 M70：12，完整。口径 10 厘米，腹径 20 厘米，底径 12 厘米，高 15 厘米。（图四一九，1）

Ⅱ式：双耳罐。4 件。3 整 1 破。形制相同。侈口，束颈，鼓腹，肩部有双耳，平底。上腹部饰凹弦纹，下腹部饰绳纹。标本 M70：8，完整。口径 10 厘米，腹径 22.5 厘米，底径 10 厘米，高 22.5 厘米。（图

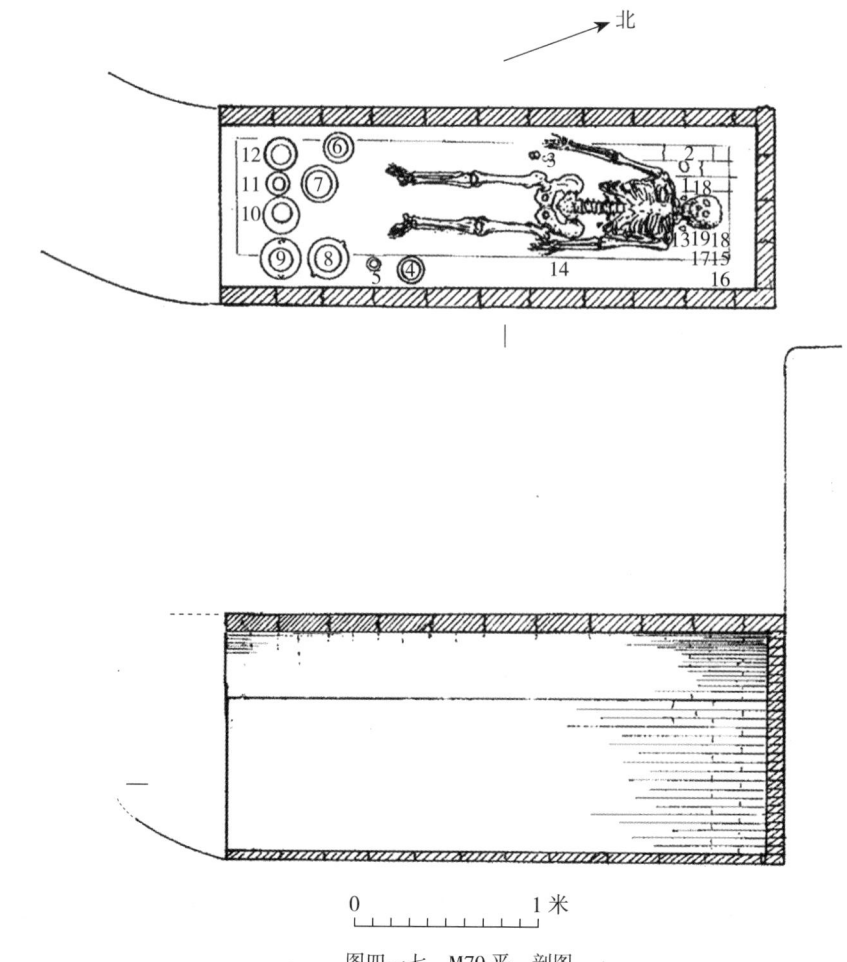

图四一七　M70 平、剖图

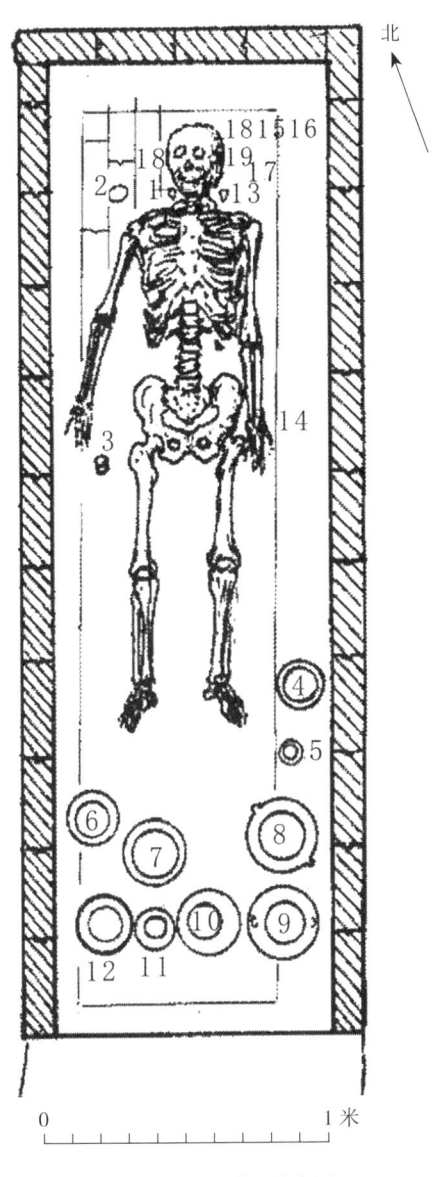

图四一八 M70 随葬品分布图

1、13. 玉晗 2. 铜镜 3. 大泉五十 4. 釉陶灶 5. 釉陶井 6~10、12. 陶罐 11. 瓷壶

14. 玉肛塞 15、16. 玉鼻塞 17. 玉蝉 18、19. 玉耳塞

四一九，3）标本 M70：9，破。口径 12.5 厘米，腹径 25.5 厘米，底径 14 厘米，高 25 厘米。（图四一九，4）

釉陶灶 1 套。由甑、釜、灶扣合而成，完整。标本 M70：4，甑侈口，方唇，折沿，小平底，下腹部有刀削痕，底部有 5 个圆形甑孔，口径 15 厘米，底径 4 厘米，高 6.6 厘米。釜敛口，圆唇，鼓腹，小平底，口径 6 厘米，腹径 10.8 厘米，底径 4.8 厘米，高 6.4 厘米。灶为圆形，直壁，中有圆形孔，灶壁有圆形灶孔。灶台孔径 8 厘米，灶台径 13.2 厘米，底径 12.4 厘米，高 4.4 厘米。灶通高 15 厘米。（彩版六六，3；图四一九，6）

釉陶井 1 件。标本 M70：5，小口，敛颈，腹微鼓，底内收。口径 5.6 厘米，腹径 7.6 厘米，底径 6.8 厘米，高 6.5 厘米。（彩版六六，2；图四一九，5）

瓷壶 1 件。标本 M70：11，酱胎。口残，小口，束颈，肩部有带状双耳，鼓腹，矮圈足。颈部饰波浪纹，腹部饰凹弦纹。上部饰深绿色釉，下部呈紫色。口径 5 厘米，腹径 15 厘米，底径 9 厘米，残高 16 厘

米。（彩版六六，1；图四一九，2）

2. 铜器、铜钱　2件。为铜镜和大泉五十。

铜镜　1件。标本 M70：2，残甚。

大泉五十　标本 M70：3，圆形，方穿，正反两面有周郭，穿之正面上下铸有篆书"大泉"二字，左右铸有篆书"五十"二字。钱径 2.4 厘米，郭径 2.6 厘米，郭厚 0.15 厘米，宽 0.1 厘米，穿径 0.9 厘米。（图

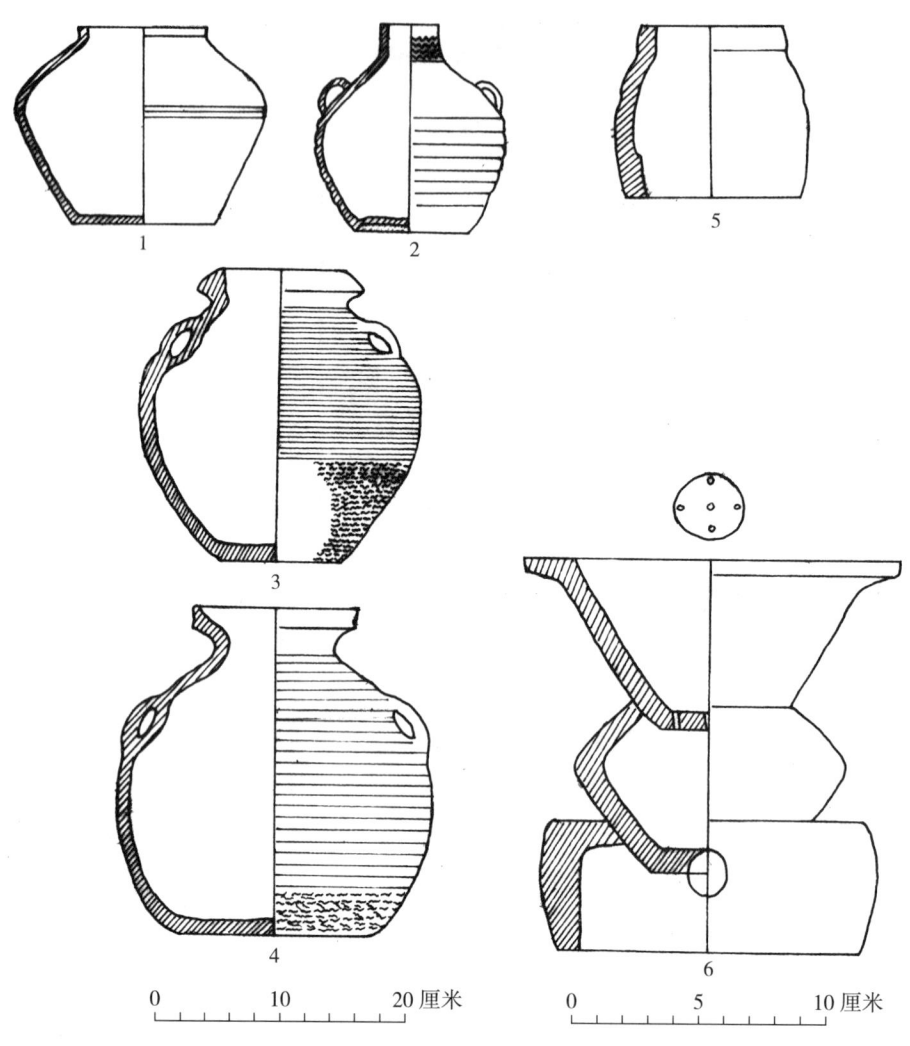

图四一九　M70 出土器物

1. Ⅰ式陶罐（M70：12）　2. 瓷壶（M70：11）　3. Ⅱ式陶罐（M70：8）　4. Ⅱ式陶罐（M70：9）

5. 釉陶井（M70：5）　6. 釉陶灶（M70：4）

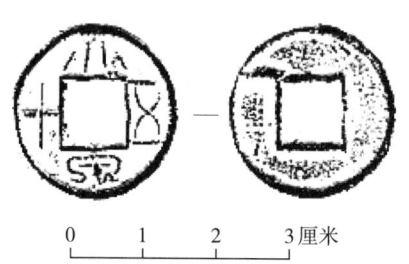

图四二〇　M70 出土大泉五十拓片（M70：3）

四二〇）另 1 枚钱面有 4 个漏洞。

3. 玉器 8 件，有玉唅 2 件，鼻塞 2 件，耳塞 2 件，玉蝉、玉肛塞各 1 件，均残甚。

M168 位于淮阳平粮台遗址 T119 内，1984 年 10 月发掘。该墓为斜坡墓道刀把形砖室墓。墓上部的土已被取走，现墓口距地表深 0.74 米，墓向 195°。此墓由墓道、墓室两部分组成。（图四二一）

斜坡墓道位于南边。墓上填灰五花土，墓道填黄五花土，经行夯比较紧密。墓道宽 1.67 米，现长 1.90 米。

墓门 位于墓道的北端，与墓室前的甬道相接。甬道的门框用砖砌成，向外为弧形。甬道长 1.92 米，宽 0.96 米，东西壁为砖砌，高 1.26 米。砌法是三顺一丁，顺的上下层之间错缝相压。

墓室 墓室内长 3.18 米，宽 1.58 米，残高 1.40 米。发掘时上无券顶。墓壁用砖砌，砌法同甬道壁，顺平铺三层砖，花纹向外。被盗窃一空，棺的灰痕不见，有两个头盖骨，一个在北壁下，一个在西壁下，推测

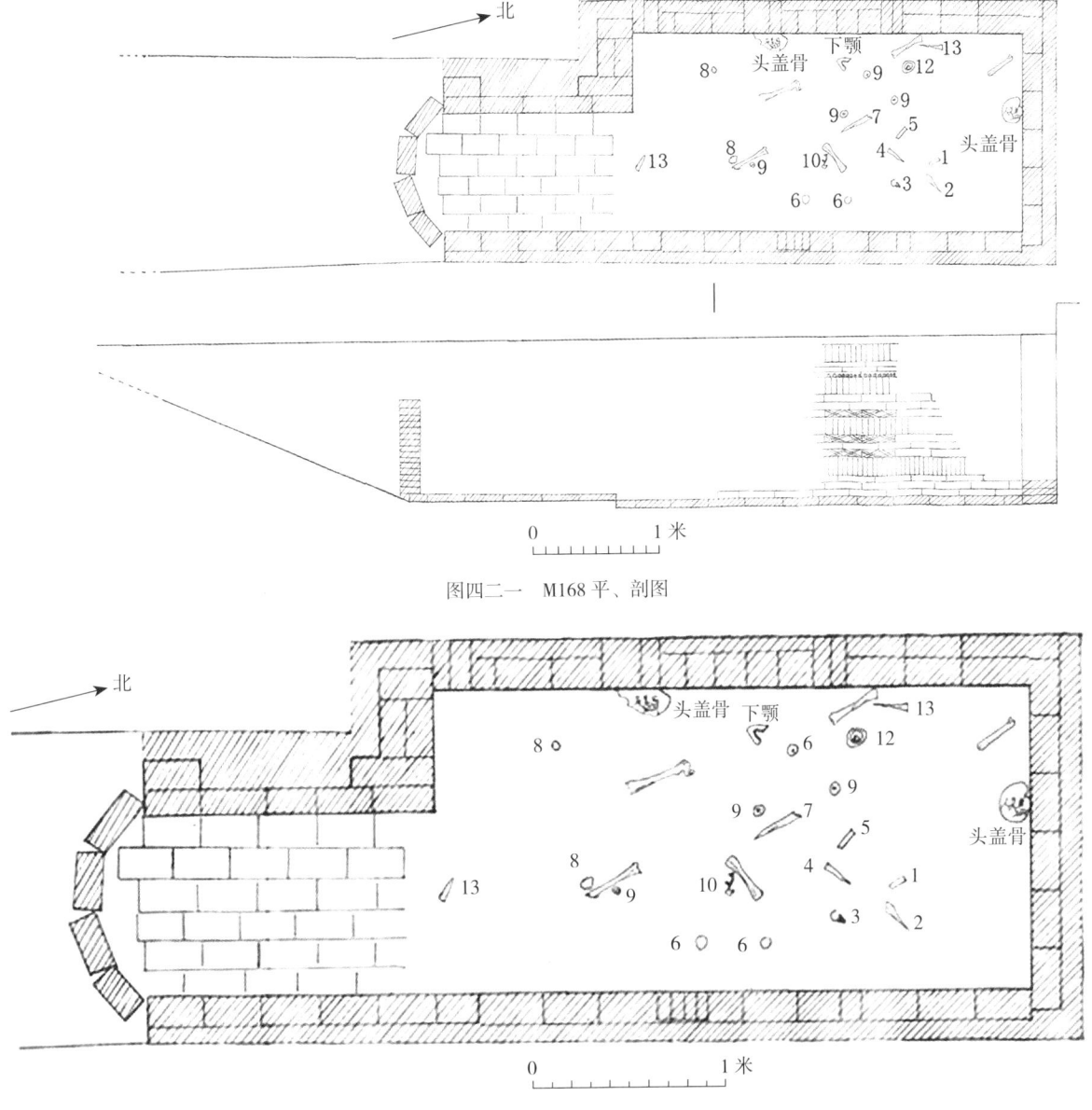

图四二一 M168 平、剖图

图四二二 M168 随葬品分布图

1. 石凿 2. 铜镞 3. 铁块 4. 骨锥 5. 骨尺 6. 铜环 7. 铁剑 8. 玉器 9. 铜钱 10. 铜带钩 11. 铜顶针 12. 铅镜 13. 铁棺钉

室内葬有二人。室内还有散乱的肢骨和石凿、骨锥、骨尺、铜环、残铁剑、铜带钩、玉器、铜镞等，棺内有铜钱7枚，散布于头右侧和身侧。棺钉多枚散布于棺周边。（图四二二）

随葬品 13件，其中铜器5件、玉石器2件、铁器3件、骨器2件、铅器1件。

1. 铜器、铜钱 有铜带钩、镞、顶针、环、五铢等。

铜镞 1件。标本M168：2，完整。呈燕尾状，镞体微弧，中脊为正方形，两翼尾外斜，铤为锥状，断面为方形。宽1.9厘米，长6.7厘米，厚0.7厘米。（图四二三，1）

M168出土有大泉五十和五铢两种钱币。

重轮大泉五十 1枚。标本M168：9-1，圆形，方穿，正反两面有周郭，穿之正面上下铸有篆书"大泉"二字，左右铸有篆书"五十"二字，钱文较细，正面为斜边重轮，铸造较粗，钱面有砂眼。钱径2.4厘米，郭径2.6厘米，郭厚0.2厘米，宽为0.2厘米，穿径0.9厘米。（图四二四，1）

五铢 1枚。标本M168：9-2，圆形，正方形穿，钱文"五"字下有铸钱时留下的空洞，钱边缘有较窄的周郭，穿之背面有周郭，穿之正面左右两侧铸有篆书"五铢"二字，"五"字呈对顶炮弹形。钱径2.5厘米，郭径2.5厘米，郭宽0.1厘米，郭厚0.2厘米，肉厚0.1厘米，穿径1厘米。（图四二四，2）

2. 玉石器 有石凿、玉器。

石凿 1件。标本M168：1，完整。平面呈长方形，弧顶，单面刃，深灰色石灰岩磨制，顶宽2.5厘米，刃宽3.5厘米，厚2.4厘米，长8.4厘米。（图四二三，2）

3. 铁器 3件，有剑、铁棺钉和铁块。

剑 1件。标本M168：7，残。剑身较长，双面刃，剑身有脊，茎已残，茎与剑身交接处有剑镡，锈蚀严重，残长25厘米。

4. 铅器 1件。

标本M168：12，四乳纹镜。完整。圆形，镜面微弧，圆形钮，圆钮座，其外有一周凸弦纹，四乳，乳

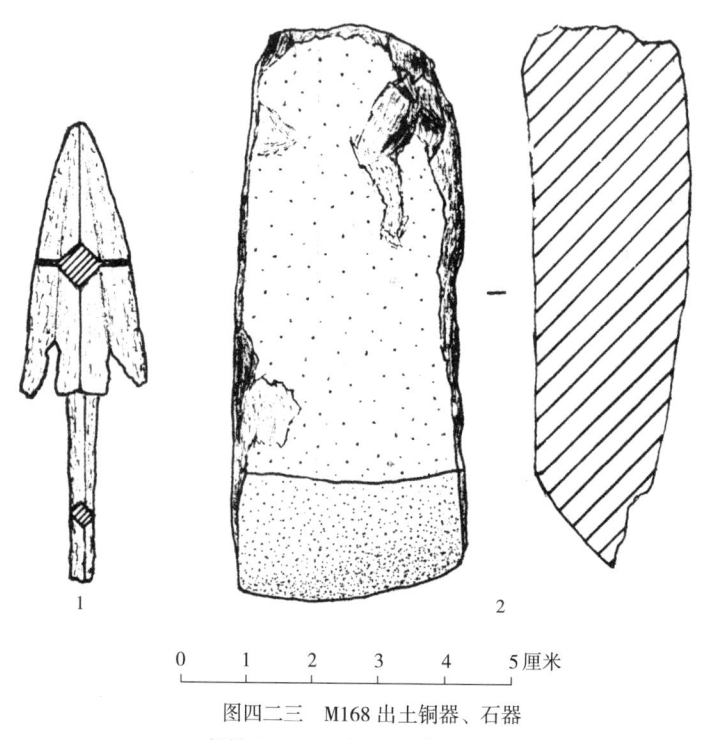

图四二三 M168出土铜器、石器

1. 铜镞（M168：2） 2. 石凿（M168：1）

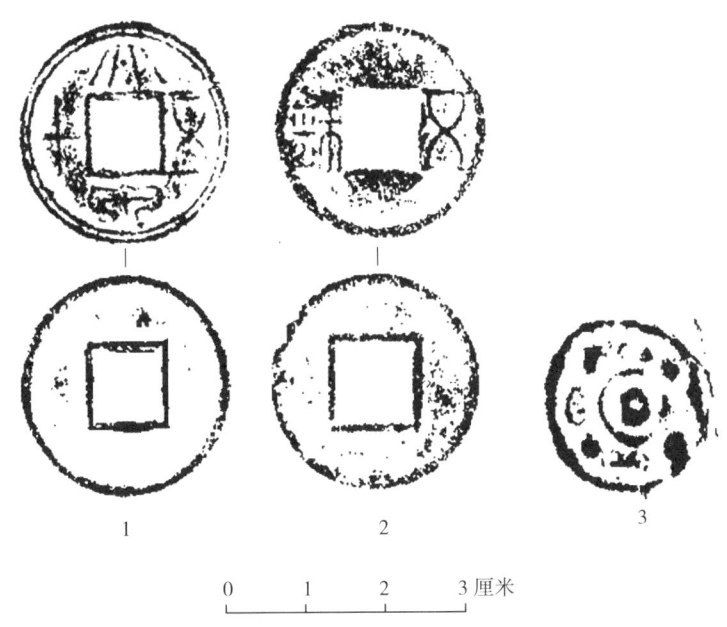

图四二四　M168 出土铜钱、铅镜拓片

1. 重轮大泉五十（M168：9-1）　2. 五铢（M168：9-2）　3. 铅镜（M168：12）

为圆座，其外为缘郭。面径 2.1 厘米，背径 2.1 厘米，钮高 0.3 厘米，钮宽 0.9 厘米，缘宽 0.1 厘米，缘厚 0.2 厘米，肉厚 0.1 厘米。（图四二四，3）

5. 骨器　2 件。为骨锥、骨尺各 1 件。均残甚。

M186 位于淮阳平粮台遗址北部 T113 的西部。1984 年 9 月发掘。为斜坡墓道长方形竖穴砖券墓。墓向 205°。墓口距地表深 1 米。券顶上和墓道内填五花土，逐层填土，逐层夯筑，比较坚实，夯层 0.20～0.30 米不等，夯窝圆形，直径 0.10 米左右。墓室之南有弧形斜坡拐弯墓道伸向西边。（图四二五）

墓道　长 6.80 米，宽 1.26～2 米。距地表深 0.60～2.46 米。墓道两壁规整，且有镢头印迹。

墓室　位于墓道的北面。长 3.75 米，宽 2.06 米，深 1.52 米。室东西和北壁用砖砌，砌法顺平铺，上下层间错缝相压，砌 23 层后向上起券，为单层券，顺平铺。墓壁垂直，平底，无铺地砖。壁高 0.86 米，券高 0.56 米。墓砖有两种，一为小砖，长 30 厘米，宽 6 厘米，厚 4 厘米；另一种为大砖，长 36 厘米，宽 10 厘米，厚 8 厘米。侧面有花纹，砖的火候高，质量好。顶券砌七层小砖再砌一层大砖，花纹向内，再砌三层小砖又砌一层大砖，这样相间砌法直到顶券完成。

葬具　墓室内后部置木棺两具，东西并列，相距 26 厘米。两具木棺已腐朽殆尽，棺底尚存白灰痕迹。根据灰痕推知：东边棺长 1.90 米，宽 0.52 米，高度不知；西边棺长 1.90 米，宽 0.54 米。

棺内人骨均已腐朽。东部棺内头骨的北边有铁刀，左边有陶纺轮，还有铜钱，耳部有骨耳塞，鼻部有骨鼻塞，口部有玉蝉等。西边棺内西北角有铜刷，头部西边有铜镜，耳部有骨耳塞，鼻部有骨鼻塞，口中有玉蝉，棺内上部西边有石砚、铁刀，腰部西有铁环首刀，在墓主的腹部，棺的西南和东南角置铜钱数枚，腰部置铜带钩，棺内的东部置铁剑，东部棺外南边放有釉陶壶、陶罐、陶井、陶灶，还有铅车马饰，其中有当卢、马镳、马衔等。（图四二六）

随葬品　41 件（组），其中釉陶器、陶器 18 件，铜器、铜钱 7 件，玉石器 4 件，骨器 4 件，铁器 5 件，铅器3件。

1.釉陶器、陶器　18件，其中釉陶壶5件，陶罐8件，陶灶、甑、釜、井、纺轮各1件。

釉陶壶　5件。分两式。

Ⅰ式：4件。泥质红陶。表面施红釉。敞口，方唇，折沿，溜肩，肩部饰对称假铺首，圆鼓腹，圜底，圈足。标本M186：6，口径14厘米，腹径28厘米，底径12.5厘米，高35厘米。（图四二七，1）标本M186：11，口残。腹径22厘米，底径10.3厘米，残高2.6厘米。（图四二七，6）

Ⅱ式：1件。标本M186：13，泥质红陶。表面施红釉。盘口，方圆唇，束颈，溜肩，并饰对称铺首衔环，圆鼓腹，圜底，圈足。肩部饰两道凸弦纹。口径12厘米，腹径24.5厘米，底径11厘米，高32厘米。（图四二七，10）

陶罐　8件。分三式。

Ⅰ式：2件。泥质灰陶。轮制。侈口，平折沿，方唇，短颈，溜肩，圆鼓腹，上腹部饰六道凸弦纹，下腹斜直，平底。标本M186：5，口径12厘米，腹径27厘米，底径17厘米，高28厘米。（图四二七，3）

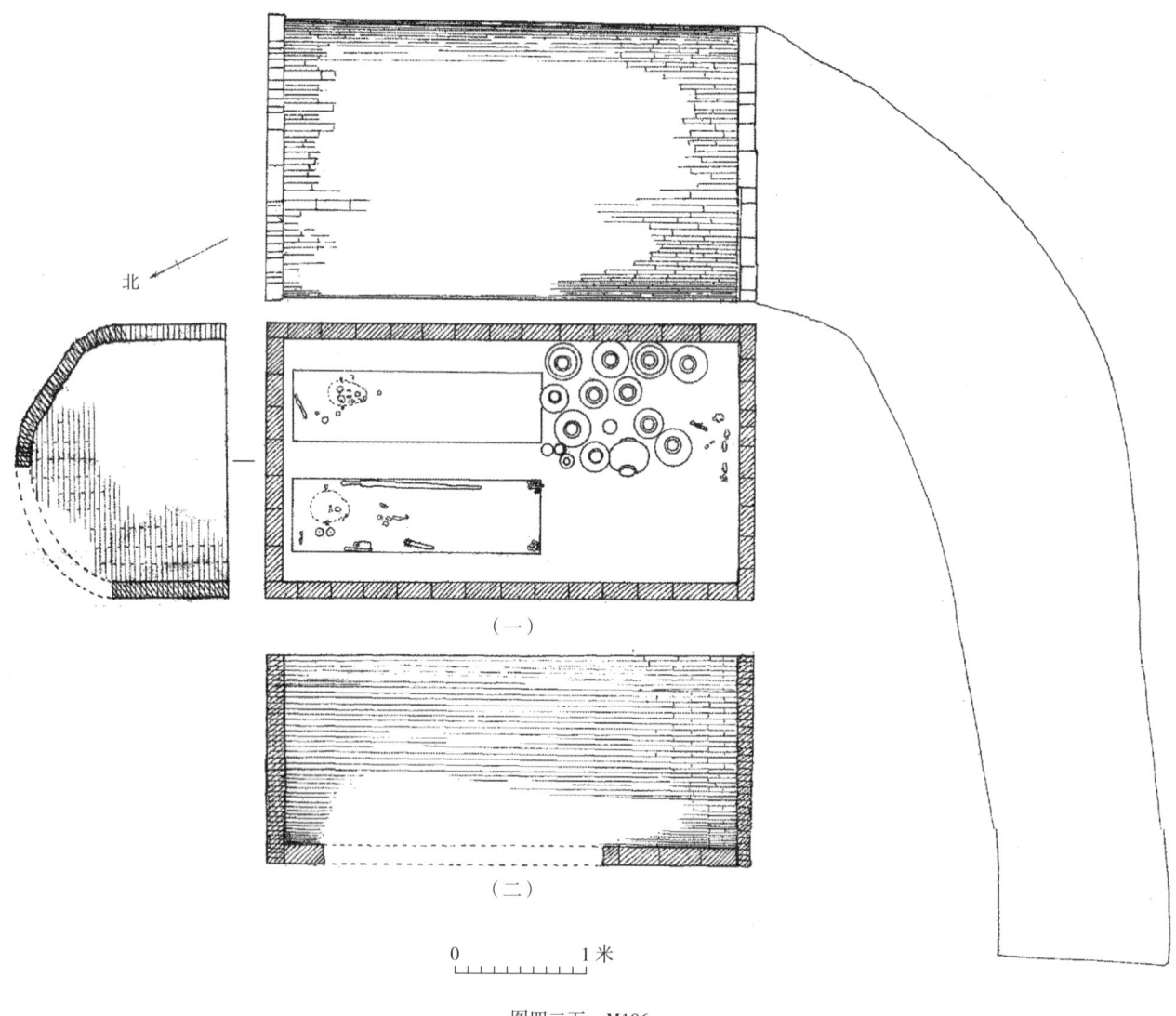

北

（一）

（二）

0　　　　　1米

图四二五　M186
（一）俯视图　（二）平、剖图

标本 M186：17，口径 12 厘米，腹径 26 厘米，底径 15 厘米，高 27 厘米。（图四二七，8）

Ⅱ式：5 件。泥质灰陶。轮制。敞口，圆唇，束颈，溜肩，圆鼓腹，上腹部饰两道凹弦纹，下腹斜直，平底。标本 M186：7，口径 10 厘米，腹径 21 厘米，底径 13.5 厘米，高 18 厘米。（图四二七，2）标本 M186：8，口径 12 厘米，腹径 23 厘米，底径 15 厘米，高 20 厘米。（图四二七，7）标本 M186：12，口径 10 厘米，腹径 14 厘米，底径 10 厘米，高 18 厘米。（图四二七，5）标本 M186：15，口径 9 厘米，腹径 21 厘米，底径 13.5 厘米，高 20 厘米。（图四二七，4）标本 M186：18，口径 12 厘米，腹径 23 厘米，底径 15 厘米，高 20 厘米。（图四二七，9）

Ⅲ式：1 件。标本 M186：9，泥质灰陶。轮制。侈口，圆唇，束颈，溜肩，中腹微鼓，下腹斜直，平底。口径 9.5 厘米，腹径 12 厘米，底径 8 厘米，高 12 厘米。（图四二八，1）

釉陶灶　1 套。由甑、釜、灶扣合而成。面施红釉。标本 M186：20，甑侈口，圆唇，折沿，小平底，底

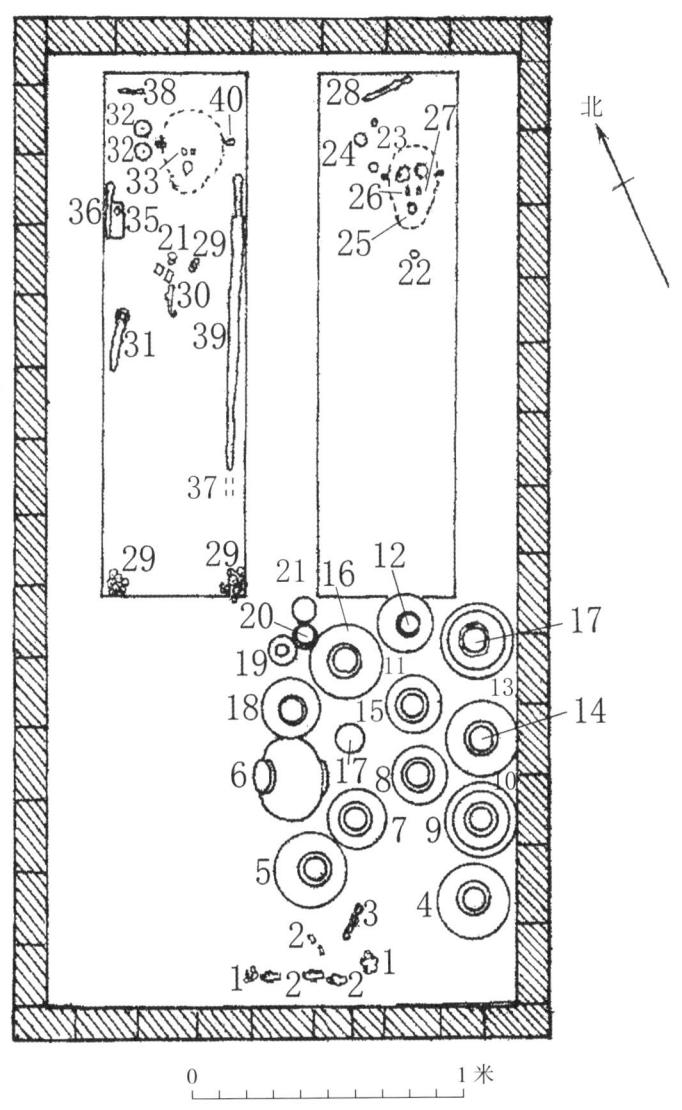

图四二六　M186 随葬品分布图

1. 铅当卢　2. 铅马镳　3. 铅马衔　4、6、10、11、13. 釉陶壶　5、7、8、9、12、14~19. 陶罐　20. 釉陶灶　21. 陶井　22. 陶纺轮　23、29. 铜钱　24、32. 铜镜　25、34. 玉蝉　26、33. 骨鼻塞　27、40. 骨耳塞　28、31、36. 铁削　30. 铜带钩　35. 石砚（研）

37. 铁棺钉　38. 铜刷　39. 铁剑

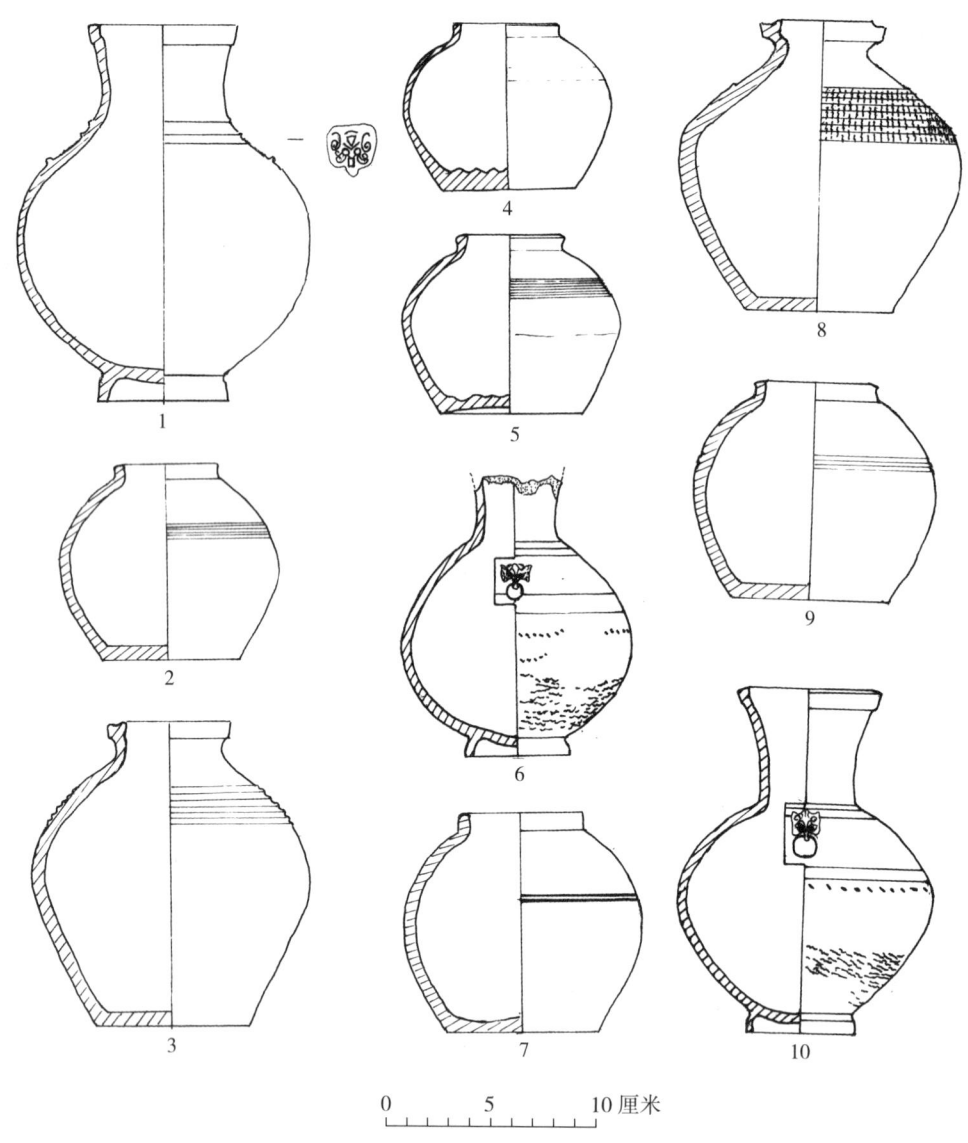

图四二七　M186 出土陶器

1. Ⅰ式釉陶壶（M186：6）　2. Ⅱ式罐（M186：7）　3. Ⅰ式罐（M186：5）　4. Ⅱ式罐（M186：15）　5. Ⅱ式罐（M186：12）
6. Ⅰ式釉陶壶（M186：11）　7. Ⅱ式罐（M186：8）　8. Ⅰ式罐（M186：17）　9. Ⅱ式罐（M186：18）　10. Ⅱ式釉陶壶（M186：13）

部有3孔，下腹部有刀削痕。口径14厘米，底径4厘米，高6厘米。釜敛口，圆唇，鼓腹，小平底。口径6.6厘米，腹径10.8厘米，底径4.8厘米，高6.4厘米。灶身形状为椭圆形内空，一端有灶门，一端捏有上翘鸟头状烟囱。灶台孔径7.6厘米，灶台径15.4厘米，高5厘米。灶通高17.4厘米。（图四二八，3）

井　1件。标本M186：21，泥质胎，面施红釉。轮制，口小底大，内敛口，平沿，束腰，腰以下呈斜弧状，平底。口径7.5厘米，底径10厘米，高7.5厘米。（图四二八，2）

纺轮　1件。标本M186：22，泥质黑陶。形状如车轮，中间有孔。外径3.5厘米，内径0.9厘米，底径0.8厘米。（图四二九，1）

2. 铜器、铜钱　7件（组），有镜、带钩、刷、大泉五十铜钱等。

铜镜　3件。标本M186：32-1，为四乳三角形纹镜。完整。出自西棺。圆形，镜面微弧，圆形钮，重圈钮座，其外有两周凸弦纹，其间有四乳，四乳为圆座，间以弧形三角形，再外为带状斜平行线纹，再外为缘

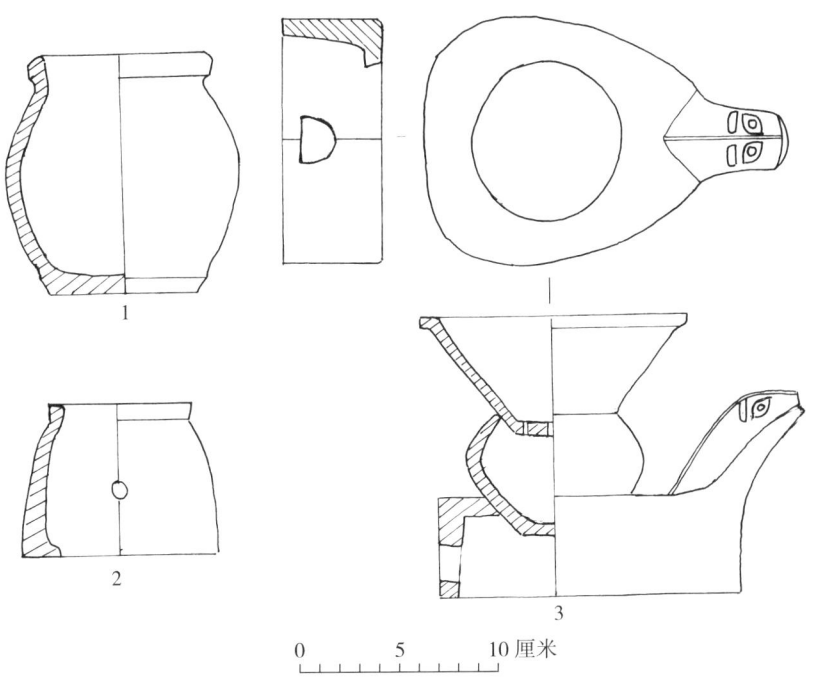

图四二八　M186 出土陶器

1. Ⅲ式陶罐（M186∶9）　2. 陶井（M186∶21）　3. 釉陶灶（M186∶20）

郭。面径 6.6 厘米，背径 6.4 厘米，钮高 0.6 厘米，钮宽 1.1 厘米，缘宽 0.8 厘米，缘厚 0.4 厘米，肉厚 0.2 厘米。（图四三〇，1）标本 M186∶32-2，为四乳三角形纹镜。完整。出自东棺。圆形，镜面微弧，圆形钮，重圈钮座，其外有两周凸弦纹，其间有四乳，四乳为圆座，间以弧形三角形，再外为带状斜平行线纹，再外为缘郭。面径 6.6 厘米，背径 6.4 厘米，钮高 0.6 厘米，钮宽 1.1 厘米，缘宽 0.8 厘米，缘厚 0.4 厘米，肉厚 0.2 厘米。标本 M186∶24，为日光镜。完整。圆形，镜面微弧，圆钮，重圈钮座，其外饰斜凸弦纹两周，其间有铭文，铭文简单不全，可能是明器。面径 6.6 厘米，背径 6.4 厘米，钮高 0.6 厘米，钮宽 1.1 厘米，缘宽 0.2 厘米，缘厚 0.3 厘米，肉厚 0.2 厘米。（图四三〇，2）

带钩　1 件。标本 M186∶30，整体呈琵琶状，头部有钩呈兽首状，长腹鼓成弧形，背饰圆钮，靠近尾部。长 9 厘米，宽 1.2 厘米。（图四三一，1）

刷　1 件。标本 M186∶38，器物完好。身上有锈斑，器如烟斗状，柄较长，柄后端横穿一孔方便悬挂，柄端呈扁锥形略翘。长 10.6 厘米，宽 1.1 厘米。（图四三一，3）

M186 出土了许多铜钱。能辨识出有五铢和大泉五十，但保存较差。

大泉五十　2 枚。标本 M186∶23、M186∶29，圆形，方穿，正反两面有周郭，穿之正面上下铸有篆书"大泉"二字，左右铸有篆书"五十"二字，形制相近，大小有别，钱文粗细有别。

3. 玉石器　4 件。有玉蝉、石砚（研）。

玉蝉　2 件。标本 M186∶25，器如蝉状，一端宽，一端窄。平面近三角形，制作粗糙。长 4 厘米，宽 3 厘米，厚 0.6 厘米。标本 M186∶34，制作精致，如蝉形，两眼凸出。长 4.2 厘米，宽 2 厘米，厚 0.6 厘米。

石砚（研）　1 套。标本 M186∶35，石砚，青石质。磨制。器呈长方形，正面及四周磨制平滑。长 9.2 厘米，宽 4.5 厘米，厚 0.5 厘米。石研，青石质，上部为圆柱状，底部呈长方形，均磨制光滑。长 2.6 厘米，宽 2 厘米，厚 0.75 厘米。（图四二九，6）

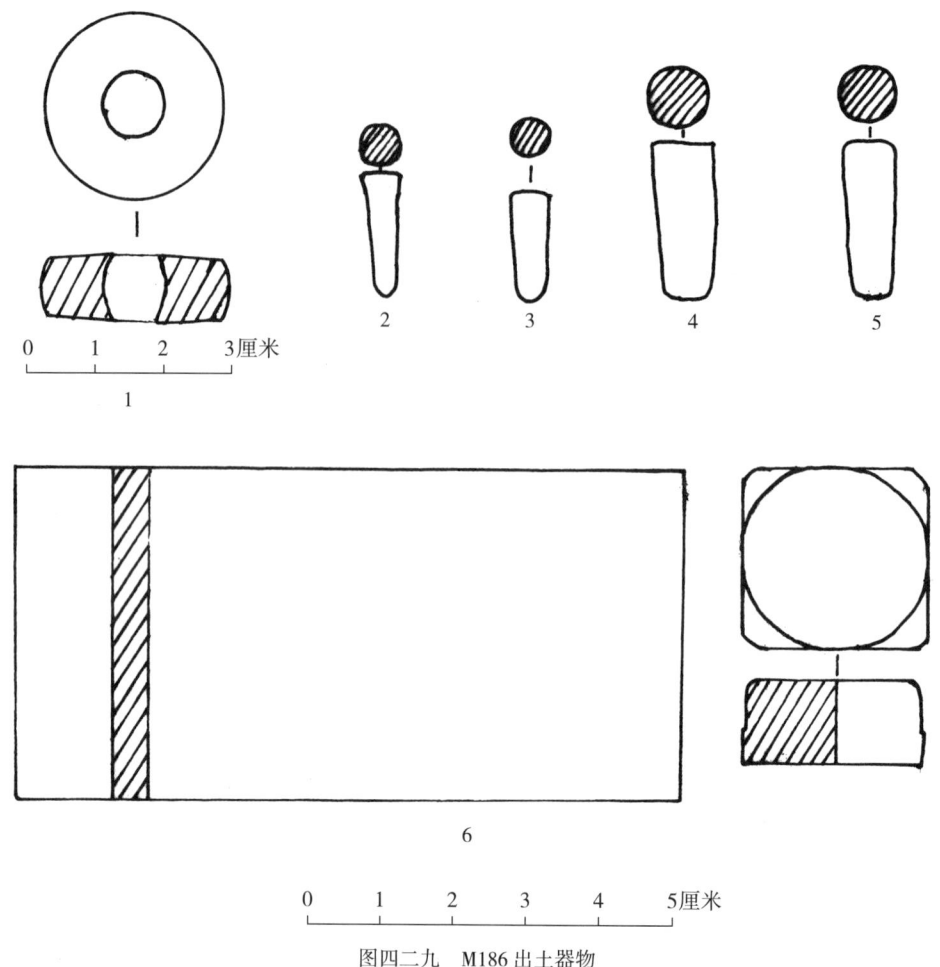

图四二九　M186 出土器物

1.陶纺轮（M186：22）　2、4.骨耳塞（M186：27、M186：40）　3、5.骨鼻塞（M186：26、M186：33）　6.石砚（研）（M186：35）

4.骨器　4件（组），有耳塞、鼻塞。

耳塞　标本 M186：27，青石质，磨制，近似圆柱形，一端粗，一端稍细，保存完好。长 1.8 厘米，宽 0.4 厘米。（图四二九，2）标本 M186：40，2件（一对）。青石质。磨制，圆柱形。长 2.1 厘米，宽 0.8 厘米。（图四二九，4）

鼻塞　2对（4件）。青石质，磨制，近似圆柱形，一端微粗。标本 M186：26，长 1.4 厘米，宽 0.5 厘米。（图四二九，3）标本 M186：33，长 2.15 厘米，宽 0.7 厘米。（图四二九，5）

5.铁器　5件（组），有剑、削、棺钉。

棺钉　1组。标本 M186：37，锈蚀严重，一端呈锥状。长 4.2 厘米，宽 0.5 厘米，厚 0.2 厘米。（图四三一，6）

6.铅器　3件（对），有当卢、马镳、马衔。

当卢　1对（2件）。已残。标本 M186：1，顶部呈山状，中部斜弧，有镂空卷云状花纹。残长 9.7 厘米，宽 3 厘米。（图四三一，5）

马衔　1件。标本 M186：3，由三个哑铃状器物组成，器物两端均呈环状，环环相扣连接在一起。长 7.7 厘米，宽 1 厘米。（图四三一，4）

马镳　1件。标本 M186：2，器物为一薄片，饰有镂空卷云纹。长 7.5 厘米。（图四三一，2）

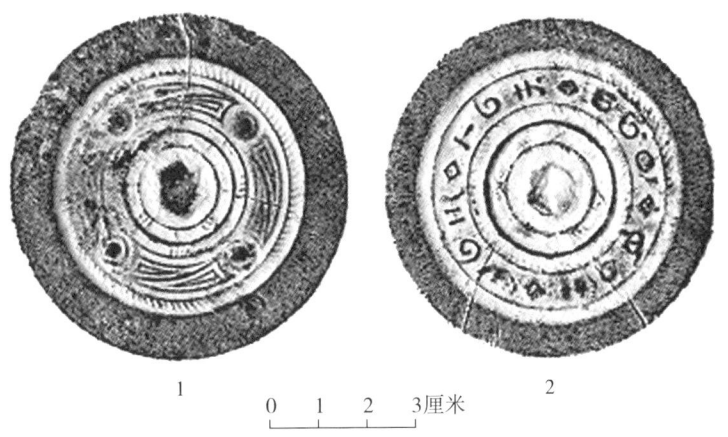

图四三〇　M186 出土铜镜拓片

1. M186：32-1　2. M186：24

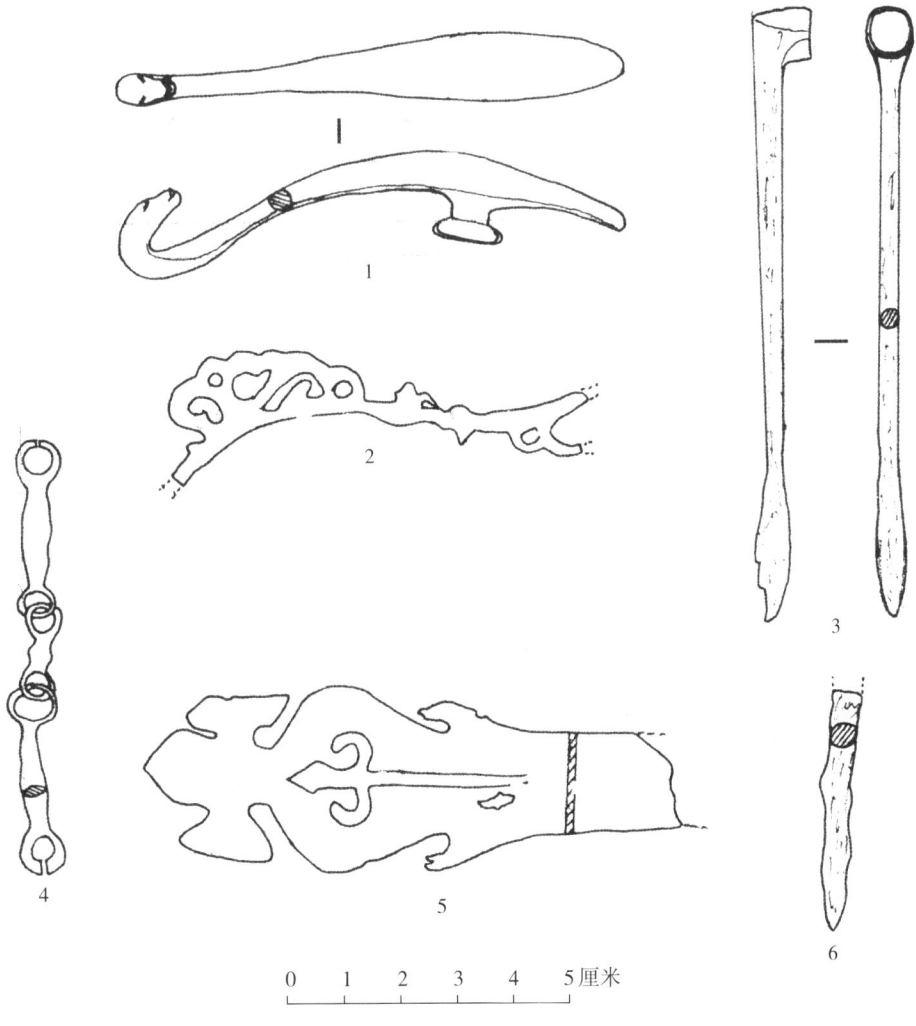

图四三一　M186 出土器物

1. 铜带钩（M186：30）　2. 铅马镳（M186：2）　3. 铜刷（M186：38）　4. 铅马衔（M186：3）

5. 铅当卢（M186：1）　6. 铁棺钉（M186：37）

M101 位于淮阳平粮台遗址 T41 西部，1989 年 10 月发掘，为长方形小砖墓。南有斜坡墓道，并向西作弧形拐弯。墓向 190°。墓上的土已被挖，现墓口距地表深 0.30 米，墓内填五花土，经夯筑比较紧密。（图四三二）

墓道　宽 1.10 米，残长 2.20 米。

墓门　位于墓道的北端，与墓室相接。门用砖封严，东南和西北角砌平铺砖，上下层相压，中间砌斜人字砖，东北角又砌斜平铺砖，上下层相压直至与券顶平。门宽 0.88 米，高 0.92 米。

墓室　长 3.42 米，宽 1.10 米。墓底距地表深 1.40 米，底内长 3.22 米，内宽 0.90 米，内高 1.08 米。墓壁垂直，平底。墓壁下部四周用母子砖砌，砖顺平铺，上下层之间直缝相压。东西壁各砌 11 层砖起券，弧内收为半圆形券顶。券顶一层。北壁砌母子砖，上下层直缝相压，一直与券顶抵严。底无铺地砖。

葬具　墓室中放棺一具，已腐朽，从其白灰得知棺长 2.06 米，宽 0.58 米，高度不知。

葬式　骨朽，从其朽迹看为单人仰身直肢葬，头向北，面向上。头的东北置有铜镜，铁削置于头的北部，鼻内有鼻塞，头的周围和身的上下置铜钱大泉五十，髋骨右侧置顶针，铜镜的下面有铜刷、玉蝉和骨饰等。（图四三三）

随葬品　9 件，有玉蝉、玉鼻塞、骨饰、铜镜、铜刷、大泉五十、顶针、铁削、柿蒂纹饰。

1. 铜器　5 件，为铜镜、刷、大泉五十、顶针、柿蒂纹饰。

铜镜　1 件。标本 M101：1，完整。圆形，镜面微弧，圆形钮，圆钮座，其外为柿蒂纹，纹间有圆形，其外为陶纹一周，陶纹外有宽带状纹饰一周，再外为绹索纹一周，绹索纹外为四神画像和四乳，宽缘郭。面径 19 厘米，背径 19 厘米，钮高 1 厘米，钮宽 1 厘米，缘宽 2 厘米，缘厚 0.7 厘米，肉厚 0.2 厘米。（图

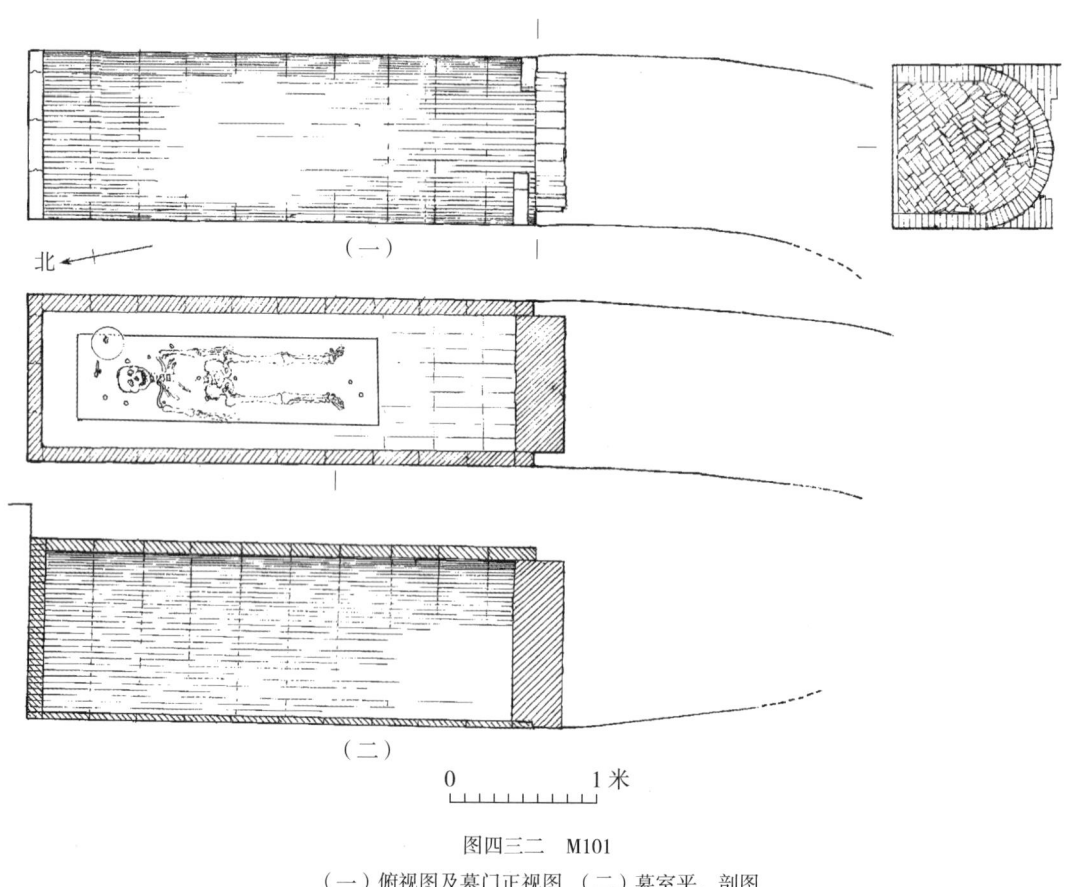

北←

（一）

（二）

0　　　　　　1 米

图四三二　M101

（一）俯视图及墓门正视图　（二）墓室平、剖图

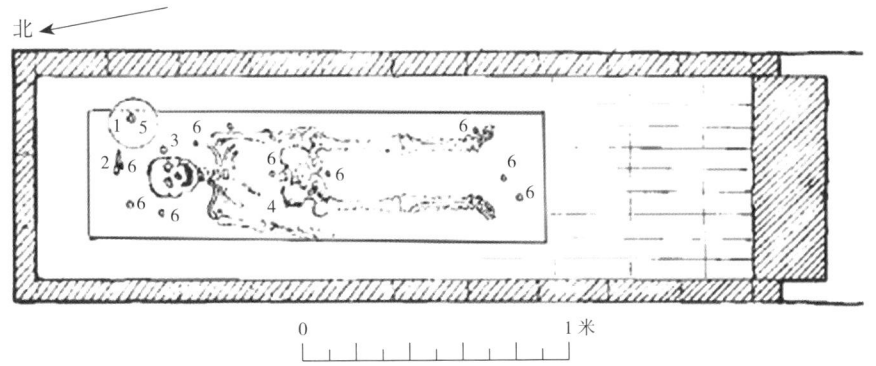

图四三三 M101 随葬品分布图

1.铜镜 2.铁削 3.玉鼻塞 4.铜顶针 5.柿蒂纹饰 6.大泉五十 7.铜刷 8.玉蝉 9.骨饰

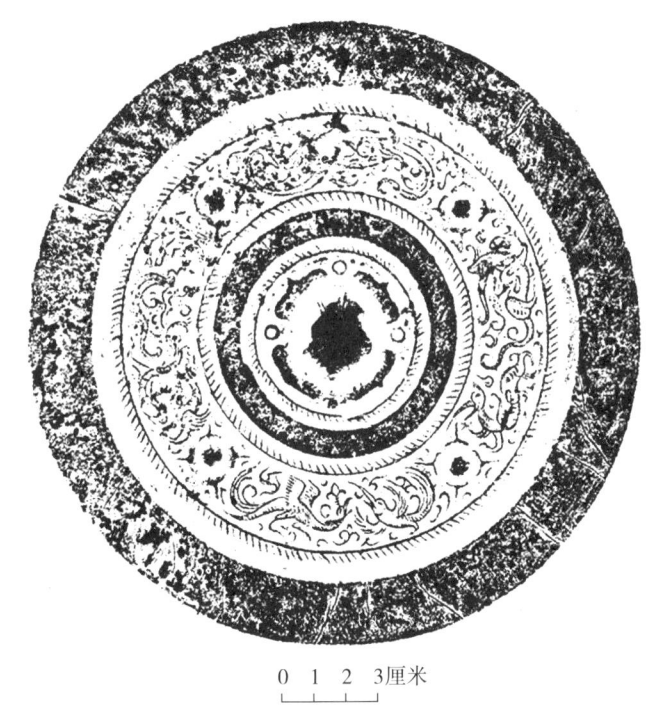

0 1 2 3厘米

图四三四 M101 出土铜镜拓片（M101：1）

四三四）

大泉五十 10枚。标本 M101：6，圆形，方穿，正反两面有周郭，穿之正面上下铸有篆书"大泉"二字，左右铸有篆书"五十"二字。钱径 2.2~2.4 厘米，郭径 2.4~2.6 厘米，郭厚 0.15 厘米，宽 0.1 厘米，穿径 1厘米。（图四三五，1、2、3）

刷 1件。标本 M101：7，器如烟斗状，柄较长，柄后端横穿一孔方便悬挂，柄端呈扁锥形略翘。长 16.8 厘米，宽 2厘米。

顶针 1件。标本 M101：4，表面有锈斑，圆环状。直径 2厘米，厚 0.2 厘米，高 1.2 厘米。

2.玉器 2件，玉蝉、鼻塞各 1件。

玉蝉 1件。标本 M101：8。

鼻塞 1件。标本 M101：3，青白玉，磨制，近似圆柱形，一端微粗。长 2.5 厘米，宽 0.8 厘米。（图

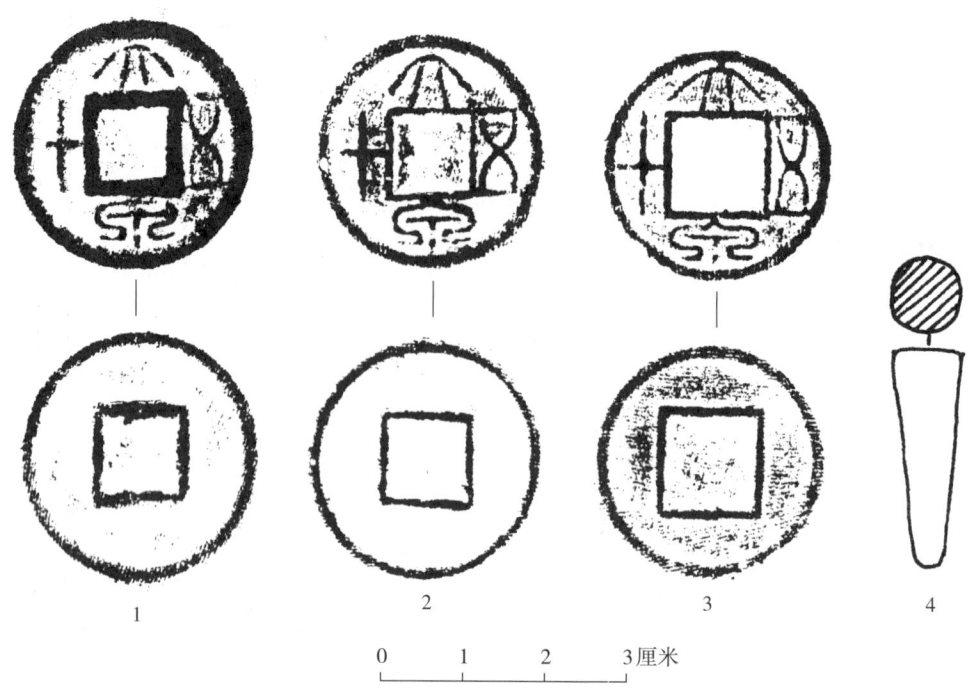

0   1   2   3厘米

图四三五　M101 出土铜钱、玉器

1~3. 大泉五十（M101：6-1、M101：6-2、M101：6-3）　4. 玉鼻塞（M101：3）

四三五，4）

　　3. 骨器　仅发现骨饰 1 件。残甚。

　　4. 铁器　1 件。

　　标本 M101：2，铁削，已残。表面锈蚀严重。

　　M41 位于淮阳平粮台遗址东部 T15 等探方内。1980 年 4 月发掘，为长方形斜坡墓道砖室墓。墓道口距地表 0.25 米。墓向 205°。

　　墓道　总长 12 米，宽 2 米，深 3.50 米。内填灰色五花土，逐层填土，逐层夯实，每层厚 30 厘米，夯窝为圆形，直径 3 厘米，深圜底。共分 7 层夯土，再下夯土不分层次。（图四三六）

　　墓室　分前后两室，下部周壁用砖砌，前室砌得较高，均顺平铺，上下层之间错缝相压，前室砌 23 层，高 1.14 米；后室周壁砌 13 层砖，高 0.65 米。前后室底部均用榫卯砖平铺，前室南北向 20 排，后室南北向 12 排，前后铺砖在前室北部重叠。砖规格约 32×10×5 厘米。前室长 2.26 米，宽 1.86 米；后室长 2.84 米，宽 1.40 米。通长 5.10 米，深 3.50 米。

　　葬具　后室的东侧置木棺一具，已腐朽殆尽，据其灰痕分析棺长 2.44 米，宽 0.46 米，高不知。棺内人骨已腐朽殆尽。在头的东北角置铜钱，西北角为铁削，头上部有铜镜，耳边有玉耳塞，鼻边是玉鼻塞，口部有玉蝉，之下有玉饰，再下玉肛塞，东侧有水晶珠、玛瑙珠、玛瑙饰和玛瑙狮子，棺的底部有铜镜若干，在前室的西北角、西南角和东南角均有陶罐，中部从北向南有陶罐、铺首衔环、铜镜等。

　　随葬品　27 件（套），其中陶器 7 件、铜器 7 件、玉石器 11 件、铁器 1 件、银戒指 1 件。（图四三七）

　　1. 陶器　7 件。全为罐，器形相同，稍有差别。

　　陶罐　7 件。分三式：

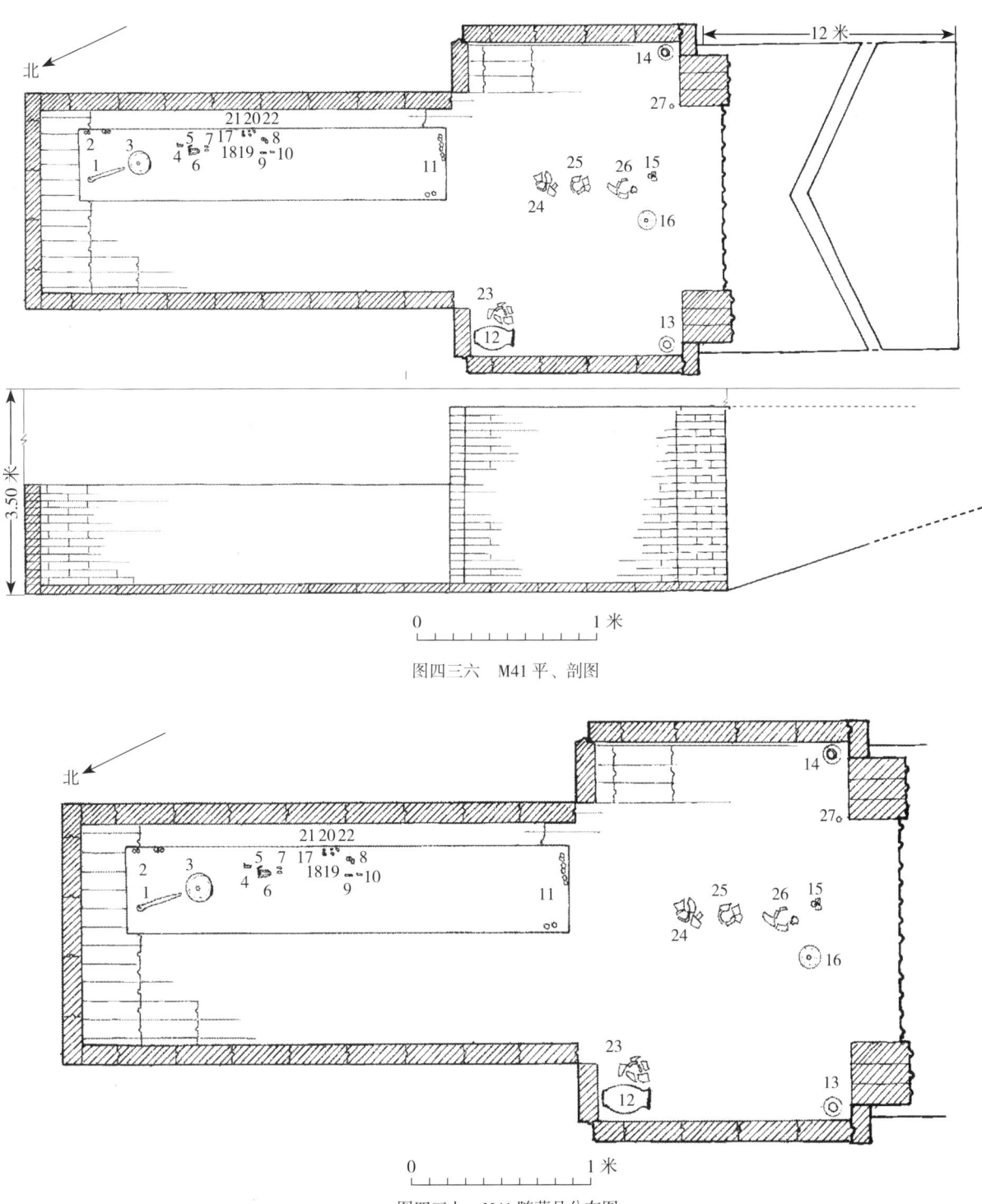

图四三六　M41 平、剖图

图四三七　M41 随葬品分布图

1. 铁削　2、8、11. 铜钱　3、16. 铜镜　4. 玉耳塞　5. 玉鼻塞　6. 玉蝉　7. 玉饰　9. 玉阴塞　10. 玉肛塞
12~14、23~26. 陶罐　15. 铜铺首衔环　17、18. 水晶珠　19. 玛瑙珠　20. 玛瑙狮子　21. 玛瑙饰　22. 铜銮足　27. 银戒指

Ⅰ式：侈口罐。2 件。侈口，方唇，束颈，腹微鼓，平底。标本 M41：13，下腹部饰四周凹弦纹。口径 10 厘米，腹径 11.5 厘米，底径 6 厘米，高 12.5 厘米。（图版三四，1；图四三八，1）标本 M41：14，下腹部饰两周凹弦纹。口径 10 厘米，腹径 12 厘米，底径 6 厘米，高 12 厘米。（图四三八，2）

图四三八　M41 出土陶器

1. Ⅰ式罐（M41：13）　2. Ⅰ式罐（M41：14）　3. Ⅲ式罐（M41：23）　4. Ⅲ式罐（M41：25）　5. Ⅱ式罐（M41：12）
6. Ⅲ式罐（M41：26）　7. Ⅱ式罐（M41：24）

Ⅱ式：盘口绳纹罐。2件。盘口，圆唇，束颈，鼓腹，下腹部饰绳纹。标本 M41：24，圜底内凹，口径 14.5 厘米，腹径 24 厘米，底径 9 厘米，高 26 厘米。（图版三四，2；图四三八，7）标本 M41：12，盘口较浅，方唇，平底，上腹部饰五周凹弦纹，下腹部饰绳纹。口径 15.5 厘米，腹径 22.4 厘米，底径 8 厘米，高 24 厘米。（图四三八，5）

Ⅲ式：小口深腹罐。3件。侈口，折沿，束颈，鼓腹，平底。上腹部饰弦纹，下腹部饰绳纹。上腹部弦纹和器物大小有别。标本 M41：23，方唇，口沿不平，圆腹。上腹部饰七周凹弦纹。口径 15 厘米，腹径 23 厘米，底径 9 厘米，高 23 厘米。（图版三四，3；图四三八，3）标本 M41：25，平口，方唇，腹较瘦。上腹部饰九周凹弦纹。口径 11.5 厘米，腹径 22.5 厘米，底径 8.5 厘米，高 26.5 厘米。（图四三八，4）标本 M41：26，方唇，上腹部饰三周弦纹。口径 11.5 厘米，腹径 21.5 厘米，底径 10 厘米，高 24.5 厘米。（图版三四，4；图四三八，6）

2. 铜器、铜钱　7件（组），有镜 2枚、奁足 3个、铺首衔环 2个，铜钱 3组 50枚。

镜　2枚。均为博局镜，又称规矩镜。标本 M41：3，破。圆形，镜面微弧，圆钮座，座外为方框，内有柿蒂纹，角饰云纹，其外有规矩、四乳，间以四神和瑞兽画像，四神有朱雀、玄武、青龙、白虎，瑞兽有瑞乌、蟾蜍，底饰云纹。其外有一周斜平行线纹，再外有一周郭，郭内饰带状锯齿纹一周，周郭内外为素缘。

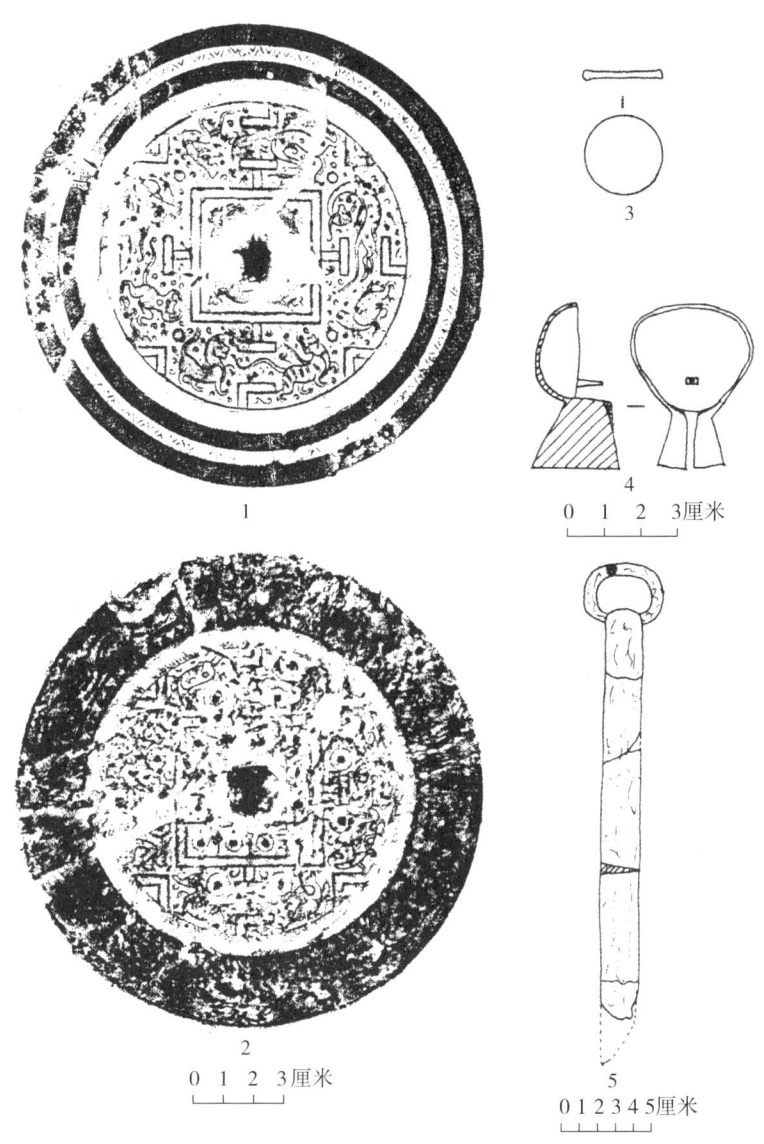

图四三九　M41 出土铜镜、铁器及银饰

1. 铜镜（M41∶3）　2. 铜镜（M41∶16）　3. 银戒指（M41∶27）　4. 奁足（M41∶22）　5. 铁削（M41∶1）

面径 14.6 厘米，背径 14.2 厘米，钮高 0.7 厘米，钮径 2.1 厘米，钮宽 1.6 厘米，缘宽 1.7 厘米，缘厚 0.5 厘米，肉厚 0.25 厘米。（彩版六七，1；图四三九，1）标本 M41∶16，完整。圆形，镜面微弧，圆钮座，座外方框内有十二地支"子丑寅卯辰巳午未申酉戌亥"，其外有规矩、八乳，间以四神和瑞兽画像，四神有朱雀、玄武、青龙、白虎，瑞兽有瑞鸟、蟾蜍，底饰云纹。其外有两周斜平行线纹。宽平缘面上内饰锯齿纹，中饰连体龙纹，外为素缘。面径 14.6 厘米，背径 14.3 厘米，钮高 0.7 厘米，钮径 2.1 厘米，钮宽 1.6 厘米，缘宽 2.6 厘米，缘厚 0.5 厘米，肉厚 0.25 厘米。（彩版六七，2；图四三九，2）

奁足　3 个。标本 M41∶22，完整。当为木漆器奁的足，形似兽蹄，上部为圆形，其下有钉，下部为蹄足。宽 3.2 厘米，高 4.2 厘米。（图版三四，6；图四三九，4）

大泉五十　50 枚。标本 M41∶2-1，7 枚。形制基本相同，唯字画粗细不同、"大"字不同，圆形，方穿，正反两面有周郭，穿之正面上下铸有篆书"大泉"二字，左右铸有篆书"五十"二字。字画粗者 5 枚，钱径 2.4 厘米，郭径 2.7 厘米，郭厚 0.2 厘米，宽为 0.15 厘米，穿径 0.8 厘米；字画细者 2 枚，穿上无郭或郭

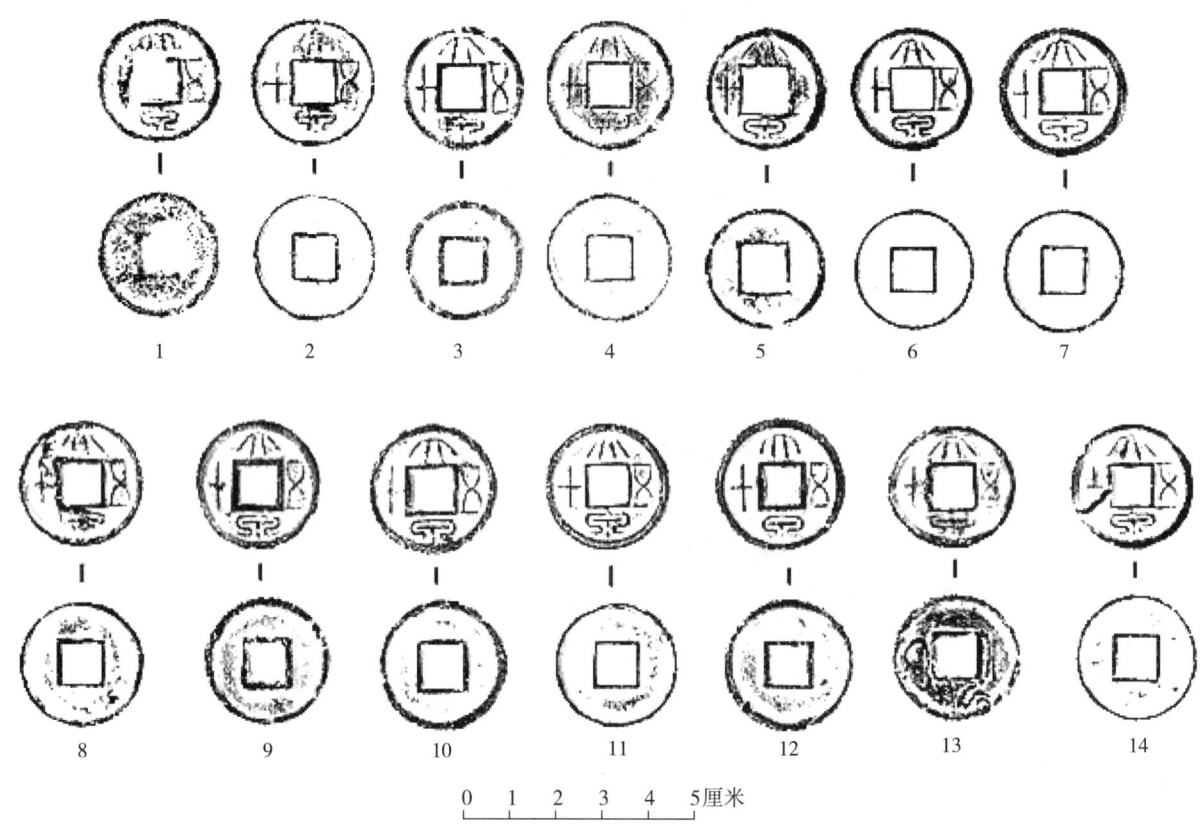

图四四〇　M41 出土大泉五十拓片

1~4. M41：2-2　5~8. M41：8　9~14. M41：11

不全，钱径 2.4 厘米，郭径 2.7 厘米，郭厚 0.2 厘米，宽为 0.1 厘米，穿径 1 厘米。标本 M41：2-2，16 枚。形制基本相同，唯字画粗细不同，圆形，方穿，正反两面有周郭，穿之正面上下铸有篆书"大泉"二字，左右铸有篆书"五十"二字。粗笔画者，钱径 2.5 厘米，郭径 2.7 厘米，郭厚 0.2 厘米，宽为 0.1 厘米，穿径 0.8 厘米，穿之左上角郭不全，背穿无郭；字画细者 2 枚，钱径 2.5 厘米，郭径 2.7 厘米，郭厚 0.2 厘米，宽为 0.1 厘米，穿径 0.9 厘米。（图四四〇，1~4）标本 M41：8，20 枚。13 整 7 破。形制基本相同，唯字画粗细不同、"大"字不同，圆形，方穿，正反两面有周郭，穿之正面上下铸有篆书"大泉"二字，左右铸有篆书"五十"二字。字画细者，钱径 2.5 厘米，郭径 2.8 厘米，郭厚 0.2 厘米，宽为 0.15 厘米，穿径 0.8 厘米；字画粗者 2 枚，钱径 2.5 厘米，郭径 2.7 厘米，郭厚 0.2 厘米，宽为 0.1 厘米，穿径 0.8 厘米。（图四四〇，5~8）标本 M41：11，7 枚。圆形，方穿，正反两面有周郭，穿之正面上下铸有篆书"大泉"二字，左右铸有篆书"五十"二字，形制大致相同，钱的郭径有大有小，厚薄不一，背郭宽窄有别，字画有粗细之别。3 枚钱径 2.5 厘米，郭径 2.8 厘米，郭厚 0.2 厘米，宽为 0.15 厘米，穿径 0.8 厘米；4 枚郭为斜边，钱径 2.4 厘米，郭径 2.65 厘米，郭厚 0.2 厘米，宽为 0.13 厘米，穿径 0.8 厘米。其中"五"字右下侧有铸币时留下的凸痕，其背郭很窄；钱的正面深，背面郭浅，并有云纹；钱文线细，穿郭很窄；正背郭为斜边，钱面有两个漏洞。（图四四〇，9~14）

3. 玉石器　11 件（套）。有玉蝉 1 件、鼻塞 1 对 2 件、耳塞 1 对 2 件、肛塞 1 件、水晶珠 2 枚、玛瑙珠 1 枚、玛瑙狮子 1 件、玛瑙饰 1 件、阴塞 1 件、玉饰 1 对。

玉蝉　1 件。标本 M41：6，完整。青白玉。玻璃光，雕出蝉形，眼睛突出，背部呈弧形，划出双翼，腹

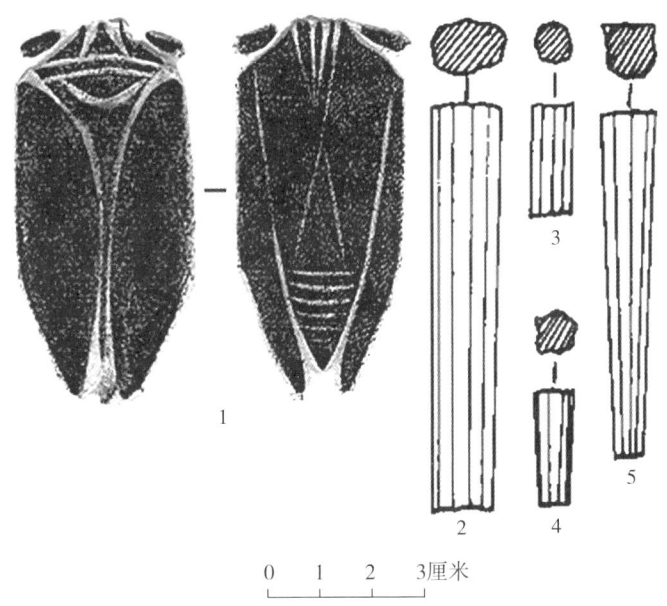

图四四一　M41 出土玉器

1. 玉蝉（M41：6）　2. 阴塞（M41：9）　3. 耳塞（M41：4）　4. 鼻塞（M41：5）　5. 肛塞（M41：10）

部呈弧形，刻出翼、肚，刻工简练，造型生动。长 6.6 厘米，宽 2.9 厘米，厚 0.9 厘米。（彩版六七，5；图四四一，1）

鼻塞　1 对 2 件。标本 M41：5，断面呈五棱形。直径 0.7 厘米，长 2 厘米。（图四四一，4）

耳塞　1 对 2 件。标本 M41：4，断面呈八棱形，直径 0.7 厘米，长 2 厘米。（图四四一，3）

阴塞　1 件。标本 M41：9，断面呈六棱形，直径 1.2 厘米，长 6.5 厘米。（图四四一，2）

肛塞　1 件。标本 M41：10，断面呈五棱形，一端粗，一端细，粗径 1 厘米，细径 0.6 厘米，长 6 厘米。（图四四一，5）

玛瑙狮子　1 件。标本 M41：20，完整。暗红色。造型为狮子蹲踞状。长 2 厘米。（彩版六七，3、4）

玉饰　1 对。标本 M41：7-1、M41：7-2，完整。为叶片状，两端有圆孔。长 2 厘米。（彩版六七，6）

4. 铁器　1 件。

标本 M41：1，铁削，破。圜首，刀背较直，在刀尖部分上翘成弧形，靠刀刃部分的一侧较宽，刀刃略直，至刀尖部上翘。长 23 厘米，刃宽 4 厘米。（图版三四，5；图四三九，5）

5. 银戒指　1 件。

标本 M41：27，圆环形。直径 2 厘米，宽 0.2 厘米，厚 0.1 厘米。（图四三九，3）

M77 位于淮阳平粮台遗址东南部 T17 西边 7.5 米。1980 年 1 月发掘。为斜坡墓道长方形竖穴砖室墓。墓向 195°。（图四四二）

墓道　向东作弧形拐弯。墓上部土已取走，铲平表土即见墓口，内填灰花土，逐层填土，逐层夯实，夯土较硬。南边有墓道，前窄后宽，壁垂直。长 6.30 米，宽 1~1.20 米，最深 2.20 米。墓口长 3.94 米，宽 1.20~1.72 米。墓壁垂直，底平。

墓室　分前、后两室，前室东西长 1.72 米，宽 1.30 米；内长 1.46 米，内宽 1.04 米，高 1.92 米，东西壁

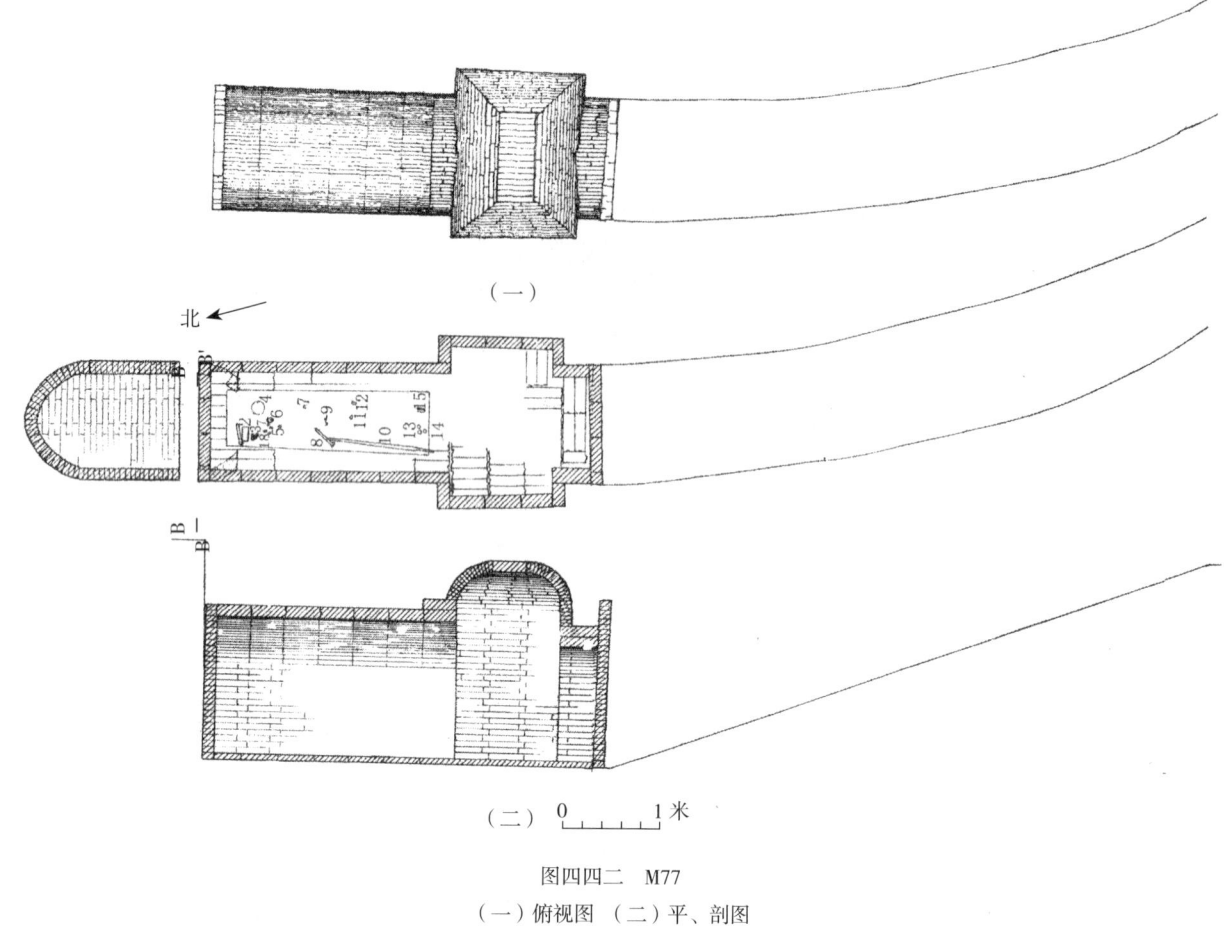

图四四二　M77

（一）俯视图　（二）平、剖图

和南北门外之壁用砖砌，砌法顺平铺，上下层之间错缝相压，砌到 27 层，四壁向内收分，四角作弧形相扣合，中留长方形孔，中填侧竖砖，成为穹隆顶。后室为长条形，内长 2.50 米，宽 1 米，高 1.44 米。壁用砖砌，砌法同前室壁，砌到第 16 层时，东西壁砖向内收分成为拱形券顶，顶券 1 层，侧立相扣，砖缝相对。前后室底部用砖铺地，平铺，南北排列，砖缝相对。

葬具　后室中部置棺一具，已腐朽殆尽，据其灰痕测知棺长 2.10 米，宽 0.63 米。

葬式　人骨腐朽殆尽，据随葬品的位置推测，头向北，面向和葬式不清。

棺内从南向北依次出有铁削、石砚、铜钱、铜镜、耳塞、石研、玉鼻塞、玉蝉、铜带钩、铁剑、铜钱、肛塞、铜环、铁簪等。（图四四三）

随葬品　共 18 件。有玉蝉、玉肛塞、玉鱼、玉耳塞、玉鼻塞、石砚、石研、铜镜、铜带钩、铜环、铜钱、铁剑、铁削、铁簪。

1. 铜器　7 件。有铜镜 1 枚、铜带钩 2 件、铜环 2 件、铜钱 2 件。

镜　1 枚。标本 M77：4，四神四乳规矩镜。完整。圆形，镜面微弧，圆钮，重圈钮座，座外为柿蒂纹，外为两周凸弦纹，再外为一周斜平行线纹，双凸带状边郭，其内有带状锯齿纹。面径 11.6 厘米，背径 11.4 厘米，钮高 0.6 厘米，钮宽 1.6 厘米，缘宽 1.7 厘米，缘厚 0.4 厘米，肉厚 0.2 厘米。（彩版六八，1；图四四四，1）

带钩　2 件。标本 M77：9，器如琵琶形状。头部近似兽首，背部有一圆钮，腹部较长。长 12.1 厘米。（彩版六八，3；图四四五，1）标本 M77：16，钩呈兽首状，钩背部有一圆钮，腹部上鼓成圆弧形，长 2.7

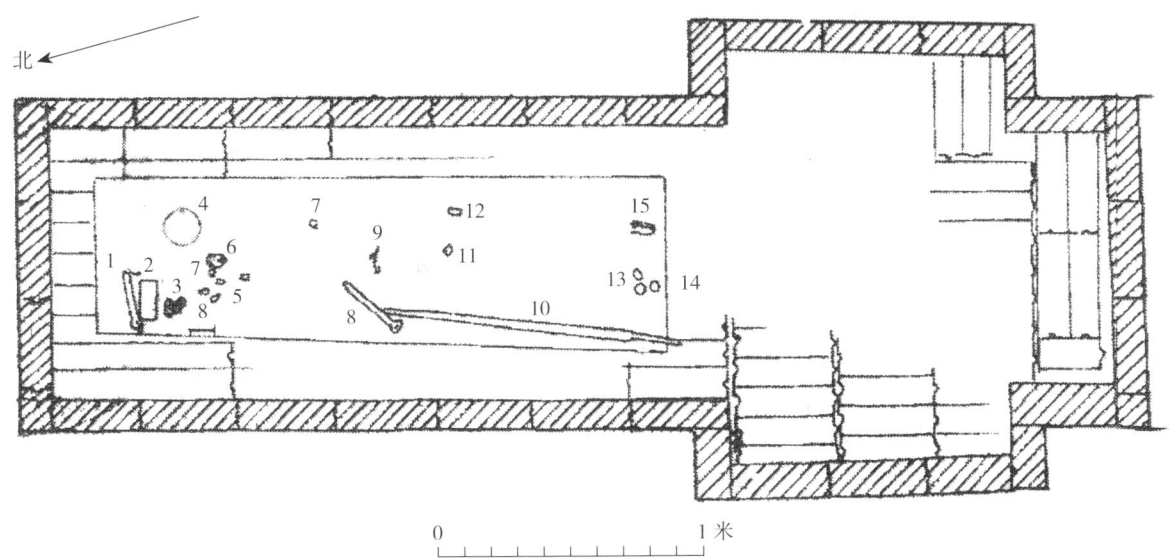

图四四三　M77 随葬品分布图

1、8. 铁削　2. 石砚　3、11. 铜钱　4. 铜镜　5. 玉鼻塞　6. 玉蝉　7. 石研　9、16. 铜带钩　10. 铁剑

12. 玉肛塞　13、14. 铜环　15. 铁簪　17. 玉鱼　18. 玉耳塞（其中 16～18 出自填土）

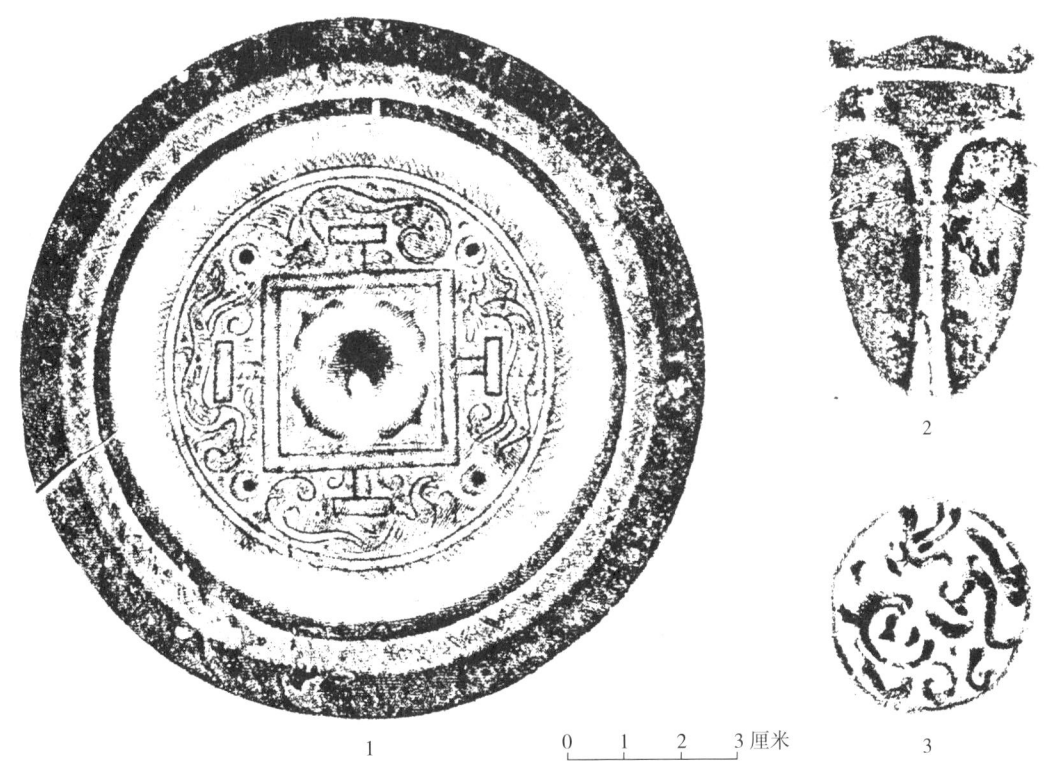

图四四四　M77 出土器物拓片

1. 铜镜（M77：4）　2. 玉蝉（M77：6）　3. 石研（M77：7）

厘米。（图四四五，7）

　　铜环　2 件，均为圆形，大小不同。标本 M77：13，内径 1.3 厘米，外径 1.9 厘米。（图四四五，3）标

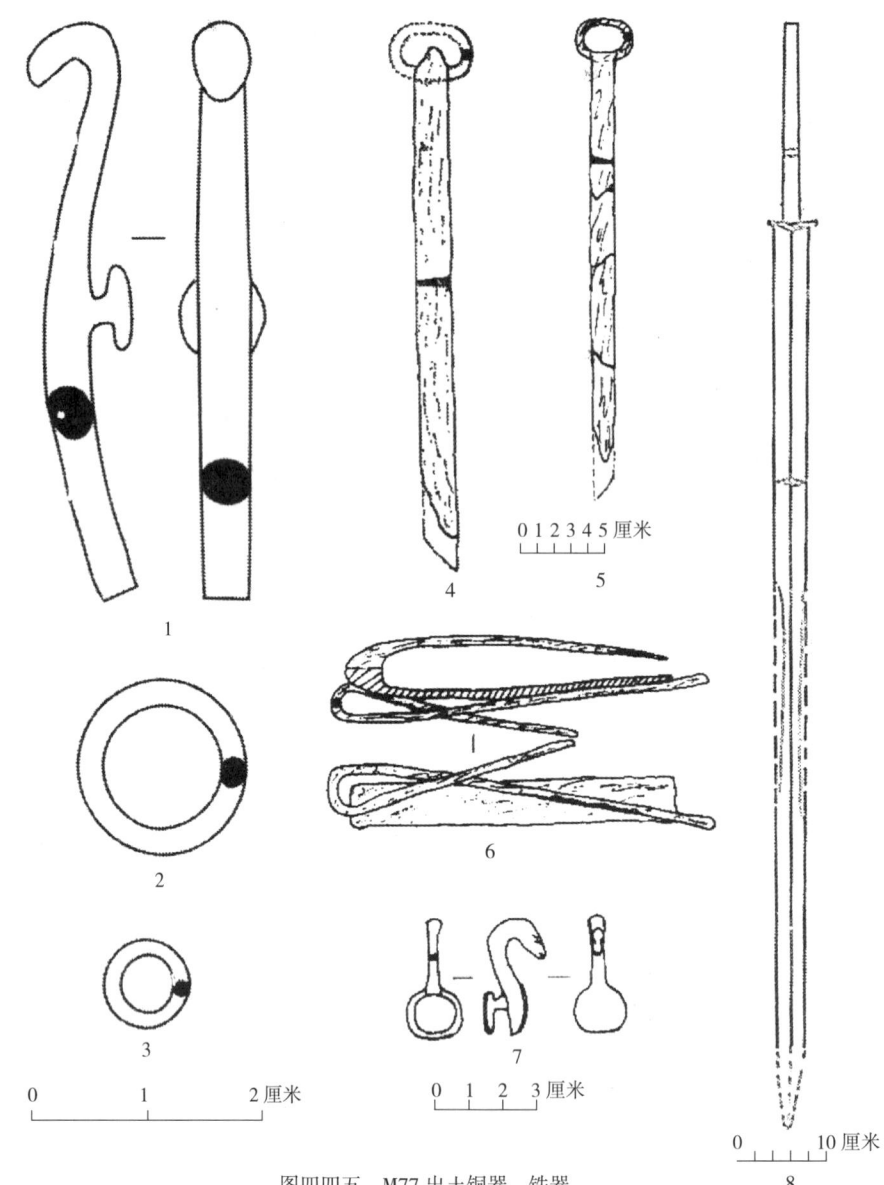

图四四五　M77 出土铜器、铁器

1. 铜带钩（M77∶9）　2. 铜环（M77∶14）　3. 铜环（M77∶13）　4. 铁削（M77∶1）　5. 铁削（M77∶8）
6. 铁簪（M77∶15）　7. 铜带钩（M77∶16）　8. 铁剑（M77∶10）

本 M77∶14，内径 2.6 厘米，外径 3.7 厘米。（图四四五，2）

半两　20 枚。标本 M77∶11，圆形，正方形穿，钱边缘和穿均无周郭，穿之正面左右两侧铸有篆书"半两"二字。钱径 2.3 厘米，郭径 2.3 厘米，厚 0.1 厘米，穿径 0.7 厘米。（图四四六，1、2）

大泉五十　9 枚。形制相同。标本 M77∶3，圆形，方穿，正反两面有周郭，穿之正面上下铸有篆书"大泉"二字，左右铸有篆书"五十"二字，正面穿郭、钱郭较宽，背面钱郭宽窄不一，有的还错位。钱径 2.5 厘米，郭径 2.8 厘米，郭厚 0.2 厘米，宽为 0.15 厘米，穿径 0.8 厘米。（图四四六，3~7）

2. 玉石器　7 件。有玉蝉、玉肛塞、玉鱼、玉耳塞、玉鼻塞、石砚、石研。

玉蝉　1 件。标本 M77∶6，完整。白玉，雕出蝉形，眼睛突出，背部呈三棱形，磨出椭圆形双翼，腹部呈凹弧形。长 5.6 厘米，宽 3.1 厘米，厚 0.7 厘米。（彩版六八，4；图四四四，2）

玉鱼　1 件。标本 M77∶17，器物雕刻成鱼状，长 4.3 厘米，宽 1.6 厘米。（图四四七，1）

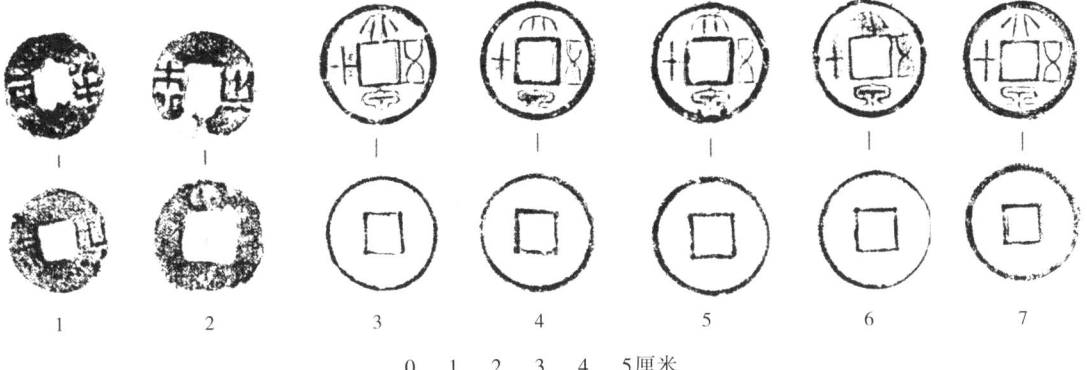

图四四六　M77 出土铜钱拓片

1、2. 半两（M77：11）　3~7. 大泉五十（M77：3）

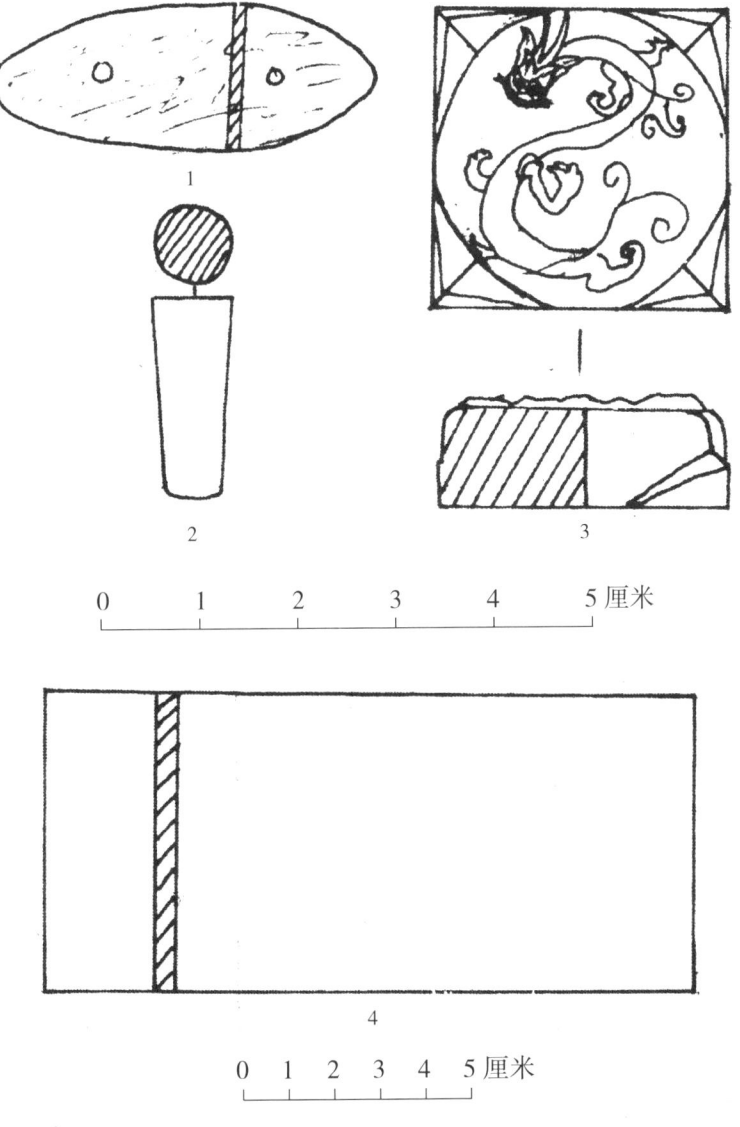

图四四七　M77 出土器物

1.玉鱼（M77：17）2.玉耳塞（M77：18）3.石研（M77：7）4.石砚（M77：2）

玉肛塞 1件。标本 M77：12，圆柱状，长 6 厘米。

玉耳塞 1对。标本 M77：18，近似圆柱状，长 2.3 厘米。（图四四七，2）

玉鼻塞 1件。标本 M77：5，近似圆柱状，长 2 厘米。

石研、砚 各1件。标本 M77：7，为研子。板岩，圆钮，方座，圆钮表面雕刻精美龙形纹饰，长、宽均为 3.2 厘米。（彩版六八，2上；图四四四，3；图四四七，3）标本 M77：2，砚，板岩，长方形，表面打磨光滑，四角切割较直。长 15.8 厘米，宽 7.3 厘米。（彩版六八，2下；图四四七，4）

3. 铁器 4件，有剑、削、簪。

剑 1件。标本 M77：10，表面有锈斑，剑身中间有脊，茎与剑身交接处有镡，全长 116.9 厘米，剑身宽 3.8 厘米。（图四四五，8）

削 2件。形制略同，均残，表面腐蚀严重，环形首，背较直，末端有一段斜杀成弧形。标本 M77：1，残长 25 厘米，宽 1.8 厘米。（图四四五，4）标本 M77：8，残长 22 厘米，宽 1.3 厘米。（图四四五，5）

簪 1件。标本 M77：15，残。表面腐蚀严重。残长 8.7 厘米。（图四四五，6）

M152 位于淮阳平粮台遗址北部稍偏西 T91 和 T111 之间。1984 年 11 月发掘。为斜坡墓道多室砖墓。斜坡墓道位于墓室南边，并略向西作弧形拐弯。墓向 220°。该墓由墓道、前室、前耳室、后室组成。通长 3.60 米。（图四四八）

墓道 墓口距地表深 1.08 米，墓内填五花土，经行夯土质结构比较紧密。墓道宽 1.12~1.84 米，残长 5.52 米。

墓门 位于墓道的北端，与墓室相接。门框用砖砌，门外宽 1.14 米，内宽 1.04 米，上为拱形券顶，用母子砖封门，惜砖已倒塌。

墓室 内长 3.60 米，宽 1.26~2.48 米，高 1.36~1.89 米。前室高、宽均超过后室，内东西长 2.20 米，宽 1.20 米，内高 1.80 米。室的券顶已塌落。该室主要放随葬品。前耳室位于东部，东西内长 0.90 米，宽 0.66 米，顶已塌陷，现存东壁高 0.68 米。后室南北长 2.40 米，宽 1.04 米，高 1.36 米。墓壁垂直，平底，墓东西北壁砌平铺砖，上下层之间错缝相压。后室东西两壁砌母砖 18 层之后向内收成半圆形券顶，顶券 1 层，砖之间对缝相券。前室、前耳室、后室地面用母子砖南北平铺，砖缝相对。

葬具 后室中间置木棺一具，已腐朽殆尽，据其朽后白灰得知棺长 2.10 米，宽 0.50~0.58 米，高不知。

葬式 骨已全部腐朽，看不清葬式。

在棺的东北置有铜镜、铜刷、铁削，另外还有骨簪、耳塞、鼻塞、铜钱等随葬品散置于棺内。前室置有瓷壶和陶罐，还有陶灶、陶甑、陶釜等。前耳室置有车马饰和当卢等。（图四四九）

随葬品 41件（套），有瓷壶、陶器、玉石器、铜器、铁器、骨器等。

1. 陶瓷器 25件。

陶器 19件。有罐 13件、甑 2件、釜 1件、灶 1件、井 2件。

罐 13件。可分为二型。

Ⅰ型：小口鼓腹罐。9件。泥质灰陶。轮制。1整8破，形制相同，大小相近。小口，圆唇，短颈，广肩，鼓腹，折沿，折腹处有两周双凹弦纹，小平底。标本 M152：20，完整。口径 10.2 厘米，腹径 20.6 厘米，底径 12 厘米，高 14 厘米。（图四五〇，1）

Ⅱ型：筒腹罐。4件。泥质灰陶。轮制。3整1破，形制相同，大小有别。直口，圆唇，颈微敛，腹微

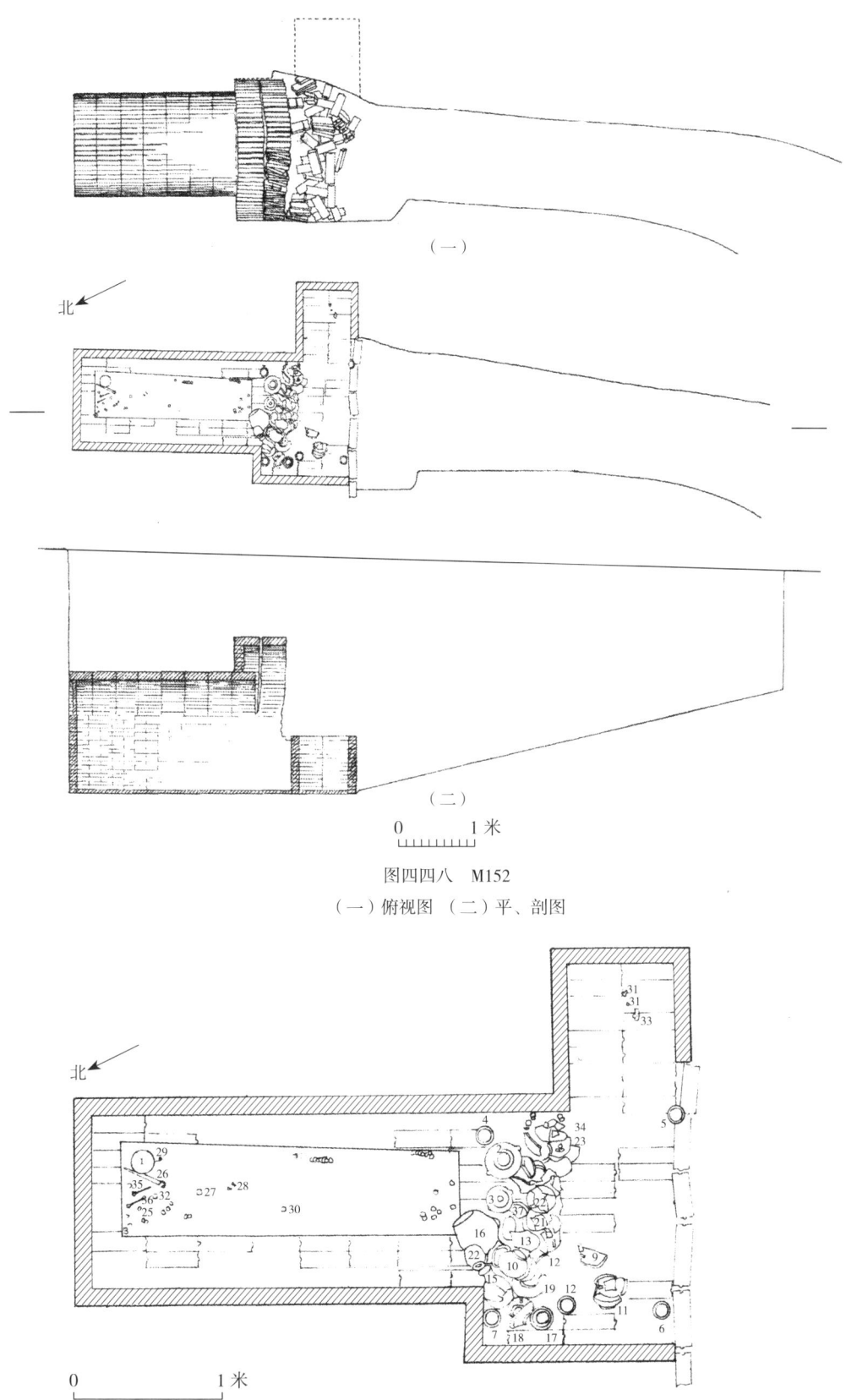

（一）

（二）

0 ———————— 1米

图四四八　M152
（一）俯视图　（二）平、剖图

北

0 ————————— 1米

图四四九　M152 随葬品分布图

1. 铜镜　2、3、4、15、16、37. 瓷壶　5～8、10、11、14、18～23. 陶罐　9. 铜洗　12. 陶釜　13. 陶井　17. 陶灶　24. 铜饰件　25. 铜
钱　26. 铁削　27. 顶针饰　28. 耳鼻塞　29. 铜刷　30. 铜帽钉　31. 铜车軎　32. 玉蝉　33. 铜当卢　34. 陶甑　35、36. 骨簪

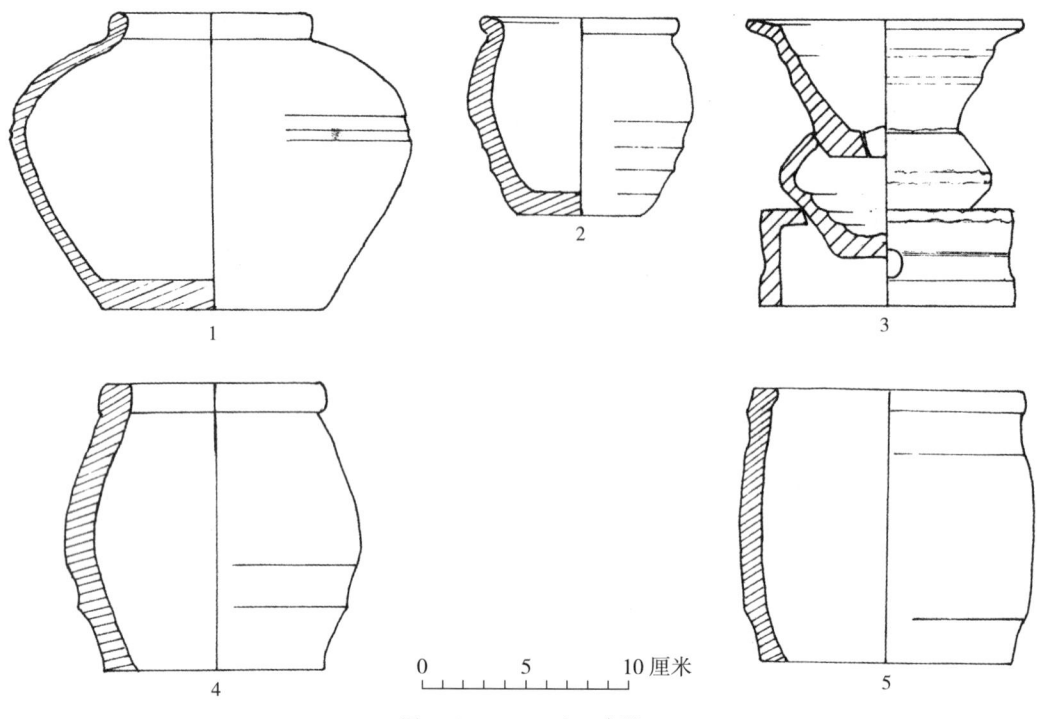

图四五〇　M152 出土陶器

1. Ⅰ型罐（M152：20）　2. Ⅱ型罐（M152：7）　3. 灶（M152：34、M152：12、M152：17）

4、5. 井（M152：13-2、M152：13-1）

鼓，近似筒腹，下腹部有三周刮削的弦纹，小平底。标本 M152：7，完整。口径 10.5 厘米，腹径 10.5 厘米，底径 6 厘米，高 9.5 厘米。（图四五〇，2）标本 M152：8，残。下腹部有四周刮削的弦纹，口径 10 厘米，腹径 11 厘米，底径 7.3 厘米，高 10 厘米。

灶　3 件。由甑、釜、灶组成。泥质灰陶。标本 M152：34 为甑，破。侈口，折沿，方唇，小平底。底上有 3 个圜形甑孔。口径 12.6 厘米，底径 5.6 厘米，高 4.5 厘米。标本 M152：12 为釜，完整。敛口，圆唇，鼓腹，小平底。口径 7.6 厘米，腹径 11 厘米，底径 5.4 厘米，高 6 厘米。标本 M152：17 为灶，破。圆筒状，中有圆形孔以置釜，腹壁有一周凹弦纹。孔径 6.8 厘米，腹径 12 厘米，底径 12.6 厘米。（图四五〇，3）

井　2 件。形制相同，大小有别。直口，圆唇，腹微鼓，近似筒腹，下腹部有五周刮削的弦纹，底中空，近似椭圆形。标本 M152：13-1，完整。口径 5.5 厘米，底径 5.4~5.6 厘米，腹径 7.3 厘米，高 6.9 厘米。（图四五〇，5）标本 M152：13-2，破。下腹部有一周刮削的弦纹。口径 6.5 厘米，底径 6.3 厘米，腹径 7.2 厘米，底部孔近方形，高 6.6 厘米。（图四五〇，4）

瓷壶　6 件。上腹部施酱黄釉。瓷胎为酱红色，为瓷土烧制，轮制，耳为模制后粘上。大小有别，可分三式。

Ⅰ式：3 件。1 整 2 破，形制相同，大小相近。敞口。圆唇，口内有一周凹弦纹，细高颈，颈部饰带状波浪纹，广肩，有 2 个带状竖耳，饰三组双凹弦纹，下腹部饰十一周凹弦纹，小平底。标本 M152：15，破。口径 14 厘米，腹径 25 厘米，底径 13.5 厘米，高 32.5 厘米。（图四五一，1）标本 M152：2，完整。口径 14.2 厘米，腹径 24 厘米，底径 13 厘米，高 32.5 厘米。（图四五一，2）标本 M152：16，破。腹部缺一块。颈部带状波浪纹为竖饰。口径 14.3 厘米，腹径 24 厘米，底径 14 厘米，高 31.5 厘米。（图四五一，3）

Ⅱ式：1 件。标本 M152：37，完整。杯形口，敞口，圆唇，壁斜直，细高颈，颈部饰带状波浪纹，广

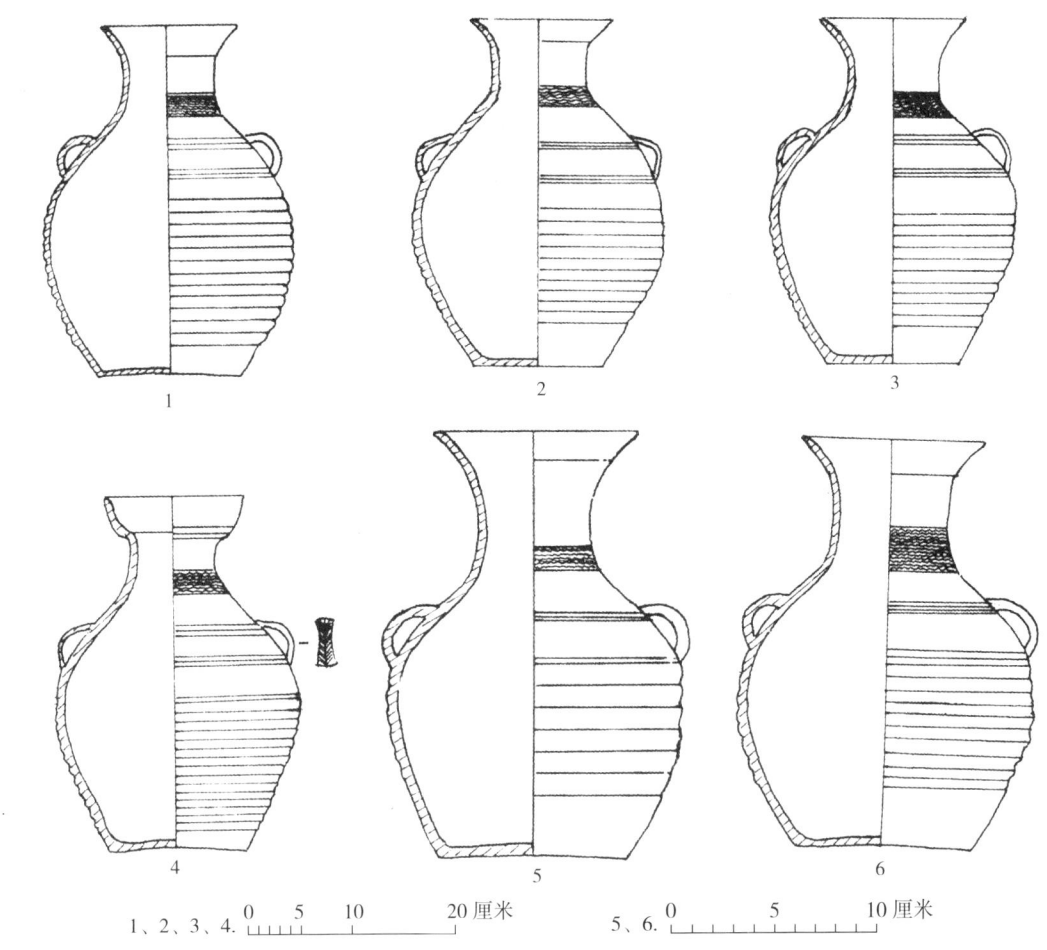

图四五一　M152 出土瓷壶

1. Ⅰ式（M152：15）　2. Ⅰ式（M152：2）　3. Ⅰ式（M152：16）　4. Ⅱ式（M152：37）　5. Ⅲ式（M152：4）　6. Ⅲ式（M152：3）

肩，有 2 个带状竖耳，饰三组双凹弦纹，下腹部饰十七周凹弦纹，小平底。口径 14.2 厘米，腹径 24 厘米，底径 13 厘米，高 32.5 厘米。（图四五一，4）

　　Ⅲ式：2 件。小瓷壶，1 整 1 破。形制相同，釉色有别。敞口，圆唇，口内有一周凹弦纹，细高颈，颈部饰带状波浪纹，广肩，有 2 个带状竖耳，饰三周凹弦纹，下腹部饰数周凹弦纹，小平底。标本 M152：3，完整。口、上腹部施釉，口内和上腹部釉较厚，呈灰绿色，有斑点，颈部饰紫红色酱釉。口径 9.6 厘米，腹径 15 厘米，底径 8.2 厘米，高 19 厘米。（彩版六六，4；图四五一，6）标本 M152：4，口部稍破，平底内凹。口、颈和上腹部施釉，口内和上腹部釉较厚，呈灰绿色，颈部施紫红色酱釉。口径 10.1 厘米，腹径 15 厘米，底径 9 厘米，高 19.5 厘米。（彩版六六，5；图四五一，5）

　　2. 铜器、铜钱　9 件（组），有洗、镜、铜饰件、顶针饰、刷、当卢、车軎、帽钉及铜钱 100 余枚。

　　洗　1 件。标本 M152：9，盆状，有沿，上腹直壁，下腹斜弧，平底。高 5.2 厘米，外径 19 厘米，内径 16.6 厘米，厚 0.5 厘米。

　　镜　1 枚。标本 M152：1，为四神规矩镜。完整。圆形，镜面平直，圆形钮，圆钮座，钮座外有柿蒂纹，柿蒂纹外为正方形凸弦纹，再外为绹索纹，其间有四枚乳钉，乳钉为圆座圆钮，正方形框每边的正中有规“L”，其外相对以矩“∧”，规矩间画朱雀、玄武、青龙、白虎。面径 14.1 厘米，背径 14 厘米，钮高 0.8 厘米，钮宽 1.3 厘米，缘宽 1.6 厘米，缘厚 0.5 厘米，肉厚 0.3 厘米。（彩版六八，6；图四五二，1）

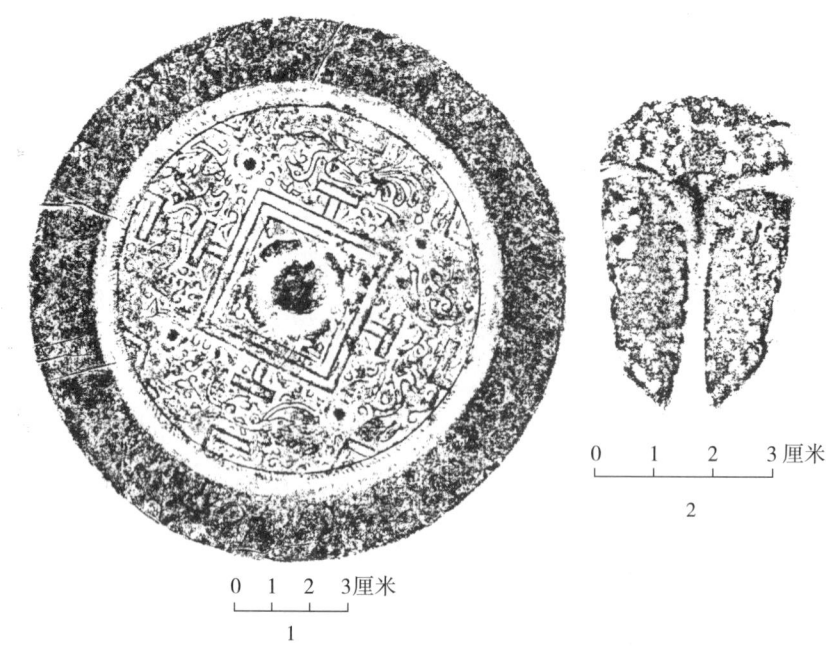

图四五二　M152 出土铜镜、玉蝉拓片
1. 铜镜（M152：1）　2. 玉蝉（M152：16）

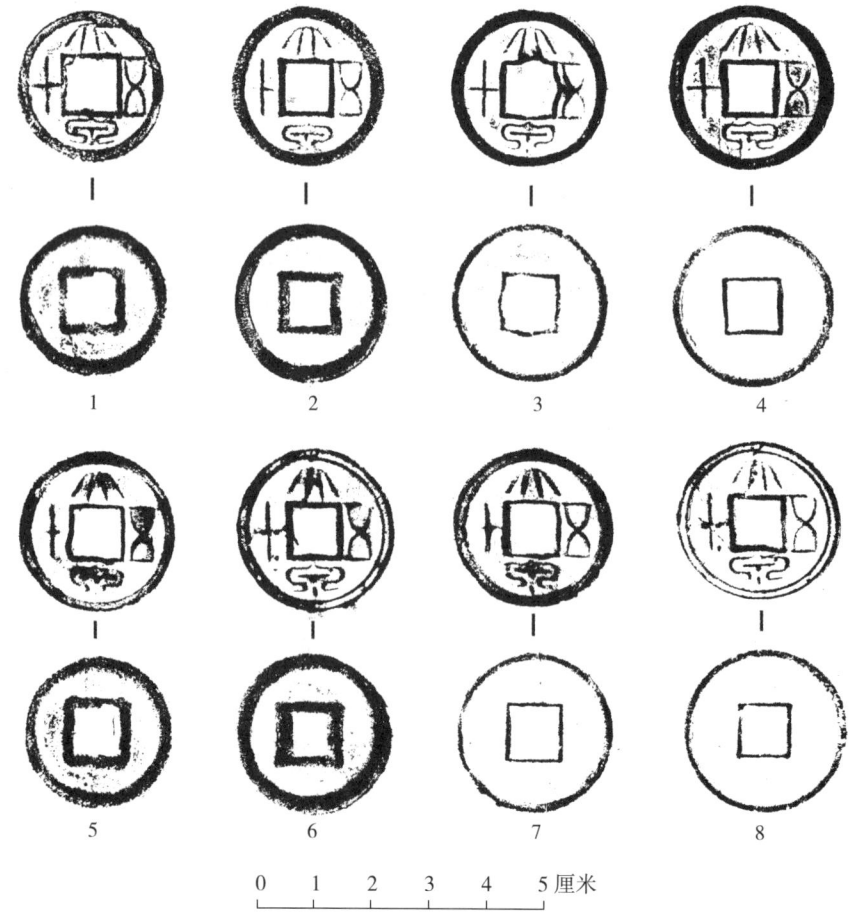

图四五三　M152 出土大泉五十拓片
1~4. Ⅰ式（M152：25-1~4）　5~8. Ⅱ式（M152：25-5~8）

车軎　1对。标本 M152：31，已残，表面锈蚀严重，近似圆筒状。长 2.4 厘米。

大泉五十　标本 M152：25，圆形，方穿，正反两面有周郭，穿之正面上下铸有篆书"大泉"二字，左右铸有篆书"五十"二字，形制相近，大小有别，钱文粗细有别，可分六式：

Ⅰ式：平郭。4 枚。标本 M152：25-1~4，"大泉五十"字迹较粗，"大"字的横画呈半圆形，郭较宽，穿上有郭，字迹清晰，铸造精致。钱径 2.3 厘米，郭径 2.7 厘米，郭厚 0.2 厘米，宽为 0.2 厘米，穿径 0.8 厘米。（图四五三，1~4）

Ⅱ式：重轮。4 枚。标本 M152：25-5~8，钱文较细，郭为斜边重轮，铸造较粗，钱面有砂眼。钱径 2.3 厘米，郭径 2.7 厘米，郭厚 0.2 厘米，宽为 0.2 厘米，穿径 0.8 厘米。（图四五三，5~8）

Ⅲ式：斜郭。6 枚。标本 M152：25-9~14，钱文较细，郭为斜边，铸造较粗，钱面有砂眼。钱径 2.5 厘米，郭径 2.7 厘米，郭厚 0.2 厘米，宽为 0.1 厘米，穿径 0.9 厘米。（图四五四，1~6）

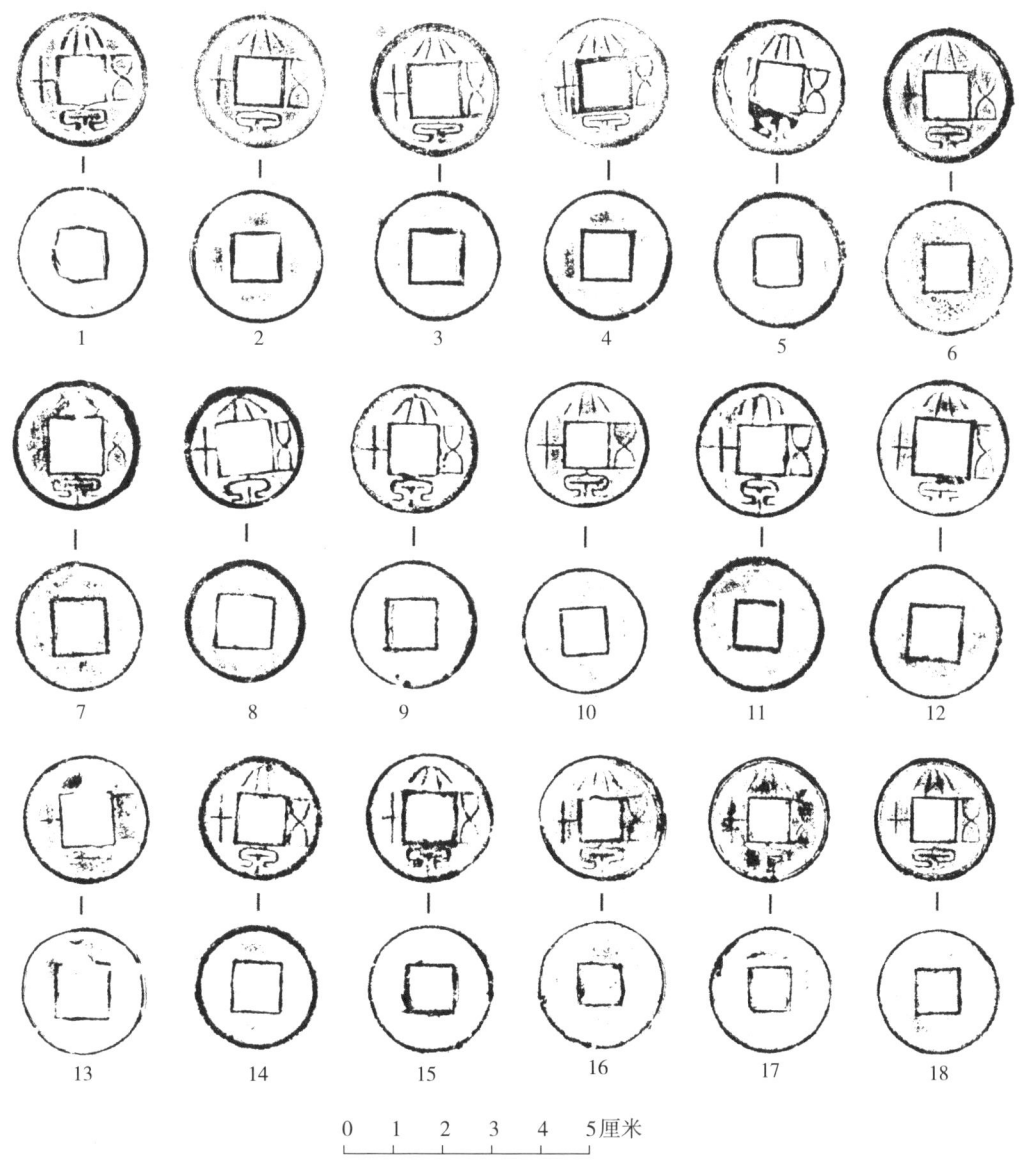

0　1　2　3　4　5厘米

图四五四　M152 出土大泉五十拓片

1~6. Ⅲ式（M152：25-9~14）　7~18. Ⅳ式（M152：15~26）

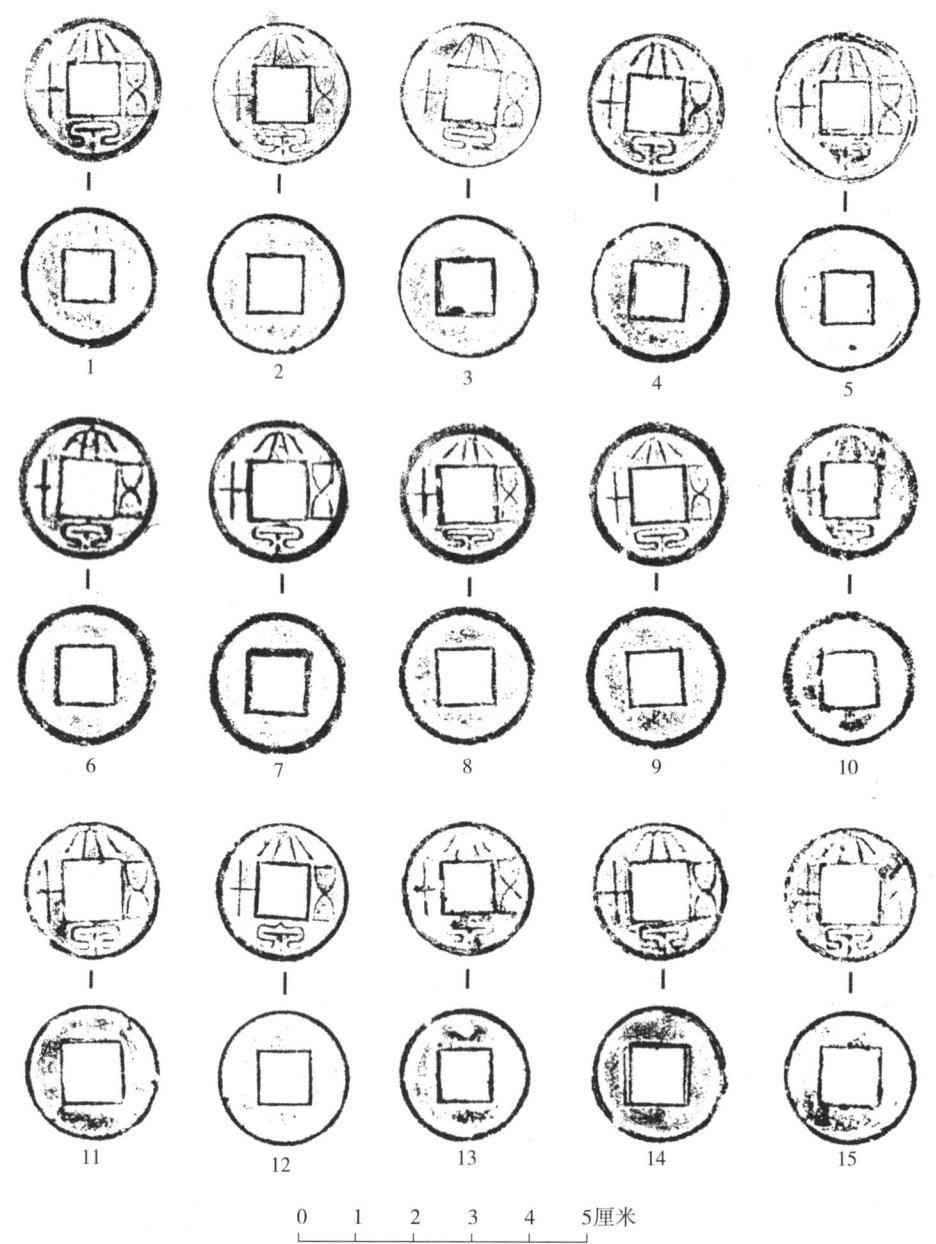

图四五五　M152 出土大泉五十拓片

1~9. V式（M152：25-87~95）　10~15. VI式（M152：25-113~118）

Ⅳ式：中型。72 枚。标本 M152：25-15~86，从形制上看较以上三式稍小，钱文有粗有细，郭有平郭、斜郭、重轮、窄郭，厚薄不一，有的有砂眼。钱径 2.8 厘米，郭径 2.8 厘米，郭厚 0.2 厘米，宽为 0.2 厘米，穿径 0.8 厘米。（图四五四，7~18）

Ⅴ式：中二型。26 枚。标本 M152：25-87~112，从形制上看较以上三式稍小，普遍将郭剪窄。钱文有粗有细，郭有平郭、斜郭、重轮、窄郭，厚薄不一，有的有砂眼。钱径 2.4 厘米，郭径 2.6 厘米，郭厚 0.1 厘米，宽为 0.1 厘米，穿径 1 厘米。（图四五五，1~9）

Ⅵ式：小型。23 枚。标本 M152：25-113~135，从形制上看较以上五式更小。窄郭，体薄，钱文有粗有细，有的有砂眼。钱径 2.1 厘米，郭径 2.3 厘米，郭厚 0.1 厘米，宽为 0.1 厘米，穿径 0.8 厘米。（图四五五，

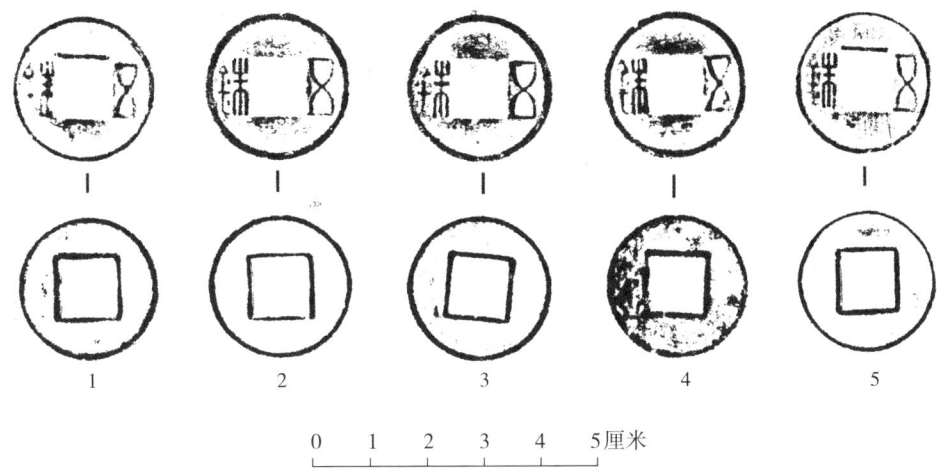

图四五六　M152 出土五铢拓片
1. M152：25-136　2.M152：25-137　3.M152：25-138　4.M152：25-139　5. M152：25-140

10~15）

五铢　5枚。标本 M152：25-136~140，形制相同，厚度一致。圆形，正方形穿，钱边缘有周郭，穿之背面有周郭，穿之正面左右两侧铸有篆书"五铢"二字，"五"字呈对顶炮弹头形。4枚正面上部无郭，另一枚穿的上部有一周郭。钱径 2.4 厘米，郭径 2.6 厘米，郭宽 0.1 厘米，郭厚 0.1 厘米，肉厚 0.05 厘米，穿径 0.9 厘米。（图四五六，1~5）

铜饰件　1组（可辨认出为戈足与铺首）。标本 M152：24，戈足，器呈兽足状，上部椭圆，下部微喇叭形。高 4 厘米，宽 3.2 厘米。铺首，兽面状，两耳直立，眼睛圆睁，鼻梁突出，嘴部衔一圆环。兽面宽 4.6 厘米，圆环直径 3.1 厘米，通高 5.8 厘米。

顶针饰　1件。标本 M152：27，圆环形，表面锈蚀。直径 1.8 厘米，厚 0.7 厘米。

刷　1件。标本 M152：29，器物完好。身上有锈斑，器如烟斗状，柄较长，柄后端横穿一孔方便悬挂，柄端呈扁锥形略翘。长 12.6 厘米，宽 1.2 厘米。

帽钉　1件。标本 M152：30，帽状。宽 3.4 厘米，高 1.8 厘米。

当卢　1件。标本 M152：33，已残。顶部呈山状，中部斜弧，有镂空卷云状花纹。残长 11.3 厘米，宽 3.7 厘米。

3. 玉石器　4件。有玉蝉、石耳鼻塞。

玉蝉　1件。标本 M152：16，青白玉质，器如蝉形。长 4.5 厘米，宽 2.8 厘米。（图四五二，2）

耳鼻塞　3件。标本 M152：28，石质。乳白色，一端微粗。长 2.8 厘米，直径 0.4~0.7 厘米。

4. 骨器　2件。均为骨簪。

骨簪　标本 M152：35，已残。表面光滑，长条状，簪身有凸出的棱。残长 12 厘米。标本 M152：36，簪身呈剑状，簪首光亮，簪身光滑，柄部雕刻成凤鸟状。残长 17.5 厘米。

5. 铁器　1件。

标本 M152：26，铁削，已残，锈蚀严重。残长 24 厘米，宽 2 厘米。

M95 位于淮阳平粮台遗址西南部 T33 的西北角，南距 M96 约 3 米。1980 年 9 月发掘。为斜坡墓道竖穴土坑砖室墓。距地表深 2.30 米。墓向 190°。（图四五七）

墓道　位于墓室的南部，长 2.32 米，宽 1.50~1.60 米。距墓底 1.06 米，距墓口 1.04 米。口长 4.30 米，宽 2.46 米。内填五花土，逐层填土，逐层夯实，比较坚硬。

墓室　平面呈长方形。墓壁垂直，上有工具痕迹，底平。东西两壁下置生土二层台，台长与墓口长同，东西台宽均 0.34 米。距墓口 1.66~3 米，距墓底 0.90 米。台平，壁直。墓室因是否铺砖被分为前后两部分，墓室前部南北长 1.46 米，东西宽 1.70 米。东西壁用砖砌，顺平铺，上下层间错缝相压，共砌 17 层，砖壁高 0.70 米，底铺地砖，砌法是南北顺平铺，相邻砖缝错位，砖共 17 行，最西一行是横铺。后部墓底长 2.70 米，宽 1.80 米。

葬具　墓室西部置木棺一具，腐朽殆尽，根据灰痕推知棺长 2.30 米，宽 0.70 米。

葬式　棺内有人骨一具，腐朽殆尽，据迹象推测，为仰身直肢葬，头向北，面向不知。

棺内随葬品从北向南有玉瑗、玉耳塞、玉鼻塞、玉唅（壁），左右手旁有玉璜。棺外的东边从北向南放置有陶壶、陶甑釜、铜环、陶钫、鐎壶、陶鼎等。陶器和铜器多被砸碎。

随葬品　20 件，其中陶器 10 件、玉器 6 件、铜器 2 件、铁器 1 件及铜钱数枚。（图四五八）

1. 陶器　10 件。有陶鼎 2 件，壶 5 件，钫、甑釜、鐎壶各 1 件。

鼎　2 件。形制相同。破。标本 M95：17，泥质灰陶。覆钵形盖。子母口，敛口，直腹微鼓，长方形附耳外侈，耳下腹部有一周凸弦纹。圜底，下附三个鼎足。口径 13.6 厘米，耳间宽 22.5 厘米，腹径 19.2 厘米，通高 16.8 厘米。（图四五九，1）

壶　5 件。破。泥质黑陶。形制不同，有大小之分。分两式。

Ⅰ式：4 件。标本 M95：19，无盖，壶为直口，方唇，束颈，鼓腹，假圈足外侈，腹部有三组双凹弦纹。口径 10.8 厘米，腹径 20 厘米，高 29.6 厘米。（图四五九，3）

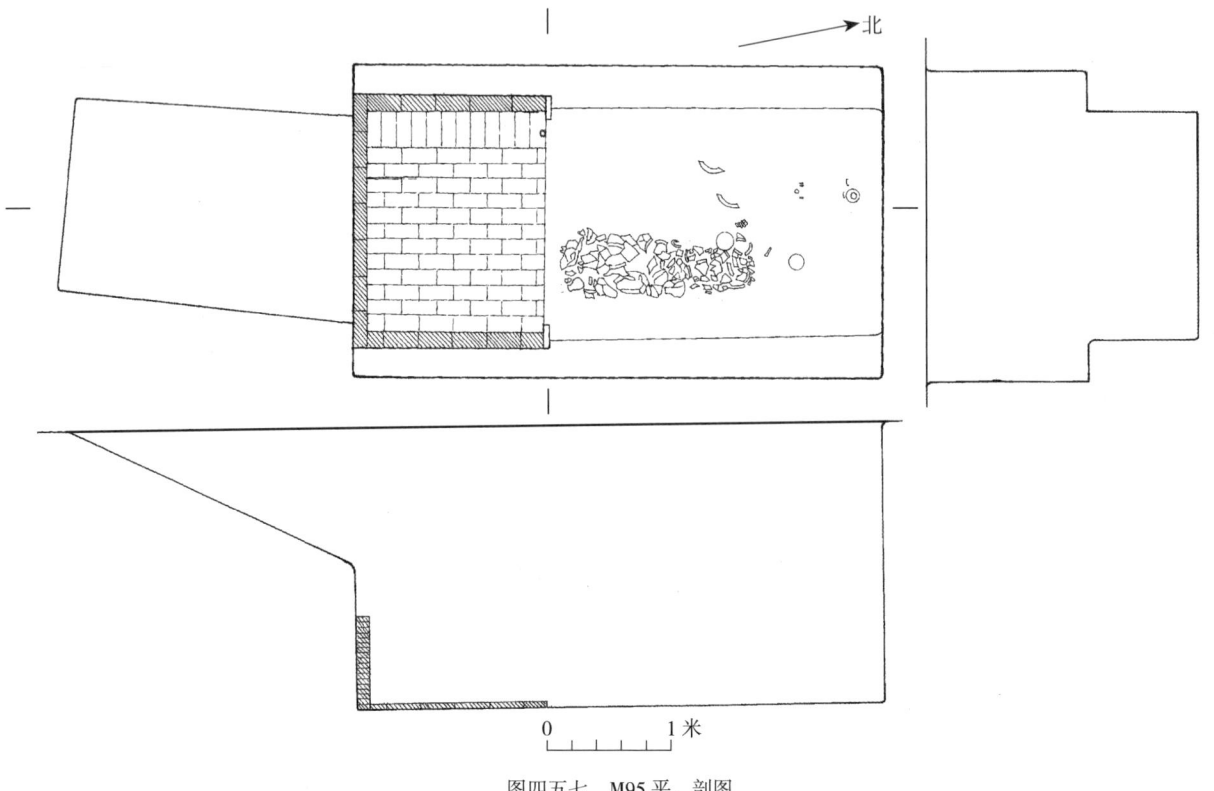

图四五七　M95 平、剖图

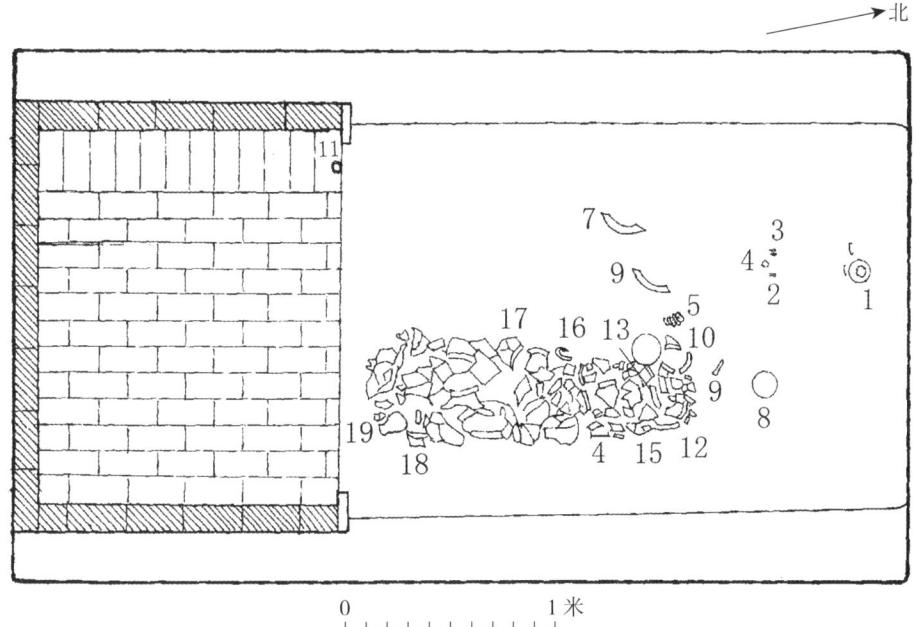

图四五八　M95 随葬品分布图

1. 玉瑗　2. 玉耳塞　3. 玉鼻塞　4. 玉唅（璧）　5. 大泉五十　6、7. 玉璜　8. 铜镜　9. 铁削

10、13、15、19、20. 陶壶　11. 铜卮环把　12. 陶甑釜　14. 陶钫　16. 陶鐎壶　17、18. 陶鼎

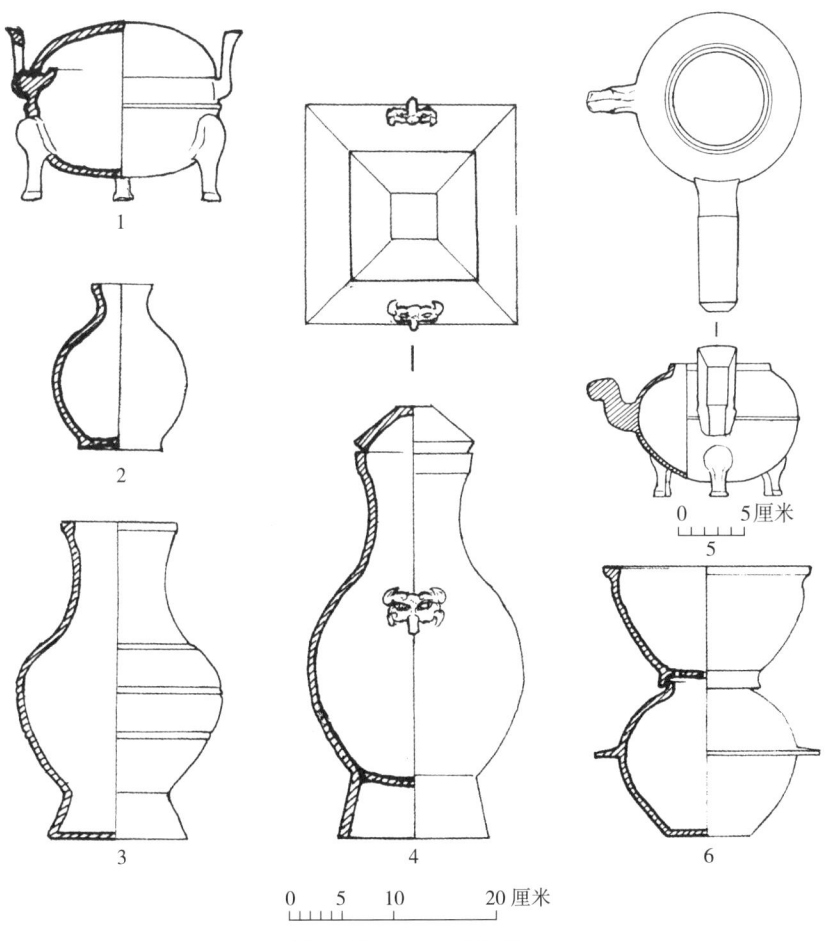

图四五九　M95 出土陶器

1. 鼎（M95：17）　2. Ⅱ式壶（M95：20）　3. Ⅰ式壶（M95：19）　4. 钫（M95：14）　5. 鐎壶（M95：16）　6. 甑、釜（M95：12）

Ⅱ式：1件。标本 M95：20，侈口，方唇，束颈，鼓腹，平底内凹。口径 5.6 厘米，腹径 12 厘米，底径 8 厘米，高 15.3 厘米。（图四五九，2）

钫　1件。标本 M95：14，泥质灰陶。完整。平面呈方形，盖为覆斗形。钫为盘口，方唇，束颈，鼓腹，圜底，圈足外侈，腹部有兽面铺首。口径 11.2 厘米，腹径 21.6 厘米，圈足径 15.2 厘米，高 40.8 厘米。（图四五九，4）

甑、釜　1件。标本 M95：12。甑为敞口，折沿，方唇，平底，矮圈足，圆形甑孔。口径 20 厘米，腹径 18.4 厘米，圈足径 9.6 厘米，高 11.6 厘米。釜为小口，矮颈，圆腹，腹的中部有扁棱一周，平底，上腹部有模印的铺首衔环。口径 8 厘米，腹径 16.8 厘米，扁棱径 22.4 厘米，底径 8 厘米，通高 25.5 厘米。（图四五九，6）

鐎壶　1件。标本 M95：16，小口，圆唇，鼓腹，圜底，下附三个蹄足，腹的中部有一个昂首的兽头壶嘴，另一侧有一个方形把柄，柄上折，柄的断面呈方形。柄长 9 厘米，嘴长 4 厘米。壶的口径 7.4 厘米，腹径 12 厘米，高 10.4 厘米。（图四五九，5）

2. 铜器、铜钱　3件。有镜、卮环把和大泉五十。

镜　1枚。标本 M95：8，为蟠螭纹规矩镜。破。圆形，镜面平直，桥形钮，正方形钮座，其外有双凸弦纹组成的正方形，正方形外饰以规矩，间以蟠螭纹，其外有一周凸弦纹，再外为缘郭。面径 12.3 厘米，背径 12.3 厘米，钮高 0.6 厘米，钮宽 0.6 厘米，缘宽 0.1 厘米，缘厚 0.4 厘米，肉厚 0.2 厘米。（图四六〇，1）

铜卮环把　1件。标本 M95：11，圆形，一侧安有两个带穿孔的铜片，系漆器的把钮，直径 3.4 厘米，

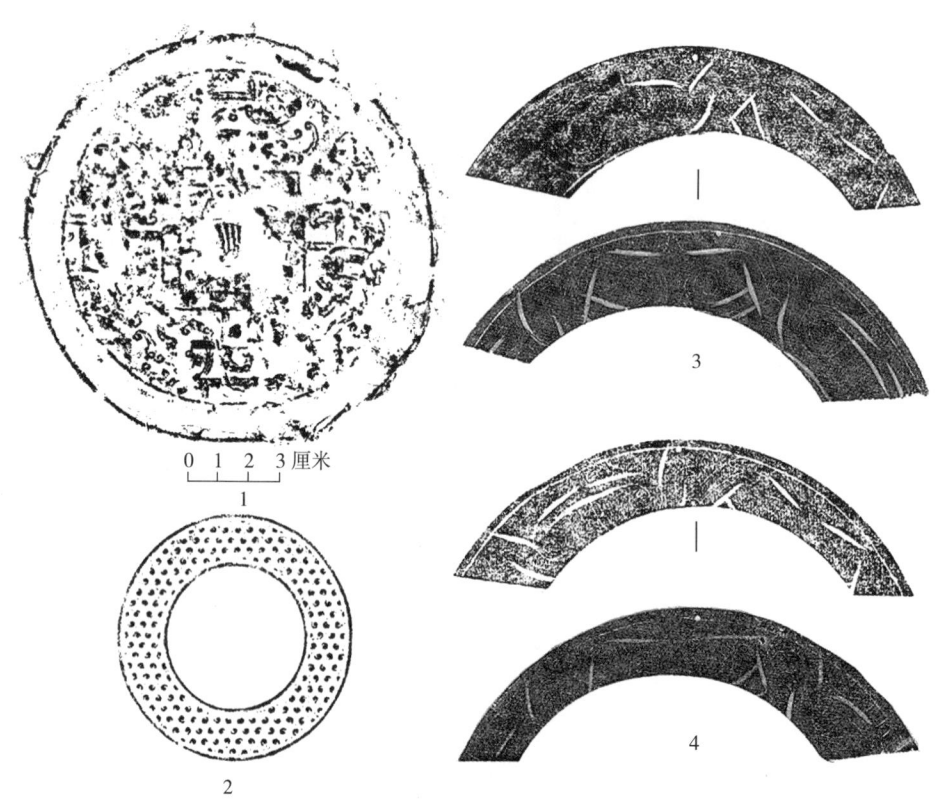

图四六〇　M95 出土铜镜、玉器拓片

1. 铜镜（M95：8）　2. 玉瑗（M95：1）　3. 玉璜（M95：7）　4. 玉璜（M95：6）

宽 1.1 厘米。（图四六一，1）

大泉五十 7 枚。形制相同。标本 M95：5，圆形，方穿，正反两面有周郭，穿之正面上下铸有篆书"大泉"二字，左右铸有篆书"五十"二字。钱径 2.5 厘米，郭径 2.8 厘米，郭厚 0.2 厘米，宽为 0.15 厘米，穿径 0.8 厘米。（图四六一，3~9）

3. 玉器 6 件。有玉璜 2 件，瑗、玉唅、玉耳塞、玉鼻塞各 1 件。

瑗 1 件。标本 M95：1，完整。青玉，有内外郭，饰隆起的谷纹。外径 9.7 厘米，内径 5.6 厘米，厚 0.4 厘米。（彩版六八，7；图四六〇，2）

玉璜 2 件。形制相同，系一块料切割而成。璜的两端宽窄不一，上面有刻画的"一""二"横道，其底部有细线刻的郭和龙纹。标本 M95：6，长 18.7 厘米，最宽 4 厘米，最窄 2.2 厘米，厚 0.4 厘米。（彩版六八，5 上；图四六〇，4）标本 M95：7，长 18.9 厘米，最宽 4.3 厘米，最窄 2.6 厘米，厚 0.36 厘米。（彩版六八，5 下；图四六〇，3）

玉唅（璧） 1 件。标本 M95：4，乳白色，素面。外径 3 厘米，内径 1 厘米，厚 0.3 厘米。

4. 铁削 1 件。残。

标本 M95：9，椭圆形环，刀为直背，单面刃，断面呈三角形。环径 2.32 厘米，长 13 厘米，宽 3 厘米，厚 0.3 厘米。（图四六一，2）

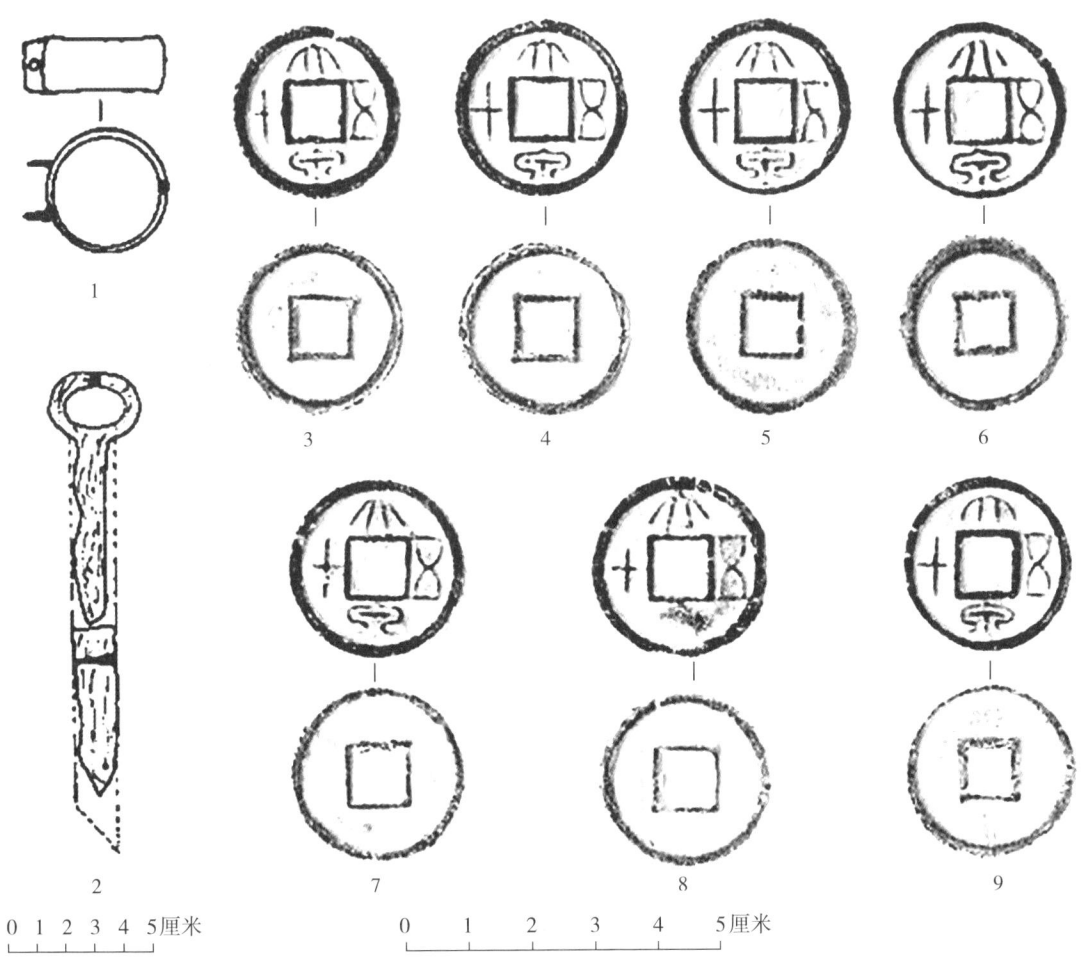

图四六一　M95 出土器物

1. 铜卮环把（M95：11） 2. 铁削（M95：9） 3~9. 大泉五十（M95：5）

第四章　东汉墓

共发现东汉墓 17 座，其中竖穴土坑墓 8 座（其中带斜坡墓道者 2 座）、砖室墓 8 座，另有 1 座被毁严重的墓葬不作介绍。现分述于后。

一、竖穴土坑墓

共 8 座，为 M20、M29、M35、M40、M97、M162、M18 和 M158。

M20 位于淮阳平粮台遗址中部偏东北，上部被 M23 打破。1979 年 7 月发掘。为长方形竖穴土坑墓，墓向 18°。上部的土已被取走部分。墓口距地表 1.20 米，内填灰五花土，经夯打后较结实。（图四六二）

墓室　呈长方形，墓壁垂直，平底。墓口长 2.90 米，宽 1.50~1.66 米，室底的长宽与墓口相同。距地表

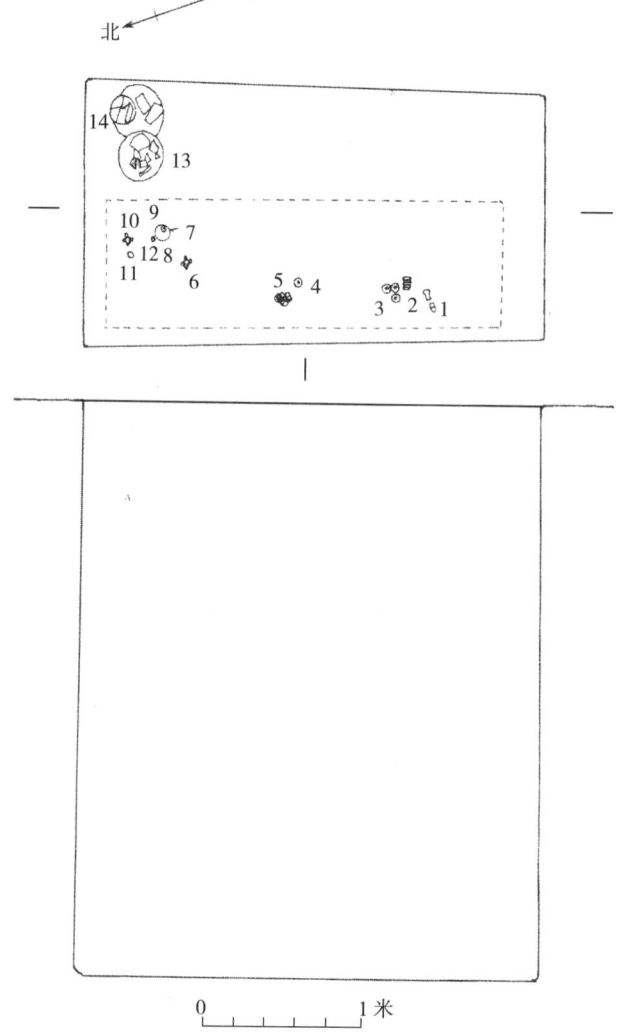

图四六二　M20 平、剖图

1. 铁环首刀　2、3、4、5、9、12. 五铢铜钱　6、10、11. 铜柿蒂纹饰　7. 铜刷　8. 铜镜　13、14. 釉陶壶

深 4.70 米，墓深 3.50 米。

葬具 墓室西边置木棺一具，现已腐朽殆尽，据其灰痕得知，棺长 2.48 米，宽 0.78 米，高不知。

葬式 棺内骨腐朽殆尽，葬式不清。

棺的西侧从南向北置五铢，还有铁环首刀、铜柿蒂纹饰，东北角置铜镜、铜刷，棺的外面墓室东北角放有陶壶等。

随葬品 14 件。有釉陶壶 2 件，铜柿蒂纹饰 3 件，五铢 6 枚，铜刷、铜镜、铁环首刀各 1 件。

1. 釉陶器 仅见釉陶壶 2 件。

釉陶壶 2 件。破。形制相同，施红釉。弧形盖，子母口，直口，方唇，束颈，圆腹，圜底，肩腹间有凹弦纹，假铺首，圈足微侈。标本 M20∶13，盖为弧形，腹部有假铺首衔环，还饰绳纹于釉下。口径 15 厘米，腹径 28.8 厘米，圈足径 13.5 厘米，通高 39.5 厘米。（彩版六九，1；图四六三，1）标本 M20∶14，盖上有鱼鳞状坑。口径 15.5 厘米，腹径 30 厘米，圈足径 12.5 厘米，通高 39.5 厘米。（彩版六九，2；图四六三，2）

2. 铜器、铜钱 共 11 件。柿蒂纹饰 3 件，刷 1 件，镜 1 件，五铢 6 枚。

柿蒂纹饰 3 件。标本 M20∶11，应为漆器上的配饰，由圆形帽钉和铜片剪成的 4 个箭头组成，二者铆合成柿蒂纹。圆形帽钉径 2.5 厘米，长 8 厘米。（图四六四，1）

五铢 6 枚。标本 M20∶2、3、4、5，圆形，正方形穿，钱边缘有周郭，穿之背面有周郭，穿之正面左右两侧铸有篆书“五铢”二字，“五”字的一斜线较直。钱径 2.5 厘米，郭径 2.5 厘米，郭宽 0.1 厘米，郭厚 0.15 厘米，肉厚 0.1 厘米，穿径 0.9 厘米。少数穿之正面下部有一横郭记号。（图四六四，3~6）

刷 1 件。标本 M20∶7，残长 5.47 厘米，宽 1.1 厘米，圆斗径 1 厘米。（图四六四，2）

3. 铁器 1 件。

标本 M20∶1，环首刀，残。环状首，刀背较直，刃部也较直，在刃末有一段斜杀成弧形，梢部已朽，残长宽不详。

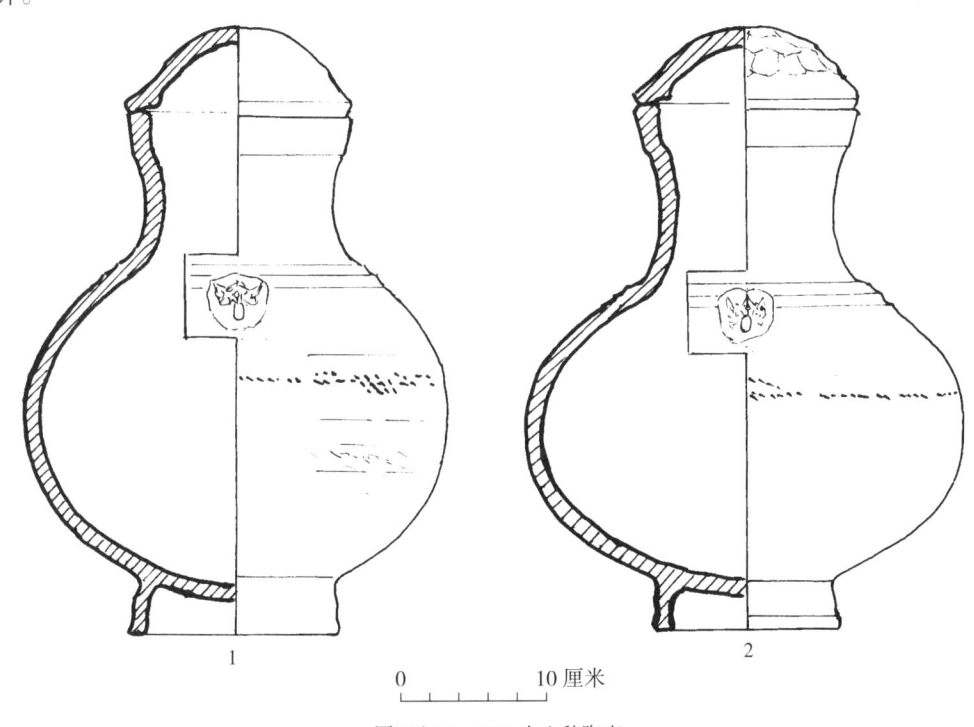

1   2

0   10 厘米

图四六三 M20 出土釉陶壶

1.M20∶13 2.M20∶14

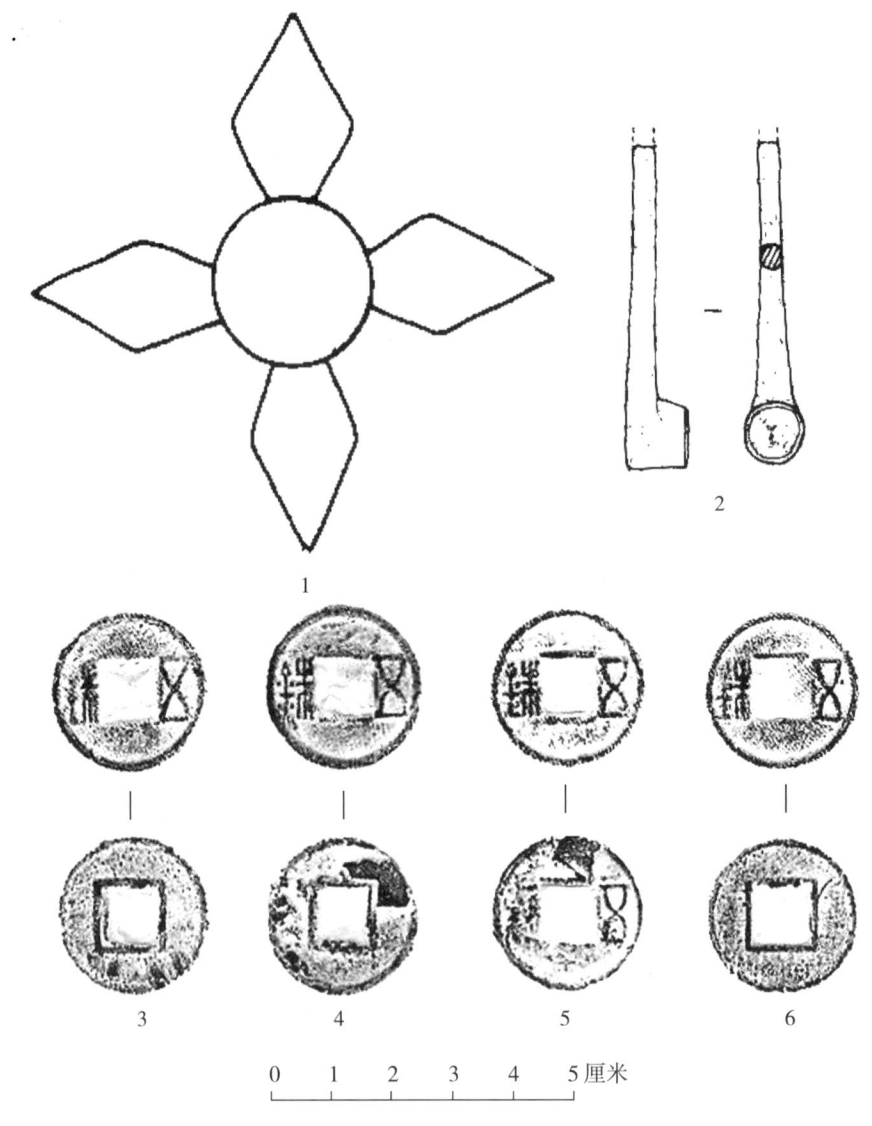

图四六四　M20 出土铜器、铜钱

1. 铜柿蒂纹饰（M20：11）　2. 铜刷（M20：7）　3～6. 五铢（M20：2、M20：3、M20：4、M20：5）

　　M29 位于淮阳平粮台遗址中部，与 M30 东西并排，西距 M30 仅 1 米。1979 年 7 月发掘。为长方形竖穴土坑墓，墓向 15°。上部的土已被取走部分。铲平即见墓口，内填灰五花土，逐层填土，逐层夯实，夯土较硬。（图四六五）

　　墓室　呈长方形，墓壁垂直，平底。墓口长 2.86 米，宽 1.36 米，底长 2.60 米。墓底北边置生土二层台。台长 1.36 米，宽 0.26 米。底距口深 2.56 米。

　　葬具　墓室内西边置木棺一具，现已腐朽殆尽，据其灰痕得知，棺长 2.20 米，宽 0.60 米，高度不知。

　　葬式　棺内人头、四肢骨保存较好，为仰身直肢葬，头向北，面向上。

　　棺的西北角置铜镜，墓主胸部放有铜钱。棺的东边从北向南放置陶罐。

　　随葬品　18 件，其中陶罐 9 件，陶器盖 7 件，铜镜和五铢各 1 件。

　　1. 陶器　16 件。有陶罐 9 件、陶器盖 7 件。

　　罐　9 件。分三型。

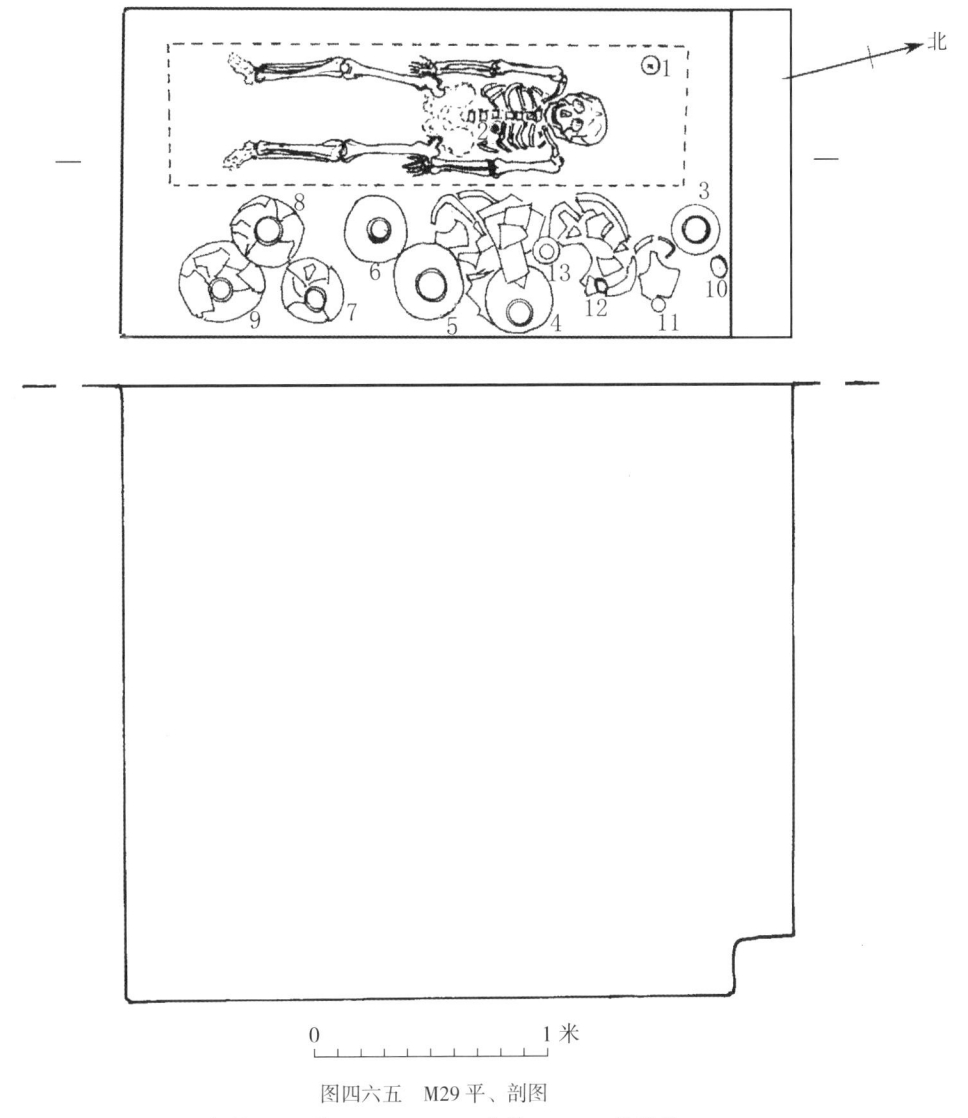

图四六五　M29 平、剖图

1. 铜镜　2. 五铢　3~9、14、15. 陶罐　10~13. 陶器盖

Ⅰ型：垂腹罐。3 件。完整。泥质黑陶。口微敛，方唇，矮束颈，腹部垂鼓，大平底。标本 M29：4，口径 13 厘米，腹径 24 厘米，底径 18 厘米，高 17 厘米。（图四六六，1）标本 M29：3，口径 13.2 厘米，腹径 24 厘米，底径 18 厘米，高 16.5 厘米。（图四六六，2）标本 M29：5，口径 12.5 厘米，腹径 22.8 厘米，底径 18 厘米，高 17.6 厘米。（图四六六，3）

Ⅱ型：鼓腹罐。3 件。破。泥质灰陶。形制相同，圆唇，矮束颈，圆肩，圆鼓腹，上腹部饰两周凹弦纹，下腹部饰绳纹，平底。标本 M29：6，口径 15 厘米，腹径 30 厘米，底径 17.5 厘米，高 25.6 厘米。（图四六六，4）标本 M29：15，口径 15 厘米，腹径 30 厘米，底径 15.5 厘米，高 25 厘米。（图四六六，5）标本 M29：14，破。泥质黑陶。圆唇，矮束颈，圆鼓腹，上腹饰带状横绳纹，平底。口径 15.5 厘米，腹径 29.2 厘米，底径 16 厘米，高 24.5 厘米。（图四六六，6）

Ⅲ型：双耳罐。3 件。泥质灰陶。形制相同。口微敞，斜沿内凹，方唇，束颈，近似直腹。上腹与下腹之间饰若干周凸弦纹，下腹到底部饰绳纹，圜底。标本 M29：7，残，残口径 12 厘米，腹径 26.5 厘米，底径 6 厘米，残高 25 厘米。（图四六六，9）标本 M29：9，口径 15 厘米，腹径 25.6 厘米，底径 13.6 厘米，高

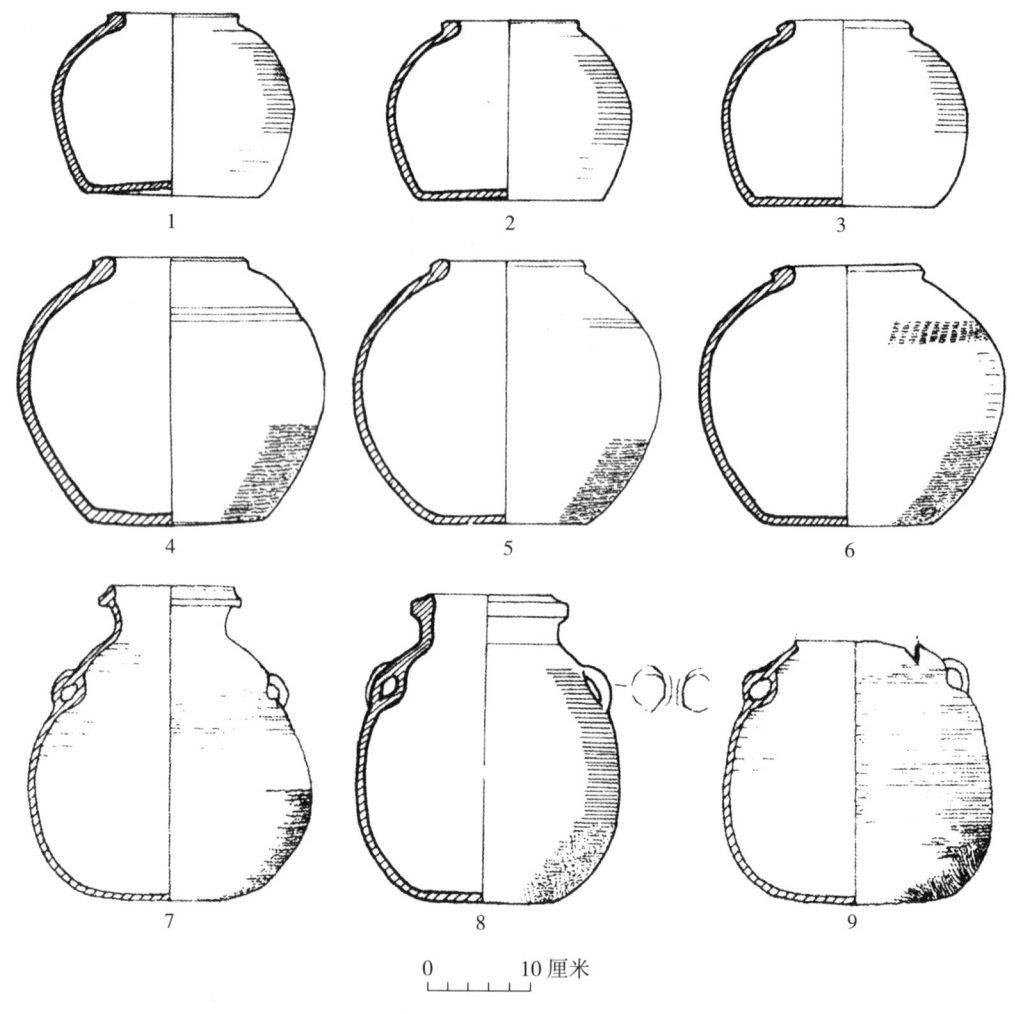

图四六六　M29 出土陶罐

1~3. Ⅰ型（M29∶4、3、5）　4~6. Ⅱ型（M29∶6、15、14）　7~9. Ⅲ型（M29∶8、9、7）

29.5 厘米。（图四六六，8）标本 M29∶8，泥质灰陶，敞口，折沿，圆唇，束颈，上腹斜弧，下腹圆弧，上腹饰数周凹弦纹，中腹至底部饰绳纹，圜底。口径 12 厘米，腹径 28 厘米，底径 10 厘米，高 30 厘米。（图四六六，7）

器盖　7 件。泥质灰陶，形制相同，顶部呈碗状，圆唇，束颈，腹部饰凸出弦纹。标本 M29∶10-1，盖顶口径 6 厘米，高 7.8 厘米，底部直径 16 厘米。（图四六七，1）标本 M29∶10-2，盖顶口径 6 厘米，高 8 厘米，底部直径 16 厘米。（图四六七，2）标本 M29∶11-1，盖顶口径 6 厘米，高 8.2 厘米，底部直径 16.2 厘米。（图四六七，3）标本 M29∶11-2，盖顶口径 6 厘米，高 8 厘米，底部直径 16.2 厘米。（图四六七，4）标本 M29∶12-1，盖顶口径 6.4 厘米，高 8.3 厘米，底部直径 16 厘米。（图四六七，5）标本 M29∶12-2，盖顶口径 6 厘米，高 8 厘米，底部直径 16.3 厘米。（图四六七，6）

2. 铜器、铜钱　有铜镜 1 枚及五铢。

铜镜　1 枚。完整。标本 M29∶1，明器，日光铭带镜，圆形，镜面平直，宽平素缘，半圆钮，圆钮座，带钮外一周凸弦纹，其外有一周带状凸弦纹，再外有一周凸弦纹，其间填以平行线纹，再外为篆隶变体铭文带，其铭曰“见日之光天下大明”，铭文字间以“ℯ”“田”形符号相隔。面径 6.5 厘米，背径 6.4 厘米，钮高 0.5 厘米，钮径 0.7 厘米，缘厚 0.3 厘米，缘宽 0.4 厘米。（彩版六九，3；图四六八）

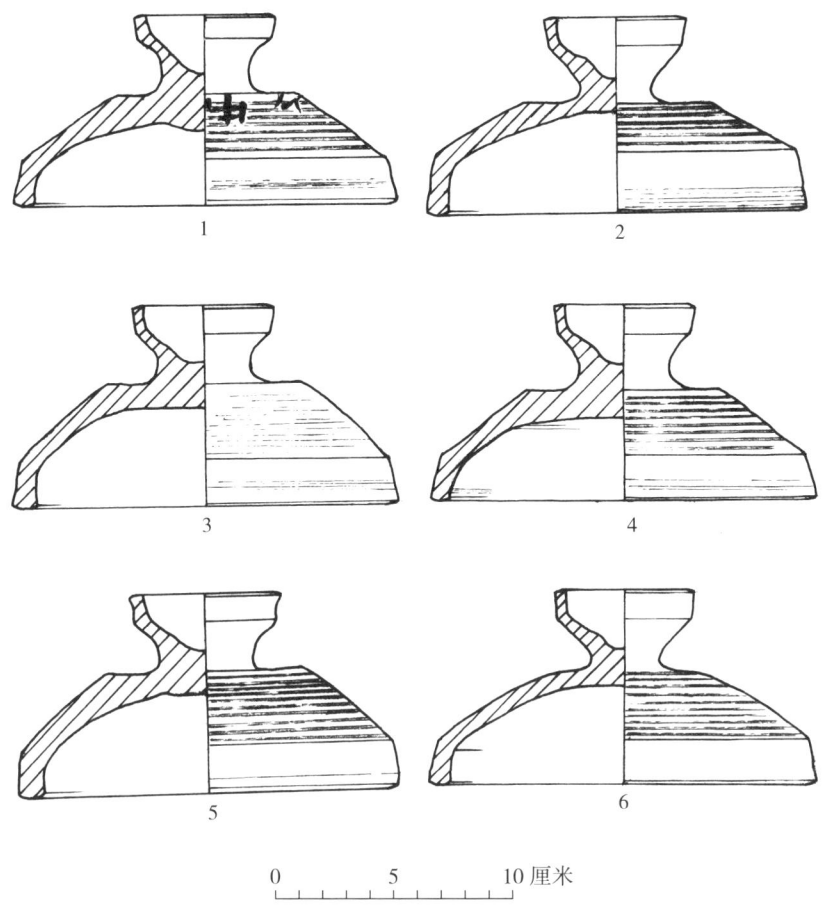

图四六七　M29 出土陶器盖

1. M29：10-1　2. M29：10-2　3. M29：11-1　4. M29：11-2　5. M29：12-1　6. M29：12-2

图四六八　M29 出土铜镜拓片（M29：1）

M35 位于淮阳平粮台遗址 T8 的东部，与 M30 东西并排，西距 M30 仅 1 米。1979 年 9 月发掘。为长方形竖穴土坑墓，墓向 9°。上部的土已被取走一部分。发掘时墓口距地表 0.20 米，内填灰五花土，逐层填土，逐层夯实，夯土较硬。（图四六九）

墓室　呈长方形，墓壁微垂直，平底。墓口长 4.42 米，宽 1.46~1.64 米。室北边有二层台，室分两部分，南边较宽，北边较窄，底长 4.04 米，宽与口同。墓底北边置生土二层台，台长 1.46 米，宽 0.08 米。底距口深 1.50 米。

葬具　墓室内北部东边置木棺二具，为外棺和内棺，现已腐朽殆尽，据其灰痕得知，外棺长 2.35 米，宽 0.76 米；内棺长 2.20 米，宽 0.68 米，高度不知。

葬式　内棺人骨一具，四肢骨保存较好，为仰身直肢葬，头向北，面向上。

头骨西北角出铜镜，胸部放有铜钱，胸下出有铜带钩，腰与上肢间有铁削，外棺下部从北向南出有陶罐 6 件，成一字排列，多正放，个别侧放。墓室中部出有铜饰件。

随葬品　11 件，其中陶器 6 件、铜器 4 件、铁器 1 件。

1. 陶器　共发现 6 件，均为陶罐，其中 4 件较完整，可分两型。

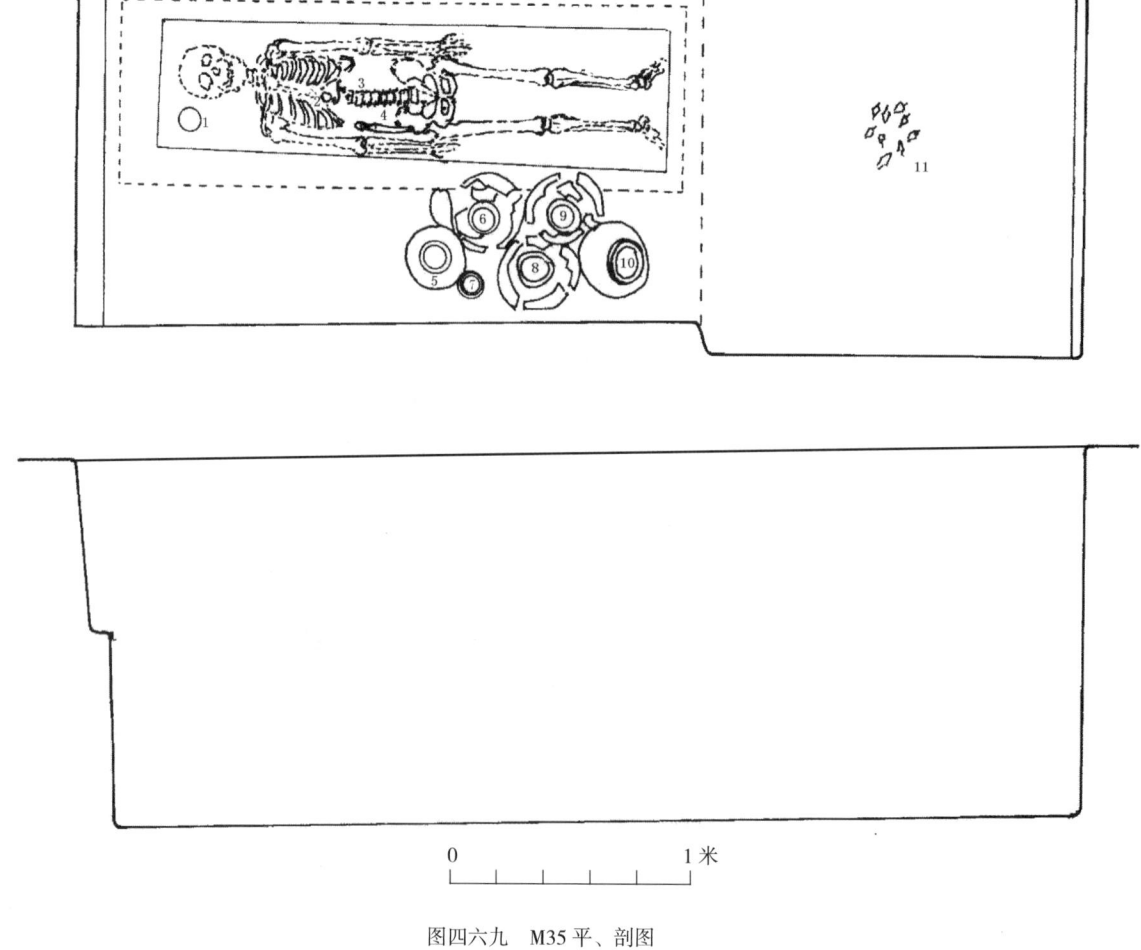

图四六九　M35 平、剖图

1. 铜镜　2. 五铢　3. 铜带钩　4. 铁削　5~10. 陶罐　11. 铜饰

Ⅰ型：双耳罐。3件。标本 M35：5，泥质灰陶。方唇，折沿，束颈，圆肩，上腹饰对称双耳，腹部微鼓，上腹至中腹饰凸弦纹，下腹饰斜绳纹，圜底。口径 11.5 厘米，腹径 26 厘米，底径 16 厘米，高 29 厘米。（图四七〇，1）标本 M35：9，泥质灰陶。圆唇，折沿，微束颈，圆溜肩，鼓腹，上腹饰对称双耳。上腹至中腹饰凸弦纹，下腹饰绳纹，圜底。口径 13 厘米，腹径 29.5 厘米，底径 4 厘米，高 30.5 厘米。（图四七〇，3）标本 M35：10，泥质灰陶。方唇，折沿，束颈，圆肩，上腹饰对称双耳，腹部微鼓，圜底。上腹至中腹饰凸弦纹，下腹饰斜绳纹。口径 12.5 厘米，腹径 28.5 厘米，底径 16 厘米，高 28 厘米。（图四七〇，4）

Ⅱ型：1件。标本 M35：7，泥质灰陶。无耳。圆唇，束颈，圆肩，鼓腹，平底。口径 7 厘米，腹径 12 厘米，底径 8 厘米，高 11.8 厘米。（图四七〇，2）

2. 铜器、铜钱　有铜镜、带钩、铜饰各 1 件，铜钱 8 枚。

镜　1件。标本 M35：1，龟形钮镜，完整。圆形。镜面微弧，圆钮呈龟形。面径 8.0 厘米，背径 7.8 厘米，钮高 0.5 厘米，钮宽 0.9 厘米，缘宽 0.4 厘米，缘厚 0.3 厘米，肉厚 0.1 厘米。（彩版六九，5；图四七一，1）

带钩　1件。标本 M35：3，整体呈琵琶状，头部有钩呈兽首状，长腹鼓成弧形，背饰圆钮靠近尾部。长 4 厘米，宽 1 厘米。（彩版六九，4；图四七一，3）

五铢　8 枚。标本 M35：2，圆形，正方形穿，钱边缘有周郭，穿之背面有周郭，穿之正面左右两侧铸

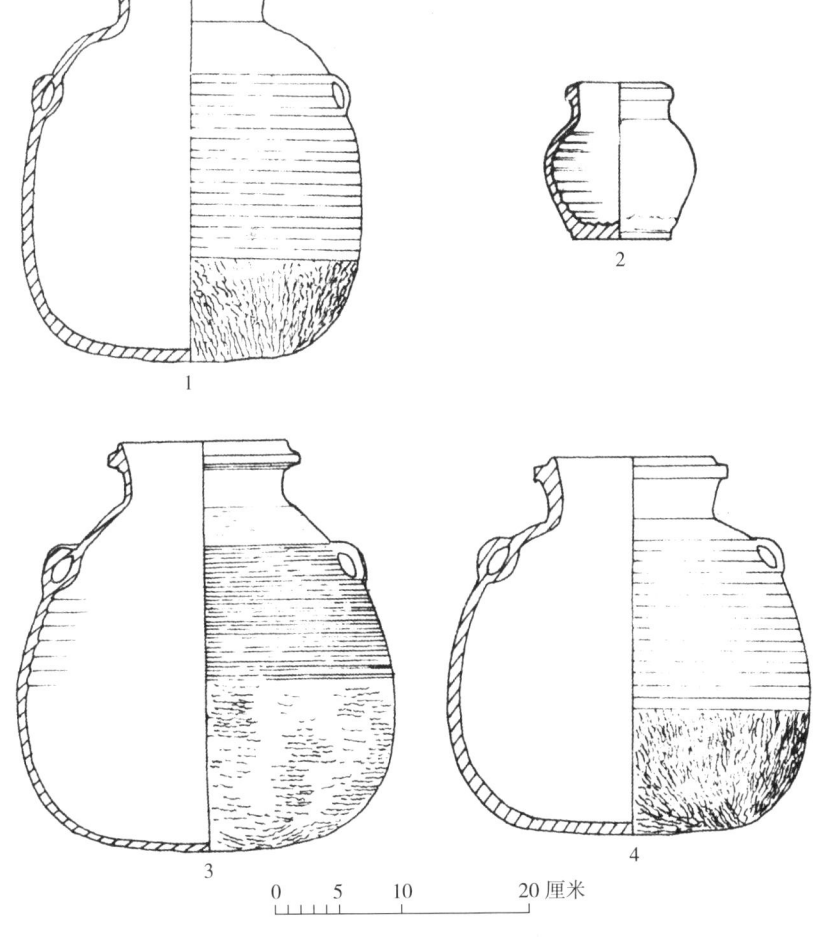

0　5　10　20 厘米

图四七〇　M35 出土陶罐

1. Ⅰ型（M35：5）2. Ⅱ型（M35：7）3. Ⅰ型（M35：9）4. Ⅰ型（M35：10）

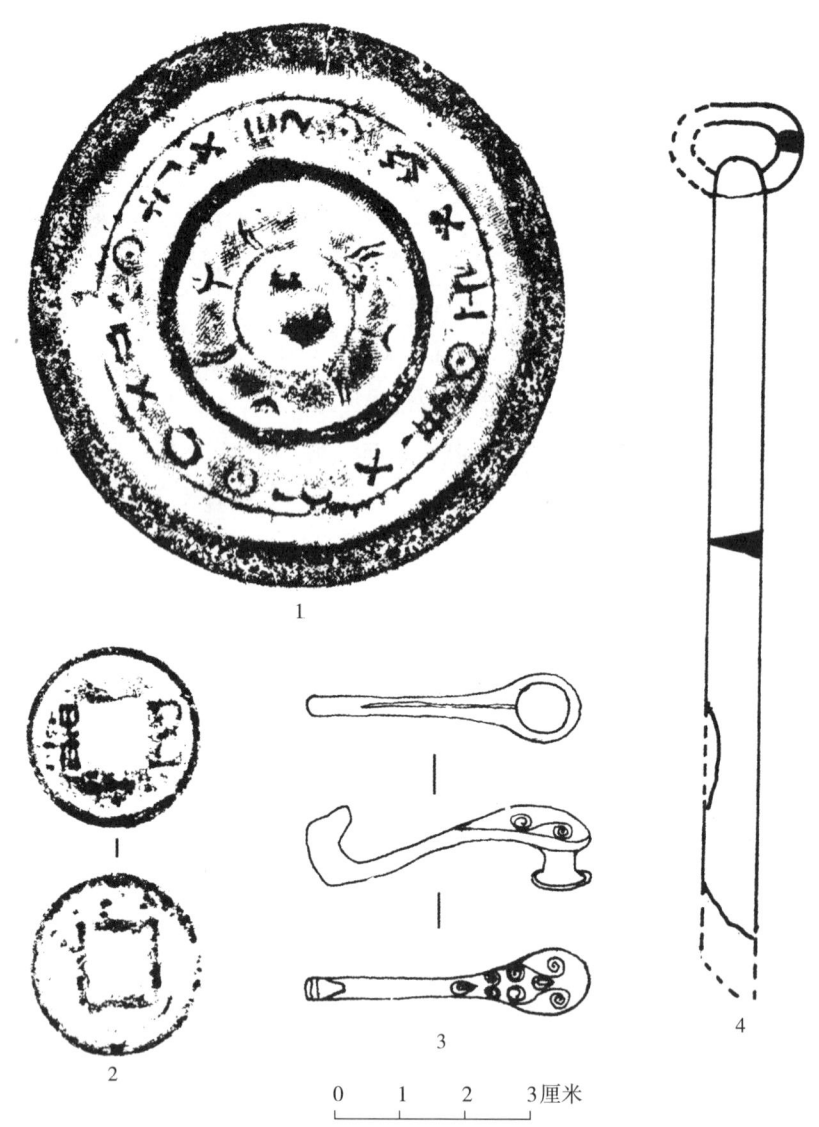

图四七一　M35 出土铜器、铁器及铜钱

1. 铜镜（M35：1）　2. 五铢（M35：2）　3. 铜带钩（M35：3）　4. 铁削（M35：4）

有篆书"五铢"二字，"五"字呈对顶弹头形。钱径 2.4 厘米，郭径 2.6 厘米，郭宽 0.1 厘米，郭厚 0.15 厘米，肉厚 0.1 厘米，穿径 0.9 厘米。（图四七一，2）

3. 铁器　1 件。

标本 M35：4，铁削。环首，削背较直，末端呈弧形，长 25.6 厘米。（图四七一，4）

M40 位于淮阳平粮台遗址 T17 的东南角，并打破 M41，东北距 M35 约 12.50 米。1979 年 9 月发掘。为长方形竖穴土坑墓，墓向 20°。上部的土已被取走部分。发掘时墓口距地表 0.20 米，内填灰色五花土，逐层填土，逐层夯实，夯土较硬。（图四七二）

墓室　长方形，墓壁垂直，平底。墓口长 3.10 米，宽 1.10 米。底长宽与口同，距口深 0.84 米。

葬具　墓室中部置木棺一具，现已腐朽殆尽，据其灰痕得知，棺长 2.10 米，宽 0.58 米，高度不知。

葬式　棺内人骨一具，四肢骨保存较好，为仰身直肢葬，头向北，面向上。

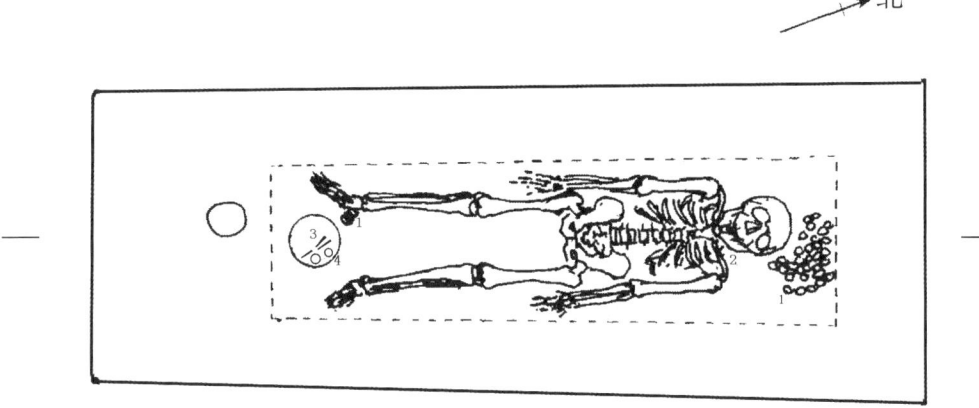

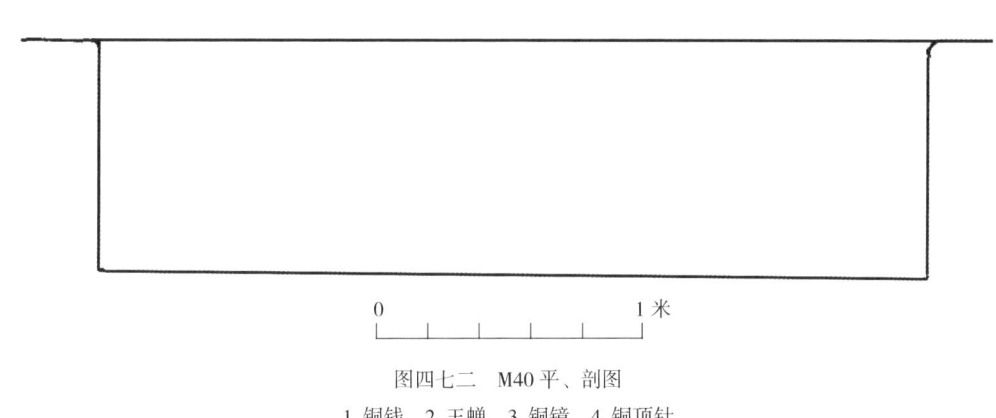

图四七二　M40 平、剖图

1. 铜钱　2. 玉蝉　3. 铜镜　4. 铜顶针

头骨东北角和右脚内侧出有铜钱若干，左肩上边出玉蝉，棺南端出有铜镜。

随葬品　4 件 / 类，有玉蝉、铜镜、铜顶针、铜钱，其中玉蝉、铜顶针残甚。

铜器、铜钱　铜镜、顶针各 1 件，铜钱若干。

镜　1 件。标本 M40：3，为博局镜，又称规矩镜。完整。圆形，镜面微弧，圆钮座，座外方框内有十二地支铭"子丑寅卯辰巳午未申酉戌亥"，其外有规矩、八乳，间以四神和瑞兽画像，四神有朱雀、玄武、青龙、白虎，瑞兽画像有瑞鸟、蟾蜍，底饰云纹。其外有一周铭文"作佳竟真大好上有仙人不知老渴饮玉泉饥食枣浮游天下敖四海为国保"，铭文从带钩画像开始。再外有一周平行线纹，宽平缘面上内饰锯齿纹，中饰连体龙纹，外为素缘。面径 19 厘米，背径 18.6 厘米，钮高 0.7 厘米，钮径 2.1 厘米，钮宽 1.6 厘米，缘宽 2.6 厘米，缘厚 0.5 厘米，肉厚 0.25 厘米。（彩版六九，6；图四七三，1）

五铢　5 枚。4 整 1 破。标本 M40：1，大小相同，穿郭有别，正方形穿，穿之正面左右两侧铸有篆书"五铢"二字。标本 M40：1-1，穿上部有一横郭，左右和下部无穿郭，正面缘郭较宽，背面有穿郭和缘郭，"五"字较窄，呈对顶炮弹形，上下对称。钱径 2.6 厘米，郭径 2.6 厘米，郭宽 0.15 厘米，郭厚 0.15 厘米，肉厚 0.1 厘米，穿径 1.1 厘米。（图四七三，2）标本 M40：1-2，"五"字较宽，笔画较粗，"五"字上下对称，近似三角形。钱径 2.4 厘米，郭径 2.4 厘米，郭宽 0.1 厘米，郭厚 0.1 厘米，肉厚 0.1 厘米，穿径 0.9 厘米。（图四七三，3）

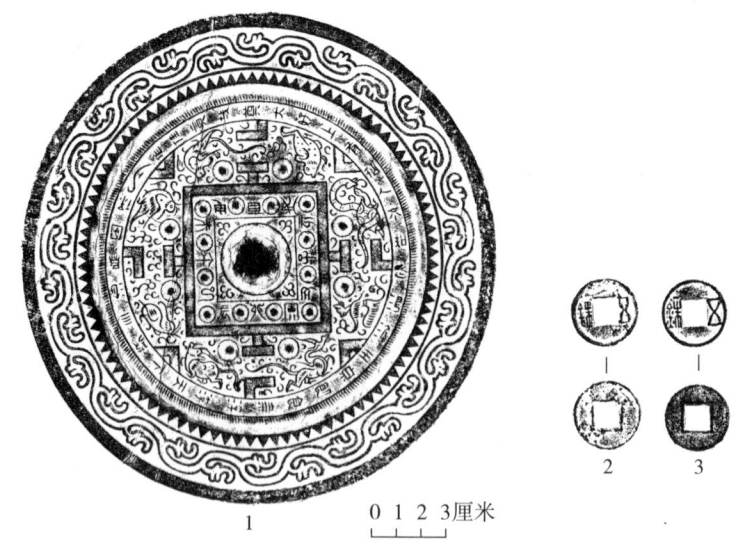

图四七三　M40 出土铜器、铜钱拓片

1. 铜镜（M40：3）　2. 五铢（M40：1-1）　3. 五铢（M40：1-2）

M97 位于淮阳平粮台遗址西南角，北距 T34 约 10 米。1978 年 9 月发掘。为长方形竖穴土坑墓，墓向 10°。上部的土已被取走。铲平土即见墓口，墓内填灰五花土，逐层填土，逐层夯实，夯土较硬。（图四七四）

墓室　长方形，墓口长 2.20 米，宽 0.90～1 米，墓壁除南微斜外，均垂直，平底。底长 2.10 米，宽 0.88～1 米，底距口深 1 米。

葬具　墓室内置木棺一具，现已腐朽殆尽，长宽不知。

葬式　墓内人骨一具，四肢骨保存较好，为仰身直肢葬，头向北，面向西。

头骨的顶侧出有银簪和铜勺各 1 件。

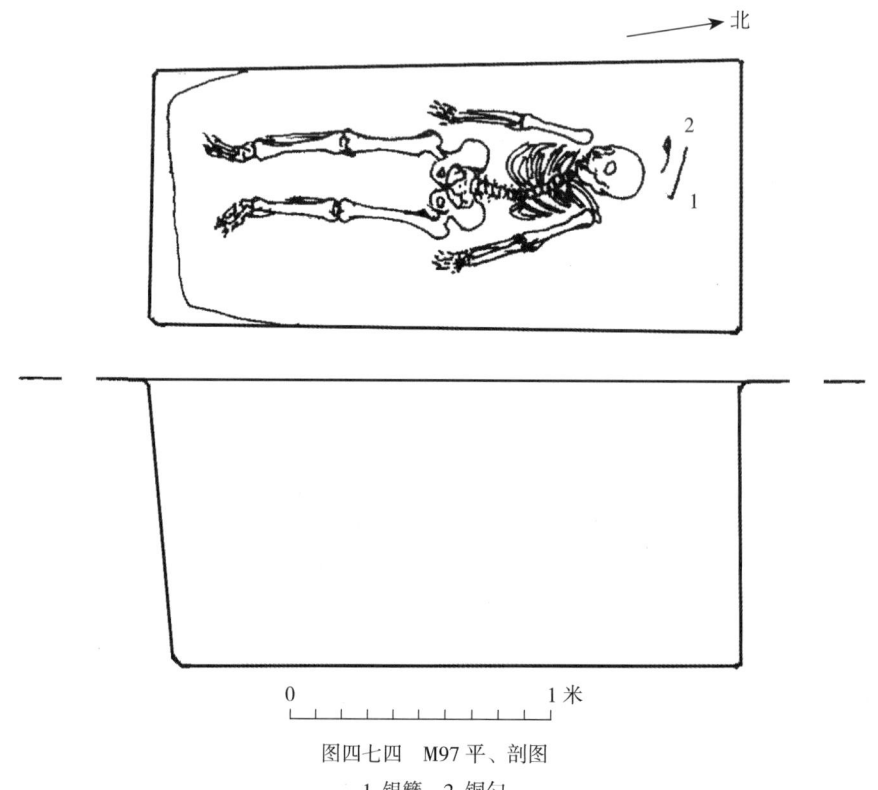

图四七四　M97 平、剖图

1. 银簪　2. 铜勺

随葬品　2 件，铜勺、银簪各 1 件，均残破，无法复原。

M162 位于淮阳平粮台遗址 T89 的东部。1984 年 10 月发掘。为长方形竖穴土坑墓，墓向 160°。上部的土已被取走部分。铲平即见墓口，内填灰五花土，逐层填土，逐层夯实，夯土较硬。

墓室　长方形，墓口长 2.86 米，宽 1.36 米，底长 2.60 米。墓壁垂直，平底。室内无棺。

葬式　人骨保存尚好，为仰身直肢葬，但下肢向内靠，头向东南，面向东。无任何随葬品。（图四七五）

M18 位于淮阳平粮台遗址中部偏西北，打破 M17。为斜坡墓道长方形竖穴土坑墓，墓向 200°。上部的土已被取走部分。现墓口距地表 0.40 米，内填灰五花土，经夯打后较结实。（图四七六）

墓道　宽 0.80 米，现长 1.80 米。

墓室　位于墓道的北部，宽 0.88 米。墓室长方形，墓壁垂直，平底。墓口长 2.40 米，宽 1.30 米，室底的长宽与墓口相同，底低于墓道 0.30 米，距墓口深 2.30 米，高 1.28 米。

葬具　墓室东部置木棺一具，现已腐朽殆尽，据其灰痕得知，棺长 2.13 米，宽 0.56 米，高度不知。

葬式　棺内人骨保存尚好，为仰身直肢葬，两手放于腹上。

棺内有铜镜，置于左胸旁，环首刀置于右腹侧，铁剑置于胸腹部，铁削置于墓主下肢间。棺的西侧从南向北放置有陶鼎、罐、壶、盘、盒、甑等。

随葬品　20 件，其中陶器 15 件、铜器 2 件、铁器 3 件。

1. 陶器　15 件，有陶鼎 2 件，壶 3 件，罐 4 件，盒 2 件，匜、甑、釜、盘各 1 件。

鼎　2 件。分两式。

Ⅰ式：1 件。标本 M18：5，泥质灰陶。轮模合制。盖如平底覆钵状，顶部饰两道突出弦纹，顶中心饰有五道细凹弦纹和水波纹饰。器为子母口，内敛，圆唇，斜弧腹，平底，肩部有对称双耳，耳正面中空，肩部一周饰手刻"山"形纹饰，三蹄足细高。口径 19 厘米，腹径 22 厘米，底径 17 厘米，高 14 厘米，通高 19 厘米。（图四七七，1）

Ⅱ式：1 件。标本 M18：9，泥质灰陶。轮模合制。盖如覆钵状，尖唇。器为子母口，内敛，斜弧腹，弧

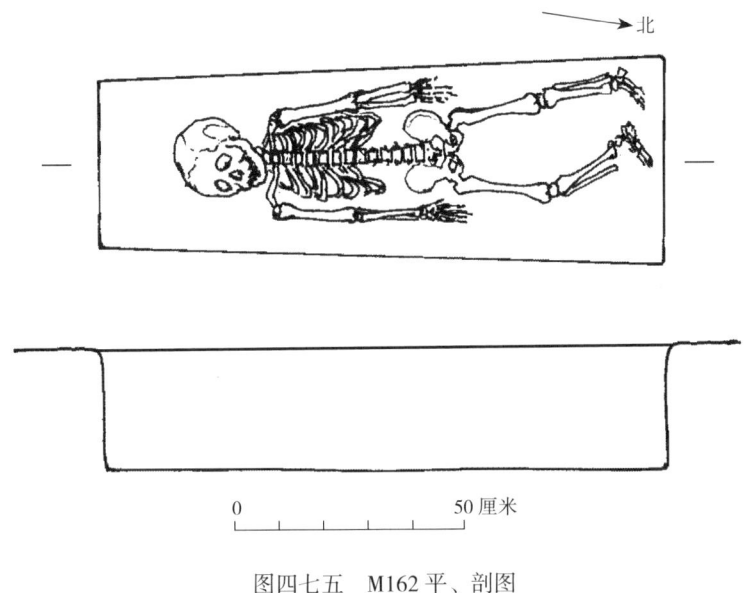

图四七五　M162 平、剖图

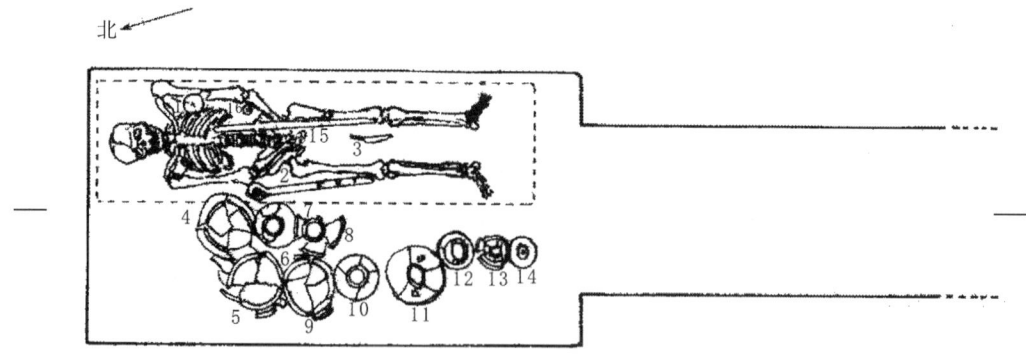

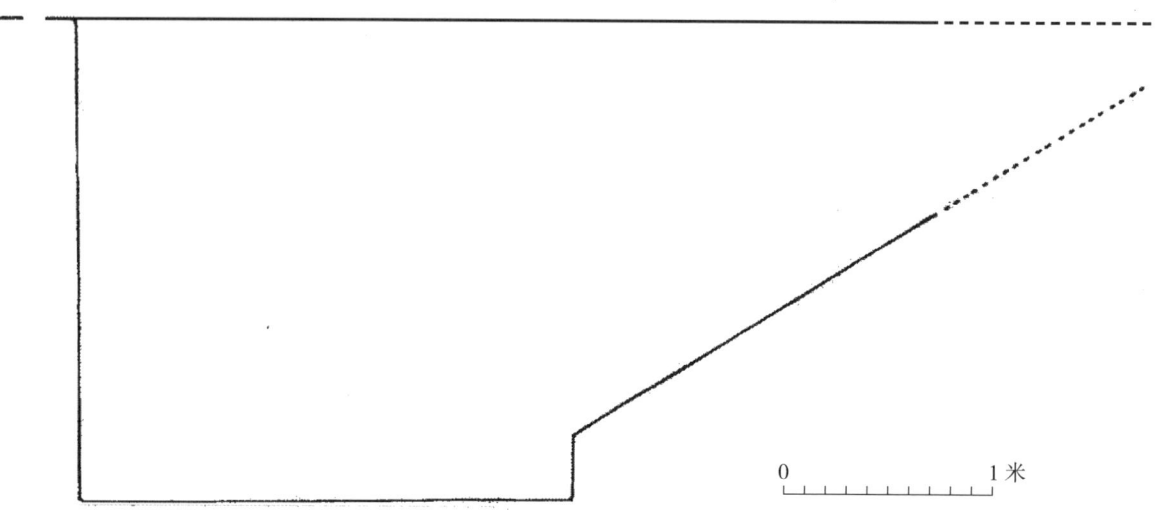

图四七六　M18平、剖图

1.铜镜　2.铁环首刀　3.铁削　4.陶釜　5、9.陶鼎　6、12、13、20.陶罐　7.陶厄　8.陶盘　10、11、14.陶壶
15.铁剑　16.铜厄足　17、18.陶盒　19.陶甄

形底，肩部有对称双耳，耳正面中空，腹部饰一周凸弦纹，三蹄足较粗。口径16.5厘米，腹径21厘米，底径4厘米，耳间距27厘米，高14.5厘米，通高18.5厘米。（图四七七，2）

罐　4件。分四式。

Ⅰ式：1件。标本M18：6，泥质灰陶。轮制。敞口，圆唇，束颈，圆肩，中腹圆鼓，下腹斜弧，肩与上腹饰凸弦纹，平底，下腹及底饰绳纹。口径9.5厘米，腹径23厘米，底径9.5厘米，高25厘米。（图四七七，6）

Ⅱ式：1件。标本M18：20，泥质灰陶。轮制。盘口外侈，束颈，圆肩，中腹圆鼓，下腹斜弧，素面，平底。口径10厘米，腹径14.8厘米，底径9厘米，高13.5厘米。（图四七七，3）

Ⅲ式：1件。标本M18：12，泥质灰陶。敞口，方唇，短颈，溜肩，下腹有削痕，平底。口径8厘米，腹径13厘米，底径9厘米，高13.3厘米。（图四七七，4）

Ⅳ式：1件。标本M18：13，泥质灰陶。较粗糙，盘口，圆唇，鼓腹，下腹有削痕，平底。口径9.5厘米，腹径14.2厘米，底径8.5厘米，高15厘米。（图四七七，5）

壶　3件。分三式。

Ⅰ式：1件。标本M18：11，较大，泥质灰陶。轮制，盘口，圆唇，束颈，肩饰对称铺首衔环，中腹圆

鼓，下腹斜弧，圈足较高，圈足中部饰一道凸棱。口径 15 厘米，腹径 29.8 厘米，底径 16.5 厘米，高 37 厘米。（图四七八，1）

Ⅱ式：1 件。标本 M18：14，已残。泥质灰陶。轮制，素面，鼓腹，假圈足。口径 3.5 厘米，腹径 12 厘米，底径 7.2 厘米，残高 14.5 厘米。（图四七八，4）

Ⅲ式：1 件。标本 M18：10，泥质灰陶。轮制，盘口，圆唇，束颈，鼓腹，高圈足。腹部饰凸弦纹。口径 9.5 厘米，腹径 20 厘米，底径 11 厘米，高 21.5 厘米。（图四七八，8）

盒 2 件。标本 M18：17，泥质灰陶。轮制，盖呈碗状，顶部有一矮圈足，斜弧壁下折；器为圆口，尖唇，上腹直，下腹斜弧，底部有一矮圈足。口径 21.5 厘米，底径 11.5 厘米，高 13 厘米。（图四七八，6）

卮 1 件。标本 M18：7，泥质灰陶。圆口，圆唇，腹部有一把，平底。口径 9.3 厘米，底径 9.5 厘米，高 8.2 厘米。（图四七八，2）

盘 1 件。标本 M18：8，泥质灰陶。敞口，折沿，方唇，浅腹，下腹斜弧，平底。口径 19.8 厘米，底径 6.5 厘米，高 4.6 厘米。（图四七八，3）

甑 1 件。标本 M18：19，泥质灰陶。敞口，平折沿，方唇，斜直壁，圈足，底部有两孔。口径 7.5 厘米，底径 6.5 厘米，高 13.5 厘米。（图四七八，5）

釜 1 件。标本 M18：4，泥质灰陶。轮制，敛口，方唇，鼓腹，中腹部饰扉棱，下腹有削痕，平底。口

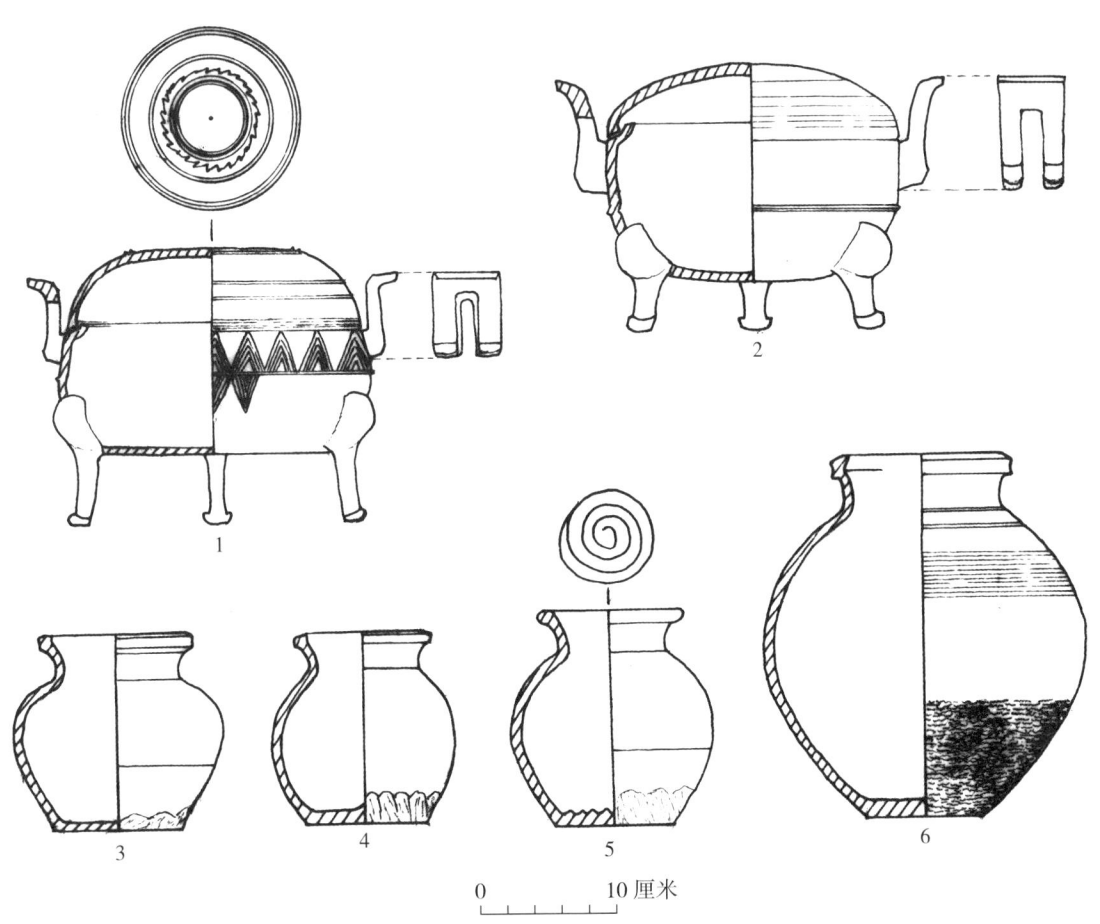

图四七七　M18 出土陶器

1. Ⅰ式鼎（M18：5）　2. Ⅱ式鼎（M18：9）　3. Ⅱ式罐（M18：20）　4. Ⅲ式罐（M18：12）

5. Ⅳ式罐（M18：13）　6. Ⅰ式罐（M18：6）

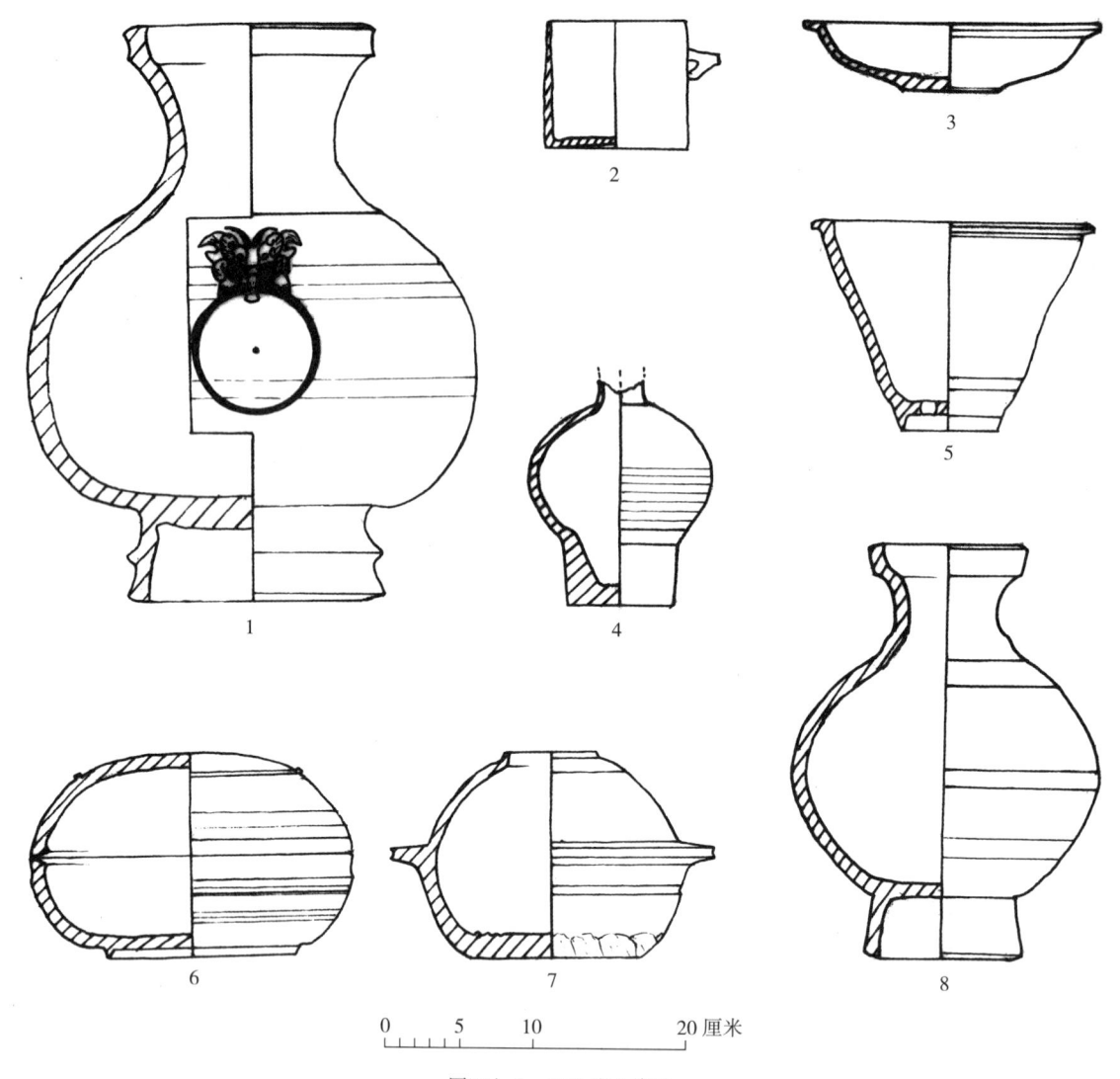

图四七八　M18 出土陶器

1. Ⅰ式壶（M18∶11）　2. 卮（M18∶7）　3. 盘（M18∶8）　4. Ⅱ式壶（M18∶14）
5. 甀（M18∶19）　6. 盒（M18∶17）　7. 釜（M18∶4）　8. Ⅲ式壶（M18∶10）

径 6 厘米，扉棱 21 厘米，底径 11.8 厘米，高 13.2 厘米。（图四七八，7）

2. 铜器　2 件，有镜、卮足各 1 件。

镜　1 件。标本 M18∶1，连弧四乳蟠螭纹山字形钮镜。完整。圆形，镜面平直，山字形钮，圆钮座，座外有一周凸弦纹四乳，其外为十六内连弧，弧外为四乳，间以蟠螭纹缠绕五星纹，其外为双线凸弦圆圈，圈外有十六连弧纹。面径 10.3 厘米，钮高 1.2 厘米，钮径 1.8 厘米，缘弧宽 1 厘米，缘厚 0.4 厘米，肉厚 0.2 厘米。（图四七九，1）

卮足　1 件。标本 M18∶16，残。呈蘑菇状，残长 2 厘米，宽 1.5 厘米。（图四七九，3）

3. 铁器　3 件，有铁剑、环首刀、铁削等。

剑　1 件。标本 M18∶15，残。剑身较长，双面刃，剑身有脊，茎已残，茎与剑身交接处有剑镡，锈蚀严重。通长 73 厘米。

削（书刀）　1 件。标本 M18∶3，破。圆首，刀背较直，在刀尖部分上翘成弧形，靠刀刃部分的一侧较

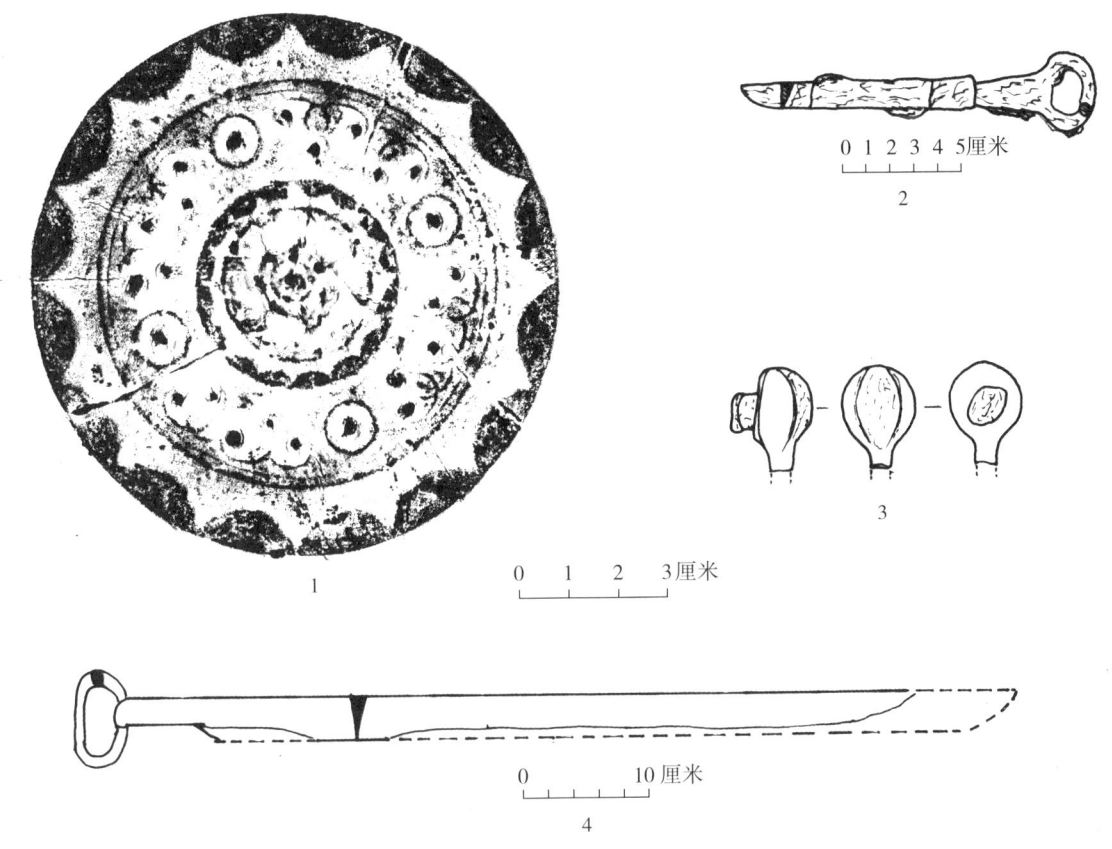

图四七九　M18 出土铜器、铁器

1. 铜镜（M18:1）　2. 铁削（M18:3）　3. 铜卮足（M18:16）　4. 铁环首刀（M18:2）

宽，刀刃略直，至刀尖部上翘，其刀身有朽木残存痕。长 13.7 厘米。（图四七九，2）

环首刀　1 件。标本 M18:2，残。环状首，刀背较直，刃部也较直，在刃末有一段斜杀成弧形，梢部已朽。长 14 厘米，宽 3 厘米。（图四七九，4）

M158 位于淮阳平粮台遗址北部 T112 中部偏东北。为斜坡墓道长方形竖穴土坑墓，墓向 20°。上部的土已被取走部分。现墓口距地表 0.40 米，内填灰五花土，经夯打后较结实。墓道宽 0.80 米，现长 1.80 米。（图四八〇）

墓室　长方形，墓壁垂直，平底。墓口长 4.76 米，宽 1.07 米，室底的长宽与墓口相同。

葬具　墓室东部置木棺一具，现已腐朽殆尽，据其灰痕得知，棺长 2.18 米，宽 0.58 米，高不知。

葬式　棺内人骨保存尚好，为仰身直肢葬，头向北。两手放于腹上。

棺内有铜镜，置于头骨两侧，铁环首刀位于右腹和大腿旁，铁剑置于身的两侧，带钩位于腰部。棺的西侧从南向北放置有棺钉、马衔、瓷瓮、瓷壶、釉陶井、釉陶灶、罐。

随葬品　30 件，其中陶瓷器 14 件、玉骨器 3 件、铜器 8 件、铁器 4 件、铅车饰 1 件。

1. 陶瓷器　共 14 件。有瓷壶 8 件、瓷瓮 2 件、釉陶井 1 件、釉陶灶 1 件、陶罐 2 件。

瓷壶　8 件，侈口，舌唇，束颈，鼓腹，圜底，矮圈足，上腹部有带状双耳，衔环，颈部上下饰两组带状波浪纹，上腹部饰三组凸弦纹。平底，下有矮圈足。瓷胎，口至上腹部饰青釉。可以分五式。

Ⅰ式：2 件。形制相同，大小略有差别。1 件破，1 件完整。盘口，圆唇，颈微束，颈部饰数周波浪纹，

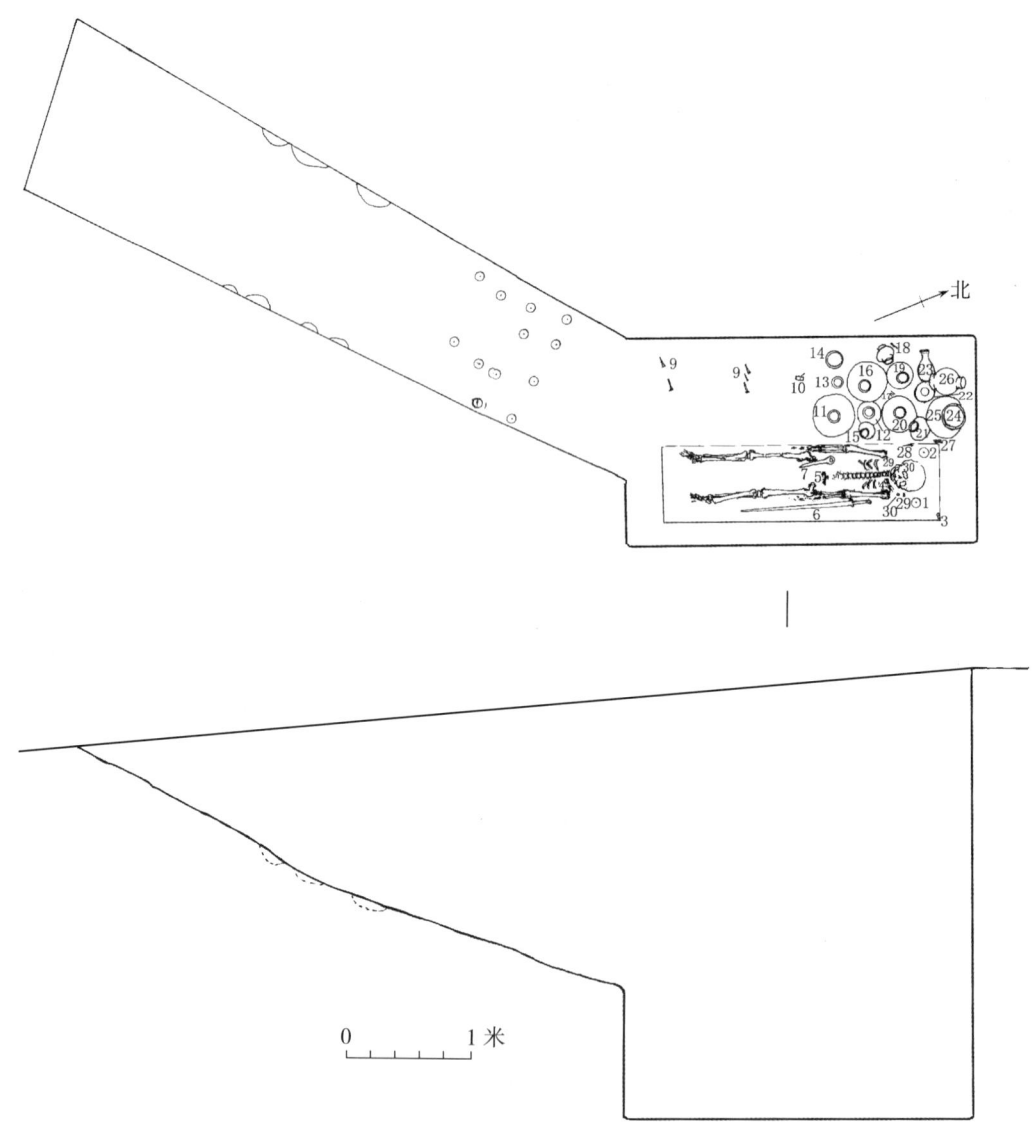

图四八〇 M158 平、剖图

1、2. 铜镜   3. 铜钱   4. 玉蝉   5. 铜带钩   6. 铁剑   7. 铁环首刀   8. 铜马衔   9. 铁棺钉   10. 铜弩机   11、16. 瓷瓮   12、22. 陶罐
13. 釉陶井   14. 釉陶灶   15、18、19、20、21、23、25、26. 瓷壶   17. 铅饰   24. 铜洗   27. 铁簪   28. 铜刷   29. 玉耳塞   30. 骨鼻塞

上腹部画云纹和三周弦纹，每周弦纹由三道凸弦纹组成。上腹部饰对称铺首衔环，耳上部与器物的肩接触处画"山"字纹，耳的上部饰卷云纹，中部饰叶脉纹，下腹部斜弧，平底，下有矮圈足。标本 M158：20，口径16 厘米，腹径 30.7 厘米，底径 15.5 厘米，高 40.5 厘米。（彩版七〇，1；图四八一，1）标本 M158：25，口径 16 厘米，腹径 32 厘米，圈足径 16 厘米，高 40 厘米。（彩版七〇，6；图四八一，4）

Ⅱ式：2 件。形制相同，大小、纹饰略有差别。口破，盘口，圆唇，颈微束，颈部饰数周波浪纹，上腹部饰三周弦纹，每周弦纹由三道凸弦纹组成，肩部饰对称带状双耳，下部有衔环，耳上部与器物的肩接触处画"山"字纹，耳的上部饰卷云纹，中部饰叶脉纹，下腹部斜直，平底，下有矮圈足。标本 M158：19，上腹部画鱼形纹。口径 14 厘米，腹径 24.7 厘米，底径 15 厘米，高 34.8 厘米。（彩版七〇，2；图四八一，2）标本 M158：26，上腹部画云纹。口径 14 厘米，腹径 24 厘米，圈足径 14 厘米，高 33.5 厘米。（图四八一，5）

Ⅲ式：2 件。形制基本相同，大小、颜色有差别。标本 M158：15，口残。盘口，圆唇，束颈，颈部饰

数周波浪纹，上腹部饰对称带状双耳，中腹以下饰若干周凸弦纹，下腹斜弧。口径 12 厘米，腹径 22 厘米，圈足径 12 厘米，高 27 厘米。（彩版七〇，3；图四八一，10）标本 M158：18，口、颈均残，上腹部饰对称带状双耳，圆鼓腹，上腹部饰两周凸弦纹。残颈直径 6 厘米，腹径 17.5 厘米，圈足径 9 厘米，高 19 厘米。（图四八一，8）

Ⅳ式：1 件。标本 M158：21，口残。盘口，圆唇，束颈，颈部饰数周波浪纹，上腹部饰对称带状双耳，圆鼓腹。口径 10 厘米，腹径 17 厘米，圈足径 10 厘米，高 22 厘米。（彩版七〇，4；图四八一，9）

Ⅴ式：1 件。标本 M158：23，口残。盘口，圆唇，颈较长，微束，圆鼓腹。颈部与上腹部饰几周凸弦纹。器物光泽度较好，在烧制时腹部自然形成若干釉流。口径 10 厘米，腹径 16 厘米，圈足径 10 厘米，高

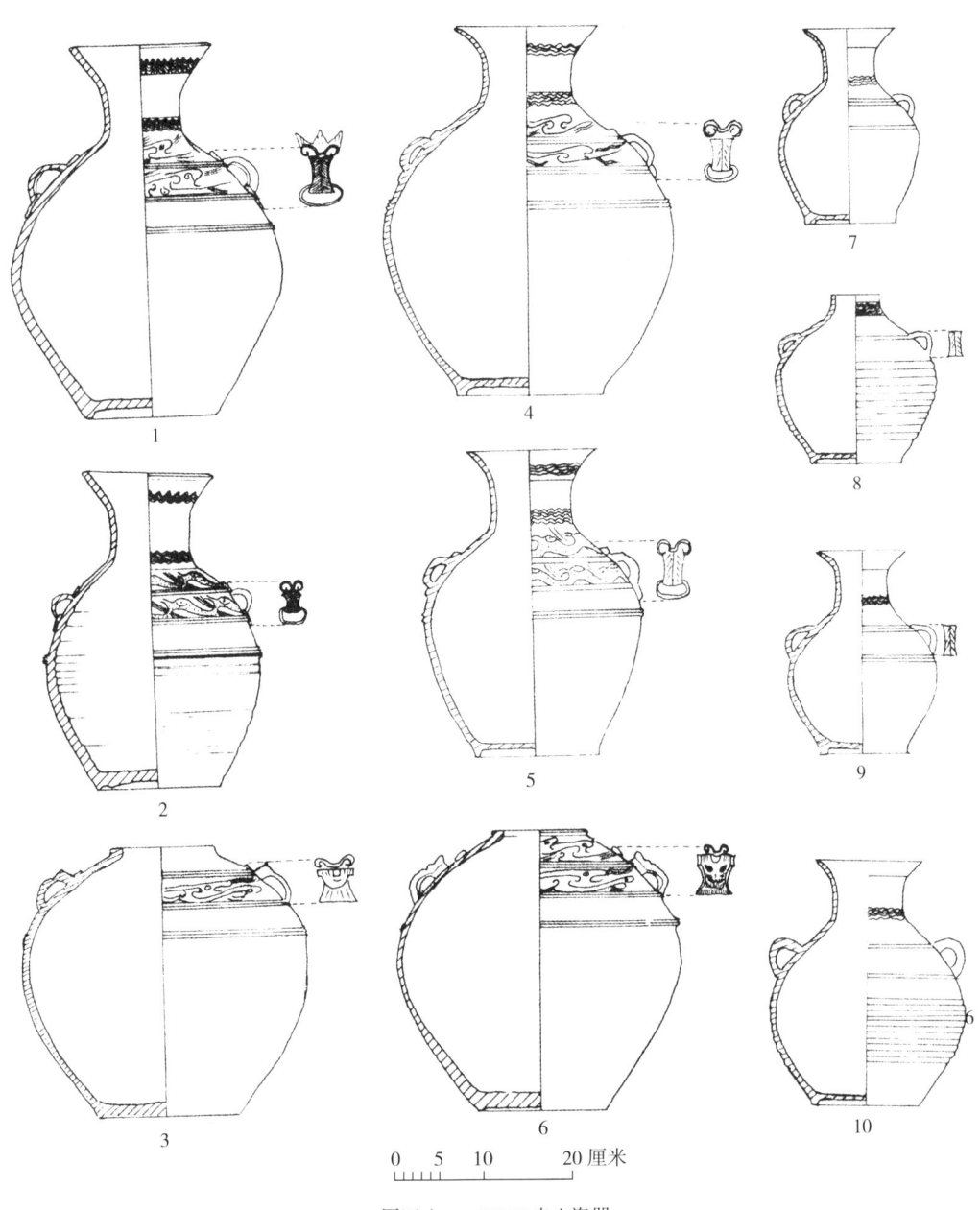

图四八一 M158 出土瓷器

1、4. Ⅰ式壶（M158：20、M158：25） 2、5. Ⅱ式壶（M158：19、M158：26） 3. Ⅰ式瓮（M158：11）

6. Ⅱ式瓮（M158：16） 7. Ⅴ式壶（M158：23） 8、10. Ⅲ式壶（M158：18、M158：15） 9. Ⅳ式壶（M158：21）

21 厘米。（彩版七〇，5；图四八一，7）

瓷瓮　2 件。分两式。

Ⅰ式：1 件。标本 M158：11，口部残破。敛口，圆唇，圆鼓腹，上腹部有兽首双耳，上腹至中腹饰三周凸弦纹。青釉施于上腹部，上腹部胎上画有祥云纹，下腹圆弧，平底。口径 12 厘米，腹径 32 厘米，底径 16 厘米，高 29 厘米。（彩版七〇，8；图四八一，3）

Ⅱ式：1 件。标本 M158：16，完整。敛口，圆唇，鼓腹，上腹部有兽首双耳，上腹至中腹饰三周凸弦纹，青釉施于上腹部，上腹部胎上画有祥云纹，下腹斜弧，平底。口径 11.5 厘米，腹径 32 厘米，底径 15.5 厘米，高 30.5 厘米。（彩版七〇，7；图四八一，6）

釉陶井　1 件。标本 M158：13，完整。红陶胎，施红釉。折沿，方唇，下部较粗。口径 7.5 厘米，腹径 8.2 厘米，底径 8 厘米，高 7 厘米。（彩版七一，1；图四八二，1）

釉陶灶　1 件。红陶胎，施红釉。标本 M158：14，完整。由甑、釜、灶组成。甑侈口，折沿，小平底，底部有 4 个椭圆形甑孔，口径 14 厘米，底径 4.8 厘米，高 6.6 厘米。釜敛口，圆唇，鼓腹，平底，口径 8 厘米，腹径 10.6 厘米，底径 6.4 厘米。灶呈椭圆形，圆形灶门，狗头形烟囱，圆形釜孔，长 19.2 厘米，宽 12 厘米，高 9.4 厘米。甑、釜、灶通高 15 厘米。（彩版七一，2；图四八二，4）

陶罐　2 件。泥质灰陶。形制相同。标本 M158：12，完整。小口，圆唇，圆肩，圆腹，大平底，上腹部

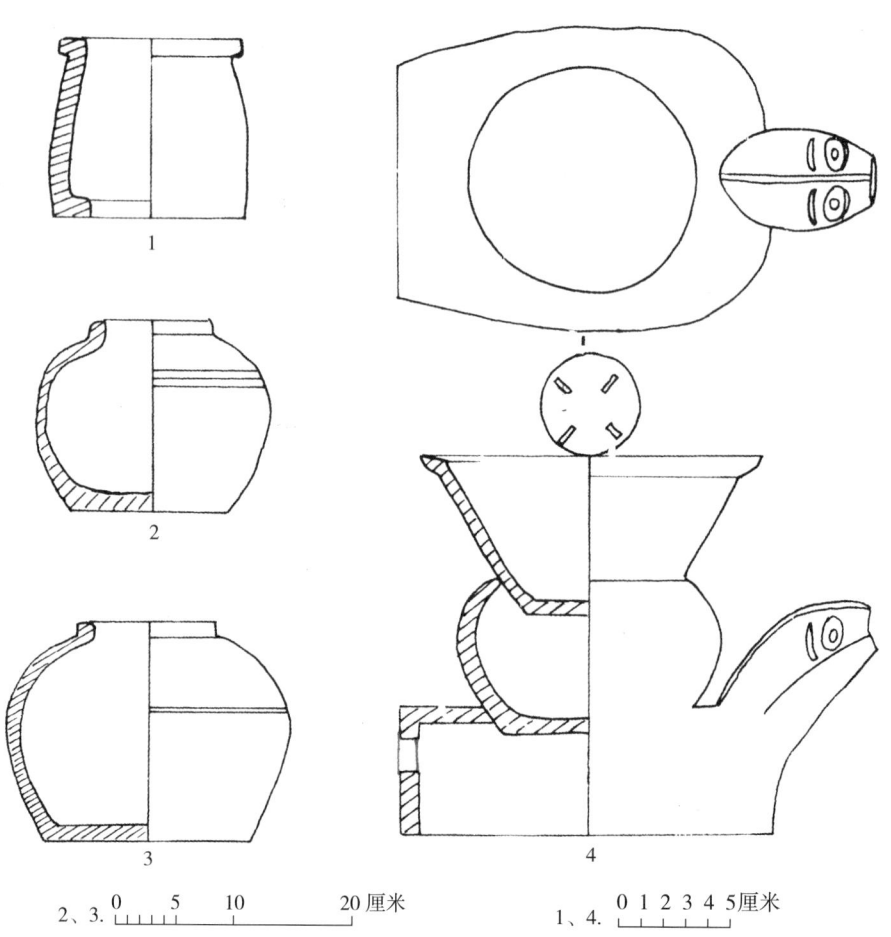

图四八二　M158 出土陶瓷器

1. 釉陶井（M158：13）　2. 陶罐（M158：12）　3. 陶罐（M158：22）　4. 釉陶灶（M158：14）

饰两周凹弦纹。口径 9.7 厘米，腹径 19 厘米，底径 13 厘米，高 15 厘米。（图四八二，2）标本 M158：22，口径 11.4 厘米，腹径 23.4 厘米，底径 17 厘米，高 17.3 厘米。（图四八二，3）

2. 铜器、铜钱 共 8 件（组）。有洗 1 件、镜 2 件、带钩 1 件、马衔 1 件、弩机 1 件、刷 1 件、五铢 1 组 34 枚。

洗 1 件。标本 M158：24，完整。折沿，侈口，圜底。口径 21.5 厘米，高 10 厘米。（彩版七一，6；图四八三，1）

镜 2 件。标本 M158：1，为富贵四乳镜。完整。圆形，镜面微弧，圆形钮，重环圆钮座，座外有两周凸弦纹，其外依次为带状弦纹、凸弦纹和小篆铭文"富""贵"，字间有四乳，乳为圆座，其外为一周凸弦纹和缘郭。面径 6.7 厘米，背径 6.7 厘米，钮高 0.5 厘米，钮宽 0.8 厘米，缘宽 0.3 厘米，缘厚 0.3 厘米，肉厚 0.2 厘米。（彩版七一，3；图四八四，1）标本 M158：2，为四乳蟠螭纹镜。完整。圆形，镜面微弧，圆形钮，重环圆钮座，座外有两周凸弦纹，再外为四乳，乳为圆座，间以蟠螭纹，其外为一周凸弦纹，再外为缘郭。面径 8 厘米，背径 7.8 厘米，钮高 0.5 厘米，钮宽 0.8 厘米，缘宽 1 厘米，缘厚 0.3 厘米，肉厚 0.2 厘米。（彩版七一，4；图四八四，2）

带钩 1 件。标本 M158：5，整体呈琵琶状，表面有锈斑，头部有钩，呈兽首状，长腹鼓成弧形，背饰圆钮靠近尾部。长 13.8 厘米，宽 1.5 厘米。

马衔 1 件。标本 M158：8，由三个哑铃状器物组成，器物两端分别呈环状，环环相扣连接在一起。长 11 厘米，宽 1.2 厘米。（图四八三，3）

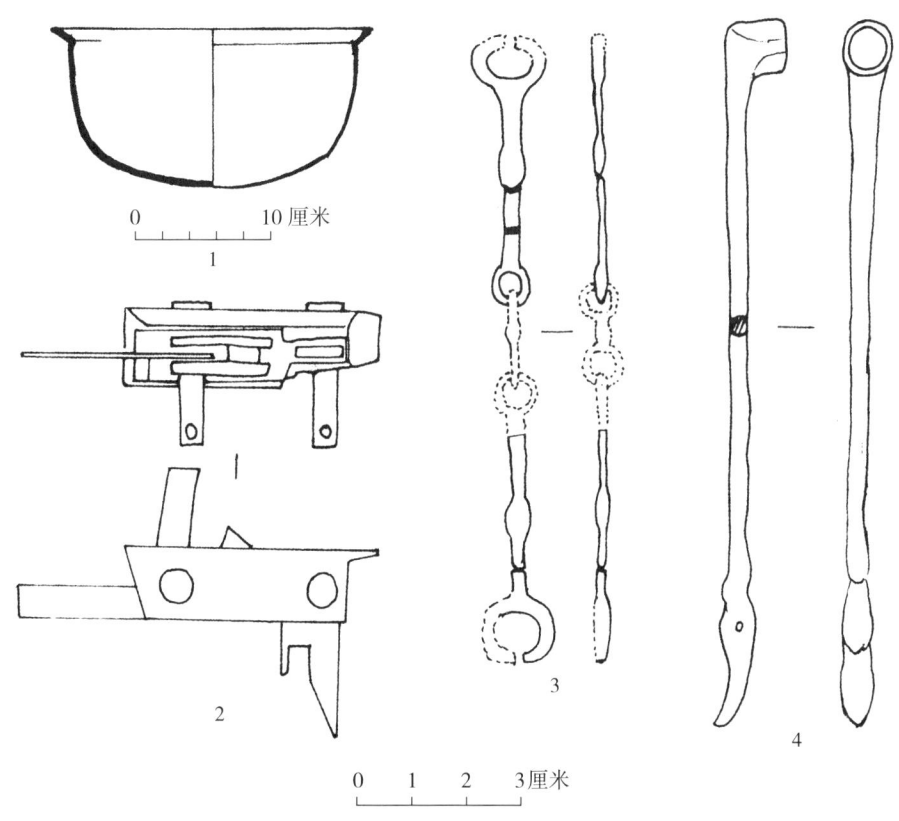

图四八三　M158 出土铜器

1. 洗（M158：24） 2. 弩机（M158：10） 3. 马衔（M158：8） 4. 刷（M158：28）

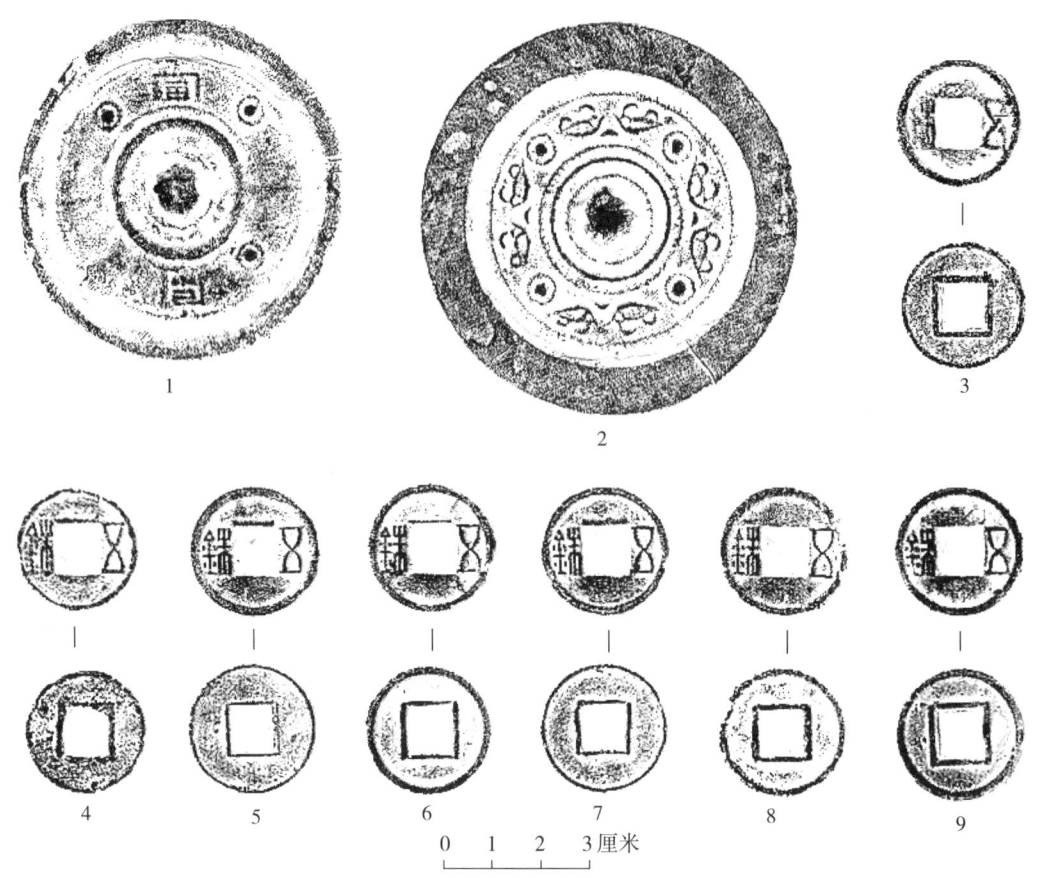

图四八四　M158 出土铜器、铜钱拓片

1. 富贵四乳镜（M158：1）　2. 四乳蟠螭纹镜（M158：2）　3. Ⅰ型五铢（M158：3-1）
4. Ⅳ型五铢（M158：3-7）　5. Ⅱ型五铢（M158：3-2）　6. Ⅱ型五铢（M158：3-3）
7. Ⅱ型五铢（M158：3-4）　8. Ⅲ型五铢（M158：3-5）　9. Ⅲ型五铢（M158：3-6）

弩机　1件。标本 M158：10，长 5 厘米，宽 4.5 厘米。（图四八三，2）

刷　1件。标本 M158：28，器如烟斗状，柄较长，柄后端横穿一孔方便悬挂，柄端呈扁锥形略翘。长 12.4 厘米，宽 1.1 厘米。（图四八三，4）

五铢　1组 34 枚。标本 M158：3，20 枚整，14 枚残。形制相同，大小有别。"五铢"的写法亦有异，分四型。

Ⅰ型：1枚。标本 M158：3-1，圆形，正方形穿，钱边缘有周郭，穿之背面有周郭，穿之正面左右两侧铸有篆书"五铢"二字，"五"字的左撇近直。钱径 2.35 厘米，郭径 2.5 厘米，郭宽 0.15 厘米，郭厚 0.2 厘米，肉厚 0.1 厘米，穿径 1.1 厘米。（图四八四，3）

Ⅱ型：10枚。标本 M158：3-2，完整。圆形，正方形穿，穿上有周郭，钱边缘有周郭，穿之背面有周郭，穿之正面左右两侧铸有篆书"五铢"二字，"五"字呈对顶炮弹形，背面边郭、穿郭很窄。钱径 2.4 厘米，郭径 2.6 厘米，郭宽 0.1 厘米，郭厚 0.2 厘米，肉厚 0.1 厘米，穿径 1.1 厘米。（图四八四，5）标本 M158：3-3，背面边郭、穿郭均宽。（图四八四，6）标本 M158：3-4，背面边郭、穿郭很窄。（图四八四，7）

Ⅲ型：7枚。标本 M158：3-5、标本 M158：3-6，完整。圆形，正方形穿，钱边缘正面有宽周郭，背面边郭和穿郭均宽，穿之正面左右两侧铸有篆书"五铢"二字，"五"字呈对顶弹头形，字迹清晰。钱径 2.35

厘米，郭径 2.5 厘米，郭厚 0.1 厘米，肉厚 0.1 厘米，穿径 0.9 厘米。（图四八四，8、9）

Ⅳ型：16 枚。标本 M158：3–7，圆形，正方形穿，钱边缘有周郭，穿之背面有周郭，穿之正面左右两侧铸有篆书"五铢"二字，"五"字的左撇近直。钱径 2.35 厘米，郭径 2.6 厘米，郭宽 0.15 厘米，郭厚 0.2 厘米，肉厚 0.1 厘米，穿径 1 厘米。（图四八四，4）

3. 玉器、骨器　3 件，有玉蝉、玉耳塞、骨鼻塞。

玉蝉　1 件。标本 M158：4，完整。青白玉。雕出蝉形，弧背，背部削出双翼，腹部扁平，未进一步加工。长 5 厘米，宽 2.6 厘米，厚 0.9 厘米。（彩版七一，5；图四八五，1）

玉耳塞　1 件。标本 M158：29，近似圆柱状。长 1.8 厘米，直径 0.8 厘米。（图四八五，3）

骨鼻塞　1 件。标本 M158：30，近似圆柱状。长 2.2 厘米，直径 0.7 厘米。（图四八五，2）

4. 铁器　4 件，有剑 1 件、环首刀 1 件、簪 1 件、棺钉 1 件。

簪　1 件。标本 M158：27，宽 1.3 厘米。（图四八六，1）

剑　1 件。标本 M158：6，已风化。长 104 厘米。

环首刀　1 件。标本 M158：7，已风化。长 26 厘米。

棺钉　1 件。标本 M158：9，残长 4.6 厘米。（图四八六，2）

5. 铅饰　1 件（2 条）。

标本 M158：17，长条状。标本 M158：17–1，长 10.5 厘米，宽 0.5 厘米。（图四八六，3 右）标本 M158：17–2，长 8.4 厘米，宽 0.5 厘米。（图四八六，3 左）

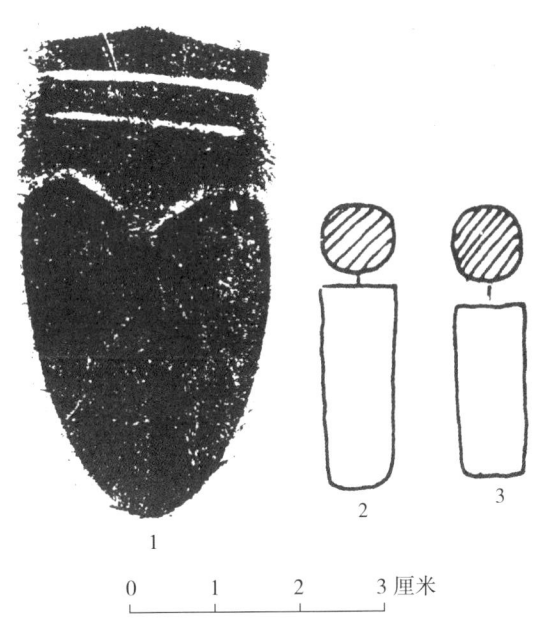

图四八五　M158 出土玉器、骨器
1. 玉蝉（M158：4）　2. 骨鼻塞（M158：30）　3. 玉耳塞（M158：29）

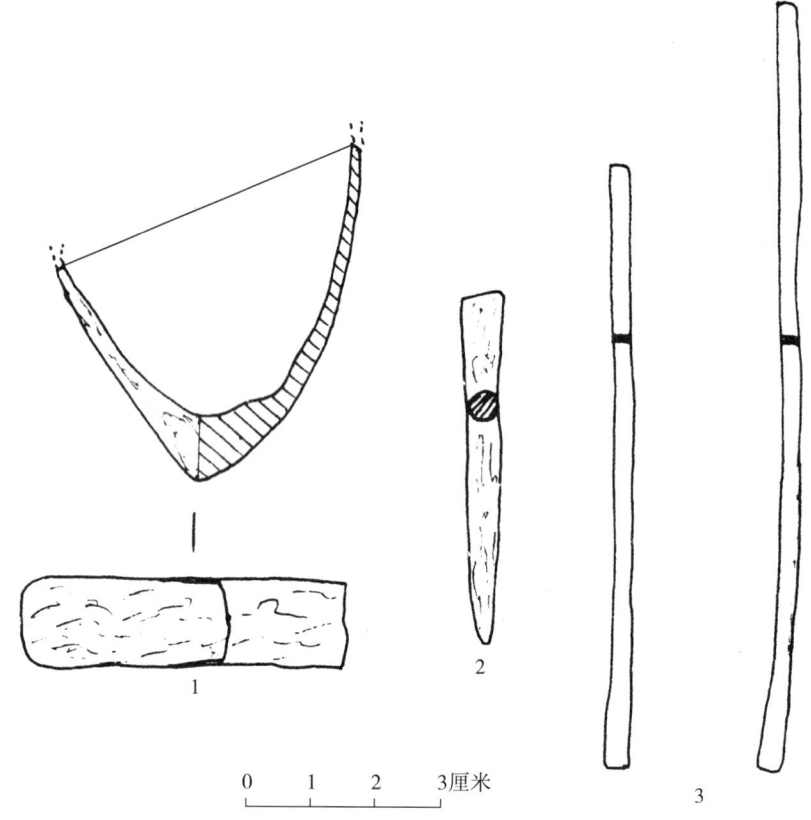

图四八六　M158 出土铁器、铅器

1. 铁簪（M158：27）　2. 铁棺钉（M158：9）　3. 铅饰（M158：17-2、M158：17-1）

二、砖室墓

共 8 座。有 M8、M24、M26、M30、M32、M69、M151 和 M219。

M8 位于淮阳平粮台遗址中部偏西南，南距 M26 约 11 米。1979 年 5 月发掘。为斜坡墓道长方形竖穴砖室墓，南有墓道，多已破坏。墓向 200°。墓上部的土部分已被取走。下现墓口，内填灰五花土，经夯打后较结实。墓道前宽后窄，宽 1.24~2 米，现长 0.30 米。（图四八七）

墓室　东西并列二室，中间的砖砌室壁二室共用。门总宽 2.28 米，分为东西二门，西门宽 0.88 米，高 1.26 米。西门柱用砖砌，单砖顺平铺，宽 0.14 米。西门柱由两室共用，柱宽 0.24 米，砌法是一顺，砌两砖平直，这样相间砌 25 层后内收起券；东门柱的砌法与西门柱相同，也是砌 25 层后向上起券，东门宽、高与西门相同。东西门砌砖封严，下砌两层顺平铺，层间错缝相压，其后砌丁"人"字形砖，快到券顶时又砌三层顺铺砖，券顶之间的空隙处砌顺平铺砖到与券顶平时又砌两层顺铺砖，其上侧丁"人"字形砖三层。墓室为长方形拱券顶砖室，四壁垂直，平底。西室内长 4 米，宽 0.88 米，高 1.28 米。东西壁砌顺平铺砖，上下层之间错缝相压，25 层之后向内收成拱形券顶。顶券一层，砖与砖之间对缝相合。

葬具　墓室内置木棺一具，现已腐朽，据其灰痕得知，棺北宽南窄，长 2.10 米，宽 0.60~0.68 米，高度不知。棺内人骨腐朽殆尽。其东北角置有铁环首刀、石砚、铜环，东侧放有铜钱、铁剑，西侧放有带钩、铁削、铜钱等；棺的南部置有陶灶、扣形饰、陶罐、陶壶等。

随葬品　24 件，其中陶瓷器 6 件（套）、铜器 12 件、石器 1 件、铁器 4 件及铜钱数枚。

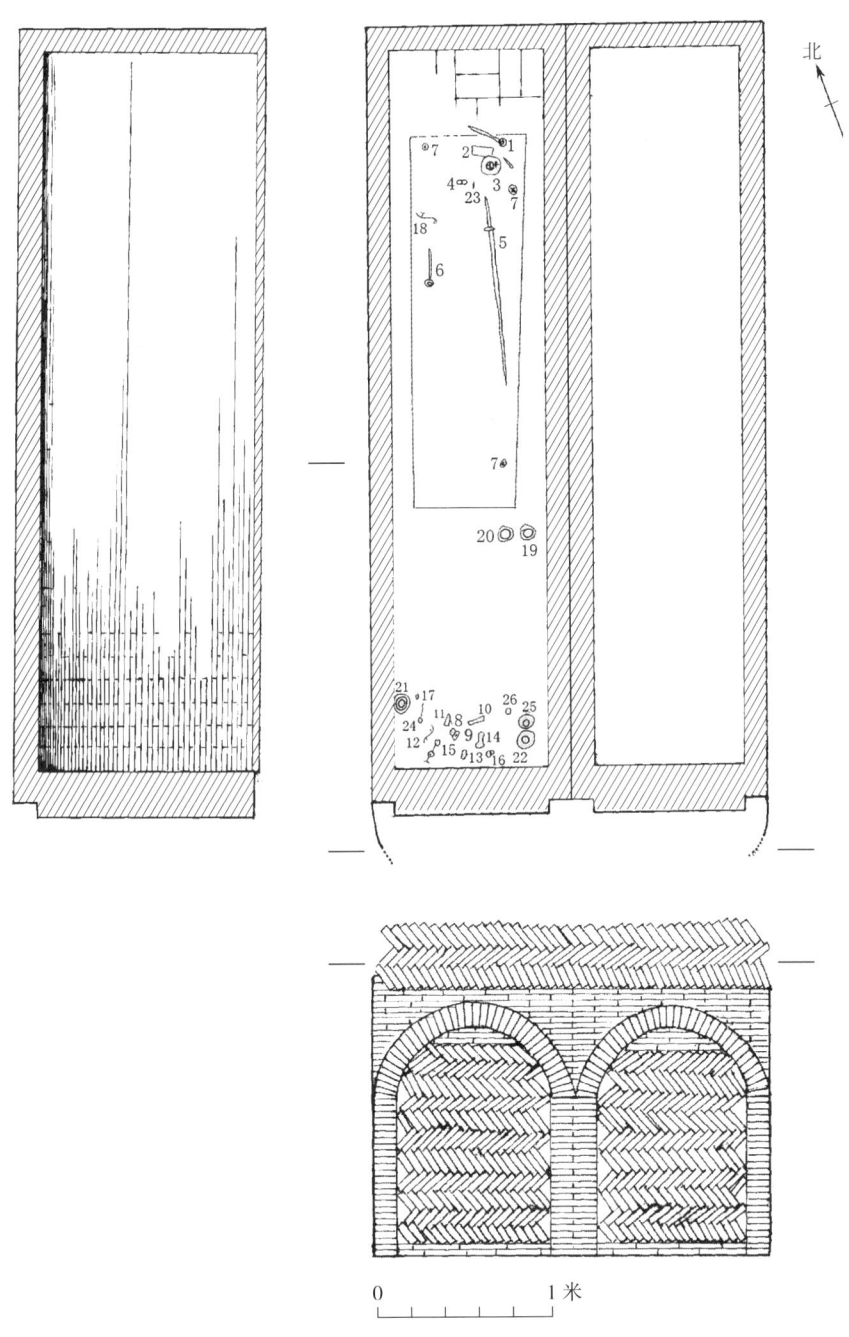

图四八七　M8 平、剖图及墓门正视图

1、6. 铁环首刀　2. 石砚　3. 铁削　4、7. 五铢　5. 铁剑　8. 铜钉帽　9. 车軎　10. 铜轴头　11. 铜盖弓帽　12. 铜衔镳　13. 铜扣形饰
14. 铜当卢　15. 铜马衔　16. 车马饰　17. 铜环　18. 铜带钩　19. 陶灶　20. 陶井　21、25. 陶罐　22、23. 瓷壶　24. 铜刷

1. 陶瓷器　6 件（套）。

陶井　1 件。标本 M8：20，泥质灰陶。敛口，方唇，下腹微鼓，下腹与底部之间削成仰莲形，圆平底。口径 6.8 厘米，底径 7.4 厘米，高 7.4 厘米。（图四八八，1）

陶灶　1 套。泥质灰陶。标本 M8：19，由甑、釜、灶三部分构成。甑为侈口，折沿，方唇，素面，斜直壁，小平底，底部有五孔，下腹部削成仰莲形，口径 14 厘米，底径 3.8 厘米，高 6 厘米。釜为敛口，鼓腹，腹部饰两道带状纹，下腹斜直，平底，口径 7.4 厘米，底径 4.5 厘米，高 6.8 厘米。灶呈圆形，灶身上部有圆

形火眼1个，灶身正面有一圆形灶口，口径9.2厘米，底径13.4厘米，高4.4厘米。（图四八八，6）

陶罐 2件。泥质灰陶。轮制。标本M8：21，敞口，圆唇，束颈，肩部饰一道凸弦纹，圆鼓腹，圆底微凹。口径11厘米，底径11厘米，高12.3厘米。（图四八八，3）标本M8：25，侈口，圆唇，束颈，溜肩，腹微鼓，平底。口径10.5厘米，腹径11.5厘米，底径7.5厘米，高10厘米。（图四八八，2）

瓷壶 2件。标本M8：22，泥质灰陶。颈部和下腹部施褐色釉。肩和上腹部施黄褐色釉。口残。细颈，颈下部饰水波纹圈带，腹部饰数道宽窄不等的凹弦纹，肩部装有对称半圆形耳，圜底。口径6厘米，腹径14厘米，底径9厘米，高17.5厘米。（图四八八，5）标本M8：23，口径6厘米，腹径15厘米，底径9厘米，高18厘米。（图四八八，4）

2. 铜器、铜钱 共13件（套）。

盖弓帽 7枚。标本M8：11，顶部圆帽状，帽下近似圆柱形，自上而下渐粗，帽下三分之一处斜出一锥形钉。高2.6厘米，宽1.3厘米。（图四八九，1）

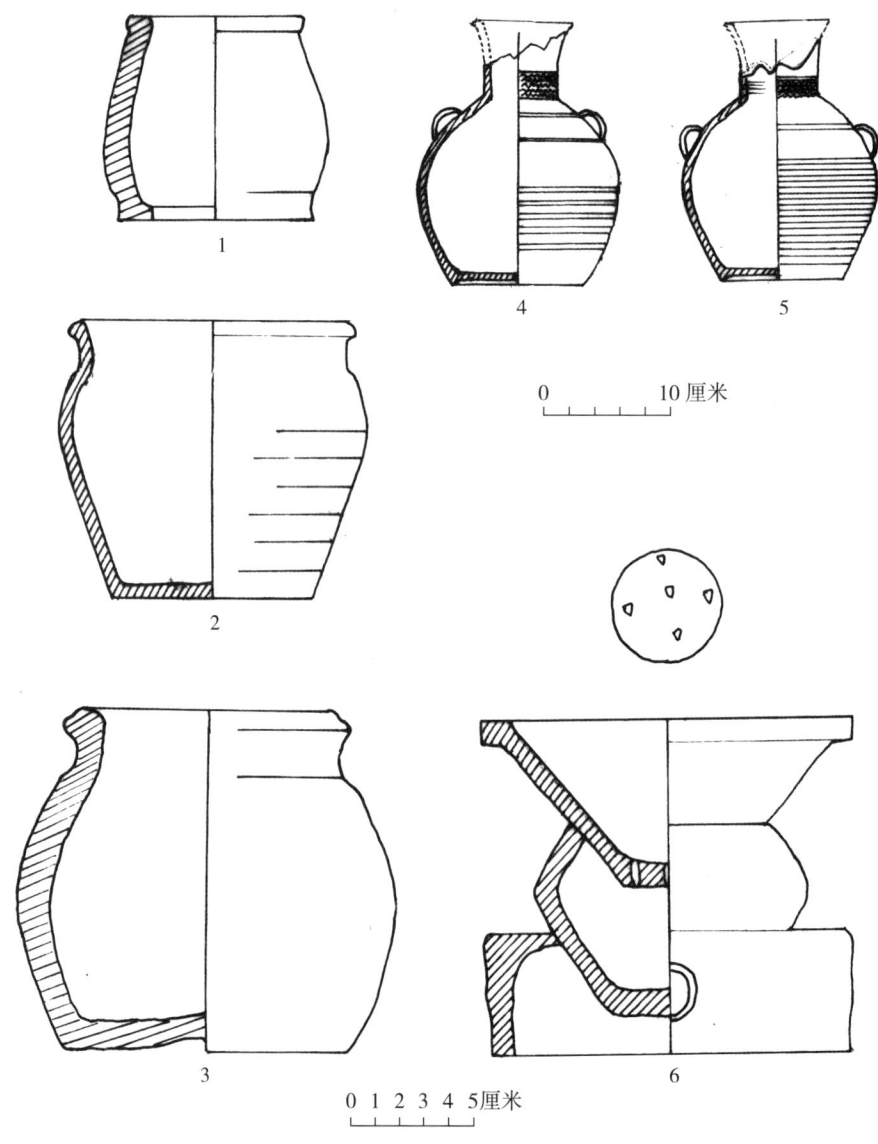

图四八八 M8出土陶器、瓷器

1.陶井（M8：20） 2.陶罐（M8：25） 3.陶罐（M8：21） 4.瓷壶（M8：23） 5.瓷壶（M8：22） 6.陶灶（M8：19）

车軎　1 对。标本 M8：9，有锈蚀，上部似平顶帽，中部饰侈棱，下部圆柱形。高 1.5 厘米，底径 1.3 厘米。（图四八九，6）

帽钉　1 枚。标本 M8：8，形如圆帽伞状，小圆顶，尖圆唇，下置一锥状钉，素面。高 1 厘米，直径 2 厘米。（图四八九，7）

扣形饰　1 件。标本 M8：13，圆形帽状，尖顶，尖圆唇，帽下饰弧形襻。直径 3 厘米。（图四八九，3）

当卢　1 件。标本 M8：14，长 10.9 厘米，宽 1.1 厘米。（图四九〇，1）

衔镳　1 对。标本 M8：12，器呈桨叶形，中部镂空为卷云纹。长 9.3 厘米，宽 1.1 厘米。（图四九〇，4）

马衔　1 件。标本 M8：15，长 10 厘米，宽 1.4 厘米。（图四九〇，3）

车马饰　3 件。标本 M8：16-1，饰物为一对，呈船形，两端微翘。长 1.5 厘米，高 0.7 厘米，口宽 0.5 厘米。标本 M8：16-2，长 2.1 厘米，高 1 厘米。（图四八九，8）

环　1 对。标本 M8：17，扁圆形，两面近平，素面。内径 1.5 厘米，外径 2 厘米。（图四八九，2）

带钩　1 件。标本 M8：18，残甚。

刷　1 件。标本 M8：24，质地为红铜，器物完好，通身光亮。器如烟斗状，柄较长，柄后端横穿一孔方便悬挂，柄端呈扁锥形略翘。长 12 厘米，宽 1.2 厘米。（图四九〇，5）

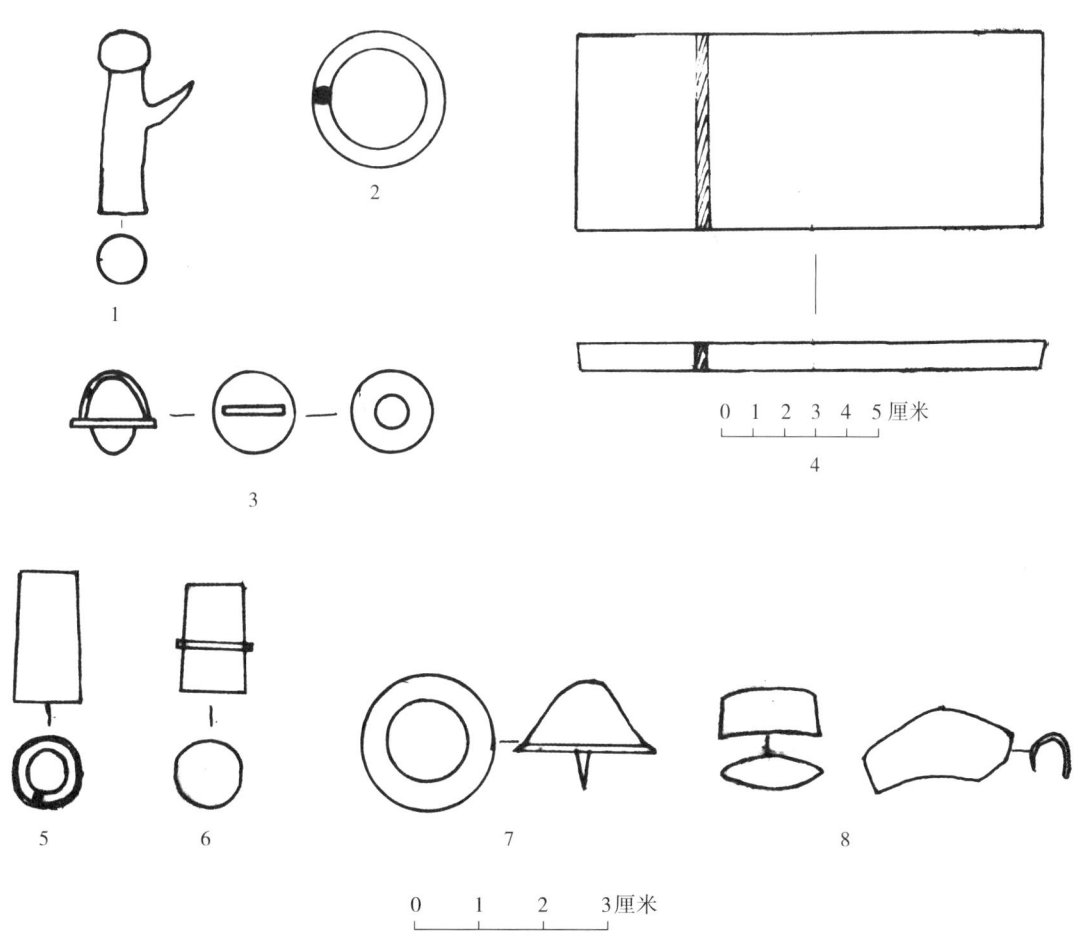

图四八九　M8 出土铜器、石器

1. 铜盖弓帽（M8：11）　2. 铜环（M8：17）　3. 铜扣形饰（M8：13）　4. 石砚（M8：2）

5. 铜轴头（M8：10）　6. 铜车軎（M8：9）　7. 铜帽钉（M8：8）　8. 铜车马饰（M8：16-1、M8：16-2）

轴头　1件。标本 M8：10，有锈蚀，筒状，上粗下细。径 0.8~1 厘米，高 2 厘米。（图四八九，5）

五铢　46 枚。均残甚。

3. 石器　1件。

标本 M8：2，石砚，质地为沉积岩。砚体上有颜料的印迹。长方形，四壁微斜，一面打磨光滑。长 13.5 厘米，底长 13.3 厘米，宽 5.5 厘米，高 0.7 厘米。（图四八九，4）

4. 铁器　4件。

环首刀　2件。标本 M8：6，刀首为环形，扁圆状，刀背较直，刀末段斜杀呈弧形，有锈蚀，已残，长 19 厘米，厚 0.6 厘米。（图四九〇，2）

铁削　1件。标本 M8：3，残损严重。

铁剑　1件。标本 M8：5，残。剑身较长，双面刃，剑身有脊，茎已残，茎与剑身交接处有铜剑镡。剑镡宽 4.5 厘米，镡长 0.6 厘米。锈蚀严重，把残长 10 厘米，宽 1.2 厘米，厚 0.6 厘米。剑体长 77 厘米，宽 2.5 厘米，厚 0.4 厘米，尖已残，通残长 87 厘米。

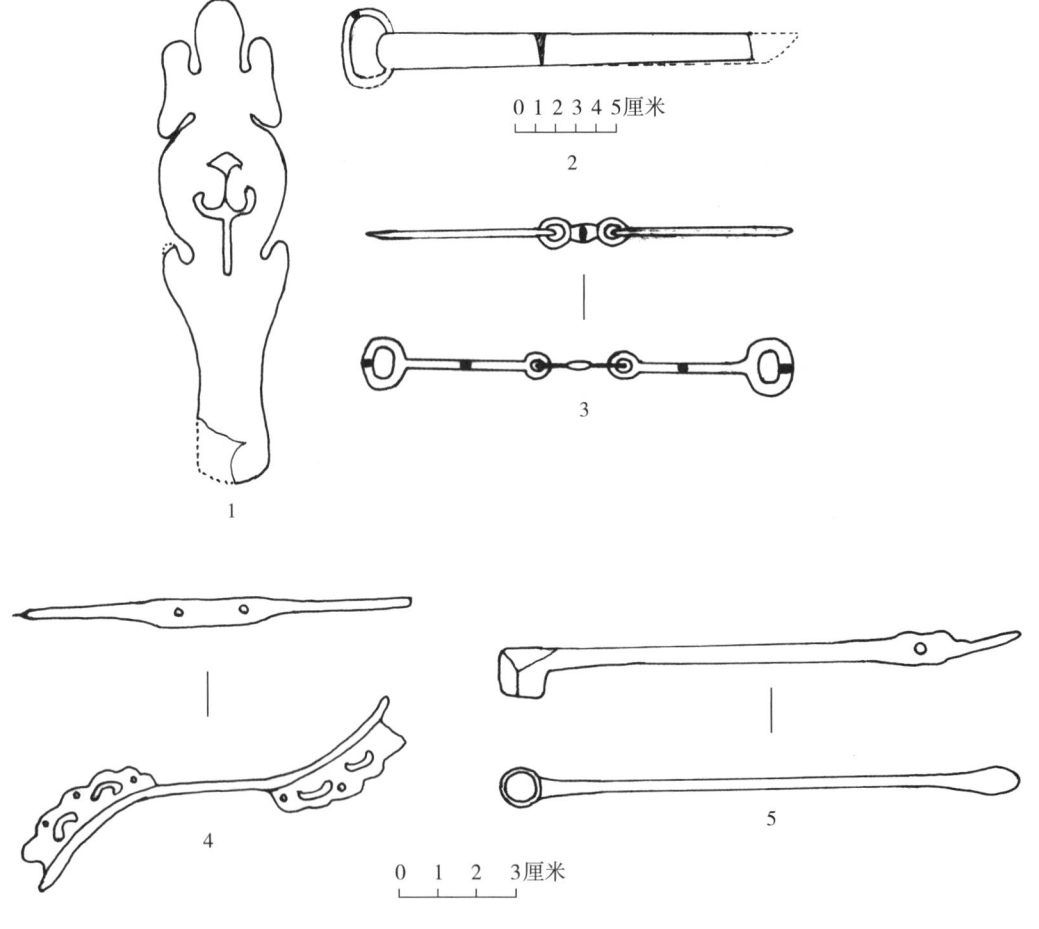

图四九〇　M8 出土铜器、铁器

1. 铜当卢（M8：14）　2. 铁环首刀（M8：6）　3. 铜马衔（M8：15）　4. 铜衔镳（M8：12）　5. 铜刷（M8：24）

M24 位于淮阳平粮台遗址中部偏东北，西距 M20 约 7.50 米。1979 年 7 月发掘。为斜坡墓道长方形竖穴小砖室墓。墓向 200°。墓上部的土和墓顶已破坏。（图四九一）

南有墓道，并向西作弧形拐弯，多已破坏。墓道现宽 1.90 米，现长约 1 米。墓道以北为墓门，惜已被破坏，高宽不知。

墓室　为长方形，内长 3.16 米，宽 1.70 米，现高 0.90 米。四壁垂直，底平。内填灰色土和淤土，较疏松。墓东、西、北三壁砌顺平铺小砖，上下层之间错缝相压。

葬具　墓室内置木棺二具，东西并排，现均已腐朽，据其灰痕得知，西边棺长 2 米，宽 0.70 米，厚度、高度不知。

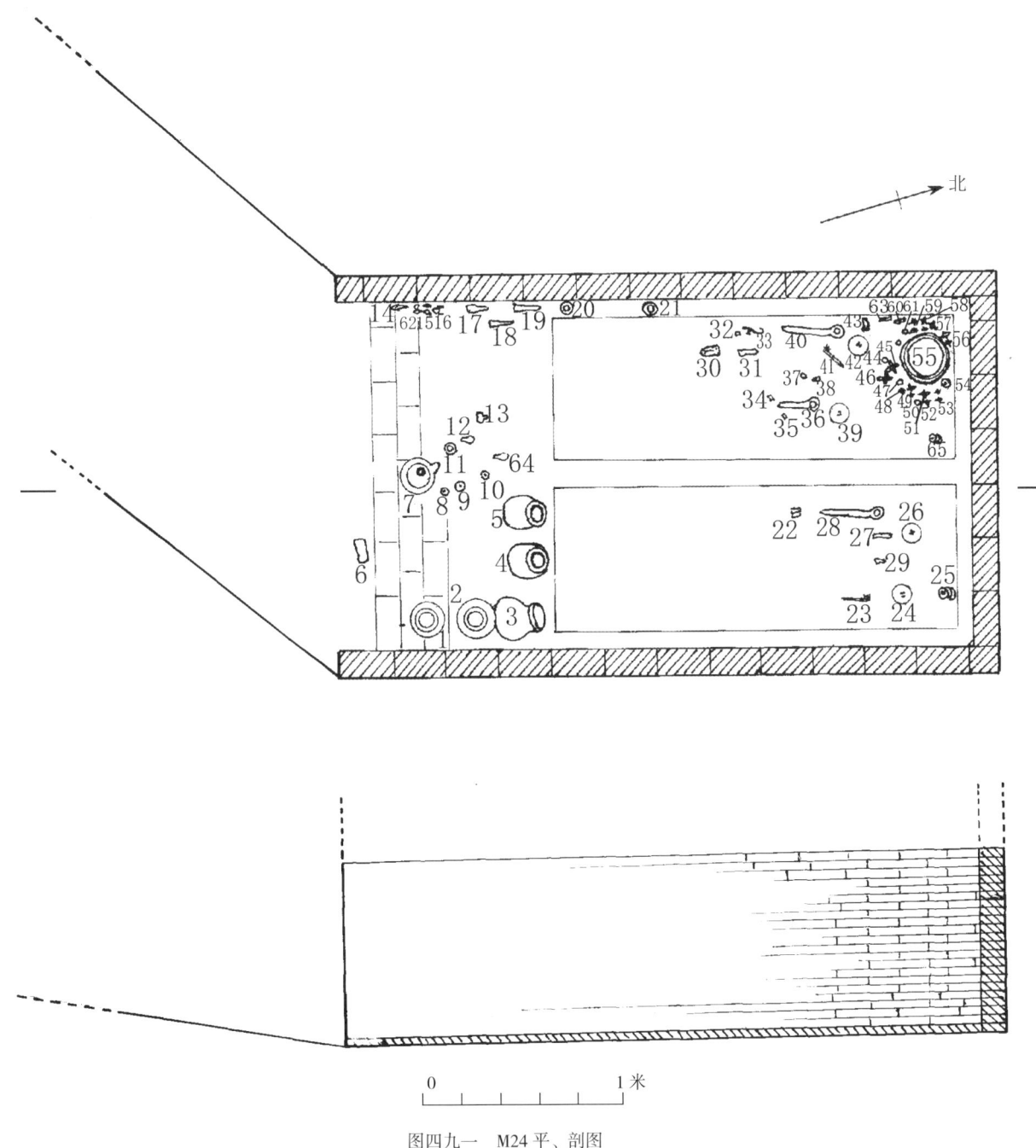

图四九一　M24 平、剖图

棺内西北角置漆奁及其装饰物铜钉帽、柿蒂纹饰件、铜钱、剑首等。东面棺从北向南依次有铜镜、铜刷、铁环首刀、玉带钩、玉昭文带、玉蝉，中上部置有铜镜、环首刀、鼻塞、玉器，东北角有柿蒂纹饰件。棺外南部西侧从南到北依次有铜器、铁凿、骨器、铜帽钉、铁剑头，东侧有奁及其附件等。据其灰痕，东边的木棺长2米，宽0.70米。其内骨殖已腐朽殆尽，葬式不清。棺内遗物从南到北有铜钱、铜镜、铁环首刀、鼻塞、铜刷、玉器等。棺外的南端有陶罐、陶壶，墓门边有骨器等。（图四九一）

随葬品　63件/组，有陶罐、釉陶壶、石蝉、玉昭文带、带钩、剑格、骨鼻塞、铜镜、五铢、铜刷、柿蒂纹饰件等。（图四九二）

1.釉陶器、陶器　5件，其中釉陶壶2件，为红胎红釉；陶罐3件，为泥质灰陶。

釉陶壶　2件。破。形制相同。标本M24：5，口微侈，方唇，束颈，鼓腹，平底。颈部有两周凹弦纹。口径11厘米，腹径19厘米，底径23厘米，高23厘米。（图四九三，1）

陶罐　3件。形制相似。完整。标本M24：2，折沿，方唇，沿口微凹，敛颈，鼓腹，平底。肩部有数周凹弦纹，下腹部拍印绳纹。口径13厘米，腹径20.5厘米，底径9厘米，高22厘米。（图四九三，3）标本M24：3，折沿，方唇，沿口平，敛颈，鼓腹，平底。肩部有数周凹弦纹，下腹部拍印绳纹。口径13厘米，腹径20厘米，底径9厘米，高22厘米。（图四九三，2）

2.铜器、铜钱　41件/组，有铜镜4枚、帽钉9件、铺首1件、铜器2件、刷2件、笄1件、印章1枚、柿蒂纹饰11件、剑首1件、奁的附件6件、铜钱3组等。

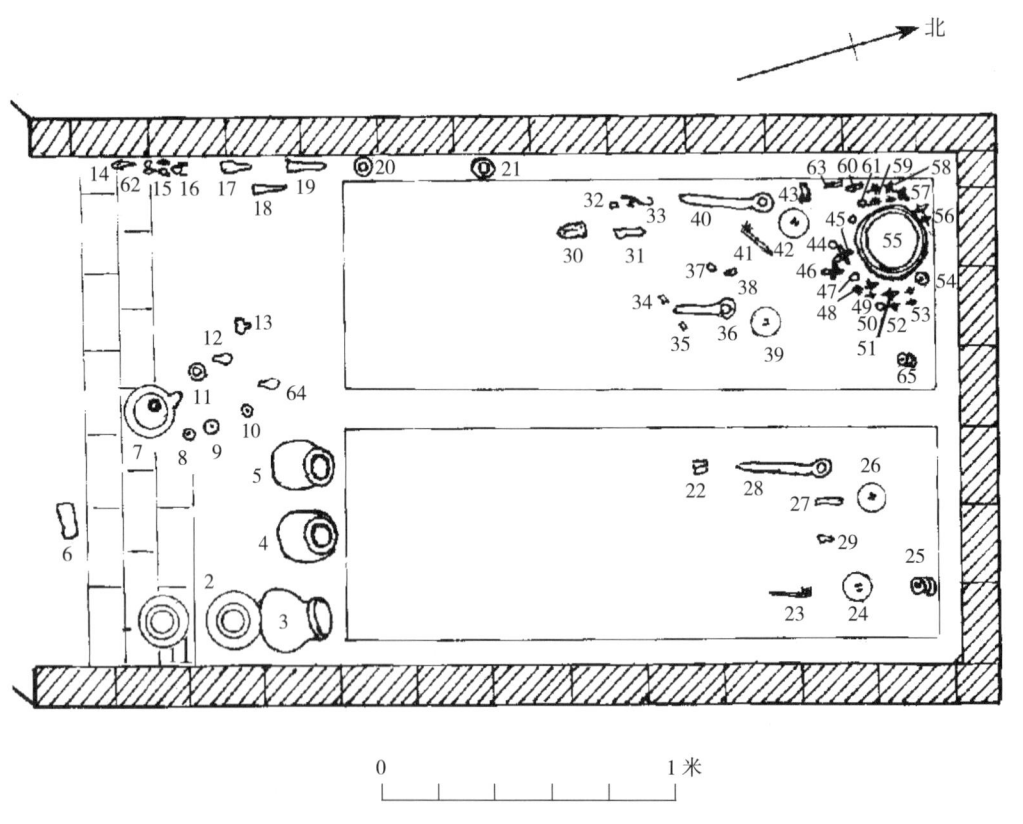

图四九二　M24随葬品分布图

1、2、3.陶罐　4、5.釉陶壶　6、17.骨匕　7、11、12、55、62、64.漆奁　8、9、10、15、16、44、47、50、61.铜帽钉
13.铺首　14.铁剑头　18、19.铁凿　20、21.铜器　22.玉剑珌　23、41.铜刷　24、26、39、42.铜镜　25、54、65.五铢
27.铜笄　28、36、40.铁环首刀　29、38.骨鼻塞　30.石蝉　31.玉昭文带　32.铜印章　33.玉带钩
34、35、37.玉耳塞　43.玉剑格　45、46、48、49、51~53、56~59.铜柿蒂纹饰　60.铜剑首　63.铁棺钉

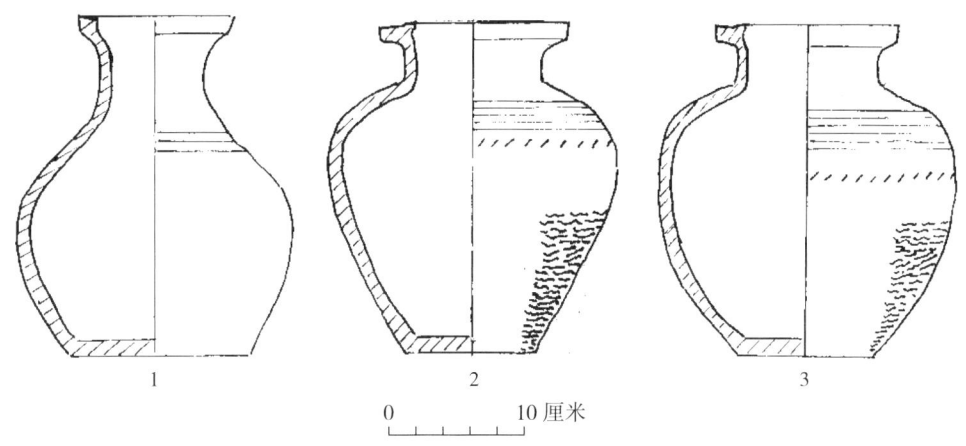

图四九三　M24 出土陶器

1. 釉陶壶（M24：5）　2. 陶罐（M24：3）　3. 陶罐（M24：2）

　　铜镜　4 枚。完整，形制不同。从纹饰看，分四乳四螭镜和内连弧日光镜两种。

　　四乳四螭镜　3 件。标本 M24：24，完整。圆形，镜面平直，半圆钮，重圈钮座，宽平素缘，钮座外有三周凸弦纹带，再外有一周凸弦纹，二者中间四乳钉和四蟠螭相间环列，四乳钉有圆座。四蟠螭呈钩形躯体，蟠螭两侧各有立禽。面径 9.3 厘米，背径 8.7 厘米，钮高 0.7 厘米，钮宽 1 厘米，缘宽 0.8 厘米，缘厚 0.4 厘米，肉厚 0.1 厘米。此镜与萧县汉墓 XPM128：1 铜镜相似。（彩版七二，1；图四九四，1）标本 M24：26，完整。圆形，镜面微弧，半圆钮，重圈钮座，宽平素缘，钮座外有两周凸弦纹带，再外有一周凸弦纹，二者中间四乳钉和四蟠螭相间环列，四乳钉有圆座。四蟠螭呈钩形躯体，蟠螭两侧各有立禽。面径 8.9 厘米，背径 8.7 厘米，钮高 0.7 厘米，钮宽 1 厘米，缘宽 0.8 厘米，缘厚 0.4 厘米，肉厚 0.1 厘米。（彩版七二，2；图四九四，8）标本 M24：39，完整。圆形，镜面平直，半圆钮，重圈钮座，宽平素缘，钮座外有两周凸弦纹带，再外有一周凸弦纹，二者中间四乳钉和四蟠螭相间环列，四乳钉有圆座。四蟠螭呈钩形躯体，蟠螭两侧各有立禽。面径 9.6 厘米，背径 9.4 厘米，钮高 0.7 厘米，钮宽 1 厘米，缘宽 1.3 厘米，缘厚 0.5 厘米，肉厚 0.2 厘米。（彩版七二，3；图四九四，7）

　　内连弧日光镜　1 件。标本 M24：42，完整。圆形，镜面微弧，半圆钮，重圈钮座，宽平素缘，钮座外有两周凸弦纹带，再外有一周凸弦纹，二者中间四乳钉和四蟠螭相间环列，四乳钉有圆座。四蟠螭呈钩形躯体，蟠螭两侧各有立禽。面径 8.1 厘米，背径 8 厘米，钮高 0.7 厘米，钮宽 1 厘米，缘宽 0.9 厘米，缘厚 0.3 厘米，肉厚 0.1 厘米。（彩版七二，4；图四九四，9）

　　刷　2 件。1 整 1 破。形制相同。标本 M24：41，完整。器如烟斗状，柄较长，柄后端横穿一孔，柄部呈锥状，后端略翘，长 12.7 厘米，宽 1 厘米。（图四九五，1）

　　漆奁　附件 6 件。仅剩铜箍、足、铺首、环。标本 M24：7、11、12、55、62、64，复原后可知，三道铜箍口径 19.4 厘米，宽 1.4 厘米，其中两个有折沿，当为盖、口处之箍，另一个铜箍当为奁体下部和足的上部之箍，奁体有铜铺首衔环。口径 19.4 厘米，通高 15.6 厘米。（图四九五，4）

　　印章　1 件。标本 M24：32，正方形。长 1 厘米，宽 1 厘米，厚 0.4 厘米，篆书"彭次摹"。（图四九四，2）

　　柿蒂纹饰　11 件。残。标本 M24：45，当为漆器上的配饰，系由圆形帽钉和铜片剪成的 4 个箭头铆合而

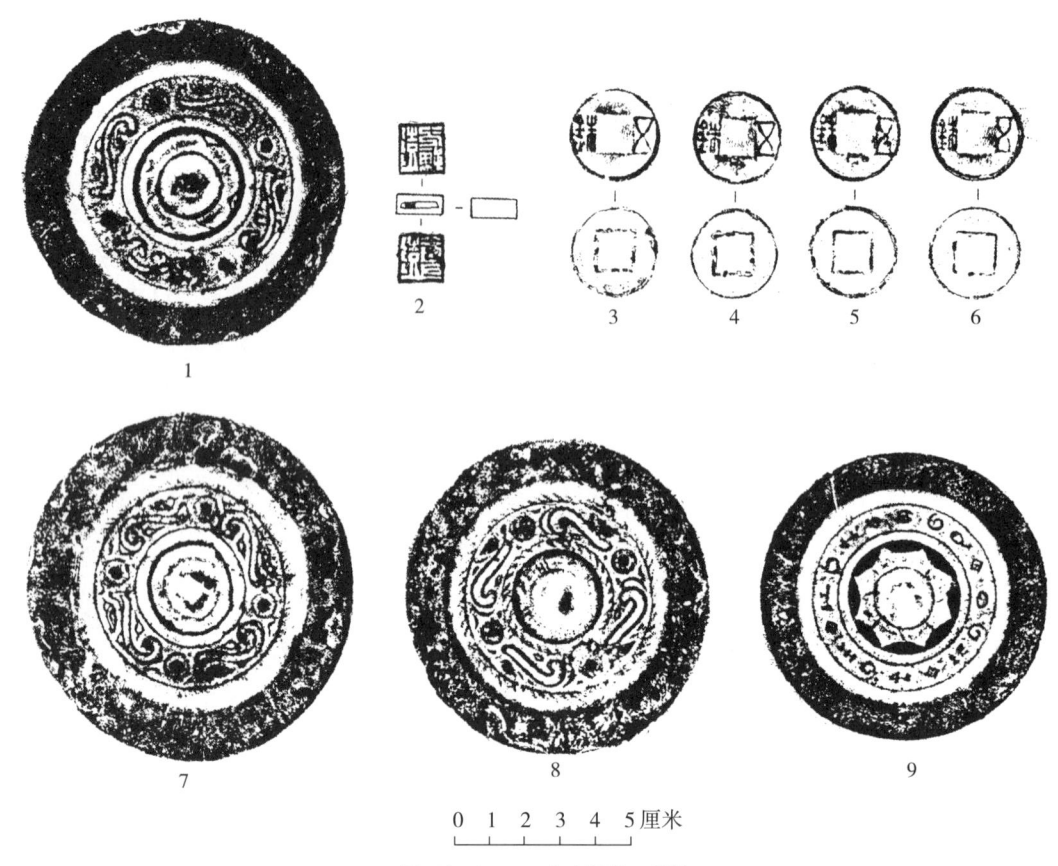

图四九四　M24 出土铜器、铜钱

1、7、8. 四乳四螭镜（M24∶24、39、26）　2. 铜印章（M24∶32）　3. 五铢（M24∶25）　4. 五铢（M24∶65）
5. 五铢（M24∶54-1）　6. 五铢（M24∶54-2）　9. 内连弧日光镜（M24∶42）

成。圆形帽钉径 2.4 厘米，长 6.6 厘米，厚 0.9 厘米。（彩版七二，5；图四九五，5）

铜剑首　1 件。标本 M24∶60，圆形，上有圆柄，柄有缺口。高 5 厘米，底径 5 厘米。（图四九五，2）

铺首　1 件。标本 M24∶13，兽首下衔环。宽 7.5 厘米，高 6 厘米。（图四九五，3）

五铢　31 枚。标本 M24∶25，圆形，正方形穿，钱边缘有周郭，穿之背面有周郭，穿之正面左右两侧铸有篆书"五铢"二字，"五"字的一斜线较直。正面穿无郭。钱径 2.4 厘米，郭径 2.6 厘米，郭宽 0.15 厘米，郭厚 0.1 厘米，肉厚 0.1 厘米，穿径 1 厘米。（图四九四，3）标本 M24∶54-1、2，正面穿上下有郭，钱径 2.4 厘米，郭径 2.6 厘米，郭宽 0.125 厘米，郭厚 0.1 厘米，肉厚 0.1 厘米，穿径 1 厘米。（图四九四，5、6）标本 M24∶65，正面穿有四郭者，钱径 2.35 厘米，郭径 2.5 厘米，郭宽 0.07 厘米，郭厚 0.2 厘米，肉厚 0.1 厘米，穿径 1.1 厘米。（图四九四，4）少数穿之正面下部有一横郭记号。

3. 玉石器　8 件（套）。有石蝉 1 件、玉昭文带 1 组 2 件、玉带钩 1 件、玉剑珌 1 件、玉耳塞 3 件、玉剑格 1 件。

石蝉　1 件。标本 M24∶30，残，肉色，正面用阴线刻出蝉的头部、双翼，背面线刻出蝉腹。长 5 厘米，宽 2.5 厘米，厚 0.3 厘米。（彩版七三，1；图四九六，1）

玉昭文带　1 组。标本 M24∶31-1，残，青玉质，乳白色，器呈长方形，顶两面出檐，一檐已残失，檐部向内翻卷，底面平直，表面雕有五排谷纹，底面光素。残长 2.9 厘米，宽 2.4 厘米，高 1.3 厘米。（彩版七四；图四九六，4）

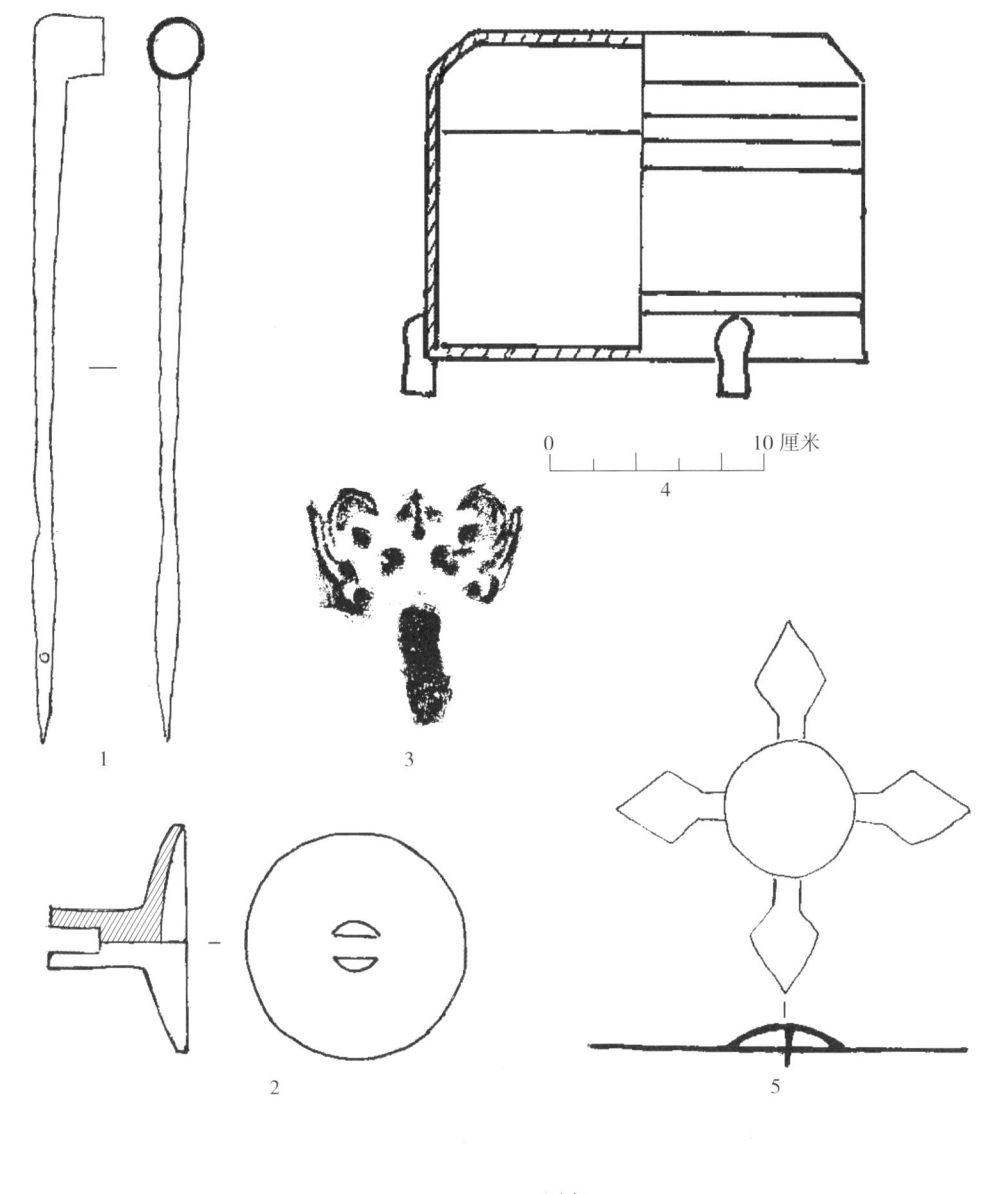

图四九五　M24 出土器物

1.铜刷（M24：41）　2.铜剑首（M24：60）　3.铜铺首拓片（M24：13）　4.漆奁（M24：7）　5.铜柿蒂纹饰（M24：45）

　　玉带钩　1件。标本 M24：33，青白玉。表面光滑圆润，整体呈琵琶状，头部有钩呈兽首状，腹部鼓成弧形，背饰钮，呈椭圆形。钮长 7 厘米，宽 1.9 厘米。（彩版七三，3）

　　玉剑格　1件。标本 M24：43，青白玉。表面饰卷云纹。长 5.7 厘米，宽 2 厘米。（彩版七三，2 上；图四九六，2）

　　玉剑珌　1件。标本 M24：22，青白玉。近似梯形。上宽 2.7 厘米，下宽 3 厘米，高 2.9 厘米。（彩版七三，2 下；图四九六，3）

　　玉耳塞　3件。标本 M24：34、35、37，残甚。

　　4.骨器　4件。有骨鼻塞 2 件、骨匕 2 件。

　　骨匕　2件。破，形制相同。标本 M24：17，柄部有缺口，匕体为双面刃，断面呈三角形。长 9 厘米，

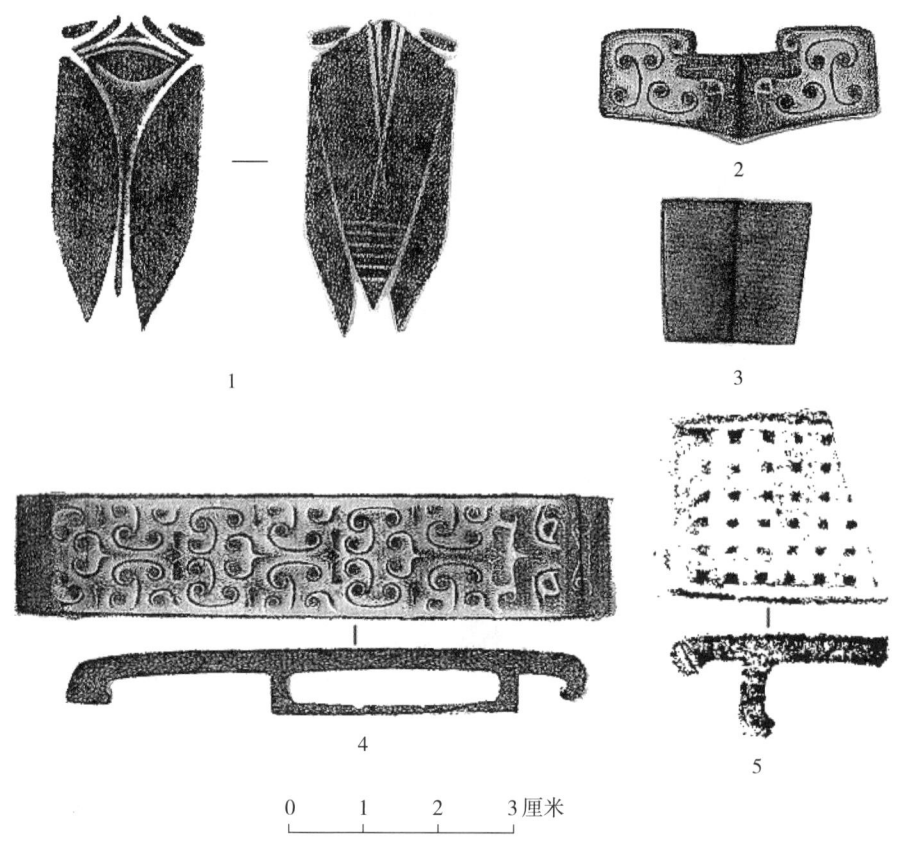

图四九六　M24 出土玉器、石器

1. 石蝉（M24：30）　2. 玉剑格（M24：43）　3. 玉剑珌（M24：22）　4. 玉昭文带（M24：31-1）　5. 玉昭文带（M24：31-2）

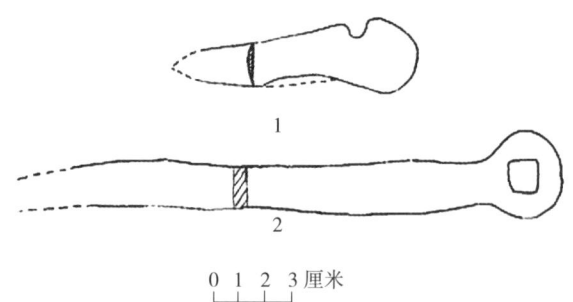

图四九七　M24 出土器物

1. 骨匕（M24：17）　2. 铁环首刀（M24：36）

宽 2.7 厘米，厚 0.2 厘米。（彩版七二，6；图四九七，1）

　　5. 铁器　7 件。有凿 2 件、镞 1 枚、棺钉 1 枚、环首刀 3 件。

　　环首刀　3 件，形制相同，已腐蚀风化。标本 M24：36，残。环形首，方孔，断面呈长方形，尖部已残。残长 20 厘米，宽 1.5 厘米，厚 0.5 厘米。（图四九七，2）

　　M26 位于淮阳平粮台遗址中部偏西南，东北距 M8 约 10 米。1979 年 7 月发掘。为斜坡墓道长方形竖穴小砖室墓。墓向 165°。墓口距地表深 1.04 米。南有墓道，已破坏部分。墓道现宽 1.14 米，现长约 1.20 米。

墓门位于墓道北端，宽 1.14 米，残高 0.96 米，门用砖封严，封门砖向外弧，砖顺平铺，上下层之间错缝相压，上部已遭破坏。（图四九八）

墓室 为长方形，总长 3.50 米，宽 1.14 米。内长 3.28 米，宽 0.94 米，现高 0.98 米。四壁垂直，底平。底部铺满地砖，砖南北侧立铺，砖与砖之间错缝相对。室内填满淤土，较疏松。墓东、西、北壁砌顺平铺小砖，上下层之间错缝相压，砌到 18 层时向内收起券成拱形券顶。券仅 1 层。室内棺腐朽殆尽，也不见尸骨，故葬式不知。室西有玉鼻塞、玉耳塞、蚌蝉，中东部有铜钱等。顶的上部逐层填土，逐层夯实。

随葬品 5 件。有蚌蝉、玉耳塞、玉鼻塞、五铢。

1. 玉蚌器 3 件（对）。有蚌蝉、玉鼻塞、玉耳塞等，但大多残甚，不可复原。

蚌蝉 1 件。标本 M26：1，质地为蚌，雕刻成蝉形。宽 3.7 厘米，厚 0.8 厘米。（图四九九，1）

玉耳塞 1 对。标本 M26：2，呈圆柱状，上粗下细。径 1 厘米，长 1.5 厘米。

玉鼻塞 1 对。标本 M26：3，残甚。

2. 五铢 2 枚。标本 M26：4，完整。圆形，正方形穿，钱边缘正、背面均有周郭，穿之正、背面均有周郭，穿之正面左右两侧铸有篆书"五铢"二字。钱径 2.4 厘米，郭径 2.6 厘米，郭宽 0.15 厘米，郭厚 0.1 厘米，肉厚 0.1 厘米，穿径 0.9 厘米。（图四九九，2）标本 M26：5，残。圆形，正方形穿，钱正面边缘有周郭，背面无周郭；穿之正面无周郭，背面有周郭，穿之正面左右两侧铸有篆书"五铢"二字，钱径 2.4 厘

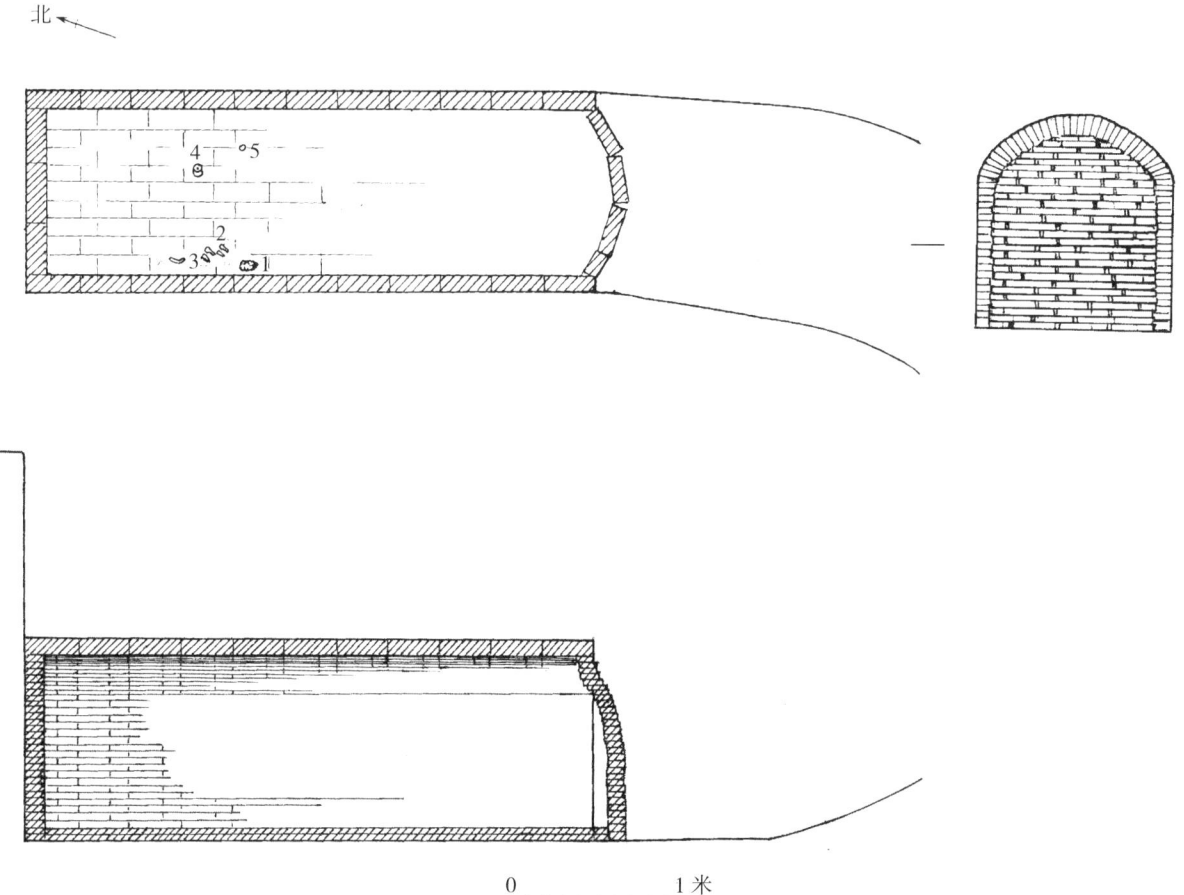

图四九八 M26 平、剖图及墓门正视图

1. 蚌蝉 2. 玉耳塞 3. 玉鼻塞 4、5. 五铢

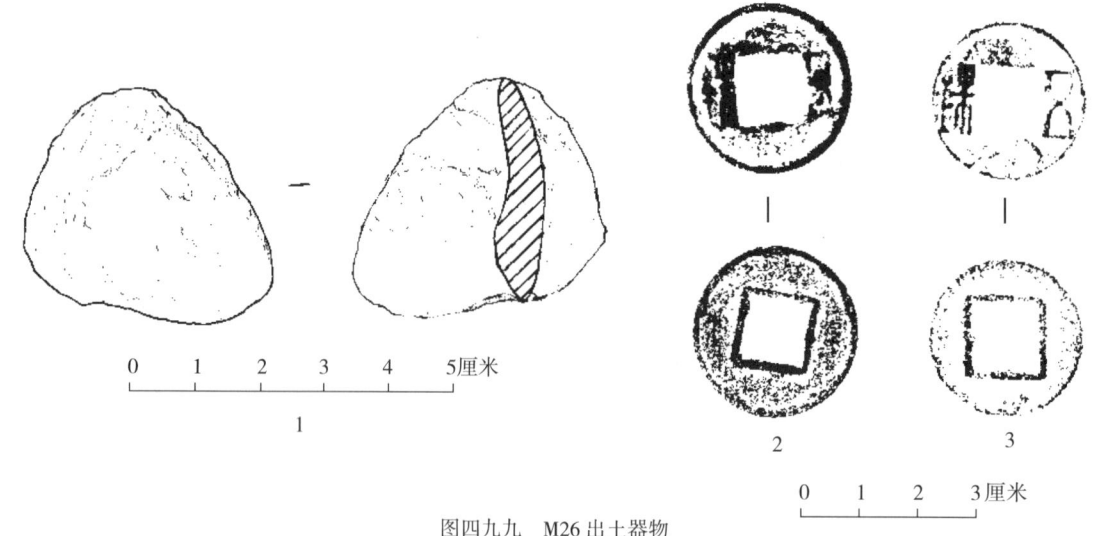

图四九九　M26 出土器物

1.蚌蝉（M26：1）　2.五铢（M26：4）　3.五铢（M26：5）

米，穿径 1 厘米。（图四九九，3）

M30 位于淮阳平粮台遗址中部，与 M29 东西并列，东距 M29 仅 1 米。1979 年 7 月发掘。为长方形竖穴小砖室墓。墓向 15°。墓上之土已取走，铲平即见墓口，内填灰花土，经夯较实。口长 4.35 米，宽 1.84 米，深 3 米。（图五○○）

墓室　墓壁垂直，墓底平坦，墓室可分前、后两部分，前半部东西壁下部用砖砌，顺平铺砖，上下层之间错缝相压；砖壁长 1.84 米，高 0.80 米。用砖铺地，"丁"字侧铺，砖缝相对。长 1.84 米，宽 1.60 米。后半部为竖穴土坑，长 2.50 米，宽与墓口同。墓底东西两侧留有生土二层台，底长 2.50 米，宽 1.76 米，台长同底长，宽 0.20 米，高 0.80 米。

葬具　墓室的东部置棺一具，已腐朽殆尽，棺长 2 米，宽 0.60 米。

葬式　人骨保存尚好，为仰身直肢葬，头向北，面向上。

头的右侧置玉蝉，鼻上有鼻塞，铁剑置于身上，从左上肢向下放，右上肢上放铁环首刀，腰右侧有铜带钩，右脚侧有铜镜，两下肢间有铜钱。棺的西侧从北向南依次有陶匜、罐、壶、鐎壶、盒，前砖地坪上置车马饰等。墓室的西部有玉器，中东部有铜钱等。顶的上部逐层填土，逐层夯实。

随葬品　18 件（组），其中陶器 10 件、玉器 2 件、铜器 2 件、铁器 2 件、铅车马饰 1 组及五铢数枚。

1.陶器　10 件。有罐 2 件、匜 1 件、壶 4 件、盒 1 件、甑 1 件、鐎壶 1 件。

罐　2 件。标本 M30：1，泥质灰陶。轮手合制。敞口，折沿，沿面有凹弧，直颈，溜肩，肩到中腹部饰数周凹弦纹，下腹及底部饰绳纹，肩部装对称牛鼻耳，圜底。高 27.5 厘米，口径 15 厘米，腹径 24.6 厘米，底径 8 厘米。（图五○一，1）

壶　4 件。分两式。

Ⅰ式：2 件。标本 M30：2，泥质灰陶。轮制。盖为覆钵状，圜顶微凹，盖内有低矮子母口，直沿，壶口近似盘状，折沿，方唇，颈直微斜，溜肩，鼓腹，假直圈足较高。通身饰数周带状纹。口径 12.5 厘米，腹径 20 厘米，底径 13 厘米，通高 31 厘米，高 28 厘米。（图五○一，7）标本 M30：9，泥质灰陶。残。盘口，方唇，束颈，圆腹，圜底，圈足向内敛，上腹饰对称铺首。口径 16 厘米，腹径 31 厘米，圈足径 16 厘米，

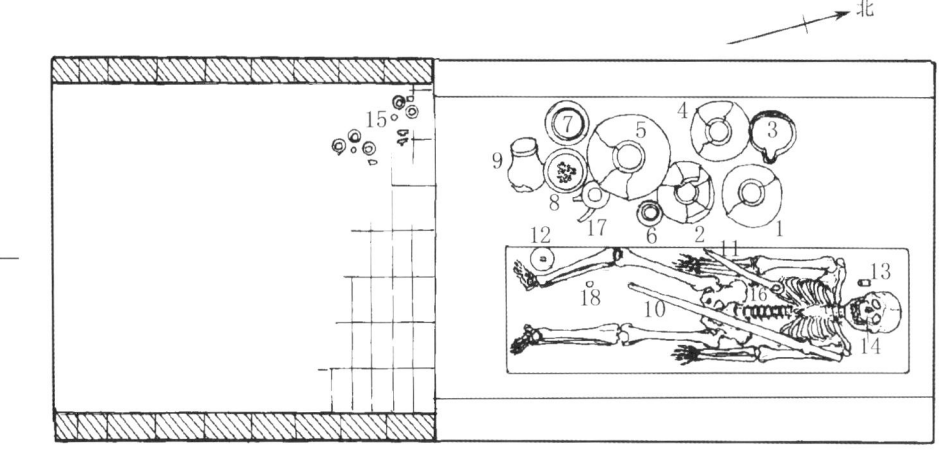

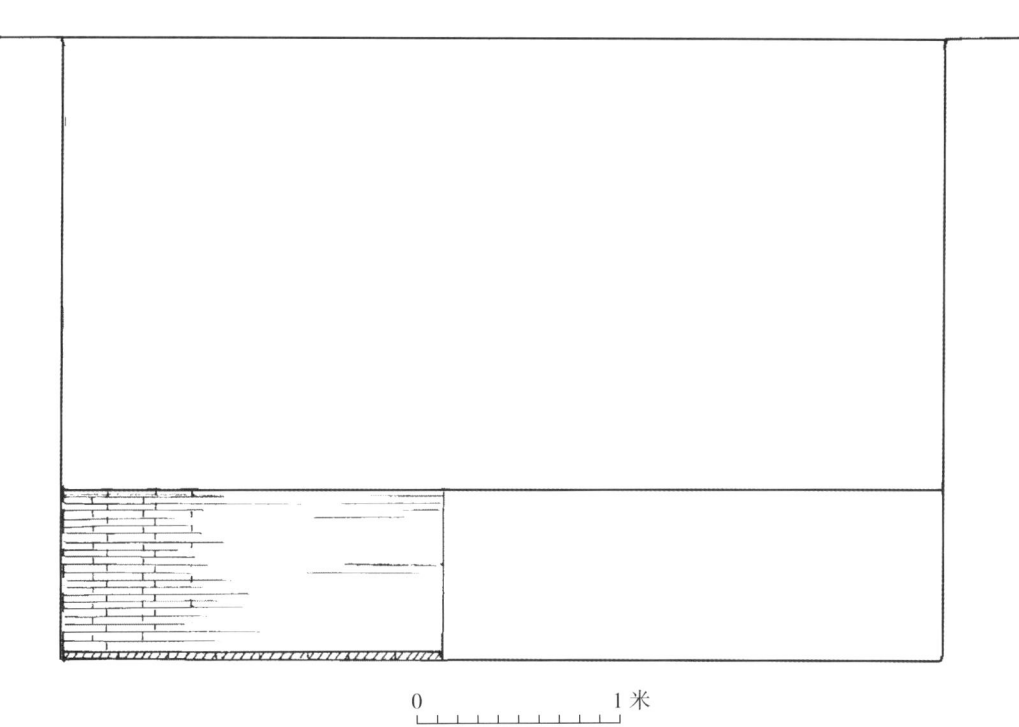

图五○○ M30平、剖图

1、4.陶罐 2、5、6、9.陶壶 3.陶匜 7.陶盒 8.陶甑 10.铁剑 11.铁环首刀 12.铜镜 13.玉蝉
14.鼻塞 15.铅车饰 16.铜带钩 17.陶鐎壶 18.铜钱

高40厘米。（图五○一，6）

Ⅱ式：2件。标本M30：6，泥质灰陶。轮制。盖为圜顶近平，子母口，壶为侈口，折沿，方唇，细颈，溜肩，鼓腹。肩部饰一周带状纹，假直圈足较高。口径6厘米，腹径11.5厘米，底径7厘米，高16厘米，通高17.5厘米。（图五○一，3）

匜　1件。标本M30：3，泥质灰陶，口呈椭圆形，有流，底呈椭圆形，下腹部与底有拍印绳纹。口径15～16厘米，流长9厘米，底径8～10厘米，高7厘米。（图五○一，8）

盒　1件。标本M30：7，泥质灰陶。轮制。盖为覆钵状，平顶，斜弧壁，盒为子母口内敛，近直肩，

斜直腹，低圈足外侈，盒内底部有同心圆。口径 15 厘米，腹径 18 厘米，底径 10 厘米，高 10 厘米，通高 13 厘米。（图五〇一，4）

鐎壶 1 件。标本 M30∶17，泥质灰陶。轮手合制。敞口，圆唇，腹部出一嘴上昂，一侧有柄已残失，鼓腹，平底，上腹部与中腹部分别饰一周带状纹。口径 6.5 厘米，腹径 13.5 厘米，底径 10.5 厘米，高 8.5 厘米。（图五〇一，2）

甑 1 件。标本 M30∶8，泥质灰陶，敞口，平折沿，方唇，斜直腹，平底，素面。口径 19 厘米，腹径 17 厘米，底径 9 厘米，高 9 厘米。（图五〇一，5）

2. 铜器、铜钱 共 3 件。铜镜、带钩、五铢各 1 件。

铜镜 1 件。标本 M30∶12，残甚，无法复原。

带钩 1 件。标本 M30∶16，残甚，无法复原。

五铢 1 枚。标本 M30∶18，正面有郭，沿郭宽 0.1 厘米，钱径 2.5 厘米，穿长 1 厘米，穿之两侧有"五铢"二字，"五"字呈对顶角形。背面穿有郭，穿郭宽 0.2 厘米，沿厚 0.2 厘米，钱厚 0.1 厘米。（图五〇二）

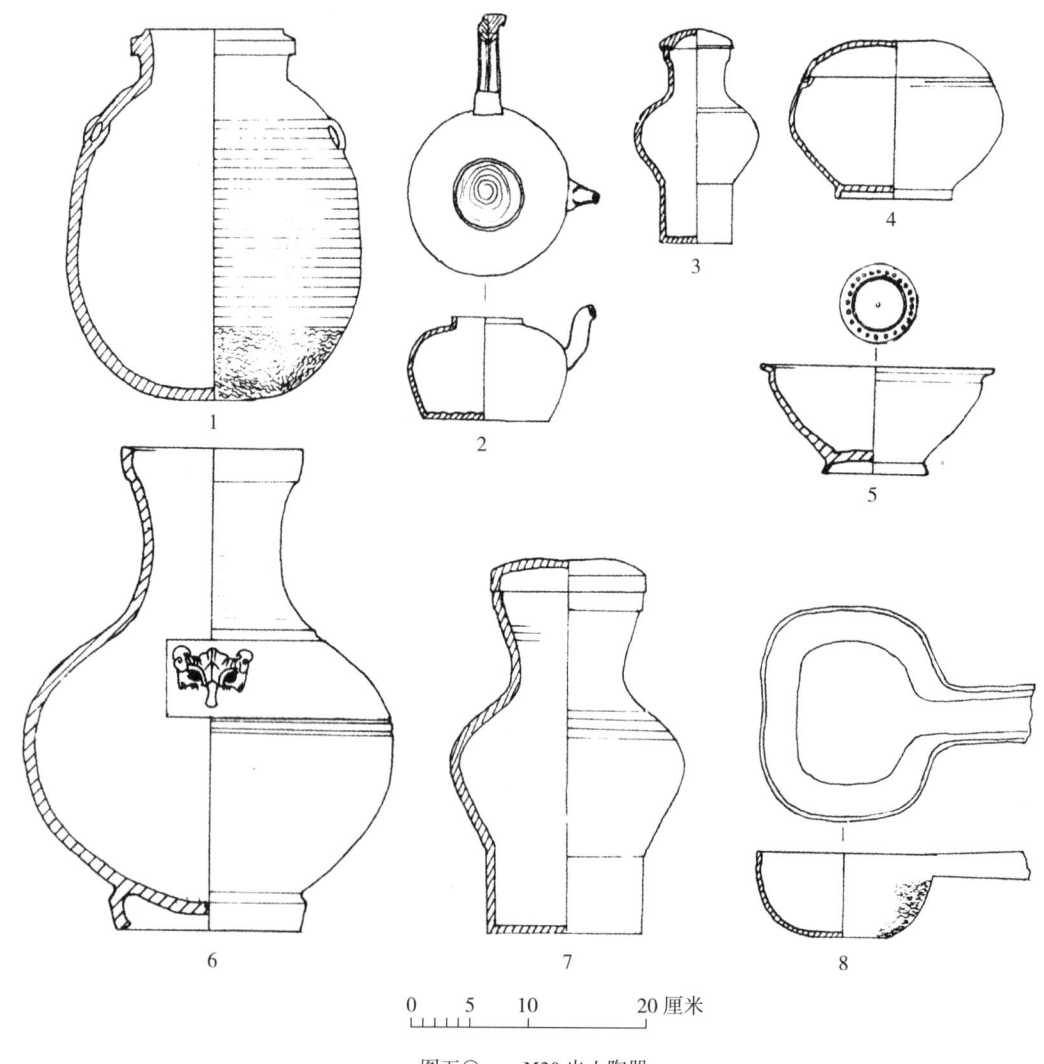

0　5　10　　20 厘米

图五〇一　M30 出土陶器

1.罐（M30∶1）2.鐎壶（M30∶17）3.Ⅱ式壶（M30∶6）4.盒（M30∶7）5.甑（M30∶8）
6.Ⅰ式壶（M30∶9）7.Ⅰ式壶（M30∶2）8.匜（M30∶3）

3. 玉器　2件，玉蝉、玉鼻塞各1件。

玉蝉　1件。标本M30∶13，受浸，汉白玉，雕出蝉形，眼睛突出，背部呈弧形，划出双翼，腹部呈弧形，刻出翼、肚，刻工简练。长6厘米，宽2.9厘米，厚0.9厘米。

鼻塞　1件。标本M30∶14，呈圆柱状，长3厘米，体径0.3~0.6厘米。

4. 铁器　2件，有铁剑、铁环首刀。

剑　1件。标本M30∶10，残。剑身较长，双面刃，剑身有脊，茎已残，茎与剑身交接处有剑镡，锈蚀严重。残长75厘米。

环首刀　1件。标本M30∶11，残。环状首，刀背较直，刃部也较直，在刃末有一段斜杀成弧形，梢部已朽。宽3.6厘米，长45厘米。

5. 铅车饰　1组9件。

铅车轴　4件，形状相同，大小一致。标本M30∶15-3，圆口有沿，底部喇叭状，口下近圆柱形。口径1厘米，底径2.5厘米，高2厘米。（图五〇三，1）

柿蒂纹饰　3枚，形状、大小相同，只有1枚近完好，器中间有圆形钉，周围4个柿蒂形纹样。标本

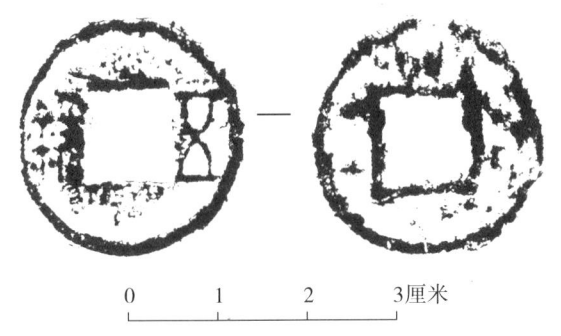

0　　1　　2　　3厘米

图五〇二　M30出土五铢拓片（M30∶18）

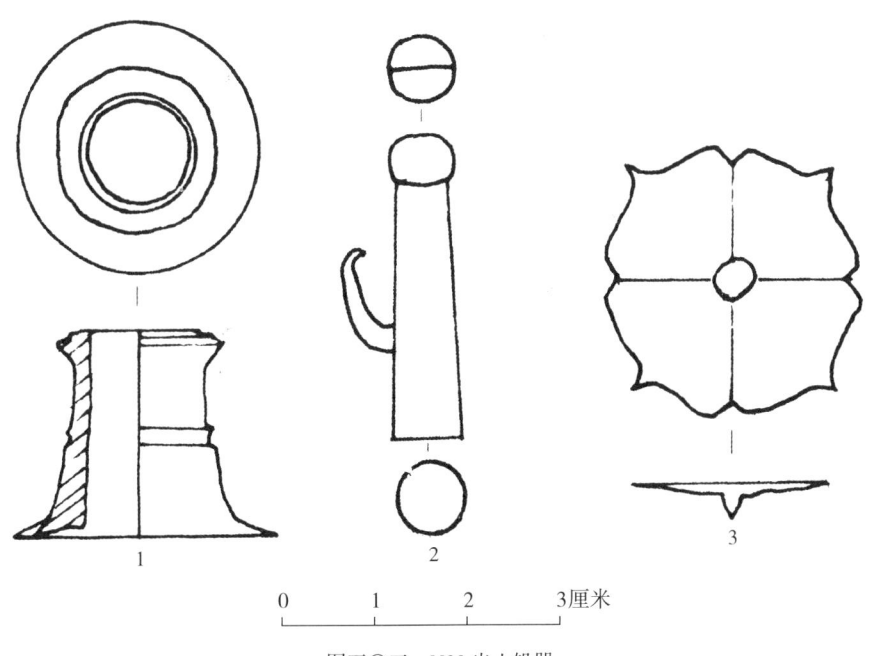

0　　1　　2　　3厘米

图五〇三　M30出土铅器

1. 车轴（M30∶15-3）　2. 盖弓帽（M30∶15-1）　3. 柿蒂纹饰（M30∶15-2）

M30：15-2，直径 2.5 厘米，高 0.4 厘米。（图五〇三，3）

盖弓帽　2 枚。标本 M30：15-1，顶部圆帽状，帽下近似圆柱形，自上而下渐粗，帽下三分之二处出一锥形钉上翘。高 3 厘米，帽径 0.7 厘米。（图五〇三，2）

M32 位于淮阳平粮台遗址南部，西与 M101 相邻，相距约 1.50 米。1979 年 10 月发掘。为斜坡墓道长方形竖穴小砖室墓。墓向 168°。墓上部的土已被取走，铲平地坪即见墓口。（图五〇四）

墓道　位于南边，并向西作弧形拐弯。墓道现长 3.80 米，宽 1.30 米。墓道以北为墓门，门外宽 1.30 米，内宽 1.06 米，高 1.32 米。上为拱形券。其券上砌两层顺铺砖，再上砌斜"丁"字形砖两层和顺平铺砖两层。门用砖封严，从下向上砌斜"丁"字砖，上下层砖斜头相扣合形成侧"人"字纹，空隙处用砖填实。门与墓室相接。

墓室　为长方形，总长 3.24 米，宽 1.30 米。四壁垂直，墓底平坦。室内长 3.10 米，宽 1 米，现高 1.26米，底距墓口 2.20 米，内填灰色土和淤土，较疏松。墓东、西、北三壁砌顺平铺小砖，砖上下层之间错缝相压，到 17 层砖时，向内收分，成为拱形券顶，顶一券，之上逐层填土，逐层夯实，比较坚硬。

葬具　墓室内置木棺一具，现已腐朽殆尽，不知其长宽，只见棺钉散布于墓室四周。墓内从北向南出土物有铁环首刀、玉蝉、弩机、玉昭文带、铜带钩、铁剑、铜钱等。

随葬品　10 件，其中有玉器 2 件、铜器及铜钱 5 件、铁器 3 件。

1. 铜器、铜钱　5 件。有弩机 3 件，带钩、五铢各 1 件（组）。

弩机　3 件。标本 M32：1、7、8，残甚。

带钩　1 件。标本 M32：2，残甚。

五铢　10 枚。标本 M32：5，完整，圆形，正方形穿，钱边缘有周郭，穿之背面有周郭，穿之正面左右

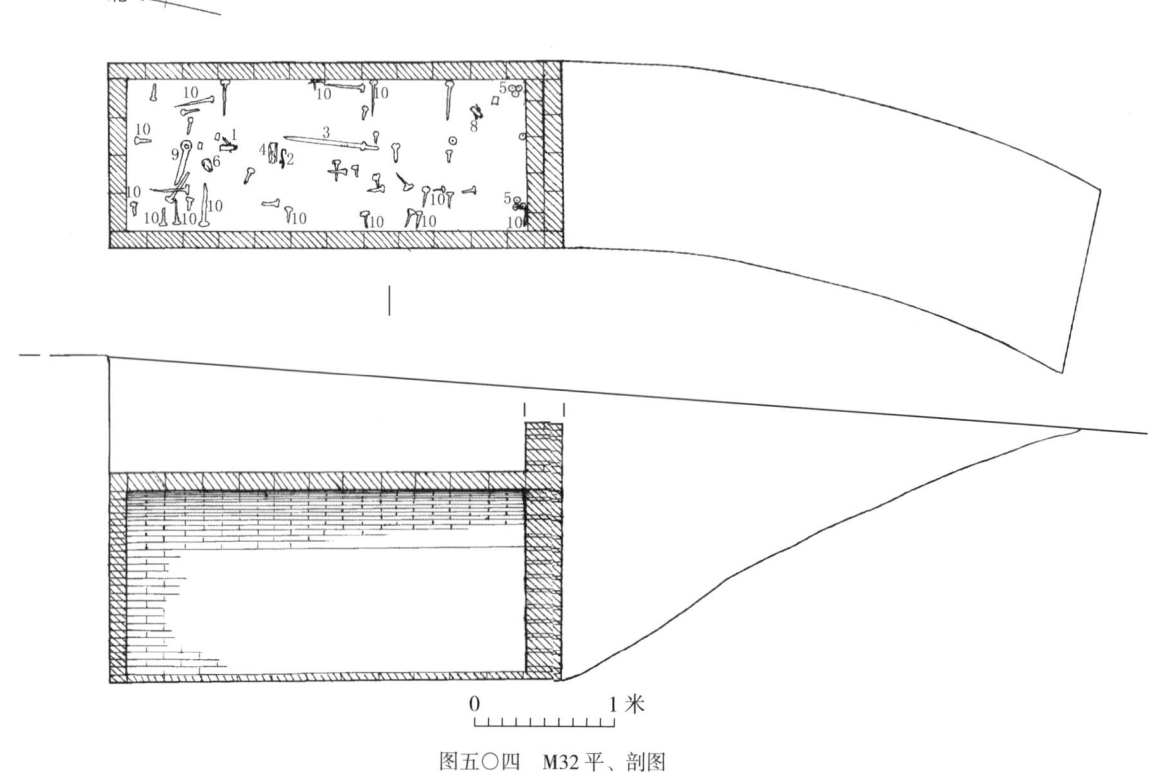

图五〇四　M32 平、剖图

1、7、8. 铜弩机　2. 铜带钩　3. 铁剑　4. 玉昭文带　5. 五铢　6. 玉蝉　9. 铁环首刀　10. 铁棺钉

两侧铸有篆书"五铢"二字，"五"字呈对顶弹头形，可分四型。

Ⅰ型：正面穿无郭。标本 M32：5-1，钱径 2.4 厘米，郭径 2.6 厘米，郭宽 0.1 厘米，郭厚 0.2 厘米，肉厚 0.1 厘米，穿径 1.1 厘米。（图五〇五，1）

Ⅱ型：正面穿上郭。标本 M32：5-2，钱径 2.3 厘米，郭径 2.55 厘米，郭宽 0.125 厘米，郭厚 0.2 厘米，肉厚 0.1 厘米，穿径 1.1 厘米。（图五〇五，2）

Ⅲ型：正面穿下半月郭。标本 M32：5-3，钱径 2.35 厘米，郭径 2.5 厘米，郭宽 0.1 厘米，郭厚 0.2 厘米，肉厚 0.1 厘米，穿径 1.1 厘米。（图五〇五，3）

Ⅳ型：剪轮五铢。1 枚。标本 M32：5-4，"五"字呈对顶炮弹形，但其横道不平行，正面边郭线细，穿无郭，背面边郭线细，穿郭粗。钱径 2.5 厘米，郭径 2.5 厘米，郭宽 0.1 厘米，郭厚 0.15 厘米，肉厚 0.1 厘米，穿径 1.1 厘米。（图五〇五，4）

2. 玉器　2 件，有玉蝉、昭文带。

玉蝉　1 件。标本 M32：6，受浸，汉白玉，雕出蝉形，眼睛突出，背部呈弧形，划出双翼，腹部呈弧形，刻出翼肚，刻工简练。残长 6 厘米，宽 2.9 厘米，厚 0.9 厘米。（图五〇五，5）

昭文带　1 件。标本 M32：4，完整。白玉，呈乳白色，器呈长方形，侧视呈长方形弧顶，长方形穿孔，

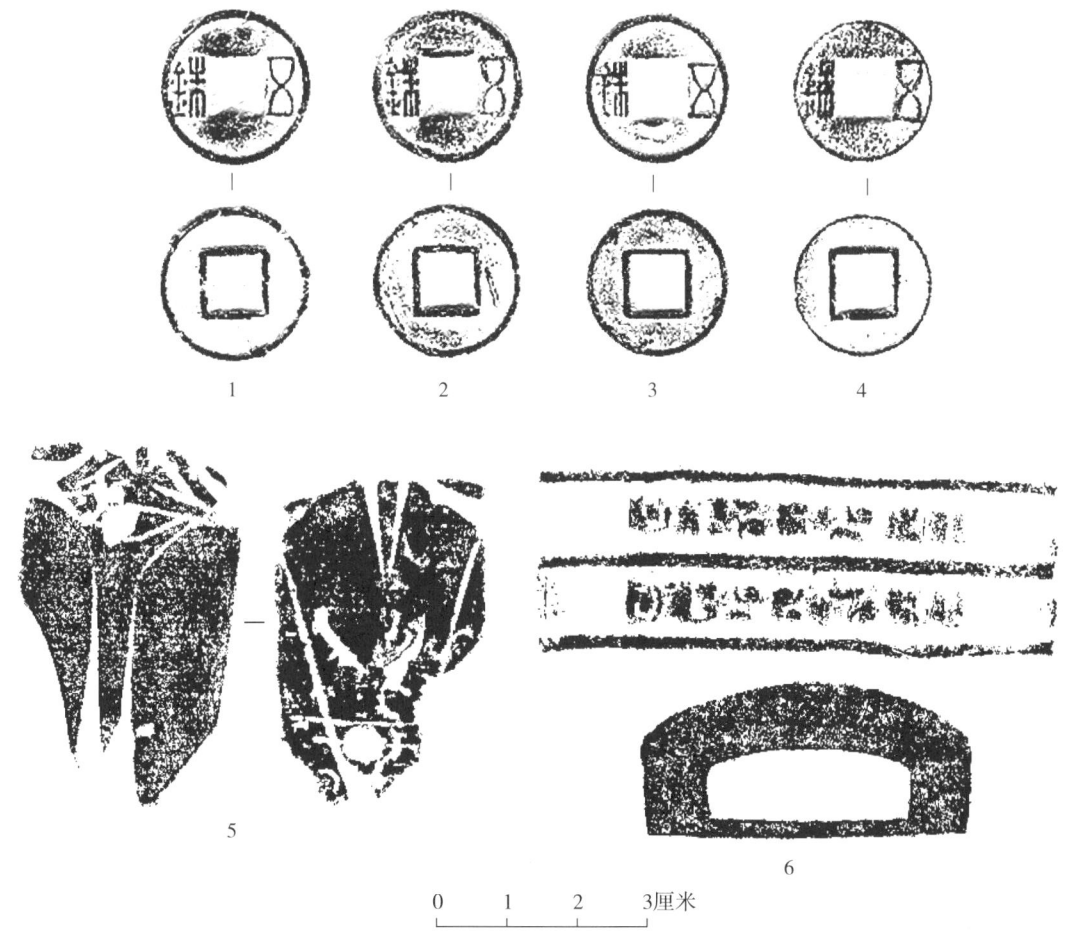

图五〇五　M32 出土器物拓片

1. Ⅰ型五铢（M32：5-1）　2. Ⅱ型五铢（M32：5-2）　3. Ⅲ型五铢（M32：5-3）　4. Ⅳ型五铢（M32：5-4）
5. 玉蝉（M32：6）　6. 玉昭文带（M32：4）

底面平直，表面中有脊棱，其间各雕两排卷云纹，每排四个卷云纹，有边郭，底面光素。长 4.4 厘米，宽 2.3 厘米，高 2 厘米，孔长径 2.8 厘米，短径 1.1 厘米。（图五〇五，6）

3. 铁器　3 件。有剑、环首刀、棺钉各 1 件。

铁剑　1 件。标本 M32：3，残，表面有锈斑，残长 74 厘米。

棺钉　1 件。标本 M32：10，碎。

环首刀　1 件。标本 M32：9，已碎。

M69 位于淮阳平粮台遗址西南部 T27 内。1979 年 9 月在发掘 T27 时发现，12 月 1 日发掘。该墓为弧形斜坡墓道长方形竖穴母子砖券墓。墓向 192°。（图五〇六）

墓道　位于南边，向西南向作弧形拐弯。墓内填灰花土，逐层填土，逐层夯实，夯土较硬。前窄后宽，壁垂直，墓道口位于探方外，没有发掘。墓道现长 4 米，宽 1.04~1.10 米，最深 2.80 米。墓口长 3.30 米，宽 1.24 米。墓壁垂直，底平。

墓室　分前、后两部分，北部放棺，南部放随葬品。墓室内长 3.12 米，宽 1 米，高 1 米。东、西壁砌法为顺平铺，上下层之间错缝相压，砌到 27 层，向内收分，作弧券顶。后壁用砖砌，砌法为顺铺。前后室底部用砖铺地，平铺南北排列，砖缝相对。

葬具　棺木已腐朽殆尽。据其灰痕测知棺为长方形，长 2.10 米，宽 0.63 米。

葬式　人骨腐朽殆尽，据随葬品的位置推测，头向北，面向和葬式不清。

棺内从南向北依次出有铜钱、铜镜、玉鼻塞、玉蝉、铁削等。南部放车马饰，东侧放红釉陶壶、灶、井。

随葬品　21 件，其中釉陶器 4 件、玉器 1 件、铜器及铜钱 12 件、铁器 2 件、骨器 2 件。

1. 釉陶器　4 件，胎为红陶，外施红釉，轮制。壶 2 件，甑釜灶、井各 1 件（组）。

釉陶壶　2 件。完整，形制、大小相同。标本 M69：19、18，盘口微侈，方唇，束颈，鼓腹，平底。上

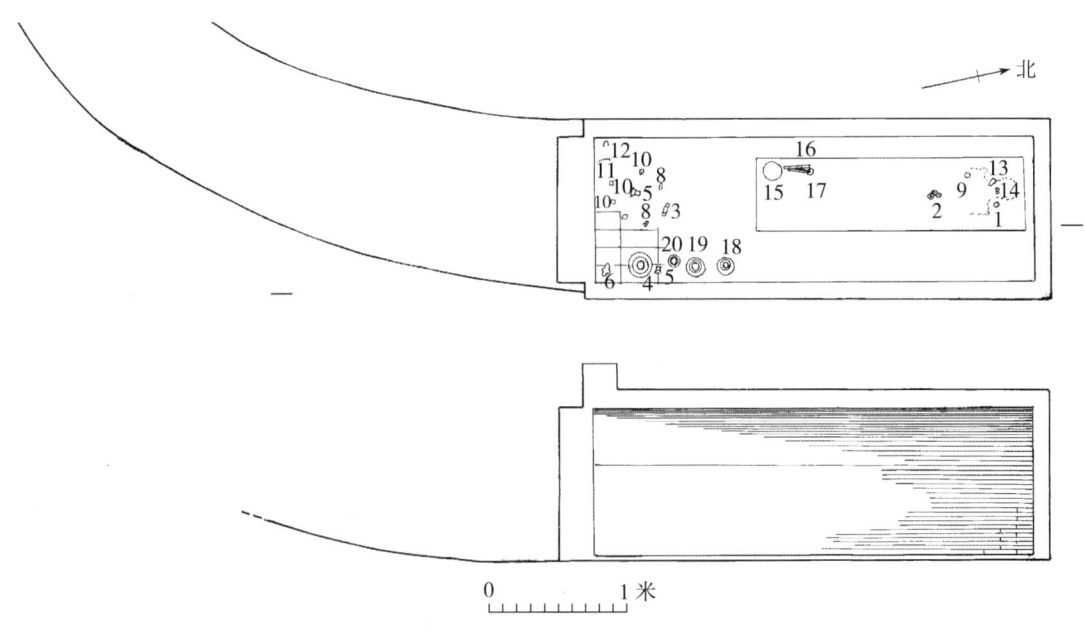

图五〇六　M69 平、剖图

1. 五铢　2. 铜帽饰　3. 铜车轴　4. 釉陶灶　5. 铜车軎　6. 铜当卢　7. 铜马衔镳　8. 铜盖弓帽　9. 铜兽面饰　10. 铜车衡头　11、16. 铜扒钩　12. 铁簪　13. 玉蝉　14. 骨鼻塞　15. 铜镜　16. 铁削　18、19. 釉陶壶　20. 釉陶井　21. 骨尺

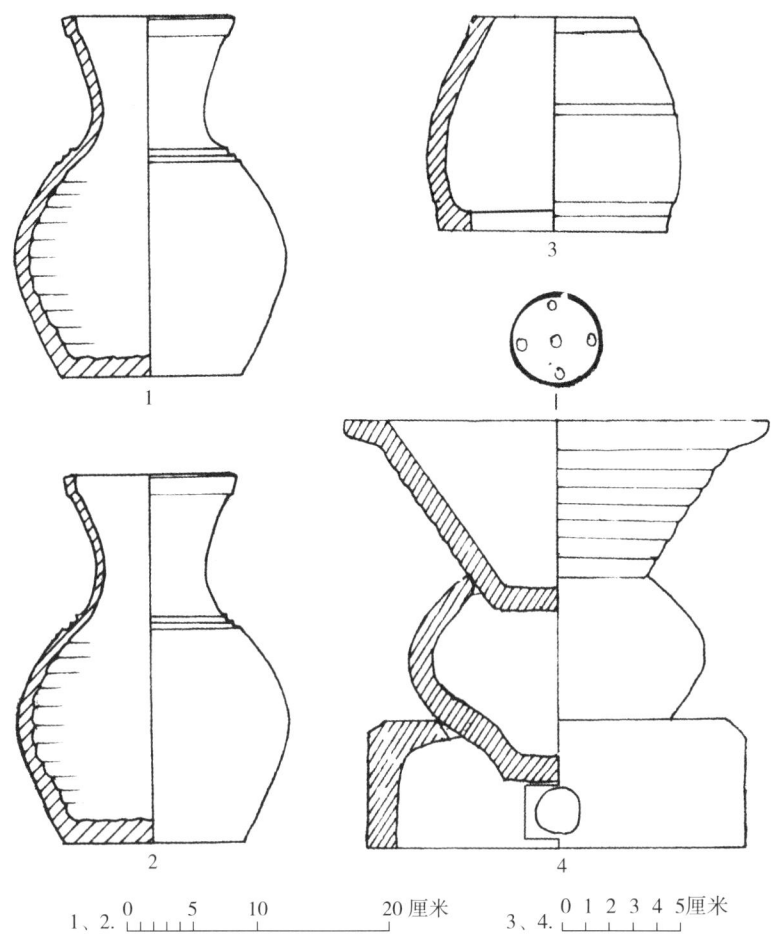

图五〇七　M69 出土釉陶器

1.壶（M69：19）　2.壶（M69：18）　3.井（M69：20）　4.灶（M69：4）

腹部有两周凹弦纹。口径 13 厘米，腹径 20 厘米，底径 14.5 厘米，高 25.3 厘米。（图五〇七，1、2）

　　釉陶灶　1 套。标本 M69：4，由甑、釜、灶组成。釜完整，甑、灶破。甑侈口，折沿，小平底，腹部有凹弦纹，底部有 5 个椭圆形甑孔，口径 15.5 厘米，底径 5.5 厘米，高 6.8 厘米。釜敛口，圆唇，鼓腹，平底，口径 7 厘米，腹径 11 厘米，底径 4 厘米，高 7.5 厘米。灶呈椭圆形，圆形灶门，圆形釜孔，口径 14 厘米，高 4.6 厘米。釉陶灶通高 15 厘米。（图五〇七，4）

　　釉陶井　1 件。标本 M69：20，完整。敛口，腹微鼓，平底有孔。口径 6 厘米，腹径 9 厘米，底径 8.5 厘米，高 7 厘米。（图五〇七，3）

　　2. 铜器、铜钱　12 件。有铜镜、车马饰、五铢等。铜车马饰有当卢、马衔镳、车軎、铜车轴、盖弓帽、铜车衡头、铜帽饰、铜扒钩等。

　　铜镜　1 件。标本 M69：15，残甚。

　　马衔镳　1 件。标本 M69：7，分为衔与镳。衔为两节式，扭索状，衔两端为椭圆形环以贯镳。镳为 S 形，两边饰透雕云纹。衔长 10 厘米，宽 1.2 厘米；镳长 10.2 厘米，宽 1 厘米。（图五〇八，1）

　　当卢　1 件。标本 M69：6，铜质，整体形状呈上宽下窄的竖长条形，顶部为"山"字形，中腰两侧各做出两个云形钩状饰，中部镂空，下端呈长舌状，背后上下部饰对称半圆形鼻。长 11.4 厘米，宽 3.2 厘米。

（图五〇八，7）

车害　2件。形制相同。标本 M69：5，上端细，下端粗，害身中空，表面上、中部分别饰凸弦纹一周，下端有车辖。上宽1厘米，底径2厘米，高2厘米。（图五〇八，9）

车轴　1件。标本 M69：3，圆筒状，轴身中空，分别饰三周凸弦纹，素面。长8厘米，宽1.3厘米。（图五〇八，8）

兽面饰　1件。标本 M69：9，正面轮廓近似半圆形，阔额、浓眉、大眼，兽面凸起，背面内凹，顶部有一锥状钉。面径1.5厘米。（图五〇八，2）

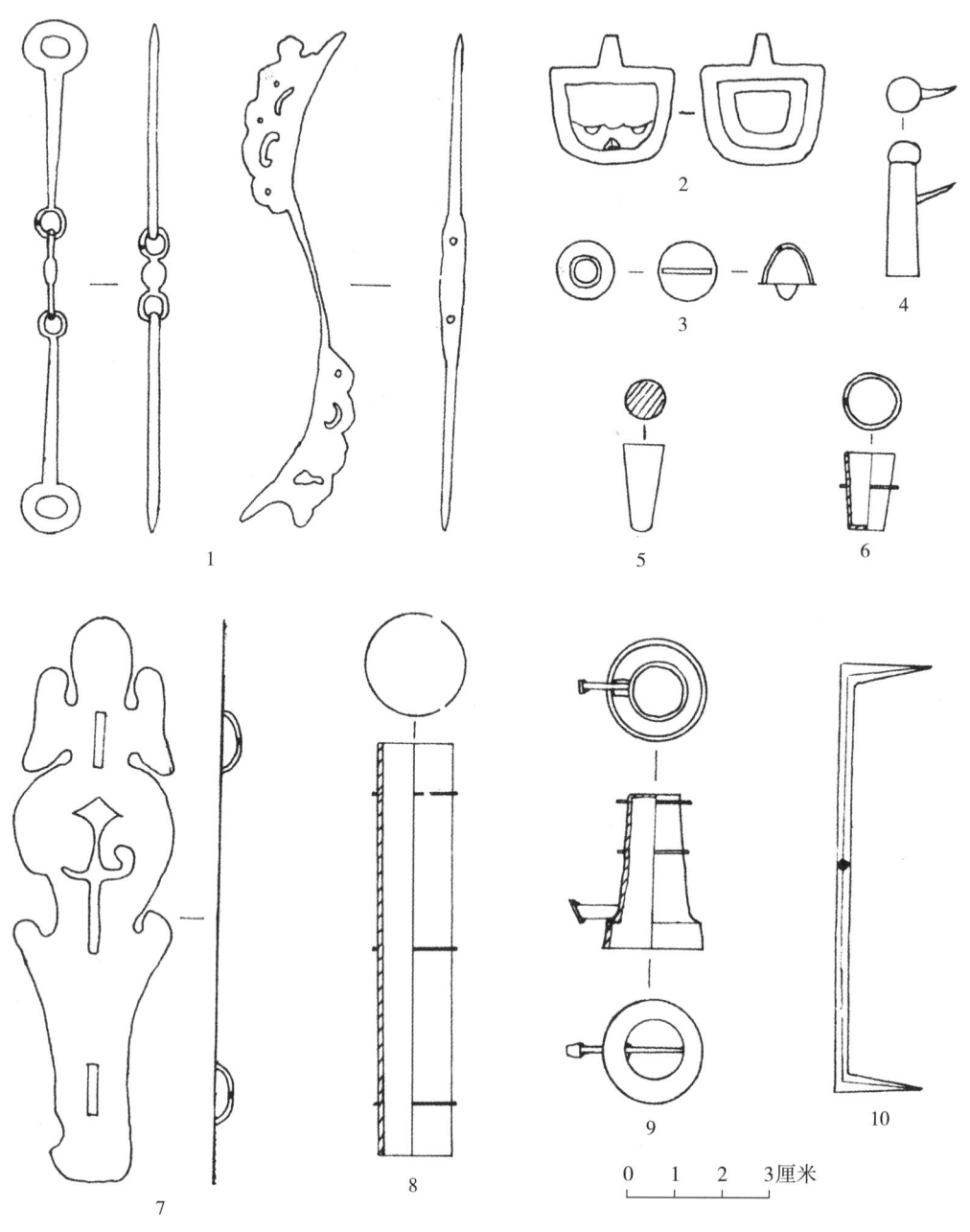

图五〇八　M69 出土器物

1. 铜马衔镳（M69：7）　2. 铜兽面饰（M69：9）　3. 铜帽饰（M69：2）　4. 铜盖弓帽（M69：8）　5. 骨鼻塞（M69：14）
6. 铜车衡头（M69：10）　7. 铜当卢（M69：6）　8. 铜车轴（M69：3）　9. 铜车害（M69：5）　10. 铜扒钩（M69：11）

盖弓帽　一组9个。标本M69：8，形如圆帽伞状，小圆顶，尖圆唇，面置一锥状钉，素面。高2.6厘米，直径0.8厘米。（图五〇八，4）

车衡头　4件。标本M69：10，近似圆柱形，平顶，内空，中部饰有侈棱。下部口径1厘米，高1.5厘米。（图五〇八，6）

帽饰　1件。标本M69：2，形似草帽状，尖顶，圆唇，下部有钮。长1.2厘米，宽1.2厘米。（图五〇八，3）

扒钩　2件。标本M69：11，车上扶手，细长，呈三棱状，两端由锥形钉相连。长8.2厘米，宽1.8厘米。（图五〇八，10）

五铢　11枚。形制相同，正面有郭，穿无郭，穿之两侧有"五铢"二字，"五"字呈对顶角形，背面穿有郭。标本M69：1-1，沿郭宽0.15厘米，钱径2.5厘米，穿长1.1厘米；穿郭宽0.1厘米，沿厚0.15厘米，钱厚0.1厘米。（图五〇九，1）标本M69：1-3，沿郭宽0.09厘米，钱径2.3厘米，穿长1厘米，穿郭宽0.1厘米，沿厚0.1厘米，钱厚0.08厘米。（图五〇九，3）标本M69：1-2，沿郭宽0.09厘米，钱径2.4厘米，穿长1厘米，穿郭宽0.1厘米，沿厚0.15厘米，钱厚0.09厘米。（图五〇九，2）

3. 玉器　1件。

玉蝉　1件。标本M69：13，残甚。

4. 铁器　2件。

铁削　1件。标本M69：17，圜底。长16厘米，宽2厘米，厚0.2厘米。

铁簪　1件。标本M69：12，已残。铁簪呈"U"形，装饰发髻用。长3.5厘米，宽2.8厘米。（图五一〇）

5. 骨器　2件。

骨鼻塞　1件。标本M69：14，骨质棒状，一端微粗。直径0.8厘米，高1.8厘米。（图五〇八，5）

骨尺　1件。标本M69：21，已朽，粉碎。

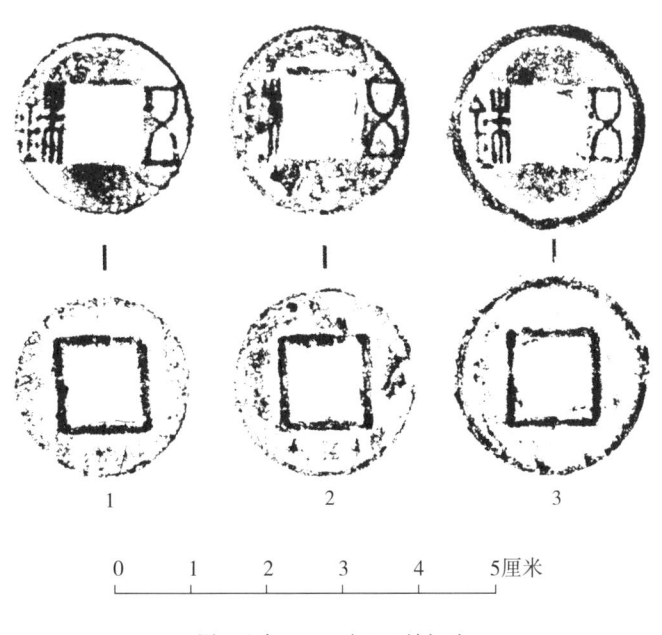

图五〇九　M69出土五铢拓片

1.M69：1-1　2.M69：1-2　3.M69：1-3

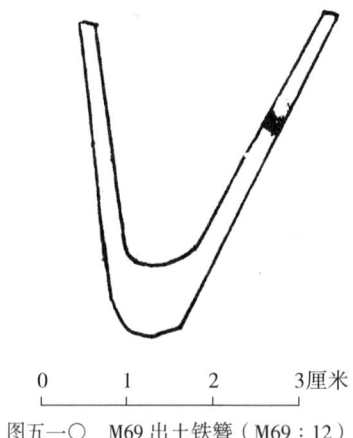

0   1   2   3厘米

图五一〇　M69 出土铁簪（M69：12）

　　M151 位于淮阳平粮台遗址北部 T109 的西南。1984 年 6 月发掘。为斜坡墓道长方形竖穴小砖室墓。墓向 190°。墓口距地表深 0.50 米。墓道位于南部，长 3.10 米，宽 0.86 米。墓道以北为墓门，上部破坏，门宽 0.86 米，现高 0.64 米。（图五一一）

　　墓室　为长方形，内长 2.30 米，宽 0.80 米，深 2.36 米，四壁垂直，底平。内填黄花土，经夯打较坚硬，但分不出夯层。墓东、西、北壁有砖椁，为顺铺砌，上下层之间错缝相压。砖壁高 0.70 米。上无券。

　　葬具　墓室内西侧置木棺一具，现已腐朽，据其灰痕得知，棺长 1.88 米，宽 0.40 米，厚度、高度均不知。

　　葬式　人骨保存较好，为侧身直肢葬，上身侧向东，头向北，面向东，双手伸向腹前，下肢并行伸直。棺的四周有棺钉，在人骨的右边从上到下出有纺轮、铁环首刀、铜带钩，棺外的东南角出有陶甑、釜、井和铜钉帽等。

　　随葬品　16 件 / 套，其中陶器 4 件、铜器 3 件、铁器 3 件、蚌器 3 件、石器 1 件、纺轮和网坠各 1 件。

　　1. 陶器　4 件，陶甑、釜、灶、井各 1 件。

　　井　1 件。标本 M151：4，完整。泥质灰陶。敛口，圆唇，束颈，鼓腹，中腹饰两周凸弦纹，下腹斜弧。口径 7.3 厘米，腹径 9.7 厘米，底径 6.6 厘米，高 8.5 厘米。（图五一二，1）

　　灶　1 套 3 件。完整。泥质灰陶。由甑、釜、灶组成。标本 M151：1、2、3，甑侈口，折沿，方唇，斜直腹，平底，底部有 5 个圆形箅孔，口径 10.8 厘米，底径 4.7 厘米。釜敛口，圆唇，鼓腹，下腹斜直，平底，口径 6.5 厘米，腹径 9.1 厘米，底径 2.9 厘米。灶近似圆形，圆形灶门，口径 12.9 厘米，底径 14.1 厘米。通高 16.4 厘米。（图五一二，2）

　　2. 铜器　3 件，带钩、环、钉帽各 1 件。

　　带钩　1 件。标本 M151：5，器如琵琶形状，头部近似兽首，背部有一圆钮，腹部较长。长 4.3 厘米。（图五一三，1）

　　钉帽　1 件。标本 M151：7，帽似马蹄状，帽中心有钉。长 3.2 厘米。（图五一三，2）

　　环　1 件。标本 M151：6。

　　3. 铁器　3 件 / 套，环首刀 2 件，棺钉 1 套。

　　环首刀　2 件。1 整 1 残。环状首，刀背较直，刃部也较直，在刃末有一段斜杀成弧形，梢部已朽。标本 M151：8，长 20 厘米。标本 M151：9，长 24 厘米。

　　棺钉　1 套。标本 M151：10，钉帽呈圆形，钉呈锥状，尖部三棱状。长 7.3 厘米。（图五一三，3）

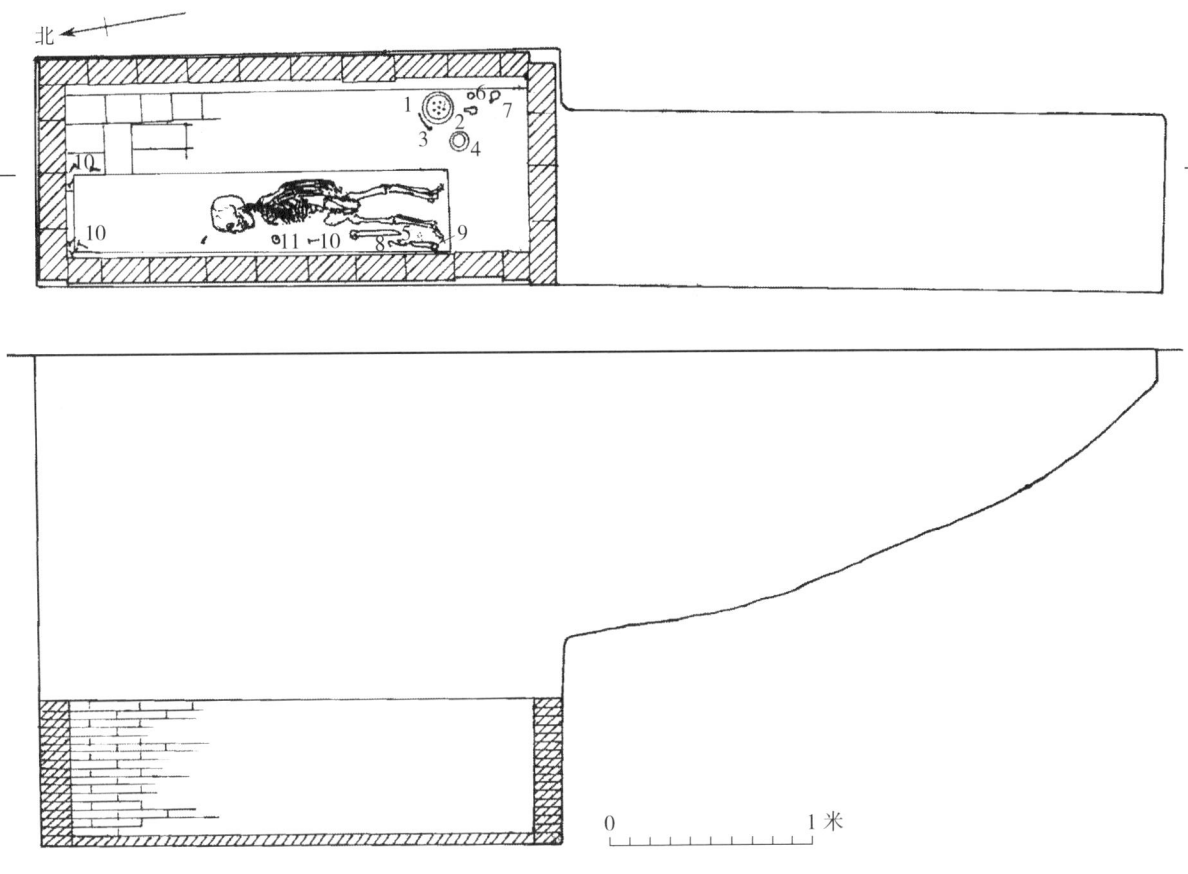

图五一一　M151 平、剖图

1. 陶甑　2. 陶釜　3. 陶灶　4. 陶井　5. 铜带钩　6. 铜环　7. 铜钉帽　8、9. 铁环首刀　10. 铁棺钉
11. 纺轮　12. 蚌镰　13. 石镞　14. 网坠（12~14 出于填土）

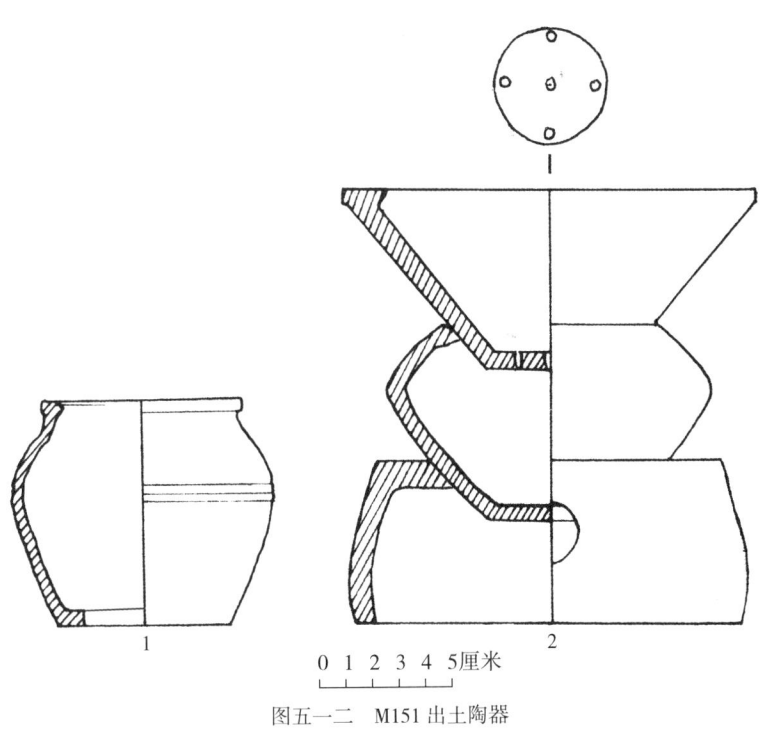

图五一二　M151 出土陶器

1. 井（M151：4）　2. 灶（M151：1~3）

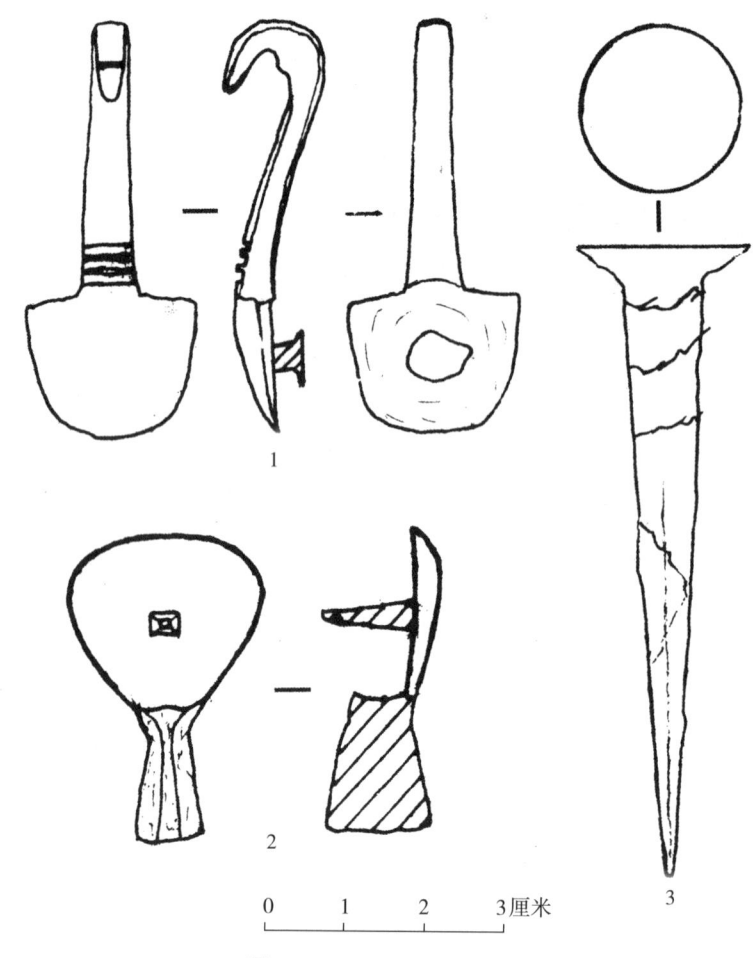

图五一三　M151 出土器物

1. 铜带钩（M151：5）　2. 铜钉帽（M151：7）　3. 铁棺钉（M151：10）

M219 位于淮阳平粮台遗址北部 T112 的西南角。1989 年 10 月发掘。为长方形小砖墓。墓向 20°。墓口距地表深 1.80 米，墓内填黄灰土，经夯打比较结实。长方形砖椁墓，长 2.60 米，宽 1.45 米，墓底距地表深 3.84 米，底长 2.20 米，宽 1.12 米。（图五一四）

墓室　墓壁垂直，墓室平底。墓壁下部四周用小砖垒砌，砖为顺平铺，上下层之间错缝相压，共砌 20 层，成为椁室。

葬具　墓室中西部放棺一具，已腐朽，从其白灰得知棺长 1.80 米，宽 0.60 米，厚度不知。

葬式　为单人仰身直肢葬，面向上。

棺底铺白灰，厚 0.08 米。棺内放有铜镜、铁剑、铁削、五铢、带钩等，五铢握于墓主左手中，铁剑置于左臂内侧，铁削置于盆骨上，带钩置于腰部，棺外东部放置陶罐、甑、釜、灶、井。

随葬品　16 件，其中陶器 11 件、铜器 3 件、铁器 2 件。

1. 陶器　11 件，有陶罐 7 件，甑、釜、灶、井各 1 件。

罐　7 件。泥质灰陶。从形制看可分两型。

Ⅰ型：小口折沿束颈罐。3 件。完整。形制相同。小口，折沿，方唇，短颈，鼓腹，平底。上腹部饰弦纹，中腹部压印绳纹，下腹部饰横绳纹。标本 M219：6，口径 11 厘米，腹径 24.3 厘米，底径 10 厘米，高 26.5 厘米。（图五一五，1）标本 M219：7，口径 10.5 厘米，腹径 24 厘米，底径 9.5 厘米，高 26.5 厘米。（图

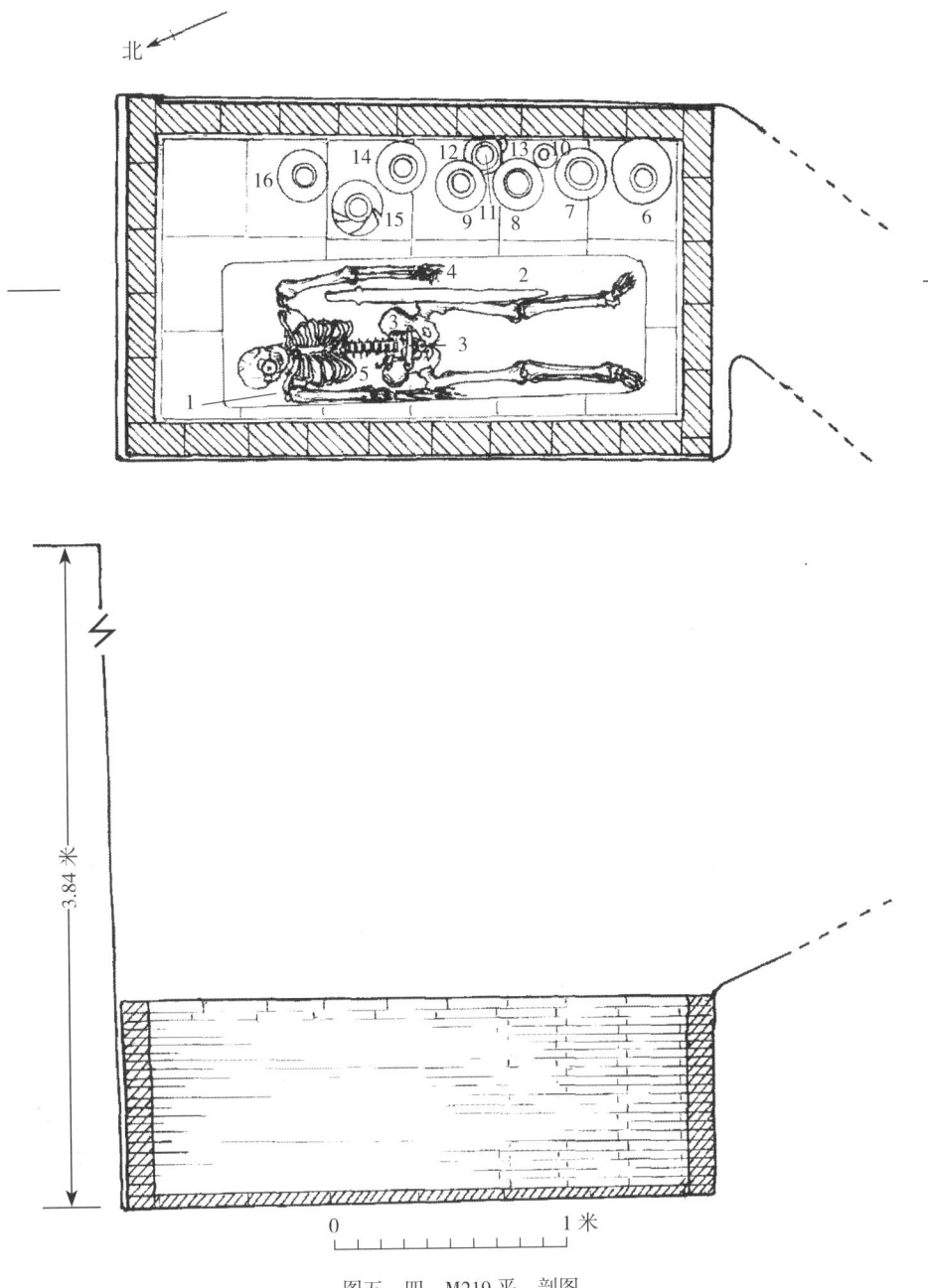

图五一四 M219 平、剖图

1.铜镜 2.铁剑 3.铁削 4.铜钱 5.铜带钩 6~9、14~16.陶罐 10.陶井 11.陶甑 12.陶釜 13.陶灶

五一五，6）标本 M219：15，口径 11 厘米，腹径 24.3 厘米，底径 9.5 厘米，高 26.3 厘米。（图五一五，9）

Ⅱ型：小口罐。4 件。完整。形制相同，纹饰相近。小口，沿微外卷，圆唇，束颈，鼓腹，大平底。标本 M219：8，中腹部饰弦纹，下腹部素面。口径 10 厘米，腹径 23 厘米，底径 17 厘米，高 19 厘米。（图五一五，3）标本 M219：9，折沿，敛口，舌唇，束颈，鼓腹，大平底。通身饰双弦纹，口径 10 厘米，腹径 22 厘米，底径 16 厘米，高 17 厘米。（图五一五，8）标本 M219：14，腹部饰弦纹，中腹拍印斜绳纹一周，口径 10 厘米，腹径 22 厘米，底径 15.5 厘米，高 18 厘米。（图五一五，5）标本 M219：16，中腹部饰双线弦纹，下腹部饰绳纹。口径 9.5 厘米，腹径 22.5 厘米，底径 16 厘米，高 16.5 厘米。（图五一五，4）

灶 1 套。由甑、釜、灶组成。标本 M219：11，为甑，侈口，方唇，折沿，圆唇，小平底，腹部有凹

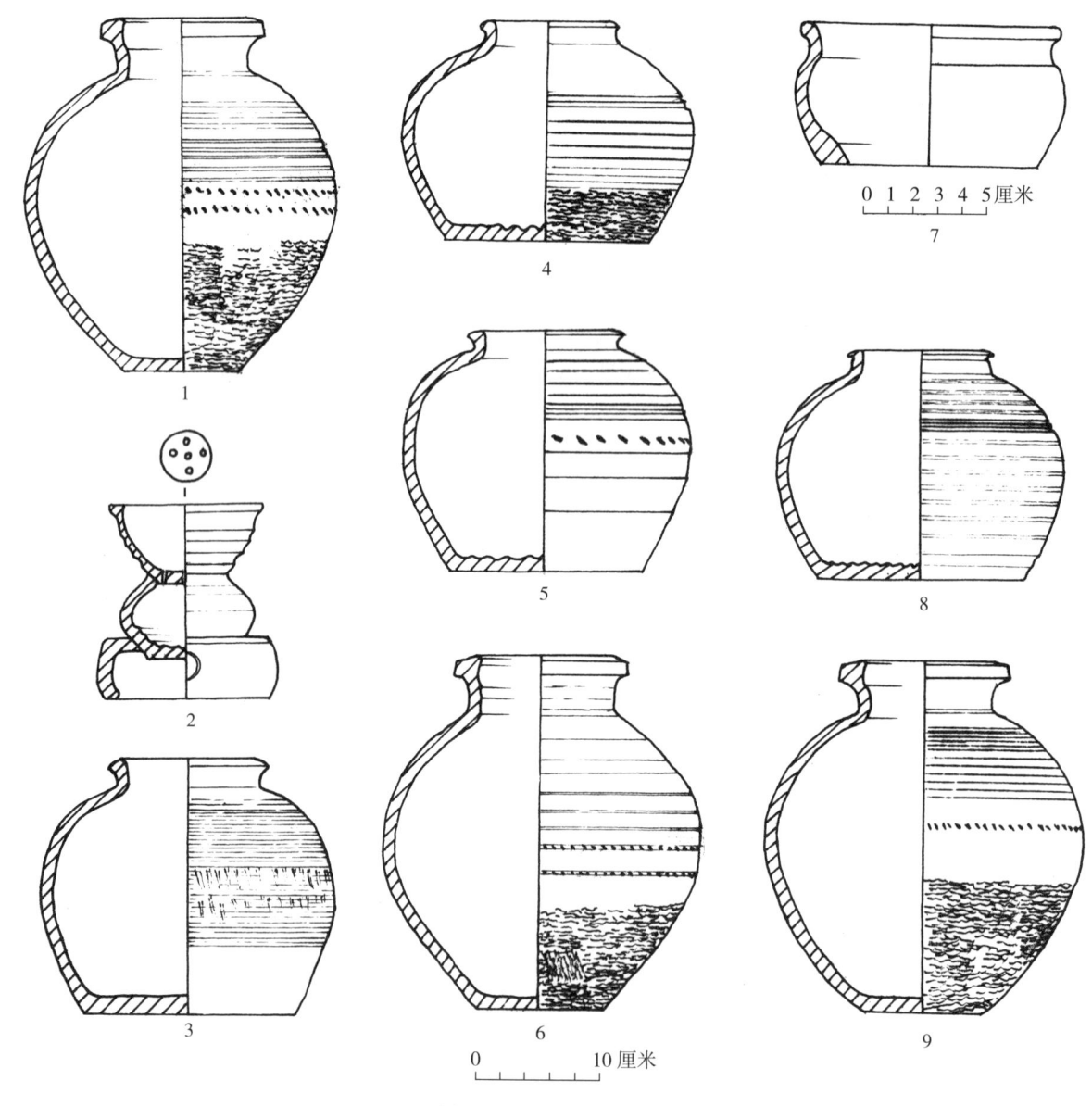

图五一五　M219 出土陶器

1. Ⅰ型罐（M219：6）　2. 灶（M219：11、12、13）　3. Ⅱ型罐（M219：8）　4. Ⅱ型罐（M219：16）

5. Ⅱ型罐（M219：14）　6. Ⅰ型罐（M219：7）　7. 井（M219：10）　8. Ⅱ型罐（M219：9）　9. Ⅰ型罐（M219：15）

弦纹，底部有 5 个圆形甑孔。口径 12 厘米，底径 4.5 厘米，高 5.7 厘米。标本 M219：12，为釜，敛口，圆唇，鼓腹，平底。口径 6.5 厘米，腹径 12.5 厘米，底径 6 厘米，高 6.3 厘米。标本 M219：13，为灶，圆形，直壁，中有圆形孔，灶壁有圆形灶孔，灶台径 13 厘米，腹径 14.2 厘米，底径 13.5 厘米，高 4.5 厘米。灶通高 14.4 厘米。（图五一五，2）

井　1 件。标本 M219：10，泥质灰陶。完整。圆形，敛口，鼓腹，下腹部微束，侈口。口径 8.5 厘米，腹径 10 厘米，底径 10 厘米。（图五一五，7）

2. 铜器、铜钱　3 件（组）。有镜、带钩和五铢。

日光镜　1 枚。标本 M219：1，完整。圆形，镜面平直，圆钮，重圈钮座，其外有一周凸弦纹，间饰铭文带，铭文曰"见日之光天下大明"。面径 6.3 厘米，背径 6.2 厘米，钮高 0.6 厘米，钮宽 0.6 厘米，缘宽 0.2

厘米，缘厚 0.2 厘米，肉厚 0.1 厘米。（图五一六，1）

带钩　1 件。标本 M219：5，残甚。

五铢　22 枚。标本 M219：4，品类不一，还有剪轮"五铢"，圆形，正方形穿，钱边缘有周郭，穿之上部有郭或无郭，穿之背面有周郭。穿之正面左右两侧铸有篆书"五铢"二字，"五"字呈对顶炮弹形。钱径 2.6 厘米，郭径 2.6 厘米，郭宽 0.1 厘米，郭厚 0.15 厘米，肉厚 0.1 厘米，穿径 0.9 厘米。少数穿之正面上部有一横郭记号。剪轮"五铢"，正背面无外郭，正面穿上无郭，背面穿有郭，钱径 2 厘米，穿径 1 厘米，厚 0.1 厘米；剪轮"五铢"，正背面外郭剪去一半，正面穿上无郭，背面穿有郭，钱径 2.4 厘米，穿径 1.1 厘米，厚 0.1 厘米。（图五一六，2~8）

3. 铁器　2 件。有剑、削各 1 件，均残甚。

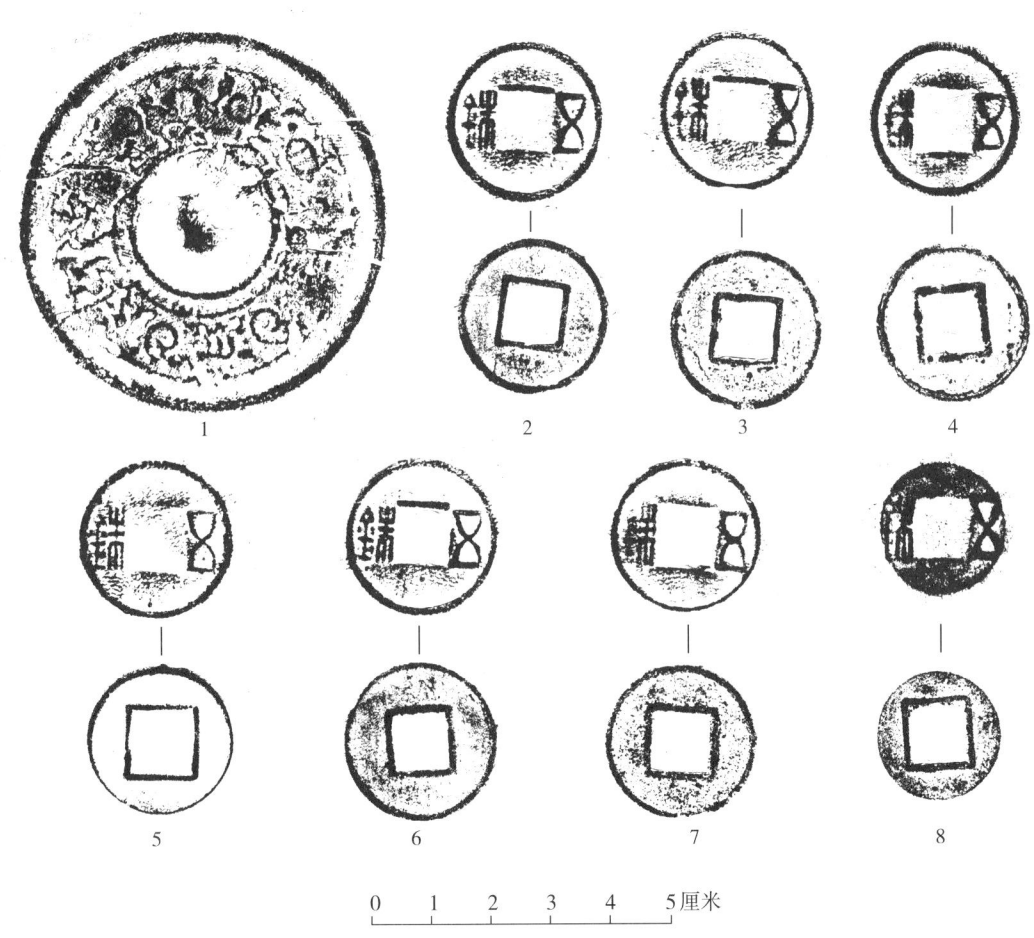

图五一六　M219 出土铜镜、铜钱拓片

1. 日光镜（M219：1）　2~8. 五铢（M219：4）

第五章 结 语

春秋时期的淮阳是陈国的都城。陈国于公元前 479 年被楚国灭掉，楚在此设立陈县，成为楚国的北方军事重镇。公元前 278 年，秦国大将白起率秦军攻陷楚国都城郢，楚国被迫退至陈，陈遂成为战国晚期楚国的都城，又名陈郢，直至公元前 241 年楚迁都安徽寿春，陈作为楚都历时 38 年。

以 M16、M4 和 M17 为代表的楚墓，随葬品多为陶鼎、陶壶、陶高柄壶、陶钫及陶鐎壶，器物形制介于湖北江陵楚墓[1]和安徽长丰楚墓[2]出土的同类器之间。而江陵楚墓第八期的年代下限为白起拔郢之前，长丰杨公楚墓的年代则在楚迁都寿春之后。平粮台楚墓的时代，当属战国晚期，即公元前 278 ~ 公元前 241 年楚都陈期间。

2014 ~ 2015 年，考古工作者在平粮台遗址又陆续发现一批战国晚期墓葬，已刊布的 4 座墓葬为长方形竖穴土坑墓，墓向多为南北向，随葬品组合为鼎、盒、壶，鼎、敦、壶、盘、匜[3]，与 20 世纪七八十年代所发现的楚墓几乎一致，应属于同一墓地。

M4 出土的错银鸟篆铭文铜剑，经考证为越王剑，而且还留下了制剑的工匠名。除此之外，淮阳县文化馆早年还征集到两把越王剑，保存完好，同为错银鸟篆铭文剑。经比对，三把越王剑均属战国时期。越王剑的发现，对研究当时的楚越关系、古代冶金技术都具有重要意义。

M16 随葬了大量制作精美的玉器，有龙形佩、玉璜、玉璧等。随葬大量玉器的习俗，在两湖地区的楚墓中较为少见，而与辉县魏国墓葬有着相同之处[4]，说明战国晚期中原地区的葬俗已影响到了楚墓。

西汉时淮阳为淮阳国，汉高帝十一年（前 196）置，治所在陈县（今淮阳），下辖九个县。据《后汉书·地理志》记载，东汉时的淮阳国仍辖九县，直至东汉章和二年（88）始改为陈国。

在平粮台遗址共清理了两汉墓葬 133 座，西汉、新莽、东汉等时期的墓葬均有发现。墓葬多数朝南，个别朝北（M2、M99），有的为弧形墓道，朝向西南。年代越晚者墓向逐渐偏向西南，墓道也呈弧形。

在平粮台发现清理的西汉墓葬中，墓葬形制主要为长方形竖穴土坑墓和长方形砖室墓，西汉后期出现小砖券墓。可根据有无斜坡墓道分为两种，墓内填土均逐层夯筑。葬具常见一椁一棺或一棺，有二层台。其中M209 尚存有方形夯土台基的墓上建筑遗迹，南北长 9.50 米，东西宽 7.60 米，残存 4 层夯层，其南有东西向排水沟。

常见的器物组合为罐、壶、双耳罐，以及由釜、甑、圆形灶组成的灶，铜镜较为常见。在 M139、M181的随葬品中，有青釉酱胎的鼎、盒、壶、罐等器物，系早期瓷器。M163 为竖穴土坑"甲"字形墓，墓底铺有一层编织物，葬具为一椁一棺，出土有鼎、壶、罐、玉璧、玉璜、半两、车马器等。在其墓道内发现一个双手伸直、头有双角、深目高鼻、张口踞坐、只穿一条三角短裤的纹面纹身泥塑人形镇墓兽，造型罕见。有的学者称之为"偶人"，与平粮台马鞍冢楚墓车马坑所见泥塑马[5]均为较早的泥塑品。

属于新莽时期的墓葬为数不多，仅有 13 座，主要分布于平粮台遗址的北中部和东南部。墓葬形制有竖穴土坑墓和竖穴砖室墓，后者均带斜坡墓道，其中 M41 出现了前横方、后纵长的墓室分区，方向多为南北向。随葬品多寡不均，常见陶器、瓷器、铜器、铁器、玉器、石器和骨器。出现了大泉五十和货泉。从保存较好的遗迹可以看出随葬品摆放的位置：棺内为玉耳塞、鼻塞、玉唅、玉璜、铁削、带钩、铜印及铜钱。棺外或相当于前室的地方则放置有罐、壶、钫、镳壶。

　　本报告介绍的东汉墓计 16 座，墓葬形制分为竖穴土坑墓和砖室墓。其中竖穴土坑墓仅 M18、M158 带有斜坡墓道，砖室墓则多数带有斜坡墓道。砖室墓中有墓道者又可分为前砖室、后土坑墓和砖室墓，砖室墓又出现多室、并列双室等差别。墓葬大多为南北向，偶见二层台。有的双棺并列。保存较好的尚能看出券顶和穹隆顶。随葬品以陶罐、陶壶、铜镜、五铢、铜刷、铜环首刀及玉器为主。

---

[1] 郭德维：《江陵楚墓论述》，《考古学报》1982 年第 2 期。

[2] 安徽省文物工作队：《安徽长丰杨公发掘九座战国墓》，《考古学集刊》第 2 集，1982 年。

[3] 河南省文物考古研究院：《2014 ~ 2015 年河南淮阳平粮台楚墓发掘简报》，《江汉考古》2017 年第 1 期。

[4] 郭宝钧：《山彪镇与琉璃阁》，考古学专刊乙种第十一号，1959 年。

[5] 河南省文物研究所、周口地区文化局文物科：《河南淮阳马鞍冢楚墓发掘简报》，《文物》1984 年第 10 期。

淮阳平粮台战国—汉代墓葬登记表

单位：度/米/件（套）

墓号	方向	墓葬形制	长×宽-深	棺椁形制	长×宽-高	葬式	随葬品	时代	性别	备注
1	13	竖穴土坑	3.90×2.70-4.45	木棺	2×0.60	仰身直肢	陶鼎2、盆2、盒2、罐2、匜2、壶6、卮2、石盖3、壶盖2、铁器3	西汉		
2	0	斜坡墓道竖穴土坑墓	4.40×2.80-3.10	梯形棺	2.80×0.72~0.92	仰身直肢	陶鼎、壶2、杯、盘、釜、耳杯、钫、铜镜、玉晗	西汉		
3	198	斜坡墓道竖穴土坑双室墓	7.16×4.60-6.84	一棺一椁	3.88×2.95-0.72（椁）2.20×0.70-0.30（棺）	仰身直肢	有陶罐、瓮6、玉璧、玉瑱、玉耳塞2、玉鼻塞2、石砚、骨器、鉴、盆、铜鼎3、壶2、燕头壶、匜、洗、熏炉、甑、球形饰、柿蒂纹饰、环、带钩、刷、镜13、带钩、铁剑、镞、镇、锥壶2、五铢2、铁首刀3、豆、镢、灶、镞及木漆器	西汉		
4	116	"甲"字形土坑木椁	3.64×2.32-3.74	一棺一椁	2.82×1.40	不详	陶鼎4、壶4、高足壶2、罐5、鉴、敦盖、匜2及陶片、玉璧、铜鼎、洗、越王剑、铜环镜、带钩、镞4、钻、锯、匜、蚁鼻算钱、铜饰、环首饰等	战国晚楚墓		越王剑
5	13	竖穴土坑	4.08×2.28-1.60	木棺	2×0.60	不详	陶鼎2、壶4、小陶壶、甑、匜2、罐2、盏3、杯、勺、盘、釜、耳杯、锥壶2、铜盖、器盖2、铜印、五铢、带钩、铁剑、环首刀	西汉		
6	90	竖穴土坑	3×1-5	不详	不详	不详	陶鉴、鼎2、敦、壶2、高足壶、匜、铁环首刀	战国晚楚墓	女	
7	15	竖穴土坑	1.20×0.46-0.15	瓦棺	0.67×0.34	不详	无	西汉		被盗
8	200	斜坡墓道砖券墓	4×2-1.26	木棺	2.10×0.60~0.68	不详	陶罐2、灶、井、车马饰2、瓷壶2、石砚、铜带钩、铜环2、盖弓帽7、帽钉、扣形饰、当卢、衔镳2、刷、马衔、轴头、车軎、五铢、铁剑、环首刀2、削	东汉		东墓被盗

注：1. 凡不注明伴数者，皆为1件。
2. 登记表中未出现的墓号，或为空号，或被毁严重。

续表

墓号	方向	墓葬形制	长×宽-深	棺椁形制	长×宽	葬式	随葬品	时代	性别	备注
10	180	竖穴土坑	2.80×1-2.20	不详	不详	不详	陶鼎2、敦、壶2、鉴、铜镜、大铃、琉璃珠	战国晚楚墓	不详	
11	100	竖穴土坑	2.60×0.94-3.35	不详	不详	仰身直肢	陶鼎、敦、高足壶、匜、勺、鉴、铜镜	战国晚楚墓	老年女性	
12	192	斜坡墓道竖穴土坑双室墓	5.60×2.52-5.80	不详	不详	仰身直肢	陶鼎、壶6、卮2、甑、釜、盘2、盒2、铜盆2、罐3、碗、瓮2、镜4、铜器2、棺角、钫、勺、削、镇、铁剑、镞、棺钉3、弩机、马衔、车形炭炉及铅车马饰、玉昭文带、石砚、漆器3	西汉	男	
13	195	斜坡墓道竖穴土坑双室墓	5.18×3.10-3.76~3.86	木棺	2.10×0.70	仰身直肢	陶壶3、钫、罐6、蒜头壶、盒2、釜、勺、玉璧4、璜2、坠、石珠、铜鼎、刷、镇4、洗2、铜器衔环、环2、锥壶、盆、铺首衔环、带钩、车马饰、五铢、铁剑、铁首刀2、骨器2、铁环首刀若干、漆木器若干	西汉	男	
14	0	竖穴土坑	3.40×2.70~3-1.30	木棺	2.20×0.70	仰身直肢	陶鼎、壶4、罐、锥壶、奁、盒、石圆片、玉哈、砚、铜盆2、带钩、印章、铁剑、环首刀2、镦、封泥	西汉	男	彭广之印
15	100	竖穴土坑	3.20×1.40~1.60-4.40	仅余痕迹	2.66×1.20~1.28	仰身直肢双手交于腹部	陶鼎4、盒、壶4、高足壶2、鉴、匜、勺、玉璧、玉器、铜剑、带钩、铜矛、戟足、镦2	战国晚楚墓	男	
16	107	"甲"字形土坑木椁	14.20×10.32-7	一椁一棺	4.76×3.40 / 1.80×0.60~0.80	仰身直肢	陶鼎9、钫2、壶2、簋2、豆4、盆2、罐16、锥壶、编钟5等、玉璧4、璜5、环5、管3、佩13、扇形玉器、镜架等、带钩、条形玉饰2、戽足、骨架等、铜镜、削、饼、璃珠2、骨芽等	战国晚楚墓	男	墓的西部有车马坑

续表

墓号	方向	墓葬形制	长×宽-深	棺椁形制	长×宽	葬式	随葬品	时代	性别	备注
17	90	"甲"字形土坑木椁	6.20×5.55-6.20	一椁一棺	4.66×3.60-0.50 2.02×0.90	仰身直肢	陶鼎22、壶4、钫4、敦4、盒2、簋2、豆2、匜、"平"字王剑首、罐4、黄6、玉璧6、佩9、哈、环7、带钩、铜鼎5、罍2、剑2、镰壶、灯、勺3、洗3、环首刀、削、弩机4、镜、铜泡、戈、矛、镦、铁首刀、锯2、铜箸3、石器3、铜镲饰2、铁镲饰3、舍2、石器3、角器、管状饰	战国晚楚墓	男	"平"字巴蜀剑
18	200	斜坡墓道竖穴土坑	2.40×1.30-2.30	木椁	2.13×0.56	仰身直肢	陶鼎2、甑、盒2、壶3、罐2、匜、铜镜、盘、匜、卮足、铁剑、环首刀、削	东汉	男	
20	18	竖穴土坑	2.90×1.50-1.66-3.50	木椁	2.48×0.78	不详	釉陶壶2、铜柿蒂纹饰3、镜、刷、五铢、铁环首刀	东汉		
21	0	斜坡墓道竖穴土坑双室墓	4.40×2.40-1.96	不详	不详	不详	陶鼎、勺、铜镜	西汉		
22	15	竖穴土坑	2.64×1.45-5.78	不详	不详	仰身直肢	陶罐5、石研、铜镜、铁剑、环首刀	西汉		
23	190	斜坡墓道竖穴土坑双室墓	8×3.20~3.28-7~7.06	木椁	2×0.68~0.70	不详	陶鼎、壶6、盒2、耳杯4、卮、勺2、铁剑2、五铢、铜镜、甑、盘、镰壶、铜镜、罐、器盖、铁器3、玉哈、石璧	西汉		
24	200	斜坡墓室合葬砖室墓	3.16×1.70-0.90	双棺	2×0.70（西）	不详	陶罐3、釉陶壶2、石蝉、玉昭文带2、带钩、耳塞3、骨鼻塞2、柿蒂纹饰、剑格、剑珌、镜4、刷钉9、印章、铜器饰11、剑首、铁环首刀3、舍6、铺首、笄、五铢、铁环首刀3、凿2、铺首、棺钉等	东汉		彭次摹
25	95	"甲"字形土坑木椁	4.20×3.20-7.50	一椁一棺	2.26×1.58-0.82 2.10×0.82	仰身直肢	陶鼎4、壶4、敦4、玉佩8、玉黄2、盘、匜、龙形玉佩、灯、镜、器盖、匜、卮足、玉哈、器盖、骨耳塞	战国晚楚墓		

续表

墓号	方向	墓葬形制	长×宽−深	棺椁形制	长×宽	葬式	随葬品	时代	性别	备注
26	165	斜坡墓道小砖券墓	3.50×1.14−0.98	不详	不详	不详	蚌蝉、玉耳塞、鼻塞、五铢	东汉		
27	10	竖穴土坑	3.20×1.52~1.60−2.10	不详	不详	不详	陶鼎、壶、罐	战国晚楚墓		
28	12	竖穴土坑	2.28×1−2.64	木棺	2.16×0.58	仰身直肢	陶罐、瓷罐、石研、石砚、铜镜、带钩、大泉五十、印章、铁削	新莽	男	
29	15	竖穴土坑	2.86×1.36−2.56	木棺	2.20×0.60	仰身直肢	陶罐 9、壶、器盖 7、铜镜、五铢	东汉		
30	15	弧形墓道刀形前后室砖墓	4.35×1.84−3	木棺	2×0.60	仰身直肢	陶罐 2、壶 4、匜、甑、盉、鼻塞、玉蝉、铜镜、带钩、铅钱、铁环首刀、剑、铅车饰	东汉	男	
31	95	竖穴土坑	2.76×1.06−0.80	不详	不详	不详	陶鼎 2、壶 2、高足壶 2、鉴、盘 2、笙 2、匜、小陶器 2、熏炉、铜镜、蚁鼻钱	战国晚楚墓		
32	168	弧形墓道小砖券墓	3.24×1.30−2.20	木棺	不详	不详	玉蝉、昭文带、铜弩机 3、带钩、五铢、铁剑、环首刀、棺钉	东汉	男	
33	10	竖穴土坑	3.92×1.60−1.61	木棺	2×0.58	仰身直肢	陶鼎、鐎壶、匜、盒、罐 2、瓮 2、耳杯、镇 4、铜饰、环、带钩、铜镜、印章、后把饰、环首刀 2、削、铅车饰、剑 3、骨管、铁戟、贝币	西汉		陶文"王衾""彭杏之印"
34	15	竖穴土坑	3.64×1.42−1	木棺	1.94×0.50	仰身直肢	陶罐 5、瓮、铜镜 4、马衔、当卢、镳、玉唅、玉鼻塞、五铢、铁棺钉、鞭	西汉		
35	9	竖穴土坑双室	4.42×1.46~1.64−1.50	内、外棺	2.35×0.76（外）2.20×0.68（内）	仰身直肢	陶罐 6、铜镜、五铢、铜饰、带钩、铁削	东汉		
38	100	竖穴土坑	3.20×1.50−3.60	木棺	2×0.70	仰身直肢	陶鼎 2、敦 2、壶 2、高足壶 2、匜、盘、玉璧、云形青饰、铜剑、戈、镜、鉴、带钩、弩矢、后足	战国晚楚墓	成年男性	

续表

墓号	方向	墓葬形制	长×宽-深	棺椁形制	长×宽	葬式	随葬品	时代	性别	备注
39	100	竖穴土坑	3.06×1.18-3.16	不详	不详	不详	无	战国晚楚墓		
40	20	竖穴土坑	3.10×1.10-0.84	木棺	2.10×0.58	仰身直肢	玉蝉、铜镜、顶针、铜钱	东汉		
41	205	斜坡墓道前后室砖墓	5.10×1.40-1.86—3.50	木棺	2.44×0.46	不详	陶罐7、玉蝉、玉饰、肛塞、阴塞、鼻塞2、耳塞2、水晶珠2、玛瑙塞2、玛瑙饰、珠、铜镜2、茎足3、狮子、铺首2、大泉五十、铁刀、银戒指	新莽		
42	100	竖穴土坑	3×1-1.75	木棺	2.22×0.80-0.38	仰身直肢	陶鼎、壶2、罐、熏炉、玉璧、龙形玉佩2、玉带钩、玉觽、料珠、铜镜、茎、大铃4、铁削	战国晚楚墓	女	
43	175	竖穴土坑	3.10×1.18-2.30	一棺一椁	2.70×1.06 2.06×0.76	不详	陶鼎、壶2、罐、敦、茎、鉴、匜、高足壶、玉哈、铁剑	战国晚楚墓		
44		斜坡墓道竖穴								未发掘
45		斜坡墓道竖穴								未发掘
46	192	竖穴土坑	2.86×1.16-2	木棺	2.02×0.76		陶壶3、玉璧、哈、觯、石珠、铜镜、带钩、茎饰、权、铁簪、环首刀、蚌壳	战国晚楚墓		
47	15	竖穴土坑	3×1.32~1.42—3.80	不详	不详	不详	陶鼎5、壶4、敦4、高足壶2、鉴3、料珠、匜2、玉璜、龙形佩2、玉片、铜镜、茎、大铃、铁削	战国晚楚墓		
49	97	竖穴土坑	2.78×1.50-1.36	似为重棺	2.30×0.85 1.95×0.50	不详	陶鼎2、玉璜16、玉璧、盒2、匜2、箕、玛瑙环2、壶、鉴、管饰2、玉璜环、蚌璜4、菱形饰、后饰、玉黄、大铃、镜、饶、带钩、铜环首铁削、管饰	战国晚楚墓		

续表

墓号	方向	墓葬形制	长×宽－深	棺椁形制	长×宽	葬式	随葬品	时代	性别	备注
67	12	竖穴土坑	4.80×1.40~1.80－1.11	木棺	2.24×0.66	不详	陶罐5、壶、铜镜3、五铢、玉珠、铁棺钉2、铅车害、车饰	西汉		
68	15	竖穴土坑	4.20×1.74~1.84－1.10	木棺	2.18×0.66~0.72	仰身直肢	陶鼎2、罐5、壶、盒、玉耳塞2、鼻塞、玉哈、铜镜、带钩、环、五铢、铁环首刀、棺钉、铅当户4、铅当镳3、扣饰、兽面饰	西汉		
69	192	斜坡墓道砖室墓	3.30×1.24－1	木棺	2.10×0.63	不详	釉陶壶2、井、灶、玉蝉、骨尺、鼻塞、铁削、簪、铜镜、当户、盖弓帽、车軸、马衔镳、车衡头4、车衡饰、扒钩2、五铢	东汉		
70	201	斜坡墓道砖室墓	3×1.06－1.18	木棺	2×0.60	仰身直肢	釉陶灶、井、瓷壶、鼻塞2、陶罐6、玉蝉、玉哈2、肛塞、耳塞2、铜镜、大泉五十	新莽		
71	159	弧形墓道砖室墓	2.90×0.87－2.67	木棺	2×0.60	仰身直肢	陶双耳罐、瓷双耳壶、玉蝉、哈、鼻塞、红釉陶灶、井、瓷耳塞、铜镜和大泉五十	新莽		
72	10	竖穴土坑	4×1.60~1.68－1.30	木棺	2.14×0.58~0.68	仰身直肢	陶鼎、壶2、卮、罐2、鐎壶、盆、盘、玉蝉、耳塞、铜镜、五铢、铁剑、带钩、铁镞	西汉		
73	18	竖穴土坑	2.40×1.40－0.90	木棺	1.84×0.68	仰身直肢	陶罐5、铜镜、刷、铃、玉蝉、耳塞、铁带钩、铁环首刀	西汉		
74	0	竖穴土坑	2.35×1.06－1.25	木棺	2×0.60	仰身直肢	陶罐2、铜带钩、铁剑、环首刀、玛瑙珠	西汉		
75	100	不详	2.74×1.16－2.56	不详	不详	仰身直肢	陶鼎、盒、敦、壶、鉴、铜剑	战国晚楚墓	男	越王剑

续表

墓号	方向	墓葬形制	长×宽−深	棺椁形制	长×宽	葬式	随葬品	时代	性别	备注
76	100	竖穴土坑	2.98×1.50~1.60−1.60	木棺	2.06×0.70	仰身直肢	陶鼎2、壶2、盒2、罐、高足壶2、匜、熏炉、筳、盘、勺、玉璧、黄、哈、料珠、铜镜、卮、泥金饼	战国晚楚墓	老年女性	
77	195	斜坡墓道双室砖券墓	3.94×1.20~1.72−2.20	木棺	2.10×0.63	不详	玉蝉、肛塞、鱼、耳塞、鼻塞、石砚、石砑、铜镜、带钩2、环2、铜钱、铁剑	新莽	男	
78	105	竖穴土坑	2.80×1−2.80	不详	不详	不详	陶鼎	战国晚楚墓		
79	80	竖穴土坑	2.86×0.92~0.96−2.64	不详	不详	仰身直肢	陶鼎、壘、高足壶2、石英石、铜剑、匜饰、带钩2、戈镦、勺、环、铺首衔环2、蚁鼻钱、铜片、印章、青瓷2、鼻塞2、铁弩矢	战国晚楚墓	男	彭信之印
80	45	斜坡墓道竖穴土坑墓	2.30×1.30−1.88	木棺	1.94×0.60~0.66	仰身直肢	陶罐8、石砚、铜镜、刷、五铢、铁剑、削、环首刀	西汉		
82	165	斜坡墓道竖穴土坑墓	5.25×2.20−2.82	木棺	2.27×0.60~0.70	不详	陶鼎2、壶6、双耳罐2、盒2、盘4、甑、罐、釜、勺2、匜2、尊、石蝉、石珠子、鐎壶、玉昭文带、玉璧、镜5、刷2、犬铃、玉鼻塞、铜鐎壶、五铢、铅饰	西汉		
83	170	斜坡墓道竖穴土坑墓	3.44×1.70−3.14	木棺	1.90×0.44	不详	陶罐6、铜镜、刷、盖弓帽、五铢	西汉		
84	190	竖穴土坑	2.80×1−1	不详	不详	不详	陶鼎、壶、盒、筳、勺、壶2、高足壶、玉璧、匜、熏炉、铜镜、权	战国晚楚墓		
85	170	砖室墓	4.68×2.19−2.95	木棺	2.20×0.70	不详	陶罐5、匜、盒、卮2、甑、鼎2、杯、盘、盏盖、盒、碗、鐎壶、铜镜2、器盖、柿蒂纹饰	西汉		

续表

墓号	方向	墓葬形制	长×宽~深	棺椁形制	长×宽	葬式	随葬品	时代	性别	备注
86	155	砖室墓	4.26×1.64~1.60	木棺	2.36×0.72~0.80	不详	陶鼎、井、釜、罐5、鐎壶、卮、灶、甑、玉昭文带、铜镜、带钩、五铢、铁剑、环首刀2	西汉	男	
87	200	斜坡墓道竖穴土坑墓	4×1.83~2.29	木棺	2.58×0.90	不详	陶鼎、罐3、甑、灶、井、盘、鐎壶、豆、鐎斗、勺、耳杯、铜镜、卮、五铢、玛瑙狮子、管2、珠	西汉		
92	98	"甲"字形土坑木椁	3.44×1.64~4.40	一椁一棺	3.40×1.58-0.26 2.14×0.72	仰身直肢	陶鼎2、壶2、敦2、尊2、匜、罍2、卮、鉴、铜剑、戈	战国晚楚墓	男	牖佫丘井尚生
93	170	斜坡墓道竖穴土坑双室墓	5.25×2.78~2.93~6.68~7.37	木棺	2.44×0.86	仰身直肢	陶鼎2、壶5、甗、盒2、卮、罐、瓮4、鐎壶、卮、铜镜21、豆、洗、鐎壶、匜、带钩、鉴、柿蒂纹饰5、铁剑、环、印章、勺、镞1、铁饰2、铅车马饰、石砚、研、珠子2和木漆器、环首刀2、漆耳杯	西汉	男	彭广汉印
94	104	竖穴土坑	3.14×1.60~1.70~1.60	椁痕	3.14×0.72	不详	陶鼎2、敦2、盘、匜、高足壶2、匜、铜剑、鐎壶、簋、卮饰、带钩、环	战国晚楚墓	男	
95	190	斜坡墓道前砖后土墓	4.30×2.46~2.30	木棺	2.30×0.70	仰身直肢	陶壶5、鼎2、鐎壶、玉瑗、鼻塞、耳塞、璜2、哈、铜镜、铁削、卮环把、大泉五十、纺	新莽		
96	285	砖室墓	3.30×2.48~2.52~1	木棺	2.40×0.70~0.90	不详	陶鼎2、壶3、罐、盒、匜、铜镜、五铢、玉饰2、玉璧、玉哈、棺钉	西汉		
97	10	竖穴土坑	2.10×0.90~1~1	木棺	不详	仰身直肢	铜勺、银簪	东汉		

墓号	方向	墓葬形制	长×宽－深	棺椁形制	长×宽	葬式	随葬品	时代	性别	备注
98	95	竖穴土坑	3.10×1.26~1.30－2.10	不详	不详	不详	陶鼎2、壶2、敦2、鉴2、匜、铜镜、铁器	战国晚楚墓		
99	180	"甲"字形斜坡墓道竖穴砖券墓	×2.76~6.60	不详	不详	不详	陶壶6、盒2、盆、匜、灶、勺、玉璧、铁铧	西汉		为保护东坡墙未全部清理
101	190	斜坡墓道砖券墓	3.42×1.10~1.40	木棺	2.06×0.58	仰身直肢	玉蝉、鼻塞、骨饰、铜镜、刷、大泉五十、顶针、柿蒂纹饰、铁削	新莽		
102	210	刀形	2.80×1.60~2.30	木棺	2.16×0.86	仰身直肢	陶罐、玉蝉、石砚、铜镜、刷、环、钱、铁剑、环首刀	西汉	男	
103	185	刀形竖穴土坑	3×1.35	不详	不详	不详	不详	不详	不详	因水位高未清理到底
104	14	竖穴土坑	2.40×0.55~0.06	不详	不详	仰身直肢	陶罐	西汉	男	
105	183	砖室墓	4.10×1.70~2.10	木棺	2×0.80	仰身直肢	陶壶2、盒3、罐3、扁壶、錐壶、盆3、奁、釜灶、井、勺、铜镜、刷、五铢、盆	西汉		
106	195	斜坡墓道竖穴土坑双室墓	4.30×2.10~2.16	木棺	1.90×0.48	仰身直肢	陶鼎3、盒2、勺2、奁2、罐、甄、釜5、壶3、盘4、匜、铜镜、五铢、铁剑	西汉		
107	190	竖穴土坑	3.10×0.88~1.95	榫痕	2.10×0.88~0.24	不详	陶鼎2、壶2、敦、高足壶、鉴、匜、铜镜	战国晚楚墓	男	
108	105	竖穴土坑	3.18×1.20~2.74	木棺	2.10×0.70~0.30	仰身直肢	陶鼎、敦2、壶2、匜、鉴、玉璧、镞	战国晚楚墓	男	
109	195	斜坡墓道竖穴土坑双室墓	3.80×2.10~2.04	木棺	2.12×0.58	仰身直肢	陶鼎2、壶7、盒2、罐4、盆5、钫、釜灶、玉哈、铜戈、五铢、半两	西汉	男	
110	195	斜坡墓道竖穴土坑双室墓	4.15×2.20~1.90	不详	不详	不详	陶鼎2、匜、罐2、盘、钫2、甄、杯、盒3、錐壶、釜2、铜镜、带钩、玉哈、五铢	西汉		

续表

墓号	方向	墓葬形制	长×宽-深	棺椁形制	长×宽	葬式	随葬品	时代	性别	备注
111	95	竖穴土坑	3.16×1.56-3.54	一椁一棺	2.96×1.10-0.68 2×0.74	仰身直肢	陶鼎4、壶4、敦4、匜2、鉴2、鐎壶、骨管、铜剑、铁凿	战国晚楚墓	男	
112	95	竖穴土坑	2.40×1.40	不详	不详	不详	不详	不详	不详	
113	10	竖穴土坑	3.36×1.16-2.30	不详	不详	不详	不详	战国晚楚墓	不详	被盗
115	9	竖穴土坑	3.70×1.46~1.50-0.38	木棺	2.20×0.90	仰身直肢	陶罐6、铜镜、带钩、五铢、铁削	西汉		
116	3	竖穴土坑	2.86×1.50~1.70-1.10	一椁一棺	2.60×1.64~1.76 2×0.70~0.78	不详	鼎2、壶2、盒2、罐、甑、釜、卮、匜、盆、灶、铜带钩、玉牌、铝车马器、骨车马饰	西汉		被盗
118	10	竖穴土坑	4.24×1.90-0.10	不详	不详	不详	铜印章、刷、铅饰	西汉		陈广汉印
120	8	竖穴土坑	2.80×1.45-0.10	不详	不详	不详	五铢钱14	汉		
121	106	竖穴土坑	残长1.40×1.20-1.60	不详	不详	不详	陶鼎盖、圆底盆	战国晚楚墓		被盗
123	5	竖穴土坑	2.40×1.40-1.50	一椁一棺	2.10×1.10 1.90×0.67	不详	陶罐4、铜镜、铜器、铁削	西汉		
124	151	灰坑墓				屈肢葬	玉唅	西汉		
125	10	竖穴土坑	3.20×2.18-1.08	木棺	2.40×0.66	仰身直肢	陶罐4、石环、铜镜、环、刷、五铢、铁剑、削、环首刀	西汉	男	
126	7	竖穴土坑	残长1.55×1.10-1.65	不详	不详	不详	陶鼎足、铜鼎足	汉		被盗
127	190	竖穴土坑	2.52×1.18-3.36	木棺	1.98×0.50~0.56	仰身直肢	陶鼎2、敦、壶、铜镜、镞、戈、剑、蚌壳	战国晚楚墓	男	

续表

墓号	方向	墓葬形制	长×宽−深	棺椁形制	长×宽	葬式	随葬品	时代	性别	备注
128	不详	竖穴土坑	2.65×1.10−0.47	不详	不详	不详	不详			
129	不详	竖穴土坑	1.90×1.30−0.65	不详	不详	不详	不详	战国晚楚墓		
130	15	竖穴土坑	2.80×1.30−0.65	不详	不详	不详	残陶罐			
131	195	竖穴土坑	2.10×0.62−1.56	木棺	1.80×0.40	仰身直肢	青铜剑、铜镜	战国晚楚墓		
132	190	竖穴土坑	2.74×1.12	不详	不详	不详	不详			被盗
135	10	竖穴土坑	3.10×1.90−2.18	木棺	2.06×0.68~0.76	仰身直肢	陶罐、玉璧	西汉		土五越口里
139	205	斜坡墓道竖穴土坑墓	3.80×1.60−3.52	木棺	2.12×0.60	仰身直肢	陶罐9、陶壶、釉陶壶2、釉陶甑、釉陶釜、釉陶灶、釉陶井、瓷壶2、玉蝉、石鼻塞2、铜镜2、带钩2、刷、五铢、车饰2、印章、盖弓帽、伞柄、泡钉2、当户、槽、兽面2等、铁剑2、环首刀、钉及兽骨器	西汉	男	彭强之印
140	109	"甲"字形土坑木椁	3.20×1.72−6.20	一棺	2×0.62	不详	陶鼎4、壶6、敦4、盆2、匜2、玉环、铜剑、带钩、弩机、镞、饼	战国晚楚墓	男	
141	345	竖穴土坑	2.60×1.40~1.60−2.80	木棺	2.38×0.78~0.96−0.60	仰身直肢	陶罐	战国晚楚墓		
143	5	竖穴土坑	2.88×1−1.67	木棺	1.94×0.60	仰身直肢	陶罐	西汉		水
145	20	竖穴土坑	3×1.60	木棺	1.80×0.66	不详	陶罐、环、铁镞、铜镞、骨饰、车饰	西汉		陈龙里倗
149	3	竖穴土坑	2.80×1−1.40	木椁	2.60×0.80−0.34	仰身直肢	陶鼎、盒、壶、盘、高足壶、匜、杯、奁、铜带钩、铁器	战国晚楚墓		

续表

墓号	方向	墓葬形制	长×宽-深	棺椁形制	长×宽	葬式	随葬品	时代	性别	备注
150	7	竖穴土坑	3.04×1.55-2.36	一棺一椁	3.04×1.10-0.62 2×0.64-0.62	仰身直肢	陶鼎、壶、罐、盒、高足壶、匜2、盘、玉璧、蚌纺轮、骨箅、铜镞、铜饰、镞2、蚁鼻钱	战国晚楚墓		
151	190	长方形竖穴小砖墓	2.30×0.80-2.36	木棺	1.88×0.40	侧身直肢	陶瓿、釜、井、铜带钩、钉帽、环、铁环首刀2、棺钉、蚌镰、石镦、网坠、纺轮	东汉	男	
152	220	斜坡墓道多室砖墓	3.60×1.26~2.48 -1.36~1.89	木棺	2.10×0.50~0.58	不详	瓷壶6、陶罐13、灶、釜、瓿2、井2、镜、铜洗、刷、耳鼻塞3、玉蝉、饰件、顶针饰、帽当片、车马器2、铁削、当户、大泉五十、五铢、骨管2	新莽		
153	15	长方形小砖墓	2.75×1.20-2.70	梯形棺	2.30×0.66~0.63	侧身屈肢	铜带钩、耳鼻塞	西汉		
157	195	斜坡墓道砖券墓	3.06×0.90-2.60	木棺	1.94×0.60	仰身直肢	瓷壶、釉陶壶3、陶罐6、井、瓿、径足、铜镜2、大泉五十、玉蝉、耳鼻塞2、鼻塞2、帽钉2、顶针2、铁削2、铁锥、银刷、铺首衔环2、铜器2、铁器、戒指	新莽		
158	20	斜坡墓道竖穴土坑墓	4.76×1.07-3.50	木棺	2.18×0.58	仰身直肢	瓷壶8、盆2、釉陶井、灶、陶罐2、镜2、耳鼻塞、骨鼻塞、铜洗、铁剑、玉蝉、马衔、弩机、五铢、带钩、棺钉、环首刀、镳、铝饰	东汉		
159	125	椭圆形灰坑墓	1.42×0.92-0.20			仰身屈肢	铁矛、镞、棺钉	东汉		灰坑墓
160	200	椭圆形灰坑墓	0.65×0.60-0.19			仰身屈肢	陶罐	战国		
161	200	斜坡墓道竖穴土坑墓	2.90×1.62-4.20	木棺	2.10×0.62	仰身直肢	陶罐5、釉陶壶2、釉陶罐3、釉陶井、陶瓿、釉陶灶、瓿、玉璧3、蝉、环、玉饰13、耳鼻塞2、铜釜炉、铜熏炉、镜4、洗、顶针、铜饰、铁环首刀	西汉		

续表

墓号	方向	墓葬形制	长×宽-深	棺椁形制	长×宽	葬式	随葬品	时代	性别	备注
162	160	竖穴土坑	2.86×1.36	无		仰身直肢	无	东汉		
163	190	斜坡墓道竖穴土坑	5.30×3.40-5.30	一棺一椁	4.20×2.52-0.80（椁）2.30×1-0.50（棺）	不详	陶鼎2、壶6、瓿2、罐、盒2、瓷、玉璧、璜2、佩2、铜钮扣饰、镜、车马饰、环5、铜钱、泥塑镇墓兽、骨镳、铅车马器	西汉		
165	10	灰坑墓	0.95~0.64-0.70				陶罐	战国		
167	200	砖室墓	2.90×1.20	木棺	2×0.66	仰身直肢	陶罐7、甑、灶、井、陶器、玉蝉、耳璧2、鼻塞2、铜镜2、刷、顶针、帽钉、环、兽面铺首、五铢、铁削、铁残片、铁器、剪刀	西汉		
168	195	斜坡墓道砖券墓	3.18×1.58-1.40		不详	不详	玉器、铜带钩、镞、顶针、环、五铢、石凿、铁钉、铁剑、铁块、骨锥、铅镜	新莽		
169	10	竖穴土坑	2.40×0.66	木棺	1.82×0.58	仰身屈肢	无	西汉		
170	100	"甲"字形土坑木椁	4.10×3.72-5.60	一棺一椁	3×1.56 2.10×0.66	不详	陶鼎4、壶2、盒2、高足壶2、罐3、圆底罐、双耳圆底罐、瓿2、洗、匜2、盘、灯、筷、铜鼎2、戈、卮、带钩、印章、剑、戈、铁镘	战国晚楚墓		敬君子
171	185	竖穴土坑	2.37×1-3.80		1.88×0.58	仰身交足	陶罐	西汉		
172	0	竖穴土坑	2.60×0.60-2.35		2.50×0.60	仰身直肢	陶罐	西汉		
173	15	竖穴土坑	2.70×1-1.82	木棺	2.24×0.66	仰身直肢	陶鬲、釜、罐、俑、铜镜	西汉		
174	195	斜坡墓道竖穴土坑双室墓	4.46×1.52-5	一棺一椁	2.40×1.28 2×0.52	不详	陶罐5、壶2、玉蝉、铅泡2、五铢、骨耳塞、铜镜、铁棺钉	西汉		

续表

墓号	方向	墓葬形制	长×宽-深	棺椁形制	长×宽	葬式	随葬品	时代	性别	备注
175	105	斜坡墓道竖穴土坑	2.88×1.52-4.34	木棺	2.08×0.65	不详	陶罐9、甑、釉陶壶4、瓷壶、玉蝉、耳鼻塞、铜镜2、环、泡钉帽、刷、五铢、铁鼎	西汉		
177	190	竖穴土坑	2.35×1.04-2			仰身直肢	陶罐	西汉		
179	10	竖穴土坑	2.30×0.80-0.37	木棺	2.02×0.74	仰身直肢	陶罐、甑、釜、灶、井、铜铺首衔环、五铢、铁削、木漆器	西汉		
180	190	砖室墓（合葬）	3.70×1.94-3.80	木棺	2.04×0.57（东）2×0.58（西）	仰身直肢	陶罐7、釉陶甑、釜、灶、井、壶5、瓷壶、玉蝉2、玉鼻塞4、玉耳塞、石砚、骨镞、铜镜3、顶针、刷2、盖弓帽、印章、五铢、带钩2、铁剑、削4、簪2、剪刀	西汉	男	彭立
181	190	斜坡墓道竖穴土坑	4.50×3.68	一棺一椁	3.72×2.50 2.25×0.90		陶鼎2、壶6、钫、盒2、耳杯2、玉璜、盆2、罐、匜、瓿、扈、甑、铜蒂纹饰、半两、玉蝉2、铜镜2、铜器、瓷鼎、铁棺钉、壶、罐	西汉		
186	205	斜坡墓道砖券合葬墓	3.75×2.06-1.52	双棺	1.90×0.52（东）1.90×0.54（西）	不详	釉陶壶2、灶、陶罐8、井、纺轮、玉蝉、石砚、研、骨耳塞3、鼻塞、铁剑、4、铜镜3、带钩、刷、铜钱、马衔、削3、棺钉、铅当户、马镳	新莽		无
191		竖穴土坑	残长0.70×0.65-0.25				无			
192	16	竖穴土坑	2×0.60-0.70-0.25	不详	不详	仰身直肢	无	西汉		
193	195	斜坡墓道砖室墓	2.58×1.04-1.90	木棺	1.98×0.50	仰身直肢	陶罐6、甑、釜、灶、井、玉耳塞、铁鼻塞、蚌饰3、铜洗、大泉五十、矛、削	新莽	男	

续表

墓号	方向	墓葬形制	长×宽-深	棺椁形制	长×宽	葬式	随葬品	时代	性别	备注
195	270	竖穴土坑	残长0.72×0.60 ~0.66-0.30	不详	不详	不详	无	西汉		
196	200	斜坡墓道竖穴土坑	2.60×1.84-3.38	一棺一椁	2.36×1.66 2.04×0.48~0.56	仰身直肢	陶罐9、钵、玉蝉、鼻塞、耳塞、铜镜、洗、盖弓帽2、弩机、铁剑、环首刀、棺钉、铅扣钩	西汉		
197	15	竖穴土坑	2.20×0.90-0.70	木棺	2×0.64	仰身直肢	铜带钩	西汉		
198	195	竖穴土坑	4.80×2.48-7	木棺	2.10×0.72		陶鼎2、壶6、盒2、罐5、瓮2、奁2、匜、勺、釜、甑、镩壶2、石砚、石研、玉蝉、鼻塞2、耳塞2、印章2、刷、五铢、铜镜、带钩、环首刀、铁剑、削	西汉	男	彭寿之印 彭角之印
199	35	竖穴土坑	1×0.48-0.20	不详	不详	仰身直肢	无	西汉		
200	190	斜坡墓道砖室墓	2.64×0.82-1.04	木棺	1.96×0.56	仰身直肢	王蝉、耳塞、铜镜、铜钱、铁棺钉	新莽		
201	10	砖椁	-1.64			仰身直肢	铜镜、铜钱、铁刀、蚌器	西汉		仅发掘探方内部分
202	10	砖椁	×0.86-1.40			仰身直肢	王唅、耳塞、铜块	西汉		仅发掘探方内部分
203	5	土坑竖穴	×2.76-6.70			不详	玉璧、璜	西汉		仅发掘探方内部分
204	195	斜坡墓道竖穴土坑	2.64×1.60-2.76	木棺	2.02×0.54	仰身直肢	陶壶、罐7、灶、井、玉蝉、铜镜、洗、带钩、印章、铜器、铁剑、环首刀、五铢	西汉		彭莫私印
207		灰坑墓	不详	不详	不详	不详	不详	不详	不详	

续表

墓号	方向	墓葬形制	长×宽－深	棺椁形制	长×宽	葬式	随葬品	时代	性别	备注
208	200	"甲"字形	4.20×1.94~2.04－2.08	不详	不详	不详	不详	不详	不详	被盗
209	190	斜坡墓道竖穴土坑	5.38×3.40－7	一椁二棺	2.66×1.38 2.10×0.79 1.66×0.72		陶鼎2、壶7、盒2、罐、瓿、釜、耳杯、匜、勺2、奁6、玉昭文带、璜2、带钩、剑珌、铜镜、镇4、带钩、环2和五铢、铁剑、环首刀、铁条、棺钉、海贝	西汉	男	有封土
211	20	竖穴土坑	2.30×0.70~0.80－1.20	木棺	2.22×0.76	仰身直肢	陶罐	西汉		
212	20	竖穴土坑	2.40×1.10~1.20－1.90	木棺	1.94×0.42~0.54	仰身直肢	铁镢	西汉		
213	8	竖穴土坑	2×1.05－1.32	木棺	1.84×0.54~0.60	仰身直肢	铜带钩、半两、铁环首刀	新莽		
214	196	"甲"字形土坑木椁	3.40×2.60－3.43		2.88×1.40 2.30×1.11	不详	无	战国晚楚墓		
215	290	竖穴土坑	2.60×1.20－2.40		2.80×0.92	仰身直肢	陶罐2、铜带钩、印章、铜匜饰2	战国晚楚墓		
216	96	"甲"字形土坑木椁	3.40×2.60－5	一棺一椁	2.88×1.40 2.30×1.11	不详	陶鼎3、簠、勺、镦、戈、矛、弩矢3、剑、环首刀、镞、盒4、玉璧、响盒、玉衔环、卮钮、镜、铁削、碗、洗、铺首衔环、罐3、高足壶4、铜鼎、壶2、镜、剑、铁斧5、铲	战国晚楚墓		
218	176	竖穴土坑	残长1×1.40			俯身	陶罐	战国晚楚墓		
219	20	刀形砖室墓	2.60×1.45－3.84	砖椁木棺	1.80×0.60	仰身直肢	陶罐7、瓿、釜、灶、井、铜镜、带钩、五铢、铁剑、削	东汉		

ABSTRACT

Four kilometers southeast of Huaiyang County in Henan Province and southeast of Dazhu Village, on a terrace 3–5 meters above the ground, there is Pingliangtai Site, also known as 'Pingliangzhong' or 'Zhuliangtai', covering over 500000 ㎡ . From May 1979 to December 1989, archaeologists from the Team of Henan Provincial Cultural Relics (now Henan Provincial Institute of Cultural Relics and Archaeology) , Zhoukou's Department of Cultural Relics and Bureau of Cultural Relics of Huaiyang County, jointly conducted multiple archaeological excavations at Pingliangtai Site and excavated 4532 ㎡ , discovering 19 house foundations, 262 ash pits, 219 tombs, 3 pottery kilns and 1 horse-and-chariot pit.

The archaeological report of Pingliangtai Site in Huaiyang comes in two volumes. Volume I is chiefly on excavations and discoveries made at Pingliangtai Site; Volume II is primarily on archaeological achievements made during excavations of Chu tombs of Warring States Period and tombs of Western Han and Eastern Han dynasties at Pingliangtai Site.

In Volume I of Pingliangtai Site in Huaiyang, plentiful ruins and relics, which are of Dawenkou Culture period, Longshan Culture period, Erlitou Culture period, Yueshi Culture period and Shang and Zhou dynasties, have been discovered at Pingliangtai Site. Among all the discoveries, the most important one is unveiling the site of an ancient city of Longshan Culture period. This particular square-shaped city site lies 6 ° north by east in the south-central part of Pingliangtai Site. Its residual city wall has been found to be approximately 10 meters in width and 1.2 meters in height. With each side of the city wall measuring 310 meters and moats being 42–45 meters wide, this ancient city site covers near 100000 ㎡ . Its south gate, attached with a guardhouse, and also its north gate both have been found. Inside the city, pottery drainpipes, buildings on terraces, pottery kilns, tombs, cellars and ash pits have been discovered. The excavated drainage system here is one of China's most significant archaeological discoveries as drainage facilities have been vital for a city and the pipeline drainage system has been seen as an invention that has changed human's life. The discovery of the ancient city site of Longshan Culture at Pingliangtai is of great value for studying the emergence of ancient cities in China, the origin of Chinese civilization and other issues. In the report, there is a preliminary exploration of issues relating to the establishment and history of this ancient city of Longshan Culture period, its architectural value, its name and ethnicity, etc.

Dating the city ruins discovered at Pingliangtai. Five phases of remains and cultural relics have been found overlapping each other. Phase I formed during late Dawenkou Culture period, Phase II dates back to mid Henan Longshan Culture period, Phase III contains remnants of late-mid Henan Longshan Culture period, Phase IV dates to late Henan Longshan Culture period, and Phase V has similar features to Phase I of Erlitou Culture. Phases and how they have been found overlapping both indicate that people had been living in this place before the ancient city appeared and populated in late-mid Henan Longshan Culture period. The carbon-dating (tree-ring calibration) result of charcoal unearthed from ash pit H15 of Phase III, showing that the remnants can be traced back to 4355±175 years ago, tallies with the deduction that the construction of the ancient city began before Phase III formed. Therefore, it can be inferred that the city site discovered at Pingliangtai is of an ancient city which was built and inhabited over 4300 years ago.

The architectural value of city ruins discovered at Pingliangtai can be seen from three perspectives. Firstly, primitive techniques of earth-ramming were applied in the construction of the city, such as coating a smaller-sized model with soil and building walls by stamping earth between board frames segment by segment. Such techniques can be regarded as a successful attempt based on the developmental level of productivity back at that time. Secondly, underground drainage facilities, which fairly settled the conflict between urban drainage and defense and transportation, can be deemed as a major progress in city planning. Thirdly, buildings on terraces and the wide use of adobes both reflect the advancement of contemporary city dwellers' construction techniques.

Then it comes to determining what the ancient city discovered Pingliangtai was once called. Previous archaeological research shows that modern-day Huaiyang County was Chen in Eastern Zhou. The original name of Pingliangtai Site, which is in southeastern Huaiyang County, could be 'Wanqiu', as recorded in literature, and 'Wanqiu' was exactly the capital during Taihao's reign. 'Wanqiu' had long been used as the name of the ancient city site of Longshan Culture period discovered at Pingliangtai before Chen State appeared in Spring & Autumn Period.

The investigation into the ethnicity of people who once lived in the ancient city discovered at Pingliangtai. Although Huaiyang is the legendary 'former residence of Taihao', this city didn't appear until Eastern Han. Not far from Huaiyang, the ancient city site of Longshan Culture period discovered at Pingliangtai dates back to the epoch of Taihao's time. If this ancient city wasn't the capital during Taihao's reign, it was probably built by Taihao's descendants. It is highly possible that Taihao's clan, a branch of Dongyi people in ancient Chinese legends, once lived in the ancient city of Longshan Culture period discovered at Pingliangtai Site.

Volume II of Pingliangtai Site in Huaiyang is primarily on Chu tombs of Warring States Period and tombs of Western Han and Eastern Han dynasties revealed at Pingliangtai Site. Chu tombs excavated at Pingliangtai Site totaled 39. All these Chu tombs have been identified to be shaft pit tombs, and in most of them, the soil fillings have been found rammed. The dense impressions indicate that 5.5-cm-diameter round flat metal rammers were used. The layer of rather solid rammed earth is relatively thin. The majority of the tombs are east-pointing. Just 16 tombs each having an even number of Ding as the burial objects, the majority of the tombs contain an odd number of Ding. Rituals passed down from Yin and Zhou dynasties stipulated that occupants of tombs buried with Ding should be officials and aristocrats. Therefore, the majority of the tomb occupants buried in the small and medium-sized tombs discovered at Pingliangtai Site should be aristocrats of Chu State and junior officials. Meanwhile, this finding means that the burial customs were in disorder in Chu State in late Warring States Period.

Back in Spring & Autumn Period, Huaiyang was the capital of Chen State. Chu State conquered Chen State in 479 B.C. and established Chen Prefecture, which became a place of strategic importance for Chu. In 278 B.C., General Bai Qi of Qin State and his troops captured Ying, the capital of Chu, forcing Chu people retreating to Chen Prefecture. As a result, Chen Prefecture, also known as Chenying, became the capital of Chu in late Warring States Period. Chen had been the capital of Chu for 38 years before Chu relocated its capital to Shouchun in Anhui in 241 B.C.

Inside the Chu tombs, with M16, M4 and M17 as representatives, burial objects are mainly potteries, such as Ding, pots, pots with a long stem, Fang and Jiao. The design of unearthed pottery vessels from Chu tombs at Pingliangtai Site is somewhere in between the designs of similar burial objects that have been unearthed from Chu tombs in Jiangling in Hubei Province and Changfeng in Anhui Province. The Phase VIII of Chu tombs in Jiangling formed no later than General Bai Qi seizing Ying. Chu tombs discovered in Yanggong in Changfeng County were built after Chu relocating its capital to Shouchun. Chu tombs at Pingliangtai Site should be constructed in late Warring States Period, i.e. 278 B.C. to 241 B.C., when Chu's capital was Chen.

In some of the Chu tombs, exquisite jade artifacts have been unearthed. Such a burial custom is relatively rare among Chu tombs discovered in Hunan and Hubei provinces. However, these Chu tombs have the same features with tombs of Wei State that have been excavated in Huixian County. This similarity indicates that burial customs prevailing in the Central Plains were already influencing Chu tombs in late Warring States Period.

Huaiyang was Huaiyang State back in Western Han. In the Eleventh Year of Emperor Gao (196 B.C.), the seat of local government was established in Chen Prefecture (now Huaiyang), with nine counties under its jurisdiction. According to The Book of Post-Han： Chorography, Huaiyang State's governance over nine counties continued to Eastern Han. In the Second Year of Zhanghe (88 A.D.), Huaiyang State was renamed Chen State.

Excavated tombs of Western Han and Eastern Han dynasties at Pingliangtai Site totaled 133. Tombs constructed in Western Han, Xinmang Period, Eastern Han and other periods all have been revealed. The majority of tombs have been found south-facing, and very few (M2 and M99) are north-facing. In some tombs, there is a southwest-facing arc-shaped tomb passage. With time passing by, the direction of tombs gradually shifted to the southwest, and the tom passages curved by degrees.

At Pingliangtai Site, tombs constructed in Western Han are mostly rectangular shaft pit tombs and rectangular brick-chambered tombs. Dome-shaped vaults have been found in tombs constructed in late Western Han. The tombs have been categorized into two kinds, i.e. tombs with a sloping tomb passage and those without. Soil fillings inside the tombs were rammed layer by layer. An inner coffin inside an outer coffin, or just a coffin, is commonly seen, and a secondary platform has also been found. M209 contains remnants standing on a square rammed earthen base. On the remaining four layers of the rammed base, there used to be architectures above the tomb. A east-west drainage ditch is south of the base.

The common combination of unearthed burial objects are pots, two-eared pots and stoves consisting of Fu and Zeng. Bronze mirrors are frequently discovered. The layout of M163, which is a shaft pit tomb, resembles the Chinese character ' 甲 (Jia)'. A layer of fabrics has been found covering the bottom of M163. Inside M163, there is an outer coffin and an inner coffin. Unearthed burial objects include vessels such as Ding, pots, jars, and Jiao, jade Bi and jade Huang, Banliang coins, accessories on horses and chariots. Exceptionally, a clay sculpture of a half-human-half-beast tomb guard has been discovered in its tomb passage. It has outstretching hands, a head with horns, an opening mouth, and is sitting on its heels. Such a tomb guard is extremely rare.

Only a few tombs of Xinmang Period have been excavated, mainly in the north-central and southeastern part of Pingliangtai Site. They can be categorized into shaft pit tombs and brick-chambered shaft tombs. In all tombs of the latter category, there is a sloping tomb passage. M41 is found partitioned into a horizontal front part and a longitudinal rear part. Most tombs have been found lying north-south. Discovered burial objects are mainly pottery, porcelain, bronze wares, irons, jade artifacts and bone implements, but the quantity unearthed from each tomb varies. A large number of coins, Daquan Wushi and Huoquan, have been unearthed. In some relatively well-preserved tombs, how the burial objects were placed can still be recognized. Inside the coffin, there are jade earplugs, jade nose plugs, a jade mouth plug, jade Huang, jade belt hooks, iron Xiao, and bronze seals and coins; outside the coffin, or in the area that can be regarded as the front chamber, there are vessels such as pots, Fang and Jiao.

Tombs constructed in Eastern Han can be classified into shaft pit tombs and brick-chambered tombs. Among all the shaft pit tombs, only M18 is found to have a sloping tomb passage; while the sloping tomb passage has been discovered in most brick-chambered tombs. If subdivided, the brick-chambered tombs are tombs without a tomb passages and ones attached with a tomb passage. Among the brick-chambered tombs attached with a tomb passage, some are with a front brick chamber and a rear pit, and the others just have a brick chamber. The difference among tombs which are with a single brick chamber is that some have multiple rooms, while some others have double rooms arranged in parallel. Most tombs have been found lying north-south. A secondary platform is occasionally discovered in some tombs. Two coffins positioned side by side have been discovered. In some relatively well-preserved tombs, the vault, or dome, can still be recognized. The burial objects are mainly pottery pots, bronze mirrors, bronze Wuzhu coins, brass brushes, bronze Huanshou swords and jade wares.

To sum up, where modern-day Pingliangtai Site is became the cemetery of Chu's aristocrats as the capital of Chu State moved northward in late Warring States Period. Unearthed cultural relics and the shapes and structures of discovered tombs are of great academic value for further understanding on contemporary burial customs and rituals of Chu State. When it came to Western Han and Eastern Han dynasties, this place then became the family cemetery of the Peng clan. Relics and ruins of this period provide data to research on burial customs and rituals of Western Han and Eastern Han dynasties in Huaiyang district.

The archaeological report of Pingliangtai Site in Huaiyang was a project sponsored by The National Social Science Fund of China in 2005 and jointly undertaken by Henan Provincial Institute of Cultural Relics and Archaeology and Administrative Bureau of Huaiyang Pingliangtai Site. This project is now completed.

2020.5.17

后　记

　　《淮阳平粮台》报告是 2005 年度国家社科基金项目，由曹桂岑承担。本报告由曹桂岑任主编，曹桂岑、杨肇清、李剑文、窦中言、贾亮、郑大勇承担报告编写工作，具体分工如下：曹桂岑执笔上册第一章、第二章、第三章、第四章、第五章、第十章、第十一章，李剑文执笔第六章，窦中言执笔第七章，贾亮执笔第八章，郑大勇执笔第九章；下册第一章由曹桂岑执笔，第二章由杨肇清、曹桂岑执笔，第三章、第四章由李剑文执笔。曹桂岑通审全书。陶文和印章由牛济普教授释文。

　　摄影由曹桂岑、窦中言、聂凡承担，绘图由方士军、谭丽丽、苏惠敏、高凤梅承担，拓片由杜影、张体栋承担，制表李昊，修复由朱家兴、张体栋、杜影、焦良荣承担。

　　《华夏考古》编辑部方燕明、辛革、刘亚玲为本报告编辑工作付出了艰辛劳动，大象出版社郭一凡为报告出版付出辛劳，特此致谢！

　　该报告编写中得到国家文物局、河南省文物局、河南省文物考古研究院、周口市文广新局、周口市文物管理所、淮阳县文广新局、淮阳县平粮台古城管理处的大力支持，谨表感谢！

编者

2019 年 12 月

1. 铜鼎（M4：3）

2. 玉璧（M4：18）

3. 铜镜（M4：4）

4. 越王剑（M4：2）

5. 越王剑（M4：2）

6. 越王剑（M4：2）

M4 出土器物

1. 铜削（M16：83）

2. 铜厄足（M16：76）

M16 出土铜器

1. 玉璧（M16∶4）

2. 玉环（M16∶57）

3. 玉环（M16∶25）

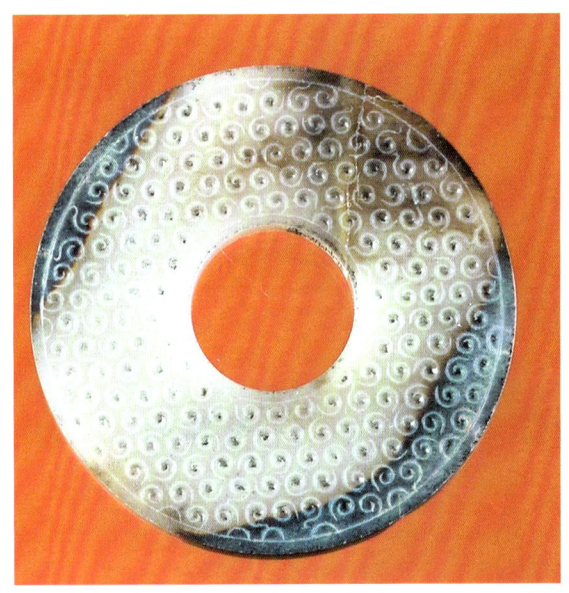

4. 玉璧（M16∶24）

M16 出土玉璧、玉环

1. 玉璜（M16：79）

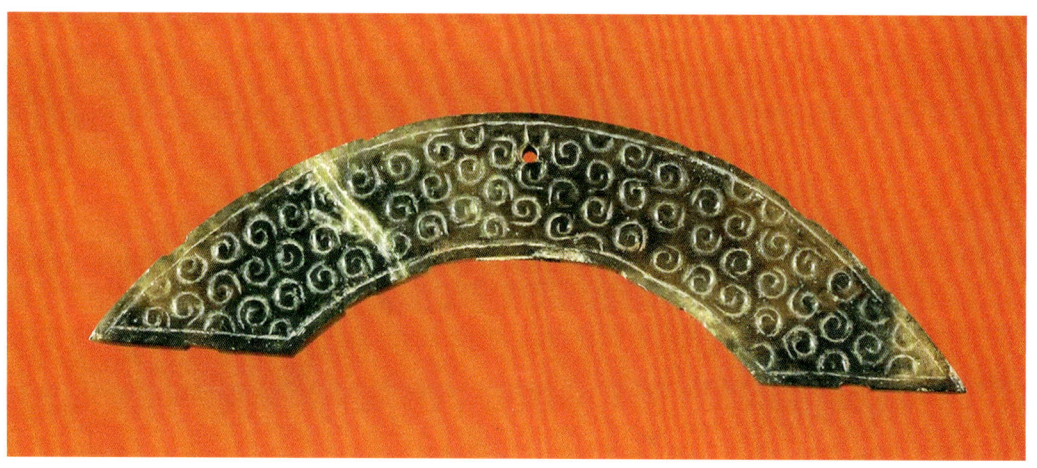

2. 玉璜（M16：18）

3. 龙形玉佩（M16：20）

M16 出土玉器

M16 出土龙形玉佩

1. 龙形玉佩（M16：1）

2. 龙形玉佩（M16：78）

M16 出土龙形玉佩

1. 龙形玉佩（M16：16）

2. 鼓形玉佩（M16：59）

M16 出土玉器

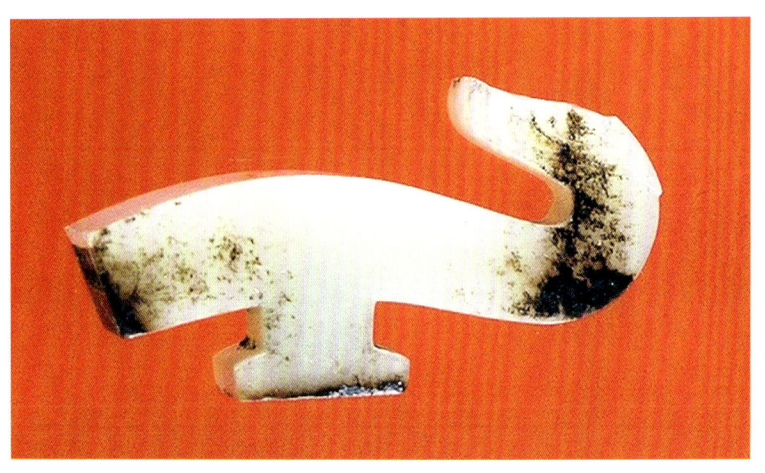

1. 马头形玉带钩（M16：5）

2. 金钮玉环（M16：80）

3. 玉镜支架（M16：85）

M16 出土器物

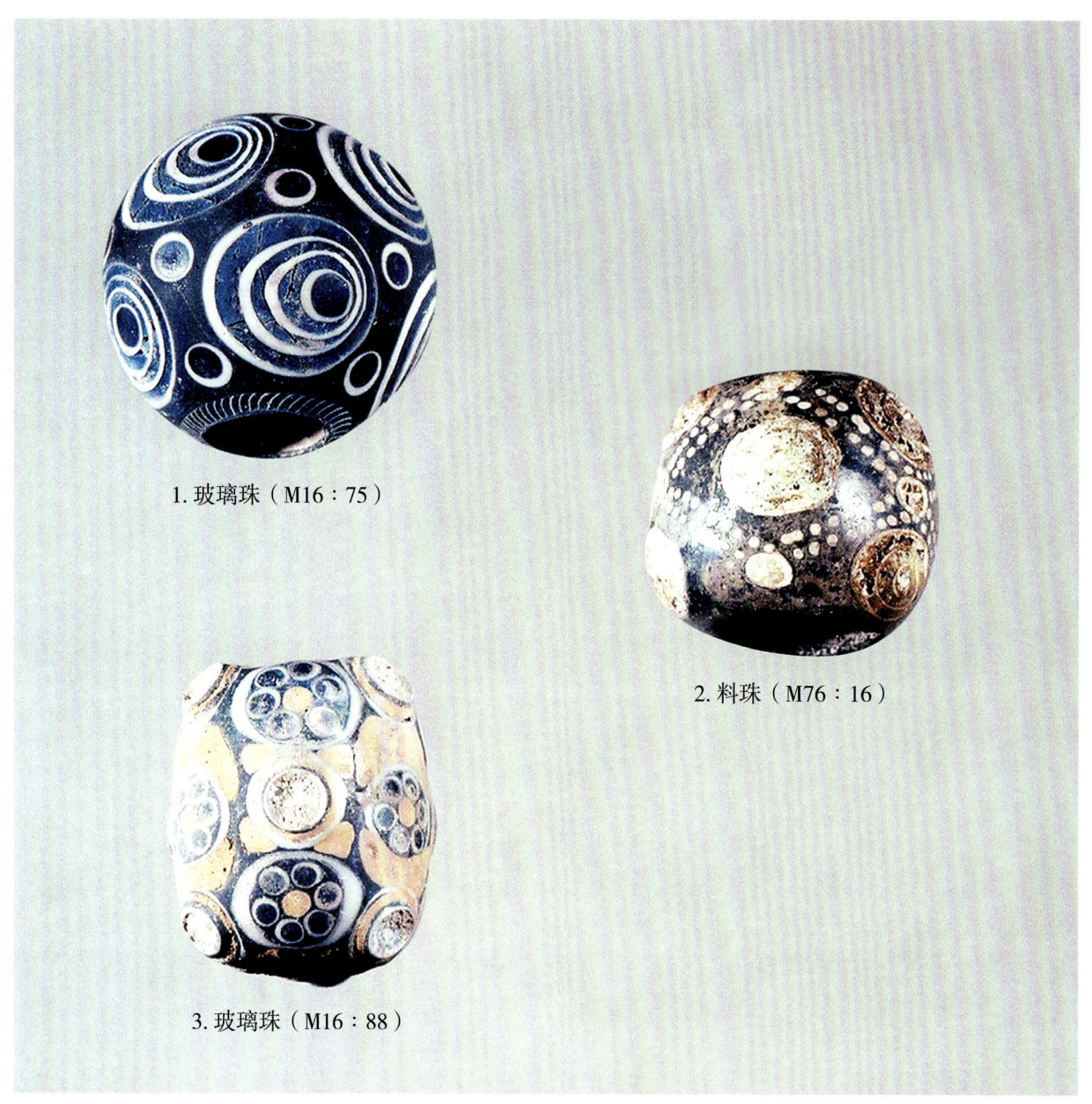

1. 玻璃珠（M16 : 75）

2. 料珠（M76 : 16）

3. 玻璃珠（M16 : 88）

M16、M76 出土料珠、玻璃珠

1. 铜鼎（M17：62）

2. 铜鼎（M17：64）

3. 铜鼎（M17：61）

4. 铜鼎（M17：60）

5. 铜鼎（M17：65）

6. 铜镜（M17：118）

M17 出土铜鼎、铜镜

1. 青铜剑（M17∶30）

2. 青铜剑（M17∶32）

M17 出土铜剑

M17 出土铜剑（M17：31）

1. M17：1

2. M17：20

3. M17：11

4. M17：6

5. M17：22

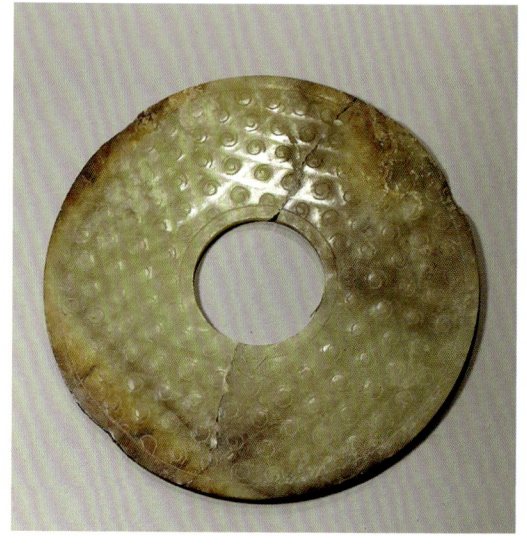

6. M17：8

M17 出土玉璧

1. M17：10

2. M17：4（正面）

3. M17：15

4. M17：4（反面）

5. M17：18

6. M17：17

M17 出土玉环

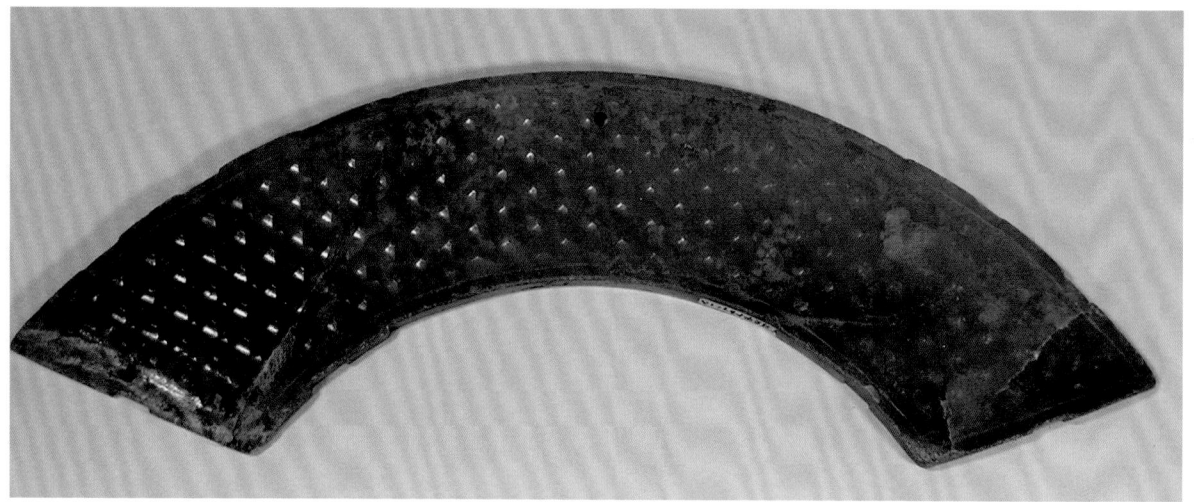

1. M17：2

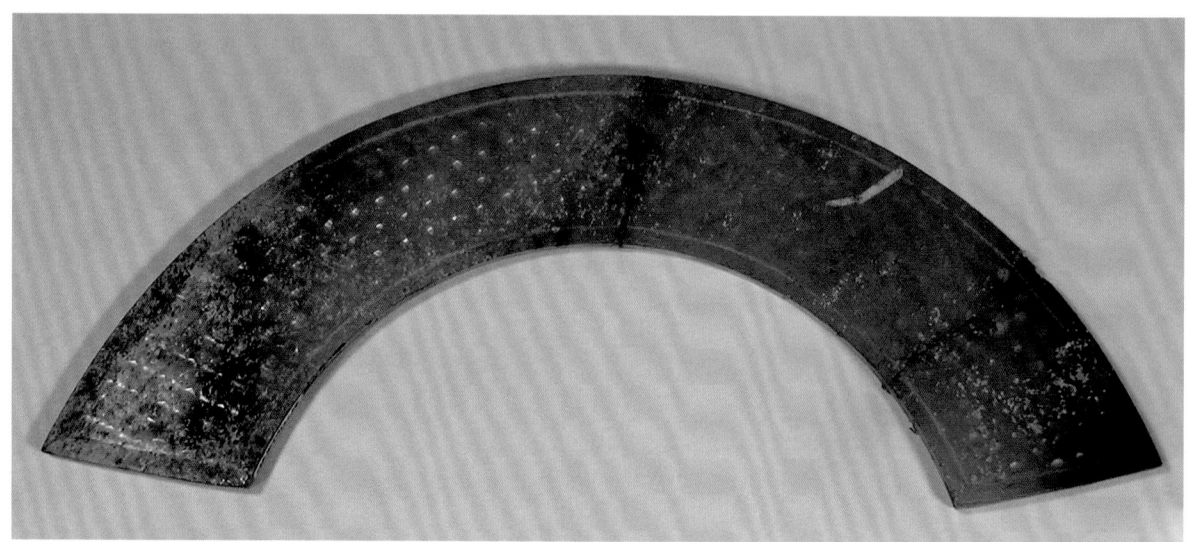

2. M17：12

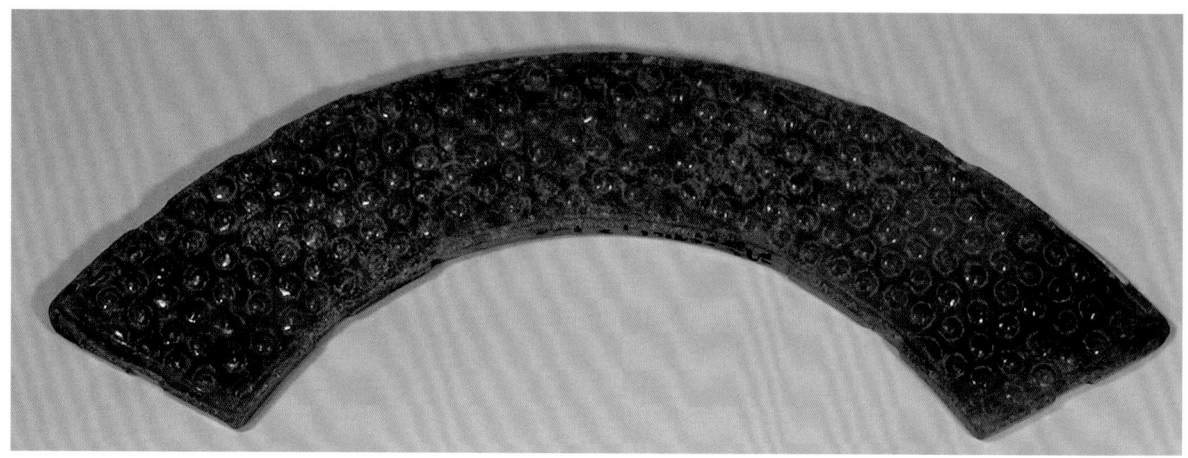

3. M17：19

M17 出土玉璜

1. M17：13

2. M17：25

3. M17：28

M17 出土玉璜、玉佩

M17 出土凤鸟形玉佩（M17：14）

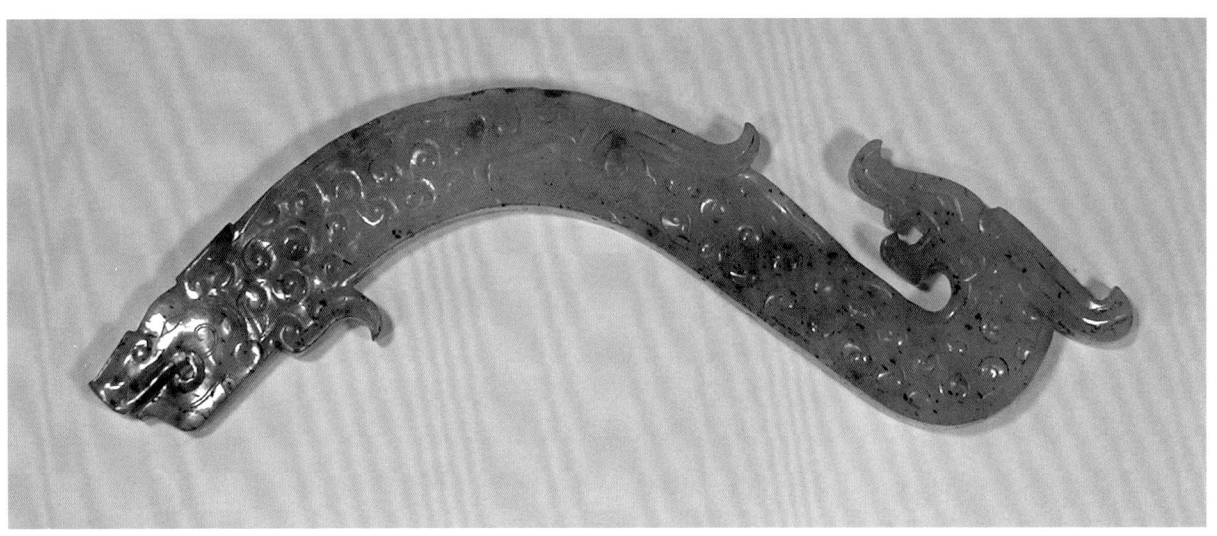

1. M17：26

2. M17：27

M17 出土玉佩

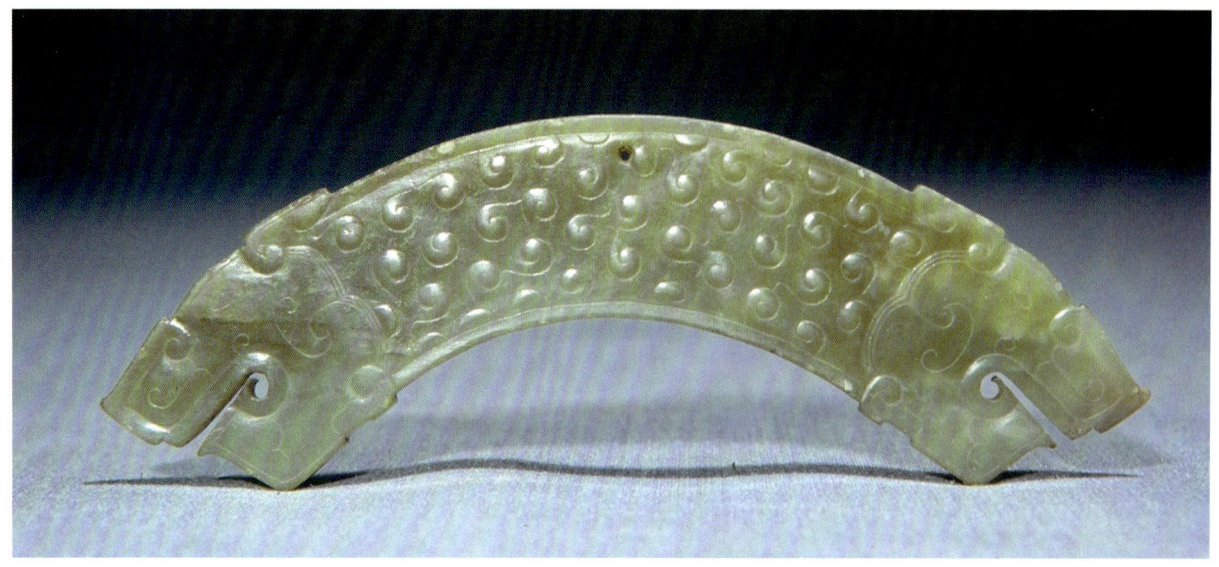

1. 璜形玉佩（M17：5）

2. 龙形玉佩（M17：24-1）

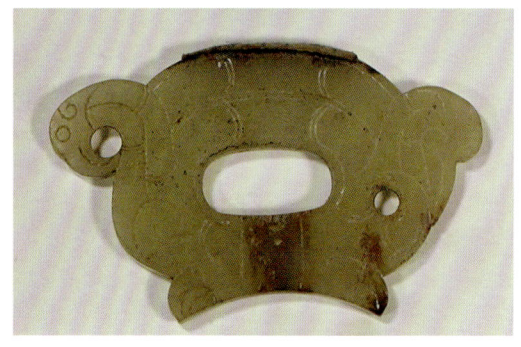

3. 双凤连体玉佩（M17：29）

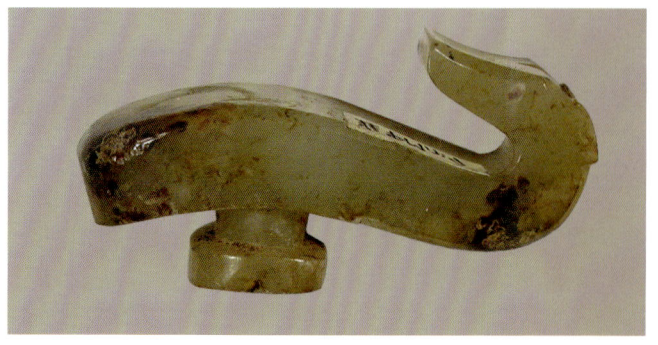

4. 马头形带钩（M17：9）

M17 出土玉器

M17 出土动物形玉唅（M17：21）

1. M25：4

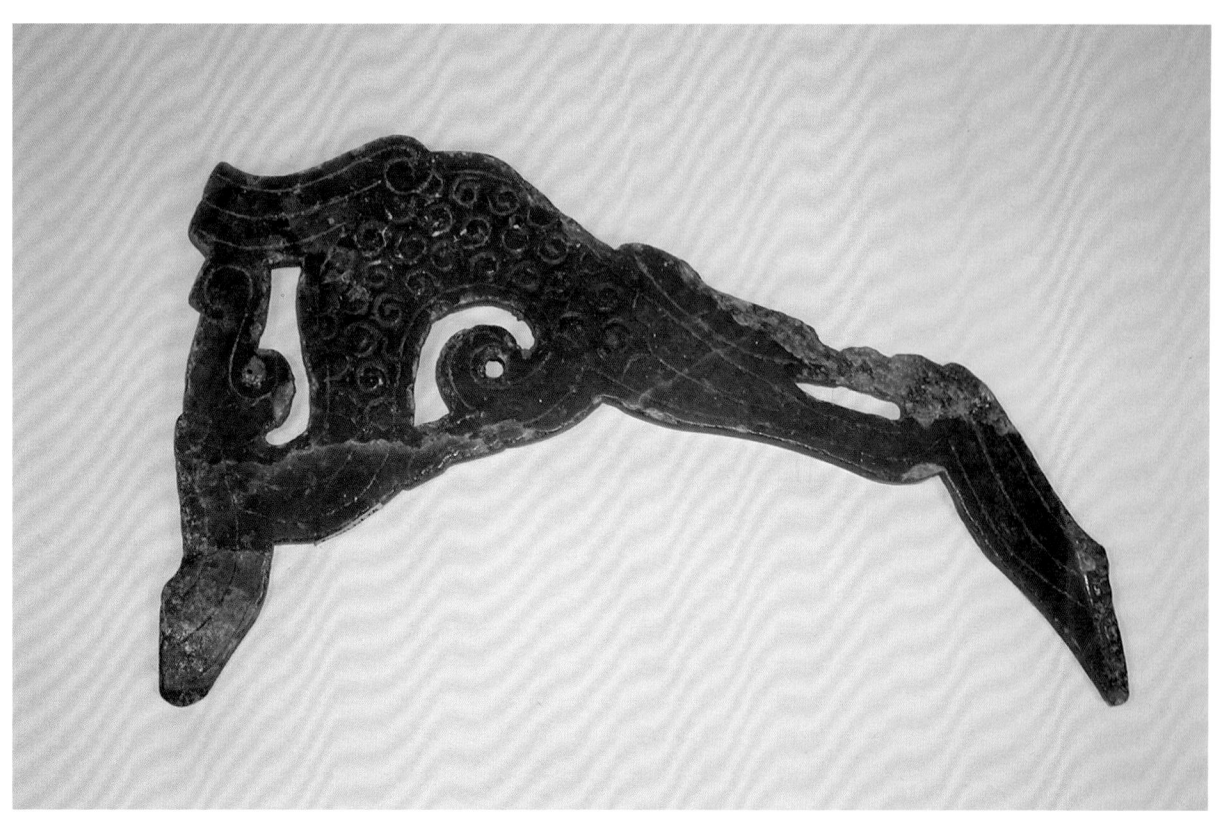

2. M25：3

M25 出土龙形玉佩

M25 出土龙形玉佩

1. M25：5

2. M25：6

3. M25：10

1. M25：11

2. M25：8

3. M25：9

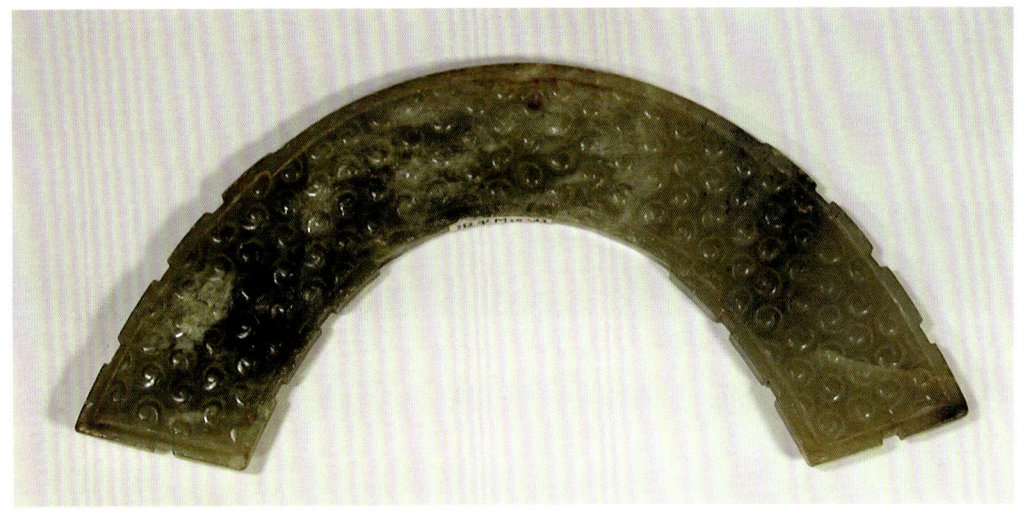

1. 玉璜（M25：33）

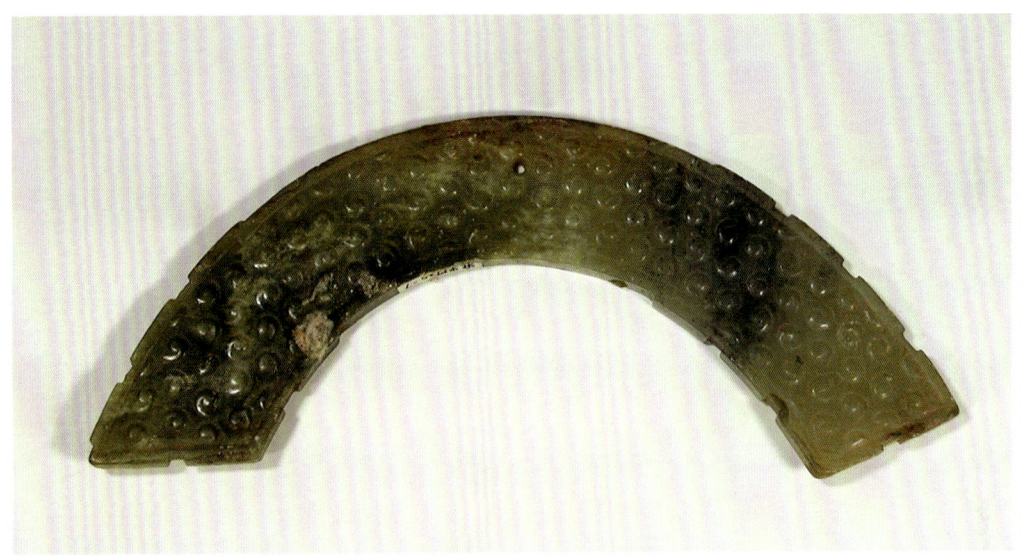

2. 玉璜（M25：7）

3. 玉唅（M25：34）

M25 出土玉器

1. 剑（M92：13）　　　　　　　　2. 戈（M92：14）

M92 出土铜戈、铜剑

1. 青铜剑（M140：13）

2. 玉环（M140：15）

3. 铜带钩（M140：23）

4. 铁凿（M216：35）

5. 铜镞、铜弩矢（左　1~5. M216：37-1~5
右　1~3. M216：37-6~8）

M140、M216 出土器物

1. 鼎（M170：16）

2. 灯（M170：19）

4. 印章（M170：32）

5. 印文"敬君子"（M170：32）

3. 剑（M170：36）　　6. 勺（M170：18）　　7. 铜带钩（M170：33）

M170 出土铜器

1. 陶响盒（M216：16）

2. 陶响盒另面（M216：16）

3. 铜镜（M216：31）

4. 铜壶（M216：28）

5. 铜镦、铜矛
（左　M216：38　右　M216：36）

6. 铜壶顶部（M216：28）

M216 出土器物

1. 陶鉴（M31：5）

2. 陶鉴局部（M31：5）

3. 陶熏炉（M31：13）

4. 铜带钩（M38：16）

5. 青铜剑（M38：14）

M31、M38 出土器物

1. 铜错金银狸形戈首（M38：9）

2. 铜镦（M38：10）

3. 玉璧（M38：11）

M38 出土器物

M42出土龙形玉佩（M42：13-1、M42：13-2）

1. 玉带钩（M42：10）

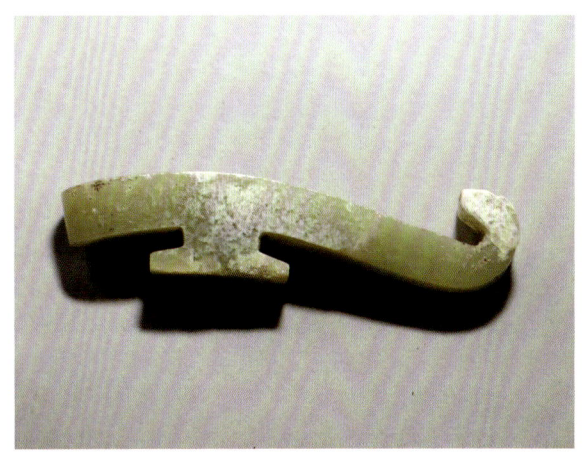

2. 玉带钩（M42：10）

3. 料珠（M42：11）

4. 料珠另面（M42：11）

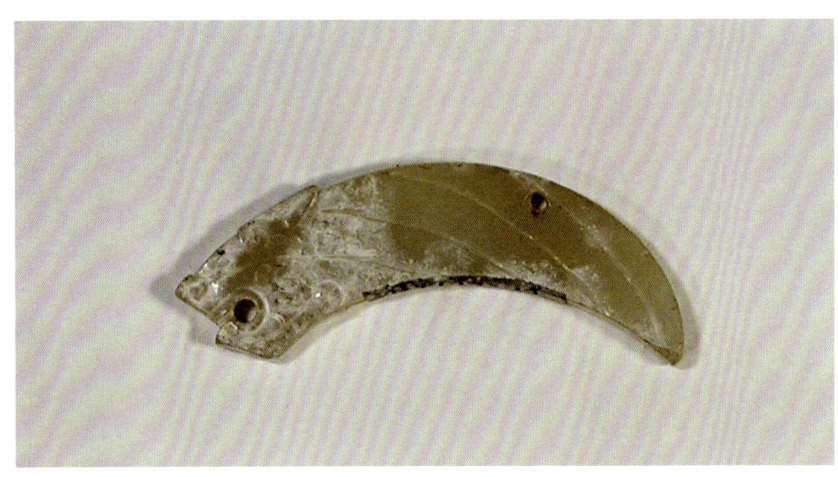

5. 玉觿（M42：14）

M42 出土器物

1. 铜镜（M46：4）

2. 玉璧（M46：13）

3. 铜权（M46：11）

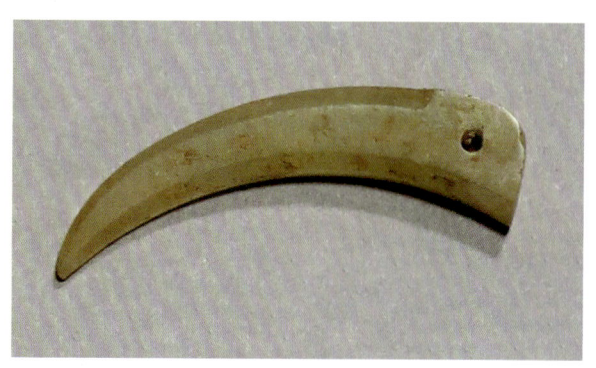

4. 玉觿（M46：8）

5. "彭信之印"铜印（M79：14）

M46、M79 出土玉器、铜器

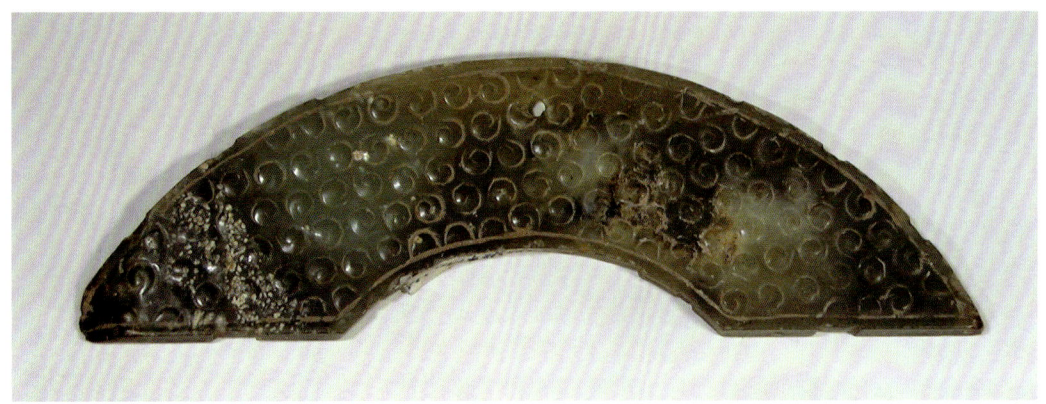

1. 玉璜（M47：26）

2. 龙形玉佩（M47：24）

3. 龙形玉佩（M47：25）

M47 出土器物

1. 铜卮饰（M49：12）

2. 镜（M49：18）

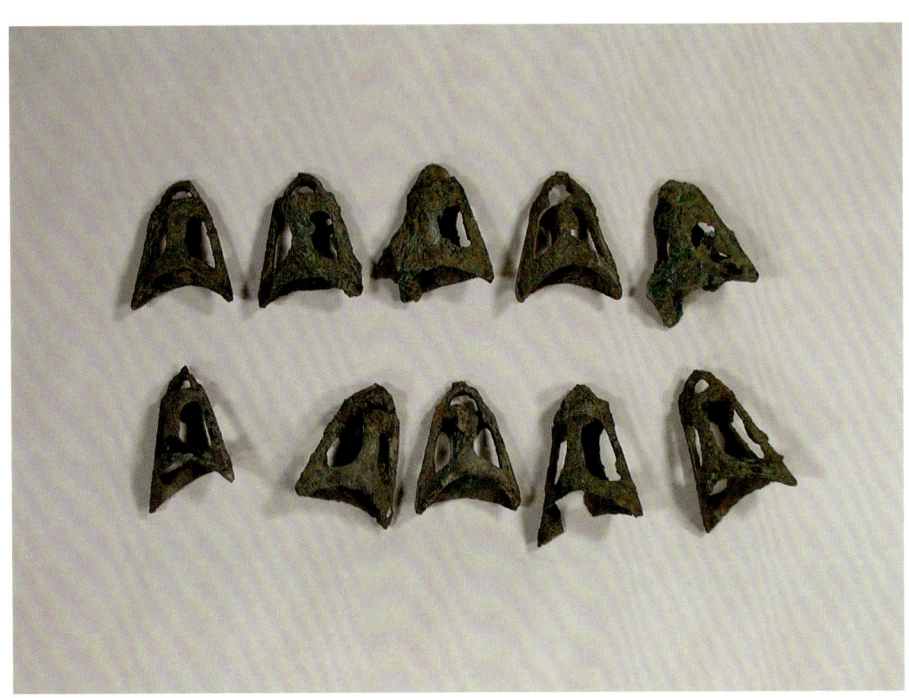

3. 犬铃（M49：48）

M49 出土铜器

1. 璧（M49：1）

2. 圭（M49：55）

3. 圭（M49：57）

4. 玉管饰（M49：11）

6. 圭（M49：56）

5. 玉料（M49：51）

M49 出土玉器

1. M49：6

2. M49：5

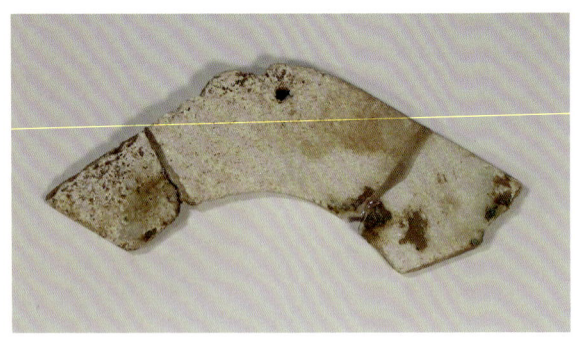

3. M49：24

4. M49：43

5. M49：41

6. M49：39

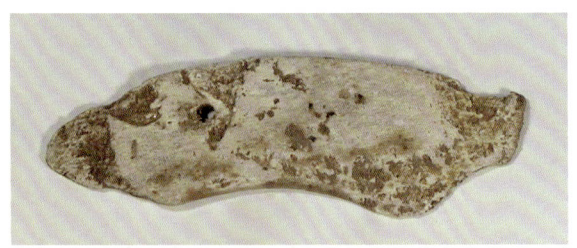

7. M49：40

8. M49：42

M49 出土玉璜

1. M49：7

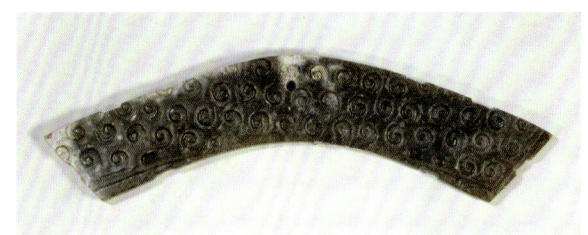

2. M49：8

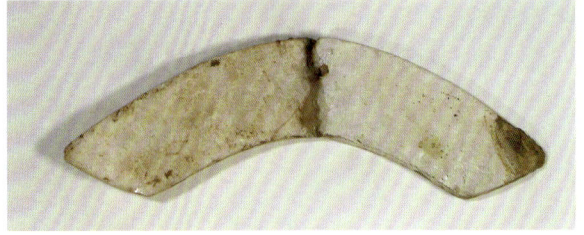

3. M49：32

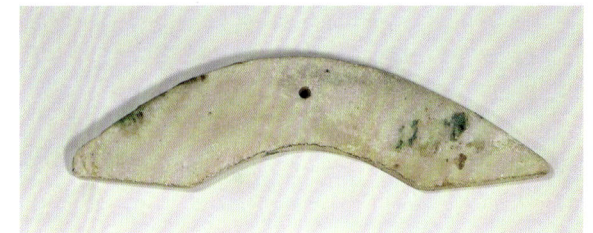

4. M49：34

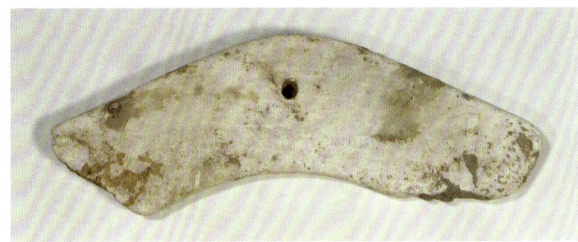

5. M49：35

6. M49：36

7. M49：37

8. M49：38

M49 出土玉璜

M49出土龙形玉佩（M49：9、M49：10）

1. 玛瑙环（M49：2）

2. 玛瑙环（M49：3）

3. 蚌璜（M49：29）

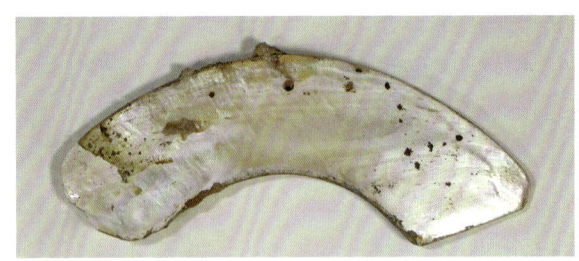

4. 蚌璜（M49：30）

5. 蚌璜（M49：31）

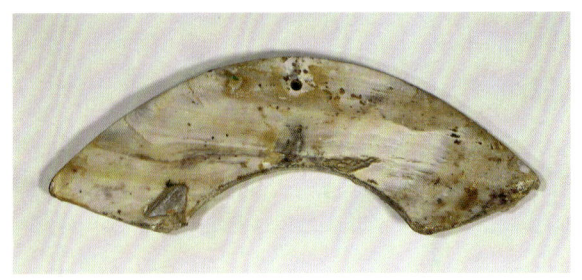

6. 蚌璜（M49：33）

7. 料珠（M49：27）

8. 料珠（M49：45）

9. 料珠（M49：46）

M49 出土器物

1. 全貌

2. 错金剑格

3. 剑首铭文

M75 出土铜剑（M75：1）

1. 壶（M3：22）

2. 鹿镇（M3：56）

3. 熏炉（M3：10）

4. 蒜头壶（M3：17）

5. 甂（M3：4）

6. 鐎壶（M3：16）

M3 出土铜器

1. 铜鉴（M3：14）

2. 木漆器（M3：58）

3. 铜鉴（M3：6）

4. 木漆器（M3：58）

5. 铜壶（M3：15）

6. 铜洗（M3：11）

M3 出土器物

1. 铜钫（M12：27）

2. 铜镜（M12：2）

3. 铜镜（M12：3）

4. 铜镜（M12：4）

5. 铁镇（M12：50）

6. 铜镜（M12：1）

M12 出土器物

1. 玉昭文带（M12：6）

2. 石砚、石研（M12：24）

3. 铁削（M12：13）

4. 铁炭炉（M12：31）

5. 铁剑（M12：7）

M12 出土器物

1. 鐎壶（M13：40）

2. 铜镜（M13：7）

3. 铜镜（M13：9）

4. 铜镜（M13：6）

5. 铜镜（M13：8）

M13 出土铜器

正视

背面

M13 出土铜镇（M13：73、M13：74、M13：75）

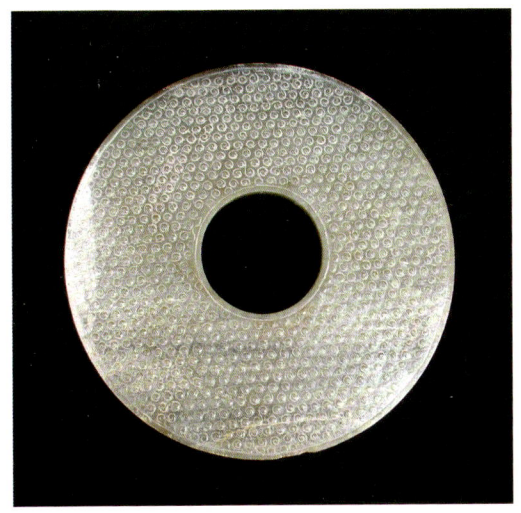

1. 玉璧（M13：1）

2. 玉璧（M13：2）

3. 玉璜（M13：11）

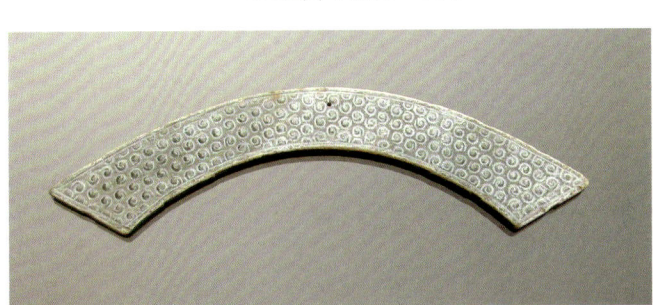

5. 玉璜（M13：12）

4. 玉璜"百六十八月"刻字（M13：11）

6. 玉璧（M13：5）

M13 出土玉器

1. 陶灶（M87：21）

2. 陶鐎壶（M87：12）

3. 陶鐎斗（M87：16）

4. 陶奁（M87：17）

5. 陶卮（M87：15）

M87 出土陶器

1. 玛瑙狮子（M87：4）

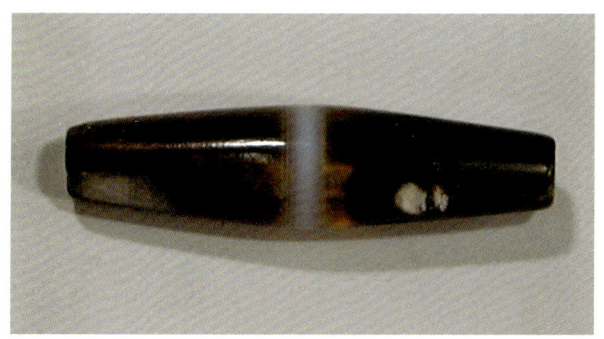

2. 玛瑙管（M87：7）

3. 玛瑙管（M87：6）

M87 出土玛瑙器

1. 釉陶壶（M139：10）

2. 釉陶壶（M139：9）

3. 釉陶甑、釜、灶
（M139：42、M139：38、M139：39）

4. 釉陶井（M139：41）

5. 瓷壶（M139：7）

6. 瓷壶（M139：11）

M139 出土釉陶器、瓷器

1. 镜（M139：27）

5. 车軎（M139：18）

2. 镜（M139：28）

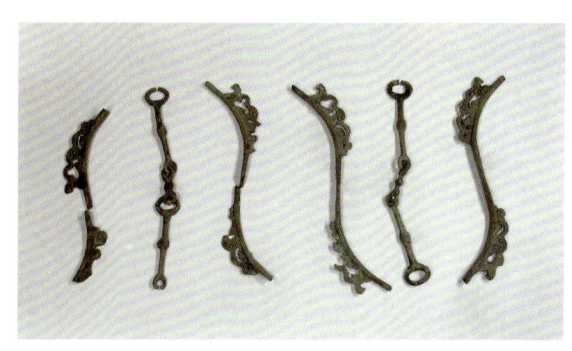

6. 马衔镳（M139：22）

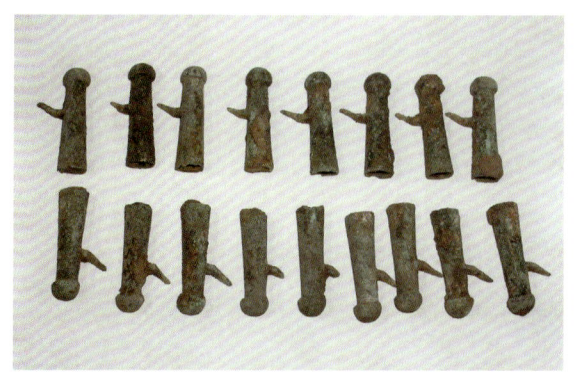

3. 盖弓帽（M139：17）

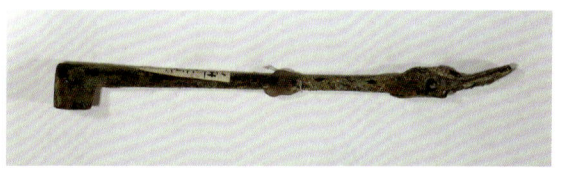

7. 刷（M139：34）

4. 泡钉（M139：29）

8. 当卢（M139：21）

M139 出土铜器

1. 壶（M161：5）

2. 甑、釜、灶（M161：12）

3. 壶（M161：7）

4. 罐（M161：8）

5. 罐（M161：10）

6. 罐（M161：11）

M161 出土釉陶器

1. 铜熏炉（M161：20）

2. 玉蝉（M161：16）

3. 铜镜（M161：15-3）

4. 铜镜（M161：15-2）

5. 铜镜（M161：15-4）

6. 铜镜（M161：15-1）

M161 出土器物

1. 陶鼎（M163：19）

2. 玉璧（M163：1）

3. 镇墓兽（M163：24）

M163 出土器物

1. 铜镜（M174：9）

2. 铜镜（M174：10）

3. 釉陶壶（M175：10）

4. 铜镜（M175：1）

5. 玉蝉（M175：6）

M174、M175 出土器物

1. 陶钫（M181∶19）

2. 瓷罐（M181∶24）

3. 瓷盒（M181∶9）

4. 瓷壶（M181∶10）

5. 陶甑、釜（M181∶11、M181∶17）

6. 瓷鼎（M181∶25）

M181 出土陶器、瓷器

1. 铜镜（M181：5）

2. 玉瑗（M181：1）

3. 玉璜（M181：2-1、M181：2-2）

4. 玉蝉（M181：3）

5. 铜镜（M196：6）

6. 铜弩机（M196：18）

7. 玉蝉（M196：1）

M181、M196 出土器物

1. 陶罐（M204：18）

2. 陶罐（M204：19）

3. 玉蝉（M204：12）

4. 铜印章（M204：9）

5. 铜镜（M204：6）

6. 铜带钩（M204：7）

M204 出土器物

1. 铜镜（M209：29）

2. 海贝（M209：38）

正视

侧视

背面

3. 铜镇（自左向右：M209：32、M209：35、M209：36、M209：37）

M209 出土器物

正视

背面
1. 鎏金铜镇（自左至右：M33：10、M33：11、M33：12、M33：13）

2. 铅车饰（M33：14）

M33 出土器物

1. 剑（M33：5）

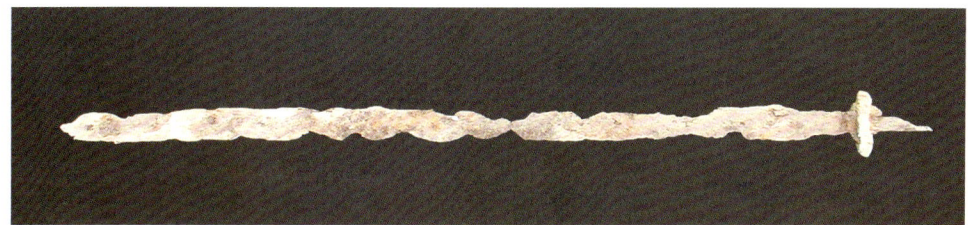

2. 剑（M33：31）

3. 剑（M33：32）

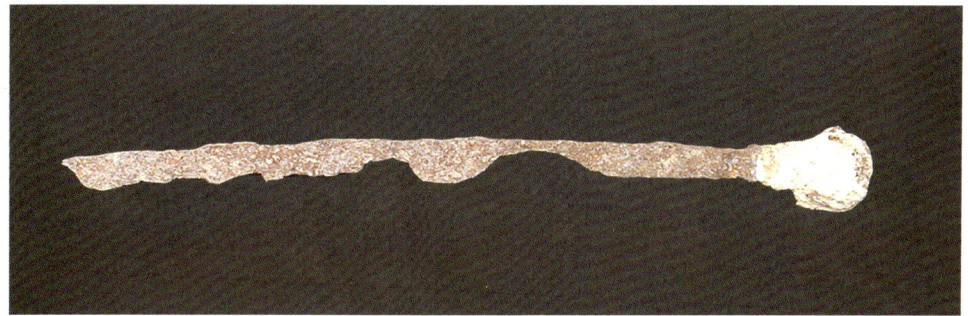

4. 环首刀（M33：4）

5. 削（M33：2）

M33 出土铁器

1. Ⅱ型罐（M34：13）

2. 瓮（M34：9）

3.Ⅲ型罐及其刻字（M34：12）

M34 出土陶器

1. 镜（M67：4）

2. 刷（M73：2）

3. 镜（M68：2）

4. 镜（M67：15）

5. 镜（M72：5）

6. 镜（M67：14）

M67、M68、M72、M73 出土铜器

1. 玛瑙珠（M74：1）

2. 玉牌（M116：1）

3. 铜镜（M173：4）

4. 铜带钩（M116：2）

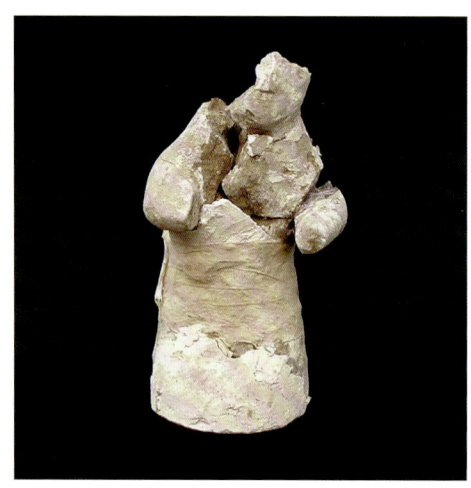

5. 陶俑（M173：5）

6. 陶俑侧面（M173：5）

M74、M116、M173 出土器物

1. 釉陶壶（M180：40）

2. 釉陶壶（M180：38）

3. 铜镜（M180：1）

4. 铜镜（M180：14）

5. 铜印（M180：9）

6. 瓷壶（M180：42）

M180 出土器物

1. 瓷壶（M70∶11）

4. 瓷壶（M152∶3）

2. 釉陶井（M70∶5）

3. 釉陶灶（M70∶4）

5. 瓷壶（M152∶4）

M70、M152 出土器物

1. 铜镜（M41：3）

2. 铜镜（M41：16）

3. 玛瑙狮子俯视（M41：20）

4. 玛瑙狮子（M41：20）

5. 玉蝉（M41：6）

6. 玉饰（M41：7-1、M41：7-2）

M41 出土器物

1. 铜镜（M77：4）

2. 石研、石砚（M77：7、M77：2）

3. 铜带钩（M77：9）

5. 玉璜（M95：6、M95：7）

4. 玉蝉（M77：6）

7. 玉瑗（M95：1）

6. 铜镜（M152：1）

M77、M95、M152 出土器物

1. 釉陶壶（M20：13）

2. 釉陶壶（M20：14）

3. 铜镜（M29：1）

4. 铜带钩（M35：3）

5. 铜镜（M35：1）

6. 铜镜（M40：3）

M20、M29、M35、M40 出土器物

M158 出土瓷器

1. Ⅰ式壶（M158：20）

2. Ⅱ式壶（M158：19）

3. Ⅲ式壶（M158：15）

4. Ⅳ式壶（M158：21）

5. Ⅴ式壶（M158：23）

6. Ⅰ式壶（M158：25）

7. Ⅱ式瓮（M158：16）

8. Ⅰ式瓮（M158：11）

1. 釉陶井（M158：13）

2. 釉陶灶（M158：14）

3. 铜镜（M158：1）

4. 铜镜（M158：2）

5. 玉蝉（M158：4）

6. 铜洗（M158：24）

M158 出土器物

1. 铜镜（M24：24）

2. 铜镜（M24：26）

3. 铜镜（M24：39）

4. 铜镜（M24：42）

5. 柿蒂纹饰（M24：45）

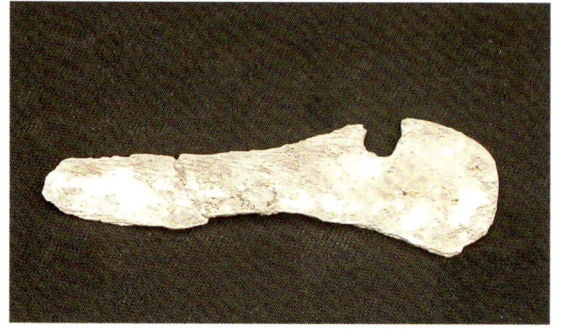

6. 骨匕（M24：17）

M24 出土铜器、骨匕

1. 蝉（M24：30）

2. 剑格（上）与剑珌（下）
（M24：43、M24：22）

3. 带钩（M24：33）

M24 出土玉石器

M24 出土玉昭文带（M24：31-1）

淮阳平粮台遗址高空摄影图

1. 陶鼎（M4：7）

2. 陶壶（M4：10）

3. 陶高足壶（M4：19）

4. 陶罐（M4：17）

5. 陶匜（M4：28）

6. 铜鼎（M4：3）

M4 出土器物

1. 鼎（M16：40）

2. 鼎（M16：37）

3. 鼎（M16：45）

4. 簋（M16：42）

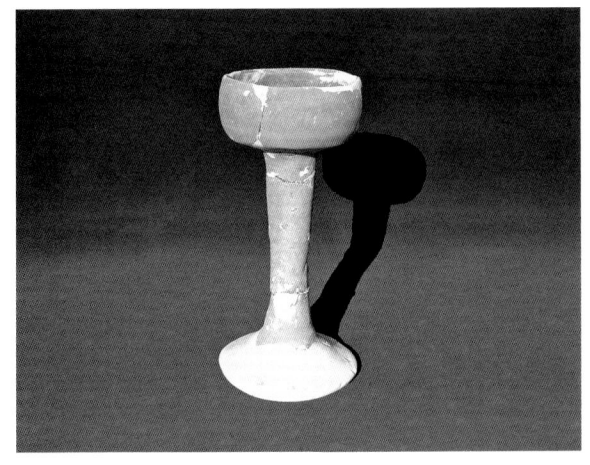

5. 豆（M16：31）

6. 豆（M16：61）

M16 出土陶器

1. 鼎（M17：40）

2. 鼎（M17：42）

3. 鼎（M17：44）

4. 鼎（M17：71）

5. 鼎（M17：69）

6. 鼎（M17：43）

M17 出土陶器

1. 带流鼎（M17：106）

2. 敦（M17：105）

3. 钫（M17：46）

4. 盒（M17：100）

5. 簋（M17：48）

6. 匜（M17：102）

M17 出土陶器

1. 铜灯（M17：59）

2. 陶壶（M25：16）

3. 陶高足壶（M25：15）

4. 陶匜（M25：22）

5. 陶盘（M25：24）

6. 铜器盖（M25：12）

M17、M25 出土铜器、陶器

1. 鼎（M25：17）　　　　　　　　2. 敦（M25：19）

3. 罍（M92：8）　　　　　　　　4. 罍（M92：7）

5. 尊（M92：2）　　　　　　　　6. 尊（M92：4）

M25、M92 出土陶器

1. 双耳壶（M140∶21）

2. 盆（M140∶17）

3. 瓮（M170∶14）

4. 双耳罐（M170∶30）

5. 箕（M216∶7）

6. 碗（M216∶9）

M140、M170、M216 出土陶器

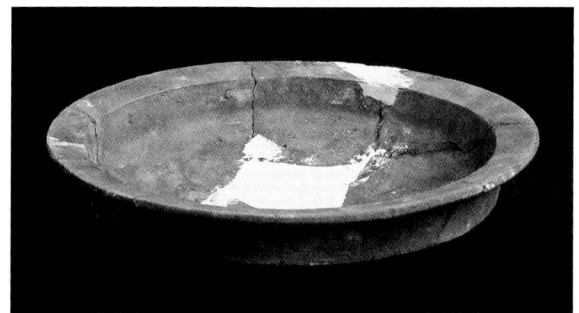

1. 鉴（M11:7）

2. 勺（M11:8）

3. 盒（M15:1）

4. 箕（M31:11）

5. 盒（M31:9）

M11、M15、M31 出土陶器

1. 陶敦（M38：3）

2. 陶敦（M38：4）

3. 陶鼎（M42：3）

4. 陶鼎（M43：8）

5. 铜镜（M42：6）

6. 铜犬铃（M42：12）

M38、M42、M43 出土器物

1. 陶壶（M46：2）

2. 陶壶（M47：17）

3. 陶高足壶（M76：9）

4. 陶熏炉（M76：19）

5. 陶壶（M98：2）

6. 陶熏炉（M84：8）

战国楚墓出土陶器

1. 鼎（M111：10）

2. 鼎（M111：11）

3. 敦（M111：6）

4. 壶（M111：2）

5. 鐎壶（M111：14）

6. 鉴（M111：18）

M111 出土陶器

1. 鼎（M149：2）

2. 盒（M149：3）

3. 高足壶（M149：10）

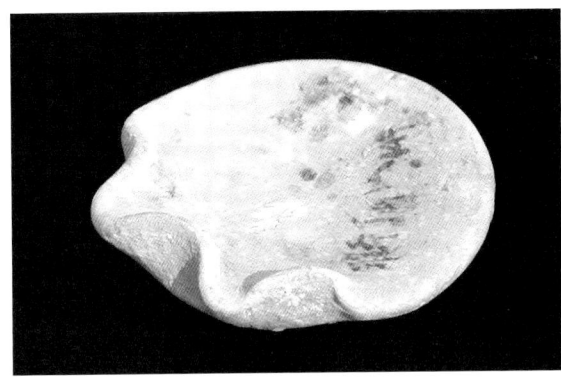

4. 箕（M149：7）

5. 匜（M149：5）

6. 壶（M149：1）

7. 盘（M149：4）

M149 出土陶器

1. 陶鼎（M150：2）

2. 陶盒（M150：10）

4. 蚌纺轮（M150：11）

3. 陶高足壶（M150：7）

6. 陶壶（M150：3）

5. 陶罐（M150：4）

7. 铜镦（M150：13）

M150 出土器物

1. 鼎（M2：14）

2. 壶（M2：7）

3. 壶（M2：2）

4. 钫（M2：5）

5. 釜（M2：1）

6. 罐（M2：15）

M2 出土陶器

1. 鼎（M12：39）

2. 卮（M12：38）

3. 甑、釜（M12：47、M12：48）

4. 瓮（M12：30）

5. 壶（M12：18）

6. 壶（M12：20）

M12 出土陶器

1. 壶（M13：45）

2. 罐（M13：46）

3. 壶（M13：47）

4. 壶（M13：52）

5. 釜（M13：44）

6. 钫（M13：53）

M13 出土陶器

1. 陶罐（M80：8）

2. 陶鼎（M82：14）

3. 陶罐（M80：7）

4. 陶尊（M82：4）

5. 铜镜（M80：10）

6. 陶双耳罐（M82：7）

7. 陶双耳罐（M83：10）

M80、M82、M83 出土器物

1. 鼎（M106：13）

2. 壶（M106：9）

3. 罐（M106：14）

4. 盒（M106：19）

5. 奁（M106：11-2）

6. 壶（M106：10）

7. 釜（M106：5）

M106 出土陶器

1. 陶瓿（M106：3）

2. 陶卮（M106：12）

3. 铜镜（M106：1）

4. 陶盘（M106：7-2）

5. 陶勺（M106：16-1）

6. 陶匜（M106：15）

M106 出土器物

1. 鼎（M109：3）

2. 盒（M109：6）

3. 釜灶（M109：9）

4. 盒（M109：14）

5. 壶（M109：12）

6. 壶（M109：4）

M109 出土陶器

1. 罐（M109：7）

2. 罐（M109：16）

4. 罐局部（M109：16）

3. 盆（M109：10）

5. 罐（M109：15）

6. 盆（M109：18）

7. 盆（M109：20）

M109 出土陶器

1. 鼎（M110:9）

2. 壶（M110:2）

3. 钫（M110:17）

4. 双耳罐（M110:25）

5. 壶（M110:3）

6. 壶（M110:1）

M110 出土陶器

1. 釜（M110：12）

2. 杯（M110：16）

3. 釜（M110：11）

4. 鐎壶（M110：7）

5. 罐（M110：14）

6. 罐（M110：15）

M110 出土陶器

1. 鼎（M198：13）

4. 壶（M198：15）

M198 出土陶鼎、陶壶

2. 鼎（M198：14）

3. 壶（M198：19）

5. 壶（M198：17）

1. 盒（M198：21）

2. 双耳罐（M198：23）

3. 罐（M198：28-2）

4. 罐（M198：27）

5. 瓮（M198：25）

6. 瓮（M198：26）

M198 出土陶器

1. 陶盘（M198：34）

2. 陶盘（M198：35）

3. 甑、釜（M198：32、M198：31）

4. 陶奁（M198：29）

5. 陶鐎壶（M198：36）

6. 铜带钩（M198：10）

7. 铁环首刀（M198：8）

M198 出土器物

1. 鼎（M68∶7）

2. Ⅰ式罐（M68∶10）

3. 鼎（M68∶9）

4. 壶（M68∶14）

M68 出土陶器

5. Ⅳ式罐（M68∶8）

6. Ⅱ式罐（M68∶12）

7. Ⅲ式罐（M68∶11）

8. Ⅴ式罐（M68∶13）

1. 鼎（M116：11）

2. 罐（M116：3）

3. 匜（M116：7）

4. 盆（M116：5）

M116 出土陶器

5. 卮（M116：16）

6. 盒（M116：9）

7. Ⅰ型壶（M116：6）

8. 甑、釜（M116：13、M116：15）

1. 陶罐（M135：2）

2. 陶罐刻画文字（M135：2）

3. 陶罐（M143：1）

4. 陶罐（M173：3）

5. 陶罐刻画文字（M173：3）

M135、M143、M173 出土陶罐

1. 鼎（M96：3）

2. 盒（M96：2）

3. 匜（M96：7）

4. 罐（M96：1）

5. 壶（M96：6）

6. 壶（M96：5）

M96 出土陶器

1. 鼎（M86：16）

2. 鐎壶（M86：17）

3. 井（M86：21）

4. 卮（M86：14）

5. 罐（M86：9）

6. 罐（M86：12）

7. 壶（M86：11）

8. 甑、釜、灶（M86：18、M86：19、M86：15）

M86 出土陶器

1. 陶罐（M28：10）

2. 瓷罐（M28：9）

3. 瓷壶（M157：10）

4. Ⅰ型釉陶壶（M157：7）

5. Ⅱ型釉陶壶（M157：8）

6. 铜镜（M157：23）

M28、M157 出土器物

1. 陶罐（M41：13）

2. 陶罐（M41：24）

3. 陶罐（M41：23）

4. 陶罐（M41：26）

5. 铁削（M41：1）

6. 铜衾足（M41：22）

M41 出土器物